中国机械工业年鉴

1996

中国机械工业年鉴编辑委员会 编

机械工业出版社

ISBN 7-111-05327-3

9 787111 053279 >

图书在版编目（CIP）数据

中国机械工业年鉴/中国机械工业年鉴编委会编．
-北京：机械工业出版社，1996.11
ISBN 7-111-05327-3/Z·50
Ⅰ．中…　Ⅱ．中…　Ⅲ．机械工业-工业经济-中国-年鉴-
Ⅳ．F426.4-54

中国版本图书馆 CIP 数据核字（96）第 14359 号

出 版 人　马九荣（北京市百万庄南街 1 号　邮政编码　100037）
河北省三河市腾飞胶印厂印刷·新华书店北京发行所发行
1996 年 11 月第 1 版·1996 年 11 月第 1 次印刷
787mm×1 092mm1/16·51 印张·24 插页·1 900 千字
0 001－4 000 册
国内定价：98.00 元

中国机械工业年鉴编辑委员会

中国机械工业年鉴特约顾问

（按姓氏笔画排列）

****

《中国机械工业年鉴》编辑出版工作人员

编辑部地址：　北京市西城区阜外百万庄路 22 号
邮　　码：　100037
电　　话：　(010)68326039，68326677－608、609

《中国机械工业年鉴》各部门特约编辑

国家教育委员会	俞伟跃	包装食品机械行业办公室	许占林
国家科学技术奖励工作办公室	张　松	冶金工业部	西德源
公安部	杨玉林	化学工业部	余宝海
地质矿产部	冯　琳	铁道部	金列明
建设部	宋昌松	交通部	王瑞军
电力工业部	张海清	邮电部	李　强
煤炭工业部	董善宇	水利部	王　鹏
机械工业部		农业部	马孟发
办公厅	王立佳	林业部	谢湘京
政策法规体改司	郑竞贤	国内贸易部	林　西
	田淑坤	中国机械进出口总公司	朱晓燕
	李海燕	国家统计局	邢俊玲
行业发展司	常映礼	中国轻工总会	吴基华
科技与质量监督司	佟力芹		李增泰
	李建林	中国纺织总会	蔡　漠
	徐仕敏	中国科学院	刘　昱
经济调节与国有资产监督司	王子民	国家技术监督局	戴　莹
	陈洪喜	国家建筑材料工业局	张　奇
生产与信息统计司	班如萍	国家医药管理局	汪彦斌
国际合作司	罗俊杰	国家地震局	黄宝森
教育司	孙长庆	中国航空工业总公司	金　岩
军工司	高　伏	中国航天工业总公司	张志前
汽车工业司	姜　英	中国船舶工业总公司	郭　泽
农业装备司	马文焕	中国石油化工总公司	张健生
重大装备司	韩英俊	中国石油天然气总公司	赵光理
	陈英汉	中国核工业总公司	杨宝龙
	温顺如	中国有色金属工业总公司	晏厚庠
机械基础装备司	李冬茹	中国机械冶金工会	李　烨
	孙振滨	中国机电产品进出口商会	王中奇
	刘荣祥	中国机电日报社	卜基桥
经济信息中心	于海燕		

《中国机械工业年鉴》各地区特约编辑

北京市机械工业管理局　解福顺
天津市机电工业总公司　张　玲
河北省机械工业厅　张塞外
山西省机械电子工业厅　谷连云
内蒙古自治区冶金机械工业厅　王守仁
辽宁省机械工业厅　温淇锫
大连市机械工业管理局　张升革
吉林省机械工业厅　翟胜志
黑龙江省机械工业厅　郭大春
上海机电控股（集团）公司　韩国璋
江苏省机械工业厅　解　缙
浙江省机械工业厅　孙烈根
黄京秀
宁波市机械工业局　秦宁临
安徽省机械工业局　李戈扬
福建省机械工业厅　许东宏
厦门市经委机械冶金工业处　姚　彧
江西省机械工业厅　杨　铮
山东省机械工业厅　于光华
青岛市机械工业总公司　赵胜经
河南省机械电子工业厅　崔安国
湖北省机械工业厅　袁宏亮
湖南省机械工业局　朱建珊
广东省电子机械工业厅　黄颜军
广西壮族自治区机械工业厅　吴中杰
海南省工业厅　高　雅
四川省机械工业厅　唐家申
重庆市机械工业管理局　戴安全
贵州省机械工业厅　李江林
云南省机械工业厅　曹树康
陕西省机械工业局　李耀南
甘肃省机械工业总公司　倪晓林
青海省机械电子工业厅　安忠年
宁夏回族自治区重工业厅　张建中
新疆维吾尔自治区
　机械电子工业厅　董淑芝

****

《中国机械工业年鉴》特约顾问单位特约编辑

中国第一重型机械集团公司　徐永福
中国第二重型机械集团公司　王　平
中国第一汽车集团公司　陈继信
东风汽车公司　顾鸿年
中国重型汽车集团公司　阎瑞林
北京汽车工业集团总公司　张　力
天津汽车工业总公司　武在宁
上海汽车工业总公司　夏　军
跃进汽车集团公司　向荣昌
长安汽车有限责任公司　凌代贵
中国嘉陵工业股份有限公司(集团)　陶正禄
东北输变电设备集团公司　郭文元
上海电气（集团）总公司　许伟伦
中国东方电气集团公司　郭　凡
广州市华南电气企业集团公司　郑　铁
中国第一拖拉机工程机械
　(集团)公司　魏黎明
徐州工程机械集团有限公司　郑广明
中国机械设备进出口集团　郝军朋
中国机械对外经济技术合作总公司　杨小燕
中国工程与农业机械进出口总公司　罗　莹
中国机械工业安装总公司　王建军
中国机床总公司　孙卫国
中国通用石化机械工程总公司　董　力
中国电工设备总公司　黎晓煜
上海重型机械工程成套公司　邱镇洪
机电工业上海联销公司　叶敏栋
上海轴承总公司　周金元
广西玉柴机器股份有限公司　欧健宁
绵阳新华内燃机企业集团公司　陈万永
河南省豫通企业（集团）公司　王及义
杭州盾牌链传动（集团）公司　诸幼梅
中国七砂集团有限责任公司　吴雪安
山东省诸城四达绝缘材料股份
　有限公司　倪少波

编辑说明

一、《中国机械电子工业年鉴》从1984年创刊，连续出版了三期。1987年根据原国家经委批示，分为《中国机械工业年鉴》和《中国电子工业年鉴》出版。1988年国家机构改革，组建了机械电子工业部，为此，1989年又重新出版《中国机械电子工业年鉴》，分为“机械卷”和“电子卷”两册。1993年，成立了机械工业部，又开始出版《中国机械工业年鉴》，由机械工业部主办，国务院所属有关部门及省、自治区、直辖市参加编写。

二、本年鉴是记述我国机械工业状况的权威性、信息性、史册性、资料性大型年刊。1996年刊主要反映1995年我国机械工业及其各行业和各地区的发展情况和所取得的成绩，全面地、系统地提供机械工业的经济技术资料和统计数据。

三、本年鉴收集资料的范围是全国性的。参加1996年刊撰稿的部门有国家教委、机械工业部、电力工业部、煤炭工业部、铁道部、国内贸易部、国家统计局、海关总署、中国机械进出口总公司、中国船舶工业总公司、中国石油化工总公司、中国航空工业总公司、中国轻工总会等32个部、局、总公司、总会，还有29个省、自治区、直辖市和5个计划单列市的机械工业厅、局,33个特约顾问单位(机械企业集团、直属公司),共计近百个单位。

四、本年鉴分为九个栏目。特载刊登：机械工业部包叙定部长在1996年1月召开的全国机械工业工作会议上的重要讲话。新增加了“机械工业‘八五’时期发展情况”栏目，在“机械工业产品和技术进出口”栏目中充实了机电产品进出口资料。1996年刊编辑体例与以前基本相同。

五、本年鉴主体为行业概况。为便于读者了解每个行业中各部门的情况,故未对整个行业情况进行汇总,而是按部门分别叙述。

六、本年鉴按行业编排。其分类参照国家统计局、国家标准局的国民经济行业分类方法，兼顾当前行政管理体制的现状，划分为80多个行业。

七、本年鉴各部门所列数字，因来源和统计口径不同而不尽一致，全面的数字均以国家统计局提供的“机械工业全国统计资料”为准。

八、本年鉴各项全国统计数字均不含台湾省。

九、由于时间仓促、水平有限，难免出现错误及疏漏，敬请各界读者批评指正。

中国第一汽车集团公司
董事长：
总经理：耿昭杰
地　址：长春市绿园区东风大街63号
邮　码：130011
电　话：(0431) 5902674
电　挂：0500
电　传：83009

东风汽车公司总经理：马　跃
东风汽车公司
CITROËN XM
XM雪铁龙轿车
地　址：湖北省十堰市车城路1号
邮　码：442001
电　话：(0719) 223402　223650
传　真：(0719) 223201　222918
DONG FENG
EQ1061
东风EQ1061型3t轻型车

中国重型汽车集团公司
地　址：济南市无影山中路53号　邮　码：250031
电　话：(0531) 5952530　传　真：(0531) 5952412
电　传：39124 CNHTC CN　电　挂：3330
STEYR
91
①斯达－斯太尔 1491 · 310/S29/6×4牵引汽车
②斯达－斯太尔1291-280/S35/4×2牵引汽车
③斯达－斯太尔991H/210/046/4×2载货汽车
④斯达991H/240/046/4×2载货汽车

上海汽车工业（集团）总公司

大通牌15t载重车生产线

上海牌拖拉机生产线

幸福牌摩托车总装线

桑塔纳轿车总装线

地　址：上海市武康路390号
邮　码：200031
电　话：(021) 64336892
传　真：(021) 64330518

跃进汽车集团公司
缔造流行与世界同步
强在高性能 胜在多用途
IVECO南京依维柯
地 址：南京市中央路331号 邮 码：210037 电 话：(025) 3311311

中国摩托车之王

嘉陵工业
JALIN

中国嘉陵工业股份有限公司（集团）

法人代表、董事长兼总裁：郝振堃
地　址：重庆市双碑　　　　　邮　码：630032
电　话：(0811) 5311991(总机)　电　传：62173　CSCSJ　CN
传　真：(0811) 5315845 5310718　电　挂：重庆6124

◀ 该公司投资近5亿元人民币，引进美国、日本、德国等关键设备新建的摩托车电启动发动机生产线，1996年已投入生产。该线的建成投产，为嘉陵“九五”经济新的腾飞奠定了坚实的基础。

东北输变电设备集团公司

集团公司高级管理层工作合影

沈阳变压器厂虎石台强电流试验站主变

地　址：沈阳市铁西区北二中路18号
邮　码：110025
电　话：(024)　5851243　5850754
传　真：(024)　5851179

110kV全封闭组合电器

氧化锌避雷器车间一角

直径800mm立式真空练泥机

上海电气（集团）总公司

上海电气集团财务有限责任公司于1995年12月18日举行开张仪式

上海电气（集团）总公司与西屋电气公司协议建立汽轮机、发电机、动力设备和电力工程四个合资企业签字仪式

地 址：上海市延安西路358号美丽园大厦
邮 码：200040
电 话：(021)62790520（总机）
传 真：(021)62791722
电 挂：0560

总公司承包建设的巴基斯坦木扎法戈电站4号机32万kW燃油、气锅炉正在现场安装中

中美合资上海汽轮机、发电机和动力设备三个合资企业分别于1995年12月13日和14日举行揭牌典礼

突破高压 发展中压 提高低压

开拓优质产品 提供一流服务

S1-170型110kV第三代SF6断路器(引进德国AEG公司技术设计)

SF8型110kV电力变压器 (6300kV · A ~ 120000kV · A)

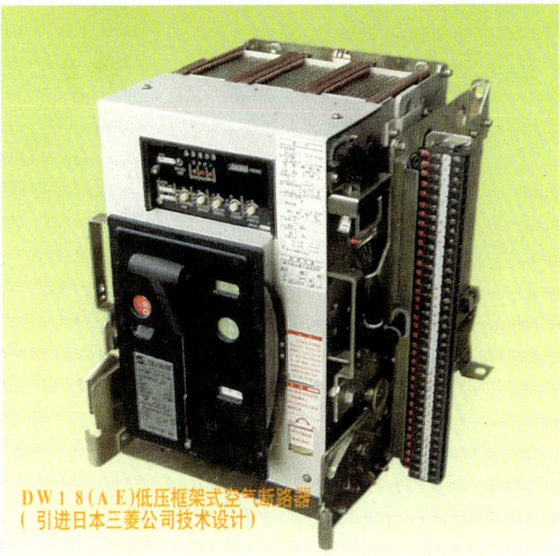

DW18(AE)低压框架式空气断路器
(引进日本三菱公司技术设计)

ZN18(VK)高压真空断路器
(引进日本东芝公司技术设计)

广州市南洋电器企业集团有限公司

(原广州市华南电气企业集团公司)

地　址：广州市黄华路43号
邮　码：510050
电　话：(020) 83830229

董事长：赵　群
总经理：黎业升

中国第一拖拉机工程机械（集团）公司

图为一拖（集团）公司生产的第100万台拖拉机驶下生产线

一拖（集团）公司生产的洛阳菲亚特90系列轮式拖拉机

地　址：河南省洛阳市涧西区建设路154号

邮　码：471004　传　真：(0379) 4913228

电　话：(0379) 4972048

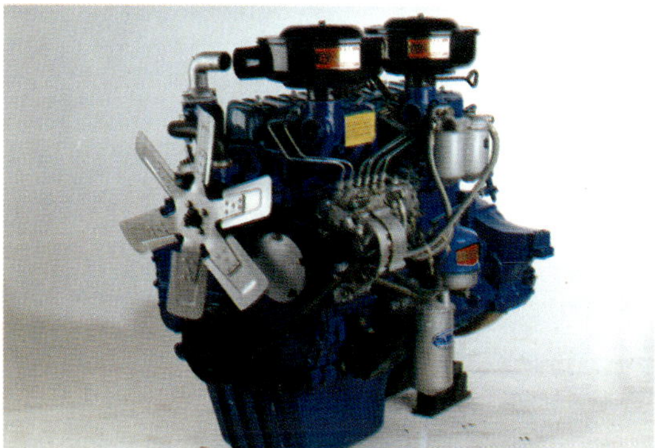

一拖（集团）公司生产的东方红-LR6105型柴油机

新建成的稀土硅锰钢履带板气流冲击造型自动生产线

徐州工程机械集团有限公司

道路摊铺机

董事长：陆志昌

总经理：董天化

QYU160t全路面汽车起重机

BC90-32混凝土泵车

QY16液压汽车起重机

CA25振动压路机

ZL50装载机

地　址：江苏省徐州市苏堤北路5号
邮　码：221006
电　话：(0516) 5756044（总机）
传　真：(0516) 5753151

CMIIC
中国机械工业安装总公司
地　址：北京市王府井大街277号
邮　码：100740
电　话：(010) 65124156　6523341
传　真：(010) 65124181
总经理：蔡耀垲
CMIIC承担的香港
青马大桥钢结构吊装拼
装工程
由中国机械工业安装总公司总承包的白云
机场油库技改工程
由中国机械工业安装总公
司承建的东风轻型车厂125MN
压机安装工程

CNMTC 中国機床總公司

1996年度，由中国机床总公司组织的机械行业规模最大的展览贸易盛会于4月8日在北京中国国际贸易中心开幕。图为中国机床总公司总经理权文鲁致开幕词

权总经理陪同参观江苏展团的参展产品

权总经理在对南斯拉夫驻中国大使介绍展览会概况

权总经理接受日刊工业新闻记者桥本嘉文先生的采访

权总经理与白俄罗斯驻华大使交谈

自1992年以来，中国机床工具商品展览交易会、中国国际机械装备展览会已经成为我国机械行业定期举办的大型专业性贸易盛会。此次展览贸易会有国外十几个国家和地区的几十个厂商和国内近600个生产厂家参加展出，为开展对外技术交流、促进对外贸易、加强对外经济技术合作创造了条件。

地　址：北京市安内方家胡同19号　邮　码：100007

电　话：(010) 64032224 (总机)　传　真：(010) 64015657

电　传：21008 CNMTC CN　电　挂：7134

中国通用石化机械工程总公司

中国通用石化机械工程总公司是机械工业部直属的，具有独立法人资格，享有对外贸易权的集技、工、贸于一体的工程公司。在石油、化工、石化、轻纺、医药、冶金、电力、交通、城建、建材、国防、农业等领域中为数以千计的大中型工程项目承担过设备成套与技术服务。

总公司是国家认定的甲级工程设计单位、甲级工程总承包单位、甲级机电设备成套单位、甲级工程咨询单位和一、二、三类压力容器设计单位。

为香港招商局低温粮库设计的制冷系统

北京高碑店污水处理厂（50万m^3/d）

啤酒厂高纯度二氧化碳净化回收装置

青岛前湾煤码头除尘设备

地　址：北京市宣武区太平街甲2号　邮　码：100050

电　话：(010)　63042288（总机）　传　真：(010) 63010347

机电工业上海联销公司

全国400余家机电工业企业

组成的产需直接见面联销机构

领导同志合影

公司大会议厅

汽车动力部汽车展示厅

重矿经营部

地　址：上海市中山北一路1250号　邮　码：200437　电　话：(021) 65424040　传　真：(021) 63999648

总经理：顾智毅

各类桑塔纳轿车配套轴承

重振机械行业的雄风

上海重型机器厂

上海重型机器厂是中国八大重型机器制造厂和大型铸锻基地之一。该厂具备国内外一流水平的铸锻和机械加工设备及现代化的理化检测设施，拥有雄厚的综合生产能力和科研开发水平。

在祖国改革开放的大好形势下，该厂为冶金、锻压、电力、化工、建材、造船等领域提供了大批优质重型机械和配件。今天，该厂以不懈的努力和开拓的精神，努力为我国的工业发展和对外贸易做出更大的贡献，重振机械行业的雄风。

万吨水压机

地　址：上海市闵行江川路1800号
邮　码：200245
电　话：(021) 64301141（总机）
传　真：(021) 64300132

为电站行业提供的大型锻件——３００MW汽轮机低压转子

河南省豫通企业（集团）公司

YUTONG ENTERPRISES GROUP CO.

董事长兼总经理：郝相国

河南省豫通企业（集团）公司是中国机械电子行业中泵、风机、电机、阀门、电器、环保设备等机电产品制造领域内的综合性生产经营公司，是河南省最大的通用机械生产经营公司，国家大二型企业，国家二级企业。

集团是以新乡水泵厂、新乡市鼓风机厂（新乡市环保成套设备厂）、新乡市电机总厂等15个生产经营单位和一个技术中心为核心，由国内50多个企业、科研院所、大专院校、金融机构等组成的跨地区、跨行业的大型经济实体。

集团公司现生产有：泵类产品23个系列、210个品种、505种规格，年产量约1万台；风机产品30个系列、200余种规格，年产量约5000台；普通、振动和力矩电机25万kW；各种阀门500t以及电器、环保设备、汽车空调风机等。

集团公司以先进的科技成果和优质产品，为国内外电力、石油、煤炭、化工、冶金、轻工、纺织、农业和城市给排水等各界朋友竭诚服务。

集团所属单位：

新乡水泵厂	电话：3383921（总机）
新乡市鼓风机厂	电话：2021682（总机）
新乡市电机总厂	电话：3054056（总机）
新乡市第一水泵厂	电话：2035024
新乡市阀门厂	电话：2021475
新乡市调压器厂	电话：3054660
新乡市直流电机厂	电话：2024590
新乡市环保成套设备厂	电话：2021700
新乡市电子器件厂	电话：3054660
集团技术中心	电话：3055784
集团销售总公司	电话：3383957
集团海外贸易部	电话：3383992
集团房产开发公司	电话：3383809
集团物资公司	电话：3383937
集团服务总公司	电话：3383954

SK型系列水环式真空泵及压缩机

SNL系列水泥立窑 专用高压离心通风机

集团公司地址：河南省新乡市和平路53号

邮　码：453002

电　话：(0373) 3383921

传　真：(0373) 3383858

YZS系列振动源三相异步电动机

中国七砂集团有限责任公司

山牌

董事长：
王裕东

总经理：
曾厚琼

质量体系注册证书

Certificate of Registration for Quality System

证书号 Certificate No. 4500/95093

兹证明

中国第七砂轮厂（集团）公司

（含股份公司，清镇联合厂）

贵州清镇市

在 棕刚玉，白刚玉，碳化硅，磨具，耐火材料及制品的生产制造 方面建立的

质量体系，按照如下质量体系标准评审合格，特发此证

ISO9002—1994

This is to certify that the registered firm produces goods and/or provides services in accordance with above mentioned quality assurance standards

发证日期 Date of Issue 1996年12月

有效期 Duration of Validity 3年 Years

中国商检质量认证中心

CCIB Quality Certification Centre

主要产品

生产厂景

厂容厂貌

中国七砂集团有限责任公司由第三砂轮厂、第六砂轮厂、第七砂轮厂等企业组成，是国家大型一档企业、中国磨料磨具行业的骨干企业，是中国磨料生产和出口基地。公司拥有资产总额8.6亿元。主要产品有棕刚玉、铬刚玉、高铝致密刚玉、黑碳化硅、稀土碳化硅等普通磨料和耐火材料；陶瓷、树脂、石材、涂附磨具及耐火制品；人造金刚石；立方氮化硼等超硬磨料及制品。年营业额4.5亿元以上，是中国最大的磨料和工业材料生产企业之一。

中国七砂集团有限责任公司采用先进的工艺技术、生产设备及检测手段，按ISO9002标准建立质量保证体系，棕刚玉磨料荣获中国质量银质奖，其它系列产品多次荣获部省级优质产品称号。产品畅销世界30多个国家和地区，年出口创汇2000万美元以上。

中国七砂集团有限责任公司拥有对外贸易经营权，并设有自己的进出口公司。同时在我国上海、广州、深圳、天津、沈阳、济南、成都等地设有对内对外经销部和产品仓储网点，随时准备运往世界各地。

中国七砂集团有限责任公司
地　址：贵州省贵阳市环城东路480号　　邮　码：550001
电　话：(0851) 5866518　　5866528
传　真：(0851) 5822840
中国第七砂轮厂(集团)公司本部（原中国第七砂轮厂）
地　址：贵州省清镇市站街镇　　邮　码：551414
电　话：(0851) 5814987　　5814832　　5822354
传　真：(0851) 5821847
电　挂：清镇市0003

山东诸城四达绝缘材料股份有限公司

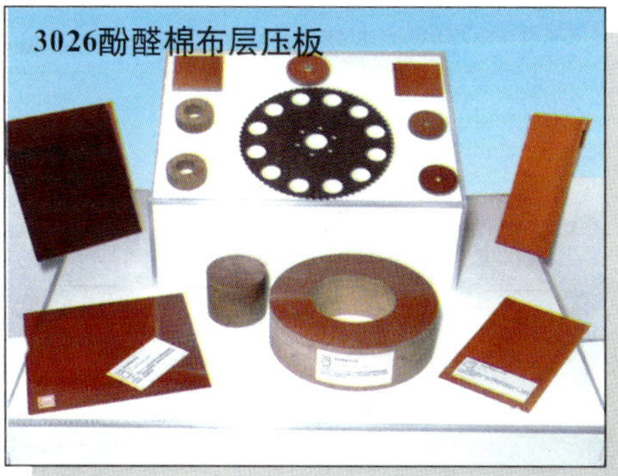
3026酚醛棉布层压板

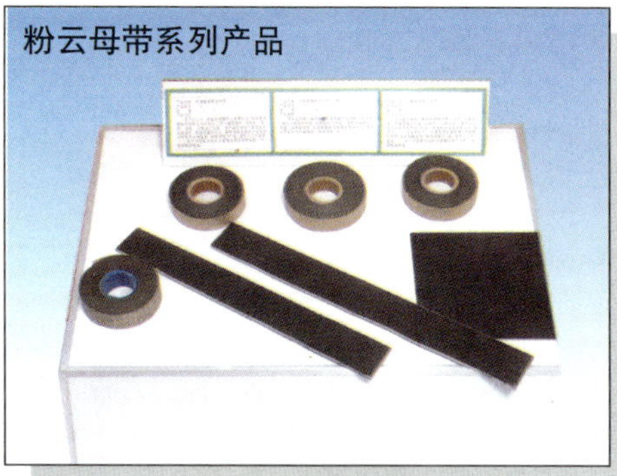
粉云母带系列产品

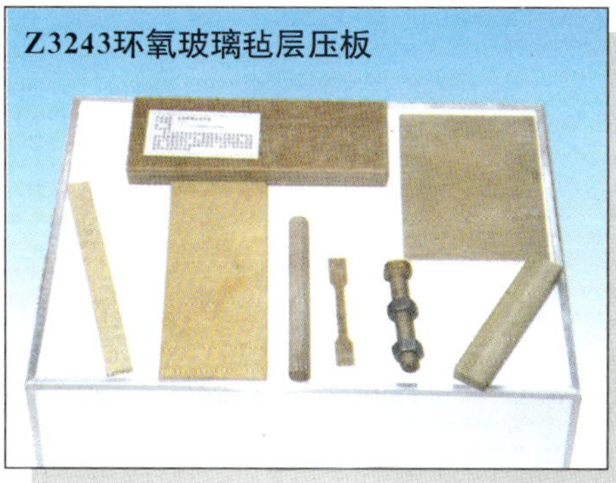
Z3243环氧玻璃毡层压板

3021酚醛纸层压板

地 址：山东省诸城市棉织街3号 邮 码：262200 电 话：(0536) 6213175 6212204 电 挂：0061

北汽福田车辆股份有限公司

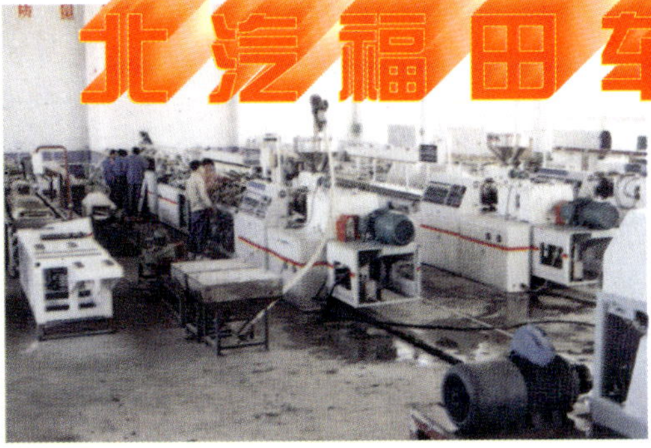

北汽福田诸城轻工机械厂装配车间一角

北汽福田怀柔车辆厂装焊生产线

北汽福田潍坊模具厂CMG-400-25-10龙门式数控加工中心

北京地址：北京市东环中路32号
邮　　码：100020
电　　话：(010)6592l776
传　　真：(010)6592l776

山东地址：诸城市密州路西首
邮　　码：262200
电　　话：(0536)6212964
传　　真：(0536)6211028
电　　挂：6792

总经理：王金玉

团结、求实、创新、发展
造福亿万百姓

北汽福田
BEI QI FU TIAN

北汽福田车辆股份有限公司是由北京汽车摩托车联合制造公司、江苏常柴集团有限公司等100多个法人企业共同发起成立的跨省市、多行业的生产经营性公司。

该公司全部资产总计4.5亿元，注册资本14412万元，现有职工4100多人，其中工程技术人员近800人。核心层企业5个，分别为：诸城车辆厂、诸城轻工机械厂、怀柔车辆厂、潍坊工模具总厂和潍坊模具厂。参股紧密层法人企业99家，区域遍布华东、华北、中南、东北等13个省市和地区。

公司主导产品为农用车、柴油汽车、塑料机械、轻工机械、随机工具、植保机械、民用建材等。

诸城车辆厂是机械工业部、公安部定点生产轻型柴油汽车、四轮农用运输车的专业厂，主要有BJ2310、BJ1305、BJ2815三大系列农用运输车和BJ1022EZC、BJ6450两大系列汽车产品。工艺装备先进，有自动化程度较高的焊装流水线、电泳涂装流水线和具有90年代国际先进水平的车辆检测线及两条总装流水线。

诸城轻工机械厂为建设部、中国建筑金属结构协会、原轻工部定点生产厂，现主导产品有北京牌45、60、80型锥形双螺杆挤出异型材及管型材机组、化学装饰材料、塑料板材印花生产设备、自动化肉鸡宰杀加工成套设备。

怀柔车辆厂前身是BAM公司怀柔车架厂，是机械工业部重点企业，主导产品有吉普车车架和植保机械产品，新建的农用车总装生产线，已形成1万台生产能力。

潍坊工模具总厂是山东省机械厅定点内燃机、拖拉机随机工具生产厂，又是潍坊市工艺专业模具制造中心，有西班牙进口数控龙门铣床和数控铣削仿形加工中心，日本三坐标数控铣床等67台(套)高精尖设备。产品远销海内外。

北京牌BJ1022EZC系列柴油汽车

北京牌BJ2310系列农用运输车

北京牌BJ1305系列农用运输车

上海机电控股(

北京市机电研究院

院国家产学研激光加工技术开发应用中心引进的具有90年代国际先进水平的激光切割机

引进的具有90年代国际先进水平的数控加工设备已投入生产

与美国辛辛那提·米拉克龙公司合作生产的SABRE750立式加工中心

激光视盘播放机生产线

北京市机电研究院是科工贸一体化的综合性科研生产单位。下设十几个研究中心、所、公司，现有职工1000名，其中专业技术人员600余名，包括各类专家14名、高级工程师79名。拥有恒温、空调科研生产车间面积14000m²，各种精大稀设备40余台(套)，其中新引进的具有90年代国际先进水平的数控及激光等加工设备十余台(套)，具有较强的生产制造能力。主要从事精密数控机床、加工中心、精密测量设备、精密模具、专用成套设备、包装及食品机械、环保技术和设备、铸造技术和设备、激光加工技术和设备、高电压设备、自动控制技术和设备、计算机应用、特种加工及材料处理、多媒体相关技术及产品等机电仪一体化技术设备的开发研制和生产。

地　址：北京市朝阳区工体北路4号
邮　码：100027
电　话：(010) 65912288 (总机)
传　真：(0086-010) 65023278

FL460
沈阳矿机
FURUKAWA

DQBY400/750 · 80型圆形料场刮板式堆取料机

哈尔滨重型机器厂

MDQ3000/3000 · 65门式斗轮堆取料机

DQ8030　斗轮堆取料机

该厂于1958年建厂，现有职工2700人，固定资产原价5142万元，厂区占地面积32万m²，建筑面积13万m²，是设计、制造散料搬运装卸机械设备（斗轮堆取料机及其派生产品）的专业生产企业，同时也是拥有工业锅炉一、二类压力容器及电炉产品生产、设计许可证的厂家之一。年生产斗轮机产品万吨以上。斗轮机产品已发展到7大类、14个系列、125个品种规格，是国家交通港口、火力发电、冶金、煤炭、化工、建材等领域不可缺少的散状物料搬运装卸高效节能设备。

该厂质量保证体系健全，计量检测手段完善，1989年获国家一级计量单位称号。1989年该厂晋升为国家二级企业，是国家大型企业之一。

地　址：哈尔滨市动力区香滨路1号
邮　码：150040　　电　话：(0451) 2627853
电　挂：2580　　传　真：(0451) 2622541
厂　长：贾波　　书　记：梁连喜
副厂长：赵作存
张殿正
孙润华

QLG1500 · 40型滚筒式混匀取料机

上海凯士比泵有限公司

●用于100MW～600MW电站供水的TCG型、DG型锅炉给水泵
TCG,DG pumps for handling boiler feed water in 100MW～600MW power station

●大泵试验车间
Test bed for large pumps

●CHTA超高压筒形抽芯式锅炉给水泵
Super-pressure barrel insert pump for handling boiler feed water

该公司是由上海水泵厂和德国凯士比(KSB)公司合资建立的泵专业公司。公司注册资本2200万美元，总投资2980万美元，占地面积13.7万m^2，拥有1700名职工。1993年销售收入为1.3亿元。

该公司主导产品为核电站、火电站用泵，大型农田水利用泵，城市给水和污水泵，船用泵，石油、化工、炼油各类流程泵和机械密封等。

地　址：上海市闵行江川路1400号
邮　码：200240　电　话：(021) 64302191
传　真：(021) 64301504
董事长：万良缔　总经理：Keith　Sanders

浦沅集团公司

浦沅大厦

该公司是60年代由上海迁到湖南的大型骨干企业。公司下设10个专业厂、3个研究所和20多个"三产"、经营公司，主要分布在长沙、常德、上海三个城市，占地120万m^2，现有员工4600多人，其中科技人员450多人（高工60余名），固定资产1.9亿元，拥有各类机械加工检测设备1600多台，包括具有世界先进水平的数控水下等离子切割机、大型数控折弯机、焊接机器人、准柔性制造系统等加工设备。主要产品为3t～5t随车起重机、8t～80t汽车起重机、25t～50t全路面起重机、2.5t～10t柴油桩锤、混凝土搅拌输送机械、高空作业机械、集装箱起重运输机械、道路清障机械等。公司先后荣获"全国五一劳动奖状"、"全国现场管理先进单位"、"全国质量效益型先进企业"、"全国用户服务先进单位"等荣誉称号。

浦沅牌汽车起重机

浦沅牌混凝土搅拌输送车

浦沅牌集装箱起重运输车

浦沅牌道路清障车

地　址：长沙市新风路 2号　　邮　码：410007　　传　真：（0731）5582657　　电　挂：5050
电　话：（0731）5587111　　电　传：98138 PYCMW CN 销售公司电话：（0731）5585850　（0736）7528438

大连三洋制冷有限公司

大连三洋制冷有限公司座落在美丽的渤海之滨——大连经济技术开发区31#小区，公司由日本三洋电机株式会社、中国大连冷冻机股份有限公司、日本国日商岩井株式会社合资兴建，投资总额35亿日元，1992年9月获得国家政府机关的批准成立，1993年10月正式投产。

公司采用日本专利技术，主要从事制造、销售具有90年代国际领先水平的溴化锂吸收式制冷机，引进国外高、精、尖的设备及检测手段，产品按JISB8622—1994日本技术质量标准组织生产，并通过质量及技术鉴定。产品有直燃型、蒸汽型、温水型，主要为大中型空调工程提供冷热源。该机以其无环境污染和节电节能的独特优势成为替代氟里昂类制冷机的理想机型，可广泛应用在国民经济的各个领域，目前已销往全国25个省、市、自治区及返销日本，覆盖了全国18大行业，并受到了广大用户的普遍好评。1995年公司被评为大连市先进技术企业，产品荣获辽宁省、大连市名牌产品称号和“中华名牌产品”称号。

公司以“严格管理，提高质量，降低成本，创世界一流企业”为方针目标，把“以顾客的需求为宗旨，提供顾客满意的高质量产品”作为公司的质量宗旨。在管理上借鉴世界先进的管理方法，结合公司的实际，形成了一套行之有效的管理模式。公司自1995年8月开始贯彻GB/T19002（ISO9002）国际标准，经过近一年的贯标工作，于1996年6月30日顺利通过GB/T19002—1994idt（ISO9002—1994）质量体系认证，取得了认证注册。这使公司的产品质量和管理水平更上一层楼，跨入了新的起点。

大连三洋制冷有限公司将以优质的产品、优异的服务、优良的信誉与各界人士携手并进，通力合作，开创中国制冷空调行业的新大地。

地　　址：大连经济技术开发区31#小区
邮　　码：116600
电　　话：(0411) 7317375　7316275
传　　真：(0411) 7316276

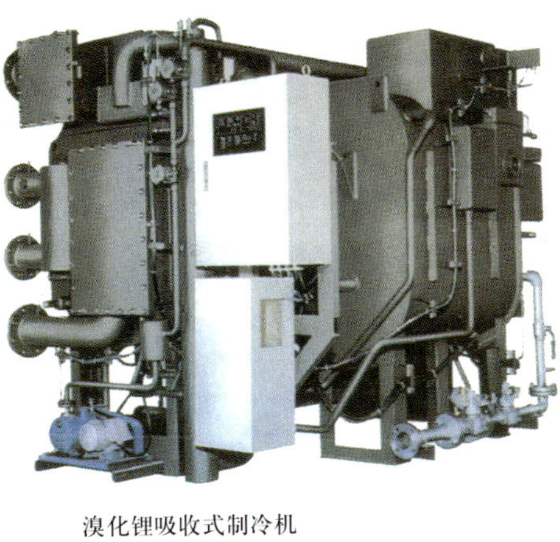

溴化锂吸收式制冷机

黄河实业（集团）公司

HHDO

总部地址：河南省郑州市经八路29号
邮　　码：450003
电　　话：(0371) 3820858　　3820868
传　　真：(0371) 3820898　　3844668

本部地址：河南省长葛市人民路200号
邮　　码：461500
电　　话：(0374) 6165102　　6165103
传　　真：(0374) 6165218　　6165511
电　　挂：2436

董事长兼总经理：乔金岭

该公司是在原黄河磨具厂（始建于1979年10月）基础上发展起来的集科、工、金、贸于一体，由国家经贸委等6个部委1993年度认证的国家大型一级企业集团。目前公司占地面积100万m²，用地面积35万m²，建筑面积12万m²。员工2896人，中级以上科技人员186名，拥有资产总额3.86亿元，工业总产值每年以平均94%的速度递增。近年来先后获国家专利八项，国优金质奖一项，科技进步奖十余项，省科委授予“高新技术企业”，省工商局授予“重合同守信用”企业称号。1994年经国家经贸委批准为国家100家企业技术中心之一。

公司主要产品有金刚石、金刚石工具制品、建筑机械、电子制品、粉末冶金制品，包括5大类、8大系列、60余个品种，产品畅销国内外市场。“信用、信赖、协调”是该公司一贯坚守的经营原则。“团结、创新、求实、奉献”是该公司一贯信奉的企业精神。

HW30、60型蛙式夯实机

金刚石水磨石机系列

JLM4-450型金刚石四头连续磨抛机

粉末冶金结构零件

连续八年荣获省机电行业优秀企业称号

河南省舞阳惠方集团公司

总经理：郑惠芳

该公司是以舞阳机械厂为核心的中型国有企业，是集生产、经营、科研为一体的综合性企业，国家二级企业，国家安全级企业。中共十四大代表、公司总经理郑惠芳曾获得“全国优秀女企业家”、“全国五一劳动奖章”、“全国‘三八红旗手”、“河南省劳动模范”、“河南省明星厂长”、“河南省优秀管理专家”等称号。

公司下设：舞阳机械厂、电器厂、精密弹簧厂、新舞工贸有限责任公司、汽车大修厂等分支企业。

主要产品有：双塔牌4GL系列麦稻收割机、双塔牌4L系列联合收割机、2BJ—7A谷物精播机、双乐牌全自动电脑控温消毒柜、2BMG系列地膜覆盖播种机，以及机械工业、军事工业需要的各种精密弹簧。

双塔牌4GL系列麦稻收割机，获采用国际标准合格证书，年产5万台，获部优产品称号。1990年、1991年蝉联全国“丰收杯”金奖，获首届全国农业博览会铜奖、河南信得过商品前100强称号。

双乐牌系列电子消毒柜1993年获省博览会金奖、优秀奖、银牌奖，年产7万台。

2BMG系列地膜覆盖播种机获中国农业博览会四项国家级奖。

企业技术装备：拥有国内一流的收割机整机装配线，箱体装配线，消毒柜生产线，精密弹簧生产线等。共有各类设备850台(套)，专用设备480台(套)。

产品销售状况：企业拥有“双塔”、“双乐”两个注册商标，年主业总产值5000万元，税利400万元，产品畅销全国并出口亚、非、拉十五个国家和地区。

该企业连续八年荣获“河南机电行业优秀企业”称号，此外，还获得过“河南省优秀企业”、“河南省企业管理金杯奖”、“河南省重合同守信用企业”等荣誉称号。

双乐牌系列电子消毒柜

双塔牌4L系列联合收割机

双塔牌4GL系列麦稻收割机

地　址：河南省舞阳县漯舞路18号
邮　码：462400
电　话：(0395) 7121019　7121308
传　真：(0395) 7126988

山东潍坊拖拉机厂

潍拖

注册 商标

1996年4月列入山东省首批50家省级管理示范企业

该厂是国家大型一档企业，占地面积４５万m²，现有职工5000人，固定资产2.4亿元。主要产品有泰山-12/15型、泰山-150D/180D型、TY-180/200型等２８个型号的拖拉机，WF９０５型、WF１６０８型、WF２８１５型３个系列８种型号的农用车以及工程机械产品。拖拉机年生产能力为１２万台。泰山－１２型拖拉机是获国家银质奖的产品。泰山－１５型拖拉机是部优产品。该厂连续四年被列入全国500家最大工业企业。

潍拖牌拖拉机

TY-180/200型拖拉机

泰山-150D/180D型拖拉机

地　址：山东潍坊市北宫大街63号　邮　码：261004　电　话：(0536)　8233931

吉林工业大学
扬州市汽车弹簧厂

应用CAD设计是获得专利技术的关键

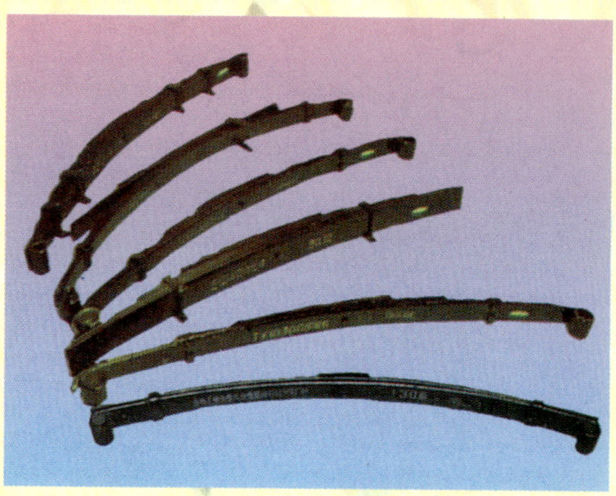

应用专利技术制造的少片簧

该厂以吉林工业大学为技术依托，运用吉林工业大学的发明专利，“八五”国家攻关技术成果——汽车少片变截面钢板弹簧精密辊锻成套技术，专业生产汽车少片变截面板簧和多片等截面板簧。该厂能生产各种国产、进口的微、轻、中、重型汽车和农用汽车近40个系列的汽车变截面、等截面钢板弹簧，年生产能力1万t。

产品荣获1995年中国高新技术、新产品博览会银奖，1996年初被列入江苏省火炬计划；7月被国家经贸委批准列为“九五”国家重点新技术推广示范项目。

该厂是江苏省亚星客车集团公司成员厂，是全国汽车板簧行业协会会员单位，产品与扬州客车厂、一汽扬子汽车底盘厂等多家汽车厂配套，在用户中享有盛誉。

厂长、法人代表：陈文涛

地　址：江苏省扬州市邗沟路24号　　邮　码：225002

电　话：(0514) 7611362　7610374

目　录

特　载

第Ⅰ部分　机械工业发展情况

第Ⅱ部分　机械工业地区发展情况

第Ⅲ部分　机械工业行业概况

第Ⅳ部分 机械工业“八五”时期发展情况

第Ⅴ部分 机械工业发明及优秀科研成果

第Ⅵ部分 机械工业产品和技术进出口

第Ⅶ部分 机械工业全国统计资料

附 录

广 告 目 录

特 载

打好"三大战役"，振兴机械工业

编者按 1996年1月27日召开的全国机械工业工作会议是一次全行业的打好"三大战役"、全面启动振兴的动员大会。包叙定部长在会上做了重要讲话。他回顾了机械工业"八五"期间的工作，分析了"九五"时期的形势，围绕启动振兴，部署了"九五"时期的中心任务，动员全行业职工为打好"三大战役"、完成振兴机械、汽车工业第一阶段任务而努力奋斗。现将其摘要刊出。

一、"九五"时期机械工业面临的形势

"九五"时期将是我国国民经济发展的重要时期，也是机械、汽车工业振兴的第一阶段。在这一时期，国家的宏观经济形势和机械工业自身发展，都将会发生新的变化，并呈现出新的特点。

1．"八五"期间机械工业各项工作都取得了很大进展，为"九五"时期的发展奠定了良好的基础

"八五"期间，我国机械工业生产保持了快速发展的势头，工业总产值年均增长21%。到1992年，提前八年实现了"翻两番"的目标；五年预计实现利税总额1 417亿元，比"七五"期间增长72.2%，其中利润增长25.9%；研制生产出160多种大型成套设备和一批重要机械产品，五年共提供发电设备7 183万kW、汽车587万辆（其中轿车102.4万辆）、金属切削机床104万台、大中型拖拉机26万台；五年共开发新产品5 779项，有1987项获部级以上奖励，100多项达到了国际先进水平；五年共培养各类专门人才24万人、技工220万人，对70%的职工进行了各种培训；五年共利用外资71.5亿美元，引进技术260项，出口创汇865亿美元，年均增长30%，机械产品已成为我国外贸出口的支柱产品。机械工业改革取得新进展，各级行业管理部门在职能转变、政企分开方面的步子逐步加快；企业改革进一步深化，适应市场的能力有所提高。"八五"期间，机械工业在各方面所取得的成绩，为"九五"时期的发展打下了较好的基础。

2．"九五"时期国内外形势将有新的变化，给我国机械工业带来的机遇和挑战都是巨大的

纵观世纪之交的国际形势，和平与发展仍是时代的主题，经济因素在国际关系中的作用继续呈增强态势。从经济形势看，有三个明显的特征：一是世界科技革命日新月异；二是世界经济将在起伏中进一步增长；三是全球性产业结构调整步伐加快，国际经济合作和交往日趋紧密。这对我国机械工业更多地采用世界科技成果，加快现代化的进程，提供了更多的机会。同时，也使机械工业面临来自国际上的竞争压力更为突出。我国机械工业应在本世纪的最后几年，充分利用机遇，争取在一些重要领域有新的突破，在国际合作与竞争中取得主动，这是决定我国机械工业在下一世纪的地位与前途的大问题，必须引起我们的高度重视。

从国内形势看，也有三个显著的特征：一是国民经济的发展正由量的追求转向质的提高和结构的优化，国家将进一步加大科技进步和结构调整的力度，促进经济增长方式从粗放型向集约型 转变；二是国民经济的市场化、社会化程度将进一步提高，建立现代企业制度步子还要加快，以促进经济体制从传统的计划经济向社会主义市场经济转变；三是在对外开放总体格局基本形成、封闭半封闭状态已经根本改变的基础上，还将进一步扩大对外开放，提高对外开放的水平。这一系列的变化，必将对机械工业的改革与发展产生巨大的影响。形势要求机械工业真正按照中央的要求，切实转变经济增长方式，在经营管理上下功夫，切实提高自身素质，增强国际竞争力。总的看，"九五"时期将是机械工业深化改革的攻坚时期，也是与国际市场大幅度交叉和融合的阶段。

3．从机械工业自身看，"九五"时期是振兴的第一阶段，经济总量和质量都将有一个大的提高，面临要解决的矛盾错综复杂，推进振兴的任务十分艰巨

"九五"时期是机械、汽车振兴的第一阶段，也是行业发展的"黄金"时期。特别是机械、汽车两大产业的内在关联度很大，汽车工业的大发展迫切要求机械产品更新换代，提供更多更好的适用先进技术装备，这为机械工业提供了更为广阔的发展空间；机械工业的振兴，将有力地促进汽车工业国产化装备和汽车产品国产化程度的大大提高，加速汽车工业的自主发展和成长壮大。两大产业将在互相依托、互相促进中共同实现振兴。应该看到，机械工业自身素质还很不适应市场经济发展的要求，科技进步缓慢、产品质量不稳定、管理水平不高、运行机制不灵、"散乱"状况依旧等一系列矛盾需要尽快解决，特别是随着市场竞争的更为激烈，影响行业经济运行的因素也日趋增多，面临调整结构、改组改造、强化管理、提高运行质量和总体效

益的任务更为严峻。

根据机械工业面临的形势，“九五”期间机械工业的主要任务是：坚持邓小平建设有中国特色社会主义理论和党的基本路线，继续贯彻“抓住机遇、深化改革、扩大开放、促进发展、保持稳定”的基本方针，紧紧抓住推进机械工业经济体制和经济增长方式转变这个关键环节，按照“一个目标、两个阶段、三个特点、四个重点、五大战略、六项措施”的振兴总体思路，集中力量打好产品质量翻身、组织结构优化和开发能力提高“三大战役”，加大改革力度，强化企业管理，抓好人才工程，全面完成振兴第一阶段的任务，为机械、汽车工业最终实现振兴，成为国民经济的支柱产业打下坚实的基础。

二、以科教兴业为重点，促进机械工业经济增长方式的转变

1. 大力推进企业技术进步，切实把机械工业引入以内涵为主求发展的轨道

要把技术进步的主体真正转移到企业。在市场经济下，市场竞争的主体是企业，这就决定了科技进步的主体必然是企业。要加大对企业技术进步工作的力度，采取多种措施，促进企业尽快建立起面向市场、自主开发、大力创新的技术进步机制。目前，要以组织实施“企业技术进步示范工程”为重点，尽快培育一批在国内同行业起排头兵作用的示范企业，率先进入国际先进行列，使其成为各行业技术进步的“火车头”；要重视中小企业、乡镇企业和“三资”企业的技术进步工作，使其能逐步在技术装备、技术水平和开发能力上有新的提高。

要加大技术改造的力度，切实把经济发展的重点放在依托现有企业的改造和扩建上。在技术改造中，首先要端正思想，充分认识技术改造的必要性、重要性和可行性；其次，要适应市场经济要求，转变思路，以市场需求为导向，以技术水平和质量高、潜在市场前景好的产品为“龙头”，选择那些具有活力、技术开发能力较强、条件好的企业，优先进行改造；再次，在改造中要根据结构优化的要求，集中力量，重点突破，避免一般性的“填平补齐”和能力的简单放大，尽快形成经济规模，确实提高投入产出效益。同时还要注意使改造与改组、改革、加强管理相结合，鼓励企业更多地采用适用、先进的工艺及装备、新的企业组织结构、生产方式和管理技术，做到改造一个就要实现技术创新、制度创新、管理创新，企业的整体素质就要产生一次质的变化。从而，使机械工业的发展和振兴，真正转到以内涵为主的轨道。

2. 加速推进技术与经济密切结合的进程，切实提高科技进步对机械工业经济增长的贡献度

要进一步深化科技体制改革，构筑科技新体系。根据市场经济发展的需要，按照有利于行业振兴、科研院所发展和企业技术进步的原则，调整结构、分流人才，下大力气构筑一个以企业技术中心为主体，产学研紧密结合的新型科技体系。要创造条件，支持大型企业和高技术企业集团采用多种形式，尽快建立起具有产品开发和技术创新能力的技术中心；要采取有效的政策措施，稳住一支少而精的行业共性基础技术和高新技术的研究力量，形成基础技术、共性技术和高新技术研究开发的国家队；要有重点地充实、健全一批高等院校的科研机构，使其在基础研究和培养科技人才方面发挥更大作用；要建立和完善由生产力促进中心、行业技术开发中心、地方机械研究所等共同构成的社会化技术支撑体系，为中小企业、乡镇企业产品更新、技术进步提供必要的技术服务。

要加快科技与经济结合的进程，尽快把科技工作推入经济建设的主战场。要按照“稳住一头，放开一片”的原则，进一步解放思想，打破部门、行业和地区的界限，积极稳妥地推进产品开发类研究所进入大型企业集团，逐步与企业的技术开发力量融为一体，形成新的合力；有条件的科研院所可逐步发展成为以高新技术为依托的科技先导企业。要通过市场竞争机制的自发作用和政府强有力的组织，淘汰落后技术，提高新技术、新成果的采纳率；要促进市场、科研、开发、生产一体化新体系的建立，拓宽科技成果商品化的道路，加速科技成果商品化、产业化的进程。

要积极发展先进制造技术，增强行业的竞争实力。制造技术是制造业和国民经济生存发展的技术基础，是技术走向实际应用的桥梁，是提高企业国际竞争力的根本要素。机械工业是制造业的重要组成部分，承担着为各行各业提供技术装备的重任，在推进先进制造技术发展中起着决定性的作用。因此，大力发展并推广应用先进的制造技术，不仅关系到机械、汽车工业的振兴，而且直接影响整个制造业乃至国民经济的健康发展。“九五”期间，国家已把先进制造技术作为五个重点领域之一列入了科技规划，机械工业也将其作为本世纪末下世纪初科技发展的重点，争取在现代设计技术、先进制造工艺和设备、综合自动化技术等方面，有选择地发展和推广应用一大批先进制造技术，切实增强行业的整体竞争力。

3. 全面提高劳动者素质，为经济增长方式的转变奠定坚实的基础

要在全行业实施“跨世纪人才工程”，造就一支适应社会主义市场经济要求的各类人才队伍。要建立一支优秀的管理干部队伍，把德才兼备的优秀管理人才推上各级领导岗位，特别是要在行业内尽快建立起有利于企业家成长的科学配套的机制和制度，逐步形成机械工业职业化的企业家群体；要采取各种措施，在机械系统中培养、选拔各类科技拔尖人才，不断加大专家系统储备，建立一支优秀科技专家队伍；要加强技术工人队伍的建设，运用竞争激励机制，有组织、有计划地选拔各类高技能工人，造就一支技艺精湛的能工巧匠队伍。为保证“跨世纪人才工程”的顺利实施，在行业内要尽快

形成有利于人才脱颖而出的竞争机制，建立符合市场经济规律的现代科学的人事管理制度，以便不断选拔、培养拔尖人才，带动整个职工队伍素质的提高。

要加强企业的继续工程教育和岗位培训工作。各级领导，特别是企业的主要负责人要舍得花本钱，把提高职工队伍素质作为企业工作的当务之急，抓紧抓好。要在大中型企业和企业集团中尽快建立起与现代企业制度相适应的培训制度和体系，积极鼓励专业技术人员和广大职工参加各种形式的培训。在普遍提高全体劳动者科学文化素质的同时，要提倡和发扬敬业奉献精神和职业道德，提高职工队伍的思想素质。

要加强高等院校和职业技术教育。根据行业发展的需要和《中国教育改革和发展纲要》的要求，加快部属高等院校的改革步伐；要根据各校的实际和高新技术的发展趋势，加快专业、学科的调整和改造，增强其高层次人才培养的能力和适应性，提高办学的质量和效益；要积极推进、稳步实施办学体制改革，推进产学合作、部省共建的联合办学；要努力把高等院校建成教学、科研两个“中心”，增强其为行业培养高级专门人才和促进企业科技进步的能力。同时，要大力发展职业技术教育，行业中专和技工学校要进一步加强实践教学环节、突出技能培训，稳步提高毕业生的质量和适应性；要继续完善“变招工为招生”的制度，在1997年实现26个通用技术工种从职业技校生中补充新工人的基础上，进一步实现所有工种工人的补充都要做到“先培训、后上岗”；各地要集中力量办好几所起示范作用的骨干学校，争取在“九五”期间建成30所全国重点中等职业技术学校、20所高等职业技术学校，为行业源源不断地提供各类中高级技能人才。

三、加大改革力度，促进机械工业经济体制转变

1. 加强对建立现代企业制度试点工作的指导，推进机械工业企业改革的深化

1995年是进行现代企业制度试点工作的第一年，分别有16个和250个机械企业被列入国家和省市确定的试点行列。1996年国家还将选择300个企业进行试点，机械工业企业还会占有一定的比例。在抓好试点企业的同时，要积极推进面上改革的深入，争取到本世纪末使行业的大中型企业初步建立起现代企业制度。

要针对试点中的重点难点问题进行突破。试点企业要充分利用国家、地方和18城市“优化资本结构”的各项试点政策，在试点的重点难点问题上，大胆实践，勇于探索，确保试点工作取得实质性进展。

2. 要着眼搞好整个机械工业国有经济，加快国有企业的战略性结构调整

要以市场和产业政策为导向，围绕“组织结构优化战役”，集中力量抓好一批大的优势企业，以资本为纽带，连结和带动一批企业的改组和发展，尽快形成规模经济。首先要认真抓好12个国家计划单列集团试点工作。一要积极推动试点集团建立以资产为纽带的母子公司体制；二要协助抓好试点集团配套政策的落实；三要指导试点集团制订好集团发展战略；四要推动试点集团的兼并与联合。通过做好以上工作，提高试点集团经营管理的整体素质，增强市场竞争能力。同时，带动一批中小企业的健康发展。其次，要抓好国家选定的1000个优势企业中机械行业的企业，充分利用国家的支持政策，并与行业的组织结构优化结合起来，使他们成为行业发展的领头企业。再次，要配合各级政府做好放开放活小型机械企业的工作，采取多种灵活方式，有的可以实行兼并、联合，有的可以改组为股份合作制企业，也可以实行租赁制、承包经营和出售，加快改革和改组的步伐。

3. 加强机械工业国有资产管理体制的改革，探索建立国有资产管理和运营的新体制

要积极探索建立国有资产管理和运营的新途径。国有资产体制改革是整个经济体制改革的重要组成部分，也是国有企业改革的一项重要内容。从各地的实践看，在进行国资经营试点中，要注意三个问题：首先，要结合本地区实际，把政府职能转变，国有企业改革和国资管理体制改革结合起来，统盘筹划，做细致扎实的工作；其次，要制订切实可行的试点方案，从分析授权范围内资产状况入手，对公司内部的治理结构、存量资产调整和优化的目标及措施等各个方面，进行充分的研究和论证，确保试点方案切实可行，防止一哄而起；再次，要着眼于资本运作，重点做好存量资产的调整和优化，不能以任何方式干预企业的经营权。

要加强对国有资产的监管工作。在国有资产体制改革中，各级机械工业管理部门负有一项重要职责，就是要加强对国有资产的监管工作。目前机械工业部已被国务院授权，对指定及所属企业的财产实施监管。对部属企业单位的国有资产监管工作，要建立并落实国有资产保值增值责任制，完善考核办法。各级机械工业管理部门也要在当地政府的领导下，做好对指定和所属企业财产的监管工作。

4. 积极探索社会主义市场经济体制下行业管理的新路子

随着市场经济体制的逐步建立，政府对于经济管理主要是制定和执行宏观调控政策，而市场对资源配置的基础性作用将越来越大。机械工业从1984年起就开始了由部门管理转向行业管理，经过十多年的探索实践，在职能转变、政企分开等方面取得了一定的成效。行业管理是政府部门的一项重要职能，是政府宏观调控的重要组成部分。在行业管理体系中，政府仍居于主导地位，发挥着不可替代的作用。

要探索行业管理的新路子。行业管理要适应市

场经济体制的要求，必须找准位置，进行改革，才有可能发挥在宏观调控中的作用。总的考虑是，机构改革要有利于政企分开，有利于企业搞活和行业的发展，有利于宏观调控，加强服务、指导和监督；在管理范围上，要实行全行业管理，对凡在我国境内从事生产机械产品的企业，不论其所有制形式及规模大小，都应一视同仁，纳入行业管理的范围；在管理内容上，要更多地注重对市场的分析预测，做好行业的供求总量平衡、生产力布局、产品发展方向、技术标准、质量监督等；在管理手段上，要逐步学会运用政策、法规、价格、税率、信贷、信息等经济和法律手段，辅之以必要的行政手段；在管理形式上，除行政指导外，要注重采取对话、协商、研讨等方法。

要充分发挥自律性行业管理组织在行业管理中的作用。自律性行业管理组织是政府和企业间的桥梁和纽带，是加强对企业政策引导、信息沟通、协调服务，以及密切企业间相互联系的有效组织形式，是行业管理的重要组成部分，要充分发挥其作用。自律性行业管理组织也要主动开展工作。提高人员素质，积极承担起历史赋予的使命，重点做好三方面的工作：一要围绕机械、汽车工业振兴纲要和产业政策，协助政府落实好行业发展规划；二要认真分析本行业的市场情况，做好市场预测和信息引导工作；三要帮助企业解决共同关心的难点问题，积极维护和协调行业内企业间的利益关系，促进企业间的协作和有序竞争。

四、从解决主要矛盾入手启动振兴，打好“三大战役”

1. 打一场产品质量翻身的战役，再塑机械产品的良好形象，创立1 000种名牌产品

质量翻身战役的总目标是：基本改变机械产品的市场形象、在用户中树立敢用愿用国货的信誉、创立1 000种名牌产品，提高机械产品的市场竞争力。根据这个奋斗目标，打好质量翻身战役，要坚持“面向用户、综合治理、重在机制”的指导方针。“面向用户”，强调按照用户的要求确定产品的质量目标，真正做到为用户服务、对用户负责、让用户满意；“综合治理”，意在针对质量是多种因素综合反映的结果，要求设计、制造、装配、调试“一条龙”负责，技术、管理、服务措施全面到位，企业、政府、社会齐抓共管；“重在机制”，要求解决质量问题应标本兼治、重在治本。通过打好质量翻身战役，建立起适应社会主义市场经济的质量保证机制，把产品质量引入长期稳定和不断提高的良性循环。在战役部署上，要以企业自律为主、社会和政府监督密切协助，注意抓点和抓面相结合、科技和管理相结合、制造和服务相结合。围绕上述设想，要重点抓四个方面的工作。

一是，要培养和形成牢固的质量意识。在全体职工中牢固树立“质量第一”、“质量是企业生命”的意识，这是搞好一切质量工作的基础。企业的质量教育要形成制度，不论新老职工、职务高低都要定期接受质量教育；教育的内容要突出质量观念转变，重点培养综合质量（QSTC）观念、竞争质量观念、法制质量观念及全员质量责任观念；配合质量教育，要建立奖罚制度，通过鲜明的鼓励、严肃的处罚，切实促进职工逐步养成牢固的质量意识和处处重视质量的良好习惯。从而，通过全行业每一个岗位工作的高质量，为产品和服务的高质量、高水平提供有效的保证。

二是，要落实厂长经理质量责任，切实强化企业质量管理。强化企业质量管理是提高产品质量的关键环节。第一，要真正落实厂长的质量责任。厂长要全面负责企业的质量工作，认真按照《产品质量法》和《消费者权益保护法》的要求依法治理。尽快建立企业内部全员质量责任体系，把厂长的质量责任传递到每一名职工，用全体职工的质量责任保证厂长质量责任的落实。应加强对厂长质量责任的监督和考核，质量进步首先要奖励厂长，同样，出了质量事故首先要厂长负责。第二，要加速贯彻ISO9000标准，深入开展全面质量管理。争取到“九五”末期使重点骨干企业全面达到ISO9000标准的要求，其他大中型企业都要有明显的进展。通过贯标，实现企业从采购到服务全过程质量控制，做到产品质量“一票否决”，并有人严格把关、有人负责改进。第三，要努力开展可靠性工作。要着重抓好重点振兴产品可靠性水平的提高，发电设备要努力提高可用度，乘用车要在平均无故障行驶里程上狠下功夫，数控机床要力争延长无故障运行时间，液压元器件要在可靠度上有根本性的突破。部将在企业自愿的前提下，加速开展机械产品可靠性认定工作，认定后的产品向社会公开发布推荐。

三是，要大力推广质量保证承诺的自律性活动。向用户提供质量保证承诺，是部倡导、企业发起的一项质量自律性活动。其核心内容是由机械企业向用户承诺对所提供的产品质量全面负责，保证提供合格的产品，保证提供及时、优质的服务。自1995年7月机床行业首先发起以经济赔偿为特征的质量保证承诺活动至今不过短短半年时间，已经波及到电工、通用机械、基础件、汽车、摩托车等行业，许多企业踊跃响应，受到用户热烈欢迎。通过这项活动的开展，对再塑机械产品形象、赢得用户信任将产生极大的推动作用。

四是，要加强对产品质量的社会和政府监督。实践证明，社会和政府监督，对改善和提高产品质量能够产生显著的促进效果。为此，要加大监督的力度，敢于“揭短”、“曝光”，敢于严格检查，敢于严肃处理；要合理扩大监督的范围，把国有企业、乡镇企业、“三资”企业、个体及联营企业完整地纳入监督的视线；要努力按市场经济的要求改善监督的方法。同时，要积极开展用户对机械产品的评价工作，对确属质量长期稳定提高，并在用户中建立良好信誉的少数产品，部将设立“部长奖”

予以奖励。

2. 打一场组织结构优化的战役，促进资产合理配置，造就100个具有较强竞争力的“巨人”企业

结构优化战役的总目标是：初步改变“散、乱、全”的局面，推动企业按适度经济规模组织生产，培育企业集团，发展专业化协作，努力造就100个结构优化、规模经营、效益显著并具有较强竞争力的“巨人”企业。到2000年，行业前百家的生产集中度提高到25%。汽车行业形成3～4个年销售额超400亿元的企业；摩托车行业形成10个年销售额超50亿元的企业；其他机械行业形成5个年销售额超百亿元的企业，20个年销售额超50亿元的企业，60个年销售额超20亿元的企业。根据这个奋斗目标，打好结构优化战役，要坚持“市场导向、扶优扶强、改组改造、规模经营”的指导方针，“市场导向”强调根据市场竞争的需要确定组织结构调整的方向和进程，防止“父母包办”和“急于求成”；“扶优扶强”要求政府的政策向优势的、有实力的企业倾斜，通过重点支持这些企业提高生产集中度，带动和引导整个行业组织结构优化；“改组改造”提倡企业资产重组和技术改造并举，在改组的基础上进行改造，用强有力的改造巩固和提高改组的成效；“规模经营”是行业资产优化配置要达到的目的，也是衡量组织结构调整是否合理的主要标志。在战役部署上，要充分发挥市场机制在配置资源方面的基础性作用，国有资产运营和政府指导密切协同，注意增量投入与存量重组相结合、扩大规模和增强实力相结合、提高集中度与发展专业化相结合。围绕上述设想，要重点抓好四个方面的工作。

一是，要通过多种途径，加快企业资产流动。打破企业资产固化的格局，推动企业资产合理流动，是调整企业组织结构的前提和基础。因此，要实现资产的优化配置必须加快企业资产的流动。要发挥市场机制的作用，充分利用联合、兼并、收购、租赁、破产等多种形式促进资产向优势企业转移；要积极探索发展产权交易，通过明晰产权主体、规范交易秩序，把企业产权转让推上市场，提高企业资产流动的速度和质量；要大力推进股份制改造，积极发展“强强联合”，加大大中型企业之间资产重组的力度；要着眼于搞好整个国有经济，打破隶属关系的束缚，采取必要的行政手段，推进国有企业资产的优化组合，使国有资产真正进入最佳配置，发挥更好的效能。

二是，要充分发挥国有资产运营机构在资产重组方面的重要作用。调整资产结构，是国有资产运营机构的主要职能。因此，所有机械行业的国有资产运营机构，都要十分明确自己肩负的重大责任，尽快完善功能，积极发挥作用。要把规划发展和调整资产很好地结合起来，把不动产调整和工业资产调整很好地结合起来，把本地区的调整和全行业的调整很好地结合起来，以保证全行业企业组织结构的整体优化。

三是，要加强和改善对资产优化配置的指导。要加快制订和颁布《规模经济标准》的步伐，引导企业按合理规模配置资产。凡是列入政府规划的基建技改项目，达不到规模经济标准的不能批准立项；要探索利用整体改造推动企业组织结构优化，以增量投入引导多个企业存量资产的重新组合。今后，要把存量调整作为确定技改项目和引进外资的重要因素，在技改或合资中，能把改造和改组有机地结合起来的都要很好的结合起来；要引导企业将一般加工工序向社会扩散，重点加强科研开发和总装调试、售后服务的能力建设，推动企业资产结构由“橄榄型”向“哑铃型”的过渡。

四是，要重点发展一批“巨人”企业。世界经济史表明，一个大国的经济在发展初期都是由中小企业构成的，但当经济发展到一定阶段时，必然要产生一批“巨人”企业，由这些企业促进资源的更佳配置，带动整个经济的持续增长。目前，全球500个最大工业企业的销售额已占到西方国家总销售额的四分之一左右。为此，机械工业要打好企业组织结构优化的战役，必须采取有力措施，重点支持一批企业发展成为具有较强竞争力的“巨人”企业。首先要从机械百强和重点振兴企业中选择有优势、后劲足、素质高的企业作为重点支持的企业，进行扶优扶强，加大对重点支持企业的投入，可以考虑把固定资产投资的大部分投向这些企业，鼓励其提高起点、增强实力、“向两头延伸”、科工贸金结合；要积极争取赋予重点支持企业融资和对外经营权，形成自我筹资机制，逐步走向跨国经营；要制定政策，引导各类人才向重点支持企业集中，不断改善知识结构，努力提高职工素质，以优异的人才队伍支撑企业成长壮大。通过重点支持，力争在“九五”末期造就100个具有较强竞争力的“巨人”企业，真正形成行业的排头兵和主力军。

3. 打一场开发能力提高的战役，努力掌握产品发展的主动权，建成300个企业技术开发中心

产品开发能力提高战役的总目标是：初步缓解主要依靠国外技术发展的被动局面，行业重点产品国内技术来源有较大幅度的提高，切实把产品开发的主体放在企业，在300个企业中建成具有较强开发能力的技术中心，明显缩短重点产品的更新周期和与国际水平的技术差距。根据这个奋斗目标，打好产品开发能力提高的战役，要坚持“消化吸收、立足创新、联合开发、重点突破”的指导方针，“消化吸收”强调加快引进技术为我所有、为我所用的进程，通过移植、推广，支持一批新产品的开发研制；“立足创新”要求消化吸收和自主开发都应注重技术创新，在适用、先进的前提下，勇于标新立异形成自己独有的技术，有力地促进产品开发能力的提高；“联合开发”提倡充分利用改革开放的有利条件和我国传统的优势，采取各种形式把制造和使用、国内与国外、产学研等方面的力量联合起来，共同为提高机械工业的产品开发能力服务；

“重点突破”意在打破面面俱到、齐头并进的陋习，按市场竞争的要求，选择最急需发展的产品，集中力量重点予以突破，以尽可能短的时间，支撑企业在一定领域内形成较强竞争能力。在战役部署上，要以企业为主体、产学研联合，社会和政府大力支持，注意消化吸收和自主创新相结合、独立开发和联合开发相结合、加大投入和利用好现有条件相结合。围绕上述设想，重点抓好四个方面的工作。

一是，要加快企业成为产品开发主体的进程。要彻底改革产品开发的运行机制，绝大多数竞争性开发项目，都要由企业牵头实施，都要以企业为主筹集经费，都要让企业自主选择组织形式。从而，推动企业逐步承担起产品开发的重任。要进一步促进产品开发类研究院所与企业紧密结合，积极探索各种有效的形式，加快其进入企业的步伐；要积极鼓励一批大型企业建立技术中心或科研机构，特别是重点支持的100个“巨人”企业，到“九五”末期都要建成具有较强开发能力的技术中心。

二是，要为产品开发打好坚实的技术基础。为了有力地增强行业的产品开发能力，“九五”期间，必须下功夫提高国内技术的依托比例，努力过好技术关。要按照覆盖面广、后续效应大的原则，确定500项引进技术进行消化吸收和二次开发，使之为我掌握并有所创新，运用这些技术支持1000种重大新产品的发展；要根据部“九五”科技发展计划，选择最急需的24项关键技术，集中力量组织攻关，力争通过五年的努力取得全面突破，为积聚后劲和提高产品开发的起点创造良好的条件；充分发挥技术市场和技术中介组织的作用，加速技术成果的商品化，更好地为产品开发服务。部将在继续实施“机电一体化技术推广计划”的同时，再有计划、分步骤地组织一批重大技术的推广应用，提高新产品开发的技术含量和技术水平。

三是，要多渠道、多层次增加开发的投入。增加投入，是增强自主开发能力的关键所在。要引导企业增加投入，凡列入部“九五”投资计划的项目，都要统筹考虑开发能力的建设，并充分利用好国家促进产品开发和“两则”等已有的政策，逐步达到企业技术开发费占销售额的比例不低于3%；要加大政府的投入，部和省市厅局都要从政府各有关部门寻求支持，加大投入的力度；机械工业技术发展基金应用好用活，充分发挥作用；要积极争取从多种渠道筹集更多的资金，用于行业的科研开发工作。

四是，要采用多种形式组织开发活动。机械工业要坚持从我国的实际出发，探索采用多种方式高效地组织产品开发活动。要围绕冶金、石化、能源等重大装备国产化，把使用和制造组织起来，加强与用户结合、与工艺结合，在用户直接帮助下提高自己，在提高中满足用户的需要；要围绕某一产品领域的共性技术，把制造企业组织起来，联合设计、联合攻关，共同投资、共享成果；要围绕企业技术发展的需要，由企业牵头，产学研联合，发挥优势，能力互补，挖掘潜力，增强实力；要围绕重点产品和大的项目，通过合资合作，与外商共同组建科研机构，联合开发、滚动发展，以较快地增强行业的产品开发能力。

通过打胜“三大战役”，达到阶段性目标，行业的整体面貌将发生显著变化：产品的市场形象开始走向“用户信任期”，资产配置呈优化的势头，自主开发能力有较大提高，整个行业的竞争力明显增强，国内市场占有率从目前的69%上升到80%左右，进入国际市场的份额继续保持稳步增长的趋势。从而，完成振兴第一阶段抓薄弱、打基础的任务，推动机械、汽车工业顺利进入第二个振兴阶段。

最后，我再强调一个问题。“九五”期间，机械工业要打好“三大战役”，完成振兴机械、汽车工业第一阶段任务，就必须加强“两个文明”的建设，切实把社会主义精神文明建设提到突出的地位，将其纳入行业振兴和企业发展的总体规划，始终不渝地“坚持两手抓、两手都要硬”的方针，坚持不懈地用邓小平建设有中国特色社会主义理论武装全行业广大职工，结合行业的实际，认真学习贯彻党的十四届五中全会精神，把全行业职工的思想和行动统一到振兴机械、汽车工业上来，使广大职工心往振兴上想，劲往振兴上使，获得物质文明与精神文明的双丰收。

机械、汽车工业的振兴现在正式启动了，面临的任务光荣而艰巨。让我们积极行动起来，团结奋斗，扎实工作，力争全面实现机械、汽车工业振兴的第一阶段目标，使一个充满生机和活力的机械工业迈入21世纪。

1995年机械工业部系统大中型企业工业经济效益综合指数指标排序

机械工业部生产与信息统计司根据1995年机械工业部系统的2 862个大中型企业的年报资料，选择了145个小行业，进行效益指标排序，以反映机械工业各行业及较好企业的水平。本《年鉴》选择工业经济效益综合指数（单位为%）排序资料予以刊登。根据各行业内的企业数量多少，而选择排序的企业数量。

工业经济效益综合指数排序　　（单位：%）

排序	名称	指数	排序	名称	指数
	全国机械工业合计	**83.44**	1	高唐县时风机械集团总公司	359.56
一	**农业机械工业行业**	**101.56**	2	山东九羊企业集团总公司	265.94
	大中型拖拉机制造业	**83.08**	3	武进电机厂	220.51
1	山东潍坊拖拉机厂	125.24	4	东台拖拉机配件厂	212.24
2	上海拖拉机内燃机公司	117.19	5	无锡威孚股份有限公司	209.72
3	宁波中策拖拉机汽车有限公司	108.91	6	江苏轴瓦厂	209.71
4	中国第一拖拉机工程机械公司	96.52	7	合肥市缸套厂	205.47
5	山东拖拉机厂	79.88	8	仪征活塞环厂	178.12
6	淮阴拖拉机集团公司	70.57	9	泰州跃进电器总厂	177.89
7	湖北拖拉机厂	60.76	10	地方国营上虞动力机厂	176.01
8	安徽拖拉机厂	60.29		**机引耕作农具制造业**	**71.18**
9	长春拖拉机制造厂	57.35	1	山东华日集团总公司	165.86
10	哈尔滨拖拉机厂	51.33	2	禹城县机械厂	112.31
	小型拖拉机制造业	**93.95**	3	德州农机厂	105.76
1	安徽六安手扶拖拉机厂	263.09	4	公主岭市播种机厂	101.69
2	开封机械厂	257.86	5	武冈市第二机械厂	96.15
3	新乡市第一拖拉机厂	238.13	6	云南茶叶机械厂	93.42
4	临沂拖拉机制造厂	237.99	7	河北省保定农机厂	79.51
5	安徽省全椒手扶拖拉机厂	231.70	8	石家庄市农业机械厂	77.43
6	山东手扶拖拉机制造厂	222.54	9	云南金马农用车制造总厂	67.76
7	常州拖拉机厂	184.69	10	商丘机引农具厂	52.48
8	江西手扶拖拉机厂	168.28		**机动植保机械制造业**	**132.87**
9	昆明市手扶拖拉机厂	165.61	1	临沂农业药械厂	248.69
10	浙江四方集团公司	153.27	2	苏州农业药械厂	153.98
	内燃机制造业	**136.94**	3	北京市植保机械厂	127.37
1	广西玉柴机器股份有限公司	379.22	4	金华市农业药械厂	98.08
2	云南内燃机厂	353.65		**收获机械制造业**	**53.79**
3	常柴股份有限公司	313.83	1	镇江脱粒机厂	684.51
4	武进柴油机厂	276.94	2	舞阳惠方集团公司	196.72
5	中国一汽集团公司无锡柴油机厂	258.65	3	河北收割机厂	112.78
6	上海柴油机股份有限公司	238.12	4	桂林联合收割机总厂	100.14
7	重庆浦陵机器厂	209.31	5	牟平收获机械制造厂	66.43
8	成都开维内燃机有限公司	206.02	6	新疆联合收割机厂	66.27
9	江苏行星机械集团公司	204.28	7	北京联合收割机发展集团	42.96
10	郑州金牛(集团)股份有限公司	198.56	8	四平联合收割机总厂	-13.86
	拖拉机、内燃机配件制造业	**94.12**	9	佳木斯联合收割机厂	-18.15

（续）

排序	名　称	指　数	排序	名　称	指　数
	场上作业机械制造业	**72.63**		**农业泵制造业**	**94.47**
1	曲阜市农业机械厂	157.34	1	浙江丰球集团公司	348.22
2	临颍县机械厂	98.07	2	项城市机械厂	194.42
3	高密县农业机械厂	65.11	3	日照机械(集团)股份有限公司	184.32
	农副产品加工机械制造业	**93.32**	4	威海水泵厂	183.29
1	郯城精华机械(集团)股份有限公司	225.53	5	林州市机械厂	183.02
2	漯河市中原面粉机械厂	206.29	6	杭州水泵总厂	146.72
3	东阿县机械厂	111.74	7	石家庄市潜水电泵厂	144.12
4	鱼台机械制造厂	109.01	8	四川三台泵业有限公司	133.99
5	山东面粉机械厂	84.08	9	杭州钱江水泵厂	131.57
6	乐陵机械厂	78.72	10	山东电泵股份有限公司	129.43
7	邯郸棉花机械厂	76.43		**农机齿轮制造业**	**103.88**
8	天津市静海机械工业公司	74.20	1	武进金城齿轮有限责任公司	273.69
	农业运输机械制造业	**120.02**	2	常州齿轮厂	229.09
1	山东文登农用运输车厂	524.19	3	皖南光明(集团)有限责任公司	199.05
2	南京农用车制造厂	445.51	4	姜堰精锻齿轮厂	189.28
3	皖南机动车辆厂	346.87	5	安阳齿轮厂	180.02
4	广平县机械厂	300.02	6	安徽省东至齿轮厂	169.45
5	山东巨力(集团)股份有限公司	259.26	7	兴化齿轮厂	169.16
6	郑州市拖车厂	235.54	8	山东济宁齿轮厂	143.47
7	安吉机动车辆总厂	225.69	9	南皮县齿轮厂	136.26
8	寿光聚宝农用车辆总厂	192.65	10	浙江省新昌县齿轮箱厂	131.23
9	鹤山市挂车总厂	165.57		**水利机械制造业**	**42.06**
10	漯河车辆总厂	158.84	1	黄骅市五一机械厂	117.51
	排灌机械制造业	**91.52**	2	隆回县机械厂	29.99
	畜牧机械制造业	**66.43**	3	廉江市机械厂	8.93
1	文登市农业机械厂	279.76		**小农具及金属制品业**	**82.59**
2	上海浦东电工电器公司	129.90		**粮油工业专用设备制造业**	**88.52**
3	青海农牧机械厂	109.29	1	南阳光辉机械厂	193.19
4	阿坝州牧业机械厂	73.92	2	赞皇县机械厂	190.45
5	山东省五莲县农牧机械厂	73.78	3	沈丘县机械厂	159.41
6	大同农牧机械厂	71.78	4	四川青江机器股份有限公司	155.59
7	海拉尔牧业机械总厂	10.01	5	常德中兴机械厂	117.67
8	青岛大华机器厂	24.72	6	南皮县机械厂	113.67
9	内蒙古动力机厂	－64.22	7	安徽省五河县机械厂	107.66
	半机械化农机具制造业	**72.52**	8	吉林市机械厂	67.37
1	聊城运输机械厂	253.66	9	淮阳县机械厂	－7.82
2	山东省济宁市车辆厂	190.97	10	吴川市农机修造厂	－19.34
3	盐城丰驰集团有限公司	171.77		**饲料工业专用设备制造业**	**87.69**
4	山东省五莲县减震器股份有限公司	144.91	1	广东华达机器厂	130.22
5	奎屯机械厂	83.54	2	简阳县机械厂	5.59
6	南阳市宏大机械厂	81.73		**营林机械制造业**	**－11.73**
7	信阳市豫南机械总厂	71.15		**其他农林牧渔业机械制造业**	**72.59**
8	惠阳市工业总公司	69.01	1	广东省番禺市瑞峰机电总厂	206.45
9	斗门县第一农机修理制造厂	9.40	2	张家港市渔业机械厂	187.89
10	邢台车辆厂	5.12	3	泰安试验设备股份有限公司	161.36

(续)

排序	名　　称	指　数
4	河北省霸州市钻井机械厂	157.81
5	台山市新丰企业集团公司	109.60
6	大连船用齿轮箱厂	99.63
7	阳江市链轮厂	72.94
	营口市第三机械厂	**66.24**
1	商丘车辆总厂	61.67
2	漯河市钢珠厂	54.35
	农林牧渔业水利机械修理业	**75.70**
1	江苏建湖机床厂	82.16
二	**工程机械工业行业**	**76.78**
	挖掘机制造业	**63.59**
1	贵阳矿山机器厂	97.41
2	合肥矿山机器厂	73.09
3	国营长林机械厂	57.07
4	北京建筑机械厂	54.44
5	长江挖掘机厂	34.46
	压路机制造业	**48.72**
1	三明重型机器厂	48.72
	推土机制造业	**59.29**
1	宣化工程机械厂	83.54
2	山东推土机总厂	80.68
3	黄河工程机械厂	77.29
4	鞍山第一工程机械集团有限公司	64.53
5	湖北咸宁工程机械厂	52.13
6	吉林省和龙机器厂	31.23
7	彭浦机器厂	25.03
8	青海工程机械厂	5.12
	工程起重机械制造业	**75.86**
1	徐州工程机械集团有限公司	107.75
2	靖江工程机械集团公司	91.10
3	四平华银(集团)股份有限公司	71.64
4	北京起重机器厂	64.49
5	朝阳工程机械集团有限公司	60.96
6	浦沅工程机械总厂	60.36
7	蚌埠安利机器厂	32.35
8	泰安起重机械厂	31.91
9	锦州重型机械厂	27.96
10	抚顺市起重机总厂	14.07
1	山东光明机器厂	197.80
2	合肥叉车总厂	99.51
3	杭州富春工程机械有限公司	98.99
4	大连叉车总厂	93.95
5	衡阳市电瓶车总厂	77.79
6	厦门海德总公司	73.16
7	锦州叉车总厂	69.09
8	天津市叉车总厂	68.89
9	大连第二锻造厂	66.15
10	宝鸡叉车制造公司	64.11
	风动工具制造业	**67.90**
1	湘潭风动机械厂	84.36
2	沈阳风动工具厂	74.86
3	南京华瑞工程机械有限公司	42.29
4	通化市风动工具厂	38.28
	凿岩机制造业	**71.51**
1	浙江开山股份有限公司	131.02
2	天水风动工具厂	85.23
3	宣化采掘机械厂	-15.73
	其它建筑机械制造业	**97.91**
1	厦门工程机械股份有限公司	211.05
2	临沂工程机械股份有限公司	205.27
3	东台市工程机械股份有限公司	181.13
4	柳州市建筑机械总厂	155.67
5	山东工程机械厂	141.83
6	新河钻机厂	136.13
7	东光县第一机械厂	121.78
8	柳州工程机械企业集团公司	120.48
9	宜春工程机械股份有限公司	119.33
10	分宜县驱动桥厂	114.71
三	**仪器仪表工业行业**	**85.67**
	工业自动化仪表制造业	**69.59**
1	温州海米特集团公司	265.56
2	上海·福克斯波罗有限公司	234.97
3	安徽省天长市仪表厂	173.95
4	重庆检测仪表厂	152.29
5	北京远东仪表公司	143.48
6	丹东热工仪表厂	118.11
7	鞍山热工仪表集团	112.61
8	广东仪表有限公司	105.42
9	上海自动化仪表公司	97.07
10	重庆仪表厂	90.53
	电工仪器、仪表制造业	**64.14**
1	无锡威达电工仪表有限公司	370.10
2	华立集团公司	177.19
3	宁波三星集团	151.90
4	青岛电度表厂	136.56
5	上海电度表厂	129.08
6	金雀电气(集团)有限公司	98.04
7	上海电工仪器厂	88.48
8	湖北省沙市电工仪器仪表工业公司	86.64
9	南京电表厂	84.15
10	柳州市仪表总厂	76.90
	分析仪器制造业	**60.58**

（续）

排序	名　　称	指　数	排序	名　　称	指　数
1	佛山分析仪器厂	106.70	1	上海新沪玻璃厂	86.25
2	北京瑞利分析仪器公司	95.09		**幻灯机及投影仪制造业**	**60.29**
3	南京分析仪器厂	59.94	1	郑州照相机厂	67.22
4	北京分析仪器厂	22.09	2	南京电影机械厂	58.53
5	沈阳分析仪器厂	12.25		**复印机制造业**	**114.26**
	光学仪器制造业	**61.18**	1	上海施乐复印机有限公司	328.77
1	苏州第一光学仪器厂	137.60	2	营口复印机有限公司	128.17
2	北京光学仪器厂	118.46	3	广东世联实业(集团)公司	120.13
3	梧州市光学仪器厂	114.94	4	广州复印机厂	103.97
4	上海精密科学仪器公司	103.63	5	天津市复印设备公司	36.78
5	重庆光电仪器总公司	90.91		**其他文化办公用机械制造业**	**83.77**
6	南京江南光电集团股份有限公司	76.73	1	上海申贝办公机械总公司(实体)	110.64
7	江西光学仪器总厂	75.10	2	上海打字机厂	38.43
8	上海分析仪器厂	52.96		**专用仪器仪表元器件制造业**	**72.26**
9	上海光学仪器厂	12.38	1	南京一品光学工业有限公司	190.56
10	天津市光学仪器厂	2.99	2	苏州仪表元件厂	119.79
	试验机制造业	**45.23**	3	苏州晶体元件厂	108.15
1	济南试验机制造总公司(集团)	101.83	4	上海合金厂	106.51
2	上海申克试验机有限公司	88.40	5	湖北省襄樊市仪表元件厂	105.83
3	苏州试验仪器总厂	81.00	6	天津天力有限公司	79.70
4	莱州试验机总厂	74.47	7	国营青岛磁钢厂	34.06
5	广州试验仪器厂	58.66	8	杭州仪表元件厂	-6.61
6	长春试验机集团公司	53.67		**衡器制造业**	**34.12**
7	营口仪器厂	48.56	1	营口市仪器三厂	57.04
8	青山试验机厂	14.42	2	承德市自动化计量仪器厂	28.33
9	天水红山试验机厂	-27.32		**气象海洋水文天文测量仪器业**	**40.54**
10	吴忠材料试验机厂	-37.36	1	长春气象仪器厂	19.58
	实验室仪器及装置制造业	**293.37**		**医疗器械制造业**	**96.88**
1	泰州春兰集团公司	630.99	1	广东威达医疗器械(集团)公司	101.63
2	淄博空调风机股份有限公司	97.48		**环境保护仪器仪表制造业**	**89.55**
3	苏州空调设备厂	67.40		**汽车仪器仪表制造业**	**117.49**
4	湖南仪器仪表总厂	1.37		**其他仪器仪表计量器具制造业**	**87.86**
	电影机械制造业	**45.60**	1	深圳奥士达电子有限公司	219.32
1	山东电影机械厂	112.03	2	扬州曙光波纹管厂	211.11
2	哈尔滨电影机械厂	66.36	3	无锡市模具厂	154.24
3	甘肃光学仪器工业公司	8.46	4	肇庆市化工机械厂	151.98
	照相机及器材制造业	**75.66**	5	扬州机床厂	116.18
1	天津三星光电子有限公司	121.56	6	南京仪机股份有限公司	114.08
2	上海照相机总厂	73.28	7	大连仪表元件厂	58.65
3	北京市照相机总厂	65.74	8	天津市建筑仪器试验机公司	-7.59
4	上海照相机三厂	46.11	**四**	**石油化工通用机械工业行业**	**76.17**
5	天津市照相机公司	41.09		**石油工业专用设备制造业**	**46.16**
6	常州照相机总厂	12.18	1	金湖机械厂	128.73
7	青岛照相机总厂	6.90	2	泰兴石油机械厂	121.37
8	广州照相机厂	-67.78	3	利群机械厂	98.92
	光学玻璃制造业	**85.34**	4	广饶石油机械股份有限公司	95.84

（续）

排序	名称	指数	排序	名称	指数
5	上海轻工机械股份有限公司	91.09	9	上海一冷开利空调设备有限公司	142.83
6	中国通化石油工具股份有限公司	84.88	10	常熟制冷设备厂	122.07
7	抚顺机械厂	79.90		**气体压缩机制造业**	**79.12**
8	濮阳铸钢厂	77.30	1	上海英格索兰压缩机有限公司	543.49
9	吉林省大安石油机械厂	72.64	2	余姚通用集团公司	209.44
10	连云港石油化工机械总厂	69.76	3	南京压缩机股份有限公司	107.78
	化工与化纤设备制造业	**38.56**	4	开封空分设备厂	101.02
1	盘锦兴达股份有限公司	136.79	5	南京华冠压缩机有限公司	96.51
2	新乡利民机械工业公司	85.55	6	广州空气压缩机厂	93.36
3	安徽省合肥化工机械厂	65.49	7	柳州第二空气压缩机总厂	84.73
4	云南化工机械厂	65.33	8	烟台蓝星压缩机有限责任公司	83.74
5	自贡市高压容器厂	62.51	9	常熟机械总厂	83.73
6	辽阳金属结构厂	60.45	10	上海东方压缩机厂	78.81
7	青岛通用机械厂	50.94		**气体分离设备制造业**	**77.14**
8	北京金属结构厂	46.68	1	杭州制氧机集团公司	114.74
9	苏州化工机械厂	43.91	2	四川空气分离设备厂	99.79
10	盘锦市石油化工机械总厂	41.87	3	无锡压缩机股份有限公司	99.66
	印刷工业专用设备制造业	**78.86**	4	吴县苏州制氧机厂	91.79
1	上海亚华印刷机械有限公司	220.81	5	哈尔滨制氧机厂	79.98
2	上海罗克韦尔图文系统有限公司	162.95	6	江西制氧机厂	79.71
3	唐山玉印(集团)公司	149.56	7	江西气体压缩机厂	75.70
4	威海市印刷机械厂	140.27	8	邯郸制氧机厂	64.63
5	上海申威达机械有限公司	134.47	9	重庆气体压缩机厂	30.88
6	景德镇市印刷机械厂	116.17	10	自贡机械一厂	-7.52
7	北人集团公司	108.02		**工业泵制造业**	**68.45**
8	上海紫光机械有限公司	87.07	1	上海第一水泵厂	144.89
9	上海光华印刷机械有限公司	82.35	2	唐山市水泵厂	125.00
10	深圳市机械工贸公司	80.64	3	佛山水泵厂	122.97
	制药工业专用设备制造业	**106.72**	4	重庆水泵厂	101.77
	环境保护机械制造业	**80.46**	5	天津市工业泵总厂	93.81
1	浙江天洁机械集团有限公司	176.19	6	石家庄水泵厂	93.66
2	湘乡机械厂	116.26	7	开平市开平机械厂	93.49
3	浙江电除尘器总厂	99.45	8	昆明市水泵厂	92.67
4	北票机械厂	95.67	9	大连耐酸泵厂	91.50
5	湖北环保集团股份有限公司	90.57	10	长沙水泵厂	91.13
6	唐山清源环保机械公司	77.05		**风机制造业**	**89.85**
7	淄博环保设备厂	60.73	1	浙江风机风冷设备公司	270.88
	冷冻设备制造业	**127.42**	2	章丘鼓风机厂	145.38
1	上海合众-开利空调设备有限公司	1103.63	3	上海鼓风机厂	143.32
2	上海通惠-开利空调设备有限公司	728.50	4	天津市鼓风机总厂	141.27
3	上海哈格诺克冷气机有限公司	421.61	5	石家庄市风机厂	138.58
4	扎努西电气机械天津压缩机公司	367.36	6	长沙鼓风机厂	130.82
5	上海第一冷冻机厂	261.36	7	四平金丰股份有限公司	113.55
6	浙江联丰玻璃钢厂	208.17	8	济南风机厂	109.95
7	浙江春晖集团公司	171.08	9	哈尔滨暖风机厂	101.26
8	烟台冰轮(集团)股份有限公司	151.93	10	沈阳鼓风机厂	98.61

（续）

排序	名　称	指　数	排序	名　称	指　数
	真空获得及应用设备制造业	**85.11**	1	江苏泰隆减速机公司	151.45
1	浙江真空设备厂	136.60	2	扬州空调净化设备厂	136.76
2	上海真空泵厂	128.31	3	无锡市通用机械厂	123.64
3	抚顺真空设备厂	109.05	4	舒兰市通用机械厂	115.24
4	广东真空设备厂股份有限公司	106.68	5	上海化工机械厂	101.93
5	淄博真空设备厂	84.41	6	朝阳振动机械厂	82.72
6	兰州真空设备厂	82.27	7	四川江北机械厂	79.57
7	北京仪器厂	73.44	8	北京空调器厂	75.72
8	锦州真空设备厂	-7.16	9	湘潭离心机厂	75.29
9	中国喷射真空技术集团总公司	-10.14	10	泰兴机械厂	73.42
	橡胶工业专用设备制造业	**69.47**	五	**重型矿山机械工业行业**	**77.52**
1	三明化工机械厂	76.82		**矿山设备制造业**	**74.90**
2	大连橡胶塑料机械厂	73.79	1	石首市振兴机械制造有限责任公司	256.58
3	四川亚西机器厂	53.21	2	张家港凌虹集团公司	237.58
	塑料工业专用设备制造业	**140.64**	3	上海建设·路桥机械设备有限公司	187.35
1	顺德市震德塑料机械厂有限公司	339.09	4	南通市矿山机械厂	149.80
2	宁波海天机械制造有限公司	331.92	5	信宜市矿山机械厂	147.36
3	东华机械有限公司	170.87	6	山东矿山机械厂	147.15
4	张家港维达机械集团公司	149.17	7	宜春风动工具厂	143.97
5	大连橡胶塑料机械厂工业公司	75.74	8	桂林矿山机械厂	135.22
6	上海亿利达塑料机械有限公司	9.14	9	上海冶金矿山机械厂	129.18
	高中压阀门制造业	**54.09**	10	浙江矿山机械总厂	123.92
1	上海耐莱斯-詹姆斯阀门有限公司	180.12		**起重运输设备制造业**	**82.41**
2	浙江临安阀门有限公司	127.14	1	常熟千斤顶厂	269.19
3	上海良工阀门厂	99.24	2	广东省石龙煤矿机械厂	176.41
4	广东省球阀厂	93.15	3	杭州武林机器厂	175.94
5	南通市电站阀门厂	88.48	4	山东起重机厂	152.30
6	杭州华惠阀门有限公司	85.97	5	古方机械厂	148.90
7	天津市阀门公司	85.63	6	新乡市起重设备厂	148.07
8	安徽省屯溪高压阀门厂	85.17	7	台山市机械厂	141.80
9	苏州高中压阀门厂	82.10	8	江苏起重机械制造公司	135.78
10	西安高压阀门厂	74.06	9	芜湖起重运输机器厂	124.08
	低压阀门制造业	**58.40**	10	杭州起重机械厂	119.49
1	天津塘沽瓦特斯阀门有限公司	204.59		**工矿车辆制造业**	**38.75**
2	石家庄市阀门三厂	171.36	1	常州工矿电机车厂	112.40
3	天津市塘沽阀门厂	166.65	2	秦皇岛市机车车辆厂	61.05
4	长沙市阀门厂	126.83	3	石家庄市动力机械厂	-18.00
5	上海阀门五厂	112.41		**减速机械制造业**	**105.90**
6	阳泉阀门股份有限公司	82.23	1	天津市减速机总厂	142.60
7	辽宁省铁岭阀门厂	75.63	2	上海减速机械厂	130.44
8	益都阀门股份有限公司	74.69	3	马鞍山市传动机械厂	106.29
9	安徽省和县阀门总厂	67.41	4	济南引力股份有限公司	91.45
10	石家庄市阀门一厂股份有限公司	62.80	5	太原重型减速机厂	68.21
	金属结构制造业	**81.51**		**冶金工业专用设备制造业**	**74.52**
1	廊坊市巨龙工业总公司	147.35	1	宁波中元股份有限公司	276.96
	其它通用设备制造业	**62.96**	2	沙河冶金机械厂	132.21

（续）

排序	名　　称	指　数	排序	名　　称	指　数
3	上海重型机器厂	108.32	4	沈阳市带锯机床厂	48.04
4	陕西压延设备厂	99.21		**台钻、砂轮机及抛光机制造业**	**68.87**
5	邯郸轧钢备件厂	92.46	1	安徽省黄山台钻厂	110.59
6	泊头市焦化设备成套总厂	89.72	2	杭州西湖台钻总厂	108.77
7	上海东风机器厂	89.35	3	临沂金星机床股份有限公司	81.37
8	上海沪江机械厂	86.81	4	江苏砂轮机厂	72.54
9	天津重型机器厂	82.20	5	池州家用机床总厂	58.66
10	江阴鸿澄机械有限公司	77.52		**机床电器制造业**	**61.18**
六	**机床工具工业行业**	**61.69**	1	天津市机床电器总厂	114.58
	金属切削机床制造业	**56.15**	2	天水二一三机床电器厂	100.62
1	上海机床配套厂	132.00	3	桂林机床电器厂	97.88
2	浙江凯达机械电子企业(集团)公司	128.37	4	沈阳二一三机床电器厂	96.34
3	商丘市机床厂	125.25	5	无锡市机床电器厂	85.58
4	绍兴机床集团公司	117.05	6	北京机床电器厂	79.98
5	盐城机床厂	116.31	7	苏州机床电器厂	77.78
6	重庆机床厂	115.14	8	江西机床电器厂	63.28
7	常州机床总厂	113.18	9	长江机床电器厂	26.40
8	无锡机床股份有限公司	112.43	10	襄樊市长虹数控(集团)公司	－31.66
9	南京第二机床厂	108.93		**机床附件制造业**	**64.68**
10	重庆第二机床厂	107.62	1	山东机床附件总厂	129.82
	锻压设备制造业	**73.73**	2	烟台第二机床附件厂	117.23
1	扬州锻压机床厂	153.02	3	平原县机械厂	99.70
2	番禺市锻压轻工机械总厂	147.66	4	瓦房店机床附件厂	99.61
3	浙江锻压机床厂	145.57	5	呼和浩特机床附件厂	84.10
4	湖州机床厂	134.55	6	烟台机床附件厂	72.79
5	黄石锻压机床集团公司	128.40	7	天津市数控机床配套公司	31.81
6	梧州市锻压机床厂	126.69	8	南京机床附件厂	0.07
7	天津市锻压机床总厂	116.64	9	四平市机床附件厂	－55.84
8	江阴机械厂	113.30		**量具量仪制造业**	**59.62**
9	靖江县锻压机床厂	106.98	1	上海量具刃具厂	105.28
10	泰安华鲁机械有限公司	101.20	2	三门峡中原量仪股份有限公司	102.29
	铸造机械制造业	**68.48**	3	威海市量具总厂	93.29
1	青岛华青铸造机械股份有限公司	140.44	4	桂林量具刃具厂	83.74
2	上海压铸机厂	129.00	5	上海机床附件六厂	81.00
3	苏州铸造机械厂	93.94	6	靖江量具有限公司	78.18
4	灌南压铸机厂	78.72	7	开封量具刃具厂	73.91
5	蚌埠隆华机器厂	78.54	8	北京量具厂	65.75
6	阜新北方压铸集团公司	73.81	9	哈尔滨量具刃具厂	40.96
7	青岛铸造机械集团公司	73.76	10	安徽量具刃具厂	28.37
8	河北省保定铸造机械厂	48.51		**切削工具制造业**	**67.71**
9	漯河铸造机械厂	32.59	1	上海标准件工具厂	130.05
10	重庆铸造机械厂	－36.52	2	上海刃具厂	123.19
	木工机械制造业	**84.83**	3	上海机械工具量具总公司	115.44
1	牡丹江木工机械厂	139.39	4	无锡工达股份有限公司	113.78
2	信阳木工机械厂	104.59	5	常熟量具刃具厂	100.05
3	四川省岷江林业机械厂	69.21	6	廊坊市工具厂	97.08

（续）

排序	名　　称	指　数
7	贵阳工具厂	92.20
8	杭州工具总厂	91.62
9	山东工具厂	90.77
10	太原工具厂	90.39
	磨具、磨料制造业	**59.20**
1	第二砂轮厂深圳联合公司	169.12
2	苏州远东砂轮有限公司	106.47
3	四砂股份有限公司	98.65
4	郑州白鸽(集团)股份有限公司	90.92
5	梅河口市砂轮厂	81.20
6	成都磨料磨具工业总公司	77.28
7	天津市砂轮厂	77.08
8	新会市砂轮厂	73.87
9	安徽省合肥砂轮厂	73.67
10	中国七砂企业集团	66.54
	机床配件制造业	**72.18**
1	株洲市机床齿轮厂	109.06
2	南京工艺装备制造厂	86.32
3	汉江机床厂昆山联营厂	75.62
4	济宁丝杠厂	69.89
	其他金属加工机械制造业	**72.56**
1	阜新市压力容器管道公司	128.35
2	山川机床铸造厂	83.78
3	青海机床锻造厂	-47.30
七	**电工电器工业行业**	**72.12**
	锅炉制造业	**65.19**
1	无锡三雄锅炉冷暖设备制造公司	134.98
2	福州锅炉厂	119.78
3	杭州富春锅炉容器有限公司	113.97
4	无锡锅炉厂	111.25
5	广州劲马锅炉实业有限公司	109.82
6	张家口市工业锅炉厂	107.88
7	南京锅炉厂	106.22
8	郑州锅炉厂	106.09
9	张家口市锅炉厂	103.82
10	兰州锅炉厂	103.55
	汽轮机制造业	**76.59**
1	青岛捷能动力集团公司	107.38
2	上海电站辅机厂	106.50
3	杭州汽轮动力集团公司	105.83
4	上海汽轮机厂	88.16
5	上海电气集团无锡叶片厂	88.03
6	东方汽轮机厂工业公司	85.56
7	南京汽轮电机厂	83.16
8	东方气轮机厂	75.93
9	哈尔滨汽轮机有限责任公司	65.24
10	广州劲马动力设备企业集团公司	50.03
	水轮机制造业	**62.88**
1	化州双龙水电设备有限公司	118.45
2	金华市水轮机厂	106.77
3	邵阳水电设备总厂	58.40
4	重庆水轮机厂	57.32
	其他锅炉及原动机制造业	**42.67**
	发电机制造业	**74.54**
1	武汉汽轮发电机厂	131.26
2	潍坊市电机一厂	125.27
3	福州福发股份有限公司	117.12
4	上海电机厂	113.38
5	淄博牵引电机(集团)股份有限公司	106.35
6	东方电机股份有限公司	99.46
7	常州牵引电机厂	90.71
8	哈尔滨电机有限责任公司	78.20
9	北京重型电机厂	76.94
10	杭州发电设备厂	75.35
	电动机制造业	**66.63**
1	浙江百官机电集团公司	226.68
2	仪征电机厂	155.55
3	河北电机股份有限公司	145.07
4	衡水电机股份有限公司	144.67
5	广东省顺德电机厂	143.23
6	大厂回族自治县电机厂	139.25
7	新会电机厂	137.09
8	浙江特种电机厂	136.90
9	淮阴电机股份有限公司	133.40
10	江西特种电机股份有限公司	126.50
	微电机制造业	**66.77**
1	浙江卧龙集团公司	191.84
2	上海电机(集团)公司日用电机厂	167.23
3	河北山益电机有限公司	154.06
4	阳春凌宵(集团)股份公司	153.89
5	鹤山市电机厂	112.95
6	安徽省朝阳微电机厂	81.51
7	许昌市微型电机厂	73.25
8	柳州市微电机总厂	64.82
9	天津市微电机公司	45.88
10	石家庄市电机厂	35.23
	电动工具制造业	**94.47**
1	闽日电动工具有限公司	185.75
2	上海日立电动工具有限公司	164.70
3	浙江永康恒丰电器制造公司	80.02
4	成都欧亚电动工具有限公司	79.41
5	保定市电影机械厂	71.77

（续）

排序	名　　称	指　数	排序	名　　称	指　数
6	石家庄市电动工具厂	51.90	10	广州南洋电器厂	113.15
7	长春电动工具厂	47.94		**电器设备元件制造业**	**59.98**
8	呼和浩特电动工具厂	39.12	1	上海 MWB 互感器有限公司	125.44
9	青海电动工具厂	30.08	2	佛山市开关厂	123.35
	电工专用设备制造业	**62.06**	3	嘉兴电气控制设备厂	119.31
1	上海电工机械厂	104.22	4	上海电瓷厂	116.49
2	江西车辆开关厂	69.98	5	旅顺船舶电器厂	111.22
3	东工集团公司	67.25	6	德阳东电电器公司	93.59
4	阳泉市电工机械厂	50.95	7	天津市电力电子设备公司	90.86
5	沈阳电工机械厂	21.95	8	苏州电器股份有限公司	88.21
6	芜湖电工机械厂	21.62	9	天津市低压电器公司	86.24
	变压器制造业	**83.25**	10	衡阳互感器厂	76.63
1	顺德特种变压器厂	473.27		**工业用电炉制造业**	**49.40**
2	山东省金曼克电气股份有限公司	176.81	1	上海电机(集团)公司电炉厂	97.25
3	三门变压器厂	173.97	2	长春电炉厂	73.49
4	云南变压器厂	161.85	3	江西工业电炉厂	67.76
5	杭州钱江电气集团有限公司	153.77	4	湘机电炉厂	60.75
6	济南志友股份有限公司	134.10	5	哈尔滨松江电炉厂	46.46
7	南通市变压器厂	130.51	6	天津市电炉制造总厂	-6.44
8	宁波变压器厂	126.52	7	济南专用汽车厂	-36.32
9	江西变电设备总厂	117.50		**电焊机制造业**	**57.11**
10	大连互感器厂	115.95	1	东营市五星集团公司	173.63
	电容器制造业	**72.49**	2	上海电焊机厂	87.09
1	锦州电力电容器有限责任公司	132.86	3	天津市电焊机总厂	66.70
2	江都电器开关厂	120.08	4	南通电焊机厂	60.05
3	无锡市电力电容器厂	107.92	5	沈阳电焊机厂	57.64
4	中原电力电容器厂	93.97	6	广东省电焊机厂	53.74
5	丹东电力电容器厂	69.85	7	成都成华焊接装备总公司	46.81
6	桂林电力电容器总厂	63.12	8	乌鲁木齐电工设备总厂	44.49
7	北京电力电容器厂	-0.04	9	长春焊机制造厂	36.83
8	南京南华电力电容器有限公司	-17.48	10	株洲市电焊机厂	10.19
	整流器制造业	**50.16**		**焊条制造业**	**79.60**
1	鞍山市整流器厂	67.05	1	天津金燕焊接材料有限公司	354.10
2	青岛整流器厂	66.00	2	宝钢集团深圳大西洋电焊条总厂	298.22
3	北京椿树整流器厂	60.67	3	猴王股份有限公司	193.94
4	北京整流器厂	54.83	4	自贡中国电焊条厂	115.28
	开关控制设备制造业	**77.71**	5	郑州市电焊条厂	108.74
1	宁波天安集团象山高压电器厂	202.12	6	株洲电焊条总厂	97.29
2	宁波华通电力机械制造总公司	198.91	7	青岛铜材厂	84.12
3	镇江市亚东高压电器厂	192.21	8	合肥电焊条总厂	83.71
4	福州第一开关厂	182.82	9	淄博电焊条厂	76.82
5	地方国营慈溪高压开关厂	181.37	10	青岛电焊条厂	72.32
6	顺德开关厂	123.76		**电线电缆制造业**	**72.33**
7	泰安高压开关厂	116.72	1	台山市电缆厂	267.55
8	四川电器股份有限公司	115.27	2	佛山市中宝电缆厂	224.21
9	浙江电工器材厂	113.54	3	深圳新华电线电缆联合公司	218.84

（续）

排序	名　　称	指　数	排序	名　　称	指　数
4	上海瑞侃电缆附件有限公司	204.98	1	云南省医疗器械厂	22.72
5	宝应宝胜电缆厂	174.65	2	广州凤凰电器工业公司	15.84
6	山东电缆厂	173.62		**电冰箱制造业**	**171.94**
7	佛山电缆厂	165.24	1	广东科龙电器股份有限公司	244.44
8	福州大通机械股份有限公司	150.15	2	杭州一洲电器有限公司	208.27
9	南平电缆股份有限公司	142.93	3	中国扬子集团有限公司	175.99
10	阳谷电缆集团公司	137.25	4	攀枝花市机械厂	51.64
	工业陶瓷制造业	**68.75**	5	漳州通用电器总厂	31.06
1	苏州电瓷厂	112.45	6	上海市远东冰箱厂	14.62
2	唐山市高压电瓷厂	102.26	7	景德镇华意电器总公司	0.00
3	抚顺电瓷厂	90.73	8	开封电冰箱厂	-40.05
4	南京雷电(集团)有限责任公司	82.95	9	宁波凤凰电器制冷工业公司	-48.89
5	醴陵电瓷厂	75.69		**电风扇制造业**	**93.47**
6	安徽省濉溪县电瓷厂	73.62	1	吴县防爆电机厂	375.85
7	闽清电瓷总厂	71.22	2	番禺市电机总厂	122.65
8	个旧市高压电瓷厂	68.66	3	滁州电扇总厂	80.37
9	大连电瓷厂	66.67	4	台山市电热器具厂	78.91
10	阳泉市高压电瓷厂	54.10	5	绍兴电器厂	67.75
	电工用碳素制品业	**49.58**	6	广州远东风扇厂	50.55
1	自贡东新电碳股份有限公司	161.28	7	台山市日用电器厂	42.90
2	上海摩根碳制品有限公司	124.34	8	广州电风扇厂	38.97
3	北京电碳厂	64.64	9	广东省三水市机电厂	21.12
4	哈尔滨电碳厂	-37.85		**空调器制造业**	**85.65**
	绝缘制品业	**49.61**	1	广东省吉荣空调设备厂	182.38
1	沈阳绝缘材料厂	641.55	2	太仓江南空调器总公司	83.14
2	诸城四达绝缘材料股份有限公司	219.94	3	中山市空调设备厂	42.47
3	泰州绝缘材料厂	91.99	4	顺德华南空调制冷实业有限公司	20.79
4	常州绝缘材料总厂	89.82		**其他电气机械及器材制造业**	**71.23**
5	山东淄博电瓷股份有限公司	81.90	1	佛山汇星阪田电子有限公司	251.80
6	江苏宇宙焊接材料集团公司	76.85	2	大连第一互感器厂	181.96
7	东方绝缘材料股份有限公司	70.39	3	佛山通宝股份有限公司	153.86
8	萍乡电瓷厂	61.94	4	许继电气股份有限公司	133.29
9	包头市绝缘材料厂	59.61	5	江苏省如皋高压电器厂	128.03
10	衡阳绝缘材料总厂	58.64	6	临沂电力金具股份有限公司	120.14
	蓄电池制造业	**65.08**	7	牡丹江互感器厂	119.05
1	华北蓄电池集团公司	179.59	8	南京高速齿轮箱厂	99.46
2	广州蓄电池企业有限公司	159.48	9	保定继电器厂	94.60
3	绍兴灯塔蓄电池股份有限公司	125.11	10	阿城继电器厂	93.42
4	天津市蓄电池厂	100.94	八	**机械基础件工业行业**	**69.22**
5	沈阳蓄电池厂	69.49		**轴承制造业**	**73.33**
6	宁波市东海蓄电池厂	68.92	1	上海通用轴承有限公司	347.48
7	重庆万里蓄电池股份有限公司	68.79	2	龙溪轴承厂	149.76
8	青岛蓄电池厂	67.29	3	国营无锡市轴承厂	148.67
9	吉林省安图蓄电池厂	63.07	4	张家港市 AAA 轴承有限公司	143.83
10	包头市蓄电池厂	58.64	5	东阿县钢球厂	143.60
	洗衣机制造业	**13.56**	6	上海天安轴承有限公司	122.76

（续）

排序	名称	指数	排序	名称	指数
7	烟台轴承厂	119.69	8	齐齐哈尔链条链轮厂	36.54
8	哈尔滨轴承股份公司	117.48		**弹簧制造业**	**119.93**
9	苏州轴承厂	117.42	1	中国弹簧厂	276.22
10	襄阳汽车轴承股份有限公司	114.55		**粉末冶金制品业**	**67.63**
	液压件及液力件制造业	**63.74**	1	宁波东睦粉末冶金有限公司	192.40
1	临海液压件厂	152.70	2	宁波粉末冶金厂	190.71
2	广东福伊特中兴液力传动有限公司	137.43	3	江门市粉末冶金公司	71.91
3	广东广液实业股份有限公司	122.71	4	武汉粉末冶金厂	70.21
4	栖霞液压件厂	112.00	5	金华市粉末冶金厂	60.56
5	青州液压件厂	109.97	6	北京摩擦材料厂	51.42
6	上海液压泵厂	94.21	7	青岛粉末冶金厂	48.78
7	大连液压件厂	92.97	8	韶关粉末冶金厂	34.13
8	江西液压件股份有限公司	92.72	9	北京粉末冶金公司	24.89
9	韶关液压件厂	90.97		**其它齿轮制造业**	**87.76**
10	天津液压机械集团公司	87.88	1	四川丹棱齿轮股份有限公司	141.68
	气动元件制造业	**89.75**	2	上海机床齿轮厂	86.47
1	肇庆气动元件总厂	128.24	3	海南省大金轮实业有限公司	70.71
2	无锡市气动集团公司	114.64	4	三明齿轮厂	66.01
3	烟台气动元件厂	97.47	5	阜新市精密齿轮厂	32.98
4	上海液压气动总公司气动成套公司	79.48		**模具制造业**	**74.21**
5	济南华能气动元器件公司	68.71	1	佛山汇星精密模具有限公司	171.21
6	江都气动元件厂	51.03	2	上海斯米克金刚石工模具有限公司	145.77
	紧固件制造业	**47.98**	3	国营星光工模具厂	121.14
1	上海标五高强度紧固件有限公司	134.91	4	广州型腔模具厂	80.27
2	常熟标准件厂	133.93	5	北京模具厂	73.39
3	浙江万新集团公司	127.89	6	天津市金刚石工具厂	66.43
4	上海高强度螺栓厂	111.18	7	沈阳模具制造中心	55.83
5	诸城高强度股份有限公司	108.29	8	天津市汽车模具厂	-43.01
6	自贡市标准件厂	102.62		**其他通用零部件制造业**	**65.93**
7	国营江阴标准件厂	98.54	1	江苏钢球厂	263.10
8	上海螺帽一厂	87.93	2	焦作市制动器厂	85.57
9	上海螺钉厂	86.24	3	吴县石油机械厂	61.44
10	余姚标准件总厂	80.34	4	通辽市大林型砂厂	57.54
	密封件制造业	**52.28**	5	吴县重型机械厂	-42.19
1	滨州柔性石墨密封件厂	84.65	九	**食品及包装机械工业行业**	**75.04**
2	四川长江齿轮厂	76.98		**金属包装物品及容器制造业**	**78.08**
3	地方国营浙江慈溪密封材料厂	74.65	1	肇庆机床厂(包装机械厂)	131.21
4	青岛密封工业公司	24.25	2	浏阳医药设备总厂	127.68
	链条制造业	**70.49**	3	惠州市鸿惠机械总公司	122.77
1	武进链条厂	128.96	4	北京天海工业有限公司	90.96
2	诸暨链条设备总厂	115.18	5	涿鹿高压气瓶厂	89.97
3	苏州环球链传动有限公司	111.56	6	汕头韩江实业(集团)公司	85.26
4	安徽省黄山链条厂	110.20	7	汕头机床厂	16.86
5	杭州盾牌链传动集团公司	71.86		**食品饮料烟草专用设备制造业**	**76.86**
6	株洲市链条总厂	58.60	1	昆明市第二机器厂	142.42
7	沈阳链条厂	54.08	2	周口包装机械厂	131.57

（续）

排序	名称	指数
3	如皋市食品机械厂	120.38
4	新会市食品炊具机械厂	117.89
5	昆明市机器厂	117.64
6	昆明市第三机器厂	115.66
7	常德七一机械厂	115.31
8	舟山中洲机械总公司	104.89
9	昆明市风动机械厂	103.08
10	青岛机床厂	93.49
	包装工业专用设备制造业	**58.28**
1	延边朝阳川拖拉机修造厂	91.12
2	上海伟海包装机械厂	75.30
3	锦州包装机械厂	48.55
4	南浦机械厂	37.40
5	桂林包装机械厂	23.01
6	南宁模具中心	15.33
	商业饮食业服务业机械制造业	**78.76**
1	增城市通用机械股份有限公司	154.53
2	广州市洗涤机械实业公司	80.82
3	廊坊市通用机械厂	75.46
十	**汽车工业行业**	**100.02**
	汽车发动机制造业	**76.86**
1	大连柴油机厂	227.99
2	天津市内燃机厂	139.46
3	绵阳新华内燃机股份有限公司	96.75
4	重庆康明斯发动机有限公司	78.13
5	潍坊柴油机厂	75.29
6	天津市汽车发动机制造厂	46.65
7	杭州汽车发动机厂	41.85
8	东风汽车联营公司南充内燃机厂	39.74
9	唐山市内燃机厂	35.30
10	长沙汽车发动机总厂	32.57
	载重汽车制造业	**68.59**
1	湛江三星汽车制造公司	261.13
2	一汽三友汽车股份有限公司	214.96
3	庆铃汽车(集团)有限公司	208.52
4	郑州轻型汽车制造厂	158.18
5	天津华利汽车有限公司	144.20
6	北京汽车摩托车联合制造公司	131.63
7	东风汽车工业联营公司柳州汽车厂	120.26
8	华川轻型汽车厂	116.05
9	北京轻型汽车有限公司	112.94
10	富奇汽车厂	103.26
	客车制造业	**68.05**
1	海南汽车制造厂	271.59
2	四川旅行车制造厂	117.02
3	第一汽车制造厂无锡汽车厂	102.53
4	河北胜利客车厂	91.90
5	广州威达汽车制造厂	90.68
6	保定汽车制造厂	82.08
7	石家庄汽车制造有限责任公司	53.85
8	北京旅行车股份有限公司	52.68
9	天津三峰客车有限公司	38.24
10	哈尔滨客车厂	－11.80
	小轿车制造业	**476.84**
1	上海大众汽车有限公司	752.41
2	天津市微型汽车厂	583.61
3	一汽大众汽车有限公司	533.78
4	北京吉普汽车有限公司	297.86
5	广州标致汽车公司(有限)	8.65
	微型汽车制造业	**143.55**
1	柳州微型汽车厂	145.53
2	天津市专用汽车厂	134.64
	特种车辆及改装汽车制造业	**71.02**
1	河北新凯汽车制造有限公司	295.85
2	扬州扬子旅游车厂	239.64
3	柳州特种汽车厂	154.24
4	华北汽车制造厂	134.98
5	广东万里企业集团公司	128.85
6	山东文登汽车改装厂	111.11
7	济南考格尔特种汽车有限公司	109.60
8	安徽省安驰汽车集团公司	108.97
9	湖北华产汽车股份有限公司	101.17
10	上饶客车厂	97.17
	摩托车整车制造业	**249.75**
1	浙江摩托车厂	438.78
2	天津本田摩托有限公司	386.06
3	海南新大洲摩托车厂	342.75
4	佛斯弟摩托车有限公司	290.90
5	上海－易初摩托车有限公司	265.08
6	长春摩托车集团有限公司	231.96
7	浙江奉通机电集团公司	103.58
8	湖北扬子江摩托车制造公司	71.32
9	顺德雅奇摩托车厂	60.55
	汽车车身制造业	**64.70**
1	湖北汽车车身股份有限公司	108.68
2	十堰市汽车车身有限责任公司	3.55
3	太原模具厂	－16.91
4	唐海汽车车身总厂	－39.39
	汽车齿轮制造业	**53.63**
1	四川巴中齿轮厂	77.76
2	株洲汽车齿轮厂	72.05
3	北京齿轮总厂	71.43

（续）

排序	名　　称	指　数
4	青岛精锻齿轮厂	67.32
5	白城齿轮总厂	65.52
6	郧阳汽车齿轮总厂	63.34
7	陕西汽车齿轮厂	61.85
8	綦江齿轮厂	59.08
9	南阳威克达汽车齿轮股份有限公司	58.16
10	山东汽车齿轮总厂	55.61
	汽车零部件及配件制造业	**96.52**
1	上海纳铁福传动轴有限公司	460.75
2	上海汽车齿轮总厂	344.34
3	上海吉翔汽车车顶饰件有限公司	338.95
4	杭州汽车电器厂	323.72
5	上海小糸车灯有限公司	298.04
6	南京汽车变速箱厂	279.96
7	上海易初通用机器有限公司	258.09
8	顺德市挂车厂	247.95
9	上海汇众汽车制造公司	239.64
10	天津市汽车底盘部件总厂	213.79
	摩托车零部件及配件制造业	**126.66**
1	海南嘉泰摩托车有限公司	771.16
2	重庆三铃工业股份有限公司	126.58
3	内蒙古第一通用机械厂	116.61
4	南川飞奔实业公司	86.95
5	北京汽摩联合公司摩托车发动机厂	48.85
	汽车修理业	**49.64**
1	深圳市新永通实业有限公司	91.46
2	莱芜市汽车工业贸易总公司	48.56
	摩托车修理业	**263.19**
十一	**其他民用机械工业行业**	**76.04**
	金属表面处理及热处理业	**55.86**
1	石家庄市热处理厂	93.25
	铸件制造业	**61.54**
1	新会铸造厂	151.69
2	上海汽车有色铸造总厂	147.50
3	莱芜市口镇铸造公司	129.04
4	上海汽车铸造总厂	126.67
5	常州日升有色铸造有限公司	120.20
6	无锡市铸造厂	113.00
7	安徽省铜陵市玛钢厂	110.06
8	濮阳市铸锻集团股份有限公司	104.84
9	重庆锻造厂	97.17
10	韶关铸锻总厂	95.09
	锻件制造业	**87.09**
1	上海汽车锻造总厂	160.92
2	常州锻造总厂	114.08
3	成都锻造厂	41.40
4	天津市汽车锻件厂	-7.91
5	上海正升锻造有限公司	-31.81
	其他民用机械制造业	**90.68**
1	沈阳福阳人造板有限公司	773.21
2	青岛宇宙集装箱工程有限公司	331.22
3	霸州市钢管厂	258.54
4	扬州通运集装箱有限公司	253.11
5	张家港华亿机械集团公司	190.05
6	达县建华消防器材有限责任公司	143.59
7	黄骅工贸合营电焊网厂	130.32
8	日照市五金工业集团股份有限公司	116.90
9	黑龙江螺旋管厂	111.38
10	鸡西门窗制造厂	94.56
	其他工业专用设备制造业	**76.64**
1	深圳万通实业公司	583.53
2	高要鸿图工业有限公司	277.73
3	深圳市特力电子有限公司	191.83
4	博兴华兴企业集团公司	175.08
5	深圳市中天实业有限公司	158.68
6	四川江东机械厂	150.59
7	佛山汇星塑胶制品有限公司	120.59
8	四川东华机械厂	119.15
9	三水市农机二厂	116.80
10	昆明人造板机器厂	106.20
	其他民用机械修理业	**65.12**
1	国营卫东机械厂	77.40
2	国营汉丹电器厂	27.19

〔机械工业部生产与信息统计司供稿〕

〔责任编辑：申建丽〕

特约顾问单位介绍

中国第一重型机械集团公司

总经理：洪性九
地址：黑龙江省齐齐哈尔市富拉尔基　邮码：161042
电话：(0452) 6807558、6808300　传真：(0452) 6806777

公司概况　中国第一重型机械集团是国务院批准的全国首批55个大型试点企业集团之一，中国第一重型机械集团公司是中国第一重型机械集团的核心企业（简称一重集团公司）。

中国第一重型机械集团公司位于黑龙江省齐齐哈尔市富拉尔基区，是我国“一五”期间156项重点工程建设项目之一。1954年筹建，1960年建成投产，是我国最大的重型机械制造企业之一，国家机械工业特大型骨干企业，在国民经济中占有重要地位并发挥着重要作用。公司占地面积689万 m^2，厂房建筑面积66万 m^2，现有全民职工18 200余人，内含各类专业技术人员5 388人。拥有固定资产13.01亿元（原价）。

三十多年来，一重集团公司为国民经济各部门提供了70多万t重型机器产品，为国家许多重点建设项目提供了重大的技术装备，填补国内工业产品技术空白160多项，部分产品还出口日本、德国、美国、巴基斯坦等国家和地区。周恩来总理1962年来企业视察时把一重誉为“国宝”；李先念主席1986年为企业题词：“一重是国宝，要锐意进取攀新高峰”。

改革开放以来，通过与国际著名外商的合作、联合设计、合作生产及引进先进技术，一重集团公司生产出了以30MN立式弯板机、2 050mm热带钢连轧机、1 900mm板坯连铸机、23m^3矿用电铲为代表的一批具有国际80年代先进水平的机器产品。

一重集团公司的产品多次荣获国优、部优、省优称号，科技项目也多次获得国家、部、省、市的表彰与奖励。400t热壁加氢反应器获国家科技进步一等奖；宝钢1 900mm板坯连铸机获机械工业部科技进步特等奖；在1990年国务院召开的国家重大技术装备成果表彰会上获得特等奖2项、一等奖4项、二等奖7项、三等奖3项和表彰奖4项。

通过“八五”技术改造，一重集团公司在大型铸钢件和锻焊结构高温高压热壁加氢反应器产品的生产能力方面又跃上了一个新台阶。

“七五”、“八五”技术改造完成后公司的装备水平　一重集团公司特别重视技术进步。在“七五”、“八五”期间，先后增加了以80t电炉、9MV直线加速器、数控切割机、窄间隙埋弧焊机、∅225mm数控铣镗床、4.5m×12m数控龙门铣镗床、∅6.3m双柱立式车床、三坐标测量机等为代表的大批先进工艺设备及检测仪器，使企业机器产品的制造质量及生产能力跃上了一个新台阶。

新建的80t电炉、130/90t钢包精炼炉和10t电渣重熔炉，保证了钢锭和毛坯的冶金质量；改造的∅3.5m×22m井式电炉，采用计算机控制炉温，保证了炉温的均匀性，使电站转子的性能得到了保证；增添的差温热处理炉，提高了支承辊的性能；引进的窄间隙焊机和9MV直线加速器，使开发热壁加氢反应器成为可能；增添的一批大型数控机床，保证了机器产品的加工精度；引进的数控逐齿淬火机床和大型磨齿机，使重载齿轮由软齿面变成硬齿面，等等。由于进行了较大规模的技术改造，中国第一重型机械集团公司的技术装备和制造技术水平有了较大的提高，保证了新产品开发的高质量。

公司的名牌产品

(1) 30万kW火电机组成套铸锻件。一重集团公司生产火电机组铸锻件已有30年历史，是国内主要生产企业之一，可以生产60万kW（双机）、30万kW以下的火电机组成套铸锻件。30万kW机组成套铸锻件获机械工业部科技进步一等奖，其中低压转子获黑龙江省科技进步一等奖。

(2) 护环锻件。一重集团公司生产的60万kW以下各种规格的发电机护环，采用先进的液压胀形工艺，质量优良，深受用户欢迎。目前性能更好的双18（Cr18Mn18N）护环也已经研制成功。

(3) 大型整锻支承辊。大型整锻支承辊是一重集团公司的传统产品，近年来通过科技攻关，研制了新钢种，采用了差温热处理新工艺，进行了中低温回火电炉、差温炉等技术改造，使整锻支承辊的质量大幅度提高。

(4) 锻造半钢、锻造白口铸铁系列轧辊。锻造半钢、锻造白口铸铁轧辊，由于其优异的性能而受到冶金企业的青睐。但由于其高含碳量（1.7%～2.5%）而难以锻造，故一直依赖进口。一重集团公司通过科技攻关，掌握了它的锻造工艺，研制成功锻造半钢、锻造白口铸铁系列轧辊，经宝钢使用，性能达到国外同类产品水平。

(5) 不锈钢水轮机叶片。大型水轮机的不锈钢叶片形状复杂，无论是冶炼，还是铸造，技术难度都很大，一重集团公司为长江葛洲坝水电站生产了13台份65片，质量优良，受到了国家有关方面的表彰和奖励。

(6) 锻焊结构热壁加氢反应器。热壁加氢反应器是石化工业的关键设备，在高温（450℃）、高压（15.4MPa）临氢的苛刻条件下工作，对反应器有极严格的要求，制造难度极大，过去一直依赖进口。一重集团公司经过科技攻关并吸收国外先进技术和管理经验，研制成功。已经为国内抚顺、洛阳、齐鲁、辽阳、锦西、镇海、吉林等石化企业生产了14台从200t～400t的热壁加氢反应器，几乎垄断了锻焊结构热壁加氢反应器的国内市场。目前为了突破运输条件的限制，进行一系列的科技攻关和技术改造，研制千吨级的热壁加氢反应器，满足国家建设的需要。

(7) 热带钢连轧机。一重集团公司曾为本溪钢铁公司设计制造了我国第一台1 700mm热带钢连轧机。80年代又与德国西马克公司联合设计，合作制造，向上海宝山钢铁公司提供了2 050mm轧机。经过消化吸收国外先进的设计制造技术，可以向国内外用户提供80年代国际先进水平的大型热带钢连轧机。

(8) 大型板坯连铸机。一重集团公司与日本日立制作所联合设计，合作制造，向宝山钢铁公司提供了1 900mm大型板坯连铸机，获得了机械工业部科技进步特等奖。在消化吸收引进技术的基础上自行设计制造了舞阳钢铁公司1900mm板坯连铸机，水平较高。又为济南钢厂设计制造了1 400mm超低头板坯连铸机。

(9) 23m^{3}矿用电铲。与美国P&H公司合作生产，为平朔煤矿先后生产了5台，为准葛尔煤矿生产了1台，产品质量达到国外标准，获得国务院重大技术装备表彰大会特等奖。

(10) 小松型机械压力机。引进日本小松制作所技术生产的四点单动、四点双动、单点单动系列机械压力机是汽车工业的重要装备，一重集团公司已经生产了约60多台，装备了国内兰箭、重庆、江西、天津等汽车厂，质量上乘，深受用户欢迎。

(11) 中板轧机。近几年，一重集团公司先后设计制造了济南、鞍山、天津、南京、新余、安阳等钢厂的2 400mm～2 800mm的中板轧机6套，技术水平与产品质量达到国际80年代水平。目前酒泉钢铁公司2 800mm中板轧机即将制造完成，全线采用二级计算机控制，是国内同类轧机装机水平最高的一台。

(12) 铝板、铝箔轧机。一重集团公司曾为国内铝加工企业设计制造过十余台铝板、铝箔轧机，质量良好，受到用户欢迎，为西南铝加工厂生产的2 800mm铝板轧机获得我国首批银质奖章。为丹东铝箔厂设计制造的铝箔轧机生产的铝箔获得了国优银质奖。

公司发展展望 “科学技术是第一生产力”，企业要发展，归根到底还是要依靠技术进步。“九五”期间公司在技术进步方面的目标如下：

(1) 开发新产品。随着科学技术的飞速发展，产品更新换代的周期也日趋缩短。企业要发展，就必须不断开发新产品，才能满足国民经济各部门日益提高的要求。为了增强企业发展的后劲，扩大生产领域，一重集团公司在“九五”期间的重点开发项目有：

——千吨级热壁加氢反应器开发；

——核电压力容器设备开发；

——大型火电机组配套铸锻件开发；

——大型水电机组配套铸锻件开发；

——新型轧机结构及控制系统开发；

——大型船用低速柴油机曲轴开发；

——2 000t多向模锻及立式挤压工业性试验。

(2) 技术改造。

——北方大型机械组装发运基地

受运输条件的限制，超过400t的热壁加氢反应器和超过30万kW的核电压力容器不能从富拉尔基整体发运。而国内外市场需要更大规格的加氢反应器。为了千吨级加氢反应器和60万kW以上核电压力容器的国产化，一重集团公司在大连棉花岛建设北方大型机械组装发运基地。将来，上述产品的半成品在富拉尔基公司总部分段制造运到大连，在基地组焊、热处理、试压和射线探伤后从海上运输发往用户。

——大型水电铸锻件

国家要求一重集团公司每年提供200万kW大型水电设备配套铸锻件，其中包括2台长江三峡单机容量为70万kW的巨型机组的铸锻件。通过技术改造达到此目标。

——大型船用曲轴

我国造船工业发展很快，但大型船用低速柴油机的曲轴一直依赖进口，一重集团公司拥有万吨水压机及重型厂房，生产大型曲轴具有明显的有利条件。只需增加锻造模具和一些加工曲轴的专用机床即可生产曲轴。

综上所述，一重集团公司紧紧抓住开发新产品、重视科研、提高自主开发能力、进行大规模技术改造等几个关键环节，使企业有了较大的技术进步，增强了企业的发展后劲。目前，中国第一重型机械集团公司为适应建立社会主义市场经济体制的需要，正在深化体制改革，向现代化企业集团管理迈出了坚实的一步。

〔撰稿单位：中国第一重型机械集团公司总经理办公室〕

中国第二重型机械集团公司

总经理：姚正耀　副总经理：李家堃、李　平、王　计、孙唯林、石　柯、李家楦
地址：四川省德阳市　邮码：618013
电话：(0838) 2201998　传真：(0838) 2201998

发展情况　1995年，二重集团公司在国家、省、市的领导和支持下，积极克服困难，较好地完成了全年的经营生产任务。生产上，1995年是组织难度最大的一年，成台（套）产品比例高达80%。在交货周期短、技术要求高、联检项目多的形势下，集团公司克服了资金紧张带来的投料不及时、配套件不齐等困难，保质保量按期完成了宝钢三期工程关键设备1 580mm热连轧机、攀钢酸洗镀锌机组、武钢3号卷取机、安达KP8000热模锻压力机和电站铸锻件等重点产品，为国家重点工程建设提供了一大批重大装备，为国民经济建设做出了贡献。

在抓好生产的同时，集团公司还狠抓了经营工作，为今后的发展创造了条件。内贸市场上，采取走出去、请进来、开订货会、参加设备招标等多种形式，主动出击，承揽订货。在重型机械市场疲软的情况下，实现了订货7.78亿元。外贸市场上，积极开辟国际市场已初见成效。一年来，先后有20多个国家和地区的代表团来公司参观考察，进行商务洽谈和技术交流。集团公司除巩固了原有的日本、澳大利亚市场外，今年又开辟了欧美和东南亚市场，而且已与多家外国大公司如GE、西屋、阿尔斯通等加强了接触合作。在继续扩大传统外贸产品出口市场的基础上，开始出口高技术附加值的电站铸锻件、成台（套）锻压设备等产品，为集团公司实现外向型经营战略创造了条件。

此外，“八五”期间，二重集团公司较好地完成了各项主要工作任务。一是坚持深化改革，探索走现代企业制度的道路，初步进行了公司化改造。二是转变观念，增强市场竞争意识，积极开拓两个市场，主要经济技术指标增长较快，二重集团公司第七次党代会提出三个翻番的目标一定要按期实现。三是加大了技改投入，加快了技术进步，增强了企业发展的后劲。四是加强基础管理，提高企业管理水平。五是随着经营生产的发展，职工工资、住房等福利待遇有了不同程度的提高和改善。

1995年集团公司主要经济技术指标和完成的产品产量见表1、表2。

科研成果及新产品　“八五”期间，集团公司产品开发（含试制、重大技术装备研制等）五年来总计（软件）150余项，新产品试制60项，新产品产值率逐年上升（1993年24.5%、1994年38.2%、1995年57.8%），新产品免税1 723.24万元，新产品的比重呈上升趋势。与此同时，在技术进步方面轧钢连铸、重型锻压、电站铸锻件、大型容器、船用铸锻件等几类主导产品的技术水平全部达到了国际80年代末水平，个别产品（如1 580 mm轧机）达到了90年代水平。完成科研成果180项（其中国家攻关课题30余项），获国家、部、省、市科技进步奖45项，申报专利54项，得到授权35项，制订修订标准40余项。

技术改造　先后完成技术改造和基本建设项目6项（“八五”技改、基建项目、出口创汇措施、发电设备铸钢件粗加工措施等）完成总投资1.58亿元。固定资产净值平均年递增率达10%以上。为产品开发、研制和生产发挥了重要作用。

深化改革　“八五”期间，集团公司在认真总结建立分厂制，实行经济承包责任制的经验与教训的同时，积极寻求建立能适应市场经济的企业运行机制。第一，提出了“搞活主体，放开辅助，调整结构，走向世界”的外向型经营发展战略，制定了相应的改革方案和实施细则。第二，组建了二重集团，并按照建立适应社会主义市场经济的现代企业制度的要求，将既有管理职能、又有作业职能的45个处室，进行了两种职能的初步分离，撤处建部。第三，积极创造条件贯彻实施《劳动法》，“三项制度”改革进一步深化。按照省、市部署，积极推进了养老保险、生育保险、住房制度等改革。

表1　1995年主要经济技术指标

项　目	单　位	1995年完成	比上年增长%
全部职工平均人数	人	20 158	0.3
工业总产值：当年价	万元	95 899	25.1
不变价	万元	66 753	16.3
工业增加值	万元	18 953	19.2
产品销售收入	万元	72 394	9.9
产品销售税金及附加	万元	604	28.2
固定资产原价	万元	115 927	43.2①
固定资产净值平均余额	万元	41 305	14.9
流动资产平均余额	万元	114 046	19.3
出口创汇	万美元	324.4	1.3

①为1995年资产价值重估值。

表2　1995年完成主要产品产量

产品名称	单　位	产　量	比上年增长%
轧钢设备	t	15 090	43.6
锻压设备	t	1 160	163.9
工矿配件	t	14 951	-1.8

“九五”规划　“九五”期间，集团公司要采取果断和有效的措施，以国家重点发展项目为依托，开发主导产品，拓展市场，选择国家经济重点建设的电力、钢铁、汽车、能源、原材料、交通、石油化工、农业基础工业等发展急需的大型水、火电配套铸锻件、冶金轧钢连铸连轧设备、汽车工业的大型锻压设备、化工容器、工程机械及化肥设备等，作为集团公司的重点发展主导产品。通过改革，达到产权明确，主辅剥离，形成以成套为线、电站为先、主体精干、辅助放开、“三产”搞活发展、提高效益的现代企业运行模式。

〔撰稿人：中国第二重型机械集团公司办公室　张晓键　审稿人：中国第二重型机械集团公司办公室　王　平〕

中国第一汽车集团公司

总经理兼党委书记：耿昭杰　党委常务副书记：张国庆　副总经理：徐兴尧（兼总工程师）、林敢为、马文兴、沈风岐、吴　畏、黄金河、李启祥（兼总经济师）、祝业精、姜殿耀、崔明伟、王镇昆　副书记：马振东、赵方宽（兼纪委书记）　工会主席：方伟杰

地址：长春市绿园区东风大街63号　邮码：130011

电话：(0431) 5902674　传真：(0431) 5909944

概况　中国第一汽车集团公司（原名第一汽车制造厂，简称“一汽”），是国家第一个五年计划期间建设的大型骨干企业，是我国第一个汽车工业基地。1953年动工兴建，1956年7月15日建成投产，相继制造了我国第一辆卡车、轿车、高级轿车和军用越野车，又完成了包建二汽及多项援外工程，并向全国各地输送了近两万名管理干部和技术骨干，为我国汽车工业的发展做出了重大贡献，被誉为“中国汽车工业的摇篮”。1979年以后，一汽进行了大规模的工厂技术改造，仅用3年时间，就成功投产了具有国际80年代先进水平的CA141型5t载重卡车，并当年达产6.8万辆，结束了老“解放”车30年一贯制的历史。1987年，一汽又开始了以上轿车、轻型车为主的第三次创业。经过几年的努力，产品方面初步形成了中、轻、轿、重、微全面发展的格局。集团建设方面，实现了由单一企业向全资、控股、联营企业组成的比较规范化的大集团发展。市场方面，实现了由国内单一市场向国际、国内两个市场发展的转变，并拥有全国最大的汽车研究所及工艺材料、模具、工装、车轮、散热器等诸多研究所组成的科研开发体系。

发展情况　1995年，一汽集团公司生产各类整车22万辆，销售收入256亿元，利税总额21.5亿元，分别比上年增长16.7%、20.4%、7.7%。1995年主要经济技术指标及产量详见表1、表2。

经过产品调整，新产品投放市场，受到用户欢迎。在中型卡车柴油化的基础上，平头车系列产品显示了更强的竞争力；档次较高、价格适中的面包车成为一汽轻型车中的拳头产品，市场上供不应求。轻型车系列产品的产量由上年的4.3万辆猛增到7万辆；小红旗投放市场不久就成为用户争购的首选产品。

15万辆轿车工程全年完成投资14.8亿元，捷达轿车产销超过2万辆，国产化率达到63.96%。

1995年一汽集团公司主要产品出口情况，详见表3、表4。

表1　1995年主要经济技术指标

项　目	单　位	1995年完成	比上年增长%
企业数	个	21	5.0
工业总产值：当年价	万元	2 930 685	15.3
不变价	万元	2 068 838	17.2
工业增加值	万元	778 883	10.7
产品销售收入	万元	2 567 352	20.4
产品销售税金及附加	万元	56 736	25.4
利润总额	万元	50 270	-16.0
固定资产原价	万元	1 218 107	40.0
固定资产净值平均余额	万元	715 820	28.2
流动资产平均余额	万元	1 953 114	36.1
出口创汇	万美元	3 214	22.5

表2　1995年完成主要产品产量

产品名称	单　位	产　量	比上年增长%
汽车总计	辆	220 525	16.7
载货汽车	辆	155 046	2.4
客车	辆	21 776	195.2
轿车	辆	43 703	44.7

表3　1995年主要产品出口情况

产品名称	出口产品		出口额（万美元）	比上年增长%
	单　位	数　量		
出口总额	万美元		3 214.0	22.5
汽车	辆	1 826	2 097.8	47.2
其中：载货车	辆	1 423	1 526.9	7.2
轿车	辆	403	570.9	
汽车配件	万美元		1 116.2	6.8

表 4　1995 年主要出口国家、地区情况

序号	国家、地区	出口额（万美元）
1	缅　甸	1 355.3
2	肯尼亚	200.2
3	坦桑尼亚	196.5
4	日　本	159.6
5	美　国	148.4
6	印度尼西亚	14.7
7	朝　鲜	12.2

深化改革　1995 年，一汽购买了金杯汽车股份有限公司的国有股权，实现了“强强”联合。大连柴油机厂、无锡油泵油嘴研究所等成为一汽全资子公司或直属研究机构。以控股方式相继成立了一汽北京汽车有限公司、一汽山东汽车改装厂。还以控股或参股方式成立了 11 个中外合资企业。

在深化改革中，一汽进行了公司化体制、住房制度及企业内部“三项制度”改革，全面推行精益生产方式，从物质文明、精神文明两个方面，使企业的现代化建设有了新的进步。

“九五”规划　“九五”期间，一汽将形成 70 万辆整车生产能力，约占全国汽车总产量的 20%，其中重、中型车 15 万辆、轻型车 25 万辆、轿车 30 万辆。轻型车将发展 1t、2t、厢式、单双排、客车、改装车和底盘等系列品种，底盘占轻型车总量的 24%，将开发 3t 轻型车和高档面包车，从而建成以一汽金杯公司为主的轻型车东北基地及沿江基地。同时，一汽的捷达、奥迪 C_3V_6、红旗牌轿车三个系列品种将形成 30 万辆的生产能力。

〔撰稿人：中国第一汽车集团公司　李翰新〕

东风汽车公司

总经理：马　跃　党委书记：孙宏俊　副总经理：顾林生、宋延光、张　煜、张世端、沈宁吾、陈世煌、张焱廷、刘章民　副书记：高明祥、张旭东

地址：湖北省十堰市张湾区车城路 1 号　邮码：442001

电话：(0719) 223402　传真：(0719) 222918

生产经营情况　1995 年，东风汽车公司（原第二汽车制造厂）面对严峻的市场考验，把工作的着力点放到调整结构、提高效益上，坚持一手抓市场、一手抓现场，强化快速反应能力。通过深入开展“抓管理、上质量、降成本、拓品种、争效益”五项活动，生产经营、建设发展取得了较好的业绩。1995 年共生产汽车 181 267 辆，实现工业总产值（1990 年不变价）147 亿元，销售收入 160 亿元，实现利税 7.1 亿元，出口创汇 1 633 万美元。主导产品 EQ1092F、EQ1141G、EQ1118G 整车综合评分在 95 分以上，稳定达到一等品。在 1995 年颁布的全国工业企业 500 强中名列第九位。1995 年完成的各项经济指标详见表 1、表 2。

产品发展　1995 年，东风汽车公司充分利用现有资产和产品优势，不失时机地调整产品结构，强化快速反应。

表 1　1995 年主要经济技术指标

项　目	单位	1995 年完成	项　目	单位	1995 年完成
全部职工平均人数	人	123 392	固定资产原价	万元	1 111 174
工业总产值：当年价	万元	1 888 853	固定资产净值平均余额	万元	462 820
不变价	万元	1 477 943	产品销售率	%	97.18
工业增加值	万元	259 698	资金利税率	%	3.16
产品销售收入	万元	1 601 306	工业增加值率	%	15.81
产品销售税金及附加	万元	2 397	成本费用利润率	%	2.40
利润总额	万元	37 471	全员劳动生产率	元/人	21 047
流动资产平均余额	万元	1 630 345	流动资产周转率	次	0.98
出口创汇	万美元	1 492			

注：出口创汇为上报湖北省机械厅年报卡片数据，不包括收购部分。

表 2　1995 年完成主要产品产量

产品名称	单　位	产　量
汽　车	辆	181 267
汽车配件	万元	782 282

中、重卡车以 EQ1092F 为基础推出 EQ1108 型 5t 平头车新品种，EQ1092 系列变型车 20 种，EQ1108 系列变型车 14 种，EQ1118 系列变型车 2 种，EQ1141 系列变型车 11 种，客车底盘 5 种，半挂车 1 种，军车 1 种。

通过优化设计、开发的新产品 EQ1061 型 3t 系列轻型车，匹配先进的 4BTAA 和 4102 发动机，有效利用现有总成存量，从产品开发到建成投产，仅用了 3 年时间。1995 年底，累计完成投资 3.4 亿元；18 万 m^2 的联合厂房、总装、协配厂房建设

竣工；总装线形成日产40辆装车能力。1996年将全面投放市场，向用户批量供货。该车型采用平头可翻转式驾驶室，具有外形美观、驾驶舒适、修理方便的特点。卓越的性能使EQ1061系列轻型车成为国内同类车型的佼佼者。

总投资为103.58亿元的现代化神龙轿车生产基地已初具规模。1995年9月8日胜利实现调试装车阶段性目标。截至1995年末，累计完成投资39.4亿元，占投资总额的38%；主要生产车间进入设备安装调试阶段；总装线装车日产已达48辆；轿车零部件国产化率已累计实现25%。1996年，神龙轿车项目年产15万辆一期工程基本建成，投产时国产化率可达60%。

产品出口 1995年，东风汽车公司把进出口工作纳入生产大循环，加强管理，努力开拓海外市场，实现出口创汇1 633万美元。其中整车出口770辆，零部件出口423.97万美元。目前，东风汽车公司正着手在东南亚、非洲等地建立东风汽车CKD装配厂及备件供应中心。1995年主要产品出口情况见表3、表4。

表3 1995年主要产品出口情况

序号	产品名称	出口产品		出口额（万美元）
		单位	数量	
1	汽车及备件	辆	770	1 208.90
2	零部件			423.97

表4 1995年主要出口国家、地区情况

序号	国家、地区	出口额（万美元）
1	缅甸	525.24
2	美国	166.76
3	新加坡	127.37
4	日本	118.98
5	香港	111.00

集团建设 目前，东风汽车集团成员企业已达300余个，遍布全国28个省、市、自治区。全资或控股的东风杭州汽车公司、柳州汽车厂、云南汽车厂、新疆汽车厂、东风朝阳柴油机公司、南充内燃机厂等19个“东风大家族”成员企业的生产经营和建设都有了新的发展。可为用户提供2.5、3.5t系列军用越野车，3t系列轻型车，5t系列（长、平头）载货车，6、8t平头柴油系列载重车以及神龙富康轿车在内的7种基本车型发展起来的300多种变型车及改装车，组成了重、中、轻、轿、特、客皆有的宽系列产品的企业集团。

科技成果与新产品 东风汽车公司1995年的科研和技术攻关工作，以公司“八五”科技发展规划和轻型轿车新项目为重点，全年共完成科研项目353项，成果实施率达78.2%。科研成果完成公司级鉴定24项，部级鉴定5项；获国家科技进步三等奖3项，部级科技进步奖8项；评选出公司科技成果一等奖10项，二等奖28项，三等奖21项。开展科研和技术攻关，有效地增强了公司的科技储备和整体技术水平。

东风汽车公司在整车及零部件的开发方面独具优势，处于国内领先水平。仅1995年共完成两大系列116种车型的开发和定型鉴定。根据不同用户的需求，开发出变型车60余种、改装车底盘50种、大客车底盘21种，拓宽了东风汽车的产品系列。在“改进一代、开发一代、预研一代”和发展全系列产品的战略思想指导下，东风汽车公司的产品开发正由中、重型车向轻型车、轿车方面转移，并将在襄樊建设一个具有国际先进水平的轻型车、轿车产品开发中心。

建立现代企业制度 1995年，东风汽车公司建立现代企业制度的工作重点是围绕股份制改组，全面深化企业内部改革，基本确定企业重组方案，生活后勤及房产管理的体制转换已基本完成；零部件体制改革进展顺利，仪表、电器两个子公司正式挂牌运转；装备公司、工厂设计院、进出口公司等子公司运行到位。

展望与预测 “九五”是东风汽车公司为进入21世纪全面发展打基础的关键时期。“九五”东风汽车公司将遵循市场发展规律和企业发展需求，借鉴国外汽车工业发展的模式与经验，加强产品结构调整力度，充分利用“七五”、“八五”引进的总成技术，通过吸收、消化和自主开发相结合，完善汽车系列开发，实现产品技术进步和品种发展，重点发展集团缺档和国内市场需求大的产品，加紧襄樊轻型车、轿车开发中心的建设，扩大轿车、轻型车产量，形成重、中、轻、轿、微系列车型格局，同时建成几个具有经济规模的专业化总成生产厂和高水平、大批量、多品种、高质量的零部件专业生产厂，为造就具有一定国际竞争能力的汽车工业集团而努力。

〔撰稿人：东风汽车公司办公室　徐　滨〕

中国重型汽车集团公司

总经理：徐仁根　副总经理：方广文（常务）、齐联郡（常务）、张士诚、潜学尧、张铁瑛　总会计师：前　进

地址：济南市无影山中路53号　邮码：250031

电话：(0531) 5952530　传真：(0531) 5952412　电挂：3330　电传：39124　CNHTC　CN

概况 中国重型汽车集团公司（简称重汽公司）是中国重型汽车集团（简称重汽集团）的核心企业，成立于1983年3月29日，公司本部设在山东省济南市。

重汽公司成立以来，在我国经济体制改革的推动下，积极探索集团化发展的路子，不断完善集团综合功能，取得较大发展。重汽集团自1987年起定为国家计划单列，1991年被列为国家试点的大型企业集团，1993年被国家批准为首批实施国有资产授权经营的试点单位，授权重汽公司代表国家统一经营和管理紧密层成员企业中的国有资产。现已成为拥有34个全资或控股企业、6个参股或承包企业、46个协作层企业的大型企业集团。集团公司和紧密层成员企业分布在全国12个省、市、自治区，共有职工88 000多人。集团公司现有总资产176亿元，其中净资产46.9亿元。

重汽集团现生产的重型汽车产品有：斯太尔系列、黄河系列、红岩系列、延安系列、太脱拉系列等多种重型载货汽车，以及各种专用改装车和大客车底盘。在柴油发动机生产上集团也具有相当的优势，斯太尔WD615系列发动机，采用自然吸气、增压、增压中冷，可使功率覆盖范围从147.8kW（201马力）～272.1kW（370马力），满足系列车型和各种变型车的需要；另外还有X6130、6160型等柴油发动机，及引进的康明斯NH和K系列发动机。重汽集团可向用户提供117.68kW（160马力）～1 489.38kW（2025马力）的各种柴油机，还可提供各种柴油发电机组、农业和船用动力机组；在零部件生产方面，除满足集团内生产配套外，还可向社会提供各种汽车齿轮箱和齿轮、轴类零件、气制动元件、钢板弹簧、汽车电机、油泵油嘴、汽车标准件等。

发展情况 重汽公司成立以来，按照国家确定的“引进国外先进技术，利用和改造原有企业，实现重型汽车生产专业化改组和联合发展”的总体方针，通过统一组织各厂实施“斯太尔91系列重型汽车制造技术引进项目”的建设，使重汽集团形成了专业化大生产的格局。斯太尔项目有14个子项，“七五”建设、“八五”完善，总投资11.58亿元，新增和翻建建筑面积22万m^2，新增设备5 680台，形成年产10 000辆斯太尔重型汽车和15 000台发动机的生产能力。该项目已于1995年4月通过国家竣工验收。重汽集团通过斯太尔项目建设，改变了我国重型汽车产品落后的状况，解决了汽车工业“缺重”的矛盾，为我国汽车工业的建设、发展，特别是跨地区组建和发展大型企业集团提供了成功的经验。

重汽集团通过斯太尔项目建设，使各厂提高了产品水平和工艺装备水平，产品实现了升级换代，老产品得到同步改造发展，目前新老产品综合生产能力达到了年产30 000辆。“八五”期间，投入产出发挥了较好的经济效益，1991年～1995年累计，全集团共实现销售收入245亿元，比“七五”增长239%；实现利税总额15亿元，比“七五”增长178%；实现出口创汇近2亿美元，比“七五”增长350%。

技术改造 “八五”期间，重汽集团技术改造项目共23项，批准概算总投资54 339万元，截至1995年底累计完成投资33 044万元，占下达计划的60.8%，有9个项目竣工验收，其余项目结转1996年完成。从已验收的9个项目投产情况看，均取得了较好的经济效益。例如，潍坊柴油机厂引进奥地利二手铸造设备和出口专项配套关键设备，项目总投资3 878万元，使年产铸件能力由3万t提高到4.5万t，投资利税率为64.8%，投资利润率为43.7%；株洲汽车齿轮厂螺旋伞齿轮出口技改项目，投资1 577.2万元，年新增生产能力8万套，1995年出口创汇额比改造前增加160万美元。另外，綦江齿轮厂、陕西汽车齿轮厂、重庆红岩弹簧厂、潍坊柴油机厂4个出口专项技改项目，均以少量投资增加部分设备，扩大创汇产品生产能力，创汇额都比改造前增长了2倍～3倍。

对外合作 “八五”期间，国家批准重汽集团立项的利用外资项目2项，一是青岛专用汽车厂高层次专用车项目，生产纲领为年产140辆消防云梯及派生产品（砼泵车、高空作业车），1995年5月批准可行性研究报告，11月完成初步设计审查，总投资4 965万元，其中利用外资393万美元，建设期为2年；二是原济南汽车制造总厂扩大整车出口技术改造项目，生产纲领为在现有黄河系列汽车出口300辆的基础上形成年出口1 000辆的生产能力，1995年11月批准了可行性研究报告，总投资6 200万元，其中利用外资500万美元。

“八五”期间，国家批准重汽集团兴办合资企业立项的共3项，其中开业的1项。重庆汽车发动机厂全员全资与美国康明斯公司合资生产柴油发动机项目，生产纲领为年产10 000台发动机，其中新增6 500台，总投资79 450万元，包括固定资产投资42 206万元，合资公司注册资本4 800万美元，股份各占50%，合资期限为30年。1995年5月，外经贸部颁发了《合资企业批准证书》，10月1日，重庆康明斯发动机有限公司正式开业。

另外，已批准立项并已完成可行性研究报告的合资项目2项。一是陕西汽车制造总厂与法国洛赫公司合资生产大客车项目，生产纲领为年产10m以上客车1 000辆，总投资为990万美元，已批复项目建议书并完成可行性研究报告；二是原济南汽车制造总厂车桥厂与美国罗克韦尔公司合资生产10t级单级驱动桥项目，总投资8 941.18万美元，其中固定资产投资7 176.47万美元，合资公司注册资本3 173.9万美元，中外双方股份各占50%，生产纲领为年产前后桥总成7万根，已批准可行性研究报告。

新产品 斯太尔项目建设和其他技术改造项目的实施，使重汽集团实现了技术进步。在引进斯太尔整车制造技术的同时，配套引进了世界著名公司的主要总成技术。如，美国伊顿公司的变速器，德国瓦伯克公司的气制动元件和阀总成等。“八五”期间，重汽集团利用这些引进的先进总成技术，开发出各种先进的总成产品，在国内重型汽车总成和零部件配套方面形成了独有的优势。同时，在斯太尔项目建设中，还投资 9 000 多万元建设了技术发展中心，并形成了集团公司和各厂两级产品开发及科研的技术开发体系，使新产品开发不断结出丰硕的成果。斯太尔汽车已开发出 11 种基本车型和 46 种变型车、专用改装车，其产品总体水平达到了世界 80 年代末先进水平。

为了提高载重 8t～10t 4×2 型载货汽车的市场竞争水平，提高市场占有率，重汽集团于 1995 年新开发了斯太尔 991H210 型车。该车装用了罗克韦尔 10t 级车桥、新款式驾驶室和 WD612 型发动机，获得了国家科委技术进步奖。

重汽集团通过走与国外联合开发的路子，逐步形成产品独立开发能力。1995 年以来，重汽集团与日野公司、三井物产公司联合研制开发出斯太尔 991H240 系列新车型，两辆样车已通过了国家鉴定。该车型在斯太尔汽车成熟总成、部件的基础上选用了日野 J08C－T1 发动机、日野 FD 驾驶室和罗克韦尔 10t 级单级减速桥，并采用少片抛物线钢板弹簧以达到轻量化的目的。该车型被专家评为具有 90 年代世界先进水平的产品，在国内同类车型中属领先地位。该系列车型，最高车速达 113km/h，自重轻、承载系数大、油耗低、可靠性高、舒适性好，在国内和国际市场上均具有较强的竞争力。

深化改革　重汽集团组建以来，综合功能逐步得以完善，为集团整体进入市场和向国际化发展创造了良好的条件。一是，重汽销售服务公司已在全国 16 个大中城市设立了销售分支机构，形成了较完整的销售服务网络，并实现了斯太尔、黄河、延安、太脱拉等整车统一销售和服务。二是，重汽财务公司融资能力不断扩大，现已拥有 85 个股东，7.6 亿元资本金，32.14 亿元资产，在集团建设发展中起到了举足轻重的作用。三是，外贸经营的拓展和外贸体系的逐步完善，为重汽集团向外向型经营发展创造了良好的条件。“八五”期间，重汽集团出口创汇额年增长率达到 30%，1995 年创汇额达到 6 504 万美元，在全国汽车行业中名列前茅。设在青岛的重汽进出口公司是集团的外贸子企业，资本金已达 2 亿元，年自营创汇额达到 2 000 万美元。四是，对外合资合作领域不断拓展，为重汽集团今后发展提供了更好的机遇。目前，重汽集团已由过去单纯靠技术引进发展到与国外资本的合作。

重汽集团列入国家试点集团以来，不断深化体制改革，完善母子公司体制，加快对子企业的公司化改造。为壮大集团母公司实力，以存量资产重组带动企业组织结构调整，国家经贸委、国家计委、国家体改委、机械工业部、国家国有资产管理局联合下达“国经贸企［1995］868 号”文件，批复重汽集团深化体制改革方案，将济南汽车制造总厂并入重汽公司。

“九五”规划　重汽集团“九五”发展战略是：为满足国民经济及国防建设的需要，以生产重型汽车及各品种总成、零部件为主要经营领域，充分利用重汽集团生产重型汽车的现有基础和面向全行业生产总成、零部件的优势，通过集团产品结构调整和企业组织结构的调整，借助国内外资金及技术的引进，重组存量资产，优化增量配置，实现规模经济，获取规模效益，确保重汽集团在国内重型汽车行业的领先地位和增强国际市场竞争能力，成为国家汽车工业产业政策中要发展的汽车企业集团之一。

规划目标：到 2000 年达到年产 70 000 辆重型汽车的生产能力，当年产量达到 60 000 辆，销售额达到 300 亿元，利税总额达到 25 亿元，出口创汇额达 2 亿美元。

〔撰稿人：中国重型汽车集团公司办公室　阎瑞林〕

北京汽车工业集团总公司

总经理：马守平
地址：北京市宣武区南纬路 31 号　邮码：100050
电话：（010）63043411　传真：（010）63012351

在竞争中发展的北京汽车工业

发展情况　1995 年，是北京汽车工业组建集团、在新的管理体制下运行的第一年，汽车工业较好地完成了全年各项工作任务和生产经营目标。实现工业总产值 91.7 亿元，比上年增长 33%。生产汽车 168 946 辆，销售汽车 169 731 辆，分别比上年增长 21.8%、22.5%，产销结合率为 100%，比上年提高 2 个百分点。生产摩托车24 000辆，销售 24 005 辆，分别比上年增长 14.3%、17%。生产农用车8 668 辆，销售 8 653 辆，分别比上年增长 152.3%、172.8%。配件产值完成 11.6 亿元，比上年增长 28%。全年实现销售收入 120.5 亿元，比上年增长 27.9%；销售税金 7.37 亿元，比上年增长 38.8%；实现利润 3.28 亿元，比上年下降 13.9%；实现利税 10.6 亿元，比上年增长 16.7%；工业经济效益综合指数 166%，比上年提高19 个百分点；全员劳动生产率 48 695 元/人，比上年增长 17.6%；出口创汇 2 300 万美元，比上年下降 25.3%。产品质量基本稳定，整车质量略有提高，整体质量水平介于合格品与一等品水平之间。BJ2020S 越野车和 BJ2021、BJ1041 系列汽车继续保持北京市名牌产品称号，产品质量稳定提高率为 94.4%。汽车工业总产值占北京市工业总产值的 7.3%，占工业系统总产值的 16.3%，在北京市工业系统排名第二位。

集团管理体制、资产运营方式开始了起动性运行 1995 年 5 月 18 日，组建了北京汽车工业集团。成立了集团总公司之后即研究确定了集团发展的规划、结构调整、资产管理、内部配套等问题，集团董事会通过了集团“九五”及 2010 年发展规划、集团国有资产经营管理办法和实施细则以及集团内部配套管理办法，初步按照集团发展模式，开始了起动性运行。集团总公司根据市政府授予的国有资产经营管理权，在明确国有企业财产“国家所有、分级管理、分工监督、企业经营”原则指导下，开始实施对集团总公司和集团成员企业国有资产的经营管理，在制定管理运营办法的同时，与企业签定了国有资产经营责任书，使国有资产开始纳入正常的运营和管理。通过参股、控股形式，集团向实体化迈出了步伐。集团成立后，积极探索联供联销的新路子，在联供方面已迈出步伐并收到很好效果。成功地参加了全国汽车配件订货会，组织了北京牌汽车和配件订货会，以集团名义建立了配件批发中心和销售点，集团的影响力和凝聚力得到增强，自配率达到 62%，配件产值比上年增长 19.5%。

1995 年 11 月，江泽民总书记视察北京吉普汽车有限公司，北京汽车工业战线的广大职工受到了很大鼓舞和鞭策，进一步振奋了精神，增强了信心。广大干部、职工的集团意识、全局意识、规模意识明显增强，系统上下出现了上规模、上水平、统一规划、共同发展的良好势头。

加快技术进步步伐 下力量抓了基建、技改计划的落实。基建计划项目 20 项，年计划工作量 1.28 亿元，完成 1.23 亿元，占年计划的 96%；年计划建筑面积 17 万 m^2，完成施工面积 15.3 万 m^2，比上年提高 17 个百分点；年计划竣工面积 8.8 万 m^2，完成 9.9 万 m^2，比上年提高 30 个百分点。在施技改项目 34 项，年计划投资 5.99 亿元，完成投资 2.12 亿元；实现贷款 5 840 万元，实现自筹资金 1.54 亿元，完成工作量 2.69 亿元。

合资合作有新进展 通过资金、技术引进，加快零部件企业技术改造，为集团“九五”发展提供基础。

北京蒙诺汽车减振器有限公司已正式开业，北京汽车摩托车联合制造公司冲压件厂与美国史密斯公司合资项目建议书已批复，北京轻型汽车有限公司与日本精工株式会社、日本五十铃公司合资生产转向机项目建议书已批复，北京东伟汽车装饰有限公司与美国江森公司合资生产项目已签订意向书，北京汽车摩托车联合制造公司第三附件厂、方向盘厂与美国 U·T·A 公司合资生产线束项目、方向盘项目已签订意向书，北京市汽车灯厂与美国瓦格纳公司合资生产项目正在探讨可行性，还有传动轴、起动机、仪表、升降器等 7 个厂已通过克莱斯勒公司考察，将进一步探讨合作。

合资工作的特点是：一是合资伙伴多为跨国大公司、大集团，合作项目面向两个市场，高起点、高水平、高技术含量；二是统筹考虑、全盘规划，企业非合资部分得到妥善解决；三是按集团实体化方式进行合资，形成集团效应，受到境外同行关注。

产品结构调整和新产品开发取得成效 坚持长短线结合、产销结合，适应市场需求。1995 年，北京吉普汽车有限公司及时增加了 BJ2020S 系列产品和 BJ7250 切诺基轿车、BJ2010 六缸切诺基轿车产量；北京轻型汽车有限公司增加了 BJ1041 可翻驾驶室、BJ1061 型 3t 车等新车型的生产；北京汽车摩托车联合制造公司适时推出了 BJ2023S1 珠光漆车，增大了 BJ1021、2032、军 A 车生产。这些都及时适应了市场需求。在打开国内市场的同时，积极开拓国际市场，北京轻型汽车有限公司出口 BJ1041 轻型货车 1 022 辆，北京汽车摩托车联合制造公司出口 BJ2023 汽车 214 辆、BM021 摩托车 2 780辆，北京吉普汽车有限公司出口 372 辆汽车。

增加新品种，提高产品附加值。1995 年完成新产品开发 62 种，其中变型车产品 42 种，零部件产品 20 种。1995 年底，列入全国《汽车产品目录》的整车品种已达 235 种。新产品投产 30 余种，新产品销售收入占全部产品销售收入的 50%，新产品创利税占利税总额的 43%。北京吉普汽车有限公司、北京汽车灯厂、北京汽车仪表厂、北京市汽车制动泵厂、北京蒙诺汽车减振器有限公司、北京市汽车滤清器厂、北京市汽车玻璃升降器厂等企业的新产品比重有较大幅度提高，涌现出一批变型车和 H209 化油器等产品，形成新的增长点，产品附加值有较大提高。

抓好结构调整，推进“优二兴三”。按照规划方案，1995 年加快了“优二兴三”工作步伐，二环路以内的企业和生产网点已有 16 个基本完成调整搬迁和改造任务，占原计划的 64%，完成原计划占地总面积的 17.8%、计划开发总面积的 23.1%。

深化改革，练好内功，加快了经营机制的转换 1995年，集团认真贯彻落实“三法两条例”，以“三改一加强”为重点，积极推进企业经营机制的转换。

集团与市有关部门签定了资产经营责任书，18个国有企业和集体企业与集团签定资产经营责任书，对5个合资企业重新下达了计划指标。国有大中型企业改革步伐不断加快，北京汽车摩托车联合制造公司在企业内部划小核算单位、试行母子公司制，收到良好效果。

股份制工作步伐加快，北京天纬油泵油嘴股份有限公司实现了中外合资股份制改造，北京旅行车股份有限公司与日本五十铃、伊滕忠株式会社完成了转股并组建中外合资股份制企业，北京轻型汽车有限公司通过转股扩资吸收了伊滕忠株式会社等股东的资金。

围绕学习中国第一汽车制造厂“精益生产方式”、开展推广北京吉普汽车有限公司“绿色工位”活动，集团内各企业的管理工作不断加强，全年共有20项获集团优秀管理成果奖；9项获北京市优秀管理成果奖，其中一等奖1项、二等奖2项、三等奖6项；管理创效益1 500万元以上。北京吉普汽车有限公司、北京汽车摩托车联合制造公司、北京轻型汽车有限公司、北京齿轮总厂等7个企业被评为集团总公司生产管理优秀单位。1995年，集团总公司领导就集团各企业管理工作现状，进行了调查研究，写出了调查报告，指导和加强集团的管理工作。

劳动、人事、分配制度改革进一步深化 集团各企业认真贯彻《劳动法》，实行全员劳动合同制，建立稳定协调的劳动关系，并在签定集体合同和建立平等协商制度的试点工作方面取得进展。集团内劳务市场开始运作。大病统筹、养老保险、住房制度改革开始实施。扭亏工作，坚持标本兼治，强化管理，苦练内功，积极消化减利因素，收到较好效果。劳动服务公司、“三产”企业克服各种困难，全面完成各项生产经营指标，全年经营收入4.17亿元，比上年增长10%，实现利税2 494万元，比上年增长5%。

1995年，集团的干部培训、职工队伍建设、综合治理、安技环保、审计监察、安全保卫等工作，都取得了较好成绩。集团各级党群组织，紧紧围绕经济工作这个中心，开展多种形式的宣传、攻关、竞赛等活动，调动了干部职工的积极性，保持了干部职工队伍的稳定。各级领导干部坚持廉洁自律，促进了集团两个文明建设的健康发展。北京汽车工业集团正以崭新的面貌，去迎接新的挑战。

编制“九五”及2010年发展规划 集团成立后，按照产业政策的要求，从集团整体出发，坚持“统一规划、统一布局、优化配置、存量调整、协调发展”的原则，组织力量进行“九五”规划的编制工作，初步规划出到2000年，实现35万辆汽车生产能力，汽车当年产量30万辆；实现农用车年产8万辆能力，当年产量6万辆，使汽车工业成为北京经济发展的支柱产业，并进入能够联合或自主开发，产品系列化，建成一定铸、锻、模具基础，形成具有实力的大型企业集团。到2010年，汽车年产能力达70万辆，保持汽车产量在全国市场占有率10%以上。“九五”规划的制定，为发挥北京汽车工业整体优势，走高起点、专业化、大批量、高质量、集团化经营发展之路创造了条件，明确了长远奋斗目标。

在抓整车发展规划的同时，还重点抓了集团零部件发展规划，将齿轮、气门弹簧、化油器等11个有发展前景的零部件纳入了国家行业“九五”规划重点发展，实施汽车零部件内部配套管理办法。

〔撰稿人：北京汽车工业集团总公司办公室 张 力〕

天津汽车工业（集团）有限公司

董事长：纪学溦 副董事长：钟建华、董仪隆 总经理：张应吉 副总经理：刘清茂（常务）、周正和、黎信聪、王 放、陈先平

地址：天津市和平区烟台道78号 邮码：300040

电话：(022) 3399926、3120045 传真：(022) 3310858

发展概况 天津汽车工业（集团）有限公司（以下简称“集团公司”）是国有独资特大型汽车生产企业，是集供、产、销、科研、服务一体化的经济实体，是国家轿车和微型汽车重要生产基地之一。

集团公司董事会是集团公司最高决策机构，对全行业实行统一管理。现有直属企业49个，其中国有企业21个，集体所有制企业12个，中外合资、合作（含控股、参股）企业16个。集团公司还设有汽车销售公司、物资供应公司、汽车进出口公司、汽车研究所、职工培训中心等单位。拥有职工近6万人。主要产品有夏利牌系列轿车、华利牌系列微型汽车、三峰牌系列旅行客车、雁牌系列轻型载货汽车以及各类专用汽车和铁牛牌大中功率轮式系列拖拉机，还有门类齐全的汽车、拖拉机、内燃机配件等。产品遍及全国各地，部分产品行销国际市场。

1995年，是天津汽车工业奋发拼搏、快速发

展、再创辉煌的一年。在这一年里，集团公司以提高经济效益为中心，加紧建设市场体系，加速技术改造和技术开发，加快企业改革步伐，以市场建设为先导，“围着市场转、盯着市场干、随着市场变”，优化产品结构，狠抓产品质量，强化企业管理，挖掘生产潜力，最大限度地提高盈利水平，做到速度和效益同步增长，取得了良好的经济效益和社会效益。

生产经营保持较快的发展速度，主要经济指标创历史最高水平。全年完成工业总产值102.01亿元，比上年增长17.5%；生产汽车130 848辆，比上年增长6.8%，其中夏利牌系列轿车65 000辆，华利牌系列微型汽车50 036辆，分别比上年增长11.1%和12.9%；生产拖拉机7 810台，比上年增长33.4%；完成销售收入104.72亿元，比上年增长13.2%；实现利税13.839亿元，比上年增长16.6%。汽车产品产销率居全国同行业之首。

狠抓产品质量，积极推进科技进步。围绕提高产品质量，优化产品配套，建立严格的质量保证体系，加大技术攻关力度，加强工艺管理和工序“绿化”。年内有8个企业获得GB/T19000质量标准认证；10种市管重点产品始终保持一等品；夏利、华利汽车以及370Q、376Q发动机在创市级名牌产品中分别通过天津市政府和专家组的评审；二厢、三厢夏利轿车国产化率分别达到83.84%和81.45%，实现了夏利轿车发动机国产化平稳过渡。1995年完成新产品试制35项，投产37项（包括上年结转2项），创产值16.8亿元；完成技术攻关10项；通过质量攻关评审11项（其中市级3项，公司级8项）；完成产品开发与国产化研究项目50项；采纳职工合理化建议1.75万件，实现1.04万件，创效益2 580万元。通过全面的技术进步和质量管理，使集团公司的主导产品真正成为名副其实的中国名牌产品。

深化改革、加强企业管理取得新进展。作为全国首批100家现代企业制度试点企业之一，在完成了一系列基础工作后于1995年11月28日依托天津汽车工业总公司正式组建成立了集团公司，加速了企业改革的进程，使天津汽车工业向集团化发展迈出了重要一步。与之配套的“三项制度”（即劳动合同制、技能工资制、干部聘任制）改革工作亦取得一定成效，并建立、完善了职工养老保险和补充养老保险制度。全行业有93%的职工签定了劳动合同；24个企业实现了转机达标；70个生产车间创建为“特区车间”；兴办第三产业190个，安置富余职工5 107人，创利税3 830万元。招商引资嫁接改造工作速度加快，年内组建成立了7个合资企业，使全系统合资企业总数达到16个，利用外资10.07亿元，优化了投资结构，增强了企业发展后劲。同时还组建成立了具有一定经济实力和技术水平的汽车模具制造中心。

“八五”期间，累计生产汽车48万辆，创利税44亿元，是“七五”期间的4倍；5年间工业总产值和产品产量分别为年均递增32.9%和31.6%，销售收入和利税年均递增33.3%和43.2%。行业实力发生了质的飞跃，随着夏利轿车15万辆扩建工程的按期完成，年综合汽车生产能力达到23万辆，增强了企业的发展后劲，为“九五”发展奠定了坚实的基础。

汽车工业以市场为导向，实现两个转变 “围着市场转、盯着市场干、随着市场变”是天津汽车工业（集团）有限公司多年来一直遵循的经营指导思想。

1995年，集团公司以市场为导向，狠抓市场培育与建设，优化产品结构，以销定产、以产促销。在社会主义市场经济条件下，以市场为轴心而“公转”，以实现经营目标为中心而“自转”，突出解决好两个根本转变，以适应社会主义市场经济大环境的客观要求，促进经济增长质量，最大限度地提高盈利水平。

集团公司在计划经济体制向社会主义市场经济体制转变过程中，着力于加强思想观念和经营机制的根本转变，注重经济发展的质的增长变化，使经营机制与市场体制有效转轨。在充分认识市场的基础上，认真研究市场、研究用户，把握市场动态，适时调整生产纲领和产品结构，加大产品品种开发力度，生产适销对路的产品。相继研制、推出了夏利改进型和普通型（不带空调的）轿车，华利6350A、B型客车，以及种类齐全的专用汽车（如公安车、运钞车、冷藏车等），品种由20多个增加到40多个。因而，满足了不同地区、部门（单位）和个人的消费需求，繁荣了汽车市场，占据了市场的主动权。同时，发挥产品优势，进一步加强汽车产品的市场导向，在拓宽大城市出租车市场的同时，努力开拓中小城市出租车市场，加紧实施市场战略转移，由东部地区向中西部地区转移，由沿海地区向内地转移，不断扩大天津汽车产品的覆盖面。继广州、上海成立销售分公司之后，又在北京建立了第三家销售分公司，建成并开业的专营天津汽车产品的有限公司达22个，半紧密型和松散型代理商200多个，产品特约维修服务站已发展到183个。

与此同时，眼睛向内，苦练内功，积极盘活资产存量，强化实物管理和价值形态管理，注重资产经营和资本金的积累，提高企业素质，充分调动各生产要素，做到优化组合、合理配置。通过全面开展精益生产方式、准时化生产及目标成本管理等，加快实现企业由粗放型向集约型转变的经济增长方式的进程。全行业各单位逐级签订了经济目标责任书，交纳了经济承包风险抵押金，加大了经济运营、行政监督考核力度，严格管理；经过进一步清整和理顺汽车零部件配套渠道，强化了配套质量和整车质量；通过建立风险共担、利益共享机制，巩固、完善和优化了“四位一体”营销体系，有效地发挥了全方位的管理效益，年内做到夏利、华利、雁牌车尽产尽销，零库存。仅22个有限公司销车量就达5.78万辆之多，占总销量的53.1%；截止至1995年底，夏利轿车和华利汽车在全国同类产品中的市场占有率分别为23.6%和32.2%；夏利轿车在全国出租车市场的占有率已达到65%；全年出口整车818辆，出口创汇1 241万美元，比上年增长44%；由此带动了零部件的出口，创汇达375万美元。从而，增强了企业活力，促进了天津汽车工业的发展和经济进步。

15万辆夏利轿车扩建工程胜利完成 天津夏利轿车15万辆扩建项目是国家确定的“八五”期间重点工程，亦是天津市的一号工程。该项目主要是对天津汽车工业（集团）有限公司直属企业微型汽车厂、内燃机厂、汽车齿轮厂、汽车桥厂、盘式制动器厂5个工厂进行扩建改造。项目总投资22.13亿元（含外汇6 619万美元），建筑面积21.5万m^2；子项工程54个，其中重点子项工程14个；增加主要工艺设备1 068台（套），其中引进307台（套）；新建生产线25条。

夏利轿车15万辆扩建项目自1994年4月份正式开始实施，至1995年12月末仅用了1年零9个月时间完成。整个工程的21.47万m^2土建项目全部竣工，54个子项工程全部建成；1 068台（套）主要工艺设备投入安装调试；25条生产线实现联动试车，其中有7条生产线投入生产。微型汽车厂新油漆车间和新总装车间36条共计1.37万m链条已全部正常运转，夏利车装焊线于1995年4月份投产已累计生产3.5万台车身，供电、供气、排水、道路等配套工程已投入使用，先期形成投资效益。工程速度之快、工期不拖、概算不超，在国内同类项目中尚属首例，打了一个漂亮的总体仗。国务院副总理李岚清祝贺天津夏利轿车扩建工程取得重大成果，希望再接再励，连续作战，加快天津汽车工业下一步的发展。1995年12月19日机械工业部副部长吕福源专程来天津检查夏利轿车15万辆扩建工程时指出，整个扩建工程速度快、质量好、投资少、水平高，取得了巨大成功，走出了天津发展汽车工业的路子；建成15万辆夏利轿车生产能力，标志着天津汽车工业发展史上一次重大飞跃，同时也奠定了天津汽车工业在全国的重要位置。夏利轿车15万辆扩建工程胜利完成，对于天津市“九五”第一年开好局、起好步，实现跨世纪的奋斗目标，具有重大战略意义。它将成为天津市新的经济增长点。

与之相关的零部件配套技术改造项目，总投资4.92亿元（含外汇2 398万美元）；涉及集团公司直属企业有华丰汽车装饰公司、汽车暖风机公司、汽车车轮厂、汽车灯厂、汽车电器厂、汽车底盘部件总厂、汽车减震器厂和弹簧厂8个工厂；土建工程3.38万m^2，做到当年开工、当年竣工；主要工艺设备739台（套）和1种软件已完成订货，其中引进设备118台（套）及1种软件，国内设备621台（套）。预计1996年一季度进行工艺调试和项目收尾，二季度可全部完工与15万辆夏利轿车配套。

〔撰稿人：天津汽车工业（集团）有限公司 张泽宁〕

上海汽车工业（集团）总公司

总裁：陈祥麟 副总裁：叶 平、胡茂元、洪积明、蒋志伟、郁子冲
地址：上海市武康路390号 邮码：200031
电话：（021）64336892 传真：（021）64330518

概况 上海汽车工业（集团）总公司是全国百家建立现代企业制度试点单位之一，于1995年9月由原上海汽车工业总公司按试点要求改组而成。主要生产经营轿车、摩托车、载重车、拖拉机、大客车等整车及其配套零部件，并进行资产经营。现有销售总公司、进出口公司、财务公司等专业性公司，上海汇众汽车制造公司、上海汽车齿轮总厂等大型总厂、公司，以及技术中心、质量监督中心、培训中心、工厂设计所，已建立上海大众汽车有限公司、上海易初摩托车有限公司等20多个中外合资企业，并在美国、德国、秘鲁设有贸易机构，现有职工6万余人，1992年被国务院批准为特大型企业集团，是中国汽车工业具有代表性的主要企业之一。

上海汽车工业起步于50年代，原有企业数量多，生产规模小，技术层次低，制造工艺落后，发展速度极为缓慢。改革开放为上海汽车工业带来了大发展的大好机遇。1984年，从建立了当时全国最大的中外合资企业——上海大众汽车有限公司起，上海汽车工业依托上海，面向全国，走依靠科技进步，吸收、利用外资，引进和嫁接国外先进技术的发展道路，已先后与德国大众公司、GKN公司、ZF公司，美国的FORD公司、ITT公司，日本小糸制作所，泰国正大集团等国际著名的跨国集团合资、合作。与此同时，坚持发扬自力更生、艰苦奋斗的创业精神，推崇“精益求精”的行业精神。1985年至今十年间，上海汽车工业得到了突飞猛进的发展，经济效益得到大幅度增长，经营规模迅速扩大，管理水平稳步提高，跃上了“高起点、大批量、专业化”的发展新台阶。1995年，实现销售收入533.64亿元，工业总产值291.21亿元，利润54.71亿元，出口创汇5 703万美元，与

上年相比，分别增长了45.4%、48.9%、35.6%、41.7%。三年来的主要经济指标详见表1。在国家经贸委、国家统计局主办的“中国工业企业综合评价最优500家”评比中获得满分，名列首位。主导产品桑塔纳轿车产量16万辆，比上年增长38.8%，国内市场占有率达50%，并形成了20万辆的年生产能力，以及较为完善的轿车零部件配套体系；生产摩托车40万辆，拖拉机1.52万台，各类内燃机66.8万台，分别比上年增长了31.1%、24.1%、37.2%（详见表2）。

表1 1993年～1995年主要经济技术指标

项目	单位	1993年完成	比上年增长%	1994年完成	比上年增长%	1995年完成	比上年增长%
全部职工平均人数	人	60 044	2.5	58 847	-2.0	61 135	3.9
工业总产值：当年价	万元	1 659 869	44.9	2 385 680	43.7	3 457 781	44.9
不变价	万元	1 608 829	40.6	1 955 434	21.5	2 912 117	48.9
工业增加值	万元	395 322	52.1	517 754	31.0	816 826	57.8
产品销售收入	万元	3 070 325	39.6	3 669 450	19.5	5 336 421	45.4
产品销售税金及附加	万元	77 428	39.3	100 948	30.4	158 993	57.5
利润总额	万元	255 832	62.4	403 385	57.7	547 124	35.6
固定资产原价	万元	346 433	30.7	625 112	80.4	903 855	44.6
固定资产净值平均余额	万元	206 569	22.0	328 524	59.0	552 819	68.3
流动资产平均余额	万元	992 288	92.1	1 262 189	27.2	2 251 233	78.4
出口创汇	万美元	2 822	4.2	4 026	42.7	5 703	41.7

表2 1993年～1995年完成主要产品产量

产品名称	单位	1993年产量	比上年增长%	1994年产量	比上年增长%	1995年产量	比上年增长%
轿车	辆	100 001	53.8	115 326	15.3	160 070	38.8
15t汽车	辆	701	3.9	950	35.5	805	-15.3
摩托车	辆	236 240	18.1	305 120	29.2	400 020	31.1
拖拉机	台	11 740	-5.8	12266	4.5	15 217	24.1

强化内部管理 一是实现转制改组。1994年底，上海汽车工业总公司被国家经贸委列为全国百家建立现代企业制度试点单位之一。1995年8月，经国家经贸委和上海市政府会审批准试点方案，改组为上海汽车工业（集团）总公司，并被正式授权统一经营总公司的国有资产。与此同时，与上海国际信托投资公司共同投资组建上海汽车有限公司，双方股比为75%∶25%。1995年9月1日，上海汽车工业（集团）总公司、上海汽车有限公司成立大会隆重召开，揭开了上海汽车工业发展的新篇章。总公司、有限公司暂以“两块牌子，一套班子”运转。

二是推行精益生产。开展全员推广、普及工作，编写《精益生产的概念与方法》、《TEAM工作法》等学习材料，进行全员教育培训；以准时化生产为“龙头”，对XF125摩托车的零部件配套全面推行适时供货，成效显著。在此基础上，桑塔纳轿车的零部件配套也逐步纳入适时供货的轨道；推行TEAM工作法，先由下属各企业一把手蹲点试行，进而全面推广。因此，企业在物流改进、全员参与、库存降低、管理水平等方面不断取得进步。1995年可比产品制造成本比上年下降2.8%，“三项费用”占百元销售收入的比重比上年下降3.5%。

三是深化特区建设。生产特区的建设是企业现代化管理的示范性区域，是上海汽车工业（集团）总公司引导企业抓管理、质量、效益，全面提高企业素质的创举之一。经过连续七年持之以恒的建设，已形成了以ISO9000贯标为基础，质量为核心，集精益生产、TEAM活动、人员培训、成本管理为一体的区域性管理样板。1995年，创建生产特区32个，累计创建生产特区152个，占生产车间总数的57.4%。

四是进行MRPⅡ试点。上海汽车齿轮总厂、上海汇众汽车制造公司已先后引进美国SSA公司的MRPⅡ软件BPCS，实施制造资源计划（MRPⅡ）的试点工作，理顺了物流、资金流，建立了计算机物料清单，并分别试行销售条线、库存的计算机管理。在此基础上，以点带面，逐步提高全行业的管理水平。

加强质量管理 开展ISO9000贯标认证。各企业全力开展ISO9000贯标认证工作，1995年又有上海大众汽车有限公司、上海汇众汽车制造公司、上海实业交通电器有限公司、上海拖拉机内燃机公司、上海纳铁福传动轴有限公司、中国弹簧厂6个企业通过质量体系认证。这样，通过ISO9000认证企业已达到8个。其余企业，已基本完成文件化质量体系的编制工作，投入运行阶段。

坚持质保能力评审。产品质保能力坚持由需方、主机厂对供方、配套厂直接进行定量评价，评审结果分A、B、C三个等级。1995年，上海大众汽车有限公司对43种桑塔纳轿车配套产品进行质保能力评审，全部达到B级以上水平。其中，变速器总成、铝质水箱、传动轴达到德国汽车工业联合会VDA标准A级水平；上海易初摩托车有限公司、上海拖拉机内燃机公司、上海汇众汽车制造公司等主机厂也分别对摩托车、拖拉机、载重车的配套件质量进行评审，促进了产品实物质量的稳步提高。

质量攻关活动卓有成效。本着一切为用户着想，对用户负责的精神，根据用户意见，制订了质量攻关计划，其中部分项目还被列入上海市重点工业产品质量攻关计划。各有关企业组成攻关班子，开展质量分析、技术攻关和改进，进一步提高产品可靠性。1995年，市级以上质量监督抽查，合格率达93.7%。与此同时，桑塔纳轿车配套件成品缺陷率同比下降的有52种，占89.7%，其中24种产品缺陷率达到0.006%以下；XF125摩托车有18种配套件成品缺陷率达到0.006%以下。

1995年，我们的质量工作连获殊荣：上海大众汽车有限公司获“上海市质量优秀企业”称号；上海汽车工业质量监督中心获“上海市质量先进集体”称号；XF125A、XF250C摩托车参加陕西渭阳国家摩托车质量监督检验中心测试，分别被评为优等品和一等品；SH3981A－Z型15t载重车被国家质量监督局评为一等品；上海大众汽车有限公司、上海汽车齿轮总厂获中国质量管理协会颁发的“全国质量效益型先进企业”称号。

推进技术进步　1995年，中外联合开发的桑塔纳2000型轿车开始批量生产、投放市场；完成XF125系列、XF150系列等摩托车新产品开发11种，客车4项，拖拉机1项；各企业所属研究开发中心（RDC）完成总公司级新产品开发73项，新产品产值达86亿元，新产品产值率达30%左右；发挥上海科技的综合优势，联合大专院校、科研院所完成重大项目攻关15项，如轿车曲轴、凸轮轴覆膜砂的研制成功，使废品率从20%猛降到2%以内。

家用轿车、轻型客车前期开发启动。采用计算机CAD/CAM，设计、试制出了第一辆SH6606轻型客车。经整车道路性能测试和有关专项测验，主要性能基本达到国外中高档轻型客车的水平，1996年将试制出第二轮样车。为了满足市场需求，公司还着手家用轿车的前期开发。在对比分析的基础上，采用计算机造型手段，进行总体布置；根据确定的基本尺寸参数，制作1:1外模型，并由数控机床加工成1:1实体模型。

上海大众一、二期工程通过国家验收。上海大众汽车有限公司一、二期技术改造工程项目分别于1985年和1992年开工建设，经过10年边生产、边建设的滚动发展，已从成立之初3万辆的年产能力逐步达到20万辆。共投资36亿元的上海大众一、二期工程全面竣工投产，并于1995年11月29日正式通过国家验收，这标志着上海汽车工业的生产规模又跃上了新台阶，已率先达到了国家汽车产业政策要求的经济批量。

上海易初摩托车有限公司王港技改项目加紧建设。该项目投资近10亿元，按照90年代国外先进技术标准设计，座落于浦东新区王港工业区的王港新厂已经初具规模。集发动机金加工、装配和摩托车焊接、装配的主厂房联合车间全部建成；理化计量中心、计算机中心、发动机研究开发中心、综合办公楼及相配套的公用设施、生活设施相继完工。1996年竣工后，将形成年产125摩托车20万辆、摩托车发动机30万台能力。

桑塔纳轿车国产化率稳步提高。桑塔纳轿车国产化率一般达到87.79%，而2000型桑塔纳轿车国产化率达65.84%。通过技术改造，不断推进国产化工作，上海汽车工业已形成了较为完善的零部件配套体系。

扩大对外合作　1995年，先后与美国、德国、日本、意大利、香港等国家、地区的企业新建合资项目8个，协议利用外资额达3.4亿美元，分别合作生产轿车铝轮毂、汽车橡胶密封件、轴瓦等产品。特别是与德国Bosch公司签署合营合同，共同投资31 762万美元生产汽油发动机控制系统，标志着上海汽车工业技术水平顺应国际潮流，将向电子化迈进一大步。与此同时，上海纳铁福传动轴有限公司、上海延锋汽车饰件有限公司等合资企业的12个项目增资，协议利用外资1亿美元。如今，已建立了25个合资企业，协议利用外资已达8.8亿美元，为上海汽车工业积蓄了强有力的发展后劲。

1995年10月31日，上海汽车工业（集团）总公司与美国GM公司签订了“基础协议”，双方计划在上海建立一个汽车合资企业和合资技术开发中心以及其他相关项目，包括一个年生产能力10万辆汽车的装配厂和一个发动机及传动装置生产厂，计划生产1997年款的中型别克轿车，这将为上海汽车工业的发展开辟出浦东、浦西遥相呼应、联动发展的新格局。

上海汽车工业利用外资成效显著，最具代表性的是上海大众汽车有限公司、上海易初摩托车有限公司连续八年荣获全国十大最佳合资企业（生产型）称号。1995年6月4日，双双被评委会授予“十佳八连冠”荣誉称号。

开拓国内外市场　面对白热化的市场竞争，我们除了坚持靠产品质量取胜之外，还得益于市场的不断开拓。根据中国区域经济的特点，采取“区域营销和区域管理”的营销策略，在国内汽车流通领域尝试桑塔纳轿车销售代理，以资产和品牌等形式建立了150个销售代理商，并与1 300多个经营单位保持稳定的业务关系。1995年，桑塔纳轿车实现销售15.3万辆，国内市场占有率达50%。与此相适应，储运、分流能力继续得到增强，已先后建立了4个合资运输公司，拥有滚装船、火车专列、大型驳运车等先进的运输工具，在全国建立了5个大型中转仓库。

与此同时，经过不懈的努力，我们已逐步建立了稳定的出口市场，从美国、东南亚地区已扩大到欧洲、南美、中东、日本、韩国、澳大利亚等地，与70多个国家和地区建立了贸易关系，油泵电机等产品已稳步进入欧洲市场。1995年，1 100台上海504拖拉机出口秘鲁。另有500多台拖拉机先后销往美国、澳大利亚、新西兰、马来西来等65个国家、地区，出口量居国内同行首位；五档变速器出口巴西，出口量达22 400余台。

狠抓人员培训　一是实行“40+4”工作和培训制度。即每周工作5天计40h，每周六确保4h培训，主要用于员工的政治、业务培训。管理、技术人员侧重计算机应用、英语及专业知识培训；生产、操作工人偏重岗位“一专多能”的技能培训。鼓励广大员工根据自身岗位和技术水平的要求，“干什么，学什么，缺什么，补什么”。

二是推行全员培训登记制度。全体员工，上至总裁，下到普通职工，均要完成年度培训登记课时要求，高级管理人员不少于80h，一般管理人员不少于60h，工人不少于40h，不达标者不得晋升、增资。1995年，员工培训达25.5万人次，人均达5次培训，98%以上职工完成全员培训登记制度规定的培训时间要求。

三是进行技术练兵、比武。1995年职工岗位练兵、技术比武活动，共有英语（听力、口语、笔试）、计算机操作、数控机床设备操作、精益生产、TEAM知识竞赛等，有4 696位职工参赛。同时继续做好“青年科技之星”、“技术能手”评选活动。1995年，共有54人当选“青年科技之星”，30人成为“技术能手”，并在物质奖励、职务晋升上给予鼓励，进一步提高了广大员工学技术、学知识的积极性。

〔撰稿人：上海汽车工业（集团）总公司总裁办公室　夏　军〕

跃进汽车集团

总经理：黄小平　副总经理：周锦清、朱国璋、黄世清、朱正林、戴则樵、张彦飞、吴志原
地址：南京市中央路331号　邮码：210037
电话：(025) 3311311　传真：(025) 3313526

概况　跃进汽车集团是国家级大型企业集团，1995年6月经国家经贸委批准，同意以跃进汽车集团公司（南京汽车制造厂）为核心组建集团。集团以汽车产品为主体，以资产为纽带，跨地区、跨部门、跨行业，具有多种所有制、多种经营，集科工贸为一体。目前集团成员企业已达467个，其中：跃进公司控股紧密层24个，半紧密层41个，协作层402个。集团成立了由5所大学参加的汽车工程研究院。集团职工近4万人，资产总额88亿元，产品有跃进汽车系列、农用车系列、中客系列、小客系列、军车系列以及各种专用车。年生产能力20万辆。1995年生产汽车10万辆，整车销售收入62亿元，出口创汇超过1 000万美元。

作为跃进汽车集团的核心企业——跃进汽车集团公司（以下简称跃进公司）有着近半个世纪的历史，是国内轻型汽车主要生产基地之一，国家特大型企业。从1947年诞生，1958年生产出第一辆轻型货车，到年生产达8万辆，累计生产汽车72万辆，每个阶段都留下了深深的足迹，每一次创业都谱写了一曲曲凯歌。目前跃进公司资产总额达66亿元，职工2.1万人，占地面积300多hm^2。产品有跃进和南京依维柯两种品牌，品种有货车、乘用车、越野车及各种底盘计150个。汽车载重量覆盖1t～3t系列。公司设20个专业生产厂，7个专业研究所以及技术中心、汽车产品监督检验所，拥有外贸进出口权。

公司曾获国家“五一”劳动奖及全国用户满意企业称号。从1958年起，连续十年列入500家全国最大工业企业前百家内；1992年列入中国工业技术开发实力百强前十名；1994年跃进汽车获1994年全国国产汽车用户满意汽车产品奖，南京依维柯汽车获中国名牌产品称号。

发展情况　1995年，企业围绕产品和市场，抓销售、抓质量、抓服务。精心组织生产，充实一线销售队伍，健全销售和信息网络。重新修订及新颁发各项质量法规15种，健全质量控制体系，定期召开现场质量会，查工艺，进行质量责任分解。在全国开展两次大规模“优质服务月”和“质量服务月”活动，派出12支服务小分队赴重点地区加强服务，年内新增特约维修厂41个，使总数达243个，在中心城市设立特约维修中心12个，配件供应中心14个，在武汉设立商品车中转库，方便用户购车和修车。1995年公司生产汽车80 418辆，销售汽车80 108辆，销售收入411 384万元，利税18 488万元，被江苏省、南京市授予双文明单位称号。1995年完成的主要经济指标详见表1、表2。

“八五”是跃进公司发展中一个质的飞跃期。企业结束了长期以来生产单系列载货汽车的历史，批量生产出具有国际90年代初期水平的高档乘用

车，扩大了规模，提高了设计制造水平；引进先进的设备，加速零部件的技术改造和技术配套，促进企业快速发展。“八五”期间累计产销汽车33.52万辆，是“七五”的2.18倍，其中依维柯汽车21 032辆，累计实现销售收入144.29亿元，为“七五”的3.78倍，累计实现利税11.55亿元，为“七五”的2.89倍，资产总额从8.8亿元增至66亿元。

表1　1995年跃进汽车集团公司主要经济技术指标

项　目	单位	1995年完成	比上年增长%
全部职工平均人数	人	21 171	
工业总产值：	万元		
当年价（原规定）	万元	477 220	
（新规定）	万元	410 365	
不变价（原规定）	万元	471 170	
（新规定）	万元	473 789	
工业增加值	万元	68 859	
产品销售收入	万元	411 384	30.9
产品销售税金及附加	万元	17 403	20.4
利润总额	万元	1 085	3 290.6
固定资产原价	万元	3 810 295	
固定资产净值平均余额	万元	1 840 881	
流动资产平均余额	万元	2 474 911	

表2　1995年完成主要产品产量

产品名称	单位	产量	比上年增长%
跃进牌汽车	辆	69 722	0.4
南京依维柯牌汽车	辆	10 386	102.5

技改与开发　1995年跃进公司最大的技改项目是跃进汽车驾驶室换型，该项目是引进日本日产公司驾驶室技术，形成跃进汽车的第三代产品，年产6万辆整车。围绕换型，翻译了大量日产驾驶室技术资料和技术标准，并进行局部换装，建成车身厂磷化电泳线、总装厂试制车间整车装配线。充分消化吸收引进的依维柯汽车技术，努力提高国产化程度，新开发依维柯多用途车10余种。公司还发挥集团优势，促进农用车、底盘新品种的开发试制。全年新产品通过省级鉴定品种达87种。大力开展科研项目及合理化建议活动，创经济效益1 600万元。1995年跃进公司获江苏省“八五”期间技术进步先进企业称号。

对外合作　跃进公司引进依维柯轻型汽车设计制造技术，而且技术改进与依维柯同步。通过消化吸收，采用国际、国内先进的设备、管理、新技术、新工艺、新材料，1993年实现批量生产，国产化率达40%，1995年生产依维柯汽车10 198辆，A40.10和A30.10的乘用车国产化率达81.29%，载货汽车国产化率达87%。积极进行跃进汽车的换型工作，翻译1 184张技术资料和191个标准，实现局部总成换装，以及完成专用件的设计工作。

跃进公司与意大利菲亚特集团依维柯公司在多年合作的基础上实现了合资，总投资为37亿元，双方各占50%；与新加坡渝强投资公司成立了东阳塑料制品有限公司；另外有些合资项目、对外合作项目正在商谈中。跃进公司充分利用外经外贸出口权，实现了依维柯汽车零部件返销欧洲，其他零部件出口已扩大到越南、秘鲁、英国、新西兰、南非、中美洲、阿根廷、科特迪瓦、美国、中东、东南亚、韩国等二十多个国家和地区，并在坦桑尼亚、肯尼亚建立了跃进汽车CKD组装厂，拓展了国际市场，全年创汇755万美元。

深化改革　为强化内部管理，跃进公司相继出台了一系列管理规定和考核办法。深化企业人事制度改革，把它作为加速企业经营机制转换，建立现代企业制度的重要一环，并且与全员劳动合同制结合起来，确定劳动关系，签订劳动合同，上岗工作签订岗位合同。把下岗与分流结合起来，共压缩人员1 763人，分流人员2 035人。通过稳定一线工人，加强技术队伍，提高检查人员素质，压缩管理人员与辅助、服务人员，形成了减人增效、竞争上岗、聘用上岗的现代企业劳动人事管理制度，促进企业管理工作上新台阶。

跃进公司以汽车生产为主，多种经营为辅，1995年初将原有的第三产业集中起来，给予一系列扶持，通过摸底调查、建立制度、健全管理，促进了第三产业的蓬勃发展，全年实现销售收入2.65亿元，利润661.7万元。实施多种经营，创造了效益，为企业富余人员转岗开辟了新途径，为今后企业第三产业的社会化奠定了基础。

“九五”规划　重点发展各类轻型商用车和乘用车。发挥跃进汽车集团优势，围绕三大系列产品（跃进汽车系列、依维柯汽车系列、农用车系列），合理布局，形成50万辆整车的生产规模，产品构成为：跃进汽车系列15万辆，其中新车型（三代）达8万辆，老车型（二代）保留目前7万辆的水平，依维柯汽车系列达6万辆；农用车系列15万辆；多用途客车15万辆。产品结构特点为：轻轿结合、客货结合、民用与军用相结合。

优先发展发动机和关键零部件。索菲姆发动机通过技改投入，由6万台扩大到10万台。生产能力为15万台的汽油发动机项目建议书已经机械工业部批准，成为公司“九五”重点建设项目。“九五”期间还将建设铸锻中心和模具中心。

〔撰稿人：跃进汽车集团办公室　沈　洁　审稿人：跃进汽车集团办公室　向荣昌〕

长安汽车有限责任公司

董事长：赵国华　副董事长：江从寿
总经理：江从寿　副总经理：景之金、简树梁、李　栩、王重生、赵鲁川、陈　成
地址：重庆市江北区建新东路260号　邮码：630023
电话：(0811) 7851921　传真：(0811) 7870261、7856892

概况　长安汽车有限责任公司是1995年为适应深化改革，适应国家汽车产业政策、适应与国际汽车行业接轨的需要，由中国兵器工业总公司"四大明星企业"中的长安机器制造厂和江陵机器厂联合组建而成立的。它融合了两厂生产及技术力量之精华，成为中国具有强大经济和技术实力的大型骨干企业，公司拥有员工23 000余人，占地面积1 864万m^2，资产45亿元人民币。公司连续数年列为全国最大工业企业500强、机械行业100家最大工业企业、重庆50强企业之一。

发展情况　公司主要产品有微型汽车、微型车发动机、猎枪、人工降雨弹和部分军用产品。1995年工业总产值达26亿元，销售额达27亿元，实现利税4.2亿元，出口创汇94万美元，创造了较好的经济效益。1995年公司完成的主要经济指标，详见表1、表2，对外出口情况详见表3、表4。

表1　1995年主要经济技术指标

项　　目	单　位	1995年完成	比上年增长%
企业数	个	1	
全部职工平均人数	人	23 600	4.2
工业总产值：当年价	万元	284 790	6.8
不变价	万元	258 998	12.9
工业增加值	万元	76 806	-15.2
产品销售收入	万元	267 066	3.8
产品销售税金及附加	万元	5 403	200.7
利润总额	万元	21 533	-24.7
固定资产原价	万元	200 618	148.5
固定资产净值平均余额	万元	69 509	74.2
流动资产平均余额	万元	153 090	6.2
出口创汇	万美元	94	-56.9

表2　1995年完成主要产品产量

产品名称	单位	产　量	比上年增长%
微型汽车	辆	70 070	27.2
其中：奥拓轿车	辆	7 725	-22.9
发动机	台	87 008	-13.1
猎枪	支	32 006	6.5
人工降雨弹	万发	20	-8.8

长安汽车公司以实现国人汽车梦为己任，经多年不懈努力，现已发展成为中国汽车工业微型系列汽车和系列发动机生产基地之一。1995年随着汽车总装生产线和大件冲压生产线技术改造的实现，公司已形成综合年产15万辆微型汽车及发动机的能力。1996年内将建成年产15万辆微型汽车、15万辆奥拓轿车及45万台发动机基地，实现综合年产30万辆汽车和45万台发动机的规模经济目标。

表3　1995年主要产品出口情况

产品名称	出口产品		出口额(万美元)	比上年增长%
	单位	数量		
微型汽车	辆	60	22.9	-99.1
猎枪	支	5 505	65.8	-40.7
汽油机	台	2	0.2	…

表4　1995年主要出口国家、地区情况

产品名称	国家、地区	出口额(万美元)
微型汽车	伊朗	7.7
	利比亚	4.0
	危地马拉	1.0
	埃及	0.3
猎枪	美国、澳大利亚、加拿大、韩国	65.8
汽油机	俄罗斯	0.2

长安汽车公司以汽车、发动机、民用猎枪及人工降雨弹为支柱民品，兼顾军品科研、制造、生产经营项目。其主导产品长安牌微型汽车是80年代崛起在中国汽车工业的一代名车，它带动了全国200多家大中型企业同步发展。从1988年以来就一直保持着同类产品竞争中产量、质量和销量的领先地位。1995年产销量达7万辆以上。而今已有5个品种基型车及24个改型车种系列，被中国兵器工业总公司确定为第一号支柱民品，被国家纳入汽车工业长期发展规划的重点项目。公司生产的JL368Q、JL462Q、JL465Q型微型车发动机都是优质名牌产品，发动机除自用外还为国内其他微型车提供动力。

一流的质量、一流的管理、一流的效率是长安公司永远追求的目标。为实现对用户质优价廉的诺言，公司建成11条现代化汽车流水生产线和18条先进的发动机生产线，无论是总装、大件冲压，还是焊接、喷漆，制造出的产品均经得起严格的检

验，为塑造一代名车完美的形象，提供了稳固的保障。

科技发展是长安汽车不断创新的先导。长安公司始终遵循“改进一代、开发一代、预研一代”的开发方针。1995年又新开发推出高顶、大功率、顶置式空调的经济型长安牌SC6331型面包车，为长安系列车今后的发展开辟了新的道路，为用户提供了新的品种。

长安公司拥有一支素质过硬的专业工程技术人员队伍，拥有工程技术人员1 810人，其中有高级技术职称的人员336人。此外广泛将现代科学成果应用于科研工作中，如采用计算机辅助设计，引进国外先进的技术、加工、检测手段，采用新材料，使新品开发设计更具科学性、实用性。

长安公司非常重视营销、售后服务工作，通过建立的长安汽车联营联销公司、长安汽车销售集团、长安汽车技术服务中心、长安汽车配件经销中心、长安汽车进出口公司、长安汽车发运公司等多种组织形式，已在全国范围内建立起长安汽车经销网点400余家、维修服务网点300余家、配件经销网点100余家，形成覆盖全国的网络及一体化的服务系统。由于公司多年来坚持“恪守信誉、优质服务、工贸结合、积极发展”的营销宗旨，赢得了顾客，迎来了长安汽车长驰久安、蓬勃发展的局面。

长安公司在成立的一年里，党中央总书记、国家主席江泽民，国务院副总理李岚清、邹家华都视察过长安公司，并指示：“公司要为中国军转民起好示范作用”。赞扬长安职工队伍“有好的传统、好的作风、好的技术、铁的纪律，公司一定要把规模经济搞上去”。公司通过一年的正式运转，成功的运行，积累了宝贵的经验。为了进一步加强管理，理顺关系，适应股份制改造和资产经营的需要，公司按产品结构在公司总部下建立3个工厂，从而把公司改革推进了一步。长安公司的改革发展方向完全符合党中央和国家的大政方针，得到国家的重视和支持。党和国家为公司今后的工作指明了方向，公司将继续狠抓实现经济发展的两个根本性转变，即“经济体制由计划经济体制向社会主义市场经济体制转变，经济增长方式由粗放型向集约型转变”。长安汽车公司将在中国兵器工业总公司的直接领导及在江泽民总书记，李岚清、邹家华副总理等党和国家领导人到公司视察的精神鼓舞下，加快长安汽车大上规模经济步伐，为我国汽车工业的崛起作出卓越贡献。

〔撰稿人：长安汽车有限责任公司计划部 凌代贵〕

中国嘉陵工业股份有限公司（集团）

法人代表、董事长兼总裁：郝振堃
地址：重庆市双碑　邮码：630032
电话：(0811) 5311991（总机）　传真：(0811) 5315845、5310718　电传：62173 CSCSJ CN

概况　16年来，我们坚定不移地贯彻“改革开放”和“军民结合”的方针，面向市场，转机建制，自力更生，艰苦奋斗，通过改组、改制、改造，使企业从一个单一的军品生产企业发展成为军民结合，并已成为我国规模最大的摩托车生产和集团化规模经营的企业，取得了显著的经济效益和社会效益，走出了一条成功的“嘉陵之路”，初步实现了“两个转变”。其特征主要表现在以下几个方面：

——生产高速发展，资产成倍增值。16年来，累计产销摩托车480多万辆，占全国总量的1/5以上，累计完成工业总产值156亿元，实现销售收入153亿元，累计创利税29亿元，产量、产值、销售收入、利税，年递增速度分别达到50%、26%、33%和46%，其主要经济技术指标，均居全国同行业首位。规模产量已跃居世界同行业企业第四位。16年来上交利税15.6亿元，自我积累发展使公司资产增值12.8亿元，是1980年原嘉陵机器厂资产的54.2倍。公司先后荣获国家一级企业、全国思想政治工作优秀企业称号和全国优秀企业“金马”奖，1995年8月荣获“中国摩托车之王”称号。

——集约经营成效显著，企业竞争实力不断增强。公司连续六年跻身于全国500家最大工业企业行列，1995年按净资产排名居第235位，按销售收入排名居第80位，按利税排名居第51位，在中国工业企业综合实力评价最优500家企业中获得满分100分，排名第2位。

——产品质量显著提高。产品质量稳定提高率达到100%，CJ50、JH70摩托车先后荣获国家优质产品银质奖，嘉陵牌系列摩托车成为中国的名牌产品。

——初步建立了以“产权明晰、政企分开、职责明确、管理科学”为特征的现代企业制度。

——职工物质文化生活水平显著提高，精神文明建设成绩斐然。职工收入逐年增加，生活福利设施及住房条件得到全面改善，职工队伍整体思想道德素质和文化业务素质得到显著提高。公司环境集绿化、美化、净化于一体。目前，已形成了以生产经营为核心的决策文化、管理文化、育人文化、休闲文化的嘉陵企业文化。

——社会效益显著。嘉陵的发展带动了约10

万人 300 多个零部件生产企业的发展，带动了1 500多个经销单位的发展，解决了经销单位 7 000 多人的就业；按兵器工业总公司关于优化兵工内部资源配置的要求，帮助五一一一厂发展摩托车生产取得了成功；1994 年又接收了三九八厂、五九八厂、三四八厂和六七一厂的摩托车分厂进入集团，为这些厂先后注入发展资金 4 000 万元左右；派出得力干部到五〇〇三厂、三五四厂挂职扶困，使两厂先后扭亏增盈。总之，通过兼并、接受委托经营、协作配套，帮助、扶持、促进了一批困难企业的发展。

回顾和总结公司 16 年来所走过的历程，我们的作法主要是：改革围绕增强活力转，管理围绕效益转，技术进步围绕产品转，企业围绕市场转。

改革围绕增强活力转 企业的发展在于改革创新，改革的目的在于增强企业活力。在企业改革过程中，始终围绕如何实现“两个转变”，增强企业活力，重点抓了“三个转换”，即思想观念、企业组织结构和制度、经营机制的转换。

(1) 抓思想观念的转换。

1979 年以后，我国工作重心转移到以经济建设为中心上来，实行改革开放，并逐步由计划经济体制向社会主义市场经济体制过渡。在这样的大环境下，我们意识到，这对企业的生存和发展来讲，既是机遇又是考验。要抓住机遇和经受住考验，首先要解决的是传统观念的转换问题。因此，我们把解决领导班子和全体职工思想观念的转换问题，放在一切工作的首位，以思想观念的转换促企业组织结构和经营机制的转换。通过组织全体职工，特别是各级领导班子，在学习中央改革开放的方针政策过程中，重点使大家了解企业经营环境发生的变化，解决思想观念如何适应经营环境的变化，逐步树立起以下观念：一是军民结合的观念。70 年代末期，中央根据国际形势缓和的趋势，及时地提出了“军民结合”方针。当时虽然我厂的军品任务还算可以，还没有威胁到“吃饭”的问题，但形势的变化使我们意识到，军品任务的减少已不可逆转。因此，我们必须走军民结合的道路。在这一观念的指导下，我们于 1979 年开发了民品嘉陵牌摩托车。二是自主经营的观念。过去军品生产是国家指令性计划，产品由国家定价，统购包销。但民品生产是以市场需求为导向，有需求才能生产，需求就是市场，市场必须靠企业自己去了解和开发。三是大生产、大配套的观念。过去军工企业大都是大而全、小而全的生产方式，如果沿袭这一方式生产民品，一方面技术改造的资金不足，另一方面速度上不去，在市场经济激烈竞争的条件下，企业必然是自我毁灭。大生产、大配套，既可以解决资金短缺问题，又可以解决发展速度问题。因此，我们在开发民品之初，为了发展规模经济，形成规模效益，明确了必须走专业化协作、社会化大生产的道路。四是高起点的观念。高起点既可以适应人们日益增长的消费水平的客观需要，又可以增强产品的竞争能力。五是市场观念。市场是企业生存和发展的立足点和归宿点，优胜劣汰是不以人们的主观意志为转移的。以市场为依托，在竞争中求发展是企业生存和发展的客观需要，如果认识不到这一点，必将在竞争中败北。由于观念的转变，扫除了我们在贯彻中央改革开放方针中的思想障碍，顺应了计划经济向社会主义市场经济转变的潮流，促进了企业组织结构和经营机制的转换。

(2) 抓企业组织结构和制度的转换。

在国家改革开放方针指导下，为了适应企业发展和市场竞争的需要，我们不断地探索企业组织结构的调整和企业制度的创新。十多年来，基本跟上了国家对企业改革的重大部署，归纳起来，大致经历了以下四个阶段：

一是冲破传统管理体制的束缚，创建“嘉陵牌摩托车经济联合体”。我公司作为一个单一的军工专业性较强、技术较简单的军工生产企业，1979 年要转向生产技术密集的摩托车产品，面临包括资金、技术、设备、人员严重不足的困难，如果两手向上找国家，当时国家也有困难，就是解决一点，也是杯水车薪。1980 年在国务院下达的《关于推动经济联合的暂行规定》的指引下，我们改革了生产组织形式，打破传统的“大而全、小而全”的生产方式的束缚，在挖掘企业内部潜力，充分利用军工生产剩余能力和增添少量设备，自力更生，艰苦奋斗的同时，于同年 9 月创建了跨地区、跨行业、跨所有制的“嘉陵牌摩托车经济联合体”，将数量占 70%、成本占 60% 的零部件扩散出去，自己只搞总装和关键部件生产。联合体实行目标定价，二次分配。由于有效地利用了社会的存量资产，使我们的摩托车生产很快形成了大批量生产能力。1981 年，在国内同行业企业产量无一上万辆的情况下，我公司摩托车产量就达到了 5.01 万辆，比 1980 年增长了 19 倍，1983 年就形成了 10 万辆的生产能力，与当时要形成同类规模的企业比较，投资节约了 2/3，时间缩短了 1/2。不但节约了投资，加快了发展速度，而且取得了显著的效益，企业由 1980 年亏损 986 万元，1981 年一举扭亏为盈，实现利润 414.4 万元。

二是深化改革，组建企业集团。随着摩托车生产的迅速发展，原联合体确定的所有制关系、隶属关系和财务关系“三不改变”的组织形式，已不适应生产发展的需要。为进一步扩大经营规模，增强竞争能力，这就需要我们的组织形式要作进一步改革，不失时机地要由横向经济联合向资产联合的高层次发展。经当时的兵器工业部同意和推荐，1987 年 11 月，经原国家经委、国家计委、国家体改委批准，我们在“嘉陵牌摩托车经济联合体”的基础上成立了企业集团，称“中国嘉陵集团”，向规模集团化经营迈进了一步。

三是进行股份制试点，探索建立现代企业制度。1987 年，经原国家经委、计委、体改委批准我们在进行企业集团试点的同时，开始进行股份制试点，将国营嘉陵机器厂整体改组为中国嘉陵工业股份有限公司（集团），也就是集团的核心层。当时试点的目的，其一是想通过股份制试点，将集团的核心层改为公司制体制，形成自主经营、自负盈亏的机制；其二是想以资产联结为纽带的企业集团模式，取代过去以产品联结为纽带的联合体组织模式；其三是想拓宽筹资渠道，扩大企业发展的资金来源，形成投资主体的多元化格局。上述三个目的，在试点前期就已基本实现。股份公司经工商登记从 1987 年 11 月正式营运，几年来，以股份公司为主体向外投资，建立了一批控股子公司和参股公司，并根据生产发展的需要，经有关部门批准非定向发行了股票 5 200 万元，使公司投资主体走向了多元化。

四是进一步规范公司制试点，发展成为上市公司。1993 年 5 月中旬兵器工业总公司张俊九总经理来厂视察工作时，我们向张总经理汇报了继续进行股份制试点和申请股票上市的想法。这一想法得到了张总经理的肯定和支持。紧接着我们又以书面形式向总公司请示，得到了总公司的批准，同时也得到了重庆市的支持。在此基础上，我们按照国家规范化试点的要求，先后进行了资产的全面评估和资产重组，将军品生产和非生产经营性资产剥离出公司，经国家国有资产管理局进行了产权界定，并按照《公司法》的规定，修订了公司《章程》。1995 年 10 月 13 日，经中国证监委批准，“中国嘉陵”股票在上海证券交易所挂牌交易，从而使我公司成为上市公司，进入了规范化运作的轨道。

(3) 抓经营机制的转换。

建立现代企业制度，改制只是前提，转机才是根本。只有机制随改制的转变而转变，现代企业制度才能发挥应有的活力，反之，则只是一个空壳。为此，我们在进行改制的同时，把企业改革的重点放在转换企业经营机制上。

一是建立了产权明晰、产权流动的机制。经资产评估中介机构的评估和国家国有资产管理局界定，公司的总股本为 206 030 800 元，其中国家股 154 030 800 元，占总股本的 74.76%；社会流通股 52 000 000 元，占总股本的 25.24%。1995 年 12 月 15 日止，公司在册股东为 35 056 人。全部股本，除国家股因国家现规定不能上市流动外，社会公众股已全部上市交易。每年公司可采取配股的形式，增发总股本 30%的股份。

二是建立了政企分开、依法经营的机制。过去，在单一投资主体的条件下，国家既是国营企业资产的所有者，又是经营管理者，直接参与企业的经营，对企业负无限责任。公司制改造和成为上市公司后，公司依法经营，照章纳税，接受国家行政部门和社会公众的管理和监督。出资者（包括国家和社会公众）只能依照国家的法律法规和公司《章程》的规定，享有权益并承担义务，对公司负有限责任。企业独立行使民事权利，承担民事责任。公司内部依照公司《章程》及其相应的规章制度运行。

三是建立了公司法人治理结构，形成了自我约束机制。公司法定的最高权力机构为股东大会，公司的经营决策机构为董事会，公司的监督机构为监事会。股东大会负责重大决策，包括董事会、监事会成员的任免和奖惩。董事会负责日常经营决策，承担资产的保值、增值的责任。公司实行董事会领导下的总裁负责制，董事长为法定代表人。监事会负责对公司经营和董事会成员以及高级人员的监督，对反映公司经营业绩的财务表，即资产负债表、资产损益表和财务变动表，由监事会聘请有证券资格的中介机构——会计师事务所进行审计，然后向股东大会报告。

四是建立了自主经营、自负盈亏、自我积累、自我改造、自我发展的机制。公司在国家宏观政策的指导下，以市场需求为出发点，实行自主经营、自负盈亏、依法纳税后，对税后利润依照法定比例提取公积金、公益金，依照股东大会决定的比例提取任意盈余公积金后再进行分配。分配比例由公司董事会提出预案，公司股东大会作出决定。如果公司发展资金不足，还可以通过每年的配股或发行新股募集资金。

五是建立了新的人事、劳动、工资激励机制。公司由股东大会任免公司的董事会和监事会成员，董事会任免公司包括总经理、副总经理在内的高级管理人员，总经理任免公司内部的中下级管理人员。打破干部与工人的界线，统一实行聘任制，公开招聘，平等竞争，择优上岗，干部能上能下。改革劳动用工制度，实行全员劳动合同制，本着双向选择的原则，职工与公司签订劳动合同，以法律形式确立劳动关系。在此基础上，职工与用人单位签订岗位合同，实行“在岗、试岗、待岗”动态管理，职工能进能出。改革工资分配制度，实行岗位技能工资制。根据劳动技能、劳动责任、劳动强度、劳动环境及职工提供的岗位劳动质量和数量，核定岗位技能工资，并进行动态考核，易岗易薪，工资能升能降。实行职工社会养老保险制度。职工养老，由社会统筹，基本养老保险金的缴纳由公司和职工个人共同负担。

经营机制的转换，巩固了公司制的建立，使企业充满了生机和活力。在实践中我们认识到：只有改革，才能解放生产力；只有改革，才能增强企业活力，促进企业的发展。

管理围绕效益转 管理是企业的永恒主题。管理的主要目的是提高企业经济效益。在由粗放经营向集约经营转变的过程中，我们坚持管理围绕效益转的指导思想，长打算、短安排，制订了“六五”打基础、“七五”上水平、“八五”登金榜的长期战略目标，每年再将长期战略目标分解为中、短期目标。同时制订了“境界要高，治厂要严，信息要灵，决策要准，经营要活，敢于竞争，善于竞争。不尚空谈，脚踏实地，建一流的队伍，出一流的产品，收一流的效益，创一流的企业，驱动技术和管理进步两个轮子，驾驭企业的列车，走在时代的前列”的治厂方针。在实施战略目标和治厂方针，全面推进企业管理，打基础、上水平、登金榜的过程中，以发挥企业和集团的整体优势和效应为出发点，我们始终坚持抓了一个根本，即以人为本；把握了四个关键，即决策管理，市场营销管理，企业内部管理，技术进步管理；突出了四个重点，即基础管理，生产管理，成本管理，质量管理；实现了三个突破，即定置管理的突破，推行和应用现代化管理方法和手段的突破，集团化规模管理的突破。突出重点，从严要求，反复抓，使企业管理工作一年上一个台阶，年年出成果，出效益。1988 年企业被评为国家二级企业，1990 年被评为国家一级企业，1995 年荣获国家企业管理“金马”奖，基本实现了企业管理的战略目标。“七五”人均生产摩托车 141 台，比“六五”增长 42 台，“八五”人均生产摩托车 276 台，比“七五”增长 135 台；“七五”全员劳动生产率 5.96 万元，比“六五”增长198%，“八五”全员劳动生产率 28 万元，比“七五”增长 369.8%；“七五”人均创利税 3.83 万元，比“六五”增长 3.02 万元，“八五”人均创利税 22.5 万元，比“七五”增长 18.67 万元。

(1) 以人为本抓管理。

“人是企业之本”，以人为本是现代科学管理的核心。在企业生产经营管理过程中，我们始终把抓好人的工作、发挥人的作用放在第一位。重点是抓好一个班子，带好一支队伍，培养严谨的厂风。

首先，从提高领导干部的思想境界、提高经营管理水平入手，抓好两级领导班子建设，发挥班子的整体优势。十多年来，我们以深入学习社会主义商品经济理论和市场经济理论为重点，先后举办了各类培训班或送外脱产培训，对公司级领导干部和中层干部，进行思想、业务和岗位轮训；通过在领导干部中开展创“四好”班子活动，建立领导干部聘用动态考核办法等，管好用好干部，使公司领导层的整体经营管理水平得到了较快提高。两级领导班子的团结、勤政、务实带头作用得到了较好的发挥，决策能力、超前意识、开拓进取精神明显增强。

其次，尊重人、培养人、关心人，带好一支队伍，依靠职工办企业。尊重人，就是尊重职工的民主权利和首创精神，努力开发职工的自主管理、参与管理的意识和能力。建立健全民主管理体制，凡公司制定年度方针目标、重大经营决策等，事前都交职工代表大会审议，组织职工讨论。在职代会上，公司总裁与工会主席签订确保年度方针目标实现的共保合同，明确公司和职工双方的责任、利益和义务；通过开展民主评议干部、组织职工提合理化建议等活动，增强职工的主人翁意识，从而调动了职工参与管理的积极性和创造性。培养人，就是立标树人。一方面，充分发挥思想政治工作的作用，提高职工的思想道德素质，同时要求行政领导干部也要做思想政治工作，积极支持党支部、工会、团支部开展工作。多年来，我们在思想政治工作的机构、人员、经费上给予保证和大力支持，已形成了党、政、工、团齐抓共管的育人体系。另一方面，开展全员培训，大力提高职工的业务技术素质。通过送外培训、自培、自学、继续工程教育、岗位轮训等方式，有计划、有目标地组织职工学文化、学技术。1995 年我们还在集团职工中开展了 100 句英语、日语的普及培训，对公司干部进行微机基本知识和操作的培训，拟在 2000 年前对全公司干部轮训一遍，努力建设一支思想好、技术精、作风硬、适应现代企业发展的高素质的“四有”职工队伍。关心人，就是不仅要从思想上、政治上关心职工，而且还要从生活、文化需求上关心职工。长期以来，我们把管理与建设企业文化相结合，着眼于培养职工的归属感、认同感，增强企业的向心力，积极为职工办实事、办好事。先后修建了职工文化大楼、大型足球场、嘉陵公园、科技文化中心等文体、娱乐设施，逐步对环境进行了绿化、美化、净化的改造，把企业建成了一个花园式的工厂；职工收入水平逐年提高，1995 年职工人均收入达到 11 000 元，目前，职工人均住房面积已达 $11m^2$，形成了独具特色的嘉陵环境文化，使广大职工产生了强烈的“当嘉陵人”的自豪感。

第三，建立激励与约束相结合的育人机制，从严管理。从严管理，既是关心、爱护职工，又是科学、严谨治厂的重要内容。为保证各项管理工作落到实处，我们结合企业转机建制，修改、完善了职工工资分配、晋级、奖金等奖惩管理办法，强化从制度上管理人，建立激励与约束相结合的育人机制。坚持在制度面前人人平等，对在工作中做出突出贡献的职工给予重奖，对违反规章制度的予以处罚。如：总装分厂厂长蒲伟力对分厂管理工作抓得扎实，使分厂超额完成装配任务；高级工程师詹智恩一年完成几项重大技术革新任务，我们分别给予了 1 万元和 3 万元的重奖。同时，在管理上，我们突出一个“严”字，落实一个“管”字，从严管理，从严要求。如 1992 年，一名职工因酒后砍掉了刚栽好的 5 棵树，被录像，在全公司闭路电视上曝光，并送司法机关处以 15 天的拘留。1993 年两名职工因故意损坏出口摩托车尾灯，查出来后，被送司法机关作为刑事案件处理，分别被判刑。1995 年公司 TA55 车技术质量攻关组因未按期完成任务，一名中干被免职，一名高级工程师被解聘，两名学科带头人被扣发三个月的效益工资。为强化管理，1995 年我们还把“进厂五不准，上岗五做到，下班五不走”三个“五”作为职工行为规范进行宣传贯彻。针对股票上市，我们把加强政治思想工作，加强劳动纪律的检查、考核，作为重点工作来抓，对凡在上班时间外出炒股的一经发现，一律除名。由于我们把管理工作抓在前面，从严要求，1995 年 10 月 13 日我公司股票上市至今，还没有发现一名职工在上班时间去炒股的，公司生产秩序井然，保证了生产经营任务的完成。

(2) 突出重点抓管理。

首先，抓好基础管理。企业基础管理，是企业管理工作的一个重要组成部分，是实现管理职能的基础，是提高管理水平的手段。十多年来，特别是“八五”期间，我们在基础管理上主要抓了六个方面的工作：一是强化标准化工作，为企业实现有效控制提供标准和尺度；二是加强定额工作，努力提高劳动生产率；三是在计量工作方面，通过推行计量目标管理，建立了高效的计量管理体系；四是规范原始记录与统计工作，为公司生产经营提供了准确及时的信息；五是开展规章制度立、改、废工作，努力建立一套与公司制相适应的运行机制和管理制度；六是完善职工教育体系，提高职工文化技术素质。通过不断改进和完善各项基础管理工作，为我公司企业管理水平不断迈上新台阶夯实了基础。

其次，抓好生产管理。随着我公司生产经营规模的扩大，摩托车产量逐年以 20% 以上的速度递增。为有效组织生产，我们在生产管理上突破传统的作业计划管理模式，采取滚动计划，实行动态管理，由原来一次性月度作业计划改变为多次性的周作业计划。把全月各工作日数的作业目标全部预先安排好，并下达到各车间（分厂）及有关处室。根据每周各工作日目标的实施、市场用户需求和物资能源供应等变化情况，再对余下的工作日数进行滚动作业安排，形成新的滚动作业计划。生产安排如此循环滚动，形成了公司均衡生产、动态管理的新模式。滚动计划，动态管理，提高了生产调度指挥的预见性，减少了盲目性，做到了心中有数，增强了适应外部市场需求变化、内部生产因素变化的应变能力。从而有效地促进了公司以销定产、以产促销、自主经营目标——月度、季度和年度计划的实现，使生产均衡率达到了 100%，有效地促进了生产资金占用的降低，1995 年资金占用比计划下降了 6%，月平均节约占用资金 436 万元，月平均减少支出贷款利息 8 万元。

第三，抓好成本管理。成本管理是企业管理的核心内容，降低产品成本，是提高经济效益的最根本的手段，从开发生产摩托车起，我们就牢牢抓住成本这个企业管理的“牛鼻子”，在降耗增效上作文章，促进了成本管理水平的不断提高。在摩托车生产初期，我公司还属粗放型经营，我们主要采取“倒推法”，首先制定出产品单位成本，然后分摊到各单位和外协配套厂，实行了成本目标管理；第二阶段，随着摩托车生产规模的扩大，我们针对零部件、工艺技术复杂的情况，在控制成本上，开展精益管理，实行成本否决办法和成本目标控制责任制，逐月进行检查、考核，对凡超成本指标的，扣发单位和单位领导的效益工资，直到解聘领导干部的职务，对外协配套厂家进行经济处罚或解除经济合同；第三阶段，在成本管理上，将老产品和新产品的成本分开管理。对老产品，比较国内外同行业的标准，不断提高各项消耗定额水平，如 1995 年我们通过修订定额标准，外购成本降低 3%；发动机分厂、907 车间仅上半年废品损失就比计划下降 108 万元。对新产品，比较老产品，实行低成本目标管理，使新产品生产一开始各单位和外协配套厂就感到有压力，以最大限度地减少新品生产的成本费用；第四阶段，为进一步增强产品的竞争能力，实现最大的节约，将成本管理扩展到企业管理的全过程，在产品设计时，就考虑成本因素，运用价值工程进行成本分析和确定产品成本，同时考虑销售成本，从经济和实用的角度，设计和改进产品包装，减少运输环节，降低运输费用。如，近年来我们改变原分点供货制，实行区域中心供货制，使运输成本费用显著下降。

抓好资金管理。资金是企业生产经营活动的血液，也是影响产品成本的重要因素。如我公司的年销售收入在 40 亿元以上，流动资金按年周转 5 次计算，每年就需 8 亿元以上的流动资金。但公司自有流动资金仅 5 000 万元左右，缺口达 7 亿多元。为此，一方面，我们通过贷款、借款、拆借等方式，多渠道筹措资金，解决资金来源；同时，采取集中管理，分口控制，限额使用，灵活有序调度等措施，提高资金利用率；大力推行“零缺陷、零浪费、零库存”三零值管理，要求配套企业在厂区附近建立自己的库房，将配套件直供到生产车间，减少储备资金占用。1994 年，我公司流动资金周转天数仅 89 天，存货周转率为 543.93%、流动比率为 108.06%，速动比率为 47.31%，资产负债率为 52.2%。另一方面，加强费用管理，开源节流。为尽量压缩非生产性费用开支，有效控制费用的增长，我们本着“富日子要当穷日子过”的原则，坚持总会计师一支笔审批制度，加强费用开支管理，对公司所有二级单位实行计划指标管理和考核，重点压缩和控制商务费、差旅费、办公费、维修费等项开支。据 1995 年上半年的统计，我公司管理费用比计划下降了 20 个百分点。为降低成本，提高效益，我们还实行定额、限额发料制度，对工废进行指标考核，减少损失和浪费，对配套件价格实行动态管理，减少配套件的成本开支，在职工中广泛开展“双增双节”活动，从各方面采取措施，节约降耗，提高经济效益。

第四，抓好质量管理。十多年来，在质量管理上，我们主要以创名牌、向质量要效益为目标，把加强质量管理，提高产品质量，作为生产经营的首要任务来抓。为抓好产品质量，我们提出了“产品要百分之百合格，用户要百分之百满意”的双百方针，以开展 QC 质量管理为重点，实行全面质量管理。对自制件、配套件，坚持实行质量一票否决权制度，做到不合格的零件不装车，不合格的产品不出厂。几年来，因质量问题，我们先后取消了 80 多个企业的协作配套关系。为强化质量管理，我们在质量管理方法上进行了一系列创新，在将军品质量管理办法移植到民品质量管理上的同时，学习借鉴国外的质量管理先进经验，对生产工序、车间之间实行“下检上”制度，建立质量赔偿制度，以工艺为突破口，开展质量整顿、ISO9000达标等活动，并进行严格考核，重奖重罚。建立健全了厂内质量保证体系、外协配套企业厂际质量保证体系和全国各地以嘉陵售后服务网络为核心的社会质量保证体系。长期以来，由于我们重视抓好产品质量，使产品保持了较好的畅销势头，成为市场公认的名牌产品。

(3) 三个强化抓管理。

十多年来，我们在突出重点抓管理的同时，还围绕优化物流，大力推行管理现代化，实现了以下几个强化：

一是定置管理的强化。针对摩托车生产工艺物流复杂的特点，我们以全面推行定置管理为突破口，从物品定置、环境整洁、物流有序等方面进行综合性优化，坚持反复抓，每月进行现场检查、评比、奖惩，使生产现场管理发生了四大变化，达到了一个新的水平。即由开发摩托车初期沿习军品生产用箩筐装零部件，逐步实现了零部件装运的盛具化；由初期零部件进出存放无序，实现了“划线、定置、定量和定流”合为一个有机的管理整体，使生产过程中的投料、在制品、半成品、成品的物流、加工、存放等井然有序；车间、处室办公室管理实现定置化管理；以强化定置管理推动生产管理、质量管理、设备管理、安全管理，进一步提高生产现场管理水平，实现了整洁、文明、高效及安全生产。

二是管理现代化方法和手段运用的强化，并总结形成了一批具有嘉陵特色的管理成果。为提高经营管理水平，我们十分重视企业管理现代化工作。推广微机辅助企业管理，已实现了产品开发、财务管理、物资管理、销售管理、信息处理等计算机化，使微机在生产经营管理中得到普遍应用。其中财务管理电算化，是兵器行业首家验收合格的企业。借鉴日本管理方法，在生产过程中推行“一个流”生产，进一步优化了工艺，提高了劳动生产率。还学习了国内一些先进企业的管理经验，先后开展了学二汽、学重发、学庆铃、学眉山车辆厂、学攀钢、学邯钢、学长虹等活动。同时，我们注重对自己管理经验的总结，学中有创，形成了指导企业生产经营，推动企业发展的“三元动态平衡法”，先后获得兵器工业总公司管理成果一等奖和全国管理创新成果二等奖；形成了抓好企业党建工作和思想政治工作的“思想政治工作TS工作法”，先后获得了四川省管理成果三等奖和兵器工业总公司管理成果二等奖，形成了“方针目标循环滚动”等一系列管理成果，并应用于经营管理工作，大大提高了经营管理水平。

三是集团化规模管理的强化。中国嘉陵集团是国家55个试点企业（集团）之一，在经过近几年的发展和试点运作之后，目前已形成集科、工、贸、服务于一体，以嘉陵摩托车为“龙头”，以资产联结为主要纽带，以中国嘉陵工业股份有限公司（集团）为核心，拥有15个紧密层企业和13个半紧密层企业，联结全国300多个协作配套企业的我国摩托车行业最大的企业集团。

目前，我们对集团主要采取以下形式进行管理：

集团的核心企业——中国嘉陵工业股份有限公司（集团）行使嘉陵集团的运作管理职能，负责集团的重大决策、发展战略、发展规划、融资投资、产权管理、计划管理、主导产品的开发和销售、重大技术改造和技术引进、利用外资、进出口贸易等，对集团成员企业起组织领导和联系协调作用。

集团的紧密层企业，主要由核心企业投资参股、合资合营企业和兵器工业总公司委托授权经营管理的企业组成。核心企业与紧密层企业是以资产为联结纽带的母子公司关系，对其管理主要通过建立资产经营责任制和生产经营承包责任制进行管理，采取委派董事会成员和高级经营管理人员实现对其生产经营的日常管理，同时通过监事会和中介机构对其监管。

集团的半紧密层企业，由原嘉陵摩托车经济联合体的成员企业组成，以技术和知识产权为联结纽带，按照集团章程，订立相关协议和管理办法进行管理；核心企业与半紧密层企业建立管理委员会，对生产经营的有关重大问题进行磋商和协调。

集团的松散层由嘉陵摩托协作配套企业组成，主要以产品协作为纽带，以合同或契约形式进行管理。

构建以产权联结为纽带的母子公司体制，是企业集团发展的方向。随着嘉陵生产经营的发展和经营规模的扩大，嘉陵集团现已基本形成了以产权联结为主要纽带的母子公司体制。在母子公司体制下，嘉陵集团的内部管理，其核心是资产经营管理，以保证投资者所投入资产的保值增值和提高投资收益为目的。为此，在嘉陵集团内部的资产管理上，一是推行生产经营承包责任制和建立资产经营责任制，将生产经营指标和资产经营指标纳入承包和考核范围；二是完善资产监管机制，保证公司资产不流失和保值增值；三是建立定期报送生产经营报表和资产情况报表制度，加强对其日常生产经营情况的监控；四是建立激励和约束机制，对有发展潜力、投资收益好的集团成员企业，加大投资，加快其发展；对经营管理不善的集团成员企业，集团要及时采取措施，包括转让投资，以确保资产的营运效益。

技术进步围绕产品转　工业企业是物质生产单位，其运动的成果是产品。推进科技进步的立足点，是围绕产品的生产而进行的。我们在“启用科技动力，传感全新时代”的企业理念指导下，形成了以产品技术为“龙头”，以工艺技术装备为保证，以培养专业技术人才为基础，以增强自主开发能力为目的，以加大投资力度为手段的推进科技进步的工作思路，依靠科技进步，增强了企业的竞争实力，推动了企业持续、高速发展。重点抓了“四个结合”。

（1）高起点与循序渐进相结合。

80年代初，我国摩托车生产技术比较落后。我们开发了摩托车产品以后，为尽快提高摩托车生产技术水平，当初确定了先引进国际先进技术，然后自主开发创新的发展战略。在引进上，结合公司当时的实际条件，采取高起点与循序渐进相结合的办法，1981年率先与世界上最大的摩托车生产企业——日本本田公司开展了技术合作，逐步提高，实现了三次跨越。首先，引进本田50车生产技术，对我们自己开发的50车进行技术改造。1982年由日方提供146项技术，完成了对50车的全面技术改造，使50车很快达到了国际同类车型的先进水平，从1984年1月1日起，采用“中国嘉陵—日本本田”联合标志投放市场。接着引进先进的发动机四冲程技术。1984年，我们与本田联合开发了JH70型摩托车，做到了当年投产，当年形成批量，一上市即成为抢手的热销产品。第三，向摩托车生产的高技术领域发展。1989年，我们引进了本田生产难度大、技术高的JH125公路越野型摩托车。在这三个阶段，我们引进的技术一个比一个高，产品一个比一个新，抢占了市场的制高点。

（2）引进先进的产品技术与引进先进的工艺技术装备相结合。

在引进先进产品技术的同时，还重视先进设备的引进。我们的具体做法：一是量入为出，当初我们资金相当缺乏，只能把有限的资金用在刀刃上；二是坚持只引进关键设备，不引进配套设备，引进新设备，不引进二手设备，将先进技术、中间技术和初级技术进行有机结合，使其发挥最大效能。如，为突破“瓶颈”，解决发动机的自制生产问题，1986年我们引进日本本田公司77台（套）关键设备，其余的90多台（套）用国产和自制设备配套，节约了投资20%～30%，仅用约6 000万元建成了亚太地区最大、具有国际先进水平的年产60万台（套）$70cm^3$～$125cm^3$ 摩托车发动机生产车间。我们引进美国的焊接机器手，与现行车架焊接生产线相结合，形成了5条先进的专业化生产线。1983年引进本田的先进检测设备，建成了我国第一家摩托车质量检测中心。

十多年来，由于我们较好地坚持了高起点与循序渐进相结合的原则，避免了盲目引进、盲目铺摊子，不仅提高了摩托车的生产技术和装备水平，而且提高了经济效益。

（3）引进先进技术与增强自主开发能力相结合。

引进先进技术是手段，增强自主开发能力才是目的。在引进先进技术中，我们把立足点放在自力更生上，在引进先进技术的过程中，着力于增强自主开发能力。首先，为尽快将引进的先进技术转化为自身的技术优势，我们把引进技术的消化、吸收和创新，作为首要工作来抓。一是对引进技术资料进行全面消化，掌握基本设计思路和基本设计参数，结合我们自己的工艺技术，进行技术资料的国产化和标准化工作，使之变为我们自己的技术；二是将引进技术资料与实物进行对照，了解关键问题所在和存在的差距；三是通过提高国产化率，采取引进关键零部件与国产零部件混合装车，进行工艺消化和创新；四是与集团成员厂共同努力，同步消化吸收。通过这些作法，较快地提高了我们的生产技术水平，加快了国产化的步伐，增强了自主开发能力。如在引进70车的技术资料中，对方没有核心部件化油器和磁电机的技术资料，但我们通过对引进实物的反复研究，终于掌握了制造过程中的关键技术，开发出了合格产品，其技术质量标准达到了引进产品水平，油耗数据低于进口件。目前，我公司已形成实力比较雄厚的科研、开发、生产体系，摩托车主要零部件都能自主开发生产。其次，加快新产品开发和老产品的改造步伐。在消化吸收引进技术的基础上，我们把重点转向产品的自主开发。根据我国国情和城乡居民的收入、消费水平，我们坚持以中、低排量为主，开发出了多品种、多档次的系列产品：JH125车、JH145车、TA55车、JD90车、36助动车等新产品，至今已形成了$36cm^3$～$145cm^3$ 共7种排量31个车型的型谱系列。在加快新产品开发的同时，我们还注重对老产品的改造，尽量延缓其衰退期。如我们在CJ50车的基础上先后改造出JH50高架车、CJ50ZC残疾人车等5个车型，在JH70车基础上改造出JD70车，1995年又把反冲起动的JH125车改为电起动等，这样既加快了新品开发，产品上了档次，又降低了成本，节约了投资，提高了经济效益。第三，加快人才智力开发，为自主开发奠定坚实基础。我公司原是以冷加工为主的军工生产企业，开发生产摩托车初期，专业人才十分匮乏，所占比例不足职工总数的1%。为了增强自主开发能力，加速人才的培养，我们在人才开发上舍得下功夫、花本钱。十多年来，共投入722万元委托有关大专院校培养所需专业人才，先后拨出1 000万元作为智力投资，共培训了各类人员6 800多人次，送外培训574人次。同时，我们还重视国内外智力的引进，结合引进项目引进外国专家咨询，邀请国内外专家来公司作报告、进行技术指导、参与管理，帮助我们提高生产技术和管理水平。同时派出大批专业技术人员走出国门学习专业技术。目前，我公司仅从事摩托车设计开发、工艺技术、生产质量管理的中、高级人才就达1 200余人，占职工总数的10%，增强了自主开发能力。十多年来，我公司共有自己开发的微机二维CAD/CAM系统、三维CAD/CAM一体化系统、油箱整体成型新技术等40多项重大科技成果转化为生产力，共实现双革项目8 329个，采纳合理化建议22 088条，创价值2 100多万元。

（4）引进先进技术与企业的综合技术改造相结合。

为保持技术领先的优势，我们始终把追求一流的技术、一流的装备作为战略任务来抓，在制订技术改造规划时，我们把引进技术与企业的综合技术改造结合起来进行，从而发挥综合效应，提高企业的技术进步水平。近几年来，我们集中资金，先后投入2亿多元，进行全面综合的技术更新改造。如1991年我们借鉴消化国内外先进技术，自己设计，新建了两条装配能力达80万辆的成车立体装配线和一条烤漆线。近两年来，通过技术改造，利用旧厂房，又新建了两条成车装配线，成车装配形成了100万辆的生产能力。1993年，引进日本先进的化油器生产技术和设备，建成了年产60万台（套）$70cm^3$～$145cm^3$ 摩托车化油器的现代化生产线。1995年，我们投入5亿多元，又新建了年产60万台（套）$90cm^3$～$125cm^3$ 摩托车电起动发动机生产线，该线关键设备从日本、美国、德国等国引进，生产技术为90年代国际先进水平，生产线预计1996年二季度投入试生产。同时，我们还通过挖潜改造，先后对热处理、油箱、包装、磁电机等生产线进行更新技术改造。在提高生产技术装备水平的同时，我们把重点放在提高技术后方特别是工模具的技术装备水平上来，仅1994、1995年，我们就投入了8 000万元资金，改造工模具的技术装备，推广应用了工模具CAD/CAM新技术，建成了工模具制造中心。通过引进与全面综合的技术改造相结合，至今，我公司已建成了几十条技术含量较高、居国内领先水平的摩托车专业化生产线，生产加工手段与工模具制造能力配套，形成了装备先进、工艺完善的技术结构。

企业围绕市场转　市场是企业生存和发展的立足点和归宿点，也是企业间竞争的竞技场。谁要想在竞技中取胜，除要有好的产品外，还要讲求经营之道。我们从开发和生产民品摩托车起，就主动走向了市场，参与竞技。在实践中经历了从认识市场、开拓市场、引导市场，到驾驭市场的过程，遵循市场规律，审时度势，逐渐形成了自己独特的作法。

(1) 坚持自主经营，主动走向市场。

在摩托车生产初期，我们的销售渠道主要是国营商业部门统购包销。1983年，我们根据市场形势计划生产10万辆车。但在泰安订货会上，只订出了1.6万辆。为了走出困境，实现当年的经营目标，我们首先突破统购包销的模式，自己召开了订货会，一下订出了几万台车。通过这次订货会，使我们认识到，市场是企业的立足点和归宿点，企业的整个工作必须转移到以市场为中心的轨道上来，为此，我们树立了企业围绕市场转的指导思想，立足市场组织生产，立足市场制定营销战略，每年自己召开订货维修会，坚持自主经营，主动走向市场。

(2) 建立和完善营销网络，努力开拓市场。

1983年召开的泰安订货会，还使我们认识到，要走向市场，掌握市场的主动权，必须培育自己的市场体系。从那时起，我们开始组建自己的营销网络，在全国各地建立嘉陵特约经销维修站，着力于开拓市场。营销网络的建立，首先从重庆、成都、北京等大城市开始抓起，然后逐步拓展到全国大中城市，再从城市拓展到农村，从沿海地区拓展到内地；特约经销维修站由当初销售、维修、配件供应“三位一体”，逐步扩展到信息反馈的“四位一体”，后发展成为产品经销、维修服务、配件供应、信息反馈、广告宣传“五位一体”的营销体系；营销网络由原单一的形式，逐步发展成为以区域辐射为中心，自营、联营、代理相结合，联营、联销、连锁、专卖相依存的多层次、多形式的营销体制。我们本着“风险共担、利益均沾”的原则，讲信誉，守合同，与经销商形成了利益共同体和命运共同体。目前，我公司已拥有300多个营销中心和1 000多个分点，形成了遍布全国市场的营销网络，从而拓宽了产品销路，巩固和扩大了市场，增强了抗风险能力。

为开拓市场，我们把提高产品的实物质量，降低产品成本，增加产品品种，提高产品档次等，作为重要工作来抓，不断增强产品的市场适应能力和竞争能力。十多年来，我们十分重视售后服务，无论在市场疲软，还是产品畅销的形势下，都没有放松。1991年至今，我们每年拿出几百万元资金，已连续五次在国内开展了嘉陵牌摩托车优质服务月活动，免费为用户检修摩托车，优惠供应零配件，进行产品技术咨询和宣传等，深受广大用户的欢迎。

我们在努力开拓国内市场的同时，还努力开拓国际市场。我公司的摩托车自1983年就开始进入了国际市场，成为我国摩托车最先进入国际市场的厂家。为了开拓国际市场，我们在国外设立了代理公司，在美国创办了以辐射南美市场为集散地的摩托车联营公司等。自1992年以来，摩托车出口创汇达到1 000万美元以上，迄今累计出口创汇1.6亿美元，年递增率达23.5%，出口的国家和地区已达50多个，成为我国出口量最大、创汇最多的摩托车产品。

(3) 树立良好的企业形象，不断开拓市场。

企业形象，是无形的资产，是开拓市场的重要本钱。长期以来，我们以市场为主导，着力于树立良好的企业形象，先后确立了“质量第一、用户至上”的办厂宗旨，提出了“嘉陵在用户身边、用户在嘉陵心中”的营销口号。随着摩托车行业的快速发展，产品同质化趋势日益增强，因而营销与售后服务愈显重要，我们将营销思想升华为“品质尽善尽美，服务至诚至周”的营销理念，把产品的售前、售中、售后服务摆在重要位置，并在生产经营中提出了“先维修、后生产”、“优、快、新、廉、便”、“以销定产，以产促销”等营销方针和策略。

近几年来，我们还加大对外宣传力度，通过报刊杂志、电台、电视台、接待海内外新闻记者、参加大型活动等方式，开展全方位的嘉陵形象宣传。1995年又全面导入新的企业形象识别系统——CIS，实施塑造整体企业形象战略。这些宣传，为我公司开拓市场，扩大市场，起到了重要作用，嘉陵牌系列摩托车已成为“全国消费者购物首选优质产品”。

（4）运用科学决策，把握和驾驭市场。

在当今社会主义市场经济条件下，决策是企业的生存与发展的关键。我公司十多年来的发展，都是在正确决策的指导下实现的。我们坚定不移地立足市场，运用“三元动态平衡法”进行科学决策，把握和驾驭市场，避免了重大失误，并在几个重大改革举措中都取得了成功。所谓“三元动态平衡法”就是综合分析三元关系进行预见性主动决策的一种方法。三元即经营环境、经营目标、经营能力。经营环境是指对企业生产经营活动具有直接或间接影响的外部因素的总和，其中市场环境是经营环境的主要因素；经营目标是指企业在一定时期内预计要达到的效果或完成的任务；经营能力是企业各种资源有机结合产生的整体素质。进行科学决策，就是通过分析经营环境，评估经营能力，确立经营目标，处理好三元的辩证关系，建立三元的动态平衡。

我们在实践中还逐步建立了一套较完善的决策体系——执行体系——监督体系的管理体制。决策时，坚持按以下程序进行，即先由总裁提出决策的构想，进入决策酝酿期，在总裁和党委书记交换意见、统一思想后，再交党政有关职能部门进行可行性调查研究；在决策评审期，将预选方案交公司管理委员会或党委会（常委会）集体讨论，形成决策的初步方案；在决策完善期，将决策预选方案在一定范围内公开，广泛征求各方面的意见，进行补充完善，然后召开职工代表组长联席会或职代会，审议决策，最后形成决策及实施方案；在决策实施期，通过广泛宣传，发动组织职工狠抓贯彻落实，并将实施中出现的问题，反馈给有关部门，整理后，向总部、党委汇报，以此进入下一轮决策。

十多年来，在激烈的市场竞争中，我们走过了艰难曲折的道路，先后经历了1983年、1986年、1989年等几次大的市场疲软的考验。在困境面前，由于我们适应市场变化，运用“三元动态平衡法”，进行预见性的主动决策，较好地把握了环境、目标、能力三者之间的动态平衡，顺利走出了困境，保持了持续、高效的发展。如1988年，全国一片抢购浪潮，不少摩托车厂家在确定1989年方针目标时，都把产量定得较高。我们经过分析认为，抢购风是暂时的，1989年市场将降温，出现低谷。为此，我们制订了经济效益要比上年增长、产销摩托车22万辆的目标，以及新品开发目标、质量目标等经营目标体系。进入1989年，国家为抑止通货膨胀，进行治理整顿，实行财政、信贷“双紧”政策，市场出现严重滑坡和疲软。一些摩托车厂家由于不顾市场情况，盲目扩大生产，造成了产品大量积压。我们在这严峻的形势面前作出了“不比产量比质量，不比速度比效益”的经营方针，在增强经营能力上下功夫，一方面，通过多种渠道筹集资金，加强资金管理，解决资金供求矛盾；另一方面，加强内部管理，狠抓产品质量，适应市场需求，压减疲软车，增大畅销车的生产，对市场潜力很大的JH125车，在通过国家有关部门的技术鉴定之后，迅速组织力量进行批量生产，立即投放市场，取得了成效。通过这些有力措施，确保了经营目标的实现。当年我公司完成了22万辆摩托车，产销率达98%，创下了当年盈利6 952.7万元的公司历史最高纪录。1995年，由于全国摩托车产量猛增，市场出现供大于求，形成买方市场，市场再度出现疲软，加之一些厂家纷纷降价销售，更加剧了竞争的激烈程度。要渡过难关，能否站稳市场是关键，为此，我们经过冷静分析，提出了“宁可牺牲数量保质量，宁可牺牲效益保市场”的指导思想，实施名牌发展战略。在内部狠抓提高产品质量、节约降耗和提高职工素质三大任务的落实；在开拓市场上，采取了调低维修件价格，让利商家，延长产品“三包”期等十大措施。由于措施得力，1月～11月，我公司生产摩托车104.52万辆，产销率达到99.8%，提前40天实现公司全年生产经营目标。

市场瞬息万变。把握市场的跳动脉搏，进行预见性主动决策，这是驾驭市场的关键。当初制定“八五”规划时，根据当时我们的生产能力和市场需求水平，我公司确定了1995年达到年产50万辆摩托车的目标。但是，进入“八五”后，市场形势发生了变化，一方面国家将要出台汽车（包括摩托车）的产业政策，以集团化为发展方向，通过优胜劣汰，在本世纪末或下个世纪初，形成以几个大型企业集团为主体的汽车（摩托车）发展格局，在这种情况下，全国有实力的摩托车厂家都加快了发展步伐，增大摩托车产量，力争挤进下个世纪摩托车行业的几大“家族”。另一方面，由于摩托车附加值高，又是一个新兴的行业，众多企业都转向生产摩托车，不断加大投入，上规模，并都把“嘉陵”作为赶超目标。面对新的情况，我们及时调整了经营目标，通过增强生产能力，1993年就达到了产销摩托车59万辆，提前两年实现了“八五”目标，1994年产销摩托车85万辆，1995年达到110万辆，一直保持了行业的竞争优势和排头兵的地位。详见表。

今后工作目标 “八五”已经过去，现在我们已步入了“九五”的历程。我们决心以“九五”为新的起点，进一步加快我公司“两个转变”的步伐。我们的战略方针是：“一业为主，多元经营；以企为主，向外发展；优化集团，精益管理”。

1996年，我们的方针目标是“全会精神作指南，科技进步促发展；品质服务争市场，集约经营要效益；建设队伍作保证，实现一四五四三”的方针目标，年产摩托车145万辆，实现销售收入50亿元以上，创利税10亿元以上，成本下降4%；本世纪末期，产量达到200万辆，产值达到95.4亿元，销售收入达到106.9亿元，利税达到21.4

亿元，比“八五”末期的1995年分别增长80.7%、126.1%、164%和118.4%。与此同时，实施第二主导产品发展战略，力争第二主导产品在“九五”末期投入生产。

在巩固国内市场的同时，努力拓展国际市场，每年出口量保持在年产量的10%以上，并努力在国外设厂办点，力争多出口多创汇。

企业管理在“八五”登金榜的基础上，“九五”逐步向国标（国际标准）靠拢。

产品结构上，在以中小排量摩托车发展为主，增加适应各种不同层次消费水平的品种系列的同时，适度开发一批中大排量的产品品种。

在工艺技术上，更大范围地采用新技术、新工艺、新设备、新材料，依靠技术进步提高生产效率，把以人为主控制产品质量的方式，转移到以先进工艺技术控制产品质量的轨道上来，同时强化以人为主的质量管理意识，巩固名牌产品在市场竞争中的优势。以优异的业绩，“九五”再创辉煌，为地方经济的发展、兵器行业的发展、国民经济的发展多作贡献。

嘉陵集团公司“八五”期间主要经济指标

年份	摩托车产量（万辆）	工业总产值（万元）	销售收入（万元）	利税（万元）
1991	27	83 850	78 993	13 285
1992	35	113 411	120 881	19 512
1993	59	215 256	238 260	34 202
1994	85	336 969	349 924	88 209
1995	110	423 619	431 533	104 416

〔撰稿人：中国嘉陵工业股份有限公司（集团）赵子木、徐清明、陶正禄、严明〕

东北输变电设备集团公司

法人代表、总裁：左长林　副总裁：李茂才、唐英奇、黄平　总工程师：高兴耀
地址：沈阳市铁西区北二中路18号　邮码：110025
电话：（024）5851243　传真：（024）5851179

概况　东北输变电设备集团公司成立于1985年，1990年起在国家计划中实行单列，1991年又被国务院选择为第一批55个试点企业集团之一。

集团公司是一个跨地区、跨行业的经济联合体，为适应股份制改造和贯彻《公司法》的要求，规范为以公有制为主、以产权为主要纽带的联合企业集团。现已形成以东北输变电设备集团公司为母公司，并拥有全资子公司沈阳电缆厂、抚顺电瓷厂、沈阳纤维制品厂和控股上市公司东北输变电机械制造股份有限公司的全资子公司沈阳变压器有限责任公司、沈阳高压开关有限责任公司、锦州电力电容器有限责任公司、阜新封闭母线有限责任公司，5个合资企业、7个直属分公司、4个实业公司、4个控股公司、6个参股公司、23个附属企业和18个协作单位的科、工、贸、金相结合的大型企业集团。与国内同行比较，拥有现代化生产条件，先进的工艺设备和比较完善的测试手段，并拥有沈阳变压器研究所、沈阳电工专用设备研究所等行业所，沈阳变压器有限责任公司技术中心、沈阳电缆厂技术中心和全国最大的输变电设备高压强电流网络人工合成试验站、超高压试验室、大电流试验室和变压器检测中心，成为我国最大的跨地区、跨行业的输变电设备制造、科研和出口基地。

发展情况　1995年全国的机械行业处于低谷中，集团公司也面临着市场竞争激烈、资金紧张、成本上升、回款困难等诸多困难。由于对市场有比较清醒的认识，下手早，措施得力，并且加强了新产品的开发和产品结构调整的力度，使得集团公司所属的各企业都较好地完成了各项经济指标。各项指标完成情况见表1、表2、表3。

表1　1995年主要经济指标完成情况

项目	单位	1995年完成
企业数	个	27
全年职工平均人数	人	44 148
工业总产值：当年价	万元	278 951
不变价	万元	267 846
工业增加值	万元	66 541
产品销售收入	万元	290 166
产品销售税金及附加	万元	1 505
利润总额	万元	19 144
固定资产原价	万元	306 153
固定资产净值平均余额	万元	153 277
流动资产平均余额	万元	317 610
出口创汇	万美元	2 737

开发新产品，提高产品质量　1995年集团公司共开发新产品88种，其中有48种达到国际水平，39种达到国内先进水平，1种填补了国内空白。沈阳电缆厂开发了无卤低烟船用电缆、核级安全电缆、油井加热电缆、阻水型A级阻燃电缆、阻水型交联系列等18项重点新产品；沈阳高压开关有限责任公司开发的36种新产品中有16种达到国际先进水平，16种达到国际水平；沈阳高压开关厂开发的10种新产品都具有技术含量高、市场

潜力大等特点；抚顺电瓷厂新开发145kV、2 000A电容式穿墙套管、隔离开关和145kV支柱绝缘子已推向国际市场，满足了向东南亚国家出口的需要；锦州电力电容器有限责任公司新产品产值已占工业总产值的38%以上，为企业带来了良好信誉和效益；阜新封闭母线有限责任公司研制的向叙利亚出口的封闭母线新产品年产值即占该公司总产值的1/10以上。1995年集团公司共完成新产品产值88 883万元，新增利税8 789万元，新产品产值率由上年的29.3%提高到32.9%。

在开发新产品的同时，集团公司还注重提高产品质量，结合强化管理，开展进档达标活动。各企业按集团公司的整体部署和要求，各有侧重，抓管理、挖潜力、上水平、增效益，取得了比较显著的成效。沈阳电缆厂、沈阳变压器有限责任公司、抚顺电瓷厂分别通过了挪威DNA公司、华信公司、东北质量审核中心ISO9000质量体系全面审核验证，质量管理向科学化、规范化、国际化迈出了可喜的一步，同时也带动和促进了质量意识和整体质量管理水平的提高。

表2　1995年主要产品产量

产品名称	单位	产量	为上年的%
变压器	万kV·A	2 120	90
互感器	台	2 004	89
高压断路器	台	1 284	119
避雷器	万只	6.5	63
电力电容器	万kvar	357	115
钢芯铝绞线	t	4 964	52
电力电缆	km	6 181	77
控制电缆	km	2 935	90
高压电瓷	t	10 590	105
离相封闭母线	m	7 175	90

表3　1995年主要产品出口情况

产品名称	单位	数量	出口额（万美元）
变压器	万kV·A	182	1 272.5
高压断路器	台	33	65.0
高压隔离开关	组	369	189.9
互感器	台	466	233.4
电缆	km	649.9	488.3
其他			487.9
合计			2 737.0

深化改革　1995年，集团公司和企业改革向深层次进一步发展，取得了突破性进展。特别是公司制改造和产权制度改革取得了显著成效，推进了资产优化组合和现代企业制度建设，明晰了产权责任关系，形成了以资产为纽带的多元化组合，在公司化建设中迈出了新的步伐。特别是通过股份制改造，向股份化、国际化、规模化迈进取得了显著成效。股份公司和沈阳变压器有限责任公司、沈阳高压开关有限责任公司、锦州电力电容器有限责任公司、阜新封闭母线有限责任公司4个有限责任公司的决策机制、运行机制、管理机制、监督机制发生了一系列深刻变化，继在香港成功地发行了H股并上市后，在深圳又成功地发行了A股并在深圳交易所上市，在国内外产生很大影响，提高了公司和企业的知名度。股改工作和股票发行工作得到了国家、省、市有关部门的充分肯定和较好评价，募集的境内外资金对企业加速技术改造和缓解资金短缺的矛盾，都起到很大作用。

技术改造及技术引进　1995年是“八五”规划的最后一年，也是集团公司技术改造项目最多、资金投入最多的一年。在这一年里，集团公司技术改造项目共有17项，其中国家项目8项、地方项目9项，年度计划投资15 268万元，到年末共完成10 928万元。1995年集团公司吸引外资、合资、合作项目共有两项，一项是沈阳电缆厂与日本古河电气工业株式会社、日本伊藤忠商事株式会社、伊藤忠（中国）集团有限公司经过友好协商，利用日方的先进技术、中方现有的土地、厂房及部分设备，四方共同出资组建合营企业，发展超高压交联电缆的生产能力；二是抚顺电瓷厂与英国雷诺尔套管公司合资组建抚顺雷诺尔套管有限公司，合资项目建成投产后可形成年产110kV～500kV电容式套管3 045只的生产能力，年创产值6 329万元，税后利润758万元，税金633万元。

“九五”规划　根据机械工业振兴规划纲要的总体设想，确定了集团公司技术改造发展目标。

技术发展目标：“九五”期间技术改造的目标是发展高科技，产品创名牌，瞄准两个市场，品种规格齐全，应用电子技术，推动技术进步。围绕上品种、上质量、上水平，提高经济效益，努力发展新产品，形成适度的生产能力。

总量目标：110kV～500kV主要输变电设备国内市场占有率达到40%，销售收入以19.4%的速度增长，本世纪末达到85亿元，出口创汇6 000万美元，实现利税7.5亿元。

总之，在1995年里，集团公司在各级领导的关怀和指导下，经过公司全体员工和各企业的同心协力，各项经济工作都取得了较好的成绩。今后集团公司将继续按照“抓住机遇，深化改革，扩大开放，促进发展，保持稳定”的基本方针，进一步推进现代企业制度建设，以开拓精神、科学态度、务实作风，为实现集团公司宏伟目标，奋力拼搏。

东北输变电设备集团公司直属企业及子公司

沈阳电缆厂

地址：沈阳市铁西区兴华北街34号

邮码：110025

电话：（024）5865471、5872844

传真：(024) 5851544

抚顺电瓷厂
地址：抚顺市公园街
邮码：113008
电话：(0413) 2622141、2624053
传真：(0413) 2623906

沈阳纤维制品总厂
地址：沈阳市和平区砂山街 182 号
邮码：110005
电话：(024) 3388032、3394884
传真：(024) 3394890

东北输变电机械制造股份有限公司
地址：沈阳市铁西区北二中路 18 号
邮码：110025
电话：(024) 5851243
传真：(024) 5618447

沈阳变压器有限责任公司
地址：沈阳市铁西区北二中路 18 号
邮码：110025
电话：(024) 5851211、5851097
传真：(024) 5851119

沈阳高压开关有限责任公司
地址：沈阳市铁西区景星北街 38 号
邮码：110025
电话：(024) 5877911、5854463
传真：(024) 5853021

锦州电力电容器有限责任公司
地址：辽宁省锦州市古塔区锦华街 49 号
邮码：121000
电话：(0416) 2129070、2124642
传真：(0416) 2128272

阜新封闭母线有限责任公司
地址：阜新市海州区新华路 46 号
邮码：123000
电话：(0418) 2813809、2815834

〔撰稿人：东北输变电设备集团公司企业发展部　张晓红　审稿人：东北输变电设备集团公司企业发展部　郭文元〕

上海电气（集团）总公司

董事长（兼党委书记）：宓麒廷　副董事长：周飞达

总经理：周飞达　副总经理：罗关龙（兼党委副书记）、金锛香、周锡生　副书记：蒋珍珍（兼工会主席）　纪委书记：金红军

地址：上海市延安西路 358 号美丽园大厦　邮码：200040

电话：(021) 62790520（总机）　传真：(021) 62791722

发展情况　1995 年是上海市新一轮“三年大变样”的第一年，总公司在 1994 年快速发展的基础上，又有了新的变化，又取得了新的发展。

首先生产经营水平达到历史最好纪录，工业总产值（1990 年不变价）完成 370 738.3 万元，比上年增长 18.7%；工业销售产值（当年价）427 159 万元，比上年增长 8.8%；出口创汇 3 063 万美元，比上年增长 113.3%；经济效益综合指数按全国标准值计算达到 97.62%，比上年提高 8.06 个百分点，按机械工业标准值计算达到 100.82%，比上年提高 8.16 个百分点；其他各项主要经济技术指标均比上年有所增长（详见表 1），牢固地占据了国内的领先地位。

其次，列为上海市当代第三支柱产业的电站设备主辅机产品产量，呈现高速增长势头。主机汽轮发电机和电站汽轮机自 1993 年起连续三年增产 50 万 kW，其中 1995 年 30 万 kW 两大主机完成 9 台/270 万 kW，比上年 6 台/182 万 kW 增长 50%，创历史最高水平，详见表 2。

电站辅机不仅满足上海电站主机的配套需要，还能为国内外市场配套服务，实现配套产量高达 546.7 万 kW。比电站主机超前研制完成出口巴基斯坦恰希玛发电厂 32.5 万 kW 核电机组的高压给水加热器、低压给水加热器、冷凝器、除氧器、除氧器水箱和扩容器六大件电站辅机产品，成为我国大型核电机组辅机设备首次成套出口产品。与此同时，由日本分包给上海锅炉厂制造的出口沙特阿拉伯的 2 台 670t（蒸汽）/h 电站锅炉的部分部组件，还出口上海华通开关厂承制的高压开关板 233 面和低压开关板 840 面、上海电机厂的交流电动机 2.5 万 kW、上海互感器厂的互感器 230 台和上海电瓷厂的避雷器 20 000 只、高压熔断器 800 只、高压电站电器电瓷 160t 等产品，使全年出口创汇额达 3 063万美元，比进口到货额 2 117 万美元高出 946 万美元。

第三，全面提前完成上海市下达的宝山钢铁公司三期、浦东外高桥发电厂、罗泾煤码头、上海第五钢铁厂等 620 台（套）重点工程实事立功项目，

产值达25 384.6万元，作出了显著成绩，总公司所属9个企业在竞赛评选中，上海汽轮机厂、上海电机厂、上海锅炉厂、上海电站辅机厂和上海MWB互感器有限公司5个企业被评为上海市重点工程实事立功竞赛设备赛区“优秀工厂”。

表1　1995年主要经济技术指标

项　目	单位	1995年完成	比上年增长%	项　目	单位	1995年完成
企业数	个	19	11.8	全部职工平均人数	人	40 225
工业总产值：当年价	万元	497 635	26.8	固定资产原价	万元	280 422.6
不变价	万元	370 738.3	18.7	固定资产净值平均余额	万元	128 552.3
工业增加值	万元	118 067.9	15.9	产品销售率	%	85.8
产品销售收入	万元	418 215.2	20.2	资金利税率	%	6.5
产品销售税金及附加	万元	26 674.1	10.9	工业增加值率	%	23.7
实现利税总额	万元	34 323.9	29.3	成本费用利润率	%	1.83
流动资产平均余额	万元	402 852.7	11.8	全员劳动生产率	元/人	29 352
出口创汇	万美元	3 063	113.3	流动资产周转率	次	1.04

表2　1995年完成主要产品产量

产品名称	单位	产量	比上年增长%	产品名称	单位	产量	比上年增长%
汽轮发电机	台/万kW	30/402.3	14.6	高压断路器	台	2 523	-50.1
电站汽轮机	台/万kW	28/421	22.5	互感器	台	50 647	-34.5
电站锅炉	台/t（蒸汽） 万kW	30/12505 361.5	3.2	避雷器	万只	12.25	-14.2
汽轮机辅机	t	9 665.7	11.3	高压熔断器	万只	10.28	10.5
锅炉辅机	t	3 533.5	10.3	高压开关板	面	1 875	-9.3
电站铸锻加工件	t	2 061.7	18.5	继电保护屏	面	1 785	7.9
研磨设备	台/t	115/3 990.9	-16.3	自动化装置	套	235	-76.2
交流电动机	万kW	212.6	17.1	电力电容器	万kvar	73.61	1.4
直流电机	万kW	25.8	2	高压电瓷	t	1 172.6	-11.6

注：汽轮发电机、电站汽轮机、电站锅炉三项产品产量以“万kW”计算增长%。

科研成果与新产品　1995年，为了适应社会主义市场经济需求变化和增强企业竞争实力，总公司各厂在高新技术上下功夫，不断加速开发新产品，开展一系列创名牌和质量攻关活动，开辟了更多的国内外市场。一年来，上海汽轮机厂经过10年对引进型30万kW电站汽轮机的试制、投运、优化改进后，1995年又与美国西屋电气公司密切合作，制造完成9台中的6台再次优化合作生产30万kW电站汽轮机，其热耗率下降到7 900.5kJ/kW·h（1 887kcal/kW·h时），每台每年节约1 500t标煤，6台节约9 000t标煤，更显示出该型机组的可靠性和优越性，这一水平已达到国际上同功率机组的先进水平。上海电站辅机厂先后完成核电机组成套辅机产品研制和钛板管孔割槽、核电60万kW高压给水加热器管板不锈钢带极堆焊及不锈钢管子管板焊接等科研试验项目22项；该厂试制成功60万kW亚临界火电机组高压给水加热器、低压给水加热器、水水热交换器，以及30万kW～60万kW汽轮机旁路系统、30万kW火电机组冷凝器标准、倒立式高压给水加热器、20t/h（蒸汽）锅炉等12项新产品，其中60万kW亚临界火电机组主要辅机四大件与瑞士ABB公司主机匹配，可用率达100%，居国内领先地位，其性能达到当代世界先进水平；30万kW旁路阀门获1995年11月上海市第三届科学技术博览会金奖。上海继电器厂先后研制成功的新产品有：KYN1-10型金属嵌装移开式开关柜，达到国际IEC标准；PMH-150型系列母差保护装置，适用于国内各供电局电网，其性能达到国外同类产品水平，节约了外汇；国家重点攻关项目SWXB-15型微机成套保护装置，进一步提高微机线路保护的水平等。上海电瓷厂先后有RW10-10FI型户外高压跌落式熔断器—负荷开关装置组合、Y5C12-42/110型金属氧化物避雷器等9项新产品和市2项重点科研项目分别通过市科委和市重点办批试鉴定。在全市创名牌和质量攻关活动中，上海电机厂的30万kW汽轮发电机、上海汽轮机厂的30万kW电站汽轮机、上海锅炉厂的1 025t（蒸汽）/h电站锅炉、上海电站辅机厂配30万kW火电机组的高压给水加热器和低压给水加热器等5项产品列入1995年上海市152项名牌产品行列；上海电机厂、上海汽轮机厂、上海电站辅机厂、上海华通开关厂、上海继电器厂、上海MWB互感器有限公司6个企业继续获上海市“高新技术企业”称号。

技术改造及技术引进 1995年，总公司以技术进步为依托，提高产品的技术含量和提高企业的生产能力，全年完成投资总额30 358万元，其中技术更新改造投资额22 086万元，比1994年增长37.7%。上海电站辅机厂完成国家“八五”专项及核电制造两项计划1995年的469万元技术改造投资，使数控切割机等一批进口设备顺利安装、调试并投入使用，不断提高电站机组的辅机生产技术水平和配套能力。上海电机厂完成技术更新改造投资额高达6 319万元，进口重型CNC卧式车床和转子槽铣床两台高精度设备，以及重大件吊运设备。上海汽轮机厂完成技术更新改造投资额高达6 565万元，从瑞士RIGID公司引进第二台NX-155五轴五联动数控叶片型铣床的同时，添置了叶片粗加工数控编程软件，进一步扩大型面铣床加工叶片的品种和范围，使原进口第一台型面铣床克服了只局限于加工模锻坯料叶片而不能加工方钢坯料叶片的薄弱环节，能在该铣床上进行粗加工，并为今后开发新颖叶片、缩短加工周期和提高质量等方面提供了先决条件；该厂还从美国引进60t级大平板车与德国进口奔驰牌汽车牵引头配套成整车，具备了30万kW以上电站汽轮机转子的运输能力，将提高企业经济效益。

深化改革 1995年，作为实行国有资产授权管理和建立现代企业制度试点的总公司，继续根据“上大下活”（即“壮大集团，搞活企业”的简称）原则，使各项深化改革措施又取得了重大的进展。一是设计了总公司和分公司双层滚动发展的战略，鼓励子公司（企业）各显优势将自身拓展成为一个“小集团”，使整个集团不断健康地向外快速扩展，以资产为纽带形成全资企业、控股企业、参股企业等各级组织结构共143个单位，加快了上海当代第三支柱产业的发展步伐。如总公司吸收跨地区的无锡叶片厂携资3亿元进入第一层集团，实现了和上海汽轮机厂生产要素的有效配置；总公司将原有4个铸铁车间调整后保留1个，主要铸造高难度铸件，腾出9万m^2厂房，减少职工1 000人，由上海电机厂将原吴江协作厂投资控股为第二铸造厂，铸造技术含量低的铸件，每吨铸件可降低成本500元左右；上海汽轮机厂也将初加工件扩散，投资控股60%成立上海益达机械厂；上海锅炉厂对关系稳定的8个联营厂进行改制，建立资产纽带，投资控股了松江分厂、春申分厂和汇华锅炉附件厂等，初步形成以上海锅炉厂为“龙头”的锅炉集约化生产格局。二是以合资为抓手，合资工作取得突破性进展。全年合资项目投资总额达49 931万美元，注册资本为33 117万美元，中方控股63.4%，外方36.4%。其中上海汽轮机厂、上海电机厂和上海电站辅机厂与美国西屋电气公司合资，于1995年12月正式挂牌成立上海汽轮机有限公司、上海汽轮发电机有限公司和上海动力设备有限公司，3厂投资总额达37 093万美元，注册资本为23 937.5万美元，中方3个公司分别控股为60%、68%和70%，1996年1月1日起对外营业；上海电站辅机厂和上海锅炉厂与英国克莱德吹灰器有限公司合资成立的上海克莱德机械有限公司也于1995年内挂牌开业，投资总额100万美元，中方占45%，外方占55%；与此同时，总公司与美国西屋电气公司合资的上海新科电力工程有限公司已经国家外经贸部批准。三是强化管理，转机制，树形象，提高企业整体素质。1995年6月，上海市工业系统精神文明建设工作会议上，授予上海汽轮机厂等20个企业“上海市最佳工业企业形象单位”称号，授予上海电机厂、上海电站辅机厂等31个企业“上海市优秀工业企业形象单位”称号。1995年7月，经中国企业形象认定委员会和中国企业无形资产评估委员会的正确认定和评估，特授予上海汽轮机厂“中国企业最佳形象AAA级”称号（称号分AAA级、AA级和A级三个等级）并颁发标牌和证书。

展望与预测 1995年，总公司及各厂的生产经营工作成绩显著，全面超额完成了各项计划指标。对此，董事会表示满意，并根据市委书记、市长、副市长对总公司的“再接再励，争取‘九五’更上一层楼”批示精神，提出到2000年的目标分为二个阶段，第一阶段是1996年～1997年，第二阶段是1998年～2000年。第一阶段有四个标志：(1) 1996年完成产品销售额（含税、含“三产”，下同）74亿元，1997年100亿元；(2) 1996年发电设备产量450万kW，1997年500万kW，首套60万kW电站机组试制成功；(3) 合资工作取得成果；(4) 形成跨地区、跨行业的紧密型企业集团，除上海、长江三角洲外，在长江沿江地区和其他区域也有较大发展，全面实现新一轮“三年大变样”的奋斗目标。第二阶段的主要标志是：2000年产品销售额达200亿元；同时逐步增加出口，成为世界大电气公司大家庭成员之一。

〔撰稿人：上海电气（集团）总公司　吴志兴　赵田人　审稿人：上海电气（集团）总公司　许伟伦〕

中国东方电气集团公司

董事长：张光纯　副董事长：李宗文、黄华池、吴　俊

总经理：李宗文　副总经理：宋文才、王　强、茅永康、潘纪盛、薛应选　总工程师：李世生　总会计师：张兴洲

地址：成都市一环路西一段115号　邮码：610041

电话：(028) 7766655（总机）　传真：(028) 7769555

电传：60152 DEC CN　电挂：2000（成都）

概况　中国东方电气集团公司是国家计划单列企业集团、全国特大型企业、中国三大发电设备制造企业之一，全国现代企业制度试点企业集团、国有资产授权管理企业集团。

发展情况　1995，东方电气集团公司在“以改革为动力、以市场为主体、以管理为基础、以效益为中心、以人和求凝聚、以跨国求发展”的思想指导下，全力开拓国际市场，理顺产权关系，通过集团同仁的共同努力，1995年东方电气集团全面完成计划：发电设备产量完成341.41万kW，实现工业总产值（不变价）188 526万元（当年价235 466万元），出口创汇6 046万美元，新签发电设备合同30万kW锅炉7套、机组11套，新签国外工程承包合同金额超过3亿美元。全力开拓国际市场是集团公司1995年的主要工作方针。围绕开发国际、国内市场，集中力量，全力出击国际国内市场，主攻国际市场，取得了良好的成绩。伊朗阿拉克4×32.5万kW电站工程设备总承包项目，是集团公司利用自己拥有的外贸经营权，经过一年的艰苦谈判，于1995年3月8日在伊朗德黑兰正式签订合同，这是我国首次向伊朗出口大型电站成套设备合同，也是我国迄今为止向国外出口单机容量最大、总容量最大的电站成套设备合同。它标志着集团公司在开拓国际市场方面又上了一个新台阶。1995年2月25日，集团公司在雅加达与印度尼西亚金光集团签订了宁波中华纸厂2×220t/h CFB锅炉+2×3.9万kW双抽汽轮发电机组燃煤自备电站工程总承包合同。该工程的特点是工期短、要求高、技术新。这是集团第一个循环流化床项目，也是我国目前最大的循环流化床锅炉。二滩工程继1994年以集团公司为主体的中方承包联合签订主机供货合同后，1995年9月27日集团公司与二滩开发公司签订了辅机设备成套供货合同，并与葛洲坝水电集团公司、水电一局、八局组成联合体，夺得二滩机电安装第一标。在1994年末组织的“冬季攻势”基础上，1995年先后签订了湘潭2×30万kW、襄樊4×30万kW主机供货合同；与日本日立公司、伊藤忠商事株式会社合作的三河、河津、九江三个项目均获商务第一标。此外东方公司还组织各厂力量继续走访用户，在安徽、广西等地召开了东方大型机组技术介绍会，受到用户好评。

1995年，中国东方电气集团公司主要经济技术指标完成情况详见表1、表2、表3、表4。

表1　1995年主要经济技术指标

项　目	单　位	1995年完成	比上年增长%
企业数	个	6	
全部职工平均人数	人	37 658	0.8
工业总产值：当年价	万元	235 466	13.0
不变价	万元	188 526	11.3
工业增加值	万元	65 035	25.0
产品销售收入	万元	224 486	18.0
产品销售税金及附加	万元	1 015	-25.7
利润总额	万元	7 640	-44.2
固定资产原价	万元	179 747	6.7
固定资产净值平均余额	万元	97 898	6.5
流动资产平均余额	万元	628 247	21.0
出口创汇	万美元	6 046	25.3

核电开发取得重要突破。核电被认为是世界上安全、清洁的能源。国外发达国家能源分布中核电均占有相当比重。广东第二核电厂（岭澳2×100万kW机组）的国产化计划，为集团公司贯彻“水火核”并举的方针提供了难得的机遇。集团公司审时度势，认真分析了国内外政治经济形势以及四川省和集团公司在这方面的优势，迅速作出重大决策：选择法国GEC—阿尔斯通和法马通公司作为合作伙伴，在四川省政府的统一部署和指挥下，由东方电气集团公司牵头联合核一院、二重、西南电力院、八一二厂、川仪等单位，成立了四川省核电工程公司，从而奠定了与外商长期合作、从事核电及新能源技术开发、促进核电装备国产化、推进我国核电工业和新能源技术发展的基础。

由东方电气集团公司承包兴建的低倍率循环流化床的拉克拉电厂是公司总承包的第一个“交钥匙”大型海外工程，经过集团公司拉克拉工程部全体干部职工在恶劣环境下顽强拼搏，1995年取得重大突破，结束了巴基斯坦从未有燃煤电厂的历史，也为集团公司进一步巩固该国市场产生重大影响。由集团公司下属二级公司——水电公司总承包的西藏塘河电厂4×1 600kW水电机组，已并网发电，按合同工期提前一个月完成，并被评为样板工程。其他在建工程中首阳山二期2×30万kW电厂工程，孟加拉吉大港二期2×21万kW电厂工程，马来西亚古晋2×5万kW电厂工程，宁波中华纸

业有限公司2×3.92万kW自备电厂工程，邹县三期2×60万kW电厂工程，鄂州2×30万kW电厂工程，垞城二期1×5万kW电厂工程，巴基斯坦污水处理厂改建、扩建工程，二滩电站工程、大广坝电站工程，以及1995年新签四川巫溪檀木煤矿自备电厂工程等都进展顺利。

表2　1995年完成主要产品产量

产品名称	单　位	产　量	比上年增长%
发电设备总计	万kW	342	-20.1
水轮机组	万kW	101	5.8
汽轮发电机	万kW	241	-27.5
电站锅炉	t（蒸汽）	8 285	3.6
电站汽轮机	万kW	286	0.8

表3　1995年主要产品出口情况

产品名称	出口产品		出口额	比上年
	单　位	数　量	（万美元）	增长%
发电设备	万kW	48.7	1 885.8	104.9
电站锅炉	t(蒸汽)	1 190	1 234.4	-8.7
电站汽轮机	万kW	21	616.0	—
其他机电产品			1 132.2	92.0

表4　1995年主要出口国家、地区情况

序号	国家、地区	出口额（万美元）
1	叙利亚	1 000
2	孟加拉	1 616
3	芬兰、美国	966
4	加拿大	274

科研成果与新产品　1995年东方电气集团公司组织鉴定完成“八五”国家重点科技攻关项目8个，完成新产品试制项目24项。其中：国家级3项，省级21项。完成国家考核集团公司三项主要指标，品种抽查合格率、品种一等品率、质量稳定提高率保持100%。集团公司三大主机厂均通过GB/T19001（ISO9001）体系认证。认证证书的注册号分别为：94008、95005、95006。覆盖产品为：水轮发电机组、汽轮发电交直流电机及其控制设备、电站汽轮机、工业汽轮机、船用汽轮机、电站锅炉、电站辅机、电站阀门、压力容器等。

对外合作　集团公司合资工作进入实质性阶段，经国务院、国家计委、机械工业部批准的西门子—东方汽轮机、西门子—东方电机、西门子—东方工程管理公司的项目建议书，已于1995年6月分别得到国务院、国家计委、机械工业部批准。1995年7月江泽民主席访问德国西门子公司时正式签定了建立合资企业日程表协议。其他合资项目已分别得到有关部门的认可或批准。

深化改革　集团公司进入“全国国有企业500强”之列，国家已授权集团公司统一经营和管理紧密层企业的国有资产，即授权转股，明确了集团公司与5个紧密层成员企业的母子公司关系，建立了产权纽带关系。在此基础上，1995年在理顺产权关系方面做了大量工作，强化产权纽带、完善产权主体，为集团公司推行现代企业制度试点、实行公司化改造、进一步理顺产权关系奠定了良好基础。集团公司股份制改造取得进展，东方电机股份有限公司继H股1994年在港上市后，A股在上海证券交易所成功发行并上市交易。东方锅炉厂股份制改革已取得重大进展，集团公司给予了大力支持，并提出了规范化意见。

“九五”规划　1996年是实施国民经济与社会发展“九五”计划和2010年远景目标规划的第一年。东方电气集团力争达到的具体目标是：发电设备产量320万kW，工业总产值（1990年不变价）达到20亿元，实现销售收入20亿元，利润总额2.5亿元，出口创汇4 000万美元，力争签订2至3个大型工程项目，与西门子合资项目投入营运，保质保量完成国家对集团公司各项质量考核指标。开拓市场、主攻国际市场，切切实实抓好伊朗阿拉克4×32.5万kW电厂项目的执行工作，进一步开拓中东市场；巩固巴基斯坦、孟加拉及东南亚市场；抓好孟加拉吉大港电厂、马来西亚古晋电厂、宁波纸厂自备电厂等工程建设的管理。充分重视国内工程项目，确保集团公司第一套60万kW机组一次投运成功。积极寻求国内外有实力的伙伴，探索联合开发国内外的电力项目。切实与外商合作，实现年内签订广东岭澳2×100万kW核电工程设备国内分包合同的目标。继续密切注视三峡大水电项目的进展，抓好60万kW机组的市场开发工作，加强对用户的服务。继续深化改革、建立现代企业制度，抓紧抓好集团与西门子的汽轮机、电机和电站工程等一系列合资工作。加强国有资产的管理。力争在1996年底全面完成计划。

〔撰稿人：中国东方电气集团公司　郭　凡〕

地址：广州市黄华路43号　邮码：510050
电话：(020) 83830229

广州华南电气企业集团发展现状　广州华南电气企业集团成立于1992年8月，以广州南洋电器厂、广州高压电器厂、广州市电器工业公司、广州远东风扇厂、广州电威电器厂五个国有企业为主体组成集团公司，另联合广州电缆厂、广州电磁线厂、广州建新电器厂、广州华成电器股份有限公司、广州绝缘材料厂以及机械工业部第七设计院珠江分院、武钢设计院广东分部、广东省电力勘测设计院、广东省成套局供销公司组成跨行业跨地区的企业集团。主要产品有：电力变压器，高、低压开关柜，高压断路器，低压电器元件，自动化控制设备，电线电缆，电磁线，日光灯镇流器，电风扇，绝缘材料等。

集团内所属企业占地面积约25万m^2，职工5 148人，固定资产净值为21 472万元，1995年工业总产值为66 754万元，销售收入为56 626万元。

为加快企业集团发展，广州市政府于1995年把该集团列为支柱性行业属重点扶持企业集团，广东省电子机械工业厅也把该集团列为珠江三角洲经济区的重点发展企业。为适应广州建设国际大都市和珠江三角洲发展规划的需要，该集团制订了到2010年整个华南电气集团的发展规划——《广州市输变电行业十五年发展纲要》。

发展纲要的指导思想是以市场为导向，以产品为“龙头”，以质量为中心，以管理为主线，以提高经济效益为宗旨，加快“转机建制”的步伐，积极优化组织结构和产品结构，提高管理技术水平，把华南电气企业集团建成为华南地区以生产经营输变配电成套设备为主，集电器元件、电工器材多种产品于一体的工、科、贸三位一体的组织集团化、产权股份化、经营一体化、贸易国际化、投资多元化的大型企业集团。

为了适应改革的需要，在社会主义市场经济中能使企业更好地发展，1996年将广州市华南电气企业集团更名为广州市南洋电器企业集团有限公司。

企业集团与国内同行竞争的地位

(1) 从经济实力上比较。

本集团有三个企业（广州南洋电器厂、广州高压电器厂、广州市电器工业公司）被列为全国机械工业重点企业，其中广州南洋电器厂、广州市电器工业公司被定为全国特定振兴企业。广州南洋电器厂在1993年国家统计局发布500家最大电气机械及器材制造企业列141位，1994年中国机械百强企业列99位；广州电缆厂1994年在全国500家最大工业企业及行业评价排序最佳经济效益工业企业中列92位；广州电磁线厂1993年在全国同行业评比中列第6位，全员劳动生产率列第1位；广州绝缘材料厂1993年在全国同行业评比中劳动生产率列第3位，人均利税率列第2位。

(2) 从产品技术水平比较。

产品初步纳入高技术、高附加值轨道，经过“七五”、“八五”技术改造后，集团内大部分企业都开发了一批具有特色的名牌产品，这些产品已形成“拳头”产品，质量好、信誉高，计有：

——电力变压器S7型系列被广东省列为优质产品，1994年产量为320kV·A，列全省第一位；

——110kV高压断路器与德国AEG公司合作生产，技术水平全国处领先地位；

——中压VK型（ZN18型）真空断路器及VC型中压真空开关柜，引进日本东芝公司技术生产，其性能在国内处领先地位，1992年被列为国家级新产品，是可以和国外同类产品相比的高新技术新产品，多次获省级奖励；

——低压AE型（DW18型）框架式空气断路器引进日本三菱公司技术生产，其质量稳定、性能优越，达到国际80年代末90年代初水平，多次获省级奖励，被国家列为“双加”工程项目；

——引进了芬兰NOKIA公司80年代末生产线后，已具备了生产35kV以及以下的交联电缆和各种阻燃、防火电线、电缆的能力，产品无论从品种规格到技术性能处全省领先地位。

“八五”期间的基本做法

(1) 调整组织机构，盘活国有资产存量。

集团组建以来，朝着建立现代企业制度的目标，发挥集团公司的整体优势，对组织机构进行调整。集团以集团公司为核心实施管理。其侧重点是：负责所辖内企业的资产营运，融资投资，企业经营者的聘任和管理；整个集团的发展规划，科技开发，信息收集分析反馈，统计分析，多元化经营等方面；将集团公司的国有资产通过改制、改革、改造重组等方式进行盘活，从而达到调整产品结构和产业结构，提高资产存量，保障国有资产保值和增值，逐步使集团公司朝着投资中心、融资中心、信息中心、技术开发中心和多元化经营中心发展。

(2) 产品调整朝“突破高压、发展中压、提高低压”方向发展。

突破高压——使集团公司具有生产110、220kV SF_6高压开关的能力和生产220kV变压器的能力，以此带动高压电器成套设备的发展。1994年与德国AEG公司签订了合作生产36台110kV高压开关合同，供国内电站使用。与此同时，和广州黄埔开发区工业总公司合作，积极推进220kV变压器项目上马，在广州黄埔经济开发区征地建新厂房，力求输变电产品突破高电压。

发展中压——将10kV以下的技术水平较高的VK型真空开关为代表，按照填平补齐品种规格，形成批量，上经济规模，提高效益。同时发展VC型、VE型真空开关柜，HXGN型环网开关柜，负荷开关柜，户内、户外组合式变电站，干式变压器，10kV 微机继保装置等产品，形成中压产品群。在产品品种上，既要有 SF_6 型的，也有真空式的，以满足不同层次用户的需要。

提高低压——就是抓住一些关键性的元件，如 AE 型框架式空气断路器、CJX2 型交流接触器、塑壳开关等产品，形成经济规模，进一步提高技术档次，使产品形成系列化。努力开拓智能化继电保护装置，填补南方市场的空白，使集团真正形成输变配电成套设备的综合生产能力。

（3）加快新产品开发与技术改造进展步伐。

在激烈的市场竞争中，集团坚持科技兴业方针，努力完成“八五”技改计划，加快新产品开发步伐，深化质量管理，加强企业发展后劲。在新产品开发方面，“八五”期间集团公司共有 39 个项目通过鉴定或审查。集团公司成立以来共有 9 个项目获得省市各种奖励，其中 110kV SF_6 柱式高压断路器实施联合开发，220kV 变压器项目完成扩初设计，110kV SF8 型变压器通过鉴定并投产，中压产品已实现系列化多品种，满足不同用户需要。在技术改造方面，全集团公司“八五”期间共投资 4 833 万元，其中广州高压电器厂“发展节能变压器及环网开关”项目 2 420 万元，广州南洋电器厂“发展低压成套装置”项目总投资 1 380 万元，广州市电器工业公司“发展 d 系列交流接触器”项目 493 万元，广州南洋电器厂参资合作“高压互感器项目”总投资 540 万元，经过一系列的新产品开发和技术改造后，产品上了档次，技术含量增高，带动了集团公司经济效益的更快发展。

“九五”期间集团公司发展的初步设想

（1）多项主要经济指标增长速度要比“八五”期间年递增 20%。“九五”期末工业总产值要达到 35.65 亿元，销售收入达 35.5 亿元，资产总额要达 33.5 亿元。整个集团体制上，要从现有的输变电扩展为发、输变配电产品体系“一条龙”，整体经济实力要进入全国同行前五名。

（2）集团公司要建立技术开发中心，产品技术水平到“九五”期末技术进步对经济增长贡献率为 50%，其中 60% 的产品要达到国际 80 年代末 90 年代初水平，产品一律与国际标准接轨，2/3 以上的企业要取得 ISO9000 质量认证。

（3）全集团内所属企业产品质量稳定率达 97%。

（4）集团管理体制上，要建立 6 个中心，即目标管理中心、财务结算中心、投资开发中心、资产经营中心、综合服务中心和技术开发中心。

（5）产品组合上要建立输变电以 220kV 变压器为产品“龙头”，带动 110kV SF_6 高压开关及中压开关、低压配电屏成套设备生产能力，最终要发展成为华南地区输变配电成套设备“一条龙”生产基地。

〔撰稿人：广州市华南电气企业集团　郑　铁〕

中国第一拖拉机工程机械（集团）公司

总经理：方　刚
地址：河南省洛阳市涧西区建设路 154 号　邮码：471004
电话：（0379）4913342　传真：（0379）4913228

概况　中国第一拖拉机工程机械公司（简称“一拖公司”），是国家“一五”期间兴建的 156 个重点项目之一，也是农机行业唯一的特大型企业，1955 年 11 月建成投产。截至 1955 年底，占地面积近 600 万 m^2，总资产为 35.8 亿元；职工总数 4 万多名，其中工程技术人员及专业管理人员 10 144 名，具有高级专业技术职称的 4 618 名；主要生产设备17 500多台，其中达到国际先进水平的设备 1 600 多台，高精设备 403 台。

以一拖公司为核心组建的中国第一拖拉机工程机械集团（简称“一拖集团”），在国家计划中实行单列，为国家首批 55 个试点企业集团之一。

一拖公司目前有 4 个合资企业和 21 个专业生产厂。主导产品除履带拖拉机外，还有轮式拖拉机、推土机、压路机、柴油机、载重汽车、燃油泵和自行车等。一拖公司先后被国家命名为“国家一级企业”、“全国思想政治工作优秀单位”；被河南省树为“全省工业战线十面红旗”之一。

一拖公司建成投产 40 年以来，为我国农机农业机械化和地方经济的发展做出了显著的贡献。累计生产各种拖拉机 103 万台，其中大中型拖拉机 47 万台，占全国大中型拖拉机社会保有量的 43% 左右。累计向国家上缴利税 30 多亿元，相当于国家投资的 6 倍多。

一拖公司的发展和贡献，确立了在机械行业，特别是农机行业中举足轻重的地位。一拖公司产品覆盖面、市场占有率、年销售收入在农机行业中均居首位。在技术力量、科研设备、产品开发、检测手段等方面具有较大优势。现产品中有近 20 种产品荣获国优、部优、省优称号。从 1987 年起，一拖公司在全国 500 家最大工业企业排序中始终处于百强之内。

发展情况　1995 年，一拖公司面对市场对企业的强大冲击，团结拼搏、背水一战，果断采取强有力的针对性措施，外抓市场，内抓管理，强化观念转化，加快企业改革和发展步伐，通过大量卓有成效的工作，取得了较好的经营成果。

1995年，公司在生产组织上，根据农机市场季节性强的特点，在销售旺季组织抢市场、抢时间、抢效益的“三抢”活动，使小型拖拉机、铸件等产品的日产量和月产量都超过了历史最高水平，为顺利完成全年任务奠定了基础；在市场营销中，始终坚持“以市场为导向，以效益为核心”的指导思想，坚决贯彻执行“旺季抢效益，淡季保市场”的营销方针，制订了灵活的销售办法，调整内外营销机构，不断加大市场开拓力度；在资金管理上，强化经济分析和预测，逐月平衡资金投向，把资金的管理责任层层分解，落实到责任单位，使资金的运营质量有了较大提高，做到了控制总量，收支平衡。

经过全体职工的共同努力，1995年共实现销售收入33亿元，比上年增长58.7%，实现利润6 548万元，比上年增加1.6亿元，超额完成了全年工作目标（详见表1、表2、表3、表4）。

一拖公司截止至1995年底拥有总资产35.8亿元，净资产18.0亿元；资产负债率为49.9%。“八五”期间，一拖公司得到了长足发展，累计实现销售收入109.6亿元，实现利税6.6亿元，出口创汇5 669万美元，比上年增长分别为1.56倍、22.2%和1.6倍。

表1　1995年主要经济技术指标

项　　目	单位	1995年完成	比上年增长%
全部职工平均人数	人	47 654	12.6
工业总产值（不变价）	万元	226 200	70.6
产品销售收入	万元	331 700	58.7
产品销售税金及附加	万元	621	29.4
利润总额	万元	6 548	
固定资产原价	万元	180 200	82.0
固定资产净值平均余额	万元	88 700	30.1
流动资产平均余额	万元	14 300	
出口创汇	万美元	1 000	75.3

表2　1995年完成主要产品产量

产品名称	单　位	产　量	比上年增长%
履带拖拉机	台	14 357	35.3
1002/1202拖拉机	台	226	224.4
轮式拖拉机	台	94 364	65.2
柴油机	台	11 101	41.0
拖拉机、内燃机配件	万元	34 331	160.6
汽车	辆	2 003	192.0
压路机	台	1 383	-0.1
叉车	台	34	3.0

科研成果与新产品　为不断增强企业发展后劲，确保“73111”工程的顺利实现，公司在努力实现当年生产经营目标的同时，注意狠抓科研项目和新产品的研制与开发。1995年，一拖公司共完成部、省级以上科研项目8项；共有11个项目获国家级、部级、省级科技进步奖，其中国家级1项，省级5项，部级5项。此外，公司完成了LT1102TM等5种汽车的鉴定，试制了3台LT1101TM驾驶室汽车和10台TM驾驶室总成的装配以及2台LT1190重型汽车的试制；完成了852拖拉机、WY20液压挖掘机、ZL30/35轮式装载机、B4125柴油机的鉴定。

表3　1995年主要产品出口情况

产品名称	单位	数量	出口额（万美元）	比上年增长%
自行车	辆	6 658	16.57	-85
拖拉机及压路机	台	1 070	594.65	31
铸锻件			76.90	13
其他产品（深圳东方公司）			260.00	

表4　1995年主要出口（进口）国家、地区情况

项目名称	国家、地区	进、出口额（万美元）
机床（进口）	英国	60
其他产品（出口）	罗马尼亚、越南、印尼、保加利亚、科特迪瓦、美国、日本、玻利维亚、澳大利亚等	1 000

技术改造　1995年一拖公司在技术改造方面取得了较大进展。汽车总装线正式投入使用，使汽车的装配能力达到年产万台；柴油机试验间的建成投产，为105系列柴油机形成年产2万台生产能力奠定了基础；汽车检测线已基本建成，提高了整车质量检验的水平。“八五”技术改造中大部分项目进展顺利，共完成852履带拖拉机项目、重型汽车项目、1002/1202项目、履带板生产线项目、液压挖掘机项目和压路机项目，总投资11 313万元，各种工程项目正在抓紧施工建设。

深化改革　1995年，一拖公司以实行全员劳动合同制为重点，积极稳妥地推进各项配套改革。从1995年9月1日起公司全面推行了全员劳动合同制，逐步建立起与社会主义市场经济相适应的新型用人制度；引入竞争机制，推出了招聘制、聘任制和正职聘任副职的举措，初步建立了上岗、试岗、下岗动态管理制度，使部分有真才实学的人才脱颖而出；工资分配制度改革坚持工资投入要促进企业发展和贯彻“按劳分配为主，效益优先，兼顾公平”的原则，在公司实现扭亏为盈和完成压缩人员目标进行考核的前提下，实行了新的岗位技能工资标准；实行了公司内部养老和待业保险统筹，初步理顺了公司内部养老和待业保险金的缴纳和管理；生活服务公司、房地产开发公司、职工医院等后勤服务单位的剥离工作在原来的基础上又迈进了一步；作为国家、省级现代企业制度试点单位，公司着手制订了《中国第一拖拉机工程机械公司建立现代企业制度实施方案》；集团管理工作已开始确立由工厂管理向集团管理转变的观念，研究、探索和制定大公司、大集团发展战略，注重建立产权联结纽带，增强了集团凝聚力。

“九五”规划 为全面贯彻落实十四届五中全会提出的“两个根本转变”的精神，一拖公司结合自身特点初步拟定了“九五”计划和2010年远景规划纲要的设想，提出了未来15年的奋斗目标是：到2000年，把一拖公司建设成为以资产经营为主，集科、工、贸、金为一体，具有较强国际国内竞争力的社会主义一流集团化工业企业。第一阶段为“二次创业”阶段（1996年～2000年），形成拖拉机、汽车和工程机械三大支柱产品的优化结构，部分产品达到90年代国际先进水平，使之成为支撑公司经济发展的支柱；基本建立起现代企业制度；走出中原，成为跨地区、以产品经营与资本经营相结合、在国际市场上有较强竞争力的集团化工业企业；基本建立与现代企业制度相适应的党组织工作运行机制；职工收入在本地区同行业中处于领先地位，职工生活普遍达到小康水平。第二阶段为“三次创业”阶段（2001年～2010年），企业经营范围和经营区域进一步扩大，实现“两个跨越”（即从以产品经营为主向以资产经营为主的跨越，从立足国内竞争向放眼全球经营的跨越）；建成在国际、国内有较强竞争能力的一流集团化工业企业，综合经济实力列全国百强之内；建立起高效运行的现代企业经营机制；基本形成企业科技发展追踪国际先进水平的能力，主导产品达到20世纪末国际先进水平；基本完善与现代企业制度相适应的党组织工作运行机制；职工生活达到比较富裕的小康水平；精神文明与物质文明建设协调发展。

〔撰稿人：中国第一拖拉机工程机械公司办公室 朱旭东 审稿人：中国第一拖拉机工程机械公司办公室 魏黎明〕

徐州工程机械集团有限公司

董事长：陆志昌 总经理：董天化
地址：江苏省徐州市苏堤北路5号 邮码：221006
电话：（0516）5756044（总机） 传真：（0516）5753151

概况 徐州工程机械集团有限公司成立于1989年3月，“八五”期间，公司先后进行了集团组建、国有资产授权经营、股份制改造等工作。集团公司1995年经国家经贸委和江苏省政府批准，正式改制为国有独资公司。经过“八五”的发展，公司经营规模迅速扩大，效益稳步提高，已成为我国工程机械的生产和出口基地。公司的生产和销售规模在全国工程机械行业中位居第一，是全国最大的500家工业企业、机械工业部百强、国家百家现代企业制度试点企业、国家300家重点企业和江苏省十大企业集团之一。

发展情况 1995年在国家宏观调控逐步到位，基本建设速度得到适度控制，全国工程机械销量普遍回落的严峻形势下，公司领导和全体员工坚持“以质量、服务、奉献求信用；以勤业、科研、创新求发展；造就一流人才，开创一流事业”的企业精神和“以改革为动力，以开放和科技为支撑点，实现国际化”的经营方针，面向国内、国外两个市场，不断深化企业内部改革，加快公司现代企业制度试点步伐，完善母子公司运行体制，全面实施资产经营责任制，严格资产经营责任考核，加强企业管理，实行项目管理，强化质量责任和成本责任，实施名牌战略工程，调整产品结构，加快新经济增长点的发展，通过全体员工艰苦努力，经受了各种严峻考验，使公司的生产经营稳定发展，主要经济指标见表1、表2。

表1 1995年主要经济技术指标

项 目	单 位	1995年完成
全部职工平均人数	人	20 937
工业总产值：当年价	万元	229 603
不变价	万元	180 100
工业增加值	万元	65 627
产品销售收入	万元	201 172
产品销售税金及附加	万元	961
利润总额	万元	4 319
固定资产原价	万元	78 847
固定资产净值平均余额	万元	55 443
流动资产平均余额	万元	195 437
出口创汇	万美元	5 070

表2 1995年完成主要产品产量

产品名称	单 位	产 量
汽车起重机	台	683
压路机	台	1 897
装载机	台	963
混凝土机械	台	247

“八五”期间，公司加速规模经济发展，取得

显著成绩。工业总产值 1990 年 3.13 亿元，1995 年达到 18 亿元；销售收入 1990 年 3.76 亿元，1995 年达到 20.1 亿元。公司主要产品汽车起重机连续七年保持全国第一；压路机连续八年保持全国第一；装载机的生产规模由全国第七位升到第四位；砼机械投入市场三年，销售收入已达 1.5 亿元，成为国内最大的混凝土设备成套供应基地。在主机发展的同时，基础件产品也得到迅速发展，工程机械专用底盘车生产能力达 1 000 台，回转支承达 1 万套，驱动桥达 1 万根，公司已成为国内工程机械的供应基地之一。

表 3　1995 年主要产品出口情况（自营）

产品名称	出口产品		出口额（万美元）
	单　位	数　量	
起重机	台	25	196.26
压路机	台	134	481.87
装载机	台	27	95.78

表 4　1995 年主要出口国家、地区情况（自营）

序　号	国家地区	出口额（万美元）
1	孟加拉、泰国等南亚、东南亚地区	500.0
2	阿联酋、沙特等中东地区	233.0
3	美国、阿根廷等南北美地区	40.9

公司“三外”工作有了突破性进展。出口创汇由 1990 年的 1 143 万美元，达到 1995 年的 5 070 万美元，自营出口从零起步，1995 年达到 1 159 万美元；利用外资 0.8 亿美元，公司与美国卡特彼勒公司合资生产液压挖掘机、与美国洛克维尔公司合资生产驱动桥、与德国利勃海尔公司合资生产砼机械，并都成立了合资企业，总投资分别达到 3 000 万美元、2 000 万美元和 3 000 万马克；在外经工作上，公司已在德国设立了海外公司，在美国、俄罗斯、日本、泰国、印尼等地建立了 9 个办事处。

产品开发、技术改造上了新水平。1990 年以来，公司累计开发新产品近 100 项，这些产品已批量投入市场，同时完成了沥青混凝土摊铺机、全路面汽车起重机、成套砼机械等产品的引进、消化、吸收、国产化等工作。在技术改造方面，“八五”期间完成技改投资 5 亿元，建成了板材抛丸、喷漆、烘干预处理、焊接、油漆生产线和起重机、压路机、装载机、底盘、驱动桥等装配线。

科研成果与新产品　1995 年在资金较为困难的情况下，公司坚持以技术进步为支撑，确保新产品开发资金的投入，在新产品开发和科研工作中取得了较好成绩。1995 年共完成 30 项新产品的鉴定验收，其中部、省级以上项目 25 项，完成新产品样机 10 种，其中大部分是国家级科研攻关和规模达 5 000 万元以上的项目。1995 年公司新产品产值达 5.2 亿元，销售收入 6.1 亿元，所完成的重点新产品乳化沥青摊铺机、4.5m 大支承、20t 叉车桥、汽车桥、S1800 沥青摊铺机达到国内领先水平，这些产品投入市场，在国家重大工程建设中发挥了作用。

1995 年，公司一大批科技开发项目获上级有关部门奖励，其中获省级以上科技成果奖 4 项，市级科技成果奖 12 项，市级重大科技成果奖 2 项。

公司承担的国家级重大科技攻关项目 160t 全路面汽车起重机已于 1995 年 2 月通过国家级鉴定，并已开始销售。这标志着我国起重机技术已达到或接近国际先进水平，填补了国内空白。此外，公司 HZW55 站、打钉机、4m 大支承、YZ14 和 YZ18 振动压路机、210 支承六个产品被评为国家级新产品。

技术改造　1995 年，共完成固定资产投资 15 537万元，其中技术改造项目投资15 031万元，基本建设项目投资506万元。

1995 年完成技术改造竣工验收项目 5 个。竣工验收项目有：（1）稀浆封层摊铺机技术改造；（2）起重机专用底盘技术改造；（3）装载机“八五”技术改造；（4）引进油缸制造关键设备技术改造；（5）工程机械驱动桥“八五”技术改造。

对外合作　1995 年公司外贸业务量持续增长，外资、外经工作取得突破性进展。1995 年出口创汇5 070万美元，比 1994 年增长 46%。

在外资工作上，公司坚持利用外资、自主开发、技术创新三结合的方针，重点抓住了与国外大公司的重大合资项目。与美国卡特彼勒公司、美国洛克维尔公司、德国利勃海尔公司建立了合资公司，合资生产挖掘机、驱动桥和砼机械产品。

在外经工作方面，公司继在德国设立彭莱公司之后，又与美国杰瑞公司合资兴办了从事技术咨询、技术开发和出口产品维修业务的海外企业。

深化改革　1995 年经国家经贸委和江苏省政府批准，公司正式改制为国有独资公司。根据国家经贸委《关于国务院确定的百户现代企业制度试点工作操作实施阶段的指导意见》和试点实施方案，公司做了大量工作，取得了一定成效。首先建立规范化的法人治理结构，确立了由政府委派现有公司领导担任董事长，不兼总经理，总经理由董事会聘任，由政府委派公司党委专职副书记任监事长的方案，此方案得到了市委、市政府同意并经国家经贸委、省政府的批准。其次是通过存量资产重组构造母子公司体制，建立公司各级资产经营责任制。集团公司作为国有资产投资主体母公司，下设全资、控股子公司。公司建立了产权代表管理办法，认真选派进入有限公司董事会的产权代表，并对资产经营负责；公司董事会通过了一系列资产经营责任制办法，由董事长代表董事会与总经理签订资产经营责任书，与二级有限公司（股份公司）的产权代表签订资产经营责任书，总经理与全资子（分）公司总经理签订资产经营责任书，落实了国有资产保值、增值责任和奖惩办法。第三，公司按照多元化、国际化的发展思路，充分发挥集团公司的人力、财力资源和技术、信息优势制定了“双发展”的战略，在继续发展工程机械的同时，开拓、发展专用汽车及零部件、工程机械柴油机、电器及电子产品、高新技术产品等新产业和第三产业。第四，通过分离、分流，实施双证上岗（劳动合同证书，上岗证书）和全额岗位技能工资（时薪、月薪、年薪），形成公司内部减人增效和激励约束机制。第五，民主管理不断深化，职工主人翁意识不断增强。在加强民主管理工作中，公司坚持和完善了职工代表大会制度，建立了职代会联席会议制度、职工董事和职工监事选举和向职代会报告制度、民主协商制度、签定集体合同制度、高级管理人员民主监督评议制度。公司充分发挥职工主人翁作用，让职工参与公司重大经营决策，维护职工的合法权益，通过深化职工民主管理，依靠广大职工推进公司的改革和发展。

总之，“八五”期间公司按照集团化、公司化、多元化、国际化的发展思路，面向国内外市场，不断深化内部改革，加速规模经济发展，赢得了市场发展的机遇，使徐州工程机械集团有限公司从一个地方企业发展成为我国工程机械行业乃至全国机械行业中颇具实力的大型企业。公司的发展得到了国家领导人和政府各方面的肯定，党和国家领导人多次来公司视察、指导工作，并勉励公司力争成为“中国工程机械之最”，这极大地鼓舞了公司全体员工的士气。

发展规划 “九五”期间公司将在国家产业政策的指引下，以市场为导向，依靠技术进步，追求规模效益，在管理水平、科研开发能力、主要产品水平及主要制造工艺装备上达到或接近国际工程机械先进水平；坚持集团化、专业化、社会化、多元化、国际化的路子，抓住机遇，树立大规模、高效益、多积累的经营思想，争取用15年左右的时间，分两个战略发展阶段，到2010年建成以工程机械为主，集产、技、贸、金融为一体的国际化大公司。

第一阶段到2000年，目标是产品品种发展到70个系列400多种，40%品种达国际90年代末先进水平。销售总额达100亿元，实现利润10亿元，产品出口2亿美元。关键零件和关键工序采用数控、精密、高效工艺装备加工。产品可靠性及寿命指标提高50%以上。

第二阶段到2010年，目标是产品品种发展到近120个系列600多种，70%的品种达到世界先进水平。销售总额达430亿元，实现利润34亿元，产品出口12亿美元。大部分工件及工序采用数控、高效或自动化专用装备加工，关键件采用柔性生产单元或柔性生产线。主要加工工艺、产品质量和可靠性接近国际先进水平。

总之，实现“九五”规划和2010年远景目标，发展、壮大徐工集团并使集团公司成为具有国际竞争力的大型企业集团是振兴我国工程机械行业的需要。公司全体职工坚信在中央和地方政府的支持下，通过自身努力，公司“九五”及2010年的宏伟目标一定能够实现。

〔撰稿人：徐州工程机械集团有限公司商务部 楚跃进 审稿人：徐州工程机械集团有限公司商务部 郑广明〕

中国机械设备进出口集团

CHINA NATIONAL MACHINERY & EQUIPMENT IMPORT & EXPORT CORPORATION (GROUP)

理事长：奚家成 副理事长：胡桂祥、李春兰 常务理事（按姓氏笔划排列）：李春兰、李树智、杨洪年、陈博生、陆秀洲、张毓霖、胡桂祥、祝惠安、赵风茂、奚家成、强忠诚

联系地址：北京市六里桥西三环南路6号 邮码：100073

电话：(010) 63268157、63268208 传真：(010) 63261865、63268203

发展概况 中国机械设备进出口集团（简称“中设集团”）1994年7月登记成立。它是一个以产权联结为主要纽带，以贸易为主体，集贸、工、技、金融、服务为一体的跨地区、跨部门、跨行业的大型机电产品进出口企业集团。它以中国机械设备进出口总公司（简称“总公司”）为核心企业，现有成员单位222个，其中紧密层企业38个（包括16个海外企业），半紧密层成员40个，协作成员144个。中设集团经过三年发展，到1995年底，核心企业、紧密层企业的总资产增加到80.8亿元，净资产为12.4亿元，比集团成立前分别增长了88.7%和7.2%。

1995年工作回顾

(1) 出口持续上升。在外贸形势十分严峻的1995年，通过集团全体成员的努力，超额完成了年度进出口计划。按集团核心企业、紧密层企业、半紧密层成员统计，1995年进出口总额达到29.2亿美元，其中出口额为22.13亿美元，比上年增长14%。进口到货7.07亿美元，比上年增长9%。其中集团核心企业和紧密层企业进出口额达到9.67亿美元，其中出口额为6.46亿美元，比上年增长20%（见表1）。中设集团在1995年～1996年度中国进出口额最大的500家企业中从上年度的第28位上升为第27位；在出口额最大的200家企业

中从上年度的第25位跃居到第18位。

（2）进口继续增长。在国家紧缩银根的严峻形势下，总公司提出了“顶住困难，加强开拓，巩固阵地，抢占地盘”的经营战略，继续执行与金融相结合的方针，取得了进口到货继续增长、订货接近2亿美元的较好业绩。江苏公司1995年进口总额首次突破1亿美元。

表1 1995年中设集团进出口完成情况

项目		出口创汇		进口到货		进出口总额	
		（万美元）	增长率（%）	（万美元）	增长率（%）	（万美元）	增长率（%）
集团总计		221 259	14.0	70 681	9.0	291 940	12.7
其中	核心企业、紧密层企业	64 601	20.0	32 148	22.1	96 749	20.0
	半紧密层企业	156 658	12.0	38 533	−1.0	195 191	8.9

注：表中进出口总额按外贸企业统计（包括集团核心企业、紧密层企业、半紧密层企业），未含生产企业的完成额。

（3）机电设备成套出口取得新进展。1995年各成员单位普遍重视和加强了成套工作，总公司的电站、玻璃厂、煤矿，江苏公司的船舶，云南公司的机车、船舶，苏州公司的桥梁，深圳公司的机车等大型机电成套设备出口和工程承包项目等都取得了很好的业绩。年初，由总公司承建的巴基斯坦重型电工厂建成投产，贝·布托总理亲临剪彩。年末巴基斯坦5号、6号两台21万kW机组和国内中标的山西柳林电厂1号10万kW机组都已先后点火投运成功，共52万kW投入商业运行。总公司采取“大中小项目并举”的方针取得成效，第一次采用买方信贷成交的土耳其煤矿综采项目、印尼电缆项目、小水电等中小项目成交额超过5 000万美元。在有关部门的支持和帮助下，CMEC的成套出口和工程承包基本上已进入了一批项目正在开发、一批项目即将签约、一批项目正在组织生产和实施、一批项目已经完工投运，开始收汇创利的良性循环阶段。

（4）调整结构，强化财务管理，促进业务发展。结构的调整涉及产品结构、经营结构和支付结构的调整。经营情况好的子公司提出了抓长期项目、抓盈利项目、抓上规模项目，买单不做、无利不做、一次性小额“限做”、“三抓二不一限”的经营策略。经过调整，新品种、金额大、效益较好的项目比例上升，易货贸易大量减少，占用资金少的投标业务明显上升，有的子公司已占创汇和利润的1/3强。占用资金量大的D/A、D/P业务已大量减少。有条件的业务，采取贴现、打包、押汇、价税分离等方式，改善支付结构，开始了由收购制向代理制的过渡。增加实业投资，海南股份公司重视投资效益，仅用5个月时间，建成了一个年产50万m^2的高强度彩色路面砖厂，到12月份已实现产值280多万元，完成销售202万元，盈利30余万元，实现了当年建设、当年投产、当年见效。

在加强财务管理的前提下，充分发挥子公司的积极性，放开经营。经对外贸易经济合作部批准，1995年由总公司分离的6个子公司投入运作，连同原有的子公司，从事外贸的独立子公司已有十多个，经营额小的几千万美元，大的已超过2亿美元，对于各子公司，坚持放手自主经营；对于新成立的子公司，由总公司注入注册资金，统贷流动资金分拨到位。经过一年的“磨合”和运行，已初见成效，绝大部分新成立的子公司出口增幅都在30%以上，个别成倍增长。采取措施，加速周转，清欠催收，增收节支。各公司普遍加强费用管理，合理压缩费用开支，在增收的同时注意节支。

中设集团主要特点

（1）具有工贸结合优势。中设集团的核心企业CMEC成立于1978年，是国内第一家工贸结合的全国性国际贸易公司。它与机械工业系统的生产企业、科研单位有着深远的历史渊源和密切的业务联系，建立了机电产品出口产销“一条龙”的稳固关系，提高了开拓国际市场的成功率。

（2）初步建立了以资产为联结的纽带关系。在中设集团38个紧密层企业中，20个为全资子公司，18个为控股公司，产权关系基本理顺，实现了计划、统计、财务、劳动工资和领导班子的统一管理。

（3）具有机电产品出口规模。1995年中设集团出口总额为22.13亿美元，比上年增长14%，占全国机电产品出口总额的5.05%；占全国机电产品一般贸易出口总额124.59亿美元的17.06%，是一个以机电产品出口为主的大型工贸企业集团，一个机电产品出口的“国家队”。

（4）具有成套设备出口和工程承包经营能力。成套出口产品已从一般机电设备成套发展到“交钥匙”工程承包，已经承建和完成的项目有火力发电站、水力发电站、水泥厂、玻璃厂、糖厂、造纸厂、冷库、输变电站、煤矿、船舶、桥梁等成套设备和承包工程。对国内外影响最大的是电站，至今已承接和出口300多万kW，总金额超过10亿美元。

（5）具有良好的金融基础。总公司拥有独资的中工信托投资公司，正在成为支持机电产品出口的全行业性信托投资公司；具有对外融资权；在香港设有海外财务公司；总公司与美国GE财务公司发起成立了CMEC中国工业投资基金（简称CMEC基金），并在爱尔兰证券交易所注册上市，CMEC

基金已经开始运作。

(6) 具有相当数量的海外机构。总公司在五大洲30个国家和地区设有海外机构38个。其中代表处22个，独资、合资公司16个。目前中设集团海外机构约80多个，海外投资总额达数千万美元，其中总公司海外投资为1 500万美元左右。中设集团联合发展海外事业，已形成遍及世界五大洲的销售、投资、信息、服务网络，对外贸易进出口国家和地区多达100多个。CMEC司徽和有关产品的商标已在世界19个国家和地区注册登记。

(7) 具有机电产品进口的经营实力。CMEC成立至今已执行进口合同15 000多个,成交金额近40亿美元,成为机械系统各单位从国外引进技术、设备和进口各种机电仪产品的主要窗口,也是深受冶金、轻纺、电力、石化等有关部门、单位欢迎的外贸代理。CMEC已被国家计委和外经贸部明确为利用外国政府贷款的国家采购公司之一,是国家计委批准的利用贴息贷款改造扩容长途交换网项目和引进二级光缆传输设备项目的指定采购公司之一。经外经贸部批准成立了中设国际招标有限责任公司。

(8) 经营多元化发展。中设集团在以机电产品和成套设备出口为主的同时，坚持“一主多元化”的经营战略，向国内贸易、工业生产、科研设计、房地产开发、物业管理、展览广告、仓储运输、外贸法律和信息咨询服务等多领域发展。截止至1995年底，CMEC共有国内投资项目36个，总投资额达1.6165亿元，涉及机电、轻纺、化工、金融、证券、房地产、信息咨询、服务等领域，内贸营业额近2亿元。

中设集团发展设想 回顾“八五”的历程，既有发展的喜悦，也有开拓创新的艰辛。展望“九五”，面对日趋复杂多变的市场环境，竞争日益加剧的严峻挑战，中设集团跨世纪的发展蓝图是：从1996年起经过15年的努力，到2010年，把中设集团建成一个具有中国特色的、以机电产品和成套设备出口为主体，集贸易、金融、产业、技术、服务为一体的综合商社。

“九五”中设集团发展的基本目标是：

(1) 坚持机电产品出口为主的发展战略，为实现2000年全国机电产品出口总额达到600亿美元以上的目标，中设集团如原CMEC系统跨地区的联合实现，进出口总额努力达到60亿美元的目标，其中出口45亿美元～48亿美元，进口12亿美元～15亿美元。

(2) 适应“两个转变”，结合国有资产的重组，抓好调整，通过兼并、控股、行政划转等方法，使CMEC系统成为全国最大的机电产品出口集团。预计到2000年，总资产规模达到120亿元～150亿元，净资产30亿元～40亿元。

(3) 实行新模式、新地区、新领域的“三新”战略，逐步建成国内一流和世界知名的机电成套设备出口大型企业集团。在巩固和扩大原有市场的基础上，积极开拓新地区，突破新领域，探索新模式。特别是外贸、生产及与大型成套项目相关的设计研究单位的互相渗透、互相交融、优势互补的新形式，组成以中设集团牵头，联合工程设计、设备制造、安装、运行等单位参加的成套设备（电站）出口联合体。积极探索BOT、BOO的贸易方式。在继续以信贷方式扩大成套设备出口的同时，争取采取控股经营、参股经营或分包项目等不同方式进入BOT、BOO领域，成为在国际市场竞争中率先使用BOT、BOO方式的中国公司，取得经验，形成“气候”。

(4) 强化集团投、融资功能，通过中工信托投资公司、在香港运作财务公司、国家授予的对外融资权和CMEC基金四条渠道，实现贸、工与金融的结合，扩大国内外融资能力，支持机电产品出口。改善和加强集团金融机构与政策性银行及其他机构的合作，发展贸易与金融的结合。针对大型机电出口项目，推动组织银团，促进BOT、BOO项目的实施。

(5) 发展海外事业，对有条件的国家和地区新建和扩大组装生产厂。推进代表处向经营实体转化，加快机电产品维修服务机构的建立。分块管理海外机构，探索建立地区中心。

(6) 转机制，抓管理，依照《公司法》，推进公司制改组，加强产权联结纽带，建立母子公司体制。强化集团内部管理，规范组织管理制度，建立适应市场竞争要求的内部管理体制。

〔撰稿人：中国机械设备进出口总公司　陈丽娜〕

中国机械对外经济技术合作总公司

总经理：张俊贤　副总经理：周相吉、李蓉庆、康贞昌、李孝先
地址：北京市二里沟西苑饭店2号楼　邮码：100046
电话：(010) 68310123　传真：(010) 68310020、68310030

概况 中国机械对外经济技术合作总公司(CMIC) 1980年9月成立。在改革开放的方针指引下，CMIC曾开创出我国机械工业改革开放的五个第一。即第一次以工程承包方式将我国21万kW大型火力发电成套设备和日榨万吨甘蔗大型制糖成套设备打入国际市场；第一次采取与西方工业

发达国家厂商合作生产方式向国家重点建设项目宝钢提供 2 050mm 热轧机、1 900mm 板坯连铸机大型成套设备和秦皇岛煤码头大型装卸成套设备；第一次采取许可证贸易方式将国外先进的 30 万 kW、60 万 kW 大型火电成套设备制造技术引入国内；第一次以记帐易货贸易方式将我国 8MN～60MN 水压机等成系列重型锻压设备出口到东欧市场；第一次采取劳务合作方式向日本、西欧等市场派出研修人员和劳务人员。1982 年 7 月，根据当时改革形势的需要，CMIC 与中国机械设备进出口总公司（CMEC）合署经营。在此期间 CMIC/CMEC 累计完成进出口贸易额 100 亿美元，其中出口 80 多亿美元，进口近 20 亿美元，执行成套出口和对外援建项目 800 多个。进入 90 年代，为进一步扩大机电成套设备出口，CMIC 于 1991 年 10 月与 CMEC 分设，并独立开展业务。此时 CMIC 正面临着国际市场需求不振、竞争激烈、国内市场物价上涨、资金短缺、人员不配套、对外渠道不畅等诸多不利因素，形势十分严峻。对此，公司领导及全体员工以“团结、服务、开拓、求实、高效”司风为准则，发奋图强、团结拼搏，开始了第二次艰苦创业，走出了一条成功之路。1992 年进出口总额为 2 099 万美元；1993 年为 5 975 万美元，实现了第一次翻番；1994 年为 12 560 万美元，再度实现翻番。达到一年一大步，三年上台阶的目标，并以改革的精神面貌走上国际经济技术合作的舞台。1993、1994 年连续两年跻身于“全国 500 家进出口额最大的企业”行列，1994 年又进入“全国 50 家最大的国际经济合作企业”行列。

发展情况　1995 年，在整个外经贸行业经营环境十分严峻的形势下，CMIC 全体员工团结一致、艰苦奋斗、苦练内功，坚持以提高经济效益为中心，努力扩大出口规模，进出口经营额突破了 1.5 亿美元，基本完成了年初确定的工作目标。1995 年全公司实际完成进出口额 1.57 亿美元，比上年增长 25.3%，其中出口经营额 1.15 亿美元，比上年增长 37.0%；进口到货额 3 149 万美元，比上年增长 21%。总公司始终坚持国际工程承包、成套设备出口和劳务合作这一主业，狠抓务实开拓。子、分公司经营实力又有进一步发展，出口规模不断扩大。目前，公司在 17 个省市创办了 26 个子、分公司，其中大多数在单机出口中担当起越来越重要的角色。进出口情况见表 1、表 2、表 3、表 4。

深化改革　在内部管理方面，CMIC 试行了五种目标经营经济责任制，一是在子、分公司中试行的万美元收汇工资含量和万元利税工资含量为主要内容的目标经营经济责任制；二是总公司本部各工程、业务部试行“四保”目标经营经济责任制，“四保”即保创汇指标、保收汇指标、保利润指标、保核定的周转金指标不突破；三是综合职能部、室在核定费用指标不突破的前提下，进行共担风险相关责任达标考核经济责任制的试点；四是后勤保障服务部门进行有偿服务、达标提成的经济责任制的试点，创造条件逐步走向社会；五是公司领导班子内试行任期目标和分工领导负责的经济责任制。在劳动、人事、分配三项制度的改革方面继续深化，1995 年在劳动用工和人事管理工作中，主要是贯彻《劳动法》，制定了全员合同制试行方案和有关配套办法，完成了实施劳动合同制的各项准备工作；在劳动工资方面，按工效挂钩的原则，对已实行的岗位等级工资制度和奖惩办法又做了进一步的修改和完善。在海外机构的管理改革方面，本着机制“当地化”的原则，完成了《海外企业员工收入总额与主要经济效益指标挂钩暂行办法》、《海外代表处人员工资管理暂行规定》的制订工作，并在中美公司和底特律代表处进行试点。

表 1　1995 年主要产品进口情况

产品分类	进口产品		进口额
	单位	数量	（万美元）
1. 金属切削机床	台	31	309
2. 锻压设备	台	4	142
3. 冶金设备			134
4. 建筑材料设备			789
5. 电梯	台	16	323
6. 电线电缆			148

表 2　1995 年主要进口国家、地区情况

序号	国家、地区	进口额（万美元）
1	德　国	1 325
2	美　国	471
3	日　本	318
4	俄罗斯	217
5	韩　国	210
6	奥地利	185
7	香　港	138
8	法　国	118

表 3　1995 年主要产品出口情况

产品名称	出口产品		出口额	比上年
	单位	数量	（万美元）	增长%
1. 柴油机			273	446
2. 金属切削机床			136	58
3. 木工机床			146	-49
4. 台钻	万台	14	471	15
5. 砂轮机	万台	15	696	-8
6. 压路机			129	169
7. 轴承	套	318	325	311
8. 汽车总成部件			279	185
9. 自行车			104	277
10. 交流电机			897	42
11. 电动工具	万台	208	3 173	125
12. 高压电瓷			129	119
13. 绝缘材料			111	113
14. 家用电器			287	7

表 4　1995 年主要出口国家、地区情况

序号	国家、地区	出口额（万美元）
1	德　国	3 750
2	美　国	1 920
3	香　港	1 691
4	荷　兰	669
5	印　尼	400
6	法　国	364
7	日　本	336
8	马来西亚	285
9	孟加拉	262
10	西班牙	211
11	比利时	206

“九五”规划　1995 年～1997 年为第一阶段，1997 年进出口总额要达到 3 亿美元。其中出口达到 1.7 亿美元，力争 2 亿美元。1998 年～2000 年为第二阶段，2000 年进出口总额达到 5.4 亿美元。其中出口达 3.4 亿美元，力争 4 亿美元。

在出口商品结构中，成套设备出口份额和技术比较密集的机电仪产品出口份额要逐年加大，成套设备出口额 1997 年要达到 8 000 万美元～1 亿美元，占当年出口金额的 50%；2000 年末要达到 2.4 亿美元，占当年出口金额的 70%。技术比较密集的机电仪产品所占比重要达到或超过当时的全国平均水平，即年出口总额中 90% 以上要属于技术比较密集的产品。出口商品市场要在巩固和发展现有市场的基础上，重点开发拉美、非洲及东欧和大洋洲市场，拉美和非洲要先期加以突破，至 2000 年，两市场份额要达到出口总额的 10% 以上。

2010 年发展战略　实施“168”工程，即坚持深化改革的方向，采取有效措施，努力实现市场向多元化发展，基础向实业化发展，经营向国际化发展，效益向规模化发展，机制向市场化发展，商誉向高质化发展，用 8 年～10 年的时间，把 CMIC 建成一个经营国际化、管理现代化、组织集团化，以国际经贸为主体，集经贸、金融、产业、科研设计多种功能于一身的具有较强国际竞争能力的跨国承包商集团。

〔撰稿人：中国机械对外经济技术合作总公司　杜　娟〕

中国工程与农业机械进出口总公司

总经理：姜承勋　副总经理：江兆荣、侯允超、刘桂伟、库金明、冯晓明
地址：北京市阜成路 43 号（北京 2103 信箱 80 分箱）　邮码：100037
电话：(010) 68410203、68410204　传真：(010) 68410201、68410198

概况　中国工程与农业机械进出口总公司（CAMC）是机械工业部直属公司，国家二级企业，成立于 1982 年 1 月 1 日。1988 年按照国务院深化外贸体制改革的方针，实现了从管理型公司向经营型公司的转变。CAMC 成立十四年来，经历了艰苦创业，开拓进取，逐步壮大的辉煌历程。“八五”期间，进出口贸易总额和经济效益均以每年 30% 左右的速度递增。

CAMC 成立以来，一直在我国工程、农机外贸行业中发挥着主力军和主渠道的作用，出口的中国工程与农业机械遍布世界近百个国家和地区，同时与我国农业机械、动力机械和工程机械等行业的企业合作，引进了 80 多项国外先进技术，明显地提高了企业的技术水平和市场竞争能力。随着经营业务的不断拓展，CAMC 的经营范围不断扩大，贸易方式也日趋多样。在继续发挥工程机械、农业机械和动力机械等传统商品进出口主渠道的同时，经营的商品范围已扩大到除国家统一联合经营的 16 种商品以外的所有领域。成套供应、合作生产、合资经营、项目投标、工程承包等所占的比重也逐年增加。

CAMC 总部下设管理部门 11 个，业务部门 8 个。总公司在北京、上海、江苏、广东、厦门、深圳及香港、美国、秘鲁、古巴、委内瑞拉、孟加拉、缅甸等国家和地区设有子公司或商务代表处。在国内及香港、泰国、澳大利亚、马来西亚、秘鲁等国家和地区建立了 17 个合资企业或合作机构。

目前，CAMC 正在向国际化、多功能、高效优质服务的企业集团目标前进。

发展情况　1995 年是 CAMC 经营规模和经济效益都取得显著成绩的一年，是经济实力继续增长的一年，也是管理水平日臻完善的一年。这一年，公司领导带领全体职工，抓住机遇，深化改革，坚持以优质产品为主导，依靠周到的服务，良好的信誉和正确的经营策略，再创历史最好水平。主要经济技术指标完成情况见表 1。

进口情况　在国家对企业技改直接投入减少，企业经济效益普遍不好，进口贸易难做的情况下，总公司适时调整了经营思想，提出了到企业中登门服务的口号。经过一年的艰苦努力，进口到货累计完成 2 564 万美元。

进口主要项目：菲亚特拖拉机项目的实施；汽车零部件、农机、工程机械、基础件、内燃机行业的设备进口；以及为企业技改项目进行的大量基础

工作。1995年主要产品进口情况见表2。

进口国家和地区共15个，主要是香港，占进口总额的36%；其次是意大利和德国，分别占进口总额的26%和13%；进口额超过200万美元的有香港、意大利、德国3个国家和地区，占进口总额的75%。1995年主要进口国家、地区情况见表3。

1995年新签订技术引进和设备进口合同97个，成交金额1 008万美元。主要国家为德国、意大利和美国。

表1　1995年主要经济技术指标

项　目	单位	金　额	比上年增长%
进出口总额	万美元	18 034	33
出口创汇	万美元	15 470	46
进口到货	万美元	2 564	-15
销售收入	万元	116 698	24
人均出口创汇额	万美元	69.68	55
固定资产原价	万元	5 422	—
固定资产净值平均余额	万元	4 842	—
流动资产平均余额	万元	73 581	13

表2　1995年主要产品进口情况

进口产品名称	进口额（万美元）
成套设备及技术引进	515.0
其中：机械工业设备	339.9
轻工业设备	10.0
成套设备零配件	15.0
其他工业设备	150.1
农林牧业机械	207.1
机床工具	138.0
光学仪器	60.9
其他仪器	34.6
阀门	32.4
压缩机械	28.8
纸张	28.2
建筑工程机械	23.3
动力设备	21.7
电工设备	19.5
电子仪器	7.5

出口情况　1995年国家外汇兑换汇率、银行贷款利率以及出口退税政策都发生了变化，外贸企业出口工作面临严峻考验。CAMC凭着多年培养造就的一支敬业、奉献、团结、高效的人才群体，走出了一条适合自身特点的发展之路。1995年，全公司出口创汇突破1.5亿美元，累计完成15 470万美元，比1994年增长46%。出口创汇和经济效益都取得较好成绩。

在出口产品中，机电产品比重增加。1995年，出口机电产品11 791万美元，占出口总值的76%，比1994年增长45%；非机电产品出口3 679万美元，占出口总额的24%。1995年出口的主要商品按外经贸部统计分类共21大类，其中出口商品金额排前十名的商品为：一般机械产品、农机具、拖拉机及手扶拖拉机、金属制品、轻工业品、电器用品、摩托车、柴油机、变压器和电表。出口额增长较大的商品是：拖拉机、电器用品、深井泵、摩托车、自行车零件等。1995年主要出口情况见表4。

1995年CAMC出口的国家和地区有所增加，共73个，比1994年增加了4个。出口额在1 000万美元以上有4个国家和地区，分别是香港、秘鲁、古巴和孟加拉国。出口在500万美元～1 000万美元之间的有3个，分别是：美国、俄罗斯、意大利。在日本、印尼、阿尔巴尼亚、泰国、坦桑尼亚、菲律宾、澳大利亚、新加坡、加拿大、德国等国也保持了一定的市场份额。1995年主要出口国家、地区情况见表5。

表3　1995年主要进口国家、地区情况

序号	国家、地区	进口额（万美元）
1	香港	923.0
2	意大利	677.1
3	德国	327.4
4	瑞士	151.3
5	美国	127.9
6	日本	104.8
7	英国	73.0
8	瑞典	35.6
9	韩国	33.2
10	比利时	29.8
11	新加坡	29.4
12	捷克	22.6
13	俄罗斯	14.9
14	西班牙	4.5

表4　1995年主要产品出口情况

产品名称	出口额(万美元)	比上年增长%
一般机械产品	1 313.2	-5
农机具	1 293.9	367
拖拉机及手扶拖拉机	1 053.3	399
金属制品	992.7	35
轻工业品	974.2	3
电器用品	721.2	218
冻猪肉	637.3	243
摩托车	492.0	—
柴油机	462.5	10
变压器	462.2	—

主要出口业绩　1995年，CAMC在稳定地扩大工程机械、农业机械、仪器仪表、轻工家电、化工等

“拳头”产品和传统市场的同时，加大了对成套项目和新产品、新市场开发的力度。先后对制糖厂、桥梁、水泥以及农副产品加工机械厂等工程项目提供成套机电设备，并利用买方信贷向秘鲁出口了4 500万美元的机械设备。CAMC在重建自己市场体系的过程中，逐步形成了对发展中国家实施全方位市场战略，出口众多的主机产品，扩大市场份额；对发达国家实施局部市场战略，利用适销对路的小产品或零部件，去挤占一定的市场份额，取得显著成效。

表5　1995年主要出口国家、地区情况

序号	国家、地区	出口额（万美元）
1	香港	4 026.9
2	秘鲁	2 912.8
3	古巴	1 963.8
4	孟加拉	1 144.8
5	美国	859.3
6	俄罗斯	756.9
7	意大利	753.8
8	日本	363.7
9	印度尼西亚	189.1
10	阿尔巴尼亚	199.3

深化改革　1995年CAMC深化改革的重要内容是逐步建立现代企业制度。首先，改革领导方法，建立健全总公司领导分工负责制。从总经理、副总经理、部门总经理、子公司董事长，到子公司总经理，层层签订经营目标责任书。总公司领导坚持总经理办公会制度，实行经营和管理副总经理会签联审制度，以此作为集体领导、民主决策、互通情况、互相监督的保证。

其次，优化机构组合，提高管理效能。年内，对作用不大、效益不好的国内外机构，进行清理整顿；增加对南美售后服务等工作量大的机构的投入；对亚洲、欧洲等重点开发的市场增设新点。

第三，改组子公司董事会，强化总公司宏观调控功能，实行董事会领导下的子公司总经理经营负责制。

第四，调整员工队伍结构，提高人员素质。对新进人员必须经过考试，严格把关，已成为制度。1995年，CAMC对现有人员在精简后勤、充实一线后，增加智力投资，加大培训力度，采取多种方式补充知识，提高技能，使员工成为精通现代企业管理和现代商业技能、一专多能的复合型人才。

第五，开设内部银行，保证资金流转畅通。为了加强资金统筹统管的功能，盘活各子公司的沉淀资金，尽量减少贷款利差，开设了内部银行。根据CAMC资金的合理流量，统一制订贷款计划，统筹使用资金，1995年共为子公司提供临时性贷款2 000多万元，提供的经营担保也超过了3 000万元。

第六，为适应社会主义市场经济要求，健全、完善CAMC内部规章制度，制定了《CAMC员工奖惩暂行条例》、《CAMC境外企业、机构管理暂行办法》、《CAMC关于专业技术职务聘任的实施办法》、《劳动工资管理办法》、《CAMC工效挂钩试行办法》、《CAMC见习人员试行办法》、《关于1995年调整离、退休人员基本养老保险金的实施办法》等7个方面的规章制度。

第七，1995年CAMC计算机管理水平有了新的突破。在CAMC总部以及国内各子公司中广泛使用了CAMC出口业务管理系统。从托单、合同到发票、箱单、报关单、保险单等多个部门制作的单据，全部在网络系统中生成。

发展规划　CAMC“九五”规划出口总目标是：从1996年起五年内累计出口达到10亿美元，年平均2亿美元，年均增长17%。为实现这一目标，CAMC的工作重点是：调整内部机制，理顺各方关系；实施重点战略，扩大经营规模；转变经营模式，增加经济效益；大力培养人才，大胆使用人才；奖优罚劣，完善分配制度。

〔撰稿人：中国工程与农业机械进出口总公司综合部　罗　莹〕

中国机械工业安装总公司

总经理：蔡耀垲　副总经理：王佑民、丰广德、王清训、张习武
地址：北京市王府井大街277号　邮码：100740
电话：(010) 65124156（办公室）、65233410（经营处）　传真：(010) 65124181

概况　中国机械工业安装总公司成立于1952年，是机械工业部直属大型施工企业，具有一级施工资质等级，AAA级信用等级，一级工程总承包资格及对外国际工程承包权，1995年经对外贸易经济合作部批准，企业享有对外经济技术合作权。

总公司下辖10个安装工程公司、1所中专学校、1所技工学校、1个物资供应站、1个工贸公司、1个合资公司、1个电器联营制造厂、1个土建联营公司，并在广州、上海、宁波等地设有办事机构。全系统共有职工近万人，专业技术人员1 500人。总公司不仅在各类机电设备安装，高层建筑钢结构吊装、焊接，大型桥梁的吊装、安装，

大型油库的建设方面具有丰富的经验，培养了一支过硬的施工队伍，而且在交通、能源、建材、冶金、化工、轻纺等行业及国外二手设备的拆卸、安装、调试等领域均承担了重大建设项目，取得了显著的成绩。

发展情况 1995年，总公司坚持以任务带队伍的工作原则，坚持"转向沿海，坚定不移；市场经济，毫不动摇；提高效益，刻不容缓；走总包路子，势在必行"的工作指导方针，以生产经营为中心，以效益为目标，以优质服务为宗旨，加大国内、国际两个市场的开发力度，发扬企业的"团结、拼搏、奉献"精神，以"优质、高效、安全"为施工管理目标，确保重点工程的进展和带动一般工程的完成，各项经济技术指标完成情况良好。1995年全系统共完成产值31 000万元，比上年增长12.48%，实现利税1 100万元，国有资产保值增值率达到103.3%，全员劳动生产率为43 698元/人，工程质量优良品率为74.4%，其中重点工程优良品率为100%。

主要工程进展情况 青马大桥是香港新机场的辅助工程之一，是香港境内连接青衣岛和马湾岛通往香港新机场的公路、铁路两用桥，桥体结构为双层、双塔直拉索式钢结构跨海大桥，主桥长2 132m，其中拉索桥体部分长度为1 732.5m，塔高206.4m，两塔间距为1377m，在同类桥中居世界第一位。桥体共分96个单元，其中95个（U01～U95）单元为吊索单元，另一个（U19A）单元为马湾塔支持单元，吊索桥体单元最大外形尺寸为18m×41m×7.7m，桥的上层为公路，桥面总宽32.9m，六车道，中间有宽3.5m的车道隔离带。桥下层桥面内桁架间宽11m区域为双股机场火车道及火车紧急出站口站台，其外部为5.5m汽车道，铁路区域与公路区域设有防护网。桥梁跨度中间到两塔边1 005m段（U30～U85单元）呈上拱，其钢缆悬挂处的上拱曲率半径为25 129.19m，在上、下桥面间的耳架内，安装有贯通全桥的高、低压电缆桥架、通讯电话线架、维修平台等，全桥耳架上、下面盖有不锈钢波纹护面板，桥面上装有照明灯、跨线信号灯、防撞栏柱等。总公司于1993年12月承担了该工程中55个桥体单元的钢结构吊装、拼装、焊接及附件安装任务，结构重量为2.438万t。为确保重点工程的进展，总公司设立了现场工程总指挥部，实行项目法施工，在施工中认真贯彻BS4600标准，精益求精，严格遵守操作规程，在将近两年的施工中从未发生过重大人身伤亡事故。到1995年底，通过参加建设任务的广大职工的共同努力，优质、高效、安全地完成了全部55个单元的桥体拼装、单元连接及附件安装任务，受到了业主的好评，取得了良好的社会效益和经济效益。

虎门大桥是连接广州—深圳—珠海高速公路，跨越珠江口，连接东岸太平和西岸番禺的组合桥。全长4 588m，由主航道孔径888m钢结构悬索桥、辅航道孔径270m钢混连续钢构梁及东、中、西预应力钢混梁引桥组成，桥下通航净高60m，桥上为六车道，是我国第一座钢箱梁结构悬桥。1995年6月，总公司承担了该桥DC1、DS2～DS17、DT18、DS19、DE20计20个阶段共5 563t、449m长的桥体构件的安装、焊接、构件组装，24m阶段成形组装，阶段成型预装工作。参加该项工程建设的全体职工发扬吃苦耐劳、拼搏奉献精神，克服了高温、雨季、台风的影响，确保了工程进度。目前，工程进展顺利，质量优良，该项工程将于1996年3月交工。

陆氏承天顺化有限公司40万t水泥厂是由香港陆氏公司投资80%，越南投资20%，新建年产40万t水泥熟料的中型现代化水泥厂。总公司承担了该水泥厂的机电设备安装、非标设备制作安装，直至空负荷调试。该厂由两条日产700t水泥熟料的生产线组成，采用干法生产工艺、窑外分解的现代化生产技术，61.9m高的窑尾预热器塔架采用钢筋混凝土建筑；窑尾废气采用YC13－20/10/3×7/0.4电收尘器，收尘率达99.875%，窑头冷却采用蓖式冷却机，生料磨、熟料磨采用中心传动管磨，煤磨旁齿传动，烧成线由中央控制室控制。由于施工地点属热带季风气候，气温高，湿度大，雨季多，且常受台风影响，安装与土建交叉，回转窑、预热器、增湿塔及非标管道的安装等均属高空作业，对施工质量、安全技术要求十分严格。参加建设的全体职工在工期短、任务重、环境差、气候恶劣的条件下，端正思想、树立信心，在人员、机具、设备、材料等方面统筹考虑、统一调度、统一安排、统一协调、精心组织、科学施工，截止至1995年底，该工程的主体设备安装工作基本结束，已转入单机调试阶段。

中国航空油料总公司中南公司广州白云机场油库供油系统技改工程是中国民航系统重点建设项目之一，是国家民航总局"九五"期间重点建设项目。其建设规模包括：新建两座20 000m^{3}立式拱顶锥底油罐，三座3 000m^{3}拱顶锥底油罐，业务用房（包括泵房、消防泵房、污水处理站各一幢）面积1 550m^2。通过激烈的竞争，总公司于1994年获得了该项工程建设的总承包权。为了把该项工程建成中国航空油料总公司油库建设史上的一个样板工程，总公司连续两年把中国航空油料总公司中南公司广州白云机场油库技改工程列为总公司重点工程，从人力、物力、财力及施工机具等诸多方面予以全力支持，调集了在油库施工方面具有丰富经验的工程管理及专业技术人员，组成了强有力的工程建设指挥部，发扬"团结、拼搏、奉献"的企业精神和"优质、高效、安全"的建设总目标，根据油库施工的具体特点和特殊要求，详细、科学地制定了施工组织方案，建立了一整套的现场施工管理制度、质量控制制度、安全技术管理制度、物资管理制度，尤其对20 000m^{3}油罐的制作、焊接、安装，实行目标管理和工艺控制，制定每一工艺段的完成时间表和质量控制点；在工程进度方面，采用里程碑控制方式，运用科学的计划管理方法，以确保工程的进度和工期。参加该项工程建设的全体职工日夜奋战、科学施工，整体工程受到了业主和有关专家的一致好评，经国家有关部门专家检验，所有油罐底板焊缝、T字焊缝无缺陷，油罐成形良好，油罐实际高度与设计高度、罐底铅垂最大偏差、罐壁最大凹凸变形、罐顶最大凹凸变形均符合国家有关规范要求，土建群桩的质量很好，专家评价“象这样的高质量群桩，在广东省是极少见的”。该项工程被国家专家组评为总体优良工程，20 000m^3 油罐的制作、焊接、安装开创了中国航空油料总公司油库建设史上的先例。

展望与预测 1996年，总公司继续贯彻坚持以任务带队伍的工作指导思想，在狠抓经营与生产、保持队伍稳定的同时，抓住机遇，深化改革，加强管理，继续保持持续稳定发展的良好劲头。1996年全系统各项经济技术指标：总产值超过30 000万元，固有资产保值增值率102.6%，全年工程一次交工合格率100%，优良品率50%，一般事故率小于10%。

1996年总公司的重点工程：

(1) 香港陆氏—越南顺化水泥厂安装工程；

(2) 泰国SV花园钢结构吊装工程；

(3) 厦门新闻广播电视中心安装工程；

(4) 广州白云机场供油技改工程；

(5) 虎门大桥钢结构拼装工程；

(6) 神农汽车公司发动机项目安装工程；

(7) 四川渠江水泥厂设备安装工程；

(8) 河南新郑电厂四期工程；

(9) 广东中心牙膏厂设备安装工程；

(10)太古饮品（东莞）有限公司设备安装工程。

〔撰稿人：中国机械工业安装总公司办公室 王建军　审稿人：中国机械工业安装总公司总经理 蔡耀垲〕

中国机床总公司

总裁：权义鲁

地址：北京市安内方家胡同19号　邮码：100007

电话：(010) 64032224　传真：(010) 64015657

从1996年展交会看中国机床的走势

由中国机床总公司主办的第三届中国机床工具商品展览交易会（CMTF '96）、第二届中国国际机械装备展览会（CIMES '96）和1996年部分机械产品看样定货交易会已降下帷幕。机械工业部部长包叙定同志参观后发表了自己的感想。他说：“从本届展交会看，目前我国机床工具行业产品的技术水平和产品品种发展是很快的，市场的需求量也很大。关键在于，要努力提高产品的竞争力。竞争力应当包括技术水平、产品品种、产品质量、售后服务、产品价格等。从本届展交会国内产品看，仅从一些产品的外观造型和质量，就与国外产品有较大的差距，应当引起我们的重视。我们不仅要努力提高产品的内在质量与水平，而且要努力研究和提高产品的外观造型与质量。”包部长的讲话非常中肯地指出了当前我国机床行业的症结所在及其今后的发展方向。

1996年展交会简况 本届展交会为期5天，展览面积2.4万m^2，占用北京中国国际展览中心6个展馆和部分露天展场。参展厂商630个，其中海外知名企业40个。展品包括各类金属加工机械、机床工具、工程机械、建筑机械等。累计成交额46 943.6万元。其中外贸成交2 674.1万美元。成交量最大的是金属切削机床，达1 559台，价值15 759.9万元。其中大型机床和数控机床662台，价值11 892.6万元。其次是锻压设备，成交239台，价值3 304.9万元。内贸成交额较大的单位有上海机床工具（集团）有限公司、秦川机床厂、济南第二机床厂、济南第一机床厂、北京机床研究所、无锡机床厂、江苏金方圆集团有限公司、丹东机床厂、大连机床厂和中国机床总公司等。

对于本届展交会，包部长参观后给予了充分的肯定。他说：“展交会这种形式很好，希望今后越办越好，更期望有更多的高新的机床工具产品参展。”日本三菱重工株式会社产业机械部门的中国总代表中西诚夫先生说：“本届展交会与上届相比，我觉得中国机床工具行业又取得了新的进步。对此，我感到很高兴。我们非常愿意参加中国的机床展览会，也非常愿意与中国搞好合作关系。”展交会期间，几位美国客商对成都工具研究所最新推出并首次参展的转接体测头产品极感兴趣。当工作人员详细介绍了产品的性能后，他们伸出大拇指连声说“了不起”。他们认为成都工具研究所参展的高精度可转位螺纹刀具、QPQ盐浴表面热处理技术、双频激光干涉仪和主动量仪等都是高技术精品，达到了国际先进水平。

作为机床工具行业1996年内规模最大的一次盛会，展交会不仅达到了展览、交流和贸易的目的，取得了良好的效果，而且使更多的企业看清了形势，看到了机遇，鼓舞他们为振兴机械、汽车工业去奋斗，去拚搏。被国家经贸委列为“九五”首批重点工程之一——数控机床专项的承担单位汉川机床厂厂长陶成泽说：“三大战役”的任务很重，机械、汽车工业要实现全面振兴，就需要国内企业紧跟当前形势，千方百计地满足他们的需求。要把产品目标定在世界水平高度，努力改进外观设计，提高产品质量，扎扎实实地、一步一个脚印地朝着世界先进水平迈进。

国内展品的特点　这届展交会规模大、厂家多，各个企业都把近几年来开发的新产品带来展销。就展品来说，有以下四个特点：

（1）许多国内外企业都把汽车工业需求的装备作为重点。

近几年来，随着中国汽车工业快速发展，许多机床厂研制开发了一批专供汽车工业使用的高效自动专用机床、数控机床、加工中心和柔性单元、柔性系统。他们紧紧抓住汽车工业的发展为机床行业发展带来的宝贵机遇，及时对产品结构进行调整，增强了为汽车工业服务的意识，加大了服务的力度。如常州机床厂的双主轴加工中心，大连组合机床研究所的发动机汽缸盖综合生产系统，重庆机床厂的剃齿机，长江机床厂的YK512数控插齿机，陕西机床厂的转向螺杆滚道数控外圆磨床等。其中北京第二机床厂、大连组合机床研究所和济南第四机床厂参展的产品全都是为汽车行业服务的。

（2）国产数控系统在品种和质量上有了长足的进步，高档数控系统技术有所突破。

机械工业部制定的《“九五”机床工具行业发展规划》规定，我国数控系统的发展方针是：跟踪高级型，发展普及型，扩大经济型。普及型是发展的重点。这届展交会参展的高级型数控系统有中华Ⅰ型、航天Ⅰ型和华中Ⅰ型。它们控制的轴数多为24轴，联动数5轴以上，快速进给速度则在100m/min以上。沈阳大金机床公司、昆明机床厂、长江机床厂、武汉机床厂的参展产品都安装有这些系统。参展的普及型数控系统产品中，有北京机床研究所推出的THA6350卧式加工中心。它采用FANUC OM－C或OM－D“交钥匙”数控系统、交流主轴传动系统和交流伺服坐标驱动系统，主轴低速时扭矩大，高速可达3 000r/min或6 000r/min。北京航天数控集团、南京四开公司、青海电脑自动化总公司等单位也有产品展出。这些系统可配交流或直流伺服驱动，采用CRT显示，可实现闭环控制，联动数2轴～4轴，技术比较成熟，发展潜力大。这说明数控系统的发展方针已形成共识，并在实践中得到了贯彻。

值得一提的是，展交会一闭幕，一位印尼客商就赶往南京对四开公司进行实地考察，并签订合同，订购100套价值380万元的SK－6M数控系统。同日，这位客商还与四开公司签订合作协议书。协议规定，在合同期内，中方每月向对方提供10台三轴联动全闭环数控铣床。铣床光机、电脑主机、驱动电源等由对方采购，运往中方；数控软件、控制卡、反馈卡等由中方提供，并组装调试好向印尼出口。这位客商坦诚地说：“其实，我在1995年国际机械装备展时就注意到了四开公司的产品。经过半年多与中外其他厂商制造的数控系统比较，我认为四开公司的产品性能价格比最优。因此，我选中了他们的产品，并期待进行更广泛的贸易合作。”

（3）国产数控机床展品比例明显增大。

大力发展数控机床，以市场为导向，到本世纪末实现数控机床产业化，这是“九五”机床工具行业的规划内容之一。这届展交会上，国内参展的金属切削机床244台（多功能工具机除外），其中数控机床126台，柔性制造单元2台，加工中心15台，占总数的58.2%；参展的锻压机床和火焰、等离子切割机40台，其中数控机床17台，占总数的42.5%。以上两者合起来计算，参展的金属切削机床和锻压机床中，这届的数控机床的比例为56.3%，高于第一届的35.6%和第二届的47.4%。

近日，从广交会传来的信息也表明，我国出口机电产品技术含量提高，在展示的105台机械加工设备中，90%以上带有数控技术。

（4）为交通、能源、矿山等国家重点行业发展所需的装备展品比往届增加。

挖掘机、装载机、翻斗车、叉车、挖土机等多种工程机械、建筑机械都是国家交通、能源、矿山等重点行业发展所需的装备，参展数量比往届增加。比较引人注目的有黄河工程机械厂的TY220推土机，采用了先进的液力传动技术和液压操纵技术。常州林业机械厂的ZLM30式装载机曾两次获国家银质奖，连续三年销量在国内名列前茅。

中国机床的走势　从成交情况看，这届展交会低于前两届中国机床工具商品展览交易会，但略高于1995年第一届中国国际机械装备展览会和国家重点任务所需机械产品看样定货交易会。金属切削机床仍是首户，其成交额占展交会总成交额的33.6%。特别值得指出的是，大型机床和数控机床的成交额又占了其中的3/4。锻压设备和机床附配件分别占总成交额的7%和4%。由此可见，不少用户垂青于大型机床和数控机床。

展览会上成交情况见表1、表2。

从展交会的显现市场和从用户需求信息中的潜在和未来市场看，机床行业的主要走势是：

（1）“九五”及较长一段时期内，发展汽车工业需要的装备仍是机床行业发展的重中之重。按“九五”汽车行业发展规划，我国汽车产量将从1993年的128万辆提高到2000年的300万辆。因此，向汽车工业提供装备仍是我国机床行业的重中之重，汽车工业仍是机床行业服务的第一大用户。

表 1　历届展交会成交情况

年份	会议标志	展览面积（万 m^2）	参展厂家（个）	成交总额（亿元）	内贸成交额（亿元）	外贸出口成交额（万美元/亿元）
1992	CMTF ’92（第一届）	1.3	900	7.87	7.04	1 008/0.54
1994	CMTF ’94（第二届）	3.0	850	7.16	5.5	1 332/1.15
1995	CIMES ’95（第一届）	1.2	800	3.18	2.1	1 137/0.95
1996 1996	CMTF ’96（第三届） CIMES ’96（第二届）	2.4	630	4.69	2.47	1 552/1.29

注：外贸出口成交额折合人民币按当年国家规定汇价计算。

表 2　1996 年度展交会成交情况

项　目	成交量（台）	成交额（万元）
1. 金切机床	1 559	15 759.9
其中：大型和数控	662	11 892.6
2. 锻压设备	239	3 304.9
3. 铸造机械	8	177.5
4. 木工机械	91	403.3
5. 其他机械	30	921.4
6. 机床附配件		1 821.8
7. 磨料、磨具		143.0
8. 工、量、刃、仪		943.3
9. 气动液压件		59.0
10. 工程机械	45	900.0
11. 其他		10 616.9
12. 总计		46 943.6

(2)“九五”期间将有几种机床产品是关键设备。据中国机床工具工业协会对 150 个企业的调查，“九五”期间需求量最大的关键机床有：规格范围较大的普通和数控龙门镗铣床，龙门式五面加工中心，汽轮发电机组叶片加工数控铣床，加工发电机转子槽的铣床，普通和数控落地铣镗床与镗铣床，轴承业和造船业用的机床等。

(3) 性能符合用户需要，质量可靠，价格低廉，交货及时，售后服务好的大型机床、数控机床、中小型加工中心以及各类专门化产品和适销对路的出口产品，将占主导地位。质优价廉、规格齐全、主辅匹配得当则是机床附配件和工磨具促销的先决条件。

(4) 机床行业产品上下、左右扩张与延伸是社会主义市场经济对企业发展的客观要求。彻底进入市场，市场需要什么，就抢先生产什么，独辟蹊径、敢为人先的企业，最有可能起死回生。如工程机械在这次展交会上成交设备的台数居第四位，成交 900 万元。这就是一个值得重视的信号。据了解，我国工程机械的年产量与需求量有很大差距，每年需进口大量设备。也就是说，有市场，但急需的产品生产不出来。

(5) 出口是整个机床行业走出困境、加快发展与振兴的一条捷径。从历届机床行业展交会成交额看，1992 年第一届贸易总额 7.87 亿元，外贸出口成交 0.54 亿元，占 6.9%；1994 年第二届成交总额 7.16 亿元，外贸出口 1.15 亿元，占 16.1%；1995 年成交总额 3.18 亿元，外贸出口 0.95 亿元，占 30%；1996 年第三届成交总额 4.69 亿元，外贸出口 1.29 亿元，占 27.5%。众所周知，1992 年到 1996 年，机床市场经历了从“红火”到疲软的过程，但历届展交会外贸出口额占总成交额的比例还是呈上升趋势的。1996 年虽然略有下降，但下降幅度很小。由此看出中国机床不仅在国内而且在国外也有广阔的市场。正如包部长说的，只要我们机床产品在技术水平、产品质量、产品品种、售后服务、产品价格等方面提高竞争力，能适应国际市场的要求，我们的机床产品出口希望还是很大的，前途还是很广阔的。这无疑是整个机床行业走出困境，加快发展与振兴的一条快车道，也是一条捷径。

展交会对我们的启示

(1) 加快新产品开发，积极调整产品结构。

这次展交会显示，许多机床企业为了适应汽车、摩托车和农机工业的发展，从调整产品结构，开发新产品到改善服务，从依靠技术进步、技术改造到改革企业制度，正在各显神通，寻求适合自己生存、发展的路子。事实证明，走这条路是既艰辛又可靠的上策之路，机械工业部 40 个重点机床厂 1995 年前三季度就开发新产品 125 种，比上年同期增长 20%；24 个重点锻压机械厂 1995 年年共开发新产品 138 种，比上年增长 38%。无锡机床股份有限公司 1995 年为汽车等行业开发 29 种新产品，当年产值增长 17%，销售收入增长 25%。北京第三机床厂开发的高效经济型加工中心，每台售价仅 28 万元，很受欢迎。该厂 1995 年新产品产值是 1994 年的 11 倍，占总产值的 50%。

(2) 认真搞好质量承诺工作，打好质量翻身仗。

1995 年 6 月，54 个机床骨干企业联合签署“质量保证声明”，向用户承诺：在厂内消除早期故障，保证出厂产品达到优质、可靠，遇有问题及时去现场解决，超过时间负责赔偿并包退包换。如今，这一以经济赔偿为特征的质量承诺活动已扩大到了电子、汽车、摩托车、通用基础件等行业。秦川机床厂在二汽订购磨齿机时，向用户表示可先使用，用不好退回来，不收费。该厂产值连续几年以15%的速度递增，1995年的产值和销售收入仍比上年增长20%以上。

(3) 企业继续转变观念，练好内功，求发展。

1995年6月，济南第二机床厂通过“八五”技术改造验收，开发44种新产品，经部、省（市）鉴定，全部达到国际80年代末90年代初水平，并为上海大众等汽车厂提供了21条冲压生产线。

秦川机床厂以本厂为核心，以产权为联结纽带，组建秦川机床集团有限公司，成为以高起点、专业化形成精密机床、汽车助力泵为“龙头”，涉及塑料机械、模具制造、刀具、减速机及商贸、娱乐的跨行业、多元化经营的母子型集团。到“九五”末期，要实现年销售收入5亿元，利税9 000万元的目标。青岛铸造机械集团实行全员成本管理，将设备能源处、工具车间、运输处、经营接待处、铸铁试验厂、幼儿园等单位作为模拟法人推向市场，1995年全年产值增长12%，产销率达99.6%。

以上情况说明，哪个企业观念转变快，哪个企业积极参加机械工业“三大战役”的会战，就肯定会成为机床行业的佼佼者。在国内外同样的外部环境下，培育和发挥自己的特色和优势，一定能创出一条生路来，一定能在激烈的市场竞争中站稳脚跟求得发展。

(4) 各级管理部门要积极转变职能，认认真真为企业发展服务好。

企业是社会主义市场经济的主体，当前我们的企业在从长期的计划经济体制下走向社会主义市场经济的过程中，还有很多不适应，很需要各级管理部门给予指导、引导和帮助。那么，我们是用计划经济那种思路、观念、工作方法和作风对待企业呢？还是以新的姿态、新的观念、新的工作方法和作风来满腔热情地为企业服务呢？这是一篇大文章。文章做好之日，必是机床行业走出困境之时，也必是机械、汽车工业振兴之花绽开之时。

美国著名的未来学家约翰·奈斯比特在其刚出版不久的《亚洲大趋势》中预测：“21世纪将回归到龙的世纪”，“中国将成为一个新的世界强国，这并不是‘能否’，而是‘早晚’的问题。中国经济的复苏，紧接着便是其政治势力上升以及潜力巨大的军事力量的出现，这将是这个世界在21世纪必须面临的事实。”作为工作母机的机床行业，我们有理由相信这一预测定会实现，但任重道远，更需加倍努力。

〔撰稿人：中国机床总公司总经理　权义鲁〕

中国通用石化机械工程总公司

总经理：李昌礼　副总经理：叶廷玺、谭志捷、杨炎如、陆文鼎、黄　劲　党委副书记：徐　华
地址：北京市宣武区太平街甲2号　邮码：100050
电话：(010) 63042288（总机）　传真：(010) 63010347

概况　中国通用石化机械工程总公司(CPGME)，于1979年经国家经委批准成立，是机械工业部直属的、具有独立法人资格、享有对外贸易权的集技、工、贸于一体的工程公司。总公司是国家认定的甲级工程设计单位、甲级工程总承包单位、甲级机电设备成套单位、甲级工程咨询单位和一、二、三类压力容器设计单位，还是中国机电产品进出口商会第一批会员。总公司下设管理部门14个，工程部、室20个。拥有职工531人，其中研究员级高工18人，高级工程技术人员117人、中级工程技术人员200人、初级工程技术人员114人。总公司在北京、广州、厦门、珠海、青岛、郑州、无锡、杭州、扬州、海口以及香港等地投资或合资兴建了10个全资子公司与工厂，13个国内联营公司和6个中外合资合作企业；在泰国、印尼、刚果、澳大利亚设有代表处；与国内240余个生产企业和科研设计单位组建了经济联合体，形成了一支强大的工程集团力量；此外，与日本、美国、德国、韩国、澳大利亚、新加坡、法国等多家著名公司建立了长期的技术合作关系，在工程承包、合作生产、技术转让与技术咨询等方面开展广泛的合作。总公司二十多年来在石油、化工、石油化工、医药、轻纺、城建、建材、冶金、能源、交通、农林、地矿、原材料、冷冻空调、给排水、流体输送、供热、环保、节能、节水等方面共完成工程承包、工程设计、设备成套、科学研究、新产品研制、技术转让与技术咨询项目2 574项，其中国家重点工程850多项，成套出口100多项，累计出口创汇达1.5亿美元以上。1988年曾被机械工业部列入百家先进出口企业。获55项国家级、部级、省级科技进步奖、优秀设计奖、优秀产品奖、节能优秀奖。为保证国家重点工程项目和重大技术装备研制项目的完成，为成套设备出口和企业技术改造，以及为石化通用机械行业产品技术进步和产品更新换代总公司作出了突出贡献。

发展情况　在国家出台多项重大改革举措，整顿金融秩序，完善社会主义市场经济体制的形势下，总公司全体职工按照“团结、求实、拚搏、创业”的公司精神，辛勤耕耘，开拓进取，顺利地完成了1995年的各项经济指标。1995年总公司共完

成各类工程231个，完成自营机电产品进出口总额达1 000万美元，结汇755万美元。技术开发课题3项，完成1项。在新签项目合同方面，总公司取得了较好的成绩，签订了多个经营额较大的项目合同。在项目执行方面，总公司职工更新观念，长时间奋战在艰苦的工地上，发挥总公司的专业技术优势，牢固树立质量和服务意识，认真做好现场服务与技术服务工作，得到了用户的高度评价。在科学管理方面，总公司不断地完善经济承包责任制，继续全面推行目标管理和工序管理，制订公司“九五”发展设想，做好清产核资和财务管理工作，定期召开经济活动分析会，完善规章制度，提高办事效率。在精神文明建设方面，总公司认真抓好党建工作，大力表彰先进，加强反腐倡廉教育，组织职工开展多种形式的文体活动，加强民主管理，积极为职工办实事。在全体职工的共同努力下，总公司在1994年获得“国家机关文明单位”的基础上，1995年又获得了“首都文明单位”的光荣称号。

科研成果与新产品　为了发挥总公司专业面广、技术人员多、工程承包经验丰富的优势，做好技术开发与技术储备工作。“八五”期间总公司在对工程项目精心设计并增加其技术含量的同时，加强技术质量管理工作，在取得为大亚湾核电站提供通用机械备品备件总承包资格的基础上，围绕GB/T19000（ISO9000）系列标准而制订了公司《质量手册》及相关的质量体系文件。为了对用户负责，保证所供设备的质量，公布了第一批合格供货方名单；组织科研开发与设计队伍，研究开发了“海上石油平台设备撬块设计应用软件”、“DY-700型酒精发酵气CO_2回收装置”和“医院用富氧装置”；适应市场需求，设计研制了9种系列的新型钛泵及500KG/HR、1400KG/HR的大型CO_2回收装置等；还有部分科研成果获机械工业部和国家科技进步奖，其中“高炉喷煤粉空压站大型中压螺杆空压机性能与可靠性研究”“超高压氢气压缩机组及煤气系统研制”获国家科技进步奖；“罗茨鼓风机系列更新研究”和“废热换热器制造、传热及流体动力的试验研究”获机械工业部科技进步二等奖；“燃煤电厂烟气脱硫方案论证”获机械工业部科技进步三等奖。此外在参加机械工业部组织的青年科技论文评选中，总公司有两篇科技论文获三等奖。

深化改革　1995年总公司在以下几个方面加大了改革的力度和深度：(1) 人事劳资方面：面对人才流动的客观现实，积极稳妥地做好劳资改革，稳定职工队伍；在完善干部考核制度的基础上，继往年提拔34名年轻干部后，1995年又培养选拔了17位年青干部担任部门领导职务；(2) 后勤方面：利用总公司的房产设施和地理优势，成立了“后勤社会化服务中心”，既安置了机构精简后的富余人员，又为总公司开辟创收渠道奠定了良好的基础；(3) 运行机制方面：对所有的工程项目实行由总公司或部门领导下的项目经理负责制；在总公司范围内推行二级核算制度，强化收支的管理与平衡；总公司在给政策、给出路、给压力的条件下，继续做好部门的精简与人员的分流工作。

展望与预测　在总公司的“九五”发展设想中，明确了到“九五”末期的14个展望目标：

1. 年度总经营额达到5亿元～6亿元；
2. 年度经营总收入达到3 000万元；
3. 为增加总公司的项目储备，每年新签项目经营收入达到3 000万元以上；
4. 自营进出口总额达到2 000万美元以上；
5. 为增强技术进步和提高技术开拓市场能力，每年从经营总收入中提取5%以上费用作为科技开发基金，投入研究开发；
6. 扩大国际化经营，联营实业年上缴总公司利润150万元～250万元；
7. 在确保甲级工程设计资格基础上，拓展中、小型工程项目的工艺设计能力，争取民用建筑乙级设计资格和工程监理资格；
8. 积极探求与外商合作开发改造北京市北纬路52号院，按照国家统一的住房制度改革部署，解决职工住房问题，并扩大经营场地；
9. 逐步补充和完善全公司计算机辅助设计和信息检索系统，争取2年～3年内做到计算机联网；
10. 坚持推行全面质量管理，贯彻ISO9000国际标准，力争“九五”前二年内，总公司的质量保证管理初步通过国家认证，争取核电QR1级通用设备总承包资格；
11. 继续深化“三项制度”改革，调整内部组织结构，积极加强项目经理责任制，按照精简、高效、统一的原则，职能处室人员压缩到17%以下，总公司在册总人数控制在500人以下；
12. 在提高经济效益的基础上，不断提高职工的实际生活水平，职工收入年增长率不低于10%～20%；
13. 根据住房制度改革总体方案，改革住房福利为住房消费，逐步实现住房的商品化、社会化；
14. 坚持“两个文明”一起抓，在围绕提高总公司经济效益为中心，抓好经营开拓、内部管理等各项业务工作的同时，加强精神文明建设，抓好各级干部的廉洁自律，加强党的建设，做好深入细致的思想政治工作，为总公司的改革和发展创造良好的环境和条件。

〔撰稿人：中国通用石化机械工程总公司　董力　审稿人：中国通用石化机械工程总公司总经理　李昌礼〕

中国电工设备总公司

党委副书记：黄玩廉（主持工作） 副总经理：祝远雅、张振宇、沈光伟
地址：北京市广安门外莲花河胡同1号 邮码：100055
电话：(010) 63264477（总机） 传真：(010) 63261083 电传：22613 CNEEC CN

概况 中国电工设备总公司（CNEEC，简称“中电公司”），是机械工业部直属的技工贸一体、内外贸结合的专业工程成套公司，有国家甲级设计研究院，是国家机电设备成套甲级单位。

公司总部现有职工600多人，专业技术人员占80%以上，其中研究员级高级工程师23人，高级工程技术、经济财会人员169人。设总经理办公室、经营计划处、质量管理处、财务处、投资管理处、审计处、条法处、人事教育处等管理部门，设发电设备部、水电设备部、输变电设备部、通用电气部、三峡装备部、焊接器材部、工程成套部（5个）、进出口部（6个）17个业务部门，有北京兴电商贸公司、北京兴电焊接技术开发公司、北京兴电贸易发展有限公司、烟台中电实业有限公司、北京华电新技术开发公司、北京兴电工程建设监理公司、电动工具公司、厦门公司、上海中电设备公司等子公司和分公司13个，北京精益焊接技术开发公司、新华控制技术集团公司、张家港中电电站设备制造有限公司等合资公司23个，另有联营公司11个，在俄罗斯和土耳其也建立了合资公司，在美国、香港、菲律宾、尼泊尔设有代表处。

公司全资拥有的中机中电设计研究院，是一个建院40余年、列入机械工业部部属设计院序列的、有各类专业技术人员的综合性国家甲级设计院，并具有甲级工程总承包及工程建设监理资质和一、二、三类压力容器设计资格，还是全国建筑物电气装置标准化委员会和IEC/TC64中国委员会的挂靠单位。有设计大师一名，研究员级高级工程师15人，高级工程师、经济师70余人。

公司具有工程设计、设备成套和工程承包的整体优势。承担了国内外火电厂、水电站、变电站、输电线路，冶金、石油、化工、煤炭、交通运输等行业的供配电工程和机电行业、旅游、住宅等建设项目的设备成套或工程承包，以及可行性研究、技术咨询、方案规划、工程设计、施工管理、建设监理及其它技术服务。为国内外各类工程提供了工业锅炉、工业汽轮机、燃气轮机、高低压电器、电机、电线电缆、焊接器材、绝缘材料、蓄电池、电工专用设备、电动工具及家用电器等35大类近13 000个品种的电工设备及其它机电产品。公司开展了“三来一补”、代理、代购、代销等业务。

公司为国家重大项目的建设和机电产品出口作出了贡献。如受机械工业部的委托，参与组织了30万kW、60万kW火电机组主机、辅机的技术引进、消化吸收和技术攻关、成套设备供应，并参加了安装山东石横电厂和安徽平圩电厂成套设备的工作，使我国火电技术提高到一个新的水平。公司完成了400多个工程项目，包括约100个国外项目的工程承包、设备成套或设备供应，如10万kW、5万kW双抽机组的热电厂，2×2.5万kW鹤岗热电厂，宝钢2.3万kW干熄焦余热发电厂，西藏羊八井地热电站0.3万kW 4号机组，七台河等单机1.2万kW的煤矸石电厂，泰国旺巧耐糖厂2×0.6万kW燃甘蔗渣热电厂，装机容量分别为2×3.1万kW和2×2.3万kW、0.6万kW的土耳其阿迪古泽和卡拉乔仑水电站，230kV、2×150MV·A孟加拉吉大港电厂变电站和24km输电线路，220kV、52.7MV·A贵州铝厂整流变电站，110kV、2×40+2×50MV·A变压器和4.2万kW鼓风机驱动电机的武钢3号高炉鼓风变电站，年产2880MV·A变压器等产品的巴基斯坦重型电工厂，宝钢∅140mm无缝钢管厂、2 050mm热连轧、2 030mm冷连轧的整套电气设备，秦皇岛煤码头二期、三期工程的成套供电及照明设备，湘西塑料厂聚丙烯包装薄膜工程，河南灵宝果品公司浓缩苹果汁生产线等。组织开发了35kV、2 500kV·A和3 150kV·A矿用移动变电站。设计建成了哈尔滨电机有限责任公司，东方电机股份有限公司，北京重型电机厂，兰州、湘潭、大连电机厂，北京、上海人民机器厂等中国电机和印机行业绝大部分骨干重点企业。研究开发了锅炉膜式水冷壁焊接生产线、小轿车车门焊接柔性单元、微机化电机测试线、机电设备噪声测试用多功能消声屏蔽室等专用设备。获国家和省、部级优秀工程设计奖20项、国家和省、部级科技进步奖31项，国家重大技术装备成果特等奖、一等奖及表彰证书7项。

发展情况 1995年，在国内外市场竞争十分激烈、经营开拓更为艰巨的经济环境中，公司提出了“继续贯彻党的十四大和十四届三、四中全会精神，发扬公司团结奋进精神，坚持物质文明、精神文明两手抓的方针，进一步解放思想、转变观念，树立勇挑重担、作大贡献的思想，抓三峡，树形象，振兴中电，力争公司发展上一个新台阶”的指导思想和营业收入“三年翻一番，六年翻两番”的经营目标。经过公司全体职工的共同努力，经营收入完成了年计划的133%，进出口总额达到3 313万美元，为年计划的117%，实际出口1 420万美元，总成交额为9.73亿元。一批项目按时或提前完成，如日本海外经济协力基金项目辽宁观音阁水电站4台机组都比合同提前并网发电，中美洲伯利

兹国麦卡尔/莫里乔恩水电站顺利投运，世界银行贷款项目陕西东雷引黄灌溉二期工程 20×3550kW＋7×800kW 电机水泵组已经交货，广州港新沙码头成套配电设备按期交货、安装、投运，宝钢三期 1 580mm 热连轧电气设备和秦皇岛煤码头四期工程成套供电及照明设备供货合同正在按要求执行。伊朗德黑兰地铁一、二线高压、低压、牵引电网“交钥匙”工程的谈判取得了实质性进展。工程设计领域进一步拓宽，承接并完成了壳牌天津润滑油有限公司、五羊本田（广州）摩托车有限公司和中国印钞造币总公司北京信用卡厂等项目的设计。

三峡工程是举世瞩目的项目，三峡电站无论是总装机容量还是单台机组的水平，都将是世界第一的，对我国国民经济的发展具有长远的影响，所以，三峡机组一定要确保性能先进、运行可靠。公司一直在为三峡电站的建设出力。在前期工作中，公司协助机械工业部和原国务院重大技术装备领导小组办公室组织重大技术问题的基础研究，对机组的制造和运输进行了全面的论证，提出了经济合理的解决方案，并通过中间机组逐步创造条件。在三峡工程经全国人大批准、正式立项后，完成了三峡机组制造企业技术改造方案的可行性研究，继续协助机械工业部和国务院三峡办公室组织重大课题的研究。同时，为了充分发挥国内制造力量的整体优势，便于和国外厂商讨论联合设计、联合试验、合作制造和技术转让问题，更好地为三峡工程服务，经过协商，与哈尔滨电机有限责任公司和东方电机股份有限公司自愿联合，组成了“三峡机组中方制造联合体”（SCC）。成立半年来，就第一批招标的三峡机组的中外合作生产进行了大量的工作，先后与 4 个国外联合体，即俄罗斯、阿尔斯通—ABB—克瓦纳、伏伊特—GE—西门子、日立—东芝—三菱重工—三菱电机联合体进行了会谈。会谈中，这 4 个联合体都认为 SCC 是中国最强的合作伙伴，与 SCC 联合制造三峡机组是最佳选择，因此都表示愿意和 SCC 真诚合作。通过会谈，也明确了中外双方各自的责任和联合设计、联合试验、合作制造、技术转让的原则，为在 1996 年进行投标打下了基础。

深化改革 首先，制定了公司营业收入“三年翻一番，六年翻两番”的经营战略目标，有了这样一个既具有先进性、激励性，又是通过努力能够达到的目标，就能激励全体职工围绕这个目标努力做好自己的工作。

其次，财务管理进一步规范化。在社会主义市场经济中，企业运行要靠资金运作。因此，公司进一步加强了财务管理工作，使之更加制度化、程序化。同时，精干队伍，并逐步实现计算机化，在财务人员减少近一半的情况下，提高效率，提高财务数据的准确性，为公司领导了解财务状况、进行正确决策提供条件。

第三，调整了经营、开拓策略。为了在激烈的市场竞争中获胜，市场开拓是关键。因此，从策略上进一步鼓励开拓，在分配制度上也体现以“经营为中心，开拓为重点”的方针，鼓励每个职工为公司的发展尽力开拓业务。

第四，加强对子公司、分公司的管理。要使投资，无论是有形投资还是无形投资，都要有回报，以实现国有资产保值、增值，同时增加公司的效益。

第五，干部进一步“四化”。从德才兼备的业务骨干中提拔了一批年轻干部。

展望 1996 年，要继续为实现营业收入“三年翻一番，六年翻两番”的目标做好各项工作。要加大开拓力度，增加项目储备；从当前的设备成套向工程总承包转化，进一步扩大经营领域。要建立一个与公司的经营目标相一致的人才培养目标，不断提高职工队伍的素质，实现最佳的人才组合。同时进一步加强质量管理，深入开展 ISO9000 标准的贯标工作，在公司的各项工作中严格执行 ISO9000 标准，使公司的质量管理提高到一个新的水平，争取在一两年内通过质量体系认证。还要逐步实现计算机管理信息系统，提高工作效率和工作质量，增强市场竞争能力

〔撰稿人：中国电工设备总公司　黎晓煜〕

上海重型机械工程成套公司

总经理：李行正
总部地址：上海市闵行区江川路 299 号　邮码：200250
电话：（021）64355203、64355480　电挂：8362
市区分部地址：上海市通北路 599 号　邮码：200082
电话：（021）65417647、65416857　传真：（021）65120945

概况 上海重型机械工程成套公司是以国家机械工业的骨干企业上海重型机器厂为主体组建的，跨行业、跨部门、跨地区的全民所有制经济实体，实行独立核算、自负盈亏，具有法人资格。公司成立于 1987 年，具有生产、设计、科研、开发、销售、咨询、财务等多种功能。以质量优良、技术先进、价格合理的优势总承包国内外工程项目的成套设计、制造、安装调试和技术服务。可按国际标

准、国家标准为用户制造各类冶炼、轧制、重型锻压、矿山、水泥、建材、水利、电站等行业的单机和成套设备。

经营范围

·年产100万t～300万t的钢铁联合企业成套设备。

·年产10万t～100万t的水泥生产线。

·单机容量30万kW、60万kW火电和核电设备的铸锻件及其配套机械

·承制300t转炉、2 030mm连续式冷轧板机、35MN电极挤压机、5m全断面岩石掘进机、0.35MN～40MN压力机、600t闸门启闭机等大型设备以及高炉、烧结、焦化、矿山、磨煤制粉、工业与民用煤气等机械。

几年来公司开发了年产30万t合金棒材成套设备、VODC真空吹氧脱碳精炼炉从12t～25t成套设备、大型25MN两面顶金刚石液压机成套设备、钢厂磨辊车间工作辊、支承辊、轴承座装拆成套设备、汽车厂冲压车间废料输送和钢板清洗设备等新产品。

成员单位

上海重型机器厂、上海冶金矿山机械厂、上海沪江机械厂、上海东风机器厂、上海南洋电机厂、上海市机电设计研究院、上海建设机器厂、上海起重运输机械厂、上海电机厂、上海电器成套厂、上海液压件一厂、上海整流器总厂、上海变压器厂。

主体厂：上海重型机器厂

厂长：杭鹏飞

地址：上海市闵行区东吴泾　邮码：200245

电话：(021) 64301141转各部

电挂：8321　传真：(021) 64300132

主体厂上海重型机器厂隶属于上海电气（集团）总公司，是机械工业部的骨干企业，也是我国东南地区最大的重型机器制造企业和铸锻中心，占地面积100万m^2，职工总数8 500人，其中工程技术人员2 828人。

该厂始建于1934年，1958年以上海矿山机器厂为基础重建。具有60多年的生产历史。经过多年的基本建设和技术改造，已发展成为一个组织管理机构健全、技术力量雄厚、工艺技术装备齐全、工艺测试手段完善，能独立设计、制造大型冶炼、轧制、重型锻压、水利、电站、矿山和水泥、建材等单机和成套设备的现代企业。该厂1987年被全国总工会授予“先进集体”，并荣获“五一”劳动奖状，1985年被国家经委授予全国工交商业系统经济效益先进单位。厂内设有重型机械研究所、大型铸锻件研究所和电渣重熔研究室，具有较强的科研开发能力。多年来，该厂研究开发了一批新产品、新工艺，取得了一批科技成果，其中有34项受到嘉奖。120MN自由锻造水压机、120t纯氧顶吹转炉等7项荣获全国科学大会奖；与北京钢铁学院共同研究的200t级三相双极串联大型电渣重熔炉设备和工艺，荣获国家科技进步三等奖，并获上海市科技进步一等奖；上海宝山钢铁总厂二期工程2 030mm冷连轧板机获上海市经委优秀新产品特等奖；为鄂州钢铁公司制造的20t全悬挂顶底复合吹氧转炉，具有80年代国际先进水平，这种技术今后将在冶金工业广泛采用；用电渣锭试制成功的30万kW发电机转子，也达到了较高的质量水平。

该厂拥有大型、先进的工艺技术装备，掌握了一批先进的制造工艺，并已采用了数控、数显机床。热加工已进行了系统的技术改造，通过引进日本制钢所兰工厂技术，提高了热加工的技术水平和生产能力。主要设备有：120MN自由锻造水压机、40t电炉，建有世界最大的200t级电渣重熔炉，生产240t电渣锭，配上∅3.3m结晶器可生产320t电渣锭、270t锻件。炼钢广泛应用80t钢包精炼炉，真空脱气装置进行双真空脱气，炉外精炼，最大电炉钢锭160t，并采用大型数控切割机等先进工艺。

冷加工大型设备有：∅10m立车、∅8m数控立车、16.5m重型卧式车床、∅200mm数控镗铣床、数控键槽拉床、3.5m×12.4m龙门铣床、5m×15m龙门铣刨床、∅8m滚齿机、∅2m插齿机和15m深孔钻床等。

该厂还对现有重型机床进行数显改造，建立了先进刀具系统和刀具预调室，并成套采用新型刀具。厂内设有计量科和中心试验室，运用微机进行十大计量统一管理，拥有万能工具显微镜、S5P电动轮廓仪、2209声级计、PFSU1600齿轮综合检查仪；检测仪器有：扫描电子显微镜、紫外光谱分析仪、相变仪、直读光谱仪、X荧光分析仪、超声波探伤仪以及金相与机械性能检测仪。

该厂建立了比较完善的质量保证体系，主要产品已采用国际标准制造，产品质量不断提高。建厂以来，为国家重点工程提供了一大批大型单机和成套设备。例如：太原钢铁厂的2 300mm四辊冷轧板带材机组，本溪钢铁公司和攀枝花钢铁公司的120t氧气顶吹转炉、东风汽车制造厂的10MN压力机、第一汽车制造厂的瓦楞板机组、合肥铝厂的35MN旋转料室卧式挤压机、葛洲坝水利工程中各种类型的启闭机、秦山核电站的核电锻件和30万kW电站锻件等。由该厂总承包于1970年建成的巴基斯坦重型机器厂，在巴基斯坦国民经济建设中具有举足轻重的地位；作为上海宝山钢铁总厂二期工程2 030mm冷连轧板机的总承包单位，该厂会同全国117个工厂，与联邦德国施罗曼—西马克公司(SMS)联合设计、合作生产，已全面完成任务，并于1986年12月16日通过国家和外国专家联合验收。该设备年产冷轧板卷、热镀锌板、电镀锌板、瓦楞板、彩色涂层板等210万t，全套设备总重68 194t，其中国内制造59%。近年来，先后有4项产品受到嘉奖。其中PE－107型反击式破碎机1984年荣获国家银质奖；∅1 500mm×5 700mm球磨机、3.6万t以下货船用铸锻件为机械工业部优质产品。1981年以来船用铸锻件的生产已获得英国、联邦德国劳埃德船级社（LLOYD'S)、

美国A·B·S船级社和法国B·V船级社的质量认可。

为加速产品技术水平的提高和发展，近年来先后与德国、日本、美国等建立了技术合作关系，引进了5项产品设计制造技术，合作生产产品。1985年从日本小松制作所（KOMATSU）引进机械压力机设计制造技术；1980年从美国燃烧工程公司（CE）、1983年从美国斯托克设备公司（STOCK）分别引进了RP、HP系列中速磨煤机和电子重力式给煤机设计制造技术，通过合作生产已为石横电厂和平圩电厂制造了十多套产品；1985年从斯托克设备公司又引进了非压力方式喂料机设计制造技术。近年来生产TPC1412～2022单段锤式破碎机系列、∅4m×150m回转窑及∅5m×13m球磨机。目前正在为上海宝山钢铁总厂三期工程制作1 420mm冷轧机组。该厂掌握了80年代～90年代国际先进水平的产品制造技术，在经济体制改革过程中，不断探索、不断创新、不断前进，为使重机产品遍及全国、走向世界而努力。

〔撰稿单位：上海重型机械工程成套公司总经理办公室〕

机电工业上海联销公司

总经理：王金涵　副总经理：曹振飞、姜延庆　党委副书记：林圣戴
地址：上海市中山北一路1250号2号、4号楼　邮码：200437
电话：(021) 65424040　传真：(021) 65167304

概述　进入90年代，我国机械行业经济运行步入快速发展的轨道。国民经济持续、稳定、快速发展，为机械产品的广泛应用与消费提供了十分有利的市场环境。按照机械工业部领导关于供需见面、产销结合、精心服务、搞活流通的总体发展思路，机电工业上海联销公司作为部的直属公司起到了部在沪组织全国机械企业开设联合销售窗口的作用，并进而组建了上海南方机电产品大柏树市场，有来自全国各地的440多个机电行业生产和流通企业聚集在大柏树8 000m^{2}的交易市场，进行各种营销活动。通过近五年来对联销工作的开展，我们深切地体会到：只有不断顺应社会主义市场经济的发展规律，紧紧地与外地来沪企业互为依托，努力形成规模经营，才能使联销公司始终朝着健康的方向发展。1990年～1994年的销售额分别为4 608万元、10 168万元、14 960万元、34 196万元、23 207万元。5年的平均增长速度为50%，公司的整体经营能力得到了长足的提高。

发展目标及指导思想　最大限度地提高经济效益是公司经济工作的核心目标，今后五年乃至更长一段时间内，公司将把承揽一些工程成套项目及开拓外贸市场作为实现这一目标的两大重要途径。

“八五”期间，本着“了解市场，建立关系，广交朋友，扩大影响，增加公司知名度”的原则，公司已和很多外商进行了多方面的接触，达成了一些出口意向，为“九五”期间外贸工作的顺利开展提供了有利条件。今后，公司将着力拓展在东南亚和南美地区的外贸业务，不断增加市场份额。

根据国家的产业政策，我国机械产品的内贸市场和外贸市场的需求，国家重点建设项目、市政重点工程、大型成套装置配套及出口创汇的需要，公司将进一步依托和发挥各成员企业的群体优势，将经营工作开展的更为深入。

主要任务

(1) 建立集团型总公司。

把提高规模经营能力作为一项战略措施来抓，其目标是建立一个实力雄厚、规模经营、功能齐全、市场竞争和开发能力较强的集团型总公司。通过联合和兼并，把分散的资产、资金和人才集中起来，逐步组成以资产为纽带的联合体，以提高市场竞争力。

(2) 联合组建专业性责任有限公司和合资公司。

为形成一个紧密型的利益共同体，公司将与下辖子公司和有关成员企业组成若干个专业性责任有限公司，共同从同一生产厂进货，共同经营同一个专业产品，风险共担，利益共享。同时，公司拟进一步与外商合作，联手兴办经济实体，组建有关合资公司。

(3) 结合售后服务需要，建立配件、维修机构。

建立配件、维修机构将改变公司由单纯的营销方式向销售、服务一体化的营销方式转化。公司将采取发挥特色，集中力量，择优扶持，重点发展的方式，在汽车、机床、工程机械、柴油机等产品的配件供应和维修诸方面做一些尝试。

(4) 顺应国家电力工业的发展，成立有关发电设备中心。

根据国民经济发展需要，90年代中、后期，发电设备的需要将呈稳定增长的趋势，到2000年发电设备装机容量要达到3亿kW左右，其中，1994年～1997年每年新增装机容量1 500万kW，1998年～2000年新增装机容量1亿kW。水电设备增势更猛，预计90年代后期每年600万kW，其中大型500万kW。因此，把握好这个发展机遇，成立有关发电设备中心，将大大地推动全公司各项工作的全面提高。

(5) 继续抓好房屋住宅开发工作。

通过主建、联建、参建等形式不断加强房地产市场开发。迄今为止，公司已开发商住及职工住宅面积 27 000m^2，同时还成立了有关房屋管理部门，以加强对房产物业的管理。“九五”期间，公司将本着稳步发展的整体思路，计划开发职工住宅面积 50 000m^2。

（6）大力发展代理制。

企业产品自销受到来自市场进入难、交易成本高、经营风险大等不利因素的制约，公司将通过与生产企业发展代理关系来建立稳定的市场营销体系。采取总经销、总代理、特约代理等灵活多样的形式，选择一些使用面广、流通量大的品种，重点突破，迅速扩大规模，逐步形成系列。公司将及时向生产企业反馈供求信息，指导生产，并不断完善销售服务。

（7）抓住时机，稳步壮大联销队伍。

“九五”期间，国内许多生产企业纷纷看好上海，为把产品打入上海市场，迫切希望寻找具备优势和实力的流通企业作为合作伙伴。我们将抓住时机，积极尝试，在工贸结合方面把步子迈得更为扎实一点，将成员企业发展至 600 个。

〔撰稿人：机电工业上海联销公司办公室　叶敏栋〕

上海轴承总公司

总经理：顾智毅　副总经理：李锡侯、龚　雷、陈　龙　总经理助理：胡　康　总工程师：程福康
地址：上海市西藏中路 725 弄 15 号　邮码：200003
电话：(021) 63279881　传真：(021) 63277004　电传：33414　SBC　CN

发展概况　1995 年是总公司执行“八五”规划的最后一年，也是准备实施“九五”规划的关键一年。由于社会主义市场经济的深入发展和国家实行了“适度从紧”的财政政策，在这种宏观形势的波动性影响下，总公司继续面临着市场竞争加剧、资金严重紧缺、成本不断上升、财务费用过大以及企业历史包袱过重等经济困难，并在其发展过程中，逐步产生了生产增长较快与经济效益有所回落、企业流动资金短缺与贷款利息支出负担过重、销售市场竞争激烈与企业应收款回笼困难和企业发展严重不平衡等四大微观发展矛盾。这些困难和矛盾已成为制约总公司全年经济发展的重要因素。为此，通过年初的周密决策，总公司把经济工作重心继续定位在“市场、质量、成本、效益”八字上，以科技和出口为两大突破口，拟定了“四重四强”工作策略：一是以科技为重点，强化产品开发；二是以出口为重点，强化市场拓展；三是以资金为重点，强化营销工作；四是以效益为重点，强化企业管理。同时具体部署了抓改革促转制、抓调整促项目、抓科技促开发、抓出口促创汇、抓成本促效益、抓管理促内功、抓合资促引进、抓人才促素质的“八抓八促”工作措施。一年来，全公司把握机遇，统一思想，正视困难，发奋图强，通过开拓市场、优化结构、扩大出口、盘活资产存量、改革用工制度、实施贯标认证等一系列工作实践，不断创造出一种适应总公司自身发展的经济小“气候”，在一定程度上缓解了宏观调控带来的波动性影响，确保了全年经济工作的健康发展。1995 年末，总公司实际完成：工业总产值 64 344 万元，比上年增长 6.74%；销售收入 76 500 万元，比上年增长 13.3%；出口创汇 2 553 万美元，比上年增长 80%；“三产”销售额 4 亿元；利税总额4 132.1万元（其中利润 790.3 万元），与上年大体持平。1995 年的主要经济指标及主要产品产量详见表 1、表 2。同时，总公司被国务院列为 1 000 家重点联系企业之一，被上海市政府列为建立现代企业制度 140 家试点单位之一，还相继获得了全国 500 家最大工业企业、机械工业部优秀企业、上海市百强企业等荣誉称号。到年底，总公司拥有资产总额 15.46 亿元、固定资产 3.34 亿元、职工 10 136 人、国有企业 8 个和合资企业 6 个、松散性联合企业 5 个、联营协作加工单位 30 余个，各类“三产”经营单位 69 个，加上原有的轴承技术研究所、职工大学、技工学校各一所，使总公司已经基本形成的跨地区、跨行业、跨所有制的以轴承成品生产为中心、零部件生产和专用设备制造互为配合的专业化协作体系和工科贸及教学一体化的集团经济，进一步向纵深方向发展，使全公司经济发展形成了五大新形势。

（1）以转制改革为动力，经济发展形成新格局。

总公司根据现代企业制度试点要求，提出了探索各种企业经营体制改革、实行以利益机制为纽带的企业经营机制转换和利用土地置换盘活国有资产存量的三大战略措施，形成了现代企业制度建设的总体试点方案和 11 项配套改革方案，并获得市经委和上海机电控股（集团）公司的最后评审批准。随着转制改革试点工作的深入开展：①全公司的企业“总厂—分厂”体制模式得到发展，继上海振华轴承总厂、上海红星轴承总厂和上海浦江轴承总厂建制后，又成立了上海群英机械总厂，该厂通过兼并亏损的上海轴承设备厂，资产得到适当重组，增强了企业发展后劲，成为总公司的出口大户和机械设备制造出口基地；②全公司的营销体制改革得到

深化，在上海浦江轴承总厂销售体制改革经验的基础上，较多企业开始实行“产品全面买断，费用全部自理”的模拟市场机制的内部结算方式，并推行了销售委托法人制度和企业内部产销买断机制，推动了以利益机制为纽带的划小核算和承包经营；③全公司国内外合作合资工作得到发展，在总投资为7 324万元的17个国内经济合作项目中总公司投入比例占43%，在6个总投资为20 933万元的中外合资项目中总公司平均投入比例在56%以上，有2个项目已挂牌开业运转，其中与瑞典SKF的合资项目为今后公司的经济发展带来了新的机遇。

表1　1995年主要经济技术指标

项　　目	单位	1995年完成	项　　目	单位	1995年完成
企业数	个	13	全部职工平均人数	人	10 136
工业总产值：当年价	万元	70 498	固定资产原价	万元	33 354
不变价	万元	64 344	固定资产净值平均余额	万元	19 537
工业增加值	万元	20 749	产品销售率	%	101.6
产品销售收入	万元	76 500	资金利税率	%	4.5
产品销售税金及附加	万元	3 342	工业增加值率	%	32.1
利润总额	万元	790	成本费用利润率	%	1.3
流动资产平均余额	万元	77 126	全员劳动生产率	元/人	20 610.3
出口创汇	万美元	2 553	流动资产周转率	次	0.96
“三产”销售额	万元	40 000			

表2　1995年完成主要产品产量

产品名称	单　位	产　量
工业轴承	万套	5 000.90
工业钢球	万粒	72 562.99
工业滚子	万粒	6 459.83
工业滚针	万粒	2 340.07

(2) 以出口创汇为导向，市场营销实现新突破。

总公司把出口创汇列为重头戏，提出了抓出口企业和出口基地发展、抓出口创汇占销售收入比例、抓创汇考核指标新体系实施等“三抓”工作要求。通过一年运转，全公司出口创汇突破了2 500万美元大关，全年出口工作形成了四个特点：①行业出口发展进入了快速增长期，增幅为80%，达到总公司组建以来历史最高水平，见表3、表4；②出口的产品结构和市场结构得到较大调整，轴承成品出口量比上年增长82%，钢球等零部件出口量比上年增长89%以上，各类轴承生产专用设备和检测仪器出口量比上年增长7%，国外用户市场不仅相对稳定在发展中国家市场，同时开始进入美国等发达国家市场；③总公司全部企业都已具备了创汇能力，在全年创汇总额中，国有企业和合资企业各占30%，同比增幅分别为107%和37%，其中，上海群英机械总厂和上海通用轴承有限公司已成为总公司的两大出口基地企业，出口份额占全公司创汇总额的75%以上，上海轴承滚子厂和上海轴承锻造厂等几个小型企业实现了出口创汇零的突破；④企业出口管理得到了强化，各企业相继设置了国际贸易部或出口科等专职机构，并积极推广中国轴承厂关于“加强出口盈亏成本核算，确保出口创汇创利”的管理实施办法。在出口工作带动下，国内营销也得到相应发展。总公司上半年对全国15个省市的汽车、摩托车市场进行了调研，并在5月和10月分别举行了全国摩托车轴承展示会和轴承产品订货会，进一步拓展了内销市场空间。

(3) 以资金管理为“龙头”，资产运作呈现新势头。

表3　1995年主要产品出口交货值

产品名称	单位	出口数量	金额（万元）
合计			22 119.50
其中：轴承	万套	3 251	17 840.40
钢球	万粒	13 823	1 153.30
专用设备	台	442	2 372.60

表4　1995年主要出口国家、地区情况

国家、地区	出口交货值（万元）
北美	6 629
日本	840
欧洲	2 054
拉美、大洋洲、非洲	737
香港、东南亚	644.57
其他地区	1 364

1995年是总公司的还贷高峰期，资金周转困难较大。为此，全公司通过继续清产核资和土地资产重估，大体摸清了全部资产家底，实施了以“六个率”为核心内容的经济效益综合指数考核评价制度、所有者权益考核制度、潜亏企业否决考核制度和企业借贷担保审核制度，加强了资产管理；通过利用土地置换，运用出让补偿、批租联建和兼并迁建等方式，进行资产存量盘活，实际收益近2亿元，为企业发展注入了一定量的自筹资金；通过开

展群众性挖潜降本和双增双节活动，从资金管理、材料采购、产品质量、物流控制、费用管理、票据管理、现金收支、利润控制等方面入手，实施降低成本管理对策166条措施，坚持贯彻“合理使用、严格控制、开源节流”的资金管理工作方针，加强了企业应收款回笼工作力度。中国轴承厂在下半年内就形成了“资金回笼大于开票数，开票数大于增产数”的工作局面，在一定程度上缓解了企业的资金矛盾。

(4) 以科技兴业为重点，产品发展跃上新台阶。

根据市场竞争和企业发展需要，总公司提出了“以科技兴业为重点，坚持科技进步与结构调整相结合，实现科技产业化，把科技进步转化为经济效益”的工作指导思想。一年来，通过新产品开发，工艺攻关、质量诊断等工作，使全公司产品发展和制造水平有了较大提高。全年轴承新产品开发111项，轴承配件开发67项，专用设备开发2项，累计新产品产值7 077万元。其中，桑塔纳轿车轴承有10个品种获得鉴定并纳入批产；大锥角圆锥滚子轴承30318XB/P6达到国际80年代末同类产品水平；单列调心滚子轴承20240MB达到国际90年代初同类产品水平；四点角接触推力轴承4789/1520填补了国内空白；2mm～4mm钢球强化机开发项目，填补了国内空白；不锈钢球和微型球已形成批产能力。全年完成工艺攻关11项，科研攻关5项。其中，高清洁防锈减震油科研项目经机械工业部鉴定后已用于生产；涡流探伤仪工艺技术项目攻关成功；乳化液废水处理工艺攻关项目获得鉴定，达到行业领先水平；内径大于65mm低噪声机球轴承磨研工艺填补了国内空白。年内，全公司在以桑塔纳轿车轴承生产特区建设经验和上海钢球厂在全国同行业中率先实现质量贯标认证经验的基础上，继续开展技术质量整顿和贯彻ISO9000国际系列标准活动，上海浦江轴承总厂和上海振华轴承总厂相继取得质量认证证书，有一批企业正在加紧贯标的前期工作，准备申请评审认证。

(5) 以企业文化为载体，集团公司凝聚新优势。

一年来，总公司以企业文化建设为基础，努力寻找企业文化建设与两个文明建设的结合点，准确定位，重塑形象，广泛开展“三大工程”（凝聚工程、形象工程、人才工程）活动。在实践过程中全公司推广了上海浦江轴承总厂“无愧金牌人”活动、上海钢球厂“银星形象工程建设”活动和中国轴承厂“负重奋进、团结扭亏”活动等先进工作经验，产生了50位“SBC形象人”、40位“走在时间前面的人”、30件“SBC形象事”，培养了一大批有理想、有技术、懂管理、肯苦干的复合型人才和专业人才，激发了广大职工干部的敢于竞争、敢于创新、团结拼搏和踏实工作的主人翁精神，促使企业精神动力变为生产动力，增强总公司两个文明建设的新优势。

展望与预测 根据国内外轴承市场竞争趋势，尤其是国内轴承企业竞争已形成“三足鼎立”的局面（即国有企业、乡镇企业与合资企业三者之间的竞争）和公司自身发展存在的各种经济困难及发展矛盾，总公司对今后几年的经济发展提出了“统一思想、克服困难、发奋图强、主动出击，加快实现全公司经济增长方式由粗放型向集约型转变、企业经营方式由生产经营型向生产经营和资产经营相结合方向转变”的发展战略思想，以资产为纽带，以资金为“龙头”，以出口为导向，继续推广现代企业制度建设，优化行业结构重组，完善资产运作机制，形成出口创汇创利支柱化，不断增创经济实力新优势。在1996年中，全公司工业总产值、销售收入、出口创汇、利税总额及“三产”销售额将分别比上年增长25%、17.7%、25%、1.6%和25%，努力实现经济增长集约化、出口创汇创利支柱化、资产重组最优化、经济效益最大化、人才资源合理化、两个文明同步化的“六化”标准。

〔撰稿人：上海轴承总公司办公室　周金元〕

广西玉柴机器股份有限公司

董事长：王建明　总经理：邓　强
地址：广西壮族自治区玉林市天桥路168号　邮码：537005
电话：(0775) 3289555　传真：(0775) 3288168

发展情况 玉柴是中国最大的中吨位车用柴油机生产企业和最大的小型工程机械生产、出口基地。

1995年，中国载重汽车销售量削减达22%，玉柴同行厂家柴油机产销量锐减40%～60%。玉柴在整个汽车市场极度疲软、同行业竞争异常白热化的大环境下，以“顺境我要昌盛，逆境更要昌盛”的决胜意志，克服了重重困难，取得了产销量、市场占有率比上年增长的突出业绩。主导产品6105柴油机的生产和销售量分别比上年增长20%和14%，市场占有率大幅上升。截至1995年底，公司拥有总资产33亿元，净资产24亿元，职工人数9 800人，其中中专以上科技人员2 000余人。

“八五”期间，玉柴的主导产品YC6105QC柴油机产量从1990年的12 188台增至1995年的77 830台，增长了5倍多；销售额从1.88亿元增至19.90亿元，增长了9倍多；利税从0.40亿元增至5.15亿元，增长了近12倍；净资产从0.60亿元增至24亿元，增长了39倍。

“八五”期间，玉柴共完成技术改造投入20.7亿元，新增建筑面积44.5万m^2，新增设备1 897台(套)，形成柴油机年产15万台的能力。其中，先后花了将近3亿美元，引进具有国际先进水平的曲轴加工生产线和新建采用轻型钢网架结构、全封闭空调的YC6112柴油机金工装配联合厂房45 000m^2，安装引进福特的YC6112柴油机生产线和装配线；在YC6105QF的47 000m^2加工装配联合厂房里，安装具有国内最先进的机体、缸盖加工线及柴油机装配、调试等生产线和具有国际先进水平的曲轴生产线。此外，玉柴还自行投资开通了3 000门数字程控电话；投资1 200万元，建设计算机系统工程，并已经完成其中的财务管理、QRADIE数据库、销售系统、MRP－Ⅱ中的供应系统和总成系统。

到1995年，玉柴销售公司在全国各省（自治区）和各主要大中城市（县）、各交通枢纽共设立了12个办事处、363个技术服务站和1 000多个配件经销单位，实现了南方每150km、北方每250km拥有一个玉柴服务站覆盖的目标，构成国内同行业中数量最多、功能最齐全、销售服务半径最小的强大销售服务网络。YC6105QC型柴油机实行15万km质量保修，保证用户在规定时间内（长江以南24h，长江以北48h）得到优质的技术服务。

1995年玉柴的主要经济技术指标完成情况及产量、出口情况详见表1、表2、表3、表4。

表1　1995年主要经济技术指标

项　目	单　位	1995年完成	比上年增长%
企业数	个	1	
全部职工平均人数	人	9 974	34.9
工业总产值：当年价	万元	180 867	1.6
不变价	万元	107 503	23.1
工业增加值	万元	78 889	－0.9
产品销售收入	万元	199 705	10.7
利润总额	万元	41 537	－14.2
固定资产原价	万元	70 426	49.9
固定资产净值平均余额	万元	50 929	89.2
流动资产平均余额	万元	94 479	61.4
出口创汇	万美元	579	40.0

新产品开发　1995年，玉柴在新产品开发方面取得了几项实绩。

(1) 为提高市场竞争能力，玉柴在1995年成功地开发了YC6108Q型柴油机。YC6108Q型柴油机是在YC6105QC机的基础上，消化、吸收、引进德国FEV公司优化YC6105QC的技术，进行扩缸重新设计开发的新产品，进一步提高了动力性、经济性和可靠性，性能指标先进，在国内处于领先地位，是中吨位各型客、货车的理想配套动力。

YC6108Q型柴油机的设计，通用化程度高，配套适应性好，制造工艺继承性好，外形安装尺寸与YC6105QC机完全相同。

1995年6月23日，YC6108Q型柴油机新产品通过了广西机械工业厅的技术鉴定。为满足汽车厂新试制车型的配套需要，玉柴与汽车厂成功地开发了19种配套机型，可满足30多个主要汽车厂的产品配套。

表2　1995年完成主要产品产量

产品名称	单　位	产　量	比上年增长%
YC6105型柴油机	台	77 986	19.4
YC6108型柴油机	台	1 756	
WY小型挖掘机	台	564	62.5

表3　1995年主要产品出口情况

产品名称	出口产品		出口额	比上年
	单位	数量	(万美元)	增长%
小型挖掘机	台	479	579	40

表4　1995年主要出口国家、地区情况

序　号	国家、地区	出口额（万美元）
1	德　国	420
2	意大利	129
3	比利时	12

(2) 引进美国福特公司YC6112柴油机生产线生产的系列柴油机，是引进国外先进的设计、制造工艺、标准和主要件全套加工设备生产的新型产品，功率118kW～199kW，产品达标美国福特公司最高质量等级Q1级，具有90年代国际先进水平，动力强劲，安全可靠，适配载重量为5t～15t货车和大型豪华客车，是国内重型汽车的优质发动机。

YC6112机经过一年多的消化、吸收国产化试制、试验，已于1995年2月28日通过广西机械厅组织的技术鉴定。目前，玉柴开发的YC6112ZG工程机械用机型已完成设计、样机试制，可满足16个汽车厂、2个工程机械厂、37种型号的车型配套，现已有12个汽车厂完成了整车技术鉴定。

(3) 成功地开发了WY20T液压挖掘机。

技术开发和质量进步　1996年，玉柴继续开展以可靠性为中心的质量工作，严格按可靠性第二期目标平均修理故障间隔里程10万km考核。由公司首席执行总裁发动，总经理组织连续开展二次质量整改和质量效能整改活动，同时组织开展了24项可靠性攻关项目，设立专职副总经理主管质量和可靠性工作，使产品质量和可靠性稳定提高。从7月份起可靠性指标连续稳定达标。

1995年9月，广西技术监督局委托广西汽车拖拉机研究所，对玉柴YC6105QC柴油机进行年度质量监督抽查，产品达一等品水平。

1995年10月，机械工业部在人民大会堂召开可靠性达标产品特别推荐新闻发布会，玉柴YC6105QC柴油机被公告为特别推荐的可靠性达标产品。

玉柴系统开展产品可靠性工作，取得显著成效。开展可靠性工作后，每百元销售收入的“三包”索赔费用下降近50%。

1995年玉柴在全国农机质量协会的帮助下，按ISO9000系列标准，建立健全了完整的质量体系，从8月份起开始试运行，计划1996年通过体系认证。

为增强企业的技术开发和创新能力，提高企业的自我发展和市场竞争优势，国家鼓励和支持大型骨干企业建立企业技术中心。1995年8月1日国家经贸委、税务总局、海关总署确认玉柴技术中心为第三批享受优惠政策的企业技术中心，8月12日正式组建了技术中心。

玉柴技术中心下设产品工程部、应用工程部、试验工程部和中心办公室，现有179人，人员素质比较高，其中具有大学本科学历的有105人、大学专科23人、中专11人，合计占总人数的77.7%，其余为技校和高中文化程度。现有高级工程师22人，工程师28人，助理工程师53人。

技术中心建设项目，1994年委托机械工业部第三设计院玉柴分院完成了产品开发部、新产品试制车间的初步设计和施工设计，1995年调整后的实施方案，产品开发部总投资8 115万元（含312万美元），新增建筑面积10 875m²，到位设备106台（套），含进口设备22台（套）。

目前，玉柴技术中心已与天津大学、上海交通大学、广西汽车拖拉机研究所建立了长期技术合作关系，并与华中理工大学、上海内燃机研究所、中国汽车技术研究中心、清华大学、吉林工业大学、重庆大学、上海七一一研究所、重庆汽车研究所等高等院校、科研单位开展了技术合作项目，与国外著名的内燃机研究机构德国柴油机技术公司（FEV）和美国西南研究院（SWRI）开展了技术研究开发项目。

深化改革 玉柴从1995年起的发展战略方针为“实现管理效益型”。由于企业在长达十年的高速高效发展过程中，存在着诸如“长驱直入，不顾两厢”、基础工作薄弱、粗线条多、隐患多等粗放经营的漏洞。为了向现代化、国际化大公司发展，向科学管理要效益。1995年玉柴企业管理系统意识到粗放的危害，开始向精细经营转化，玉柴采取的战术主要是“精细作业、精细管理”。在企业管理上要达到科学、周密、简练、高效；在企业内部逐步推行成本中心、利润中心、责任中心和费用中心等科学管理模式，使企业走上自我改造、自我发展、自我完善、自我约束的良性发展轨道，发展成为高效、精干的经济实体，实现玉柴人“以高价值的劳动换取高价格高效益”的经营理念，营造成功能够容纳玉柴发展结构的战略空间。

（1）财务管理规范化。财务管理在完成与国际惯例对接之后，1995年主要加强了制度建设、计划管理，规范了会计核算工作程序，使内部管理工作逐步走上正轨。

（2）建立健全质量经责考核制度。1995年公司制订了铸造厂、冷加工厂、热加工厂以零件综合质量为考核对象，总成厂以分阶段工作质量为考核对象的优质优价方案，其中有详细的质量评分标准，又有切实可行的检验方法，使公司对质量经责考核有了突破。

（3）逐步健全公司管理制度。一是完善办公用车管理制度。制订相关的细则和办法，使开车上、下班，私用、滥用办公用车的现象得到有效控制。二是对公司通讯工具进行整顿改革。对公司通讯工具的配置、台帐管理、收费标准、费用限额标准、维修及遗失等进行了明确规定。

（4）计算机辅助管理初具规模。 1995年度，计算机辅助管理MRP－Ⅱ新旧系统切换取得突破，实施了质量信息处理系统（CQ/QIS），YCCAD/CAPP项目进入准备鉴定验收阶段，实行了计算机操作资格（COL）证制度等，为玉柴企业管理迈上新台阶打下了基础。

“九五”规划 “九五”期间，玉柴将充分运用自己的融资能力和规模能力，与国内的主要汽车营销企业和集团建立以产品和资产为纽带的联营关系，实现年产21万台中、重型柴油机的发展纲领。

公司的发展构想为，通过总额27.3亿元的投资，加速推进各项建设，实现人员、装备、管理三大素质的水准国际化，到2000年形成年产销逾100亿元，年税利达25亿元的综合规模。

以“顽强进取、刻意求实、竭诚服务、致力文明”的企业精神和“把玉柴建设成为一个水平高、批量大、品种多、覆盖面广的动力机械与行走机械的生产基地和出口基地，建设成为我国中南部一个两项文明高度发展的典范，跻身国际内燃机强手之林”的企业理想抱负为动力，玉柴将创造新的业绩，迎接新世纪的到来，为振兴中国工业作出更大的贡献。

〔撰稿人：广西玉柴机器股份有限公司秘书处秘书科　欧健宁〕

绵阳新华内燃机企业集团公司

董事长（兼党委书记）：黎建功　总经理：陈玉玖　副总经理：易　杰（常务）、尚崇敬、朱正晓、刘刚、王运先　党委副书记：孙伯苓　纪委书记：杨清润　工会主席：陈谦华

地址：四川省绵阳市绵兴路中段114号　邮码：621000

电话：（0816）2362756、2362752　传真：（0816）2364007

黎建功（董事长）简介 现年53岁，四川省重庆市人，大学本科毕业，高级工程师，1985年担任绵阳新华内燃机厂副厂长，1991年任厂长，1994年任绵阳新华内燃机企业集团公司董事长兼总经理、党委书记。曾荣获全国“五一”劳动奖章、四川省劳动模范、四川省优秀企业家称号，是享受国家政府津贴的专家。

概况 绵阳新华内燃机企业集团公司是以绵阳新华内燃机股份有限公司为核心，拥有8个成员企业的国家大二型内燃机制造企业。占地45hm²，拥有职工3 000余人，其中：工程技术人员600余人，高中级技术人员200余人。主导产品有剑门牌491Q型汽油机，剑门牌单缸柴油机，剑门牌、方圆牌农用汽车，剑南牌轻型客车，并已形成了年产5 516.25MW（750万hp）内燃机、2 000辆农用汽车，1 000辆轻型客车的生产规模。正在兴建的铸造中心占地10hm²，可年产高强度薄壁铸件15 000t。集团公司是机械工业部定点生产内燃机的专业公司，是西南地区内燃机研制生产基地之一。

1995年，企业的外部环境艰难。面临着市场疲滞、资金紧缺、“三角债”加大的困难，集团公司全体职工妥善处理改革、发展与稳定的关系，狠抓两个“转变”，发扬艰苦奋斗、团结拼搏的“新华”精神，生产经营工作出现了良好的增长势头。产值、销售收入、利润等指标在1994年的基础上持续增长，列入了1 000个国家扶持的大型企业行列，进入了全国普通机械制造最大经营规模百强企业之列。

主要经济指标持续增长

（1）产量。集团公司下辖的有限公司完成内燃机175万kW，比上年增长31%，其中：生产单缸柴油机101 888台，生产491Q型汽油机9 000台，与上年相比，柴油机产量净增30 000多台，创历史最高纪录，产销量居全省同型号产品第一，保持着75%的市场占有率。

（2）产值。集团公司1995年实现总产值3.02亿元，比上年增长14.8%，其中：股份有限公司实现产值26 847万元，下属的华兴农用车制造厂实现1 392万元，轻型汽车厂实现587.7万元，其他所属厂、公司实现1 385万元。

（3）销售收入。集团公司全年实现销售收入3.4亿元，比上年增长21.4%。

（4）利税。集团公司实现利税总额1 794万元。

已构筑起集团公司框架，初步形成集约化经营格局 1995年，集团公司进一步深化企业内部改革，特别是认真探索资本经营的路子，增强资本的扩张能力。2月份在省、市政府和有关部门的帮助下，在原新华内燃机总厂的基础上，组建了新华内燃机企业集团公司。8月份在市委、市府的协调下，集团公司合并了原绵阳市轻型汽车厂。年底，集团公司正着手合并绵阳市铸造中心，该中心将上一个专业铸造基建项目。该项目建成投产，将彻底解决柴、汽油机上规模、上水平问题。集团公司已从单纯的生产经营转向了资本经营，资产和经营呈多元化特点，具备了向技、工、贸一体综合性、集约化经营方向发展的条件。

集团公司建立后，对管理机构和职能进行了调整，本着“精干、高效、满负荷”的原则，实行一套班子、两块牌子、多块印章的办法，把集团公司新设立的管理机构与新华内燃机股份有限公司的大部分机构合并，设立“九处一办一司”，避免了机构重叠、人浮于事、工作漏空现象。合并绵阳市轻型汽车厂后，一是调整和加强了领导力量；二是精简了管理机构，除保留生产指挥系统的科室外，其他管理部门的职能全部移交给集团公司相应处室进行管理，并压缩了二线人员，减轻了绵阳市轻型汽车厂的负担；三是将集团公司行之有效的管理制度推行到绵阳市轻型汽车厂贯彻执行。为构筑以资产为纽带的集团公司框架，逐步在集团公司内建立起资产授权经营制度，实行产权管理和资本受益管理方式，着重从产权入手，理顺集团公司与成员企业的关系，一方面进行资产清理，核实资产台帐；另一方面制定了固定资产在集团公司内流动的审批权限和办事程序，建立资产划拨台帐，还对公用设施、管理费用等进行清理核算，实行“谁受益，谁承担”的办法，合理分摊，不吃集团公司“大锅饭”，以逐步达到统一规划、协调发展、自主经营、独立核算、自负盈亏、保值增值的目标。

深化企业内部改革 集团公司是四川省22个探索建立新体制试验企业之一，在实施企业股份制改造、“三项制度”改革等取得成果的基础上，1995年继续列入四川省80个建立现代企业制度试点企业。在内部改革方面着重抓了以下工作：

（1）继续进行“三项制度”的改革。

①劳动用工制度改革。公司在1994年实行全员劳动合同的基础上，1995年又率先在绵阳市签定了集体劳动合同。6月，在企业内部逐步实行厂内离岗休息制度，以达到减人增效的目的。全年解除合同、辞退、除名人员18人，形成了能进能出的机制。

②分配制度改革。一是在原岗位技能工资制的基础上，将岗位工资、奖金的发放与产品销售数量、收款和利润指标挂钩考核，以增强员工的责任感。二是加强了对奖金的考核，重点向生产一线倾斜，调动了一线职工的生产积极性。三是在科技人员中实行特殊津贴，对20名有较大贡献的工程技术人员、工人技师经评议，实行65元/月～80元/月不等的津贴，为科技人员营造良好的环境，鼓励科技人员多出成果。

（2）制定政策，完善实施方案，加快转机建制的步伐。集团公司在总结省委、省府“33条”新体制试验工作基础上，结合省委、省府《关于扩大建立现代企业制度试点若干问题的意见》，按照《关于四川省现代企业制度试点工作组织实施意见》的要求，根据企业的实际情况，制定了试点完善实施方案，用以指导集团公司下一步的改革工作。

围绕市场抓生产经营，企业的管理水平和整体素质进一步提高

(1) 围绕市场组织生产。一是抓资金的运作。按1995年生产经营目标测算，流动资金缺口很大。公司领导及财务部门积极采取措施，努力争取银行支持，多渠道筹集资金，保证生产需要。加强资金管理，按轻重缓急安排使用。二是抓好物资供应和配套供应。物资供应和外协配套部门急生产所急，并且仔细衡量质量、价格和交货期，保证了公司柴油机生产能快节奏地进行。三是抓好生产组织。生产车间克服了停电、缺水的困难，合理调整班次，及时安排加班，打破常规生产，大力提高成品率、装机率。

(2) 围绕市场抓好产品销售和售后服务工作。针对柴油机市场特点，集团公司根据实际情况提出了“保重点市场、重点用户，兼顾一般用户”的销售策略。销售部门还注重抓好柴油机“三包服务”，不断提高服务质量，销售人员不辞辛劳，任劳任怨走访用户，销售产品。汽油机销售方面，一是抓源头销售，通过参加汽车厂的订货会，宣传推销自己的产品，争取批量订货。二是抓柜台销售，派员到汽车厂的柜台上直接向用户推荐、宣传产品，销售汽油机。三是采取灵活的销售策略，按批量和收款实行台阶价。四是配合汽车厂开发新产品，拓展新的市场，在491Q型汽油机1996年订货会上，集团公司展出的491Q型汽油机的3个变型品种和准备开发的3RZ－B、22R－E型汽油机样机受到了与会代表们的好评，显示出了集团公司雄厚的技术经济实力。6月，公司将原有的30余个汽油机特约维修站扩大到132个，还举办了6期汽油机维修服务人员培训班，对400余名特约维修人员进行了技术培训。这使集团公司声誉不断提高，产品销售市场不断扩大。

(3) 抓好基础管理。

①完善内部的承包考核体系。1995年，共有13个单位签定了承包合同。考核指标除数量、质量、成本外，还加强了回收货款、实现利润等指标的考核。通过承包，有力地调动了各承包单位的主动性和积极性，使承包单位感到既有压力，又有动力。劳动服务公司扩大了经营项目，新上了投资省、见效快的合金石材刀片等项目，1995年实现经营总额800万元，盈利较上年有大幅度的增长。汽车配件公司不与主机争利，而是主动上门推销汽车配件，开发和巩固新老市场。汽车配件等营业收入在1994年的基础上又增长30%，公司下属的新兴内燃机配件厂实现产值、利税分别比1994年增长49%、47%。生活服务公司在内部划小承包单位，扩大服务品种，改善质量，较好地实现了后勤剥离的平稳过渡。

②进一步提高质量管理水平。一是抓好工艺标准的完善工作。二是抓好柴油机和汽油机配套件的质量管理和检验入库。三是新购了计量检测设备。四是加大了对重点质量问题的攻关力度。五是抓好全面质量管理，开展QC活动。1995年公司的理化计量二级认证复查评分得93分，理化认证升为国家一级企业。公司还聘请了德国内燃机专家格莱茨曼先生任总经理顾问，在3个月里，他完成技术质量课题15个，编制标准8个，改进工艺6项，提出建议20条，培训人员200人次，对公司提高产品质量，加强企业现代管理均起到了重要作用。与丰田公司的工程技术人员进行了3次技术交流，加快了对国际先进技术的吸收进程。

加大技改力度，开发新产品　在491Q型汽油机的基础上，开发了491QJ、491QP、491QE型汽油机，可与轻型客车、轻型卡车、轻型轿车等车型配套，使企业有了更广阔的市场；在1100型单缸柴油机的基础上，开发了1110型柴油机，公司投入了600万元对1110型柴油机生产改造；投入762万元，对柴油机总装试车、缸体，缸盖等工序进行改造，增加设备174台（套），使柴油机装试能力达到了每年20万台；投入资金700万元，增加设备18台（套），抓了491Q型汽油机3万台技改项目的收尾完善工作。

〔撰稿人：绵阳新华内燃机企业集团公司宣传处　陈万永〕

河南省豫通企业（集团）公司

董事长兼总经理：郝相国
地址：河南省新乡市和平路53号　邮码：453002
电话：(0373) 3383921（总机）　传真：(0373) 3383858

概况　河南省豫通企业（集团）公司是中国机械行业水泵、风机、电机、电器、环保设备等机电产品制造领域内的综合性生产经营公司，是河南省最大的通用机械生产经营企业集团，国家大二型企业，由新乡水泵厂、新乡市鼓风机厂、新乡市电机总厂等15个生产经营、科研单位为核心，由国内50多个企业、科研院所、大专院校、金融机构等组成的跨地区、跨行业的大型经济实体。集团公司拥有在职职工 3 300 多人，工程技术人员 285 人，其中具有高级职称的 30 多人。资产近 2 亿元，各种主要设备 600 台，其中大、精、尖、数控设备 64 台。

发展情况 1995 年，是河南省豫通企业（集团）公司实现历史性转折的一年。在这一年里，集团以改革统揽全局，以总经理提出的“三步曲”总体战略作为阶段性工作目标，理顺财务和管理机制，实施名牌战略，强化规模优势，广泛开展以“豫通杯”为主要内容的社会主义劳动竞赛，提前一季度完成了对市政府签订的利润目标，被评为河南省科技开发实力百强单位，新乡市增效益、上台阶先进单位。各项经济技术指标情况见表 1、表 2、表 3。

表 1 1995 年主要经济技术指标

项 目	单位	1995 年完成	比上年增长 %
企业数	个	13	—
全部职工平均人数	人	3 329	0.5
工业总产值：当年价	万元	12 241	31.6
不变价	万元	8 369	20.0
工业增加值	万元	2 914	16.3
产品销售收入	万元	9 709	15.2
产品销售税金及附加	万元	55	-5.7
利润总额	万元	122	280.6
固定资产原价	万元	9 723	-3.3
固定资产净值市均余额	万元	7 594	-7.3
流动资产平均余额	万元	9 569	-6.5

表 2 1995 年完成主要产品产量

产品名称	单 位	产 量	比上年增长 %
工业泵	台	9 048	9.8
风机	台	4 168	5.2
电机	万 kW	13.4	98.5

表 3 历年主要出口国家、地区及出口产品情况

出口产品	出口国家及地区
IS 清水泵、D 型多级泵	泰国、尼泊尔、巴基斯坦
GC、DG 锅炉泵	埃及、新加坡、印度尼西亚
SK、SZ 水环式真空泵	马来西亚、塞浦路斯、菲律宾

科研成果与新产品 “八五”期间共完成泵、风机、电机产品开发并投放市场 170 种，已通过部、省级鉴定 9 种。1995 年开发投产 27 种，新产品产值率分别为：泵 28.45%，风机 31.02%，电机 6.44%。其中：（1）国家机械工业“八五”科技项目——SZ（J）系列液环真空泵及压缩机更新换代、节能攻关项目，经机械工业部组织专家鉴定，产品性能达国际 80 年代末、90 年代初先进水平，1995 年被国家科委等 6 委、局评为国家级新产品；（2）低噪声、节能型 SK-85 大型水环真空泵，经省科委组织专家鉴定，达到国内先进水平和国家优等品水平，被评为省科技成果三等奖；（3）D450-60 大型矿山排水泵被列入第 15 批节能推广项目；（4）MD 系列耐磨矿山排水泵 7 个品种（省科技攻关项目），1995 年正式投放市场，进行工业运行；（5）SNL 水泥立窑风机系列，获省科技成果三等奖，被国家经贸委和全国节能中心列为全国重点节能产品推广示范项目和国家优秀节能产品；（6）L6 系列罗茨风机 1995 年通过省级专家鉴定，产品性能达国内先进水平。

技术改造 集团鼓风机厂以水泥立窑风机为中心的国家级节能改造专项，总投资 730 万元，1995 年完成投资 436 万元，其中土建工程 217 万元，设备 203 万元，其他 16 万元。该项目完成后，可新增产值 1 540 万元，新增产量 600 台，新增利税 326 万元。

对外合作 （1）应邀赴日本访问考察，初步与日本栗村制作所签订了引进化工流程泵制造技术的协议；（2）与日本新东株式会社、镰仓株式会社达成了引进风机产品制造技术协议。

深化改革 （1）人事制度改革：按照精干、高效、满负荷的原则，提高全体管理人员的管理水平、增强竞争机制、促进管理队伍的四化建设，使各级管理队伍逐步成为管理现代化、办事效率高的办事机构。根据总经理 1995 年人事制度改革的总体部署，集团公司首先从公司机关管理人员中按照“四定一结合”的原则进行精减。具体方法是先定编、定岗、定条件，然后各处室将上岗条件公布于众，根据每个管理人员的特长、岗位的设制进行双向选择，最后根据选择结果，经过主管领导和领导小组审议，将定员情况向全体人员宣布。本次改革进行得很成功，机关管理人员原有 62 人，精减后为 42 人。1995 年公司所属二级单位也在进行精减人员工作，按文件要求，年底完成整个公司的人事制度改革：落选人员也都按照本人要求重新安排新岗位。（2）劳动制度改革：1993 年 7 月 6 日，集团公司实行了全员劳动合同制，全公司 3 320 人和集团公司签订了劳动合同，打破了工人和干部的界线；按照《劳动法》的要求，1995 年公司已经有 5 个单位和工会签订了集体合同；为适应市场经济的需要，促进“三项制度”改革的顺利进行，进一步完善劳动用工制度，建立“上岗靠竞争、报酬靠贡献”的竞争机制，促进人员流动，优化职工队伍，提高职工素质。公司从 1995 年 9 月 20 日起组建了公司劳务市场，并制定了试行办法，规定了职责和范围。对进入劳务市场的待遇做了明确规定，并同时实行了内部待业制度。（3）工资制度改革：工资制度改革在“三项制度”改革中力度最大，集团公司从 1993 年开始实行岗位技能工资制。为了体现多劳多得、按劳取酬的分配原则，公司打破了原来的等级工资制。在进行岗位测评以后，将工人岗定为六岗，管理岗定为九岗，每个职工根据现有工种、职位进入各自的岗位，同时享受各岗位的岗位工资，并实行了岗动薪动的动态管理。公司也重新制订了技能工资标准，并按技术高低进行测评定级。公司实行岗位技能工资的具体运行办法为：岗位工资变岗变薪，技能工资考核变档。实行岗位技能工资以后，第一线脏、累、险岗位工人的工资明显提高，体现了按劳取酬的分配原则。工作轻、岗位低，相对工资也低。这样起到了工资的杠杆和激励作用。实行岗位技能工资后，公司考虑到部分老工人在工资较低的岗位工作，为了照顾老工人利益，同时增加了工龄工资，通过几年来的运行，效果很好。为了吸引人才，集团公司还重新制定了新分来的大中专毕业生、技校生在见习期间的待遇规定。此项待遇普遍高于市劳动局规定的标准，见习期过后，本科毕业生定级比现在规定的技能工资高一级，特殊表现好的还可高二级。

“九五”规划 “九五”期间规划实现目标：工业总产值达2.1亿元，销售收入3亿元，实现利税3 100万元，出口创汇500万美元，技术改造及引进项目投资4 800万元。“九五”期间主要任务：(1) 集团公司内部形成工业泵、农用泵、风机、电机、环保设备等五大支柱企业。(2) 实施三项技术改造，即：三大化工关键装备技改专项，节能水泵、风机技改专项，空气净化装备技改专项。(3) 强化三个服务方向，即强化为基础农业服务，强化为机械电子、汽车、石油化工、建筑建材四大支柱产业服务，强化为能源、交通、通风等基础设施建设服务。(4) 建成公司精密铸造和铆焊两个技术中心。(5) 建立集团公司人才培训中心。

〔撰稿人：河南省豫通企业（集团）公司党政联合办公室　王及义　审稿人：河南省豫通企业（集团）公司总经理　郝相国〕

杭州盾牌链传动（集团）公司

总经理：李文虎
地址：杭州市湖墅南路309号　邮码：310005
电话：（0571）8068568（总机）　传真：（0571）8078875　电挂：6969（杭州）

发展情况 1995年，杭州盾牌链传动（集团）公司全体干部职工在党的十四届五中全会及邓小平同志建设有中国特色社会主义理论精神鼓舞下，充分发挥聪明才智，发扬敢于和善于打硬仗的优良传统，扬长避短，克服种种困难，实现了突破年创汇1 000万美元、链条年产量1 000万m两个大关，人均收入达到8 502元，企业得到上级领导的好评。企业的生产规模已跨入世界同行业十强的行列，为实现“八五”目标画上了一个圆满的句号。

1995年公司主要经济指标完成情况如下：

工业总产值：实际完成18 442万元，比上年增长17.6%，比“七五”期末增长53.7%。

产品产量：链条产品，实际完成1 073万m，比上年增长21%，比“七五”期末增长68%；皮带机产品，实际完成143台/5 171m/992t，比上年增长53.6%，比“七五”期末下降54.7%；自动扶梯，实际完成17台/68m/153t。

产品销售收入：实际完成19 243万元（含税20 434.5万元），比上年增长29.3%，比“七五”期末增长149.4%。

出口创汇：实际完成1 003.18万美元，比上年增长42.9%，比“七五”期末增长66.9%。

总产值全员劳动生产率：实际47 724元/人，比上年增长21.2%，比“七五”期末增长42.5%。

人均年收入　实际达到8 502元/人，比上年增长19.5%，比“七五”期末增长199%。

1995年主要经济技术指标完成情况见表1、表2、表3、表4。

要使企业取得进一步的发展，必须扎扎实实抓好企业内部的各项工作，不断增强企业适应外部环境变化的能力。

加强质量管理，增强产品市场竞争力 产品质量是企业生存和发展的关键所在，几十年来，经过几代“杭链人”的努力，盾牌产品在国内外市场上建立起来的良好的产品质量信誉，必须加以保持和提高，因此，要求公司的每一个员工牢记“盾牌在我心中，质量在我手中”这句“杭链人”的豪言壮语，并把它贯穿于整个生产管理之中。1995年开展了每年一度的强化职工质量意识、提高整体技术水平和企业管理水准的活动。通过质量教育和质量知识培训，对质量难题进行攻关承包，引进先进检测技术和设备，对干部和职工以不同要求进行质量考试。同时采取产品质量全检的有力手段，以确保不符合质量要求的产品不出厂门。国际标准化组织链条专业委员会，鉴于我公司在链传动生产、开发方面所取得的进展，决定把誉为世界链条行业最具权威性的国际标准化组织链条专业第十二届国际年会，定于1996年5月由我公司和全国链传动标准化委员会承办召开。这是我国首次承办该组织的年会，这说明“盾牌”在国际上已建立起良好的品牌地位，为了取得国际市场公认的“通行证”已深入开展ISO9002质量认证工作，制订工作计划，落实措施，限期完成，硬件、软件一起抓。通过对ISO9002质量认证的知识培训，对存在的不足，及时进行整改，顺利通过ISO9002质量认证的验收。目前盾牌产品在全国链条行业中售价最高，但销售仍处于供不应求的状态，这充分证明盾牌产品的优异质量，使企业的生存发展有了坚实的基础。

表1 1995年主要经济技术指标

项目	单位	1995年完成	比上年增长%
企业数	个	2	
全部职工平均人数	人	4 403	-0.2
工业总产值：不变价	万元	18 442	17.6
工业增加值	万元	5 655	29.9
产品销售收入	万元	19 243	29.3
产品销售税金及附加	万元	42	-39.0
利润总额	万元	638	-6.5
固定资产原价	万元	12 751	40.3
固定资产净值平均余额	万元	6 431	39.3
流动资产平均余额	万元	16 226	5.9
出口创汇	万美元	1 003	42.9

表2 1995年完成主要产品产量

产品名称	单位	产量	比上年增长%
工业链条	万m	1 073	21
运输设备	t	992	53.6
自动扶梯	台	17	240
皮带机	台/m/t	143/5171/992	53.6

表3 1995年主要产品出口情况

产品名称	出口产品		出口额（万美元）	比上年增长%
	单位	数量		
工业链条	万m	378	1 003	42.9

表4 1995年主要出口国家、地区情况

序号	国家、地区	出口额（万美元）
1	德国、意大利、法国	301
2	美国、加拿大	332
3	东南亚	179
4	非洲	27
5	其他	164

抓产品结构调整，开创企业新的经济增长点 随着我国计划经济体制向社会主义市场经济体制的转换，一些老的条框已被逐渐打破，企业投身社会主义市场经济势在必行。因此，公司必须以市场为导向及时调整产品结构，满足市场需求。链条作为各行业广泛使用的机械基础件产品，其市场竞争越来越激烈。因此，公司深深感到链条产品的生产规模要进一步得到大幅度的发展，有一定的局限性。在这种情况下，公司在链条生产批量、稳步发展的基础上，大力开展技术含量高、附加值更高的派生系列和延伸的链传动成套设备产品。根据企业的实际情况和现有产品的特点及企业的技术优势，在短时间内有选择地开发了一些市场潜力大、经济效益好的产品。其中有：

（1）特种链产品。现已成立特种链分厂，通过边开发边生产，先后成功地开发了40余种特种链产品。其中，经过两年左右努力研制的齿形链已于1995年正式打入美国汽车市场。特种链分厂从成立到现在短短一年多时间，1995年产值已达到了1 800多万元，获得了很好的经济效益，为今后的更大发展打下了基础。目前特种链生产已初具规模，由于适应市场需求，该类产品前景十分广阔，将成为企业重要的效益增长点之一。

（2）自动扶梯产品。通过自动扶梯分厂的努力，该产品从开发试制到销售，短短的两年多时间，就实现了国内外市场销售的两个零的突破。目前，盾牌扶梯在市场上已具有一定的知名度。因此，国内外客户纷纷前来询问订购，1995年自动扶梯产量已上升到17台。与世界最大的自动扶梯生产厂家之一，德国O&K公司合资生产自动扶梯的事宜正加紧进行，合资的目标是到2000年将形成1 000台的年产量，产值将超过4亿元。这显示了盾牌自动扶梯强劲的市场占领潜力，自动扶梯产品的发展已成为企业效益的另一个新增长点。

抓国内外两个市场，提高企业经济效益 1995年，外销部门进一步利用公司在美国、德国、泰国设立销售公司和常驻贸易代表的有利条件，充分发挥窗口作用，走访客户，收集信息，及时反馈外商的新需求，更好地做好售后服务工作，大力开拓国际市场，在美国、德国、法国、希腊、日本和南非等国家先后开发了10多个新客户。另外公司也非常重视外贸队伍的建设，公开选拔素质好、外语水平高的人员，充实外贸业务队伍。以素质保业务，以业务出效益，使外贸工作有较大的发展，出口创汇达1 003.18万美元，比上年增长42.9%，荣获1995年度杭州市出口创汇“金龙”奖，进入全国机电产品出口创汇大户的行列。

1995年国内市场竞争异常激烈，全国有300多个链条生产企业，这给内销市场带来了很大的压力，针对这一情况采取了在进一步强化、巩固和发展销售主渠道、主机配套市场的同时，积极拓展维修市场，不断以新的产品打开新的市场。1995年内销取得了提前一个月完成全年销售收入指标的好成绩，全年实现内销收入9 873万元，比上年增长28.3%。

强化企业管理，提高企业整体素质 企业管理是企业整体素质的反映，为此，在1995年，公司以ISO9002质量认证工作为主线，以国际标准化组织链条专业第十二届年会于1996年5月在我公司召开为动力，积极开展各项内部管理工作，设立现场管理办公室，专门进行企业现场管理工作的检查和督促。经过一年的努力，取得了较好的效果，使公司不仅在生产规模上，而且在企业管理上也要达到世界同行业先进水平。

加强科技开发，增强企业发展后劲 1995 年，公司进一步加快技术改造步伐，使企业在技术改造中取得了很大的成效，技术改造项目竣工，投入生产 77 台设备，其中引进设备 3 台。开发成功的新产品达 10 多个品种 30 多个规格。如：自动扶梯产品第三代的 SDH35 - 100“苗条型”自动扶梯等，这些新设备的投产、新产品的开发为推动企业的发展注入了新的动力。

加强思想作风建设，提高干部职工队伍的战斗力 企业要发展，就必须有一支思想作风过硬的干部职工队伍，才能达到预期的发展目标。1995 年，公司经常利用一切机会，加强宣传贯彻邓小平同志建设有中国特色社会主义理论，以党的十四届四中、五中全会的精神，鼓励、教育干部职工。因此整个干部职工队伍在思想作风、工作作风上都有了明显的提高，大家能顾全大局，齐心协力，出色地完成各项经济指标，充分发挥盾牌的名牌优势，走大集团、规模经营、规模效益的路子，以增强企业占有国内市场的绝对优势，开拓国际市场的实力，朝世界同行业先进企业行列迈进。

〔撰稿人：杭州盾牌链传动（集团）公司　诸幼梅〕

中国七砂集团有限责任公司

董事长：王裕东　副董事长：曾厚琼　总经理：曾厚琼　副总经理：张　平、周克方、宋学权
党委书记：王裕东　副书记：任连芳
地址：贵阳市环城东路 480 号（临时办公地点：贵阳市环城东路 551 号五楼）　邮码：550001
电话：(0851) 5866518、5866528、5814987　传真：(0851) 5822840、5821847

概况 中国七砂集团有限责任公司（简称“中国七砂集团公司”）是国家大一型企业、机械工业部大型骨干企业、我国磨料生产和出口基地，也是中国乃至亚洲最大的磨料专业化生产企业，在世界磨料行业位居前列。工厂始建于 1967 年 5 月，现拥有先进的刚玉冶炼倾倒炉、气落式自磨机等装备，产品注册“山牌”商标，质量优良，棕刚玉磨料获国内同类产品唯一最高质量奖——国家银质奖。1994 年 12 月，以中国第七砂轮厂为核心企业组建了中国七砂企业集团。1995 年 8 月，根据企业集团的规范要求和《公司法》，又完成了对中国第七砂轮厂的公司制改制，经政府批准，建立起了母子层级结构的集团公司体制，同时，政府授予集团公司统一经营管理所属企业全部国有资产权。集团公司是由母公司（集团公司本部，原中国第七砂轮厂）和第三砂轮厂、第六砂轮厂等 6 个全资企业及第七砂轮股份公司、深圳联合公司等 6 个控股企业为子公司共同组成，是集普通磨料磨具和超硬磨料具于一体的、跨行业的大型集团公司，是国家磨料磨具行业两大集团之一，被国家列为 1 000 户重点联系企业之一，在世界磨料磨具行业也具有举足轻重的地位。资产总额 8.6 亿元，占地面积 110 多万 m^2，职工人数 7 430 余人。主要产品有棕刚玉、白刚玉、碳化硅、锆刚玉磨料、磨具及制品、人造金刚石、立方氮化硼及制品和紧固标准件等几十个品种，产品广泛应用于机械、冶金、化工等十几个行业。

发展情况 1995 年是中国七砂集团公司转机建制，实施第二次创业的重要一年。在这一年里，全体干部职工自始至终贯彻年度工作指导思想，围绕年度经营方针目标，从企业的实际出发，埋头苦干，奋力拼搏，克服了资金极度紧张，电力、运输、原材料供应不正常，且价格大幅度上涨等各种困难，全面完成了各项主要经济技术指标和工作任务。全年完成商品销售收入 36 750 万元；工业总产值 24 525 万元；出口创汇 2 154 万美元，其中自营出口创汇 1 208 万美元。

产品在国际市场成绩喜人。1995 年，企业在认真分析了国际国内市场形势之后，果断提出了“出口带动”的经营战略，坚持“外销为主，内外结合，优先保出口，保出口自营”的方针。为实施出口带动战略，第一，强化服务意识，密切同国外客商用户的关系，不断扩大外销市场；第二，狠抓产品质量，严把产品质量关，申请并通过了 GB/T19002 (ISO9002) 质量认证，与国际质量体系接轨；第三，坚持信誉至上，产、销、运、管各系统紧密配合，分工负责，确保出口产品的合同保质、保量、按时兑现，维护和培养企业形象。另外，加强进出口工作人员的业务培训和锻炼，不断增强业务能力，提高工作效率。

科研成果与新产品 中国七砂集团公司十分重视科技进步工作，注重依靠科技改进产品，提高质量，增加新技术含量，从而提高经济效益。1995 年共组织了 34 个技术进步项目的实施。其中，用当地石英砂冶炼碳化硅工艺试验项目获得国家 QC 项目一等奖；II型锆刚玉项目获得贵州省优秀新产品二等奖，机械工业部科技进步三等奖；碳化硅脱氧剂获得贵州省优秀新产品二等奖；SG 磨料样品研制课题有了较大突破；刚玉烟尘综合利用研究项目，完成了小型工业性扩大试验，报国家经贸委立项，建立贵州省第一个国家级工业性材料试验基地。另外，积极开展创名牌工作，WA4# ~ 24# 刚玉获得贵州省名牌产品称号。

技术改造 中国七砂集团公司是我国自行设计

和制造磨料的生产企业。集团公司注重技术投入，依靠自己的力量，在工艺技术、工艺装备和主要设备等方面大胆采用新技术、新材料、新工艺，进行了一系列改进，取得较好成绩。1995 年开展的重要项目，一是刚玉冶炼炉的大修改造，通过炉缸大型化改造和电弧炉二次短网改造，提高了冶炼系统功率因数和小时产量；二是设计采用专用节能可调型变压器，提高了电能利用率，单位耗电指标经行业确认，已达到了国际先进水平；三是碳化硅Ⅴ型炉改造基本完成，碳化硅炉均产量和一级块产量明显增加，且结晶粒度粗大，质量提高，为 1996 年争取达到设计生产能力奠定了基础。同时还逐步实施和完善了电子秤自动配料技术、刚玉接包采用碳化硅包衬材料、产品包装袋适应不同用户需要改造等数十项大小改造，使技术结构基本合理。

深化改革 中国七砂集团公司抓住机遇，深化改革，实施第二次创业，1995 年是至关重要的一年，完成了几项重大变革，并取得明显效果。在转换经营机制方面，依据《公司法》，建立了母子层级结构的集团公司运行新机制，重新调整了本部的行政机构，设置了集团公司七部一室管理机构，明确了职责范围，形成了分线分块分级的管理体系，逐步探索和建立起了集团公司制管理的新程序、新办法。在建立现代企业制度方面，以公司制改造为基础，被批准为贵州省建立现代企业制度试点企业，按照政府的要求，结合集团公司的实际，设计编制了集团公司建立现代企业制度的总体方案及其实施方案，得到了政府批准，现正在分步实施。在深化“三项制度”配套改革方面，劳动人事制度的改革有了较大突破，推行了全员劳动合同制，清理完善了所有“四定”岗位，引入竞争机制，对所有职工实行上岗、待岗的动态管理，根据“双向选择”原则，进行用工调节，形成内部员工交流市场，初步建立了集团公司内部正常的待岗、待业机制和人员流动机制；分配制度的改革是完善以岗位技能工资为主的动态管理与考核，实施承包经营管理与经济效益挂钩的办法，根据承包指标的完成情况，进行考核与奖罚。另外，以养老保险为基础，加大了保险制度改革力度，积极探索了医疗制度改革的有效途径。

展望与预测 中国七砂集团公司的长远发展是要实现“两个三级跳”，即在经济效益方面进入“省内前 10 名——国家前 500 名——国际扬名”，在经济实力方面成为“省级集团——国家级集团——跨国经营集团”。

为实现“两个三级跳”，集团公司经营发展的具体设想分别为以下四个方面：

发展方向是形成专业化生产，产品向高、精、尖发展，开展多角经营，跳出行业产业范围，向多功能发展；

发展战略是实施出口带动的经营战略，带动科技发展，推进现代化管理，积极参与国际竞争，开拓国际市场；

发展途径是依靠科技进步，发挥人的积极性，走外向型发展道路；

发展目标是到本世纪末，实现国有资产总额超 10 亿元，工业总产值超 6 亿元，销售额超 10 亿元，出口创汇超 3 000 万美元，利税总额超 5 000 万元。

争取到 2010 年，全面达到“三级跳”的水平。

〔撰稿人：中国七砂集团有限责任公司 吴雪安 审稿人：中国七砂集团有限责任公司总经理 曾厚琼〕

山东省诸城四达绝缘材料股份有限公司

董事长：窦宝荣 总经理：窦宝荣 副总经理：崔恩田
地址：山东省诸城市棉织街 3 号 邮码：262200
电话：（0536）6213175 传真：（0536）6111058

窦宝荣（董事长）简介 生于 1944 年，山东省诸城市人，中共党员，大专文化，1967 年参加工作，曾先后任业务员、供销科长、副厂长、厂长等职，他以锐意改革的精神和无私奉献的精神，于 1993 年在诸城企业中率先推行股份制改造，并在实践中，创造了与社会主义市场经济相适应的管理办法——倒逼成本管理法。管理法实施后，使企业在短短的三年期间就由一个不起眼的小企业，发展成为一个拥有资产 3 000 万元，利税超千万元的中型企业。窦宝荣总经理由于业绩突出，连续三年被诸城市委、市政府给予重奖，曾先后被授予诸城市“十大科技明星”、“劳动模范”、“潍坊市优秀企业家”、“山东省机械工业优秀企业家”等称号，所创造的“倒逼成本管理法”分别获得省、市优秀管理成果创新奖。党和国家领导人江泽民、朱镕基、李铁映等都曾亲自听取过窦宝荣总经理的工作汇报。其中，1996 年 5 月 3 日，在出席由江泽民总书记在上海主持召开的全国三省一市八企业负责人“改革与发展”座谈会上，向江总书记汇报了公司的改革与发展情况，得到了江总书记的连声赞誉。

概况 山东省诸城四达绝缘材料股份有限公司是在原山东省诸城绝缘材料厂的基础上，于 1993 年 6 月，由内部职工持股改建的股份合作制企业。它的前身是国有小型企业，创建于 1966 年 5 月。

当时靠十几个人单纯地收购、加工云母片起家，尽管于1969年和1978年分别投产了云母制品和层压制品，使企业有了初步发展，但发展速度相当缓慢。到1992年，企业固定资产只有300万元，年产品产量300t，产值1 020万元，利税86.7万元。企业改制后发展迅速，在短短的三年间，企业就发展到能制造生产云母制品、层压制品、浸渍制品和树脂漆4大类100多个规格型号的绝缘材料。其中层压制品、云母带制品为公司的主导产品，年生产能力达到3 000多t。

公司现有职工430人，占地面积2.2万m^2，下设二部三室5个行政管理部门和云母、上胶、压制、制漆、机修5个生产车间，现有总资产3 000万元，其中固定资产达到1 350万元。公司于1993年底晋升为中型企业，年利税超过千万元，成为全国同行业的重点企业、省机械工业利税50强企业和市骨干企业。

发展情况 在全国绝缘材料行业效益普遍滑坡、亏损严重的情况下，公司为了适应环境，寻找生机，于1993年起，在实践中创造并运用了一套与社会主义市场经济相适应的企业管理办法——倒逼成本管理法。就是以制定具有竞争性的产品价格为起点，将生产、流通、管理的全过程进行分解，制定目标成本，采用倒逼机制，将成本控制量化到每个员工，使之与经济利益挂钩，激励全体员工不断降低成本。在具体实施中，始终坚持提高经济效益这一中心；抓住以市场价格倒逼企业目标成本，以企业目标成本倒逼每个员工的岗位成本这两个要点；加强定额管理、标准化工作，建立严格的考核制度，搞好现场管理这三个管理基础；把产品的企业定价变为市场定价，改传统的应用“成本+利润=价格”的定价方法，把具有竞争性的市场价格作为客观尺度，以市场价格来确定成本，应用“价格-利润=成本”，成本不能突破市场价格，将成本控制在市场价格所能容纳的范围，使企业成本管理与市场直接联系起来，使产品成本不断降低，效果明显，加快了发展的速度。三年来，公司主导产品的原材料消耗下降了12%，万元产值耗能下降了55%，累计获得管理效益2 000多万元。产品销售价格平均比市场价格低10%，而市场占有率每年递增5%以上。依靠优良的产品、优惠的价格、优质的服务，营造了营销优势，全方位开拓和巩固市场，产品用户由原来的省内几十个，扩大到现在的20多个省、市、区近400个，产销率达到100%。

实行倒逼成本管理法，促进企业发展和效益提高，是公司的基本特点。完成的主要经济技术指标见表1、表2。

新产品开发 公司按照产品开发不间断、品种盯着市场换的思路，抓产品开发，营造竞争优势。改制三年来，通过与大中专院校、科研单位联合开发，组织技术人员自主开发等多种途径，先后研制成功层压制品、云母制品、浸渍纤维制品、绝缘漆等4大系列19种新产品。其中：EPGC3纯环氧玻璃布层压板、Z3243环氧玻璃毡层压板等经省级鉴定，填补了绝缘材料行业的国内空白。Z439-1环氧玻璃粉云母带、Z449-1F级整浸玻璃粉云母带、Z9543-1F级硼胺络合物玻璃粉云母带、Z-140桐马环氧柔软云母板等都具有国内先进水平，均获市级科研成果一等奖。新产品新增产值达3 000多万元，利税500多万元。

表1 1995年完成主要经济技术指标

项目	单位	1993年	1994年	1995年	1995年比上年增长%
企业数	个	1	1	1	
全部职工平均人数	人	200	233	287	23.2
工业总产值：当年价	万元	2 088	2 841	6 103	114.8
不变价	万元	2 321	2 900	6 193	113.6
工业增加值	万元	471	854	1 452	70.0
产品销售收入	万元	2 107	2 792	5 980	114.2
产品销售税金及附加	万元	75	97	236	143.3
利润总额	万元	182	489	803	64.2
固定资产原价	万元	555	1 342	1 343	0.1
固定资产净值平均余额	万元	286	490	1 071	118.6
流动资产平均余额	万元	808	839	1 182	40.9

表2 1995年完成主要产品产量

产品名称	1993年	1994年	1995年	1995年比上年增长%
层压制品（t）	649.7	795.3	1 961.2	146.6
云母制品（t）	62.8	105.6	129.8	22.9
绝缘油漆（t）	42.3	44.2	21.1	-52.3

技术改造 改制以来，通过公共积累和扩大股本等自筹形式，累计投入技改资金1 000余万元，是改制前27年的3.5倍。在投向上注重实效，把有限的资金集中用于技术改造和设备更新上，能自行设计的自己设计，能自行制造的自己制造；坚持小改小革，尽量少花钱多办事。三年来，公司新上液压机、上胶机、割边机、粉带机等16台（套）设备，自行设计、制造和安装了4条坯布上胶生产线，新建扩建生产厂房3 000多m^2，使层压制品和粉云母带制品的生产上能力、上档次、扩规模、增效益。企业规模迅速扩大，由原来的小型企业晋升为中型企业，固定资产达到1 350万元，比1992年增长了3倍多。主导产品生产能力由改制前的年300t提高到目前的3 000t。产品质量稳步提高，合格率已达到98.5%，其中5438-1粉云母带在1995年全国行业评比抽查中被评为优质产品。

深化改革 公司以明晰产权关系为突破口，于1993年6月，通过严格的资产评估之后，由企业内部职工共同出资持股，将国有净资产一次性购买完毕，而改建成股份合作制企业。它是诸城市最先推行股份制改造的企业之一。改制后，企业以改革为契机，加强企业内部经营机制的转换，深化内部改革和管理，建立现代企业制度。一是精减管理机构，本着精干、高效的原则，将原来上下对口、职能松散的九科一室合并为二部三室，管理人员由占总人数的 20% 减少到 6%。二是完善劳动用工制度，推行全员劳动合同制，无论管理岗位还是生产岗位都实行竞争上岗、优化组合。三是改革分配办法，按劳分配和按股分红相结合。按劳分配，坚持向为公司创造高效益者倾斜，实行单元化考核，工效挂钩、控制工资总额。按股分红，实行同股同利。四是转移社会职能，把公司的社会福利项目与生产经营分离开，实行有偿服务，半社会化管理。五是以推行“倒逼成本管理法”为中心，全面加强企业的基础管理，通过改革与管理，1995 年公司被潍坊市人民政府授予“潍坊市管理示范企业”，同时被确定为建立现代企业制度试点企业。

“九五”规划　“九五”期间，公司的主要任务是继续扩大绝缘材料的生产能力和规模，上品种、上档次，同时新上玻璃纤维和电磁线项目，扩大产品的内涵和外延，形成规模效应，降低成本费用，促进企业效益的进一步提高，力争“九五”末期发展成为年产值 2 亿元、利税 3 000 万元、利润 2 000万元的骨干企业。

〔撰稿人：山东省诸城四达绝缘材料股份有限公司办公室　倪少波〕

〔责任编辑：白　萍〕

（上接Ⅲ－261 页）1995 年 8 月在太平洋海域圆满完成了 6 000m 海底探测试验。无人无缆自治水下机器人可以按照预定路线航行，自动回避障碍，从事洋底水下摄像、拍照，以及进行海底地势与剖面测量、水文物理测量和海底多金属结核半度测定，并能自动记录各种数据及其相应坐标位置的无人无缆水下机器人系统。该机器人主要由控制系统、载体系统、水声系统和收放系统等几大部分组成。具有多 CPU、多级递阶控制结构的计算机智能控制系统，强化了自动驾驶、网络信息、图像处理、安全导航、能源供给等综合自治功能，使水下机器人可以自动定向、定深、定高、定距，按预编程序航行，并迅速准确地完成各种探测任务。载体系统中采用了新型管架结构、浮力材、压力罐和高灵敏度的传感器；安装了艏部垂直推进器和侧移推进器等多台推进动力设备，配置了下潜上浮用压铁、稳定翼及小襟翼及整体油压系统等。该机器人的主要技术性能：（1）工作水深（最大）6 000m，航速 2 节，续航能力 10h。（2）本体重 1 305kg，长 4.4m，宽 0.8m，高 0.9m。（3）利用长基线声学定位和卫星定位系统，可以实施八道控制命令，定位精度为 10m～15m，侧扫声纳作用距离 2m×350m，避免声纳作用距离 60m，剖面仪可穿透洋底 50m 厚的软泥。

1995 年 9 月 14 日，中央电视台向全世界转播的就是水下机器人在 5 370m 洋底探测到的大量锰结核球的图像。6 000m 自治水下机器人的研制成功，为我国 21 世纪进军海洋提供了强有力的手段，使我国一跃成为世界上少数拥有这种实力的国家之一，目前已达国际领先水平。

〔撰稿人：中国科学院应用研究与发展局　刘昱　审稿人：中国科学院应用研究与发展局　马雄鸣〕

〔责任编辑：王亚水〕

机械工业
发展情况
第 I 部分

机械工业

机械工业部行业发展司

1995年，经济体制改革取得突破性进展。十四届三中全会通过的《中共中央关于建立社会主义市场经济体制若干问题的决定》，确立了中国经济体制改革的总体框架，一系列重大改革举措先后出台，并取得积极成效。价格、财税、金融、外贸外汇体制改革都迈出了关键一步，取得了显著成效。我国已初步形成了由市场决定产品价格的新机制；新税制已进入基本正常的运转轨道，并全面实施了分税制管理体制；确立了中国人民银行作为独立执行货币政策的中央银行，政策银行与商业银行的分离开始起步；通过汇率并轨、实行银行结售汇制、改革进出口管理办法等一系列外贸外汇体制改革，建立了适应国际通行规则的外贸运行机制；以建立现代企业制度为主要内容的国有企业改革扎实稳步推进；社会保障、住房、教育、科技等改革也取得新的进展。

1995年，我国国民经济持续快速发展，主要宏观调控目标基本实现，较好地完成了第八个五年计划。1995年，国内生产总值达57 734亿元，扣除物价上涨因素，比上年增长10.2%，比1990年增长75.9%，是1980年的4.3倍，提前五年实现了经济总量比1980年翻两番的战略目标。国内生产总值，“八五”年均增长12%，比“七五”时期加快近4个百分点。

工业生产在调整中保持稳定快速增长，总体运行基本正常。1995年工业增加值24 718亿元，比上年增长10.2%；“八五”时期，工业增加值平均年增17.8%，高于“七五”时期年增长速度8.6个百分点；主要工业产品产量大幅度增长，并进入世界前列。从1978年到1995年，煤炭产量由6.18亿t增至12.92亿t，占世界总产量的28.1%，由世界排名第三位上升到第一位；发电量由2 556亿kW·h增至9 861亿kW·h，占世界总发电量的8.2%，由世界排名第七位上升到第二位；钢产量由3 178万t增至9 297万t，由世界排名第五位上升为第二位；水泥产量由0.65亿t增至4.45亿t，占世界总产量的37.0%，由世界排名第四位上升到第一位。

1995年是改革开放以来的又一个农业丰收年。1995年粮食总产量4.67亿t，比上年增长4.8%，又创产量历史最高水平。

1995年，社会固定资产投资完成19 445.2亿元，比上年增长18.78%，增幅比上年的31.4%回落12.6个百分点；扣除物价上涨因素，实际增长11%左右，增幅比上年回落7个百分点，但仍然领先于国内生产总值的增长速度近1个百分点，投资增长仍是推动经济增长的主要动力。由于固定资产投资增幅的急剧压缩，对机械工业产品国内市场需求有较大影响。

1995年以来，机械工业认真贯彻中央“抓住机遇、深化改革、扩大开放、促进发展、保持稳定”的基本方针，在国家适度从紧财政金融政策、相互拖欠严重等诸多不利因素影响下，制约了机械工业产销的增长和效益的提高。经过职工的努力，经济运行保持了稳中趋好的基本态势。但总的看来，产业经营质量和经济效益并没有得到相应改善，机械工业的增长，主要是靠大量投入，特别是依靠高消耗、高速度来支撑经济发展，仍处于粗放式、速度型的增长模式。因此，1995年机械工业经济运行的质量和效益未能与生产发展同步，整体素质不高，生产率仍处于低水平之中，如：增加值率低，1994年为25.48%，1995年进一步下降至22.23%，而发达国家一般在40%以上；资金利用效果差，如资金利税率（净值），1993年为9.82%，1994年为8.12%，1995年为6.66%，远远低于金融业的存贷利率。要采取措施，大力推进增长方式的转变。

一、生产有所回升，又进入高速轨道运行

机械产品是资本货物，直接受社会购买力和国民经济投资的影响，1995年这方面反映非常明显。近几年，机械工业经历了一次速度起伏的过程。自1992年初至1993年8月，由于国家资产投资大幅度增加，机械工业增速由1991年四季度的18.4%猛增至30%以上，连续20个月以30%以上增速运行，这是前所未见的；1993年下半年以来，在中央加强与改善宏观调控方针指导下，收紧投资，机械工业积极主动调整生产发展步伐，平均以每月下降2个百分点左右的幅度缓慢回落。但至1994年2月由于控制资金的力度加大，增速由20.6%突降至4.6%，比上年同期增幅下降了31.4个百分点，比当年上个月减少了16个百分点，形势极为严峻；经过全体职工的努力，以后稳定在8%左右的增速，三季度开始缓慢回升，至年底达12.2%。进入1995年后，由于国家农业政策的落实，家用电器的畅销和小轿车的兴起，除1月份有短暂下降外，以后稳步趋升，至年底已达16.1%，总体上已进入高速增长区间。不过，企业的效益情况未能同步趋升。见表1。

表 1　1992 年～1995 年机械工业月生产增长指数

（按可比价与上年同期比）　　　　　　　　　　　　（单位:%）

年份	1月	2月	3月	4月	5月	6月	7月	8月	9月	10月	11月	12月
1992	35.2	34.8	34.4	32.6	30.9	36.1	31.9	32.0	30.3	31.9	32.8	34.5
1993	20.9	36.0	36.0	35.2	34.9	33.7	33.0	31.0	28.2	26.3	25.1	25.1
1994	20.6	4.6	6.3	7.9	8.6	8.7	7.8	7.8	8.9	10.4	11.0	12.2
1995	4.3	11.4	13.2	13.4	13.6	12.9	13.3	12.7	13.7	14.2	15.1	16.1

1995 年，完成工业总产值（不变价）4 085.90 亿元，比 1994 年增长 16.10%。虽说增速比 1992 年、1993 年分别下降了 18.4 个百分点和 9 个百分点，但比 1994 年上升了 3.9 个百分点；与国际水平比较是一个较高的速度；也高于改革开放十七年（1979 年～1995 年）平均 12.2%的速度。见表 2。

表 2　改革开放以来机械工业部系统工业产值增长情况

年　份	总产值（1990 年不变价，亿元）	指　数（%）		部系统在全行业中比重（%）
		以上年为 100	以 1980 年为 100	
1978	556.98			
1979	608.25	109.22		45.28
1980	579.18	95.22	100.00	42.13
1981	497.19	85.84	85.84	37.57
1982	576.78	116.01	99.59	38.42
1983	689.31	119.51	119.01	39.05
1984	838.76	121.71	144.85	38.96
1985	1 038.66	123.80	179.33	38.04
1986	1 088.03	104.75	187.86	37.52
1987	1 242.75	114.20	214.57	37.35
1988	1 486.84	119.64	256.71	33.72
1989	1 582.60	106.44	273.52	33.66
1990	1 562.09	98.70	269.71	32.16
1991	1 850.33	118.45	319.47	32.68
1992	2 488.00	134.46	429.57	33.09
1993	3 113.59	125.14	537.59	36.21
1994	3 492.81	112.18	603.09	33.77
1995	4 085.90	116.10	705.46	
改革开放十七年(1979 年～1995 年)平均年增%			12.2	
其中:"六五"(1981 年～1985 年)			12.4	
"七五"(1986 年～1990 年)			8.5	
"八五"(1991 年～1995 年)			21.2	

1995 年，按当年价计算的产值 4 916.3 亿元，比 1994 年 4 287.65 亿元增长 14.4%；比 1993 年的增幅 42.64%减少了 28.24 个百分点，比 1994 年的增幅 16.53%也减少了 2.13 个百分点。

工业增加值按当年价计算为 1 098.14 亿元，比上年的 1 092.38 亿元增长 0.55%；按可比价计算增长略高一点，但也只有 1.81%，1995 年是近年来增长最少的一年。增加值率在连年平均以 1 个百分点下降的基础上，1995 年进一步下降，由上年的 25.48%降至 22.23%，下降了 3.5 个百分点，下降幅度之大是前所未见的，说明在经济运行中中间投入太多，效益极差，真正创造的价值不高。增加值在国民生产总值（GDP）、在工业增加值中的比重不断下降，1995 年分别为 1.9%和 4.44%，比上年分别下降 0.59 和 1.26 个百分点。见表 3。

表 3　1986 年～1995 年机械工业增加值增长情况

年份	机械工业增加值				增加值率（%）	在国内生产总值中比重（%）	在第二产业总值比重（%）	在工业增加值中比重（%）	附（亿元）：		
	当年价		可比价						国内生产总值	第二产业总值	全部工业增加值
	（亿元）	为上年%	（亿元）	为上年%							
1985	299.57		275.27		37.15	3.51	7.75	8.69	8 527.4	3 866.6	3 448.7
1986	298.53	99.65	269.64	97.95	34.74	3.08	6.64	7.53	9 687.6	4 492.7	3 967.0
1987	325.73	109.11	288.54	107.01		2.88	6.20	7.10	11 307.1	5 251.6	4 585.8
1988	401.47	123.25	330.03	114.38	31.12	2.85	6.09	6.95	14 074.2	6 587.2	5 777.2
1989	462.59	115.22	335.08	101.53	29.68	2.89	6.36	7.13	15 997.6	7 278.0	6 484.0
1990	426.00	92.09	317.01	94.61	28.45	2.41	5.52	6.21	17 681.3	7 717.4	6 858.0
1991	505.84	118.74	495.83	156.41	27.89	2.34	5.56	6.25	21 616.8	9 102.2	8 087.1
1992	675.98	133.64	652.01	131.50	26.21	2.54	5.84	6.57	26 637.5	11 699.5	10 284.5
1993	943.18	139.53	798.13	122.41	25.63	2.76	5.78	6.67	34 171.9	16 244.9	14 140.0
1994	1 092.38	115.82	889.85	111.49	25.48	2.49	5.14	5.95	43 798.8	21 259.0	18 538.6
1995	1 098.14	100.55	905.97	101.81	22.23	1.90	3.88	4.44	57 734.0	28 274.0	24 718.0

注：1. 1991 年以前工业增加值（当年价）的计算，为工业净产值减支付给非物质生产部门的费用、减利息支出，加固定资产折旧和大修理基金。1992 年以后工业增加值为统计部门实际上报数。
2. 以可比价计算的增加值，是征求国家统计局工交司意见按机械工业总产值的当年价与不变价系数推算的，只供参考。
3. 1991 年～1993 年的国内生产总值，已根据全国第三产业普查的数据进行了调整。

二、各行业发展情况

分行业看，仪器仪表、农机、汽车行业工业总产值 1995 年比 1994 年增长 20% 以上，增幅较大，工程机械、机床工具行业基本持平；而“八五”期间汽车、仪器仪表行业增长 20% 以上，其他行业都在 10%～20% 之间，机床工具和机械基础件行业增幅较少，不到 12%，但总的看都保持不低的速度。见表 4。

表 4　1995 年及“八五”时期机械工业分行业产值

（单位：亿元，1990 年不变价）

行　业	1985 年	1990 年	1994 年	1995 年	平均增长（%）	
					1991 年～1995 年	1995/1994
机械工业部总计	1 038.54	1 562.09	3 492.81	4077.10	21.2	16.1
1. 农机行业	192.52	285.85	544.65	703.73	19.8	29.2
其中：内燃机及拖内配件			248.82	304.90		22.5
农用运输车			41.44			
2. 工程机械行业	10.25	37.74	92.12	92.72	19.7	0.7
3. 仪器仪表行业	54.00	65.72	167.38	220.10	27.3	31.5
4. 石化通用机械行业	67.78	102.36	208.90	234.70	18.1	12.4
5. 重型矿山机械行业	69.00	79.98	152.75	155.60	14.2	1.9
6. 机床工具行业	76.42	100.63	176.26	175.30	11.7	-0.5
7. 电工电器行业	296.96	419.53	768.51	820.80	14.4	6.8
8. 机械基础件行业	62.58	105.93	158.43	184.00	11.7	16.1
9. 汽车行业	198.65	320.56	1 131.88	1 379.90	33.9	21.9
其中：小轿车			208.76	304.00		45.6
10. 食品包装机械行业	1.77	9.05	18.48	19.27	16.3	4.3

各行业发展情况大致如下：

1. 农业机械行业

1993 年曾是农机生产和销售大滑坡的一年，1994 年渐入佳境，1995 年一枝独秀，从年初开始，长期保持旺盛的势头，出现了产品供不应求的局面。主要原因，一是国家加大了对农业的投入。国家财政安排的支农发展资金 673.5 亿元，比上年增长 11.1%；农业贷款净投放比上年增长 30% 以上。二是农村购买力有一定提高。1994 年全国农民人均收入 1 220 元，扣除物价上涨因素，比上年增长 5%，是 90 年代以来，农民人均收入增长最高的一年；1995 年上半年农民现金收入比上年同期增长

37%；而且国家提高粮、棉、油收购价格，促进了农机市场的兴旺。三是农民看到了农机可以增收。在小麦生产区，一台联合收割机，一个收割季节所创造的经济效益几乎是机械本身的价值；水稻生产区，锡山市（原无锡县）从日本进口的稻麦两用联合收割机售价高达30万元，但进口一批30台在销售中一抢而空。四是气候的影响。1995年春夏之交，全国大部分地区普遍干旱少雨，排灌机械也“热”起来，农用水泵产量比上年增长20%以上。五是农机产品出口形势好。农机产品出口量不断扩大，东南亚已成为中国农业机械出口的主要市场；上半年农用拖拉机出口2.7万台，出口额3 500万美元，在机械行业中增幅第一。农机工业1995年完成工业总产值703.7亿元，比上年增长29.2%，居第二位。1995年农机产销的主要特点：一是主要农机产品全面增长。增幅在20%以上的有拖拉机（39.2%）、小型拖拉机（44.5%）、农用内燃机商品量（23.6%）、机引犁（353.2%）、机引耙（265.2%）、联合收割机（261.2%）、农用运输车（33.6%）、农用水泵（21.2%），如此大面积、大幅度增长，是历史上未见的。二是各省、市、区发展平衡。比上年增长20%以上的省、市、区有15个，只有福建、广东两省略有下降。三是农机具和联合收割机市场回升快。近几年一直处在下滑的农具行业，1995年增幅明显；联合收割机比上年增长2.6倍，佳木斯、四平、北京、新疆等4个联合收割机厂的增长幅度都突破历史最好水平。四是农用运输车持续大幅度增长，四轮车完成30万辆、三轮车超过120万辆。五是骨干重点企业产销大幅度增长。第一拖拉机厂、天津拖拉机厂都产销两旺，常州拖拉机厂完成小型拖拉机12万台，常州柴油机厂、武进柴油机厂、全椒柴油机厂分别完成单缸柴油机121.5万台、52.38万台和44.2万台。

2. 工程机械行业

由于压缩固定资产投资，特别是房地产业不景气，中小型工程机械产品市场不旺，而与此同时需求向大型机具发展，大量需要转向外商，因此连年产销不景气，继1994年产销低速（8.17%）发展后，1995年一至三季度仍呈负增长态势，至第四季度才有好转趋势，全年完成产值92.72亿元，基本与上年持平，但“八五”时期平均年增长19.7%，仍是高速增长。

3. 仪器仪表行业

1995年产值220.1亿元，比上年增长31.5%，居机械工业部系统十大行业之首；但若扣除同期春兰集团公司产值86亿元（比上年47.8亿元增长79.9%），则仪器仪表行业产值只有134亿元，同口径比上年120亿元只增长11.7%。市场大量需要自动化仪表与装置，但主要是进口，1995年销售只约1 700万台；传统的电工仪器仪表、光学仪器等稳定增长；分析仪器由于高技术含量多，发展较缓；而量大面广的工业消费类产品发展较快，完成水表478万只、煤气表127万只、电度表2 866万只、照相机4 500万架（其中内地557万架）、复印机3.97万台。仪器仪表产品国内市场广阔，但大量依靠进口，近年仪表产品进口年增15%左右，1995年进口约26亿美元（而同期出口只约20多亿元），如自动化仪表成套水平低，关键的新品种缺口大，未形成批量生产能力，只能满足国家重点工程20%～30%的需要，而进口则占70%～80%。

4. 石化通用机械行业

该行业的产品多系量大面广的辅机，1995年产量有所下浮，但成套设备任务较多，增加的为重大项目的高档产品；制冷设备大幅度增长，已占该行业产值1/5以上。1995年完成工业产值234.7亿元，比上年增长12.4%。

5. 重型矿山机械行业

1995年保持平稳发展态势，全年完成产值155.6亿元，比上年仅增长1.9%。1995年以来，随着国家宏观调控政策的逐步到位，新开工项目受到严格控制，生产任务很不平衡。但总的看来，大厂任务较好，如第一重型机械集团公司、第二重型机械集团公司、太原重型机械集团公司、大重集团公司等，但中信重型机械公司、大连起重机器厂、上海重型机械集团公司等任务不饱满。影响重型矿山行业生产最严重的问题是债务链，债权大大多于债务，因为重型矿山行业的特点难以执行中央提出的“不给钱不发货”政策，原因是这些产品按用户的要求“量体裁衣”，制造的产品是专用的、针对性很强的产品，且生产周期一般都长达二年，如不交货，既占用生产面积，又占用流动资金，更影响国家重点任务的完成，一方面是发货不给钱、不发货不行的问题，另一方面原材料及能源行业坚决贯彻不给钱不发货的政策，致使重型矿山行业处于“两头受挤”的困境，严重影响了生产的发展。

6. 机床工具行业

全年完成产值175.3亿元，在1994年比1993年下降1.5%的情况下，1995年比1994年再下降0.5%，但降幅在缩小。

1995年，机床工具行业，度过了历史上最困难的一年。全行业产值一直处在负增长，销售产值除1月份以外，其余各月均为正增长，说明企业在压缩生产，多销库存。

1995年，金属切削机床与锻压机械产量都处于负增长。金属切削机床产量虽然处在负增长，但走势趋缓，年初下降22.9%，年底下降9.8%。特别是数控机床年初下降33.2%，到年底呈正增长（8.7%）。锻压机械年初下降17%，年底呈正增长（2.9%）。

虽然全行业负增长，但仍有部分企业瞄准国家发展的重点，根据市场的急需调整产品结构，在困境中仍有很大发展。有的企业尽管产值处于负增长，但开发出不少新产品，增加了后劲，在困难中蕴藏着希望。

7. 电工电器行业

能源是国家建设的重点，带动了以发电设备和高压输变电为主的电工电器行业的发展。1995 年，当年制造和装机容量双超 1 600 万 kW，累计全国电力装机总容量达 21 722 万 kW（次于美、日居世界第三位）的高水平，需求平稳。但 1995 年以来，由于电力投资缺口和设备进口等方面影响，制约了行业的发展。如发电设备受电力投资缺口较大的影响，国家计划至第四季度才迟迟下达，难以落实国家指令性计划的生产、投料及试制工作，不仅影响了发电设备生产，也影响一批相关配套产品的需求；大型变压器行业因受进口设备的冲击，使生产受到影响；电线电缆产品由于受铜铝价格放开影响，自 1994 年以来产量连续大幅下降。1995 年电工电器行业实现产值 820.8 亿元，比上年增长 6.8%。

8. 机械基础件行业

受国际市场需求的拉动，1995 年机械基础件行业出现了稳定的快速发展。尤其是占行业产值近 60% 的轴承产品，受国内外市场影响，产销率始终超过 100%，出现了近几年来持续旺销景象，产值由上年的 90 亿元增至 107 亿元，增长 18.8%。1995 年机械基础件行业完成产值 184 亿元，比上年增长 16.1%。

9. 汽车行业

1995 年基本保持平稳运行态势，生产继续低速增长，产销衔接比较稳定。按国家统计局年报，全国汽车产量 145.27 万辆，增长 6.28%，完成年计划 145 万辆的 100.19%。其中小轿车产量 33.70 万辆。摩托车产量 825.40 万辆。

按汽车行业月快报统计，全国《汽车产品目录》内汽车 123 个生产企业（1995 年实际生产的只 108 个企业）产量 143.48 万辆，比上年增长 6.2%；销售量 142.36 万辆，比上年增长 7.09%，小轿车生产 32.06 万辆，比上年增长 29.45%；销售量 32.11 万辆，比上年增长 31.19%。各类客车产量 37.72 万辆，比上年增长 17.1%。各类载货汽车产量 73.7 万辆，比上年下降 5.66%。摩托车产量 783.61 万辆，比上年增长 49.91%；销售量 774.93 万辆，比上年增长 52.77%。

1995 年机械工业部系统汽车行业产值 1 379.9 亿元，比上年增长 21.9%。

10. 食品包装机械行业

近两年国内食品包装机械行业增长速度明显降低，但实际上市场容量却在极大增加，主要问题是进口量增加。据海关对进口的不完全统计，80 年代以来，食品包装机械进口量从相当于国产量的 20%～30%增至近年的相当于国产量的 50%。1995 年行业总产值 19.27 亿元，只比上年增长 4.3%。

三、主要产品发展情况

主要产品产量完成情况不一，在生产快速增长的同时，产品结构不断改善。与 1994 年比较，由于市场需求变化，在 30 种重要机电产品中（机械工业部系统），产量比上年增长的有 16 种，产量比上年下降较多的主要是机床、起重设备、印刷机械、冶炼设备、交流电动机等产品。见表 5。

几类主要产品的完成情况：

1. 发电设备为能源建设作出突出贡献

1995 年，发电设备生产和配套电力工业建设所需输变电设备及配套通用设备，双双超过 1 600 万 kW。

1995 年，发电设备计划生产 1 500 万 kW，其中指令性计划 1 003.25 万 kW，机械、电力两部下达的项目明细计划为 920.25 万 kW。实际完成了 1 673.00万 kW，其中水电 246.36 万 kW，火电 1 426.65万 kW；指令性生产计划完成 924.25 万 kW，占总量的 55.25%。

10 万 kW 及以上机组生产完成较好：

(1) 大型水轮发电机组，7 套/122 万 kW（其中，李家峡 40 万 kW 1 套、水口 20 万 kW 2 套），占总产量 246.36 万 kW 的一半；

(2) 大型汽轮发电机，47 台/1 074.5 万 kW（其中，30 万 kW 20 台、33 万 kW 2 台），占总产量1 426.65万 kW 的 3/4；

(3) 大型电站汽轮机，37 台/817 万 kW(其中，60 万 kW 2 台、30 万 kW 10 台、33 万 kW 2 台)；

(4) 大型电站锅炉，39 台/860 万 kW（其中，30 万 kW 16 台、33 万 kW 1 台）。

见表 6、表 7。

2. 汽车生产取得好成绩

1995 年，我国汽车工业基本保持平稳运行态势，生产持续低速增长。随着经济体制进一步向市场经济转化，我国汽车市场已开始由公款购买为主转向多元化购买，其中个人购买的已占 1/3 以上，为汽车工业的发展开辟了新的市场，指明了良好前景。

按国家统计局快报，1995 年全国汽车产量 150.32 万辆，比上年增长 7.19%，超过调整后的"八五"计划中 1995 年达到 120 万辆目标 25.3%。早在 1994 年，中国汽车产量即已占同期全世界汽车产量的 2.8%，居第十一位，见表 8。

按照汽车行业月快报统计，108 个企业的汽车产量 143.48 万辆，详见表 9。

3. 冶金、矿山、石化设备满足重点工程任务

完成了元宝山 3 600m^3/h 斗轮挖掘机成套设备的制造安装任务，并通过了斗轮切割力考核。

准格尔斗轮挖掘机和成套设备的合作生产已全部完成，14 台设备和 9 条胶带机共计 6 390t 已全部交付现场。

秦皇岛码头四期 600t/h 门式斗轮取料机、翻车机等设备制造任务已基本完成，1996 年开始安装并投运；广州新沙港 750t/h 港口装卸成套项目制造安装调试已全部完成并交付使用。

宝钢三期工程 1 580mm 热连轧机制造任务已完成 85%，1996 年上半年全部完成制造任务并安装调试。武钢 RH 多功能精炼"一条龙"设备已全部交货。

大连薄板坯连铸工业试验已按计划完成合同，

轻压下技术试验成功，已拉出 47mm～50mm 薄板坯，1996 年上半年鉴定验收。

为齐鲁石化总厂制造的大型加氢反应器已交货，现正安装调试。

为辽阳石化项目提供的 0.52MN 活塞力大型新氢气体压缩机交付使用，并正常运行。

6 000m 电驱动沙漠石油钻机已顺利投入运行，1996 年 3 月进行了国家验收。

6 万 t 料浆法磷铵装置，已完成国家级验收。30 万 t 合成氨、52 万 t 尿素装置中 CO_2、空气、天然气、氨气透平压缩机组已安装、调试完毕，现进入工业性运行试验。

表 5　1995 年机械工业部系统主要机械产品产量

产品名称	单位	1994 年	1995 年	1995 年比上年增长 %
1. 内燃机（生产量）	万 kW	15 298.90	17 111	11.84
其中：柴油机	万 kW	9 887.00	11 076	12.03
2. 大中型拖拉机	万台	4.68	6.47	38.25
3. 小型拖拉机	万台	126.30	194.73	54.18
4. 联合收割机	台	3 475	10 014	188.17
5. 农用运输车	万辆	19.70	29.33	48.88
6. 照相机	万架	355.42	557.50	56.86
7. 复印机	台	37 564	39 713	5.72
8. 金属切削机床	万台	12.90	10.87	-15.74
其中：数控机床	台	3 631	3 986	9.78
9. 锻压设备	万台	4.68	4.60	-1.71
10. 泵	万台	278.65	351.13	26.01
其中：工业泵	万台	44.88	44.56	-0.71
11. 石油钻采设备	万 t	6.80	6.45	-5.15
12. 印刷机械	万 t	5.84	5.26	-10.0
13. 起重设备	万 t	38.75	32.92	-15.05
14. 输送机械	万 t	13.65	12.13	-11.1
15. 矿山设备	万 t	22.50	21.29	-5.38
16. 冶炼设备	万 t	5.25	4.26	-18.86
17. 装载机	台	10 290	12 445	20.94
18. 叉车	台	22 215	21 124	-4.91
19. 液压件	万件	339	317	-6.49
20. 滚动轴承	亿套	6.11	7.67	25.53
21. 发电设备	万 kW	1 611.50	1 533	-4.87
22. 工业锅炉	t（蒸汽）	50 992	50 061	-1.83
23. 交流电动机	万 kW	4 658.80	4 210	-9.63
24. 变压器	万 kV·A	13 034.10	12 332	-5.39
25. 汽车	万辆	121.23	125.52	3.53
其中：轿车	万辆	23.20	28.64	23.45
26. 摩托车	万辆	98.50	173.16	75.80

表 6　1995 年大型水电机组分企业生产完成情况　　（单位：套/万 kW）

项目	合计	哈尔滨基地	东方基地	重庆基地
合计	7/122.0	2/40.0	4/71.5	1/10.5
其中：李家峡 40 万 kW 机组	1/40.0		1/40.0	
水口 20 万 kW 机组	2/40.0	2/40.0		
云南田坝 10.5 万 kW 机组	1/10.5			1/10.5
叙利亚 10.5 万 kW 机组	3/31.5		3/31.5	

表7 1995年大型火电机组（发电机）分企业生产完成情况 （单位：台/万kW）

项 目	合 计	哈尔滨基地	上海基地	东方基地	北京基地
合 计	51/1 074.5	8/202.5	23/445.0	10/261.0	10/166.0
其中：33万kW机组	2/66.0				2/66.0
30万kW机组	20/600.0	5/150.0	9/270.0	6/180.0	
20.5万kW机组	2/41.0			2/41.0	
20万kW机组	6/120.0	2/40.0		2/40.0	2/40.0
12.50万kW机组	15/187.5	1/12.5	14/175.0		
10万kW机组	6/60.0				6/60.0

表8 1994年中国汽车产量在世界位次

位次	国别	产 量（万辆）	比 重（%）	位次	国别	产 量（万辆）	比 重（%）
	全世界	4 970	100.0				
1	美 国	1 230	24.7	7	西班牙	210	4.2
2	日 本	1 060	21.3	8	英 国	170	3.4
3	德 国	440	8.8	9	巴 西	160	3.2
4	法 国	360	7.2	10	意大利	150	3.0
5	加拿大	230	4.6	11	中 国	140	2.8
6	韩 国	230	4.6	12	墨西哥	110	2.2

表9 1995年108个企业汽车产量

产品名称	产 量（万辆）	比上年增长%
轿车	32.06	29.45
客车	37.72	17.10
大型客车	0.38	13.99
中型客车	1.88	9.13
轻型客车	20.57	3.39
微型客车	14.88	45.18
载货车	73.7	-5.66
重型车	2.99	-17.60
中型车	24.98	-21.14
轻型车	34.92	6.04
微型车	10.8	9.32
合计	143.48	6.2

4. 机床行业严峻生产形势未得到根本缓解

1995年，机械工业部系统企业生产机床10.87万台，比上年下降了15.74%，与1994年下降20%相比，走势趋好，特别是1995年数控机床由1994年下降近40%，转为上升9.78%。数控机床产量3 986台，产值10.08亿元，数控化率：按台数计为3.67%（上年为2.79%），按产值计为20.48%（上年为14.67%）。机床生产经各方努力，已由低谷转向上升，但严峻形势尚未得到根本缓解。

据《美国机械师》杂志1996年5月号提供的数据，1995年中国机床工业的销售额16.75亿美元（1993年最高达29.70亿美元），比上年的17.05亿美元，下降1.79%（1994年下降49.5%），世界排名1993年第四位、1994年第六位，1995年维持这一位次，居日本（91.39亿美元）、德（75.95亿美元）、美国（49.14亿美元）、意大利（30.08亿美元）、瑞士（21.96亿美元）之后，与台湾省（16.24亿美元）相近。而机床产品的消费额则达34.78亿美元（1993年最高为49.94亿美元），比上年的33.69亿美元有所提高，排名第四，次于美国（71.33亿美元）、德国（39.04亿美元）、日本（35.07亿美元），占世界机床消费量的9.6%，属于世界机床消费大国。1995年进口机床22.0亿美元，比上年的20.61亿美元，又增长了6.74%。可见中国机床产品市场很大，但近2/3的市场为外商占领。

四、经济效益总体水平下降，经济运行质量不高

1995年，机械工业经济效益综合指数（为了可比，按原规定口径计算，下同）80.15%，比1994年的92.89%下降了12.74个百分点，是继1994年下降9.36个百分点后的又一次更大幅度的下降；比同期全国工业水平90.02%低9.87个百分点，反映机械工业经济质量远远落后于整个工业。

从构成看，6项经济效益指标中，除工业全员劳动生产率和流动资产周转率与上年基本持平外，其他4项都大幅度下降。工业产品销售率比上年下降7.02个百分点，资金利税率比上年下降1.46个百分点，增加值率下降了3.25个百分点，成本费用利润率下降了1个百分点。以上表明机械工业经济效益总体水平大幅度下滑，降低到有本项指标以来最低的一年。见表10。

表 10　1995 年机械工业企业主要经济效益指数

指　数　名　称	单位	全国工业		机械工业				1995 年比上年增长百分点数
		1995 年	1994 年	1995 年	1994 年	1993 年	1992 年	
工业经济效益综合指数	%	90.02	96.99	80.15	92.89	102.25	98.90	-12.74
工业产品销售率	%	45.88	95.48	89.27	96.29	96.65	99.10	-7.02
工业资金利税率（净值）	%	9.10	10.56	6.66	8.12	9.82	10.18	-1.46
工业增加值率	%	27.21	30.0	22.23	25.48	25.63	26.20	-3.25
工业成本费用利润率	%	3.62	4.79	2.98	3.98	5.40	6.36	-1.00
工业全员劳动生产率（增加值）	元/人	13 863	14 662	16 659 (13 750)	16 473 (13 418)	14 284	10 345	
流动资产周转率	次	1.55	1.5	1.15	1.14	1.51	1.44	

注：括号内数为扣除通货膨胀影响的数字。

从分行业看，大多数行业效益指数也大幅度下降。1995 年，农机行业经济效益综合指数为 98.68%，是唯一比上两年有所上升的行业；其他行业都是连续两年大幅度下滑。仪器仪表行业比上年降低了 4.63 个百分点，是下降得最少的一个行业；工程机械行业下降了 36.39 个百分点，是下降最多的行业；其他行业都下降 10 个百分点以上。

农机行业、汽车行业是效益指数最高的两个行业，分别为 98.68% 和 95.56%，但汽车行业比历史最高水平下降了近 40 个百分点；机床行业是最低的行业，只有 58.44%，比历史最好水平下降了 40 个百分点以上。见表 11。

表 11　1995 年机械工业分行业企业经济效益指数

行　业	排　序				指　数（%）				1995 年比上年增长百分点数
	1995 年	1994 年	1993 年	1992 年	1995 年	1994 年	1993 年	1992 年	
机械工业					80.15	92.89	102.25	99.31	-12.74
农机行业	1	3	6	4	98.68	95.32	93.04	94.48	3.36
工程机械行业	4	2	1	2	73.46	109.85	151.26	108.86	-36.39
仪器仪表行业	3	4	7	10	82.61	87.24	92.71	67.56	-4.63
石化通用机械行业	6	6	5	6	70.87	86.53	95.16	87.38	-15.66
重型矿山机械行业	9	5	8	9	60.13	86.83	91.36	75.03	-26.70
机床工具行业	10	9	3	5	58.44	77.27	101.32	88.72	-18.83
电工电器行业	7	8	9	8	68.60	80.32	88.78	81.70	-11.72
机械基础件行业	8	10	10	7	65.69	77.10	86.93	82.91	-11.41
汽车行业	2	1	2	1	96.56	112.94	125.23	135.02	-16.38
食品包装机械行业	5	7	4	3	70.99	82.16	98.11	104.87	-11.17

五、利润下降，税金增加

1995 年机械工业销售额 4 320.9 亿元，比上年只增长 6.92%，扣除物价上涨因素，比上年增长 5.70%；工业产品销售率 89.27%，比上年 96.29% 下降了 7.02 个百分点。实际机械工业产品的销售呈下降趋势。

1995 年机械工业企业利润大幅度下降（由 1994 年的 137.21 亿元下降到 121.13 亿，下降了 16.08 亿元、11.72%），而税金增加（因 1994 税制改革，原来地方上的一些优惠减免税取消了，据测算增加税金 1994 年约 50 亿元，1995 年又增加 10 亿元以上）。见表 12、表 13。

1995 年，机械工业部系统企业资产负债率高达 70.66%，支付利息逐年增加，而利润逐年减少。机械工业企业，1994 年利息支出 172.26 亿元，相当于同年利润的 125.54%；而 1995 年利息支出 212.06 亿元，比 1994 年增长 23.10%，相当于同年利润的 175.06%，1995 年机械工业企业利润减少 16.08 亿元，而支付利息增加了 39.8 亿元，即利息支出的净增长是同期亏损增加额的 2.5 倍。

沉重的债务负担，已成为机械工业企业效益下滑、亏损面扩大、改革举步维艰的重要原因。见表 14。

六、企业亏损严重

近年以来，我国机械工业亏损额和亏损面，除 1992 年外，一直呈上升势头。

1995 年，虽经过努力，但亏损形势仍继续扩大。至年底，亏损企业达 3 125 个，比上年增长 11.4%，亏损面 32.4%，比上年增长 3.5 个百分点，比 1990 年增加 10.2 个百分点；亏损金额 76.4 亿元，比上年增长 60%，比 1990 年增长 54.2 亿元，为 1990 年的 3.44 倍，相当同期盈利企业盈利额 197.54 亿元的 38.68%。机械工业企业近年亏损情况见表 15。

表 12　改革开放以来机械工业部系统企业利税和利税比　（单位：亿元）

年份	利税合计	利润	税金	利税比	年份	利税合计	利润	税金	利税比
1978	86.30	69.22	17.08	4.05：1	1987	157.72	105.70	52.02	2.03：1
1979	93.02	74.42	18.60	4.00：1	1988	188.53	124.27	64.29	1.93：1
1980	81.07	59.90	17.73	3.38：1	1989	192.41	120.04	72.37	1.66：1
1981	58.27	34.88	18.88	1.85：1	1990	128.75	63.36	65.39	0.97：1
1982	66.86	42.55	20.01	2.13：1	1991	160.73	78.97	81.76	0.97：1
1983	90.40	68.62	21.91	3.13：1	1992	250.28	134.91	113.45	1.19：1
1984	118.46	90.06	28.40	3.17：1	1993	329.50	183.30	146.19	1.25：1
1985	170.47	125.10	45.37	2.76：1	1994	346.90	137.21	209.69	0.65：1
1986	152.25	107.00	45.25	2.36：1	1995	340.14	121.13	219.01	0.55：1

表 13　改革开放以来机械工业企业主要经济效益指标

年　份	资　金		销售收入		流动资产周转率（次）	万元产值耗能源（标煤 t）	万元产值耗钢材（t）
	利税率（%）	利润率（%）	利税率（%）	利润率（%）			
1978	14.24	11.19	22.94	18.81	1.58		
1979	15.06	11.84	22.89	18.78	1.68		
1980	16.5	12.64	22.75	17.43	1.54	2.36	
1981	10.76	7.73	18.34	13.17	1.33	2.38	
1982	12.60	8.99	17.90	12.80	1.59	2.16	
1983	16.70	12.93	19.70	15.00	1.88	1.92	
1984	20.90	16.04	20.88	16.78	2.18	1.71	
1985	20.17	18.68	22.33	16.39	2.35	1.60	0.77
1986	20.51	14.42	18.91	13.29	2.05	1.53	0.73
1987	19.00	12.73	16.14	10.82	2.20	1.34	0.70
1988	20.16	12.67	14.88	9.81	2.52	1.16	0.63
1989	17.17	10.71	13.96	8.71	2.17	1.05	0.52
1990	9.85	4.85	9.65	4.75	1.73	1.01	0.48
1991	11.04	5.39	9.06	4.41	2.07	0.89	0.47
1992	10.18	5.49	9.96	5.37	1.44	0.72	0.42
1993	9.82	5.46	8.86	4.93	1.51	0.46	0.34
1994	8.12	3.21	9.75	3.86	1.14	0.41	0.29
1995	6.66	2.37	8.20	2.92	1.15	0.47	0.25

表 14　机械工业企业近年利润、利息对照情况　（单位：亿元）

年　份	利　润		支付利息		利息相当利润%
	合　计	比上年增长	合　计	比上年增长	
1993	183.30	48.39	103.33		56.40
1994	137.21	－46.09	172.26	68.93	125.54
1995	121.13	－16.08	212.06	39.80	175.06

同期，全国工业、全国大中型企业、全国国有企业亏损额分别为 883.08 亿元、378.54 亿元和 540.61 亿元，机械工业全部企业、大中型企业、国有企业亏损额分别占其 8.65%、9.56% 和 9.88%。机械工业是全国工业亏损的“重灾户”，在全国工业亏损企业行列中居于重要地位。机械工业国有企业亏损企业 1 708 个，亏损额 53.42 亿元，占总亏损额近 70%，国有企业亏损最为严重。1995 年工业和机械工业企业亏损情况比较见表 16。

在亏损企业中，大中型企业尽管亏损面只占全部大中型企业的 24.2%，只占整个亏损企业的 25.81%，但亏损额大，在全部企业亏损额 76.41 亿元中，大中型企业达 54.78 亿元，占总量的 71.69%，而在全国工业企业中占 42.86%。

表 15　机械工业企业近年亏损情况

年份	亏损企业个数	亏损企业亏损额（亿元）	亏损面（%）	年份	亏损企业个数	亏损企业亏损额（亿元）	亏损面（%）
1988	606	2.1	6.0	1992	1 304	12.6	13.1
1989	939	4.2	9.0	1993	1 836	21.8	19.1
1990	2 291	22.2	22.22	1994	2 806	47.8	28.9
1991	2 069	22.3	20.2	1995	3 125	76.4	32.4

表 16　1995 年工业和机械工业企业亏损情况比较

指　标	单位	全国工业					机械工业部				
		总计	大中型企业	比重(%)	国有企业	比重(%)	总计	大中型企业	比重(%)	国有企业	比重(%)
企业单位	万个	38.13	1.41	3.70	6.86	17.99	0.96	0.29	29.68	0.56	57.73
其中：亏损企业	万个	8.06	0.48	5.96	2.30	28.54	0.31	0.08	25.81	0.17	54.84
亏损面	%	21.14	34.04		33.53		32.42	24.2		30.69	
亏损企业亏损额	亿元	883.08	378.54	42.86	540.61	61.22	76.41	54.78	71.69	53.42	69.91

在亏损企业中，亏损额超过 5 000 万元以上的大户 7 个，其中广州标致汽车公司最多，亏损 3.2 亿元，一汽金杯次之亏 2.49 亿元，哈尔滨电缆厂亏 1.17 亿元。前十个亏损企业共亏损 10.79 亿元，占全部亏损企业亏损额的 14.1%。

从分行业分析，亏损面最大的前三个行业分别是仪器仪表（38.78%）、工程机械（38.19%）、汽车工业（37.11%）；亏损企业亏损额最多的前三个行业分别是汽车行业（20.99 亿元）、电工行业（14.84 亿元）和农机行业（11.02 亿元）。值得注意的是，汽车工业是发展热点，但是亏损面和亏损额都居前列。见表 17。

表 17　1995 年机械工业行业亏损情况

指　标	单　位	1995 年	1994 年
企业数	个	9 640	9 709
其中：亏损企业	个	3 125	2 806
其中：大中型企业	个	755	577
其中：国有企业	个	1 708	
亏损面（按亏损企业数）	%	32.42	28.90
其中：大中型企业	%	24.20	20.60
其中：国有企业	%	30.69	
其中：农业机械行业	%	26.53	28.27
工程机械行业	%	38.19	27.97
仪器仪表行业	%	38.78	38.44
石化通用机械行业	%	31.45	28.13
重型矿山机械行业	%	30.95	21.72
机床工具行业	%	33.09	25.68
电工电器行业	%	32.79	27.92
机械基础件行业	%	31.85	27.46
汽车行业	%	37.11	30.21
亏损企业亏损额	万元	764 145	477 617
其中：大中型企业	万元	547 793	311 982
其中：国有企业	万元	534 218	
其中：农业机械行业	万元	110 193	99 794
工程机械行业	万元	21 683	12 069
仪器仪表行业	万元	41 261	32 817
石化通用机械行业	万元	61 530	37 671
重型矿山机械行业	万元	30 151	17 707
机床工具行业	万元	67 205	27 556
电工电器行业	万元	148 461	91 736
机械基础件行业	万元	42 559	27 160
汽车行业	万元	209 930	106 523

〔撰稿人：机械工业部行业发展司　黄开亮〕

汽车工业

机械工业部汽车工业司

1995年我国汽车工业基本保持平稳运行态势，生产持续低速增长，产销衔接比较稳定，产品结构趋向合理，资金紧缺、效益下降的状况没有明显改善。随着经济体制进一步向社会主义市场经济转化，我国汽车市场已开始由公款购买为主转向多元化购买，其中个人购买已呈明显上升趋势。市场消费结构的根本性变化将为汽车工业，尤其是轿车工业的发展开辟广阔的市场。

一、1995年汽车工业产销形势

根据国家统计局快报，1995年全国汽车产量150.32万辆，比上年增长7.19%，完成国家确定全年145万辆预期计划的103.67%。

按照汽车行业月快报统计，全国《汽车产品目录》内的汽车生产企业（实际108个）产量143.48万辆，比上年增长6.2%；销售量142.36万辆，比上年增长7.09%，产销率99.22%，比上年98.91%提高0.31个百分点。企业库存7.52万辆，相当于0.63个月的平均产量（含流通企业库存，全社会约18万辆）。按产品分类：小轿车产量32.06万辆，比上年增长29.45%，为国家确定35万辆年度计划的91.6%；销售32.11万辆，增长31.19%，产销率100.17%，企业库存0.69万辆，不足0.3个月的平均产量。各类客车产量37.72万辆，比上年增长17.1%，其中大型客车0.38万辆，增长13.99%，中型客车1.88万辆，增长9.13%；轻型客车20.57万辆，增长3.39%；微型客车14.88万辆，增长45.16%。各类载货车产量73.7万辆，比上年下降5.66%，其中重型车2.99万辆，下降17.6%；中型车24.98万辆，下降21.14%；轻型车34.92万辆，增长6.04%；微型车10.8万辆，增长9.32%。《汽车产品目录》内的企业汽车底盘产量16.38万辆，比上年下降7.14%，占总产量比重11.41%，比上年下降1.64个百分点（反映改装车小行业不景气）。全年柴油车生产比重占总量的25.01%，比1994年上升4.3个百分点，载货车中，柴油车生产比重已占42.65%；中型货车中，一汽的柴油车比重已占70%，东风公司占50%以上。

1995年，一汽（含金杯公司）、东汽、中汽（含跃进集团）、重汽、北京、天津、上海七大集团公司产量95.40万辆，比上年增长4.8%（低于全国平均增速1.4个百分点），生产集中度66.5%，比上年下降1个百分点，完成国家下达104.61万辆年计划的91.21%。其中一汽集团21.55万辆，增长4.98%；东汽集团18.17万辆，比上年下降19.34%；中汽总公司8.46万辆，增长5.82%；重汽集团1.14万辆，下降29.98%；北京公司16.89万辆，增长21.55%；天津公司13.08万辆，增长2.66%；上海公司16.11万辆，增长37.95%。兵器、航空、航天三大军转民企业汽车产量16.91万辆，比上年增长49.12%，占全国总产量的11.79%。其中兵器工业总公司产量7.57万辆，增长24.4%；航空工业总公司产量8.72万辆，增长79.91%；航天工业总公司产量0.61万辆，增长50.4%。1995年全国摩托车产量783.61万辆，比上年增长49.91%；销售774.93万辆，比上年增长52.77%；产销率98.89%，比上年增长1.85个百分点。企业库存28.77万辆，比上年增长49.55%。其中50、90、100及125mL系列产量分别占总量的20.6%、16.4%、17.9%和18.7%，其增长速度分别为19.7%、172.6%、54.9%和69.4%。产销量超过100万辆的企业为嘉陵、轻骑及建设三个集团，共产322.07万辆，占总量的41.1%，比上年增长35.8%。

根据汽车行业1 340个主要企业经济效益统计月报，1995年产品销售收入2 111.37亿元，比上年增长13%；产品销售税金及附加35.25亿元，比上年增长30.3%，其中消费税21.3亿元，比上年增长25.9%；管理费用180.39亿元，财务费用89.21亿元，比上年分别上升20.0%和29.3%，其中利息支出85.68亿元，比上年上升27.6%；利润总额77.12亿元，比上年下降18.3%；亏损企业481个，亏损面35.9%；亏损额31.42亿元，比上年上升46%。

全汽车行业2 400多个企业1995年完成工业总产值（不变价）2 042.67亿元，比上年增长20.6%；销售收入2 175.14亿元，比上年增长17.3%；利润85.55亿元，比上年下降11.8%。

二、汽车工业经济运行情况分析

1. 汽车产销总量有所上升，但市场并未全面启动

“八五”后期，尤其是1995年汽车市场消费结构已发生较大变化，个人购买汽车虽呈明显上升趋势，但公款购车仍占主导地位，因此在国家严格控制固定资产投资规模及银行信贷规模，并采取从紧的货币政策的大环境中，汽车的销售受到一定的制约，总体保持低速、平稳发展的态势。1995年汽车产量增长6.2%，销售增长7.1%，说明汽车市场总体的供求略有提高，但各类产品和逐月之间的发展不平衡。从产品分类看，近年来，由于第三产

业（主要是出租、旅游业）、“三资”企业及乡镇企业的发展和个人购买的较快增长，使得小轿车和微型客车能够持续地快速增长，1995年轿车比上年增长29.45%，微型客车增长45.16%。双休日旅游量的增加和公路条件的改善，是1995年中、轻型客车回升较快的主要原因。轻、微型货车保持良好的发展速度，而中、重型货车的产量都持续下降。中型货车在1994年下降6.4%的水平上，1995年又下降21.14%；重型货车比上年下降17.6%，生产比重只占2.08%。市场明显萎缩，主要受近年来国家控制固定资产投资规模的直接影响。从1995年逐月的产销看，发展也不平衡，1～2月的产销9.5万辆，3月～4月进入旺季，上升到14万辆，5月～8月，分别为13万辆、12万辆、11万辆、10.4万辆，呈递降趋势，9月～12月，又呈10.7万辆、11.8万辆、12.4万辆和12.37万辆的小幅回升趋势。上半年3月、4月份的回升主要在于有关改革的催化作用，如政府部门领导换乘国产轿车、“复关”推迟、公安部和交通部的清理进口汽车牌照，以及国家从严打击走私及非法拼装进口汽车等措施，年底北京汽车市场出现的“抢购风”也是传说要开征城市增容费引起的，汽车市场受国家宏观调控作用的影响，全年并未出现全面启动性的回升。

2. 产销衔接比较稳定，产品结构有所改善

随着买方市场的逐步形成，生产企业市场竞争意识增强，坚持按需生产，主动调整结构，自觉限产“压库”。从1995年各月的产销看，销售的增长始终高于生产增长，库存保持合理水平（仅为0.63月的平均产量），产销衔接比较稳定。主要骨干企业重视新产品开发与投放，产品质量的提高和降低消耗，并采取强化销售服务体系、积极推动代理制、降价让利等措施积极开拓市场。

从小轿车、客车及货车三大类的产品结构看，“八五”期间逐年趋向合理，小轿车比重从“七五”末（1990年）的8.33%，逐年递增到1994年的18.5%，至1995年末又上升到22.34%；各类客车的比重达26.26%，总体稳中有升，比1994年上升2.43个百分点；载货车呈逐年下降趋势，比重从“七五”末的66.63%降至1994年的58.1%，1995年降到51.4%，又下降6.7个百分点。从细类看，大客车及重型货车比重偏低，已分别从“七五”末的0.84%和3.4%降至当前的0.27%和2.08%，小轿车虽连年保持较快的增长，但产量比重仍然较低，产品结构有待进一步改善。

3. 经济效益比上年下降，国家计划单列企业集团效益下降

从1995年1月～12月主要企业经济效益指标月报反映，工业总产值、产品销售收入虽比1994年保持19.2%和13%的速度递增，但销售税金及附加和财务费用都分别增长30.3%和29.3%，其中消费税及利息支出增长25.9%和27.6%，明显高于生产和销售收入的增长速度。应收款及应付款逐月呈上升趋势，而利润比上年下降18.3%，亏损企业亏损额上升46%，反映出汽车行业主要企业资金紧缺，税赋增长，产品成本上升，总体效益下降。

4. 搭车乱收费仍是制约汽车市场销售的主要因素之一

1995年以来，汽车市场，尤其是轿车市场秩序混乱的状况没有改观，搭车乱收费现象愈演愈烈，各种不同名目收费多达20余种，购车收费平均占车价的50%左右，加上使用过程中的各种收费，不仅使公款购车为主的汽车市场，尤其是轿车市场受到很大的抑制，同时也使迅速上升的私人购买者“望车却步”，加上各地相继出台的行政性限制措施，使当前已较疲软的汽车市场难以步入良性循环。

三、“九五”汽车市场需求变化预测

从“八五”后期汽车需求的增长及消费结构的变化看，“九五”汽车市场需求将有四个方面的变化。

一是应予引导的巨大潜在消费需求。

长期以来我国汽车工业与世界的差距，集中反映在供求水平上。一方面是国内生产供应不足，体现在规模小、厂点多、品种少、价格高、信息慢、服务滞后，不能满足我国汽车市场的多种需求。在世界总量的比重中，我国汽车年产量约占2.85%，保有量约占1.5%，普及率约为每千人拥有9辆。另一方面则是对汽车需求缺乏必要的引导。表现为汽车流通秩序混乱，各种不合理收费和摊派，以及缺乏引导消费的政策及措施，从而使我国汽车工业面临国外汽车生产能力过剩与国内巨大的潜在需求的双重压力。

随着我国国民经济的稳定快速增长和人民生活水平的迅速提高，汽车市场的需求将不断上升，尤其是令世人关注的3万亿元城乡居民储蓄存款为私人购买汽车带来的巨大潜在需求。如果国家对培育汽车市场、引导消费需求采取鼓励性政策措施，废除不合理的税费，形成汽车生产、销售、购买、使用、更新、报废回收这一流程的良性循环，将有利于我国汽车工业的发展，从而较好地满足国内市场需求，以免受到大量国外进口汽车的冲击。

二是迅速上长并需大力培育的个人购车需求。

随着经济体制进一步向社会主义市场经济转化，我国汽车市场已开始由公款购买为主转向多元化购买，其中个人购买已呈明显上升趋势。市场消费结构的根本性变化将为汽车工业，尤其是轿车工业的发展开辟广阔的市场。自80年代初国家顺应汽车市场消费结构的变化，允许个人购买汽车，到1994年颁布的《汽车工业产业政策》，明文鼓励个人购买汽车，十多年来个人购车需求急剧上升，个人汽车保有量迅速增长。1984年末个人汽车保有量为17.35万辆，到1992年超过100万辆，至1994年达205.42万辆。其中个人客车保有量78.62万辆，个人货车保有量122.62万辆。十年

间年均增长28%，两倍于全社会民车保有量14.3%的增速。预计1995年个人汽车保有量可达250万辆左右，为全社会民车保有量的23.8%。

从个人购车需求的发展趋势来看，根据国家有关资料统计，其需求量1985年为11.14万辆，1992年为22.16万辆，1994年为49.65万辆，是1985年的4.5倍，九年间年均增速18.1%。1992年以来增速加快，年均增速49.7%。反映个人购车需求，主要受居民收入增加、人民生活改善及第三产业迅速发展的拉动，呈快速增长的趋势，并将成为"九五"期间汽车市场的重要组成部分。从个人购车的消费结构看，载货车保有量比例占21.9%，各类客车占40%左右，已成为我国公路客、货运输业的主要力量。目前中型货车80%为个人购买。微型车50%～80%为个人购买，主要用于城市出租、城乡物资交流运输、城郊居民营运及自用等。轻型客车个人购买量也在增长，替代铁路短途客运取消后的公路客运。受价格及其附加税费，市场外部环境以及品种、质量等方面因素的制约，目前个人购买轿车比重相对较低，但从购车量来讲亦呈加速趋势。随着城乡居民生活水平提高，车价下降及不合理附加税费的减少，个人购买轿车的需求，将会有更快的增长。另从摩托车市场急剧增长的需求来看，近十年的平均发展速度为21%，"八五"期间的平均增速为45%以上，1994年产量522万辆，1994年末保有量1 093.8万辆，比1990年平均增长26.9%，其中个人购买888.4万辆，占81.2%，1995年产量已达783万辆。摩托车需求增长反映居民收入水平提高和机动车市场多元化的需求。随着汽车价格趋向合理，其中将有一部分用户转向对轿车及微型客车的需求。总的来说，个人购车需求的急剧增长，将成为"九五"汽车市场需求的重要组成部分，必将促使有利于这一需求变化的相关消费政策及企业适应这一变化的有关措施的出台。

三是应该重视并给予政策扶持的老旧汽车更新需求。

老旧汽车更新是国民经济技术改造的重要内容之一，对贯彻汽车工业产业政策，加快汽车产品更新换代，促进汽车工业健康快速发展，节约能源，减少交通事故隐患，减轻环境污染，提高社会综合经济效益，具有重要意义。从1980年12月国家确定汽车更新从载货车抓试点起，到1990年6月国家采取强制一部分小汽车、载货车按规定报废标准更新。十年间，共更新了80万辆老旧汽车，占这十年汽车总产量396万辆的20.2%。至1990年，尚有100万辆左右应报废汽车在使用。1991年成立全国汽车更新领导小组，提出"八五"期间更新100万辆老旧汽车的计划，实际更新量为105.12万辆，约占"八五"期间汽车总产量的18%。1995年末将有200万辆左右应报废的老旧汽车在继续运行。按照汽车使用十年期应报废的基本条件，"九五"期间陆续达到报废标准的老旧汽车将有500万辆左右；而国家下达的更新计划为180万辆，预计约占"九五"期间总产量的20%左右。"九五"期末待报废汽车将达300万辆左右。如果国家给予适当的优惠鼓励政策，并辅以必要的强制手段，严格执行报废标准，不仅有利于加速老旧汽车的更新，而且也将对改进汽车产品质量，保证车辆安全行驶，鼓励技术进步，降低生产成本和提高社会效益起促进作用，从而实现汽车市场的良性循环。

四是需要鼓励并应积极开拓的出口市场。

汽车市场日趋国际化，既给我国汽车市场带来国际竞争的巨大压力，也给我国汽车出口、参与国际竞争创造了机会，挑战与机遇同在。我国汽车工业作为国民经济的支柱产业，必须积极开拓国外市场，参与国际竞争。据统计，1994年世界5 000万辆左右的汽车产量中，国际贸易量约占40%，贸易额达2 500亿美元，其中轿车占80%，客货车占20%。相比之下，我国汽车出口能力十分薄弱，建国40多年来，共出口了近14万辆，创汇28亿美元，其中零配件12.5亿美元。"八五"以来出口有所增长，从"六五"末出口18个国家及地区扩大到85个国家及地区。1994年我国汽车出口量的比例超过国内产量的1%（占1.37%），出口品种以载货车为主，出口地区多为香港、东南亚、南非。反映我国生产经营达到一定规模的载货车，其价格及品种在国际市场尚具有一定的竞争力。1995年以来，南京汽车厂开拓了坦桑尼亚市场，批量出口2 000辆跃进车，既创汇又创利。东风、解放等货车出口量及出口地区均在增加，捷达轿车也开始批量出口。"九五"期间的汽车出口目标将超过建国以来的累计出口量。

随着我国汽车产品结构及消费结构的变化，已形成批量生产规模的各类载货车尤其是中型货车，必须而且可能将市场需求转向国外。

从"八五"后两年的汽车市场需求变化来看，国民经济产业结构及消费结构的调整，对汽车市场产品结构的调整影响较大。近年来，国家对固定资产投资及银行信贷规模增长的控制，直接限制了中、重型货车的市场需求，并导致其生产比重及速度的连年下降。"九五"期间，国家宏观经济增长8%，并继续实行上述调控政策。因此，中、重型货车的需求增长，在于第三产业及乡镇企业的稳定发展，以及农村用车市场的开拓。大、中、轻型客车，将随着城市客运、单位通勤用车的增加，实行双休日及居民收入水平提高导致旅游业的繁荣，铁路短途运输取消后代之而起的汽车长途客运需求，以及老旧客车的更新需求而保持稳定的增长。城市出租、城乡居民私人购买及第三产业、乡镇企业商务用车的迅速增加，则是轿车及微型客车迅速发展的主要因素。"八五"后两年，汽车生产的增长主要靠轿车及微型车迅速增长的拉动（1995年汽车总产量6.2%的增长，其中轿车增长29.5%，微型客车增长45.2%），其需求与城乡居民收入提高及国家鼓励的第三产业的发展相关。其中尤以微型客车在“八五”期间保持50%以上的年递增率最为显著。在一定程度上和一定时期内，微型客车以其低价格、多功能的优势，从农村、城镇、市郊等领域已作为尚未问世的经济型轿车的过渡车型进入家庭。对于已解决了衣食住房需求的部分农村居民，转向对购买汽车这一“行”的需求也是一种自然发展趋势。因此，汽车先从农村进入家庭，微客先于轿车进入家庭也是符合当前我国国情的。

从“九五”期间汽车市场的供求分析看，品种、价格、质量、服务及市场外部环境等方面矛盾十分突出。“九五”期间，轿车、客车、货车分别处于快速、适度及稳定增长的不同状态，供求矛盾突出的主要是轿车。我国汽车工业能否成为支柱产业，主要还是取决于轿车及其零部件工业的发展。1995年我国轿车的实际产销量为32万辆，还不足世界产量的1%。轿车占汽车总量的比例仅22.1%，而世界轿车已占总量的75%，相比之下，十分落后。1996年、1997年两年轿车的生产能力将从1995年的40万辆增长到56万辆左右。如不重视市场的开拓与培育，加上外国轿车的进入，近两年迅速增长的能力就很难得到发挥。2000年和2010年轿车年产能力将增加到150万辆和400万辆，增幅更大。因此，汽车工业面临最迫切的问题就是，企业要积极开拓市场；政府要从经济政策和宏观调控上引导需求，培育市场。

当前我国轿车市场比较突出的问题：一是价格过高。由于我国轿车总体尚未形成经济规模，国产化程度不高，原材料涨价和外币升值等因素造成高成本，带来高价格。过高的车价不仅抑制消费需求，而且也是刺激汽车走私和非法拼装的重要原因。二是仍依赖集团消费为主。目前我国轿车保有量的80%为公用，即公务用车和企、事业单位用车，新增需求中，由财政直接或间接（企业购车）支出的集团消费仍占70%以上，养一辆轿车每年各种开支约5万元，买一辆轿车包括缴纳各种税费平均20万元左右，如此大的公款用车开支，长期下去财政将不堪重负。80年代初在计划经济体制下，轿车的选型以公款购买和集团消费为主，已不适应社会主义市场经济消费结构向多层次需求以及个人购买迅速上升的变化。1995年我国轿车产量的73.8%是排量1.6L以上的中型轿车，轿车的产品结构过分依赖公款消费，不如迅速发展的微型车和摩托车那样适应城乡和农村居民的购买力，因此，我国轿车工业的发展需要尽快调整产品结构，多生产适应个人购买的经济型和微型轿车。三是税率负担过重，限制手段太多。迄今以来把轿车当作奢侈品的观念仍很有影响，因此产生一系列限制性的政策和措施，当前过重的税费负担是抑制轿车需求，尤其是个人购买的重要因素。用户除缴纳国家统一征收的增值税、消费税，交通部征收的车辆购置附加费以外，还要支付地方财政、交通、公安、工商等部门设定的地方车购费、控办费、城市增容费、定编费、道路建设费、工商验证费以及各种临时性费用近20种。有的企业反映，用户落籍时一次性支付价外税费约占其车价的50%左右。还有牌照拍卖费，仅此一项有的高达一辆车的价格。此外，全国统一的汽车市场被人为地条块分割着，我国卖车、买车、上牌、检车、修车、更新、报废均由各部门条条分管，而地方出台的保护性政策，除增设地方费用，还采取限制外地产品，保护当地产品的措施。如当前有的地区对小排量客车，包括微型轿车实行控制；有的地区拟限制排量1.6L以下轿车出租营运等。在当前汽车市场条块分割机制下，居民购车除一次性交齐现款，还要过八道手续关，与15个单位打交道，方能上牌。有的地区，更新一辆汽车需办13道手续，发票上要盖九个公章才能通过。这给汽车销售，尤其是个人买车、用车以及售后服务等造成一系列困难。

汽车作为现代化的交通工具进入家庭，也会象电视、电话进入家庭一样成为一种潮流。按公安部门车辆入籍统计口径，目前我国个人汽车拥有量约250万辆，农用车770万辆左右保有量和摩托车1 800多万辆的保有量中，多为个人所有，机动车中个人拥有量已达2 500万辆左右。1995年个人购买汽车的需求超过50万辆，摩托车产量783万辆中80%以上为个人购买，农用车年产量230万辆，也以个人购买为主，这在一定程度上反映我国潜在的个人购车市场容量。若考虑4亿辆自行车保有量及3万亿元的个人储蓄因素，汽车市场的容量就更大。我国的确拥有一个巨大的轿车消费市场，问题在于如何培育和启动，特别是需要研究如何拓宽个人购车的市场。

目前，我国人均占有汽车的数量低于世界上大多数发展中国家的水平。据统计，全世界平均11.3人拥有一辆汽车，我国平均114人拥有一辆车，千人拥有轿车仅1.66辆，大大低于世界千人拥有轿车100辆左右的平均水平。面临国外汽车生产能力过剩和国内巨大潜在需求的双重压力，在加速我国汽车工业发展的同时，国家要积极培育市场，引导需求，来迎接国际竞争的挑战。

〔撰稿人：机械工业部汽车工业司　姜　英〕

船舶工业

中国船舶工业总公司

1995 年，中国船舶工业总公司（以下简称“总公司”）生产、经营、科技、改革和建设等各项工作都取得较好成绩，主要经济指标均创历史最好水平，提前并超额完成了“八五”计划的主要指标，发展步伐明显加快。

一、生产稳步增长

1995 年，总公司各项主要生产指标全面完成计划，见表 1。

表 1　1995 年主要生产指标完成情况

项　目	单　位	实际完成	完成计划％	比上年增长％
一、工业总产值（按 1990 年不变价）	亿元	151.7	108.3	13.8
其中：船舶类产品	亿元	93.8	108.9	15.8
修船	亿元	14.2	118.3	27.2
非船舶产品	亿元	43.7	104.0	6.9
二、船舶产品产量	万 t	192	136.3	16.8
其中：万吨以上船舶	万 t	164	-	12.7
出口船舶	万 t	75.5	128.5	-10.2
三、柴油机	万 kW	81.6	88.1	-6.5
四、精密导航仪表	台（套）	339	49.1	-34.1

1995 年，总公司生产特点：

1. 造船生产稳定增长

在“八五”前四年平均每年以二三十万 t 的造船产量大幅度增长的基础上，1995 年再创历史最好水平，全年造船完工 177 艘、吨位达到 192 万 t，分别完成年计划的 124.6％和 136.28％，完工吨位比上年增长 16.78％。在全年完工的船舶中，大型船舶单船吨位增长较快，3 万 t 以上的大型船舶在艘数比上年减少 4 艘的情况下，吨位却增加了 30 万 t，表明总公司造船生产向大型化发展。出口船舶吨位达 75.5 万 t，占造船总产量的 38.9％。1994 年、1995 年完工的万吨级船舶见表 2。

1995 年，总公司系统一些骨干企业造船产量增幅较大。仅大连造船新厂就完工船舶超过 50 万 t，比上年增长 68％。江南造船厂和沪东造船厂完工船舶均超过 28 万 t，增幅也较大。

1995 年，造船周期继续不断缩短。总公司于 5 月召开了第二次缩短造船周期会议，对骨干船厂提出了“转换造船模式，深化造船生产设计两年内基本到位”的要求，各个骨干船厂转换造船模式力度加大，促使造船周期不断缩短。大连造船新厂 15 万 t 散货船 4 号船比 3 号船周期缩短 128 天；大连造船厂 4.4 万 t 油轮 6 号船比 5 号船缩短 31 天；江南造船厂 7 万 t 散货船 7 号船比 5 号船缩短 30 天；新港船厂 2.9 万 t 散货船 4 号船比 3 号船缩短 26 天；沪东造船厂 1995 年完工的 40 万 t 船均比合同期提前交船。

柴油机和船用辅机、电子仪表配套设备较好地完成生产计划，基本满足了完工船舶的需要，做到了船机同步。

2. 修船快速发展

“八五”技改项目中的两个 10 万 t 级修船坞建成投产，大大提高了总公司的整体修船能力，使年修船能力达到 58 万综合吨。全年实现修船产值 14.2 亿元，比上年增长 27.15，增长幅度较大。在外轮修理方面取得显著成绩。全年创汇 1.06 亿美元，比上年增长 51.4％，其中直接创汇 8 659 万美元，比上年增长 80.4％。全年外轮修理产值占修船总产值的 54.8％，北海船厂、澄西船厂外轮修理产值所占比重分别达到 78.5％和 70.75，标志着骨干修船企业在开拓国际修船市场方面成绩显著。

3. 非船舶产品生产有喜有忧

全年非船舶产品产值实现 43.7 亿元，比上年增长 6.9％，增长幅度低于造船和修船。非船舶产品产值占全部工业总产值的比重为 29.5％，首次低于 30％，表明非船舶产品生产增长较慢。作为主要非船舶产品之一的集装箱，在前几年有所下滑的情况下，1995 年又开始上升，全年总量达 4.5 万只，比上年增长 5.61％，表明集装箱产品市场正在上升。由于受市场竞争日益激烈的影响，加之产品本身在品种、性能、成本和质量等方面存在的问题，一部分重点非船舶产品，如电冰箱、液压支架、摩托车等继续下滑，少数产品降幅还较大，形势比较严峻，急需重视和解决。主要非船舶产品完成情况见表3。

二、经营工作取得显著成绩

总公司全年共承接合同金额274亿元。在国内订单急剧减少的困难形势下，大力开拓国际市场，承接新船订单260万t，大大超过了年初总公司第七次工作会议提出的160万t的目标，比上年增长97万t，创历史最好水平。其中，出口船249万t，超过“七五”期间五年承接出口船订单的总和，成交总额达17亿美元，其中90%以上的订单来自发达国家和地区，表明中国在国际船舶市场上的竞争能力有所提高。目前全公司累计手持船舶订单量已超过450万综合吨，沿海几个骨干船厂近两年的造船任务已基本落实。全年出口创汇6.1亿美元，超额完成计划。

表2 中国船舶工业总公司1994年、1995年完工万吨级船舶统计表

船舶名称	完工年份	制造厂	完工量合计		其中：出口		
			艘数	载重吨	出口国家地区	艘数	载重吨
150 000t散货船	1994	大连造船新厂	2	300 000	挪威	2	300 000
70 000t散货船	1994	沪东造船厂	4	280 000	香港	2	140 000
70 000t散货船	1994	江南造船厂	3	210 000	香港	1	70 000
38 800t散货船	1994	广船国际股份有限公司	1	38 885			
35 000t肥大型散货船	1994	渤海造船厂	1	36 285			
29 000t散货船	1994	天津造船公司	2	58 000			
12 000t散货船	1994	芜湖造船厂	1	15 860			
14 000t散货船	1994	天津造船公司	1	14 000			
700TEV集装箱船	1994	广州文冲造船厂	2	24 600			
35 000t油轮	1994	渤海造船厂	2	69 600			
34 600t原油轮	1994	广船国际股份有限公司	2	69 260			
34 630t原油轮	1994	大连造船厂	1	34 630			
19 900t原油轮	1994	大连造船厂	1	19 900			
44 000t成品原油轮	1994	大连造船厂	1	44 000	香港	1	44 000
34 600t原油轮	1994	沪东造船厂	2	69 200			
21 000t多用途货船	1994	上海船厂	1	21 000			
21 000t多用途货船	1995	上海船厂	1	21 000			
20 000t散货船	1995	上海船厂	2	40 000			
35 000t肥大型散货船	1995	渤海造船厂	3	108 855			
70 000t散货船	1995	江南造船厂	4	280 000			
150 000t散货船	1995	大连造船新厂	3	450 000	香港	3	450 000
52 000t多用途船	1995	大连造船新厂	1	52 000	挪威	1	52 000
12 000t货轮	1995	芜湖造船厂	1	15 860			
29 000t散货船	1995	天津造船公司	2	58 000			
15 000t散货船	1995	天津造船公司	1	15 000	日本	1	15 000
14 000t散货船	1995	天津造船公司	1	14 000			
60 000t双壳体油轮	1995	大连造船厂	1	62 000			
44 000t成品油轮	1995	大连造船厂	3	132 000			
70 000t散货船	1995	沪东造船厂	4	280 000	挪威	1	70 000
29 750t运煤船	1995	沪东造船厂	1	29 750			
700TEV集装箱船	1995	广州文冲造船厂	1	13 100			
26 300t运木船	1995	广船国际股份有限公司	2	52 600			

非船舶产品经营取得新的成绩。发挥集团优势，通过投标竞争又承接了福建水口升船机的总承包权。七〇三研究所通过激烈的竞争承接了苏州燃气轮机电厂的一期工程总承包合同，金额达1亿多元。在钢结构、冶金设备、港口机械等方面也有多个项目中标，合同金额均超过1亿元，其中钢结构共承接6亿元的任务，成为总公司新的非船支柱产品和新的经济增长点。

在拓宽对外融资渠道方面取得突破。为缓解资金紧缺的矛盾，根据李岚清副总理的指示精神，经过多方努力，争取到加拿大皇家银行牵头的国外银团提供贷款，第一笔总计4 500万美元已经签字。

表 3　1995 年中国船舶工业总公司主要非船舶产品完成情况

产品名称	单位	实际完成	完成年计划%	比上年增长%
医疗机械	台	1 371	85.7	8.8
集装箱	只	45 181	132.9	5.6
液压支架	架	172	86.0	-39.2
铁路敞车	辆	1 216	60.8	-18.0
摩托车	辆	7 060	50.4	-20.2
复印机	台	3 115	77.9	18.0
电冰箱	台	32 921	41.2	-41.3
烟草机械（主机）	台（套）	123	115.0	-10.2

三、科技进步取得新成绩

完成了一批国家重点项目。首次承担的国家重大科技攻关项目船舶优化设计及关键技术研究已基本完成，即将进行全面验收。重大技术装备研制取得新成果。第二艘 1.2 万 t 江海直达船性能和质量有了很大的提高；载重 100t 被动式气垫运输平台研制成功。无水冷发动机等几项重点产品的开发取得突破。高速船开发有新进展，已完成 100 客位水翼船的方案设计并签订了建造协议。

新工艺、新技术的开发和推广应用成效显著。船舶焊接高效化率不断提高，平均达到 68%，重点船厂已达到 80% 以上。船舶涂装技术水平有所进步，涂装工时效率提高了 4%，涂料消耗系数已接近国际水平。计算机应用普及率进一步提高，几大船厂应用计算机辅助设计和生产取得成效，平均缩短设计周期 1/3，缩短建造周期 1 至 2 个月，缩短造机技术准备周期 2 个月。

工程研究中心、企业技术中心和重大装备国产化基地建设取得进展。船舶设计技术国家工程研究中心已正式批复立项，四个企业技术中心和 3.5 万 t 浅吃水运煤船、万吨级江海直达船国产化基地已获准建立，建设工作进展顺利。

四、企业改革不断深化

按照“把改革同改组、改造和加强企业管理结合起来”的指导思想和第七次工作会议提出的“转换机制，打好基础，抓好试点，分类指导，强化管理，提高效益”的要求，各企业在转机建制、加强企业管理方面，都取得了一定进展。

企业改制工作迈出新的步伐。江南造船厂作为全国百家试点企业之一，方案已经国家经贸委和总公司批准，即将挂牌运转。沪东造船厂改制工作进展顺利，方案已报国家经贸委。四三一厂作为全国首批 30 个企业之一的委派监事会的试点单位已建立了包括经贸委、国资局、财政部等有关部门参加的监事会。镇江锚链总厂在取得较快发展的基础上，组建了正茂集团有限责任公司。天津造船公司继续加大改革力度，已被列为天津市 1995 年现代企业制度试点单位，准备组建国有独资集团公司。金风帆蓄电池有限责任公司的管理体制进一步理顺。昆明地区五个工厂资产经营一体化工作取得进展。全公司已有 80% 以上的企业实行了全员劳动合同制。正茂集团已试行企业经营者年薪制。

五、重点建设和改造取得重大成果

全年完成固定资产投资 24.4 亿元，保证了“八五”计划目标的实现。继澄西船厂 10 万 t 级浮船坞建成投产之后，文冲船厂 15 万 t 级修船坞、沪东造船厂 10 万 t 级浮船坞和大连造船新厂 20 万 t 级造船坞相继投产，提高了大型船舶的造修能力。其中，沪东造船厂采取几方合资成立股份制公司改建 10 万 t 级浮船坞，在没要国家投资的情况下，仅用 9 个月就在滩涂上改建成功，创造了大型造修船设施建设投资省、周期短、见效快的新经验。江南、广船国际等五大船厂技术改造工程大部分已竣工投产。大连 20 万 t 级大坞的投产和这批重点建设改革项目的完成，使总公司 3.5 万 t 以上大型船舶建造能力有较大幅度提高。四〇五厂斯太尔发动机等 25 个项目已竣工验收。武汉重型铸锻厂增加年产厚壁管 2 万 t 的能力，填补了国家空白。北海、江南、广州、大连造船厂及武汉船用机械厂、昆明船舶设备公司等“双加”技改工程的前期工作已完成并开始实施。

1995 年是“八五”计划的最后一年，经过全公司 30 万职工的艰苦努力，“八五”计划的主要指标已经提前并超额完成。工业总产值完成 588.4 亿元，超过“八五”计划的 46.7%，比“七五”增长 1.2 倍，平均年递增 16.1%；造船产量完成 685 万 t，超过“八五”计划 33%，比“七五”增长近 1 倍，平均年递增 22.5%；出口船完成 311.4 万 t，比“七五”增加 156.5 万 t，增长近 1 倍，平均年递增 14.6%；实际出口 23.7 亿美元，超过“八五”计划 18.2%，比“七五”增长 1.2 倍。

六、存在的主要问题

1995 年，总公司在生产经营方面存在着以下突出问题：

一是国内船舶订单太少。由于多种原因，近几年来国内订单有所下降，1995 年只有 2 万 t。

二是部分配套企业和中小船厂任务严重不足。1995 年虽然承接船舶订单较多，但集中在几家大船厂和沿海船厂，内地中小船厂接的订单量很少。

三是经济效益还不高，还有一批企业亏损，少数企业亏损额较大。

〔撰稿人：中国船舶工业总公司办公厅政策研究室　王　红　审稿人：中国船舶工业总公司综合计划局　郭　泽〕

航空工业

中国航空工业总公司

1995年，航空工业以邓小平同志建设有中国特色社会主义理论为指导，认真贯彻中央提出的“抓住机遇，深化改革，扩大开放，促进发展，保持稳定”的指导方针，正确处理改革、发展、稳定的关系，动员全行业职工进一步解放思想，紧抓机遇，狠抓落实，坚持航空为本，以市场为目标，以提高经济效益为中心，以提高产品竞争力为重点，大力推进两个根本转变，坚决打好发展、改革、调整、稳定四个攻坚战，圆满完成了“八五”计划，并为“九五”发展奠定了良好的基础。

一、航空重点型号研制生产计划基本完成

根据重点新机研制任务，全年实现了两种飞机的首飞上天，完成了三种飞机的定型审查，一项发动机国产化项目鉴定，并有九种飞机型号完成了年度研制计划，一批重大项目开始上马。其中，民用飞机有较大发展，运七、运七－100旅客机、运七H－500货运机、运八F－100邮航机和农林专五A型飞机分别取得中国民航总局颁发的型号合格证、单机适航证和生产许可证；多用途的运十二（Ⅳ）飞机取得美国适航管理机构颁发的型号合格证和生产许可证。同时，具有良好市场前景的中型客机AE－100飞机项目，已经国家批准立项，展开了全面的可行性研究、前期设计以及专项攻关。直升机研制生产取得重大进展，一批新型装备开始交付部队。其中，由哈尔滨飞机制造公司与法国、新加坡联合研制的跨世纪先进直升机EC－120在法国马赛首飞成功。哈尔滨飞机制造公司承担了这种直升机主体结构部分的研制，将通用除尘系统、操纵系统、燃油系统和滑撬起落架的设计与制造，设计使用软件与方法并网同步进行。航空发动机研制水平进一步提高，研制手段和设施不断改善，中国航空工业总公司所属第六二四研究所航空发动机高空模拟试车台，正式通过国家验收，这是我国乃至亚洲唯一的连续式气源连接式高空台，最大模拟高度25km，马赫数2.5。工业燃气轮机生产交付情况较好，“八五”以来航空工业累计生产交付19套成套机组，广泛应用于油田注水、电热联供、轻烃回收等。特别是由中国航空工业总公司与美国有关公司合作生产的两台容量为100MW的FT8轻型燃气轮机，已成功地应用在海南省南山电厂，这个电厂是为保证三亚凤凰国际机场用电及缓解海南省用电紧张而建造的。

1995年航空产品成批生产任务完成情况较好。全年交付飞机为年计划的134%。其中民用飞机交付48架，为上年的2倍多。其他航空产品批生产任务均超额完成年度计划。

二、非航空民用产品生产开发有新的进展

1995年民品产销两旺，发展势头很好。各项经济指标都创造了历史最高水平。民品产值完成了163亿元，比上年增长22.7%；民品销售收入完成155亿元，比上年增长33.6%。民品产值已占全行业工业总产值的70%以上。主要民用产品生产情况如表1。

表1　1995年航空工业主要民用产品产量完成情况

产品名称	单位	1995年完成	1994年完成	1995年为上年%
汽车	辆	83 102	63 410	131.1
摩托车	辆	947 607	728 817	130.0
汽车发动机	台	104 498	65 143	160.4
空调压缩机	台	635 046	377 114	168.4
电冰箱压缩机	台	330 937	507 995	65.1

1. 积极推进“双加”工程实施，军转民技术改造继续保持良好势头。1995年航空工业向国家申报重点扶持项目49个，有44个项目分别进入国家“双加”工程和“军转民技术改造专项”，计划总投资33亿元。其中国家“双加”工程项目36项，占军工部门国家“双加”工程项目的44%，计划总投资26.4亿元，重点支持了汽车、摩托车等一批支柱民品的发展。其中，西安航空发动机制造公司的剑杆织机和红原锻铸工业公司的汽轮机叶片精锻生产改造两个项目的资金已经全部到位。

2. 全面总结“八五”经验，认真研究制定航空工业“九五”民品发展计划。根据航空工业提出的“大集团、大产品、大商贸、高科技、高效益”的“三大两高”经济发展战略，航空工业民品在“九五”期间重点发展汽车、制冷技术工程、环境保护工程、新型材料与建材、电子与信息产业、机械装备等六大类支柱民品，引导航空企事业非航空产品有更大发展。到“九五”末期，六大类产品中部分产品将达到国际先进水平，具有较高的知名度和较大的市场份额，成为国内领先的名牌产品。

3. 作为航空工业新的经济增长点，第三产业迅速兴起，经营范围涉及科技、商业、房地产、生活服务等10多个行业，有力地支持了全行业的结构调整。集体经济持续发展，全年完成生产总值22.7亿元，实现利税1.6亿元，安置待业青年和国有企业富余人员2 500人。

三、科技教育事业稳步发展

1995年航空科研任务进展情况良好，绝大多数重点课题均按要求完成任务，并取得一批重大科研成果。全年共安排18项关键技术和16项重点项目，以及行业一般项目10大类100多个专题。共有13项科技成果获国家级科技进步奖，319项科技成果获部级科技进步奖。特别是"八五"时期，以航空发动机核心机技术、主动控制技术、航空电子综合技术、复合材料技术等为代表的45项重大科技成果集中代表了航空预研先进水平。成功地举办了航空"八五"预研成果展示会和航空发动机预研成果展览会，江泽民、刘华清、邹家华、李岚清、吴邦国等党和国家领导人参观展览，并对航空科技"八五"取得的巨大成就给予高度评价。

航空教育结构调整逐步深入。教育投入有较大幅度增长，办学条件有所改善。航空高校科研水平进一步提高，取得了一批重大科研成果。扩大院校办学自主权和联合办学等改革措施初见成效，1995年实现了中国航空工业总公司和中国民用航空总局联办南京航空航天大学。北京航空航天大学、西北工业大学首批进入国家"211"工程。全年各类航空院校共培养毕业生5 000余人，其中向航空系统输送研究生300人，本、专科生2 000多人。航空"三高"人才（高级科技人才、高级管理人才、高级技术工人）培养规划全面启动，职工技术教育形成制度化，成功地举办了航空工业首届工人技能大赛，全行业有近30万航空工人参加了这次比赛，涌现出了一大批技术能手。

四、外贸出口与国际经济技术合作迈出新步伐

1995年，航空工业继续坚持对外开放，实行了一整套正确的发展指导方针，改革并逐步形成了适应航空工业特色的外贸管理体制，全面推动外贸出口持续快速增长，国际经济技术合作品不断向纵深发展，取得了新的突破。

航空工业外贸出口在多年来持续增长的基础上，1995年又取得显著成效。全年外贸出口交付8.2亿美元，其中机电产品出口创汇已突破6亿美元大关。航空零部件转包生产克服了许多困难，努力打开新市场，1995年完成4 600万美元。目前，全行业转包生产已达到生产大中型客机大部件水平。主要机电产品出口情况如表2。

表2　1995年航空工业主要机电产品出口情况　　（单位：万美元）

产品名称	出口额	比上年增长%	产品名称	出口额	比上年增长%
民机及航空零部件	3 038	30.3	电机、电子、电器	151	-37.6
航空零部件转包	4 666	9.3	轻工产品	618	1.0
燃机发电设备	208	141.9	全钢通路地板	335	30.4
工、量、夹具类	1 463	-8.8	制冷设备	85	-24.8
汽车、摩托车类	1 278	-2.1	健身、旅游器材	219	284.2

国际经济技术合作进一步加强。通过一批重点工程与多国进行技术合作，掌握了一批先进技术。具有良好市场前景的100座级中型客机项目正在与韩国、新加坡、美国、法国等国家航空企业进行了广泛接触，寻找合作伙伴。与国外联合研制的基础教练机K-8飞机、轻型歼击机超7飞机和多用途直升机EC-120等新机，探索了中外合作发展出口新机的路子。利用外资工作进展顺利，"中国航空基金"等运作情况良好，与美国波音公司签订的4亿美元转包合同正在抓紧落实。成功地举办了第六届北京国际航空展览会，来自中国、美国、澳大利亚、加拿大等27个国家和地区的250家厂商参加了这次航展，本届航展比上届规模扩大了50%。在航展期间举办的中国航空工业高级研讨会，有来自27个国家和地区的400多位代表参加。

五、质量管理工作进一步加强

全行业进一步树立质量立业思想，以提高实物质量为重点，努力落实质量第一的方针。先后颁发了一系列加强质量管理的规定，重点型号科研生产质量保证体系进一步健全，全年有19个军工产品和重点民品生产企业质量体系认证合格，10个企业取得出口产品质量体系认证合格证书。认真开展新机研制和在役机种质量问题的攻关，加强了标准化、计量等质量工作基础建设。特别是加强现场服务，配合空海军演习，受到了部队的好评。全年共审批国军标12项、航标103项，同时还组织制订了汽车、摩托车等重点民品质量控制办法。其中，汽车、摩托车、纺织机械的可靠性取得可喜进展，微型汽车可靠性指标MTBF（平均故障间隔里程）已由上年的6 000km提高到8 000km，摩托车由7 000km提高到9 000km，纺织机械由500h提高到800h。安全生产形势基本稳定，安全管理工作向标准化、规范化转变，有5个企事业单位完成了安全评价复评工作。

六、以建立现代企业制度为目标的体制改革不断深化

1995年，中国航空工业总公司以改组为国家控股公司为核心，以建立现代企业制度为目标，以企业改革为基础，全面推进各项改革，取得显著成效。

着眼于搞好航空工业经济，抓大放小，下更大功夫搞好企业改革。继续抓紧落实《全民所有制工业企业转换经营机制条例》，推进10个企业进行现代企业制度试点。狠抓企业管理，深入开展“转机制、抓管理、练内功、增效益”活动。促进存量资产的调整，积极推进了企业的联合与兼并，实现了一一四厂与三四五厂合并，二九一厂与三〇五厂合并等。全面完成了工业企业清产核资工作。与此同时，大力加强分类指导，采取“抓两头、带中间”的办法，狠抓搞好企业工作，取得了一定效果。

根据党的十四届三中全会精神，国家批准中国航空工业总公司进行国家控股公司试点。为此，做了大量准备工作，初步设想，改组为国家控股公司的目标模式是：把中国航空工业总公司改组成航空工业为主，多种经营、资产经营与实物经营相结合，企业经济效益和社会效益并举的有活力、有市场、有声誉的大集团。按照这一目标，总公司将以产权关系为纽带，建立国有资产经营责任制为重点，构筑科学规范的母子公司体制。即总公司经国家授权，作为投资主体，统一经营航空工业国有资产，着力优化国有资本投资结构，提高资本运营效益，向国家承担保值增值责任，并根据国防现代化建设和国民经济建设的需要，组织航空武器装备的研制生产和重大非航空产品、第三产业的开发经营。行业内部形成总公司—企业集团（专业公司和大型企业）—基层企业为基本框架的层层责任关系。

七、经济效益有所好转

1995年，航空工业实现了经济的快速增长和经济效益的初步好转。按国家规定的六项经济效益指标计算，航空工业经济效益综合指数比上年提高了9个百分点，工业产品销售率、工业增加值率、工业全员劳动生产率等工业经济指标也高于全国平均水平。全年实现工业总产值，比上年增长23%，实现销售收入比上年增长25%，实现利润比上年增长近两倍，上缴税金比上年增长10.3%。

1995年，航空工业总的形势是好的，但也存在许多困难和深层次问题，主要是思想观念还不适应变化的新形势，产品发展不适应市场的需要，体制改革和结构调整中的难点尚未取得大的突破，全行业经济效益还不高等。这些问题已引起全行业的高度重视，正在采取措施加以解决。

“九五”是我国国民经济和社会发展承前启后、继往开来的重要时期。航空工业既面临着严峻的挑战，也有难得的历史机遇。“九五”期间航空工业发展总的要求是：以邓小平同志建设有中国特色社会主义理论为指导，坚持两个文明建设一起抓，牢固树立“科教兴业”的战略指导思想，继续贯彻“突出主体（航空产品）、加强两翼（非航空产品和第三产业）、发展经济、振兴航空”的发展方针，认真落实“大集团、大产品、大商贸、高科技、高效益”的发展战略，以提高经济效益为中心，以科技进步和提高质量为重点，发挥全行业的整体优势，着眼于搞活全行业经济，全面实施两个转变。奋斗目标是：完成国家控股公司的组建，结构调整初见成效，把中国航空工业总公司建成有活力、有实力、有市场、有声誉的大集团，使全行业在航空产品技术水平、非航空产品规模与质量、外贸出口创汇、经济效益和职工收入等五个方面跨上新台阶。

〔撰稿人：中国航空工业总公司办公厅政研室　金　岩　审稿人：中国航空工业总公司办公厅　孙广运〕

航天工业

中国航天工业总公司

1995年，中国航天工业总公司（以下简称“总公司”）系统认真贯彻落实党的十四届三中、四中、五中全会精神和《中国航天工业总公司改革与发展纲要》，进一步解放思想，转变观念，深化改革，狠抓质量，狠抓效益，各项工作都取得了较好成绩。全年共完成工业总产值89亿元，实现利润3.8亿元，都比上年有较大提高。

一、航天型号科研生产任务基本完成

航天系统承担着为国家研制导弹武器系统、运载火箭、卫星等航天型号的重要任务。确保航天型号特别是国家重点型号研制任务的完成，一直都是总公司的工作重点。1995年，总公司在航天型号的研制生产中，重点抓了质量问题，对国家重点航天型号的研制生产广泛地开展了质量复查工作，绝大多数产品的质量问题得到了有效的控制，特别是导弹武器系统的质量基本稳定，并有所提高。全年武器装备系统的试飞成功率比1994年有了进一步的提高。国家重点在研的航天型号的研制工作也取得了较大进展，在一些关键技术上有新突破。

全年共安排大型航天型号试飞 29 项，26 项获得成功。长征运载火箭三次发射卫星，情况见表 1。1 月 26 日长征二号 E 捆绑式运载火箭发射休斯公司研制的亚太二号通信卫星，由于星箭结合处出现问题，而使发射失利；11 月 28 日和 12 月 28 日，两次发射卫星均获成功。全年共评出部级科技进步奖 640 项，其中一等奖 33 项，二等奖 221 项，三等奖 386 项。

表 1　1995 年发射卫星情况

序 号	发射日期	卫星名称	运载火箭	简　况
1	1995.01.26	亚太二号通信卫星	长征二号 E 捆绑式	发射失利
2	1995.11.28	亚洲二号通信卫星	长征二号 E 捆绑式	发射圆满成功
3	1995.12.28	艾科斯达卫星	长征二号 E 捆绑式	发射圆满成功

二、非航天产品生产经营有所发展

1995 年，全系统各级领导狠抓民品生产经营，加大了资金投入和技术改造力度，并在企业扭亏、区域经济合作和加速科技成果转化方面采取了一些举措，使全系统非航天产品的开发和企业经营状况都有所改善和发展，非航天产品总产值和销售收入都比上年有所增长。

1995 年，总公司按照"抓一头，促一头，放一头"的民品工作方针，重点抓了汽车及其零部件、计算机应用工程、卫星应用工程等三大支柱产品。其中汽车方面，与法国雷诺汽车公司合资组建了全系统最大的合资企业——三江雷诺汽车有限公司，第一批 SKD 轻型面包车已开始投放市场；江南航天集团的 828 新车型取得了重大进展，进口日本设计、制造的具有先进水平的四种新车身模具已全部到位，目前正在试模；车用密封条、汽车空调器等汽车零部件的生产也取得了较好的经济效益；汽车发动机立项工作也正在按步骤进行。

非三大支柱的机械类民品生产经营，在总公司的大力支持和正确引导下，也取得了很大发展。烟草机械、瓦楞纸压板机械、洗衣机、电冰箱等产品都已达到了一定的规模，占领了一定的市场份额。1995 年总公司非航天机械类主要产品的生产销售情况见表 2。

表 2　1995 年非航天机械类主要产品生产销售情况

序 号	产品名称	单 位	生产量	销售量	销售额（万元）
1	烟草机械	万元	4 000	4 000	4 000
2	瓦楞纸机械	条	80	70	4 000
3	汽车密封条	万 m	185	230	2 300
4	医疗、制药机械	台	252	252	2 688
5	汽车零配件	套	45 000	49 000	2 000
6	改装车	辆	1 610	1 610	18 866
7	吊扇	万台	16	16	2 770
8	锻压机床	台	584	554	4 800
9	面包车空调器	台	7 900	8 000	6 000
10	轿车空调器	万台	33	33	94 120
11	轻型车	辆	7 936	7 128	42 250
12	农用车	辆	1 700	1 800	4 500
13	洗衣机	万台	5.7	5.7	3 675
14	冰箱压缩机	万台	22	21	8 115
15	电冰箱	万台	14.5	15.5	28 150
16	烟机部件	部	118	118	1 000
17	脚轮	万套	50	65	850
18	加油机	台	70	70	2 100
19	金属软管	万根	7	8	4 252
20	汽车钢板弹簧	t	294	220	150

三、外贸出口与国际合作进一步拓展

在机械产品出口方面，总公司坚持以经济效益为中心，克服重重困难，积极扩大出口创汇。在国家退税率下调、退税不及时、资金短缺等诸多不利因素影响下，各有关单位艰苦努力，使全年的机电产品出口额为年计划的 1.5 倍，比上年增长了 10.7%。出口的机电产品主要有：卫星发射服务、电子元器件、仪器、仪表、医疗设备、家用电器、通讯设备、数据处理系统等。

在国际合作方面，总公司进一步拓宽了合作伙伴和合作领域，加强了合作深度。先后分别与美国鉴订了国际商业发射服务备忘录，与德国、乌克兰、加拿大、巴西签署了关于和平利用与研究太空合作的协议或备忘录。利用对外发射服务，将所属河西公司制造的新型卫星上面级发动机首次推向国际市场，并一举获得成功，受到了国际宇航界的广泛赞誉。

四、体制改革不断深化

在体制改革方面，主要是围绕贯彻落实《中国航天工业总公司改革与发展纲要》，结合建立现代企业制度，进一步深化了军民分线改革。部分单位实现了军民品生产经营的彻底分离，出现了部分只搞军品或只搞民品的单位，理顺了军、民品不同性质产品的管理体制和关系。与此同时，总公司也重视地区联合、专业协作，组建成立了东北、西北两个经济技术协作区，筹建了哈尔滨工业大学航天高新技术工业园区。

制度建设方面，提出了实施行为规范体系工程和技术保障体系工程的实施方案和实施计划，有力地推动了全系统各项工作的顺利进行。

五、存在问题

围绕航天科技工业发展多年的两个老问题：一个是军品研制过程中的质量和效率不高的问题，另一个是民品生产经营中经济效益低的问题，在1995年虽然有所缓解，但依然没有彻底解决。其主要原因是航天科技工业在改革和发展两个方面，还没能完全适应社会主义市场经济的新形势和新要求。

〔撰稿人：中国航天工业总公司政策研究室　张志前　审稿人：中国航天工业总公司政策研究室　朱　岩〕

机械工业科技工作

机械工业部科技与质量监督司

1995年是我国科技发展史上具有重要意义的一年。中共中央、国务院于5月6日发布了《中共中央　国务院关于加速科学技术进步的决定》（以下简称《决定》)。《决定》中提出了“科教兴国”的伟大战略，阐述了未来一段时期内对科技工作的总体要求，向广大科技工作者发出了总动员。

为了贯彻《决定》的有关精神，全面落实科学技术是第一生产力的思想，一年来，机械工业的科技工作在推进企业技术进步、分层次实施“九五”科技发展计划和深化科技体制改革构筑科技新体系等方面，开展了扎实、有效的工作，为“九五”计划的实施开创了良好的开端，为机械工业振兴的启动奠定了坚实的基础。

一、落实《决定》，加速科技进步，振兴机械、汽车工业

全国科学技术大会于1995年5月26日至5月30日在北京隆重召开。这次大会是我国科技发展史上的又一座里程碑，是在改革开放和社会主义现代化建设的新形势下召开的一次具有重要历史意义的大会。召开这次大会的主要目的是：动员全党、全国各族人民全面落实科技是第一生产力的思想，认真贯彻《决定》的精神，实施“科教兴国”战略，进一步解放思想和发展科技生产力，积极促进经济建设转入依靠科技进步和提高劳动者素质的轨道。

在这次大会上，何光远部长代表机械工业部做了题为“落实中央决定，加速科技进步，振兴机械、汽车工业”的发言。

何部长结合机械工业部科技工作，重点讲了三个问题，即：

·实施以提高企业竞争力为中心的科技发展战略；

·把大力发展制造技术作为机械工业科技工作的重点；

·呼吁在“稳住一头”中重视“稳住”产业技术共性、基础性研究。

要实现“使机械、汽车工业成为我国的支柱产业”这一目标，就必须尽快培育一批技术先进、具有国际竞争力的大型企业，以及一大群掌握先进制造技术的中小企业。只有企业发展了，竞争力提高了，行业才能发展；只有企业真正成为科技的主要需求者、开发者和投资者，才能最终解决科技与经济脱节的问题，才能实现科技工作的新解放和大发展。

何部长在发言中对发展先进制造技术的重要性进行了精辟了的阐述，提出科学技术为经济建设服务首先必须大力强调产业技术。经济竞争归根结底是制造技术和制造能力的竞争。在未来竞争中，谁掌握了先进制造技术，谁就掌握了市场，谁就能在国际竞争中立于不败之地。这一观点进一步得到国务院有关综合部门的重视，先进制造技术已被列入国家“九五”科技发展计划的重点领域。

结合产业部门的实际工作，何部长在会上大声呼吁：国家应对“稳住”产业技术基础这一困扰产业部门向前发展的问题给予最大限度的关注。何部长在肯定“稳住一头，放开一片”取得巨大成绩的同时，着重指出：“稳住一头”的对象应包括产业部门那些只靠市场机制管不到的，从事储备性、预研性、基础性、共性研究的机构。因为这些机构对国民经济的发展具有重要的意义，国家必须予以“稳住”。

何部长的发言，得到了广大与会代表，国家有关部、委，尤其是各产业部门的赞同并引起了广泛共鸣，许多代表认为机械工业部提出的“以提高企业竞争力为中心的科技工作发展战略”思路明确，符合科技和经济的发展规律，可操作性强，体现了国家“科教兴国”的基本战略。关于先进制造技术、产业部门也要“稳住一头”的问题，提得实实在在，切中当前产业部门科技工作的要害。

二、结合国情，探讨发展和应用先进制造技术的基本战略

制造业是一个国家经济发展的支柱，是国民经济收入的重要来源。无论在工业发达国家或新兴工业国家，制造业在整个国民经济中一直处于十分重要的地位。

近十年来，一批专家通过对国际竞争中各国竞争力增长或衰退原因的分析，重新认识了制造业和制造技术的地位和作用；随着计算机技术、信息技术、自动化技术在制造业中的广泛应用，它们与传统制造技术相结合而形成的先进制造技术日益引起各国的高度重视。制造技术是制造业和国民经济生存发展的技术基础，是高技术成果走向实际应用的接口、桥梁和通道，是提高企业国际竞争力和创新能力的根本途径。

为了把握当前国内外先进制造技术发展动态，从实际情况出发研讨我国先进制造技术的发展策略，振兴我国制造业，机械工业部、国家科委、国家计委、国家自然科学基金委员会和中国机械工程学会于 1995 年 4 月在北京联合举办了“先进制造技术发展战略研讨会”。

参加这次会议的共有 180 多位正式代表，其中有来自美国、加拿大、日本、法国的 7 位学者，8 位中国科学院院士、中国工程院院士，138 位教授、副教授、高级工程师、博士，其中不少专家还担任政府部门、科研机构、企业的要职。

与会专家就先进制造技术的内涵、国内外的发展趋势、对国民经济的作用和影响、优先发展领域和关键技术、发展战略和对策进行了研讨。会议形成的主要结论概述如下：

·要想生活好，就得制造好

要满足人民生活日益提高和多样化的需求，没有制造业和制造技术的发展是不可能的。“要想生活好，就得制造好”，这是朴素、永恒的真理。

·抓住机遇，迎接挑战

机遇是：国际上对先进制造技术重要性的认识与日俱增，制造技术的革命正在进行，国内也出现了重新认识制造技术的热潮；可以借鉴国外发展先进制造技术的经验和教训，充分利用人类创造的现有科技成果；中国国内对制造技术装备和人民生活耐用消费品有广阔的市场。挑战是：工业发达国家都在瞄准中国这个大市场，中国企业家从来没有象今天这样直接地面对国际同行的竞争，而中国的制造技术与工业发达国家又存在着阶段性的差距，在竞争中处于不利的地位。

·从国家利益出发

在社会主义市场经济体制下，也要充分发挥政府对科技的引导、协调、支持作用。发展先进制造技术光靠市场导向不行，有一部分研究开发工作需要国家的支持。与会专家一致呼吁：要把大力发展先进制造技术作为一项重要国家政策，国务院各部委应从国家利益出发，采取共同行动，形成相互配合、优势集成、共同促进的联动体系。

·结合国情研究、制定国家先进制造技术发展计划

第一，要从国情出发。我国制造技术与工业发达国家差距甚大，应以企业的需求为导向，不以追求技术的高新为目的，而是注重实际效果，以提高国际竞争力、促进经济增长为目标。计划的具体内容应与工业发达国家正在研究的先进制造技术有所不同，不能盲目照搬。第二，该计划不仅是一个高技术的发展计划，还应是一个包括基础研究、应用研究、技术开发、产业化、推广应用、人才培训“一条龙”的专项计划。第三，要注重计划的整体性，各相关计划之间要相互衔接，多渠道、多层次地加以推进。第四，要增加发展先进制造技术的投资及相关技术改造的投资。设立“国家产业技术发展基金”，支持各产业部门共性技术、基础性技术、竞争前技术的研究开发，重点是先进制造技术。

·有所为，有所不为

建议在“九五”期间着重发展以下四方面技术：现代设计技术、先进制造技术和设备、综合自动化技术以及系统管理技术。

·建立研究开发和推广应用体系

第一，建立以系统与集成为特点的国家制造技术研究中心，按照“稳住一头”的方针，由国家重点予以支持。

第二，支持有关先进制造技术工程研究中心、工程技术研究中心和企业技术中心的建设。

第三，大力推广应用经实践证明成熟的先进制造技术，形成推广网络，建立推广应用示范点。

·以企业为技术开发的主体，大力推进产、学、研的结合

·造就发展先进制造技术的将才和各类人才

·研究制定先进制造技术发展战略和政策

对于这次会议的召开，国务院领导同志十分重视。国务委员、国家科委主任宋健接见了部分会议代表，并发表了重要讲话。他说：“先进制造技术是一个国家、一个民族赖以繁荣昌盛的重要手段”。

"如果制造技术不发达，这个国家、民族就不可能富裕。尤其在我们国家，制造技术上不去就不可能支撑这么多的人口像样、体面的生活。""所以，我认为我国在相当长的时间内，发展制造技术是至关重要的。""我们要加强对制造技术的宣传和认识，在基础研究、应用研究和高技术研究等各个方面，制造技术都应占有重要地位。要提高从事制造技术科研人员的社会地位，要采取措施，鼓励更多的人学习制造技术。""科委、自然科学基金会要加强对制造技术的投资比例，加强制造技术的基础设施和基础结构建设。发展制造技术是国家目标，是国家利益、全社会利益。要提高工业素质，制造技术上不去是不行的。""制造技术对编制'九五'科技规划和15年发展规划很重要。首先是定位要准，看到它的作用，然后大家共同想办法支持。"

三、分类指导，规划构筑科技新体系

机械工业系统科技体制改革经过十几年的努力，取得了很大的成绩，从机关、研究所，到很多的大中型企业，思想观念有很大的转变，特别是减拨事业费到位以后，相当一部分研究所努力推进产业化工作，基本上"吃饭"已不成问题。但是如何发挥科技是第一生产力的作用，使科技在机械工业发展中，在整个经济发展中，能够发挥更大的作用，使科技对经济发展的质量和效益发挥的作用更突出一些，那就需要进一步解决体制上的问题，为科学技术与经济更好结合创造一个好的环境、条件。

1. 科技新体系的规划设想

在组织制订机械工业"九五"科技发展和行业振兴规划过程中，根据国家科委等部门的指导原则，机械工业部研究探讨和规划了行业科技新体系的基本框架和构想。

机械工业科技新体系的重组按照"稳住一头、放开一片"的原则，调整结构，分流人才，构筑一个有利于技术经济一体化、高效的新型机械、汽车工业研究开发体系。这个体系由四个部分组成：一是大型企业和高技术企业集团的技术中心，二是产业共性基础技术研究机构，三是高等院校的科研机构，四是社会化的首先是为中小企业服务的技术支持体系。

(1) 建立大型企业和高技术企业集团的技术中心

这是实现机械工业企业成为技术开发主体的战略目标，提高企业自主开发能力和技术创新能力的必备条件。多数部属产品开发类研究所改革的最终方向是进入有雄厚实力的大型企业或企业集团，转化为企业或企业集团的技术中心。

大型企业和企业集团技术中心的建立，可以在企业原有机构基础上，提高研究开发能力和层次，逐渐形成自己的中心；或者开发类研究所进入企业，与企业技术开发力量共同组建成技术中心；也可以利用高校、研究院所的研究力量与试验手段，与企业联合，定向服务，组建技术中心。

(2) 由国家和行业共同支持，稳住一支少而精的产业共性基础技术研究力量

作为"稳住"的主要部分，以部分研究院所和高等学校的一批优势专业为基础，加强综合和集成，组建"先进制造技术研究中心"。

投入强度高、风险大的高新技术和一部分涉及面广的专业基础技术，也要采用不同形式予以"稳住"。

对标准、质量检测、信息、软科学等公益性研究，稳住一支少而精的队伍，大多数力量应转化为面向社会发展的科技服务体系。

(3) 充实、健全高等院校的科研机构

机械专业的高等院校应结合教学工作，有重点地充实、健全一批科研机构，形成一支与企业技术中心、国家工程研究中心和工程技术研究中心功能互补的研究力量。特别在基础性研究和培养科研人才方面起到重大作用。

(4) 建立社会化的首先为中小企业服务的技术支持体系

这个支持体系由生产力促进中心、行业技术开发中心、地方机械研究所组成。

生产力促进中心在推广科技成果，组织人才培训，促进技术合作与交流中起重要作用，是这个支持体系中的纽带。

选择1～2个部属研究所进行试点，使其转变成为主要为中小企业提供全面服务的行业技术开发中心。

多数地方机械研究所要在本地区形成一定优势和特色，有实力的地方所也要面向全行业形成网络。

设计院应积极创造条件向企业化的工程公司过渡，有条件的设计院也可探索与大型企业密切结合的新形式。

2. 多数部属产品开发类研究所改革的主导方向是进入有雄厚实力的大企业集团

据初步统计，我国机械工业地市以上政府所属研究开发机构有558个，职工人数11.2万人。按我国目前的国力，由国家财政维持如此庞大的、独立于企业之外的研究开发队伍，既无必要，也无可能。

院所的科技成果产业化，推动院所进入企业和企业集团，都是实现科技与经济结合的形式，在当前大多数企业经济实力未达到相当水平的情况下，从实际出发，科技成果产业化是研究院所求生存、谋发展、走上良性循环的一个重要的、也是必然的选择，是当前科研院所实现科技与经济结合的主要形式。在这方面，院所已做了大量工作。

但要看到，院所搞独立的企业，搞产业化并不容易。院所难以具备上规模所需的资金、设备与劳动力条件，尤其缺乏生产、经营方面的经验。这里面存在流动资金、合理负债、经营管理、用工制度等诸多方面的问题。这条路并不见得都能走得通。

市场竞争是残酷的。无论国内还是国际市场，

我们的研究院所在市场竞争中并不处于优势。

计划经济体制下形成的研究院所在行业中的优势地位及与企业的广泛联系，使得目前企业在与研究院所的竞争中或许还能“手下留情”。但随着社会主义市场经济体制的建立，竞争将更加激烈、残酷，技术实力将成为行业地位的唯一决定因素。

院所当前产业化项目的技术，源于以往纵向课题的研究。近年来，随着纵向任务的减少，院所在行业技术中并不处于明显优势。而国内大企业通过高起点的技术引进，及企业技术中心的建设，在不远的将来，它们的研究开发能力将会大大提高。

从国家发展与整体布局来看，机械行业的企业已经不少，不需要把64个研究所逐渐演变成为64个小工厂。当前缺少的是有雄厚的经济与技术实力，能参与国际竞争的大企业、大集团，这是一个全局性的目标，研究院所必须为此作出贡献。以多种形式进入企业和企业集团，充实企业的技术开发与竞争能力，推动行业技术进步，是开发类院所的主导发展方向。

从另一个角度看，研究所自身搞产业化，目前可以做到有饭吃，小发展，在一定意义上来说是一种夺食形式，是抢行业中的一块市场，是初级阶段。作为技术力量相当集中的一支科技队伍，它的归宿，特别是产品开发类研究所的归宿，应该是大企业或企业集团的技术中心。通过发挥研究所自身的技术优势，提高企业的效益和发展的质量，这才是好钢用在刀刃上，这才是科学与经济结合的高级阶段。

研究所满足于自身成果产业化，从长远来看对自身的科技潜力是一种浪费。而走进主战场，到大的企业集团中去发挥作用，从小舞台走向大舞台，则是上了高一级的层次．真正成为“科技第一生产力”的组成部分。研究所的领导要看到这种趋势，看到这个方向，自觉走这条路。当然，这条路走起来很艰难，会遇到各种困难和阻力，但它是有生命力的，前途是光明的。

院所进入企业和企业集团有如下模式：

·整体进入，成为企业、企业集团的技术中心

·领办企业或企业集团，自身成为该企业集团的技术中心

·与企业联合建立技术中心

·部分进入或若干专业分别进入企业或企业集团

不论采取何种模式，其最终归宿都将是实现科技与生产紧密结合在一起的集团化。

四、明确目标，全面推进企业技术进步工作

1．企业技术进步示范工程

为落实全国科学技术大会精神，把机械工业的发展转移到依靠科技进步和提高劳动者素质的轨道上来，加速机械、汽车工业的振兴，机械工业部于1995年6月召开了企业技术进步示范工程工作会议。

会议分析了企业技术进步的现状及差距，阐明了机械、汽车工业面临的机遇与挑战，总结了一年来机械工业部开展企业技术进步示范工程的工作经验，提出了需要深入研究和解决的、在企业技术进步工作中出现的新老问题，进一步明确了示范工程的目标和实施方案。

开展企业技术进步示范工程，推进企业技术进步，关键在于促进企业建立技术进步机制，这个机制的主要表现是：企业能以市场需求为动力，以产品开发为“龙头”，自主加大技术开发的投入，建立健全高水平、高层次的技术开发机构，积极采用先进技术，注重人才队伍的培养和合理使用，增强企业的自主开发与创新能力，从而使企业在国内外市场的竞争能力与经济效益有较大幅度的提高。在这个机制的建立过程中，机械工业各级主管部门必须充分发挥宏观调控和指导作用，在全行业逐步建立起以企业为主体，产、学、研紧密结合的科技开发体系，在方针、政策、计划上，引导企业依靠技术进步求生存、求发展。

示范工程是一个系统工程，需要机械工业各个方面组成一个联动体系，推动工作的逐步开展。

机械工业部负责示范工程的管理工作，具体职责是：

（1）负责示范工程试点企业的认定和示范企业的命名，以及考评工作；

（2）支持示范工程企业建立健全技术开发机构，特别是企业“技术中心”和“国产化基地”的建设工作；

（3）行业科技发展规划的制订，将充分考虑示范工程企业的技术需求；

（4）优先推荐或选择示范工程企业承担国家有关部委下达的以及部内的攻关项目、产品开发及各种专项计划；

（5）从机械工业技术发展基金中拿出一定比例的资金，支持示范工程企业的“技术中心”开展高层次、高水平的研究开发工作；

（6）优先推荐示范企业的技改项目列上国家和地方计划，并支持示范工程企业的技改计划的落实和实施；

（7）充分利用行业技术资源，向示范工程企业推广全行业技术水平高、实用价值大的科研成果；

（8）组织示范工程企业做好人才培养、技术培训及出国考察工作，并为企业加强与国家有关部门的联系、国际合作创造条件；

（9）组织全行业的科研力量，协助示范工程企业进行综合技术诊断，以及主要技术难题的联合攻关；

（10）筹集机械工业技术进步基金，与企业的资金匹配使用，重点用于解决企业的共性关键技术；

（11）为示范工程企业提供信息服务工作，并组织示范工程工作的经验交流及推广工作。

为保证示范工程的正常开展，在部里设立技术进步示范工程办公室，负责处理日常事务。

各省市厅局是技术进步示范工程工作强有力的推动者，在机械工业部的统一指导下，负责本地区示范企业示范工程工作的开展。具体职责是：

(1) 协助部做好示范工程企业的选择、认定和考核工作；

(2) 指导示范工程企业制定技术进步规划及切实可行的实施措施；

(3) 根据国家产业政策及行业发展规划，指导示范工程企业做好产品结构调整工作；

(4) 督促示范工程企业采取有效措施，建立健全技术开发机构；

(5) 组织本地区的科研力量，帮助示范工程企业解决产品设计及制造中存在的技术难题；

(6) 及时总结、汇报本地区开展技术进步示范工程工作的经验及存在的主要问题；

(7) 有条件的省市可以示范企业为“龙头”，全面推进本地区的企业技术进步工作。

高等院校、科研院所要进一步深化科技体制改革，围绕示范工程工作，做好下列几个方面的工作：

(1) 向示范工程企业推广技术上成熟、推广价值大的科研成果；

(2) 与示范工程企业联合攻关，解决企业存在的技术难题；

(3) 主动与示范工程企业建立合作关系，协助其做好“技术中心”的建设工作。

本次会议的召开，标志着企业技术进步示范工程已进入全面实施阶段。

2. 企业技术中心建设

国家经贸委又先后分两批批准了机械行业的29个企业技术中心。至此，在国家确认的140个企业技术中心中，机械行业已有42个。这些企业技术中心的科技设施固定资产投资项目，可按规定减免固定资产投资方向调节税，进口用于开发研究的仪器设备可申请免除关税。

3. 重点新技术推广工作

(1) 研究制定了机械工业“九五”期间新技术推广工作要点。明确了以推广优质、高效、低耗先进制造技术，计算机应用及现代设计技术，工厂综合自动化技术，综合节能节材技术，清洁工艺及环保技术等五大类技术为重点。加强科研单位与企业之间的联系、密切结合示范工程，以企业为主体，使新技术推广工作进一步为企业技术进步服务。

(2) 国家经贸委共审批两项新技术推广示范项目：高耐蚀耐磨非晶态镍磷合金化学镀成套技术和非调质钢控锻—控冷节能技术。

4. 可靠性工作

(1) 在总结可靠性考核工作的不足和借鉴国外产品认证工作经验的基础上，机械工业部提出了开展机械产品可靠性认定工作。

可靠性认定和考核工作都是从行政角度推进企业提高产品的可靠性，但不同的是：

·认定工作强调企业的自觉性，采取企业自愿方式；

·突出工作重点，根据产品可靠性的重要程度，分为A、B类，将可靠性影响大的重点工程设备和配套产品，涉及安全性和环保要求的产品，用户反应强烈、可靠性影响面广的基础件和基础产品列为A类认定产品，作为行政推动的主要对象，其他产品则由企业根据市场需求自行开展工作，这样，可以集中力量抓关键产品的可靠性；

·认定工作采用发放标志的形式，可扩大市场影响和加强用户监督，使企业既有荣誉感也有责任感；

·借鉴产品认证方式，对认定人员、机构、标准建立审核制度等，使认定工作管理规范化。

(2) 为了表彰企业在可靠性工作上的投入，使广大用户部门了解这几年机电产品可靠性改进状况，扩大市场影响，组织了可靠性达标产品的特别推荐活动，推荐一批考核合格并能保持改进效果的产品。规定了五项推荐条件，即：

·可靠性改进显著、考核合格；

·近两年市场使用效果良好，无重大质量事故和用户不满反映；

·近两年国家、部门、省市抽查无不合格；

·非淘汰或技术落后产品；

·可靠性保证措施落实，生产质量稳定。

推荐产品由企业自愿报名，经有关研究院所(检测中心)、省市机械厅局、部内有关司局及质量部门等审核确定。编制了推荐产品样本，在《人民日报》、《中国机电日报》刊登了推荐公告，并于10月6日在人民大会堂举行了新闻发布会。

(3) 确定首批可靠性认定试点产品清单

为了保证试点工作顺利进行，对于试点项目严格把关，要求做到：

①企业自愿；

②试点企业的生产、管理基础较好；

③认定工作要取得用户部门支持；

④认定目标值比原考核指标高一个台阶等。

各行业为此做了积极的准备工作，例如上海发电设备成套研究所为了汽轮机、锅炉产品的认定，走访了各个有关企业，并和电力工业部可靠性中心议定了联合进行可靠性认定的意向；油泵行业召集主机厂和用户共同商定认定方案等。

在组织认定工作中，机械工业部反复强调可靠性工作不能只局限于研究所的积极性，必须要发挥企业的积极性，对申报上来的认定项目，机械工业部专门发函对企业的反应作了调查。根据准备工作，现确定汽轮机、锅炉、起重设备、调速电机、喷油泵总成、电表、拖拉机、空调、轴承、电动执行机构、内燃机、内燃机发电机组、铸造机械等作为首批认定的A类试点。

5.“工艺突破口”工作

1995年是机械工业部开展“工艺突破口”工作的第九年，为适应提高市场竞争力的要求和开展“转机制、抓管理、练内功、增效益”活动的要求，对全年开展“工艺突破口”工作作了全面布置，并进行了分类指导。

在加强调查、咨询的基础上，召开了“深化工艺”、“绿化工序”管理技术研讨会，采用观摩与交流研讨相结合的方式向行业推荐了大同齿轮厂、北京吉普车有限公司等企业的工艺管理方法与技术。

此外，委托中国机械制造工艺协会举办了两期CAPP培训班和工艺标准化培训班，培训人员达300人。

为配合“工艺突破口”工作的深入开展，4月初在昆明召开了“工艺管理与现代管理学术研讨会”，60多个企事业单位代表参加了会议。通过交流和学习，更加明确了“工艺突破口”工作是提高产品质量的有效途径之一。

6. 机电一体化工作

为使应用量大面广的节能机电一体化产品得到更好应用和推广，会同国家经贸委、计委、技术监督局开展了全国交流电机变频调速装置评测工作，在上年专家论证的基础上，现已有申报单位30个，其中外商2个。

五、总结经验，实施“九五”科技攻关计划

1. “八五”国家科技攻关和开发项目的完成情况

1995年是“八五”国家科技攻关、开发项目完成验收的最后一年，机械工业部将“八五”国家科技攻关、开发项目进行了全面的分析，对能如期完成的项目安排了验收进度计划，对重点攻关项目（传感器、电力电子、工业过程控制技术等）进行了中期评估，对大成套项目（一条龙）召开了座谈会，进行了协调，确保项目按期完成。“八五”项目大部分已按期完成，具体如下：

国家科委攻关项目共9项、14个课题、45个专题，1995年底完成44个专题。

国家经贸委45个开发项目，1995年底完成33项。

国家经贸委新型推土机和装载机关键零部件专项（一条龙）84个专题，1995年底完成49项。

国家计委安排的“八五”重点科技攻关项目五项：

（1）全面完成的是传感器技术项目，该项目共4个课题、43个专题、105个分专题，国家拨款2 000万元。现完成104个分专题的鉴定。

（2）数控技术及装备的开发研究项目，共设5个课题、69个专题、144个分专题，已完成35个专题，86个分专题，占全部分专题的92%。

（3）电力电子技术及应用项目，共分两个课题、13个专题、43个分专题，完成了11个专题的鉴定，占全部专题的85%。

（4）工业过程控制技术项目共7个课题、62个专题、169个分专题，已完成42个分专题，占全部分专题的25%。

（5）工业机器人系统共3个课题、7个专题，属跨年度项目。

2. 行业级攻关项目完成情况

由部自行安排机械工业攻关项目共90个子项，经过三年的攻关，在各承担单位的积极努力下，到年底已完成攻关项目72项（其中部分项目将于近期验收）。

从已完成的项目看，经过攻关研制的设备有的已取得了较好的社会效益和经济效益。如由上海内燃机所和福州柴油机厂共同研制的168F小型风冷、直喷、高速单缸柴油机已形成批量生产能力，1994年6月鉴定后当年即生产1 000台，从1995年起月产达500台（全部出口）；由沈阳水泵所研究的应用PC机的水泵CAD软件开发可以完成全部设计过程，泵的效率和汽蚀性能达到国家标准，已在IT单级托架式离心泵设计中应用，并在24个泵厂应用投产；由上海材料所承担的油田用高压往复式柱塞泵易损件材料的研究应用，先后为各油田提供了700多件新型双相不锈钢泵内易损件，其使用寿命比原材质提高4倍以上，为油田节约原材料费及维修费700多万元；由机械科学研究院牵头研究建立的机械工业共性技术数据库，有的已在国民经济中初步发挥了作用，如材料性能数据库已为7个单位提供了176种材料性能数据，可供重点机械产品CAD使用。

3. 部分“九五”科技攻关项目前期工作概况

在认真总结“八五”科技攻关工作的基础上，为了使“九五”科技攻关工作能有一个良好的开端，经充分调研、论证和筹备，并积极向国家有关部门申报，机械工业部“九五”科技攻关的部分项目已通过国家有关部门立项，于1995年先期启动。具体情况如下：

·列入国家计委的“九五”攻关项目

（1）30万辆轿车制造技术及其关键工艺装备研究开发；

（2）大型冶金连铸、连轧成套设备及关键技术。

·列入国家科委的“九五”攻关项目

（1）精密热锻制造技术；

（2）先进制造技术发展战略研究；

（3）清洁生产技术应用示范与推广；

（4）超高速切削技术；

（5）激光快速成型；

（6）提升机器人应用技术。

六、突出重点，开创技术基础工作新局面

1. 标准化工作

围绕以市场需求为导向，以采用国际标准为中心，通过依法管理，推进强制性标准实施，不断调整机械工业标准体系，优化标准化技术委员会组织结构，进一步改革企业标准化工作，标准化工作取得了可喜进展。

·大力推进强制性标准的贯彻实施

一是加强强制性标准的复审工作。

二是督促从事机械产品科研、生产、经营的单位和个人，严格执行强制性标准。为此，机械工业部会同国家技术监督局联合发布了《关于严格实施机械工业强制性标准的通知》。

三是启动机械产品实施强制性标准认定工作，探讨推进强制性标准贯彻实施的新途径。

·积极探索做好企业标准化工作的基本思路

一是树立与社会主义市场经济相适应的标准化观念，即：树立适应市场竞争的标准化观念，与国际惯例接轨的标准化观念，标准化是企业全员性工作的标准化观念。

二是围绕企业经营机制的转换，在企业内形成两个市场、自主决策、依法管理的标准化工作机制。

三是以提高产品质量和经济效益为中心，调整企业标准体系。

四是企业必须强化标准实施，建立保证标准实施的企业内部监督机制。

五是鼓励采用计算机辅助管理技术，提高企业标准化管理和服务水平。

·加强机械工业标准体系调整与改革的研究，提出了《机械工业标准体系调整与发展战略的研究》综合研究报告和《国际与国外工业先进国家标准体系的研究》、《机械工业标准体系现状分析》、《共性基础技术标准体系的研究》、《机械标准体系的研究》、《电工标准体系的研究》和《仪器仪表标准体系的研究》等6个专题研究报告。

·标准化技术组织力量有所增强。全年共组建7个机械工业专业标准化技术委员会。其中，全国性的2个，即电线电缆和家用自动控制器；行业性的5个，并对16个全国（部）专业标准化技术委员会进行了换届调整。

·标准制修订工作进入规范化、有序化阶段

共提出标准制修订计划项目442项，其中列入年度计划401项，列入补充计划41项。

继续实施标准复核员制度，已有332人经培训持证上岗。

共申报国家标准草案123项，审批机械行业标准333项，行业内部标准22项，对43项机械行业标准、4项国家标准进行了修改。

共出版机械行业标准816个。

·开展机械工业企业标准化培训工作。

2. 计量工作

·成立了机械工业计量检定规程审定委员会；

·审批发布部计量检定规程7项；

·批准建立部专业计量测试中心站4个；

·计量认证

共有六个单位通过了国家计量认证：

机械工业部工业自动化仪表质检中心

机械工业部仪表材料质检中心

机械工业部低压电器试验站

机械工业部工业锅炉华北地区测试站

机械工业部上海电线电缆专用设备检测站

机械工业部环保机械质检中心

3. 科技奖励工作

(1) 机械工业部获国家奖励的情况：

①获得国家科学技术进步奖的项目

一等奖：400t锻焊结构热壁加氢反应器研制。

二等奖：高强度铝合金石膏型真空吸铸工艺研究；

MK84125型数控轧辊磨床；

1830mm开卷落料堆垛自动生产线；

2032mm板坯连铸机关键技术攻关；

450m^{2}烧结系统大型电除尘器。

三等奖：扩散硅压力、液位传感器等26项。详见本书第Ⅴ部分。

②获国家发明奖的项目

三等奖：晶体管噪声成份分析测试方法和装置；

等接触应力凸轮式低速大扭矩液压马达及其设计理论与方法；

新型平衡变压器。

四等奖：加氢反应器弯头内壁自动堆焊工艺及设备；

大客车应力蒙皮工艺及设备。

(2) 部科技进步奖获奖项目

特等奖3项，一等奖17项，二等奖117项，三等奖184项，合计321项。

特等奖为北京第一机床厂CIMS工程、沈阳鼓风机厂计算机集成制造系统、攀钢1 350mm板坯连铸机成套设备。其余获一、二等奖项目见本书第Ⅴ部分。

4. 专利工作

1995年中国专利局共受理专利申请83 045件，其中发明21 636件、实用新型43 741件、外观设计17 668件。

机械行业共申请发明、实用新型专利23 544件，其中发明5 532件、实用新型18 012件。

1995年中国专利局共授权45 064件，其中发明3 393件、实用新型30 471件、外观设计11 200件。

中国专利局授权机械行业专利14 311件，其中发明752件、实用新型13 559件。

5. 期刊管理工作

①1995年新创刊的期刊是：《网印工业》、《中国汽车画报》、《内燃机配件》、《客车技术》和《重型汽车》。

②1995年被国外有关机构确定为核心期刊的有：《高压电器》、《功能材料》、《仪表技术与传感器》、《轴承》、《中国机械工程》、《石油化工设备》、《华东工业大学学报》、《焊接》、《制造技术与机床》、《材料保护》、《中国焊接》、《焊接学报》。

七、适应形势，直属研究院所的工作取得新进展

1. 直属研究院所科技工作态势分析

1995年，在一大批大中企业经济困难重重、市场不景气的情况下，研究院所没有退缩，而是积极采取相应的对策，迎难而上，经受了自1992年以来社会主义市场经济最大的一次考验。统计数据表明，1995 年部直属研究院所在许多方面仍然取得了进步。

62 个部直属研究院所职工总数为 40 216 人，其中：技术人员 23 993 人，占职工总数的 59.7%，具有高级职称、中级职称和初级职称的人数分别是 5 703 人、10 876 人和 6 267 人，分别占技术人员总数的 23.8%、45.3%和 26.1%，比 1994 年略有提高；总收入为 20.49 亿元，比 1994 年增加了 14.4%，其中纵向收入为 2.56 亿元，比 1994 年增加了 28.5%，横向收入为 14.02 亿元，比 1994 年增加了 20%，横向收入中技术开发、技术转让、中试产品及生产收入等分别为 4.57、2.61、2.61、1.17 亿元，分别比 1994 年增加 1.23、0.62、0.33、0.54 亿元，提高了 36.7%、31.4%、14.3%、84%；固定资产总值为 19.92 亿元，比 1994 年增加了近 1 亿元；上交的利税总额为 4 433 万元，比 1994 年提高了2 656万元；共出版专著 69 本（1 597 万字），在国际会议及刊物上发表论文 134 篇（700 万字）、全国性学术会议及刊物上发表论文 1 075 篇（3 075 万字）、省市级学术会议及刊物上发表论文 512 篇（1 694 万字）；在行业工作方面仍然占有重要地位，在专业学会、协会、标委会、检测中心和杂志出版等领域内，自筹经费 3 405 万元，占科研性间接支出的 15.3%，投入人员 2 956 人，占技术人员总数的 12.3%；职工年人均收入为 7 585 元，比 1994 年略有提高；获国家、省部级奖成果总数是 207 项，比 1994 年增加 27 项，其中国家级二等奖 4 项（同 1994 年）、国家级三等奖 10 项（比 1994 年增加 7 项）、省部级奖 193 项（比 1994 年增加 20 项）；应用研究项目数、投入人员和经费比 1994 年略有提高；预研课题投入人员和经费也比 1994 年增多，研究所在经费紧缺的情况下，自筹经费投入预研课题，实属不易。

另外，1995 年 62 个院所与企业签定合同5 086 项，总金额为 195 543 万元，实际到款额 146 356 万元。其中：与大型企业签定合同 2 059 项，共 127 454万元，占总合同额的 65.2%，实际到款额为 97 870 万元；与中型企业签定合同 1 961 项，共 45 666 万元，占总合同额的 23.3%，实际到款额为 30 064 万元；与小型企业签定合同 596 项，共 15 792 万元，占总合同额的 8.1%，实际到款额为 13 211 万元；与乡镇企业签定合同 470 项，共 6 631万元，占总合同额的 3.4%，实际到款金额为 5 211 万元。部属院所的主要服务对象是大中企业，上述情况表明，部属院所对企业和社会作出了一定的贡献。在客观经济形势不景气的情况下，能取得这样的成绩是很不易的。这表明了部属研究院所已越来越适应社会主义市场经济，具有较强的市场竞争能力和承受力，院所改革的方向是正确的。尤其是生产性收入的增加比较显著，尽管占总收入的比例还不大，但足以说明研究院所的产业化已开始发展。

尽管取得了很大成绩，但困难和问题依然存在。1995 年 62 个院所的银行贷款额为 20 488 万元，比 1994 年减少了 2 671 万元；总支出为 19.67 亿元，比 1994 年增加了 3.91 亿元（24.8%），其中工资支出、科研性直接支出和间接支出分别为 2.87、8.22、2.23 亿元，分别比 1994 年增加了 13.2%、19.8%和 17.4%，支出大于收入，经济效益没有提高；非科研性固定资产值为 59 888 万元，占固定资产总值的 30.1%，比 1994 年增加了 8 146 万元，增幅较大；技术人员年龄结构趋于老化，超过 55 岁的人数增多，而 30 岁以下的技术人员减少；人才外流较严重；博士、硕士、学士人数分别为 48 人、1 127 人和 8 595 人，占技术人员总数的比例分别是 0.2%、4.7%和 33.8%，与 1993 年接近，无法与高校和科学院相比，学历层次极待提高；获奖项目数虽比 1994 年有所增加，但获奖级别偏低，研究所的科研水平、攻关能力、科研后劲和技术储备有所下降；基础研究和试验发展项目投入人员和经费比 1994 年也略有下降；个别研究院所经济状况不佳，生存问题再次被提上议事日程。

2. 科研院所获得对外经营权概况

经对外贸易经济合作部批准，截止至 1995 年底，机械工业部共有 21 个科研院所获得进出口经营权，具体名单如下：

机械科学研究院
北京机电研究所
北京机床研究所
天津电气传动研究所
上海电缆研究所
上海内燃机研究所
洛阳轴承研究所
桂林电器科学研究所
郑州磨料磨具磨削研究所
大连组合机床研究所
郑州机械研究所
西安重型机械研究所
中国农业机械化科学研究院
北京机械工业自动化研究所
天津工程机械研究所
上海发电设备成套设计研究所
上海电动工具研究所
上海工业自动化仪表研究所
成都工具研究所
兰州石油机械研究所
呼和浩特畜牧机械研究所

八、贯彻《指南》，确定技术发展基金重点资助的领域

1. 基金项目安排情况

1995 年，基金项目指南坚持贯彻“稳住一头，放开一片”的科技体制改革总方针，重点资助机械工业共性基础性技术的研究，特别是作为其核心的先进制造技术中的储备性、预研性项目，共 6 个方面、31 个课题。

(1) 机械产品现代设计技术及应用

·发动机摩擦学设计理论与方法研究;

·机床结合面基础数据与应用技术研究;

·典型焊接结构的动强度设计及应用技术研究。

(2) 自动测试及质量监控技术

·GP－IB 总线技术研究;

·VXI 总线技术研究;

·典型总线式自动测试系统研究;

·汽车齿轮加工质量在线检测技术的研究;

·精密孔加工在线检测补偿控制技术研究;

·自动线计算机监控技术的研究;

·数控机床加工过程在线检测及质量控制系统研究;

·重大机电设备磨损工况检测及专家系统的研究。

(3) 综合自动化技术

·综合自动化系统框架结构的研究和设计;

·面向制造业中小企业管理信息系统的研究与开发;

·CAD/CAPP/CAM 一体化。

(4) 热加工模拟技术

·充型过程对凝固铸件质量影响及充型—凝固—冷却三维综合模拟商品化软件包研究;

·铸件三维热应力及热裂倾向及铸造残余应力预测的研究;

·空心钢锭的计算模拟软件研究;

·大锻件工艺模拟及微观组织预测软件研究;

·镍基合金、不锈钢、铝合金焊接凝固裂纹评价技术及其数值模拟技术研究;

·厚大调质低合金钢焊接氢致裂纹评价技术及其数字模拟技术的研究;

·大型工件淬回火过程动态计算机模拟及工艺优化研究。

(5) 表面功能覆层技术

·离子束辅助涂层（IAC）技术制备类金刚石超硬耐蚀膜层的研究;

·低温耐磨磁控溅射表面涂层技术研究;

·激光熔敷技术在易腐蚀磨损件上的应用研究;

·模具表面强化与补焊修复成套技术研究;

·高性能陶瓷喷涂粉末及其涂层的应用研究;

·大型冷（挤、冲）压成型部件堆焊新材料的合金化及堆焊工艺研究;

·铸铝及高强度铝合金表面强化工艺研究;

·溶胶—凝胶法合金表面改性技术。

(6) 高性能机械工程材料应用技术

·高性能结构陶瓷制品关键技术的研究;

. 高性能复合材料制品关键技术的研究。

该项目指南实行定向招标，按专家评分择优录取承担单位，全部招标工作结束。为便于项目管理，将 31 个课题分解为 72 个合同，截止至 1995 年底已签订完 70 个合同，当年经费全部到位，项目已开始执行。

2. 基金项目完成情况

截止至 1995 年底，共安排基金项目 1 617 项，应完成 1 510 项，实际完成 1 231 项，结题验收 93 项，完成率 82.01％。1995 年当年完成 80 项。

3. 基金项目获奖情况

截止至 1995 年底，基金项目累计获得部科技进步奖 196 项。其中，1995 年当年获奖 21 项。

〔撰稿人：机械工业部科技与质量监督司　赵传义　审稿人：机械工业部科技与质量监督司司长　练元坚〕

企业技术进步示范工程

机械工业部科技与质量监督司

为了贯彻落实邓小平同志提出的“科学技术是第一生产力”的科学论述，以及《中共中央、国务院关于加速科学技术进步的决定》精神，进一步推进机械工业企业技术进步工作，机械工业部决定在全行业实施“企业技术进步示范工程”工作。

企业技术进步示范工程的目标是：促进示范企业建立起完善的市场、科研、生产一体化的技术进步机制，率先成为技术开发的主体；企业市场竞争能力和经济效益有较大幅度的提高，最终或进入国际同行业先进企业的行列，或成为国内同行业中的排头兵企业；同时通过示范企业的示范、带动作用，促进机械工业企业技术进步工作迈上一个新的台阶，逐步把机械工业的振兴和发展转移到依靠技术进步和提高劳动者素质的轨道上来。

“企业技术进步示范工程”自 1994 年启动以来，经过全行业各方面的共同努力，取得了阶段性成果，主要表现在以下几个方面。

一、明确了示范企业的类型

根据对企业具体情况的分析，将示范企业的示范特色分为以下几种类型：

1. 引进—消化吸收—创新，提高自主开发能力;

2. 产、学、研结合，优势互补促发展；

3. 抓质量、创名牌，赢得用户创效益；

4. 以国际市场为导向，提高国际竞争能力；

5. 扩大服务领域，增强市场适应能力；

6. 大目标，高起点，赶超国际先进水平；

7. 增加储备，合理加大投入，推进技术中心建设；

8. 采用现代管理技术，树立企业新形象；

9. 改造、精化老装备，适应发展新要求；

10. 全员培训育能人，提高职工素质；

11. 积极采用先进技术，提高企业效益；

12. 应用计算机技术，更新手段。

二、认定了百家试点企业

示范工程分两步走，第一阶段是在机械工业企业中，择优认定一批具备一定条件的企业为“技术进步试点企业”；第二阶段是经过一年以上的试点工作之后，由部对试点企业进行评价、考核，达标者则成为当年度的“技术进步示范企业”。

参加示范工程的试点企业必须具备下列条件：

1. 企业领导班子具有较强的技术进步意识，企业愿意把技术进步作为企业发展的主要手段；企业第一把手必须亲自抓技术进步工作。

2. 企业的经济效益较好，有一定的经济实力开展技术进步工作。

3. 初步建立起技术进步机制，技术进步工作有特色，能在行业中起示范、推广作用。

4. 企业的产品水平和质量在同行业中居于领先地位。

按照上述原则，机械工业部分别于1994年和1995年认定了两批试点企业，极大地调动了各省市和企业加强技术进步工作的积极性。这些试点企业是：

北人集团公司
北京第一机床厂
时代集团公司
天津电机总厂
天津锻压机床厂
石家庄水泵厂
宣化工程机械厂
承德市京承科工联合机械总厂
长治锻压机床厂
榆次液压件厂
包头内燃机配件厂
沈阳电缆厂
沈阳鼓风机厂
沈阳变压器厂
鞍山第一工程机械股份有限公司
朝阳柴油机厂
大连第二电机厂
大连橡胶塑料机械厂
大连自动化仪表集团
大连冷冻机股份有限公司
中国第一汽车集团公司
长春汽油机股份有限公司
长春第一光学仪器厂
四平维卡勃换热设备厂
哈尔滨锅炉厂
哈尔滨印刷机械厂
齐齐哈尔第一机床厂
齐齐哈尔第二机床厂
中国第一重型机械集团公司
佳木斯电机厂
上海柴油机集团
上海鼓风机厂
上海标准件公司
上海分析仪器厂
南京高速齿轮箱厂
南京第二机床厂
常柴股份有限公司
扬州锻压机床厂
扬州柴油机厂
徐州工程机械集团公司
江苏双良集团
春兰集团公司
无锡威孚股份有限公司
泰县精锻齿轮厂
南通机床公司
常熟开关厂
杭州机床厂
杭州锅炉厂
杭州齿轮箱厂
杭州制氧机集团公司
杭州汽轮机厂
宁波海天机械制造有限公司
浙江四方集团公司
合肥锻压机床厂
合肥叉车总厂
合肥矿山机器厂
芜湖重型机床厂
江淮汽车制造厂
福州第一开关厂
厦门工程机械厂
济南第一机床厂
济南第二机床厂
济南试验机制造公司
山东推土机厂
烟台机床附件厂
淄博真空设备厂
郑州电缆（集团）股份有限公司
郑州白鸽（集团）股份公司
河南黄河实业（集团）公司
中国第一拖拉机工程机械集团公司
中信矿山机械集团公司
洛阳轴承集团
南阳防爆电机厂
武汉锅炉厂

宜昌机床工业公司
襄阳汽车轴承公司
湖北汽车电器厂
东风汽车公司
猴王集团
柳州工程机械集团公司
玉林柴油机股份有限公司
柳州汽车发动机厂
桂林机床股份有限公司
重庆机床厂
四联仪器仪表集团公司
东方电气集团公司
险峰机床厂
贵州第七砂轮厂
昆明重型机器厂
云南机床厂
西安仪表集团
中国西安电力机械制造公司
汉川机床厂
陕西鼓风机厂
兰州电机厂
长城电器工业公司
天水风动工具厂
青海第一机床厂
青海工程机械厂

三、促进“产学研”联合，解决企业技术关键

通过对企业的实际调查，发现当前在企业中不同程度地存在各种技术难题，渴望与研究院所、高校合作解决。只是由于各种原因造成了科研与生产的脱节。在技术市场不健全的情况下双方合作渠道不畅。当前政府机构职能转换，应该在促进科研成果商品化、产业化，加强科研与生产紧密结合方面多做工作。

从1994年1月开始，科技与质量监督司率领有关院所的科研人员重点对北人集团和徐州工程机械集团公司进行了综合技术诊断。通过诊断，研究所和企业就近百个项目进行了技术洽谈，经过双方努力，已签定了许多项目的技术合作合同，合同额达250多万元。另有一批成熟技术在企业中得到了直接应用。这样，一方面促进了研究院所的科研成果商品化，也为企业解决了技术难题。

四、大力推进适用先进技术的推广工作

由于历史原因，我国的科技与经济严重脱节，研究院所的许多科研成果未能发挥应有的作用。为了推进先进技术的推广工作，加速科研成果的商品化工作，科技与质量监督司于1995年5月，从部属研究院所中，收集整理了170余项推广项目，编辑成《机械工业先进技术推广项目》。

同时，科技与质量监督司还协助试点企业，向国家经贸委申报了一批推广项目，徐州工程机械集团公司的喷漆净化技术、北人集团的化学镀等一批项目列入了推广计划，仅1994年获得的支持经费总额达2 950万元，其中贷款1 870万元，拨款120万元。

五、企业技术中心建设工作取得较大进展

当前，我国企业技术开发能力不强的一个重要原因是企业缺乏健全的技术开发机构，因此示范工程工作把加强企业技术中心的建设当作一项重点内容来抓。继1994年已有第一批13个企业通过国家经贸委的认定之后，又有29个企业（第二批17个企业、第三批12个企业）通过国家经贸委的认定。他们是：东风汽车公司、中国第一汽车集团公司、中国重型汽车集团公司、上海汽车工业总公司、北京第一机床厂、榆次液压件厂、鞍山第一工程机械股份有限公司、大连第二电机厂、杭州汽轮动力(集团)公司、江苏双良集团、河南黄河实业（集团）公司、济南第二机床厂、柳州工程机械集团公司、兰州电机厂、沈阳变压器厂、安徽叉车集团公司、福州第一开关厂、春兰集团（以上第二批认定)、广西玉林柴油机股份有限公司、瓦房店轴承厂、郑州白鸽（集团）股份公司、厦门工程机械厂、济南第一机床厂、常柴股份有限公司、承德输送机（集团）有限责任公司、洛阳轴承集团、青海工程机械厂、哈尔滨第一工具厂、中国扬子集团(以上第三批认定)。

〔撰稿人：机械工业部机械科学研究院　潘凤湖　审稿人：机械工业部科技与质量监督司　徐仕敏〕

机电产品市场发展与展望

机械工业部生产与信息统计司

机械工业企业作为市场主体正以多种形式、多种渠道进入国内外两个市场。建立具有中国特色的有序化、集中化、规范化、层次化、网络化的机电产品市场是我国经济发展的必然趋势，也是机械工业自身发展的需要。

一、机械工业机电产品市场回顾

1．基本情况。

我国机械工业机电产品市场是在经历几十年计

划经济的高度集中向社会主义市场经济过渡中脱颖而出并得以发展的。因为机械产品品种多服务面广、市场关系复杂，所以，市场的形式应该是多种多样的。目前初步建成投入运营的有28家市场(见附表)，还有些地方正在筹备建设，会员单位有2 000多家。而进入信息网的单位则更多，其辐射范围十分广泛，市场的凝聚力也在逐步增加。各地的市场运行情况基本良好，市场的软硬件建设已初具规模，交易大厅、交易席位、通信设施、管理机构都较完善，为广大生产、流通企业和用户提供了良好的交易场所。

同时，机电产品市场体系正处于完善之中，应该说市场还是刚刚处于运转起步阶段，是新生事物，目前自身经营所起的作用还是很小的，据初步推算，在机械工业销售收入中所占比例不超过0.2%，同时在协助政府进行行业销售管理方面，还需进一步发挥积极作用。

当然，市场体系的建设是一个长期的过程，人们的认识及观念需要一个转变过程，市场的管理法规制度在不断地建立和完善之中。自从1994年7月份颁布了“机械工业机电产品市场管理办法”之后，各地也相应制订了一些管理办法。因此，应该用发展的眼光评价市场，建立市场。机电产品市场的建立为资源的合理配置起到了一定的基础性作用，同时企业作为市场主体起着主导作用，供需双方直接在市场活动中交易，获取信息，从而推动企业产品结构的调整，促进机械工业快速发展。

2. 总结出建设机械工业机电产品市场的特点。

机械工业机电产品市场基本上是以生产资料市场为主。生产资料市场与消费品市场相比，具有自己的基本特点。首先，生产资料市场的需要，取决于消费者的需要，生产、经营生产资料的企业必须透过购买者看到最终的消费者；其次，生产资料市场的需求弹性较小，生产资料的价格涨跌对需求量的影响较小。第三，生产资料购买者一般都是企业的专职人员，他们了解所要购买的生产资料的有关知识和市场行情。因此，生产资料的生产者和经营者必须特别重视介绍自己产品的质量、优缺点及竞争品的优缺点，售前售后服务，做好推销工作。

一些市场根据市场的特点和建设的原则，调整了经营运行方式，如上海南方机电产品综合市场，取得了一些成效。另外，1995年深圳市经发局与机械工业部共同组建的深圳机电仪产品交易市场，在深圳市政府大力支持下，取得了进出口权，这个市场与其他市场不同，以需方（包括国外大公司）入场为主，以生产企业产品展示为辅，目前已完成300万美元的出口创汇。

3. 机电产品市场的组建，对协助政府治理整顿流通领域秩序，促进民族工业的发展有一定积极作用。上海科隆摄影器材销售中心，是机械工业部与上海轻工控股集团公司共同组建的以照相器材生产企业、国有商业企业为主体的全国性照相器材市场。这个市场组建以来在打击走私，协助政府部门治理整顿照相机市场秩序，引导外商与国内企业的合作方面起了积极作用。

二、目前存在及面临的问题

机电产品市场必须至少起到以下作用：首先，必须是了解机械工业发展状况的“窗口”，并逐步发展到国家利用市场进行宏观引导；其次，市场最终必须帮助国有大中型企业进入国内外市场；第三，创造更多的效益，既为国家也为市场自身实现更多的收入。当前看来，尽管机电产品的市场建立与培育已进入新的阶段，但是如何巩固已取得的成绩，寻找新的发展点，是市场建设过程中的一大课题。不能仅停留在建市场、办市场阶段上，起码应发展到开拓市场提高效益上。从初步了解的情况看，在建成的机电产品市场中，真正取得较好经济效益和社会效益的还不多，在产业领域与流通领域的影响力并不大，市场的销售份额在机械行业销售收入中所占的比例十分小，未形成机械产品销售主渠道作用，如果市场的经销额能达到机械行业全行业的5%或10%，市场必将得到重大发展。作为产业部门发展培育市场，与流通部门相比，缺乏市场管理的经验，缺少专门的商业人才。经过调查，发现普遍存在以下几个问题，抑制市场的健康运行。

1. 对市场的理解有的比较模糊，在一定程度上造成一些错觉，产生一些宣传导向、决策方面的混乱，使人们狭义地理解市场，简单地认为建立市场体系，就是建立集贸型商品交易中心。在社会主义市场经济体制下，建立、培育市场从理论及实践上都必须经过探索。据了解，国外没有机电产品综合市场，因此，如何建设有中国特色的机电产品市场将是我们面临的一大课题，要通过实践—认识—再实践的过程来不断完善和发展市场建设理论。

2. 各地组建市场过程中，都过于热心注重于市场级别的划定，其实，国家级市场、大区级市场、省级市场只是一种概念，它并不完全表示市场的生命力和凝聚力；建立市场的宗旨应以服务为主，有市才能有场，才能促进商品经济发展。

3. 市场人员素质应在实践中不断提高。由于市场处于建立和培育的初期，缺乏一些高素质的市场人员，目前虽然有不少管理人员，但管理人员不等于就是市场人员，管理人员只能起到对市场进行管理的作用，并不能完全掌握市场的伸缩性，而关键是需要市场人员对未来进行预测、分析，并进行开拓，才能使市场产生凝聚力和起到导向作用。关于这一点，机械工业机电产品市场与金属交易所的性质不同，金属交易所只是一个中介机构，为买卖双方提供服务并收取费用，因此，它只需要有一部分交易员即能满足需要。而机电产品市场则不同，它必须为生产者提供最大份额的市场和最好的销售价格，同时又必须为购买者或使用者提供品质优良而价格合理的产品，这是一种矛盾，因而，需要高素质的市场人员引导买卖双方。

4. 在建设市场过程中仍存在热衷于争取市场的优惠政策，似乎有了优惠政策，就不愁市场不发展，其实这也是一种误解。优惠政策只是相对的，而且也是暂时性的。它只能对市场建立初期起扶持作用，如果都靠国家的优惠政策来建设市场，显然，是与国家发展市场经济的政策相违背的。

5. 发展市场存在追求数量和规模的现象，关键要发展一些高质量的市场（就是使市场成为产、销纽带和买卖双方的桥梁），成为社会主义市场经济的必要组成部分。

6. 目前的市场基本注重于市场的硬件建设，认为有了固定的交易场所就等于建成了市场，其实这样的市场是不完善的。有固定的交易场所只是市场应具备的基本条件，信息资源的收集、反馈，以及市场的辐射力、影响力和为供需双方全方位服务的能力是市场发展的重要条件。从发展角度看，信息资源是市场存在的生命线。

7. 市场是建立在取得效益的基础上，但基于市场是联结产需双方的纽带必须以服务为宗旨，追求利润只是为了市场更好的发展，因此，市场应处理好利益分配。

8. 市场的组织形式不尽相同，但各市场基本都有管理机构和经营机构，要正确处理好管理机构与经营机构的关系，处理好管理与经营的关系，管理层要懂经营，经营层要懂管理，机电产品市场的经营应适应社会主义市场经济发展的需要，其经营层应有对市场变化发展作出敏锐反应的综合能力，因此，要象办企业一样按经济规律去办市场。

9. 市场的运转靠生产企业的支持。这固然是十分重要的，但一个市场如果仅靠产业资本的作用毕竟是不稳定的，市场必须靠商业资本与产业资本交融、联动才能使市场成熟，这实质上是市场还要从资金的角度为企业提供服务的问题。

机电产品市场组建以来，处于稳步发展阶段，市场不仅对现实的促进机械工业、企业的发展，起到了一定积极作用，而且对“九五”振兴机械、汽车工业，与国际市场接轨都打下良好的基础。但是我们面临的问题不少，因机电产品市场毕竟是一个新生事物，正如前面所提到的那样，应该用发展的眼光去看待，要肯定目前取得的成绩，同时也应看到，摸索经验，发现问题也是另一种意义的成绩。

三、对机电产品市场今后发展的几点意见

机械工业搞市场，在社会主义国家的经济运行中是一个新课题。机电产品市场在社会主义市场经济运行中，从无到有，从小到大，从自身发展到有序发展，经历了从计划经济向社会主义市场经济转变过程，风风雨雨的实践，有经验也有教训，因此，我们要及时进行认真总结，找出差距，提高认识。

1. 不断提高对机电产品市场的认识。

要认识到机械工业机电产品市场是社会主义市场经济发展的必然产物，也是社会主义市场发展的必然产物，又是机械工业自身发展的需要。机电产品市场体系是国家综合市场体系的重要组成部分，我们的机电产品市场与国家计委、国家经贸委等综合部门组织的综合市场体系并不矛盾，所以，机电产品市场体系要与国家的综合市场体系紧密结合。

必须按社会主义市场经济的规律，培育、组建和管理机电产品市场，各地目前对建立市场的积极性比较高，这是一个可喜的现象，但一定要按市场规律办事，切忌一哄而上。

2. 加强宏观管理，健全市场机制，发挥市场在社会主义市场经济中的地位和作用。

为使机电产品市场在振兴机械工业，推进两个转变，打好“三大战役”中发挥更好的作用。针对机电产品市场现状，结合机械工业自身的特点，按照社会主义市场经济发展的规律，必须进一步加强机电产品市场的管理。

健全市场管理机制，一是建立机电产品市场和市场信息网络体系，这是机械工业市场建设的重要目标，它有利于市场的规范化管理和开展市场间交流，形成一个强有力的整体；二是市场本身机制的健全，首先是管理机制的建立，要加强管理层，有效引导市场经营层的健康发展，并在行业的经营活动中发挥主导作用。一定要防止片面地认为市场仅仅是搞好自身的经营，而忽视市场的管理地位和作用，要充分体现管理就是服务的精神。

3. 加强市场调控体系的建设，发挥机电产品市场在社会主义市场经济中，协助政府实现宏观调控的作用，建立一个宽松、公平、竞争有序的市场环境和秩序，以保护生产者、经营者、消费者利益。管理工作主要入手点：市场价格供求信息导向，参与综合治理整顿市场秩序。

4. 以特区、沿海地区拉动内地市场的发展。由于得天独厚的自然条件，特区和沿海地区的机电产品市场，无论从地理条件还是从管理机制上和经营思想均优于内地市场运行质量。下一步要采取有计划与自愿结合的办法，加强沿海地区与内地市场的合作联动。各个市场要充分利用进出口窗口（如深圳机电仪市场），扩大机电产品的出口。

5. 加强信息市场建设。目前机械工业部经济信息中心正在组织、建立机械工业价格和市场信息数据库，这个数据库本着共同建立、共同受益的原则由省市级、大区级机电产品市场共同参与组建，各市场需要定期按要求报送自己的数据，由信息中心统一汇总建库，并反馈给各市场，实现资源共享。机电产品市场之间应加强协作，要重点搞好“两大体系”的建设，即机电产品市场之间的信息网络体系和机电产品市场之间的供销协作体系，增加机电产品市场活力，实现机电产品市场的“方面军”作用向“集团军”作用的战略转移。

6. 加强机电产品市场自身建设，增强市场活力。各市场要摆脱计划经济思想的困惑，严格按社会主义市场经济的规律去办市场，为用户提供全面、良好的服务，同时要认识到市场有一个被企业和用户认识、接受的过程。要勇于探索，大胆认真按社会主义市场经济规律去办市场，切实为企业做好全面服务。

搞好机械工业机电产品市场的建设和管理，最主要的是要加强市场的自我完善，不断增强机电产品市场对供需双方的吸引力，这是市场存在和发展的前提条件。对正在筹建市场的要科学地分析可行与可能，“要实事求是，因地制宜，量力而行，尽力而为”，并大力吸收已建立市场的经验教训。

要努力培养市场管理高级人才。

7. 允许多种经济成分进入市场，活跃机械工业机电产品市场。在坚持以国营大中型企业为主体成分的基础上，可以考虑批准那些产品质量好、信誉高的集体企业，以至个体户、乡镇企业进驻市场。

市场自身要逐步在五大方面发挥优势，即五大功能：贸易功能、成套功能、代理功能、配套功能、无形市场功能（即信息、技术市场功能）。

总之，为振兴机械工业，打好“三大战役”，必须要全面发展机械工业的机电产品市场体系，在加强产品市场建设的同时，要加快信息市场、技术市场和参与其他生产要素市场的建设，机械工业要通过各种形式的市场做好为国民经济各部门服务，通过市场有序的竞争达到资源的合理配置，以最少消耗，取得最大的成果，实现最佳效益。

四、“九五”改革目标、方针及发展重点

1. 改革目标：全面发展机械工业市场体系，建立具有中国特色的有序化、集中化、规范化、层次化、网络化的机械产品市场。

2. 方针：继续贯彻组建、培育市场的“十结合”原则，以国家产业政策为导向，加大组建和培育市场的力度和深度，努力发展充分满足全社会需要的各类机电产品市场，要从宏观和微观两方面进行疏导和开拓，必须加强市场的五大功能。

3. “九五”改革重点：

（1）进一步加强对市场理论和实践的探索。要理论与实践相结合，在不断反复实践的过程中完善和发展机械工业市场建设的理论，同时又在进一步的实践中得以提高。

（2）努力培养市场管理高级人才。

（3）积极开展市场之间交流，不断总结市场建设经验和教训，并加强交流。

（4）巩固发展已有的各种形式市场，重点扶持无形市场（尤其是信息市场）的建设。

（5）建立市场秩序，完善市场规则。对已颁布的《机械工业机电产品市场管理办法》，将致力于实施细则与具体可操作性方面的完善和探索。

附　机械工业机电产品、原材料市场情况表

序号	市场名称	联系人姓名	职务	电话	传真	通信地址	邮码	1995年成交额（万元）
1	河北省机电产品贸易中心	尹建明	经理	3996141	7046867	石家庄市中心西路40号副一号	150040	
2	东北机电产品综合市场	徐志刚	总裁	3865840	3865998	沈阳市和平区民族路四段28号	110001	1 000
3	辽宁省农机工程总公司	任宝成		6831144	6831212	沈阳市皇姑区岐山路一段2号	110032	
4	辽宁仪器仪表市场	梁村仁	经理	4853788	4841110	沈阳市沈河区正阳街251号	110002	
5	沈阳市机电市场	刘汉桐	经理	3838242		沈阳市沈河区大西路256－1号	110001	
6	瓦房店轴承经贸中心	卫茂清	总经理	5616369		瓦房店市北共济街一段97号	116300	36 000
7	大连机械产品市场	王兆刚	科员	3627779	2638811	大连市中山区长江路315号	116021	5 295
8	吉林省机械工业贸易市场	马向东	经理	8917954		长春市重庆路34号	130041	1 100
9	黑龙江省机电产品市场	马首信	经理	2305009	2634964	哈尔滨市南岗区和平路74号	150040	
10	黑龙江省工程农机交易市场	王允祝	经理	4010041		哈尔滨市道外区前进乡	150026	2400
11	哈尔滨机电产品市场	王金龙	经理	2649665		哈尔滨市中山路160号	150001	
12	上海南方机电产品综合市场	黄仲桢	总裁	63178915	63178917	上海市恒丰路600号7楼	200070	81 000
13	上海南方机电产品大柏树市场	曹振飞	副总经理	65424040	65167304	上海市中山北一路1250号4－301	200437	35 000
14	上海科隆摄影器材销售中心	高　岩	总经理	63218199		上海市南苏州路175号	200002	

（续）

序号	市场名称	联系人姓名	职务	电话	传真	通信地址	邮码	1995年成交额（万元）
15	上海保税商品交易市场中国机电贸易中心	王庆斌		58674421	68661814	上海市外高桥保税区奥纳路79号	200137	1
16	苏州机械工业商贸集团公司（苏州市机电产品交易市场，机械专用材料苏州市场）	杨　炯	总经理	6220184	5212176	苏州市养育巷67号	215002	
17	浙江省机械物资市场	傅柏炎	副经理	7080309	7075055	杭州市浣沙路32号	310006	8 000
18	浙江省汽车物资市场	屠传根	副总经理	5373926	5371124	杭州市绍兴路57号	310004	
19	浙江省纺织机械市场	周先云	经理	51585775		杭州市建国路249号	310004	
20	山东电机市场	马效鲁	经理	7935546/9	7935612	济南市经二路纬六路10号	250010	
21	中国农业机械交易市场	梁跃东	总裁	5951511	5954086	郑州市金水区红旗路东段副1号	450003	
22	中原机电产品市场	叶永义	经理	8964433-6655		郑州市富寿路3号	450000	
23	郑州齿轮产品与技术交易市场	王声堂	总经理	7939852	7939850	郑州市嵩山南路7号	450052	
24	长沙中南机电市场	孙福太	总经理	5558500		长沙市韶山路109号	410007	
25	深圳市机电仪产品交易市场	余兰芝	总经理	5429454	5229804	深圳市深南东路1号经泽大厦8楼	518003	
26	重庆市工交系统生产资料市场	梁松琪	经理	3892936		重庆市渝中区中山三路155号	630015	
27	昆明机电工业产品交易中心	蒋瑞屏	管理部经理	3310096	3310354	昆明市董家湾黎明路	650041	2
28	机电产品综合市场	杨　军	总经理	3838376		乌鲁木齐市阿尔泰路85号	830054	

〔撰稿人：机械工业部生产与信息统计司司长　薛德林〕

机械工业质量工作

机械工业部科技与质量监督司

1995年1月3日，机械工业部印发了《关于加强企业质量工作，开创机械工业质量工作新局面的通知》（机械科〔1995〕1号），之后科技与质量监督司又印发了《1995年质量工作要点》（机科质〔1995〕012号），对全年的机械工业质量工作明确了指导思想，提出了目标，进行了部署。

1995年机械工业质量工作的指导思想是：以加强企业质量工作为重点，以深化企业改革、强化企业管理、推进科技进步为动力，稳定和提高机械工业产品质量，开创机械工业质量工作的新局面。一年来，全行业认真贯彻这一指导思想，为提高产品质量、扭转产品质量波动，做了大量工作，取得了一定的成绩。

一、积极推进企业质量工作

1. 在深入调查研究的基础上，针对企业质量管理滑坡的突出问题，机械工业部和国家技术监督局联合印发了《关于加强机械工业企业质量工作的决定》（机械科〔1995〕276号）。这一文件对企业在社会主义市场经济条件下，在深化改革、转换机制的过程中，如何加强质量管理具有指导意义。该文件印发后，机械工业企业进行了学习和贯彻。

2. 组织各省市机械工业主管部门、骨干重点企业和计划单列企业集团开展质量形势的分析和教育活动。通过这一活动，很多企业进一步提高了质量意识，增强了危机感。哈尔滨汽轮机厂开展了质量大讨论，进行“查摆、讨论、教育、整改”活动，举办了为期一个月的质量展览会，对 27 起质量责任事故曝光，1 万多名干部、职工参观了展览，受到深刻教育，进而采取措施加强各项基础管理，决心重振雄风，重塑形象。

3. 很多地区和企业从落实厂长（经理）质量责任做起，进一步落实企业全员质量责任制。继原上海市机电局、湖北省机械厅之后，山西省、江西省、安徽省、青海省和哈尔滨市等机械工业主管部门都印发了文件，要求厂长（经理）抓质量工作必须做到“思想到位、责任到位、工作到位”，并制定了具体考核奖励办法。湖北省机械厅对 29 位“质量兴业优秀厂长（经理）”、40 位“质量工作‘三到位’先进厂长（经理）”进行了表彰。一些企业还决定在工厂内部实行各级行政一把手“三到位”考核制度。

4. 企业自律性质量承诺活动出现良好发展势头。越来越多的企业认识到在市场经济条件下必须树立产品的信誉和良好的形象，必须树立市场意识、竞争意识，必须面向市场、面向用户，既要自主经营，又要自我约束。以经济赔偿为主要特征的质量保证承诺活动，能够调动企业内在的积极性，加强科学管理，提高产品质量，重塑企业形象。1995 年 6 月 29 日，54 个机床企业率先联合发表质量保证声明，在行业内外乃至国内外引起巨大反响。目前各地方、各行业都有一些企业联合或单独向用户发表质量保证声明，受到用户欢迎。

二、产品质量监督及质量等级评定工作

1995 年机械产品各类质量监督检查工作结果如表 1。

表 1　1995 年机械产品各类质量检查结果汇总表

序号	检查类别	检查品种数（个）	企业数（个）	产品数（组、个）	合格数（组、个）	合格率（%）
1	国家监督抽查	35	734	752	589	78.3
2	全国质量统检	15	1 292	1 292	945	73.1
3	等级品检查	10	133	143	135	94.4
	合　计	60	2 159	2 187	1 669	76.3

1. 国家技术监督局按季度组织了 4 次国家监督抽查，累计全年对 734 个企业生产、销售的 35 种 752 个规格的产品进行了监督抽查，平均抽样合格率为 78.3%，比 1994 年提高 15.6 个百分点，见表 2。机械工业部组织了对 1 292 个企业生产的 15 种 1 292 个规格产品的全国统检，平均抽样合格率为 73.1%，比 1994 年提高 1.9 个百分点，见表 3。

2. 质量等级评定工作取得新进展。经评定，有 53 项产品被评定为优等品，841 项产品被评定为一等品。对 10 种定等产品组织了有效期内的监督检查，等级品保持率达到 90.2%，比 1994 年提高 3.8 个百分点，见表 4。优等品名单见表 5。

三、加强质量监督力度，促进产品质量提高

1. 坚持“检查一种产品，整顿一个行业”的原则，对质量检查中问题突出的产品，召开行业质量分析会，分析原因，促使全行业质量水平的提高。1995 年内召开了油泵油嘴精密柱塞偶件、麻花钻、三轮农用运输车、圆锥滚子轴承等产品的质量分析会。

2. 机械工业部配合国家技术监督局严肃处理国家监督抽查产品不合格的企业，对连续两次抽查产品不合格、问题严重的 4 个企业，建议免去厂长职务（据了解，地方主管部门已免去厂长职务）。一些省市主管部门对抽查产品不合格的企业也实行了“黄牌”警告、免去厂长职务的处理。

3. 加强对重大技术装备、重点工程设备的质量监督。在国家技术监督局的支持下，机械工业部首次组织对电站锅炉、汽轮机、电力变压器进行专项监督抽查。

4. 对质量问题较多的企业进行通报批评。在机械工业工作会议上，李守仁总工程师代表部对 22 个企事业单位的典型质量问题提出批评。

5.《中国机电日报》对监督抽查中质量问题特别严重的 3 个企业予以曝光。

1995 年，经过正面教育、加强管理等措施，产品质量波动、下降的趋势得到遏制，产品质量总体水平出现好转苗头。在国家监督抽查连续三年徘徊在很低合格率的情况下，1995 年开始回升，骨干重点企业、中小企业和乡镇企业的抽查合格率都有不同程度的提高，见表 6。

国家重点跟踪的产品如中小型联合收割机、YB 系列防爆电机、液压溢流阀等抽查合格率有明显提高。电力工业部成套局发布的《1995 年安装投产机组设备质量情况》中认为：“1995 年电力设备质量滑坡得到了抑制，开始向好的方面转变”。

四、其他工作

1. 完成了对 157 个企业 E1 级锅炉制造企业的审批工作。对 68 个企业申请一、二类压力容器制造定点企业进行了审查，通过审查的有 44 个企业，已予批复，对 3 个单位的设计资格进行了审查，已予批准；完成了对 16 个企业换、取证的审查工作。

制订了 15 种产品生产许可证的实施细则；对 1995 年 6 月底到期的产品，进行了换证审查工作，共补发生产许可证 1 600 多张。共颁发了 380 张出口质量许可证。

2. 产品认证：1995 年电工设备分委会颁发 CB 证书共计 9 个企业 20 张证书，累计共颁发 CB 证书 79 张；颁发电工产品认证证书共计 466 个企业 780 张证书，累计共颁发证书 1 827 个企业 4 019 张。体系认证：华信技术检验公司颁发证书 34 张，累计 55 张；中国机械工业质量体系认证中心颁发证书 8 张，累计 9 张；截至 1995 年底，全国机械企业约有 140 个企业取得质量体系认证证书。

表 2 1995 年国家监督抽查产品质量结果汇总表

抽查时间	序号	产品名称	企业数（个）	产品数（组、个）	合格数（组、个）	合格率（%）
一季度	1	电除尘器	6	9	9	100.0
	2	交流高压断路器	24	24	22	91.7
	3	内燃平衡重式叉车	21	21	19	90.5
	4	开式压力机	37	37	31	83.8
	5	阀门电动装置	13	13	10	76.9
	6	间歇式混砂机	23	23	16	69.6
	7	母线槽	28	28	16	57.1
		小 计	152	155	123	79.4
二季度	1	电动执行器	21	27	26	96.3
	2	钢丝绳电动葫芦	16	16	15	93.8
	3	发动机气门弹簧	22	25	23	92.0
	4	热水泵	10	10	9	90.0
	5	调度绞车	13	13	11	84.6
	6	工业链条	25	25	20	80.0
	7	碳化纤维编织填料	23	23	18	78.3
	8	水准仪	16	17	13	76.5
	9	起动机	14	14	10	71.4
	10	电焊机	26	26	13	50.0
		小 计	186	196	158	80.6
三季度	1	中小型联合收割机	13	13	13	100.0
	2	YB 系列防爆电机	11	11	11	100.0
	3	铁路轴承	15	17	16	94.1
	4	电锤	14	14	13	92.9
	5	塑料绝缘电力电缆	30	30	25	83.3
	6	数控车床	16	16	13	81.2
	7	液压溢流阀	13	13	10	76.9
	8	离心引风机	31	31	22	71.0
	9	螺母	54	54	37	68.5
	10	时间继电器	25	28	14	50.0
		小 计	222	227	174	76.7
四季度	1	切纸机	14	14	14	100.0
	2	固定车厢式窄轨矿车	25	25	23	92.0
	3	内燃机活塞、活塞环	40	40	32	80.0
	4	渐开线圆柱齿轮	19	19	15	78.9
	5	小型阀控密封式铅酸蓄电池	17	17	12	70.6
	6	直接传动轮式拖拉机	13	13	9	69.2
	7	金属波纹管膨胀节	31	31	21	67.7
	8	谷物播种机	15	15	8	53.3
		小 计	174	174	134	77.0
		合 计	734	752	589	78.3

表3　1995年全国机械产品质量统检结果汇总表

序号	产品名称	抽样产品数	实测产品数	合格产品数	合格率（%）	备注
1	内燃发电机组	35	35	35	100	
2	拉力试验机	13	13	13	100	
3	内燃机铸铁气缸套	46	46	40	86.9	
4	硬质合金拉丝模	25	25	21	84	
5	动力配电箱	634	576	529	83.4	58个企业拒抽、送样
6	内燃机机油滤清器	31	31	25	80.7	
7	工业洗衣机	28	23	22	78.6	5个企业拒送样
8	气动元件单活塞杆气缸	35	35	26	74.8	
9	油泵油嘴精密柱塞偶件	57	57	38	66.7	
10	铝镍钴磁钢	16	16	10	62.5	
11	麻花钻	85	82	51	60	3个企业拒送样
12	三轮农用运输车	100	96	57	57	4个企业拒抽
13	圆锥滚子轴承	73	69	41	56.2	4个企业拒送样
14	旋翼式冷水水表	53	37	24	45.3	16个企业拒抽、送样
15	人造金刚石	61	35	13	21.3	26个企业拒抽、送样
	合　计	1 292	1 176	945	73.1	116个企业拒抽、送样

表4　1995年机械产品等级品检查结果汇总表

序号	产品名称	企业数(个)	产品数(组、个)	合格数(组、个)	合格率(%)	等级品保持率(%)
1	绝缘子避雷器	9	11	11	100.0	100.0
2	凿岩机械	6	7	7	100.0	100.0
3	实验室仪器	5	6	6	100.0	100.0
4	往复泵	3	5	5	100.0	100.0
5	紧固件	20	21	20	95.2	95.2
6	中小电机	48	48	45	93.8	93.8
7	印刷机械	9	11	11	100.0	90.9
8	木工机床及刀具	8	9	8	88.9	88.9
9	互感器	9	9	8	88.9	88.9
10	空气压缩机	16	16	14	87.5	56.3
	合　计	133	143	135	94.4	90.2

表5　1995年机械产品优等品名单

序号	产品型号及名称	商标	企业名称	行业	所属地区
1	ZKK12J电机扩大机	三峰	南方通用电气集团公司	电工	湖南
2	XK5-6、7、9/90-KBT煤矿防爆特殊型蓄电池式电机车	三峰	南方通用电气集团公司	电工	湖南
3	6FTS-18小型面粉加工成套设备	雪松	安徽省五河县机械厂	工程农机	安徽
4	ZG-0.75/10-15无润滑液化石油气循环压缩机	双箭	蚌埠压缩机厂	通用	安徽
5	75系列柴油机气缸套	滁州	安徽省滁州气缸套厂	工程农机	安徽
6	95系列柴油机气缸套	滁州	安徽省滁州气缸套厂	工程农机	安徽
7	600MW高压加热器	SDF	上海电站辅机厂	电工	上海
8	Ø10mm～Ø35mm等直径硅碳棒	环箭	第五砂轮厂	机床	陕西
9	J2205对开双色胶印机	北人	北人集团公司	通用	北京
10	H80-315Y系列三相异步电动机	BJ	北京市电机总厂	电工	北京
11	Ø400mm～Ø600mm高精度导轨磨砂轮	白鸽	白鸽（集团）股份有限公司	机床	河南
12	102B型透射式教学投影器	少林	郑州照相机厂	仪器仪表	河南
13	ZL-350、ZL-500真空练泥机	ZL	郑州电缆（集团）股份有限公司	电工	河南
14	20GT、20kW挂车电站	中岳	郑州电气装备总厂	工程农机	河南

（续）

序号	产品型号及名称	商标	企业名称	行业	所属地区
15	DD862a 型 1.5A～30A 单相电度表	金雀	河南省驻马店地区电表厂	仪器仪表	河南
16	DX862、DXD864 型 1.5A～30A 三相四线无功电度表	金雀	河南省驻马店地区电表厂	仪器仪表	河南
17	DS862、DS864 型 1.5A～30A 三相三线有功电度表	金雀	河南省驻马店地区电表厂	仪器仪表	河南
18	DT862 型 1.5A～30A 三相四线有功电度表	金雀	河南省驻马店地区电表厂	仪器仪表	河南
19	YZ0.75mm^2～6mm^2 通用橡套软电缆	悟空	新乡市电缆厂	电工	河南
20	BH6B90YS29G/TQ250/750B36、50A、47775B、45AB 型喷油泵及调速器总成	东风	上海柴油机股份有限公司	工程农机	上海
21	神牛－25 型轮式拖拉机	神牛	湖北拖拉机厂	工程农机	湖北
22	Z－0.025/0.7A 型空气压缩机	双安	湖北气刹装置总厂	工程农机	湖北
23	WGZ5/1.27－1～WGZ 75/3.82－9 黑液锅炉	WG	武汉锅炉厂	电工	湖北
24	SZJ1060（F）转盘挤塑机	飞达	湖北省鄂城通用机器集团公司	通用	湖北
25	6－QA－60 起动用铅酸蓄电池	骆驼	湖北骆驼蓄电池股份有限公司	电工	湖北
26	SEMEc400 机械滑台	菱山	湖北机床厂	机床	湖北
27	XQZ63 金属基镶嵌型固体自润滑轴承	海星	武汉粉末冶金厂	基础件	湖北
28	工农－12 型手扶拖拉机	黄鹤	武汉拖拉机厂	工程农机	湖北
29	PB35S1 喷油器总成	亚字	山东鑫亚工业股份有限公司	工程农机	山东
30	CBG3125 中高压齿轮油泵	青州	青州液压件厂	基础件	山东
31	G201、G202 深沟球轴承	LDZ	山东德州轴承厂	基础件	山东
32	D3 280～350～17×33×90～203 高精度齿轮磨砂轮	泰山	四砂股份有限公司	机床	山东
33	250QJ125－16/1～192/12YQS250－9.2～110 井用潜水电泵	颜山	山东电泵股份有限公司	工程农机	山东
34	QF（K）－3－2 6300V 汽轮发电机	齐鲁	山东省济南生建电机厂	电工	山东
35	LD－375Q 18kW/（3000r/min）型柴油机	莱动	莱阳动力机械总厂	工程农机	山东
36	8.8kW/（2000r/min）195 型柴油机	莱动	莱阳动力机械总厂	工程农机	山东
37	TY220 型履带式推土机	山推	山东推土机总厂	工程农机	山东
38	H132－H180 ST 系列单相同步发电机	MD	闽东电机（集团）股份有限公司	电工	福建
39	GE50ES 单缝向心关节轴承	浪升	龙溪轴承厂	基础件	福建
40	东风－12 型手扶拖拉机	太湖	无锡拖拉机厂	工程农机	江苏
41	BFG1Ⅰ型Ⅰ号单体喷油泵总成	金宁	南京油泵油嘴厂	工程农机	江苏
42	东风－12 型手扶拖拉机	东风	常州拖拉机厂	工程农机	江苏
43	SZL6(10)－1.25－AⅡ组装水管蒸汽锅炉	湖美	无锡太湖锅炉厂（洛社）	电工	江苏
44	QGS－08B 红外线气体分析器	北分	北京分析仪器厂	仪器仪表	北京
45	∅0.2mm～∅13mm 磨制直柄麻花钻头(精密级)	关工	关中工具厂	机床	陕西
46	M10mm～52mm 机用丝锥	关工	关中工具厂	机床	陕西
47	QY12 汽车起重机	武陵	湖南省浦沅工程机械总厂	工程农机	湖南
48	DT 型 B＝500mm～1 400mm 普通带式输送机	唐冶	唐山冶金矿山机械厂	重矿	河北
49	DX 型 B＝800mm～2400mm 高强度带式输送机	唐冶	唐山冶金矿山机械厂	重矿	河北
50	YH－200·10mm^2～185mm^2 电焊机电缆	金山	天津市电线总厂	电工	天津
51	HLDO6a－LJ－110 水轮机		东风电机厂	电工	四川
52	QFB－10－1、QFB－5－1、QFB－2－1 浮标式气动量仪系列	中字	中原量仪股份有限公司	机床	河南
53	ENK40/45/60 型三系列工业汽轮机	工字	杭州汽轮动力集团有限公司	电工	浙江
54	KDON 型 6 000m^3/h 等级分子筛增压流程空分设备	西湖	杭州制氧机集团公司	通用	浙江

表 6 “八五”期间国家监督抽查产品质量情况

年 份	1991	1992	1993	1994	1995
全行业平均合格率（%）	88.2	59.7	65.5	62.7	78.3
骨干重点企业合格率（%）	92.2	90.8	85.3	86.0	95.5

3. 质检机构管理：对 11 个国家级、2 个部级质检中心进行了复查；最后一个国家级质检中心（电力电容器）在理顺内部管理体制后，也通过了审查。

4. 新涌现出一批质量管理先进单位。经中国质协评审，营口复印机有限公司、长春摩托车发动机有限公司、上海汽车齿轮厂、万向集团公司、猴王集团、柳州微型汽车厂、庆铃汽车（集团）公司、上海大众汽车公司获国家级质量效益型先进企业称号。

5. 机械工业部对 1995 年全国机械产品质量统检中的 51 个优秀企业进行了表彰。这些企业是：

（1）内燃发电机组：泰州德锋动力设备有限公司、南通柴油机股份有限公司、兰州电机厂、安徽黄山发电设备厂、天津动力机厂；

（2）内燃机铸铁气缸套：西安内燃机配件厂、山东气缸套股份有限公司；

（3）工业洗衣机：江苏省海狮机械集团公司张家港市洗涤机械厂、广州市洗涤机械实业公司；

（4）气动元件单活塞杆气缸：江都气动元件厂、上海气动成套公司、上海新益气动元件有限公司、天津气动元件厂；

（5）油泵油嘴柱塞精密偶件：甘肃省兰州油泵油嘴总厂、江苏省无锡威孚股份有限公司、四川省锦江油泵油嘴厂、河北省华北油泵油嘴厂、湖南省衡阳油泵油嘴厂、河北省石家庄市油泵油嘴厂、上海拖拉机内燃机公司油泵油嘴厂、福建省龙马集团龙岩油泵油嘴厂、浙江省安托油泵油嘴有限责任公司、江苏省南通星维油泵油嘴有限公司、安徽油泵油嘴厂；

（6）麻花钻：成都量具股份有限公司；

（7）圆锥滚子轴承：海林轴承厂；

（8）动力配电箱：常州开关厂、吴县电器控制设备总厂、江苏省国营常阴沙电气控制设备厂、江苏华威线路设备厂、天津市化工设计院电力设备厂、海盐县电力设备厂、杭州鸿雁电器公司、上海电器股份有限公司华一电器厂、上海华联电器开关厂、江苏苏中开关厂（国营靖江低压开关厂）、江苏阜宁县电气自动化设备厂、天水长城开关厂、天水二一三机床电器厂、新疆电控设备厂、奎屯市低压电器开关厂、北京第二开关厂、北京星航机电设备厂、北京市水利局北郊电器公司、北京市通州自动控制成套设备厂、北京市顺义电力设备厂、厦门电器控制设备厂、昆明开关厂、广东珠江开关厂、顺德开关厂、柳州市开关厂。

〔撰稿人：机械工业部科技与质量监督司 李建林〕

机械工业利用外资情况

机械工业部行业发展司

一、机械工业利用外资情况

通过利用外资，加快社会主义现代化建设，是邓小平同志建设有中国特色社会主义理论和改革开放方针的重要组成部分。改革开放以来，我国从国情出发，借鉴国外的成功经验，在吸收和利用外资方面取得了令人瞩目的成就。据联合国有关机构发表的统计资料，1993 年、1994 年两年，中国吸收外资的数量仅次于美国，列世界第二位。在全国大好形势的推动下，机械工业利用外资也取得了很大成绩。据初步统计，到 1995 年底，机械工业部系统已有“三资”企业 3 200 多个，协议外方投资金额 49 亿美元以上。其中 1991 年～1995 年这五年就举办“三资”企业 2 700 多个，协议外资金额 40 多亿美元。在“三资”企业中，合资企业不论数量和利用外资金额都占 90% 以上。从地区看，一些吸收外资较早、较快的沿海省市，合资企业的销售额、利税额、出口额都已占当地机械工业总额的 30% 以上，有的甚至超过 50%。

1995 年机械工业“三资”项目签约情况见表 1，“七五”、“八五”期间机械工业利用外资情况见表 2。

表 1　1995 年机械工业“三资”项目签约情况　　（单位：万美元）

合作形式	项目数	总投资	注册资本	外资金额
合资	324	274 579.75	169 234.77	90 447.07
合作	20	14 712.50	8 987.00	6 057.15
独资	9	4 215.00	4 150.00	4 150.00
总计	353	293 507.25	182 371.77	100 654.22

表 2　“七五”、“八五”期间机械工业利用外资情况

合作形式	项　数			总投资（万美元）			协议外资（万美元）		
	总　计	1981 年～1990 年	1991 年～1995 年	总　计	1981 年～1990 年	1991 年～1995 年	总　计	1981 年～1990 年	1991 年～1995 年
合资	2 450	335	2 115	955 390.9	115 965.6	839 425.3	352 552.7	42 100.5	310 452.2
合作	183	29	154				25 672.4	1 492.1	24 180.3
独资	578	118	460				115 622.7	46 033.2	69 589.5
总计	3 211	482	2 729				493 847.8	89 625.8	404 222.0

从这几年机械工业合资工作的进展来看，1993 年以前基本上偏重于数量和速度的发展，合资企业一般规模比较小，投资金额少。1994 年以来，世界著名的跨国公司纷纷来华投资，机械工业合资企业的结构、总量和内容开始发生了新的变化。主要表现有：

一是合资规模不断扩大，单个项目的投资金额大幅度增加。1994 年机械工业部系统共举办合资企业 300 多个，外方协议投资金额近 10 亿美元，项目的平均投资额为 320 多万美元，其中相当部分是上千万美元的项目。

二是合资双方的层次大大提高，出现了“强强合作”的新局面。著名的跨国公司经过一段时期的观望、徘徊以后，纷纷开始进入中国市场，他们选择的合作对象往往都是我国有关行业的“排头兵”企业。如美国的西屋公司、德国的西门子公司、法国的阿尔斯通公司等与我国的上海、东方、天津等发电设备行业的主要生产厂合资；美国的卡特彼勒公司、日本的小松公司和我国工程机械行业的主导厂徐州工程机械集团公司、山东推土机总厂等合资。

三是外商对合资企业的管理和控制提出了新的条件，特别是跨国公司普遍要求控股。过去，相当一部分外资主要只是投入资金，要求一定的回报率，对合资企业的经营管理基本不插手。而后一阶段，跨国公司进入中国市场以来，不但挑选的合作对象都是效益比较好的企业，而且绝大部分要求控股，甚至明确提出要把合资企业纳入跨国公司的全球经销战略。因此，一般讲，合资企业规模大、起点高，对行业发展的影响也比较大。

正因为这个阶段合资情况的新发展，使外商直接投资在机械工业中的比重和影响迅速增加，已经和正在成为对整个行业发展具有重要作用的一支不可忽视的力量。

二、举办合资企业促进了机械工业的发展

通过吸收外商直接投资，举办合资企业，对促进我国机械工业的发展起了重要作用：

一是弥补了建设改造资金的不足。机械工业要改变目前的落后状况，尽快提高市场竞争能力，必须增强投入，加快改造。但资金短缺是长期制约机械工业发展的一个突出矛盾。这几年由于吸收了大量外资，使资金紧张状况得到一定缓解。据机械工业部系统企业统计，到 1995 年吸收的外商直接投资额，如按此期间的平均汇率估算，约合人民币 300 亿元。如上海机电控股集团公司，“七五”期间，全公司系统通过合资，吸收外资 6 000 万美元，相当于全公司“七五”技改投入的 22.5%；“八五”期间合资的步伐更快，吸收外资的金额又大大超过“七五”。

二是促进了机械产品的更新换代。外商直接投资不仅带来了资金，而且带进了一批先进技术和产品，提高了产品的档次和水平。如我国电梯行业，长期以来技术水平不高，这些年通过和奥的斯、迅达、三菱、日立等著名外国公司的合资，使电梯产品跨入了世界先进水平。又如冷冻机行业过去主要只能生产一般产品，现在通过与美国开利等世界著名大公司的合资，产品水平也有很大提高。其他如复印机、电器开关、自动化仪表等也都是这个情况。与此同时，还使一部分老企业得到了改造，改善了生产条件，从而为机械工业的产品升级、壮大行业实力创造了条件。

三是推动了机械产品的出口。鉴于来华投资企业一般与国际经济有着长期、广泛的联系，通过与我国企业合资后，就把这种经济联系如市场渠道、协作配套、信贷关系等等带进合资企业。凭借这些有利条件，再加上其产品较强的竞争能力，合资企业的产品出口率大大高于国内其他企业。有的地方合资企业的出口额已占全系统出口额的 35% 以上。近几年机电产品出口所以能持续保持强劲的增长势头，应该说和合资企业产品出口的连年大幅度增加

是分不开的。合资企业已经成为机械产品出口的一支重要的生力军。

四是带进了先进的管理经验。通过与外商合资，不仅带来了资金、技术，也带进了先进的管理经验。这些经验既有生产管理和技术管理经验，还有质量管理、销售管理、人才管理和财务管理等经验，其中很多都是我们过去重视不够或者不很熟悉的。合资企业带进的这些管理经验，不仅使合资企业的效率和效益大幅度提高，竞争力得到加强，而且还为国内其他企业提供了可资借鉴的范例，推动和促进了国有企业的改革。

三、机械工业合资中反映出的若干值得重视的问题

机械工业在利用外商直接投资方面取得了显著成绩，也积累了不少经验。对此必须予以充分肯定。但在这一阶段的实践中也开始反映出一些值得引起重视和注意的问题，主要是：

1. 部分市场前景好、发展潜力大的热门行业和产品已经出现合资过度、能力过大的现象。这不仅有可能造成新的重复建设浪费，而且给机械工业的组织结构调整带来新的困难。例如液压挖掘机，由于建设规模的扩大，近年来需求较旺，进口量较大，成为外商投资的热点。现已有9个生产液压挖掘机的合资企业，其中不少都是国际知名的大公司，如美国卡特彼勒公司、日本小松制作所、神户制钢和日立建机分别和我国徐州工程机械集团公司、山东推土机总厂、成都工程机械厂和合肥矿山机械厂合资。据预测，这9个合资企业，加上韩国大宇重工在烟台注册的独资企业，到2000年生产纲领从量上已经供大于求，而且规格又都集中在中等斗容产品上，使矛盾更为突出。又如220kV及以上变压器，到1994年底共有合资企业4个，全部达产后，加上国内企业的能力，也将出现供大于求的状况。

2. 通过与外商合资，我国机械产品的水平和档次确实提高了一大步，但企业的技术开发和研究能力却呈萎缩趋势。从现有的情况来看，合资企业普遍没有研究开发机构。有的合资企业的合同条款没有外方滚动转让技术的规定。不少外国公司不允许合资企业建立研究开发机构，只是把国外的产品拿过来生产，合资企业实际上成了外国公司的一个生产车间。而且外商拿来的产品又不都是最先进的。长此下去，机械工业在技术上对国外的依赖将越来越严重，结果只能老跟在别人后面走，无法创新发展、提高竞争能力，也就更谈不上振兴了。

3. 由于外商投资基本上集中在一些热门产品，往往是一种产品几个外国公司同时与有关厂合资，结果由于不同国家、不同公司的技术规范、产品标准各不相同，形成技术上的“七国八制”，使机械工业原有的优势和格局受到了严重挑战，为结构调整和推行专业化增加了新的障碍。例如工程机械行业由于在发展中比较注意高起点、大批量、专业化的特点，现已初步形成了若干各具特色的生产基地和一批关键零部件专业协作厂，生产集中度相对较高。但前一段工程机械成为合资热点，目前全行业已有合资企业25个，投资总额达6亿多美元，占全行业1994年末固定资产原价的将近一半，其中外方控股企业占合资企业数的近4/5。涉及的产品有挖掘机、装载机、叉车、凿岩机等，合资方来自美、德、日、瑞典、捷、韩等国家，大多数都是世界著名的大公司。这种情况下，如何保持发挥工程机械工业原有的优势和特点将是一个需要研究的大问题。

4. 少数产品的市场已经基本被迅速发展的合资企业所占领，有的合资企业已经达到或接近垄断地位，不仅使原有国有企业处境更为困难，而且有可能影响我国工业的健康发展。合资企业发展越快，生产规模越大，对国内市场的占有份额就越大。目前有些机械产品基本上已经全行业合资，市场主要由外商控制，民族自主工业的发展空间已经不多了。机械工业，作为国家的装备产业，直接关系到国家的国力和强盛，该如何更好地利用外资是个需要从全局考虑和把握的大问题。

5. 在外资投向上也很不平衡。从行业看，目前主要集中在电工、工程机械和石化通用机械，这几个行业约占外商投资金额的60%，而仪表、重型矿山、机床工具、基础件等4个行业却不到20%。从地区看，上海、山东、广东、江苏、河北、辽宁等沿海省份集中了外商投资的75%以上，而西北、西南地区不到10%。

四、积极引导，加强管理，进一步提高机械工业利用外资工作水平

进一步开创利用外资的新局面，是我国深化改革，扩大开放，发展社会主义市场经济，实现第二步战略目标的一个重要内容，也是发展和振兴机械工业重要和不可缺少的补充。通过合资既要做到从发达国家引进先进技术和经验，又要避免被跨国公司垄断市场；既要借助国外力量改造国有企业，又不能完全受外国公司控制；既要利用外力发展自己，又不能造成对外国公司的过份依赖。为此，必须采取相应的对策，进一步提高利用外资的质量和水平。

1. 进一步明确利用外资的指导思想。机械工业吸收和利用外资的目的是要发挥我们市场、劳动力和资源的比较优势，通过吸收外来资金和技术，在产品水平、市场占有、经济效益等方面得到提高，从而增强整个行业的竞争力，促进机械工业的发展和振兴。从这个总目的出发，利用外资的主动权必须始终掌握在我们自己手里。如果在指导思想上不明确、不坚定，为合资而合资，或者在利用外资上搞盲目攀比，甚至简单地把举办合资企业的数量作为衡量开放不开放的标志。那就可能出问题，以致走偏方向，达不到利用外资的目的。

必须明确，利用外资是社会主义经济主体的有益补充，但不是主体，举办合资企业只是手段而不是目的。因此，要提高利用外资水平，就要在指导思想上真正从重数量、重速度转移到重质量、重结构、重效益上来；从重招商、重项目审批转移到重引导和重管理上来；从吸收一般加工型项目为主逐步转移到吸收高附加价值型的项目上来。利用外资并不是越多越好，而是应该有一个合理的规模和结构，要与国民经济发展、国内配套能力、消化吸收本领相适应。在研究吸收和利用外资中，既要考虑企业本身的得失，又要考虑行业、国家的利益。如果只是个别企业一时得利，而整个行业以致国家利益反而受损的话，那就违背了我们利用外资的总目的。

机械工业利用外资是促进机械工业发展、振兴的一条重要措施。所以，我们一定要根据实际情况，积极、合理、有效地利用外资，但又不能把利用外资当作发展机械工业的唯一措施。只有这样，在利用外资上才能有目的、有选择，才能进一步提高机械工业利用外资的质量和水平。

2. 搞好机械工业利用外资的统筹规划，更好地为机械工业的振兴服务。为了把利用外资更好地纳入机械工业的总体发展规划中去，必须改变在利用外资上"零打碎敲、各自为战"的现象。要根据机械工业的总体发展思路和振兴纲要的要求，决定外资的取舍和投向，要把外资引导到重点发展领域、老企业改造和扩大出口上来。

利用外资的规模要统筹安排，不能顾此失彼。吸收的外资要和整个建设、改造的总规模相适应，同时还要考虑国内配套资金的承受能力。在制订中长期发展规划时就要把利用外资和使用国内资金有机地结合起来，根据吸收外资的特点，与国内资金的投放合理分工，统一使用，以提高利用外资的效益。如果不顾主客观条件，单纯追求数量就有可能造成投资规模失控等问题，反而影响了行业的健康发展。

能不能积极、有效、合理地利用外资，使外资更好地为机械工业的"三大战役"和振兴服务，关键在于树立全局观点。在利用外资、举办合资企业时既要考虑本地、本企业的需要，更要考虑全局、全行业的利益，尽可能做到全局和局部、行业和企业利益的统一。有些项目从局部考虑暂时有利而对全行业和长远发展不利的，应该做到局部服从整体。

3. 要维护中方的合法权益。在对外经济交往和合作中，以平等地位参与并获得自己应有的权益，是我们始终坚持不渝的一个重要原则。

维护中方的合法权益，关键在于要有明确的指导思想。我们利用外资是要吸收外国的资金、技术和管理，用来较快地发展和壮大自己，而外商通过投资是要占领市场、获取利润。这本来就是互利互惠的事情，不是单纯的中方有求于人，更不是低人一等。在某种意义上，外国厂商看好中国市场，我们的主动权更多一些，在利用外资中要让出一部分市场，要付出一定代价，甚至暂时可能吃点亏，但代价要付得合理合算，用哪些代价换得什么利益一定要心中有数。因此，在维护中方合法权益上，必须理直气壮，敢于和善于坚持原则。

维护中方合法权益涉及的具体问题很多，这里着重强调以下三个方面：

一是要十分重视无形资产的评估和作价。所谓无形资产就是指由企业控制的、对生产经营持续发挥作用并能带来经济效益的一切经济资源，包括企业的商标权、专利权、专营权、服务标记以及工艺配方、技术诀窍、营销策略、管理方法等生产经营中的一切软件和秘诀，也包括企业在社会上的知名度和资信度等。目前对有形资产的评估已经开始有了一定的认识，但对无形资产普遍重视不够，甚至错误地认为中方比别人落后，似乎不应该有无形资产。有些企业只是把过去花钱引进的技术看作是无形资产，而对其他方面都缺乏认真考虑和研究。这一部分恰恰是目前最容易忽视和流失的国有资产。例如有些企业合资时把部分或全部产品和技术转由合资企业生产，这部分产品在合资前经过多年开发、经营，有一定的市场和获利能力，尤其是合资初期基本上是靠这些产品在赚取利润。又如进入合资企业的职工大都是母厂的技术骨干和主力，这些人员都是花了很大成本培养的。因此，在合资中必须对这类无形资产引起高度重视，合理评估和作价，切实防止国有资产的流失。

二是要统筹安排中方母厂和合资厂的利益。由于机械工厂的合资大部分是采取老厂嫁接、部分合资的形式，因此，对合资厂和母厂的统筹安排是维护中方利益的重要问题。现在有些厂在这方面缺乏统筹考虑，在合资中把原有工厂的精兵强将都给了合资厂，余下的人员都留给了老厂，增加了老厂的负担；也有的把产品都转给合资厂生产了，老厂断了生财之道；还有的把原来进行技术改造更新的装备转给了合资厂，而把改造后的还贷任务给老厂。结果是合资厂轻装上阵了，而老厂却长期翻不了身。因此，衡量利用外资、举办合资企业的效果好不好，不能只看合资企业本身，而要从合资厂和母厂的综合效益来考虑。为此，从一开始研究合资时就要十分重视对母厂的统筹安排问题。

三是要注意掌握合资企业的生产经营权。合资企业的生产经营权主要反映在设备采购权、原材料进口权和产品销售权等三个方面。一般来说，外方对这三个权都很重视，控制比较严。而这三个方面又正是最容易造成合资企业利润流失的环节。少数外商还利用中方人员不熟悉国外渠道，不了解国外行情的弱点，采取高报原材料和设备进价以及低报产品外销价等手段转移合资企业利润。为了保护中方的合法权益，对合资企业的生产经营权必须引起高度重视。凡是由中方控股的合资企业，必须牢牢掌握这方面的主动权。凡中方参股但不控股的合资企业也要有一定的参与权和发言权。对外方作为投资的设备一定要进行严格商检，对需要进口的设备要采取国际招标的办法，对原材料和零部件的进口以及产品的出口实行严格的价格监控。

4. 要依法加强对合资企业的监督管理。国家依法对合资企业的监督管理，是规范和指导企业行为，保证企业健康发展的需要。

根据我国中外合资经营企业法实施条例规定，中国合营者的政府主管部门就是合营企业的主管部门，对合营企业负指导、帮助和监督的责任。因此，今后我们还要加强这方面的工作。

机械工业面临的任务光荣而又艰巨，我们一定要振奋精神，进一步把利用外资工作做得更好，为机械工业打好“三大战役”，为实现振兴第一阶段的奋斗目标作出应有的贡献。

〔撰稿人：机械工业部行业发展司　彭乐群、杨庆安　审稿人：机械工业部行业发展司　蔡惟慈、农克强〕

机械工业经济调节工作

机械工业部经济调节与国有资产监督司

1995 年，在邓小平同志建设有中国特色社会主义理论指引下，紧紧围绕机械工业部的中心任务，机械工业部在经济调节与国有资产监督方面主要做了以下工作。

一、经济调节工作

1. 价格管理

1995 年重点进行了五项工作：

一是拟定 1994 年国家指令性计划大型火力发电设备机组调整价差方案。组织召开了由行业协会和企业参加的协调会，制定了调整价差方案的原则，对搜集的 3 万多个数据进行了汇总分析，提出调差方案，该方案已由国家计委审批完毕，共补价差 6.912 亿元，有力地缓解了企业资金困难。同时，配合国家计委提出大型发电设备价格管理规定的建议。

二是编制国家定价产品价格调整方案。认真搜集整理了有关军工企业提供的成本、消耗和管理费用等方面的数据资料，经与机械工业部军工司和汽车工业司协商，形成军工产品价格调整方案，已上报国家计委；对实行国家指导价的农机主机产品和大型变压器的有关价格情况进行了调查，并帮助中国重型机械总公司解决元宝山露天矿项目设备价差问题，经过几次协调，目前，国家计委、煤炭工业部等有关部门及用户已达成一致意见。

三是对全国机械行业 1994 年及 1995 年上半年主要机电产品出厂价格水平进行了调查，共收到近 500 个企业上报的相关资料，产品总数超过 1 万种，目前正在抓紧整理分析。

四是指导部分行业协会编制市场调节价格目录。已编辑完成待出版的有工程机械行业等价格目录，尚在编辑之中的有电器行业、轴承行业价格目录。

五是汇编了 1990 年至 1995 年颁布的机械工业价格管理文件。

2. 税收政策

为解决农机、军工、铸锻件、模具四类机械产品的增值税政策问题，在进行大量调查研究的基础上，以部文形式向国务院报告，并积极向国家经贸委、财政部、国家税务总局汇报反映情况。经过努力，已取得初步成果。

关于铸锻件专业企业生产的商品铸锻件实行增值税先征后返的政策，经国务院研究决定，在 1996、1997 年还可继续执行。经与财政部充分协商，建议 1996、1997 年铸锻件产品增值税先征后返的比例定为 35%；根据享受政策的具体标准，经过认真审核后确定全行业符合条件的企业 230 个，其中机械工业部系统企业 183 个。初步测算，这些企业两年增值税返还额为 3.5 亿元左右。

关于军品增值税问题，经与财政部协商，对机械工业部系统企业生产的部队特种装备及军队装备用车与军工系统企业生产的同类产品税收政策不一致的问题，拟在 1996 年予以解决，财政部、国家税务总局正着手这方面的工作。

此外，还替东方锅炉厂解决了国家级新产品 30 万 kW 自燃循环双拱炉膛再热式电站锅炉未列入 1995 年免征增值税名单问题，使该厂享受政策免税 803 万元。

3. 帮助部分大中型企业等缓解资金困难

在国家经贸委的协调下，解决了一重集团生产经营资金短缺的问题，落实财政借款 5 000 万元；向中国人民银行反映了西电公司流动资金短缺的问题；向国家进出口银行申请解决济南第一机床厂出口数控机床 8 000 万元卖方信贷资金，在有关方面的协助下，已得到落实，解决了 5 000 万元；向财政部争取，为东风电机厂追加了 2 000 万元的军工企业政策补助款。为保证这些企业生产经营正常进行创造了条件。此外，还调查了重机行业企业与冶金工业部系统企业货款的拖欠情况，并与冶金工业部经济调节司研究了相互拖欠资金抹帐问题。

同时，加强与银行、投资公司等金融机构的联系，进一步疏通了直属企、事业单位资金信贷渠道。1995 年为事业单位解决了短期流动资金贷款

8 000万元左右；协助科技与质量监督司申请到科技专项贷款指标4 000万元。

4.进行“拨改贷”转作国家资本金试点

根据国发〔1995〕20号文及其实施办法，机械工业部经济调节与国有资产监督司（以下简称“经调司”）会同行业发展司、汽车工业司对机械工业部系统内24个企业的1979年至1988年内机械工业部安排的国家预算内基本建设投资进行了认真调查，同意将符合规定的“拨改贷”资金本息余额10.03亿元全部转为国家资本金。其中，建立现代企业制度试点企业5个，本息余额4 374万元；试点企业集团12个，本息余额79 510万元；试点城市推荐7个，本息余额16 439万元。截止到1995年年底机械工业部已按时完成了审查任务，国家计委、财政部也已基本审批完毕。此项工作得到国家计委、财政部的表扬，在国家计委组织召开的经验交流会上机械工业部做了经验介绍。

5.经济分析

2月份，经调司发文，建立机械行业季度经济运行质量分析报告制度，初步建立起财务经济信息网。写出了对亏损大户调查报告，对亏损企业的特点、亏损的原因进行了分析，提出了扭亏措施建议。

6.出版发行了5期《财会信息与分析》，起到了沟通机械工业部内工作情况，传递有关政策信息的作用，并组织召开了各省、市机械厅（局）财务处长座谈会，交流了一些企业在转变经济增长方式，加强资金、成本管理方面的经验。

二、国有资产监督工作

1.推荐监管企业名单

根据《监管条例》的有关规定，提出了173个机械工业企业（集团）作为机械工业部监管企业。企业名单已上报国家经贸委和国家国有资产管理局。

国务院以国发〔1995〕18号文，授权机械工业部为监管机构，有关部门将陆续公布被监管企业名单。

2.加强直属单位国有资产管理

主要进行了四项工作：

一是进行国有资产保值增值考核工作。根据国有资产管理局、财政部、劳动部联合颁发的《国有资产保值增值考核试行办法》，选择了27个部直属公司作为考核工作的试点单位。本着实事求是、科学合理的精神，在兼顾国家和企业利益的条件下，经与各被考核单位的反复协商，确定了机械工业部总的考核指标并上报国家国有资产管理局。国家国有资产管理局和财政部批复机械工业部考核指标为103.26%。

二是完成了1994年度国有资产统计及产权登记工作，荣获了国家国有资产管理局1994年度中央部门国有资产统计工作一等奖。参加年度检查的一级单位共计162个，均通过年检审核。162个单位的国有资产总额为72.28亿元，其中事业单位107个，拥有国有资产总额为40.19亿元；55个企业性单位占用国有资产32.09亿元。另外，1995年办理开办登记6个单位，办理变更登记4个单位。

三是对12个部直属企业进行境外国有资产统计和年检登记工作。

四是加强了对部属单位资产评估工作的管理。为了逐步提高资产评估工作的质量，减少或防止国有资产流失，从抓资产评估立项入手，严格把握评估工作的立项、检查、审检和确认关。力争做到产权变动必须先评估，评估必须立项等，并对一些评估项目进行了复核，对不当之处提出了修改意见。1995年，经调司对北京机床研究所等15个单位的资产评估项目进行了立项和确认。

3.开始组建机械工业国有资产运营机构的工作

为了加快机械工业现代企业制度的实施步伐，优化资源配置，盘活资产存量，确保国有资产保值增值，就机械工业部国有资产运营机构组建问题进行了研究，组建报告和组建方案报国务院，目前已被批转有关综合部门。

4.认真搞好清产核资工作

根据财政部清产办的统一部署，认真组织了清产核资工作，对各单位的清产核资工作给予认真督促、检查与指导，对于情况比较复杂的单位和境外机构派专人进行实地指导，及时审查、汇总、上报了有关清产核资报表，资产清查汇总报表通过首批会审验收，受到财政部清产办的表扬。

1995年参加清产核资的17个企业，资产总额233 077万元，负债总额185 614万元，所有者权益47 463万元；固定资产价值重估增加原价1 368万元、净值960万元，增值20%；境外企业7个，资产总额699万美元，负债总额363万美元，所有者权益336万美元；境外机构11个，资产总额76万美元。

经财政部清产办、国家国有资产管理局、财政部工交司共同会审，同意机械工业部1994年参加清产核资的36个单位核销各项资产损失4 846万元，资金核实后：资产总额295 680万元，负债总额219 936万元，所有者权益75 744万元。

结合清产核资工作，对事业单位的部分毁损资产进行处理。针对事业单位在清产核资中提出的2.5亿元的资产报废申请，按国家有关事业单位资产处置的规定，组织各方面的专家，经认真鉴定审核进行了批复，同意报废2.1亿元。并帮助15个勘察设计单位解决了多年遗留的固定资产折旧未提足而造成资本金不实的问题。

〔撰稿人：机械工业部经济调节与国有资产监督司　王子民〕

建立现代企业制度试点概述

机械工业部政策法规体改司

党的十四届三中全会通过的《中共中央关于建立社会主义市场经济体制若干问题的决定》明确指出："以公有制为主体的现代企业制度是社会主义市场经济体制的基础，继续深化改革必须解决深层次矛盾，着力进行企业制度的创新；逐步建立产权清晰、权责明确、政企分开、管理科学的现代企业制度。"这为国有企业进一步改革指明了方向。

一、建立现代企业制度的提出及其主要内容

1．建立现代企业制度是国有企业改革的方向

建立现代企业制度是社会主义市场经济发展的必然结果，也是社会化大生产发展的客观需要。只有千万个企业，特别是国有大中型企业能够成为具有活力的，实现自主经营、自负盈亏、自我发展、自我约束的市场竞争主体，发展社会主义市场经济才能有基础。也只有摆脱了与政府行政隶属关系的国有企业，成为民事法律关系的主体，建立起新的企业制度，才能真正实现社会化的大生产，促进生产力的发展。从国有企业缺乏活力、营运机制僵化、效益低下的现状来看，改革也已经到了调整生产关系、构筑企业新制度的关键时刻。因此，中央确定到本世纪末要使大多数国有大中型骨干企业初步建立起现代企业制度，成为自主经营、自负盈亏、自我发展、自我约束的法人实体和市场竞争主体，为建立社会主义市场经济打下基础。

2．建立现代企业制度的主要内容

(1) 完善企业法人制度。按照国家规定，对企业的资产、债权、债务进行清理，核实财产占有量，进行国有产权登记，确定企业法人财产权。

(2) 建立规范的企业组织制度。按照法律规范，区别不同情况，建立和完善公司体制或其他财产组织形式。

(3) 科学的企业领导体制和民主管理制度。依法建立股东会、董事会、监事会和经理层组织的领导者管理体制。

(4) 建立新型内部管理体制。建立企业内部新型人事、劳动、分配等项管理制度，健全市场营销、科技开发、质量管理等项制度。

(5) 建立国有产权经营制度。通过政府授权，或结合机构改革新组建或明确国有产权运营机构。

二、建立现代企业制度试点的进展情况

1．机械试点企业名单及试点进度安排

国务院确定100个国有企业进行现代企业制度试点，其中有16个机械企业：上海汽车工业总公司、天津汽车工业总公司、河北保定变压器厂、太原重型机械集团公司、沈阳机床股份有限公司、瓦房店轴承厂、长春汽油机股份有限公司、无锡威孚股份有限公司、徐州工程机械集团公司、南京电瓷总厂、杭州汽轮动力（集团）公司、中国扬子电气（集团）公司、武汉锅炉厂、昆明重型机械工业总公司、秦川机床厂、西北轴承集团有限责任公司。

为搞好试点工作，国家经贸委下达了《关于国务院确定的百户现代企业制度试点工作的组织实施意见》等文件。根据文件精神，试点工作的部署是，准备阶段于1995年6月底完成，1995年7月至1996年7月为试点运行阶段，1997年至2000年为总结经验、健全各项法规、逐步推广、巩固提高阶段。

2．试点进展情况

1995年已有16个、250个机械企业分别纳入国家、省市现代企业制度的试点，试点工作已普遍推开，并已取得了一定进展。列入百个试点企业的企业现已基本完成了试点实施前的准备工作，已进入到运行阶段。

(1) 进行公司制改组，建立了法人治理结构。

试点企业的公司制改组，基本上都是将原有工厂整体改制成国有独资、具有母公司性质的集团有限责任公司，并授权经营集团内的国有资产。经资产、债务进行重组分立后，将生产经营主体改制为由集团公司控股、职工持股会参股的有限责任公司，是集团公司的最大控股公司。将原工厂分离出来的辅助生产服务单位，如运输处、设备处、工具处等分别改制成为集团公司控股的全资子公司。以集团公司为核心，联合若干企业、研究院所组成企业集团。集团公司、全资子公司、控股子公司内部分别建立了由股东会、董事会、监事会、经理层组成的公司法人治理结构。以"新三会"为主的公司治理机构开始在新企业经营决策中发挥作用。

(2) 分流安置富余人员，分离企业办社会职能。

瓦房店轴承厂在分流安置富余人员方面，采取了安排到新建扩建项目、开办第三产业、提前退休、停薪留职、待岗放假、转岗培训、整体分离等措施，1995年共分流富余人员2 000人。

在分离企业办社会职能方面，瓦房店轴承厂对厂内的幼儿园、职工医院、餐厅、宾馆、学校等单位，根据具体情况，实行面向社会、独立经营或实行内部分离、先分后离的方式，分别采取减补承包、减亏承包、费用包干和利润承包，1995年共

实现效益300万元。

(3) 坚持改革、改组、改造和强化管理相结合。

加强企业管理、科学管理是现代企业制度的重要特征之一。试点企业在强化管理方面，以“转机制、抓管理、练内功、增效益”为主线，重点抓了生产管理、营销管理，强化了市场的导向作用。南京电瓷厂加强了营销管理后，把完成销售任务、加速资金回笼和控制销售费用的责任落实到销售人员，并与工资分配挂钩。整顿完善了销售网络，理顺脱销、代销的责权利关系。在1995年市场不景气的情况下，销售收入比上年增长9.6%。

(4) 对部分企业的政策得到初步落实。

沈阳机床股份有限公司内部协作件已不上交各种税。退休职工劳保、工资，政府同意由保险公司支付。西北轴承厂的债务重组，得到了政府有关部门支持，资产负债率有所下降。

三、试点中存在的问题与难点

机械企业在建立现代企业制度的试点中，暴露了一些问题与难点，主要表现在：

1. 改革不配套，缺乏相应的配套措施，影响试点工作的正常进行

建立现代企业制度试点工作需要各项改革配套政策的支持，但是由于国家的人事、财税、投资、产权、金融等方面的体制改革尚不配套，有的改革还滞后企业改革，例如：政府部门仍直接任命企业领导人，财税部门既收税、又收利，参加社会保障制度的改革使企业负担加重。深化改革的成本要由企业承担，自己消化。国有大中型企业旧的负担没解决，又增加了新的负担，影响了试点工作的进展。

2. 政企不分，政府职能难转变，试点难以奏效

目前试点工作由十几个部门管理，政出多门，宏观管理缺乏责、权、利相统一的机制。多部门管企业，企业出现问题时，又都没有责任。要求企业建立起适应社会主义市场经济的现代企业制度，如果没有适应社会主义市场经济的宏观管理体制相配套，是难以实现的。

3. 投资主体难确定，政资难以真正分开

国有资产产权最终属于国家，产权代表由政府委派，进入企业董事会，直接参与企业的经营决策活动，表现为政企不分、政资不分，不能起到制约企业的作用。国有资产的保值和增值得不到根本保证。

〔撰稿人：机械工业部政策法规体改司　郑竞贤〕

全国机电产品进出口

海关总署

1995年，我国机电产品对外贸易蓬勃发展，进出口总值首次突破千亿美元，达1 030.4亿美元，占全国外贸总值的36.7%，比上年（下同）增长15.6%。其中，出口438.6亿美元，增长37.1%；进口591.8亿美元，增长3.5%。出口的增长远远快于进口的增长。

一、全年机电产品出口的特征

1. 机电产品出口第一次跃居出口商品首位

近年来，我国机电产品出口强劲，增长速度一再攀升，直追传统的纺织品和服装的出口水平。到1995年，以438.6亿美元的出口成绩，超过379亿美元的纺织品和服装出口总值，在我国外贸出口中所占比重由上年的26.4%提高到29.6%，标志着我国出口商品结构有了质的改善。表1反映了近十年我国机电产品出口情况。

2. 一般贸易出口增长迅猛，出口创汇能力进一步提高

全年一般贸易出口机电产品124.5亿美元，增长41%，占机电产品出口的28.4%，比上年的比重提高0.7个百分点；加工贸易出口机电产品306.4亿美元，占机电产品出口的70%。各种贸易方式出口、进口机电产品情况见表2。

表1　近十年我国机电产品出口情况

年份	出口值（亿美元）	占总出口的比重（%）	比上年增长%
1986	24.8	8.0	47.6
1987	38.5	9.8	55.2
1988	61.5	13.0	59.7
1989	83.1	15.8	35.1
1990	110.9	17.9	33.5
1991	141.3	19.6	27.4
1992	195.5	23.0	38.4
1993	227.0	24.7	16.1
1994	320.0	26.4	40.9
1995	438.6	29.6	37.1

3. 技术及资本密集型的机电仪产品出口比重

进一步增大

表 2 1995 年出口、进口机电产品贸易方式分类 (单位：亿美元)

贸易方式	出口	进口
进料加工贸易	221.3	120.9
一般贸易	124.5	210.4
来料加工装配贸易	85.1	48.4
保税仓库进出境货物	3.5	7.3
对外承包工程出口货物	1.7	-
易货贸易	1.7	1.8
补偿贸易	0.2	2.1
国家间、国际组织捐赠物资	0.2	1.6
边境小额贸易	0.2	
外商投资企业作为投资进口的设备、物品	-	169.7
其他	0.2	29.6
合计	438.6	591.8

注：为便于分析，本节部分表中列出了“进口”项目。

表 3 1995 年出口的主要机械产品

产　品	单　位	数 量	金　额（万美元）
金属加工机床	万台	251	27 429
数控机床	台	980	1 164
普通车床	台	43 326	7 430
普通铣床	台	5 812	1 507
普通磨床	台	1 294	610
标准坚固件	万 t	30	33 811
轴承	万套	56 503	29 919
起重机械	台	103 408	13 329
建筑工程机械	台	2 853	7 890
拖拉机	台	61 653	6 968
柴油发动机	万台	75	14 628
汽车及零部件			60 790
汽车	辆	13 565	15 148
摩托车及零部件			9 626
摩托车	辆	88 613	4 681
船舶			87 232
集装箱	个	401 020	118 014
飞机及零部件			13 536
飞机	架	46	7 961
自行车及零部件			82 414
自行车	万辆	1 262	53 512
缝纫机及零部件			24 605
工业缝纫机	万台	95	10 190
普通缝纫机	万台	357	10 623
照相机			57 180
钟表及零部件			209 557
手工具			64 830
锁			33 239
纺织机械			14 486

1995 年，全国共出口技术及资本密集型的机电仪产品及设备 386.5 亿美元，增长 38.2%，占机电产品出口总额的 88.1%，比上年的比重提高 0.6 个百分点。其中机械及设备出口 86.7 亿美元，增长 55%；电器及电子产品出口 190 亿美元，增长 35%；运输工具出口 39.6 亿美元，增长 47%；仪器仪表出口 24.3 亿美元，增长 57%。金属制品出口 52 亿美元，增长 30%。出口的主要机械产品见表 3。

4. 出口市场进一步集中在亚洲

1995 年，我国机电产品的 57% 出口到亚洲，比重增加了 3 个百分点。对欧洲出口比重不变，对美洲出口比重下降。出口、进口额按出口值国家(地区) 排序情况见表 4。

表 4 1995 年机电产品出口、进口的主要国家 (单位：亿美元)

国家（地区）	出口	比重（%）	进口	比重（%）
香　港	113.3	25.8	41.5	7.0
美　国	91.8	20.9	72.5	12.3
欧　盟	60.5	13.8	140.6	23.8
德　国	21.1	4.8	66.0	11.1
英　国	10.5	2.4	12.2	2.1
荷　兰	10.1	2.4	4.5	0.8
法　国	6.3	1.4	18.9	3.2
意大利	4.5	1.0	23.6	4.0
日　本	59.3	13.5	177.7	30.0
新加坡	14.5	3.3	14.8	2.5
台　湾	9.7	2.2	59.3	10.0
韩　国	8.7	2.0	26.7	4.5
泰　国	5.8	1.3	1.6	0.0
印度尼西亚	4.8	1.1	0.4	0.0
马来西亚	4.7	1.1	3.3	0.1
加拿大	4.6	1.0	7.1	0.2
澳大利亚	4.3	1.0	3.0	0.1
其　他	56.6	12.9	43.3	7.3
合　计	438.6	100.0	591.8	100.0

5. 各地发展仍不平衡

除个别省份外，各省市区的机电产品出口都有增长，广东省仍独领风骚。

全年广东省出口机电产品 241.27 亿美元，增长 25%，占全国的比重为 55%，比上年的比重滑落 5 个百分点。出口值在 1 亿美元以上的有 22 个省市区，10 亿美元以上的有广东、上海、北京、江苏、辽宁、浙江、天津、福建、山东等 9 省市(见表 5)。其中除广东外，各省市增长速度都超过全国平均增速，而且除广东、福建外的 7 省市增速都在 56% 以上。全国只有青海一省的出口出现负增长。

6. 国有企业仍为出口主力

1995 年，国有企业机电产品出口 225 亿美元，增长23%，超过出口总值的一半；外商投资企业出口206亿美元，增长55%。

表5 1995年机电产品进出口分经营单位所在地统计表

（单位：亿美元）

经营单位（企业注册地）	出口	进口
北京	27.79	122.47
天津	16.52	25.42
河北	2.83	5.44
山西	0.83	1.42
内蒙古	0.47	2.08
辽宁	17.58	24.02
吉林	1.06	11.52
黑龙江	2.24	4.57
上海	33.18	59.98
江苏	22.62	30.58
浙江	16.79	15.64
安徽	1.72	3.19
福建	16.18	19.82
其中：厦门特区	8.59	8.93
江西	0.91	1.59
山东	13.31	21.28
河南	1.69	5.44
湖北	2.81	9.71
湖南	2.20	3.32
广东	241.27	195.28
其中：深圳特区	53.20	44.16
珠海特区	11.81	9.73
汕头特区	2.81	3.43
广西壮族自治区	2.55	2.81
海南	1.41	5.20
四川	4.63	8.41
贵州	0.80	0.99
云南	2.21	5.37
西藏	0.01	0.98
陕西	3.72	2.47
甘肃	0.40	1.33
青海	0.15	0.01
宁夏	0.20	0.12
新疆	0.52	1.24
合计	438.57	591.77

机电产品出口迅速增长，主要原因有：(1) 世界经济增长加快，1995年全球经济增长率达3%，国际市场需求增大。(2) 国家高度重视机电产品出口，把它作为优化我国外贸出口结构、扩大出口规模、提高出口效益的战略手段，在政策上给予大力扶持和鼓励。(3) 国内产品升级，结构调整使机电产品的生产优先发展，而国内需求相对不足，机电产品出口增大。但由于出口退税拖欠严重，下半年出口退税率下调，贷款利率提高，金融环境较紧，国内原材料价格上涨，1994年汇率并轨的刺激作用减弱，1995年机电产品出口虽仍有增长，但增长速度比1994年减缓。

二、1995年机电产品进口增长缓慢

全年进口机电产品591.8亿美元，仅增3.5%，占全国外贸进口总值的44.8%，比上年的比重降低4.7个百分点。基本特点有：

1. 进口大类产品多数增长

运输工具进口减少将近一半。全年进口运输工具54亿美元，减少45%；进口金属制品19亿美元，增长12%；机械及设备256亿美元，增长3%；电器及电子产品194亿美元，增长17%；仪器仪表33亿美元，增长30%；其他机电产品进口16亿美元，增长4%。

2. 主要机械产品进口有增有减

全年汽车和汽车底盘进口减少了44%，飞机减少74%，船舶减少53%，工业用缝纫机减少21%，空气调节器减少34%。进口增长幅度较大的有：汽车零件，计量自控仪器，玻璃热加工机械，金属轧机及零件，建筑、采矿、食品、造纸、搬运机械等。进口主要机械产品量值见表6。

表6 1995年进口的主要机械产品

商品名称	单位	数量	金额（万美元）
汽车和汽车底盘	万辆	15.8	153 574
汽车零件			85 469
飞机	架	31	105 308
航空器零件	t	946	23 774
船舶	艘	1 305	67 440
医疗仪器及器械			37 381
计量检测自控仪器			192 991
钟表机芯及零件			101 148
阀门	万套	4 986	33 769
模型及铸造用型箱	t	47 556	77 490
烟草加工机械			53 043
橡胶、塑料加工机械			134 743
玻璃热加工机械			35 889
金属轧机及零件			52 087
金属冶炼及铸造设备			29 349
金属加工机床	台	134 269	220 075
制革、制鞋机器	台	35 554	14 382
工业用缝纫机	台	324 528	32 002
纺织机械			255 312
印刷、装订机械			64 613
造纸及纸品用机械			48 923
食品加工机械			64 015
建筑及采矿用机械			83 151
机械提运卸设备及零件			152 642
冷冻机及制冷设备			34 720
空气调节器	台	224 930	30 390
制冷设备用压缩机	万台	218	17 383
液泵及液体提升机	台	641 635	32 611
活塞式内燃机的零件	t	39 062	36 275
蒸汽及过热锅炉及零件			26 733

3. 进口以一般贸易为主，加工贸易与外商投

资设备占相当比重

全年一般贸易进口机电产品210.4亿美元，增长7%，占机电产品进口总值的36%。加工贸易与外商投资设备进口均近170亿美元，各占29%。其中进料加工贸易进口120.9亿美元，增长43%。

4. 外商投资企业是进口的主体

外商投资企业进口321亿美元，增长10%，占进口总值的54%；国有企业进口259亿美元，减少3%，所占比重少外商投资企业10个百分点。

5. 半数以上进自日本和欧盟，自美进口大减

全年从日本进口机电产品177.7亿美元，增长3%，占进口总值的30%；从欧盟进口140.6亿美元，增长7%，占23.8%，其中自德国进口66亿美元，增长19%；自美国进口72.5亿美元，减少16%，占12.3%。

机电产品出口迅速增长，体现了我国工业现代化进程中的必然方向。但机电产品进口增长乏力，特别是国有企业，进口减少，与国家金融环境适度从紧，国有企业资产负债率高，企业自我积累、自我发展机制弱有关。为了加强国有企业的技术改造，进一步提高综合要素生产率，实现产品的升级换代，提高出口产品竞争力，加速完成两个关键性的转变，在大力推进机电产品出口的同时，也应积极增加机电产品的进口，尤其要引进那些富含高新技术的先进生产设备。

〔撰稿人：海关总署综合统计司　黄国华〕

机械工业教育工作

机械工业部教育司

1995年，机械工业教育紧密围绕“科教兴业”战略，继续贯彻落实《中国教育改革与发展纲要》和《机械工业振兴规划纲要》，积极推进职工教育、职业技术教育和院校教育的改革与发展，更加直接、有效地为机械、汽车工业建成国民经济的支柱产业服务。

1995年机械工业部所属高校共有22所。各校的基本办学情况及各类在籍学生的规模、结构分别如表1、表2和表3所示。

一、贯彻中央精神，深化体制改革

经过四十多年的艰苦创业，机械工业部所属高等院校不断发展提高，现已形成规模较大、层次完整、具有较高办学水平和较强办学实力的高等教育系统。多年来在人才培养和科学研究等方面都取得了显著成绩，成为培养机械行业高级工程技术人才及管理人才的一个重要基地和促进行业科技进步的重要力量。但是随着社会主义市场经济的发展，中央决定改革部门办学体制，国家教委经商机械工业部同意，将机械工业部确定为全国“一省一市一部”高等教育体制改革试点部门，这对于机械工业部高等院校的改革和发展将起到积极的推动作用。根据中央精神，部初步确定了改革方案，即：以推动部省联合共建和企业参与学校管理作为高校体制改革的重点，每年力争促成四至五所院校实行部省共建或企业参与办学，争取在本世纪末大多数部属院校都能按这两种模式进行改革，并为下一步的改革打下良好的基础。与此同时，院校合并、合作办学和划转地方管理等其他模式的改革也将抓紧推进，鼓励学校进行体制改革的多种尝试，在探索中积累经验。长远的改革目标是逐步过渡为中央和地方两级办学，机械工业部只管理少数行业特色较强的骨干学校。1995年内体制改革有较大的进展。

1. 4月5日，经国家教委批准，部属哈尔滨科技大学、哈尔滨电工学院、哈尔滨工业高等专科学校合并为“哈尔滨理工大学”。在部省有关部门共同努力下，新校组建工作进展顺利，1995年内新校已基本完成党政机构重新设置和部分院系调整，各项工作逐步走上正常运转的轨道。

2. 在部省共建方面，1995年迈出了较大的步子，机械工业部分别与吉林省、湖南省和安徽省人民政府就联合共建吉林工业大学、湖南大学、合肥工业大学签署了正式协议。与此同时，部提倡通过多种渠道，在多种层次上，采用多种形式促成联合办学，促进学校加强与所在地、市政府的联系，为区域经济发展服好务，争取支持。

3. 进一步推进产学合作，促进企业参与高校管理。合肥工业大学成立了由八十余家企业参加的董事会。湖南大学、江苏理工大学也分别在院系层次上采用多种形式扩大与企业的合作领域，加大双向参与的力度。长期以来，部属院校与行业企业、院所建立了良好的关系，存在着合作的基础，这是部属院校得天独厚的条件，今后仍然要发挥依托行业的优势，壮大办学实力，突出办学特色。

4. 机械工业部所属22所院校由于历史的原因形成了一地多校的办学格局。从而导致专业设置重复、投资强度不足、办学规模较小、办学力量分散等问题。为了切实减少办学布点，充分发挥群体优势，华东工业大学和上海机械高等专科学校及合肥

工业大学和安徽工学院的合并工作，经多次论证，于1995年形成了实施方案，并已向国家教委报批。

5.在转变政府职能的同时，进一步建设好教育发展中心。“中心”在逐步落实人员配备和职能分工的基础上，圆满完成了本、专科及成人教育招生计划、科研基金管理、岗位培训证书验发、规划研究及信息统计等项工作，使支撑体系建设得到进一步加强。

表1　1995年机械工业部部属院校基本情况

学校名称	占地面积 (m^2)	固定资产（万元）	教职工人数（人）	教师职称情况（人）				博士点数	硕士点数
				教授	副教授	讲师	助教		
北京机械工业学院	162 240	2 845	880	26	80	100	44	0	3
太原重型机械学院	206 667	4 286	1 078	27	112	243	56	0	5
沈阳工业大学	343 764	10 680	1 928	50	238	343	94	2	16
吉林工业大学	740 000	18 679	3 460	124	317	502	195	12	30
东北重型机械学院（本部）	529 060	4 450	866	14	72	120	69	0	0
东北重型机械学院（南校）	598 940	5 341	1 021	84	160	203	68	5	12
哈尔滨电工学院	350 000	5 450	1 202	36	178	172	72	0	6
哈尔滨科技大学	220 000	5 621	1 220	42	158	164	76	0	8
华东工业大学	313 333	7 136	1 632	54	162	242	129	4	20
江苏理工大学	579 170	10 943	2 038	80	235	347	105	5	19
合肥工业大学	781 994	11 529	2 934	100	325	531	76	4	36
安徽工学院	182 000	4 166	1 143	21	115	177	33	0	7
洛阳工学院	326 683	7 905	1 792	41	162	243	111	0	10
湖南大学	620 000	17 299	3 191	160	430	409	231	9	44
西安理工大学	363 815	11 501	2 056	87	215	288	130	4	24
甘肃工业大学	297 482	5 673	1 350	30	142	178	98	0	11
湖北汽车工业学院	399 290	6 343	774	7	97	142	93	0	0
哈尔滨工业高等专科学校	100 000	4 803	739	4	70	120	36	0	0
上海机械高等专科学校	34 040	3 257	640	6	56	110	33	0	0
南京机械高等专科学校	141 691	3 032	722	3	52	113	61	0	0
郑州工业高等专科学校	115 391	2 350	673	0	54	121	22	0	0
湘潭机电高等专科学校	142 200	2 940	698	4	74	125	26	0	0
长春汽车工业高等专科学校	31 520	1 166	576	0	77	152	46	0	0
总　计	7 579 280	157 395	32 613	1 000	3 581	5 145	1 904	45	251

二、加强学科建设，提高办学水平

1995年组织完成了对吉林工业大学“211工程”的部门预审。吉林工业大学顺利通过部门预审，已正式向国家教委申请“211工程”预备立项。经过努力，国家教委已批准湖南大学进行“211工程”部门预审的准备工作，前期工作基本完成。组织进行了第六批博士与硕士学位授予权申报和初评工作。部属各研究生培养单位共申报博士点32个、硕士点81个，经机械工业部初评通过后向学位委员会申报博士点26个、硕士点72个。经过激烈竞争，部属院校又新增博士点6个，即湖南大学：管理工程，东北重机学院：热处理、测试技术，江苏理工大学：汽车、流体机械，沈阳工业大学：电器。新增硕士点28个。

1995年分两批进行了部级重点学科的重新评定，共评出77个部级重点学科。研究制定并下发了《机械工业部部属高校重点学科专项资助暂行管理办法》，对首批部级重点学科给予了重点专项资助。组织召开部属院校教学工作会议。着重讨论了新时期本科教学改革的基本思路和发展方向，交流了学分制教学管理模式、强化计算机辅助教学及素质教育等方面的作法和经验。

按照国务院学位委员会关于博士导师遴选办法改革的总体部署，制订颁布了机械工业部的相应实施细则，组织完成了博士导师的部门自行遴选和审定工作。部属单位21个博士点共申报博士导师63人，经过通讯评议和集中评审，共遴选出博士导师56人，其中新增导师23人。完成了高等工程专科学校专业教学指导委员会的换届工作，并召开了正副主任会议，总结了上届专业教学指导委员会的工作，布置了本届委员会的工作任务。

三、提高科研层次，促进成果转化

部属高校积极参与“九五”科技攻关计划项目，将国家和部“九五”科技规划总的精神、要求及优先发展领域与各校现有科研方向和优势学科进行了对接。继续发挥高校科技优势，主动为振兴地方经济服务，加速科技成果的商品化和产业化，1995年先后组织部属高校与山东淄博市和江苏阜宁县共同开展了科技成果洽谈活动。

社会主义市场经济的新形势对高校科技工作提出了新的要求，也提供了进一步发展的机遇。部属院校抓住有利时机，按照“稳住一头、放开一片”的指导思想，加快科技改革与发展的步伐。1995年部属院校科技情况如表4所示。从表中可看出全年科研经费到款额达到3.06亿元，有11所院校的科研经费超过1 000万元，获奖科研项目数也有较大幅度的提高。

表2　1995年机械工业部部属院校学生情况表　（单位：人）

学校名称	合计	博士	硕士	本科生	专科生	函授	夜大学	成人脱产班
总　计	128 586	497	3 453	57 888	25 376	22 812	11 063	7 497
北京机械工业学院	3 482	0	43	2 004	451	415	287	282
太原重型机械学院	4 066	0	42	2 486	873	177	78	410
沈阳工业大学	10 081	10	204	4 819	1 169	2 979	900	0
吉林工业大学	11 400	202	599	5 910	1 083	3 164	422	20
东北重型机械学院（本部）	3 971	0	30	2 058	714	522	647	0
东北重型机械学院（南校）	4 328	35	164	2 159	525	668	59	718
哈尔滨电工学院	5 201	0	94	2 206	649	1 018	944	290
哈尔滨科技大学	5 277	0	150	2 327	728	1 757	245	70
华东工业大学	6 031	48	250	3 343	1 007	472	792	119
江苏理工大学	10 365	22	200	4 251	1 728	3 055	529	580
合肥工业大学	13 372	31	419	5 949	1 416	2 381	968	2 208
安徽工学院	4 349	0	53	1 921	458	1 032	57	828
洛阳工学院	6 618	0	102	3 838	298	1 533	610	237
湖南大学	12 218	113	656	6 861	605	1 590	2 393	0
西安理工大学	8 438	36	317	4 134	1 179	1 404	545	823
甘肃工业大学	5 141	0	130	2 948	675	62	732	594
湖北汽车工业学院	1 745	0	0	674	897	69	0	105
哈尔滨工业高等专科学校	2 306	0	0	0	1 954	59	254	39
上海机械高等专科学校	2 314	0	0	0	2 085	0	229	0
南京机械高等专科学校	2 085	0	0	0	2 071	14	0	0
郑州工业高等专科学校	2 039	0	0	0	2 000	17	22	0
湘潭机电高等专科学校	3 232	0	0	0	2 284	424	350	174
长春汽车工业高等专科学校	527	0	0	0	527	0	0	0

表3　1995年机械工业部部属院校在校学生结构　（单位：人）

学生类别	在校生总数	办学形式			招生、毕业情况		
		国家任务	委托培养	自费生	毕业生数	招生数	预计毕业生数
总　计	87 214	59 686	14 831	12 697	20 319	26 547	23 400
博士生	497	355	100	42	52	144	113
硕士生	3 453	2 843	522	88	873	1 165	1 133
本科生	57 888	48 491	3 607	5 790	10 868	16 351	11 988
专科生	25 376	7 997	10 602	6 777	8 526	8 887	10 166

在抓好科研工作的同时，各校普遍重视科技成果的推广工作，增强科技成果转化意识，发展技术市场，加强科技成果转化的中间环节，建立了一些不同层次和类型的工程研究中心和中间试验基地，1995年共推广转让成果414项，推广转让收入6 863.7万元，比上一年又有增长。经国家科委批准，部属西安理工大学铸铁研究所组建了“国家连铸连轧铸铁技术研究推广中心”。

1995年，校办产业进一步发展，产业总数达到230个，经营额达4亿元。在发展思路上，坚持从实际出发，因地因校制宜，着重发展高新技术产业和与科技进步相关的第三产业。在管理体制上逐步做到自主经营、自负盈亏、自我发展、自我约束。

四、优化队伍结构，强化班子建设

大力加强师资队伍建设，特别是抓好部属院校跨世纪学科带头人和学术骨干队伍的建设。1995年分两次进行了选拔工作，共遴选出84名学科带头人，分布在19个一级学科；219名学术骨干，分布在25个一级学科。在此基础上，部校两级加大培养力度，采用工程建设的办法，专项资助，动态管理，努力使一批中青年教师成为教学、科研的中坚力量。完成了部属院校遴选和推荐新增中国科学院院士和中国工程院院士工作，部属院校新当选中国工程院院士两人：吉林工业大学陈秉聪教授和华东工业大学庄松林研究员。

继续深化校内管理体制改革。在试点基础上，1995年全面推开校内管理体制改革，从而促进了队伍结构的优化和办学效益的提高。

认真抓好部属院校领导班子的组织建设和思想作风建设，进一步完善任期目标责任制。1995年共完成东北重机学院、华东工大、西安理工大学、江苏理工大学、北京机械工业学院、哈尔滨理工大学6所院校领导班子的换届和组建工作；完成了甘肃工业大学、湘潭机电高等专科学校、南京机械高等专科学校、合肥工业大学等4所院校的换届考核工作。

表4　1995年机械工业部部属院校科技情况

学校名称	项目情况		获奖情况			科研经费（万元）				效益	
	当年立项数	当年完成数	当年获奖数	其中		到款总额	其中			成果转让收入（万元）	成果推广项数
				国家级	省部级		纵向	横向	其他		
总　计	2 573	1 280	129	8	121	30 631.8	4 743.0	21 962.0	3 926.8	6 863.7	414
北京机械工业学院	33	20	2	0	2	166.6	5.9	55.7	105.0		
太原重型机械学院	17	7	3	0	3	139.0	46.0	91.0	2.0	91.0	29
沈阳工业大学	56	36	8	0	8	1 446.0	128.9	1 303.6	13.50	208.0	49
吉林工业大学	193	170	17	4	13	4 831.2	754.6	3 207.1	869.5	1 790.2	79
东北重型机械学院（本部）	18	2	0	0	0	30.3	16.9	13.4		13.4	3
东北重型机械学院（南校）	92	50	11	0	11	1 177.1	111.4	1 053.7	12.0	1 053.7	56
哈尔滨理工大学①	86	51	9	0	9	2 315.0	607.5	1 693.0	14.5	62.2	20
华东工业大学	251	120	9	0	9	2 939.2	354.3	2 174.2	410.7	5.0	3
江苏理工大学	229	117	4	0	4	1 705.0	110.2	1 518.2	76.6	87.5	32
合肥工业大学	152	90	11	2	9	3 959.6	351.3	3 445.3	163.0	927.0	42
安徽工学院	46	3	8	0	8	463.0	23.6	439.4	0.0	94.9	4
洛阳工学院	42	24	6	0	6	1 303.0	734.3	52.7	516.0	4.2	4
湖南大学	799	318	14	2	12	4 023.7	462.7	1 902.7	1 658.3	184.4	31
西安理工大学	314	163	10	0	10	1 047.8	141.4	876.9	29.5	68.0	5
甘肃工业大学	37	30	7	0	7	3 588.0	636.1	2 936.9	15.0	721.3	9
湖北汽车工业学院	54	17	2	0	2	347.7	173.1	174.6			
上海机械高等专科学校	81	22	1	0	1	343.4	5.8	330.6	7.0	20.0	1
南京机械高等专科学校	13	11	1	0	1	560.0	45.0	513.0	2.0	1 417.9	28
郑州工业高等专科学校	21	6	5	0	5	60.1	33.9	22.0	4.2	11.0	4
湘潭机电高等专科学校	28	17	0	0	0	172.1	0.1	158.0	14.0	104.0	15
长春汽车工业高等专科学校	9	6	1	0	1	14.0			14.0		

①哈尔滨理工大学系由哈尔滨科技大学、哈尔滨电工学院、哈尔滨工业高等专科学校合并组建而成。

五、大力发展职业技术教育

组织制定并颁发了《关于加强机械行业技工学校实习基地建设的意见》，促进行业技工学校改善实习条件，强化操作技能培养环节，提高职业技术培训的适应性。成立了机械行业技工学校专业教学指导委员会，部署了对原技工学校17个专业（工种）教学计划、大纲进行修订等项工作。完成了行业中等专业学校专业教学指导委员会的换届工作，布置了新一届中专教学指导委员会的工作任务。组织行业中专校长代表团赴美考察，组织行业技工学校校长赴德考察，学习借鉴发达国家的职业技术教育经验，取得了预期效果。

组织行业中专校22个机电类专业教学计划的修订、出版工作，进一步加强对行业中专校的宏观指导。受劳动部委托，组织编写了高级技工学校机械加工类车、钳、铣、镗等专业（工种）的教学计划、大纲，目前已通过审定，将与劳动部联合颁发。

六、围绕“科教兴业”，促进职工教育的改革与发展

随着社会主义市场经济的发展和现代企业制度的建立，行业企业职工教育遇到了许多新情况和新问题。为了探索新形势下职工教育的规律和特点，突出重点，以点带面，部决定建立机械行业企业职工教育重点联系制度，在行业内选择了40个企业作为职工教育重点联系企业，及时沟通信息，交流经验，深化职教改革，积极探索新时期企业职工教育的新模式。为贯彻部确定的“科教兴业”战略，进一步组织实施跨世纪人才工程。在修改完善《机械工业跨世纪人才工程实施纲要》的基础上，推动省、市厅、局和部分企业启动实施“人才工程”，部分省、市厅、局和企业已经结合自身实际制定了培训方案，并积极付诸实施。为进一步加强直属单位的职工教育工作，组织制定了《关于加强部直属科研、设计单位职工教育的意见》，以此促进部直属单位继续教育和岗位培训的制度化、规范化建设。

启动实施机械工业一斯隆教育合作项目。为加速全行业高级管理人才的培养，启动实施了与美国麻省理工学院斯隆管理学院的合作培训项目。10月12日，组织召开了“中国机械工业一斯隆教育发展基金”理事会成立大会暨第一次理事会，理事会由行业内24个大中型骨干企业组成，机械工业部何光远部长担任理事长，邵奇惠副部长担任常务副理事长。项目的筹资及教学准备等前期工作也在积极进行中。

本着切实有效地为行业振兴服务的宗旨，继续抓好短期专题培训，全年组织了两次机械系统的高层次培训。3月份在广东科龙公司举办了“工业工程”高级研修班，对部分厂长、经理进行了培训；11月份在长春一汽举办了“精益生产方式”高级研修班，采取课堂讲解和现场参观相结合的方式，对参加研修班的厂长、经理进行了较为系统的培训，对落实部管理工作会议精神，推广“精益生产方式”，起到了积极的作用。1995年还成功地组织了全行业的“全国技能月”活动。劳动部、国家经贸委、全国总工会联合发文，确定10月为“全国技能月”，为开展好机械行业的技能月活动，在全行业广泛征集了一批学技术、比技能、重视技能培训的先进集团、优秀个人事迹，10月份在《中国机电日报》上开辟专栏，连续报道，广泛宣传，收到了良好效果。

1995年在认真听取省、市厅、局和企业意见的基础上，组织制定了《机械工业“九五”职工教育发展规划（草稿)》，待进一步修改后，正式颁发。1995年度召开的部属院校成人教育学院工作会议，总结了“八五”期间的成人教育工作，并根据国家教委的统一要求，部署了部属院校成人高等函授、夜大学学历教育的评估工作。在教学基础建设方面，1995年组织编写了部属院校成人高等学历教育共45个专业的示范性教学计划；围绕机械工业90年代37项关键技术，编写了一套供全行业工程技术人员使用的继续教育丛书。

〔撰稿人：机械工业部教育司　马欣威　审稿人：机械工业部机械工业教育发展中心　孙长庆〕

〔第Ⅰ部分责任编辑：杜焕生〕

机械工业

地区发展情况

第Ⅱ部分

北京机械工业

北京市机械工业管理局

生产发展情况　北京机械工业系统由北京市机械工业管理局、北京汽车工业集团总公司、北内集团总公司、北京仪器仪表工业总公司和北京农业机械总公司所属企事业单位组成。1995年，由于受国家宏观调控影响，北京机械工业生产经营外部环境和条件没有得到改善，市场有效需求不足、资金严重短缺、生产下滑、效益下降等各种困难因素没有得到缓解，但即使是在这种情况下仍较好地实现了预期的经济目标。1995年北京机械工业系统共完成工业总产值158.1亿元，比上年增长25.1%；实现销售收入（当年价）191.8亿元，比上年增长29.5%；实现利税13.3亿元，其中利润5.5亿元，分别比上年增长39.5%、-20.1%。北京机械工业系统主要经济指标完成情况详见表1、表2。“八五”期间完成的主经济指标见表3。

机械局系统1995年一开年就将扭亏控亏工作列为1995年经济工作的“重头戏”，采取了对亏损企业跟踪监控、落实扭亏增盈责任制，重点帮助企业、引导企业调整产品结构、努力增加适销对路产品、强化销售工作，以及建立企业内部适应市场变化的快速反应机制，依靠严格的内部管理减亏、增盈等措施，千方百计提高经济运行质量。经过艰苦努力，全局在1995年5月份实现了扭亏；下半年又克服了外部经济环境仍不见好转的不利因素，最终取得了较好的经济运行效果。1995年完成工业总产值37.9亿元（不含北京迅达电梯厂33.1亿元），比上年下降6.3%。其中，国有企业完成26.5亿元，比上年下降4.06%；集体企业完成2.76亿元，下降10%；合资企业完成3.96亿元，增长4.32%。实现销售收入47.01亿元（不含北京迅达电梯厂41.92亿元），比上年增长1.87%。其中，国有企业实现32.74亿元，下降1.1%；集体企业实现2.96亿元，下降5.19%；合资企业实现6.22亿元，增长26.3%。全局实现利税4.95亿元（不含北京迅达电梯厂4.03亿元），比上年下降28.5%。其中，实现利润2.03亿元（不含北京迅达电梯厂1.47亿元），比上年下降39.5%。全局上交利税2.59亿元，比上年下降20%。全局较好地开发了国际市场，出口产品产值完成2.2亿元，比上年增长18%；出口供货额为4.8亿元，比上年增长20.4%；出口创汇6 005.8万美元，比上年增长20%。产成品库存有所控制。产销结合尚好，全局产销率为98.4%。国有资产保值增值率为100.69%，高于北京市考核的指标。

表1　1995年北京机械工业系统概况

行业	企业数（个）	全部职工平均人数（人）	工业总产值（不变价）（万元）	工业增加值（万元）	产品销售收入（当年价）（万元）	产品销售税金及附加（万元）	利润总额（万元）	固定资产 原价（万元）	固定资产 净值平均余额（万元）
合计	281	204 177	1 581 309	445 701	1 918 188	77 383	55 476	1 126 332	616 694
农业机械	41	15 353	66 410	14 150	57 697	184	-763	47 885	27 094
工程机械	6	9 027	33 190	8 749	39 052	222	-2 947	44 564	12 735
机床工具	21	18 546	43 036	19 270	50 111	421	1 286	95 281	40 053
机械基础件	22	12 568	25 732	10 693	27 572	221	-49	50 905	28 621
石化通用机械	20	17 327	82 804	31 741	89 024	562	14 872	124 967	75 907
汽车	28	49 169	923 079	239 635	1 213 300	73 739	32 333	356 993	214 768
电工电器	43	35 844	139 636	43 445	197 564	888	2 317	164 068	74 807
仪器仪表	81	12 821	56 560	27 070	50 295	239	3 721	52 114	28 734
食品机械	3	947	12 320	3 125	15 025		609	5 840	3 928
内燃机	1	30 895	193 455	45 735	172 973	901	3 663	175 001	105 299
其他	15	1 680	5 087	2 088	5 575	6	434	8 714	4 748

1995年5月18日，正式组建了北京汽车工业集团总公司。在新的管理体制下，北京汽车工业系统经济运行呈健康向上趋势，较好地完成了生产经营目标。集团公司系统1995年完成工业总产值91.7亿元，比上年增长33%；生产汽车168 946辆，销售169 731辆，分别高于上年21.8%、22.5%，产销结合率100%；生产摩托车24 000辆，销售24 005辆，比上年增长14.3%和17%；

生产农用车 8 668 辆，销售 8 653 辆，比上年增长 152.3%和 172.8%；配件产值完成 11.6 亿元，比上年增长 28%。实现销售收入 121.3 亿元，比上年增长 27.9%；实现销售税金 7.37 亿元，增长 38.8%；实现利润 3.2 亿元，比上年下降 13.9%。工业经济效益综合指数 166%，比上年提高 19 个百分点。全员劳动生产率（按工业增加值计算）为 48 695 元/人，比上年增长 21.4%。出口创汇实现 2 300 万美元，比上年下降 25.3%。汽车工业蓬勃发展，其工业总产值占北京市工业总产值的 7.3%，占市经委工业系统的 16.3%，在全市工业系统排名第二位，成为全市的支柱产业。

表 2　1995 年北京机械工业系统产品产量

产品名称	单位	产量	比上年增长%	产品名称	单位	产量	比上年增长%
内燃机	台	184 333	1.7	小型拖拉机	台	9 558	100.5
农机内燃机	台	30 387	129	机动喷雾器	台	65 020	105.8
发电设备	万 kW	182	28.5	联合收割机	台	528	32.0
电站汽轮机	万 kW	179		农用运输车	辆	659	10.8
电站锅炉	t（蒸汽）	4 450	－24.8	叉车	台	953	
金属切削机床	台	2 504	－39.7	汽车	辆	174 520	21.8
机床电器	万件	72.6	－254	摩托车	辆	24 000	14.3
起重设备	t	11 693	－18.4	交流电机	万 kW	137.8	1.5
工业泵	台	5 483	4.5	分马力电机	万台	22.2	－7.0
农业泵	台	8 579	－39.6	变压器	万 kV·A	117.5	13.5
风机	台	7 934	－27.9	电力整流器	万 kW	18.3	1.0
气体压缩机	台	614	1.0	高压容器	万支	26.9	
制冷设备	套	551	－18.2	高压断路器	台	3 327	
减速机	t	1 180		高压开关板	面	1 596	－3.6
轴承	万套	126.1	－13.7	低压开关板	面	4 332	
液压基础件	万件	8		低压电器元件	万件	89.9	－3.4
标准紧固件	万件	41 278	20.7	工业自动化仪表	万台	64.7	19.0
矿山设备	t	2 159		分析仪表	台	2 234	－11.0
工矿配件	t	3 265		光学仪表	台	46 529	17.0
印刷设备	t	11 491	－8.6	实验仪器及装置	台	3 129	－12.0
食品机械	台	1 109		量具	万件	28.7	11.7
饲料加工成套设备	套	1 313	24.8	照相机械及器材	架	2 370 899	54.0
饲料粉碎机	台	11 679	11.6				

表 3　北京机械工业"八五"期间完成的主要经济指标

项目＼年份	1991	1992	1993	1994	1995
企业个数（个）	220	214	289	310	281
全部职工平均人数（人）	235 236	221 513	217 527	230 797	204 177
固定资产投资额（不变价，万元）	47 309	62 027	134 819	132 887	144 694
工业总产值（万元）	1 049 054	1 331 032	1 294 751	1 344 369	1 581 309
工业增加值（万元）			337 546	405 618	445 701
产品销售收入（当年价，万元）	1 115 829	1 448 122	1 575 745	1 542 550	1 918 188
出口创汇额（万美元）	6982.2	8 223.2	9 053.5	10 694	11 605.3
利税总额（万元）	114 645.7	153 646.1	144 831.8	175 818.5	132 859.0

北内集团总公司是 1994 年 12 月 27 日由国家经贸委等六部委批准为北京市计划单列的特大型工业企业。1995 年，集团公司本部完成内燃机产量 184 333 台/1 120.8 万 kW，比上年增长 1.7%。生产汽车 5 405 辆（宁波汽车制造厂 2 400 辆、淄博汽车制造厂 3 005 辆），比上年增长 25.6%。全集团公司完成工业总产值 11.16 亿元，比上年增长 6.6%；实现销售收入 11.06 亿元，比上年下降 6.5%；实现利税 8 213.7 万元，下降 34.3%，其中，实现利润 3 158.3 万元，下降 25.2%。出口创汇 997 万美元，比上年增长 24.6%。全员劳动生产率为 78 522 元/人。

仪器仪表工业总公司系统主要经济指标在连续三年快速增长的基础上，1995年又实现了快速增长。全公司多数骨干企业稳步发展，实现利润在300万元以上的企业有8个，占全系统实现利润的90%以上。全系统完成工业总产值8.29亿元，比上年增长10%；全系统实现销售收入9.7亿元，比上年增长11.07%；实现利润4 947万元，比上年增长10%，其中，独立核算工业企业实现4 500万元，比上年增长14.68%。公司全面完成市政府考核的经济指标。国有资产保值增值率为103%，高于考核指标0.2个百分点；净资产收益率为2.74%；国有企业上交利润超额实现50万元；国有企业无亏损户。

农机总公司系统狠抓产业、产品和企业结构调整，推动综合配套改革，加强企业技术改造，使整体经济技术水平有较大提高。1995年全公司系统完成工业总产值2亿元，比上年增长17.3%；完成农机总动力468万kW，比上年增长1.94%，平均每公顷（每万亩）耕地拥有农机总动力11.4kW（0.76万kW）；实现销售（营业）收入5.3亿元，比上年增长28.7%；实现利税1 320万元，比上年下降20%，其中实现利润751.5万元，比上年下降15.4%；工业企业全员劳动生产率为25 933.6元/人；出口创汇实现207万美元，比上年增长41.8%。由于农机工业的发展，带动北京郊区农业机械化率的提高。机械化作业水平与上年相比，小麦机收168 675hm^2，增长4.14%；玉米精量播种143 007hm^2，增长2%；玉米机收82 804hm^2，增长0.16%；秸秆粉碎228 611hm^2，下降0.4%；机施化肥269 680hm^2，增长7.5%。

北京机械工业1995年总体经济运行特点是：

(1) 思想观念不断更新，始终保持强烈的市场竞争意识。机械局系统针对制约行业发展的主要矛盾和问题，为改变全局长期以来存在的产品档次低、经济规模小、企业结构散、缺少较强的产品支撑点和效益支撑点的状况，在进行全局产品大调查的基础上，一季度开展全局“解放思想大讨论”活动，取得四个方面效果：一是进一步树立市场竞争意识，增强战胜困难的信心和勇气，克服机械工业发展主要寄托于外部环境的改善和政府“减税让利”的思想，主动调整产品结构，改善内部机制，增强自身的竞争实力；二是积极分析研究国内、国际市场，开拓市场，针对本企业、本行业在市场竞争中的优势、劣势、矛盾和问题，制定比较符合实际的工作思路和改进措施；三是进一步克服维护传统产业、抱残守缺、忽视价值规律的思想观念，拓宽发展领域，推动“一业为主，多种经营”、“优二兴三”的发展战略；四是推动了全局“九五”发展规划的制订，为今后发展确定了富有创新的工作思路和发展目标。1995年11月7日，江泽民总书记视察北京吉普汽车有限公司和再次视察北京第一机床厂，极大鼓舞了北京机械工业战线的广大职工，全行业进一步增强信心，战胜困难，在增长方式上实现由粗放型向集约型转变，出现了上规模、上水平，抓住机遇快速发展的良好势头。

(2) 构造“九五”发展战略，并着手组织实施。根据中央对北京工作的指示精神，按照产业政策的要求，汽车工业集团成立以后，坚持“统一规划、统一布局、优化配置、存量调整、协调发展”的原则，组织力量进行“九五”规划的编制工作。初步规划到2000年，实现35万辆汽车和8万辆农用车生产能力，汽车当年产量30万辆，农业用车当年产量6万辆，使汽车工业成为北京工业发展的支柱产业，形成自主开发、产品系列化的大型企业集团。同时，还重点抓了集团零部件发展规划，将齿轮、气门弹簧、化油器等11个有发展前景的零部件产品纳入“九五”规划发展重点。1995年，围绕发展规划，着手进行了以结构调整、优化资源配置为中心的改革、改制、改造工作，全集团公司实施了汽车零部件内部配套管理办法，自配率达到62%，配件产值比上年增长19.5%，超额完成当年计划。机械局系统规划到2000年，工业总产值达100亿元，销售收入达120亿元，第三产业营业收入30亿元，实现出口创汇2.8亿美元。有25种以上产品年销售收入超亿元，机电一体化产品产值率超40%，90%的主要产品品种采用国际通用技术标准，重点骨干企业达到ISO9000质量管理标准。建成2个年销售收入超30亿元的企业集团，5个超10亿元的大企业和10个具有特色的名星“小巨人”。全系统不仅形成布局合理、协作分工专业化生产的格局，而且造就一批有较强竞争力的大型企业集团，发挥规模经济优势，成为支撑和带动北京机械工业加快发展的骨干力量。

(3) 突出资产优化配置和结构调整，为加速发展创造条件。机械局有计划地实施产品结构、组织结构、行业结构调整，组建集团，利用外资改造老企业，发挥土地资源效益，“优二兴三”。1995年，先后对14个企业进行调整，所属液压公司系统5个国有企业“倒旗”合并，实现资产一体化，2个集体企业联合，已形成北京液压工业集团雏形。北京高压气瓶厂与北京金属结构厂实行“强强”联合，筹建高压容器集团，可望成为新的生长点。仪器仪表公司优化资源配置取得较大进展，实现了北京低压电器厂和北京微电机总厂合并，组建了北京敬业电工集团，各项经济指标均比上年有较大幅度增长。为适应社会主义市场经济，实现生产、科研、成套服务紧密结合，将北京自动化系统成套工程公司、自动化系统工程研究设计院和自动化仪表七厂资产经营一体化，组建了北京自动化工程（集团）公司。汽车工业集团加快股份制步伐，北京天纬油泵油嘴股份公司发行股票增资扩股，一次发行21 727万外资普通股，全部由美国方面认购，吸收资金3 950万美元。北京旅行车股份有限公司顺利地实现了向日本五十铃自动车株式会社和伊藤忠商事株式会社转让法人股，组建中外合资股份制企业。北京轻型汽车公司通过转股所得资金全部投入扩大生产经营规模。盘活存量资产量的一个特点是充分利用土地开发资源为行业发展筹措资金。汽车工业集团已有16个二环路以内的企业和生产网点完成了调整搬迁和改造任务，占总体计划开发面积的23.1%。仪器仪表总公司新签3个土地资源开发项目，获资金6 050万元，主要用于开发新产品、引进新技术，培育新的经济增长点。由于有了资金的保证，建设大兴仪表工业基地有了明显进展，第一期3万m^2工程已正式开工。机械局系统土地资源开发补偿金到位5.68亿元。北京第一机床厂东部厂区开发正式签定协议，为实现该厂“金包银”发展战略创造了条件。

(4) 依靠提高企业自身素质，改善经济运行质量。为了扭转被动局面，机械局系统企业普遍自找差距、自我改革、自我加压，提高企业自身素质，增强对国家宏观调控的适应能力，缓解结构性矛盾，建立与社会主义市场经济衔接配套的良性内部机制。如所属机床行业抓住国家振兴汽车工业的机遇，快速开发高技术含量、高附加值的汽车、摩托车生产专用机床和生产线，获取好的经济效益。北京第二机床厂打破产品品种单一、不配套的局面，一年开发投产30多种汽车专机品种供用户选择，专机产值已占总产值的50%以上。同时，扩大铸件出口，采取多种形式外引内联、合资合作，企业开始摆脱困境，步入良性循环的轨道。一些企业改变传统的产品开发和生产组织方式，北京第一机床厂把开发、制造、销售集于一体，按产品形成“一条龙”的“敏捷工程”，辅以计算机设计、制造和管理系统，专攻市场急需的单件、小批量产品。为汽车工业服务的10台卧式数控加工中心从设计、制造到产品交货，仅用9个月时间，实现了复杂数控设备当年开发、当年进入市场的快速反应机制。北京重型电机厂为争取市场，不丢一份合同，改变了以往的内部生产组织形式，实现季度均衡生产，保证随时都有发电机产品发货。在北京“9511”重点工程会战中，全厂总动员，一路开“绿灯”，用最短的时间、最优的质量，向内蒙达旗电厂交付了两台33万kW发电机组，并网试车一次成功，受到部、市领导的高度赞扬。

市场及销售 1995年汽车市场出现较为旺盛的需求。北京汽车工业集团充分发挥集团优势，坚持“长、短线结合，产销结合，国内外市场结合”的方针，部分骨干企业增产一批适销对路的产品，满足市场需求。北京吉普汽车有限公司及时增加BJ2020S系列产品和BJ7250切诺基轿车、BJ2021六缸切诺基轿车产量。年汽车产量和销售量双双突破8万辆大关，分别比上年增长31.6%和33.6%，产销规模已跃居全国四强，增长速度名列前茅，销售收入、实现利润各项主要经济指标创历史最好水平。北京轻型汽车有限公司增加了BJ1041可翻驾驶室、BJ1061型3t车等新车型的生产，1995年产销突破5万辆大关。北京汽车摩托车联合制造公司适时推出了BJ2020S1珠光漆车，增大BJ1021、BJ2032型的产量。同时，扩大了国际市场的销售。北京轻型汽车有限公司共出口各类轻型汽车1 092辆，比上年增长近5倍，创汇600多万美元，主要销往中东、非洲和南美。北京吉普汽车有限公司积极开拓国外市场，打破零出口的局面。北内集团针对内燃机市场下滑、农机市场回升的情况，适时调整生产计划，增加市场尚好的F6L912/913风冷柴油机和4115柴油机的产量。同时，积极采取促销措施，争取销售和回款取得最佳效果。机械局系统企业自觉面向两个市场，不断改进销售工作。北京第一通用机械厂、北京变压器厂、北京第二开关厂、北京起重机厂等一批企业的厂长亲自带队跑市场，走访用户，卓有成效。一些经营形势较好的企业，注重在转制抓管理上下功夫，运用质量、科技、价格、服务优势，注重发挥名牌效应。北人集团为确保市场竞争优势，加快产品引资步伐，加快高档次产品的开发速度，加快提高产品质量，以高水平、高速度、高质量参与竞争，不断扩大市场份额。在国内市场紧缩形势下，全局82个工业企业中，40%以上的企业有产品出口。其中有4个企业实现出口创汇500万美元以上。巴布科克·威尔克斯有限公司生产的电站锅炉连年打入国际市场，成为全局第一个出口创汇超千万美元的企业。北京天海工业有限公司狠抓内部管理和产品质量，出口创汇由上年的320万美元增至818万美元。北京电机总厂打入北美市场的高效电机已形成系列，创汇700多万美元。北京机床附件厂、北京金环压缩机厂、北京空调器厂、北京调压器厂等一些小型企业结束了无出口产品的历史。仪器仪表总公司系统有一批企业注重研制“短、平、快”产品，并保证销售。北京仪器厂推出30项新产品实施计划，占年销售收入的1/3。全系统30%的企业有出口产品，其中10种产品年出口供货额在百万元以上。北京光学仪器厂出口供货额达4万元，比上年增长69.5%。北照宝源光学工业有限公司生产安化高系列理光、柯达相机230万架，98%的产品销往国际市场，成为我国大型规模照相机生产基地之一。北京农机总公司针对销售体系仍以产品生产厂家与各地县农机公司经销部门为主渠道的特点和农机市场看好的实际情况，引导企业增产增收。全年销售手扶拖拉机9 558台，比上年增长100.5%；销售联合收割机528台，比上年增长32%；出口产品主要是手扶、小四轮拖拉机和机动喷雾器、小型面粉机，主销东南亚地区。北京机械工业系统销售收入超亿元企业情况见表4，出口创汇超百万美元企业情况见表5。

科研成果 北京市机械局系统获联合国工业发展奖1项、机械工业部科技进步奖3项、北京市科委科技进步奖14项、北京市经委科技成果奖11项。其中，北京第一机床厂的CIMS工程列为榜首。CIMS工程是实施国家“863”计划的重点科研应用工程项目，包括以MRPⅡ为核心，从支持经营决策开始到覆盖企业产、供、销、财的全部计算机辅助管理信息系统；包括CAD、CAE、CAPP、CAM，典型零件实现CAD/CAPP/CAM集成系统；按成组概念组织生产的制造自动化系统和质量信息管理以及质量检验自动生成的质量管理系统。北京第一机床厂自1990年开始全面实施CIMS应用工程，在国家“863”CIMS专家组、机械工业部、北京市政府的支持下，与东南大学密切合作，通过五年努力，不仅在设计、管理等分系统实现了信息集成，而且底层自动化设备柔性制造线上加工的零件通过计算机网络实现了从创意、工艺设计、数控编程到毛坯入线加工的无图样过程。实施CIMS工程给企业带来了很好的经济效益和社会效益（见表6）。

表4　1995年北京机械工业系统销售收入超亿元企业　（单位：亿元）

序号	企业名称	销售收入
1	北京吉普汽车有限公司	57.46
2	北京汽车摩托车联合制造公司	19.85
3	北京轻型汽车有限公司	17.51
4	北内集团总公司	11.06
5	北京汽车工业供销公司	10.72
6	北京重型电机厂	5.71
7	北京巴布科克·威尔科克斯有限公司	4.31
8	北人股份公司	3.65
9	北京旅行车股份有限公司	3.13
10	北京华纳齿轮有限公司	2.80
11	北京开关厂	2.40
12	北京第一机床厂	2.34
13	北京起重机器厂	2.21
14	北京齿轮总厂	1.94
15	北京天纬油泵油嘴股份有限公司	1.77
16	北京电机总厂	1.65
17	北京天海工业有限公司	1.36
18	北京敬业电工集团公司	1.22
19	北京东伟汽车装饰有限公司	1.17
20	北人集团公司	1.11
21	北京机电设备工程公司	1.11
22	北京第一通用机械厂	1.08
23	北京市汽车进出口公司	1.03

1994年～1995年，北京第一机床厂快速推出精简结构的立式加工中心和定梁加工中心等10多种新产品。该厂CIMS工程的实施，为我国国有大中型企业科技兴业做出示范，为实施“863”计划做出突出贡献。1995年该项目荣获美国制造工程师协会SME颁发的“工业领先奖”和联合国工业发展组织颁发的“持续工业发展奖”，同时荣获国家科委“863”CIMS应用领先奖、北京市科技进步特等奖。北京重型电机厂承担的33万kW汽轮发电机组国产化项目是庞大的系统工程，该厂为了尽快消化法国阿尔斯通33万kW汽轮发电机制造技术，成功地进行了53项重大科研、工艺攻关和材料、配套国产化项目，完成150项先行性工艺试验，组织实施57项重点技措项目，完成技术改造投资3亿元，新建生产厂房35 000m^2。其中，30万kW级汽轮机高温高压螺栓钢国产化研究获机械工业部科技进步三等奖；33万kW汽轮机转子叶片轮销孔扩铰工艺及设备研究、33万kW汽轮机高压喷嘴组工艺研究获北京市科技进步二等奖；33万kW汽轮发电机高效冷却器研制、大型汽轮发电机定子槽楔紧度测量装置的研究获北京市科技进步三等奖。33万kW汽轮发电机组国产化和批量生产，为我国电力工业提供急需的先进制造技术和主力发电机组，为北京“9511”电力工程作出突出贡献。33万kW汽轮发电机组国产化项目获北京市优秀新产品一等奖。由北京市机电研究院研制成功的圆柱蜗杆包络加工机床，是根据新型包络圆柱蜗杆齿面的形成原理和工艺试验，采用包络渐开线齿廓圆柱蜗杆传动专利技术而设计试制的专用加工机床。该机床总体方案采用先进技术、主轴交流调速系统、微机控制、机械传动键系统、高精度顶尖定位机构等先进设计构思，该机传动效率高，大于80%，承载能力提高40%，齿面润滑状态好，充分满足包络蜗杆加工技术要求，荣获北京市优秀新

表5　1995年北京机械工业出口创汇超百万美元的企业

序号	企业名称	出口创汇额（万美元）
1	北照宝源光学有限公司	1 622.9
2	北京巴布科克·威尔科克斯有限公司	1 010.0
3	北内集团总公司	996.6
4	北京天海工业有限公司	818.0
5	北京市电机总厂	715.2
6	北京汽车摩托车联合制造公司	712.0
7	北京市工具工业公司	406.6
8	北京开关厂	364.5
9	北京第一机床厂	320.0
10	北京重型电机厂	315.0
11	北京吉普汽车有限公司	300.0
12	北京建筑机械厂	200.0
13	北京齿轮厂	159.0
14	北京变压器厂	145.0
15	北京光学仪器厂	131.5
16	北京拖拉机公司	130.0
17	北京市叉车总厂	126.2
18	北京量具刃具厂	108.0

表6　北京第一机床厂CIMS工程经济效益表

评价指标	1990年	1995年
数控龙门铣设计时间	6个月	1至3个月
复杂箱体加工时间	70h	8h
复杂箱体返修率（装配时配作）	25%	0
加工中心产品供货期	18至24个月	8至10个月
超重型龙门镗铣床供货周期	36个月	18个月
产品产值数控化率	15%	50%

产品二等奖。北京开关厂研制成功的KYN□-35铠装移开式金属封闭开关设备，采用先进的真空开关和铠装结构设计，主要技术参数达到国内领先水平。其额定电压35kV，额定电流1 600A，额定开断电流25kA，额定短路关合电流63kA，该项目获北京市优秀新产品二等奖。为解决城市道路和高速公路交通事故排障问题，北京起重机厂研制成功全液压公路救援车，该车托牵拖拽功能齐全，全液压操作，采用通用性强的东风1092FJ$_2$底盘，排障时间短，主要技术参数达先进水平，该项目获北京市优秀新产品二等奖。为改善我国10kV级供电系统现状，适应环网供电系统要求，北京电器研究所研制成功HK-10D高压真空环网柜，采用真空开关，安全可靠，具有“五防”功能，主要技术参数：额定电压10kV，额定电流400A/630A，额定短路闭合电流40kA，额定开断负荷31.5kA/50kA，该项目获北京市科技进步三等奖。北京第三机床厂研制的ZH5120A立式钻削加工中心可进行钻、扩、铰、快速攻丝、镗孔、铣削等多种钻削加工，10把刀具自动切换时间小于2s，数控四轴，可任意三轴联动，无级调速，获北京市优秀新产品和科技进步三等奖。

北京仪器仪表工业总公司有14项科技成果获奖。其中，HQX-1型环境监测气象仪等两项成果获机械工业部科技进步三等奖，电力通信网在线监测系统等4项获市科技进步三等奖，XJPB-2200型磁控溅射镀膜生产线获市级优秀新产品一等奖，大功率高电压直流传动装置获市级优秀新产品二等奖，SP-3440型白酒专用毛细管相色谱仪等4项获市技术开发优秀项目三等奖。由北京分析仪器厂承担的在线可燃气体监测仪项目属“八五”国家重点科技攻关项目，该项目采用引进技术和国外合作制造测量元件，自行开发防爆测头、高效电源和数字化信号技术一体化的测头电路，技术水平处国内领先，达80年代末国际先进水平。监测装置在国家邮电枢纽、塘沽化工厂等单位运行良好，顺利通过国家鉴定。北京远东仪表有限公司承担的锅炉安全监测保护系统是在引进美国FORNEY公司技术的基础上，进行技术攻关，使燃烧系统适应性增强，适用范围更广，提高了系统运行效率和自动化水平。新开发的CRT显示站、CRT图形操作站在信息汉化、图形分辨方面有显著提高。开发用PLC组成的锅炉安全监测保护系统，可完成美国FORNEY公司AFS-1000系统全部功能。北京自动化技术研究院承担的400t/日浮法玻璃生产过程自控系统软件优化项目获得成功，控制系统计算机软件优化更为先进、实用、有效，系统攻关指标全部达到合同规定要求，主要技术经济指标处国内领先地位，部分关键工艺技术指标达到国外同类生产线当前技术水平。北京吉普汽车有限公司为加强BJ2020S系列汽车的密封性，与北京东伟装饰有限公司、新联股份汽车装饰公司、双环公司联合，组织蓬布漏水技术攻关项目，经鉴定全部达一等品标准。北京汽车摩托车联合制造公司为解决尾气排放问题，设立BJH209化油器科研开发项目，并被列为北京市第四批工业技术振兴计划中市管重点项目，总投资722万元。经努力其技术指标全部达标，并通过市科委验收，目前已具备年产8万只能力。北内集团BN492汽油机排放治理设备与仪器开发项目获市技术开发优秀项目二等奖，汽油机Cr3Mo4合金白口铸铁阀座改进与研究、大型LD51A铝合金缸体淬火推杆节能炉项目获市技术开发优秀项目三等奖。发动机试验计算机系统获中国汽车工业科技进步三等奖。机械工业部“八五”重点科研项目汽车发动机阀座合金系列及强化技术应用取得成效。北内集团总公司开发成功浙江牌NPS6401A轻型客车，取得科技产品成果3项，技术成果11项，创经济效益819万元。493柴油机国产化率达80%，比上年提高40%。

新产品 1995年，北京市机械局系统完成新产品开发175项，新产品投产80项，创产值6.9亿元，占全局工业总产值的20.8%；新产品投产创利税0.9亿元，占全局实现利税的22.3%。完成重点新产品开发项目30项，其中，重大新产品开发项目10项，前景喜人。北京汽车工业集团总公司完成新产品开发62项（变型车42种、零部件20种），新产品投产30项，新产品销售收入和实现利税分别占总量的50%、43%。北京仪器仪表总公司完成新产品鉴定50项，投产140项，实现销售收入1.6亿元，新产品占全公司工业总产值的22%、销售收入的20%，创利税1 800万元。新产品开发投产的特点是：(1)重大项目取得实质性进展，部、市重点开发项目全部完成。北京重型电机厂33万kW汽轮发电机组国产化率从40%提高到60%；北京吉普汽车公司两种切诺基车型国产化率达80%。北京变压器厂引进生产3F级绝缘新型SC$_8$干式变压器投产通过鉴定，成为国内唯一能生产厚、薄两个系列环氧树脂浇注干式变压器的厂家。(2)开发了一批高技术、高附加值、市场需求较大的产品。如北京开关厂的3AG真空开关和KYN800-10高压真空柜、北人集团的PJS4880-02卷筒纸平版胶印机、北京第一机床厂的XHA2420/5五面体加工中心、北京第二机床厂研制的B2-200P高精度数控外圆磨床、北京市电机总厂研制的VF系列变频调速电梯曳引电机全部采用电脑控制调频、调压、调速系统，主要性能指标达到日本三菱系列技术水平。北京自动化仪表四厂的磁浮子液位计及开关包括内外浮子两大系列25个品种，技术先进，市场前景广阔。(3)开发和投入了市场急需产品，获取较好的经济效益。北京汽车摩托车联合制造公司推出宽轮胎、铝钢圈、珠光漆车身的BJ2023S1新车型成为创效益主力产品，1995年下半年又改型“金旋风”精品车，采用小速比、大马力、低污染化油器、无触点分电器、防抱死装置等新工艺，受到市场欢迎，力争成为汽车市场的名牌产品。北京轻型汽车有限公司开发的北京牌 BJ1061CN6D 型 3t 轻型载货汽车，消化了日本五十铃技术，具有长轴距、柴油发动机、驾驶室宽敞舒适、密封性能好、内饰软化程度高、货厢容积大等特点，整车技术水平居国内同类车领先水平，成为新的经济增长点。农机总公司及时开发市场急需的工厂化养猪成套设备、水稻软盘育秧、抛秧成套设备等 15 种新产品。其中，5 项属国内同行业领先水平，3 项填补了国内空白。新产品投入市场后，获取了较好的经济效益。机械局系统重点开发投入年销售收入在 1 000 万元以上的 12 种创利产品。投产后，其工业产值占全局新产品产值的 60%，实现利税占全局新产品实现利税的 66.2%。经过努力，目前全局已形成胶印机、升降台式铣床、20t 矿用自卸车、起重机、SF_6 组合电器、高压容器、龙门式数控镗铣床 7 项年销售收入在 5 000万元以上、市场占有率居同行业前三名的市级“拳头”产品，其销售额和实现利税分别占全局总量的 25% 和 50%。同时，还形成了年销售额在 2 000万元以上、市场占有率居同行业前六名的局级“拳头”产品 15 项，并逐步向市级“拳头”产品过渡。北京机械工业系统获市级名牌产品情况见表 7、获市级“拳头”产品情况见表 8。

表 7　北京机械工业系统 1995 年度获市级名牌产品情况

序号	产品名称	完成单位
1	北一牌 XKA 系列数控龙门镗铣床	北京第一机床厂
2	北一牌 XA 系列升降台铣床	北京第一机床厂
3	北人牌 PZ4880－01 机组式平版胶印机	北人集团
4	北起牌 QY 系列汽车起重机	北京起重机器厂
5	京瓶牌钢质无缝高压气瓶	北京天海工业有限公司
6	北开牌 ZF_4－110 型组合电器	北京开关厂
7	BJ 牌 Y 系列交流三相异步电动机	北京电机总厂
8	BJKE 牌 GHD_1 组合式开关柜	北京第二开关厂
9	大地测量仪器系列	北京光学仪器厂
10	北京牌 BJ2021 轻型越野汽车	北京吉普汽车有限公司
11	北京牌 BJ2020S 轻型越野汽车	北京吉普汽车有限公司
12	北京牌 BJ1041 系列载货汽车	北京轻型汽车有限公司

质量　1995 年北京机械工业系统质量工作有四个特点：(1) 强化全员质量意识、教育。北京机械局系统认真开展“质量年”、“管理年”、“创名牌产品”、“质量上等级”活动，强化全员质量意识教育。北京金环压缩机厂以金环牌压缩机产品命名企业名称，为了不把“金环”变“银环”，全厂开展“众志筑金环”活动，严格现场作业管理、严肃工艺纪律，确保各项管理优化，如为保铸件毛坯加工精度，全厂群策群力大搞技术攻关活动，新建成一条定位综合加工流水作业线，加工的铸件毛坯不仅 100% 合格，而且提高了工效，由班产 8 台（件）增至 40 台（件）。北京重型电机厂将产品质量管理纳入企业文化建设，以名牌产品质量树立企业形象。(2) 自我加压，社会监督，提高产品质量。北京第一机床厂、北京机床电器厂、北京仪表机床厂同全国 54 个机床制造、配套企业共同发起产品质量保证承诺，实行全社会质量保证监督，促产品质量上等级、上水平。北京吉普汽车有限公司为保证外协产品质量，召开 60 多个主要协作厂家会议，决定在国产外协件上首次全面实行质量保修索赔制度。该公司生产的 BJ2020 与 BJ2021 两大系列产品 75% 的零部件由近 300 个外协厂提供。索赔制度建立后，敦促外协厂家产品质量限期达标，确保两大系列产品名牌优势地位。(3) 加强培训，将质量管理纳入科学化轨道。为了同国际通用质量标准接轨，北京机械工业系统加强贯彻 GB/T19000 (ISO9000)《质量管理和质量保证》系列标准和质量体系认证工作的力度，组织厂级领导干部和有关人员培训。北内集团公司围绕贯标，编制、实施了北内《质量手册》，增强了职工质量意识，发动机产品质量等级保持稳定，492 汽油机、4115 柴油机单台废品损失分别下降 2.25 元和 1.21 元，铸铝件废品率下降 4.34%。北京光学仪器厂、北京仪表机床厂通过 ISO9001 质量保证体系认证，北京重型电机厂、北京市电机总厂通过了 GB/T19002 (ISO9002) 标准的质量保证体系认证。北人集团的北人牌单张纸 YP/PZ 四开系列胶印机六种产品获德国“GS”标准，标志着北人牌胶印机的安全质量技术达到世界水平。(4) 强化管理，促进行业整体质量水平的提高。机械工业部和北京市考核仪器仪表总公司的 37 项重点产品质量稳定提高率连续五年达到 100%，国家、部、市三级质量监督抽查合格率平均为 93.18%，高于全国平均水平，产品定等升级获一等品和优等品 16 项。北京汽车工业集团总公司整车质量水平有较大提高，BJ2020S、BJ2021 六缸切诺基轿车和 BJ1041 轻型货车继续保持北京市名牌产品称号，产品质量提高率为 94.4%。北京市经委考核农机系统产品质量 8 种。其中，工农－12 型手扶拖拉机、7CC－7 农用挂车、1E40F 型汽油机、492 型机油泵、9CTⅡ－396 型鸡笼架为一等品。1995 年，北京市机械局系统 7 个企业生产的 8 种产品荣获北京市名牌产品称号：北京第一机床厂的北一牌 XKA 系列数控龙门镗铣床和 XA 系列升降台铣床、北京起重机器厂生产的北起牌 QY 系列汽车起重机、北人集团生产的北人牌 PZ4880－01 型机组式平版胶印机、北京开关厂生产的北开牌 ZF_4－110 型组合电器、北京天海工业有限公司生产的京瓶牌钢质无缝高压气瓶、北京电机总厂生产的 BJ 牌 Y 系列交流三相异步电动

机、北京第二开关厂生产的 BJKE 牌 GHD_1 型组合式开关柜。

表 8 北京机械工业系统 1995 年度获市级“拳头”产品情况

序号	产品名称	完成单位
1	胶印机	北人集团
2	升降台式铣床	北京第一机床厂
3	20t 矿用自卸汽车	北京重型汽车厂
4	汽车起重机	北京起重机厂
5	高压气瓶	北京天海工业公司
6	SF_6 组合电器	北京开关厂
7	龙门式镗铣床	北京第一机床厂
8	大地测量仪器系列	北京光学仪器厂
9	1751 系列电容式差压压力变送器	北京远东仪表公司
10	INFI－90 集散系统	北京贝利控制公司
11	BJ2021 系列轻型越野汽车	北京吉普汽车有限公司
12	BJ2020S 系列轻型越野汽车	北京吉普汽车有限公司
13	BJ1041 系列载货汽车	北京轻型汽车有限公司
14	BJ6560 系列轻型客车	北京旅行车股份有限公司
15	T5 变速器（用于切诺基变速器）	北京齿轮总厂

技术改造 北京市机械局系统“八五”技术改造完成投资 13.9 亿元，其中，贷款 8.51 亿元，企业自筹 3.98 亿元，利用外资 1.25 亿美元，国家拨款 0.15 亿元。规定投资规模 13 亿元，到 1995 年底，实施技术改造项目 96 项，总投资比“六五”、“七五”十年投入的总量增加 74%。完成竣工项目 90 项，竣工总投资额 10 亿元，新增固定资产 8.7 亿元，全局有 60 个企业得到不同程度的技术改造，其中 30 个大中型企业完成的技改投资占全局系统“八五”完成技改投资的 95%。1995 年当年加快了技术改造进度，完成竣工验收项目 26 项，竣工总投资达 5.9 亿元（含外汇 2 327 万美元）。其中，完成重点竣工投产项目 15 项，竣工投资 4.4 亿元。主要有北京第一机床厂、北京第二机床厂的数控机床国产化项目，北人集团的印机专项，北京起重机厂、北京建筑机械厂、北京叉车总厂、北京水泵厂的国家重点工程项目，北京变压器厂、北京重型电机厂、北京重型汽车制造厂、北京第一通用机械厂、北京电线电缆总厂、北京标准件模具厂、北京互感器厂等市重点工程项目。通过技术改造，加速了产品的更新换代，扩大了机电产品出口，加速了引进技术的消化吸收，巩固和发展了一批优势产品和优势企业的竞争实力。1995 年底，全局系统有 4 项列入国家经贸委的“双加”计划，其中，北京第一机床厂和北京液压工业公司 2 项正式启动。有 9 项列入机械工业部“九五”重点专项技改任务。北京汽车工业集团总公司计划实施基建项目 20 项，投资额 1.28 亿元，实际完成基建投资额 1.23 亿元，为年计划的 96%。施工面积 15.3 万 m^2，竣工面积 8.8 万 m^2。计划技术改造项目 34 项，计划投资额 5.99 亿元，实际完成技改投资 2.12 亿元，为计划的 35.5%。其中，贷款 5 840 万元，自筹 1.54 亿元。主要项目有：北京吉普汽车有限公司新总装生产系统工程投产，扩建 2.97 万 m^2，投资 0.9 亿元，新建 11 条总装生产线，内含 169 个生产工位，容纳 182 个装配车位，最高日产达 420 辆，年装配能力 15 万辆。北京汽车仪表厂引进日本精机切诺基仪表项目正式投入使用，累计年供货 1.3 万套仪表，稳定合格率 100%，技术水平达到国际 90 年代水平，为开发高档轿车仪表打下稳固基础。北京齿轮总厂新增 10 万套螺伞齿轮生产能力项目达到设计纲领要求。北京汽车制动泵厂综合技术改造项目通过验收，该厂总投资 4 161 万元，新增建筑面积 5 733m^2，新建装配、检测、涂装、阳极化及加工生产线 7 条，新增设备 207 台，投产使用后可新增 XJ213 吉普车制动泵总成 15 万套。北内集团公司围绕扩大生产规模实施技术改造，完成基建投资 3 622 万元，引进铸造项目 5 000t，489、493 缸体剔模线投入试生产。489 汽油机年产 30 万台、493 柴油机年产 4 万台、475/482 汽油机年产 3 万台改造工程基本竣工。1995 年北京仪器仪表总公司完成技术改造竣工验收项目 4 项，完成总投资额 3 491 万元。其中市重点项目 3 项，即北京光学仪器厂“八五”大地测量仪器生产基地改造工程，投资 927 万元；北京敬业电工集团工艺装备和科研楼改造，总投资 1 121 万元；分马力电机生产楼改造，投资 1 207.4 万元，全部通过竣工验收。竣工验收项目形成新增销售收入 1.03 亿元，创利税1 600万元，投入产出比分别为 1:3.16 和 1:0.49。北京农机总公司技术改造“八五”规划投资额 1.3 亿元，实际完成 1.77 亿元，主要项目有形成年产 800 台自走式收割机项目；年产 5 000 台农用运输车制造能力配套改造项目；引进加工设备完善检测手段，形成化油器、机油泵年产各 20 万套的综合技改项目。北京拖拉机公司污染扰民搬迁综合改造项目已完成投资 1.12 亿元，一期工程于 1995 年 6 月完成，建筑面积为 3.34 万 m^2，二期工程已开始启动。

对外合作 北京市机械局系统 1990 年合资合作项目仅为 6 项，外资投入 1 400 万美元。到 1995 年，全系统完成合资项目 36 项，协议总金额 4.5 亿美元，注册资本 2.1 亿美元，外资投资额 1.6 亿美元，利用外资额 3.48 亿美元，引进技术和设备 61 项，用汇 7 000 万美元。1995 年，全系统建成 8 个合资企业，投资总额 1.29 亿美元，注册资本 7 930万美元，利用外资额 9 250 万美元，分别比上年增长 83%、100%、145%。1995 年利用外资工作有三个显著特点：（1）注意与国外著名跨国公司合资，以增强企业的竞争实力。北京市液压工业公司与德国曼内斯曼力士乐公司合资，建立力士乐

（北京）液压有限公司，投资总额 20 836 万元，注册资本 11 421.8 万元，外资比例 55%。利用曼内斯曼跨国公司技术优势，生产新一代的液压泵、液压阀、减速机、液压动力件，年产设计方案为减速机 1 万台、通轴泵 3 600 台、多路阀 2.61 万台。北京开关厂与瑞士 ABB 集团、北人集团与日本富士公司实现了合资。仅这 3 项合资项目，总投资额为 3 420.43 万美元，利用外资 1 842.74 万美元，将对改善全局经济结构，提高产品档次，发挥重要作用。（2）延伸发展合资企业集群，发挥集群优势。北京高压气瓶厂在与韩国合作兴办了生产高压气瓶的天海公司、与新加坡合资兴建生产乙炔气瓶的东方气体公司后，1995 年又合资建立了生产氧气瓶的奥林气体公司和从事气体工程的成功天海公司，形成了一个以气瓶生产为“龙头”的集气体生产、气体工程为一体的企业集群。该公司工业产值连年翻番，由 1991 年的 2 400 万元增至 1995 年的 1.7 亿元，出口创汇超 800 万美元。（3）利用外资推进“优二兴三”项目，通过房地产开发为企业积聚资金，增强企业发展的后劲。北京汽车工业集团总公司按集团实体化方式，统筹考虑，全盘规划，以提高集团整体素质，加快合资合作步伐。1995 年，该公司与美国蒙诺汽车设备公司合资，组建的北京蒙诺减振器有限公司正式开业；北京汽车摩托车联合制造公司冲压件厂与美国史密斯公司合资项目建议书已批复；北京轻型汽车有限公司与日本精工株式会社、日本五十铃公司合资生产转向机项目建议书已批复；东伟装饰汽车有限公司与美国江森公司合资生产项目意向书已签字；北京汽车摩托车公司第三附件厂、方向盘厂与美国 U·T·A 公司合资生产线束项目、方向盘项目已达意向。北京仪器仪表总公司系统批准合资立项 5 项，总协议投资额 1 746 万美元，并完成了对已开办合资企业的普查工作。1995 年北京机械工业系统中外合资企业概况详见表 9。

改革及管理　1995 年北京市机械工业管理局经市政府正式批复改制为北京机电工业控股（集团）有限责任公司；北京市仪器仪表工业总公司改制为北京仪器仪表工业控股（集团）有限责任公司；北京市农业机械总公司改制为北京兴东方实业有限责任公司。北京市汽车工业总公司改制为北京汽车工业集团总公司已于 1995 年 5 月 18 日正式运营。局、总公司改制后，撤消了原有机构职能，按照北京市政府批复的精神，是由北京市政府授权设立的负责原局（总公司）系统范围内企事业单位的国有资产经营管理的实体，以出资者身份，代表国家对国有资产进行经营管理，通过资产合理流动，进行资产优化配置，承担国有资产保值增值责任。其基本职责是：负责对国有独资企业、控股（参股）企业行使重大决策权，包括对企业重大投资项目的审批和改变经营方式（股份制改造、合资、合作等）的审定及关、停、并、转、迁、联、破等调整和改组改造。负责对国有独资、控股、参股企业，按照各自不同的法定程序，委派经营者或代表人，并负责实施管理；负责国有资产经营收益的实施与管理。同时，市政府还授予改制后的局、总公司管理范围内的房地产开发权，以及进出口自营权。按照现代企业制度，改制后的公司成立董事会，实行董事会领导下的总经理负责制。

机械局体制改革主要做了六项工作：(1)研究提出了公司章程、机构改革总体实施方案、国有资产经营管理办法等文件；(2)两次分流机关人员，由分流前的 197 人减至 121 人，精减了 38.5%；(3)按照改革方案，行政系统建立“五部一室”组织机构，精减处室机构 10 个。同时，采取双向选择方式，机关人员全部实行了聘用、聘任上岗，并试行了待岗制度。(4)新机构从 1995 年 8 月 30 日试运行，不断改进和完善；(5)经过市委和工业工委联合考察，任命了公司改制后的党委、董事会、行政三套领导班子。(6)积极进行改制后的公司注册登记的各项准备工作。北京汽车工业集团组建后，着手研究集团发展规划、结构调整、资产管理、内部配套等问题，与企业签定国有资产经营责任书，按照《集团国有资产经营管理办法》和《实施细则》，将国有资产经营运作和管理纳入正常轨道。

北京机械工业系统狠抓内部多项基础管理工作。北京仪器仪表总公司专门成立“推动加强企业管理工作领导小组”，检查贯彻总公司《关于近期加强企业管理工作的指导性意见》的实施情况。北京远东仪表有限公司注重完善灵活反映市场需求的经营管理方式，坚持从严治厂，不断提高管理水平。工业总产值比上年增长 14%，销售收入增长 13.2%，实现利税增长 53.5%，以年创利润 1 300 万元以上居全系统首位。北京机械局系统依靠强化质量、成本、资金三项管理缓解企业经营困难。北京第一通用机械厂、北京起重机器厂、北京重型汽车厂等一批企业严格核定成本数额，控制资金流向，实行比价采购，处处精打细算。北京电机总厂组织专门班子，按照市场能接受的价格，对产品逐项分析，确定成本目标，分解出 112 个成本子项严格控制，预算可节约成本费用 1 000 多万元。北京重型电机厂采取细化成本费用管理办法，全厂挖潜资金 1 000 万元，有效地弥补了流动资金不足等问题。北京汽车工业集团总公司围绕学习一汽“精益生产”方式，全公司推广北京吉普汽车有限公司“绿色工位”活动，促使集团内各企业的管理工作不断加强。全年有 20 项获集团公司级优秀管理成果奖，9 项获北京市优秀管理成果奖，创效益达 1 500万元以上。北京吉普汽车、北京汽车摩托车、北京轻型汽车公司等 7 个企业被评为北京汽车工业集团总公司生产管理优秀单位。北内集团推行目标成本考核，开展价值工程活动，实现万元产值综合能耗为 0.48t 标准煤，比上年下降 11.1%，492 汽油机全部实现铁瓦盖代替铝瓦盖，收益 600 万元，全年挖潜创利 1 000 万元。

表9　1995年北京机械工业系统中外合资企业概况表

序号	企业名称	中方投资者	外方投资者	外方国家或地区	投资总额（万美元）	注册资本（万美元）	合作方式	外资比例	经营范围	成立日期
1	北京万通世界房地产有限公司	北京开关厂、北京万通实业股份有限公司	大洋企业有限公司	新加坡	3 000	1 200	合作	30%	在规划范围内进行房地产开发、建设及物业管理，公寓和办公设施的出售、商业设施的出租、餐饮和娱乐经营	1995.01.18
2	北京国汇房地产开发有限公司	北京金属结构厂、北京京工房地产开发总公司	香港隆岛发展有限公司	香港	2 500	1 200	合作	100%	在规划范围内进行房屋及配套设施的开发、建设，写字楼和公寓的出售及其物业管理	1995.04.19
3	北京鸿高国际金融大厦有限公司	北京工具厂、北京市京工房地产开发总公司	鸿高金融（集团）有限公司	香港	3 000	3 000	合作	100%	在规划范围内进行房屋及配套设施的开发、建设、物业管理，出售公寓、写字楼、商业设施等	1995.05.08
4	北京莫泊特离子金属热处理技术有限公司	北京电炉厂	MPT金属处理及等离子技术有限公司	德国	170（万元人民币）	120（万元人民币）	合资	50%	生产热处理炉，销售自产产品，自产产品的售后技术服务	1995.07.04
5	北京恒河房地产开发有限公司	北京通用机械附件厂、北京恒业房地产综合开发经营公司	美国东方联合发展有限公司	美国	1 000	500	合作	100%	在规划范围内开发、建设，出售房屋、写字楼等	1995.11.07
6	北京ABB高压开关设备有限公司	北京开关厂	ABB（中国）投资有限公司	瑞士	630	440	合资	60%	制造、销售220kV及以下高压断路器、全封闭组合电器，维修和技术咨询服务	1995.12.08
7	力士乐（北京）液压有限公司	北京市液压工业公司	曼内斯曼力士乐公司	德国	20 834（万元人民币）	11 422（万元人民币）	合资	55%	生产液压泵、液压阀、减速机、液压动力件，销售自产产品	1995.12.25
8	北京北人富士印刷机械有限公司	北人印刷机械股份有限公司	富士机械工业株式会社	日本	280	200	合资	30%	生产印刷机，销售自产产品	1995.12.26
9	北京ABB低压电器有限公司	北京敬业电工集团	香港布朗勃法瑞中国投资有限公司	香港	1 500	750	合资	75%	低压电器产品	1995.01
10	北京远东罗斯蒙托仪表公司	北京远东仪表公司	美国罗斯蒙托公司	美国	950	500	合资	80%	压力温度变送器	1995.06.18
11	北京京雷仿古汽车有限公司	北京汽车集团总公司	美国RK-TECH-NOLOGIES INC	美国	260	260	合资	60%	仿古汽车	1995.02
12	北京蒙诺汽车减速器有限公司	北京汽车集团总公司	美国蒙诺汽车设备公司	美国	1 660		合资	51%	减速器	1995.11
13	北京旅行车股份有限公司	中国股东	日本五十铃公司、依藤总忠商事	日本	1 930	1 930	转股	25%	旅行车	1995.12

劳动、人事、分配制度改革朝着法规化轨道迈进。各局、总公司认真贯彻《劳动法》，实行全员劳动合同制，建立稳定协调的劳动关系，在签定集体合同制和建立平等协商制度的试点工作方面取得进展。北京仪器仪表总公司系统有87%的企业实行了劳动合同制，91%的职工签定了劳动合同。机械局系统90个企业86 000多人签定了劳动合同，北人集团、巴·威公司试行集体劳动合同制。同时，广泛实行了职工大病统筹、失业保险和建立了离退休职工离退休费正常增长机制。

存在问题 对照快速发展的形势，北京机械工业系统主要存在五个不适应：(1) 思想观念不适应。计划经济的影响和小生产意识还广泛存在，对现代市场经济的把握及驾驭能力远远不足，参与竞争和竞争风险的意识、胆略、魄力还很不够。(2) 经营方式不适应。重投入、轻产出；重数量、轻质量；疏于管理，效益低下，基本上还属于粗放型经营方式。(3) 产品结构和企业结构不适应。许多企业亏损和效益下滑，从主观原因上分析，主要是企业素质差，不能适应国家宏观调整的形势要求，内部结构性矛盾十分突出。有些企业产品单一，相当一批产品技术水平落后，自我开发能力差。企业"大而全"、"小而全"，存量资源闲置浪费严重，且调整力度不够。(4) 机制转换和企业管理不适应，企业改革步子放不开，各种制约因素严重。计划经济条件下形成的管理模式没有从根本上改变，管理不细、不严、不科学的问题比较普遍。(5) 人才培养不适应。既缺少一大批精明强干的经营者后备人才及科技管理人才和高级技术工人，也缺乏一套有利于人才脱颖而出和人才培养的机制。

〔撰稿人：北京市机械工业管理局　解福顺
北京市机械工业管理局、北京汽车工业集团总公司、北京市仪器仪表工业总公司、北京市农业机械总公司、北内集团总公司提供有关资料〕

〔责任编辑：邝　鸥〕

天津机械工业

天津市机电工业总公司

生产发展情况 1995年，天津市机电工业总公司系统所属主要工业企业有308个，其中归口机械工业部的企业210个（文中所述各种统计数字是天津市机电工业总公司所属企事业单位，包括归口建设部、地矿部的企业的数据；表1，表2中的数字是归口机械工业部企业的数据）。按企业经济类型划分，全民所有制企业93个，集体所有制企业160个，全民、集体合营企业7个，股份制企业1个，已投入运营的中外合资、合作和独资企业共47个。按国家统计局标准划分，大一型企业9个，大二型企业13个，中一型企业18个，中二型企业31个，其余为小型企业。

1995年末，总公司系统有职工160 009人，其中国有企事业单位有职工90 038人，集体所有制企业有职工51 382人，"三资"企业有职工13 468人，全民、集体合营企业有职工5 121人，分别占全部职工人数的56.27%、32.11%、8.42%和3.20%。全系统拥有各类专业技术人员30 003人，占职工总数的18.75%，其中工程技术人员13 580人，占职工总数的8.5%。全系统有各类技术专家30人，享受政府特殊津贴专家174人，有工人技师2 042人。

1995年，天津市机电工业总公司系统在连续三年生产保持快速增长的基础上，又实现了连续第四年经济较快发展，提前三年实现了"八五"既定目标，提前五年实现了工业增加值和工业总产值翻两番。1995年全系统完成工业总产值80.56亿元（不变价），比上年增长19.57%；完成工业销售产值87.39亿元（当年价），比上年增长19.84%；完成增加值26.56亿元，比上年增长9.8%。其中，机械工业部归口企业各项经济指标完成情况详见表1、表2。

1995年，天津市机电工业总公司系统生产经营的特点是：

(1) 总体经济协调发展，生产、效益同步增长。1995年全系统工业企业实现利税总额12.46亿元，比上年增长27.43%，其中实现利润7.09亿元，比上年增长48.68%，高于生产增长幅度29个百分点。全系统工业经济效益综合指数达到110.86%，比上年增长7.1个百分点；资金利税率为13.53%，比上年增长近两个百分点；成本费用利润率为9.43%，比上年提高1.83个百分点；流动资产周转率达1.35次，比上年增长0.23个百分点；全员劳动生产率为18 211元/人（按增加值计算），比上年增长11.41%。

(2) 短线产品增长幅度大。本着"增畅、限平、停滞"的原则，全系统各个方面千方百计克服困难，想方设法保证市场急需的名、优、短线产品生产要素的需求。1995年，全系统20种重点名、优、短线产品完成工业总产值50.8亿元，占全部总产值的63%，比上年增长32.8%。其中增长幅度较大的有：中线蝶阀、摩托车、摩托车发动机、螺杆泵、摆线减速机、奥的斯电梯、叉车、电冰箱压缩机等产品。

(3) "三资"企业经济发展迅速，成为全系统经济增长的支柱。1995年，全系统"三资"企业累计完成工业总产值48.4亿元，比上年增长51%，占全系统工业产值总量的60%，比上年提高18个百分点；实现利税10.12亿元，比上年增长30.4%，占全系统利税总额的80%。"三资"企业的迅速发展对全系统经济和效益的提高发挥了重要作用。

表1　1995年天津机械工业系统概况

行　业	企业数（个）	全部职工平均人数（人）	工业总产值（不变价）（万元）	工　业增加值（万元）	产品销售收入（当年价）（万元）	产品销售税金及附加（万元）	利润总额（万元）	固定资产 原价（万元）	固定资产 净值平均余额（万元）
合计	210	114 120	579 553	161 253	576 660	5 692	18 638	515 911	356 409
农业机械	1	5 118	4 889	2 526	7 209	62		27 147	17 227
工程机械	1	792	1 508	827	2 931	30	－119	4 195	3 131
机床工具	31	20 727	39 565	16 338	42 059	352	－513	83 106	53 794
机械基础件	40	15 567	31 904	12 949	31 031	215	－1 083	41 612	26 408
石化通用机械	27	12 340	98 981	34 590	85 571	219	12 454	66 666	49 608
重型矿山机械	8	11 838	40 810	15 895	51 401	131	2 716	69 648	39 324
汽车	3	1 596	167 290	37 607	153 400	3 762	14 705	12 591	10 740
电工电器	77	40 991	182 065	38 443	189 477	866	－8 713	189 859	141 901
其他	22	5 151	12 541	2 075	13 577	53	－808	20 084	14 274

表2　1995年天津机械工业系统主要产品产量

产品名称	单　位	产　量	比上年增长%	产品名称	单　位	产　量	比上年增长%
工业锅炉	t（蒸汽）	942.5	34.6	摩托车	万辆	18.8	74.9
内燃机	万kW	13.88	－37.0	摩托车发动机	万台	3.88	55.0
发电设备	万kW	10.34	－63.0	交流电机	万kW	55.98	－17.0
金属切削机床	台	479	－38.0	变压器	万kV·A	88.07	－9.4
机床电器	万件	17.30	－8.5	高压开关板	面	907	7.6
锻压设备	台	1 503	14.7	低压电器主要元件	万件	63.20	－15.6
起重设备	台	23 433	－6.7	电力电缆	km	14 265	－2.9
电梯及扶梯	台	3 929	－1.5	裸铜线及铜电车线	t	4 217	12.8
泵总计	台	22 632		电磁线	km	2 155	－57.9
工业泵	台	13 603	8.0	布电线	km	124 465	30.2
潜油泵机组	台	177	－36.0	绝缘材料	t	2 576	－7.2
风机	台	5 038	9.5	蓄电池	万kVA·h	28.11	8.5
液压件	万件	39.93	10.2	电工合金	t	37.6	－4.8
减速机	万台	3.33	－12.0	电冰箱	台	3 200	－48.5
轴承	万套	83.79	35.1	冰箱压缩机	万台	119.72	24.6
低压阀门	t	5 886	28.2	电焊机	台	2 591	－5.3
金属轧制设备	t	5 544	47.3	电焊条	万t	9.42	－4.1
装载机	台	66	－41.0	电炉	台	105	－21.6
平地机	台	237	－18.3	刃具	万件	139 453	－23.4
搅拌机	台	210	－56.5	硬质合金	t	15.69	－59.3
叉车	台	316	69.0	钢水总计	t	52 648	2.7

（4）着重致力于企业发展规模经济。随着市场竞争的日益激烈，全系统进一步强调发展规模经济，采取优化资源配置、调整资产存量等措施，促使重点企业尽快形成经济规模。1995年，全系统54个直属企业中，年销售产值过亿元的有20个，累计完成销售产值66亿元，占全系统的76%，其中天津本田摩托有限公司、天津奥的斯电梯有限公司两个企业销售产值均超过16亿元；扎努西电器机械天津压缩机有限公司、天津电缆总厂、天津重型机器厂、天津液压机械集团等4个企业的销售产值均超过两亿元。

1995年，全系统还加强了产品内部配套工作的协调，取得了显著成效。仅对奥的斯电梯、摩托车、冰箱压缩机3种产品统计，内部配套产值由上年的1.26亿元增加到2.4亿元；配套率由10%上升到15%；配套企业由7个增加到22个。

1995年，全系统累计承接国家和地方重点工程项目近百个，达16亿元。主要包括：天津“大无缝”二期工程的海绵铁回转窑制造、国防科工委重点国防工程制造项目、贵州东风电站17万kW（单机容量）发电机组制造、宝钢二期工程电控柜和减速机配套任务、大亚湾核电站起重设备制造以及三峡工程部分设备制造等。

市场及销售　1995年，天津市机电工业总公司系统把强化营销工作做为保持经济发展的关键，集中力量开发市场。（1）树立企业整体进入市场的观念。即：企业从投入到产出的全过程，都要从满足和适应市场的需求出发，以用户满意为宗旨，全员树立“用户是上帝”的思想，形成对市场的快速反应机制。（2）努力提高市场占有率。为适应机电产品市场供大于求的形势，进一步改进营销方式，采取以推销为主、扩大直接供应户、与科研院所挂钩等方法，实行灵活的营销策略。同时，进一步完善和发展系统销售网络。全年共扩建销售网点300个，累计达2 800个，比上年增长12%。全系统销售网络体系共销售本系统机电产品17.4亿元。（3）建立健全营销机制。1995年，全系统95%的企业实行了不同形式的营销机制。主要有：成立独立的销售公司，实行全额风险承包、风险承包、营销成效与奖励挂钩等。营销激励机制的完善，保护和调动了广大营销人员的积极性，营销队伍不断扩大。到1995年，全系统营销人员占职工总数的5.15%，达8 240人，有10名销售人员获天津市“百佳销售员”称号，有1人获天津市“十佳销售员”称号。

1995年，全系统完成工业产品销售收入79.59亿元，比上年增长20.43%；全系统销售收入过亿元企业15个，累计完成销售收入58.15亿元，占全系统的73.1%，详见表3。

1995年，全系统进一步强化了产销衔接，工业产品销售率达99.7%，比上年提高了1.77个百分点；列入总公司重点发展的20种产品累计完成产值47.57亿元，比上年增长25.16%，占总产值的比重为59.05%。

1995年全系统主要机电产品销售态势详见表4。

1995年，全系统充分利用国家鼓励机电产品出口的政策，积极扶持和发展一批重点产品出口；扩大出口产品队伍；调整出口产品结构，提高出口产品质量、水平。全系统完成出口总值5.09亿元，比上年增长25%，出口规模达到历史最好水平。出口产值占全系统总产值的比重为6.3%，比上年略有提高。其中出口增长幅度较大的产品有：摩托车（16 000辆，出口值比上年增长4.24倍）、中线蝶阀（4 100t，出口值比上年增长1.28倍）、电焊条、电线电缆和刃具等；全系统出口交货值超1 000万元的产品达到11种；全年新增出口商品11种。由于注重扶植、发展高技术含量、高技术附加值产品的出口，全系统出口产品结构进一步改善，电梯、潜油电泵、工程机械、数控机床等技术密集型及深加工机械产品的出口比重占全系统出口总值近80%，出口企业发展到80个。

表3　1995年天津市机电工业总公司系统销售收入超亿元企业排序

序号	单位名称	销售收入（万元）	比上年增长%
1	天津奥的斯电梯有限公司	191 000	24.8
2	天津本田摩托有限公司	147 961	63.5
3	扎努西电器机械天津压缩机有限公司	41 072	28.3
4	天津电缆总厂	32 196	30.9
5	天津重型机器厂	28 388	26.3
6	天津液压机械集团公司	19 952	7.3
7	天津电线总厂	16 746	31.1
8	天津瓦特斯阀门有限公司	15 384	71.9
9	天津锻压机床总厂	14 893	6.7
10	天津减速机总厂	13 672	0.8
11	天津电机总厂	13 245	53.5
12	天津大桥集团公司	13 162	-35.6
13	天津工程机械制造厂	12 558	-9.0
14	天津发电设备总厂	11 052	-20.4
15	天津电器开关公司	10 228	3.9

1995年自营出口企业完成出口创汇660万美元，全系统出口创汇100万美元以上的企业达到16个，详见表5。

科研成果　1995年，天津市机电工业总公司以提高经济效益和经济运行质量为目标，加快技术进步取得了较大成效。全系统有13项科学技术研究成果获得天津市1995年度科技进步奖。详见表6。

1995年，天津液压机械集团公司的《在改革、改造中优化企业管理》、天津工业泵总厂的《依靠科技进步发展规模经济》两篇论文，获机械工业部优秀管理成果奖。

表 4　1995 年天津市机电工业总公司系统主要产品市场销售态势

产品名称	销售量			销售产值		国内市场占有率（%）
	数　量	单位	比上年增长%	金额（万元）	比上年增长%	
平地机	244	台	-19.7	9 383	-15.7	80
电磁离合器				94 938	-15.0	70
螺杆泵	4 944	台	10.6	4 994	9.1	63
全数字控制装置	252	台	38.5	2 146	47.3	60
换位导线	838	t	-14.5	3 852	4.6	60
机车线	11 600	km	7.6	6 114	72.7	40
潜油电泵	208	台	1.5	5 119	-6.2	50
油泵电缆	422.5	km	9.5	5 331	20.5	35
中线蝶阀	6 008	t	112.6	16 962	92.6	30
罗茨鼓风机	1 134	台	-2.9	4 625	-4.0	25
锻压设备	1 408	台	18.1	16 052	0.8	25
齿轮机床	95	台	-33.6	3 925	-48.5	25
摆线减速机	32 197	台	-11.7	11 427	-12.2	25
齿轮油泵	216 078	台	13.3	190 793	-3.2	25
奥的斯电梯	3 825	台	1.5	145 567	8.8	22
冰箱压缩机	1 170 305	台	21.4	48 045	19.0	20
电焊条	22 163	t	-8.8	11 672	-14.9	20
天津本田摩托车	182 245	辆	69.6	172 512	62.8	
摩托车发动机	38 643	台	60.9	7 336	68.7	

表 5　1995 年天津市机电工业总公司系统出口创汇超百万美元企业的情况

序号	企业名称	出口创汇（万美元）	比上年增长%	主要出口产品
1	天津瓦特斯阀门公司	1 297	145.0	中线蝶阀
2	天津本田摩托有限公司	1 198	653.0	摩托车
3	天津大桥集团公司	572	36.0	电焊条
4	（天津）佳利福铸铁搪瓷制品有限公司	414	5.0	铸铁搪瓷制品
5	（天津）斯波泰克潜没电泵有限公司	404	344.0	潜油泵、潜水泵、潜水电机
6	（天津）金燕焊接材料有限公司	282	-89.0	电焊条、药粉
7	天津奥的斯电梯有限公司	202	-65.0	电梯、曳引机
8	天津软线总厂	173	-22.0	塑铜线、同轴电缆
9	（天津）天明线材有限公司	153	126.0	绝缘电线电缆
10	天津轴承总厂	147	21.0	轴承
11	天津电机总厂	141	-80.0	潜油电泵
12	天津工具公司	129	-8.0	刃具、硬质合金制品
13	天津蓄电池厂	120	11.0	蓄电池
14	天津大明电机公司	117	-33.0	交流电机
15	（天津）格兰德管件制造有限公司	115	12.0	铜、铁管件
15	天津神钢电机有限公司	105	1.0	机床电器

新产品　1995 年，全系统完成新产品开发研制 307 项，其中达到国际当代先进技术水平的有 50 项，占 16.3%，主要代表产品有：PY-160C 平地机、SH_{11}-31.5/10 非晶合金变压器、TOEC-60VF 微机控制调速客梯、TH90 座式摩托车、MTCNC-15 数控成型磨床、YT79Z-250 粉末制品液压机、WTJ 型微波灭菌设备、热粘合换位导线、换位导线用自粘漆、HALE 蝶阀、ZA_4 阀门电动装置、硬密封金属阀、单偏心焊接蝶阀、智能化塑壳断路器、轿车齿轮控制渗氮技术等；达到国内先进水平或填补国内空白的有 180 项，占 58.6%，主要有 XJL-100 行星齿轮减速机、FTJ-160 自动扶梯曳引机、螺旋式液压摆动马达、THY-58 自保护碳钢药芯焊丝、THP_{16}-1500 液态模锻液压机、弧焊自动化可编程模块、高寒地区用潜油电缆、SCD_3 及 SCD_4 高温高速阀门电动装置、CKG 真空接触器、20t 铝板材退火炉、JYJ 辐照交联聚烯烃绝缘电机外接线、热粘合漆包线漆等。全系统

当年投产新产品296项，新产品累计新增产值24.1亿元，比上年增长41%，占全系统工业总产值的29.9%，新产品产值率比上年增加4.47个百分点。新产品累计实现销售利润1.7亿元。

表6　1995年天津市机电工业总公司系统获科技进步奖项目（市级）

序号	项目名称	完成单位	成果水平	获奖等级
1	MTCNC 14型龙门数控磨床	天津磨床总厂	国内首创	二
2	WNS^{10}_{12}－1.25－Y（Q）型燃油锅炉	天津锅炉总厂	国内先进	二
3	QXQC系列气动焊钳	天津气动焊钳厂	国内先进	二
4	1676mm单机架平整机组液压系统	天津液压件二厂	国内首创	三
5	DZ20G－400塑壳断路器	天津低压电器公司	国际先进	三
6	20t铝板退火炉	天津电炉总厂	国内领先	三
7	薄板件成形淬火生产线	天津热处理所	国内领先	三
8	数控针齿壳针齿孔钻铰机床	天津减速机总厂	国内领先	三
9	NS9210半自动磁极紧丝机	天津机械所	国内首创	三
10	铜基纤料研究及耐磨耗铝青铜在模具修复中的应用	天津焊接所	国内领先	三
11	天虹摩托车后支架 CO_2 气体保护自动焊专机	天津焊接所	国内领先	三
12	JLR－3600－A专用双螺柱焊机	天津焊接所	国内领先	三
13	分马力电机测试台	天津电器所	国内领先	三

1995年天津市机电工业总公司系统主要新产品研制情况详见表7。

1995年，天津市机电工业总公司系统为提高企业技术开发能力和成果转化速度，狠抓国有大中型企业技术开发中心、中试基地和机械工业部技术进步示范企业的试点工作，收到较好效果。经国家经贸委批准天津工程机械厂成为国家级工程机械产品工业性试验基地；天津工业泵总厂、天津电机总厂、天津锻压机床总厂被机械工业部确认为技术进步示范企业。

质量　1995年，天津市机电工业总公司大力发展创名牌产品，全系统重点产品稳定提高率、国家质量监督抽查合格率和出口商品检验合格率均达到100%。

1995年，天津阀门公司（天津第二通用机械厂）、天津电器开关公司、天津电磁线厂、天津减速机总厂、扎努西电器机械天津压缩机有限公司等5个企业通过GB/T19000系列标准认证；天津锻压机床总厂的金星牌液压机、天津减速机总厂的天星牌摆线减速机、天津电缆总厂的小猫牌电缆、天津电线总厂的金山牌电线电缆及电机引接线、天津电磁线厂的盾牌换位导线、天津鼓风机总厂的金箭牌密集成套型系列罗茨风机等6个产品获天津市名牌产品称号。

技术改造　1995年，天津市机电工业总公司系统组织实施技术引进、技术改造项目共44项，其中上年结转项目7项，“三资”企业投资项目9项；全系统当年落实投资额2.97亿元；当年完成技术引进、技术改造项目验收9项，技术改造新增固定资产13 592万元。

1995年，全系统一批技术改造投产、达产重点项目累计新增产值4亿元，新增利税6 500万元，综合投达产率为62.2%；其中天津工业泵总厂引进粘稠油螺杆泵、天津电线总厂机车专用缆、天津锻压机床总厂“八五”技改项目等，投达产率超过原设计纲领，新增产值1.86亿元，新增利税2 497万元。

全系统列入利用世界银行贷款的天津动力机厂发展柴油机、天津工程机械厂发展平地机和推土机、天津锻压机床总厂发展液压机、天津第一机床总厂发展加工中心等4个技术改造项目，加快了实施步伐。全年共落实资金1.019亿元，其中企业自筹994万元；当年竣工土建工程2.79万m^2。

对外合作　1995年，天津市机电工业总公司系统以抓好与世界名牌公司合资为重点，加快外向型经济发展。全系统新签约“三资”项目10个，利用外资2 365万美元，完成投资总额6 753万美元。其中与世界名牌公司合资项目3个，即：天津发电设备总厂与法国GEC阿尔斯通水电设备有限公司合资的天津GEC阿尔斯通水电设备有限公司，天津电力电子公司、天津工业投资公司、美国科尔摩根亚洲投资公司三方合资的天津科尔摩根工业驱动有限公司，天津电力电子公司、机械工业部天津电器传动设计研究所、德国西门子股份有限公司三方合资的西门子电器传动有限公司。

1995年，有4个中外合资企业增资，新增利用外资1 349万美元，即：天津本田摩托有限公司增资1 892万美元，新增外资887万美元，增资后投资总额达到4 890万美元；扎努西电器机械天津压缩机有限公司增资1 225万美元，新增外资410万美元，投资总额达到8 776万美元；日津配电盘有限公司增资12万美元，新增外资6万美元，投资总额为23万美元；格兰德管件制造有限公司增资73万美元，新增外资46万美元，投资总额达108万美元。

截至1995年，天津市机电工业总公司系统拥有“三资”企业73个，其中与世界名牌厂商合资合作项目18个，累计投资总额4.1亿美元，利用外资额1.37亿美元。1995年天津市机电工业总公司新签约“三资”项目详见表8。

表7 1995年天津市机电工业总公司系统主要新产品开发研制情况

序号	新产品名称	开发研制单位	主要技术性能和用途
1	TH29-2×2000联动纵梁液压机	天津锻压机床总厂	用于薄板的拉伸、弯曲、成型工艺
2	THP22-3000四柱液压机	天津锻压机床总厂	用于可塑性材料的压制工艺，砂轮成型
3	YTA98-100模具研配液压机	天津锻压机床总厂	用于模具研配
4	MTCNC-14龙门式数控成形磨床	天津磨床总厂	为解决冶金工业钢铁生产线板材切断用
5	立铣刀沟槽砂轮	天津砂轮厂	高速强力磨削砂轮、磨削效率质量达到国际同类产品水平
6	MTL1006罗茨风机	天津鼓风机总厂	结构紧凑、密集、成套、高效节能，用于水泥等行业
7	ZA4阀门电动装置	天津阀门公司	最大输入（出）转矩600N·m～2 400N·m，输出转速22.40r/min
8	硬密封金属阀	天津瓦特斯阀门有限公司	中压蝶阀压力1.6MPa～2.5MPa
9	单偏心焊接蝶阀	天津瓦特斯阀门有限公司	$P_N1200-P_N2000$，$P_A1.0-P_A1.6$
10	TJG5092GQX清洗车	天津工程机械厂	汽车发动机最大功率99kW/（3300r/min）
11	非晶合金电力变压器	天津变压器总厂	SH11-3.5/10空载损耗比S_9系列同规格下降10%
12	6130柴油机ZG_1M型	天津动力机厂	162kW/（2200r/min）配稳定土拌合机
	GZAH型	天津动力机厂	125kW/（2000r/min）配ZL40装载机
	ZG1C-1H型	天津动力机厂	162kW/（2200r/min）配工程机械
13	Y280正弦绕阻电动机	天津大明电机公司	Y280L-2、Y280M-2、Y280S-4等6个规格改变绕阻型式，节材
14	双螺杆泵	天津工业泵总厂	V77Zi-85、V772Zi-67、V64Z-50流量$3.6m^3/h$，压力0.7MPa
15	TOEC60微机控制调频调压调速电梯	天津奥的斯电梯有限公司	VF630kg～12kg
16	离心泵EHC-51MB7-C2.2、TMC-50MB-C3.7、VSN-150M-48.5舰船用离心泵	天津工业泵总厂	
17	LD-137螺旋槽密封	天津克兰密封有限公司	1370/CLD/L/CO9984用于石油化工高速压缩机
18	结506G焊条	天津大桥集团公司	$\sigma_b\geqslant540MPa$，$\delta_5\geqslant17\%$，$A_k\geqslant120J$
19	THY-58药芯焊丝	天津大桥集团公司	$\sigma_b\geqslant414MPa$，$\delta_5\geqslant22\%$，$A_k\geqslant27J$
20	MTCNC15数控剪刀成形磨床	天津磨床总厂	数控三轴联动
21	16V280全纤维墩锻曲轴	天津重型机器厂	总长5160mm，主轴颈770mm
22	热粘合换位导线	天津电磁线厂	减少变压器体积，实现节材节能效果，粘合强度$8N/mm^2$～$10N/mm^2$
23	ZN28-10/2000-40真空断路器	天津开关公司	$V_H=10kV$，$I_H=2\,000A$
24	YT79Z-250粉末制品液压机	天津锻压机床总厂	适用于汽车、拖拉机、家电行业粉末零件的成形压制工艺
25	换位导线用自粘漆	天津昭和漆包线有限公司	体物≥30%，粘度6000±2000MPa，粘合强度$4N/mm^2$，用于万能性换位导线
26	XMB行星摩擦式无级减速机	天津减速机总厂	结构紧凑、体积小、噪音低、性能稳定、调速范围广
27	高温高速阀门电动装置	天津阀门公司	SCD-0.3，最大控制转矩600N·m～1 000N·m
28	DLMJ-100A湿式、多片电磁离合器	天津机床电器总厂	动力矩1 000N·m，静力矩1 600N·m，空载力矩≤15N·m

表8　1995年新签约的“三资”企业名单　（单位：万美元）

序号	企业名称	合作双方名称		总投资额	注册资本	利用外资	外商出资比例（%）
		中方	外方				
1	天津大明半岛电子有限公司	天津大明电机公司	韩国半岛朝鲜（株）	20.0	14.0	7.0	50.0
2	天津通用蝶簧有限公司	天津通用机械技术开发工程公司	美籍华人谢元富	20.0	14.0	3.5	25.0
3	中海（天津）精英台球用品有限公司	天津第一机床总厂	香港中海国际投资有限公司	18.25	18.25	10.0	54.8
4	西门子电器传动有限公司	天津电力电子公司、天津电传所	德国西门子股份有限公司	1 885.0	792.0	475.2	60.0
5	天津GEC阿尔斯通水电设备有限公司	天津发电设备总厂	法国GEC阿尔斯通公司	3 651.0	2 950.0	1 504.5	51.0
6	天津天马气体压缩机有限公司	天津第二空压机厂	马来西亚ABSOLUTE公司	23.8	20.9	10.45	50.0
7	天津康诚钢铁结构工程有限公司	天津泰康公司	香港有诚号公司	39.0	39.0	19.5	50.0
8	天津科尔摩根工业驱动有限公司	天津电力电子公司、天津工业投资公司	美国科尔摩根亚洲投资公司	1 000.0	550.0	302.5	55.0
9	津韩模具有限公司	天津恒通实业公司	韩国金器（株）	60.97	60.97	24.39	40.0
10	天津毅合五金制品有限公司	天津中建螺丝厂	台湾毅合五金制品公司	35.0	27.0	8.1	30.0

深化改革及企业管理　1995年，天津市机电工业总公司系统在以下六个方面取得新的进展：(1) 继续深化企业“三项制度”改革。80%的企业实行了全员劳动合同制；80%的企业实行了干部聘任制；建立了“统分结合、一厂多制”的多模式分配机制；建立、健全了企业、总公司两级劳务市场。(2) 普遍推行企业分厂制。54个国有企业推行了分厂制，占国有企业的60%，其中国有大中型企业推行面达94%。(3) 积极进行现代企业制度试点。天津液压机械集团公司、天津起重设备总厂、天津大桥集团公司、天津第一机床总厂、天津锻压机床总厂、天津数控机床公司、天津工程机械厂、天津磨床总厂等8个企业进行了现代企业制度试点。试点面达18%。(4) 采取兼并、合并、跳产等多种形式，加大对国有小型企业和集体企业的改革力度。全年实行企业兼并、合并6个，具体是：天津塑胶线厂兼并塑胶线分厂；天津化工石油设备总厂兼并天津化工石油设备分厂；天津液压气动工程技术研究所并入天津液压机械集团公司；天津叉车研究所并入天津叉车总厂；天津螺帽五厂与天津顺达汽车电子器件厂合并；天津鼓风机厂兼并河北区海河洗染店。(5) 实行企业破产。对产品无方向、长期亏损的天津化工石油设备总厂、天津塑胶线厂两个企业进行破产，并进入法律程序。(6) 积极推进天津机械系统整体经济体制的改革。经天津市委、市政府批准，天津市机械工业管理局全建制改组为天津市机电工业总公司。该公司是具有法人资格、自主经营、独立核算、自负盈亏的经济集团，对天津市政府承担国有资产保值、增值的责任。1995年12月18日，天津市机电工业总公司正式挂牌运营。

到1995年末，全系统实行股份制企业1个，有企业集团公司两个。

1995年，天津市机电工业总公司系统认真开展了“转机制、抓管理、练内功、增效益”活动，以降低产品成本，提高经济效益为核心，加强各项管理工作，初步建立了总公司系统国有资产保值、增值指标考核体系；制定了《国有资产经营管理工作实施办法》。通过继续推行目标成本管理，全系统产值成本率比上年下降1.2个百分点，达到78.8%；万元产值能耗为0.52t标准煤，比上年下降16%。

“八五”成绩　“八五”是天津机械工业改革开放和经济发展最快的时期，经济综合实力显著增强。“八五”期间，全系统累计完成工业总产值281亿元，完成产品销售收入288亿元，实现利税36亿元（其中实现利润18.6亿元），分别比“七五”末增长73.1%、1.1倍和48%；新办“三资”企业53个，完成外贸出口总值16.4亿元，比“七五”末增长1.9倍；出口企业由55个发展到80个；试制新产品1 660项，其中24%的产品达到国际当代水平，60%的产品达到国内先进水平；新产品累计创产值61.3亿元，比“七五”增长1.6倍；全系统1 079种主导产品实现了更新换代；全系统安排投资17.89亿元，实施技术改造、基建项目90项，完成验收67项，完成投资总额5.08亿元；固定资产原值和净值分别比“七五”增长1.2倍和1.4倍；全系统全员劳动生产率为年人均5.37万元，比“七五”增长1倍。

总结“八五”，天津机械工业有两条基本经验，第一，把扩大开放、利用外资作为天津机械工业发展的一项重大战略。以发展外向型经济为“突破口”，通过与世界有实力的名牌厂商合资合作，引进国外的资金、机制和先进技术，扩大国内、国际两个市场占有率，形成天津机械工业的新格局。第二，把依靠科技进步、调整产品结构作为经济发展的根本措施。坚持以国内、国际两个市场为导向，“自我开发、引进创新、合资合作”三条途径并举，调整产品结构，并与“改革、改组、改造和加强管理”紧密结合，达到不断优化产品结构、企业结构，实现产品上水平，经济上规模。

存在问题　(1) 全系统经济增长方式仍属于速度效益型，属于高投入、低产出、高消耗、低效益的粗放型增长方式。1995年，总公司系统工业增加值率为28.1%，低于全国同行业先进水平。全系统20%的工业企业，增加值为负值，投入大于产出；不少企业在国家宏观调控从紧的情况下，生产下降，效益下滑；全系统亏损面、亏损额比上年增加。

(2) 全系统名牌、优势、“拳头”产品大都未形成具有市场竞争优势的经济规模；产品结构、企业结构还不尽合理；生产集中度低，“科技进步贡献率”低。

(3) 企业经营管理水平与市场经济的要求差距较大，潜伏和暴露出的管理问题很多，在产品质量问题上尤为突出。这已成为制约经济发展的重要问题之一。

〔撰稿人：天津市机电工业总公司　张　玲
审稿人：天津市机电工业总公司　王洪生〕

〔责任编辑：邝　鸥〕

河北机械工业

河北省机械工业厅

生产发展情况　1995年末，河北省机械工业厅系统有工业企业499个，比上年减少12个，共有职工284 816人（工程技术人员20 724人，占全部职工总数的0.7%）。其中全民所有制企业288个，职工209 540人；集体所有制企业170个，职工47 673人；其他所有制企业41个，职工27 603人。有大型企业30个，其中大一型5个，大二型25个；有中型企业118个，其中中一型32个，中二型86个。有省以上重点企业45个，其中重点企业32个，骨干企业13个。

1995年，全省机械工业厅系统企业，在千方百计克服各种困难的情况下，保持了工业生产的平稳发展。主要特点是：

(1) 生产持续稳步增长。全年保持了平稳增长的态势，增幅最低的1月份为10.5%，增幅最高的5月份为16.5%，12月份增幅为15.1%，发展较为平稳。全年完成工业总产值1 216 419万元，(1990年不变价)，比上年增长21.6%，按原口径当年价计算为1 479 333万元，比上年同期增长23.8%；完成工业增加值338 529万元，比上年增长18.4%。

(2) 行业之间发展不平衡。在九大行业中，农机行业保持了较高的增长速度，其次是电工电器行业，由原来省的三大支柱行业的第三位，前移到第二位，而原居于第二位的汽车行业，却由于市场不畅的影响落到了第三位。工程机械、石化通用机械、机床工具、机械基础件行业都有不同程度的增长，但仪器仪表和重型矿山行业较上年同期有所下降（详见表1）。

(3) 产销衔接趋于好转。1月至12月份全省机械工业厅系统累计实现产销率为96.75%，比上年增长1.58个百分点，高于机械工业部规定水平1.21个百分点。产成品可供销售天数106天，比上年下降4天。

(4) 农机生产销售形势较好。全年农机市场一直较旺，从统计的55种产品看，绝大多数农机产品都有较大幅度增长，小拖拉机生产17.7万台，比上年增长83.6%；机动脱粒机生产3.8万台，比上年增长80.61%；农用运输车生产1.25万辆，比上年增长151.12%；农用拖车生产1.6万辆，比上年增长28.3%（详见表2）。

(5) 外向型经济发展加快，出口势头良好。全年完成出口交货值64 174万元，比上年增长1.7%；出口创汇8 327.2万美元，比上年增长3%。1995年主要出口企业和主要出口产品完成情况详见表3、表4。

(6) 效益指标总体水平不高。主要经济指标完成不理想，全年完成产品销售收入1 200 252万元，比上年增长24.9%；实现利税70 493万元，比上年下降1.6%，其中实现利润10 446万元，比上年下降28.4%；亏损企业145个，比上年增加6个，亏损企业亏损额33 089万元，比上年增长15.1%。

新产品开发及结构调整　1995年全省机械行业审查上报省级以上立项新产品开发计划543项，

其中，机械工业部 7 项，省经贸委 334 项，省科委 202 项。到年底完成 239 项，其中，消化吸收项目 29 项。全行业科技成果获省科委科技进步奖 27 项，其中二等奖 4 项、三等奖 23 项；获省优秀新产品奖 58 项，其中一等奖 3 项、二等奖 14 项、三等奖 41 项。

表 1　1995 年河北机械工业系统概况

行　业	企业数(个)	全部职工平均人数(人)	工业总产值(不变价)(万元)	工　业增加值(万元)	产品销售收入(当年价)(万元)	产品销售税金及附加(万元)	利润总额(万元)	固　定　资　产	
								原价(万元)	净值平均余额(万元)
合计	499	283 136	1 216 419	338 529	1 200 252	5 933	10 446	932 534	568 981
农业机械	112	70 036	300 627	66 743	344 145	944	4 814	89 001	101 195
工程机械	13	10 218	34 303	12 015	38 363	163	-733	35 772	18 584
机床工具	30	17 759	36 878	14 263	33 148	227	-147	43 002	25 564
机械基础件	45	20 297	49 258	16 623	44 150	276	263	43 471	25 507
石化通用机械	39	22 263	62 437	23 835	62 471	520	-758	67 593	39 715
重型矿山机械	36	23 474	75 147	24 188	71 573	409	-1 082	81 610	45 446
汽车	47	41 715	239 528	63 671	215 854	1 936	-4 964	205 447	144 870
电工电器	113	55 175	344 740	92 798	318 986	1 148	10 428	199 841	125 113
仪器仪表	17	5 367	14 103	4 318	14 856	61	1 491	12 531	7 365
食品包装机械	9	5 178	20 993	6 537	15 326	68	785	20 235	12 175
其他	38	11 654	38 405	13 534	41 374	182	343	34 026	23 441

表 2　1995 年河北机械工业系统产品产量

产品名称	单　位	产　量	比上年增长%	产品名称	单　位	产　量	比上年增长%
工业锅炉	t（蒸汽）	4 551	-1.2	小拖拉机	台	177 357	83.6
内燃机	万 kW	65.6	23.8	拖拉机、内燃机配件	万元	46 073	28.2
金属切削机床	台	647	-54.0	机引犁	台	10 506	-0.8
锻压设备	台	1 210	-19.3	农用拖车	辆	15 826	28.3
铸造机械	台	591	-21.4	农用运输车	辆	12 511	151.12
电动葫芦	台	1 479	-27.5	棉花加工机械	台	1 001	-12.1
带式输送机	m	17 818	-7.5	割晒机	辆	18 997	31.5
悬挂输送机	t	19 512	20.3	推土机	辆	713	-10.9
千斤顶	台	624 342	8.6	钻孔机	t	956	-16.1
工业泵	台	30 358	-20.2	环保设备	t	4 057	-3.7
农业泵	台	112 728	34.9	汽车	辆	20 687	-16.5
风机	台	5 770	-55.5	汽车配件	万元	83 480	3.2
气体压缩机	台	581	-33.9	电动机	万 kW	275.7	-4.2
空分设备	套	21	-58.0	分马力电机	万台	16.7	-35.5
轴承	万套	2 736.5	27.1	变压器	万 kV·A	1 436.9	5.5
高中压阀门	t	1 338	-2.8	高压电瓷	t	6 631	4.0
低压阀门	t	3 817	-10.3	钢芯铝绞线	t	207	-29.4
液压件	万台	19	58.3	电磁线	t	6 127	1.2
标准件	万件	34 538	-16.8	电力电缆	km	74 997	1408.8
	t	11 688	-2.0	布电线	km	29 170	113.0
印刷机械	t	1 762	-1.8	电焊机	台	7 840	-2.2
食品机械	台	14 531	-56.1	工业自动化仪表	万台	17.5	-0.6
粮食加工机械	台	8 645	232.2	电工仪器仪表	万台	1.4	-50.0
油料加工机械	台	4 482	31.7	光学仪器	台	736	153.8
饲料加工机械	台	17 636	66.9	磨具	t	1 574	0.25

表 3　1995 年主要出口企业完成出口情况

序号	企业名称	出口交货值（万元）	比上年增长%	出口创汇（万美元）	比上年增长%	自营出口（万美元）
1	河北五洲集团	10 500	-7.4	1 255.0	4.1	678.0
2	唐山冶金矿山机械厂	9 164	209.0	1 103.2	214.0	577.7
3	河北电机股份有限公司	7 626	28.2	940.0	34.3	310.0
4	河北天源集团	7 555	21.0	1 550.7	25.6	209.0
5	保定保志电子元器件公司	5 860	88.7	671.3	100.0	671.3
6	华北蓄电池厂	5 027	32.3	613.0	9.5	98.0
7	承德千斤顶总厂	4 514	85.7	532.5	89.5	114.0
8	石家庄市电机厂	2 330	40.5	266.0	40.9	119.0
9	景县机械总厂	2 115	28.6	221.0	50.3	22.0
10	石家庄拖拉机厂	1 807	-1.4	220.4	2.5	180.0
11	玉田印刷机械厂	1 504	47.0	181.0	39.2	
12	宣化工程机械厂	1 487	14.9	178.5	17.4	174.1
13	邯郸内燃机配件厂	1 336	11.3	161.0	7.3	
14	南宫曲轴连杆厂	1 081	1.8	128.7	6.4	
15	邯郸制氧机械厂	650	-13.3	80.0	-49.0	
16	宣化电动工具厂	634	-67.0	79.0	-66.8	28.6
17	邯郸棉花机械厂	609	-31.0	101.0	-32.2	
18	邢台拖拉机厂	374	-79.1	45.0	-78.5	11.0
	合计	64 174	20.8	8 327.2	21.9	3 192.6

表 4　1995 年主要出口产品完成情况

序号	产品名称	出口交货值（万元）	比上年增长%	出口创汇（万美元）	比上年增长%
1	砂轮机	11 134	-51.1	1 334.0	-5.1
2	交流电机	10 056	1.1	1 208.0	4.2
3	运输设备	9 176	216.0	1 105.0	214.8
4	电焊网	6 667	8.5	1 417.5	10.2
5	蓄电池	5 027	32.3	613.0	9.5
6	千斤顶及支架	4 514	79.2	532.5	80.5
7	汽车配件	2 514	1 749.0	303.0	1 842.0
8	小拖拉机及配套农具	2 181	-39.7	265.4	-37.8
9	皮带轮	1 711	42.6	206.0	37.3
10	轴承及钢球	1 693	55.5	203.0	20.8
11	印刷机械	1 619	48.1	195.0	50.0
12	推土机	1 487	14.9	178.5	17.4
13	自行车零件	1 081	1.8	128.7	6.4
14	工业泵	969	33.9	118.0	39.2
15	室内五金制品	733	-32.1	101.1	-32.6
16	制氧设备	650	-15.0	80.0	-49.0
17	棉花机械	609	-30.9	101.0	-32.2
	合计	61 820	11.2	8 089.7	12.0

省厅编制完成了《河北省机械工业"九五"计划及 2010 年发展规划》，为了使规划更加科学、完善，还相应编制了《河北省机械工业结构调整初步方案》、《基建、技改、引进项目计划》、《企业集团组建计划》、《扩大机电产品出口计划》、《利用外资计划》、《河北省汽车工业"九五"发展计划》、《河北省机械工业"九五"科技发展规划和 2010 年设想》（草稿）以及《河北省机械行业"九五"期间教育发展的规划》，从不同角度和在不同层面上形成了对"九五"计划的支撑，使"九五"计划更具科学性和可操作性。

质量　省厅加强了质量监督工作的力度，1995 年，完成了质量监督计划的编制、协调、下达和组织实施工作，建立了定期监督档案库和台帐。全年完成了对 351 个企业、367 种产品的 397 个批次的行业监督检查，其中，合格 357 个批次，合格率为

89.9%，比上年下降3.22个百分点。

质量管理工作得到了进一步加强，发布了全省机械行业产品质量形势的通报，表彰9个企业，对53个产品不合格的企业进行了批评，并对下一步加强质量管理工作提出了要求。

省厅在廊坊和邯郸两市组织了GB/T19000（ISO9000）标准的培训班，对企业内部质量审核员进行了系统培训，并且加强了对具备认证条件和要求申请认证的企业的指导，辅导企业编写质量手册和有关程序文件，为组织第一批企业进入认证单位打下了基础。

技术改造 1995年全省机械系统内安排省以上技术改造项目82个，共完成投资50 883万元。其中列入国家各部门计划的项目22个，完成投资13 580万元；列入省节能节材计划的项目7个，完成投资1 093万元；机电产品出口项目6个，完成投资877万元；列入省技改计划的项目43个，完成投资26 737万元；省汽车集团项目4个，完成投资8 596万元。

全年新增固定资产64 221万元，竣工面积12.3万m^2，竣工率为40%；可新增生产能力的主要产品有：轴承专用设备440台，活塞70万件，FL912/913风冷柴油机39万kW，D6D推土机300台，1020模切机50台，微型、轻型轿车变速箱18万台，大型机引喷雾器150台，煤气调压器5 000台，自动称量配料系统222套，轴承球磨机150台，轴承650万套，汽车制动鼓50万个，汽车制动钳30万件，灌装生产线30条，潜水电缆5万km，半挂车260辆，电站风机50台，以及连杆毛坯29万支等。

对外合作 1995年引进技术设备项目12项，用汇893.7万美元；签订利用外资项目79项，总投资32 072.6万美元，其中注册资本24 603.9万美元；注册“三资”企业38个，开业44个，实际利用外资4 000万美元；截止至1995年底，累计注册“三资”企业200个，开业110个。

改革及管理 1995年6月底完成了省厅机关机构改革，改革后的河北省机械工业厅，作为省政府主管全省机械工业（含汽车工业）的职能部门，其主要职责是：(1)拟订振兴省机械工业的政策和行业管理规章，指导全省机械工业的行业管理体制改革和企业改革。(2)拟订全省机械工业的发展战略和总体布局，组织编制全省机械工业中长期发展规划和年度计划。(3)提出全省机械工业投资规模意见，编制年度基本建设和技术改造投资计划，对全省机械工业的重点基建、技改、技术引进和利用外资项目进行审查，提出省及以上重点项目立项建议。(4)制订全省机械工业科技、质量管理规章，指导全省机械工业高新技术、通用技术和基础技术的研究、开发及应用，推动行业技术进步，组织全省机械工业产品认证工作；参与拟订和贯彻全省机械工业技术标准、质量标准并对产品质量进行监督，协调科技情报与信息工作。(5)参与组织协调国家重大技术装备及重点产品的研制，组织协调本省重大技术装备、机械工业重点产品的研制。(6)管理厅直属企事业单位，监督、检查、评估全省机械工业大中型企业的国有资产，促其保值与增值，制订全省机械工业年度财务目标，指导机械工业财务工作，参与有关部门对机械工业的经济调节工作。(7)组织收集、处理和发布全省机械工业经济技术信息，协同有关部门组织、培育、调控全省机械工业产品、技术和劳务市场。(8)组织协调全省机械工业与外国政府和国际组织以及国内兄弟省市之间经济技术合作与交流活动，参与管理全省机械工业产品、技术、劳务等进出口工作。(9)组织指导全省机械工业人才预测、培养、交流和职工培训，指导全省机械工业系统的劳动工资工作，组织协调全省机械工业的中、高级职称评定以及对高级人才的管理工作。(10)组织对全省新办机械企业的资格审定，参与全省机械工业企业其它资格审定，负责对全省机械产品水平的认定。(11)管理全省机械工业系统的行业协会、学会、研究会等社团工作。(12)承办省政府交办的其他工作。根据上述职责，厅机关设9个职能处（室）和机关党委，总编制90人。其具体设置为：办公室、规划外经处、科技与质量处、财务与国有资产监督处、生产与信息处、汽车工业处、政策法规体改处、人事劳动处、智力开发处、机关党委，纪检（监察）机构派驻人员在机关总编制内核定。

企业改革由政策调整阶段进入制度创新阶段，企业转机建制步伐明显加快。省厅抓了保定天威集团公司、河北电机股份有限公司、邯郸四达电机股份有限公司和衡水电机股份有限公司、新乐胜亚股份有限公司等5个不同层次企业改革的试点，研究制定了改制方案，及时掌握运行中的情况，总结推广了这些企业的改制经验，推动了改革的进行，使全行业改革迈出了新的步伐。到年底，全行业进行公司制改造的企业有54个，被列为国家和省市建立现代企业制度试点的企业32个。这些企业多数通过了方案论证。保定天威集团等11个企业已挂牌运营。

1995年，以“增强企业管理整体功能，提高企业适应市场能力和竞争能力，鼓励企业创建自己的有效管理方式”为思路，开展加强企业管理工作。(1)组织开展了全行业企业管理现状普查工作，对11个市、地上百个企业的管理现状进行了具体剖析，摸清了底数，总结了六个方面的成绩，找出了在四个方面存在的问题。(2)召开了全省机械行业企业管理工作会议，提出了从1995年到“九五”末全行业企业管理工作的基本思路，明确了奋斗目标，制定了较为切合实际的工作意见。(3)总结推广了石家庄水泵厂、唐山高压电瓷厂、衡水电机股份有限公司等7个企业的管理经验，推动了企业挖潜、增效和利税上台阶活动的深入发展，使行业管理进步和经济运行质量有所提高。

继续抓好企业家队伍的建设。采取市、地推荐与实地考察相结合，坚持标准与具体帮助相结合的方法，在提高企业家素质上下功夫，通过进一步完善企业家评选标准，先后对上百名企业管理者进行了具体考察和帮助，到年底，全行业评选了85名优秀企业管理者、42名年度优秀企业家和74名优秀企业家，其中省级优秀企业家9名，部级优秀企业家2名。

存在问题 （1）产品结构不合理。现有产品中，传统产品占70%，达到国际70年代末、80年代初水平的产品占16%，机电一体化产品占3.8%；效益好的产品比重小，如汽车占16.4%，工程机械占1.4%。（2）企业组织结构不合理。大型企业少，生产集中度低，规模效益不好；专业化生产水平低，“全能厂”多，全行业绝大部分企业是“小而全”类型。（3）技术结构总体落后，技术进步缓慢。一是，工程技术人员比重低，全行业工程技术人员占职工总数的6.6%，其中高级技术职称人员和中级职称人员分别占职工总数的0.44%和3.07%；二是，工艺装备水平低，新技术应用少。全省机械工业大型高精、数控机床占金属切削机床总数的比重，低于全国的平均水平，新工艺、新技术、新材料应用比较少，如计算机辅助设计、辅助制造，只有极少数企业真正应用在生产上，部分企业刚刚起步，还有相当数量企业对此尚无足够认识。

〔撰稿人：河北省机械工业厅　张塞外　审稿人：河北省机械工业厅副厅长　陈　欣〕

〔责任编辑：申建丽〕

山西机械工业

山西省机械电子工业厅

生产发展情况 1995年山西机械工业紧紧围绕省委、省政府提出的打好“四大战役”，实现“五个一工程”的奋斗目标，在国家继续严格控制固定资产规模、信贷规模，机械工业经济运行条件和产品市场并未好转的情况下，全行业保持了生产的持续发展，经济运行的质量和效益与上年相比有较大幅度的改善。

（1）工业生产保持稳定增长势头。全行业完成工业总产值（1990年不变价）272 945万元，比上年增长7.92%。从月产水平和运行轨迹看，未出现大起大落，比较稳定。从分行业看，八大行业中比上年同期增长的有6个，其中增长幅度较大的有农机行业20.17%、仪器仪表行业33.57%、机床工具行业21.56%、机械基础件行业18.27%，比上年下降的有电工电器行业 -3.26%、汽车行业 -19.55%。山西机械工业系统概况及主要产品产量详见表1、表2。

表1　1995年山西机械工业系统概况

行业	企业数(个)	全部职工平均人数(人)	工业总产值(不变价)(万元)	工业增加值(万元)	产品销售收入(当年价)(万元)	产品销售税金及附加(万元)	利润总额(万元)	固定资产 原价(万元)	固定资产 净值平均余额(万元)
合计	177	119 762	272 945	82 588	262 876	1 757	-1 574	333 724	186 469
农业机械	39	19 926	53 973	14 651	53 169	235	669	36 729	27 744
仪器仪表	9	2 584	2 738	834	2 531	11	-566	5 353	2 946
石化通用机械	11	7 924	15 030	7 167	13 565	89	127	19 885	10 209
重型矿山机械	24	36 244	95 475	22 950	91 124	849	515	132 985	58 787
机床工具	14	8 114	16 134	5 692	15 570	119	65	32 557	20 581
电工电器	45	21 685	42 086	13 830	39 754	375	984	51251	29 652
机械基础件	15	14 732	33 911	14 649	33 245	153	330	37 769	23 341
汽车	20	8 562	13 598	2 815	13 918	-74	-1 732	17 195	103 209

（2）产销衔接较好，产销率不断提高。全行业针对上年经济运行的主要问题，狠抓了“2204”战役，即“压库”20%，清欠20%，加速资金周转0.004次，加大了“压库”促销工作力度，不允许新的库存增加，努力提高经济运行质量。产销率不断提高，由一季度的92%上升到年末的96%，比上年提高9个百分点。

（3）经济效益明显改善。全行业完成工业增加值82 588万元，比上年增长0.12%；完成销售收入262 876万元，比上年增长6.72%；亏损企业

44个，比上年下降38.8%，亏损面由上年的37%下降到28.3%，连续几年经济效益下滑的趋势得到了初步控制。1995年山西机械工业实现利润达百万元的企业有8个（表3）。

（4）出口交货值大幅度增长。面对年初国内市场有效需求相对不足的形势，各部门各企业及时调整经营战略，加强国际市场竞争，机电产品出口一直保持较好的势头，全年出口创汇2 021.42万美元，比上年增长34.76%。

（5）重点任务完成较好。太原重型机器厂承担的发射塔梁，克服设计、材料、配套件等困难，确保合同按期按质交货。太原矿山机械厂承担的宝钢三期润滑设备，已按期发货受到宝钢好评。

表2　1995年山西机械工业系统产品产量

产品名称	单位	产量	比上年增长%	产品名称	单位	产量	比上年增长%
工业锅炉	t(蒸汽)	1 677	11.9	拖拉机、内燃机配件	万元	12 312	76.8
内燃机	万kW	5.04	183.2	机引犁	台	1 933	103.3
金属切削机床	台	495	-17.5	机引播种机	台	1 408	838.7
锻压设备	台	665	56.1	农用运输车	辆	13	-76.4
起重设备	t	7 541	-12.0	农用三轮车	辆	43 570	100
运输设备	t	5 304	34.7	叉车	台/t	110/255	-40.9/-26.5
工业泵	台	12 206	8.5	汽车	辆	227	-59.7
农业泵	台	42 753	125.7	汽车配件	万元	20 573	73.6
风机	台	2 261	21.8	交流电机	万kW	54.7	-15.5
轴承	万套	330.13	35.6	变压器	万kV·A	133.5	-23.7
液压件	万件/t	30.99/7 892	5.4/31.1	高压断路器	台	40	-74.0
标准件	万件/t	17 233/6 534	12.0/33.3	电力电缆	km	1 236	-22.3
矿山机械	t	12 175	44.7	工业自动化仪表	台	132 074	1.3
印刷机械	台/t	147/489	3.52/38.6	电工仪器仪表	台	18 766	-47.3
小型拖拉机	台	11 186	-5.1	光学仪器	台	20 811	82.0

表3　1995年山西机械工业实现利润达百万元企业

企业名称	利润(万元)	企业名称	利润(万元)
太原重型机械集团公司	618	解州潜水电泵厂	301
榆次液压集团公司	403	太原工具厂	102
大同齿轮厂	331	原平起重运输机械总厂	101
山西荣发车辆集团股份有限公司	306	太行印刷机器厂	100

科研成果与新产品　1995年全系统共完成新产品237项,其中省重点技术开发项目10项,都属于科技含量高、附加值大的产品,而且其中有为国家重点工程配套的产品。1995年山西机械系统落实的科研项目如表4所示。

表4　1995年山西机械系统落实的科研项目

项目类别	项目数	贷款额(万元)
技术开发项目	5	830
火炬计划项目	6	1 000
计算机项目	1	80
技术开发中心	2	1 350

在新产品中共评选出优秀产品、优秀新技术14项,占总数的5.9%。其中一等奖2项、二等奖11项,优秀新技术12项,表彰有功科技人员70名。例如,太原重型机器厂自行设计制造的1 830mm开卷落料堆垛自动生产线和40MN板冲压油压机、榆次液压件厂开发的高压液压叠加阀、长治锻压机床厂生产的DB120CNC数控弯管机等分别获得机械工业部科技进步奖。

山西省机械电子工业厅重视科技进步,通过技改使企业素质有较大提高,推广应用新技术、新工艺取得较好的效果。例如,太原重型机器厂无冒口铸造工艺、大同齿轮厂的齿坯精锻工艺、太原锅炉厂的循环流化床锅炉制造技术、山西省机电设计院为重型汽车研制成功奥—贝球墨铸铁齿轮新材料、太原液压件厂的硼铝共渗新工艺等,在应用中都取得了较好的经济效益。同时,企业的工艺装备得到较大改善,高、精和数控设备在关键工序中逐渐得到应用，所占比例达到3.1%（按台数）。检测手段也有所改善，三坐标测量仪等一批采用微电子技术的设备已在重点企业得到应用。计算机辅助设计、辅助工艺设计、辅助制造及辅助管理等技术在大中型企业中得到推广，其中太原重型机器厂和太原矿山机器厂已初步建立了小型计算机工作站，大大提高了产品设计水平和工作效率。

山西省机械工业加强了产品结构和企业组织结构的调整，注重市场导向，发挥自身优势，以市场带动产品结构调整，大力发展“拳头”产品、优势产品、特色产品和出口创汇产品。例如：重型载重汽车，以AM-500采煤机为主的百万吨级综采成套设备，千米千吨级皮带运输机，$4m^3$～$10m^3$全液压挖掘机，117m/s高速线材轧机，系列数控弯管机，系列多色标签印刷机，高中压柱销式叶片泵，汽车转向助力泵等一批国内领先的产品，为产品结构调整发挥了作用。

质量 1995年深入推行全面质量管理，积极宣传GB/T19000(ISO9000)质量管理与质量保证系列标准，除参加国家、机械工业部组织的贯标学习班外，全系统还举办了GB/T19000系列标准宣贯会，培训了一支骨干队伍。

在考核70种产品中，质量抽查合格率达到100%，品种一等品率达到73%，质量稳定提高率达到100%，促进了全行业产品质量的提高。1995年培育的优质名牌产品有小四轮拖拉机、SXQ1142G载货汽车、RD_2型火车轴、DBCNC系列数控弯管机、柱销式叶片泵、双圆弧齿轮滚刀、6BT118-01柴油发动机齿轮、物理发泡聚乙烯绝缘射频同轴电缆等主要产品。

技术改造 “八五”期间，全系统围绕发展煤矿机械、重型矿山机械、汽车、机械基础件、基础机械、输变电设备、农业机械等产品，进行了一定规模的技术改造。在“八五”规划中共列技术改造项目52项，规划总投资60 445万元。五年来，实际实施改造项目83项，计划总投资100 785万元，其中国家专项技改项目29项，计划投资46 383万元；省技改项目54项，计划投资54 402万元。这些项目涉及50个企业，占行业企业总数的26.74%。

五年来，全系统共验收技术改造项目41项，其中国家专项技改项目11项，省项目30项。41个项目原批准投资30 152万元，实际验收完成投资45 072万元。其中国家专项贷款11 920万元，银行一般贷款15 149万元，省筹资金4 036万元，地市筹集资金6 360万元，其余为企业自筹资金。这些项目达产后，可新增产值63 350万元，利润8 300万元，税金4 160万元。

“八五”期间，山西机械工业技术改造投资的集中度逐步提高，其中太原重型机械集团公司、山西煤矿机电集团公司、长治锻压机床厂、大同齿轮厂、太原砂轮厂、临猗汽车配件厂等6个企业技改投资额占全行业技改投资的70%以上。

经过“八五”期间的发展，山西机械工业已可为国家经济建设提供年产100万t煤的井下综采成套设备，90万t以下矿井成套机电设备，高速线材轧机成套设备，年产5万t以下颗粒饲料加工成套设备，2 000万t级露天矿挖掘机及装药车，水电、冶金等大型起重设备，各种高性能液压件及装置、系统，8t载重汽车，精密和专用轴承，220kV及以下输变电成套设备，数控机床和数控锻压设备，复杂刀具、刃具等各种先进设备，支持了相关行业的发展，也初步形成了山西机械工业的特色。

对外合作 “八五”引进技术和设备项目16项，总投资1.8亿元，合同金额3600万美元。这些项目的实施使企业和产品的技术水平得到了跨越式发展，如太原重型机器厂引进德国$6m^3$～$10m^3$液压挖掘机制造技术，达到国际80年代末90年代初水平，引进加拿大钢轮生产二手设备，达到国内先进水平；榆次液压件厂引进意大利埃利托斯高中压叶片泵，达到世界先进水平；长治矿山机械厂引进意大利井下装药车制造技术，产品填补国内空白；长治锻压机床厂在“七五”引进基础上，又引进了全系列弯管机及其他弯整机械制造技术，使主要产品整体水平上了个大台阶。因此，在技术改造的带动下，产品出口得到一定发展，五年累计出口创汇7300万美元，其中1995年达2100多万美元，是历史最好水平。获得外贸经营自主权的企业由1个增加到3个；年创汇超百万美元的企业达到7个。在利用外资方面，五年来已开业“三资”企业20个，协议总投资10亿元，实际利用外资3900万美元。

改革及管理 随着改革、改组、改造工作的深化，企业组织结构调整也迈开了步子。“八五”期间，新组建了榆次液压集团公司、山西煤矿机电集团公司、太原重型机械集团公司、山西汽车工业集团公司4个企业集团，一批重点企业转机建制、优化组合为发展规模经济创造了条件，一批初具经济规模的产品开始形成。如太原重型机器厂的火车轴已形成8万根能力，年产6万t～8万t的钢轮生产线项目正在实施，液压件产量达到30多万件，占全国产量的1/8以上，第一台1万kV·A年产3万t的棕刚玉冶炼炉已正式投产，第二台也在积极准备，待投产后将成为我国最大的棕刚玉生产企业；原平起重运输机械总厂皮带运输机产量超过5万m；长治轴承厂国内首条自动车、磨生产线顺利投产；榆次液压件厂的气冲铸造线项目使液压铸件生产能力达到5 000t，成为全国最大的液压铸件生产基地；大同齿轮厂的各类变速箱总成能力达到5万台，除为省内山西汽车制造厂、运城拖拉机厂配套外，还为二汽、天拖、北汽等大企业配套；临猗汽车配件厂通过两次技改使轻型汽车变速箱体及箱盖生产能力超过15万套，成为全国最大的生产基地之一。

〔撰稿人：山西省机械电子工业厅　谷连云　审稿人：山西省机械电子工业厅厅长　牛建业〕

〔责任编辑　张友鹤〕

辽宁机械工业

辽宁省机械工业厅

生产发展情况　辽宁机械工业系统有企业816个，其中大中型企业213个，国有企业283个，共有职工64.9万人；固定资产原价300.7亿元，固定资产净值平均余额147.6亿元。现在，全行业十大行业，生产近300个类别、8 000多个产品品种及配套件。机械工业是辽宁省的四大支柱产业之一，形成了以重型机械为主、门类齐全、有较强加工和配套能力的机械工业系统，成为我国重要的机械工业基地之一，为我国的社会主义建设做出了巨大的贡献。

1995年全省机械工业系统完成工业总产值（1990年不变价）210.7亿元，比上年增长3.4%；完成工业增加值60.1亿元，增加值率为26%。辽宁机械工业概况及主要产品产量详见表1、表2。

表1　1995年辽宁机械工业系统概况

行　业	企业数（个）	全部职工平均人数（人）	工业总产值（不变价）（万元）	工　业增加值（万元）	产品销售收入（当年价）（万元）	产品销售税金及附加（万元）	利润总额（万元）	固定资产 原价（万元）	固定资产 净值平均余额（万元）
合计	816	651 907	2 106 830	600 886	2 384 641	16 863	21 547	3 007 588	1 476 606
农业机械	87	58 620	158 906	31 723	186 527	1 111	－3 772	233 688	105 317
工程机械	29	32 524	104 902	33 061	89 482	375	－3 114	109 386	62 007
仪器仪表	74	30 404	56 490	15 583	52 964	347	1 130	70 893	34 852
石油化工通用机械	114	93 345	326 294	82 635	356 061	2 041	4 541	450 488	201 168
重型矿山机械	48	64 960	224 942	68 157	267 989	1 892	5 465	429 622	185 467
机床工具	91	73 434	148 117	67 498	158 692	1 180	2 667	308 952	173 298
电工电器	193	142 028	538 323	145 019	566 728	3 236	14 931	623 159	301 303
机械基础件	68	63 823	192 940	78 783	244 783	1 226	5 913	275 569	115 811
食品及包装机械	5	2 629	6 046	2 109	5 050	28	－596	7 674	4 028
汽车	49	72 292	314 142	60 523	420 753	5 335	－2 781	371 613	240 520
其他	58	17 848	35 728	15 797	35 612	92	－2 836	126 545	52 835

表2　1995年辽宁机械工业系统产品产量

产品名称	单位	产　量	比上年增长%	产品名称	单位	产　量	比上年增长%
内燃机	万kW	411	3.8	炼油化工设备	t	21 602.8	－18.0
金属切削机床	台	12 181	－20.8	大中型拖拉机	台	411	3.8
锻压设备	台	698	－27.2	小型拖拉机	台	13 635	74.3
起重设备	t	32 873.9	－12.1	拖拉机、内燃机配件	万元	41 476	－6.1
运输设备	t	18 409.2	－37.1	汽车	辆	17 545	－18.89
工业泵	台	18 373	－9.5	汽车配件	万元	89 317	－2.09
农业泵	台	214 620	903.0	变压器	万kV·A	2 490.1	－9.8
风机	台	5 332	－18.3	互感器	台	72 289	－17.0
气体压缩机	台	5 799	10.2	高压断路器	台	1 466	6.8
制冷设备	t	5 526	53.0	高压隔离开关	组	10 479	－0.5
轴承	万套	2 580	79.4	高压电瓷	t	24 795	－25.7
高中压阀门	t	6 694.2	－11.1	钢芯铝绞线	t	5 690.1	－44.7
矿山设备	t	30 380.2	0.1	电力电缆	km	7 428.2	－16.4
冶炼设备	t	16 037.6	－15.7	工业自动化仪表	万台	127.7	8.7
标准紧固件	万件	34 525.4	－2.1				

“八五”期间，辽宁省机械工业系统工业生产年均增长8.9%，比“七五”期间年均增速提高3.2个百分点。1995年工业总产值比1990年净增73.4亿元，增长53.5%；固定资产净值增加了95.1亿元，增长1.8倍。辽宁机械工业“八五”期间经济规模及总体实力已经明显增强，外向型经济不断加快，基本实现了“八五”规划目标。经济运行的特点表现在：

（1）生产、销售连续两年踏步不前。1995年由于国家继续加大对投资总量、信贷规模、货币投入的控制力度，辽宁机械工业的外部环境仍然处于紧张状态，行业自身的产品结构调整、经营机制转换跟不上市场经济发展的矛盾暴露得更加明显，致使全省机械工业整个经济形势仍然比较困难。全行业通过组织増产适销对路产品，不断扩大产品销售，努力抑制产销下滑，于11月份扭转了负增长的局面，12月份实现了正增长。

（2）实现利税阶段性变化较大，企业亏损额居高不下。1993年由于全省机械工业产销协调发展，当年实现利税总额22.6亿元，增长61.7%，创历史最高水平。但1994、1995两年，全行业由于产销两年踏步，企业管理滑坡，导致成本大幅度上升，使经济效益连续下滑。1995年实现利税比1994年下降17.0%，其中实现利润下降66.8%。1995年销售收入利税率为6.5%，工业资金利税率为2.5%，工业成本费用利税率为0.59%，总资产报酬率为3.5%，流动资产周转率为0.74次，综合效益指数极低。1995年底，全行业亏损企业342个，亏损面42%，亏损企业亏损额为9.4亿元，比1994年增加105.0%，呈逐年扩大之势。

辽宁机械工业是计划经济时期形成的重型结构，长期以来，高投入、低产出、消耗大、成本高、效益差的问题一直未得到解决。尽管全行业针对经济效益滑坡的困难局面，通过内部挖潜，增收节支，努力克服减利因素，但效益仍处于不稳定状态。

（3）大中型企业包袱沉重，经济运行困难。辽宁机械工业老企业多，由于“三五”～“六五”近四个五年计划没有多大投入，造成设备陈旧、企业老化、效益低下。就在企业急需注入资本金，加快改造的关键时刻，国家在经济体制改革中实行了拨改贷政策。为了解决“三老二差”的问题，企业在“七五”、“八五”投入80多亿元进行了技术改造，其中银行贷款高达70多亿元。由于银行贷款利息较高，加之改造补欠帐较多，没有形成规模经济和较大的经济增长点，使许多企业不仅背上了沉重的还贷包袱，而且固定资产新度系数仍然很低，没有达到理想的效果。到1995年末，大中型企业资产负债总额365.5亿元，此外还有明亏挂帐、待处理流动资产损失、未摊销的福利基金超支、转入递延资产中成本高于售价的潜亏待处理包袱等高达35亿元，应收货款中的呆帐、死帐、乱帐约25亿元，合计60亿元。目前，在全行业213个大中型企业中，资不抵债的达1/4；产销下降、经营性亏损的高达1/3。由于企业“窟窿”较大，冗员较多，办社会的负担较重，过度负债一时又无法解决，企业难以快速发展。

自1993年全省大中型企业经济效益创历史最好水平之后，就一直在困境中运行。总体上看，目前仍未摆脱被动局面。到1995年末，全行业大中型企业共完成工业总产值178.5亿元，比上年增长2.68%，比全省平均水平低0.8个百分点；完成销售产值220.1亿元，比上年增长1.07%，比全省平均水平低0.05个百分点。在大中型企业中，生产下降的大户有25个，工业总产值比上年下降11.5亿元，占73.7%；销售下降的大户有25个，销售产值比上年下降16亿元，占77%。

（4）地区间、行业间发展不平衡。“八五”期间，辽宁机械工业地区间经济发展始终存在较大差异。大连地区“八五”期间各项经济指标均呈递增之势，产销增长均在10%以上，实现利税增长15%以上，实现利润增长20%以上。1995年实现产值55.5亿元，实现销售收入71.2亿元，实现利税7.3亿元，其中实现利润3.98亿元，各项指标均居各市机械局（公司）之首，是辽宁机械工业的骨干地区。

沈阳地区机械工业系统有五个市局，自1993年创历史最好水平之后，多数呈下滑、踏步、微增的局面。1995年，沈阳市机械局系统产销下滑，利税踏步，实现利润仅1000万元。金杯汽车公司自1993开始，产销连续三年下滑，降幅均在12%左右。1995年工业总产值比1992年减少10.4亿元，销售收入减少14.3亿元，实现利润－2.5亿元。沈阳农机公司产销自1993年、1994年连续下滑之后，1995年呈增长局面，但实现利税除1992年之外，均为负值。沈阳机床公司，自1993年以来，产销连续两年大幅度滑坡。1995年产值比1993年减少2.1亿元，销售收入减少4.1亿元，利税减少950万元。这四个市局、公司，1995年合计产值为62.4亿元，占全省机械工业系统的29.6%，比1993年的35.2%下降5.6个百分点，“八五”期间年均递增仅为3.6%。

在朝阳柴油机厂的带动下，朝阳机械系统发展较快。1995年，产销总量由1992年的第十四位上升到第七位，利税总额由1990年的第十一位上升到第四位，成了辽宁机械工业的重要生力军。

市场及销售　1995年全省机械工业系统完成工业销售产值（当年价、原规定）267.1亿元，比上年增长1.12%；产品销售率为96.8%，比上年提高0.7个百分点；实现出口交货值20.9亿元，比上年增长28.2%；实现销售收入238.5亿元，比上年增长5.1%；实现利税总额15.6亿元，比上年下降17%。其中，大中型企业实现销售收入，比上年增长1.58%，但实现利税总额却比上年下降18%。

“八五”期间，产品销售额年均增长13.3%，比“七五”期间年均增速提高4.5个百分点，1995年产品销售额比1990年净增112亿元，增长87%；产品出口年均增长22.7%，1995年出口交货值比1990年净增13.4亿元，增长1.8倍；销售收入年均增长15%，1995年比1990年净增121亿元，增长1倍；利税总额年均增长24.3%，1995年比1990年净增10亿元，增长2倍，1993年利税总额达到历史最好水平，为22.6亿元，是1990年的4倍，比改革开放以来最好年份的1985年增长22.2%；固定资产净值增加了95.1亿元，增长1.8倍。

科研成果与新产品 1995年全省开发新产品1 132种，创产值41亿元，占总产值的19.5%，实现利税45 822万元。全行业获部级科技进步奖33项，其中一等奖4项、二等奖11项、三等奖18项。获省科技进步奖33项，其中一等奖2项、二等奖10项、三等奖21项；获省级优秀产品奖79项，其中一等奖5项、二等奖13项、三等奖61项。一批高水平、高附加值的产品投入批量生产，企业的经济效益明显提高。如：大连冰山集团股份有限公司生产的半封闭螺杆冷水机组，填补国内空白，达到国际先进水平。大连机床厂开发的FMS80箱体类零件柔性制造系列产品，达到国际水平，并创利税125万元。沈阳鼓风机厂开发的DH90离心压缩机，达到国际80年代先进水平，创利税75万元，且已投入批量生产。沈阳重型机器厂生产的MPS2 450立式水泥生料磨，达到国内领先水平，创利税70万元。大连高压阀门厂生产的CH14H/Y-25～160、CHJ65J-25～160Y型截止阀达到国际先进水平，并创利税890万元。

辽宁省机械工业在发展过程中，通过技术引进、走产学研联合的道路，新产品开发研制工作取得了明显的进展。同时，为了增强自主开发能力，全行业把技术开发、攻关研制的主体建立在企业的技术中心上。到1995年末，全行业共有大连冰山集团股份有限公司、瓦房店轴承股份有限公司、大连第二电机厂、沈阳变压器厂、沈阳电缆厂、鞍山第一工程机械股份有限公司等6个企业被确定为国家级技术中心。鞍山锅炉厂和鞍山矿山机器厂被确定为国家试验基地。铁岭精工（集团）股份有限公司的干燥机、鞍山第一工程机械股份有限公司的工业机器人被确定为国家新技术推广项目。国家对技术中心、试验基地及新技术推广项目加大了投资力度，使其真正成为企业技术进步的主体，成为企业继续发展的坚强科技后盾。1995年，全行业有东北输变电设备集团公司、沈阳机床股份有限公司等27个企业列入国家确定支持的创新企业工程。

质量 1995年，全省机械工业企业的产品质量基本稳定，品种抽查合格率达到100%，优、一等品率17.8%，产品故障损失率0.73%，比上年下降了0.04%。根据省政府经济工作会议精神，机械厅于1995年初在全行业开展实施名牌战略活动，开展“三个十”活动，即1995年向社会推荐“十大著名企业，十大名牌产品和十大知名商标”。通过深入细致的工作和全行业上下扎实的努力，于1995年9月22日分别在《辽宁日报》和《中国机电日报》向社会公布了推荐名单。东北输变电设备集团公司等企业被评为十大著名企业，沈阳变压器厂的220kV系列电力变压器等产品评为十大名牌产品，沈阳风动工具厂的7655牌等注册商标被评为十大知名商标，并有26种产品荣获辽宁省名牌产品称号。

到1995年，全省共有大连重型机器厂、沈阳矿山机器厂、丹东热工仪表厂等16个企业通过GB/T19000（ISO9000）系列质量体系认证。同时还有大连电瓷厂、沈阳高压开关厂、鞍山第一工程机械股份有限公司等10个企业进行了内部审核与咨询，达到了质量体系认证水平。

1995年，全省机械行业的重点企业、重点产品的质量基本稳定，一些产品已达到或接近国际先进水平，在国内领先。在国有大中型企业、中小企业中，都涌现出一批能适应市场经济发展的需要、走质量效益型发展道路的企业。然而一些中小企业的产品质量保证能力还相当脆弱，质量波动较大，甚至不合格。少数重点企业由于放松质量管理，为国家重点工程配套产品的质量问题也时有发生，使产品信誉下降，影响了企业的形象，全行业还要下大力气抓好质量。

技术改造 截至1995年末，辽宁机械工业系统共开工技改项目509项，累计完成投资596 550万元，占已经批准总投资额的81.3%，含外汇10 683万美元。其中：基本建设56个项目全部开工，累计完成投资76 375万元，贷款48 489万元，含外汇350万美元；技术改造项目开工453项，累计完成投资520 175万元，含外汇10 333万美元，占批准投资的80%，其中省专项贷款25 408万元、工行贷款310 707万元、其他贷款80 312万元、自筹资金103 748万元。在所开工的453个技术改造项目中，国家项目83个，完成投资150 531万元，专项贷款104 530万元；省属项目370项，完成投资369 644万元，贷款311 897万元（含沈、大两市市属项目）。在509个开工项目中，已竣工验收183项，投资额为272 314万元，分别占开工项目及完成投资的35.9%和45.6%；竣工待验收项目233项，完成投资217 930万元，占开工项目及完成投资的45.8%和36.5%；结转续建项目93项，占开工项目的18.3%，原批投资217 912万元，实际完成101 406万元，结转量为116 506万元，占“八五”批准投资规模的15.8%。

“八五”改造的特点，一是重点支持国家项目，优先考虑省属项目，协调发展市属项目，及时解决项目实施过程中所遇到的问题，打足项目所需资金，力争不留缺口。二是在计划安排上，突出技术进步，走内涵发展的道路，投资结构趋向合理。三是技术改造项目开工率高，达到了97.3%，国家项目投资依然占据一定比例，各地区投资不平衡，沈阳、大连两市所占比重较高，另 12 个市占 22.2%。四是不同行业的投资轻重有别，将有限的资金用在刀刃上，力求做到集中力量、突出重点，使投资主要投向那些在国民经济建设中起着重要作用的行业和企业，确保全省机械工业的优势产业在国家中的地位，同时注意发展一批能够形成新的增长点的企业及产品。五是项目自筹资金少，只占完成投资的 19.9%，并呈逐渐下降的趋势，技术改造的资金来源仍然是依赖银行贷款，这也是几年来技术改造工作中一直存在的问题。

"八五"技术改造取得了较好的成果，一是进一步改善了全省机械工业的技术装备和试验、检测条件，提高了机械工业的加工能力、工艺水平，改善了作业条件，降低了劳动强度，提高了劳动生产率，为生产高水平、高质量的产品打下良好的基础，为产品参与市场竞争创造了条件。二是技术改造进一步巩固了优势企业的地位，同时发展了一批各具特色的企业，并开发出一批技术含量高，具有国际 80 年代末或 90 年代初水平的产品。三是通过技术改造，使企业的组织结构和产品结构调整初见成效。四是引进国外先进设备、技术，加快技术改造步伐，增强企业后劲。"八五"期间共引进技术、设备 554 项，通过引进，加速了产品水平提高的进程，在尽短的时间内缩小与国外产品的差距，走一条时间短、见效快、作用大的技改之路。五是竣工验收了一批项目，为企业注入了新的血液，使企业实力进一步增强，为企业参与市场竞争创造了条件，同时提高了企业的经济效益与社会效益。

对外合作　随着对外开放向广度和深度发展，辽宁机械工业产品出口呈上升态势。从 1991 年开始，出口交货值每年都以 10% 以上速度递增，1995 年突破 20 亿元大关，达到历史上较高水平。在涉外税制改革即将出台的影响下，1995 年前三个季度出口交货值逐季大幅度上升，分别比 1994 年同期增长 32.7%、47.1% 和 30%，四季度虽有所减缓，但仍增长 20%。

招商引资工作也取得了较大进展。"八五"期间，全行业共建合资企业 213 个，占全部合资企业的 89.1%；项目总投资额为 11.06 亿美元，占全部投资总额的 93.2%；注册资本为 7.01 亿美元，占全部注册资本的 93.8%。其中：1995 年签约的"三资"企业项目 43 个，项目总投资额 3.82 亿美元，注册资本 2.6 亿美元，分别占"八五"时期的 34.5%、37.1%，这是进展最快的一年。项目在规模和水平上也有突破，1995 年签约的投资额在 1 000 万美元以上项目有 14 个，总投资额 3.16 亿美元。

但是，出口交货值占销售产值的比重仅为 8%，出口规模不大，引进项目的起点不高，实际投资到位率较差，不足以对全行业经济增长起到明显的牵动作用。

存在问题　(1) 资金占用大，周转速度慢。一是企业间相互拖欠货款严重。到 1995 年末，全行业应收帐款净额为 109.8 亿元，比 1994 年末增加 20.4 亿元。厂外资金比正常的经济运行年份多占 45 亿元左右。二是企业资金占用结构不合理，使部分资金滞死不动。1995 年末，全行业全部流动资产平均占用为 324.8 亿元，比年初增加 47.1 亿元。到 1995 年末，全行业产成品库存为 44.7 亿元，比年初增加了 3.2 亿元，问题也相当突出。三是辽宁机械工业企业是重型结构，生产周期长，资金占用多、周转慢，加之企业效益差，税后留利不多，折旧基金多用于技术改造和建房，因此，无法靠自身"造血"来补充流动资金。而且，许多改造项目没有打足铺底资金就开工，留下很大缺口。目前，全行业自有营运资金约为 20 亿元，仅占全部流动资产的 6%。流动负债比率高达 101.2%，全年支付利息 17.9 亿元，已超过上交的各种税金之和。

(2) 产品结构与市场需求不相适应的问题尚未得到根本解决。一是产品结构单一，按市场需求做适应性调整的余地很小。二是产品技术含量低，附加值不高，不能获得较高效益。三是名牌产品少，有优势的产品少，难以抢占市场制高点。四是畅销产品形不成经济规模，对全行业经济增长没有明显带动作用。五是已开发的新产品推向市场慢，不能迅速成为新的经济增长点。

(3) 技术改造效能还没有充分发挥。辽宁机械工业老企业多，装备落后的情况非常严重。"七五"、"八五"机械工业系统投了 80 多亿元，使装备水平、检测手段、试验条件得到了较大改善，产品质量、产品水平和档次有了明显提高，但是，由于技术改造补欠帐较多，并没有全部形成新的增长点和规模经济，导致投资回报率不高，特别是汽车行业的投入问题更为突出。技术改造项目铺底资金不足的问题也很普遍，使竣工后项目难以组织正常投产和达产。存量调整也尚未成为技术改造的重要内容。

(4) 企业改革进展不快，新的经营机制还没有建立起来。

(5) 企业管理滑坡，水平下降。

〔撰稿人：辽宁省机械工业厅信息中心　温淇锫　审稿人：辽宁省机械工业厅副厅长　王恩全〕
〔责任编辑：张友鹤〕

大连机械工业

大连市机械工业管理局

生产发展情况 大连市机械工业管理局系统有工业企业117个，年末共有职工134 306人（工程技术人员占6.7%）。其中，全民所有制企业51个，职工105 600人；集体所有制企业61个，职工28 215人；中外合资企业5个，职工491人。有特大型企业1个，大一型10个，大二型6个，中一型2个，中二型25个。有省以上重点企业22个，其中国家骨干企业14个，国家重点企业8个。

1995年，全局系统工业企业生产发展保持较好发展势头。主要特点是：（1）生产发展速度加快。全年完成工业总产值555 424万元（不变价），比上年增长9.2%（表1）。（2）大中型企业好于小型企业，全民所有制企业好于集体企业。大中型企业完成工业总产值509 944万元，比上年增长11.2%，小型企业与上年持平；全民所有制企业完成工业总产值490 837万元，比上年增长11.6%，集体企业下降0.6%。（3）多数行业保持增长趋势。九大行业中有六个行业的工业总产值比上年增长，其中增幅较高的是石化通用机械行业，增长51.6%；其次是机械基础件行业，增长11%。下降幅度较大的是仪器仪表行业，下降18.5%。（4）重点产品完成较好（表2）。共完成国家重点项目重点产品产值28 690万元（不变价）。大重集团公司为秦皇岛四期建设项目先后提供堆取料机、翻车机等产品2 322t，为武钢提供炼钢成套设备3 526t，两项总产值为9 780万元。大连起重机厂为伊敏河电厂、河南鸭河口电厂提供的2台桥式起重机产值为1 186万元。大连机床集团公司为朝阳柴油机厂汽车发动机生产线提供专机32台，产值为840万元。

表1　1995年大连机械工业系统概况

行业	企业数（个）	全部职工平均人数（人）	工业总产值（不变价）（万元）	工业增加值（万元）	产品销售收入（当年价）（万元）	产品销售税金及附加（万元）	利润总额（万元）	固定资产	
								原价（万元）	净值平均余额（万元）
合计	117	135 720	555 424	186 501	711 944	3 380	39 825	756 584	292 944
农业机械	12	8 259	23 675	4 903	23 303	103	-1 092	28 722	11 472
工程机械	5	3 213	13 121	3 491	16 465	42	715	14 511	5 125
机床工具	12	13 728	37 722	15 458	40 010	215	1 798	72 905	27 707
机械基础件	9	29 231	127 863	59 791	177 770	582	9 174	173 144	67 012
石化通用机械	23	27 551	144 232	27 982	171 997	799	5 618	184 551	75 928
重型矿山机械	7	22 628	74 017	22 289	115 326	744	7 020	150 681	46 535
汽车	7	5 557	59 637	29 114	76 443	326	13 411	32 952	19 927
电工电器	27	20 909	65 648	20 657	80 022	482	2 946	78 410	31 795
仪器仪表	14	4 544	8 425	2 705	9 648	87	225	20 542	7 320
其他	1	100	1 084	165	924		10	166	123

“八五”期间，大连机械工业实现了持续、稳定、适速增长。五年来，全系统共完成工业总产值2 280 237万元，比“七五”期间增长53.3%，生产发展速度年均递增10.8%。经济运行质量较好。五年间实现利税总额235 356万元，比“七五”期间增长15.4%，年均递增22.2%。外向型经济有长足发展。“八五”期间建外商投资企业62个，投资总额34 195万美元，注册资本19 165万美元，其中协议外资9 886万美元，比“七五”增长11倍。五年间，共完成出口产品供货值238 505万元，比“七五”增长2倍。产品开发与技术改造取得成效。五年间共开发新产品1 752种，新产品创产值31亿元，创利税4亿元。在全局820种主要产品中，有60%已达到国际70年代末80年代初同类产品水平，10%达到国际90年代初同类产品水平。“八五”期间完成技术改造投资114 000万元，比“七五”增长63.5%，技改项目竣工135项，其中国家项目20项，地方项目15项。有48个企业通过改造提高了装备水平和生产能力。有2个企业建立了国家级技术开发中心，4个企业取得了GB/T19000（ISO9000）国家质量体系认证，3个企业被列为机械工业部技术进步示范工程试点企业，1个企业被列为机械工业部机电一体化示范企业。企业改革稳步推进。1个企业作为全国百家之

一、大连市首家现代企业制度试点已开始运作。1个企业是大连市首批股票上市公司之一。国有民营、企业破产等改革试点正在进行，企业内部的经营机制正在向适应市场经济的方向转变。共组建了4个企业集团。

表2　1995年大连机械工业系统产品产量

产品名称	单位	产量	比上年增长%	产品名称	单位	产量	比上年增长%
工业锅炉	t（蒸汽）	217	-37.8	冶炼设备	t	14 216	-21.2
内燃机	万kW	413.6	-2.0	金属轧制设备	t	748	-56.7
其中：农机内燃机	万kW	4.4	-30.7	炼油化工设备	t	6 242	-52.9
金属切削机床	台	2 995	-5.3	印刷机械	t	13.6	-98.5
其中：大型机床	台	237	-9.2	食品机械	台（件）	294	58.9
高精度机床	台	33	43.5	包装机械	台（件）	833	-7.8
锻压设备	台	9	-30.8	汽车配件	万元	7 434.8	14.7
起重设备	t	23 034	-24.9	小型拖拉机	台	4 080	-18.6
运输设备	t	88	-59.6	拖拉机、内燃机配件	万元	17 198	5.7
叉车	台	876	6.8	机引播种机	台	230	57.5
工业泵	台	4 570	36.5	机引犁	台	825	3487.0
农业泵	台	3 063	61.6	交流电动机	万kW	191.6	-7.8
气体压缩机	台	174	-7.4	变压器	万kV·A	68.3	-11.8
制冷设备	套	5 388	56.9	高压电瓷	t	17 795	-2.4
轴承	万套	1 582.3	17.4	电力电缆	km	201	36.7
高中压阀门	t	1 343	27.7	工业自动化仪表	万台(件)	6.8	-13.3
液压件	万件	2.9	15.7	电工仪器仪表	万台(只)	5.7	-18.4
矿山设备	t	13	-98.8	光学仪器	台	12 964	-1.2

市场及销售　1995年，全局努力开拓国内、国外两个市场，加强产品市场销售，实现了产量和销售同步增长。全系统完成商品产量780 525万元，比上年增长9.2%，完成销售量760 611万元，增长9%。完成工业产品销售率97%，比上年提高1.3个百分点。但是由于国内机电产品市场萎缩，使产品订货合同量下降。到年末全局承接下年度产品合同246 698万元，比上年下降3%，减少7 118万元。分行业看，市场销售较好的有石化通用机械、机械基础件、机床工具行业，销售量均比上年有增长，其中增幅较大的是石化通用机械行业，增长59%；市场销售不景气的是仪器仪表、汽车、农业机械行业，销售量均比上年下降10%以上，其中仪器仪表行业下降12%。

产品出口在连续十年增长的基础上又大幅增长。全年完成出口产品供货值75 811万元，比上年增长60%；出口创汇9 121万美元，增长50.1%。有20个企业出口创汇100万美元以上（表3）。产品出口有五个显著特点：一是国有大中型企业出口主力军作用进一步增长。全系统有出口产品的企业49个，其中16个国有大中型企业，出口产品供货值67 283万元，占全系统出口总额的88.8%。国务院经贸委赋予外贸经营权的企业14个，出口基地企业9个、扩大机电产品出口企业7个。二是形成了出口主产品。全局有22种产品出口创汇超过100万美元，其中工业轴承、港口装卸机械出口均超过1 000万美元，制冷设备、交流电机、橡胶机械、高压电瓷、金属切削机床、冶炼设备、钢模板等7种产品出口均超过500万美元。三是出口产品市场进一步扩大。全局出口产品已销往世界上80多个国家和地区，初步形成多元化的市场格局。四是成套设备出口增加。全年出口成套设备16 624万元，比上年增长72%。五是自营出口继续大幅提高。全系统自营出口创汇7 101万美元，比上年增长90.3%，有10个生产企业自营出口创汇超100万美元，其中创汇额最高的是大重集团公司（大连），为1 199万美元，瓦房店轴承集团公司次之，为888万美元。

全系统实现利税总额72 742万元，比上年增长9%，其中，全民所有制企业68 441万元，增长14.3%。实现利润39 825万元，比上年增长49.6%，其中全民所有制企业为40 290万元，增长48.2%。实现产品销售收入711 944万元，比上年增长13.1%，其中全民所有制企业634 322万元，增长13.6%。全系统有14个企业产品销售收入超亿元（表4），比上年增加2个企业。其中，瓦房店轴承集团公司和大连冰山集团公司的产品销售收入超过10亿元。全系统产值利税率13.1%，资金利税率7.03%，成本费用利润率5.74%，分别比上年提高-0.09、-1.1和1.41个百分点。全员劳动生产率为13 742元/人，比上年下降20.4%。年末有亏损企业36个，亏损额11 075万元，分别比上年增加10个和5 519万元。

科研成果　全系统有14项科技成果获市级以上科技进步奖，其中部级6项、省级2项、市级6项（表5）。大连电瓷厂与电力工业部电科院研制

的 XZP_1－210、XZP_1－300 直流盘形悬式瓷绝缘子，是超高压直流输电工程的关键设备，具有形状较复杂、耐污电压等级较高、抗老化、耐电解腐蚀等特点，使用寿命可达 50 年。该产品在葛洲坝——上海 500kV 直流输电线路挂线运行，各项性能指标达到世界先进水平，填补国内空白，获部科技进步一等奖。大连起重机器厂自行设计研制的为鞍钢大板坯连铸工程配套的主要设备 280/75t 铸造起重机通过部级鉴定。该产品是国家“七五”期间重大技术装备攻关项目，是国内自行设计制造的国内第一台起重量最大的高速、高压、高扬程的铸造起重机。

表 3　1995 年大连机械工业系统出口创汇超百万美元企业

（单位：万美元）

序号	企业名称	出口创汇额	比上年增长％	其中：自营创汇额
1	瓦房店轴承集团公司	1 681	44	888
2	大重集团公司（大连）	1 337	151	1 199
3	大连起重机器厂	865	27	352
4	大连电瓷总厂	744	45	272.6
5	大连电机厂	604	50	549
6	大连橡胶塑料机械厂	592	109	233.3
7	大连冷冻机（有）	781	72	566.5
8	新威模板（有）	636		635.8
9	大连机床厂	290	10	137
10	大连第二机床厂	256	－6	106.3
11	大连高压阀门厂	239	94	70
12	大连叉车总厂	198	－7	62.1
13	大连液压件厂	178	－50	
14	大连电瓷钢帽厂	172	2	
15	金州重机厂	128	25	92
16	大连耐酸泵厂	121	25	
17	瓦房店宏达万向节（有）	260		260
18	大连海明制衣（有）	130		
19	大连庆堂工业（有）	129		80.7
20	瓦房店华美轴承（有）	109		

注：表内未含大连机械设备进出口公司的出口创汇额 2552.5 万美元。表中（有）为股份有限公司。

1995 年，全局应用微电子技术改造机床 6 台，累计 900 台。计算机辅助设计完成 4 项。大连机床厂计算机集成制造系统（CIMS）可行性报告通过辽宁省 CIMS 办公室评定。大连耐酸泵总厂的计算机与成组技术系统已通过机械工业部验收，并获机械工业部科技进步二等奖。大连第二电机厂、瓦房店轴承集团公司被国家经贸委等部门联合批准成立技术中心。大连橡胶塑料机械厂、大连第二电机厂、大连仪表集团公司等 3 个单位成为机械工业部技术进步示范工程试点企业。瓦房店轴承集团公司、大连机床厂、大连橡胶塑料机械厂被辽宁省列为“企业技术创新示范工程”的试点企业。大连冰山集团公司“用微电子技术改造传统产业和机电一体化综合示范试点”通过机械工业部验收，国家经贸委和机械工业部授予该集团公司为“机电一体化示范企业”。1995 年，全局部标准制修订完成 2 项，采用国际标准验收完成 1 项。瓦房店轴承集团公司被评为辽宁省“八五”期间采用国际标准先进单位。

表 4　1995 年大连机械工业系统销售收入超亿元企业

（单位：亿元）

序号	企业名称	销售收入额	比上年增长％
1	瓦房店轴承集团公司	17.03	15.8
2	大连冰山集团公司	10.34	57.0
3	大连柴油机厂	6.88	2.7
4	大重集团公司（大连）	5.70	14.6
5	大连起重机器厂	4.06	－18.0
6	大连机床厂	2.46	4.7
7	大连电机厂	2.29	－29.1
8	大连橡胶塑料机械厂	1.46	29.2
9	大连叉车总厂	1.37	33.0
10	金州重型机器厂	1.37	－8.1
11	大连电瓷总厂	1.34	3.1
12	大连第二电机厂	1.14	－15.0
13	大连油泵油嘴厂	1.13	18.9
14	大连耐酸泵厂	1.10	12.0

新产品　全年开发新产品 312 种，其中达到同类产品国际水平 57 种，占 18.3％，达到国内先进水平 64 种，占 21％。大连起重机器厂研制的为秦山核电站配套的环行起重机通过用户验收，达到国际先进水平，替代了进口产品。该厂为国家港口建设重大项目宁波北仑港研制的两台 2 100t/h 大型卸船机，填补了国内空白，并实现整机滚装发运，开创了国内先例。大连电瓷厂开发的铁路棒形复合绝缘子是现代国际输变电行业的更新换代产品，使我国输变电中的绝缘子达到国际水平。大连橡胶塑料机械厂开发的 XY－211500 立式双辊压延机达到国际同类产品 90 年代初水平，填补了国内空白。大连仪表集团公司开发的 EDR－75－NL 型扩散硅式压力传感器是在引进消化国际同类产品先进技术基础上研制的，填补了国内空白。全系统完成机械工业部下达计划的国家级新产品研制项目 10 项（表 6），完成新产品投产技术鉴定 121 种。1993 年～1995 年开发的新产品年内实现产值 64 500 万元，占工业总产值 11.6％，实现利税 7 600 万元，占利税总额的 10.4％。

质量　1995 年，全局推行全面质量管理，加快GB/T19000（ISO9000）《质量管理和质量保证》系列标准认证工作步伐。大连高压阀门厂、大连第二电机厂、大连耐酸泵厂等 3 个企业取得了 GB/T19001（ISO9001）质量体系认证证书。大重集团公司（大连）在 1993 年通过质量体系认证后，积极贯彻 GB/T19000（ISO9000）质量保证体系标准，开展内部审核整顿，于 1995 年 5 月份通过华信技术检验有限公司第二次监督抽查。该集团公司还被确定为全国首批100个贯彻ISO10012标准计量体系认证试点企业之一。全局通过推行全面质量管理，加强质量监督和开展群众性质量管理活动，推动产品质量不断提高。当年全部产品（1 962种）质量等级系数为64.12%，质量指数为84.9%，质量损失率1.22%；全部产品品种优等品率为1.73%，一等品率26.55%，合格品率71.22%。各级产品质量监督部门抽查的102种产品，合格率为100%。

表5　1995年大连机械工业系统获部、省级科技进步奖项目表

序号	项目名称	完成单位	部级奖	省级奖
1	XZP_1-210、XZP_1-300直流盘形悬式瓷绝缘子	大连电瓷厂	一等	
2	FZ-2 "C"型翻车机卸车系统	大重集团公司（大连）	一等	
3	280/75t铸造起重机	大连起重机器厂	二等	
4	大连耐酸泵厂成组技术系统	大连耐酸泵厂	二等	
5	日野变速箱轴承国产化应用研究	瓦房店轴承集团公司	二等	
6	KBF系列锥形转子制动三相异步电动机	大连第二电机厂	三等	
7	DY8921-00高速线材轧机液压系统	大连液压件厂		三等
8	DY9029大型圆坯连铸机液压系统	大连液压件厂		三等

表6　1995年大连机械工业系统国家级新产品研制项目完成情况

序号	项目名称	主要技术参数	完成单位
1	半封闭螺杆制冷压缩机	排气量179.5m^3/h，电机功率37kW，转速2 960r/min，在2℃～40℃工况下，制冷量为140kW	大连冷冻机股份有限公司
2	879/635B轴承	Cr=5 400kN，Cor=9 400kN，外型尺寸(mm) 635×939.8×304.8	瓦房店轴承集团有限责任公司
3	BT2B328928/HA3轴承	Cr=1 760kN，Cor=4 900kN，外型尺寸(mm) 445×620×160	瓦房店轴承集团有限责任公司
4	LM272249DW/LM272210、LM272210D轴承	Cr=4 100kN，Cor=15 200kN，外型尺寸(mm) 482.6×615.95×330.2	瓦房店轴承集团有限责任公司
5	M274149DW/MD274110、M274110D轴承	Cr=9 658kN，Cor=26 900kN，外型尺寸(mm) 501×711×520	瓦房店轴承集团有限责任公司
6	M3903-B轴承	Cr=300kN，Cor=375kN，外型尺寸（mm）88.9×178×84	瓦房店轴承集团有限责任公司
7	FD420型集装箱叉车	起重量3 500kg，最大高度6 600mm，最大行驶速度32.5km/h，最小转弯半径7 600mm	大连叉车总厂
8	核电站环行起重机	起重量250/10t，跨距直径33.6m，扬高：主29m、副33m，升速：主1.3m/min～0.13m/min、副9.6m/min～0.96m/min，无级调速	大连起重机器厂
9	扩散硅式压力变送器	测量范围0～120kPa，输出信号4mA～20mA.DC，基本精度为调校量程的±0.2%，电源电压24V.DC，负载电阻0～600Ω	大连仪表集团公司
10	扩散硅式差压变送器	测量范围0～400kPa，输出信号4mA～20mA.DC，基本精度为调校量程的±0.2%，电源电压24V.DC，负载电阻0～600Ω	大连仪表集团公司

实施名牌战略，扩大市场占有率。全局有2个产品被评为辽宁省名牌产品：瓦房店轴承集团公司的轿车专用轴承和大连电瓷厂的盘形悬式绝缘子。有3个商标被评为辽宁省驰名商标：瓦房店轴承集团公司的ZWZ商标、大连电机厂的达利牌商标和大连电瓷厂的三箭牌商标。有2个企业进入辽宁省十大知名企业行列：瓦房店轴承集团公司和大连第二电机厂。

技术改造　1995年，局属企业技术改造受资金困难的严重影响，改造的投入量在上年减少的基础上再度减少。全年共安排技术改造项目23项，年度计划投产额19 287万元，其中列入市以上计划的19项，投资额18 858万元。当年完成投资额14 382万元，比上年减少33.1%，其中市以上项目完成投资额13 987万元，比上年减少32.8%。技术改造工程竣工10项，投产7项，其中，市以上项目竣工7项，投产4项（主要项目情况详见表7）。1993年～1994年两年列入考核的12项技改竣工项目投、达产年内实现产值40 769万元，利润3 661万元，税金3 532万元，创汇636万美元。基本建设项目年度计划24项，计划投资额12 807万元，当年完成投资额12 036万元，竣工7项，竣工面积85 390m²。大连机床厂的发展数控机床改造项目列入国家第一批“双加”工程，该项目总投资19 500万元。

表7　1995年大连机械工业系统300万元以上技改竣工项目表

项目单位	项目名称	总投资（万元）	产品名称	产品水平	年生产能力	年产值（万元）	年利税（万元）	年创汇（万美元）
瓦房店轴承集团公司	冶金、矿山配套轴承	9 553	冶金、矿山配套轴承	国际80年代中期	41万套	13 750	2 760	310
大连液压件厂	“八五”技术改造	1 325	汽车转向助力泵	国际80年代末期	4万台	3 300	820	
大连电瓷总厂	提高线路电瓷制造水平	800	高压线路悬式电瓷	国际80年代中期	600t	600	140	120
大连第二电机厂	吊车电机	1 970	吊车电机	国际80年代中期	22万kW	4 468	2 102	
大连第二机床厂	增加数控车床品种	320	数控车床	国际80年代中期	140台	2 000	454	65

表8　1995年大连机械工业系统新建总投资200万美元以上“三资”企业

（金额单位：万美元）

“三资”企业名称	中方企业	外方企业	经营内容	批准日期	总投资额	注册资本	其中外方%
大连正兴开关（有）	大连冰山集团公司、东北电力设计院	日本（株）正兴电机制作所	生产高低压配电设备	1995.03	400	300	60
大连天元精密塑料（有）	大连第二电机厂	韩国起元商社	生产服装标签带	1995.06	200	150	30
大连富士工具（有）	大连机床集团公司	日本富士精工（株）、日本三菱金属（株）	生产专用刀具		482	434	55
大连林德金重空分装置（有）	金州重型机器厂	德国林德股份集团公司	生产低温空分设备	1995.04	994	994	51
瓦房店宏达等速万向节制造（有）	瓦房店轴承集团公司	美国英达博工业（有）	生产等速万向节	1995.11	268	268	56
瓦房店兵库汽车轴承制造（有）	瓦房店轴承集团公司	日本兵库县贸易（株）	生产轿车轮毂轴承	1995.12	2 633	2 188	54.9
瓦房店通用汽车轴承（有）	瓦房店轴承集团公司	美国通用轴承公司	生产汽车轴承	1995.12	250	200	25
大连承铭木制品（有）	瓦房店轴承集团公司	台湾远铭工业（有）	生产餐桌面	1995.12	200	164	25
大连中大钢铁（有）	大重集团公司（大连）	美国嘉勒斯（有）	生产扁钢、方钢、圆钢、螺纹钢	1995.12	2 998	1 200	25

注：表中（有）为股份有限公司，（株）为株式会社。

对外合作　全系统新建外商投资企业18个，总投资额15 889万美元，注册资本9 304万美元，其中协议外资4 719万美元，占50.7%，其中，总投资额200万美元以上的“三资”企业9个（表8）。至年末，累计建立外商投资企业72个，总投资额37 318万美元，注册资本21 337万美元，其中协议外资10 699万美元，占50.1%。1995年，利用外资工作有五个显著特点：一是注重发展高科技项目，兴办产品水平高的外商投资企业。如瓦房店轴承集团公司与日商合资的轿车轮毂轴承项目、大连机床厂与日商合资的专用刀具项目、金州重型机器厂与德商合资的空分设备项目等都是国际90年代水平的项目。二是合资合作领域进一步拓宽。新建的合资企业除机械行业外，还有冶金、电子、轻工以及餐饮等行业。三是注重发展出口创汇项目。如等速万向节、铁路轴承等项目，其产品出口比例均在98%以上。四是投产的外商投资企业经营状况良好。在72个外商投资企业中，截至年末已投产45个，其中经营指标列入市机械局统计范围内的15个企业，当年实现产值22 095万元，实现利润782万元，出口创汇1 413万美元。五是不断探索合作的新路子。大连液压件厂在与日本臼井株式会社进行来料加工经济合作中，无偿使用外方投入的生产线，走出一条“借鸡下蛋”的合作路子。仅此一项年创经济效益240万元。全局累计在境外建厂5个，总投资624.7万美元，注册资本588.5万美元，其中外方292万美元，占49.6%。

改革及管理 企业改革不断推进。现代企业制度试点已经开始起步。瓦房店轴承集团公司列入全国百家现代企业制度试点已经正式挂牌运行。大连机床厂作为辽宁省现代企业制度试点的方案已通过省市论证。列入市级试点的3个企业正在制定试点方案。大连第二锻造厂、大连灯具厂国有民营试点继续运作。全局第一个破产企业大连仪表成套设备厂的人员分流工作已经结束，年内已进入法律程序。全局年内兼并企业12个，其中全民所有制企业4个，集体所有制企业8个。组建1个企业集团——大连机床集团，由大连机床厂（全民所有制大一型企业）和大连第二机床厂（全民所有制大二型企业）合并组成大连机床集团有限公司。全局在劳动制度改革上，按劳动部的要求进行职工劳动合同重新签定工作，到年末已签合同85 000人。

1995年，大连市机械工业管理局完成了机关机构改革。经大连市政府批准，该局是大连市政府管理全市机械行业的职能部门，主要职能是规划、协调、监督、服务。局内设13个处室，有办公室（党委、行政两办合一）、规划发展处、科技质量处、生产指导处、外经外贸处、审计财务处、企业改革指导处、综合统计信息处、劳动人事处、老干部处、组织部、宣传部、纪检委（与监察室合署办公）。人员编制为98名，其中行政编制90名，机关事业编制8名，局级领导职数4人。

企业管理得到加强。全局围绕“转机制、抓管理、练内功、增效益”活动，开展了企业管理年活动，促进各项管理工作。在优化现场管理活动中，瓦房店轴承集团公司、大连橡胶塑料机械厂、大连第二电机厂、大连冰山集团公司获大连市首批现场管理免检单位。在推进现代化管理活动中，全局有15项现代化管理成果获市级以上成果奖，其中获部创新成果奖1项、省级10项、市级4项。推广应用现代化管理创效益1 470万元，比上年增加120万元。全局通过开展双增双节、向管理要效益活动，创效益6 794万元，比上年增加614万元。万元产值综合能耗合标准煤0.98t，比上年增加0.06t。大连电瓷厂、瓦房店轴承集团公司被评为大连市节能样板企业。瓦轴炼钢分厂和大连机床厂机械分厂被评为大连市明星企业。

存在问题 “八五”期间，大连机械工业的发展也暴露出一些问题：一是生产集中度低，规模效益不高。年销售收入达10亿元的企业全系统仅2个。二是后两年受资金影响，技术改造投入下降，企业后劲不足。三是生产组织结构调整缓慢，企业经营机制难以适应社会主义市场经济的需要。另外，当年的生产经营活动受资金影响严重。全系统流动资产周转率0.96次，比上年减少0.11次；应收帐款净额321 983万元，比上年增加19.8%。

〔撰稿人：大连市机械工业管理局　张升革
审稿人：大连市机械工业管理局局长　李学勤〕
〔责任编辑：申建丽〕

吉林机械工业

吉林省机械工业厅

1995年，吉林省采取以优先发展汽车工业带动机械工业的发展策略，再造地方新优势，创名牌，上规模，抢市场，实现了产值、销售收入和利税的同步增长，并均创历史最好水平。

生产发展情况 全省机械工业系统有企业236个，其中大一型2个、大二型11个，全年完成工业总产值2 036 855万元，销售收入2 306 874万元，分别比上年增长7.5%、8.9%，实现利税211 593万元，比上年有所增长。1995年吉林机械工业系统概况和主要产品产量详见表1和表2。

1995年，省机械工业系统是在国民经济宏观调控力度继续加大、外部环境极度困难条件下运行的，企业两极分化，表现出四个特点：

第一，从高速启动转向发展速度回落。年初，各企业根据已到手的订货合同，组织排产，开工率达90%，保持了高速增长势头。从4月开始，生产增幅回落。上半年，完成产值845 098.9万元，比上年增长8.8%。7月，增幅又急剧下滑5.8个百分点。8月，汽车销路受阻，呈现生产低潮，产值累计完成1 356 110.5万元，比上年同期下降9.7%。经过采取全员销售、产品降价、调整产品品种等对策，销路拓宽，回款量加大，速度加快，推进了扩大再生产。到10月，产值已经累计达到1 495 725.2万元，比上年同期增长1.9%。此后，一汽、长春拖拉机厂、长春摩托车集团有限公司等大型骨干企业抓住产品销路好的有利时机，加大生产批量，拉动了行业发展速度回升。年底，全系统产值进一步增长。

表 1　1995 年吉林机械工业系统概况

行　业	企业数（个）	全部职工平均人数（人）	工业总产值（不变价）（万元）	工　业增加值（万元）	产品销售收入（当年价）（万元）	产品销售税金及附加（万元）	利润总额（万元）	固　定　资　产	
								原价（万元）	净值平均余额（万元）
合计	236	263 379	2 036 855	715 382	2 306 874	152 215	59 378	1 038 763	677 481
农业机械	34	28 670	80 496	13 675	106 103	1 827	-1 937	63 820	46 438
工程机械	4	2 991	6 835	1 751	9 084	454	13	8 798	6 035
机床工具	14	9 952	20 992	6 385	17 970	1 018	-875	19 752	15 084
机械基础件	12	10 188	16 734	4 428	20 014	1 184	-2 055	21 687	15 197
石化通用机械	31	19 049	30 641	7 987	35 518	2 789	-1 926	39 632	28 696
重型矿山机械	11	7 216	14 673	3 371	11 220	933	-916	11 476	8 077
汽车	52	33 397	162 525	44 251	163 660	163 563	5 377	109 910	70 643
电工电器	53	24 350	45 917	10 553	49 337	3 494	-4 157	52 666	36 797
仪器仪表	14	7 492	9 505	1 557	8 104	473	-670	23 000	11 008
其他	10	2 793	3 357	756	3 514	332	-274	2 671	2 099
一汽	1	117 281	1 645 180	620 669	1 882 351	137 386	66 441	685 351	437 408

表 2　1995 年吉林机械工业系统主要产品产量

产品名称	单　位	数　量	比上年增长％	产品名称	单　位	数　量	比上年增长％
工业锅炉	t（蒸汽）	1 414.9	-18.5	包装机械	台	1 560	3.6
内燃机商品量	万 kW	378.6	50.4	大中型拖拉机	台	290	-67.6
金属切削机床	台	1 003	-21.9	小型拖拉机	台	69 039	64.7
锻压设备	台	24	-4.0	联合收割机	台	978	182.7
矿山设备	t	3 815.9	-42.1	农用运输车	辆	1 853	-6.0
起重设备	t	1 627.1	-37.6	拖拉机、内燃机配件	万元	3 469.4	-10.5
运输设备	t	2 697.4	64.4	装载机	台	239	-40.7
电动滚筒	台	4 115	2.4	汽车	辆	182 257	2.2
工业泵	台	11 591	-9.7	轿车	辆	19 716	-2.8
农业泵	台	8 766	38.7	改装车	辆	1 807	-1.4
风机	台	2 099	-34.3	汽车配件	万元	211 087.5	14.5
气体压缩机	台	75	-80.7	摩托车	辆	140 588	24.4
电动工具	台	61 244	-42.3	交流电动机	万 kW	43	-29.0
轴承	万套	902	-7.6	变压器	万 kV·A	149.2	-27.9
高中压阀门	t	838	-4.1	高压电瓷	t	1 651.7	-22.0
液压件	万件	1.1	-8.3	电力电缆	km	237.7	-30.9
	t	1 058	25.2	钢芯铝绞线	t	885.7	21.0
标准紧固件	万件	22 751.8	-7.2	电弧炉	台	25	8.7
	t	1 805.1	-34.4	工业自动化仪表	万台（件）	1.2	-53.6
石油钻采设备	t	12 326.6	31.2	光学仪器	台	69 620	16.6
石油机械配件	t	1 233.4	0.2	试验机	台	751	-30.3
印刷机械	t	1 732.4	1.6	磨料	t	12 258.9	-10.3
食品机械	台	29	200	磨具	t	2 900.6	-12.7

第二，企业生产两极分化现象加剧。据省机械厅对归口的 261 个企业调查，保持产值持续增长企业 36 个，占 13.8%，比上年减少 5 个；同上年基本持平的 89 个，减少 16 个，占 34.1%；下降的 136 个，占 52.1%。

第三，亏损企业增多，亏损额上升。由于税赋增加、银行贷款利率提高、职工调资、原材料和能源价格上涨等原因，导致企业亏损面达 42.5%。据省机械厅对归口企业统计，银行贷款 36 亿元，年息达 4 亿元，多支付近 2 亿元；钢材、有色金属、电力等涨价因素，增加成本 1.5 亿元；职工调资增加成本 1.8 亿元。这些涨价因素，已经超出了 50% 企业的承受能力。省机械厅归口企业中，有 111 个企业亏损，比上年增加 30 个，亏损额高达

31 943 万元，比上年增加 71.7%。

第四，在解决资金供求矛盾中持续发展。70%企业受到银行只收不贷的制约，厅归口企业贷款总额比上年减少近亿元；企业间“三角债”达 36 亿元，债权 19.6 亿元要不回来，债务 16.6 亿元又还不起；存货高达 21.4 亿元，其中产成品占用 9.98 亿元。为了发展生产，各企业把解决资金供求矛盾作为关键性环节来抓，并且立足于内部挖潜。对于库存产品采取降价销售措施，对不影响生产的闲置设备进行变卖，实行现款交易。有 60 个企业以此办法盘活资金，改变生产低潮期的停产、半停产状况。二是强化产品销售。98 个企业开展全员全力销售，或专、兼队伍结合销售，加快现销售的货款回笼，回款率由 70%上升到 85%。三是承揽加工。生产任务不足企业，普遍实行经济承包，以车间为单位，对外承揽加工业务。承揽加工完成的产值达 4.8 亿元，占总产值的 11%。四是清欠。运用法律手段等方式，解决债务链问题，156 个企业相继清理欠款 1.8 亿元，“三角债”款 6.9 亿元，缓解了生产资金紧张的矛盾。五是疏通银行信贷。通过限期贷款限期收回、债务划拨等措施，争取到 3.2 亿元的资金，保证了生产发展。

市场及销售 省机械系统企业生产的 3 100 种产品中，畅销的占 18%，平销的占 29%，销量急剧下降或滞销的占 53%。全年畅销的主要产品有：奥迪轿车、捷达轿车、轻型和中型柴油解放汽车、AX100 型摩托车、石油修井工具、高温风机、小四轮拖拉机、钢芯铝绞线、风动工具、农用水泵、汽车配件。季节性畅销的有：自走式谷物联合收割机、播种机、插秧机、农用三轮摩托车。平销的产品有：改装汽车、磨料磨具、剪板机、阀门、抽油机、电动工具、电动滚筒、液压切纸机、特种变压器、电炉、摩擦焊机、摊铺机、搅拌机、夯实机、顶管机、石油机械配件、抽油机、凿岩机、破碎机、换热器。销量急剧下降和滞销产品主要有：磨床、铣床、车床、刨床、装载机、起重机、推土机、空气压缩机、矿山洗选设备、工业锅炉、电机、电缆、修井机、材料试验机、液压件、机床附件、电影机械、气象仪器、工业自动化仪表等。产品销售收入在亿元以上的企业总共有 4 个：一汽 1 857 687万元、长春摩托车集团有限公司 85 813 万元、长春拖拉机制造厂 67 132 万元、四平联合收割机厂 11 505 万元。

产品出口发展较快，31 个出口企业共完成出口交货值 33 025 万元，创汇 3 943.54 万美元，均比上年增长 35%。出口产品结构，由劳动密集型向技术密集型转变，以汽车出口为主，带动农机、仪器仪表、机械基础件、通用机械、机床工具的出口。主要出口产品：汽车 1 826 辆（其中轿车 403 辆）、摩托车 291 辆、风机 69 台、印刷机械 102t、光学仪器 334 958 台（件）、金属切削机床 48 台、刃具 9.3 万件、轴承 49 万套、汽车配件 6 676.8 万元。出口创汇 100 万美元以上企业 4 个：一汽 2 098万美元、白山金刚砂厂 419.2 万美元、龙井手扶拖拉机厂 147.3 万美元、通化县金刚砂厂 101.4 万美元。

新产品 省机械厅归口企业 1995 年新产品试生产 284 种，创产值 6.64 亿元，创利税 9 600 万元，新产品产值率达 16.5%。其中，达到国际 90 年代初水平的 6 种，国内先进水平的 54 种；被评为省优秀新产品一等奖的 2 种、二等奖的 12 种、三等奖的 26 种。新产品开发 190 种，其中 60%系填补国内空白、国内先进或达到国际同类产品先进水平。具有代表性的有：（1）GS125R 和 GS150R 型摩托车。这是从日本铃木公司引进的具有 90 年代国际先进水平的产品，由长春摩托车集团有限公司试制成功，11 月 13 日通过省级鉴定。鉴定认为，这两种车经济性和动力性良好，整车结构合理，造型美观，操作方便，乘骑舒适，安全可靠，可以试生产。（2）CA1020F 型上、下控制臂球头销总成。吉林市汽车工业集团公司汽车部件厂研制，该产品用于 1t 轻型车悬架系统，寿命 5 万 km 以上，可靠性 100%，经 100 万次试验，达到日本同类产品水平。5 月 15 日通过省级鉴定，结论是该产品填补了国内空白，替代了进口，可以批量生产。（3）AF 系列烧结风机及球团烧结风机。四平鼓风机厂研制，这种风机主要技术指标：风量 1 600m^3/min～13 000m^3/min，风压≤20kPa，效率 80%～85%，温度：AF 系列 40℃～250℃、球团系列 300℃～400℃，含尘量：AF 系列≤250mg/m^3、球团系列≤1g/m^3，使用寿命 10 年。12 月 14 日通过省级鉴定，结论是 AF 系列烧结风机和球团烧结风机具有性能良好、耐高温、耐磨损等特点，适用于冶金行业烧结工艺需要，综合技术指标达到了国际先进水平，填补了国内空白，替代进口，可以批量生产。（4）MK8320 数控凸轮轴磨床。长春第一机床厂研制，采用机械靠模式，头架往复摇摆仿形磨削，电气控制采用西门子 810M 数控系统，砂轮进给、修整架进给及头架一转内不等速旋转由三轴交流伺服半闭环控制，具有手动磨削、单凸轮自动磨削、全轴自动循环磨削功能。可磨削工件最大直径 200mm，头尾架顶尖距 1 250mm。12 月 22 日通过省级鉴定，结论是设计合理，外形美观大方，性能稳定，机械刚度好，生产效率高，技术先进，居国内领先水平。（5）奥迪 100C3 轿车车门内板焊接总成。白山市轿车车门厂研制，10 月中旬通过省级鉴定。该产品是为奥迪轿车配套的国产化部件，占整车国产化率的 2.57%，技术含量高，附加值大，填补了国内空白，达到了德国奥迪轿车车门内板焊接总成的当代水平。（6）灰尘滤清器等 4 种产品。10 月下旬，长春市仪表总厂研制的 HL1319 捷达灰尘滤清器、捷达/高尔夫空气滤清器、小红旗轿车滤清器和奥迪/桑塔纳轿车空气滤清器 4 种新产品通过了省级鉴定。灰尘滤清器采用德国大众汽车公司最新技术成果，用滤纸材料替代塑料进行滤尘，净化轿车内环境效果良好。空气滤清器均采用国际先进的恒温装置，使进入轿车发动机的空气温度控制在一定范围之内，提高了轿车发动机的使用性能。4种产品的技术性能指标，均达到了国际同类产品90年代先进水平。（7）KSC矿用系列和SCR电力系列绕包绝缘干式变压器。通化市变压器厂研制，8月中旬通过省级鉴定，认为两种产品技术质量指标均达到国际同类产品90年代初水平，填补了国内空白，属于为特殊供电场所理想的油浸变压器更新换代产品，具有设计结构紧凑、抗短路能力强、节能防火、性能先进、不开裂、节能、自熄、耐潮性强、免维护等特点。

质量 机械工业系统质量指数为104.60%，产品质量等级系数99.53%，质量损失率0.75%。在贯彻GB/T19000（ISO9000）质量管理和质量保证体系过程中，有四平金丰股份有限公司、四平华银股份有限公司、四平维卡勃换热设备有限公司、公主岭中大股份有限公司、长春高中压阀门厂、长春第二机床厂、长春摩托车集团有限公司等7个企业通过了国家级鉴定。在实施“名牌工程”中，省政府于3月命名70种产品为吉林名牌，其中有机械工业系统11种。分别是一汽集团公司解放牌CA1092（CA142）载货汽车、长春汽油机股份有限公司长铃牌AX100型摩托车、通化市风动工具厂H牌G型气镐、长春电动工具股份有限公司三箭牌ZIC系列电锤、四平金丰股份有限公司四风牌系列水泥窑尾高温风机、四平维卡勃换热设备有限公司雪山牌系列板式换热器、白城派克汽车电器有限公司黄花牌汽车低压电线束总成、四平市工程机械厂华象牌轮式装载机、通化石油工具股份有限公司通工牌石油修井系列工具、梅河口砂轮特耐有限公司三星牌WA白刚玉、集安市通用机械厂吉字牌油冷式电动滚筒。

技术改造及对外合作 除一汽大上轻、轿车工程的第三次创业投资与合资100余亿元外，省机械工业系统“八五”期间抓住优势行业、骨干重点企业和地方特色产品进行技改引进。体现出三个特点：一是投入加大，建设速度加快。5年累计完成投资15.8亿元，是“七五”期间的3倍，共上89个项目，其中竣工验收68个，已有63个正式投产，11个项目当年投入、当年完成、当年见效。二是坚持高起点，注重上水平。主要进行了汽车配件的大批量、专业化、多品种的引进改造，大吨位抽油机、大型炼钢电弧炉、特种变压器、摩托车、龙门导轨磨床、汽车专用轴承等技术含量高的产品上能力。三是注重经济规模，创造规模效益。所上项目，均达到一定规模。公主岭轴承厂新上100万套汽车专用轴承后，实现利润达570万元，成为厅归口企业的第三个利润大户。由于形成了具有相当规模的60余个企业群体，增强了后续实力。厅系统60%以上的利税，是“八五”改造项目创造的。在技改基建中，有59个引进先进技术软件、制造工艺和检测设备项目，总用汇7 044万美元。经过消化吸收，已批量投产。

1995年，完成技改投资31 000万元，竣工验收26个项目。其中引进项目有11个，共用汇1 215.6万美元。长普油封有限公司从法国引进汽车油封制造设备，长春东方有色金属压铸有限公司从美国贝尔德公司引进轿车铝合金压铸件设备和检测仪器，长春京滨弹簧有限公司从日本奥野株式会社引进线径弹簧和气门弹簧生产设备，长春爱尔铃密封件有限公司从德国爱尔铃集团引进汽车发动机无石棉气缸垫和板材生产线，通化市变压器厂从德国ABB变压器有限公司引进绕包干式变压器技术和关键设备，省光明仪器厂从美国普能有限公司引进轻、轿车制动缸生产线及从德国克劳斯公司引进刮水器生产线，省大华机器厂从美国HESS公司引进手制动器总成生产专用设备，吉林汽车工业集团公司转向机厂从日本国际计测器株式会社引进自动校直机及从西班牙牙宝公司引进齿条高频淬火机床，浑江专用轴承有限公司从捷克索米特公司引进对瞄分离器。经过消化吸收，无石棉气缸垫正式投产，销往全国各轿车生产厂家；干式变压器少批量投放市场，成为国内领先水平产品；汽车油封已大批量生产，既供国内各主机生产厂，又出口欧洲；刮水器、手制动器、汽车弹簧等，已成一汽奥迪、捷达轿车配套产品。

“八五”期间，省机械工业系统累计兴办中外合资合作企业35个，引进外资115 000万美元，其中有25个企业投入运营。建成了在全国有影响的换热设备、气缸垫、汽车油封、汽车电线束等生产基地，基本建成一汽大众轿车厂。1995年的合资合作项目有7个，总投资5 710.2万美元，注册资本1 482.2万美元，外方投资2 497.9万美元。合资合作项目在200万元以上项目有4个：（1）白山市铝轮毂厂同美国帝国铸造有限公司的合作项目，中方出资厂房设备、资金，总投资1 989万美元，外方提供铝轮毂生产线和铝锭，年产381mm×177.8mm（15in×7in）汽车轮毂50万件，产品全部外销，合同期10年；（2）长春电动工具厂与瑞典阿特拉斯科普科有限公司合资项目，总投资1 410万美元，其中外方投资占70%，中方以工装模具、厂房及设备出资，经营4个品种19个规格的电动工具和401、501、WS710、PHE16系列电锤，产品20%外销，合同期50年；（3）长春市车灯厂与德国海拉亚太控股有限公司及香港迅捷实业有限公司合资项目，双方投资1 952万美元，外方投资占70%，生产销售捷达、奥迪轿车车灯，产品全部内销，合同期15年；（4）省大华机器厂与美国吉福特国际有限公司合资项目，总投资202万美元，中方出厂房、设备，外方出资98万美元，生产飞轮齿环总成等汽车配件，产品全部内销，合同期20年。

改革及管理 为了适应市场经济，省机械工业系统236个企业均进行了以“三项制度”为主要内容的配套改革。在干部制度上，一律实行聘用制。在用工制度上，一律实行合同制。经过改革，全系统精减富余人员1.3万人，一线生产工人所占比重从25%上升到40%。在分配制度上，一律实行工资与企业经济效益挂钩制。效益好的企业，职工调资长幅大，奖金多。白城市机床厂领导班子决策失误，酿成企业破产倒闭。延边农业机械厂缺少主导产品，难以扭转资不抵债局面，宣布破产。柳河县电机厂、公主岭市汽车机油滤清器厂拍卖给职工，转为职工所有，进行委托经营尝试。长春汽油机股份有限公司兼并大江县实业公司等23个单位，组建起长春摩托车集团有限公司。公主岭轴承厂发起，白山轴承厂和大安轴承厂参加，成立了吉林省轴承集团。在现代企业制度试点中，长春摩托车集团有限公司被确定为全国首批试点企业。公司有固定资产12 458万元，8个子公司、4个控股公司、2个参股公司。8月5日，经国家批准，省、市政府授权，公司享有国有资产经营权，按《公司法》规范运作。年底，实现利税27 177万元，其中利润8 875万元，分别比上年增长85%和70%。企业管理主要是以“转抓练增”形式展开，各企业结合自身特点，提出实行全面经济承包，开展节能降耗、增收节支、重塑企业新形象等活动。白城市齿轮总厂等5个企业，推行了精益化生产方式和奥迪特质量评审法。在省机械厅企业管理年度评比中，四平金丰股份有限公司、四平华银股份有限公司、通化市风动工具厂、梅河口特耐磨具公司等10个企业被评为先进管理企业。

培育汽车配件“小巨人”企业 国家已经决定在2 010年以前，将一汽建成100万辆汽车生产厂家。结合一汽配套和全国汽车市场需求，省机械厅提出，扶持吉林市汽车工业集团公司、白城派克电器有限公司、白城市汽车电器总厂、白城齿轮总厂、东丰钢板弹簧厂、辽源汽车电器总厂、长春市车灯厂、长春汽车密封件厂、公主岭气门芯厂、白山市铝轮毂厂等10个企业，使之成为“小巨人”企业。力争1997年底，每个企业产值达到亿元以上，合计产值190 500万元，实现利税合计31 800万元；产品达先进，创全国名牌；国内市场占有率、覆盖率达25%以上。1995年，由于技改引进资金到位，这10个企业均得到不同程度发展。吉林市汽车工业集团公司的转向机、球头销已向一汽供货，白城市汽车电器总厂的玻璃升降器、继电器等产品批量供应全国各主要整车生产厂家，长春市车灯厂的轿车车灯已为一汽轿车配套，长春汽车密封件厂的无石棉软垫销往全国各轿车生产厂。

〔撰稿人：吉林省机械工业厅　翟胜志　审稿人：吉林省机械工业厅厅长　陶长福〕

〔责任编辑：张友鹤〕

黑龙江机械工业

黑龙江省机械工业厅

生产发展情况 1995年，黑龙江省机械工业系统在国家经济环境趋紧的情况下，仍使生产经营保持了持续增长。全省19个市地局系统，生产比上年增长的有12个，超过全省平均增长水平的有齐齐哈尔市机械局、牡丹江市机械局、哈尔滨市汽车办、鸡西市机械局系统等11个。生产发展较快的企业有一汽集团哈尔滨轻型车厂、中国第一重型机械集团、富锦拖拉机厂、哈尔滨拖拉机厂、常柴齐富有限责任公司、佳木斯联合收割机厂、牡丹江木工机械厂等28个企业。在九大分行业中，比上年增长的有5个，增长幅度较大的有汽车、农业机械、重型矿山和仪器仪表等4个行业。全省机械工业系统内共有企业271个（其中特大型企业1个、大一型11个、大二型22个、中一型12个、中二型41个），共完成工业总产值（1990年不变价）826 843万元，比上年增长9.1%；产品销售收入933 061万元，比上年增长11.5%；实现利税总额28 731万元，呈负增长。生产情况见表1、表2。

市场及销售 1995年，黑龙江省机械工业主要产品销售形势可以概括为“有喜有忧”。销售收入超亿元的企业18个（表3）。农机、汽车、重型机械产品继续保持旺销势头，而电工电器、机床工具产品销售继续下滑。

农机产品市场，经过三四年的低潮之后，1994年下半年开始复苏，1995年全面复苏并逐步推向高潮，从小型拖拉机，小型柴油机，犁、耙、播、收等大型机引农具，到拖拉机、内燃机配件、农具配件等出现了不同程度的供不应求。电工电器、机床工具产品市场下滑，发电设备生产任务仅安排252.5万kW，国家对哈尔滨“三大动力”厂1995年生产计划做了大幅度调整，推迟和缓建了9个项目230万kW，致使哈尔滨“三大动力”厂任务严重不足，工业总产值比上年减少3.75亿元。机床工具行业由于受进口机床的冲击，70%的国内机床市场被国外机床产品占领。几大机床企业除齐齐哈尔第二机床厂尚好外，齐齐哈尔第一机床厂、牡丹江第一机床厂、哈尔滨量具刃具厂、哈尔滨第一工具厂等企业生产都有不同程度的下滑。

表1　1995年黑龙江机械工业系统概况

行　　业	企业数（个）	全部职工平均人数（人）	工业总产值（不变价）（万元）	工　业增加值（万元）	产品销售收入（当年价）（万元）	利税总额（万元）	利润总额（万元）	固定资产 原价（万元）	固定资产 净值平均余额（万元）
合计	271	275 146	826 843	229 204	933 061	28 731	－34 274	802 088	511 200
农业机械	39	29 296	77 973	6 827	85 687	－5 088	－7653	74 017	50 178
工程机械	2	2 924	2 214	－912	3 226	－865	－984	9 144	4 300
机床工具	30	49 704	105 963	35 246	103 095	－5 679	－13 701	97 603	56 315
机械基础件	14	21 553	57 925	31 462	97 371	16 571	8 115	50 622	24 505
石化通用机械	20	14 908	44 226	12 898	38 873	1 930	－1091	56 141	34 075
重型矿山机械	9	24 675	98362	30 296	97 566	7 161	－524	74 119	61 490
汽车	41	26 468	111 498	26 157	104 233	－2 582	－7 272	94 344	40 753
电工电器	74	86 493	290 513	80 009	368 411	16 370	－9 944	299 771	213 990
仪器仪表	26	13 106	26 498	4 939	23 585	775	－519	33 707	16 210
其他	16	6 019	11 671	2 283	11 013	138	－701	12 621	9325

企业相互拖欠进一步加剧，流动资金严重短缺，致使许多产品有市场、有销路的企业也无法组织生产。1995年末应收帐款48.14亿元，应付帐款33.66亿元，应收大于应付14.48亿元。

产品出口保持较好势头，全年完成出口交货值6.23亿元，比上年增长25.1%。主要出口产品有发电设备、工业轴承、电工电器、仪器仪表、金属切削机床、联合收割机、电线电缆、堆取料机、磨具磨料、蓄电池等16种产品。出口创汇超过100万美元的企业17个（见表4）。

科研成果与新产品　黑龙江省机械工业全年完成科研工艺攻关75项，开发新产品350种，新产品当年创产值7亿元。其中有70%达到国际80年代初水平，有10%达到国际当代水平，有60种新产品填补了国内空白，约200种新产品属于“四高”产品。在新产品开发中，为国家重点工程配套的产品仍占主导地位。第一重型机械集团公司研制的40MN双点单动机械压力机是我国目前最大的压力机，填补了国内空白，技术水平达到了日本同类产品水平。一重集团采用密栅云纹法物理模拟、有限元法数值模拟、动态热模拟等新技术对大型管板锻造过程中的热力参数、变形机理进行了研究，降低了30万kW、60万kW发电机组的大型管板锻件的废品损失，使合格率提高到90%以上。齐齐哈尔第一机床厂研制开发的国内首台全功能CK61220型数控重型卧车，最大加工长度达到10m，最大承重量为80t，采用了自行研制的静压蜗母牙条全闭环数控技术，使产品达到了国际90年代初水平。哈飞实业公司研制的BS1025－Ⅰ、BS1205W农用运输车带动性大，附加值高，具有广阔的市场前景。佳木斯电机厂开发的YA710－2增安型三相异步电动机已应用于摩托车和石化行业，开辟了新的服务领域。佳木斯电机厂与哈尔滨大电机研究所、哈尔滨绝缘材料厂等单位共同对万伏级V.P.I绝缘结构进行攻关，解决了由于绝缘材料满足不了要求而产生的电晕现象，使V.P.I绝缘结构达到了万伏级防爆电机的技术要求。佳木斯联合收割机厂开发出JL3060型联合收割机，符合当前市场需求，得到用户的欢迎和认可。牡丹江木工机械厂开发了综合利用木材的重组木制造成套设备，不仅为建筑、家具等行业提供了一种新型可承重的结构用木材，而且在一定程度上解决了当前木材匮乏的问题。哈尔滨锅炉厂全面采用二氧化碳气体保护焊并应用振动时效技术消除应力，自制实验台，模拟产品运行工况进行试验，生产了全国唯一可摆动的燃烧器，解决了锅炉燃烧器不能摆动影响锅炉燃烧率的问题，提高了产品质量，达到了美国CE公司的技术水平。

质量　1995年黑龙江省机械工业继续把质量管理当做一项中心工作来抓。全省25个质检站对235个企业的353批次产品进行了监督性质量抽查，批次合格率达94.05%。佳木斯电机厂等3个企业获得1995年度黑龙江省用户满意产品、用户满意企业称号。

省厅加强了质量监督体系建设，对25个质量监督站进行了整顿，根据计量法的要求，完成13个质量监督站计量认证复查工作。制定了《黑龙江省机械工业质量监督站管理条例》。对全省35个高压开关设备生产企业进行了秩序整顿，建立了35个企业的基础技术档案。

生产许可证和出口质量许可证工作，完成了静止式电表、脱粒机、水泵、砂轮、轻小型起重运输机等5种产品42个企业、85个申证单元的申报工作，有36个企业79个申证单元提出正式申请。5个企业、10个申证单元完成了低压电器工厂必备条件审查，2个企业、2个申证单元完成了脱粒机工厂必备条件审查。受机械工业部委托对2个电线电缆企业4个申证单元组织了工厂必备条件审查。

制定了全省机械工业贯标和质量认证计划，有30多个企业逐步宣贯采用了新标准。哈尔滨空调机厂、哈尔滨重型机器厂通过了第三方质量体系认证。

全行业采用国际标准产品 2 079 种，其中等同、等效采用 722 种，占 34.75%。采标产品达到国际 90 年代初水平的 66 种。1995 年实施采标计划 66 项，佳木斯电机厂 YB 异步电机、YA 同步电机，牡丹江木工机械厂 4MBE 型木工刨床和中国第一重型机械集团公司的热壁加氢反应器等参加了全国联评。

技术改造 1995 年，全省 36 个基建技改项目，计划投资 3.2 亿元，当年落实资金 1.6 亿元。牡丹江空调机厂引进汽车空调压缩机生产线及制造技术的技改项目总投资 18 554 万元（含外汇 1 083 万美元），已经全部落实，技术软件已消化完毕，购进的国内外设备安装调试工作已经结束，工厂全面进入了生产状态。

“双加”工程前期工作已结束，列入“双加”工程的 5 个项目，总投资 3.5 亿元，其中列入国家队的 1 项，行业队的 4 项。

表 2 1995 年黑龙江机械工业系统产品产量

产品名称	单位	产量	比上年增长%	产品名称	单位	产量	比上年增长%
工业锅炉	t(蒸汽)	2 973.7	-28.2	农副产品加工机械	台	1 050	85.5
电站锅炉	t(蒸汽)	8 252	-40.5	拖拉机、内燃机配件	万元	7 821.1	31.0
农用柴油机	万 kW	19.8	761.0	汽车	辆	58 904	143.6
发电设备	万 kW	324.1	-21.2	汽车配件	万元	29 329.3	-23.3
电站汽轮机	万 kW	674.5	102.3	交流电动机	万 kW	130.5	1.2
金属切削机床	台	1 585	-32.7	直流电机	万 kW	2.6	-54.4
锻压设备	台	427	-16.3	变压器	万 kV·A	229	6.5
金属轧制设备	t	19 366	-6.5	互感器	台	1 618	-20.5
起重设备	t	3 326.2	-29.7	高压断路器	台	92	-23.3
运输设备	t	730	5.5	高压隔离开关	组	1 534	25.5
装卸机械	t	4 908	16.4	高压开关板	面	761	158.8
工业泵	台	3 665	-38.9	高压电瓷	t	3 048	-27.3
农业泵	台	3 853	13.1	继电保护屏	面	4 161	-39.8
风机	台	667	-80.7	保护及自动化继电器	件	330 000	-31.4
暖风机	台	2 292	160.8	低压开关板	面	3 578	35.9
气体分离及液化设备	套	42	-17.7	裸铝线	t	668	574.7
气体压缩机	台	276	762.5	钢芯铝绞线	t	3 099	39.9
制冷设备	t	41	-33.9	裸铜线及铜电车线	t	18	-41.9
轴承	万套	5 195.8	0.4	铜排扁线及电刷线	t	456	-63.6
高中压阀门	t	1 772	0.1	电磁线	t	203	-83.6
低压阀门	t	91	-11.7	布电线	km	15 904	2.0
液压件	万台（件）	4	-50.1	电力电缆	km	1 250	27.7
标准紧固件	万件	1 654	-75.7	控制电缆	km	294	-52.0
矿山设备	t	280	-74.1	通讯电缆	km	89	-47.3
工矿配件	t	4 343.4	5.5	绝缘材料	t	2 286	37.6
冶炼设备	t	3 717	-36.0	电炭制品	t	562	-51.8
石油钻采设备	t	2 436	-49.7	工业自动化仪表	万台（件）	19.1	-1.5
炼油化工设备	t	6 323	-5.9	电工仪器仪表	万台（件）	133.9	-6.8
木工机械	台	4 379	0.8	光学仪器	台	16 916	-18.7
印刷机械	t	1 634	-17.2	分析仪器	台	58	-38.3
环保设备	t	76.1	-96.9	实验仪器装置	台	17	-76.7
大中型拖拉机	台	100	-8.3	专用仪器仪表	台	2 875	13.3
小型拖拉机	台	50 255	73.3	科研办公机械	台	6 832	-35.8
机引犁	台	470	235.7	电影放映设备	台	475	46.6
机引耙	台	1 141	268.1	量具	万件	43	-12.2
机引播种机	台	4 778	-35.4	刃具	万件	2 540.5	-40.3
机引植保机械	台	509	35.4	照相机	台	763	39.2
联合收割机	台	995	788.4	磨料磨具	t	6 806	-12.2

表 3　销售收入超亿元企业

序号	企业名称	销售收入（万元）
1	哈尔滨锅炉有限责任公司	106 719
2	哈尔滨轴承股份公司	88 771
3	中国第一重型机械集团公司	83 396
4	哈尔滨汽轮机有限责任公司	69 650
5	哈尔滨电机有限责任公司	68 841
6	哈尔滨轻型车厂	66 256
7	富锦拖拉机厂	20 638
8	哈尔滨第一工具厂	19 559
9	阿城继电器厂	19 003
10	哈尔滨拖拉机厂	18 872
11	齐齐哈尔第二机床厂	18 031
12	哈尔滨量具刃具厂	16 245
13	牡丹江木工机械厂	15 006
14	哈尔滨空调机厂	13 000
15	齐齐哈尔第一机床厂	12 554
16	佳木斯联合收割机厂	11 117
17	哈尔滨电表仪器厂	10 743
18	哈尔滨汽车齿轮厂	10 400

表 4　出口创汇超百万美元企业

序号	企业名称	出口创汇（万美元）
1	哈尔滨电机厂	2 875
2	佳木斯联合收割机厂	770
3	牡丹江轴承厂	596
4	哈尔滨轴承厂	476
5	哈尔滨电缆厂	411.8
6	哈尔滨重型机器厂	362
7	哈尔滨制氧机厂	344
8	哈尔滨电表仪器厂	332
9	牡丹江磨具磨料公司	322
10	哈尔滨第一工具厂	302
11	佳木斯电机厂	186
12	牡丹江第一机床厂	160.2
13	哈尔滨蓄电池厂	148
14	中国第一重型机械集团公司	142.5
15	哈尔滨第二工具厂	118
16	哈尔滨量具刃具厂	116
17	哈尔滨电影机械厂	113

发展规模经济的“五五工程”在市地和企业形成共识，到目前，纳入省政府“十大基地”和“五大支柱产业”中的电站设备、大重型机械以及汽车产业已完成规划，开始实施了“龙头”带动战略。在汽车“一条龙”中，牡丹江空调机厂已开始组装生产；新发展了依安水箱厂、大庆万驰汽车减振器厂、海林白头山机油滤清器厂等配套企业。

对外合作　对外合作在大中型企业和优势产业取得突破性进展。1995 年全行业新批外商投资企业 33 个，投资 2 731 万美元，其中外方投资 1 741 万美元，占 63.7%。系统内，合资企业总投资 5.47 亿元，其中外方投资占 47.34%。阿城继电器厂与香港新中港企业有限公司合资成立了合资企业阿城继电器有限公司。合作双方本着优势互补、利益共享、风险共担、共同发展的原则创立了合资企业，总投资 2.5 亿元。中方主要以厂房、设备和专有技术投入 13 750 万元，占 55%；外方以现汇投入 11 250 万元，占 45%。哈尔滨汽车电器厂与美国亚洲战略投资公司合资组建了哈尔滨飞奔电器股份公司，合资企业总投资 3 000 万美元，注册资金 10 236 万元，中方占 39.2%，美方占 60.8%，合资期限为 30 年。合资企业主要生产汽车喇叭、继电器、点火线圈等。哈尔滨拖拉机配件厂、中国汽车进出口公司黑龙江公司和美国先技投资集团共同出资创办了合资企业哈尔滨先技汽车齿轮有限公司。合资企业注册资金 3 344万元，由美方投入全套格里森齿形加工设备并补充部分国内设备，主导产品是汽车后桥螺旋伞齿轮，总生产能力为年产 10 万套各类齿轮，利润可达 1 500 万元。“南联”工作有了良好的开端，全省机械工业“南联”共签约 43 项，引进资金 1.16 亿元。肇东电缆厂与华西村联营成立了黑龙江华西电缆股份公司，引进资金 3 200 万元。

改革及管理　1995 年，先后着手组建齐齐哈尔机床集团、哈尔滨工量具集团、佳木斯联合收割机集团、桦川北方耕作集团、哈尔滨红光锅炉集团等 5 个集团，使全省机械工业企业集团达到 11 个。齐齐哈尔电缆厂、肇东电缆厂、佳木斯数控机床厂、哈尔滨第二工具厂等 13 个企业实行了委托经营，其中 6 个企业列入省委托经营试点。哈尔滨汽车电器厂等 14 个企业组建了有限责任公司。佳木斯锻压设备厂等 4 个企业实行了股份合作制。齐齐哈尔链条厂、佳木斯鼓风机厂等 9 个企业实行了破产。黑龙江农机厂等 3 个企业实行了拍卖。佳木斯标准件厂等 2 个企业实行了租赁。哈尔滨绝缘材料厂、哈尔滨电缆厂、哈尔滨农业机械厂等 6 个企业实行了关停政策。齐齐哈尔电缆厂实行委托经营后，结束了连续三年亏损、停产 19 个月的局面。黑龙江农机厂通过以资抵贷，然后再转卖给大田有限公司的形式，启动了生产。齐齐哈尔仪表总厂采取先租后破产然后再买回，使 2100 万元的资产重新盘活。甘南柴油机厂通过产权重组向实力雄厚的常州柴油机厂靠拢，并与富锦拖拉机厂联合组建了常齐富股份有限公司。

企业坚持“一业为主、多种经营”的方针，积极开辟经济发展第二战场。全省机械工业系统第三产业营业收入达 17.76 亿元，比上年增长 15.8%，实现利税 5080 万元，比上年增长 10.2%。一重集团、齐齐哈尔机床集团、哈尔滨轴承厂、哈尔滨“三大动力”厂、佳木斯电机厂等普遍成立了实业公司或综合开发公司，将各自的后勤服务系统分离出去，统一管理，独立核算，自负盈亏。采取费用定额补贴、利润递增上交包干等不同形式扶持“三产”发展。哈尔滨印刷机厂与双城乡镇联办企业进行玉米深加工，富锦拖拉机厂与大邱庄合资兴建农用运输车装配厂。

佳木斯轴承厂在抓主业的同时,发展两翼,一翼扩大对外加工,一翼开展多种经营,实现以副补主。现该厂已剥离 240 多人,每年可向工厂上交 100 万元管理费。哈尔滨绝缘材料厂组织 560 人开辟第二战场,已创收 400 多万元,牡丹江轴承厂边贸公司全年可创营业收入 6 000 万元,利润 600 万元。

企业管理工作进一步加强,1995 年召开了全省机械工业企业管理工作会议,许多市地局和企业都把强化企业管理当做一项重点工作来抓,以抓好产品质量为重点,在"严"和"实"上狠下功夫,全面提高了企业科学管理水平。通过扎实工作,企业经营者的管理意识增强,并形成向管理要质量,向管理要市场,向管理要资金,向管理要效益的良好态势。哈尔滨轻型车厂面向市场,走质量兴厂之路,全年完成产值 7.57 亿元,比上年增长 2 倍多。佳木斯联合收割机厂加强内部管理,对 3060 型联合收割机下调了劳动定额,使单台成本由 8.3 万元下降到 6.7 万元,全年销售 700 多台,仅此一项就增效 1 000 多万元。齐齐哈尔齿轮厂强化内部管理,1995 年在没有增加管理费用的情况下,使产值增长 86%。

存在问题 经济效益严重下滑,综合经济效益指数低。全国机械工业亏损面为 39%,全省工业亏损面为 25.1%,而全省机械系统亏损面达到 61.3%,亏损额高达 5.3 亿元。综合经济效益指数全国机械工业为 96%,全省工业为 101%,而全省机械系统只有 46.9%。

〔撰稿人:黑龙江省机械工业厅 郭大春 审稿人:黑龙江省机械工业厅副厅长 王鸿智〕

〔责任编辑:张友鹤〕

上海机械工业

上海机电控股(集团)公司

上海机械工业主要由上海机电控股（集团）公司、上海汽车工业总公司、上海电气集团公司所属企业和上海仪电控股（集团）公司、上海轻工控股（集团）公司以及上海市郊县工业管理局所属部分企业构成。由于行业隶属关系和统计口径不同，本文所述上海机械工业系 1995 年上海机电控股（集团）公司所属企业情况。文表中所列各种数据仍包括建设部、化学工业部、地质矿产部、林业部、原轻工业部、原能源部、国家建材总局和医药总局等 8 个中央部、局过去下放给地方管理的 16 个归口企业。由于这些企业分散于上海机电控股（集团）公司所属各行业公司，有些数据不可能一一分割统计，因此文中所述数据与表 1、表 2 中所列数据有所不同。

表 1 1995 年上海机械工业系统概况（机械工业部归口企业）

行业	企业数（个）	全部职工平均人数（人）	工业总产值（不变价）（万元）	工业增加值（万元）	产品销售收入（当年价）（万元）	产品销售税金及附加（万元）	利润总额（万元）	固定资产 原价（万元）	固定资产 净值平均余额（万元）
合计	245	190 994	1 443 795	447 097	1 612 686	5 390	60 377	738 582	496 884
农业机械	3	11 210	62 480	48 919	108 919	142	14 416	81 484	43 833
工程机械	2	3 606	12 904	2 979	18 640	74	-2 531	11 494	7 125
机床工具	40	30 863	135 042	51 297	142 563	808	-3 944	165 645	91 811
机械基础件	49	25 890	152 500	48 753	155 457	570	2 185	74 679	55 590
石化通用机械	57	37 524	362 416	133 944	401 787	1 208	38 901	149 123	110 935
重型矿山机械	14	10 515	77 489	26 458	96 782	355	784	28 218	21 447
电工电器	53	58 859	595 574	122 312	636 092	2 026	13 828	165 788	133 633
仪器仪表	3	1 247	8 383	1 963	9 175	19	59	3 132	2 012
食品包装机械	1	498	1 833	767	1 926	13	2	1 880	1 773
其他	23	10 782	35 174	9 705	41 345	175	-3322	57 140	28 726

生产发展情况 1995 年上海机电控股（集团）公司所属企业共 262 个，其中机械工业部归口企业 245 个。按国家统计局标准，有大一型企业 13 个，大二型企业 35 个，中一型企业 26 个，中二型企业 53 个，小型企业 135 个。另有专业科研院所 16 个，大中专科学校 3 个，技工学校 12 个。年末职工人数 222 549 人，其中国有企业 151 594 人，占总数的 68.1%；集体企业 5 845 人，占总数的 2.6%；股份制企业 35 335 人，占总数的 15.9%；中外合资企业27 551人，占总数的 12.4%。年末占

地面积961.1万m^2，建筑面积650.5万m^2。主要设备拥有量68 821台，具有80年代至90年代先进水平的设备占50%以上。固定资产总额193.06亿元，在1995年“中国的脊梁”国有企业500强中，上海机电控股（集团）公司名列第40位。

1995年上海机电工业仍继续保持了持续、快速、健康发展的好势头。产销保持平衡增长，经济效益逐步回升。按1990年不变价计，全年完成工业总产值176.35亿元，比上年增长11.2%。其中国有企业81.32亿元，集体企业1.23亿元，股份制企业23.98亿元，合资企业69.1亿元。机械工业部归口企业概况见表1，上海机电工业系统主要产品产量情况见表2。

表2 1995年上海机电工业系统主要产品产量

产品名称	单位	产量	比上年增长%	产品名称	单位	产量	比上年增长%
工业锅炉	台/t(蒸汽)	728/4 779.80	-2.9	锻钢件	t	32 095	14.0
柴油机	台/万kW	23 627/294.13	-13.0	综合采煤设备	t	1010.7	57.7
内燃发电机	台/万kW	1 224/13.42	642.0	矿山设备	t	26 330.10	2.0
金属切削机床	台	6 007	-30.0	冶炼设备	t	5 607.40	10.1
大型机床	台	110	-34.0	石油钻采设备	t	1 567.80	31.2
高精度机床	台	81	-50.0	橡胶加工机械	t	3 397.70	6.8
数控机床	台	355	-32.1	塑料加工机械	t	7 849	-17.2
锻压设备	台	2 865	-16.2	印刷机械	台/t	2 994/11 321	-9.2
起重设备	t	80 597.60	473.0	食品机械	台	2 845	-3.2
工业泵	台	9 281	-54.4	造纸机械	台	174	-332.0
农业泵	台	249 975	5.0	推土机	台	394	-28.3
风机	台	2 652	-7.3	交流电机	万kW	219.30	-7.0
气体压缩机	台	1 876	29.6	直流电机	万kW	20.26	-31.5
小空气压缩机	台	21 833	-27.0	变压器	万kV·A	558.20	13.2
制冷设备	台	213 400	54.0	电气传动控制屏	面	2 555	-27.3
离心机	台/t	133/473.40	-0.9	低压电器主要元件	万件	176.17	-13.0
电动工具	万台	128.76	29.8	低压开关板	面	8 935	57.3
轴承	万套	7 838.57	9.0	布电线	km	338 818	-12.4
微型轴承	万套	2 837.67	3.8	钢芯铝绞线	t	5 761.10	-19.2
低压阀门	t	3 545	78.2	电磁线	t	2 865	-35.2
高中压阀门	t	8 142	16.2	电力电缆	km	9 473.50	-18.3
液压件	万件	17.84	-15.5	通讯电缆	km	5 749.80	50.0
标准紧固件	亿件	84.01	2.8	电焊机	台	6 804	-7.7
铸铁件	t	83 467	-22.5	电焊条	t	39 031.90	-19.5
铸钢件	t	12 507	-31	刃具	万件	7 340.50	1.1

1995年生产的主要特点：(1)以市场为导向，效益为中心，大力发展空调设备、起重设备等适销对路的产品。上海三菱电梯公司为满足市场需求，增添设备和必要的车间厂房，年底完成技改项目投资近6 000万元，扩大了生产能力，全年销售额达33亿元，比上年增长37.5%。全机电系统起重设备产量比上年增长473%。上海合众一开利空调设备有限公司年销售额达6.7亿元，比上年增长27.5%。(2)继续调整产品结构，大力发展为支柱产业配套的产品和技术进步产品，提高产品含金量。机床工具行业为满足汽车、航空等工业部门需要，开发生产了具有当代国际先进水平的高精度，集多功能于一体的加工中心、数控机床、自动流水线和各种专用设备。重型矿山机械行业瞄准我国冶金工业连铸比低和连铸机械落后等状况，开发连铸技术，在完成美国中兴钢厂大型板坯连铸机技术改造总承包任务之后，又完成了上海市重点工程——上海第三钢铁厂2 000mm大型板坯连铸机的制造和安装。(3)外向型经济快速增长。至1995年底上海机电工业系统中外合资企业增至135个，已产生经济效益的企业89个，其工业总产值达69.1亿元，占全系统总产值的39.17%。

市场及销售 在国外机电产品大量进口和国内市场有效需求严重不足的情况下，1995年上海机电工业保持产销平衡增长，全年销售额达239.3亿元，比上年增长12.7%。承接当年合同任务242.2亿元，比上年增长53%。年末库存为22.2亿元，比年初19.5亿元上升13.8%。完成销售产值222亿元，比上年增长14.4%。产品销售率为98%，比上年降低0.5个百分点。销售收入198亿元，比上年增长7.1%。在消化了各种减利因素的前提下，完成利税总额22亿元，比上年下降4%。其中完成利润11.5亿元，比上年下降9.5%。工业经济综合效益指数在上海市工业系统总体水平下降的情况下达106.3%。产销所以能保持平衡，主要是由于全行业系统从上到下不断强化市场竞争观念，强化营销机制，研究营销策略，根据市场需求组织生产、销售和服务。上海电机集团公司，经过年初大讨论，开拓了经销新思路，实行销售战略两大转移，一是把营销重点转移到搭准国家经济发展脉膊，紧贴到为上海市六大支柱产业和上海机电工业五大主机配套，及国家产业政策倾斜行业的营销战略上来；二是营销方式从一厂一产品的孤军作战转移到集团军作战，发挥公司群体优势，形成拳头。因此能克服困难，年销售额达19.17亿元，比上年增长5.4%；出口创汇3 423.2万美元，比上年增长13.4%。上海电器股份有限公司全面加强销售网络，培育“亿元工程”，即在上海、江苏、浙江、广东4个地区和能源、电站、汽车、机电配套等4个领域培育8个销售额亿元以上的销售市场；大变压器、配电变压器、汽车蓄电池、ME空气开关、接触器、MNS低压开关柜、熔断器等9个销售额亿元以上的产品，全年完成销售额20.11亿元，比上年增长17.6%。

1995年国内市场产品销售主要去向：农、林、牧7.43亿元，轻纺11.52亿元，煤、油、电17.44亿元，交通、邮电13.72亿元，建筑13.93亿元，文教科研6.28亿元，冶金6.31亿元，化工5.66亿元，物资商业62.17亿元，单机配套19.84亿元。销往国际市场的产品产值28.85亿元，其中内燃机6 814万元，印刷机械1.03亿元，金属切削机床1.13亿元，锻压设备1.22亿元，工业锅炉5 067.5万元，滚动轴承2.33亿元，紧固件3.47亿元，砂纸砂布8 127.6万元，铸锻件6 569.7万元。

1995年上海机电工业系统销售额10亿元以上的行业公司共7个：上海电机集团公司19.17亿元，上海电器股份有限公司20.11亿元，上海通用机械公司21.24亿元，上海东风机械公司17.83亿元，上海电线电缆公司16.4亿元，上海机床公司14.41亿元，上海重型矿山机械公司11.24亿元。销售额超亿元的企业55个，见表3。出口创汇100万美元以上的企业66个，详见表4。

表3 1995年上海机电工业系统销售额超亿元的企业

序号	企业名称	销售产值（万元）	销售额（万元）
1	上海三菱电梯有限公司	188 497.5	330 159.0
2	上海柴油机股份有限公司	115 819.2	105 593.0
3	上海电梯厂	81 721.6	96 007.7
4	上海电缆厂	91 939.0	91 939.0
5	上海合众一开利空调设备有限公司	69 041.0	69 041.0
6	上海日立电动工具有限公司	44 852.5	44 852.5
7	上海通惠一开利空调设备有限公司	42 941.0	42 941.0
8	上海南洋电缆厂	40 376.0	40 372.4
9	上海建设·路桥机械有限公司	31 367.8	36 514.0
10	上海电焊条总公司	34 138.9	34 138.9
11	上海瑞侃电缆附件有限公司	36 162.0	30 736.8
12	上海联合铜业公司	29 383.0	39 382.6
13	上海金泰股份有限公司	27 381.5	37 381.0
14	上海鼓风机厂	26 501.0	26 501.0
15	上海机械工具量具总公司	22 479.4	24 276.4
16	上海砂轮厂	22 044.0	24 132.0
17	上海人造板机器厂	21 375.0	23 578.0
18	上海民华铝业有限公司	23 559.0	23 558.7
19	上海大隆机器厂	23 170.0	23 049.0
20	上海起重运输机械厂	22 185.4	22 660.0
21	上海人民电机厂	22 011.0	22 011.0
22	上海彭浦机器厂	21 090.0	21 090.0
23	上海电线五厂	20 375.0	20 374.5
24	上海冶金矿山机械厂	19 282.0	19 232.0
25	上海跃进电机厂	18 574.7	18 616.9
26	上海四方锅炉厂	17 863.0	17 863.0
27	上海压缩机厂	17 418.5	17 242.0
28	上海机床厂	17 180.9	17 174.1
29	上海豪申一开利空调设备有限公司	16 798.0	16 798.0
30	上海工业锅炉厂	16 205.7	16 260.0

（续）

序　号	企业名称	销售产值（万元）	销售额（万元）
31	上海南洋电机厂	16 117.5	16 117.5
32	上海电机器材厂	16 132.1	16 132.1
33	上海塑胶线厂	15 142.0	15 142.4
34	上海电磁线厂	15 132.0	15 043.2
35	上海凯士比泵有限公司	17 366.4	14 867.9
36	上海造纸机械总厂	14 181.0	14 181.0
37	上海英格索兰压缩机有限公司	13 545.0	14 064.0
38	上海螺钉厂	13 459.7	13 459.7
39	上海冷气机厂	12 041.0	13 283.0
40	上海天地成套设备制造有限公司	12 731.9	13 110.0
41	上海联合滚动轴承有限公司	15 000.0	12 794.8
42	上海第一冷冻机厂	12 350.0	12 717.0
43	上海亚华印刷机械有限公司	12 775.0	12 639.5
44	上海哈格诺克冷气机有限公司	12 442.0	12 442.0
45	上海电焊机厂	12 029.3	12 041.0
46	上海革新电机厂	12 282.5	12 241.9
47	上海量具刃具厂	11 699.9	12 020.0
48	上海罗克韦尔图文系统有限公司	12 009.0	11 296.0
49	上海电工机械厂	11 818.0	11 169.0
50	上海先锋电机厂	11 107.8	11 080.7
51	上海申威达机械有限公司	11 008.0	11 008.0
52	上海五一电机厂	10 736.6	10 736.6
53	上海一冷开利空调设备有限公司	10 817.0	10 515.0
54	上海红星轴承厂	13966.0	10 512.3
55	上海天安轴承有限公司	10 662.3	10 663.0

表4　1995年上海机电工业系统出口创汇超百万美元的企业

序　号	企业名称	出口产值（万元）	创汇额（万美元）
1	上海砂轮厂	8 704	1 000
2	上海跃进电机厂	9 307	930
3	上海柴油机股份有限公司	7 517	864
4	上海建设·路桥机械有限公司	6 665	803
5	上海电焊条总公司	4 258	797
6	上海天安轴承有限公司	5 433	724
7	上海亚华印刷机械有限公司	5 876	708
8	上海通用轴承有限公司	5 655	650
9	上海日立电动工具有限公司	5 165	615
10	上海电缆厂	5 069	600
11	上海第二锻压机床厂	5 000	575
12	上海迅达电梯厂	4 748	572
13	上海三菱电梯有限公司	4 349	524
14	上海锻压机床厂	4 436	510
15	上海彭浦机器厂	4 224	508
16	上海机械工具量具总公司	4 417	507
17	上海南洋电缆厂	4 264	490
18	上海诺顿砂轮有限公司	3 594	433
19	上海革新电机厂	3 423	401
20	上海量具刃具厂	3 442	396
21	上海冶金矿山机械厂	3 262	393
22	上海变压器厂	3 241	373
23	上海工业锅炉厂	3 179	365

（续）

序号	企业名称	出口产值（万元）	创汇额（万美元）
24	上海机床厂	3 150	362
25	上海良工—开维喜阀门有限公司	2 669	314
26	上海申威达机械有限公司	2 633	309
27	上海大隆—维高格雷有限公司	2 357	284
28	上海练江电器厂（集体）	2 411	277
29	上海群英机械厂	2 364	272
30	上海深井泵厂	2 000	230
31	上海四方锅炉厂	1 888	227
32	上海机床附件一厂	1 959	225
33	上海鼓风机厂	1 885	217
34	中国轴承厂	1 744	200
35	上海耐莱斯·詹姆斯伯雷阀门有限公司	1 667	200
36	上海造纸机械总厂	1 573	197
37	上海斯米克焊材有限公司	1 594	192
38	上海电机器材厂	1 585	191
39	上海第一机床厂	1 582	182
40	上海人民电器厂	1 555	178
41	上海冲剪机床厂	1 522	175
42	上海绝缘材料厂	1 437	173
43	上海电机玻璃纤维厂	1 359	164
44	上海联合滚动轴承有限公司	1 347	162
45	上海第二机床厂	1 396	160
46	上海人民电机厂	1 330	160
47	上海良工阀门厂	1 377	158
48	上海天祥·健台制药机械有限公司	1 215	158
49	上海罗克韦尔图文系统有限公司	1 317	156
50	上海沪东机床厂	1 346	155
51	上海钢球厂	1 185	136
52	上海浦江轴承厂	1 152	134
53	上海振华轴承厂	1 157	133
54	上海蓄电池厂	1 156	133
55	上海申克试验机有限公司	1 121	129
56	上海新中华铸钢厂	1 117	128
57	上海标准件五厂	938	113
58	上海第五机床厂	977	112
59	上海大隆机器厂	924	106
60	上海光华印刷机械有限公司	926	106
61	上海凯士比泵有限公司	872	105
62	上海紫光机械有限公司	879	105
63	上海五一电机厂	860	104
64	上海电工机械厂	895	103
65	上海红星轴承厂	863	100
66	上海民生轴承厂（集体）	887	102

科研成果 1995年上海机电工业完成科研项目57项，获上海市科技进步二等奖3项、三等奖11项。其中重点科研项目共完成8项：（1）悬索桥主缆预制平行钢丝束成品生产技术研究；（2）LSQF系列风冷冷水机组、LSQFR系列空气—水热泵机组及小批试制；（3）高精度激光录磁装置；（4）30GQ系列空气—水活塞式热泵机组；（5）30万kW核电反应堆堆内构件；（6）HY－3A型拉丝机系列生产线全自动电控装置；（7）上海河流污水治理工程8.0标出口泵站自动化控制与监控系统；（8）HJ－65/25＋（150/20－90/25）型干法交联电力电缆生产线。

新产品 1995年新产品试制计划343项，实际完成522项，超计划52%。其中获上海市优秀新产品一等奖2项，二等奖14项，三等奖30项。完成项目较突出的单位有上海轴承公司计划31项，实际完成113项；上海电机公司计划27项，实际完成83项；上海东风机械公司计划7项，实际完成20项；上海电器公司计划40项，实际完成55项；上海机床公司计划79项，实际完成96项；四方锅炉集团公司计划2项，实际完成18项。

试制完成的重大新产品16项：(1) 由上海第一机床厂、上海核工程研究设计院、上海锅炉厂共同研制的30万kW核电站反应堆堆内构件，已用于国内秦山和巴基斯坦核电站；(2) 由上海电工机械厂研制的HJ－65/25＋(150/20－90/25)型干法交联电力电缆生产线，已在电线电缆生产厂投入使用，并产生巨大经济效益；(3) 由上海压铸机厂研制的1170A型7MN卧式冷室压铸机，适用于航空、船舶、汽车、摩托车、电器仪器等工业部门，性能指标已接近当代国际同类产品水平；(4) 由上海第四机床厂研制的XHS768卧式加工中心，适用于箱体和模具行业复杂型腔加工，可替代进口产品；(5) 由二六〇一工厂（代管厂）研制的井岗山815型彩色照片冲扩设备，产品已全部售空，使用情况良好；(6) 上海柴油机股份有限公司研制的90GF81、120GF138无刷交流柴油发电机组；(7) 由上海人造板机器厂研制的15 000m^3中密度纤维板生产线，该产品使上海人造板机器厂1995年新增产值6 000万元，对缺乏森林资源地区开发中密度纤维板有深远意义；(8) 由上海冷气机厂研制的LSQF系列风冷冷水机组、LSQFR系列空气—水热泵机组，该机可置于屋顶、花园等露天场合，无需消耗水资源，安装简便，使用方便；(9) 由上海合众—开利空调设备有限公司研制的30GQ系列空气—水活塞式热泵机组，该机省去水冷却，尤其适用于水资源缺乏地区，是新一代节能环保型产品；(10) 由上海天祥·健台制药机械有限公司研制的SHL250型显法混合制粒机，结构新颖，已在制药行业广泛应用；(11) 由上海轻工机械股份有限公司、上海挤出机械厂研制的110型CETAG－8110塑料硬管挤出机组，用户反映良好，可替代进口产品；(12) 由上海亚华印刷机械有限公司研制的TYM920全自动平压烫印模切两用机，是国内首创，印刷包装行业新一代机电一体化先进设备，颇受用户欢迎；(13) 由上海伟海包装机械厂研制的PSY70大输液灌装成套机组，能提高国内输液产品的生产技术水平，保证输液质量，可替代进口产品；(14) 由上海电缆厂研制的110kV级CYZQ241－110/1×300型大长度海底充油电缆，1995年底在汕头海底输电线路中投入使用，国内外市场前景看好；(15) 由上海鼓风机厂研制的GAF型及GAF(G2)型矿井轴流式通风机，为煤矿、金属矿节能产品，每年可节电110万kW·h～210万kW·h；(16) 上海冶金矿山机械厂研制的FAA240m^2电除尘器。

1995年上海机电工业系统共完成技术进步产品1 119种，产值105.72亿元。与上年相比，数量减少17种，但产值增加14.5%。其中节能产品58种，产值9.07亿元；引进技术产品177种，产值28.62亿元；70、80年代产品822种，产值83.26亿元，当年投产新产品235种，产值17.98亿元；机电一体化产品279种，产值25.03亿元，全系统新产品产值率为30%。

质量 1995年上海机电工业系统接受国家监督抽查产品23种，合格22种，合格率95.65%。上海市控制监督产品121项，全部合格。上海市对生产领域产品抽查76种，合格73种，不合格3种。定期检验817种，合格796种，不合格21种，合格率97.43%。

1995年上海机电工业系统产品出厂免检企业共8个：上海日立电动工具有限公司、上海人民电机厂、上海建设·路桥机械有限公司、上海日用电机厂、上海阀门五厂、上海耐莱斯·詹姆斯伯雷阀门有限公司、上海申克试验机有限公司、上海钢球厂。1995年获得ISO9000认证的企业共20个：上海耐莱斯·詹姆斯伯雷阀门有限公司、上海三菱电梯有限公司、上海钢球厂、上海柴油机股份有限公司、上海人民电器厂、上海日立电动工具有限公司、上海英格索兰压缩机有限公司、上海合众—开利空调设备有限公司、上海跃进电机厂、良工阀门厂、大隆—维高石油机械有限公司、上海阀门厂、良工—开维喜阀门有限公司、亚华印刷机械有限公司、上海四方锅炉厂、上海鼓风机厂、通惠—开利空调设备有限公司、上海浦江轴承厂、上海砂轮厂、上海诺顿砂轮有限公司。

技术改造 1991年～1995年五年中共完成技术改造投资额42.65亿元，完成工作量38.14亿元。1995年完成技术改造投资额8.1亿元，完成工作量7.6亿元。计划竣工项目25项，总投资5.3亿元，竣工面积11.3万m^2。其中重点项目有：上海柴油机股份有限公司投资1.6亿元，引进卡特柴油机生产项目，经技术改造，已形成年产1万台卡特柴油机生产能力。上海日用电机厂是个只有600人的小厂，由于缺乏适销对路产品，过去年产值只有900万元，1994年盯住为支柱产业桑塔纳轿车配套，1995年技术改造又投资5 950万元，已形成年产40万套轿车散热风扇的能力，当年生产15万套，产值1.3亿元，销售额8800多万元。

对外合作 由于合资企业增加，上海机电工业系统引进国外技术项目逐年减少。1995年共引进技术项目10项，主要是电缆、电机、柴油机、轴承、液压气动元件、工程机械等技术改造设备和测试系统，现已基本到位，用汇640.41万美元。

到1995年上海机电工业系统中外合资企业(包括港澳台地区)累计135个，已开业产生经济效益的89个，总投资10.2亿美元，协议利用外资3.48亿美元。其中1995年新增合资企业20个(见表5)，总投资3.34亿美元，协议利用外资1.83亿美元，世界著名跨国公司投资1 000万美元

~5 500万美元的大项目13项。1995年中外合资企业产值69.1亿元，占总产值的39.17%；产品销售额98.62亿元，占总销售额的51%，完成利税14.35亿元，占总额的89%；出口创汇2.65亿美元，占总额的50%。

表5　1995年上海机电控股（集团）公司新增中外合资合作企业情况

序号	企业名称	中方	外方	投资额（万美元）	经营范围	批准时间
1	上海萨澳液压传动有限公司	上海液压气动总公司浦东分公司 50%	美国萨澳公司 50%	1 625	通轴泵	1995.03.11
2	上海美高森美半导体有限公司	上海整流器总厂 40%	美国美高森美公司 60%	1 000	各类半导体器件	1995.02.08
3	通用电器（上海）传动系统有限公司	上海整流器总厂 49%	美国通用电气公司 51%	1 600	传动系统	1995
4	上海开利运输冷气设备有限公司	上海冷气机厂 49%	美国开利公司 51%	1 000	客车空调	1995.03.02
5	上海金泰股份有限公司	上海东风机械（集团）公司 56.8%	境外法人自然人 43.2%	2 221.8	工程机械	1995.07.26
6	上海施耐德配电电器有限公司	上海电器股份有限公司 40%	法国施耐德电器中国投资公司 60%	1 800	空气断路器	1995.10.16
7	上海施耐德工业控制有限公司	上海电器股份有限公司 40%	法国施耐德电器中国投资公司 60%	2 919.2	接触器、继电器	1995.10.04
8	上海西门子线路保护系统有限公司	上海金山电器厂 45%	德国西门子（中国）有限公司 55%	2 500	线路保护系统	1995.11.16
9	上海德科国际蓄电池有限公司	上海机电实业公司 40%	美国德尔福汽车系统中国公司 60%	5 500	蓄电池	1995.11.20
10	上海阿尔卡特光缆有限公司	上海电缆厂 19.5% 光通信公司 19.5% 东展公司 6%	法国阿尔卡特（中国）有限公司 55%	2 980	光缆	1995.11.23
11	上海爱斯匹爱斯标五紧固件有限公司	上海标准件总公司 37%	美国SPS技术有限公司 55% （美洲）上海国际集团公司 7% 美国上海机电贸易公司 1%	1 500	紧固件	1995.12.18
12	上海阿布勃跃进电机有限公司	上海电机（集团）有限公司 45%	瑞士阿西亚布朗勃法瑞（中国）投资有限公司 55%	1 555.5	电动机	1995.12.18
13	上海阿贝尔四方罐式集装箱有限公司	上海四方锅炉厂 41%	法国FRANCE ARBEL FAUV ETRATL 59%	2 500	罐式集装箱	1995.11.23
14	上海科宝八一精密机械有限公司	上海八一电影机械厂 40%	日本株式会社科宝 60%	280	照相冲洗扩设备	1995.05.12
15	上海诺基亚麦拉菲尔电缆机械有限公司	上海电线电缆（集团）公司 35%	瑞士诺基亚麦拉菲尔控股有限公司 65%	440	电缆制造机械	1995.07.03
16	上海塔库玛冷热设备有限公司	上海通用机械（集团）公司 49%	日本塔库玛株式会社 51%	800	冷热水机组	1995.07.04
17	上海南洋藤仓电缆有限公司	上海南洋电缆厂 50%	日本藤仓株式会社 50%	480	电缆	1995.09.12
18	上海沃马—大隆高压设备有限公司	上海大隆机器厂 49%	德国沃马器械制造有限公司 51%	162.9	高压、中压设备	1995.11.06
19	上海天田冲剪有限公司	上海冲剪机床厂 50%	日本天田香港有限公司 50%	583.3	冲剪机床	1995.12.27
20	上海大同干洗有限公司	上海八一铸锻厂	香港大同干洗有限公司 100%	91.5	洗烘整烫服务	1995.05.16

1995年建在海外的中外合资合作企业18个，比上年增加1个。主要从事标准紧固件、机床、工具、锅炉、电焊条等产品生产和机电产品进出口贸易。

改革及管理 1995年上海机电工业机制改革取得突破性进展，解放后存在41年的上海市机电工业局，经上海市委、市政府批准，于5月24日按现代企业管理模式，改制组建成上海机电控股（集团）公司。并按照“抓大放小”、“上强下活”的思路，优化资源配置，调整企业结构，把上海机床公司、上海机床厂和上海工具厂长期形成的“三足分立”变为“三强联合”，捏成“拳头”，组建成上海机床工具（集团）有限公司；上海电缆厂与上海电线电缆公司联合组建成上海电线电缆（集团）有限公司；上海四方锅炉厂与上海工业锅炉厂组建成上海四方锅炉（集团）有限公司。到年底，上海机电控股（集团）公司成员除上述3个外，还有上海标准件总公司、上海轴承总公司、上海液压气动总公司、上海轻工机械股份有限公司、上海电器股份有限公司、上海印刷包装机械总公司、上海电机（集团）公司、上海通用机械（集团）公司、上海石油化工设备公司、上海重型矿山机械公司、上海东风机械（集团）总公司等11个公司。这些公司被列为现代企业制度试点单位。股份制公司除原有的上海轻工机械股份有限公司、上海电器股份有限公司和上海柴油机股份有限公司外，1995年新增上海金泰股份有限公司（由上海探矿机械厂与上海工程机械厂联合组成），累计有股份有限公司4个，且股票均已上市。同时还对15个企业进行现代企业制度试点，并通过关、停、并、转，对11个企业进行了改组重建。

〔撰稿人：上海机电控股(集团)公司　卫我乡
审稿人：上海机电控股(集团)公司　韩国璋〕
〔责任编辑：王　如〕

江苏机械工业

江苏省机械工业厅

生产发展情况 1995年，在宏观环境依然偏紧的情况下，江苏省机械系统广大企业积极开拓市场，适时调整产品结构，充分挖掘发展潜能，产销保持了稳定、快速增长的势头。全系统完成产品销售收入520.09亿元，工业总产值547.78亿元，分别比上年增长18.69%和30.1%，提前一个月超额完成了年度计划。产销率达到96.32%，比上年提高了1个百分点；产品库存当量为1.27个月，达到了机械工业部规定的合理范围要求。在产销快速增长的同时，全系统努力克服增本减利因素较多等困难，千方百计改善和提高经济效益，使主要效益指标保持了稳步增长势头。省厅系统全年实现利税（含应交增值税）39.21亿元，其中实现利润19.16亿元，分别比上年增长21.58%和28.5%，经济效益综合指数达121.1%，比上年提高7个百分点。全系统有59个企业实现利税跃过了千万元大关，4个企业实现利税超亿元，产值超10亿元的企业达5个。其中，春兰集团公司完成工业产值86亿元，实现利税8亿元，比上年分别增长66%和67.8%；常柴股份有限公司完成产值13.13亿元，实现利税1.88亿元，比上年分别增长78.14%和1.87倍。全省机械系统的经济总量跃居全国机械系统和全省工业系统第一名，经济效益在全省工业系统中也名列前茅。江苏省汽车工业也保持了快速发展，1995年完成工业总产值280亿元，实现利税22亿元，分别比上年增长37%和22%，生产汽车12.5万辆、改装车5.8万辆、摩托车146万辆，汽车工业总产值和汽车产量、摩托车产量均位居全国同行业前四名。江苏机械工业主要经济指标及主要产品产量详见表1、表2。全系统完成和超额完成了“八五”确定的主要目标任务（表3）。

1995年，省机械工业厅系统共有归口企业755个，职工总数52.9万人，其中工程技术人员占14%。有大型企业61个，其中大一型13个，大二型48个；有中型企业223个。

市场及销售 （1）主要产品市场销售势态。据对50大类主要产品统计，畅销、平销、滞销产品的比例由一季度的5.51∶0.82∶3.67转变为年底的4.8∶1.4∶3.8。一批名牌、优质产品供不应求，大中型拖拉机、联合收割机、农用运输车、制冷设备、电力电缆、内燃机、泵、标准件等产销增幅均在30%以上。

（2）产品出口情况。机电产品出口增势强劲，1995年全系统广大企业加大开拓国际市场的力度，努力增加产品出口创汇，出口一直呈现高速增长态势，全系统共完成出口交货值61.96亿元，比上年增长37.41%，出口增幅超过产销增幅。其中，企业自营出口比重达到45%以上。一批创汇大户的出口形势持续看好，如常熟千斤顶厂、苏州太湖电动工具厂、盐城江淮动力机厂的出口增幅均超过50%，甚至1倍以上。扬州通运集装箱有限公司、南通顺达集装箱有限公司出口创汇均超过8 000万美元，继续雄居全系统前列。常州柴油机厂等15个企业出口创汇都超过了1 000万美元。

(3) 销售收入超亿元企业87个，出口创汇100万美元以上的企业104个，排序及数据详见表4、表5。

表1 1995年江苏机械工业系统概况

行业	企业数（个）	全部职工平均人数（人）	工业总产值（不变价）（万元）	工业增加值（万元）	产品销售收入（当年价）（万元）	产品销售税金及附加（万元）	利润总额（万元）	固定资产	
								原价（万元）	净值平均余额（万元）
合计	755	529 127	5 477 844	1 315 719	5 018 449	200 483	191 617	1 834 544	1 214 521
农业机械	166	135 361	1 429 535	340 237	1 541 028	36 116	73 651	460 672	286 262
工程机械	9	29 222	215 228	75 352	243 022	9 974	3 713	112 085	71 326
机床工具	64	55 216	249 389	82 094	221 909	14 254	-986	165 013	128 353
机械基础件	71	38 948	222 687	64 870	195 955	11 255	1 642	110 899	74 321
石化通用机械	63	39 023	254 032	69 852	204 494	11 957	3 761	109 830	75 659
重型矿山机械	29	21 427	193 600	39 679	153 067	7 767	3 319	62 834	46 957
汽车	48	31 692	531 238	105 305	456 814	20 269	16 126	155 054	102 768
电工电器	154	96 064	843 809	196 826	799 213	35 951	11 835	339 020	236 205
仪器仪表	62	35 108	999 599	220 892	664 100	35 053	51 027	150 338	81 005
食品包装机械	7	3 407	22 962	3 926	16 876	797	150	7 545	5 419
其他	82	43 659	515 765	116 687	521 973	17 090	27 381	161 255	106 247

注：由于统计口径不同，个别数据有更改。

表2 1995年江苏机械工业系统主要产品产量

产品名称	单位	产量	比上年增长%	产品名称	单位	产量	比上年增长%
工业锅炉	t（蒸汽）	5 760	-7.3	机引耕作农具	台	11 342	117.6
发电设备	万kW	78.8	-3.7	种植机械	台	2 850	117.7
内燃机	万kW	3 810.6	32.5	收获机械	台	10 911	64.6
金属切削机床	台	23 973	1.4	场上作业机械	台	16 161	54.2
锻压设备	台	7 699	-7.8	农用运输车	辆	15 787	404.4
起重设备	t	94 781	-2.5	农用拖车	辆	30 074	29.2
工矿电机车	辆	100	-3.0	机动三轮车	辆	270 982	27.9
泵	台	260 550	47.4	中小农具	万件	96.7	-36.0
风机	台	3 623	12.6	饲草(料)加工机械	台	27 394	73.8
空气调节器	万台	192.86	2 042.0	环保设备	t	4 856.4	-52.1
轴承	万套	7 887.9	-10.6	汽车	辆	8 732	-28.4
低压阀门	t	8 146.7	44.5	改装汽车	辆	41 280	131.9
高中压阀门	t	6 601	16.6	叉车	台	1 743	-14.7
标准紧固件	万件	492 527.4	51.0	交流电动机	万kW	517.6	2.6
矿山设备	t	13 437.7	6.2	变压器	万kV·A	1 254	-1.7
工矿配件	t	18 953	1 573.0	电力电缆	km	22 136.8	-5.6
石油钻采设备	t	4 025	-25.4	控制电缆	km	7 165.9	-10.3
塑料加工机械	t	4 273.8	-12.3	钢芯铝绞线	t	5 266	74.8
印刷机械	t	7 905	-14.1	工业自动化仪表	万台	207.9	-2.0
大中型拖拉机	台	2 138	184.3	电工仪器仪表	万台	222.1	3.3
小型拖拉机	台	287 487	64.8	量具	万件	38.2	69.0

表3　江苏机械系统“八五”期间完成的主要经济指标

项　目 \ 年　份	1991	1992	1993	1994	1995
企业个数（个）	770	765	762	754	755
全部职工平均人数（人）	487 728	504 038	517 662	528 063	529 127
固定资产投资额（不变价，万元）	48 800	68 948	97 813	144 063	182 920
工业总产值（不变价，万元）	1 540 313	2 309 228	3 316 496	4 210 603	5 477 844
工业增加值（万元）	417 455	554 516	883 394	1 112 208	1 315 719
产品销售收入（当年价，万元）	1 428 351	2 187 901	3 613 719	3 821 344	5 018 449
出口额（万美元）	24 785	37 950	47 225	53 783	76 856
利税总额（万元）	101 827	183 741	261 122	167 399	392 101

表4　1995年江苏机械系统销售收入超亿元企业

序号	企业名称	销售收入(万元)	序号	企业名称	销售收入(万元)
1	春兰集团公司	551 437	39	如皋动力机厂	22 849
2	常柴股份有限公司	216 430	40	南京雷电（集团）公司	21 832
3	徐州工程机械集团公司	201 429	41	张家港市海陆锅炉厂	20 086
4	张家港牡丹汽车集团公司	178 271	42	南通柴油机股份公司	18 295
5	南京农用车厂	148 910	43	扬州机械厂	17 621
6	江苏行星机械集团公司	102 278	44	扬州通华半挂车有限公司	17 609
7	武进柴油机厂	90 105	45	南通机床股份公司	17 505
8	扬州柴油机厂	72 682	46	无锡市轴承厂	17 360
9	常州拖拉机厂	71 108	47	无锡动力工程股份公司	17 295
10	扬州通运集装箱有限公司	70 094	48	仪征活塞环厂	16 933
11	南通顺达集装箱有限公司	68 815	49	徐州柴油机厂	16 616
12	吴县防爆电机厂	68 107	50	武进电机厂	16 559
13	宝胜电缆厂	67 907	51	南京第二机床厂	16 524
14	一汽无锡柴油机厂	60 627	52	江苏金猴机械集团	15 321
15	江淮动力机厂	55 511	53	溧阳电缆厂	15 284
16	张家港市华亿机械集团公司	54 410	54	无锡市电机厂	15 112
17	扬州新星动力股份公司	51 157	55	常熟标准件厂	14 676
18	南京东风专用汽车制造厂	47 400	56	常州江南机具厂	14 291
19	常熟千斤顶厂	43 819	57	南京调速电机厂	14 273
20	苏州迅达电梯有限公司	43 367	58	宝应车辆厂	14 092
21	无锡威孚股份公司	39 547	59	扬州空调净化设备厂	13 894
22	常州齿轮厂	34 932	60	江都汽车总厂	13 435
23	无锡电缆厂	34 743	61	南京压缩机股份公司	13 348
24	南京汽轮电机厂	33 579	62	无锡压缩机股份公司	13 341
25	无锡锅炉厂	32 606	63	一汽无锡汽车厂	12 856
26	常熟制冷设备厂	30 862	64	苏州农业药械厂	12 826
27	江苏宇宙焊接材料集团	30 721	65	泰航电气有限公司	12 502
28	南京汽车变速箱厂	29 504	66	高邮市飞达电机厂	12 286
29	张家港凌虹集团公司	27 180	67	淮阴电机股份公司	12 181
30	无锡拖拉机厂	27 057	68	靖江工程机械集团公司	11 975
31	常州客车制造厂	25 690	69	江苏黄海汽配股份公司	11 870
32	常州变压器厂	25 643	70	如皋市客车总厂	11 560
33	吴县太湖电动工具集团	25 358	71	江苏紫琅汽车股份公司	11 177
34	扬州扬子旅游车厂	24 643	72	常州绝缘材料厂	11 084
35	淮阴拖拉机集团公司	24 395	73	常州日升有色铸造有限公司	10 884
36	扬州江阳汽车厂	24 371	74	江苏恒大铜业（集团）公司	10 870
37	盐城拖拉机厂	23 794	75	无锡中策减震器有限公司	10 789
38	无锡机床股份公司	23 788	76	东台市柴油机厂	10 724

（续）

序号	企业名称	销售收入(万元)	序号	企业名称	销售收入(万元)
77	武进金城齿轮有限责任公司	10 597	83	南京高速齿轮箱厂	10 292
78	无锡华达电机有限公司	10 565	84	海门县铸钢厂	10 291
79	扬州三力电器集团公司	10 553	85	常州锻造总厂	10 173
80	张家港市AAA轴承有限公司	10 538	86	常州机床总厂	10 026
81	苏州特雷卡电缆有限公司	10 422	87	苏州电瓷厂	10 005
82	江苏华鹏特种变压器厂	10 298			

表5　1995年江苏机械工业出口创汇超百万美元企业　（单位：万美元）

序号	企业名称	出口创汇额	序号	企业名称	出口创汇额
1	南通顺达集装箱有限公司	8 290.98	42	苏州横河电表有限公司	331.34
2	扬州通运集装箱有限公司	8 180.10	43	南京电瓷总厂	319.27
3	张家港市华亿机械集团公司	5 719.00	44	张家港机械厂	317.47
4	徐州工程机械集团公司	5 070.00	45	国营无锡市轴承厂	315.04
5	吴县太湖电动工具集团	3 574.56	46	泰兴黄桥工具厂	314.20
6	常熟市千斤顶厂	3 567.00	47	南京机床厂	311.36
7	常柴股份有限公司	2 180.60	48	南通锦益有限公司	305.64
8	江苏江淮动力机厂	1 617.64	49	张家港市标准件厂	293.20
9	国营如皋动力机厂	1 444.68	50	常州工矿电机车厂	291.50
10	扬州通华半挂车有限公司	1 194.20	51	江苏行星机械集团公司	288.58
11	苏州迅达电梯公司	1 183.79	52	扬州远东船舶公司	273.00
12	南通机床股份有限公司（集团）	1 099.60	53	江苏省丹徒县工具厂	261.80
13	常熟标准件厂	1 095.20	54	江苏省金坛柴油机厂	253.33
14	武进柴油机厂	1 023.47	55	江苏砂轮机厂	252.83
15	高邮三环有限公司	992.00	56	赣榆标准件厂	240.50
16	常州拖拉机厂	990.74	57	无锡机床股份有限公司	239.04
17	扬州新星动力股份有限公司	730.60	58	苏州幸达光学科技公司	229.85
18	扬州机床厂	709.00	59	常州常丰照相机有限公司	227.49
19	南京江南光电集团股份有限公司	708.64	60	连云港连利水表有限公司	223.40
20	常州市电线电缆厂	651.76	61	张家港市轴承有限公司	221.83
21	江苏黄海汽配股份有限公司	588.10	62	邗江机床工厂	209.80
22	江苏钢球厂	578.45	63	清江机器厂	206.00
23	南京汽轮电机厂	533.08	64	镇江脱粒机厂	203.60
24	南京阿特拉斯工程机械有限公司	531.60	65	无锡市水泵厂	203.09
25	南京第二机床厂	503.79	66	常州牵引电机厂	202.05
26	无锡江南微型轴承集团公司	494.10	67	南京一品光学公司	197.70
27	武进链条厂	492.65	68	金湖机械厂	192.90
28	国营江阴标准件厂	491.09	69	江阴机械厂	192.58
29	苏州沙迪克三光机电有限公司	460.53	70	泰兴机床厂	189.90
30	清江轴承工业集团公司	427.00	71	南通约克健身器材有限公司	189.65
31	张家港船用阀门厂	419.64	72	苏州远东砂轮有限公司	185.00
32	张家港船用锅炉厂	419.31	73	扬州电动工具厂	183.90
33	泰州源泰公司	406.40	74	苏州机床电器厂	182.39
34	苏州针佐机械有限公司	395.58	75	南通电焊机厂	180.55
35	苏州环球链传动有限公司	391.84	76	中国一汽集团公司无锡柴油机厂	170.47
36	苏州电瓷厂	390.07	77	苏州仪表元件厂	169.05
37	江苏宇宙焊接材料集团公司	381.90	78	国营海安机械总厂	168.67
38	盐城机床厂	368.04	79	靖江标准件总厂	167.00
39	盐城市拖拉机厂	353.11	80	无锡威达电工仪表有限公司	155.40
40	淮阴电机股份有限公司	336.62	81	江苏设备制造公司	151.60
41	徐州农业机械厂	334.20	82	无锡市通用机械厂	146.34

（续）

序号	企业名称	出口创汇额	序号	企业名称	出口创汇额
83	镇江机床（集团）公司	142.10	94	南京工艺装备制造厂	121.03
84	常熟市起重机械厂	142.00	95	苏州庆丰仪表厂	120.00
85	东台东赫木工机械有限公司	138.83	96	靖江量具有限公司	118.60
86	无锡锅炉厂	137.85	97	南京高速齿轮箱厂	117.70
87	常州机床总厂	136.82	98	淮阴拖拉机集团公司	116.00
88	海门县链条厂	132.74	99	南京起重机械厂	112.36
89	无锡威孚股份有限公司	132.00	100	苏州第一光学仪器厂	111.07
90	靖江县锻压机床厂	127.20	101	常州华源电子实业有限公司	110.63
91	常州矿山机械厂	126.78	102	镇江华通机械集团公司	110.50
92	常州齿轮厂	125.65	103	南京电影机械厂	104.90
93	连云港合营铸件厂	121.80	104	宿迁工程机械厂	100.50

科研成果 全系统有8项科技成果获机械工业部1995年度科技进步奖，即苏州第一光学仪器厂和华东工业大学合作研制的DJD2电子经纬仪，泰州绝缘材料厂研制的韧皮纤维浆电绝缘纸板，常州市电线电缆厂和机械工业部上海电缆研究所合作研制的高强度铝包钢线、高性能铝包钢绞线、铝包钢芯铝绞线获二等奖；宜兴市第一环境保护设备厂和宜兴市华宜环保设备技术工程公司联合研制的A/A/0城市生活污水处理装置和BLQ－Ⅱ型自控格栅清污机，泰州机械厂研制的YZ（Ⅰ）型摆线针轮油浸式电动滚筒，高邮市通用过滤机厂和机械工业部合肥通用机械研究所联合研制的高浓稀释机获三等奖。企业技术进步加快，成效显著。1995年省机械系统又有扬州柴油机厂、姜堰精锻齿轮厂等4个企业，共累计12个企业被机械工业部确认为百家技术进步示范工程试点企业，其中4个企业被国家经贸委确定建立国家级企业技术中心，还有3个省级技术中心。省厅还审批上报了省高新技术企业39个，评定了省厅科技进步奖34项。

新产品 新产品开发进展较快，成功地开发了一批高新技术产品。1995年全系统共完成了444项省级以上新产品开发任务，超额完成了年计划，其中达到国际80年代末、90年代初水平及填补国内空白的有125项，如徐州回转支承有限公司研制的国内最大规格的4m～4.5m大直径回转支承，常州新华昌集装箱有限公司研制的为长江三峡工程配套的大型工具散装水泥、混凝土船用集装箱，无锡仪表二厂研制的ZMK、ZWD－1外圆磨主动量仪，江苏宝胜电缆厂研制的在国内领先的低损耗、薄绝缘环氧树脂浇注式干式变压器等。目前，省机械行业产品品种总数已达17 000种。

质量 全行业的质量工作也取得了较好成绩。产品质量的总体水平保持了稳中有升，1995年一至三季度国家监督抽查全省机械产品质量平均合格率为80.98%，比上年高出8.56个百分点，比全国机械工业平均合格率高出1.3个百分点。全系统进一步开展了“工艺突破口”工作，贯彻GB/T19000（ISO9000）标准和创名牌等活动，有12个企业，累计15个企业通过了ISO9000系列标准认证，有27个企业的30种产品被评为“江苏名牌产品”，向机械工业部推荐了34项可靠性产品。

技术改造 技术改造工作完成情况较好，竣工投产了一批重要技改项目。1995年全省机械系统共实施部、省以上技改项目计划总投资为8.34亿元，组织验收了66个竣工投产项目，共完成投资7.28亿元，增强了企业发展后劲。“八五”末固定资产净值达115.68亿元。1995年全省机械系统技术改造竣工项目共11个，累计完成投资9.25亿元，预计可新增产值78.54亿元，新增利税1.09亿元，创汇666万美元，发展品种675种。具体竣工项目情况详见表6。

对外合作 吸引外资工作继续保持了良好的势头，1995年全系统新办“三资”企业34个，总投资额达3.8亿美元，外商直接投资1.24亿美元，签订的外商投资项目规模在1 000万美元以上的大项目有15个，外资项目的水平明显提高，如常州变压器厂与日本东芝公司合资，项目总投资2 999万美元；张家港机械厂与世界上最大的塔机生产厂商法国普坦公司合资，项目总投资2 000万美元等。

改革及管理 （1）企业改革。1995年以来，全省机械系统加强了转机建制工作，建立现代企业制度试点工作进展较快。在27个试点企业中，3个国家级试点企业（南京电瓷总厂、徐州工程机械集团公司、无锡威孚股份公司）的实施方案已经全部通过各级论证，并经省政府和国家经贸委联合批复挂牌进入具体实施阶段；省级试点企业中，实施方案通过论证并已经省试点工作领导小组及各市政府批复的有常州长江客车集团公司、江苏江淮集团公司、江苏宝胜集团公司等11个，其他企业也都制定了试点实施方案或上报待批。南京汽轮电机（集团）有限责任公司成为省级试点企业中首家揭牌的企业。省厅还认真贯彻落实了全国机械工业企业管理工作会议精神，制订下发了《江苏机械工业企业管理工作的基本要求》，组织全行业开展了“转、抓、练、增”和学习、推行先进企业管理经验的活动，并按技术经济指标进行排序公布出行业前二十名企业。

（2）行业结构调整。1995年省厅在行业中认真宣传贯彻了省委、省政府“关于推动经济联合、促进生产力发展的意见”，狠抓了跃进、春兰、徐工和常柴等4个省级机械大集团的组建与完善工作，积极参与了亚星客车和金城摩托车集团的组建工作。在各方面的共同努力下，上述5大集团都已正式挂牌成立、进入实施运行阶段，实现了省委、省政府提出的目标要求；江都汽车总厂、扬子旅游车厂、南通特种车辆厂已率先与跃进集团签定了委托经营协议，苏州空调设备厂加入了春兰集团，泗阳铲运机厂、海门印刷机械厂加入了徐工集团，金坛柴油机厂加入了常柴集团。此外，各地也根据自身的特点和优势，1995年新组建和重组了19个市级以上企业集团，全行业累计组建了80个省、市两级的国有企业集团和40个省级乡镇企业集团。生产集中度和规模经济水平有了新的提高，省厅系统所属765个企业中，前20个企业的产值集中度达44.4%，利税集中度达58%，分别比上年提高了7.7个和9.4个百分点。

(3) 职工队伍建设。1995年，省厅和有关部门联合举办了1995年江苏青工跃进·紫琅杯技能大赛，对来自全省8个行业的57个企业共112名选手进行了车、钳、木模3个工种的应知应会考核，授予了一批青工技术能手称号，有1名同志还被推荐授予中国技术能手称号，在广大职工中掀起了学技能的高潮。同时全系统人才培养开发工作有了长足的发展，1995年共引进大中专毕业生3 000余人，共评定高级工程师535人，高级技师55人。1995年有7名同志荣获全国劳模称号，48名同志被机械工业部授予全国机械工业劳模称号，18名同志荣获省优秀企业家称号，20名同志荣获省机械系统优秀企业家称号。

表6　技术改造竣工项目技术经济效益

项目或单位名称	开工时间	累计完成投资(万元)	当年完成投资(万元)	改造目标	改造后预计达到的经济效益	
					新增产值(万元)	新增利税(万元)
跃进汽车集团公司零部件专项	1988.03	11 083	6 436	零部件上水平上规模年产6万辆轻型汽车	720 000	
泰州绝缘材料厂	1992.06	1 900	1 080	年产15万套轿车内饰件	9 600	1 434
苏州汽车电器厂	1991.07	1 670	317	年产30万台汽车组合开关	1 280	308
常熟专用汽车厂	1994.12	1 641	1 332	年产2 000辆专用汽车	13 011	3 280
扬州柴油机厂	1992.02	2 989	889	年产2万台4102系列柴油机	12 000	1 600
高邮汽车配件厂	1994.04	1 500	398	年产1 500万件强力螺栓	3 400	340
扬子旅游车厂	1993.04	3 000	1 174	年产5 000辆轻型客车	13 940	2 560
洪泽内配总厂	1993.08	1 200	1 200		3 000	100
江苏科达集团公司	1992.03	2 564	64	年产500台液压电梯	4 400	471
姜埝市第三机械厂	1991.05	2 050		年产70万只液化气瓶	4 788	804
常熟专用汽车厂	1993.03	720				

(4) 行业管理和服务。省机械工业各级管理部门按照建立社会主义市场经济体制的要求，加快转变职能和作风，进一步加强了行业管理和服务，取得了实效。一是加强了对行业工作的部署指导，并及时向部、省上报信息工作，1995年报送信息量居机械工业部系统之首。二是加强了运用信息、规划、政策、监督等手段对行业的管理。如：1995年省厅组织制订了“九五”及2010年行业科技发展规划，完善修订了全省机械、汽车工业“九五”及2010年发展规划；发布市场信息，指导产销活动，掌握行业动态；省厅和各市局都强化了质量、安全监督检查的职能，1995年对主要柴油机厂进行了质量管理帮促调查，对电动机、关键液压件、标准件、船用挂机挂桨等产品实施了质量跟踪检查和行业整顿，及时扭转了产品质量下滑的势头。三是进一步加强了调查研究工作。如：1995年厅领导多次带队深入亏损严重的市局进行扭亏调研，12月份厅党组的5位成员又分别带队走访调研了全省机械工业系统的7个亏损额超过500万元的亏损大户，与这些地区、企业的领导共同商议了扭亏措施和方案，还积极帮助一批亏损企业解决了扭亏贴息资金等一些实际问题，加强了对扭亏增盈工作的指导和服务。此外还组织开展了一批重要软科学课题研究，其中江苏机械工业跨世纪发展战略研究、“调外”战略研究、江苏汽车工业发展战略研究和税制改革的影响分析与对策研究业已完成；《江苏机械志》的编纂工作也完成了送审定稿。四是进一步加强了对重点骨干企业的协调服务工作。如：针对企业普遍存在的流动资金紧张问题，省厅进一步加强了与省有关部门的联系，全力为重点骨干企业争取资金，1995年仅省机械工业技术发展基金就向系统内29个企业周转了近6 000万元贷款；为加快实施23个“双加”技改项目，积极协助有关企业抓紧做好项目的论证评估、筹集资金等前期准备工作；组织了省内99个汽车、摩托车生产企业申报1995年产品目录，全行业共申报1395个品种；狠抓了市场培育和促销工作，为企业开拓市场提供服务，通过组建市场、举办国内外展览会、订货会等活动，做到以展促销、以销促产，仅1995年举办的农机订货会就成交合同136.7亿元，比上年增长35.7%。此外，还组织了行业对外经贸洽谈，为企业外向开拓提供服务。

存在问题 主要是：(1) 经济增长方式仍然以速度效益型为主，经济运行质量和效益还不高。如产品质量时有波动，经济效益指标值与上海等先进省、市厅（局）相比差距仍很大，这与江苏省机械工业经济总量在全国的地位相比是不太相称的。(2) 行业两极分化趋势日益明显，亏损情况还比较严重。到 1995 年底全系统共有亏损企业 193 个，亏损面达 25.6%，亏损额达到 3.6 亿元。(3) 企业流动资金紧缺，资金“沉淀”加剧。至 1995 年底，全系统应收帐款净额达 111 亿元，应付帐款为 79.4 亿元，“债权”大于“债务”31.6 亿元，加上产成品存货占用资金 48.8 亿元，使得有限的流动资金愈显紧张。(4) 省机械工业的结构性矛盾仍然比较突出。如：产品重复，区域类同，高水平的产品品种偏少；科技含量较低，自主开发能力差，部分企业装备陈旧、生产工艺比较落后；企业组织结构偏小、偏散，难以发挥规模经济效益，厅系统 765 个企业中 93.5% 为中小型企业，产品销售收入在全国同行业位居前十名的仅有 25 个企业等。

〔撰稿人：江苏省机械工业厅 解 缙 审稿人：江苏省机械工业厅厅长 许汉文〕

〔责任编辑：王 如〕

浙江机械工业

浙江省机械工业厅

生产发展情况 浙江省机械工业厅系统 1995 年末有工业企业 590 个，比上年新增企业 12 个，减少 23 个，其中国有经济企业 224 个，集体经济企业 312 个，其他经济企业 54 个。包括大一型企业 3 个，大二型企业 30 个，中一型企业 20 个，中二型企业 84 个。共有职工 274 763 人，其中工程技术人员 21 086 人，占 7.7%。

1995 年全省机械系统完成工业总产值（1990 年不变价，下同）243.9 亿元，比上年增长 34.2%，完成工业增加值 65.1 亿元，比上年增加 19.0%。全年各月的工业总产值累计增长率保持了逐月增长的趋势，增幅基本在 25%～30% 左右。按行业分，11 个行业的生产全面增长，工业总产值（不变价）增幅最高的为汽车行业，增长 59.5%；按地市分，除舟山与上年持平外，其余都有较大幅度的增长，工业总产值（不变价）增幅最高的为绍兴，增长 43.1%。机械工业部统计的主要产品产量有半数以上增长，其中增幅较大的有拖拉机、联合收割机、摩托车、电除尘设备、电度表、工业锅炉、钢芯铝绞线等。1995 年大中型企业的生产发展好于小型企业，占系统企业数 23% 的大中型企业累计完成工业总产值 163.3 亿元，其总产值在系统内的比重也由上年的 57.5% 上升到 67.0%（详见表 1、表 2）。

市场及销售 浙江机械工业市场建设近年有了较快发展。至 1995 年底已建成浙江纺机市场、浙江汽车物资市场、浙江机械物资市场、杭州电子市场、温州汽车配件市场、绍兴机械市场等 6 个市场，其中杭州的浙江纺机市场，始建于 1992 年 10 月，是我国首家建立且规模最大的纺织机械专业市场，现有 150 余个来自各省市的经营户。1995 年市场交易额达 1.5 亿元。浙江汽车物资市场始建于 1993 年 8 月，经营面积约 2 万 m^2，目前有 100 余个汽车经营单位，1995 年营业额 15 亿元。

1995 年全系统完成销售收入 216.3 亿元，比上年增长 32.5%。工业产品销售率达 95.0%，比上年下降了 0.5 个百分点。产销率最高的是工程机械为 100.2%，最低的是食品及包装机械为 92.7%。48 个重中之重适销对路产品生产企业完成销售收入 93.5 亿元，占全系统的 43.2%，其中 19 个企业的年销售收入超 2 亿元，48 个企业超 1 亿元，分别比上年增加 9 个和 14 个。最高的是浙江摩托车厂，为 12.6 亿元（详见表 3)。1995 年全系统完成出口交货值 34.3 亿元，比上年增长 64.0%。增幅超过 100% 以上的市、地有衢州、湖州、宁波。全系统出口创汇 3.8 亿美元，比上年增长 54.2%。有出口产品生产企业 212 个，占全系统企业总数的 1/3 强。其中出口基地企业 18 个，扩大机电产品出口企业 32 个。有 56 个企业出口创汇超百万美元（见表 4）。比上年增加 8 个，其中超千万美元的企业由上年的 6 个增加到 15 个，尤其突出的是浙江永康恒丰电器制造公司和浙江四方集团公司，创汇分别达到 3 709 万美元和 3 025 万美元，与上年相比增幅达 84% 和 150%，均名列全国同行业首位。1995 年全系统享有自营进出口权的企业达 26 个，自营出口额 1.20 亿美元，比上年增长 96%，占全系统出口总额的 31%。12 种重点出口产品全年创汇 2.5 亿美元，比上年增长 55%，在系统中的比重达到 66%，其中电动工具、手扶拖拉机、轴承、工业链条、手动葫芦、万向节、齿轮箱、手工具等产品出口额均居全国第一。在内外销售增长的前提下，经济效益有所好转，全年实现利税 23.4 亿元，比上年增长 18.6%，其中实现利润 12.7 亿元，比上年增长 26.4%。

表 1　1995 年浙江机械工业系统概况

行　业	企业数（个）	全部职工年末人数（人）	工业总产值（不变价）（万元）	工　业增加值（万元）	产品销售收入（当年价）（万元）	产品销售税金及附加（万元）	利润总额（万元）	固　定　资　产	
								原价（万元）	净值平均余额（万元）
合计	590	274 763	2 438 726	651 467	2 162 706	234 438	126 996	1 175 463	673 168
农业机械	105	48 888	331 475	95 421	345 397	23 746	14 003	192 116	105 460
工程机械	3	2 505	24 315	5 429	30 375	2 323	1 205	14 953	8 451
仪器仪表	76	20 801	186 101	46 865	167 233	17 876	10 845	78 215	46 351
石化通用机械	48	27 864	271 716	83 007	238 990	40 736	25 135	131 498	68 600
重型矿山机械	22	11 681	65 800	24 129	76 816	10 149	5 795	49 337	31 858
机床工具	44	20 675	93 488	35 173	87 648	8 170	2 400	73 719	37 410
电工电器	141	60 772	633 433	159 689	545 117	50 868	28 719	264 922	148 105
机械基础件	54	27 994	242 421	61 759	180 584	13 718	5 388	106 820	64 697
食品及包装机械	7	2 687	9 754	4 420	6 882	234	-120	7 249	2 975
汽车	69	41 068	534 866	121 763	439 665	62 328	31 983	223 926	140 694
其他民用机械	21	9 828	45 357	13 812	43999	4 290	1 644	32 709	18 567

表 2　1995 年浙江机械工业系统产品产量

产品名称	单　位	产　量	比上年增长%	产品名称	单　位	产　量	比上年增长%
电站锅炉	t（蒸汽）	2 437	-39.3	矿山设备	t	6 570	-33.1
内燃机	万 kW	385.7	-1.4	金属轧制设备	t	2 173	-0.3
工业汽轮机	万 kW	51.5	2.6	印刷机械	t	5 174	-3.2
发电设备	万 kW	42.7	-7.5	大中型拖拉机	台	3 875	93.2
金属切削机床	台	12 719	20.5	小型拖拉机	台	96 195	51.5
锻压设备	台	11 277	18.5	拖拉机、内燃机配件	万元	63 741.4	20.2
运输设备	t	5 829	26.3	装载机	台	422	9.0
起重设备	t	18 208	0.5	叉车	台	3 386	-1.1
手动葫芦	台	455 119	21.1	电除尘设备	t	35 706	59.1
千斤顶	台	225 486	-6.4	汽车	辆	11 131	-21.3
工业泵	台	43 628	-4.1	汽车配件	万元	266 678.9	12.0
农业泵	台	371 398	16.7	摩托车	辆	306 575	152.9
气体分离及液化设备	套	68	-40.3	船用齿轮箱	台	20 725	-8.7
制冷设备	t	5 780	-30.7	电度表	万只	1 154.5	113.4
轴承	万套	9 505.5	8.1	水表	万只	144.6	-6.1
高中压阀门	t	2 876	6.7	变压器	万 kV·A	474.9	14.7
粉末冶金制品	t	4 377	27.9	电力电缆	km	6 942	-23.0
工业链条	t	16 927	23.4	钢芯铝绞线	t	11 649	19.9

表 3　1995 年浙江机械工业系统销售收入超亿元企业

序号	企业名称	销售收入（万元）	序号	企业名称	销售收入（万元）
1	浙江摩托车厂	125 597.0	10	杭州中策电缆股份有限公司	30 584.0
2	万向集团公司	73 169.9	11	浙江永康恒丰电器制造公司	26 772.4
3	浙江四方集团公司	65 659.8	12	杭州汽轮动力集团公司	26 265.0
4	华立集团公司	45 250.7	13	浙江卧龙集团公司	25 415.3
5	浙江东海轴承集团公司	42 263.8	14	浙江交联电缆有限公司	24 555.6
6	杭州制氧机集团公司	39 612.6	15	浙江春晖集团公司	23 874.2
7	杭州前进齿轮箱集团公司	33 829.0	16	杭州富春锅炉容器有限公司	23 379.5
8	浙江风机风冷设备公司	32 584.8	17	绍兴明星集团公司	23 163.8
9	宁波三星集团公司	30 714.2	18	浙江亚太机电集团公司	22 560.7

（续）

序号	企业名称	销售收入（万元）	序号	企业名称	销售收入（万元）
19	杭州一洲电器有限公司	20 021.0	34	浙江开山股份有限公司	13 812.9
20	浙江万达集团公司	19 755.7	35	浙江百官机电集团公司	13 712.2
21	浙江联丰玻璃钢厂	19 572.8	36	浙江电工器材厂	13 556.2
22	杭州盾牌链传动集团公司	19 247.4	37	宁波三环动力机械有限公司	13 021.8
23	浙江华宝实业公司	19 015.6	38	余姚通用集团公司	12 656.0
24	浙江金鹰纺机股份有限公司	18 755.5	39	浙江奉通机电集团公司	12 343.9
25	浙江省佳磁实业公司	18 505.2	40	温州吴泰集团有限公司	12 197.8
26	杭州武林机器厂	18 315.2	41	浙江电除尘器总厂	12 077.4
27	宁波海天机械制造有限公司	18 239.3	42	杭州水泵总厂	11 632.3
28	宁波中策动力机电集团有限公司	17 632.0	43	浙江双飞集团公司	11 586.7
29	浙江万新集团公司	17 546.4	44	宁波华通电力机械制造总公司	11 546.1
30	杭州富春工程机械有限公司	16 485.2	45	浙江新昌柴油机总厂	10 788.7
31	正泰集团公司	15 763.2	46	宁波天安集团象山高压电器厂	10 684.5
32	杭州杭发集团公司	14 766.3	47	三门变压器厂	10 317.3
33	宁波中环（集团）股份有限公司	13 945.1	48	浙江丰球集团公司	10 177.9

表 4　1995 年浙江省机械工业系统出口创汇超百万美元企业

序号	企业名称	创汇额（万美元）	序号	企业名称	创汇额（万美元）
1	浙江永康恒丰电器制造公司	3 709.0	29	浙江省丽水家用电器厂	346.6
2	浙江四方集团公司	3 025.2	30	杭州电焊条厂	341.5
3	浙江省东海轴承集团公司	2 183.0	31	杭州西湖台钻总厂	313.0
4	万向集团公司	1 836.7	32	宁波光学仪器厂	267.3
5	华立集团公司	1 474.9	33	金华量具厂	252.8
6	浙江万新集团公司	1 453.4	34	杭州减速机厂	247.3
7	浙江万达集团公司	1 416.0	35	杭州千斤顶厂	235.3
8	永康通用电动工具厂	1 178.7	36	永康电动工具厂	213.1
9	绍兴明星集团公司	1 170.2	37	杭州富春锅炉容器有限公司	201.7
10	杭州前进齿轮箱集团公司	1 138.5	38	浙江电除尘器总厂	198.4
11	浙江金鹰纺机股份有限公司	1 108.1	39	宁波中策拖拉机汽车有限公司	176.0
12	杭州中策电缆股份有限公司	1 062.5	40	温州市仪表厂	170.5
13	金华电动工具总厂	1 041.0	41	绍兴电动工具厂	163.9
14	杭州神力起重葫芦厂	1 029.2	42	杭城摩擦材料有限公司	159.5
15	杭州盾牌链传动集团公司	1 003.2	43	杭州富春工程机械有限公司	156.6
16	宁波三环动力机械有限公司	765.0	44	余姚标准件总厂	149.8
17	杭州汽轮动力集团公司	762.2	45	东海绝缘材料有限公司	145.4
18	浙江金华起重设备厂	655.9	46	海盐紧固件厂	142.8
19	绍兴机床集团公司	608.1	47	杭州杭发集团公司	140.0
20	平湖标准件总厂	569.1	48	浙江新昌制冷配件总厂	131.4
21	杭州制氧机集团公司	549.0	49	绍兴轴承厂	129.1
22	浙江轻型起重机械厂	548.0	50	宁波轴承厂	116.0
23	杭州柴油机总厂	516.7	51	嘉善县轴承厂	114.4
24	余姚捷华动力机械有限公司	485.0	52	杭州华盛机床有限公司	113.7
25	宁波水表厂	482.0	53	绍兴市电器厂	113.2
26	上虞多速微型电机厂	470.1	54	宁波市第一塑料机械厂	111.9
27	浙江丰球集团公司	444.7	55	宁波阀门厂	110.0
28	杭州神达工具厂	439.1	56	瑞安人民机器厂	105.9

科研成果　浙江机械工业系统获机械工业部 1995 年度科学技术进步奖 13 项，其中杭州制氧机集团公司的 KDON－14000/14000 型空分设备获一等奖，另有 12 个项目获得三等奖（详见表 5）。获省人民政府（1995 年申报）颁发的 1994 年度科学技术进步奖 27 项，其中二等奖 4 项，三等奖 15 项，优秀奖 3 项；星火奖二等奖 1 项，三等奖 4 项（详见表 6）。同时有杭州锅炉厂、温州轴承厂、上虞动力机厂、龙泉市齿轮厂、杭州离合器厂、文成县农用车总厂、浙江开山股份有限公司、杭州盾牌链传动集团公司、杭州发电设备厂、浙江锻压机床厂等 10 个企业，被评为 1994 年度省技术进步优秀企业。

表5　浙江机械行业获1995年度机械工业部科技进步奖项目

序号	项 目 名 称	主 要 完 成 单 位	获奖等级
1	KDON－14000/14000型空分设备	杭州制氧机集团公司、沈阳鼓风机厂	一
2	北仑港发电厂1#60万kW机组进口电除尘器改造	浙江电除尘器总厂	三
3	HSZ－100手动葫芦系列	北京起重运输机械研究所、北京起重工具厂、鞍山起重机器厂、浙江省五一机械厂、南京起重机械总厂	三
4	复合转子异步电动机	上海电器科学研究所、嘉兴华年电机有限公司	三
5	IQ轻小型离心泵的研制	浙江省机电设计研究院、湖南省农机研究所、山东省农机研究所、中国农业机械化科学研究院、河北省机械研究所	三
6	非线性微机有限元程序包	杭州自动化技术研究院、复旦大学应用力学系	三
7	JB6407—92电除尘器调试、运行、维修安全技术规范	浙江电除尘器总厂	三
8	上海电站辅机厂旁路系统工程阀门热处理炉研制	机械工业部第二设计研究院	三
9	浙江医科大学三号科研实验大楼	机械工业部第二设计研究院、浙江医科大学	三
10	GB50041—92锅炉房设计规范	机械工业部第二设计研究院	三
11	海安阀门厂铸钢车间工程	机械工业部第二设计研究院、海安阀门厂	三
12	上海汽轮机厂含油废水处理总站工程设计研究	机械工业部第二设计研究院、上海汽轮机厂	三
13	斯达—斯太尔载货汽车WD615发动机曲轴材料国产化及工艺研究	中国重型汽车集团公司技术发展中心、杭州汽车发动机厂、济南汽车制造总厂、潍坊柴油机厂	三

表6　1995年浙江机械行业获1994年度省科技进步奖项目

序号	项 目 名 称	主 要 完 成 单 位	获奖等级
1	8.0MPa等级高压铝制板翅式换热器	杭州制氧机集团公司	二
2	消化吸收汽车变速箱引进技术产业化科技攻关	杭州齿轮箱厂	二
3	KDON－3200/3500空分设备	杭州制氧机集团公司、天津无缝钢管厂	二
4	非线性微机有限元程序包	杭州自动化技术研究院、复旦大学应用力学系	二
5	NG－35/3.82－M5型洗煤泥沸腾锅炉	杭州锅炉厂、浙江大学	三
6	C12－50/10型1.2万kW次高压抽汽凝汽式汽轮机	杭州汽轮机厂	三
7	LPM型气震式袋式除尘器	海宁市除尘设备实业公司、天津水泥工业设计研究院	三
8	G系列单螺杆泵	浙江省机电设计研究院、杭州水泵总厂、东阳市螺杆泵厂、宁波工业泵厂、宁波市螺杆泵厂等	三
9	T300型船用齿轮箱	杭州齿轮箱厂	三
10	纸基摩擦材料及调速离合器片的研究	杭州齿轮箱厂、杭州粉末冶金研究所	三
11	CK6136数控车床的研究与开发	诸暨机床厂、上海机床研究所	三
12	BS8系列全密封阶梯叠铁芯变压器	杭州钱江变压器厂	三
13	杭州汽轮机厂成组技术开发应用	杭州汽轮机厂、机械工业部第三设计研究院、浙江大学、华东工业大学	三
14	柴油机系列实用检测仪及使用与优化调整节能技术研究	浙江农业大学工程技术学院	三
15	船式机械底部泥水膜润滑形式原理及其应用研究	浙江农业大学工程技术学院	三
16	Z3组精密深沟球轴承	温州市轴承厂	三
17	JH6970型底仓式客车	浙江神马汽车实业有限公司	三
18	2ZF25水平分型双工位覆砂造型机	浙江省机电设计研究院、临海铸造机械厂	三
19	HK－10Z真空环网柜	宁波华通电器成套厂、锦州七七七厂、西安熔断器厂	三

新产品 1995年全系统列入国家级重点新产品计划项目25项，其中列入国家经贸委项目10项，列入国家科委项目15项。列入国家级火炬计划项目1项。有机械工业部新产品计划项目16项，已完成5项，省新产品计划项目93项，已完成35项。

质量 1995年省考核的主要工业产品质量稳定提高率90.6%，高于计划2.6个百分点，与1994年持平。部考核的重点产品一等品率和质量稳定提高率均达到100%，分别高于计划12和10个百分点，比1994年有较大提高。全年实施省级质量监督检验573个企业的39种（类）产品共计672批次，合格604批次，合格率为89.9%，比1994年下降1.1个百分点。1995年贯彻GB/T19000（ISO9000）系列标准的工作比1994年加快，全年有宁波水表厂、杭州东宝电器集团公司、杭州汽轮动力集团公司、杭州富春工程机械有限公司、温州德力西集团公司、浙江三门变压器厂、杭州制氧机集团公司、新昌新春轴承公司、杭州水泵总厂、杭州碱泵厂、浙江电除尘器总厂、浙江卧龙集团公司等12个企业通过了ISO9000质量体系认证，使浙江机械工业通过体系认证的企业达到17个。在争创浙江省名牌产品活动中，机械企业成绩突出，在省人民政府表彰的第三批（1995年评选）30种名牌产品中机械产品占了9种。它们是华立牌D 86和DTF 68系列电能表、武林牌HS系列手动葫芦、双鸽牌HS系列手动葫芦、六九牌交联聚乙烯绝缘电力电缆、灯塔牌系列铅酸蓄电池、四方牌S 195G柴油机、宁通牌ZN 17－10系列真空断路器、海天牌HT系列注塑机、加西贝拉牌冰箱压缩机。至此，在连续三次创省名牌活动中，已有26种机械产品榜上有名，占全部名牌产品的19.4%。

技术改造 1995年在资金困难的情况下，全省机械系统安排技术改造在建项目49项，总投资11.1亿元，当年财务用款4.6亿元，完成投资额的3.90亿元，其中1995年新开项目23项，总投资5.1亿元，当年财务用款3.0亿元，完成投资额1.5亿元。全省机械行业有13个项目列入国家“双加”项目，总投资3.6亿元，其中11项已在年内开项。

对外合作 1995年浙江机械工业把引进技术、引进外资作为加快发展的重点。全年引进技术进口设备项目签约11项，共2 400万美元。一批大中型企业的合资合作迈出新的步伐，杭州汽轮动力集团公司与德国博世公司合资的杭州博世电动工具有限公司、杭州发电设备厂与挪威克瓦纳能源公司合资的克瓦纳（杭州）发电设备有限公司、浙江亚太机电集团公司与美国通用汽车公司合资的浙江德尔福亚太制动器有限公司、东风杭州汽车公司与日本日产柴汽车株式会社合资的杭州东风日产柴汽车车身有限公司等大型合资项目相继建立。浙江万达集团公司与美国通用公司、浙江卧龙集团公司与泰国正大易初集团公司的合资项目已完成合同章程。

改革及管理 1995年全省机械系统列入国家和省现代企业制度试点的18个企业的试点工作取得一定进展。列入国家百家试点企业的杭州汽轮动力集团有限公司成为全国首批完成改制挂牌的企业之一，其他17个试点企业的改制形式，除1个合资企业外，采取或拟采取国有独资、政府授权的有8个，多法人投资主体的有限责任公司7个，股份有限公司1个。非试点企业按照《全民所有制工业企业转换经营机制条例》，实施内部改革。省机械厅的机构改革工作至年底已基本完成，省政府批准的机构改革方案明确省机械工业厅是省政府主管机械行业的职能部门，其主要职责12项。机构改革前省机械厅编制98人，现核定为70人，另加监察（纪检）和老干部管理编制7人，共77人。原设10个处室，现核定为9个处室：办公室、技术发展处（含交通运输机械处）、财务与体改处、综合管理处、质量标准处、人事教育处、直属机关党委、监察室。

根据社会主义市场经济体制发展和政府机关职能转变的需要，省机械厅探索做好大行业管理工作。1995年针对全省乡以上机电企业超过12 000个的现状，对年销售收入超过2 000万元以上的188个系统外企业进行了调查，拟从中发现一批实力强、产品水平高、机制灵活、发展迅速的企业，将总结经验，加强扶持，培育新的经济增长点。

1995年8月结合贯彻落实全国和部、省三个企业管理工作会议精神，省机械厅召开了全省机械工业企业管理工作会议。会议分析了全省机械工业企业管理现状，总结交流了经验，提出了新形势下企业管理工作的指导思想、方针、目标和要求，特别是根据行业企业的管理工作现状，提出了三个不同层次的具体要求。这次会议对行业企管工作产生重要影响。1995年底，建厂4年人数不足300人的温州轴承厂以其“以人为本、以法治厂、以情感人、质量兴厂”的办厂思路，在企业管理方面取得突出成绩，因而荣获第三届中国机械工业企业管理重大创新成果奖。这是浙江机械企业第一次获此荣誉。

“八五”情况 全系统在“八五”期间有了很大发展。销售收入由1990年的53.1亿元，上升到1995年的216.3亿元，年均增长32.4%；工业总产值（1990年不变价）由65.4亿元，上升到243.9亿元，年均增长30.1%；利税总额从7.4亿元，上升到23.4亿元，年均增长25.9%；出口创汇由1.3亿美元，上升到3.8亿美元，年均增长23.9%。在全国机械行业中的地位也有了较大上升，工业总产值由第十位上升到第六位，销售收入由第十位上升到第七位，利税总额从第七位上升到第四位，出口创汇额从第五位上升到第四位。“八五”期间共投入技术改造资金18.9亿元，其中引进技术和设备用汇1.1亿美元，分别是“七五”期间的3.4倍和3.1倍。通过技改，一批行业排头兵企业的实力进一步加强，如杭州制氧机集团公司，“七五”末只能生产1万m^3的制氧机，现已具备制造3万m^3制氧机的能力。一批“小型巨人”企业的规模和水平进一步提高，如温岭汽车配件厂生产的雨刮器产品，从产品质量、技术水平到生产规模已多年位居全国首位，为我国轿车的国产化作出了贡献。

存在问题 流动资金紧缺，货款拖欠严重，至1995年底全系统应收款达47.8亿元，扣除应付款28.6亿元，有19.2亿元资金被系统外企业占用。亏损企业居高不下，亏损额又有增加，1995年末全系统亏损企业110个，比上年减少19个，亏损企业数占全部企业数的18.6%，亏损额11 882万元，比上年增加24.7%。行业间、地区间发展不平衡问题也仍然存在。

〔撰稿人：浙江省机械工业厅　黄京秀　审稿人：浙江省机械工业厅　金垒允厅长、孙烈根〕

〔责任编辑：王　如〕

宁波机械工业

宁波市机械工业局

生产发展情况 1995年，由宁波市机械工业局归口管理的企业共有131个，其中市区直属企业26个，各县（市、区）归口企业105个；市机械系统共有大中型企业24个，其中列入机械工业部骨干企业的有2个，机械工业部重点企业7个，省重点企业5个，国家特定振兴企业6个。

1995年，局系统工业总产值42.64亿元，产品销售收入33.76亿元，利润总额3亿元，职工总数4.49万人。全系统行业概况见表1。

宁波市机械工业在全市工业中不仅占有重要地位，而且有些产品在全国也有一定的优势和特色，例如中型轮式拖拉机、5 000t级船舶、有填料熔断器、低损耗节能变压器、电抗器、高压开关柜、G6300和N6160型中速船用柴油机、小功率风冷柴油机、注塑机、钢丝绳设备、冷轧管机、螺翼式水表、电度表、家用电器、工业自动化仪表、粉末冶金制品、低速大扭矩液压马达、柔性石墨材料及密封件、液压蓄能器、气动控制阀、机械密封件、微型轴承、依维柯汽车前桥、汽车软轴软管等汽车零部件都是宁波市机械工业的重要产品。目前，全市机械工业已能生产55个大类、1 700多个品种、1万余个规格产品，主要产品产量见表2。

1995年，宁波市机械系统经济运行和生产发展主要有以下特点：(1) 工业生产增速加快，总量增长创历史最高水平，工业总产值（1990年不变价）首次突破40亿元大关，各种经济类型企业全面增长。(2) 产销同步增长，经济效益明显好转。全年经济效益综合指数123.79%，比上年提高15.02个百分点。(3) 大中型企业好于小型企业，重点骨干企业好于面上企业，改制企业好于老企业。生产趋于集中。(4) 外向型经济有较大发展。外贸生产势头较好，全系统完成出口交货值（1990年不变价）52 535万元，增长109.7%。

表1　1995年宁波机械工业系统概况

行　业	企业数（个）	全部职工平均人数（人）	工业总产值（不变价）（万元）	工　业增加值（万元）	产品销售收入（当年价）（万元）	产品销售税金及附加（万元）	利润总额（万元）	固定资产 原价（万元）	固定资产 净值平均余额（万元）
合计	131	44 857	426 360	114 179	337 636	1 881	29 988	166 757	117 741
农业机械	17	7 467	49 389	15 690	55 776	80	3 460	17 652	14 876
机床工具	5	1 197	3 775	931	4 511	22	24	1 948	1 393
机械基础件	16	4 142	45 433	13 194	21 094	97	1 212	18 428	14 757
石化通用机械	10	3 588	47 749	16 630	40 535	108	10 039	21 707	11 195
重型矿山机械	4	1 492	8 987	3 350	12 246	97	2 213	10 617	7 791
汽车	20	7 166	85 884	20 684	53 926	700	3 313	38 728	26 665
电工电器	29	9 637	97 646	25 644	79 026	445	5 935	34 847	24 083
仪器仪表	19	5 639	64 402	11 890	50 113	269	3 703	10 437	8 890
食品包装机械	2	228	1 089	123	957	2	1	888	389
其他	9	4 301	22 006	6 044	19 452	62	89	11 505	7 702

表 2　1995 年宁波机械工业系统主要产品产量

产品名称	单位	产量	比上年增长%	产品名称	单位	产量	比上年增长%
工业锅炉	t（蒸汽）	357	36.8	拖拉机、内燃机配件	万元	6 906	25.7
内燃机生产总量	万 kW	80.4	61.8	改装汽车	辆	123	-49.5
金属轧制设备	t	2 083	-0.9	汽车配件	万元	36 047	54.3
起重设备	t	3 081	136.1	摩托车	辆	35 487	125.6
泵	台	25 928	126.0	交流电动机	万 kW	21	-11.0
风机	台	4 777	-2.5	微电机	万台	146.5	-8.2
气体压缩机	台	4 160	-3.9	变压器	万 kV·A	130.8	8.6
制冷设备	t	218	-48.7	互感器	台	44 674	-26.4
减速机	t	2 511	-18.0	高压断路器	台	3 199	26.4
轴承	万套	378.8	26.3	高压负荷开关	台	6 545	-11.3
低压阀门	t	1 208	19.8	高压开关板	面	7 108	31.1
高中压阀门	t	455	-35.7	低压开关板	面	2 937	-17.8
液压件	万件	3		低压电器一般元件	万件	28.1	-82.9
气动元件	万件	11.2	-47.4	铅酸蓄电池	万 kVA·h	9.2	228.6
密封件	万件	172.7	137.2	家用电冰箱	万台	0.5	-83.3
粉末冶金制品	t	2 684	54.6	非标准电炉	台	97	-17.8
标准紧固件	万件	10 665	26.4	工业自动化仪表	万台	184.6	-3.4
工矿配件	t	1 059	-11.6	其中：水表	万只	144.6	-6.1
石油钻采设备	t	100	-67.8	电工仪器仪表	万台	570	9.63 倍
塑料加工机械	t	9 688	45.7	光学仪器	台	13 986	13.2
大中型拖拉机	台	3 875	93.2	仪表元件	万件	102 761	16.2

市场及销售　1995 年，全系统完成销售收入 33.76 亿元。工业产品销售率为 95.23%，比上年上升了 1.46 个百分点。全系统销售收入超过 5 000 万元的企业已有 16 个（上年为 11 个），其中超亿元的有 9 个。最高的为宁波三星集团，销售收入达 3 亿元。

在产品出口方面，近年来机电产品出口大幅度增长，出口产品结构进一步改善。1995 年全系统出口产品企业已有 52 个，出口产品 70 余种，创汇 6 314 万美元，比上年增长 101.8%，大大高于销售增长幅度。一些高新技术产品，如数控数显大型注塑机、6300 型船用柴油机、500kW 发电机组、中型拖拉机、工业自动化仪表、生物显微镜、内燃机及汽车配件等档次较高的产品出口大幅度增加。1995 年出口占全系统销售比重继续提高，达到 15.55%，较上年增加 6.7 个百分点。在出口企业中，年出口交货值在 1 000 万元以上的产品有宁波中策动力机电集团公司生产的中型拖拉机，宁波光学仪器厂生产的显微镜，宁波水表厂生产的水表，宁波海天机械制造有限公司生产的注塑机，宁波环球电机有限公司生产的角向磨机，宁波三环动力机械有限公司生产的柴油机，余姚捷华动力机械有限公司生产的柴油机，奉化液压机械厂生产的千斤顶和压机。其中宁波水表厂和宁波三环动力机械有限公司的产品出口已接近和超过 5 000 万元。余姚标准件总厂、宁波光学仪器厂、宁波水表厂、慈溪动力机总厂、宁波轴承厂已成为扩大机电产品出口企业。这些企业的产品出口为全市机械工业企业的产品出口起到了带动作用。局系统出口创汇百万美元以上的企业排序见表 3。

科研成果　1995 年，系统内有宁波粉末冶金厂、宁波天安集团象山高压电器厂被宁波市人民政府授予科技进步先进集体，宁波华通电器集团公司、象山天安集团股份有限公司被评为宁波市技术进步优秀企业。宁波华通电器集团公司的 HK-10Z 真空环网柜、宁波汽车软轴软管厂的奥拓轿车控制总成获宁波市科技成果二等奖，象山机械厂的 ND 系列硬齿面圆柱齿轮减速器等 7 个产品获宁波市科技成果三等奖。

新产品　列入 1995 年新产品计划的项目：市级 81 项、国家级 6 项、部级 8 项，通过鉴定的 41 项，完成率达 85.2%。其中达国际当代先进水平的宁波华通电器集团公司生产的双层真空高压开关柜，经宝钢验收合格，实现了国产高压开关柜进入国家重点工程项目宝钢三期工程的愿望，打破了该类产品被国外产品垄断的局面，取得了较好的社会效益。宁波中元公司的特高环境温度一体化热电偶温度变送器、宁波海天机械制造公司的 HTF20000 型塑料注射成型机、宁波水表厂的 LXH-15E 和 20E 旋转活塞式水表、宁波粉末冶金厂的汽车发动机粉末冶金异型结构件等 10 余个产品达到国际先进水平，居国内领先地位。中策拖拉机汽车有限公司试制成用于纺织厂的化纤倍捻机、宁波水表厂研制的适合于各种液体计量的自耦式流量计、中元公司的高精度温度变送器等产品均打破原有产品结构的格局，开拓了新的服务领域。

质量 宁波市机械工业经过十几年的不懈努力，产品质量也有较大提高。已有35个企业，累计177种（次）产品先后荣获省以上优质奖。1995年，宁波华通电器集团公司的真空断路器系列产品、宁波海天机械制造公司的注塑机被评为浙江省名牌产品。宁波粉末冶金厂、宁波电器总厂、象山高压电器厂、奉化汽车空压机厂、宁波缸套厂、宁波互感器厂、宁波汽车软轴软管厂、宁波三星集团的8种产品被评为宁波市名牌产品。

表3 1995年宁波机械工业系统出口创汇超百万美元企业 （单位：万美元）

序号	企业名称	出口创汇额	比上年增长%	其中：自营出口创汇额
1	奉化奉灵（集团）有限公司	1 821	同期为0	
2	宁波三环动力机械有限公司	765	134.7	300
3	余姚捷华动力机械有限公司	485	159.3	0
4	宁波水表厂	482	41.0	60
5	奉化液压件厂	325	同期为0	185
6	宁波光学仪器厂	268	41.3	0
7	宁波环球电机有限公司	229	22.7	0
8	宁波海天机械制造有限公司	216	4.2	100
9	宁波中策拖拉机汽车有限公司	176	-17.9	0
10	余姚标准件总厂	150	9.5	0
11	宁波重型标准件厂	143	112.2	
12	宁波中环（集团）股份有限公司	119	同期为0	119
13	宁波福明造船厂	118	56.4	
14	宁波轴承厂	116	18.7	

技术改造 1995年，宁波市机械系统直属企业技改在建项目共16项，计划总投资6 282万元，已累计完成投资6 757万元，其中转为固定资产5 744万元。在这些技改项目中，有工厂搬迁项目2个，引进项目2个。

对外合作 1995年，全系统利用外资11个项目，总投资10 074.7万美元，注册资本5 334.6万美元，合同利用外资3 131.4万美元。其中宁波益万奉通摩托车有限公司，总投资6 000万美元，利用外资1 950万美元，一期形成年产20万辆摩托车和15万台发动机生产能力；宁波东睦粉末冶金有限公司，总投资1 600万美元，利用外资420万美元，形成年产粉末冶金制品3 000t；宁波新菱电器有限公司合资规模形成无霜冰箱年产24万台（双班）生产能力。

1995年，外经工作有新的进展。如宁波机械设备进出口公司在泰国兴办境外企业华泰公司，取得了较好成绩。

改革及管理 1995年，宁波机械工业系统企业改革，一是抓大扶优，形成新的经济增长点。集中精力对列入市“320”工程的大中型骨干企业积极开展工作，帮助他们调整产品结构，转换经营机制，解决实际困难，协调各方面关系，从而使这些企业都较为顺利地完成机制转换，成为新的增长点。二是坚持扶持发展与关停并转并存，加快扭亏增盈进度，1995年兼并直属企业3个，改造股份制企业2个。

〔撰稿人：宁波市机械工业局 秦宁临 审稿人：宁波市机械工业局局长 姚光辉〕

〔责任编辑 王 如〕

安徽机械工业

安徽省机械工业局

生产发展情况 1995年，安徽省机械工业的工作重点是：以深化国有企业改革为重点，推进各项配套改革；以市场为导向，大力调整结构；进一步扩大开放，发展外向型经济；抓好技术进步和管理进步，在保持总量继续快速增长的同时，着重提高经济运行质量。全系统全年实现了“三超”，即超额完成了“八五”计划，超额完成了省政府下达的“三年大发展”目标，超额完成了1995年度主要经济技术计划指标。主要经济技术指标完成情况是：工业总产值（1990年不变价）127.56亿元，比上年增长25.3%；销售收入110.41亿元，比上年增长18.7%；实现利税6.60亿元，比上年增长21.8%，其中实现利润2.28亿元，比上年增长78.1%；工业产品销售率99.06%，比上年提高了3.23个百分点（详见表1）。

表1 1995年安徽机械工业系统概况

行业	企业数(个)	全部职工平均人数(人)	工业总产值(不变价)(万元)	工业增加值(万元)	产品销售收入(当年价)(万元)	产品销售税金及附加(万元)	利润总额(万元)	固定资产	
								原价(万元)	净值平均余额(万元)
合计	353	207 932	1 275 599	301 740	1 104 078	4 222	22 776	712 181	414 616
农业机械	113	61 981	433 954	87 612	383 257	737	13 742	199 145	118 839
工程机械	5	8 739	45 234	12 763	63 729	313	887	39 483	19 579
机床工具	32	19 175	63 135	19 216	56 400	312	561	69 980	37 985
机械基础件	24	14 499	48 566	15 979	47 994	196	820	38 224	20 461
石化通用机械	23	13 170	45 807	11 750	32 175	198	-1 212	45 852	23 119
重型矿山机械	14	8 179	27 873	7 744	26 284	146	3	22 676	13 422
汽车	37	30 290	225 564	43 444	215 829	1 094	4 478	114 456	73 521
电工电器	67	37 051	340 179	90 023	235 556	1 012	3 009	147 373	88 053
仪器仪表	11	4 859	18 302	5 930	15 985	100	201	15 801	8 463
食品包装机械	2	304	142	56	107	1	-127	374	165
其他	25	9 685	26 843	7 223	26 763	114	415	18 817	11 010

1995年全省机械系统的生产经营形势，有三个特点：(1)生产稳中趋升，产销衔接基本平衡。全年全系统生产发展速度不断加快，一直在高平台上运行，而产品销售也基本保持同步发展。(2)国有大中型企业仍然是整个机械行业的“顶梁柱”。据统计，到1995年底，全系统有大中型企业105个，其中大一型4个，大二型12个，中一型7个，中二型82个。大中型企业数占全系统企业总数的29.7%，而其工业总产值（1990年不变价）、销售收入和实现利税则分别占全系统的82.3%、81.6%、90.4%。有21个大中型企业被省劳动竞赛委员会列入“安徽省百家最佳经济效益单位”。(3)地区间、行业间的发展仍然存在明显的不平衡。从地区看，全省19个地、市局属工业公司有14个完成了全年生产计划。从行业看，农机行业在农用运输机械和内燃机产品的带动下，连续第二年呈高速发展之势，全年工业总产值增幅高达34.9%；机械基础件行业由于轴承行业走出了多年徘徊的格局，成为全系统增长最快的一个行业；电工电器行业由于电冰箱、空调器和电风扇等产品的大幅度增长，工业总产值增幅也达29%；汽车行业在数年大发展后开始进入一个新的平稳调整时期，汽车产销出现近几年来的首次滑坡，而改装车、汽车配件却有较快增长；仪器仪表行业随着摩托车和汽车仪表等优势产品逐步形成规模经济，增长速度也十分突出；工程机械行业以叉车和挖掘机为代表，形势明显好转；机床工具、石化通用和重型矿山机械行业产销总体上仍在上年水平徘徊（详见表2）。

市场及销售 1995年，全系统十分重视市场调查和分析研究，注重调整和优化市场结构，扩大安徽机械产品的市场占有率。主要做法是，巩固老市场、开辟新市场、开拓国际市场。全系统有20个企业的销售收入超亿元（详见表3）；同时在开拓国际市场方面取得显著成效，全年完成出口交货值6.57亿元，比上年增长34.6%，并出现3个创汇超过1 000万美元的出口大户，全系统的创汇总额也首次超过1亿美元，有18个企业创汇额超过100万美元（详见表4）。

科研成果 1995年，由于企业的创新能力和消化吸收能力的提高，科研项目获得丰硕成果。全系统获省科技进步奖36项（其中一等奖1项、二等奖5项），获省星火奖5项（其中一等奖1项、三等奖4项），获省优秀新产品奖25项（其中一等奖1项、二等奖5项）。已筹建16个CAD工作站，争取在二三年内实现“甩掉图板”。

新产品 1995年，全系统共开发新产品320项，产品技术水平有明显提高，其中30%属国内首次开发的品种，80%达到国内同类产品先进水平，15%左右达到国际80年代中期先进工业国家的水平，新产品产值率达25%，为全年经济的持续增长提供了有效的保障。合肥电机厂研制的混流潜水泵、芜湖仪表厂开发的新系列汽车仪表、合肥农用车厂和皖南机动车辆厂发展多规格的农用运输车等项目尤为突出。

表 2　1995 年安徽机械工业系统主要产品产量

产品名称	单位	产量	比上年增长%	产品名称	单位	产量	比上年增长%
工业锅炉	t（蒸汽）	863.1	-11.5	手扶拖拉机	台	180 207	66.2
内燃机	万 kW	439.5	32.7	拖拉机、内燃机配件	万元	42 465	34.4
金属切削机床	台	3 528	-2.5	农副产品加工机械	台	13 592	36.9
锻压设备	台	1 030	17.6	农用运输车	辆	30 148	99.5
斗式提升机	台	4 231	-28.9	机动三轮车	辆	222 955	13.8
汽车起重机	台	76	-33.3	单斗挖掘机	t	7 110	-5.8
带式运输机	m	27 933	154.1	叉车	台	4 044	32.5
泵	台	181 155	40.2	汽车	辆	30 281	-18.7
风机	台	2991	-41.9	改装汽车	辆	3 654	18.6
气体压缩机	台	847	-20.2	汽车配件	万元	89 306.7	18.4
轴承	万套	2 426.2	65.7	交流电动机	万 kW	130.2	11.3
液压件	万台（件）	7	18.6	分马力电机	万台	81.9	2.0
综采机械设备	t	2 826	2.9	变压器	万 kV·A	166.1	-6.4
工矿配件	t	8 858.1	11.6	电力电缆	km	3 743	81.6
炼油化工设备	t	6 432	39.0	家用电冰箱	万台	75	44.2
食品机械	台	119	35.2	电风扇	万台	61.5	34.0
包装机械	台	1 149	2.0	工业自动化仪表	万台（件）	19.3	16.3
小四轮拖拉机	台	40 533	6.7	电工仪器仪表	万台（只）	50	44.9

表 3　销售收入超亿元的企业

序号	企业名称	销售额（万元）
1	中国扬子集团有限公司	105 947
2	皖南机动车辆厂	76 970
3	合肥江淮汽车制造厂	67 694
4	全椒柴油机总厂	52 273
5	合肥叉车总厂	41 640
6	安徽省淮海机械厂	32 600
7	宁国机械工业总公司	29 950
8	安徽拖拉机厂	22 920
9	六安手扶拖拉机厂	19 959
10	合肥矿山机器厂	16 488
11	合肥淝河汽车制造厂	16 015
12	芜湖仪表厂	12 461
13	合肥电缆厂	12 236
14	全椒手扶拖拉机厂	11 608
15	皖南电机厂	11 572
16	安徽省安驰汽车集团公司	11 014
17	安徽省朝阳微电机厂	10 836
18	滁州电扇总厂	10 442
19	合肥锻压机床总厂	10 320
20	皖南光明(集团)有限责任公司	10 296

质量　1995 年，全系统将质量工作重点放在企业，同时加大监督力度，取得较好成绩。特别是省机械局印发了《厂长到位抓质量的基本要求》，明确了"企业提高产品质量的关键在厂长"、"厂长是质量的第一责任者，要把质量工作方针放到首要地位"，受到各地区、各企业的普遍重视。多数地区制订了相应的考核奖惩办法，大大推动了企业质量工作的深入开展。

1995 年，全系统努力实施"名牌战略"，全年将创名牌产品工作当作质量工作的核心来抓，并取得优异成绩，在当年省政府首批命名推荐的安徽省 45 种名牌产品中，机械系统有 12 个企业的 13 项产品榜上有名，占全省名牌产品的 26%。同时，还有一批产品被批准为安徽省质量免检产品和质量信得过产品。

表 4　出口创汇百万美元以上的企业

序号	企业名称	创汇额(万美元)
1	安徽叉车集团公司	1 202
2	全椒柴油机总厂	1 162
3	宁国中鼎汽车零部件有限公司	1 129
4	合肥电机厂	720
5	中国扬子电气（集团）公司	617
6	芜湖市电机厂	468
7	和县阀门总厂	465
8	合肥安东铸造有限公司	432
9	池州家用机床股份有限公司	394
10	安徽省鸿庆精机有限公司	325
11	黄山机床厂	299
12	合肥开关厂	271
13	阜阳轴承股份有限公司	218
14	铜陵皖江机械总厂	206
15	黄山金马集团公司	172
16	安徽三联泵业有限公司	168
17	马鞍山机床总厂	119
18	宁国机械工业总公司	104

1995 年全系统产品质量稳定提高率达 94.34%，品种抽查合格率达 100%，一等品率达 81.13%。

到1995年底，全系统主导产品消灭了无标生产现象，采用国际标准的产品达45%以上，大中型企业和出口产品生产企业普遍贯彻了GB/T19000（ISO9000）系列标准。扬子空调器厂、扬子电冰箱厂和合肥轴承总厂通过了质量体系认证，这是全系统质量体系认证“零”的突破。

技术改造 1995年，全系统加大调整力度，思路是“调优、调高、调大、调外”——调向优势特色、调向高技术附加值、调向大规模、调向外向型。通过调整，初见成效。一是产品结构得到优化。汽车工业形成了新的支柱，叉车、液压挖掘机、柴油机、农用运输车形成了优势。二是企业结构得到优化。一些企业以市场需求为依据、以专业协作为重点，进行组织结构调整，发展和壮大了企业集团，提高了生产集中度，发展了规模经济。三是市场结构得到优化。一方面提高国内市场占有率，另一方面开拓国际市场，参与国际竞争，使出口呈现好势头。

1995年，全系统围绕调整结构，坚持保重点、保竣工、保投产的方针，把有限的资源配置到重点发展的行业和产品上来。全年共完成技改投资10.4亿元，其中30个重点技改企业完成投资约6亿元，1995年底竣工验收的“八五”项目有48项。

对外合作 1995年，全系统在技术引进和设备进口方面共成交12项，用汇3 026.2万美元，其中技术引进成交3项，用汇656万美元。

在利用外资方面，全系统全年新办“三资”企业14个，总投资9 662.8万美元，注册资金6 253.65万美元，协议外资4 008.48万美元，其中协议外资额为历年来最高数额，占整个“八五”协议外资总额的35.6%。这些合资项目中技术含量较高的逐渐增多，如挖掘机、汽车仪表、大灯、刹车片、软轴及流量计等项目。

改革及管理 1995年，全系统继续深化企业改革。一是重点抓好8个国家和省级现代企业制度试点企业，其中扬子电气集团公司作为国家级试点企业已根据《公司法》规范改建为国有独资公司。二是搞好股份制改造。全系统已有36个企业实行了股份制改造，并按照规范运作的要求不断完善。三是推动国有资产的合理流动。采取兼并、联合等方式促使部分企业向高效益产业转移。四是深化企业内部改革。继续全面推行干部聘用制、工人全员劳动合同书和以计件工资、岗位技能工资为主要形式的分配制度。同时在“剥离企业办社会”方面进行了积极的探索，取得了明显成效。

1995年全系统在强化企业管理、提高经济效益方面成绩显著。有7个企业被命名为省管理示范企业；13个企管部门和9名企管工作者受到省表彰；32个大中型企业的工业经济效益综合指数名列全国小行业前茅；2个单位荣获安徽省最佳优质服务单位。全年全系统全员劳动生产率达14 746元/人，比上年增长9.2%。

〔撰稿人：安徽省机械工业局　李戈扬　审稿人：安徽省机械工业局　胡昭耀副局长、徐　斌、陈漪文〕

〔责任编辑：王　如〕

福建机械工业

福建省机械工业厅

生产发展情况 1995年，福建省机械工业系统共有生产企业215个，职工93 190人。按经济类型分：国有企业147个，集体企业39个，私营企业1个，股份制有限公司9个，有限责任公司1个，中外合资经营企业7个，港、澳、台地区与大陆合资经营企业11个。按企业规模分：大一型企业1个，大二型企业5个，中一型企业4个，中二型企业22个，小型企业183个。

1995年，全系统经济运行保持良好，圆满完成了“八五”计划。全年完成工业总产值62.27亿元（1990年不变价），比上年增长13.6%，是1990年的2.49倍；“八五”工业总产值年均增长20.3%，发展速度创历史最高水平。1995年福建机械工业系统概况及主要产品产量详见表1、表2。

1995年福建机械工业生产主要特点有：（1）工业生产继续增长，除宁德、漳州两个地市外，其他地市均呈现正增长，其中厦门增幅居各地市之首。产值超5 000万元的企业有35个，其中超亿元的企业有19个，比上年分别增加8个和6个。电工电器和农业机械两大行业产值达40.06亿元，占全系统产值总量的64.31%。（2）全系统产品销售率逐月上升，但年末产成品资金仍比上年增加1.33亿元，升幅为17.1%。（3）利润下降得到抑制，并略有增长，比上年增长7.6%。（4）创利税上千万元的企业有17个，比上年增加4个，其中厦门工程机械股份有限公司超亿元。销售收入上亿元的企业有20个，比上年增加7个，其中厦门工程机械股份有限公司、福建龙马集团公司、闽东电机（集团）股份有限公司、厦门金龙旅行车有限公司4个企业超过3亿元。（5）除部分停产、半停产企业职工生活水平略有下降外，大多数企业职工生活得到改善，企业职工队伍稳定。1995 年全系统职工人均工资达到 6 260.3 元，比上年增加1 182.3 元，扣除物价上涨因素，实际工资有所增长。(6) 机械工业正式被确定为福建省经济支柱产业。全省机械工业“九五”计划和 2010 年发展规划框架初步形成，重点发展汽车、农用车及配套动力、工程机械、电工电器、船舶修造和航空修理等类支柱产品。

表 1　1995 年福建机械工业系统概况

行　业	企业数（个）	全部职工平均人数（人）	工业总产值（不变价）（万元）	工　业增加值（万元）	产品销售收入（当年价）（万元）	产品销售税金及附加（万元）	利润总额（万元）	固定资产 原价（万元）	固定资产 净值平均余额（万元）
合计	215	93 190	622 669	171 436	679 470	5 318	31 284	352 343	194 135
农业机械	66	28 285	172 622	41 431	188 534	992	1 070	106 594	60 779
工程机械	7	7 456	63 540	23 230	91 187	994	8 192	36 585	21 717
机床工具	17	6 623	16 153	8 015	17 284	175	－5	14 107	7 367
机械基础件	23	9 283	50 707	11 866	46 191	332	1 697	30 965	15 915
石化通用机械	11	6 942	22 264	6 512	22 222	222	－345	27 145	9 376
重型矿山机械	6	1 799	5 126	1 775	4 978	56	19	2 815	1 621
汽车	6	1 364	47 312	15 699	48 114	810	7 726	18 640	10 600
电工电器	53	26 376	227 965	59 276	246 468	1 617	12 672	106 687	61 155
仪器仪表	19	4 115	13 710	2 979	11 330	100	131	6 760	4 469
食品包装机械	1	94	1 533	216	1 082	8	122	351	203
其他	6	853	1 737	437	2 080	12	5	1 694	933

表 2　1995 年福建机械工业系统产品产量

产品名称	单　位	产　量	比上年增长%	产品名称	单　位	产　量	比上年增长%
工业锅炉	t（蒸汽）	957.5	－1.7	装载机	台	2 802	12.8
内燃机商品量	万 kW	145.7	5.0	叉车	台	1 018	－21.8
内燃机发电机组	万 kW	8.8	－20.7	交流电动机	万 kW	101.2	－2.5
金属切削机床	台	1 269	－18.7	变压器	万 kV·A	207.3	12.8
锻压设备	台	1 721	－9.5	高压隔离开关	组	2 310	－11.1
电动工具	万台	36.2	38.7	高压开关板	面	5 808	23.9
轴承	万套	1 881.4	22.1	电磁线	t	4 563	8.2
矿山设备	t	304	－64.8	电力电缆	km	2 428	24.3
橡塑加工机械	t	4 845	－12.9	工业自动化仪表	万台	163.9	5.1
小型拖拉机	台	50 276	－1.1	光学仪器	台	104 829	79.6
农用运输车	辆	34 795	－27.0				

注：本表数据为年报数，而上年为快报数。

市场及销售　1995 年产品销售收入 67.95 亿元，比上年增长 15.7%，是 1990 年的 3 倍，“八五”年均增长 24.6%。1995 年，全系统完成利税总额 6.32 亿元，比上年增长 5.5%，其中利润 3.13 亿元，比上年增长 7.6%。预算内企业利润总额占全省预算内工业利润总额的 22.6%。“八五”实现利税总额 25.33 亿元，是“七五”的 2.01 倍，年均增长 26.2%，1995 年全系统亏损额控制在 1 075万元，比上年减亏 20 万元，减亏幅度 1.8%。企业效益好坏悬殊，集中度越来越高。厦门工程机械股份有限公司实现利润 7 528 万元，比上年有所下降，但继续位居榜首，全系统利润总额超千万元的企业有 11 个，详见表 3。这 11 个企业的利润总额之和占全系统利润总额的 85.5%。另有龙溪机器厂（791 万元）、福州变压器厂（750 万元）、福州通用电气股份有限公司（709 万元）、南平电缆股份有限公司（649 万元）、福州一开同益电气有限公司（602 万元）、闽东电机（集团）股份有限公司（500 万元）等 6 个企业利润超过 500 万元。上述 17 个企业利润总额达 3.07 亿元，占全系统利润总额的 98.2%。

从行业角度分析，利税总额居前四位的行业是：电工电器 2.45 亿元，工程机械 1.28 亿元，汽车 1.11 亿元，农业机械 0.71 亿元。这 4 个行业利税总额 5.55 亿元，占全系统的 87.8%；完成利润 2.97 亿元，占全系统的 94.9%。

1995 年，全系统人均利税 6 778 元，其中，福州福荣变压器电器有限公司等 10 个企业名列前茅，详见表 4。

表 3　1995 年实现利润超千万元的企业

序号	企业名称	实现利润（万元）
1	厦门工程机械股份有限公司	7 528
2	厦门金龙旅行车有限公司	4 889
3	厦门 ABB 开关有限公司	3 216
4	福发股份有限公司	2 005
5	厦门金龙汽车车身有限公司	1 567
6	闽日电动工具有限公司	1 502
7	厦门金龙联合汽车工业公司	1 328
8	福州第一开关厂	1 254
9	龙溪轴承厂	1 205
10	福州福荣变压器电器有限公司	1 176
11	福州大通机械股份有限公司	1 062

表 4　1995 年人均利税前十名企业排序表

序号	企业名称	人均利税(元)
1	福州福荣变压器电器有限公司	409 000
2	厦门金龙旅行车有限公司	238 789
3	厦门 ABB 开关有限公司	176 068
4	厦门金龙汽车车身有限公司	158 423
5	福州一开同益电气有限公司	134 259
6	厦门金龙联合汽车工业公司	59 052
7	福州同益通用电气有限公司	56 889
8	闽日电动工具有限公司	55 213
9	厦门工程机械股份有限公司	42 792
10	龙岩工程机械厂	38 214

经济效益综合指数按国标为 93.9%，按部标为 99.8%，分别比上年降低 3 个百分点和 4.3 个百分点。

1995 年，全系统出口交货值完成 10.2 亿元，比上年增长 45.4%，占全系统产值总量的 12.9%；出口创汇总额达 2 亿美元，比上年增长 33.3%；“八五”累计出口创汇 6.28 亿美元，是“七五”的 4.24 倍，年均增长 28.2%。产品出口到 70 多个国家和地区，其中出口到北美、欧洲、日本等发达国家的产品已占 40.3%。出口创汇超百万美元的企业有 29 个，见表 5。其中厦门 ABB 开关有限公司和龙岩粉末冶金厂出口创汇突破 1 000 万美元，林德—厦门叉车有限公司等 6 个企业出口创汇超 500 万美元。出口创汇超 50 万美元的产品有 33 种，比上年增加 3 种。其中，轴承突破 1 500 万美元大关，另有钨酸制品、高低压电瓷、水表、生物显微镜、电动工具、交流电动机、高压开关、灯具、叉车等 9 种产品创汇上 300 万美元，创汇 100 万美元～300 万美元的产品有 15 种。

全省有 37 个扩大机电产品出口企业、出口基地和享有出口自营权企业，出口交货值达 5.04 亿元，占全系统出口总额的 49.3%。福建省机械设备进出口公司出口总额达到 1.16 亿美元，比上年增长 15.4%，出口创汇总额仍居全国 CMEC 公司系统第四位，在省内外贸工贸公司中亦排名第四位。

表 5　福建省机械系统出口创汇达百万美元企业

序号	企业名称	创汇额(万美元)
1	厦门 ABB 开关有限公司	1 199
2	龙岩粉末冶金厂	1 056.5
3	林德—厦门叉车有限公司	980
4	南安轴承厂	850.2
5	闽东电机(集团)股份有限公司	823.5
6	福州华光电器有限公司	626.5
7	闽清电瓷总厂	536.1
8	龙溪轴承厂	530.5
9	福州水表厂	476.5
10	厦门麦克奥迪光学仪器有限公司	401
11	闽东日立电动工具有限公司	351.4
12	福州榕泉石材有限公司	284
13	福州福德传动件有限公司	229
14	厦门轴承实业总公司	212.4
15	福州金光盈嘉机械有限公司	208
16	福州大通机电股份有限公司	203.5
17	永安轴承厂	202.6
18	莆田精密铸锻总厂	197
19	厦门电机实业总公司	192.6
20	福州闽江石材有限公司	179
21	福建省福发股份有限公司	167
22	厦门 ABB 低压电器有限公司	140
23	厦门工程机械股份有限公司	111.3
24	福州机床厂	111
25	三明麦克奥迪光学仪器有限公司	110
26	三明化工机械厂	106.2
27	福州阀门厂	103
28	福州斯特龙机电有限公司	100
29	漳州永辰石制品有限公司	100

科研成果与新产品　全年完成科研、新产品开发项目共 144 项（含新技术推广项目 1 项），比上年增加 29 项，其中，达国际水平的有 78 项，属于国内首创有 12 项。开发工作显现三个特点：一是开发了一批能迅速形成批量市场的新产品。如福州第一开关厂的 12 项中压开关新产品，可新增年产值 5 000 万元以上；永安轴承厂的 41 种 AG 轴承，结构技术性能达到国际水平，国内外市场畅销，可新增年产值近 2 000 万元，利润 560 万元，对于我国“0”类轴承的发展具有开拓性意义；三明化工机械厂开发的 LL－B1056×1370×2 型轮胎定型硫化机，与国内外同类机型相比有所创新，达到 90 年代初国际水平，已新增产值 1 000 多万元，利税率达 18%，并取得国内订货合同 2 400 万元。二是开发了一批高新技术产品，如福州柴油机总厂开发的自动化消失模铸造生产线及其模具制造和铸造工艺，达到国际 80 年代末水平。三是开发了一批更新换代产品。有 17 个项目获 1995 年度福建省政府

授予的省科技进步奖，其中二等奖3项、三等奖4项。

质量 1995年全系统产品质量进一步提高，省质量抽查合格率96.6%，重点产品品种抽查合格率达100%，一等品率58.3%，产品质量稳定提高率87%。全系统有13个企业的16项产品获得一等品证书，比上年增加1项。采用国际标准完成33项，连续五年居全省行业之首。龙溪轴承厂、闽东电机一厂及闽东电机三厂3个企业通过GB/T19000（ISO9000）质量体系认证。福建龙马集团公司、龙江集团公司、平和农用运输车厂和厦门电机厂被机械工业部确认为产品可靠性达标特别推荐单位。厦门工程机械股份有限公司、福州第一开关厂、福州大通机电股份有限公司、龙溪轴承厂、龙溪机器厂、莆田精密铸锻总厂6个企业的7项产品被福建省政府评为首批优秀名牌产品。

技术改造 1995年全系统（含厦门）完成技术改造、基建投资3.72亿元；竣工验收项目11项，达产后可新增产值3.32亿元、利税5 056万元。

“八五”期间投资100万元以上的技术改造项目共207项，实际完成投资额13.23亿元，是“七五”的2.89倍；共引进技术43项，项目投资8.54亿元，用汇6 175万美元，达产后可新增销售收入31.30亿元，增创利税4.34亿元，成为“九五”企业经济发展的新增长点。

对外合作 利用外资有长足发展，到1995年底共批准74个“三资”企业（已消盘16个），实际利用外资6 996.68万美元。1995年，新增“三资”企业15个，总投资4 520.36万美元，利用外资2 394.91万美元，其中厦门雪乎工程机械有限公司等6个企业是与发达国家合资兴办的，投资额占总投资额的85%；已开业投产的42个“三资”企业共完成产值19.73亿元，比上年增长347.2%；出口产值4.44亿元，增长103.6%；出口创汇4 455万美元，增长93.2%。

对台经济合作进一步开展，成立了福建台湾机械工业同业公会联谊会和办事机构，成功地举办了闽台机械工业样本展和经贸洽谈会，并就创建福建机电城投资项目进行考察。

改革及管理 1995年，全省机械工业企业改革继续深化，企业承受改革能力增强。一是依靠企业自身努力，消化了由于各项重大经济改革政策所增加的经济承担，适应了新的社会主义市场经济环境。二是现代企业制度试点开始起步，福州大通机电股份有限公司、福州通用电气股份有限公司现代企业制度试点方案进入论证阶段。三是以优化资源配置为目的，把改革与改组相结合，相继组建厦工、龙净、福州天宇电器、福建机电进出口等4个企业集团，对小型企业改革力度进一步加大，采取多种形式使其放开搞活。

在福建省现代化管理成果奖（39项）中，机械系统有6项，占15.4%，其中一等奖1项、二等奖3项、三等奖2项。在中国机械工业企业管理创新成果奖（25项）中，福州通用电气有限公司榜上有名。另有2个生产企业和3位经营者被福建省政府分别授予“省标兵企业”和“省优秀经营者”称号。

〔撰稿人：福建省机械工业厅　付志雄　审稿人：福建省机械工业厅副厅长　吴大浩〕

〔责任编辑：王　如〕

厦门机械工业

厦门市经委机械冶金工业处

生产发展情况 1995年，厦门市机械工业有乡及乡以上各种所有制性质的企业271个。属机械工业部系统的企业22个，比上年增加3个。共有职工10 450人，其中工程技术人员1 062人。22个企业中，全民所有制独立核算企业12个，职工8 234人，其中工程技术人员747人；集体所有制企业5个，职工1 050人，其中工程技术人员133人；中外合资企业5个，职工1 166人，其中工程技术人员182人。大一型企业1个，中二型企业5个；省以上重点企业8个，国家骨干企业1个。

1995年，全系统在全国严格控制固定资产投资的环境下，充分发挥厦门地处东南沿海，面向台、港、澳和东南亚地区的地域优势，在改革开放之初就树立起紧紧瞄准市场需求的竞争意识，生产经营取得较好的业绩。主要表现为：(1) 生产增长明显，全年完成不变价工业产值140 095.2万元，比上年增长40.97%；(2) “八五”积极引进的外资项目开始显现效果，全系统177 884.3万元的当年价工业产值中，有41.18%为“三资”企业所创；(3) 行业间发展不平衡，电工电器、汽车两个行业分别比上年增长179%和68%，其余与上年基本保持平衡，详情见表1。

市场及销售 1995年，厦门市机械系统企业努力开拓国内外两个市场，通过采取调整产品结构、严格控制产品质量、加强销售队伍、强化售后服务等措施，在应收帐款、产成品资金控制在1994年末水平的基础上，实现了销售的良性增长，全年产品销售产值171 545万元，销售额174 100万元，产品产销率96.44%。

表1　1995年厦门机械工业系统产品产量

产品名称	单位	产量	比上年增长%	产品名称	单位	产量	比上年增长%
锻压设备	台	1 481	-10	中型客车	辆	288	57
其中：大型	台	28	33	小型客车	辆	2 288	32
轴承总计	万套	422	10	汽车配件	万元	15 340	152
其中：低噪音轴承	万套	156		交流电动机	万kW	18	-20
密封轴承	万套	139		高压断路器	台	1 068	
粉末冶金制品	t	135	2	高压开关板	面	1 073	15 229
包装机械	台	6		低压开关板	面	4 626	166
农用运输机械	辆	453	-67	低压电器一般元件	万件	3	18
装载机	台	2 378	-1	电焊条	t	4 484	-23
叉车	台	1 018	-9	工业自动化仪表	万台	30	36
改装汽车	辆	2 642	35	分析仪器	台	261	-46
其中：客车	辆	2 642	35	光学仪器	台	60 200	-22
大型客车	辆	66	113				

1995年，全年完成出口交货值19 663万元，比上年增长165.04%。其中轴承、青铜过滤元件、电动卷门机的出口增长明显。有出口产品的企业10个，其中出口基地企业2个，扩大机电产品出口企业5个，有外贸经营权企业3个。

全系统实现利税总额28 681.5万元，比上年降低6.36%，其中实现利润17 477.7万元，比上年降低8.16%。实现产品销售收入174 018.2万元，比上年增长12.36%，全系统产品销售收入超亿元的企业5个（见表2）。全系统产值利税率16.12%，工业增加值率25.53%，资金利税率14.21%，分别比上年提高-0.11、-0.26和-5.45个百分点。全员劳动生产率（按工业增加值计算）为43 454元/人，比上年提高0.03%。

表2　1995年厦门机械工业系统产品销售收入超亿元企业

企业名称	产品销售收入（亿元）	比上年增长%
厦门工程机械股份有限公司	6.04	0.2
厦门金龙旅行车有限公司	3.00	47.5
厦门ABB开关有限公司	1.88	
厦门金龙汽车联合有限公司	1.30	
厦门海德有限总公司	1.26	26.7

质量　“八五”期间，我国改革开放不断深化，投资环境日益改善，市机械系统高起点引进境外的技术、品牌、资金和管理，ABB集团、林德公司等国际著名大公司都到厦门投资建厂，同时带来了国外先进的质量管理思想，对全市机械工业质量管理产生了很好的推动作用。1995年，厦门ABB开关有限公司在市机械行业中第一个通过ISO9001国际质量体系认证，获得中国CCIB、英国NACCB及德国TGA三个质量保证体系证书。

各企业在市场竞争中，充分意识到产品质量是开拓市场的保证，是企业发展之根本。因此，都自觉地通过各种形式，严格控制产品质量。根据用户对产品使用功能的不同要求提供产品。抓质量管理重实质、重效果、轻形式，1995年，全系统实现了国家监督抽查合格率100%，且无重大质量事故。

技术改造　1995年，全系统技术改造在1 500万元以上的在建项目共6项，项目总投资45 426万元。其中列入机械工业部“八五”重点改造项目2项，规划总投资17 200万元，已投资6 290万元，占36.56%，用汇303万美元；列入地方项目4项，规划总投资28 226万元，其中属预算内国有企业3项，总投资17 960万元，已投资4 400万元，占24.5%，“三资”企业1项，投资10 266万元，已投资6 000万元，占58.44%（具体项目见表3）。1995年技术改造特点：一是重点抓部管项目的进度落实。目前部管项目的资金到位情况较好，一期改造的资金已基本到位，工程进展顺利，完成较为理想，可望在1996年～1997年期间形成新的生产能力。二是地方项目（不包括“三资”企业项目），由于受当地生产不景气的影响，资金筹措较为困难，加上宏观调控，信贷规模受控制，使得一些项目进度偏缓。

表3 技术改造项目投资情况

单　位	项目名称	总投资	产　品　名　称	产品水平	生产能力
厦门工程机械股份有限公司	“八五”技术改造	15 700	轮式装载机	80年代末	3 000台
厦门轴承实业总公司	“八五”技术改造	1 500	深沟球轴承	80年代末	800万套
厦门锻压机床总厂	易地改造	12 000	数控、高速精密冲床	90年代初	1 050台
厦门电机实业总公司	易地改造	2 980	出口电机	80年代末	20万kW
厦门叉车总厂	易地改造	2 980	内燃平衡叉车	80年代末	1 000台
厦门ABB开关有限公司	二期扩建	10 266	开关柜	90年代初	3亿元

对外合作　1995年全系统吸收外商（再）投资项目6项，投资金额13 240.14万美元，注册资本10 985.14万美元，其中外方投资7 111.24万美元，占53.71%（见表4）。1995年对外合作工作特点：一是对外合资合作继续得到发展。随着一些国际名牌公司进入厦门市投资兴业取得成效后，一些外商纷纷看好中国市场，投资信心更强。如1989年ABB公司在厦门投资兴办厦门ABB开关有限公司后，1994年再投资兴办厦门ABB低压电器设备有限公司，1995年再对厦门ABB开关有限公司进行二期投资；德国林德公司除投资叉车业外，还在厦门投资兴办厦门林德气体有限公司；厦杏摩托有限公司投资厦门以后，原台湾方面的配套企业也纷纷跟随进入厦门投资办厂，为主机配套。二是合资合作的外方企业带进的产品档次较高，具有较强的竞争能力。如ABB公司的中低压开关柜、林德公司的静压驱动叉车、德国雪孚公司的挖掘机以及美国卡斯卡特公司的叉车属具，均具有90年代初的国际水平。三是对外合资合作的项目较大，具有一定的经济规模。1995年投资在千万美元以上的项目居多，而且生产能力能够满足国家有关方面规定的起始规模要求，具备较好的长期合作意识。

表4 1995年厦门市机械系统再投资项目情况

“三资”企业名称	中方企业	外方企业	经营产品	总投资（万美元）	注册资本（万美元）	其中外方占比%
厦门雪孚机械有限公司	厦工股份有限公司	德国卡尔·雪孚公司	挖掘机	2 125	850	50
林德—厦门叉车有限公司	厦门海德有限总公司	德国林德公司	叉车	6 896（折）	6 896	55
厦门ABB开关有限公司	厦门电控厂等	ABB公司	开关柜	1 180（二期）	500	51
厦门卡斯卡特有限公司		美国卡斯卡特公司	叉车属具	39.14	39.14	100
厦杏摩托有限公司	厦门国际信托投资有限公司	香港普力生公司	摩托车	2 000	2 000	65
厦门金龙汽车冲压有限公司	厦汽股份有限公司	马来西亚南吉公司等	汽车车身等	1 000	700	45

改革及管理　1995年各企业在1994年推行的劳动、人事、分配等三项制度改革的基础上，不断进行完善。在劳动制度方面，全员劳动合同制已得到全面落实，并得到广大职工的支持和认可，职工与企业建立在一种新型、平等的劳动合同制关系中；在人事制度方面，打破了易地做官的现象，一批年轻有为、工作热情高涨的企业管理工作者正越来越受到企业职工的信赖和支持；在分配制度上，普遍实行基本工资加效益工资，体现了多劳多得的社会主义劳动分配原则，打破了平均分配的陋习。

随着经济特区的迅猛发展，各种经济类型的企业不断涌现。行业主管部门如何适应这一新形势，进一步做好服务、协调工作已迫在眉睫。1995年在市政府、市经委的倡导和支持下，组成了行业协会筹备组，筹措成立厦门市机械行业协会，计划在1997年一季度正式成立。成立后的行业协会，将更好地在企业与政府之间起桥梁作用。

〔撰稿人：厦门市经济发展委员会机械冶金工业处、市机械行业协会　姚　彧　厦门市经济发展委员会机械冶金工业处、市机械行业协会　柯伟君〕

〔责任编辑：王　如〕

江西机械工业

江西省机械工业厅

生产发展情况 1995年，江西省机械工业紧紧围绕省委省政府关于主攻工业的指示精神，坚持以市场需求为导向，技术进步为主线，搞好国有大中型企业为重点，提高经济效益为中心，抓住机遇，加快发展。在经济整体运行格局和内外部条件发生重大变化的新形势下，通过深化改革，加强管理，使全行业保持了平稳发展的态势。1995年江西机械工业系统概况详见表1。全系统278个企业完成工业总产值近69亿元，比上年增长12%，其中大中型企业51.75亿元，比上年增长14%；实现产品销售收入76亿元，比上年增长21.8%，其中国有大中型企业实现54亿元，占销售收入总值的77%；实现利税5.9亿元，其中国有大中型企业4.3亿元，占利税总额的72.9%；厅直属生产企业实现利润1 002万元，比上年增长2.5倍，虽然全行业利润比上年略有下降，但利税总额基本持平，且税金达3.7亿元，比上年增长5.7%；出口创汇5 872.6万美元，比上年增长25.5%；全员劳动生产率10 995元/人；万元产值综合能耗（重点考核企业）为0.51t标煤。按照省委、省政府“大灾之年农业损失工业补”的指示精神，对重点调度的49个机械企业进行调研，建立帮促责任制，有效地遏制了企业效益下滑势头。当年有12个企业实现利税超1 000万元，比上年增加3个，有5个企业利润超1 000万元，比上年增加2个。亏损企业比上年减少19个，亏损额较上年减少8.6%。从全省11个地市情况看，有7个地市实现产值比上年有较大幅度的增长，其中景德镇市增长30.7%，江铃集团增长23.4%，宜春、新余、抚州、鹰潭等地市增长均超过10%，机械厅直属企业增长75.9%。从行业看，仪器仪表行业增长最大，达61.8%，工程机械、机械基础件、汽车、电工电器、食品包装机械等5个行业增长均在10%以上。从企业看，80个大中型企业完成工业总产值占全省的75%，比上年又增加了2个百分点，说明大中型企业的主体地位进一步加强，其中江西光学仪器总厂、江西柴油机厂、于都齿轮箱厂、抚州减震器厂的产值、销售、利润均有较大幅度的增长。江西机械工业主要产品产量见表2。

表1 1995年江西机械工业系统概况

行业	企业数（个）	全部职工平均人数（人）	工业总产值（不变价）（万元）	工业增加值（万元）	产品销售收入（当年价）（万元）	产品销售税金及附加（万元）	利润总额（万元）	固定资产	
								原价（万元）	净值平均余额（万元）
合计	278	174 619	688 298	179 166	761 417	2 363	16 105	598 832	311 092
农业机械	56	45 853	138 581	33 179	158 653	487	2 325	158 416	68 364
工程机械	6	10 845	30 320	12 009	33 336	142	1 274	43 255	23 008
机床工具	21	13 665	20 844	8 112	20 394	131	326	32 162	17 614
机械基础件	16	9 339	17 878	5 292	20 339	73	346	21 228	9 731
石化通用机械	16	10 478	30 172	10 327	28 533	152	1 146	29 292	15 138
重型矿山机械	13	9 421	17 900	6 465	18 996	108	321	23 303	9 345
汽车	30	23 028	214 303	52 444	289 061	661	5 176	88 034	46 416
电工电器	56	31 864	150 042	38 423	137 145	441	4 449	142 653	90 364
仪器仪表	9	6 174	28 043	5 941	25 109	67	1 209	19 479	12 938
食品包装机械	2	460	1 012	234	824	14	5	9 695	3 809
其他	53	13 494	17 203	6 740	29 027	87	-471	31 317	14 367

市场及销售 1995年全省机械工业产品国内销售额73.2亿元，比上年增长5.3%，产成品库存当量1.76个月，从全年销售总的态势分析，1、2月份与上年同期基本持平，3月至10月份形势趋于好转，销售量逐月增加，尤其是农机、内燃机配件、照相机、光学仪器等产品销量大增，10月份以后销售开始回落，库存增加。

省厅继续帮助企业完善多层次的促销网络，建立和健全销售承包责任制，加强市场调查和分析，在发挥省厅和地、市局直属公司销售主渠道作用的同时，坚持“抓住省内、稳定国内、开拓边远”的营销策略，建立和扩展省内外分支机构。提倡全方位推销三种形象，即企业形象、销售员形象、产品形象；建立两种感情，即经销商与企业的感情，消费者与产品的感情，通过限产“压库”，使全年产销率达97%，比上年增加0.3个百分点。

表2　1995年江西机械工业系统产品产量

产品名称	单位	产量	比上年增长%	产品名称	单位	产量	比上年增长%
工业锅炉	t（蒸汽）	446	97.4	大中型拖拉机	台	311	21.5
内燃机	万kW	302	-6.8	小型拖拉机	台	23 176	65.8
发电设备	万kW	1.0	-88.9	拖拉机、内燃机配件	万元	19 624	12.2
金属切削机床	台	4 494	持平	农用运输车	辆	19 864	22.0
起重设备	t	1 528	-13.5	农用拖车	辆	6 722	34.0
运输设备	t	1 623	23.7	装载机	台	813	179.4
泵	台	30 440	64.0	汽车	辆	25 805	8.7
风机	台	3 642	-21.5	交流发动机	万kW	107	持平
气体压缩机	台	702	-6.8	变压器	万kV·A	275.8	-22.8
轴承	万套	1 605	53.6	家用电冰箱	万台	20	33.3
液压件	万件	2.2	16.1	工业自动化仪表	万台	2.3	-45.2
密封件	万件	6.3	42.4	电工仪器仪表	万台	70	12.9
矿山设备	t	53 940	-11.6	光学仪器	台	67 091	27.1
工矿配件	t	7 427	12.6	照相机械	架	217 504	21.1
食品机械	台	1 793	4 618.4				

科研成果　1995年开展科研课题13项，完成鉴定16项。在已鉴定的成果中，ZL40E轮式装载机获省科技进步二等奖，MSB-5S汽车变速器、细小深孔高速加工技术的研究、液压电磁两大系列制动器、9ST-5000型饲料加工成套设备，TSB-6型轨轮式混凝土搅拌运输车、CF30-100自动扶梯、蜗杆砂轮、TKJ1000/（1.6-1）-5XD交流调速电梯等8项课题，获省科学技术进步三等奖，达到国内领先水平，并投入生产。

新产品　1995年全省机械工业安排新产品开发计划424项，其中新开项目254项，列入机械工业部计划项目7项，列入省重点计划项目8项，列入省厅重点计划项目18项。全年实际完成新产品开发228项（其中汽车行业83项），大大超过了省政府120项的考核目标。其中完成部计划6项，省重点3项，省厅重点11项。在这些新产品中，无氟制冷压缩机、PK6M紧凑型高速纺丝机、低惯量喷油嘴、直燃式溴化锂冷温水机、80t·m塔吊等70余种新产品具有国内先进水平。

质量　1995年全系统质量稳定提高率保持在85%，达到了规定要求；铸铁件废品率为11.65%，实现了“八五”期间低于12%的目标。重点考核产品品种优等、一等品率计划为40%，实际完成56.7%；重点考核产品质量损失率计划降至10%，实际达到0.93%；监督抽查合格率计划60%，实际达到86.2%。一年来，通过“三抓”（抓好一个法，《产品质量法》的宣传教育；抓住一个人，即企业法人质量工作“三到位”；抓好一批质量工作示范企业），使全省机械系统广大干部职工质量意识有所增强。具体措施是：(1)牢固树立质量第一观念，加强对质量工作的领导，促进行业质量意识的提高和质量观念的转变。贯彻落实《关于加强机械工业企业质量工作的决定》。积极宣传推广宜春风动工具厂、富奇汽车厂等十多个企业在质量工作中所创造的经验，开展对产品的设计、制造、装配、调试和售后服务质量一条龙活动，层层签订质量责任状。在全行业逐步形成分“头”跟班抓现场，分“兵”把关管质量的共识。(2)落实《关于江西机械工业企业质量工作“三到位”决定》。江西拖拉机厂颁布《江西拖拉机厂各部门、各分厂行政一把手质量工作“三到位”决定》，于都齿轮箱厂制定了中层干部质量工作“三到位”标准，南昌通用机械厂以贯彻质量工作“三到位”决定为主线，采用多种形式落实厂长（经理）责任制，以及用全体职工的质量责任保证厂长质量责任的落实。(3)采取组织试点、重点突破的办法，不断加快GB/T19000（ISO9000）标准的宣传贯彻步伐，并取得了阶段性成果。目前，全省60个贯标重点企业都已编制了贯标计划，进行了培训教育。25%左右的企业编制了《质量工作手册》，20%左右的企业完善和正在完善质量工作程序文件。通过培训、考察等方式，为企业培养了100多名质量体系内部审核员。省厅还编制了三年贯标滚动计划，组织召开了质量体系认证研讨会，积极引导企业开展质量体系认证活动，全面推进贯标工作的进程。(4)强化监督职能，依法管理产品质量。坚决贯彻《产品质量法》及有关法律法规，使质量工作进一步走上法制化管理的轨道。1995年继续组织对十大类量大面广、质量不够稳定产品的定期监督检查，对检查中出现的部分行业质量管理基础差、质量不够稳定的问题实行曝光和“黄牌”警告，并积极督促整改。1995年省厅还配合有关部门开展了“打假”和无证查处工作，生产许可证、出口许可证、压力容器及高低压开关柜合格证的监督管理也得到加强。

技术改造 1995年全省机械工业下达技术改造计划20项，实际完成技改竣工验收25项，预计达产达标后可新增产值12.6亿元，新增利税1.97亿元。当年落实技改资金4.6亿元，全年实际完成技改投资4.5亿元，投资完成率为96.6%，其中省重点工程项目完成投资2.7亿元，投资完成率85%，超额完成了计划目标75%的要求，富奇汽车厂、江西光学仪器总厂、三波电机总厂、宜春工程机械厂等完成了竣工验收。1995年在抓好“八五”技改项目，特别是国家专项和省重点技改工程项目的扫尾和竣工验收的同时，编制完成了“江西省机械工业‘九五’发展规划纲要”，并已进入组织专家认证和征求意见阶段，在此基础上，编制了“九五”全面规划，配合有关部门逐步完善了科技发展、技改、引进专项，重点产品发展、地区发展重点等规划。为部分“九五”技改项目，特别是国家专项做了前期准备工作。

改革及管理 1995年企业改革进一步深化，主要在三方面得到推进：(1)按照省政府的部署，积极引导企业参加全省百家现代企业制度试点工作，第一批33个现代企业制度试点单位中的9个机械企业，结合行业特点制定了试点工作实施方案，并有8个企业已挂牌运行。(2)国有小型企业在改革过程中，勇于探索，成效明显。如九江电影机械厂实行“国有民营”试点，当年就取得明显成效。南昌市机械局推行的“以大带小，以强带弱”的“托管经营”模式，使不少处于困境的小企业重现生机。(3)继续深化人事、劳动、分配三项制度改革，分离后勤、精干主体工作取得实际成效。不少企业的后勤部门“断奶”后不但不要厂里补贴，而且还为企业创收，昔日的“包袱”已成为今日的“财富”。

继续开展“转机制、抓管理、练内功、增效益”活动，1995年全省机械工业企业管理基础工作得到加强，主要表现在：(1)质量管理得到加强，坚持走质量效益型之路，逐渐成为共识。(2)强化基础管理，优化现场管理，为提高企业管理水平打下了基础。九江市机械局开展所属企业现场管理评议检查，有力地促进了现场管理水平的稳定提高。江铃汽车三分厂、江西特种电机股份有限公司、江西电机厂、南昌齿轮厂、江西第五机床厂等企业现场管理工作各具特色。(3)许多企业在学邯钢、抓管理的同时，进行了卓有成效的探索和试验。如江西三波电机总厂对物耗实行“统管、严控、跟踪”管理，江西万向节厂采取“高低法成本核算”管理等，都取得了较好的成效。

教育培训 在大力发展高等教育和职工技术教育的同时，积极推进了继续工程教育和岗位培训工作，按初、中、高三个层次，全年共培训3 500多人，重点培养了企业急需的机电一体化和IE工程管理人才，机械工程师进修大学招生675人，在册学员3 271人，培训人数名列全国榜首，受到机械工业部的表彰。以坚持培养实用型人才为办学目标，继续采取多层次、多形式、多规格的办学方式，举办职工高等教育，全年为行业输送大专及其以上毕业生227人，并与南昌大学、广播电视大学、北京机械学院等院校联合办学招收新生282人。技工教育不断发展，1995年全年参加各类培训的技术工人达9 400多人次，全省建立职工技能鉴定站7个，省机械技工学校通过评估，已成为6个省级重点技校之一，当年为行业输送毕业生836名，其中85%的学员通过双证考试达到中级水平，招收新生1310人，超额完成了技工招生任务。

存在问题 1995年全省机械工业存在一些不容忽视的问题，主要表现在：(1)有些产品虽有市场，但由于资金紧张，特别是缺乏流动资金，而难以组织生产，尤其是一些生产周期长的大型专用产品生产难度更大，有的生产能力放空，效益难以发挥。(2)靠大量投入，特别是依靠高消耗、高速度支撑企业发展的粗放式、速度型增长模式，至今仍左右着行业的经济运行。(3)产品结构、技术结构、组织与规模结构调整进展缓慢。(4)“拳头”产品、技术含量高、附加值高的产品品种少，因而全省工业产品市场占有量小，经济效益不高。(5)企业管理滑坡现象仍然存在，部分产品质量不够稳定等，都直接影响到全行业经济运行的质量和效益。

〔撰稿人：江西省机械工业厅 杨 铮 审稿人：江西省机械工业厅 万 皓〕

〔责任编辑：王 如〕

山东机械工业

山东省机械工业厅

生产发展情况 1995年，山东省机械工业系统共有企业567个，其中，国有企业295个，集体企业193个，股份制企业54个，“三资”企业25个。按企业类型分有大一型企业11个，大二型企业47个，中一型企业46个，中二型企业145个，小型企业318个。职工38.95万人，其中，工程技术人员 28 876 人，占职工总数的 7.41%。固定资产原价 153.96 亿元，固定资产净值 112.04 亿元，金属切削机床 54 534 台，锻压设备 8728 台。系统内共有 20 个市地局（公司），12 个大行业，100 个小行业。

1995 年，山东机械工业认真贯彻执行党中央“抓住机遇、深化改革、扩大开放、促进发展、保持稳定”的方针，广泛深入地开展“管理效益年”活动，以提高经济效益为中心，发挥优势，抓住重点，加快调整，强化管理，生产保持了良好的发展势头。全年完成工业总产值 2 486 595 万元，比上年增长 32.5%；完成工业增加值 643 106 万元，比上年增长 15%。1995 年与上年相比，工业总产值和工业增加值在全国各省、市、自治区机械工业中所居位次均前移，工业总产值由第四位上升为第三位，工业增加值由第七位上升为第三位。详细情况见表 1。

表 1　1995 年山东机械工业系统概况

行　业	企业数（个）	全部职工平均人数（人）	工业总产值（不变价）（万元）	工　业增加值（万元）	产品销售收入（当年价）（万元）	产品销售税金及附加（万元）	利润总额（万元）	固定资产 原价（万元）	固定资产 净值平均余额（万元）
合计	567	389 460	2 486 595	643 106	2 365 128	12 434	98 148	1 539 576	816 973
农业机械	195	141 519	1 279 934	269 325	1 189 817	6 394	55 473	520 340	272 193
工程机械	12	15 314	115 401	32 583	149 076	433	7 913	87 106	52 148
仪器仪表	38	19 760	63 363	20 519	56 343	276	－1 413	48 843	25 136
石化通用机械	28	21 802	93 604	33 107	96 010	677	2 978	102 908	55 983
重型矿山机械	14	11 042	44 486	14 398	46 485	276	701	39 423	18 304
机床工具	58	50 742	187 661	69 902	168 551	1 238	6 038	221 964	105 015
电工电器	116	73 083	419 327	121 968	402 013	1 972	19 727	278 149	146 375
机械基础件	51	33 130	116 972	39 555	105 979	626	2 155	126 810	68 316
食品包装机械	6	1 900	7 604	1 939	7 027	39	68	6 080	2 116
其他民用机械	33	11730	99 999	21 483	88 400	235	2 607	56 556	43 361
船舶	9	5 098	37 675	8 611	32 783	134	507	28 473	12 836
爆破器材	7	4 332	20 569	9 717	22 643	132	1 393	22 922	15 189

1995 年山东机械工业生产发展的主要特点是：

（1）生产高速增长。1995 年，山东机械工业系统在上年增长 22.5% 的基础上，又实现了较高增长。工业总产值除 1 月份受春节影响增长 22% 以外，其他各月累计增长幅度在 30% 以上。全年增长 32.5%，为“八五”期间增长幅度最高的一年（1991 年增长 17.6%，1992 年增长 25.8%，1993 年增长 15.2%，1994 年增长 22.5%）。

（2）高速发展的农业机械工业有力地拉动了全行业的发展。全年农机产值达到 1 279 934 万元，比上年增长 56.9%，占全系统工业总产值的 51.5%，其增长量占全系统产值增长总量的 76%，超过历史最高水平。销售收入 1 189 817 万元，比上年增长 75.5%，占全系统销售收入的 50.3%，其增长量占全系统销售收入增长总量的 70.4%；实现利润达 55 473 万元，比上年增长 1.68 倍，占全系统利润的 56.6%，其增长量占全系统利润增长总量的 96.7%。主要农机产品中小型拖拉机的年产量达 32.8 万台，比上年增长 60%；大中型拖拉机 1.45 万台，比上年增长 41%；农用四轮运输车 7.1 万辆，比上年增长 99%；农用三轮车 64 万辆，比上年增长 61%。

（3）一些原来基础较弱的市、地为全行业发展做出了突出贡献。由于 1995 年大部分民用机械行业市场平淡，一些以生产投资类产品为主的老工业市、地陷入了较严峻的困境，而一些原来机械工业基础相对较弱的市、地抓住机遇，通过调整产品结构，发展非常迅速。从销售收入看，潍坊、临沂、聊城三市、地的增长总量为 37.8 亿元，占全系统增长总量的 53.7%；从实现利润看，威海、潍坊、聊城、临沂四市、地之和占了全系统的 59.2%。

（4）生产集中度有了一定程度的提高。1995 年，工业总产值超亿元的企业有 56 个，比上年（40 个）增加 40%。56 个超亿元企业共完成产值 1 442 885万元，占全系统总产值的 58%，比上年超亿元企业总产值占全系统总产值的比重提高了 11.7 个百分点。1995 年山东机械系统首次出现总产值超 8 亿元的企业，如山东华日集团总公司（120 980 万元），潍坊巨力集团股份有限公司（88 656万元），文登农用运输厂（88 404 万元）。1995 年，销售收入前五十名企业共完成了销售收入1 392 973万元，占全系统的 58.9%，比上年前五十名企业占全系统销售收入的比重提高了 5.5 个百分点。实现利税前五十名企业共实现利税132 305 万元，占全系统的 70.9%，比上年前五十名企业占全系统利税总额的比重提高了 2.2 个百分点。

（5）经济运行的质量和效益提高。1995 年，山东机械工业实现利税 186 592 万元，比上年增长

26.2%；实现利润 98 148 万元，比上年增长 58.2%。利税总额在全国各省、市、自治区机械工业中所居位次由第 9 位升至第 5 位。产品销售率 97.23%，比上年提高 1.03 个百分点，成本费用利润率 4.43%，比上年提高 0.45 个百分点，流动资金周转率 1.41%，比上年提高 0.16 个百分点，资金利税率 7.64%，比上年下降 0.02 个百分点。综合效益指数在全国各省、市、自治区中所居位次由第 11 位升至第 9 位。

实现利税超千万元的企业有 44 个，比上年增加 9 个。超 5 000 万元的企业 6 个：山东文登农用运输车厂（12 328 万元），高唐时风集团公司（9 490 万元），山东华日集团总公司（8 737 万元），山东电缆厂（5 998 万元），潍坊巨力集团股份有限公司（5 482 万元），临沂工程机械股份有限公司（5 058 万元）。利税超 5 000 万元的企业比上年增加 1 个。

市场及销售 1995 年，山东机械系统完成销售产值 2 859 694 万元（为与上年可比，含增值税，不含增值税销售产值为 2 553 916 万元），比上年增长 37.5%，比总产值的增长幅高 5 个百分点。实现销售收入 2 365 128 万元，比上年增长 44.4%。销售收入在全国各省、市、自治区机械工业中所居位次由第四位升至第三位。

1995 年，山东机械产品市场呈现一旺一平，即农机产品市场旺，投资类产品市场总体平稳。农机行业的产值、销售收入分别比上年增长 56.9% 和 75.5%，大大高于全系统 32.5% 和 44.4% 的平均增长幅度。生产投资类产品的 11 个行业产值的增长幅度均低于全系统的平均增长幅度。其中，重型矿山机械、机床工具、工程机械仅分别增长 0.2%、0.4% 和 0.5%。40% 的投资类产品产量比上年下降，如推土机、包装机械、印刷机械、风机、起重设备、牵引电机组、矿山设备、试验机、电工仪器仪表、石油钻采设备、液压件等。增长较高的有自动化仪表、照相机、发电设备、制冷设备、装载机、钢芯铝绞线、轴承、标准紧固件、铸造机械等（详见表 2）。从 11 个生产投资类产品行业的销售收入来看，除船舶和爆破器材行业外，其他 9 个行业均低于全系统的平均增长幅度，其中机床工具和重型矿山机械仅增长 0.1% 和 1%。

表 2 1995 年山东机械工业系统主要产品产量

产品名称	单位	产量	比上年增长%	产品名称	单位	产量	比上年增长%
工业锅炉	t（蒸汽）	3 499	12.4	大中型拖拉机	台	14 527	41.0
内燃机	万 kW	665	17.3	小型拖拉机	台	327 943	59.7
发电设备	万 kW	116	98.9	拖拉机、内燃机配件	万元	190 246	21.9
电站锅炉	t（蒸汽）	2 275	12.6	机引耕作农具	台	2 312	-39.2
金属切削机床	台	8 162	0.5	机动脱粒机	台	11 685	162.4
锻压设备	台	3 121	8.1	机动三轮车	辆	640 242	61.0
铸造机械	台	2 361	37.6	农用运输车	辆	71 181	98.8
起重设备	t	16 099	-11.7	农用拖车	辆	3 215	-67.7
工业泵	台	50 597	13.0	装载机	台	4 740	153.5
农业泵	台	178 668	55.9	推土机	台	470	-30.3
风机	台	7 090	-16.9	交流电动机	万 kW	234	10.9
制冷设备	套	3 360	66.3	牵引电机组	t	180	-10.0
轴承	万套	5 845	56.1	变压器	万 kV·A	835	1.0
高中压阀门	t	3 318	15.2	钢芯铝绞线	t	1 889	137.3
液压件	t	3 770	-19.5	电力电缆	km	14 945	2.1
标准紧固件	万件	107 175	51.6	工业自动化仪表	万台（件）	194	92.8
矿山设备	t	8 816	-4.9	电工仪器仪表	万台（只）	236	-1.5
石油钻采设备	t	14 594	-0.8	试验机	台	4 837	-3.2
印刷设备	t	1 147	-27.8	照相机	架	672 526	92.1
包装设备	台	386	-21.9	磨料磨具	t	24 500	-5.4

1995 年山东省机械工业系统销售收入超亿元的企业有 49 个，排序见表 3。

1995 年，出口创汇在上年出口交货值增长 72% 的基础上，继续保持了较高增长。全年完成出口交货值 20.3 亿元，比上年增长 19.9%。出口产品主要有内燃机、机床、推土机、农机具、轴承、电机、电缆等。1995 年，部分市、地和企业在出口上上了一个新台阶，如原来出口基础较差的淄博牵引电机（集团）股份有限公司、淄博电机电器工业公司、青岛电子仪表公司及聊城、菏泽、东营、莱芜、泰安等机械局，1995 年出口都翻了一番以上。一些出口重点企业也有了较高的增长，如山东机床附件总厂出口创汇 1 024 万美元，比上年增长 126%；烟台冰轮（集团）股份有限公司创汇 477 万美元，比上年增长 140%；泰安柴油机厂创汇 796 万美元，比上年增长 140%；沂南内燃机厂创汇 417 万美元，比上年增长 121%。出口创汇达到 100 万美元的企业有 47 个，排序见表 4。

表 3　1995 年销售收入过亿元的企业

序号	企业名称	销售收入（万元）	序号	企业名称	销售收入（万元）
1	山东巨力（集团）股份有限公司	112 312	26	青岛捷能动力集团公司	17 403
2	山东华日集团总公司	108 733	27	山东工程机械厂	16 419
3	山东潍坊拖拉机厂	71 098	28	四砂股份有限公司	15 390
4	聊城运输机械厂	69 920	29	泰安柴油机厂	15 167
5	高唐时风集团公司	69 118	30	济南重型机械集团公司	15 007
6	莱阳动力机械总厂	53 622	31	临沂农业药械厂	14 504
7	山东文登农用运输车厂	50 308	32	寿光聚宝农用车辆总厂	14 283
8	山东光明机器厂	47 721	33	山东手扶拖拉机厂	14 218
9	山东电缆厂	46 669	34	青岛造船厂	14 141
10	山东推土机总厂	41 607	35	山东九羊企业集团总公司	13 565
11	山东拖拉机厂	37 114	36	牟平发动机集团公司	13 393
12	聊城拖拉机厂	36 295	37	山东活塞厂	12 608
13	青岛宇宙集装箱工程有限公司	32 813	38	临沂拖拉机厂	12 398
14	荣成海山集团总公司	31 894	39	山东金曼克电气股份有限公司	12 230
15	阳谷电缆厂	30 513	40	青岛电度表厂	11 447
16	济南第二机床厂	30 172	41	济南志友股份有限公司	11 311
17	五莲县通用机械厂	28 955	42	烟台铜材厂	11 253
18	青岛变压器总厂	26 888	43	济南锅炉厂	11 184
19	北京汽车摩托车联合制造公司诸城车辆厂	26 645	44	博山水泵厂	11 090
20	烟台冰轮（集团）股份有限公司	26 544	45	青岛崂山拖拉机厂	11 003
21	淄博牵引电机（集团）股份有限公司	19 389	46	山东起重机厂	10 858
22	济南第一机床厂	19 315	47	日照五金工业（集团）股份有限公司	10 478
23	德州拖拉机厂	18 975	48	博山电机（集团）股份有限公司	10 411
24	诸城恒兴机器股份有限公司	18 969	49	章丘鼓风机厂	10 028
25	临沂工程机械股份有限公司	18 276			

表 4　1995 年出口创汇达百万美元的企业

序号	企业名称	出口创汇（万美元）	序号	企业名称	出口创汇（万美元）
1	青岛宇宙集装箱公司	4 078	25	青岛允春公司	177
2	第四砂轮厂	1 216	26	鲁南机床厂	175
3	山东机床附件厂	1 024	27	淄博轴承厂	169
4	烟台造船厂	920	28	烟台机床附件厂	153
5	山东推土机总厂	916	29	烟台阀门厂	151
6	泰安柴油机厂	796	30	青岛工具厂	148
7	青岛五桦钢塑公司	759	31	济南第二机床厂	142
8	济南第一机床厂	744	32	日照机械集团公司	140
9	日照五金机械厂	650	33	青岛华瑞公司	133
10	山东电缆厂	533	34	山东机修厂	133
11	沂南内燃机厂	520	35	青岛钢球厂	131
12	烟台冰轮（集团）股份有限公司	477	36	博山电机厂	129
13	青岛照相机厂	458	37	即墨阀门厂	122
14	青岛锚链厂	403	38	山东工具厂	120
15	莱州华汽公司	366	39	青岛金属结构厂	119
16	临沂农业药械厂	362	40	莱阳柴油机厂	118
17	鱼台机械厂	360	41	济南试验机厂	116
18	莱阳动力机械总厂	346	42	诸城铸造厂	115
19	山东拖拉机厂	333	43	临沂机床厂	110
20	郯城农机厂	297	44	青岛蓄电池厂	110
21	泰安水箱厂	256	45	青岛电站阀门厂	108
22	威海电机总厂	250	46	烟台第二机床附件厂	107
23	青岛大华机器厂	216	47	济宁金属元件厂	100
24	滕州标准件厂	189			

科研成果与新产品　1995年，完成省级科研项目12项，获部科技进步奖6项，省科技进步奖53项。完成科研新产品650项，其中省以上项目350项，达到国际水平的64项，填补国内空白的71项。完成新产品产值552 000万元，比上年增长55.3%；新产品产值率22.2%，比上年提高3.3个百分点；新产品新增利税56 600万元，比上年增长53.8%。

质量　1995年全省机械工业系统大中型企业、名优产品、主导产品的质量相对稳定，产品质量稳定提高率98%，与上年持平，高于省下达的92%的质量指标。国家监督抽查合格率83.73%，比上年下降16.27个百分点，高于省下达的83%的质量指标；省监督抽查合格率87.5%，比上年下降5.16个百分点，高于省下达的80%的质量指标。

1995年有1个企业（山东渤海活塞集团股份有限公司）通过GB/T19000《质量管理和质量保证》系列标准认证。到1995年底共有3个企业通过认证，其他两个企业是济南第一机床厂、烟台冰轮（集团）股份有限公司。

1995年度获"山东名牌产品"称号的企业共10个，即济南第一机床厂、山东推土机总厂、山东电缆厂、烟台冰轮（集团）股份有限公司、青岛捷能动力集团公司、烟台机床附件厂、山东电泵股份有限公司、山东拖拉机厂、临沂农业药械厂、山东渤海活塞（集团）股份有限公司。

技术改造　1995年，全系统完成技术改造投资116 355万元，比上年（117 933万元）减少1.27%，其中完成省管以上技改投资70 200万元，比上年（61 998万元）增长13.2%。

对外合作　1995年，共引进技术及进口设备12项，合同金额757.77万美元（详见表5）。

表5　1995年引进技术、进口设备情况

项目名称	引进单位	输出国家（地区）、厂商	合同成交额（万美元）
冲板机	博山电机厂	台湾金丰	32.8
发电机定子生产线	博山电机厂	意大利亚士	63.5
起动机生产线	博山电机厂	韩国大宇	49.8
起动机生产线	博山电机厂	韩国大宇	132.2
坐标镗	鲁南机床厂	瑞士	63.4
导轨磨	鲁南机床厂	德国	47.6
磨齿机	鲁南机床厂	瑞士	62.6
平面磨	鲁南机床厂	俄罗斯	8.4
活塞生产自动线配套件	山东活塞厂	德国	10.0
立式加工中心	临沂华盛机械有限公司	台湾永进	203.5
MCH－4加工中心	山东华日集团总公司	韩国	46.0
3T中频感应电炉	临朐气缸套厂	美国彼乐公司	38.0

1995年，新建成"三资"企业5个，即济南市西门子变压器股份有限公司、文登市东亚精机有限公司、威海市麦克力包装材料有限公司、潍坊富源增压器有限公司、青岛允春纺织机械有限公司。

1995年筹备成立的"三资"企业项目共12个，利用外资合计3 562.3万美元，其中总投资额200万美元以上的项目9个，项目情况详见表6。

1995年是"八五"最后一年，山东机械工业系统"八五"期间取得的主要成绩是：

（1）经济发展持续高速增长，生产、销售、利税实现三同步。"八五"末同"七五"末比较（按1990年不变价可比口径，下同）工业总产值增加了170.05%，年平均递增速度22.4%，高出"七五"年平均递增速度（12.8%）9.6个百分点；劳动生产率（65 000元/人）增长了1.5倍；销售收入增长了200.6%，年平均递增24.6%；利税增加了233.1%，年平均递增26.4%；实现利润增长220.7%，年平均递增26.2%。"八五"期间生产大中型拖拉机近5万台，比"七五"期间增长30%；小型拖拉机117万台，增长35%；内燃机2 868万kW，增长49%；金属切削机床5.3万台；锻压设备1.6万台，增长24%；发电设备316.9万kW，增长56%；变压器3 518.7万kV·A，增长77%；农用四轮运输车、农用三轮车基本上是从无到有，分别生产了12.3万辆和150万辆。

（2）科技进步速度加快，技术实力有了明显增强，产品质量有了一定提高。到"八五"末，科技人员的数量占职工总数的比例由"七五"末的6.7%增加到7.28%。累计完成技术开发项目3 117项，其中省以上项目1 778项。新产品产值由"七五"末的12.5亿元提高到55.2亿元，增长了357%；新产品产值率由"七五"末的17%提高到22.2%，提高了5.2个百分点；新产品新增利税由"七五"末的1亿元提高到5.66亿元，增长466%。

国家和省产品质量监督抽查合格率保持在 80% 以上，高于国家级和省级机械产品监督抽查合格率的平均值。

(3) 改革、改造、改组和管理焕发了企业活力，促进了结构的优化和管理的进步。"八五"期间，《企业法》、《转机条例》在企业深入贯彻落实，"三项制度"的改革进展顺利，转机建制逐步深入。股份制企业已达 54 个，"三资"企业达 25 个，8 个企业现代企业制度试点工作已开始起步。企业改组有较好的进展，系统内被兼并的企业 53 个，组建了一批企业集团。技术改造加大了投入，大部分企业增强了实力和后劲，部分重点产品扩大了规模，共完成技改投资 60.18 亿元，比"七五"(18.57 亿元) 增加了 2.24 倍。其中省及省以上项目完成 27 亿元，比"七五"增加了 1.5 倍。在企业管理工作上，深入开展了"转机制、抓管理、练内功、增效益"活动，以生产现场管理为突破口，通过创立样板车间、评选表彰优秀企业和优秀企业家活动，促进了企业管理水平的提高。

(4) 外向型经济长足发展，出口创汇较快增长。"八五"末，出口值比"七五"末增长了 258%，年平均递增 29.1%。5 年累计创汇 7.77 亿美元，是"七五"创汇 2.7 亿美元的 2.88 倍。系统内 20 个市、地局（公司）都有了自己的出口产品和出口企业。引进利用外资 2.11 亿美元，有各种类型合资合作的企业达 124 个，比"七五"末增加了 102 个；合资总额 54 382 万美元，比"七五"末增长 6.6 倍，其中利用外资 17 010.3 万美元，比"七五"末增长 4.48 倍。

表 6　1995 年成立的总投资额 200 万美元以上的"三资"企业情况

合资企业名称	合作形式	中方名称	外方名称	经营范围	总投资（万美元）	出资比例（%）	
						中方	外方
济南龙马机械有限公司	合资经营	济南第一机床厂	意大利 NORMA 自动化公司	生产销售五面体加工中心系列产品	389	62.0	38.0
济南远东专用汽车有限公司	合资经营	济南专用汽车厂	韩国远运（株）	生产销售各类专用汽车和工程机械	205	30.0	70.0
济南志亨特种变压器有限公司	合作生产	济南志友股份有限公司	新加坡泺亨实业有限公司	生产干式变压器	650	70.0	30.0
烟台中诚金属工业有限公司	合资经营	烟台铜材厂	台湾中诚金属工业股份有限公司	制造销售铜管材不锈钢等有色产品	470	47.3	52.7
山东国际电缆有限公司	合资经营	山东电缆厂	香港杰进国际有限公司	生产销售电缆电器产品	2 998	75.0	25.0
小松、山推有限公司	合资经营	山东推土机总厂	日本小松株式会社	生产挖掘机	2 980	50.0	50.0
山东蒙德摩托车有限公司	合资经营	山东华日集团总公司	西班牙德比摩托车有限公司	生产销售 500mL～100mL 摩托车、汽油机	2 800	50.0	50.0
潍坊宝伟滤清器有限公司	合资经营	潍坊动力机械配件厂	美国克拉克公司	生产销售内燃机旋装滤清器、空滤器	240	40.0	60.0
潍坊龙润电脑风扇有限公司	合资经营	潍坊环保设备厂	香港龙滨贸易公司	生产销售电脑用散热风扇	450	35.0	65.0

总的看，大而不强是山东机械工业"八五"期间存在的主要问题。它表现在五个方面：

一是在产品结构上缺少高精产品，名牌优势不突出，特别是机电一体化等新技术产品和成套装备比例较低，为国家重点工程建设、国防军工提供的成套设备少。

二是在组织结构上中、小型企业多，大型龙头企业少，经营规模在全国占重要地位的企业少，生产集中度不高。

三是产品质量虽有了一定提高，但与国际同期先进水平相比，差距拉大，远远不能适应国际经济大市场的要求。

四是技术实力差，工艺装备水平低。工程技术人员占职工总数的比例、劳动者整体素质和科技开发投入低，自主开发和创新能力较差，产品设计手段、测试手段和制造工艺落后，优质高效低耗先进工艺普及率低，数控精密高效设备少。

五是行业、地区间发展不平衡，部分机械工业基础实力较强的地区和行业发展较慢，而当前发展较快的地区和行业的基础实力又相对较差。除农机外，其他行业缺少新的增长点。

〔撰稿人：山东省机械工业厅　于光华　审稿人：山东省机械工业厅厅长　张建国〕

〔责任编辑：白　萍〕

青岛机械工业

青岛市机械工业总公司

生产发展情况 1995年，青岛市机械工业系统完成工业总产值320 109万元，比上年增长27.94%，产品销售产值292 147万元，比上年增长23.72%；工业产品产销率97.78%，比上年下降0.96%；工业增加值82 029万元，比上年增长10.06%；外贸出口交货值57 376万元，比上年增长29.13%；新产品产值43 000万元，比上年增长7.5%；实现利税11 380万元（含增值税），其中利润4 181万元，分别比上年下降0.02%和增长79.44%。其他经济技术指标也取得了较好成果，节能指标中的万元产值综合能耗降低11%，节约标准煤7 562t，节电868万kW，比上年下降12%。青岛机械工业系统的经济指标和产品产量详见表1、表2。

表1 1995年青岛机械工业系统概况

行业	企业数（个）	全部职工平均人数（人）	工业总产值（不变价）（含进项税）（万元）	工业增加值（万元）	产品销售收入（当年价）（万元）	产品销售税金及附加（万元）	利润总额（万元）	固定资产	
								原价（万元）	净值平均余额（万元）
合计	77	56 188	320 109	82 029	305 348	1 291	4 181	256 930	133 802
农业机械	13	7 941	28 516	4 932	33 254	84	-410	23 205	14 090
机床工具	7	6 715	22 577	8 832	22 856	116	-4	30 500	10 896
机械基础件	7	5 450	12 660	3 569	10 276	73	-26	18 364	10 759
石化通用机械	4	2 388	8 024	1 805	7 672	44	-255	12 838	4 371
重型矿山机械	1	304	1 072	112	931	8	5	477	393
汽车	12	9 372	78 694	12 602	70 801	284	156	46 580	27 609
电工电器	19	17 396	97 950	27 373	87 603	598	3 419	73 207	36 848
食品包装机械	2	925	3 653	1 236	3 266	28	30	4 742	1 301
船舶	6	3 838	18 516	6 269	22 745	55	195	21 124	6 239
其他	6	1 859	48 447	7 610	45 902	1	1 071	25 893	21 295

表2 1995年青岛机械工业系统产品产量

产品名称	单位	产量	比上年增长%	产品名称	单位	产量	比上年增长%
工业锅炉	t（蒸汽）	544	-4.9	小型拖拉机	台	15 018	77.1
锅炉辅机	t	2 095	-16.9	汽车	辆	4 887	96.5
锅炉金属结构件	t	11 646	-26.5	改装汽车	辆	833	48.0
电站汽轮机	万kW	43.8	9.5	汽车配件	万元	18 843	10.7
金属切削机床	台	34	13.3	交流电动机	万kW	23.7	-15.9
机床电器	万件	10	-95.3	分马力电机	万台	6	-14.3
锻压设备	台	222	-11.9	变压器	万kV·A	157	3.3
铸造机械	台	2 001	5.3	电力整流器	万kW	2	-33.3
轴承	万套	868	50.4	电力电缆	km	2 192	-2.7
工业钢球	万粒	50 639	100.1	钢芯铝绞线	t	74	-74.2
高中压阀门	t	1 102	25.2	铅酸蓄电池	万kVA·h	21	5.0
橡胶密封件	万件	3 215	1.8	电焊条	t	7 866	2.0
标准紧固件	万件	20 982	35.5	刃具	万件	47	-77.9
石油化工设备	t	655	-35.4	集装箱6.096m	只	10 280	23.5
食品包装机械	台	400	96.1	12.192m	只	4 000	22.9
拖拉机、内燃机配件	万元	9 124	57.3				

市场及销售 1995年，青岛市机械系统企业在销售工作中，一是加强销售工作的组织指导，加大营销工作力度，积极做好扩销促产、限产压库工作。全系统企业产销率在97%以上，库存当量1.33个月，产品可供天数39.9天。二是狠抓营销管理，加强经营决策，全方位开拓市场。各企业分别采取了销售大包干、基数承包等多种形式的承包办法，认真抓好落实，推动了营销工作的开展。据统计，全系统1995年共举办展销会、订货会上百次。开发省外市场也取得可喜的成绩，各企业由以往双眼盯在省内市场上，转向积极开拓省外、海外市场，努力扩大省外市场占有率，1995年青岛市机械产品的省外市场占有率提高6个百分点，已达到67%。

科研成果与新产品 积极组织了新产品的研制投产工作，年内有12个企业与大专院校各科研院所进行了技术合作，总公司签订技术协作项目21项，经过各方共同努力，年内完成新产品118项。其中达到国际水平及国内先进水平的共90项。在这些新产品中，青岛热能设备有限公司的年产6万t～10万t合成氨设备、青岛整流器总厂的不间断电源（旁路）系统、青岛捷能动力集团公司的1.2万kW背压式汽轮机、青岛铸造机械集团公司的XQ6930G3m钢板预处理线、青岛机床厂的新型啤酒洗瓶机等，都分别达到了国际先进水平，且具有良好的经济效益。

质量 在质量管理工作方面，1995年重点抓了《产品质量法》和GB/T19000（ISO9000）质量标准的学习贯彻，推动企业产品尽快与国际水平、国际市场接轨，其中青岛锅炉金属结构厂、青岛高中压阀门厂两个企业年内通过ISO9001国际标准认证。在全系统继续开展产品质量等级评定工作和质量检查整顿工作，年内又有3个企业的7种产品获得机械工业部颁发的一等品证书。1995年全系统的品种抽查合格率达到100%，产品质量稳定提高率为96.43%。

职工教育 全系统各类各级学校和企业教育部门积极开展了各种教育培训，1995年有1 163名各类干部接受了岗位培训，72人在大专证书班毕业，累计有742名初级工、1 614名中级工、306名高级工培训合格，有260名技师、25名高级技师，参加“四新”培训，对262名班组长进行了岗位培训，有365名中专生从青岛市机械工业总公司所属学校毕业、208名机械技校生毕业，提高了各类人员的业务素质和实际操作技能。有598名技术人员晋升了职称，并及时进行了聘任。

技术改造 1995年，结合调整产品结构，组织企业认真实施“八五”期间重点产品发展规划和产品结构调整要点，努力开发适销对路的新产品。在技术改造方面，抓好搞好“八五”技改项目的论证和资金落实工作。全年安排技术改造项目20项，超额完成了本年度技改目标。由于“八五”技改项目大部分已经完成，1995年主要是项目收尾，新开工项目极少，因此投资额完成13 603万元，比上年下降24.4%。

对外合作 1995年，青岛市机械系统各企业加快发展外向型经济。(1) 积极主动招商引资，利用外资嫁接老企业又有新进展。1995年全系统共批准合资项目9个，总投资6 357万美元，使机械系统合资项目中的高技术含量、高附加值的重大项目不断增多。(2) 积极与实力雄厚的国际大集团、大企业进行合作，提高利用外资的质量和水平。围绕总公司9个重点项目，积极与国际著名大公司进行洽谈合作，有不少项目达成了合作意向，部分项目已签约。如青岛汽车散热器联营公司与日本东洋散热器株式会社合资组建的青岛东洋汽车散热器有限公司总投资1 200万美元，达产后年产铝质汽车散热器30万台，年销售收入将达到1.5亿元以上。(3) 抓好合资项目的投产达产工作。认真抓了合资企业的资金落实、项目筹建和投产达产工作，如青岛动力机厂与香港怡润公司合资经营的青岛允春机械有限公司自1995年5月试生产以来发展顺利，年内完成产值3 890万元，成为总公司经济新增长点企业。(4) 努力抓好“四率”，促进合资企业的后期管理工作。一年来，重点抓好合资企业的“四率”，即资金到位率、投产达产率、出口创汇率和经济效益率以及合资企业的后期管理工作。青岛宇宙集装箱公司自投产以来，狠抓合资企业的内部管理，在较短的时间内生产超过了设计能力，1995年实现销售额3.2亿元，出口创汇4 000万美元，比上年分别增长35.7%和33.3%，成为全省、全市的出口创汇大户和全国500家最大合资企业之一。年内，总公司合资企业完成销售额47 344万元，比1994年增长4%，合资企业已成为机械工业经济快速增长的生力军、生产发展的新增长点，总公司出口交货值占销售总量的1/4以上。(5) 主动面向国际市场，不断提高产品创汇水平。年内总公司不少企业积极发展外向型经济，不少重点企业的名优产品已打入国际市场，发展前景良好，使总公司的市场结构发生了相当大的变化，出口创汇连年大幅度递增。1995年出口创汇4 832万美元，比上年同期增长24.8%，总公司所属企业年出口交货值由1991年的1 696万元猛增到5.7亿元。

改革及管理 结合企业结构调整和产品结构调整，围绕企业产权流动、资产重组和优化配置积极开展工作。一是积极进行现代企业制度的试点工作。1995年6月，国有企业青岛通用机械厂与集体所有制企业青岛锅炉厂建立起青岛热能设备有限责任公司，并将集体所有制企业青岛标准件二厂折资入股加入青岛热能设备有限责任公司。三个厂通过这种形式，实现了优势互补，壮大了企业实力，同时，为探索总公司内部不同所有制企业间组建有限责任公司的模式提供了范例。二是对青岛车辆厂实施分离，新组建青岛运输车辆制造厂，主要开发农用运输车。该厂开发生产的样车已通过产品鉴定，正在组织试生产。三是注重采取多种形式盘活存量资产。青岛汽车配件厂、青岛液压元件厂等企业通过土地出让等形式盘活资产，用于结构调整。

经青岛市人民政府批准，1995 年 4 月 19 日青岛市机械工业总公司、青岛市机械行业管理办公室正式宣布成立。新成立的青岛市机械工业总公司的主要职能是受市政府委托，以资产所有者的身份运营原市机械局所属企业的国有资产，并对集体资产进行管理，确保国有资产的保值增值。原市机械局承担的行业管理方面的职能划归新成立的青岛市机械行业管理办公室（简称行业办），行业办对上接受机械工业部、省机械厅行政指令，对下负责全市机械企业的行业管理。

在企业管理工作方面，青岛市机械系统企业结合贯彻国务院为加强管理提出的“转机制、抓管理、练内功、增效益”的要求，结合开展“管理效益年”活动和“双增双节”活动的实际，在青岛铸造机械集团公司召开了现场会进行贯彻、部署，在总公司企业内部开展“管理效益年”活动，会上选择了部分管理工作搞得好的企业进行了典型发言，从而使企业扎扎实实搞好这项工作，推动了企业基础管理工作的开展。1995 年，总公司被山东省机械工业厅评为“管理效益年”活动先进单位。

〔撰稿人：青岛市机械工业总公司　赵胜经　审稿人：青岛市机械工业总公司董事长、总经理　高志喜〕

〔责任编辑：白　萍〕

河南机械工业

河南省机械电子工业厅

生产发展情况　截止到 1995 年底，河南机械工业归口企业 463 个，其中全民企业 356 个，集体企业 75 个。特大型企业 1 个，大一型企业 6 个，大二型企业 29 个，中一型企业 55 个，中二型企业 42 个。全系统 448 个企业完成产值 149.70 亿元，比上年增长 23.3%，比全国机械工业平均增长速度 14.3%高 8.9 个百分点；工业销售产值（当年价）195.04 亿元，比上年增长 31.19%，比全国平均水平高 15.26%；完成销售收入 167.11 亿元，比上年增长 32.2%；利税总额 10.15 亿元，比上年增长 10.5%；其中利润 4.19 亿元，比上年增长 55.63%。从业职工人数 384 927 人，其中工程技术人员 28 118 人；固定资产原价 1 243 603 万元；拥有主要设备9 499台。河南机械工业主要经济指标见表 1、表 2。

1995 年河南机械工业认真贯彻抓住机遇、深化改革、扩大开放、加快发展、保持稳定的总方针，进一步落实河南机电工业“一二三四争上游”的发展战略，转变机制，调整结构，狠抓管理，增加效益，突出重点工作，抓好重点工程，使之全面超额完成各项目标任务，其特点有 4 个：

（1）农机工业强劲发展，带动全省机械工业保持稳步快速增长。在九大行业中，河南农机工业实际完成总产值 69.3 亿元，增幅高达 50.06%，比全国农机平均增幅高 22 个百分点，占全省机械工业比重 46.8%，遥居榜首。其次是电工电器行业共完成产值 24.9 亿元，增长 5.37%，占全省机械工业比重的 16.4%。第三是汽车工业，完成产值 13.7 亿元，增长 5.63%，占全省机械工业比重的 9%。全省机械工业 1995 年比上年净增产值 29 亿元，其中农机净增 24 亿元，占 82.8%。

（2）产销协调发展，产销率高于预期水平。全省机械工业 1995 年实现工业销售产值比年初预期目标高出 30.04 亿元，产品销售率达 98.17%，比上年提高 0.52 个百分点，比全国机械工业产销率 97.6%高出 0.57 个百分点。农机、仪表、电器、基础件、汽车等五大行业的产品销售率均超过全省机械工业平均水平。对市地考核中，超过年度计划目标 96%的市地共有 12 个，其中 9 个市地超过全省产销率平均水平。全系统 1995 年累计完成出口交货值 7.4 亿元，比上年增长 41.95%，与全国机械工业出口交货值增长 34%相比，高出近 8 个百分点。

（3）产成品库存总额与库存月当量双回落，订货情况好于上年。1995 年前 8 个月全省机械工业库存持续上升，8 月份达最高点，库存总额为 30.88 亿元，月当量达 2.1 个月。由于企业加大限产促销力度，后 4 个月采取积极有效措施，到年末将库存总额压减了 2.34 亿元，产品可供销售天数减少 39 天。全年库存总额 28.54 亿元，库存月当量为 1.8 个月。

（4）经济效益有所改善，扭亏增盈取得进展。1995 年全省机械工业完成销售收入、实现利税、利润分别比上年增长 32.2%、10.5%和 55.6%。其中大中型企业完成销售收入 132.2 亿元，实现利税 7.58 亿元，利润 3.18 亿元，三项指标分别占行业比重的 81.8%，74.5%，73.3%。大中型企业依然保持和发挥了财政的支柱作用。全行业完成工业增加值 47.6 亿元，比上年增长 21.23%，亏损企业 71 个，比上年减少 15 个，按企业单位数计算，亏损面为15.3%，比上年18%缩小2.7个百分点。按销售产值计算亏损面为7%，比上年8.5%缩小1.5个百分点。亏损企业亏损额1.24亿元，比上年降低33.6%。

表1 1995年河南机械工业系统概况

行业	企业数（个）	全部职工年末人数（人）	工业总产值（不变价）（万元）	工业增加值（万元）	产品销售收入（当年价）（万元）	产品销售税金及附加（万元）	利润总额（万元）	固定资产 原价（万元）	固定资产 净值平均余额（万元）
合计	448	384 927	1 497 037	476 683	1 671 113	5 608	41 948	1 243 603	610 884
农业机械	169	141 660	693 221	195 387	800 796	1 588	22 633	492 038	213 681
机床工具	34	31 300	86 183	33 436	107 476	427	2 993	111 082	43 423
机械基础件	40	48 459	121 055	38 284	146 178	619	2 027	138 771	84 327
石化通用	23	22 942	63 236	23 290	60 212	287	1 768	64 487	36 941
重型矿山	17	36 112	90 496	40 720	87 536	426	233	86 127	33 717
汽车	34	25 450	137 039	52 432	149 115	599	6 942	93 845	55 178
电工电器	85	58 610	249 053	74 914	279 205	1 459	4 199	208 678	116 036
仪器仪表	15	8 837	17 779	5 910	16 350	84	-406	19 296	11 302
食品包装	4	2 284	8 646	2 821	4 965	29	141	6 497	3 296
其他	27	9 273	30 329	9 489	19 280	90	1 417	22 782	12 985

表2 1995年河南机械工业系统主要产品产量

产品名称	单位	产量	比上年增长%	产品名称	单位	产量	比上年增长%
工业锅炉	t（蒸汽）	3 545	39.6	拖拉机、内燃机配件	万元	91 264	127.1
内燃机商品量	万kW	445	45.9	汽车	辆	18 190	21.9
金属切削机床	台	1 309	1.8	汽车配件	万元	92 243	37.5
轴承	万套	7 663	21.1	交流电动机	万kW	207	-6.3
高中压阀门	t	5 152	17.5	高压隔离开关	组	3 762	3.7
标准紧固件	万件	36 124	21.4	变压器	万kV·A	197	-9.2
矿山设备	t	10 175	10.8	电力电缆	km	8 088	14.2
大中型拖拉机	台	14 643	36.6	电工仪器仪表	万台	103	0.9
小型拖拉机	台	238 724	56.6	磨料磨具	t	48 455	7.7

市场及销售 1995年在市场体系建设方面主要做了中国郑州农机交易市场和中原机电市场的完善和规范化工作。通过改革交易办法，试行四个结合（即：厅内交易和厅外交易相结合、集中交易和日常代理交易相结合、正式会员和临时会员参加交易相结合、交易农机产品和交易相关产品相结合），加强信息网络建设，提高信息质量，搞好市场代理，加快有型市场建设等措施，使农机交易市场得到了进一步完善，并取得了较好的效果，全年成交额156.3亿元。其中春、秋两次定货会成交额达20亿元，全国农机定货会成交额达137亿元，为河南农机产品生产经营作出了较大贡献。产值、销售产值超亿元的企业见表3、表4。

1995年河南机械工业产品出口工作，抓住了全国机电产品出口工作会议在郑州召开的机遇，充分利用各项优惠政策，同时制订了《关于落实省政府第十二次全会精神，扩大机电产品出口的意见》和“九五”机电产品出口规划，利用机电产品出口专项贷款帮助企业技术改造。1995年创汇2.05亿美元，比上年增长27%。1995年出口创汇工作有三个特点：一是自营出口继续快速增长，占出口额的50%。二是高附加值产品、成套设备出口有突破，占出口额的近50%。三是涌现出一批新的出口创汇大户，原有的出口大户继续增大出口，如白鸽集团创汇2 600万美元、洛轴集团创汇2 200万美元。此外新增的大户有新乡环宇电源厂（900万美元），焦作博爱汽车配件厂（500万美元）。出口额超100万美元的企业名单见表5。

科研成果与新产品 1995年河南机械工业共完成新产品试制、科技攻关项目302项，其中科技攻关项目5项。按管理级别分，纳入机械工业部计划的23项，纳入省计划的102项，其余均为企业根据市场需求自行开发、研制的。所完成的302项科研成果中，具有国际水平的44项，占14%；具有国内先进水平的143项，占47%；其余为填补省内空白或具有省内先进水平。其中SHXF20-2.5/400-A型循环流化床锅炉，ZDG100型真空冷冻干燥设备，堵板式、蜗轮式水压试压阀以及YAKS900-1000kW-18P增安型三相异步电动机，轴承套圈精密辗扩系统工艺研究及样板生产线的建立，压铸锌合金轴承实体保持架及其生产线，全套实用技术及工艺装备等项目均具有国际先进水平。新产品产值为27.05亿元，占当年机械工业总产值的17.4%。

表3　1995 年河南机械工业系统产值超亿元企业

序号	企业名称	金额(万元)	序号	企业名称	金额(万元)
1	中国第一拖拉机工程机械公司	226 290	14	许昌机器制造厂	20 063
2	洛阳轴承（集团）公司	71 199	15	开封空分设备厂	19 176
3	中信重型机械公司	54 076	16	郑州日产汽车有限公司	15 444
4	郑州轻型汽车制造厂	50 936	17	新乡机床厂	15 013
5	郑州电缆（集团）股份有限公司	43 383	18	许昌汽车传动轴总厂	14 028
6	开封机械厂	37 146	19	开封柴油机厂	13 886
7	郑州金牛（集团）股份有限公司	32 179	20	焦作市电缆厂	13 100
8	新乡市第一拖拉机厂	28 861	21	鹤壁市汽车电器厂	12 827
9	平顶山高压开关厂	28 729	22	郑州拖拉机厂	11 599
10	长葛奔马机械集团公司	25 794	23	中原内燃机配件总厂	10 623
11	许继电气股份有限公司	25 323	24	舞阳惠方集团公司	10 501
12	郑州白鸽（集团）股份有限公司	22 532	25	汝南县广源车辆有限公司	10 310
13	郑州飞马（集团）股份有限公司	20 406	26	漯河市第一拖拉机厂	10 127

表4　1995 年河南机械工业系统销售产值超亿元企业

序号	企业名称	金额（万元）	序号	企业名称	金额（万元）
1	中国第一拖拉机工程机械公司	307342	18	郑州日产汽车有限公司	15 444
2	洛阳轴承（集团）公司	97 405	19	开封空分设备厂	15 436
3	郑州轻型汽车制造厂	86 040	20	许昌汽车传动轴总厂	15 121
4	中信重型机械公司	66 538	21	南阳防爆电机厂	14 285
5	郑州电缆（集团）股份有限公司	62 063	22	焦作市电缆厂	14 073
6	开封机械厂	56 023	23	鹤壁市汽车电器厂	13 195
7	郑州金牛（集团）股份有限公司	46 124	24	郑州电磁线厂	13 086
8	平顶山高压开关厂	45 324	25	河南省豫通企业（集团）公司	12 665
9	新乡市第一拖拉机厂	40 267	26	林州市机械厂	12 443
10	郑州白鸽（集团）股份有限公司	35 653	27	中原内燃机配件总厂	12 405
11	许继电气股份有限公司	32 183	28	郑州市拖车厂	12 172
12	长葛奔马机械集团公司	25 440	29	舞阳惠方集团公司	10 747
13	郑州飞马（集团）股份有限公司	23 043	30	汝南县广源车辆有限公司	10 517
14	郑州拖拉机厂	20 153	31	漯河市第一拖拉机厂	10 213
15	开封柴油机厂	20 070	32	焦作矿山机器股份有限公司	10 176
16	许昌机器制造厂	20 017	33	信阳木工机械厂	10 055
17	新乡机床厂	15 641			

1995 年河南省机械工业科技成果获部科学技术进步奖的有 5 项，其中 WXH－15X 微机线路保护装置，YPC－500F6 远方保护信号音频传入装置，加氢装置用增安型无刷励磁同步电动机关键防爆技术研究等获二等奖，其余两项为三等奖。获省科技进步奖 26 项。获省优秀新产品奖 34 项，其中一等奖 1 项，二等奖 16 项，三等奖 17 项。随着新产品开发和获奖项目产品的问世和投产，必将给企业及河南经济的发展注入新的活力。其中的两项重大科技项目简介如下：

（1）锌基合金轴承实体保持架压铸工艺研究是由洛阳工学院完成的。该项目为国家“八五”重大科技攻关专题。高铝锌合金是 70 年代才兴起的一种耐磨材料，可在广泛领域内代替铜合金。该项目以轴承保持架为对象，研究液态模锻生产线上的压制设备和熔炼设备；优选了化学成分，确定了原材料铸锭等级；选定了液态模锻工艺参数和模具结构。在此成果基础上建立了一条 100 件/班～200 件/班的生产线。该生产线的建立，实现了轴承实体保持架的少切削加工，材料利用率达 80％左右，产品强度高、耐磨性能好，特别适用大型轴承加工，具有国内外领先水平。

（2）YAKS900－1000kW－18P 增安型三相异步电动机研究是由南阳防爆电机厂完成的。该产品是根据克拉玛依炼油厂的要求，用于制氢与加氢车间拖动氢气压缩机。该电机首次在大电机上采用箱式结构，主体防护等级为 IP54，加热器接线盒及定子绕组测温接线盒均为 IP55，绕组扇形片定子铁心为滑入式外压结构，转子采用扇形冲片、翻片工艺，轴瓦与轴承座为球面接触，定位功能良好，采用集中散热等关键技术。该产品是国内第一台大容量增安型三相异步电动机，具有容量大、防爆、安全可靠、温升裕度大、结构新颖、重量轻、刚度好等特点，属于高难度、高科技、高附加值的产品，它的研制成功，标致着我国防爆电机的自主开发能力提高到了一个新的水平。

表5　1995年河南机械工业系统出口创汇超百万美元企业

序号	企业名称	出口创汇（万美元）	序号	企业名称	出口创汇（万美元）
1	郑州白鸽集团公司	2 062.5	15	商丘铸造厂	203.0
2	洛阳轴承集团公司	2 010.0	16	平顶山高压开关厂	200.8
3	洛阳东裕电器公司	2 000.0	17	焦作起重运输机械厂	200.0
4	中信重型机械公司	1 404.0	18	信阳木工机械厂	186.1
5	中国第一拖拉机工程机械公司	1 008.0	19	焦作制动器厂	176.7
6	开封空分设备厂	678.0	20	郑州磨料磨具厂	160.5
7	焦作博爱汽车配件厂	403.2	21	开封市汽车配件厂	153.6
8	郑州电缆集团公司	330.3	22	安阳汽车零件总厂	150.0
9	焦作中原内燃机配件厂	313.2	23	许昌继电器厂	141.9
10	郑州照相机厂	235.7	24	新乡利民公司	127.5
11	豫西绝缘材料厂	220.0	25	周口轴承厂	116.0
12	焦作险峰机械厂	218.0	26	开封市轴承厂	112.6
13	南阳起重工具厂	213.0	27	正阳球铁厂	112.3
14	焦作电缆厂	208.0			

质量　1995年，河南省机械工业狠抓质量管理，大打质量翻身仗，使行业产品质量上了一个台阶。国家监督抽查报告表明，河南机械行业共抽查27个企业、30个产品，有23个企业生产的26个产品质量合格，合格率为86.7%；其中机械工业厅归口企业18个，产品21个，全部合格，合格率为100%，是近年国家监督抽查质量最好的一年。省技监抽查表明，河南机械行业被抽查87个企业、87个产品，合格74个产品，平均合格率85.1%；其中厅归口企业21个，合格19个，合格率90.5%。通过GB/T19000质量标准的企业有郑州电缆厂，许昌继电器厂、平顶山高压开关厂、南阳防爆电机厂等。

重点工程与技术改造　1995年在全行业突出重点工程，抓好技术改造是中心工作中的重点。全年7项重点工程中机械工业占3项：

电工电器、基础机械工程：该项工程11个企业的发展规划全部经省计委、省经贸委批复。1995年新批立项23个，总投资规划19亿元，其中列入“九五”部专项的11项，投资额近10亿元。年度共下达技改项目16项，总投资2.79亿元。

汽车工程：确立了郑汽集团、许昌中亚集团中长远发展规划，郑州汽车制造厂与日本合作生产PK车项目经过艰苦努力，得到机械工业部、国家计委认可，其中10万台PK车改造项目可行性研究报告已由省经贸委批准；一拖公司实现了五平柴汽车1万辆的生产能力；4102汽车发动机3万台技术改造项目建议书已由省经贸委批复；一拖公司重型车项目已列入部计划。

工程农机工程：1105柴油机上百万台工程项目1995年7月开始准备，经过半年工作已初见成效，主机厂与配套厂已签定协议书50多份。中原内燃机配件厂400万套技改项目已完成，10月份投入试运营，目前已生产缸套170万套件，汽车缸套、活塞的技术改造项目可行性研究报告已报部审批。一拖公司的852履带拖拉机技改项目4 000万元的资金已到位。

全年共下达技改项目47项，投资60 094万元，其中专贷24 960万元，省贷15 541万元，自筹19 593万元。其中中央投资项目27项，投资34 799万元，专贷24 960万元，自筹9 839万元。地方项目20项，投资25 295万元，其中省贷15 541万元，自筹9 754万元。全年完成计划52 625万元，完成上年结转计划19 594万元。

对外合作　1995年河南机械工业批准利用外资项目15项，总投资额73 933万元，其中外资5 226万美元。建立合资企业34个，投资总额15 700万美元，注册资本13 580万美元，外方投资额6 300万美元。

改革及管理　1995年，河南省机械电子工业厅根据省委，省政府关于政府机构改革的总体要求，对厅机关改革做了深入细致的准备工作，对机电工业主管部门的职能转变，机构设置，人员编制等都作了详细的调查研究，在此基础上，三易其稿，向省委、省政府报送省机械电子工业厅机构改革方案，得到了省委、省政府的认可并顺利进行了实施。

截止到1995年底，新成立集团三个，即：新柴集团，红黄兰集团，燎原集团。至此，河南机械工业已成立集团22个。股份制企业42个，其中上市公司1个，股份合作制4个。

“八五”情况　“八五”期间，河南机械工业总产值（1990年不变价）由1990年的73.94亿元增长到150.19亿元，净增长76.25亿元，年平均递增15.2%；产品销售收入由62.85亿元增加到

161.65亿元，净增98.8亿元；实现利税由6.61亿元增长到10.18亿元，净增3.57亿元；固定资产净值由25.45亿元增加到57.55亿元，净增32.1亿元。共批复技改项目359项，投资规模76.6亿元，固定资产投资35.5亿元，比“七五”的12.5亿元增长1.84倍。开发新品1 450项，新产品产值率达到17%以上，重点考核产品质量稳定提高率达到93%以上，主要产品品种70%达到70年代末、80年代初的国际先进水平。引进外资18 606万美元，是“七五”引进外资7 560万美元的2.46倍。出口创汇达6.84亿美元，比“七五”的1.98亿美元增长2.45倍。出口基地企业由2个发展到5个，扩大机电产品出口企业由11个发展到25个，自营出口企业由6个发展到14个，稳定出口企业由100个发展到120个，年出口创汇100万美元以上的企业由15个增加到23个，自营出口由几十万美元增加到千万美元，占出口额的45%以上。“八五”期间共聘请德国、美国、日本、俄罗斯等国的专家达170余人次，22项引进智力被列为省级引智项目，其中15项被评为效果显著项目。

〔撰稿人：河南省机械电子工业厅　崔安国、刘　齐　审稿人：河南省机械电子工业厅　屈得晨〕

〔责任编辑：白　萍〕

湖北机械工业

湖北省机械工业厅

生产发展情况　1995年，湖北机械工业在国家继续实行适度从紧的宏观调控政策，市场回落、资金紧缺的情况下，全年生产出现负增长。全年全系统完成工业总产值2 506 114万元，比上年下降2.3%；不计东汽，完成工业总产值1 371 023万元，比上年下降0.9%。各项经济指标完成情况详见表1。

表1　1995年湖北机械工业系统概况

行业	企业数（个）	全部职工平均人数（人）	工业总产值（不变价）（万元）	工业增加值（万元）	产品销售收入（当年价）（万元）	产品销售税金及附加（万元）	利润总额（万元）	固定资产 原价（万元）	固定资产 净值平均余额（万元）
合计	570	443 569	2 506 114	535 442	2 355 053	7 761	31 935	2 177 503	976 903
总计（不计东汽）	566	356 405	1 371 023	353 440	1 244 211	7 112	8 128	1 298 209	633 693
农业机械	94	48 519	163 342	36 677	149 740	890	1 345	151 498	79 610
工程机械	8	3 368	12 784	3 201	12 261	68	122	12 904	4 367
机床工具	50	38 461	72 005	21 516	59 636	605	-4 169	176 911	60 846
机械基础件	46	30 958	76 609	26 398	82 996	419	727	90 001	46 892
石化通用机械	41	24 341	70 020	20 431	58 100	471	-863	71 137	33 044
重型矿山机械	25	14 743	44 553	12 413	35 584	234	519	42 379	18 517
汽车	143	192 843	1 664 350	303 713	1 591 100	2 554	22 532	1 298 788	575 746
电工电器	88	56 198	283 595	86 944	269 317	2 019	15 456	200 415	74 798
仪器仪表	29	17 109	69 116	10 085	48 919	272	-2 008	74 219	47 183
食品包装机械	3	960	1 738	86	1 674	14	-452	1 889	1 266
其它民用机械	43	16 069	48 002	13 978	45 726	215	-1 276	57 362	34 634

从企业看，起决定作用的大中型企业经济运行不佳，对全行业发展有着明显的制约作用。124个大中型企业占全省机械工业企业总数的21.8%，1995年完成工业总产值2 006 558万元，占全省机械工业总产值的比重达到81%，但生产增幅为负数，导致全行业生产下降。从行业看，主导行业生产发展速度大幅度下滑。汽车行业是湖北机械工业的主导行业，其产值占全行业的66.5%，其发展水平直接影响着全省机械行业的整体水平。但由于市场回落、产品结构不合理等原因，发展速度由1994年的增长31.2%下降到1995年的-2.4%，以致整个行业生产出现负增长。虽然农机、仪器仪表、机械基础件、工程机械4个行业以两位数速度增长，但因在全行业所占比重较小，未能阻止全行业生产的整体下降。从产品看，25种主导产品仅有10种比上年增长，而60%的主导产品产量比上年下降（详见表2）。

表 2　1995 年湖北机械工业系统主要产品产量

产品名称	单　位	产　量	比上年增长％	产品名称	单　位	产　量	比上年增长％
内燃机	台	422 760	23.8	汽车	辆	148 733	－16.0
	万 kW	1 303	－15.6	其中：不含东汽	辆	7 505	－30.2
汽轮发电机	万 kW	30	－21.1	民用改装车	辆	13 937	15.2
电站锅炉	台	24	－29.4	汽车配件	万元	443 006	4.6
	t（蒸汽）	5 990	－36.6	交流电动机	万 kW	129	－8.5
大型机床	台	53	－51.4	变压器	万 kV·A	226	－6.6
大型锻压设备	台	350	－26.2	高压断路器	台	3 015	－18.0
大型风机	台	197	－46.6	高压开关板	面	2 512	9.8
制冷设备	套	1 050	24.9	电力电缆	km	3 993	－21.4
滚动轴承	万套	4 244	26.7	控制电缆	km	1 399	10.5
标准紧固件	万件	80 576	－26.1	钢芯铝绞线	t	10 589	92.8
	t	7 633	－14.2	空气调节器	台	19 000	－26.9
大中型拖拉机	台	4 901	52.4	电工仪器仪表	台	7 000	－78.8
农用运输车	辆	11 834	125.1	电焊条	t	16 274	－76.3
叉车	台	2 831	－43.2				

市场及销售　1995 年，全系统实现销售收入 2 355 053万元，比上年同期下降 10.1％；不计东汽，实现销售收入 1 244 211 万元，与上年持平，有 27 个企业销售收入超亿元（详见表 3）。

1995 年，各行业都有一批企业自觉调整产品结构，努力开拓市场，赢得了用户，扩大了销售，如重型矿山、通用机械行业企业紧紧围绕国家重点建设项目所需设备，调整产品结构，积极参加竞标活动，拓宽了市场。武汉水泵厂为 30、60 万 kW 机组提供的水环真空泵覆盖了国内 90％的电站市场；湖北一戴蒙德机械有限公司生产的 30 万 kW 以上的发电机组吹灰器占国内市场的 90％。机床行业根据国家汽车产业政策，生产、销售各种专机和专线，找到了新的市场机遇，如荆沙市一机床厂生产的摩托车专线，湖北机床厂生产的大众、夏利零部件生产专机、柔性生产线等。

机电产品出口有较大的增长。1995 年全系统出口创汇 13 951 万美元，比上年增长 16.26％。全系统出口创汇企业共 43 个，其中 3 个外贸进出口公司创汇 5 980 万美元；自营、扩大机电产品出口企业 12 个，创汇 795 万美元。出口创汇超过 500 万美元的企业 4 个，创汇 100 万美元～500 万美元的企业有 17 个（详见表 4）。

科研成果　1995 年，省机械工业系统有 18 项科技成果获得湖北省和机械工业部科技进步奖。其中，16 项成果获省科技进步奖，2 项成果获机械工业部科技进步奖。武汉重型机床厂研制的 CK53160 型数控单柱移动立式车床，东风汽车公司开发的康明斯发动机缸盖国产化项目和武汉锅炉厂研制的 CNC 蛇形管弯管机 3 个项目获省科技进步一等奖；湖北省机电研究院研制的移动式垃圾堆肥分选机组，黄石锻压机床（集团）公司研制的 W67Y－800/8000 液压板料折弯机，武汉数控机械股份有限公司研制的 TH6363 型交换工作台卧式加工中心

表 3　1995 年湖北机械工业系统销售收入超亿元企业

序号	企　业　名　称	销售收入（万元）
1	东风汽车公司	1 090 080
2	猴王股份有限公司	52 836
3	湖北华产汽车股份有限公司	41 734
4	武汉汽轮发电机厂	41 255
5	湖北专用汽车制造厂	40 563
6	襄阳汽车轴承股份有限公司	35 975
7	武汉锅炉厂	32 369
8	湖北红旗电缆工程集团	22 489
9	湖北省广济动力机总厂	22 482
10	湖北省华阳企业集团公司	21 623
11	十堰市车桥轮毂厂	21 340
12	武汉仪器仪表自动化工业公司	20 963
13	湖北东力工业公司	20 945
14	湖北天风汽车（集团）股份公司	19 470
15	湖北驰乐汽车（集团）股份有限公司	13 263
16	湖北神电汽车电机股份有限公司	13 096
17	湖北荆沙市电工仪器仪表工业公司	12 827
18	宜昌至喜集团公司	12 691
19	襄樊东风汽车电气有限责任公司	12 560
20	湖北车桥股份有限公司	12 432
21	湖北开关厂	12 006
22	武汉重型机床厂	11 879
23	武汉新世界制冷工业有限公司	11 743
24	湖北汽车电器厂	10 905
25	武汉电缆（集团）股份有限公司	10 795
26	襄阳汽车轴承实业总公司	10 326
27	湖北拖拉机厂	10 131

表4　1995年湖北机械工业出口创汇达百万美元企业（集团）名单

序号	企业名称	出口创汇（万美元）
1	湖北省机械设备进出口公司	3 200
2	武汉市机械设备进出口公司	2 400
3	东风汽车集团	1 500
4	湖北红旗电缆工程集团	822
5	长江动力集团	541
6	猴王集团	540
7	襄樊市谷城恒立铸造厂	400
8	中国汽车进出口武汉分公司	380
9	武汉电缆（集团）股份有限公司	375
10	京山机械厂	350
11	湖北重型机器集团	343
12	武汉重型机床厂	300
13	荆州机床厂	250
14	湖北拖拉机厂	229
15	咸宁工程机械厂	201
16	湖北二电机厂	192
17	黄石鑫保铸管有限公司	188
18	随州机床厂	180
19	黄石锻压机床有限公司	171
20	湖北发电机厂	143
21	湖北车桥股份有限公司	140
22	湖北一戴蒙德机械有限公司	122
23	湖北省广济动力机总厂	108
24	宜昌机床集团公司	100

和湖北宜昌机床股份有限公司研制的Q91Y－1000废钢剪断机4项成果获省科技进步二等奖；宜昌叉车厂研制的CPC、CPQ（D）20－30系列内燃平衡重式叉车，武昌锅炉容器厂开发的10t/h快速循环沸腾锅炉，湖北鄂城通用机器集团研制的2QSZ－20J（Y）双色塑料注射机，宜昌机床股份有限公司研制的Y81－400型金属液压打包机，湖北省咸宁三合机电制业有限公司研制的垂直式QSC系列“三合一”减速机，黄石锻压机床（集团）公司研制的2B47－8型螺栓联合自动机，宜昌市印刷机械厂研制的LYBQ4180自动标签印制联动机，英山县农机化技术推广站研制的HAL－20型温控热风炉烘茧设备和鄂州市锻压机床厂研制的JB53－1600双盘摩擦压力机9项成果获省科技进步三等奖。湖北省机电研究院研制的SGR－1、PRR－1核电站检测机器人和宜昌机床股份有限公司研制的Y81－400型金属液压打包机分别获机械工业部科技进步二、三等奖。

新产品　1995年，完成新产品开发296项。另外，从1991年省政府实施重大新产品开发专项计划至1995年底，累计向省机械工业厅下达重大新产品开发项目72项，已完成48项，绝大部分项目已投入批量生产，经济效益显著。其中，有10项作为优秀项目受到省政府表彰。它们是襄阳汽车轴承集团开发的五十铃N系列轴承，宜昌至喜集团开发的至喜牌系列微型农用车，猴王集团开发的三峡大坝特种系列焊条，湖北华产股份有限公司开发的3t柴油带卧载货车，长江机床厂开发的YK5612型数控扇形齿轮插齿机，黄石锻压机床（集团）公司开发的系列数控折弯机和数控剪板机，黄石机械自动化研究所开发的空调机液晶显示电脑遥控器，宜昌机床股份有限公司开发的Q91Y－1000废钢剪断机，湖北汽车蓄电池厂开发的250A免维护起动用铅蓄电池，蒲圻起重机厂开发的HS型葫芦双梁起重机。省机械工业厅因工作突出，受到表彰，被省政府授予“八五”湖北省重大新产品开发专项计划先进管理单位。

质量　通过对150个重点企业的质量考核，质量指数达到98.84%，比上年提高0.14个百分点；产品质量等级系数达到90.41%，比上年提高0.67个百分点；质量损失率为0.93%，比上年下降0.55个百分点。

全省机械工业共有378个规格的产品接受了国家、部和省级各类监督抽查，合格363个，合格率为96.03%。其中，国家监督抽查23个企业23个规格的产品，合格19个，合格率为82.60%，比上年上升10.37个百分点；部级监督抽查39个企业39个规格产品，合格30个，合格率76.90%，比全国同行业平均水平高3.8个百分点；有12个企业12个规格产品接受部级等级品认可检查，全部合格；有23个企业的65个批次产品接受省重点产品抽查，全部合格；省机械行业内定期抽查，有239个企业的239个产品受检，合格237个，合格率99.16%，比上年提高2.91个百分点。

1995年，省厅又表彰了29位质量兴业优秀厂长（经理）和40位质量工作“三到位”先进厂长（经理），并在《湖北日报》和《中国机电日报》公布。武汉锅炉厂、猴王焊接公司和湖北红旗电缆厂3个企业通过了第三方质量体系认证并取得证书；省农机总公司列入国家内贸部贯标试点单位，成为全行业开展贯标工作的首家经销企业。宜昌机床股份有限公司的双角版Y80型金属打包机被国家、省评为1995年全国、湖北省用户满意产品。

技术改造　1995年全系统（不计武汉市）实施技改项目187项，共下达投资计划9.40亿元，实际完成7.46亿元。其中，国家专项38项，下达计划2.99亿元，实际完成2.28亿元；地方项目149项，下达计划6.41亿元，实际完成5.18亿元。国家专项中，国家经贸委确定的“双加”项目，1995年已下达计划1.15亿元。1995年有一批重点技改项目通过“八五”国家专项竣工验收，如黄石轴承厂的轴承毛坯锻造中心、宜昌机床（集团）股份有限公司的资源综合利用专项、襄樊长虹数控（集团）公司的数控“一条龙”、江陵县第一机械厂的棉子泡沫酸脱绒机械、长江机床厂的插齿机、湖北除尘设备厂的除尘器等。

对外合作 湖北省机械工业系统全年技术引进项目共8项，合同成交额1 641.9万美元，引进的软件技术主要有设计方法、产品图样、制造工艺、技术标准、测试技术和CAD、CAM等，进口的设备有生产线、关键设备、测试仪器和计算机工作站等。全年新批“三资”企业12个，总投资达17 413.72万美元。其中，总投资在1 000万美元以上的项目有5项：十堰变速箱厂与美国博格瓦纳公司合资兴办的华中—华纳变速器有限公司，总投资3 000万美元；湖北红旗电缆厂与新加坡佳通集团合资兴办的湖北佳通红旗电缆有限公司，总投资2 952万美元；湖北专用汽车制造厂与英国嘉德集团有限公司合资兴办的湖北楚风专用汽车有限公司，总投资2 950万美元；湖北神电股份有限公司与美国太平洋公司合资兴办的湖北神电汽车有限公司，总投资2 788万美元；武汉新世界制冷工业有限公司与马来西亚麦克威尔有限公司合资兴办的麦克威尔武汉冷冻有限公司，总投资2 500万美元。整个“八五”期间，全系统完成引进项目76项，合同成交额10 967万美元；兴办“三资”企业104个，总投资51 176.1万美元；外方直接投资额22 899.1万美元；利用外国政府贷款2 432万美元。

改革及管理 省机械工业厅对企业改革的工作重点是加强对建立现代企业制度试点工作的指导和协调。全系统有1个企业列入国家试点，10个企业列入省试点。其中，列入国家试点的武汉锅炉（集团）有限公司和列入省试点的襄阳汽车轴承股份有限公司、猴王（集团）股份有限公司已进入方案实施阶段；华阳集团等4个试点企业已制定好实施方案并已通过地方论证；湖北除尘设备厂等4个企业已开始进行试点方案准备工作。襄轴集团、武锅集团、猴王集团被省政府批准为国有资产授权经营单位。按照国家的有关要求，全系统有11个具有相当优势和发展前景的大企业和企业集团进入全国重点扶持的500个～1 000个大企业和企业集团行列。

企业管理的重点，是在强化基础管理的基础上，不断进行管理思想、管理制度、管理方法的创新。8月份专门召开了全省机械工业企业管理工作会议，分析了全系统企业管理现状，按照“面向市场，改管结合，科学严格、求实创新”的十六字方针，提出了相应的目标和措施要求。张德炳等3位厂长（经理）获机械工业部优秀企业家称号，刘长建等5位厂长（经理）获省优秀企业家称号，湖北车桥股份有限公司、广济动力机总厂被机械工业部评为优秀企业。

1995年7月，省机构编制委员会以鄂机编[1995]022号文对全省汽车工业管理体制进行了调整。在原由省机械工业厅归口管理的省汽车工业总公司的基础上组建湖北省汽车集团公司，在省政府实行计划单列，财务只对省财政，同时挂省汽车行业管理办公室的牌子，授予其全省汽车工业行业管理职能，归口省经贸委管理。

〔撰稿人：湖北省机械工业厅办公室　袁宏亮
审稿人：湖北省机械工业厅厅长　曹启佑〕

〔责任编辑：白　萍〕

湖南机械工业

湖南省机械工业局

生产发展情况 1995年，湖南省机械工业系统共有归口工业企业445个。按经济类型分，有国有经济企业288个，集体经济企业140个，联合经济企业1个，股份制经济企业12个，中外合资经营企业1个，港澳台地区与大陆合资经营企业1个，其他经济企业2个。按企业规模分，有大中型企业115个，其中大一型企业2个，大二型企业27个，中一型企业13个，中二型企业73个。全系统有国家骨干企业17个、国家重点企业28个。1995年，湖南省机械工业在国家适度从紧的宏观调控政策作用下，继1994年回落之后，仍未见好转，生产下降，亏损增加，整个经济处在低谷中运行。全年完成工业总产值（1990年不变价）比上年下降3.23%，销售收入比上年增长1.55%，工业增加值比上年下降16.43%。主要经济指标完成情况详见表1、表2。

1995年，全省机械工业系统销售收入超亿元的企业15个，利税总额超1 000万元的企业12个。有关厂家的具体情况详见表3、表4。亏损企业209个，亏损面为46.97%，亏损额3.91亿元，比上年增长24.92%。

表1 1995年湖南机械工业系统概况

行业	企业数（个）	全部职工平均人数（人）	工业总产值（不变价）（万元）	工业增加值（万元）	产品销售收入（当年价）（万元）	产品销售税金及附加（万元）	利润总额（万元）	固定资产	
								原价（万元）	净值平均余额（万元）
合计	445	250 419	729 136	222 792	791 793	4 604	-25 074	973 784	480 012
农业机械	134	59 567	174 316	56 193	189 604	806	1 240	197 943	96 263
工程机械	7	9 556	39 799	13 459	37 810	98	1 024	34 713	20 758
机床工具	24	13 640	21 997	9 646	23 161	200	-1 741	57 414	20 911
机械基础件	37	21 598	37 318	9 281	37 108	267	-3 819	66 770	33 712
石化通用机械	31	18 694	62 433	18 668	63 436	536	683	89 452	40 378
重型矿山机械	15	12 076	23 596	5 674	28 344	259	-3 431	45 405	18 103
汽车	53	32 388	96 948	25 793	109 464	917	-6 280	142 109	72 575
电工电器	110	68 924	241 980	76 524	277 780	1 337	-8 293	295 556	153 747
仪器仪表	18	7 999	15 877	1 845	12 036	76	-3 919	21 310	12 315
食品包装机械	8	3 812	10 565	4 383	8 671	87	-130	17 533	7 267
其他	8	2 165	4 307	1 326	4 379	20	-408	5 579	3 983

表2 1995年湖南机械工业系统主要产品产量

产品名称	单位	产量	比上年增长%	产品名称	单位	产量	比上年增长%
工业锅炉	t（蒸汽）	1 919.7	-9.9	印刷机械	t	1 485.5	-0.5
内燃机生产量总计	万kW	322.6	-4.6	包装机械	台	704	98.3
其中：农机内燃机	万kW	253.1	-3.4	小型拖拉机	台	29 380	3.1
汽车内燃机	万kW	69.5	-8.8	拖拉机、内燃机配件	万元	32 087	-19.1
发电设备	万kW	4.1	-32.8	农用运输车	辆	1 732	-45.3
金属切削机床	台	1 743	-12.7	叉车	台	428	-13.0
锻压设备	台	536	14.1	铁路车辆	辆	53	29.3
起重设备	t	12 271.4	-40.9	汽车	辆	3 793	-54.4
其中：电动双桥起重机	台	127	-42.3	改装汽车	辆	2 577	-14.6
龙门式起重机	台	5	-75.0	汽车配件	万元	72 546	2.2
汽车起重机	台	404	-40.1	交流电动机	万kW	212.3	-20.3
运输设备	t	3 868	15.6	变压器	万kV·A	380.9	-32.4
工矿电机车	辆	344	67.0	电气传动控制屏	面	883	-3.9
工矿配件	t	6 277.5	30.5	钢芯铝绞线	t	5 126.2	101.3
工业泵	台	27 036	-30.5	电力电缆	km	3 234.3	-18.5
农业泵	台	225 680	30.7	通讯电缆	km	3 141.6	30.8
风机	台	5 136	-20.1	高压电瓷	t	4 447.1	-13.6
其中：罗茨鼓风机	台	2 403	-14.2	工业自动化仪表	万台（件）	40.6	-0.5
轴承	万套	1 960.9	39.4	其中：水表	万台（只）	27.6	12.7
高中压阀门	t	184	21.9	电工仪器仪表	万台（只）	106.9	-12.7
液压件	万件	7	-12.5	其中：电度表	万只	88.3	-11.8
矿山设备	t	1 848.2	-20.8	实验仪器及装置	台	6 360	-3.5

1995年湖南省机械工业经济运行的主要特点：

(1) 生产逐月回升，下降幅度逐步缩小，但仍然无法扭转负增长的局面。湖南省机械工业在1992年和1993年保持较快的增长速度以后，由于受内外因素的制约，自1993年下半年开始滑坡，1994年产销利全面回落，完成工业总产值仅与上年基本持平。进入1995年后，生产继续大幅度回落，1月份产值比上年同期下降14.01%，随后月产值逐月增加，回落幅度逐步缩小。从1月至12月，工业总产值下降幅度缩小10.78个百分点，但最终还是不能扭转负增长的局面。

(2) 产销矛盾依然突出，库存仍居高不下。1995年以来，销售的月增长幅度一直高于生产的增长。产销率均在上年同期之上，由年初的94.8%上升到全年的104.51%。与上年相比，产销矛盾有所缓解，但产销矛盾依然突出，库存当量一般在2.5个月左右。

(3) 农机行业自1994年保持19.3%的高速增

长以后，1995年继续保持旺盛的增长势头，全年完成工业总产值（1990年不变价）比上年增长5.82%，为十一大行业中增长最快的行业。与农机行业相反，重型矿山、汽车、机床行业呈现较大的下降幅度，完成工业总产值（1990年不变价）分别比上年下降19.34%、18.02%和11.53%。

表3　1995年湖南机械工业系统销售收入超亿元企业

序号	企业名称	产品销售收入（万元）
1	湖南电线电缆集团公司	76 298
2	湘潭电机厂	46 956
3	浦沅工程机械总厂	20 128
4	衡阳拖拉机厂	19 878
5	湖南汽车车桥厂	16 312
6	长沙水泵厂	16 011
7	株洲汽车齿轮厂	14 094
8	岳阳恒立制冷(集团)公司	13 412
9	湘潭柴油机厂	12 915
10	株洲电焊条总厂	12 895
11	长沙鼓风机厂	12 516
12	南岳油泵油嘴有限公司	11 904
13	湖南省动力机厂	11 416
14	衡阳电缆厂	11 339
15	衡阳建湘柴油机厂	10 352

表4　1995年湖南机械工业系统利税超千万元企业

序号	企业名称	利税总额（万元）
1	湘潭电机厂	4 150
2	长沙鼓风机厂	2 526
3	南岳油泵油嘴有限公司	2 200
4	株洲火炬火花塞股份有限公司	2 019
5	岳阳恒立制冷（集团）公司	1 930
6	郴州公路工程机械厂	1 700
7	株洲汽车齿轮厂	1 539
8	长沙水泵厂	1 406
9	湖南电线电缆集团公司	1 245
10	株洲电焊条总厂	1 212
11	醴陵电瓷厂	1 020
12	长沙化油器厂	1 006

市场及销售　1995年，在市场体系的建设方面，湖南省机械工业局着重抓了中南机电市场的组建工作。已建成了由长沙中意集团股份有限公司、美国亚美实业有限公司和长沙蓄电池厂联合开发，隶属机械工业部归口管理的省级机电产品市场——中南机电市场。该市场第一期工程占地20亩，建筑面积21 000m²，是目前全国规模最大的、现代化的、多功能机电产品综合市场。市场成立了以省机械工业局局长林国悌为主任，长沙市副市长李斌恺为副主任的市场管理委员会，同时成立了由政府有关职能部门参加的监事会。

1995年，由于受国家宏观调控政策的影响，大多数投资类机电产品市场受到冲击，大部分产品偏于平滞，只有少部分如小型柴油机、小四轮拖拉机、罗茨鼓风机、大型工业泵、制冷设备、轴承等产品畅销。个别企业产品的市场规模初步形成，湘潭柴油机厂产销突破10万台的大关，滨湖柴油机厂达9万台，均为历史最高水平。十一大行业中，汽车、电工电器和重型矿山机械三个行业的市场需求下滑严重。

1995年在国内市场需求相对不足的情况下，全机械系统抓住机遇，努力开拓国外市场。全系统出口企业66个，共完成出口交货值46 130万元，比上年增长48.7%。其中，出口交货值超1 000万元的企业10个，占全省机械系统出口总额的72.53%。详细情况见表5。

表5　湖南机械工业系统出口交货值超千万元企业

序号	企业名称	出口交货值（万元）
1	湖南电线电缆集团公司	8 865
2	郴州公路工程机械厂	7 263
3	湘潭柴油机厂	5 876
4	湘潭电机厂	2 742
5	长沙变压器厂	1 660
6	株洲轴承总厂	1 487
7	长沙水泵厂	1 442
8	株洲火炬火花塞股份有限公司	1 377
9	衡阳轴承厂	1 359
10	醴陵电瓷厂	1 338

1995年，湖南机械工业系统主要的出口产品有电线电缆、路桥贝雷架、柴油机、轴承、交直流电机、水泵、起重设备、机床、变压器等。主要的出口市场为东南亚、中东、独联体、美国、德国等市场。

新产品　1995年全系统开发新产品71项，其中60项达到国内先进水平。新产品产值率达15.3%，比上年提高2.3个百分点。完成了一批水平高、效益好，有一定影响和后劲的新产品。如长沙鼓风机厂承担的为国家大型电站30万kW～60万kW机组锅炉清灰系统配套的高负压罗茨风机，负压可达74.5kPa；浦沅工程机械厂的集装箱起重运输车为码头、车站集装箱的短途转运提供了一种自吊、自运的运输工具；湖南省机械研究所与衡阳油泵油嘴厂联合开发的节能型油燃烧机，各项指标达到了国际先进水平，其中燃油喷嘴填补了国内空白，是一项达到了80年代国际同类产品水平的产品；湖南省机械研究所开发和试制的反击式破碎机在三峡工程使用，破碎效率高，使用寿命长，体积仅是引进的圆锥式破碎机的1/2，而效率是它的2倍，深受用户欢迎；湖南印刷机器厂开发的YPS1787卷筒纸平版报纸印刷机实现了微机控制，印刷效率高、质量好，是中、小印刷厂印刷书、报理想的印刷机，能替代机组式平版胶印机，给企业和社会带来较好的效益；长沙变压器厂为铁路电气化而开发的牵引变压器，在全国处于领先地位，深得铁道部好评，1996年将创产值1000万元；长沙电缆附件厂开发的硅橡胶预制式电缆附件，填补国内空白，达到了90年代国际同类产品水平，为我国电力事业的发展作出了积极的贡献。

质量 1995年，全省机械系统质量指数为91.70%，产品质量等级系数为77.64%，其中优等品产值率为9.5%，一等品产值率为36.26%，合格品产值率为54.23%。质量损失率为2.04%，其中内部质量损失率为0.81%，外部质量损失率为1.23%。国家、部、省各级质量监督部门抽查254个企业256种产品，抽查合格率为83.59%，比上年提高1.67个百分点。湘潭电机厂的三峰牌ZKK12J电机扩大机、三峰牌XK5－6，7，9/90－KBT煤矿防爆特殊型蓄电池式电机车和浦沅工程机械总厂的武陵牌QY12汽车起重机被评定为优等品。荣获1995年度湖南省名牌产品称号的有：株洲电焊条总厂的湘江牌E4303（J422）酸性碳钢焊条、株洲汽车齿轮厂的株齿牌EQ140汽车驱动桥主从动齿轮、湖南省机油泵股份有限公司的湘江牌6105Q转子机油泵。

为了稳定和提高电站及输变电配套产品质量，确保重点工程按期投产和可靠运行，在省机械工业局的组织下，13个生产电站及输变电配套产品的企业自发组织，联合向用户发出了《产品质量保证声明》，这13个企业是：湘潭电机厂、湘潭电缆厂、醴陵电瓷厂、株洲起重机厂、衡阳变压器厂、衡阳运输机械总厂、衡阳互感器厂、长沙水泵厂、长沙鼓风机厂、湖南开关厂、长沙重型机器厂、长沙锅炉厂、零陵水电设备总厂。

技术改造 1995年，全系统落实技改项目108项，下达计划71 090万元，完成投资51 356万元；基本建设项目52个，完成投资12 795万元，建筑面积115 719m²。落实技改专项36项，争取到专项贷款29 630万元，这是“八五”期间最多的一年。全省列入国家“双加”工程的26个项目中，机械行业就占了10个，总投资36 840万元。已开工项目6项，总投资26 470万元，专项贷款19 500万元。

在资金的投向上注意向重点企业和优势产业倾斜，在建项目比上年减少12.2%。投资最多的浦沅工程机械总厂，总投资17 460万元，1995年下达计划6 585万元，专项4 900万元。重点项目的技改进度明显加快，当年完成1 000万元以上的企业13个，完成投资26 407万元，占全系统完成数的51.42%；其中南岳油泵油嘴有限公司完成4 731万元，湖南省动力机厂完成4 125万元。

对外合作 1995年共有引进项目9项，引进设备28台（套）。通过对已引进技术的消化吸收，使企业提高了技术装备水平、生产能力和经济效益。如岳阳制冷设备总厂的大客车空调，销售量占国内市场的90%左右；株洲火花塞厂的火花塞年生产能力由1 000万只提高到6 000万只，利税达2 020万元；衡阳汽车配件厂产值从2 254万元增加到10 680万元，利税从408万元增加到2 200万元。

1995年新审批签约总投资200万美元以上合资项目2项。湖南叉车厂与捷克德士达公司合资成立湖南德士达叉车总厂，总投资2 998万美元，共同开发生产和销售叉车、叉车零部件及其他相关产品；长沙汽车电器厂与日本株式会社日立制作所合资成立长沙日立汽车电器厂，总投资1 024万美元，合资生产江西五十铃和郑州日产汽车的发电机、起动器。

改革及管理 1995年，湖南省确定53个企业为全省第一批现代企业制度试点单位，其中机械企业12个。它们是：湖南省动力机厂、湖南省浦沅工程机械总厂、株洲火炬火花塞股份有限公司、岳阳恒立制冷设备股份有限公司、衡阳变压器厂、南方通用电气集团公司、长沙水泵厂、湖南汽车车桥厂、邵阳液压件厂、益阳齿轮厂、零陵水电设备总厂、湖南专用汽车制造厂。

〔撰稿人：湖南省机械工业局　朱建珊　审稿人：湖南省机械工业局局长　林国悌〕

〔责任编辑：白　萍〕

广东机械工业

广东省电子机械工业厅

生产发展情况 1995年，广东省机械工业系统有工业企业514个（归口机械工业部企业），比上年减少12个，共有职工208 167人（工程技术人员占8.3%）。其中国有独立核算企业351个，比上年减少25个，职工145 101人，比上年减少24 106人。其中有大型企业25个，（包括大一型企业4个，大二型企业21个），中一型企业23个，中二型企业102个；机械工业部骨干企业10个，重点企业51个。1995年，广东机械工业继续保持平稳发展。全年完成工业总产值246.87亿元

(1990年不变价)，比上年增长9.7%（详见表1)。主要特点是：优势地区、优势行业、优势企业和优势产品得到进一步发展，滞后地区、基础薄弱行业、老中小型企业，落后产品继续受到制约。(1)全省21个市中，有12个市机械工业总产值比上年增长，珠江三角洲地区已成为机械工业重地，仅佛山、广州、江门三市的机械工业总产值就占全系统的67.3%，销售产值占65.9%，销售收入占66.5%，利润占45.1%，增加值占60.9%。其中佛山市完成工业总产值94.16亿元，销售产值首破100亿元大关，达到105.06亿元；（2）电工电器行业继续保持增长势头，完成工业总产值110亿元，比上年增长6.4%，占全系统工业总产值的44.6%，几乎撑起了“半壁河山”；（3）在150个大中型企业中，大多数企业的工业总产值比上年增长，主体地位进一步加强；(4）适销对路、特色优势、高新技术产品增产增销，全省机械工业重点考核的32种主要产品中增产的有9种，占21.9%(详见表2)。总的来说，机械系统较好的产品如电冰箱、空调器、复印机、数控机床、轴承等产量均增长25%以上。利税总额19.18亿元，比上年减少15.3%；实现利润2.75亿元，比上年减少66.6%；亏损企业164个，比上年增加24.2%，亏损企业亏损额6.64亿元，比上年增加136.3%。

表1 1995年广东机械工业系统概况

行业	企业数（个）	全部职工平均人数（人）	工业总产值（不变价）（万元）	工业增加值（万元）	产品销售收入（当年价）（万元）	产品销售税金及附加（万元）	利润总额（万元）	固定资产 原价（万元）	固定资产 净值平均余额（万元）
合计	514	208 167	2 468 675	503 909	2 305 987	32 556	27 491	1 339 252	834 526
农业机械	104	37 011	198 432	48 981	181 796	1 424	-23	142 168	85 401
工程机械	2	1 249	2 927	1 319	4 187	20	-175	2 313	999
机床工具	25	12 385	54 702	17 606	56 868	423	1 455	48 850	31 000
机械基础件	42	15 386	114 116	23 829	88 866	544	1 135	76 919	45 223
石化通用机械	33	18 093	127 620	36 044	129 502	789	4 259	122 579	59 399
重型矿山机械	20	8 860	119 838	17 273	92 294	350	131	39 372	25 513
汽车	56	22 155	491 657	80 328	546 296	23 300	-22 669	299 309	219 622
电工电器	144	61 440	1 100 492	212 604	979 468	3 840	36 879	445 735	272 278
仪器仪表	23	9 403	102 791	19 134	84 312	602	3 401	49 480	32 418
食品包装机械	17	7 477	38 553	12 230	34 636	290	1 201	26 673	15 489
其他	48	14 708	93 145	34 562	107 763	972	1 897	85 853	47 910

表2 1995年广东机械工业系统主要产品产量

产品名称	单位	产量	比上年增长%	产品名称	单位	产量	比上年增长%
工业锅炉	t(蒸汽)	1 629.1	-29.1	农用运输车	辆	827	-40.4
柴油机	万kW	109.5	7.4	拖拉机、内燃机配件	万元	17 245	-27.3
发电设备	万kW	9.1	-24.2	汽车	辆	21923	2.9
金属切削机床	台	3 522	-22.6	载货汽车	辆	2 585	-37.7
数控机床	台	144	148.3	汽车配件	万元	47 312	-24.3
锻压设备	台	4 467	0.3	交流电动机	万kW	210.2	-14.2
起重设备	t	49 237	-20.0	变压器	万kV·A	788.3	-30.7
电梯及扶梯	t	53 113	-0.2	电力电缆	km	6 200	-1.1
泵	台	658 296	-0.2	控制电缆	km	1 880	-6.2
轴承	万套	3 923.3	29.1	铅酸蓄电池	万kVA·h	71.3	-9.7
中高压阀门	t	1 252	16.6	洗衣机	万台	7.4	-7.5
液压件	万件	5.5	-31.3	家用电冰箱	万台	122	34.1
矿山设备	t	6 837	-22.4	电风扇	万台	555.1	-7.0
塑料加工机械	t	11 738	-26.4	空调器	万台	25.4	28.9
食品机械	台	34 039	-11.2	工业自动化仪表	万台(件)	15.9	-51.8
包装机械	台	4981	-9.3	电工仪器仪表	万台(件)	146.7	-33.3
小型拖拉机	台	43 738	-2.7	复印机	台	10 838	96.4

市场及销售 1995年广东省机械工业产销率稳中有升，但经济效益不够理想。1995年完成销售产值262.44亿元（当年价），比上年增长5.9%；产销率为106.7%，比上年提高11.6个百分点；实现销售收入230.60亿元，比上年增长9.4%，其中产品销售收入过亿元的企业有49个（详见表3）。

产品出口继续增长，但增幅回落。1995年，广东省机械工业系统，完成出口交货值40.76亿元，比上年增长42.87%（含增值税），创汇4.69亿美元，比上年增长9%，其中出口创汇超百万美元的企业81个，出口交货值超亿元企业6个（详见表4）。省厅直属3个外贸公司出口创汇15755.2万美元，比上年增长6.4%。

表3 1995年广东机械工业系统产品销售收入超亿元企业

序号	企业名称	产品销售收入（万元）	序号	企业名称	产品销售收入（万元）
1	广东科龙电器股份有限公司	301 792	26	广州蓄电池企业有限公司	15 906
2	湛江三星汽车制造公司	120 475	27	广东省吉荣空调设备厂	15 512
3	广州标致汽车公司（有限）	109 117	28	广东新鸿达建设机械企业集团公司	15 010
4	佛斯弟摩托车有限公司	96 562	29	广州南洋电器厂	14 981
5	广州电梯工业公司	90 167	30	广州威达汽车制造厂	14 857
6	台山市机械厂	61 454	31	南京汽车工业联营公司南海汽车厂	14 247
7	一汽顺德汽车厂	54 791	32	广州复印机厂	14 137
8	顺德特种变压器厂	36 928	33	广州柴油机厂	13 549
9	广州广重企业集团公司	34 904	34	广州电缆厂	13 278
10	奇胜电器（惠州）工业有限公司	32 322	35	顺德雅奇摩托车厂	12 892
11	广东电工有限公司	31 059	36	番禺市电机总厂	12 537
12	韶关铸锻总厂	30 756	37	清远市汽车装修总厂	12 429
13	广东万里企业集团公司	28 900	38	清远粤江微型汽车装配有限公司	12 334
14	广东电缆厂	28 169	39	台山市电缆厂	11 864
15	佛山电缆厂	23 938	40	湛江通用电气集团公司	11 553
16	佛山市中宝电缆厂	21 585	41	东华机械有限公司	11 449
17	顺德市震德塑料机械厂有限公司	21 385	42	湛江三星农车制造公司	11 402
18	新会电机厂	20 899	43	广州市通用机械工业公司	11 129
19	顺德市德力机械实业公司	19 851	44	广州劲马锅炉实业有限公司	11 115
20	佛山汇星阪田电子有限公司	19 328	45	宝钢集团深圳大西洋电焊条总厂	11 083
21	新会市农业机械厂股份有限公司	18 726	46	鹤山市电机厂	11 013
22	佛山通宝股份有限公司	17 965	47	顺德市挂车厂	10 691
23	广东省顺德电机厂	17 498	48	广州电磁线厂	10 572
24	广东世联实业（集团）公司	17 286	49	国营星光工模具厂	10 076
25	广州市机床工具工业公司	16 417			

科研成果 广东机械工业系统科技工作继续抓好高新技术产品的开发和高新技术企业的创建。1995年，全系统获得省科技进步奖24项，被评为省优秀新产品46项，获广东省机械工业科技进步奖40项。例如，中山市轴承总厂消化吸收国外先进技术，研制成功精密轴承钢球生产线，该生产线采用先进的水剂磨研工艺，大循环生产ISOG5级高精度精密钢球，使我国钢球加工跻身国际先进水平。该厂已生产16条生产线，新增产值近7 000万元，利税近1 100万元。广州广重企业集团公司开发成功上悬式刮刀卸料全自动XJZ1320型离心机，使我国制造应用大型高参数全自动上悬式离心机实现国产化，产品技术性能达到国际先进水平，市场前景广阔，现已生产6台，新增产值510万元，利税180万元，创汇36.4万美元。省农机研究所、汕头超声仪器研究所、机械工业部广州电器科学研究所被省政府评为“1994年度广东省优秀研究开发机构”，还有2个科研单位受到表扬，9名专家获得“省科学技术突出贡献奖”；被省科委认定的高新技术企业11个，使全系统高新技术企业总数增加到33个。

新产品 1995年，广东省机械工业系统完成部级项目34项，省级项目14项，全年开发新产品412项。省厅重点抓的134项新产品，投产率达100%，其中达到国际水平的17项，达到国内先进水平的102项。广东科龙电器股份有限公司全无氟节能冰箱，是跟踪国际先进科技的结晶，无论在替代技术研究，工艺开发应用，还是生产线的技术改造，都具有技术含量高的特点，它是国内第一家通过中国制冷工业CFCS产品评估中心的科学评估和国家科委组织鉴定的产品，处于国际同类产品的先进水平。佛山变压器厂试制的SH11非晶合金电力变压器，产品空载损耗比相同容量的硅铜片变压器降低70%以上，是配电变压器的发展方向，该产品顺利通过了国家三委三部的鉴定，接近国外先进水平。此外，10kV～35kV干式变压器、电磁动态塑化挤出机、三元合金镀层轴瓦、集成电路继电器、新材质新工艺缸套、TT1－3500全自动螺杆直射注塑机等一批产品都具有较高的水平和发展前景。

表4　1995年广东机械工业系统出口创汇超百万美元企业

序号	企业名称	出口交货值（万元）	序号	企业名称	出口交货值（万元）
1	台山市机械厂	50 095	42	佛山市中宝电缆厂	1 818
2	新会电机厂	24 054	43	顺德市震德塑料机械厂有限公司	1 726
3	广州标致汽车公司（有限）	19 985	44	增城市农机修理制造厂	1 726
4	佛山汇星阪田电子有限公司	19 327	45	湛江三星农车制造公司	1 716
5	广东科龙电器股份有限公司	12 782	46	广州广重企业集团公司	1 672
6	奇胜电器（惠州）工业有限公司	12 183	47	江门市电机股份有限公司	1 633
7	台山市新丰企业集团公司	9 778	48	佛山际和机电有限公司	1 628
8	东莞市轴承厂	7 373	49	广州三环国际木业有限公司	1 552
9	中山市电机电器总厂	7 018	50	佛山汇星塑胶制品有限公司	1 528
10	江门市粉末冶金公司	6 861	51	广州新华通风设备厂	1 525
11	深圳晶辉电器有限公司	6 617	52	台山市日用电器厂	1 407
12	韶关铸锻总厂	6 434	53	江门机床厂	1 406
13	湛江通用电气集团公司	6 346	54	广州凤凰电器工业公司	1 394
14	深圳新华电线电缆联合公司	6 086	55	广州市铸锻工业公司	1 389
15	韶关市轴承厂	5 973	56	佛山通宝股份有限公司	1 339
16	国营星光工模具厂	4 654	57	PRB轴承（阳春）企业有限公司	1 325
17	广州电梯工业公司	4 597	58	广东省第二农机厂	1 322
18	广州市机床工具工业公司	4 363	59	顺德特种变压器厂	1 305
19	番禺市电机总厂	4 213	60	广州市广州铸管厂	1 269
20	东华机械有限公司	4 038	61	韶关亿利达机械有限公司	1 207
21	佛山大中锚链有限公司	3 826	62	佛山市铸造厂	1 199
22	台山市电热器具厂	3 537	63	惠东水泵集团公司	1 195
23	中山市拖拉机厂	3 485	64	韶关拖拉机总厂	1 184
24	惠州市粉末冶金制品厂	3 435	65	广东电工有限公司	1 140
25	惠阳市工业总公司	3 282	66	阳春市第一机械厂	1 139
26	丰顺汽车配件厂	3 279	67	开平市开平机械厂	1 103
27	阳春轴承厂	3 129	68	广州市通用机械工业公司	1 100
28	高州市铸造厂	2 983	69	汕头市斯凯司企业总公司	1 092
29	第二砂轮厂深圳联合公司	2 787	70	阳江江城汽车配件厂	1 067
30	顺德市挂车厂	2 596	71	五华汽车电器总厂	1 061
31	广州蓄电池企业有限公司	2 558	72	广东省顺德电机厂	1 031
32	佛山水泵厂	2 524	73	广东锻压机床厂	1 026
33	广州光学仪器厂	2 409	74	珠海市机械工业集团公司	979
34	广东世联实业（集团）公司	2 247	75	惠州市机床附件厂	949
35	广东肇庆环宇电机有限公司	2 217	76	肇庆市轴承厂	943
36	怀集县汽车配件厂	2 079	77	新会市机电厂	931
37	台山市电缆厂	1 964	78	高要鸿图工业有限公司	904
38	中山市轴承总厂	1 929	79	珠海华粤汽配工业有限公司	892
39	韶关内燃机厂	1 908	80	汕头电机厂	890
40	鹤山市电机厂	1 899	81	广东肇庆环球净化设备有限公司	883
41	广州电磁线厂	1 887			

质量 1995年，全省机械工业系统质量指数47.62%，比上年下降0.16个百分点；产品质量等级系数67.89%，比上年下降0.92个百分点；质量损失率0.89%，比上年上升0.73个百分点。1995年，国家监督抽查广东71个企业，71个机电产品，合格率为83.1%；韶关市轴承厂、东莞东华机械有限公司、顺德特种变压器厂、广东真空设备厂股份有限公司、广东郁南银都电线电缆有限公司共5个企业被评为1994年度广东省质量效益型先进企业；产品质量等级评定，有4个产品被评为优等品，24个产品为一等品；此外，有12个企业通过了生产许可证审查，2个企业通过了出口许可证审查，9个企业压力容器制造许可证换证合格。

突出抓好GB/T19000（ISO9000）体系认证工作，又有8个企业（顺德特种变压器厂、佛山中宝电缆厂、鹤山电机厂、深圳大冷王运输制冷有限公司、汕头超声仪器研究所、佛山电缆厂、广东球阀厂、广州锅炉厂）通过了ISO9000质量体系认证，使全省机械系统通过认证的企业达到14个，继续在全国机械系统保持领先。汕头超声仪器研究所为扩大B超诊断仪产品打进欧美市场，不仅产品取得美国FDA标准认证，而且质量体系还通过了法国ISO9001认证，出口势头很好，销售量在全国同行中名列前茅，已形成规模生产，全年产值首次突破1亿元。顺德特种变压器厂自1991年产品通过机械电子工业部、能源部鉴定以来，以连年翻番的跳跃式发展速度赶超全国同行，其产量、产值、销售、税利均居全国生产同类型变压器企业的榜首，产品通过了荷兰KEMA公司按国际标准IEC检测，成为国内同行业首家获得荷兰KEMA公司颁发的符合IEC726—5标准型式试验合格证的企业，因此该厂连续两次在全国百强高新技术企业评选中榜上有名。

技术改造 由于国家宏观调控和银根紧缩，企业和地方自筹能力差，1995年全省只下达一批重点项目计划（往年均在10批以上），因此，重点放在争取国家专项计划上，有一定的成效。国家和省下达的技改、基建项目54项，当年投资7.4亿元，其中贷款6亿元，自筹1.4亿元，用汇1 439万美元，其中汽车项目4项，当年投资1.5亿元。54个项目中，列入国家计划的项目占了较大比重，总投资3.2亿元，其中国家专贷1.74亿元，比上年增加46%。全年完成技改和基建投资5亿元（含企业和地方自筹），占计划的67.6%。重点保“双加”工程和出口基地建设。8项“双加”工程项目已全部开项，总投资1.28亿元，其中国家专贷1.04亿元，自筹2 390万元，资金已基本到位，广东科龙电器股份有限公司的项目已基本完成；国家下达的出口专贷项目12项，当年投资5 414万元，其中国家专贷3 100万元，是“八五”期间新开工项目最多的一年。结转2项，总投资600万元，其中专贷430万元，使一批重点出口企业继续保持出口增长的后劲，同时又扶持了一批新的出口重点企业。

对外合作 1995年，广东机械工业对外经济技术合作又有新的进展，全年利用外资企业共12个，其中合资企业10个，合作企业1个，独资企业1个，总投资为10 649.52万美元，其中外商出资5 506.08万美元；1995年投资额200万美元以上的“三资”企业8个，合资企业7个，合作企业1个，总投资额为10 358万美元，其中外商出资5 326万美元；到1995年底止，全省机械工业利用外商投资企业共79个，其中合资经营企业71个，合作经营企业7个，独资经营企业1个。79个“三资”企业总投资额达42 642.94万美元，其中外商出资17 972.60万美元，中方出资24 670.34万美元。其中机械工业部系统64个“三资”企业，1995年共完成工业总产值54.32亿元，占全系统工业总产值22%，已成为一支重要的方面军。

改革及管理 （1）根据省政府批准的“三定方案”，新的省电子机械工业厅已正式挂牌运作。机关的职能已彻底从直接管理、微观管理转向间接管理、宏观管理；从单纯的行政管理转向运用经济手段辅之于行政法规管理；运作基本正常。21个市机构改革也已开始，原有的市级机械工业局（公司）绝大部分转为实体，或成立控股公司，行政管理职能划归市综合部门。（2）企业改革正向纵深发展，全省机械系统列入省现代企业制度试点企业25个，试点方案获批准并组织实施的已达18个，占72%，列入市级现代企业制度试点的企业也都正在运作。根据省组建大企业集团的工作部署，机械工业系统积极参与，争取列入组建大企业集团初选名单13个，已完成了推荐、论证、审查、上报等工作。（3）到1995年底，省电子机械工业厅有企业集团公司33个，股份有限公司18个（上市公司1个，定向募集公司17个），有限责任公司25个。（4）全省机械工业企业获部、省级现代化管理成果奖3项，广东科龙电器股份有限公司MRPⅡ现代化管理成果被评为第三届中国机械行业重大创新成果奖，在国内处于领先地位。

存在问题 一是仍有相当部分企业未能从计划经济向社会主义市场经济转型中适应过来，活力不足，效益不好；二是投资没有完全到位，延误了某些项目，如汽车工业的发展，与国内先进省、市进一步拉开了差距；三是宏观调控乏力，主管部门缺乏有力和有效的调控手段，导致资源配置难以优化，不合理的重复建设、低水平的无序竞争，以及行业结构“散、乱、低、差”的状况难以根本改变；四是人才不足，自主开发能力差，已成为制约全省机械工业整体水平上台阶的突出矛盾。

〔撰稿人：广东省电子机械工业厅 黄颜军
审稿人：广东省电子机械工业厅厅长 奚志伟〕

〔责任编辑：白 萍〕

广西机械工业

广西壮族自治区机械工业厅

生产发展情况 1995年，广西壮族自治区机械工业厅系统共有企业138个。按经济类型分，其中国有经济企业107个，集体经济企业8个，股份制企业15个，中外合资企业6个，港澳台与大陆合资经营企业1个，其他经济企业1个。按企业规模分，其中大型企业22个，中型企业48个，小型企业68个。年末职工人数130 116人，其中工程技术人员13 126人，占职工总数的10%。拥有主要生产设备46 895台，其中金属切削机床20 298台，锻压设备3 439台。固定资产原价69.23亿元，净值38亿元。

1995年，广西机械工业系统全年完成工业总产值（不变价）96.28亿元，比上年增长6.0%；销售收入（当年价）110.70亿元，比上年下降0.51%；产销率为96.23%（机械工业部要求为97%）。广西机械工业系统概况详见表1。

表1 1995年广西机械工业系统概况

行业	企业数（个）	全部职工年末人数（人）	工业总产值（不变价）（万元）	工业增加值（万元）	产品销售收入（当年价）（万元）	产品销售税金及附加（万元）	利润总额（万元）	固定资产 原价（万元）	固定资产 净值平均余额（万元）
合计	138	130 116	962 800	275 441	1 106 960	5 232	55 679	692 254	380 026
农业机械	32	38 258	255 262	107 128	337 937	422	33 420	190 650	110 572
工程机械	4	8 261	75 530	25 471	95 515	450	8 026	46 479	37 615
机床工具	13	11 030	23 919	9 893	25 960	210	-2 714	43 030	25 968
机械基础件	9	5 745	17 696	8 857	18 818	94	17	21 162	11 075
石化通用机械	10	10 348	51 316	14 833	42 268	209	-23	48 464	35 287
重型矿山机械	10	8 952	35 099	10 985	39 067	196	940	41 585	17 222
汽车	16	19 330	346 953	65 017	397 372	2 914	18 502	156 268	72 337
电工电器	34	20 958	126 880	26 838	119 453	643	-2 323	115 548	56 831
仪器仪表	3	3 874	21 844	4 326	20 657	45	-1 571	18 587	7 378
食品包装机械	7	1 606	2 314	1 101	2 031	19	-575	6 275	3 330
其他		1 754	5 987	992	7 882	30	-20	2 411	1 754

1995年，广西机械工业系统全年完成利税10.92亿元，比上年下降37.4%，其中，农业机械行业完成5.21亿元，汽车行业完成3.25亿元，工程机械行业完成1.31亿元，亏损企业2个。全系统工业资金利税率为9.01%。综合经济效益指数为107.4%。

1995年，年实现利税500万元～1 000万元以上的企业有21个，其中实现利税超亿元的有3个，即玉柴机器股份有限公司（5.62亿元）、柳州汽车厂（1.93亿元）、柳州微型汽车厂（1.31亿元）。根据机械工业部对全国各省（区）市机械系统实现的利税和经济效益综合指数排序，广西分别列在全国第十二位和第四位。

1995年，全系统在42种主要可比产品产量中，有16种比上年有不同幅度的增长，如微型汽车年产50 668辆，比上年增长42.21%，年产销量名列全国同行业第二位；轮式装载机年产2 500台，比上年增长22.31%，年产销量名列全国同行业第一位；手扶拖拉机年产120 903台，比上年增长57.41%，年产销量名列全国同行业第二位。有25种产品年产量比上年下降，有一种产品与上年持平，详见表2。

农机行业在广西机械工业系统中，具有企业多、能力大、技术强的特点。目前，这个行业拥有32个企业，而且大都具有相当生产规模，在全国也占有一定的地位。1995年，这个行业完成产值25.53亿元，比上年净增10.71亿元；完成销售产值37.54亿元，销售收入约占全系统的1/3；实现利税5.21亿元，约占全系统利税的1/2；产量、产值和利税均比上年有较大幅度的增长。其中玉柴机器股份有限公司、柳州机械厂、柳州汽车发动机厂、南宁机械厂、英山柴油机厂等6个内燃机生产企业，在这个行业中占有较大的优势和比重。

广西汽车工业近几年发展很快，微型车和中吨位载重车的生产，在全国都占有一定地位。柳州汽车厂生产的载重车，年产销量继一汽、二汽之后，名列第三。柳州微型汽车厂，年产销量已由原来名列第三升为第二。1995 年，共生产微型车 50 668 辆，实现产值 16.67 亿元，销售产值 16.91 亿元，利税 1.31 亿元。从 1982 年 2 月 18 日，该厂生产第一辆微型车开始，到 1995 年 5 月 8 日，累计生产了 15 万辆车。

表 2　1995 年广西机械工业系统主要产品产量

产品名称	单位	产量	比上年增长%	产品名称	单位	产量	比上年增长%
锅炉	t(蒸汽)	1 834	2.7	联合收割机	台	3 900	768.6
内燃机	万 kW	1 092.8	6.2	农用车	辆	1 733	-64.3
发电设备	万 kW	9.8	-21.6	农用挂车	辆	24 838	-13.9
电动机	万 kW	57	-22.9	碾米机	台	43 160	91.0
机床	台	2 678	-22.7	中吨位载重车	辆	19 205	-38.6
装载机	台	2 500	22.3	微型汽车	辆	50 668	42.2
起重设备	t	7 620	-1.1	汽车配件	万元	44 565	43.0
预应力锚具	万套	37	-36.2	摩托车	辆	20 425	398.4
运输设备	t	6 721	-3.2	变压器	万 kV·A	125.9	-11.2
水泵	台	13 867	-26.0	电力电容器	万 kvar	335.5	-22.5
气体压缩机	台	2 785	-12.0	开关板	面	5 035	23.8
轴承	万套	644	57.8	电线电缆	万 km	13.3	-24.2
钢圈	万套	45	-23.7	电度表	万只	231	-17.4
矿山设备	t	12 567.7	-43.7	复印机	台	4 771	20.8
手扶拖拉机	台	120 903	57.4				

电工电器行业是全系统又一优势行业，共有 34 个企业，生产能力较强。主要有锅炉生产企业 2 个，发电机生产企业 3 个，电动机和微电机生产企业 9 个，变压器生产企业 3 个，开关控制设备生产企业 5 个，电线电缆生产企业 4 个等等。电机、变压器、发电机组、高中低压开关和电线电缆的生产，都具有相当规模。1995 年，这个行业实现产值 12.69 亿元，销售产值 14.77 亿元，利税 5 164 万元。年产值超亿元或利税超 500 万元的有 5 个企业。

1995 年，广西机械工业系统经济效益较好的企业详见表 3。

表 3　广西机械工业系统经济效益较好企业

企业名称	产值（万元）	销售产值（万元）	利税（万元）	出口创汇（万美元）
玉柴机器股份有限公司			56 200	579
柳州汽车厂			19 300	
柳州微型汽车厂	166 700	161 900	13 100	
柳州工程机械厂	57 000	68 300	9 131	426
桂林电线厂	18 100	23 100	683	516
柳州第二压缩机厂	17 600	15 500	1 892	
柳州机械厂	15 000	14 500		
柳州建筑机械总厂	12 400	10 500	3 381	
南宁重型机器厂	10 100	10 300	867	
广西轴承厂		9 943	619	234
桂林电力电容器厂	10 100	8 872	446	
柳州市仪表总厂	7 675	8 339	43	339
梧州市锅炉厂	7 533	9 406	521	
百色矿山机械厂	7 135	7 503	686	
柳州市铸造总厂	4 559	6 870	248	
桂林机床厂	4 035	4 700	788	
桂林矿山机械厂	3 628	4 124	388	

市场及销售 1995年，广西机械工业系统销售收入110.70亿元，销售产值120.91亿元，其中，汽车行业销售产值达43.35亿元，农业机械行业销售产值达37.54亿元，电工电器行业销售产值达14.77亿元。

年销售收入超亿元的企业有18个，其中8亿元～20亿元以上的企业有柳州汽车厂、柳州微型汽车厂、柳工机械股份有限公司、玉柴机器股份有限公司4个，它们继续被国家列入“全国500家大工业企业”的行列。

全系统全年完成出口交货值6.02亿元，比上年增长77.3%，是“八五”期间出口最多的一年。生产出口产品的企业发展到56个，比上年增加13个，并涌现了一批出口骨干企业。全系统有4个出口创汇超500万美元的企业，即南宁机械厂（1 724万美元）、南宁手扶拖拉机厂（1 190万美元）、玉柴机器股份有限公司（579万美元）、桂林电线电缆集团（516万美元）。此外，出口创汇较多的还有柳州工程机械厂（426万美元，比上年增长37%）、柳州市仪表总厂（339万美元，获出口奖）、梧州市光学仪器厂（276万美元，比上年增长16%，产品出口率占产值的90%，是系统内最高的）和广西轴承厂（234万美元）。经国家批准，全系统已有12个企业获得自营进出口权。目前，全系统机电产品出口总量的一半销往越南、老挝、缅甸、泰国等东南亚市场；装载机、微型汽车等开始进入中东、非洲等地市场；小型液压挖掘机、显微镜、量具等产品在欧美市场继续得到巩固和发展。南宁重型机器厂生产的$\varnothing$3.2m及以下的系列球磨机为机械工业部推荐出口产品，远销智利、印度尼西亚、越南、新加坡等地。柳州建筑机械总厂，1995年生产各种拉伸机1 230台，各种电动高压油泵622台，各种预应力锚具37万套，是全国预应力行业的“排头兵”，在广大用户中享有较高声誉。国内重点建设项目，如上海南浦大桥、杨浦大桥、东方明珠——电视塔、安徽长江铜陵大桥、澳门新澳氹跨海大桥、云南漫湾水电站、广东虎门大桥等建设工程，都指名要选用该厂生产的预应力机具，产品出口数量也逐年扩大。1995年越南、缅甸、泰国、新加坡等国建设项目，也都购用该厂生产的预应力机具。1994年～1995年期间，该厂为支援国家重点建设工程——北京西客站建设，在承担整体提升重达1 800t的具有民族风格的“华夏第一大门楼”的特殊任务中，积极提供优质拉伸机和周到的现场技术服务，受到铁道部和北京市政府的高度赞扬。桂林联合收割机总厂，1995年生产直线上升，销售情况非常好，华东和西北地区的许多用户，都是采取先付货款后排队，等着要机器，工厂生产资金充裕，不需要向银行贷款。1995年，这个厂经过大力增产，共生产联合收割机3 900台，是历史上生产最多的一年，产销量名列全国同行第一。南宁手扶拖拉机厂，全年生产手扶拖拉机首次突破10万台，除供应区内市场外，还继续供应山东、河北、湖北等地市场。贵港市动力机械厂，是个新崛起的小型柴油机生产厂家，1995年该厂紧紧抓住“农机市场热”的机遇，共生产了适销对路的170型和175型柴油机3万多台，并向东南亚市场出口了1万多台。

科技成果 广西机械工业系统微电子等高新技术的推广和应用有较快的进展。1995年，有34个企业实施CAD，10个企业实施CAM。柳州微型汽车厂、桂林机床厂、河池车辆厂等已应用计算机技术于新产品开发，加快了产品的开发步伐。全年共开发新产品104项，其中机电一体化等具有较高水平的产品有12种。新产品实现的产值约占总产值的1/3。

柳州微型汽车厂，目前已开发出VH和X477型的第三代新车型，很受广大用户欢迎。柳州第二压缩机厂已积极开发生产空气干燥净化设备、塑料成型机械、电控设备、医用高压氧舱等六大类16个系列100多个品种，做到市场适应性更广，产品覆盖面更大。梧州市锅炉厂在开发高水平新产品中，走产、学、研相结合的路子，与北京清华大学联合开发的第二代沸腾锅炉——循环流化床锅炉系列产品，已能生产20多种规格，其中有4种达到国际80年代末先进水平，并填补了国内空白。目前，它生产的有沸腾锅炉、煤粉锅炉、蔗渣煤粉锅炉、往复炉排锅炉、循环流化床锅炉、燃油燃气锅炉和特种锅炉等8个系列的100多个品种，产品适应性较广，在国内拥有较多的用户，两种蔗渣煤粉锅炉还首次销往越南和坦桑尼亚。

质量 1995年考核48种产品的质量，品种合格率为100%，一等品率为95%，稳定提高率为98%。柳州微型汽车厂生产的微型汽车、柳州建筑机械总厂生产的预应力机具，被推荐为全国“中华科技精品”。为了进一步提高全系统的产品质量，1995年5月，在玉林召开了产品可靠性工作会议，部署了主要企业的主要产品开展可靠性的目标和要求。会上，由玉柴机器股份有限公司介绍了6105柴油机开展“10万km无故障”的可靠性工作的经验。会后，有22个企业先后开展这项工作，部分企业还进行了ISO9000质量贯标与认证。

梧州市锅炉厂的产品全部执行国际通用技术标准。据全国行检结果，该厂生产锅炉的性能和质量等主要技术指标，均居行业前列。有6种产品获国优、部优和区优称号，有8种产品为国家推荐使用的优良节能产品。

技术改造 全年完成技改投资13.1亿元，其中汽车行业完成3亿元。柳州第二压缩机厂、柳工机械股份有限公司、柳州汽车发动机厂、桂林电力电容器厂、桂林齿轮厂、南宁机械厂、南宁电焊条厂、梧州锅炉厂等10个企业的10个技改项目，已通过验收并投入了生产。

对外合作 梧州市锅炉厂为了进一步发挥该厂锅炉生产优势，1995年同澳大利亚奥威特联合有限公司合作，专门致力于5种燃油燃气锅炉的研制和生产。桂林电线厂，在国内电线市场激烈竞争的情况下，积极向国外拓展，选准在澳大利亚办了一个电线生产厂，以其质优、价廉、品种多和服务周到的良好企业形象，赢得了那里和周边地区的广阔国外市场，变国内长线滞销产品为出口畅销产品。

改革及管理　1995 年是“八五”计划的最后一年，广西机械工业厅认真总结了“八五”期间的三条经验。一是以改革促发展有较大突破，特别是在筹集 41.8 亿元的技改资金中，54% 是采用股改募集、发行债券、利用外资、企业自筹等办法获得的。如玉柴机器股份有限公司“八五”期间共投入 18.5 亿元，其中银行贷款仅占 1.9 亿元，绝大部分是靠股份制改造和利用外资取得的。因此，机械工业部赞扬：“广西机械工业发展依靠改革，改革促进发展。”二是抓重点，上规模有较大突破。在 40 多亿元投入中，37 个重点企业就投入 35.73 亿元，占总投入的 85%，集中度较高，使这些企业规模上得较快。其中第一、第二梯队的 12 个企业，已成为“国家队企业”，分别列入“全国 500 家大工业企业”和“全国 500 家大机械企业”的行列。三是抓引进先进设备，提高装备水平有较大突破。“七五”末，全系统只有 2 台加工中心。“八五”期间，全系统新增关键设备 700 多台（套），其中由国外引进的加工中心、三坐标测量仪、工业机器人等先进设备 467 台（套）。现在，重点、骨干企业都拥有加工中心，比较显著地改观了企业装备面貌。其次，编制、上报了“九五”广西机械、汽车支柱产业的发展规划。1995 年 3 月 25 日，自治区党委召开常委扩大会议，专门研究广西汽车工业发展问题。区机械厅董世忠厅长向常委会作了加快发展广西汽车工业的汇报。会议决定：主要依靠广西自己的力量，上年产 30 万辆汽车的生产规模。7 月 5 日，自治区政府又在柳州召开现场办公会，区市政府、金融、财税和有关企业等领导参加，由成克杰主席主持，董世忠厅长汇报。会议重点是研究落实柳州微型汽车厂“九五”期间上年产 15 万辆规模所需的资金问题，加大投入，按机械工业部要求“尽快将柳州微型汽车厂建成我国南方微车生产基地”。其三，加强了出国学习和考察活动。元月份，由董世忠厅长、尤效贤副厅长分别带领 30 个主要企业人员赴美国洛杉矶等地学习培训计算机应用技术。6 月 7 日～16 日，在自治区政府统一组织领导下，董世忠厅长又带领 20 多个主要企业人员赴美国洛杉矶、底特律参加招商会活动，并与外商达成了 15 个合作项目协议。10 月 23 日～29 日，董世忠厅长和覃彦瑞副厅长共同带领柳工机械股份有限公司、柳州汽车厂、广西机械设备进出口公司等单位的领导，赴缅甸、孟加拉国考察和调查机电产品市场需求情况以后，确定了组织 68 个主要企业产品参加缅甸仰光的展销会。

1995 年，广西机械工业厅系统有 24 个企业获得“生产经营先进单位”的称号，其中获得一等奖的有柳州微型汽车厂，二等奖的有南宁手扶拖拉机厂、南宁机械厂、南宁电线电缆厂、柳工机械股份有限公司、柳州特种汽车厂、桂林电线厂 6 个企业，三等奖的有南宁标准件厂、柳州水轮机厂、梧州锅炉厂、桂林机床电器厂、灵川标准件厂、桂林联合收割机厂、桂林矿山机械厂、宜州内燃机配件厂、河池地区汽车电机厂、博白机械厂等 17 个企业。有 5 个企业获得 1995 年度“广西机械工业振兴奖”，其中获“振兴明星奖”的有南宁手扶拖拉机厂，获“振兴贡献奖”的有南宁电线电缆厂、桂林电线厂，获“振兴奖”的有柳州特种变压器厂、武鸣农机厂。广西机械工业系统开展“振兴奖”活动已有 5 年，至 1995 年底，全系统共有 69 个企业获得不同档次的“振兴奖”，它们对行业上规模、创效益起到了积极的促进作用。

〔撰稿人：广西壮族自治区机械工业厅　吴中杰　审稿人：广西壮族自治区机械工业厅厅长　董世忠〕

〔责任编辑：白　萍〕

海南机械工业

海南省工业厅

生产发展情况　1995 年海南省机械工业系统所属生产企业 40 个。其中国有企业 37 个，集体企业 1 个，股份制企业 1 个，中外合资企业 1 个。按企业类别分，包括大二型企业 1 个，中一型企业 2 个，中二型企业 6 个。共有职工 10 896 人，其中工程技术人员 754 人，占职工总人数的 6.9%。

1995 年海南机械工业贯彻“以市场为导向，以产品为‘龙头’，以调整为重点，以规模为目标，以效益为中心”的发展方针，积极推进经济增长的质量和效益，在经济运行十分困难的情况下，仍保持了持续、快速、健康发展的势头，各项经济指标显著提高。全年完成工业总产值 181 394 万元，比上年增长 66.8%；工业增加值 52 957 万元，比上年增长 8.6%；工业销售产值 217 431 万元，比上年增长69.8%；产品销售收入178 508万元，比上年增长55%；利润总额19 828万元，比上年增长18.1%；完成出口交货值978万元。保持较快增长速度的主要产品有摩托车，比上年增长55.9%；摩托车配件，比上年增长210%；还有拖拉机、内燃机配件及液化气钢瓶等。海南机械工业系统概况和主要产品产量见表1、表2。

表1　1995年海南机械工业系统概况

行　业	企业数（个）	全部职工平均人数（人）	工业总产值（不变价）（万元）	工　业增加值（万元）	产品销售收入（当年价）（万元）	产品销售税金及附加（万元）	利润总额（万元）	固定资产 原价（万元）	固定资产 净值平均余额（万元）
合计	40	10 896	181 394	52 957	178 508	6 928	19 828	63 344	43 837
农业机械	14	2 208	2 950	864	2 119	22	－205	5 196	3 773
机械基础件	3	1 321	4 642	835	4 296	17	－813	6 011	5 708
石化通用机械	1	177	95	50	110	0	0	667	410
汽车	5	2 691	166 345	48 783	163 249	6 849	13 797	33 559	22 000
电工电器	6	1 232	2 600	910	3 598	1	－378	5 054	3 691
其他	11	3 267	4 762	1 515	5 136	39	7 427	12 856	8 255

表2　1995年海南机械工业系统主要产品产量

产品名称	单　位	产　量	比上年增长%	产品名称	单　位	产　量	比上年增长%
工业泵	台	58	－6	汽车配件	万元	29	
农业泵	台	486	－16	摩托车	辆	272 959	56
小型拖拉机	台	210	－55	摩托车配件	万元	6 528	210
拖拉机、内燃机配件	万元	847	22	钢芯铝绞线	t	476	－22
变压器	万kV·A	9	－72	液化气钢瓶	万只	19	125
汽车	辆	2 859	－6				

1995年海南机械工业经济运行的主要特点是：(1) 工业生产保持较快的增长速度，总体经济实力进一步增强，但行业发展不平衡，汽车、机械基础件、石化通用机械三个行业工业总产值分别比上年增长97.5%、88.4%和27%，而电工电器、农机行业则分别比上年度下降33.6%和5.2%。(2) 产业结构不断调整，产销衔接逐步好转，产销率达91.3%。(3) 产品规模小，市场占有率低，竞争能力差。(4) 流动资金缺口大，企业生产难启动，困难企业迅速增加。

1995年海南机械工业生产经营工作重点：(1) 坚持以汽车、摩托车为“龙头”，调整产品结构，发展零配件生产，带动海南机械工业的发展。(2) 对重点项目实施定人跟踪，协调服务。(3) 加强技术改造，发展规模经济，提高经济效益。

市场及销售　1995年海南机械工业企业加强产品销售和促销“压库”工作。坚持以销定产，以销促产，增强销售队伍，建立销售体系。海南汽车制造厂成立了汽车销售公司，并采取购买汽车分期付款方式促销；新大洲摩托车销售公司拥有一支强大的销售队伍，在全国设有350个直供网点和200多个服务中心，产品畅销全国各地并出口南美、东南亚等地。

1995年销售收入超亿元企业的销售收入见表3。

表3　1995年海南机械工业销售收入超亿元企业

企　业　名　称	销售收入（万元）
海南新大洲摩托车股份有限公司	83 862
海南汽车制造厂	43 585
海南嘉泰摩托车有限公司	35 134

新产品　1995年海南机械工业加大新产品开发的力度，全年共完成新产品开发项目15项，其中海南新大洲摩托车股份有限公司开发出XDZ90GM、XDZ125T、XDZ150、XDZ90T、XDZ80T－A、XDZ125T－A、XDZ125－4、XDZ50－A 8个型号的摩托车产品；海南神马电动车有限公司开发出TGH01型电动助力自行车；文昌市汽车工业总公司开发出3个改装车型；国营南江机械厂开发出九六型红光降落伞信号弹；海南金鹿企业集团开发了工农$12K_2$（卧式）和工农$12K_2$（立式）两种拖拉机。

质量　海南省工业企业产品质量管理和监督工作由海南省技术监督局负责，各行业管理处室配合。1995年坚持“以改革为动力，以质量为中心，全面开展社会主义市场经济体制下技术监督工作新局面”的方针，围绕提高产品质量净化市场，加强企业技术基础工作和产品质量监督工作。

1995年海口市高压开关厂、海新机电设备厂、海南琼州电器成套厂、海南鸿飞电力设备有限公司生产的动力配电箱产品参加全国统检，全部合格。海南省电力设备厂、海新机电设备厂、海口高压开关厂、海南开关厂4个企业经机械工业部、电力工业部核准换发了高压开关柜生产秩序整顿合格证书。

技术改造 1995年海南机械工业技术改造项目4项，其中海南新大洲摩托车股份有限公司投入2 500万元扩大生产，年生产能力由10万辆扩至30万辆。

“八五”期间，海南机械工业通过技术改造和技术开发，加速了企业技术结构的调整和产品结构的调整，已具备了汽车、摩托车、节能变压器、高能蓄电池的生产能力，工业总产值由1990年的8 190万元增加到1995年的181 394万元，增长21.1倍，占全省工业总产值的12.9%。

改革与管理 1995年海南省工业厅认真贯彻“抓住机遇、深化改革、扩大开放、促进发展、保持稳定”的基本方针，把企业改革作为重中之重的工作来抓，全面扎实地推进企业的改革。主要工作有：(1) 提出改革思路，即在明确企业资产经营责任制的基础上，全面推进建立现代企业制度。(2) 起草了《关于落实国有企业法人财产权的实施方法》、《关于建立和健全国有企业自我约束机制的实施方法》以及股份制企业规范化意见等文件规定。(3) 组织召开全省工业企业产权交易现场会、产权转让洽谈会和产权信息发布会，推进企业的产权转让。(4) 继续抓好“三项制度”改革，全面推行全员劳动合同制。(5) 全面开展清产核资工作，在清产核资的基础上，对企业财产进行界定，落实企业法人财产权。

〔撰稿人：海南省工业厅机电处　高　雅　审稿人：海南省工业厅机电处　陈爱民〕

〔责任编辑：白　萍〕

四川机械工业

四川省机械工业厅

生产发展情况 1995年，四川省机械工业厅系统有生产企业539个，其中国有企业281个，占企业数的52.1%。按企业规模分，有大中型企业176个，占企业数的32.7%，其中，特大型企业1个，大一型16个，大二型50个，中一型32个，中二型77个；按重要程度分，有全国机械工业骨干重点企业95个，占企业数的17.6%，其中骨干企业37个，重点企业58个。1995年全省机械系统生产保持适度增长，全年完成工业总产值（不变价）182.8亿元，比上年增长6.5%。国家重点任务完成情况较好，由第二重型机械集团公司、东方电气集团公司等有关企业分别承制的宝钢三期工程1 580mm轧机、攀钢1 420mm轧机、邹县600MW火电机组、二滩550MW水电机组等重大技术装备均保质保量按计划进度完成。1995年四川机械工业系统概况和主要产品产量见表1、表2。

市场及销售 1995年，全系统实现销售收入200.26亿元，比上年增长2.8%，产销率达到96.2%。有44个企业销售收入超过1亿元，详见表3。

表1　1995年四川机械工业系统概况

行　业	企业数（个）	全部职工平均人数（人）	工业总产值（不变价）（万元）	工　业增加值（万元）	产品销售收入（当年价）（万元）	产品销售税金及附加（万元）	利润总额（万元）	固定资产 原价（万元）	固定资产 净值平均余额（万元）
合计	539	433 041	1 828 046	544 058	2 002 600	11 396	31 977	1 568 661	871 440
农业机械	85	61 278	276 309	75 714	290 460	1 015	3774	182 265	106 932
工程机械	11	12 462	36 767	7 502	47 900	114	-55	45 299	23 510
机床工具	41	39 600	74 168	40 509	85 280	912	198	100 303	66 374
机械基础件	51	31 114	84 527	25 907	81 555	569	-1 837	100 076	58 696
石化通用机械	60	43 403	101 586	34 787	115 719	1 250	-2 718	110 344	67 425
重型矿山机械	21	40 087	127 453	34 572	126 052	864	-4 552	119 295	77 860
汽车	80	61 233	568 272	147 385	647 944	2 840	26 241	466 180	182 276
电工电器	122	110 871	436 862	143 434	479 293	2 680	10 848	340 227	220 571
仪器仪表	32	19 834	83 532	22 419	89 861	776	-484	66 787	46 689
食品包装机械	5	1 935	4 698	1 127	5 802	24	19	4 700	3 236
其他	31	11 224	33 872	10 703	32 734	352	543	33 185	17 871

表 2　1995 年四川机械工业系统主要产品产量

产品名称	单位	产量	比上年增长%	产品名称	单位	产量	比上年增长%
工业锅炉	t（蒸汽）	2 117	18.8	农副产品加工机械	台	24 363	95.3
内燃机生产量	万 kW	835.7	12.8	农用运输车	辆	15 529	-6.7
内燃发电机组	万 kW	11.8	-35.5	叉车	台	171	-2.8
发电设备	万 kW	395.1	-11.9	装载机	台	1 400	39.9
其中：水轮发电机组	万 kW	154.6	32.5	汽车	辆	43 368	6.3
汽轮发电机组	万 kW	240.5	-27.5	改装汽车	辆	8 837	5.6
电站锅炉	t（蒸汽）	11 742	0.9	汽车配件	万元	266 612	92.7
金属切削机床	台	4 930	-8.0	汽车起重机	台	391	-37.2
锻压设备	台	2 958	-1.8	交流电动机	万 kW	169.2	-3.3
铸造机械	台	100	-34.2	直流电机	万 kW	6.9	-38.9
气体压缩机	台	966	1.2	变压器	万 kV·A	325.6	1.9
气体分离及液化设备	套	39	-17.0	高压电瓷	t	4 457	12.3
轴承	万套	3 337.4	60.5	电力电缆	km	772	-67.5
高中压阀门	t	4 799.7	6.8	通讯电缆	km	549	-45.0
标准紧固件	t	8 981.6	24.1	铅酸蓄电池	万 kVA·h	52	8.8
矿山设备	t	9 852.6	-28.4	电焊机	台	4 016	22.0
工矿配件	t	24 137	-1.7	工业自动化仪表	万台	98.9	-8.3
冶炼设备	t	103	-46.1	电工仪器仪表	万台	253	161.1
金属轧制设备	t	17 952	38.9	分析仪器	台	838	-41.4
石油钻采设备	t	1 991	-48.3	光学仪器	台	33 487	-10.3
食品机械	台	15 575	24.2	量具	万件	68	1.5
包装机械	台	10 561	-26.1	刃具	万件	3467.8	-11.8
小型拖拉机	台	49 441	109.9	电炭制品	t	1 081	-26.6

表 3　1995 年四川机械工业系统销售收入超亿元企业　　（单位：万元）

序号	企业名称	销售收入	序号	企业名称	销售收入
1	庆铃汽车（集团）有限公司	312 810	23	东风电机厂	14 881
2	东方锅炉厂	84 009	24	重庆水轮机厂	14 476
3	四川汽车制造厂	75 342	25	成都三电股份有限公司	13 943
4	中国第二重型机械集团公司	72 394	26	四川都江机械厂	13 943
5	重庆川仪股份有限公司	59 562	27	重庆万里蓄电池股份有限公司	13 806
6	东方电机股份有限公司	54 534	28	四川锅炉厂	13 701
7	东方汽轮机厂	42 962	29	重庆浦益斯汽油机有限公司	13 299
8	绵阳新华内燃机股份有限公司	31 536	30	中国一汽集团四川专用汽车厂	12 850
9	四川内燃机厂	30 970	31	四川矿山机器厂	12 836
10	四川旅行车制造厂	27 914	32	重庆汽车配件制造厂	12 422
11	重庆康明斯发动机有限公司	27 744	33	四川拖拉机总厂	12 293
12	成都工程机械总厂	26 799	34	东方绝缘材料股份有限公司	12 003
13	华川汽车厂	24 482	35	四川丹棱齿轮股份有限公司	11 932
14	东工集团公司	24 290	36	长江起重机厂	11 618
15	成都开维内燃机有限公司	23 454	37	西南电工厂	11 090
16	自贡中国电焊条厂	21 822	38	成都动力配件股份有限公司	11 015
17	綦江齿轮厂	18 247	39	四川电器股份有限公司	10 398
18	成都成量集团公司	17 111	40	重庆电机厂	10 312
19	重庆专用汽车制造总厂	16 868	41	成都轴承集团公司	10 187
20	四川空气分离设备厂	16 444	42	红岩机器厂	10 143
21	重庆机床厂	15 505	43	东方锅炉实业公司	10 073
22	遂宁市机器厂	15 008	44	四川齿轮厂	10 015

全系统生产企业完成出口交货值115 907万元，折合创汇13 631万美元，分别比上年增长13.3%和11.6%。出口创汇达到100万美元的生产企业有32个，详见表4。18个自营出口生产企业实现自营（含代理）3 422万美元，比上年增长92.1%。19种主要产品完成11 878万美元，占创汇总额的75.3%。出口市场朝全方位、多元化方向发展，出口国家和地区有60多个，以东南亚、北美、西欧为主，辅以东欧、中东、非洲、澳洲等市场。

表4　1995年四川机械工业创汇达百万美元的企业

序号	企　业　名　称	创汇额（万美元）
1	东方锅炉厂	2 072
2	东方电机股份有限公司	1 967
3	重庆浦益斯汽油机有限公司	1 509
4	四川内燃机厂	1 353
5	东方汽轮机厂	1 119
6	四川汽车制造厂	762
7	成都量具刃具股份公司	553
8	成都三电股份有限公司	542
9	东方电工机械厂	395
10	自贡中国电焊条厂	341
11	重庆瑞力士机械有限公司	325
12	中国第二重型机械集团公司	324
13	重庆光学仪器厂	307
14	四川仪表总厂	285
15	东方轴承厂	258
16	重庆工具厂	185
17	西南电工厂	182
18	成都三崎消防有限公司	176
19	长征机床股份有限公司	166
20	宁江机床厂	150
21	綦江齿轮厂	146
22	自贡高压阀门总厂	145
23	重庆机床厂	137
24	自贡内燃机配件厂	132
25	自贡标准件厂	119
26	重庆油泵油嘴厂	115
27	四川拖拉机厂	110
28	成都水箱厂	105
29	绵阳新华内燃机厂	103
30	重庆第二机床厂	102
31	长江起重机厂	101
32	重庆红岩汽车弹簧厂	100

科研成果与新产品　全系统依靠科技，加强产、学、研结合，从省综合部门、金融部门争取科技开发资金2 000多万元，认真抓了产品开发与科研工作。共开发新产品320多种，其中完成部、省级重点新产品试制115项，计划完成率为82.7%。经评审，有20项科研成果获省科技进步奖，其中一等奖2项，即成都工具研究所研究的QPQ复合盐浴金属表面处理技术和东方锅炉厂开发的DG230/9.8－7型燃煤、燃油锅炉；二等奖4项；三等奖14项。

质量　1995年重点考核产品135种，产品合格率达到98.9%，一等品率为84.5%，质量稳定提高率为98.5%。为保证质量监督工作的公正性和科学性，对全系统质检机构进行了调整，并提出了更严格的要求。1995年监督抽查了301个企业的398种产品，品种抽查合格率为97.1%。认真组织宣贯了GB/T19000（ISO9000）系列标准，积极稳妥地推进企业质量体系认证，又有东方汽轮机厂、东方锅炉厂、四川仪表六厂、成都阀门厂和成都通力电器集团公司5个企业通过体系认证。

对外合作　1995年全系统完成技术引进项目8个，用汇446万美元。由于企业资金偏紧和外汇贷款较难，引进项目数和用汇额均较上年下降较多。实施智力引进项目11个，取得较好成效。如绵阳新华内燃机股份有限公司聘请德国专家，为工厂技术改造方案和设备选购进行咨询，提出了很好的意见，预计可节省投资30%。经过招商引资和深入细致地洽谈，重庆汽车发动机厂、长征机床厂、成都焊接成套设备公司、三泰车轮有限责任公司等10个企业办成了10个合资企业，协议总投资12 945万美元，其中外商投资4 136万美元，平均每项总投资及外商投资额是历年来最高的。为加快川西汽车工业的发展，在省汽车工业领导小组办公室的组织下，四川旅行车制造厂、四川省农用车集团公司、四川汽车工业集团公司等企业积极寻求国外合资合作伙伴，先后同日本丰田公司、马自达公司、法国雷诺公司、意大利菲亚特公司等互派团组考察访问，取得了一些阶段性成果。

改革及管理　1995年，四川省机械工业厅根据省政府批准的"职能配置、内设机构和人员编制方案"进行了机构改革，进一步转变职能，从偏重于部门管理转到对全行业管理，从偏重于直接管理转到对全行业的统筹规划、综合平衡、组织协调、监督服务，加强对全省大中型骨干机械企业国有资产保值增值的监督、检查等方面的职能。"方案"明确了机械厅的主要职责有13条，内设12个职能处室和直属机关党委。厅机关编制数为97名，其中行政编制87名、事业编制10名。

全系统列入四川省建立现代企业制度试点的企业由上年的7个扩大到18个，占全省80个试点企业的22.8%，试点企业认真制订并实施了试点方案。四川省机械设计研究院被列入全省首批建立现代科研院所制度试点单位，已进入试点方案实施阶段，计划到1997年实现产值上亿元的规模。面上企业以推进"三项制度"改革为重点，在全面推行全员劳动合同制上有新突破。截至1995年底，省机械厅直属企业职工已有13 138人签订了劳动合同，占职工总数的96.3%，超过了省政府下达的劳动合同签订率达到90%的目标要求。

根据省政府的部署，全系统认真开展了"学邯钢、降成本、抓管理、增效益”活动。省机械厅确定四川空分设备厂为全系统“学邯钢”活动试点企业，各市地州主管局也都选择了1个～2个企业作为试点，并及时总结经验，以点带面，推动了全系统重视和加强企业管理工作。通过这一活动，四川空分设备厂、东方绝缘材料厂、四川矿山机器厂等一批企业取得明显成效。

“八五”成绩 全省机械系统“八五”技改总投资为46亿元，实际完成36亿元，引进技术74项，用汇8 311万美元，为“七五”的2倍，固定资产原价由1990年的62亿元增长到1995年的156.87亿元，年均增长20%；全省汽车工业实施了强化投入，全行业“八五”共投入58亿元，比“七五”增加2.53倍。全系统已能生产10 300个品种，主要产品中有40%达到国际70年代末、80年代初先进水平。重大技术装备和高新技术产品的制造水平有较大提高，已形成年产大型水、火电设备260万kW、汽车起重机1 000台、中大型液压挖掘机350台、装载机2 500台、重型汽车5 000辆、五十铃轻型车3万辆、微型车7万辆、奥拓轿车2万辆、旅行车1万辆、其他轻型车2万辆、摩托车200万辆、农用运输车5万辆、内燃机1 000万kW、机床7 000台的生产能力。依靠技术进步，促进了经济持续快速发展。全系统“八五”累计完成工业总产值748.8亿元，比“七五”增加1.4倍，年均增长速度为16.3%；实现利税累计85.14亿元，比“七五”增长90%；出口创汇5.64亿美元，为“七五”的2.6倍。

“九五”发展纲要 四川省机械工业“九五”规划已经修订完毕。发展思路是：进一步深化改革，扩大开放，依靠科技进步，推进现代化管理，以提高企业市场竞争力和经济效益为中心，以优势“拳头”产品为“龙头”，促进企业集团化，实现规模经营，促进全省机械工业增长方式的转变。

经济发展目标：到2000年，实现工业总产值1 200亿元（其中：机械系统400亿元），工业增加值360亿元（其中：机械系统140亿元），利税总额130亿元（其中：机械系统52亿元），全员劳动生产率（按产值计）7.5万元/人（其中：机械系统8.3万元/人），出口创汇10亿美元（其中：机械系统2.95亿美元）。

技术发展目标：产品品种达到13 000种，主要产品品种50%，达到80年代末、90年代初国际水平，高新技术产品产值占总产值的15%，机床的产值数控化率达到40%。90%的机械产品标准达到国际通用水平，全部重点骨干企业达到ISO9000质量管理标准。重点骨干企业普遍应用CAD系统。建立国家级技术开发中心3个～5个。工程技术人员占职工总数的比重达到10%以上。建成一支掌握现代科学技术及现代化管理知识的专门人才队伍和较高政治、文化、技术素质的工人队伍。

结构调整目标：在产业结构调整上，重点突出汽车（含农用车）工业，发电及输变电行业，工程建筑机械行业；在技术结构调整上，重点突出重大技术装备的设计、制造技术，大型工程机械及关键零部件的设计制造技术，汽车整车及关键零部件的设计制造，数控机床及数控系统的设计制造技术等。在组织结构调整上，要形成十多个资本多元化、生产专业化、市场国际化、管理现代化的企业集团，同时也要发展一批小而专的、“小巨人”企业，形成大、中、小企业合理、协调发展的结构。

发展重点是：以发电设备为主的重大技术装备，包括大型水火电、核电设备，大型变压器及输变电设备，连铸连轧等成套冶金设备，大型锻压设备，大型空分设备及天然气液化分离设备等；以“四机”为主的工程建筑机械，包括汽车起重机、挖掘机、装载机、塔式起重机等；以“五车”及重要汽车零部件为主的汽车工业，包括重型车、五十铃轻型车、微型车（包括奥拓轿车）、旅行车、越野车和发动机、变速器、方向机、前后桥等重要零部件，以及农用运输车；以数控机床、工业自动化控制系统为主的高新技术产品及重要基础件。

〔撰稿人：四川省机械工业厅　唐家申　审稿人：四川省机械工业厅　张百州〕

〔责任编辑：邝　鸥〕

重庆机械工业

重庆市机械工业管理局

生产发展情况 1995年，重庆市机械工业系统共有企业151个，其中国有企业46个，集体企业91个，股份有限公司10个，其他类型4个。按企业规模分，全系统有大一型企业1个，大二型企业11个，中一型企业6个，中二型企业16个，拥有各类机床和锻压设备12 787台，其中重型设备91台，高精度设备177台，数控设备212台。1995年末，固定资产原价41.03亿元，净值平均余额17.8亿元，分别比1994年增长61%和42%。1995年各项经济指标完成情况详见表1、表2。

1995年重庆市机械工业管理局系统企业生产的主要特点：

一是生产持续增长，产销基本平衡。全系统产品销售率达99%，比上年提高了3个百分点。产成品为6.5亿元，比上年下降12%。产品可供销售天数为43天，比上年减少16天。可见，在生产增长的同时，以销促产和"压库"工作取得明显效果。

二是结构调整见效，重点产品增收。全系统一批重点发展产品，如：五十铃车、改装车、发电设备、蓄电池、大中型变压器、机床工具、大中型制冷设备、汽车摩托车零部件、汽油机、燃油（气）工业锅炉等12种产品，生产增幅都在10%以上，并通过结构调整，规模经济正逐步形成。这12种产品的工业产值、销售收入和利税总额占全系统的75%、80%和150%，已成为全系统经济发展的支柱产品。

三是亏损得到控制，效益有所增加。列入市里的8个扭亏、减亏有望的企业，1995年的工业总产值、销售收入和利润分别比上年增长30%、40%和50%，均高于全系统平均水平。四川省江北机械厂、重庆开关厂和重庆电缆厂等企业实现扭亏增盈，另有几个企业减亏，这8个企业扭亏、减亏额达2 200多万元。因五十铃车受日元升值和市场竞争价格的影响，1995年全系统实现利税总额6.5亿元，比上年减利4亿元，但除去轻型车外，全局经济效益按同口径比较，比上年有所增加。

表1　1995年重庆机械工业系统概况

行业	企业数（个）	全部职工平均人数（人）	工业总产值（不变价）（万元）	工业增加值（万元）	产品销售收入（当年价）（万元）	产品销售税金及附加（万元）	利润总额（万元）	固定资产 原价（万元）	固定资产 净值平均余额（万元）
合计	151	87 374	485 704	141 078	589 569	3 368	27 306	468 013	178 705
农业机械	9	7 108	46 421	12 969	52 341	436	4 323	21 599	12 264
工程机械	2	351	582	214	726	13	-58	166	145
机床工具	17	14 026	29 462	18 477	33 950	554	590	27 351	13 051
机械基础件	19	9 576	19 644	6 813	21 264	287	-850	28 508	13 884
石化通用机械	25	13 235	30 099	11 382	34 803	347	-1 692	26 585	18 630
重型矿山机械	9	5 893	13 596	893	13 476	152	-2 230	16 741	10 385
汽车	21	10 377	265 184	67 406	347 117	466	28 635	272 956	65 496
电工电器	45	25 601	78 541	22 709	83 108	1 113	-864	71 044	42 628
其他	4	1 207	2 175	215	2 784	0	-548	3 063	2 222

表2　1995年重庆机械工业系统主要产品产量

产品名称	单位	产量	比上年增长%	产品名称	单位	产量	比上年增长%
内燃机	台	378 419	31.1	轴承	万套	240	-53.3
水轮发电机组	万kW	51.92	-67.0	汽车	辆	31 502	21.0
金属切削机床	台	3 382	-1.1	变速箱	套	3 430	1.4
铸造机械	台	99	-34.9	火花塞	万只	149.84	-45.3
手动葫芦	台	145 054	-20.2	摩托车离合器	套	903 709	27.9
	t	2 371.33	-23.9	交流电动机	万kW	65.38	-5.3
工业泵	台	3 972	3.6	变压器	万kV·A	201.4	11.1
制冷设备	套	377	-31.7	蓄电池	kVA·h	519 182	10.5
离心机	台	313	5.4	刃具	万件	808.64	0.3

市场及销售　1995年重庆市机械工业管理局系统努力开拓市场、促进销售，全系统工业产品销售率达99.07%，实现销售收入58.96亿元。

新产品　1995年，重庆市机械工业管理局系统实施"科技兴渝百亿工程"项目11个，完成新产品开发150余项，推广先进科技成果项目10项，新产品实现产值18.3亿元，利税2.58亿元，分别占全局系统总产值和利税总额的38.9%和67%。庆铃汽车（集团）有限公司开发五十铃100P新车型，做到了当年开发、当年投产，产量达1.6万辆，供不应求。重庆专用汽车制造厂利用五十铃100P新车型底盘开发的箱式货车也深受用户好评，产品十分畅销。重庆通用机器厂开发的W12NO9.5高温风机当年开发、鉴定和投产，也收到了明显的经济效益。为支持企业新产品开发，1995年全局落实科技贷款1 275万元，新产品退税达500多万元。

为提高企业新产品的开发能力，重庆机床厂、重庆水轮机厂等一批重点骨干企业开展了 CAD、CAM 建站工作。重庆通用机器厂投资 70 万元，用于产品的 CAD 工作；重庆电器厂和重庆冷冻机厂分别投入 200 万元和 160 万元，建立全厂的计算机管理网络。重庆机床厂投资 800 万元，正与国外 CIMS 开发局合作，建立最新技术的 CIMS 系统。

为扩大新产品的影响，全局组织了“1995 年重庆机械新技术及设备展示订货会”，全国 15 个省市的 300 余个项目进行了交流和产品订货。

“八五”期间，全局系统开发新产品 870 余项，其中 14%达到国际 80 年代末、90 年代初的同类产品水平，40%达到国内先进水平。特别是通过技术引进和合资合作，形成了一批在全国有一定影响的特色产品，如：五十铃轻型车、制齿机床及刃具、中小水电发电设备、工业蓄电池、250 系列柴油机、7.46kW 和 11.19kW 汽油机、大中型电力变压器、计量泵、燃油（气）锅炉等，为国家重点工程提供了一批达到或接近国际同类装备水平的配套设备。据 1995 年底统计，全局系统实现工业产值 39%以上、利税 60%以上都是“八五”后三年中开发的新产品所创造的。“八五”期间还培训各类科技人员 1 500 人次。全局获部、省、市科技奖励 70 余次，如重庆水轮机厂获市科技进步一等奖 1 个，重庆电炉厂获市科技进步一等奖 1 个、二等奖 2 个，充分体现了企业科技的进步成果。

质量 1995 年全局系统认真贯彻“机械工业部 1995 年质量工作要点”和“机械工业部关于加强企业质量工作，开创机械工业质量工作新局面的通知”精神，提高全系统职工的质量意识。

继续推进全面质量管理，积极贯彻 GB/T19000 系列标准，开展质量体系认证，大力推进机械产品可靠性工作。贯彻 GB/T19000 标准启动有 15 个企业，准备认证企业 4 个，重庆第二机床厂通过认证。

建立并完善适应市场的质量工作体系，落实质量管理职能，企业“一把手”亲自抓质量。加强基础管理，坚持质量监督抽查，全年对 97 个企业，进行了 253 次抽查，合格率为 89.6%，一等品率为 23%，其中重庆工具厂、重庆变压器厂、重庆第二机床厂的产品等在全年各类抽查中均保持一等品。

技术改造 加大技改投资力度、确保“八五”重点技改项目全面竣工投产是 1995 年技术改造的主要工作。通过中央专项、老工业基地改造专项、地方切块、利用外资和出口专贷等广开资金渠道，使全局系统“八五”期间所列入各级计划批准实施的技改项目 63 项，已有 90%竣工投产，完成投资 15.6亿元，比“七五”增长了 3 倍，是“六五”的 20 倍，创造了历史最好水平。

在技改中集中资金保重点，紧紧围绕 13 个重点产品进行技术改造，其中汽车行业投资占总投资的 70%，电工行业占 12%，机床工具行业占 7%，通用机械行业占 5%，内燃机行业占 4%。技术改造促进了产品结构调整，建成了在国内具有一流水平的五十铃发动机分厂、重庆机床厂树脂砂铸造车间，在技改中突出提高工艺水平和装备水平。引进了一大批关键技术装备，数控机床和加工中心的购置占总投资 60%以上，如五十铃 4JB1 发动机缸体、缸盖加工线由全数控专机组成，还引进瑞士 GF 气冲造型线；重庆机床厂“八五”投资全部用于 8 台关键工艺装备，引进德国卧式加工中心、瑞士高精度磨床、德国树脂砂设备及美国的直读光谱仪；重庆工具厂引进意大利径向梳齿机和高精度磨齿机；红岩机器厂引进了 2 台美国高精度曲轴磨床等。全局用于引进关键工艺装备和技术达 13 733 万美元（其中汽车工业用汇达 10 600 万美元），大大改善了全局系统重点骨干企业设备构成落后的状况。

投入产出也收到良好效果，“八五”期间，累计实现利税总额近 30 亿元，相当于国家对全局系统全部投资的近一倍。

“八五”与“七五”相比，全局系统工业总产值增长 165%，年均增长 27%；销售收入增长 290%，年均增长 40%；利税总额增长 242%，年均增长 36%；出口创汇增长 460%，年均增长 52%；全员劳动生产率增长 141%，年均增长 25%；在全国 15 个中心城市机械工业经济效益综合指标排序中，1992 年、1993 年和 1994 年重庆机械工业管理局连续三年居首位。

对外合作 1995 年，重庆市机械工业管理局抓住机遇，全方位扩大开放，大力发展外向型经济，加大技术引进力度，积极兴办“三资”企业，培育出口基地，机电产品出口跃上新台阶。

以利用外资为“龙头”，技术引进创历史最好水平。引进技改资金用汇达 5 000 万美元。引进了一批先进技术、生产线、加工中心和检测设备。如五十铃 100P 轻型车 4JB1 发动机生产线，全部利用日本贷款 4 000 多万美元，形成年产 10 万台发动机能力；重庆通用机器厂引进美国约克公司制冷技术，消化吸收生产出两种完全国产化的工质兼容（达到环保要求）的 HCFC－123/11 离心式制冷机组，填补了国内空白。关键技术和工艺装备的引进促进了全行业产品结构调整，提高了重点产品的技术水平，增强了国际、国内市场的竞争能力。

拓宽对外交流渠道，积极兴办“三资”企业。1995 年新办“三资”企业 10 个，“三资”企业由“七五”末的 10 个发展到“八五”末的 36 个，总投资额达 4 545 万美元，吸引外资近 2 000 万美元。1995 年“三资”企业创产值 3.6 亿元，实现销售收入 3.56 亿元，创利润 4 632 万元。

抓重点产品出口，培育出口基地，一批企业出口形成规模，出口创汇创历史最好水平。全局系统出口机电产品在技术密集程度、整机和规模上，比“七五”有了长足的进步。重庆水轮机厂的水轮发电机组成套设备出口到加拿大、秘鲁、澳大利亚等国；浦益斯公司的小型汽油机出口到美国、东南亚，1995 年出口创汇达 1 500 多万美元；重庆手动葫芦厂年创汇达560万美元；重庆机床厂的制齿机床在世界市场占有18%的份额，年创汇近200万美元；重庆工具厂年创汇近200万美元；还有重庆第二机床厂等一批出口创汇100万美元以上的企业。1995年全局系统完成出口交货值2.28亿元，比上年增长30.06%。

抓重大技术引进，形成重庆市经济增长支撑点。全面引进日本五十铃100P轻型车生产制造技术，新建7个零部件合资企业，整车投产，与五十铃公司同步换型。重庆专用汽车制造总厂与日本福卢好夫汽车厂合资生产先进厢式车等。以三峡电站大型变压器制造为“龙头”，与瑞士ABB公司达成一期投资为6 000万美元的合作项目。由此带动相关输变电设备及一批企业与ABB公司全面合资合作，形成中外合资具有世界先进技术水平的输变电装备生产体系，成为重庆“九五”工业生产的支柱之一和新的经济增长点。

改革及管理 1995年，围绕企业转机建制，提高企业素质，强化企业管理取得较大进展：一是全局系统95%的国有企业推行了全员劳动合同制，初步建立起新型的企业用工制度；二是进一步完善企业“厂长年薪制”的考核制度，建立起以国有资产保值增值为主要考核内容的指标体系；三是完成了红岩机器厂和重庆水轮机厂实施现代企业制度试点的报批方案；四是完成了重庆调速电机厂的股份合作制改造，成为重庆国有小企业转制的百家试点之一；五是根据重庆市政府批准的组建重庆机床工具集团的批示，完善了有关集团组建的实施方案；六是以推广“精益管理方式”和邯钢经验为重点，在全局开展降低成本、强化基础管理工作，企业基础管理工作普遍有所提高；七是重庆机床厂、重庆第二机床厂等全局7个企业自愿参加行业“质保”活动，自我加压，提高产品质量；八是在全局系统中开展“转机制、抓管理、练内功、增效益”活动，并突出抓培训，加强管理队伍建设和分类指导工作。

〔撰稿人：重庆市机械工业管理局 张 沂、张 磊 审稿人：重庆市机械工业管理局 戴安全〕

〔责任编辑：邝 鸥〕

贵州机械工业

贵州省机械工业厅

生产发展情况 1995年，全省机械系统产销平稳发展，出口交货值有较大增长。全年完成工业总产值（1990年不变价）22.68亿元，比上年增长1.43%；全年完成现价销售产值26.74亿元，比上年增长8.89%；完成出口交货值3.04亿元，比上年增长52.06%。机械系统11个行业，产销均有增长的有农业机械、工程机械、重型矿山机械、机械基础件、其他民用机械5个行业；从省9个地州市看，生产销售均有增长的有安顺地区、黔南州、黔东南州、黔西南州、毕节地区等。见表1、表2。

表1 1995年贵州机械工业系统概况

行业	企业数(个)	全部职工平均人数(人)	工业总产值(不变价)(万元)	工业增加值(万元)	产品销售收入(当年价)(万元)	产品销售税金及附加(万元)	利润总额(万元)	固定资产 原价(万元)	固定资产 净值平均余额(万元)
合计	141	78 498	226 825	72 628	249 566	1 613	587	225 765	118 916
农业机械	68	15 522	43 461	13 422	48 183	297	1 587	32 566	16 844
工程机械	1	5 000	13 522	6 627	16 341	125	1 055	18 209	7 647
机床工具	19	17 061	46 594	12 860	61 865	309	－1 525	58 201	34 458
机械基础件	9	10 709	26 831	10 725	26 089	272	581	28 970	17 915
石化通用机械	5	1 382	3 140	1 007	2 992	50	2	1 726	1 083
重型矿山机械	2	561	1 062	479	1 166	9	－13	1 062	508
汽车	9	6 785	26 082	6 735	30 033	162	－66	17 953	11 008
电工电器	18	13 223	54 056	18 313	51 162	271	693	50 749	20 868
仪器仪表	4	7 023	8 712	1 817	8 206	42	－1 542	12 547	5 936
食品包装机械	2	883	2 167	477	2 164	68	－109	2 444	1 369
其他	4	349	1 198	167	1 366	9	－75	1 339	1 277

表 2　1995 年贵州机械工业系统产品产量

产品名称	单位	产量	比上年增长%	产品名称	单位	产量	比上年增长%
工业锅炉	t（蒸汽）	77	-45.8	农用运输车	辆	2 610	140.3
柴油机	万 kW	39.27	-40.8	挖掘机	台	422	3.4
汽油机	万 kW	12.90	-67.6	汽车	辆	4 824	78.9
内燃发电机组	万 kW	6.84	-6.4	民用改装车	辆	3 448	10.6
金属切削机床	台	461	-36.5	交流电动机	万 kW	10	-13.8
锻压设备	台	332	0	变压器	万 kV·A	82.20	-1.0
农业泵	台	21 215	-9.0	低压电器主要元件	万件	84.30	-13.1
风机	台	2 034	31.7	电工仪器仪表	万台（件）	82.98	-17.9
轴承	万套	2 947	48.5	光学仪器	万台（件）	9 512	16 倍
小型拖拉机	台	15 008	48.8	磨料	t	125 244	37.6

“八五”期间，由于国家宏观调控、固定资产投入的影响，全省机械工业生产呈“凸”字形发展。全省机械行业工业总产值每年的增长率分别为：1991 年 5.3%、1992 年 27%、1993 年 33.1%、1994 年 -8.3%、1995 年 0.8%。机械系统工业总产值每年的增长率分别为：1991 年 1.4%、1992 年 25.2%、1993 年 13.9%、1994 年 13.9%、1995 年 1.4%。“八五”期间年均增长率：全行业为 10.5%，全系统为 10.8%，分别比“七五”期间年均增长率提高 1.5、4.4 个百分点。呈较为平稳、中速的发展速度。

出口创汇　1995 年，全省机电产品国际市场有新的拓宽，出口创汇额不断上升。全省出口机电产品生产厂家有 30 多个，出口基地 4 个，扩大机电产品出口企业 6 个，自营出口企业 8 个，产品已销往 40 多个国家和地区。一批具有地方特色的出口产品如磨料、轴承、机床、柴油机及柴油发电机组等已在国际市场上享有一定声誉。1995 年，全省机械系统出口创汇 3 568 万美元，占全省机电产品出口创汇额的 59%，比上年增长 18.46%；厅直属的机械设备进出口公司、汽车工业进出口公司、七砂进出口公司合计出口创汇 3 310 万美元，比上年增长 13.28%。其中：汽车工业进出口公司增长 23.53%，七砂进出口公司增长 41.78%。

科研成果与新产品　1995 年，省机械厅承担的国家、部、省下达的各类科技项目计划共 71 项，要求当年完成的有 49 项，其中，国家下达 10 项，实际完成 9 项；部下达 24 项，完成 10 项；省下达 37 项，完成 15 项。国家计划完成较好，部、省计划执行不理想。其原因：一是资金不能按计划要求到位，制约科研及新产品的开发；二是市场发生变化，有些大型产品的开发由于用户终止合同，不能再继续进行；三是计划下达时间较晚。

“八五”期间，全省机械行业开发新产品 1 779 项，获部、省级以上新产品奖 1 069 项。其中：省机械系统完成新产品开发 1 404 种，约占现有品种总数的 20%；获科技进步奖 301 项，获优秀新产品奖的 139 项。

质量　全省机械行业认真贯彻国家质量法，推行全面质量管理工作，并根据机械工业部、国家经贸委、国家技术监督局等单位关于进一步加强质量工作的意见和要求，制订了相应的实施办法，积极开展全面质量管理工作，质量认证工作取得了新的进展。贵阳矿山机器厂、七砂企业集团、险峰机床实业总公司等通过了 ISO9000 认证，取得了产品走向国际市场的通行证。1995 年，全省机械系统重点产品质量品种合格率为 100%，品种一等品率为 50.3%，质量稳定提高率为 93.4%，均达到省政府 1995 年的工作目标要求。

技术改造及技术引进　1995 年，贵州机械工业安排省管固定资产投资项目 15 项，其中：技术改造项目 13 项，完成投资额 7 573 万元；完成设备安装 320 台，竣工建筑面积 2.5 万 m^2。引进技术 3 项，进口设备 68 台，使用外汇 337 万美元，利用外资 103 万美元。

“八五”期间，贵州机械工业安排省管技术改造项目总投资 49 956 万元，到位资金 41 278 万元，累计完成投资 35 455 万元，占到位资金的 85.89%。其中：机械工业部总投资 24 830 万元，到位资金 20 603 万元，累计完成投资 17 643 万元，占到位资金的 85.63%；其他国家专项总投资 14 214万元，到位资金 10 740 万元，累计完成投资 8 138万元，占到位资金的 75.77%；地方安排项目投资 10 912 万元，到位资金 9 935 万元，累计完成投资 9 674 万元，占到位资金的 97.37%。“八五”期间，全省机械工业技术改造项目执行情况比较好的有：长征电器公司国家限上技改项目和地方安排的省重点技术改造项目，险峰实业总公司部管专项和国营一八三厂液压补充专项以及贵州柴油机总厂、振华红星机械厂的技改项目。这些项目被省评委会专家评为“贵州省 1991 年～1995 年技术改造优秀技改工程”，受到表彰。

“八五”技改工作，由于坚持以产品为“龙头”，以科技为先导，实现技术进步，使全省机械产品在品种、水平、质量方面都上了一个台阶，取得了较好的效益。

改革及管理 1995年，省机械厅对机械工业企业在建立现代企业制度试点、调整企业组织结构、进行产权制度改革、社会保障制度改革、转换经营机制、改善企业办社会等方面进行指导，提出要求，并积极与省有关部门配合，对25个企业进行"三项制度"改革。对贵阳矿山机器厂、遵义长征电器公司、东方机床厂、贵州省汽车配件厂、中国七砂集团、险峰实业总公司、虹山轴承总公司、贵州柴油机总厂等8个作为省现代企业制度试点的单位加强联系，建立跟踪制度，协调解决在试点中遇到的困难和问题。同时，积极培育和组建跨部门、跨地区的企业集团，形成规模经济格局。1995年，经省政府批准，建立了以中国第七砂轮厂为核心的中国七砂企业集团和贵州山鹰农用运输车集团。工程机械集团、专用汽车集团、长征电器集团、贵州内燃机集团、贵州轴承集团等已在酝酿之中。

存在问题 (1)经济效益综合指数完成不理想。1995年，全省机械系统经济效益综合指数为57.12%，虽比1994年上升2.12个百分点，但距机械工业部下达的标准值(98.23%)尚差很远。从其他单项指标完成情况来看，除全员劳动生产率完成9 252元/人，超过机械工业部下达的标准值(6 600元/人)，其他五项指标均低于机械工业部标准值。(2)亏损面扩大，亏损金额上升。1995年，全省机械系统亏损企业有51个，亏损面为36.2%，比上年上升9.4个百分点；全系统亏损额为7 854万元，比上年上升17.4%。亏损超过200万元以上的企业有8个，其中，贵州汽车制造厂、东方机床厂亏损额超过千万元，分别为1 491万元和1 269万元。

〔撰稿人：贵州省机械工业厅　李江林　审稿人：贵州省机械工业厅厅长　沈连生〕

〔责任编辑：邝　鸥〕

云南机械工业

云南省机械工业厅

生产发展情况 云南省机械系统1995年共有独立核算企业218个，其中大一型企业1个，大二型企业8个，中一型企业11个，中二型企业22个。有国家骨干企业4个，国家重点企业13个。

1995年全行业完成工业总产值73亿元(1990年不变价)，比上年增长0.8%；省机械工业系统企业完成工业总产值40.17亿元(1990年不变价)，与上年基本持平；完成销售产值(当年价)47.4亿元，比上年略有上升。在省机械工业9个行业中，产值增长的有7个行业：农业机械增长29.4%，仪器仪表26.8%，石化通用机械17.1%，重型矿山机械9.1%，机械基础件8.9%，食品包装机械4.7%，电工电器2%；机床工具、汽车两个行业为负增长。各项指标完成情况详见表1、表2。

市场及销售 1995年，云南机械工业面临的形势十分严峻，运行情况不好。主要表现在总体上销售不畅、自身效益太差。一是销售不畅，增长乏力。销售收入只比上年增长4.3%，在机械工业各行业中，与上年相比，销售保持增长的有7个行业：农机增长22.5%，仪器仪表增长23.8%，石化通用机械增长9.7%，重型矿山机械增长17.2%，电工电器增长11.3%，机械基础件增长14.6%，食品及包装机械增长3.9%；下降的有3个行业：机床工具下降3.8%，汽车下降18%，其他民用机械下降32.3%。尽管7个行业有增长，并且农机和仪器仪表的增幅还比较大，但由于绝对额不大，而在行业中绝对额较大的汽车行业，产值比上年净减少25 133万元，销售额比上年净减少30 754万元。汽车行业产销负增长是机械工业总体增长乏力的主要因素。二是库存当量大，效益太差。全年库存总额11.3亿元，库存当量2.8个月。库存主要集中在汽车和机床两个行业，占全省机械工业库存一半以上。效益太差，主要是自身效益差。全年上缴财政税收19 927万元，支付银行利息为22 937万元，两项合计42 864万元，比上年增长42.2%。但实现利润6 905万元，比上年增长-48.6%。亏损企业57个，亏损面27%，亏损额达11 346.58万元，比上年增长116.2%。

1995年云南机械企业销售收入超亿元的有云南汽车厂(47 956万元)、云南蓝箭汽车厂(46 939万元)、云南内燃机厂(35 000万元)、昆明电缆厂(31 130万元)、金马柴油机厂(18 497万元)、云南机床厂(15 694万元)、昆明手扶拖拉机厂(11 935万元)、昆明重型机器厂(11 800万元)等8个企业，这8个企业的销售总额占全省机械工业销售总额的50.8%。厅属云南省农业机械工业总公司(128 136万元)、云南省汽车工业总公司(107 569万元)、云南省机械工业供销公司(16 730万元)等3个公司的销售收入也超过亿元。在这些销售收入超亿元的单位中，云南内燃机厂成绩显著。该厂始终坚持市场导向的原则，进行了卓有成效的产品结构和企业组织结构调整，加大了技术改造的力度，通过改革、改组、改造，走集团发展和规模经营的道路，拓宽了市场，提高了企业的适应能力和应变能力，继1994年实现产值、销售、利税翻一番，成为云南省机械工业的销售和利税大户后，1995年，在机械工业经营环境十分严峻的情况下，仍然取得了产值3.3亿元、销售3.5亿元、产量4万台、利税7 000万元的好成绩。

表1 1995年云南机械工业系统概况

行业	企业数（个）	全部职工平均人数（人）	工业总产值（不变价）（万元）	工业增加值（万元）	产品销售收入（当年价）（万元）	产品销售税金及附加（万元）	利润总额（万元）	固定资产	
								原价（万元）	净值平均余额（万元）
合计	218	85 566	401 661	123 456	441 535	2 053	6 905	354 945	177 725
农业机械	92	18 492	110 618	38 143	120 038	454	9 558	69 359	36 626
机床工具	14	13 937	30 356	14 647	37 527	231	589	58 170	34 422
机械基础件	9	4 717	8 853	3 044	10 421	51	－750	15 280	6 424
石化通用机械	11	3 766	10 369	3 088	10 785	51	－147	9 498	4 754
重型矿山机械	5	6 880	18 428	6 121	21 113	132	－455	38 746	14 746
汽车	28	12 490	101 660	16 240	116 075	617	－5 995	63 941	30 719
电工电器	39	15 503	84 515	26 037	93 949	321	3 384	62 479	32 419
仪器仪表	4	18 94	7 445	1 047	2 698	17	－527	6 847	1 776
食品包装机械	7	4 467	21 729	9 753	18 375	131	1 260	19 088	10 320
其他	9	3 420	7 688	5 337	10 554	49	－13	11 536	5 519

表2 1995年云南机械工业系统产品产量

产品名称	单位	产量	比上年增长%	产品名称	单位	产量	比上年增长%
工业锅炉	t（蒸汽）	184.2	－15.0	金属轧制设备	t	682	－24.0
内燃机生产总量	万kW	345.8	42.0	茶叶加工机械	台	902	－10.0
发电设备	万kW	8.3	80.0	小型拖拉机	台	24 398	35.0
金属切削机床	台	6 101	－19.0	农用运输车	辆	1 678	－38.0
起重设备	t	3 909.5	2.0	汽车	辆	19 009	－20.0
工业泵	台	5 126	19.0	交流电动机	万kW	71.9	10.0
矿山设备	t	5 991.9	15.0	变压器	万kV·A	290.9	5.0
工矿配件	t	3 319.2	80.0	电工仪器仪表	万台	50	9.0

1995年云南机电产品出口又有新的突破，全年出口交货值达到5亿元，比上年增长24.5%。1995年云南机械工业有15个企业出口创汇超过100万美元以上，详见表3。

云南省机械设备进出口公司努力发挥区位优势，外引内联，及时调整出口产品结构和出口市场，充分调动生产企业的积极性，坚持一业为主、多种经营，走科工贸结合、大贸与边贸结合以及省内产品和全国产品相结合的道路，在连续五年出口创汇高速增长的基础上，1995年提前两个半月超额完成了全年的出口创汇任务，并一举突破出口创汇1亿美元大关，全年进出口总额已达1.1亿美元，其中出口创汇1亿多美元，比上年增长81%，全年人均创汇104万美元，比上年增长52%，再创历史最好水平。云南省机械设备进出口公司1995年创下四个“第一”，即：云南省机电产品出口企业第一家突破出口创汇1亿美元大关；创全国机械设备进出口公司系统人均出口创汇额第一；全年对缅甸出口7 500多万美元，创全国对缅甸出口创汇额第一位；第一家将国产铁路机车成套设备出口到国外。

质量 1995年云南机械工业质量指数实际完成110.16%，比上年增长11.05个百分点；产品质量等级系数实际完成89.58%，比上年增长－2.12个百分点；品种优等品率0.12%；品种一等品率15.87%；品种合格品率84.01%；质量损失率实际完成0.42%。

1995年共抽查74个单位的124种产品，合格123种，品种抽查合格率为99.19%。对省内外协配套件进行抽查的情况是：X195型柴油机省外协作配套件共抽52个企业86种762件产品，合格58种，品种合格率为67.4%，其中：一等品有4种，占检查总数的4.65%；按项次合格率统计，总检5 511项，合格4 764项，项次合格率为86.4%。手扶拖拉机协作配套件共抽27个企业79种573件产品，合格65种，品种抽查合格率为82.3%，其中一等品 2 种，占抽查总数的 2.53%；按抽查项次统计，总检 5 758 次，合格 5 078 次，项次合格率为 88.2%。

表 3　1995 年云南省机械工业系统产品出口创汇超百万美元企业

（单位：万美元）

序号	企业名称	出口创汇
1	云南机床厂	1113.9
2	云南金马柴油机总厂	645.6
3	昆明晶华光学有限公司	569.4
4	云南蓝箭汽车制造厂	553.0
5	昆明手扶拖拉机厂	439.6
6	邱北县农机厂	358.7
7	云南汽车厂	320.0
8	昆明重型机器厂	222.3
9	云南变压器厂	216.9
10	昆明电磁线厂	216.3
11	红河电线厂	194.7
12	昆明电缆厂	194.3
13	云南齿轮厂	179.0
14	通海变压器厂	167.0
15	昆明铣床厂	153.4
	合计	5 544.1

1995 年昆交会机械展品引人注目，成交额继续增长　在第三届昆交会上，机械展团以参展单位多、新产品多、出口成交额上升展示了新的面貌。与上两届相比，这届昆交会机械展洽单位有较大增长，在 86 个参展单位中，国外企业和省外企业占 40%；在展出的 400 多种出口商品中，60% 以上是新开发研制的产品。这届昆交会总成交额 15.16 亿美元，比上年增长 3.7%，其中出口总额 4.38 亿美元，机电产品出口总额 1.042 亿美元，占 23.8%，位居第一。一批多档次的新产品在会上露面，云南出口的传统优势产品——机床，有较高档次的加工中心、数控铣、数控车，也有经济型的各种镗、铣、钻、车、磨等机床，云南锻压机床厂的可倾式压力机在按外商的要求反复改进后，这届昆交会上一次成交 110 万美元。这届昆交会上展出的塑料加工机械和木工机械产品在馆内吸引了众多外商，并与缅甸、越南、孟加拉、老挝的外商签订了出口合同。昆明重机厂开发的履带式、轮式装载机受到内外商的关注。昆明五华星海公司的数控切纸机、昆明官庄冷作厂的氢氧熘切割机等民办企业开发的产品也引人注目，受到用户好评。

“八五”成绩　一是规模扩大，保持了较快的发展速度。1995 年云南省机械工业完成工业总产值（1990 年不变价）40.17 亿元，比 1990 年的 17.5 亿元增长 1.3 倍；年均递增 18.4%，比“七五”期间年均递增 12.5% 提高了 5.9 个百分点，比全省工业年均递增 14% 高出了 4.4 个百分点。省机械工业的工业总产值与 1980 年比较，已于 1992 年提前 8 年超额实现了翻两番的目标。“八五”时期主要产品产量详见表 4。

表 4　云南机械工业“八五”时期主要产品产量

产品名称	单位	“八五”时期总产量	比“七五”增长%
小型拖拉机	万台	10.4	32.0
内燃机	万 kW	920.40	200.0
矿山设备	t	27 900	32.0
机床	台	34 000	76.0
汽车	辆	96 000	150.0
发电设备	万 kW	25.24	11.8
变压器	万 kV·A	1 103.25	68.8
电线电缆	t	84 650	-6.0

二是主要产品产量有较大增长，为国民经济服务的能力有所增强。

三是行业结构有所优化，产业集中度有了提高。省机械工业内共分 10 个小行业。“八五”期间，农业机械行业的年均递增速度达到 35%，发展最快，从“七五”期间排列第三位，跃居到了第一位。汽车行业达到 29.9%，居第二位。农机和汽车两个行业产值已占省机械工业产值的 53%。1995 年，居行业前十名企业的销售收入，已占省机械工业销售收入的 55.3%，比 1990 年的 42% 提高了 13.3 个百分点。销售收入上亿元的企业有 8 个，比 1990 年增加 6 个。

四是通过引进技术和自行开发，新产品品种增加，成套水平有提高。

“八五”期间，共开发新产品 903 种，约有1/4 的主要产品达到国际 80 年代末、90 年代初水平。新产品产值率保持在 20% 以上。重大技术装备生产上了台阶，比较突出的有斗轮露天采煤成套设备、烟草加工机械成套设备、CTC 红碎茶成套设备、榨糖成套设备、铝锭和精锌锭连续铸造设备、直线式拉丝机、塔式起重机、铁道电气化牵引变压器、220kV 级电力变压器、SF_6 环网供电单元。机电一体化技术有了进展，发展了工业机器人、精密箱体柔性制造单元、大型五面体加工中心、卧式和立式加工中心、车削中心、数控坐标镗床、数控万能工具铣床、数控车床和智能化仪表等。机电一体化产品已达200多种，机床品种数控化率已达25.5%。发展了一批规模经济产品，如4100QB系列高速轻型车用柴油机、铁道牵引变压器、高原载货汽车、兰箭系列轻型车等。

五是机电产品出口创汇大幅度增加。1980年云南省开始自营机电产品出口，当年创汇仅0.17万美元。“六五”共出口创汇1 731万美元，“七五”共出口创汇1.7亿美元，“八五”共出口创汇6.13亿美元，比“七五”增长2.6倍。1995年创汇20 950万美元，比上年增长27.4%。其中云南省机械设备进出口公司出口创汇已突破1亿美元大关。

六是经济效益比“七五”有所增长。1995年云南省机械工业实现利税总额2.43亿元，比“七五”末期的2.2亿元增长10.8%。据机械工业部公布的资料，按工业经济效益综合指数在全国各省、市、区中排序，1994年云南省机械工业位居全国同行业第14位。

七是重视科技进步，加大投入，坚持走内涵型技术改造发展之路。“八五”前四年，云南机械工业获部、省级以上科技奖56项。其中，VABE550型斗轮挖掘机、FMC-1000H精密箱体柔性制造单元获省科技进步一等奖。YPL液下料浆泵获省优秀新产品一等奖。4100QB柴油机、阻抗匹配平衡牵引变压器等12项成果，获省科技进步二等奖。“八五”期间，共完成固定资产投资11.1亿元，比“七五”增长1.7倍。其中引进技术和进口关键设备62项，用汇3 891万美元，提高了骨干重点企业的装备水平和竞争能力；共批准利用外资改造老企业和流通领域企业20项，总资金5 225万美元，注册资金3 791万美元，其中利用外资1 927万美元，占注册资金的50.8%。较大的项目有云南通海拖修厂与意大利雷吉那公司合资生产自行车传动件项目，总资金884万美元；云达利铝合金制品有限公司铝轮圈项目，总资金1 172万美元。

八是企业改革不断深化，在转机建制方面积极进行了探索。一批企业积极进行了股份制试点。云南汽车厂随东风汽车公司着手进行了股份制改造；昆明电工厂已组建为昆明电工有限责任公司；列入全国9个股份制规范化试点的昆明机床厂，已改制为昆明机床股份有限公司，并在香港成功地发行了股票。一批企业在市场竞争中，通过联合组成了集团。云南CY车床集团公司进一步巩固、完善和发展；云南内燃机厂以产品为“龙头”，组建为云内动力集团；云南省机械设备进出口公司实行工贸、贸贸结合，组建为云南省机械设备进出口（集团）公司；云南轻型汽车集团公司通过政府授权，强化了资产联结纽带。一批企业参与了现代企业制度试点企业。昆明重机厂被列为全国百户现代企业制度试点企业之一，方案已经论证批准；云南机床厂、昆明电缆厂和云南省汽车工业总公司被列为省的现代企业制度试点企业。其中云南省汽车工业总公司的改制方案已经省政府批准，云南变压器厂、通海变压器厂、玉溪电控厂、华宁机械厂、红河电线厂被列为地州市的试点企业。

〔撰稿人：云南省机械工业厅　曹树康　审稿人：云南省机械工业厅厅长　杨树蔚〕

〔责任编辑：邝　鸥〕

陕西机械工业

陕西省机械工业局

生产发展情况　陕西机械工业局系统1995年有工业企业201个，比上年减少4个；年末职工178 894人，比上年略有减少。其中工程技术人员15 843人，占8.9%。企业按经济类型分：国有企业126个，集体企业71个，股份制企业4个；按规模分：特大型企业1个，大一型5个，大二型14个，中一型1个，中二型26个，小型企业154个。有国家骨干企业17个，国家重点企业22个。

1995年，全系统瞄准国内外市场的有效需求和发展趋势，以优化产品结构为重点，优化资源配置为目标，坚持“三改一加强”（改组、改制、改造，加强管理），实现“二转二提高”（转换经营机制、转变政府职能，提高整体素质、提高经济效益），克服了市场、资金、电力供应等诸多困难，扩大了市场覆盖面，增强了产品竞争力，保持了生产的稳定持续发展。全系统当年完成工业总产值56.57亿元（1990年不变价，当年价67.21亿元），比上年增长7.6%；完成工业增加值15.16亿元，比上年下降7.2%；完成销售产值（当年价）57.89亿元，比上年略有下降，产销率96.4%。陕西省机械工业概况及主要产品产量详见表1、表2。

省机械局直属企业1995年完成工业总产值17.06亿元（1990年不变价，当年价21.35亿元），比上年下降7.5%；完成销售产值（当年价）18.22亿元，比上年下降12.22%，产销率96.8%，略低于全系统平均水平。

全系统生产发展的特点：一是全系统从第一季度生产平均下降6.9%，二季度平均下降2.4%，后半年转为增长，并呈逐月上升，全年增幅比上年提高4.3个百分点。二是10个分行业中，当年生产增长和下降的各半，为农业、能源、交通、化工服务的行业都有较大幅度的增长。其中农业机械、工程机械、机械基础件行业从上年分别下降8.1%、25.3%、23.8%转为增长19.3%、13.3%和34.1%，机床工具、重型矿山、汽车行业转为负增长，仪器仪表继续大幅度滑坡。三是重点考核的54种产品，产量比上年增长的有24种，其中小型拖拉机、种植机械、工业锅炉、数控机床、加工中心、轴承、液压件、金属轧制设备、印刷机械、电力电缆、通讯电缆等15种重点产品增幅都在30%以上。四是生产集中度提高，占企业总数10%的大型企业，当年完成工业总产值39.72亿元，占全系统总产值的70.2%，其中产值过亿元的有10个企业，发挥了行业稳定发展的骨干作用。详见表1、表2。

表1　1995年陕西机械工业系统概况

行　业	企业数(个)	全部职工平均人数(人)	工业总产值(不变价)(万元)	工　业增加值(万元)	产品销售收入(当年价)(万元)	产品销售税金及附加(万元)	利润总额(万元)	固定资产 原价(万元)	固定资产 净值平均余额(万元)
合计	201	177 126	565 743	151 601	604 525	2 724	－14 744	738 113	316 421
农业机械	42	26 037	48 458	9 807	56 298	220	－3 735	68 302	31 015
工程机械	4	7 967	23 436	8 348	31 930	230	39	35 797	15 626
机床工具	30	28 963	64 663	24 911	58 490	330	－3 015	136 461	50 192
机械基础件	10	9 033	14 694	4 086	15 735	64	－462	25 485	12 365
石化通用机械	20	15 365	32 264	12 170	32 105	248	－977	52 360	18 937
重型矿山机械	11	13 570	25 558	11 332	31 441	227	－3 541	65 776	23 553
汽车	18	16 222	72 951	8 220	76 160	229	－4 317	106 253	45 857
电工电器	45	50398	251 278	60 003	271 529	845	－132	193 761	100 920
仪器仪表	15	7 677	25 417	10 414	25 590	287	1 424	49 049	15 711
食品包装机械	1	234	448	152	593	3	－59	896	739
其他	5	1 660	6 576	2 158	4 655	42	30	3 975	1 506

“八五”期间全系统累计完成工业总产值236.42亿元，年平均增长10.45%；年工业总产值超额完成了“八五”计划（46亿元）和上台阶目标（54亿元），1994年即提前6年实现了翻两番。全员劳动生产率亦由1990年的19 275元/人提高到31 695元/人，年平均增长10.46%。

全省汽车工业大行业有企业70个，其中整车厂3个，专用改装车厂26个，摩托车厂5个，零部件生产厂36个。1995年完成工业总产值19.91亿元（1990年不变价），比上年增长4.2%；完成销售产值（当年价）22.16亿元，产销率97.6%，比上年提高1.2个百分点。全年产销过亿元的企业有陕西汽车制造总厂、陕西飞机制造公司、秦川机械厂、陕西汽车齿轮总厂、华兴航空机轮公司和陕西东风机械厂等6个。当年全行业实现利税总额6 665万元，经济效益综合指数为58.6%，均比上年略有下降。全年共生产汽车16 473辆，其中专用改装车3 577辆；摩托车24 737辆，分别比上年增长1.3%和108.3%。“八五”期间，陕西汽车工业取得较大发展，与1990年相比，产值增长1.96倍，年递增24.2%；利税增长1.6倍，年递增21.1%。经过引进技术，改组改造，自我发展，已基本形成“两大”（重型车、大客车）、“两微”（微型轿车、微型客货车）加汽车零部件的格局和相当的生产规模。

市场及销售　1995年是陕西机械工业历年来最困难的一年。全系统把加强市场开拓、加强产品销售摆在十分重要的位置，并采取了相应的供销措施：一是建立健全市场营销网络和服务体系。省机械局1995年新审批省属企业销售网点42个，连同以前年度审批和各地市属企业的销售网点，全系统在全国各地已设有重点销售网点132个，对开拓市场、扩大销售发挥了积极有效的作用。二是抓重点工程任务和出口任务的承揽。西安电缆厂在对手如林的竞争中，由于领导与销售部门同心协力，拿到了京九铁路全长2 560km电线电缆合同任务的80%；黄河工程机械厂领导亲自出马，首次攻下了省内宝鸡电厂等一批重点电站工程任务；陕西压延设备厂领导靠产品质量和交货信誉，当年拓展国外市场完成出口交货值3 179万元，比上年增长41.9%。三是组织召开专业订货会和协作配套会。1995年省机械局仅农机订货会就组织召开了两次，共承接任务4.58亿元，解决了省内农机企业当年生产任务的60%以上；汽车等行业还召开了协作配套会，取得了一定的成效。四是狠抓限产“压库”促销工作。省机械局年初下达了“压库”指标计划，年中组织了督促检查，年末又专门召开了限产“压库”促销会议，并帮助企业调整产品结构，全系统保持了库存平稳的态势，年末库存产成品13.24亿元，比上年增长10.98%。五是继续组织开展销售工作“评先创优”活动。省机械局制定了具体考核奖励评比办法，在全系统组织了销售工作竞赛活动。陕西拖拉机厂、海红轴承厂、关中工具厂、西安电梯厂被评为1995年度销售先进企业，7个部门被评为销售先进集体，82名同志荣获优秀销售工作者称号。全系统当年承接合同任务67.68亿元，比1994年增长10.4%，并为1996年度预接合同10亿元。

表2　1995年陕西机械工业系统产品产量

产品名称	单位	产量	比上年增长%	产品名称	单位	产量	比上年增长%
工业锅炉	t（蒸汽）	968	82.6	种植机械	t	1 459	45.2
内燃机	万kW	30.1	-13.3	农副产品加工机械	t	7 285	23.4
内燃机发电机组	万kW	3.3	175.0	农用运输车	辆	1 448	-57.7
金属切削机床	台	3 030	-18.5	农用拖车	辆	2 273	-0.3
其中：大型机床	台	66	-52.5	拖拉机、内燃机配件	万元	9 283.7	16.5
高精度机床	台	54	-40.0	叉车	台	1 163	15.6
数控机床	台	250	73.6	交流电动机	万kW	128.5	20.1
加工中心	台	25	525.0	直流电动机	万kW	11	-21.4
锻压机床	台	362	-27.9	家用洗衣机	万台	13.6	-33.7
起重设备	t	1 575	-13.9	人造板设备	t	1 937	33.3
运输设备	t	847	-45.3	推土机	台	208	-1.9
泵	台	33 768	3.0	汽车	辆	2 079	-28.6
风机	台	3 780	-14.4	汽车配件	万元	24 063.2	-22.7
气体压缩机	台	660	-8.2	变压器	万kV·A	1 240	5.5
制冷设备	t	72	-11.1	互感器	台	17 590	-25.1
减速机（器）	t	944	2.4	电力整流器	万kW	36.9	7.9
轴承	万套	665.2	104.9	电力电容器	万kvar	360.3	-0.6
高中压阀门	t	778	21.8	高压断路器	台	2 662	-7.7
液压件	台	50 000	62.2	高压隔离开关	组	2 260	-39.4
标准紧固件	万件	10 256	-10.7	高压电瓷	t	4 064.2	-0.1
矿山设备	t	412.4	-35.1	电力电缆	km	506.1	96.0
工矿配件	t	3 218.4	-7.9	通讯电缆	km	11 977.6	95.1
金属轧制设备	t	7 746	42.0	绝缘材料	t	4 294.6	-0.7
炼油化工设备	t	2 226	30.3	自动化仪表	万台	17.6	-11.6
塑料加工机械	t	173	-4.4	电工仪表	万台	3.7	-11.9
印刷机械	t	690	54.4	光学仪器	台	565	-38.5
食品机械	台	384	-12.5	磨料磨具	t	1 680.4	260.8
小型拖拉机	台	20 793	34.3	刃具	万件	1 716	19.7

1995年，全系统共完成销售产值（当年价57.89亿元，其中出口交货值6.73亿元，占11.6%；实现销售收入（当年价）60.45亿元，比上年增长23.3%。其中销售收入过亿元的企业有8个，比上年减少2个（陕西机床厂、陕西重型机器厂）（详见表3)。全年出口创汇总额7 515.1万美元，比上年增长8.7%，其中自营出口4 530.3万美元，比上年增长83.7%。全系统出口创汇超100万美元的企业共有13个，其中西安电力机械制造公司1995年出口创汇4 533.67万美元（自营出口2 111.6万美元），占全系统创汇总额的59.9%，创历史最高水平（详见表4)。从行业产品归口看，电工电器出口占出口总额的27.7%，机床工具占15.6%，工程机械占8.2%，汽车及零部件占6.8%，重型机械、仪器仪表分别占5.4%和4%。其中出口创汇超过100万美元的主要产品有：电力变压器（1 785.3万美元，下同），金切机床(831.9)，推土机（502.2)，金属轧制设备（383)，汽车（380)，量、刃具（324.1)，工业自动化仪表(301.7)，交流电动机（167.1)，汽车配件（130)，内燃机（126.1)，叉车（117.7）等。全系统1995年出口行业和出口产品结构都发生了可喜的变化，工程机械、汽车和重型机械出口比重上升，黄河工程机械厂的履带式推土机首次出口泰国，一次出口17台，创汇145万美元；西安变压器厂出口6台我国目前电压等级最高、容量最大的有载调压自耦变压器落户马来西亚，创汇额720万美元。“八五”期间，陕西机械工业系统累计出口创汇2.9亿美元，年递增10.1%，1995年出口比1990年增长了49.4%。陕西机械设备进出口公司继续发挥了外贸

主渠道作用，1995年进出口总额1.33亿美元，比上年增长37%。其中出口1.15亿美元，增长61%，被授予首批“西安海关A级企业”荣誉称号。

表3 1995年陕西机械工业系统销售收入超亿元企业

序号	企业名称	销售收入（万元）	比上年增长%
1	西安电力机械制造公司	203 465	54.0
2	陕西汽车制造总厂	54 649	18.2
3	西安仪表厂	22 891	-0.9
4	西安电机总厂	22 145	70.9
5	黄河工程机械厂	20 042	21.7
6	陕西汽车齿轮总厂	15 733	-11.3
7	陕西压延设备厂	14 782	23.1
8	陕西鼓风机厂	13 566	22.2

表4 1995年陕西机械工业系统出口创汇超百万美元企业

序号	企业名称	出口创汇额（万美元）	比上年增长%
1	西安电力机械制造公司	4 533.7	22.1
2	黄河工程机械厂	502.0	122.0
3	宝鸡机床厂	501.0	21.1
4	陕西压延设备厂	383.0	43.6
5	陕西汽车制造总厂	380.0	122.6
6	西安仪表厂	301.7	16.9
7	汉江工具厂	237.0	10.3
8	西安电机总厂	167.1	-5.2
9	西安机床厂	160.0	10.4
10	陕西汽车齿轮总厂	130.0	16.6
11	西安柴油机厂	126.1	103.4
12	关中工具厂	123.7	1.4
13	宝鸡叉车制造公司	117.7	87.9

科研成果 1995年，陕西省机械工业局系统共安排科研攻关项目28个，承担主要任务的有14个企业，参与合作的有省内外8个大专院校和科研单位，年末已完成科研项目16个。其中，机床工具项目5项，重型机械、通用机械各4项，工程农机、仪器仪表、基础件各1项。例如，陕西省科委安排由秦川机床厂与西安仪表厂、西北工业大学合作的MCV450加工中心数控技术及装置开发研究攻关项目，经主机厂装机联调运行良好；陕西压延设备厂与秦皇岛市科松应用技术研究所合作的涂覆渗碳在摩根高线产品中的应用项目，已使对外合作生产的42t多渗碳淬火齿轮和齿轮轴达到了JB/ZQ4038－88、JB/ZQ4039－88标准；陕西鼓风机厂承担的高效烧结风机模型开发及试验研究项目，技术性能指标达到和接近国际先进水平；汉川机床厂进行的电加工机床过滤系统的研究，已使工作油液达到清彻透明。

新产品 1995年，陕西省机械工业局系统的47个大中型企业当年共开发各类新产品241项，其中达到80年代水平的90项，90年代初水平的41项；属国内先进水平的124项，填补国内空白的63项。完成新产品产值16.67亿元，新产品产值率为43.8%；新产品实现利税12 830万元。其中列入1995年部、省新产品计划的126项，当年计划完成的111项，实际完成80项，属部计划安排的新产品35项，当年完成26项，均高于上年完成水平。西安电力机械制造公司1995年共开发新产品117项，其中列入部、省计划的32项，全部属80年代或90年代初国际水平，有24种填补了国内空白，新产品产值9.17亿元，创利税3 893万元。省属企业1995年完成新产品58项，其中列入部、省计划的26项，达到国际80年代先进水平的有27项、90年代初水平的有11项，有24种填补了国内空白，新产品产值3.83亿元，创利税3 934万元。全系统重点开发的500万元以上产值的10种新产品：黄河工程机械厂的PC400履带式挖掘机，陕西压延设备厂的摩根高速线材轧机650HCW四辊可逆冷轧机组和30万t棒材车间精整设备，陕西鼓风机厂的AV50－13、15、16轴流压缩机和3EP420 － 10.5/0.97、5E1320 － 3.53/0.96、6E1800－3.7/0.96离心压缩机，汉川机床厂的DMK7132－AEC精密数控电火花成型加工中心和DK7716、7763型数控快速走丝电火花线切割机，宝鸡机床厂的CT－8数控车床，陕西重型机器厂的4－HCXB700×1400甘蔗压榨机等，均已试制完成，基本上都属于国际80年代末90年代初技术水平，有的机组一套产值达3 300万元以上。西安变压器厂当年开发了5种新产品，全部属于国际80年代末或90年代初水平；秦川机床厂当年开发的9种立式加工中心、数控磨齿机等，有4种达到国际80年代末或90年代初水平。1995年全系统列入“四个一代”的6种重点产品，数控蜗杆砂轮磨齿机、数控电火花成型机床、模具研配压机、轴流压缩机、数控车床和25t叉车，都属于国际90年代水平的第四代新产品，为缩短与国外产品的技术差距取得了重要突破。为了进一步推进科技成果的转化，陕西省机械局在组织“产、学、研”合作的基础上，选择了新型摩擦焊机、激光快速成型机等15种高新技术产品或科技成果作为优势特色产品，从技术、资金、技改等方面重点给予扶植，力争三五年实现产业化目标，成为陕西机械工业新的经济增长点。1995年，全系统荣获机械工业部科技成果奖6项，其中一等奖1项、二等奖5项；省科技进步奖7项，其中二等奖3项、三等奖4项；省机械工业科技进步奖17项。西安仪表厂被批准为机械工业部技术进步示范企业，秦川机床厂、西安仪表厂、陕西鼓风机厂、汉川机床厂、西电公司、宝鸡叉车公司、关中工具厂、宝鸡水泵厂、陕西机床厂、宝鸡机床厂、黄河工程机械厂、陕西压延设备厂、汉江机床厂、铜川变压器厂等14个企业确认为陕西省第一批企业（集团）技术中心。

“八五”期间，全系统共开发研制新产品1 171种，其中达到国际90年代先进水平的71种、国际80年代先进水平的436种，分别占6%和37.2%；属国内先进水平的357种，占30.5%。新产品产值率平均达到30%左右。荣获部、省级以上科技进步奖共69项，其中国家级科技进步二等奖1项，部省一等奖5项、二等奖20项；产、学、研重大合作项目共12项。建立国家级技术中心2个，省级技术中心14个，部技术进步示范企业4个。

质量 全系统1995年重点产品质量指标考核结果：品种抽查合格率为100%，品种一等品率为83.2%，质量稳定提高率为97.8%，均达到或高于原计划考核指标。当年优等品产值1.59亿元，优等品产值率为2.8%。国家监督抽查14个企业的17种产品，合格的16种，合格率为94.1%；省级监督抽查5个企业的8种产品，全部合格，省级以上监督抽查平均合格率为96%，略高于全国机械工业产品监督抽查和省级监督抽查综合合格率水平。骨干重点企业产品质量保持稳定态势。列入全国机械工业1～7批产品可靠性限期达标计划的76项产品，已完成52项，计划外完成15项，合计完成67项，其中取得证书的62项。经陕西省名牌战略指导委员会推荐、认定，全系统有18个产品为名牌产品（详见表5），占全省首批名牌产品总数81个的22.2%，居省内各行业第一位。1995年有10个企业“工艺突破口”工作初见成效，全系统总计已有47个企业达标，其中骨干企业27个、重点企业14个、地市企业6个。获机械工业部工艺管理（工艺工作先进）单位称号企业3个，省工艺工作先进单位称号企业8个。1995年西安电机厂和中外合资西古光纤光缆有限责任公司先后通过国家质量体系认证，全系统已有4个企业取得ISO9000认证。1995年有57种产品采用国际标准，“八五”期间全系统58个骨干重点企业及有关企业的1 200种主要产品，总计已有944种采用国际标准生产，采标率为78.6%。陕西省机械局1995年对全省生产水泵、砂轮、轻小型运输机械、柴油机、电度表的20个企业、44个产品换（发）了许可证，14个企业、29种产品进行了优等品和一等品认定，并为部分企业申办了产品出口许可证。

技术改造 1995年，全系统共安排重点技改项目计划24项，投资2.52亿元，基本建设项目计划8项，投资1.37亿元，总计投资3.89亿元。经多方面筹措资金，全年实际完成了技术改造投资34 514万元，其中技改17 791万元，基建投资16 723万元；局直属企业完成14 086万元，西安电力机械制造公司完成8 771万元，中国重型汽车(集团)公司在陕企业完成2 357万元，西安市属企业完成5 203万元，其他地市属企业完成4 097万元，是近几年完成较好的一年。列入当年局管重点项目验收计划的有21项，组织验收的有12项，其中属机械工业部“八五”专项技改的6项，地方项目6项。

表5　陕西机械工业系统首批名牌产品

序号	产品名称	生产单位
1	秦川牌系列精密磨齿机	秦川机床厂
2	汉川牌系列电加工机床	汉川机床厂
3	秦川牌系列塑料中空成型机	秦川机床厂
4	陕鼓牌（TRT）AV系列轴流压缩机	陕西鼓风机厂
5	黄工牌系列TY220推土机	黄河工程机械厂
6	富勒牌系列变速箱	陕西汽车齿轮厂
7	关工牌机用丝锥	关中工具厂
8	西仪牌（11S1、YS-80 DCS、CMCMMG）工业自动化仪表及装置	西安仪表厂
9	双力牌系列1t～10t内燃叉车	宝鸡叉车制造公司
10	陕汽牌SX250越野汽车	陕西汽车制造厂
11	通渭牌系列磨粉机	渭南通用机械厂
12	XDJ牌Y132～315三相异步电动机	西安电机厂
13	XD牌金属式全封闭组合电器	西安高压开关厂
14	XD牌SF_6瓷柱式断路器	
15	XD牌全塑市话电缆	西安电缆厂
16	XD牌制冷电机	西安微电机厂
17	友谊牌氧化锌避雷器	西安高压电瓷厂
18	双鸥牌系列洗衣机	陕西省洗衣机厂

黄河工程机械厂推土机“八五”专项技改和扩大出口技改两个项目，1995年1月26日通过了验收鉴定，分别完成1 886万元和1 146.1万元投资，形成了132kW～162kW推土机450台生产能力和出口TY220推土机400台、创汇1 161万美元的能力；兴平密封件总公司为数控机床国产化配套密封件“八五”专项技改项目，1995年1月20日通过竣工验收，完成总投资628万元，达到了为数控机床和出口高压电器配套密封件3 500万件生产能力，品种规格4 059种，有70%～80%达到国际70年代末80年代初水平；汉川机床厂数控机床国产化“八五”专项技改项目，陕西省计委于1995年3月29日组织了竣工验收，完成投资3 972.8万元，达到开发数控电加工机床、加工中心和数控铣镗床品种20种和各类数控机床年产136台设计能力；汉江机床厂数控机床国产化“八五”专项技改项目，1995年3月30日通过了竣工验收，完成投资2 832.9万元，工厂生产能力达到了机床251台，其中数控机床16台，滚珠丝杠35 000标准副，滚动直线导轨5 000m，产品技术水平达到了国际80年代水平；秦川机床厂的“八五”磨齿机技术改造项目、数控磨齿机专项技术改造项目和汽车动力转向油泵生产技术改造项目，共完成投资4 833.6万元，三个项目1995年12月12日同时通过竣工验收，形成了年产各类磨齿机95台能力，其中大型、精密数控磨齿机34台，塑料机械、包

装机械及其他精密机床167台，汽车动力转向油泵5万台等，使工厂主要产品在国内处于领先地位，特别是YK7232蜗杆砂轮磨齿机，其主要性能指标达到了国际90年代先进水平。当年竣工验收的项目还有海红轴承厂汽车水泵轴承生产线技术改造项目、陕西拖拉机厂TY－200型轮式拖拉机装配线技术改造项目等。西安电力机械制造公司国家“七五”、“八五”期间投资3亿元的高压交直流输变电制造项目，由西安高压开关厂、西安变压器厂、西安高压电瓷厂等9厂和西安高压电器研究所通力合作，共计完成13个子项、120个单项工程，其中基建工程48个，技改项目72个，是该公司较大规模的系统改造。1995年2月20日国家计委，机械工业部等部门组织了竣工验收。经过改造新增建筑面积9万m^2，新增设备2 168台，并引进消化了一大批先进技术，开发出新产品689种，主要产品技术水平达到国际80年代、90年代水平，高压输变电设备制造年生产能力由改造前的150万kW提高到400万kW。当年铜川整流变压器厂干式变压器及防爆移动电站生产线、宝鸡叉车公司“七五”引进1t～10t内燃平衡重式叉车技术改造、汉中变压器厂真空净油机技术改造等地方项目也通过了竣工验收。“八五”期间，全系统共安排主要基本建设和技术改造项目121项，总投资16.7亿元（不含“双加”项目）。75个企业得到不同程度改造，其中重点改造的21个企业。到1995年末，93个项目已完成改造内容，31项竣工验收，完成投资总额14.5亿元，比“七五”增加85.9%。

全省汽车工业大行业“八五”技术改造，共完成投资5.4亿元，主要项目已如期通过验收，新增产值13亿元。

对外合作 1995年，陕西机械工业系统与外商签定合资项目共5项，总投资额3 826万美元，其中外商协议投资额1 922万美元。黄河工程机械厂与香港锦宏有限公司1995年9月经陕西省计委、省外经贸厅批准合资成立西安黄河锦宏挖掘机有限公司，总投资2 000万美元，外商投资额1 000万美元，主要开发生产挖掘机系列产品及配件，年产液压挖掘机500台，合资期限30年；西安高压开关厂与日本三菱电机株式会社经批准合资组建了西电三菱电机输变电设备技术开发有限公司和西菱输变电设备制造有限公司，双方投资876万美元，其中外商投资438万美元，主要开发、设计、生产、销售各种输变电设备及灭弧室、操作装置和零部件，年产值约1亿元；西安高压电瓷厂与香港中联电力财务有限公司合资成立了西安双佳高压电器有限公司，总投资额826万美元，其中，外商投资421万美元，；西安仪表厂与日本康泰克株式会社1995年9月19日经陕西省机械局批准合资组建西安康泰克电子技术有限公司，总投资200万元，其中注册资金170万元，中外双方各占50%，主要从事工业用个人计算机以及相关产品的开发、生产和经营，合资年限20年。1995年经批准黄河工程机械厂、秦川机床厂从法国、西班牙、丹麦引进设备3项，合同金额770万美元；尚有4项正在评估。

“八五”期间，陕西机械工业系统共引进技术15项，用汇739万美元。按行业分：机床5项，重型通用5项，仪表3项，工程机械和电工电器各1项；其中许可证贸易7项，技贸结合、合作生产引进技术8项。进口设备648台（套），用汇2 117万美元，其中利用国外政府贷款技术改造进口设备比率达到46.5%。已引进技术项目均已投入试生产，有的经消化吸收已形成批量生产。五年间与国外厂商签约合资建厂项目共26项，合同总投资额6 352万美元，其中资金到位开业的12项，资金未到位尚未开业的10项，中止合同的4项，经国家外经贸委、国家计委批准利用国外政府贷款项目8项，贷款金额共2 160万美元，大大高于“七五”水平。

改革及管理 1995年，陕西机械工业系统着力抓了企业四个方面的改革，取得了初步成效。一是列入国家和省首批建立现代企业制度试点的5个企业进展顺利，试点方案在认真论证的基础上已报经政府批准。列入国家100家试点之一的秦川机床厂改制为国家授权投资主体的秦川机床集团有限公司，属国有独资公司；陕西鼓风机厂、渭南通用机械厂、西安仪表厂等企业正在实施改制。省机械局为加强对现代企业制度试点工作的领导，成立了以局长杨希圣同志为组长的领导小组。二是组织西安市、宝鸡市的机械企业积极参与两市全国综合配套改革和优化资本结构改革的试点。宝鸡叉车公司作为试点，经陕西省经贸委批准改制为宝鸡双力叉车（集团）有限责任公司。1995年12月28日已正式对外挂牌。三是列为机械工业部集团公司试点的西安电力机械制造公司，进一步理顺了管理体制，改革与管理结合初见成效。四是为加强对国有资产的监管，省机械局已向1个企业派出监事会，参与了省政府为另一个企业派出的监事会。省机械局机关机构改革，1995年9月6日省机构改革领导小组验收合格。全系统1995年组建了5个企业集团，经陕西省经贸委批准10月31日组建了秦川机床集团，秦川机床集团有限公司为核心层，深圳西岳实业有限公司等8个企业为紧密层。重点发展精密机床、汽车助力泵等龙头产品和塑料机械、模具制造等辅助产品，为省政府授权的国有资产投资主体；汉川机床厂、汉江机床厂经批准成立了西源精密机床集团，它是以精密机床为龙头，以资产为纽带，从事科研设计、产品开发、生产管理、经营销售、外贸、信息、技术服务等跨地区、多层次的组织机构；宝鸡叉车制造公司1995年12月25日经批准成立了宝鸡双力叉车集团，紧密层、半紧密层企业各3个，它是以叉车为龙头产品，集科研、制造、销售、贸易、信息、服务为一体的经济联合体；经西安市体改委1995年11月18日批准，组建了以西安电器开关厂为核心的西安电器开关企业集团，成员单位16个，其中紧密层单位4个，半紧密层单位4个，松散层单位7个，属公有制为主体、多种经济成份并存的法人联合体，联合销售和开发新产品；渭南通用机械厂以高效、优质磨粉机产品为龙头组建了陕西渭通粮食加工机械集团公司，有系统内外成员单位10个。1995年进一步加强了企业管理工作，8月29日在宝鸡市召开了全省机械工业系统企业管理工作会议，贯彻落实机械工业部在长春召开的企业管理工作会议精神，结合实际，总结交流了陕西压延设备厂、西安高压开关厂、秦川机床厂、汉川机床厂、宝鸡机床厂、西安电器开关厂等7个单位在基础管理和计划、财务、质量、科技等方面管理的先进经验，树立了一批典型。特别是陕西压延设备厂从严从实管理的经验。该厂1991年明亏和潜亏累计3 000多万元，1994年成为全省实现利税近2千万元的盈利大户，受到了省委、省政府、机械工业部的充分肯定，1995年8月23日省政府在该厂召开了全省扭亏增盈现场会。之后，陕西省机械局党组做出了《关于开展向陕西压延设备厂学习活动的决定》，向全系统推广学习该厂经验。为进一步加强对企业管理工作的指导与管理，省机械局制定了《关于对工资总额调控的试行办法》和《关于企业分离办社会职能和分流富余人员试行办法》等4个办法，同时组织企业开展管理工作竞赛，1995年度陕西压延设备厂、西安高压开关厂、秦川机床厂、西安仪表厂、黄河工程机械厂、汉川机床厂、关中工具厂、陕西鼓风机厂、西安电机厂被授予大型企业“企业管理进步优秀奖杯”或锦旗；宝鸡机床厂和西安熔断器制造公司、合阳电力电容器制造有限责任公司、扶风水泵厂、铜川整流变压器厂、汉中变压器厂被授予中小企业“企业管理进步优秀奖杯”或锦旗单位；秦川机床集团有限公司荣获1995年度中国机械工业优秀企业称号；西安高压开关厂厂长丁志文、陕西压延设备厂厂长郭恒中、汉川机床厂厂长陶承泽和陕西鼓风机厂厂长温长生被评为第四届中国机械工业优秀企业家，汉川机床厂林平获得全国劳动模范光荣称号。作为国家推广单位，西安高压开关厂计算机集成制造系统（CIMS）1995年11月15日正式启动；西安仪表厂投资350万元建成的MIS管理信息系统，使企业科学与现代化管理迈上了一个新台阶。

〔撰稿人：陕西省机械工业局　李耀南　审稿人：陕西省机械工业局副局长　杜克俊〕

〔责任编辑：王亚水〕

甘肃机械工业

甘肃省机械工业总公司

生产发展情况　1995年全省机械系统共有归口企业221个，其中大中型企业38个；全部职工124 605人，其中，工程技术人员8 962人；固定资产原价43.96亿元，固定资产净值29.69亿元。主要工业加工设备24 484台，其中金属切削机床10 410台、锻压设备2 233台。

1995年全系统实现工业总产值（1990年不变价）31.57亿元，与上年基本持平。农业机械行业仍保持高速增长，增幅达26.4%，该行业产值“八五”期间翻了一番，主要产品农用机动三轮车，产量由1990年的不足6 000台猛增到1995年的7万余台，年均增长63.5%。主导生产企业兰州手扶拖拉机厂的产品占全省市场份额的90%以上。机械基础件行业生产情况有所回升，1995年较上年增长9.6%。机床工具行业与其他机械行业分别增长1.9%和3%，其余各行业均有不同程度下降。汽车行业1995年下降42.1%，也是全省“八五”期间产值唯一下降的行业，年均降幅达10%。

各行业主要经济指标及主要产品产量、销量详见表1、表2。

市场及销售　1995年，各企业突出抓市场，强化经营销售工作，“压库”促销，取得明显效果。1995年全年销售收入32.76亿元，比上年增长1.6%；销售产值36.47亿元，产品销售率达到104.9%，库存总额为10.13亿元，比上年下降3.7%。产销衔接状况有所好转，产成品库存膨胀势头减缓，企业以市场为导向的意识正在逐步增强。销售管理工作主要采取的措施有：一是充实了销售人员队伍。一批业务能力强、会经营、懂技术的人员充实到销售队伍中。甘肃机械集团公司紧密层企业，多数企业销售人员数量达到了全部职工的3%左右，部分企业的销售人员比例达到职工人数的5%。二是加强了经销网点的管理与建设。1995年甘肃机械集团公司紧密层企业对一些经营管理不善的网点进行了整顿，并加强了经销网点的建设工作。1995年底已在全国范围内设立了300多个网点，职工人数愈千人。三是采取灵活措施，加大了货款回收力度。1995年初甘肃机械集团公司召开新闻发布会，动员企业职工及社会力量进行清欠，多数企业成立了专门的清欠机构，对企业的债权进行了清理，一些企业根据债务人的不同情况制定不同的清欠奖励政策，加大了清欠力度，取得了一些成效，在一定程度上缓解了企业资金紧张的矛盾。四是利用新闻媒体进行宣传，扩大企业影响。甘肃地处落后地区，但甘肃机械工业相当一部分企业及产品并不落后，在许多领域处于国内领先地位。1995年甘肃长城电器工业公司、天水二一三机床电器厂、兰州电机厂等企业先后多次在北京、上海、广州、西安、兰州等大中城市及经济发达地区召开新闻发布会，利用报纸、电台、电视台等各种形式扩大企业影响，收到了很好的效果。

表1 1995年甘肃机械工业系统概况

行业	企业数（个）	全部职工平均人数（人）	工业总产值（不变价）（万元）	工业增加值（万元）	产品销售收入（当年价）（万元）	产品销售税金及附加（万元）	利润总额（万元）	固定资产	
								原价（万元）	净值平均余额（万元）
合计	221	124 605	315 695	88 387	327 608	2 029	－19 850	439 621	191 451
农业机械	85	22 889	71 776	15 338	80 257	394	－1 556	66 879	28 074
工程机械	1	3 501	5 708	4 233	7 995	80	129	9 339	3 682
机床工具	9	9 145	18 334	6 904	19 916	169	－377	34 959	14 908
机械基础件	15	11 842	17 937	6 758	20 239	173	－1 031	35 117	16 606
石化通用机械	19	25 451	57 317	12 569	50 170	324	－8 699	127 774	49 949
重型矿山机械	4	1 656	3 102	816	3 166	22	－287	2 821	2 156
食品包装机械	5	1 474	6 621	1 336	5 362	32	－82	4 172	2 672
汽车	13	6 392	7 465	1 926	9 739	45	－2 147	20 944	9 605
电工电器	39	29 879	112 632	35 309	116 235	644	－1 146	96 467	46 557
仪器仪表	7	8 992	8 841	824	8 978	96	－4 533	35 039	13 917
其他	24	3 384	5 962	2 375	5 551	51	－121	6 110	3 325

表2 1995年甘肃机械工业系统主要产品产量、销量

产品名称	单位	产量	比上年增长%	销量	比上年增长%
金属切削机床	台	622	－11.8	671	43.1
锻压设备	台	445	11.3	431	39.0
泵	台	16 013	－12.6	14 448	－15.6
真空设备	台	238	－40.5	252	－28.6
轴承	万套	890.3	42.7	1 024.1	36.1
高中压阀门	t	2 421.4	－14.0	2 823.4	－12.1
矿山设备	t	1 400.6	－12.4	1 440.8	7.9
风动工具	台	22 244	－39.7	22 866	－8.1
石油钻采设备	t	14 914	－14.7	15 424	－5.4
炼油化工设备	t	8 224.4	－7.2	9 749.7	23.2
小型拖拉机	台	10 764	76.4	10 614	65.7
农用运输车	辆	1475	301.9	1 384	208.9
农用机动三轮车	辆	70 087	31.0	65 819	25.1
拖拉机、内燃机配件	万元	10 653	26.1	11 425.5	31.7
电工仪器仪表	万台	45.2	－14.4	50.4	－5.4
试验机	台	546	－5.7	423	－30.7
机床电器	万件	148.5	22.6	147.1	38.5
一般交流发电机	万kW	78	－34.7	74.9	－27.4
交流电动机	万kW	53.4	－22.3	42.6	－35.6
变压器	万kV·A	27.7	－9.8	25.4	－8.0
高压断路器	台	4 440	－9.3	4 423	－9.4
高压隔离开关	组	656	－81.2	837	－74.4
高压开关板	面	4 088	－5.8	4 064	－4.6
低压开关板	面	4 789	8.3	4 298	－1.9
照相机	架	82 426	－0.7	71 643	－12.4

1995年全省出口交货值为16 656万元，比上年增长28.9%，出口创汇折合1 992万美元，比上年增长22.8%。全系统出口企业19个，产品出口地区主要集中在北美、西欧、东南亚和独联体国家。主要出口大宗产品有：工业轴承451万美元，石油钻采设备500.33万美元，锻压设备234万美元，金属切削机床110万美元，量具刃具120.8万美元，交流电动机94.2万美元，还有光学镜头和农业泵、气动工具、一般交流发电机等产品。

新产品 1995年甘肃机械集团公司紧密层企业结合市场需求调整产品结构，安排新产品计划。全年下达新产品开发计划115项。其中，列入省计划100项（含列入部计划18项），列入部门、地区计划15项；当年完成105项，完成省级新产品鉴定103项。在完成的新产品项目中，天水风动工具厂YT手持凿岩机、KQLG115型履带式高气压潜孔钻机，兰州高压阀门厂的双闸板楔式闸阀，天水星火机床厂的J455型低压铸造机，天水二一三机床电器厂的QJX4－12～25d星三角减压起动器，天水长城控制电器厂的CCKX18空气加强绝缘型母线槽，天水长城精密模具厂的冰箱盖板、下横条、前顶板级进模，深圳亿码电能仪表有限公司天水分公司的DDSY35型电子式预付费单相电度表等35项产品达到国际先进水平。兰州高压阀门厂的铸钢铬五钼高温阀门，天水锻压机床厂的TPX95－3龙门移动式液压机，天水长城开关厂的ZN28－10/1250－31.5户内高压真空断路器、KYN3－10/6F－C铠装型移开式全型封闭开关设备，兰州轴承厂的外球面轴承，天水海林轴承厂的深沟球轴承等61项产品达到国内先进水平。

质量 1995年全省重点考核的68种主要产品质量指标全面完成，重点考核产品质量稳中有升。共有9个企业的17种产品被机械工业部评定为一等品。甘肃机械集团公司指导企业学习和贯彻GB/T19000（ISO9000）系列标准。继天水长城开关厂、兰州电机厂之后，又有3个企业：天水二一三机床电器厂、天水长城控制电器厂及兰州高压阀门厂通过了体系认证并取得了认证证书。

兰州电机厂被甘肃省技术监督局评定为1995年质量效益型企业。天水风动工具厂生产的YT28型气腿式凿岩机、天水二一三机床电器厂生产的CJX3－32交流接触器、CJX4－18交流接触器及天水红山试验机厂生产的WAW－100、200、500、1000微机控制电液伺服万能试验机等产品的实物质量被认定已达到国际先进水平；兰州电机厂生产的TFX－H系列船用同步发电机被评为甘肃省名牌产品。

技术改造 1995年省经贸委下达技术改造计划8项，其中，国家专项6项，地方项目2项；计划投资6 153万元，其中贷款4 520万元，企业自筹1 633万元。到年底实际完成6 500万元，占计划投资的105.6%。甘肃长城电器工业公司的干式变压器项目、兰州电机厂的大型交流调速电机项目、天水锻压机床厂的数控机床项目都已完成或超额完成计划进度。

对外合作 当前国家建设重点逐步向中西部地区倾斜，甘肃机械集团公司要求各企业充分转变观念、抓住机遇，要认识到“不开放就难以发展”，以产品引技术，以产权引资金，以存量引增量，打破框框，加快对外开放。相继召开了集团公司与天水市的地企联席会、甘肃省外事部门负责人座谈会，目的是进一步加强对外宣传，扩大信息交流，加快对外开放的步伐。经过努力，1995年取得进展的合作项目有：

甘肃光学仪器工业公司与香港照相器材中国有限公司合作组建兰州影宝照相机有限公司，生产潘太克斯变焦照相机。

天水长城开关厂与德国戴姆乐—奔驰工业公司所属AEG公司签订合资组建长城—AEG开关有限公司的意向书，注册资金2.2亿元。

天水精密模具厂与广州万宝冷机集团公司合资组建万宝（天水）长城精密模具有限公司获得批准。

改革及管理 1995年甘肃机械集团公司的主要工作有：

(1) 企业联合兼并、存量资产的优化重组取得成效。1995年初，经集团公司多方协调，兰州手扶拖拉机厂对兰州专用汽车制造厂实施兼并，经过不到一年时间的运营，兰州手扶拖拉机厂产销都比上年有大幅度增长，工业总产值（不变价）增长42.8%，销售收入增长45.1%，取得当年兼并、当年扭亏为盈的好效果。另外，还将多年亏损的甘肃省电影机械厂划归兰州电机厂代管，在兰州电机厂的扶持下，甘肃省电影机械厂生产也在上年基础上有了较大幅度回升，工业总产值（不变价）增长138%，销售收入增长131%，减亏效果明显。

(2) 继续推广兰州手扶拖拉机厂、天水长城开关厂、天水长城控制电器厂的管理经验。兰州手扶拖拉机厂以严格的质量管理为基础，建立了一整套适合本企业的管理制度，企业持续高速发展，先后成功兼并了甘肃省筑路机械厂、兰州专用汽车厂，工业总产值（不变价）“八五”期间年均增长45.3%。天水长城开关厂、天水长城控制电器厂的管理经验曾在全国机械工业企业推广。天水长城开关厂主要产品高压开关柜名列全国同行业第一，在电力系统市场占有率第一，1995年经济效益综合指数位于全国同行业之首。集团公司通过召开管理现场会等多种形式推广先进企业管理经验，督促各企业强化管理工作，以质量管理、财务管理、供应销售管理为重点，堵塞漏洞，开源节流。

(3) 制定扭亏增盈目标，设立发展奖。1995年制定了《甘肃机械集团公司三年扭亏攻坚计划》和《甘肃机械集团公司1995年扭亏目标与措施意见》，动员所属企业用三年时间打一场扭亏攻坚战，明确扭亏目标和措施及奖惩办法。并设立集团公司“发展奖”，对实现企业减、扭亏目标和促进企业实现规模经济做出突出贡献的企业领导班子及厂长(经理)、党委书记给予特殊奖励。

(4)狠抓了集团公司经营者队伍建设。按照“好人、能人、强人”三位一体的标准配备各级领导班子。对15个工业企业、3个流通企业的领导班子进行了调整，并加强了对领导干部廉洁自律教育。总体上看，各级领导班子的素质都有了明显的提高。

存在问题 一是经济效益不高。1995年甘肃省机械工业总公司广大干部职工虽然在扭亏增盈上做了很多工作，也取得了一些效果，但仍未彻底扭转亏损增加、经济效益下滑的局面。1995年盈利企业138个，盈利额2 862万元，比上年下降55.6%。全系统亏损企业83个，比上年增加6个，亏损面达到37.6%；亏损企业亏损额全年达到22 711万元，比上年增长76.6%。全系统资金利税率0.1%。二是企业流动资金短缺，生产难以为继。企业自有流动资金严重匮乏，流动资金几乎全部依赖银行贷款解决。全系统企业自有资本率为29.2%，若扣除1995年土地价值评估因素，自有资本率仅约为20%。三是产品结构不合理，优势不明显，没有形成规模经营，生产集中度较低，分散和低水平重复现象严重。四是能源制约因素严重。尤其是电力供应不足的影响更为突出，企业普遍“停三开四”，有时甚至“停四开三”。

〔撰稿人：甘肃机械工业总公司　倪晓林　审稿人：甘肃机械工业总公司总经理　杨书昌〕

〔责任编辑：王亚水〕

青海机械工业

青海省机械电子工业厅

生产发展情况 1995年末，青海机械工业共有50个归口企业，其中全民所有制企业35个，集体所有制15个。总共拥有固定资产原价151 440万元，净值73 210万元，共有职工37 217人。其中，全民所有制企业拥有固定资产原价149 622万元，净值72 370万元，有职工35 274人；集体所有制拥有固定资产原价1 818万元，净值840万元，有职工1 943人。全民所有制企业中，厅直属企业15个，拥有固定资产原价89 536万元，净值44 501万元，有职工20 517人。其中，国家大二型企业3个，即青海重型机床厂、青海山川铸造铁合金集团（原青海山川机床铸造厂）和青海第一机床厂，3个企业拥有固定资产原价47 617万元，净值23 564万元。青海工程机械（集团）有限责任公司（以下简称青工集团）所属企业8个，拥有固定资产原价54 686万元，净值25 275万元，有职工12 456人。其中国家大二型企业4个，即青海工程机械厂、青海齿轮厂、青海锻造厂和青海铸造厂，4个企业拥有固定资产原价35 396万元，净值15 926万元。

1995年，青海机械工业共完成了工业总产值87 215万元（不变价），比上年增长11.83%。在工业总产值中，全民所有制企业完成85 105万元，集体所有制企业完成2 110万元。厅系统企业（含青工集团，下同）完成工业总产值81 860万元，比上年增长7.68%；全员劳动生产率，50个归口企业为23 434万元/人，其中厅系统企业为24 826元/人，均比上年略有增长（详见表1）。

根据1995年全省机械工业面临的形势，在抓生产经营中主要采取了以下几项措施：第一，抓住开发青海资源的机遇，为开发资源服务，千方百计开辟新的生产增长点。专门成立对外经济协作办公室，先后考察电力、有色金属、冶炼等部门和柴达木地区，为青海变压器厂、矿山机械厂和汽车改装厂等企业承揽了送变电设备和铝厂电解槽生产任务。第二，鼓励企业积极参加青海资源开发。青海第二机床厂自筹资金，利用本省钾盐开发生产硝酸钾。青海海力有限责任公司（青海柴油机厂）与加拿大金昌贸易公司合作，利用当地资源，开发生产碳化硅和碳化硅深加工产品。第三，注意发挥设备优势，积极开展工业性协作。青海重型机床厂开展铁路等部门的工业性协作，产值就占全厂工业总产值的1/3。第四，重点抓好特困企业的帮扶解困工作。一是厅领导和各处室与企业建立联点帮扶制度，实行帮扶责任制，做好协调服务工作。二是积极向省委、省政府反映企业实际困难，与有关部门协调解决特困企业职工的生活保障问题，做好企业稳定工作。三是帮助企业找“症结”，提出生产自救，再图振兴的办法。

“八五”期间，全省机械行业工业总产值平均每年递增6.25%，实现销售收入平均每年递增12.91%，实现税金平均每年递增22.92%，全员劳动生产率平均每年递增19.78%。但是，经济效益下滑的局面没能得到遏制，5年内，全行业累计亏损2.5亿元。

“八五”的五年中，主要机械产品产量累计生产：金属切削机床5 107台，推土机1018台，载重汽车6 281辆，变压器101.87万kV·A，工业锅炉 232 台，微电机 23 120 台，分马力电机 235 422 台，电动工具 327 830 台，牛奶分离器 44 100 台，工业轴承 1 153 万套，量具 78 万件，刃具 6 902 万件。1995 年的产品产量见表 2。

表 1　1995 年青海机械工业系统概况

行业	企业数（个）	全部职工平均人数（人）	工业总产值（不变价）（万元）	工业增加值（万元）	产品销售收入（当年价）（万元）	产品销售税金及附加（万元）	利润总额（万元）	固定资产 原价（万元）	固定资产 净值平均余额（万元）
合计	50	37 217	87 215	24 845	92 686	446	－9 848	151 440	73 210
农业机械	8	2 004	5 486	1 944	5 550	34	3	6 667	3 423
工程机械	6	10 799	31 149	7 681	33 893	123	－2 772	47 219	22 414
机床工具	7	12 087	32 593	11 691	36 606	183	－1 033	61 837	30 745
机械基础件	5	1 813	2 298	939	1 581	12	－269	4 487	1 362
重型矿山机械	2	1 369	1 970	333	1 369	10	－863	4 750	1 496
汽车	10	5 156	6 325	29	5 948	33	－3 683	15 334	7 082
电工电器	8	3 420	6 570	1 943	7 155	48	－1 183	10 308	6 223
仪器仪表	3	569	824	285	584	3	－48	838	465
其他	1	0	0	0	0	0	0	0	0

表 2　1995 年青海机械工业系统产品产量

产品名称	单位	产量	比上年增长％
金属切削机床	台	453	－42.2
农业泵	台	517	－16.2
牛奶分离器	台	9 400	－30.9
电动工具	台	70 343	17.6
工业轴承	万套	246	
标准紧固件	万件	575	－77.3
锻钢件	t	8 340	－16.1
铸铁件	t	8 871	－42.0
铸钢件	t	284	－45.3
钢	t	568	－45.3
工矿配件	t	1 206	－17.6
拖拉机、内燃机配件	万元	6 028	
农用小拖车	辆	4 422	55.4
网围栏	万 m	102	12.1
推土机	台	170	25.0
民用改装车	辆	147	－61.8
汽车配件	万元	5 523	－9.2
交流电动机	万 kW	0.5	－39.8
分马力电机	万台	4.5	54.6
变压器	万 kV·A	22.9	2.1
布电线	km	10 256	41.9
量具	万件	23	35.3
刃具	万件	1 351	－3.8

市场及销售　1995 年厅系统企业实现销售收入 92 686 万元，比上年增长 1.9%。产销率为 96%，比上年增加 3.6 个百分点，其中厅系统企业实现销售收入 87 754 万元，比上年增长 0.5% 左右；年末产成品库存 34 858 万元，其中厅系统企业年末产成品库存为 32 927 万元，库存当量 4 个月，比上年上升 11.68%；全省机械工业 50 个归口企业 1995 年盈亏相抵净亏损额 9 848 万元，其中厅系统企业盈亏相抵后，净亏损 8 740 万元，比上年增长 38% 左右，亏损面达 57% 以上。

1995 年厅系统有出口任务的 14 个企业，共完成出口交货值 22 941 万元，比上年增长 25.22%。出口产品中，硅铁占 90%，机电产品主要有量具刃具、工程机械和机床等。

科研成果与新产品　列入 1995 年科研和新产品开发计划的项目共有 41 项，投入开发经费 2 887 元，有 20 个项目通过部、省级鉴定，有 2 个国家级火炬计划项目通过省科委鉴定验收。在已经完成的项目中，青海第一机床厂开发的国家重点科技攻关项目 XH7910/1 立卧转换式加工中心，填补了国内空白，达到国际 90 年代初的水平。青海齿轮厂开发的 3300B 柴油机特殊鼓型齿轮、青海第二机床厂开发的 SK6332A 数控螺杆铣床和 SB722C 单轴数控丝锥磨床、青海工程机械厂开发的 TY150 液压推土机、青海农牧机械厂开发的 NSZⅢ－3400 三效四罐浓缩器等产品，也都达到了国内先进水平，满足了市场需求。

“八五”期间，厅系统各企业共研制了 335 种新产品，平均每年开发 67 个新产品。主要新产品有：多轴组合式柔性制造系统、XH7910/2 型五面加工中心、W2140 卧式加工中心、C6135×16m 重型卧式车床、C84100B 轧辊车床、铁路专用车床

(数控门式车轮车床和数控不落轮对车轮车床)、SB6332数控半自动螺杆铣床、QH2-038旋盘转子铣床、SX-275氧气瓶收口机、TL200轮式推土机、QT165履带式推土机、高精度电子数显千分尺、ZLK1500型桩孔机、9N200牛奶分离器、PGC-500型喷雾干燥设备、10万t型煤成套设备、50t装载机和110kV·A变压器等。

质量 1995年内，全系统共抽查考核了22个企业的53种产品，抽查考核产品的产值为39 603.9万元，占全厅系统工业总产值的45%左右。其中品种合格率为100%，与上年持平；一等品率49.59%，比上年下降了0.81%；产品质量稳定提高率为100%；废品损失率为1.26%，比上年下降了0.06%。同时，按照出口产品的有关规定，对有出口任务的3个企业、7种产品的生产条件以及产品质量进行了认真检查考核，并颁发了生产许可证。

1995年，还评选出山川铸造铁合金集团等8个企业为质量管理先进单位；评选26人为质量管理先进个人；评选先进质量管理小组20个；评选出质量信得过班组6个，其中，青海变压器厂高压绕线组为部级的，山川集团大件车间镗工二组为省级的。

技术改造 1995年，厅系统各企业共完成技术改造总投资6 165万元，竣工验收的项目有：青海工程机械厂承担的扩大生产规模的工程机械技术改造专项，青海重型机床厂和青海第一机床厂承担的数控机床国产化技术改造专项，青海量具刃具厂承担的电子数显量具项目，青海油泵油嘴厂承担的长型喷油嘴生产线项目。

“八五”期间，青海机械工业技术改造总投资达4.95亿元，比“七五”期间技术改造总投资(14 953万元)增加近2.3倍。截止至1995年底，已完成技术改造投资4.7亿元，占投资总额的95%。列入“八五”技术改造计划的24个项目，已竣工验收了13个，占开工项目的54%。

改革及管理 一是青海机械工业企业组建集团工作继续发展，继青海工程机械（集团）有限责任公司和青海数控机床（集团）有限责任公司之后，青海山川机床铸造厂依靠自身裂变，于1995年10月，按现代企业制度要求，正式组建了青海山川铸造铁合金（集团）有限责任公司，并按母子公司体制正式运营，计划1996年第二季度发行股票，改组为上市公司。年初，青海柴油机厂与青海省乐都县通用机械厂等企业联合，组建了青海海力有限责任公司。年底，该公司又兼并了国家大二型企业青海铸造厂，实现了第二次“弱弱”联合，不但扩大了规模，而且取得了显著的经济效益。二是组织结构调整、资产优化重组工作方兴未艾。青海工程机械集团跨行业兼并了青海省交通厅所属青海省第一汽车修理厂，成为该集团的紧密层企业，为集团拓宽生产领域创造了条件；青海山川铸造铁合金集团集体购买了青海省西宁市所属的西宁冶炼厂，为扩大适销对路产品规模打下了基础；青海曲轴厂（青海汽车车桥厂）兼并了西宁市属的西宁车辆厂，为该厂搞多元化经营开辟了道路。三是企业“三项制度”改革向纵深发展，1995年又有6个企业实行了岗位技能工资，它们是：青海电动工具厂、青海海山轴承厂、青海农牧机械厂、青海油泵油嘴厂、青海曲轴厂、青海省汽车配件总公司。厅系统机械企业实行岗位技能工资总数已达17个，占厅系统企业总数的70.8%。山川铸造铁合金集团和青海农牧机械厂实行了厂长年薪制试点。青海第一机床厂、山川铸造铁合金集团、青海重型机床厂和青海海力有限责任公司等4个企业进行了职工全员劳动合同制试点。

同时，各企业实行“改管”结合，十分注意强化企业管理，不断提高对企业管理工作的认识，克服以改代管，以包代管倾向，普遍制定企业管理规划，明确管理目标，健全管理各项基础工作，完善规章制度。在具体实施中，突出重点，狠抓产品质量和财务成本管理。为了促进企业管理水平提高，组织企业管理专家开展企业管理会诊咨询，找出管理工作薄弱环节，提出改进措施，向管理要效益，从而使50%以上的企业改变了管理落后的局面，遏制了企业管理滑坡的势头。

职工教育 1995年内，厅系统共举办6期有18个企业，35名车间主任参加的岗位培训班，经统一考试，成绩全部合格，获得了机械工业部颁发的《岗位业务培训合格证》；组织765名技校毕业生参加四级考试，有245人获得四级等级证书；通过培训，有911人通过工人等级考试，分别领取了初级工、中级工和高级工证书；有314人参加机电一体化（专科段）考试，及格率为34%。

“八五”期间，厅系统共培训各类人才14 000多名。其中技校毕业生4 320人，职工大学（大专）毕业生83名；225人通过了机电一体化（专科段）自学考试；8 068人通过技术工人等级培训；有242名车间主任通过岗位培训，取得了岗位技能证书。

〔撰稿人：青海省机械电子工业厅　安忠年　审稿人：青海省机械电子工业厅　赵宏盛〕

〔责任编辑：王亚水〕

宁夏机械工业

宁夏回族自治区重工业厅

生产发展情况 1995年，宁夏机械工业仍在低谷中运行。由于机械工业面临的市场、资金外部环境发生了很大变化，经济运行步入多年来最困难的时期，经济效益滑坡严重。

1995年，宁夏机械工业系统内28个工业企业，全年累计完成工业总产值157 651万元（当年价），实现销售收入128 864万元，实现利税总额3 881万元，实现利润－1 810万元，分别比上年增长10.02%、23.02%、－1.8%和增亏3 144万元。其中厅直属的16个机械工业企业全年完成工业总产值88 733万元，实现销售收入120 480万元，实现利税3 601万元，实现利润－1 680万元。1995年宁夏机械工业系统主要经济指标完成情况见表1，主要产品产量见表2。

表1　1995年宁夏机械工业系统概况

行　业	企业数(个)	全部职工平均人数(人)	工业总产值(不变价)(万元)	工　业增加值(万元)	产品销售收入(当年价)(万元)	产品销售税金及附加(万元)	利润总额(万元)	固定资产 原价(万元)	固定资产 净值平均余额(万元)
合计	28	28 529	95 756	36 176	128 864	432	－1 810	99 562	64 438
农业机械	8	4 428	26 915	3 406	37 004	22	－676	13 200	8 157
机床工具	3	5 711	11 810	4 680	17 074	35	－1 824	21 987	10 387
机械基础件	4	7 751	29 184	17 981	42 819	156	1 827	31 767	23 899
石化通用机械	1	415	1 354	309	1 088	5	21	759	526
重型矿山机械	1	2 465	9 018	3 295	10 895	99	25	8 064	5 311
电工电器	6	3 121	9 136	2 533	11 468	48	－126	11 858	7 175
仪器仪表	5	4 638	8 339	3 972	8 516	67	－1 058	11 927	8 983

表2　1995年宁夏机械工业系统产品产量

产品名称	单　位	产　量	比上年增长%	产品名称	单　位	产　量	比上年增长%
柴油机	万台	10	8.2倍	水泥设备	t	979	3.5倍
活塞	万只	54	－11.2	手扶拖拉机	台	3 608	2.8
活塞环	万只	309	1.5	小四轮拖拉机	台	12 300	93.7
金属切削机床	台	994	－39.7	农用车辆	辆	707	－31.2
起重设备	t	4 634	－54.4	交流电动机	万kW	15.6	－8.2
工矿配件	t	388	31.5	变压器	万kV·A	19.6	8.9
泵	台	7 179	21.0	高压电瓷	t	937	－36.4
减速机	t	1 634	－31.3	钢芯铝绞线	t	640	－3.0
轴承	万套	252	26.0	布电线	km	13 570	30.4
标准紧固件	t	889	－40.2	工业自动化仪表	万台	2.5	4.2
铸铁件	t	15 661	3.5	电工仪表	万台（只）	11.1	1.0
铸钢件	t	999	－9.0	材料试验机	台	738	－7.1
矿山设备	t	673	－18.3	电焊条	t	6 298	12.1

市场及销售 1995年，宁夏机械工业产品销售收入增长比例较大的有柴油机、小四轮拖拉机、轴承、布电线等，下降比例较大的有机床、起重运输机械等。产品出口和外经工作有了新的进展。1995年全厅出口创汇918万美元，其中长城须崎有限责任公司出口机床铸件7 500t，创汇750万美元，已成为全国铸件产品的重要出口基地之一。宁夏机械设备进出口公司为扩大区内机电产品出口做

了大量的工作，完成创汇 710.7 万美元，实现利润 120 万人民币，取得了较好的经营成绩。

新产品 1995 年，全厅完成开发科研新产品 199 项，是"八五"期间完成最多的一年，新产品产值 19 906 万元，利税 340 万元，新产品产值率 21.6%。"八五"期间，累计开发新产品 838 种，实现产值 65 530 万元，创利税 7 100 万元。到 1995 年末，产品品种达到 4 300 种，其中主要产品品种约 20% 达到国际 80 年代中期以上水平。目前，数控机床、大中型轴承、50t 以上起重机、大中型减速器、工业自动化调节阀、柴油机、小型拖拉机、水泥设备、机床铸铁件、电机、电焊条、水泵等产品在市场上有较强的竞争力，形成了一定的优势和特色。其中树脂砂机床铸件，核电站、化工特种调节阀，管道输送设备，珩磨机，铁路轴承等在质量和数量上在全国同行业中占有一定地位。

质量 1995 年，全厅机械行业的产品由国家监督抽查 4 种产品，合格率为 100%；自治区监督抽查 109 种产品，合格率为 95.4%；全国质量统检 11 种产品，合格率为 81.8%，居全国受检的 34 个省市的第十一位，在机械工业部一等品复查中也都顺利通过，表明机械产品质量基本稳定。质量体系认证工作有了新的进展，吴忠仪表厂率先于 1995 年 9 月通过华信公司的质量体系认证，成为自治区首家通过质量体系认证的企业。为了推广该厂的经验，厅在该厂召开了现场会，加快了贯彻 GB/T19000（ISO9000）的步伐。

技术改造 1995 年，宁夏机械工业克服资金短缺的困难，保证基建、技术改造投入，全年完成基建、技改投资 6 890 万元，已竣工验收 9 项。"八五"技术改造投资累计完成投资 3.25 亿元，竣工验收 19 个项目，完成了技改计划的 64.6% 和项目总数的 70%。新建生产厂房面积 144 561m²，新增设备 1 216 台（套），引进国外先进设备仪器 51 台（套），引进国外先进制造技术 4 项，利用微电子技术改造旧设备 300 多台。通过技术改造，使全区机械行业高技术产品所占比例明显增加，出口产品的数量和品种逐年扩大，为重点工程提供成套设备的能力增强，工艺装备、数控化率和整体水平有了很大提高。

改革及管理 1995 年，宁夏机械工业在深化改革、制度创新方面开展了一系列工作。劳动用工、工资分配和社会保险制度的改革有较大突破。企业用工自主权基本落实，全员劳动合同制签证率已达 63%，厅直属企业全部实行了工效挂钩和建立了工资储备金制度，企业内部推行了岗位技能工资制。社会保险制度改革完成了退休养老金由企业负责到社会统筹的过渡。西北轴承厂和宁夏电机总厂分别被列为国家和自治区建立现代企业制度试点企业，西北轴承厂已进入全面实施运行阶段，宁夏电机总厂的方案进入准备报批阶段。原宁夏锅炉安装工程公司、宁夏重工业物资供销总公司、宁夏国防工业经贸总公司合并组建了宁夏机电国防工业供销总公司。大河机床厂和长城机床厂组建了宁夏机床（集团）有限责任公司。厅机关机构改革工作顺利完成，机构设置、人员编制分别比原来减少了 30% 和 26%。

〔撰稿人：宁夏回族自治区重工业厅　张建中
审稿人：宁夏回族自治区重工业厅厅长　陈德祥〕
〔责任编辑：王亚水〕

新疆机械工业

新疆维吾尔自治区机械电子工业厅

生产发展情况 1995 年，新疆机械工业计划管理内 99 个企业完成工业总产值 162 067 万元，比上年略有增长，销售收入 188 420 万元，较上年增长 0.13%，实现利税 - 7 095 万元。全系统行业情况见表 1、表 2。

科研成果 1995 年，达到区内、国内先进水平以及填补自治区空白、国家专利的科研成果有：新疆邮电器材厂 HYA - 300 - 2 400 对全塑市话电缆，新疆海河防泥沙潜水泵厂 QJF 系列防泥沙潜水泵，新疆潜水泵厂 250QJ160、300QJ230、200QJ20、200QJ50、200QJ80 系列潜水电泵，新疆汽车厂 XQD9360B 半挂汽车、XQD9360GYY 运油半挂车，新疆水泵厂 IH50 - 32 - 200 化工离心泵，新疆机械研究所消除糖水葡萄罐头中酒石沉淀工艺技术中间试验、果茶工艺及成套设备。还有 8 项科研成果获奖，即：铸态中锰抗磨球墨铸铁研究和硬质合金可转位刀具推广应用获自治区科技进步二等奖，可控气氛专用渗碳剂研究获自治区科技进步三等奖，浮漂式地漏获第九届全国发明展览会银奖，蕃茄酱打浆机获机电行业优秀科技成果一等奖，微机核子秤推广应用、可控气氛专用渗碳剂在气体渗碳中的应用、消除葡萄汁酒石沉淀技术装置获机电行业优秀科技成果二等奖。

1995 年，新疆机械科研所共承担各类科研 39 项，其中纵向科研项目 6 项，横向科研项目 24 项，该所自立科研项目 9 项，完成或按计划完成 35 项，课题完成率 89.7%，签订各类技术合同 29 项，技术合同额为 246 万元。

表 1　1995 年新疆机械工业系统概况

行　业	企业数（个）	全部职工平均人数（人）	工业总产值（不变价）（万元）	工　业增加值（万元）	产品销售收入（当年价）（万元）	产品销售税金及附加（万元）	利　润总　额（万元）	固定资产	
								原价（万元）	净值平均余额（万元）
合计	99	56 697	162 067	90 684	188 420	827	-17 220	209 338	111 545
农业机械	27	14 784	52 750	70 668	66 489	141	-463	47 094	22 014
工程机械	2	1 940	2 911	1 484	4 669	30	5	3 040	2 752
机床工具	1	483	879	385	1 018	7	78	4 121	2 329
机械基础件	5	2 955	4 139	830	5 436	30	-948	9 469	3 028
石化通用机械	7	2 570	6 691	2 022	6 699	48	115	7 347	4 335
重型矿山机械	5	1 987	3 478	1 084	4 706	26	-473	8 363	3 955
汽车	20	13 126	37 958	1 663	44 870	302	-10 489	62 463	35 390
电工电器	17	9 177	40 781	11 564	43 106	171	-10	38 930	22 700
食品包装机械	1	337	617	137	515	8	5	1 258	756
其他	14	9 338	11 863	847	10 912	60	-5 039	27 249	14 286

表 2　1995 年新疆机械工业系统产品产量

产品名称	单　位	产　量	比上年增长%	产品名称	单　位	产　量	比上年增长%
工业锅炉	t（蒸汽）	1 948	-0.1	拖拉机、内燃机配件	套	2 343.1	0.4
农村用小水轮机	万 kW	1.2	-0.2	农牧及排灌机械配件	t	341.2	
金属切削机床	台	103	-0.3	汽车	辆	751	-0.4
起重设备	t	1 230.4	-0.1	改装汽车	辆	2 286	-0.2
运输设备	t	287.8	-0.3	汽车拖车	辆	275	
工业泵	台	3 363	-0.2	营房车	辆	313	
农业泵	台	5 130	0.5	摩托车	辆	1 686	
风机	台	2 213	0.2	汽车配件	万元	8 944.6	-0.3
轴承	万套	94.1		工矿配件	t	565.8	0.2
标准紧固件	万件	4 686.9	-0.5	交流电动机	万 kW	22	
弹簧	万件	121		变压器	万 kV·A	113	0.4
工业链条	t	95.7		高压开关板	面	469	0.2
矿山设备	t	150.9		低压开关板	面	2 918	-0.1
冶炼设备	t	74		钢芯铝绞线	t	1 355	2.0
铸铁件	t	4 389.3		电力电缆	km	291	
锻钢件	t	126.7		通讯电缆	km	1 498	0.7
石油机械配件	t	103.1	-1.0	布电线	km	14 587	
石油钻采设备	t	827		铅酸蓄电池	万 kVA·h	20.8	0.2
炼油化工设备	t	115	-0.9	电焊机	台	3 405	0.1
大中型拖拉机	台	16	-0.1	电焊条	t	7 745.2	-0.2
小型拖拉机	台	30 349	0.3	液化气罐	个	85 117	
机引耕作农具	台	1 845		液化气灶	个	2 867	
农田基本建设机具	台	70		建筑五金	万元	1 679	
种植机械	台	1 272	2.3	打夯机	t	466	
小型拖拉机配套农具	台	6 073		搅拌机	t	1 007	
机动植保机械	台	409		振动器	t	1 183	
收获机械	台	1 800	2.0	油桶	只	274 543	
场上作业机械	台	462		包装桶	只	37 774	
农副产品加工机械	台	101					

主要成果有：（1）6PT－1.0B 型葡萄干加工机组已推广到吐鲁番、鄯善两地的十几个葡萄干生产厂家，受到了用户一致好评，于 1995 年 10 月 31 日通过了用户组织的验收。（2）FDJ400 蕃茄打浆机已在库尔勒蕃茄制品总厂和新疆石河子食品厂等两大蕃茄酱生产基地得到推广应用，并于 1995 年 10 月 31 日通过了用户组织的验收。（3）啤酒花混均设备及其联接装置技术转让项目是由该所与新疆阜北三宝乐啤酒花有限公司合作的，取得了较好的经济效益，于 1995 年 10 月 31 日通过了用户的

验收。(4) 棉籽脱绒设备是一种新型棉籽脱绒设备，目前已基本完成了新设备的台架试验，于1995年12月31日通过了验收，并已向中国专利局申报了该机型的实用新型专利。

新产品 1995年，开发的新产品（包括达到国内先进水平、国家专利和填补自治区空白的）有：新疆昌吉市开关厂GGD型系列低压配电柜、GG-1A（F）高压固定柜、JYN2-10高压手车柜、GCK低压抽出式开关柜，新疆益康环保设备厂TDXC型陶瓷多管旋风除尘器，新疆汽车厂XQD4140G1半挂牵引汽车、XQD9200B半挂车(15t)、XQD4150G1半挂牵引汽车、XQD9260B半挂车（20t)，新疆昌吉州昌峰低压锅炉制造公司$CWWL_{2.8}^{1.4}$-85/60-AII常压卧式热水锅炉，新疆专用汽车厂XZC9170R型10t半挂汽车、XZC9170KR10t半挂汽车、XZC9170K型10t半挂汽车，新疆福利环保设备$CWWL_{2.8}^{1.4}$-85/60-AII常压卧式热水锅炉，新疆迎宾风机厂、新疆电力研究所GQX-T系列多管除尘器，新疆邮电器材厂HYA-300-2400对全塑市话电缆，新疆石油化工机械厂液、气态（汽车）槽车，新疆海河防泥沙潜水泵厂QJF系列防泥沙潜水泵，新疆轻型汽车总厂三轮车分厂新山牌$\frac{T7-750}{T7J-750}$型农用三轮运输车，新疆天山汽车厂TSQ1030型系列公路运输车，新疆巴州红星机电设备厂GGD_2型交流低压配电柜，新疆阿克苏地区电力开关厂JYN2-10间隔型移开式交流金属封闭开关设备、GGD_2型交流低压配电柜，乌市星火电器厂GGD型交流低压配电柜，新疆第三机床厂呋喃树脂砂造型技术及生产线、真空密封造型技术及生产线，新疆潜水泵厂250QJ160、300QJ230、200QJ20、200QJ50、200QJ80系列潜水泵，新疆长安开关厂XGH-10Z箱型开关设备，新疆天华锅炉责任有限公司小型锅炉CAD项目，新疆天龙锁厂IC全保护式汽车电压调节器，新疆汽车厂XQD9360B半挂汽车、XQD9360GYY运油半挂车、XQD3140G5A自卸汽车，新疆水泵厂IH50-32-200、IH65-40-200、IH65-50-160、IH50-32-160化工离心泵，新电公司蓄电池厂塑壳系列起动用汽车蓄电池，新疆轴承厂129908座圈带外罩无保持架的推力圆锥滚子轴承、329909K轴圈带外罩圈无挡边无保持架的推力圆锥滚子轴承、409908K轴圈带外罩的单向推力圆柱滚子轴承。

质量 1995年初召开了机电行业检验科长会议暨全行业优秀质量检验人员表彰大会，表彰了行业质检员12名、优秀质检员58名，同时以大会名义向新疆全行业提议搞好质量检验的倡议书。1995年召开了质量统计工作会议和质量统计人员上岗培训，总结了1995年度质量统计工作，表彰了质量统计先进单位6个，质量统计先进个人15个，参加培训的质量统计人员经考试合格者颁发了上岗证书。1995年召开了机电质量管理协会理事大会，总结了1994年度质协工作，讨论确定1995年—1996年质协的主要工作安排，就组织结构进行了补充，成立了工艺协作委员会，并筹备行业工艺协作协会，召开了部分企业领导参加的工艺突破口工作座谈会，会上一致赞同行业成立制造工艺管理委员会，暂挂靠质量管理协会。

1995年向全行业推行贯彻国家新的GB/TH《标准导则》及宣传贯彻GB/T19000标准，引导企业加强质量管理的基础建设和质量体系的建立完善。

组织了机电行业1995年创新疆名牌产品活动、推荐机电行业4个产品上报自治区，经自治区经委组织终审，机电行业3个产品定为新疆名牌产品，即：新疆联合收割机厂生产的新山牌联合收割机，新疆十月拖拉机厂生产的新拖牌小四轮拖拉机，新疆潜水泵厂生产的五家渠水电泵。

对机电行业80个考核企业进行了质量检验、质量管理和质量工作等状况调查，并就调查情况写出了分析报告，向企业进行了指导性宣讲。针对全国性质量管理严重滑坡，经济效益不佳，机电行业在抓管理练内功，减少损耗显得至关重要，企业厂长亦是关键，为此以新机电技字（95）270号文《新疆机械电子工业企业厂长（经理）必须亲自抓质量的规定》的通知下发到各企业。

为配合自治区1995年—1996年度打假的活动，并就抵御假冒伪劣商品的流进，做到净化自己的流通商品，维护消费者和单位的利益，提出了实施意见，指导厅直属单位的打假工作。

技术改造 编制了《新疆机械工业"九五"计划及2010年规划纲要》（草案)，草案提出了新疆机械工业"九五"总体发展战略是：培育一个重点，加大三个力度，扶持五个行业。

1995年自治区经委下达技改投资计划3 640万元，其中申请银行贷款2 575万元，企业自筹1 065万元，全年有7个企业技改项目实际完成投资额3 747万元（含1994年结转资金970万元)。

为支持农机发展，机械工业部和经贸委同意新疆十月拖拉机厂XJ-503H型棉田拖拉机1 000台的改造项目，新疆联合集团XJ-2小型联合收割机3 000台技改项目和新疆齿轮厂为农机配套齿轮及齿轮箱改造项目提前启动。

完成了对新疆第三机床厂铸造车间技改项目立项审查和初步设计审查工作，与自治区经委联合批复并上报司法部。

1995年底，对新疆联合收割机厂、新疆十月拖拉机厂、新疆水泵厂、新疆专用汽车厂、新疆轴承厂的技术改造项目进行了竣工验收，完成了年初制定的验收任务。

对新疆奎屯砂轮厂、奎屯机械厂"八五"项目执行情况，与工厂交换了产品调整意见。根据市工业锅炉厂将与低压容器厂进行合并，对其项目总投资、建设内容进行了相应调整。

对外合作 1995年出口成交总额为698万美元，实际完成513万美元，比上年增长24%。其中现汇出口511万美元，较上年增长39%，易货出口2万美元。进口订货908万美元，进口到货482万美元。

积极主动组织开发新产品、新项目，寻找新客户。出口商品的品种由以前单一经营机械设备和工农具增加到经营轻工产品、建筑五金、工艺美术品、文化旅游用品、食品及食品加工机械、非金属矿产品、化工产品等。出口国家及地区由1994年的17个增加到1995年的21个，主要有：韩国、泰国、马来西亚、新加坡、巴基斯坦、孟加拉、尼泊尔、阿联酋、摩洛哥、毛里求斯、西班牙、哈萨克斯坦、葡萄牙、委内瑞拉、智利、加拿大、美国、澳大利亚、瑞士、沙特阿拉伯及香港地区等。

职工教育 1995年12月26日～28日在新疆五家渠召开了自治区机械电子工业教育工作会议，传达学习了机械工业部和电子工业部教育工作会议精神，总结1995年工作的同时安排了1996年的工作，着重研究全区机电工业职工教育和职业技术教育的改革与发展问题。

开考了工业工程高等教育自学考试，在开考机电一体化工程专业专科和本科段自学考试的基础上，会同自治区自学考试指导委员会开考了培养技术和管理人才的工业工程专业专科、本科、本科段自学考试。自治区自考委和机电厅联合印发了新考委自字（1995）10号文件，并做出了具体安排。

组织举行电子工种技术比赛。会同劳动厅总工会、团委、工商局、残疾人联合会，家电维修中心，个体劳动者协会等部门联合组织了首届家电维修（彩电）技术比赛，由8人组成的新疆代表队参加了在北京举行的全国比赛。

组织安排机关事业单位技术工人培训考核工作，成立组织25个机电工种培训考核的4个考核站，组织举办电工、车工、钳工、计算机文字录入处理员以及打字复印、电梯、焊接等工种的培训考核，全疆已有200多人参加了培训考核。

编译出版技工培训民语教材，在编译出版民语4本基础课教材的基础上编译出版了维修电工专业课教材，受到自治区劳动厅行文表扬。

〔撰稿人：新疆维吾尔自治区机械电子工业厅董淑芝　审稿人：新疆维吾尔自治区机械电子工业厅厅长　莫罕买提·马木提〕

〔责任编辑：王亚水〕

台湾机电工业

中国社会科学院台湾研究所

总述 1995年以来，台湾经济继续保持较好的发展势头，对外贸易高速增长，民间投资持续增加，工业生产回升，两岸经贸关系更加密切。但是股票与房地产市场继续走低，金融市场动荡。总体看，台湾经济表现尚好，全年经济增长率达6.06%，人均国民生产总值达12 439美元，而通货膨胀率只有3.6%。

1995年，台湾省内国民生产总值预计达69 329.45亿元台币，其中农业为2 435.03亿元台币，占3.51%；工业为25 220.8亿元台币，占36.38%；服务业为41 673.62亿元台币，占60.11%，服务业产值将首次超过60%。

1994年以来，台湾当局致力于推动“经济振兴方案”，民间投资持续增长，但因总体经济不景气，新设厂数减少。1995年，制造业新设工厂登记数计6 905个，较上年下降2.95%，但新设工厂登记资本额达921亿元台币，较上年同期增长7.58%。歇业厂数为5 992个，全年正常营运的工厂个数增长1.13%，达到81 633个，增加930个。特别是正常营运的工厂增资个数为7 190个，增加投资额为4 990亿元台币，较1994年分别增长15.8%与39.23%，显示制造业正朝向资本密集型与企业大型化方向调整。

到1995年底，台湾当局推动的2亿元台币以上的大型投资项目755个，投资总金额为1.57万亿元台币。其中1995年的大型投资项目计337个，投资总金额2 508亿元台币，为1992年推动以来增长最快的一年。其中又以技术密集投资额最多，计1 572亿元台币，而电机电子业就占了1 426亿元台币。特别是继上半年后，新竹科学园区高科技增资潮不减，第三季度以来，增资厂商高达30个，增资金额200亿元台币，创下历年单季增资金额新纪录。

外商对台投资自1994年始改变过去连续四年的下降局面，呈较快增长势头。1995年，外商对台直接投资达29.25亿美元，较上年同期增长79.39%。其投资行业居前三位的依次是电子电器产品制造业、化学品制造业与金融保险业。

由于财政吃紧，公营事业日渐民营化，民间投资正逐渐取代官方投资而成为省内固定投资的主流和维持经济增长的主要动力。省内投资增加，造成台商对外投资相对减少。1995年，台核准对外投资金额为13.57亿美元，较上年下降了16.07%。其中美国仍是台湾投资最多的国家，越南紧随其后。

1995年，台湾对外贸易呈现高速增长，进、出口额均首次突破千亿美元大关，贸易总额突破2 000亿美元，计2 152.6亿美元，较上年增长20.6%。其中，出口金额计1 116.9亿美元，较上年增长20%；进口金额1 035.7亿美元，较上年增长21.4%；累计贸易顺差为81.1亿美元，超过上年的77亿美元，这是台湾自1992年贸易顺差持续下降以来首次回升。对外贸易的高速增长成为支撑台湾经济持续发展的重要因素。外贸进、出口额保持20%以上的增长率，成为80年代末以来最高年增长率，保证了台湾经济得以保持6%以上的增长。

贸易地区仍集中在亚洲、北美与欧洲，分别占当年台湾贸易总额的51%、23.3%与16%。台湾的前十大出口市场为美国、香港、日本、新加坡、德国、荷兰、泰国、马来西亚、韩国与英国，其中亚洲占了6个。十大进口地区为日本、美国、德国、韩国、中国大陆、新加坡、马来西亚、澳大利亚、印度尼西亚与香港。

日本仍然是台湾最大的贸易逆差来源地，全年达171.3亿美元，较上年增长17.4%。对欧贸易自1993年由顺差转为逆差，1995年逆差计29.7亿美元。对韩国的贸易逆差达到17.5亿美元。

在贸易出口产品结构上，工业产品出口额计1 074亿美元，占总出口额的96.2%，较上年增长20.4%；农产品及农产加工品合计出口额只有42.8亿美元，仅占0.8%，较上年增长9.1%。在工业产品内部，重化工业产品出口占58.6%，非重化工业产品占37.6%。

出口产品中，机械及电机设备达488.5亿美元，占总出口额的43.7%，其增长率也高达29.2%。其中，资讯与通信产品、电子产品分别增长46%与31.8%；基本金属及其制品出口增长24.2%，占出口总额的9%；纺织品出口增长也达11.6%，仍以14%占出口总额比重的第二位。上述三项占了出口产品总额的66.7%。

在进口产品结构中，资本设备进口额为168.7亿美元，占16.3%，较上年增长24%，居第一；农工原料进口额为745.7亿美元，占72%，较上年增长23.7%；消费品进口额为121.3亿美元，占11.7%，较上年仅增长6.1%。这显示台湾产业仍在持续扩张，而消费市场相对萎缩，与省内整体经济表现相吻合。

在进口产品行业中，也以机械及电机设备额为最大，达356.6亿美元，占进口总额的34.4%，较上年增长30.6%；基本金属及其制品进口额为129.4亿美元，占12.5%，较上年增长32.3%。

工业生产增长速度减缓。1995年以来，尽管建筑业不景气，矿业持续减产，但在外销订单与省内投资均大幅增加情况下，制造业前三季度较前几年发展更好。由于台湾企业约一半的生产供出口外销，在外销订单保持10%以上增长的带动下，保证了企业生产得以正常或较好的运转。自1994年9月以来，外销订单年增长率已连续12个月保持10%以上增长，其中资讯与通信产品订单已排到1996年3月。这不仅标志着出口的持续扩张，也是带动工业生产发展的重要因素。前9个月，工业生产年增长率达6.01%，其中，制造业增长7%。上半年工业产品外销增长25.4%，为近20年来所少见。同时，上半年劳动生产率增长8.4%，而劳动成本下降1.6%，显示工业产品竞争力逐步提高。但9月份工业生产增长走低，11月份初出现负增长（-0.84%），12月份为负的2.23%，使全年工业生产增长率降为4.2%，较1994年的6.7%为低。其中，制造业与水电煤气业分别增长4.5%与6.3%，均较1994年的5.8%与7.8%为低；而矿业和房屋建筑业则分别下降3%与3.9%。

就制造业内部而言，发展则不平衡，生产表现为两极化发展。石油及煤制品、电力及电子机械业分别增长22%与17%；塑料制品业下降8.7%、家具装饰品业下降12.8%、皮革毛皮业下降14.89%、木竹制品业下降22%，这也正体现了台湾经济的转型过程。

1995年，制造业销售额达58 378亿元台币，较1994年增长11.61%，其中内销值为36 746亿元台币，外销值为21 632亿元台币，其年增长率分别为9.36%与15.98%，显示外销市场较内销市场更活跃。

制造业内销比例达62.94%，内销比例较大者有食品饮料业、烟草业、造纸业、印刷业、化学材料业、化学制品业、石油及煤制品业、非金属矿物制品业、基本金属工业及运输工具业等10个行业，其内销比率均超过72%以上。外销比例为37.06%，以外销为主的产业有成衣服饰业、家具业、电力及电子器材业、精密器械业等，除电力及电子器材业外销比率略有增加外，其余四项产业均呈下降趋势。

就行业看，电力及电子器材业销售在制造业中一枝独秀，达13 869亿元台币，居各产业销售值首位，且较上年增长26.62%。销售值达4 000亿元台币以上的有运输工业、食品业、化学材料业、基本金属工业等。而化学材料业销售值增长32.57%，是制造业中销售增长最快的产业。

机电工业概况 1995年，机电工业总产值为21 622.82亿元台币，占制造业总产值的32.28%。其中，电力及电子器材业产值为13 793.12亿元台币，占机电工业总产值的63.8%，也占制造业总产值的20.6%；一般机械业产值为2 660.28亿元台币，分别占机电工业总产值与制造业总产值的12.3%与4%；运输工具业产值为4 673.89亿元台币，分别占21.6%与7%；精密机械业产值为495.53亿元台币，分别占2.3%与0.7%。

1995年，台湾机电工业产品出口总额达568亿美元，较上年增长26.4%，占出口总额的比重首次超过50%，达50.8%。其中，机械及电机设备出口额达到488.5亿美元，占出口总额的比重达43.7%。在机械与电机设备出口中，电子产品仍是机电工业出口最大宗，计162.6亿美元，增长31.8%，占出口总额比重为14.6%；资讯与通信产品出口额达99.2亿美元，居第二位，较上年增长46%，占出口额比重为8.9%；居第三位的是机械产品，出口额为83.5亿美元，增长15.9%，占出口额比重为7.5%；电机产品出口额为40亿美元，增长16.1%，占出口额比重为3.6%（见表1）。

表1　1995年台湾机械电子工业产品进出口贸易情况

（按台湾商品标准分类）　　（单位：亿美元）

行　业	1995年				1994年				出口增长率（%）	进口增长率（%）
	出口额	比重（%）	进口额	比重（%）	出口额	比重（%）	进口额	比重（%）		
1. 机械及电机设备	488.5	43.7	356.6	34.4	378.2	40.6	273.0	32.0	29.2	30.6
（1）电子产品	162.6	14.6	168.2	16.2	123.4	13.3	122.7	14.4	31.8	37.2
（2）机械	83.5	7.5	103.5	10.0	72.1	7.8	80.8	9.5	15.9	28.1
（3）电机产品	40.0	3.6	35.6	3.4	34.5	3.7	29.9	3.5	16.1	19.1
（4）资讯与通信产品	99.2	8.9	22.7	2.2	68.2	7.3	17.6	2.1	46.0	29.4
（5）家用电器	8.8	0.8	5.8	0.6	8.3	0.9	5.9	0.7	6.1	-1.7
2. 车辆、航空器、船舶及其他运输设备	53.6	4.8	60.4	5.8	48.2	5.2	61.0	7.1	11.4	-1.0
3. 精密仪器、钟表、乐器	25.9	2.3	41.6	4.0	22.9	2.5	34.5	4.0	12.9	21.1
（1）光学、照相、计量、医疗等产品	14.6	1.3	32.5	3.1	12.2	1.3	26.3	3.1	19.9	23.8
（2）钟表	4.4	0.4	4.4	0.3	4.3	0.5	3.6	0.4	2.0	-5.5
合计	568.0	50.8	458.6	44.2	449.3	48.3	368.5	43.1	26.4	24.5

资料来源：台湾《进出口贸易统计快报》，1995年12月。

机电工业产品进口总额达到458.6亿美元，较上年大幅增长24.5%，占进口总额的比重从上年的43.1%上升为44.2%。其中，机械及电机产品进口额达356.6亿美元，占出口额的比重从上年的32%上升为34.4%。在机械及电机产品进口中，电子产品也是进口额最大的机电产品，进口额为168.2亿美元，增长37.2%，占进口额的比重为16.2%，均超过电子产品出口额、增长速度与出口比重；机械产品进口额为103.5亿美元，居进口额的第二位，年增长28.1%，占进口总额的10%。

一般机械制造业　1995年，台湾一般机械工业产值为2 660.3亿元台币，较上年增长6.39%，与1994年基本持平，仍居机电工业增长率的第二位。其中增幅较大的有切削工具机（33.74%）、造纸印刷机械（15.58%）、成型工具机（14.27%），而食品饮料机械与木工切削机械减幅较大，分别较上年下降11.06%与9.44%（见表2）。

表2　1995年一般机械制造业产值与增长率　　（单位：亿元台币）

行　业	1995年		1994年	
	产　值	增长率（%）	产　值	增长率（%）
1. 动力机械	56.79	12.06	50.68	-19.00
2. 农业及园艺机械	30.80	7.92	28.54	7.05
3. 切削工具机	244.11	33.74	182.53	10.58
4. 成型工具机	78.95	14.27	69.09	12.98
5. 纺织及成衣机械	319.62	-2.65	328.32	4.27
6. 食品饮料机械	36.67	-11.06	41.23	-12.56
7. 化工机械制造修配	117.13	-1.45	118.85	-4.99
8. 塑料橡胶机械	176.26	7.12	164.54	-3.49
9. 造纸印刷机械	73.37	15.58	63.48	6.22
10. 木工切削机械	101.19	-9.44	111.74	7.87
11. 其他专用生产机械	90.31	10.74	81.55	11.61
12. 运送机械设备	278.73	8.10	257.85	18.11
13. 办公机械	38.30	6.01	36.13	71.23
14. 其他机械制造修配业	1 018.04	5.40	965.90	7.23
合计	2 660.28	6.39	2 500.42	6.42

资料来源：台湾《工业生产统计月报》，1996年2月。

就单项产值而言，纺织及成衣机械产值最大，计319.62亿元台币；运送机械设备产值居第二位，计278.73亿元台币；切削工具机产值居第三位，为244.11亿元台币。产值超过百亿元台币以上的还有化工机械制造修配、塑料橡胶机械、木工切削机械，其他机械产值较小。

在主要工具机生产方面，1995年，产量下降的有锯床、钻床与其他切削工具机。各种机床产品的产销情况详见表3。

表3　1995年台湾主要工具机（床）产销情况　（单位：台）

产　品	1995年		1994年	
	生产量	销售量	生产量	销售量
1.NC车床	3 999	3 837	2 648	2 711
2.铣床	13 399	13 416	11 379	11 430
3.锯床	57 433	57 020	66 925	65 733
4.一般车床	8 360	8 368	8 110	8 004
5.钻床	169 724	169 950	194 316	194 365
6.磨床	7 189	7 163	5 800	5 862
7.综合切削中心机	4 090	3 995	2 757	2 848
8.其他NC工具机	1 115	1 390	954	1 001
9.其他切削工具机	411 081	411 023	606 380	606 510
10.压床	3 965	4 007	3 196	3 232

资料来源：同表2。

电力电子器材业　1995年，电力电子器材业产值达13 793.12亿元台币，较上年增长26.83%，占制造业总产值66 992.32亿元台币的20.59%，占机电工业总产值的63.8%。

在电力电子器材业的9大门类26个细类中发展并不平衡，其中，电子零组件产值最高，增长最快，产值为5 656.71亿元台币，较上年增长40.20%；资料处理设备（电脑）产值3 798.41亿元台币，较上年增长40.20%。其他产品的产值与增长率详见表4。

表4　1995年台湾电力电子器材制造业产值与增长率　（单位：亿元台币）

行　业	1995年		1994年	
	产　值	增长率（%）	产　值	增长率（%）
1.发电输配电机械	416.24	0.77	413.07	11.19
2.电线及电缆	990.76	16.16	852.96	9.62
3.家用电器	892.88	0.82	885.64	14.81
（1）冷冻空调器具	459.18	1.15	453.98	33.05
（2）洗衣设备	48.92	6.28	46.03	34.75
（3）电热器具	44.38	-1.31	44.97	12.03
（4）电扇	122.78	-5.62	130.09	-1.84
（5）其他家用电器	217.62	3.35	210.57	-5.72
4.照明设备	113.77	-9.04	125.08	-15.50
（1）电灯泡及灯管	39.45	0.10	39.41	7.88
（2）照明器具	74.32	-13.25	85.67	-23.17
5.资料处理设备（电脑）	3 798.41	40.20	2 709.22	14.53
（1）资料处理设备	1 255.75	61.09	779.52	16.87
（2）资料储存媒体	45.04	-9.70	49.88	-11.09
（3）资料终端装置	1 255.21	40.10	895.97	12.03
（4）资料输出入周边设备	180.93	19.91	150.89	15.00
（5）电脑组件	659.35	22.85	536.70	36.85
（6）其他电脑设备	402.13	35.74	296.26	-7.23
6.电子产品	732.77	0.60	728.43	0.92
（1）电视机录放影机	170.59	1.19	168.59	-0.58

（续）

行　业	1995年		1994年	
	产　值	增长率（%）	产　值	增长率（%）
（2）电唱机收录音机	147.95	4.42	141.69	-8.60
（3）影视音响零配件	268.68	-1.08	271.61	14.79
（4）其他电子产品	145.55	-0.68	146.54	-8.74
7.通信器材	553.25	6.33	520.32	-3.12
（1）有线通信机械器材	410.97	5.92	387.99	3.08
（2）无线电信机械器材	142.28	7.52	132.33	-17.66
8.电子零组件	5 656.71	39.07	4 067.45	17.35
（1）电子管半导体	2 335.40	52.00	1 536.49	13.21
（2）被动电子元件	546.91	26.33	432.93	8.46
（3）其他电子零组件	2 774.40	32.24	2 098.03	22.82
9.电工器材	638.34	11.40	573.01	14.68
（1）电池	73.00	9.61	66.60	18.02
（2）其他电工器材	565.34	11.64	506.41	14.25

资料来源：同表2。

在主要电机产品产销方面，总体上产销平衡，多数产品销大于产。与上年相比，断路器、发动机、发电机、微型电动机（3W以下）、高低压配电盘等产量较上年减少；只有变压器与电力开关产量较上年增加。其中，电力开关产量达到841.6万台，取代断路器成为电机产品最大宗；断路器以698.6万台居第二位；发动机仍以559.9万台居第三位；产量最小的是发电机，计2 524台（详见表5）。

表5　1995年台湾主要电机产品产销情况

产　品	单位	1995年		1994年	
		生产量	销售量	生产量	销售量
1.微型电动机（3W以下）	只	241 973	242 520	265 919	268 881
2.变压器	台	85 836	88 875	78 343	78 624
3.发电机	台	2 524	2 521	3 180	2 766
4.发动机	台	5 598 946	5 522 111	6 691 184	6 615 776
5.电力电容器	台	49 924	49 049	52 115	52 934
6.高低压配电盘	台	26 144	26 142	28 649	28 682
7.断路器	台	6 986 409	7 025 096	7 827 824	7 718 097
8.电力开关	台	8 416 326	8 495 795	7 474 449	7 221 202

资料来源：同表2。

台湾消费性电子（家用电器）在激烈的竞争中面临转型。如电视机、洗衣机、电冰箱等均趋于饱和，录放机市场开始萎缩，新兴商品中高画质电视机、影像光盘机、数位光盘机等也面临进一步的开发。1995年，家用电器产值达到892.88亿元台币，仅较上年增长0.82%。其中，洗衣设备产值有较大增长，达6.28%；而电扇产值则下降5.62%。就家用电器产销情况而言，除箱式冷气机、烘衣机、微波炉、电磁炉、通风电扇产大于销外，其余产品均销大于产。与上年比较，除窗型与箱型冷气机、电冰箱、洗衣机、饮水机及开饮机等产量较上年增加外，汽车冷气机、烘衣机、电子锅、微波炉、电磁炉、电风扇、通风电扇、排油烟机与果汁机等产品均不同程度减产。产量最大的还是电风扇，计1 525万台；窗型冷气机产量居第二位，计158万台；果汁机产量以126万台居第三位（见表6）。

电线电缆业产值继续保持高速增长。1995年，其产值达990.76亿元台币，较上年增长16.16%。在主要产品产销方面，裸铜线、纱漆包线与通信用电线及电缆产大于销，且产量均较上年下降；电子线与电力用电线及电缆则销大于产，产量均较上年增加。其中，电子线产量回升到6万t，裸铜线产量降至50万t以下（计49.88万t），通信用电线及电缆产量最小，计4.5万t（见表7）。

表 6　1995 年台湾主要家电产品产销情况　（单位：台）

产　品	1995 年		1994 年	
	生产量	销售量	生产量	销售量
1. 窗型冷气机	1 584 631	1 600 248	1 487 543	1 410 763
2. 箱型冷气机	50 955	47 069	43 781	41 171
3. 汽车冷气机	177 828	178 665	209 695	217 561
4. 电冰箱	522 539	539 285	471 108	519 380
5. 洗衣机	371 446	397 226	369 470	382 539
6. 烘衣机	129 753	127 813	136 510	139 211
7. 电子锅	536 986	537 716	578 525	531 914
8. 微波炉	251 140	244 895	258 272	256 889
9. 电磁炉	405 239	383 912	433 793	453 428
10. 饮水机、开饮机	159 097	159 744	144 293	149 651
11. 电风扇	15 254 045	15 263 726	17 547 543	17 505 181
12. 通风电扇	649 138	634 322	653 278	646 524
13. 排油烟机	572 551	588 100	596 908	608 705
14. 果汁（菜）机	1 266 439	1 293 066	1 367 474	1 383 128

资料来源：同表 2。

表 7　1995 年台湾电线电缆产销情况　（单位：t）

产　品	1995 年		1994 年	
	生产量	销售量	生产量	销售量
1. 裸铜线	498 791	356 405	549 435	404 394
2. 纱漆包线	83 228	79 948	84 947	81 508
3. 电子线	60 355	62 088	58 896	61 430
4. 电力用电线及电缆	281 135	285 728	280 582	284 553
5. 通信用电线及电缆	45 476	44 981	48 401	50 176

资料来源：同表 2。

高新科技产业——资讯电子产业连续三年保持高速增长，成为维持台湾经济增长的“火车头”产业。

1995 年，台湾资料处理设备产值为 3 798.41 亿元台币，较上年增长 40.20%。其中 6 种产品的产值情况详见表 4。

根据“资策会”资讯市场情报中心统计，1995 年，台湾资讯软、硬件工业省内外工厂的总产值达 213.1 亿美元，年增长 33.3%，成为全球第三大生产者。资讯硬件产值为 196.7 亿美元，较上年增长 34.9%，占资讯业总产值的 92.3%。其中省内工厂硬件工业产值达 141.6 亿美元，占台硬件工业产值的 72%；省外工厂产值为 55.1 亿美元，占 28%。资讯服务业产值（营业额）为 16.4 亿美元，较上年增长 17.3%。资讯产品产销与市场占有情况见表 8 至表 12。

台湾资讯业生产基地有些逐渐转移省外。特别是 1992 年以来，使用人力多、利润薄的键盘、监视器、主机板、鼠标、交换式电源供应器等分散到东南亚、中国大陆等地生产，从而台湾建立了国际化的资讯业生产体系。其中在大陆投资生产资讯产品的厂商约 41 个，占台外移厂商的 70%左右（见表 8）。

表 8　1995 年台湾主要资讯产品省内外生产情况　（单位：万台）

产　品	产　量	1994 年	1995 年
监视器	总产量	2 402.8	3 132.9
	省外产量	963.7	1 524.4
键盘	总产量	2 280.0	3 278.0
	省外产量	1 573.2	2 819.0
主机板	总产量	1 754.5	2 086.4
	省外产量	601.6	775.1
鼠标	总产量	2 980.0	4 090.4
	省外产量	774.8	981.7
交换式电源供应器	总产量	2 596.0	3 432.0
	省外产量	1 381.0	2 656.4

资料来源：台“资策会”。转引自《经济日报》，1996 年 3 月 5 日。

在资讯业中，主要产品产量及全球市场占有率情况如下：监视器产量为 3 132.9 万台，占 57%；可携式电脑产量为 259.2 万台，占 27%；桌上型电脑为 456.7 万台，占 10%；主机板为 2 086.4 万台，占 65%；影像扫描器为 248.1 万台，占64%；

绘图卡为930万台，占32%；终端机为95.6万台，占27%；交换式电源供应器为3 432万台，占35%；只读型光盘机为375.2万只，占11%；视卡为166.3万台，占35%；鼠标为4 090.4万台，占72%；网络集线器为93.3万台，占22%；声卡为375万台，占22%；键盘为3 278万台，占65%（见表9）。

表9 1995年台湾主要资讯硬件产品产值情况 （单位：亿美元）

序号	产品	总产值	增长率(%)
1	监视器	72.71	38
2	可携式电脑	33.39	22
3	桌上型电脑	23.14	48
4	主机板	20.46	21
5	交换式电源供应器	8.95	22
6	影像扫描器：桌上型	4.10	44
	掌上型	1.30	18
7	绘图卡	5.16	7
8	键盘	3.58	18
9	只读型光盘机	3.05	1 906
10	网络卡	2.98	41
	其他	17.85	51
	合计	196.67	34.9

注：产值部分含省外工厂产值。

资料来源：台“资策会”。转引自《台湾经济研究月刊》，1996年2月。

在电子业中，台湾的IC（集成电路）增长率达50%，产值达到33亿美元，占全球总产值的2.6%。若将代工业与封装计入IC产业，则台湾整个IC产业产值达72.3亿美元（见表10）。

表10 台湾IC产业情况 （单位：亿美元）

项目	1994年	1995年	增长率（%）
产业总产值	50.24	72.30	43.9
IC设计业	4.70	5.93	26.2
IC制造业	26.49	40.00	51.0
代工业	9.04	12.96	43.4
IC封装业	19.05	26.37	38.4
产品产值	21.97	32.96	50.0
内销比例（%）	42.24	49.01	
市场值	57.12	84.36	

资料来源：台湾《台湾经济研究月刊》，1996年2月。

表11 1995年台湾主要资讯硬件产品产量 （单位：万台）

序号	产品	1995年省内产量	1995年省外产量	省内外总产量	世界市场数量占有率（%）
1	监视器	1 608.5	1 524.4	3 132.9	57
2	可携式电脑	259.2	—	259.2	27
3	桌上型电脑	416.7	40.0	456.7	10
4	主机板	1 311.3	775.1	2 086.4	65
5	影像扫描器	248.1	—	248.1	64
	桌上型	127.8		127.8	49
	掌上型	120.3		120.3	94
6	绘图卡	492.0	438.0	930.0	32
7	网络卡	994.6	31.8	1 026.4	38
8	终端机	95.6	—	95.6	27
9	交换式电源供应器	775.6	2 656.4	3 432.0	35
10	只读型光盘机	282.5	92.7	375.2	11
11	视卡	166.3	—	166.3	35
12	鼠标	3 108.7	981.7	4 090.4	72
13	网络集线器	92.2	1.1	93.3	22
14	声卡	318.8	56.2	375.0	22
15	键盘	458.9	2 819.0	3 278.0	65

资料来源：同表2。

1995年，台湾主要硅晶片（台称晶圆）厂，以营业收入排名，依次为台积电、联电、华邦、德基、茂硅、旺宏、世界先进、合泰，均获得相当好的绩效，从而掀起半导体的投资风潮，预计未来五年内将设立15座203.2mm（8in）硅晶片厂，投资金额达3 000亿元台币，到2000年，台湾地区将成为仅次于美、日、韩的全球第四大半导体工业生产者。

运输工具制造业 1995年，运输工具制造业产值为4 673.89亿元台币，占机电工业总产值的

21.6%，较上年增长5.92%，略低于上年的增长率。其中，铁路车辆修造业产值大幅增长23.88%，但产值很低，只有3.58亿元台币；摩托车零件业产值达到373.39亿元台币，较上年大幅增长20.59%；船舶建造修配业出现好转，产值达173.13亿元台币，一改1994年的大幅衰退局面，出现了17.15%的高增长率。汽车制造业产值虽较上年下降0.09%，但产值仍居运输制造业之冠，达1 644.14亿元台币，若再加上汽车零组件产值合计达2 897.87亿元台币，占运输工具制造业产值的62%（见表13）。

表12　1995年台湾主要电子产品及其零组件产销统计

产　品	单位	1995年		1994年	
		生产量	销售量	生产量	销售量
1. 桌上电脑	台	4 526 092	4 609 618	3 583 913	3 648 776
2. 可携式电脑	台	2 101 416	2 117 279	1 302 450	1 298 827
3. 电子计算机	台	6 381 720	6 221 361	10 630 627	10 707 221
4. 软盘	万片	75.8	76.2	66.5	65.7
5. 电脑终端机	台	967 675	874 257	1 116 774	1 015 562
6. 监视器	台	17 753 517	17 909 634	14 069 543	13 837 650
7. 打印机	台	2 694	3 098	17 222	17 697
8. 键盘	台	4 343 838	4 895 671	4 538 565	5 360 956
9. 影像扫描器	台	2 297 037	2 290 728	1 651 964	1 646 664
10. 鼠标	个	25 990 498	29 694 463	33 609 439	36 424 815
11. 主机板	片	16 984 248	14 419 646	10 760 613	10 021 151
12. 彩色电视机	台	1 315 131	1 337 448	1 482 376	1 545 600
13. 黑白电视机	台	107 982	358 884	426 491	795 870
14. 录放像机	台	838 317	847 085	474 245	511 761
15. 收音机	台	3 777 411	3 795 064	3 823 151	3 847 527
16. 电话机	台	6 161 547	6 012 941	6 714 792	6 716 387
17. 交换机	门	3 405 206	3 492 582	3 928 841	4 034 852
18. 传真机	台	653 984	639 311	670 591	665 397
19. 数据机	台	4 867 769	4 755 235	6 040 431	5 938 500
20. IC集成电路（已包装）	万只	854 582.0	892 868.7	729 360.0	763 596.5
21. 二极管（含发光二极管）	万只	2 622 970.0	2 810 609.0	1 768 470.5	1 889 680.4
22. 晶体管	万只	279 793.8	288 868.9	234 500.0	245 405.2
23. 摄像管	万只	1 461.4	1 461.8	1 318.4	1 310.2
24. 电子电容器	万只	3 942 796.1	4 123 445.7	3 697 363.5	3 937 366.5
25. 电阻器	万只	6 686 841.1	7 554 400.2	5 228 842.4	6 041 334.8
26. 电子变压器	万只	20 734.8	24 500.4	20 190.7	43 318.4

资料来源：同表2。

表13　1995年台湾运输工具制造业产值与增长率　　（单位：亿元台币）

行　业	1995年		1994年	
	产　值	增长率（%）	产　值	增长率（%）
1. 船舶建造修配业	173.17	17.15	147.82	-21.11
2. 船舶零件	13.98	-1.27	14.16	-18.15
3. 铁路车辆修造业	3.58	23.88	2.89	-
4. 汽车	1 644.14	-0.09	1 645.57	13.99
5. 汽车零件	1 253.73	11.33	1 126.13	5.63
6. 摩托车	556.81	5.07	529.93	17.65
7. 摩托车零件	373.39	20.59	309.64	-4.23
8. 自行车	293.19	5.12	278.91	-7.27
9. 自行车零件	280.65	1.25	277.19	1.89
10. 其他运输工具及零件	81.25	1.12	80.35	13.47
合计	4 673.89	5.92	4 412.57	6.20

资料来源：同表2。

（下转Ⅳ-56页）

机械工业

行业概况

第Ⅲ部分

工业锅炉

〔机械工业部〕

生产发展情况 我国工业锅炉行业1995年产量略有增加，达26 500台，计92 220t（蒸汽）。根据对全国130多个工业锅炉生产企业的调查统计，与上年相比，1995年工业锅炉行业的主要变化趋势为：产量增长6.2%，总产值增长10.5%（1990年不变价）和5.9%（当年价），销售收入增长7.1%，利润总额增长20%，销售利润率（税前）由上年的2.59%增至2.9%，增加0.31个百分点。1995年工业锅炉行业的亏损企业占行业企业总数的15.7%，而1994年为9.3%，工业锅炉行业中企业间的经济效益差距进一步加大。1995年工业锅炉生产量超过1 000t（蒸汽）的制造企业有：天津锅炉厂、唐山锅炉厂、太原锅炉厂、鞍山锅炉厂、沈阳锅炉总厂、营口锅炉总厂、哈尔滨锅炉厂工业锅炉公司、上海四方锅炉厂、上海工业锅炉厂、无锡锅炉厂、靖江锅炉厂、江苏太湖锅炉集团、无锡太湖锅炉集团、杭州锅炉厂、江西锅炉厂、济南锅炉厂、泰安锅炉厂、郑州锅炉厂、劲马锅炉实业公司、梧州锅炉厂、重庆锅炉厂、新疆天山锅炉厂等23个企业。1995年工业锅炉行业中产量增长的企业占55.7%，比上年的30.6%增加25.1个百分点；产量下降的企业占44.3%。

1995年工业锅炉行业主要技术经济指标如表1所示。

表1 工业锅炉行业技术经济指标

项 目	单 位	数 量
企业数	个	208
职工总数	万人	13.0
工业锅炉产量	万t（蒸汽）	9.22
工业总产值	亿元	57.40
销售收入	亿元	60.94
利润总额	亿元	2.04
实物劳动生产率	t（蒸汽）/人	0.71

1995年工业锅炉制造企业遇到的最大困难是由于国家宏观调控及投资方向的变化，导致锅炉制造企业资金回收困难，流动资金贷款增加，各种费用增多，使企业的发展受到限制。

工业锅炉行业的发展极不平衡，以地区划分，东北、华北地区呈负增长，特别是东北地区盈利企业不多。华东地区受地区经济发展的影响，企业得到进一步发展，亏损企业较少，特别是江苏、山东等地的一些乡镇企业，依靠其灵活多变的促销手段，使锅炉销售量进一步增加，企业得到进一步发展，如山东泰安锅炉厂、江苏太湖锅炉集团公司、无锡太湖锅炉集团公司等企业，生产发展较快。

产品分类 近几年来，工业锅炉行业为适应市场需求，大幅度地增加了新的品种和规格。据工业锅炉行业协会依据炉型、燃烧方式和锅炉参数对现有工业锅炉产品进行的分类统计，工业锅炉共有13个大类、841个规格，详见表2。

表2 工业锅炉的分类及规格

序号	类 型	规格数	序号	类 型	规格数
1	手燃炉排蒸汽锅炉	98	8	手燃炉排热水锅炉	40
2	链条炉排蒸汽锅炉	203	9	链条炉排热水锅炉	118
3	往复炉排蒸汽锅炉	54	10	往复炉排热水锅炉	45
4	燃油（气）蒸汽锅炉	85	11	流化床热水锅炉	8
5	流化床蒸汽锅炉	53	12	燃油（气）热水锅炉	16
6	余热锅炉	68	13	煤粉锅炉	7
7	特种锅炉	39		总 计	841

从统计结果看，链条炉排锅炉仍居工业锅炉的主导地位，约占38%，其次为手燃炉排锅炉，约占16%，再次为往复炉排锅炉及燃油（气）锅炉，分别占12%和11%。链条炉排锅炉以炉型主要分为SH、DZ和SZ三种类型，SH系列锅炉品种规格随锅炉容量的增加而增加，DZ系列锅炉品种规格随锅炉容量的增加而减少，SZ系列锅炉变化不明显。

往复炉排锅炉以炉型主要划分为DZ、SZ、SH、LH及LS五种类型，以DZ型规格居多，其次为SZ和SH系列。

手烧炉排锅炉以炉型主要分为LS、DZ、LH、DH、SZ、KHS及SH七种类型，以LS和DZ系列规格最多，其中LS主要应用在≤0.5t（蒸汽）/h的锅炉上，而DZ系列主要用于＞0.5t（蒸汽）/h的锅炉。

燃油（气）锅炉近几年发展最为迅猛，一度在工业锅炉行业中呈现出制造燃油（气）锅炉的过热现象，这与我国的经济发展及环保措施有直接的关系。燃油（气）锅炉以炉型划分主要有 WN、LH、LS、SZ、SH 及 DZ 共六种类型，WN 型居多数。WN 型又分为干背式和湿背式两种，湿背式较受用户欢迎，但制造困难，尤其是容量越小时，检修也不方便。一般认为干背式与湿背式在容量上以 1t（蒸汽）/h 或 2t（蒸汽）/h 作为分界线。

流化床锅炉在近几年得到大力发展，尽管有些技术尚未过关，但为解决我国劣质煤燃烧及满足环境保护的需要，流化床锅炉已从泡床向循环流化床发展。流化床锅炉的炉型划分为 SH、SZ 及 DZ 三种类型，以 SH 型为主。

水火管锅炉是中国工业锅炉的特色产品，占在用工业锅炉总容量的 60% 以上，由于水火管锅炉的结构性缺陷，造成管板高温烟气进入区域孔桥开裂，水冷壁管积垢、爆管、锅壳底部鼓包等问题，针对这些缺陷，工业锅炉行业应用螺纹烟管、翼形烟道、凸形管板等新技术，对水火管锅炉进行了改进和提高，形成了新型水火管锅炉系列产品，1～10 折算蒸吨热水与蒸汽锅炉已经实际运行 5 年～6 年，20、40 折算蒸吨热水也投入运行 1 年～3 年。经过长期运行证明，老炉型所存在的问题已从根本上得到解决，锅炉效率与环保效果得到提高，安全运行得到保证。近年来，工业锅炉行业的有关专家对十年来水火管锅炉的改进发展做了总结，新型水火管锅炉将得到进一步发展。

今后，工业锅炉产品开发主要针对以下三个方面：(1) 进一步扩大锅炉对煤种的适应性；(2) 进一步提高锅炉的热效率，尤其要采取一定的措施，保证锅炉实际运行热效率有明显的提高；(3) 严格控制锅炉的污染物排放。

管理及改革 1995 年，工业锅炉行业依靠行业协会的作用，加强了行业的各项活动。

制定和上报了“九五”计划工业锅炉行业规划纲要，总结了工业锅炉现状，提出了工业锅炉行业今后的发展方向。全国在用工业锅炉 49.9 万台，折合 119.8 万 t（蒸汽）。全国现有的工业锅炉产品基本能适应我国国情和满足国内市场的需求。“九五”期间，工业锅炉行业的主要规划设想为：依托全球环境基金（GEF）项目，组织好产品和技术的引进、消化、吸收和开发，着重改进现有典型的炉排锅炉，开发适合中国国情的新产品。

由工业锅炉行业协会牵头，组织了行业的产品设计经验交流会，征集了工业锅炉产品设计的优秀论文，编辑了《工业锅炉产品设计论文汇编》。这次活动对培养行业年轻一代的产品开发人才提供了十分良好的机会。组织召开了行业 CAPP 应用现场交流会，对应用计算机辅助设计及管理、焊接工艺编制管理系统、计算机辅助编制消耗工艺定额软件系统进行交流，对工业锅炉行业推广和普及 CAPP 起到积极的作用。

全球环境基金会（GEF）项目继续顺利进行，工业锅炉行业的 30 多个企业积极争取参与这一项目，经过中外专家及世界银行官员对申报企业在资格、产品、财务等方面的评估，有 19 个中国锅炉制造企业及相应的辅机企业被列入 GEF 项目的初选名单，这些项目及企业详见表 3。

表 3 初步入选 GEF 的项目及企业

项目名称	初步入选企业名称
快装水管锅炉	新疆天山锅炉厂、武昌锅炉容器厂
快装水火管锅炉	营口锅炉总厂、南通锅炉厂、福州锅炉厂
组装水管锅炉	常州锅炉厂、天山锅炉厂、芜湖锅炉厂、上海四方锅炉厂、江苏太湖锅炉厂
高硫煤锅炉	江西锅炉厂、梧州锅炉厂、芜湖锅炉厂
快组装热水水管锅炉	芜湖锅炉厂、常州锅炉厂、天山锅炉厂
前置炉膛水火管锅炉	天津锅炉总厂、郑州锅炉厂
热电联产锅炉	济南锅炉厂、无锡锅炉厂
大容量热水锅炉	杭州锅炉厂、唐山锅炉厂、哈尔滨锅炉厂工业锅炉公司
循环流化床锅炉	哈尔滨锅炉厂工业锅炉公司、四川锅炉厂、东方锅炉厂实业公司、济南锅炉厂、江西锅炉厂、杭州锅炉厂、梧州锅炉厂

下一步的工作是组织初选合格企业进行国外技术评估，编制可行性研究报告，最终确定 9 个锅炉主机牵头企业承担 GEF 项目，估计这项工作将在 1996 年 7 月份完成。

随着全国改革的不断发展，工业锅炉行业也在不断进行改组和发展。工业锅炉行业的骨干企业——上海四方锅炉厂和上海工业锅炉厂联合组建为上海四方锅炉（集团）有限公司，标志着上海锅炉工业开始迈上新的台阶。四方锅炉（集团）公司拥有 20 多个子公司，通过不断扩大规模和经营范围，计划到 2000 年，将实现销售收入 38 亿元，利税 7.8 亿元，利润 2.4 亿元，出口创汇 7 亿元。

对外合作 河北张家口工业锅炉厂与波兰拉法克锅炉公司合资成立了张家口三北·拉法克锅炉有限公司，标志着我国工业锅炉行业进一步加强了与国外同行的联系和合作。

〔撰稿人：机械工业部第二设计研究院 张素刚 审稿人：机械工业部重大装备司 吴明时〕

附：余热锅炉

〔机械工业部〕

生产发展情况 1995年生产各类余热锅炉108台，计1 604t（蒸汽），实现产值17 490万元。这些余热锅炉全部投入运行，相当于年回收利用142万t标准煤。与1994年生产余热锅炉143台，计1 358t（蒸汽），产值为11 466万元相比），生产的余热锅炉数量减少26%，蒸吨数上升18%，产值增长25.5%。生产的余热锅炉主要用于冶金、石油、化工、轻工、建材等部门的工业炉窑余热回收。例如，冶金部门的转炉余热锅炉、平炉余热锅炉、干熄焦余热锅炉，有色金属部门的冶炼余热锅炉，石油部门的炼油催化裂化余热锅炉，化工部门的硫铁矿制酸余热锅炉、低热值尾气锅炉、小化肥造气余热锅炉，建材部门的水泥窑余热锅炉、玻璃窑余热锅炉，轻工造纸行业的黑液碱回收余热锅炉等，详见表1。其中冶金部门中的硅铁余热锅炉、干熄焦余热锅炉，石油部门的炼油催化裂化余热锅炉和燃气轮机余热锅炉呈现推广应用的发展趋势。

表1　1995年各类余热锅炉产量表

余热锅炉类别	台数	t（蒸汽）	主要生产厂家
氧气转炉余热锅炉	1	11	鞍山锅炉厂
炼钢平炉余热锅炉	1	16	鞍山锅炉厂
低热值尾气余热锅炉	5	60	杭州锅炉厂
硫铁矿制酸余热锅炉	10	116	杭州锅炉厂、东方锅炉厂工业锅炉分厂、长沙锅炉厂、江苏海陆锅炉集团有限公司
玻璃窑余热锅炉	9	20	杭州锅炉厂、鞍山锅炉厂
有色冶炼余热锅炉	14	142.3	杭州锅炉厂、鞍山锅炉厂、柳州市锅炉总厂、江苏海陆锅炉集团有限公司、湘潭锅炉厂、梧州锅炉厂
炼油催化余热锅炉	11	457.5	杭州锅炉厂、四川锅炉厂、鞍山锅炉厂、江苏海陆锅炉集团有限公司、南京锅炉总厂
小化肥造气余热锅炉	24	123.5	杭州锅炉厂、盐城市锅炉厂、邯郸市锅炉厂、上海四方锅炉厂
水泥窑余热锅炉	14	281	鞍山锅炉厂、哈尔滨锅炉厂工业锅炉公司
燃气轮机余热锅炉	3	159	杭州锅炉厂、哈尔滨锅炉厂工业锅炉公司
酚水焚烧余热锅炉	2	12.9	鞍山锅炉厂、唐山锅炉厂
硅铁冶炼余热锅炉	2	8.4	长沙锅炉厂
造纸碱回收余热锅炉	7	77	武汉锅炉厂、自贡市轻工机械厂
干熄焦余热锅炉	2	90	杭州锅炉厂
其他余热锅炉	3	29.4	鞍山锅炉厂、江西锅炉厂、营口锅炉总厂

1995年生产余热锅炉的主要制造厂家列于表2，其中杭州锅炉厂以生产余热锅炉18台、产值达6 320万元，列全国各生产余热锅炉厂家产量、产值首位；四川锅炉厂生产的炼油催化裂化余热锅炉成为各种余热锅炉中年产值最高、蒸吨数最多的余热锅炉；鞍山锅炉厂在开发余热锅炉新产品方面取得显著的成绩，该厂不但将生产水泥窑余热锅炉作为余热锅炉的主要产品，而且开发生产转炉余热锅炉、平炉余热锅炉、玻璃窑余热锅炉、炼油余热锅炉和有色冶炼余热锅炉等产品，是我国余热锅炉主要生产厂家之一。许多余热锅炉生产厂家充分发挥自身的技术特长和生产能力，抓住各个有关的行业技术改造配套开发余热锅炉，如哈尔滨锅炉厂工业锅炉公司生产水泥窑余热锅炉、燃气轮机余热锅炉，武汉锅炉厂和四川自贡市轻工机械厂专长生产用于造纸厂的碱回收余热锅炉，长沙锅炉厂生产硅铁电炉余热锅炉，邯郸市锅炉厂和盐城市锅炉厂都着重生产小化肥造气余热锅炉，江苏海陆锅炉集团有限公司生产硫铁矿制酸余热锅炉等，这些余热锅炉在各个行业推广应用已取得良好的经济效益。

市场及销售 1995年销售余热锅炉108台，计1 604t（蒸汽），实现产值17 490万元。其中自贡市轻工机械厂生产的ZHP16造纸碱回收余热锅炉出口越南，创汇17万美元。

新产品 1995年余热锅炉新产品主要有杭州锅炉厂生产的Q467/467－59（11）－3.43（0.08）/435（230）燃气轮机余热锅炉、QCF36/1340－28－4.71闪速炉余热锅炉、FRH20t－35/3.82～450硫酸余热锅炉、Q125/800－38－46/450干熄焦余热锅炉，四川锅炉厂生产的CG－BQ110/520－70－3.82/420型和CG－BQ161/500－117－3.82/420型炼油催化裂化余热锅炉，哈尔滨锅炉厂工业锅炉公司生产的HGF系列水泥窑余热锅炉，鞍山锅炉厂生产的QC58.9/680－8/14－3.82/450催化裂化余热锅炉、QC65/1700－16－0.6平炉余热锅炉和C800－4－1.25/300污水焚烧余热锅炉，东方锅炉厂工业锅炉分厂生产的 DG12.5/2.89-2 硫酸余热锅炉和 DG12.3/1.27-1 有色冶炼余热锅炉，长沙锅炉厂生产的 QC3.5/450-4-1.25/260 硅铁电炉余热锅炉，江苏海陆锅炉集团有限公司生产的 QCF82/830-23-4.31/450 有色冶炼余热锅炉，柳州市锅炉总厂生产的 QC31/900-11-1.25 有色冶炼余热锅炉，江西锅炉厂生产的 QC30/900-10-2.45/400 有色冶炼余热锅炉等。其中盐城市锅炉厂的 Q18/900-6-1.25/280、Q18/900-6-1.6/280 小化肥造气余热锅炉和邯郸市锅炉厂的 Q12/925-6-1.25/310 小化肥造气余热锅炉均获江苏省科技进步三等奖。

管理及改革 1995 年杭州余热锅炉研究所负责组织，由余热锅炉与余热利用设备科技情报网主办，于 10 月在上海宝山钢铁（集团）公司主持召开了第二届全国余热锅炉技术交流大会，来自全国大专院校、科研设计院、余热锅炉制造厂和企业单位共 130 个，计 187 名代表参加大会。收到余热锅炉学术论文 43 篇，编印出版《第二届全国余热锅炉技术交流大会论文集》。大会期间，余热锅炉与余热利用设备科技情报网扩大吸收北京科技大学、中船总公司七〇四研究所、济南锅炉厂、云阳钢铁厂等 20 个单位入网，使全网成为拥有 132 个网员单位的信息传递网络。杭州余热锅炉研究所任网长，并负责出版网刊《余热锅炉》（季刊），发行量为 700 份。

表 2 1995 年余热锅炉主要生产厂统计表

生产厂家	产量		产值（万元）
	台数	t（蒸汽）	
杭州锅炉厂	18	325	6 320
四川锅炉厂	7	403.5	3 553
哈尔滨锅炉厂工业锅炉公司	9	246	1 664
鞍山锅炉厂	18	265	1 450
江苏海陆锅炉集团有限公司	7	62	1 110
武汉锅炉厂	4	61	876
东方锅炉厂工业锅炉分厂	5	36.6	700
自贡市轻工机械厂	3	16	370
盐城市锅炉厂	12	72	340
湘潭锅炉厂	3	9	330
邯郸市锅炉厂	10	45.5	190
长沙锅炉厂	3	9.4	185

技术改造 1995 年各余热锅炉制造厂进行了不同程度的技术改造和设备更新，共完成技术改造投资 6 554 万元。其中杭州锅炉厂引进大型三轴数控深孔钻床、C 型弯管机和小直径挤压机以及新建 4.5m×4.5m×9m 的钢板加热炉。四川锅炉厂新购大型卷板机，可自行加工 220t（蒸汽）/h 以上锅炉汽包筒节卷制，还自制了专用设备更新落地镗床。江苏海陆锅炉集团有限公司完成 12MN 水压机改造，长沙锅炉厂、江西锅炉厂分别完成自动弯管生产线，提高受热面生产效率和制造质量，南京锅炉总厂增设 CO_2 气体保护焊和 X 射线探伤设备等，通过各项技术改造有力地促进开发余热锅炉新产品，提高生产能力和产品质量。

〔撰稿人：杭州余热锅炉研究所　金永高　审稿人：杭州余热锅炉研究所　汤厥松　机械工业部重大装备司　吴明时〕

〔责任编辑：张友鹤〕

内 燃 机

〔机械工业部〕

生产发展情况 1995 年机械工业部农业装备司归口的内燃机整机生产企业有 132 个，年末职工人数 23.28 万人，全年完成工业总产值（1990 年不变价）169 亿元，比上年增长 25.67%，较上年的增长率（21.65%）高 4 个百分点；全年完成利润总额 15.37 亿元，同比增长 14%，但较上年的增长率 51% 下降甚多；工业经济效益综合指数为 136.94%，与上年的 165.82% 相比也有较大下降。总的来说企业亏损面较大，效益下降。但尽管如此，利润总额仍在农机工业的 22 个行业中居首位，占整个农机工业利润总额的 66.5%；工业经济效益综合指数在农机 22 个行业中也居首位，工业资金利税率、工业成本利税率、销售收入利税率等指标居第二位。生产发展而效益降低是 1995 年生产的一个特点，这在相当大的程度上是由资金控制从紧的宏观环境所决定的，直接的影响因素则包括原材料和能源价格上涨、税赋和利息增高、债务拖欠以及用户承担能力增长缓慢因而制约了先进新产品的扩大应用等。

据中国内燃机工业协会统计：农机系统 1995 年共生产内燃机 922 万台、近 11 000 万 kW，其中单缸柴油机约 746 万台，多缸柴油机约 58 万台，单缸汽油机约 96 万台，多缸汽油机约 21 万台。增长率最高的是单缸柴油机，按台数计达 49.8%。多缸柴油机和汽油机产量变动不大。

产业结构继续向规模经济方向发展，少数大型国有企业在继续扩大其市场占有率，突出的是单缸柴油机厂，年产 35 万台以上的 5 个内燃机厂生产集中度已达 39.4%，其中常柴股份有限公司生产了 122 万台，较上年增长 68.8%。利润增长较大的也首推单缸柴油机生产厂，1995 年农机系统内燃机行业中利润总额在 1 000 万元以上的 25 个企业中有 16 个是单缸柴油机厂，其中无一利润下降，规模较大的几个企业利润都成倍增长。

市场及销售 1995年农机系统生产的内燃机在全国主机市场上占有较大份额，主要有以下几个方面：

农业机械——包括6.6万台大中型拖拉机、177万台小型拖拉机、约1万台联合收割机、230万辆农用运输车、80万台排灌机械所用的柴油机和40万台机动植保机械所用的小汽油机中的绝大部分。

工程机械——为全国总计生产的5万多台各种工程机械提供了所需内燃机（其中大多数为柴油机）的90%以上。

汽车——生产了26.7万台车用柴油机，占全国车用柴油机产量的59%（按功率数计约占50%），还生产了约20万台车用汽油机，约占全国车用汽油机产量的20%，此外，还生产了约45万台摩托车和助力车用小汽油机。

其他——为相当数量的船用、内燃发电机组用和工业用等用途提供了所需的内燃机，大多数为柴油机。

1995年内燃机行业销售额为210.9亿元，销售收入为207亿元，比上年增长29%。总的形势是上半年较好，下半年趋平或降低。

在以上各种配套用途中，农机用柴油机增长最多，其中又以单缸柴油机为最，其增长率达42.57%，比上年的增长率36.72%又有提高。这主要是由于国家重视农业发展，同时单缸柴油机又较适合我国现行农业经济体制下农村广大用户的使用要求和购买能力。通用小型汽油机市场有了较大回升，1995年农机系统生产了51万台，超过了过去最高的年产量，占全国该类产品的88.4%。这在很大程度上是由于机动植保机械需求的大幅度上升。在汽车用柴油机方面，虽然全国车用柴油机1995年产销量均比上年下降了2%左右，但农机系统生产的车用柴油机则增长了8.6%，在全部车用柴油机中所占份额也由上年的55%上升至59%；另一方面车用汽油机产量比上年减少了5%，这是由于农机系统生产的车用汽油机多属较老的机型。

在国际市场上，我国传统的出口产品单缸柴油机以其价格低廉和使用技术要求不高而在东南亚和其他某些发展中国家和地区占有较大出口份额，但其利润不高。此外还有部分小汽油机出口。至于多缸柴油机和汽油机则因竞争力不强而出口量不大。1995年农机系统共出口内燃机约111万台，占全国出口内燃机台数的95.6%，创汇约2.52亿美元，占全国的79.2%，出口增长幅度较大。

科研成果及新产品 1995年获机械工业部科技进步奖的整机项目有3项，其中二等奖1项：即由上海内燃机研究所完成的TS-3A自动控制发动机试验系统；三等奖2项：即由洛阳拖拉机研究所和南宁机械厂完成的发动机出厂台架试验用节能型测功机、由上海内燃机研究所完成的四冲程舷外机用汽油机。此外，还有3项材料和工艺项目获三等奖。

1995年通过部级鉴定的整机新产品有5项，包括柴油机2项：由莱动集团公司研制的车用4D30A柴油机和由第一拖拉机工程机械公司研制的履带拖拉机用B4125直喷柴油机；测试设备3项：天津内燃机研究所研制的小汽油机用20kW直流电力测功机、6kW高速（9 000r/min）直流电力测功机和摩托车用车载油耗仪。此外，还有4项材料和工艺项目。

管理及改革 内燃机行业的生产集中度在提高，这说明大型企业的集团化程度和生产规模在进一步提高和扩大，效果较突出的是单缸柴油机厂，这与市场的发展也是一致的。

标准化工作有了进一步开展。1995年根据国家技术监督局的批文，在全国内燃机标准化技术委员会下成立了中小功率内燃机分技术委员会。“八五”期间，在全国内燃机标委会的组织下，按照《标准化法》的要求，对内燃机工业原有的239项标准进行了清理整顿，至1995年底，已确认的有国标40项（其中强制性2项）、行业标准153项（其中内部使用65项），废止的有国标3项、行标29项（其中内部使用22项）。同时，还组织制订、修订了有关标准。1995年新制订、实施的有《小型汽油机噪声限值》标准等。

质量及质量管理 1995年国家质量检测中心对13个企业的18种机型进行了可靠性质量检测，包括6种多缸柴油机和12种单缸柴油机，均全部达到了标准要求。鉴于这些试验均是按照强化后的新试验规范进行的，因此可以说明产品的可靠性有了一定的提高。对20个企业的23种机型进行的出口许可证检测也均获通过。此外，机械工业部对35个企业的35台内燃发电机组进行统检的结果为合格率100%，一等品率31.4%，并可看出一些国有大型企业的产品质量较稳定，企业质量管理较好。

与此同时，也还程度不同地存在一些问题。有的企业在产品紧俏时放松质量把关，宁可在出了质量问题后再向用户保修；有些企业资金周转困难，由于拖欠付款而无法获得高质量外协件；有的企业为使新产品尽快投入市场而在上马过程中质量控制不稳定；还有的企业为了降价竞争，不惜牺牲质量以降低成本。1995年对气缸套、油泵油嘴精密偶件的统检表明，合格率、一等品率均有较大下降，并有多家企业降等，国家抽查起动电机的合格率也较低，这些对发动机的质量肯定都直接有不利影响。对活塞、活塞环的抽检还说明了提供给流通领域的配件比提供给整机生产厂的配件质量要差一个档次。对三轮农用运输车的统检和对轮式拖拉机、叉车的抽查表明噪声和烟度普遍偏高，这也是发动机直接造成的。上述问题有待于采取有效措施整顿提高。

对外合作 1995年5月在北京举办了国际内燃机技术咨询研讨会，会上有8个国际知名的内燃机研究开发机构和内燃机生产厂的研究开发部门作了技术报告、讨论和业务洽谈，包括AVL、里卡多、FEV、波金斯、奔驰、道依茨、澳必托、本田等公司。这为国内许多希望通过国际技术咨询来改进或改造产品的企业提供了方便有利的条件。1995年与国外进行技术咨询合作的主要项目有上柴股份公司与AVL合作改造D6114柴油机、玉柴机器股份公司与西南研究所合作改进6112柴油机、莱动集团总公司与AVL合作改进4D35B柴油机等。

技术改造 1995年全行业完成基本建设投资3.05亿元，完成更新改造措施项目投资13.8亿元，分别比上年减少8.1%和7.4%。

〔撰稿人：中国内燃机工业协会　赵士林〕

〔中国石油天然气总公司〕

生产发展情况 1995年中国石油天然气总公司内燃机行业主要生产企业是济南柴油机厂，主要生产190系列390kW～882kW柴油机及其配件、300kW～700kW普通和应急柴油发电机组、25.7kW天然气发动机。我国95%以上的石油钻井队使用该厂的Z12V190B型柴油机作为动力，该厂生产的“驰动牌”190系列柴油机在全国300kW～700kW高速大功率柴油发电机组中，其功力市场占有率高达80%以上，是目前国内最具竞争力的产品。1995年该厂制造内燃机206台、125 835 kW，发电机组158台、71 446kW；三机配件492.1t；完成工业总产值10 070万元，比上年下降57.56%；产品销售收入15 911万元。

科研成果及新产品 济南柴油机厂和有关单位联合研制的400kW 190柴油机发电机组舰用化改装，通过了有关方面组织的技术鉴定。该柴油发电机组调速精度、低负荷性能、隔振抗冲效果3项技术成果均达到当今国际先进水平。交付使用后，已累计运行3 000h，经受了10级风浪的考验，机组运行可靠，舰用190机组具有性能指标先进、对舰用条件适应性好等优点。专家们认为，在原有优质陆用民品190柴油机的基础上，运用先进技术进行舰用化改装和再设计，创造了国内投资最省、研制周期最短、实用效果好的舰用柴油机首例，为研制改进舰船柴油机动力开创了一条新途径。

济南柴油机厂开发成功双频制柴油发电机组。为满足50Hz和60Hz两种频制用电的要求，济南柴油机厂在原有50Hz的200、300、400、500、630、740、800kW柴油发电机组和60Hz的300、550kW柴油发电机组的基础上，又研制成功了可满足50Hz和60Hz两种频制的柴油发电机组。该机组的主要规格：1 200r/min、60Hz时输出功率512kW，1 000r/min、50Hz时输出功率424kW。

〔撰稿人：中国石油天然气总公司　赵光理
审稿人：中国石油天然气总公司　陈泽轩〕

〔责任编辑：邝　鸥〕

工业燃气轮机

〔机械工业部〕

热力循环在设备配置上，已从早期的简单循环过渡到以联合循环为主。据统计，我国的燃气轮机联合循环的装机容量已达238.79万kW（27台、套）。按粗略估计燃气轮机部分的出力占整个联合循环装置出力的2/3，则我国燃气轮机联合循环的装机容量已占发电用燃气轮机总容量的40.94%左右。

生产发展情况 南京汽轮电机厂为浙江绍兴大明发电有限公司生产了一套PG6471（B）、可烧轻柴油和重油的S106燃气轮机联合循环发电机组。该机组的燃气轮机部分烧轻柴油时的额定功率为37 410kW，烧重油时为36 200kW；汽轮机的型号为N15.3－35，其额定功率为15 535kW，入口蒸汽压力为3.43MPa、温度为435℃。该机组预计在1996年三季度开始简单循环运行。1995年南京汽轮电机厂又与江苏常州常新发电有限公司签订了提供一套PG6541（B）、烧轻柴油的S106燃气轮联合循环发电机组合同。该燃气轮机发电机组烧轻柴油的额定功率为36 800kW，汽轮机的型号仍为N15.3－35。该机组预计在1996年三季度开始简单循环运行。其余热锅炉配用的是杭州锅炉厂生产的Q387/543－65－3.82/450型，其额定蒸发量为65t（蒸汽）/h，额定蒸汽压力为3.82MPa，额定蒸汽温度为450℃。值得提到的是，由南京汽轮电机厂向深圳金岗电力有限公司供货的S106燃气轮机联合循环发电机组已运行5 000h以上。哈尔滨汽轮机厂为深圳南山热电有限公司的一台PG9171（E）燃气轮机设计并生产了一台额定功率为5万kW左右的汽轮机，组成109联合循环。该汽轮机起动较快，运行良好。

此外，哈尔滨汽轮机厂正从乌克兰引进并合作生产2.5万kW等级、透平入口温度为1 250℃的船用燃气轮机，并准备与ABB公司合作生产GT13D和GT13E3燃气轮机的某些零件。上海汽轮机厂则要与美国西屋公司联营，拟试制701F型燃气轮机，其额定功率为23.67万kW，热效率高达36.8%。到1996年3月底，我国燃气轮机的总装机容量（以签订供货合同为准）已达412.58万kW，共232台。其中发电用重型燃气轮机的容量为306.51万kW（109台），占总容量的74.29%；机械驱动用燃气轮机的容量为12.24万kW（9台），占总容量的2.97%。据统计，到1995年5月世界发电用燃气轮机的总装机容量为3.47亿kW，约占世界发电总装机容量的11%～12%。而我国的发电用燃气轮机装机容量仅占发电总装机容量的1.85%左右，说明在这方面仍有发展潜力。因此，可以预期在未来的年代里，我国工业燃气轮机在数量和品种上将有新的发展。

新技术及新产品 南京汽轮电机厂正在将GE公司提供的PG6 551（B）燃气轮机的技术转让部分的图样厂化。该发电机组烧天然气时的额定功率为3.92万kW，烧轻柴油时的额定功率为3.85万kW，故性能较PG6 541（B）有所提高。在过去的年代里，南京汽轮电机厂曾为大庆化学助剂厂生产过催化裂化能量回收机组，其型号为CLDS－5140，亦为呼和浩特炼油厂生产过回收功率为3 100kW的类似机组。这些机组的模式皆为“四机机组”，即包括汽轮机、电动/发电机、鼓风机和烟气透平的机组。烟气透平用来带鼓风机，多余功率可通过电动/发电机发电，不足部分则由汽轮机补充。鼓风机和烟气透平的起动是通过汽轮机和电动/发电机实现的。在机组进入正常运行工况时，汽轮机通过电动/发电机向电网供电。由于大庆化学助剂厂打算将汽轮机用汽另作它用，故要求将能量回收机组由“四机机组”改为“三机机组”，即只包括电动/发电机、鼓风机及烟气透平。目前该厂正着手进行新机组的方案设计。

为了培训燃气轮机的运行人员，南京汽轮电机厂配合清华大学热能工程系研制了Mark 1V⁺及Mark V控制盘的模拟培训器。该项目已于1995年12月20日通过验收。就系统硬件配置来说，Mark 1V⁺培训器由一台386微机作为主机，8031单片机作为模拟操作盘/智能接口和一台486微机作为动画辅机显示组成。该系统除了能对机组的运行状况作动态仿真显示、绘制燃气温度和振动各测点的动态条形图外，与真实的Mark 1V⁺操作盘比较，由于增设了动画辅机显示，以流程图的方式显示机组的辅机管路系统的工作状况和多个参变量的过程曲线，这使得操作人员能直观地理解燃气轮机及其辅机系统的运行。而Mark V培训器则由一台486微机组成机组的操作显示系统，即就地操作人员接口〈I〉，较Mark 1V⁺培训器的简单。其显示功能与真实的Mark V控制盘的相同，不增设动态辅机显示。全部操作可以在该台486微机上实现。系统的软件配置是由计算机系统软件、实时多任务管理软件及数据发生器软件组成。由于系统采用面向对象的程序设计方法，软件的可移植性、可维护性及可靠性均较高。在操作上还增设了初始参数与初始工况的选择功能、故障设置功能、参数监视功能、强行中断返回功能等，这对运行人员的操作培训是十分方便和有利的，并有助于事故的分析。因此这是一项有重要意义和先进水平的科研成果。

煤是我国主要的能源资源，我国75%的电能来自煤炭，且燃烧技术落后，平均供电效率只有29.7%，燃煤造成的环境污染，也基本上未得到控制。因此开发高效、低污染的清洁煤发电技术是我国电力工业发展的当务之急。目前世界上已采用的清洁煤发电技术中，整体煤气化联合循环（IGCC）和增压流化床联合循环（PFBC－CC）受到较多的青睐，已进入商业性示范阶段。我国自80年代起发展PFBC－CC技术，东南大学正在建1.5万kW的贾旺PFBC－CC中试电站，探索PFBC－CC技术。这是一项“八五”国家科技攻关项目。在国外的PFBC－CC电站中，燃气轮机均采用双轴型式。而贾旺PFBC－CC中试电站中采用单轴燃气轮机。为研究这两种燃气轮机轴系的PFBC－CC的变工况性能，以及更大等级（如10万kW）PFBC－CC电站中不同轴系（单轴、分轴和双轴）燃气轮机的变工况性能，南京燃气轮机研究所与清华大学热能工程系合作，于1995年完成了这项“八五”国家重点科技攻关项目计划的子专题。被列为国家“八五”科技攻关计划的课题——联合循环关键技术研究，其对象是补燃增压流化床联合循环，或称为第二代增压流化床联合循环。该课题由上海发电设备成套设计研究所和北京煤化学研究所负责。该课题分为三个专题：增压循环流化床气化，补燃燃烧系统的研究，高温烟气对燃气轮机叶片磨蚀的研究。北京煤化学研究所设计了增压流化床煤气化系统，并成功地完成了试验，实现了煤气产量480m³/h、操作压力1.0MPa～1.2MPa、煤气热值4.0MJ/m³及一次连续运行时间不低于5h、累计运行600h的目标，为第二、第三专题的研究提供了符合要求的补燃用煤气。上海发电设备成套设计研究所设计并安装了补燃燃烧试验系统（其主要设计项目补燃试验燃烧室有南京燃气轮机研究所的参与）和叶片磨蚀试验系统，并成功地进行了试验。这将为我国研究低热值煤气燃气轮机燃烧室，进而为IGCC、第二代PFBC－CC等技术研究提供可靠、先进的试验设备。就补燃燃烧系统而言，几个方案的试验结果基本满足要求，排气温度达到1100℃，燃烧稳定，说明部分新鲜空气直接进入补燃燃烧室的第二代PFBC－CC方案是可行的。叶片磨蚀试验结果证实磨蚀粒子的速度、浓度、粒径等因素对叶片材料磨蚀有相当的影响。

1995年10月在国家科委安排下电力工业部完成了“九五”国家科技攻关计划项目——整体煤气化联合循环（IGCC）关键技术的可行性论证研究报告。电力工业部已将建立IGCC示范电站（20万kW～40万kW）列入“九五”电力工业科技发展规划和五项跨世纪科技先导工程项目。该报告包含了5个研究课题的专题可行性研究报告，其中之一就是燃气轮机技术的消化吸收及试验研究。该专题报告指出，燃气轮机是IGCC的关键设备之一，我国发展IGCC首先就要研究和开发燃气轮机技术。因此在IGCC技术开发的推动下，我国燃气轮机技术将有新的提高。为了利用山东兖州地区的煤泥和煤，南京汽轮电机厂与北京高科力动力技术公司、中机中电设计研究院、西北化工研究院等一起为兖州矿务局提出了一份关于13.5万kW IGCC电站及联产甲醇年产10万t的可行性研究报告。该IGCC

电站采用两台国产PG6541燃气轮机发电机组，其额定输出功率为8.35万kW；两台杭州余热锅炉厂设计制造的余热锅炉，锅炉的蒸发量为104×2t/h，蒸汽出口温度为490℃，出口压力为5.197MPa。其中一台国产汽轮机发电机组，汽轮机的型号为N50-49/470，额定输出功率为5.19万kW，它所驱动的发电机的型号为QF-50-2。气化炉采用3台德士古炉，在额定工况下，其出气量为1.95m³/kg，碳的转化率为98%，煤气产量为91 766m³/h，煤气低热值为9 630kJ/m³（两台用于IGCC发电，另一台作为备用，平时生产甲醇，气化炉检修时用于IGCC发电）。原料为煤泥和原煤的混合物，其低热值为25 699kJ/kg。该电站的热效率为40.3%。总投资约15亿元。

质量及质量管理 为了更好地开展燃气轮机行业的质量管理工作，于1995年11月成立了机械工业部燃气轮机标准化技术委员会。第一届标委会由5个部委、5个省市有关部门和公司的19个单位，共22名委员组成。秘书处设在南京燃气轮机研究所。该标委会还将承担国际标准化组织燃气轮机技术委员会的国内技术归口工作。

〔撰稿人：南京燃气轮机研究所 程汝良 审稿人：南京燃气轮机研究所 陈福湘 机械工业部重大装备司 杨奇娟〕

〔责任编辑：张友鹤〕

发电设备

〔机械工业部〕

一、大型水电设备

生产发展情况 1995年大型水电设备行业生产大型水电设备220.435万kW/52套，产值为99 455.39万元。1995年大型水电设备行业完成工业总产值214 321.40万元，完成销售收入56 795.58万元，实现利润总额15 999万元，全员劳动生产率为58 843.9元/人。

1995年生产单机容量1万kW以上水电机组的厂家有：东方电机股份有限公司、重庆水轮机厂、哈尔滨电机有限责任公司、富春江水电设备总厂、杭州发电设备厂、天津发电设备总厂、南平电机厂、零陵水电设备总厂、南宁发电设备总厂、广东康立通用电气集团公司等10个。其中大一型企业2个、大二型企业5个、中一型企业1个、中二型企业2个。

国家大型骨干企业的哈尔滨电机有限责任公司1995年完成工业总产值6.2亿元，实现利税1亿元，完成销售收入6.9亿元，实现出口创汇3 260万美元（此数系综合出口额，表2中为发电设备出口创汇额），综合产量完成405万kW。东方电机股份有限公司完成工业总产值55 545万元，主营业收入58 614万元，利润总额10 764万元，上缴利税4 706万元。重庆水轮机厂完成工业总产值（含税，当年价）16 092万元，比上年增长14.5%，完成水轮发电机组52万kW，比上年增长157.5%，实现销售收入14 476万元，比上年增长17.5%。这个厂1995年开发了10.5万kW，转轮直径3.8m的混流式和单机容量4.5万kW，转轮直径6.4m的轴流式机组，使得该厂产品上了一个新台阶，综合实力得到进一步增强。行业主要厂家实现的大型水电设备产量、产值如表1所示。

市场及销售 1995年由于我国水电市场受国家宏观调控影响，基本建设资金紧张，产品需求下降，又加之外资企业、合资企业进入国内市场，致使发电设备生产企业任务普遍不足，市场竞争十分激烈，国内外销售收入受到一定程度影响。1995年行业完成国内销售收入56 795.58万元。其中包括配套调速器13.5万元，配套油压装置4万元。国外销售收入4 552.85万美元，出口水轮发电机组7套38.1万kW。1995年大型水电设备行业厂家国内、国外销售收入详见表2。

产品分类及产量 1995年大型水电设备行业共生产大型水轮发电机组220.435万kW/52套；配套励磁设备13台，配套冷却设备22台；配套调速器14台，配套油压装置21台。

科研成果及新产品 1995年水电设备行业厂家在科研与产品开发工作中，采用了大量的新工艺、新技术及新材料。主要有哈尔滨电机有限责任公司的水轮机叶片计算机辅助测量系统CAMAX软件在叶片数控加工中的开发应用；水轮机蜗壳挂装的计算机模拟仿真的研究，提高了蜗壳挂装效率，在计算机内完成实体造型；引进奥地利Elin公司的先进技术、先进工艺完成了十三陵发电—电动机向心磁极线圈制造工艺；水轮发电机通风槽板多点焊工艺，解决了焊不牢、脱焊、焊后变形等缺陷，这项工艺填补了国内空白。东方电机股份有限公司成功地焊接了40万kW混流式水轮机李家峡一号转轮，转轮直径6.6m，高3.26m，毛重160余t，它的焊接成功为焊接三峡水轮机巨型转轮积累了经验；采用波浪刃、斜刃和阶梯刃等分力工艺措施，设计出新结构冲模；定子水盒子中频焊新工艺，将水盒、导电片、水接头衬套组合后在氮气加热炉内同时一次加热焊成；编制成功模压水轮机叶片工艺中叶片展开及压模计算、混流式叶片木模流面转换等软件；研制出导电硅橡胶垫条，解决了水轮发电机组定子线棒槽内松动问题；用弹性金属塑料瓦代替钨金瓦。哈尔滨大电机研究所与鞍山钢铁公司合作研制开发了用于大型水轮机蜗壳的新型钢板，屈服强度500MPa和400MPa的10MnCrVB钢板，各项指标已达到日本及美国标准，取代进口产品，填补了国内空白，现已应用在鲁布革、天生桥、岩滩等机组上，可用于三峡巨型机组上。重庆水轮机厂研制成功弹性油箱试验装置；13.8kV 级条式定子线圈绝缘工艺的应用，使线圈击穿强度、介质损耗增量及起晕电压等指标均达到了 JB/DQ3238—87 优等产品标准；冲击式水斗烧结工艺，降低了水斗生产成本，避免了因热割（吹）对水斗根部组织的严重影响；自行设计制造了 LJ 型励磁调节器。富春江水电设备总厂将大峡 7.5 万 kW 机组接力器缸体由铸件改为结构件。广东康立通用电气集团公司在硅钢片绝缘技术上采用了 F 级水溶性硅钢片漆的上漆技术。

表 1　1995 年大型水电设备行业厂家水电设备产量、产值

企业名称	产量（万 kW/套）		产值（万元）	
	1994 年	1995 年	1994 年	1995 年
东方电机股份有限公司	91.7/11	79.0/8	2 452.05	32 959.70
重庆水轮机厂	46.3/11	78.9/24	11 730.00	9 434.00
哈尔滨电机有限责任公司	70.0/3	40.6/3	18 343.00	35 652.00
富春江水电设备总厂	13.7/3	18.0/3	6 543.00	4 718.00
杭州发电设备厂	13.0/7	15.0/9	3 976.80	5 107.20
天津发电设备总厂	23.5/2	10.335/8	2 486.19	6 357.00
南平电机厂	5.5/3	7.5/5	1 341.50	1 521.50
零陵水电设备总厂	—	4.6/3	—	1 215.50
南宁发电设备总厂	3.1/2	2.4/1	1 869.50	1 280.49
广东康立通用电气集团公司	—	2.0/1	—	1 210.00
合计	266.7/48	220.435/52	70 822.04	99 455.39

注：1. 单机容量在 1.0 万 kW 以上者。2. 栏内有“ - ”号为当年不生产大型水电设备。

表 2　1995 年大型水电设备行业厂家水电设备国内国外销售收入

企业名称	国内销售收入（万元）		国外销售收入（万美元）	
	1994 年	1995 年	1994 年	1995 年
哈尔滨电机有限责任公司	39 910.00	15 247.00	1 210.00	2 206.50
东方电机股份有限公司	1 856.87	11 859.08	331.00	2 346.35
重庆水轮机厂	10 021.00	9 434.00	60.00	
天津发电设备总厂	1 312.86	6 974.00		
富春江水电设备总厂	6 543.00	4 718.00		
杭州发电设备厂	3 143.10	4 330.50		
南平电机厂	1 295.10	1 807.50		
零陵水电设备总厂	—	1 215.50		
广东康立通用电气集团公司	—	1 210.00		
南宁发电设备总厂	1 869.50			
合　　计	82 655.43	56 795.58	1 601.00	4 552.85

富春江水电设备总厂对四川龚嘴水电厂 11 万 kW 水轮机增容改造的新转轮模型通过了四川省电力局、清华大学、中国水利水电科研院等单位专家的联合验收鉴定，认为该科研成果具有国内领先水平，对我国水电站 HL702 型水轮机的增容改造有良好的推广和应用前景。南平电机厂的 ZZD3213 - LJ - 330（SF20 - 28/5600）水电机组通过了省级鉴定。重庆水轮机厂承担的国家级重点新产品 CZ990 - WP - 550、SFWG15 - 68/5700 灯泡贯式水轮发电机组，通过了重庆市科学技术委员会组织鉴定，并荣获 1995 年度机械工业部科技进步二等奖。机组主要参数：转轮直径 5.5m，最高水头 9.6m、设计水头 8m、最小水头 4m、设计流量 216.4m/s、额定出力 1.56 万 kW、额定容量 1.5 万 kW、额定转速 88.2r/min，该机组技术经济指标居国内领先地位，接近国际先进水平。

在科研工作方面的成果有：哈尔滨电机有限责任公司的冲击式水轮机流道参数优化及新型转轮研究，叶片变形设计技术研究，蜗壳水力性能优化程序开发，水轮机蜗壳 1/4 挂装的计算机模拟仿真研究，水轮机叶片计算机辅助测量系统，莲花电站水轮机水力试验研究，多段弧水轮发电机电磁设计研究，水轮发电机组振动与摆度在线监测系统研制，汤川电站整铸转轮尺寸精度及内部质量研究等；哈尔滨大电机研究所研制出 A475 冲击式水轮机转轮，转轮效率达 91.5%，适用于 1 000m 以上高水头水力开发资源，它不但水力效率高，而且可以减轻振动，填补了冲击式水轮机系列型谱，填补了国内空白；东方电机股份有限公司的 50 万 kW 级水轮机的研究，50 万 kW 级发电机的研究，大型发电机—电动机关键技术研究，机组稳定性研究和真机实测技术，大型抽水蓄能机组关键技术研究；重庆水轮机厂在科研上完成了 CJ25 冲击式转轮性能测试，CJ24 冲击式转轮制造，短喷嘴流量特性试验，开展并完成了 C23、C24 贯流式转轮的引进工作。在 F 级绝缘及防晕技术的研究中，提高线圈制造质量，以及用弹性金属塑料瓦代替巴氏合金，运用静压技术改进∅2.3m 立车的承载能力，无油润滑热喷涂，乐泰胶粘接技术、金属保护神对刀具刃口强化处理，D545 替代 4330－2 塑料等在生产和产品设计中发挥了重要作用，提高了产品的技术性能和质量。以上这些科研课题的进行与完成对企业的科技进步，提高产品的技术水平、稳定产品质量，提高企业竞争能力都起到了不可估量的作用。

1995 年行业企业生产的新产品有哈尔滨电机有限责任公司的江口 2 万 kW 大型贯流式水电机组，转轮直径 6.4m，发电机机座外径 7.5m，并通过了 9 个单位专家参加的部级评审，标志着我国大型贯流式水电机组设计与制造技术已经达到了当今世界先进水平。东方电机股份有限公司生产了李家峡 40 万 kW 水电机组 1 套，出口叙利亚迪斯林 10.5 万 kW 水电机组 3 套。富春江水电设备总厂生产了黄河三门峡 7.5 万 kW 混流式水电机组，水轮机型号 HL（820）－LJ－550，发电机型号 SF75－68/11350，设计水头 36m，转速 88.2r/min，转轮直径 5.5m，调速器 WDT－150，励磁装置 DLT－2，通过了水利部验收委员会的评审，认为机组各部分振动均在规范要求内，辅助设备运行可靠，机组设计合理，制造质量符合要求；还生产了黄河大峡水电站 7.5 万 kW 轴流式水电机组，青铜峡唐渠 3 万 kW 轴流式水电机组各一套。南平电机厂生产了尤溪水东电站 2 万 kW 水电机组、连江山仔 1.5 万 kW 水电机组、湖北朝阳寺 1.5 万 kW 水电机组各 1 套，安溪兰田 1.25 万 kW 水电机组 2 套。南宁发电设备总厂生产了左江 2.4 万 kW 水电机组 1 套。重庆水轮机厂的四川华能雨城电站 ZZ560a－LH500（SF20－52/7250）、2 万 kW 水电机组 2 套，四川华能东西关电站 ZZ500－LH640（SF45－64/9200）、45 万 kW 水电机组 2 套，浙江衢县湖南镇 HLD85－LJ－380（SF100－32－8360）、10 万 kW 水电机组 1 套，福建高砂县高砂电站 GZ990－WP－420（SFG12.5－48/4950）、1.25 万 kW 水电机组 2 套，四川华能铜头电站 SF20－18/4000，2 万 kW 水电机组 1 套，福建福安黄兰溪电站 SF15－10/2860、1.5 万 kW 水轮发电机 2 台，云南田坝弃水电站 SF105－32/8250、10.5 万 kW 水轮发电机 1 台，四川乐山槽鱼滩电站 ZZ560a－LH－500、2.25 万 kW 水轮机 1 台等。

管理及改革　1995 年行业厂家为适应激烈的市场竞争需要，普遍改革了企业内部劳动人事管理制度，实行多种经济承包形式，全面实行了劳动用工制度改革，职工与企业签订劳动合同，全面推行岗位技能工资制，进行择优上岗，实行生活后勤机构与生产经营主体相分离，建立以利润为中心、预算为主线的计财管理体系和考核体系，进一步增强了企业的活力。

1995 年哈尔滨电机有限责任公司和东方电机股份有限公司在中国机械行业优秀企业评选中获 1995 年度中国机械工业优秀企业称号。

目前行业中实行股份制的企业经过股份制改制后，基本上完成了组织机构的组建和调整，按照《公司法》和现代企业制度要求建立的经营机制已开始运转，生产能力进一步提高，市场适应能力不断增强。哈尔滨电机有限责任公司按股份制要求完成了内部机构调整和职能划分，将原有 26 个管理科室分解合并为 13 部、1 办、1 所、1 中心，机构减少了 38.5%；以利润为中心的电机、特电、控制、热加工、多种经营等五个事业部已投入运行。初步建立了以利润为中心，以预算为主线的计划财务管理体系和经济指标考核体系。全面实行了岗位技能工资制，初步完成了岗位规范的制定工作，加快了企业劳动用工、人事、分配制度改革的步伐。

东方电机股份有限公司于 1993 年成立，原东方电机厂持法人股 2.2 亿股，1994 年 H 股在香港上市发行 1.7 亿股，1995 年 7 月在国内发行社会公众股 0.6 亿股。

质量及质量管理　1995 年大型水电设备行业厂家在质量及质量管理工作方面的大体作法：(1) 积极开展 ISO9000 质量体系认证工作和搞好质量认证复查工作，促使产品质量稳步提高。广东康立通用电气集团公司积极开展了 ISO9000 质量体系认证工作，产品质量稳定提高率保持在 96% 以上。(2) 开展了以提高质量、降低消耗为核心内容的“质量效益年”活动。零陵水电设备总厂在 1995 年组织实施创优质名牌战略活动中，产品质量稳步提高。1995 年这个厂的铸铁件综合废品率为 4.5%，机加工综合废品率为 0.97%，主要项次抽查合格率为 92.24%，成台抽查合格率为 100%，品种合格率为 100%，均达到计划要求。(3) 进一步加强了生产过程中的质量控制，以良好的工作质量保证产品质量。行业各企业以抓实物质量、抓工作质量管理为主，加大奖罚力度，强化质量否决权，从而保证了实物质量的提高。(4) 开展各种活动形式，强化职工质量意识。南平电机厂除了通过各种会议，举办质量管理短训班等方式外，还开展了“质量宣传月”活动。(5) 建立健全质量监督、质量信息系统，加强监督力度。南平电机厂将质量监督抽查由过去一季一次改为每月一次，坚持每月两次专题性的质量分析会，使得产品实物质量得以稳步提高。(6) 继续深入开展群众性的全面质量管理工作，紧紧围绕质量工作重点，开展质量QC小组活动，为企业质量的提高发挥了积极作用。

富春江水电设备总厂在当年生产的产品上均采用国际标准或国家标准，主导产品上标准覆盖率达100%。南平电机厂的HLA153－LJ－100（SF－K－5000－10/2600）、LHA153－LJ－120（SF－K－130－10/3000）、ZZ5600－LH－450（SF－12－56/7000）和SF8750－16/3300等4套水电机组获得国际标准证书。

技术改造 1995年大型水电设备行业固定资产投资18462万元，其中基本建设投资9203万元，技术更新改造投资9 259万元。哈尔滨电机有限责任公司控制事业部的一台30MN油压机在安装调试，四个试验站及一台直径110mm镗床已安装完毕，投入运行。水电“八五”改造投资3 583万元按计划于1995年底完成。其中主要项目有检测中心大楼，直径8.5m NC立车、16MN冲床、直径200mm镗床等4项。现已投产的直径8.5m立车，直径200mm镗床两项，使这个公司的水电生产能力已由年产60万kW，提高到80万kW。购买了直径12.5m立车以提高加工大型水电环形件的生产能力。1994年国家下达1 000万元紧急贷款，用于水轮机叶片加工措施，与德国科堡公司签约进口一台五轴数控龙门铣床，项目实现后可使这个公司的水轮机叶片加工的质量水平达到当代国际水平。东方电机股份有限公司1992年引进大型混流式水轮机转轮技术及关键设备一项截止至1995年底已完成投资3 338万元，预计1996年完成。重庆水轮机厂1995年完善铸焊工艺，购置先进铸焊设备，改造线圈车间这一老工业基地技术改造项目，到1995年底累计完成1 877万元，车间立体工程7 300m^{2}已基本完工，增添了1.25m龙门铣关键设备，增强了这个厂的配套生产能力，使水电机组综合生产能力达到60万kW，最大单机容量达到10.5万kW。南平电机厂投资20万元，完成电机微机测试系统的改造，使得这个厂产品质量上了一个新台阶。广东康立通用电气集团公司投资143万元新建铆焊车间，自制了12.5m立式车床，增强了这个厂生产大型机组的生产能力。

对外合作 哈尔滨电机有限责任公司与日本日立公司合作生产凌津滩电站我国最大贯流式水电机组，共生产8台，单机容量为3万kW，水头2.2m～13.2m。这个公司与伊朗签订19台水轮机的供货合同，技术质量要求高，时间紧，任务集中，工作量大。执行好这一合同，除进一步证明这个公司的技术实力外，同时又可将这个公司的管理、技术水平、外贸工作水平再提高一步。东方电机股份有限公司为响洪甸设计制造4万kW抽水蓄能机组，其中转轮由奥地利奥钢联引进。李家峡40万kW水电机组转轮引进加拿大GE公司技术，微机调速器和励磁装置由德国ABB公司引进，1995年底已设计制造完成1号机组，二滩55万kW水电机组引进加拿大GE公司转轮技术，已进行图样转化工作；响洪甸4万kW抽水蓄能机组正在设计中。

“三资”企业情况。杭州发电设备厂与挪威克瓦纳能源公司合资组建了克瓦纳（杭州）发电设备有限公司，挪方占61%，杭发占39%，注册资本2.049亿元，投资总额2.5亿元，公司员工1960人左右。主要从事中、大型水电设备，火电设备，重点是使用挪方转让的具有世界先进水平的技术，开发生产国家建设所需的大中型贯流、抽水蓄能机组。天津发电设备总厂与法国阿尔斯通股份有限公司合资组建了天津通用电气阿尔斯通水电设备有限公司，中方占49%股份，有1880名职工进入合资公司。该公司从事大型水电机组设计制造。不合资部分从事中小型水电机组、泵、阀及柴油发电设备的设计制造。东方电机股份有限公司正在筹建水电设备制造合资公司，拟建在四川德阳。成员有中国东方电机股份有限公司、加拿大GE通用电气公司、奥地利依林公司及奥地利奥钢联公司。可望在1996年下半年获得国家计委批准。该公司总投资额4 726万美元，其中固定资产投资3 000万美元(注册资本3 000万美元)，东方电机股份有限公司占45%，外资占55%（其中加拿大GE公司占38.5%、奥地利依林公司占8.25%、奥钢联占8.25%）。该公司主要向中国境外生产出口大型水电机组，向境内提供利用外资的水电设备。

〔撰稿人：哈尔滨大电机研究所　崔恩林　审稿人：哈尔滨大电机研究所　傅宪章、李朝东　机械工业部重大装备司　宋其水〕

二、火电设备

生产发展情况 1995年我国共生产了发电设备1 682万kW，其中火电设备占绝大多数，为1 172.15万kW。

到1995年末我国火电设备实力颇为增强。我国利用引进技术制造的30万kW火电机组中的锅炉、汽轮机、发电机三大主机的国产化率已达到95%，60万kW机组三大主机的国产化率达到90%。机组热耗：30万kW已由8 080.5kJ/kW·h下降至7 954.9kJ/kW·h，60万kW已由8 005.2 kJ/kW·h下降至8 264.7kJ/kW·h。30万kW、60万kW机组产量已占大型机组产量的60%～65%。引进型30万kW机组初期运行阶段出力不足问题也已初步得到解决。

1995年各主要企业生产情况及经济效益如表3、表4所示。南京汽轮电机厂1995年主要经济指标均创历史最好水平。其工业总产值达27 363万元，汽轮机产量为59台、67.7万kW，发电机产量为63台、78.6万kW，销售收入达33 579万元，实现利税3 175.63万元，利润达633.15万元，这三项经济指标分别比上年增长28.45%、51.62%、55.44%。

表 3　1995 年重点锅炉厂完成的经济指标

企业名称	工业总产值（1990 年不变价）（万元）	出口产品总产值（万元）	产品销售收入（万元）	利润总额（万元）	电站锅炉产量〔台/t(蒸汽)/万 kW〕
哈尔滨锅炉厂	68 013	2 164	106 719	1 006	15/8 252/232.5
东方锅炉厂	65 751	13 674	83 550	4 000	18/8 285/235.0
武汉锅炉厂	33 070	245	32 369	312	24/5 990/159.4
上海锅炉厂	70 008	8 982	90 733	714	30/12 505/361.5

表 4　1995 年重点汽轮机厂完成的经济指标

企业名称	工业总产值（1990 年不变价）（万元）	产品销售额合计/出口（万元）	产品销售收入（万元）	利润总额（万元）	汽轮机产量（台/万 kW）
哈尔滨汽轮机厂	42 041	64 039/99	75 153	2 572.7	17/258.5
东方汽轮机厂	45 474	56 631/8 800	42 962	459.1	34/283.9
上海汽轮机厂	82 013	95 488/2 306	81 975	1 118.2	28/421.0
武汉汽轮机厂	52 217	50 239/4 446	—	—	20/32.3
北京重型电机厂	36 184	51 554/	57 097	511.3	16/178.5
上海电机厂	72 240	100 070/4 194	84 985	3 585.3	30/402.3

市场及销售　据预测，2000 年以前，包括我国在内的亚洲各国，每年约需投入 70 亿美元用于购买发电设备，其中大部分系火电设备。因此世界各主要大公司均瞄准了这一地区的市场，竞争十分激烈，从而导致其市场价呈明显下滑态势，使我国产品要打入世界市场处于不利地位。东方电气集团公司有所建树，其 21 万 kW 级以下火电机组产品继销往孟加拉等国之后，1995 年又获得向伊朗阿拉科电厂提供 4 台采用先进空冷系统的 32.5 万 kW 机组的合同。由于历年工程承包量大、质量好，其在世界工程承包行业公认最权威的评比活动中，如由美国《工程新闻记录》杂志每年一次组织开展对 225 个最大国际工程承包公司排名中，1995 年度被评为第 120 名。

国内外销售情况详见表 3、表 4。此外，上海电站辅机厂 1995 年获得了秦山核电二期工程 2×60 万 kW 机组常规岛主要辅机设备生产合同。这批包括高压加热器、低压加热器、冷凝器、除氧器等设备造价达数亿元，从而为该厂今后创造 90 万 kW、100 万 kW 级核电辅机设备奠定了基础。

科研成果　1995 年是“八五”计划的最后一年。大量的科研项目，包括“八五”攻关项目，在这一年取得了最终成果。其中，由部第二设计院和东方汽轮机厂合作完成的东方汽轮机厂 200t 高速动平衡试验台整套工程项目获得了部科技进步一等奖。由东方锅炉厂与河南电力试验所、首阳山电厂合作的 DG670/13.7－9 带中间负荷的调峰机组锅炉，获得了部科技进步二等奖。由西安交通大学和东方锅炉厂共同完成的锅炉构架空间结构分析程序获部科技进步三等奖。

东方汽轮机厂从 1991 年起承接的 7 项“八五”国家重点攻关项目，在 1995 年末全部通过了部级鉴定。即 1m 等级末叶片设计及试验研究，30 万 kW 机组大型可倾瓦轴承设计、制造试验研究，30 万 kW 机组椭圆轴承型式结构参数的试验研究（油膜振荡流体特性和预测振荡不稳定性的理论分析、方法及计算程序开发研究），空冷汽轮机高背压末级叶片研制，851 叶片防水蚀技术方案可靠性研究，隔板真空电子束焊接工艺研究，空冷汽轮机凝汽器研制。其中，1m 等级末叶片是在消化引进技术的基础上开发成功的，其成果已用于与日立公司合作开发的 60 万 kW 机组上。该机组将于 1996 年在山东邹县电厂投运。30 万 kW 机组大型可倾瓦轴承是为解决该机组原用的固定瓦轴承的烧瓦、碾瓦问题和提高轴承的稳定性而确立的国家攻关课题，这项成果将使我国 30 万 kW 机组的可靠性及经济性达到国际先进水平。

东方汽轮机厂还完成了 20 万 kW 汽轮机低压缸改造——末级叶片振动试验研究。该叶片长 600mm。在设计中运用 VBC 程序及美国 STI 公司的 BLADE 程序，对其静态、动态振动特性进行了大量计算。为确保该叶片的安全可靠性，还对其进行了单只和整圈叶片的静频试验及实物回转试验，从而掌握了拱型围带及松拉筋成组叶片的静、动振动特性并完善了该型式叶片的计算方法。

上海发电设备成套设计研究所与上海汽轮机厂共同完成的“八五”国家重点技术装备科技攻关项目 60 万 kW 核电汽轮机汽水分离再热器计算程序移植消化吸收课题，通过了机械工业部专家组的鉴定。鉴定认为这项课题取得的成果在国内处于领先地位，可使汽水分离再热器的设计达到国际水平。目前已应用于 60 万 kW 核电汽轮机的汽水分离器方案设计中，其长度由原 25m 缩短到 18m，再热管束由 8 个改为 4 个，节省低肋不锈钢管材 3 万

m，金属构件材料减少到 110t，造价因此可降低 25%～30%，可节约 1 000 万元。

上海发电设备成套设计研究所与上海锅炉厂共同完成的大容量电站锅炉过热器再热器集箱三通结构流量分布试验研究是为近几年国内大容量锅炉多次发生再热器超温爆管事故而立项的，该课题对集箱中涡流这一复杂的流动问题进行了模化试验、分析和实炉验证，最后制订出一套完整的计算方法和软件。该成果已应用于上海锅炉厂首台 60 万 kW 亚临界锅炉设计和福州电厂 35 万 kW（日本进口）锅炉的再热器爆管事故的原因分析中，实用价值颇大。

上海发电设备成套所、上海锅炉厂、哈尔滨锅炉有限责任公司、东方锅炉厂共同完成了超压 5% 亚临界压力自然循环锅炉研制课题。通过试验、计算和分析，证明超压 5% 亚临界压力自然循环锅炉（锅筒压力 19.62MPa，汽轮机进口压力 17.5MPa）是成功的，为配引进型 30 万 kW 机组的锅炉提供了两种选择的方案，并促进了我国对自然循环锅炉的设计和生产，使自然循环锅炉的产品更趋成熟，达到目前国际水平。

上海发电设备成套所与西安热工研究院、上海电机厂等单位合作完成了轴系振动与轴系稳定性研究课题并通过了鉴定。该成果已用于新机组上。

上海发电设备成套所与哈尔滨锅炉厂合作的 60 万 kW 超临界锅炉起动、旁路系统设计技术开发研究年内已全部完成。通过分析计算提出了一套完整的起动、旁路系统设计技术并以双鸭山电厂 60 万 kW 超临界锅炉为对象，完成了全部方案设计、计算和分析。课题提出的带串联再循环泵的内置式汽水分离器起动系统的设计计算技术和运行工况预测方法属国内首创。

上海发电设备成套所和上海汽轮机厂合作的 1m 长叶片 CAD 设计及小流量气动计算程序开发课题取得了成果。该 CAD 系统改进和完善了绘图和设计一体化，能够自动绘制型线，完成型面设计，从而提高了长叶片的设计水平，缩短了设计周期。该成果达到了国外当代同类软件先进水平。

上海汽轮机厂在上海发电设备成套所合作下完成了 905 末级叶片及纸压缸研制课题，并通过了部级鉴定，它以三元流动理论对原引进型低压缸及 905 末级叶片进行了优化设计。905 叶型的损失系数小，气动性能好，明显优于原西屋公司引进的 869 叶片。排汽蜗壳在不增加轴向跨度的条件下，通过优化，使其静压恢复系数由原来的 0.051 提高到 0.133，其性能优于原西屋公司排汽缸性能。

上海发电设备成套所在上海锅炉厂、东方锅炉厂、上海汽轮机厂等单位合作下完成了火电用钢系列研究课题。其最终编撰的《汽轮机主要零件用钢性能数据集》和《锅炉受压元件用钢手册》可作为设计和编制工艺的依据，是一项重要的技术基础工作。其研制的国产大口径 12CrlMoV 钢管和焊接大口径钢管，改变了历年来依靠进口的局面，具有明显的经济效益。

哈尔滨成套所承担的“八五”科技攻关课题煤燃烧特性研究和燃烧系统的研制年末通过了鉴定。该课题共有 5 个专项，即煤燃烧特性研究和燃烧资源数据库、火电厂烟气脱硫研究、燃烧设备与燃烧试验研究、磨煤机和制粉系统研究、大型锅炉二次风系统结构对炉内气流工况影响的试验研究和二次风系统部件选型。鉴定认为课题成果达到了国际先进水平，具有推广应用价值。

哈尔滨锅炉有限责任公司与清华大学合作共同完成的双一次风通道煤粉主燃烧器及设计和改造四角切向燃烧器的方法课题获第四届中国专利金奖。该技术提供了一种具有两个方向的一次风通道的煤粉主燃烧器及四角切向煤粉燃烧锅炉布置的燃烧器设计和改造的方法，既能解决稳燃问题，又可提高燃烧效率。该成果已应用于福建永安等 8 个电厂。该燃烧器已被哈尔滨锅炉厂定为大型低挥发分煤种锅炉燃烧器的定型设计。

东方锅炉厂通过鉴定的板管三通强度研究课题是“八五”国家重点科技攻关项目。其成果使板管三通的创造实现了国产化和系列化，具有较高经济效益。目前板管挤压三通替代无缝管挤压三通已在多台 30 万 kW 锅炉上应用。

新产品 上海汽轮机厂在引进型 30 万 kW 汽轮机基础上，进行了三步优化改进，开发了新型 30 万 kW 亚临界、单轴、高中压合缸、双缸双排汽中间再热凝汽式汽轮机。型号为 N300－16.7/538/538，额定功率 30 万 kW，主蒸汽压力 16.7MPa，主蒸汽温度 538℃、再热蒸汽温度 538℃。该机结构紧凑、自动化程度高，适用于大型电站作基本负荷和调峰机组。热耗降低到 7 954 kJ/kW·h。该机获上海市优秀新产品一等奖。

武汉汽轮发电机厂 1995 年开发了 CC25－9/1.27/0.12 高压双抽汽式汽轮机。额定电功率为 2.5 万 kW，并可供 1.27MPa 的工业用汽和 0.12MPa 的民用采暖。机组特点是发电量、工业用汽量和采暖用汽量三者可以灵活控制，互不干扰，实现了自整调节控制，故综合经济效益较高。目前已有首批两台机组在天津石化公司以煤代油热电厂运行。该机组售价 1 000 万元。

南京汽轮电机厂新开发了次高压 1.2 万 kW 系列抽汽式汽轮机。该系列可用于热电联产共有 9 个型号。额定功率 1.2 万 kW、转速 3 000r/min。主汽门前压力 4.90（或 5.88）MPa，温度 470（或 435）℃。额定抽汽压力 0.98（或 0.49）MPa。额定抽汽量 50t（蒸汽）/h。该机组适用于化工、印染、造纸等行业。与同容量中压抽汽式汽轮机相比，每年可节约标煤 3 000t 左右。

南京汽轮电机厂还有新开发的 QF－60－2 型 6 万 kW 汽轮发电机问世。该机组系我国目前自行设计的最大的空冷式发电机。可与 5 万 kW 凝汽式汽轮机配套。也可与 6 万 kW 抽汽式汽轮机配套用以热电联产。

管理及改革 哈尔滨地区变化也不小。哈尔滨动力设备股份有限公司为进一步深化改革，1995年制订并开始实施“三项制度”改革，并准备实行社会保险制度改革。

哈尔滨锅炉有限公司1995年获得了国家核安全局颁发的100万kW压水堆核电站承压设备制造资格许可证和20万kW低温核供热堆承压设备制造资格许可证。

1995年下半年，哈尔滨汽轮机高新技术产业有限公司创立。

1995年10月，哈尔滨汽轮机辅机工业（集团）总公司电站辅机总厂竣工投产。该厂占地面积3万m^2，生产厂房1.5万m^2。年加工金属量可达1万t。该厂投产后大大改善了产品结构的综合生产能力，使公司将能承揽火电站辅机及工程、核电汽轮机辅机及轻型、重型焊接结构件等。可使哈尔滨汽轮机辅机工业公司汽轮机配套辅机能力达到年产350万kW。电站辅机年生产能力达到200万kW。

1995年8月，武汉锅炉集团有限公司正式挂牌成立。它是在现有武汉锅炉厂及8个全资子企业基础上，新组建的国有独资公司，国有净资产达1.48亿。该公司是武汉锅炉集团公司控股的子公司，集团公司以所持股份享有相应份额的所有者权益。该公司将武汉锅炉厂原阀门、铸钢分厂、运输处改组为武锅阀门有限公司、武锅铸钢有限责任公司和武锅运输有限责任公司，成为独立法人的子公司。此外，还将武锅集团原有的8个子企业改组为5个有限责任公司，另外还组建了武锅财务有限责任公司等。通过上述的改制、改组，将有利于各子公司转换经营机制，增强企业活力，同时可盘活存量资产，拓宽融资渠道，扩大经营规模。

1995年11月30日，由南京汽轮电机厂改制而成的国有独资公司南京汽轮电机（集团）有限责任公司以及以此为核心层组建的南京汽轮电机集团正式成立。这标志着该厂的改制试点工作取得了突破性进展。

质量及质量管理 为保证国家重点工程建设质量和工期，上海发电设备成套设计研究所受国家监督局、机械工业部等委托，于1995年对7个大型国有骨干企业及1个大型合资企业（即哈尔滨汽轮机厂、上海汽轮机厂、北京重型电机厂、东方汽轮机厂、哈尔滨锅炉厂、上海锅炉厂、东方锅炉厂、B&W公司）的电站用锅炉、汽轮机零部件制造质量，进行了国家监督专项抽查。其抽查产品主要是30万kW（也有一部分20万kW）。抽查结果表明，这些企业产品质量的总体水平基本稳定。30万kW电站锅炉零部件制造质量总符合率在90%以上。关键项目都未出现缺陷，而且88.6%的不符合项均为一般质量问题。20万kW或30万kW电站汽轮机主要零部件几何尺寸精度符合率均在90%以上。在检查的2 461个项目中，仅236项存在缺陷，而且其中161项为一般项目。但是，在抽查中也发现一些问题，一些“常见病”、“多发病”仍未杜绝，甚至还有前几年已基本控制住的质量问题出现了回潮。这些问题大都是管理方面的缺陷引起的。

在电站产品质量及质量管理方面值得记录在案的还有以下几点。(1)哈尔滨电站设备集团公司制造并承建的巴基斯坦贾姆肖罗电站3台21万kW火电机组甩负荷和小岛运行试验，于1995年被国家科委评为国家科技成果奖。这种试验难度高、风险大，在世界上只有少数几个国家能做到，填补了国产机组的空白。该电站是我国最大的发电设备出口、承建的项目之一。试验的成功，标志着该集团在发电设备制造领域跃上了一个新台阶。

(2)上海电站辅机厂自行设计、制造成功的60万kW超临界火电机组主要辅机设备，在1995年经机械、电力工业两部鉴定，认为其各项性能完全可与瑞士ABB公司主机匹配，达到了当代国际水平。这些已经过3年多电厂运行考验的设备，包括高压加热器、低压加热器、除氧器、水箱等。

(3)武汉锅炉厂从1994年开始认真贯彻推行ISO9001国际质量系列标准以来，在1995年取得了硕果。年中通过了由国家商检局华中评审中心主持的ISO9001质量体系认证，从而表明该厂从此获得了国际贸易的通行证。

技术改造 1995年对国产20万kW机组的技术改造继续进行。8月，国产20万kW汽轮机高中压缸技术改造方案，通过了由机械、电力工业两部专家组的评审。此次高中压缸的三缸三排汽的技术改造方案，采用了当代先进水平的准三元和全三元设计软件来进行高中压缸通流部分设计，并将当代汽轮机通流部分的各项新技术成果应用于高压缸通流部分设计中。

对外合作 1995年对上海地区发电设备生产企业来说是个重要的年份。上海电气联合总公司经过几年选择，终于和美国西屋电气公司于1995年10月在上海签约，组建4个合资公司。合资公司总投资为3.765亿美元，其中美方出资8 200万美元。这4个合资公司分别是上海汽轮机有限公司、上海汽轮发电机有限公司、上海动力设备有限公司和新科电力工程公司。合资企业将享用美方提供的新技术和科研成果并包括部分先进的日本三菱重工技术。合资公司将生产高技术的单机90万kW亚临界、超临界火电机组和130万kW核电设备，同时还将生产大型燃气轮机和联合循环机组。

四川锅炉厂为使循环流化床锅炉再上新台阶，决定从德国Lurgi Lentjes Babcock能源技术有限公司引进世界先进的LLB循环流化床锅炉技术，并于1995年7月在成都签订了合作与许可证协议。

此外，上海电站辅机厂为国产30万kW机组配套，以技贸结合形式从瑞士苏尔寿公司引进的具有当代国际先进水平的大型机组液压汽机旁路系统阀门的设计制造技术，通过了机械工业部、电力工业部专家组的鉴定。鉴定认为该项技术已达到苏尔寿公司的同等水平。该技术的首套产品已用于阳逻电厂 2 号机 30 万 kW 机组上。

无锡叶片厂在企业技改方面有进展。该厂引进德国 SMS - Hasenclever 公司的 SPKA11200 型 112MN 离合器式螺旋压力机，在 1995 年 9 月通过了专家组的设备验收。该设备可用于精锻汽轮机大叶片，是目前投入运行的亚洲最大、世界第二的压力机。

〔撰稿人：上海发电设备成套设计研究所　乐如良　审稿人：机械工业部重大装备司　强培生〕

三、内燃发电设备

生产发展情况　1995 年内燃发电设备生产比上年有所增长。发动机制造厂、发电机制造厂和组装厂三类生产企业以大量国产型、适量引进型及少量进口型发动机、发电机配套件组装成套内燃发电设备。

1995 年自动化机组、低噪声机组等高新技术产品在一些企业总销量中占的比例很大，如无锡市梁溪发电设备成套厂共销售机组 330 台，其中自动化机组 155 台；福州先达力机电工程有限公司共销售机组 152 台，其中自动化机组 48 台；无锡市益众电力设备厂共销售机组 23 台，其中自动化机组 18 台；兰州电源车辆研究所共销售机组 16 台，其中低噪声机组 10 台。还有一些企业这两类产品销售数量较大，如福建省福发股份有限公司销售自动化机组 50 台、低噪声机组 39 台；无锡动力工程股份有限公司销售自动化机组 45 台。

发电机组控制技术在原有的微机监控、自动并联、可编程序控制器（PLC）的基础上，1995 年又在集中监控、远程监控方面发展很快。上海柴油机股份有限公司将 YD - 901 微机监控仪用于 90GF81 柴油发电机组，取代了传统的仪表系统，并具有四种保护功能。郑州电气装备总厂以自行开发的通讯、传输、显示、监控等软件研制机组集中监控系统（GMS）。泰州德锋动力设备有限公司完成不间断电源（包括柴油发电机组、蓄电池、逆变器等）及空调系统的集中监控系统，采用计算机及 RS - 232 通讯接口实现远距离控制。无锡动力工程股份有限公司完成用上位计算机和下位 CS - 31 中央处理器组成的遥控、遥测、遥讯（简称“三遥”）柴油发电机组，上、下位机间可通过调制解调器（MODEM）和电话线路进行远程通讯；完成以 FX_0 型 PLC 控制的自动化机组，除实现自起动、自投入、自保护、自切换等功能外，增加了可与计算机通讯的 RS - 232 接口及相应功能；完成蓄电池自动充电器。山西柴油机厂研制微机“三遥”远控自动化柴油发电机组，上位机为工业级 486 微机，下位机为 STD 总线的工业级单片机，上、下位微机用 RS - 422 串行接口通讯。福州先达力机电工程有限公司完成液晶数字显示自动化柴油发电机组，工业化控制模块近程线控、电话线远程监控自动化发电机组，PLC 控制的自动化发电机组和发电机组充电用高频开关电源，产品用于福建省 GSM 全球无线通讯电话 15 个分站和泉州飞机场等地。无锡市梁溪发电设备厂完成近程、远程“三遥”微机监控柴油发电机组。无锡市益众电力设备厂完成 2 台柴油发电机组微机远程监控系统、3 台柴油发电机组并网系统和 14 台柴油发电机组 PLC 自动控制系统。泰州市锋陵机械厂完成 2×630kW 自动化机组，采用计算机程序控制，实现自动调频、自动调载、自动并网。宁波中策动力机电集团有限公司完成 4×1 000kW 柴油发电机组，具有自动解列与并联、集中监控、巡回检测、自动报警和保护功能，1995 年 4 月通过验收交付广东科龙电站公司。此外兰州电机厂 500kW 自动化机组，首钢吉林柴油机厂 200kW 自动化机组，陕西省发电设备厂的 90kW 自动化机组，宜昌机床集团电机总厂 120、200、250kW 自动化机组以及郑州机电设备厂、常州顺风发电设备有限公司的产品也都采用了 PLC 控制技术。山东明远机电设备有限公司研制的 30、90kW 自动化机组采用单片机控制。

低噪声发电机组生产企业和产品种类进一步增多，如陕西省发电设备厂研制了 75kW 产品，山东明远机电设备有限公司研制了 30、120kW 产品，兰州电源车辆研究所研制了 10GFS2 低噪声机组，75GFSJ1、75/36GFSJ1 低噪声方舱电站，75/55GZQS1 低噪声汽车电站等。

1 000kW 以上的大功率柴油发电机组的生产及销售继续保持良好势头，中国一汽无锡柴油机厂 1 250kW 机组 33 台，无锡市电机厂 1000kW 机组 4 台（出口），泰州德锋动力设备有限公司 1 000kW 机组 5 台，镇江船用柴油机厂 1 000kW 机组 4 台，宁波中策动力机电集团有限公司 1 000kW 机组 20 台，广州柴油机厂 1 000kW 机组 14 台、2 000kW 机组 11 台，陕西柴油机厂 5 000kW 机组 18 台等。

一些非全民所有制的组装企业已形成很强的生产能力，其产销量可与国有大中型企业齐平，如江都线路器材厂、泰州市德锋动力设备有限公司的机组销量均进入排名前五位。

市场及销售　据对 81 个内燃发电设备生产企业的统计，1995 年销售功率范围 0.5kW～5 000 kW，100 个功率等级的内燃发电设备 40 436 台/263.7 万 kW，其中 19 个企业出口功率范围 3kW～2 000kW，34 个功率等级的内燃发电设备 798 台/8.48 万 kW。总销量（内销加出口）比 1994 年有所增加，出口量有所减少。在销售的各类产品中，柴油发电机组占大多数，其他各类机组占的比例较小，每类产品所占的比例与 1994 年相当，销售量按产品类别的统计见表 5；在 0.5kW～5 000kW 功率范围，各区段所占的比例与 1994 年相当，销售仍以 250kW 以下的产品占主导，销售量按功率范围的统计见表 6；在 100 个功率等级中，按总销量千瓦数和台数排序的前十个功率等级销量见表 7；在 81 个生产企业和 19 个有出口产品的企业中，主要企业总销量的千瓦数、台数和出口千瓦数、台数　详见表 8。

表 5　1995 年内燃发电设备按产品类别的销量统计

产品类别	功率范围 (kW)	功率等级数	内销 (台/kW)	出口 (台/kW)	合计 (台/kW)
柴油发电机组	1.0～5 000	83	35 698/2 411 885	767/73 736	36 465/2 485 621
汽油发电机组	0.5～12	9	2 215/4 425	0	2 215/4 425
发电电焊两用机组	5～12	4	231/1 883	0	231/1 883
自动化发电机组	10～560	22	348/41 992	8/1 745	356/43 737
低噪声发电机组	20～370	12	50/5 679	0	50/5 679
船用发电机组	12～560	26	587/48 567	18/8 151	605/56 718
气体燃料发电机组	20～120	5	23/1 864	5/1 204	28/3 068
汽车电站	12～250	7	41/2 600	0	41/2 600
挂车电站	24～200	12	445/34 157	0	445/34 157
总计	0.5～5 000	100	39 638/2 553 052	798/84 836	40 436/2 637 888

表 6　1995 年内燃发电设备按功率范围的销量统计

功率范围 (kW)	功率等级数	内销 (台/kW)	出口 (台/kW)	合计 (台/kW)
0.5～20	18	19 456/177 678	290/2 984	19 746/180 662
21～90	28	12 524/617 445	187/8 911	12 711/626 356
91～250	15	6 325/1 031 967	265/41 450	6 590/1 073 417
251～500	24	1 077/429 047	37/14 873	1 114/443 920
501～1 000	12	197/148 915	16/11 368	213/160 283
1 001～5 000	3	59/148 000	3/5 250	62/153 250
总计	100	39 638/2 553 052	798/84 836	40 436/2 637 888

表 7　1995 年内燃发电设备按总销量千瓦数和台数排序的功率等级销量

功率等级 (kW)	内销 (台/kW)	出口 (台/kW)	合计 (台/kW)	功率等级 (kW)	内销 (台/kW)	出口 (台/kW)	合计 (台/kW)
200	1 293/258 600	36/7 200	1 329/265 800	10	4 464/44 640	44/440	4 508/45 080
120	2 030/243 600	44/5 280	2 074/248 880	30	3 321/99 630	56/1 680	3 377/101 310
250	847/211 750	7/1 750	854/213 500	12	2 830/33 960	81/972	2 911/34 932
500	416/208 000	10/5 000	426/213 000	8	2 898/23 184	2/16	2 900/23 200
160	1 148/183 680	143/22 880	1 291/206 560	50	2 605/130 250	32/1 600	2 637/131 850
75	2 228/167 100	21/1 575	2 249/168 675	75	2 228/167 100	21/1 575	2 249/168 675
50	2 605/130 250	32/1 600	2 637/131 850	120	2 030/243 600	44/5 280	2 074/248 880
90	1 210/108 900	14/1 260	1 224/110 160	24	1 831/43 944	14/336	1 845/44 280
30	3 321/99 630	56/1 680	3 377/101 310	5	1 804/9 020	0	1 804/9 020
150	590/88 500	15/2 250	605/90 750	20	1 404/28 080	17/340	1 421/28 420

新技术与新产品　山西柴油机厂 1986 年从德国 MTU 公司引进 396 柴油机制造技术，经过多年的消化吸收和国产化，1995 年研制成功 1 台以 8V396TC33 柴油机与西门子 1FC6－408 无刷恒压同步发电机组成的 560kW 自动化柴油发电机组，性能指标完全符合 GB12786—91《自动化柴油发电机组通用技术条件》及 GB4712—84《自动化柴油发电机组分级要求》中的 2 级自动化机组标准，年内交付云南烟草公司使用。

兰州电机厂自 1986 年从德国 AEG 公司引进 DKBH 系列同步发电机制造技术，1990 年获 AEG 许可证以来，陆续生产出各种规格电机，并与国内较先进的 135 系列、190 系列柴油机组成发电机组系列。至 1995 年已研制了额定功率 24、30、40、50、75、90、120、160、200、250、320、400、500、700kW 机组。该系列机组控制屏的元件及结构更加合理适用，电气性能更加优良。

河南柴油机厂研制了 500kW 差速柴油发电机组，柴油机以较高的转速运行，通过减速装置带动发电机，从而提高机组功率，发挥高速柴油机的优势。

济南柴油机厂研制了 1 台 50Hz 和 60Hz 两种

频制的柴油发电机组，以适合不同频制用电要求的港口、供电设备及其他设备的维修。机组 1 000r/min、50Hz 时输出功率 424kW，1 200r/min、60Hz 时输出功率 512kW。该机组于 1995 年 3 月上旬通过船舶检验和用户的验收，交付装船。

胜利动力机械厂研制成功浅海石油钻采平台用 400kW 天然气发电机组。机组采用 12V190TD－1 天然气发动机，1FC5 456－6TA42－2 发电机，具有并联及多种保护功能。5 台机组组成的并联供电系统 1995 年 10 月安装至胜利油田埕北 11－C 动力平台（1996 年 3 月 15 日调试成功，投入海上作业）。

兰州电源车辆研究所研制的双频电站系统由 1 台控制方舱和 2 台或 4 台 200STJS1 低噪声双频方舱电站组成。200STJS1 方舱电站由 12V1352D 柴油机带动 200TFSPB 双频变频发电机，能以柴油机为动力对外单独或同时输出工频、中频电源，也能以市电为动力作变频方式运行，对外输出中频电源。2 台方舱电站可以各自独立对外输出电能，也可以通过控制方舱进行集中遥控。控制方舱按控制 3 台方舱电站设计，可对 3 台方舱中的任意两台实现自动并联和转移负载。方舱电站具有低噪声、低温起动、故障自动检测、远距离隔室操作、电动加注燃油、易于维护等特点。该套系统于 1995 年 11 月在兰州通过用户验收，并交付使用。

河北华北柴油机厂研制的 100GF18 型风冷柴油发电机组于 1995 年 1 月 12 日至 13 日在石家庄通过由兵器工业总公司主持的鉴定。该机组采用河北华北柴油机厂引进德国 KHD 公司技术生产的 F8L413F 风冷柴油机、汾西机器厂引进德国西门子公司技术生产的 1FC6 284 无刷同步发电机，额定功率 100kW，适用于高寒和环境条件恶劣地区及有高可靠性、高经济性、高供电品质要求的场合。

上海拖拉机内燃机公司研制的 495AZDC 船用发电柴油机和 24GFC37 船用发电机组于 1995 年 1 月 15 日在上海通过鉴定。495AZDC 柴油机是在 495A 柴油机基础上变型设计而成。24GFC37 机组采用 495AZDC 柴油机、上海革新电机厂生产的 T_2H_2XVZ 船用发电机，额定功率 24kW，各项性能指标满足船舶使用要求。

表 8　1995 年内燃发电设备按总销量千瓦数排序的企业销量及主要企业的销售台数、出口情况

序号	企业名称	内销（台/kW）	出口（台/kW）	合计（台/kW）
1	潍坊柴油机有限责任公司	2 156/254 477	245/37 974	2 401/292 451
2	江都线路器材厂	6 292/234 763	0	6 292/234 763
3	上海柴油机股份有限公司	1 496/161 725	15/1 880	1 511/163 605
4	济南柴油机厂	239/115 798	19/10 100	258/125 898
5	泰州德锋动力设备有限公司	837/122 733	0	837/122 733
6	无锡市电机厂	342/97 730	4/4 000	346/101 730
7	广州柴油机厂	157/97 620	2/4 000	159/101 620
8	陕西柴油机厂	18/90 000	0	18/90 000
9	山东明远机电设备有限公司	1 850/72 302	401/11 080	2 251/83 382
10	福建省福发股份有限公司	817/79 932	6/1 325	823/81 257
11	扬州市正鸿电材厂	2 233/71 449	0	2 233/71 449
12	无锡动力工程股份有限公司	515/67 176	10/1 450	525/68 626
13	西安波威植松动力有限公司	2 035/38 661	0	2 035/38 661
14	陕西省发电设备厂	1 572/32 341	0	1 572/32 341
15	南昌柴油机有限责任公司	1 108/29 388	13/262	1 121/29 650
16	西峰电机厂	1 516/27 758	0	1 516/27 758
17	安庆船用柴油机厂	3/1 320	18/8 151	21/9 471
18	湖北发电机厂	106/3 486	11/119	117/3 604
19	上海拖拉机内燃机公司	73/1 680	24/387	97/2 067

南通柴油机股份有限公司研制的 150GF17－a 柴油发电机组于 1995 年 4 月通过江苏省机械厅主持的鉴定。机组采用该厂经奥地利 AVL 咨询的 NT6135 柴油机，结构紧凑，设计先进，技术含量高、排放低，额定功率 150kW，是原 135 系列柴油机配套机组的更新换代产品。

济南柴油机厂和海军装备论证研究中心共同完成的 400kW 柴油发电机组舰用化改装项目于 1995 年 6 月 26 日至 27 日在北京通过技术鉴定。机组采用专门研制的 190 柴油机，并为适于舰用进行了改装。3 台 400kW 机组经装舰试验及实船运行考核后交付部队使用，累计运行超过 3 000h。机组在调速精度、低负荷性能、隔振抗冲击效果及对舰用条件适用性、可靠性方面具有显著优点。

兰州电源车辆研究所研制的 90PQ1 航空精密电站于 1995 年 6 月 28 日在乌鲁木齐市通过由机械工业部和中国民航总局联合主持的鉴定。该电站选用潍坊柴油机厂引进奥地利斯太尔技术生产的

WD615.61型增压水冷柴油机、兰州电机厂TFZPW-TH-90型90kW中频无刷发电机、兰州电源车辆研究所DT-30-3A全电调速器、北京BJ1041型轻型运载汽车。为提高可靠性采用了以电子调速为主机械调速为辅的混合调速方式，电子式、机械式双重超速保护装置以及其他多种电气机械故障保护报警装置。这是该所继75PQ1、50PQ1后的又一种更大功率的飞机地面支援电源。

湖北省襄樊市力特电机总公司研制的LT15XW汽油稀土无刷同步发电机组于1995年9月通过湖北省机械厅主持的鉴定。机组额定功率1.5kW，额定电压220V，额定频率50Hz，功率因数1，效率>77%，绝缘等级B，稳态电压调整率±5%～±7%，电压波动率1.2%。该产品填补了省内空白。

潍坊柴油机有限责任公司160GF4-089、250GF4-039两种柴油发电机组于1995年9月通过由山东省机械工业厅主持的鉴定。两种机组采用本厂生产的6160柴油机、国产无刷发电机及置于电机上方的一体式控制屏。

兰州电源车辆研究所研制的50GF142型汽油转子发电机组于1995年10月8日至10日在兰州通过机械工业部组织的新产品鉴定。机组采用金华专用汽车总厂改型研制的JZ211E-1型汽油转子发动机，兰州电机厂引进AEG技术生产的TFW-50型无刷励磁、3 000r/min发电机，12V工作电源的电子调速器，设置有多种保护装置的小型控制箱。额定功率50kW，整机外廓尺寸为1 772mm×744mm×906mm（约为同容量柴油往复式发电机组的40%）；总重为720kg，比重量14.4kg/kW（约为同容量柴油往复式发电机组的35%）。填补了该功率等级轻量化高速发电机组的空白。

福州先达力机电工程有限公司10kW～250kW自动化柴油发电机组于1995年11月23日通过福建省机械工业厅主持的新产品投产技术鉴定。机组采用优质柴油机、发电机及元器件，以可编程序控制器为控制核心，并对给水系统、补油系统采取了提高可靠性的有效措施，达到2级自动化水平，符合GB2820、GB12786标准。

福建省福发股份有限公司研制的75GT5挂车电站和TFE7 560kW～1 000kW无刷三相同步发电机于1995年12月20日通过福建省机械工业厅主持的鉴定。75kW挂车电站由柴油机、发电机、配电装置、车厢及行走部分组成，整机性能处于国内先进水平。TFE7 560kW～1 000kW发电机是在引进英国彼特堡（Petbow）E系列小功率无刷发电机先进技术的基础上，向中功率延伸而自行研究设计的更新换代产品，主要性能指标达到国际90年代水平。

苏北电机厂研制的15SF2双频柴油发电机组于1995年12月26日在江苏省泰州市通过了由兵种军工产品定型委员会主持的设计定型审查会。15SF2机组由柴油机、发电机、控制箱、自动离合器和牵引装置小车组成。具有变频、双频功能，适用于-40℃～50℃环境温度，各项技术性能指标满足国军标GJB235要求。

江西车辆开关厂研制的120GFZ25自动化柴油发电机组于1995年12月29日在江西省临川市通过江西省科委主持的新产品鉴定。机组采用日本生产的可编程序控制器，具有自起动、自切换、自停机、自动检测柴油机、发电机的各项参数及多种保护功能，可通过无线电数字编码发射与接收装置实现远距离遥控，填补了省内空白。

管理及改革　1995年，由兰州电源车辆研究所出版的、反映内燃机电站和军用改装车辆两个归口行业技术动态的《移动电源与车辆》季刊出版了1～4期（总第99～102期）。

机械工业内燃机电站行业科技信息网1995年出版网刊《内燃机电站科技信息》1～6期（总第57～62期）。1995年10月15日至19日在西安召开了网的年会，共有来自全国38个单位的40名代表出席。会议总结了恢复网活动10周年来的工作，并组织了技术交流。

1995年1月16日机械工业部以机械科〔1995〕53号文批准了由兰州电源车辆研究所负责起草的JB/T50054—95《内燃机电站可靠性考核评定方法》于1995年3月1日实施。

1995年7月6日国家技术监督局批准并发布了由兰州电源车辆研究所负责起草的GB/T2819—1995《移动电站通用技术条件》，1996年8月1日实施，实施之日起将代替GB2819—81。

经1994年起的标准清理整顿工作，有744项国家标准调整为机械行业标准，并予以重新编号。与内燃发电设备相关的标准为：JB/T8182—95《交流移动电站用控制屏通用技术条件》（代替GB10234—88）、JB/T8186—95《工频柴油发电机组额定功率、电压及转速》（代替GB12699—90）、JB/T8194—95《内燃机电站名词术语》（代替GB5320—85）。

机械工业内燃机电站标准信息网1995年出版网刊《内燃机电站标准信息》1～6期（总第24～29期）。1995年10月22日至26日在北京召开了网的年会，同期召开了GJB1488—92《军用内燃机电站通用试验方法》宣贯会、修订GB2820—90《工频柴油发电机组通用技术条件》和GB8365—87《工频汽油发电机组通用技术条件》工作组会议。参加会议的有行业厂、研究所和部队的代表47人。

中国农机总公司内燃发电机组（集团）联合体，1995年全体理事会于5月12日至15日在杭州召开，共有74名代表出席。会议总结了1994年工作，选举产生了第四届常务理事单位。

由重庆汽车发动机厂与美国康明斯发动机股份有限公司合资经营的重庆康明斯发动机股份有限公司于1995年10月1日正式开业。中方的原重庆汽车发动机厂全员全资投入合资公司。合资公司总投资为79 450万元，注册资本4 800万美元，双方股比 50%:50%，合资期限 30 年。合资公司主导产品为从美国康明斯公司引进的 N、K、L 三大系列柴油机及由此派生的柴油发电机组和船用动力机组。

由福建省福发股份有限公司与美国麦格乃泰克股份有限公司合资组建的麦格乃泰克福州发电机有限公司于 1995 年 12 月 28 日成立。合资公司注册资本 1 370 万美元，福发股份有限公司占 45%，美国麦格乃泰克占 55%。合资公司按美国麦格乃泰克技术生产发电机。

质量及质量管理 国家科委和国家技术监督局 1995 年 1 月 14 日以国科发成字〔1995〕029 号文下发了“关于认定第一批科技成果国家级检测鉴定检测机构的通知”，认定 65 个国家级质量监督检验中心、12 个国家法定计量检定机构、5 个国家分析测试中心共计 81 个单位为第一批科技成果国家级检测鉴定检测机构。挂靠在兰州电源车辆研究所的国家内燃机发电机组质量监督检验中心授权在汽车与挂车电站和内燃发电机组的产品检测范围内，根据组织鉴定单位的委托要求，开展检测工作。

兰州电源车辆研究所于 1995 年 2 月 28 日至 3 月 5 日在天津举办了内燃机电站可靠性技术培训班，其培训内容包括：宣贯国家技术监督局技监〔1994〕365 号《关于加强产品可靠性工作的若干意见》和机械工业部机科行〔1994〕142 号“关于印发《机械工业今明两年可靠性工作要点》的通知”；宣贯 JB/T50 054 - 95《内燃机电站可靠性认定考核评定办法》；讨论《内燃机电站可靠性认定工作实施意见》；讲授机械工业部可靠性培训教材《可靠性工程技术》，经考试合格者获得机械工业部可靠性技术培训委员会颁布的结业证书。共有 28 个单位的 41 名代表出席。

根据国家技术监督局（1995）技监监计统函第 6 号文，1995 年内燃发电机组产品质量全国统一监督检查（以下简称统检）工作由机械工业部组织实施，国家内燃机发电机组质量监督检验中心承办。1995 年共有 35 个企业的 8 种规格、35 台产品受检，合格率为 100%，其中 11 个企业的 11 台产品为一等品，一等品率为 31.43%，其余 24 个企业的 24 台产品为合格品。1995 年 12 月 20 日在江苏省泰州市召开了统检合格企业总结会议，由机械工业部颁发了统检合格证书，其中泰州德锋动力设备有限公司、南通柴油机股份有限公司、兰州电机厂、安徽省黄山发电设备厂、天津动力机厂 5 个企业是本次统检的先进单位，由机械工业部颁发了奖状。

为庆祝产品质量国家监督抽查 10 周年，国家技术监督局于 1995 年 11 月 28 日在北京召开了产品质量监督抽查总结表彰纪念大会，国家内燃机发电机质量监督检验中心被授予全国质量监督先进集体光荣称号。

机械工业内燃发电机组质量监督网 1995 年出版网刊《内燃发电机组质量信息》1～4 期（总第 25～28 期）。

兰州电源车辆研究所 50PQ1、75PQ3、75PQ5、75PQ6 共 4 种型号航空精密电源车经 1995 年 3 月 13 日中国民用航空总局基建机场司以总局基发〔1995〕59 号文颁布获得生产许可证。

兰州电机厂 1995 年 1 月 14 日获得了由中国船级社质量认证公司（CWQA）颁发的 ISO9001 质量保证体系认证证书；无锡万迪动力工程集团有限公司 1995 年 7 月 8 日获得了由中国质量协会质量保证中心颁发的 ISO9001 质量保证体系认证证书；济南柴油机厂 1995 年 12 月 15 日获得了由中国船级社质量认证公司颁发的 ISO9001 质量保证体系认证证书。

〔撰稿人：机械工业部兰州电源车辆研究所 鞠 佳 审稿人：机械工业部兰州电源车辆研究所 杨成林 机械工业部重大装备司 张力超〕

〔电力工业部〕

生产发展情况 电力工业部系统生产发电设备主机的企业是富春江水电设备总厂。1995 年是该厂持续、稳定发展的一年，继续保持以研制成套大中型水轮发电机组为主，电站备品配件为辅的生产结构。生产发展情况和特点，是大中型成套水轮发电机组占主导地位，完成的水电设备产值、销售均比上年增长。本年度投料制作的成套机组共 6 台（套），总容量 40.5 万 kW。其中，轴流式机组 5 台（套）、33 万 kW，混流式机组 1 台、7.5 万 kW。

电力工业部系统 1995 年完成的重大生产任务有：

（1）国家重点工程的甘肃黄河大峡水电站 7.5 万 kW 水轮发电机组 1 台（套），埋件 3 台（套）。

（2）河南省、水利部重点工程的黄河三门峡水电站 7.5 万 kW 混流式机组埋件 1 台（套）。

（3）宁夏回族自治区青铜峡唐渠水电站 3 万 kW 轴流式机组 1 台（套）。

（4）青铜峡水电站转轮 1 只。

（5）出口肯尼亚水电站转轮 1 只。

（6）广西百龙滩水电站 3.2 万 kW 贯流式水轮机埋件。

本年度取得的经济效益是，全年完成综合产值为 1.18 亿元，实现工业增加值 3 513 万元，利润总额 83 万元，实现利税 650 万元，出口交货值 344 万元。

市场及销售 富春江水电设备总厂是电力工业部唯一研制中大水电设备的国家大二型企业，在国内发电设备行业中，特别是水电设备行业中一直保持较高的市场占有率，特别是国家重点水电工程每年都有主机制造任务。全年完成销售收入 7 303 万元，产品销售利润达到 1 372 万元，产品销售利润率为 18.8%。1995 年国际市场销售方面，也保持了较好的销售趋势，出口到肯尼亚水电站的 JF3286B - LJ - 2336 水轮机转轮，创出口交货值

169万元；出口日本大淀川水电站的水轮机部件，创出口交货值99万元；出口日本J48火电站和日本千叶厂火电机组扩散管及备品配件，创出口交货值76万元，全年创出口交货值344万元。

科研成果 1995年，新技术、新工艺、新材料成果主要如下：

(1) 与日本富士电机株式会社联合进行了广西百龙滩电站4～6号机组的设计。该机组单机容量3.2万kW，是国内目前单机容量最大的贯流机组。

(2) 为进一步提高工厂研制能力和配套水平，提高产品质量，降低生产成本，将原外协的7.5万kW混流及轴流式机组的大中型铸件（轴承座、上冠等部分）改为自行铸造，效果良好。

(3) 进行优化设计，将大峡水电站7.5万kW机组接力器缸由铸件改为结构件。

(4) 与华中理工大学联合进行了四川龚嘴水电站11万kW水轮机增容改造新型转轮模型试验，并通过了四川省电力局、清华大学、中国水利水电科研等单位的专家联合验收鉴定，确认该科研成果在国内具有领先水平。这一科研成果的取得。对我国水电站HL702型水轮机的增容改造将具有良好的推广和应用前景。

(5) 成功地研制出黄河三门峡水电站6号机组,单机容量为7.5万kW,安装试运一次成功,发挥了较好的经济效益和社会效益,在此基础上,又对该电站7号机组进行了优化设计工作,并投料制作。

新产品 该厂设计、制造的河南三门峡7.5万kW混流式机组，一次试运成功，随即并网发电。1995年12月20日～21日，由水利部验收委员会对该机组进行了验收评价，结论是："该6号机组在额定水头下可达到额定出力，经过一年多的运行发电，机组3部瓦温正常，各部振动均在规范要求内，辅助设备运行可靠，机组设计合理，运行稳定，制造质量符合设计要求。"

水轮机型号为HL（820）-LJ-550，发电机型号为SF75-68/11350，设计水头36m，转速88.2r/min，转轮直径5.5m，调速器为WDr-150，励磁装置为DLT-2。

质量及质量管理 1995年，该厂继续恪守"质量第一，信誉至上"的宗旨，研制的成套水轮发电机组、电站备品配件、出口转轮等产品均达到设计质量规范要求，通过了中外质检机构、业主、用户单位、驻厂监理工程师的严格质检，取得了良好的信誉。

技术改造 "九五"期间，对发电设备要形成年产量15～20万kW的生产能力。重点开发该厂研制的7.5万kW及以上轴流式发电机组；混流式机组主要对115m水头段转轮及流道技术引进、消化、吸收。贯流式机组通过合作生产、吸收日本在贯流机组设计制造方面的先进技术，提高单机容量，积极开发3万kW以上灯泡机组。该厂研制的大型灯泡贯流式机组关键设计及测试设备已列入电力制造企业技术改造重点引进技术导向目录。1995年该厂完成技术改造投资390万元。

〔撰稿人：电力工业部电力机械局　张海清
审稿人：电力工业部电力机械局　王　昀〕
〔责任编辑：张友鹤〕

金属切削机床

〔机械工业部〕

生产发展情况 1995年机械工业部系统共有金属切削机床（以下简称机床）生产企业241个，实现工业总产值75.67亿元，机床产量108 691台。其中，车床53 182台、铣床13 285台、钻床8 584台、镗床1 074台、磨床10 511台、刨床1 469台、插床34台、拉床106台、齿轮加工机床2 285台、螺纹加工机床3 077台、电加工机床927台、组合机床2 072台、加工中心446台等。

科研成果 1995年北京机床研究所共完成了40项科研项目。红外大功率激光反射镜研制项目成功地研制出了平面、多面体、抛物面反射镜，经用户试用，效果良好，达到90年代国际先进水平。XH7910/1型立卧式加工中心低热变形和高刚性结构研究项目的完成，有助于在图样设计阶段优化机床结构和性能，避免反复试制，缩短研制周期，理论计算和实测结果一致性好，为优化设计和改进设计提供了实用的仿真工具，符合当前国际上应用仿真技术加速产品开发的方向，达到国际先进水平。回转体、箱体FMS应用工程技术的研究课题，系统分析和探讨了FMS设计、调试和运行中的共性关键技术，并编写了柔性制造系统验收技术条件（草案）等有关技术资料6种，有助于我国已有的FMS在生产中更好地发挥作用，其成果对发展我国柔性制造技术有一定的指导作用，对我国制定FMS发展策略有参考意义。数控机床可靠性基础的研究课题通过对数控机床行业有关可靠性的数据、资料进行较全面地总结，同时对国产百余台数控机床的宏观调研，对20多台加工中心近两年的跟踪试验研究及采集、整理、分析大量的数据资料，对国产机床的故障规律和可靠性特征进行了深入的理论应用研究，定出了加工中心机床MTBF和MTTF的分布规律，其研究成果填补了国内数控机床可靠性研究的空白。数控机床典型气动模块的开发与研究课题研制的产品，气动动力模块上下料装置、电气比例阀系列产品、气电接口控制单元均达到合同要求，产品设计合理，技术先进，并在一些数控机床上应用，填补了国内空白，达到80年代末期先进水平。微合金非调质钢成套应用技术的开发课题在利用非调质钢锻造变截面主轴及非调质钢表面热处理等方面处于国内领先地位；在非调质钢的研究、推广应用及应用技术等方面达到国内先进水平；在该课题进行期间，共推广应用3 400 t，装机 50 000 余台，达到节能、节材、提高生产率和产品质量的目的，收到了明显的社会效益和经济效益。数控机床 CAD 推广应用课题使应用软件更加完善化、商品化，在“八五”期间，共计推广了 72 个模块，应用到 31 个企事业单位，总计创产值 120 万元。该课题在试点厂也取得较大的间接效益，共完成 8 台数控车、铣床的设计，提高设计效率 5 倍～10 倍，创产值 900 万元，平均每年可创利 260 万元，并且培养出一支 60 人的 CAD 开发、应用队伍。卡尺激光切割、刻划、热处理工艺研究课题首次将激光的切割、刻划、热处理工艺同时用于卡尺制造，经生产验证，工艺水平先进可靠，经济效益显著，居国内领先水平。北京机床研究所在软课题研究方面也完成了一批有价值的成果，国家标准《金属切削机床噪声声压级测量方法》是对 ZBJ50004—88 标准的修订，修订后的标准增加了负荷噪声的测量等，并与有关国际标准接轨，达到了国际水平。数控装置及驱动系统标准化技术的研究课题完成了 21 项数控标准和规范的制定，标准及规范条文内容具有先进性、实用性和可操作性。这些标准的制定从根本上改善了国内数控机床领域严重缺乏标准的状况，对我国数控机床产品的标准化、系列化、规范化工作起到了很大的推动作用。数控装备主机攻关品种验收规程的研究项目完成了 11 个数控机床典型品种样机的验收规程，为行业“八五”后期样机的验收提供了指导性资料和依据。数控机床主机共性关键技术分析研究课题全面分析了国内、外数控机床的现状和近期发展趋势，系统地提出优先解决的关键共性技术项目，为制定数控机床中、长期发展规划和行业管理提供了可靠的资料和依据。

广州机床研究所等单位共同完成了典型数控机床计算机辅助工业造型设计系统的课题研究，该系统由数控机床造型设计效果模糊综合评价系统、小型机与工作站计算机辅助造型设计系统和工作站与超级微机级计算机辅助工业造型设计系统组成。该项成果的推广应用，对提高我国数控机床的综合质量，尤其是外部感观质量，提高我国机床在国际市场的地位与竞争力以及推动我国数控机床设计方法的革命和技术进步有着积极而重要的作用。该项成果已为国内十多个企业同期开发的数控机床新产品的造型提供了服务，且获得好评。该所完成了数控机床用防锈、涂装及高性能密封技术的研究课题，该课题开发研究的防锈材料、新型机床漆、高性能密封胶都是为了提高我国数控装备及出口机床的整体综合质量所急需的通用配套材料。研究成果经性能测试和多个工厂试用及使用验证，都能符合数控机床和加工中心防锈、油漆和密封的要求，其技术水平处于国内领先地位，其主要性能达到国外先进国家同类产品水平，价格是进口产品价格的 1/3～1/2，原材料立足国内，推广应用前景十分广阔，经济、社会效益显著。该所还完成了数控机床全封闭防护装置的开发与研究课题，其线型、形体、比例、尺度、色调、质感及表面质量与主机协调一致，全封闭防护装置自身接合处及防护罩与机床接合处都没有泄漏现象，采用全封闭防护装置后，在罩外机床主操作位置的工作噪声，可降低 1dB（A）～4dB（A）。该成果已为青海第一机床厂、上海第二机床厂、上海第三机床厂同期研制的立式加工中心和数控车床等两类典型数控机床提供了配套样机。迄今为止，已为国内 10 多个国有、合资或外国独资企业提供了近百台全封闭式防护装置。

大连组合机床研究所完成的数控机床大流量冲屑系统的开发与研究课题填补了国内空白，其主要技术指标达到国际 80 年代末期同类产品水平。数控机床大流量冲屑系统是为各类数控机床（含加工中心和柔性组合机床等）提供大流量、高过滤精度的冷却液，并能把切屑自动排出、甩干的一种设备，它能保证主机在加工过程中有足够量的冷却液冲洗刀具和工件，保证加工过程的连续自动进行，配合主机实现高精度、高效率和低消耗，提高主机产品的水平。该成果主要包括：大流量泵系统、大流量精密过滤机、全自动切屑甩干机、可调式喷嘴、刮板式排屑装置和浮油排除装置。该所还完成了数控镗铣加工中心刀库系列的开发研究课题，其卧式组合式刀库与机械手：基型刀库容量 60 个刀座、组合后为 120 个刀座或 180 个刀座，刀具最大重量 20kg，刀具最大长度 400mm，刀具最大直径 250mm，换刀时间 10s；立式圆盘式刀库与机械手：基型刀库容量 20 个刀座，刀具最大重量 8kg，刀具最大长度 300mm，刀具最大直径 110mm，换刀时间 5s；高速精密间歇传动机构：凸轮转位、摆动到位精度 ± 15″，工作速度 1 000r/min。这一研究成果达到国际 80 年代末期同类产品水平。

新产品　加工中心　北京第一机床厂研制成功的国产第一台 XHFA2420 仿形定梁龙门加工中心，是具有当代国际水平的高技术产品。该加工中心采用模块化设计、高刚度静压导轨技术、高速镗铣头技术和滑枕系统的热变形和补偿技术等新技术。该加工中心的工作台面（宽 × 长）为 2 000mm × 4 000mm，滑枕行程 1 000mm，仿形速度 1 000 mm/min，扫描速度 4 000 mm/min，定位精度 0.035mm/1 000mm，重复定位精度 0.025mm，仿形精度和数字化录返精度 0.03mm（切圆），刀库容量 40 把。该机床的开发成功，填补了我国大型数控仿型龙门加工中心的空白。

长征机床股份有限公司研制成功的 XHF7312 型仿形立柱移动加工中心是一种以铣削加工为基本特征的，具有数控、仿形、数字自动加工和自动换刀功能的高新技术集成产品。采用的关键技术有万能自动回转铣头这一在国际上最新的技术，通过计算机程序控制实现主轴 5 184 个空间位置的自动定位，这在设计原理和结构以及制造工艺方面都具有较高难度。该机床采用的大型伺服驱动部件的结构及动静刚度的预测和补偿技术保证了整机刚性和加工精度要求，数控加工圆度 0.025mm，仿形数字化加工圆度 0.035mm；采用的模块化设计技术可用 7 种 12 个基本模块组合形成 18 个机床品种；采用的电火花清角技术及装置可在加工中心上对模具内腔需形成尖角或窄槽的地方用电火花自动加工方法进行清角处理，其电加工轮廓精度 ± 0.20mm，表面粗糙度 R_a3.2μm，与已加工面接刀误差不大于 0.20mm，且电加工面只允许凸，生产率 200mm³/mm。主要技术指标为：工作台面积（宽 × 长）1 250mm × 3 500mm，三向行程 X、Y、Z 为3 200、1 800、1 000mm；主轴转速 200r/min ~ 2 000r/min；进给速度：数控 2mm/min ~ 4 000mm/min，仿形 10mm/min ~ 2 000mm/min，快速 6 000mm/min；主轴功率 12kW；刀库容量 30 把；定位精度：X、Y、Z 分别为 0.060、0.060、0.050mm；重复定位精度 0.016mm。

车床　沈阳第一机床厂研制成功高效卧式车削中心，该机床采用了模块化设计、床身刚度有限元分析的技术，提高了产品的设计水平。最大加工工件直径 500mm，最大加工工件长度 700mm；主轴转速 20r/min~3 150r/min，主电机功率 AC30kW；刀架/刀位数（上 + 下）为 2/（12 + 12）；C 轴分度精度 ± 0.01°/2.5°；加工精度：径向 2.3μm ~ 3μm，横向 20μm；加工圆度 3μm；表面粗糙度 R_a0.8μm。

天水星火机床厂研制出 CK61125 型数控车床，该车床采用西门子 810 控制系统，具有动态模拟、人机对话、各种补偿功能以及参数调用、故障自动诊断、CRT 显示功能，适用于多种零件的内外圆柱面、锥面、端面、切槽、曲线轮廓、米制及英制螺纹、锥螺纹等车削加工。床身上最大回转直径 1 250mm，工件最大长度 5 000mm，主轴转速 4r/min~400r/min，主电动机功率 22kW。

铣床　青海第二机床厂研制成功 SK6332A 数控螺纹铣床、QH2 - 038 型数控涡旋盘铣床。后者主要用于涡旋压缩机的关键零件涡旋盘的形线加工。控制轴数为三轴，可实现二轴联动。最大加工直径为 180mm，铣刀直径 6mm ~ 20mm，主轴转速 1 000r/min ~ 10 000r/min，达到了 80 年代末国际同类机床水平。

磨床　齐齐哈尔第二机床厂研制成功数控叶片三端面磨床。该机床与普通平磨改制的叶片磨床相比，可提高工效 3 倍。加工工件范围：宽 2mm ~ 50mm，高 8mm ~ 30mm，厚 1.5mm ~ 2.5mm；控制 X、Y、Z、Z′、Z″5 个坐标轴，坐标行程 X、Y、Z、Z′、Z″为 500、100、150、150、170mm；定位精度：X、Y 坐标 0.01mm，Z 坐标重复定位精度为 0.005mm。叶片磨削精度为 ± 0.003mm，坐标轴 Z′、Z″是两个高精度磨头主轴的坐标轴，工作精度：平行度 0.03mm，表面粗糙度 R_a0.32μm，主电动机功率 2.2kW，机床总功率 14kW。

上海机床厂试制完成 MKY7875 型数控龙门双端面磨床，采用同轴磨削方式，上、下磨头进给、修整补偿、磨削循环、程序与联锁由数控系统完成，并配有上下料装置，同时可匹配工件尺寸监测的自动测量仪。该机床具有刚性好、精度高（平行度为 0.003mm ~ 0.008mm，尺寸精度 ± 0.005mm，R_a 为 0.32μm ~ 0.63μm），并可实现不等面磨削。该厂还试制成功引进美国 LANDIS 公司制造技术的 5RE 数控曲轴连杆颈磨床，并通过国家鉴定。该机床规格：∅0.406m × 1.016m；工作精度：圆度及圆柱度 0.003mm，表面粗糙度：外圆 $R_a \leqslant$ 0.5μm，端面 $R_a \leqslant$ 0.8μm；节拍：9min/件（六档轴颈）。该机床采用美国 MPC - Ⅱ型七轴数控系统（也可配 SIEMENS 公司或 FANUC 公司系统），实现砂轮架快进、粗进、半精进、微进、进给延时停留、工作台移动定位、砂轮修整及补偿等功能，头尾架采用同步伺服电机无级调速，工件自动准停，中心架液动自动跟踪，轴向对刀机构控制工件轴肩端面磨削余量均分，MARPOSS 自动测量控制工件尺寸，砂轮自动平衡，砂轮线速度 45m/s，并有有级恒线速，冷却系统和液压油恒温控制。该机床具有可靠的联锁并具有自动监控功能。

无锡机床厂完成了 MK2110 型数控内圆磨床、3MZS135/2 自动高速轴承内圈双沟磨床、3MZ315A/1 型自动轴承内圈沟超精机、3M6020 型圆锥滚子无心磨床、WX2004/1 型数控专用内圆磨床等新产品试制 34 种，其中 90% 以上为机电一体化产品，采用 PC + 位置模块的经济型数控磨床有较大比重。该厂还研制成功国内第一条圆锥滚子轴承加工自动线，该线工艺装备达到了国际 80 年代中期水平，生产过程实现全自动，带有反馈控制测量系统，生产质量、效率均较高，线上制品 100% 达到 E 级品，其中 80% 以上是 D 级品；同时混料磨削、快速接近、微米级返修磨削循环动作的技术在轴承磨床产品中得到应用，提高了生产效率，取得了良好的效果。

齿轮及螺纹加工机床　上海机床厂研制成功 YKA7232 型数控蜗杆砂轮磨齿机，与瑞士的 RZ301S 型数控蜗杆砂轮磨齿机相比，在功能、性能、精度上接近，填补了我国数控蜗杆砂轮磨齿机的空白。并可提供给汽车等行业中齿轮批量高效生产的需要。该机床采用了深切缓进展成形系统的数学模型和实施技术、齿向修形和锥形齿的实现方法以及 3 级精度齿轮的磨齿工艺。其结构特点是：工件传动具有高工作转矩，无侧隙，好的阻尼，惯量匹配和快速反应；可实现蜗杆砂轮自动修整。主要规格参数为：最大加工直径 320mm，最大加工模数 5mm，加工齿数 12 个 ~ 256 个，螺旋角 ± 45°，磨齿精度 5 级/GB10095—88。

重庆机床厂研制成功 YK3120 型数控高效滚齿机，与德国的 PFAUTER 公司的 PE150、LIEBHERR 公司的 LC152 等数控滚齿机相比，在设计上和性能上以及在精度控制方面水平接近，填补了我国数控滚齿机的空白。该机床采用了高速高精度齿轮分度副，滚刀刀杆自动夹紧装置，滚动轴承支承的新型滚刀主轴系统，采用高筋板双层壁结构和动态减振器以提高刚性。该机床可以 80m/min～120m/min 的速度正常切齿；工作台极限转速达 1 000mm/min，辅助时间缩短为机械滚齿机的 1/3～1/10；由于静刚度提高，可以用 2 头～5 头滚刀进行大走刀量（5mm/r〈工作台〉）正常切齿。该机床的主要技术参数为：最大加工工件直径 200mm，最大加工模数 6mm，轴向进给移动速度 0.5mm/r～5mm/r（工作台），轴向快速移动速度 1 000mm/min，径向移动速度 0.5mm/r～4mm/r（工作台），径向快速移动速度1 000mm/min，加工精度 6－6－7（GB10095—88）。

电加工机床 汉川机床厂研制成功 DMK7132－AEC 型电火花成形加工中心，采用的先进技术主要有 AEC 自动电极交换装置、精密制造技术、自适应补偿技术及工艺参数数据库、精密 C 轴等。坐标定位精度 ±0.005mm，可控轴数四轴（X、Y、Z、C），三轴联动（采用四轴三联动的国产化数控系统），AEC 自动电极交换装置可交换电极数 8 个，设计最佳表面粗糙度为 $R_a0.2\mu m$，实际检测为 $R_a0.11\mu m$，设计最小电极相对损耗为 0.6%，实际检测为 0.33%，工作台运动的定位精度：X 向 ±0.002mm，Y 向 ±0.004mm，C 轴的分度精度为 ±14″，该机床的研制成功为促进我国精密电火花成形机床的发展，满足精密模具加工行业的急需，具有重要意义。

苏州电加工机床研究所研制成功低速走丝线切割机系列产品，包括数控系统及脉冲电源和配套夹具系统电加工机床专用附件，是三位一体的、高档低速走丝线切割机床。该机床具有五轴四联动功能，是具有较高生产率和加工精度的精密数控低速走丝线切削机床，主要用于高精度模具以及高精度零件的加工。该机床采用了减少和控制机床热变形的技术，配备了精密导向器、输送带式运丝机构、电流反馈的磁粉制动器作为张力控制元件的机构、电压负反馈的交流电子变速电机作为控制元件的机构、恒温去离子水供水系统等，并采用了精密加工多次切割工艺、大厚度（100mm）上实现大锥度（±10°）的切割工艺、上下异型切割工艺、高生产率（$120mm^2/min$）以及大厚度（240mm）切割工艺。其主要技术指标：加工速度＞1 202mm/min，加工表面粗糙度 $R_a \leqslant 0.4\mu m$，最大切割锥度 ±10°/100mm，加工精度 ±0.01mm，丝径精度 ±0.001mm，导向器与铜丝配合间隙≤0.001mm（平均），加工平均电流≥30A，水喷射压力达到 1.6MPa。

北京新火花机床公司研制成功在数控电火花机床上采用的高效电加工工艺，在攻克飞机发动机蜂窝密封环的加工中获得成功。该公司在其国内最大的 SPK850 型数控电火花成型机床基础上开发了可加工美国波音公司飞机发动机蜂窝密封环的专机。通过工艺试验，用该专机加工后两种规格的蜂窝密封环端面精度达到中间误差，而其表面平面度达到 0.0345mm（要求＜0.76mm）；重熔层厚度达 0.0345mm，局部为 0.0414mm（要求 0.0635mm）；重熔层无显微裂纹（要求＜0.0069mm）。采用成型电极加工分段蜂窝扇形环（直径 1 700mm 以上），以及用旋转电极加工蜂窝体外环（直径 1 088mm）与内环（直径 1 057mm），其蚀除量均为 1.5mm，加工工时前者为 50min，内外环加工工时均为 12h。成都飞机发动机公司在北京新火花机床公司的协助下，圆满地完成了美国波音公司委托加工飞机发动机蜂窝密封环组件的任务。

〔撰稿人：机械工业部北京机床研究所 王惠方 审稿人：机械工业部机械基础装备司 李冬茹〕

〔责任编辑：邝 鸥〕

锻压设备

〔机械工业部〕

生产发展情况 1995 年对 64 个生产企业统计，共完成产品产量 30 884 台；完成工业总产值 334 789 万元（当年价），285 640 万元（1990 年不变价），比上年增长 17%；产品销售收入 243 014 万元，比上年减少 3%；利润总额 2 025 万元，比上年减少 78%。1995 年锻压设备行业整体经济效益综合评价考核指标为：工业经济效益综合指数 68.20%，工业产品销售率 82.90%，工业资金利税率 4.17%，工业增加值率 29.40%，工业成本费用利润率 0.83%，全员劳动生产率 11 783 元/人，流动资产周转率 0.78 次。在 64 个企业中，骨干、重点企业 21 个，主要和一般生产企业 43 个；大中型企业 42 个，小型企业 22 个。1995 年锻压设备行业完成产量情况见表 1。

表 1 1995 年锻压设备行业完成产量情况

产品类别	产量（台）	构成比（%）
机械压力机	21 005	68.0
液压机	4 093	13.2
线材成形自动机	144 （出口量未计入）	0.5
锤	214	0.7
锻机	115	0.4
剪切机	3 420	11.1
弯曲校正机	1 608	5.2
其他	285	0.9
合计	30 884	100.0

市场及销售 1995年锻压设备行业订购标准通用设备锐减，订购改进设计和专用产品增多，对产品质量、交货期和售前、售后服务均提出了严格要求，使绝大多数企业由批量生产转为小批和单台生产，给生产调度造成很大压力，不少企业销售不畅，库存增加，货款回收艰难，效益大幅度回落。国营大中型企业靠自身的加工能力、人才和技术实力，加速产品结构调整，加强产品开发力量，强化销售与服务措施，仍取得了较好的生产实绩和经济效益。如济南第二机床厂实现销售收入30 172万元、利润1 253万元，天津锻压机床总厂实现销售收入13 028万元、利润1 392万元。国内销售收入前十名企业情况见表2。

据海关统计，1995年进口锻压机床49 720台，金额为8.4亿美元，其中数控锻压机床4 012台，金额为3.1亿美元。国内市场被国外厂商抢占一半以上。面临国内产品需求势头不旺的压力，行业厂积极开拓国际市场，产品出口较往年有所增长，但出口产品大都属具有价格优势的传统优质产品和中低档专用产品，数控产品出口很少。出口产品大部分销往东南亚、非洲、香港、越南、尼泊尔、巴基斯坦、印度等国家和地区，少量销往美洲、欧洲和日本。1995年国内外销售情况和出口额前十名企业情况见表3、表4。

表2 国内销售收入前十名企业

序号	企业名称	销售额（万元）
1	济南第二机床厂	30 172
2	齐齐哈尔第二机床厂	16 726
3	天津锻压机床总厂	13 028
4	南通锻压机床厂	11 018
5	合肥锻压机床总厂	10 320
6	江阴机械厂	8 722
7	上海锻压机床厂	7 954
8	黄石锻压机床（集团）公司	7 674
9	浙江锻压机床厂	7 185
10	青岛锻压机械集团公司	7 127

表3 1995年国内外销售情况

产品类别	国内销售		国外销售	
	数量（台）	金额（万元）	数量（台）	金额（万美元）
机械压力机	20 151	96 271	3 987	1 331
液压机	4 156	56 458	114	209
线材成形自动机	123	1 361	398	113
锤	210	2 011	10	5
锻机	116	1 481		
剪切机	3 324	23 171	1 156	523
弯曲校正机	1 691	37 353	281	262
其他	239	12 268	2 425	21
合计	30 010	230 374	8 371	2 464

表4 1995年出口额前十名企业

序号	企业名称	出口额（万美元）
1	上海锻压机床厂	485
2	上海第二锻压机床厂	300
3	天水锻压机床厂	234
4	丹阳锻压机床厂	209
5	黄石锻压机床集团公司	200
6	南通江海机床厂	181
7	济南第二机床厂	142
8	靖江锻压机床厂	127
9	长治锻压机床厂	127
10	齐齐哈尔第二机床厂	99

科研成果及新产品 机械工业部济南铸造锻压机械研究所采用特殊熔炼和挤压铸造成形工艺，研制了一种以Al-Zn-Si-Mg系为基体与石墨颗粒复合的铝基轴承复合材料，其抗拉强度、硬度、承载能力、相容性、摩擦磨损性能均优于锡青铜ZQSn5-5-5。经查询表明，该铝基轴承复合材料及其挤压成形的轴瓦在设备上的应用，属国内外首创。该材料可广泛用于各行业滑动轴承及轴瓦、缸体和活塞等减磨材料，能替代传统的锡青铜或巴氏合金。材料资源丰富，成本仅为前述锡青铜的27.5%，生产周期短，不污染环境，可节约大量锡、铜等有色金属，具有广泛的推广应用价值和明显的社会与经济效益。济南第二机床厂与美国ISI公司合作生产冲压生产线自动化系统，该厂还开展了防锈、耐摩擦材料的研究，以延长零件工作寿命，提高产品质量。

1995年完成国家、部、省级新产品试制并通过鉴定的有50多种，代表产品有济南铸造锻压机械研究所开发的JB67-1000型抽真空摩擦压砖机、Q81K-2500×1500/3型数控激光精密切割机、DS-097型数控多工位激光焊接机，长治锻压机床厂研制的RD-DB76CNC管材柔性加工单元，济南铸造锻压机械研究所设计、江都机床总厂试制的WA63K-2×2000型数控四边折边机，济南第二机床厂开发的LS-J25-125A型薄板冲压自动生产线、J82-200型多工位冷挤压机、LD4-600/400型多杆四点双动压力机、J36-2500型双点单动压力机，上海锻压机床厂开发的EBS4-600型闭式四点压力机，齐齐哈尔第二机床厂开发的E2S400E-MB型闭式双点单动压力机，天津锻压机床总厂开发的THP16-1500型液态模锻液压机、THP79-630型粉末制品液压机，上海第二锻压机床厂开发的J21G-45型开式高速压力机，上海冲剪机床厂开发的2-W67Y-160/4000型双机联动折弯机，宜昌机床公司开发的Q91Y-1000型废钢剪断机，辽阳锻压机床股份有限公司开发的JA67-1600型摩擦压砖机等。其中，济南铸造锻压机械研究所的JB67-1000型抽真空压砖机是在获得国家实用新型专利（专利号为ZL92240310.4）的基础上研制的，采用自动控制、自动显示技术，具有预压功能和抽真空装置。该机主要用于镁碳砖等高压成形耐火材料的压制生产，具有减少气孔率、消除层裂、提高体积密度和耐压强度等特点，是目前我国自制高压成形耐火材料的先进设备。与进口同类设备相比每台可节约费用800万元～900万元。该机属国内首创，达到国际90年代初水平，其主要技术参数为：公称压力10 000kN，预压力250kN，最大打击力16 000kN，封闭高度1 080mm，滑块行程100mm±1.0mm、100mm～250mm±1.5mm。Q81K-2500×1500/3型数控激光精密切割机是国家“八五”重点科技攻关项目，该机具有切割质量好、自动化程度高、噪声小、操作方便等优点，可广泛用于汽车、车辆、化工、轻工等行业的板材精密切割；其价格只有进口同类设备的1/3左右，经济效益显著。其主要技术参数：切割板材最大平面尺寸2 500mm×1 500mm，切割碳钢板最大厚度4mm或6mm，X轴行程2 500mm、Y轴行程1 500mm、Z轴行程200mm～250mm，X、Y轴定位精度±0.02/300mm，X、Y轴重复精度±0.004mm，最大切割速度12 000mm/min，CO_2气体激光器功率600W或1.25kW。该机达到国际80年代末水平。DS-097型数控多工位激光焊接机是国家“八五”重点科技攻关项目，该机能对不同直径回转件（齿轮）实行多工位焊接，对不同规格的金刚石锯盘和一定的直缝零件进行焊接，其通用性强、操作方便，主要用于汽车、齿轮和金刚石锯盘制造厂。主要技术参数：焊接回转件（齿轮）直径50mm～500mm，直缝焊接长度500mm，焊接厚度（不锈钢）1.5kW时≤2.5mm、3kW时≤4.5mm，焊接工位数5个，回转工作台允许最大线速度8 000mm/min，Y轴行程500mm，Y轴最大速度8 000mm/min，Z轴行程250mm，激光器输出功率1.5kW～3kW。长治锻压机床厂消化吸收英国ADDISON公司技术开发的RD-DB76CNC管材柔性加工单元，是国家“八五”重点科技攻关项目，该单元由DB76CNC弯管机、自动料架机和上、下料机械手及三坐标管形测量机组成，对加工管件从上料到下料实行全自动控制，不仅大大提高生产率，保证加工质量，而且经济效益十分可观。该单元主要用于汽车、船舶、飞机等产业部门，加工形状复杂、几何尺寸要求严格的管件。其主要技术参数：最大管件外径76mm，最大弯管壁厚3mm，转臂回转速度范围2.5r/min～13r/min，卡头转速范围16r/mm～50r/mm，卡头直线速度范围20m/min～60m/min，最小弯曲半径220mm，最大弯曲角度190°，料架最大装管长度2 000mm，上、下料夹管最大外径76mm，上、下料夹管臂最大转角90°，上料平移油缸行程630mm，下料平移气缸行程500mm。济南铸造锻压机械研究所开发、江都机床总厂试制的WA63K-2×2000型数控四边折边机是国家“八五”重点科技攻关项目，该机由四边折边主机和操作机组成，对薄板盒形件自动进行四边折边，制件几何精度高，主要用于电器控制箱、厨柜、冰箱门板等盒形件加工，在薄板盒形件加工领域具有十分可观的经济效益。其主要技术参数：板料毛坯最大尺寸（长×宽）2 000mm×1 200mm，板料最大厚度2mm，折弯角度5°～120°，折弯工件边缘最大高度160mm，最小弯曲半径2.5mm，压紧模具长度调整范围520mm～2 000mm，操作机进给行程1 100mm，数控轴数10个。南通锻压机床厂与济南铸造锻压机械研究所联合开发的NTD-Y79Z-250型干粉自动成型液压机，主机为整体框架式机身，有较好的精度和刚度，采用电液比例控制的液压系统，计算机闭环控制与屏幕显示，运用位移传感、压力传感等先进技术实现压制过程全自动化。该机适用于64cm～74cm（25″～29″）彩电偏转磁芯和精密粉末冶金结构件的压制成型。该设备的研制解决了我国大屏幕彩电配套彩管和轿车粉末冶金结构件的生产，提高了国产化率。

管理及改革　为建立和健全现代企业制度，各生产厂都程度不同地进行了机构、人事、分配和财务等一系列制度的改革。根据江苏省体改委苏体改生〔1995〕389号文批复，并经省工商局登记注册，原扬州锻压机床有限公司和扬州市东方锻压机床厂与扬州市中江机床有限公司合并，组建江苏金方圆集团有限公司，成为一个法人单位。

质量及质量管理　1995年国家铸造锻压机械质量监督检测中心完成了对12个企业23个单元出口产品质量许可证和工厂必备条件的考核，产品质量均达一等品；对37个企业的37台产品质量进行监督抽查，合格31台，不合格6台，抽样合格率达83.8%，其中4台为一等品。1995年还推动行业贯彻ISO9000系列标准，并完成了11项标准的修订和审核。

对外合作及技术改造　济南第二机床厂与美国ATLAS公司、德国穆勒一万加顿公司签订了合作生产压力机拆垛与换模装置和大型多工位压力机等协议，在消化吸收的同时，积极强化技术创新工作，1995年承担了国家重点科技攻关项目中奥拓轿车冲压自动化生产线的开发任务。江都机床总厂完成机械工业部“八五”振兴数控产品和柔性板材加工机械技术重点技改项目投资1 600万元，并顺利投入生产，技改项目的实施有力地促进了该厂的发展，使该厂成为同行业中效益最好的企业之一。南通锻压机床厂完成磁性材料成形设备扩产技改项目投资1 000万元，通过技改，1995年该厂完成产值10 511.7万元、销售收入10 018万元、利税1 207.5万元，分别比上年增长109.45%、92.25%、50.39%，投入产出比达1:4.5，全面超过了项目可行性论证报告的目标。该厂经济效益综合指数连续四年居全国液压机行业第一位，被国务院发展研究中心和国家统计局列入“全国普通机械制造行业100家最佳经济效益企业”。

〔撰稿人：机械工业部济南铸造锻压机械研究

所　韩禔儒　审稿人：机械工业部机械基础装备司恩宝贵〕

〔责任编辑：邝　鸥〕

铸造机械

〔机械工业部〕

生产发展情况　据对行业内30个主要企业统计，1995年共有职工21 463人，完成工业总产值79 595万元（当年价），比上年增长3.6%；完成产品销售税金及附加342万元；共生产六类铸造机械5 739台（套），比上年下降30%，累计库存产品达2 308台，积压资金15 866万元；亏损455万元。其中6个骨干重点企业有职工7 879人，完成工业总产值22 289万元，比上年增长50.2%；生产铸造机械1 990台（套），比上年增长24.2%。6个骨干重点企业的经济指标和产量完成情况详见表1、表2。

市场及销售　1995年铸造机械各类产品中，销售情况较好的是砂处理设备和清理设备。

各类产品销售情况见表3。

1995年铸造机械产品国内销售收入前八名企业排序见表4。

1995年铸造机械对外销售较少，据30个企业统计，对外销售仅50台（套）、2 643万元，各类产品对外销售情况见表5。

1995年铸造机械出口额前四名企业情况见表6。

产品分类及产量　据统计，铸造机械中有砂处理设备、造型制芯设备、落砂设备、清理设备、金属型设备等约917种，其中砂处理设备309种，占33.7%；造型制芯设备187种，占20.4%；落砂设备51种，占5.6%；清理设备265种，占28.9%；金属型设备105种，占11.4%。

表1　6个骨干重点企业的经济指标

企业名称	工业总产值（万元）		产品销售收入（万元）	产品销售税金及附加（万元）	利润总额（万元）	工业增加值（万元）	职工平均人数（人）
	当年价	不变价					
青岛铸造机械集团	9 718	9 009	7 306	42	0	4 053	2 888
保定铸造机械厂	2 681	2 067	2 744	15	0.1	782	2 096
苏州铸造机械厂	3 618	3 506	2 482	20	30	1 576	715
漯河铸造机械厂	1 917	1 766	922	4	-96	522	899
上海压铸机厂	3 710	2 910	2 609	7	3	1 523	435
重庆铸造机械厂	645	443	555	7	-496	38	846
合计	22 289	19 701	16 618	95	-558.9	8 494	7 879

表2　6个骨干重点企业产量完成情况

企业名称	生产量		销售量		库存量	
	台（套）	价值量（万元）	台（套）	价值量（万元）	台（套）	价值量（万元）
青岛铸造机械集团	799	9 718	762	9 815	150	807
保定铸造机械厂	443	2 681	450	2 790	208	951
苏州铸造机械厂	362	3 617	295	3 283	126	1 622
漯河铸造机械厂	164	923	201	1 040	75	543
上海压铸机厂	123	3 880	105	3 230	20	706
重庆铸造机械厂	99	533	112	645	20	121
合计	1 990	21 352	1 925	20 803	599	4 750

科研成果及新产品　机械工业部济南铸造锻压机械研究所和漯河铸造机械厂、潍坊机床二厂共同完成的计算机监控气流冲击造型自动线，所用砂箱内尺寸900mm×700mm×300mm/300mm，实际生产率120箱/h，砂型硬度＞85硬度单位，工作时等效连续噪声＜83dB(A)；该造型线具有全线工况、流程、动态I/O的动画监视、故障查询及声像报警功能，维修、管理、排除故障方便，具有较高的开工率。采用该造型线造型的铸件重量可减轻5%以上；与震实式造型相比吨铸件型砂紧实耗能节省5/6，总能耗降低25%以上，铸件总成本下降20%左右。该造型自动线工作可靠、运行平稳，具有较好的推广应用前景。机械工业部济南铸造锻压机械研究所与江阴铸造机械厂联合研制的S568水玻璃砂干法再生成套设备，生产率8t/h，旧砂再生回收率≥75%，再生脱膜率≥40%。这套设备适用于水玻璃有机酯自

硬砂、水玻璃 CO_2 真空硬化砂及水玻璃 CO_2 加热硬化砂的旧砂再生回用处理工艺。

表 3　铸造机械产品销售情况

产品类别 \ 项目	产量（台、套）	销售量（台、套）	产品销售率（%）	产量价值量（万元）	销售价值量（万元）	价值销售率（%）
砂处理设备	1 152	1 106	96.0	6 035	6 009	99.6
造型制芯设备	1 143	1 069	93.5	6 654	5 535	83.2
落砂设备	26	23	88.5	97	121	124.7
清理设备	2 373	2 244	94.6	21 803	20 512	94.1
金属型设备	1 042	983	94.3	25 335	21 582	85.2
材料准备设备	3	4	133.3	10	13	130.0
合　计	5 739	5 429	94.6	59 934	53 772	89.7

表 4　1995 年铸造机械产品国内销售收入排序

序号	企业名称	销售收入（万元）
1	蚌埠隆华机器厂	9 771
2	青岛铸造机械集团	7 306
3	青岛华青铸造机械公司	6 215
4	阜新压铸机厂	4 850
5	保定铸造机械厂	2 744
6	上海压铸机厂	2 609
7	灌南压铸机厂	2 556
8	苏州铸造机械厂	2 482

表 5　铸造机械产品外销情况

产品类别 \ 项目	对外销售量（台、套）	对外销售金额（万元）
砂处理设备	4	723
造型制芯设备	6	813
清理设备	28	821
金属型设备	12	286
合　计	50	2 643

表 6　1995 年铸造机械产品出口额前四名企业

序号	企业名称	出口额（万元）
1	苏州铸造机械厂	813
2	青岛黄河机械制造有限公司	810
3	保定铸造机械厂	697
4	上海压铸机厂	181

漯河铸造机械厂研制的固定式连续混砂机，采用高速叶片搅笼混砂新工艺，混砂均匀、连续。该机适用于混制水玻璃砂、有机酯—水玻璃砂，也适用于类似砂子物料的混制。其生产率分别为 40t/h 和 20t/h，砂定量精度±5%，液料定量精度±3%。该厂研制的 Q7730A 抛、喷丸落砂清理室，具有落砂（除芯）、表面清理、砂回用和除尘四种作用，从而简化清理工艺，缩短清理时间，节省工作面积，提高了生产率。该机适用于 30t 以下的大中型铸件落砂清理，生产率 30t/h～40t/h，被清理工件最大尺寸 4 500mm×1 800mm，台车载重 30t。该厂研制的 Q3925 通过式清理机，能去除铸件表面粘砂、钢材表面锈蚀以及氧化皮等，该机还可与喷漆、烘干组成预处理生产线。年生产率 1.5 万 t～2 万 t，通过工件最大尺寸 2 500mm×600mm×500mm。

济南铸造锻压机械研究所与浙江省临海铸造机械厂共同研制的 ZJO36 高效活塞环造型机，采用 PC 控制，三工位操作，能实现点动、单循环自动和自动三种工作方式，具有生产率高、工作可靠、操作方便、铸型质量好等优点，是单体活塞环铸件叠箱造型的理想设备。该机砂箱内尺寸 435mm×35mm，最大压实力 150kN，生产率 580 型/h，砂型硬度 90 至 95 硬度单位。

保定铸造机械厂完成的 S5216 树脂砂再生成套装置，主要由砂块破碎机组、振动筛、磁选机、旧砂再生机、砂温调节器及水温调节装置，配以相应的斗式提升机、带式输送机、贮砂斗、除尘设备等组成，该装置生产率 20t/h。

上海压铸机厂研制的 J1170A 卧式冷室压铸机，合型力 7 000kN，压射力 650kN，最大浇注量 10kg (Al)，生产铸件最大投影面积 1 952cm^2。该机控制部分采用国外先进的液压件，机器性能可靠。重庆铸造机械厂研制的 J334 金属型铸造机，机器在翻转回程过程中由铝液自重均匀地流入型腔，因而使产品合格率较高。该机采用卧式二方开模；由电、液联合控制，结构紧凑，操作方便。机器型板尺寸（长×高）520mm×360mm，左右型板最大开档 900mm，左右型板最小开档 400mm。

管理及改革　1995 年 4 月江苏省苏州市成立了苏州万里机械集团公司，公司由苏州铸造机械厂、苏州高中压阀门厂、苏州机床厂和苏州铸造机械公司（俗称三厂一公司）组成。公司为企业法人组织。

质量及质量管理　1995 年国家铸造锻压机械质量监督检测中心接受国家技术监督局的委托对间歇式混砂机的产品质量进行了监督抽查。共抽查 23 个企业的 22 台产品，合格品（含一等品）16 台，不合格 7 台（含拒检）；按产品台数统计，合格率为 69.6%。在产量上占主导地位的大中型国有企业和大多数集体企业的产品质量是比较好的，特别是一些产量比较大的企业，一般都具有较强的生产能力和加工设备，检测手段也较完善，工艺纪律严格。抽查中5个企业的5台产品达到一等品水平，这5个企业是青岛华青铸造机械公司、漯河铸造机械厂、青岛铸造机械厂、青岛胶南信达机械厂和青岛第四铸造机械厂。

技术改造 蚌埠隆华机器厂“八五”期间技改总投资3 259万元，现已完成投资2 993万元，其中1995年完成1 159万元。由于采取了边技改、边投产的方式，对该厂的发展起了很大作用，计划开发的9 000kN和12 500kN卧式冷室压铸机已按期完成，并已通过了产品鉴定。通过技术改造，不仅为该厂高速发展创造了条件，同时也使该厂经济效益大增。到1995年底，已累计新增产值14 416万元，其中1995年新增405万元；累计新增利税1 809万元，其中1995年新增82万元。

对外合作 1995年苏州铸造机械厂与日本国新东工业株式会社签订了关于VRH真空置换硬化装置及其附属装置的技术合作合同，由日本国新东工业株式会社提供图样，共计9种27台设备，以及有关技术文件。另外，苏州铸造机械厂引进美国B&P公司3kg冷芯盒射芯机技术，通过消化吸收，已完成产品图样，正在进行生产。该机工作台面尺寸203mm×355mm，生产率2盒/min，使用三乙胺气体固化砂芯；由于该机的气体发生器可定时定量将硬化剂由液态转化为气态，进入芯盒硬化砂芯，因此，提高了砂芯的质量，降低了生产成本。1995年漯河铸造机械厂完成了引进美国B&P公司85B高速混砂机的消化吸收工作，产品已在1995年北京国际铸造设备博览会上展出，并于1995年5月返销美国B&P公司。1995年10月青岛华青铸造机械股份有限公司与乔治·费歇尔·迪砂·AG公司签署了合资合作生产协议。合作的第一个项目是青岛华青铸造机械股份有限公司承担的国家重点科技攻关项目——30万辆轿车缸体高效连续抛丸磨削清理线的制造，具体机型是：GFFS型鼠笼式抛丸机、CRU型抛丸机、铸件毛坯粗磨机、EK型振动落芯机。

〔撰稿人：机械工业部济南铸造锻压机械研究所 王作礼 审稿人：机械工业部机械基础装备司 李冬茹〕

〔责任编辑：邝 鸥〕

起重运输设备

〔机械工业部〕

生产发展情况 1995年，机械工业部系统起重运输设备行业拥有180个企业，实现工业总产值59.87亿元（1990年不变价），实现利税总额6 349万元，生产持续上升，经济效益连年提高。

1995年生产起重设备32.9万t，运输设备12.1万t。

市场及销售 1995年，起重运输设备行业实现销售收入550 816万元。出口创汇15 704.2万美元，其中，出口起重设备12.1万t、12 860.8万美元，运输设备1.5万t、2 843.4万美元。出口国家和地区主要有德国、美国、泰国、新加坡、孟加拉国、印度、意大利等。

科研成果 1995年，起重运输设备行业获国家科技进步奖1项，即北京起重运输机械研究所研制的化工部第一胶片厂纸卷库成套设备。获机械工业部科技进步奖10项，其中一等奖2项，即脉冲式吊厢客运索道研制和FZ1-2“C”型翻车机卸车系统；二等奖5项，即DTⅡ型固定带式输送机系列研制，客运架空索道设计规范（GB/T 13676～13678—92），125/30t吊具回转式铸造起重机，280/75t铸造起重机，23kg精锌铸锭堆垛机组；三等奖4项，即MH电动葫芦门式起重机系列，HSZ-100手拉葫芦系列，平衡重式叉车整机试验方法(JB3300—92)，YZ（Ⅰ）型摆线针轮油浸式电动滚筒。

1995年，完成的科研项目主要有：(1)由北京起重运输机械研究所设计的LP型电动单梁起重机。它采用偏轨箱型主梁，电动葫芦用“角型”小车沿主梁上方（偏钢）轨道在主梁侧面运行，使起重机占用的建筑高度比传统型式降低40%。其主要参数是：起重量3.2t～12.5t，跨度7.5m～31.5m，起升高度6、9、12m，大车运行速度20、30、45.7m/min，小车运行速度20m/min。其主要优点是：占用建筑高度小，运行平稳，使用安全，外型美观。该产品技术已被广州起重运输机械实业公司、湖北蒲圻起重机械总厂等11个企业采用。(2)由北京起重运输机械研究所等单位研制的吊挂管状带式输送机系列。经多年推广使用，进行了鉴定。其主要参数是：输送带宽600mm～1400mm，带速0.8m/s～2.0m/s，输送能力$60m^3/h$～$500m^3/h$，最大单机长1 530m。该系列产品的研制成功，为国民经济建设提供了一种新型输送设备，填补了国内空白。

新产品 1995年，起重运输机械行业列入机械工业部新产品试制计划的有29项。

1995年完成的新产品主要有：(1)苏州起重机械厂生产的80/20t～100/20t系列吊钩桥式起重机，主要由桥架、小车、起重机运行机构、电气控制系统等4部分组成。该机的桥架为等高型平衡台车结构，主梁采用小偏轨四梁结构、高强度螺栓联结，端梁采用等高梁浮动铰接，运行稳定性好，电控配套产品采用国内最新设计产品，使电器控制、保护更完善，可靠性更高，采用无线电遥控及司机室控制两种操作方式，更好地满足不同工况的需要。达到了世界发达国家80年代同等技术水平，在国内处于领先地位。(2) 开原起重机总厂生产的KDX-8型单梁悬挂过轨起重机用抬头式电动葫芦。KDX-8型单梁悬挂过轨起重机是为大型火力发电站磨煤机配套的专用起重设备。抬头式电动葫芦的研制，是国家重大技术装备"八五"科技攻关项目攻关内容之一，属国内首创。采用该抬头式电动葫芦，使KDX-8型单梁悬挂过轨起重机的上极限尺寸由原采用运行葫芦的1.9m降低到1m以下，从而使厂房建筑高度降低了0.9m，减少了厂房建设费用，增加空间利用率，提高经济效益。它的研制成功使单梁过轨起重机产品更加完善，其技术性能达到90年代初国际水平，为电厂的发展及国产化做出了应有的贡献。(3) 大连起重机器厂生产的50/10t防爆桥式起重机，用于存在爆炸性气体的车间、仓库等处，防爆等级dⅡBT4，执行了JB5897—91《防爆桥式起重机》新标准。该机采用了双速防爆电机，主副起升制动器与电机连接并置于隔爆壳内，运行机构采用三合一驱动装置，地面操纵按钮盒为增安隔爆复合型，结构紧凑，体积小，质量好，控制柜为新一代防爆产品，使起重机的防爆性能有了新的提高。主要技术参数为：起重量50/10t，跨度16.5、13.5m，起升高度10/12m，起升速度：$V_{主升}=2/0.8m/min$，$V_{副升}=3/7m/min$，$V_{小车}=9/3m/min$，$V_{大车}=12/4m/min$。工作级别：A_5。(4) 大连叉车厂生产的FD420型起重量为42t的集装箱叉车，用于港口、货场对12m(40英尺)及6m(20英尺)国际标准集装箱进行搬运及堆码作业，堆码层数可达四层，该机吊属具可前移250mm。整机技术性能达到国际90年代水平。

管理及改革 1995年，起重运输机械行业有15个企业获36张生产许可证，有1个企业获2张出口许可证，到1995年底，共有419个企业获1 352张生产许可证，134个企业获326张出口许可证，详见表1。

表1 起重运输设备行业获生产许可证、出口许可证情况

产品类别	生产许可证				出口许可证			
	获证企业数		获证产品数		获证企业数		获证产品数	
	1995年	累计	1995年	累计	1995年	累计	1995年	累计
手拉葫芦	1	34	1	301		39		115
千斤顶	2	71	6	366	1	95	2	211
电动葫芦	2	43	9	227				
电动单梁起重机	3	119	5	234				
起重滑车		45		97				
带式输送机		100		112				
其他	7	7	15	15				
合计	15	419	36	1 352	1	134	2	326

由于生产起重运输机械产品的乡镇企业不断增多，市场竞争异常激烈，行业部份国有大中型企业任务不足，加以资金短缺，负担过重，形势依然严峻。面对困难，不少企业围绕两个根本性转变，深化内部改革，加强以质量管理为中心的企业管理，挖掘现有潜力，提高自身素质，增强竞争能力，积极调整产品结构，面向市场；开发适销对路的新产品，加强销售工作，从而取得了较好的成绩。如常州矿山机械厂(起重机械厂)，通过"三定"方案，压缩富裕人员，建立厂内劳务市场，搞活用工制度；进一步理顺车间工序；强化售后服务。1995年不仅开发了集装箱跨运车、核电站水闸门、遥控起重机，而且还承接了大型桥梁钢结构任务，进一步拓宽了服务领域，取得了较好的效益。

质量及质量管理 1995年，国家起重运输机械质量监督检验测试中心对16个电动葫芦厂的产品进行了国家监督抽查。经抽查，获优等品、一等品、合格品的企业分别为7、4、4个企业，有一个企业的产品不合格。

国家客运架空索道安全监督检验中心按照规定的程序对福建、安徽等14个省、直辖市、自治区的黄山、九华山、禹王洞等30条客运索道进行了安全检测验收工作。通过检测验收，帮助各受检索道站(公司)找出了39个需要限期整改的问题和393个需要妥善处理的潜在的不安全因素，提出相应的要求和建议，确保了各受检索道的安全运行；同时，为了使我国客运架空索道安全管理工作法制化、规范化、科学化，劳动部还按有关文件规定，确认了重庆嘉陵江等22条索道已具备安全运营条件，并发给了《客运架空索道安全使用许可证》。

1995年，在机械工业部标准制、修订计划中，起重运输机械行业有12项，应完成12项，实际完成9项。在完成的9项中，有2项等同国际标准，7项参照国外先进标准。

技术改造 据对18个企业的统计，1995年起重运输机械行业完成技术改造投资4 713.32万元，如集安通用机械厂的电动滚筒及带式输送机改造，银川起重机器厂的"八五"减速器技术改造，大连起重机器厂的"八五"树脂砂造型设备改造，齐齐哈尔起重运输机械厂的集装箱门式起重机及吊具车间扩建改造。

〔撰稿人：北京起重运输机械研究所　王学红　审稿人：机械工业部重大装备司　赵秀奇〕

〔交通部〕

生产发展情况　1995 年从事港口装卸机械制造和部分兼营港口装卸机械修理的共有 52 个企业，其中产品销售收入在 500 万元以上的骨干企业 18 个。这 18 个企业共拥有固定资产 4.4 亿元，职工 13 554 人，实现工业总产值 84 880 万元（当年价），比上年增长 5.7%；利润总额 2 095 万元，比上年下降 26.6%；全员劳动生产率 13 742 元/人。1995 年部分骨干重点企业生产发展概况如表 2。

表 2　1995 年交通部系统部分骨干重点企业生产概况　（单位：万元）

序号	企业名称	职工人数（人）	工业总产值	产品销售收入	固定资产	
					原价	净值平均余额
1	上海港口机械制造厂	3 775	45 085	44 611	17 405	9 057
2	广州港口机械实业总公司	714	3 484	2 897	5 939	4 594
3	长江航务管理局武汉港机厂	788	2 509	2 268	2 886	1 862
4	南京港口机械厂	579	3 099	2 201	1 729	927
5	长江航务管理局红光港机厂	1 088	4 463	4 164	4 990	2 447
6	长江航务管理局川江港机厂	818	1 819	1 323	4 780	3 297
7	上海港口机械制造厂配套件分厂	402	10 052	6 951	1 691	1 242
8	常州开关厂	506	5 020	4 081	3 296	2 787
9	上海港机械修造厂	1 302	3 624	4 189	4 417	2 612
10	青岛港口机械厂	413	1 370	640	2 211	1 434

1995 年企业通过产品结构调整，产销增势在前两年高速增长的基础上仍保持了快速增长的势头。如上海港机厂配套件分厂，虽然职工从 475 人减至 402 人。但因增加了新产品——工厂用行车和大型出口抓斗的生产，减少了备件、配件的生产量，使工业总产值、产品销售收入、利润总额分别比上年增长了 66.8%、54%、41%。大连港机械厂由于增加了 SYB 系列港口用输油臂的产量和 YQC45A 牵引车、大豆装船机等新品种的生产，使工业总产值、产品销售收入、利润总额分别比上年增长了 28%、29%、80%。

1995 年行业出口创汇保持连续增长的好势头。出口额创历史最高水平，出口设备的品种、数量、创汇企业数均比上年有不同程度的增加。

由于长江三峡工程于 1994 年底正式进入了工程实施阶段，如此巨大的工程量和投资金额必然给机械行业带来巨大的市场需求，各项成套设备需要大量的转运车辆和大吨位的起吊设备。上海港口机械制造厂为三峡工程中大坝混凝土浇注和大型结构件吊装提供 MQ2000 型四连杆高架门座起重机。该项目被国家计委批准列入“九五”国家重点科技（攻关）项目。

市场及销售　1995 年 18 个骨干企业产品销售额达 7.9 亿元，出口创汇 3 582 万美元，分别比上年增长了 14% 和 290%。出口产品有 10t/30m、40t/40m、60t/75m、100t/60m 门座式起重机，35t 轨道式集装箱龙门起重机，800t/h 波纹挡边连续卸船机，YQ45 牵引车，QC16B、DCQ25 轮胎式起重机，JP 系列集装箱半挂车，30m^3 抓斗和港口用门座起重机电气控制柜。产品远销日本、新加坡、泰国、香港、台湾等国家和地区。

产品分类及产量　港口起重机行业产品结构随着国际、国内货运量的不断增长、船舶的大型化及集装箱化的需要进行调整。为了加速船舶周转，缩短船舶在港时间，提高有效生产率，促使港口装卸船设备向大型化、自动化、高效化方向发展。表 3 为 1995 年 18 个港口起重运输机械制造企业的产品分类及产值比。

表 3　1995 年港口起重机制造企业各类产品产量、产值情况

产品类别	产量（台、套）	产值（万元）	比重（按产值，%）
港口起重机械	257	45 483	53.6
港口流动机械	317	10 267	12.1
散货专用机械	50	6 840	8.1
集装箱装卸机械	380	4 605	5.4
其他机械	30	3 450	4
抓斗及工属具	560	4 067	4.8
电器配套件	3 864	3 468	4.1
机械配套件	6 400	6 700	7.9

科研成果及新产品　由上海港口机械制造厂、交通部水运科学研究所、青岛港务局共同承担研制的“八五”国家重点企业技术开发项目 DXJ1600 型斗轮矿石卸船机在青岛通过国家鉴定。1 600t/h 斗轮式矿石卸船机成功地采用了斗轮取料、波形挡边皮带垂直输送、带导料板的无动力转接料斗、带浮动配重的挠性俯仰机构、随动式液压控防顶升保护装置、电液控制和驱动、直流数字驱动、无线遥

控、计算机仿真等先进技术。该机的研制成功，填补了国内海港矿石等重散货连续卸船机的一项空白，总体技术性能达到当代国际先进水平，造价是国外同类产品的50%，取得了良好的经济效益和社会效益。由交通部水运科学研究所和上海港口机械制造厂共同承担的“八五”国家重点科技项目1 600t/h抓斗卸船机于1995年4月通过了由交通部组织的技术鉴定。该机是大宗散货卸船码头使用的自动化程度高、技术先进的卸船机，总体技术性能达到国际先进水平。由国家经贸委下达的国际集装箱成套技术装备项目：大型岸边集装箱装卸桥、40t集装箱轮胎龙门起重机、40t集装箱跨运车、40t多用途门座起重机、集装箱吊具等5个子项已全部完成技术设计和施工设计。由大连港机械厂和大连港设计研究院共同研制的SYB系列第三代全液压输油臂适用于数百吨驳船至50万t级大型油轮的装卸作业，可输送高温、低温的流体。采用特殊的旋转接头、可拆卸弯管，具有耐磨蚀、无泄漏、检修方便、装卸效率高等特点。长航武汉港机厂研制成功了一种渐开线点线接触的ZQDX35减速器，它具有承载能力大、结构紧凑、运转平稳等特点。性能参数优于ZQH35，部分接近或达到ZQH40的性能参数，是继ZQ、ZQH之后的又一个升级换代产品。1995年11月由国家科委成果司、交通部科技司主持对“八五”国家新技术开发推广项目港口新型抓斗、吊具系列推广进行了验收。该吊具系列已在全国20多种行业、600多个单位得到应用，并批量出口，为国家重点工程、重点企业解决了难题，使科研成果从展品、样品变为产品、商品。使用单位已经获得了巨大的经济效益，提高劳动生产率20%～50%。社会效益显著，减少了伤亡事故，保障了安全生产。

管理及改革　广州港口机械实业总公司对全体员工实行全员劳动合同制，至1995年11月底已全面完成。总公司下属承包结算单位（分厂、部室）转变为具有法人资格的独立核算单位，自主经营、独立核算、自负盈亏。该公司与中外合资顺安达集装箱公司、香港顺安达公司组建了中外合资顺德广顺达港口机械制造有限公司，专业生产大中型港口起重运输机械。1995年3月上海港口机械制造厂配套件分厂新建了常州市海昌港口装卸机械厂。

质量及质量管理　重点骨干企业已陆续开始贯彻GB/T19000（ISO9000）系列标准，进一步完善质量保证体系，从提高职工质量意识着手，开展全面质量教育。长江航务管理局红光港机厂对北方沿海港口用户开展了一次“质量服务万里行”活动。行程7 000km，走访了20多个使用单位，对出厂的各种类型轮胎式起重机进行全面服务。并详细了解用户对产品的要求及改进意见。

JT/T81—94《港口门座起重机基本参数系列》、JT/T88—94《港口装卸机械名称、代号及型号》、JT/T90—94《港口起重机风载荷规范》、JT/T92—94《港口牵引车牵引试验方法》等12项交通行业标准，自1995年4月1日起实施。

技术改造　上海港口机械制造厂是从事大型港口装卸机械设计和制造的专业工厂。产品中70%以上为结构件制作，为了提高结构件的焊、割质量，缩短加工周期，添置了具有计算机控制的大型数控和光电跟踪切割机、CO_2焊机及多种检测仪器。同时，为了提高大型抓斗卸船机的加工能力，增添了滚齿机、立式车床、数控车床、磨齿机及配套热处理设备，为研制大型卸船机械奠定了技术基础。1995年工业总产值达4.5亿元，出口创汇3 068万美元。长航红光港机厂“25－50”技改工程、第二金属结构车间、检测中心楼在1995年5月破土动工。完成“25－50”技改工程，工业总产值将达到1.1亿元，年生产各种轮胎式起重机140台，其中16、25、50t分别为80、50、10台。

对外合作　南京港口机械制造厂与日本建机株式会社洽谈联合制造港口机械。该厂还与日本昭和株式会社联合制造立式停车架。

〔撰稿人：交通部水运科学研究所　范翠玉　审稿人：交通部　王瑞军〕

〔电力工业部〕

生产发展情况　电力工业部系统从事起重运输设备制造的企业有9个，职工人数12 255人，有国家大二型企业4个，工业总产值完成5.6亿元；由于1995年基建规模压缩，起重运输设备制造企业出现全行业亏损7 872万元的历史最低点，但在各企业努力拼搏下，仍完成了重大生产任务。

吉林水工机械厂承担了三峡工程中标的两台MQ2000型高架门机试制的重大生产任务。

长春发电设备总厂完成了元宝山电厂三期工程MDQ15050－13型滚轮机和鹤岗电厂1号机组的DQ12030－8型斗轮机，由于工程缓建，被迫“压库”，占用大量资金。

市场及销售　电力市场是很大的，但1995年基建市场压缩，严重影响了起重运输设备企业。如武汉电力设备厂是电力系统唯一制造翻车机的企业，生产能力达到10台（套）以上，而1995年只承接了一台翻车机，企业销售收入骤减，年亏损额达到1 568万元。

1995年，共完成产品销售收入4.7亿元，销售税金237万元，年销率只有84.3%，产销严重失衡。

各企业在国内市场受限制时，眼睛盯住国际起重运输设备市场，在资金十分紧张的情况下，仍完成出口产品49台（套）、1 112t，创汇金额达682万美元。

产品分类及产量　1995年，产品分类和产量是：DMQ600型门式起重机1台、167t，LQ5042型龙门吊2台、318t，SQ2×200桥式起重机1台、404t，DMQ540、30型门式起重机3台、333t，DZQ600型自升式起重机2台、452t，30t门机加高段 2 台、116t，各式卸车机 9 台、271t，翻车机 1 台、282t；电动卷扬机 62 台、190t；各式堆取料机 19 台，桥式、塔式等起重机 5 台、1 992t；皮带机 149t 等。

科研成果及新产品　由电力工部杭州机械设计研究所研制的 ZQX600 抓斗桥式卸船机，1995 年 11 月 29 日通过部级鉴定。由鞍山铁塔制造总厂生产的塔式起重机（QTS31500）通过部级技术鉴定。湖南电力设备总厂开发、研制了桥式螺旋卸煤机。吉林水工机械厂开发、试制了两项新产品 MQ2000 型高架门机和 SQ2×200、40t 桥机。上海水工机械厂自行设计的各式堆取料机械和卸船机，广泛用于电站煤场和水电站及港口，形成堆料 300t/h～2 000 t/h、取料 400t/h～1 500t/h 和 6t～18t 系列桥式卸船机，这些产品采用了变频调速系统、PC 程控等先进技术，在国内处于领先水平。

管理及改革　1995 年，各企业完成了“三项制度”改革任务。哈尔滨电力设备总厂完成了与黑龙江电力焊条厂的合并工作，使总厂产品扩大到 4 个系列，数十个品种。

质量及质量管理　各企业认真贯彻质量管理体系 ISO9000 国际标准，1995 年有 3 个企业通过了 ISO9001 质量体系认证，即哈尔滨电力设备总厂、长春发电设备总厂和上海电力机械厂。

对外合作　长春发电设备总厂开发研制的 QZ250 卸船机出口到马来西亚古晋电厂。哈尔滨电力设备总厂在 1995 年，先后有德国西门子公司、ABB 公司、东芝公司、美国 GE 公司等大型跨国公司来该企业考察、洽谈国际合作问题。11 月 8 日，美国 GE 公司专家来企业考察，专家对该厂质量体系运行情况满意，认为可以合作。

技术改造　1995 年，技术改造投资额完成 1 080万元，占固定资产投资总额的 58%，其中：吉林水工机械厂和湖南电力设备总厂将投资全部用于技术改造。武汉电力设备厂翻车机，上海水工机械厂、长春发电设备总厂的堆取机械、卸船机，吉林水工机械厂的大型水火电起重机，被列为电力制造企业“九五”技术改造重点项目。

〔撰稿人：电力工业部　张海清　审稿人：电力工业部　王　昀〕

〔责任编辑：邝　鸥〕

泵

〔机械工业部〕

生产发展情况　1995 年中国通用机械泵行业协会有会员企业 186 个，其中骨干重点企业 25 个；职工总数 12.1 万人，其中工程技术人员约 1 万人；全行业固定资产原价 47 亿元。1995 年全行业完成工业总产值 41.3 亿元（1990 年不变价），比上年增长 13.5%，其中 25 个骨干重点企业完成 15.9 亿元，比上年增长 6.5%；全行业完成产品产量 115.8 万台，比上年增加了 10.8 万台，其中 25 个骨干重点企业完成 11.2 万台，比上年略有减少；全行业实现利税总额 3.7 亿元，比上年下降了 7.9%，其中 25 个骨干重点企业实现了 0.7 亿元，比上年有大幅度下降。

石家庄水泵厂转变经营观念，积极开拓市场，依靠科技进步，调整产品结构，近年来，平均每年开发的新产品达 15 种以上，创造了良好的经济效益。在工业总产值，销售收入，利税总额，人均创利税等项指标方面均名列行业前茅。

市场及销售　1995 年国内水泵市场总的形势趋于平稳，市场竞争更加激烈。1995 年全行业销售产值 49 亿元，比上年仅增长了 2.3%；产销率为 88.9%，比上年下降了 5.7 个百分点。由于产销不衔接，库存量上升，库存月当量为 2.8 个月，超过 1.5 个月的标准。1995 年国内销售收入为 46 亿元，比上年增长 18.8%。1995 年完成出口交货值 27 368 万元，比上年增长了 5%。增幅低于上年 56.3 个百分点。虽然出口增势已有明显减弱，但通过努力开拓国际市场，使产品出口工作仍然取得了较好成绩。出口的主要国家和地区是：美国、日本、加拿大、东南亚、阿拉伯、朝鲜、香港等。按销售收入和出口额各排出前十名，排序见表 1。

科研成果　1995 年泵行业企业在重大技术装备研制、重大攻关项目等方面取得了可喜的成果。如沈阳水泵厂在“八五”期间承担多项国家重大攻关项目，1995 年也取得了重要成果。一是实施了对引进德国 KSB 公司的 CHTC 新型锅炉给水泵的研制并取得了圆满成功，这种新型给水泵比老型 CHTA 给水泵具有结构紧凑、成本低、密封、拆装方便等优点。二是研制的 CHTZ/5 型锅炉给水泵为多级中开内壳式双筒体的给水泵，经中国工业泵质量监督检测中心检测达到“八五”攻关合同目标要求。三是研制成功的 CLⅡ型高速泵，在福州炼油厂经过 8 570h 的运转试验表明，其主要性能：流量、扬程、汽蚀余量、振动噪声、泄漏量均达到国际同类产品的技术水平。此外，机械工业部和中国石油化工总公司“八五”期间下达的 8 个项目中，已完成 5 项，其中高速泵研制、CHT 系列给水泵的改进研制及 60 万 kW 机组强制循环泵国产化研制均通过部级鉴定。

石家庄水泵厂积极推广应用树脂砂型新工艺，较好地解决了引进的德国 KSB 公司泵的形状复杂、叶轮扭曲较大、叶片模型制作难的问题，改进后的新工艺具有易除砂、变形小、使用寿命长、生产效率高等特点。该厂还在实施机械工业部“1215”工程中推广应用计算机辅助泵产品设计、绘图，使产品设计计算和绘图规范化，设计质量明显提高。

四川省简阳试压泵厂实施和完成了机械工业部军工计划某核工程热室用远控高压水清洗装置的研究（NQ－70/35型容器内壁高压水清洗装置）。该装置采用动力泵、三维旋转喷头、列式喷头和进给系统，实现容器（室、釜）内壁的远控全方位（三维空间）高难度清洗。该装置广泛应用于石油、化工、运输、核工程等行业的容器、塔器、反应釜、罐槽以及反应热室等内表面的清洗。1995年12月通过机械工业部组织的专家技术鉴定，该装置填补了国内空白，达到国际90年代水平。

大连耐酸泵厂在承担国家重大技术装备“八五”科技攻关项目核三级泵（专题编号：85－213－02－36－03－1）的研究工作中，取得了水力模型、材料、铸造工艺、水力抛光工艺、质量保证体系等多项成果，并将上述成果应用于巴基斯坦恰希姆核电站核三级泵的设计与制造中。该电站为30万kW压水堆核电站，该厂按ASME《锅炉与压力容器规范》为其设计、制造了HA40－2250硼酸驳运泵、硼回堆补水泵、HA100－2200乏燃料池冷却泵（属核安全三级）；产品通过了样机试制和产品出口验收，1995年7月经大连市专家鉴定认为该产品已达到国际先进水平。

表1　销售收入、出口创汇前十名企业

序号	企业名称	销售收入（万元）	序号	企业名称	出口额（万美元）
1	沈阳水泵厂	19 864	1	佛山水泵厂	360.2
2	长沙水泵厂	16 011	2	浙江丰球集团公司	323.0
3	石家庄水泵厂	15 649	3	沈阳水泵厂	314.0
4	上海水泵厂	12 835	4	上海深井泵厂	229.0
5	杭州水泵厂	11 632	5	大连耐酸泵厂	227.0
6	博山水泵厂	11 090	6	沈阳潜水泵厂	223.0
7	大连耐酸泵厂	11 026	7	无锡水泵厂	203.1
8	浙江丰球集团公司	10 177	8	长沙水泵厂	173.7
9	威海水泵厂	9 717	9	上海水泵厂	163.8
10	广州第一水泵厂	9 292	10	开平市水泵厂	126.8

新产品　1995年泵行业企业共开发试制新产品158种，经省级以上鉴定56种。石家庄水泵厂1995年完成的国家级重点技术开发项目ZDZ型系列重型渣浆泵，在其性能、结构、材料上都有重大发展创新。其主要性能：流量为1 600m^3/h，最大扬程为90m，效率达到72%，此产品可为国家节约大量的外汇，1995年11月经机械工业部鉴定达到国际90年代初水平。

管理及改革　1995年泵行业加强改革力度，积极推进建立现代企业制度。锦州水泵厂等9个企业先后建立了股份有限公司或有限责任公司。上海水泵厂等6个企业与外商合资，成为“三资”企业。

1995年泵行业企业通过加强管理，使一些管理基础比较好的企业更上一层楼，其中有石家庄水泵厂、大连耐酸泵厂、威海水泵厂、长沙水泵厂、新疆潜水泵厂5个企业被评为全国机械工业管理先进企业，天津工业泵总厂厂长徐庆有被评为机械工业优秀企业家。

质量及质量管理　1995年泵行业举办了一期贯彻GB/T19000（ISO9000）系列标准培训班，增强了各企业加强质量管理的认识。泵行业的大连耐酸泵厂经中国华信技术检验有限公司评审获GB/T19001（ISO9001）质量体系认证合格证书；无锡水泵厂通过中国质量协会的评审，获GB/T19001（ISO9001）质量体系认证合格证书；杭州水泵总厂通过了法国、美国、澳大利亚、新西兰的质量检查，获得了这四国的国际质量认证。行业中大部分企业正在贯彻GB/T19000系列标准，努力开展认证工作。

技术改造　“八五”期间，泵行业为满足国家重大成套装置的配套需要，对18个重点项目进行技术改造，安排总投资为1.82亿元；5年间18个重点改造项目全部完成，完成率达100%。除18个项目外，还增加了地方和企业自己根据市场需求确定的技改项目，及“双加”工程项目，所以实际投资额超出计划投资额。

〔撰稿人：中国通用机械泵行业协会　管廷海　审稿人：中国通用机械泵行业协会　李玉坤、闻英范〕

〔电力工业部〕

生产发展情况　电力工业部从事工业泵的企业有5个，从业人员4 907人，工程技术人员392人；产品构成是：电站锅炉调速给水泵、定速泵、水电站的混凝土泵和电站的除灰泵。

1995年，共生产各类泵468台，产品销售收入3.3亿元。夹江水工机械厂在经营中，牢固树立为水电工程服务，质量第一的观念，在1995年参与投标的重点水电工程，中标的项目有13项，详见表2。

1995年，这5个工业泵企业制造了221台混凝土泵，创工业总产值1.5亿元，并保持了全国混凝土泵产、销第一，市场占有量第一的领先地位，为我国混凝土施工现代化作出了重大贡献。

上海电力修造总厂研制的 GBT480－180 型电站锅炉给水泵，是国家质量金奖产品，市场占有率在全国达到主导地位。在为北仑港电厂抢修从日本引进的 60 万 kW 起动锅炉给水泵泵心时，仅用 4 天将该给水泵全部修复，得到了日方专家的认可。这不但比送回日本抢修节省了一个多月的时间，而且节约了大量资金。

表 2　1995 年中标的重点工程项目

中标工程名称	中标金额（万元）
1. 岩滩水电站	6 162
2. 二滩水电站	2 171
3. 明台水电站	1 114
4. 天生桥一级电站	908
5. 凌津滩水电站	872
6. 缅甸藏都电站	623
7. 安康水电站	507
8. 凤鸣桥一级电站	342
9. 三峡工程	240
10. 李家峡水电站	88
11. 经惠渠工程	72
12. 石漫滩工程	35
13. 高平电站	19

市场及销售　1995 年电力工业部泵行业共完成产品销售收入 3.3 亿元，完成出口泵类产品 19 台，创汇 13 万美元。各企业将市场的需要，作为企业的立足点。宝鸡电力设备厂，原是专业制造电站煤炭漏斗车的企业，在市场竞争中主动调整生产结构，开发了电站除灰用的水隔离泵产品。夹江水工机械厂地处四川乐山，他们的销售口号是：立足四川，打过长江，走向全中国，并向国际市场冲击。他们强化销售机构，改革组织体制，调整促销政策，采取了各种各样的促销策略；如加强在报刊、电视广告上的宣传力度，参加各类展览会、订货会，提高售后服务水平，开拓性地进行了“南昆铁路夹江泵质量万里行”，举办了 12 期混凝土泵用户培训班，为 200 多个施工企业培养了 800 多名人才，为用户提供了全面售后服务。该厂共设在全国混凝土泵代销点、服务点 30 多个，分布在 20 多个省、市、区。1995 年共完成产品销售收入 7587 万元，并出口 2 台 30m^3 砼泵，创汇 6 万美元。杭州钻探机械制造厂生产的灌浆泵出口 17 台，创造外汇 7 万美元。

产品分类及产量　1995 年生产电站锅炉调速给水泵 65 台（套），电站定速泵 86 台，电站除灰泵 5 台，水电灌浆泵 91 台和混凝土泵 221 台。

新产品　上海电力修造总厂 1995 年重点开发了 DG600－240 型七级泵，配 30 万 kW 五级锅炉给水泵组用的 YOT46－550 型耦合器，10 万 kW 机组给水泵出口逆止阀。

夹江水工机械厂向科技要效益，尽管在国内他们最先研制开发了 HB30、HB60 混凝土泵，并获省、部优质产品称号，但他们经过不断改进，推出 HB30D、HB60D 型混凝土输送泵，其各项技术性能指标均有大幅度提高，在四川省金融大厦施工中，用这种国产泵创造了输送混凝土垂直高度 146m 的最高纪录；该厂还完成了 HB40－9 型混凝土泵的开发并批量投入生产；该厂混凝土泵的易操作性、维修方便性，产品销售价格低等，均处于同行业领先水平，一直占据国内产销量第一的地位。1995 年该厂生产的 HBT50－16 高压混凝土泵获国家级新产品称号。

郑州电力机械厂承接的洛阳热电厂扩建工程的辅机给水泵已试制成功；该厂又和西安电力热工自动化研究所共同开发研制循环泵和凝结泵。

管理及改革　电力系统工业泵的制造厂，1995 年普遍抓了企业的管理。如：上海电力修造总厂被评为电力工业部“双文明”单位，厂长张嘉树被评为全国电力行业的优秀企业家。夹江水工机械厂重点抓了“三化”管理，即：管理思想现代化、管理程序规范化、管理手段微机化。在现代企业管理模式、思路的探索过程中，他们以加强系统管理，练好内功为中心，充分体现出管理的“人本原理，”并坚持“以人为中心”强化系统管理，灌输领导干部、管理人员、工人都是管理者，又都是被管理者的意识，强化树立系统、信息、时机决策、人才、竞争、市场、效益、改革和法制等十大观念。形成企业一个完整的有机开放型大系统，企业管理功能得到了充分发挥。该厂也被评为电力工业部的“双文明”单位。

质量及质量管理　各企业以“质量第一”为治厂方针，树立良好的企业形象，做好产品的售后服务。宝鸡电力设备厂完善质量管理制度，修定奖惩条例，实行黄牌警告、红牌罚款制度，并率先在西北电力制造企业中，申请 ISO9000 质量体系认证。

上海电力修造总厂，为了提高给水泵的质量，工厂的工艺纪律监督小组对关键、重要零部件进行现场监督，保证了从编制产品质量计划、设计关键零件、测试、记录到每一道工序的加工至总装都按照编号的方法和程序执行，并着重抓了“主轴精磨”工序的质量审核，为测试给水泵的运行性能，专门建立了高速热态全负荷试验台，使泵产品质量有了较大的提高。

技术改造　1995 年电力工业部泵行业企业共完成技术改造投资 1 416 万元，占全年固定资产投资总额的 72%，这说明各企业普遍重视了技术改造的投入。

〔撰稿人：电力工业部　张海清　审稿人：电力工业部　王　昀〕

〔责任编辑：白　萍〕

风　机

〔机械工业部〕

生产发展情况　1995年，风机行业协会共有企业90个，其中骨干、重点企业12个；中型企业21个，小型企业51个。企业中属于机械工业部系统的74个，乡镇企业6个，其余10个属于化工、电力、纺织、民政、公安、交通等系统。1995年完成工业总产值（当年价）285 565万元，比上年264 927万元增长了7.8%；销售收入246 027万元，占总产值86.2%。实现利税总额31 644万元，比上年26 939万元增加了17.5%，其中利润总额11 341万元，比上年10 197万元增加了11.2%。总的看，在其他各行业不太景气的情况下，风机行业仍保持了较好的发展。

在12个骨干、重点企业中，1995年实现工业总产值（1990年不变价）111 226万元，比上年增长5.6%；工业销售产值119 088万元，比上年略有下降；出口交货值比上年有所增加，具体数值见表1。1995年风机行业12个骨干、重点企业完成产品销售收入121 230万元，占全行业的49.3%，比上年增长11.8%；实现利润总额4 968万元，占全行业的44%，比上年增加8%，具体数值见表2。

表1　1995年风机行业骨干、重点企业产值完成情况

序号	企业名称	工业总产值（不变价）			工业销售产值（当年价）			
		全年完成（万元）	上年完成（万元）	为上年%	全年完成（万元）	其中：出口交货值（万美元）	上年完成（万元）	为上年%
1	沈阳鼓风机厂	24 078	29 372	116.0	28 409	320.0	30 234	94.0
2	上海鼓风机厂	18 508	14 666	126.2	26 501	216.6	19 316	137.2
3	陕西鼓风机厂	12 028	9 510	126.5	12 721	—	9 776	130.1
4	重庆通用机器厂	11 119	11 011	101.0	9 650	29.0	10 005	96.5
5	山东章丘鼓风机厂	9 007	10 003	90.0	10 299	—	11 794	87.3
6	长沙鼓风机厂	6 517	8 041	81.0	9 531	34.6	14 386	66.3
7	四平鼓风机厂	5 110	4 641	110.1	4 853	23.0	5 816	83.4
8	武汉鼓风机厂	4 735	7 018	67.5	4 222	12.0	7 736	54.6
9	南通风机厂	3 013	3 092	97.4	3 290	12.9	3 688	89.2
10	天津市鼓风机总厂	2 700	3 219	83.9	5 062	—	5 079	99.7
11	沈阳风机厂	2 422	2 370	102.2	2 204	—	2 976	74.1
12	石家庄市风机厂	1 989	2 384	83.4	2 346	—	2 987	78.5
	合　计	111 226	105 327	105.2	119 088	648.2	123 793	96.2

表2　1995年风机行业骨干、重点企业主要经济指标完成情况

序号	企业名称	销售收入		销售成本		利润总额	
		全年完成（万元）	为上年%	全年完成（万元）	为上年%	全年完成（万元）	为上年%
1	沈阳鼓风机厂	30 398	110.0	20 467	101.6	510	198.4
2	上海鼓风机厂	22 650	122.1	15 290	128.6	501	130.1
3	陕西鼓风机厂	13 566	122.2	9 900	114.9	27	1 300.5
4	长沙鼓风机厂	12 512	108.9	9 004	115.5	1 055	105.4
5	山东章丘鼓风机厂	10 029	97.3	7 300	99.5	1 159	96.5
6	重庆通用机器厂	9 963	110.7	6 890	127.7	201	98.0
7	四平鼓风机厂	6 033	133.1	3 343	141.2	913	113.0
8	天津市鼓风机总厂	4 270	110.5	2 793	146.5	305	85.9
9	武汉鼓风机厂	3 815	92.4	2 695	89.8	11	84.6
10	南通风机厂	3 445	92.7	2 572	86.6	38	34.9
11	沈阳风机厂	2 946	137.6	1 996	147.3	19	126.7
12	石家庄市风机厂	1 603	86.0	1 234	82.9	229	99.6
	合　计	121 230	111.8	83 484	112.0	4 968	108.0

市场及销售 风机属于通用机械产品，广泛使用于国民经济各部门，所以风机产品有着广泛的市场，总是保持着一定的需求量。1995 年由于市场出现一定的波动，影响了一些品种的销售，如离心鼓风机、罗茨鼓风机产品都比 1994 年有所减少，风机产品也比上年减少了 1.8 万台。但是由于国家重点配套项目较多，为大型电站、“三大”化工、冶金行业配套的离心、轴流压缩机，大型电站风机，大型罗茨鼓风机仍然保持着一定的增长势头。另外量大面广的通风机产品仍有较大的需求量。

在国际市场上，我国风机产品出口量不是很大，一些风机产品往往是随着其他项目配套出口，但也有一些中、小型风机产品已打入国际市场。总的看 1995 年的风机产品出口比上年有较大幅度增长，产品共出口 7 642 台（套、件），销往美国、日本、巴基斯坦、东南亚近 20 个国家和地区，出口创汇额达 1 220 万美元，比上年的 700 万美元增长 74.3%。表 3 是风机行业国内销售收入、出口额前十名企业的排序。

表 3 风机行业国内销售收入、出口额前十名企业

序号	企业名称	销售收入（万元）	序号	企业名称	出口额（万美元）
1	浙江省上虞上风集团	32 585	1	浙江省上虞上风集团	495.0
2	沈阳鼓风机厂	30 398	2	沈阳鼓风机厂	320.0
3	上海鼓风机厂	22 650	3	上海鼓风机厂	216.6
4	陕西鼓风机厂	13 566	4	长沙鼓风机厂	34.6
5	长沙鼓风机厂	12 512	5	重庆通用机器厂	29.0
6	山东章丘鼓风机厂	10 029	6	沈阳人民风机厂	25.0
7	重庆通用机器厂	9 963	7	四平金丰股份有限公司	23.0
8	四平金丰股份有限公司	6 033	8	南通风机厂	12.9
9	四川鼓风机厂	4 775	9	武汉鼓风机厂	12.1
10	常熟市鼓风机厂	4 288	10	上海通用风机厂	11.4

产品分类及产量 风机行业生产的产品主要有离心压缩机、轴流压缩机、离心鼓风机、罗茨鼓风机、离心通风机、轴流通风机、叶氏鼓风机 7 大类产品以及其他一些特殊的风机等，目前共有 200 多个系列、2 000 多个品种。各类产品 1995 年产量如表 4。

表 4 1995 年各类风机产品产量

产品名称	产品产量（台）
离心压缩机	80
轴流压缩机	4
离心鼓风机	1 522
罗茨鼓风机	9 076
叶氏鼓风机	273
离心通风机	93 785
轴流通风机	49 957
其他特殊用途风机	87 212
合计	241 909

科研成果 1995 年，沈阳鼓风机厂的 CIMS 工程荣获国家企业 CIMS 应用领先奖，压缩机 CAD/CAM 系统被列为机械工业部“九五”期间第一批重点推广技术。长沙鼓风机厂的国家重点科技攻关项目 RE－200VT 高负压罗茨真空泵，1995 年 10 月通过国家鉴定，主要用于大型火力发电厂除灰系统，其水平达到世界同类产品水平。另一国家重点科技攻关项目粉粒料气力输送装置罗茨鼓风机中的粉末输送高温鼓风机、颗粒输送鼓风机，主要用于聚乙烯和聚丙烯装置中的粉粒料输送，其水平达到世界同类产品水平。

新产品 1995 年全行业共开发生产新产品 94 种 4 670 台，其中压缩机 34 种 44 台，离心鼓风机 6 种 10 台，罗茨鼓风机 22 种 167 台，通风机 30 种 4 016 台，暖风机 2 种 433 台，这些新产品的开发和生产满足了国民经济发展的需要。

管理及改革 风机行业的管理工作继续加强，1995 年 9 月召开了中国通用机械风机行业大会，总结了风机行业 1991 年至 1995 年的工作，选举了第三届理事会，通过了中国通用机械风机行业协会组织工作条例、风机行业协会 1996 年工作计划等文件。

风机行业目前共有福建东亚股份有限公司、济南风机股份有限公司、淄博风机股份有限公司、湖北鼓风机有限公司、佳木斯通风设备有限公司、四平金丰股份有限公司、北海市风机厂总共 7 个股份制企业。

企业集团方面，目前有河南豫通企业集团、天津环保产业集团、山东汇丰机械集团和浙江省上风集团公司，总共 4 个。

质量及质量管理 根据国家技术监督局部署，1995 年第三季度对工业蒸汽锅炉用离心送、引风机产品质量进行了监督抽查，共抽查了黑龙江省等 16 个省、市、自治区的 31 个企业的 31 台产品。抽查结果为合格企业 22 个，合格产品 22 台，产品抽样合格率为 71%，比 1994 年抽查结果有了很大的进步。但是合格率仍然不高，说明产品制造质量仍然存在一定的问题。

风机行业许多企业，特别是大、中型企业都在认真贯彻 ISO9000 系列标准，截止至 1995 年底已有四平鼓风机厂、浙江省上虞风机厂、陕西鼓风机厂、上海鼓风机厂、沈阳鼓风机厂 5 个企业取得了 ISO9000 系列质量保证体系标准国家认证合格证书。

在采用国际标准方面，风机行业已普遍采用国际标准，透平压缩机采用了 API 和 ISO 标准，通风机、罗茨鼓风机也都参照采用了相应的国际标准和国外先进标准。另外风机行业的骨干、重点企业，如沈阳鼓风机厂、上海鼓风机厂、陕西鼓风机厂、长沙鼓风机厂、四平鼓风机厂等从国外引进一系列风机制造技术，在风机制造、检验方面也已采用国外相应公司的企业标准，这对提高风机产品质量，打入国际市场提供有力的保证。

技术改造 沈阳鼓风机厂的“八五”国家重大技术装备国产化技术改造到 1995 年底已基本完成，石化设备国产化基地（透平压缩机项目）已经开始启动。陕西鼓风机厂 1995 年在建的国家级技术中心，属国家重点项目，其中试验装置、离心压缩机多级试验台、工艺试验设备等已基本完成，可承担功率为 6 300kW 以下的风机性能试验，部分轴流压缩机、等温压缩机的机械运转试验和进行离心压缩机级间匹配的多级试验。长沙鼓风机厂的大型火电站通用辅机技术改造项目 1995 年已开始实施，并已完成投资 1 500 万元。风机行业一些骨干、重点企业技术改造投资完成后，将对石化设备的国产化起到重大的推动作用。

对外合作 1995 年，山东省章丘鼓风机厂和日本大晃机械工业株式会社、世晃产业株式会社共同投资合办了山东章晃机械工业有限公司，主要产品是 SSR 系列三叶罗茨鼓风机，产品全部采用日本技术，年设计生产能力为 7 000 台，计划 1996 年 4 月正式投产。目前，风机行业累计共有 12 个合资企业，生产运行情况都比较好。

在技术引进方面，沈阳鼓风机厂引进的德国 KKK 公司的子午加速静叶可调电站轴流风机技术和陕西鼓风机厂从英国豪登公司引进烧结风机技术，目前正在进行消化吸收以及图样、资料的转换工作。

〔撰稿人：中国通用机械风机行业协会 汪景昌 审稿人：中国通用机械风机行业协会 钟浩〕

〔电力工业部〕

生产发展情况 电力工业部系统生产风机的企业共 3 个，人数为 3 749 人，工程技术人员 319 人，国家大二型企业有 2 个；1995 年生产处于低谷状态运行，工业总产值完成了 1.5 亿元，比上年下降 5.7%；共生产电站风机 194 台，其中，山东电力设备厂生产风机 54 台，比上年增产 18 台；成都电力机械厂研制的大型电站风机，已形成引、送、排、轴流 4 大系列，数十个规格品种的生产格局，承担了全国电力投产项目 60% 的风机配套任务，如：1995 年国家重点电力工程下关、海口、曲靖、贵州凯里等电站的引风机制造任务。

市场及销售 1995 年受国家宏观压缩基本建设项目影响，一批电站工程不能开工，而风机制造周期又长，使订货和销售都受到很大影响，如成都电力机械厂，风机只完成了 127 台，比上年少了 62 台；山东电力设备厂虽拿到了风机订单，却因电力市场的停、缓建项目多，而迟迟不能开工，造成生产能力的不饱状态。西安电力机械厂在新开工项目少的情况下，抓机组抢修项目，为渭河、秦岭电厂抢修风机，创收入 15 万元。1995 年共完成销售收入 1.3 亿元，产品销售税金 73 万元。

产品分类及产量 山东电力设备厂风机产品共完成 10 个品种 54 台。成都电力机械厂共完成引风机、送风机、排粉风机、轴流风机 4 大系列，数十个规格品种 127 台。西安电力机械厂的热一次风机共制造 13 台。全年这 3 个企业共制造电站风机 194 台。

新产品 西安电力机械厂 1995 年试制出了 3 台 RY9－20No.1/2D 型热一次风机，是直吹式制粉系统必不可少的煤粉输送设备，该型号风机既可配套中速磨，又可配套单进单出、双进双出钢球磨，市场前景非常好。

管理及改革 1995 年，各风机制造企业都加强企业管理，强化企业内部经济指标的考核，从节支、挖潜、降耗下功夫，收到了加强管理的成效。如：成都电力机械厂销售收入只完成了 3 835.2 万元，完成计划的 82%，该厂加强企业内部管理，千方百计降低各项费用，堵塞漏洞，使销售成本率比上年下降了 5%。

质量及质量管理 西安电力机械厂 1995 年完善了质保体系，加强了质量管理，重点加强了产品原始记录的管理，使风机产品具有追溯性；同时加强质量教育，用开现场会等形式反复向职工灌输质量第一的治厂方针，使全厂职工质量意识普遍提高。该厂参加部、局组织的 GB/T19000（ISO9000）标准学习班培训，共 8 人取得了质量体系内部审核员资格证书，为全面贯彻 ISO9000 系列标准做好了技术和人员准备。

技术改造 1995 年风机制造企业共完成技术改造投资 738 万元。在电力制造企业技术改造发展规划中，开发 60 万 kW 等级及其以上容量机组配套的电站风机，引进 60 万 kW 等级动叶可调轴流风机技术，自行研制 60 万 kW 机组离心式引风机，开发高比压一次风机和大直径双速轴流式风机，研制新型排粉风机，提高风机的耐用、高效、节能和调节范围适应大机组变工况运行的需要，均列入电力机械制造企业“九五”技术改造规划之中。

〔撰稿人：电力工业部 张海清 审稿人：电力工业部 王昀〕

〔责任编辑：白萍〕

气体压缩机

〔机械工业部〕

生产发展情况 1995年气体压缩机行业努力提高经济运行质量，全行业生产经营态势基本正常，总体状况朝好的方向发展。全行业共生产大、中、小型压缩机68 241台，比上年增长39%；生产微型压缩机256 822台，比上年下降3.6%；完成工业总产值（1990年不变价，原规定下同）30.8亿元，比上年增长17.6%；完成工业销售产值（当年价）302 935万元，比上年的297 974万元，提高1.7%；实现产品销售收入306 346万元，比上年提高21.7%；实现利税23 762万元，实现利润6 644万元，比上年分别下降了13.2%和37.7%。

1995年，14个重点企业共生产大、中、小型压缩机11 248台，微型压缩机21 594台，与上年相比产品数量均略有下降；完成工业总产值（1990年不变价，原规定）135 543万元，比上年提高6.5%；完成工业销售产值（当年价）134 275万元，比上年下降14.46%，产品销售收入139 867万元，比上年提高6.8%；利润总额、利税总额比1994年分别下降32.1%和18.8%。具体指标完成情况见表1。

表1 1995年气体压缩机行业重点企业经济技术指标完成情况

企业名称	工业总产值（万元）	工业销售产值（万元）		产品销售收入（万元）	利润总额（万元）	利税总额（万元）	工业增加值（万元）	固定资产净值平均余额（万元）
		合计	其中：出口交货值					
合计	135 543	134 275	1 565	139 867	2 253	10 523	41 498	68 242
沈阳气体压缩机厂	15 400	18 915	616	17 866	71	687	4 596	5 695
北京第一通用机械厂	9 233	10 046	91	10 807	30	517	1 633	5 965
上海压缩机股份有限公司	14 522	17 419	0	14 835	101	613	2 373	4 195
上海东方压缩机厂	8 029	7 239	159	7 066	32	252	1 573	1 457
江西气体压缩机厂	4 701	6 043	0	6 590	390	1 002	1 769	3 402
无锡压缩机股份有限公司	11 148	15 573	427	13 341	1 031	1 844	6 215	9 236
南京压缩机股份有限公司	15 202	15 950	30	15 847	501	1 513	4 721	5 779
蚌埠压缩机总厂	8 100	6 867	0	6 275	－327	386	3 044	3 049
柳州压缩机总厂	14 529	13 657	0	13 374	240	1 133	4 754	7 533
柳州第二空压机总厂	17 614	15 518	285	15 182	768	1 877	5 107	12 321
重庆气体压缩机厂	2 469	2 712	0	2 595	－320	－148	365	892
华西通用机器公司	8 102	9 314	0	8 720	46	856	2 551	3 660
沈阳空压机制造厂	5 478	7 589	64	6 689	11	231	1 793	3 024
湘潭压缩机厂	1 016	1 363	0	1 344	－329	－324	317	1 875

上述统计资料表明，1995年全行业，包括重点企业经济效益继续下滑。1995年全行业亏损企业由上年的18个增加至27个，亏损额为5 910万元，亏损企业数和亏损额分别上升了50%和37.6%。

企业资金严重短缺，特别是生产流动资金短缺，困扰着企业生产的正常进行。全行业流动资产负债率已达到91.3%，高于上年3.9个百分点。

市场及销售 1995年全行业共销售大、中、小型压缩机1 290种、61 921台、电动机功率达到1 792 602kW；产品台数和电动机功率比上年分别上升36%和16.5%；销售微型压缩机710种、259 041台、485 876kW，比上年产品销售台数上升4.2%，电动机功率下降25.6%。重点企业销售大、中、小型压缩机10 408台、947 229kW，比上年分别下降了20.7%和4.7%；销售微型压缩机21 192台、65 322kW，比上年分别下降19.7%和6%。1995年行业工业产品销售率为96.7%，重点企业为97.1%，分别比上年提高了4个百分点和3.4个百分点。统计资料表明，1995年气体压缩机行业产销衔接平稳，产销量略有上升，国内压缩机市场销售不畅的局面开始扭转。

1995年全行业出口7 381万元，比上年提高了17.9%。共有22个企业向29个国家或地区出口了100 890台压缩机、237t配件。江苏大力集团股份有限公司是行业首屈一指的出口企业。这个公司向包括美国在内的8个国家或地区出口94 461台压缩机，销售额4 029万元，其出口销售额占全行业的55%。出口产品多为微小型压缩机，而且出口额较小，仅为全行业产品销售收入的2.4%。产品销售收入及出口额前十名企业名单见表2。

表 2　产品销售收入、出口额前十名企业

序号	企业名称	销售收入（万元）	序号	企业名称	出口额（万美元）
1	沈阳气体压缩机厂	17 866	1	江苏大力集团股份有限公司	4 029
2	南京压缩机股份有限公司	15 183	2	沈阳气体压缩机厂	616
3	柳州第二空压机总厂	15 182	3	余姚通用集团公司	459
4	上海压缩机股份有限公司	14 835	4	杭州美亚加压缩机有限公司	457
5	浙江开山股份有限公司	13 813	5	无锡压缩机股份有限公司	427
6	柳州压缩机总厂	13 374	6	柳州第二空压机总厂	237
7	无锡压缩机股份有限公司	13 341	7	上海东方压缩机厂	232
8	山东潍坊百事得机械总公司	13 311	8	南京华冠压缩机有限公司	201
9	江苏大力集团股份有限公司	11 123	9	浙江开山股份有限公司	147
10	北京第一通用机械厂	10 807	10	马鞍山市压缩机总厂	143

新产品　1995 年，气体压缩机行业紧紧抓住市场需求这一环节，加强产品结构的调整，大力发展技术密集型和附加值高的产品。全行业有 51 个企业当年研制开发压缩机 371 种 68 280 台，新产品产值 50 726 万元，占全行业总产值的 16.2%。沈阳气体压缩机厂，通过消化引进技术，积极采用 CAD 等新技术，使产品设计、制造水平有所提高。这个厂在“八五”期间，为国内 20 多个大型炼油厂提供了几十个品种、200 多台新氢和循环氢气压缩机。1995 年，为年产 100 万 t 加氢裂化装置提供的 4M50－24.5/23－192BX 氢压机，产品活塞力 500kN，排气压力 20MPa，电动机功率 3 500kW。上海压缩机股份有限公司，1995 年完成新产品 37 种，新产品销售收入 3 395 万元，是全年销售收入的 22.9%。为上海石化总厂研制的列入国家“八五”攻关项目的丁二烯螺杆压缩机（SD25－00、SA40－00）是我国第一套丁二烯工艺流程用压缩机，在 1995 年通过了上海市经委组织的鉴定并交付用户使用。机械工业部合肥通用机械研究所和中国人民解放军第四八一二工厂共同完成了机械工业部机械工业技术发展基金项目小型全无油润滑压缩机研制课题，研制成功了 WW－2.5/10－Q 全无油空压机，其主要性能指标达到了国内有油润滑空压机的先进水平，同时填补了 15kW～22kW 小型全无油空压机的国内空白。

〔撰稿人：中国通用机械压缩机行业协会　李俊峰　审稿人：中国通用机械压缩机行业协会　姜希武〕

〔责任编辑：白　萍〕

气体分离及液化设备

〔机械工业部〕

生产发展情况　1995 年气体分离及液化设备行业共有职工 25 105 人，其中，工人与学徒15 187 人，工程技术人员 2 543 人，管理人员 3 124 人，其他 4 251 人。年末资产总计 257 048 万元，固定资产（原价）92 793 万元，流动资产总计160 292 万元。

1995 年，气体分离及液化设备行业完成原规定的不变价工业总产值 107 542 万元，当年价工业总产值 121 286 万元，分别比上年减少 6.7% 和 7.7%。完成新规定不变价总产值 106 250 万元，当年价工业总产值 104 021 万元。完成工业增加值 46 306 万元。实现利税 13 430 万元，利润总额 4 982万元，产品销售收入 103 524 万元，分别比上年下降 24.5%、41.4% 和 6.4%。

六大经济指标同上年相比，产品销售率下降 3.98 个百分点，资金利税率下降 3.82 个百分点，成本费用利润率下降 3.59 个百分点，流动资金周转率慢 0.179 次，全员劳动生产率下降 5.88%，工业增加值率比上年增长 7.03 个百分点。

1995 年，气体分离及液化设备行业完成成套气体分离设备 283 套，其中大、中型空分设备 31 套（氧容量156 900 m^3/h，比上年增长 8.88%），小型空分设备 136 套（氧容量 13 775m^3/h，比上年下降 54.75%），氮设备 24 套（氮容量 17 800m^3/h），低温液体设备 6 套，氩提取设备 10 套（氩容量1 583m^3/h），变压吸附制氧设备 8 套，变压吸附制氮设备 8 套，溶解乙炔设备 15 套，水电解制氢设备 45 套。与上年相比，全行业少生产空分设备 124 套。

开封空分设备厂 1995 年完成总产值（不变价）、实现的产品销售收入均比上年略有增长，完成大、中型空分设备 8 套，出口创汇 482 万美元，市场占有率为 17.33%，利税占有率 26.16%，工业经济效益综合指数为 1.519 6，位居行业第一。

杭州制氧机集团有限公司 1995 年生产经营稳步增长，完成不变价工业总产值 40 572 万元，当年价工业总产值 45 310 万元，分别比上年增长 13.7% 和 11.3%；实现产品销售收入 39 613 万元，利润总额 4 467 万元，利税总额 8 049 万元，分别比上年增长 18.6%、21.5%、14.7%，基本做到了产值、利润、利税同步增长。全年完成大、中型空分设备14套，出口创汇549万美元，市场占有率为38.26%，利税占有率为59.64%，工业经济效益综合指数为1.4344，位居行业第二。

市场及销售 1995年空分设备行业订货合同额为68 421万元，累计订货合同额为183 260万元，分别比上年下降37.5%和16.2%。

1995年，空分设备行业市场均没有上两年活跃，大、中、小型空分设备的生产和销售均有所回落。变压吸附分离设备比上年多生产了10套，氮容量达到600m^3/h；溶解乙炔设备15套，比上年有大幅度增长。水电解制氢设备市场较稳。

1995年行业生产的大、中型空分设备氧的容量156 900m^3/h，比上年增长8.88%，其中，氧容量6 000m^3/h～15 000m^3/h为14套，还合作生产了3套10 000m^3/h以上空分设备。空分设备的氧总容量为17.0 675万m^3/h，比上年下降2.22%。空分设备的产量占行业主要产品产量的58%。

1995年，气体分离及液化设备行业对内产品销售收入103 524万元，比上年下降6.4%。对外销售收入为1 628万美元和683万元人民币，比上年增长34.03%。出口国家仍以东南亚市场为主。全年出口空分设备27套，其中，大、中型空分设备3套，分别由开封空分设备厂和哈尔滨制氧机厂提供给印度和印度尼西亚；出口小型空分设备23套，分别由杭州制氧机集团有限公司、四川空分设备厂、苏州制氧机厂、邯郸制氧机厂、哈尔滨制氧机厂、江西制氧机厂提供给巴基斯坦、孟加拉国、印度尼西亚、马来西亚、印度、菲律宾、文莱、加纳、埃及、缅甸、越南等国；出口氩提取设备1套，由杭州制氧机集团有限公司提供给巴基斯坦；出口溶解乙炔设备2套，由邯郸制氧机厂提供给印度尼西亚和巴基斯坦；出口水电解制氢设备6套，分别由哈尔滨环保制氢设备公司和苏州水电解制氢设备公司提供给阿尔及利亚、孟加拉、印度。

杭州制氧机集团有限公司1995年对外销售收入为549万美元，比上年增长51.18%，出口小型空分设备7套、制氩设备1套、板式换热器2台。

哈尔滨制氧机厂1995年对外产品销售收入为348万美元，是上年30.8万美元的11.3倍。出口空分设备6套、氧压机1台。

产品分类及产量 1995年气体分离及液化设备行业生产了空气分离设备、液体设备、稀有气体提取设备、变压吸附分离设备、溶解乙炔设备、水电解制氢设备，低温液体贮运设备类等。

生产空气分离设备191套、12 019t，包括大、中、小型空分设备，制氮设备。低温液体设备6套、24.6t，氩提取设备10套、172.5t，变压吸附分离设备16套、387.6t，低温液体贮运设备219套、2 125.9t，溶解乙炔设备15套，乙炔气瓶37 944只，水电解制氢设备45套、205.3t。单销气体压缩机232台、862t，板式换热器210.9t，透平膨胀机116台、3.11t，透平膨胀机机芯277台、0.96t，冷链设备2套、768.7t，冷藏车26辆、163t，保温车11辆、47.3t，箱式车43辆、253.8t，石油液化气贮运设备167台、1 879.3t。

科研成果 杭州制氧机集团有限公司自行设计制造的KDON－14000/14000型空分设备荣获机械工业部科技进步一等奖。应用于天津无缝钢管厂的KDON－3200/3200型空分设备、出口美国的高压板式换热器荣获浙江省科技进步二等奖。

开封空分设备厂首次采用规整填料技术改造三明钢铁厂3 200m^3/h空分设备上塔，一次开车成功。

新产品 四川空分设备厂自行设计制造的为天津乙烯工程配套的两套6 000m^3/h空分设备分别于1995年5月和6月一次开车成功，被评为优良工程。两套设备均采用DCS控制系统。该厂的KDON－300/700型空分设备于1995年11月在广东开车成功。该设备采用全低压板翅式换热器流程和气体轴承透平膨胀机，具有运行稳定、控制系统先进、节能等特点。

哈尔滨制氧机厂开发的分子筛流程KDON－1500/1500（带氩）空分设备在江阴兴澄钢铁有限公司开车成功。新开发的KZO－50型集装箱式空分设备试车成功。研制的KDON－350/700型空分设备被国家评为1995年国家级新产品。

杭州制氧机集团有限公司开发研制的KDON－122Y/160Y型液氧液氮设备通过了浙江省机械厅鉴定。该公司自行研究设计的规整填料上塔在150m^3/h空分设备上试验成功，为开发设计新一代空分设备积累了经验。出口到印度的10 000m^3/h空分设备一次开车成功。

由中国空分设备公司开发、苏州制氧机厂制造的KDON－380/700型空分设备于1995年3月在广东韶关铸锻总厂开车成功并通过投产验收。该设备在设计过程中充分吸取大、中型空分设备和该公司1992年出口菲律宾KDON－340/800型全低压空分设备的成功经验，采用全低压、全铝结构、全板式、正流空气增压膨胀、常温分子筛吸附、小流量气体轴承增压透平膨胀机等新技术、新工艺，属国内首创，已投入批量生产。

开封空分设备厂研制的首套分子筛流程的KZON－190Y/502Y型液氧液氮设备于1995年7月在五一一研究所通过了考核验收。

邯郸制氧机厂研制的KZO－50－1型空分设备通过了省级技术鉴定。该设备生产的高纯度氧气作为工业用氧、医用氧和航空用氧。

哈尔滨制氧机厂研制的KDN－800/40型制氮设备于1995年8月通过技术评议。

开封空分设备厂首次采用集散型控制的KDN－1500型制氮设备于1995年8月在上海耀华皮尔金顿玻璃有限公司开车成功。与常规仪控系统比，实现了集中监视和操作，精馏效率有所提高，设备操作方便、可靠。

杭州制氧机集团有限公司设计制造的600m^3/h

变压吸附制氮设备试制成功，标志着该公司采用新技术、新工艺生产大、中型变压吸附制氮设备又上了一个新台阶。

开封空分设备厂研制的新产品 PSA－20 型变压吸附制氮设备试车成功。

自贡市机械一厂研制成功 BXN－6 型变压吸附制氮设备，已生产了 2 套。

四川空分设备厂研制成功 $1600m^3/h$ 空分设备配套的闭式叶轮透平膨胀机，经试车，性能指标均达到设计要求。苏州制氧机厂和西安交通大学联合设计、苏州制氧机厂制造的配套 KDON－380/700 型空分设备的小流量气体轴承增压透平膨胀机投运成功，填补了国内空白，为节能型全低压小型空分设备的流程组织创造了条件。

四川空分设备厂为石化工业专项研制的 $200m^3$ 低温液体球形贮槽通过了部级鉴定，填补了国内空白。该贮槽采用多项低温先进技术，已成功运行一年半，全部技术指标达到或超过设计要求，其中日蒸发率性能指标达到国际先进水平，可投入批量和定型生产。该厂研制的 $5m^3$、$10m^3$、$14m^3$ 3 个规格，以红岩、黄河、斯太尔、奔驰、银道等 5 种汽车底盘为依托的 7 种液体二氧化碳槽车，通过了四川省汽车工业领导小组的技术鉴定，正式投入生产。

杭州制氧机集团有限公司生产的 $100m^3$ 大型液氧贮槽已运往用户安装。苏州制氧机厂试制成功 2 台 CF－5000/8 型低温液体贮槽，并通过江苏省机械工业厅鉴定，主要技术性能指标（氮日蒸发率）达到国内先进水平。

江西制氧机厂研制的新产品 JXY5301GDY 型低温液体汽车槽车和 JXY5301GDY 液体二氧化碳汽车槽车通过江西省机械工业厅鉴定，均荣获 1995 年江西省优秀新产品奖。研制的 JXY5300GYA 液氨汽车槽车和 JXY5267GYQ 液化石油气汽车槽车均通过了江西省机械工业厅鉴定。

邯郸制氧机厂新开发的 Z－1.67/100 型二氧化碳压缩机通过了河北省经贸委鉴定。

开封空分设备厂为新加坡独资企业设计制造和安装的国内最大的 15 000t 气调库，在山东龙口竣工验收。

中国船舶工业总公司七一八研究所研制的 ZDQ－80/1.5 型水电解制氢设备通过部级鉴定，主要技术性能指标达到国际先进水平，槽体的密封性能优于国外同类产品。研制的 ZDQ－40/1.5 型水电解制氢设备荣获中国船舶工业总公司科技进步二等奖。

苏州水电解制氢设备公司研制生产了 QCZ－100/1.6 型氢气纯化设备、EOA－01 型氧分析仪、EHA－01 型氢分析仪，增强了企业的配套能力。

管理及改革 1995 年，气体分离及液化设备行业继续开展“转机制、抓管理、练内功、增效益”活动，杭州制氧机集团有限公司、开封空分设备厂、四川空分设备厂 3 个骨干企业都取得了成效，列入了机械工业部排序名单。

气体分离设备行业协会针对企业转机制、抓管理及进行内部改革的具体情况，召开了行业企业管理专业研讨会、生产管理研讨会和财务成本价格研讨会，对企业挖掘内部潜力，向管理要质量、要效率，不断调整产品结构，降低生产成本，生产管理向现代化迈进等都起到了一定的促进作用。

为适应市场经济，加快转制步伐，开封空分设备厂、四川空分设备厂等对企业行政机构重新调整，组建了部制。邯郸制氧机厂为适应大二型企业的要求，进行了机构调整，由原来的 36 个科室减并为 22 个处室，12 个车间（分厂）组建 7 个分厂。同时，该厂根据市政府的发文批复，改组设立邯郸制氧机集团有限公司，同时组建邯氧集团。

杭州制氧机集团有限公司根据国家有关建立现代企业制度的改革方针、政策，以国有资产授权经营为主线，建立母子公司型管理新体制的现代企业制度的目标模式实施国有资产授权经营，向资本经营迈进，在高层次改革和管理上先行一步。

四川空分设备厂狠抓内部管理，走内涵型发展的改革道路。在转机制方面，保证主体，搞活经营，合理分权，立足自己，开拓市场，稳步发展。通过生产模式转变、经营上分权、实行全员劳动合同制等，达到这一既定目标。在抓管理方面，实行分线定量考核，挂牌上班，产品质量否定处罚；实行租赁、工效挂钩、承包经营、成本价格管理等一系列管理方式，形成硬性约束机制，增强了职工的主人翁责任感，有效地增强了企业的市场综合竞争能力，树立了良好的企业形象，使企业稳步地向公司化管理、集约化经营稳步前进。

质量及质量管理 1995 年，气体分离设备行业协会把加强企业质量工作作为行业质量工作的重点，完善质量保证体系，确保产品质量的稳定提高。杭州制氧机集团有限公司获得 ISO9001 国际质量体系标准的认证证书和认证标志。哈尔滨制氧机厂以 A 类评语通过英国 ASME 总部的审查，获得 ASME 证书。

产品质量方面，新产品产值率为 50.54%，比上年下降 2.15 个百分点；产品质量等级品率为 66.89%，比上年下降 12.35 个百分点；质量损失率为 0.77%，比上年增长 0.03 个百分点。铸铁件成品率为 72.03%，比上年增长 5.4 个百分点；铸铁件综合废品率为 8.68%，比上年下降 0.34 个百分点；机加工综合废品率为 1.98%，比上年增长 0.36 个百分点。

1995 年，行业有国优产品 2 个，省优一等品 3 个。

开封空分设备厂获河南省质量管理奖。

行业主导产品空分设备、制氮设备、铝制板式换热器、低温液体贮槽、低温液体阀门等均采用国际标准。开封空分设备厂的变压吸附制氧、制氮设备均采用先进国家的标准。

技术改造 1995 年气体分离设备行业技术改

造项目完成投资额6 100万元。其中，四川空分设备厂“八五”技改项目电镀废水处理等已经竣工，通过验收。哈尔滨制氧机厂1 000m^3/h～6 000m^3/h空分设备改造项目已完成冷作车间的厂房，有10台设备安装使用。苏州制氧机厂的开发生产低温液体贮槽项目已完成，投入试生产阶段。邯郸制氧机厂的涡旋压缩机节能技术改造项目的土建工程已全部竣工验收。

对外合作 1995年气体分离及液化设备行业技术引进投资278万美元。其中，杭州制氧机集团有限公司引进的卧式加工中心成套设备及关键设备数控落地镗铣床均已到厂。江西制氧机厂引进的年产500辆专用改装车技术改造项目已全部投入使用，冷藏集装车二期技术改造项目已进行生产线的试生产阶段。开封空分设备厂引进的透平机设计及制造技术软件已投入使用。

〔撰稿人：中国通用机械气体分离设备行业协会 陈允恺、赵小莹 审稿人：机械工业部科学技术委员会 朱燧炎〕

〔责任编辑：白 萍〕

真空获得及应用设备

〔机械工业部〕

生产发展情况 1995年，真空获得及应用设备行业协会共有会员74个，其中科研单位9个，大专院校2个，企业63个。从整体来看，我国真空技术和真空工业水平，在国际上可排到10名以内，与真空技术发展的先进国家约有10年～15年差距。

1995年是落实“八五”规划最后的一年。全行业认真贯彻了《全民所有制转机条例》，积极开展了“转机制、抓管理、练内功、增效益”等活动，使经营机制和管理水平逐渐适应了社会主义市场经济的发展，科研开发能力和水平基本上满足了国民经济各部门的需要，产品结构和工艺水平也有了长足的改善和提高，也为本行业进一步深化改革，持续稳定发展和更好地实现“九五”规划奠定了良好的基础。

据初步统计，真空行业职工人数从1994年的23 980人增加到1995年25 987人，增长了8.4%；固定资产净值从1994年的1.59亿元递增到1995年的1.97亿元，增长了23.9%；主要生产设备从1994年的75 600台递增到1995年的95 800台，增长了26.7%；工业总产值从1994年的8.2亿元递增到1995年的9.8亿元，增长了19.5%；实现利税总额从1994年的1.63亿元递增到1995年的1.83亿元，增长了12.3%；全员劳动生产率从1994年的32 000元/人递增到1995年的35 000元/人，增长了9.4%。

市场及销售 1995年真空产品国内市场销售情况比往年有所好转，其销售收入略高于往年。销售收入从1994年的8.50亿元递增到1995年的9.13亿元，增长了7.4%。主要原因是随着科技发展和真空技术水平的提高，国民经济各部门应用真空技术，采用真空设备越来越多，如电子、制药、微电子、热处理等行业，使各种真空泵和真空应用成套设备供应量增多；其次是行业内各单位加强了产品结构调整，改善了产品质量和售后服务工作，提高了产品在市场上的竞争能力，使产品进口量减少，相对地增加了国产设备的供应量。1995年国际市场对真空产品需求量与往年差不多，我国真空产品出口量虽有所增长，但增幅不大，其增长部分主要是佛山水泵厂出口大而引起的。其他企业基本上维持在上年的水平。我国现在只能靠低价格出口一些初级产品，如泵类和小型镀膜机等。国际上真空产品销售量还是由德国、瑞士、日本、英国、法国和美国等国家控制。我国真空产品在国际市场上尚未能打开局面。按国内销售收入和出口量排列，1995年前十名的企业是浙江真空设备厂、广东真空设备厂股份有限公司、上海真空泵厂、淄博真空设备厂、兰州真空设备厂、北京仪器厂、抚顺真空设备厂、上海阀门二厂、佛山水泵厂、成都南光实业有限公司。

产品分类及产量 真空获得设备：(1)机械泵：往复真空泵、滑阀真空泵、旋片式真空泵、罗茨真空泵、干式泵、分子泵和液环泵；(2)蒸汽流泵：液体喷射泵、气体喷射泵、蒸汽喷射泵、扩散泵、油增压泵；(3)捕集真空泵：钛升华泵、钛离子泵、分子筛吸附泵、低温泵。

真空应用设备：(1)真空镀膜机：蒸发镀膜机、磁控镀膜机、离子镀膜机；(2)真空冶炼炉：真空感应炉、真空电子束炉、真空电弧炉、真空凝壳炉、真空单晶炉；(3)真空热处理炉：真空电阻炉、真空退火炉、真空淬火炉、真空钎焊炉、真空离子氮化炉等；(4)真空应用设备：真空冷冻升华干燥设备、真空气相干燥设备、真空浸渍设备、真空环氧树脂浇注设备、真空分子束外延设备、真空包装机、真空吸盘、宇宙模拟设备等。

新产品 各会员单位1995年共研制新产品18项。

上海阀门二厂和合肥工业大学共同开发研制的新产品H-150A型滑阀真空泵，于1995年通过上海市机电局鉴定。经上海市通用机械产品质量监督站进行了全性能测试证明，该泵比老产品有明显改善，具有抽气速率高、体积小、重量轻、动平衡好、噪声低、极限压强高等特点，并可很快地改造成为立式泵。该泵的研制成功，使我国滑阀泵综合性能有了较大提高，接近国际上90年代水平，现已批量生产。

上海曙光机械制造厂研制成功的 ZZB－1000B、ZZB－1000D 高真空卷绕镀膜机，于 1995 年 7 月 29 日通过上海市机电局鉴定，经上海市通用机械产品质量监督站测试证明各项技术指标均达到 GB11164—89 国标和计划任务书要求。该系列产品标准化、通用化程度高，做到上下真空系统、镀膜工作室、卷绕系统、传动系统、送丝器及蒸发电极都实现了模块设计，便于今后开发派生品种、便于组织规模生产、缩短制造周期，降低成本。该机性能也有较大提高，卷绕速度由原来 80m/min 提高到 1 000m/min，所用的调压器均改为可控硅调压，控制方便，使用可靠。

抚顺真空设备厂研制的 ZJP－150、ZJP－1200 型罗茨真空泵，2SK－6P 型水环大气真空泵和 2SK－1.5 型双级水环真空泵等 4 种新产品于 1995 年通过辽宁省机械厅鉴定。

真空获得及应用设备行业协会 1995 年部分会员单位新产品完成情况见下表。

1995 年真空获得及应用设备行业协会部分单位新产品完成情况

企业名称	产品名称、型号	型号及主要技术参数	投产数量（台）	鉴定单位	技术水平			使用单位或配套单位意见
					国内领先	国际 80 年代末	国际 90 年代初	
上海真空泵厂	炼镁真空机组	JZTBH－600、150	407		✓	✓		良好
	气体循环冷却真空机组	ZJTLS－1200	1		✓	✓		良好
	罗茨真空泵	ZJP－2500	5		✓	✓		良好
广东真空设备厂股份有限公司	凝胶溶胶镀膜机	NTM－2000	19		✓		✓	满意
	中温烘烤炉	ZL－2000	1		✓	✓		满意
抚顺真空设备厂	罗茨真空泵	ZJP－150、ZJP－1200	20	辽宁省机械厅	✓	✓		满意
	水环大气真空泵	ZSK－6P	4	辽宁省机械厅	✓	✓		满意
	双级水环泵	ZSK－1.5	2	辽宁省机械厅	✓	✓		满意
佛山水泵厂	大气喷射泵	K－340，吸入压力 1kPa	2		✓		✓	满意
南京真空泵厂	旋片泵	2X－8B，抽速 8L/s	300		✓	✓		满意
上海阀门二厂	滑阀真空泵	H－150，抽速 50L/s，极限压力 1Pa		上海市机电局	✓		✓	良好
	罗茨滑阀真空机组	JZJH－600、1200，抽速 600 L/s，极限压力 0.1Pa			✓	✓		良好
淄博真空设备厂	罗茨泵	ZJ－70、ZJ－150、ZJ－300、ZJ－600			✓	✓		良好
贵州黔江机械厂	钛合金真空退火炉	容量 50kg，温度 800℃，极限压力 1.33×10^{-3}Pa	4		✓	✓		良好

管理及改革　为适应社会主义市场经济的发展，真空获得及应用设备行业积极开展了“转机制、抓管理、练内功、增效益”等活动。在转换经营机制，建立现代化企业制度上迈出了可喜的一步，取得了一定的经验。尤其近两年来，进展更快，到 1995 年底，有 4 个企业参加了跨部门集团，有 4 个企业改组成为国家与多个法人出资的股份公司。上海真空泵厂、上海曙光机械制造厂、上海阀门二厂参加了上海通用机械（集团）公司，贵州黔江机械厂隶属于中国贵航集团。成立股份公司的有广东真空设备厂股份有限公司、成都南光实业股份有限公司和承德达优真空工程有限公司。

为加强行业内财务价格工作，适时分析产品成本构成，行业每年召开一次财务价格会议，讨论交流财务价格工作并分期、分批制定出部分真空产品参考价格，以保护行业利益。1995 年在成都召开了财务价格工作委员会会议，对 1994 年的工作进行了总结，提出了 1996 年工作计划。

质量及质量管理　1995 年，全行业继续贯彻“以科技为先导，以质量为主线”的工作方针，依靠管理和科技进步，加强了产品质量工作。协会与国家真空设备质量监督检验中心配合，有计划、有组织地，分期分批对产品质量进行抽查活动。1995年对会员单位第一批申请推荐的真空获得产品进行了全性能的测试。送检的产品有广东真空设备厂股份有限公司的2X-8型旋片泵，上海真空泵厂的2XZ-4B型直联旋片泵、2X-70A型旋片泵和ZJ-150型罗茨泵，浙江真空设备厂的ZJ-150、ZJ-300B、ZJ-600、ZJ-1200A型罗茨真空泵，淄博真空设备厂的2X-4型旋片泵和W-50型往复泵，南京真空泵厂的2XZ-0.5和2XZ-0.5型直联旋片泵。经检测全项指标合格，向广大用户进行了推荐。

1995年4月在大连召开了质量工作交流会议，会议由国家真空设备质量监督检验中心副主任李春影主持，并传达了机械工业部机械科〔1995〕1号文件“关于加强企业质量工作，开创机械工业质量工作新局面的通知”。质检中心检验室主任龙方向与会人员通报了1992年～1994年真空产品抽查的情况。会议期间淄博真空设备厂以题为“加强质量管理、进一步提高产品质量”，黄岩求精真空泵厂以题为“以质量求生存”，温岭真空机械厂以题为“企业与质量管理并存”作了报告。上海真空泵厂、北京仪器厂、沈阳教学仪器厂等代表也分别就本企业的特点作了经验介绍。这为提高产品质量起到了积极作用。目前各企业应抓紧对GB/T19000(ISO9000)标准认证体系的学习和贯彻，为与国际市场接轨做好准备。

1995年5月国家真空设备质量监督检验中心举办了真空获得设备检验员培训班。学员来自全国各地生产真空获得产品的企业。东北大学姚民生教授讲授了旋片泵、扩散泵的原理和结构，质检中心副主任李春影和检验室主任龙方对旋片泵、罗茨泵、蒸汽流泵及阀门等产品性能测试方法做了详细介绍。学员们不仅系统地了解各种泵的原理和结构及检验标准和检验方法，还进行了实际操作。最后有27名学员获得了质检中心颁发的上岗证。

〔撰稿人：真空获得及应用设备行业协会　孙京　审稿人：真空获得及应用设备行业协会　邢军〕

〔责任编辑：白　萍〕

制冷空调设备

〔机械工业部〕

生产发展情况　随着国民经济的不断发展和人民生活水平的不断提高，制冷空调行业也随之不断发展和增长，每年递增速度在20%以上。

据1995年全行业150个企业的统计（包括部分家用空调），工业总产值（1990年不变价）为407.6亿元，比上年增长35.73%；总产值（当年价）373.7亿元，比上年增长27.9%。由于我国的制冷空调市场的大好形势，因而吸引了许多国际上有名的公司来中国投资，给制冷空调行业注入了新的活力，进一步促进了行业的发展。制冷空调产品已不仅是满足各工业部门的需要，更是新崛起的第三产业所必须，并深入到家家户户。据统计，目前空调产品所占比例越来越大，已超过制冷产品，这是生活水平提高的有力证明。

离心式压缩机冷水机组，原用工质CFC-11属禁用物质，我国虽已着手引进了技术加以改造，但发展缓慢。1995年该机组的产量比上年下降了6.7%。离心式冷水机组正在被吸收式所替代，特别是近两年直燃式吸收式制冷机迅速发展，更成为离心式冷水机组强劲的竞争对手。

市场及销售　据全行业150个生产企业的统计，1995年销售产值（当年价）为334.3亿元，比上年增长20.1%；销售收入302.03亿元，比上年增长31.3%；实现利润总额为27亿元，比上年增长35%；实现利税总额40.5亿元，比上年增长23%。总的来说各项指标比上年都有增长，增长幅度也是历年来较好的一年。从产品销售量分析，仍是溴化锂吸收式制冷机市场情况看好。特别是直燃式比上年增长加快。1995年直燃式溴化锂制冷机已占全部吸收式制冷机的32.6%。其中长沙远大空调有限公司的产量占直燃式制冷机全国产量的67.9%，产品无库存。双良集团公司的蒸汽式吸收式制冷机，产量占全国同类产品的38%。大连冰山集团公司1995年的销售收入由1994年的5.2亿元一跃增为10.34亿元，增幅为98.9%，是制冷空调行业增长最快的企业。

1995年机械工业部系统制冷空调生产企业销售收入前十名（不含家用空调和冰箱）见表1。

表1　制冷空调生产企业销售收入前十名企业

序号	企业名称	销售收入（万元）
1	大连冰山集团公司	103 411
2	合众一开利空调设备有限公司	69 500
3	长沙远大空调有限公司	69 000
4	江苏双良集团公司	52 263
5	上海通惠一开利空调设备有限公司	37 556
6	烟台冰轮（集团）有限公司	26 544
7	浙江春晖集团公司	23 874
8	哈尔滨空调工业公司	16 249
9	上海冷气机厂	12 565
10	上海第一冷冻机厂	11 585

产品分类及产量　1995年，我国空调器的年产量已达519.88万台。市场的需求，促使产品结

构的调整，如大型空调设备，过去一直是以容积式压缩机组成的冷水机组为主导。

由于国民经济的持续发展，第三产业的崛起，高级建筑林立，因而中央空调的需求量猛增，其中最具特点的是溴化锂吸收式制冷机的发展，到1995年溴化锂吸收式制冷机几乎占了中央空调机组的半壁江山，产量已达2 500台左右，比上年增长了25%，比1993年增长了66.7%，是“八五”初期的12倍。而同时期容积式冷水机组只增加了16%，比上年下降了27.4%。在技术方面也日新月异，新产品不断，1995年更是直燃式制冷机组大展宏图的一年。目前我国溴化锂吸收式制冷机技术水平已接近世界最高水平的日本。

制冷空调产品种类繁多，1995年主要产品产量如表2所示（不含家用冰箱和空调器，数字准确率90%）。

表2 制冷空调主要产品产量

序号	企 业 名 称	产量（台）
一	中央空调机组类	
1	活塞式冷水机组	2 953
2	螺杆式冷水机组	1 163
3	离心式冷水机组	236
4	溴化锂吸收式制冷机	2 500
二	中央空调配套设备类	
5	风机盘管	480 000
6	新风机组	20 000
7	组合式空调器	5 500
三	单元式空调机关	
8	11.63kW～34.89kW空调机	100 000
9	恒温恒湿机	4 500
四	冷冻冷藏设备类	
10	食品陈列展示柜	10 800
11	食品冷藏柜	15 000
12	组合冷库	2 200
13	冰淇淋、雪糕机	7 500
五	压缩机类	
14	缸径∅50～70活塞式压缩机	36 400
15	缸径∅100～170活塞式压缩机	8 600
16	螺杆式压缩机	692
17	离心式压缩机	236

科研成果及新产品 1995年，我国在保护臭氧层和贯彻修订后的《蒙特利尔议定书》方面又做出了很大成绩，不仅是积极配合联合国保护臭氧层多边基金会对我国CFC替代援助项目积极开展工作，而且在CFC替代物质的研究方面也取得了可喜的进展。如清华大学研制的TH系列混合工质，其THR01（清华1号）按《蒙特利尔议定书》的要求可延续使用到2040年；THR02（清华2号）可作为CFC的最终替代物。后者对臭氧层无任何破坏作用，而且TH系列这两种新型制冷剂，在使用时对原使用的压缩机和制冷系统以及生产线都不需要重大改动，所以特别适合我国现有生产企业大范围推广，是具有我国特色和适合我国国情的CFC替代物。此外，如西安交通大学研制的混合工质也具有一定的优越性，天津大学非共沸混合工质的研制已取得了与CFC-12具有同等耗电量的水平等。在CFC替代物的研制方面，我国已取得了累累硕果。

在以碳氢化合物替代方面，关键问题之一是要有适合于碳氢化合物的制冷压缩机。常熟制冷设备厂在这方面走在全国前列，自行研制了碳氢化合物—丙烷压缩机，并于1995年获得国家专利。碳氢化合物是一种有望最终替代CFC和HCFC的制冷剂，碳氢化合物压缩机目前世界上只有少数国家生产。

为配合溴化锂吸收式制冷机的发展，在专用的高效管方面的研究也取得了可喜的成果。烟台铜材厂与西安交通大学合作研制成花瓣形螺旋纵、直槽管等8种高效管，经在模拟样机试验台上测试，其传热系数都大大高于光管。如发生器采用花瓣形螺旋纵槽管其传热系数比光管高出66.6%，每米长度的花瓣管比光管的重量减轻10%，大大节省材料。在蒸发器、冷凝器、吸收器和换热器上分别采用不同形状的高效管，经测试，其传热系数和材料节约都取得了类同的结果。在实际应用中也取得了十分满意的结果。如对1 163kW（100×10^4kcal/h）蒸汽双效溴化锂吸收式制冷机对比计算，比光管可节省铜管32%，对872kW（75×10^4kcal/h）直燃式溴冷机生产的实例对比较其它类型的高效管还节省材料26%。

这项新技术及新产品的研制开发，给当前迅猛发展的溴化锂吸收式制冷机无疑是锦上添花，将促使我国溴化锂制冷机产品水平更上一层楼。

涡旋式压缩机由于其结构简单，效率高，噪声低，运行可靠等诸多优点，被誉为当代最优秀的压缩机。世界上发达国家美、日等都投入了巨大的人力、物力和财力研究开发，产品80年代末面世，1995年美国产量已达200万台，仍供不应求，是当前单元式空调机首选机型。1995年我国继邯郸制氧机厂之后又有柳州怡风涡旋压缩机厂研究成功汽车空调用涡旋式压缩机。鉴定结果表明各项指标都达到了设计要求。其基本参数：排气量95mL/r，规定转速1800r/min，最高转速6500r/min，工质为R-134a（或R-12），制冷量≥3960W，轴功率≤2000W。

虽然我国对涡旋式压缩机的技术已掌握，但缺乏批量生产的大量资金投入，所以至今还没有形成批量生产的能力。

90年代以来我国空调器的发展是有目共睹的，1995年产量已达519.88万台。但这种以压缩机为心脏的空调器，其发展速度与我国电力的发展很不相称。夏季电力紧张已成为制约空调器使用和发展的一大障碍。西北工业大学开发研制出一种不用压缩机，只用一小水泵和一风扇，耗电仅100W的蒸发式空调器。它是利用水蒸发可降温的原理，将水喷洒在一特制的纸质蒸发器上，利用风扇吹过的风蒸发降温。出风温度可使室温降低8℃左右。现试制成功LKC－15型机，主要参数：输入功率100W，制冷量1500W，注水量7kg，噪声54dB。由于它是靠水蒸发降温，所以特别适用于干燥炎热的地区，一方面可降温，一方面可增湿。

管理及改革 当前是计划经济向社会主义市场经济转轨的时期，要求企业管理必须很快的由生产过程的管理起始于国家计划并终结于国家的计划的管理模式，转到从事生产经营全过程的管理起始于市场并终结于市场的新的管理模式。制冷空调行业不少企业转化很快，取得了主动，他们的产品适应了市场，销售方式适应了市场，因此其经济增长很快。如江苏双良集团公司、长沙远大空调有限公司的溴化锂制冷机，合众－开利空调设备有限公司的冷水机组，大连冰山集团公司的多品种开发等就是如此。这些典型厂的效益和产量都成倍增长。但也有些企业冲不破原有的管理模式，产品结构多年不变，不适应市场需求，竞争乏力，因而亏损且举步艰难。

注重为用户服务是管理工作的出发点和落脚点，市场竞争的优势产生于企业提供的产品服务的质量和水平之中。企业的一切工作都是为了满足用户的要求，提高用户的信任度。这样的企业才能占有市场，如江苏双良集团公司的口号是接到用户维修的要求，本省一天人员到位，外省三天之内赶到，合众—开利空调设备有限公司把每年9月份定为开展用户访问月等，他们对自己的产品都设有跟踪记录卡。

有的国营大型企业不仅在管理改革方面迈出了一大步，而且在企业总体结构方面也突破了一厂一类产品的结构模式，向科技、工业、贸易、金融一体化多功能经济实体发展，如扬子集团公司、大连冰山集团公司等，在企业改革中创出了新的路子。

质量及质量管理 1995年9月机械工业部冷冻设备标准化委员会组织审订了《直燃式溴化锂吸收式制冷机》技术标准。该项标准对目前正处于大发展的直燃式溴化锂制冷机在质量控制方面有了法定的依据。标准的主要内容是参考并采用了当代国际先进标准，为我国直燃式溴化制冷机的发展及与世界水平接轨将起到积极的促进作用。

制冷空调行业各大企业都在争取国际质量管理和质量管理体系的达标认证工作，已有5个企业取得了国际权威机构的认证。还有一些企业正在按ISO9001的标准要求进行内部整顿，“九五”将会有更多的企业取得认证。春兰、扬子集团还取得了“UL”和“CB”的认证。

为了进一步了解学习美国制冷空调协会(ARI)在产品质量监督和认证方面的工作，协会组织了有行业厂参加的赴美考察团，访问期间双方进行了有益的交流，并达成今后加强合作与交流的意向。

为促进制冷空调产品创名牌上水平，协会1995年酝酿了产品推荐活动。第一批9个厂的风机盘管产品、一个厂的风机盘管配套产品，经过严格的审查获得推荐资格。企业和用户对此项活动都表示满意。

对外合作 1995加快了招商引资的步伐，全行业新成立的“三资”企业又有10余个，属机械工业部系统的“三资”企业已超过30个，大连冰山集团公司现有“三资”企业已达十多个。1995年新建“三资”企业的特点是与国际多家有名的大公司合作，投资额数目巨大。如上海一冷一开利空调设备有限公司，一期投资为3 985万美元；双良一特灵溴化锂制冷机有限公司投资总额为5 500万美元；武汉麦克维尔空调制冷设备有限公司投资总额为1 250万美元；烟台顿汉布什工业有限公司投资总额为600万美元等。

〔撰稿人：中国制冷空调工业协会　王家祥
审稿人：中国制冷空调工业协会　宋国强〕

〔责任编辑：白　萍〕

干燥设备

〔机械工业部〕

生产发展情况 1995年，干燥设备行业生产发展上半年较慢，下半年较快，但全年总的发展形势较好。骨干重点及部分主要企业1月～9月份的工业总产值和工业销售产值均比1994年有所下降(分别为1994年同期的72%和78%)，但全年完成工业总产值（不变价）13 408万元，比上年增长19%；销售产值比上年增长24%。

干燥设备行业由干燥设备（含附属装置）生产企业、从事干燥技术与设备研究开发的科研机构及教学单位构成。干燥设备行业协会共有会员单位101个，其中生产企业共90个。其中以干燥设备（含附属装置）为主要产品的专营企业占58%，兼营企业占42%；以生产干燥设备附属装置为主的企业占总数的11%；国有企业占49%，合资企业1个，占1.1%，集体、乡镇、校办企业占近50%。

市场及销售 干燥设备市场从总体来看仍呈现稳定发展趋势。其中已生产多年的一些品种（如振动流化床等）呈下降趋势。骨干重点企业干燥设备产品全年实现销售收入11 613万元，比上年增长12%；销售成本7 684万元，比上年增长23%；全年实现利润总额528万元，仅为上年的51%。振动流化床销售量与1994年相当，比1993年下降

20%以上；粮食干燥机销售量也与1994年相当，比1993年下降50%。我国生产的干燥设备进入国际市场的比例有所增加，有的企业出口产值已达到企业总产值的10%。铁岭精工（集团）股份有限公司设置了专职从事干燥设备产品出口业务的国际工作部，企业产品连续几年销往印度尼西亚等东南亚国家。干燥设备行业产品外销的企业数量也在增加，东南亚等国家和地区的市场已成为我国生产企业的着眼点。

产品分类及产量 干燥设备按工作状态分为间歇与连续两大类，按热交换方式分为传导、对流、辐射和介电4种，主要品种有厢式（盘式）、搅拌、洞（隧）道式、穿流循环、流化床、红外线、微波、高频、带式、滚筒、回转圆筒、喷雾、气流等干燥设备。这些品种类别中除微波干燥还处于研制阶段外，其他大部分已形成生产能力。其中流化床、喷雾、厢式、气流等已较成熟，并能够大批量生产。1995年全行业销售流化床干燥机400余台，仅铁岭精工（集团）股份有限公司就销售近200台，该公司已累计销售近2000台；粮食干燥机，1995年全行业共销售近200台，铁岭精工（集团）销售近50台。

新产品 浙江省龙泉市双益有限公司的6JH系列香菇烘干机和YRMH系列木材烘干机，1995年均获得中国第三届专利技术博览会金奖。6JH系列香菇烘干机经专家鉴定确认性能和技术指标属国内领先水平，至1995年底已累计生产销售2 500台。YRMH系列木材烘干机性能指标已达到国内同类产品领先水平，至1995年底已累计生产销售350台。上述产品1995年创利税150万元，并创造了显著的社会效益。

管理及改革 1995年四川夹江茶叶机械厂完成了股份制改造工作，并投入正常运行。至此干燥设备行业已有3个股份制企业，包括铁岭精工（集团）股份有限公司和沈阳物资开发股份有限公司干燥设备厂。

四川三台烘干设备厂实施了中美合资，重新组建合资企业，命名为中美合资四川双泰车轮有限公司，这是干燥设备行业继铁岭帅英谷物干燥设备有限公司之后的第二个合资企业。

质量及质量管理 1995年10月下旬，干燥设备行业协会在召开华东地区会员会议期间举办了贯彻GB/T19000（ISO9000）质量保证体系认证知识讲座，1995年底铁岭精工（集团）股份有限公司首家获得了验收合格证书。为了加强质量管理和质量监督保证手段，干燥设备行业协会与辽宁省铁岭干燥技术研究所共同承担了关于筹建干燥设备标准化技术委员会工作，1995年10月26日机械工业部以机械科1995（866）号文件正式批复同意成立机械工业部干燥设备标准化技术委员会。

太仓工业搪瓷厂生产的天婷牌真空干燥机1995年被中国质量检验协会列入中华之光名牌产品行列。

技术改造 铁岭精工（集团）股份有限公司的“九五”技术改造（农牧林业产品深加工）项目可行性研究报告已经机械工业部审批通过。该项目正按程序进展，项目计划投资总额2 000万元。项目完成后，在生产达到满负荷的前提下，估算干燥设备销售收入年增产值7 250万元；项目达产后年销售税金为106.57万元，增加销售税金为58.57万元。

〔撰稿人：中国干燥设备行业协会副秘书长 赵 健 审稿人：中国干燥设备行业协会理事长 田振山〕

〔责任编辑：白 萍〕

减变速机

〔机械工业部〕

生产发展情况 1995年减变速机行业协会共有会员单位61个，有职工21 902人。其中企业单位58个，（包括部属骨干、重点企业12个），科研所1个，大专院校2个。1995年全行业完成工业总产值（1990年不变价）139 704万元，工业销售产值137 530万元，分别比上年提高6.5%和3.4%；产品销售收入为121 704万元，实现利税17 976万元，分别比上年增长2.5%和7.9%；出口交货值为10 504万元；固定资产原价为67 825万元；全行业工业总产值、工业销售产值、销售收入、利税总额前十名企业见表1。从总的来看，全行业的生产形势比上年有所好转，但也出现了亏损企业。

市场及销售 据初步调查，全国生产减变速机的企业已发展到160多个。市场竞争很激烈，减变速机行业协会的58个会员企业，1995年共生产各类减速机265 038台，虽比上年下降近10%，但销售率达95.8%，可以看出各企业在限产“压库”、促销售方面取得良好效果。

产品分类及产量 1995年减变速机行业产品及产量见表2。

质量及质量管理 1994年机械工业部摆线减速机检测中心对全国生产摆线减速机的120个企业开展统检工作。共抽查89个企业产品。经过统检，行业协会成员天津减速机总厂的产品是唯一的优等品；有两个协会成员厂的产品不合格，1995年通过复检全部合格。

1995年减变速机行业协会与归口研究所、部检测中心、科技信息网在天津联合举办了摆线减速机4项标准宣贯会，标准为：

JB/T2982—94《摆线针轮减速机》、JB/

T7253—94《摆线针轮减速机 噪声测定方法》、JB/T7254—94《无级变速摆线针轮减速机》、JB/T50020—94《无级变速摆线针轮减速机产品质量分等》（内部使用）。参加宣贯会的有来自全国生产摆线减速机的57个企业60多位代表。

天津减速机总厂已顺利通过ISO9000质量保证体系国际认定，成为全行业首家通过该项标准认证的企业，具备了使产品走向国际市场的通行条件。

表1 1995年减变速机行业主要经济指标前十名企业 （单位：万元）

序号	企业名称	工业总产值（不变价）	工业销售产值（当年价）	销售收入（当年价）	利税总额（当年价）
1	泰兴减速机厂	23 403	18 022	17 948.7	2 637.0
2	国营星光工模具厂	11 758	11 793	10 076.1	686.5
3	泰隆减速机集团公司	10 619	8 856	8 855.6	1 803.6
4	天津减速机总厂	9 400	12 584	13 672.0	1 218.0
5	扬州琼花传动机械总厂	8 910	8 029	6 735.0	347.4
6	常州减速机厂	7 212	8 723	7 962.3	1 114.4
7	江门电机股份有限公司	6 731	9 250	7 523.7	139.4
8	上海减速机械厂	4 520	4 084	5 299.0	115.8
9	武进牛塘特种轴承厂	3 000	1 914.0	1 914.0	114.6
10	平阳减速机总厂	2 641	2 574	2 199.8	155.6

表2 1995年减变速机行业主要产品及产量

序号	产品类别	产量（台）
1	摆线针轮减速机	197 874
2	无级变速器	25 983
3	齿轮减速机	12 721
4	蜗轮减速机	25 754
5	硬齿面减速机	1 533
6	船用齿轮箱	1 020
7	其他减速机	153
8	电动滚筒	5 127
9	其他产品	519 265
	合　计	789 430

管理及改革 减变速机行业协会1995年召开了第三届二次理事会，会议总结了1995年的工作，部署了下一年的工作要点；完成了增补理事单位的工作；进行了企业生产经营、质量管理等方面的经验交流；审批了12个企业的入会申请，使减变速机行业协会由原49个企业，发展到61个。

〔撰稿人：中国减变速机行业协会 李春丽
审稿人：中国减变速机行业协会 蔡福元〕
〔责任编辑：白 萍〕

轴　承

〔机械工业部〕

生产发展情况 1995年全国277个轴承企业共生产轴承产品8.17亿套，比上年增长24.3%，完成工业总产值（不变价，原规定）115.2亿元，工业增加值41.5亿元。1995年轴承市场形势较好，生产运行较稳，但资金紧张和货款拖欠问题仍是企业生产经营中最大的困难，企业间相互易货形式的转帐和抹帐办法已是回收资金的重要手段之一。由于小型球轴承出口增加，使产品库存量与上年相比减少8%，但库存额仍然上升7.9%，高居28.7亿元。累计应收货款比上年增加30%，扣除应付货款，净欠54.9亿元，相当于销售额的44%。在这种困境中，行业企业认清形势，采取加强服务、稳定配套市场，扩大出口、积极开辟国际市场，努力促销、狠抓社会维修市场等措施，并加大力量落实货款回收工作，使生产销售取得了稳步增长。这277个企业1995年生产销售完成情况见表1。

表1 1995年轴承行业生产销售情况

指标名称	实际完成	比上年增长%
轴承产量	8.17亿套	24.3
商品钢球产量	43.36亿粒	61.2
工业总产值（不变价，原规定）	115.2亿元	11.9
工业总产值（不变价，新规定）	113.1亿元	
工业总产值（当年价，原规定）	145.1亿元	17.6
工业总产值（当年价，新规定）	125.6亿元	
工业增加值	41.5亿元	-2.3
销售收入	125.2亿元	22.5
利润总额	3.4亿元	-15.2

行业企业完成销售产值133.6亿元，产品销售率106.4%。销售收入125.2亿元，比上年增长22.5%，应纳增值税7.33亿元，增长43.1%，利

润总额则大幅度下降，只实现 3.41 亿元，减少 15.2%，销售利润率为 2.7%。亏损企业仍占 1/3，经济效益依然没有回升，亏损较严重的企业有兰州、广州、云南、新疆和益阳等轴承厂。行业经济效益指标，工业资金利税率为 5.8%，工业增加值率 33%，工业成本费用利润率 2.7%；流动资产周转率 0.9 次，全员劳动生产率 1.29 万元/人，工业经济效益综合指数为 0.8。1995 年度生产回升较快涨幅较大的企业有朝阳、济南、梁山、黄岩和宝鸡轴承厂、天水轴承仪器厂、湖南和青岛钢球厂。工业增加值超过 5 000 万元的企业有瓦房店轴承有限公司（52 282 万元），哈尔滨轴承股份有限公司（29 939 万元），洛阳轴承（集团）公司（22 231 万元），襄阳汽车轴承集团股份公司（20 790 万元），西北轴承公司（18 044 万元），新昌轴承总厂（9 534万元），无锡轴承厂（6 483 万元），广西轴承厂（6 399 万元），虹山轴承厂（5 984 万元），共 9 个。实现利润较多的企业有哈尔滨轴承厂（9 627 万元），瓦房店轴承厂（7 502 万元），襄阳轴承厂（2 677 万元），西北轴承厂（2 353 万元），绍兴明星集团（1 508 万元），龙溪轴承厂（1 190 万元），洛阳轴承厂（1 089 万元）。除瓦房店、龙溪和绍兴轴承厂利润有增长外，其余 4 个利税大户的效益却有大幅度下降。

市场及销售 1995 年由于出口增加和国内农机市场旺销的拉动，轴承需求量回升较快，加之近两年社会库存量很少，则出现了部分轴承产品旺销的现象。汽车市场曾有一段短暂的繁荣，但全年大部分时间低谷运行，出现不景气状态，其他主机厂也纷纷大量减产，使轴承企业订货总量欠缺，品种差异很大，增加了企业平衡产销的难度。小向心轴承、中型圆锥轴承需求量大，铁路、精密、重大型、特大型轴承市场需求饱和。

国内轴承市场虽然国有企业仍占有较大比重，由于包袱很重，在与其他经济成分同行的竞争中遇到三面夹击，处于不利地位。一是乡镇企业快速发展，其轴承产量的比重由“八五”初期的不足 10%上升到目前的近 25%。二是进口产品的冲击，由原来每年进口轴承 5 000 万美元、不足 1 亿套，近两年增加到近 2 亿美元、2 亿多套。三是合资企业已成立 80 多个，将形成 1.5 亿套～2 亿套轴承的生产能力。从产品品种来看，微型轴承、通用小型球轴承和滚针轴承的国内市场受到乡镇及合资企业的冲击，部分中、高档轴承和汽车轴承受进口冲击。

据海关统计，1995 年全国轴承出口 5.71 亿套，比上年增长 76.1%；创汇 3.45 亿美元，比上年增长 60.5%；连续三年大幅度增长。同期进口轴承 2.02 亿套，比上年减少 2%；用汇 1.74 亿美元，比上年增长 47%。进出口产品构成见表 2。

从表 2 看出，行业以普通中小球轴承为主的出口格局没有改变，高附加值产品所占比重不大。进口情况则相反，圆锥滚子轴承进口单价 4.4 美元，平均出口单价 0.82 美元，只有进口价格的 1/5。出口的地区除亚欧美传统市场出口数量稳步扩大外，开拓非洲和南美市场有显著进展。出口亚洲地区 23 504 万套，创汇 13 895 万美元，大约占出口总量的 40%；出口欧洲 16 887 万套，创汇 9 603 万美元，大约占 30%；出口北美洲 14 761 万套，创汇 9 234 万美元，大约占 26%；出口非洲 508 万套，创汇 562 万美元；出口南美 997 万套，创汇 1 093万美元；出口澳洲 282 万套，创汇 236 万美元。出口量较大的地区和国家有美国（12 967 万套、8 564 万美元），香港（10 401 万套、5 206 万美元），意大利（8 868 万套、3 674 万美元），德国（4 202 万套、2 818 万美元），日本（3 290 万套、2 080万美元），台湾（3 020 万套、1 091 万美元），韩国（2 155 万套、1 126 万美元）。超千万美元的出口地区和国家，由上年的 3 个增加到 8 个，创汇收入达 2.55 亿美元，占总额 73.9%。主要进口货源仍是日本、台湾、德国、香港、瑞典、俄罗斯和美国等 9 个地区和国家，占进口总量的 94%。

表 2 1995 年全国轴承进出口情况

序号	产品类型	出口量（万套）	创汇额（万美元）	进口量（万套）
	合计	57 079	34 507	20 248
1	球轴承	52 683	27 086	12 282
2	圆锥滚子轴承	1 279	1 048	56
3	圆柱滚子轴承	252	61	2 387
4	滚针轴承	1 200	832	266
5	带座轴承	576	1 434	110
6	其他轴承	1 090	884	5 145
7	散件	806	2 315	177
8	滚动体	496	833	—

行业中销售收入前十名的企业为瓦房店轴承有限公司（13.30 亿元），洛阳轴承（集团）公司（9.95 亿元），哈尔滨轴承公司（8.87 亿元），襄阳汽车轴承集团公司（4.93 亿元），西北轴承集团（4.74 亿元），绍兴明星集团（2.30 亿元），新昌轴承总厂（2.20 亿元），无锡轴承厂（1.73 亿元），长治轴承厂（1.35 亿元），上海联合滚动轴承公司（1.28 亿元）。

为建立生产企业与物资流通企业的新型产销机制，瓦房店轴承集团在全国同行中率先实行销售总代理制，目前已与 23 个大型机电公司签订了合作协议，这样使企业的用户既分散又集中，有利于更广泛迅速地了解掌握市场需求，做好售前售后服务工作。

科研成果 1995 年轴承行业有 11 项科技成果获机械工业部科技进步奖；其中机械工业部第十设计院与中山市轴承厂完成的精密轴承钢球生产线为一等奖，洛阳轴承研究所 JK－72 全自动轴承套圈精密扩孔机和瓦房店轴承厂日野变速箱轴承国产化应用研究为二等奖，机械工业部第十设计院 WKX0911 微机控制轴承径向游隙自动分选仪等 8

项成果为三等奖。

1995年是行业科研任务较重的一年，洛阳轴承研究所共安排科研课题79项，科技工作项目61项，技术标准22项。完成课题鉴定29项，标准报批9项，其中国家重点科技项目数控机床及加工中心用主轴单元设计制造技术、轴承套圈毛坯精密碾扩系统工艺研究及样板生产线建立等项目的研究成果，达到了国际先进水平，并已开始产生经济效益。国家“八五”重点技术开发项目机床主轴轴承已完成，等待鉴定，其余课题如铁路客车轴承和航空发动机主轴轴承已完成大部分工作。在当年完成的课题中，已在行业推广应用、社会经济效益明显的有21项，推广应用率达72%。

1995年洛阳轴承（集团）公司加大科技攻关力度，重点进行锻件留量与公差、进口设备数控系统国产化、小圆锥滚子轴承套圈滚道和滚子凸度加工工艺的研究。

新产品 瓦房店轴承集团为上海桑塔纳轿车配套生产的前轮毂轴承获得主机厂质量认证证书，签定了1996年16.5万套产品供货合同，成为国内唯一为桑塔纳轿车提供这种产品的厂家。同时瓦房店轴承集团公司还研制出夏利轿车轮毂轴承。1995年轴承行业试制及鉴定的新产品还有：长治轴承厂研制的E32426QTU铁路轴承、NUP308等8种引进菲亚特拖拉机配套轴承和192309等7种汽车轴承，襄阳汽车轴承集团公司研制的电梯设备用交叉滚轮轴承，兴城轴承厂试制的22328CC新结构大型调心滚子轴承等新产品。

研制成功和鉴定的轴承专用设备和仪器有：海红轴承厂消化吸收试制的Q2015轻型抛丸机，工件毛刺清理达100%，无变形，同时工件表面产生均匀硬化层；洛阳轴承研究所研制的大型角接触球轴承凸出量测量仪，测量范围内径30mm～130mm，外径90mm～240mm，精度达0.001mm，重复性好；瓦房店轴承有限公司研制出直径800mm以上特大型保持架等分盘；虹山轴承厂完成的12种类型大功率电主轴的攻关和改装。

山东烟台轴承仪器厂承担的机械工业部基金重大项目小型球轴承装配线通过了部级鉴定，该线包括提升、内外沟径在线检测、分选合套、装球、清洗真空干燥注脂压盖、涂油防锈包装等15种主机，根据我国沟径散差较宽的特点，允许钢球在±10μm范围内按组差4μm～5μm任选5组，比引进设备放宽了4倍，解决了多年推广遇到的难题，并选用了若干新技术，全线设备既可联线也可单机使用，具有广泛的适用性，是近十年来行业开发研制的若干条小型球轴承装配线中最成功的。

管理及改革 机械工业部机械基础装备司1995年制定了“九五”轴承工业发展规划、科技规划和扩大出口规划等。中国轴承工业协会几年来统计信息工作成绩显著，企业受益很多，为更好地为企业和行业服务，协会同意将统计信息组更名为中国轴承工业协会规划设计委员会统计信息中心。协会还进行了一项重要举措，即积极与江苏国际机电城共同筹建轴承市场，为企业开拓国内外市场提供广泛的交易场所。

1995年洛阳轴承（集团）公司、上海轴承公司、襄阳汽车轴承集团公司、成都轴承集团4个大型骨干企业进入各自省市建立现代企业制度试点之列。全国百家现代企业制度试点之一的瓦房店轴承厂，试点方案7月通过论证及鉴定，进入全面实施阶段。10月份正式挂牌成立瓦房店轴承集团有限责任公司和瓦房店轴承有限责任公司，以瓦轴集团公司为核心企业，联合38个企事业单位和院校组成瓦轴集团。西北轴承厂7月也挂牌成立西北轴承集团有限责任公司，集团公司已由6个子公司组成，加快了“三改一加强”步伐。哈尔滨轴承集团公司新成立的哈尔滨轴承股份有限公司，是在哈尔滨轴承总厂分立的形式下组建的，即原哈轴以近1/4的资产入股，余下的固定资产以租赁方式租给股份公司使用。集团公司对外承担原哈轴与地方政府签定的经济责任，对内代表国家对入股和未入股的国有资产进行管理，理顺了产权关系，使资产得以优化配置。以常山轴承厂为“龙头”成立了浙江常山轴承集团，九江轴承厂与江西省轴承公司组成联合体，牡丹江和佳木斯轴承厂等13个企业组成黑龙江省轴承工业有限责任公司，以充分发挥企业群体优势，共同谋求更大的规模。

经第三届中国机械行业企业管理创新成果审定工作揭晓，行业有3个企业获奖。温州轴承厂的“全面提高企业素质，实施质量兴厂战略”获重大创新成果奖，洛阳轴承（集团）公司的“发挥集团优势，实现规模效益”和瓦房店轴承厂的“原材料投放效用的优化”获创新成果奖。

质量及质量管理 1995年行业约有90%的企业开展贯彻GB/T19000标准，有半数企业已编制或正在编制质量手册。1995年又有上海浦江轴承厂、上海振华轴承厂、合肥轴承厂、龙溪轴承厂、杰汉森轴承有限公司及浙江新春轴承有限公司正式通过国际或国内质量体系认证机构的认证，取得了GB/T19002（ISO9002）的质量体系认证证书，加上已有的烟台西蒙西轴承有限公司、上海钢球厂，年底行业共有8个企业通过认证。中国轴承协会在10月份组织召开行业国家GB/T19000（ISO9000）系列标准经验交流座谈会，又一次促进了行业贯彻标准工作。

1995年行业质量协作网组织的一次产品质量检验，平均精度储备率高达96.25%，比1986年提高了22个百分点，深沟球轴承的振动合格率达98%，其中高一级振动组别的比率为83%。温州轴承厂、无锡华洋滚动轴承有限公司、淄博轴承厂、阳春轴承厂、株洲轴承厂、杰汉森轴承有限公司、无锡第二轴承厂、沪申轴承厂等企业生产的小型、中小型深沟球轴承振动值已稳定达到Z3组，可代替进口轴承为家电、电机配套。天水海林轴承厂、烟台西蒙西轴承有限公司、烟台轴承厂、洛阳东升轴承有限公司普遍采用带凸度的超精研工艺，生产的圆锥滚子轴承寿命有所提高。

1995年对铁路轴承产品质量进行的国家级质量监督抽查，共抽查15个企业，优等品率为47.06%，一等品率70.59%，合格品率94.12%，质量水平逐年稳步上升，列车切轴事故从每年的6次～7次减少到现在的1次～2次。但是行业的圆锥滚子轴承质量水平却有下降，从1995年圆锥滚子轴承产品质量统检结果来看，抽样合格率仅为57.53%，振动值仅有海林轴承厂的7505E轴承达到考核标准，合格率为1.64%，寿命指标合格率为72.46%，这是多年来各种轴承产品检验中合格率最低的一次，与国外同类产品相比落后近20年，质量出现滑坡，产品振动值和寿命指标存在的问题比较突出，形势十分严峻。

技术改造 1995年轴承行业“八五”期间5类专项技术改造中，基础件专项下达洛阳、贵州、湖南轴承公司和石家庄轴承设备厂共3.42亿元投资，到年底除哈尔滨轴承公司和成都基础件精密设备厂未开项外，其余12项都正在实施或已经完成，其中西北、贵州、湖南、成都轴承公司和天水轴承仪器厂、石家庄轴承设备厂、黄石轴承锻造中心7项已经验收；出口专项已累计安排1.34亿元投资，10个项目年底全部验收；数控“一条龙”专项的哈尔滨轴承公司和镇江轴承厂也按计划完成验收；交通银行专项中，东海轴承集团项目已验收，青岛轴承厂项目因故撤消；上海基础件专项的红星和上海微型轴承厂两个项目基本完成投资。

西北轴承厂“八五”技改和脱险搬迁项目，已完成全厂的搬迁出山向银川市转移任务，迅速形成生产能力，实现了技改目标，发挥良好的投资效益，使企业在新市区形成了一个完善合理的生产和生活格局，职工生活和精神面貌发生了深刻变化。

对外合作 黄石轴承毛坯锻造中心“八五”建设项目，是机械工业部按照产品结构调整战略通过招标方式选定的，总投资6 550万元，于1995年10月份竣工。主要引进日本高速镦锻机、德国冷碾扩机、比利时中频感应加热炉等先进设备，加工锻件最大外径350mm，最大重量12kg，年生产能力为精锻轴承毛坯3 160万套总重量1.6万t，以加工大批量中小型球轴承和圆锥滚子轴承套圈为主，成为全国轴承套圈毛坯锻件生产基地。苏州轴承厂引进高精度无心磨床，加工滚针圆度可控制在0.3μm～0.6μm，磨削速度可达22m/min～26m/min，为质量上等级创造条件。南安轴承厂引进一批滚道精研机、中频感应加热炉和成品清洗机，重庆钢球厂引进德国高速冷镦机、捷克光电外观机、英国钢球检查圆度仪和轮廓仪等先进设备，装备水平有较大提高。

轴承行业的合资企业建设1995年取得了较快进展。上海轴承公司与瑞典SKF轴承集团合资的斯凯孚汽车轴承有限公司，现已形成300万套的年装配能力，顺利投产。昆山恩斯克虹山轴承有限公司是由日本精工公司（NSK）以75%、日本日绵贸易公司15%和中国虹山轴承总公司10%的比例注册1200万美元合资成立的行业最大的中外合资企业，年底开始动工，月产300万套低噪声小型精密轴承的一期工程将于1996年10月建成。

〔撰稿人：机械工业部第十设计研究院　姚信　审稿人：机械工业部机械基础装备司　孙振滨　王　起〕

〔责任编辑：白　萍〕

阀　门

〔机械工业部〕

生产发展情况 1995年中国通用机械阀门行业协会拥有会员单位159个，其中，阀门制造厂143个，研究所10个，经营性公司6个；职工总数105 675人，其中工程技术人员7 400人，占职工总数7%。1995年，全行业完成工业总产值（1990年不变价）343 048万元；1995年生产阀门182 800t，其中，高中压阀门71 290t，低压阀门111 510t。目前能生产的阀门品种1 994个，规格12 213个。

1995年据对协会104个企业进行的统计，完成工业总产值（1990年不变价）266 547万元，比上年增长12.8%。完成当年价工业总产值303 452万元，比上年增长13.1%。完成当年价销售产值300 379万元，比上年增长18.1%，其中出口交货值完成47 394万元，比上年增长47.2%。销售收入完成258 114万元，比上年增长18.9%。利税总额实现21 200万元，比上年增长13.5%，其中利润总额实现3 015万元，比上年增长31.2%。阀门行业骨干重点企业的主要经济指标完成情况见表1。

1995年行业生产发展呈上升趋势。经济效益由于个别企业增长较猛，使行业的整体效益增长。例如，天津塘沽瓦特斯阀门有限公司，1995年比上年增加利润1 528万元，促使行业的利润总额比上年增加908万元。

1995年阀门行业经济效益综合指数前十五名中，骨干重点企业只占1名（见表2）。在前十五名企业中，华东地区企业占8名，占总数的53.3%；华北地区企业占3名，占总数的20%；中南地区企业占3名，占总数20%；西南地区企业占1名，占总数的6.7%；东北和西北地区为零。

表 1　1995 年阀门行业骨干重点及部分主要企业主要经济指标完成情况（单位：万元）

企业名称	工业总产值（当年价）		工业销售产值（当年价）			销售收入		利润总额	
	全年完成	为上年%	全年完成	其中：出口	为上年%	全年完成	为上年%	全年完成	为上年%
合计	124 474	116	125 969	32 632	121	116 408	125	2 599	409
沈阳高中压阀门厂	5 916	73	7 394	65	106	7 286	113	3	18
开封高压阀门厂	8 319	105	7 986	824	101	6 006	99	120	119
上海阀门厂	4 870	117	5 018	521	121	4 273	146	0	持平
上海良工阀门厂	9 607	175	10 006	1 059	156	8 552	155	7	
自贡高压阀门股份公司	7 710	120	7 668	804	99	7 112	102	61	20
铁岭阀门厂	12 723	97	11 686	788	107	10 473	101	243	211
北京市阀门总厂	1 415	129	1 415		101	1 290	92	262	3 743
天津市阀门公司	3 467	113	3 307		109	3 013	116	118	182
大连高压阀门厂	5 486	230	5 322	1 980	227	4 965	166	3	
兰州高压阀门厂	4 713	106	4 737	23	103	4 007	114	2	4
苏州高中压阀门厂	5 186	116	5 317	122	131	4 355	123	51	82
武汉阀门厂	1 721	93	1 513	46	88	1 042	71	－428	
青岛高中压阀门厂	2 238	92	2 642	1 018	119	2 471	131	0	
瓦房店阀门厂	1 185	60	1 236	131	77	1 539	90	－444	135
山东益都阀门股份有限公司	5 596	130	5 285	2 264	128	4 333	137	106	366
石家庄市阀门一厂	3 191	73	3 007		67	2 633	60	21	124
天津塘沽瓦特斯阀门有限公司	17 869	164	17 493	11 244	159	15 384	175	2 075	379
苏州阀门厂	14 551	131	15 825	11 743	159	19 797	167	383	184
三明高中压阀门厂	8 711	88	9 112		101	7 973	103	16	53

表 2　1995 年阀门行业经济效益综合指数前十五名企业

位次	企业名称	工业经济效益综合指数（%）	工业产品销售率（%）	工业资金利税率（%）	工业增加值率（%）	工业成本费用利润率（%）	工业全员劳动生产率（元/人）	流动资产周转率（次）
1	天津市北方阀门控制设备公司	328.2	92.1	40.2	38.4	20.5	67 556	1.28
2	石家庄阀门三厂	247.2	99.5	20.4	57.2	29.2	37 152	1.16
3	上海 NJ 阀门有限公司	241.0	99.6	18.3	35.6	13.4	76 656	1.11
4	天津塘沽瓦特斯阀门有限公司	222.8	97.9	13.8	37.9	14.9	69 391	1.25
5	中国人民解放军第五七一九工厂	205.4	91.1	21.8	48.3	7.2	42 206	1.56
6	启东阀门厂	184.1	81.8	23.0	17.9	11.7	18 803	1.70
7	宁波万安股份有限公司	181.4	100.0	10.6	34.4	7.7	58 698	1.38
8	武汉市亚美蝶阀厂	159.2	91.5	9.4	45.1	5.2	46 811	1.45
9	广东明珠球阀集团股份有限公司	148.5	95.7	8.7	15.0	32.9	7 839	0.25
10	安徽省和县阀门总厂	134.4	97.3	7.4	24.5	16.2	19 868	1.07
11	江苏金甘露集团锡山市阀门厂	128.0	77.3	13.4	21.5	11.7	11 667	0.96
12	大丰县阀门厂	126.7	99.3	10.8	11.5	1.4	12 391	2.77
13	上海阀门五厂	125.5	99.0	9.4	27.9	3.9	29 874	1.16
14	长沙市阀门厂	121.1	90.0	11.7	33.7	0	20.341	1.65
15	上海气体阀门总厂	118.7	98.0	11.9	16.6	7.6	10 202	1.33

市场及销售　1995 年阀门行业 104 个企业的工业产品销售率为 99%，比上年增加 4.2 个百分点。销售产值比上年增长 18.1%，其中出口交货值比上年增长 47.2%。从中可以看出，阀门行业在 1995 年开拓国内、外两个市场中取得了可喜的成绩，尤其在开拓国外市场上取得了长足的进步，其中有 9 个企业出口创汇超过百万美元（见表 3），在这 9 个企业中，苏州阀门厂和天津塘沽瓦特斯阀门有限公司出口创汇超过了千万美元。

管理及改革　中国通用机械阀门行业协会为了贯彻“转机制、抓管理、练内功、增效益”十二字方针，于 1995 年 2 月在上海市召开阀门行业骨干重点企业厂长（经理）研讨会，会上介绍了上海良工阀门厂改变分厂制，引进新机制，建立了生产指挥、销售中心和激励机制，一举改变了该厂面貌，并在1995年中达到了销售产值超亿元，销售收入8 552万元的好成绩。苏州阀门厂采取“以内养外，以外促内”；开发一个市场，保护一个市场；瞄准美国等一流市场逐步渗透等策略，使1995年销售收入近2亿元，出口创汇实现1 904万美元。上海NJ阀门有限公司强化内部管理，优化生产现场，狠抓CAD计算机技术，使该厂1995年经济效益综合指数名列行业第三名，全员劳动生产率（按增加值计算）达到76 656元/人，荣登行业榜首。通过这次会议推动了行业企业改革，指出国有大中型企业走出困境自我发展的新路子。

表3　1995年阀门行业出口创汇超百万美元企业

名次	企业名称	出口总金额（万美元）
1	苏州阀门厂	1 980.0
2	天津塘沽瓦特斯阀门有限公司	1 327.0
3	上海良工开维喜阀门有限公司	314.0
4	山东益都阀门股份有限公司	302.0
5	大丰县阀门厂	269.4
6	大连高压阀门厂	239.0
7	安徽省和县阀门总厂	216.2
8	上海NJ阀门有限公司	200.0
9	上海良工阀门厂	158.3

阀门协会为了进一步推动质量认证工作，与挪威船级社（DNV）驻天津工业服务有限公司联合，于1995年5月在开封市举办ISO9000系列标准认证预审员培训班，学习了DNV公司认证程序，经考试合格由DNV公司发资格证书，共有30个单位45人获证，从而推动全行业的认证工作。1995年获得ISO9000系列标准认证的单位有：青岛高中压阀门厂、铁岭阀门厂、成都阀门厂、广东明珠球阀集团股份有限公司、大连高压阀门厂5个企业，截止到1995年底阀门行业共有15个企业获得ISO9000系列标准认证。1995年获得美国石油学会API认证的单位有沈阳高中压阀门厂和兰州高压阀门厂，截止到1995年底阀门行业共有10个企业获得API认证。

〔撰稿人：中国通用机械阀门行业协会　康家桥　审稿人：中国通用机械阀门行业协会　白流金〕

〔中国核工业总公司〕

生产发展情况　经过“转民”十多年及社会主义市场经济运行模式的不断完善，中国核工业总公司阀门生产厂（国营五二六厂、国营五二三厂）紧紧围绕国内、国外两个市场，强化生产体系，发挥规模经济效益和产品技术含量高的优势，先后为军工、核电及石油化工等多种行业研制生产了近万个规格品种、几十万台阀门。1995年，中国核工业总公司阀门产量近7万台；工业总产值近1.55亿元，比上年增长129%；工业增加值为5 266万元；利润总额达383万元。

苏州阀门厂（国营五二六厂）立足区域经济，发展阀门生产制造协作网络，成立了江苏阀门集团。同时，大力开发新产品，形成了阀种规格的系列化、组合化、标准化，多种不锈钢阀门远销20多个国家和地区，成为阀门出口基地。1995年，苏州阀门厂连续多年年出口创汇突破1 900万美元，销售收入1.97亿元，利润400万元，综合效益指数在中国核工业总公司排列第二。同时，苏州阀门厂为我国第一座秦山核电站提供了近万台安全可靠的优质核级阀门，有截止阀、节流阀、隔膜阀、闸阀、仪表阀、真空阀、球阀等近10个品种。

市场及销售　1995年，中国核工业总公司阀门生产企业，进一步强化市场经济观念，健全并完善从市场调研、产品设计、售后服务到信息反馈全过程的营销体系，充分利用国内外注册及已形成的市场信誉，发挥SUFA商标的名牌效应，积极拓展国内外两个市场。

在国内市场方面，主动研究国家市场经济政策，在石油化工工业发达的省区，建立了全国范围的销售网络，抓大客户，访设计院，跟踪国家重大项目。1995年，共完成产品销售收入19 797万元。

在外贸经营方面，已在国外两个地区建立了销售网点，在阿联酋成立了迪拜苏阀有限公司，并积极在欧洲、东南亚、澳大利亚等地区和国家拓宽市场，加强营销网点的筹建。1995年，共出口工业阀门5.6万台，创汇1 980万美元。

从国内、外两个市场分析，阀门行业竞争是激烈的，两个市场容量都很大，尤其是国外市场，几个大牌公司如Sheel、埃克松等拥有强大的市场占有量。因此通过这些公司的认证，成为其合格供方，将会大幅度扩大市场销售。但出口阀门要求规格高、质量高、价格低、交货期短，因此，苏州阀门厂加速技术改造与技术进步，积极引进吸收国外先进技术与现代化生产管理，加强内部运作机制的改革和优化，大大提高了生产效率和产品质量。

新产品　“八五”期间，苏州阀门厂承担了气动直通式隔膜阀、核二级碳钢消防系统电动平行双闸板闸阀等4种核级阀门的科研任务，并于1995年通过了核工业总公司及国家核电力组织的验收，为核电事业的发展作出了贡献。1995年对笼式调节阀进行了鉴定，该产品性能优越，使用方便，抗汽蚀，是工业设备中实现温度、压力、流量、液位等参数自动控制的关键设备。

质量及质量管理　在1995年的质量管理工作中，苏州阀门厂抓住质量是企业的生命这条主线，积极转变质量、效益、市场观念，实施危机管理及名牌战略。在已取得API证和ISO9001、ISO9002认证的基础上，不断完善质量保证体系，落实质量职责及职能分配，强化人员培训及科学管理，使质量管理及质量保证再上台阶。1995年分别获得了中华人民共和国民用核承压设备设计、制造许可证；荣获江苏省质量管理奖和SUFA、H牌阀门名牌产品称号；国家、省检测中心抽查的产品100%合格；分别通过了国家、省、市产品质量监督检查。同时，积极采用国际标准和先进国家标准如API、BS、JIS、DIN、ASTM等，出口产品质量不断提高，分别成为西班牙、科威特、伊朗、埃及等国家石油公司的合格供应商。

技术改造 1995年，中国核工业总公司加强技术改造，加快技术进步，投资4 000万元对外贸石油化工阀门进行技术改造，建立并应用了CAD设计系统，开发了核电阀门应力计算、抗震分析及其应用软件。

对外合作 与美国WATTS公司合资成立了天津塘沽瓦特斯阀门有限公司，生产各类球阀，并引进了4套柔性加工系统，还先后引进了国外先进国家的计算机工作站、450kVX射线探伤仪、24通道光谱分析仪和等离子焊接机；引进吸收了AOD炉及树脂砂生产线，建立了高温高压阀门试验台架、阀门流量测试装置，使企业生产制造能力及质量保证能力得到了进一步提高。

〔撰稿人：中国核工业总公司宝原工贸公司 刘善远 审稿人：中国核工业总公司宝原工贸公司 郭开武〕

〔责任编辑：白 萍〕

液压件及液力件

〔机械工业部〕

生产发展情况 液压件及液力件受到主机市场的制约，全行业努力克服外部经济环境的影响，根据市场的需求来调整自己的增长速度，全行业（按103个企业统计）工业经济效益比上年有所下降，详见表1。

表1 1995年液压（含液力）行业主要经济指标

项 目	完成额（万元）	比上年增长%
工业总产值（不变价）	204 197	2.3
（当年价）	224 282	0.2
销售产值（当年价）	195 700	-7.5
销售收入	182 566	3.9
出口交货值	4 399	-28.2
利税总额	11 752	-34.8
其中：利润总额	-813	-116.5

上海液压气动总公司、天津液压机械集团、北京市液压工业公司、辽宁省液压工业公司、榆次液压机械集团是我国生产液压件、液压系统和液力机械的重要基地，1995年完成工业总产值合计达6.99亿元，占液压、液力行业全行业总产值（不变价）的34.2%。1995年液压、液力件产品产量详见表2。

表2 1995年液压件、液力件产品产量

项 目	单位	完成量	比上年增长%
液压件	万件	276.1	-6.3
液力件	台	29 181	21.2

科研成果及新产品 液压、液力行业获1994年度机械工业部科技进步奖有3项：由中国农业机械化科学研究院液压所、北京重型汽车制造厂完成的K/VTⅡ-10型飞机牵引车获一等奖；由大连液力机械总厂完成的YOTGC875/1500调速型液力偶合器获二等奖；由北京行星减速机厂（北京液压件三厂）完成的GOA90F行星减速机获三等奖。1995年获机械工业部科技进步奖的有4项：榆次液压机械集团公司等单位参加攀钢1350mm板坯连铸机成套设备获特等奖；由机械工业部天津工程机械研究所、济南液压泵厂、青州液压件厂完成的CBZ6型浮动轴式高压齿轮泵系列获二等奖；中国农业机械化科学研究院、镇江液压件总厂完成的TLF型同轴流量放大器获三等奖；机械工业部北京自动化所完成的GB/T786.1—93液压气动图形符号获三等奖。上海液压成套公司成功地开发了新系列的4个品种、9个规格的高压液压阀，其中DG4V-3电磁换向阀通过批量生产及可靠性鉴定，鉴定委员会认为这些产品具一定的先进性，主要性能指标已达到国际同类产品的水平，预计有广阔的市场前景。上海液压泵厂承担的“八五”国家重点企业技术开发项目，新系列斜轴式变量柱塞马达产品（相当于德国A6VM/60系列产品）于1995年10月通过部级鉴定，该产品性能参数先进，变量精度高，填补了国内空白，达到国际80年代末水平，该产品相当于德国同类产品第六系列结构，较目前已有的第四系列结构在变量性能、重量功率、外形尺寸、可靠性等方面均具有先进性，能广泛应用于工程机械等行业，经浦沅工程机械总厂安装在汽车卷扬机上试用，反映良好，符合用户需要。徐州液压件厂与航天工业总公司二〇六所、八〇五所联合研制的两种型号的军用运输装填车，经验收后，已有样车交付使用，该车选用的液压起重机具有结构简单、操纵灵便、运输平稳、安全可靠等优点，全车具有运输、起吊、装填等多种功能，也可用于工程施工和仓储运输。徐州液压件厂研制的QT6交通事故抢救车通过技术审定，并交付定购单位投入使用，该车采用JN3150黄河载重汽车底盘，配备先进的液压起重装置，具有起重和拖动两

种功能，最大起升重量6 000kg，最大拖运重量4 000kg，该产品结构紧凑，操作方便，安全可靠，适用于各种交通事故现场抢救，很有发展前途。长治液压件厂研制的轻型汽车制动用真空泵获得成功，该泵的排量为95cm^3，最高持续转速为3 500r/min，最大轴制真空度≥90kPa，属当代国际先进水平。长治液压件厂与机械工业部天津工程机械研究所共同开发的CBJ25－F08/08/03型三联泵，填补了我国工程机械用20MPa小排量多联齿轮泵的空白。

管理及改革 机械工业部于1995年9月1日～3日在北京召开了液压气动密封行业座谈会，包叙定副部长在会上作了“治理三大顽症提高产品质量，为机械工业振兴服务”的报告，报告指出：从当前生产情况看，基础件产品市场有需求，但国产产品因质量水平低、品种少，不能满足市场需求，而出现市场占有率下降趋势。提出行业的主要问题是质量问题，因此当前液、气、密行业要把工作的重点放到解决“三大顽症”，提高产品质量上来。在座谈会上，部机械基础装备司张志英司长作了题为“狠抓质量，开拓市场，振兴液压气动密封工业”的主报告，强调质量是企业的生命，是提高经济效益的关键；必须转变质量观念，眼睛向内，从我做起。

榆次液压件集团公司提出“坚持三条原则，重点抓好四件大事，落实五项措施”的工作方针，上下一致，依靠改革，真抓实干，在全行业不太景气的情况下全集团1995年累计完成工业总产值1.81亿元，完成销售收入1.86亿元，实现利税535万元，实现利润401万元，工业总产值及销售收入分别比上年增长了5.23%、10.71%，而实现利税和利润却比上年下降66.56%、50.55%。该集团公司列入山西省50个大中型国有企业改革试点单位，一方面根据本单位的实际情况，结合全省四大战役、五个一工程需要，千方百计组织好生产，另一方面集团公司深化改革，着力加大企业体制改革的力度。

邵阳液压件厂被列为湖南省建立现代企业制度试点单位。

天津液压机械（集团）有限公司获机械工业部1995年度中国机械工业优秀企业称号。

北京液压件厂根据力士乐高压阀品种、规格多的特点，应用机械工业部第一设计研究院开发的计算机辅助生产管理软件，在市场营销管理上又上了一个台阶，使该厂现代化管理推向一个新的水平。

质量及质量管理 1995年液压液力行业继续贯彻GB/T19000（ISO9000）标准，进一步建立和完善质量管理体系。

机械工业部于1994年12月14日～17日在南口召开了机械工业质量工作座谈会，对1995年质量工作作了安排。

上海液压气动总公司以质量为中心，贯彻GB/T19000（ISO9000）系列标准，建立和完善质量保证体系，不断提高现场管理水平，充分发挥优化现场管理的综合效能，将现场管理从单项治理走向综合管理，从企业系统中的区域性管理走向实施系统整体优化管理。上海液压成套公司在抓质量管理和实物管理方面突出三个字：“细”，抓产品质量要抓细；“实”，狠抓实物质量，抓实际效果，抓质量计划落实到实处；“严”，对干部、对工人严字当头，严格要求。

北京液压件厂在提高全员质量意识的基础上，采取了成立质量抽查大队，推行持证上岗制度，强化零件的清洗去刺工序，加大投入提高工艺装备水平，防止假冒产品，采用激光标牌机，使用激光防伪标牌等5项质量管理措施，收到明显效果。

在机械工业部召开的液压气动密封行业座谈会上，17个企业联合倡议，向用户发布质量保证承诺，会后机械基础装备司研究了该项倡议的具体实施办法。预计通过这项工作的开展，液压行业中不少企业，特别是骨干重点企业的产品质量将会得到稳步地提高。

榆次液压件厂技术开发中心被国家经贸委确定为国家级技术中心。这是国家经贸委在全国挑选出的100个效益好的大中型企业建立的国家级企业技术中心。

技术改造 液压及液力行业“八五”技术改造计划19个项目，全部开项，计划总投资27 970万元，实际完成28 470万元，其中1995年下达计划（收尾）5个项目，投资4 300万元；1995年技术改造的重点仍然是放在“八五”液压件及密封件补充专项上，共计9个项目，其中液压件项目8个，计划投资60 480万元，1995年下达投资14 790万元；列入“双加”工程有7个项目，计划投资24 674万元，1995年实际开了3个项目，投资5 250万元。补充专项是液压行业历次技改中，集中几个生产重点产品的重点企业，投入强度最大的一次技改。通过补充专项的技改，被改造企业的工艺及工艺装备水平得到了提高，上了一个台阶，如上海液压气动总公司的高压柱塞泵/马达项目，北京市液压工业公司的高压通用液压阀项目的工艺及工艺装备水平在国内属第一流，部分加工关键零件的工艺及工艺装备水平已接近国际先进水平，1995年11月已有五〇一厂和一八三厂通过了国家竣工验收，预计1996年度内可全部竣工验收。“八五”技改的19个项目中，1995年内有济宁液压件厂、清江液压件一厂（淮阴机械总厂）、奉化液压件厂、苏州液压附件厂、保定市液压件厂等5个厂通过了国家竣工验收，预计在1996年内可全部竣工验收。

对外合作 由上海液压气动总公司和美国Sauer－Sundsrand公司合资组建的上海·萨澳液压传动公司的合资签约仪式于1995年3月22日在上海举行，中美双方各占股金50%，共计1 600万美元，设计纲领为年产具有世界先进水平的90系列通轴泵/马达1万台。

由江苏淮阴机械总厂和德国Bosch公司合资组建的江苏·博世液压有限公司的合资签约仪式于

1995年12月14日在江苏淮阴举行，共投资16 000万元，中方占45%，德方占55%，合作生产德F、G系列，中国GBE300、CBE400系列齿轮泵，设计纲领为年产齿轮泵62万台。

由北京市液压工业公司和德国力士乐公司合资组建的力士乐（北京）液压有限公司的合资签约仪式于1995年7月13日在德国波恩举行，总投资20 836.6万元，注册资本11 421.8万元，中方占45%，德方占55%，设计纲领为减速机1万台、散件组装通轴泵3 600台、SM12片多路阀24 600片、M8～M18型整体式多路阀1 500台；于1995年12月20日在北京又举行了增资协议的签字仪式，总投资和注册资本均为24 087.6万元，中方占35%，德方占65%，新增铸件纲领11 000t。

1995年9月4日～8日在北京国际贸易中心举行了第三届中国国际动力传动与控制技术展览会，有来自德、美、意、日、英、德、比、丹麦等国内外210个厂商参展，其中液压行业参展的厂商为93个，观众达3万人次。展览会期间还组织了15次技术交流会。通过参展提供了国际交流和合作的机会，为今后发展国际贸易和合作创造了条件。

国际流体动力高级会议于1995年4月5日在德国汉诺威举行，中国液压气动密封件工业协会理事长张志英女士参加了会议，并作了中国流体传动工业现状及发展的发言；应韩国机械振兴会邀请，中国液压气动密封件工业协会副理事长兼秘书长杨尔庄先生等前往韩国访问；美国卡特彼勒公司技术咨询组一行3人于1995年3月上旬，对徐州液压件厂进行了3个月的总体发展规划咨询工作；应中国液压气动密封件工业协会邀请，1995年日中液压气动技术交流团在团长、日本油空压工业会副会长、丰兴工业株式会社顾问大西都威先生率领下一行12人来华访问，来华期间在北京、沈阳、上海进行了液压气动技术的学术交流。

〔撰稿人：机械工业部第一设计研究院　易新都　审稿人：机械工业部机械基础装备司　陈寿德〕

〔责任编辑：白　萍〕

气动元件

〔机械工业部〕

生产发展情况　气动行业（包括气缸、控制阀、电磁阀、气源处理三大件），共有归口企业19个。1995年19个企业的生产发展情况，详见下表。在国内市场不景气的情况下，气动行业的总产值、销售产值、出口交货值和利润总额都有较大的增长，但利税总额增幅不大。

1995年气动行业主要经济指标

项　　目	完成额（万元）	比上年增长%
工业总产值（不变价）	48 489	48.6
（当年价）	48 797	55.7
销售产值（当年价）	43 916	51.2
销售收入	26 341	11.3
出口交货值	16 410	1 764.8
利税总额	2 667	0.1
其中：利润总额	792	23.8

据中国液压气动密封件工业协会1995年度气动元件行业年报统计，1995年气动行业气动元件产品总产值（按1990年不变价）前五名的企业排序是：肇庆气动元件总厂、济南华能气动元器件公司、上海液压气动总公司气动成套公司、江都市气动元件厂、烟台气动元件厂。这5个企业1995年工业总产值合计为18 546万元，占全行业工业总产值的38.2%。

济南华能气动元器件公司是气动行业唯一的骨干企业，1995年工业总产值5 200万元，比上年增长30.4%；完成利税总额560万元，比上年增长35.59%。1995年该公司为国家几个重点工程，如长江三峡工程、上海宝钢、北京首钢、四川长虹、京九铁路等，配套供应了各种气动元件。该公司由于产品水平的提高，从1994年起其产品已逐步打入国际市场，如美国、东南亚及台湾地区等，1995年出口创汇20万美元。

肇庆气动元件总厂经过“八五”技术改造后，提高了工艺装备水平，扩大了生产能力，经济效益提高也十分明显。现已具备年产30万件各类气动元件的生产能力，1995年实际产量24.5万件，总产值5 403万元，比上年增长8.9%，比技改前的1991年新增产值3 043万元；实现利税895.4万元，比上年增长16.3%，比技改前的1991年增加522.8万元。

科研成果及新产品　列入国家经贸委计划的“八五”重点企业技术开发项目共签订了6个合同，1995年内完成部级鉴定的有3项：上海气动成套公司、无锡气动技术研究所完成的精密空气过滤器及模块式气源处理装置，阜新气动元件厂、无锡气动技术研究所完成的供油同轴截止式电气换向系列开发，无锡市气动集团公司、无锡气动技术研究所、机械工业部济南铸锻机械研究所完成的不供油滑柱式电气换向阀系列开发。

肇庆气动元件厂1995年完成了QHL－500型气动葫芦样机，该产品是消化、吸收国外先进技术而开发出的新产品。它采用气动马达通过行星齿轮减速机驱动链轮使链条升降，从而实现起吊重物的功能。它动作灵敏、安全可靠、有自锁机构防止重物下滑，升降可无级调速等特点，该机拟于1996

年正式鉴定，并推向市场。

华能济南气动元器件公司引进消化的SR系列电控换向阀、高性能BK、AK系列电磁阀已批量生产；自行开发的不供油小型带开关气缸经济南市科委1995年12月鉴定，产品性能达到国际90年代初同类产品水平。肇庆气动元件厂在“八五”期间自行开发了低功率换向阀、小型气缸、磁性无活塞杆气缸、锁紧气缸、大通径轴径轴式截止阀、安全型气源处理三大件等40项无给油润滑型新产品，其中2项通过省级技术鉴定，4项通过市级技术鉴定，并全部投入批量生产，产品性能均达到国际80年代同类产品水平，其中QDB系列电控换向阀和QFLJWB系列气源三联件获肇庆市科技进步二等奖和广东省优秀产品称号，在国内处于领先地位。烟台气动元件厂开发了20种新产品，其中部级计划2种，省级计划9种。其中QGB11型群体气缸、915系列气缸、CWC磁性无杆气缸、ZDG自动往复气缸和SFB系列伺服定位气缸，均达到国外90年代同类产品先进水平，QGB11型群体气缸获得山东省科技进步三等奖。由机械工业部大连组合机床研究所气动元件厂生产的M/20000气动换向阀和M/8000气缸被列为国家科委、国内贸易部等9个部门联合制定的国家级重点新产品试制项目。由机械工业部西安重型机械研究所、江都气动元件附件厂、宝山钢铁公司等单位承担的宝钢1900mm板坯连铸设备气一水雾化冷却喷嘴系列研制获机械工业部科技进步二等奖。由大连组合机床研究所设计攻关，大连组合机床所气动元件厂制造的“八五”国家科技重点项目气动动力模块分专题，经过近5年时间的攻关，于1995年11月通过部级鉴定，该项目达到国外80年代末先进水平，在国内处于领先地位。由机械工业部北京自动化所编制的《GB/T786.1—93液压气动图形符号》和北方工业大学承担的《GB/T14513～93气动元件流量特性的测定》课题，均获机械工业部1995年科技进步三等奖。

管理及改革 气动行业的几个主要企业华能济南气动元器件公司、肇庆气动元件厂、烟台气动元件厂等基本上都实现了仓库、财务、生产、人事档案、工资发放等方面的计算机辅助管理，特别是在产品销售方面采用计算机辅助管理，建立了销售信息和用户档案，有完善的销售网络，随时可以查阅用户情况，对产品的促销起了很大的作用。

上海气动成套公司加大营销工作力度，拟定了10项具体措施，全方位发动广大干部、群众，开发市场，促进销售。

华能济南气动元器件公司获济南市1995年度模范纳税企业。

质量及质量管理 机械工业部于1994年12月14日～17日在北京南口召开了机械工业质量工作座谈会,对1995年质量工作作了安排。气动行业结合机械工业部科技与质量监督司关于加强企业质量工作,开创机械工业质量工作新局面的通知精神,在1995年9月1日～3日机械工业部召开液压气动密封行业座谈会后,又召开了1995年气动行业提高产品质量研讨会,研讨会提出5项措施:(1)认清形势,转变观念,增强提高产品质量的紧迫感,企业要把加强企业质量工作作为全行业工作的重点;(2)强化企业内部管理,严格规章制度,健全工艺纪律;(3)依靠科技进步,加强设备改造,提高产品质量;(4)严格把好配套件质量关;(5)进一步做好缸、阀、三大件的质量监督检查工作。

肇庆气动元件厂通过“八五”技改，增添高精度、高效数控机床，工艺及工艺装备水平得到了提高，又加强了质量管理，使产品质量得到了稳步提高。例如，QFLJWA-L15系列气源三联件，经机械工业部气动元件产品质量监督检测中心进行质量监督考核，17项指标检测结果均为性能良好，得到上级好评；QDC系列电控换向阀的阀体经喷砂后，再进行阳极化处理，改善了产品的外观质量；10Y-1气缸缸筒采用不锈钢材料，前后端盖经喷砂后阳极氧化处理，产品外形美观，可同国外产品相媲美。

烟台气动元件厂结合“八五”技术改造，为车间工人举办了产品标准学习班、数控机床学习班，对工程技术人员进行在职教育，举办数控机床和计算机技术讲座，使工人和技术人员能跟上科学技术的发展。通过技改，工艺与工艺装备水平得到了提高，并新建了洁净装配车间，有效地保证了产品质量的提高。

技术改造 “八五”气动行业列入国家技术改造计划6项，下达总投资6 955万元。济南、肇庆、烟台、无锡、长春等5厂的技改项目，均于1995年先后完成了竣工验收。

对外合作 1995年9月4日～8日在北京国际贸易中心举行了第三届中国国际动力传动与控制技术展览会（′95PTC CHINA），有来自德、美、意、日、英、法、比、丹麦等国内外210个厂商参展，其中气动行业参展的厂家有38个。应中国液压气动密封工业协会邀请，1995年日中液压气动技术交流团在团长、日本油空压工业会副会长、丰兴工业株式会社顾问大西都威先生率领下，一行12人于1995年10月来华访问，在华期间进行了液压气动技术学术交流，气动行业日方交流的题目有：太阳铁工株式会社的“关于液压气动缸的加工精度”，CKD株式会社的“气动比例阀技术及其应用”等。

日本SMC株式会社在北京高新技术开发区建立生产气动元件的独资企业，1994年开始建设，后提出两次增资，1995年12月国家批准注册资本为35亿日元，总资本为55亿日元，要求外销产品比例增加到85%。主要生产五类气缸369万个，气阀、三联件等其他产品72万件。

〔撰稿人：机械工业部第一设计研究院　易新都　审稿人：机械工业部机械基础装备司　陈寿德〕

〔责任编辑：白　萍〕

密 封 件

〔机械工业部〕

生产发展情况 密封行业包括橡塑密封件、机械密封件和柔性石墨密封件，共有归口企业27个。1995年实现工业总产值（1990年不变价）23 647万元，比上年增长17.26%。密封行业的一些重要经济指标比上年有所提高，但利税总额和利润总额则降幅较大，有关经济指标详见下表。

据中国液压气动密封件工业协会密封件行业统计，1995年在密封件行业中，橡塑密封件产品总产值（1990年不变价）前五名的企业是：宁国密封件厂（产值9 205万元、利润2 305万元）、青岛密封工业公司、山东莱州市橡胶制品厂、浙江海门橡胶一厂、自贡市庆华密封件工业公司，这5个企业的工业总产值为18 630万元，为橡塑密封件分行业总产值的66.26%；机械密封件总产值（1990年不变价）前三名的企业是：天津克兰密封有限公司、四川日机密封件有限公司、武进机械件厂，这3个企业的工业总产值为5 190万元，为机械密封件分行业总产值的52.09%；柔性石墨密封件总产值（1990年不变价）前三名的企业是：青岛黑鲤石墨工业公司、滨州柔性石墨密封件厂、慈溪密封材料厂，这3个企业的工业总产值为3 646万元，为柔性石墨密封件分行业总产值的93.46%。

科研成果及新产品 密封行业获1994年度机械工业部科技进步奖有1项：上海水泵厂、合肥通用机械研究所完成的JB/T6373—92《焊接金属波纹管机械密封技术条件》获三等奖。获1995年度机械工业部科技进步奖有3项：合肥通用机械研究所、慈溪密封件材料总厂完成的压力容器法兰用高强度石墨复合垫密封技术研究获二等奖；合肥通用机械研究所完成的大直径搅拌釜机械密封研究和自贡机械用碳制品研究所、东新电碳厂完成的《JB/T6622—93柔性石墨板氯含量测定方法》获三等奖。

天津克兰密封有限公司承担的高速透平压缩机用螺旋槽端面密封及其系统的工业运行项目，于1995年9月在大连石油化工公司工业试验现场通过工业试运行技术鉴定暨验收。高速透平压缩机是大型石化工程的心脏设备，必须经过工业试验运行考验。专家一致认为：八字形螺旋槽端面密封，实现了高转速、微泄漏、微磨损、长寿命，该技术为国际首创；自循环螺旋泵与油气压差控制器相结合的封油系统，简单可靠、安全节能，达到当代国际水平；直筒式吹气密封与音速孔板相结合的封气系统，结构简单、可靠，达到世界领先水平。该密封及系统经1年半的稳定运行，仅节油、节氮、节电三项，就节约运行维护费252万元。

1995年密封行业主要经济指标

项　　目	完成额（万元）	比上年增长%
工业总产值（不变价）	23 647	17.3
（当年价）	23 878	22.2
销售产值（当年价）	21 934	14.4
销售收入	20 492	22.1
出口交货值	1 574	44.1
利税总额	461	－73.4
其中：利润总额	－1 135	－438.8

管理及改革 中国液压气动密封工业协会密封件分会机械密封专业委员会首次会员大会于1995年5月9日～11日在成都召开，会议就下述问题达成了共识：（1）成立机械密封行业质量监督小组；（2）成立机械密封行业标准化小组；（3）加强机械密封行业统计工作；（4）拟编行业内部刊物，向全行业发行，及时报导行业动态及国内外的技术和经济信息。

兴平密封件总公司结合“八五”技术改造，制定了各类设备的管理和安全制度；对工人进行上岗前的培训，经考核合格后才能上岗操作等管理措施。

质量及质量管理 兴平密封件总公司通过“八五”技术改造，采用了真空硫化工艺，又使用了快速硫化胶料，从而提高了各类产品的技术参数，同时也提高了产品的质量和可靠性。例如O型圈，使用温度范围由－40℃～100℃，扩大到－50℃～120℃；使用介质除液压油、机械油外，也适用于齿轮油等；使用压力由≤16MPa，提高到≤32MPa；压缩变形由20%缩小到15%～10%；寿命由冲击50万次～80万次提高到150万次～200万次。又如：SD旋转油封，使用温度范围由－30℃～100℃扩大到－45℃～150℃；使用介质为液压油、机械油，现还扩大了变压器油、乙二醇等；线速度由16m/s提高到18m/s。

技术改造 密封行业“八五”技术改造计划7个项目，计划总投资8 370万元，其中1995年青岛密封工业公司下达投资计划1 360万元，7个项目累计下达投资7 870万元。一个项目经清理结束。铁岭密封件厂、兴平密封件工业总公司和沈阳水泵厂机械密封件分厂的技改项目已竣工验收。“八五”技术改造液压件与密封机件补充专项中，广州橡塑密封件公司，计划总投资5 780万元，1995年计划投资2 080万元，资金按计划全部到位。“双加”工程4个项目中，1995年开了2个项目，即兴平密封件总公司和滨州柔性石墨密封件厂，下达投资计划1 250万元。通过“八五”技术改造，企业的工艺与工艺装备水平均得到了提高，为提高产品质量和可靠性提供了物质保证，对加速密封行业的发展会起到重要作用。广州橡塑密封件公司所承担的项目是“八五”技术改造液压件与密封件补充专项中唯一的密封件项目，该项目是历次密封行业技改中投入强度最大的一个项目。通过本次技改，被改造企业的工艺及工艺装备水平得到了很大的提高，上了一个台阶，在国内属第一流水平，部分已接近国际先进水平，产品也突出了特种、大型、异型和优质高性能的特点，预计1996年可全部竣工验收。

对外合作　中日合资青岛基珀密封工业有限公司于1995年9月16日在青岛正式开业。该公司总投资1 200万美元，注册资本600万美元，投资比例为：青岛密封工业公司占48%，日本基珀株式会社占48%，日本共和资材株式会社占4%。主要服务领域是：汽车、摩托车，生产纲领1.5亿件。

1995年9月4日～8日在北京国际贸易中心举行了第三届中国国际动力传动与控制技术展览会，有来自德、美、意、日、英、法、比、丹麦等国内外210个厂商参展，其中密封行业有20个。展览会期间还组织了技术交流会。

应中国液压气动密封工业协会邀请，1995年日中液压气动技术交流团于1995年10月来华访问，其中三菱电线工业株式会社交流了密封件概要专题，株式会社阪上制作所交流了液压气动用密封件的使用方法专题，NOK株式会社交流了液压密封件的密封机理专题。

〔撰稿人：机械工业部第一设计研究院　易新都　审稿人：机械工业部机械基础装备司　陈寿德〕

〔责任编辑：白　萍〕

粉末冶金制品

〔机械工业部〕

生产发展情况　机械工业部归口的粉末冶金制品行业主要包括粉末冶金轴承、铁基结构零件、铜基结构零件、粉末冶金摩擦片、过滤元件、磁性元件等机械零件的生产企业。1995年据对35个主要企业统计，生产经营情况见下表。

1995年，粉末冶金行业的发展受配套主机发展影响较大，各企业都根据主机行业变化，努力调整产品结构，以适应市场需求。调整较快的、产品档次高的企业，经济效益较好，如宁波东睦粉末冶金有限公司、上海粉末冶金厂、福建龙岩粉末冶金厂等。福建龙岩粉末冶金厂各项经济指标连续几年快速增长，1995年坚持改革、转换机制、狠抓管理，不断调整产品结构，增强企业活力，取得了实现“三个一”目标的好成绩，即产值和销售收入超亿元，出口创汇超千万美元，实现利税超千万元，成为机械行业先进企业，是粉末冶金行业唯一的享有进出口经营权的出口基地企业。

1995年粉末冶金制品行业主要经济指标

项　目	完成额（万元）	比上年增长%
工业总产值（不变价）	67 534	11.2
（当年价）	68 884	24.7
销售产值（当年价）	58 781	7.9
销售收入	51 197	23.8
出口交货值	20 584	36.1
利税总额	3 559	-30.2
其中：利润总额	1 144	63.9

科研成果　由中国机械基础件成套技术公司负责，北京市粉末冶金研究所和北京粉末冶金公司实验厂参加的机械工业部“八五”科技攻关项目粉末冶金大型不锈钢多孔过滤元件技术开发项目和铁基机械零件切削性能的研究项目通过了技术鉴定。鉴定专家一致认为，粉末冶金大型不锈钢多孔过滤元件技术开发项目采用整体成型烧结技术制造的最大尺寸达∅95mm×600mm，该成果可广泛用于石油、化工、食品、医疗、纺织等行业，部分产品为国内首创，性能达到国外同类产品水平，可为国家节省进口产品的外汇，具有显著的经济效益和社会效益。铁基机械零件切削性能的研究项目所研制的MnS－Ca盐易切削复合添加剂，可明显改善Fe－Cu－C烧结钢的切削加工性，主要性能达到日本同类产品水平，具有创新性，填补国内空白，该成果在铁基烧结机械零件的生产中具有良好的应用前景。

由华孚粉末冶金厂承担的摩托车从动齿轮系列产品开发项目被列入国家级星火计划，并由国家给予科技贷款500万元。该项目主要以开发摩托车从动齿轮为主，由只生产齿轮坯改为提供成品，从而带动其他摩托车粉末冶金零件的开发和生产，为国家摩托车工业的发展和摩托车粉末冶金件的国产化作出贡献，该项目全面完成后，可新增产值1 200万元，利税170万元，节汇450万美元。

北京市粉末冶金研究所承担的粉末冶金（机械零件）新材料、新工艺中试基地于10月17日通过了北京市科委组织的验收委员会的验收。该基地拥有主要设备43台（套），具备了生产高性能摩擦材料、减磨材料、高强度结构零件的中试条件，开发了进口汽车用摩擦材料配件和出口摩擦片产品，以及铁基粉末冶金高温轴承和其他特殊技术要求的不锈钢零件等新产品；发展了组合烧结技术、注射成形技术和多孔材料。中试基地的建设和完成对该所科技发展、增创效益和增强后劲，具有重要意义和作用，同时还可更好地为行业服务。

新产品 1995年粉末冶金行业各企业围绕市场需求，开发一批新产品，宁波东睦粉末冶金有限公司、上海粉末冶金厂、北京市粉末冶金总厂等单位为轿车开发粉末冶金件都通过了技术鉴定，并批量供货；扬州粉末冶金厂、四川江津粉末冶金厂、重庆华孚粉末冶金厂等单位为摩托车（引进的几种车型）研制开发的主、从动轮等产品，也都实现了批量生产供货，得到用户的好评。另外，由大连粉末冶金厂研制的耐400℃高温的铁基自润滑轴承，用于轧钢板生产线，原设计寿命为6个月（使用滚动轴承寿命仅为1个月)，经过两年的运行实践表明，其使用寿命在18个月以上，远远超过设计使用寿命，此产品已进入开发应用阶段；由中南工业大学研制开发的高性能粉末冶金钢领，是毛纺机的主要零件之一，其密度为6.2g/cm^3～6.6g/cm^3，毛坯硬度（HB）400MPa～800MPa，成品硬度大于60HRA，含油率大于10%（体积)，通过了鉴定，居国内先进水平，经有关厂家批量试用表明，其耐磨性和使用寿命比现用钢领提高50%，具有较高的经济效益和社会效益。

管理及改革 1995年粉末冶金行业加大行业协会对本行业协调管理力度，以适应社会主义市场经济的发展。中国机械通用零部件工业协会粉末冶金分会于5月24日～26日在上海召开了会员大会，改选出新的第三届理事会，并对今后三年的工作进行了部署和分工，这将有利于发展粉末冶金技术、振兴粉末冶金工业。

中国机械工程学会粉末冶金分会于4月24日～28日在北京召开了扩大会议，选举了新的委员会，部署今后工作，主要要继续加强行业技术交流，配合政府部门搞好行业软科学研究，制定2010年粉末冶金行业科技发展纲要，继续办好《粉末冶金技术》期刊，开展多种形式的技术培训，并加强学会自身建设，为行业发展作贡献。会议期间，还与瑞典赫根纳斯公司、德国道斯特公司及烧结钢公司进行了技术交流。

1995年11月，粉末冶金工业较发达的华东地区，由上海粉末冶金专业委员会牵头在无锡召开了1995年华东地区粉末冶金技术交流会，会上交流了新产品开发、技术改造、引进消化及如何跟踪市场等方面的经验。同时，对粉末的测试、压制及烧结设备的改进、模具设计等方面进行了研究与探讨。

经江门市政府股份制办公室批准，江门市粉末冶金厂根据《公司法》改建为江门市粉末冶金有限责任公司，改制后的公司必将为发展粉末冶金事业作出贡献。湖南省成立粉末冶金有限责任公司，主要从事粉末冶金材料和制品的开发、生产、销售，新材料、新产品、新工艺、新技术的引进与推广，设计、制造粉末冶金专用工装与设备，经销金属制品、普通机械及材料。

质量及质量管理 1995年，进行可靠性考核的首批产品是武汉粉末冶金厂生产的金属基镶嵌型固体自润滑轴承和韶关粉末冶金厂生产的粉末冶金热锻浮动油封密封环，两项产品均通过国家粉末冶金制品质量监督检测中心对其长达3年时间的可靠性考核。粉末冶金热锻浮动油封密封环是工程机械重要的动密封零件，其平均有效故障前工作时间（MTTF）达到4 568h，超过考核指标4 500h的规定；金属基镶嵌型固体自润滑轴承广泛应用于冶金工业的重载、低速、高温等恶劣工况和油膜润滑失败的场所，其累计工作时间在6 000h以上，可靠度R（t）达到1，超过考核指标R（t）≥0.94的规定。这标志着粉末冶金产品在质量、性能和寿命等方面开始走上新的台阶，向国际水平迈进。

为贯彻《标准化法》，加强粉末冶金行业标准化管理工作，在生产、使用、科研、教学和监督检验等方面充分发挥广大专家在制订技术标准中的作用，1995年10月20日成立了机械工业部粉末冶金制品标准化委员会，这标志着粉末冶金行业标准化工作向规范管理迈进一步，这将有利于发挥各方面的积极性，搞好行业技术标准的制、修订工作，促进行业技术进步。

1995年由北京市粉末冶金研究所、韶关粉末冶金厂和厦门粉末冶金制品厂负责起草制（修）订的有关化学分析方法、多孔元件、铁基粉末冶金制品和粉末冶金金刚石制品的9项标准于10月23日～24日通过粉末冶金制品标准化委员会的审定。

为提高和稳定粉末冶金产品质量，提高行业质量整体水平，中国机械通用零部件协会粉末冶金分会出面组织，由宁波东睦粉末冶金有限公司承办，于1995年11月13日～16日在宁波召开了《粉末冶金模具实用手册》的编委会议，对下一步工作进行了安排，此项工作正在进行中。

技术改造 许多企业根据市场需求，投资改造、提高质量，上规模、增效益。华孚粉末冶金厂的汽车、摩托车粉末冶金结构件节能节材项目可行性报告于4月7日在北京通过专家评审，项目总投资5 000万元，其中国家贷款2 500万元，地方及企业自筹2 500万元，该项目主要生产汽车、摩托车粉末冶金机械零件，促进汽车、摩托车国产化。

重庆冶炼厂铜粉技改工程全面竣工，3月21日一次投产成功，使该厂电解铜粉能力达到年产1 200t，在满足国内市场的同时，为打入国际市场创造条件。

四川江津江洲粉末冶金厂不畏困难，投资近6 000万元，引进国外先进压机、烧结炉等设备，主要生产摩托车粉末冶金零件及其他粉末冶金制品，5月份投产，当年就形成2 300多万元的销售收入，速度快、效益好。

对外合作 1995年粉末冶金行业对外合作取得较大进展，宁波粉末冶金厂与日本国睦特殊金属工业株式会社、东明物产株式会社合资成立宁波东睦粉末冶金有限公司，于4月1日签订协议书，总投资1 600万美元，注册资金700万美元，并于7月1日正式开业。龙昌公司（山东诸城）与日本东邦亚铅株式会社、日本群马友好贸易株式会社合资兴办诸城华日粉末冶金有限公司，于5月18日正式建成投产，总投资为5亿日元，全套引进日本先进生产设备，同时采用日本先进技术和管理方式，生产高强度、高精度、形状复杂的粉末冶金件。中国兵器工业总公司河南江河机械厂与日本良家精机株式会社、日本丸红铁钢贸易株式会社合作经营企业——连云港北方粉末冶金有限公司于1995年12月21日在连云港举行开工典礼。该公司一期工程投资近6 000万元，从国外引进全套生产及检测设备，主要生产6级～7级精度铁基结构零件，为摩托车、家电行业服务。

赫根纳斯（中国）有限公司，是世界著名的赫根纳斯瑞典总公司同上海申江特钢公司所建的合资公司，经过几年的筹备建设，已正式投产，1995年秋开始生产粉末冶金用水雾化钢粉，预计1997年开始生产预混粉，解决了粉末冶金行业用雾化钢粉及其他高档粉末的质量和数量问题。

通过合资合作，许多粉末冶金厂、如宁波粉末冶金厂、龙昌公司、河南江河机械厂、扬州粉末冶金厂等，引进了粉末冶金压机、烧结机等关键设备，提高了粉末冶金产品质量、产品上档次、上规模，有了新的发展。

〔撰稿人：机械工业部机械基础装备司　宋志明　审稿人：机械工业部机械基础装备司　陈寿德〕

〔责任编辑：白　萍〕

紧固件

〔机械工业部〕

生产发展情况 紧固件行业包括螺钉、螺栓、螺母、垫圈、销、键、挡圈等生产企业。据不完全统计，全国紧固件行业有企业2 000多个，职工约20万人，产量达1 000亿件，重量约80万t，产值约50亿元。据机械工业部归口的195个企业统计，全年实现工业总产值（1990年不变价）20.9亿元，比上年的18.3亿元增长14.55%，具体指标详见下表。

1995年紧固件行业出口仍保持高速增长的势头，全行业全年共出口各类标准紧固件30万t，比上年增长35%，创汇3.38亿美元，比上年增长39%，出口产品结构也得到很好的调整，如自攻螺钉、自攻自钻螺钉、墙板钉、不锈钢紧固件及8.8级（螺母8级）以上等高档产品都已大量出口。

1995年紧固件行业由于生产能力过大，竞争十分激烈，加之资金回笼不好，企业经济效益不好。各企业生产经营发展也很不平衡，其特点是“大企业不如小企业，大而全不如小而专企业，北方企业不如南方企业”。经营管理好、新产品开发多、出口产品多、生产批量大的企业，经济效益比较好，如江苏常熟市标准件厂，职工总数为1 020人，销售收入达1.47亿元，实现利税1 116万元，完成出口创汇1 119万美元。

1995年紧固件行业主要经济指标

项　　目	完成额（万元）	比上年增长%
工业总产值（不变价）	209 495	14.6
（当年价）	249 588	10.5
销售产值（当年价）	216 907	-1.3
销售收入	205 562	9.8
利税总额	1 607	-77.2
其中：利润总额	-8 404	-158.8

新产品 随着社会主义市场经济的不断发展，各紧固件企业立足生存、竞争和发展，积极调整产品结构，不断开发和生产高新技术产品和高附加价值产品。北京标准件集团公司下属的潞港公司开发了六方帽自攻钉、滚花螺栓、美制螺栓等20多个新品种，并形成规模经济效益；北京标准件二厂开发新品种65个，新产品产值占总产值40%以上；湖南湘潭标准件厂开发了碰焊螺母，通过了部级技术鉴定；上海标准件总公司，针对国内市场主机用户的情况，发展了8.8级以上汽车紧固件及发动机、工程机械等主机需要的异形件和高强度紧固件；江苏江阴标准件厂努力提高8.8级、10.9级及12.9级紧固件的生产能力，已形成年产5 000t高强度紧固件的生产能力，并能批量生产GB5787-85六角发兰面螺栓和德制DIN912内六角圆柱螺钉；太原标准件厂为长江三峡水利枢纽工程市场、拖拉机市场、金三角市场三个国内大型市场开发了系列新产品，外商慕名前来考察、订货，促进了出口。

上海标准件三厂在有关单位的配合下，研制成功了ZM5-60型五工位螺母自动冷镦机，为制造盘类零件创造了有利的条件。

紧固件行业为提高产品质量和水平，在行业推广了新型酸洗液、常温发兰液等新的处理方法和材料。由滕州标准件总厂承担的1994年山东省科技发展计划之一的多工位自动镦锻不锈钢紧固件工艺研究，通过了省级鉴定，该项目技术成果达到国际先进水平，填补国内空白，该厂已使用此技术大批量生产不锈钢紧固件，取得了良好的经济效益和社会效益。

江苏靖江标准件一厂采用了北京科技大学和鞍钢联合研制的双相钢，试制成功了8.8级高强度螺栓，与使用普通钢材相比，降低成本，每吨平均可提高效益800元。

湖南莲港紧固件有限公司和湖南湘潭标准件总公司联合研制出钢制铆螺母系列新产品（M3～M6螺母4种规格、12个型号），经省市有关部门鉴定，认为该系列产品具有90年代国际先进水平，填补了国内紧固件产品空白，也是市场上急需的一项系列新产品。国家科委还将这种系列产品列入1995年度高新技术产品行列和火炬项目行列。这种系列产品解决了在薄板产品或薄板上紧固零件时需要焊接螺母，或在板上钻孔所带来的表面变形、联结强度不够高等缺陷。该产品主要用于航空、造船、机电、建筑、轻工、汽车、家电、仪器仪表及家具等行业，出口潜力也很大。

管理及改革 1995年5月中国机械通用零部件工业协会紧固件分会在上海召开了第四次全体会员大会，选举了第四届新的理事会，理事单位81个，常务理事单位35个。会议根据行业目前的形势及发展状况，研究和部署下阶段的工作。

1995年10月，紧固件协会、标准件情报网和沈阳标准件研究所在青岛联合举办了全国标准紧固件行业第七届技术交流会，有行业116个单位的180多名代表参加了会议，会议交流了新技术、新工艺、新材料，并发布了信息，共收到科技论文19篇，还举行了小型展览，对提高行业整体技术水平，起到很好的作用。

按照机械工业部安排，沈阳标准件研究所和机械工业部第六设计院联合编制了标准紧固件行业“九五”行业发展规划，确定今后五年行业发展指导思想、目标和措施，此规划已作为全国机械工业工作会议文件下发执行。

质量及质量管理 为检查和促进产品质量提高，按照国家技术监督局的安排，机械工业部标准件产品质量检测中心对全行业进行了两次产品质量抽查工作。第一次是定等产品有效期内监督检查，抽查了1991年～1993年三年内评定的一等品，共涉及26个企业的31个产品，包括螺栓、螺钉、螺母、自攻螺钉、弹簧垫圈等7大类紧固件产品，实际抽到样品共20个企业21个产品，达到一等品的19个，有一个企业产品为不合格，一等品合格率为95%。

第二次是1995年第三季度螺母产品质量监督抽查，共抽查了全国54个企业的54个产品，总的抽查合格率为68.5%，合格企业37个，不合格企业17个，其中：全民企业合格率为82%，集体企业合格率为60%，乡镇企业合格率为56%。这次抽查质量较好的省市有：上海市、江苏省、四川省，达100%；质量较好的企业有：北京标五紧固件厂、上海螺帽一厂、江阴标准件二厂等，产品质量水平达到优等品。质量较差的企业是：沈阳市石化标准件厂和长沙标准件总厂，这两个企业目前仍然使用国家技术监督局早已规定作废的GB52—76紧固件标准，不按现行国家标准生产，属无标准生产，更严重的是，即使按作废的GB52—76标准检测，这两个厂的产品也不合格。这次抽查中，反映出的主要质量问题是：（1）螺母支承面对螺纹中心线的垂直度超差问题：（2）螺纹质量不高，螺纹小径、螺纹通与螺纹止也存在问题；（3）螺母的机械性能方面，主要是保证应力达不到标准，特别是部分大规格螺母、细牙螺母、热压螺母这三种产品往往在强度上存在问题。今后应完善产品质量检测手段，加强出厂产品检测和控制。

1995年机械工业部根据国家技术监督局的要求，继续组织紧固件标委会等单位对现行行业标准进行清理整顿，并组织生产企业积极贯彻GB/T19000系列标准，努力推行质量保证体系认证工作。

技术改造 1995年标准紧固件行业企业根据市场情况，多渠道筹措资金，进行技术改造，提高产品档次、质量和生产能力。江阴标准件厂投入了3 500万元，主要更新改造设备，提高高强度、高附加值、高档次汽车标准件和异形件的生产能力。常熟标准件厂投入近2 000万元，改造生产设备，提高生产效率，扩大高强度紧固件生产能力供出口。上海标准件总公司，为提高公司整体竞争能力和经济实力，根据本公司的实际情况，加速原有资产的合理配置，充分发挥设备潜力，采取易地改造的方法，筹措资金，加速技术改造。该公司出口技改项目还列入国家“双加”工程规划，总投资2 800万元，1995年下达计划1 500万元，其中贷款1 300万元，预计项目完成后，可新增销售收入5 000万元，利税700万元，增加出口创汇600万美元。

对外合作 1995年由于资金较为紧张，除部分中外合资企业以股份的形式进口部分加工设备外，行业的设备与技术引进较少，但引进设备与技术消化和改造工作一直在进行。上海标准件公司引进的一条热处理生产线，由于设计和制造等方面的种种原因，一直不能投产有6年了，1995年该公司组织技术人员，下力气进行消化与攻关改造，使这条生产线起死回生，发挥了作用。

1995年，各企业努力加强对外合作与交流，以提高自身水平，如北京标准件机械厂与日本中岛田株式会社合作，先为日方生产冷镦机底座等配套件，已出口几批。

〔撰稿人：机械工业部机械基础装备司　宋志明　审稿人：机械工业部机械基础装备司　陈寿德〕

〔责任编辑：白　萍〕

弹簧和链条

〔机械工业部〕

生产发展情况 据不完全统计，全国弹簧大行业有近1 400个厂点，其中合资企业15个，外商独资企业4个、研究所12个，职工7.6万人，其中工程技术人员3 000余人。全行业产品为汽车和发动机配套占50%，为机械配套占20%，为轻工和家电配套占15%，为电器和电力配套占10%，为铁道配套占5%。主要设备6 400余台，其中进口设备约250台。

机械工业部归口弹簧行业有企业33个，1995年完成工业总产值（1990年不变价）31 003万元，比上年增长37.35%。链条行业有企业27个，1995年完成工业总产值（1990年不变价）68 502万元，比上年增长26.36%。生产经营情况详见表1、表2。

表1　1995年机械系统弹簧行业主要经济指标

项　　目	完成额（万元）	比上年增长%
工业总产值（不变价）	31 003	37.4
（当年价）	39 716	21.3
销售产值（当年价）	33 455	7.5
销售收入	33 557	23.8
出口交货值	1 076	16.6
利税总额	6 617	38.7
其中：利润总额	4 008	41.0

表2　1995年机械系统链条行业主要经济指标

项　　目	完成额（万元）	比上年增长%
工业总产值（不变价）	68 502	26.4
（当年价）	79 043	27.0
销售产值（当年价）	70 660	19.8
销售收入	64 465	13.2
出口交货值	20 138	38.2
利税总额	3 843	-19.9
其中：利润总额	1 414	10.1

1995年弹簧和链条行业在资金紧张、货款回收慢的情况下，各企业加大改革力度，采取多种办法，保证生产顺利进行，同时努力开拓国际市场，提高经济效益。弹簧行业出口达365万美元，为几年来最好水平。链条行业出口约4 000万美元，取得了很大突破。杭州盾牌链传动（集团）公司深化改革，优化企业组织结构，进行固定资产合理配置，按专业化原则，组织几条生产线，生产效率大幅度提高，同时下大力量积极开拓国内外两个市场，1995年完成链条产量1 011万m，实现工业总产值17 180万元，销售收入18 381万元，利税1 686万元，出口创汇1 003万美元，分别比上年增加20.2%、22%、32.6%、21.4%、42.9%，取得了较好的成绩。

新产品 1995年山东淄博中元工程有限公司，为板簧行业制造厂家提供的全自动卷耳机（中日合作生产）、PW-200H型应力抛丸机、ZF系列预压弧高分选机等产品，均达到国际先进水平。杭州新锅辅机厂生产的RJC420型连续式热风回火炉（新型高效、节能、无污染设备）、北京华立精细化工公司的PAG类水溶性淬火剂、武进油泵油嘴厂生产的ZSS-041B型弹簧疲劳试验机、济南精仪测试技术公司的TLD系列电子式弹簧拉压试验机、济南材料试验机集团公司传感称重技术开发公司的TLS系列数显式弹簧拉压试验机等都是新型、先进的弹簧生产、测试设备，都采用了新的工艺技术。

1995年弹簧行业企业，在发展弹簧新产品方面，取得了相当的进展。如金属—橡胶复合弹簧，压缩气弹簧，可锁定气弹簧，汽车稳定杆、扭杆弹簧等产品的开发及形成批量生产，扩大了弹簧行业为主机配套的服务范围。

链条行业各企业根据市场需要，开发了一批新产品，有几家重点企业为摩托车行业开发生产了摩托车传动链和发动机链条，产品达到国际上同类产品水平，具有很好的经济效益和社会效益。各企业还开发生产了各类输送生产线，由只生产提供链条发展到配套提供链条链轮及成套生产线，方便了用户，得到赞扬，提高了企业经济效益。

杭州盾牌链传动（集团）公司，开发生产了自动扶梯梯级链，在许多大商场等单位得到应用。吉林工业大学链传动研究所研制的加工中心用数控刀库链，具有精度高、转向灵活、成本低等优点，替代进口，为主机用户节约50%的费用。

质量及质量管理 1995年二季度机械工业部弹簧产品质量监督检测中心承担了国家技术监督局下达的内燃机气门弹簧监督抽查任务，共抽查了22个企业，共11个产品系列：解放141发动机气门弹簧2种，195柴油机气门弹簧7种，东风140发动机气门弹簧3种，492汽油机气门弹簧3种，1605柴油机气门弹簧3种，6135柴油机气门弹簧2种，还有标致505发动机气门弹簧；4125柴油机气门弹簧，375发动机气门弹簧，摩托车70H发动机气门弹簧，495发动机气门弹簧各1种。检测结果为22个企业中2个企业2种产品质量不合格，其余20个企业的23种产品除一个产品未达到企业标准，但达到GB2785标准外，19个企业22种产品既满足了GB2785要求，也满足了企业标准要求，均为合格品（其中15个企业标准高于国标），总体制造厂家合格率为90.9%，产品合格率92%。其中无一缺陷的产品有10种，占总产品批数的40%。

这次抽查的22个企业产品约占全国生产气门弹簧产值的85%，覆盖面较广，包含了大型国有企业3个（一汽、二汽、一拖）、合资企业1个，其余18个为中小型国有或集体企业，分布于全国13个省、市。

链条行业由全国链条产品检测中心承担了国家技术监督局下达的监督抽查任务，共抽查了25个企业的25种产品，有20个企业产品为合格品，占80%，不合格的有5个企业，占20%。本次抽查产品质量较好的企业是武进链条厂，该厂本着以质量求生存的指导思想，积极贯彻ISO9000系列标准，并在设备更新改造上下功夫，使产品质量稳定提高。本次抽查的上海新海链条厂的16A-1链条有三项指标不合格，并且已经1987、1991、1995年三次抽查均不合格，受到“中国质量万里行”的通报批评。

弹簧和链条都是很重要的基础件，国际上各先进工业国家除均有各自国标外，ISO近年来也大量制订新的产品标准。如ISO10243《模具用矩形截面压缩弹簧的安装尺寸和颜色标志》，ISO11901—1《模具用气弹簧技术规范》和ISO11901—2《模具用气弹簧安装辅助规范》等。对于目前尚无ISO标准者，在我们的国标、行标中也尽量采用相应先进工业国家的标准。1995年链条行业发布了GB/T6074—95等3项标准。我国链传动标委会自1990年参加国际ISO标准化组织以来，参加了该组织的所有活动，跟踪国际链传动技术发展动向，也提出我们的建议和意见，受到关注和重视。

全国链传动标准化技术委员会于1995年10月20日～25日在北京召开了第二届委员会换届大会，聘任了新的委员，并就标委会今后的工作进行了安排，重点讨论了明年如何开好国际ISO/TC100委员会首次在我国杭州召开的年会，会议期间还进行了学术交流。

技术改造 1995年弹簧行业技术改造上面有所扩大，除中国弹簧厂外，山东汽车弹簧厂、长春市京滨弹簧有限公司、天津市弹簧厂、西安市弹簧厂、张家港市弹簧二厂、武进市三联弹簧厂等厂家，为扩大产量、提高产品质量，更好地为主机配套服务积极进行了企业技术改造。

链条行业各企业为满足国内用户需求和扩大出口，根据本企业的情况，进行不同程度的技术改造。如：为扩大产品出口，杭州盾牌链传动（集团）公司投资2 000万元（该项目已列入国家“双加工程”规划），1995年下达计划900万元，其中国家贷款800万元，预计项目完成后，可新增销售收入5000万元，新增创汇600万美元。

对外合作 山东汽车弹簧厂从德国、日本、意大利、英国引进圆簧、轿车簧生产线及主要设备近20套，已安装调试并投入生产。仅板簧一项全年已达产值4 838万元。新增生产能力10 000t，新增利润1 164万元。长春市京滨弹簧有限公司，1995年引进日本及意大利设备组成气门弹簧生产线，为一汽大众试制成功488、EA827气门弹簧，解决了捷达轿车、奥迪轿车气门弹簧依赖从德国进口的局面，实现了国产化。大连金州弹簧厂通过采用新技术，解决了为亚高速东风10型内燃机车弹簧配套的技术关键。

〔撰稿人：机械工业部机械科学研究院　崔俊山　机械工业部机械基础装备司　宋志明　审稿人：机械工业部机械科学研究院　王德成　机械工业部机械基础装备司　陈寿德〕

〔责任编辑：白　萍〕

矿山设备

〔机械工业部〕

生产发展情况 1995年机械工业部系统矿山设备制造企业共138个，职工总人数170 684人，完成工业总产值597 048万元（1990年不变价），比上年增长8.0%。

1995年矿山机械行业完成的重大生产任务有：国家“八五”重大攻关项目上海重型机器厂完成的称量给煤机，衡阳有色冶金机械总厂完成的295BⅢ挖掘机；国家重大技术装备项目由洛阳机械研究所设计、中信重型机械制造公司完成的大型高效立式螺旋卸料离心机；机械工业部项目大连重型机器厂完成的5 400t/h堆料机，上海冶金矿山机械厂根据市场需求自行开发的MG200/475-W采煤机和FAA240m^{2}电除尘器，南京工程机械厂开发的WY25、WY32、WY40履带式液压挖掘机和Y16LY手持气腿两用凿岩机，山西机器厂开发的2JK-3型矿井提升机和JYB-2液压防爆提升机等。

据对40个矿山机械制造企业的统计，1995年完成各项指标情况如表1所示。

市场及销售 矿山机械制造企业是为能源、原材料、交通等部门提供装备的一个行业，虽然1995年国家宏观调控力度加大，压缩基建规模、财政适度从紧，但是，由于国家实行向能源、原材料、交通等部门重点扶持的产业政策，所以，矿山机械制造企业的市场未受到国家宏观调控的很大影响。由于其他行业加入矿山机械制造企业、军转民以及众多乡镇企业的兴建，使原本竞争激烈、供大于求的矿山机械市场更显得窄小，竞争激烈，尤其是中小型矿山机械产品，加工设备要求不高，技术含量少，一般加工企业均能生产，致使矿山机械制造企业订货任务锐减，效益下降，尤其一些中小企业所受影响最大。如吉化重型机器厂、浙江矿山机械总厂、长治矿山机械厂、常州矿山机械厂、松滋矿山机械厂等企业的订货量未达到生产能力的50%。据对40个矿山机械制造企业的统计，1995年有10个企业亏损，亏损面占调查企业数的1/4；亏损额达到7 896万元，是历年来矿山机械行业亏损最多的一年。企业效益下降也是很明显的。据对40个矿山机械制造企业统计，其资金利税率为2.394%，产值利税率为3.638%。说明矿山机械制造企业是微利企业。利税率远低于银行贷款利率，企业无还贷能力。1995年40个矿山制造企业共贷款18亿元。

1995年矿机产品销售收入超亿元的企业见表2，国际市场销售情况见表3。

产品分类及产量 1995年矿山机械40个制造企业共生产各类矿山机械产品12 573台，总重97 870t，分类及各类产品产量见表4。

科研成果 1995年矿山机械制造行业完成的主要科研项目见表5。

1995年获得机械工业部科技进步奖的项目有5项，其中一等奖1项，二等奖2项，三等奖2项。见表6。

新产品 1995年矿山机械制造行业完成新产品开发项目见表7。

各企业积极开发适销对路的新产品。如沈阳矿山机器厂1995年完成13种新产品开发，实现新产品产值11 950万元，其中有南通港取制样设备、兖州和冀东的堆取料机等国家重点工程项目所需设备。山东煤矿莱芜机械厂根据市场需要自行开发的加压过滤机，已广泛应用于化工、冶金、黄金、纯碱系统，新产品产值已占该厂总产值的50%。四川矿山机械厂于1995年共开发新产品51种，其中生产并销售的有38种，新产品品种已占该厂全部生产产品品种的50%。

表1 1995年40个矿山机械制造企业完成各项指标 （单位：万元）

项 目	职工人数/技术人员数（人）	工业总产值计划/完成	销售收入计划/完成	固定资产原价/净值	资金利税率(%)	产值利税率(%)	全员劳动生产率（万元/人）	实物劳动生产率(t/人)
数 量	119 382/6 001	449 538/506 941	468 010/538 285	686 567/409 294	2.394	3.638	4.246	4.989

表2 1995年国内销售收入超亿元企业

序号	企业名称	销售收入（万元）	总销售量(t)	主要产品销量
1	中信重机公司	54 409.5	30 841	矿山机械16 358t、减速器611.7t
2	沈阳重型机器厂	54 218	25 418	矿山机械15 446t、工矿配件4 312t
3	沈阳矿山机器厂	47 015	21 607	矿山机械2 929t、运输机械11 053t、工程机械166(台)
4	上海建设·路桥公司	34 382.8	23 569	矿山机械及配件
5	上海冶金矿山机械厂	15 048.5	15 067	矿山机械10 300t、环保设备4 767t
6	济南重机集团	15 007	17 034	矿山机械及配件
7	淮南煤机厂	14 800	1 992	矿山机械及配件
8	四川矿山机械厂	12 804	12 131	矿山机械及配件

表3 1995年国际市场销售情况

序号	企业名称	销售收入(万元)	总销售量(t)	主要产品销量
1	沈阳重型机器厂	5 287	2 409	矿山机械928t、工矿配件1 481t
2	沈阳矿山机器厂	3 568		矿山机械131.8t、运输机械1 655t
3	上海冶金矿山机械厂	393(万美元)	2 176.6	矿山机械902t、环保设备1 274.6t
4	浙江矿山机械总厂	46	20(台)	破碎机
5	四川矿山机械厂	32	24	矿山机械

矿山机械制造行业的许多厂家,靠开发新产品去扩大市场,不断调整产品结构。但是,由于企业新产品多、交货期短、技术难度较大、资金紧张等,给生产、准备都增加了一定困难。

管理及改革 根据《机械工业振兴纲要》,1995年矿山机械行业制订了“九五”矿山机械行业发展规划和2 000万t级大型露天矿及500万t级井下矿成套设备专项规划,对指导矿山机械行业的发展起到重大作用。

为改变矿山机械配件市场价格混乱局面,维护矿山机械制造企业的切身利益,贯彻国家的物价政策,达到在市场经济中公平竞争的目的,中国重型机械工业协会在矿机分会和各专业委员会的配合下，编制了我国首部《重型矿山机械配件出厂价格目录》，并于1996年2月正式出版发行。

许多企业向管理要效益。如锦州矿山机械厂推行“模拟市场核算，实行成本加质量双否决经营管理机制总体方案”；沈阳矿山机器厂1995年多次清仓查库，落实处理积压任务，减少库存约1 416万元。沈阳矿山机器厂开展“质量月”活动，降低质量故障损失率；开展岗位练兵、进档达标等活动，提高了企业的综合素质。

表4　1995年40个矿山机械制造企业的产品产量

产品类别	产量		比例(按吨计)(%)
	台	t	
总产量	12 573	97 870	100.0
采掘机械	1 013	4 117	4.2
提升机械	2 713	10 938	11.1
破碎磨矿机械	6 915	37 742	38.5
选煤机械	299	13 797	14.1
选矿机械	1 335	8 815	9.0
筛分机械	298	350	0.35
矿山机械备件		22 111	22.6

表5　1995年完成的重大科研项目

序号	项目名称	任务来源	完成时间	鉴定时间	研制单位
1	称量给煤机研制	国家“八五”重大攻关项目	1995.12.27	1995.12.27	上海重机厂
2	齿轮渗碳工艺的计算机模拟及工艺过程微机控制的研究及应用	国家重大技术装备科技攻关项目	1995.12		太原重机厂
3	16m³ 矿用挖掘机关键技术研究——大型结构件CAM研究		1995.12		太原重机厂
4	提升机大扭矩平面摩擦传动副研制	机械工业部基金项目	1994.12	1995.3	洛阳矿机所
5	大型回转轨道试验台设计与制造及寿命估算	机械工业部	1995.3		沈阳重机厂
6	3 600m³/h 斗轮挖掘机系统结构分析与研究	机械工业部	1995.12	1996.1	沈阳重机厂
7	斗轮挖掘机履带节铸造工艺试验研究	机械工业部	1995.6		沈阳重机厂
8	斗轮挖掘机斗轮轴材质与结构研究	机械工业部	1995.2		沈阳重机厂
9	圆料场刮斗式混匀堆取料机研制	国家重大技术装备“八五”攻关项目	1995.9	1995.10	沈阳矿机厂
10	大型露天矿成套设备：分流站、移置式胶带卸料车的研制	国家重大技术装备“八五”攻关项目	1995.8	1995.9	沈阳矿机厂
11	295BⅢ电铲	国际分包合同项目（与美国B－E公司合作生产）	1995.9		衡阳有色冶金机械厂

表6　矿山设备行业获机械工业部科技进步奖项目

项目名称	获奖等级	获奖单位
GZY－3000工程站机	一	洛阳矿山机械所、洛阳矿山机器厂、交通部二航局
MPS中速磨煤机磨辊新材料研究	二	沈阳重型机器厂、东北大学、朝阳发电厂
JD5减速器	二	洛阳矿山机械所、洛阳矿山机器厂
PSHX－100×700双腔回转式破碎机	三	吉林梅河口市矿机厂
4R3216A－FXG8新型磨粉分级成套设备	三	广西桂林矿机厂

表7　1995年新产品开发项目

序号	项目名称	任务来源	完成时间	鉴定时间	完成单位
1	MG200/475－W采煤机	自行开发	1994	1995.7	上海冶金矿山机械厂
2	FAA240m² 电除尘器		1992.2	1995.4	上海冶金矿山机械厂
3	5 400t/h堆料机	机械工业部	1995.11		大连重机厂
4	∅2.5m×25m冷却机	自行开发	1995		四川矿机厂
5	∅3.2m×52m回转窑	自行开发	1995		四川矿机厂
6	RX5五级旋风预热器	自行开发	1995		四川矿机厂

（续）

序号	项目名称	任务来源	完成时间	鉴定时间	完成单位
7	Y16LY手持、气腿两用凿岩机	南京市重点新产品开发项目	1995.3	1995.12	南京工程机械厂
8	WY25、WY32、WY40履带式液压挖掘机	南京市重点新产品项目	1995.1	1995.3	南京工程机械厂
9	JYB－2液压防爆提升机	自行开发	1995		山西机器厂
10	2JK－3型矿井提升机	自行开发	1995		山西机器厂
11	PC1207锤头全回转锤式破碎机	自行开发	1995		松滋矿机厂
12	PED400×600低矮式颚式破碎机	自行开发	1995		松滋矿机厂
13	2PGL400×1000高强力破碎机	山东省机械厅项目	1994.11	1996.1	山东矿机厂
14	PE750×1060颚式破碎机	山东省机械厅项目	1995		山东矿机厂

加强资金管理，压缩各项资金占用，控制非生产性开支，也是用好资金的有效措施之一。

技术改造 1995年是“八五”计划的最后一年，“八五”国家重点技术改造项目相继完成，矿山设备行业完成情况见表8。

表8 技术改造项目完成情况

企业名称	技术改造项目	总投资额（万元）
中信重机公司	1．“八五”技改项目	4 420
	2．煤气站工程	2 436
沈阳重机厂	1．“八五”技改项目锻压分厂工艺设施、工艺改造项目	4 300
	2．老工业基地技改项目老金工工艺设备技术改造项目	2 950
	3．斗轮挖掘机专项技改	2 245
	4．气缸体专项技改项目	2 425
沈阳矿机厂	1．“八五”技改项目	3 400
	2．大型装载机（二期）技改项目	1 800

对外合作 1995年矿山设备行业技术引进项目见表9。

表9 1995年技术引进项目

项目名称及内容	签约日期	引进国家厂商	有效期	企业名称
双进双出钢球磨煤机专有技术（图样和制造技术）	1995.7.12	法国 通用电器阿尔斯通斯登工业公司	12年	上海重机厂
ROC742全液压履带式凿岩钻车	1994.1	瑞典 阿特拉斯公司	1994年～1999年	南京工程机械厂
FL330－1轮式装载机设计、制造、检测技术及关键部件合作生产	1995.1.25	日本 古河机械金属株式会社	10年	沈阳矿山机器厂

〔撰稿人：洛阳矿山机械研究所 康继尧 审稿人：机械工业部重大装备司 陈英汉〕

〔煤炭工业部〕

生产发展情况 1995年煤炭工业系统中机械制造行业生产煤矿机械产品、归口管理的企业有49个，其中：大一型企业4个、大二型企业9个、中一型企业5个、中二型企业26个、小型企业5个。

据对38个骨干、重点企业的初步统计，拥有固定资产405 641万元，有职工76 540人；完成工业总产值（1990年不变价）236 911万元，比上年增长15.5%；安排生产煤矿机械产品产量21.8万t，比上年增长7.8%。

市场及销售 1995年国家对煤矿实行“三不”政策后，出现不拖欠新货款的形势。据了解，煤矿机械产品订货数量呈上升趋势，煤机市场疲软的状况开始好转。据煤炭工业系统中机械制造行业38个骨干、重点企业的统计，全年完成产品销售收入232 626万元，比上年增长11.4%。

产品分类及产量 煤炭工业系统中机械制造行业1995年安排生产的主要煤矿机械产品和产量完

成情况：采煤机 143 台/3 797t，刮板运输机 1 876 台/48 627t，转载机 49 台/1 412t，掘进机 14 台/520t，装煤机 60 台/289t，皮带运输机 321 台/148 951m/20 344t，煤矿支护设备 60 829t（其中：液压支架 2 551 架/35 363t），矿井专用设备3 267t，煤田勘探设备 467t，煤矿专用配套设备 2 606t，洗选设备 237 台/5 332t，煤岩电钻 52 790 台，防爆空压机 5 677 台/1 934t，采掘设备 17 547 台/1 082 t，矿井绞车 1 920 台/3 080t，工业泵 4 819 台/308t，井巷工程设备 343t，工矿电机车 472 辆/2 246t，钻机 306 台/1 024t，煤矿机械配件 48 451t 等。

科研成果及新产品 张家口煤矿机械厂针对刮板运输机中板易磨损问题实施了 Fe－05 碳弧堆焊新工艺，使中板耐磨性提高了几倍。此外还采用了等离子焊接、CO_2 气体保护焊、整体铸造槽帮钢、耐磨稀土材料等各种工艺，仅 1995 年就完成 23MnCrNiMo54 钢的应用、K360 进口高强度耐磨钢板焊接加工研究及 HQ1100B 高强度钢板的焊接试验等 10 项工艺科研项目。由于采用了各种先进工艺，产品质量明显提高，特别是用于缓倾斜难采煤层工作面的 SGB730/320 型输送机，其整体铸焊结构封底式溜槽和侧切口观察槽均属国内首创，该机从 1992 年下井使用，性能在国内处于领先地位，达到国际 80 年代末水平。北京煤矿机械厂开发研制的 BZF 大流量快速移架系统装配在晋城煤矿井下我国第一个高产高效综采工作面 ZZP4400/17/35 液压支架上，实现了支架的快速移架，配合采煤机快速割煤及工作面快速推进，创造了综合工作面出煤日产 1.2 万 t、月产 21.2 万 t、年产 200 万 t 的新水平。该系统还被应用到阜新五龙煤矿 BY3600－25/50 厚煤层液压支架、枣庄紫里煤矿 ZZP4800/17/33 放顶煤液压支架、西山矿务局 C52 液压支架、出口印度的 ZZ7600/22/34 液压支架等 15 个综采工作面，为该产品的推广应用打下坚实基础。开发的非煤机产品 QYJ4－60 型移动式空心砌块成型机、DT8 型混凝土地面砖成型机，具有运动平稳、操作简单、维修方便的特点。无锡煤矿机械厂根据日产万吨高产高效工作面综采设备配套的要求，研制开发 GRB315/31.5 型五柱塞乳化液泵和 WPB320/16 型、WPZ360/16（20）型喷雾泵站。还利用生产泵、阀的优势，研制出各种系列的高压水射流清洗设备，为解决选煤厂、电厂的水煤浆压力输送设备与工艺问题，同合肥通用机械研究所枣庄八一选煤厂合作研制开发 2KM50/1.6 型水煤浆隔膜泵，为我国压力输送水煤浆等粘度较大、浓度较高、密度适中的介质流体技术迈出新的一步。莱芜煤矿机械厂在抓新产品的同时，还注重老产品的改进和产品系列化。目前已形成加压过滤机、真空过滤机、板框压滤机、破碎机、调度绞车等六大系列产品。开发的塔吊、钻机、建筑机械等已形成一定生产能力，压力容器取得了山东省劳动厅颁发的第一、二类生产许可证，桥式起重机械安装维修取得了山东省劳动厅颁发的一级许可证。生产的 XMZ 系列压滤机被中国环境科学学会与中国国际科学中心和中国投资发展促进会联合评为“1995 年首届全国用户信得过环保产品”。昆明煤矿机械厂以市场为导向，开发了新一代胶带输送机 DT2 系列产品和水泥设备叶轮拨料机，圆满地完成了铜川、大同、邢台等 6 台大型刮板机的设计、生产任务，还开发研制了易门矿务局 OX 系列、两台强力胶带输送机，增加了 DCY 系列 400、560 减速器、直径 1.6m 包胶滚筒等产品。桐乡煤矿机械厂针对煤机市场持续疲软的状况，结合该厂的优势，为适应市场的需求，及时调整产品开发方向。成功地开发了直径 2.8m 干燥机、直径 2m 造粒机、直径 2.5m 机立窑、直径 2.4m 球磨机、直径 3m 机立窑、直径 3.6m 成球盘和液化气钢瓶等产品，做到了当年开发、当年投产、当年鉴定、当年产生效益。

管理及改革 煤机企业近几年来，为了提高整体管理水平，在加强和改进内部管理等方面做了大量工作。西北煤矿机械一厂从 1990 年开始，按照《现场管理十一法》、《现场管理四十条》、《煤矿机械制造工艺管理考核细则》，结合企业的实际情况，开展了以加强工艺管理为“突破口”，以定置管理、现场环境管理为重点的生产现场管理工作。1993 年被国务院经贸办公室和国务院企业管理指导委员会评为全国现场管理先进单位，1994 年又获煤炭部现场管理最佳企业称号。1995 年为了使现场管理工作在全厂各个角落全方位发展，逐步扩大了现场管理范围，把原本单一的生产现场管理延伸到辅助现场和服务现场的管理，使现场管理水平又上了一个新的台阶。泰安煤机厂为适应市场的需要，用改革推动管理，使产品在国内外用户中享有很高的声誉。被中国企业形象认定委员会和中国企业无形资产评估委员会认定为中国企业最佳形象 AAA 级并获铜匾和证书。

质量及质量管理 煤矿机械产品主要是用于煤矿井下使用，因此产品质量对保证煤矿安全生产至关重要。当前有些企业的主要领导忙于开拓市场、筹集资金、组织生产，企业内部管理普遍存在着放松的现象，产品质量问题十分突出。例如郑州煤矿机械厂生产的液压支架、西安煤矿机械厂生产的采煤机、淮南煤矿机械厂生产的皮带运输机，都存在不同程度的质量问题。当前还有的企业工艺纪律松驰，甚至出现管生产的副厂长带头违反工艺纪律，脱离工艺乱指挥的问题。为此中国煤矿工程机械装备集团公司要求各企业进行产品质量大检查、大整改，打一场提高产品质量的硬仗。要检查质量意识、用户意识、工艺纪律、质量责任制，并层层落实整改措施。要强化质量检验，凡质量检验员下放到单位的要收归厂部、合并或取消全面质量管理办公室（简称全质办）的要重新组建。

张家口煤矿机械厂是国内生产煤矿井下工作面刮板输送机、转载机、破碎机等产品的最大企业之一，近几年紧紧围绕提高产品质量，广泛开展群众性的合理化建议、技术改造活动。据统计，从1990年至今职工提出合理化建议技术革新项目6 023条，取得经济效益3 520万元，在提高产品质量、保名牌、创优质产品中发挥了重要作用。为了狠抓产品质量、把全面质量管理作为企业管理中心环节，由厂长兼任全面质量管理办公室主任，负责对全厂质量活动的计划，组织协调、督促和检查。制定了明确的质量目标和质量责任制及质量信息反馈制度。产品项目检查合格率一直保持在95%以上，出厂合格率始终达到100%。昆明煤矿机械总厂对质量工作一直抓住不放，坚持“质量第一”的原则，1995年9月顺利通过了4种刮板运输机生产许可证的检查。按时完成二级计量合格证换证复查工作。该厂产品质量，经国家技术监督局三次突击检查，所有项目全部达到标准。淮南煤矿机械厂的厂长和总质量师，针对焊接质量、减速器质量、皮带机托辊质量和成品外观质量等问题，召开质量管理大会，全厂做总动员，由全质办负责对全厂质量整顿工作情况进行月度总结、检查，并责成有关部门修改、落实（重大责任事故赔偿办法和质量责任制考核办法），纳入经营承包考核内容。经运行，质量有所提高，质量损失费用有所下降。

〔撰稿人：中国煤矿工程机械装备集团公司 董善宇　审稿人：中国煤矿工程机械装备集团公司 薛际贵〕

〔中国有色金属工业总公司〕

生产发展情况　1995年，据对中国有色金属矿山机械行业18个企业统计，完成机械产品总产量19 166t，完成工业总产值16 382万元，实现利税417万元。其中，4个独立机械厂完成机械产品总产量6 487t，工业总产值6 706万元（当年价）。

莲花山冶金机械厂1995年完成工业总产值5 230万元，比上年增长17.4%；产品产量完成3 037t，比上年增长10.4%；产品销售完成7 587万元，比上年增长11%；实现利润364万元，比上年增长4%。陕西华山有色冶金机械厂共完成工业总产值（1990年不变价）2 540.35万元，比上年增长5.78%；总产量1 364.8t，比上年增长0.27%；产品销售收入2 052万元；实现利润162万元，比上年减亏101万元，扭转了企业多年的亏损局面，经济效益呈现稳步上升的良好趋势。

市场及销售　1995年有色金属矿山机械行业4个独立机械厂实现销售收入5 976万元。莲花山冶金机械厂积极开发国际市场，1995年出口订货190万美元，出口创汇161.8万美元，比上年增长23.6%。在国内先后成功地开发了小浪底、梅山、衢州以及广东经销市场。

产品分类及产量　1995年有色金属矿山机械行业除了完成备件生产外，生产的主要矿山设备中有采掘设备：液压凿岩机15台、牙轮钻机2台、挖掘机9台、矿车679台等，破碎设备：颚式破碎机96台、对辊破碎机4台、圆锥破碎机3台等，研磨设备：球磨机55台、棒磨机8台，选矿设备：浮选机327台、磁选机15台、跳汰机11台、砂泵16台、摇床551台等，筛分设备：螺旋分级机33台、振动筛4台、旋流器86台；此外还生产了全液压轮稳定土拌和机21台、沥青脱桶机12台、高速公路清扫车1台、水陆移动式砼搅拌站1台等建筑工程机械。

科研成果及新产品　莲花山冶金机械厂在产品品种上又有新的扩展，大直径T型螺纹柱齿钎头系列的开发，以及凹心式易返钎头均已进入国际市场。软岩采掘的异形截齿发展到5个品种12个规格，圆截齿也形成2个品种、10个规格系列。易门矿务局机械厂开发了贝氏体钢球产品，通过技改，建成了初具规模的贝氏体钢球生产线。生产的贝氏体钢球无论从冲击韧性，还是耐磨强度等指标都达到了国内先进水平。陕西华山有色冶金机械厂把新产品的开发和研制作为生产经营工作的重点，1995年完成了YWB210型全液压轮式稳定土拌和机、高速公路清扫车、水陆移动式砼搅拌站3项新产品，还对前期研制成功的新产品LT3沥青脱桶机、SX3190自卸车进行了进一步的改进完善。衡阳有色冶金机械总厂、长沙矿山研究院、北京矿冶研究总院研制的922D型新型柴油铲运机，斗容$1.72m^3$。该机的主要特点是：采用独特的三点式铰接结构，增加了整体稳定性；采用的全密封多盘式湿式制动器，使用寿命长；工作液压系统采用先导阀控制，减轻了劳动强度；采用两个独立的制动控制系统，制动更加安全；铲斗斗刀采用硼钢，并经特殊热处理，强度高，耐磨性好。现场运行表明，该机主要性能已达到国外80年代先进水平。长沙矿山研究院和凡口铅锌矿研制的AT1200型斜天井钻机是我国目前钻进角度范围最大的天井钻机。其钻进角度从45°～90°之间可任意调整，各辅助机构如吊车、机械臂均能适应45°～90°之间任意角度下顺利工作，作业率80%以上，综合成井速度0.6m/h以上，偏斜率小于0.8%。该机总体设计和参数选择正确、结构紧凑、布局合理、功能完善、性能良好，主要技术经济指标达到了国外同类产品先进水平。北京矿冶研究总院、白银公司等单位研制的JYR井下运人车结构合理、工作可靠、整机性能良好，达到国际80年代先进水平，填补了国内该机型的空白。

1995年有一批产品获总公司科技进步奖，如酚醛树脂空心微球生产工艺及设备、JM450型气流粉碎机及生产线、$10m^3$双车翻车机、GGT－2型高压辊磨机获总公司科技进步二等奖；LQ－100型潜孔钻机、YKCY1.5型遥控铲运机、HC－1.5型井下混凝土输送车、BKPJ－1520抛出分离式精选机、YT－CF型细泥摇床等一批产品也获得总公司嘉奖。

质量及质量管理　陕西华山有色冶金机械厂建

立健全了《质量等级制度》和《质量奖惩考核制度》；坚持“两会”制，即坚持每季一次质量分析会，每月一次质量现场会；严把“四关”，即物资采购质量关、产品工艺设计关、产品加工质量关、产品装配调试关；建立了质量跟踪卡，推行了质量成本管理，把成本管理贯穿于生产过程的始终，对产品论质议价。

莲花山冶金机械厂从1991年起，始终如一地贯彻GB/T19001系列标准，强化企业内部质量管理，并按照GB/T19001质量保证模式建立健全工厂的质量体系，并于1995年6月通过质量体系认证。广东有色冶金机械厂设有理化检验室，从原材料、外购件、外协件入厂到冷热加工至成品出厂都有相应的检验制度，并配备了分工明确、责任到人的产品质量检测人员严格把关，坚持质量否决权制度，作为提高产品质量的手段。

对外合作及技术改造 1995年4个直属独立机械厂技术更新改造投资共582万元。赣州有色冶金机械厂经国家经贸委批准立项的磁选机生产系统及铸造车间技术改造项目1995年完成562.28万元，累计完成759.39万元，项目仍在进行中。莲花山冶金机械厂积极采用国际标准和国内先进标准，在产品标准上与国际市场接轨。该厂采用性能先进的数控机床和高精度仿型机床，并自行设计高效的工艺装备，以消除单纯人工控制容易出误差的弊病。为了掌握具有世界先进水平的制造技术，采取技贸合作方式，从芬兰引进了具有先进水平的钎具制造技术。

〔撰稿人：中国有色金属工业总公司企业部 晏厚庠〕

〔电力工业部〕

生产发展情况 电力工业部系统生产矿山设备的厂家有6个，其中有国家大一型企业1个，大二型企业3个；职工人数8 530人。1995年完成工业总产值56 486万元，工业增加值1.6亿元，全员劳动生产率18 317元/人。

1995年完成的重大生产任务有：

北京电力设备总厂完成了为“9511工程”配套电站的磨煤机生产任务，并为全国电站配套了47台（套）磨煤机。华北地区配套的机组有：秦皇岛2号、3号，沙岭子3号、4号，石景山4号，军粮城8号，西柏坡1号、2号，太原二电厂7号、8号，盘山1号、2号，马头电厂8号，滦河6号，达拉特1号，丰镇3、4、5、6号机组。

云南电力修造厂完成了宣威电厂5号机防磨瓦的加工任务，昆明电厂发电机大修工装，还为华宁、昭通、大关洱源等电站完成了制造清污机、修理发电机等任务。

山西电力设备厂为首阳山、三门峡电厂研制了RP磨衬瓦；完成了阳泉二电厂双进双出钢球磨衬瓦；还为海口电厂生产了两台1 200t/h碎煤机。

市场及销售 1995年，由于基本建设项目压缩，市场不景气，电力部系统矿山设备各生产企业销售处于半饱和状态，生产能力利用不足。但各企业强化销售工作，针对市场情况，开发周期短、见效快而又是电厂急需的新产品。如山西电力设备厂研制的DML－40埋刮板给煤机、双进双出钢球磨衬瓦，在电力市场使用，收到很好的效益；他们还抓时机，扩大旧产品市场，1995年销售了碎煤机12台、给煤机8台；并以宝鸡二电厂为突破口，打开了西北市场的局面；还将碎煤机销售到祖国的最南端——海口电厂。

北京电力设备总厂，是大一型企业，1995年，他们调整经营组织职能，促订货额的增长，使1995年产品销售收入达到2.4亿元，比上年增长9.8%。

沈阳电力机械总厂，在市场竞争激烈情况下，仍抓销售不放松，实现销售总值8 187万元，产值率达到97%，企业产、销实现平衡。

湖南电力设备总厂，立足市场，不断适应市场变化的需要，从原单一生产电器产品的企业，1995年研制生产了适用于火电厂输煤系统的滚轴筛、桥式卸煤和耐磨合金钢衬板等产品，为企业拓宽了产品市场，开辟了供销渠道，取得了较好的经济效益和社会效益。

1995年，共创造销售收入43 861万元，产品销售税金161万元。

产品分类及产量 电力系统矿山设备产品主要是：碎煤、筛煤、磨煤、给煤、给粉、耐磨产品几大类，用于电厂煤场部分。1995年完成的产品产量是：碎煤机40台、842t，给煤机497台、2 599 t，给粉机486台、371t，筛煤机30台、138t，磨煤机47台，碎渣机8台，耐磨件697t等。

科研成果及新产品 1995年，经电力工业部鉴定的新产品共3项，包括长春发电设备总厂研制的55685辊式破碎机，云南电力修造厂为阳宗海发电厂制造的冲击轮及耐磨件等。

管理及改革 1995年，各企业调整完善内部经济责任制和考核办法，促进经营机制向深度和广度开展。如北京电力设备总厂，制定了对流动资金实行额定与责任挂钩的“全额信贷制”管理，扩大资金收支平衡范围。改进生产分厂核算评价体系，建立一套比较完整的以投入产出效益为轴心的工业增加值核算评价体系。贯彻实施《劳动法》，宣讲全员劳动合同制内容与办法，推进企业“三项制度”改革。

质量及质量管理 1995年，全行业贯彻ISO9000质量管理体系，各矿山设备制造厂都制定了实施目标。沈阳电力机械总厂，以贯标为主线，按标准落实各部门的职能范围，起草了33个程序控制文件和质量手册。在国家抽检该厂叶轮给粉机产品中，全部合格。

山西电力设备厂由厂长挂帅，实行质量目标责任制，及时召开质量专题会议，层层把好每一关，确保出厂产品达到技术要求和标准，如阳泉二电厂的双进双出钢球磨衬瓦，是该厂采用先进的铸造工艺，用塑料模铸造、溜芯，平作立注的新成果，该产品完全达到美国佛斯特惠勒公司各项技术指标，并达到国际先进水平。该厂在为神头一电厂研制的埋刮板给煤机，在制造过程中，严格三级检验制度，各项技术要求和标准，都达到原设计要求，受到专家和电厂的一致好评。

长春发电设备总厂在质量管理中，以质量认证为“龙头”，落实质量职能，于1995年7月18日，在矿山设备制造企业中，率先取得中国质量协会质保中心正式颁发的ISO9001标准《质量体系认证书》。

对外合作及技术改造 矿山设备制造的产品，一般用于电站的煤场中，过去很少出口，1995年山西电力设备厂生产的双进双出球磨机衬瓦首次出口，创汇6万美元。技术改造投资额完成2 827万元，占固定资产投资总额的76.6%。其中：湖南电力设备总厂和云南电力修造厂将固定资产投资全部用于技术改造项目中。北京电力设备总厂的600MW机组配套磨煤机生产技术改造和沈阳电力机械总厂的筛煤、碎煤机械加工工艺及检测技术改造项目，均被列入电力工业部“九五”电力制造企业技术改造重点项目建议计划。

〔撰稿人：电力工业部　张海清　审稿人：电力工业部　王　昀〕

附：工矿车辆

〔电力工业部〕

生产发展情况 电力工业部系统制造电站用底开门煤炭漏斗车的企业是宝鸡电力设备厂。1995年共新造车辆205辆，修改车170辆，高空带电作业斗臂工程车4台，完成工业总产值（当年价）5 239万元，比上年增长32.5%；销售产值5 020万元，比上年增长32.8%；实现利润50万元，全员劳动生产率13 366元/人，分别比上年增长66.7%和56.4%。生产、销售保持同步增长，经济效益显著较高。

市场及销售 该厂主导产品是K18DG型煤炭漏斗车，主要用于国内电力、化工、水泥、煤炭行业。1995年由于全国电力基建规模和市场多方位渠道的改变，使得国内采用开车输煤方式有所下降，K18DG型煤炭漏斗车需求量相应减少。尽管该产品销售受到大气候的影响，市场竞争更加激烈，但该厂通过加强内部管理，提高产品质量，充分发挥营销人员的积极性，使得该产品仍在电力系统销售市场占总销售的50%，其他行业占50%，销售量占全国煤炭漏斗车销售的80%，仍居于首位。

1995年国内销售收入按产品类别分类构成，销售情况分析如下：1995年，该厂销售收入4 290万元，主导产品煤炭漏斗车约占80%，为3 432万元；其他设备产品占10%，修改车占10%。主导设备产品分为带电作业车、水隔离泵、气垫皮带、锅炉检修平台，分别占设备总销售收入的40%、20%、20%、10%。

产品分类及产量 1995年，完成底开门煤炭漏斗车新造205辆，修改车170辆，26m高空带电作业斗臂工程车4台，热管空气预热器制造38t。

科研成果及新产品 重大技术装备研制及重大技术攻关项目进展情况：滚动轴承轮对加工组装生产线完成了设备安装、调试、试生产等过程，现已投入批量生产。热管除氢技术正在寻求可靠的方法解决热管产生的氢气问题。

新产品试制、鉴定情况：(1) 等离子体煤粉锅炉点火装置现已完成机械和电气部分设计，待试生产和可靠性试验完成后，即可投入正式生产。(2) 热管空气预热器完成了试制，现已投入运行，待鉴定。(3) BDCS040CSX型带电水冲洗车完成了试制和鉴定，现已具备了批量生产的条件。(4) 锅炉炉膛铝合金检修平台完成了试制，待鉴定。

质量及质量管理 1995年该厂完善质量管理制度，修定奖惩条例，制订质量细则，提高员工的质量意识。采用定期按季度进行质量考核和不定期的现场质量抽查。在一定程度上促进了产品质量的进一步提高。

在新产品的试制过程中，积极配合有关部门进行质量检验和鉴定，并根据工厂实际情况编制相应的检测工艺记录表、卡。

此外，该厂率先在西北电管局修造企业中申请ISO9000质量认证体系的认证工作，确保产品质量可靠。该厂将采用GB/T19001 (ISO9001) 质量管理保证模式，现已进入手册和程序文件编制阶段，预计1997年9月底实现体系认证。

〔撰稿人：电力工业部　单　伟　审稿人：电力工业部　张海清〕

〔责任编辑：邝　鸥〕

冶金设备

〔机械工业部〕

生产发展情况 1995年，机械工业部所属冶金设备行业共有企业55个，其中重点大中型骨干企业26个，部属综合研究所1个，地方研究所1个，厂属研究所9个，国家级技术开发中心1个，国家级连铸国产化基地1个，国家级冶金机械质量监督检测中心1个，还有3所高等院校专门为重型机械特别是冶金机械行业培养高级专门技术人材并承担大量的科研任务。

1995 年全行业冶金设备总产量为 120 385t，其中，冶炼设备 42 611t，轧制设备 77 774t。8 个重点大中型骨干企业完成工业总产值 48.19 亿元，全员劳动生产率 48 003 元/人，各项经济指标详见表 1。

表 1　1995 年冶金设备行业 8 个重点大中型骨干企业的经济指标

指标名称	单位	一重集团	二重集团	大重集团	太重集团	上海重机厂	天津重机厂	昆明重机厂	中信重机公司
工业总产值（新价）	万元	106 052	95 899	57 288	69 480	45 798	21 641	14 019	7 1731
销售产值（新价）	万元	96 993		56 488	68 160	46 753	27 100	13 909	66 538
产品销售额	万元	83 396	84 997	57 210	62 588	46 038	27 100	12 394	54 409
产品销售税金及附加	万元	1 033		214	583	372	－2	94	234
应交增值税	万元	5 838		799	5 605	3 876	1 781	866	2 095
利润总额	万元	449	－2 752	4 337	618	76	754	70	101
机器产品产量	t	35 201	36 598	23 976	24 849	12 693	8 024	8 069	30 842
平均职工人数	人	18 128		8 447	14 036	7 849	6 830	3 860	20 926
工业增加值（新价）	万元	24 882		7 974	15 003	15 715	7 382	6 328	27 276
已有订货价值量	万元	237 453		110 635	119 093	78 769	43 892	15 379	112 091
其中：机器产品订货量	t	75 420		50 514	60 487	24 890	10 079	15 601	28 671
实发工资总额	万元	16 188		7 558	10 827	7 585.9	4 985	1 914	13 240
全员劳动生产率	元/人	58 502	47 573	67 821	49 501	58 349	31 685	36 318	34 278
固定资产原价	万元		115 927	75 944	113 132	57 985	50 039	25 127	47 623
净值平均余额	万元	51 678	53 859	51 399	63 426	20 756	26 392	16 222	19 286

科研成果及新产品　重大技术装备、新产品研制、开发取得新进展、新成就。行业上共安排重大技术装备、新产品研制项目 28 项，主要有：一重集团公司和二重集团公司及沈阳重机厂等研制的用于宝钢三期工程的 1 580mm 大型热连轧板机（其带钢规格 1.5mm～12.7mm×700mm～1 430mm，设计年产量 280 万 t），以西安重型机械研究所为主研制的上钢三厂 2 000mm 大型板坯连铸机，常熟铝箔厂 1 350mm 铝箔亲水涂层机组，太原矿山集团公司研制的高速线材轧机（其速度 120m/s，直径 5.5mm～12mm，双线制），太重集团公司研制的 1 200mm 型 8 辊钢矫直机（辊距 1 200mm，速度 1.2m/s～2m/s），沈阳重机厂研制的用于攀钢的 1 220mm 横切机组(1 号)(其冷轧板规格为 0.25mm～1mm×720mm～1 120mm 和 0.7mm～2.5mm×700mm～1 100mm，$V_{垛板}$＝180m/min，$V_{剪板}$＝150m/min,年产量 14.5 万 t)，大重集团公司研制的 R11m 三机三流合金钢大方坯连铸机（其浇铸断面为 235mm×265mm，$V_{拉}$＝0～3m/min，钢种为合金钢、轴承钢)、260tLF 钢水罐车、250tEAF 钢水称量车、80t 铁水称量车，一重集团公司研制的 1 700mm 连续热镀锌机组（其工艺段速度为 150m/min，头尾速度为 200m/min，年处理能力为 22 万 t)、2 800mm 中板轧机、大型方/圆坯四机四流弧形连铸机（其半径 12、16、31m，流间距为 1.65m，浇铸断面圆坯为直径 180、230、270、300、350mm，方坯为 280mm×325mm、280mm×380mm、319mm×420mm，浇铸速度为：圆坯 0.8m/min～2.95m/min、方坯 0.6m/min～0.82m/min，设计年产量为圆坯 52 万 t，方坯 68 万 t)、直径 114mm 无缝穿孔机，二重集团公司研制的用于攀钢 1 150mm 冷轧酸洗机组、2 200mm 冷轧酸洗机组、1 120mm 冷轧镀锌机组、H 型钢轧机、2 500mm 滚切式定尺剪和滚切式双边剪，昆明重机厂研制的 350mm 四辊冷轧机，天津重机厂研制的年产 15 万 t 煤基直接还原铁设备等。

安排科研项目 5 项：蒸汽喷射泵设计制造吸收，蒸汽喷射泵设计制造手册，大型工作辊移动式冷轧机关键技术研究，液压板厚和板形自动控制系统故障诊断技术研究和高速定尺停剪机试验研究。

1995 年获国家级科技进步奖 5 项，获部级科技进步奖 10 项，详见表 2。

在重大技术装备研制、新产品开发项目中代表行业水平的是 1 580mm 大型热连轧机、2 000mm 大型板坯连铸机和 1 350mm 铝箔亲水涂层机组三个项目。

1 580mm 大型热连轧机是宝钢三期工程重点工程项目之一，国内有 9 个单位参加联合制造，列入机械工业部重点调度项目，从加工制造质量到工期严格把关，确保按质、按期交货。一重集团承担了 3R 轧机、切头辊剪、层流冷却装置、卷取机、辊道等 50 多项关键主、辅机设备。装机水平代表 90 年代的最高水平。与日本三菱重工、石川岛播磨公司联合设计、合作制造。1 580mm 热连轧机的精轧机为七架（F1～F7）四辊轧机（其中 F2～F7 为三菱重工开发的 PC 轧机)，F2 和 F4 两架精轧机由三菱重工直接向宝钢供货，其余五架精轧机由二重集团公司与三菱重工合作设计、制造，按 F3、F5、F1、F6、F7 顺序交付宝钢。F3 精轧机架是日本在国际合作制造的第一台 PC 轧机，也是

1 580mm 热连轧机组上合作制造完成的第一台关键设备。F3 机架于 1995 年 5 月 7 日在德阳顺利通过了由宝钢、三菱重工、中国重机总公司和二重集团公司组织的 A 类联检（指由设计、制造、使用单位及总包外商参加的联合检查），比合同期提前两个月交货。除二重外，其他承担制造任务的有关重机厂也按合同进度组织生产，全部设备供货在 1995 年 7 月结束。

由西安重型机械研究所设计、上海重型矿山机械公司制造的上钢三厂大电炉分厂 2 000mm 大型板坯连铸机工程，是上海重大技改项目。钢厂工艺为超高功率直流电弧炉（100t×2）＋2 000mm 板坯连铸机＋4 200mm 厚板轧机。大板坯连铸机配大直流电弧炉这样的工艺在国内还是首家。其可浇铸的板坯最大断面宽度属国内之最，这套连铸设备于 1995 年 10 月 25 日在上钢三厂一次热试成功。主要技术性能参数：机型为多点弯曲、多点矫直的直弧型，一机一流，铸机半径 10.5m（基本圆弧半径），铸坯断面为 200mm～230mm×1 200mm～2 000mm，浇铸钢种为普碳钢、优质碳结钢和低合金钢等 14 大类钢种，设计产量 80 万 t/年，拉坯速度为 1.6m/min（200mm 厚断面），送引锭 2.2m/min。整套机组设备总重超过 4 000t，整套设备的国产化率达到 99%以上。装备整体水平达到了国外 80 年代末、90 年代初先进水平。

1 350mm 铝箔亲水涂层机组的开发研制是 1994 年国家重点工业性试验项目，国家技术开发专项贷款第一批项目。西安重型机械研究所承担了涂层机组的开发和成套设计任务。通过对生产线 4 项关键装备技术的科技攻关，发明了 8 项新技术及创造点，应用了 2 项新技术，于 1995 年开发研制成功该工业生产用亲水涂层铝箔机组，填补了国内该领域的空白。1996 年 1 月 17 日亲水涂层铝箔项目通过了国家经贸委组织的验收。该生产线总体设计合理，采用无活套、分段张力自动控制，电动穿带系统、气垫系统、热风循环系统和温度自动控制系统，技术先进，工作可靠；开发设计的气垫烘干炉、高精度涂胶机、缝合机、穿带机等关键设备，性能稳定、结构合理；该机组生产的亲水涂层铝箔达到国外同类先进产品的性能，为国产空调机的更新换代奠定了基础，具有显著的经济效益和社会效益；该生产线达到国际先进水平，标志着我国已具备独立进行设计制造亲水涂层铝箔成套设备的能力，具有推广价值。该机组设备国产化率达到 100%。主要技术指标：材料为软太铝，成品规格为最大卷重 6 000kg、板宽 600mm～1 200mm、板厚 0.08mm～0.3mm、卷外径 1 600mm，套筒规格：内径 500mm/外径 565mm×长度（1 360mm～1 490mm），机组速度：工作速度 60m/min（最高 75m/min）、穿带速度 15m/min，卷料最大错层公差≤1mm，卷料最大塔形公差≤10mm，涂层厚度≤1.5μm（双面涂层）。

表 2　1995 年获国家级、部级科技进步奖项目

序号	项　目　名　称	主要完成单位	获奖等级	备注
1	1 830mm 开卷落料堆垛自动生产线	太重集团	二	国家级
2	2 032mm 板坯连铸机关键技术攻关	西安重机所	二	
3	450m² 烧结机系统大型电除尘器	西安重机所	二	
4	直径 18mm～65mm 十一辊高精度管材矫直机	西安重机所	三	
5	1 400mm 铝板横切机组关键技术攻关	西安重机所	三	
6	攀钢 1 350mm 板坯连铸机成套设备	中国重机公司、西安重机所、攀钢集团	特	部级
7	TZ355 十二机架微张力减径机	太重集团	一	
8	直径 219mm 高频直缝连续焊管机组关键技术研究	西安重机所、汉川钢管厂、包头二机厂	二	
9	特殊钢板坯连铸火焰切割机的研制	西安重机所、太钢	二	
10	23kg 精锌铸锭堆垛机组	昆重集团	二	
11	三铰拉杆方柱型高刚度轧机研制	燕山大学	二	
12	大型工件覆盖渗碳	燕山大学、一重、沈阳重机厂	二	
13	板坯连铸二次冷却机理的研究	燕山大学	三	
14	十七辊、二十一辊板材矫正机系列产品	太重集团	三	
15	吐丝机关键技术的研究	燕山大学	三	

管理及改革　1995 年，冶金设备行业对重点产品质量开展了专项检查，加强对重大装备重点产品的质量、交货、售后服务、备件供应等的监视，每月定期召开重大装备产品质量情况通报会。抓紧重点工程重大装备制造和安装投运的督促和检查：强化了对宝钢三期工程的 1 580mm 热连轧板机、1 420mm 冷连轧板机的合作制造等的检查和督促、协调，确保在 1995 年内按计划进度交货。组织了

“八五”重大装备科技攻关课题、新产品工业试验的总结验收。为“九五”重大装备技术发展开展大量前期准备工作。

技术改造 1995年冶金设备行业的技术改造项目主要是“八五”技改项目、“八五”国家重大技术装备国产化基地技术改造专项等项目，主要涉及一重集团公司、大重集团公司、二重集团公司、太重集团公司、上海重型机器厂、中信重型机械公司、昆明重机厂等。主要用于改善生产条件和冷、热加工手段，提高生产能力和产品质量，如增扩建厂房、购置和（或）添置（填平补齐或配套）大型、高精尖加工和检测设备，计算机辅助设计工作站等。表1中8个重点骨干企业当年共完成技改投资15 173万元。

经过技术改造，在联合设计、合作制造、消化吸收和掌握国外先进技术方面，一重集团公司和二重集团公司在承担宝钢三期1 580mm大型热连轧板机的合作制造中，消化吸收了合作外商的设计和制造技术，特别是核心部件的设计、制造技术，如粗轧机架、精轧机架、卷取机等主、辅机。三期中的1 580mm热连轧机比一期中的2 050mm热连轧机技术水平高一档次，代表90年代世界最高水平。整个机组采用了直接轧制和热装轧制新工艺，用板坯立宽压力机代替了常规的大立辊轧机，采用了诸如AWC自动宽控、PC轧机机型、在线磨辊、全液压压下AGC系统、液压弯辊、快速换辊、层流冷却、液压卷取机、卷筒四级涨缩、全线四级计算机自动控制等新技术。一重集团公司承担了3R机架、层液冷却、切头辊剪、卷取机等50余项关键设备，二重集团承担了核心设备——5组精轧机架（为PC轧机）和其他辅机在内共计6 000t设备的制造任务。均较好地掌握了相应的先进技术，特别是大型热连轧机的核心技术。另外，天津重机厂消化吸收了由英国戴维（DAVY）公司和美国福乐（Fuller）公司引进的煤基回转窑铁矿石直接还原核心设备（主窑体和冷却筒）的设计、制造技术，为天津无缝钢管公司制造的相应设备的国产化率达到80%。

〔撰稿人：西安重型机械研究所　孟令忠　审稿人：机械工业部　汪建业〕

〔冶金工业部〕

生产发展情况 1995年，冶金工业部冶金设备行业26个企业结合当前的经济形势，调整生产计划，共完成工业总产值34.2亿元，比上年增长8.4%；设备制造量24.6万t，比上年增长-39.5%；全员劳动生产率2.2万元/人；亏损企业13个，占企业数的50%，比上年增长27%。

生产经营较好的企业有常州冶金机械厂，该厂瞄准目标，奋力拼搏，两个文明建设协调发展，主要技术经济指标迈上了新台阶。1995年完成工业总产值1.97亿元，比上年增长28.7%；销售收入2.46亿元，比上年增长11.8%；实现利税1 951万元（其中利润385万元），比上年增长26.4%。仅1995年就为宝钢完成备件1 429t，年大修件70项，急件3 973项。还按要求出色地完成了宝钢三期工程1 580mm热轧项目中的联合设计和制造任务（合计2 800t），受到机械工业部、中国重机总公司、宝钢的高度评价。在此基础上，又开发生产了高技术含量的产品，如太原钢铁厂的1 630mm连铸，宝钢1 420mm冷轧、1 450mm连铸及泰国的1 700mm酸洗生产线的制造任务等。

“八五”期间，冶金设备制造行业26个重点、独立冶金机械制造厂，共完成工业总产值296.7亿元，年均增长19.1%，低于大机械行业年均增长21%的水平；设备制造量134.2万t；实现利润834万元；全员劳动生产率2.49万元/人；技术改造投入5.7亿元；现有固定资产24.5亿元。

市场及销售 26个企业“八五”实现产品销售收入105.1亿元。1995年销售收入20.56亿元，比上年增长-23.4%；实现利税6.38亿元；全行业亏损7 222万元。

1995年，有7个企业的产品对外出口，创汇额共计769万元，比上年增长10.8%。在出口产品中仍以轧辊为主。出口额在100万美元以上的企业有上海冶金设备总厂、邢台机械轧辊（集团）公司、江苏冶金机械厂等。

科研成果及新产品 重庆钢铁设计研究院获国家科技发明二等奖的三环减速机，由邯郸冶金机械厂批量制造成功，通过了重庆钢铁设计研究院的质量检验和性能实验。已有71台顺利用于太原钢铁公司第二炼钢厂的连铸改造项目。用于衡阳钢管厂、邯钢三炼钢厂及上海远东公司的三环减速机，正在制造、安装过程中。此项产品覆盖国内8个行业、十几个省市。在1995年5月河北省第九届技术交易会暨第六届发明展览会上，邯郸冶金机械厂参展的三环减速机荣获金奖。

管理及改革 冶金设备制造行业于1995年4月在乐山召开了行业厂长工作会议，25名厂长到会。会议总结、交流了企业深化改革、开拓市场的经验，达到了统一思想、增强信心、深化改革的目的。

管理及改革较有成效的企业是常州冶金机械厂，该厂认真贯彻“改革、创新、发展、务实”的工厂方针，努力提高企业管理水平，在全厂实施“管理效益工程”，开展以建立、实施、保持质量体系为中心，强化现场管理和目标成本控制为重点的企业内部达标晋级活动，收到预期效果，很有借鉴价值。邯郸冶金机械厂进一步强化市场和新产品开发，促进企业经营机制和管理水平的改善，加强成本控制，实行目标成本否决；加强资金管理，狠抓清欠工作；强化质量管理，降低废品损失；抓好节能降耗，压缩企管费用；注重安全生产，强化现场管理；加强设备管理，促进固定资产保值增值；加强审计监督，维护企业整体利益。通过以上等项活动的开展，企业综合素质明显提高，取得了市场和用户的信任。获市政府“精神文明单位”和市工商行授予的“A级信用企业”称号。

张家口制氧机备件厂实现了与德国巴克—杜尔公司的合资。组建的巴高克巴克—杜尔换热器有限公司，中方以现有厂房、土地、设备、专有技术入股，计1 500万元；德方以现金、设备、专有技术入股，现金700万马克，3台设备155万马克，专有技术62.5万马克，计917.5万马克，折合人民币5 220万元。达产后年产空冷器和各种换热器8 000t，产值1亿元。目前德方入股资金已全部到位，各项工作进展顺利。

质量及质量管理 1995年，冶金设备制造行业开展了以ISO9000标准和实物质量为主要内容的“质量月”活动，常州、扬州、嘉兴、苏州、江苏、西安冶金机械厂等企业，开展了主题突出、内容具体、形势多样、针对实际的活动，收到较好的效果；另外，邢台冶金机械轧辊（集团）、天津第二冶金机械厂，已正式提出质量体系认证申请，并拟于1996年二季度通过认证。常州冶金机械厂已在重点工程中，全面按ISO9000标准的要求操作。嘉兴、扬州、苏州、西安、上海等企业也在为质量体系认证和产品方圆认证标志而加紧工作。

组织冶金机电产品质量监督检测中心开展行业质量监督工作。在轧辊行业统检工作中，对74个企业、112种轧辊产品进行了检查，其合格率仅63.4%；对铸钢轧辊实行国家监督抽查，17个品种，合格率为83.3%。此外，为铸铁轧辊实施生产许可证，做了前期准备工作，组织召开冶金轧辊生产许可证“实施细则”、“考核办法”的研讨会和宣贯会。

1995年江苏省恢复了质量管理奖评审活动，常州、扬州冶金机械厂，一直以贯彻ISO9000标准为中心，强化质量管理不松劲，自找压力，勇于申报，一举通过省质量管理奖的检查，荣获证书和奖状。

〔撰稿人：冶金工业部设备管理办公室　西德源　审稿人：冶金工业部设备管理办公室　李富廷〕

〔中国有色金属工业总公司〕

生产发展情况 1995年，据对中国有色金属工业总公司系统冶金机械行业25个企业统计，完成机械产品总产量74 948t，工业总产值99 263万元。其中5个独立机械厂完成机械产品总产量35 244t，比上年增长－27%；工业总产值43 033万元（1990年不变价），比上年增长－12.7%。

1995年衡阳有色金属冶金机械厂共完成工业总产值19 000万元，机电产品总产量16 449t，其中机械加工产量12 220t。生产连铸机4台、牙轮钻机2台、电铲3台、球磨机2台等，出色地完成了宝钢的管、方坯连铸机和大冶的诺兰达反应炉等项目，保证了冶金、有色重点建设。云南锡业公司机械厂全年完成综合产量3 178t，与上年持平；机械加工量完成1 871t，比上年增长5.75%；含税销售收入实现3 157.8万元，增收节支创效益246.41万元。

市场及销售 1995年5个直属独立机械厂销售收入55 803万元，比上年增长－11.5%。衡阳有色冶金机械总厂1995年先后向美国、日本等国出口了5台295B电铲和一大批破碎机、连铸机、牙轮钻机等部件，出口创汇312万美元，进一步扩大了自营进出口业务。

产品分类及产量 1995年有色金属冶金机械行业生产的主要设备有：精炼炉978t、罩式炉246t、连铸机3 350t、冷轧机253t、轧钢机220t、铸造机108t、轧机123t、转炉188t、回转窑399t、烧结机1 287t、冷却机109t、水泥磨机196t、铸渣机293t、圆筒混合机234t等。

科研成果及新产品 1995年沈阳有色冶金机械总厂应用新型工业燃气燃料——霞普气替代乙炔气体技术在焊接、铸钢及其他用气工种的应用性实验中取得进展。应用等离子切割40mm不锈钢厚板和4mm不锈钢薄板焊接工艺在新产品罩式炉制造过程中的质量攻关保证上取得最佳应用效果。在新产品开发方面，运用新技术开发1 500mm×3 000mm烧结台车及具世界先进水平的SGMB120/8、500/7、25/1.5新型隔膜泵系列产品，其中新型SGMB25/1.5产品设计通过化学工业部专家审定；与曼内斯曼·德马克冶金公司进行技术合作，联合设计，为包头钢铁公司制造的总重370t的80tLF/VD钢包精炼炉，产品全部达到设计要求，除电控系统外，制造全部达到国产化；为包钢研制的PYS－∅2 134mm新型西蒙斯圆锥破碎机按期完成；为包钢研制的新产品——高炉纯铜冷却壁，纯铜含量达99.5%以上，达到了国际先进水平。衡阳有色冶金机械总厂根据市场调查及用户要求，按照国外先进技术标准，对已经开发的195B1电铲、YZ35和YZ55型牙轮钻机、922D和922E铲运机进行了工艺审查和设计改进，并完成了928型铲运机的改进设计转化工作。同时引进、吸收了意大利技术，成功地为宝钢生产了管、方坯连铸机，产品达到了国际标准，使该厂的连铸机制造水平上了一个新台阶。云南锡业公司机械厂开发完成了QD型5t～25t系列通用桥式起重机、LD型1t～5t系列电动单梁起重机的试制工作，两台吊车样机通过了有关专家的检测和鉴定，并投入了小批量生产。此外，还有一批产品获总公司科技进步奖，如西北铅锌冶炼厂锌焙烧浸出新工艺及装备研究与应用、贵州铝厂180kA级铝电解槽开发试验获得总公司科技进步一等奖；ZGC－40型渣罐运输车、国产化大型密封铜转炉吹炼生产系统、智能型铝电解槽工业试验、具有整体运行状态计算机综合显示和柔性传动系统的新型回转窑等获得总公司科技进步二等奖。

管理及改革 1995年，株洲硬质合金厂硬质合金设备修造公司狠抓了生产现场管理和财务管理，公司内外环境面貌焕然一新，设备故障率明显降低，成本费用控制取得明显成效。云南锡业公司机械厂对营销工作实施了“一包五定”（即经营效果总承包，定承包人费、定销售收入基数、定销售费用比例、定产成品资金占用、定经营效果）为主要内容的经营总承包。实施了全员劳动合同制改革，全厂共签订劳动合同1 262份，达到应签人数的97.98%，实现了劳动管理的法制化。衡阳有色冶金机械总厂结合工厂实际对全厂职工进行了工艺纪律与质量意识再教育，建立、健全了有效的工艺管理体系，结合生产实际编制和修订了工艺技术标准，主要有：(1) 集中生产件标准工艺；(2) 连铸机结晶器、振动装置工艺工时汇编；(3) 通用防锈工艺；(4) 配管酸洗、磷化质量标准；(5) 机械设备液压润滑配管装配通用工艺守则；(6) 产品划线刷涂涂料补充规定；(7) 不锈钢产品焊接部位酸洗工艺规程；(8) 修订了连铸机刚性引锭杆制造工艺守则及有关工艺文件；(9) 整顿了部分产品的机加、铆件工艺技术标准。

质量及质量管理 沈阳有色冶金机械总厂从1979年推行全面质量管理工作，先后获总公司、辽宁省和沈阳市质量管理奖企业称号，有15项产品获部级以上优质产品称号，其中为武汉钢铁公司1700轧机配套产品——42″×30型动压油膜轴承经国家鉴定，各项性能均达国际先进水平，获国家金质奖、全国优秀新产品“飞龙”奖和冶金工业部、辽宁省优质产品奖，1995年油膜轴承系列产品被沈阳市政府命名为沈阳市名牌产品。该厂从产品设计到生产制造严格采用GB/T19000（ISO9000）标准。质量管理工作坚持两级质量例会，组织关键产品攻关，特殊工序设立质量控制点，对各类人员进行岗位培训，加强工序检验和成台产品试车验证，严格执行质量事故处理制度，严肃质量考核，建立用户档案，加强用户走访和售后服务机构等工作，产品制造质量相对有了大幅度提高，返修件明显减少，产品综合合格率达99.7%。

技术改造 1995年5个直属独立机械厂技术更新改造投资共6 859万元。衡阳有色冶金机械总厂1995年计划投资2 138万元，实际完成投资1 660万元。其中采选冶设备车间改造系总公司的重点技改项目，1995年土建方面完成毛料跨1 512 m^2的盖顶、部分砖墙的筑砌，主要购置了等离子切割机、CO_2气体保护焊机等设备。沈阳有色冶金机械总厂1995年投资298万元继续进行总公司重点项目——重型机械加工车间的续建和改造，完成了800t油压机，W200、W250HC铣镗床和6.3、10m立车等设备的搬迁和安装工作。

对外合作 衡阳有色冶金机械总厂先后以技贸结合的方式从美国BE公司、意大利DANIELI机械制造有限公司、加拿大诺兰达公司等引进了世界最先进的挖掘机、连铸机、反应炉等生产技术。1995年通过间接技贸方式从奥地利GFM公司为抚顺钢厂引进了模具钢生产线上剪机及摩擦锯主机等制造技术；从日本三菱重工公司引进了小方坯连铸主要单机拉矫机等制造技术。

〔撰稿人：中国有色金属工业总公司企业部 晏厚庠〕

〔责任编辑：邝 鸥〕

石油设备

〔机械工业部〕

生产发展情况 1995年机械工业部系统石油设备制造企业有53个，其中骨干重点企业7个，另有研究所3个；完成工业总产值17.36亿元，产品销售收入16.61亿元，产品产量16.3万t，全员劳动生产率7 866元/人。其中7个骨干重点企业主要经济指标完成情况详见表1。

表1 1995年石油设备行业7个骨干重点企业主要经济指标完成情况(单位：万元)

序号	企业名称	工业总产值（1990年不变价）			产品销售收入	利润总额
		1995年完成（新规定）	1995年完成（原规定）	比上年增长%		
1	兰州石油化工机器总厂	30 899	29 546	-23.3	24 978	-4 387
2	兰州通用机器厂	4 613	4 613	-38.7	5 127	-3 621
3	上海大隆机器厂	17 880	18 018	24.3	19 443	-1 218
4	上海第一石油机械厂	2 878	2 517	0	1 221	6
5	上海第二石油机械厂	1 530	1 553	12.3	1 335	
6	通化石油化工机械厂	1 747	1 747	-33.7	1 614	-1 097
7	四川钻采设备厂	1 050	1 050	0	1 021	-802

1995年，石油设备行业各企业一方面努力调整产品结构，开拓新市场，扩大服务领域；另一方

面保留并加强石油机械制造、研究、设计力量，继续为石油工业服务，克服种种困难，为石油及石油化工工业建设提供了大批装备，完成石油钻采设备64 515t、压裂固井设备717t、修井设备496t、石油机械配件20 311t、炼油化工设备77 018t。

科研成果及新产品　“八五”期间，我国石油工业的发展方针是稳定东部、发展西部，新疆塔里木是我国石油接替地区，因此，沙漠石油装备列入了国家“八五”重大技术装备项目。该项目包括5个子项共有22个课题，其中机械工业部系统承担11个课题。到目前为止，已有5项完成了工业性试验，并通过了鉴定；有5项完成了样机，正在塔里木油田进行工业性试验；还有1项样机在厂内进行了试验，待进行工业性试验。

由兰州石油化工机器总厂总承包研制的6 000m电驱动沙漠石油钻机（简称60DS钻机），是为勘探开发我国新疆塔里木沙漠石油天然气资源，经原国务院重大技术装备领导小组办公室安排的“八五”国家重大技术装备科研攻关项目。该钻机名义钻深6 000m，最大钩载4 500kN，最大钻柱重量220t，绞车最大输入功率1 470kW，单台钻井泵功率1 180kW，动力总量达3 000kW。钻台高度9m，“∩”形井架高45m。该钻机除柴油机和部分电子元器件外，其余全部由国内自己制造，国产化率达70%以上。采用了AC－SCR－DC传动方式，即用5台美国卡特彼勒D399柴油机带动5台交流发电机组成电站，电制为50Hz，经可控硅整流，供4台直流电动机驱动2台泥浆泵、2台直流电动机驱动绞车和转盘进行打井，电控系统采用模拟控制加微机，实现了自动报警保护、显示和记忆，电路设计成模块化，具有自动诊断功能。

60DS钻机自1991年5月立项以来，在总包厂和各分包厂的共同努力下，共完成科研攻关项目31项，于1994年8月总装完成，并进行了厂内型式试验，1994年9月通过了出厂验收，经整改后于1994年12月发往新疆塔里木石油勘探开发指挥部塔克拉玛干沙漠腹地的塔中29井进行工业性试验，1995年2月19日开钻，至10月22日钻完6 300m，11月2日正式完井；为了进一步考验钻机的搬迁、移运及安装性能，塔里木石油勘探开发指挥部决定在塔中161井再钻一口井。1996年1月5日至8日搬迁，1月20日开钻，至今已钻至4 000m，并且已打出油，日产原油达216m^3。

1996年3月29日，在机械工业部和中国石油天然气总公司共同主持下，成立了以油田用户为主，科研院所、大专院校的石油钻井工艺及钻井装备专家组成的15人鉴定委员会，在兰州召开了6 000m电驱动沙漠石油钻机鉴定会。专家一致认为：该钻机设计先进，布局合理，配套齐全，机械化程度高；配备了防沙、耐高温、防冷凝装置，经历了春夏秋冬及风季（风力10级，最高温度45℃，最低－25℃）和沙漠205km运移颠波考验，证明性能良好，运行可靠；操作方便，维修简单，受到油田工人的好评。鉴定委员会一致同意通过鉴定。6 000m电驱动沙漠石油钻机的研制成功填补了国内一项空白，它标志着我国石油钻机设计、制造、使用水平上了一个新台阶。

由天津斯波泰克潜没电泵有限公司（原天津电机总厂）研制的QYDB150－300/3500－C型沙漠油田用电动潜油泵，是为适应我国新疆塔里木沙漠油田石油开发需要研制的适用于高温、超深井采油而安排的“八五”国家重大技术装备项目。1993年由原国务院重大技术装备领导小组办公室组织招标，在四五个电潜泵生产制造企业竞相投标的情况下，天津斯波泰克潜没电泵有限公司以技术水平高、质量过硬、价格合理的优势经专家评审，一举中标。该潜油电泵的基本技术参数为：油井温度＜150℃、套管内径＜150mm、含砂量＜0.1%、额定流量300m^3/日、额定扬程3 500m、泵效61%、电机输出功率223.7kW、分离器油气比＜200:1。

研制单位经过一年多的攻关、设计、试制，产品组装后又进行了成套试验，高温200h运行，并做了各项指标测试。1995年12月20日通过了有国家经贸委、机械工业部、中国石油天然气总公司、新疆塔里木石油勘探开发指挥部等单位参加的出厂验收。电泵的设计制造在电机绝缘结构、泵型设计、新型电机综合保护器等方面采用了先进技术；电泵的重要组成部件有严格的理论计算，对绕组线、浸渍漆、胶囊等关键原材料进行了攻关实验和筛选。样机技术性能指标达到了合同要求。1996年2月5日在塔里木油田甲荷11井下井成功。泵挂3 446m、日产液量350t，日产气量5 560m^3。泵挂处液体温度140℃。机组运行平稳，动液面、产量稳定，停机后，机组绝缘无变化，一切正常。1996年下半年进行鉴定。

〔撰稿人：机械工业部重大装备司　于黛印〕

〔中国石油化工总公司〕

生产发展情况　1995年，中国石油化工总公司系统制造企业中，具有一定规模的机械、仪表企业共有30个，其中机械制造企业26个，仪表制造企业4个。在26个机械制造企业中，按其产品结构分类：既生产石化非标设备、又生产机械产品的企业10个，只生产机械产品的企业2个，只生产石化非标设备的企业14个。1995年的产品产量：机械设备为63 165t，比上年增长17.6%；仪器仪表9 597台（套），比上年增长2.7%。

1995年，30个制造企业的固定资产原价为150 112万元，固定资产净值为94 783万元。现有年生产能力：机械设备为83 340t，仪器仪表为18 700台（套）。职工总人数为28 277人，其中，工程技术人员4 238人，占总人数的15%；年均全员劳动生产率为48 737元/人，比上年增长－9%；完成工业总产值137 814万元，比上年增长12.7%，其中26个机械制造企业完成工业总产值

133 382 万元，4 个仪表制造企业为 4 432 万元。

1995 年，石化总公司系统中 12 个重点、骨干机械制造企业工业总产值为 64 421 万元，比上年减少 2%，机械设备产品产量 29 844t，比上年减少 1.2%。

1995 年完成的主要任务是承担石化总公司所属各石化生产企业的炼油、化工、化肥等装置基建和技改项目的设备制造，主要是茂名石化公司 30 万 t/年乙烯工程，兰州化学工业公司的 6 万 t/年乙烯改扩建工程，辽阳石化公司的 20 万 t/年聚酯工程，安庆石化总厂的 5 万 t/年丙烯腈工程等重点项目的设备制造任务。

1995 年，中国石油化工总公司系统制造企业在生产经营方面存在的问题：一是生产任务不饱满，任务量仅为生产能力的 75%；二是由于种种原因，经济效益继续滑坡，30 个企业共计亏损 13 287万元，其中有 12 个企业共亏损 17 623 万元，其余 18 个企业共盈利 4 336 万元。亏损面比上年减少 2 个，但亏损额比上年增长 44.4%。另外，在 12 个亏损企业中，重点和骨干制造企业就达 8 个，共亏损 14 745 万元，占 12 个亏损企业亏损额的 84%。

"八五"期间，中国石油化工总公司系统制造企业共完成工业总产值 563 707 万元，比"七五"期间的产值增长 185%；完成机械设备产品产量 259 614t，比"七五"期间的产量增长 17.9%；仪器仪表产量 67 157 台（套），减少 35.3%；全系统制造企业共亏损 13 293 万元，而"七五"期间则盈利 13 359 万元。

市场及销售 1995 年，中国石化总公司系统制造企业产品的销售市场主要是总公司内部各石化企业，其次是国内市场，也有 2 个～3 个企业的部分产品销往国外市场。30 个制造企业 1995 年国内销售收入共 117 552 万元，其中 12 个重点骨干企业共实现销售收入 58 431 万元，占系统 30 个企业总收入的 49.7%。

1995 年，上海石化机械制造公司、齐鲁石化公司机械厂等，向日本等外商出口石化设备创汇收入近 300 万美元。

"八五"期间，总公司系统制造企业产品销售收入共计 409 848 万元，其中 12 个重点骨干企业销售收入 244 889 万元，占系统总销售收入的 59.8%。

产品分类及产量 中国石油化工总公司系统制造行业产品分为四大类，1995 年完成情况如下：(1) 石油化工专用设备（塔器、换热器、容器等），完成 31 649t，比上年减少 10%；(2) 石油化工机械产品（机、泵、阀），完成 1 877t，比上年减少 24.8%；(3) 石油化工备品配件，完成 5 237t，与上年持平；(4) 石化仪器仪表，完成 9 597 台，比上年增长 2.7%。

1995 年及"八五"期间，主要产品品种完成情况见表 2。

表 2 1995 年及"八五"期间主要产品完成情况

产品名称	产量（t/台）		产 值（万元）		销售收入（万元）	
	1995 年	"八五"期间	1995 年	"八五"期间	1995 年	"八五"期间
烟气轮机	117/8	300/20	2 800	4 900	2 179	4 755
工业泵	196/271	792/1 253	716	2 429	563	2 341
三旋管分离器	180/338	506/1 168	935	2 851	489	2 405
分离机	58/9	100/23	423	1 488	423	1 491
减速机	6/5	18.5/24	24	157	24	157
阀门	630/353	2 125/1 041	4 867	12 088	3 593	11 669
过滤机	814/50	2 029/93	3 124	7 552	2 479	6 725
套管结晶机	115/4	1 651/55	166	2 040	166	2 046
包装桶	4 614/207 960	18 768/832 047	3 534	11 441	3 527	11 476
冷旋压封头	2 337/3 137	10 106/18 813	894	3 558	828	3 303
膨胀节	256/49	888/262	213	576	213	576
高频焊接超片管	68/133	430/3 055	132	756	412	759
铁路槽车	3 272/108	12 403/491	1 759	8 936	1 219	8 532

科研成果及新产品 1995 年，中国石油化工总公司系统机械制造企业获总公司级（部级）科学技术进步奖共 3 项。其中：催化裂化 PIM 型多管式旋风分离器的研究和工业应用项目获一等奖，且由中国石化北京设计院、洛阳石化工程公司、石油大学、沧州炼油厂等单位与大庆石油化工总厂机械厂共同研制开发的。该设备结构属国内外首创，达到了国外催化裂化同类设备的先进水平，在环境保护方面具有重要作用，经工业装置实际考核，经济效益显著。电液控制塞阀项目获二等奖，是由中国

石化洛阳石化工程公司、航空工业总公司六三四研究所、兰州炼化总厂炼油一厂与兰州炼油化工机械厂等单位研制开发的。该阀运行可靠，调节灵活，性能优良，其主要性能指标基本达到了国外90年代初同类产品的先进水平。罐车除锈自动控制与微机控制装置项目获三等奖，是由北方交通大学电气工程系和齐鲁石油化工公司机械厂研制开发的。该装置经实际运行表明：技术水平和自动化程度达到国内先进水平，有很高的推广价值，有较好的经济效益。另外，还有由大庆石油化工总厂机修厂开发的渗碳奥氏体型耐热合金材料的焊接方法项目，获得了中国石油化工总公司发明四等奖。

“八五”期间，中国石油化工总公司系统机械制造行业获得总公司（部）级科学技术进步奖共计21项，其中一等奖1项，二等奖5项，三等奖15项。

在新技术、新工艺、新材料等方面，已获得成果的项目主要有：上海石化机械制造公司的软胶胀管新技术项目，该项成果是以液压为动力，以橡胶为胀管媒介体的软胶管技术，该厂设计制造成功的R－250软胀管机用于工业生产，获得较好效果，其性能优良，具有较高的商业价值，已获得两项国家实用新型授权专利（专利号：ZL9322637和ZL93226328）。

1995年经中国石化总公司（部）级鉴定的有代表性的新产品有：燕山石化公司化工一厂、大修厂、设计院研制的E－15A/B超高压套管换热器，该设备是高压聚乙烯装置中的关键设备，换热面积43.6mm^2，设计压力270MPa，设计温度300℃。从材料、零部件制造等方面，全部实现国产化。经过一年实际运行考核，性能稳定可靠，效果良好，达到同类产品的国际水平。另外，由齐鲁石化公司机械厂试制成功的大型丙烯精馏塔，是80年代成套引进的30万t乙烯/年装置的关键设备之一，直径3 800mm，塔高82 430mm，总重量350t，经各项指标检验，达到国际同类产品的水平。该厂试制的苯酐装置关键设备之一的W－104苯酐气体冷却器也实现了国产化。该设备（长×宽×高）7 030mm×2 535mm×4 685mm，进口温度360℃，出口温度170℃，管壳程压差大，管程8.5MPa，壳程0.12MPa，设备结构复杂。这两项设备的试制成功，为生产装置达标创造了重要条件，并为国家节约了大量外汇。

管理及改革　1995年10月召开了“中国石化总公司机械、仪表制造工作会议”，提出了总公司系统机械、仪表制造行业的指导方针，明确了中国石化物资装备公司是总公司机械、仪表制造行业的主管部门，其主要职责是按照国家和总公司的有关规定，对总公司机械、仪表制造行业进行宏观管理，做好组织、协调、监督、服务工作。为此，11月总公司制定下发了《关于发挥总公司集团化联合优势，加强机械、仪表制造管理的若干规定（试行）》及《中国石化总公司机械、仪表制造厂产品分类定点方案及科研新产品开发导向意见》等文件。为总公司系统机械、仪表制造行业的管理和改革指出了方向和任务。

质量及质量管理　1995年，总公司系统机械制造企业中，有安庆石化总厂机械厂及大庆石化总厂机修厂经劳动部组织的审查组审查，通过了含三类压力容器制造许可资格的换证；燕山石化公司机械厂通过了含三类压力容器（高压）增项审查，他们都按期发了新证。另外，11月乌鲁木齐石化总厂检修工程公司也通过了复审，取得了含三类（含高压）压力容器制造许可证。至今，中国石化总公司机械制造企业中取得劳动部颁发的含三类压力容器制造许可证的企业已达到21个。

1995年，在采用国际标准中，第二建设公司设备制造厂、第三建设公司机械制造厂、第四建设公司金属结构厂、第十建设公司机械厂等4个企业，通过审查，已取得了美国机械工程师协会(ASME）制造资格证书。至今，中国石化总公司机械制造企业中，取得ASME制造资格证书的企业已达11个。

1995年，在ISO9000标准认证方面，中国石化总公司系统机械制造行业有了新的起步，第四建设公司金属结构厂及广州石化总厂建设安装工程公司两个企业已取得了GB/T19002（ISO9002）质量体系认证证书，为产品进入国内外市场，创造了有利条件。

〔撰稿人：中国石油化工总公司物资装备公司　张健生　审稿人：中国石油化工总公司物资装备公司　王廷俊〕

〔中国石油天然气总公司〕

生产发展情况　1995年中国石油天然气总公司系统生产石油设备的企业共有24个，拥有职工50 618人；完成工业总产值221 429万元（当年价），比上年增长－0.93％；平均全员劳动生产率为43 745.1元/人，与上年基本持平；产品销售收入20 4233万元。

1995年完成石油设备14.4万t，比上年增长－13.2％，主要产品有普通钻机19套，地震钻机149台，钻机井架15套，钻机底座9套，泥浆泵17套，抽油机3 997台，抽油杆490.6万m，抽油泵18 199台，采油螺杆泵126台，修井机70台，石油工程车408辆，石油配件及工具16 642t。

近年来石油设备的需求量趋于稳定，由于前几年各方面竞相发展石油设备的生产，造成生产能力过剩，专业生产厂任务不足，经济效益低，处境极为困难。为谋求生存，一些石油设备的专业厂开始生产部分非石油产品，并积极扩大出口，打入国际市场。

科研成果及新产品　1995年中国石油天然气总公司完成的石油装备科研成果主要有：

6 000m沙漠电驱动钻机通过鉴定。6 000m沙漠电驱动钻机是“八五”国家重大技术装备科技攻关项目，经兰州石油化工机器总厂和塔里木石油勘探开发指挥部以及各分包研制厂家的共同努力，在塔里木沙漠钻井试验获得成功，该钻机各项性能均满足了沙漠钻井的工艺要求，其总体上达到 90 年代初国际先进水平。浅海移动式试采试验平台和单井早期生产试验平台是“八五”国家重大技术装备科技攻关项目，由胜利石油管理局研制成功，两项成果填补了国内空白，经济效益十分显著，现已通过鉴定验收。15t 沙漠物探专用车是“八五”国家重大技术装备科技攻关项目，由地球物理勘探局研制成功，专家鉴定后认为该项目填补了国内空白，实际使用性能与国外同类车型相当，已通过鉴定验收。“埕岛中心一号”桩基液压自升式固定采油平台是“八五”总公司重大技术装备科技攻关项目，由胜利石油管理局研制成功，专家鉴定后认为该项成果属国内首创，接近国际先进水平。由宝鸡石油机械厂研制的 ZJ－15X 斜井钻机，自 1994 年完成工业性试验并投入使用以来，已钻井 15 口，并成功地钻成了水平井，受到了新疆油田的好评，填补了国内空白，达到了国外同类产品的先进水平。由铁岭石油机械厂研制的拔套管机，经河南油田录井公司试用，效果良好，仅用五天就拔出套管 1 547.5m、40t。该机与国外同类产品相比，具有举升距离长、举升力大和起出套管深的特点，该产品已通过鉴定，并列为中国石油天然气总公司新技术推广项目。南充石油机械厂生产的川石牌系列农用车和 CNG 汽车在四川省第五届丝绸节新技术、新产品展销会上双双获得金奖。

质量及质量管理 1995 年，总公司在机械企业中贯彻 ISO9000 国际标准和进行质量体系认证、API 认证，至今已有 12 个企业通过 ISO9000 标准质量体系认证。这些企业是：宝鸡石油钢管厂、青县石油钢管厂、胜利石油钢管厂、沙市石油钢管厂、资阳石油钢管厂、辽阳石油钢管厂、川石一克理斯坦森公司、北京石油机械厂、胜利泵公司、济南柴油机厂、南阳石油机械厂、咸阳钢管钢绳厂。

〔撰稿人：中国石油天然气总公司　赵光理　审稿人：中国石油天然气总公司　陈泽轩〕

〔电力工业部〕

生产发展情况 电力工业部系统生产石油设备的企业只有杭州钻探机械制造厂 1 个。该厂有职工 530 人，工程技术人员 52 人。1995 年生产处于低谷中，地质钻机只制造了 178 台，比上年下降 19%。生产滑坡的严重局面，使厂领导班子认识到：十几年就地质钻机一个产品，技术落后，受工程项目影响严重，在市场经济竞争激烈的今天，必须抓新产品开发和老产品上水平，必须拓宽产品销售领域。国内市场萎缩，就打开国际市场。1995 年在很不利的市场情况下出口了 30 台地质钻机，创汇 24 万美元。

技术改造 1995 年该企业加大了技术改造力度，共投资 320 万元对现有老化的设备进行改造，并对地质钻机杆钻的新产品投入资金，已研制出 2 台样机，用于三峡工程。

〔撰稿人：电力工业部　张海清　审稿人：电力工业部　王　昫〕

〔责任编辑：邝　鸥〕

塑料设备

〔机械工业部〕

生产发展情况 根据中国塑料机械工业协会、机械工业塑料机械科技信息网与大连塑料机械研究所联合进行的《塑料机械行业 1995 年度基本情况统计汇编》统计，全国现有县以上塑料机械生产企业 200 余个，根据 1995 年度收到 133 个企业的报表统计，1995 年工业总产值 48.8 亿元（当年价总产值 57.5 亿元），销售金额 46.6 亿元，实现利税 4.5 亿元，出口创汇 3 252.5 万美元。

与上年相比，塑料机械行业生产发展情况主要有如下特点：(1) 行业发展速度放慢，整体效益下滑，亏损企业增多。(2) 注塑机与挤出机仍为塑机的主导产品，吹塑中空成型机呈上升趋势，辅机生产引起重视，塑机配套有所提高，产品结构趋向合理。(3) 注塑机生产已逐步形成经济批量，经济效益明显。1995 年塑机行业利税和人均利税排前三名的均为注塑机生产专业厂和合资企业：宁波海天塑料机械有限公司（利税总额为 5 597 万元，人均利税为 9.82 万元），震德塑料机械厂有限公司（利税总额为 5 214 万元，人均利税为 11.74 万元），东华机械有限公司（利税总额为 1 818 万元，人均利税为 3.37 万元）。(4) 出口创汇有所提高，大连橡胶塑料机械厂仍为行业之首，创汇 591.5 万美元。

市场及销售 1995 年塑机市场受塑料制品行业不景气的影响，总体购买能力下降，趋于平衡。复合、发泡、共混是当前塑料工业发展的趋向，也是塑机市场的需求方向。多层复合及多种材料的复合设备，发泡管材、板材、异型材、包装材料生产设备，各种混炼混合造粒设备等市场需求明显增加，进口较多。从主要塑机品种分析，注塑机仍占塑机市场的 1/3 以上，挤出机及辅机占 20% 左右，吹塑中空成型机市场需求有明显增加。

1995 年，塑机行业销售收入排前十名的企业为：山东塑料橡胶机械总厂、宁波海天塑料机械有限公司、震德塑料机械厂有限公司、大连橡胶塑料机械厂、东华机械有限公司、上海申威达机械有限公司、江苏白熊机械集团公司、南京工艺装备制造厂、江苏维达机械集团公司、顺德市容声塑料机械有限公司。出口创汇额排前十名的企业是大连橡胶塑料机械厂、东华机械有限公司、顺德市容声塑料机械有限公司、宁波海天塑料机械有限公司、震德塑料机械厂有限公司、恩港恒生机器厂有限公司、无锡格兰机械有限公司、中国航空工业兰州飞控仪器总厂、南京工艺装备制造厂、上海轻工机械股份有限公司。

产品分类及产量 1995年，据对133个企业统计，塑机产品总产量为56 237台/100 258t，其中注射成型机为17 744台/44 092t，占塑机总产量的32%/44%；挤出成型机及辅机为9 655台（套）/17 621t，占塑机总产量的17%/18%；吹塑中空成型机为698台/1 817t，占塑机总产量的1%/2%；其他塑机产品为28 140台/36 728t，占塑机总产量的50%/37%。

科研成果及新产品 由华南理工大学承担的国家科委“八五”重点科技攻关项目电磁动态塑料成型机械设备的研制开发中的子项目——电磁动态塑料混炼挤出机的研制开发和电磁动态塑料注射成型机的研制开发项目于1995年12月25日由国家教委主持通过鉴定验收。电磁动态塑料挤出机已由科研阶段转入工业化小批量生产阶段，电磁动态塑料混炼挤出机已由科研阶段转入应用阶段，电磁动态塑料注射成型机已研制出第二代样机。电磁动态塑料成型技术及设备的研究开发，将会引起塑料成型技术及设备，特别是塑料挤出成型技术及设备的一场革命，目前已由科研逐步转入工业化生产。

大连橡胶塑料机械厂承担的国家科委“八五”重点科技攻关项目橡胶塑料机械CAD项目于1995年12月6日至7日通过机械工业部组织的鉴定。该项目是我国橡塑机行业CAD开发与实际应用的一个突破，在橡胶塑料密炼机主要零部件有限元件分析、同向平行双螺杆挤出机的螺纹元件、啮合块及吹膜螺旋棒机头参数化设计、橡塑机械用减速器专家系统和参数化设计系统等方面属国内首创，达到国际90年代初水平。该厂自行开发的SJSH-92×32、SJL-F92双螺杆挤出造粒机组，SJSH-90×20、SJ-180×6、SJL-F180可交联聚乙烯挤出硬管机组，SU-630塑料扩管机为国内塑机产品增加了新的品种。

山东塑料橡胶机械总厂研制的FBJ1300双面结皮内向法发泡挤出生产线，引起广大用户的关注。该生产线采用SJS-120/20发泡专用平行双螺杆挤出机，最大挤出量（PVC）500kg/h，模头宽度1220/1250mm，口模厚度8mm～30mm。

宁波海天塑料机械有限公司开发生产了多台HTF25000大型注射成型机，用于汽车、家电等行业。该大型机采用了电脑控制压力、速度、温度、位置等，合模部分优化设计、多泵比例控制等先进技术，具有较高的技术水平。

秦川机床厂研制开发的SCJ230塑料挤出吹塑中空成型机于1995年5月通过机械工业部组织的鉴定。该机可以生产的最大中空制品容积为230L，能满足高分子量聚乙烯制品的生产要求，填补了我国自行设计制造大型中空成型机的空白，主要技术性能指标达到国际90年代初同类产品的先进水平。

管理及改革 全国塑料机械行业工作会议和中国塑料机械工业协会一届二次理事会于1995年6月19日至22日在山东省泰安市举行。会议的主要任务是讨论“九五”行业发展规划，审议协会工作报告，交流企业经验。

1995年，原秦川机床厂成立了集团，更名为秦川机床集团有限公司；江苏白熊集团公司和江苏维达机械集团公司成立。至此，塑机行业现有10个集团。

质量及质量管理 全国橡胶塑料机械标准化技术委员会塑料机械标准化分技术委员会第二届第四次工作会议，于1995年11月1日至3日在浙江舟山召开。会议讨论修订了《单螺杆塑料挤出机》行业标准。

技术改造 大连橡胶塑料机械厂“八五”技术改造于1995年末验收。化学工业部与机械工业部合作计划投资总额3 700万元，实际完成投资总额为4 191万元，用汇170.9万美元。新增设备90台（套），其中进口日本3 000mm×5 000mm五面加工中心等10台（套）设备，完成土建2 630m^2。重点改造了铸造车间，投资1 376万元，进行了树脂砂改造，进口意大利的关键树脂砂生产设备。投资468万元对原有热处理车间进行了移地新建。改造后可年新增产值2 866万元，利润633万元，税金343万元，创汇343万美元。

对外合作 香港震雄集团、德国Battenfeld公司与广东新力集团签订了一项在中国生产挤出机的协议。该合资项目投资4 500万美元，成立Battenfeld Chen Extrusion Systeme公司，其中Battenfeld公司占51%股份，震雄集团和新力集团分别占34%和15%。该公司将生产制造管材、型材、薄膜和片材的挤出设备。于1996年生产首批PVC管材、PE农用薄膜和PE袋生产线。该公司产品采用德国Battenfeld公司的技术，长期目标是每年生产250条挤出生产线。

武汉轻工机械厂与德国Rerifenhauwer公司合资兴办塑料发泡板制品厂，并计划在此基础上合资生产塑料发泡板材生产机组。塑机行业现有合资企业17个。其中原浙江塑料机械总厂与香港震雄公司合资的浙江震达塑料机械有限公司，由于几年来连续亏损，双方已于1995年达成一致意见，决定分手。原上海塑料机械厂与香港亿利达工业发展有限公司合资的上海亿利达塑料机械有限公司，经过几年的实践，经双方协商同意分开，有关事宜正在办理之中。

〔撰稿人：机械工业部大连塑料机械研究所所长　姜旭良　审稿人：中国塑料机械工业协会秘书长　尤仲林〕

〔责任编辑：邝　鸥〕

木材设备

〔林业部〕

生产发展情况 1995年木材机械行业各企业生产大幅度增长。据全系统40个企业的统计：完成工业总产值（按1990年不变价）252 217万元，比上年增长20%；产品产量278 861台，比上年增长26.04%；实现全员劳动生产率（按工业增加值计算）17 738元/人。

威海木工机械企业集团公司是中国500家最大机械工业企业之一，1995年产值、利税大幅度增长，多项经济指标居同行业之首。1995年生产产品57种、95个规格，大、中型木工机械共5 267台，台式木工多用机床23.5万台，木工配件375万件。全年共完成工业总产值7.18亿元，实现销售收入6.6亿元，实现利税3 600万元，出口创汇120万美元，各项经济指标均创历史最高水平。

1995年木材机械企业各单项经济指标较好的前五名企业见表1。

表1 木材机械企业主要经济指标排序前五名企业

序号	企业名称	工业总产值（万元）	企业名称	实现利润（万元）	企业名称	全员劳动生产率（元/人）
1	威海木工机械集团公司	71 800	常州林业机械厂	3 021	苏州林业机械厂	57 696
2	上海人造板机器厂	21 632	威海木工机械集团公司	1 541	常州林业机械厂	43 143
3	常州林业机械厂	20 767	牡丹江木工机械厂	1 021	威海木工机械集团公司	41 791
4	牡丹江木工机械厂	16 058	苏州林业机械厂	767	天津林业工具厂	36 105
5	苏州林业机械厂	11 510	上海人造板机器厂	602	昆明人造板机器厂	31 581

市场及销售 1995年林业及木材加工机械行业实现销售收入276 410万元，比上年增长47%，主要销售产品为木材采运机械24 263台，比上年减少0.1%；木材加工机械251 471台，比上年增长28%；人造板机械2 847台，比上年增长148%。

1995年林业及木材加工机械行业共出口创汇1 135.5万美元，主要为木工机床、人造板机械及木工刀具和工具等。产品销往欧美、东南亚及香港地区。

常州林业机械厂在工程机械行业竞争日趋激烈的形势下，狠抓企业产品质量，抢占了市场，1995年生产装载机1 500台，销售装载机1 505台，在全国主要装载机生产厂家中市场占有率为12.16%，销售市场占有率为12.1%，与上年持平，继续保持全国装载机行业第三位。

科研成果 1995年木材机械行业共安排科研项目40项，主要有：镇江林业机械厂的单通道刨花干燥机，苏州林业机械厂的半自动拼板机，都江木工机械厂的MX3560铣齿机，天津林业工具厂的仿型磨刀机、雕刻机，北京林业机械研究所的中密度纤维板铺装机等项目。

1995年获林业部科技进步三等奖的项目有苏州林业机械厂研制的BG134三层喷气辊筒式单板干燥机，哈尔滨林业机械研究所研制的JZ50型集装机，信阳木工机械厂研制的BQ1213/8液压单卡轴旋切机，东北林业大学研制的MMJ514型机械式宽带砂光机，南京林业大学承担的新型S·D·C系列木材蒸汽干燥窑及其成套设备的研究课题。

哈尔滨林业机械研究所研制的JZ50型集装机主要用于山场、贮木场的原木装车等作业。主要技术指标：发动机功率36.78kW（50马力），最大起重力矩150kN·m，最大工作幅度3.7m，额定起重量4t，起吊高度5m～7m，起升高度0.4m/s～1m/s，外形尺寸7 200mm×2 200mm×3 700mm，整机重量8 500kg。

新产品 1995年木材机械行业共有22项新产品通过省、部级鉴定。主要有：牡丹江木工机械厂研制的BB1127A型单板刨切机，MX3815型半自动木工双头铣床，指接机组（MXB3510半自动梳齿榫开榫机、MH1545纵向接木机、MH6815型梳齿榫涂胶机），及达到国内先进水平的MB4012四面刨床。上述4种新产品均为当年鉴定、当年投产，实现产值6 234万元，创利税651万元，为工厂创造了较好的经济效益。常州林业机械厂研制的WZ40侧卸式装载机，该机是在WZ40装载机基础上研制而成的，可以正面、侧面卸料，是一种高效率、多功能的新型装载机，广泛适用于铁路、交通、水利、港口、矿山等系统的物料装卸、短途运输和铲掘、牵引等作业。柳州机械厂研制的新型YG－94B－（051A－1）油锯与老产品BG26（051A）相比，减速性及锯切系统均有较大的改进，采用小节距锯链，提高链速，使锯切效率明显提高，振动小、手感好，轻便舒适的操作降低了工人的劳动强度。北京林业大学研制的新型手提式剥皮机，有关专家认为该产品已达到国内同类产品的领先水平，在定位方式和切削深度控制上较国外产品有了重要改进，与国内同类产品相比，有设计新颖、性能优越，特别是研制出的双侧锥式机夹直刃刀具，具有装夹可靠、便于制造等优点，有良好的推广应用前景。

管理及改革 1995年底，经国家经济贸易委员会批复，同意成立以中国林业机械总公司为核心的福马集团，以该公司直属企业天津林业工具厂和常州、泰州、苏州、镇江林业机械厂及中国林业机械北京、哈尔滨、上海、广州公司为紧密层企业，林业部北京林业机械研究所为半紧密层企业，牡丹江木工机械厂、上海人造板机器厂等20个企业为松散层企业。

鉴于从1995年1月1日起，凡出口到欧洲市场的机械产品必须符合欧共体安全指令的要求，并加贴CE标志，否则不能进入欧共体市场进行流通，1995年中国林业机械协会组织有关会员企业召开了CE工作研讨会，邀请有关专家全面介绍CE标志的内容、要求，CE认证工作程序及向各单位提供有关的指令和标准资料，并对我国木工机械及人造板机械生产企业如何按CE要求改进产品，使之符合欧盟安全指令进行研讨，为我国木工机械产品进入欧洲市场做好了准备。

1995年中国林业机械协会与德国木工机械协会、德国汉诺威展览公司共同签订了中国以伙伴国名义参加国际上最大的木工机械展览会——1995年汉诺威国际森林及木工机械展览会协议，中方组织了21个企业150余人的参展团，展出面积1 050 m^2，展出设备29台，8种木工工具、刃具及一套模压刨花板模型。林业部部长徐有芳应德国农林部邀请亲临展览会参观指导并举行了招待会。

质量及质量管理 1995年木材机械行业企业把抓产品质量列为企业的头等大事。信阳木工机械厂成立了由各级领导和专业人员参加的质量纠察大队，随时对各种产品和工作质量进行抽查，对查出质量问题的单位和个人视不同情况给予处罚。常州林业机械厂围绕质量目标制定实施创长龄名牌活动、规划以及降低“三包”期内主要部件故障率指标考核办法。组织开展质量体系贯标认证工作，强化质量基础工作，1995年工厂总的质量损失率降到0.576%，比上年下降了9.15%，外部故障损失比上年下降10.48%。通过加强“三包”赔偿管理，全年减少“三包”损失61.8万元。

技术改造 1995年木材机械行业共安排各类计划12项，安排固定资产投资25 550万元，其中贷款19 950万元，企业自筹5 600万元。12个项目中，新开工项目8项，结转项目4项。按投资来源分，技术改造项目7项，总投资16 900万元，其中贷款12 900万元，企业自筹4 000万元。基本建设项目3项，投资6 990万元，其中贷款5 750万元，企业自筹1 240万元。林业贴息项目5项，投资1 660万元，其中贷款1 300万元，企业自筹360万元。安排的技术改造和基本建设项目有：镇江林业机械厂的长材刨片机技术改造项目的收尾及新型刨花板成套设备新开工项目、常州林业机械厂装载机提高制造工艺技术改造收尾项目及挖掘机生产线新开工项目、苏州林业机械厂新485柴油机技术改造及人造板表面装饰设备技术改造收尾项目及490、495柴油机技术改造新开工项目。

这些项目主要围绕企业及产品上水平、上档次，提高产品开发能力及制造能力进行，除必要的土建外，主要资金用于购置先进的加工设备及检测设备，并建立发动机生产专用柔性生产线、焊接机器人生产线等。通过建立CAD工作站，提高企业产品开发速度及质量。这些项目建成后，使企业初步具备了规模生产能力。预计常州林业机械厂挖掘机年生产能力将达到300台、装载机达到2 500台，苏州林业机械厂柴油机生产能力将达到3万台。人造板设备改造后生产能力方面，镇江林业机械厂的长材刨片机将达到年产15台，新型刨花板成套设备达到年产15套，苏州林业机械厂的人造板表面装饰设备达到年产55台（套）。

全系统安排的林业贴息项目主要用于企业的小型技术改造项目，如苏州林业机械厂的四面刨、常州林业机械厂的球墨铸铁生产线改造等，项目实施内容也以设备购置为主，这些项目建设周期基本为一年，属于短、平、快项目，对加快企业的发展起到了积极作用。

1995年，受林业部委托，中国林业机械总公司组织对常州林业机械厂“七五”技术改造项目和天津林业工具厂两个“八五”技术改造项目进行竣工验收工作，这3个项目分别是装载机技术引进及改造、木工刀具技术改造及硬质合金圆锯片技术改造项目，按照国家有关项目竣工验收规定，经验收组检查验收，均符合验收标准，并达到设计纲领及目标，验收合格，可交付生产使用。均已颁发竣工验收证书。

〔撰稿人：中国林业机械协会　谢湘京　审稿人：中国林业机械协会　陈达文〕

〔机械工业部〕

生产发展情况 1995年从事木材加工机械（工具）生产的企业63个（包括机械工业部定点厂、原轻工业部定点厂和其他部门定点的厂家），其中以生产木工机械为主的企业55个，以生产木工工具为主的企业8个，职工总人数37 471人，共完成工业总产值（当年价）305 586万元，比上年增长59.7%。其中，木工机械总产值160 419万元，比上年增长－6.31%；木工工具总产值21 768万元，比上年增长8.16%。木工机械总产量711 994台，比上年增长41.30%。重点骨干企业完成工业总产值及木工机械生产情况见表2。

1995年木工机械行业经济效益从总体上看，在机床行业中是较好的，其工业经济效益综合指数达到122.56%。但各企业间的发展是不平衡的，好的非常好，差的接近零，有的甚至是负数。尤其是国营企业普遍效益不佳，亏损比较严重。1995年木工机械行业工业综合经济效益名列前十位的企业见表3。

表 2　木材加工机械行业骨干重点企业完成工业总产值及木工机械生产情况

行业	企业名称	工业总产值（万元）			工业增加值（万元）	产品销售收入（万元）	木工机械	
		当年价	1990 年不变价	比上年增长 %			产量（台）	产值（万元）
木工机床	都江木工机床厂	2 163	1 515	17.05	630	1 882	1 422	1 369
	上海木工机械厂	987	824	－9.03	443	731	321	949
	沈阳带锯机床厂	1 914	1 236	27.94	588	1 013	557	786
	邵武木工机床厂	949	676	－26.15	309	634	797	463
	牡丹江木工机械厂	17 856	16 058	42.67	5 756	15 006	3 823	10 224
	信阳木工机械厂	10 573	9 018	－11.03	5 259	9 112	783	2 626
	青岛木工机械厂	3 509	2 821	21.04	1 263	2 831	347	2 791
	沈阳利和木机有限公司	320	241	－13.75	－11	310	517	320
木工刀具	哈尔滨第二工具厂	8 608	4 881	20.36	3 660	5 534	34 6992（件）	1 396
	太行锯条厂	9257	8 576	－8.60	1 376	8 070	5 628（万支）	8 576
	天津林业工具厂	4 621	2 892	18.79	1 884	3 929		3 543
	上海爱凯思机械刀片公司	1 518	739	-33.33	747	968	231（t）	354

表 3　1995 年木材加工机械行业工业综合经济效益位居前十名的企业

排序	企业名称	工业经济效益综合指数（%）	工业产品销售率（%）	工业资产利税率（%）	工业增加值率（%）	工业成本费用利润率（%）	工业全员劳动生产率（元/人）	流动资产周转率（次）
1	威海草庙子木工机械厂	428.12	96.32	56.37	20.01	10.97	59 714	7.41
2	乳山二轻机械厂	399.62	95.83	40.95	20.95	13.02	29 275	5.03
3	威海工友集团	319.50	99.00	17.79	39.69	7.78	104 668	2.64
4	威海第二机械厂	300.57	88.67	39.33	25.36	8.19	35 521	5.47
5	任丘永茂木机公司	275.82	93.60	33.22	49.64	23.35	36 315	3.25
6	自贡机动刀具厂	183.72	86.86	4.97	20.86	5.14	65 984	1.41
7	威海木工机械集团公司	174.24	97.09	7.03	40.00	4.05	41 791	2.20
8	上海北桥轻工机械厂	170.15	99.90	12.73	26.91	27.06	29 956	1.01
9	杭州临安南洋木机公司	150.80	97.50	13.24	33.10	8.14	34 943	0.96
10	牡丹江木工机械厂	148.49	115.04	9.67	32.24	7.36	27 780	1.93

市场及销售　1995 年木工机械市场受宏观调控影响和大量进口产品的冲击，对国产木工机械的需求势头比上年有所减弱。因此竞争激烈，销售工作难度加大，但销售额仍比上年增长 21.36%，达到 144 930 万元。具体分类构成见表 4。

表 4　1995 年木工机床国内外销售额分类构成

产品名称	国内销售额（万元）	国内销售额比上年增长 %	出口量（台）	出口额（万美元）	出口额比上年增长 %
圆锯机	4 553	5.3	75	11.20	－65.0
带锯机	10 120	－3.3	2 298	282.78	－28.9
木工刨床	13 468	9.5	482	95.55	－51.3
木工铣床	3 583	87.0	361	14.34	19.5
木工钻床	650	71.1	2	28.10	410.9
木工车床	207	36.2	1 501	24.74	1 549.3
开榫机	638	－34.1	7	7.64	59.2
榫槽机	717	52.2	549	8.42	－31.0
砂光机	2 803	8.0			
封边机	156	－3.1			
多用木工机床	103 567	28.1	14 675	437.34	185.8
木工辅机	1 423	－31.1	752	16.99	7.5
其他木工机械	3 045	8.9	24	51.47	10.9
合计	144 930	21.4	20 726	978.57	11.6

国内销售额中，多用木工机床占 71.46%，居首位；其次是刨床占 9.29%；带锯占 7%。

1995 年木工工具的国内销售额为 19 011 万元，比上年减少 22.39%。销售额位居前三名的是太行锯条厂（8 070 万元）、天津林业工具厂（3 554 万元）、萧山之江工具有限公司（2 721 万元）。

1995 年木工机床出口额达 978.57 万美元，比上年增长 11.56%。其分类构成见表 4。木工机床出口产品中，木工车床增长幅度最大，但出口额最大的是多用木工机床，达 437.34 万美元，占木工机床总出口额的 44.69%。

1995 年木工工具出口额 460.45 万美元，比上年增长 54.28%。位居前三位的是萧山之江工具有限公司（330 万美元）、哈尔滨第二工具厂（110 万美元）、杭州木钻厂（29.64 万美元）。

1995 年木材加工机械行业国内销售额和出口额均比上年有增长，其显著特点是多用木工机床国内外销售额的双增长，且增长幅度大，分别比上年增长 28.13% 和 185.84%。国内销售额和出口额位居前十名的企业见表 5。

表 5　1995 年木材加工机械行业国内销售和出口额位居前十名的企业

序 号	企 业 名 称	国内销售额（万元）	企 业 名 称	出 口 额（万美元）
1	威海工友集团	42 898	牟平轻工机械厂	131.90
2	威海木机集团	38 471	信阳木工机械厂	115.74
3	牡丹江木工机械厂	9 938	威海工友集团	111.89
4	威海第二机械厂	5 439	威海木机集团	110.36
5	牟平轻工机械厂	5 035	威海草庙子木工机械厂	105.95
6	威海草庙子木工机械厂	4 840	东台木工机械厂	105.95
7	乳山二轻机械厂	4 509	威海鲁东机械厂	98.70
8	金华木工机床厂	4 390	牡丹江木工机械厂	53.39
9	四川青城机械厂	3 731	杭州临安南洋木机公司	48.25
10	青岛木工机械厂	3 362	南通木工机械厂	42.74

产品分类及产量　木材加工机械产品有 12 大类。1995 年各类产品产量及品种情况见表 6。从表中可以看出，虽然产量比上年增长了 41.3%，但从分类看，大部分是负增长。实际上增长的品种大都集中在木工多用机床上，其产量占木工机床总产量的 95% 以上。这说明城乡的个体户对小刨的需求仍有较大的市场容量。

表 6　1995 年木材加工机械各类产品产量及品种

产品类别	可供品种（个）	产量（台）	构成比（%）	比上年增长%
圆锯机	37	3 492	0.49	-40.3
带锯机	43	11 737	1.65	16.6
木工刨床	61	9 038	1.27	-23.5
木工铣床	34	1 781	0.25	-1.8
木工钻床	6	115	0.02	-23.3
木工车床	5	240	0.03	-2.0
开榫机	8	193	0.03	-44.7
榫槽机	9	1 791	0.25	-4.0
砂光机	13	261	0.04	-4.4
封边机	3	31	0.004	-40.4
木工多用机床	46	676 890	95.07	45.8
木工辅机	38	4 523	0.64	-32.7
其他木工机械	40	1 902	0.27	348.6
合计	343	711 994	100.00	41.3

科研成果　1995 年木材加工机械行业取得科技成果 47 项，并在数控技术的应用方面有了新的突破。上海家具机械厂研制出首台 MXK1108 型木工数控龙门镂铣机，该机能一次加工各种凹凸成形面和曲线花纹；数控装置系统有伺服电机及其他执行机构，刀具按运算轨迹运动；X、Y、Z 三轴进给速度为 0～10m/min（无级可调），达到三轴四联动；主轴采用变频调速，最高转速达 15 000r/min；主轴上下移动最大行程 200mm；功率 5.5kW。牡丹江木工机械厂根据国内木材资源和市场需求，研

制出由 MX3510 半自动梳齿榫开榫机、MH1545 纵向接木机、MH6815 涂胶机组成的接木机组。该机组不仅能使短料长用，更主要的是改善木材的材质，提高成材的等级，使劣材优用，有效地提高木材的使用率。该产品填补了国内空白，达到了国外同类产品 80 年代水平。山西太行锯条厂采用水溶介质取代机油对 65Mn 弹簧带进行淬火热处理取得新成果，这种水溶介质具有逆溶性、成本低、不燃烧、蒸发沸点高于水、比水介质冷却能力弱、淬透性强、淬火不变形等特点；而且在生产现场无明火、无烟尘，消除火灾隐患，保护了环境。

新产品 1995 年木材加工机械行业开发新产品 47 种，其中有牡丹江木工机械厂的接木机组等 9 种，信阳木工机械厂的 MB206E 型双面压刨、MD6010 型指形接合机、MD8215 型地板双头铣床、MB104D 型单面木工压刨、MB401A 型四面木工压刨、MH9114 型拼板机、MX3810 型指形榫开榫机、MH1645 型实木接长压紧机、MJ253 型吊截锯、BB1127 型刨切机、MC5110 立轴铣、BJ1526 型正弦波剪板机、MD8210 型双头铣、MB1013 型单面压刨、MF222 型仿形磨刀机、MF2015 型手拉磨刀机、BQ1913/2 型木芯旋切机，上海木工机械厂的 H001 型木工冷压机、MD221 型双头指形开榫机、MX358 型梳齿榫铣床，邵武木工机床厂的 MD6010 型短料铣齿插接机，上海家具机械厂的 MX507 木工高速镂铣机、MXK1108 型木工数控镂铣机，都江木工机床厂的 MM2015 型地板砂光机、MX531 型双轴木工铣床、MZ7321 型多轴钻孔机、MX568 型下轴铣床、MDJ536 × 6 型曲直封边机，南京木工机械厂的 MJ6230 型锯片往复木工锯板机、MX508 型木工镂铣机，东台家具机械厂的 MX5312 型自动双轴靠模铣、MH3148G 型光刨机、MXB3915 型半自动木工双端铣，威海工友集团的 MSB171 型卧式榫槽机、MLQ232C 型木工联合机床，牟平轻工机械厂的 MM8080 型圆棒磨光机，东港木工机床厂的 MX725 型双头铣、MJ423 型木工框锯机，上海北桥轻工机械厂的 MM813 型木地板磨光机，威海草庙子木工机械厂的 MLQ392 型木工联合机床，泊头木工机械厂的 MX7512 - 4 型木工四轴铣床、MB574D 型木工平刨床，天津林业工具厂的 MJ447 型万能曲线锯床、MF2840A 型万能木工刀具磨床、DF2 型仿形雕刻机、MRX34 型碗形仿形铣刀，萧山之江工具厂的木工曲线钻等。

管理及改革 1995 年，木工机床协会的各个工作委员会组织有关企业进行全国木工机床市场调查，举办木工机械展销会、订货会，在行业内部组织科技、经济信息交流，为政府和企业提供了良好的信息服务。1995 年，行业标准化工作转到协会，成立了中国机床工具工业协会标准化工作委员会，进一步强化了行业协会在行业管理中的作用。

木材加工机械行业在改革、改制过程中，在巩固原有成果的基础上，1995 年又有新的发展。1995 年 11 月，以牡丹江木工机械厂为“龙头”，联合 20 个中小型企业，组建了牡丹江木工机械集团公司。新组建的集团对原牡丹江木工机械厂及整个地区的生产要素合理配置和优化组合、专业化协作水平和生产能力的提高，都起到了积极的促进作用。目前，集团公司已经实现产品价格、质量标准、产品销售、物资供应、技术改造规划和新产品开发的“六统一”，其整体优势已初步得到发挥。

质量及质量管理 1995 年，机械工业部木工机床产品质量监督检测中心根据机械工业部下达的一等品质量监督抽查任务，对 8 个企业的 9 种产品(其中木工机床 5 种、木工刀具 4 种）进行了抽查。从抽查结果看，产品质量比较稳定，5 种木工机床全部保持一等品水平，4 种木工刀具也都达到一等品水平。为了把好出口质量关，1995 年还对 8 个企业、12 个产品单元出口质量许可证进行考核验收，发放出口许可证 8 个（其中更换 6 个）。哈尔滨第二工具厂、天津林业工具厂靠严格的质量管理，保持了产品质量的稳定性，在接受质量抽查中，得到了检测组的满意评价。信阳木工机械厂把 1995 年定为“质量效益年”，采取一系列行之有效的措施，推行“质量分档计奖工作法”，设立全面质量管理办公室，实行分厂考核制度，加强产品工艺制定工作和现场质量管理。青岛木工机械制造总公司不断完善各项规章制度，落实质量责任制，在生产过程中对重要设备设立控制点，并强化对外协、配套件的检查，严格要求外协、配套单位保证质量，形成了一套严密的质量保证体系，全年共检成品件 392 个，其中主要关键件合格率达到 100%。

威海工友集团根据国家有关标准，制订了《产品质量管理目标》，坚持不合格的原材料不准入厂、不合格的零部件不准组装、不合格的产品不准出厂的“三不准”原则，提高了工友牌木工多用机床的声誉。杭州临安南洋木工机械有限公司坚持质量第一，重视职工教育培训；规定对新入厂职工必须参加 TQC 统考，全年举办职工技术培训 160 人次，有效地提高了企业的人员素质。

技术改造 1995 年全行业共投入基建资金 9 144万元和技措费 1 153 万元进行技术改造。牡丹江木工机械厂在“八五”期间共投资 2 235 万元，完成了树脂砂铸造造型线的改造，购置了 2 台加工中心和 30 多台数控车床等一批高精尖设备，满足了工厂扩大生产的需求，增强了企业的发展后劲。青岛木工机械制造总公司“八五”期间的技改项目——消化吸收砂光机系列产品，至 1995 年已完成投资 753 万元，开发了砂光机 3 个系列 8 个品种，同时购置了加工中心、数控、数显等精密设备和 2 台 486 微机。威海工友集团 1995 年投资 4 000 万元，扩建了工厂，厂房面积达 6.5 万 m^2，使公司规模比 1994 年增大 70%，扩大了公司的经营范围。牟平轻工机械股份有限公司以提高工艺装备水平、改变设备陈旧老化的状态为重点，先后自行设计、改造成功 3 台专机，完成较大的工装项目 12

项，为提高主导产品产量、保证质量和适应批量生产创造了条件。

〔撰稿人：机械工业部福州木工机床研究所 黄玉成 审稿人：机械工业部福州木工机床研究所 何海翔〕

〔责任编辑：邝 鸥〕

印刷设备

〔机械工业部〕

生产发展情况 根据印刷机械行业协会统计的数据，1995年机械工业部系统的印刷机械厂有60个，职工45 223人，完成工业总产值21.6亿元，销售收入18.19亿元，利润总额1.45亿元，利税总额2.8亿元。

科研成果 1995年完成的项目有：(1)无软片雕刻整页拼版系统，清华大学紫光集团三艾计算机发展公司在石家庄市软包装彩印厂的协助下研制成功。经石家庄软包装彩印厂的长期运行，于1994年12月通过国家鉴定，使我国成为继德国、美国之后第三个拥有这项技术的国家。它的原理是：将原稿扫描输入计算机，利用计算机完成修版、植字、拼版等工作，最终生成电雕机的分色图像文件，然后直接送到电雕机雕刻。与传统的凹印制版工艺相比，有下列优点：①提高产品质量，由计算机替代手工修、拼版工作，操作准确、精细，计算机直接控制将分色数据送入电雕机，不用分色软片，减少工艺环节。②提高制版效率，省去旧工艺的照排、植字、剪贴、翻晒、显影等手工劳动，缩短制版周期。③降低成本。由于无需分色软片，故不再需要胶片及相应的显影、冲洗、照相等器材，该厂仅软片一项，一年可节省10万元。④减少了设备投资，用户可以用一台价格较低的高档扫描仪来替代价格高昂的电分机。⑤提高了设计制造能力，计算机拼版突破了手工制作和修改的局限性，它可充分发挥创作人员的想象力和创造力，做各种复杂的美术创意。⑥易于操作和掌握。(2)北大方正集团新推出WITS3.0中文排版软件比WITS2.11版本有下面的技术优势及新增功能：①编程位数提高。标准的2.11是16位编程，只能管理64兆字节，现在开发了32位编程，它的内存可达4 000兆字节，可以带来更快的速度，更强的功能扩展性，更好的利用新一代的CPU性能。②排版输出结果采用了国际标准的Post Script Level 2页面描述语言。③具有网络数据库的扩展性。④支持OLE功能，OLE功能使得WITS可以将其他软件制做的图文，方便地投入WITS的版面中，WITS不需要了解版面中OLE块的具体格式，就可以移动缩放它，还可以通过OLE再修改。⑤可以使多个路径相结合，成为一个完整的路径，避免路径结构单一的局限性，也可路径分离，使相互结合的路径恢复为多个独立路径。⑥提供了可自定义的图形库。⑦增加渐变功能等。

新产品 1995年试制完成的新产品有100多项，其中主要有：(1)陕西印刷机器厂引进日本富士工业株式会社凹版印刷机制造技术，开发生产了具有国际90年代初水平的高科技塑料包装彩色印刷设备——AXJ60150F型机组式凹版印刷机。该机配套电器控制系统和微机控制技术全部采用进口日本原装组件，确保整机有较高的使用可靠性，并以其优良的性能满足国内市场的需要，该机由8个单元组成，可同时进行6色1次性印刷，印刷精度高，效果好。(2)湖北天门佳龙电脑凹印机械有限公司开发的具备电脑调整和修正错版功能、并获国家专利的PAR600型全自动套印电脑凹印机，通过鉴定投入批量生产。该机与国内外各种新旧排列式凹印机配套使用，利用光电跟踪原理和计算机调控技术，在连续高速印刷各种塑料薄膜、包装用品时，计算机可随时显示工作状况，准确分辨出各种印色，正品率由原来的80%提高到99.8%，提高工效5倍。(3)江苏省苏州市理达印刷设备公司推出DF－518、DF－528型两种多功能袖珍彩色印刷机。该机体积仅0.2m^3，重10kg，结构简单，性能优良，携带方便，集制版、定位、印刷于一体，在任何场所可完成全部印刷工艺，从制版到出产品仅需30min，利用“DF定位法”能准确进行多色套印。该机能在纸张、PVC塑料、金属、皮革、木材、玻璃、陶瓷、机壳、纺织品、不干胶等各种材料上印刷广告、名片、商标、字画、锦旗等，可加印夜光和荧光，可在曲面、凸体、凹体状上印刷，而且具有附着力强、耐酸碱、耐水洗、不褪色的特点。(4)武汉第二机床厂研制成功TBG95全自动标签粘贴机投放市场。该机是专门为包装生产线设计的标签粘贴机械，贴标速度300枚/min，准确性达100%，粘贴标签位置精度为±1mm。该机用红外线光电开关控制标签的移动，远红外线扫描控制着被贴物体的运动，不受物体运行快慢的影响，均能准确地将标签粘贴到被贴物体的贴标位置上。它属于光机电一体化的高科技产品，由灵敏度极高的红外光电开关及红外扫描管，通过光导纤维准确地将信号传导给计算机，由计算机控制准确运转。(5)太行印刷机器厂研制成功YT6250、YT6400彩色纸盒商标印刷机，经国家印刷机械质量监督检测中心检测，性能指标和技术参数均达到标准要求，部分指标高于国家专业标准，达到国际同类产品90年代初的先进水平，填补了国内一项空白。该机具有六色印刷、上光、UV干燥、模切压痕、卷废、复卷、切片等功能，并采用可编程序控制器和自动张力控制、EPC气液压纠偏装置等国际90年代先进技术，是一种高速、高效、机电一体化的高档纸盒商标印刷联动机，该机已通过部级鉴定。(6) 上海嘉定机械总厂生产出适用于瓦楞纸板印刷的水性油墨双色印刷机。该机采用了国外先进的油墨网纹辊印刷技术，具有进纸速度快、慢调速、油墨快干、印刷字体清晰、自动供墨、洗车等特点。该机最大印刷纸板为 2 400mm×1 600mm，有效印刷面积为 2 200mm × 1 400mm，适用纸板厚度为 0.5mm～10mm，调换方便、可靠，传墨网纹辊是该厂的首创技术，为众多国内外客商的产品配套。(7) 景德镇印刷包装机械有限公司研制成功一种适应我国印刷、包装装潢行业不同层次需要的 YP1A1F 对开单色自动胶印机，并通过了专家的技术鉴定。该机具有套印准确、网点清晰结实、结构紧凑、操作调整方便、技术先进、自动化程度高等特点，零部件标准化程度高达 87%，能满足印刷、包装装潢厂家对大规格及厚纸印品的需要，比国内同类机型适应纸张厚度提高 0.15mm，其技术性能接近国外先进水平。(8) 上海紫明机械有限公司在生产 J2101 胶印机的基础上设计开发了 YP2A1 型自动双色对开胶印机。该机由自动给纸、输墨、输水、印刷、吸纸等机构组成。其中印刷机构由 2 个印版、2 个胶皮及 1 个压印共 5 个滚筒组成，给纸机构自动递出纸张，通过输纸台由下递纸给进纸机构，印品递入滚筒接受双色印刷后，由链条排衔接传送到吸纸台上，完成 2 种色彩的印刷过程。该机构采用全新墨路，完全消除了前深后淡的缺点，印刷质量优良，结构紧凑，调整方便，采用无级变速电机，PC 电气控制，可靠性好。(9) 北京长城计算机集团和 IBM 公司合作开发出 4076C 型彩色喷墨打印机。该机特点是与通常只能在专用的打印纸上才能打印出彩色图像的打印机不同。该机可以在每张只需 5 分钱的普通复印纸上打印出彩色图像，墨盒是喷墨打印机使用的一种主要消耗材料。4076C 打印机的墨盒设计是最经济的，它的平均无故障间隔时间是 25 000h。每分钟可打印 2.5 页，是办公、家庭计算机最佳的匹配装置。(10) 天津万象包装机械发展公司与《经济日报》天津经济开发中心共同研制开发出 CF 系列全功能窗口覆膜机。该机集开窗覆膜、普通覆膜、上光、普通压光多项功能于一身，其中窗口覆膜为国内首创，普通覆膜可完全替代国产桥式覆膜机。该机已达国际同类产品先进水平。主要特点：一是具有全功能。集开窗与普通覆膜、上光、普通压光等功能于一机，适应薄纸（60g 以上）、厚纸（600g 以下），单、双面，干式、湿式覆膜任意选用，并已列入科技成果火炬计划。二是价格低廉。以 CF650 型机为例，售价仅 16 万元，为进口机的 1/10。(11) 上海紫光机械有限公司引进日本小峰株式会社技术，中日合作制造 ATF-460 型紫光小峰表格胶印轮转印刷机，该机是具有 90 年代水平的表格印刷设备，并具有胶印、凸印、涂炭、号码、打孔、压纵横线、折页、排纸等多种功能，全部过程连续自动完成，并配备有国际水平的 PLC 控制装置、张力自控装置、纠偏装置、水循环装置、号码机、静电消除器、预计数器等辅助设备，是印刷中高档各类票证、单据的理想设备。最大印刷幅面 460mm × 480mm，卷筒纸最大宽度 470mm，卷筒纸最大直径 1 000mm，印刷滚筒 254mm～482.6mm，印刷速度 10m/min～180m/min。(12) 上海亚华印刷机械公司研制成功 ZH 系列高速折叠粘盒机。其适用范围广，可用于各种纸盒的粘合、折叠成形，与自动平压模切机是最佳配合。传送机构采用进口强力橡胶平皮带自动连续给纸，制盒功能有一般边贴、两侧边贴、底贴等，并可配备预折装置、磨边装置、喷粉计数等功能和附件，整机设计合理、结构紧凑、易于操作、自动化程度高。现系列供应 ZH450、ZH800 和 ZH1000 型 3 种型号。

管理及改革　1995 年印刷机械行业管理工作由机械工业部重大装备司领导，具体工作由印刷机械行业协会和北京印刷机械研究所承担。

(1) 为进一步加强企业管理，协会在上海召开了第四次生产厂长（经理）工作会议，传达了机械工业部管理工作会议的精神，同时学习上海合资企业在引进外资、合作生产、引进技术、出口创汇、转换经营机制、推行现代化管理等方面的经验，会上有经验交流，又有现场参观，收到很好的效果。

(2) 行业协会特种技术委员会于 1995 年 4 月在西安举办了全国印刷、包装机械展销会。参展单位 110 个，展品 180 台（套），成交额 3 000 多万元。

(3) 行业协会展销委员会于 1995 年 7 月在上海展览馆举办了展销会。参展单位 120 个，展品 200 多台（套），参观洽谈 1.5 万人次，成交额 7 000多万元。

(4) 由行业出版的《今日印刷》、《印刷机械动态》、《印刷协会通讯》和《印刷机械标准化通讯》继续发行。

质量及质量管理　1995 年由国家印刷机械质量监督中心组织有关单位于 5 月～10 月开展全国印刷、包装机械质量调查。调查结果：(1) 印前设备评价好的占 52.4%，一般的占 33.3%，差的占 14.3%。(2) 印刷机械中，国有老企业生产的单、双色胶印机质量较好，性能稳定，耐用；多色机及新上马的企业生产的单、双色机则存在问题不少，对其评价好的占 50.1%，一般的占 35.6%，差的占14.3%。(3) 印后、包装设备中许多是新开发的产品，评价好的占 22%，一般的占 56%，差的占 22%。调查组分析了主要问题并提出解决办法，建议国家印机质检中心设立印刷设备质量投诉办公室，常年受理用户反馈意见，保护用户与企业的合法权益，促进我国印刷业的发展。

技术改造　“八五”期间印刷机械行业列入国家印刷专项技术改造项目共 16 项，计划总投资达 25 500 万元，其中专项贷款 17 600 万元。其中上海人民机器厂、上海印包公司两个项目因上海银行不贷款，造成 4 475 万元投资计划（含专项贷款

3 950万元）落空，使规划完成受到一定影响。其余14个项目分别于1993年～1995年竣工验收，共完成投资21 000万元，其中专项贷款13 700万元。

通过印刷专项“八五”重点技术改造，我国印刷机械行业的产品技术水平、品种、质量、生产能力、市场竞争力有了提高，增强了引进技术的消化吸收能力和产品开发能力，先后开发出一批具有80年代末、90年代初国际水平的新产品，并形成批量生产能力。其主要成绩有：(1) 提高了工艺装备水平和制造能力。在技术改造项目中，主要技改费用（约占70%）用于增添加工中心、数控机床等关键设备。诸如印刷机的墙板、齿轮、凸轮、滚筒、偏心套等关键件均采用高精度机床加工，提高了关键零部件的加工精度。如南宁印刷机械厂通过“八五”技术改造，增添了龙门立式加工中心等设备，使产品的技术水平和生产能力都有较大提高，使J8101八开胶印机的印刷速度由6 000张/h提高到8 000张/h。(2) 增强了产品开发能力，产品技术水平和质量进一步提高。通过技术改造和引进技术的消化吸收，相继开发出一批具有国际80年代先进水平的新产品，如北京人民机器厂开发的PZ6920平张纸对开六色胶印机，印刷速度为12 000张/h，并带有墨色遥控和UV上光装置；湖南印刷机器厂研制的PZ2660四开双色胶印机，设计先进，结构紧凑，性能稳定，自动化程度较高，已投入批量生产；玉田印刷机械厂研制开发的MY680A、MY720等自动模切压痕机，自动化程度高，模切速度和精度等主要技术指标均达到国际80年代末水平。(3) 开展了计算机设计和管理，提高了产品的设计水平和企业的管理水平，如北京人民机器厂在“八五”期间购置了计算机图形工作站，大大增强了产品设计和开发能力。(4) 经济效益显著增长，详见下表。

印刷设备行业“八五”规划完成情况

年份	固定资产净值（亿元）	工业总产值（亿元）		销售收入（亿元）	职工人数（人）	实现利税（亿元）	利润总额（亿元）	全员劳动生产率（元/人）	出口额（万美元）	人均利税（元）
		不变价	当年价							
1990	4.7	9.14		8.08	60 400	1.19	0.7	12 000	2 500	2 380
1995	12.8	18.90	21.60	18.10	45 223	2.80	1.4	16 000	3 820①	6 206

①为1994年数据。

在市场经济环境下，国外先进的印刷设备大量进口，印机行业面临的形势是非常严峻的。自1993年以来，印刷设备进口每年约6亿美元～7亿美元，给国内印刷机械制造行业带来较大冲击。鉴于印刷、轻工、食品、包装装潢及人民生活水平的不断提高，印刷机械行业在“九五”期间必须加大投资力度，才能适应国民经济发展的需要。

〔撰稿人：机械工业部北京印刷机械研究所 张诚文　审稿人：机械工业部重大装备司 温顺如〕

〔责任编辑：白　萍〕

制药机械

〔国家医药管理局〕

生产发展情况　1995年制药机械工业经济运行态势基本正常，总体状况持续朝好的方向发展。主要表现在：(1) 生产增势较稳，但行业间发展不平衡。(2) 产销衔接平稳，经济运行质量和效益不断好转。(3) 出口持续快速增长，外向型经济不断发展。(4) 产业结构、产品结构调整取得新的进展。但是经济运行中也存在一些值得注意的问题，例如：企业资金紧张矛盾十分突出；市场需求难以实现，生产任务不足；经济效益总体水平依然不高；重复生产尤其是低水平重复生产尚未得到控制。

全行业工业总产值、总销售值均不足11亿元，比上年略有增长。

新产品　1995年GBS150型高效包衣机、PSY70大输液灌装机组、CM20中药灭菌机、SPJ40－30塑料瓶机、电磁封口机等产品通过鉴定。

SPJ40－30塑料瓶机是由高效挤出机，三工位中空成型机，型坯、吹塑两套多芯棒模具三者结合为一体的液压全自动（自动检测、自动控制、自动报警）主机和软化水加热器、冷却水微冷机、自动上料机、无油压缩空气系统、塑料表面活化输送系统组成生产小型塑料药瓶的全自动生产线，性能指标为：20ml瓶产量60 000个/d，锁模力400kN，塑化速度35kg/h，主电机功率33.6kW（45hp），计算机控制。

该机由航天工业总公司一院十五所研制，质量可达到国外同类产品水平。

中药灭菌一直是个有待解决的老大难问题。目前，绝大多数企业都是沿用传统的蒸汽灭菌法，存在着效率低、灭菌不均匀、耗能高、色泽加深、有效成分降低等问题。近几年出现的钴60灭菌虽然效果较好，但成本昂贵，难以推广。CM20型中药灭菌机实现了光、机、电一体化，利用超短波电子辐射和极化原理，对中药进行快速低温灭菌。这种灭菌机具有穿透力强、灭菌均匀、节能、不污染环境、不破坏有效成分、快速简便等特点。经长春市药品检验所对17种30批中药材半成品及成品，进行了辐射前后的染菌量、色泽、显微鉴别、薄层色谱、有效成分含量测定等项的对比分析，灭菌率达95%～100%。其他各项前后结果均一致。

超声波、短波、超短波对药物及食品进行杀虫灭菌，在日本和前苏联的文献中曾有过报道，在国内一些刊物和专业著作上也有过论述，但应用生产实际尚未发现。因此CM20型中药灭菌机属国内首创，技术处于领先地位。同时中药灭菌机在食品行业也有广阔的应用前景，该机的研制成功，为我国中药和食品灭菌设备的更新换代创造了条件。

由温州制药设备厂与上海信谊制药科技开发部共同开发研制的GBS150型高效包衣机，是在吸收了国内外同类机的优点的基础上研制成功的。主机的滚筒轴向窜动几乎为零，径向推动精度在0.5mm以内，喷嘴的结构及专用工装夹具更具独到之处。因此，可使包衣敷料介质，在喷洒过程中形成理想雾状，而不会产生滴状液体和堵塞现象。该机采用日本三菱公司的Fx2－64MT型Pcc进行电脑控制，具有运算快、性能高、极易扩展等特点。包衣控制多样化，灯光、音响、信号并存，功能齐全，为使用数种不同性能的敷料进行多层不同厚度的包衣创造了条件。结构设计无死角，内外表面全部镜面抛光是该机的一大特点。主要性能参数为：滚筒直径为1 200mm，最大容量150kg，滚筒调速范围3r/min～5r/min，主机功率1.5kW，热风温度0℃～80℃，热风柜功率0.2kW。

有关专家认为该机设计先进、结构合理，是机电仪一体化、符合GMP的制药机械，具有高效、低耗、节能等特点，各项技术性能和参数均达到了同类机国际80年代末水平。

由上海伟海包装机械厂研制的PSY70大输液灌装机组，是根据市场要求，并在吸取了国内外同类产品先进技术的基础上研制的新产品。机组由外洗机、洗瓶机、灌装机、翻塞机、扎盖机等组成，并可根据制药厂的工艺流程配置贴标机、集瓶台、灯检线及平面垂、直输瓶等设备。其中洗瓶机以厢式结构在全封闭的条件下进行内外清洗，确保洗涤质量，实现了洗瓶过程自动化。灌装机具有回转式并以柱塞计量的特点，安装清洗、调整规格方便，灌装精度高、运行稳定可靠，具有无瓶不灌装及充氮功能，配有终端过滤设备，选材符合GMP要求，达到了同类机国际80年代水平。

管理及改革　为贯彻《中华人民共和国产品质量法》，加强制药机械质量管理，推行《药品生产质量管理规范》(CMP)和GB/T19000(ISO9000)质量管理和质量保证系列标准，提高制药机械产品质量和技术水平，促进制药机械行业的发展，国家医药管理局制订了《制药机械管理办法》，待国家经贸委审批后，于1996年初即可发布实施。

质量及质量管理　1995年确认了四泵直线式灌装机、滚模式软胶囊机、玻璃输液瓶清洗机、玻璃输液瓶灌装机、玻璃输液瓶翻塞机、玻璃输液瓶轧盖机、玻璃输液瓶塞胶塞机、荸荠式糖衣机、槽式混合机、履带式计数充填机、小丸瓶装机、塞纸机、塞塞封蜡机、旋盖机、密丸机、分粒式粉碎机、转鼓贴标机17项行业标准，修订了旋转式压片机、安瓿拉丝封口机、摇摆式颗粒机3项行业标准，多效蒸馏水机、口服液灌装联动线、口服液超声波清洗、干燥杀菌、轧盖、贴标机，锤式粉碎机、热压式蒸馏水机、抗生素玻璃瓶粉剂生产联动线、抗生素玻璃瓶分装、轧盖机、卧式安瓿机、立式安瓿机、立式安瓿生产线、药用玻璃拉管线15项标准通过审定。

“八五”期间制药机械行业共完成了389项国标、行标的制、修订工作。

为加快我国医药行业《药品生产管理规范》(GMP)工作的速度，推动医药行业GMP八年纲要的实施，配合粉针、大输液剂生产企业的GMP验收，国家医药管理局与中国制药装备行业协会于6月12日～14日，在湖南省张家界市联合主持召开了制药装备GMP讲座暨研讨会，12月14日～17日在山东省蓬莱市举办了粉针剂制药装备GMP讲座暨研讨会，部分制药厂与药机厂企业的领导共140人参加会议。

与会代表一致认为，制药企业全面贯彻GMP是世界医药发展的必然趋势，制药装备是医药工业发展的手段、工具和物质基础。因此，药机企业一定要千方百计提高产品质量，全面贯彻GMP规范，使制药装备向一机多能、自动化、高效、密闭、节能、计算机控制的方向发展。

与会专家、代表还就我国制药装备如何全面贯彻GMP，提出了很多切实可行的建议。如：粉针、输液生产线的传送带不穿过不同级别的厂房，分装机、灌装机安装100级层流罩、淘汰毛刷洗瓶、推广超声波及高压水洗瓶、传送带材质要增加耐磨性、推广采用聚氨酯及优于聚氨酯材料、终端过滤、验证最佳灭菌温度等。会后都比较快的收到了效果。

国家医药管理局天津制药机械检测中心受国家技术监督局委托，于1995年四季度对铝塑泡罩包装机进行了产品质量抽查，共抽查18个企业（生产企业共40个）的18种产品。11个企业的11种产品合格，7个企业的7种产品不合格，合格率为61%。不合格的企业大都是乡镇企业，不合格的原因主要是企业缺乏质量监督人员，职工质量意识不强，自身素质不高，质量保证体系不健全，检测手段不齐全等。抽检不合格的企业经整改，都不同程度地提高了企业的管理水平和产品质量。

技术改造　1995年国家重点技改项目中，无药机项目，重庆制药机械厂的续建项目投资200万元，项目1996年可竣工。

药机企业大都为中小企业，底子薄，缺乏自我建设能力，国家技改资金投入又少，势必影响企业的结构调整及企业的规模经济和专业化、系列化生产。

〔撰稿人：国家医药管理局质量管理司制药装备处　石　青　审稿人：国家医药管理局　潘广成〕

〔责任编辑：白　萍〕

建筑材料设备

〔国家建筑材料工业局〕

生产发展情况　1995年建筑材料机械行业在国家宏观调控形势下，受建设市场需求下降的影响，继续进行行业生产调整，各项经济指标比上年有所下降。据对行业内74个重点企业生产情况统计，全年共完成产品产量291 257t，比上年下降12%；全年完成工业总产值382 398万元（当年价），比上年下降7.3%。在完成的产品产量中，水泥生产设备为145 468t，占总产量的比重为50%，仍占建材机械产品的主要地位。

1995年，建材机械行业在“七五”期间日产2 000t水泥熟料新干法装备消化吸收项目成功实施的基础上，为国内外新建的大型水泥厂建设项目提供了大量的新型生产装备，如为海南昌江水泥厂、福建龙岩三德水泥有限公司、中国水泥厂的日产2 000t水泥熟料生产线提供了大部分设备，为安徽铜陵水泥厂、冀东水泥厂二线的日产4 000t水泥熟料生产线提供了部分设备。此外向巴基斯坦幸运水泥厂提供的两条日产2 000t水泥熟料生产线，也已全部交货完毕。玻璃设备生产企业向兰州玻璃厂等9个玻璃生产企业提供了成套浮法玻璃生产装备。

1995年，在国家有关政策法规的引导下，由于国内新型干法水泥设备日渐成熟，在新建和改造的水泥生产厂家中，采用新型干法技术装备的企业日趋增多。而新建和改造的玻璃生产企业中，大多数都采用了浮法生产技术装备。墙体生产设备和新型建材生产设备生产企业为适应市场需要而进行的调整也取得了良好效果，一些节能、利废、节土生产设备逐渐得到了市场认同。

总体来讲，1995年建筑材料设备生产企业的调整是有效的，但是受到用户货款严重拖欠的影响，各个装备生产企业运转比较困难，效益下降也较大，致使一些生产调整措施难以实施，严重影响了企业发展，一些企业出现了严重亏损。

市场及销售　尽管各装备生产企业在调整中加强了销售及服务力度，但受市场需求减少的影响，产品销售形势仍未见好转。据对37个建材机械大中型生产企业统计，1995年实现销售收入241 828万元，比上年下降了11.3%；出口情况有所好转，出口交货值达14 375万元，比上年增加8 527万元，增长1.45倍。

管理及改革　为贯彻落实国家经贸委和国家建材局有关加强企业管理的指示精神，总结与交流各企业在“转机制、抓管理、练内功、增效益”活动中的经验，特别是抓基础管理、提高产品质量、开发新产品、开拓市场方面的经验，中国建材机械工业协会在昆明召开了全国建材机械企业管理经验交流会，会议分析了当前建材机械企业生产下降的原因，交流了各企业采取的行之有效的措施，决定把提高企业管理水平作为一项长期的工作，要常抓不懈。会上，各企业还讨论了“九五”建材机械技术改造及2010年长远规划草案，统一了发展目标和方向。

质量及质量管理　针对目前全国建材机械产品生产较混乱、假冒伪劣产品不断出现的情况，为了加强建材机械产品的质量管理，中国建材技术装备总公司、中国建材机械工业协会、国家建材局建材机械标准化委员会，依据质量法、标准化法和建材机械产品标准化审查管理办法及建材机械产品质量管理规程等法规，对主要建材机械产品进行了追踪调查，对合格产品给予表彰，对假冒伪劣产品的生产厂予以曝光。此项工作涉及的建材机械产品有：水泥机械、玻璃机械、墙体材料机械、玻璃纤维机械、水泥制品机械、石材加工机械、建筑卫生陶瓷、建材仪器等产品。预计这项工作的开展对建材机械设备生产秩序的好转和产品质量的提高会起到有力的推动作用。

为了向国际标准靠拢和采用统一的行业产品标准，国家建材局建材机械标准化委员会完成并颁布了18项新的建材生产设备的生产标准。截止到1995年底，该委员会累计颁布的建材专用生产设备生产标准已达81项。

技术改造　1995年，国家对建材机械行业下达了技术改造投资计划5 400万元。改造的重点仍是唐山水泥机械厂、上海新建机器厂等16个国家“八五”重大项目——日产4 000t水泥熟料新干法装备消化吸收项目的承办厂。同时四川建材机械厂、绿州建材机械厂等小型技改项目亦进行了实施。

通过改造，增强了这些企业的生产手段，提高了产品技术含量，特别是日产4 000t水泥熟料项目于1996年收尾，将为我国建材机械行业提高技术水平、增强国际竞争力，打下良好基础。

〔撰稿人：中国建材技术装备总公司　张　奇　审稿人：中国建材技术装备总公司总经理　廉级三〕

〔责任编辑：白　萍〕

食品机械

〔机械工业部〕

生产发展情况 1995年，机械工业系统归口的食品机械生产企业有1 000余个，科研单位60个，科技人员3 000多人，职工人数达10万余人，食品机械产品产量达86.4万台（套），食品机械工业总产值达54.6亿元，比上年增长18%。大大超过了“八五”规划的计划指标。1995年食品机械行业完成的经济指标详见下表。

市场及销售 “八五”期间，包装食品机械产品市场形成了十大热销产品，其中食品机械产品有：米面方便食品机械、果蔬加工保鲜设备、啤酒饮料加工成套设备、屠宰肉食加工机械、饼干糕点加工机械、烟草加工机械等。

啤酒饮料行业是食品工业中最大的门类，啤酒饮料加工及灌装机械市场也最大。1995年，大型啤酒灌装设备、不含气饮料加工灌装设备在市场上畅销。近几年，国内经济高速发展，社会生活节奏逐步加快，米面、肉食加工方便食品机械和果蔬加工保鲜设备销售量增大，都成为食品机械中较大的门类。

新产品 “八五”期间，机械工业部系统共完成包装食品机械科研项目、新产品开发项目32项。其中高热效率节能淀粉气流烘干机、QJ系列家禽屠宰成套设备、射泵式高效低耗真空冷冻干燥设备和大型真空干燥设备、带式榨汁果蔬加工生产线等新产品填补了国内空白。

管理及改革 包装食品机械重点发展八个成套设备、四个重点产品的指导方针，在“八五”期间的生产、科研、技改中得到了贯彻。八个成套设备是：制袋及重袋包装生产线、果蔬加工及饮料加工成套设备、家禽屠宰及肉食加工成套设备、复合材料及吹膜制袋成套设备、产品加工成套设备、瓦楞纸板设备、啤酒罐装成套设备、烟草加工成套设备。四个重点产品是：制罐及制盖设备，粉料计量、充填、封口设备，大容量塑料容器成型设备，容器成型充填封口设备。1992年提出的骨干重点企业“八五”末实现“双五”（即产值过5 000万元、利润超500万元）规模经济目标，在全行业中起到了极大的推动作用。1995年，广州人民机器厂等50多个单位达到了“双五”规模经济目标。“八五”后三年，机械工业部连续召开了包装食品机械经济信息发布会，提出了行业发展六大趋势、十类热门产品及重点发展的罐头加工机械，称量式充填设备，真空、充气、包装设备及装潢，无菌包装设备，袋成型—充填—封口设备，自动、连续、多功位罐装设备，各种裹包设备，收缩包装设备，捆扎包装设备，拆卸—集装箱设备，包装、装璜印刷设备，果蔬保鲜与加工设备，粮食精加工设备，乳品加工设备，植物蛋白加工设备，畜禽加工设备，水产品加工设备，废弃物综合利用加工设备，包装食品节能设备，瓦楞纸板生产、制箱（盒）印刷成套设备，医药加工及包装成套设备和包装材料，方便食品生产线设备，啤酒、饮料罐装成套设备，烟草加工及卷接、包装成套设备，制罐生产成套设备，糕点、饼干生产成套设备26类产品，这些都对行业发展起到指导和促进作用。在1995年的经济信息发布会上，机械工业部向用户部门推荐了20种包装食品机械产品，其中食品机械有：廊坊市通用机械厂的JM－130胶体磨、廊坊包装设备制造总公司的DGP16/6等压灌装封盖机、河北涿州食品机械厂的QT型家禽屠宰成套设备、苏州姑苏食品机械总厂的JMJ500巧克力精磨机、广州人民机器厂的BF12型波纹方便面生产线和WF12型碗面生产线、珠海机电集团公司的BT1000F2多功能饼干生产线、机械工业部食品装备设计研究所的FG高效节能淀粉烘干机和YLZ震动排渣立式叶滤机、北京市包装食品机械研究所的SH－4型涮羊肉自动切片机等。

1995年食品机械行业六大类主要产品情况

产品类别	企业数（个）	职工人数（人）	工业总产值（万元）	利润总额（万元）	销售收入（万元）	产品销售税金及附加（万元）	年末固定资产（万元）
啤酒饮料机械	42	13 500	61 000	6 700	68 000	4 300	45 400
方便食品机械	52	15 100	69 800	7 200	74 000	4 400	49 700
果蔬加工保鲜机械	67	14 600	67 400	6 900	73 000	4 300	46 200
屠宰肉食机械	31	4 700	21 500	2 500	24 000	1 500	14 800
饼干糕点机械	24	5 100	19 800	2 100	18 300	1 100	15 600
烟草机械	8	5 900	27 600	3 200	29 800	1 700	19 100

〔撰稿人：机械工业部包装食品机械行业办公室　王建设　审稿人：机械工业部包装食品机械行业办公室　许占林〕

〔中国船舶工业总公司〕

生产发展情况 中国船舶工业总公司5个烟草机械企业有职工6 612人，比上年减少1.2%；固定资产原价25 082万元，比上年增长3.5%；全年完成工业总产值（1990年不变价）31 334万元，增长19.6%；完成工业增加值11 766万元，增长6.98%；生产各种烟草制丝设备1 764台，比上年增长12.6%。

市场及销售 昆明船舶设备集团公司是以5个烟草机械企业为骨干的集团性公司，该公司把市场作为工作的重点，研究并提出了在专卖条件下积极参与烟机市场竞争、发挥集团化经营优势的同时，采取措施发挥和调动了集团公司和企业两个积极性，在激烈的市场竞争中取得较大的优势。到目前为止，已为国内140多个烟厂提供了制丝设备，总价值达17亿元，占国产制丝设备市场的70%以上。集团公司已成为国内最大的烟机生产企业。

在开发国内市场的同时，注意国际市场的开拓，昆明船舶设备集团公司与德国豪尼公司达成合作出口烟草机械的协议，首批出口的项目有20台皮带输送机和3台计量管。德国豪尼公司是国际上著名的烟机生产厂商，与之合作出口，表明我国的烟草机械正与国际标准接轨，受到国际上的重视和认可，标志着我国烟草制丝生产线已开始走向国际市场。

1995年全年销售收入30 598万元，比上年增长31.2%；产品销售利润10 411万元，比上年增长23.5%。

新产品 5个烟草机械企业通过开发和研制，使烟草制丝设备实现了系列化、多品种、成套批量生产，并在此基础上开发了具有国际先进水平的新产品高速卷接机组，其中Ⅰ型机首批两台研制样机基本试制成功，已交付烟厂试用。Ⅱ型机按进口图样生产正在进行总装；打叶复烤设备在国外转让图样没有到达的情况下，博采众长、自主开发、当年立项、当年设计、当年主要单机完成试制，并部分提供烟厂安装。

管理及改革 昆明船舶设备集团公司的企业1995年实行全员劳动合同制，全面签订劳动合同；企业职工的养老保险、失业保险、医疗制度、住房制度正在进行全面深化的改革，这为进一步深化企业改革，建立现代企业制度提供了前提条件。

对外合作 昆明船舶设备集团公司积极引进新技术，在中国烟草机械总公司的支持下，引进了KTC切丝机和叶丝膨胀技术，意大利塔式梗丝膨胀技术、打叶复烤设备，英国滤嘴棒输送机，美国红外水份仪等技术。

〔撰稿人：中国船舶工业总公司 郭莲英 审稿人：中国船舶工业总公司 郭 泽〕

〔责任编辑：白 萍〕

包装机械

〔机械工业部〕

生产发展情况 1995年，机械工业系统归口的包装机械生产企业有700个，科研单位30个，科技人员2 000人，职工人数达6万余人，包装机械产品产量达14.9万台（套），包装机械工业总产值达38亿元，比上年增长24%。全行业已大大超过了“八五”规划制定的各项计划指标。

市场及销售 “八五”期间，包装食品机械产品市场形成了十大热销产品，其中包装机械产品有：瓦楞纸板、制箱（盒）、印刷成套设备，袋成型—充填—封包装设备，制罐（盖）生产成套设备，啤酒饮料灌装成套设备。

近几年来，随着产品扩大出口和国内市场流通领域对改进包装的要求不断提高，对瓦楞纸板设备需求较大，该类产品比较畅销。

粮食市场的放开，粮食中的中小袋包装设备需求增大，同时带动了其他颗粒物料对袋成型—充填—封口包装机以及真空包装机的需要量。

新产品 1995年，机械工业部系统共完成包装机械科研项目、新产品开发项目26项。新开发包装机械产品有：DPT130泡罩包装机、DB420多功能包装机、DSPI塑料瓶包装机、ZJT－40（A）全自动胶囊充填机、FWZ40自动压纹封盖机、大型塑料圆织机、BZ－9035碗面收缩自动包装机、水泥袋制袋生产线。其中锦州包装机械厂开发的DPT130型泡罩包装机采用板式正压成型和辊式热合的结构，机电一体化程度高，生产效率高，整机水平达到国际80年代末期同类产品水平。

管理及改革 包装食品机械重点发展八个成套设备、四个重点产品的指导方针，在“八五”期间的生产、科研、技改中得到了贯彻（八个成套设备和四个重点产品及重点发展的26类产品的具体名称参见“食品机械”行业稿件）。1995年的经济信息发布会上，机械工业部向用户部门推荐了20种包装食品机械产品，其中包装机械有：廊坊包装设备制造总公司的DGP16/6等压灌装封盖机、锦州包装机械厂的DPA250医药泡罩包装机、温州方正企业集团的SK－1A捆扎机、青岛机床厂的TB12回转式双标贴标机、青岛机床厂的DGP60/12灌装压盖机、青岛锻压机械集团公司的GT10C6高速电阻焊机、青岛锻压机械集团公司的QDC1全自动三缩颈翻边组合制罐机、肇庆嘉隆包装机械股份公司的WJ100－2200－3七层瓦楞纸板生产线、机械工业部北京机械工业自动化研究所实力易拉盖技术公司的YSH－Ⅱ型大开口盖生产线。

1995年包装机械行业六大类主要产品情况

产品类别	企业数（个）	职工人数（人）	工业总产值（人）	利润总额（万元）	销售收入（万元）	产品销售税金及附加（万元）	年末固定资产（万元）
瓦楞纸板机械	21	15 300	87 000	9 800	91 300	3 100	58 900
医药包装机械	12	3 910	19 800	2 300	21 500	1 700	17 300
制罐制盖封罐机械	9	3 020	13 900	700	13 200	900	12 500
称量充填包装机	47	6 000	31 000	3 300	34 000	2 300	22 400
真空包装机	54	5 600	30 800	3 400	34 200	2 200	22 500
捆扎打包机械	63	4 100	22 300	2 500	23 900	1 400	15 000

〔撰稿人：机械工业部包装食品机械行业办公室　王建设　审稿人：机械工业部包装食品机械行业办公室　许占林〕

〔责任编辑：白　萍〕

纺织设备

〔中国纺织总会〕

生产发展情况　据对19个省市统计，1995年纺织机械器材完成生产量为33.7万t，实现工业总产值84.65亿元。主要新产品产量为化纤设备3 933台（套），细纱机4 995台，气流纺纱机310台，棉精梳机523台，剑杆织机3 527台，喷气织机500台。

市场及销售　1995年纺机行业市场仍旧十分活跃。在杭州举办了第四届纺机贸易市场，有近千名代表参加了会议，成交额超过1亿元。

1995年在开拓国际市场方面，有了进一步发展，继续组织了赴印度尼西亚国际纺机展览会，在这次展览会上，印尼纺织企业对中国的纺机设备，特别是棉纺织设备表现出很大兴趣，积极踊跃购买样机。印尼企业反映，中国设备价格合理，一些先进的纺机设备，质量和技术水平大有提高。此外，独联体国家也对我国纺机设备表示出购买意向。

据对293个企业统计，1995年销售收入92.4亿元，利润总额2.8亿元，出口创汇8 000万美元。

新产品　1995年全国纺织机械器材新产品初步统计总数为82项，其中主要新产品有：

（1）ASKV602型化纤倍捻机，由江苏宏源纺机股份有限公司设计制造。该机为组合式结构，以32锭为一节，锭子由龙带集体传动，每一节中锭子排列成圆弧形，使龙带对锭盘保持恒定压力，节省部分导轮，降低功耗。该机设有电脑计长测速控制仪，对每层锭子设置显示及控制，即显示产量、锭速、线速度、捻度等参数。机器型式为双面双层、256锭/台，锭距225mm，锭速为700r/min～18 000r/min，捻度237捻/m～8 994捻/m，适纺纤度33dtex～330dtex，喂入卷装尺寸（双锥形）∅100mm×240mm，下机卷装尺寸（圆柱形）∅140mm×165mm。

（2）精梳机系统成套设备，它是由SNFA261/2F型精梳机、SNFA334/2F型并卷机联合组成成套设备，是西北机器厂设计制造的。SNFA261/2F型精梳机参数：并合数8根，眼距470mm，罗拉牵伸范围8.6倍～19.6倍，牵伸形式为三上五下，气动加压方式，输出号数3ktex～6ktex，给棉方式为前进或后退，有效输出长度31.7mm/钳次，给棉长度6.7、5.9、5.2、4.7、4.3mm/钳次，速度180、200、225、250、275、300钳次/min。SNFA334/2F型条卷机参数：并合数24根，棉卷宽度250mm，最大棉卷直径450mm，输出棉卷定量50g/m～70g/m，输出速度55、60、65m/min，牵伸范围为1倍～2倍，牵伸形式为四上六下，气动加压。SNFA344/2F型并卷机参数：并合数6根，棉卷宽度300mm，最大棉卷直径450mm，输出棉卷定量50g/m～70g/m，输出速度55、60、65m/min，牵伸范围为5倍～8倍，牵伸形式为三上四下，气动加压。

该系统设备的精梳机在250钳次/min条件下，棉网清晰，精梳条成形良好，精梳条纺出重量为1.6、8.8g/cm，梳条重量不匀率0.47%，条干（CV%）4.02%、棉结/杂质为19/31粒/g，落棉率16.22%，精梳条短线率8.85%，精梳落棉短绒率80.38%。其精梳条干CV%值达到了USTER[89]公报的25%的水平。

（3）FA316型并条机，由上海纺织机械总厂设计制造。该机是将梳棉棉条经并合与牵伸提高棉条的均匀度及纤维的伸直度、并行度，并使不同品质的纤维在棉条中混合更均匀，亦可用于精梳条精并，机器的主要技术规格：适应范围是用于22mm～76mm纯纺或混纺；眼距560mm，眼数2眼，并合根数6或8根，输出速度250m/min～500m/min，总牵伸数3.7～11，三上三下压力棒牵伸形式，皮辊加压由气动加压，压力可无级调节，喂入条筒尺寸：头道直径800、600mm，二道直径400、350mm。该机采用高架顺向积极喂入，主传动除轻重变换齿轮外，齿轮全部密封在油浴中，车面、墙板由框架式结构组成，圈条器由齿形带传动，采用S形曲线斜管，底盘径复式增容机构，采用气动与机械联合的自动换筒装置。主电机为5.5kW双速电动机，电磁挚动。附设电子计数器、产量、输出速度显示，指示灯有断条、缺预备筒等显示。该机在纺制14.5T纯棉时，棉条CV%值达3.65%；纺制13T/C涤棉产品时，棉条CV%值达2.62%；在纺制65/35、14.6T/R涤粘时，棉条CV%值达3.17%。机器技术水平达到国内先进水平。

(4) EJ521型棉纺粗纱机，由上海二纺机股份有限公司设计制造。车头墙板、中墙板和车头底板组成框架式。根据纺纱工艺需要，采用程控变频器得到不同锭速，换向传动齿轮集中在封闭的传动箱内，油浴润滑。牵伸机构采用四罗拉双短皮圈牵伸，采用高速悬吊式铝锭翼，工艺转速达1 000r/min。上、下积极式清结器车面及车后有吹吸风装置，可有效消除飞花、减少纱疵，提高成纱质量。车头设置数显，可显示各段纺纱频率、罗拉输出速度、各班产量、总产量等。机器锭距220mm，节距440mm，每节锭数4，锭数系列96、108、120锭/台，适纺线密度220tex～1 250tex，卷绕尺寸(外径×长度) 152mm×406mm (6in×16in)，工艺锭翼转速≤1 000r/min，捻度范围18捻/m～70捻/m，牵伸倍数4～12，主电机11kW (9kW)、960r/min，喂入型式为积极式高架导条辊，条筒直径400mm (4列)、500mm (5列)。新机粗纱条干CV%值质量达USTER〔89〕公报25%的水平。

(5) FB502型精毛纺细纱机，由上海二纺机股份有限公司设计制造。该机采用狭机幅，变频调速，可编程控制纺纱动作，运转状况数字显示，大小纱锭数和速度可合理设定，采用ZD3213型锭子，有利节能，降低断头，采用同步带传动，全封闭齿轮箱，传动平稳，噪声低。机器技术参数：锭距75mm，锭数为396、384、372、108锭等，钢领51mm，筒管长度260mm，锭速5 000r/min～13 000r/min，捻度范围为220捻/m～1250捻/m。

(6) GA736型剑杆织机，由中国纺织机械股份有限公司设计制造。该机可织高档次织物，还能织厚重的牛仔布、工业用布等，该机在引纬、打纬方面运用现代化设计方法，进行了运动优化和运动弹性动力学分析，开发了一种全新的绕性引纬机构，采用连杆打纬、非分离式筘座等，找纬时，开口、送经、卷取联动，可消除开车稀密路。该机筘幅为1.9m，转速250r/min～280r/min，四色选纬，纱罗纹边，盘片直径600mm～800mm，多臂开口为12片综框，凸轮开口为8片综框。

管理及改革　中国纺织总会技术装备部与中国纺织机械器材工业协会合署办公后，加强了行业协会工作。至1995年底，整顿后共有556个会员企事业单位，在1994年已成立10个专业委员会的基础上，1995年又建立了化纤、电器和印染专业委员会。至此，协会计划的13个纺机专业委员会及器材专业委员会全部建立，形成完整的协会基础层专业组织及相关的纺机企业管理协会，全国纺机信息站及分支机构、省级地方协会的行业组织系统。

中国纺机器材协会出版的定期刊物有《纺织机械信息》半月刊，《纺织机械》杂志双月刊；1995年出版的不定期资料有《纺机供应目录》，计划出版的还有《纺机产品目录》、《新产品目录》等。

质量及质量管理　1995年纺织机械标准化工作进行了较大改革，8月18日经国家技术监督局批准成立了全国纺织机械与附件标准化技术委员会(CSBTS/TC 215)，在召开的全国纺机器材标准化工作会议暨全国纺机与附件标委会成立大会上，通过了《标委会章程》、《标委会秘书处工作细则》、《标委会组成方案》、《纺机器材标准体系表》、《纺机器材行业标准化“九五”发展规划》以及1995年标委会的工作报告等。

1995年初中国纺织总会组织各标准归口单位开展了标准清理工作，并颁发了行业标准清理整顿结果。587项旧行业标准中，确定继续有效的139项，废止448项；全部有效标准中强制性旧标准5项，强制性新标准2项；国家标准中5项调整为行业标准并重新编号，1995年下达纺机器材行业标准制（修）订计划34个项目，批准颁发新标准17项，目前行标总数已达351项。

1995年许可证工作也有进展。完成了《棉、毛纺细纱机生产许可证实施细则》、《棉、毛纺细纱机生产许可证收费办法》的起草工作，待报全国工业产品生产许可证办公室批准后实施。批准颁发转杯纺纱机生产许可证2个、化纤纺丝机生产许可证3个。同时下发了全行业获证企业名录。1995年报经国家商检局批准下发了出口纺织机械质量许可证16个。

组织了106个企业的153个产品的推荐活动，共有82个产品被评为1995年度推荐产品。

附：化纤机械

生产发展情况　化纤机械是发展化纤工业的技术物质基础。我国从发展粘胶纤维设备开始，陆续发展了维纶设备、腈纶设备和锦涤纶设备，为我国发展化纤工业做出了重要贡献。1995年化纤生产能力达300万t，其中约有160万t是用国产化纤设备装备起来的。

化纤机械包括原料生产装置、抽丝设备及后处理设备。化纤机械的特点，一是工艺性和成套性强；二是化纤生产连续化，要求设备可靠性高；三是为严格控制化纤产品质量和有利于科学管理，化纤机械的机电一体化水平较高。

我国从事化纤机械产品生产的企业近20个。其中超过半数的企业有很好的基础，国家花了大量资金进行了引进技术和增加装备，以适应化纤工业的需要。

(1) 粘胶纤维设备：现有粘胶纤维年生产能力35万t，除保定原有5 000t长丝和九江2万t短纤维设备是进口的以外，其余基本都是使用国产设备装备起来的。目前正积极筹备2万t短纤维设备攻关及长丝连续纺丝机的开发。

(2) 锦纶设备：目前全国拥有锦纶生产能力264万t，有50%是近几年成套进口的，其余使用国产设备。但国产设备多数型式陈旧落后，1995年开始有少量新型长丝设备开发出来。

(3) 维纶设备：60年代至70年代，我国共兴建了11个维尼纶厂，后来没有再建过。

(4) 腈纶设备：60年代至70年代我国靠国产设备装备了8个腈纶厂，年产量达7.2万t。后来在引进美国及日本的设备装备了大庆及上海金山厂的同时，于80年代末，采用技贸结合方式，引进杜邦—泰克斯干法腈纶技术，建设了抚顺、秦皇岛、淄博、宁波、茂名5个腈纶厂，合计16.5万t生产能力。1995年开始，这5个厂陆续补齐技改中缺欠项目，以满足上经济规模的要求。

我国攻关开发湿法腈纶1万t设备，1995年已完成了大部分主要的关键工艺设备，只待淄博化纤厂资金落实，即可安装调试，该设备达90年代初国际水平。

(5) 涤纶设备：我国自行设计、制造的4 000、7 500、15 000t涤纶短纤维成套设备装备了金山、仪征等大化纤厂。我国1995年达70万t涤纶短纤维生产能力，除少数进口设备外，多数是国产设备。涤纶长丝设备1995年形成100万t能力，其中国产设备占1/4。较为突出的技术为上海二纺机公司与德国巴马格公司合作生产的高速弹力丝机。大连合成纤维研究所、中国纺织科学研究院机械厂的POY、FDY设备等，都已达90年代国际水平。

(6) 化纤专件：我国的喷丝板、喷丝帽已基本满足国内需要，尚有少量出口；计量泵已向星式卡出口方向研制并有少量生产。

〔撰稿人：中国纺织总会技术装备部　蔡　漠
审稿人：中国纺织机械器材工业协会副理事长兼秘书长　柳仁德〕

〔中国航空工业总公司〕

生产发展情况　自1981年起，航空工业系统就涉足纺织机械行业，并把开发、研制、生产纺织机械作为自己的重要支柱民品。经过15年的努力，航空系统中有62个企事业单位，共开发生产了纺织机械主机及纺织电器、纺织仪器、纺织机械专用器材等126项，涉及棉、毛、丝、麻、化纤及纺、织、染、整、服装各个门类。经过三批技术改造和市场的优胜劣汰，已有一批纺织机械产品脱颖而出，在国内市场上闻名遐迩。例如：川江仪器厂的中频转杯纺纱机，西安航空发动机公司的剑杆织机，南昌飞机制造公司的片梭织机，宝成通用电子公司的并条机，兰州飞控仪器总厂的塑料编织成套设备，南峰机械厂的水下切粒成套设备，华兴航空机轮公司的喷水织机，沈阳航空发动机研究所的粘胶短纤维成套设备、无纺布及喷胶棉生产设备，宏光空降装备厂的服装机械等。特别是川江仪器厂的中频转杯纺纱机、中国航空精密机械研究所的纱锭测振仪、中国西安飞机工业集团的气动摇架都已成为专利产品，填补了国内空白。现已从原来只能提供单机，发展到由集团公司组织棉纺成套设备、塑料编织成套设备、无纺布成套设备、喷胶棉成套设备、粘胶短纤维成套设备、黏胶长丝压洗成套设备的交钥匙工程。这些高技术、高水平的纺织机械，为纺织工业的技术进步、设备更新起了巨大作用。

1995年航空工业总公司纺织机械产品工业总产值（1990年不变价）21 301万元。主要产品产量中棉纺设备达584台/2 124t、丝纺织设备102台/2 040t、合成纤维设备725台/3 149t、附属通用设备49台/5.88t、纺机专用配件444 596台(件)/214.75t。售出的纺织机械已供给全国20多个省、市的纺织企业使用，受到用户的好评。

市场及销售　由于棉花涨价和纺织品出口退税、调低税率等因素的影响，纺织行业资金短缺，造成纺织机械市场疲软，但航空工业总公司生产的新型纺织机械主机销售仍然看好。1995年纺织机械销售收入31 401万元。7个主机厂产量及销售情况是：西安航空发动机公司的剑杆织机完成207台，销售收入3 576万元；川江仪器厂的中频转杯纺纱机完成55台，销售收入3 800万元；南昌飞机制造公司的片梭织机完成46台，销售收入3 217万元；宝成通用电子公司的并条机完成300台，销售收入3 200万元；兰州飞控仪器总厂的塑料编织成套设备完成512台，销售收入4 637万元；华兴航空机轮公司的喷水织机完成120台，销售收入1 080万元；南峰机械厂的水下切粒设备完成15台，销售收入1 420万元。

西安航空发动机公司1995年与用户签订剑杆织机销售合同1 000台，比自1986年开发研制剑杆织机以来销售量的总和还要多（1986年～1994年共销售656台），使织机生产出现了供不应求的新局面。分析其原因，主要是他们从强化生产管理入手，在提高产品质量上狠下功夫，先后完成了电磁离合器、选纬器和电控箱等多项技术攻关任务，使剑杆织机的整机质量大大提高，产品性能在国内处于领先水平。已畅销到陕西、河南、湖北、黑龙江等15个省、市近50个纺织企业，展示出广阔的市场发展前景。

兰州飞控仪器总厂把航空自控技术运用于塑料编织机械产品的开发，先后研制成功四梭圆织机、六梭圆织机、八梭圆织机和45型、65型、90型拉丝机及磁盘式、电位计式绕丝机、双色印刷机、选粒机等5个系列、12个品种的产品，其中磁盘式、电位计式绕丝机为世界最新水平，我国独家生产。产品已行销国内30多个厂家，并成批出口美国、印度尼西亚、伊朗、乌克兰、泰国、孟加拉、台湾、韩国等10多个国家和地区。并于1995年10月4日参加了1995年杜塞尔多夫国际橡塑机械展览。至此，该厂已成为我国塑料编织机械品种最全、性能最优、销量最大的厂家之一。

质量及质量管理 航空工业总公司为了提高纺织机械产品的可靠性，成立了纺织机械可靠性工作组。1995年，各有关单位开展了大量的质量整改工作，基本完成了总公司质量局下达的拉条挂帐中规定的工作内容。主要情况如下。

西安航空发动机公司颁发了“1995年剑杆织机技术攻关、质量整改措施计划”，根据该计划完成了5个技术攻关项目，22个质量整改项目。如选纬器原来是由其他厂生产的产品，在1993年的可靠性试验中故障率较高，现在改成自制，经过两年的攻关和用户考核，可靠性水平有了极大的提高。纬密调节器是由外厂生产的附件，链条磨损严重，现已自行攻关，改为齿轮传动式纬密调节器，现已完成样机试制，正在进行试生产。储纬器在1993年可靠性摸底试验中故障率较高，现在改变了供货渠道，该产品再没有发生故障。

华兴航空机轮公司针对拉条挂帐的规定及可靠性摸底试验中发现的问题，进行了认真的分析，采取了质量整改措施。如电热剪容易产生电器故障，现改为机械剪，降低了故障率。气水分离器由于制造质量问题容易产生故障，现在加强了制造过程控制，提高了制造质量，外场不再出现此类问题。电磁刹车由于制造工艺问题容易发生故障，现在对工艺进行了改进，降低了故障率。织边砂轮架原从外厂采购一部分，厂内组装，由于组装工艺存在问题，故障较多，现从外厂成套订购，不再出现此类问题。由于改变了密封圈无级变速器漏油得以解决。花键轴断裂是由于制造工艺不配套造成的，现改由外厂用拉伸工艺加工，解决了该问题。探针改用进口件，故障率大为降低。

川江仪器厂针对可靠性摸底试验发现的问题采取了改进措施，从所收集的信息来看，1995年出厂的产品中纺纱器、筒子架的故障率有了大幅度降低，取得了一定的效果。

郑州航空机载设备制造总厂的粗纱机完成了可靠性摸底试验，试验从1995年6月开始，11月结束，投入样品4台，累计试验时间为9 183h，达到了纺织总会的近期目标要求。

技术改造 航空工业系统企业的纺织机械技改项目列入旨在加大投资力度、加快改造步伐的“双加”工程和1995年度军转民技术改造计划共5项，总投资14 720万元，专项贷款12 040万元。其中有剑杆织机、高速并条机、中频转杯纺纱机、塑料编织成套设备、水下切粒成套设备，专项贷款基本到位，技改建线工程进展顺利。特别是进入“双加”工程的剑杆织机项目，可望1996年竣工验收。

华燕公司“SK-60”型编丝机生产线技术改造项目于1995年11月3日通过省级竣工验收。验收委员会认为，华燕公司编丝机生产线的技术改造已具备了原批复的产量目标，其生产线布局合理，设备选型正确，产品检测手段完善，技术资料完整、正确、统一，质保体系完整有效，产品质量稳定。该机是提高丝绸纺织服装加工水平的新型纺织机械，性能达到了国际90年代初先进水平，填补了国内空白。

对外合作 1992年11月南昌飞机制造公司与瑞士苏尔寿兄弟有限公司P7100型片梭织机许可证转让合同正式签字。棉、毛、麻、丝四种选定的基本型，织品覆盖面达70%以上。这项引进使我国成为世界上第二个生产高档片梭织机的国家。该项目已进入了国家“八五”纺机“重中之重”专项。用此项资金引进的国外47台（套）精密关键设备，其中加工中心就有13台，更新了该厂多年的老旧设备，在生产上将会发挥巨大的作用，并获得巨大效益。1995年片梭织机专项工程工作大纲是：一个目标（生产线建设和销售），两个关键（市场、机制），三项重点（建线、国产化、市场）和十二个方面工作。经过认真组织实施，专项工程取得了令人瞩目的重大进展。由该厂组装的46台P7100型片梭织机，1995年3月底全部移交江西棉纺织印染厂，投入生产。经用后表明：组装的片梭织机达到了苏尔寿同类产品的技术质量标准。在工作效率、备件耗用、纬纱回丝率、适用范围、幅宽、换纬、能源耗用等方面，特别在重磅牛仔布织造方面有着其他织机无法比拟的优势。

〔撰稿人：中国航空工业总公司　董　圭　审稿人　中国航空工业总公司　杨　源〕

〔责任编辑：白　萍〕

缝纫设备

〔中国轻工总会〕

生产发展情况 据国家统计局有关资料表明，1995年共生产缝纫机809.08万架，比上年808.25万架增长0.1%。中国缝纫机协会对行业内61个主要生产企业和31个零部件生产企业的统计：1995年共完成工业总产值439 154万元，比上年下降5.6%，其中整机生产企业完成387 271万元，比上年下降6.8%，零部件生产企业完成产值51 882万元，比上年增长4%。生产缝纫机总量7 130 767架，比上年下降10%，其中普通家用缝纫机产量5 368 189架，比上年下降7%；工业缝纫机1 716 627架，比上年下降17.8%。普通家用缝纫机因市场需求的减少，逐年下降是在预测之中。而工业缝纫机是箱包、皮革、服装、鞋帽等加工设备，与上述相关工业的增长幅度有关，行业生产结构中部分长线产品生产能力过大，连续多年出现供大于求的趋势，致使1995年一些主要生产企业减产，产量出现负增长。

家用缝纫机主要生产企业有：上海飞人机械总公司（原上海缝纫机一厂）、上海协昌有限公司（原上海协昌缝纫机厂）、华南缝制设备集团公司（原华南缝纫机工业公司）等，其中上海飞人机械总公司（飞人牌、蜜蜂牌）年产量为1 677 260架，上海协昌有限公司（蝴蝶牌）年产量为1 474 636架，华南缝制设备集团公司（华南牌）年产量为513 753架，这3个企业占全国家用缝纫机总产量的51.4%（其中不包括联营厂定牌产品产量）。主要家用缝纫机公司的品牌、产量、出口及创汇情况见下表。

1995年3个主要家用缝纫机公司的产量及出口情况

企业名称	品牌	产量（万架）			出口量（万架）	创汇额（万美元）
		1994年	1995年	比上年增长%		
上海飞人机械总公司	飞人、蜜蜂	157	167.7	6.34	27.7	1 206.3
上海协昌有限公司	蝴蝶	149	147.5	-1.35	63.1	2 202.1
华南缝制设备集团公司	华南	75	51.4	-31.47	46.1	1 494.5
合计		381	366.6	-3.78	136.9	4 902.9

普通家用缝纫机主要消费对象是家庭，随着城市居民生活水平不断提高，消费结构发生急剧变化，因此对普通家用缝纫机的需求也逐年下降，而农村及边远地区虽有一定的市场需求，但近年来一直保持在200万架左右，不可能有较大的突破，年出口产量也维持在300万架左右。

工业缝纫机主要生产企业有50多个，产值超亿元的有上海工业缝纫机股份有限公司（4亿元左右），中国标准缝纫机（集团）公司（3亿元左右），华南缝制设备集团公司（2.7亿元左右），天津天工缝纫机公司（2.5亿元左右），上海飞人机械总公司（4亿元左右，含家用缝纫机），上海协昌有限公司（2.9亿元左右，含家用缝纫机），中国飞跃缝纫机集团公司（3.5亿元左右）。

中国缝纫机工业的重心已从家用缝纫机转向工业缝纫机，经过"七五"、"八五"的技术改造，引进关键设备，发展对外合作，缝纫机的品种、质量、档次水平都有了明显的提高，已初步形成了具有一定规模水平、品种丰富、门类齐全、既能满足国内市场需求，又有一定国际竞争能力的完整的工业体系。

市场及销售 1995年是全球缝制设备制造业销售全面下降、利润减少、最受冲击的一年，也是我国缝制设备行业所面临的最为困难的一年。但是缝制设备与人类生活有着十分密切的关系，就服装而言，它是人类生活的必需品，又是反映社会文化的商品，因此社会对缝纫机将保持一定的需求量，也可预见世界缝纫机市场将是稳定的。中国有12亿人口，不仅是服装的生产大国，也是消费大国。近年来服装出口不断增长，现已成为服装出口大国，因此中国拥有最大的缝制设备市场。随着经济不断发展，人们生活水平不断提高，国内外贸易环境的改善，这一切都将给我国缝制设备行业提供发展的机遇。

1995年，全年销售缝纫机6 986 136架，比上年下降13.8%，出口却有不同程度的增长。据海关统计，1995年共出口家用缝纫机和工业缝纫机452.5万架，比上年增长了7.1%；出口创汇20 813万美元，比上年增长26.8%。其中家用缝纫机出口357.1万架，创汇10 623万美元，分别比上年增长7%和28%；工业缝纫机出口95.4万架，创汇10 190万美元、分别比上年增长10%和26%；缝纫机零部件出口3 792万美元。全年累计出口创汇达24 605万美元，比上年增长28.6%。出口量的增长和出口创汇的增长说明了中国缝纫机在国际市场上还有一定的需求，有一定的竞争能力。中南美、中东、非洲等地已逐步成为我国缝纫机的主要市场。

新产品 科技日新月异的发展也渗入到缝纫机这一领域。自1985年中国标准缝纫机公司从日本三菱电机株式会社引进了LS_2-180电脑三自动高速平缝机技术之后，北京一轻研究所于1988年又开发了第一台电脑多头刺绣机，并通过了原轻工业部的鉴定，中国缝纫机工业开始向机电一体化方向迈进。1995年上海轻工业局委托上海工业缝纫机股份有限公司组织并主持了对EC-5A型工业缝纫机用电脑控制系统（实用型）样机的技术鉴定会。EC-5A型电脑控制系统配GC系列：高速平缝机组成机电一体化的产品具有自动剪线、自动拨线、自动倒回针、自动停针等多种功能，具有高附加价值，也是国内缝纫机行业升级换代的产品。青岛电脑刺绣机总厂与北京一轻研究所合作承担了国家科委皮革电脑刺绣机项目，已于1995年5月24日通过鉴定，该产品经专家分析，性能已接近德国百福公司90年代初期的水平，目前在国内处于领先地位。

在新产品开发方面，上海工业缝纫机股份有限公司设计制造的GD2302-10型高速加固缝纫机已投入批量试生产，产量达到716台；公司下属沪工精密机械厂独立研制开发的GY18型圆盘缝合机已发展到8针、12针、14针、16针等5个品种。上海缝纫机研究所还开发了FE12101-1型自动钉扣机。上海协昌有限公司充分依靠利用大专院校及科研机构的力量，进行联合开发，分别对JG26001

型、JH14－2型等产品的结构进行理论分析，进一步优化设计、推动产品向特色化方向发展。

在工艺技术方面，上海工业缝纫机股份有限公司为突破球面超精加工这一关键技术，几经努力，完成了内球孔轨迹超精加工设备的制造，将内孔的圆度精度控制在0.004mm之内，以配合高速缝纫机的发展。中国标准缝纫机公司肖山联营厂的锻件零件经中国锻造协会专家评分名列前茅，在中国国际锻造会议及第三届国际锻造铸造展览会上获得中外客商的一致好评。

管理及改革 为了促进中国缝纫机行业的技术进步，中国缝纫机协会于1995年12月召开了部分企业代表参加的全国缝纫机行业技术进步专家研讨会。会上共收到专家论文、专稿共9篇，专家们肯定了“七五”、“八五”期间中国缝纫机工业所取得的巨大成果，分析了当今国际先进水平与我国目前技术水平之间的差距，提出了8个方面的意见和建议。之后又提出了中国缝纫机工业技术进步的若干意见，形成文件，为促进我国缝纫机工业在“九五”期间的技术进步打下了基础。

1995年，中国标准缝纫机公司作为全国100家现代企业制度试点之一，其实施方案已经得到国家体改委和省有关部门的批准，1995年8月开始对企业资产进行评估、实施活动正在进行之中。上海协昌缝纫机厂根据现代企业制度试点要求已改为(国有独资)上海协昌有限公司。上海飞人机械总公司也作为上海市140个试点企业之一，积极开展现代企业制度的试点工作。

上海工业缝纫机股份有限公司作为缝纫机行业唯一的股票上市公司，在进一步深化改革，不断完善股份公司管理体制的同时，逐步建立了符合现代企业制度的公司体制，将决策层与执行层的职能进行分离，理顺公司与各工厂的管理体制，完善生产经营目标考核体系等。

标准缝纫机菀坪机械有限公司以成本控制为目标的“内部银行”管理系统运行五年来成绩卓著，共节约费用822.93万元，为五年总利润的19.26%，成本稳中有降，经济效益明显提高。

上海钻石制针厂和上海波芬制针有限公司是中国最大的两个缝纫机针生产企业，为了减少内耗，全力提高产品质量，赶超世界先进水平，这两个企业将携手合作，合并成上海一个全新的缝纫机制针公司，从原竞争对手变成合作伙伴，实行优势互补。

质量及质量管理 缝纫机行业一些企业在推行GB/T19000（ISO9000）系列标准中做了大量的工作。中国标准缝纫机公司总部于1995年9月1日正式宣布ISO9000系列标准开始试运行，至年底公司贯标办组织了历时18天的内部质量审核，找出了不合格项目并提出了纠正措施和落实了职能部门；上海协昌有限公司在贯彻ISO9000系列的过程中，部分产品已通过国家技术监督局——中国方圆标志认证委员会的认证，并获得了认证证书。上海飞人机械总公司生产的飞人牌缝纫机在国内贸易部、国家经贸委等单位联合举办的1995年全国畅销国产商品展销月活动中连续四年荣获全国畅销国产商品金桥奖第一名。

为了加速采用国际标准和国外先进标准，尽快与国际标准接轨，全国缝纫机标准化技术委员会，全国缝纫机标准化中心受国家的委托可办理标准水平认可业务，为方圆标志的认证工作打下基础。

对外合作 1995年缝纫机行业的“三资”企业又有了进一步的发展。湖南江南机器厂与意大利RIMOLD1公司合作生产的新型高速包缝机于1995年6月7日在湖南湘潭举行了新闻发布会；江南机器厂将生产2个系列10种机型，国产化率达到95%，产品将全部通过RIMOLD1公司的检验返销世界各地；中意合资的天津—RIMOLD1公司在合作生产高速平缝机的基础上发展900系列皮革高台机和400系列的锁眼机、工艺装备已基本到位，“多品种、小批量”的生产格局已逐步形成；西安兄弟标准工业有限公司经两年多的努力于1995年6月12日生产出第一台标准—兄弟牌高速平缝机；西安伊势机械有限公司是日本上野产业在中国标准缝纫机有限公司西安缝纫机厂内设立的铸造生产厂，其铸件已供应西安兄弟标准工业公司和天津飞马（天津）缝纫机有限公司。天津飞马（天津）缝纫机有限公司于6月16日在天津新技术开发区举行了开业仪式，该公司将生产包缝绷缝系列产品；日本东京JUKI株式会社与中国新兴集团总公司在河北廊坊地区合资建立了重机新兴工业有限责任会社，预计1997年夏季能生产出第一批高速平缝机，能力将达到22万台。

上海工业缝纫机股份有限公司从日本JUKI株式会社引进的DDL－5550高速平缝机机壳加工等设备于1995年2月24日进行交接和项目验收。

为了进一步开拓国际市场，1995年4月中国轻工业对外经济技术合作公司与中国缝纫机协会联合组成了中国缝纫机参展团，参加了在新加坡举办的第三届亚洲服装机械及设备展览会；1995年9月中国华阳技术贸易总公司与中国缝纫机协会联合组成了赴美参展考察团参加了在美国亚特兰大市举办的第三十六届（BOBB IN SHOW）国际服装机械及技术展览会，两次展览会都取得了很大的收获。

〔撰稿人：中国缝纫机协会 王承康　审稿人：中国缝纫机协会 梁玉信〕

〔中国核工业总公司〕

生产发展情况 电脑绗缝机是近年来新兴起的工业缝制设备之一，随着生产技术水平的不断提高，以电脑控制的机电一体化产品，越来越受到用户的欢迎。中国核工业总公司二六七厂自开发了电脑刺绣机以来，在电脑控制工业缝制设备方面逐步完成了刺绣机、绗缝机、提花机三个系列近十种设备的研制生产。1995年，工业总产值（1990年不变价）为 3 627 万元，比上年增长 78.2%；工业增加值为 779 万元；利润总额达到 62.3 万元，产品销售税金及附加为 24.1 万元。

市场及销售　国民经济的不断发展，特别是乡镇工业的发展，为缝纫设备行业带来了巨大的市场前景。1995 年，中国核工业总公司在缝纫设备行业实现销售收入达 2 862 万元。随着人民生活水平的不断提高，对服装及生活用品的需求，趋向于追求高档次、多样化，对工艺及花色要求尤为突出。这一市场需求特点带来了被服行业的迅速发展，特别是经济发达地区中小被服加工企业蓬勃发展，它们对设备总需求是价格低，耐用、不要求太高的效率，以小规模为宜。而绗缝机、刺绣机、提花机等以电脑控制的缝纫设备，恰恰适应了他们对缝纫设备的需求。就我国被服行业而言，只是刚刚起步，缝纫设备在这方面的发展潜力还相当大。

产品分类及产量　目前已投入市场的设备有电脑多针绗缝机、电脑单针绗缝机、靠模绗缝机、电脑提花机、电脑刺绣机、电脑盘带刺绣机等 11 个品种，可形成年产 1 000 台的生产能力。

新产品　DHJ－1 型电脑高速绗缝机打版系统，是一种自动化程度较高的机电一体化设备，可以实现电脑控制、自动剪线、断线自动检测、自动跟踪拼缝、电脑编程。同时具有平移、复制、旋转、缩放、删除、局部放大等功能。与之配套的 DHJ－2800 型电脑高速绗缝机，针速可达 2 000 针/min，最大针距 6mm，绗缝尺寸 2 800mm×2 800mm，具有正反向绗缝、空行、自动剪线、断线报警、上针位停机等功能。

〔撰稿人：中国核工业总公司宝原工贸公司　高　峻　审稿人：中国核工业总公司宝原工贸公司　郭开武〕

〔责任编辑：白　萍〕

拖　拉　机

〔机械工业部〕

生产发展情况　1995 年机械工业部系统拖拉机行业主要生产企业有 95 个，其中大中型拖拉机企业 12 个，小型拖拉机企业 83 个；全部职工全年平均人数 210 744 人，其中大中型拖拉机制造业 95 093人；固定资产原价 931 216 万元，其中大中型拖拉机制造业 475 063 万元。

1995 年拖拉机行业主要经济指标完成情况见表 1。

表 1　1995 年拖拉机行业主要经济指标完成情况　（单位：万元）

项　目	合　计		大中型拖拉机		小型拖拉机	
	1995 年完成	比上年增长%	1995 年完成	比上年增长%	1995 年完成	比上年增长%
产品产量（台）	2 011 949	53.6	64 685	38.2	1 947 264	54.2
销量（台）	2 077 104	67.3	64 801	43.9	2 012 303	68.2
工业总产值（1990 年不变价）	1 383 711	44.9	509 232	41.3	874 479	47.2
全年销售额	1 873 425	48.7	703 628	40.0	1 169 797	54.5
利润总额	26 182	262.5	7 120	140.5	19 062	1 194.9
出口交货值	81 184	46.3	20 389	－21.0	60 795	104.7
自营出口创汇额	4 321	149.8				

表 1 统计数字说明，1995 年在全国普遍重视农业的大环境的驱使下，各类拖拉机的产销均比上年有明显提高，大中型拖拉机实际生产 64 685 台，比上年增长 38.2%；小型拖拉机实际生产 1 947 264台，在 1994 年增长 47.6%的基础上又增长 54.2%。

市场及销售　1995 年是我国拖拉机市场发展较快的一年，在 1994 年下半年市场逐步回升的基础上，产销量都有较大幅度的增长。主要特点是产销旺季来得早、来得猛，小型拖拉机和大中型轮式拖拉机均全面旺销，分别达到 2 012 301 台和 64 801台，比上年增长 68.2%和 43.9%，全国各地农机产销势头普遍不错，各企业经济效益普遍有所好转。但企业间发展不平衡，市场的激烈竞争，促进了企业进一步扩大批量，追求规模效益，生产的集中度有所提高。据《中国农机化报》资料：小型拖拉机销量前十名厂家的总销量达 87.7 万台，占全国小拖销量的 50%左右，其中在皮带传动小四轮拖拉机中，潍坊拖拉机厂、石家庄拖拉机厂、第一拖拉机工程机械公司 3 个企业 1995 年产量近 30 万台，约占小四轮拖拉机产量的 33.9%，1996 年 3 个企业都正向 12 万台～15 万台的生产批量进军。在 8.9kW（12 马力）手扶拖拉机中，常州拖拉机厂、永康拖拉机厂、南宁手扶拖拉机厂 1995 年产量近 31 万台，占该机型产量的 50%；在小马力手扶拖拉机中，山东手扶拖拉机厂、六安拖拉机厂、全椒拖拉机厂 3 个企业 1995 年产量近 22 万台，基本垄断了该类机型的生产。大中型拖拉机 3

个万台以上销量厂家的总销量达 46 439 台，占全国大中型拖拉机销量的 71.66%。1995 年小型拖拉机产销前十名企业见表 2、大中型拖拉机产销前七名企业见表 3。

表 2　1995 年小型拖拉机产销前十名厂家

（单位：台）

序号	生产企业	产量	销量
1	常州拖拉机厂	127 500	126 112
2	石家庄拖拉机厂	104 021	104 827
3	潍坊拖拉机厂	99 312	98 311
4	南宁手扶拖拉机厂	98 288	95 332
5	第一拖拉机工程机械公司	94 364	91 228
6	六安拖拉机厂	90 000	90 000
7	四方集团公司	78 443	75 160
8	山东手扶拖拉机厂	70 000	70 000
9	长春拖拉机厂	64 449	63 597
10	盐城拖拉机厂	63 520	62 117
	合计	889 897	876 684

表 3　1995 年大中型拖拉机产销前七名厂家

（单位：台）

序号	生产企业	产量	销量
1	上海拖内公司	15 217	16 383
2	第一拖拉机工程机械公司	14 640	14 302
3	山东拖拉机厂	14 500	15 754
4	天津拖拉机厂	7 810	7 889
5	湖北拖拉机厂	4 923	4 923
6	宁波中策公司	3 875	3 550
7	清江拖拉机公司	2 051	1 790
	合　计	63 016	64 591

在国内小型拖拉机市场旺销的情况下，各小拖生产企业仍抓住国际农机市场成交活跃的机遇，努力开拓拖拉机外销市场，使小型拖拉机的出口也有了较大幅度的增长。据不完全统计，1995 年共出口手扶拖拉机达 7.85 万台，创历史最好成绩，比上年增长 1.5 倍多，其特点有：(1) 三大出口企业仍保持四方集团公司第一、常州拖拉机厂第二、南宁手扶拖拉机厂第三的排名次序，这 3 个企业的出口量分别比上年增长 131.7%、110.5%、106.5%，同时一批出口创汇大户脱颖而出，涌现出一批出口超千台的企业，如昆明手扶拖拉机厂、盐城拖拉机厂、四川拖拉机厂、江西手扶拖拉机厂、河北拖拉机厂、全椒拖拉机厂、韶关拖拉机厂，这 10 个企业的出口创汇均创历史最好成绩，成为拖拉机行业出口骨干企业（具体指标见表 4）。(2) 出口产品规格齐全，但传统型出口机型仍占主导地位。12 型手扶拖拉机出口比重达 80%，其次 61、81 型手扶拖拉机出口量约占 10%，41 型及折腰式变型拖拉机也有少量出口。(3) 边贸兴旺。出口地区以东南亚为主，主要是缅甸、越南等国家。据不完全统计，我国销往该地区的手扶拖拉机达 7 万多台，占总量的 95% 以上。

表 4　1995 年 10 个手扶拖拉机企业出口情况

序号	生产企业	主要出口机型	出口数量（台）
1	四方集团公司	工农 12	32 726
2	常州拖拉机厂	东风 12	13 894
3	南宁手扶拖拉机厂	工农 12	11 358
4	昆明手扶拖拉机厂	东风 12	5 336
5	盐城拖拉机厂	东风 12	2 689
6	河北拖拉机厂	TY61/81	2 500
7	全椒拖拉机厂	TY61/81	1 890
8	四川拖拉机总厂	EM111、71	1 378
9	江西手扶拖拉机厂	东风 12	1 251
10	韶关拖拉机厂	工农 12K	1 220
	合　计		74 242

1995 年轮式拖拉机的出口情况与上年相近，出口近 7 000 台（表 5 为 12 个轮式拖拉机企业的出口统计资料，合计 6 786 台）。主要以直联式的 11.9kW～22.4kW（16hp～30hp）轮式拖拉机为主，约占轮式拖拉机出口量的 70%～80% 以上；上海 50 也有较大批量的出口，皮带传动的小四轮拖拉机有少量出口，主要是 120 和 150 型四轮拖拉机。轮式拖拉机的出口地区分布较广，主要出口到秘鲁、叙利亚等发展中国家，也有美国、德国、澳大利亚等一些发达国家。

表 5　1995 年 12 个轮式拖拉机企业的出口情况

序号	生产企业	出口量（台）	序号	生产企业	出口量（台）
1	上海拖内公司	1 696	7	宁波中策公司	506
2	第一拖拉机工程机械公司	900	8	石家庄拖拉机厂	472
3	湖北拖拉机厂	865	9	清江拖拉机厂	202
4	山东拖拉机厂	683	10	天津拖拉机厂	120
5	江西拖拉机厂	627	11	长春拖拉机厂	104
6	盐城拖拉机厂	529	12	潍坊拖拉机厂	82

科研成果及新产品　1995 年 6 月，第一拖拉机工程机械公司开发的东方红－852 履带拖拉机通

过部级鉴定。该机型是在公司现生产的802型履带拖拉机上进行了重大改进设计的，配套B4125型直喷式柴油机，提高功率，降低油耗，便于起动，增设了后置独立式动力输出轴，整机性能和结构水平达到了国外同类机型先进水平。天津拖拉机厂研制TN600LA高速运输型拖拉机，最高运输速度可达41km/h，选装起动性能良好的LR4105T5柴油机，配装有气刹车系统，对自身的刹车系统和转向系统作了改进。石家庄拖拉机厂在泰山型小四轮拖拉机的基础上研制了河北－W180拖拉机，采用S1110柴油机，设计有标准后置动力输出轴，齿轮泵液压系统，已通过省级鉴定。由洛阳拖拉机研究所负责组织，一拖公司、上海拖内公司等单位参加的国家“八五”重点科研攻关项目CAD应用工程的分专题拖拉机CAD推广应用项目，1995年12月通过了部级鉴定。中国农机院、洛阳拖拉机研究所、呼和浩特牧机所、江苏理工大学等单位承担研究的机械工业部软科学研究项目《我国农机工业产品结构调整及发展的研究》1995年10月通过部级鉴定。该项目对拖拉机等十类产品进行了深入调查研究，提出了农机产品结构调整的指导原则及合理化标志、“九五”农机产品结构调整框架以及实现产品结构调整的政策和措施，对我国农机产品结构调整及发展具有一定的指导意义和决策参考价值。

由第一拖拉机工程机械公司、洛阳拖拉机所、洛阳工学院合作研制的拖拉机履带板新材料新工艺研究及推广应用获1995年国家级科学技术进步三等奖。洛阳拖拉机研究所负责与有关厂合作研制、开发的5个项目获1995年度机械工业部科技进步奖。其中TY2540轮式拖拉机系列的研制获二等奖，TY1522轮式拖拉机系列、发动机出厂台架试验用节能型测功机、中小功率内燃机塑料风扇系列、JB/T6697—93拖拉机电气基本条件（标准）等4项获三等奖。

管理及改革 1995年中国农机工业协会拖拉机分会一方面积极从事分会的组织建设，一方面着手进行国内外行业情况的调查、收集和整理，以研究行业发展方向和目标，并协助政府部门开展行业内的贯标工作，同时加强技术咨询、技术交流、合作开发及科技成果推广工作。

1995年中国农机学会拖拉机学会积极组织成员单位开展学术活动及组织建设，针对生产中小功率四轮驱动拖拉机的企业出口需采用全液压驱动转向的要求，所属的液压技术分会以全液压转向的产品开发、配套和使用为主题开展了技术交流，因而受到企业的普遍欢迎。并于10月举办了全国农用运输车技术发展研讨会，对我国农用运输车“九五”期间的市场需求和发展前景、产品开发的新动向、与汽车工业接轨问题、政府对农用车的调控政策等行业关注的热点问题进行了探讨。

由洛阳拖拉机研究所任总网网长单位的机械工业拖拉机科技情报总网，1995年编印了12期《拖拉机情报》，提供了30余万字的国内外拖拉机、柴油机、农用运输车等方面的信息。

在行业标准管理方面，由全国拖拉机标准化技术委员会负责归口完成制修订《小型拖拉机变型运输机产品质量分等》等标准7项，包括国标2项，行标5项，其中两项采用国际标准。1995年由国家技术监督局颁布、批准了《拖拉机术语 整机》等12项国家标准。

质量及质量管理 1995年国家拖拉机质量监督检验测试中心根据国家技术监督局下达的对直接传动轮式拖拉机进行农业生产资料专项抽查的任务，对全国17个生产直接传动轮式拖拉机企业的产品进行了抽检。实际抽查13个企业、26台拖拉机，结果优等品率仅为15.4%，一等品率为30.8%。与1989年轮式拖拉机行业质量评比的结果相比，1989年行评有12个企业参加，其中有6个为优等品，优等品率为50%，一等品率为33.3%，因此总的来看，轮式拖拉机产品的质量有所下降。另外中心还对盐城拖拉机厂等5个拖拉机企业的7种产品进行出口质量许可证检验，结果5种产品达到了一等品，2种产品达到了优等品。

技术改造 1995年拖拉机行业共完成基本建设投资额28 706万元，其中大中型拖拉机6 197万元，更新改造项目完成投资额49 371万元，其中大中型拖拉机20 921万元。

1995年8月中国第一拖拉机工程机械公司为菲亚特拖拉机上质量、上能力，向洛阳市中国银行外汇贷款1 269万美元。第一拖拉机工程机械公司菲亚特拖拉机项目是“七五”期间经国家批准从意大利菲亚特公司引进的项目，该项目国内配套部分均完成，并已开始小批试生产，此次外汇贷款协议的签订将用于国外采购关键设备，以确保菲亚特拖拉机的制造质量和生产能力的形成。

〔撰稿人：机械工业部洛阳拖拉机研究所 许诺、孙庆祎、曾 力 审稿人：机械工业部农业装备司 马文焕〕

〔责任编辑：邝 鸥〕

机械化农机具

〔机械工业部〕

一、收获及场上作业机械

生产发展情况 1995年机械工业部系统有收获及场上作业机械主要生产企业78个（比上年少4个），其中，收获机械企业27个，场上作业机械企业51个。职工34 037人，固定资产原价73 315

万元，净值年平均余额 48 551 万元。金属切削机床 4 854 台，锻压设备 1 220 台。全年完成工业总产值 120 922 万元（当年价）、114 276 万元（1990 年不变价），比上年增长 51.1%。全行业亏损2 763 万元，比上年减亏 5 082 万元。完成产品产量 298 438台，比上年增长 58%，其中，联合收割机 10 014台，比上年增长 188.2%；割晒机 138 734 台，增长 69.7%；其他收获机械 7 424 台，下降 60.6%；机动脱粒机 135 520 台，增长 89.7%；扬场机 2 063 台，增长 5.6%；谷物烘干机 40 台，下降 57%；种子精选机 301 台，增长 22.9%；其他场上作业机械 4 342 台，下降 60.9%；配件 1 179 万件，增长 115.2%。

收获及场上作业机械行业中的骨干重点企业 1995 年实现了产销两旺，各企业产量及工业总产值完成情况见表 1。

表 1　1995 年收获及场上作业机械行业骨干重点企业情况

序号	企业名称	联合收割机产量		实现工业总产值		备　注
		数量（台）	比上年增长%	数额（万元）	比上年增长%	
1	桂林联合收割机总厂	3 900	770.0	4 180	595.0	
2	新疆联合收割机厂	1 500	248.0	14 400	147.0	
3	四平联合收割机总厂	978	280.0	8 103	230.0	
4	北京联合收割机厂	633	158.0	7 112	266.0	
5	佳木斯联合收割机厂	600	540.0	10 623	212.0	减亏 1 892 万元
6	舞阳县机械厂	38 342	24.5	10 500	28.8	产量为收割机台数
7	桐柏县机械厂	22 700	103.0	1 880	86.0	产量为收割机台数

其他如上海向明机械厂、南通农业机械总厂、湖州联合收割机厂、富平联合收割机厂、张掖收割机厂、河北收获机厂、镇江脱粒机制造厂等企业的产值产量比上年同期都有较大增幅。收获及场上作业机械行业全年产销形势虽然很好，但企业由于生产流动资金不足、贷款利息和各种赋税过重，致使一些骨干企业仍然存在严重亏损。

市场及销售　市场经济的飞速发展，给联合收割机的销售带来了机遇。首先是，党中央把发展农业、加强农业基础地位放在国民经济的首位。各级政府多渠道、多层次地加大对农业的投入，支农政策到位。农民种地生产粮食的积极性不断提高，农户购买联合收割机的积极性也高。由于农业丰收，农民收入增加，富裕起来的农户盼望从田间劳动中解放出来，减轻劳动强度，提高劳动生产率。此外，农民投入观念有了变化，购买联合收割机，目前已不再是为了自家本村割麦需要，基本上是属于投资行为，开展易地割麦，每年每台联合收割机可获得几万元的收入，成为致富的好途径。

从生产企业销售联合收割机的数量和销售收入方面看，1995 年市场也有较大发展。四平联合收割机总厂销售联合收割机 1 012 台，是上年的 3.5 倍；销售收入 11 505.6 万元，是上年的 3 倍。佳木斯联合收割机厂销售联合收割机 800 台，是上年的 3.2 倍；销售收入 11 117 万元，是上年的 1.69 倍。北京联合收割机厂销售 625 台，是上年的 1.56 倍；销售收入 7 486.3 万元，是上年的 2.14 倍。桂林联合收割机厂销售 3 860 台，是上年的 2.5 倍；销售收入 5 238.4 万元，是上年的 2.5 倍。新疆联合收割机厂销售联合收割机 1 523 台，是上年的 2.52 倍；销售收入 15 645 万元，是上年的 1.63 倍。其他如上海向明机械厂、南通农业机械总厂、湖州联合收割机厂、富平联合收割机厂、舞阳县机械厂、桐柏县机械厂等销售数量及销售收入均有不同程度的发展。

在 1995 年里，市场最旺的是中小型联合收割机，在我国南部和中部地区，中、小型联合收割机较受欢迎。这是因为，我国农业生产（除大农场外），基本上是以户为单位的小生产方式为主，中小型联合收割机更能适应小规模、丘陵地区、半山区等地形不规则地区的使用。中、小型背负式联合收割机一机多用、价格适中、工效高、操作及维修方便，所以产销量占 90% 以上。分段收割这一方式投入低、风险性小，对大多数手头“拘谨”的农民来说仍是一种实际的选择，所以割晒机、机动脱粒机的产销势头一直不减。

科研成果及新产品　四平联合收割机总厂开发出 LT6 型沥青摊铺机、半喂入型水稻联合收割机、S－15 型全喂入水稻联合收割机、SL－2.0 型谷物联合收割机、GPQ15 型工程钻机；佳木斯联合收割机厂研制开发了 JL1188 系列联合收割机，该厂还和机械部农机院共同完成 1000 系列谷物联合收割机及关键机及关键件可靠性增长攻关的研究；北京联合收割机总厂在市政府支持下，与科研单位配合，开发生产出 4YZ－4 型玉米收获机，并投产 105 台；桂林联合收割机总厂研制开发了桂林 3 号背负式联合收割机；新疆联合收割机厂开发出新山牌 4LD－2 型自走式轴流谷物联合收割机；陕西富平联合收割机厂研制开发出 4L－1.5 型秦丰 4 号、秦丰 5 号联合收割机；汉中收获机械厂开发出 4L－0.75 型谷物联合收割机；河南舞阳县机械厂开发出 4L－140 型联合收割机；河南桐柏县机械厂开发了太白峰牌 4GL－130 型麦稻收割机和 6NF－9 型铁辊分离式碾米机；河南省延津农业机械厂开发出铡草机、秸杆揉搓机；张掖收割机厂开发出自走式割晒机、施肥播种机、联合组合式牵引作业机械等；天津蓟县脱粒机厂试制出 2BF-7 施播机、5TGS-1300 水稻脱粒机。

以上开发研制的各种新产品先后通过了部、省、市级鉴定，并小批量投放市场，除了满足市场需求以外，还为企业创造了较好的经济效益。

管理及改革 四平联合收割机总厂深化内部改革，对厂内部分机构进行了调整。开源节流，严格控制费用支出，严把审批关。1995 年管理费用比计划节约 425 万元，制造费用比计划节约 142.3 万元。在能源管理方面，严堵跑、冒、滴、漏，能源综合消耗比上年降低 344 万元。利用法律手段加大清欠力度，1995 年共清理呆死帐 115 万元。桂林联合收割机总厂完善了质量、安全、营销、物资、医疗等 7 个方面的管理制度。由于加强了管理，产品可比成本材料费比上年减少 374 万元。在财务方面厂内加强资金宏观控制，加速资金周转、节约流动资金、减少银行利息支出 411 万元，为 1995 年扭亏增盈作出了贡献。由于加强质量管理，使产品合格率达 100%，保持了部优称号，被桂林市消费者协会继续授予“无伪劣产品制售企业”的称号。河南省惠芳集团公司舞阳机械厂在加强企业管理、不断深化内部改革方面迈出了新的步伐，1995 年成绩卓著，该厂荣获“河南省优秀企业”、“省综合评价先进单位”、“河南省 AAA 级信用企业”、“省重合同守信用单位”、“市科技进步先进企业”等省、市级以上荣誉称号 10 多项。

技术改造 收获及场上作业机械行业 1995 年完成基建 3 770 万元，技改 4 357 万元及更新投资 8 127 万元，其中，四平联合收割机总厂完成技改投资 1 148 万元，消化吸收了韩国 GC-3200 型水稻联合收割机制造技术。桂林联合收割机总厂共完成基建投资 250 万元。湖州联合收割机厂共投资 189 万元，新建了装配车间厂房 1 200m^2，添置了生产、检测设备。南通农业机械总厂为扩大联合收割机批量，扩建了小件车间、冷作车间和包装车间，添置了折弯机、冲床及焊接设备。河南舞阳县机械厂投资 1 700 万元，新建中小型联合收割机厂房已竣工，1996 年一季度投产。该厂引进资金 1 000万元，新建地膜覆盖项目已建成投产。河南桐柏县机械厂投资 440 万元，新建厂房 1 578m^2，添置设备 78 台，形成 3 万台收割机生产能力。镇江脱粒机制造厂全年共完成基建投资 245 万元。河南延津农业机械厂技改投资 53.6 万元。在整个行业中，绝大部分企业在基建技改方面都进行了投入，使企业在提高生产能力、提高质量、开发产品、提高技术水平等方面都增强了活力，有力地促进了经济增长方式的转变及企业经济效益和社会效益的提高。

〔撰稿人：中国农业机械工业协会收获及场上作业机械分会 李贤光 审稿人：机械工业部农业装备司 马文焕〕

二、农副产品加工机械

生产发展情况 1995 年末机械工业部系统农副产品加工机械行业有主要生产企业 112 个，职工 28 484 人，固定资产原价 66 122 万元，金属切削机床 9 889 台，锻压设备 1 773 台。1995 年完成工业总产值 93 216 万元（1990 年不变价），比上年增长 20.9%；当年实现利润总额 1 709 万元，扭转了上年利润总额大幅度下降的局面。

1995 年生产发展的主要特点：（1）总产量经过1992 年和 1993 年两年下降、1994 年回升后，1995 年增长幅度较大，当年完成各种农副产品加工机械 59.36 万台，比上年增长 62.37%。（2）主要农副产品加工机械产品中，粮油加工机械产量大幅度增长，而棉花和茶叶加工机械产量下降，生产发展处于低谷之中。粮油机械中油料加工机械产量继续保持大幅度增长的势头，当年完成产量 88 326 台，比上年增长 41.38%。粮食加工机械产量也有较大幅度的提高，完成产量 436 515 台，比上年增长 70.46%，其中面粉加工机械完成产量 86 735 台，比上年增长 82.93%；碾米机械完成产量 170 333台，比上年增长 27.59%。生产处于低谷中的茶叶加工机械完成产量 12 576 台，比上年增长 1.45%；棉花加工机械产量完成 4 910 台，比上年下降 31.48%。（3）逐步建立符合现代市场经济的新型企业机制，部分企业向联合化和集团化的方向发展，也有些企业开发多种产品，使企业成为跨行业的综合型生产企业。如米机行业的博白机械厂组建成广西绿珠股份有限公司，油机行业的四川青江机器厂组建为四川青江机器股份有限公司，四川夹江茶叶机械厂组建为四川夹江燎原机械制造公司，杭州茶机总厂成建制加入杭州制氧机集团公司。面粉机械行业的河北赞皇机械厂除生产面粉机外，又开发了小型收获机械、食品机械等产品；河南南阳光辉机械厂不仅生产面粉机械，还开发了民用产品生产；安徽五河机械厂开发了碾米机械生产。米机行业的山东鱼台机械厂不仅开发了小型收获机械，还开发了饮料、民用小五金等产品。

市场及销售 自 1994 年以来，粮油机械市场形势发展较好，稻米加工机械无论是组合成套设备还是单机，始终比较畅销。由于各中小城镇都需要中小型面粉加工机械，加工高质量、等级粉、日处理小麦 15t 和 50t 以上的面粉机械销路都较好。榨油机械销量连续几年保持上升的趋势，市场看好。农副产品加工行业五大类产品中，棉花加工机械和茶叶加工机械市场仍处于低谷中运行，但重点棉机厂的产品市场看好。1995 年农副产品加工机械全年销售收入 83 121 万元；年末库存额 33 783 万元，与上年末库存额基本持平。分行业情况如下：

（1）碾米机械市场继续看好，主要销售砻碾组合米机和小型碾米成套设备，根据订货情况，各重点企业合理安排生产，尽量满足用户需要。例如山东鱼台机械厂1995年生产各种米机10 073台(套)，比上年增长25%；全年完成工业总产值4 000万元，比上年增长32.8%；实现销售收入4 091万元，比上年增长38.1%；实现利税478.5万元，比上年增长47.2%；出口创汇510万美元，比上年增长45.7%。由于市场形势好，广西博白机械厂近几年发展较快，1995年生产各种米机27 600台，比上年增长30.2%，是1990年的1.91倍；完成工业总产值2 011万元，比上年增长23%，是1990年的3.96倍；实现销售收入2 554万元，比上年增长32.4%，是1990年的3.41倍；实现利税200万元，比上年增长30.7%，是1990年的3.5倍；出口创汇120万美元，比上年增长33%；出口碾米机9 484台，是1990年的361倍。

(2) 面粉加工机械销路较好，河北赞皇机械厂、河南南阳光辉机械厂、安徽五河机械厂、山东面粉机械厂的产品销路都较好。其中，尤以南阳光辉机械厂发展最快，1995年完成工业总产值8 208.3万元，比上年增长45.9%；实现销售收入6 003.7万元，比上年增长41.7%；实现利税890万元，比上年增长38.8%，是1990年的3.8倍；出口销售额达到1 500万元。该厂生产的产品中除磨粉机单机外，还生产具有90年代先进水平的系列高精专用粉生产线，该生产线日加工小麦15t～250t，另外还生产各种粮食清理设备等。安徽省五河机械厂在1995年9月派出4个“雪松万里行”小分队，进行市场行情调查、走访用户和进行售后服务，历时两个月，用户反映较好。该厂产品销路较好，1995年完成工业总产值4 094万元；实现销售收入3 541万元；实现利税142万元；生产各种面粉加工成套设备620套，比上年增长12.7%。

(3) 榨油机械产量和销量连续几年保持上升的趋势，特别是曾获“国优”、“部优”称号的产品，由于其产品出油率高，又比国外产品价格低廉，备受用户欢迎。1995年生产油料加工机械88 326台，比上年增长41.38%，在主要农副产品加工机械中产量增长最大。例如重点油机企业四川青江机器厂1995年生产榨油机4 149台，比上年增长65.2%；完成工业总产值3 456万元，比上年增长28.80%；产品销售收入2 730.41万元（不含税），比上年增长54%；利税总额307.7万元，比上年增长75.8%；利润总额232万元，比上年增长184.6%。其他重点企业产销形势都很好，例如河南沈丘机械厂、辽宁本溪榨油机厂在销售旺季，用户在厂门口排队购买，其他季节产品也很畅销。从产品机型大小的销售情况分析，中小型榨油机械畅销，而较大型的油脂浸出设备则不如小型机械好销。

(4) 棉花加工机械行业市场处在波动之中，1992年和1993年棉花加工机械市场萧条，连续两年产量大幅度下降，1994年市场好转，产量开始回升，1995年市场又有波动，棉机产量下降了31.48%。但重点企业的产品由于其质量好，销路也较好，产品市场出现回升的机遇。河北邯郸棉机厂是棉机行业的排头兵企业，该厂抓住了这一机遇，增加了产品生产量，经济效益也较好。1995年完成工业总产值4 206万元，比上年增长70%；实现销售收入4 748万元，比上年增长35%；实现利税251万元，比上年增长86%；扭亏增盈131.6万元；创汇101万美元。该厂当年生产棉机成套设备12套，棉机单机962台，配件136万件。该厂能认真作好售后服务工作，用户反映也较好。还有不少棉机企业，1995年仍不够景气，生产与销售都很困难，例如湖北江陵第一机械厂只能维持生产、经营活动，现已有好转趋势。

(5) 近几年来，我国茶叶出口不畅，国内市场受各种饮料的冲击，茶叶销量呈下降趋势，直接影响茶叶机械的生产。加上茶叶产地纷纷上马小型茶叶加工机具，从而影响了重点茶机企业的产品市场，一些企业只好转产其他产品。例如浙江绍兴茶机总厂、安徽屯溪茶机厂均不以茶机生产为主，曾是国内最大的茶机生产企业杭州茶机总厂也与杭氧集团合并。部分重点企业在逆水行舟中运转尚算良好，例如四川夹江县茶叶机械厂1995年生产各类茶机436台（套），完成工业总产值348万元，销售收入294万元，实现利润1万元，实现利税6万元。四川江津茶叶机械厂1995年完成工业总产值360万元，生产各种茶叶加工机械1 007台，实现利税18.9万元，利润0.46万元。

以初制茶机和精制茶机市场比较而言，精制茶机市场稍好一些。以加工茶叶品种分析，由于1995年红茶和绿茶产量分别下降14%和10%，而名优茶产量增长20%，因而名优茶叶加工机械发展较快。在1995年10月第十七届茶叶机械展销会上，名优茶机成交额占全部茶机成交额一半以上。

1995年农副产品加工机械国外市场继续看好，机械工业部系统企业出口交货值12 318万元，比上年增长24.59%。主要出口产品仍以碾米机械为主，榨油机械和面粉加工机械出口形势也较好。例如山东鱼台机械厂1995年出口创汇510万美元，比上年增长45.7%，出口产品7 431台（套），70%的产品销往印尼、菲律宾、马来西亚、秘鲁、科特迪瓦、埃及、泰国等56个国家和地区，并开辟了斯里兰卡、巴基斯坦、印度等国际市场。广西博白机械厂1995年出口碾米机1万台，创汇120万美元。面粉加工机械出口形势看好，例如河南南阳光辉机械厂生产的面粉加工机械单机主要销往苏丹、埃及、土耳其、罗马尼亚、马来西亚和独联体四国，出口产品1 100台；日加工小麦15、18、30、50t精制粉成套设备销往越南、罗马尼亚、哈萨克斯坦和巴勒斯坦等国，出口产品5套，出口创汇400多万元。河北赞皇机械厂和山东面粉机械厂产品出口数量也都有较大幅度增长。在榨油机行业中河南沈丘机械厂和辽宁本溪榨油机厂的产品出口量稳步增长，本溪榨油机厂出口产品已占该厂产量的 1/5。

科研成果及新产品 列入 1995 年机械工业科学技术发展计划的项目有 5 项，其中粮油加工设备 2 项，茶叶加工机械 3 项，全部在当年完成试制任务。安徽省五河机械厂研制成功 6NTD－25 型等级米加工成套设备，日加工稻谷 25t。河南南阳光辉机械厂研制成功 6F－30×2 型高效复式磨粉机，生产效率为 7kg/（cm·h）。浙江杭州茶机总厂研制成功红碎茶发酵机，发酵温度 24℃±4℃，台时产量 600kg～800kg。浙江富阳茶机总厂研制成功新型炒干机，台时产量 15kg。安徽十字铺茶机厂研制成功粉末绿茶成套设备，绿茶粒度 1μm～20μm，含水率小于 6%，单班每套生产率为 20kg～40kg。

生产企业根据当地主管部门安排或市场需求，研制成功一批新产品，通过了鉴定并安排生产，投放市场。山东鱼台机械厂开发研制的 NZJ－15/12 型联合米机通过了山东省机械厅组织的技术鉴定，并投放市场；该厂开发的 SB－30 型组合碾米机获国家级新产品称号，并在国家科委组织的第二届中国科技新产品名优产品博览会上荣获金奖；新研制的 SB－15/15 型铁辊碾米机，大大提高了粳稻加工成品米的亮度。河南南阳光辉机械厂为了加强新产品开发工作，成立了 5 个专业研究室，完成了日处理小麦 18t 的机组改进，改进设计了平仓方筛、双仓方筛，并完成了试制工作，投入生产；该厂还补充设计了面粉机成套系列设备，包括日处理小麦 22、25、32、50t 等成套设备；该厂还设计了 16 型等级面粉加工成套设备，当年完成了试制任务。四川青江机器厂为适应市场需要，在 6YL－95 型榨油机的基础上推出了 YZYX10A 型榨油机并投放市场；完成了 6GT－900A 型滚筒炒锅的改进设计任务，并生产出部分炒锅与 6YL－95 型榨油机配套出口。河北邯郸棉机厂 1995 年完成了 120 型机电一体化棉花加工大型成套设备的技术改进，效果很好，其中湖北江北农场安装的一套 120 型成套设备已成为该厂的样板示范厂，受到社会各界的称赞。四川夹江茶机厂开发了边茶铡梗机、输送机、32 型烘干机、25 型揉捻机、30 型揉捻机等新产品，还改进了系列破碎机、平面圆筛机等产品。其他企业也开发了不少新产品。

质量及质量管理 山东鱼台机械厂将质量目标层层分解，严格奖惩制度，1995 年质量稳步提高，经国家粮油机械质监中心抽查，NZJ－10/8.5 型联合米机达到优等品水平，SB－30 型组合米机 1995 年 8 月在第二届中国科技新产品优质产品博览会上获金奖，11 月在第二届中国农业博览会上 NZJ－10/8.5 型联合米机获金奖，另外该厂还获得“山东省农村消费者喜爱产品”称号，在省外获得“1995 年河北省农机市场畅销名牌”称号。在第二届中国农业博览会上获奖的企业和产品还有山东面粉机械厂生产的登峰牌 6FTD－20R 型面粉机、山西永济市东风机械厂生产的东风牌 6FY－35 型磨粉机、山东郯城农业机械厂生产的精华牌 LM24－2C 型砻谷机和 N－110 型双风道碾米机，这些产品都获得银奖。在面粉机行业中，河南南阳光辉机械厂 1995 年产品质量工作取得了较好的成绩，该厂连续六年被评为省机电行业优秀企业，当年被命名为省质量监督产品免检企业、省粮食加工机械行业先进企业等称号。磨辊是面粉加工机械的关键部件，河南省中原轧辊厂是生产磨辊的专业厂，该厂 1995 年推广了新型涂料和陶瓷刀具，使产品质量大幅度提高，解决了多年没有解决的产品热裂现象，铸件成品率达到 96%，产品质量稳定，从 1996 年 1 月 1 日起该厂生产的磨辊被省技术监督局定为免检产品。在榨油机行业中，四川青江机器厂、河南沈丘机械厂、本溪榨油机厂等企业的产品，都能保持优质产品的称号，是用户信得过产品。例如青江机器厂生产的蒙山牌 6YL－95 型螺旋榨油机经省机械厅组织的一等品复查，继续保持部优质产品和“全国最受用户欢迎的农副产品加工机械”称号，还保持了“优质产品、优质服务”的双优金奖称号。

技术改造 1995 年农副产品加工机械行业全年完成基本建设投资 2 619 万元，全年完成更新改造措施项目投资 3 508 万元，使企业生产能力、新产品开发能力和产品质量的提高等得到了保证。

山东鱼台机械厂是米机行业产品出口的重点企业，1995 年完成了“八五”基本建设项目的验收工作，全部完成 871 万元的固定资产投入，给企业增添了后劲与活力。“八五”后续 450 万元的技术改造项目，企业正组织实施。广西博白机械厂当年完成了 40 多万元的厂房改造，另外筹资兴建了两幢 4 600m² 的办公楼，为企业的发展打下一定的基础。安徽五河机械厂“八五”技术改造项目为国家 A 类项目，历时五年完成了总投资 1 200 万元的技术改造项目，1995 年 12 月 6 日技改竣工验收，改善了生产条件，增强了企业实力。河南南阳光辉机械厂 1995 年以扩大技改投入给企业发展增添后劲为中心，加强技改工作，1995 年国家开发银行、省、市投入的 2 000 万元技改投资已落实到位，目前正加快 4 条生产线的改造工作。河南省中原轧辊厂 1995 年完成“八五”技改项目 6 个，总投入资金 217 万元，主要项目有新建 1 200m² 厂房、改造配电室、动力房等。四川青江机器股份有限公司重视企业的技改工作，1995 年公司自筹资金 270 万元，完成了车间的技术改造项目，增加汽车 4 辆、各种生产设备 10 台。茶叶加工机械生产企业面对市场不景气的局面，部分企业仍然重视技术改造工作，例如重庆江津茶叶机械厂贷款 220 万元增加固定资产投入，购置了货车、生产设备等 14 台，为企业提高产品质量水平创造了条件。

〔撰稿人：中国农业机械工业协会农副产品加工机械分会　朱家骅〕

三、农业运输机械

生产发展情况 1995年，机械工业部系统农业运输机械行业共生产农用运输车230万辆，其中三轮农用运输车200万辆，四轮农用运输车30万辆，整车产值约250亿元。至1995年底，全国农用运输车保有量约800万辆（其中三轮农用车700万辆，四轮农用运输车约100万辆），从业职工超过20万人。从80年代起，经过十多年的发展，农用运输车已成为农机行业中的一个新的支柱产业。1984年～1995年农用运输车历年产量见表2。

表2 1984年～1995年农用运输车年产量 （单位：万辆）

年份	1984	1985	1986	1987	1988	1989	1990	1991	1992	1993	1994	1995	平均增幅
三轮	1.69	3.59	3.81	8.1	13.4	19	40	60	100	107	140	200	54%
增长率（%）		112	3	112	65	42	110	50	60	7	31	21	
四轮	1.11	2.16	2.57	4.6	6.28	5	4.79	7.75	13	17	20	30	34.9%
增长率（%）		95	19	79	36	-21	-4	62	68	31	17.6	50	

由表2可见，在这12年内，三轮和四轮农用运输车分别以54%和34.9%的年平均增幅高速增长。“八五”期间农用运输车得到了很快发展，全行业包括三轮农用运输车和四轮农用运输车生产厂家已遍布全国，其中上机械工业部与公安部联合印发的农用运输车生产企业及其产品目录的企业共有248个，其中生产三轮农用运输车的企业113个，生产四轮农用运输车的企业158个（有23个企业生产两种车型）。

1995年，三轮农用运输车产量在10万辆以上的企业有5个，共生产89.6万辆，占44.8%；产量在5万辆～10万辆的企业有7个，共生产46.33万台；以上12个企业的产量约占行业产量的68%。四轮农用运输车中，小吨位农用运输车的产量约占60%，比上年的比重又有较大增长。1995年，四轮农用运输车产量在1万台以上的企业已有7个，共生产11.1万台（产量最大的文登农用车厂已达32 962辆），占37%；产量在5 000辆～10 000辆的企业有9个，共生产6.5万台；以上16个企业的产量占行业产量的58.2%。这说明农用运输车的生产集中度在提高，生产正向集约化方向发展，逐步形成规模化生产经营的趋势。三轮与四轮农用运输车1995年产量位居行业前列的企业见表3、表4。

科研成果及新产品 “八五”期间，农用运输车的产品开发取得了重大进展，除1.5t级四轮农用运输车的选型与整顿外，重点开发了0.5、0.75、1.0t级的系列产品，0.5、0.75t级的农用运输车已完成基本型及一些变型的开发，1.0t级也有若干机型定型。三轮农用运输车有0.5、0.75t两级，有方向盘转向和手把式转向两种，其动力一般为195、190、185、180、175等卧式单缸柴油机，以195柴油机为动力的三轮农用车1995年已占全国总产量的80%。至今，从产品结构型式上看，有四类农用运输车产品已获得农村市场的认可，进入大批量生产。第一类是0.5、0.75t配装各型单缸柴油机的三轮农用运输车，上1993年两部《目录》的型号已多达360个；第二类是手扶拖拉机的折腰变型运输机，至今该产品仍统计在手扶拖拉机类中；第三类是手扶拖拉机变型设计的整架式四轮农用运输车（如赣江-12系列1.0t级四轮农用车），仍配装单缸柴油机；第四类是配小缸径多缸柴油机的直接传动式的四轮农用运输车（汽车形式的结构布置）。

近几年内江苏与浙江省的企业在当地公安部门的支持下，率先发展了农用客车，已形成0.5t～1.5t级各式农用客车，并成为一些企业的主导产品。如浙江公路机械厂生产销售飞蝶牌农用客车，1994年销售量即达3 884辆。

表3 1995年三轮农用运输车行业产量前二十名的企业

序号	三轮农用运输车企业	产量（辆）
1	南京农用车厂	264 819
2	山东巨力集团	206 436
3	皖南机动车辆总厂	148 910
4	聊城运输机械厂	139 098
5	高唐时风集团	137 050
6	许昌机器厂	85 013
7	光明机器厂	75 167
8	兰州手扶拖拉机厂	66 082
9	宁国机械工业公司	61 038
10	奔马集团公司	60 500
11	德州通力集团公司	59 724
12	五莲通用机械厂	55 588
13	甲路通用机械厂	40 268
14	诸城恒星机械公司	33 639
15	石家庄拖拉机厂	32 586
16	山东鲁翔集团	26 100
17	济宁车辆厂	24 527
18	西安古城三轮车公司	24 300
19	合肥车辆厂	19 024
20	兰州车辆厂	16 025

管理及改革 为指导各地载客农用运输车的发展，机械工业部农业装备司与公安部交通管理局协商后，于1995年9月印发了《载客农用运输车暂行技术条件》和《载客农用运输车暂行试验方法》两个文件。

在1995年内还颁发了JB/T7735—1995《四轮农用运输车型号编制规则》和JB/T7736—1995《四轮农用运输车可靠性考核》两个行业标准。

表4 1995年四轮农用运输车行业产量前十六名的企业

序号	四轮农用运输车企业	产量（辆）
1	文登农用车厂	32 962
2	福建龙马集团	16 418
3	江西手扶拖拉机厂	15 841
4	湖北至喜集团	13 068
5	福建龙江集团	12 597
6	湖南果园汽车改装车厂	10 258
7	河北广平机械厂	10 003
8	山东寿光聚宝集团	9 410
9	诸城车辆厂	8 668
10	川路机械厂	8 366
11	福建平和农用车厂	8 178
12	山东荣成海山集团	8 028
13	皖南机动车辆总厂	7 076
14	湖南果园交通机械厂	6 111
15	四川公路机械修配厂	5 695
16	长沙芙蓉汽车厂	5 500

质量及质量管理 1995年，对96个三轮农用运输车企业的产品进行了统检，目录内企业的产品合格率为62.3%。其中年产量在5万辆以上的大中型企业的产品全部合格，说明大中型企业产品质量稳定，其他企业质量问题较多。主要问题是：17.7%的样机最高车速超标，12.5%的样机驻车制动性能超标，8.3%的样机行车制动性能超标，15.4%的样机加速噪声超标，32.3%的样机照明信号装置不全等。主要原因是一些企业法制观念不强，执行《农用运输车安全基准》不力；缺乏试验设施或试验方法不符合标准要求；加工和装配质量差，对外购件质量控制不严；一些企业管理素质和人员素质较低等。

1994年，国家拖拉机质量监督检测中心对全国115个四轮农用运输车生产企业的115种有代表性的产品进行了质量统检，其中17个企业的产品达到一等品，36个企业的产品达到合格品，统检合格率只达48%，62个企业的产品不合格。经过统检后的认真整改，1995年对产品质量不合格的62个企业进行了复查。统检复查结果是：61个企业的产品质量合格，1个企业仍不合格，复查中出现的故障缺陷总数和缺陷项次均较1994年统检有较大幅度的减少。

农用运输车产品可靠性指标质量等级在提高。在1993年～1994年间考核试验的29种车型中，优等品有8种，占26.7%。1995年试验的18种车型，达到优等品的有9种，占50%。对1995年试验的18种车型综合统计得出，平均故障间隔里程点估计值为4 500km，无故障性综合评分值为97.17分，达到一等品水平，比1995年前的平均水平提高了一个等级。

预计“九五”期间农用运输车行业仍会有较快的发展。有关部门和企业正在着重抓好以上1996年《目录》为契机的管理、农用运输车整车与主要零部件的质量考核与提高，以及农用运输车发展战略研究等工作，以促进农用运输车行业的健康发展。

〔撰稿人：机械工业部洛阳拖拉机研究所 凌桐森 审稿人：机械工业部农业装备司 马文焕〕

四、排灌机械

生产发展情况 1995年机械工业部归口的企业166个，全部职工全年平均人数65 421人，固定资产原价16.58亿元，固定资产净值年平均余额8.75亿元。实现工业总产值25.7亿元（1990年不变价），实现利税1.63亿元，分别比上年增长17.5%和2.5%。喷灌机产量54 467台，比上年下降31.25%；水轮泵产量1 888台，比上年增长468.67%；农用水井钻机产量1 291台，比上年增长61.38%。在各种农用水泵中，除长轴深井泵和井用潜水电泵产量低于1994年外，其他各种泵的产量均有不同程度的增长。详见表5。

表5 1995年排灌机械产量

产品名称	产量（台）	比上年增长%
总计	2 435 784	42.0
喷灌机	54 467	-31.3
农用水井钻机	1 291	61.4
农用水泵合计	2 380 026	45.6
大型	1 549	36.8
特大型	262	38.6
中小型泵	1 135 494	69.1
微型泵	468 711	147.9
深井泵	28 968	14.6
长轴深井泵	13 774	-4.5
井用潜水电泵	75 250	-4.1
小型潜水电泵	837 698	3.0
水轮泵	1 888	468.7

据统计，1个骨干企业和10个重点企业产品产量和工业总产值比上年有所增加，但总体经济效益不及1994年。主要原因是其中有3个以长轴深井泵为主导产品的企业销售形势不好，效益下滑，这3个企业中还有一个企业严重亏损。所以，平均水平只相当于全行业的平均水平。

根据机械工业部统计，“八五”期间排灌机械产量9 042 531台，其中喷灌机459 759台，水轮泵8 666台，农用水井钻机3 800台。工业总产值150.17亿元（1990年不变价），实现利税7.07亿元，利润总额3.29亿元。“八五”后两年的出口创汇额较前三年有较大幅度增长。

市场及销售 1995年排灌机械国内市场形势好于上年，全年销售收入23.84亿元，比上年增长24.17%。销售形势较好的产品是水轮泵、水井钻机、中小型泵和大型泵。长轴深井泵和喷灌机的销售量下降。各企业销售不均衡程度较大。

国外市场销售情况好于上年，全年出口交货值2 645万美元，其中自营出口创汇额896万美元。农用水泵的出口量有较大增长。主要出口到南亚、东南亚地区和非洲国家，如泰国、缅甸、秘鲁等。

科研成果及新产品 1995年完成机械工业部新产品试制计划的项目6项，其中续1994年的3项。包括：安徽蚌埠潜水泵厂的5.5kW～7.5kW污水潜水电泵，湖北洪湖市工业泵厂和中国农业机械化科学研究院研制的9X－900型强制循环泵，四川新达机械集团股份有限公司研制的600S47型单级双吸离心泵，中国农业机械化科学研究院和湖南省农业机械研究所等单位研制的自吸离心泵，中国农业机械化科学研究院、山东省农业机械研究所和山东平度华通有限公司研制的污水自吸泵系列产品，新疆潜水泵厂研制的SXB型潜水清淤洗井泵。

1995年完成机械工业部科研项目3项。包括：江苏理工大学的螺杆泵大螺距螺杆复杂廓形数控加工的研究，江苏高邮农机厂和江苏亚太特种泵厂的高比转数混流泵水力模型研究，无锡水泵厂和中国农业机械化科学研究院的双向轴流泵技术研究。

江苏理工大学的计算机辅助设计研究及应用获机械工业部科技进步二等奖；浙江省机电设计研究院、湖南省农业机械研究所、山东省农业机械研究所、中国农业机械化科学研究院和河北省机械科学研究院共同研制的IQ轻小型离心泵系列获机械工业部科技进步三等奖。

质量及质量管理 1995年排灌机械行业没有开展全国性的质量检查工作。质量检测部门为颁发和换发潜水电泵生产许可证作了一些准备工作。制定了新的规定和要求，组织宣贯了检测细则。生产企业根据新的要求对企业的质量管理工作进行了整顿。针对一些排灌机械产品质量不稳定等问题，有关质量管理部门组织了经验交流和互访学习活动。中国农机工业协会排灌机械分会也开展了一些加强质量管理、提高产品质量的工作。

技术改造 1995年部管国家专项计划没有安排排灌机械的技术改造计划。一些企业自行安排了部分技术改造项目。据统计，全年更新改造项目总投资8 152万元，全年完成基本建设投资12 754万元。

〔撰稿人：中国农业机械工业协会排灌机械分会　王洪富〕

〔农业部〕

生产发展情况 1995年，农业部农垦系统从事农业机械生产的企业95个，比上年减少3个，其中，新疆生产建设兵团减少2个主要生产汽车配件的企业，黑龙江省国营农场管理局减少1个从事科研试验的企业。全系统共完成工业总产值9.95亿元（1990年不变价），完成利润2 665万元，上交税金总额5 103万元，分别比上年增长－22.3%、－23.1%、－11.1%，上交农场利润2 787.1万元。

1995年农垦系统农业机械生产特点是：（1）在生产农业机械的95个企业中，小型企业占81.1%（中一型2个、中二型16个、小型77个）；（2）七大类农业机具产量，除运输机械和排灌机械外，其他五类产品均比上年增长40%以上，说明大型农业机具经两年的下降后开始回升，1993年运输机械增长的势头回落，主要是双轮力车底盘大量减少，说明农场运输机械化得到改善；（3）拖拉机、内燃机、农业机具配件保持连续三年的增长势头，1995年比上年增长35%；（4）新疆生产建设兵团、黑龙江省国营农场总局农业机械生产企业亏损局面依然存在、扭转不大，比上年亏损增加，新疆生产建设兵团亏损1 865.5万元，比上年增亏435.5万元；黑龙江省国营农场管理局亏损1 658万元，比上年增亏717万元。全行业亏损企业21个，比上年减少1个，亏损总金额4 686.8万元，比上年增加亏损1 210.8万元。这两个垦区农业机械亏损的主要原因是：（1）改革不到位、深化改革措施不力；（2）企业流动资金紧张，负债率高；（3）固定资产投资严重不足，有的投向不合理，导致企业缺乏活力和后劲；（4）小型企业居多，地处边远地区，信息闭塞，包袱沉重，导致企业缺乏自我发展能力；（5）产品结构不合理，档次不高，附加值低，技术含量不够，新产品上得慢，制约企业经济效益的发挥。

“八五”期间，农垦系统生产农业机械的企业保持在100个左右，新疆生产建设兵团、黑龙江省国营农场总局生产农业机械的骨干企业有40个左右，基本情况见表6。全农垦系统“八五”期间共创利税4.2亿元，其中：利润1.9亿元，上交利税3.4万元，占利税总金额的81%。

市场及销售 1995年农垦系统农业机械产品销售收入总金额12.5亿元，比上年增长－6.02%；年末库存总金额2.64亿元，比上年减少0.16亿元。

1995年农垦系统农业机械产品对外出口总金额2 443.2万元，比上年增长91.4%，其中：江苏省47.5万元，江西省21.7万元，广州市1 727万元，新疆生产建设兵团647万元。出口的主要产品为农业机械配件，占总出口金额的71.6%，其次是排灌机械。

表 6　“八五”期间农垦系统农业机械基本情况

项　目		单位	1991 年	1992 年	1993 年	1994 年	1995 年
生产企业数		个	120	97	97	98	95
全年平均职工总人数		人	46 050	40 873	41 055	45 594	40 264
工业总产值	(不变价)	万元	72 943	91 867	91 994	127 879	99 498
	(当年价)	万元	84 900	95 031	108 597	148 414	138 124
工业净产值		万元	27 959	28 411	28 717	27 747	26 955
工业增加值		万元			28 108	32 614	28 691
利税合计		万元	9 088	8 249	7 553	9 209	7 768
上交利税		万元	5 142	6 350	7 024	7 996	7 890
固定资产原价		万元	42 630	40 923	53 379	64 580	82 384
固定资产净值		万元	26 026	26 014	34 299	39 237	47 580
全员劳动生产率		元/人	15 840	22 496	22 407	7 054	12 093

注：“八五”前两年全员劳动生产率按工业总产值不变价计算，后三年按工业增加值计算。

表 7　1995 年农垦系统农业机械产品产量情况

序号	项　目	单位	产量	比上年增长 %
1	耕作机械	台	9 580	45.5
2	植保机械	台	620	57.6
3	收获机械	台	18 392	105.6
4	运输机械	辆	8 110	-54.9
5	农副产品加工机械	台(套)	1 708	120.4
6	排灌机械	台	9 935	-5.7
7	畜牧机械	台	15 510	0.7
8	拖拉机、内燃机及农机具配件	万件	9 476	35.0

产品分类及产量　1995 年农垦系统生产的农业机械产品产量见表 7。

农垦系统 1995 年生产的农业机械大类产品共 8种：(1) 耕作机械 9 580 台，其中：机引铺膜机 3 852 台，机引犁 1 963 台，机引耙 1 972 台；(2) 植保机械 620 台，其中：机引喷雾器 620 台；(3) 收获机械 18 392 台，其中：联合收获机 2 431 台，茎杆还田机 187 台，复式种子清选机 335 台，脱谷机 3 034 台，金属粮仓 123 台；(4) 运输机械8 110 台，其中：双轮力车底盘 6 779 辆，农用拖车1 331 辆（1t～1.5t 为 831 辆、2t～5t 为 232 辆、7t 以上 268 辆）；农副产品加工机械 1 708 台（套），其中：奶粉设备 171 台，奶槽车 23 台，奶罐车 2 台，挤奶车 46 台，挤奶器 100 台，茶叶加工机械 300 台；(6) 排灌机械 9 935 台，其中：深井泵1 985台，农业用泵 2 859 台；(7) 畜牧机械 15 510 台，其中：液氮生物储存容器 3 621 台，液氮生物运输容器 428 台，饲料粉碎机 2 391 台；(8) 拖拉机、内燃机及农机具配件 9 476 万件。除以上 8 大类产品外，还生产小型拖拉机 76 台。

科研成果　1995 年经对黑龙江省垦区调研，科研成果主要有：(1) 黑龙江省农垦科学院的 5XFJ－3/1.5 型复式种子精选机主要参数的选择研究，1995 年 9 月通过省级样机鉴定。该机各项性能指标均达到设计要求和国家标准；生产率计算值经测试平均值为 2.33t/h，其值满足了设计要求；总功率为 8.99kW，测试平均值为 7.89kW。该机集基本清选、比重筛选、窝眼筛选于一体，是较先进的种子精选加工替代产品，具有广阔的使用前景。(2) 黑龙江省农垦科学院工程所和黑龙江省嫩江农业机械厂共同研制的 FMH－150 型玉米秸杆粉碎灭茬旋耕联合作业机，通过科研鉴定，是用于玉米等作物秸杆粉碎、灭茬还田，也可单独旋耕作业的新型机具。主要技术参数：工作幅宽为 0.15m，切碎长度 0.01m，切碎长度合格率≥92%，灭茬深度 0.05m～0.09m，旋耕深度 0.12m～0.16m，作业速度 4km/h～6km/h，配套动力为东方红－75/802 型拖拉机，整机重量 840kg，外型尺寸 2 280mm×1975mm×1 350mm。(3) 黑龙江省农垦科学院红兴隆研究所研制的马铃薯块茎种植机通过专家鉴定，投入批量生产，该机有多种型号，形成产品系列，栽植行数有 2、4、6 几种，结构简单，经济实用。该机可一次完成开沟、施肥、栽植、覆土和镇压等多道工序。该系列产品中的基本型——2ZM－2 型的配套动力为 8.8kW～11.0kW 小四轮拖拉机，悬挂联接，结构质量 160kg，生产率 0.27hm²/h (4 亩/h)。(4) 黑龙江省牡丹江国营农场管理局科研所设计的 2BJSL 系列精密播种机先后在庆丰和兴凯湖农场投入生产，使用效果良好，属大中型农具，播幅宽、工效高。其牵引为液压起落式垄上双条精播机，有 8 行（垄）和 12 行两种机型，8 行配套动力为铁牛－55、东方红－75 等拖拉机；12 行配套动力为 4450 型拖拉机。该机的特点：(1) 播种单体采用四连杆仿形，能防止杂物堵塞，通过 3 个开沟器在垄上作业（2 个播种，1 个施肥），消灭了早春杂草、杂物等；(2) 牵引式液压起落，克服了悬挂式精播机因垄高度差异仿形不良的缺点；(3) 每行两个排种单体，分别装在两个圆盘开沟器内，保证双条间距；(4) 传动系统设有变速链轮组，便于调整播种量和施肥量等；(5) 黑龙江省红兴隆机械厂研制生产的

5TYF-5000型新式玉米脱粒清选机，具有一机多用之功能，可用于不同品种、不同规格、含水率在25%以内的玉米脱粒机，并可一次完成脱粒、吹糠、风选、筛选等复式作业，换上不同规格的筛子，可以进行子粒分级工作。该机破碎率低，<2%，更适宜玉米种子的脱粒、清选之用；(6) 黑龙江省牡丹江农场管理局工学院、黑龙江省农垦八一大学研制的5QC-1.0大豆苍耳分离清选机能彻底清除苍耳及破瓣豆等杂质，还可将大豆或豆种分成大、中、小三级，得到专家的好评。

"八五"期间农垦系统国家重点项目：IGSF-200型旋松施肥机，由黑龙江省农垦科学院承担，1992年7月通过鉴定以来，已批量投入生产，受到各农场的普遍欢迎。江苏省农垦机械厂、江苏省减速机厂研制的JB/T6387-92SCW系列轴装式圆弧圆柱蜗杆减速器，为上百家企业采用与主机配套。该系列SCW减速器为进出口主机设备进行配套，深受用户欢迎和好评，获农业部科技进步三等奖，获全国新技术博览会金奖。

新产品 1995年农垦系统农业机械制造行业共开发新产品99种（根据企业报表统计），比上年减少44种，开发10种以上的省、市、区有：黑龙江省国营农场管理局（14种），新疆生产建设兵团（30种），上海市农垦局（20种）；开发5种以上新产品的有内蒙古自治区、江苏省、广州市、浙江省等垦区。这些新产品是各省、市、区企业对市场进行调研后开发的，为企业带来一定的经济效益。黑龙江省白桦清选机厂，开发的9YB56粗饲料压饼设备，压制的饲料饼块成本低、质量好、易保存、便于运输；宝泉岭农场第一机械厂开发的玉米移栽机，配小四轮拖拉机，该机能开沟、栽苗、覆土和镇压等一次完成，并装有仿形装置，可手动和自动调整行距、株距及苗的栽培深度；黑龙江省云山农场研制的耙耠墒联合耕整机获国家专利；江苏海马收割机厂研制生产的4LD220型收割机，为36.8kW左右的中型轮式拖拉机配套，通过江苏省技术监督局推广鉴定，检测14项技术指标均达到国家标准，其中：13项指标达到优等产品规定的技术要求指标，产品获推广许可证。

"八五"期间共开发645种新产品，历年开发新产品数见表8。

表8 "八五"期间农垦系统开发新产品数（单位：个）

项 目	1991年	1992年	1993年	1994年	1995年	合 计
新产品数	170	104	132	140	99	645

管理及改革 1995年农垦系统生产农业机械的主要垦区新疆生产建设兵团、黑龙江省农场管理局的大部分机械厂管理、改革不到位，深化措施不得力、改革力度不够强，两垦区机械厂相当一部分企业在1993年、1994年亏损的基础上，1995年继续增亏。而其他各省、市、区中小机械企业随着社会大气候的改革形势发展取得了较好进展，效益也不断增加。主要是这些中小企业在大气候的影响、推动下，不断完善"三项制度"改革，实行全员劳动合同制，在企业内部实行在岗、试岗、待岗不同待遇，一些企业结合自身的特点实行岗位、计件和结构工资等，在最大限度上调动职工的积极性，使企业效益不断提高。中小企业盈利情况详见表9。

质量及质量管理 1995年农垦系统农业机械行业设备完好率为87.2%，比上年提高1.7个百分点；机械加工废品率3.7%，比上年下降0.4个百分点；铸件废品率为8.9%，比上年下降0.9个百分点。三项技术指标达到或超过全行业平均先进水平的有北京市、黑龙江省、湖北省、广州市共4个省、市。详见表10。

表9 农垦系统中小企业盈利情况

企业名称	单位	1993年	1994年	1995年	合 计
江西红星机械厂	万元	124	134	320	578
江西气门芯厂	万元	230	150	123	503
上海向明机械厂	万元	200	203	688	1 091
浙江东海磁钢厂	万元	151	133	245	529
成都液氮容器厂	万元	29	4	12	45

表10 1995年农垦系统三项技术指标情况（单位：%）

省 市	设备完好率	铸件废品率	机加工废品率
全系统	87.18	3.88	3.68
北京市	93.0	0.4	1.1
黑龙江省	87.8	8.65	1.29
湖北省	89.0	4.3	0.75
广州市	94.4	1.1	1.4

农垦系统1995年在第二届中国农业博览会上有一批产品获奖，共获金、银、铜奖牌7枚，其中：金、银奖各1枚，铜奖5枚，见表11。

技术改造 1995年农垦系统农业机械行业完成固定资产投资4 294.7万元，比上年增长-56.8%，其中：基本建设资金2 129.5万元，技术更新改造投资2 165.2万元。浙江省完成固定资产投资2 239万元，占全行业完成固定资产投资的52.1%，主要是改造磁钢生产企业和钱江水泵厂的厂房建设和设备更新等。完成100万元以上投资的省、市、区投资情况，详见表12。

表11　第二届中国农业博览会农垦系统农机产品获奖情况

序号	产品名称	获奖等级	企业名称
1	丑小鸭牌94FDW－1123型微电脑自控孵化机	金奖	北京市西山孵化机设备厂
2	绿炬牌ZPG－2型谷物种子加工配套机组	银奖	河北省石家庄市种子机械厂
3	荣山牌3WM－650型喷杆式喷雾机	铜奖	黑龙江省农垦机电设备厂
4	荣山牌3WM－650型喷雾机	铜奖	黑龙江省农垦机电设备厂
5	九棱牌9ZC－6型铡草机	铜奖	西安市畜牧乳品机械厂
6	绿炬牌5BY－5A型种子包衣机	铜奖	河北省石家庄市种子机械厂
7	2BJG－6A3型精密联合播机	铜奖	黑龙江省胜利农场机械厂

表12　1995年农垦系统完成百万元以上固定资产投资情况

（单位：万元）

地　区	基本建设投资	技术更新改造投资
全农垦系统	2 129.5	2 165.2
江西省	126.5	
广州市	111	211
甘肃省		108
浙江省	1 192	1 047
新疆生产建设兵团	592	771.6

〔撰稿人：农业部农垦局　马孟发　审稿单位：农业部农垦局工业处〕

〔责任编辑：邝　鸥〕

热带作物机械

〔农业部〕

生产发展情况　1995年，农垦系统生产热带作物机械产品的企业共有19个，其中：中型企业3个，小型企业16个；完成工业总产值1.97亿元（1990年不变价），比上年增长－19.2%；产品产量3 259台，比上年增长37.9%，除剑麻加工机械比上年减产外，其他三类热带作物机械产品（天然橡胶初加工设备、种植管理机械、其他热带作物机械）都比上年有较大幅度增长。1995年热带作物机械行业亏损面增加，由原来1个企业亏损增加到4个，亏损金额由53.1万元增加到974万元。其中，海南省亏损金额突出，占总亏损金额的92.3%。

“八五”期间，全行业生产企业数基本保持在19个。全行业“八五”期间共创利税8 936万元，基本情况见表1。

市场及销售　1995年，热带作物机械行业销售收入总金额2.25亿元，比上年增长－7.8%；上交利润税金1 745万元，比上年增长36.4%；年末库存产品金额5 144万元，比上年增长80.1%。

热带作物机械产品国际市场正在拓宽，1995年全行业共创外汇122.1万美元，其中，湛江农垦第一机械厂出口天然橡胶初加工机械生产线1套，咖啡脱壳机505台；云南省热带作物机械厂出口五合一压片机6台，通用配件1万件；云南省德宏农垦机械厂出口硅铁510t。

产品分类及产量　1995年，热带作物机械行业共生产四类产品，完成产品产量3 259台。其中，种植管理机械20台（挖穴机）；天然橡胶初加工机械2 330台，包括造粒机66台、绉片机209台、洗涤机89台、打包机181台、压片机1 226台、干燥车10台；剑麻加工机械221台，包括刮麻机37台、理麻机10台、剑麻纺织机10台、制绳机40台、制股机50台；其他热带作物机械688台，包括咖啡脱壳机500台、淀粉机械65台（套）、制糖设备69台（套）。

科研成果　1995年，热带作物机械行业完成的主要科研成果有：（1）中国热带农业科学院研制的往复式液压椰子原汁压榨机。该机具有连续压榨、工作效率高的特点，椰肉出汁率达到65%以上，投资少，生产方便，克服了原有工艺设备不能连续压榨、生产量低、椰肉出汁率低等缺点。经海南艾密（AIMI）食品饮料有限公司应用，能够满足椰子食品工业化生产的要求。（2）华南热带作物产品加工设计研究所研制的液压式腰果剥壳机。该机与原机械式驱动脱壳机相比，简化了机械机构，增强了剥壳的适应性，提高了剥壳率及整仁率和壳仁分离率。该机液压设计比较合理，能满足腰果剥壳各种传动机构的要求，各种运动件的动作协调，结构简单、紧凑、噪声小、热耗低。主要技术参数：整机短暂压力为1.5MPa，腰果剥壳率＞94%，剥壳整仁率＞84%，破碎率＜10%，未开率＜6%，果仁分离率为50%～60%，生产效率为18kg/h。（3）云南省临沧农垦双叶机械厂研制生产的茶叶机械热风炉，主要是为云南省采用新的制茶工艺和设备生产大叶茶而研制的配套设备。该机的最大特点是，采用机械热风杀青工艺制茶，使热风和翻动的茶叶片接触，经过热风的不断流动，达到茶叶杀青的目的。经该机杀青制成的成品茶叶质优、味香，目前在各个大叶茶场加工厂广泛采用。(4) 华南热带作物产品加工设计研究所研制的一次性使用注射器橡胶活塞洗涤机，该机是生产橡胶活塞的后处理设备。该机是将生产橡胶活塞过程中带来的污染进行清除，以确保临床使用的安全性。该机经多年应用效果证明，可替代昂贵的进口设备。该机最大处理能力为 320kg/班（干料），相当于 5mm 规格的胶塞 32 万粒，可满足日产 100 万粒 5mm 规格胶塞的需要，并符合产品的卫生要求。

表 1　八五期间热带作物机械行业基本情况

项目	单位	1991 年	1992 年	1993 年	1994 年	1995 年	合计
全年职工平均人数	个	7 278	7 460	7 145	6 465	6 787	
工业总产值（不变价）	万元	11 373	15 794	22 609	23 937	19 673	93 386
（当年价）	万元	12 860	15 709	28 238	28 340	24 091	109 238
工业净产值	万元	6 928	5 055	8 801	8 483	4 342	33 609
工业增加值	万元			8 604	6 877	6 266	21 747
利税合计	万元	1 143	1 607	2 701	2 156	1 329	8 936
上交利税	万元	541	677	957	1 208	1 745	5 128
固定资产原价	万元	10 115	10 756	11 783	12 942	17 147	
固定资产净值	万元	6 338	7 105	7 581	8 483	10 325	
全员劳动生产率	元/人	15 600	15 454	12 042	10 637	9 968	

注："八五"前两年全员劳动生产率按工业总产值不变价计算，后三年按工业增加值计算。

新产品　热带作物机械行业开发的新产品共 8 种。主要有：湛江农垦第一机械厂开发的剑麻织编机、咖啡脱壳机，湛江农垦第二机械厂开发 150t 剑麻刮麻机、七号四股恒定制绳机和烘干机的改进，海南省农垦营根机械厂研制的洗胶泥机。还有一些企业为调整产品结构，开发了塑料钢门窗、高级豪华拉闸门和羊毛衫加工出口等。

"八五"期间热带作物机械行业共开发新产品 91 种，见表 2。

表 2　农垦系统热带作物机械行业"八五"期间开发的新产品数

项　目	1991 年	1992 年	1993 年	1994 年	1995 年	合计
新产品数（种）	32	20	21	10	8	91

管理及改革　1995 年海口农垦机械厂、湛江农垦第二机械厂等均与企业职工签订了全员劳动制合同。原海口农具厂 90 年代初在该厂的基础上组建海南金鼎实业发展股份有限公司，其后，又组建二级公司，并对二级公司按《公司法》进一步进行规范、改制，先后对海南金鹏工贸有限公司、海南金冠技术包装有限公司、海南金实贸易有限公司、海南金垦机械制造有限公司实行董事会、监事会制，金鼎实业发展股份有限公司作为二级公司的控股股东，其股本占各有限公司注册资本的 51% 以上。从而使金鼎实业发展股份有限公司对各有限公司的管理实现了由行政手段向经济手段的转变。

1995 年 9 月 21 日～23 日在昆明召开了热带作物机械技术协会三届二次常务委员会会议，研究了热机行业"八五"期间总结和"九五"的初步设想，同时讨论行业标准的制订与宣传贯彻工作，加强企业管理、提高产品质量和进一步深化改革的问题，以及组织企业赴国外考察生产技术交流等事宜。

质量及质量管理　1995 年，热带作物机械行业主要抓了以下几项工作：(1) 抓好设备管理工作。经一年的努力，设备完好率为 91.1%，比上年提高 0.5 个百分点；机械加工废品率 1.34%，比上年下降 0.46 个百分点；铸件废品率达到 4.88%，比上年略有提高。(2) 加强产品质量监督。1995 年 7 月 18 日～9 月 6 日，由农业部热带作物机械质量监督检验测试中心对全行业的热带作物机械生产企业生产的 8 类 11 种产品进行监督抽检，抽检结果合格率为 90.9%。海南省农垦营根机械厂三叶牌 ZP300 × 600 型绉片机获 1995 年 10 月 26 日～11 月 4 日在北京召开的第二届中国农业博览会银质奖。(3) 积极制订产品标准。1995 年 5 月 31 日～6 月 2 日在广东省湛江市召开热带作物机械及产品加工设备标准化分技术委员会一届三次会议，审查了 4 个产品标准：《压薄机》、《咖啡湿法加工机械设备技术条件》、《咖啡湿法加工机械设备试验方法》、《中型拖拉机后悬挂挖穴机技术条件》；同时，审查了绉片机、磨机、洗涤机、压片机等 16 种热机产品质量监督抽检实施细则。

"八五"期间全行业共发布管理标准 20 个，产品标准 19 个，其中：国标 2 个，行业标准 17 个。全行业建立了热带作物机械技术协会、热带作物机械质量检测中心、热带作物机械标准化分技术委员会，基本上形成具有专业特色的生产管理、标准化体系，做到产品生产有标准、质量有监督。

技术改造　1995年热带作物机械行业共完成

固定资产投资 1 131.7 万元，其中基本建设投资 837.4 万元，技术更新改造投资 294.3 万元，比上年均有较大幅度的增加。各省、区完成基本建设投资如下：广东省完成 280.7 万元，海南省完成 567 万元，云南省完成 123.1 万元，广西自治区完成 147 万元。主要用于更新设备和改善职工居住条件及厂房建设。如海南省农垦营根机械厂购 Y3180 滚齿机、C620 车床、切割机等各 1 台，运输车辆 4 辆，一幢 1 800m^2 的宿舍楼即将竣工。

〔撰稿人：农业部农垦局　马孟发　审稿单位：农业部农垦局工业处〕

〔责任编辑：邝　鸥〕

营林机械

〔林业部〕

生产发展情况　1995 年营林机械生产企业针对市场产品需求的变化，及时调整产品结构，既立足于营林机械产品的生产，又开发和生产林业及社会需求的其他配套产品，取得了可喜的成绩。1995 年营林机械生产企业 7 个，完成工业总产值（1990 年不变价）63 320 万元，比上年增长 21.4%。7 个企业中泰州林业机械厂取得的成绩尤为突出，该厂 1995 年全年完成工业总产值（1990 年不变价）60 588.8万元，比上年增长 51%，产值为 1993 年和 1994 年两年的总和；实现利税 4 408 万元，比上年增长 47%，其中实现利润 2 764 万元，比上年增长 21%；全员劳动生产率达 42.79 万元/人，增长 37.54%，达到林业机械行业的先进水平。

市场及销售　1995 年营林机械企业完成销售收入 48 703 万元，比上年增长 54%。出口营林机械 4 305 台，出口创汇 136.38 万美元，产品主要销往欧洲和伊朗等中东国家。

泰州林业机械厂在 1995 年中不断改进和完善销售手段，扩大销售网点，加强企业产品广告宣传的力度，抓住摩托车及其发动机的销售热点，使企业的产品能站稳市场。1995 年完成销售收入 4.55 亿元，比上年增长 61.58%；出口创汇 133.38 万美元，比上年增长 154%。该厂是营林机械生产企业中完成工业总产值、实现销售收入、出口创汇最多的企业。

科研成果及新产品　1995 年泰州林业机械厂研制的 IE50FM 汽油机获林业部科技进步二等奖。IE50 汽油机主要配备在林海牌 LH90A 摩托车上。该机主要技术参数：型式为单缸、二冲程、强制风冷、曲轴箱笛簧阀进气、卧式汽油机，排量 82mL，最大功率为 6.25kW/（7500r/min），起动方式为电起动与脚起动并用。

1995 年营林机械有 10 项新产品研制成功，部分已通过省、部级鉴定。主要有：泰州林业机械厂的 157FMD 和 150FM 摩托车发动机、南京林业大学研制的 5XY－5 型液压剪枝机、黑龙江采运研究所研制的 2G－200 型悬挂式割灌机等项目。5XY－5 型液压剪枝机是一种新颖便携式营林和园林机械。该机体积小，重量轻，具有伸缩式操纵杆，可适用于不同高度树木的修枝，用液压动力剪枝。速度快，操作简便，剪枝直径大，可以代替手工剪枝，大大提高了工作效率，降低了劳动强度，避免了人工架梯登高的危险，目前已投入批量生产。2G－200 型悬挂式割灌机是林业部下达给黑龙江木材采运研究所的山地清林机研制项目的阶段成果，该机是以 J－50 履带拖拉机为动力，在拖拉机前悬挂着有仿形特点的多圆锯片的中型割灌木设备。由于该机设计了仿形机构，能在林地高低不平、多变的地形条件下，保证正常割灌作业。该机的主要技术参数为：一次割灌宽度 2m，割灌供给速度 0.65m/s（J－50 拖拉机 I 档速度），圆锯片直径 400mm，整机最大离地间隙 400mm，液压缸行程 500mm，生产效率 4 700m/h。

质量及质量管理　泰州林业机械厂在荣获“全国质量效益型先进企业”的同时，其产品——林海牌、林海雅马哈牌摩托车/摩托车发动机又获“全国用户满意产品”称号，在同一年度同获两项国家级质量奖殊荣。1995 年中，林海牌摩托车被认定为“江苏省消费者协会推荐商品”，林海牌摩托车发动机为“江苏省名牌产品”，泰州林业机械厂被评为扬州市机械工业质量管理先进企业。该企业之所以取得这样大的成绩，采取的主要措施是：(1) 完善质量体系，切实提高产品实物质量；(2) 认真贯彻 GB/T19000《质量管理和质量保证》系列；(3) 实施推进式质量攻关计划，针对用户反映，不断提高质量标准，力求使产品质量更完善；(4) 进一步细化质量管理，组织质量攻关、QC 课题研究，从组织上保证质量体系的完善。

技术改造　1995 年营林机械行业共安排技术改造项目 2 项，林业贴息项目 1 项，主要有泰州林业机械厂摩托车及发动机和强制风冷发动机技术改造项目收尾及摩托车发动机技术改造“双加”工程新开工项目，发动机柔性生产线改造等。这些项目主要围绕企业及产品上水平、上档次、提高产品开发能力及制造能力来进行。项目的完成，使企业初步具备了规模生产能力。项目完成后，泰州林业机械厂摩托车发动机生产能力将达到 40 万台。林业贴息项目的实施内容主要以设备购置为主，这些项目建设周期基本上为一年，对加快企业的发展起到了积极作用。

〔撰稿人：中国林业机械协会　谢湘京　审稿人：中国林业机械协会　陈达文〕

〔责任编辑：邝　鸥〕

畜牧机械

〔机械工业部〕

生产发展情况 1995年，机械工业部系统畜牧及饲料加工机械行业生产企业共有75个，职工人数25 300人。由于饲料加工机械的拉动，全年完成工业总产值93 663万元，产品总产量345 146台（套），销售收入69 646万元，分别比上年增长20.47%、41.53%和16.26%；出口交货值4 323万元，其中自营出口额63万美元；年末库存为15 453万元。

牧区畜牧机械 我国畜牧业机械的发展是从80年代由草原牧区逐步转移到城市郊区、农业生产区和工矿区之后才得以高速增长的，而近年内用于草原牧区的畜牧机械却增长缓慢。1995年草原建设机械产量为12台（套），牧草收获机械1 798台（其中割草机1 555台，搂草机185台，捆草机38台），畜产品采集加工机械19 647台（其中剪羊毛机只有64台），畜牧运输机械为7台。这些数字比上年有所增加。

畜禽饲养机械 自从1993年以来，饲养机械市场一直下滑，1995年产量为30 053组（套），比上年下降37%。造成这一局面的主要原因是1995年全国饲料粮价格攀升，饲料价格比上年上升一倍左右，禽产品价格受限或相对过剩，国营蛋鸡场普遍严重亏损，个体养鸡户也难以维持，各地大量出现杀鸡现象；肉鸡虽比蛋鸡稍好一些，但养鸡成本也在不断提高，肉鸡饲养者的积极性也严重受挫。由此，许多饲养机械制造企业产品滞销，一些企业陷于停产状态。只有少数产品质量好、信誉高的企业在支撑着这一产业的生产。如山东五莲县机械制造股份有限公司1995年生产机械化养鸡设备1.8万标准组，销售1.7万组，养鸡设备销售收入达到1 200万元，稳稳地立足了脚跟。

饲料加工机械 1995年饲料加工机械的生产与销售继续看好，是饲料工业自发展以来最好的一年，全年生产饲料机械产品279 490台（套），比上年增长57.91%。其中，大中型饲料加工成套设备为432台（套），小型饲料加工机组2 322套，机动饲料粉碎机达到243 673台，分别比上年增长40.26%、21.06%和54.84%。饲料机械中，除大中型成套设备在上年的基础上大幅增加外，饲料粉碎机的产量创历史最高纪录。1984年曾是饲料粉碎机产量最高的年份，达到22万多台，其后，粉碎机的产量一直都在15万台～17万台上下浮动，而1995年则一跃达到24万台。

市场及销售 1995年机械工业部系统畜牧机械41个企业共实现销售收入39 918万元，饲料加工机械34个企业实现销售收入29 726万元。

1995年饲料机械市场几乎供不应求，产品质量好，名牌产品购销两旺。如北京燕京牧机公司大型饲料加工成套设备生产了24套，销25套，包括其他产品创产值5 500多万元、销售收入5 300多万元；大同农牧机械厂大型颗粒饲料加工成套设备生产7套，大型颗粒饲料压制机单机生产32台，产品全部出售，使“七五”期间引进国外先进制造技术和在此基础上自行研制开发的系列新产品发挥了主导作用。

科研成果及新产品 1995年畜牧机械行业的新产品项目是根据企业自身的产品情况自行开发的，如北京燕京牧机公司开发了7种产品，湖南临湘市机械厂开发4种，通县农机修造厂开发1种，广东华达机器厂开发4种，广东新兴饲料机械厂开发5种，山东五莲县机械制造股份有限公司开发3种等。就行业情况看，多数企业都已具备新产品的开发能力，新产品的开发增加了系列品种，提高了企业自身在市场上的竞争能力，也为行业的发展注入了活力。如大同农牧机械厂研制的18t/h以上颗粒机，为国产颗粒机超大型化奠定了基础。

质量及质量管理 1995年畜牧机械产品质量有了明显提高，如以生产饲料加工机械为主的广东阳山连江机械厂，产品合格率达到100%；广东新兴饲料机械厂、北京通县农机修造厂的产品合格率达到99%以上；广东华达机器厂生产的颗粒机环模，使用寿命从以前的700h提高到1 130h，9KJ-25B颗粒机被评为部优、省优产品；湖南临湘市机械厂生产的粉碎机、饲料加工机组被认定为质量免检产品；辽宁凤城东风机械厂生产的铡草机系列产品，1995年已经连续五次被国家质量管理部门抽查均为第一名，并经国家牧机质量监测中心验收为名牌产品；以生产饲养机械为主的山东省五莲县机械制造股份有限公司经国家牧机检测中心抽样检验，各项技术性能指标均达到一等品要求；海拉尔牧机厂生产的牧草收获机械继续保持名牌产品称号。

〔撰稿人：中国农业机械工业协会畜牧及饲料加工机械分会 姚修伟〕

附：风力机械

〔机械工业部〕

生产发展情况 1995年全国生产风力发电机组8 190台（其中：生产250kW风力发电机组10台），比上年增长19.7%；生产风力提水机组50台，比上年减少41.8%。1995年风力机械工业总产值为2 310万元，比上年增长251%。到1995年底，全国风力发电机组的保有量为14.5万台，风力提水机组达1 700台。风力提水机组由于没有专项推广补贴费，只能在小范围内推广应用，生产量也有所下降。

市场及销售 由于国家和各级政府的重视，1995年，我国5kW以下风力发电机组的产量和销售量比上年有所增长。1995年，内蒙古自治区政府从地方财政拿出150万元的经费用于小型风力发电机组的推广应用补贴。在地方政府的大力支持下，内蒙古商都牧机厂1995年共生产风力发电机组4 000台，折合成100W/台为5 200台，容量为520kW，风力机械产值为520万元，风力机械产品利润为90万元。我国的小型风力发电机组生产技术成熟，产品质量可靠，价格便宜，世界上许多国家对此感兴趣。目前，我国生产的小型风力发电机组除了满足国内用户需求外，已开始批量出口外销。内蒙古商都牧机厂与中国海外经济合作总公司签定了承担中国政府无偿援助印尼政府500台风力发电机及其零配件生产任务的合同。合同选购了100、300W风力发电机组各250台，总价值达340多万元。

近两年来在各级政府、电力部门的支持和国外政府及金融组织的援助下，我国在新疆、内蒙古、广东、福建、辽宁等地区建设了十几座风力发电场，这些风力发电场多数建立在电网末端，对缓解当地电力供应矛盾、提高供电质量起到了很大作用。1995年全国新装大型风力发电机组26台，新增容量近7 000kW。到1995年底全国已安装大中型风力发电机组186台，最大的单机容量为500kW，总装机容量近37 000kW。

科研成果及新产品 “八五”国家重点科技攻关计划安排的国产大中型风力发电场系统技术及装备的研究课题的任务是：对风力发电场系统技术进行研究；结合引进消化国外先进技术，研制了适合我国风能资源状况的55kW和250kW两种风力发电机组，提高可靠性，加速国产化和商品化；开发了4种不同功率档次，不同运行模式的实用性强的风力发电机/柴油发电机组联合运行系统，以及与之相应的关键设备及软件；开发一种新型风力提水机组，以供小型农牧场灌溉及人畜饮水。其中55kW风力发电机组试制生产了5台样机，已安装在内蒙古商都县大山湾风场，正在做运行考核试验；与国外合作生产的250kW风力发电机组通过引进技术含量高的关键零部件和材料，已完成10台商品机组。“八五”攻关的其他各个子专题都已按合同计划完成了课题研究、攻关内容，正在为最后的验收、鉴定做准备工作。

为了适应广大用户的需要，1995年生产小型风力发电机组的企业，除大批量生产100、200、300W风力发电机组外，又在研制、生产0.5、1、2、3、5kW风力发电机组（永磁式）。

技术改造 1995年国家经贸委将新疆、内蒙古、广东、南澳、浙江、辽宁等6个风电场安装大型风力发电机组技改项目列入了“双加”工程，总投资为1亿元。

对外合作 “八五”国家重点科技攻关子专题项目的250kW风力发电机组研制，根据攻关合同要求，中国第一拖拉机工程机械公司和保定五五〇厂与德国胡苏姆船厂签定了合作生产200台HSW－250T型风力发电机组的协议和第一批生产10台机组的合同。中方已先后分两次组织工程技术人员到德方工厂进行技术培训，并引进了部分关键零部件，生产10台机组，其国产化率达到20%，其中4台已安装在内蒙古锡林浩特风电场。4台风机运行不到一个月，单机发电量为12万kW·h，对其性能用户十分满意，另外6台将安装在海南东方县风电场。

〔撰稿人：中国农业机械协会风力机械分会 毕淑娥〕

〔责任编辑：邝 鸥〕

水利机械

〔水利部〕

生产发展情况 据初步统计，1995年全国从事闸门、启闭机、清淤机械等水利机械产品生产制造的企业共有210多个，拥有超大型闸门、启闭机生产能力和资格的企业仅8个，绝大多数企业是中小型企业。其中，水利系统有企业106个，有80多个企业是施工企业，从事产品制造，但无生产规模，仅有20余个为正规水利机械制造企业。按已纳入水利部归口管理的18个水利机械行业企业统计：1995年完成工业总产值现价36 459万元，产品销售收入29 675万元，实现利润212万元，这些企业先后为五强溪、李家峡等10多项国家重点工程生产提供了大型闸门和启闭机产品，为长江三角洲河道清淤提供了50多台清淤机。

市场及销售 1995年水利机械行业市场竞争十分激烈，特别是大中闸门、启闭机市场竞争尤为激烈，企业间竞相压价，加上产品成本上升较快，企业销售形势虽然趋好，但效益滑坡严重。在国际市场上，由于我国水利机械行业的产品价格较低，因此具有一定的竞争力，但因缺乏出口渠道，使进一步参与国际市场竞争受到制约。

产品分类及产量 1995年水利机械行业18个骨干企业主要产品产量为：闸门9 491t，比上年增长17%；启闭机7 008t，比上年下降2.7%；清淤机械1 222t，比上年增长22%。

管理及改革 1995年8月水利部归口管理水利机械行业的职能部门——水利部机械局重新组建，从而加强了对水利机械行业管理工作的组织和领导。通过在水利机械行业进行摸底调查，制订了《水利水电制造行业“九五”发展规划纲要》，下发了《水利部水利水电制造行业企（事）业科学进步奖励条例》、《水利部机电新产品鉴定验收管理办法》、《水利水电设备监造规定（试行）》等文件，进一步规范了行业管理工作。在出口基地和扩大机电产品出口企业方面，武进液压启闭机总厂产品出口成绩显著，并已通过扩大机电产品出口企业资格初审。

质量及质量管理 1995年本行业在继续开展QC小组工作的基础上，积极开展宣传贯彻ISO9000标准工作，郑州水工机械厂于1995年11月成为水利机械行业首家通过ISO9002质量体系认证的企业。

技术改造 1995年本行业完成重点技术改造项目6项，完成技术改造投资5 275万元，其中，安排落实国家专项贷款资金3 780万元，这对加快骨干企业技术进步起到了重要的作用。

〔撰稿人：水利部机械局 王 鹏 审稿人：水利部机械局 冯丽珍〕

〔责任编辑：王 如〕

医疗器械

〔国家医药管理局〕

生产发展情况 1995年是“八五”的最后一年，我国的医疗器械工业仍然保持了极快的发展速度。从纳入统计口径的578个企业的统计资料看，我国医疗器械工业总产值为97.2亿元，比上年增长31.5%；利税总额为10.3亿元，比上年增长42.6%；出口创汇比上年增长36%。“八五”期间，我国医疗器械工业总产值、利税总额和出口创汇的年均增长速度分别为30.7%、35.5%和36.7%，远远超过国民经济的平均发展速度和机电工业的平均发展速度，而且保持了出口创汇、利税总额与工业总产值同步增长，呈现出口创汇与利税总额发展速度高于工业总产值发展速度的良好态势。说明我国医疗器械工业的产品结构调整和企业结构调整取得了一定效果。

市场及销售 “八五”期间，我国医疗器械产品销售率一直保持在95%以上，反应产品的市场前途很好。

然而，以上的数据还不能客观反应我国医疗器械工业的现状。实际上，已经取得医疗器械生产资格的企业就已经超过了3 000多个，纳入统计的范围仅是其中一部分。而从医疗卫生机构购买医疗器械的统计资料估算，我国医疗器械市场1995年的销售额约为380亿元。

产品分类及产量 在我国医疗器械销售额、利税、出口额同步增长的同时，产品的品种、规格和数量也有大幅度提高。以手术器械为例：1995年我国手术器械总产量已达到3 400多万件（套），比上年增长86.4%，而且规格多，配套性强，低痛低创伤式的品种也已开始生产。作为大型仪器设备代表产品的医用X射线机，虽然总产量仅比上年增长5%，但绝对值已达7 600台；成为X射线机的生产大国，而且X射线机的总容量、总功率值比上年增长14%，有大幅度提高。其他仪器设备类产品，如：医用超声诊断仪器、医用光学仪器、急救和肿瘤治疗仪器等，更是增长迅速，增长率均在40%以上。

科研成果 1995年，医疗器械局系统获科技进步奖6项，详见表1。

表1 1995年获科技进步奖项目

序号	项目名称	研制单位	获奖等级
1	ECG-11C心电图机	广东东江电子仪器厂	二
2	YP-90A微电脑婴儿培养箱	宁波医疗电子仪器厂	三
3	DFY-1型医用电气设备电击防护参数测试仪	北京医疗器械研究所	三
4	MCD-Ⅳ无影灯多画面全景彩色电视	上海医疗器械五厂	三
5	XG211型医用诊断X射线机	上海医疗器械厂	三
6	DW-9100医用红外热像仪	北京多维计算机技术开发公司	三

新产品 1995年，国家医药管理局医疗器械行政监督司共受理审核批准国内第一类医疗器械产品注册项目117项，进口医疗器械注册项目62项，广告审查共204份。

管理及改革 从1995年开始，国家医药管理局探索适合市场经济的医疗器械监督管理模式，其出发点是：

（1）具有政府行为的行政监督和非政府行为的行业管理脱钩，逐步建立能各自运行的体系。

（2）行政监督的要点是保障医疗器械产品的安全性和有效性，而其中又必须将安全性放在首要地位。

（3）既要考虑我国国情及现状，又必须考虑和国际协调的问题。

经过1995年一年的实践，已初步形成我国的基本模式，这就是：

第一，对产品按风险性大小进行分类，分别施以特别严格、严格和一般三种监督管理方式。

第二，产品进入市场前要经过政府主管部门组织的产品安全性审查，即注册。

第三，按产品商品化过程，将注册分为试产和准产两个阶段。

试产注册的重点在产品物理的、化学的、生物相容性等方面的审查和验证。

准产注册的重点放在生产企业的资格上，即能否保证供应质量稳定的产品。目前对生产企业的资格认可有四种方式：即产品生产许可证书，生产企业质量保证体系认证，产品认证证书，生产企业质量体系考核。

第四，定期和非定期的监督、抽查产品和复查企业质量体系现状。

第五，建立据以实施监督的法规和标准体系。

在法规方面，加强了国际协调工作，参加了全球医疗器械协调小组的相关会议。

在标准方面，全局正在努力建立以通用标准、专用标准（以上以国家或行业标准为主）和产品标准（以企业标准为主）为主构架的医疗器械标准体系。

质量及质量管理 1995 年对医用 X 射线机、医用 B 超诊断仪、医用激光源、医用内窥镜、宫内节育器、一次性使用注射器、合成树脂牙和 X 射线透视荧光屏等 8 种医疗器械产品质量进行了国家监督抽查。共抽查了 135 个生产企业的 151 台（件、批）产品，抽查结果 122 台（件、批）产品合格，总产品抽样合格率为 72.0%。上述产品的具体抽查情况见表 2。

1995 年发布的国家标准共 6 项、行业标准 31 项（从略）。

表 2 1995 年医疗器械产品质量国家监督抽查情况统计

序号	抽查产品名称	抽查企业数	抽查产品数	抽查产品合格数	抽查产品合格率（%）
1	医用 X 射线机	16	18	12	66.7
2	医用 B 超诊断仪	18	18	13	72.2
3	医用激光源	20	26	12	46.2
4	宫内节育器	11	11	11	100
5	医用内窥镜	10	13	17	53.8
6	一次性使用注射器	43	45	43	95.6
7	合成树脂牙	8	9	7	77.8
8	X 射线透视荧光屏	9	11	7	63.6

发展规划 为了促进我国医疗器械工业的持续健康发展，1995 年重点进行了“医疗器械工业‘九五’计划和 2010 发展规划”的编写、讨论和定稿工作。针对医疗器械产品是多学科高知识密集型产品，且批量小、品种多、规格杂的特点，结合我国医疗器械行业的现状，确定“九五”期间我国医疗器械工业的发展方针是：以竞争促发展，依靠技术进步，重点突出，加强国内外合作，推行经济规模的五项战略方针。并确定了“与医疗卫生事业相适应，与国内外市场竞争相适应，以市场需求为导向，以突出技术进步为前提，以提高经济效益为中心，以国有大中型企业为重点，在保持医疗器械工业持续、稳定、快速增长的同时，着重实现经济增长模式的转变：由以外延扩大为主，向以内涵改造为主的转变，由速度效益型向质量效益型的转变。进一步调整产品结构，进一步扩大出口。更广泛地吸引国外先进技术，更广泛地吸引国内其他行业和部门对医疗器械的支持和扶植。为医疗器械工业成为科技教育先导型，质量品种效益型，规模经济合理型的高技术外向型工业奠定基础。”的“九五”医疗器械工业发展的指导思想。

根据“九五”发展的指导思想和战略方针确定的我国医疗器械发展的目标是：（1）“九五”末，主要产品技术水平与世界先进水平的差距由目前的 20 年左右缩短到 15 年左右，生产重点产品的大型骨干企业的主要产品品种，要有 40% 达到国际 80 年代末、90 年代初的水平，10% 达到当时世界先进水平。20% 的产品门类进行可靠性考核，5% 的产品可靠性达到国际 90 年代初的水平，骨干企业的产品标准水平接近国外同类先进水平的重点产品，上质量、上水平的目标。（2）以 B 型超声诊断仪为代表的重点医疗仪器的市场满足率达 75%，前 30 个企业的生产集中度达 70%。到“九五”末，要有一个年销售额超过 30 亿元，3 个年销售额超过 10 亿元的大型企业，真正形成行业主力军的产品结构、产业结构调整目标。（3）“九五”期间，年均发展速度保持在 25%，“九五”末工业总产值达 300 亿元，出口创汇达 15 亿美元，保持总出口额接近或略大于总进口额，实现利税总额按年均 30% 速度增长。仪器设备类企业工程技术人员的比例达 15%，主要大中型企业要达 40% 以上，医用高分子及卫生材料企业工程技术人员的比例达 8%，大中型企业普遍采用 CAD、CAM 技术，大中型企业主要产品中的小批量、多品种产品的关键工序要逐步向柔性化生产过渡的总体目标。

根据“九五”发展的总体目标，确定了“九五”期间产品发展的重点是：优先发展满足国内绝大多数用户需求的产品和品种。利用国际 80 年代中期以后的成熟技术，重点发展更新换代和国内市场缺乏或空白的常规产品和基础产品。重点发展质量可靠、性能稳定、功能适当、物美价廉的量大面广的普及型产品。重点发展机电一体化的诊断、治疗、检验型仪器设备。稳步发展保健、康复、理疗型医疗器械，以满足更大多数人使用。规划确定重点发展的产品门类是：B超、呼吸麻醉等急救设备、内窥镜和电子内窥镜、医用光学仪器、医用激光仪器、生化分析仪器、心电监护多参数生理监护及麻醉监护仪器、中频X射线机组、显微手术器械、介入性低创伤器械及一次性器械和器材，含药型控释型卫生材料及新型卫生材料、新型缝合粘合齿科医用高分子材料、肿瘤及疑难病症治疗设备、医用传感器件和专用器件、基础技术领域。

〔撰稿人：国家医药管理局　卜绮成、陈思超、吕健民、刘吉英　审稿人：国家医药管理局　卜绮成〕

〔责任编辑：王　如〕

建筑工程机械

〔机械工业部〕

一、挖掘机械

生产发展情况　1995年挖掘机械行业11个主要生产企业的工业总产值共计12.8亿元、产品的产销存量、销售收入等综合统计数据见表1。

表1　1995年挖掘机械主要生产企业完成的主要经济指标

序号	企业名称	工业总产值 当年价（万元）		工业总产值 不变价（万元）		工业生产主要设备拥有量（台）	销售收入（万元）	利润总额（万元）	年末职工人数（人）
		新规定	原规定	新规定	原规定				
1	上海建筑机械厂	8 259	9 580	7 297	7 297	538	8 951.3	2 485.2	1 973
2	北京建筑机械厂	6 387	7 307	5 137	5 293	569	7 822.9	682.8	1 937
3	抚顺挖掘机厂	20 579	23 807	20 262	20 262	912	22 592.8	170.5	7 454
4	东风杭州重型机器厂	15 853	17 929	1 122	11 708	985	17 434.2	2 189.2	3 273
5	贵阳矿山机器厂	14 578	17 245	13 522	13 522	1 223	16 340.8	1 055.3	5 030
6	泰安工程机械总厂	6 353	7 433	0	0	178	4 230.2	212.3	600
7	江西长林机械厂	12 279	12 755	12 587	10 820	713	13 023	16	3 826
8	石家庄六四一一厂	2 686.8	2 982	2 474	2 558	556	2 698.3	133.1	1 363
9	洛阳一拖工程机械公司			22 541.6			18 257.3	1 493.9	1 314
10	合肥矿山机器厂		18 039		11 256.9		16 488.3	344.3	2 587
11	长江挖掘机厂		11 058		7 665		8 977.7	0.2	3 749
	总计	86 974.8	128 135	84 942.6	90 381.9	5 674	21 816.8	5 357.6	33 106

市场及销售　1995年挖掘机械行业按销售收入前十位企业排序见表2。

表2　1995年挖掘机械行业销售收入排序

序号	企业名称	销售收入（万元）
1	抚顺挖掘机厂	22 592.8
2	东风杭州重型机械厂	17 434.2
3	合肥矿山机器厂	16 488.3
4	贵阳矿山机器厂	16 340.8
5	江西长林机械厂	13 023
6	长江挖掘机厂	8 977.7
7	上海建筑机械厂	8 951.3
8	北京建筑机械厂	7 822.9
9	泰安工程机械总厂	4 230.2
10	石家庄六四一一厂	2 698.3

根据对26个生产挖掘机的企业统计，在1995年共生产液压挖掘机2 419台，比1994年的2 257台增长7.17%。

1995年26个企业销售2 321台液压挖掘机，比1994年2 141台增长9.22%。

表3列出前十位企业的产销量。

表3　1995年液压挖掘机产销量前十位企业

序号	企业名称	产量（台）	销售量（台）
1	玉柴工程机械公司	573	507
2	合肥矿山机器厂	477	411
3	贵阳矿山机器厂	419	455
4	北京建筑机械厂	203	186
5	上海建筑机械厂	173	185
6	长江挖掘机厂	115	131
7	抚顺挖掘机厂	108	93
8	哈尔滨四海工程机械公司	60	29
9	韶关挖掘机厂	57	35
10	泰安工程机械总厂	56	60

产品分类及产量　据统计，1995年挖掘机械

主要产品及产量有：

机重3.5t以下的小型液压挖掘机637台，占总产量的26.3%；

履带式液压挖掘机1 712台，占总产量的70.8%；

轮式液压挖掘机368台（未计入合肥矿山机器厂产量），占总产量的15.2%；

挖掘装载机和挖掘推土机155台，占总产量的6.41%；

其他挖掘机约占7.61%；

出口挖掘机505台，占20.8%。

年产30台以上的机型和产销量见表4。

管理及改革 1995年液压挖掘机合资或独资企业的总投资、生产纲领、产品及股比情况见表5。

表4 1995年挖掘机械行业主要产品的产销量

产品规格型号	企业名称	主要产品产量完成情况（台）			
		产品入库量	销售量		年末库存量
			销售量	其中：出口	
1.履带式液压挖掘机		1 712			
WY1.3	玉柴工程机械公司	525	507	452	18
WY1.5	韶关挖掘机厂	57	35		22
WY60A	合肥矿山机器厂	55	（未统计）		
WY60C	贵阳矿山机器厂	39	（未统计）		
WY16	泰安工程机械总厂	40	40		1
RH6LC	北京建筑机械厂	48	50	2	4
WY80	合肥矿山机器厂	283	（未统计）		
WY100C	抚顺挖掘机厂	40	48		12
WY100－SJ（WY100D）	上海建筑机械厂	119	123	3	3
SK220	成都工程机械总厂	48	49		
WY32	四海工程机械公司	60	29		31
WY160B	长江挖掘机厂	100	（未统计）		
2.轮式液压挖掘机		368			

表5 挖掘机行业已合资项目规模（2000年一期合资目标）

序号	项目名称	总投资（万美元）	注册资金（万美元）	生产纲领（台）	合资产品	合资股比
1	合肥日立挖掘机有限公司	4亿元（人民币）	2.5亿元（人民币）	2 000	合矿WY系列 日立20t～40tEX系列	合肥:日立:三菱:暨永 2.5:5.5:1:1
2	小松山推工程机械有限公司	2 980	2 100	1 000	小松 PC200－5C、PC200－5C、PC220－5C	山东:小松 5:4
3	成都神钢建设机械有限公司	100	100	1 000	神钢SK200Ⅲ、SK220Ⅳ、SK300Ⅲ、SK400Ⅲ	成都:神钢 7:3
4	常州现代工程机械有限公司	2 000	1 500	1 000	现代ROBEX200LC、ROBEX290LC	常州:韩国现代 4:6
5	詹阳机械工业集团有限公司	2 500	1 200（未注册登记）	2 000	贵矿： 1～1.45m³	贵矿:加拿大詹森公司 4:6 （未注册登记）
6	卡特皮勒徐州有限公司	2 980	2 530	1 700	卡特300系列	徐州:卡特 4:6
7	厦工德国雪浮机械有限公司	2 300	1 500	500	0.8m³～1.0m³雪浮履带与轮式挖掘机	厦工:雪浮 4.9:5.1
8	鞍山利勃赫尔	735	440	400	R932	鞍山一工:利勃赫尔 7.5:2.5
9	凯斯柳工机械有限公司	620	310	500	凯斯580L挖掘装载机	柳工:凯斯 3:7
10	烟台大宇重工业（株）独资企业	5 657.80		2 000	大宇系列挖掘机	二期工程3 000台

〔撰稿人：机械工业部天津工程机械研究所 卢寿彭、陈正利〕

二、铲土运输机械

生产发展情况 铲土运输机械行业在工程机械行业中占有重要的位置。铲土运输机械有 40 个企业为铲运工程机械分会的成员，占中国工程机械工业协会工程机械企业 190 个成员的 21.05%；其工业总产值（当年价）占工程机械总产值（当年价）的 33.88%。1995 年工业总产值（当年价）为 561 115万元。其中推土机为 167 637 万元；装载机（包括平地机、铲运机、轮式推土机等）为393 478 万元。1995 年比上年的工业总产值 615 868 万元减少 54 755 万元，装载机的工业总产值比上年的 393 274万元，增加了 204 万元，产量增加 3 043

表 6　1995 年铲运工程机械行业工业企业主要经济指标

序号	企业名称	工业总产值（当年价）（万元）		工业总产值（1990 年不变价）（万元）		工业增加值（万元）	产品产销			工业生产钢材消耗量（t）	综合能源消耗总量（t 标煤）
							产量		销售量		
		新规定	原规定	新规定	原规定		台数（台）	价值（万元）	台数（台）		
1	常州林业机械厂	29 898	35 928	19 957	20 767	689	1 503	36 333	1 508	5 313	4 119
2	宜春工程机械厂	12 806	14 983	10 016	10 016	4 379	790	97 52	812	3 607	1 733
3	厦门工程机械厂	62 246	72 828	39 991	39 991	17 554	2 378	39 857	2 302	20 400	5 459
4	成都工程机械总厂	22 983	28 282	16 831	17 187	2 879	1 400	14 041	1 408	8 040	2 855
5	四平工程机械厂	6 012	6 092	4 321	4 321	1 877	239	3 335	295	2 406	4 376
6	郑州工程机械厂	17 985	20 159	14 855	14 194	5 783	683	16 733	633	6 221	8 382
7	山东工程机械厂	17 233	20 162	12 308	12 308	5 051	919	11 366	964	4 154	4 647
8	临沂工程机械厂	17 944	21 160	12 556	12 556	7 943	750	20 463	761	5 658	1 823
9	上海城建机械厂	3 539	3 677	2 401	2 401	554	159	3 111	169	673	156
10	山东德州交通工程机械厂	4 612	5 394	3 177	3 198	2 060	161		172	3 226	980
11	常州工程机械厂	5 664	6 627	5 790	6 775	926	400	3 835	388	3 375	0
12	杭州武林机器厂	19 763	23 719	15 399	15 929	6 537	370	5 738	356	7 378	7 645
13	山东水利工程机械总厂	3 993	4 736	3 051	3 051	751	501	37 640	466	1 317	1 248
14	衡阳工程机械厂	2 975	3 481	1 631	1 909	999	156	1 580	138	1 017	507
15	朝阳工程机械厂	4 998	5 792	3 606	3 559	982	282	3 361	321	1 447	3 927
16	泰安市装载机厂	2 800	2 800	2 800	2 800	1 281	300	2 526	307	901	2 400
17	江西南方液压工程机械厂	6 424	7 203	6 826	6 601	1 980	327	2 561	347	2 080	3 526
18	长春运输机械厂	2 567	3 004	1 691	1 911	1 003	30	624	46	952	1 363
19	泗阳铲运机厂	2 455	2 315	2 401	2 261	620	731	1 689	735	1 894	583
20	山东推土机总厂	36 967	41 284	31 215	27 991	8 330	575	19 314	614	11 134	13 681
21	黄河工程机械厂	15 507	18 143	11 979	11 979	4 737	322	10 871	340	2 357	7 185
22	彭浦机器厂	17 045	18 196	13 147	11 666	2 640	413	8 959	475	3 831	2 477
23	赣州工程机械厂	439	514	478	478	75	23		37	147	464
24	沈阳桥梁厂	5 682	6 648	3 212	3 214	－1 933	54	－	53	7 132	8 075
25	柳州工程机械厂	68 062	78 726	55 824	57 022	18 975	2 500	70 108	2 452	21 974	17 865
26	烟台工程机械厂	4 363	4 589	3 841	3 401	1 090	356	3 020	367	1 034	821
27	青海工程机械厂	9 278	10 445	7 873	7 651	554	170	3 761	185	4 244	7 077
28	沈阳山河工程机械厂	4 705	5 505	3 572	3 572	996	172	3 572	166	1 408	2 44
29	天津工程机械厂	11 889	12 619	10 186	9 445	2 889	303	7 804	320	2 598	7 397
30	蚌埠市工程机械厂	1 584	1 569	1 289	1 299	324	510	933	476	185	828
31	徐州装载机厂	26 791	31 051	21 338	22 113	8 350	963	25 558	1 053	7 149	2 888
32	上海交通机械总厂	17 682	20 697	14 366	16 831	6 756	32	240	47	4 620	－
33	天津建筑机械厂	6 770	8 435	4 340	4 701	2 014	130	1 872	127	3 195	6 326
34	天津市政工程机械厂	3 941	4 610	4 576	4 576		291	3 048	308	5 575	1 212
35	鞍山第一工程机械股份有限公司	53 616	54 170	51 190	51 219	18 525	724	19 102	813	8 166	206
36	北京施工机械厂	1 503	1 758	1 303	1 525	1 083	2	19	1	369	272
37	江阴装卸机械厂	989	1 157	893	893	322	111	1 075	107	287	214
38	北京市政工程机械厂	4633	4 921	4 480	4 609	1 052	140	659	148	1 022	121
39	成都上游机械厂	374	451	373	450	99	12	160	11	10	46
40	宣化工程机械厂	22 396	28 078	15 525	17 566	7 103	715		656	6 893	15 737
41	营口工程机械厂						34		27		

台。推土机的工业总产值比上年的 222 594 万元减少54 957万元，推土机工业总产值下降了 2.47%，装载机仅上升了 0.05%。

1995 年铲运工程机械行业主要企业的主要经济指标见表 6。

市场及销售 从市场销售看，铲运机械的市场容量是很大的，但质次水平低的产品进一步受到制约。而质量好，售后服务佳的产品越来越受到用户青睐欢迎。总的来说装载机、平地机、铲运机销售情况呈上升趋势，比 1994 年增加了 3 043 台；而推土机减产，少销售 64 台。

1995 年铲运工程机械分会企业销售收入排序见表 7，装载机、推土机、铲运机、平地机的产销存情况分别见表 8、表 9、表 10、表 11。

表 7 1995 年铲运工程机械分会企业销售收入排序

序号	生产企业名称	销售收入（万元）	序号	生产企业名称	销售收入（万元）
1	柳州工程机械厂	68 967	21	朝阳工程机械厂	6 081.1
2	厦门工程机械厂	60 397.8	22	沈阳桥梁工厂	5 687
3	山东推土机总厂	41 606.7	23	南方液压工程机械厂	5 347
4	常州林业机械厂	31 206.4	24	北京市政工程机械厂	5 160
5	鞍山第一工程机械股份有限公司	29 761	25	常州工程机械厂	5 142
6	徐州装载机厂	29 166	26	天津市政工程机械厂	5 065.9
7	成都工程机械总厂	26 799.9	27	沈阳山河工程机械厂	4 358.8
8	宣化工程机械厂	21 000	28	山东德州交通工程机械厂	4 350
9	黄河工程机械厂	20 042.3	29	山东水利工程机械总厂	3 628.1
10	杭州武林机器厂	18 800	30	烟台工程机械厂	3 163.2
11	上海交通机械总厂	18 392	31	上海城建机械厂	3 051.3
12	临沂工程机械厂	18 275.7	32	泗阳铲运机厂	3 000
13	彭浦机器厂	17 235.3	33	衡阳工程机械厂	2 787.6
14	山东工程机械厂	16 418.9	34	长春运输机械厂	2 453
15	郑州工程机械厂	15 012.9	35	泰安市装载机厂	2 180
16	宜春工程机械厂	14 189.1	36	北京市施工机械厂	1 703.2
17	天津工程机械厂	11 923.7	37	蚌埠市工程机械厂	1 343.6
18	青海工程机械厂	9 079.1	38	江阴装卸机械厂	936
19	天津建筑机械厂	7 729	39	赣州工程机械厂	726
20	四平工程机械厂	6 767.7			

表 8 1995 年装载机行业产品产销存情况统计

产品规格型号	入库量（台）	占入库量%	销售量（台）	占销售量%	其中：出口台数/万美元	占出口台数%	年末库存量（台）	占年末库存量%
装载机（合计）	16 143		16 295		170/861.24		2 506	
ZL03～08	237	1.43	246	1.52			78	3.04
ZL10～12	794	4.91	769	4.76	1/1.65	0.58	145	5.66
ZL15～16	1 550	9.60	1623	10.05	12/19.86	7.05	210	8.20
ZL20	427	2.64	413	2.55	8/10.23	4.70	117	4.57
ZL25	10		21				5	0.19
ZL30	5 013	31.05	5 019	31.09	30/62.59	17.64	826	32.26
ZL40	3 460	21.43	3 498	21.66			16	0.62
ZL50	4 560	28.24	4 608	28.54	104/527.75	61.17	1 002	39.14
ZL60	62		71		10/61.29	5.88	71	2.77
ZL70	10		9				4	0.15
ZL80	2		1				1	
ZL90	2		2				1	
其他工程机械	16		15		5/62	2.94	30	1.17

表 9　1995 年推土机行业产品产销存情况统计

产品规格型号	入库量（台）	占入库量%	销售量（台）	占销售量%	其中：出口台数/万美元	占出口台数%	年末库存量（台）	占年末库存量%
推土机（合计）	4 163		4 348		101/487.24		575	
T802	1 007	24.18	1 011	23.25			6	1.04
T100	235	5.64	233	5.38			4	0.69
T120	942	22.62	1 018	23.48	4	3.96	137	23.82
T140	828	19.88	821	18.88	47/45.97	46.53	159	27.05
T150（TY150）	220	5.28	241	5.54	8	7.92	27	4.69
T160（TY160）	73	1.75	92		9/67.93	8.91	47	8.17
T180	30	0.72	23				40	6.95
T200	93	2.23	73		4/18.8	3.96	58	10.85
TY220	601	14.43	693	15.93	2/16.9	1.98	82	14.26
TY320	36		48		26/331.5	25.74	0	
TB70 推耙机	15		13				9	1.56
轮式推土机								
TL180A	64		64				3	0.52
TL210	19		18		1/6.14	0.99	3	0.52

表 10　1995 年铲运机行业产品产销存情况统计

产品规格型号	入库量（台）	占入库量%	销售量（台）	占销售量%	其中：出口台数/万美元	占出口台数%	年末库存量（台）	占年末库存量%
铲运机（合计）	1 283		1 240		1/6.43		70	
CTY2.5	545	42.47	531	42.82			1	1.42
CTY3	359	27.98	357	28.79			5	7.14
CTY3.5	325	25.33	304	24.51				
CTY4	12	0.93	17	13.70			7	10.00
CTY9	7	0.54	5	0.40			13	18.57
CTY13	5	0.38	2	0.16			8	11.42
CL7 自行式铲运机	30	2.33	24	1.93	1/6.43		36	51.42

表 11　1995 年平地机行业产品产销存情况统计

产品规格型号	入库量（台）	占入库量%	销售量（台）	占销售量%	其中：出口台数/万美元	占出口台数%	年末库存量（台）	占年末库存量%
合 计	282		261		17/84.95		37	
PY160	197	69.85	196	75.09	11/49.55	64.70	2	5.40
PY180	40	14.18	48	18.39	6/35.4	35.29	7	18.91
850	45	15.95	17	6.51			28	75.67

从 1995 年的出口情况看，装载机出口 170 台，比 1993 年的 126 台增加了 34.92%；推土机出口 101 台，比 1993 年的 236 台减少 57.20%；平地机增长 466.7%，铲运机下降 0.9%；1994 年出口情况较特殊，秘鲁用贷款向中国购买了工程机械产品 540 台，其中装载机、推土机、平地机、轮式推土机为 440 台，因此不好对比。1993 年、1995 年发展较为正常。1993 年至 1995 年出口统计比较见表 12。

产品分类及产量　从产品品种规格来看，1995 年产品品种增加幅度较大。装载机、挖掘机等增加了品种，装载机企业 1995 年品种为 67 种，1994 年为 61 种，增加了 6 种。推土机企业 1995 年品种为 67 种，1994 年为 52 种，增加 15 种。推土机企业增加了生产装载机、挖掘机产品，且增加的装载机产品也是装载机企业中畅销的品种。少数企业如宣化工程机械厂，生产 SD7 推土机，是中国第一台三角形履带高驱动轴推土机，新产品填补了国内空白。装载机企业生产品种虽有增加，但在技术水平上有待提高。填补空白的创新产品较少。

新产品　1995 年创新产品有 SD7 推土机，ZLY10、ZLY15 装载机，CTY4JN 及 CTS4 节能型

拖式铲运机，PY160C 平地机等成果问世。

表 12　主要铲运机械出口量　（单位：台）

产品名称	1993 年	1994 年	1995 年
装载机	126	389	170
推土机	236	272	101
铲运机	11	9	1
平地机	3	108	17

铲土运输机械行业的一些产品，例：ZL30E、ZL60E、ZL80S、以及 D6D、PD6、D－85、D－80，是 70 年代及 80 年代引进的产品，这些产品有的完全国产化了，但仍有许多还没有达到国外产品的制造水平。装载机引进产品至今仍没有达到批量生产，更没有形成规模。总的说来我国的工业制造水平与工业发达国家仍有差距，影响主机性能与可靠性的仍是发动机与液压元件，只有发动机与液压元件的性能、可靠性、寿命提高了，铲运机械的质量水平才可能提高和巩固，当然铲运机械传动系统的质量和其他系统目前仍然故障多、寿命低、可靠性差，工艺水平、制造水平较差，仍需研究院、工厂、学校紧密合作，优势互补，只要勇于探索，铲土运输机械行业的整体水平才能提高和发展。

〔撰稿人：铲运工程机械分会　茆洪连〕

三、工程起重机械

生产发展情况　“八五”期间，工程起重机行业广泛开展了“转机制、抓管理、练内功、增效益”活动，把改革、改组、改造与加强企业管理有机结合，使全行业有了长足的发展，取得了较好的成绩，主机生产厂家现有 30 多个，其中重点骨干企业 9 个，国家一级企业 1 个，二级企业 4 个，出口基地企业 1 个，扩大机电产品出口企业 3 个，全行业 1995 年拥有固定资产原价 12 亿元，净值 6.2 亿元，工业总产值 17.6 亿元，职工总数 3.6 万人。已能生产 2.5t～160t 汽车起重机，8t～50t 轮胎起重机。年产千台以上厂家有北京起重机器厂和徐州重型机械厂，而浦沅工程机械总厂、长江起重机厂、锦州重型机械厂均在年产 700 台左右，“八五”期间工程起重机产量 22 515 台。

“八五”期间，市场发展是很不平衡的。1992 年、1993 年由于国家加大基建投资规模，市场需求量出现大幅度上升，生产高速增长，工业总产值 1992 年比 1991 年增长 40%。1993 年仍保持 30% 的增长率。自 1993 年下半年开始受国家经济宏观调控的影响，基建投资开始降温，起重机市场也相应减少，生产速度回落，1994 年国家加大了宏观调控力度，市场紧缩，企业出现负增长，产品销售滑坡，利润下降，全行业 40% 企业出现亏损，亏损额达 8 024.8 万元，1995 年 10 个企业共亏损达 9 662.8 万元。

“八五”工程起重机行业主要经济指标完成情况见表 13。

1995 年销售收入前 10 名企业主要经济指标见表 14。

市场及销售　“八五”期间，市场的大起大落，迫使企业必须采用多种方式和途径提高自身的市场竞争能力，坚持以开拓市场为中心，讲究经销策略，采取灵活多样的经销方法已成为全行业近几年的突出特点。许多骨干企业在全国主要城市纷纷建立销售服务点，扩大市场占有率，提高产品知名度，强化售后服务工作。北京起重机器厂、长江起重机厂、徐州重型机械厂、浦沅工程机械总厂等连续几年多次组织技术、服务人员赴全国各地开展“万水千山用户服务”活动，收到了很好效果。

另外，积极开拓国际市场也取得较好成绩。“八五”期间，共出口工程起重机 1 009 台，创汇 6 850万美元，产品销往美国、韩国、俄罗斯、印尼、泰国、埃及、越南、沙特阿拉伯、巴基斯坦、柬埔寨等二十多个国家和地区。

“八五”期间汽车吊、轮胎吊的产销量见表 15，工程起重机行业产量前十名企业产销量见表 16。

表 13　“八五”工程起重机行业主要经济指标完成情况

经济指标	1991 年	1992 年	1993 年	1994 年	1995 年	合计
工业总产值（当年价）（亿元）	9.85	13.8	20.9	24	17.6	86.2
工业总产值（不变价）（亿元）	9.3	12.5	16.9	17.6	13.7	70
工业增加值（亿元）			5.4	6.9	3.5	
产品销售收入（亿元）	10.1	15	22	19.2	14.7	81
产品销售税金及附加（万元）	4 218.6	5 742.9	6 844.8	667	706.5	18 179.8
利润总额（万元）	1 198.6	4 336.5	1 893.8	－2 799.5	－6 839.3	－2 209.9
主要产品产量（台）	3 615	4 608	6 064	4 771	3 457	22 515
主要产品销量（台）	3 615	4 783	5 868	4 699	3 558	22 523
出口量（台）	232	272	208	198	99	1 009
出口创汇（万美元）	2 146.2	1 918.2		1 089.6	591.4	

表 14　1995 年销售收入前十名企业主要经济指标

企业名称	工业总产值（当年价）（万元）	工业总产值（不变价）（万元）	出口交货值（万元）	工业增加值（万元）	产品销售收入（万元）	利润总额（万元）	产品产量（万元）	产品销量（万元）	职工人数（人）
徐州重型机械厂	34 874.3	26 338.3	4 605	1 998.9	29 079.2	803.8	683	698	1 716
北京起重机器厂	27 469	22 196	316	6 826.8	24 905.8	－943	1 046	1 033	3 097
浦沅工程机械总厂	23 518.6	18 033.4	353.2	5 516.4	20 128.1	208.7	451	448	4 541
长江起重机厂	17 283	13 472	833	3 551	11 619	0.5	391	423	3 915
泰安起重机械厂	7 374.2	5 304	167.6	1 272.9	6 144.7	－845.1	202	234	1 577
锦州重型机械厂	5 404	4 394	21	1 336.6	6 073.8	－1 068.8	248	229	2 244
国营陆平机械厂	6 000	5 885	0	2 221	5 231	1	3	14	2 103
红光港机厂	4 709	2 424	0	1 413	4 164	51	65	65	1 088
蚌埠起重机厂	3 623	3 266	46	508.5	3 551.1	－448.6	76	89	1 315
哈尔滨工程机械制造厂	2 362.7	2 053.7	104	－1 431.6	3 045.9	－944.4	35	65	2 624

表 15　“八五”期间汽车吊、轮胎吊的产销量　　（单位：台）

产品规格	1991 年	1992 年		1993 年		1994 年		1995 年		合计	
	产量	产量	销量	产量	销量	产量	销量	产量	销量	产量	销量
汽车吊	3 007	4 384	4 441	5 452	5 204	4 440	4 400	3 103	3 194	20 386	20 246
小于 8t	78	70	68	59	53	51	50	30	34	288	283
8t	1 627	2 372	2 392	2 785	2 641	2 035	2 070	1 542	1 562	10 361	10 292
12t	390	583	664	1 023	901	669	627	353	404	3 018	2 986
16t	610	820	820	996	992	940	936	664	666	4 030	4 024
20t	60	90	90	129	133	208	205	112	119	599	607
25t	163	301	283	343	365	422	408	302	302	1 531	1 521
30t～35t	9	52	33	55	55	28	19	38	47	182	163
40t	27	36	37	1	7	14	13	5	3	83	87
50t	32	43	37	47	44	61	65	56	53	239	231
大于 50t	3	4	1	2	3	2	2			11	9
轮胎吊	76	45	61	82	73	138	113	105	99	446	422
8t	14	27	28	23	18	5	12	10	4	79	76
16t	44	8	17	40	43	65	55	67	59	224	218
25t	18	10	16	17	10	68	46	25	11	138	101

表 16　“八五”期间工程起重机行业产量前十名企业产销量　　（单位：台）

企业名称	1991 年	1992 年		1993 年		1994 年		1995 年		合计	
	产量	产量	销量	产量	销量	产量	销量	产量	销量	产量	销量
北京起重机器厂	463	733	788	1 080	1 110	1 124	1 103	1 046	1 033	4 446	4 497
徐州重型机械厂	467	737	791	1 067	1 062	1 005	987	683	698	3 959	4 005
浦沅工程机械总厂	516	652	650	715	716	677	663	451	448	3 011	2 993
长江起重机厂	345	428	462	623	582	623	628	391	423	2 410	2 440
锦州重型机械厂	434	623	620	677	682	353	355	248	229	2 335	2 320
泰安起重机械厂	228	384	387	408	359	267	262	202	234	1 489	1 470
蚌埠起重机厂	110	196	212	239	230	114	107	76	89	735	748
哈尔滨工程机械制造厂	206	245	219	120	94	97	94	35	65	703	678
韶关工程机械厂	81	141	148	200	157	98	105	63	54	583	545
长春起重机厂	91	121	126	99	88	29	43	19	28	359	376
合 计	2 941	4 260	4 403	5 228	5 080	4 387	4 347	3 214	3 301	20 030	20 072
全行业合计	3 615	4 608	4 783	6 064	5 868	4 771	4 699	3 457	3 558	22 515	22 523

科研成果 全行业“八五”期间在采用新工艺、新技术、科研成果方面又有了很大进步，国家“八五”重点攻关课题CAD/CAM项目已在骨干企业取得较大进展。长江起重机厂、浦沅工程机械总厂、北京起重机器厂CAD/CAM工作站已投入运行，进入了计算分析、绘图、定额管理等方面的实用阶段。北京起重机器厂配备了从美国进口的计算机工作站和MRP－Ⅱ软件，已在生产经营全过程中试运行。徐州重型机械厂也与南航合作建成了计算机编程站，形成计算机编程套料的软件系统，使下料技术达到90年代初世界水平。

徐州重型机械厂与天津工程机械研究所共同承担的机械工业部机械发展基金会项目：工程机械焊接工艺装备研制和工程机械行业焊接工艺生产线，设备安装调试已经完成，它研制的焊接变位机和通用拼点工装使8t～50t起重机的吊臂、车架、转台的焊接全部机械化，大大提高了工作效率和产品质量，降低了劳动强度。

新产品 “八五”期间，工程起重机行业共完成产品20大类，66个品种规格23 969台，最大程度的满足了市场和用户的需求。新产品开发，各厂除了围绕起重机产品系列扩大起重机品种和规格外，还积极开发其他门类的机械产品，如搅拌运输车、砼拖式泵、打桩机、整体自装卸补给运输车、集装箱起重运输车、履带吊等。每年平均开发20多项，其中国家“八五”重点项目：徐州重型机械厂研制的160t全路面汽车起重机已于1995年通过国家鉴定。长江起重机厂研制的80t汽车起重机样机试制已完成。目前正在进行型式试验。他们的研制成功，均填补了我国大吨位汽车起重机的空白。160t全路面汽车起重机采用六轴专用底盘，油气悬挂，ZF双向回路液压助力转向及应急转向系统，动力采用阿里森自动系统，具有换档预选、故障检测、车轮滑转—抱死的罗辑线路。额定起重量160×3t·m，最大起重力矩5.3MN·m，副臂最大起升高度96m，最大行驶速度64km/h。

管理及改革 “八五”期间体制改革日益深化，地区性的组织结构调整逐渐加强，企业的联合进展加快，涉及到起重机行业企业的集团公司有1989年成立的徐州工程机械集团公司，徐州重型机械厂为其分公司。1994年成立锦州工程机械集团公司和青海工程机械集团，广州港口机械制造厂易名改组为广州港口实业总公司。1995年浦沅工程机械总厂转制组建了浦沅集团公司。抚顺起重机总厂加入新组建的抚顺挖掘机集团。泰安起重机械厂现正参与山东工程机械集团有限公司的改制工作。企业联合走集团化的道路增强了企业的竞争力。

此外，全行业不断深化内部改革，完善企业内部机制，加快建立现代化企业制度的步伐，在管理手段上广泛采用计算机，开发专用软件，完善管理网络，完善数据库，推进生产、财务、物资、销售、经营，劳动人事管理系统的计算机应用。

各厂从提高管理效能，提高经济效益入手，突出基础管理，把落实管理部门的职能放在重要地位，大部分企业实行了“全员劳动合同制”，有的企业提出了“以财务管理为突破口，以成本管理为突破点，带动各项管理工作”的举措，进行了企业资产评估，开展了划小核算单位的工作，实行了多种形式的内部分配制度，广泛调动了员工的劳动积极性。

徐州工程机械集团被国家列为百家现代企业制度试点企业，长江起重机厂被四川省列为现代企业制度试点单位。

技术改造 “八五”工程起重机行业，国家立项的技术改造和基本建设项目5个，总投资为9 380万元。其中国家重点技术改造专项贷款项目5个，下达贷款6 600万元，以上项目到1995年12月均已竣工验收。

国家立项的“双加”工程项目4个，总投资30 620万元，其中浦沅集团公司的湖南省工程机械基地技术改造工程已破土动工，工程总投资约1.8亿元，其中一期工程总投资8 143万元，现已完成4 100万元，其中主体厂房已完成70%的工程量。

在地方省市立项的有徐州重型机械厂的技改项目，总投资2 817万元，已竣工验收。泰安起重机械厂的油缸技改项目总投资710万元和汽车起重机技改项目总投资1 540万元，也已于1995年完成。哈尔滨工程机械制造厂QLY25Ⅱ型轮胎起重机技术改造项目总投资2 200万元，1995年完成投资1 477万元。

“八五”期间全行业特别是骨干企业均加大了技改投入，固定资产投资大幅度增加。北京起重机器厂、长江起重机厂、徐州重型机械厂、浦沅工程机械总厂先后购置了具有世界先进水平的设备。如：数控激光切割机、数控等离子切割机、光电跟踪切割机、钢板预处理设备、焊接机器人、数控加工中心等。北京起重机器厂在继1993年建成小吨位起重机总装流水线后，1994年又建成大中吨位起重机总装流水线和中小吨位吊臂焊接加工生产线，实现了连续均衡生产。长江起重机厂近几年连续建成大件加工车间、桥箱车间、新产品试制车间、板材预处理车间、试车场等，从而增加了企业后劲。

对外合作 在利用和吸引外资方面，工程起重机械行业进展不大，仅长江起重机厂利用日本政府优惠贷款实施了“黑字还流”国际贷款项目500万美元。徐州重型机械厂吸收了日方投资50万美元成立了合资企业，生产销售减振器。

此外，浦沅工程机械总厂与南非合作生产的集装箱起重运输车，国产化率达60%，现已投入小批量试制，引进德国利勃海尔生产的LTM1025，CXP1035全路面汽车起重机国产化率分别达45%、85%，现已投入试制。

〔撰稿人：中国工程机械协会工程起重分会 宋丽华〕

〔交通部〕

生产发展情况 1995年，受国家宏观调控的影响，整个筑路机械行业发展的趋势仍在减缓，全行业亏损企业仍然很多，从总体看，大企业经济效益不如中小企业。几个主要机械厂的情况为：

1995年，交通部西安筑路机械厂工农业总产值1.23亿元，比1994年增长75%；工业增加值590.6万元，比1994年提高87.9%；交通部郴州筑路机械厂完成工业总产值（1990年不变价）3 784.96万元，比1994年增加2.12%，完成工业增加值（按1994年统计口径）2 659.59万元，比1994年提高了1.03%；交通部新津筑路机械厂完成工业总产值7 421万元。

市场及销售 1995年，路面机械产品销售收入稳中有升，虽然受到国外进口商品的冲击，但由于企业挖潜改造，苦炼内功，产品销售仍保持一定增长态势，特别是修筑高等级公路的施工与养护机械较为畅销；1995年西安筑路机械厂完成销售收入1.01亿元，比1994年增长62%，实现利税720.14万元，比1994年增长70.87%；郴州机械厂实现销售产值6 482.33万元，比1994年提高了3.17%，实现利税516.3万元，比1994年提高2.64%；新津筑路机械厂1995年实现销售收入6 102万元，利税545万元。

管理及改革 1995年，各企业在深化改革的基础上，适应市场经济需要，进一步完善企业内部的配套改革。

交通部新津筑路机械厂在学习邯钢经验的基础上，模拟市场成本控制等先进管理方法，使企业管理水平逐步提高。

交通部郴州筑路机械厂1995年通过深化改革，运用竞争激励机制，充分调动员工们的积极性和创造性，进一步强化营销组织管理，优化产品结构，拓展了国内外市场。

交通部西安筑路机械厂1995年狠抓技术开发和技术进步，生产管理部门以提高效益为重点，改进计划，加强生产现场的管理和宏观控制，加强外协工作，加强生产进度的检查考核，这些措施提高了生产竞争能力，缩短了生产周期。

〔撰稿人：交通部公路司建设协调处 陈文杰 审稿人：交通部 王瑞军〕

〔责任编辑：王 如〕

地质设备

〔地质矿产部〕

生产发展情况 1995年中地装备工程集团系统地矿装备制造行业共有41个企业，骨干企业有张家口探矿机械总厂、衡阳探矿机械厂等。1995年末全系统共计拥有固定资产6.39亿元，职工2.36万人。1995年地矿装备行业在国家适度从紧的宏观经济政策影响下，增长速度再度回落。根据市场需求和变化，各工业企业及时、适度地调整生产规模和产品结构，在不同程度上增强了产品在市场上的竞争力，全系统共完成工业总产值4.8亿元，完成工业增加值1.39亿元。共生产钻探设备1 800余台（套），坑探设备2 500余台（套），实验室选矿设备3 000余台（套），地质分析仪器仪表近3 000台（套）。

直属企业西北探矿机械厂，经过数年努力，整体搬迁至江苏省连云港市，更名为连云港黄海机械厂。新厂已于1995年11月上旬开工生产。

市场及销售 全系统建有国内销售网点40余个。1995年全系统积极适应市场需求，加强产品的售后服务，巩固已有市场和开发新的市场领域，全年完成销售收入5.53亿元。

1995年集团成员企业一半以上有了出口产品，重庆探矿机械厂、成都探矿厂已成为集团出口创汇的重点厂家，共出口创汇350万美元。出口的国家和地区已从初期的东南亚、非洲、港澳市场，扩大到欧洲、北美、南美、日本、澳洲、海湾、西亚及周边国家和地区，与50多个国家和地区的200多个客户建立了关系。

科研成果及新产品 1995年，集团系统筹措技术开发资金，直属企业安排新产品开发项目10项，其中连续墙与旋挖钻机设备开发项目于年底完成设计，并开始试制。集团新系统产品开发费用比1994年度增加20%，直属企业新产品开发投入资金1 600万元，共开发新产品21种。当年直属企业新产品鉴定9项，获部科技成果2项。

管理及改革 集团技术中心于1995年8月取得了国家经贸委、国家税务总局和海关总署的确认，成为享受国家优惠政策的全国140个技术中心之一。集团专家顾问组于1995年12月7日成立，就集团的重大技术决策和重大项目不定期的召开会议，听取专家顾问的意见，以便更好地管理集团内各项工作。

质量及质量管理 集团召开质量工作会议，研究制订在新形势下深入开展质量工作的途径与办法。推行ISO9000质量标准，开展教育培训，并在条件较好的企业实施。集团内重点考核的主导产品抽查合格率达100%。组织完成了一批产品的行业标准。着手改造了部分企业的试验、测试装置。其中，重庆探矿机械厂已建成具有国内同行业先进水平的钻机试验台站。

对外合作及技术改造 全系统实施“西天引凤、领雁南飞”的发展战略，对外合资合作取得明显进展。黄海机械厂与意大利土力公司合资成功；无锡钻探工具厂与加拿大合资组建的豪贝公司初见成效并与南非波特长年公司达成合作意向。

1995年度集团加大企业技术改造贷款规模，

直属企业投入技改贷款 5 350 万元，技术改造项目 7 个。

〔撰稿人：中国地质机械仪器工业总公司企管部　穆崇东　审稿人：中地装备工程集团总经理　卢　环〕

〔责任编辑：王　如〕

商业机械

〔国内贸易部〕

生产发展情况　1995 年末，全国商业机械制造工业企业共 438 个，工业总产值按 1990 年不变价计算为 382 381 万元，完成利税总额为 18 068 万元，利润净额 35 756 万元。亏损企业 117 个，占企业总数的 26.7%。

1995 年，国内贸易部系统商用机械工业企业 137 个，工业总产值以 1990 年不变价为 69 081 万元，销售收入 63 809 万元，利税总额 3 800 万元，利润总额 600 万元，亏损企业 49 个。粮油机械及饲料加工机械行业企业为 239 个，完成工业总产值 210 064 万元（1990 年不变价），实现利税 13 742 万元，利润 36 119 万元，亏损企业 46 个。产品产量情况为碾米机械 6 799 台，磨粉机械 1 650 台，榨油机械 15 398 台，饲料加工机械 7 941 台，方便面生产线 444 套，挂面成套生产线 285 套。碾米、磨粉等粮食加工机械产品产量与上年同期相比有所下降，油料、饲料和粮油食品加工机械产品产量均比去年有所上升。

科研成果　1995 年获国内贸易部科技进步奖的粮油及饲料机械共 13 项，其中，二等奖 1 项：SLHSJ2 型双轴桨叶式混合机；三等奖 6 项：卫星式油脂浸出器的研制，MNM F/18b 型双辊喷风碾米机，SFSP112X30a 锤片粉碎机，粮食成套烘干设备的研制，LD－101 自动称重包装机（25kg），粮食带式输送机及斗式提升机标准 SB/T10081—92；四等奖 6 项：100T/D 米厂微机控制系统，SWFW85×67 无网式微粉碎机，HGT－300 型粮食烘干塔，吉 HT－100 型塔式粮食烘干机，植物油单轨式平转浸出器，ZPLC 装配式料仓。

管理及改革　全国商机标准化技术委员会经过较长时间的酝酿，1995 年完成了换届工作，调换了离岗和退休人员，充实了企业的标准化工作者。经国家技术监督局批准，1995 年 10 月在郑州召开了第一次全体大会，同时，也召开了饮食服务机械分会成立大会。大会期间，专家们审查讨论通过了《真空熬糖机》等 5 个行业标准。

1995 年，加强行业管理的主要工作有：（1）积极开展调查研究，广泛了解企业发展情况，配合粮油加工行业，编制了“粮油工业‘九五’发展规划”；积极促进我国粮油机械产品出口，促进国内外技术交流，1995 年底组团出访瑞士和意大利，取得了满意的效果。（2）经过多方面征求意见，完成了全国农机协会粮油机械专业分会的整改工作，粮机分会现挂靠在国内贸易部中商华天实业公司。（3）分别于 1995 年 3 月与全国包改办合作，在农展馆举办了首届“中国粮食小包装国际交流与产品展示会”；与国家粮食储备局联合，1995 年 10 月在北京展览馆举办了首届“中国国际粮食加工储运技术设备展览会”，受到了部级领导的重视。展览会本着促进交流与合作的宗旨，进行了一系列的技术活动，得到中外厂商的一致好评。（4）恢复因国家机构调整而暂停编辑的《中国商业机械企业名录》一书的出版工作。作为汇集我国商机行业的大型资料书，将有助于加强行业信息交流，扩大机电制造企业的知名度，并在开拓国内外市场，方便科研设计部门以及引导用户选用商机设备产品等方面有极大的意义。

〔撰稿人：国内贸易部工业司　赵　静〕

〔责任编辑：王　如〕

环境保护设备

〔机械工业部〕

生产发展情况　1995 年，据机械工业部系统环境保护机械设备制造行业 42 个企业统计，共完成各类环境保护机械设备产品产量 88 649t，基本上与上年持平。但与上年比较，不同产品的产量有增有减，且增减幅度较大，其中主要有为国家重点建设项目配套的电除尘器，产量比上年增长 20.8%，主要用于治理原有污染源或设备更新的机械除尘设备、废水处理设备、气体净化设备和噪声控制设备，分别比上年减少 29.1%、15.1%、17.5% 和 27.7%；全行业年完成工业总产值（1990 年不变价）99 292 万元，比上年减少 11.4%；工业增加值 24 114 万元，比上年减少 11.2%；利润总额 2 085 万元，比上年减少 49.1%。全行业及主要企业经济指标见表 1。

1995 年，机械工业部系统主要环境保护机械设备制造企业生产的主要产品有：辽宁北票机械厂完成电除尘器 18 台、4 644t，其中按引进技术生产了 3 台、1 234t，完成的主要产品有新疆独生子炼油厂 100m^2 电除尘器 2 台，克拉玛依炼油厂 60m^2 电除尘器 2 台，辽阳化纤公司 150m^2 电除尘器 2 台，陕西神木电厂 110m^2 电除尘器 2 台，石家庄显

像管厂 $26m^2$、$30m^2$ 电除尘器各 2 台；浙江电除尘器总厂完成电除尘器 50 台、20 185t，其中按引进技术生产的产品 48 台、20 090t，此外还完成气力输灰设备 2 套；上海冶金矿山机械厂完成电除尘器 20 台、10 308t，其中按引进技术生产的产品有 17 台、8 807t；浙江电除尘器总厂和上海冶金矿山机械厂的产品主要为大中型燃煤火电机组配套；无锡市通用机械厂生产各种拦污机械、污泥脱水机械 287 台（套）、3 560t，其中，为叙利亚迪什林水电站建设工程配套的拦污栅 13 台；武汉阀门厂生产清污机、刮泥机、吸泥机和启闭机等 95 台、1 161t；武汉鼓风机厂完成各种消声器、隔声罩 180 台、350t。.

市场及销售 1995 年，由于国家控制固定资产投资规模，环境保护机械设备市场受到抑制，市场竞争更趋激烈，企业经济效益大幅度下降，产品销售量也比上年略有降低，但与上年比较，不同产品的销售量有增有减，且增减幅度也较大。

1995 年，机械工业部系统环境保护机械设备销售量为 84 394t，比上年降低 0.6%，按产量计算的产品销售率为 95.2%；销售产值 91 920 万元，比上年减少 7.1%，按产值计算的产品销售率为 105.85%；全年销售额 86 875 万元，比上年减少 7.7%，为当年工业总产值的 84.6%；全年产品销售收入为 77 756 万元，比上年减少 1.1%，为工业总产值的 75.7%，为全年销售额的 89.5%；年末库存量 9 631t，比上年增长 17.5%，按产量计算的库存率为 10.9%。各类产品的销售、库存情况见表 2。

据不完全统计，1995 年，环境保护机械出口创汇 500 多万美元，其中上海冶金矿山机械厂出口电除尘器 1 275t，创汇 131 万美元，主要销往日本、伊朗等国家；浙江电除尘器总厂出口电除尘器 3 台、1 456t，创汇 198 万美元；北票机械厂向越南、菲律宾出口电除尘器 3 台、360t，创汇 53 万美元；无锡通用机械厂出口拦污栅、脱水机、压滤机、格栅等水处理机械 17 台（套），创汇 146 万美元，主要出口叙利亚、日本、马来西亚和香港等国家和地区；武汉阀门厂出口污水处理机械 134 万元。

表 1 1995 年环境保护机械设备制造行业主要经济指标 （单位：万元）

企业名称	工业总产值		工业增加值	产品销售收入	利润总额
	1990 年不变价	当年价			
全行业	99 292	102 661	24 114	77 756	2 085
其中：浙江电除尘器总厂	18 233	18 507	4 485	12 077	514
上海冶金矿山机械厂	18 971	11 350	6 257	17 365	139
辽宁北票机械厂	4 011	6 035	2 811	3 735	118
湖北除尘设备厂	5 558	6 099	1 525	3 572	61
无锡通用机械厂	6 504	7 950	3 120	6 106	160

表 2 1995 年环境保护机械设备销售、库存情况

产品名称	产品销售量（t）			产品产销率（%）	年末库存量（t）			产品库存率（%）
	1995 年	1994 年	比上年增长%		1995 年	1994 年	比上年增长%	
环境保护机械设备	84 349	84 898	-0.6	95.2	9 631	8 199	17.5	10.9
其中：机械除尘设备	7 583	10 688	-29.1	98.1	1 731	2 045	-15.4	22.4
电除尘设备	57 160	47 743	19.7	94.9	5 238	2 949	77.6	8.7
水处理设备	14 968	17 240	-13.2	95.3	1 636	2 037	-19.7	10.4
气体净化设备	3 424	4 664	-26.6	93.9	707	541	30.7	19.4
噪声控制设备	949	993	-4.4	101.7	252	533	-52.7	27.0

产品分类及产量 根据处理对象的物理化学性质不同，环境保护机械设备大致可分为大气污染防治设备、水污染防治设备、固体废弃物处理处置设备、噪声与振动控制设备和环境检测仪器仪表五大类。根据不同的处理对象或不同的处理方法，每一大类还可以再分为若干类，如大气污染防治设备可再分为除尘设备、有害废气处理设备和除雾设备三类。

目前我国生产的环境保护机械设备主要有大气污染防治设备中的旋风除尘器、袋式除尘器、网状除尘器、颗粒层除尘器、冲击式除尘器、旋风水膜除尘器、电除尘器、各种小型有害气体处理设备等；生活污水处理中的提升输送设备、除渣设备、刮泥设备、曝气设备、加药设备、搅拌设备、污泥处理设备和综合利用设备等；工业废水处理中的离子交换设备、活性炭吸附设备、磁分离设备、电解处理设备、超滤器和多功能组合废水处理设备等；城市生活垃圾处理设备主要有清扫、装载、提升、输送设备，分选筛分设备，布料、翻堆、摊平设备，取土、布土、压实设备，破碎设备，焚烧设备和综合利用设备等；噪声与振动控制设备中的各种消声器、隔声罩、吸声材料和减声器等。

各类环境保护机械设备产品产量见表 3。

表3　1995年环境保护机械设备产品产量

产品名称	产品产量（t）		比上年增长%
	1995年	1994年	
环境保护机械设备	88 649	88 633	0.02
其中：机械除尘设备	7 731	10 907	-29.12
电除尘设备	60 263	49 880	20.82
其中：按引进技术生产的	30 131	20 097	49.93
水处理设备	15 703	18 495	-15.10
气体净化设备	3 647	4 418	-17.45
噪声控制设备	933	1 290	-27.67

科研成果　机械工业环境保护技术与装备研究所同山东平度永兴环保设备厂协作，完成了酒精糟液处理和利用项目研究工作，并取得了成功。薯干酒精糟液中含有大量的蛋白质、脂肪等营养物质，具有很高的利用价值。但糟液体积大（每生产1t酒精产生糟液$12m^3$～$15m^3$）、浓度低（含水量96%以上），贮存和运输都不方便，直接利用存在很大的局限性。如不加处理直接向外排放，既浪费可利用的资源，又严重污染环境。过去曾用离心脱水机、箱式压滤机两种方法进行脱水试验，均因薯干酒糟粒度小、粘度大，没有成功。该所采用调节等电点加絮凝处理，用带式压榨过滤机进行酒精糟液脱水工艺，在青岛酿酒厂进行工业性试验，并获得成功。糟渣回收率达90%～91%，滤饼（干基）中蛋白质含量大于20%，可用作动物饲料；此外，去除滤液中COD74%，大大减轻滤液后续处理的负荷，具有良好的经济效益、社会效益和环境效益；该所还完成了由国家科委下达的“中国环境产业信息系统”数据库专题研究工作，并通过了国家级鉴定与验收。此专题在研究方法上采用了先进的软件系统，借鉴了大型DBMS技术思路，结构设计合理、具有良好的升级和可移植性能，使环保产业的信息检索方便、实用，可为用户快速、准确地提供咨询服务。整个系统主要包括：国内外从事环境保护工作的企事业单位检索系统，国内外环境保护机械产品及其性能参数、结构特点、用途等检索系统，国内外从事环境保护技术的人才检索系统以及我国用于治理污染的最佳适用技术检索系统等，可为各级管理部门、科研设计院所和企事业单位有关环境保护工作人员提供咨询服务。合肥工业大学完成了“异步电机电磁噪声的理论问题和控制技术研究”课题，并且通过了专家评审。该课题提出了控制异步电机电磁噪声的方法和控制电磁噪声的二维机电类比理论。要控制异步电机的电磁噪声不仅要控制力波频率与模态固有频率的关系，还要控制力波极对数和模态振型阶数的关系，完善了当前的一维机电类比理论。上述方法和理论数据翔实，研究有深度，技术、理论有创新，达到当代国际先进水平，并经多台样机试验得到了验证。无锡市通用机械厂用UASB高浓度有机废水处理装置对抗生素废水处理进行了试验研究，取得了良好效果、已计划扩大试验规模。浙江电除尘器总厂完成了国家“八五”重大技术装备国产化科技攻关项目新型阴极线电除尘器研制和正压浓相气力输灰系统研制，并已投入运行，效果良好。

新产品　1995年完成的新产品主要有：北票机械厂为内蒙元宝山电厂60万kW燃煤火电机组研制了BLS391m^2电除尘器2台，除尘效率达99.99%；为北京石景山电厂研制了268m^2，为株洲冶炼厂研制了50m^2电除尘器各2台。上海冶金矿山机械厂开发研制了为国内第一套年产20万t硫酸装置配套的S3L50型电除尘器。该产品不仅是环境保护设备，而且是制酸工艺中的关键设备。经国家国产化装置技术考核小组及化工部等专家组的考核、鉴定，主要技术经济指标达到当代国际先进水平。浙江电除尘器总厂为重庆电厂20万kW燃煤火电机组配套的电除尘器研制了气力输灰成套设备，并已投入运行。机械工业部机械工业环境保护技术与装备研究所为江苏省连云港市葡萄酒厂研制了以薯干为原料的酒精糟液脱水处理成套设备，并已投入运行。该设备主要由带式压滤机、溶药机、絮凝反应器、混合器、糟液泵、药液泵、冲洗水泵等组成，具有连续运行、性能可靠、滤饼含水率低、糟渣回收率高、滤溶悬浮物含量低等特点。

武汉阀门水处理机械股份有限公司（原武汉阀门厂）开发研制了CSB－1800齿耙式清污机。该机主要用于各种进水泵前挡截和清除漂浮物，保护水泵叶轮，减少后续工序处理负荷，具有结构紧凑、体积小、重量轻、刚性好、除污效率高、工作可靠，节材、节能等特点，水下部分采用不锈钢制造，耐腐蚀性能好。整机自动化程度高，可实现计算机控制。机械工业部第八设计研究院研制了BHK－1型压缩机废油再生及废水处理装置。该装置采用油水分离、废油回收再生和水质净化组合工艺，适用于压缩空气站、制氧站等的废油处理，处理能力为$0.3m^3/h$，每套装置能满足2～6台、$40m^3/min$空气压缩机同时使用时排放的废水处理的需要，废油回收率达98%以上。该装置采用组装式，结构紧凑，占地面积少，便于运输、安装，自动化程度高，操作、维修、管理方便，采用可调式油收集器和新型滤料，保证废油回收率和废水排放达到国家规定标准。无锡通用机械厂完成了CF－24型超效浮选装置、LSII－9X23－3型拦污栅等新产品，并分别通过部、省级鉴定。其中CF－24型超效浮选装置的主要性能参数为：处理量$20m^3/h$～$25m^3/h$，适用池径2 400mm，适用池深

600mm，有效池深400mm；SS去除率≥90%，适用于纺织、印染、化工、食品等工业的废水处理，并可回收利用废液中的纤维，该产品获国家专利(专利号为ZL94242267.8)。武汉鼓风机厂与中国科学院声学研究所协作，完成了KWX型蒸汽消声器研制工作。该产品是为宝山钢铁公司鼓风机配套研制的一种大型微穿孔消声器，它的研制成功解决了大型鼓风机在输送高温、潮湿、大流量气体介质时不能配置含吸声材料的阻性消声器的难题。该产品在研制过程中设计了许多种消声元件，做了大量的实验检测工作。通过实验，将影响微穿孔消声器性能的各元件参数进行优选、组合，并挑选出最佳组合形式，从而确定消声器消声元件的型式。通过上述实验优选出的消声元件，较好地克服了微穿孔消声器的消声频段窄、低频段消声效果差、某些频率消声特性峰值突出的缺点。该消声器具有耐高温、耐潮湿、消声频段宽、消声量大、阻力损失小、通流量大等优点。

管理及改革 1995年9月20日，机械工业部环境保护机械标准化技术委员会成立。该委员会是从事全国性的环境保护机械标准化工作的组织，下设电除尘器分技术委员会、机械除尘与有害气体处理设备分技术委员会、水污染防治设备分技术委员会和秘书处等机构。委员会的工作主要有以下6项：(1)提出本专业标准化工作方针、政策、技术措施和建议；(2)负责组织编制本专业标准体系表，提出本专业制订、修订国家标准和行业标准的规划和年度计划；(3)组织本专业国家标准和行业标准制订、修订和复审工作；(4)承担本专业标准化范围的产品质量标准水平评价、技术引进项目标准化审查工作；(5)承担国际标准化组织对口本委员会的标准化技术业务工作；(6)承担本专业标准的宣讲、咨询等技术服务工作。1995年，还成立了机械工业部环境保护机械产品质量监督检测中心。该中心筹备就绪后由机械工业部科技与质量监督司组织有关专家进行评审、报国家技术监督局，然后由国家技术监督局批准，并颁发计量认证合格证书。目前该中心有各类专业技术人员30余人和各种先进的检测仪器设备。可开展对污水处理、除尘和噪声控制等设备的性能参数检测。

1995年，完成JB/T7670—95《管式电除尘器》、和JB/T7671—95《电除尘气流分布模拟试验方法》等专业标准2项。

浙江电除尘器总厂抓了安全目标管理工作，召开了安全目标管理宣贯会议，提出了坚持“安全第一，预防为主”的方针，进一步健全了“分级管理、分线负责”的安全生产责任制，明确提出了安全生产管理目标，将安全目标分解到分厂、公司、科室、班组，并要求在保持国家特级安全企业标准的基础上进一步提高业务水平。

经浙江省高新技术企业认定委员会评审，浙江电除尘器总厂首批被认定为杭州高新技术产业开发区区外高新技术企业。

1995年，上海市以上海重型矿山机械公司上海冶金矿山机械厂为主体，由上海机床总公司环保设备公司、上海机电设计研究院环境保护研究所、上海四方锅炉厂二车间组建成上海环保机械工程有限公司。公司注册资金5 720万元。公司主要经营范围为环境保护建设工程承包，除尘设备、废气处理设备、废水处理设备、固体废弃物处理设备、噪声控制设备和其他常规环境保护设备的设计、制造、安装、维修以及进口的环境保护设备维修和备件制造。此外，还有以浙江电除尘器总厂为核心组建的，浙江菲达机电集团有限公司，以北票机械厂为核心组建的辽宁环宇电除尘设备（集团）有限公司，以湖北除尘设备厂为核心组建的湖北环保集团股份有限公司等。

此外，无锡通用机械厂与新加坡ACE设备有限公司合资成立了无锡亿志机械设备有限公司。

质量及质量管理 1995年，由于多数环境保护机械设备制造企业生产任务不饱满，企业间竞争激烈。为提高竞争能力，各企业积极采取措施，提高产品水平和质量。如上海冶金矿山机械厂采取以国家重点任务为主线、以生产现场为主战场、以实物质量为重点，为重点任务和外向型任务编制质量保证大纲，厂一把手抓质量落实措施；又如无锡通用机械厂对格栅除污机水位差控制和GS型钢丝绳格栅定位技术组织专人进行攻关，采用了非接触式液位差传感器控制技术、超声波定位技术，大大提高了运行的可靠性和产品水平。

1995年2月，经国家检测中心对上海冶金矿山机械厂制造、为上海南市电厂配套的电除尘器进行在线运行突击检测，整机4项关键质量指标全部达到国家标准及产品技术协议要求的规定值；此外，上海市电力试验所对上海冶金矿山机械厂制造的为外高桥电厂配套的2.6m^2电除尘器进行了检测，烟尘排放浓度也达到国家规定的排放标准。

1995年获奖的项目有：江苏理工大学、北京夜光杯葡萄酒厂完成的高浓度污水处理系统——厌氧流化床系统获1995年度机械工业部科技进步二等奖；部机械工业环境保护技术与装备研究所与唐山第一机床厂完成的污泥脱水成套设备、机械工业部第八设计研究院完成的含油废水治理技术，宜兴市第一环境保护设备厂与宜兴市华宜环保设备技术工程公司完成的A/A/O城市生活污水处理装置和BLQ－Ⅱ型自挖格栅清污机、浙江电除尘器总厂完成的宁波北仑港发电厂1#60万kW机组进口电除尘器改造和《JB6407—92电除尘器调试、运行、维修安全技术规范》分别获部科技进步三等奖。此外，还有上海冶金矿山机械厂生产的环山牌电除尘器被评为1995年度上海市名牌产品、浙江电除尘器总厂生产的电除尘器被推荐为1995年度浙江省优质名牌产品、无锡通用机械厂生产的XM（A）ZG120/1000－U厢式压滤机被评为1995年度国家级新产品。

1995年，环保设备制造行业在采用国际标准方面取得了成效，如浙江电除尘器总厂经浙江省质量体系审核中心技术委员会审核同意，通过 GB/T19001（ISO9001）质量认证，并颁发了质量体系认证证书。此外，上海冶金矿山机械厂也按照 ISO9000 标准编制贯标文件在工厂中贯彻执行。

技术改造 1995 年环境保护设备制造行业共完成基建技改投资 12 656 万元，其中基建 7 813 万元，技改 4 843 万元。主要项目有上海冶金矿山机械厂电除尘器“双加”工程技术改造项目。该项目总投资 1 800 万元，其中银行贷款 1 260 万元，企业自筹 540 万元。到 1995 年底已完成投资 1 300 万元，预计 1996 年底前可竣工验收。该厂还实施了利用外国政府贷款引进环境保护设备生产技术项目，总投资 2 600 万元，其中外国政府贷款 250 万美元。这两个项目主要是进口关键加工设备和更新计算机系统。浙江电除尘器总厂完成基建技改投资 1 707 万元，主要是国家重大技术装备国产化基地技术改造项目，总投资 2 090 万元。无锡市通用机械厂完成技改投资 750 万元。

对外合作 中国环境保护公司按引进美国阿兰柯环境资源公司的专利，生产了荷电干式脱硫系统装置（CDSI）。该产品具有造价低、投资省、占地少、脱硫效果好、运行费用低等优点。第一套产品于 1994 年在山东德州热电厂 75t/h 煤粉炉上使用，经一年多的试运行，效果良好，经专家测试，SO_2 排放浓度低于国家排放标准，已于 1995 年 11 月正式投入运行。上海冶金矿山机械厂按引进电除尘器技术生产的产品国产化率已超过 95%，目前仅阴极螺旋线 904L 钢丝还需进口，现已通过上海市技术难关攻关招标进行研制。

〔撰稿人：机械工业部规划研究院　郑良清〕

〔电力工业部〕

生产发展情况 电力工业部系统生产制造环境保护设备的企业有 7 个。职工人数 6 348 人，工程技术人员 779 人。对于电力工业制造企业，主要研制电厂的除尘、除灰、化水处理等环保产品。1995 年，完成工业总产值 4.1 亿元，工业增加值 12 482 万元，出口创汇 59 万美元。

1995年，各企业以“团结、开拓、科学、务实”的治厂方针，为国家重点工程汉川电厂、哈尔滨第三电厂、阳泉电厂、彭城电厂、青山电厂、陕西神木电厂等提供环保设备，保证了电力工业达到国家环保要求和取得良好的社会效益。

兰州电力设备厂是国内最大的电除尘器的专业生产厂家之一，国家大二型企业，具备为 2.5 万 kW～60 万 kW 火电机组，配套 RWD、KFH 型两代系列电除尘器。1995 年，为全国 26 个省市、区的 60 多个电厂生产并提供了 500 多台（套）、近 2 万 t 的电除尘器，国内市场占有率名列同行业之首。该厂为我国电力工业发展和环境保护事业做出了突出贡献。

汉口电力设备厂生产的排汽消声器，是电厂噪声治理、技术含量较高的配套设备。1995 年，该厂承担的任务中，急件多、品种多、难度大、要求高，仅紧急任务就占全年合同的 1/4。为东南亚五个国家制造的出口产品，创出口交货值 204 万元。

镇江华东电力设备制造厂生产的消声器产品有五大类：锅炉排汽小孔消声器、锅炉安全阀排汽小孔消声器、复合式消声器、风机消声器、燃机消声器；为电厂研制的吸尘产品有两种：车载式高真空工业吸尘装置、固定式高真空工业吸尘装置。1995 年，该厂坚持为电力系统重点工程服务，取得良好的经济效益和社会效益。在全员劳动生产率和实现利税指标增幅上，名列全国重点电力制造企业前三名之中，并被江苏省命名为环保企业“百强”。

山西省电力建设修造厂是电力工业部生产电除尘器的企业之一。1995 年，该厂完成了陕西神木电厂 1 号机组 110m² 电除尘器 2 台，阳泉二电厂 230m² 电除尘器 1 台，还为神头一电厂 5 号、7 号两台机组的除尘器进行了国产化改造，并检修了太原二电厂 7 号机、漳泽电厂 5 号机组、呼和浩特电厂 5 号机组电除尘器。

长春发电设备总厂为鹤岗发电厂 1 号机组配套生产了 DC245－15、16 型电气除尘器。

浙江电力修造厂是电力工业部专业生产电站除灰产品的厂家，1995 年该厂为电站制造了仓式气力除灰泵 70 台，负压除灰产品 170 台。

市场及销售 1995 年电力工业部环保设备行业共创造销售收入 3.8 亿元，产品销售税金 470 万元。1995 年各企业都加强产品的销售工作。如：山西电力建设修造厂由一名副厂长专门负责销售工作，并配备了技术型销售人员，制定销售战略：巩固老市场、开辟新市场、以快制胜；根据电力工程的需要，在西北市场销售了电除尘器 1 963 万元。汉口电力设备厂，在销售工作中，不仅面向电力系统，同时还向系统外和国外工程销售设备。按销售额计算，该厂为电力系统配套设备占销售额总量的 79%，为石化系统配套占 19%，其他占 2%；凉风机和隔声室的销售收入分别比上年增长 15% 和 3%。该出口产品销售额为 203 万元，其出口产品、国家分类构成见表 4。

表 4　汉口电力设备厂出口产品、销售情况

出口国家	产品名称	外销收入（万元）		增长额（万元）
		1994 年	1995 年	
马来西亚	消声器		8	8
越南	暖风器		104	104
泰国	暖风器	22		－22
巴基斯坦	暖风器	98	46	－52
孟加拉国	暖风器		45	45
合计		120	203	83

产品分类及产量 电力系统的环保设备1995年完成电除尘器23 234t，消声器360台（720t），除灰设备410台，吸尘装置16台。

科研成果及新技术 由秦川电站仪表厂生产的HCK-1型除灰除渣程控装置获1995年度电力科技进步二等奖，镇江华东电力设备制造厂研制的GX-1型固定式工业吸尘装置获三等奖。兰州电力修造厂的除尘器曾获国家优质产品金质奖，也是甘肃省的名牌产品，它能满足治理多种烟尘的环保技术要求，除尘效率达到99%以上，达到国际同类产品的先进水平。

汉口电力设备厂科研成果有：(1)高效低阻螺纹管式空气预热器的研究与应用，获湖北省科技成果二等奖，该成果解决了电站锅炉尾部漏风、堵灰、低温腐蚀等长期困扰机组安全、效益、满发、环保等老大难问题。该产品在湖北松木坪电厂一年多的使用中表明：锅炉效率提高1.5%，排烟温度降低3℃，节约标准煤1 273t，取得经济效益41万元，在国内此成果具有领先水平。(2)PX系列排汽消声器研制成功，获湖北省科研成果三等奖。(3)锅顶山二号调相机冷油器也获三等奖。此外该厂的矩形翅片椭圆热管空气预热器项目于1995年12月22日通过湖北省科委组织的技术鉴定。此产品是国内首创，与圆形热管相比，管外气流流动阻力降低50%，传热系数提高25%，单位体积的传热量可增加8%，对工业矿窑烟气余热回收也有应用价值。

新产品 镇江华东电力设备制造厂制造的LSCO632GS-2型车载式高真空吸引装置，1995年5月26日通过电力工业部新产品鉴定。该产品采用定型汽车底盘改装成的环保专用设备，它适用于火电厂、钢铁厂、码头、矿山、建材等行业的工业粉尘、废液的治理，用于改善工作环境和劳动条件，可干湿两用，并能集抽吸、运输、卸料三种作业于一体，换位灵活，机动性强。产品主要性能达到国际先进水平。其主要技术指标：额定真空压力值0.0146MPa，抽气速度32m³/min，抽吸能力≥8t/h，水平吸距300m，吸尘粒径＜20mm，排气口含尘量＜10mg/m³，真空安全阀启跳压力-0.091MPa，装载质量2 000kg，空载质量8 500kg，料罐容积2.5m³，外形尺寸8 400mm×2 330mm×3 105mm。

管理及改革 1995年电力工业部系统对环保制造企业，主要是建立科学的、规范的企业内部管理制度，真正实现从计划经济向市场经济，从粗放型向集约型的两个根本性转变。

兰州电力修造厂，狠抓内部管理，强化各部门责任，他们的除尘器保持着较高的市场占有率，被国家环保局、国家环保协会列为全国环保企业。

镇江华东电力设备制造厂，加快经营机制转换，1995年在江苏省率先施行劳动合同制，并获以下称号：(1)江苏省省级文明单位，(2)1995年江苏环保企业“百强”，(3)镇江市科技进步先进企业，(4)江苏省思想政治工作优秀企业，(5)江苏省电力局1995年双文明单位。

质量及质量管理 1995年，电力工业部系统在全行业贯彻GB/T19000（ISO9000）质量管理体系。在环保设备制造厂中，长春发电设备总厂率先于1995年7月18日正式通过中质协质保中心审核，取得了GB/T19001（ISO9001）标准认证证书，为该企业在市场竞争中，创造了条件。

镇江华东电力设备制造厂，重点产品采用国际标准达到50%，产品出厂合格率达100%。

宝鸡电力设备厂，修订奖惩条例，制定质量细则，实行黄牌警告、红牌罚款制度，大大提高全员质量意识。

山西电力建设修造厂，电除尘器产品一次交检合格率达到98.7%。

技术改造 1995年，环保设备企业共完成固定资产投资额3 745万元，技术更新改造投资1 948万元，占52%。特别是浙江电力修造厂投资1 306万元，全部用于技改项目。镇江华东电力设备制造厂，加大技改投入力度，投资483万元更新生产手段，提高企业后劲和综合实力。长春发电设备总厂的烟气脱硫装置，列为“九五”电力制造企业技改重点项目。兰州电力修造厂、浙江电力修造厂和长春发电设备总厂，对火电厂净化、环保设备制造、检测等技改项目，也被列入“九五”电力制造企业技术改造重点项目。

〔撰稿人：电力工业部　张海清　审稿人：电力工业部　王　昀〕

〔责任编辑：王　如〕

消防设备

〔公安部〕

生产发展情况 1995年国务院批转了《消防改革与发展纲要》，公安部召开全国消防工作会议，这是对消防事业发展和消防装备生产的有力推动。部属各厂抓住机遇，积极抓生产、上产品、促销售，各厂工业总产值、劳动生产率、主要产品产量以及利税都比上年有较大增长。1995年，公安部7个直属国有消防企业共完成工业总产值（不变价）3.50亿元，比上年增长45.97%；工业增加值5 344万元（当年价），比上年增长37.1%；劳动生产率（按工业增加值计算）12 033元/人；实现税金1 398万元；实现销售收入30 475万元。主要产品产量：消防车1 413辆，比上年增长23.1%；灭火器比上年减少12.48%；自动灭火设备3 658套，比上年增长9.1%；泡沫灭火设备10 898只，比上年增长 9.5%。

科研成果 各厂在抓好生产的同时，积极利用新技术开发了新产品，有的还获得了科技成果奖。江西消防车辆厂、宝鸡消防器材总厂、四川消防机械总厂、震旦消防设备总厂、上海消防器材总厂共同起草的《五种消防车通用技术条件》行业标准获得公安部科技进步二等奖；宝鸡消防器材总厂和华中理工大学研制的 QJJ270A 型夹心式取力器获得公安部科技进步三等奖。

新产品 1995 年经过部级鉴定的新产品有四川消防机械总厂研制的 SXF5190GXFSG70 型水罐消防车、SXF5190GXFPM70 型泡沫消防车、SXF5190GXFSG70P 型载炮水罐消防车、SXF5190GXFPM70P 型载炮泡沫消防车、BD60Y 型车用消防泵，SXF5130GXFHS70 型后勤消防支援车；宝鸡消防器材总厂研制的 BX5140GXFPM60 型泡沫消防车、GYK40 型液压破拆工具一扩张器；上海消防器材总厂研制的 SHX5110GXFSG35GD 型水罐消防车、SHX5110GXFPM35GD 型泡沫消防车；北京消防器材厂研制的 BXF5130GXFHY30 型后勤消防支援车；武汉消防科研实验工厂研制的全功能 ABCD 型干粉灭火剂。

管理及改革 1995 年 5 月 10 日～12 日在北京市昌平县十三陵举办了第五期哈龙回收装置培训班。这次培训班没有美国人参加，全部设备讲解及操作实验均由公安部消防器材管理办公室人员办理，来自安徽、山西、陕西省和北京、天津、上海市消防总队及有关企业 60 多人参加了培训，第五期培训班结束后，在我国基本形成了哈龙回收网络，为下一步停止生产哈龙灭火剂做好了准备工作。

为了适应市场经济的发展，公安部决定将消防器材管理办公室改制为公安部华夏消防（集团）有限责任公司，原行业管理职能移交给公安部消防局。

质量及质量管理 为了贯彻国务院办公厅 (1994) 38 号文《关于坚决防止发生重大、特大火灾事故的紧急通知》文件精神，1995 年 2 月初向全国各省（市、区）消防总队发出了公消器管 (1995) 008 号文《关于加强当前消防产品质量的通知》，要求各消防监督部门和生产、销售部门搞好产品质量检查，杜绝不合格产品流入市场，避免由于产品质量事故导致救火不利，造成火灾的发生。

1995 年第一季度国家消防装备质量监督检验测试中心和国家防火建筑材料质量监督检验测试中心分别对水带接口、室内消火栓、饰面型防火涂料进行了质量抽查，其结果为：水带接口抽查了 14 个省市 21 个企业 75 种产品，其中 10 个企业 58 种产品合格，11 个企业 17 种产品不合格，合格率为 77.3%。室内消火栓抽查了 18 个省市 53 个企业的产品，其中 36 个企业合格，17 个企业不合格，合格率为 67.9%。饰面型防火涂料抽查了 14 个省市 20 个企业的产品，其中 13 个企业合格，7 个企业不合格，合格率为 65%。

第二季度国家消防电子产品质量监督检验测试中心抽查了 10 个省市 15 个企业火灾探测器，其中 14 个企业合格，1 个企业不合格，合格率为 93.3%。

第三季度国家消防装备质量监督检验测试中心和国家固定灭火系统、耐火构件质量监督检验测试中心，分别对泵浦水罐消防车和防火门进行了质量抽查，其结果为：泵浦水罐消防车抽查了 10 个省市 12 个企业生产的 12 种产品共进行了 16 项检验，其中 9 个企业 9 种产品合格，3 个企业 3 种产品不合格，合格率为 75%。这次抽查中震旦消防设备总厂和宝鸡消防器材总厂生产的消防车所检项目全部合格。防火门抽查了 10 个省市 37 个企业生产的 38 种产品，其中甲级防火门有 11 种，合格 3 种，合格率仅为 27%。乙级防火门有 27 种，合格 19 种，合格率为 70.4%。本次抽查的防火门平均合格率为 57.9%。

第四季度国家消防电子产品质量监督检验测试中心抽查了 14 个省市 34 个企业生产的 34 种火灾报警控制器，共进行了 4 个项目的检验，其结果 34 个企业生产的 34 种火灾报警控制器全部合格，合格率为 100%。

技术改造及对外合作 1995 年新安排技术改造项目 1 个，续建项目 1 个，新开项目为牡丹江特种车辆改装厂的重型消防车生产工艺技术改造，项目总投资 980 万元，当年投资 380 万元。续建项目为震旦消防设备总厂的厂区迁建技术改造项目，总投资 2 900 万元，当年投资 2 000 万元。

在技术引进方面，上海消防器材总厂引进奥地利卢森堡亚公司的 NH20 泵，用于改装了水罐、泡沫消防车，全部完成定型试验并已通过部级鉴定。

〔撰稿人：公安部消防器材管理办公室（华夏消防集团有限责任公司） 杨玉林、周 路 审稿人：公安部消防器材管理办公室（华夏消防集团有限责任公司） 高五平〕

〔责任编辑：王 如〕

铁路运输车辆

〔铁道部〕

生产发展情况 1995 年，是中国铁路机车车辆工业总公司（简称中车公司）对铁道部实行“八五”后三年承包经营的最后一年。中车公司按照铁道部的部署，紧紧抓住“深化企业改革、提高产品质量和发展多元经营”三大主题，组织干部职工奋发开拓进取，努力克服资金紧张和铁道部指令性计划产品数量减少等造成的困难，全面完成了1995年和“八五”计划的各项任务。

1995年，中车公司完成工业总产值101.9亿元，工业增加值36.7亿元，比上年分别增长7.0%和30.0%；完成劳动生产率39 274元/人，比上年提高7.9%。

到1995年底，中车公司拥有固定资产原价162.75亿元，固定资产净值119.40亿元；各种设备88 377台，其中金属切削设备19 990台；职工26.48万人，其中工人16.76万人，工程技术人员2.48万人，管理人员2.29万人。中车公司所属的35个工厂中，有国家大型一档企业32个，大型二档企业2个，中型二档企业1个。中车公司所属这些工厂生产的主要产品，以及所属4个机车车辆专业研究所的科研分工，仍同1994年。

“八五”同“七五”期间相比，中车公司新造和修理产品产量有了长足的发展。“八五”期间，新造电力机车918台，内燃机车3 304台，比“七五”时期分别增长19.5%和57.0%；新造客车9 750辆，货车132 793辆，比“七五”期间分别增长6.7%和23.4%。修理电力机车301台，内燃机车3 741台，蒸汽机车8 353台，客车14 506辆，货车248 898辆，全面完成了指令性和指导性任务，除蒸汽机车之外，其余均比“七五”时期有明显增长。机车车辆在品种、数量、质量上保证了铁路运输需要，实现了供需基本平衡，为铁路运能的增长作出了贡献。

市场及销售 1995年，中车公司完成销售总收入160.45亿元，比上年增长12.6%，其中：非国家指令性计划产品即市场机车车辆产品（含国内外）31.95亿元，多元经营非机车车辆产品3.45亿元，分别占销售收入总额的19.91%和2.15%，实现利润总额408.0万元，比上年有所下降。1995年，中车公司坚持贯彻“立足铁路、面向全国、走向世界”的战略和“以质量创信誉、以价格争市场、以服务赢用户”的对外经营方针，中车公司进出口总部14个企业的进出口分部，为扩大出口业务提供了组织保证。在不断发展国内市场的同时，充分利用国家赋予本公司的自营机车车辆产品进出口权，使外贸出口有了长足的发展。全年签订出口和替代进口项目7个，合同金额达2.1亿美元，是1994年的3.3倍，超过“八五”前四年的总和，收汇7 524.0万美元，比上年增长45.6%。开创了地铁车辆、电力机车和双层客车等拳头产品出口的先例。

“八五”以来，中车公司产品出口业务不断扩大，特别是1993年底产品出口成为全公司外贸活动的主要内容，出口产品由零部件和小批量的一般产品发展到整机和批量的拳头产品，出口的国家和地区日益广泛，目前已遍及五大洲的21个国家和地区。这期间，先后与外商签订出口及替代进口项目33个，出口成交额3.88亿美元，收汇2.6亿美元，分别是“七五”期间的1.8倍和2.4倍。

产品分类及产量 1995年，中车公司制造和修理机车车辆主要产品分类如下：

电力机车 制造电力机车150台，其中韶山3B型20台，韶山4B型100台，韶山6B型30台，韶山6B型是上年没有生产的新产品，韶山3B型和韶山4B型因国家指令性计划数量减少，产量比上年有所下降。修理电力机车79台，全部是韶山1型，产量比上年增加9台。

内燃机车 制造内燃机车798台，比上年增长6.12%。其中：东风4B型420台、东风4C型70台、东风4E型10台、东风5型101台、东风7型3台、东风7B型25台、东风70型40台、东风8型15台、东方红5B型和东方红21型各2台、GK1型43台、GK1D型1台、GK1F型和GK5型各4台、GK3型2台，其他型号内燃机车15台。修理内燃机车906台，比上年增长9.29%。

客车 制造客车2 323辆，比上年增长3.06%；修理客车3 259辆，比上年增长10.59%。1995年制造各种客车产品构成如表1。

货车 制造货车31 896辆，比上年有所减少；修理货车45 945辆，比上年增长4.39%。1995年制造各种货车产品构成见表2。

蒸汽机车与轨道吊车 制造上游型蒸汽机车8台，修理蒸汽机车1 300台，均比上年产量下降。制造内燃和蒸汽轮道吊车18台，修理25台。

科研成果 中车公司“八五”期间共取得国家科技进步奖5项，部级科技进步奖59项，公司科技成果奖84项。1995年，获铁道部科技进步奖15项，其中，一等奖1项：铁道部科学研究院和眉山车辆厂的120型货车空气控制阀；二等奖5项：哈尔滨车辆厂和四方车辆研究所的D18A型凹底平车、大连内燃机车研究所和戚墅堰机车车辆厂等单位的双流道散热器、大连内燃机车研究所和大同机车厂的240（240/275）型柴油机钢顶铝裙组合活塞的设计与制造、戚墅堰机车车辆工艺研究所等单位的等温淬火球墨铸铁（ADI）斜楔在货车车辆上的应用、株洲电力机车厂的旋转顶吸式电炉排烟除尘装置；三等奖6项：兰州铁路局和资阳内燃机车厂的东风4型内燃机车GZ型高效自动空气滤清系统、长沙铁道学院和大同机车厂等单位的SS3型电力机车横向连接装置、四方车辆研究所和四方机车车辆厂的客车橡胶风档、戚墅堰机车车辆工艺研究所和戚墅堰机车车辆厂等单位的铁道货车铸钢侧架技术条件和铁道货车铸钢摇枕技术条件、戚墅堰机车车辆工艺研究所和唐山机车车辆厂等单位的车辆钢结构化学预处理工艺、西南交大和成都铁路局及齐齐哈尔车辆厂的迫导向转向架的理论与应用；四等奖3项：西安车辆厂的轮孔加工镗削工艺、四方车辆研究所和南京浦镇车辆厂等单位的铁路客车金属迷宫式密封轴箱装置、戚墅堰机车车辆工艺研究所和大连机车车辆厂等单位的内燃机车用球墨铸铁曲轴技术条件。

新产品 1995年，中车公司按照铁道部的部署，着眼长远、立足当前，以重载、高速、满足铁路运输需要为宗旨，努力开发机车、客车、货车新产品，取得显著成绩。

表1 1995年制造客车产品构成

产品型号	数量（辆）	产品型号	数量（辆）
合 计	2 323	其他行李车	2
新造客车中：耐候钢	2 323	餐车25B型（CA25B）	89
新造客车中：空调客	1 546	餐车25G型（CA25G）	31
软卧25型（RW25B）	132	其他米轨餐车	4
软卧25型（RW25G）	34	发电车（FD）	9
其他软卧车	6	空调发电车（KD）	95
软座25B型（RZ25）	1	其他发电车	17
硬卧25B型（YW25B）	625	公务25型（GW25）	1
硬卧25G型（YW25G）	159	新造双层软座	6
其他硬卧车	6	新造双层硬卧	2
硬座25型（YZ25）	9	新造双层硬座	30
硬座25B型（YZ25B）	634	中长途双层客型	13
硬座25G型（YZ25G）	184	新造双层餐车	1
其他米轨硬座车	42	新造双层发电	6
行李22B型（XL22B）	50	轨道检查车（DJ）	1
行李25B型（XL25B）	121	接触网检测车（WC）	3
其他米轨行李车	10		

表2 1995年制造货车产品构成

产品型号	数量（辆）	产品型号	数量（辆）
合 计	31 896	罐车（G17）	1 064
向路外销售货车	4 633	罐车（G17S）	80
新造耐候钢货车各型	22 737	罐车（G60）	1 635
新造滚动轴承货车	31 767	罐车（G70）	40
新造货车中：米轨车	252	罐车（GLB）	25
敞车（C16）	21	罐车（GH）	111
敞车（米轨）（C31）	100	罐车（GS）	158
敞车（C62A）	595	罐车（GF）	134
敞车（C62B）	5 212	水泥罐（U60）	453
敞车（C63A）	500	其他米轨罐车	146
敞车（C64）	12 923	其他罐车	20
敞车（CF）	20	冰保车（B6）	304
其他敞车	55	机保车（B23）	60
棚车〔P62（N）〕	2 757	其他保温车	1
棚车（P64）	800	石碴车（K13）	182
平车（N17）	55	矿石车（K16）	26
平车（N17A）	2 302	煤漏斗车（K18F）	10
平车（N17G）	26	其他自翻车	6
集装箱平车（X6B）	1 142	家禽车（PJ2）	50
其他平车	147	军工货车	6
大平车（D2）	10	长钢轨运输车（T11A）	43
其他大平车	1	其他专用车	3
罐车（G11）	103	新造货车底架各型	526
罐车（G11J）	44		

机车 东风6、东风10、东风9型内燃机车和韶山8型电力机车进行性能试验和运用考核情况良好，为进行技术鉴定作了准备。东风11型准高速内燃机车和准高速客车在广深线经受运行考验情况

良好，受到广泛好评。开展了高档客车和大型货车研制；完成了韶山7型机车的部级鉴定；完成B10型单节机械冷藏车试制、中长途双层客车试验和防爆叉车及G70型轻油罐车的技术鉴定。同时，努力强化工艺技术基础工作，加强铸造等基础工艺和机客货车型谱研究，全年下达科技经费1 257万元，部署科技计划85项，完成中车公司级科技成果鉴定7项。加速推进CAD/CAM技术的开发应用和推广，建CAD工作站73台，为进一步运用现代化设计手段打下了基础，为开发新产品创造了条件。

“八五”期间，机车车辆主产品全部实现了更新换代。电力机车、内燃机车已形成韶山和东风两大系列，工矿机车成为石化、冶金系统的定型产品；客车用25型代替22型；货车用C64型代替C62型，满足了开行5 000t重载列车的需要。120制动机、大容量缓冲器、C级钢车钩等货车重载三大件通过部级技术鉴定，并已投入批量生产。一大批新型大功率电力、内燃机车和大载重货车、专用货车、高档客车的相继问世，尤其是准高速东风11型内燃机车和客车投入运行，标志着我国机车车辆产品制造已接近90年代世界先进水平。“八五”期间，共开发机车整机新产品27项。其中，

电力机车主要有：韶山3B型、韶山4改进型、韶山4B型、韶山5型、韶山6型、韶山6B型、韶山7型和韶山8型机车。

内燃机车主要有：东风4E型、东风7B型、东风7C型、东风10C型、东风10D型和东风11型机车，以及出口和供国内工矿部门使用的CK系列和CK系列内燃机车共19种。

客车　“八五”期间研制开发的客车新产品，主要有以下20种：25B型客车，包括RW25B型空调软卧车、YW25B型硬座车、YW25G型硬卧车、YZ25B型非空调硬座车、CA25B型本车供电空调餐车、UZ25B型空调邮政车；25.5米空调双层客车车种有SYZ25型空调双层硬座车、SRZ25型空调双层软座车、TZ2型发电车；准高速空调双层客车车种有SRZ125Z型一等双层软座车、SRZ25Z型双层软座包房车、SRZIXL25Z型一等双层软座行李合造车、SCA25Z型双层餐车；准高速空调客车车种有RZI25Z型一等软座车、RZ225Z型二等软座车、RZ225Z型二等软座播音车、RZ2XL25Z型二等软座行李车、CA25Z型餐车和KD型发电车；中长途双层客车车种有中长途双层空调硬卧车、中长途双层空调餐车、中长途行李车、中长途双层空调软卧车、中长途双层空调硬座车；以及出口的BDVEZ型软座车、硬座车等。

货车　“八五”期间研制开发货车新产品69种，主要有：C62B型敞车、C16A型低边敞车、C31（N）型米轨敞车、26t轴重通用敞车、新型重载单元列车敞车、通用型低动力作用大型敞车、低动力4E轴敞车；P64型棚车、PJ2A型家畜车、P31型米轨棚车；N17A型平车、D12型120t凹底平车、D18A型180t凹底平车、2×6.096m（2×20ft）集装箱专用平车；G70型轻油罐车、GFA型玻璃钢盐酸罐车、G11J型液碱罐车、GH40型液化石油气罐车、GH64型浓硝酸罐车、GF型氧化铝罐车、GF18型水泥罐车、T85型液氢铁路加注运输车、G11B型精碱罐车、G17S型石脑油罐车；B22型机械冷藏车组、B23型机械冷藏车组、B6A型冰冷车、B10型单节机械冷藏车、6.096m（20ft）机械冷藏集装箱；K13N型石碴漏斗车、ZK30型米轨矿石漏斗车；长征Ⅲ型架桥机铺轨机车辆、JQ130型架桥机（主机）车辆、JQ130型架桥架（副机）车辆、9m^{3}道碴车、DPK32型铺轨机车辆、DJK140型架桥机车辆和电子衡器检定车；以及出口的BR型苏达粉有盖漏斗车、BR型运煤漏斗车、BR型运盐敞车、WBXHV型木材车、SMBV型甘蔗车、VBHV型货物守车、BR型集装箱平车、BBC型米轨气卸式散装水泥罐车、BCF型米轨集装箱平车、BOT型米轨油罐车底架、BCP型卧式水泥罐车、集装箱凹底车、守车等。

地下铁道车辆主要有：鼓形宽车体地铁客车、固定编组列车，以及出口和进口替代的多种地铁客车。

管理及改革　1995年，中车公司按照全路改革的总体部署和《铁道部关于加快机车车辆工业改革的意见》（铁政策［1994］100号）的要求，点上抓建制，面上抓转机，分层次推进了以下几个方面的改革。

（1）建立现代企业制度和调整生产结构试点。按照部党组的要求，对中车公司改组为控股公司进行了深入的调查研究，制定了中车公司改组为控股公司和实现国有资产授权经营的实施方案（草案），初步形成了机车车辆修理体制改革和机车车辆工业生产布局调整的专题报告。

（2）推进“三项”制度改革。各厂、所以贯彻实施《劳动法》为契机，深化劳动用工、工资分配等制度的改革，全面实施新工时制度，保证了劳动者享有的各项权利。劳动用工在推行合同化管理的基础上，全面推行劳动合同制，到1995年底，35个厂中已有23个实行了全员劳动合同制，签订合同职工占职工总数的70.5%。工资分配上加强岗位技能工资制管理，增大工资中弹性部分比重，强化激励作用，已初步建立起按劳分配为主体、效率优先、兼顾公平的分配机制。各厂、所精干主体、分离辅助和剥离后勤的工作稳步推进，部分工厂将生产后方和生活后勤部门与生产主体分离，使生产后方、生活后勤面向社会，自主经营，自负盈亏，已初见成效。职工总量得到较好控制，1995年末职工总数约比上年减少4 000人，各厂、所剥离人员总计达17 817人。同时，住房、医疗、养老保险制度等方面的改革也迈出了实质性的步伐。

（3）发展多元经营，快步走向市场。各厂、所学习贵阳厂发展多元经营的经验，增强多元经营意识，瞄准铁路内外市场的需求，大力开发新产品；

积极招商引资，兴办多元经营企业。到1995年底，全系统从事多元经营的企业有394个，其中合资联营企业31个，规范化运作的股份制企业12个，从业职工23 000人。1995年全系统多元经营收入达10亿元。

(4) 强化企业基础管理。1995年，中车公司广泛深入地开展了“转抓练增”活动，学习推广邯郸钢铁总厂模拟市场、成本否决的经验，强化成本管理，推行“原材料配送”等管理办法，使产品单位成本和百元销售收入成本在物价不断上涨的情况下得到控制。全系统万元产值耗标煤1.47t，比上年下降5.4%；主要原材料消耗实现了比上年降低1%的目标。为缓解各厂资金短缺，工业总公司筹措2亿元贷款，解救工厂生产经营的燃眉之急；开展内部清欠工作，清理债权债务10亿元；认真贯彻《审计法》推行了第一管理者离任审计制度，建立健全了内部制约机制；制定《铁路工业车床加工劳动定额标准》12项124个国家级行业标准，为全面推行技术定额打下了基础。强化安全管理，安全生产取得了近年来最好成绩。机客货车修理周期与上年对比情况见表3。

表3　机客货车修理周期

项目名称	1994年	1995年
电力机车在厂日数（天）	70.5	58.8
电力机车在修日数（天）	51.4	40.6
内燃机车在厂日数（天）	43.8	42.3
内燃机车在修日数（天）	31.3	29.4
蒸汽机车在厂日数（天）	19.8	20.5
蒸汽机车在修日数（天）	13.8	13.6
客车在厂日数（天）	46.0	41.6
客车在修日数（天）	33.2	29.0
货车在厂日数（天）	20.0	19.2
货车在修日数（天）	11.6	10.9

质量及质量管理　1995年，中车公司多次召开客车和韶山4型电力机车质量攻关和围歼机破事故会议，研究制定提高产品质量的措施。成立质量攻关组，制订攻关目标计划，层层签订“军令状”，落实责任制，强化质量考核和质量否决的力度，加强售后服务，深入开展“五查一落实”和“质量月”活动，使一度质量问题较多的部分客车和韶山4型电力机车质量明显提高，全公司各项主要质量指标完成情况均有进步，没有发生批量返厂和行车重大质量责任事故，机破临修率明显下降。同时，贯彻GB/T19000（ISO9000）标准，完善企业质量体系，继长春客车厂通过ISO9000系列认证之后，大连、齐齐哈尔车辆厂已进入审核中心认证阶段。1995年机车车辆及重大配件产品质量指标、铸造产品质量和能耗指标完成情况见表4和表5。

技术改造　到1995年底，中车公司有24个工厂的28个大中型项目已相继完成。“八五”期间，各厂所自筹资金13.5亿元用于技术改造，总公司安排4 252.3万元用于科技投入，计划列项859项，已完成720项。一批具有先进水平的冷热加工、焊接、计量检测和试验设备已投入运用；采用微机、数显技术改造老设备2 500台，引进国外先进关键设备974台，设备陈旧落后的状况大为改观；计算机辅助设计广泛采用，建立CAD工作站73台。现全系统拥有固定资产原价123亿元，各类设备8.5万台，生产和产品开发能力大大增强，与“七五”期末相比，内燃、电力机车的制造能力增长44.2%，达到年产900台。

表4　机客货车及重大配件产品质量指标完成表

产品	类别	一等品率（%）		返工率（%）	
		1994年	1995年	1994年	1995年
电力机车	造	100.00	100.00	4.02	3.38
	修			11.43	8.86
内燃机车	造	100.00	100.00	2.56	1.91
	修	100.00	100.00	2.05	4.08
蒸汽机车	造	100.00	100.00	0.00	0.00
	修	96.67	97.57	4.52	3.85
客车	造	99.58	100.00	0.04	0.00
	修	97.34	96.95	0.03	0.12
货车	造	95.78	96.50	0.00	0.00
	修	94.32	94.22	0.02	0.02
增压器	造	100.00	100.00	2.65	3.32
货车轴承	造	100.00	100.00		
410和3000kW电机	造	99.55	100.00	0.50	0.48
闸调器	造	100.00	100.00	0.00	0.00

表5　铸造产品质量和能耗指标完成表

项　目	单位	实际完成	比上年增长%
铸钢件成品率	%	62.77	-0.44
铸钢件废品率	%	3.93	0.06
铸铁件成品率	%	70.07	0.67
铸铁件废品率	%	8.03	-0.03
电炉钢耗电量	kW·h	735	3
化铁炉焦铁比	t/t	6.93	0.34
每万元产值(不变价)耗煤	t	1.30	-0.19

对外合作　1995年，中车公司开展技术合作，完成德国16台MTU柴油机进口和33台MTU柴油机收货，以及与奥地利AVL公司签订合作改造280型柴油机合同。

1995年完成的主要出口和替代进口产品有：出口缅甸的10台CKD型内燃机车、12辆客车，泰国的4台米轨液力传动内燃机车、首批52辆水泥货车，坦桑尼亚的30辆客车、马来西亚的10辆行李车、日本的12辆集装箱平车、韩国的首批34个客车转向架；替代进口的30台韶山6型电力机车，漳泉铁路的44辆货车，广梅汕铁路的45辆客车等。其中：韶山6型电力机车由株洲电力机车厂研制，用于客运和货运，标准轨距，功率4 800 kW，轴式Co—Co，轴重23t，最高时速100km，起动牵引力485kN。出口缅甸的CKD型内燃机车分别由大连和四方两个机车车辆厂研制，大连厂的用于货运，装车功率1 250kW，四方厂的用于客运，装车功率880kW，轨距均为1 000mm，轴式Bo—Bo—Bo，交直电力传动，最高时速90km。出口泰国的CK型液力传动内燃机车由资阳内燃机车厂研制，用于工矿运输，装车功率2×515kW（双机重联），轨距1 000mm，时速36km。

招商引资取得了新进展。“八五”期间累计利用外资4 000万美元，提高了机车车辆产品制造水平；采取多种方式，兴办各类合资合作企业35个。

“九五”期间的方针目标和主要任务　机车车辆工业“九五”的工作思路和指导方针是：深化改革、转机建制，调整结构、多元经营，依靠科技、实现“三上”，扩大开放、走向市场，强化管理、提高效益，实行经济体制和经济增长方式的“两个转变”，使机车车辆工业的产品品种、质量、档次基本适应铁路运输的需要。

“九五”的主要奋斗目标和任务是：

企业改革：到2000年，全公司完成改组为控股公司的各项工作，并按实施方案规范运作，实现健康、稳定、全面发展；大多数厂、所基本建立起“产权清晰、权责明确、政企分开、管理科学”的现代企业制度；工业企业全面走向市场；逐步完成住房、医疗、养老保险制度改革；“九五”末，剥离富余人员5万人从事多元经营（即到2000年至少有20%的人员从事多元经营）；职工总数净减1万人；1996年各厂、所职能部门管理、服务人员减少20%。

生产经营：到“九五”末，中车公司年总销售收入达到200亿元。（其中：机车车辆产品年收入达到150亿元，年均增长6%；多元经营收入达50亿元，年均增长8亿元）；进口替代和出口创汇签约额每年保持在1亿美元左右，5年累计5亿美元；劳动生产率年均提高10%；“九五”末期，全系统资金周转天数由现在的120天降至105天，财务费用按可比口径计算逐年降低5%；五年实现利税50亿元。

科技发展：机车车辆工业产品和质量全面采用国际标准；开发适应重载、高速及繁忙干线提速要求的机车、车辆新产品，开发满足不同层次要求的高质量的新型客车，研制交流传动内电机车；产品质量、技术水平达到80年代末、90年代初国际先进水平，实现机车车辆产品上质量、上水平、上档次；大幅度提高工艺水平和制造水平，逐步使内燃、电力机车和客车的制造技术和工艺达到国际水平。使机车车辆工业产品品种齐全、性能先进、使用可靠，满足铁路运输发展和路外市场的需要，并逐步扩大国际市场占有量。

企业管理：大多数企业建立起符合现代企业制度要求、能适应国内国际市场竞争需要的管理体系。在产品质量、物资消耗、经济效益等方面明显进步，杜绝重大质量事故，综合能耗逐年降低，原材料综合利用率、资金利税率和工业成本销售利润率每年都有提高。

〔撰稿人：中国铁路机车车辆工业总公司　金列明　审稿人：中国铁路机车车辆工业总公司副总经理　秦　刚〕

〔责任编辑：王　如〕

汽　　车

〔机械工业部〕

生产发展情况　1995年，全行业汽车产销总体状况良好，据汽车行业快报统计目录内企业，全年共生产汽车143.47万辆，较上年增长6.2%。在各类车型中，增长幅度较大的是微型客车和轿车，增长率分别为45.16%和29.45%。重型、中型载货车的年产量、销量比上年有较大幅度下降，降幅分别为产量：17.5%和21.1%；销量：16.2%和21.4%。轿车的产量虽然比上年有较大幅度提高，但全年生产计划依然没有完成，且库存上升较快，比上年增长47%，在连续3个月产量保持小幅涨落的基础上，12月份的产量环比下降了0.2%；重型、中型货车在5、6、7三个月连续爆跌后，最后一个月分别增长了37%和17%。全行业共完成工业总产值（不变价）1 900亿元，实现产品销售收入（当年价）2 100亿元，实现利润87亿元，上交国家产品销售税金及附加、增值税121.1亿元。特别消费税及消费税25.1亿元。全年汽车产品进出口总额为25.88亿美元，其中出口7.2亿美元。

几种引进产品的国产化率分别达到：上海桑塔纳轿车88.56%，奥迪轿车62%，小红旗轿车84.80%，捷达轿车63.96%，标致轿车（8座）84%和（5座）78%，富康轿车26.18%；夏利微型轿车（二厢）63.85%和（三厢）85.36%，依维柯轻型客车76.77%，切诺基吉普车82.26%，斯太尔重型车92.44%，江西、重庆、北京五十铃轻型汽车均达到75%以上。

市场及销售　1995年，机械工业部汽车行业7个主要企业集团的汽车销售量见表1。按车型分类主要企业产、销情况见表2。

管理及改革　1995年，机械工业部提出了汽车零部件发展战略、目标和措施。

零部件工业的发展战略：全面推进，重点突破、实现同步发展，参与国际分工。战略重点是：(1) 骨干零部件企业需要迅速达到经济规模，不但满足国内汽车工业整车配套和售后配件的需要，还要进入国际市场，参与竞争。(2) 提高整体技术水平，与主机同步发展，某些关键零部件要超前于汽车整车的发展。(3) 骨干企业逐步形成汽车零部件工业的开发体系。(4) 实现骨干企业向集团化发展，重点企业向系统化、集成化、系列化发展。

零部件的发展目标：近期目标，预计1997年完成。汽车零部件工业在这一阶段要紧紧围绕重点项目加快建设步伐，部分企业生产达到经济规模，完成整车配套生产任务。首先确保轿车国产化率达到60%以上，轻型车国产化率达到80%。中期目标，预计2000年完成。一批汽车零部件企业能力达到经济规模；零部件的技术水平、质量要保证轿车和轻型车系列产品的国产化率普遍达到60%和80%；产品开发初步形成能力；出口数量显著增加；上述要求做到同步发展，部分适当超前发展，形成5至10个按专业化分工、分层次，按系统进行产品开发和配套，具有国际竞争力的零部件企业集团。长期目标，预计2010年完成。实现零部件按系统直接为整车（机）厂配套，该类企业达300多个，其中既有面向国际、国内两个市场，具有相当大经济规模和丰富产品品种及系列的汽车零部件集团，又有专业化很强的，围绕汽车生产企业集团共同发展的众多零部件工业。使零部件工业体系真正成为支撑汽车工业强大的基础。

发展零部件工业的措施：1. 统筹规划，分类指导。(1) 选择60种关键零部件分三类，列入政府发展计划。第一类，国内空白的、高新技术，先支持一个企业进行建设；第二类，国内已有一定基础的零部件，每个品种择优选择2～3个骨干企业，通过多种方式进行改造和建设；第三类，国内基础相对较好的零部件，每个品种选择2～3个骨干企业，要为多种主导车型配套。(2) 选择300个左右企业，给予政策优惠，扶植其发展。(3) 对引进技术、合资合作方向给以指导。对第一类，国家只支持一个企业，中方要加大投资，使中方股份不低于50%；对以海外市场为主的项目，积极扶植，鼓励外方大力投资，对第一类以外的其他项目，鼓励外方投资，股份双方商定。2. 加大投入，重点扶植，在第九个五年计划（1996年～2000年）中，全国轿车和零部件的投资比例将调整为1:1。3. 实现经济规模，促进大市场格局的形成。为此中国政府将陆续公布第一、二类关键零部件的经济规模；鼓励系列化、系统化生产零部件，坚持“等效替代”原则；鼓励初步具备规模经济的汽车零部件集团，积极开拓国际市场。4. 发展具有国际水平的汽车零部件工业。其措施是：(1) 对纳入规划的合资合作项目，产品水平必须满足整车，特别是轿车的配套技术要求。(2) 区别不同产品的技术情况，给予资金的支持，特别是涉及汽车安全、节能、环保的先进技术和零部件。(3) 限制引进落后技术和落后设备，禁止旧车及零部件以各种方式进入中国市场。5. 发展对外合作，加快开发能力的形成。今后在继续引进所需零部件产品生产技术的同时，将重点引进测试技术，开发技术，形成零部件开发能力。其要求是：不仅引进制造技术，必须同时引进产品开发技术；骨干企业必须建立自己的技术开发中心，换代产品立足自我开发为主，提高按销售额提取技术开发费比例。6. 促进汽车零部件企业的集团化。

为了加强汽车行业对汽车产品的管理力度，1995年初步修改了《汽车新产品管理办法》和《企业及产品目录管理办法》。从下半年开始，对汽车新产品实施12项强制标准化项目。全年共批准发布了18项国家标准和行业标准，其中强制性标准6项，组织修订了《汽车安全带产品鉴定试验规范》，并通过强化监督检测和对企业生产条件的调查，整顿了汽车安全带生产企业，同时《中国汽车报》发布公告，取消22个不合格生产企业。

为了开展正常有序的国产化鉴定工作，1995年2月组织行业专家成立了国产化技术鉴定专家组，并以专家组为核心完成国产化的技术鉴定工作。同时于4月开始公布并试行《轿车引进技术国产化鉴定整车可靠性试验暂行办法》。为使国产化的审查工作更具科学性和可操作性。1995年7月印发了《汽车工业引进技术的汽车产品国产化鉴定审查办法》和《轿车引进技术国产化鉴定试验中的强制性标准检测项目》在行业内执行。

表1　七个主要企业集团的生产销售情况

企业名称	汽车产量（万辆）	销售量（万辆）	销售收入（亿元）
一汽集团	21.55	19.01	293.88
东风集团	18.17	14.91	129.41
重汽集团	1.14	1.11	52.14
中汽总公司	8.46	8.01	48.14
上汽总公司	16.11	16.08	295.94
天汽总公司	13.08	13.16	90.05
北汽总公司	16.89	16.96	100.26
合 计	95.40	89.24	1 009.82

为贯彻《汽车工业产业政策》，促进汽车产品型式认证制度的建立，改进现行的汽车新产品管理办法，实现汽车产品的鉴定、定型办法向汽车产品型式认证制度平稳过渡，1995年新开发的汽车产品除按新产品管理办法中规定的产品开发程序和标准进行试验鉴定外，逐步增加安全、污染控制及节能的检验项目。

质量及质量管理　1995年国家质量检验中心对轻型车和重型载货汽车及专用汽车产品，制动软管总成产品进行了全国质量统检工作。这次统检对137个轻型车生产企业进行了企业生产条件调查，检验了91个企业生产的91种轻型汽车产品，轻型汽车产品质量达到合格水平的有78种，不合格的13种，合格率为85.71%。达到合格品水平的企业共53个，占实检企业的58.2%；不合格的企业共13个，占实检企业的14.3%。13个不合格企业中有12个企业因整车装配调整和外观质量中保安项不合格且不具备加倍条件而终止检验，整车质量判定为不合格。统检结果表明：目前轻型货车质量普遍比较好，轻型专用车40%不合格，质量存在问题比较多，主要是装配调整和外观质量、车身油漆涂装质量、车身车体质量、车身密封性等（详见表4）。

表2　1995年汽车（按车型分类）生产企业产、销情况

企业名称	生产量（辆）			销售量（辆）		
	1995年	1994年	增长%	1995年	1994年	增长%
1. 载货汽车						
重型载货汽车（22个企业）	29 895	36 278	-17.59	29 618	35 354	-16.22
其中1000辆以上企业						
东风汽车公司	12 375	14 515	-14.74	12 299	13 788	-10.80
济南汽车制造总厂	5 584	9 217	-39.42	5 299	8 887	-40.37
第一汽车集团公司	3 519	2 531	39.04	3 519	2 531	39.04
四川红岩汽车股份有限公司（川汽）	3 008	3 223	-6.67	3 018	3 225	-6.42
陕西汽车制造总厂	1 969	2 530	-22.17	1 852	2 442	-24.16
中型载货汽车（15个企业）	249 844	316 803	-21.14	243 769	310 497	-21.49
其中1 000辆以上企业						
东风汽车公司	125 032	148 912	-16.04	120 296	147 876	-18.65
第一汽车集团公司	85 635	103 693	-17.41	82 891	102 126	-18.83
东汽集团柳州汽车厂	18 771	30 356	-38.16	18 947	29 220	-35.16
东汽集团云南汽车厂	5 954	11 703	-49.12	6 528	10 365	-37.02
南京东风专用汽车制造总厂	4 907	10 131	-51.56	5 151	9 872	-47.82
湖北专用汽车制造厂	3 671	7 383	-50.28	4 192	6 601	-36.49
湖北十堰中通专用汽车公司	2 036	1 775	14.70	2 126	1 790	18.77
第一拖拉机工程机械公司	1 858	358	418.99	1 828	99	1 746.46
凌河汽车工业公司	1 319	1 326	-0.53	1 240	1 418	-12.55
轻型载货汽车（49个企业）	349 222	329 337	6.04	344 290	327 458	5.14
其中3 000辆以上企业						
跃进汽车集团公司	71 077	69 045	2.94	70 545	69 360	1.71
北京汽车工业总公司	68 796	67 346	2.15	69 244	67 104	3.19
第一汽车集团公司	62 860	42 960	46.32	59 467	43 127	37.89
庆铃汽车（集团）有限公司	29 950	23 850	25.58	29 947	23 817	25.74
江铃汽车股份有限公司	22 003	20 150	9.20	20 907	19 619	6.57
东风集团郑州轻型汽车制造厂	15 230	12 049	26.40	15 154	11 498	31.80
天津汽车工业集团有限公司	12 453	16 989	-26.70	12 767	17 337	-26.36
云南蓝箭汽车制造厂	9 967	11 608	-14.14	9 050	11 642	-22.26
四川省公路机械厂	8 481	5 726	48.11	8 564	5 494	55.88
北内集团公司	4 793	3 421	40.11	4 495	3 353	34.06
一汽金杯汽车股份有限公司	4 628	8 360	-44.64	4 722	8 901	-46.95
合肥江淮汽车制造厂	4 616	5 099	-9.47	4 383	4 858	-9.78
河北中兴汽车制造有限公司	3 857	2 417	59.58	3 959	2 300	72.13
湛江三星农用运输车制造公司	3 794	7 251	-47.68	3 602	6 571	-40.62
江苏仪征汽车制造厂	3 167	5 139	-38.37	3 167	5 139	-38.37
微型载货汽车（10个企业）	108 058	98 848	9.32	107 099	91 843	16.61
其中1 000辆以上企业						
柳州微型汽车厂	37 312	32 313	15.47	37 084	28 962	28.04
长安汽车有限责任公司	33 374	21 697	53.82	32 591	21 627	50.70
安徽省淮海机械厂	11 511	19 954	-42.31	11 748	16 685	-29.59

（续）

企业名称	生产量（辆）			销售量（辆）		
	1995 年	1994 年	增长 %	1995 年	1994 年	增长 %
天津汽车工业集团有限公司	8 227	6 986	17.76	8 155	7 021	16.15
陕西飞机制造公司	8 171	6 909	18.27	7 954	6 892	15.41
哈尔滨哈飞汽车制造有限公司	7 131	6 256	13.99	7 124	6 257	13.86
第一汽车集团公司	2 100	4 649	-54.83	2 192	4 290	-48.90
2. 客车（76 个企业）	377 175	322 085	17.10	377 727	319 449	18.24
大型客车（13 个企业）	3 814	3 346	13.99	3 855	3 897	-1.08
其中 100 辆以上企业						
丹东汽车制造厂	2 032	1 239	64.00	2 005	1 679	19.42
上海电车厂	960	857	12.02	960	857	12.02
合肥淝河汽车制造厂	313	408	-23.28	352	371	-5.12
陕西汽车制造总厂	139	382	-63.61	119	468	-74.57
上海汇众汽车制造公司						
中型客车（15 个企业）	18 813	17 239	9.13	18 296	16 700	9.56
其中 1 000 辆以上企业						
东风汽车公司	9 412	8 055	16.85	9 060	7 562	19.81
江苏省扬州客车制造总厂	4 356	4 692	-7.16	4 421	4 696	-5.86
常州客车制造厂	2 172	1 422	52.74	2 133	1 426	49.58
第一汽车集团公司	1 064	857	24.15	994	876	13.47
轻型客车（58 个企业）	205 704	198 961	3.39	207 321	193 471	7.16
其中 2 000 辆以上企业						
北京汽车工业总公司	75 023	56 947	31.74	74 592	56 693	31.57
江苏仪征汽车制造厂	21 361	24 082	-11.30	21 361	24 082	-11.30
合肥江淮汽车制造厂	9 392	9 419	-0.29	9 668	9 167	5.47
跃进汽车集团公司	9 341	5 029	85.74	9 563	5 144	85.91
一汽金杯汽车股份有限公司	8 717	10 448	-16.57	9 140	10 745	-14.94
第一汽车集团公司	7 363	1 005	632.64	7 309	324	2 155.86
河北胜利客车厂	6 575	6 490	1.31	6 408	6 354	0.85
中国金燕汽车船舶工业公司	6 318	6 492	-2.68	6 182	4 019	53.82
石家庄市汽车制造有限责任公司	5 920	9 378	-36.87	5 795	9 769	-40.68
四川旅行车制造厂	5 673	6 801	-16.59	5 599	6 291	-11.00
松辽汽车股份有限公司	5 610	7 075	-20.71	6 002	6 970	-13.89
湛江三星汽车制造公司	4 874	6 718	-27.45	4 992	6 727	-25.79
江西富奇汽车厂	3 850	3 786	1.69	3 671	3 743	-1.92
镇江汽车有限公司	3 833	5 726	-33.06	3 940	5 767	-31.68
天津汽车工业集团有限公司	3 359	7 645	-56.06	3 432	6 971	-50.77
浙江公路机械厂	2 898	5 578	60.00	2 846	6 473	33.33
海南汽车制造厂	2 859	3 039	-5.92	2 835	2 932	-3.31
北京燕京汽车厂	2 403	2 272	5.77	2 608	2 340	11.45
微型客车（9 个企业）	148 844	102 539	45.16	148 249	105 381	40.68
其中 10 000 辆以上企业						
天津汽车工业集团有限公司	41 809	37 332	11.99	41 990	37 312	12.54
哈尔滨哈飞汽车制造有限公司	38 121	13 125	190.45	38 219	13 036	193.18
长安汽车有限责任公司	28 971	23 379	23.92	28 599	23 554	21.42
昌河飞机工业公司	25 020	20 040	24.85	25 067	19 253	30.20
柳州微型汽车厂	12 711	3 579	255.16	12 483	7 683	62.48
3. 轿车（15 个企业）	320 578	247 639	29.45	321 115	244 772	31.19
其中 1 000 辆以上企业						
上海大众汽车有限公司	160 070	115 326	38.80	159 765	115 295	38.57

（续）

企业名称	生产量（辆）			销售量（辆）		
	1995 年	1994 年	增长 %	1995 年	1994 年	增长 %
天津汽车工业集团有限公司	65 000	58 500	11.11	65 238	54 800	19.05
北京汽车工业总公司	25 127	14 703	70.90	25 921	13 986	85.34
一汽大众汽车有限公司	20 001	8 219	143.35	19 915	7 628	161.08
第一汽车集团公司	19 655	20 303	-3.19	19 395	20 325	-4.58
长安汽车有限责任公司	7 725	10 020	-22.90	6 859	9 873	-30.53
贵州航空工业总公司汽车总厂	7 105	570	1 146.49	8 622	461	1 770.28
广州标致汽车有限公司	6 936	4 485	54.65	6 608	4 805	37.52
东风汽车公司	3 797	8 010	-52.60	3 965	8 243	-51.90
西安秦川（集团）发展总公司	2 597	2 277	14.05	2 419	3 365	-28.11
江南机器厂	1 568	2 508	-37.48	1 579	3 177	-50.30

表 3　1995 年汽车（分车型）发动机产销量

产品分类名称	单位	生产量	销售量	库存量
汽车总计	辆	1 434 772	1 423 639	75 222
重型货车	辆	29 895	29 618	3 879
中型货车	辆	249 844	243 769	18 412
轻型货车	辆	349 222	344 290	21 768
微型货车	辆	108 058	107 099	6 192
客车	辆	377 175	377 727	18 113
其中：大客	辆	3 814	3 855	243
中客	辆	18 813	18 296	1 765
轻客	辆	205 704	207 321	12 512
微客	辆	148 844	148 249	3 593
轿车客车	辆	320 578	321 115	6 858
总计中：柴油货车	辆	314 359	308 301	27 239
汽油货车	辆	422 660	416 475	23 012
车用柴油发动机商品量	台	385 519	362 107	35 005
	万 kW	3 174.5	2 934.0	474.0
车用汽油发动机商品量	台	561 189	550 767	31 379
	万 kW	2 690.4	2 615.1	168.8

表 4　各车型整车质量检验评定结果汇总表

车　型	轻型货车	轻型客车	轻型专用车	轻型越野车	合 计
实检企业数	24	57	5	5	91
一等品企业数（个）	15	9	0	1	25
（比例）	(62.5%)	(15.8%)	(0)	(20%)	
合格品企业数（个）	7	40	3	3	53
（比例）	(29.2%)	(70.2%)	(60%)	(60%)	
不合格企业数（个）	2	8	2	1	13
（比例）	(8.3%)	(14.0%)	(40%)	(20%)	
合格品以上企业平均得分数	89.03	84.12	79.48	84.93	85.38

技术改造　1995 年，全国汽车行业共完成固定资产投资 230 亿元，固定资产投资项目 229 项，安排投资 132.15 亿元，贷款 63.4 亿元。其中国家安排的基本建设主要项目 9 项，投资 79.4 亿元，重点是一汽大众轿车项目、二汽神龙轿车项目、天津夏利轿车项目、一汽及二汽轿车支撑工程项目和湖北锻造项目。技术改造项目总计安排 220 项，投资 53.2 亿元，专项贷款 33.8 亿元。

一批国家重点项目竣工验收，这些项目是：重型汽车集团的斯太尔重型车项目、兵器工业总公司的奔驰重型车项目、上海大众轿车二期工程项目、广州标致轿车项目以及一批重点零部件项目。另外，天津夏利微型轿车项目、一汽大众轿车项目、二汽神龙轿车项目以及江西、重庆的轻型车发动机项目、军转民企业的微型车项目，一批为国内主要车型配套的零部件项目的建设在1995年也取得了突破性进展，天津夏利轿车项目基本建成。这些项目的建成，可以使我国汽车工业形成具有先进水平的重型车生产能力3万辆以上，中型车生产能力19万辆，轻型车生产能力20万辆以上，微型车生产能力15万辆以上，轿车生产能力65万辆以上的态势。基本可以使主要重、中、轻、微、轿车生产企业达到《汽车工业产业政策》规定的经济规模，为"九五"汽车工业的发展打下坚实的基础，同时也为我国汽车工业按照产业政策调整产业结构，优化重组创造了有利条件。

〔撰稿人：机械工业部汽车工业司　姜　英〕

〔交通部〕

生产发展及销售　1995年是"八五"计划的最后一年，这一年交通系统的公路车辆生产企业积极面向市场，以实现"两个转变"为中心，努力转变观念，本着为用户服务的思想，生产适销对路的产品，使公路车辆生产在市场处于低谷的情况下，取得了较好的成绩。

国内客车市场自1993年下半年开始疲软以来，竞争越来越激烈。一些生产企业通过技术改造，开发适销对路产品，增强了企业实力，尽管客车市场处于低谷，这些企业仍然脱颖而出，有了较大的发展。而另外一些企业则陷入困境，处于停产或半停产的状态。到"八五"末期，交通部公路客车生产已基本形成"两级分化"的局面，客车生产、销售和效益的集中度明显提高。1995年列入部客车生产计划的41个企业实际生产客车20 655辆，较上年增长了18.98%；销售客车20 631辆，较上年增长18.65%，产销率达到99.88%；库存量较上年减少13.99%。由此可见，1995年的客车产销情况总体好于上年，但企业之间的发展并不平衡。在列入计划的41个企业中，仅有占31.71%的13个客车厂按计划完成了生产任务。其中，扬州客车制造总厂、郑州宇通客车股份有限公司（原郑州客车厂）、山东客车股份公司（原山东聊城客车厂）和长沙客车厂4个企业的产量占了60%。盈利百万元以上的厂家仅有5个，它们是扬州客车制造总厂，郑州宇通客车股份有限公司、山东客车股份公司、北京交通客车制造厂和南宁客车厂。上述客车生产企业的产量和效益在全国大客车行业中也是名列前茅的。

1995年列入交通部汽车挂车生产计划的29个企业实际生产挂车8 287辆，较上年减少了2.27%；销售挂车8 232辆，较上年减少了2.76%，产销率为99.34%，基本上是以销定产。由此可见，1995年的挂车生产较上年有所下降。29个挂车生产企业中仅有占20.69%的6个企业按计划完成了生产任务。

1995年12月国家经贸委、国家计委、国家统计局、财政部、劳动部联合公布了1994年度全国大型工业企业名单，交通部扬州客车制造总厂为大型一档企业，桂林客车工业集团公司、贵州汽车配件厂、内蒙古汽车齿轮厂、西安筑路机械厂、江扬船舶集团公司、广州港口机械厂被评为大型二档企业。另外，扬州客车制造总厂在1995年6月被评为1994年度中国机械工业百家最大工业企业，这是全国客车行业唯一获此殊荣的企业。

新产品　交通部1995年2月下达了《交通部1995年公路车辆新产品开发计划》，共计28项产品，其中，客车13项（大型客车6项、中型客车5项、轻型客车2项）、汽车挂车及专用车7项、零部件5项、汽车检测及保修设备3项。

高等级公路的快速发展，为高档客车和专用运输车提供了广阔的市场。由交通部组织研制、开发的，立足国产适用技术与我国汽车工业整体水平相适应的JT6120大型客车，经过"八五"期间的不断完善，特别是批量投入高速公路运行后，已逐步趋于成熟。为满足现代公路运输需要，1995年交通部系统开发了卧铺客车、大吨位半挂运输车等，以及为实现销售而开发的厢式轿车运输车。此外，还根据市场需求情况，开发了后装压缩式垃圾运输车、油井巡检工程车等多种专用车。

技术改造　"八五"期间，国家经贸委下达交通部系统重点工业企业技术改造专项贷款项目38个，其中，新开工项目26个，"七五"跨"八五"的续建项目12个。总投资6.48亿元，其中，专项贷款3.288亿元。

通过技术改造，企业的生产条件、产品生产能力及质量水平均有较大的改善和提高。扬州客车制造总厂在"八五"技术改造前，生产能力只有1 000余辆。"八五"期间，该厂投入近2亿元，对企业进行全面技术改造。技改工程完成后，该厂实现了年产量5 000辆，产值5亿元，利税5 000万元的新局面，各项经济、技术指标在全国大客车行业均处领先水平，其生产条件处于国内先进水平，为企业发展和产品创优奠定了基础。郑州宇通客车股份有限公司在进行企业体制改革时（改为股份制企业），正值客车市场处于低谷状态，而改革后，企业变化很大，各方面均有了很大的发展，年产量、利润连年翻番，劳动生产率、人均产量、人均利润均为全国同行业第一，用厂长的话说，这主要得益于技术改造和体制改革。西安筑路机械厂通过"八五"技术改造和实施"一条龙"项目，产品质量、水平有了明显的提高。该厂生产的250t/h强制间歇式沥青混凝土搅拌设备，是引进国外先进技术、消化吸收后的结果，新产品技术含量高，适用于高等级公路施工，市场前景十分看好，为国家节省了大量的外汇。

由此可见，通过“八五”技术改造，交通工业形成了一批在全国同行业中处于领先水平的主力军。

〔撰稿人：交通部综合计划司工业计划处　顾霞　审稿人：中国公路车辆机械总公司　孟宪欣〕

〔责任编辑：王　如〕

摩　托　车

〔机械工业部〕

生产发展情况　1995 年据 97 个企业统计共生产摩托车 783.61 万辆，比上年增长 49.91%。生产 20 万辆以上的企业从 1994 年的 7 个增到 1995 年的 12 个，他们是：嘉陵集团 114.5513 万辆、轻骑集团 104.1009 万辆、建设集团 103.4185 万辆、金城集团 65.5766 万辆、无锡捷达 51.2817 万辆、上海易初 40.0020 万辆、北方易初 35.1330 万辆、南方集团 27.5453 万辆、长春集团 27.5000 万辆、浙江摩厂 27.1088 万辆、华日集团 20.3280 万辆、五羊本田 20.0028 万辆。

1995 年 20 万辆以上的 12 个企业合计生产 636.54 万辆，占全行业的 81.23%。生产集中度和规模有所提高。

1995 年 10 万辆以上的企业有 15 个，产量为 680.92 万辆，占全行业的 86.90%。1995 年 10 万辆以上企业的产量比 1994 年 10 万辆以上的企业的产量占全行业的比例提高 6.9 个百分点。1995 年 10 万辆以下的 82 个企业合计生产 102.68 万辆；只占全行业的 13.10%。也就是说行业的 15.46% 的企业生产了 86.90% 的产品；另外的 84.54% 的企业生产了 13.10% 的产品。各企业的产量见表 1。

表 1　1995 年全国摩托车生产情况　　（单位：辆）

企业名称	1995 年累计完成											1994 年累计
	合计	≤50mL	60mL	70mL	80mL	90mL	100mL	125mL	150mL	250mL	三轮	
总计	7 836 139	1 612 808	460 919	585 241	436 591	1 285 246	1 399 318	1 461 629	70 504	207 258	316 625	5 227 300
所占比重（%）		20.58	5.88	7.47	5.57	16.40	17.86	18.65	0.90	2.64		
比上年增长%	49.91	19.72	88.71	19.38	13.62	172.56	54.92	69.44	155.84	-9.75		
中国嘉陵工业公司（集团）	1 145 513	481 789	17 247	418 037		54 302	1 905	148 720	23 513			854 688
中国轻骑集团总公司	1 041 009	644 954	18 669		27 565	140 760	180 857	13 547			14 657	701 971
建设工业（集团）公司	1 034 185	259 083	376 748		364 000				34 354			814 765
国营金城机械厂	655 766	11 243		141 502		77 004	381 544	44 473				400 402
捷达摩托车集团公司	512 817			639		436 766	656	74 756				180 565
上海易初摩托车有限公司	400 020							197 490	2 530	200 000		305 120
洛阳北方易初摩托车公司	351 330	50 800		10 000		255 000	35 530					230 687
南方动力机械公司	275 453	11 890	31 705			906		204 827		1	26 124	227 934
长春摩托车（集团）公司	275 000						228 480	46 520				183 185
浙江摩托车总厂	271 088	27 495		12			137 579	105 638	358	6		105 497
山东华日集团总公司	203 280	310				15 698	166 605	16 510			4 157	80 010
五羊一本田摩托有限公司	200 028							200 028				110 033
天津本田摩托车有限公司	186 000					186 000						107 449
佛斯弟摩托车有限公司	135 052	24 316			98			110 638				59 019
宁波金轮摩托车厂	122 828				16 149	5	105 457	1 217				20 582
玉河摩托车公司	86 304	35 959		299		50 046						84 662
天津小康三轮摩托车公司	66 354										66 354	23 167
珠江摩托车工业有限公司	60 002						972	59 030				39 767
西藏珠峰摩托车工业公司	54 886							45 137	9 749			10 160
无锡富通摩托车有限公司	50 126	1 179				6 624	25 500	16 823				17 480
宁波奉通机电集团公司	43 080	1 583		288		9 977	20 176	2 793			8 263	19 498
洪都摩托车联营公司	42 217					1 515		32 062			8 640	38 412
深圳益豪摩托车公司	37 873							37 873				
常州兰翔机械总厂	26 408	20 474				685					5 249	46 491
上海中摩实业公司	26 033			1 580		3 783	14 952	5 718				4 445
林海动力机械集团公司	25 693	1 800				9 435	11 953	3			2 502	2 775

(续)

企业名称	1995年累计完成											1994年累计
	合计	≤50mL	60mL	70mL	80mL	90mL	100mL	125mL	150mL	250mL	三轮	
天津富士达摩托车公司	24 624	20					24 454	150				
天津川野摩托车厂	23 838										23 838	17 263
珠海公司	23 050						18 650	4 400				100
国营平山机械厂	22 672	21 577				1 095						7 523
北京汽车摩托车制造公司	22 577										22 577	19 240
浙江临海鹿城摩托车公司	21 854				18 857	2 113		884				6 291
重庆南岸广益摩托车配件	20 213										20 213	
国营渭阳柴油机厂	16 950	400	16 550									9 100
珠海奔腾摩托车有限公司	16 582						20	16 562				22 841
四川省遂宁市摩托车厂	16 321										16 321	301
顺德市雅奇摩托车厂	15 357					2 640		12 717				8 704
苏北电机厂	15 099	756				5 908	7 538	245			652	4 196
浙江中南集团摩托车公司	14 732					6 513	370	7 849				15 550
湖北扬子江摩托车公司	11 482					672		4			10 806	11 449
麦科特玛骐摩托车有限公司	11 350						1 598	9 752				5 748
南昌长江机械工业公司	10 487	400				70	5 739				4 278	8 285
河北省邮电摩托车厂	10 150	99				3	10 030				18	1 300
兰州手扶拖拉机厂	10 027										10 027	5 889

“八五”是摩托车生产大发展、大飞跃的5年，从“七五”末期1990年年产96万辆增长到“八五”末期1995年年产783.61万辆。“八五”期间共生产各类摩托车2 003.63万辆，为1980年前23年产量总和的94.53倍，“六五”的9.11倍，“七五”的4.37倍。我国历年摩托车年产量如下表所示。

表2　历年摩托车年产量　(单位:万辆)

年份	年产量	年份	年产量	年份	年产量
1981	13.54	1986	63.51	1991	131.62
1982	21.38	1987	77.48	1992	198.21
1983	28.63	1988	117.14	1993	367.49
1984	52.83	1989	103.14	1994	522.70
1985	103.46	1990	96.58	1995	783.61
合计	219.83	合计	457.84	合计	2 003.63

注：1958年～1980年合计产量为211 942辆。

市场及销售　从统计快报上显示:1995年全年全行业共销售摩托车774.92万辆，比上年增长52.77%，库存为28.77万辆，比上年增长49.55%，占全年产量的3.67%，产销率为98.89%。1995年摩托车产销和库存情况详见表3。

从其他渠道来的消息反映与工厂上报的情况是有些出入的。各中间商的手中都积压了一部分车，市场不太乐观。

据国家海关统计资料表明，1995年摩托车及零部件出口创汇已达8 898万美元。其中，整车出口88 613辆，创汇4 681万美元。

新产品　目前，国内城乡人民生活水平在不断提高，社会购买力明显增强。1994年我国城镇人均生活收入达到3 150元，农民人均收入达1 220元。城市试点的规模迅速扩大，国家基本建设投资公路里程大步增长，道路条件大为改善。截至1995年底，我国高速公路已达2 300km，全国公路通车里程已达到114万多km。根据国情的进展，促进了摩托车的发展，1995年度摩托车各生产企业开发了276种新车型。

质量及质量管理　为了促进摩托车产品质量的提高，1995年行业进行了质量抽查。检查的产品有摩托车整车、发动机、磁电机、减震器、轻合金车轮、仪表等。结果如下：

摩托车整车抽查了105个企业105种产品。其中：优等品32种，占30.48%；一等品39种，占37.14%；合格品31种，占29.52%；不合格品3种，占2.86%。

摩托车发动机抽查了37个企业42种产品。其中：摩托车、轻便摩托车发动机优等品6种，占18.75%；一等品16种，占50%；合格品10种，占31.25%。机动脚踏车发动机优等品2种，占20%；合格品6种，占60%；不合格品2种，占20%。

其他零部件抽查了57个企业73种产品。其中：优等品15种，占20.55%；一等品11种，占15.07%；合格品33种，占45.2%；不合格品14种，占19.18%。

从检测结果看，总体上与1994年相差不多。

国家对摩托车产品出口实行出口质量许可证管理制度，这个制度是对出口产品的质量和工厂质量体系的考核、监督的重要措施。

表 3 1995 年全国摩托车生产、销售、库存情况

排量 (mL)	产量（辆）			销售（辆）			库存（辆）			产销率 (%)
	1995 年	1994 年	增长%	1995 年	1994 年	增长%	1995 年	1994 年	增长%	
总计	7 836 139	5 227 300	49.91	7 749 248	5 072 610	52.77	287 713	192 385	49.55	98.89
50	1 612 808	1 347 130	19.72	1 617 742	1 333 306	21.33	23 524	33 429	-29.63	100.31
60	460 919	244 250	88.71	451 053	243 254	85.42	10 921	933	1 070.53	97.86
70	585 241	490 218	19.38	581 007	481 037	20.78	16 992	12 498	35.96	99.28
80	436 591	384 270	13.62	437 346	371 843	17.62	5 451	7 576	-28.05	100.17
90	1 285 246	471 539	172.56	1 246 063	442 768	181.43	57 885	17 173	237.07	96.95
100	1 399 318	903 263	54.92	1 401 496	861 135	62.75	59 708	47 855	24.77	100.16
125	1 461 629	862 646	69.44	1 426 378	834 174	70.99	85 452	44 889	90.36	97.59
150	70 504	27 558	155.84	68 686	26 464	159.55	2 933	1 115	163.05	97.42
250	207 258	229 651	-9.75	215 144	226 490	-5.01	3 487	6 183	-43.60	103.80
50（三）	24 156	26 466	-8.73	23 965	24 212	-1.02	2 558	2 372	7.84	99.21
>50（三）	196 378	146 599	33.96	187 440	132 387	41.58	9 936	8 116	22.42	95.45
250（三）	45 789	43 068	6.32	45 882	49 098	-6.55	3 260	3 565	-8.56	100.20
750（三）	50 302	50 642	-0.67	47 046	46 442	1.30	5 606	6 681	-16.09	93.53

存在问题 摩托车工业是我国一个超常规发展起来的新型产业，经过十几年的发展，使我国一跃成为世界上最大的摩托车生产国和消费国。但在快速发展的过程中也出现了一些问题，繁荣的后面存在隐忧。

(1) 厂点多、盲目投资。由于经济利益的巨大诱惑，刺激着一些地区、企业，不顾国家产业政策的约束，盲目上点，乱上摩托车项目，一些装配厂蜂拥而上，追求短期经营效益的行为十分明显。导致重复低水平建线，重复投资不但没有得到制约，且有漫延之势。

(2) 产量增长过猛。近几年摩托车产量增长过猛，从 1990 年年产 96 万辆增长到 1995 年年产 783.61 万辆。各整车生产企业都在上产量、争第一，产品能不能长久占领市场还要看这个企业有没有后劲。即：生产条件、产品开发能力、销售渠道、售后服务等。现有 10 万辆以上的企业还有相当一部分企业后劲不足，有待提高。

(3) 开发能力弱。目前，相当多的产品仍在低水平的重复。技术好、含量大一点的车型几乎都是引进技术的车型或在引进技术的基础上改进的车型。

各企业还不能独立自主开发先进的产品，摩托车行业每年都有一、二百种的新产品要开发。但是没有几种车型是真正开发出来的，大多数产品实际只是在拼凑。因此必须改变我国摩托车工业长期依靠引进产品和技术的被动局面、满足多层次的市场需求。

(4) 零部件生产落后。长期以来，零部件特别是关键零部件没有得到应有的发展，生产规模普遍较小，产品水平低，质量不稳定。同时也制约了整车水平的提高。

〔撰稿人：机械工业部汽车工业司摩托车处马铁华〕

〔责任编辑：王　如〕

自　行　车

〔中国轻工总会〕

生产发展情况 1995 年，我国自行车行业继续面临供大于求的状况，市场竞争更为激烈，企业资金紧张，货款拖欠严重，自行车产量有所下降。企业为适应市场发展的要求，不断调整产品结构，开发新品种、新款式，一批应用新技术、新工艺、新材料的产品投放市场，使自行车出口档次有所提高。据国家统计局统计，1995 年我国共生产自行车 4 472.18 万辆，比上年同期增长 2.46%。

1995 年自行车产、销量超过百万辆的企业有 13 个，具体厂家的数据详见表 1。

1995 年各地区自行车产量增减变化较大，自行车产量相对更为集中，自行车产量在前六位的省（市）为：上海市完成 838.75 万辆，增长 0.9%；广东省完成 744.85 万辆，增长 10.5%；江苏省完成 718.2 万辆，增长 15.6%；浙江省完成 635.72 万辆，增长 5.9%；天津市完成 576.36 万辆，增长 19.3%；山东省完成 203.65 万辆，增长 15.4%。这 6 个省、市共生产自行车 3 717.53 万辆，占全国自行车总产量的 83.13%。

据中国自行车协会对全国 51 个主要自行车整

车厂统计，1995年完成产值940 448万元，实现利税62 834万元，亏损企业25个，比上年增长4%，亏损额19 409万元，比上年下降16.8%，其中亏损超千万元的企业有4个。

表1 1995年主要自行车企业产量、销售收入、利税情况

序号	企业名称	产量（万辆）	销售收入（万元）	实现利税（万元）
1	上海凤凰股份有限公司	538.02	174 042.0	14 903.0
2	常州金狮自行车工贸集团公司	247.97	100 450.0	4 433.0
3	上海永久股份有限公司	242.63	83 529.0	6 086.0
4	安阳飞鹰工业总公司	186.08	68 432.0	4 955.0
5	顺德市顺流自行车厂	174.35		
6	齐鲁英克莱集团公司	170.39	59 617.4	5 097.2
7	天津自行车厂	170.39	46 901.0	1 631.1
8	广州五羊自行车企业集团公司	138.22	47 758.5	-73.4
9	中华自行车（集团）股份有限公司	133.00	130 000.0	13 000.0
10	浙江海尔曼斯集团公司	120.26	42 829.3	1 762.4
11	杭州安琪儿置业股份有限公司	113.41	29 727.0	2 117.0
12	浙江菲利普集团公司	111.77	42 439.0	2 174.9
13	鞍山自行车总公司	110.25	38 223.0	1 985.0
14	永久自行车苏州股份有限公司	92.99	24 259.9	1 275.3
15	江苏好孩子集团公司	72.00	14 523.2	1 177.9
16	广东肇庆南华集团公司	69.99	25 103.0	3 105.0
17	永久自行车合肥股份有限公司	65.64	17 811.8	358.0
18	厦门自行车公司	54.17	10 865.0	169.0
19	玉林自行车总厂	50.00	13 395.2	734.1

市场及销售 1995年国内自行车销售市场变化明显，出现了旺季不旺，山地车、变速车销量下降，个性化的轻便车销量增加，更新换代趋势更为明显等特点。自行车生产企业为了适应销售市场的变化，纷纷改革销售渠道，一批企业建立了自己的销售网络，专卖店、联营店已成为中、高档自行车销售的主渠道，自行车生产企业的自销量进一步增加。自行车工商库存基本与上年持平略有下降，据中国统计信息服务中心对全国大中型商业企业统计，1995年末自行车商业库存404.04万辆，比上年下降11%；据对全国51个主要自行车生产企业统计，年末库存自行车212万辆，比上年下降4.5%。国内大中型商业企业自行车销售量比上年略有增长，据中国统计信息服务中心统计，1995年大中型商业企业共批发自行车1 685.28万辆，比上年增长24.58%，零售自行车999.69万辆，比上年增长15.84%。

1995年自行车出口遭到美国的反倾销调查。4月5日，美国商务部接受美国 HUFFY BICYCLE COMPANY, MURRY OHIO MANUFACTUING CO. 和 ROADMASTER CORPORATION 等三个公司的起诉申请，对我输美自行车进行反倾销调查。中国机电产品进出口商会和中国自行车协会积极组织企业参加应诉，并成立了应诉工作领导小组。中华自行车集团有限公司、顺流自行车公司、美丽达自行车有限公司、保安自行车有限公司、凯迪自行车有限公司、捷安特自行车有限公司、环球自行车工业有限公司、龙益自行车有限公司、华庆自行车有限公司等9个企业参加了要求单独税率的全程应诉。美国商务部于1995年11月初作出了初裁，后经我方律师交涉，美国商务部承认存在计算错误，同意将初裁倾销税率作调整。1995年12月4日美国商务部公布的初裁（倾销税率）结果如下：

保安自行车有限公司0%；凯迪自行车有限公司0%；捷安特自行车有限公司0%；美丽达自行车有限公司0%（原2.39%）；环球自行车有限公司0.55%（原2.87%）；龙益自行车有限公司1.54%（原3.10%）；华庆自行车有限公司1.56%（原18.04%）；中华自行车有限公司3.79%（原5.69%）；顺流自行车公司3.64%（原5.29%）；其他中国公司61.67%。

1995年自行车整车出口量有所下降，零部件出口继续增长。据海关统计：我国共出口自行车1 262万辆，比上年下降5.9%；整车创汇53 512万美元，比上年增长6.36%；自行车零部件出口创汇28 902万美元，比上年增长42.95%（其中车架、前叉创汇6 375.62万美元，车圈、辐条创汇1 604.44万美元，飞轮、前后轴创汇1 362.58万美元，车闸创汇1 800万美元，鞍座创汇1 780.52万美元，脚蹬、链轮创汇2 286.25万美元）；整车及零部件合计创汇82 414万美元，比上年增长16.85%；自行车整车出口平均单价为42.4美元/辆，比1994年平均出口单价37.49美元/辆有所上升。

1995年自行车出口品种为：运动车及竞赛类自行车6.8万辆，创汇287.6万美元；山地自行车296.36万辆，创汇24 491.73万美元；普通自行车958.8万辆，创汇28 732.28万美元。1995年分地区出口情况为：出口到亚洲399.2万辆，创汇14 884万美元；出口到非洲94.9万辆，创汇3 004

万美元；出口到欧洲89.29万辆，创汇4 685万美元；出口到北美洲414.38万辆，创汇21 862万美元；出口到拉丁美洲190.75万辆，创汇4 713万美元；出口到大洋洲73.4万辆，创汇4 364万美元。

产品分类及产量 据中国自行车协会对全国51个主要自行车生产企业统计，1995年产量为3 208万辆，其分品种产量情况如下：710mm载重自行车316.97万辆，占总产量的9.9%；710mm轻便车324.13万辆，占10.1%；660mm普通轻便车872万辆，占27.2%；610mm普通轻便车743.47万辆，占23.2%；多速车（含山地车、运动车）459.99万辆，占14.2%。

由国家经贸委、国内贸易部、电子工业部、中国轻工总会、中国纺织总会、国家技术监督局、中国消费者协会联合举办的1995年全国畅销国产商品展销月活动中，评出的全国畅销国产商品“金桥奖”的自行车产品有：上海凤凰股份有限公司生产的凤凰牌、常州金狮自行车工贸集团公司生产的金狮牌、安阳飞鹰工业总公司生产的三枪牌、上海永久股份有限公司生产的永久牌、鞍山自行车总公司生产的斯波兹曼牌、杭州安琪儿置业股份有限公司生产的安琪儿牌、深圳中华自行车（集团）股份有限公司生产的阿米尼牌、天津自行车厂生产的飞鸽牌、天津富士达集团公司生产的富士达牌、美利达（深圳）股份有限公司生产的美利达牌。

科研成果及新产品 由郑州轻工业学院承担中国轻工总会下达的攻关项目碳纤维整体自行车车架的研制与开发项目，1995年开发成功并通过鉴定，采用这种碳纤维整体车架装配的自行车整车重量不超过7kg；华夏自行车开发中心烟台自行车研究所研究成功一种新颖中轴齿轮变速自行车，其特点是：采用齿轮变速，克服了链条不能在同一平面传动的缺点，体积小、重量轻，外型美观；贵阳群兴车闸厂研制出一种自行车盘闸制动器；上海永久股份有限公司永健公司研制成功一种惯性自行车，这种车的特点是，改变链轮、链条传动，由中轴带动一对齿轮组至中轴蓄能，使骑行者得到1:6的速比；国内第一条电镀黑铬车把环形线在安阳自行车厂建成；四川新信机械工程有限责任公司研制出一种自行车自动变档链轮，其特点是：自动换档链轮通过一只椭圆形异形链轮改变椭圆短轴的偏转角度，从而改变链轮工作半径，达到变速和省力的目的；鞍山钢铁研究所和鞍山自行车总厂共同研制成功15MnTiNe钢轻体自行车，这种自行车具有高强度、耐腐蚀、韧性强、脆性转变温度低、焊接性能好的优点，重量可比普通自行车减轻1.5kg；此外还有由中国科技开发院威海分院与清华大学计算机系联合研制成功的一种用于电动自行车的电脑控制无刷直流电机。

管理及改革 1995年自行车出口实行招标管理，起到了鼓励和保护公平竞争，健全自行车出口秩序的目的。在原招标办法的基础上对1996年自行车出口招标办法进行了修改，增加了对重点出口市场的管理。自行车出口招标委员会1995年10月公布了1996年度中标企业名单和具体中标数量，共有156个外贸进出口公司、自行车生产企业中标，中标总量为1 300万辆。

据中国轻工总会公布的1995年中国轻工企业200强排序，按销售收入排名，自行车行业13个企业榜上有名，其中前100位中，自行车企业占11个，他们是：名列第8位的上海凤凰股份有限公司、第10位的深圳中华自行车（集团）股份公司、第25位的常州金狮自行车工贸集团公司、第31位的上海永久股份有限公司、第37位的广州五羊自行车企业集团公司、第44位的上海斯必克发展总公司、第51位的鞍山自行车公司、第53位的安阳飞鹰工业总公司、第65位的天津自行车厂、第87位的齐鲁英克莱集团公司、第92位的浙江海尔曼斯集团公司。

1995年江苏省成立了江苏省自行车行业协会，至1995年底，成立自行车行业协会的省、市有：湖北省、河北省、天津市、浙江省和江苏省。

1995年企业改组更名情况如下：上海凤凰自行车股份有限公司更名为上海凤凰股份有限公司，上海永久自行车股份有限公司更名为上海永久股份有限公司，杭州小轮车总厂更名为杭州小轮车责任有限公司，广州自行车链罩厂与广州自行车泥板厂合并成立广州市五羊车件厂，上海童车厂、上海群伟童车厂、上海华阳童车厂、上海玩具六厂四大自行车童车厂实现大联合，共同组建成立上海童车有限责任公司。

质量及质量管理 经中国轻工总会批准，1995年新颁布的行业标准有：QB2176—95《非公路自行车安全要求》，QB/T2177—95《自行车飞轮后轴》，QB/T2178—95《自行车内变速后轴》，QB/T2179—95《自行车快卸前轴和后轴》，QB/T2180—95《自行车组合鞍管》，QB/T2181—95《自行车磨电灯》，QB/T2182—95《自行车随车打气筒》，QB/T2183—95《自行车电泳涂装技术条件》，QB/T2184—95《自行车铝合金件阳极氧化技术条件》，QB/T2185—95《自行车单辆瓦楞纸箱包装技术条件》，QB/T2191—95《自行车反射器》。

1995年国家技术监督局下达了自行车产品质量统检任务，由国家自行车质量监督检验中心组织实施，共检测249个企业（产品），达到合格以上的企业（产品）189个，合格率75.9%。其中单辆包装出厂的自行车共抽检232个企业（产品），达到合格以上的企业（产品）180个，合格率为77.59%；散件包装出厂的自行车共抽检17个企业（产品），合格率仅为52.94%。国营大中型企业及外商独资企业产品合格率较高，达到85%～92.86%，而中小型组装企业产品的合格率只达到73.97%～75%，占不合格产品的80%。

行业组织的重大活动，主要有1995年5月15日，国家主席江泽民在浙江省委书记李泽民和省长万学远陪同下考察了浙江海尔曼斯集团公司；1995年12月6日，古巴国务委员会主席卡斯特罗由国家主席江泽民陪同参观了深圳中华自行车（集团）股份有限公司。

由中国自行车协会主办的第六届中国国际自行车展览会于1995年9月23日～26日在上海国际展览中心隆重举行，有来自美国、德国、意大利、印度、日本、芬兰等6个国家16个国外厂商，31个外商在大陆的独资企业，55个合资企业以及国有企业共同参加展出。在为期4天的展览中，观众人数达6万人次，其中有700多位是国外的贸易商前来参加贸易洽谈，数量比上一届翻了一倍。

中国自行车协会第四届会员大会1995年8月3日～5日在北京举行，会上总结了协会成立十年来的工作，表彰了一批为我国自行车工业发展作出突出贡献的专家，同时选举王凤和同志担任中国自行车协会四届理事会理事长，选举产生了四届理事、常务理事以及11位副理事长。

〔撰稿人：中国自行车协会　邱伯新　审稿人：中国自行车协会　刘素文〕

〔责任编辑：王　如〕

船　舶

〔中国船舶工业总公司〕

生产发展情况　1995年底，中国船舶工业总公司有船舶及配套企业77个，职工23.31万人，为上年的98.2%，固定资产原价159.31亿元，比上年增长54.9%，其中由于固定资产重估增值约30%。全年完成工业总产值143.8亿元，比上年增长14%。其中：船舶及配套产品产值93.4亿元，比上年增长16.9%；修船产值14.2亿元，比上年增长24.6%；非船舶产品产值36.2亿元，比上年增长4%。全年完成工业增加值（当年价）38.6亿元，比上年下降6.5%。全员劳动生产率按增加值计算16 559元/人（1994年17 397元/人），为上年的95.1%。

市场及销售　1995年全年销售收入160.6亿元，比上年增长19.2%。其中船厂123.8亿元，比上年增长22.2%；仪表厂5.5亿元，比上年减少15.3%；配套设备厂31.3亿元，比上年增长16.8%。

船舶总公司1995年开拓市场，发挥各方面的积极性，全年共承接船舶订单260万t，其中出口船249万t，占全部订单的95.8%。1996年初，手持460万t船舶订单，为当年的船舶生产提供了任务保障。但应看到承接订单的分布不均匀，主要集中在主要骨干船厂，八大船厂承接订单占总订单的89.5%，而一些中小船厂承接的订单很少。另外，国内船承接的很少，今后要进一步开拓国内市场。

产品分类及产量　全年完工民用钢质船舶177艘，比上年下降8.8%，完工192万综合吨，比上年增长16.7%。其中万吨级以上的船舶32艘，164万综合吨，艘数与去年持平，吨位比上年增长11.6%，可见，船舶吨位越来越大，万吨级以上船舶吨位占总吨位的84.5%。

1995年全年生产完成情况有如下特点：

(1) 造船生产周期不断缩短，船舶总公司为缩短造船周期召开了两次工作会议，并在会上提出转换造船生产模式，加强壳、舾、涂一体化区域管理，完善管理体制。1995年，骨干船厂造船周期有不同程度的缩短。大连造船厂4.4万t油轮6#建造周期比5#缩短31天；大连造船新厂15万t散货轮4#比3#建造周期缩短128天；江南造船厂7万t散货轮7#比5#建造周期缩短30天；天津造船公司2.9万t散货轮4#比3#建造周期缩短26天；沪东造船厂今年完工船均比合同期提前交船。

(2) 修船发展较快，“八五”期间技改项目中澄西船舶修造厂10万t浮船坞和文冲船厂10万t浮船坞的建成投产，大大提高了船舶总公司的修船能力。1995年外轮修理取得突破性进展，各修船企业抓住各种机会，走出国门，开拓国际市场，全年创汇1.06亿美元，外轮修理占修船总产值的54.8%。

科研成果　船舶优化设计及关键技术研究课题是船舶总公司承担的“八五”国家重大科技攻关项目。该项目以7类9型技术复杂的新船型为对象，重点对基础性的关键技术进行研究，涉及船舶航行性能研究，结构优化研究以及专用配套设备和特殊工艺技术研究三个方面，取得了一大批科研成果，绝大部分成果填补了国内空白。

煤炭海运系统、沙漠及浅海石油设备是船舶总公司“八五”期间承担的国家重大技术装备项目，包括3.5万t浅吃水运煤船，1.2万t江海直达船，2.7万t自卸船，滩海石油平台和沙漠苦咸水淡化装置。前两种船已交船；2.7万t自卸船的研制取得了成效，100t被动式气垫运输平台已经过初步调试，自升式气垫组合钻井平台已完成技术设计；沙漠油田苦咸水淡化装置通过出厂试验后，运抵塔里木油田进入总装调试。

推广新技术、新工艺，进一步推行壳、舾、涂一体化造船技术，使重点工艺技术水平和造船技术水平上了一个新台阶。船舶焊接高效化率不断提高，各船厂平均达到68%，重点船厂已达到80%以上，其中机械化、自动化率达到35%；船舶涂装技术水平有提高，涂装工时效率提高了4%，涂料消耗系数进一步降低，达到1.9，接近1.6～1.8的国际水平。

计算机应用普及率进一步提高，几大船厂应用计算机平均缩短设计周期1/3，缩短建造周期1～2

个月；大连船用柴油机厂、沪东造船厂应用计算机平均缩短造机技术准备周期2个月，制造总周期缩短了4个月。

技术基础工作：(1) 召开船舶总公司第二次标准化工作会议，制定了4个法规性文件，修定国家军用标准130多项，完成《舰船通用规范》编制大纲。(2) 召开模块化造船推广应用会。推广上海船舶设计院和广船国际股份有限公司设计建造13种166个模块在3.5万t散货船等20条船上采用的经验。(3) 完成水声标准器高静压下一级计量标准等13个研究课题的鉴定、运行和建标等，完成了水声一级计量站计量标准化溯源、维护与保存以及技术交流、人员培训和计量标准考核。(4) 完成714所局域网一期工程和综合院局域网二期工程建设和可靠性信息系统的建设与运行。(5) 取得科技成果86项，申报船舶总公司科技进步奖355项，获奖项目259项，其中一等奖10项，二等奖74项，三等奖175项。1995年获国家级科技进步奖14项，其中二等奖5项，三等奖9项。

新产品 (1) 1995年9月13日，世界先进水平的PS30-2#全铝质自控小翼高速客船在求新造船厂下水。该船型长28.5m，型宽3.6m，采用ALLISON-501KF燃气轮机组，喷水推进，最大巡航速度42节，续航力为100海里，一次载客近300人。该船由传感器和计算机组成的ACS水翼翼航姿态控制系统，保证其在蒲氏风级9级以下安全航行，在4级浪，相应有义浪为2.1m的沿海和近岸海域中正常营运，满足ABS和HKMD的有关规划和规范，目前仅美、日等少数国家能建造。该船的关键部件——水翼立柱目前只有美国和求新造船厂能造。该船的建造成功，标志着我国自行设计建造当代高技术的铝合金高速船舶已进入了市场，为实现邹家华副总理关于发展我国铝合金高速客船市场和船舶总公司开发铝合金高速客船的战略构想，奠定了有力基础。(2) 武昌造船厂设计所承接的长沙市液化石油气公司的1 000m^3内河液化石油气船10月份通过设计方案评审。该船是我国第一条自行设计的内河液化石油气船。(3) 沪东造船厂为河北省海运总公司建造的29 750t肥大型运煤船。该船是一种超浅吃水肥大型的新型船种，双桨双舵，单甲板、双底、双壳结构，全船总长178.5m，型宽30m，型深15.8m，航速14节，宜在较浅的水域中航行。该船属国内首次建造，并列为国家“八五”重点科技攻关项目。在建造过程中，采用了甲板尖仓合拢组装上船台等数十项新工艺，建造质量达国内首制船舶的建造水平。

管理及改革 按照“把改革同改组，改造和加强企业管理结合起来”的指导思想和船舶总公司第七次工作会议提出的“转机换制，打好基础；抓好试点，分类指导；强化管理，提高效益”的要求，各企业在转机建制，加强企业管理方面，都取得了一定进展。

企业改制工作迈出新的步伐。江南造船厂作为船舶总公司系统全国百家试点企业，方案已经国家经贸委和船舶总公司批准，即将挂牌运转。沪东造船厂改制工作进展顺利，方案已报国家经贸委。渤海造船厂作为全国首批委派监事会的试点单位已建立了包括经贸委、国资局、财政部等有关部门参加的监事会。镇江锚链总厂在取得较快发展的基础上，组建了正茂集团有限责任公司。天津造船公司继续加大改革力度，已被列为天津市1995年现代企业制度试点单位。

各企业全面贯彻“转机条例”，不断深化企业内部改革，在劳动、人事、分配制度改革方面迈出了新的步伐。全公司已有80%以上的企业实行了全员劳动合同制。正茂集团已试行企业经营者年薪制。

质量及质量管理 1995年，产品质量继续保持稳定。从5项质量指标看，船体焊接X光一次合格率、评级项目一级品率保持稳定，船舶产品一次交验合格率、非船产品一次交验合格率有提高，主要零件一级品率有所下降。

在这一年里，各单位坚持“质量第一”的方针，强化质量意识，落实质量责任制，质量管理工作紧紧围绕贯彻GB/T19000（ISO9000）系列标准，开展抓产品实物质量，主要工作如下：

(1) 积极贯彻ISO9000系列标准，举办两期贯彻ISO9000系列标准厂长研讨班，有60多名厂长参加；举办两期质量体系文件编写培训班，有110人参加。为了帮助企、事业单位贯彻ISO9000系列国际标准，做好质量体系认证的准备工作，总公司成立了“质量体系咨询中心”，聘任了24名咨询师和5名见习咨询师，制定了咨询中心章程、咨询师守则等。经企业申请，咨询中心对4个企业进行了咨询。

(2) 召开了1995年质量工作会议，确定船舶工业“九五”质量目标和主要对策。提出以质量为本，再塑船舶工业新形象。还讨论通过《关于进一步加强船舶工业质量工作的若干规定》。

(3) 抓产品实物质量，船厂重点抓外观质量(包括上层建筑)、焊接质量、内舾装质量、管系制作与装配质量；造机厂、仪表厂抓装配质量、清洁度、外观质量及可靠性。针对船用辅机出现的质量问题，进行用户访问，对主要厂进行帮促，使该厂产品质量有了提高。对船用主、辅机厂进行调研，制定了《中国船舶工业总公司进一步加强船用主、辅机产品质量管理的规定》。颁布《造船施工质量评级标准》、制定了《加强地方船舶配套企业质量工作的若干意见》、《中国船舶工业总公司对地方船舶配套企业质量体系认定工作管理办法》。举办一期第二方质量体系认定审核员培训班，聘任55人为船舶总公司第二方质量体系认定审核员。

(4) 开展产品质量监督抽查，对19个船厂进行船舶焊接X光探伤抽查，全部合格；对18个企业的26项产品进行抽查，24项合格，1项待补做型式试验，1项不合格。

(5) 开展群众性质量管理活动和“质量信得过”活动。

(6) 开展以“质量—名牌—效益”为主题的“质量宣传月”活动。在活动中，宣传贯彻“三法一决定”、ISO9000 系列标准，开展“五查一访”等一系列活动。

(7) 对 9 个救生圈、4 个船用阀门和 1 个救生艇产品的生产企业进行检查，合格后发产品生产许可证；对 4 个船用锚链产品的生产企业进行换证检查，合格后，发产品生产许可证，查处 4 个无生产许可证企业。

(8) 大连造船厂获 1995 年度“全国质量效益型企业”称号；四川江津增压器厂的涡轮增压器、四川长江机械厂的无气喷涂机为 1995 年度全国用户满意产品；重庆五洲实业公司为全国用户满意服务企业。评出船舶总公司级质量管理优秀工作者 16 名；质量检验优秀工作者 16 名；质量统计优秀工作者 2 名。

技术改造及技术引进　1995 年更新改造投资 113 795 万元，比上年增长 13%。其中修造船厂 90 382万元，比上年增长了 18.3%；仪表厂 2 301 万元，比上年增长 53.4%；配套厂 21 112 万元，比上年减少 7.4%。列为国家重点技术改造的五大船厂更新改造投资完成情况是：沪东造船厂已于 1993 年完成，至 1995 年底，江南造船厂已完成更新改造投资，其余 3 个船厂累计完成总投资：大连造船厂 90%，上海造船厂 92.2%，广船国际股份有限公司 90.3%，此三厂技术改造均已处于收尾阶段。武汉重型铸锻厂生产电站用厚壁管技术改造项目已全部建成投产。1995 年新开项目 6 项，均已起步。通过技术改造，年新增造船能力近 50 万 t、低速柴油机能力 3.7 万 kW、修船坞容量 10 万 t、斯太尔柴油机能力 1 万台、电站用厚壁钢管能力 2 万 t。

〔撰稿人：中国船舶工业总公司　郭莲英　审稿人：中国船舶工业总公司　郭　泽〕

〔责任编辑：王　如〕

飞　机

〔中国航空工业总公司〕

1995 年是航空工业总公司沿着民用飞机发展思路，努力向市场经济转变取得较好成绩的一年。中国航空工业总公司（简称总公司）所属企业共生产、交付运七系列飞机 6 架，运八 5 架（其中交付邮政航空公司 3 架）；运十二 4 架（出口），运五 B12 架。并交付 B737－300 平尾、垂尾，MD82 平尾和机头等一批转包生产的零部件。

干线飞机　按照总公司提出发展我国干线飞机“三步走”的方针，1995 年迈出了重要的两步。一是与麦道公司合作生产 20 架 MD－90－30 飞机于 1995 年 7 月～8 月分别开工。西飞公司、上飞、沈飞、成飞 4 个飞机制造公司在 5 年内机体国产化率将达 70%，并吸收先进管理模式及生产、管理办法，为干线飞机的下一步发展奠定坚实基础。二是“空中快车”AE（100），1995 年 8 月 7 日国家批准正式立项，同时，运七 200A 飞机试飞，运八 F100 民用货机和邮航机分别取得型号合格证和单机适航证，运十二Ⅳ还取得了 FAA 的型号合格证及生产许可证，为顺利跨入“九五”计划打下了一个好的基础。

1995 年 1 月 13 日，总公司于南京召开干线飞机第二次工作会议。期间，王昂副总经理主持召开了干线飞机管理问题专题会议，把干线飞机的合同谈判工作适时地转入了组织实施阶段。会议决定成立干线项目领导小组、项目管理办公室和挂靠在上航公司的现场指挥部，并在总公司内部建立了 4 个大厂协作的新型生产组织模式。结束了一家一厂干一个型号的传统生产管理模式，第一次尝试两国（中、美）四方（美国适航当局、麦道公司、中国民航总局和中国航空工业总公司）共同管理，4 个工厂合作共同生产的生产管理模式。首次形成了以上海航空公司为主制造商，西飞、沈飞、成飞公司为供应商的干线飞机生产格局。经过各级的努力，成飞、上飞、西飞、沈飞分别于 1995 年 7 月 26 日、8 月 22 日、8 月 25 日实现首批开工。8 月 28 日，中美合作生产的 MD－90－30 飞机开工典礼分别在上海、西安、沈阳同时举行。朱育理总经理、王昂、张彦仲副总经理分别参加了上海、沈阳、西安三厂的开工仪式。从此，干线飞机项目进入了实质性生产阶段。

中型客机　1995 年中型客机 AE（100）项目也取得下述实质性的进展。

(1) 中国航空工业总公司于 1994 年 12 月 21 日以航空计〔1994〕1168 号文上报了《关于合作研制亚洲“空中快车”项目建议书》。1995 年 2 月 24 日国家计委召开会议，国家经贸委、国家计委、财政部、民航总局、中国人民银行、国家投资银行、国际投资咨询公司等单位参加，听取航空总公司关于合作研制亚洲“空中快车”项目建议书的说明。1995 年 8 月 7 日国家计委以国防（1995）1100 号《印发国家计委关于审批合作研制中型客机项目建议书的请示的通知》下发给总公司，合作研制 100 坐级中型客机亚洲“空中快车”项目立项得到国家正式批准。

(2) 寻找亚洲合作伙伴工作取得一定进展，分别和韩国、新加坡、印度、台湾等国家和地区进行了接触和比较，为最终确定伙伴关系作了大量的工作。

(3) 选择西方伙伴是一项关键性的工作，1995

年9月，波音、麦道、法/英/意、德国DASA（Fokker）六国四家按中方的要求相继送来合作建议书。11月，总公司以航民机1100号文上报国务院和有关部委，从西方伙伴中筛选出美国波音公司和欧洲的A.I.A（英、法、意）。12月，中方分别与波音和英、法、意集团签署了备忘录。

（4）为了抓紧进行项目技术经济可行性研究，在国家计委向国务院上报了审批立项的请示后，1995年4月26日，总公司紧急抽调近50人组成民机总体部，作为临时机构在项目发展期间负责总体设计和技术协调工作。总公司机关组建了“空中快车”项目办公室，负责项目管理与实施，作为对上、对外、对下的统一接口。同时成立了总指挥部负责重大问题的协调。1995年11月15日，中型客机可行性研究中的技术方案通过了总公司科技委的评审（国家计委、民航有关同志参加了评审）。可行性研究报告即将完成，将由党组讨论后正式上报。

转包生产 1995年是民用飞机转包生产取得较好进展的一年。西飞公司交付B737－300平尾48架、累计达到100架，交付垂直尾翼67架、累计达到437架，交付ATR42机翼翼盒6架、累计达15架份，上航公司交付MD82平尾19架、累计71架并交付MD90平尾一架。成飞公司交付MD82机头15架，累计48架。另外，沈飞、哈飞也都交付一批如A320翼肋、A300检修门、BAE－146主起舱门等小部件。

1995年2月16日总公司组织中航技、沈飞，上飞与波音公司签订了B737－700尾段（垂尾、平尾和48段）承包合同，总金额近3.5亿美元。1995年底，总公司又组织中航技、成飞与格鲁门公司签订了B757飞机尾段合同，计173架份总金额约1.5亿美元。此项合同是格鲁门公司从波音公司承包后又转包给成飞公司。

支线飞机 改进后的运七－200A 03架飞机于1995年首飞。为保证运七－200A飞机试飞，1995年运七－200A飞机01、03两架飞机同时投入适航试飞。01架飞机主要完成了：燃油系统热燃油试飞/不可用燃油测量等；液压系统与起落架系统故障模拟演示、发动机工作特性试飞（包括发动机边界试飞和空中起动，进气系统吸水试验）；螺桨振动应力测量；电子设备和仪表、电源系统和空调系统的功能试飞。03架主要承担CCAR－25部B分部试飞，试飞中发现失速和操稳特性在部分条款上存在问题：失速特性不满足CCAR25.203的要求；横航向静稳定性中自动上舵现象；纵向操纵性存在杆力大等问题。为解决上述问题组织了飞行流谱观测和各种涡流发生器、失速捧的试飞、可望近期解决。

运八F－100型 运八F－100型飞机是在运八军用型飞机基础上按CCAR－25部要求改进设计的民用型运输机，已于1995年7月取得中国民航型号合格证，并于当年11月取得生产许可证。

运八F－200型飞机 该机是在运八全气密型军用运输机基础上改型的民用运输机。1995年已完成了飞行航迹、单发爬升、高原起飞着陆、燃油系统负加速度、纵向操纵、后重心失速特性试验等全部试飞工作。预计完成载荷计算和拦阻网试验后可完成适航审查。

运十二Ⅳ型飞机 在1994年取得CAAC－AAD的型号合格证后，1995年3月26日取得美国FAA的型号合格证，9月25日经美国FAA的认可，CAAC－AAD又颁发了生产许可证，这标志着我国小型飞机制造能力得到国际上的认可。

运五B型飞机 石家庄飞机公司于1995年7月向适航当局提出运五B（D）适航申请（多用途型）。1995年9月对运五B（D）进行了适航审查，预计很快可以颁发补充型号合格证。

运五B（D）于1995年底开始交付民航用户。

公司民机局与空军空装订货部于1995年12月批复了运五B军用型日历总寿命，联合批复了加装翼尖帆片的运五B飞机技术状态并批准生产和使用。

“九五”期间我国民用飞机工业将会较快发展，总公司决心抓住机遇、克服困难、只争朝夕，在21世纪到来之际，我国民用飞机工业将取得更大进步。

〔撰稿人：中国航空工业总公司民机局　迟文浚　审稿人：中国航空工业总公司民机局　秦德馨〕

〔责任编辑：王　如〕

电　机

〔机械工业部〕

一、大型电机

生产发展情况 1995年大型电机行业的大型重点骨干企业自身发展有了明显的提高，使得主导产品的技术及质量水平达到了国际先进水平，产品更新换代进入了稳步发展阶段。1995年兰州电机厂生产出了目前我国最大容量的9 000kW笼型异步电动机。哈尔滨电机有限责任公司继上海电机厂生产的5 000kW大型交—交变频同步电动机之后，1995年生产出了目前我国最大容量的7 000kW交—交变频同步电动机。这标志着我国交流调速电机产品的制造水平又上了一个新台阶，我国交—交变频机组的设计与制造达到了世界先进水平。

据不完全统计，1995年我国大型电机行业产量、产值与上年相比都有所下降，共生产大型电机390 092万kW/5 194台（包括中心高710mm及以上的大型交流电机和电枢直径在423mm及以上的大中型直流电机），产值完成62 609.40万元。1995年大型电机行业全年完成工业总产值446 691万元，完成销售收入425 661.90万元，实现利润总额25 874.30万元。

1995年生产大型电机的有12个企业。上海电机厂完成工业总产值（1990年不变价格）72 240.7万元，比上年增长12.09%；实现销售收入（不含税）84 985.9万元，比上年增长22.53%；交流电动机完成185.38万kW，同比增长6.74%，其中16号及以上机座产品完成101.97万kW，同比增长17.56%；交流发电机完成6.81万kW，比上年减少5.9万kW；直流电机完成25.77万kW，比上年增长2.02%；其中大型直流电机完成3.42万kW，比上年增长33.07%。东方电机股份有限公司完成交流电机20.02万kW/150台，直流电机2.76万kW/48台。北京重型电机厂完成工业总产值36 107万元，比上年增长7.1%；产品销售收入57 097万元，比上年增长42.6%；实现利税5 089.6万元，比上年增长26.1%；上缴利税4 682万元，比上年增长12%；实现利润511.3万元，比上年增长3.3%；新增固定资产6 500万元，完成交流电机410台、28.13万kW，比上年增长0.4%（表1）。

表1　1995年大型电机行业厂家大型电机产量产值表

企业名称	产　量				产　值（万元）	
	1994年		1995年		1994年	1995年
	万kW	台	万kW	台		
上海电机厂	116.21	1 869	127.74	2 059	23 317.30	24 615.20
淄博牵引电机（集团）股份有限公司（原张店电机厂）	109.2	1 400	98.697	1 260	10 740.00	
沈阳电机厂	52.499	429	48.199	435	6 776.00	7 309.00
哈尔滨电机有限责任公司（原哈尔滨电机厂）	40.267	404	33.030	183	8 135.00	11 394.00
东方电机股份有限公司（原东方电机厂）	18.249	147	19.973	150	5 807.35	6 983.24
北京重型电机厂	28.014	447	18.832	247	3 571.30	2 188.60
兰州电机厂	4.153	167	16.126	164	2 993.83	3 565.34
江西电机厂	26.173	659	15.762	328	—	3 589.52
南京汽轮电机厂	6.724	216	7.115	211	1 748.00	1 863.00
山东济南发电设备厂（原济南生建电机厂）	3.202	83	3.268	77	417.00	468.00
湖北第二电机厂	—	—	0.9	3	—	315.00
大连电机厂	—		0.450	77	—	318.50
杭州发电设备厂	0.946	9			87.90	
南方通用电气集团公司（原湘潭电机厂）	5.603	283			246.00	
合计	411.236	6113	390.092	5 194	63 839.68	62 609.40

注：1. 表中所列为中心高在710mm以上的大型交流电机和电枢直径在423mm以上的大中型直流电机。
　　2. 栏内有“—”号表示当年不生产大型电机产品。

市场及销售　1995年大型电机行业各厂实现国内销售收入72 682.75万元，比上年增长13.18%，其中大型同步电机31 851.80万元，大型异步电机18 896.15万元，大型直流电机15 485.20万元，中型直流电机6 449.60万元。实现国外销售收入219.67万美元。出口数量8.736万kW/52台。其中上海电机厂就销售206.10万美元。1995年大型电机行业厂家国内、外销售收入详见表2。

产品分类及产量　1995年大型电机行业共生产大型同步电机204.257万kW/1496台，大型异步电机108.867kW/869台，大型直流电机5.859kW/44台，中型直流电机71.110kW/2 785台。

科研成果及新产品　1995年大型电机行业厂家采用的许多新技术、新工艺、新材料，主要有哈尔滨电机有限责任公司完成的同步电机绕制带散热匝的磁极线圈制造工艺研究，研制成功了具有国际水平的扁绕设备。兰州电机厂的树脂砂铸造工艺，在形状复杂的铸件上应用，其外表美观、光洁，铸件合格率近100%。这个厂在电机冲片模具上采用V3N钢作冲制模。V3N钢比冲模常用的Cr12、T8等模具合金钢洛氏硬度一般要高2HRC～3HRC，可加工性比硬质合金钢好、热稳定性好、模具变形很小，提高了冲片质量，模具寿命提高5倍～10倍。

哈尔滨电机有限责任公司1995年为宝钢六期工程1 580mm热连轧机配套生产了9台交—交变频调速电动机，包括有2台3 500kW、3 300V、28/42r/min，1台5 500kW、3 300V、248/655r/min，1台6 000kW、3 300V、225/585r/min，2台7 000kW、3 300V、184/445r/min交—交变频调速同步电动机和3台700kW、530V、260/390r/min交—交变频调速异步电动机。其中7 000kW机是我国目前最大的变频调速同步电动机。在生产这些电动机中，这个公司采用了大量新结构、新工艺，在生产中还掌握了一些关键制造技术，产品的主要性能及质量全部达到了日本三菱公司技术标准和国际先进水平。这些产品的研制成功不仅促进了这个公司的大型交流调速电动机产品的发展和制造水平的提高，同时把我国研制生产交—交变频调速电机的科研、设计与制造又推上了一个新台阶。哈尔滨电机有限责任公司的1 250kW和2 500kW交—交变频电机和ZPL－42/60－2/4屏蔽电机分别获黑龙江省科技进步三等奖和机械工业部科技进步三等奖和二等奖。这个公司的直径12.5m钟罩式退火炉获黑龙江省科技进步一等奖。

上海电机厂生产了TDBS－3200－6、TDBS－3500－6交—交变频同步电动机，YK－6300－2大型交流电动机和ZKD800kW、2700r/min高速直流电动机。

表2　1995年大型电机行业厂家大型电机国内国外销售收入

企业名称	国内销售收入（万元）		国外销售收入（万美元）	
	1994年	1995年	1994年	1995年
上海电机厂	23 644.70	28 920.00	115.90	206.10
沈阳电机厂	6 700.00	8 393.00		
哈尔滨电机有限责任公司	8 627.00	7 692.00		
淄博牵引电机（集团）股份有限公司		7 338.00		
东方电机股份有限公司	6 750.23	5 606.35		13.57
江西电机厂	6 862.00	5 248.00		
兰州电机厂	3 751.11	3 842.00		
北京重型电机厂	5 093.00	2 762.80		
南京汽轮电机厂	2 159.04	1 730.00		
大连电机厂		461.60		
山东济南发电设备厂	482.00	420.00		
湖北第二电机厂	-	269.00		
杭州发电设备厂	152.10			
合计	64 221.18	72 682.75	115.90	219.67

东方电机股份有限公司生产了BPT4000－12/2940、4 000kW交—交变频调速电机，YQ630－6大型高起动转矩异步电动机，ZFZ1200－370、2 200kW轧钢用直流电动机，ZZJ816、150kW，Z710－320、1 500kW直流电动机，ZZ2500－1000、2 500kW主驱动电机和ZZ1500－600卷扬机用拖动电动机。

兰州电机厂生产了我国目前最大容量的9 000kW、6 000V笼型异步电动机，电动机额定功率9 000kW，额定电压6 000V，效率96%，功率因数0.87，堵转电流/额定电流＝4.7，堵转转矩/额定转矩＝0.86，最大转矩/额定转矩＝1.6，冷却方式IC81W，允许负载转动惯量44 131.5N·m，总重29.4t，电机允许10 000kW长期运行，电机在75%额定电压的情况下、在35s内能顺利拖动$J=4.5t\cdot m^2$的负载。又生产了TFW560－6T交流发电机，额定功率1 250kV·A/1 000kW，功率因数0.8，额定电压600V，额定电流1 203A，励磁方式无刷，防护等级IP54。还生产了ZJ490/390直流电动机，额定功率670kW，额定电压750V，额定电流940A，$n_N=1\ 100r/min$，他励电压110V，他励电流50.3A，绝缘等级H，强迫通风冷却。后两个产品是“八五”重大技术装备攻关产品，已通过部级鉴定。

北京重型电机厂生产了同步电动机17项：(T175) TK2500－14/1430型2 500kW，(T178) TK350－12/1430型350kW，(T179) TK350－10/1250型350kW，(T181) TK800－12/1430型800kW，(T183，T183G) TK630－12/1430型630kW，(T184) TK550－16/1730型550kW，(T71G) TK350－12/1180型350kW，(T189G，T189AG) TK800－8/1180型1 250kW，(T50，T50AG) TD118/41－10型630kW，(T185) TK1800－16/2150型1 800kW，(T159A，T159S1) TK1250－16/2150型1 250kW同步电动机和(T180) TAKW630－450－24增安型3 500W，(T182) TAKW630－330－18增安型1 800kW，(T186) TAKW630－540－20型3 400kW，(T188)

TAKW630－380－18 型 1 250kW，（T190）TAKW630－540－20 型 2 800kW，（T110A，T111A）TAKW630－26－18 型 800kW，710kW 增安防爆型同步电机和 J134GYK1250－2/990 型 1 250kW 异步电动机等。

南京汽轮电机厂生产了 TK800－16/1430、6kV，TK550－12/1430、10kV，TK1250－14/2150A、6kV，TK250－12/1430、10kV，JS1510－6、650kV，YR1000－8/1180A 等 19 个规格的大型同步电动机和异步电动机。

沈阳电机厂生产了 YTM800－10P、YZP500－6P、YL1600－10P、Y560－630 等 12 个产品。

湖北第二电机厂生产了 3 台 JL40/3150－3 000 kW 大型同步电动机。江西电机厂生产了 TM1000－10/1430、1 000kW、6kV 磨机用三相同步电动机和 TK630－14/1430、630kW、TK 系列三相同步电动机。淄博牵引电机（集团）股份有限公司生产了 ZQDR410C 牵引电动机。电动机额定功率 480kW，额定电压 645V，额定电流 800A，额定转速 754r/min，功率因数 0.95，最高电压 870V，最大电流 1 100A，最高转速 2 350r/min，已取得了部级认证，是铁道部更新换代产品。

哈尔滨电机有限责任公司生产的 LUV6/4CQ35－305 型湿式电动机完成了鉴定工作。鉴定认为该电机在技术转化上是成功的，制造工艺合理，实际应用可靠，完全可以满足 60 万 kW 控制循环锅炉的配套需要。

在科研基地建设及科研工作方面，山东济南发电设备厂新建了 5.8 万 m^2 的科研测试中心；江西电机厂成立了江西电机研究所。

1995 年大电机行业完成的科研成果主要有哈尔滨电机有限责任公司完成的变频电机电气参数测试仪的研制，宝钢同步电机转子绝缘新结构研究及应用，主泵电机飞轮强度和变形计算方法研究等；上海电机厂的大电机定子线棒 VPI 成型工艺研究；东方电机股份有限公司的大型异步电机应用磁性槽楔的试验研究，可使铁耗降低 30%，效率提高 0.5%～1%，并使功率因数得到改善。

管理及改革 1995 年上海电机厂再次获上海市重点工程设备竞赛优秀工厂称号。

南京汽轮电机厂 1995 年正式改为国有独资的南京汽轮电机（集团）有限责任公司，同时组建南京汽轮电机集团。电机公司设置 5 部 1 室、5 个车间。公司具有设计、生产、销售职能，逐步由成本质量中心向利润中心过渡，实行新的内部核算机制。

兰州电机厂经甘肃省批准成立兰州电机责任有限公司，正在准备实施。

质量及质量管理 1995 年行业厂家在质量及质量管理工作中主要做了下列工作：（1）开展了“质量效益年”和各种形式的质量评比活动，开展创名牌产品方针，推动产品质量稳步提高。哈尔滨电机有限责任公司在开展“质量效益年”活动中，颁布了 12 项、34 个内容、72 条措施的细则，同时开展了以江口、秦山核电和 30 万 kW 汽轮发电机为“龙头”的创名牌产品的战略方针。上海电机厂开展了质量竞赛活动和质量信得过个人的评选活动，使得质量信得过个人和质量信得过班组均比上年增加了 8%。兰州电机厂 1995 年提出“创兰电名牌、争全国第一”的质量方针，制定了“保证台台产品使用户满意”的质量目标，同时在电机行业发布了厂长质量保证声明，强化了质量管理，产品的优质品率和一级品率均得以巩固提高。沈阳电机厂在开展“质量工程”活动中，成品一次交检合格率比上年提高 0.3%，产品一等品率比上年提高 4.8%。东方电机股份有限公司 1995 年摄制了“质量是企业生命”的内部教育录象片，组织全体员工观看，还举办了两期 GB/T19000（ISO9000）标准培训班。江西电机厂坚持了质量例会制度，并通过厂报、宣传栏、电视等形式对全厂职工进行质量宣传教育活动，促进了质量工作深入开展。（2）继续深入推行全面质量管理，认真贯彻 GB/T19000 系列标准，使质量管理工作尽快与国际接轨。江西电机厂 1995 年认真贯彻 GB/T19000 质量管理和质量保证系列标准工作，1996 年完成体系文件化，争取在 1997 年通过国内一家体系认证机构的认证。1995 年华信技术检验有限公司、挪威船级社（DNV）和上海市质量审核中心三家国内、外质量体系认证机构分两次对上海电机厂进行复审，均以质量体系运行有效性有所提高而获得通过。1995 年华信技术检验有限公司对哈尔滨电机有限责任公司进行了两次质量监督检查。检查中发现一些薄弱环节，针对这些问题，这个公司制定了举一反三的纠正措施，改善和提高了体系运行的有效性。东方电机股份有限公司在获得华信技术检验有限公司颁发的质量体系认证合格证书后，重点放在促进质量体系按 ISO9000 要求运行，并与经济责任制挂钩，1995 年 7 月顺利通过了体系认证后的第一次监督检查。兰州电机厂 1994 年底通过了 ISO9001 质量体系认证，1995 年又通过了复查年审。（3）继续深入开展了“工艺突破口”工作。一年来，行业各厂，特别是国家重点骨干企业的领导对“工艺突破口”工作给予了足够的重视，把“工艺突破口”工作作为企业各项工作的基础工作来抓，工作抓得细、抓得实、有扎实的工艺管理体系，加强了工艺管理、严格了工艺纪律、严格“三按”生产，为企业的产品上质量、上水平奠定了坚实的基础。（4）深入开展群众性的质量管理活动，紧紧围绕质量工作重点，开展群众性的质量 QC 小组活动，为企业质量的提高发挥了积极作用。

技术改造 1995 年行业固定资产投资 43 846 万元，其中基本建设投资 20 376.6 万元，技术更新改造投资 23 469.4 万元。上海电机厂 1995 年完成了大型焊接车间厂房的建造和搬迁。南京汽轮电机厂完成了投资 700 万元的线圈车间改造任务。兰州电机厂完成了树脂砂铸造生产线的技改项目，改造后铸件质量合格率都有明显的提高。淄博牵引电机（集团）股份有限公司完成了中型试验站改造，补充了牵引电机关键设备，改造后理顺了工艺路线，提高了生产质量。沈阳电机厂为 30 万 kW、60 万 kW 火电辅机配套技改项目投资 2 900 万元，1995 年完成 1 172.6 万元，用来购买设备。

对外合作 兰州电机厂列入国家“八五”重大技术引进攻关项目的大中型交流调速电机及变频装置，1993 年引进，1994 年消化吸收，1995 年仍在消化吸收，但已承接部分产品的生产。

〔撰稿人：哈尔滨大电机研究所 崔思林 审稿人：哈尔滨大电机研究所 李朝东、沈梁伟 机械工业部重大装备司 张力超〕

二、中小电机

生产发展情况 1995 年电机行业面临着重重困难，企业经济效益下滑，行业处于低速运行状态。

据中小型电机行业 80 个主要电机厂 1995 年度生产经营情况统计：工业总产值（1990 年不变价）实际完成 645 070 万元，比上年的 654 154 万元减少 9 084 万元，降低 1.39%；工业总产值（当年价）实际完成 833 406 万元，比上年的 858 685 万元减少 25 279 万元，降低 2.94%；工业增加值（当年价）实际完成 232 598 万元，比上年的 252 934万元减少 20 336 万元，降低 8.04%；工业销售产值（当年价）实际完成 821 912 万元，比上年的 819 500 万元增加 2 412 万元，增长 0.29%。

在 80 个企业中，工业总产值（1990 年不变价）增长的有 37 个，产品销售收入增长的有 39 个，实现利润增长的有 32 个。其中四川东风电机厂、上海人民电机厂、上海日用电机厂、淄博牵引电机（集团）公司、昆明电机厂、昆明电工责任有限公司、合肥电机厂、南阳防爆电机厂、绥化市电机厂、济南生建电机厂、哈尔滨第二电机厂、常州牵引电机厂、河北电机股份有限公司、江西赣州电机厂、安徽皖南电机厂、河南新乡电机厂、广东顺德电机厂、江苏淮阴电机股份公司、邯郸四达电机股份公司、衡水电机股份公司和山东章丘电机厂等 21 个企业实现了生产、销售和利润（或亏损下降）三个指标同步增长，占 80 个企业数的 26.25%，比上年的 12.82%上升了 13.43 个百分点。1995 年由于内部各种原因，有 18 个企业发生程度不同的亏损，亏损总额达 10 654 万元，行业亏损面为 22.5%，比上年的 14.1% 上升了 8.4 个百分点。1995 年经济效益综合指数前十六名排序见表 3。

80 个企业实际完成小型交流电动机 1 946.2 万 kW，比上年的 2 042.4 万 kW 减产 96.2 万 kW，降低 4.71%；完成大中型交流电动机 521.2 万 kW，比上年的 603.3 万 kW 减产 82.1 万 kW，降低 13.6%；完成一般交流发电机 453.5 万 kW，比上年的 539.3 万 kW 减产 85.8 万 kW，降低 15.9%；完成直流电机 106.5 万 kW，比上年的 124.2 万 kW 减产 17.7 万 kW，降低 14.25%。出口电机产量，实际完成 374.5 万 kW，比上年的 329.7 万 kW 增加 44.8 万 kW，增长 13.59%。

1995 年，全国电机行业实际完成交流电动机 5 064万 kW，交流发电机 515.4 万 kW，直流电动机 165.2 万 kW；1995 年出口企业 51 个，其中交流电动机出口企业 48 个，直流电动机出口企业 3 个，出口电机产量 315.87 万 kW，出口额 6 547.53 万美元。

表 3 1995 年度 80 个企业经济效益综合指标前十六名排序情况

名次	企业名称	产品销售率（%）	资金利税率（%）	工业增加值率（%）	成本费用利润率（%）	全员劳动生产率（元/人）	流动资产周转率（次）	经济效益综合指数（%）
1	广东顺德电机厂	103.3	21.9	35.0	7.4	70 280	2.0	208.0
2	衡水电机股份公司	96.3	29.2	37.4	16.8	36 642	2.0	201.7
3	上海日用电机厂	99.1	15.5	38.9	9.3	52 674	2.0	177.3
4	河北电机股份公司	97.8	22.0	28.5	8.0	38 306	1.9	166.5
5	广东东莞电机厂	86.4	13.0	40.0	4.6	53 615	1.6	155.6
6	安徽皖南电机厂	97.3	10.9	32.6	3.8	48 618	1.9	147.7
7	江西特种电机公司	98.0	16.5	38.7	16.1	24 958	1.0	141.9
8	淮阴电机股份公司	98.3	6.2	38.1	4.7	45 667	2.0	139.4
9	邯郸四达电机公司	90.0	15.6	38.0	15.1	23 664	1.1	136.9
10	淄博牵引电机公司	99.5	11.9	39.7	9.2	29 893	1.4	132.0
11	昆明电工有限公司	100.3	10.9	41.5	5.0	38 370	1.2	129.4
12	上海人民电机厂	101.0	10.7	28.4	6.5	31 902	1.7	128.3
13	开封博达电机公司	105.6	12.6	42.0	12.3	19 964	0.9	120.9
14	新疆电机电器公司	99.4	8.2	27.9	7.3	29 580	1.3	114.1
15	山东章丘电机厂	94.6	14.2	14.3	5.9	13 478	1.9	110.5
16	四川力达电机公司	94.7	13.6	36.5	4.6	15 991	1.3	107.0

科研成果 上海电器科学研究所研制成功VNT－1B振动噪声检测仪。VNT－1B型振动噪声检测仪是该所最新研制的既可测振动，又可测噪声的新型高技术测量仪器。振动测量可与任何种类的压电加速度计配合使用，可测量机械振动的加速度、速度和位移三个物理量，可广泛用于电机、汽车、精密机床、家用电器及其各种振源的振动测量。仪器的主要技术指标符合国际标准ISO2954—75《旋转与往复式机器的机械振动——对振动烈度测量仪器的要求》。

该仪器为Y2系列电机的负载噪声测试指定的测量仪器，噪声测量时参考了ISO—TR7849推荐的《用振动法测试机器噪声》的方法，并将产品的辐射效率指数曲线设计成计权网络，加入仪器的放大电路中，测量时可不受周围背景噪声和环境反射的影响，很适合电机、电器、电冰箱等各种机电产品在流水线上的噪声测量。仪器备有记录输出插座，并采用可反复充电的镍镉电池供电，更适合于野外或没有交流电源的场合。该检测仪的主要技术指标为整机频响1.0kHz～10kHz；测量范围：加速度$0.01m\cdot s^{-2}\sim300m\cdot s^{-2}$，速度$0.01mm\cdot s^{-1}\sim300mm\cdot s^{-1}$，位移0.01mm～30mm，噪声30dB～110dB；测量精度：振动误差≤±5%，噪声不确定度≤0.7dB（精密级精度）；外形尺寸330mm×300mm×120mm；重量5kg。

该所还研制成功了新型电子起动开关，主要供单相异步电动机起动用。电子起动开关为固态化、全封闭与电动机接线柱融合成一体的无触点电子型开关，有PS、CS和CSR系列3种，分别用于起动单相电阻分相、电容起动和双值电容异步电动机。该起动开关的主要技术参数：电子起动开关选配电动机的额定工作电压为220V和110V，电源频率50Hz或60Hz，选配电动机极数2、4、6极，适用于起动单相异步电动机的功率为0.25、0.37、0.55、0.75、1.1、1.5、2.2、3.0、3.7kW等。该电子起动开关工作定额为断续工作制，起动电动机其起动时间最长为3s，过后，电子起动开关自动保护断开。切断电源，电动机和电子起动开关失电，需间隔15s后，再接上电源，电子开关才能再次起动电动机。

Y2新系列三相笼型异步电动机通过鉴定。该电动机新系列是在总结Y系列电机生产、使用经验的基础上，应用CAD技术、噪声控制、绝缘、工艺、材料及测试技术等方面的研究成果并吸收国外同类产品的先进技术基础上，组织行业力量进行联合设计的新产品。Y2系列电动机共试制了117个规格中的99个规格样机359台；提高效率的Y2E系列电动机共试制了53个规格中的23个规格样机47台。质量检查及鉴定委员会抽查核实表明，除6个规格个别性能需在设计上进行调整外，样机全部达到设计要求。Y2系列电动机采用F级绝缘，噪声振动水平优于Y系列电机，并首次提出考核负载噪声及相应的测试方法；对若干零部件进行了结构及相应的工艺改进，外观也改变了几十年来的传统模式；电机力能指标（效率、功率因数）平均优于德国西门子公司1LA5、6系列。Y2系列在与Y系列电机实际运行效率相当的情况下，有效材料成本节约13.76%，整机重量平均减轻10%左右；Y2E系列在与Y系列电机用料相当的情况下，实际效率提高0.58～1.27个百分点。该Y2、Y2E系列电动机具有明显的社会效益和经济效益。经鉴定委员会鉴定，一致同意通过鉴定定型，并投入小批量生产。

防爆电机行业为了适应市场行情，研制了YB2系列隔爆电动机。该电动机是量大面广产品，年产量达160万kW，生产厂家几十个，目前有30多个生产厂领取了生产许可证。该电机用于煤炭、化工、石油、军工等行业的动力设备，为了提高隔爆电动机的质量、性能和防爆安全性，以及满足引进设备的备品、备件和进入国际市场的需要，瞄准德国西门子公司的1MJ5、1MJ6和1MJ2产品，使主要性能，如效率、功率因数、可靠性、外观质量达到和接近90年代初的国际水平，于1994年制定了技术任务书，并提出了试制用技术条件，其中已完成了H80～280机座的施工图设计。1994年10月通过了机械工业部重大装备司施工图设计。该YB2系列电机中心高H63～355，分三个阶段进行，第一阶段H80～280，第二阶段H315～355，第三阶段H63～71；功率范围为0.12kW～315kW；极数2～10极；电机采用F级绝缘，温升按B级考核，其中H315～355机座待试制后决定考核等级；外壳防护等级为IP55；对于派生的YA、YB－W电机的轴贯通部分用V形轴封环结构，其优点是简单、成本低、装拆方便、运行损耗小，能保证IP55的要求；电机接线盒采用止口结构，加设O形密封圈，而盒座与机座之间仍采用平面配合结构。YB2系列设计考虑到了提高轻载运行状态下的效率水平，使负载率在65%～80%之间具有较高的效率。行业在考察国外样机基础上进行了起重冶金用电机YZR2系列电机设计，该系列电机设计比原YZR系列电机扩大了容量，调整了电气性能，其目标达到德国西门子公司1LT6系列水平，在结构上也作了较大改动，如外观结构中的风扇由轴伸端移到非轴伸端，散热筋由传统的径向辐射向平行分布发展，以适应机座铸件采用拼模造型的需要，提高了生产率和改善了生产条件，总体看上去外观漂亮；改进了接线结构，可定子、转子共用；防护等级：电机的主空腔为IP54，接线盒为IP55；改进了刷握结构，由恒刷弹簧改为铸造黄铜人字形结构及改进了集电环结构；采取了降低电机振动和噪声的措施，如改进转子动平衡结构，H100～132仍然用平衡泥，而H160～225用平衡环结构，轴伸端平衡环是用玻璃钢压成一体并固定在绕组上与端部绑扎成一体，非轴伸端平衡环固定在转子档尘板上，在风罩与端盖搭子间设有橡皮垫，其连接用定位螺钉固定，以降低振动和噪声；机座设计和端盖设计均提高了刚度；H100～250 机座风扇采用塑料，并适当缩小风扇和集电环外径，部分还缩小了转子外径，比 YZR 系列平均减小 7.52%。

西安电机厂与陕西机械院机电研究所（负责电气部分）共同研制了 Y（YR）355～500 高压电机机座加工专用镗床，主要用于高压电机机座孔的粗加工、精加工及车端面加工，也可用于相当于该产品孔尺寸及长度尺寸的各种电机机座孔的加工及车端面加工。该镗床的研制成功填补了国内高压电机机座加工专用镗床的空白。该镗床已于 1994 年上半年正式投产使用，已加工机座 120 台以上。该镗床的研制成功，解决了机座加工二次装卡，保证机座加工的同轴度问题，提高产品质量，并为数控系统应用到中小型电机机壳加工专用设备上积累了一定经验。此外还节约了大量的资金（因买一台俄国产的专用镗床需花费 130 万元人民币）。

新产品 风机专用变速三相异步电动机的研制成功，使系列产品水平达到和接近德国西门子公司同类产品水平。该项目为部基金项目，现完成了全系列 92 个规格的电磁设计及典型结构图样的设计，并编制了相应的技术条件（初稿）。系列电机性能指标（高/低速之比）的平均值：效率为 85.34/80.65，功率因数为 0.836/0.71，起动转矩为 2.165/1.76。共试制了 5 个规格 10 台样机，样机由湖北电机厂完成，样机的试验结果，表明达到了设计预期目标。电机的主要参数：H160M－4/6（9.5/3.1kW）、H160M－6/8（6.5/3.2kW）、H200L_1－6/8（17/8.5kW）、H200L_1－4/6/8（22/8/4.5kW）、H225M－4/6（39/13kW）。

辊道用三相异步电动机的研制，是部基金项目。新的辊道用电动机分为工作辊道和传输辊道两种（YGa 和 YGb)：YGa 主要用于断续工作制，其温升是在额定频率和电压下按 S5，负载持续率为 40%时的动态常数考核；YGb 主要用于连续工作制，其温升是在额定频率和电压下，按 S1 工作制时的功率考核。

电压波形在接近正弦波形的条件下，YGa 电机允许在 40Hz～70Hz 范围使用，YGb 电机允许在 10Hz～70Hz 范围使用。YGa 电机为 H 级绝缘，机座有 112～225 共 6 个中心高，极数为 4～20 极，堵转转矩从 13N·m～750N·m，共有 66 个规格；YGb 电机为 F 级绝缘，机座中心高、规格数、极数与 YGa 一致，堵转转矩约是对应 YGa 电机的 85%～95%，功率范围为 0.3kW～11kW。经对全系列 132 个规格电机进行的系列电磁设计，主要性能指标达到或接近 ABB 公司产品水平，试制了 4 个规格 10 台样机，YGa160S2－8、YGa200L2－2、YGb132M2－6、YGb160S2－6，由苏州万马物产集团完成。主要性能指标达到设计要求。

电动阀门用三相异步电动机研制，为部基金项目。该新系列电动机功率范围为 0.025kW～30kW（4 极），共 23 个规格。此电机根据电动阀门工作的需要，对电动机的堵转转矩要求有所不同，故该系列分 A、B 二个系列，即 YDF2A 系列堵转转矩为 3 倍～3.2 倍，YDF2B 为 5 倍，方便用户选用。系列电机绝缘等级为 F 级，防护等级为 IP54，提高了电机运行的安全可靠性。电机由呼兰阀门电机厂试制，试制了 YDF2B 型 0.55kW 及 YDF2B 型 3kW 两个规格 4 台样机，性能达到设计要求，有效材料用量比 YDF 系列节省 10%以上。

水泵风机专用三相异步电动机研制，为部基金项目。电机功率范围为 2.2kW～90kW（4 极），中心高 H100～280，2、4、6 极。电机为 F 级绝缘，结构型式为带散热片的全封闭外扇冷式，整机外壳防护等级为 IP54，接线盒的外壳防护等级按 IP54 设计。该电机试制成功可以改变“大马拉小车”现象，降低电机的过安装功率，同时该系列电机在 50%～100%负载范围内有较平坦的效率特性，有利于水泵、风机负载变化时仍能使电机高效经济运行。按效率同一考核方法为基准进行比较，在不同负载率下电机的效率比 Y 系列高 0.72%～1.67%，平均效率水平已达到美国 NEMA 标准（1987 年）高效率电机水平。样机由山西电机厂试制，共试制了 100L－2、100L－4、100L_2－4、100L－6、180M－2、180M－4 等 6 种规格 12 台样机，达到设计要求，可小批量生产。

福建省闽东电机公司研究所研制的 ST2 系列单相无刷交流同步发电机通过省级鉴定，可投入生产。完成试制的规格有 ST2 112－1、2，ST2 132－3、5，ST2 160－7.5、10、12，ST2 180－15、20 等 9 种规格。该发电机具有自励能力强、无线电干扰小、波形畸变率小、运行可靠、性能稳定等优点，产品性能达到国内先进水平。

宁波中策电机有限公司与煤炭科学研究院上海分院共同研制的 YKy1050－4 型 1 050kW、6 000V、50Hz 矿用一般型三相异步电动机被推荐为优秀节能产品。该电机的主要技术指标（效率比 JSQ 系列同规格要高 2.5%～3%）具有明显的节能效果，电机符合《煤矿安全规程》第 410 条规定，为煤矿井下水泵等生产机械配套电机的选用提供了节能产品。目前该公司正在扩充规格，形成系列产品，如 YKy900－4 型 900kW、6 000V、50Hz 矿用一般型电动机首批 5 台将投放市场。

管理及改革 电机行业对转变经营机制进行探索，据初步统计实行股份制（包括责任公司）的企业约有 50 个，新增加的是：皖南电机股份有限公司、南京汽轮电机（集团）有限责任公司、福发股份有限公司、启东三上机电制造集团公司、中国奇力集团浏河电机厂、厦门实业总公司、山东明远机电设备有限公司、博山电机（集团）股份有限公司、朝阳特种电机有限责任公司、河南天龙电机集团公司、晋中精达电机有限责任公司、川东电机电器制造有限责任公司、东莞市正力电机有限公司等。

电机行业各厂在困难和机遇并存情况下，强化企业管理，如广州建国电机厂是一个小型企业，

1995年三季度销售额比1994年同期增长2%左右。该厂坚持“建立企业内部责任人风险抵押承包责任制”，从中层干部入手，并树立“协调、配合、保效益”和“用户第一”的思想，建立企业精神，以“团结、拼搏、创新、高效”为精神支柱，并以质优取胜。又如河北电机股份公司、衡水电机股份公司、邯郸四达电机股份公司、大明电机公司、石家庄电机股份公司以及山西晋中精达电机有限责任公司等把更多的精力和时间放在加强企业自身建设上，在市场竞争中，紧抓市场、强化管理、提高质量，并掌握市场动态，站稳国内市场，开拓国际市场，在生产上打破传统的计划管理模式，使生产的产品适应市场的需求。在人员管理上，改革了传统的用人制度，实行优化组合，优胜劣汰，使职工有责任感、危机感和使命感，这些厂的发展使电机行业看到了生机和希望。

质量及质量管理 国家中小型电机质量监督检验中心根据机械工业部科技与质量监督司的通知要求，1995年6月对1990年、1991年、1992年度的中小型电机定等产品进行了有效期内的监督检查工作，被检查的企业应有66个（含优等产品企业3个），产品类型应11个（含优等产品2个），电机台数198台（含优等产品9台），其中因各种原因没检查的企业16个，产品类型6个，电机台数54台。定等检查结果：合格率有较大提高，但也有不少被查的电机性能在合格值的边缘上（吃足容差），表现在效率、绕组温升裕度留得过小。原因是工艺波动，其次是原材料的质次等。

在机械工业可靠性达标产品方面，1986年起机械工业部对部分重要机电产品分批发布限期达到可靠性指标的通告，规定可靠性作为产品的一项重要指标进行考核。经过七八年的工作，企业投入很多的人力、物力，包括修改设计、改进工艺、加强管理等，使考核产品的可靠性有较大幅度的提高。其中电机产品和电机企业有：

(1) Y系列（IP44）H80～315三相异步电动机生产厂家　北京电机总厂、宜宾电机厂、东莞正力电机有限公司、北京大兴电机厂、皖南电机股份有限公司、山东电机股份公司、厦门电机实业总公司、顺德市德胜电机有限公司、江门电机股份有限公司、长春电机厂、长沙电机厂、上海先锋电机厂等；

(2) YZR系列H112～250起重用绕线转子三相异步电动机生产厂家　大连第二电机厂、湖南电机厂、梧州金宇电机公司、顺德德胜电机有限公司、天津市起重电机厂、佳木斯电机厂、苏州万马物产集团、邯郸四达电机股份有限公司、江西特种电机股份有限公司、山西电机厂等；

(3) Z4系列直流电动机生产厂家　上海南洋电机厂。

〔撰稿人：上海电器科学研究所　张金兰　审稿人：上海电器科学研究所　黄国治　机械工业重大装备司　张力超〕

三、分马力电机

生产发展情况 据对行业47个企业调查统计，1995年分马力电机行业完成工业总产值（1990年不变价）29.34亿元，销售收入28.60亿元，总产量2 323.5万台，出口电机460.32万台，出口金额4 070万美元，比上年分别增长16%、16.4%、16.5%、2.5%和27.6%。35个盈利企业实现利润总额7 515万元，12个亏损企业的亏损总额6 111.7万元。

47个企业中，工业总产值增长的有29个，占61.7%；销售收入增长的有33个，占70.2%；实现利润增长的有21个，占44.7%。其中常州宝马集团公司、东风电机厂微电机分厂、上海日用电机厂、重庆三峡电器厂、贵阳电机厂、浙江卧龙集团公司、江苏泰州航海电气总厂、上海电器六厂、上海新星电机厂、自贡市微型电机厂、安徽朝阳微电机厂、北京市微电机总厂、湖南跃进机械厂、宁波华兴电器公司、广东肇庆环宇电机有限公司及昆明市微电机厂等16个企业实现了工业总产值、销售收入、利润的同步增长，占企业总数的34%。

1995年行业总体的经济运行情况较差，突出表现在：一是国有企业亏损严重，12个亏损企业中，国有企业有8个，占75%，亏损总额5 437.7万元，占89%；二是粗放型的经济增长方式未有较大的转变，尽管工业总产值和销售收入比上年有较大增长，但反映劳动消耗和劳动占用的成本费用利润率及资金利税率却远远低于行业标准值，反映出行业经济的整体素质和效益较差。

1995年分马力电机行业主要企业的经济效益综合指数、单项指标及主要经济指标排序见表4、表5和表6。

表4　1995年分马力电机行业经济效益综合指数前五名企业

名次	企业名称	经济效益综合指数（%）	工业产品销售率（%）	工业成本费用利润率（%）	工业增加值率（%）	工业全员劳动生产率（元/人）	工业资金利税率（%）	流动资产周转率（次）
1	浙江卧龙集团公司	272.96	97	9.75	23.86	73 710	31.08	4.4
2	上海电器六厂	223.87	97.7	2.04	27.37	35 541	8.4	7.88
3	上海日用电机厂	185.36	99	9.31	46.8	54 218	15.54	2.2
4	东风电机厂微电机分厂	174.69	93.57	5.49	29.97	18 898	19.11	4.39
5	常州宝马集团公司	163.85	102.4	13	18	23 596	25	2

表 5　1995 年分马力电机行业经济效益单项指标前五名企业

名次	企业名称	指标数值	行业标准值	名次	企业名称	指标数值	行业标准值
一	工业产品销售率（%）		97.1	四	工业增加值率（%）		29.1
1	丹东微电机厂	127		1	上海日用电机厂	46.8	
2	广东四会电机厂	117		2	柳州微电机总厂	41.4	
	石家庄市电机厂	117		3	天津安全电机有限公司	40.6	
4	湖南津市特种油泵厂	113		4	汕头市微电机厂	39.2	
5	杭州分马力电机厂	111.4		5	杭州分马力电机厂	35.7	
二	工业成本费用利润率（%）		7.9	五	工业资金利税率		13.7
1	无锡市第二微电机厂	17		1	浙江卧龙集团公司	31.1	
2	广东肇庆环宇电机有限公司	14		2	常州宝马集团公司	25	
3	常州宝马集团公司	13		3	东风电机厂微电机分厂	19.1	
4	湖南津市特种油泵厂	12		4	重庆三峡电器厂	18.4	
5	浙江卧龙集团公司	9.8		5	湖南津市特种油泵厂	18	
三	工业全员劳动生产率（元/人）		8 393	六	流动资产周转率（次）		1.2
1	浙江卧龙集团公司	73 710		1	上海电器六厂	7.9	
2	上海日用电机厂	54 218		2	中山电机电器总厂	5.3	
3	宁波华兴电器公司	46 776		3	浙江卧龙集团公司	4.4	
4	广东鹤山电机厂	40 043		4	东风电机厂微电机分厂	4.4	
5	上海电器六厂	35 541		5	上海日用电机厂	2.2	

表 6　1995 年分马力电机行业主要经济指标前十名企业

名次	企业名称	产量（万台）	名次	企业名称	产值（不变价）（万元）	名次	企业名称	销售收入（万元）	名次	企业名称	利润（万元）
1	常州宝马集团公司	866.77	1	常州宝马集团公司	35 852	1	闽东电机（集团）公司	36 837	1	浙江卧龙集团公司	1 957.8
2	广东鹤山市电机厂	119.50	2	闽东电机（集团）公司	31 650	2	常州宝马集团公司	30 344	2	常州宝马集团公司	871
3	中山市电机电器总厂	112.17	3	浙江卧龙集团公司	28 517	3	浙江卧龙集团公司	25 415	3	上海日用电机厂	645.4
4	广东肇庆环宇电机公司	110.68	4	江苏泰州航海电气总厂	15 005	4	广东鹤山市电机厂	12 886	4	重庆三峡电器厂	627
5	江苏泰州航海电气总厂	105.00	5	安徽朝阳微电机厂	14 295	5	安徽朝阳微电机厂	12 677	5	闽东电机（集团）公司	570
6	国营成都电机厂	86.77	6	广东鹤山电机厂	14 210	6	江苏泰州航海电气总厂	12 346	6	江苏泰州航海电气总厂	425
7	上海电器六厂	80.69	7	重庆三峡电器厂	11 954	7	重庆三峡电器厂	10 619	7	广东肇庆环宇电机公司	400.9
8	国营重庆微电机厂	79.36	8	芜湖电机厂	11 715	8	芜湖电机厂	9 451	8	安徽朝阳微电机厂	266.2
9	重庆三峡电器厂	67.80	9	上海日用电机厂	11 004	9	西安微电机厂	9 352	9	宁波华兴电器公司	262
10	宁波华兴电器公司	66.95	10	中山市电机总厂	10 462	10	贵阳电机厂	8 276	10	广东鹤山市电机厂	251

市场及销售　1995 年行业生产企业坚持以市场为导向，加快产品结构调整的步伐，严格执行以销定产，行业产销保持了总体平衡，47 个企业平均产销率 99.79%，高于行业标准值 2.65 个百分点。

1995 年，产销增长幅度较大的产品主要有汽车配套电机、空调器风扇电机、空调器及冰箱压缩机电机和泵用电机。工业缝纫机电机由于受到服装行业不景气的影响，销售市场萎缩，销量下降近 30%，洗衣机电机的销量下降幅度也较大。

闽东电机（集团）股份有限公司在改革销售体制，加大销售力度，实行公司统一销售以后，1995 年国内销售额达 2.7 亿元，销售总额达 3.68 亿元，成为行业销售额最高的企业。常州宝马集团公司贯彻“立足电机、发展电器、形成规模、走向国际”的发展战略，努力开拓国内、国际两个市场，销售额超 3 亿元，出口创汇 1 150 万美元，是行业出口量最大、出口创汇最多的企业。浙江卧龙集团公司通过深化改革，建立灵活的生产经营机制，产品营销又上了一个新台阶，销售额比上年增长 63.1%。以生产基本系列单三相异步电动机为主导产品的安徽朝阳微电机厂积极开拓国内市场，1995 年产量突破 50 万台，销售额增长 76%。

行业 47 个企业中，有 21 个企业生产出口产品，出口总量 460.32 万台，出口总额 4 070 万美元，分别比上年增长 2.5% 和 27.6%。

广东鹤山市电机厂 1995 年产品出口量和出口额分别比上年增长 206.9% 和 180.1%，是行业中出口增长最多的企业，产品已进入日本、泰国、美国、英国、意大利、澳大利亚及香港等国家和地区。贵阳电机厂大力拓展国际市场，出口工作有突破性进展，1995 年出口创汇达到了该厂历史最高水平。沈阳分马力电机厂的 YC2 电机在国外使用"红 S"商标定牌生产，深受外商欢迎，1995 年出口金额比上年增长 71.4%，出口交货值占沈阳电机总公司出口总量的 40%。

1995 年分马力电机企业出口创汇排序前 10 名见表 7。

表 7　1995 年分马力电机企业出口创汇前十名企业

名次	企业名称	出口额（万美元）	比上年增长%	主要产品
1	常州宝马集团公司	1 150.0	107.6	直流电动机、步进电机、洗衣机电机、空调电机
2	中山市电机电器总厂	487.2	81.8	
3	浙江卧龙集团公司	470.1		异步电动机
4	芜湖电机厂	467.6	-24.6	离合器电机
5	贵阳电机厂	259.0	76.2	异步电动机、洗衣机电机
6	广东肇庆环宇电机公司	246.3	12.0	串励电动机、异步电动机
7	石家庄市电机厂	220.0	-48.8	异步电动机
8	广东鹤山市电机厂	212.9	180.1	空调风扇电机
9	闽东电机（集团）公司	151.0	18.4	异步电动机
10	重庆微电机厂	97.9		风扇电机

产品分类及产量　根据 47 个企业统计，1995 年分马力电机行业产品分类及产量见表 8。

表 8　分马力电机行业产品分类及产量

产品名称	产量（万台）	比上年增长%
单、三相交流异步电动机	345.71	5.4
空调器、冰箱用电机	565.86	38.3
洗衣机（含脱水）电机	252.22	-53.6
风扇（排气扇）电机	87.93	24.9
泵用电动机	28.0	39.1
交直流风机	24.46	-63.0
串励电动机	104.34	35.2
直流电动机	574.90	1.5
同步电动机	1.80	-29.4
其他	146.03	3.2

科研成果及新产品　广州电器科学研究所完成了高速测功机的研制工作，已研制出 A_1、A_2、B 型三种测功机，微机自动测试系统能实现对 A_1、A_2 型测功机自动加载控制、数据采集。该项目把无刷同步励磁结构用于高速测功机，其紧固结构、联轴结构、双气浮结构及电机参数自动采集系统等具有独创性和先进性，为我国小功率高速电动机的开发研制提供一种新的测试手段。该成果填补了国内空白，获得了机械工业部科技进步二等奖。A 型、B 型测功机主要技术指标为 A 型：转速范围 0～30 000r/min，转矩≤0.4N·m，被测电机功率≤1kW；B 型：转速范围 0～12 000r/min，转矩≤1.6N·m，被测电机功率≤2kW。微机自动测试系统可以控制测功机自动加载，并可在任一工作点稳定运行，系统能自动采集被试电机的电压、电流、输入功率、转矩和转速，经微机处理后还得到输出功率、效率、功率因数，系统可以打印上述数据报表，并可经绘图机绘制出七种关系曲线。

根据市场需求，紧紧抓住新产品开发，加快产品结构调整的步伐，已成为生产企业的立身之本。上海日用电机厂采取以"变"适应形势，以"快"赢得时间，以"优"质取胜的指导思想，围绕八大轿车基地配套，积极开拓市场，完成了两项新产品的开发任务，并通过市级鉴定和用户的认可，其中 QF1281 桑塔纳轿车用散热器风扇获得国家实用新型专利及上海市节能产品和优秀产品二等奖。江苏泰州航海电气总厂、上海华达电机厂、浙江卧龙集团公司、广东鹤山市电机厂、宁波华兴电器公司等紧跟国际上空调器电机的技术发展潮流，研制开发成功具有振动噪声低、体积小、效率高、安全性能好的新型塑封电机。东风电机厂微电机分厂积极开拓农业市场，设计试制成功 YLB38-32、YLB50-20 高扬程水泵、YLB65-12 大口径大流量水泵以及自来水 25.4mm 和 38.1mm 钢管泵等多项新产品，用于农业排灌。贵阳电机厂先后研制出捷达轿车起动机、小解放汽车起动机、摩托车磁电机、夏利轿车发电机及面包机电机等，其中面包机电机与整机配套销往美国市场。重庆微电机厂开发出 100F 热水器电机、JA-90 摩托车磁电机、S-90 卷幕帘电机、40SW02 无刷直流电机，并抓紧开发 100 型踏板摩托车起动机和磁电机、汽车座椅电机及雨刮器电机。浙江卧龙集团公司研制开发摩托车起动电机系列，经天津摩托车技术中心检测，与日本同类产品水平相当。西安微电机厂开发 YYR950-2 及 YYR600-2 空调压缩机电机，产品达到了 90 年代初国际先进水平，被列入 1995 年国家级新产品。

管理及改革　广州电器科学研究所在分马力电机行业管理中发挥着重要作用，1995 年受机械工业部委托，该所会同中国电机工业协会分马力电机分会组织编制了《分马力电机行业“九五”发展规划》，上报部重大装备司审批，在行业中起着引导、参考作用。

分马力电机协会充分发挥其行业管理中的助手、桥梁和纽带作用。1995年组织召开了分马力电机行业国有企业改革厂长（经理）座谈会，交流经验，沟通信息，共同研讨，谋求发展，推动企业深化改革，加快经营机制的转换。组织开展市场调研与预测，编写了《分马力电机市场研究预测报告》、《汽车电机市场及生产发展预测》、《空调器及空调压缩机电机市场沿革与2000年预测》及《陕西省纺织机械及其配套电机调查报告》，为企业的市场开拓和产品结构调整服务。同时受中国机电产品进出口商会电工产品分会的委托，根据国家海关总署的51号令，组织制订了分马力电机出口产品销往境外的应售价格目录，对防止分马力电机出口产品的低价倾销行为，维护国家出口贸易的正常秩序，保护出口企业的合法利益起到了重要作用。

1995年分马力电机行业在深化国有企业改革中，以建立现代企业制度为目标，实现企业资产优化组合、改组和改造。北京微电机总厂与北京低压电器厂实行归并组合，组建了北京敬业电工集团，建立起全新的经营机制，提高经济运行质量，增强企业的市场应变能力和竞争能力。湖北宜昌微电机厂进入至喜集团，扩大产品类别，提高企业资源的利用。以安徽朝阳微电机厂为核心，联合20多个企业组成黄山朝阳集团，扩大生产经营领域，壮大企业实力。上海微型电机厂是上海国有企业改革试点单位之一，于1995年4月由上海金陵股份有限公司托管，并于同年12月宣布破产，现成立上海上微金丽电机有限公司、上海上微金辉电机有限公司和上海上微冲制件有限公司，隶属于上海金陵股份有限公司。

为了适应社会主义市场经济的需要，广大企业加大改革力度，强化内部管理，加快转换机制。武汉微电机厂以建立分厂制，划小核算单位，试行风险抵押承包，盘活资金存量，分流富余人员，发展第三产业，增强企业活力。贵阳电机厂本着“精简、节约、高效率”的原则，缩减职能机构，实施企业内由高度集权向集权与分权相结合的体制，既充实了基层单位实体及竞争功能，又增强了企业在市场竞争中的整体实力。东风电机厂微电机分厂注重内部挖潜，开展目标成本管理，大大提高了投入产出比，使生产经营工作步入了良性循环的轨道。江苏泰州航海电气总厂通过深入开展“转机制、抓管理、练内功、增效益”的活动，推行现代企业制度，强化现场管理，产品上质量创名牌，节能降耗，提高效益，取得了企业经济工作的良好运行。许多中小企业积极稳妥地进行“三项制度”改革，也取得了很好的效果。

质量及质量管理　广州分马力电机检测站和机械工业部分马力电机检测中心根据CCEE安排质量工作，1995年完成了124个单元的型式认可试验、40个单元的产品认证检验、93个单元的监督复查试验；对28个企业的83台电机进行出口质量许可证检验及企业质量保证体系的检查；完成电机、电容器、热保护器等共41个单元产品的进口质量许可证检验；接受委托检验任务430台次，帮助企业解决技术质量问题和产品质量的提高。

为适应市场经济需要，分马力电机检测中心加强了国际认证工作，积极与国外认证机构合作，1995年与UL、SGS、STC、CSA等认证检验机构都有很好的合作，拓展了国际间的认证业务。

全国小功率电动机标准化分技术委员会于1995年10月召开了三届五次会议，会上审查通过了《房间空调器风扇电动机通用技术条件》及《家用洗衣机电动机通用技术条件》标准送审稿，经整理后的行标报批稿业已上报审批。

ISO9000质量体系标准已在行业众多企业中积极宣贯和推行，闽东电机（集团）股份有限公司闽东电机三厂通过了中国船级社ISO9002质量体系的正式审核；上海日用电机厂由上海大众公司质保部根据ISO9000系列标准的要求对该厂进行工艺评审，取得较高的评价；广东鹤山市电机厂和浙江卧龙集团公司也分别取得了ISO9001和ISO9002质量体系认证。

在各省、市的产品质量检验和评比中，上海日用电机厂QF1281A产品获得上海市质量攻关一等奖；宁波华兴电器公司的空调电机被评为宁波市级名牌产品；汕头市微电机厂在广东省洗衣机电机产品质量定期抽检中，产品合格率达100%。另外，“工艺突破口”工作在企业中深入开展，石家庄市电机厂、西安微电机厂均达到了省级达标验收。

技术改造　据47个企业统计，1995年固定资产投资总计2.82亿元，其中基本建设投资1.05亿元，技术改造投资1.77亿元。上海日用电机厂投资3 174万元完成“八五”二期桑塔纳轿车配套用散热器风扇40万台（套）技术改造项目，引进GLOBE电枢加工流水线及检测设备，机壳加工线，自制刷盒生产线和电机装配线，已具备生产各类汽车用的散热器风扇单班年产40万台生产能力。贵阳电机厂投资466万元，对汽车起动机、发电机、洗衣机电机生产线进行技术改造，现已形成年产30万台汽车起动机的生产能力，并将发电机生产线调整为生产起动机为主兼容发电机的柔性生产线，新建了食品搅拌机电机和面包机电机生产线。江苏泰州航海电气总厂投资803万元，引进日本高速冲床，购置电机装配、检测流水线等国产配套设备，建成具有90年代初国际水平、年产100万台生产能力的塑封电机生产线。浙江卧龙集团公司投入6 470万元用于列入国家“双加”工程的摩托车起动电机的技术改造，引进美国、日本、意大利等国家设备，项目完成后将具有年产70万台摩托车起动电机生产能力。宁波华兴电器公司投资500万元，完成塑封电机技改项目，引进具有国际先进水平的微机控制全自动压铸设备，大大提高了产品质量和生产效率。常州宝马集团公司为扩大出口投资1 838万元，完成步进电机及微电机“三扩”工程的技术改造。西安微电机厂投资575万元用于空调器及冰箱压缩机电机的技术改造。重庆微电机厂投资1 271万元，实施无刷电机技改项目。东风电机厂微电机分厂投入213万元，用于安装三机联冲生产线及浸漆线的改造工作。

〔撰稿人：广州电器科学研究所　董永良　审稿人：广州电器科学研究所　龚永达　机械工业部重大装备司　强培生〕

四、微电机

生产发展情况　1995年微电机行业的主要特点是：(1) 摩托车起动电机生产异常活跃。由于轿车进入家庭制约因素较多，给摩托车的发展造成时间和空间上的优势。1995年全国摩托车产量突破700万辆，其中有3个企业产量过百万辆大关，超过20万辆的有12个企业。摩托车的发展趋势是电起动型，从而使生产起动电机的厂家风起云涌。机械行业归口的有博山电机厂、浙江卧龙电机集团公司、无锡洛社微特电机厂、内蒙古一机厂等。此外，兵器工业总公司、航空工业总公司、电子工业部等部门生产厂家更多，仅重庆地区就不下20个，估计全国约有50个企业以上。起动电机的生产一开始便出现了激烈竞争的局面。卧龙集团前几年已经看准了这个市场，着手进行市场和投资调研，投资力度大，形成年产70万台电机的生产能力，并获得国家“双加”项目的政策性支持。常州宝马集团公司已开始小批量生产，预计1996年产量约10万台。无锡洛社微特电机厂和博山电机厂都分别与主机厂有供需协议，小批供货。重庆微电机厂1995年生产1 000台起动电机，期望获得年产100万辆车的重庆嘉陵和建设两家摩托车厂的认可。江苏武进电机厂1995年产量5万台，为木兰、兰翔、金城、幸福等车型配套。但是由于摩托车制造厂对使用国产起动电机持谨慎态度，目前主要依赖进口，真正使用的很少，而致多数厂家目前仅处于样机试制阶段。(2) 投资力度加大，规模生产意识增强。微电机生产朝着高投入、专业化、高效率方向发展，已经成为企业的共识和行动。1995年营口天力电机有限公司年产50万台空调塑封电机生产线建成并投产。这个厂在80年代就从日本几个公司引进微电机生产设备和制造技术，随后又先后进行了三期技改，新投产的塑封电机是与日本驻辽宁实业公司合资，生产产品广泛用于家用电器，具有90年代国际水平，是传统微电机的替代产品，目前已经取得CCEE认证。东风汽车公司与德国西门子公司合资1 400万美元，组建了上海西门子汽车电机有限公司，专门生产具有国际先进水平的汽车用微电机。上海日用电机厂的主要产品是为轿车配套的散热器风扇；为了向高层次发展，参与国际国内竞争，从1992年以来分三期投入8 000万元进行技术改造，尤其是1995年的第三期6 000万元改造项目，建成厂房1万m^2，引进国际一流的全自动转子生产线，使单班生产能力达到60万套。该厂从1995年起除了向桑塔纳轿车提供配套件外，还开始向北京切诺基和一汽大众、小红旗及重庆江陵、奥拓等轿车配套供货。日本日产公司为了向美国、日本、欧洲及亚洲出口微电机，在大连经济开发区建立了微电机出口基地，生产小型风机、磁盘驱动用主轴电机，目前达到月产百万台风机的生产能力。(3) 功率步进电机及系统市场需求呈下降趋势。功率步进电机及系统的发展得益于电子技术的进步、电子元器件质量的提高、价格的降低以及在旧机床改造上的应用。由于步进电机以脉冲供电，易于实现增量运动控制，又因为是开环控制，价格便宜，只需1万元即可装备一台旧机床，所以在旧机床改造中应用得最多，后来又逐步装备新机床出售，并出口东南亚各国。但由于质量不稳定、维修困难等原因，进入1995年以来，这一市场呈疲软态势。许多厂家订货严重不足，在1995年中国国际机床展览会上，步进电机数控系统展出厂家明显少于往届，而且几乎看不到用步进电机数控系统装备的经济型新机床展出。与此形成对照的是交流伺服电机及系统用于数控机床的在增多。(4) 国有大中型企业由于资金投入不足、管理层次较多、负担沉重、浪费大以及企业之间进一步形成的“三角债”等原因，步履艰难。如南京微分电机厂、青海微电机厂、沈阳微电机厂、上海微型电机厂、西安微电机厂、曙光电机厂等这些微电机行业主力军，都出现了这样那样的困难。但仍有一些企业在结构调整中站稳了脚跟，如常州宝马集团公司，深化内部改革，产品结构更趋合理，开始形成规模经济势头，初步进入良性循环的大发展时期，1995年生产各类微特电机800万台，工业总产值达3.5亿元，比上年增长24%。青峰机械厂在完善转换企业经营机制基础上，实行层层承包的“工效挂钩”责任制，并附加20多项专项考核办法，做到了奖勤罚懒，奖优罚劣，1995年完成各类军用和民用微特电机共347万台，产值4 834万元，分别比计划指标增长8.4%和12%。浙江卧龙电机集团公司1995年完成产值2.8亿元，销售收入2.5亿元，出口创汇470万美元，分别比上年增长73%、63%和53%。闽东电机公司的微电机产品完成产值7 000万元，比上年增长23%，

市场及销售　微电机种类繁多，应用面广，市场活跃。1995年各类控制微电机市场无大波动，小功率步进电机、微型直流电机、家电用微型感应电动机增长速度都在20%以上，办公自动化用混合式、永磁式步进电机产量200万台，家用电器电机1亿台以上，录音机电机4 000万台。另外，新兴起的食品和包装机械、卷烟机械、电梯工业、电动自行车行业近年发展也很快，需要大量微特电机为其配套。微电机市场年需求量见表9。

表 9　微电机国内市场需求

应用领域	微电机种类	年需求量（万台）
军工及自控系统	自整角机	2
军工及自控系统	旋转变压器	1
军工及自控系统	测速发电机	1
军工及自控系统	伺服电动机	1
打印机	步进机、无刷直流电机	320
硬磁盘	步进、无刷 DC、音圈电机	300
软磁盘	步进、无刷 DC、稳速电机	340
录音机、音响	永磁 DC 电机、无刷 DC 电机	4 000
录像机	永磁无刷 DC 电机	531
传真机	步进机、永磁同步电机	200
工厂自动化	功率步进电机	1.5
工厂自动化	稀土永磁交流伺服电机及驱动器	1
汽车	微型 DC 电机	500
摩托车	微型 DC 电机	100

随着国外微电机有效需求的不断增长，使得出口量逐年增加，但多数是劳动密集型的玩具电机和廉价微型直流电动机，如录音机电机、家电用电机。据有关资料统计，1995 年我国出口微电机 2.4 亿台，平均每台 7 元，出口日本的占 80％以上。微型精密步进电机属于技术含量较高的产品，出口量不大，但也是逐年增加的，1995 年出口 16 万台，创汇 325 万美元，出口价格也比较低。宝马集团公司出口音响电机 133 万台，创汇 130 万美元；当年引进技术并出口到美国的 8 万台碎纸机电机，创汇 600 万元。天津市微电机公司“七五”引进的国外洗衣机电机和小直流电机生产线及多种专用加工设备，未能充分发挥效益，一度使企业陷入负债经营的困境，但近年出现转机，国外厂商频繁考察，订货越来越多，1995 年微电机出口创汇 161 万美元，1996 年出口合同单又比上年翻番。1995 年，河北电机股份有限公司出口电机金额 310 万美元，博山电机厂出口额 71.3 万美元，比上年增长 29％。青峰机械厂出口微电机 228 万台，创汇 206 万美元。闽东电机集团公司出口微电机创汇 280 万美元。浙江卧龙集团公司出口微电机 6.5 万台。

科研成果及新产品　1995 年行业完成的新产品有稀土永磁交流伺服电机及控制器、摩托车起动电机、直流力矩电机、高精度控制式自整角发送机以及各种军用和民用电机百余种。国营青峰机械厂开发的 EG500、EG530 系列音响电机已投放市场，RF310/300 系列音象电机随着产量的增大，亦将不断满足市场需求。该厂的稀土永磁电机及控制器项目已经国家批准立项。1995 年投入部分资金开始研制，1997 年可投入批量生产，计划达到年产 200 万台生产能力。西安微电机研究所承担的国家计委“八五”重点攻关项目稀土永磁交流伺服电机及控制器，1995 年取得实质性进展，已经完成 4 个机座号共 14 个规格型号的电机和 8 个规格伺服控制器的研制，完成了数字化伺服控制技术研究和样机攻关，并且进行了工业应用验证。宝马集团公司完成新品鉴定 37 项，其中经省级鉴定的 57BYG 步进电机定、转子叠片级进模，达到日本同类产品水平，直接经济效益达 240 万元。主要指标：主要件孔距尺寸精度＜3μm，叠片结合力：定子＞60N、转子＞70N，一次刃磨寿命＞100 万次。华能特种电机发展公司开发了烟机配套急需国产化的蜗轮减速式直流电机、电动自行车电机和电动按摩摇椅用电机及驱动调速装置。闽东电机公司 1995 年完成新品鉴定 25 项，其中稀土永磁梳棉机电机、钢板壳电机投入了批量生产。西安微电机厂为适应市场变化，开发了 YSR 系列三相封闭式制冷压缩机和奥拓轿车暖风机总成，制冷压缩机电机获陕西省名牌产品称号。

管理及改革　行业目前面临的问题，一方面是市场容量扩大，另一方面是竞争越来越激烈。面对“三资”和乡镇企业的竞争，1995 年国有大中型企业仍然在“转机制、抓管理、练内功、增效益”上狠下功夫。有的企业实行劳动合同制，有的实行层层承包，有的实行定岗定员定任务和工效挂钩，有的在集团内部针对不同情况实行“集团公司—工业公司—工厂”三级管理和“集团公司—直属企业”二级管理，从而加强了集团在人事、经营、技术、质量、财务、工资等方面的控制力度，又使下属企业更具灵活性。从目前看，凡是那些搞得好的单位，必然是管理得法。所以出路在于管理，而管理的基本经验是切合实际。

行业工作　（1）中国电机工业协会微电机分会于 1995 年 9 月召开三届会员代表大会，完成换届并确定了分会下一阶段的工作目标。（2）中国电工技术学会微特电机专委会在上海举办了 1995 年永磁电机及无刷电机技术与信息报告会，出版了论文集，收录论文 47 篇。（3）微电机分会和西安微电机研究所于 1995 年 4 月在西安市举办了 1995 年中国西安国际电机及制造设备展览会，有美国、日本、香港及国内 50 多个企业参加了展览会，同时又举办了技术报告会。

质量及质量管理　（1）1995 年微电机行业完成以下各项质量工作。①由国家技术监督局组织，有部科技与质量监督司、陕西省技术监督局、中小型电机质检中心、中国计量科学研究院、西安交大及相关行业厂参加，组成评审组，对西安微电机研究所国家微电机质检中心进行了复评，正式通过验收。②国家科委和国家技术监督局认定西安微电机研究所质检中心为第三批科技成果检测鉴定国家级机构。③湘潭电机厂 ZKK－12J 电机扩大机通过国优复查。该厂同时又通过了新时代认证中心的 ISO9001 质保体系认证，并取得证书。④西安微电机厂通过省机械厅组织的“工艺突破口”考评。⑤常州宝马集团的音响电机取得生产许可证。

（2）完成并批准颁布的微电机国、军标项目有：①无刷直流测速发电机通用规范，②无刷感应移相器通用规范，③永磁交流伺服电动机通用规范。

技术改造 1995年，卧龙集团公司完成国家级“双加”项目，年产70万台摩托车起动电机技改，通过引进、消化、吸收韩国技术和日本、意大利、韩国等国家关键制造设备，使电机技术和制造水平达到国际先进水平。闽东电机公司完成技改投资441万元，引进德国富兰德公司电机生产技术，合资生产具有国际先进水平的电梯电机、防爆电机以及广泛应用于加工中心、NC机床、自控装置、机械手和焊接机械的步进电机和伺服电机。青峰机械厂和美国安珂公司在合肥建立了年产能力300万台RF410、RF310音象电机两条生产线。常州宝马集团公司完成微电机扩建投资4 100万元，其中基建投资2 300万元，技改投资1 800万元。西安微电机研究所技改投资200万元，完成机械工业部第一条测速发电机贯标生产线。西安微电机厂投资575万元，引进意大利先进的级进模，台湾省产的转子压铸机和高速冲床，对空调电机生产线进行技术改造，从而使空调和冰箱压缩机电机生产能力分别达到20万台和60万台。

对外合作 1995年行业新增“三资”企业2个，从而使“三资”企业增至50个，占全行业的13%，但资本金却占40%以上，销售收入占30%。1995年，镇海微电机厂被私人购买。上海微型电机厂被金陵公司接收，有1/3职工退休或下岗，被分成三个小企业独立经营，小企业成为二级法人。

〔撰稿人：西安微电机所　牒正文　审稿人：西安微电机所　樊　诚　机械工业部重大装备司　刘常生〕

〔责任编辑：张友鹤〕

变　压　器

〔机械工业部〕

生产发展情况 1995年据对全国机械系统170个变压器生产厂家统计（其中大一型企业3个、大二型企业13个、中一型企业19个、中二型企业48个），全部职工年均人数94 859人，共完成变压器产量13 442.74万kV·A，比上年减少3.2%。其中电力变压器产量12 998万kV·A，比上年减少1.9%。1995年全国机械系统完成的产量详见表1。

1995年据对全国机械系统35个互感器生产厂家统计（其中大二型企业1个、中一型企业4个、中二型企业11个，全部职工年均人数10 323人），共生产互感器604 394台，比上年减少28.7%。1995年全国机械系统生产各种互感器的产量详见表2。

1995年据对全国机械系统24个生产调压器的企业统计（其中中一型企业2个、中二型企业2个，其余为小型企业，全部职工年均人数5 278人），共完成各类调压器的产量详见表3。

1995年全国机械系统变压器企业共实现工业总产值（1990年不变价）664 500万元，与1994年基本相当；工业增加值完成226 285万元，比上年增长5.9%；变压器行业全年固定资产投入168 166万元，到年末全行业的固定资产原价达到517 701万元，比上年增长32.6%。各主要企业的产量、产值、利税总额详见表4。

1995年全国机械系统互感器企业共完成工业总产值（1990年不变价）69 639.2万元，比上年增长14.65%；工业增加值20 619.8万元，比上年增长45.66%；全年固定资产投入17 038万元，到年末固定资产原价达到36 982.4万元，比上年增长16.3%。各主要企业的产量、产值、利税总额详见表5。

1995年调压器企业的工业总产值（1990年不变价）35 011.8万元，比上年下降34.2%；全年固定资产投入3 747万元，年末固定资产原价为21 614.2万元，比上年增长84.9%。各主要企业的产量、产值、利税总额详见表6。

市场及销售 1995年全国机械系统变压器行业人均销售收入81 095.4元，比上年增长8.7%；全行业实现利税总额87 167.4万元，比上年增长14.93%；出口产值6 340.7万美元，比上年增长25.24%。1995年全国机械系统变压器生产企业产品销售收入前五十名企业排序见表7，出口产量、产值前十五名排序见表8。

1995年全国机械系统互感器行业的人均产品销售收入66 808.24元，比上年增长16.26%；全行业实现利税2 335.48万元，比上年下降46.38%；1995年出口产值18万美元，比上年下降37.59%。机械系统互感器生产企业产品销售收入排序见表9。

1995年全国调压器行业人均产品销售收入49 904.5元，比上年下降16.73%；全行业实现利税2 335.48元，比上年下降46.38%；出口产值344.3万美元，比上年下降23.2%。调压器生产企业产品销售收入排序见表10。

科研成果及新产品 “八五”重大技术装备科研攻关项目中主要科研成果有：

(1) 变压器结构设计抗地震分析。该研究首次利用共振亚波对变压器的整体性能进行模拟。在变压器结构设计中，对产品的抗地震性能进行分析，可以从设计上消除结构不良隐患。填补了国内空白。

表 1　1995 年变压器产量

序号	项目		1995 年完成（台/万 kV·A）	1994 年完成（台/万 kV·A）	增长率（%）
	变压器总产量		211 544/13 441.74	161 385/13 888.37	30.08/－3.2
一	电力变压器产量		203 488/12 998.13	148 038/13 258.74	37.46/－1.9
1	8 000kV·A 及以上	500kV	17/318.00	19/459.00	－10.53/－30.7
2		330kV	11/297.00	9/78.00	22.22/280.7
3		220kV	196/3 081.60	224/3 196.30	－12.50/－3.5
4		110kV	8 942/3 228.30	1 139/3 803.15	685.07/－15.1
5		60kV	203/382.60	116/297.85	75.00/28.4
6		35kV 以下	1 996/939.58	739/1 022.08	170.09/－8.0
7		10kV 以下	3 896/207.47	3 565/221.13	9.28/－6.1
8		小计	15 261/8 454.55	5 811/9077.51	162.62/－6.8
9	6 300kV·A 及以下	110kV	19/22.30	19/10.62	0.00/109.9
10		60kV	44/20.33	313/51.40	－85.94/－60.4
11		35kV 以下	4 655/631.83	6 821/598.09	－31.75/5.6
12		10kV 以下	157 317/3 250.01	128 402/3 096.63	22.52/4.9
13		小计	162 035/3 924.47	135 555/3 756.74	19.53/4.4
14	干式	树脂绝缘式	7 553/585.06	5 632/397.41	34.11/47.2
15		空气自冷式	18 632/33.49	1 035/26.67	1 700.19/25.5
16		气体绝缘式	7/0.56	5/0.41	40.00/36.5
17		小计	26 192/619.11	6 672/424.49	292.57/45.8
二	特种变压器产量		7 806/427.98	13 005/617.92	－39.98/－30.7
1	电炉变压器		414/99.77	373/142.61	10.99/－30.0
2	整流变压器		563/247.55	410/337.41	37.32/－26.6
3	矿用变压器		762/15.47	2 265/33.87	－66.36/－54.3
4	试验变压器		75/1.42	117/2.51	－35.90/－43.4
5	船用变压器		2 474/3.26	1 144/4.01	116.26/－18.7
6	隔爆变压器		936/7.83	1 431/7.51	－34.59/4.2
7	其他变压器		2 582/52.68	7 265/90.00	－64.46/－41.4
三	移动变电站		146/7.67	197/6.01	－25.89/27.6
四	箱式变电站		104/7.96	145/5.70	－28.28/39.6

表 2　1995 年互感器产量

序号	项　目	1995 年完成（台）	增长率（%）
	互感器总产量	604 394	－28.73
一	电压互感器产量	87 593	－29.68
1	330kV	6	
2	220kV	897	83.44
3	110kV	3 569	5.28
4	60kV	551	－21.29
5	油浸 20kV～35kV	9 060	－35.59
6	浇注 20kV～35kV	3 276	723.12
7	10kV	56 688	－36.49
8	6kV 及以下	13 546	－16.76
二	电流互感器产量	506 394	－28.17
1	500kV	12	－86.67
2	330kV	9	－25.00
3	220kV	2 666	43.64
4	110kV	9 102	10.96
5	60kV	971	16.01
6	油浸 20kV～35kV	5 350	－67.01
7	浇注 20kV～35kV	16 058	40.59
8	10kV	204 440	0.86
9	6kV 及以下	267 786	－42.24
三	电容式互感器	5 518	76.07
四	组合式互感器	4 889	－68.08

表 3　1995 年调压器产量

序号	项　目	1995 年完成（台/kV·A）	1994 年完成（台/kV·A）	增长率（%）
	调压器类总产量	248 467/1 095 738	246 664/1 456 940	0.73/－24.7
一	调压器总产量	139 986/635 844.5	162 508/947 032.5	－13.86/－32.8
1	环形接触调压器	135 571/525 166.0	145 133/660 438.5	－6.59/－20.4
2	柱式接触调压器	34/1 780.0	41/1 645.0	－17.07/8.2
3	感应调压器	1 678/86 298.5	12 821/232 324.0	－86.91/－62.8
4	可控硅调压器	552/21 561.0	492/38 877.0	12.20/－44.5
5	其他调压器	2 151/1 039.0	3 898/852.0	－44.82/21.9
二	稳压器总产量	108 481/459 893.0	84 156/509 907.0	28.90/－9.8
1	环形接触自动调压器	73 714/163 010.0	73 863/207 266.0	－0.20/－21.3
2	柱式接触自动调压器	224/17 390.0	253/20 670.0	－11.46/－15.8
3	感应自动调压器	1 003/153 318.0	1 540/253 752.0	－34.87/－39.5
4	其他稳压器	33 540/126 175.0	8 500/28 219.0	294.59/347.1

表 4　1995 年变压器行业主要企业的产品产量、产值和利税总额排序

名次	企业名称	产量 万 kV·A	名次	企业名称	产值(当年价)(万元)	名次	企业名称	利税总额(万元)
1	沈阳变压器有限公司	2 120.39	1	沈阳变压器有限公司	97 760	1	沈阳变压器有限公司	14 412
2	保定变压器厂	1 351.40	2	保定变压器厂	51 108	2	顺德特种变压器厂	9 385
3	西安变压器厂	1 028.20	3	西安变压器厂	46 202	3	保定变压器厂	7 384
4	常州华电变集团公司	750.85	4	上海变压器厂	41 270	4	山东金乡变压器厂	5 066
5	上海变压器厂	551.62	5	顺德特种变压器厂	34 888	5	西安变压器厂	3 179
6	济南志友股份公司	300.85	6	常州华电变集团公司	33 417	6	常州华电变集团公司	2 794
7	衡阳变压器厂	246.12	7	山东金乡变压器厂	26 000	7	云南变压器厂	2 580
8	顺德特种变压器厂	214.00	8	番禺电机总厂	17 068	8	上海变压器厂	2 457
9	重庆变压器厂	200.30	9	济南志友股份公司	15 326	9	青岛变压器厂	2 198
10	江西变压器厂	197.33	10	三门变压器厂	14 268	10	济南志友股份公司	1 979
11	南通市变压器厂	179.00	11	福州变压器厂	14 043	11	钱江变压器厂	1 735
12	云南变压器厂	175.92	12	衡阳变压器厂	13 551	12	三门变压器厂	1 625
13	哈尔滨变压器厂	174.23	13	佛山变压器厂	13 528	13	番禺电机总厂	1 345
14	福州变压器厂	171.40	14	南通市变压器厂	12 944	14	重庆变压器厂	1 306
15	山东金乡变压器厂	168.70	15	青岛变压器厂	12 048	15	福州变压器厂	1 230
16	三门变压器厂	160.47	16	云南变压器厂	11 230	16	胜采变压器厂	1 163
17	青岛变压器厂	157.09	17	北京变压器厂	10 871	17	南桥变压器厂	1 134
18	佛山变压器厂	138.62	18	江西变压器厂	10 374	18	宁波变压器厂	1 108
19	宁波变压器厂	131.73	19	重庆变压器厂	10 356	19	华鹏特种变压器厂	965
20	广州高压电器厂	130.14	20	郑州电气装备总厂	10 337	20	衡阳变压器厂	857
21	长春变压器股份有限公司	115.80	21	钱江变压器厂	9 747	21	南通市变压器厂	849
22	广州电力设备厂	115.20	22	广州高压电器厂	9 106	22	江西变电设备总厂	815
23	钱江变压器厂	106.92	23	宁波变压器厂	9 101	23	江西变压器厂	811
24	泰安变压器厂	106.84	24	南桥变压器厂	8 418	24	广州特种变压器厂	778
25	天津尧瞬变压器厂	106.78	25	天津尧瞬变压器厂	8 133	25	太原变压器厂	777
26	北京变压器厂	105.43	26	江西变电设备总厂	7 965	26	佛山变压器厂	771
27	湖北变压器厂	102.11	27	华鹏特种变压器厂	7 792	27	吴江市变压器厂	758
28	成都第二变压器厂	99.49	28	哈尔滨变压器厂	7 611	28	广州高压电器厂	658
29	仪征变压器厂	96.59	29	南阳变压器厂	6 916	29	柳州特种变压器厂	580
30	光辉变压器厂	89.39	30	泰安变压器厂	6 747	30	江山变压器厂	561
31	天津市变压器总厂	88.99	31	吴江市变压器厂	6 551	31	新疆特种变压器厂	555
32	吴江市变压器厂	88.78	32	长春变压器股份有限公司	6 531	32	泰安变压器厂	518
33	合肥金环变压器厂	88.70	33	南京电力变压器厂	6 498	33	仪征变压器厂	470
34	华鹏特种变压器厂	88.02	34	老河口环空电气公司	6 293	34	盐城市变压器厂	463
35	南桥变压器厂	83.00	35	光辉变压器厂	6 281	35	五华变压器厂	448
36	连云港变压器总厂	86.00	36	新疆特种变压器厂	6 256	36	郑州电气装备总厂	419
37	韶关变压器厂	83.26	37	成都第二变压器厂	6 152	37	广州电力设备厂	418
38	武汉变压器制造厂	83.00	38	广州电力设备厂	6 125	38	内蒙古变压器厂	409
39	辽阳变压器厂	81.69	38	通海变压器厂	6 125	39	长春变压器股份有限公司	403
40	柳州变压器厂	80.40	40	天津市变压器总厂	5 991	39	通海变压器厂	403
41	铜川整流变压器厂	76.57	41	武汉变压器制造厂	5 874	41	南阳变压器厂	398
42	南京电力变压器厂	75.00	42	仪征变压器厂	5 829	42	哈尔滨变压器厂	390
43	太原变压器厂	73.70	43	泰州海田变压器公司	5 607	43	大连变压器厂	360
44	内蒙古变压器厂	72.20	44	广州特种变压器厂	5 591	44	成都第二变压器厂	358
45	盐城市变压器厂	71.60	45	韶关变压器厂	5 584	45	延安变压器厂	356
46	柳州特种变压器厂	67.81	46	五华变压器厂	5 527	46	上海化工机械三厂	333
47	通海变压器厂	64.98	47	盐城市变压器厂	5 501	47	安庆变压器总厂	324
48	番禺电机总厂	64.29	48	合肥金环变压器厂	5 263	48	天津市变压器总厂	316
49	新疆特种变压器厂	64.20	49	湖北变压器厂	5 151	49	盘锦变压器厂	308
50	江山变压器厂	62.71	50	安庆变压器总厂	5 123	50	南京电力变压器厂	305

表 5　1995 年互感器行业主要企业的产品产量、产值和利税总额

名次	企业名称	产量（台）	名次	企业名称	产值（当年价）（万元）	名次	企业名称	利税总额（万元）
1	苏州第二互感器厂	80 050	1	福州第一开关厂	20 300	1	福州第一开关厂	2 293
2	苏州互感器厂	71 626	2	如皋高压电器厂	11 040	2	大连第一互感器厂	1 238
3	大连互感器厂	60 373	3	上海互感器厂	10 965	3	如皋高压电器厂	471
4	大连第一互感器厂	60 069	4	中山市和泰机电厂	7 995	4	大连互感器厂	403
5	宁波市互感器厂	58 162	5	沈阳互感器厂	5 052	5	沈阳互感器厂	402
6	上海互感器厂	49 409	6	牡丹江互感器厂	4 150	6	牡丹江互感器一厂	332
7	沈阳互感器厂	19 739	7	宁波市互感器厂	4 074	7	牡丹江互感器厂	330
8	西安互感器厂	17 036	8	大连第一互感器厂	3 614	8	衡阳互感器厂	172
9	武汉市汉口互感器厂	16 716	9	牡丹江互感器一厂	3 560	9	西变互感器分厂	168
10	中山市和泰机电厂	16 300	10	大连互感器厂	3 180	10	沈阳市第二互感器厂	152
11	天津互感器厂	14 790	11	天津互感器厂	2 752	11	西高互感器分厂	145
12	沈阳市第二互感器厂	13 985	12	衡阳互感器厂	2 624	12	西安互感器厂	120
13	保定电器控制设备厂	13 713	13	重庆高压电器厂	1 872	13	天津互感器厂	101
14	淄博电器设备总厂	12 372	14	西高互感器分厂	1 627	14	济源市高压互感器厂	100
15	长城开关互感器分厂	10 109	15	长春市电气器材厂	1 623	15	长春市电气器材厂	95
16	山西平定高压电器厂	10 000	16	苏州互感器厂	1 545	16	苏州互感器厂	84
16	济源市高压互感器厂	10 000	17	西安互感器厂	1 279	17	长城开关互感器分厂	79
18	衡阳互感器厂	9 384	18	西安互感器分厂	1 127	18	玉环县互感器厂	56
19	如皋高压电器厂	7 716	19	玉环县互感器厂	953	19	宜昌市变压器厂	50
20	沈阳市兴华互感器厂	6 378	20	沈阳市第二互感器厂	918	20	保定电器控制设备厂	31

表 6　1995 年调压器行业主要企业的产量、产值和利税总额

名次	企业名称	产量（万 kV·A）	名次	企业名称	产值（当年价）（万元）	名次	企业名称	利税总额（万元）
1	余姚市调压器厂	292 900	1	佛山市电器厂	9 025	1	佛山市电器厂	845
2	上海电压调整器厂	178 400	2	余姚市调压器厂	8 006	2	海盐电机厂	357
3	番禺市电机总厂	97 060	3	上海电压调整器厂	3 949	3	上海电压调整器厂	328
4	佛山市电器厂	87 347	4	海盐电机厂	3 589	4	余姚市调压器厂	278
5	宁波调压器厂	73 526	5	苏州机床电器厂	3 101	5	苏州机床电器厂	126
6	苏州机床电器厂	59 396	6	北京调压器厂	979	6	长春市调压器厂	101
7	长春市调压器厂	44 214	7	江西赣新电器公司	910	7	丹东市调压器厂	89
8	丹东市调压器厂	41 500	8	宁波调压器厂	785	8	博山调压器厂	78
9	博山调压器厂	41 100	9	湘潭调压电器厂	583	9	江西赣新电器公司	67
10	湘潭调压电器厂	35 700	10	博山调压器厂	527	10	北京调压器厂	52
11	北京调压器厂	35 393	11	杭州西湖调压电器厂	508	11	宁波调压器厂	46
12	杭州西湖调压电器厂	34 267	12	长春市调压器厂	485	12	沈阳电压调整器厂	21
13	重庆高压电器厂	19 260	13	丹东市调压器厂	470	13	新乡市电子器件厂	16
14	江西赣新电器公司	16 500	14	新乡市电子器件厂	203	14	杭州西湖调压电器厂	3
15	天津调压器厂	11 398	15	沈阳电压调整器厂	145			
16	沈阳电压调整器厂	10 470	16	天津调压器厂	129			

表 7　1995 年变压器行业销售收入前五十名企业

名次	企业名称	销售收入（万元）	名次	企业名称	销售收入（万元）	名次	企业名称	销售收入（万元）
1	沈阳变压器有限公司	84 046	18	郑州电气装备总厂	8 847	35	南阳变压器厂	5 405
2	保定变压器厂	44 581	19	广州高压电器厂	8 591	36	泰安变压器厂	5 266
3	上海变压器厂	37 539	20	钱江变压器厂	8 473	37	光辉变压器厂	5 211
4	西安变压器厂	37 183	21	宁波变压器厂	8 277	38	安庆变压器总厂	5 191
5	顺德特种变压器厂	36 766	22	天津尧瞬变压器厂	8 133	39	泰州海田变压器公司	5 177
6	常州华电变集团公司	29 919	23	重庆变压器厂	8 041	40	新疆特种变压器厂	5 040
7	番禺电机总厂	12 514	24	哈尔滨变压器厂	8 006	41	天津市变压器总厂	4 975
8	山东金乡变压器厂	12 229	25	南桥变压器厂	7 212	42	韶关变压器厂	4 883
9	福州变压器厂	12 180	26	北京变压器厂	6 762	43	内蒙古变压器厂	4 596
10	南通市变压器厂	11 687	27	华鹏特种变压器厂	6 330	44	武汉变压器制造厂	4 595
11	济南志友股份公司	11 311	28	吴江市变压器厂	6 301	45	广州电力设备厂	4 564
12	青岛变压器厂	11 046	29	成都第二变压器厂	6 112	46	江山变压器厂	4 503
13	佛山变压器厂	10 934	30	太原变压器厂	5 750	47	连云港变压器总厂	4 444
14	三门变压器厂	10 317	31	江西变电设备总厂	5 714	48	通海变压器厂	4 430
15	江西变压器厂	9 648	32	长春变压器股份有限公司	5 693	49	五华变压器厂	4 413
16	衡阳变压器厂	9 644	33	仪征变压器厂	5 655	50	湖北变压器厂	4 282
17	云南变压器厂	9 147	34	南京电力变压器厂	5 552			

表 8　1995 年变压器生产企业出口产量、产值排序

名次	企业名称	出口产量（万 kV·A）	名次	企业名称	出口产值（万美元）
1	西安变压器厂	1 028.2	1	西安变压器厂	2 150.0
2	沈阳变压器有限公司	163.0	2	沈阳变压器有限公司	1 506.0
3	保定变压器厂	97.0	3	上海变压器厂	909.0
4	湖北变压器厂	48.0	4	番禺电机总厂	757.8
5	辽阳变压器厂	33.0	5	辽阳变压器厂	225.0
6	云南变压器厂	30.3	6	云南变压器厂	217.0
7	上海变压器厂	29.1	7	通海变压器厂	167.0
8	通海变压器厂	14.8	8	顺德特种变压器厂	150.0
9	顺德特种变压器厂	6.8	9	福州变压器厂	75.2
10	福州变压器厂	5.8	10	衡阳变压器厂	64.0
11	衡阳变压器厂	5.2	11	天津市变压器总厂	42.0
12	天津市变压器总厂	5.1	12	南通市变压器厂	35.0
13	南通市变压器厂	3.9	13	柳州变压器厂	26.0
14	铜川整流变压器厂	3.1	14	太原变压器厂	11.8
15	柳州变压器厂	2.8	15	郑州电气装备总厂	5.0

表 9　1995 年互感器生产企业销售收入排序

名次	企业名称	销售收入（万元）	名次	企业名称	销售收入（万元）	名次	企业名称	销售收入（万元）
1	福州第一开关厂	16 083	10	天津互感器厂	2 464	19	沈阳市第二互感器厂	837
2	上海互感器厂	9 555	11	衡阳互感器厂	1 803	20	宜昌市变压器厂	715
3	如皋高压电器厂	6 693	12	西高互感器分厂	1 627	21	长城开关互感器分厂	643
4	宁波市互感器厂	3 718	13	重庆高压电器厂	1 558	22	济源市高压互感器厂	630
5	沈阳互感器厂	3 362	14	西变互感器分厂	1 398	23	沈阳市兴华互感器厂	363
6	大连第一互感器厂	3 277	15	苏州互感器厂	1 382	24	保定电器控制设备厂	339
7	大连互感器厂	3 224	16	长春市电气器材厂	1 000	25	苏州第二互感器厂	240
8	牡丹江互感器厂	3 180	17	西安互感器厂	925	26	武汉市汉口互感器厂	234
9	牡丹江互感器一厂	2 840	18	玉环县互感器厂	871			

表 10　1995 年调压器生产企业销售收入排序

名次	企业名称	销售收入（万元）	名次	企业名称	销售收入（万元）	名次	企业名称	销售收入（万元）
1	佛山市电器厂	8 582	7	江西赣新电器公司	751	13	丹东市调压器厂	430
2	海盐电机厂	3 639	8	博山调压器厂	687	14	新乡市电子器件厂	199
3	上海电压调整器厂	3 418	9	宁波调压器厂	634	15	天津调压器厂	137
4	苏州机床电器厂	2 649	10	湘潭调压电器厂	579	16	沈阳电压调整器厂	131
5	余姚市调压器厂	2 558	11	杭州西湖调压电器厂	520			
6	北京调压器厂	922	12	长春市调压器厂	500			

（2）器身干燥参数的选择。该研究成果，可以指导工厂器身干燥处理工艺，应用该成果使器身处理工艺参数的选择更准确和科学。对提高产品质量有显著意义，此外还可使产品处理周期更趋于合理。

（3）500kV 级 SF_6 气体绝缘电流互感器。研究出的 500kV 级 SF_6 气体绝缘电流互感器已填补国内空白。

此外，三峡工程建设关键设备、国家重点攻关项目研制 500/18kV 级 780MV·A～840MV·A 大型变压器项目正式启动。

1995 年通过机械工业部、电力工业部两部鉴定的产品有：

（1）S10－315/10 油浸式电力变压器（安岳变压器厂海南分厂）；（2）SC8－1250/10 树脂绝缘浇注干式变压器（海口金盘变压器厂）；（3）DFPSZ7－40000/220 单相有载调变压器、SFPSE7－120000/220 有载调压电力变压器（重庆变压器厂）；（4）SSP－300000/500、DFP－210000/500、ODFPS－120000/500、SFP9－360000/220 有载调压电力变压器（沈阳变压器有限责任公司）；（5）

SFSZ8－31500/110 有载调压电力变压器（南京电力变压器厂）；（6）SFZ8－50000/110 有载调压电力变压器、SFS7－31500/110 无励磁调压电力变压器、SC8－315/10 干式变压器（泰安变压器厂）；（7）SC8 系列树脂绝缘干式电力变压器、SFSZ8－31500/110 有载调压电力变压器（三门变压器厂）；（8）ODFS7－30000/220 单相自耦电力变压器（云南变压器厂）；（9）SC 系列树脂绝缘干式变压器（泰州海田变压器有限公司）；（10）SC8 系列树脂绝缘干式变压器（广东增城特种变压器厂）；（11）SH11 非晶合金铁芯配电变压器（沈阳变压器研究所、天津变压器厂、北京变压器二厂、保定变压器厂、上海变压器厂、辽阳变压器厂、佛山变压器厂）；（12）SR－22000/10 磁饱和电抗器、SZ8－40000/110 低损耗低噪声节能电力变压器（江西变压器厂）；（13）SFSZ7－31500/110 电力变压器（武汉长江变压器厂）；（14）SFSZ7－31500/110、SFZ7－10000/110 电力变压器（湘阴变压器厂）；（15）SC 系列树脂绝缘干式变压器（杭州钱江电器集团有限公司）；（16）SC8－315/10 树脂浇注干式变压器（青岛变压器集团有限公司）；（17）NXB－10 型箱式变电站（安庆变压器厂）；（18）SC－800/10 树脂绝缘干式变压器（韶关变压器厂）；（19）SCB8－500/10、SCB8－1000/10 树脂绝缘干式变压器（沈阳第二变压器厂）。

1995 年通过省级鉴定的产品有：

（1）SC8－100/10 干式变压器（兴宁变压器厂）；（2）SZ7－20000/35 有载调压变压器（吴江市变压器厂）；（3）ZBW_1－500/10 组合式变电站（韶关变压器厂）；（4）SC8－315/10 干式变压器（惠州市电器厂）；（5）SFZ8－40000/110 有载调压电力变压器（佛山变压器厂）；（6）S8M30－630kV·A 系列密封式电力变压器（常州光辉变压器厂）；（7）SFZ8－40000/110 电力变压器、SC160－1000/10 干式变压器（广州高压电器厂）；（8）JDCF－220、JDCF－110GYN$_2$ 电压互感器（西安变压器厂）；（9）JDC5－63、LAB4－110、JDC6－110、LB5－63 电流、电压互感器（长春市第一互感器厂）；（10）JUK123 组合式互感器、SVS245SF$_6$ 电压互感器（上海互感器厂）；（11）JDC5－220、JDCF－110、LB6－110 互感器（西安互感器厂）；（12）LB7－220 电流互感器（北京互感器厂）；（13）LB7－220W 电流互感器、JDCF－220 电压互感器（牡丹江互感器厂）；（14）JDC－110GYN$_2$ 电压互感器、LB6－110 电流互感器（牡丹江互感器厂温州分厂）。

1995 年变压器、互感器、调压器行业中获奖产品有：

（1）220kV 级 240MV·A 三相双绕组低损耗无励磁调压变压器、500kV 级 150MV·A 单相自耦有载调压 SF$_6$ 全封闭式出线电力变压器科研项目获沈阳市科技进步二等奖（沈阳变压器有限责任公司）；（2）SZ8－8000～16000/35 有载调压电力变压器获国家新产品奖（杭州钱江电器集团有限公司）；（3）HCDSPZ20～8500/35 壳式电炉变压器、SFSZ7－31500/110 壳式电炉变压器获省科委“星火金奖”和“星火优秀产品”称号（贵阳变压器厂）；（4）110kV8 型变压器、S9M30～1600/10 系列密封式波纹油箱变压器获中国高新技术、新产品金、银奖，并获国家级科技项目产品（南通有丰变压器有限公司）；（5）SFPSZ9－180000/220 有载调压电力变压器获江苏省科技进步三等奖（常州华电变压器集团公司）；（6）SFSZ8－31500/110 电力变压器获省科技进步奖（南京电力变压器厂）；（7）SFZ8－40000/110 有载调压电力变压器获省优秀新产品称号（佛山变压器厂）；（8）SFZ9－40000/110kV 变压器获省优秀新产品称号（广州电力设备厂）；（9）10kV 级 SC8 系列环氧树脂浇注变压器列为国家级新产品、省名牌产品（江西变电设备总厂）。

质量及质量管理 1995 年变压器行业主要质量活动有两项：一项是根据国家技术监督局（95）146 号文进行的国家重点工程用特大型电力变压器的专项检查；二是根据国变质检办字（1995）005 号文进行的 1995 年第三季度电力变压器产品质量监督专项抽查。

现就国家重点工程用特大型电力变压器专项检查情况介绍如下：

国家重点工程用特大型电力变压器生产企业共有 16 个。此次检查了沈阳变压器厂、西安变压器厂、保定变压器厂和常州变压器厂 4 个企业的产品。这 4 个企业大型、特大型电力变压器的总产量占全国总产量的 69%，因此受检企业的质量状况基本可以代表全行业特大型产品的质量状况。此次受检的 4 个企业由于是变压器行业的排头企业，质量管理的基础较好，生产制造设备齐全，生产大型、特大型产品的历史较长，所以这 4 个企业的产品质量也较其他企业好。

这 4 个企业生产的特大型电力变压器，通过吊芯检查、复试出厂试验、审查型式试验与特殊试验、检查零部件和组件质量，检测组判定这 4 个企业的产品全部为合格品，合格率为 100%。由于这 4 个企业承担国家重点工程用特大型电力变压器占国内重点工程需求量的绝大部分，因此可以认定国家重点工程用特大型电力变压器的质量是比较稳定的。

通过对这 4 个企业的检查，发现各企业产品制造质量均有不同程度的缺陷。这也是各企业应着力改进的地方。国家变压器质量监督检测中心认为，各企业出现的质量问题，归根结底是质量保证体系不完善或存在薄弱环节所致。因此摆在企业面前的首要问题是如何认真贯彻 GB/T19000（ISO9000）系列标准，进一步完善企业的质量保证体系。

此外，各企业应建立或完善本企业的产品质量内控标准。对技术条件中与产品质量有重大关系的技术要求，都应纳入标准进行严格控制。对大型、特大型产品的器身、铁芯、线圈、引线、总装等的技术条件，要制定 110、220、500kV 级各种变压器的具体技术要求。

通过此次专项检查可以看出，我国 220kV 级及以上的特大型电力变压器产品质量处于合格水平。各企业应在产品结构、技术管理、现场制造、生产条件与文明生产以及质量保证体系等诸方面进行认真整改，以适应国民经济发展的需要，为国家重点工程提供更好的产品。

1995 年全行业完成的制、修订标准有：（1）电压互感器（国标），修订 GB1207—86，等效采用 IEC186（1987）；（2）电流互感器（国标），修订 GB1208—87，等效 IEC185（1987）；（3）电工术语 变压器、互感器、调压器和电抗器（推荐性国标），修订 GB2900.15—82，等效采用 IEC50（421）1990、IEC50（321）1986；（4）保护用电流互感器暂态特性技术要求（国标），制订等同采用 IEC44.6（992）；（5）干式电力变压器技术参数和要求（推荐性国标），修订后将 GB10228—88 和 ZBK41003—88 合并；（6）交流电气化铁道用互感器第一部分电流互感器（行标）制订；（7）交流电气铁道用互感器第二部分电压互感器（行标）制订；（8）柱式接触自动调压器（行标）制订；（9）电渣炉用变压器（推荐性行标）修订 JB/DQ2083—83；（10）互感器用金属膨胀器质量分等（推荐性行标），修订 JB/T56154—94；（11）压力释放阀质量分等（推荐性行标），修订 JB/T56172—94；（12）变压器类产品用密封件条件第一部分橡胶密封件（推荐性行标）制订；（13）变压器类产品用密封件技术条件第二部分软木橡胶密封件（推荐性行标）制订。

〔撰稿人：沈阳变压器研究所　陈淑云　审稿人：沈阳变压器研究所　赵克俭、曲万里、朴文铉　机械工业部重大装备司　乔振西〕

〔责任编辑：张友鹤〕

电力整流器

〔机械工业部〕

生产发展情况　1995 年机械工业部定点从事电力电子器件与电力电子装置生产的专业生产厂和研究所共 19 个，其中主要企业有北京整流器厂、椿树整流器厂、北京变压器厂、上海整流器总厂、西安电力整流器厂、青岛整流器总厂和襄樊市仪表元件厂，专业研究所有西安电力电子技术研究所。19 个单位中只生产电力电子器件的有 1 个，只生产电力电子装置的有 4 个，其余 14 个既生产器件又生产装置。

1995 年 19 个企、事业单位年末共有职工 11 800人，全年平均职工总数 11 965 人。拥有固定资产原价 36 896 万元，固定资产净值余额 21 064 万元，流动资产平均余额 58 516 万元。

1995 年 19 个单位共完成工业总产值（1990 年不变价）40 931 万元，当年价 40 903 万元，分别比 1994 年下降 20%和 25.7%；工业增加值 11 987 万元，比上年下降 47.9%；利润总额 -907.1 万元，比上年下降 8.5%；有 6 个企业亏损，亏损额为 1 627 万元；利税总额 17 697 万元，比上年下降 39.7%。工业经济效益 6 项指标与电工电器行业标准值比较如表 1。

表 1　电力电子行业 6 项工业经济效益指标

指　　标	计算单位	电工电器行业标准值	电力电子行业实现指标值
工业产品销售率	%	97.1	94.50
工业资金利税率	%	13.7	2.12
工业增加值率	%	29.1	29.30
工业成本费用利润率	%	7.9	-3.54
工业全员劳动生产率	元/人	8 393	10 018
流动资产周转率	次	1.2	0.59

由表 1 可看出：1995 年电力电子行业的 6 项工业经济效益指标除工业增加值和全员劳动生产率外，其余 4 项指标均低于电工电器行业标准值，尤其是工业资金利税率、工业成本费用利润率和流动资产周转率远低于标准值，说明电力电子行业 1995 年工业经济效益低下。

由上述各项经济指标的统计和分析说明电力电子行业 1995 年各项主要经济指标继 1994 年的不景气后又全面下滑，企业经营状况十分艰难。

下面就部分企业 1995 年工业经济效益综合指数加以统计分析，见表 2。

为便于比较，将表 2 中 6 个企业的几项经济指标和产品产量列于表 3。

从表 3 可以看出襄樊市仪表元件厂和青岛整流器总厂 1995 年效益相对较好；北京整流器厂各项指标及产品产量下降幅度较大；椿树整流器厂扭亏为盈；上海整流器总厂和西安电力整流器厂亏损。这 6 个厂的电力电子器件产品全面减产；电力电子装置除椿树整流器厂和西安电力整流器厂略有增产外，其余 4 个厂均减产。

市场及销售　1995 年 19 个企、事业单位工业销售产值当年价 38 661 万元，比上年下降 22%；产品销售收入 34 804 万元，比上年下降 16.3%。1995 年市场销售较好的产品是电热冶金和电化学用的装置和中频加热装置，其他大部分产品呈减产状况。产品出口销售额 291 万美元，比 1994 年增长 208%；出口产品有电力电子器件 0.73 万只，电力电子装置 0.67 万 kW；出口国家和地区为美国、印度、印尼等。

产品分类及产量 电力整流器产品分为电力电子器件和电力电子装置两大类。

1995年15个生产电力电子器件的单位，共生产18个系列160个品种的电力电子器件67.7万只，比上年下降34.3%。18个生产电力电子装置的单位，共生产30个系列电力电子装置0.36万台、70.2万kW，比上年下降41.4%。

科研成果 1996年1月11日～13日机械工业部科技与质量监督司在西安主持对西安电力电子技术研究所承担的“八五”国家重点科研项目8个专题进行了部级鉴定。

(1) 绝缘栅晶体管IGBT的研究专题通过鉴定。该专题包括：①IGBT芯片主要制作技术研究，成功地研制出10A～30A/600V～1 200V IGBT芯片，并开发了50A～200A/600V～1 200V IGBT模块的封装技术；②IGBT器件与工艺的CAD研究；③IGBT器件封装技术研究；④IGBT测试技术研究。

表2 部分企业工业经济效益综合指数

指标 \ 企业	电工电器行业标准值	权数	襄樊市仪表元件厂		青岛整流器总厂		北京整流器厂	
			企业指标值	综合指数	企业指标值	综合指数	企业指标值	综合指数
工业经济效益综合指数				101.303		69.843		54.102
工业产品销售率（%）	97.14	15	98.60	15.224	97.04	14.983	94.78	14.634
工业资金利税率（%）	13.66	30	8.90	19.546	4.07	8.938	3.89	8.543
工业增加值率（%）	29.10	10	44.00	15.118	26.01	8.937	29.54	10.150
工业成本费用利润率（%）	7.91	15	1.70	3.224	0.63	1.195	0.96	1.820
工业全员劳动生产率(元/人)	8 393	10	18 792	22.550	12 588	15.106	10 525	12.630
流动资产周转率（次）	1.17	20	1.50	25.641	1.21	20.684	0.37	6.325

指标 \ 企业	电工电器行业标准值	权数	椿树整流器厂		西安电力整流器厂		上海整流器总厂	
			企业指标值	综合指数	企业指标值	综合指数	企业指标值	综合指数
工业经济效益综合指数				51.954		28.582		21.547
工业产品销售率（%）	97.14	15	103.40	15.965	86.79	13.400	103.90	16.042
工业资金利税率（%）	13.66	30	1.38	3.031	0.30	0.658	-2.20	-4.831
工业增加值率（%）	29.10	10	37.34	12.830	28.56	9.813	25.60	8.796
工业成本费用利润率（%）	7.91	15	1.02	1.934	-9.50	-18.014	-10.80	-20.480
工业全员劳动生产率(元/人)	8 393	10	8 894	10.673	7 275	8.708	10 800	12.960
流动资产周转率（次）	1.17	20	0.44	7.521	0.82	14.017	0.53	9.060

表3 部分企业经济指标对比

企业名称	年份	工业总产值（当年价）（万元）	产品销售收入（万元）	利润总额（万元）	生产器件（万只）	生产装置（万kW）
襄樊市仪表元件厂	1995年	3 855	3 892	66	38.0	0.9
	1994年	4 333	2 216	53	59.0	3.2
青岛整流器总厂	1995年	3 993	3 648	23	0.6	1.9
	1994年	3 556	2 704	15	0.9	2.6
北京整流器厂	1995年	4 002	4 513	45	1.2	7.0
	1994年	7 144	6 790	460	2.4	15.0
椿树整流器厂	1995年	2 199	1 994	24	3.6	1.8
	1994年	2 560	2 038	-459	9.5	1.2
西安电力整流器厂	1995年	4 549	4 658	-497	1.8	36.8
	1994年	6 617	5 725	95	2.2	34.3
上海整流器总厂	1995年	8 165	5 191	-638	10.0	6.3
	1994年	9 520	5 034	-746	15.9	7.9

(2) MOS控制晶闸管MCT研究专题通过鉴定。该专题包括：①MCT的制造技术研究，研制成功MCT 9A/900V芯片，MCT可作为功率开关用于大电流、低通态损耗为主要要求的应用领域；②MCT的器件与工艺的CAD研究；③MCT的测试技术研究。

(3) 大功率晶体管GTRPWM变频调速装置的研究通过鉴定。该课题研制出100、150kV·A GTR-

PWM变频调速装置，解决了一些关键技术并已分别提交用户使用，产生了明显效益。经运行证明，装置具有较高的可靠性，在主要性能指标上处于国内领先地位，达到国外80年代末期同类产品水平。

(4) 大功率晶体管GTR模块研究专题通过鉴定。该课题研制出50A～100A/1 200V GTR方型管芯；成功地研制出电力半导体模块通用的绝缘导热基板和JUSA、JUSB双组份弹性灌封材料等模块所必需的基础原材料和配套件；解决了多芯片并联技术，研制成功400A/1 200V方型管芯的GTR模块。

(5) 大功率可关断晶闸管GTO组件研究专题通过鉴定。该课题研制出2 000A/2 500V GTO组件现已在变频器和牵引电力机车直流斩波器中使用，证明GTO组件具有良好的电、热性能，结构紧凑、简单、易维修的特点，试验证明可节电20%以上，具有很好的经济效益。该组件为国内首创，达到国际80年代末期水平。

(6) GTR模块、GTO组件及应用模块测试技术和设备研究专题通过鉴定。该专题包括①GTR模块测试技术和设备研究；②GTO组件测试技术和设备的研究；③应用模块测试技术和设备研究。三个分课题相应制作出三套综合测试设备样机，采用计算机控制，具有故障诊断、测试结果数字显示、自动记录和打印功能。经1 000只（套）次以上的测试运行，表明这些测试设备具有较高的可靠性，测试数据准确，综合测试效果良好，性能指标达到了80年代末的国际先进水平。

(7) GTO、GTR应用电路模块研究专题通过鉴定。该专题包括：①GTO应用电路模块研究；②GTR应用电路模块研究；③GTO、GTR应用模块系列化规模化工艺技术研究。所研制的GTO、GTR驱动电路、过电压保护和过电流保护等6种模块以及IGBT的驱动和过电流保护等两种模块，设计合理，性能优良，功能完善，在国内处于领先地位，其中GTR驱动模块性能指标达到了国际市场上同类产品水平。IGBT驱动模块具有先降栅压后软关断双重保护功能，属于当前国际同类产品水平。应用电路模块采用混合集成厚膜电路和SMT表面贴装工艺制造，其性能可靠、体积小，安装使用方便，便于批量生产。经多家用户使用证明具有性能良好，可靠性高等特点，有较好的应用前景。

(8) GTO、GTR应用共性基础技术研究专题通过鉴定。该课题包括 (1) GTO应用共性基础技术研究；(2) GTR、GTO装置CAD研究。课题成果具有创新性和较高的实用价值，对于提高我国GTR和GTO器件的使用水平，改进传统的电力电子装置设计方法，加快新产品开发周期，具有重要意义。

青岛整流器总厂于1995年初研制成功KVA90新型电力用充电装置，该产品是根据国外先进的充电器电路成果和用户反馈信息，按照高于IEC标准的DIN1475标准进行开发的。中央控制部分自行研制，具有充电自动化程度高，开机后自行整定，保护功能齐全，充电方式自动选择等特点。该产品稳定精度高，可以无人值守。外型结构适应性强，美观大方，加工工艺较简单。

新产品 由国家经贸委组织审定的1995年国家级重点新产品试产项目，西安电力电子技术研究所研制成功的7项产品已列入国家级重点新产品，这7项产品是：

(1) ∅100mm 3 000A/5 500V大功率晶闸管；

(2) 30万kW汽轮发电机旋转励磁整流组件；

(3) ∅77mm系列大功率低损耗晶闸管；

(4) KK2 000A/1 600V大功率快速晶闸管；

(5) DBC－402 IGBT栅极特性测试仪；

(6) 50－400A/600－1 200V电力晶体管模块；

(7) GTO、GTR、IGBT应用电路模块。

管理及改革 为了解决电力电子行业科研成果工程化和向规模生产转化，经国家计委批准，成立国家电力电子工程研究中心，该中心设在西安电力电子技术研究所内，目前已完成了工程中心的评估工作，并对所需的购置设备进行国内外招标，厂房设计图纸已初步完成。

目前电力电子模块产品产量迅速增长，为防止不合格产品充斥市场，中国电器工业协会电力电子分会组织对模块产品进行试验推荐工作。目前已有4个模块生产厂自愿参加产品试验推荐活动，经试验合格的产品有6种，行业协会向社会推荐：

(1) 无锡无线电元件五厂的KZQ250A/1 200V晶闸管臂对模块；

(2) 台州通达机电有限公司的MTC 160A/1 200V晶闸管臂对模块；

(3) 阜新晶体管厂的MTC 200A/1 000V晶闸管臂对模块；

(4) 鞍山鞍萨功率电子有限公司的MTTQ 300A/1 200V晶闸管臂对模块；

(5) 无锡无线电元件五厂的ZXQ 200A/1 200V整流管臂对模块；

(6) 台州通达机电有限公司的MDC 100A/1 200V整流管臂对模块。

质量及质量管理 整流器产品的质量检测工作由国家电力电子产品质量监督检测中心负责，该中心设在西安电力电子技术研究所内。

1995年制订了符合IEC标准的国标及行业标准共有8项，它们是绝缘栅双极晶体管（IGBT）测试方法国家标准，绝缘栅双极晶体管（IGBT）术语符号国家标准，电力变流设备阀器件、堆和装置的端子标志国家标准，电力半导体器件包装技术条件行业标准，晶闸管模块行业标准，晶闸管交流电力控制器行业标准，电泳涂漆用整流器行业标准，交流电动机软起动开关行业标准。

〔撰稿人：西安电力电子技术研究所　黄嘉炳　审稿人：西安电力电子技术研究所　吴济钧　机械工业部重大装备司　张居猷〕

〔责任编辑：张友鹤〕

电气控制成套设备

〔机械工业部〕

生产发展情况 1995年对66个行业厂进行了抽样调查，共有职工38 414人，其中工程技术人员5 497人，约占职工人数的14.3%。1995年共完成工业总产值261 483.17万元，利润总额7 272.34万元，销售收入228 092.15万元。

1995年，北京第二开关厂全年经济指标持续增长，经济效益显著提高，完成工业总产值8 795.52万元，比上年增长18%，实现利税总额增长47.7%，销售收入增长89.1%，全部职工工资总额增长17.2%，全员劳动生产率增长21.3%，各项指标创该厂历史最高纪录。该厂生产的GHD1型交流低压组合式配电柜，是在引进国外多米诺组合式开关柜的基础上，经过几年的技术改进，全部零件实现了国产化，并且通过了国家电控配电设备质量监督检验中心全面型式试验，产品达到国际90年代初水平。GHD1型交流低压组合式配电柜荣获机械工业部一等品证书，1995年被评为北京名牌产品。

上海华通开关厂是高、低压电器，成套设备和自动化设备的综合型制造厂，是上海市高新技术企业，全年完成工业总产值29 861.7万元，比上年增长10%；实现产品销售收入25 895.7万元（扣除增值税），比上年增长15%。该厂在1995年继续完善了厂内模拟分厂制，完善了财务考核制度，推行了划小核算单位的管理办法，调动了各方面的积极性，增强了全体职工的市场意识。

厦门电器控制设备厂，上下齐心协力，提高市场竞争能力和信誉，克服各种困难，全年共完成工业总产值7 664万元，比上年增长66.4%。该厂主导产品GCK1电动机控制中心被评为部优产品。厦门市产品质量检验所对GCK1电动机控制中心进行了等级评定检查，认为符合一等品要求，达到了优等品标准。

唐山市开关厂1995年发展情况比上年呈上升趋势。1995年，充分发扬协同合作，艰苦奋斗精神，强化内部管理，采取节能降耗，严把采购关、质量关、压缩库存等措施，使全年实现产值1 020.45万元，与1994年相比，减少亏损17%。

科研成果 根据国家“八五”科技项目攻关计划，天津电气传动设计研究所开发研制了一套用于天津市无缝钢管厂的全数字式矢量控制交—交变频调速装置。该装置的额定功率为2 500kW（2 800kV·A），额定电压1 300V，额定电流1 230A，过载倍数250%（1min），调速范围可从零调起，最低工作速度80r/min，0～400r/min恒转矩，400r/min～600r/min恒功率，调速精度<1%，电流响应时间<20ms。该装置是国内开发研制配套的第一套大功率数字式矢量控制交—交变频调速装置，自行开发研制的适用于大型异步电动机数字式矢量控制交—交变频调速系统的专用硬件和应用软件，解决了信号传递延时的补偿，磁场定向控制，弱磁控制，在线调试等一系列技术关键。主要技术指标基本上达到了攻关合同的规定，控制性能达到90年代初引进的国际先进产品水平，工业运行证明是先进可靠的，经济效果显著。

1995年，天津电气传动设计研究所成功地开发了2.2kV·A～300kV·A IGBT DWM变频调速装置，这也是国家“八五”科技项目之一。变频器的额定输出电压为三相交流380V±5%V，频率范围为0.5Hz～500Hz，频率精度为0.01Hz，过载能力为150%额定电流1min。装置的主回路采用国际最新功率器件IGBT，波形生成采用国际流行的空间电压矢量控制技术，产品具有低频大转矩和高的电压利用率；异步/同步相结合的调制方式，在工频内无跳档、无电流冲击；载波频率可任意设置；控制及驱动电源采用开关电源，具有宽的电源适应范围。硬件电路采用16位单片机控制，薄膜轻触键盘操作，较完善的软、硬件保护和自诊断功能，很好地解决了IGBT短路与过流保护，主回路过压尖峰吸收以及大容量装置中IGBT的多管并联问题。产品达到了国际90年代初先进水平，属国内领先。该系列产品可广泛用于300kV·A以下有调速要求的交流电机拖动的工业应用领域，可替代进口产品。

1995年，天津电气传动设计研究所与湖北襄樊机床电气传动设备厂合作，完成了“八五”科技攻关项目数字化交流主轴驱动装置。其主要性能指标是输入电压交流380V±15%V，容量30、60kV·A，调速范围≥1∶100，稳速精度为额定转速的0.1%，负载0～100%，恒功率范围1：4（最高转速6 000r/min）。攻关中解决的关键技术有：双16位CPU的主从结构方式组成交流主轴驱动系统技术；双16位微机控制软件技术；装置有再生制动能量回馈电网单元，实现四个象限工作；矢量控制中考虑了各种实际情况的修正与处理，从而具有稳速精度高、调速范围宽、快速性好、可以定位的特点；具有完善的自诊断功能，对装置的重要器件，各种检测部件及控制软件均能及时诊断处理；模拟量检测采用独特的频率变换数字的方法，有利提高抗干扰能力；功率晶体管上下驱动不用常规的固定延时，采用反馈互锁方式，减少延迟时间，提高了可靠性及驱动性能；硬件短路保护技术，即使发生短路，也不致于损坏。该产品适用于数控机床主轴调速和定位控制，若不加附件可实现加工中心自动换刀定位控制；加附件C轴板和电机加18 000r/min编码器，可实现高精度定位，可以用于新机床设计和老机床改造，也可以直接替换进口加工中心设备上的同类产品，还可用于其他性能要求较高的交流传动系统。该产品1995年12月在襄樊经部级专家技术鉴定，认为处于国内领先水平，达到了90年代初国际主轴调速系统的技术水平。该产品商品化能较快实现，具有较强的市场竞争能力，经济效益和社会效益相当显著。

新产品 1995年11月，电气控制成套设备行业的新产品主要有：天津电气传动设计研究所研制开发的45kA/500V同相逆并联晶闸管稳流整流电源在山东铝业公司投入运行，并联运行向铝电解槽系列供给80kA直流电流。投运一次成功，运行稳定、可靠。该电源的单机容量为目前国内最大，在晶闸管大功率整流电源上采用同相逆并联技术为国际首例，其主要技术指标均达到进口同类产品的指标。整流效率0.98，稳流精度0.1%，均流系数0.90以上。由于采用了同相逆并联技术，其噪声较进口设备低8dB，经中国有色金属工业总公司组织有关专家鉴定，认定其技术水平已达到国际90年代初期水平。该电源投资比进口设备低40%。投入运行后吨铝耗电可降低500kW·h～700kW·h，是国内电解行业和直流电弧炉炼钢行业理想的整流电源，可取代进口，推广前景光明，具有巨大的社会经济效益。

管理及改革 1995年是电控配电设备行业发展极为重要的一年，先后召开了中国电器工业协会电控配电设备分会一届理事长会议，召开了中国电器工业协会电控配电设备分会一届五次理事会议，中国电器工业协会电控配电设备分会第二次会员大会，中国电器工业协会电控配电设备分会二届一次理事会议和常务理事会议。

这四次会议的召开，完成了中国电器工业协会电控配电设备分会1991年～1994年度的工作总结，安排了1995年度工作计划，完成了中国电器工业协会电控配电设备分会第二届领导班子换届，完成了对分会秘书处机构的调整及其他事项。

1991年～1994年的工作总结指出：中国电器工业协会电控配电设备分会成立于1991年6月25日，是经原机械电子工业部的机电政〔1991〕1059号文批准成立的。分会第一次会员大会于1991年10月14日在成都召开。分会的宗旨是为会员服务和为政府服务的双向服务。经4年的发展壮大，现有会员单位总数已超过400个。一届理事会按章程规定，分会秘书处其下属的7个委办先后召开了4次工艺技术交流会，7次先进工艺装备推广会，1次引进低压电器产品宣传推广会，向各会员单位介绍了大量国内外的先进工艺、先进产品，推广了新材料、新装备、新技术。分会定期出版了30多期《电控配电行业动态》、《电控配电行业标准化简讯》，编辑了《电控辅件标准化汇编》、《电控配电设备装置工艺汇编》等刊物和资料，使会员单位及时了解政策规定、行业动态、产品信息。分会先后两次召开质量保证体系国家标准宣贯会，及时向各会员单位通报新老标准清理结果，以利于产品标准的正确引用。特别值得一提的是在价格工作方面，分会花了两年时间，拟定了一个低压开关柜的计价公式，经过20多个单位的试用检验，已正式向全体会员单位发布实施。

在电控配电设备分会的1995年度工作计划中指出：分会将继续坚持双向服务的宗旨，发挥桥梁和纽带作用，以召开第二次会员大会和分会领导班子换届为重点，同时开展多项服务活动，如继续协助行业所推广新产品、新材料、新工艺、新装备和新工具，继续推广低压开关柜计价公式，继续开展行业“九五”发展规划工作，继续开展“转机制、抓管理、练内功、增效益”活动。

经第二次会员大会选举，产生了中国电器工业协会电控配电设备分会第二届理事会。理事长单位：上海电器成套厂；常务副理事长单位：天津电气传动设计研究所；副理事长单位：北京第二开关厂、南京华洋电气控制设备有限公司、锦州开关厂；常务理事单位：北京开关厂等21个单位；理事单位：天津市电器开关公司等51个单位。

质量及质量管理 杭州鸿雁电器公司1994年被国家技术监督局、中国质量管理协会评为全国60家质量效益型企业之一。多年来，该公司积极采用先进的质量管理手段，是中国第一个通过BS5750质量体系认证的生产企业。1994年11月，经中国质量管理协会保证中心和浙江省质量体系审核中心认定，该公司的质量保证体系符合GB/T19001（ISO9001）质量体系规范要求，同意推荐注册。1995年又经中质协保中心复查，再次予以确认。1995年中国质量检验协会和中国质量管理协会，推荐该公司产品为全国用户满意产品。

北京开关厂为适应市场竞争，首先开展了质量体系认证工作，在全厂开展了不同层次的培训，使广大干部职工深入了解ISO9000质量保证体系，还编写了质量手册、程序文件支持性文件，并于1995年4月正式颁布实施。其次，注意开展质量月活动，解决了几个实实在在的问题。第三，加大了厂内质量监督力度，坚持每天对出厂产品质量及零部件加工质量进行监督检查，对重点产品出厂考核。1995年底，在部军工司组织的质量检查中，实物质量检查得分最高。

开封开关厂为了增强质量意识，切实抓好产品质量，使产品每年上一个新台阶，将1995年定为“质量年”，抓了三方面质量工作：一是提高全员素质，抓好职工教育和岗位培训工作；二是完善和贯彻各项规章制度，岗位工作标准，明确质量责任；三是提高工艺水平，严格工艺纪律，搞好工艺攻关。通过质量活动，强化管理，提高了产品质量，巩固了市场。全年完成工业总产值4 611万元，比1994年增长9.16%。

技术引进 常熟开关厂为了完善CAD/CAM系统，引进了美国HP9000/715工作台两台，美国EDS公司生产的PC机20多台，实现新旧系统联网，促进了产品的开发。为扩大成套开关柜的生产量和提高加工质量，与CAD/CAM系统相配套引进了日本 ASIGS－245Ⅱ型数控转塔冲床 FBD－1253 数控折弯机，促进研制开发高档的成套开关柜和提高成套开关生产的专业水平，全年用于技改资金 576.7 万元。

成都电工厂除了引进国外先进的数控机床外，还引进了 GZD 直流电源柜和 GGD 低压配电柜全套生产技术，进行了工厂化，样机通过了型式试验，进入了批量生产阶段。

上海华联电器开关厂是上海市先进企业，引进了美国 WIEDEMANN C3000 CNC 冲床 1 台，荷兰 DARLEY EHP 20031/25 CNC 折弯机、DARLEY GS3106 CNC 剪板机、DARLEY MPD 70/130 型钢加工机各 1 台，德国 EHRT HOLECUT 40－6－2000 CNC 冲床、EHRT EB30 CNC 弯板机各 1 台。全厂职工 394 名，全年创产值 14 308 万元，比 1994 年增长 35%。

〔撰稿人：机械工业部天津电气传动设计研究所　柳英武、陈　涛　审稿人：机械工业部天津电气传动设计研究所　年培新、熊其求　机械工业部重大装备司　张居猷〕

〔责任编辑：张友鹤〕

高压电器

〔机械工业部〕

一、高压开关

生产发展情况　1995 年高压开关行业生产在连续增长之后又取得了新的进展。根据对 243 个主要生产厂的统计，在人员增长仅 2.7% 的情况下工业总产值、工业增加值、产品销售收入、利润总额、全员劳动生产率、人均创利税等各项指标均比上年有较大增长，且多数指标增长率超过 10%，详见表 1。

从表 1 看出 1995 年行业生产发展有如下特点：

（1）行业除流动资产周转率外的主要经济指标均大于 1994 年的相应值，且其中高压开关部分的生产指标和效益增长较大，如工业总产值（当年价）增长了 13.8%，其中高压开关产值增长 22.7%；利润总额增长 37.9%，其中高压开关利润增长 44.8%；总产值利润率为 5%，而高压开关产值利润率为 6.25%。

（2）行业全员劳动生产率比上年增长 18.7%，说明产量、产值的增长主要靠技术进步来提高劳动生产率。

（3）流动资产周转率继上年降低后继续降低，流动资产周转率由 1994 年的 1.15 次降至 1995 年的 1.07 次。有两个大型企业流动资产周转率降至 0.97 次、0.98 次。其原因除产品生产周期较长和企业内部管理存在一定问题外，另一主要原因是货款回收困难，这种情况比以往更严重。企业为维持生产不得不增加银行贷款，支付银行的利息相应增加，企业的利润率由 1994 年的 6% 进一步降至 1995 年的 5%，却要向银行支付 15% 左右的贷款利率，使企业不堪重负，因此解决货款拖欠问题是当务之急。

（4）在统计的 243 个高压开关生产企业中，1995 年有 179 个企业有固定资产投资，投资总金额 83 285.4 万元，约为 1995 年末 243 个高压开关生产厂固定资产净值的 19.8%，这说明投资力度很大。在 1995 年总投资中 57 490 万元用于技术更新改造，约占总投资额的 69%，说明企业对本行业发展充满信心和对提高产品制造技术、产品质量和生产效率的决心。

（5）行业 1995 年亏损企业较多，在统计的 243 个企业中有 33 个企业亏损，亏损面为 13.5%，亏损总金额 7 587 万元。另外还有四五个企业利润为零或低于 1 万元。亏损企业大多分布在内陆省份和东北地区。

行业产品结构问题。生产高压开关产品的工厂较多，但多数工厂生产量不大，不能形成规模经济，因此技术改造投入少，技术进步、产品质量和经济效益很难提高。

（1）10kV SF_6 断路器生产厂有 14 个，年产量超过 1 000 台的仅 3 个厂，年产量超过 500 台能形成一定批量的总共不过 5 个厂。

（2）在这次统计的 94 个生产厂中，10kV 真空断路器年产量超过 3 000 台的仅陕西开关厂 1 个，年产量超过 2 000 台的仅陕西开关厂和北京开关厂 2 个。年产量 17 台以下的有 6 个厂，其中年产量最低的仅 5 台。

（3）生产高压开关柜的 185 个工厂中年产量超过 2 000 台的仅天水长城开关厂，产量超过 1 000 台的有 13 个厂，还有 6 个工厂年产量仅 3 台～7 台。

（4）随着真空开关产量逐年激增，真空灭弧室销势看好，许多真空器件厂纷纷上灭弧室生产线，迄今已有 10 个以上工厂生产真空灭弧室。据对已有资料的 9 个生产厂统计年产量超过 20 000 只的仅有四四〇一厂、七七七厂和七七一厂。

（5）负荷开关、高压接触器、箱式变电站等新产品产量以大幅度增长，说明了企业在调整产品结构，在生产适销对路、效益好的产品方面迈出了坚实的步伐。

（6）电气化铁道专用的 27.5kV 单相真空断路器、真空灭弧室、隔离开关、接地开关等产品 1995 年产量已形成一定批量生产规模，为我国铁道电气化提供了必要的产品。

沈阳高压开关厂、西安高压开关厂、平顶山高压开关厂是高压、超高压开关设备的主力生产厂。上海华通开关厂、北京开关厂是高压和中压开关的主要生产厂，他们是行业的骨干企业。这五大开关厂1995年主要经济指标完成情况详见表2。

表1 1995年高压开关行业主要技术经济指标情况

序号	项目			单位	1995年	比上年增长%
1	全部职工年末人数	总计		人	151 784	2.8
		其中	从事高压开关人数	人	73 404	0.8
			工程技术人员数	人	17 574	3.9
2	工业总产值	当年价		万元	1 108 417.1	13.8
		1990年不变价		万元	1 050 790.6	30.0
		其中：高压开关产值（当年价）		万元	669 058.8	22.7
3	工业增加值			万元	337 288.6	22.0
4	产品销售收入			万元	989 327.0	20.8
5	产品销售税金及附加			万元	22 252.7	4.8
6	利润总额	总计		万元	55 628.1	37.9
		其中：高压开关部分		万元	41 796.9	44.8
7	年末固定资产	原价		万元	618 360.2	28.3
		净值		万元	419 536.6	30.0
8	流动资产平均余额			万元	923 860.8	30.0
9	工业全员劳动生产率			元/人	22 222	18.7
10	流动资产周转率			次	1.07	-6.5
11	销售利税率			%	7.8	3.7
12	资金利税率			%	5.8	-3.3
13	人均创利税			元/人	5 131	23.1
14	全部职工工资总额			万元	94 890.8	31.9
15	高压开关产值利润率			%	6.25	18.0

表2 1995年五大开关厂经济指标完成情况

项目	单位	沈阳高压开关厂	西安高压开关厂	平顶山高压开关厂	上海华通开关厂	北京开关厂
全部职工年末人数	人	7 272/一	5 929/二	4 966/三	4 138/四	2 470/五
工业总产值（当年价）	万元	52 617/一	51 507/二	45 728/三	29 862/四	25 606/五
工业增加值	万元	22 181/一	8 507/三	9 183/二	8 212/四	6 497/五
产品销售收入	万元	47 010/一	40 991/三	45 461/二	25 896/四	23 953/五
全员劳动生产率（按工业增加值计算）	元/人	30 502/一	14 347/五	18 491/四	19 845/三	26 303/二
人均创利税	元/人	8 515/一	2 481/三	7 080/二	1 249/五	1 846/四
流动资产周转率	次	0.97/五	0.98/四	1.32/一	1.06/三	1.21/二
利税总额	万元	6 192/一	1 471/三	3 516/二	517/四	456/五
出口创汇	万美元	56/五	1 420.86/一	200/二	179/三	57.83/四

注：表中分母数字是该厂该项指标在五大开关厂中的位次。

这五大开关厂在1995年生产都有发展，其中沈阳高压开关厂和西安高压开关厂的产值均突破了5亿元大关。西安高压开关厂的产值由1994年的3.5亿元增加至5亿元更为突出。但需指出平顶山高压开关厂和西安高压开关厂的工业增加值率分别为20.08%和16.5%，数值过低。五大开关厂1995年出口创汇共计1 913.7万美元，占行业28个厂出口创汇总金额的46.6%。

按1994年机械工业部工业企业统计制度所规定的《机械工业经济效益评价考核指标及其标准值》（以下略称评价办法）计算出的五大开关厂经济效益综合指数及排序结果列于表3。

表 3　五大开关厂经济效益评价考核指标

排序	企业名称	总评价值	产品销售率（%）		资金利税率（%）	
			电工行业标准值	97.14	电工行业标准值	13.66
			权重系数	15	权重系数	30
			完成值（%）	评定值	完成值（%）	评定值
1	沈阳高压开关厂	1.1553	89.3438	13.7961	7.7213	16.9574
2	平顶山高压开关厂	0.9806	99.4161	15.3515	7.5564	16.5954
3	北京开关厂	0.9307	93.5445	14.4448	1.8148	3.9856
4	上海华通开关厂	0.8028	86.7189	13.3908	1.4668	3.6167
5	西安高压开关厂	0.6734	79.5834	12.2810	2.5042	5.4996

排序	企业名称	增加值率（%）		全员劳动生产率（元/人）		流动资产周转率（次）	
		电工行业标准值	29.1	电工行业标准值	8 393	电工行业标准值	1.17
		权重系数	10	权重系数	10	权重系数	20
		完成值（%）	评定值	完成值（元/人）	评定值	完成值（次）	评定值
1	沈阳高压开关厂	42.1556	14.4865	30 501.93	36.3421	0.9723	16.6210
2	平顶山高压开关厂	20.0818	6.9001	18 491.74	22.0323	1.3146	22.4722
3	北京开关厂	25.3730	8.7192	26 303.64	31.3310	1.2062	20.6191
4	上海华通开关厂	27.4998	9.4501	19 845.34	23.6451	1.0610	18.1361
5	西安高压开关厂	16.5162	5.6757	14 348.12	17.0953	0.9760	16.6830

注：表 3 和表 4 中的数字由于各厂报表中未列成本费用总额，无法计算成本费用利润率，故部颁考评指标的第 5 项无法计算，仅按已有 2、3、4、6、7 项计算，在计算总评价值时，则为上述 5 项之和除以总权数 85 而得。

市场及销售　1995 年国内高压开关产品市场稳中有升，但 220kV 及以上电压等级的产品产量减少或增幅不大。10、35kV 产品需求平稳，个别类型的产品，如少油断路器、多油断路器产量降低，这符合产品更新换代、老产品逐步为适销对路的新产品取代的大趋势。市场对负荷开关、环网柜、真空断路器、接触器、箱式变电站的需求量增加，因此这类产品的生产厂效益都不错。

1995 年很多厂的销售收入远低于工业总产值，这并非产品没卖出去，而是货款收不回。

1995 年行业共有 28 个企业有高压开关产品出口业务，共创汇 4 103.87 万美元，比 1994 年净增 2 072.6 万美元，增长 65.2%。1995 年出口产品中 220kV 及以下的 SF_6 断路器和 GIS 占有相当比重，说明行业的高压高技术含量的产品正在打入国际市场。

1995 年行业产值超亿元的工厂共 34 个，除五大开关厂外现将其余 29 个企业按部颁经济效益综合评价办法进行综合评定，按总评价值排序如表 4 所示。表中还附有各厂 1995 年总产值以供参考。

产品分类及产量　高压开关行业 1995 年各类产品产量见表 5。

表 4　1995 年除五大开关厂外产值超亿元企业总评价值

排序	企业名称	总评价值	工业总产值（当年价，万元）	排序	企业名称	总评价值	工业总产值（当年价，万元）
1	厦门 ABB 开关有限公司	4.3655	23 587	16	江苏如皋高压电器厂	1.1622	10 952
2	江苏汇源（集团）公司	3.7592	12 018	17	浙江开关厂	1.1233	18 508
3	慈溪电器开关厂	3.1501	10 419	18	泰兴市开关厂	1.0837	10 021
4	广东珠江开关厂	2.8068	11 860	19	上海电器股份有限公司电器成套厂	1.0663	16 372
5	上海广电电器实业总公司	2.6788	25 200	20	厦门电器控制设备厂	1.0466	10 580
6	宁波华通电器成套厂	2.2777	18 010	21	福州通用电器股份有限公司	1.0337	10 401
7	镇江市电器设备厂	2.2509	51 418	22	陕西开关厂	0.9973	12 800
8	江苏通华电器厂	2.0426	12 040	23	四川电器股份有限公司	0.9384	11 509
9	成都通力电器集团公司	2.0287	12 236	24	湖北开关厂	0.9262	12 089
10	宁波天安集团象山高压电器厂	1.7123	15 388	25	南京雷电（集团）有限责任公司	0.9188	25 382
11	国营扬州电器开关厂	1.6365	11 700	26	国营汉光电工厂	0.9065	10 403
12	山东省淄博开关厂	1.5597	15 054	27	抚顺电瓷厂	0.8808	27 468
13	广州南洋电器厂	1.4826	19 401	28	国营四四〇一厂	0.8245	14 163
14	福州第一开关厂	1.3643	20 342	29	柳州市开关厂	0.4441	11 894
15	天水长城开关厂	1.2240	20 370				

表 5　1995 年高压开关产品产量

类别 \ 电压（kV）	500	330	220	110	63	35	20	10	27.5/55
1. SF_6 断路器	11/−56	13/18	643/23	1 258/25	207/17	716/10	19/216	8 571/19.5	
2. 少油断路器			183/−19	1 464/−13	180/14	2 492/−14	12/10	24 497/−41	
3. 多油断路器						2 539/−10.3		5 437/−13.4	
4. 真空断路器						1 577/232		33 113/26.2	213/166.25
5. 封闭式组合电器 GIS	0/−100	15	23/−28	372/56.3					
6. 敞开式组合电器		8/−33	3					195/178.5	
7. 金属封闭开关设备						3 311/−18.2		58 125/2.8	
8. 环网柜						111		8 523/47.5	
9. 熔断器接触器柜（F−C）									
10. 隔离开关	35/−75	35/2.8	2 959/6.2	8 014/−1	236/−88	6 746/−34.8	126/−50	85 643/−21	62
11. 接地开关			54/2	135/864		96/−60		13 806/−11.5	10
12. 负荷开关								20 873/60	
13. 熔断器						8 266/57.15		347 519/30.1	
14. 分段器								30/−3	
15. 重合器								151/25.8	
16. 高压接触器						11/266		3 039/381.6	
17. 箱式变电站								1 717/88.6	
18. 高压真空灭弧室（包括断路器、负荷开关、接触器用）						4 307/72		171 939/26.5	655/17.2

注：分子为产量，分母为比上年增长的%。

需要说明的是 63kV 及以上各类产品产量较准确全面。真空灭弧室、真空断路器、10kV SF_6 断路器及少油断路器的统计亦较准确，其他如金属开关设备等产品的统计数字可能有一些企业的数字未纳入而有出入，表 5 是综合了行业 243 个主要生产厂的产品产量。各类断路器按 SF_6 开关设备（包括瓷柱式、落地罐式和 GIS）、少油断路器、多油断路器、真空断路器进行分类统计，计算各类断路器在各电压等级的断路器中所占比率，列于表 6。

（1）63kV 及以上电压等级的断路器中 SF_6 开关设备占绝对优势。330、500kV 仍为 SF_6 开关设备所垄断。

（2）10kV 断路器中真空断路器占 46.6%，而少油断路器所占比率由 1994 年的 51.1%降至 1995 年的 34.4%，SF_6 断路器所占比率由 1994 年的 8.8%上升至 11%，这是产品结构调整的一项重大成果。

（3）据对 94 个真空断路器生产厂统计，1995 年 10kV 真空断路器共生产 33 113 台。但按对 9 个真空灭弧室生产厂统计 10kV 真空灭弧室产量为 171 939 只。这 9 个厂真空灭弧室实际生产能力在 20 万只以上，说明真空开关的生产潜力还是很大的。

（4）铁道电气化用 27.5kV 真空断路器及与其配套的 27.5kV 隔离开关、接地开关已开始批量生产。35kV 环网柜、220kV 敞开式组合电器都是 1994 年以前所没有、1995 年为市场提供的新产品。

科研成果　自 1994 年西安高压电器研究所（以下简称西高所）与平顶山高压开关厂、西安高压开关厂、浙江开关厂联合开发研制 110kV 级 C－GIS 以来，1995 年解决了不少技术难题，试制样机已通过全部开断能力试验，仅剩高电压耐压试验和动热稳定试验待作，预计 1996 年 5 月完成上述试验后即可着手样机鉴定。

表 6　1994、1995 年各类断路器所占比例　　　　(单位：%)

电压 (kV)	500		330		220		110		63		35		20		10		27.5	
年份	1994	1995	1994	1995	1994	1995	1994	1995	1994	1995	1994	1995	1994	1995	1994	1995	1994	1995
SF_6 开关设备	100	100	100	100	70.9	78.4	42.3	52.6	52.8	53.5	9.5	9.8		61.3	8.8	11.4		
少油断路器					29.1	21.6	57.7	47.4	47.2	46.5	42.3	34		38.7	51.1	34.4		
多油断路器											41.3	34.7			7.7	7.6		
真空断路器											6.9	21.5			32.3	46.6	100	100

1995 年完成并通过工厂鉴定的科研成果如下：

(1) 为解决大容量电网中对 10kV 开关要求额定电流大，额定短路开断电流大的特点，1995 年西高所与珠江开关厂、七七九厂共同研制开发了 ZN28－10/4000－50 型真空断路器，其额定电流 4kA，额定短路开断电流 50kA。产品改进了触头结构，并使电场强度集中区域从触头间隔移到不受电弧烧蚀的部位。从而既提高了开断能力又保证了熄弧后绝缘水平的稳定性。

(2) 西高所与山东济宁开关厂、铁道部电气化勘测设计院联合研制的 ZN□－27.5/1250－25 型单极真空断路器，将灭弧室密封于由 DMC 不饱和树脂材料压制的绝缘筒内，后者兼作支撑，可免除灰尘潮气对灭弧室外绝缘的影响，满足Ⅱ级污秽地区对绝缘的要求。

(3) 西高所与泰安高压开关厂联合研制的 ZW□－10/630－12.5 型真空断路器，为户外三相共箱式结构，箱内充 SF_6 气体，由套管引入。具有防凝露和提高绝缘、抗大气条件影响的特点。

(4) 西高所与厦门永达电工工业设备公司联合研制成 ZW□－10/630－16 型油浸式三相共箱式户外真空断路器。

(5) 西高所与慈溪电器开关总厂联合研制的 CHZ□－10/630－12.5 型机电一体化户外真空自动重合器，由快速储能的弹簧机构及电子控制器控制操作。该产品能提高电网供电的连续性和可靠性。

除上述产品外，还研制成功了真空和 SF_6 两种接触器，压气式和真空式负荷开关各一种，真空灭弧室、隔离开关等产品共 19 种。

新产品　1995 年西高所为 165 个科研生产单位发放了 484 个产品型号的"颁发"和"使用"证书，其中为 95 种新产品发放了 108 个"颁发"证书。其中 SF_6 断路器 8 种产品、少油断路器 2 种产品、真空断路器等 43 种断路器 47 个证书（户内真空断路器的型号也由 ZN40 增至 ZN51，其中有 2 种户外真空断路器）、各类开关柜共 15 种（其中金属铠装移开式开关柜 5 种、间隔移开式开关柜 3 种、箱式固定柜 5 种、环网柜 2 种）、交流高压熔断器 2 种、户内接地开关 2 种、箱式组合变电站 5 种、高压负荷开关 4 种、高压真空接触器 1 种、高压真空灭弧室 1 种、各种断路器操动机构共 10 种（其中液压机构 1 种、气动机构 2 种、弹簧机构 4 种、电动机构 3 种），此外还有辅助开关、高压带电显示装置各 1 种。

质量及质量管理　到 1995 年底行业已有上海华通开关厂、天水长城开关厂、厦门 ABB 公司、成都通力集团、天津开关厂等通过了 ISO9000 质量认证。质量体系认证工作是 1995 年工厂管理工作的重点，也是今后一两年内行业质量管理工作的重点。

1995 年国家技术监督局组织高压电器质量监督检测中心对高压开关产品质量进行了抽查，共抽查了 24 个单位的真空断路器，其中质量合格的 22 个，不合格的 2 个，产品合格率为 91.6%。1995 年高压开关协会制订了《环氧浇注绝缘制品生产厂必备条件》、《断路器用绝缘筒生产厂必备条件》、《断路器用隔弧板生产厂必备条件》、《配套铸件生产厂必备条件》、《高压开关柜用固定、可动电接触，隔离插头生产厂必备条件》、《隔离开关用固定、可动电接触专用导电组合件（零件）生产厂必备条件》、《机械程序锁生产厂必备条件》，并制订了《高压开关行业协作配套件生产厂必备条件评审办法》，作为上述一系列必备条件实施的监督保证措施。上述各项均于 1995 年经高压开关协会常务理事会批准生效。

1995 年高压开关行业完成了下述标准的修订工作：

(1) 将原机械工业部标准 JB3855—85《10kV 户内高压真空断路器通用技术条件》与 ZBK43004—89《35kV 户内高压真空断路器通用技术条件》合并为一个适用于 10kV～35kV 户内真空断路器的新标准。

(2) 建议取消 JB/Z102—71《高压电器使用于高海拔地区的技术要求》。因高海拔对电气绝缘和温升等条件的影响以及试验方法、试验参数等要求已被 GB311.1 及 GB763 所包容，不必重复地成为一个独立标准存在。

上述两种修订意见已经标委会讨论通过，待报批中。

〔撰稿人：中国输变电设备行业协会高压开关分会　封芝圃　审稿人：西安高压电器研究所副总工程师　朱文熙　机械工业部重大装备司　乔振西〕

二、电瓷避雷器

生产发展情况　1995年生产电瓷避雷器的企业有200多个，骨干企业11个，主要大中型企业35个。根据1995年对行业35个大中型电瓷避雷器企业的统计，与1994年相比，全行业工业总产值（1990年不变价）下降了0.9%，利润总额下降了12.2%，利税下降3.5%，高压电瓷产量下降8.5%，高压避雷器产量下降12.3%。全行业完成的经济指标详见表7。

1995年电瓷避雷器行业除工业销售产值（当年价）、工业增加值、全员劳动生产率、工业产品销售率4个主要指标有所增长外，其余主要指标都有不同幅度下降。全行业11个骨干重点企业及18个主要企业的经济指标占35个大中型企业的比例详见表8。

市场及销售　根据1995年对35个电瓷厂家的统计，国内销售收入为138 853.9万元，比上年减少了1.9%。国外销售收入2 354万美元。出口产品主要有盘形悬式瓷绝缘子、变压器套管、线路棒形绝缘子、柱式绝缘子、高压避雷器等。出口产品主要销往韩国、孟加拉国、印尼、美国、泰国、澳大利亚和东南亚等国家及港台地区。

1995年按国内销售收入和出口额前十名企业的排序详见表9。

表7　1995年35个厂家主要指标完成情况

指标名称	单　位	实际完成	比上年增长%
工业总产值（1990年不变价）	万元	135 715.5	-0.9
年末职工人数	人	33 936	-11.0
年末固定资产原价	万元	158 299.3	20.4
年末固定资产净值	万元	106 188.1	33.2
利润总额	万元	4 103.9	-12.2
实现利税	万元	15 144.8	-3.5
国内销售收入	万元	138 853.9	-1.9

产品分类及产量　据不完全统计，高压电瓷避雷器产品有1 200多个品种，分别包括高压电瓷、高压避雷器。各种产品产量详见表10。

科研成果　1995年电瓷避雷器行业完成科研成果、新技术及新产品501项。

新技术科研成果主要有：氧化锌避雷器CAD辅助设计开发（抚顺电瓷厂）、OFPI-252型SF_6断路器用耐污瓷套研制（抚顺电瓷厂），提高绝缘子陡波特性的研究（大连电瓷厂）、微机控制内外仿形自动修坏机研制（南京电瓷总厂）、全自动燃气高速烧嘴车底窑（机械工业部第七设计研究院、上海电瓷厂）等。

获机械工业部科技进步一等奖的有：210、300kN直流绝缘子（大连电瓷厂）。

获机械工业部科技成果一等奖的有：全自动燃气高速烧嘴车底窑（机械工业部第七设计研究院、上海电瓷厂）。

获机械工业部科技进步三等奖的有：提高绝缘子陡波特性的研究（大连电瓷厂）。

新产品　（1）线路绝缘子：110kV～500kV复合绝缘子（西安电瓷研究所）、交流电气化铁道棒形复合绝缘子（大连电瓷厂）、FXB-500/160型有机复合绝缘子（大连电瓷厂）、11147圆柱头悬式玻璃绝缘子（南京电瓷总厂）、系列圆柱头悬式玻璃绝缘子（南京电瓷总厂）、65151和65152铁道棒型耐污支柱复合绝缘子（大连电瓷厂）。

（2）棒型支柱绝缘子：500/15户外棒形支柱绝缘子（抚顺电瓷厂）、145kV户外棒形支柱绝缘子（抚顺电瓷厂）、ZSW-1150-12.5和ZSW110/4.3型耐污棒形支柱绝缘子（南京电瓷总厂）及ZSW-220/12、ZSW9-220/8、ZSW1-1200-6户外耐污棒形支柱绝缘子（唐山电瓷厂）。

（3）瓷套：220kV SF_6电流互感器用瓷套（抚顺电瓷厂）、330kV SF_6电流互感器用瓷套（抚顺电瓷厂）、550kV罐式SF_6断路器耐污瓷套（西安高压电瓷厂）。

（4）金属氧化物避雷器：铁道电气化用110kV单节式无间隙氧化锌避雷器（西安电瓷研究所）、10kV～35kV复合外套无间隙金属氧化物避雷器（西安电瓷研究所、苏州电瓷厂）、Y10WF5-300/727型GIS氧化锌避雷器（西安高压电瓷厂）、110kV GIS氧化锌避雷器（西安高压瓷研究所、抚顺电瓷厂）。

（5）火花塞：A7TC型M10X1实出型铜芯电极火花塞（南京电瓷总厂）、FTTJC型三侧极火花塞（南京火花塞研究所）、镍—铜复合电极火花塞（南京火花塞研究所）。

1995年获国家级新产品的有：铁电110kV无间隙氧化锌避雷器（西安电瓷研究所）、220kV MOA Y10W-42 CMOA南阳金冠股份有限公司。

管理及改革　1995年由于国家实施宏观经济调控，抑制通货膨胀，电力工业建设速度放慢，一些项目停建缓建，直接影响行业的发展。“九五”电力工业建设速度将大于“八五”，平均新增装机容量将由 1 450 万 kW，提高到 2 000 万 kW。机械工业部已把 500kV 超高压输变电设备作为支柱产品。

1995 年 7 月，电瓷避雷器行业经营协调会议召开，与会代表对产品成本和产品价格进行了认真研究，根据原料、燃料大幅度涨价和产品实际成本费用的提高，对一些产品价格进行了适当调整。

长葛高压电瓷厂实行了公司化改组，形成相当规模的中型企业，成立了长葛市高压电瓷电器工业公司，下设电瓷一分厂、二分厂、三分厂。

全国百家现代企业制度试点单位——南京电瓷总厂，经江苏省和南京市人民政府批准，1995 年 8 月 28 日正式成立为南京雷电集团和南京雷电（集团）有限责任公司。南京雷电（集团）有限责任公司为国有独资有限责任公司，是以资产为纽带的母公司，下设 6 个子公司和 6 个分公司。子公司分别为：电瓷电器股份有限公司、中德合资火花塞有限责任公司、中德合资绝缘子有限责任公司、玻璃绝缘子有限责任公司、熔断器股份合作制企业和低压电器股份合作制企业；分公司为：实业总公司、运输公司、窑炉建筑工程公司、机械设备公司、火花塞开发公司和供销公司。南京雷电集团和南京雷电（集团）有限责任公司的正式成立，标志着南京电瓷总厂的光辉历史又翻开了新的一页。

质量及质量管理 1995 年，对 11 个企业由 15 种优等品和一等品产品进行了随机抽样。实际抽检到 10 个厂的 12 种产品，9 个企业的 11 种产品保持了相应优等品、一等品等级，另有 1 个厂的 1 种产品由优等品降为不合格品。

国家绝缘子避雷器产品质量监督检验中心通过两项国家级验收复查。国家绝缘子避雷器产品质量监督检验中心，是 1989 年经国家技术监督局审查认可、授权并命名的国家级产品质量监督检验测试中心。1994 年，认可证书和计量局计量认证证书都已到期，要复查、换证。国家技术监督局一行 7 人于 1995 年 10 月 24 日～27 日，对国家绝缘子避雷器质检中心，按照《国家级产品质量监督检验中心审查认可细则》等文件的规定进行了现场评审。专家评审组严格按照《审查认可细则》的六个方面 39 项逐项进行评审，结果为 35 个 A 项，2 个 B 项，无 C 项，其中 A 项占总评审项数的 94.6%，获优秀成绩，通过了国家计量认证复查。

表 8 1995 年 11 个骨干企业及 18 个主要企业占行业 35 个企业的比例表

指标名称	单位	11 个骨干重点企业		18 个企业	
		实际数	占 35 个企业比例 %	实际数	占 35 个企业比例 %
1. 工业总产值（1990 年不变价）	万元	9 618	70.6	110 812	81.7
2. 年末固定资产原价	万元	117 203	74.0	144 155	91.0
3. 年末固定资产净值	万元	73 340	69.1	93 491	88.0
4. 利润总额	万元	2 079	50.6	2 379	57.9
5. 实现利税	万元	9 629	63.6	11 264	74.4
6. 高压电瓷产量	t	64 112	64.4	80 821	81.2
其中：线路电瓷	t	40 314	58.4	52 835	76.6
电站电器电瓷	t	23 798	78.2	27 764	91.3
其中：110kV 瓷套	只	32 562	90.5	35 920	100.0
220kV 瓷套	只	10 106	91.6	11 033	100.0
330kV 瓷套	只	786	100.0	786	100.0
500kV 瓷套	只	149	100.0	149	100.0
110kV 电容套管	根	6 023	100.0	6 023	100.0
220kV 电容套管	根	1 009	100.0	1 009	100.0
330kV 电容套管	根	19	100.0	19	100.0
500kV 电容套管	根	13	100.0	13	100.0
110kV 棒型	根	75 439	86.5	83 782	96.1
220kV 棒型	根	43 257	100.0	43 257	100.0
330kV 棒型	根	2 212	100.0	2 212	100.0
500kV 棒型	根	3 840	100.0	3 840	100.0
7. 高压避雷器产量	只	132 182	29.3	271 766	60.2
其中：110kV	只	3 214	54.8	3 257	55.5
220kV	只	1 686	78.5	1 686	78.5
330kV	只	14	100.0	14	100.0
500kV	只	91	100.0	91	100.0
8. 产品销售收入	万元	98 051	70.6	115 024	82.8

表 9　1995 年国内销售收入、出口产值排名前十名企业

名次	企业名称	国内销售收入（万元）	名次	企业名称	出口产值（万元）
1	抚顺电瓷厂	22 511	1	大连电瓷厂	5 425
2	南京电瓷总厂	21 831	2	闽清电瓷厂	3 937
3	大连电瓷厂	13 423	3	苏州电瓷厂	3 242
4	苏州电瓷厂	10 005	4	南京电瓷总厂	2 921
5	西安高压电瓷厂	10 003	5	抚顺电瓷厂	1 576
6	醴陵电瓷厂	9 270	6	萍乡电瓷厂	1 369
7	闽清电瓷厂	5 868	7	醴陵电瓷厂	1 320
8	南阳金冠电气公司	5 599	8	上海电瓷厂	1 013
9	上海电瓷厂	4 668	9	西安高压电瓷厂	1 008
10	湖南电力电器电瓷厂	3 731	10	牡丹江电瓷厂	527

表 10　1995 年电瓷避雷器产品产量

产品名称	单位	实际完成	比上年增长%
一、高压电瓷	t	99 494	-8.5
其中：1. 线路电瓷	t	69 079	-8.9
2. 电站电器电瓷	t	30 415	-7.8
其中：1. 瓷套　110kV	只	35 920	-15.25
220kV	只	11 033	-10.0
330kV	只	786	445.8
500kV	只	149	129.2
2. 套管　110kV	只	6 023	-10.6
220kV	只	1 009	12.1
330kV	只	19	-38.7
500kV	只	13	-68.3
3. 棒形　110kV	只	87 180	-5.9
220kV	只	43 257	34.4
330kV	只	2 212	263.2
500kV	只	3 840	-49.8
二、低压电瓷	t	2 940	-24.6
三、高压避雷器	只	451 540	-12.3
其中：110kV	只	5 867	3.9
220kV	只	2 148	-8.8
330kV	只	14	-77.4
500kV	只	91	-39.7

电工陶瓷专委会与中国电机工程学会电瓷避雷器分专委会、中国硅酸盐学会电瓷专委会中国输变电设备行业协会电工陶瓷分会科技部，于 1995 年 5 月联合举办了 1995 年电瓷行业质量与可靠性学术交流会。

1995 年电瓷避雷器行业完成审查后报批的标准有 3 项行标：《高压线路用有机复合绝缘子尺寸与特征》、《高压线路用柱式绝缘子》、《绝缘子胶装用水泥胶合剂技术条件》。

技术改造　1995 年电瓷避雷器行业的 25 个企业，共完成技改投资 9 972.8 万元，主要用于发展高电压产品和新技术产品，如提高 SF_6 高强度瓷套、500kV 大瓷套、电容式套管、高强度瓷生产线、500kV 棒型绝缘子生产线、复合绝缘子、复合绝缘外套避雷器、火花塞等产品的生产能力制造水平，同时引进了相关产品的生产设备。进行技术改造的企业有：抚顺、大连、阳泉、安口、个旧、淄博、苏州、西安等电瓷厂及南阳金冠电气股份有限公司、株洲火炬火花塞有限公司、山东章丘电瓷股份有限公司、山东临沂电力金具股份有限公司和临沂市可锻铸铁厂等单位。

对外合作　抚顺电瓷厂与英国罗尔斯·罗伊斯的子公司——雷诺尔公司于 1995 年 11 月 27 日正式签订了合资建立抚顺雷诺尔套管有限公司的协议。该项目完成后，将使电容式套管产品的电压等级从 220kV 提高到 500kV，年产值从 1 500 万元提高到 6 000 万元，还可生产国内现在尚属空白的无油、不需维修、安全可靠的环氧树脂浸纸套管。

南京雷电（集团）有限责任公司 1995 年 3 月与德国著名跨国集团博世（BOSCH）公司签订合资生产火花塞合同章程，11 月 17 日签订修改协议，11 月 28 日获外经贸部批准，成立中德合资南京华德火花塞有限公司。投资 3 468 万美元，成为该厂历史上第一个超千万美元的合资项目，合资后将使火花塞的年产量从现在的 3 000 万只逐步提高到 10 000 万只。

南京电瓷厂与德国耶拿光学集团三角公司合资生产高压电瓷，总投资 50 万美元，产品 90% 外销，设备已进入安装调试阶段。

西安高压电瓷厂与香港中联财务有限公司合资兴办了西安双佳高压电瓷电器有限公司。

嘉兴避雷器厂 1995 年 11 月 9 日经上级批准吸收外资与澳大利亚外商组建成立中外合资嘉兴昌荣避雷器制造有限公司。

〔撰稿人：西安电瓷研究所　张纪宁、陈嘉明　审稿人：西安电瓷研究所　吕怀发　机械工业部重大装备司　乔振西〕

三、保护继电器及装置

生产发展情况　1995 年全行业 19 个企业完成工业总产值 60 069 万元，比上年（63 325 万元）下降 5.14%；利润 5 240 万元，比上年（5 562 万元）下降 5.79%；销售收入 68 303 万元，比上年（77 579 万元）下降 11.96%。上述三项主要经济指标有 11 个企业是负增长，因此全行业生产形势非常严峻，发展也不平衡。

长沙继电器厂调整企业运行机制，实施分车间目标承包责任制后，较好地完成了各项指标，仅配电屏就完成390台（套），比上年多生产76台

(套)，销售产值1 000万元，比上年多200万元，在全行业经济指标指数排名榜上居第一位。成都继电器厂几项主要指标虽比上年有所下降，但经过精心组织，保质保量地按期完成了西藏羊湖电站110多万元的合同生产任务。上海继电器厂采取减少管理层次、划小核算单位、缩短生产周期、以高科技产品占领市场等措施，使工业总产值和销售收入分别比上年增长4.15%和20.20%。行业骨干企业阿城继电器厂1995年遇到了前所未有的困难，由于产品销售市场疲软，订货减少，加之资金紧张，减利增支因素增加，工厂成本加大，严重地制约了生产经营活动，工业总产值完成15 065万元，比上年（18 818万元）下降19.94%；利润1 025万元，比上年（1 581万元）下降35.16%。许继电气股份有限公司1995年在继电器及装置销售量减少、各种费用上升的情况下，按照"转机制、抓管理、练内功、增效益"的方针，在生产管理上实行合同—图样设计—转图到成品入库等"一条龙"的考核制度，来缩短产品生产周期，建立"急要合同生产高速公路"的生产管理机制。对一些产品，如微机型、集成电路型及一些高新技术产品按用户要求1至3个月内就要交货，可进入"生产高速公路"，并在保证产品质量的前提下，各环节都以一个"快"字来满足"高速公路"生产的需要。因此，许继电气股份有限公司1995年实现了三个突破，即：销售收入首次突破3.1亿元，实现利润总额首次突破3 100万元，实现税金首次突破2 000万元，生产经营各项指标均居全行业之首。

市场及销售 1995年销售市场继续受国家宏观调控、电力建设萎缩的影响，市场竞争更加激烈，造成一些企业主要产品的订货量比上年有所下降，加之产品价格上涨产生市场短期饱和以及保护屏、控制屏订货结构的变化引起配套用继电器需求下降，但一些高新技术产品销售看好。许继电气股份有限公司仅高新技术产品的销售收入就大幅度增加，1995年微机类产品产值实现4 740万元，比上年增加1 150万元，微机类产品产值占全部产品产值的比重由1994年的19.30%上升到25%，但从全年的销售总收入31 010万元看，比1994年的26 404万元只增长17.4%。阿城继电器厂1995年继电器占销售总额的52%，保护屏占42%。成都继电器厂销售收入1 031万元，比上年减少21.8万元，降低2.1%，电力模拟屏销售278万元，比上年降低20.10%，继电器及低压电器元件生产销售5 075台，比上年降低21.84%，销售呈下降趋势。北京继电器厂销售收入1 050万元，与上年同期持平，但装置承接量少于往年，收入仅为621万元。上海继电器厂1995年继电保护屏比上年的1 651面增长6.5%，而遥控遥讯及装置74台(套)，比上年减少22.11%。全行业1995年完成销售收入68 303万元，比上年的77 579万元下降11.96%。

产品分类及产量 行业主导产品为继电器、继电保护屏及自动化装置。随着电力工业发展和市场需求，部分企业同时也开发了一些边缘产品，如高；低压开关柜、电源、家用电器、漏电开关、干式变压器等产品，产品结构发生了变化。1995年全行业继电器产量187万只，继电保护屏、控制屏19 187面。

科研成果及新产品 许继电气股份有限公司1995年完成工艺攻关13项。该公司生产的DLS-5双位置继电器中触点固定座块原为DBT工程塑料，该塑料易变形，影响触点同心度，不符合设计要求，应用PC/ABS塑料合金新材料后，比原来塑料材料韧性好，不变形，不仅达到设计要求，还降低了调试的劳动强度。该公司的模拟线路粘接工艺过去一直是双层模拟线路粘接，经许继电气股份有限公司工艺所攻关采用胶接新工艺改为单层模拟线路粘接，比过去的胶接—螺接工艺先进，不仅达到了技术要求，还节省有机玻璃板材料50%，年节约资金8.2万元。采用单层粘接工艺既省时、省料，还使屏体外表更美观、实用、操作简单，整体质量高于过去，应用效果良好。

行业承担的"八五"国家重大技术装备科技攻关项目3个专题10个分题已按计划全部完成，攻关总结材料准备完毕等待验收。

1995年全行业新产品开发近65项，其中通过省级和厂级鉴定的有28项。阿城继电器厂研制的牵引变电站微机保护监控综合自动化装置，1995年通过铁道部、机械工业部两部鉴定。

管理及改革 中国电器工业协会继电器及其装置分会秘书处1995年3月召开了秘书处各部负责人会议，就如何发挥行业协会的桥梁纽带作用和行业产品价格工作、信息及产品质量等工作提出具体要求。6月又组织召开会员单位工作会议，会上有关单位总结交流了企业制度改革、新产品开发、技术改造、质量管理、提高效益等工作，沟通了信息。1995年8月上海继电器厂兼并了兴国仪表厂。阿城继电器厂与香港新中港集团有限公司正式合资经营。

质量及质量管理 1995年行业部分企业开展了质量体系认证基础工作，上海继电器厂、北京继电器厂以贯彻GB/T19000（ISO9000）标准为主，编写质量手册并已定稿，对职工进行全面质量管理基础知识培训。上海继电器厂还制定23项JB/DQ标准，使现行生产的主要产品品种系列有了本厂的企业标准。许继电气股份有限公司对照GB/T19001（ISO9001）系列标准编制符合该标准的"设计、开发、生产、安装和服务"的质量保证模式标准要求的《质量手册》和《质量体系程序文件》，为将该质量体系的20个要素正确理解，科学运用、全面落实，特请国家质量专家现场授课，并向全体员工宣传、教育，同时对相关人员进行质量要素考核和内部质量体系的审核，促进了全公司质量体系的有效运转，为质量体系认证评审工作打下了良好基础，并在1995年12月8日经过机械工业部工业质量体系认证中心专家组成的审核组综合审查合格，正式通过评审成为本行业 GB/T19001 (ISO9001) 质量体系首家国家认证企业。

根据国家技术监督局下达的 1995 年第三季度国家抽查工作要求，国家继电器质量监督检验中心对 25 个企业的 28 种产品进行监督性抽查，合格率仅为 50%，为此召开了 1994 年参加全国统检镉镍蓄电池直流电源屏专家评审会并进行了工作总结。同时，还召开了统检不合格企业的厂长会议，研究分析产品不合格原因，提出了限期质量整顿意见，为复查做好准备。

行业归口所许昌继电器研究所 1995 年派员参加了 IECTC95 布达佩斯年会，会上提出修改建议 7 条，回国后行文上报部、国家技术监督局等有关上级主管部门。完成了 IECTC95 技术委员会发布的 IEC225 系列标准共 26 项国际标准的翻译、校对、复审及出版印刷和该系列标准的宣贯工作。

技术改造 全行业完成基本建设投资额 3 368 万元，其中用于生产性投资 2 678 万元，全年更新改造措施项目完成投资额 9 259 万元，阿城继电器厂为进一步完善产品技术性能要求，完成了对部分生产车间的技术改造，使 3 万 kW/0.6 万 kW 火电及大型水电保护装置产品的质量及性能有了很大提高，生产 21 台（套）装置产值 1 072 万元，创利润 244 万元。上海继电器厂技术改造项目完成投资 523 万元，其中 200 多万元购置进口测试设备，该厂引进的船用继电器设备项目新增产值 2 076 万元，技术引进消化吸收国产化率达 100%。长沙继电器厂投资 120 万元，建成一栋成套产品车间。许继电气股份有限公司的国家经贸委国产化基地建设项目投资 2 980 万元，重点引进具有国际先进水平的元器件贴装生产线，1995 年进入调研阶段。河南省计经委批准项目总投资 7 800 万元（贷款、自筹）的干式变压器生产厂房 1995 年主要基建部分已完成，进口设备顺利安装到位并进入试生产阶段。阿城继电器厂投资 2 902 万元对继电器基础元件进行改造，该工作 1995 年已全面铺开。

〔撰稿人：许昌继电器研究所　白玉芬　审稿人：许昌继电器研究所　钟锡龄　机械工业部重大装备司　乔振西〕

〔责任编辑：张友鹤〕

防爆电器

〔机械工业部〕

生产发展情况 防爆电器属低压电器行业中的特殊电器，在爆炸性危险环境中能实现安全配电、控制与保护，可以广泛使用于具有爆炸性气体混合物的煤矿井下及石油、化工、国防等有爆炸性危险场所。通过不同防爆型式可以保证电气设备在爆炸危险环境中安全运行，确保人身与厂、矿安全。

截止至 1995 年底全国生产防爆电器产品的主要企业有 69 个。其中机械系统为 42 个，职工总数 19 282 人，工程技术人员 2 063 人。1995 年由于国家增加了对煤炭工业的投入和采取了一系列有利于煤炭行业发展的政策措施，使煤炭工业的经济效益有所好转，这给为煤炭行业服务的防爆电器制造业带来了新的机遇。从下半年开始许多企业出现了产品供不应求的局面，产品销售额和货款回收率都比 1994 年有较大的提高。1995 年全行业实现工业总产值 48 927 万元，比上年增长了 9.4%；实现利润 1 324 万元，比上年增长 6%。

市场及销售 随着我国能源工业的发展，对防爆电器产品的需求量也有较大幅度的增加。根据行业调查，1995 年主要防爆电器产品的需求量：矿用隔爆型高压配电装置 2 800 台，矿用隔爆型电磁起动器 80 000 台，矿用隔爆型馈电开关 1 300 台，矿用隔爆型检漏继电器 5 000 台，矿用隔爆型变压器装置 4 700 台，矿用主令电器 180 000 台，矿用隔爆型插销和插销开关 60 000 台，防爆接线盒 270 000台。

1995 年全行业销售收入 46 876 万元，其中矿用隔爆型高压配电装置 2 620 台，销售收入 7 336 万元；矿用隔爆型电磁起动器销售 61 280 台，销售收入 12 256 万元；矿用隔爆型馈电开关销售 10 320台，销售收入 4 780 万元；矿用隔爆型检漏继电器销售 3 840 台，销售收入 720 万元；矿用隔爆型变压器装置销售 3 820 台，销售收入 1 136 万元；防爆主令电器销售 134 500 台，销售收入1 436 万元；其他防爆电器销售收入 19 212 万元。

1995 年已有 6 个企业开始向印度、土耳其、印度尼西亚、越南等国家和地区出口矿用隔爆型高压配电装置、矿用隔爆型电磁起动器等产品共计 1 000余台（套），出口创汇 86 万美元。

1995 年销售收入前十名的企业见下表。

1995 年防爆电器行业销售收入前十名企业

名次	企业名称	销售收入（万元）
1	合肥开关厂	5 005
2	徐州煤矿机械厂	4 616
3	瓦房店防爆电器厂	2 542
4	启东防爆电器仪表厂	2 150
5	沈阳北方防爆电器厂	2 123
6	沈阳防爆电器制造总厂	1 520
7	济源煤炭高压开关厂	1 237
8	天津市矿山电器厂	1 116
9	宿州煤矿电器厂	1 093
10	长征电器十一厂	1 019

产品分类及产量 按照JB/T3139—91《防爆电器产品型号的编制方法》的规定，防爆电器产品共划分为：防爆馈电开关、防爆起动器、防爆继电器、防爆主令电器、防爆制动电器、防爆插接电器、防爆接线盒、防爆保护装置、防爆高压开关、防爆电控设备、防爆箱和防爆其他类共12大类。

1995年主要防爆电器产品产量：矿用隔爆型高压配电装置2 340台，比上年增长23%；矿用隔爆型电磁起动器64 320台，比上年增长21%；矿用隔爆型馈电开关10 846台，比上年增长12%；矿用隔爆型检漏继电器4 120台，比上年增长19%；矿用隔爆型变压器综合装置3 960台，比上年增长11%；防爆主令电器134 340台，比上年增长8%；防爆插销及插销开关32 430台，比上年增长3.6%。

科研成果及新产品 根据原机械电子工业部第一装备司、中国统配煤矿总公司技术发展局机电科(1993) 002号文，列入机械工业部和煤炭工业部两部"八五"科技攻关项目的BGP9L-6型矿用隔爆型高压真空配电装置在沈阳电气传动研究所和煤炭科学研究总院上海分院的共同组织下已于1995年全面完成，并于1995年8月在北京通过了由机械工业部和煤炭工业部联合组织的产品技术鉴定。

该产品综合消化吸收了国内外同类产品的优点，设计构思新颖、工艺技术先进，电器元器件安装于可移动小车上，隔离开关采用复合式刀闸双隔离结构，并同时设置阻容、压敏双重过电压保护；箱体采用快开门结构，便于维护，并且可与老产品联用。综合保护采用单板单元全集成模块化，与国内同类产品比较，体积小、重量轻，保护功能齐全，性能稳定可靠，在国内自行设计研制的同类产品中属于领先水平。该产品主要技术指标：额定电压6kV，最高工作电压7.2kV，额定电流400A，电流互感器变比400/5、300/5、200/5、100/5、50/5，额定短路开断电流12.5kA（有效值），额定短路关合电流31.5kA（峰值），额定峰值耐受电流31.5kA（峰值），额定短时耐受电流12.5kA（有效值），额定短时耐受时间2s，额定短路开断次数30次。

1995年各企业根据市场需要开发的新产品有：BQD58-315Z厂用隔爆型真空电磁起动器、BKD1-630矿用隔爆型真空馈电开关、BKD17-500矿用隔爆型真空馈电开关、BQD26-120Z矿用隔爆型真空电磁起动器、BHG-315/3.3矿用隔爆型高压接线盒、BHG1-200/10矿用隔爆型高压三通电缆接线盒、BJX52型厂用隔爆型接线箱、BBK52型厂用防爆变压器、BDD59-200型厂用隔爆型照明灯、BBZ1-4矿用隔爆型照明变压器综合装置、J146X-6-L型防爆多段作用电磁控制阀等共11项新产品。这些产品都是参照国际先进标准和执行现行国家标准而设计，主要技术指标先进、可靠性高，满足了用户的使用需要。

管理及改革 中国电器工业协会防爆电器分会于1995年9月在河南省开封市召开了防爆电器分会一届五次理事会。会议总结了分会成立4年来的工作，确定了二届理事会理事候选单位和三部一室（科技发展部、信息部、经营部、办公室）的组建原则和方案。

为调整和理顺防爆电器产品价格，防爆电器分会于1995年3月在河南省开封市召开了防爆电器产品价格研讨会，会议决定从1995年3月15日开始对矿用防爆高压配电装置等16类产品的销售价格提高10%～20%，并发布了告用户书，希望得到用户的理解与支持。

1995年防爆电器分会还出版发行6期《防爆电器信息》，为企业了解市场，转换经营机制，调整产品结构，提高经济效益提供了很有参考价值的资料。

防爆电器行业的主要生产企业——沈阳防爆电器制造厂有固定资产原价5 400余万元，而负债总额高达1.5亿元，因资不抵债，于1995年10月31日由沈阳市中级人民法院宣布破产。该厂破产后已由沈阳锅炉总厂买断，拟组建沈阳锅炉·防爆电器制造公司，将继续发展防爆电器。

根据国家技术监督局、全国工业产品生产许可证办公室技管许发（1994）33号文《关于公布国家实施生产许可证管理产品工作进度情况的通知》精神，防爆电器已列入国家发放生产许可证工作计划。1995年按照机械工业部计划安排，机械工业部低压防爆电器产品质量监督检测中心已完成《防爆电器产品生产许可证换发证实施细则》和《防爆电器产品生产许可证换发证实施细则》宣贯材料并上报机械工业部和国家技术监督局审批。

质量及质量管理 机械工业部低压防爆电器产品质量监督检测中心1995年对15个企业生产的CBYA 20厂用防爆节能灯等18项防爆电器产品的图样及有关技术文件进行了审查，并对产品按国家标准的有关规定进行了防爆性能检验，对检验合格者发放了防爆电器产品检验合格证。

根据机械工业部1994年机械工业科学技术发展计划（标准制、修订部分），沈阳电气传动研究所组织沈阳北方防爆电器厂、沈阳中兴防爆电器厂、沈阳防爆器材厂、沈阳第二防爆电器厂、沈阳第三防爆电器厂、浙江泰釜防爆电器制造公司、温州燎原防爆电器公司等单位制订的《厂用防爆断路器》、《厂用防爆低压开关、隔离器、隔离开关及熔断器组合电器》两项国家机械行业标准，1995年完成了报批稿，并上报机械工业部审批。

技术改造 1995年全行业用于技术改造的投资为2 322.3万元，比上年增长230%，其中基本建设投资1 325.7万元，技术更新改造投资996.6万元。

〔撰稿人：沈阳电气传动研究所 李绍春 审稿人：沈阳电气传动研究所 万邵珀 机械工业部重大装备司 张居猷〕

〔煤炭工业部〕

生产发展情况 1995 年煤炭工业机械制造行业中，9 个专门生产煤机配套防爆电动机的企业，为了克服煤机市场疲软等各方面所造成的困境，在抓企业内部配套改革的同时加快产品结构调整的步伐，积极采取措施拓宽市场、增加品种、努力开发新产品，使企业生产形势出现新的转机，较好地完成了生产、经营任务，经济效益正逐步得到提高。

1995 年据抚顺、分宜、安阳、西北煤矿电机厂和无锡县扇风机厂、广东煤矿专用设备厂，以及徐州、淮南、六盘水煤矿机械厂的初步统计，全年安排生产防爆电动机的总容量为 685 844kW，比上年度增长 42.5%。其中：抚顺、分宜、西北煤矿电机厂 3 个骨干企业，拥有固定资产 28 667 万元，有职工 4 431 人，完成工业总产值（1990 年不变价）10 138 万元，全年生产防爆电动机总容量 535 726万 kW。

市场及销售 1995 年煤炭工业机械制造行业中，生产配套防爆电动机的企业，针对市场形势的变化，采取灵活的经营策略。结合市场需求的信息，努力开发适销对路的产品，采取措施扩大销售和服务领域，把销售人员的承包指标与工资、奖金挂钩，真正做到奖罚分明、充分调动广大销售人员的工作积极性。据 3 个骨干企业的初步统计，1995 年实现销售收入 11 115 万元，比上年增长 42%。

新产品 抚顺煤矿电机厂 1995 年以生产适销对路产品为宗旨，以经济效益为目的，加快了新产品的设计、研制步伐，先后完成 Y 系列 4 个机座号 23 个规格和其他 16 种电机的初步设计并完成 YBS-160、YBJQ-250、YBGF-18.5 等 14 种矿用防爆电机新产品的样机试制工作。

安阳煤矿电机厂 1995 年进一步加快了新产品开发步伐，极大地提高了企业的市场适应能力。完成的 YZQ 系列 6 个产品优化设计，平均每台节约成本 100 余元，提高了企业经济效益。

质量及质量管理 抚顺煤矿电机厂把提高产品质量作为企业进入市场的立足之本，在全厂开展了“百日质量整顿”活动，组织了“质量焦点跟踪访谈”和“三展”活动，针对用户对双速电机等提出的反馈意见，派出以总工程师为首的质量专家诊断服务组，直接到现场服务处理。另方面多次召开质量分析会，组织有关部门研究分析产生事故的原因，提出整改措施，并决定把已投产的双速电机由过去的散绕组改为硬绕组，设计人员和操作者一道攻关，使产品质量有了很大改进和提高。

安阳煤矿电机厂为了把质量管理工作搞得更扎实、更细致、更有效，针对 35 项质量问题，制定了整顿措施，并明确责任，每月召开质量分析会议，到年底除因技术、资金等因素无法克服外，已经完成 30 项。为了全面提高职工的质量意识，对职工进行了“三法、两条例”的宣传和教育，在全厂开展了“质量月”活动，提高企业经济效益。1995 年该厂被评为重工局质量管理先进单位。

〔撰稿人：中国煤矿工程机械装备集团公司 董善宇 审稿人：中国煤矿工程机械装备集团公司 薛际贵〕

〔责任编辑：张友鹤〕

电线电缆

〔机械工业部〕

生产发展情况 1995 年电线电缆生产企业的发展在较大程度上仍受到原材料价格、资金等因素的制约和困扰，同时产品市场竞争激烈，在没有大的资金投入的情况下，线缆生产企业普遍加强销售，调整产品结构，重视产品质量，实施名牌战略，注重内部挖潜，增产节约，增收节支。如红旗电缆工程集团、湘潭电缆集团电力电缆总厂、郑州电磁线厂等厂家节能降耗取得成效。宝胜集团公司通过积极调整用户结构，攻大市场，抓大用户，取得成效。重庆电线总厂采取提高存量资金再生能力，盘活存量资金 500 万元，发挥了国有企业的潜在优势。

据机械工业部生产与信息统计司对 254 个电线电缆生产企业的统计，1995 年完成不变价工业总产值 1 737 521 万元，比上年增长了 17.2%；完成工业增加值 261 490 万元，与上年基本持平。

1995 年线缆行业完成主要产品产量：钢芯铝绞线 100 181t，比上年增长了 22.1%；电力电缆 118 714km，比上年增长了 0.9%。

1995 年电线电缆行业重点骨干企业完成的主要经济指标见表。

市场及销售 1995 年各电线电缆生产企业积极参与国家重点工程建设。如西安电缆厂承接了“京九”铁路 1 760km 的通信电缆制造任务（约占全线电缆总长的 70%）；红旗电缆厂在湖南五强溪电站送出工程 3 520t 钢芯铝绞线国际招标中一举得标；邮电部侯马电缆厂在“京九”铁路光缆干线国际招标中竞标获胜，赢得 415km 光缆、价值 216.172 万美元的合同。

1995 年线缆行业工业销售完成情况：钢芯铝绞线累计销售 97 569t，产销率 97.39%，期末库存 6 638.33t；电力电缆累计销售 99 240km，产销率 83.6%，期末库存 19 356.67km。

各主要电线电缆生产企业完成工业销售情况见表中数据。

上海电缆厂出口创汇 600 万美元，湖南电线电缆集团公司出口创汇 5 985 万美元。

据机械工业部生产与信息统计司统计，1995年11个生产企业出口钢芯铝绞线13 724.56t，出口创汇3 474.88万美元；16个生产企业出口电力电缆3 792km，出口创汇2 692.72万美元。另据外经贸部统计，1995年主要电线电缆产品出口情况：布电线出口80 502km，创汇873万美元；通讯电缆出口162 894km，创汇1 457万美元。产品主要销往东南亚、香港及周边国家和地区。

中国电线电缆进出口联营公司1995年出口总额2 673.5万美元。其中，电工产品2575.9万美元，约占96%。由中国电线电缆进出口联营公司总承包、沈阳电缆厂分包的巴林220kV供电线路成套项目于1995年6月全部竣工，并一次送电成功。

科研成果 1995年机械工业部上海电缆研究所完成了悬索桥主缆预制平行钢丝束成品生产技术研究、小结构高性能光缆复合架空地线（地线部分）的研制、辐照交联F40绝缘料配方及电线辐照技术研究等科研课题。研究开发了宽带数字传输对称电缆、JLK框型绞线机、计算机控制绝缘厚度自动测试仪等多项新技术产品。昆明电缆厂的加压盐浴法生产交联电缆的研究及应用成果通过省级鉴定。

新产品 1995年郑州电缆（集团）股份有限公司开发的110kV交联聚乙烯绝缘电力电缆通过机械工业部和电力工业部组织专家鉴定。沈阳电缆厂研制开发了交联聚乙烯绝缘导体阻水综合防水层电力电缆，该电缆获国家专利局颁发的实用新型专利证书。同时该厂还开发了110kV交联聚乙烯绝缘铅包电力电缆、110kV充油电缆SF_6封闭终端、无卤低烟阻燃乙丙橡皮绝缘船用电缆、0.6/1kV乙丙橡皮绝缘高阻燃电力电缆、乙丙橡皮绝缘阻燃控制电缆、F46绝缘耐寒氯丁护套露天矿可移动设备通信电缆、惯导电缆、耐寒潜油泵动力电缆、乙丙橡皮绝缘氯磺化聚乙烯护套低卤阻燃系列电力电缆和控制电缆等18项新产品，创产值1.6亿元，利税1 100万元。成都三电股份有限公司研制的12/20kV～26/35kV交联聚乙烯绝缘电力电缆通过专家鉴定，0.6/1kV聚氯乙烯绝缘耐火电力电缆和3.6/6kV～8.7/15kV交联聚乙烯绝缘聚氯乙烯护套阻燃电力电缆通过投产鉴定。同时该厂的0.6/1kV交联聚乙烯绝缘阻燃电力电缆和额定电压10kV铝芯轻型薄绝缘架空电缆被国家经贸委评为1995年度国家级新产品。天津市电缆总厂研制的高寒地区潜油泵机组电缆和小尺寸50kV级X射线机用直流高压电缆通过新产品鉴定。其中高寒地区潜油泵机组电缆已出口俄罗斯。天津市电线总厂研制的YTW型户外电梯用动力电缆通过建设部的鉴定。合肥电缆厂研制开发成功普通铝锭生产电工用稀土铝导线、钢丝铠装船用电缆、0.6/1kV绝缘耐火型塑料绝缘电力电缆等多项新产品。常熟电缆厂开发的125℃阻燃交联聚烯烃绝缘电线和交联聚乙烯绝缘控制电缆被评为国家级新产品。湖南电缆集团公司研制开发的阻燃、耐火电线电缆系列共8种产品通过省级鉴定，公司所属湘潭九洲特种线材有限公司铝包钢项目也通过省级鉴定。常州电线电缆厂开发的铝包钢线被国家科委、国家技术监督局等单位评为1995年国家级新产品，1995年铝包钢线出口近6 000万元。邢台电缆厂研制的铝包钢线系列产品通过鉴定，该系列产品包括：铝包钢线、铝包钢芯铝绞线。西安电缆厂研制开发的HYA53型市内通信电缆通过专家鉴定，该产品与HYA23型市话电缆相比，具有外径小，重量轻，屏蔽性能、防腐性能和抗压性能好等优点。江西电线电缆总厂承担的国家级火炬计划项目物理发泡射频同轴电缆通过国家科委验收，并开发出各种有线电视干线和用户线射频同轴电缆、物理发泡汽车无线电缆、海洋漂浮电缆、数据通信电缆等多项新产品，分别被评为国家级、省级新产品。其中两项产品获得美国UL认证，1995年产值3 114万元，创利税945万元。黄石电缆集团公司研制开发的40kV彩电高压线通过高压切通试验。天津电磁线厂研制开发的纸绝缘热粘合缩醛漆包换位导线通过机械工业部等组织的鉴定。

1995年电线电缆行业重点骨干企业经济指标

序号	企业名称	工业总产值（万元）	固定资产原价（万元）	利润总额（万元）	人均创利税（元）	销售收入（万元）
1	沈阳电缆厂	85 098	124 801	208	2 022	91 925
2	哈尔滨电缆厂		27 652	－9 537		7 881
3	上海电缆厂	66 927	39 806	381	9 485	77 678
4	上海电线电缆（集团）公司	152 120	28 540	206	3 712	143 069
5	郑州电缆厂	43 383				56 758
6	成都电缆厂	61 633	38 827	2 462	9 576	
7	红旗电缆厂	34 151	21 146	114	5 645	22 489
8	湖南电线电缆集团公司	102 457	77 455	772	3 650	127 568
9	西安电缆厂	48 528	17 319	－881		38 269
10	天津市电缆总厂		20 234	302	12 439	26 010
11	昆明电缆厂		14 928	652	5 571	31 765

管理及改革 1995年又一家线缆生产企业股票上市，即武汉电缆（集团）股份有限公司的股票经中国证监会批准于11月15日在上海证券交易所挂牌上市。

为实现漆包线产品规模生产，福州大通机电股份有限公司积极完善股份制企业机制，探索扩大规模投资的新路子。

为了尽快适应社会主义市场经济用工制度的需要，贯彻实施《劳动法》，1995年电线电缆行业先后有昆明电缆厂、衡阳电缆厂、武汉电缆（集团）股份有限公司、榆次电缆厂、邮电部侯马电缆厂等在全厂实行全员劳动合同制。

由国家国有资产管理局、中国经济效益纵深行组委会组织的“中国的脊梁”国有企业500强评选中，郑州电缆（集团）股份有限公司名列470位。

质量及质量管理 1995年，ISO9000质量体系认证工作在电线电缆行业取得可喜进展，年内有10个企业通过质量体系认证：天津德塔控制系统有限公司通过挪威DNV工业服务公司ISO9001认证。佛山中宝电缆厂通过华信技术检验有限公司ISO9002认证。昆明电缆厂通过中国商检局认证中心ISO9000认证。天津电子线缆公司通过长城（天津）质量保证中心ISO9002认证。沈阳电缆厂通过挪威DNV工业服务公司ISO9000认证。江西电线电缆总厂通过QCCECC赛宝质量体系认证中心ISO9002认证。江苏宝胜集团通过华信技术检验有限公司组织的ISO9001认证。天津大港油田维罗电缆厂通过长城（天津）质量保证中心ISO9001认证。天津电磁线厂通过挪威DNV工业服务公司ISO9002认证。红旗电缆工程集团公司通过中国船级社（CCS）质量认证公司ISO9002认证。

红旗电缆工程集团公司船用电缆产品通过中国船级社（CCS）的工厂认可，认可包括船用电力电缆CEF型系列、CDD型系列和CXF型系列3大类产品。

1995年有112个企业（包括扩大认证范围的企业）通过了中国国家电线电缆质量监督检验中心的电工产品安全认证，有270个企业通过认证复查。

技术改造 郑州电缆（集团）股份有限公司总投资5 000多万元分别从芬兰NOKIA公司和瑞士HAEFELY公司引进设备的220kV超高压交联电缆立塔生产线建成投产。杭州中策电缆公司投资500多万美元引进的10kV～110kV交联聚乙烯绝缘电缆生产线建成投产。昆明电缆厂“八五”技改项目——辐照生产线基本完工，该项目总投资约2 600万元，加速器最大能量3MV，最大束流30mA，年生产10kV及以下交联电缆2 500km。黄石电缆集团有限公司总投资4 840万元，从美国RDI公司引进2.5MV的Dynamitron型电子加速器机组投产，该机组主体设备价值300多万美元。扬州天虹光缆有限公司引进芬兰NOKIA公司和美国ROYLE公司生产设备以及美国P.K公司和英国EG&G公司测试设备的光缆生产项目投产，光缆年产能力为1万km。焦作电缆厂“八五”技改项目——全塑市话电缆生产线，项目总投资1.23亿元，预计1996年完成。西安电缆厂新增一条年产10 000t的无氧铜杆上引法生产线投产。湖北汽车附件厂分别与德国NIEHOFF公司、美国ROYLE公司签约，引进汽车低压电线成套生产线3条，包括多头拉丝退火生产线、高速束线生产线、高速双层挤出生产线。项目总投资2 917万元，设备投资166万元。

对外合作 对外合作继续取得进展，沈阳电缆厂与日本古河电工株式会社、伊藤忠商事株式会社共同投资建立沈阳古河电缆有限公司。机械工业部上海电缆研究所与英国BWE有限责任公司合资创办了上海必达意线材设备有限公司。黄石电缆厂与美国SAIPLAS公司、美国世界技术贸易公司合资成立中美合作黄石瑞泰辐照制品有限公司，该公司主要生产销售彩电高压引接线、自控温加热电缆、无卤低烟电缆等产品。上海电线电缆（集团）公司所属上海南洋电缆厂和日本国藤仓株式会社合资兴办的上海南洋—藤仓电缆有限公司签约，合资公司投资总额480万美元，注册资金240万美元，中日双方投资比例各占50%，专业生产电线电缆。长通电缆厂与美国奥泰克公司合作建立中美合作白银通泰电缆有限公司，公司总投资4 000万元，注册资金2 000万元，美方投资500万元，主要生产10kV～35kV交联聚乙烯电力电缆及交联聚乙烯架空电缆。

〔撰稿人：机械工业部上海电缆研究所　吴士敏　审稿人：机械工业部上海电缆研究所　范载云　机械工业部重大装备司　胡景云〕

〔责任编辑：张友鹤〕

输电线路金具铁塔

〔电力工业部〕

生产发展情况 电力工业部生产输电线路金具和铁塔的企业共9个，但国内市场占有率却很高，电力金具为60%，超高压铁塔达100%。职工人数为11 915人，工程技术人员877人。1995年，国内电力工程项目严重开工不足，相应的输变电市场也严重萎缩，工业总产值完成5.4亿元，几乎比上年同期下降45.5%；制造铁塔41 491t，电力金具6 963t，分别比上年同期增长－56.2%和33%。

1995年完成的重大生产任务有：成都铁塔厂为二滩、范平和援藏的昌都工程制造铁塔6 983t。常州电力修造厂生产的铁塔供应的重点工程有：500kV瓶斗线、220kV大东线、常三线、斗暨线、天靖线、彭桃线和浙江金华等输变电项目。西安电力机械厂根据西北电力设计院设计的李家峡至民和、李家峡至西宁东两条330kV输变电线路，开发设计出的电力金具等6种产品，已在这两条线路应用，质量可靠。成都电力金具总厂1995年生产发展的特点是：以大规模承揽、开发、供应500kV线路超高压电力金具为代表，全方位开发各类电压等级的标准或非标准电力金具，适应由于电力基建送出工程滞缓引发的对电力金具需求萎缩态势。他们凭着对产品质量、商品价值及履约能力的高要求，缩短订货周期，千方百计克服流动资金严重不足的困难，提高资金营运效率，度过市场竞争尤为激烈的一年。1995年该厂完成了安徽瓶斗线500kV，湖南五娄、娄云500kV，湖北天门变220kV，甘肃靖固330kV，宁夏大迎220kV，山西潮红220kV，甘肃西固330kV，四川范平220kV等13条新建线路工程及葛上500kV维修用金具合同。还完成了出口金具的任务。

市场及销售　1995年输电线路金具铁塔市场，遇到近十年来前所未有的困境，国家紧缩银根，基建不批新开工项目，小金具、铁塔生产厂骤增，供需矛盾日益突出。如：四川成都铁塔厂全年只完成了17%铁塔生产能力，产量和销售锐减，导致亏损1 582万元；广东电力线路器材厂1995年制造、销售铁塔产品2 075万元，比1994年减少54%；国内最大的铁塔生产厂——鞍山铁塔制造总厂，生产销售大幅度下降，企业放假半年；1995年国内铁塔市场和销售情况最好的是常州电力修造厂。他们面向市场、开拓市场，以销定产，并对市场与营销工作始终给予高度重视，结合产品特点和生产销售实际，对铁塔产品采用灵活多变、具有生机活力的营销手段，在开拓江苏省及周边省市市场的同时，努力将市场辐射到全国电力行业。1995年，合同订货总额为6 500万元，完成销售额5 691万元，合同完成率100%。

1995年，输电线路金具铁塔企业，在市场萎缩状况下，普遍重视了产品结构的调整以及市场营销战略的调整。如：成都电力金具总厂在普通金具饱和状态下，加大非标准金具和有色金具产品销售的倾斜度，并完成出口销售金具429t，创汇42万美元。鞍山铁塔制造总厂在国内铁塔销售比上年下降86%的不利情况下，眼睛瞄准国际市场，一举获得出口印尼铁塔合同8 846t，创汇760万美元。广东电力线路器材厂对外销售铁塔1 487t，创汇29万美元，并实现了对日本销售铁塔零的突破。

1995年全行业共完成销售收入49 274万元，产品销售税金及附加223万元；出口销售金具、铁塔10 878t，其中：金具2 000t，铁塔8 878t，创汇888万美元。

科研成果及新产品　1995年共鉴定新产品3项。鞍山铁塔制造总厂设立科技奖励基金，极大调动了工程技术人员的积极性，全年完成了3项技术课题，分别是（1）08铁塔生产线的修复；（2）6.8级M16高强螺丝试制；（3）高锰钢耐磨件改性处理。

西安电力机械厂研制的6种金具新产品通过权威部门质量、性能检测，并实际用于李家峡——民和、李家峡——西宁东两条330kV输电线路上，这6种新产品是：（1）V型球头挂环Q－10V，（2）V型球头挂环Q－16V，（3）耳轴挂板LT－10，（4）耳轴挂板LT－16，（5）耳轴挂板LT－25，（6）悬垂线夹XGV－5C。

成都电力金具总厂依托重点工程加大科技开发力度，成功开发了矩形四分裂间隔棒防舞器，多功能矩形四分裂间隔棒，21、32、42t挂点金具，十字防晕联板，人字联板，铝均压环，8X、15X大吨位悬垂线夹，FGH－5型防晕导线防震锤，FDG－70地线防震锤。还完成了二滩送出工程线路金具生产和工装图的设计、出口金具及附件50多个品种的开发。

管理及改革　1995年全行业注重抓企业内部机制转换，加强基础管理工作，促电力制造企业发展。1995年4月初，电力工业部在北京电力设备总厂召开了现场会，推广事业部制、内部结算中心和改革分配制度，对输电线路金具、铁塔企业有很大的触动。如成都电力金具总厂对下属8个分厂和汽车运输公司实行经营者年薪制；针对该厂“划小核算单位，分灶吃饭”后管理中出现的新情况，成立了附属总厂财务处的结算中心。为科学地运用微机管理，成立了信息中心。此外，还将电器分厂确定为股份制试点单位，使构件分厂完成了铁塔生产许可证的申请验收工作，总厂以常务理事成员单位身份承办了全国线路器材专委会的工作，全厂职工实行了全员劳动合同制。

广东电力线路器材厂完成了铁塔生产许可证复查换证前期工作。该厂500kV铁塔生产许可证1995年底到期，到年底已开始自查自改工作。

1995年，电力工业部共复查发放电力金具、铁塔的生产许可证174件。

质量及质量管理　1995年鞍山铁塔制造总厂下发了“质量工程大纲”，各分厂一把手记“质量日记”，对质量检查员进行技术培训和定岗、定点，坚持“首件产品必检制”，工序间严格签字交接，开展强化质量的劳动竞赛，对生产的塔型全部试塔，起到了很好的质量把关作用。在第一批出口工程30多万个零部件中，做到一件没丢没补，“重皮”、“漏铁”现象几乎消失，全年铁塔优质品率为99.79%。为取得进入国际市场的产品通行证，编写了《质量保证手册》，共有20种质量体系程序文件、481种质量体系运行记录，建立了质量管理新模式，并通过国家认证机构颁发的GB/T19001（ISO9001）认证书。

技术改造　在1995年制定的“九五”技术改造计划中，将高强度铝合金金具生产线、输电用多棱锥杆生产线列为重点技改项目。

1995年，完成固定资产投资额3 312万元，其中技术改造投资占了一半，各企业普遍加大了技改力度。常州电力修造厂铁塔产品通过调整生产布局，在原铁塔车间基础上扩大到4个车间，全年固定资产投资额562万元，全部用于技术改造，终于获得500kV输电线路铁塔产品全国工业产品生产许可证。并完成了厂内U型门吊等设备的更新改造。

成都铁塔厂完成了双头角钢火曲折弯机、紧固件钝化处理线两项铁塔产品的技术改造，投资285万元。

宝鸡铁塔厂在资金严重紧缺情况下，围绕铁塔镀锌工艺装备的技术改造任务，投资389万元，引进了意大利先进的A15.34N角钢数控生产线，并创下当年立项、当年投入使用的好成绩，镀锌生产线的改造也相继完成。企业的生产能力已达到25 000t，增强了生产后劲，形成了规模经营的态势，保证了产品质量。

〔撰稿人：电力工业部　张海清　审稿人：电力工业部　王　昀〕

〔责任编辑：张友鹤〕

绝缘材料

〔机械工业部〕

生产发展情况　1995年绝缘材料行业职工总数41 596人，其中工程技术人员3 926人，占职工总数的9.44%。工业总产值（1990年不变价）为287 539万元，比1994年增加了61 323万元（注：1994年为80个企业的统计数据，1995年为108个企业的统计数据，以下各表，包括经济指标、销售和产量等的统计数据均与此情况相同，不另作说明）。全行业主要经济指标1994年、1995年统计数据见表1。

1995年绝缘材料行业部分骨干重点企业主要经济指标情况见表2。

表1　绝缘材料行业主要经济指标

年　份	工业总产值（不变价）（万元）	商业产值（当年价）（万元）	销售产值（当年价）（万元）	销售收入（当年价）（万元）	实现利润（万元）	已交利税（万元）	全员劳动生产率（元/人）
1994	226 216	209 744	224 869	211 374	4 076	13 818	9 471
1995	287 539	211 910	320 982	279 444	7 128	9 575	13 378

表2　部分骨干重点企业主要经济指标　（单位：万元）

企业名称	年份	工业总产值（不变价）	销售产值（当年价）	销售收入	实现利润	已交利税
东方绝缘材料厂	1994	11 565	11 700	10 774	120	571
	1995	11 623	12 883	12 004	126	424
	增长率（%）	0.50	10.11	11.42	5.00	-25.74
西安绝缘材料厂	1994	12 581	12 515	10 497	17.7	402
	1995	12 176	10 770	10 492	-699	304
	增长率（%）	-3.22	-13.94	-0.05	-4049.15	-24.38
常州绝缘材料厂	1994	10 042	9 241	9 478	512	709
	1995	11 170	12 887	11 084	223	319
	增长率（%）	11.23	39.45	16.94	-56.44	-55.00
泰州绝缘材料厂	1994	10 105	8 266	7 171	1 000	390
	1995	10 118	9 994	8 421	499	1 269
	增长率（%）	0.13	20.90	17.43	-50.10	225.38

市场及销售　1995年绝缘材料行业市场销售畅旺。全年共销售产品总量达110 257t，比1994年多销售11 311t。各类绝缘材料产品销售情况见表3。

表3　1994年、1995年各类绝缘材料销售量　（单位：t）

年　份	油漆树脂	层压制品	薄膜及复合材料	云母制品	浸渍纤维制品	电工塑料	其他	合计
1994	14 733	32 588	10 258	5 109	2 656	15 664	18 009	98 946
1995	17 978	33 985	12 485	3 804	1 485	26 222	9 640	110 257

全行业销售收入为279 444万元，7大类产品销售收入见表4。现按行业销售收入最多的企业排序，并同1994年进行比较（表5）。大部分企业销售是增长的，其中增长率达20%以上的企业有东

莞生益覆铜板股份有限公司、常州绝缘材料总厂和国营第五七二七厂。

表4　1994年、1995年各类绝缘材料销售收入　（单位：万元）

年　份	油漆树脂	层压制品	薄膜及复合材料	云母制品	浸渍纤维制品	电工塑料	其他	合计
1994	18 254	104 143	27 686	17 412	5 437	15 276	23 867	211 374
1995	29 544	128 761	41 023	17 440	7 123	26 387	15 501	279 444

表5　1995年销售收入前十名企业

序号	企业名称	销售收入（万元）		增长率（%）
		1995年	1994年	
1	东莞生益覆铜板股份有限公司	37 490	29 391	27.56
2	东方绝缘材料股份有限公司	12 004	10 774	11.42
3	常州绝缘材料总厂	11 084	9 478	16.94
4	华立达铜箔板有限公司	10 081		
5	招远金宝电子有限公司	9 733	10 947	-11.09
6	西安绝缘材料厂	10 497	10 492	-0.05
7	南美覆铜板厂有限公司	9 238		
8	国营第五七二七厂	8 697	6 239	39.40
9	余姚舜利实业公司	8 456		
10	深圳太平洋绝缘材料有限公司	8 697	8 706	-0.10

1995年绝缘材料行业对外出口市场活跃，部分产品在国际市场竞争中具有一定实力，如：阻燃型环氧玻璃布覆铜箔板（FR-4），出口数量、创汇金额都大幅度增长（表6）。绝缘材料行业出口创汇前十名企业排序详见表7。出口品种包括7大类近100个品种，出口量最大的是层压制品，达18 433t，占出口总量的79.55%。出口量1 000t以上的产品还有电工塑料和云母制品，这两类产品占出口总量的14.98%。创汇金额也以层压制品最多，共创汇10 422万美元，占创汇总额的90.26%，而覆铜箔板又占层压制品创汇的98.23%。出口地区和国家：覆铜箔板以香港、台湾、日本、韩国、新加坡为主，部分产品出口到美国、欧洲国家，云母制品出口到斯里兰卡、越南、意大利等国家。

表6　1995年、1994年出口情况

年　份	出口数量（t）	出口产值（万元）	创汇金额（万美元）
1995年	23 173	93 837	11 547
1994年	18 366	62 028	7 659

表7　创汇金额前十名企业

序号	企业名称	创汇金额（万美元）		增长率（%）
		1995年	1994年	
1	东莞生益覆铜板股份有限公司	4 058	2 257	79.79
2	华立达铜箔板有限公司	1 001		
3	南美覆铜箔板厂有限公司	950		
4	深圳太平洋绝缘材料有限公司	758	1 136	-33.27
5	珠海海港积层板有限公司	692	772	-12.95
6	招远金宝电子有限公司	683	506	34.98
7	西安绝缘材料厂	551	548	0.55
8	武进第二无线电厂	444	214	107.48
9	国营第五七二七厂	397	262	51.53
10	包头绝缘材料厂	229	240	-4.58

产品分类及产量　绝缘材料行业产品分为7大类：油漆树脂、层压制品、薄膜及复合材料、云母制品、浸渍纤维制品、电工塑料和其他类，而每一类又可以分为若干小类，其产品品种达300多种。

1995年全行业共生产各类绝缘材料114 164t，比1994年多生产17 825t，各类绝缘材料产量见表8。现就其各类绝缘材料产品结构比进行分析，层压制品产量最大，占绝缘材料生产总量的30.63%，油漆树脂、电工塑料、薄膜及复合材料的产量分别占绝缘材料总量的19.11%、27.76%、11.78%，云母制品、浸渍纤维制品产量较少，两项之和也只占绝缘材料总量的5.27%。

表8 1994年、1995年各类绝缘材料产量 （单位：t）

年份	油漆树脂	层压制品	薄膜及复合材料	云母制品	浸渍纤维制品	电工塑料	其他	合计
1994	14 300	32 723	10 113	5 490	2 734	15 858	15 121	96 339
1995	21 827	34 981	13 449	4 270	1 750	31 693	6 194	114 164

科研成果及新产品 1995年由机械工业部桂林电器科学研究所负责，哈尔滨大电机研究所、上海电机厂、哈尔滨绝缘材料厂、东方绝缘材料股份有限公司、上海绝缘材料厂、嘉兴绝缘材料厂参加协作完成的国家重大技术装备、大型火电成套设备"八五"科技攻关专题项目F级绝缘材料和新型绝缘部件的研制4个分专题项目完成了技术鉴定。

槽部用含促进剂和端部用少胶粉云母带的研制课题，首次成功地研制出含促进剂少胶粉云母带和VPI浸渍树脂，在国内处于领先水平，其主要性能指标接近国外同类产品水平。含促进剂少胶粉云母带适用于30万kW、60万kW汽轮发电机定子直线部分和定子端部线圈绝缘，同时适用于中型高压电动机整浸绝缘的要求，这对我国发展大中型发电机和电动机VPI绝缘具有重大的推广价值和显著的经济效益及社会效益。

高强度F级多胶粉云母带及其应用工艺研究课题，成功地研制出云母带贮存期长、胶化时间可调节、范围宽、压制工艺性好，在保证对30万kW、60万kW大型汽轮发电机组主绝缘要求的前提下，大幅度提高了机械强度（提高50%～70%），是一种极为优异的大电机主绝缘材料。

大型发电机定子线圈端部紧固绝缘部件研究课题，成功地研制出玻璃毡板和绝缘紧固件（螺杆、螺母和弹性垫圈），适用于大型发电机组定子线圈端部紧固，使其形成一体，免遭机械破坏并能改善定子线圈的磁路，提高发电机的效率。还可用于变压器线圈的固定。

大型汽轮发电机定子线棒VPI绝缘端部成型工艺研究课题，通过对国内各种少胶粉云母带及浸渍树脂进行应用试验、VPI应用工艺研究以及新型定子线棒成型模具的设计制造应用，积累了大量技术数据和端部成型经验，为今后制造大型发电机VPI线棒生产工艺提供了依据。

由国家计委下达的辐照交联与非交联F40绝缘航空导线中F40航空导线标志用油墨研制及应用技术研究课题，已由桂林电器科学研究所完成并通过部级鉴定。该课题研制的油墨，原料易得，立足国内，工艺简单，性能好，质量稳定，解决了F40航空电线标志中含氟表面印字难的难题，属国内首创。性能指标达到美国MIL－W－22759总标的要求，具有较显著的经济效益和社会效益。

"八五"科技攻关项目工业生产规模的湿磨云母粉分级已由雅安云母公司研究成功，并通过省级鉴定。具备大径厚比的湿磨云母粉，是一种很难对其粒度进行分级的矿物粉体材料。该课题的研究针对湿磨云母粉的特殊物性和其沉降分级机理，研究出一种湿法分级方法，有效地克服了一般分级方法和分级设备所不易克服的困难，为湿磨微细云母粉分级开辟了一条新途径。该项技术占地少，产出率高，设备稳定，操作方便，分级粒径可调，能分级钛珠光颜料、涂料和填料所需的各种粒度的湿磨云母粉。各种粒级的粒度分布特性接近德国MFRCK使用的湿磨云母粉。该项技术已在雅安云母公司投产使用，产品推向市场，得到用户好评。

环氧玻璃布覆铜箔板引进技术采用国产材料的研究课题是由机械工业部基金委下达的基金课题，由机械工业部桂林电器科学研究所、深圳太平洋绝缘材料有限公司、哈尔滨电工学院、珠海玻璃纤维有限公司、无锡树脂厂、铁岭铜箔厂组成协作组，共同合作研制完成的，现已通过基金委技术鉴定。该课题使我国引进的阻燃环氧玻璃布覆铜箔板（FR－4）所需关键材料：玻璃布、电解铜箔的表面处理、质量均匀性等关键技术得以解决，使这两种材料的质量达到相应美国ANST/IPC－140/1998军用标准和IPC－MF－150F美国印刷线路协会标准；覆铜箔板专用树脂——溴化环氧树脂EX23－A80的树脂化学结构和理论指标与国外同类产品相近。利用这3种材料制得的FR－4覆铜箔板主要性能指标达到美国MIL13949F标准。该项成果对发展我国阻燃环氧玻璃布覆铜板的原材料立足国内，节约外汇，提高电子工业产品的国际竞争能力，具有重大的实用价值和经济效益。

到1995年末为止，行业实行股份制的企业有10个，它们是：诸城四达绝缘材料股份有限公司、东方绝缘材料股份有限公司、泰州劲松绝缘材料股份有限公司、上海双花塑料有限公司、长春热缩材料股份有限公司、东莞生益覆铜板股份有限公司、兰州金环覆铜板有限公司、南召新宇电器有限公司、包头天和绝缘材料有限公司、山东无棣绝缘材料股份有限公司等。这10个企业（东方绝缘材料股份有限公司已在重点骨干企业作过介绍）1995年主要经济指标完成情况见表9。

1995年绝缘材料行业中外合资企业已发展到9

个：大通铜箔层压板有限公司、深圳太平洋绝缘材料有限公司、招远金宝电子有限公司、珠海海港积层板有限公司、东莞生益敷铜板股份有限公司、华立达铜箔板有限公司、南美覆铜板厂有限公司、扬州联邦绝缘材料有限公司、东海绝缘材料有限公司；独资企业2个：常州金洁绝缘材料有限公司、新通华电工材料（深圳）有限公司。这11个合资和独资企业（东莞生益敷铜板股份有限公司已在股份制企业作过介绍）1995年主要经济指标完成情况见表10。

表9　1995年股份制企业主要经济指标完成情况

序号	企业名称	工业总产值（不变价）（万元）	销售产值（当年价）（万元）	销售收入（当年价）（万元）	实现利润（万元）	已交利税（万元）	职工人数（人）
1	诸城四达绝缘材料股份有限公司	6 193	6 157	4 980	803	532	317
2	上海双花塑料有限公司	29 864	42 890	36 658	210	1 465	1 967
3	长春热缩材料股份有限公司	6 846	5 080	5 080	2 300	458	667
4	东莞生益覆铜板股份有限公司	25 517	38 510	37 490	5 056	325	673
5	南召新宇电器有限公司	484	428	428	0	0	289
6	兰州金环覆铜板有限公司	902	805	883	0.3	0	248
7	包头天和绝缘材料有限公司	316	408	369	0	8	161
8	无棣绝缘材料股份有限公司	300	600	600	13	30	150
9	泰州劲松绝缘材料股份有限公司	10 118	9 994	8 421	499	1 269	1 040

表10　1995年合资、独资企业主要经济指标完成情况

序号	企业名称	工业总产值（不变价）（万元）	销售产值（当年价）（万元）	销售收入（当年价）（万元）	实现利润（万元）	已交利税（万元）	职工人数（人）
1	大通铜箔层压板有限公司	3 856	4 678	4 125	181	225	278
2	深圳太平洋绝缘材料有限公司	4 278	5 324	6 226	-120	0	180
3	招远金宝电子有限公司	21 052	19 576	13 455	1 124	300	1 267
4	珠海海港积层板有限公司	3 751	5 754	5 754	610	0	161
5	华立达铜箔板有限公司	10 133	10 202	10 081	705	1 035	211
6	南美覆铜板厂有限公司	4 885	9 320	9 238	880	45	200
7	扬州联邦绝缘材料有限公司	883	820	829	23	35	130
8	新通华电工材料（深圳）公司		844	843	43	0	60
9	东海绝缘材料有限公司	3 452	2 241	1 980	1	6	140
10	常州金洁绝缘材料有限公司	3 511	3 707	2 016	57.4	31	238

质量及质量管理　绝缘材料行业质量及质量管理工作会议于1995年11月在桂林召开，参加会议的有机械、电子、化工、铁道、轻工、建材等系统的绝缘材料厂、电机电器厂及有关研究单位。会议宣读了绝缘材料行业发展现状和"九五"发展重点、高压大型发电机粉云母带质量考评工作总结、绝缘材料行业产品质量现状及存在问题和新形势下加强绝缘材料标准工作的意见等论文，东方绝缘材料股份有限公司等3个单位交流了企业质量管理工作经验，电机电器厂家对绝缘材料产品质量和今后发展方向提出宝贵意见，讨论通过了关于加强绝缘材料行业产品质量监督管理的决定、关于加强绝缘材料行业产品质量管理办法实施细则等文件。这是一次很重要的会议，认真贯彻会议精神和会议决定，将把行业和企业质量管理工作提高到一个新水平。

中国电工器材行业协会在全国范围内开展了高压大电机主绝缘用粉云母带质量考评工作。考评工作组由中国电工器材行业协会、机械工业部绝缘材料质量监督检测中心、桂林电器科学研究所和哈尔滨大电机研究所组成。考评组分两次进行抽样和对企业质量管理体系进行考核。绝缘材料产品质量监督检测中心和桂林电器科学研究所对自愿参加的各考评厂家粉云母带样品进行型式试验和绝缘结构性能评定。考评组根据考评技术条件，对各厂粉云母带样品的型式试验结果、线棒热态稳定性试验结果、线棒电寿命试验结果和各厂体系考评进行综合评定，评定结果见表11。通过这次考评，进一步反映出我国生产的粉云母带质量有很大提高，这对促进提高大型发电机主绝缘水平具有重要意义。

表 11　粉云母带质量评定结果

产品名称	质量评定等级	生产厂家
5438-1 粉云母带	优等品	上海云母绝缘材料厂、诸城四达绝缘材料股份有限公司、衡阳绝缘材料总厂、西安绝缘材料厂、东方绝缘材料股份有限公司
5440-1 粉云母带	优等品	衡阳绝缘材料总厂、上海云母绝缘材料厂、哈尔滨绝缘材料厂
5438-1 粉云母带	合格品	丹阳绝缘材料厂
5440-1 粉云母带	合格品	诸城四达绝缘材料股份有限公司、丹阳绝缘材料厂

全国绝缘材料标准技术委员会 1995 年年会研究了“九五”采标计划，审查通过了《电工用热固性树脂工业硬质层压板试验方法》国家标准及《电气绝缘材料产品分类、命名及型号编制方法》和《氨基醇酸快固化浸渍漆》机械工业行业标准等 3 项标准。会议经过反复研究讨论，GB/T2843—81 等 23 项标准将被新制、修订的标准代替；JB2087—77 等 10 项产品标准，已被新一代产品代替，现无此产品，建议报批废止；GB905—66 等 4 项产品标准仅有个别厂少量生产，建议废止后，如某生产厂需要，可变为企业标准。

技术改造　1995 年绝缘材料行业用于技术改造、基建项目总投资计划数为 24 770 万元（其中技术改造项目为 14 886 万元，基建项目为 9 904 万元），实际完成数为 25 941 万元（其中技术改造项目为 13 983 万元，基建项目为 11 958 万元）。1995 年部分企业技术改造投资情况见表 12。

表 12　1995 年部分企业技术改造投资情况　　（单位：万元）

企业名称	年份	基建投资		技改投资	
		计划数	完成数	计划数	完成数
西安绝缘材料厂	1994	348	473	145	145
	1995	0	0	600	600
东方绝缘材料股份有限公司	1994	150	150	150	100
	1995	1 520	1 520	150	150
招远金宝电子有限公司	1994	10 000	6 010	10 000	6 010
	1995	4 000	6 200	4 000	6 200
上海双花塑料有限公司	1994	0	0	4 793	5 028
	1995	0	0	1 759	530
国营第五七二七厂	1994	112	145	950	670
	1995	500	553	2 021	600
东莞生益覆铜板股份有限公司	1994	0	0	3 609	1 450
	1995	0	0	1 603	1 603

1995 年绝缘材料行业技术改造取得了一定进展，不少企业在非常困难的形势下，仍投入了相当大的财力、物力和人力，发展高附加值的产品。西安绝缘材料厂对“双加”工程覆铜箔板技术改造工程计划投资 1 175 万元，其中 1995 年投资 820 万元，1996 年投资 335 万元。1995 年已完成投资 606 万元，其中建筑安装费 117 万元，设备购制费 227 万元，其他费用 262 万元。行业主要企业技术改造完成情况见表 13。

表 13　1995 年主要企业完成技术改造项目及效果

企业名称	项目名称	效果
豫西绝缘材料厂	超薄型覆铜箔板生产线	该项目 1995 年落实资金 1 000 万元，其中专项贷款 800 万元，自筹 200 万元，主要设备立式上胶机已订货，热压机选型完毕，主体厂房动工
诸城四达绝缘材料股份有限公司	层压制品上质量、上水平、上能力工程	投资 450 万元，扩大层压制品生产能力 1 000t，使制品质量、外观及成品整体性能有很大提高，年新增加产值 2 500 万元，利税 400 万元，利润 350 万元
国营第五七二七厂	FR-4 基板改造	计划投资 350 万元，1994 年已开工，1995 年购置设备 150 万元，新增创汇能力 100 万美元

（续）

企业名称	项目名称	效果
姜堰硅橡胶绝缘材料厂	玻璃纤维坯管生产线	改造后，年生产玻璃纤维坯管 600 万 m，年降低成本、增加效益 8 万元
东莞生益覆铜箔板股份有限公司	AISCO 上胶机夹轴改造	原上胶机夹轴为固定式，轴径细，易变形，改造为滚动式，且加粗直径，提高了粘结片质量，使产品厚度均匀，操作方便，减少断片，提高成品率
东方绝缘材料股份有限公司	“双加”工程高压聚丙烯薄膜技改	该项目总投资 2 191 万元，贷款 1 600 万元，自筹 591 万元，引进电工聚丙烯薄膜生产线一条，该项目投产后，新增产值 2 700 万元，利润 815 万元，税金 286 万元
嘉兴绝缘材料厂	云母车间技改工程	移地新建云母车间 3 200m²，改造云母带、云母板生产设备，形成年生产 590t 能力，提高云母制品的产量及质量，总投资 635 万元，新增产值 1 700 万元，利润 298 万元，税金 97 万元

对外合作 到 1995 年止，绝缘材料行业在“八五”期间引进的项目已在全行业发挥重大作用。常州绝缘材料总厂引进德国巴马格公司聚酯薄膜关键设备铸片系统与国产拉膜机组相配合，成功地改造了聚酯薄膜生产线。1994 年生产能力达到1 233 t，销售收入 2 490 万元，销售利润 641 万元；1995 年产量达 1 353t，销售收入达 4 000 万元。

1995 年全行业没有大规模的技术引进，仅有小的项目洽谈，如东方绝缘材料股份有限公司与日本帝人公司伊藤忠秀社关于引进日本厚膜生产线的商务谈判已达成意向协议。

〔撰稿人：机械工业部桂林电器科学研究所 余必明 审稿人：机械工业部桂林电器科学研究所 吴炳川 机械工业部重大装备司 胡景云〕

〔责任编辑：张友鹤〕

蓄 电 池

〔中国船舶工业总公司〕

生产发展情况 中国船舶工业总公司有大二型蓄电池厂 2 个，职工 5 184 人，年末固定资产原价 22 558 万元，全年完成工业总产值（1990 年不变价）46 538 万元，比上年增长 12.1%；工业增加值 13 056 万元，比上年增长 35%。完成铅酸蓄电池 164.2 万只、162.5 万 kVA · h，分别增长 21.1%、24.9%。其中：汽车起动用蓄电池 151.7 万只、141.5 万 kVA · h，分别增长 20.2%、18.5%；在铅酸蓄电池中所占比重分别为 92.4%、87.1%；车型蓄电池 7.5 万只、5.1 万 kVA·h，分别增长 31.6%、24.3%；固定型蓄电池 2 万只、3.9 万 kVA·h，分别减少 9.1%、15.2%。

蓄电池行业受原材料价格居高不下的影响，经济效益下滑，亏损面扩大。在这种大环境下，保定金风帆蓄电池有限公司业绩突出。近年来，胶壳电池中约 2/3 规格的销售量处于下降趋势，这反映了蓄电池市场需求的变化。该公司及时调整产品结构，塑壳和胶壳蓄电池比重由 1994 年的 74∶26 调整为 78∶22，使生产保持了较快的发展。

市场及销售 1995 年，在国内蓄电池市场上，一些发展势头强劲的独资企业和合资企业的进一步介入，使蓄电池市场的竞争强度进一步加剧。在这种情况下，通过调整产品结构、扩大销售网点、采取随行就市等各种手段，全年销售 166.7 万只，比全年生产量多 1.5%，减少了库存。特别是金风帆蓄电池有限公司凭借风帆牌蓄电池较高的知名度，适时调整销售策略和措施，1995 年销售在竞争中保持了稳步增长，国内市场占有率粗算为 14.4%，比上年提高 1.4 个百分点。

科研成果及新产品 1995 年，保定金风帆蓄电池有限公司研究的多利轿车用 55B242 型免维护铅酸蓄电池获中国船舶工业总公司科技进步二等奖。淄博蓄电池厂为不断满足市场的需要，研制适销对路的新产品有 4 种：USE－200、USE－300、USE－500、USE－1000，其中前 3 种已鉴定并投放市场，后一种也批量试生产。这些新产品受到了用户的好评，为企业在市场上的竞争创造了条件。

质量及质量管理 1995 年，产品质量继续保持稳定。保定金风帆蓄电池有限公司开展第六个质量年活动，积极宣贯 GB/T19000（ISO9000）系列标准，通过国防科工委新时代质量体系认证中心和航空质量体系认证中心联合进行的质量体系认证。

在这一年里，保定金风帆蓄电池有限公司和淄博蓄电池厂，重点开展了如下几项工作：(1) 加强对分承包方的质量控制，制定出分承包方的考核细则，切实把好原材料及外购件进厂质量第一关；(2) 授予质量检验部门“三权”，即“停产权、封库权、退货权”，树立质量检验部门的权威；(3) 开展提质降废活动取得一定成效；(4) 在 9 月份的质量宣传月中，开展质量宣传、教育，开展质量大抽查及用户访问等活动；(5) 开展产品质量监督抽查，被抽查的产品全部合格；(6) 继续开展群众性的 QC 活动；(7) 开展“清洁”生产活动。

〔撰稿人：中国船舶工业总公司 郭莲英 审稿人：中国船舶工业总公司 郭 泽〕

〔责任编辑：张友鹤〕

电工合金

〔机械工业部〕

生产发展情况 根据电工合金行业 61 个主要企业上报数据统计，1995 年电工合金行业（触头材料、磁钢）工业总产值（当年价）91 800 万元，利润 2 378 万元。

触头材料生产情况：1995 年触头材料（包括少量电阻、电热、熔体合金等）工业总产值（当年价）66 000 万元，利润 1 015 万元，产量 536t（其中银基触头 144t，用于换向器的铜银合金 240t，余为真空高压开关触头、电阻、电热合金等）。1995 年触头行业所面临的主要问题仍是资金短缺及价格竞争问题，甚至比上年更为严重。电器行业需求规模的减少，造成一些铆钉触头供过于求，而国内一些电器合资企业所需要的高质量、高性能的触头材料，国内企业生产的触头又难以满足要求。由于制备触头的各种原材料价格上涨，企业外欠款问题日趋严重，加上银行贷款利息压得部分企业难以维持，个别企业几乎停产，即使一些原来基础较好的企业也感到负担沉重，处于限产状态。相对而言，用于中高压电器的真空开关触头如铜钨、铜铬等产量有所增加，生产企业也随之增加。

磁钢行业生产情况：1995 年磁钢行业（主要是铝镍钴磁钢）工业总产值（当年价）为 25 800 万元，产量 2 046t，分别比上年减少 20% 和 11%。目前铝镍钴磁钢的主导产品仍为电度表磁钢，大部分企业尚未从这种品种单一、供大于求的局面中走出困境。企业无利可图，只能限产、转产甚至倒闭。但从整个铝镍钴磁钢出口市场看仍较为乐观，有的企业前几年已开始从调整产品结构着手，陆续开发了一些新产品并以磁钢器件、整机等附加值高的产品出口进入国际市场，获得较好效益。个别企业 1995 年的出口创汇额已达本企业 1994 年出口创汇额的 5 倍以上。

行业内骨干重点企业主要经济指标见表 1。

表 1 行业内骨干重点企业主要经济指标

序号	企业名称	专业	产量 (t)	工业总产值 (万元)	产品销售收入 (万元)	利润总额 (万元)	全员劳动生产率 (元/人)	备 注
1	苏州合金材料厂	电触头行业	24	4 990	4 300	104	19 481	
2	广州电工合金厂		26	3 799	1 751	51	7 700	
3	宁波神乐电子器材总公司		21	1 964	2 602	106	7 261	
4	安平电工合金厂		17	3 458	2 512	120	31 341	
5	四川仪表一厂		92	4 779	3 203	21	9 742	主要产品为复合带材及少量电阻、电偶等
6	天水长城电工合金材料厂		85	3 479	2 614	42	16 745	主要产品为高压CuW 触头
7	萧山磁钢厂	磁钢行业	788	11 163	11 021	1 082	63 503	
8	四川仪表十九厂		168	2 033	2 381	28	11 354	
9	东海磁钢厂		99	2 577	2 122	245	21 479	
10	舟山千岛磁钢有限责任公司		252	1 678	1 345	9	17 136	

市场及销售 1995 年电触头材料销售收入 57 825万元，比上年减少 10%。低压触头销量最大的仍为银氧化镉触头，其后依次为银/铜复合铆钉触头、银镍触头、纯银触头及银氧化锡氧化铟触头。其中银氧化锡氧化铟触头的产量几乎达到上年的一倍以上。该触头主要用于 CJ20 交流接触器中。CJ20 交流接触器是一种新型设计的接触器，前几年由于价格较高尚未得到推广，影响到该触头的销量。随着推广应用工作的开展，1995 年 CJ20 交流接触器已被许多电器厂家接受，银氧化锡氧化铟触头的销量也随之增加。

真空开关触头产品主要是铜钨、铜铬、铜钨碳化钨触头，与 1994 年相比，真空断路器用铜钨触头产量略有增加，高压真空接触器和真空负荷开关用铜钨触头的使用量增加较快，但产量不大，原因是高压真空接触器和真空负荷开关目前在我国仍处于开发应用期。

磁钢行业销售收入 25 000 万元，比上年减少约12%。铸造铝镍钴磁钢仍以三类磁钢为主，其次为五类磁钢，高性能八类磁钢虽然在高精密仪器及石油勘探仪中有一定市场，但总需求量不大，产量、销量很少。钕铁硼永磁材料1995年产量增加较大，大部分产品销往国外，1995年电工合金行业销售收入前十名企业排序见表2。

表2 1995年电工合金行业销售收入前十名企业

序号	企业名称	销售收入（万元）
1	上海合金厂	15 193
2	萧山磁钢厂	11 021
3	苏州合金材料厂	4 300
4	四川仪表一厂	3 203
5	天水长城电工合金材料厂	2 614
6	宁波神乐电子器材总公司	2 602
7	安平电工合金厂	2 512
8	四川仪表十九厂	2 381
9	东海磁钢厂	2 122
10	广州电工合金厂	1 751

1995年电工合金行业产品（触头材料、磁钢及少量电阻、电热合金）出口创汇额按电工合金行业产品出口情况及9个企业出口统计为475.2万美元（表3)。

含银电触头产品目前出口仍受国家白银控制约束，仅有少量触头材料随整机出口。真空开关触头出口在我国是首次，并且出口到欧洲著名的电器公司，这标志着我国的真空开关触头已达到国际同类产品的水平。杜美丝等产品出口较为稳定，磁钢品种中铝镍钴永磁材料，特别是钕铁硼永磁材料出口占有很大份额。出口创汇额最多的是国营八二七二厂，该厂出口产品主要是烧结钕铁硼和粘结钕铁硼永磁材料，出口额占磁钢总出口额的46%。国营萧山磁钢厂是磁钢行业中出口创汇企业的后起之秀。该厂与美国布莱迪公司合资，磁钢产品可直接出口到国外市场，出口额仅1995年就达到48.6万美元，是该企业1994年出口额的5倍以上。上海磁钢厂和四川仪表十九厂一直是磁钢产品出口创汇的主要企业，前者主要是烧结铝镍钴磁钢和少量钐钴永磁材料，后者主要是铸造铝镍钴磁钢，出口额分别比1994年增加300%和9%。

表3 1995年电工合金行业出口情况及企业的出口额排序

序号	企业名称	出口产品名称	出口国家及地区	出口创汇额（万美元）	出口量（t）
1	上海合金厂	杜美丝、纯镍丝、铁铬铝、镍铬丝	东南亚	187.8	179
2	国营八二七二厂	烧结、粘结钕铁硼等	美国、韩国	126.0	40
3	萧山磁钢厂	铸造铝镍钴永磁	韩国、香港、台湾、美国、日本	60.0	62
4	四川仪表十九厂	铸造铝镍钴永磁	日本、新加坡、泰国、香港等	48.0	21
5	上海磁钢厂	粉末、铸造铝镍钴永磁、稀土永磁	意大利、美国等	32.0	
6	国营七九八厂六分厂	电度表磁钢	韩国、新加坡	7.7	51（件）
7	桂林电器科学研究所	铜铬75真空断路器触头材料	德国	6.3	
8	天水长城电工合金材料厂	铜钨80触头材料	台湾	4.0	
9	宁波神乐电子器材总公司	AgCdO12、AgCdO12/Cu	香港	3.4	

产品分类及产量 1995年触头材料产品为536t，磁钢产品产量约2 046t。主要产品分类及产量见表4。

科研成果及新产品 1995年电工合金行业完成科研成果共8项。其中：国营萧山磁钢厂的桑塔纳车速里程表磁钢用以取代进口产品，填补了国内空白，获国家级新产品奖；四川仪表一厂研制的AgZnO (8) 电触头（粉末法）获四川仪表股份公司三等奖；宁波神乐电子器材总公司的银氧化锡氧化铟触头材料研制获市级科技进步三等奖；天水长城电工合金材料厂研制的Cu-W70/QCr0.5整体式触头获甘肃省机械工业科技进步三等奖；国营青岛磁钢厂的86系列电度表阻尼器获青岛市科技进步三等奖。

机械工业部桂林电器科学研究所的真空接触器触头材料研究课题是机械工业技术发展基金项目。该课题研制的铜钨碲触头材料在3kV200A、6kV400A、10kV160A、10kV250A、10kV400A、10kV630高压真空接触器以及10kV630A真空负荷开关中，通过了国家电器质量监督检测中心和上海华通开关厂中央试验室的型式试验，在截流值、含气量、电导率等性能及应用电性能方面均达到90年代国外同类产品先进水平。

苏州合金材料厂研究开发的电化法生产银粉工艺于1995年通过市级鉴定。该成果将为我国电触头行业的生产发展及工艺更新取得新的经验。

福州电工合金厂开发的银镍(20)/铜复合铆钉触头新产品于1996年1月通过省级鉴定。该材料是针对我国独立开发的K系列开关而研制的。K系列开关与德国西门子公司的微型断路器性能类似。该厂首先采用粉末冶金法先制成银镍（20）丝材，再在双金属冷墩机中与铜复合成银镍（20）/铜铆钉触头。该产品比目前国内应用的银镍（10）/铜铆钉触头节银10%，还可在某些电器产品上取代部分银氧化镉触头，为我国触头产品的发展增添了新的品种。

表4 电工合金产量

产品名称	产量（t）
一、触头材料	535.88
1. 银基触头	144.38
银氧化镉触头	30.60
纯银触头	12.08
铆钉触头	47.82
银氧化锡氧化铟触头	6.43
其他银基触头	47.45
2. 铜基触头（用于换向器）	240.00
3. 其他	151.50
二、磁钢	2 045.87
1. 铸造铝镍钴永磁	1 962.00
2. 粉末烧结铝镍钴永磁	12.24
3. 稀土永磁	71.63
钕铁硼	61.63
其他稀土永磁	10.00

1995年获新工艺、新产品成果共6项。具体项目见表5。

质量及质量管理 1995年组织进行了对铝镍钴磁钢产品质量统检，共抽查了17个企业送检的1 600件产品，送检产品为LN10、LNG16、LNG37和LNGT38等牌号磁钢，所抽检企业磁钢产品年产量之和约占全行业同类产品的80%以上。

检测结果：达合格品以上的企业有10个，仅占统检企业总数的58.8%。其中一等品企业有3个，一等品率为17.6%。产品为一等品的企业为：国营金川无线电器材厂附属银星厂（LNG37）、国营青岛磁钢厂（LN10）、国营萧山磁钢厂（LNG37）；产品达合格品的企业共7个：武汉冶金研究所（AlNiCo8）、舟山市东海磁钢厂（LNG37）、上海磁钢厂（LNG37）、四川仪表十九厂〔LNGT38（818）〕，武汉大公实业公司仪表合金厂（LN10）、无锡太湖磁性材料厂（LNG37）、朝阳磁钢厂（AlNiCo5）；不合格产品共7个企业（其中10个企业未送样品），占统检企业总数的41.2%。

1995年电工合金行业完成了下列行业标准的起草制订工作：《铜石墨触头材料化学分析方法》、《粉末冶金法银金属银化物电触头技术条件》、《合金内氧化法银金属氧化物电触头产品质量分等》、《铜铬触头材料化学分析方法》。

表5 新工艺、新产品成果

企业名称	项目名称	内容简介
四川仪表一厂	1. 触头单面脱碳工艺 2. 银氧化锌（8）电触头	新工艺 新产品
天水长城电工合金材料厂	电子束焊工艺	用于部分高压断路器整体触头的开发与生产
北京电工合金厂	1. AgCuZn30～35性能改进 2. AgCuZn35～30、AgCuZn43～27、AgCuZn45～30、AgCuZn50～30、AgCuZn52～36成分配比的研究	将原有AgCuZn30～25的工艺操作进行改进，减少了合金中的氧含量，明显提高了流动性 根据用户需要降低银含量
上海合金厂	1. 电真空用高纯镍丝 2. 新型杜美丝	该产品的开发试制是为了满足出口产品的技术要求：1）材料纯度更高，杂质少；2）尺寸公差要求高 产品特点为：1）硼层薄，表面呈棕黄色，减少了脱硼及封接漏气现象，提高元件合格率；2）增加氢气退火，保证机械性能，改善丝材表面质量
四川仪表十九厂	Y30BH铁氧体永磁	已生产7万余件，实现产值19.43万元
萧山磁钢厂	YEZP2稀土钕铁硼永磁中频同步发电机	该电机为高速电机电源，采用稀土材料可节能

管理及改革 1995年电工合金行业所面临的几大难题较之1994年更为严重，致使原来效益还处于中、上等的企业滑落很快（特别是一些国有企业），有的厂无法开工，处于半停产或全停产状态。为掌握新形势下各企业最新状况，电工合金分会根据中国电工器材行业协会〔1995〕010号文件“关于开展电工器材行业普查的通知”要求，组织人员对国内从事电工合金（主要是触头材料、铝镍钴磁钢）材料研究和生产的企业进行了实地调查，共走访了84个企业（触头企业39个、磁钢企业45

个)。对这两个行业的行业状况、生产工装情况、市场情况、产品质量结构、存在的主要问题及今后的发展方向进行了分析，提出了电触头行业普查情况和铝镍钴磁钢行业普查情况报告。

1995年磁钢行业针对原材料（特别是钴）涨价情况及各磁钢企业上半年经营情况，召开了磁钢行业厂长工作会议及行业价格研讨会。会议认为必须及时调整磁钢行业产品的价格以保证磁钢行业的正常发展，会议确定了1995年度磁钢产品价格协调的三个原则和一个基点，并就多个有关磁钢行业发展的问题取得了共识。

在触头行业召开的厂长工作会议上，电工合金分会秘书处介绍了1995年触头行业的调查情况。管理较好的企业介绍了经验，各企业交流了本企业的生产经营情况，对共同感兴趣的问题交换了意见并提出建议。会议认为，电触头是保证电器性能的关键元件，目前国内触头行业生产、效率下滑，市场竞争激烈，加上电器市场一些劣质产品的泛滥，导致对触头产品质量要求放松，已直接影响到电器产品的质量，特别是应用的可靠性。为适应国内触头市场逐渐国际化的现实，各企业既要在产品质量、价格等方面进行公平竞争，又要相互协作，在产品结构调整方面上水平、上档次。

技术改造 国营青岛磁钢厂的低温度系数、高性能钕铁硼的开发及应用项目，1995年被列为国家重点技术改造项目。该项目1995年由国家经贸委批准，贷款700万元，自筹资金200万元。主要用于开发低温度系数、高性能的钕铁硼并推广应用，预计1996年钕铁硼产量将达30t。

1995年完成的技术改造项目共4项：(1)河北安平电工合金厂的银铜合金技术条件改造项目完成后又创产值960万元，创利税96万元；(2)黑龙江精密合金厂的5MN油压机改造为挤压机，1995年已试产，年产丝材5t；(3)蚌埠金银制品厂电工合金厂的银氧化镉生产线1995年试产，已生产银氧化镉丝材300t；(4)国营萧山磁钢厂的稀土永磁生产线，创产值500万元，利润80万元。

对外合作 1995年电工合金行业技术改造及技术引进项目共四项（触头材料三项、磁钢一项）。

四川仪表一厂的贵/廉金属复合带材是从日本引进技术，设计能力为60t，1995年实际生产了21t，实现国产化比例为100%。

广州电工合金厂的电工韧铜及高压触头生产线，原设计能力30t，经过几年努力，1995年已达一定规模，并有少量高压触头已投入生产。

蚌埠金银制品厂电工合金分厂的银氧化镉生产线，设计能力为8t～10t，1995年实际产量为300kg，国产化比例达80%。

萧山磁钢厂的稀土永磁大规模生产线（包括制粉、压型、烧结等）是从美国引进技术，原设计能力为500t，1995年实际产量为300t。国产化比例为40%。

1995年电工合金行业中外合资企业共两个（见表6)。

表6 1995年电工合金行业中外合资企业

序号	企业（中外双方）名称	合资企业名称	情况简介	有效期（年）	中外投资金额（万美元）
1	安徽富祥珠宝有限公司、蚌埠金银制品厂	香港富祥饰品有限公司	以生产销售珠宝饰品为主	15	120
2	萧山磁钢厂、美国布莱迪公司	杭州布莱迪强磁有限公司	合资经营稀土磁钢及磁钢器件，规模为年产稀土磁钢40t	11	中方：98 外方：42

〔撰稿人：机械工业部桂林电器科学研究所、詹亚萍　审稿人：机械部桂林电器科学研究所　梁永和　机械工业部重大装备司　韩英俊〕

〔责任编辑：张友鹤〕

家用电器

〔机械工业部〕

生产发展情况 1995年，据对机械系统59个企业的统计，完成工业总产值314.6亿元，比上年增长15.5%；实现利润13.4亿元，比上年增长6.3%。主要经济指标见表1。

1995年机械系统主要家用电器产品生产情况如下：

电冰箱 据机械系统12个电冰箱生产企业的统计数据，1995年完成工业总产值62.3亿元，比上年增长-24.7%；生产电冰箱3 033 189台，比上年增长-1%；产品销售收入55.6亿元。其中广东科龙电器股份有限公司生产电冰箱120万台，比上年增长31.9%；完成工业总产值37亿元，比上年增长23.3%；实现利润2.4亿元，比上年增长41.2%；产品销售收入30.2亿元，比上年增长33.6%；产品销量连续五年居全国同行业榜首。长岭集团股份有限公司1995年生产电冰箱62.2万台，完成工业总产值14.58亿元，比上年增长17%；销售收入13.7亿元，比上年增长24%；利润总额1.1亿元，比上年增长4.4%。中国雪柜实业公司1995年生产电冰箱349 762台，完成工业总产值9亿元，销售收入7亿元。国营常熟制冷设备厂生产冰柜22万台，比上年增长94.5%；完成工业总产值4.3亿元，比上年增长78.4%；实现销售收入3.2亿元，比上年增长99.5%；冰柜当年产销率达92%。华意电器总公司，产量20万台，实现工业总产值5亿元，全年完成销售收入3.1亿元，比上年增长55.4%；实现利税3 260万元，比上年增长116%。在12个电冰箱行业生产厂中，约一半的企业有不同程度的减产或亏损。产量规模较大的厂家继续保持一定发展速度，规模进一步扩大。产量规模小的厂家处境困难。名牌效应十分明显，优胜劣汰是市场竞争的必然结果。1995年各厂家十分重视无氟冰箱的生产，有的已批量生产，有的正进行技术改造，准备投入批量生产。

表1　1995年59个企业完成的经济技术指标

指标名称	工业总产值 当年价格（万元）	工业总产值 1990年不变价（万元）	工业总产值 比上年增长（%）	工业增加值（万元）	产品销售收入（万元）	产品销售税金及附加（万元）	利润总额（万元）
数量	2 791 291	3 146 263	15.5	593 675	2 402 264	15 683	133 707

指标名称	年末固定资产（万元） 原价	年末固定资产（万元） 净值	流动资产（万元） 合计	流动资产（万元） 平均余额	流动负债（万元） 合计	流动负债（万元） 平均余额	全员劳动生产率（元/人）
数量	8 576 152	529 934	1 590 376	1 533 793	1 762 428	1 303 934	54 906

洗衣机　据机械系统10个企业的统计数据，1995年洗衣机产量是158万台，完成工业总产值13.4亿元，产品销售收入10.5亿元。其中，山西海棠电器集团股份有限公司洗衣机产量29.7万台，完成工业总产值3亿元，比上年增长20%；产品销售收入2.7亿元，完成利润1 286.5万元。甘肃长风宝安实业股份有限公司1995年洗衣机产量36万台，完成工业总产值1.6亿元，产品销售收入15 827.2万元。陕西洗衣机厂生产洗衣机13.6万台，完成工业总产值1.06亿元，产品销售收入8 680万元，实现利润1.3万元。洗衣机行业10个生产厂中一半亏损，部分厂家比上年相应减产，形势不容乐观。

空调器　1995年机械系统12个空调器生产厂共生产空调器356万台，比上年增长74.6%；实现工业总产值149.9亿元，产品销售收入138.9亿元。在1994年“空调大战”后，经历过市场的考验，规模大、实力雄厚的企业在竞争中确立了在本行业中的地位。1995年生产幅度大幅增长，企业规模进一步扩大，形成几家主要的生产企业。其中春兰集团1995年产量114万台，比上年增长65%；实现工业总产值56亿元，比上年增长41%；完成销售收入55.3亿元，比上年增长83.7%；实现全员劳动生产率134万元/人，居全国同行业榜首。珠海格力电器股份有限公司生产空调器70万台，比上年增长118.7%；实现工业总产值31.7亿元，比上年增长215%；利润总额1.87亿元，增长100.6%；全员劳动生产率91.3万元/人。美的股份有限公司生产空调器42万台，比上年增长57.9%，实现工业产值15亿元。产量超过20万台的企业还有科龙电器股份有限公司(25万台)、卓越空调器厂（20万台)。

电风扇　根据15个电风扇生产企业的统计数据，1995年机械系统生产电风扇1 488万台，比上年增长14.6%；实现产值24亿元，比上年增长48%；完成产品销售收入18.7亿元，比上年增长34.5%。1995年电风扇生产较前两年好转，在1994年的基础上稳步发展，内外销并举，许多企业扩大了出口量。电风扇出口量超过总产量的1/3，出口额比上年增加333.48万美元。美的股份有限公司出口电风扇创汇3 182万美元，占电风扇行业总出口额的56%。在15个电风扇生产企业中，美的股份有限公司电风扇产品产销量第一。1995年生产电风扇753万台，比上年增长40%，产值达8.5亿元。江苏骆驼电器集团生产电风扇264.8万台，比上年增长16.2%；完成产值8.5亿元，实现利润1 330万台。新会电机厂生产电风扇127.8万台，完成产值2.4亿元。电风扇产品利润率低，生产批量大的企业在市场竞争中占有一定的优势。

电热器具　据10个企业统计数据，1995年机械系统电热器具生产企业完成产值4.5亿元，生产电饭锅36.9万只，电热锅80万只，电水壶48.1万只，电烤箱5.7万台，电熨斗19.7万只，电炒锅7.8万只，电暖器54万台。美的股份有限公司电热器具产值2.5亿元，占行业总产值1/2以上。其电饭锅生产量跻身国内十强。

市场及销售　1995年家用电器市场变化波动较大，上半年电冰箱、空调器市场旺销，进入第三季度以后市场风云突变，销售急速滑坡。不少生产企业根据市场需求立即调整产品结构和产量计划，增加生产品种，刺激市场需求，有效地促进了产销衔接。1995年机械系统家用电器企业国内外销售情况如表2。

1995年电冰箱出口额2 269.3万美元，比上年增长-0.24%；洗衣机出口数量3.8万台，比上年增长7.6%；电风扇出口数量比上年增长12.7%，空调器出口数量比上年增长52.3%。增幅最大的是空调器，而出口数量最大的仍是电风扇。电冰箱主要出口到独联体、东南亚、非洲、法国等地。空调器主要出口到欧洲、非洲、美国、加拿大、东南亚等地。洗衣机出口到南非、东南亚、中东等地。电风扇主要出口到欧洲、中东、南美、北美、东南亚等地。

表2 1995年机械系统家用电器企业国内外销售情况

产品名称	国内销售数量（台）	国内销售收入（万元）	出口数量（台）	出口额（万美元）
电冰箱	2 891 711	516 580	62 464	2 269.3
空调器	3 577 008	1 369 712	179 026	4 939.3
洗衣机	1 438 297	98 758	37 756	296.1
电风扇	11 660 828	136 259	5 463 092	5 661.2
电热器具	2 374 648	43 985	310 085	181.0
合计	21 942 492	2 165 294	6 127 641	14 003.6

1995年在不断开拓国内市场的同时，各企业也积极拓展国外市场。其中美的股份有限公司1995年各类产品出口额5 517万美元，比上年增长85%，居59个企业榜首。珠海格力电器股份有限公司拓展国外市场，涉足号称“家电王国”的日本，1995年出口额达1 606万美元，在国内空调器行业中独占鳌头，出口贸易的增长推动了企业产品质量的提高和新产品的发展。

1995年机械系统家电行业按国内销售收入、出口额前五名企业排序见表3。

产品分类及产量 1995年机械系统家用电器产品分类及产量见表4。

科研成果及新产品 为了适应市场竞争的需要，1995年机械系统各企业始终把眼光牢牢地盯在开发适销对路的新产品上。中国雪柜实业公司开发的BCD-268W冰箱通过省级鉴定，并进一步研制开发了218W新产品，已完成小批量生产。华意电器总公司研制的AE1370Y制冷压缩机采用国际公认的CFC替代物——R134a作制冷工质，产品通过国家级鉴定，与BCD-220L无公害电冰箱一同被国家科委、国家技术监督局等五个单位列为国家级新产品。1995年格力电器集团公司完成了预定的新产品开发任务，在空调方面KC-26、KC（D）-33、KF（R）-45及2.2、3.67kW一拖二分体机室外机的研制工作均已完成，并进入了试生产阶段。广东华宝空调器厂研制的华宝牌KF（R）-35GWF分体壁挂式空调器及KC（R）-33A窗式空调，通过省级鉴定。上述产品经国家日用电器质量监督检测中心检测，主要性能指标达到国外同类产品90年代先进水平。山西海棠电器集团股份有限公司1995年完成全自动超静音2型、半模糊3型和智能型模糊洗衣机的试制生产，取得了良好的效益。美的股份有限公司开发的模糊逻辑电饭煲，采用先进的模糊逻辑控制技术，使米饭中的β淀粉充分转化为α淀粉，还原糖元最高。整体密封式结构具有显著的节能效果，热效率高，保温电耗低，获广东省电饭煲产品类唯一的节电标志证书。该产品获得日本三洋总部的质量确认，属国内领先水平。广州远东风扇厂的高级多功能灭蚊扇新产品，用一种特殊的声波吸蚊，具有较强的灭蚊能力，获得了国家专利，产品出口印度尼西亚。在采用新技术方面1995年也取得了不小的成绩。中国雪柜实业公司在冰箱除霜发热管上进行管式触媒除臭技术，在除霜发热管上涂上涂料，从而达到对二硫酚氨、硫代二甲基、三甲胺、甲硫、硫醇等臭味的分解吸附，此项技术达到国际水平。长岭（集团）股份有限公司对电冰箱混合工质的应用，采用HFC-152a/HCFC-22混合工质制冷，达到90年代初国际先进水平。HCFC-141b发泡新工艺，用HCFC-141b替代50%CFC-11发泡剂制成聚氨酯泡沫保温层，同样达到90年代国际先进水平。常熟制冷设备厂开发的微电脑控制转换式双温柜填补国内空白，体现中国冷柜产品的最新水平。华宝空调器厂在工艺方面，采用折弯热交换器，缩小空调体积，在保持制冷量的同时，降低噪声，提高效率。爱德洗衣机厂的新水流静音齿条式牵引器，采用涡卷脉冲新水流，使衣物不易缠绕变形，磨损率低，新的牵引器性能可靠，噪声低，达到国际90年代水平。上海豪申开利空调器公司，采用0.11铝箔替代0.15铝材，节约材料20%，达到90年代水平。直径7mm的高效传热管新工艺，节约铝材40%、铜材26%，属国际最新水平。新会电机厂采用PTC陶瓷作为暖风机发热元件，比传统的电阻发热元件具有热效率高、无明火、发热速度快、易调温等优点，获得UL认证。广东鹤山电机厂的YYS系列塑封电机采用最新的电机设计理论和生产工艺技术，该产品寿命比普通电机长2倍，绝缘电阻高1倍，主要质量指标与世界同类产品比较，噪声低5dB，效率高2%，振动低50%，一年内可节约铜材900t。

管理及改革 1995年机械系统家用电器行业的工作重点在内部管理上，使管理迈向深层次，企业呈现新的面貌。1995年，又有3个股份制企业产生。华意压缩机股份有限公司1995年12月经江西省人民政府批准，有关股票发行的全部申请材料已获中国证监会通过，预计1996年5月在深圳发行上市。另一家股份制企业是江西飞碟电器集团有限公司，“龙头”产品为电风扇。裕力电器有限公司由集体企业转变为股份制企业，主要产品为吸尘器、搅拌器、电热开水器及风扇。组建股份制企业后，各项管理工作逐步建立健全，转制工作逐步走上正轨，企业生产良好。新组建的企业有2个：上海上菱家用电器集团爱特空调器有限公司，1995年产值达5.1亿元，实现利润总额925.1万元，在国内空调器市场竞争中占有一席之地。上海豪申开利空调设备有限公司是1995年2月正式成立的“三资”企业，它是由上海实业空调机有限公司与开利中国有限公司合资组建的一个合资公司，总投资2 980万美元，主要制造销售家用和工商业用的空调制冷设备，生产主要的品牌是“开利”产品。

1995年，各个企业都加强了企业管理。中国雪柜实业公司1995年进行部分机构调整，强化职能，提高了管理效能。公司借鉴国外的管理经验，于现场大力推选“5S”管理（即清除、整理、清理、规格化训练与纪律）。“5S”管理的运用与实施，不仅为公司顺利推行ISO9000标准提供了良好的基础，而且其显著成效更标志着公司1995年管理跨上一个新台阶。华意电器总公司从提高人员素质入手，强化内部管理，全面推行全员劳动合同制，取得了预期的效果。格力电器股份有限公司将“加强职工队伍建设，不断提高企业整体素质”作为1995年工作的一个重点，制定职工岗位培训工作计划，建立个人培训档案，结合生产实际，采取“旺季见缝插针，淡季集中轮训”的方式，使培训工作走上制度化、规范化的轨道，为企业推进现代化管理打下了坚实的基础。

表3　1995年机械系统家用电器行业国内销售收人、出口额前五名企业

产品名称	名次	企业名称	国内销售收入（万元）	产品名称	名次	企业名称	国外销售收入（万美元）
电冰箱	1	科龙电器股份有限公司	240 000	电冰箱	1	科龙电器股份有限公司	1 048.0
	2	长岭集团股份有限公司	117 040		2	长岭（集团）股份有限公司	725.7
	3	中国雪柜实业公司	73 700		3	华意电器总公司	55.0
	4	华意电器总公司	30 820		4	中国雪柜实业公司	46.4
	5	常熟制冷设备厂	19 456		5	常熟制冷设备厂	35.0
空调器	1	春兰（集团）公司	552 989	空调器	1	格力电器股份有限公司	1 606.0
	2	格力电器股份有限公司	300 782		2	美的股份有限公司	1 274.0
	3	华宝空调器厂	122 062		3	胜风电子机械工业公司	871.3
	4	科龙电器股份有限公司	100 000		4	广东二轻制冷机公司	750.0
	5	美的股份有限公司	89 673		5	华宝空调器厂	438.0
洗衣机	1	海棠电器集团股份有限公司	25 855	洗衣机	1	长风宝安实业股份有限公司	112.7
	2	长风宝安实业股份有限公司	14 925		2	广州凤凰洗衣机厂	99.6
	3	陕西洗衣机厂	8 680		3	上海无线电四厂二分厂	47.7
	4	爱德洗衣机厂	5 165		4	南京三乐电气总公司	36.0
电风扇	1	骆驼电器集团公司	73 455	电风扇	1	美的股份有限公司	3 182.0
	2	美的股份有限公司	27 818		2	新会电机厂	1 994.0
	3	滁州风扇厂	9 084		3	岛田电器企业集团	225.0
	4	飞碟电器集团有限公司	5 990		4	远东风扇厂	178.5
	5	三水市国营机电厂	3 689		5	三水市国营机电厂	50.4

表4　1995年机械系统家用电器产品分类及产量

产品分类名称	产量（台）
电冰箱	3 033 189
其中：单门电冰箱	174 144
双门电冰箱	2 640 959
冰柜	218 086
房间空调器	3 561 656
其中：整体式空调器	1 366 754
分体式空调器	2 194 902
洗衣机	1 575 179
其中：普通洗衣机	206 922
半自动洗衣机	1 114 629
全自动洗衣机	253 628
电风扇	14 885 022
其中：吊扇	2 062 871
排气扇	671 939
其他	12 150 212
吸尘器	39 756
其中：卧式吸尘器	36 825
便携式吸尘器	2 931
直排式排油烟机	971 481
电热充油式电暖器	198 931

质量及质量管理　1995年，各企业纷纷采取措施开展全面质量管理，使产品质量上档次，管理水平上台阶。中国雪柜实业公司1995年狠抓产品质量，增加员工质量意识，以优异的成绩先后通过香港QAA、英国BSI、广东省质量体系认证中心的ISO9002认证。BCD-182W、BCD-205W再获广州市标准计量局认定的质量监督免检产品。格力电器股份有限公司将1995年作为“质量效益年”，公司狠抓各项基础工作的质量整顿，促进了企业的全面质量管理，为提高经济效益提供了保证。为了尽快与国际市场接轨，提高产品质量，增加企业效益，公司有计划、有组织地贯彻推行ISO9000标准工作。1995年12月移动式空调等系列产品通过了德国莱茵公司的审查认证，成为国内第一家获得欧洲市场通行证的企业，为产品出口欧洲，扩大销售提供了保证。山西海棠电器集团股份有限公司，将1995年第二季度作为质量季，全方位展开质量活动，促进了产品质量的提高，双桶和全自动洗衣机的平均一次交验合格率均超过了90%。

技术改造　1995年机械系统各企业用于技术改造投资77 993万元，技改项目达30项。华意电器总公司的无氟冰箱第三期扩改工程1995年底正式动工，该项目总投资1.56亿元，项目完成将使无氟冰箱年生产能力达50万台。中国雪柜实业公司1995年进行第二期技改工程，使电冰箱的生产能力由年产20万台提高到50万台。国营新联机械厂新型电冰箱生产线从国外引进设备，加上国内配套设备，生产线工艺布局逐步完善，基本工程主厂房封顶，完成投资6 758万元。长岭（集团）股份有限公司1995年投资4 258万元，新建20万台无霜电冰箱生产线，土建厂房工程已完成，关键进口设备、国产配套设备部分已进厂，正在进入安装调试阶段。1995年还投资1 966万元，新建10万台电冰柜生产线，土建工程已完成，关键进口设备全部进厂，国产设备正在安装调试。常熟制冷设备厂完成冷柜50万台扩建项目，达到了预期目标。同时进行压缩机100万台技术改造项目，至1997年将达到年产100万台的生产能力。此外，美的股份有限公司对风扇电机优化设计，以SPCC代替硅钢片，生产电机每年节约680万元人民币。空调柜机用压力控制器安全阀贮液器国产化使2.2kW柜机降低成本490.9元/台，3.67kW柜机降低成本460.9元/台。塑封RP电机漆包线国产化项目完成，年效益321.8万元。格力电器股份有限公司1995年进行空调器真空检漏技术，两器制造设备，大大提高了空调器生产工艺。新会电机厂1995年投入“双加”工程的技改项目合计1 360万元，包括引进国外的先进设备、新建厂房4 000多m^2和扩大机电产品的出口技改。

对外合作　1995年广州风扇厂圆满完成援古巴技术出口工作，获得了上级主管部门的好评。华宝空调器厂引进高效热交换器技术，在两器使用百叶窗式翅片和内螺纹铜管，使空调器在不增加体积的同时加大了换热面积，提高了效率，节约了能源，并推广到其他型号的空调器。上海豪申开利空调公司1995年引进美国开利房间空调机51系列、77系列窗机，并已投入生产。陕西洗衣机厂1995年累计完成投资807.9万元，其中引进意大利塑料板生产线1条，完成投资380.9万元。

〔撰稿人：机械工业部广州电器科学研究所 王晓云　审稿人：机械工业部广州电器科学研究所 龚永达〕

〔中国轻工总会〕

1995年，是中国家用电器行业历史上最辉煌的一年，全行业工业总产值超过900亿元。全年出口创汇23.19亿美元，比上年增长35.6%。有20个企业年销售额超过10亿元，他们的销售额合计达到416.35亿元。

一、电冰箱

生产发展情况　1995年是电冰箱、冷冻箱生产继1993年以来持续高速增长的第三年，据国家统计局统计总产量为1 214.05万台，比上年增长21.55%。其中电冰箱产量929.56万台，增长21.59%，电冰箱产量在世界排名第二位；冷冻箱产量284.49万台，比上年增长21.44%。

1995年，电冰箱产量超过30万台的企业有12个，这些企业产量占全国总量的86.6%；冷冻箱产量超过15万台的企业有8个，他们产量之和占全国的83.5%。生产的集中度进一步提高。主要企业及其产销情况详见表5、表6。

市场及销售　1995年的电冰箱市场伴随着国民经济的发展和消费观念的更新，呈现出购销两旺的活跃景象。在城市，十多年前的消费者买的冰箱到了电冰箱的更新期，当时凭票、托路子买来的俏货，今天有的已经疲惫不堪，有的显得过小，也有的已不能与更新后的家庭装饰或家具配套。市场上新型漂亮、实用的电冰箱不仅吸引着新婚家庭，同时吸引着前一代消费者。更新需求成为城市，特别是大中城市电冰箱新的消费增长点。在农村，富裕起来的农民，在住房翻新后，生活水平的提高更多地体现在家庭现代化上，电冰箱也就越来越多的受到农村家庭的欢迎。据国家统计局城乡调查队统计，1995年城镇家庭电冰箱普及率达到66.22%，上升4.12%；农村家庭普及率5.5%，上升1.12%。

表5　电冰箱主要企业产销情况

序号	企业名称	商标	产量（万台）	比上年增长 %	占总产量的比重（%）	销售量（万台）	产销率（%）
1	广东科龙电器股份有限公司	容声	122.2	34.3	13.1	121.9	99.7
2	海尔集团公司	海尔	100.0	60.0	10.8	100.3	100.2
3	上海上菱电器股份有限公司	上菱	85.3	42.1	9.2	85.4	100.1
4	合肥美菱集团公司	美菱	75.4	9.1	8.1	74.6	99.0
5	中国扬子电气（集团）公司	扬子	75.0	20.3	8.1	75.4	100.5
6	新飞电器（集团）股份有限公司	新飞	71.8	39.2	7.7	72.7	101.2
7	长岭（集团）股份有限公司	长岭	62.6	16.2	6.7	62.4	99.7
8	万宝电器集团	万宝	56.9	11.5	6.1	59.5	104.5
9	杭州西泠集团公司	西泠	50.5	0.0	5.4	45.9	90.8
10	上海双鹿电器股份有限公司	双鹿	36.6	2.1	3.9	35.5	97.1
11	中国雪柜实业有限公司	华凌	35.0	－12.7	3.8	33.9	96.9
12	浙江华日集团公司	华日	34.0	6.3	3.7	33.7	99.1

表6 冷柜主要企业产销情况

序号	企业名称	商标	产量（万台）	销售量（万台）
1	青岛澳柯玛电器集团公司	澳柯玛	65.6	63.5
2	浙江星星电器工业公司	星星	33.3	34.5
3	海尔集团公司	海尔	33.2	33.9
4	国营常熟制冷设备厂	白雪	29.0	27.3
5	苏州香雪海电器公司	香雪海	23.9	22.7
6	河南省冷柜厂	冰熊	18.0	16.2
7	杭州市家用电器工业公司	华美	17.6	17.0
8	杭州西泠集团公司	西泠	17.1	13.6

消费者更加成熟。面对市场上众多品种、花色的电冰箱、冷冻箱，大多数购买者选择自己情有独钟的品牌和适合于自己小家庭的规格型号。国产名牌电冰箱已成为市场选择的主流。据统计，国产冰箱占95%以上的市场份额。

在满足市场的同时，市场也给了企业良好的回报。据中国家用电器协会在行业内统计，1995年家电行业有20个企业年销售额超过10亿元，其中电冰箱为主导产品的企业11个（表7），这些企业大多是在电冰箱的基础上多品种、全方位经营的企业集团。

随着企业外向经营能力的提高，万宝、海尔、容声等品牌稳步进入国际市场，仅这3个企业出口量达59.62万台。1995年全国电冰箱出口98.02万台，比上年增长73.2%，出口额6 848万美元，比上年增长72.4%。

新产品 电冰箱CFCs替代技术的研究进入了生产线改造应用阶段。电冰箱行业的排头企业，如：海尔、科龙、新飞开始部分改造生产线，使其能采用CH或HFC－134a技术替代CFC－12作制冷剂、环戊烷或HCF141b替代CFC－11作发泡剂生产无CFC冰箱。科龙的采用碳氢替代CFC技术、海尔的高效节能无CFC电冰箱分别通过了国家科委组织的技术鉴定。

为了实现这样的技术转换，行业组织作了大量工作。中国轻工总会家用电器办公室、中国家用电器协会组织行业专家制定的《中国家用制冷逐步淘汰CFC物质战略研究》（以下简称《替代战略》），得到了国家环保局的好评，在1995年7月份召开的蒙特利尔议定书多边基金执委会上得到认可。《替代战略》分析了中国家用制冷行业现状、发展趋势、CFC物质消费情况、国际上各种替代技术的比较，选择了中国替代技术路线，制定了CFC替代时间表，确定了中国在2005年在家用制冷行业完全淘汰CFC物质，并制定了淘汰CFC物质实施方案。

《替代战略》为中国家用制冷行业申请蒙特利尔多边基金提供了有效支持。1995年，轻工总会家用电器办公室组织企业申报CFC替代蒙特利尔多边基金赠款项目，在国家环保局的支持下，经过与执行机构UNDP（联合国开发计划署）、UNIDO（联合国工业发展署）、世界银行的共同努力，全行业共有10个CFC替代项目获得批准，批准金额2 832万美元，占1995年中国获得批准金额总数的近50%；到1995年底，中国家电行业共获得批准赠款4 100多万美元。这将有力支持家电企业CFC替代技术改造。

表7 电冰箱行业年销售额超10亿元企业

序号	企业名称	商标	销售额（亿元）
1	海尔集团公司	海尔	43.35
2	上海上菱家用电器集团公司	上菱	40.97
3	广东科龙电器股份有限公司	容声	35.31
4	合肥美菱集团公司	美菱	20.05
5	中国扬子集团有限公司	扬子	18.89
6	万宝电器集团	万宝	16.71
7	河南新飞电器有限公司	新飞	15.59
8	长岭（集团）股份有限公司	长岭	13.73
9	杭州西泠集团（公司）	西泠	13.48
10	青岛澳柯玛电器公司	澳柯玛	12.18
11	华凌集团有限公司	华凌	11.44

为了有效地开展行业的CFC替代工作，中国家用电器协会与世界银行合作，在国家环保局的支持下，9月份在合肥共同召开中国家用制冷CFC替代工作会暨国际技术交流会；与UNDP合作，在1995年北京国际家用电器展览会期间召开CFC替代研讨会；与UNIDO合作，11月份在西安召开中国制冷压缩机CFC替代技术国际交流会；4月份组织了CFC替代技术考察团，赴欧洲考察可燃性物质替代技术的应用情况。这些工作大大提高了企业对替代工作的认识和对国际替代技术的了解，推动了行业替代工作的进程。在9月16日纪念第一个国际保护臭氧层日期间，家电协会组织了电冰箱CFC替代宣传活动，13个已经开展了CFC替代工作的企业联手参加，在北京两个商场进行无CFC冰箱展销，向社会宣传保护臭氧知识，宣传我国家电行业采取的替代行动，向社会展示电冰箱CFC替代技术的成果。

依靠技术进步，节能技术、多温区、保湿功能等新颖的工业设计使电冰箱产品水平在1995年又有明显提高。

管理及改革 主要电冰箱企业抓住机遇，调整企业结构。如，科龙公司的企业内部结构调整为事业部式，以利于集团化管理；也有选择具有地区、产品优势互补的企业进行定牌生产，或采取兼并、收购、托管等形式的企业重组，寻求进一步的发展。如：海尔集团兼并青岛红星电器股份有限公司，海尔集团与武汉冷柜厂、青岛澳柯玛集团总公司与嘉兴市冰箱厂、广州万宝冷机制作公司与荆沙市电冰箱厂都进行了股份制合作。这种跨地区的企业内联虽然是开始，但意义深远，表明中国家电工业的发展又进入了一个新阶段，它将提高家电企业规模效益及扩大国产家电名牌的影响，避免国有资产的流失。

对外合作 电冰箱行业中外合资企业增多，合资特点是国外著名品牌在国内寻找有一定基础的企业合资，并要求控股。如，美国的惠而普与北京雪花、韩国的三星与苏州香雪海、德国的博世—西门子与安徽扬子、日本的松下与无锡小天鹅等。

二、洗衣机

生产发展情况 洗衣机生产在 1994 年产量突破 1 000 万台后出现回落。据国家统计局统计，1995 年产量为 944.79 万台，比上年下降 13.83%，而全自动洗衣机的产量却有较大幅度的增长。

1995 年，洗衣机产量超过 30 万台的企业有 11 个，其产量总和占全国总产量的 80.5%（详见表 8)。其中，全自动洗衣机产量超过 10 万台的企业有 6 个，其产量总和占全国的 92.9%。

表 8 洗衣机产量超 30 万台企业

序号	企业名称	商标	产量(万台)	增长率(%)	份额(%)	销量(万台)	产销率(%)
1	合肥荣事达集团公司	荣事达	127.7	53.7	13.5	125.2	98.0
2	中山威力洗衣机有限公司	威力	126.8	-25.3	13.4	122.5	99.6
3	上海水仙电器实业股份有限公司	水仙	106.3	-12.2	11.3	108.0	101.6
4	无锡小天鹅电器工业公司	小天鹅	80.8	20.6	8.6	81.3	100.6
5	海尔集团公司	海尔	64.3	0.0	6.8	61.1	95.0
6	杭州金鱼电器集团公司	松下	60.7	4.7	6.4	66.3	109.2
7	天津新宝天洋家电有限公司	新宝天洋	59.8	-7.8	6.3	59.4	99.3
8	江门市金羚集团有限公司	金羚	38.8	-20.9	4.1	40.2	103.6
9	甘肃长风宝安实业股份有限公司	长风	36.4	-24.2	3.9	36.5	100.4
10	济南洗衣机厂	小鸭圣吉奥	33.2	8.5	3.5	28.7	86.5
11	重庆洗衣机总厂	三峡	32.0	-32.8	3.4	35.7	111.4

市场及销售 1995 年洗衣机市场相对较淡，大中城市全自动洗衣机销售量上升，波轮双缸洗衣机销售下降；农村市场双缸洗衣机销售有所增加。

洗衣机出口比上年又有较大增长。据海关统计，全年出口 49.02 万台，比上年增长 28.49%；出口额 4 275 万美元，比上年增长 71%。其中全自动洗衣机出口 12 万多台，占近 1/4。主要出口企业有海尔、小天鹅、威力、金鱼、万宝等。出口市场包括日本、东南亚地区。

据中国家用电器协会在行业内统计，洗衣机行业有 3 个企业 1995 年销售额超过 10 亿元人民币(见表 9)。

表 9 洗衣机行业年销售额超 10 亿元企业

序号	企业名称	商标	销售额(亿元)
1	中山威力集团公司	威力	16.18
2	合肥荣事达集团公司	荣事达	10.22
3	无锡小天鹅股份有限公司	小天鹅	10.10

科研成果及新产品 依靠技术进步，洗衣机新产品不断丰富市场。采用新材料的各种洗衣机为不同需求的消费者提供了多种选择。如：荣事达的不锈钢内筒波轮全自动洗衣机、威力全塑洗衣机；模糊控制技术、静音技术使国产全自动洗衣机更高档化；继小鸭—圣吉奥滚筒洗衣机一枝独秀几年后，经过引进、开发，海尔、兰菊、小天鹅、美菱、水仙等企业的滚筒洗衣机陆续投产、上市。

对外合作 对中国市场充满信心的外国家电制造商，正通过合资达到更快进入中国市场并争取更大份额的愿望。这使一些急需外来技术和资金以保持产品优势的企业纷纷合资或部分合资。例如：美国惠尔普和上海水仙、日本松下与杭州金鱼、日本三洋与合肥荣事达、德国博世西门子与无锡小天鹅。

三、空调器

生产发展情况 正处于成长期的空调器产品，

生产继续保持高速增长。据国家统计局统计，1995年空调器产量519.88万台，比上年增长35.9%。

伴随着激烈的市场竞争，营销有术或具有一定资金优势、建设投入起点高而形成产品优势的企业初步取得了市场认同。1995年有10个企业产量超过15万台，其产量总和占全国的71%。详细情况见表10。

表10 空调器产量超15万台的企业

序号	企业名称	商标	产量（万台）	增长率（%）	份额（%）	销量（万台）	产销率（%）
1	春兰（集团）公司	春兰	114.2	64.7	22.0	107.9	94.5
2	珠海市格力电器股份有限公司	格力	70.0	118.7	13.5	70.0	100.0
3	广东美的集团股份有限公司	美的	42.1	58.7	8.1	39.3	93.3
4	广东科龙电器股份有限公司	科龙	26.8	34.8	5.2	26.6	99.2
5	海尔集团公司	海尔	26.5	179.6	5.1	26.8	100.9
6	广东华宝空调器厂	华宝	19.6	-25.8	3.8	20.5	104.8
7	上海夏普电器有限公司	上海夏普	19.3	11.4	3.7	20.6	106.8
8	上海日立家用电器有限公司	日立	18.0	0.0	3.5	17.6	97.4
9	上海家用空调器总厂	爱特	17.1	0.0	3.3	16.4	95.9
10	广东省二轻制冷机公司	飞鹿	15.6	0.0	3.0	16.4	105.3

市场及销售 空调市场销售比往年更加活跃，大中城市主要大型商场空调器销售量比上年增长45%以上，并且出现了市场淡季不淡现象。大中城市空调器的家庭普及率有很大提高。1995年上升到8.09台/每百户。在长江三角洲农村，空调器正在成为农家的新三大件之一。

据海关统计，1995年空调器出口39.4万台，比上年增长73.59%；出口创汇1.339亿美元，比上年增长47%。出口大户的品牌有美的、金羚、上海夏普、海尔、飞鹿等。

1995年，中国家用电器协会在行业内统计，春兰、格力、美的、华宝、上海夏普等几个以空调器为主导产品的企业，年销售额超过10亿元人民币（详见表11）。

表11 空调器行业年销售额超10亿元企业

序号	企业名称	商标	销售额（亿元）
1	春兰（集团）公司	春兰	53.33
2	珠海市格力电器股份有限公司	格力	30.07
3	广东美的集团股份有限公司	美的	20.80
4	广东华宝空调器厂	华宝	12.21
5	上海夏普电器有限公司	上海夏普	10.19

科研成果及新产品 由于采用国际90年代先进技术，空调精品1995年不断问世、新品倍出。新技术、新工艺使产品性能优越、降低噪音、节能或降低材料消耗。如：海尔分体式空调采用不等距贯流风扇、由亲水处理的铝箔和内螺纹管加工而成的折断式蒸发器等；威力空调增设空气清新装置。大功率柜式空调器和顶吹式空调器也相继问世。

空调器零部件国产化水平提高，空调压缩机产量达到230万台，自配率近50%；塑封电机、换向阀也初步实现国产化。

质量及质量管理 国家技术监督局1995年对空调器产品进行质量抽查，结果表明，我国空调器产品中质量较好的整机水平已达到了80年代末90年代初的国际先进水平。抽查中海尔、科龙、飞鹿、格力、双鹿等牌号产品确实较好，各项技术指标均达到或超过国家标准。

对外合作 面对红火的中国空调市场，有些外国公司通过合资发挥品牌优势占领市场。在上海地区，继上海夏普后，1995年增加了上海日立、开利和独资企业富士通；在天津，有天津乐喜金星、裕年；江苏有特灵；浙江有飞达士。

四、电风扇及其他家电产品

生产发展情况 据国家统计局统计，1995年全国电风扇产量8 907.91万台，比上年增长15.23%；吸尘器产量172.38万台，基本与上年持平；电饭锅产量1 608.19万台，比上年下降2.27%。

市场及销售 作为中国家电传统的出口产品，电风扇80%销往国际市场。据海关统计，1995年电风扇出口保持良好的增长态势，出口量7 202万台，比上年增长22.8%；出口额5.94亿美元，比上年增长29%。吸尘器、电饭锅、食品加工机、电熨斗、电烤面包器、电吹风等产品的出口额（或来料加工）也接近或超过1亿美元。

与前几年相比，1995年电风扇国内市场相当不错。由于1994年夏温带地区气温偏高，一些地区的销售店电风扇基本卖光，为保持正常的商业库存，在夏季到来前，各商家踊跃进货，产销两旺。而功能齐全、价格适中的小家电商品也十分旺销，食品加工机、电暖器等销售量比往年大大增加。

新产品 品种多样的小家电产品如洗手干手器、电热饭盒、中药保健电热毯子、新型洗碗机、净水器、纯水机等丰富了市场。

〔撰稿人：中国家用电器协会 王 雷〕

〔责任编辑：白 萍〕

电 焊 机

〔机械工业部〕

生产发展情况 1995 年，电焊机行业共有各类电焊机专业和兼业制造厂及焊接辅机具、配套件制造厂近 2 000 个，机械工业部部属焊接设备专业归口研究所一个——成都电焊机研究所。其中纳入机械工业部定点的电焊机生产企业共 38 个，与上年相同。其中大二型企业 3 个、中一型企业 4 个、中二型企业 4 个、小型企业 27 个。根据调查统计，33 个定点企业年末职工总数为 17 844 人，其中工程技术人员 1 785 人，管理人员 2 449 人；电焊机年产量 70 081 台，比上年减少 13.0%；工业总产值为 65 858 万元，比上年增加 0.2%；产品销售收入 69 181 万元，比上年增长 34.7%；产品销售税金 4 289 万元，比上年上升 5.9%；利润总额 -84 万元，比上年少亏损 27.0%；全员劳动生产率 9 676元/人。

骨干重点企业经济指标及产量完成情况在行业中占有重要地位，在 38 个定点企业中，有骨干企业 2 个，重点企业 6 个。1995 年，8 个骨干、重点企业年末职工总数为 9 602 人，占已列入统计的 33 个定点企业职工总数的 53.8%；其中工程技术人员 1 057 人，管理人员 1 209 人，分别占定点企业相应人员的 59.2% 和 49.4%；工业总产值为 28 568万元，比上年减少 10.5%，占定点企业的 43.4%；产品销售收入33 824万元，比上年上升 21.2%，占定点企业的 48.9%；利润总额为 -269 万元，比上年多亏损 27.5%；电焊机年产量达 18 633台，比上年降低 30.0%，占定点企业总产量的 26.6%。

市场及销售 1995 年，电焊机行业 33 个定点企业的销售收入为 6.9 亿元，比上年增长 34.7%。其中骨干重点企业的销售收入为 3.4 亿元，比上年增长 21.2%，占定点企业销售收入的 48.9%。

1995 年，部分企业针对市场需求，开发了一些非焊机类产品，也是使企业的产品销售收入较上年有一定增长的因素，而焊机类产品的销售收入与上年基本持平。从焊机的销售结构看，交流弧焊机仍然好销，但由于生产企业多，出现供大于求的状况；节能型的整流弧焊机和自动半自动弧焊机已逐步被用户接受，销量略有增长；电阻焊机由于市场需求量减少，销量下降；专用成套、特种及其他焊机在焊机市场疲软情况下，销量有所增加。

国内销售构成情况见表 1。

表 1 1995 年国内销售情况构成表

产品类别			销售数量（台）	销售收入（万元）
电焊机	交流弧焊机		36 989	12 189.1
	直流弧焊机		12 193	10 017.8
	其中	旋转式	3 345	2 418.1
		整流式	8 848	7 599.7
	自动半自动焊机		8 438	14 841.1
	电阻焊机		5 819	8 809.2
	特种及其他焊机		1 426	2 995.0
	合计		64 865	48 852.2
其他			—	20 328.8
总计			64 865	69 181.0

对外销售方面，1995 年出口总额为 305.9 万美元，比上年增加了 33.9%，电焊机分类出口情况见表 2。

表 2 1995 年各类电焊机出口额

主要类别产品		出口数量（台）	出口金额（万美元）
交流弧焊机		11 062	172.2
直流弧焊机		1 330	106.0
其中	旋转式	1 172	90.4
	整流式	158	15.5
自动半自动焊机		30	17.1
电阻焊机		17	9.6
其他			1.0
合计		12 439	305.9

出口的国家和地区有：日本、韩国、马来西亚、新加坡、印度尼西亚、泰国、菲律宾、越南、巴基斯坦、沙特阿拉伯、埃及、阿拉伯联合酋长国、约旦、缅甸及香港。

出口的焊机仍以交流弧焊机和电动机驱动直流弧焊机为主，分别占出口总数量的 56.3% 和 29.6%。

1995 年电焊机行业按国内销售收入和出口额排前列的企业排序见表 3。

产品分类及产量 目前，电焊机行业所生产的产品有 45 个系列、150 个品种和 500 多个规格。

从产品构成来看，交流弧焊机占总产量的 66.5%；直流弧焊机占总产量的 14.2%，其中，旋转式直流弧焊机占总产量的 4.6%，整流式直流弧焊机占 9.5%；自动半自动焊机占 11.4%，其中 CO_2 焊机占 7.2%；电阻焊机占 6.0%；特种及其他焊机占 2.0%（表 4）。这表明，电弧焊机仍占相当大的比例，特别是交流弧焊机。

表 3　1995 年按国内销售和出口额排序

序号	国内销售收入前十名企业	出口额前九名企业
1	上海电焊机厂	南通电焊机厂
2	唐山开元企业集团（唐山市电子设备厂）	上海电焊机厂
3	天津市电焊机总厂	无锡市电焊机厂
4	华东电焊机厂	成都华成焊接装备总公司
5	成都华成焊接装备总公司（成都电焊机厂）	广东省电焊机厂
6	南通电焊机厂	华东电焊机厂
7	乌鲁木齐市电工设备总厂	唐山开元企业集团
8	河北省电焊机厂	天津市电焊机总厂
9	无锡市电焊机厂	北京电焊机厂
10	北京市东升电焊机厂	

从产品产量看，在总产量较上年降低 13.0% 的情况下，电阻焊机和交流弧焊机分别减少了 45.2% 和 15.7%，而直流弧焊机、自动半自动焊机和特种及其他焊机分别增长了 5.5%、9.5%、48.8%，其中晶闸管式、逆变式弧焊机及 CO_2 焊机增幅较大。这表明，随着机械工业节能机电产品的不断推广，高效节能焊机也逐步被用户所接受，产销量都在逐步增长；而电动机驱动旋转直流弧焊机比上年增长了 43.4%，这主要是为了满足出口创汇的需要。

科研成果　在新技术成果中，主要表现在计算机的应用不断加强，先后开发出一些适合电焊机行业的应用软件，主要有 CLDE 材料消耗工艺定额编制系统软件，该软件是根据电焊机产品的生产特点及供料情况确定的，具有科学、合理、操作方便、管理功能强、数据维护可靠的优点，编制效率较人工编制提高 4 倍，准确度达 97%，材料利用率提高 6%，代替了繁琐的人工劳动，还缩短了新产品投产周期，对于加快流动资金周转和增强企业竞争力具有重要作用。因此，它是编制消耗定额的一种高效、准确、方便、可靠、科学的计算工具及管理手段。

其次还有计算机管理系统软件，这是成都电焊机研究所开发的计算机信息管理软件，现包括生产、销售及人事管理三个模块，均由执行文件、数据主库及其产生的若干子库组成。系统采用菜单式人机对话方式，可降低对操作人员水平的要求并可减少差错，初步实现了相关部门的数据交换；系统具备一定的容错能力和分析能力，其功能基本适应现有主要工作的需要。该软件是电焊机行业内首家将计算机用于生产管理的系统（MIS 系统），整个系统功能实用、速度快捷、性能稳定、实用性强，并达到国内同行业先进水平，为提高该所的管理水平打下了良好基础。

表 4　1995 年各类产品产量

产品名称			产量（台）	占总产量的百分比	比上年增长%
电弧焊机	交流弧焊机	抽头式	9 691	13.8	30.5
		动圈式	17 648	25.2	-21.8
		动铁式	19 069	27.2	-14.0
		串联电抗式	0	0	-100.0
		晶闸管式	188	0.3	–
		小计	46 596	66.5	-15.7
	直流弧焊机	硅整流式	972	1.4	-68.3
		晶闸管式	5 588	8.0	35.6
		晶体管式	0	0	-100.0
		逆变式	116	0.2	262.5
		电动机驱动	2 945	4.2	43.4
		其他旋转直焊机	303	0.4	–
		小计	9 924	14.2	5.5
	自动半自动焊机	CO_2 焊机	5 032	7.2	52.3
		TIG 焊机	843	1.2	-34.5
		MIG/MAG 焊机	921	1.3	19.3
		埋弧焊机	1 195	1.7	-38.1
		小计	7 991	11.4	9.5
	合计		64 511	92.1	-10.4
电阻焊机	点凸焊机		2 671	3.8	-36.8
	缝焊机		319	0.5	29.7
	对焊机		1 205	1.7	-62.2
	合计		4 195	6.0	-45.2
特种及其他焊机	等离子焊机		72	0.1	33.3
	摩擦焊机		30	0.04	3.4
	电子束焊机		0	0	–
	激光焊机		0	0	–
	其他焊机		1 273	1.8	51.4
	合计		1 375	2.0	48.8
总计			70 081	100.0	-13.0

此外，为了提高模具设计及制造水平，还在行业中推广应用了微机冲裁模 CAD/CAM 技术。

1995 年，电焊机行业完成鉴定或用户验收的科研、新产品成果 135 项。其中，成都电焊机研究所 10 项。

成都电焊机研究所和广东三华特种焊接设备有限公司各获 1 项中国专利局实用新型专利：一种用于晶闸管弧焊整流器的遥控装置（专利号为 ZL93239004.8）和以电弧为传感器的横向高低双向跟踪技术（专利号为 ZL92244476.5）。

新产品　1995 年新产品试制、鉴定有 132 项。在电弧焊机方面，有 65 项成果通过新产品鉴定，其中，IGBT 逆变焊机有 14 项成果，为国际上 90 年代初期水平；除原有的 IGBT 逆变式弧焊整流器外，还研制出 IGBT 逆变式高频脉冲氩弧焊机和 IGBT 逆变式 MIG/MAG 焊机。此外，逆变式弧焊整流器有 8 项成果，MIG/MAG 焊机 11 项成果，TIG 焊机 8 项，埋弧焊机 4 项，晶闸管式弧焊整流器 11 项，弧焊变压器 9 项，均为国际上 80 年代初中期水平。

有代表性的新产品型号有：NB－400型IGBT逆变式MIG/MAG焊机、WSM－160/400型IGBT逆变式高频脉冲氩弧焊机、WS－400型IGBT逆变式高频氩弧焊机、ZX7－400W微机控制晶闸管逆变弧焊电源、ZX5－400－Y整流弧焊机、NB－500无触点式CO_2/MAG弧焊机、W4－95型自动TIG焊机。

电阻焊机通过鉴定的新产品有17项，均为国际上80年代初中期水平，其型号有：KD3－3×200三相次级整流器点凸焊机控制器、DN3－160－2型悬挂式点焊机、DR－160型电容储能点焊机、TN－400D凸焊机、FZD－3×100型三相次级整流缝焊机、UN－16型对焊机。

特种焊机通过鉴定的新产品有1项，为国际上80年代中期水平，其型号为EZD1－60×100大型真空电子束焊机。

专用及成套焊接设备通过鉴定或用户验收的新产品有49项，其中，为汽车、摩托车行业提供了34套。其型号有：UNQ－125摩托车轮圈闪光对焊机、ZX轿车侧围装焊线夹具及辅助设备、TN－2×500桑塔纳轿车后门铰链专用焊机、NZC3－500S型汽车后桥自动焊接机床、NZC3－2×400Z－3型汽车后桥纵缝自动气体保护焊机、捷达转向轴总成（上）CO_2自动焊机、UNQ－400型轿车车圈对焊机、UN1－75汽车链条对焊机、Q－16型发电机导电环钎焊机、T9－95冰箱压缩机接线柱凸焊机。

管理及改革　1995年电焊机行业采取了一系列加强行业管理及改革措施，组织制定了电焊机行业“九五”规划及电焊机专业“九五”节能技术与产品科技规划。

筹备、召开了第九届中国焊接博览会，参展厂商260余个，展台280余个，来自中、美、日、德、港台等9个国家和地区的参展厂商展示了他们的最新产品，其规模、气势和产品的技术性均创我国举办的各类焊接展览之最。

举办了1995年全国焊工技能比赛（第三届全国焊工比赛），并为比赛提供了性能优良的焊机、焊材及辅助器具，保证了比赛的顺利进行。

配合机械工业第十六批节能机电产品推广项目的公布实施，加强高效节能产品的推广工作，在全国性焊接博览会和技术推广会上加大新产品的宣传力度，在全国、各省、市焊工比赛中均采用晶闸管焊机、逆变焊机、CO_2焊机作为比赛用焊机，有效地促进了行业技术进步。

为了提高焊接辅机具、元器件及配套件的质量，加强行业管理，促进专业化、成套化生产，组织成立了中国焊接辅机具及元器件行业网。

编辑出版了《电焊机》、《中国焊接商情》等期刊，促进信息交流。

企业联合、改组有进一步发展，成都电焊机研究所充分发挥自身的技术优势，分别与阿房电焊机厂、山东招远电焊机厂等20个企业进行了多种形式的横向联合。上海电焊机厂、株洲市电焊机厂、华东电焊机厂、天津市电焊机总厂、沈阳电焊机厂、成都电焊机厂等14个骨干重点、定点企业分别进行了机构调整，改革分配制度，实行全员劳动合同制，划小核算单位，实行企业内部二级核算，继续深化企业内部改革。

在股份制企业方面，广西北海市电焊机厂作为北海市转换经营机制的试点企业，将企业65％的产权拍卖给职工，成立了北海市金贝电机有限责任公司，按照《公司法》经营、运作。唐山市电子设备厂组建了企业法人股占83.3％、内部职工股占16.7％的唐山市电焊机有限公司。

到1995年底，电焊机行业38个定点厂中，共有7个企业实行了股份制，但都是企业内部职工持股，不能上市。

1995年2月，以唐山市电子设备（集团）厂为核心企业，以唐山市电焊机有限公司、唐山市焊接变压器有限公司、唐山市自动焊接设备有限公司为紧密层，以唐山松下产业机器有限公司为半紧密层，以唐山市信大焊接材料有限公司为松散层，共同组建了唐山市开元企业集团。到1995年底，电焊机行业已成立企业集团2个。

质量及质量管理　1995年二季度国家技术监督局安排对BX系列交流弧焊机进行了监督抽查。共抽查了26个企业的26台产品，合格率为50.0％，其中获证（安全认证合格证书）产品合格率为100％，非获证产品合格率仅31.5％。与1992年、1993年的国家抽查相比，检验项目绝缘电阻、空载电压、外壳防护等级的项目不合格率均降为0，匝间介电强度和安全外观的项目不合格率也明显下降，分别降为1.9％和7.7％；而耐潮、介电强度和温升的项目不合格率没有降低或降低不明显，分别为25.0％、21.2％和21.2％。造成产品不合格的主要项目为耐潮、介电强度、温升和安全外观，其中前两项是由于工艺、浸漆和安装问题造成的，后两项是由于一些企业为了降低成本，不严格按标准设计产品造成的。

为了适应国家产品认证和产品监督检验工作需要，按国际检测试验室惯例和ISO/IEC颁发的有关实验室建设的标准要求，更好地为行业提供服务，1995年5月，国家电焊机质量监督检验中心进行了机构调整，12月被国家技术监督局评为国家产品质检中心先进集体。

安全认证工作，全年共完成认证工厂条件审查86个。其中，申请认证31个，延证审查30个，认证复查25个；完成检测样机529台，上报型式认可73个企业的120个产品，上报申请认证71个企业的126个产品。至1995年底，已有220个企业的433个产品获得中国电工产品认证委员会颁发的产品安全认证合格证书。其中交流弧焊机199个企业410个规格，晶闸管弧焊整流器16个企业15个规格，逆变焊机3个企业4个规格，TIG焊机1

个企业3个规格，防触电装置1个企业1个规格。

全年召开了四次电焊机及辅机具认证工作宣贯会，共有220个生产企业的293名代表参加了会议。通过培训考核，有281人获得了电工设备分委会颁发的质量保证负责人和认证联络工程师培训合格证书。

北京时代集团公司研制生产的ZX7－315型IGBT逆变焊机通过国家安全认证，这是我国电焊机行业首家通过IGBT逆变焊机安全认证的企业。

年内完成并上报了《进口商品安全质量许可制度实施细则附件（电焊机产品）》。审查上报出口电焊机产品质量许可证申证的有2个企业2个系列的产品。截止至1995年年底，电焊机行业共有6个企业7个系列产品获出口产品质量许可证。

为了加速采用国外先进标准的进程，提高产品质量综合竞争力，全国电焊机标准化技术委员会组织译校、编审、出版了《日本电焊机标准译文集》。到1995年底，全国电焊机标准化技术委员会共收集国际标准38项，已经等同或等效采用的国际标准为21项，采标率达55%。

技术改造 1995年完成的技术改造项目：

(1) 上海电焊机厂列入国家“八五”规划的节能、节材电焊机技术改造项目，于1992年8月启动，1995年9月正式完工投产。该项目原计划投资800万元，实际投资702万元，兴建浦东电子车间4 813m^2，新添设备11台（套）。

(2) 唐山市电焊机有限公司1994年投资902万元兴建电焊机机壳生产线，于1995年10月完工并投产，预计年生产能力可达2万台电焊机机壳。

(3) 北京电焊机厂1995年对实验室和CAD工作站进行了技术改造，并对原有设备如浸漆烘干炉、印刷线路板微机在线检测系统老化等问题，进行了修改、补充和完善。

(4) 成都电焊机研究所投资50万元建成了主要生产各类线路板的电子车间，保证了电焊机线路板的质量，提高了整机可靠性，现生产能力已达年产1.5万块印刷线路板。此外，还投资42万元完成了发电机扩容和产品库扩建工作。

(5) 北京市东升电焊机厂投资20万元对浸漆烘干设备进行更新改造，购置了真空浸漆干燥设备，改善了工作环境的毒气含量，节电降耗50%。

对外合作 成都电焊机厂引进的美国布纳特公司的气保焊机主要部件——焊枪的设计制造技术，正加紧进行技术消化工作，目前仍由美方提供零、部件，我方组装。

成都焊接成套设备公司与德国BMI公司合资成立了四川成焊宝玛焊接装备工程有限公司（CB-WEE）。

〔撰稿人：机械工业部成都电焊机研究所 罗曼 审稿人：机械工业部成都电焊机研究所 周孟龙、李建国 机械工业部重大装备司 刘常生〕

〔责任编辑：张友鹤〕

工 业 电 炉

〔机械工业部〕

生产发展情况 1995年生产发展的趋势和特点是，标准型、普通型电炉市场需求下降，但技术含量高、控制精度高的可控气氛炉生产线及大容量的中、工频感应熔炼炉和中等容量的电弧熔炼炉的市场，随着国内电炉生产厂家技术水平的不断提高，部分设备进口的电炉已改为在国内订货，从而使这部分产品的生产呈上升趋势。因此，各主要生产企业在深入质量管理的同时，加大了对新产品开发的力度，以期尽快缩短和国外先进产品的差距。

电炉及工业炉协会有电炉设备制造企业107个会员单位，1995年工业总产值约为108 000万元，比上年减少15%左右。1995年，电炉行业整体效益有所下降，据对52个主要生产企业统计，平均全员劳动生产率为14 251元/人，人均创利税3 678元，分别比上年减少21.47%和42.88%。而工业资金利税率为零。1995年全员劳动生产率前三名依次为无锡万利电炉有限公司、上海电炉厂、天津高频设备厂，分别为26 279、21 559、19 813元/人，分别比上年下降47%、16%、7%；人均创利税前三名依次为无锡万利电炉有限公司、长春电炉厂、上海电炉厂，分别为8 119、5 134、4 948元，分别比上年下降9%、37%、36%；资金利税率前三名依次为无锡万利电炉有限公司、上海电炉厂、沈阳电炉厂，分别为14.38%、7.95%、6.30%，比上年普遍下降7%左右；工业成本费用利润率前三名依次为无锡万利电炉有限公司、沈阳工业电炉厂、天津高频设备厂，分别为6.62%、5.00%、3.52%，分别比上年下降8%左右。

市场及销售 1995年国内电炉市场低水平重复生产的状况仍未得到根本性的转变，因此在销售产品的竞争中，互相压价竞争的局面十分严重；而大容量、高技术含量的大型电炉设备，进口产品仍占较大份额。据对行业52个企业的统计，1995年工业总产值为78 068万元，而出口额仅为2 020万元，是工业总产值的2.5%。

科研成果及新产品 1995年，中、工频感应熔炼炉的设备制造有了较大的突破，西安电炉研究所开发的15t工频无心感应熔炼炉、6t熔锌炉及6t以下的中频熔炼炉和变频电源装置，使感应炉的设计、生产水平上了一个台阶。其中15t工频无心感应熔炼炉采用了一套电源对两台炉子同时供电进行熔炼、保温或升温，提高了工作效率，该设备设置了水压及水温报警、变压器发热及重瓦斯保护等装置，采用从日本引进的最新漏炉保护及报警装置和炉衬顶出机构，实现了对所有电气参数及物理参数的微机控制。该所完善了电线电缆行业急需的无氧铜杆生产线关键的熔铜炉—保温炉成套机组，主要技术指标达到国际80年代末先进水平。替代进口设备，每套机组可节外汇100万美元，每吨铜杆加工成本由原来900元降至370元，按年产8 000t铜杆计算，可节省成本400万元。同时铜杆加工质量明显提高，已有数个电线电缆工厂采用。该所为东风汽车集团公司设计的2t中频熔炼炉及其配套的KGPS1500/0.5晶闸管中频电源装置，采用国际先进技术，控制电路集成化，起动、运行可靠，可实现最大功率输出。

洛阳市电气电炉电子股份有限公司开发生产7t中频熔炼炉和20 000Hz超音频电源，该公司对中频电炉KGPS系列产品进行结构改进和技术更新，以模块取代集成线路，开发出节能型快速熔炼设备，熔化周期平均比老产品缩短一半，起动成功率达到98%以上。

无锡万利电炉有限公司1995年完成微机控制感应电炉88套，占年产值的21.5%。该公司研制的GW25-3400-WL工频炉成套设备，用一套电气系统对两台电炉同时供电，提高了电炉的利用率。该公司生产的微机控制感应炉的市场占有率逐年提高。

上海实验电炉厂运用价值工程，在主要技术指标、性能不变的前提下努力降低成本，开发出GW-0.5-250/1 JJ-B型简易型中频感应熔炼炉，增强了市场的竞争能力。

上海市工业炉公司研制的可控气氛弹簧棒料热处理生产线，用于桑塔纳轿车悬架式弹簧的热处理，荣获1995年度国家新产品奖和1995年上海市第三届科技博览会金奖；为航天系统研制的铝合金钎焊强化电阻炉，用于导弹电子舱钎焊，为西昌卫星发射中心提供了钎焊合格的电子舱。

西安电炉研究所开发的网带式钎焊炉主要用于汽车零件、冰箱、空调器压缩机零件、自行车零件等在保护气氛下钎焊，也可以用于粉末冶金烧结及机械零件的光亮退火，有额定功率30kW～290kW四种规格，工作温度1 150℃，保护气氛可用氨分解或其他气氛。该所开发的大型可控气氛保护热处理井式联合炉组，已向国外出口。

南京摄山电炉总厂研制的微机控制保护气氛无马弗链带炉机组和微机滴控箱式多用炉机组，软件功能齐全，达到国外同类产品水平。该厂生产的凝胶溶胶玻璃镀膜炉，性能可靠，受到玻璃行业的青睐。

西安电炉研究所和南京电炉厂对多用炉的产品设计、施工工艺、配套件选用，以及产品性能和可靠性进行了重大改造，促进产品技术水平上档次，1995年出厂的12台（套）多用炉，均连续无故障地运行。

上海电炉厂研制的SL94-404推杆式炉热处理生产线、CQQ9/6-80-6型带钢热处理生产线、RH6-433/247×40型转底式烧结炉、CS6/3-150-4型铝合金泵壳体热处理自动生产线，即将组织鉴定；RH9-250×30型转底式电阻炉，1995年已通过鉴定。

哈尔滨松江电炉厂生产的铸链式保护气氛生产线和铝材保护气氛退火炉，炉温控制采用国际上最先进的热差比控制方式，可达到升温快、控温准确，实现多种工艺的要求。

武汉电炉厂研制了为国家“双加”工程配套的子午线轮胎钢帘线热处理设备，正在组织申报鉴定；该厂还开发了用于标准件行业的无氧化、不脱碳光亮淬火炉及无线电、陶瓷行业使用的高温熔烧炉。

直流电弧炉的开发生产已日趋成熟，西安电炉研究所设计制造的10t直流电弧炉，经在上海第五钢铁厂运行，于1995年通过了冶金工业部组织的鉴定，研制的30、40t直流电弧炉均已投入工业运行。

呼和浩特实验电炉厂研制了1 800℃双开门烧结炉，解决了在高温条件下发热元件的寿命问题，使烧结铬酸镧棒流水线的关键设备得到解决；莜麦烘箱的研制成功，为国内烘炒莜麦流水线增加了较为适用的设备；1 800℃超高温箱式电阻炉在氧化气氛中使用，从室温可以直接通电，发热元件在1 900℃下有较强的抗氧化性，炉衬材料在高温下不崩裂、不变形，大面积地采用了全纤维炉衬，使炉子保温性好，炉温均匀性和稳定性均得到较大的改善。

管理及改革 1995年，在国家继续加强经济宏观调控的形势下，电炉市场继续呈下降趋势，在这严峻的形势面前，中国电器工业协会电炉及工业炉分会针对这种形势，重点抓了以下7项工作：(1) 组织了行业配套产品质量管理现场会，会上由电炉生产厂向配套厂提出配套材料存在的问题，要求配套件和配套材料生产厂家加强自身的质量管理和工艺管理，把配套件的质量问题消灭在配套生产厂里。对质量好的配套厂家，行业协会将向全国推荐；对用户投诉的质量问题在分会刊物《电炉及工业炉信息》上曝光。(2) 推广加强经营管理、转换机制、开拓市场、开发新产品好的企业经验。(3) 结合机械工业部全国机械工业企业管理工作会议的要求，引导行业各企业结合本单位的具体情况，对照定位，查管理问题，制订加强管理的规划和具体措施。(4) 在会员大会上，特邀东风汽车公司副总冶金师作“汽车零件热处理工艺的发展及对电热设备的要求”的专题报告；西安电炉研究所高伯俭总工程师作“电热设备市场需求及国内外技术发展趋势”的专题报告，为各企业瞄准自己的主攻方向提供了依据。(5) 针对行业压价竞争的严峻局面，组织召开了电炉产品出厂价格目录编制工作会议，就确定电炉产品出厂价格的原则达成共识，并具体确定了标准电炉产品包括电阻炉、电弧炉、工频感应熔炼炉、中频感应熔炼炉、真空感应熔炼炉、辉光离子氮化炉、真空烧结炉等炉种的出厂价格，并决定以分会正式文件下达，于1996年一季度执行。(6) 按时出版6期《电炉及工业炉信息》，及时传达各种信息。

为了更好地适应市场，无锡万利电炉集团公司、南京摄炉集团公司在以电炉为基本产品的同时，走多种经营、全面发展的道路，给企业带来了生机。重庆电炉厂作为股份制企业的试点单位，为股份制企业的发展摸索了一套较好的经验。

质量及质量管理 1995年，行业各企业深入贯彻GB/T19000标准系列，狠抓产品质量，取得了显著效果。西安电炉研究所确定了"从严抓管理、管理出质量、质量占市场、市场获效益"的治所方针，首先抓产品设计质量，建立健全科技人员岗位责任制及设计方案会审制度，汇编了各类专业产品标准，用标准来管理产品设计的每一个环节。其次狠抓产品制造质量，编制了《主要工种基本操作规范及有关炉种调试操作规范汇集》，切实加强产品制造过程中的质量控制和工艺纪律。再次是严格配套材料和配套件的采购管理，召开物资采购研讨会，选择产品质量好的配套厂家，实行比价采购，严把入库的质量控制。通过上述措施，使该所的产品质量有了一定的提高。

长春电炉厂下大力气，完成了该厂ISO9000质量体系的各项准备工作，已向有关部门申报认证。

呼和浩特实验电炉厂用高标准要求，全部产品均执行B级产品标准。

无锡万利电炉集团公司通过现代化管理手段，实施模拟市场考核，实行成本否决；强化质量意识，实行质量否决。该公司将企业的管理重心从实物管理转向价值管理，从投入开始进行价值量的计算，产供销等各环节都以成本效益为中心运作。

1995年标准化工作主要有 (1) 完成了《高频塑料热合机》和《电工级氧化镁》两项行业标准的编制，上报国家标准局。(2) 参加IEC397国际标准草案修定工作。(3) 参加IEC398国际标准草案修定工作，该项标准由中国提出，已形成委员会文件。(4) 出版《标准和质量通讯》4期，及时通报质量管理方面的要求和问题。(5) 编制的《高频感应加热装置及实验方法》和《电阻炉温度控制柜实验电阻炉温度控制器》两项标准，1995年获机械工业部科技进步三等奖。

1995年底，国家电炉产品质量监督检验中心在国家技术监督局统一组织下，对工业电阻炉产品质量进行了国家监督抽查，共抽查了11个企业的11个产品。其中有3个国有企业、3个集体企业、5个乡镇企业，抽查结果产品的抽样合格率为72.7%。抽查结果显示，国有企业和集体企业产品合格率为100%，乡镇企业合格率为40%。这表明国有企业、集体企业产品质量比较稳定，这些企业大多数是以往的定点骨干厂，企业质量管理抓得较好。乡镇企业则发展不平衡，一方面不合格品全部出在乡镇企业；但另一方面，乡镇企业中的南京摄炉集团公司和南京长江电炉厂被抽查产品的11个检验项目全部合格，他们的产品质量也是好的。

技术改造 哈尔滨松江电炉厂技术改造总投资500万元，1995年全部竣工验收。上海电炉厂列为"八五"发展可控气氛炉技术改造项目投资的636万元，1995年已全部完成。上海市工业炉公司研制成功并拟形成批量生产的可控气氛无马弗网带炉系列，被国家经贸委列入国家"八五"重点节能技改贴息贷款项目，到1995年初，第一期8 000m² 新厂房已建成投入使用。西安电炉研究所1995年完成2 808m² 生产厂房的扩建工程，同时在原有30余台计算机的基础上又添置了先进的奔腾586型计算机10台，使计算机绘图量约达到总量的70%，为进一步发展高新电炉产品奠定了硬件基础。

对外合作 1995年，西安电炉研究所聘请日本国石川岛播磨株式会社原工业炉事业部长南条敏夫先生来所工作四周，介绍日本国电弧炉、钢包精炼炉及新熔炼系统技术发展状况。南条敏夫先生对西安电炉研究所设计的80t高阻抗电弧炉、60t直流电弧炉的技术方案给予了充分肯定。该所还聘请俄罗斯高频电流研究院科技院长弗拉基米尔·尼古拉耶维奇·伊万诺夫来所工作两周，重点交流了感应炉方面的技术难点，双方签订了科技与生产合作协议书，对在我国机械、汽车零件生产中扩大感应加热应用领域及提高设计人员的计算水平有所帮助。

南京电炉厂继续加强与国外炉子公司的合作生产，1995年与德国易卜森公司合作生产完成了5条多用炉生产线。

无锡万利电炉有限公司和美国应达公司合作，引进了微机控制的感应器真空烘漆设备，从而缩短了浸漆时间，提高了绝缘等级，改善了漆膜质量。同时还增加了晶体管特性图化和电脑示波器，完善了检验手段。该公司还与日本富士公司合作生产500kg、600kW中频感应炉。

〔撰稿人：机械工业部西安电炉研究所　徐建和　审稿人：机械工业部西安电炉研究所总工程师高伯俭　机械工业部重大装备司　宋其水〕

〔责任编辑：张友鹤〕

通用仪器仪表

〔机械工业部〕

生产发展情况 1995年仪器仪表行业在日益激烈的国内外市场竞争中，为适应市场变化，积极调整产品结构和营销策略，使生产、销售在连续数年快速增长的基础上，继续保持较高速度增长，取得了显著的成绩。

1995年机械系统仪器仪表行业工业总产值（按1990年不变价计算）完成220亿元，比上年同期增长31.4%；全年销售总额180.5726亿元，比上年增长16%。由于春兰公司产值的拉动，仪器仪表行业的工业总产值比机械工业平均增长幅度高14.7个百分点，为历史最好水平。全行业超额一倍完成了“八五”原定产值目标。

江苏省仪器仪表行业的工业总产值增长幅度仍保持首位（增长幅度为58.7%），实际完成99.9亿元。产值超过10亿元的省市还有上海、浙江、广东（见表1）。产值超过亿元的企业由上年的19个增加到27个，其中产值大户有江苏春兰集团公司（86亿元）、上海自动化仪表集团公司（10亿元）、中国四联仪器仪表集团公司（7.5亿元）。

1995年机械系统仪表行业完成利润总额6.38亿元，比上年增长12.9%，完成上缴所得税9.51亿元。亏损企业数略有减少，但亏损金额较上年增长25%。

表1　1995年仪器仪表全行业及主要省市生产情况表　　（单位：万元）

地　区	企业数（个）	全年销售收入（当年价）	工业总产值（不变价）	上交所得税和增值税	利润总额	亏损企业数（个）
合计	740	1 819 944	2 200 672	107 368	63 811	287
其中：						
江苏省	62	664 099	999 599	36 408	51 027	24
上海市	76	351 218	301 730	20 241	8 763	19
浙江省	76	167 233	186 101	9 295	10 844	19
四川省	32	89 861	83 532	5 532	－484	15
广东省	23	84 311	102 791	5 783	3 401	7
山东省	38	56 343	63 363	2 665	－1413	13
辽宁省	74	52 964	56 490	5 255	1 129	28
天津市	89	52 151	54 845	2 665	－287	42
北京市	64	50 295	56 560	3 824	3 720	28
湖北省	29	48 919	69 116	1 644	－2 007	18

市场及销售　1995年机械系统仪表行业在国内、外市场中的主要表现：

（1）行业生产、销售增长快，但发展不均衡。一是产品发展不均衡。非仪表类产品产值增长迅速，如以生产空调器为主的春兰（集团）公司1995年产值达86亿元，占全行业总产值的39%，带动了行业的高速增长。而仪表类产品发展缓慢，并且有部分仪表产品呈负增长，如仪表五大类产品（自动化仪表、电工仪表、光学仪器、分析仪器、试验机）增长速度均低于仪表行业平均增长速度，其中试验机比上年同期下降7.1%，分析仪器比上年同期下降4.6%。二是地区发展不均衡，东南沿海地区发展迅速，西北部地区发展缓慢，贵州、甘肃、宁夏、河南等省区亏损面继续扩大。

（2）外向型经济发展势头良好，传统中低档产品出口继续上升，中高档产品出口开始起步。仪器仪表中低档产品出口（如电度表、显微镜、水表、照相机等）品种增加，质量稳定，批量不断扩大。例如：宁波水表厂避开国内低价、低水平竞争，努力调整产品的技术结构，抓住机遇开拓国际市场。1995年水表产量达119万台，其中出口产量达50%，名列全国同行首位，并创历史最好水平。江南光学仪器厂显微镜出口品种、总量不断增加，1995年出口各类显微镜40多个品种、7万余台。出口额比1994年增加48%，出口交货值占全厂销售收入的91%，保持着国内显微镜出口第一的地位，已成为继美国莱卡、德国蔡司、日本尼康、奥林帕斯之后第五个最大显微镜生产厂。

中高档产品出口也开始起步，如汕头超声仪器研究所生产的医用超声显像诊断仪已批量出口欧美、东南亚等国家和地区，累计出口量超过2 000台。1995年该所还成功地参加了北美放射学会医学影像技术展览会，成为我国超声仪器行业和医疗器械行业第一家参加这一国际性大型科技展览会的企业，对进一步开拓国际市场产生了极好的影响。据统计，1995年机械系统内企业出口自动化仪表8 408万美元、光学仪器3 920万美元、电工仪表2 601万美元、照相机5 920万美元。行业内出现了6个出口创汇超过千万美元的出口大户。详见表2。

（3）我国仪器仪表特别是分散型控制系统这样的高档产品市场竞争能力弱，进口比重大。根据海关统计，1995年全国进口仪器仪表（不包括随工程成套进口的仪表）总计金额为32.9亿美元，比1994年增长30.3%，是进口增幅最大的一年。其中进口额最大的是自动化控制仪表及装置，进口额达5.8亿美元，比1994年增加33%。

随着国内大型工程用户对其配套的自动化控制系统和仪表的要求的不断提高，国产仪表的质量和水平有了大幅度的提高，但距用户的要求和国外先进水平还有较大差距，再加上部分大型工程因利用外资等因素直接进口主机，因而导致国家重点任务承担较上年有所下降，进口增加。以电站为例，1995年国家重点电站投产项目41台/1 025万kW，其中国内完成自动化控制系统和仪表成套任务33台/696万kW，分别为上年的73%和85%，有8台/329万kW机组配套仪表均为进口。

表2 1995年机械工业部系统仪器仪表企业销售收入、利润总额和出口创汇前十名企业

序号	企业名称	销售收入（万元）	序号	企业名称	利润总额（万元）	序号	企业名称	出口创汇（万美元）
1	春兰集团公司	551 436	1	春兰集团公司	50 248	1	上海自动化仪表公司	6 282
2	上海自动化仪表公司	62 436	2	上海自动化仪表公司	7 018	2	上海宝丽来影像公司	3 679
3	重庆川仪股份公司	59 562	3	华立集团公司	3 400	3	北京宝源光学工业有限公司	1 687
4	上海施乐复印机股份公司	57 260	4	宁波三星集团公司	2 610	4	华立集团公司	1 475
5	华立集团公司	45 250	5	上海施乐复印机公司	2 365	5	上海仪表集团公司	1 471
6	上海宝丽来影像有限公司	34 773	6	上海福克斯波罗公司	1 804	6	上海照相机总厂	1 409
7	宁波三星集团	30 714	7	西安仪表厂	1 721	7	天津三星光电子公司	983
8	西安仪表厂	22 891	8	承德热河克罗尼公司	1 655	8	江南光电集团公司	709
9	武汉仪器仪表自动化工业公司	20 963	9	广东威达医疗器械公司	1 495	9	上海施乐复印机有限公司	527
10	上海照相机总厂	19 159	10	鞍山热工仪表集团公司	1 198	10	江西光学仪器总厂	404

一、工业自动化仪表

生产发展情况 1995年我国机械系统254个工业自动化仪表制造企业、近12万名职工，在严峻的市场形势下，积极努力，克服困难，较好地完成了“八五”计划最后一年的产值、产量等指标。全年完成工业总产值（1990年不变价）388 684万元，比上年的374 271万元增长3.9%。

“八五”期间工业自动化仪表行业取得了长足发展。与“七五”相比，1995年的工业总产值比1990年的247 221万元增长57.2%；工业增加值121 247.7万元，比1990年的95 382万元增长27.1%；产品销售收入406 616万元，比1990年的214 270万元增长93.1%。

1995年工业自动化仪表制造企业工业总产值在5 000万元以上的企业有：上海自动化仪表股份有限公司、重庆川仪股份有限公司、西安仪表厂、武汉仪器仪表自动化工业公司、广东仪表有限公司、北京远东仪表有限公司、安徽省天长市仪表厂、上海福克斯波罗有限公司、上海罗斯蒙特有限公司、宁波水表厂、重庆仪表厂、鞍山自控仪表（集团）股份有限公司、丹东热工仪表厂、吴忠仪表厂、北京贝利控制有限公司、天津市自动化仪表工业公司、福州水表厂。这17个企业的工业总产值约占全行业工业总产值的60%。

利润达500万元以上的企业有：上海自动化仪表股份有限公司（7 018万元）、上海福克斯波罗有限公司（1 804万元）、西安仪表厂（1 721万元）、承德热河克罗尼仪表有限公司（1 655）、鞍山自控仪表（集团）股份有限公司（1 198万元）、北京远东仪表有限公司、天津市自动化仪表工业公司、北京贝利控制有限公司、重庆川仪股份有限公司、广东仪表有限公司、浙江余姚市温度仪表厂、安徽省天长市仪表厂、辽宁铁岭县流量仪表厂。

产值1 000万元以上的产品：主控系统如DCS系统、Ⅰ系列仪表、YS－80系列仪表、DDZ－Ⅱ型仪表、KF系列气动基地式仪表等，变送器、检测仪表如ST－3000智能变送器、1151变送器、1751变送器、精密压力表与数字压力表、电磁流量计、椭圆齿轮流量计、水表、J型煤气表等，显示控制仪有XWD小长图显示仪、XMTF数字显示控制仪等，执行器有CV3000系列控制阀、HEP电—气阀门定位器等产品，它们是1995年的畅销产品。

增产幅度较大的产品：上海自动化仪表股份有限公司所属的上海调节器厂1995年生产的MAX－1000分散型控制系统比上年增产48%，KM系列控制器比上年增产104%，S系列仪表比上年增长95%。宁波水表厂1995年生产水表118.94万只，比上年增产9.13%，产值比上年增长23.5%。

1995年工业自动化仪表行业继续积极承担国家重点工程建设的系统成套项目，为国民经济各部门提供自动化控制装备。

在电站仪表方面：工业自动化仪表行业为国内33台共计696万kW火电机组提供自控系统与仪表，其中控制盘698面，配套仪表近3万台件。如上海自动化仪表股份有限公司为上海外高桥电厂（4×30万kW机组）、徐州彭城电厂（2×30万kW机组）、安徽田家庵电厂（1×30万kW机组）、云南阳宗海电厂（1×20万kW机组），中国四联仪器仪表集团公司为重庆电厂、石景山电厂、开封电厂、贵阳电厂（10万kW以上机组）等，大连自动化仪表集团公司为哈尔滨第三发电厂（60万kW机组）、吉林双辽发电厂（30万kW机组扩建）、抚顺发电厂（20万kW机组扩建）等提供自控系统及仪表。

在石化仪表方面：上海自动化仪表股份有限公司为江苏仪征涤纶三厂、上海金山石化腈纶厂、上海焦化厂，中国四联仪器仪表集团公司为云南玉溪

山化工有限公司丙二醇工程、宜昌西楚化学工业公司醋酸工程，北京市仪器仪表工业总公司为燕山石化炼油厂（加氢重整联合装置）、山东齐鲁石化橡胶厂改造工程、广西维尼纶厂聚乙烯工程、胜利油田水处理工程、广州30万t乙烯工程，天津市自动化仪表工业公司为天津石化公司炼油厂水处理工程，武汉仪器仪表自动化工业（集团）公司为湖北化纤、荆华石蜡、大峪口硫醋、河南濮阳甲醇等工程提供自控系统及仪表。

在冶金仪表方面：上海自动化仪表股份有限公司为上海宝钢钢管厂，北京市仪器仪表工业总公司为承德钢铁公司，天津市自动化仪表工业公司为广东韶关冶炼厂、包头钢铁稀土公司4号高炉新建、上海梅山冶金公司高炉新建、酒泉钢铁公司高炉热风炉改造等工程提供自控系统及仪表。

系统成套工程项目的发展，是现代工业发展的需要，不仅符合广大用户的需求，而且也促进了工业自动化仪表行业自身的发展，带动了重点产品的开发与引进，也有利于企业整体能力的发挥，不断增强竞争的实力。

市场及销售 1995年工业自动化仪表行业许多企业继续进行销售机构的改革，强化销售工作、深化销售承包、扩大经销网点、改善售后服务，使销售工作取得进展。全行业销售收入406 616.3万元，比上年的374 600万元增长8.5%。

全年销售额5 000万元以上的企业有14个，其年销售额共计212 231.3万元，占全行业销售额的57%，其中，上海自动化仪表股份有限公司、中国四联仪器仪表集团公司年销售额超过5亿元，被列入机械工业100强企业。

1995年，工业自动化仪表企业积极拓展国外市场，出口创汇势头良好。出口交货值500万元的企业共有10个，其中上海自动化仪表股份有限公司出口创汇6 282万美元，上海福克斯波罗有限公司出口创汇403万美元。

提供成套出口的项目有：西安仪表厂（集团）等单位承担的孟加拉国吉大港电厂二期工程，上海自动化仪表股份有限公司等单位承担的巴基斯坦恰希玛核电站工程，上海工业自动化仪表研究所等单位承担的巴基斯坦木扎发戈电厂4号机组工程等。有些是大型的交钥匙工程，这标志着我国工业自动化仪表行业在系统成套方面的水平又有了新的提高。作为整机出口的工业自动化仪表已由过去的水表、煤气表、压力表向中、高档产品扩展，1995年有DCS系统、YS-80系列仪表、I系列仪表、DDZ-Ⅲ型仪表等出口。

新技术及科研成果 1995年工业自动化仪表行业在新技术与科技成果方面取得了丰硕成果，主要有：

在新技术方面，营口市仪器三厂在“八五”期间广泛应用微机技术，提高了该厂称重仪表的技术水平。承德市自动化计量仪器厂与清华大学合作，开发了图像识别录入系统，扩大了电子秤产品的管理功能。吴忠仪表厂针对执行器产品规格繁多的特点，完成了计算机进行产品选型软件的攻关，经使用可靠，极大地方便了用户，这是执行器行业第一家开发的选型软件。

在新工艺方面，上海自动化仪表股份有限公司所属上海自仪一厂，采用镀银防变色工艺，用SP-POS银件润滑保护剂，使镀银层质量大幅度提高，产品正品率也大大提高，并节约了白银，具有很好的经济效益和社会效益。另外，该厂1151变送器的压力容室国产化工艺，采用精密锻造工艺、白化处理工艺、滚压工艺等一系列方法，使1151变送器压力容室包括胺型接头的国产化工作取得了成功，达到了进口同类零件的质量水平，一年可节约外汇38万美元，降低产品成本187万元。鞍山自控仪表（集团）股份有限公司的禁油产品脱腊工艺，可使产品的残油量达到125mg/m^{2}的国际标准。该公司的水帘式喷漆工艺，大大降低了环境污染状况，改善了工人的劳动卫生条件，在国内同行业中处于领先地位。

在新材料方面，常州热工仪表总厂为化学工业部八院、成达工程公司出口印尼一项烧碱工程的成套项目，采用耐腐蚀性塑料（聚砜）完成两套计80台聚砜锥管流量计，间接创汇60多万元。哈尔滨龙江仪表厂的罗茨流量计转子，由原来的铸件改为粉末压铸，既提高了质量，又降低了成本。该厂的高温流量仪表散热片等零件，原来采用直径160mm的铝棒车加工，现在改用硬模铸造，节约了大量资金。

1995年工业自动化仪表行业承担的国家重大技术装备攻关项目有：上海自动化仪表股份有限公司、中国四联仪器仪表集团公司等单位承担的国家重大技术装备“八五”科技攻关专题项目核电站仪表与控制装置成套设备研究取得了进展。其中上海自动化仪表股份有限公司承担的分专题有4个子项目，即核电站用温度检测仪表、核电站用液位检测仪表、核电站用二位式压力控制器、核电站用显示记录仪，1995年完成了项目鉴定，有的产品填补了国内空白。该公司承担的另一项国家重大技术装备“八五”科技攻关项目——火电站用的MAX-1000分散型控制系统国产化取得进展，在有关电厂应用情况良好。

国家重大技术攻关项目，如由几十个单位上千人承担的“八五”国家重点科技攻关项目85-720大型工业自动化控制技术研究已通过了国家验收。该项目共取得251项科技成果，开发了自动化仪表、分析仪器、执行机构等100多种新产品，其中80%实现商品化，使我国电站、石化、冶金连铸三大工程的仪表配套率由70%提高到80%。开发了30多种过程优化控制软件包，并在工程系统中成功应用。攻关项目中有120项成果达到了国际先进水平，14项达到国际领先水平。“八五”攻关使我国自动化装备制造的整体水平达到国际80年代末期水平，其中执行机构系列仪表攻关成绩显著，已达到国际90年代初期水平。企业综合自动化总体技术研究达到与国际先进国家同步，各种过程控制优化攻关软件达到国际90年代水平。经过攻关优化后的DJK－7500控制系统已在冶金、石化、煤炭等11个工业典型示范项目中应用，取得了可喜成果。攻关和成果的应用为企业创造了显著的经济效益，整个课题应用取得的直接经济效益达3.8亿元，间接效益达16亿元。

1995年完成部级鉴定并有代表性的“八五”国家重大科技攻关项目有，上海工业自动化仪表研究所的二线制红外辐射温度计、晃动小目标温度测量仪、输煤系统煤仓群超声物位计、高精度在线核子秤、标准表法流量标定及数据处理装置、数字式协调控制系统、电站用电动执行机构、防堵耐磨控制阀、新型热交换器系列及配套的全封闭仪表机柜，重庆工业自动化仪表研究所的涡街质量流量计、内藏孔板差压流量变送器，武汉计算机外部设备研究所的工作站CAD支撑系统完善及商品化应用，上海自动化仪表股份有限公司上海自仪三厂的乙烯裂解炉温度测量仪，北京自动化仪表四厂的磁性浮子液位计及开关，宁夏银河仪表厂的超高压蒸汽测量流量喷嘴，大连第五仪表厂的UHZ－223型自动平衡式液位计和XSZ－4型数字显示仪，承德市自动化计量仪器厂的块状物料计量设备，北京远东仪表有限公司的电站锅炉安全监测保护系统，吴忠仪表厂的文丘里角阀及高压低噪声控制阀，无锡工装自控阀门有限公司与上海工业自动化仪表研究所共同完成的ZQGP型快速切断阀，天津市自动化仪表工业公司的电磁阀可靠性、可用性和维修性研究项目等。

其他完成鉴定有代表性的部级项目：由上海工业自动化仪表研究所牵头、温度仪表行业协会完成的热电偶、热电阻设计，广东仪表有限公司的内藏孔板差压流量变送器，开封仪表厂的LKJ型防爆流量报警开关，天津市自动化仪表工业公司的MPC85－512中高档可编程序控制器，四川仪表十一厂与四川仪器仪表研究所联合研制的防爆、防振、耐腐电—气阀门定位器，鞍山自控仪表（集团）股份有限公司的气封系统用微压自力式调节阀等。

省市级科研成果中有代表性的完成项目有，合肥仪表总厂的VA－X型现场显示型涡街流量计，承德市自动化计量仪器厂的SCS系列电子汽车衡薄型模块化秤台及仪表开发，武汉计算机外部设备研究所的盐锅峡水电站计算机监控系统，西安仪表厂（集团）的汽轮机数字电调及智能执行机构等。

新产品 中国四联仪器仪表集团公司1995年新产品试制鉴定共60项。西安仪表厂（集团）完成新产品样试项目14项，批试项目7项，其中样试有代表性产品为S710、S712两种角行程电动执行器。上海自动化仪表股份有限公司试制的新产品有隔离式安全栅、电量变送器、温度指示报警仪、YTK－11型大功率压力控制器、靶式流量控制器等。北京市仪器仪表工业总公司完成试制新产品开发项目12项，如EKC310A光柱式基型控制器、磁性浮子液位计、EKZ900系列齐纳安全栅等。天津市自动化仪表工业公司开发完成新产品35种，其中完成试制12种，完成鉴定12种，如该公司天津自仪八厂的XMW－10C型快速钢水温度数字显示仪、XMB－1310型数字式Ⅲ型指示报警仪。武汉仪器仪表自动化工业（集团）公司的大推力电液执行机构、智能密度计（核辐射仪表）、S系列仪表与电动执行器、水电站计算机监控系统等。合肥仪表总厂完成30项新产品试制与鉴定，但质量流量计由于难度大未完成试制，推迟到1996年完成。银河仪表厂完成了煤粉流量计、隔离式压电涡街流量计、双文丘利流量计、二线制电容物位计、双波纹管长图记录仪等的试制。杭州自动化仪表总厂完成了YSG型电感式和YYB型扩散硅应变式压力变送器及XML－30型智能式流量显示积算仪的市级鉴定。吴忠仪表厂1995年完成新产品开发、试制项目19项，已通过鉴定的有高难度的高温O型球阀、高温蝶阀、大口径蝶阀及用户急需的双膜头蝶阀、精小型三通O型球阀与硬密封O型球阀等。

中国四联仪器仪表集团公司1995年新产品投产率达40%，销售收入5 000万元。上海自动化仪表股份有限公司所属上海自仪一厂，1995年新产品投产数13 604台，新产品投产率为30.7%，新产品产值为3 551万元。西安仪表厂（集团）1995年新投产的产品，如B系列压力式温度控制器、JL－20A无纸记录仪、YS－100系列仪表等，产值达2 200万元。北京仪器仪表工业总公司新产品投产25项，产值6 943万元。武汉仪器仪表自动化工业（集团）公司新产品投产5项，产值4 000万元。承德市自动化计量仪器厂投产块状料喂料称重设备77台，产值1 047万元。

管理及改革 中国四联仪器仪表集团公司1995年继续实行公司化改造，现代企业制度试点工作取得突破性进展，该公司改制为国有独资公司，对授权范围内的企业依法享有资产收益权、决策权和选择管理者的权利，负有确保授权经营范围内的国有资产安全和增值的责任，搞好国有资产的监督工作。以仪表系统和整机为主的重庆川仪股份有限公司按《公司法》改组为规范的上市公司。其他仪表生产厂重组为四川川仪仪表有限责任公司，并已挂牌运作。对非生产主线实行分离重组，组建为川仪产业公司。

天津市自动化仪表工业公司1995年完成了与天津自动化仪表六的合并，然后兼并了天津自动化仪表三厂和天津市自动化成套设备厂，兼并后的公司承担原行政管理职责，原天津自动化仪表三厂、自动化仪表六厂及成套厂的法人资格自然取消。通过此项改组，公司实体减少近1 700万元的利息负担，且实行部分职工提前五年退休，可产生综合效益近100万元，减少了资金压力，为近期生产经营提供了较为有利的条件。

鞍山自控仪表（集团）股份有限公司是以原鞍山热工仪表厂为基础于1993年改组为定向募集的股份制企业，注册资本由国家股、法人股和职工股三部分构成。1994年公司股票在鞍山地区二级市场上柜交易，1993年～1995年三年的红利率分别为24%、32%和34%。该集团公司目前已拥有11个企业，其中包括两个中德、中日合资企业。

北京自动化工程公司于1995年底成立，该公司由北京自动化系统工程设计研究院、北京系统成套工程公司和北京自动化仪表七厂3个单位组建而成。

广东仪表厂于1994年11月由国有企业改制为有限责任公司，定名为广东仪表有限公司，1995年按有限责任公司机制运行。

1995年，北京远东仪表有限公司、上海自动化仪表股份有限公司、承德热河克罗尼仪表有限公司、鞍山自控仪表（集团）股份有限公司被评为1995年度中国机械工业优秀企业。

质量及质量管理 北京远东仪表有限公司根据GB/T19000（ISO9000）标准建立起完整的产品设计、开发、制造、售前售后服务体系，经过不懈的努力，有6个产品成为市优、部优的名牌产品。1995年联合国质量专家、国家技术监督局对北京远东仪表有限公司的质量考查中给予高度评价，称其为质量过得硬单位。

合肥仪表总厂从宣贯GB/T19000（ISO9000）标准及制定严格细致的制度入手，严格抓产品实物质量，使得装配一次合格率大有提高。该厂将全面质量管理与“工艺突破口”工作紧密结合起来，对关键工序和加工难点组织攻关，取得了一定的实效。另外，该厂还开展了“强化质量意识，细化质量措施，为创名牌铺好基石”为主题的质量月活动。主导产品椭圆齿轮流量计通过抽检获得一等品等级证书，成品表抽检合格率达100%，零部件抽检合格率达95.2%。

川仪六厂、丹东热工仪表厂等一些企业通过ISO9000体系认证。如辽宁省丹东热工仪表厂经东北质量体系审核中心（NAC）专家们的严格评审，一次通过了GB/T19001（ISO9001）质量体系认证，成为全国煤气表行业中首家获此认证的企业。

1995年经企业自愿申请，机械工业部组织有关检测中心对各单位申报优等品的产品进行了质量检测和工厂条件检查，被评为第六批一等品的产品有：北京自动化仪表三厂的Y-100压力表，合肥仪表总厂的LC系列椭圆齿轮流量计，开封仪表厂的LGB型标准孔板节流装置，福州水表厂的LX3G-15/D单流旋翼式冷水水表、LXLG-50-200水平螺翼可折式磁传冷水水表、MNR15-32旋翼式冷水水表，北京测振仪器厂的YD-12型压电加速度计，川仪股份有限公司自控系统事业部的DJK-1000/CTA电动开方器、KMM201可编程序控制器，鞍山热工仪表厂的E/P700电气阀门定位器，吴忠仪表厂的HCB笼式双座控制阀、HTP气动阀门定位器、HEP-15单作用电一气阀门定位器。

机械工业部1995年共统检了15种产品，其中自动化仪表仅旋翼式冷水水表一种，检查53个企业，送检的企业37个，有24个企业的产品检测合格，抽样合格率为45.3%，与上一次1987年国家监督抽查合格率91.6%相比，下降了46.3个百分点。造成水表质量下降的主要原因是1992年取消生产许可证后，水表生产厂失控，使得不符合生产条件的企业得以将不合格产品流入市场。从统检情况看，个别集体企业存在管理滑坡、质量下降的现象；而重点骨干企业领导质量意识较强，检测手段齐全，产品质量比较稳定。如宁波水表厂作为水表生产的重点骨干企业上年通过了质量体系认证，在这次统检中仍保持一等品水平。

中国四联仪器仪表集团公司采用国际标准的产品占现有产品的76%。西安仪表厂（集团）有54种产品全部采用了国际标准。上海自动化仪表股份有限公司所属上海自仪一厂的1151型电容变送器、AN型热工信号装置及报警系统、节流装置（孔板）、电动单元组合仪表等已采用了国际标准。承德市自动化计量仪器厂的轨道衡、电子汽车衡、电子皮带秤采用了国际标准。营口市仪器三厂一些主导产品采用国际标准生产。

技术改造 中国四联仪器仪表集团公司“八五”期间技术改造项目共17项，完成投资12 040万元。其中中央项目5项，投资3 000万元；地方项目12项，投资9 040万元。基本建设项目5项，完成投资4 002万元，其中中央项目4项，投资1 462万元；地方项目1项，投资2 540万元。西安仪表厂“八五”技术改造及技术引进项目总投资6 793万元，其中工商贷款3 500万元，企业自筹3 293万元。

由国家经贸委主管的“双加”工程1995年已开始启动。如上海自动化仪表股份有限公司的火电设备自动化仪表及系统完善化改造项目，技改总投资7 433万元，建成后年产自动化仪表6.3万台，新增产值5.4亿元，新增利税9 240万元，1995年完成项目前期准备工作，1996年将全部结束。杭州工业自动化仪表总厂的“双加”工程DDZ-S系列仪表技术改造，投资额1 500万元，其中贷款1 200万元，自筹300万元，正在实施中。吴忠仪表厂“双加”工程投资1 050万元，其中贷款830万元，已支出684万元，完成了数控加工中心设备的购置、铸件退火窑的建设等。

1995年的固定资产合计299 338.1万元，比1990年的155 000万元增长93.1%。历年完成的固定资产投资形成的效益非常显著，中国四联仪器仪表集团公司“八五”期间的技术开发、技术引进共投入15 900万元，平均每年完成新产品开发60项，到1995年新产品产值已达23 256万元，是1990年的3.18倍；新产品销售收入23 007万元，是1990年的5.02倍；新产品创利税6 667万元，创外汇163.6万美元。

北京远东仪表有限公司通过近几年来8项技术改造，完成固定资产投资3 744万元。为了提高加工手段，1995年又购进数控车床、纵切车床、慢走丝加工中心等设备，共投资610万元，使1751变送器、EK系列仪表、FSSS系统等扩大再生产，仅1751变送器1995年产量达7 290台，产值5 079万元，实现利税691.22万元。

广东仪表有限公司通过历年完成的固定资产投资，开发高新技术产品，增加生产能力，1995年的产值比1994年增加42.4%，高新技术产品产值占39.76%，高新技术产品的利税占该公司利税总额的69.16%。

吴忠仪表厂“八五”技改实际投资1 239万元，使固定资产投资原价达到7 483万元，完成的VRH铸造生产线等使年产铸件达1 200t，废品率由原8%降到4%，不但扩大了生产规模，可年产控制阀1.5万台，而且提高了铸件质量，减轻了工人的劳动强度，改变了作业环境。

济南仪表厂“八五”技改项目1995年通过鉴定验收，实际完成总投资488万元，用汇60万美元。技术改造后，使企业可形成年产记录仪P100S型5 000台、智能仪表300台、常规仪表10 000台的生产能力，可新增产值2 536万元，利润578万元，扩大出口能力至200万美元。

对外合作 .西安仪表厂（集团）1995年4月与日本横河电机株式会社正式签署了CENTUM-CS分散型控制系统的技术转让合同，这是该厂已引进的DCS产品中的第五个产品，此产品的投入将增大该厂的效益和产品竞争力。

合肥仪表厂技贸结合项目哥氏质量流量计，引进了德国波普·罗伊得（Bopp & Reuther）的制造技术，该项目的开发分两个阶段，一是变送器的研制，二是电子转换器的研制，投资额101.25万美元。该厂还于1995年11月与日方合资成立了合肥OVAL仪表有限公司，总投资300万美元，注册资本216万美元，合资期限30年，出资比例中方46.5%，日方53.3%。

丹东热工仪表厂于1995年12月与日本签约成立丹东岩各东洋燃气表有限公司，主要生产G1.6型煤气表，总投资3 214万元。

〔撰稿人：机械工业部上海工业自动化仪表研究所　张永江　审稿人：机械工业部上海工业自动化仪表研究所　张继培、王璐璐〕

二、电工仪器仪表

生产发展情况　1995年电工仪器仪表行业生产经营状况较好，市场需求比上年有较大增长，生产总量虽略有下降，但销售收入明显上升，经济效益继续下降仍是电工仪器仪表行业的一个突出问题。全行业主要经济指标实际完成情况见表3。

表3　1995年电工仪器仪表行业主要经济指标

指 标 名 称	单 位	1995年完成	为上年%
电工仪器仪表产量	万台	34 095 145	98.6
工业总产值（1990年不变价）	万元	296 263	100.6
其中：电工仪器仪表工业总产值	万元	206 266	106.9
产品销售收入	万元	281 318	107.2
其中：电工仪器仪表产品销售收入	万元	197 881	113.7
产品销售税金及附加	万元	3 247	112.1
实现利润总额	万元	-13 716	①
利税总额	万元	-10 469	①
出口产值	万元	16 806	103.7

资料来源：电工仪器仪表专业协会89个会员企业（含20个骨干重点企业）的年度统计资料。

①1994年全行业实现利润总额为-2 880万元，利税总额为16万元。

行业企业以生产电工仪器仪表13小类产品为主，并向自动化仪表、文化办公设备、医疗仪器、汽车仪表以及家用电器类等领域扩展。全行业企业有418个，其中骨干重点企业21个。具有电度表生产许可证的企业64个，具有工业用电表生产许可证的企业122个。

1995年电工仪器仪表总产量为3 409.5万台，比上年下降1.4%；产值20.6亿元，销售收入19.8亿元，分别比上年增长6.9%和13.7%；库存为441.2万台，占产量的12%，与上年水平相同。

产值超亿元的企业有6个，总计10.5亿元，占总产值的35.6%，详见表4。

效益继续下降，89个企业中，亏损企业30个，占34%，与1994年亏损企业大致相同，但亏损额增加1亿元，全行业实现利润为-1.37亿元。亏损额急剧增加的主要因素是由于极少数企业的巨额亏损所致，仅江北机械厂一个就亏损8 400万元，吉林光明仪器厂、长沙电表厂、天水长城电工仪器厂、上海金山电讯器材厂等亏损额都在1 000万元以上。

在社会主义市场经济的浪潮中，不少企业经过努力，取得了较好的效益。杭州华立集团实现利润超千万元，海盐普博电机有限公司利润超过500万元，吉林双吉机械厂电表分厂、无锡威达电工仪表有限公司、上海电度表厂、上海第二电表厂、海盐电力仪表有限公司、青岛电度表厂等企业利润均超过100万元。

表4　产值超亿元企业

序号	企业名称	产值（万元）
1	杭州华立集团	48 499
2	江北机械厂	12 048
3	哈尔滨电表仪器厂	12 000
4	杭州西子集团	11 538
5	青岛电度表厂	11 229
6	桂林威达仪器仪表办公设备集团公司	10 127
	总　计	105 441

还有一批企业经过挖潜、改革、调整、经营，在1995年实现了扭亏为盈，如上海电表厂、上海浦江电表厂、南京电表厂等。

20个骨干重点企业1995年实现工业总产值110 055.7万元，产品产量1 061.6万台、产品销售收入97 292.5万元，实现利润总额-2 184.9万元，实现利税总额-1 700.49万元，出口产值为9 891.6万元。

市场及销售　1995年电工仪器仪表产品销售收入，从各类产品情况来看，除精密仪表、钳形表、交流仪器、磁测量仪器、扩大量限装置等产品略有下降外，其他各类产品均有程度不同的增长。电能计量仪器仪表产品的销售收入增长最快达15.2亿元，占整个电工仪器仪表产品销售收入的73.8%，其中单相电能表中的新表占单相电能表销售收入的42%，说明通过几年来的努力完善和认真推广，新表已逐渐被广大用户所接受；复费率电能表的销售收入为上年同期的364.4%，表现出了强劲的增长势头。

1995年出口情况较好，出口产品产量562.4万台，出口产值16 806万元，出口产值比上年略有增加。电度表、安装式电表、可携式仪表（万用表、钳形表、兆欧表）、直流仪器仍是主要的出口产品。1995年各小类产品的产量、产值、销售收入及出口情况见表5，按销售收入排序前十名企业见表6，按出口额排序前十名企业见表7。

表5　1995年电工仪器仪表各小类产品、产量、产值、销售收入完成情况

序号	产品类别	1995年完成				为上年%			出口情况	
		产量（台）	产值（万元）	销售收入（万元）	销售量（台）	产量（台）	产值（万元）	销售收入（万元）	数量（台）	出口产值（万元）
1	单相电度表	24 040 863	103 732	101 360	23 038 983	97.7	103.8	112.8	2 508 340	12 608.0
	其中：新型表	7 931 138	52 823	48 922	7 782 572	121.4	122.5	130.7	627 105	5 344.0
2	三相电度表	2 347 406	46 997	44 372	2 379 773	103.5	103.2	107.2	59 561	336.0
3	复费率电度表	63 608	9 840	6 491	47 634	260.5	382.9	369.4		
4	安装式电表	4 906 491	13 369	11 954	5 121 964	102.9	101.1	119.1	2 512 732	2 223.7
5	电量变送器	33 053	4 912	4 375	33 078	122.8	141.4	129.4		
6	精密仪表	31 743	1 267	1 924	17 387	51.8	66.8	86.5		
7	万用表	1 190 468	6 913	6 001	1 138 741	97.4	100.6	116.2	169 503	410.7
8	钳形表	126 869	1 348	990	88 676	112.0	108.3	99.4	7 028	133.0
9	兆欧表	122 372	1 891	2 118	112 427	121.7	120.3	118.1	3 667	84.6
10	数字仪表	92 818	1 760	1 945	101 265	229.2	97.6	101.2	58 573	262.7
11	直流仪器	16 069	956	1 698	20 421	115.7	108.5	144.6	4 475	449.5
12	交流仪器	3 108	527	803	3 094	96.9	103.5	96.4		
13	磁测量仪器	356	26.6	23.9	656	93.9	57.5	27.7		
14	电源装置	24 535	2 149	2 134	23 208	137.7	150.5	154.1		
15	扩大量限装置	24 552	253	308	27 261	83.4	70.7	95.7		
16	检验装置	855	3 833	3 963	940	123.4	150.3	118.4		
17	记录电表及电磁示波器	1 848	577	696	1 701	97.8	116.8	108.4		
18	非电量电测仪表	1 072 874	6 295	6 842	902 762	83.9	75.3	88.7	300 006	299
	总计	34 095 145	206 266	197 881	33 053 007	98.6	106.9	113.7	5 623 885	16 806

表 6　销售收入前十名企业排序

序号	企业名称	销售收入（万元）
1	杭州华立集团	45 250
2	江北机械厂	14 681
3	青岛电度表厂	11 447
4	桂林威达仪器仪表办公设备集团公司	10 945
5	哈尔滨电表仪器厂	10 743
6	杭州西子集团	9 193
7	无锡威达电工仪表有限公司	9 067
8	九江仪表厂	8 445
9	上海电度表厂	8 010
10	辽宁华兴精密机械厂	7 696

表 7　出口额前十名企业排序

序号	企业名称	出口额（万元）
1	杭州华立集团	12 171
2	柳州市仪表总厂	3 291
3	哈尔滨电表仪器厂	3 200
4	江北机械厂	2 711
5	上海第五电表厂	2 170
6	无锡威达电工仪表有限公司	1 320
7	天津中环电工仪表公司	1 058
8	上海向东仪表厂	965
9	温州市电工仪表厂	781
10	上海电表厂	731

产品分类及产量　1995 年电工仪器仪表各小类产品中量大面广产品还是传统的电能计量仪表、安装式电表和可携式电表。电能计量仪表的年产量达 26 451 887 台，其中单相表 24 040 863 台、三相表 2 347 406 台，复费率表 63 608 台；安装式电表的年产量为 4 906 491 台；可携式电表的年产量为 1 439 709 台，其中万用表产量 1 190 648 台，钳形表产量 126 869 台、兆欧表产量 122 372 台；此外，非电量电测仪表的产量达 1 072 874 台。其他各小类产品产量详见表 3。

科研成果及新产品　1995 年，哈尔滨电工仪表研究所全面完成了承担的“八五”科技攻关项目 85 - 720 - 07 大型旋转机械状态监测、分析及故障诊断技术研究、85 - 720 - 05 - 06/02 在线新型电量数字式仪表系列、85 - 720 - 07 - 11 - 07 磁敏元件及传感器性能定标装置共 3 个项目。

大型旋转机械状态监测、分析及故障诊断技术研究课题由哈尔滨电工仪表研究所总负责，大学、研究院所、工厂等 10 个单位联合攻关，经过近 5 年的研究，完成了合同规定的全部内容，取得了许多重大成果，开发出 13 种（系列）新产品、15 种新技术。包括：用于现场的性能价格比优于国外同类产品的电涡流传感器；可靠性和用户界面友好、达到国外同类产品水平的智能监视仪表；具有可维修性、可靠性达到国外先进水平并适用于国内现场的数据采集器；具有世界先进水平的在诊断方法、知识获取、表达方式与知识库维护以及推理机制上有所创新的故障诊断专家系统；在机械、机电耦合、流体诱发、热力参数故障机理研究方面达到国际先进水平，有些方面处于国际领先地位；总结出诊断规则 2 000 余条，装备到专家系统；发表学术论文 200 多篇。

在线新型电量数字式仪表系列完成了合同规定的全部内容，研制出包括 11 种仪表的系列产品，达到了国际先进水平并在国内几个工厂推广应用。

磁敏元件及传感器性能定标装置完成了合同规定的技术指标，交沈阳仪器仪表工业研究所应用。

上海仪器仪表研究所完成了电子工业部“八五”科技攻关项目 850302XF24 电解电容器自动测试分选装置，于 1995 年 5 月鉴定。

贵阳仪器仪表工业公司永胜电表厂承担的国家重大技术装备“八五”科技攻关项目 85 - 213 - 02 - 18 - 21 核电站电量变送器和安装式仪表及 85 - 302 - 06 - 05 - 6 安装式电表国产化两个项目，经过几年努力，生产出合格的产品，国产化率达 95% 以上，经过秦山核电站、云南省电力局 500kV 草铺变电站使用和核工业第二研究院认可后，于 1996 年元月通过鉴定，顺利完成了重大技术成套装备工作。

浦江电表厂与北京半导体器件所共同研制了全系列专用模块，包括交流电流、电压、功率、频率、功率因数等，用于变换式电表，改进了性能和加工工艺，克服了以前采用分元元件带来的问题，提高了产品的稳定性，节约工时 40%，大大缩短了加工周期，方便了用户改制要求。

桂林威达集团公司的框架零件成形工艺及工装的改进项目获广西机械工业优秀工艺工装三等奖。

1995 年电工仪器仪表行业企业研制了一批电工仪器仪表新产品，并且适应社会主义市场经济的要求，开发了许多适销对路的非电工仪器仪表产品。主要有：（1）上海电表厂试制新产品 11 项，其中电能表 7 项，JTB 交流自动调压保护器、SB6718 型 24 小时定时器、SB830b 系列数字多用表、ACS 型计价电子秤各 1 项。全部新产品完成鉴定，符合设计要求，有 10 项已投入生产。SB830b 系列数字多用表生产了 75 733 台，电能表生产 24 583台，SB6716 定时器生产 56241 台，JTB 交流自动调压保护器生产 4566 台。（2）上海第二电表厂开发新产品 9 项，设计完成 7 项，试制完成 4 项，鉴定和投入生产 3 项，为此投入资金 445 万元。新产品包括 IC 卡出租车计价器、出租车计价器整车检定装置、电机动平衡试验机、电机转速特性测试仪、线圈绕组测试机等。（3）上海第五电表厂的 DTD81 型三相多功能电度表列入国家级重点新产品试产计划项目，1995 年开发新产品投资 215.1万元，1995 年 8 月 DSD81、DTD81 型多功能电表通过设计、生产定型，这个项目被上海市评为 1995 年优秀新产品二等奖。（4）上海第六电表厂1995年试制新产品7项，完成试制4项，鉴定3项，投产新产品5项。(5) 上海电工仪器厂完成设计新产品3项。"八五"期间，该厂试制新产品18项，均作鉴定，其中投产的有SY900系列空调电控器、汽车防盗报警门锁。QJ81变压器直流电阻测试仪、XPX201热电偶模拟器，以及QJ44、QJ57、UJ33a、UJ36a改型电桥和电位差计等10余项新产品。(6) 桂林威达集团公司完成新产品研制10项，并通过鉴定。其中53C1、53L1型广角度系列电表是国家"八五"规划指南产品，该项目包括交直流电流电压表、三相有功无功功率表、频率表、同步表、三相功率因数表等。(7) 北京远东仪表公司研制开发的新产品5项，有EKP15光柱指示计、EKP16光柱指示报警计、FJ-60型200kV交直流数显高压分压器、EKJ900系列齐纳安全栅、5EKC310A光柱式基型调压器，均通过公司级鉴定。(8) 苏州仪表总厂开发的三相复费率电能表、单三相脉冲电能表均通过批试鉴定，GCK、GGD和多米诺低压配电柜、KW-75K空调稳压器通过了生产鉴定，多功能电度表、高压手车柜完成样机试制。新产品产值占总产值的18.38%。(9) 哈尔滨电表仪器厂完成新产品鉴定4项并投产，投入资金1 200万元。此外，兰州长新电表厂完成新产品试制、鉴定并投产2项，投入资金5万元。山东菏泽仪表厂完成新产品鉴定3项，杭州东信仪器仪表有限公司试制完成新产品3项。贵阳仪器仪表公司开发新产品15项，投入资金197.6万元。

管理及改革 国家电工仪器仪表质量监督检验测试中心完成了电度表产品生产许可证到期换证检验工作。该中心到1994年底止，共完成了63个企业214个申证单元产品的许可证检验工作，1995年又分两批对产品性能测试及企业质量管理必备条件审查均合格的11个企业18个申证单元产品颁发了生产许可证，至此共为64个企业发放生产许可证227张。

1995年度申请安装式电表出口质量许可证的有5个企业5个申证单元，申请电度表出口质量许可证的有25个企业68个申证单元。到目前为止，已对产品性能测试及企业质量管理必备条件审查均合格的29个企业67个申证单元的产品颁发了出口质量许可证。

1995年上海电表厂成立两个股份公司，其中该厂在上海三峰磁记录设备有限公司中控股75%，在上海凯联黑匣子有限公司中控股25%。上海浦江电表厂与法国达代尔公司进行了意向谈判，目前已鉴定了正式合资协议，该合资企业将重点为国内的核电站配套相应的电表、变送器。

为增强哈尔滨市作为一个电度表和其他各种仪器仪表生产基地在国内外市场中的竞争力和占有率，在哈尔滨市电子仪表局统一规划下，经过两年来的准备，现已完成建立哈尔滨仪器仪表集团的各项筹备工作，集团以哈尔滨电表仪器厂为龙头，包括哈尔滨电度表总厂、哈尔滨精艺仪表厂等哈尔滨仪器仪表企业，集团总部设在哈尔滨电表仪器厂内。

质量及质量管理 1995年行业企业继续学习贯彻ISO9000质量管理体系，加速与国际惯例接轨的步伐。北京远东仪表公司于1994年底通过了中国新时代质量认证中心按GB/T19001 (ISO9001) 质量体系和质量保证模式的认证，1995年底又通过认证的复审工作。上海第二电表厂一如既往重视质量管理，做到领导重视、机构健全、人员稳定、指标落实。随着企业体制改革的深入，质量管理也不断上台阶，加速与国际接轨，经过准备，1995年初着手工作，提出ISO9002质量体系认证的申请，并于年底通过了预审。上海电表厂加强检查产品质量，1995年产品合格率达89.5%。

1995年行业修、制定标准项目7项，其中国家标准2项，行业标准4项，军用标准1项。

对外合作及技术改造 1995年初上海第二电表厂基于本厂原有的产品，如DDW光点矢量瓦特表、动平衡试验电气测量装置、转矩转速测量仪、数字油耗仪等产品，与日本国际计测株式会社共同建立了中日合资松云国际计测器有限公司，共同销售、开发马达动平衡试验机、电机转速特性测试机、线圈绕组测试机等产品，总投资55万美元，1年国产化后，产值达523万元，利润58万元，出口占51%。

桂林威达集团公司"八五"模具中心技术改造项目于1995年底验收，项目实际完成投资779.1万元（含借贷利息188.1万元），其中专项贷款750万元，其余为自筹。该公司购置仪器设备29台，其中进口德国立式加工中心、超精度平面及成型磨床、数控光学曲线磨床各1台，配置了三坐标测量仪。并与上海交大模具研究室联合开发了模具CAD/CAM工作站，并完成了部分软件、调试及专业技术人员培训等工作。改造后可提高冲模、型腔模的制造水平，扩大模具专业化生产能力，年产量由原来的300套提高到1 260套，冲模尺寸精度由$10\mu m$～$30\mu m$提高到$3\mu m$～$5\mu m$，寿命由25万次提高到50万次，生产周期由3至6个月缩短到2至4个月，提高了冲模、型腔模标准化程度，新增产值1 236万元，新增利税254万元。

苏州仪表总厂共有4项技术改造项目。翻建煤气表、万用表装配车间项目，共完成投资240万元，土建面积3 200m^2，资金为企业自筹，该项目已完成，目前用作安装式电表生产车间及特种仪表（脉冲电度表、复费率电度表、多功能电度表）生产车间；86系列电度表改造项目，完成投资398万元，其中地方贷款175万元，其余为自筹，自制及购置设备138台，提高了电度表制造工艺水平，形成年产100万台能力；磁共振稳压器生产线改造，计划投资500万元，实际投资300万元，完成土建面积2 500m^2，目前项目中断；电子式电能表项目，计划投资720万元，其中地方贷款520万元，其余为企业自筹，目前项目正在进行中。

上海第六电表厂在“八五”计划后期，经批准投资建造出口仪表装配车间项目，总预算投资1 536万元，其中一般贷款1 100万元，自筹436万元。工程总建筑面积11 943m²。1995年底已完成投资1 105.3万元，建筑面积为7 791m²。

上海电表厂1995年技术改造200多万元，建立电度表产品生产线。

哈尔滨电表仪器厂1995年技术改造进口设备7台（套），包括法国电度表校验台PYC－5050、瑞士自动配料机RG－113和高效混合机T10B各1台，法国三相标准电度表MS－5050两台，日本静电脉冲试验仪ESD－8012、EFBT－8014各1台，总计投资158.1万元。

〔撰稿人：哈尔滨电工仪表研究所　姚明刚
审稿人：哈尔滨电工仪表研究所　沈奎保〕

三、分析仪器

生产发展情况　1995年，机械工业部系统分析仪器行业共完成工业总产值2.41亿元，工业增加值9 195万元，实现利润234万元，应交增值税2 913万元，应交所得税132万元，全年销售总额3.58亿元。

1995年，行业内按销售收入的前几名见表8。

表8　1995年部系统分析仪器行业和主要企业销售和利润情况

企业名称	全年销售总额（万元）	实现利润总额（万元）
行业总计（42个企业）	35 788	234
其中：		
上海精密科学仪器公司	11 046	364
上海分析仪器厂	3 179	－296
佛山分析仪器厂	2 886	381
南京分析仪器厂	2 226	0.4
北京瑞利分析仪器厂	2 188	60
北京分析仪器厂	1 777	7.5
北京市北分仪器技术公司	1 554	20
姜堰电分析仪器厂	1 357	147
北京北分策纳分析仪器公司	1 280	150

北京分析仪器厂，由于体制上实行分灶核算，统计报表的数字分为几块，集团内仪器厂和分公司1995年实际共完成工业总产值6 428万元，销售收入8 355万元，实现利税916万元，分别比上年增加13.5%、15%和26.5%，实现利润402万元，比上年降低2.2%。在企业管理方面，积极贯彻《劳动法》，认真抓质量管理，其中原北分策纳仪器公司通过了ISO9001国际质量标准认证。在技术改造方面，基本上完成“八五”项目，投资541万元，用于电镀污水站和表面处理车间技术改造，增容500kV·A等。

上海精密科学仪器公司，1995年完成体制调整，组成实体公司，逐步改制为一级法人公司，下设四个专业分公司，即分析仪器分公司（也称上海分析仪器总厂，包括原上海分析仪器厂部分和上海第三分析仪器厂。上海分析仪器厂部分与惠普公司合资，组成惠普上海分析仪器有限公司）；上海雷磁仪器分公司（电化学仪器、环保仪器、电极、电光源）；上海天平仪器分公司和上海物理光学仪器分公司。全公司“八五”固定资产投资2 320万元，其中机械工业部下达计划两项，上海分析仪器厂扩建1 000系列色谱仪生产楼，实际完成投资638万元，建筑面积6 744m²；上海雷磁仪表厂扩建电站水质分析监测仪生产车间，实际完成投资391万元，建筑面积2 750m²。该两项目已按期竣工，投入生产并取得预期效果。在利用外资和技术引进方面，公司先后与美国、日本、香港等国家和地区创办了3个合资企业，共吸引外资1 153.5万美元。通过合资调整了公司的产品结构，扩大了产品范围，同时吸引了外资和引进了先进技术和先进管理经验，从而带动现在企业的改革步伐。

佛山分析仪器厂，1995年完成工业总产值4 022.72万元，累计销售达4 709万元，实现产品销售收入2 886万元，利润381万元，上交税金全年累计完成238万元，出口创汇22万美元。在开拓新产品方面，重点对摩托车、汽车安全检测线，FGA－400四气分析仪，以及与解放军第一军医大学合作研制的X光刀立体定位装置等新产品。

南京分析仪器厂，1995年完成新产品研制6项，其中国家“八五”科研攻关两项（CS－6800型工业气相色谱仪及医用化学传感器），其中医用化学传感器被国家医药管理局授予“八五”重点科技攻关优秀专题奖。

四、光学仪器

1995年，该行业现有企业72个，固定资产3.56亿元，1995年工业总产值9.99亿元，工业增加值3.27亿元，应交所得税4 315万元，应交增值税368万元，行业利润总额亏损1 818万元。行业内按产值排序前五名企业是：江西光学仪器总厂（19 230万元）、江南光电集团股份公司（6 664万元）、苏州第一光学仪器厂（5 410万元）、北京光学仪器厂（5 259万元）和昆明晶华公司（4 960万元）。

江西光学仪器厂在锐意改革、转换机制、强化管理方面作出了突出的成绩，1995年实现销售收入1.77亿元，比上年增长24%；实现利税1600万元，利润比上年增长154%；创汇400万美元。该公司与日本精工舍合资生产“323”、“325”高档钢片快门，形成数十万只能力，并全部返销；与中国机电进出口总公司中经东源公司合作开发生产了一次性相机，出口美国，与日本东和公司、香港和东公司合资生产了天文望远镜；与日本索加公司合作生产销售了自动安平水准仪。在内部机构调整中，成立了照相机、光电仪器、光学元件及仪器成套4个总公司，销售规模分别达到1亿元、4 000万元3 000万元和2 000万元，奠定了总公司递增发展的基础。

北京光学仪器总厂在抓生产和销售中，实现了经纬仪产量销售全国第一，水准仪出口全国第一，测距仪产销量全国第一的目标。在抓质量工作，通过了ISO9001国际质量标准认证，成为光学行业第一个通过认证的企业。开发新产品工作，企业研制了综合测绘系统BGSS产品，成为国内大地测量仪器品种最全的生产基地和出口基地。

南京江南光电集团股份公司，1995年完成产值和销售收入比上年分别增长15%和18%，出口供货和自营出口分别比上年增长13%和43%。完成出口额达到600万美元。在调整产品结构上，建成中档显微镜、普及型显微镜、双目头、GZ4头部件、尼康电镀等5条生产线的改造。完成新品开发10项，鉴定6项，完成技改40项。特别是在加工技术方面，按照引进尼康产品的技术变换设计思路和制造模式来改造现有产品，合作生产了YS2显微镜，并通过了UL、TUV的认证，取得了国际通行证书。

苏州第一光学仪器厂在市场竞争中，发挥中型企业机制灵活的优势，积极调整产品和抓产品开发工作，使企业成为全国同行业经济综合效益第一，名牌产品J2－1光学经纬仪市场占有率全国第一和高科技产品DSZ3自动安平水准仪外贸出口量全国第一。该厂在第一期技术改造过程中，完成了上千万元投资，引进了先进的加工中心、建造了测距仪室内基线场，添置了一批数控机床，为企业提高产品质量和开发新品提供了有利的条件；在深化企业改革和强化管理方面，保持了稳定的发展势头，产值比上年增加760万元，利税比上年增加105万元。企业人均年收入近万元，为今后的发展打好了基础。

1995年对上海光学仪器来说是调整的一年，原来的上海光学仪器总厂，利用厂址变迁的机会，变不利因素为有利因素，将上海光学仪器厂、上海第二光学仪器厂、第三光学仪器厂、光学镜头厂、上海光学仪器研究所等单位合并成立上海光学仪器有限公司并开始运作。

长春第一光学仪器厂共完成总产值1 002万元，实现销售收入1 000万元（含税价），生产各种编码器22 000台，利润－398万元，比1994年减亏81万元（按股份制统计口径），实现税金102万元，全员劳动生产率15 291元/人，主要品种抽检合格率达到100%。

1995年部系统光学仪器行业和主要企业销售和利润情况见表9。

表9　主要企业销售和利润情况

企业名称	全年销售收入（万元）	实现利润总额（万元）
行业总计（72个企业）	35 788	302
其中：		
江西光学仪器总厂	17 676	1 006
重庆光电仪器总公司	8 785	106
江南光电集团股份公司	6 950	5
北京光学仪器总厂	6 381	436
苏州第一光学仪器厂	5 013	400
上海光学仪器厂	3 056	－1 437
广州光学仪器厂	2 762	45
梧州实光学仪器厂	2 112	26
厦门麦克奥迪光学仪器公司	1 836	26
新天精密光学仪器公司	1 788	－749

五、试验机

生产发展情况　试验机行业有机械工业部归口企业29个，大行业企业65个。生产的产品包括金属材料试验机，非金属材料试验机，力与变形检测仪器，平衡机，振动台，冲击台与碰撞台，摩擦磨损、润滑与工艺试验机，包装件试验机，大型结构试验机，汽车专用设备，而且还包括各种环境模拟装置、各种功能附件等。目前产品已近千种。

1995年对本行业19个重点企业统计，全年完成工业总产值44 923万元。其中，汕头超声仪器研究所全年完成工业总产值为8 089万元，全员劳动生产率为30万元/人；济南试验机制造总公司全年完成工业总产值6 038万元，全员劳动生产率为20 578元/人，职工人均收入为7 018元，比上年增长了1 565元；上海申克试验机有限公司全年完成工业总产值5 300万元，全员劳动生产率为26 328元/人；无锡建材仪器机械厂全年完成工业总产值为5 214万元，全员劳动生产率为44 679元/人。

市场及销售　1995年国内试验机产品销售难度很大，根据对试验机行业19个企业的统计，全年完成销售收入4.8亿元。其中济南试验机制造总公司完成销售额为10 161万元，无锡建材仪器机械厂为6 795万元，上海申克试验机有限公司完成6 100万元。

根据试验机行业11个企业统计，试验机产品全年出口额为6 570.6万元。其中济南试验机制造总公司为1 004万元，上海申克试验机有限公司为1 049万元，无锡建材仪器机械厂为919万元。此外完成出口额在百万元以上的还有莱州华银试验仪器有限公司、苏州试验仪器厂、上海探伤机厂和上海材料试验机厂等，分别为500万元、365万元、290万元和100多万元。

科研成果及新产品　1995年试验机行业加强了科研开发力度，组织研制和开发了一批高新技术产品。长春试验机研究所新开发的国家重点攻关项目电子万能试验机，通过了部级鉴定。该机采用了模块化的设计方法，利用功能搭配，通过不同功能单元的组合可实现多种功能试验。尤其各功能系统充分运用了微机技术，大大简化了硬件结构，从而甩掉了繁杂操作的控制柜。另外，通过先进的GPIB总线，采用了C语言、汇编语言使软件功能丰富、快捷。实现了系统计算机与功能系统微机的通讯、控制与管理，操作简便，提高了工作效率。该项目已达到国外同类产品90年代初先进水平，其中WDW－500kN电子万能试验机属国内首创。

长春试验机研究所研制的2 000℃大型真空、充气、加压烧结装置是国内首次研制成功的大型现代化装置，主要技术指标：最高温度2 000℃，常用温度1 800℃；有效烧结空间为∅300mm×∅300mm，最大加压1 000kN；配备200kV·A电控设备，光电比色测温，微机化数字控温；真空度可达10^{-1}Pa。该装置技术性能与国际同类产品相当，是发展我国特种陶瓷迈向工业化生产必不可少的设备。该设备已在广东番禺特种陶瓷公司投入生产使用，得到用户好评。

长春试验机研究所还研制了4 000kN卧式双缸电液伺服试验机。该机主要用于厚板及大径圆钢拉伸试验，最大拉伸负荷4 000kN，且采用液压伺服技术和计算机控制系统，可以精确地控制双加荷油缸同步及过载保护，并可实现恒速率载荷、位移、应变控制，还可在试验过程中控制方式之间互相转换而无明显载荷冲击，且配有打印机，可自动绘出应力—位移、应力—应变、压力—时间等曲线。该机属国内技术较先进的大负荷卧式拉力试验机。

济南试验机制造总公司由于引进了先进技术提高了自身的技术水平，引进日本岛津公司电液伺服万能试验机先进技术并狠抓引进技术的消化、吸收和国产化工作，并同日方签定了返销合同，1992年又与日本岛津公司签定了电子万能试验机技术引进协议，使电液伺服液压万能试验机和电子万能试验机两项技术已走向全国同行业的前列。

长春试验机集团公司1995年研制开发了一些技术含量大的重大项目，取得了一定的科研成果。主要有：

(1) WEW系列微机控制液压万能试验机。该机是引进德国申克公司技术元器件生产的高性能试验机，除对试件进行各种性能的常规试验外，还可进行试验力保持和低频单向脉动等复杂试验，该机配有计算机控制和数据处理系统，现已形成高、中、低不同档次，试验力200kN～2 000kN多种规格的系列化产品。

(2) YEW－300型微机控制水泥压力试验机。该机液压系统是采用德国申克公司技术生产的，操作简单，自动化程度高。

(3) WAW系列微机控制电液伺服试验机。该机是同英国达泰克公司联合研制具有90年代国际水准的万能试验机，采用先进的闭环数字控制系统，可在任何时刻、任何情况下，由微机控制实现力、变形、位移三种方式的控制及控制方式的平滑转换，可实现大跨度范围内的精确测量，也可进行各种控制方式下的幅频特性分析，便于机器的调试或故障诊断。

(4) LYE－600型螺纹钢绞线拉力试验机。该机主要用于各种金属线材产品的检测测试。

(5) LES系列数显液压卧式拉力机。该机主要用于电缆、钢丝绳、锚链、缆绳等特长柔性试件的试验，采用计算机控制、处理数据，实现自动控制。

1995年全行业据不完全统计共研制开发新产品80余种，基本上已通过各级鉴定。济南试验机制造总公司“八五”期间共开发新产品70余种，累计完成新产品产值3 618.8万元。新产品开发主要有几个特点：(1) 产品趋向大型化，如相继研制了MLE－2000、MLE－5000型卧式锚链拉力试验机及YE－5000型液压压力试验机等大结构、大负荷试验用的新产品。(2) 产品趋向系列化，其中具有代表性的如液压万能、液压压力、摩擦磨损等试验机，既具备了高、中、低三档，又增加了品种，基本上满足了不同层次、不同要求的市场需求。(3) 设计趋向标准化，注意加强基础研究，避免了重复开发。(4) 加快了开发速度。

长春试验机集团公司1995年加大了新产品研制力度，共完成试制新产品27种56台。主要新产品有：YE－200型液压式端头压装机、YEW－5000型微机控制四柱压力试验机、500kN卧式拉力试验机、水压爆管试验机、WDW－50微机控制电子万能试验机和TYS－500电液伺服岩石三轴试验机。

管理及改革　“八五”期间试验机行业已有一部分企业逐步地向现代化企业转变，主要体现在体制、机制、经营管理方面有了新的长足进步。济南试验机制造总公司，通过组织结构调整，在本行业形成了特有的“科、教、工、贸”一体化，二、三产业并举的多元化经营的结构优势。在科研开发方面，建起教育培训中心，形成多层次培训相结合的教育培训体系；在加工制造方面，通过技改投入，购置了多台加工中心和数控机床，提高了企业的工艺装配水平；在经营贸易方面建立了全国最大的试验仪器市场，成立了进出口公司，与中建物资总公司联合组建了济南建设物资公司；在具体管理工作中，该公司按照企业管理状态评价要求和开展“管理效益年”活动的要求，加强了七个方面的管理工作，特别加强了基础管理工作，修订完善了规章制度，通过了济南市企业管理状态A类评价，加强了生产、营销、物资、采购、财务等管理工作，在经营部门实行了“多、快、好、省、优、廉、活、灵”的经营方针，在生产管理部门推行了“一保两准”工作法，在财务部门推行了“倒逼成本”管理法等行之有效的管理方法。

长春试验机集团公司1995年根据企业目标的

要求，重点狠抓了企业的基础管理，重点抓了企业管理工作，主要从安全文明生产、财务管理、生产管理、技术管理、物资管理、劳动和干部管理等七个方面入手，对制定管理规划逐一落实，认真检查并不断完善，使企业的管理水平明显提高。在改革方面，实施了企业的“三项制度”改革：改革劳动制度，实行全员劳动合同化管理；改革工资分配制度，实行了岗位技能工资制；同时还实行了“一岗一薪、岗变薪变”的责、权、利分明的岗薪分配制。通过一系列改革的实施调动了职工的积极性，增强了责任感，推动了企业的发展。

此外，上海申克有限公司、汕头超声仪器所、莱州华银有限公司等企业在改革的道路上已都有新的举措，为企业的发展奠定了坚实的基础。

质量及质量管理 1995年由试验机质量检测中心完成了国家下达的拉力试验机行业质量工作会议，宣传了ISO9000标准，推动了行业质量管理和产品质量的提高。

1995年该中心围绕中心验收做了大量工作，新建了X射线试验室，扩大了中心的质检范围和能力，同时对机构本身进行了调整，并于1996年元月顺利地通过国家验收。

1995年完成了《电液式万能试验机》、《布氏硬度计的检验》、《标准布氏硬度块的标定》、《拉力试验机的检验》等4项国家标准。完成《工业探伤X射线管主参数》行业标准。有两项标准获科技进步三等奖。

济南试验机制造总公司，加强生产过程的质量控制及加强外协，外购件的质量检查，保证了质量提高。近几年，行业质量抽检合格率均为100%。

青山试验机厂，以科技为先导，以质量为主线，严格质量纪律 健全规章制度，建立质量信息反馈系统，参加ISO9000培训，提高质量管理人员的素质，明确生产过程质量保证体系。1995年达到成品抽查合格率100%，成品一等品率为75%。

总之，1995年试验机行业各企业根据国家经贸委和国家技术监督局《关于深化企业改革中进一步加强质量工作意见》的文件精神，全面地开展了质量上台阶工作，据8个企业不完全统计，试验机产品的成品抽查合格率、主件主项抽查合格率、成品装配一次交验合格率均达到100%。

技术改造 1995年，济南试验机制造总公司实施了机械工业部1 000万元的基建技改项目、国家科委500万元火炬计划项目和国家经贸委1 900万元的专项技术改造项目。

1995年长春试验机集团公司“八五”技术改造项目已实现总投资1 235万元。新建了2 730m^{2}生产技术开发中心楼，增强设备仪器46台（套)。该技术改造项目改善了公司核心的基础装备条件，提高了高技术产品的开发与生产能力，发挥了行业主导企业的作用，促进了技术合作。

1995年长春试验机研究所与日本合作生产了轴类校直机，该机具备了90年代初国际先进水平，1996年将继续扩大合作生产。与美国合作生产了电液伺服试验机，目前已通过部级验收，该机是以微机为基础的多CPU数字控制系统，包括测量单元、数字函数发生器、接口和软件整机产品，可达美国JNSTRON8500系列、美国MTS、MEW810系列水平。

〔撰稿人：长春试验机研究所 李鸿仁 审稿人：长春试验机研究所 栾恩超〕

〔中国科学院〕

科研成果及新产品 1995年度中国科学院所属研究所取得科技进步奖的科技成果大部分能直接为国民经济建设服务，具有较高的技术水平，而且不同程度地创造出经济效益。中国科学院所属部分研究所在技术科学领域获奖的成果情况如下：

沈阳自动化所研制的面向CIMS的CAPP系统，是国家863计划CIMS主题“面向CIMS的工艺决策知识处理技术”课题中的研究成果。其主要内容是提出CIMS中实现计算机辅助工艺设计(CAPP）的框架性方案。在这个方案中采用人工智能（AI)、成组技术（GT)、大型数据库、分布式处理等多种先进技术，以便达到工艺设计过程自动化的目标。在工艺知识表达方法上提出了“基于黑板结构的关联函数制导方式”，具有创新意义。用这种方法可以增强表达能力，加快推理速度。该系统已在沈阳鼓风机厂使用，经济效益明显。在沈阳第一机床厂CIMS工程的初步设计中也采纳了该系统框架方案。该系统技术水平先进，具有创新性，并能提高企业工艺设计智能化、自动化、标准化的水平。

大恒公司完成的引青水利自动化系统工程，是一个引水的自动控制系统，被控对象包括5条河流、2个水库（本期工程启用一个)，整个区域60km×80km。项目中设立了33个野外无人值守测量控制站，分别测量水位、流量、水压、雨量、闸门位置及控制闸门开关。与中心站用无线通讯联系，可在－20℃～60℃农村供电下运行。自1993年交付使用以来，为秦皇岛市取得了巨大经济效益，并居国内领先，综合程度达国际先进水平。

电工研究所的成果有3项：(1) DY—5型亚微米电子束曝光机的研制。亚微米电子束曝光机，是微电子器件研制生产的关键设备，也是其他科学研究所需要的重要微细加工装备。该电子束曝光机的研制，综合运用了光、机、电多门高技术。该系统复杂，技术难度很大，具有0.4μm的最细特征线宽及±0.15μm的位置精度。该曝光机经国内数家科研单位的实际使用，在掩膜和硅片上刻出了0.5μm～0.8μm的高质量图形。(2) 30kW风/光互补电站系统工程技术和装备的研制。该项目是“八五”国家重点科技攻关任务，其目标是：完成一套容量为30kW的风/光互补联合发电系统的研究，解决整个发电、供电系统的设计、研制、运行控制问题，建成电站投入示范运行。该电站是国内目前最大的风/光互补电站，于1995年元月建成运行，实际考核表明：发电、供电系统技术先进，运行可靠、稳定，达到国际先进水平，尤其是在国内外首次采用最佳叶尖速比控制和稳定控制相结合的控制技术，既能最大限度地利用风能，又保证蓄电池安全充电。电站年发电量66 000kW·h，发电成本与岛上柴油机发电相当，为我国今后解决海岛和边远地区用电开辟有效途径。(3) ZPRT前列腺射频治疗仪。该治疗仪是一种治疗前列腺增生疾病的非手术医疗设备，在研制中较好地解决了3个关键技术问题：①有效地将电能转化为生物体的热能，实现局部涂层加热；②高精度、抗干扰的温度与温度场分布的测量；③降低温度上升梯度。为此进行了深入的机理研究和大量的动物实验，增加了治疗仪的疗效和安全性。主要技术指标和国际上90年代同类产品相当。该设备自1993年投产以来，共新增产值945万元，创利税340万元，总计销售40余台，占据了全国市场的1/4左右，在全国各地的多个医院经临床使用，疗效显著，取得了较好的经济效益和社会效益。

长春光机所的成果共有6项：(1) 旋转轴对称掠入射X光显微镜。该X光显微镜是ICF（惯性约束聚变）研究中的重要诊断设备，目前，世界上只有美、英、日等发达国家能制造，国内则是空白。研制该X光显微镜涉及物理与工程设计、超精细加工、检测等高新技术工作。该仪器性能指标已与美、英目前使用的X光成像设备相当，且已达到了实用程度。在研制中解决的一些关键技术如超精加工及检测也有重要应用前景。(2) 千分尺数控激光刻划机。该仪器采用折叠腔结构设计，使用了高效声光器件，缩小了仪器体积，其主要技术指标，如脉冲宽度、平均功率、峰值功率等已达到90年代初国外同类产品水平，居国内领先地位。(3) 智能化YAG激光外科设备。该设备在微机智能化控制、采用高性能插入式光纤耦合输出、接触式宝石刀头等方面具有特色，达到日本赤外线工业株式会社1991年生产的同类设备的水平，在国内同类产品中处领先水平。该机在吉林省肿瘤医院临床应用对海绵状血管瘤、淋巴管瘤、早期舌癌等36例病例进行治疗，取得满意疗效。(4) 光栅尺动态测量仪。该仪器把热腔稳频、激光外差干涉、相频信号处理，计算机与莫尔条纹等技术优化设计于一体，实现了光栅尺检测的自动化，且操作方便、检测速度快、准确度高。该仪器主要性能国内领先，并具有显著的经济效益。(5) 星座仿真器。该仪器是受中国航天工业总公司一院委托研制成功的，它用于在实验室内仿真校验星光—惯性复合制导系统，以提高导弹命中精度，对我国航天技术的发展有重大作用。星座仿真器是国内首创产品。(6) 火电厂煤场储煤量激光检测系统研制。该项激光检测系统利用光学三角法原理，集光、机、电于一体，创造性地把三维成像技术用于煤堆检测，大大提高了煤场盘点的测量精度，并成功地实现煤场管理科学化和自动化，使用户每年增收节支百万元以上。该系统设计新颖实用，属国内首创，目前，已在国内电厂推广。

成都光电所的成果有3项：(1) 千分尺数控激光刻划机。该机在应用中减少了工序，提高了效率，在刻划精度、刻线质量等方面均达到或优于国家标准。其整机性能可靠、成本低、技术成熟，已在量具制造行业中得到应用，经济效益明显，受到用户好评，在其他类似行业中也有重大推广应用价值。该机属国内首创，并对传统的量具刻划是一次革新。(2) GKJ－1.8m激光自动线位移刻检系统。该系统是一台精度高、功能齐全的精密刻划工艺和检测的基础设备。该系统是以双频激光干涉仪为长度基准，在计算机的控制下自动完成刻划和检测工作。在检测中采用多种采样和数据处理方法，并使用动态多次重复曝光的先进工艺刻制光栅尺，使系统刻划精度为$\pm 0.6\mu m/1.4m$，检测不确定度为$\pm 0.5\mu m/1.5m$。该系统已在实际生产中使用，有一定的经济效益，属国内领先，接近国际先进水平。(3) 激光光束参量分析仪。该样机可测量光波段TEM_{00}模连续波高斯激光束直径，还可在近场测量远场发散角，并具有测量重复性好、性能稳定、测量数据可靠、操作简单方便等特点。其理论分析和测试方法先进，研制的样机属国内首创。该样机研制成功为我国激光器产品质量监督检验水平的提高做出了重要贡献。

安徽光机所发明的新型同轴闪光灯（专利号ZL921126—581）泵浦的掺钛宝石激光器属国内首创。其单脉冲输出能量和能量转换效率等专项指标达到90年代初国际先进水平。室温运转掺钴氟化镁激光器是近年来发展起来的一种新型固体可调谐激光器，安微光机所与人工晶体所合作研制成功了室温Co：MgF_2可调谐激光器，属国内首创，其中室温运转、可调谐波长范围达到国际先进水平。

西安光机所的成果有两项：(1) 多波长钛宝石飞秒激光技术。此课题提出并建立了飞秒激光器全量子理论，得到了对器件优化设计有实际指导意义的结果，并创造性地解决了多波长飞秒激光器中有关振荡光束的滤波、分束和限模技术，从而在高损耗下获得双波长锁模运转。研制成的飞秒双波长钛宝石激光器的主要技术指标优于国外同类器件的报导指标，成果属国内首创，处于国际领先水平。(2) 飞秒掺铬氟化锂锶铝激光器研究。掺铬氟化锂锶铝晶体是继钛宝石晶体之后发展的新型激光晶体，课题组利用新材料作为启动介质，获得了飞秒激光。该成果属国际首创，其主要技术指标达到国际先进水平。

半导体所研制了1.55μm应变层量子阱分布反馈（DFB）激光器。1.55μm波长动态单纵模分布反馈激光器是长距离、大容量光纤通信的关键部件。该成果采用MOCVD超薄层生长技术，成功地制备了应变层量子阱，使器件的性能获得了大幅度的提高，达到阈值电流 10mA～20mA，光纤功率≥2MW，主边模抑制比 34dB～42dB，-20dB 线宽＜0.4nm，调制带宽≥5GHz，工作寿命（外推）＞10 万 h，性能指标已达到国外同类器件水平，并已应用于光孤子传输系统，波分复用试验床及多路电视示范工程系统，效果良好，有突出的社会经济效益，成果属国内领先水平，并达到 90 年代国际先进水平。

上海冶金所的获奖成果是微静电马达技术。在国内首先突破了准 LIGA 技术；在国际上，首次实现全室温工艺制作微马达，即用准 LZGA 技术和金属铜牺牲层技术以及二次自对准工艺研制出 Wobble 镍静电马达；二次自对准金属微马达的结构和工艺具有独创性（未见国内外文献报导）；微马达转子直径 100μm，转速从 0.01r/min～140r/min，稳定转动电压 20V～50V，与国际上报导的最低驱动电压相比，达到国际先进水平。该项成果在表面微机械加工技术、准 LTGA 技术和微静电金属马达的设计制造方面为我国的微电子机械系统进一步研究打下了坚实的基础。

广州能源所的成果有两项：(1) 水产养殖全自动控温—燃油供热系统。该系统采用太阳能和燃（柴）油热水炉作热源，能较好地收集阳光，用透光性和保温性良好的漫反射塑料薄膜大棚吸收太阳能，采用“溢流水”的供热方式，养殖中华鳖。使用实践表明：该系统设计合理，工作安全可靠，操作简单方便，水温控制灵活、准确，定点温度波动幅度±1℃/h。该成果已应用于深圳宝安先益实业有限公司中华鳖稚、幼苗越冬工厂化养殖，与自然养殖对比，中华鳖幼苗成活率从 50%～60%提高到 98%，生成期从 2.5 年缩短至 1 年。第一期供水面积 1 563m^2，年总增收金额 186.92 万元，而该供热系统成本为 55 万元。该公司第二期供热水面 5 867m^2 已投入使用，广东省内现已有 10 多个单位要求应用。(2) 新 K20-25 型锅炉连续排污扩容器的研究与应用。该成果是在理论探索和实验研究基础上，摒去国内外以往用假想蒸发强度确定扩容蒸发容积，而采用了高效的二次汽水分离许用上升速度确定扩容蒸发容积，同时采用了新颖的灯罩式进水方式和独创的蝶阀自动排水装置，使新型排污扩容器体积和重量分别只有旧产品的 16%和 7.3%。该成果不仅节省了大量钢材，而且结构简单、运行稳定、安全可靠，并可自动化操作，属国际先进水平。该成果包括 3 项国家专利，并拓展成连续排污、定期排污和立式汽包三个产品，已推广应用 400 台，经济效益和社会效益显著，推广应用前景很好。

沈阳科学仪器研制中心的成果是快淬钕铁硼磁粉和粘结永磁材料。该课题是中国科学院“七五”重点课题，辽宁省和沈阳市科委“八五”攻关课题。采用快淬技术用于生产钕铁硼烯土材料和采用树脂粘接生产磁体并研制成微型电机，并在国内建立起 30t/年生产线，属国内首例，达国外同类产品先进水平。产品有 1/3 销往国外。

〔撰稿人：中国科学院应用研究与发展局　刘昱　中国科学院应用研究与发展局　马雄鸣〕

〔责任编辑：王亚水〕

专用仪器仪表

〔电力工业部〕

生产发展情况　电力工业部系统生产专用仪器仪表的企业共 6 个，职工人数 4 203 人，工程技术人员 964 人，占全部职工总人数的 23%，其中：南京电力自动化设备总厂工程技术人员比重达到 26%。1995 年完成工业总产值 56 372 万元，工业增加值 9 366 万元，出口交货值 226 万美元。

1995 年完成的重点工程有：黑龙江电力调度局的微机高压线路保护柜 14 面，创产值 178 万元；唐山供电局控制盘、柜 35 面，创收入 92 万元；石景山电厂输煤集控装置 1 套 275 万元；张家口供电局微机线路保护屏 30 面 116 万元；华北中调微机高压线路保护柜 8 面 82 万元等。扬州电讯仪器厂为电力工程提供了 644 端电力载波机、继电保护装置 689 台。南京电力自动化设备总厂优化产品结构，立足市场，成套开发电力系统二次设备、继电保护、调度自动化、厂站自动化、屏、盘、柜、仪器仪表等 12 个系列、500 多个品种的高新技术产品，满足市场需要，企业由 1990 年生产经营规模 4 000 多万元，提高到 1995 年的 4.5 亿元。北京电力自动化设备厂在厂领导带领下，走出了几年的低谷，工业总产值和全员劳动生产率均创历史最好水平。武汉电力仪表厂和上海电力学院电器仪表厂以较高的经济效益指数名列电力机电行业前茅。

市场及销售　1995 年共完成产品销售收入 2.7 亿元，产品销售税金 1 021 万元。1995 年对外出口产品的销售有：热力控制配电装置 2 面、机炉汽水分析装置 1 套，共创汇 32 万美元；发电机、变压器组保护装置 1 套、专用仪器仪表 326 面，共创汇 194 万美元。

产品分类及产量　1995 年电力工业部系统专用仪器仪表企业的产品，主要分为：继电保护及自动化装置、电力线载波通讯设备、土工大坝仪器、测试仪器、热工自动化仪表 5 大类。完成产品产量的情况：继电保护及自动化装置 3 894 套、电力线载波通讯设备 644 端、土工大坝仪器 7 148 台、测试仪器 1 973 台、热工自动化及仪表 206 套。

科研成果及新产品　1995 年经电力工业部鉴定的专用仪器仪表的新产品共 26 项。其中南京电力自动化设备总厂 1995 年鉴定并投产的新产品 13

项；扬州电讯仪器厂试制的新产品有ZJ-60型电力线载波机、ESB1000型电力线载波机、JYN6-10型高压开关柜、谐波治理装置，其技术水平处于国内领先，并列为部级新产品；北京电力自动化设备厂开发了5种新产品：WXB-11型微机保护改进机箱、WXL-3型110kV专用保护、WZK-11型35kV变电站综合自动化系统、VQMC-3型微机电压无功综合控制装置和新型电池屏控制系统、微机备用电源自动投入装置。

质量及质量管理 1995年，各企业都制定了质量责任考核奖惩条例，修订了《质量检验制度》和企业工艺管理标准16个，宣传贯彻国际质量标准。

对外合作及技术改造 1995年，在国际合作中，专用仪器仪表的企业，始终把产品技术、国内国际市场，融为一体来考虑。南京电力自动化设备总厂与英国科曼公司和西门子SPPA公司合作，使国内外市场的竞争力提高；与ABB公司和GE公司的洽谈，也进入实质阶段，力争在微机保护迈出新步伐，在综合自动化、调度自动化、厂站自动化、热工自动化等方面有新的突破。

扬州电讯仪器厂“八五”技术改造项目粉末喷涂生产线，于1995年12月28日通过竣工验收，总投资608万元。该项目的投产，改善了产品表面涂覆质量，降低了工人的劳动强度，大大提高了生产能力。

1995年，各企业共完成固定资产投资1 114万元，其中技改投资547万元。

〔撰稿人：电力工业部电力机械局　张海清
审稿人：电力工业部电力机械局　王　昀〕

〔中国石油天然气总公司〕

生产发展情况 1995年中国石油天然气总公司系统生产石油专用仪器仪表的企业有5个，职工总数9 078人，主要生产石油地震勘探仪器、测井仪器、钻采仪器和油品分析仪器四大类产品。

1995年，完成工业总产值48 834万元，完成各类石油专用仪器仪表12 288（套），其中油品分析仪器7 859台（套），钻采仪器仪表1 394台（套），成套勘探仪器167台（套），检波器768 366支，仪器配件300 764支，附属勘探仪器仪表2 868台（套）。

1995年，中国石油天然气总公司石油专用仪器仪表销售收入36 040万元。

科研成果及新产品 1995年，中国石油天然气总公司共完成专用仪器仪表新产品鉴定19项。由西安石油勘探仪器总厂牵头研制的SKC-A型数控测井仪，是“七五”国家重点科技攻关项目，历经千辛万苦，终于研制出了由17种井下仪器和数控系统组成的，比从美国引进的3700数控测井仪高出半个档次的国产化仪器。该仪器可进行6种不同井下仪器组合测井，声波阵列测井，具有核谱测井记录、四级刻度、回放记录、自动控制、自动诊断以及深度平差等50多种功能。该地面仪器设计先进，功能完善，测井组合能力较强，兼容性好，刻度齐全，能进行现场实时处理，可提供相应的测井资料；下井仪器系列齐全，可作为探井和开发井的配套测井系统，其中长源距声波、双侧向、碳氧比、中子寿命测井仪、自然伽玛能谱等下井仪器的某些性能技术指标优于国外同类产品。该仪器的技术性能达到了当代同类仪器的世界先进水平。该仪器已作为总公司“九五”科技发展规划推广项目和换代产品。由西安石油勘探仪器总厂研制的无线遥测地震仪，是国家“八五”重大技术装备国产化项目，已通过技术鉴定和验收，鉴定委员会认为该成果填补了国内空白，达到了国际80年代末、90年代初同类产品的水平。由西安石油勘探仪器总厂和中国科学院沈阳金属研究所合作，将钕铁硼复合磁体应用在地震检波器上，大大提高了超级检波器的性能，成为在地震高分辨率勘探中的一种新产品，年获利润数百万元。由江汉石油管理局仪表厂开发的SG5型存储式示功仪，是适合各油田采油小队使用的一种经济型试井仪器，其特点是功能全、性能可靠、体积小、操作简便，深受广大用户的喜爱，仅1995年就创产值262万元，且市场前景广阔，具有较好的经济效益。根据各油田的推荐，总公司新技术推广领导小组审定，西安石油勘探仪器总厂的小数控测井地面系统的开发与推广应用被定为1995年石油新技术推广优秀项目。

管理及改革 西安石油勘探仪器总厂“八五”期间，万元产值能耗降低了31%，累计节约5 764万元，经济效益十分明显。全厂主要耗能设备岗位操作工已全部取得操作证书，涌现出一大批“双增双节”的先进个人和集体，并评比出节能技改优秀成果68项。特别是在资金紧张的情况下，五年累计投资55万元，先后开展了各种小型节能技术改造项目，推广应用了一批节能技术成果，完成44项技术改造，合计节能折标煤5 628.3t，年节能经济效益累计1 418.9万元，同时还取得了产品工艺技术进步、提高产品质量、消除环境污染、减轻职工劳动强度等社会综合效益。

〔撰稿人：中国石油天然气总公司　刘津生
审稿人：中国石油天然气总公司　赵光理〕

〔国家地震局〕

生产发展情况 1995年地震系统从事地震仪器生产的企业有7个，职工总数800余人，拥有固定资产1 500余万元，全年工业总产值近1 000万元。

我国现有的地震专用仪器主要是模拟系统，与数字化系统相比，它记录地震波形的幅度范围小、频带窄、失真大。为了全面提高地震台网观测精度及实时处理能力，使我国地震观测技术能够赶超国际先进水平，国家地震局在“八五”期间研制了甚宽带数字地震试验系统、区域数字遥测地震台网试验系统和流动数字地震观测系统，经过研制及生产部门的共同努力，这些数字台网所用的设备已基本研制成功，已有20余种产品达到90年代国际先进水平，其中有100余套地震仪已经出口，用于日本和埃及等国家地震台网。

新产品 1995年通过国家地震局鉴定的新产品主要有：(1)上海市地震局研制的区域遥测地震台网计算机数据与处理系统。该系统具有实时地震数据采集，实时地震事件检测功能与触发，自动震相识别与地震定位处理，大震速报数据处理以及地震波形数据编辑存储功能。该系统操作界面良好，在测震分析方面与传统的人工测量相比，不仅大大提高了测量的精度，而且加快了定位速度，在台网日常大震速报方面发挥出极大的作用。(2)国家地震局地球物理研究所仪器厂研制的GKT型高频开关通信电源。该仪器带有功率因素调整器，功率因数高，具有过压、过流、欠压、过热、电流放电、电池反接等保护功能，同时具备交流双路供电自动切换、防雷击、远端传输及遥控等功能。与相控电源相比，具有效率高、输入电压范围宽、稳压精度高、低噪声、体积小、重量轻等优点。主要技术指标：双路交流切换150V～270V（Ⅰ路)、140V～280V（Ⅱ路)，效率≥84%，功率因数≥0.99，电网调整率≤0.5%，电话衡重杂音≤2mV，均充电压－55.5V。

〔撰稿人：国家地震局计划财务司　黄宝森　审稿人：国家地震局计划财务司　宋永增〕

〔煤炭工业部〕

生产发展情况 煤炭工业系统机械制造行业中归口专门安排生产煤矿安全装备的企业有13个，其中大二型企业3个、中一型企业1个、中二型企业9个。据1995年13个骨干、重点企业的统计，年末职工人数为14 456人，拥有固定资产54 281万元，安排生产煤矿安全仪器、仪表223 712万台(套)，矿灯191.7万盏，完成工业总产值（1990年不变价）43 796万元。

市场及销售 1995年生产煤矿安全装备的企业针对销售市场不景气的状况，积极采取措施，及时调整营销策略充分调动销售人员的积极性，广泛开展各种促销活动，把了解市场需求信息和贷款回笼工作结合起来抓。据1995年13个骨干、重点企业统计，实现产品销售收入43 269万元，比上年增加19.9万元。

产品分类及产量 煤炭工业系统机械制造行业产量完成情况为：煤矿专用仪器仪表完成220 918台（套)，煤矿专用信号元件完成1 915台（套)，煤矿电器传动控制设备完成879台（套)，煤矿井下照明设备中矿灯完成191.7万盏。

管理及改革 为了加强对生产煤矿安全仪器装备企业的监督与管理，经煤炭工业部研究决定，将按制定的《煤矿安全仪器装备定点生产单位管理办法》对生产煤矿井下安全监控系统、瓦斯断电仪、煤电瓦斯闭锁装置，救护装备（包括自救器和呼吸器）等煤矿安全仪器装备的企业，进行考核，实行行业管理。

〔撰稿人：中国煤矿工程机械装备集团公司　董善宇　审稿人：中国煤矿工程机械装备集团公司　薛际贵〕

〔责任编辑：王亚水〕

教学仪器设备

〔国家教育委员会〕

生产发展情况 据不完全统计，1995年全国共有476个工厂承担教学仪器设备生产任务，比上年增加了2.8%；全行业职工平均人数为32 359人，比上年减少了6.3%，其中工程技术人员3 733人，占11.54%，比上年减少了7.55%；固定资产原价为54 541万元，比上年减少了8.9%；全行业共完成工业总产值（不变价）118 920万元，比上年增长29%，其中教学仪器设备总产值82 466万元，比上年增长41.9%；利润总额完成9 792万元，比上年增加了20.4%；税金总额完成5 878万元，比上年减少了8.9%。

教学仪器设备全行业1995年实现的主要经济指标：工业产品销售率为94.55%，工业资金利税率为13.47%，工业增加值率为33.17%，工业全员劳动生产率为13 120元/人，工业成本费用利润率为9.92%，流动资产周转率为1.32次，工业经济效益综合指数为111%。

市场及销售 1995年产品销售收入为111 626万元，比上年增加了33.9%；出口交货值为2 661.9万美元，其中教学仪器1 309.7万美元，比上年增长了4.8%。出口产品有生物标本、模型、玻璃仪器、教学专用仪器设备等。主要出口到秘鲁、苏丹、哥伦比亚、泰国、日本、法国、韩国、澳大利亚、西班牙等20多个国家和地区。

科研成果及新产品 1995年国家教委教学仪器研究计划共编入70项科研项目，其中属高教物理仪器的19项，电子技术方面的13项，普教物理仪器的5项，化学仪器的3项，生物仪器的11项，电教、计算机方面的3项，小学及其他方面的16项。全年有27项列入委计划的研究成果通过鉴定。

1995年主要的新产品有：(1)TWJ－1通用微机接口实验仪，淮北煤炭师范学院设计制造。实验仪包括接口卡、实验台，接口卡用于驱动地址等信号，实验台上有定时/计时并行接口、A/D、D/A

等电路，可完成常见微机接口实验。主要技术参数：A/D转换器分辨率为8位，采样速率10 000次/s；D/A转换器分辨率为8位；并行接口、串行接口、定时器/计数器均为可编程；消耗功率≤3W。（2）大学基础物理实验的计算机仿真系统，中国科技大学设计制造。该系统集计算机科学、人工智能科学、教师专家系统于一体，对物理实验和实验仪器建立了内在模型，以计算机仿真方式实现了物理实验的各个环节。主要技术功能：在智能化实验系统的设计方面可将实验原理、内容、方法及仪器设计原理与方法融于一体，并达到图像清晰、生动，学生可自行设计实验参数及实验图像显示并进行实验数据处理，还配有教师信号，教师随时进行辅导教学，对学生实验的各个环节考核、评分；在软件制作方面采用图画或动画，配有汉字，操作简便，易于推广。（3）电磁感应演示仪，国家教委教学仪器研究所、河南商城教学仪器厂设计制造。该仪器采用当柱状永久磁体在铜管中下落时，铜管中产生感应电流的磁场阻止磁体下落来演示楞次定律，全套仪器由支架、线圈和磁块组成。主要技术参数：铜管（或铝管）内径22mm，外径25mm，长度600mm；钕铁硼磁铁直径20mm，高度15mm；铁块直径20mm，高度15mm；电感线圈内径26mm，长度80mm；磁铁表磁强度＞0.3T。（4）气体、液体粘滞系数两用实验仪，西安建筑科技大学设计制造。该实验仪利用泊肃叶公式测定气体、液体的粘滞系数，通过测量水在长直玻璃管中流过的体积来准确测量气体、液体的体积，以减少用毛细管法测量气体粘滞系数所产生的误差，结构简单。主要技术参数：毛细管直径0.3mm～0.5mm（测气体），0.7mm～1.1mm（测液体），毛细管长度150mm～300mm，长直玻璃管内径4mm～6mm，雷诺数R_e＜300，乳胶管内径6mm。（5）初中几何光学演示箱，国家教委教学仪器研究所、河南省教育生产供应公司、洛阳市教学仪器站、偃师市山化乡中教学仪器厂设计制造。实验箱为箱式组合结构，由234种元件组成，用于演示光盘实验和光学仪器原理及结构实验。其特点是采用磁吸附方式固定元件，采用弹性镀膜片代替平面镜、凸透镜、凹面镜，曲率能连续改变，平行光源亮度高，采用半开放结构，便于观察。主要技术参数：箱体外形尺寸150mm×300mm×500mm；光盘尺寸240mm×330mm，可绕轴转动；光源使用12V、50W溴钨聚光系统，并由两个凸透镜组成，为两用型光源；电源变压器为220V/6V、9V、12V（专用）；重量约10kg。（6）视力保健节能黑板灯，青岛海洋大学、青岛高校联合科技公司、青岛节能产品研制厂、莱阳市电子仪器厂设计制造。该灯具由灯座、支撑件、反射罩和紧凑型荧光灯组成，反射器采用对称复合面和纵向变角度格栅结构，可有效提高光能利用率和改善输出光在黑板上的分布均匀性，并有消眩光效果。该灯具结构紧凑、安装方便，其独特的设计已获国家专利，该项成果属国内先进水平。主要技术参数：在被照明的3m宽、12m高的黑板区域产生平均不低于200 lx的照度，在被照明的中心区域2m、1m高度的范围内，相对均匀的照度不低于0.7，平均照度应在200 lx以上，照明的显色指数80，消耗功率36W～52W，工作电压为交流220±22V、50Hz。

管理及改革　（1）建立大装备观念，着手职教装备的开发、生产供应的管理工作。1995年与职教司联合举办了首届全国职教仪器设备展示订货会，会议成交额逾2 000万元。会议期间还举办了关于职教装备工作的研讨会，对理顺各地职教仪器设备生产、供应管理工作体制起到了疏通和引导作用，通过这次会议，初步掌握了全国职教产品及生产情况，了解了职教学校及各级管理部门对设备工作的要求、希望及存在的问题，建立起了职教仪器设备的产需衔接渠道，为拟订职教配备目录和开发、生产职教仪器设备的计划做了必要的准备工作。（2）1995年开发了TZTJ软件，开始试运行，并举办了这组软件的业务培训会。这组软件集教仪生产、新产品开发、技术更新改造措施投资计划和工厂年度统计及订货会产品目录编制等方面内容，为实施全行业管理手段现代化奠定了基础。（3）完成了国家教委教学仪器设备生产厂定点工作。1995年对广东、广西、湖南、上海、辽宁、甘肃等省的有关工厂进行了考核验收，对中、西部地区的工厂作了政策倾斜，广东省教学仪器厂、兰州教学设备厂等12个生产厂被确定为第四批国家教委教学仪器设备生产定点厂，至此，历时四年的国家教学仪器设备定点生产工作全部完成，从1996年起转入正常管理阶段。现在全国共有教仪生产定点厂95个，这些厂将作为教学仪器设备行业生产的骨干厂，承担着主导产品的开发、生产工作。下一步将通过产业结构调整，使全国教学仪器设备的生产更加规范化和法制化，把我国的教学仪器设备生产工作推向一个新的阶段。（4）举办全国教学仪器普教订货会。春季昆明会，共设标准展位460多个，会议正式代表3 300人，连会外代表总计5 000余人，总成交额3.2亿元。秋季丹东会，仅新产品和电教产品参展，正式代表2 900人，成交额近2亿元。（5）继续深化教学仪器订货会的改革。1995年进一步理顺了管理体制，整顿了购销环节，以服务为宗旨，以质量为中心，规范教学仪器市场，使订货会的管理法制化。订货会强调的是把参展厂家及产品资格审查、编制参展产品目录与教学仪器设备的生产环节和购销环节结合起来，作为一个系统工程来抓。1995年昆明会已全部实行标准展位，1996年春季将举办包括职教、成教在内的全国教学仪器供应工作会。同时，教学仪器市场将进一步对外开放，争取把教学仪器展示订货会办成具有国际教具博览会性质的大会。（6）以国家教委文件正式颁发了《教学仪器新产品新技术鉴定验收办法》。（7）审查了教学仪器研究所编制的《1996年度教学仪器研究计划》和9个教学仪器行业产品标准，并以国家教委文件正式印发。

质量及质量管理 （1）1995年共安排了39种教学仪器和13种切片的质量监督检测工作，由国家教委教学仪器研究所及各检测站具体承担检测工作。1995年，对初中电学实验盒等49种419件教学仪器产品进行了质量监督检测，首检合格率为88.1%，同时对86种179件教学仪器产品进行了质量监督补检，检测结果合格率为85.5%。全年产品监督检测平均合格率为87.3%。（2）完成了语言实验室质量审查补审工作。1995年全国申报厂家共14个，经专家组对工厂考核和产品检测，有13个生产厂家的14个型号产品获得了国家教委产品合格证，加上上年获证开发新产品及补报新型号的有16个厂，经审核有27个型号产品获国家教委产品合格证。

技术改造 1995年技术改造更新措施投资计划为1 250.9万元，实际完成了2 621.2万元。

〔撰稿人：国家教委条件装备司 俞伟跃 审稿人：国家教委条件装备司 李兴植〕

〔责任编辑：王亚水〕

仪器仪表元器件

生产发展情况 仪器仪表元器件行业1995年完成工业总产值56 712万元，比上年增长16.8%；完成产品产量149 701.3万件；其中重点企业完成工业总产值及销售收入见下表。

1995年仪器仪表元器件行业重点企业完成工业总产值、销售收入情况 （单位：万元）

重点企业名称	工业总产值			销售收入		
	1994年	1995年	为上年完成%	1994年	1995年	为上年完成%
中国四联仪器仪表集团公司						
六厂		6 600			4 800	
八厂	1 478	1 500	101.5	1 333	1 400	105
二十二厂		690	128.1		459	123
苏州仪表元件厂	6 006	6 607	110.1	4 558	6 211	147.6
襄樊仪表元件厂		5 306	123.4		4 446	138.9
三门峡仪电有限责任公司	700	788	112.5	650	687	105.7
上海电光器件厂	943	1 059	112.3	938	1 072	114.3
大连仪表元件厂		543	134.7		470	169.6
上海仪表弹性元件厂	509	576	103.2	522	493	94.4

苏州仪表元件厂在“外向发展规模，内向巩固求发展”的企业方针和“一体两翼”战略目标指导下，取得可喜的成绩，1995年完成了工业总产值6 607万元，比上年增长10.1%；实现利税总额382.33万元，比上年增长了10%；全员劳动生产率9.92万元，比上年增长14.15%。

襄樊仪表元件厂1995年强化管理，狠抓质量，扩大市场增效益，取得了自1993年以来的又一个丰收年，实现工业总产值5 306万元，比上年增长23.4%，实现利税380万元，比上年增长71.95%，其中利润60万元，全面完成了市机械局下达的各项经济指标。

大连仪表元件厂1995年圆满完成了各项经济指标，工业总产值完成543万元，比上年增长34.7%；利润实现10.4万元，比上年增加10万元，取得“八五”以来最好效益。

三门峡仪电有限责任公司在以质量保生产、以生产保销售、以销售保效益、以效益保生存的工作方针指引下，努力扭转公司亏损和效益下滑的局面，完成产值788万元，实现利税70万元，使企业扭亏为盈。

上海电光器件厂克服种种困难，取得了各项经济指标可喜成果，完成工业总产值1 059万元，比上年增长12.3%，利润5.5万元（上年为－176.7万元）。

中国四联仪器仪表集团公司采取突出以经济效益为中心，优化生产组织管理，确保市场需求，保持生产速度等措施，保证各项经济指标有较好的发展。其中，六厂为机械工业部定点生产机、电、仪专用集成电路和中、小规模集成电路的生产基地，国家二级企业，是1995年度电子工业部百强企业和重庆市十大科技效益企业。1995年实现工业总产值6 600万元，产品产量280万件，比上年增长12%，为我国第一条京、广、汉光缆通讯提供了优质厚膜电路。八厂是国内生产人造刚玉材料、各类仪器仪表用宝石轴承及其他特殊宝石元件的专业厂，1995年工业总产值1 500万元，人均劳动生产率为4万元/人。二十二厂抓住机遇，深化改革，促进发展，创产值、销售收入超历史最好水平，完成工业总产值690万元，比上年增长28.1%，实现利润10万元，全员劳动生产率2.33万元/人，比上年增长31.8%，完成产品产量5 631.7万件。

沈阳仪器仪表工艺研究所注重抓质量、创名牌，在全所上下努力下全面完成了科研、新产品开发、经营生产任务，全所纵横向收入 2 693 万元，比上年增长 8%。

南京集成电路研究所发扬了“团结、进取、求实、创新”的工作作风，全所 1995 年又上一个新台阶，完成总产值 1 615 万元，比上年增长 53.8%，全员劳动生产率达 5.7 万元/人，比 1994 年增长 24%。

市场及销售 1995 年仪器仪表元器件行业生产经营克服了市场激烈竞争的困难，努力适应市场经济的客观要求，销售额保持了稳定增长，完成销售额 4.34 亿元，比上年增长 17%，取得了可喜的成绩。

苏州仪表元件厂 1995 年继续保持较快的发展势头，产销跃居机械工业部仪表元件行业第一名，销售收入 6 211 万元，比 1994 年增长 47.56%；出口仪表开关、接线端子 2 400 万件，销售额 169 万美元。

襄樊仪表元件厂 1995 年重点抓了理顺销售渠道、培训销售队伍和提高产品市场占有率等项工作，使产销率达到 98.6%，实现销售收入 4 446 万元，比上年增长 38.9%。

中国四联仪器仪表集团公司六厂实现销售收入 4 800 万元；八厂为 1 400 万元，其主导产品球形刚玉轴承国内销售量占国内市场的 11%左右，出口创汇 145 万美元；二十二厂实现销售收入 459 万元，比上年增长 23%，超历史最好水平。

三门峡仪电有限公司完成销售收入 687 万元，比上年增长 5.7%，实现利润 2 万元。

大连仪表元件厂由于领导亲自开拓市场，1995 年销售工作取得较大进展，完成销售收入 470 万元，比上年增长 69.6%。

上海电光器件厂以市场为导向，努力做好产销衔接，1995 年不但扭亏为盈，完成销售收入 1 128 万元，盈利 5.5 万元；电光源出口 1 000 只，出口额 83 万元。

上海仪表弹性元件厂 1995 年销售收入完成 493 万元，出口波纹管 7 250 件，出口额 21 万元，为产品打出国门迈出了可喜的一步。

科研成果及新产品 1995 年，沈阳仪器仪表工艺研究所完成科研成果 21 项，其中，国家科技攻关 20 项、基金 1 项，全部通过部级鉴定。国家科技攻关项目全部达到了 80 年代末期水平，多功能力敏器件及传感器、硅电容式压力传感器、各类传感器可靠性数学模型均达到国际 90 年代先进水平；传感器计算机辅助设计技术的突破，为“九五”新型传感器的发展奠定了一定的技术基础。这些鉴定项目不仅完成计划任务书的要求，而且能在市场应用中解决生产实际问题，与用户、生产厂家结合比较好。

到 1995 年底该所圆满的完成了“八五”期间承担的国家重点科技攻关项目 85 - 721 - 01 - 01 力、磁、热敏传感器技术研究开发，85 - 721 - 01 - 03 传感器工艺、测试装备及可靠性技术研究开发，85 - 720 - 07 - 11 专用传感器开发及工艺技术研究，85 - 213 - 02 - 18/02 核电站用仪表特殊加工工艺试验研究共四大项、19 个专题、48 个子项，突破了一批关键技术（扩散硅传感器的批量生产技术、INSB 霍尔元件制造技术、可靠性试验技术等）、开发了一批有水平的产品，这些项目的完成为我国传感器行业的技术进步做出了贡献。

沈阳仪器仪表工艺研究所的扩散硅压力、液位传感器获国家科技进步三等奖，SG - 75 型扩散硅压力传感器获沈阳市科技进步二等奖。技术成果申报专利 7 项（其中发明 2 项、实用新型 5 项）。

苏州仪表元件厂模具设计技术有了明显的提高，1995 年首次向日本山武霍尼威尔公司出口注塑模具。

襄樊仪表元件厂在全厂范围内推广了一批新工艺、新材料，为企业降低了生产成本、改善工人劳动条件、提高产品质量起到了积极作用，如：推广钼片减薄，用氧化铝、氮化铝替代氧化铍，无酸清洗工艺，纸源扩散工艺，引线沾锡等新工艺，创效益几十万元。

大连仪表元件厂完成部级攻关项目三个：低微差压扩散硅力敏器件、压力传感器可靠性设计与制造技术、压力传感器可靠性试验方法。

川仪六厂完成国家攻关项目 85 - 720 - 01 - 07/01、07/04 两项，通过攻关项目完成，建成了以 SMT 工艺技术为基础的模板、模块生产工艺，生产技术及生产线。

1995 年各企业非常重视调整产品结构，重点开发高技术、高经济附加值产品。

苏州仪表元件厂开发新产品 12 项，完成的部项目 QY - 1 型汽车软性印制线路板，是集汽车照明灯、指示灯、速度表、油位、水位等一系列信号与指示仪表电路连接于一体的新型互连元件，是近年来汽车仪表发展在技术上的一项突破，具有电性能稳定、耐恶劣环境、防尘防潮、可曲可挠等特点；省新产品摩托车防盗报警器，主要用于摩托车及其他机动车辆防盗报警用，主要销往英国市场；SSD - 2213 拨动开关、4 芯 7 芯仪表插头座、JK9212 翘板开关均是当年开发当年收益，全年完成新产品产值 4 330.29 万元，占总产值的 65%。这些新产品完成后，直接申请国际安全认证（德国 TUV、美国 UL、加拿大 CSA），取得了走向欧洲、美国、加拿大市场的通行证。

襄樊仪表元件厂完成 5 项新产品，并已批量投放市场，经用户试用受到好评，实现产值 438.6 万元，收入 379.87 万元。1995 年新产品产量 17 634 只（套），其中高技术含量和高附加值的产品深受用户欢迎，市场供不应求，如 UQP90HP 无刷电机整流桥为国内独家生产，KK1000A～1500A 快速晶闸管在重点工程上已部分替代进口。1995 年投入批量生产的新产品正逐步构成该厂新的经济增长点。

三门峡仪电责任有限公司1995年共投放市场8种新产品，创产值100多万元。

川仪六厂完成了04程控交换机接口电路TP3299批试鉴定。

川仪江北工厂（原川仪七厂）不断根据市场需要，围绕主导产品开发周边产品，BP900扩散硅、SBUR投入式液位压力差压变送器等4个新产品通过鉴定，并向市场供货。

大连仪表元件厂市级新产品扩散硅液位变送器、75型扩散硅力敏器件都通过了鉴定。

南京集成电路研究所开发新产品6项，新产品产值达450万元，在销售产值中，占了相当的份额。

沈阳仪器仪表工艺研究所1995年推出新产品7项，深井高压水清洗技术及装备、小型廉价变送器、TMC温度控制仪表系列等均投入市场，取得了良好的经济效益。

管理及改革 苏州仪表元件厂与日本KHS公司合资建立苏州凯旋机电元件有限公司1995年9月19日正式开业生产，生产接插件、精密模具和塑料件，完成产值100万元；1995年11月与日本松下通信、日本松下电器合资兴办苏州松下通信工业有限公司，生产教育、映像、音响系统。

襄樊仪表元件厂坚持深化改革和强化管理相结合，以产权制度改革为"突破口"，主辅体进一步分离，对每一个分公司，在明确资产的数额和性质的前提下，实行产权委托经营；模拟市场动作，以利润为中心，完善承包经营责任制，出现扭亏为盈的良好局面，带动改革和管理向整体推进，从而使改革的步伐进一步加快，综合实力进一步提高。

三门峡仪电有限公司随着股份制的建立，从人事制度改革入手，对中层以下干部全部实行聘用制，实行一年一聘，公司上下实行全员劳动合同制，在分配制度上向技术人员和生产一线人员倾斜，调动了职工的积极性。

上海电光器件厂根据仪表控股集团公司改革要求，与上海雷磁仪器厂合并，成立上海雷磁仪器分公司。

四联集团公司改制为国有独立公司，以仪表系统和整机为主的重庆川仪股份有限公司改组为按《公司法》规范的上市公司，其他仪表生产厂重组为四川川仪仪表有限责任公司，并以正式挂牌运作。对非生产主线实行分离重组，组建川仪产业发展公司。

国家仪器仪表元器件质量监督检验中心通过国家技术监督局的复查认可和计量认证复查验收。完成金属波纹膨胀节国家监督抽查，实抽32个企业的产品，其中21个合格，合格率66%。

完成国军标"-70℃～300℃军用电阻式温度传感器规范"制定。

仪表元件学会弹性元件分会完成了弹性元件学会换届选举暨学术交流会、光纤传感器技术交流会、应变计国家标准宣贯学习班。

完成机械工业部"九五"传感器科技规划、行业规划，"九五"仪器仪表元器件行业规划，"九五"仪器仪表工艺装备规划。

传感器国家工程研究中心通过了国家咨询公司组织的专家评审，1995年10月经国家计委审查批准实施，正式启动。在完成了进口设备和国外传感器技术考察工作的基础上，完成了国外进口设备的标书编制工作。

质量及质量管理 1995年，各企业普遍建立了质量保证体系，积极宣贯GB/T19000标准，编制了质量管理手册。

苏州仪表元件厂把质量体系审核、经济责任制考核结合在一起，在岗位练兵中，开展万点无虚焊质量管理，使线路板焊接合格率达到99.5%，产生了显著的效果。

襄樊仪表元件厂围绕以质量增效益为中心，强化质量意识，严格工艺纪律，建立健全了质量责任制，制定了各种质量指标，紧紧围绕影响产品质量的关键工序查找质量症结，进行整改，使管芯腐蚀合格率、管芯喷沙合格率有较大提高；将去离子水质由3MΩ提高到8MΩ～12MΩ，解决了因水质低造成的产品质量不稳定问题，厂长参加省厅贯彻GB/T19000系列标准学习班，被评为质量三到位先进厂长。

四联集团公司在下属企业中全面贯彻GB/T19000标准，其中仪表六厂1995年通过了ISO9001体系认证，同时取得IECQ、国家技术监督局、国家商检局3份质量体系认证证书；YZRO5氮化钽薄膜电阻组件在机械工业部产品质量等级评定中被评为一等品。二十二厂的仪表轴尖、温度变送器分别获市产品检测中心颁发的质量抽查合格证书及产品合格证书。

上海电光器件厂由于抓了产品质量，全年"三包"质量赔偿费用大幅度下降，比1994年减少42.4%，节约赔偿费用11.77万元。

沈阳仪器仪表工艺研究所1995年发布了质量工作管理条例和计量器具管理办法作为质量手册的补充，生产基地都编制、完善了质量保证体系，与各部门的质量监督员签订了责任状，组织学习ISO9000标准；获得机械工业部和劳动部颁发的"弹性元件一、二类压力容器设计证"、同时获得辽宁省劳动厅颁发的"一、二类压力容器生产许可证"。

技术改造 全行业固定资产投资1 115万元，其中技术改造投资完成903万元。

沈阳仪器仪表工艺研究所贷款300万元，自筹150万元对弹性元件基地进行改造，为该所的发展创造条件。

南京集成电路所投入110万元扩建波纹管、LED显示系统等生产厂房和增添生产设备。

大连仪表元件厂已引进的设备和生产线在1995年取得产量2 832只，实现利润4.9万元的可喜成绩。

川仪六厂1995完成了重庆市04机专用集成电路技术改造项目120万元和补充43万美元的技术改造费，主要用于引进厚膜工艺所需的激光、贴片、印刷和测试设备。

襄樊仪表元件厂1991年固定资产投资404万元，1993年完成450万元，1995年自筹200万元进行技术改造，购置设备，并全部完成，1995年新增产值3 800万元，新增利润50万元，新增税收350万元。

苏州仪表元件厂“八五”技改项目全部完成投资620.48万元，超额完成3.4%，其中贷款420万元、自筹200.48万元，建立了柔性印制电缆产品生产线；模具设计制造技术水平明显提高，1995年有少量出口；仪表开关接插件年产量1995年达2 800万件，是1990年的2倍，工业总产值是1990年的2.7倍，为企业的发展创造了较好的内部条件。

〔撰稿人：沈阳仪器仪表研究所　白春丽　审稿人：机械工业部机械基础装备司　刘荣祥〕

〔责任编辑：王亚水〕

仪器仪表材料

〔机械工业部〕

生产发展情况　1995年我国仪器仪表材料行业工业生产从整体上看略有增长，但发展很不平衡。个别单位增长幅度较大（年增长率达20%），少数单位却有所下降。据行业协会的43个厂家统计，职工总数16 190人，固定资产5.70亿元，1995年工业总产值12.75亿元，利润总额1.35亿元，出口创汇500万美元。出口产品主要有光学玻璃、永磁材料、杜美丝、铁路铝丝、白铜线、裸铜线、电焊线、补偿导线等。1995年仪器仪表材料行业部分企业完成的工业产值与销售收入详见下表。

1995年仪器仪表材料行业部分企业完成的工业产值与销售收入　（单位：万元）

企业名称	工业总产值			销售收入		
	1994年	1995年	比上年增长%	1994年	1995年	比上年增长%
上海合金厂	13 549	16 253	20.0	12 148	15 193	25.1
四川仪表一厂	5 301	4 779	-9.8	3 663	3 203	-12.6
常州市东方合金厂		8 606			7 353	
武进市电子合金材料厂	1 084	1 100	1.5		893	
常州载威莱电子材料有限公司	1 065	1 122	5.4		1 068	
常州特种电缆厂	6 818	7 500	10.0		7 250	
常州日新电缆有限公司		1 991			1 686	
安徽新星仪表线缆厂	1 600	1 800	12.5		1 750	
天津市自动化仪表八厂		1 063			933	
湖州自动化仪表有限公司	710	771	8.5		672	
东海磁钢厂		2 577			2 122	
杭州磁钢厂	952	638	-33.0		644	
上海新沪玻璃厂	4 310	4 500	4.4	3 581	4 139	15.6
合计		52 700			46 906	

我国生产的测温、弹性、电阻、电热等传统的合金材料，已基本上能满足国内仪器仪表行业的需求，但是，许多企业不同程度地存在着设备陈旧、条件落后、技术老化、管理不善、效率低下的现象，自我完善与发展能力较差，因此难以适应数字化、智能化、机电一体化新型仪器仪表和传感器技术飞速发展的新形势。当然，也有一些企业由于决策正确、管理有方，仍然使生产得到了稳步发展。上海合金厂在经营管理和产品开发上狠下功夫，迅速适应了社会主义市场机制，使产量、产值和销售额每年都有较大的提高，1995年的工业总产值已达1.6亿元。其主导产品电真空材料、电热材料与测温材料等的生产销售势头一直良好。该厂1995年电真空材料的产量达800多t，产值近8 000万元；测温材料的产量也有184t，产值2 500多万元。此外，该厂还将杜美丝、铁铬铝等产品出口东南亚、日本等国，数量约180t，年创外汇185万美元。四川仪表一厂利用引进的贵廉金属面复合轧制生产线，1995年生产复合材料达20t，产值约500万元。中外合资企业天津德塔控制系统有限公司和常州载威莱电子材料有限公司，两者虽员工不多，但近几年发展迅速，不仅产值和销售收入翻番，而且全员劳动生产率已超过或接近20万元/人，在全行业中名列前茅。1995年载威莱公司还将其主导

产品裸铜线出口，取得了创汇 40 万美元的好成绩。目前许多中、小型地方集体所有制生产企业迅猛发展，已成为仪器仪表材料行业的一支生力军，其特点是：经营机制特别灵活，专项产品开发很快。如常州东方合金厂 1995 年共生产合金丝材达 198t，双金属 90t，此外还生产银触头等产品，全年产值达 8 606 万元；常州日新电缆有限公司生产的电线电缆，1995 年的年产值已达 1 991 万元。

磁性材料生产企业由于受到钴、镍等原材料涨价因素的影响，产品成本大幅度上升，生产效益普遍下降，大多数企业依然处于困难时期，企业长期面临着资金不足、市场疲软的严峻挑战。高性能的铁氧体、钕铁硼及特异性永磁的生产，依然处于小批量生产状态，至今未形成规模生产能力。在产品质量、品种、技术水平方面，川仪十九厂、上海磁钢厂仍居国内领先地位，但在产值、产量、市场占有率、经济效益方面，沿海地区的企业占有明显优势。值得介绍的是：1995 年川仪十九厂在引进部分永磁生产设备的基础上，进一步开发高性能铝镍钴永磁产品，努力拓宽国际市场，生产和经营都出现了持续增长的喜人局面，该厂 1995 年创下了出口额为 65 万美元的好成绩。另外，萧山磁钢厂由于重视产品质量，注重高性能磁钢的开发，强化管理机制，近几年已发展成为本行业中最大的磁性材料生产企业，其年工业总产值已突破亿元大关。

光学玻璃生产企业的现状，虽然不容过分乐观，但从行业两个光学玻璃生产企业上报的有关资料来看，成都光明器材厂与上海沪新玻璃厂 1995 年依然保持着良好的发展势头，而且两家还将光学玻璃、石英玻璃等产品出口美国、韩国、香港等地，取得了出口创汇的好成绩。其中，上海沪新玻璃厂 1995 年创汇 30 万美元。

科研成果及新产品 1995 年全行业完成科研及新产品开发项目 35 项。其中，重庆仪表材料研究所完成 17 项，计有国家“八五”科技攻关项目 5 项，机械工业科技发展基金项目 2 项，军工专用机械科研、新产品项目 4 项，其他项目 6 项。该所研制的电缆型二维监控 NTC 温度传感器，既可测温，也能用作过热报警，可广泛应用于石油化工、煤炭、食品、冶金、发电、交通等行业，如可用于合成气发生装置表面的温度监测报警系统，以及飞机和轮船发动机表面温度监测、煤堆谷包过热报警、建筑物火情报警等。该成果的年经济效益可达 200 万元，其主要技术指标均已达到和超过国外同类产品的水平。传递“ITS－90”用标准铂电阻温度传感器，主要应用于计量检定部门、科研单位、大专院校、工厂质检部门，在 0℃～660℃ 温区内按“ITS－90”国际温标进行量值传递，另外亦可用于工业现场精密测温。该成果在国内处于领先水平，国外尚未见报导，其年经济效益可达 150 万元。溶胶—凝胶浸渍法制备 TiO_2 敏感薄膜材料的研究，系国家“八五”科技攻关项目，该成果属共性基础和应用技术研究，主要应用于溶胶—凝胶浸渍法制备传感器敏感薄膜材料，同时还将在无机化合物功能薄膜材料的制备技术中得到广泛应用，该成果已达到国际 90 年代先进水平。贱金属电极浆料研究也属国家“八五”攻关项目，该成果亦达到国际 90 年代先进水平，可替代铂、金等贵金属浆料，作厚膜型传感器和厚膜电子元器件用电极浆料，具有可观的经济效益。厚膜型甲烷气体传感器，亦系国家“八五”科技攻关项目。该成果主要用于制作甲烷气体报警器和浓度测量仪表，可广泛应用在煤矿、石油化工、天然气站及其他一切使用天然气的场合。该成果采用了厚膜铂电阻加热电极与测量电极共用两端子的新型结构，系国内首创，具有测量范围宽、灵敏度高、响应恢复时间短、稳定性好、抗环境和乙醇干扰等特点。该所还完成机械工业科技发展基金项目两项，即：耐高温氯、硫介质腐蚀的热电偶保护管材料研制，该成果在 Ni 基高温耐蚀合金领域中达到国际 90 年代初的先进水平，具有明显的经济效益；钨铼热电偶材料试验及分度系统研究课题，提出的分度系统在室温～2 000℃ 的范围内的分度的不确定度，达到 80 年代末美国 ASTM 试验水平，属国内先进水平。

上海合金厂研制成功的铂－铑－钯合金网已达到国内同行业先进水平，并取得了较好的经济效益，该厂被认定为化学工业部铂网加工中心；高纯铝带已通过技术鉴定，该产品达到国际 80 年代先进水平；电真空用高纯镍丝和 C30FN－Ⅱ型杜美丝两项新产品均达到国内先进水平。此外，该厂还开发了银氧化镉触点材料与镍铬锰硅火花塞材料等。

四川仪表一厂完成的 AgZnO（8）电触头科研项目，用于引进生产线中，达到国内先进水平，于 1995 年 12 月通过鉴定，年产值约 100 万元。此外，还开发了贵廉金属复合材料等 5 种产品，这些产品均被评为重庆市高新技术产品。1995 年该厂被评为重庆市高新技术企业。

沈阳合金股份有限公司研制的发泡镍线达到国际先进水平，可替代进口产品，具有较好的社会效益和经济效益。此外，研制的用作火花塞电极的侧电极合金扁丝，以及用于高温合金氩弧焊的 H4S25Ni20Si、H4S25Ni35SiNb 焊丝，其性能均达到国外同类产品水平。

常州日新电缆有限公司研制成功的自限温电热带于 1995 年初通过技术鉴定，成果属国内领先水平。该产品预计年产量为 500km，利润为 150 万元。

上海磁钢厂在困境中开发了稀土永磁、钕铁硼永磁等高新产品。青岛磁钢厂则在研制新型专用充磁机，及开发低温度系数 NdFeB、D86 系列磁组件与稀土产品等方面取得了可喜的成效。

管理及改革 由机械工业部重庆仪表材料研究所、中国仪器仪表学会仪表材料分会、《功能材料》编辑部、电子科技大学等 26 个学会、高等院校和研究院所联合主办的第二届中国功能材料及其应用学术会议于1995年10月22日～26日在成都市隆重召开。这是我国每三年一次、代表中国功能材料领域最高学术水平的全国性学术会议。会议收到论文408篇，编入论文集的323篇。这些论文反映了自1992年10月在桂林市召开的首届会议后，三年来在功能材料研究与应用开发方面的新进展，特别是在人造超晶格、纳米材料、光电子材料、巨磁致伸缩和巨磁阻材料、新型传感器材料、全碳分子、智能材料及智能结构和环境材料等新材料方面国内外最新的研究成果，以及在发光及光电子技术、超大规模集成电路技术、磁光信息存贮技术、传感器技术、新能源技术和生物医学工程中应用开发中的最新成果。来自海峡两岸100多个从事功能材料研究及应用开发单位的160多位专家、学者出席了会议。

自1994年11月中国仪器仪表协会仪表材料分会在上海嘉定召开成立大会起，到1995年底止，全国已有43个仪器仪表材料企事业单位加入了协会组织。

质量及质量管理 1995年行业归口所与全行业各厂家重点抓了以下几项工作：(1) 加强质量教育，增强质量意识，真正把质量视为企业的生命，同时逐步树立QSTC综合质量的新观念。综合质量是指：提供满足用户需求的实物质量（Q），提供良好的服务（S），保证按需及时交货（T），有合理的性能价格比（C）。(2) 加强企业质量管理工作，建立健全质量保证体系。(3) 依靠科技进步，提高企业的设计、制造水平和产品的技术含量。(4) 提高服务质量，向用户提供良好的服务。建立售前、售后服务的规章制度，跟踪用户，跟踪市场。(5) 提高标准水平，大力推进标准的贯彻实施。(6) 改进和加强产品质量监督工作。

1995年4月，在重庆北碚召开了《钨铼热电偶丝及测试方法》标准宣贯会，参加会议的有仪表材料行业15个单位的30名代表，效果良好。

机械工业部仪表材料产品质量监督检测中心在1995年组织或参加审查《行业标准》、《检定规程》等4项；并对3个磁性材料进行了命名；对重庆仪表材料研究所的8个鉴定课题进行了标准化审查，同时逐项写出了标准化审查报告；另外，该中心还会同北京测试技术研究所对云南仪表厂生产的WL－300型高温检定炉进行了验收。

机械工业部仪表材料产品质量监督检测中心按照《国家级产品质量监督检测中心基本条件》的规定，于1995年12月进行了资格认可和计量认证复查。该中心还开办了一期计量法、质量法、误差分析学习班。参加学习人数28人，考试成绩平均95.9分。12月11日～13日中心接受了机械工业部评审组的复查。关于资格认可审查的结论是：机械工业部仪表材料产品质量监督检测中心在组织机构、人员素质、仪器设备、环境条件、管理手册和检测工作6个方面符合《国家产品质量监督检测中心审查认可细则》的规定要求。复查评审结论为合格。关于计量认证审查的结论是：部评审组根据机械工业部仪表材料产品质量监督检测中心申请项目的审查结果，认为该中心8大类、80项产品，具备了按照GB3772—83等标准进行检测的能力，符合计量认证条件，其50项内容全部通过，同意通过计量认证复查，报请国家技术监督局审批。

〔撰稿人：机械工业部重庆仪表材料研究所 杨亲民　审稿人：机械工业部机械基础装备司　陈铁君、赵孝媛〕

〔责任编辑：王亚水〕

量具刃具

〔机械工业部〕

生产发展情况 据对行业114个企业的综合统计，1995年共完成工业总产值320 539万元，与上年基本持平；1995年全行业整体效益严重滑坡，全行业共亏损1 687万元。

工具行业24个骨干重点企业情况：1995年共完成工业总产值169 125万元，工业销售产值149 201万元，工业增加值70 263万元，按可比价格计算，分别比上年下降6.9%、12.8%和7.5%；实现利税总额12 047万元，比上年下降34.7%；共生产切削刀具类产品16 888万件，比上年增长2%；量具量仪类产品259万件，比上年减少约24%。24个企业共有职工50 489人，全部职工工资总额29 726万元，比上年增长1.4%；全员劳动生产率13 887元/人，比上年增长2.6%。

市场及销售 由于前几年量具刃具生产规模发展过快，行业发展宏观失控，低档产品盲目布点，产量膨胀，在工具产品供大于求的情况下，一些企业采用削价竞销的权宜之计，严重冲击了工具市场的秩序，导致行业效益普遍下降。1995年通过行业产品结构调整，一些企业开始扭转粗放经营和盲目发展的现状，努力开发高附加值的产品和适销对路产品，不断加大销售体制改革力度，积极参加市场竞争，在困境中求得生存和发展。另一方面，自1994年下半年工具市场进入低谷之后，货款回笼困难、资金沉淀过多，仍使不少企业在日益加剧的市场竞争中感到压力重重、举步维艰。据对工具行业114个企业的统计，1995年共销售工具产品44 289万件，其中刃具43 242万件，量具1 548万件，量仪4.8万台；共完成销售收入256 878万元，比上年减少约6%；1995年全行业平均产品销售率为90.6%，比上年下降2.4%。

1995年，面对国内市场需求量下降的情况，工具行业各企业更加注意国际市场的竞争，积极开拓外贸出口。1995 年工具行业共出口各类工具产品 18 529 万件，比上年增长 2.4%，其中刃具 17 428万件，量具 1 101 万件，量仪 607 台；工具行业产品出口交货值 68 331 万元，比上年增长 24%，其中出口刃具 42 191 万元，量具 26 042 万元，量仪 97 万元；创汇额 7 335 万美元，其中刃具 4 748 万美元，量具 2 579 万美元，量仪 9 万美元。

1995 年部分工具产品主要类别及品种的产量、产值、销售量、销售值、出口量、出口值见表 1、表 2（据 114 个企业的统计数据汇总）。

表 1　切削刀具行业主要经济指标

产品类别及品种名称	产量（万件）	产值（万元）	销售量（万件）	销售值（万元）	出口量（万件）	出口值（万元）
高速钢刀具总计	37 589	171 489	41 819	189 855	13 386	30 916
直柄麻花钻	25 977	46 757	29 476	46 480	11 660	18 972
立铣刀	948	14 011	978	14 927	148	2 274
丝锥	5 312	22 124	4 642	22 956	531	1 805
切齿刀具	35	16 526	32	15 129	2.4	456
硬质合金总计	1 605	17 912	961	15 333	125	1 517

表 2　量具量仪行业主要经济指标

产品类别及品种名称	产量（万件）	产值（万元）	销售量（万件）	销售值（万元）	出口量（万件）	出口值（万元）
卡尺类量具合计	195.6	23 579.7	195.6	21 373.1	111.7	9 729.4
千分尺类量具合计	119.9	10 332.2	106.9	9 918.5	39.1	2 897
指示表类量具合计	103.4	8 626	94.6	8 879.3	56.6	3 196
电子数显量具合计	22.9	7 378.4	22.4	4651.5	16.8	3 271.1
其中：电子数显卡尺	18.1	6 379.5	17.9	3 850.9	15.4	2 918.8
量仪总计	4.503	5 019.4	4.770	4 993.9	0.150	120.8

1995 年工具行业产品销售收入前十名企业排序见表 3。

表 3　1995 年工具行业产品销售收入前十名企业

序号	企业名称	销售收入（万元）
1	哈尔滨第一工具厂	19 559
2	上海机械工具量具总公司	19 289
3	成都成量集团公司	17 030
4	哈尔滨量具刃具厂	16 245
5	上海量具刃具厂	10 120
6	汉江工具厂	8 027
7	贵航集团西南工具总厂	6 821
8	青海工具厂	6 003
9	哈尔滨第二工具厂	5 534
10	陕西航空硬质合金工具公司	5 466

1995 年工具行业产品出口额前十名企业排序见表 4。

科研成果　1995 年机械工业部成都工具研究所共完成重点科研项目 10 项，其中国家“八五”攻关项目 8 项，部基金项目 2 项；完成标准及推广项目 15 项。这些项目大多是工具行业的共性、基础技术，项目的完成将对我国工具行业制造技术水平的提高起到很好的作用。该所的 QPQ 盐浴复合处理技术及成套设备项目列入国家级新产品重点推广项目，获 1995 年度四川省科技进步一等奖。汉江工具厂的圆磨法滚刀及刀片热处理工艺 1995 年获机械工业部科技进步二等奖。使用该工艺，滚刀及刀片热处理硬度可达 65HRC～66HRC、66HRC～69HRC，公差 1HRC，达到国际先进水平。按年产 2 000 万件滚刀计，可创利税 200 万元。哈尔滨第一工具厂的硬质合金可转位刀具 CAD/CAM 技术研究 1995 年通过部级鉴定。该项目采用先进技术，达到 90 年代初国际水平。太原工具厂自行开发的硬质合金可转位浅孔钻 CAD 技术适用于非标可转位浅孔钻的优化设计、三维实体造型直至绘制产品图样。贵阳工具厂开发的插齿刀 CAD 设计软件、重庆工具厂开发的齿轮刀具 CAD 技术、山东工具厂的螺纹刀具 CAD/CAPP 系统项目、哈尔滨第二工具厂和渭河精密工模具总厂采用 CAD/CAM 技术解决复杂刀具、模具的设计和加工问题，均表明了 1995 年我国工具行业在开发和应用计算机辅助设计和制造刀具新技术方面有了长足进步。此外，哈尔滨量具刃具厂的低合金高速钢等钢种表面强化工艺通过对低合金高速钢麻花钻进行多元共渗处理，使用寿命超过优等品水平。该厂的解决摩擦焊接钻头断裂问题研究项目成功地将钻头断裂废品率由 10%降到 4%以下，减少损失 40 多万元。贵阳工具厂完成的圆孔拉刀优化设计研究，使拉刀一次合格率由原来的 60%提高到 95%。关中工具厂和钢厂联合研制热塑性较好的低合金高速钢材料，解决轧制直钻裂纹，废品率由 30%降到 5%以内。山东工具厂开发的∅1 600mm 金刚石锯片基体热处理工艺处理切割花岗石、大理石及混凝土的石材锯片，可大大提高经济效益。

表4　1995年工具行业产品出口额前十名企业

序号	企业名称	出口额（万元）
1	上海机械工具量具总公司	5 927
2	成都成量集团公司	4 591
3	陕西航空硬质合金工具公司	4 329
4	贵航集团西南工具总厂	3 830
5	上海量具刃具厂	3 284
6	黄桥工具厂	2 608
7	江西工具有限责任公司	2 526
8	邵阳工具总厂	2 317
9	镇江三和工具集团	2 285
10	汉江工具厂	1 970

新产品　切削刀具　1995年，工具行业在开发新产品方面最突出的特点是为汽车行业和数控机床配套，开发了大量高精度、高水平的刀具。

孔加工刀具：成都工具研究所和关中工具厂联合设计开发了内冷却麻花钻，加工范围直径10mm～31.5mm，耐用度比外冷却麻花钻提高3倍～5倍。上海机械工具量具总公司开发了适用于汽车变速箱等零件加工的磨制三面刃扩孔钻。关中工具厂开发了适用于薄壁螺孔加工的M12攻、钻、锪复合丝锥，钻头直径公差H8，丝锥中径公差H2。河南第一工具厂研制开发的摩托车系列专用刀具，可实现加工过程钻、扩、铰多工序的复合，加工表面粗糙度 $R_a0.8\mu m \sim 0.4\mu m$，精度 0.005mm～0.002mm。衡阳量具刃具厂开发了汽车行业广泛使用的浅孔钻，切削速度70m/min～190m/min，进给量0.8mm/r～2mm/r，可钻削铸铁、铸钢件。

铣削刀具：上海机械量具刃具总公司开发的硬质合金可转位曲轴内切铣刀是加工发动机曲轴轴颈和侧面的高精度专用刀具，采用此刀具比车削加工综合效率提高10倍；硬质合金可转位切铜带铣刀是一种特大规格、高精度、多齿数的圆柱铣刀（螺旋齿），主要用于“八五”重点攻关项目——铜带水平连铸机组中切削铜带表面氧化硬皮。该公司还开发了加工汽缸体齿轮箱的硬质合金可转位密齿套式面铣刀。成都成量集团公司开发了∅8mm～∅25mm的波形刃立铣刀，北京工具厂开发了有较大潜在市场的焊接硬质合金螺旋立铣刀，采用注塑成型硬质合金毛坯，主要用于大切除量加工。青海工具厂开发了特种复合靠模铣刀，以满足飞机、内燃机等行业的需要。重庆工具厂开发的铲磨螺旋槽指形铣刀，提高了加工精度。1995年开发的铣削刀具新品种还有：衡阳量具刃具厂X219粗齿双压块轴向定位模块式面铣刀、F2044模块式面铣刀，四川工具厂可转位密齿系列面铣刀，启东市可转位刀具厂TKX型可转位镗扩孔铣刀，上海机械工具量具总公司的印刷板线路硬质合金周边铣刀等。

复杂刀具：哈尔滨第一工具厂开发的高精度透平齿轮滚刀，是为舰艇发动机齿轮加工而设计的，齿轮啮合达到理想区域，定装凸轮轴滚刀，有三段齿形角，可替代进口产品。汉江工具厂开发的摆线等高齿圆锥齿轮铣刀，刀齿EN型，有左切和右切两种，加工齿轮模数为M2.10mm～4.25mm；该厂的超长高精度整体齿轮滚刀，长度为国标的3倍以上，按DIN3968A级生产，适用于汽车行业。上海机械工具量具总公司开发的左旋碗形斜齿倒角插齿刀，广泛用于轿车变速箱齿轮的剃前加工或半精加工。贵阳工具厂开发的高效齿轮滚刀，规格M3，有双头、8°前角和三头、螺旋槽两种，精度达GB8062.2—87A级，提高生产效率30%以上。青海工具厂的圆弧齿顶滚刀主要用于引进变速箱生产。重庆工具厂的大螺旋角花键拉刀，主要用于拉削摩托车零配件，提高工效5倍；倒角插齿刀使插齿与倒角两道工序合二为一。此外，还有哈尔滨第一工具厂的渐开线花键搓齿板、重庆工具厂的胶粘型硬质合金刮削滚刀等复杂刀具新产品。

螺纹刀具：成都工具研究所1995年开发的新型石油管螺纹梳刀系列共开发刀片15种、断屑器15种、硬质合金刀垫29种以及与之配套的卡爪和硬质合金新牌号3种；新型梳刀切削速度达到180m/min以上，使用寿命与进口刀片相当，精度提高一倍，技术水平达国际先进水平。1995年工具行业开发的螺纹刀具新产品还有：渭河精密工模具总厂开发的螺旋槽丝锥、防断丝锥等6种，长春量具刃具厂和天津异型刃具厂开发的螺旋槽丝锥，上海刃具厂60°圆柱管螺纹刀具，保定工具厂为建筑行业开发的3°、3.5°螺纹梳刀等。

数控工具系统：广州工具厂TMG28新型模块式镗铣类工具系统，于1995年底通过部级鉴定，模块接口凹端的端面圆跳动<0.003mm。北京第六工具厂“八五”攻关项目——模块化车刀系统可进行表面、切槽、螺纹、仿型等粗精加工。哈尔滨量具刃具厂“八五”攻关项目——CMTS系列动力头是为高级车削加工中心及数控车床配套的动力传递工具系统，于1995年底通过部级鉴定；该厂开发的多功能旋转切削刀架、高效多功能镗铣夹头均获得国家专利。此外，还有上海刃具厂开发的TSG工具系统，上海机床附件一厂开发的QQ32强力弹簧夹头等。

1995年，工具行业开发的刀具新产品还有：哈尔滨第二工具厂开发的用于竹木加工的硬质合金门板铣刀、牙签铣刀；贵阳工具厂为化工行业开发的塑料圆切粒刀；陕西渭河精密工模具总厂开发的高精度硬质合金圆盘分切刀，刀片两面平行度0.001mm，工作端面对轴线的端跳为0.004mm，主要用于切割录音、录像带；四川工具厂M式可转位系列外圆车刀；青海工具厂的曲轴车刀；哈尔滨第一工具厂的渐开线花键滚压轮；重庆工具厂的M2mm～4mm汽车同步器齿轮轧轮以及成都成量集团公司的粉末冶金齿轮模具等。

量具量仪

量具：1995年量具新产品的开发重点仍然是电子数显量具。在电子数显量具技术日趋成熟之时，产品不断向大型化、多功能方向发展。1995年共有9个企业开发电子数显量具新品种21个。上海量具刃具厂新开发0～150mm大屏幕电子数显卡尺，屏幕字高＞8mm。桂林量具刃具厂开发了DK13型0～150mm大型液晶电子数显卡尺、DB14型0～0.5mm电子数显百分表。哈尔滨量具刃具厂开发了0～10mm电子数显千分表、0～1 500mm电子数显卡尺。青海量具刃具厂开发了0～100mm直进式电子数显公法线千分尺、0～150mm和0～300mm活动量爪电子数显卡尺。靖江量具有限公司开发了0～300mm电子数显高度尺。北京量具刃具厂开发了XK200A电子数显卡尺。此外，1995年开发的量具新产品还有：成都成量集团公司6mm～10mm杠杆式内径表，桂林量具刃具厂KB13型0～0.8mm大表盘杠杆百分表，哈尔滨量具刃具厂0～200mm、0～300mm直读式中心距卡尺、1：24锥度量规、梯形锥度量规、非螺纹密封管螺纹量规等。

量仪：哈尔滨量具刃具厂新开发的6801型三坐标测量机，采用铸造铝合金整体结构、光栅测量系统和气浮导轨，配有英国Renishaw测头，仪器分辨率0.001mm，重复性0.004mm，20℃±2℃时线性精度0.006mm。青岛前哨—英柯发测量设备有限公司新开发的活动桥式Zoo3型三坐标测量机，线性精度2.5+L/300μm，具有温度补偿。该机采用PC总线和586计算机进行数据传输处理，检测速度达到500mm/s，适合汽车发动机、模具等的检测。成都工具研究所开发的CGW300数控型滚刀测量机采用高精度光栅测量系统和误差修正技术、超耐磨高分子复合导轨以及独创的光栅式测头系统，以保证高测量精度（达JB3227—83AAA级）和世界一流的测量效率；可测滚刀模数1mm～25mm，最大外径300mm，最大齿形角$\alpha=60°$；可检测滚刀、蜗杆和丝杠的各单项误差与复合误差，该机在精度、可靠性、功能、效率以及可操作性方面都达到国内先进水平。成都成量集团公司开发成功的CMZ齿轮测量中心是为汽车工业配套的大型光—机—电一体化精密量仪，仪器长光栅分辨率0.0001mm，圆光栅分辨率9.144mm，被测齿轮模数1mm～20mm，被测齿轮最大直径630mm。汉江工具厂和西安工业学院联合开发的CCA40A齿轮测量中心和成量集团公司CMZ齿轮测量中心的开发成功填补了我国齿轮测量中心生产的空白。哈尔滨量具刃具厂和德国Hommel公司合作，开发了T1000、T2000型表面粗糙度测量仪。T1000型表面粗糙度测量仪体积小，仪器净重1.5kg，可以很方便地用于生产现场；T2000型精度高，分辨率0.01μm，适于试验室、计量站使用。上海量具刃具厂开发的BDO25表面粗糙度测量仪分辨率0.001μm，量程达±128μm，可测近20种参数。天津市机床光学仪器厂的DJS刀具检测仪是专为汽车行业开发的，测量范围为X：0～150mm，Y：0～60mm，可测锥柄莫氏1#～4#以及各种直径的直柄刀具。天津天门精机公司新开发的TMAD型立式多工位刀具预调仪采用了THK滚动导轨，3至10个工位，分辨率0.001mm；TMAZ型龙门式综合刀具预调仪，适用于数控机床的机外预调和测量使用。机械工业部成都工具研究所开发的外圆磨主动测量仪可实现对加工零件圆表面的连续磨加工的控制与主动测量，该仪器带有补偿反馈功能，技术水平国内领先；还开发了摩托车曲柄、转子系列检测仪、等速万向节检查仪和轴承沟道检查仪。中原量仪股份有限公司开发的DGC－Z6、Z7微型电感传感器，测量范围±200μm，示值变动性0.2μm，非线性精度1%；DG－S_1电子塞规和DG－K_1电子卡规均为与显示部一体式。北京量具刃具厂开发的GXY光栅数显测微仪系列产品，量程从0～3mm到0～100mm，分辨率0.001mm，系统精度±0.001mm。上海量具刃具厂开发的LXG750R数显测高仪采用高精度容栅测量系统，测量行程750mm，分辨率0.001mm，示值误差0.0075mm，可实现多种参数的测量。1995年哈尔滨量具刃具厂还开发了微机数控全自动凸轮轴精密测量仪，该仪器在对凸轮轴一次安装后自动完成测量、误差评估和输出测量结果，所采用的封闭式高精度圆光栅分辨率2.5″，长光栅分辨率0.5μm。哈尔滨量具刃具厂还开发了一系列齿轮量仪新产品：3004型齿轮测量仪、3603型齿轮径向跳动测量机和3802A滚刀螺旋线测量仪等。此外，1995年量仪新产品还有上海机械工具量具总公司开发的激光标刻机、上海机床附件一厂开发的F461A中心校正仪、上海量具刃具厂开发的MRX1000容栅多功能数显表、无锡工达股份有限公司开发的外圆磨主动测量仪等。

管理及改革　1995年工具行业进一步加大改革力度，转换经营机制，加强内外结合。哈尔滨量具刃具厂、上海机械工具量具总公司等企业分别被列为省、市建立现代企业制度试点单位。上海机械工具量具总公司和上海机床总公司、上海机床厂合并组成了上海机床工具（集团）有限公司，成为中国机床工具行业中规模最大、技术先进、装备精良、出口创汇多的国家特大型工业企业。无锡工达股份有限公司继与美国Air－gage公司合资组建爱锡量仪公司之后，1995年又与德国瓦尔特公司合资组建以生产销售硬质合金可转位刀具和数控刀具为主的无锡瓦尔特有限公司，致力于为汽车行业配套。成都工具研究所和意大利Marposs公司技术合作生产磨床用主动量仪。中原量仪厂与日本东京精密株式会社合资建立的中原精密量仪有限公司已小批量生产主动量仪，并已投放市场。

1995年工具行业共有“三资”企业13个，其中1995年度成立的4个，集团公司5个，还有4个地区性集团公司正在组建之中；由工厂改组为公司制的 16 个（其中 1995 年度成立的 7 个），其中股份有限公司 4 个，有限责任公司 9 个。

质量及质量管理 1995 年国家刀具质量监督检验测试中心对行业 20 个企业进行了质量管理必备条件审核。受国家技术监督局和机械工业部委托，该中心对国内生产麻花钻的 80 多个企业的产品进行了统检，合格率为 72%。该中心 1995 年共完成 5 项国家标准和 3 项行业标准的制订和修改工作，同时承担了国际标准化（ISO/TC29）的国内归口工作。

1995 年机械工业部量具量仪产品质量检测中心共完成 11 种量具产品的出口质量许可证发放工作和 23 个产品出口质量许可证的产品检测及工厂考核工作；完成了对中原量仪股份有限公司国优产品——浮标式气动量仪的复查检测。1995 年该中心共完成制订、修改国家标准和行业标准共 6 项，翻译出版了最新的 6 项 ISO 量具量仪产品标准。

1995 年，工具行业在强化质量管理方面做了大量工作。西南工具总厂通过 ISO9000 质量认证，工厂质量管理上了一个新台阶。上海机械工具量具总公司举办 GB/T19000（ISO9000）《质量管理和质量保证系列标准》培训班，公司各级领导均参加培训并取得合格证书。重庆工具厂、关中工具厂进一步完善质量保证体系，实施名牌战略。

技术改造 1995 年工具行业有 18 个企业新立项技术改造项目 21 项，计划投资额 17 914 万元，其中，切削刀具类项目 11 项，量具类项目 4 项，热处理及其他配套项目 6 项。包括哈尔滨第一工具厂精密复杂数控刀具技术改造项目、上海机械工具量具总公司扩大出口发展特殊钻头技术改造项目、哈尔滨量具刃具厂高档刃具产品技术改造项目、贵阳工具厂新型格里森弧齿锥齿轮铣刀生产车间建设项目、河南第一工具厂汽车工业专用刀具技改项目、北京量具刃具厂扩大量表类产品出口规模专项技改项目等，这些项目的实施都将为企业的发展增加后劲。此外，湖南钻石硬质合金工具有限公司投资 130 万元的 CIMS 工程已列入国家科委“863”计划。

1995 年是国家“八五”计划最后一年，有一批“八五”重点技术改造项目竣工，通过鉴定验收。成都成量集团公司“八五”重点基建项目——硬质合金扩建项目到 1995 年实际完成投资额 13 534万元，完成厂房新建改建 12 168m²，引进设备 40 台，购置国产设备 97 台（套），1995 年 10 月正式竣工验收。中原量仪股份有限公司“八五”技改项目——数控机床国产化专项总投资 1 300 万元，完成了目标规定的电子柱量仪等 18 个新品种的开发；还根据市场需求，开发出汽车发动机和车体关键部件综合测量仪等 40 多种；改、扩建厂房 1 205m²，新增仪器设备 121 台（套），新增生产能力 1.7 万台。新增产值 1 998 万元，新增利润 397 万元，1995 年通过部级鉴定。衡阳量具刃具厂承担的“八五”重点技改项目已如期完成，该项目实际完成投资 1 002 万元，新增硬质合金可转位刀具 13.34 万件，刀片 290 万片，引进和购置仪器设备 115 台（套）。关中工具厂承担的“八五”数控刀具改造项目已基本完成。河南第一工具厂“八五”出口专项技术改造项目完成投资 470 万元，形成新增各类刀具 30 万件，新增产值 1 070 万元，新增利税 329 万元，新增创汇额 180 万美元的生产能力，该项目已通过省级鉴定验收。重庆工具厂“八五”期间完成了特种滚刀车间、氮化钛镀层中心、径向剃齿刀生产线的技术改造，到 1995 年该厂高附加值产品比重从 1990 年的 30% 上升到 70%。桂林量具刃具厂“八五”技改项目实际完成投资 810 万元，新建仪表车间 2 562m²，引进和购置了激光切割机等设备；完成新产品 28 种，形成量具生产能力 30.5 万件，实现创汇 227 万美元，达到项目要求。此外，关中工具厂 1995 年投资 200 万元，已形成年产 M6 以下丝锥 100 万件，新增产值 500 万元的能力。

〔撰稿人：机械工业部成都工具研究所　胡红兵　审稿人：机械工业部成都工具研究所　谢华琨　机械工业部机械基础装备司　李冬茹〕

〔责任编辑：邝　鸥〕

衡　器

〔中国轻工总会〕

生产发展情况 1995 年衡器行业克服了一季度销售回落造成的效益滑坡，产品结构在调整中进一步得到优化，多数企业到年中出现转机。到 1995 年底，在全行业职工不懈努力下，特别是在骨干企业牵动下，终于使全年整体经济效益好于上年，产销同步增长。1995 年实现工业增加值 5.3 亿多元；完成工业总产值 16.5 亿多元（不变价），同比增长 19.3%；全行业利润总额在扣除亏损企业亏损额 3 295 万元之后，还实现 7 285 万元，比上年增长 11.8%；实现利税总额 1.7 亿多元，维持了上年水平。1995 年的生产特点：

(1) 衡器产量、品种有所扩大，1995 年衡器总产量 476.4 万台，有了大幅度增长，这是由于主要用于商业贸易中的衡器（如各种台秤和案秤）产量扩大到 461.7 万台，比上年增加了 50% 以上；工业用大型衡器如各种轨道衡、配料秤、包装秤、汽车衡、吊秤、皮带秤等，总共生产 1.9 万台，数量略低于上年；特种衡器 12.8 万台（其中包含部分天平），略多于上年，国产衡器的产量和种类基本可满足我国称重计量的一般需要。此外，还生产了便携式手提秤 17 万台（不统计在总产量内）。在工业用衡器中，电子衡器的比例为37.8%，比1994年增加了2个百分点。

1995年电子衡器关键零部件的生产有较大发展。国产称重显示器及控制仪表已超过1.1万多台(套)，称重传感器产量接近13万只，行业内生产的一、二次仪表在一般用途上可以替代同类进口产品，已广泛用于国内电子衡器的配套，有些还开始出口到国外。

(2) 行业中的典型企业起到排头兵作用，1995年利润总额排序的前十名利润合计为9 023万元(详见表1)，在全部赢利企业中份额占85%，这10个企业的利税总额合计占全行业总计的75%；产品销售收入占行业总计的42%，但他们的职工总数仅占行业职工总数的13%。改革促进了企业的效益与效率。如常州托利多电子衡器有限公司积极借鉴美国公司的管理经验，提出实行“零缺陷”的口号，并以此精神建设公司“团队形象”，荣获了中国轻工总会授予的“优秀轻工业企业”称号。再如山东鲁南衡达集团公司在1980年时是一个濒临倒闭的小衡器厂，1981年新领导班子制定“以质量求生存，以科技为动力”的经营方针，采取企业改组，加强管理，多元化经营等一系列改革措施，现已步入“全国仪器仪表行业百强企业”行列。

表1　衡器行业利润总额排序前十名的企业

序号	企业名称	利润总额(万元)
1	常州托利多电子衡器有限公司	2 639
2	济南金钟电子衡器股份有限公司	2 051
3	广东省中山市石岐衡器厂	1 303
4	山东省泰山衡器股份有公司	758
5	广东省华普电器实业集团公司	626
6	上海大和衡器有限公司	431
7	郑州电子秤厂	412
8	太行仪表厂电子衡器分厂	375
9	山东省鲁南衡达集团公司	222
10	余姚太平洋自控工程有限公司	204

(3) 1995年衡器行业的特点是老企业和小企业多，老衡器企业技术与资金相对更为紧缺，再生能力薄弱，不少老企业生产亏损。又由于近两年新上企业失控，不少企业在低水平低层次重复生产，有些企业甚至降低标准以图较多利润，行业竞争十分激烈，不公平竞争时有发生。到年底全行业亏损面30.3%，其中，国有企业中亏损面达36.1%，亏损额占行业亏损总额的73.7%；集体企业中的亏损面为29.6%，亏损额占全行业24%。特别是国有企业负担不断加大，如1995年末，行业职工人数40 526人，其中离退休人员人数11 910人，占在职人数的31.3%，离退休人员绝大多数分布在老企业内，造成行业发展的不平衡，有的企业累计亏损上千万元，扭亏任务相当艰巨。济南金钟电子衡器股份有限公司是老衡器企业中的佼佼者，经过技术改造后，近几年来各项指标始终名列前茅。徐州衡器厂经过努力，1995年的成绩出众，利税总额进入了行业的前十五名。该厂的电子皮带秤曾获部优称号，上年在安徽金隆铜业工程招标中，又以计算机控制皮带配料系统力挫群雄，一举签下了500多万元的合同，朱金凤厂长亦被同行赞为衡器行业的巾帼英雄。

市场及销售　从全行业来看，销售呈回升趋势。1995年整个销售收入15.3亿元，同比增长9.8%。在工业总产值增长19.3%的情况下，做到了库存产成品价值同比下降0.7%。销售收入前二十名企业见表2。

1995年是全国限制使用杆秤的第二年，作为替代杆秤的电子计价秤、弹簧度盘秤销售量大增。电子计价秤全国生产97 183台，销售93 669台；弹簧度盘秤生产104万台，销售99.7万台。电子计价秤的生产销售均比上年增加80%，弹簧度盘秤的产销则增加两倍多，这两个品种的产量达到历史最高水平。但是在衡器销售中，由于用户拖欠货款厉害，使企业普遍感到资金周转困难。全行业应收帐款达4.8亿元，比1994年又增加了18.2%，大多数企业在扩大生产与技术更新改造方面感到力不从心。

衡器出口继续保持大幅度增长势头。据海关统计，1995年行业出口总额达4 308万美元，比1994年增长35.7%；出口产品交货值达到行业产值的20%。主要企业出口情况见表3。

科研成果及新产品　1995年全行业用于提高技术水平和改进产品质量的支出达2 159万元，开展的科技活动228项。如新乡市衡器厂的全自动包装机和水泥台面电子汽车衡1995年顺利通过部级鉴定，稳步走入市场；沈阳衡器厂的液体灌装秤、常州托利多电子衡器有限公司的轨道衡标准化设计、宜兴申大科技有限公司的特种传感器等都是市场的急需而迅速开发出来的产品。1995年行业中仅新产品实现的销售收入就有1亿多元，占全部销售收入的7%。

质量及质量管理　继1994年常州托利多通过ISO9001质量体系标准认证之后，山东泰山衡器股份有限公司、济南金钟电子衡器股份有限公司又于1995年9月、12月先后通过ISO9001认证。现在，衡器产品取得OIML（国际法制计量组织）认证合格书的已有3个企业，他们是上海大和衡器有限公司、航空工业总公司太行仪表厂电子衡器分厂和上海衡器实业有限公司。

管理及改革　中国轻工总会于1995年明确提出：轻工行业协会要承担起行业管理主体的任务。根据这个要求，中国衡器协会以积极为行业服务的形式有效地参与了行业管理工作。

(1) 组织起草《衡器行业“九五”发展计划和2010年发展规划》及《衡器行业“九五”科技发展计划和2010年规划》。为迎接21世纪的到来，中国衡器协会受中国轻工总会的委托，组织专家起草了上述两个规划，1995年经中国轻工总会审批获准在行业中实施。

(2) 向国际标准靠拢，提高衡器标准质量。在“八五”期间，中国衡器协会参照国际标准，组织制定了《静态电子轨道衡》、《衡器术语》、《电子衡器通用技术条件》等8项标准，修订了《杠杆式台案秤》等4项标准，审议废止了原《机械配料秤》等4项标准。力求保持行业标准的先进性，使衡器标准发挥出提高衡器水平，保证产品质量的作用。

(3) 组织技术交流与培训。针对行业小企业多、技术薄弱的特点，自1994年起，协会开始与企业联合举办技术培训班。1995年协会与上海耀华公司、上海交通大学、中山石岐衡器厂等单位合作，分别举办了称重技术、称重显示器和弹簧度盘秤等技术培训班，通过对产品原理、装配、维修知识的讲解，为小企业掌握衡器技术和电子技术服务。

(4) 在全国第三次工业普查中启用了新的衡器产品分类规定。在计划体制时期，衡器统计分类只有大型和日用两个类别，远不适应当前企业对信息的需要。为此，协会设计了新的统计分类目录，终于取得国家统计部门的理解和支持，在国家统计中正式采纳了协会的意见。这有利于今后的衡器统计工作与市场经济接轨，利于准确地为政府宏观决策和企业经营提供信息服务。

(5) 开展国际交流与合作，加强对外宣传。1995年中国衡器协会组织代表团访问美国衡器企业并参观了美国举办的国际衡器展览会。通过出访，了解到国外产品状况及其技术水平，加强了中美衡器界的合作。访问期间，代表团积极宣传中国衡器工业取得的成就，为中国衡器走向世界创造机会。

(6) 开办定期展览会，为宣传产品和提高企业形象服务。1995年9月中国衡器协会在北京成功地举办了首届国际衡器展览会，国内外86个厂商参加了展出，实物展品过千，显示了当代衡器的应用和发展。今后，中国衡器协会已经决定，在国内每两年举办一届国际衡器展览会。

“八五”期间生产情况 进入“八五”时期以来，衡器生产结构和产品结构发生了重大变化。

我国衡器工业最早始于轻工部门，从80年代以后，逐渐有机械、计量等部门的企业加入衡器生产队伍。到现在，衡器行业则完全突破了部门界限。目前，全国从事衡器研制的除轻工系统外，还有机械、电子、航天、航空、计量、冶金、铁路、交通、化工、煤炭、电力、粮食、商贸、教育等十多个部门，在全国形成了“大衡器行业”的格局。在“七五”末期，国内能够生产电子衡器的工厂约70个，现在，能够批量生产电子衡器的企业超过160个。

表2 销售收入前二十名企业排序表

序号	企业名称	销售收入（万元）	年利税额	
			行业排序	（万元）
1	常州托利多电子衡器有限公司	11 519	1	3 280
2	济南金钟电子衡器股份有限公司	10 506	2	2 754
3	广东省中山市石岐衡器厂	9 042	3	1 853
4	广东省华普电器实业集团公司	8 212	4	1 095
5	上海大和衡器有限公司	7 521	6	800
6	天津市衡器公司	7 322	10	323
7	山东省泰山衡器股份有限公司	6 481	5	1 071
8	山东省鲁南衡达集团公司	5 212	8	527
9	徐州市衡器厂	3 600	15	248
10	南京市衡器制造公司	3 129	16	247
11	郑州电子秤厂	2 614	7	723
12	上海实业衡器有限公司	2 403	18	212
13	新乡市衡器厂	2 340	11	318
14	青岛公平衡器总公司	2 258	33	95
15	天长市轻工机械厂	2 230	14	255
16	长治市衡器厂	2 103	20	192
17	浙江世伟电子集团有限公司	2 052	12	275
18	承德市自动化计量仪器厂	2 028	83	10
19	上海华东电子仪器厂	1 715	17	232
20	太行仪表厂电子衡器分厂	1 657	9	449

表 3　出口额折合人民币 200 万元以上的衡器企业排序表

企业名称	主要产品	出口额（万元）	主要出口地区
广东省中山市石岐衡器厂	弹簧度盘秤、人体秤	8 534	东南亚、欧洲、日本
常州托利多电子衡器有限公司	电子衡器、仪表、传感器	1 110	亚洲、美国
广东兴宁衡器厂	机械式台秤	751	外贸收购
山东省泰山衡器股份有限公司	机械式台秤	484	泰国、韩国、埃及
常熟衡器厂	天平	398	外贸收购
上海大和衡器有限公司	电子计价秤、传感器	380	日本
济南金钟电子衡器股份有限公司	传感器	340	亚洲、非洲
广州市衡器厂	机械式台秤	270	香港、东南亚

1989 年电子衡器产量占衡器总产量的 1.2%；在工业用衡器中电子衡器产量约占 10%。到 1995 年，电子衡器占总产量的 2.3%，比 1989 年增加 1.1 个百分点；工业衡器中电子衡器占 37.8%，比 1989 年增加 27.8 个百分点。在我国已有 10 大类 60 多个品种的衡器初步形成批量生产能力。国产电子计价秤、电子汽车衡、电子皮带秤、电子吊秤、电子轨道衡、电子台秤等具有比较完整的产品系列规格，这些产品的技术水平接近或达到了国际 80 年代中期水平。

在“八五”期间，行业销售增长高于产值增长；上交税金增长高于利润增长。1995 年衡器行业工业总产值比 1990 年增长 1.3 倍以上，比“八五”计划指标高出 33%，利润总额比 1990 年增长 88%，利税总额比 1990 年增长 1.3 倍，销售收入比 1990 年增长 1.6 倍，衡器出口额比 1990 年增加 12 倍。1995 年行业固定资产合计约 9 亿元，比 1990 年增加 86%。

〔撰稿人：中国衡器协会　曹立平　审稿人：中国衡器协会　严　龙〕

〔责任编辑：王亚水〕

电影机械

〔机械工业部〕

生产发展情况　近年来，电影机械行业通过现代企业制度的逐步建立经营机制和管理机制的转换及产业结构和产品结构的调整，扩大生产范围，虽有不少企业仍处困境，历史包袱沉重，市场也因种种因素不甚景气，但全行业都在奋力拼搏，不少企业已逐步摆脱困境，成绩显著，如保定电影机械厂、上海八一电影机械厂、哈尔滨电影机械厂、山东电影机械厂、郑州照相机厂、南京电影机械厂等企业。其中，南京电影机械厂 1994 年亏损近 600 万元，1995 年全厂努力奋斗，一举扭亏为盈。总之，1995 年经过全行业的艰苦努力，产品产量、产值等主要经济指标均有所增长，但经济效益仍然不高，个别企业亏损严重。根据国家统计局发布的统计资料，1995 年全国电影机械行业（包括投影器、幻灯机等电教设备及其他文化办公机械制造业）拥有企业 17 个，固定资产原价 2.98 亿元，工业总产值（1990 年不变价）2.15 亿元，工业销售收入 2 亿元，实现利润 - 1 108 万元，上缴利税 1 505万元。又据全行业 11 个主要企业 1995 年的统计资料，主要产品产量达 79 万台（套），比上年同期增长 9.4%。电影、电教设备的产品产量和产值约占主要产品产量和工业总产值的 15.2% 和 27.3%。

1995 年骨干重点企业的生产情况：哈尔滨电影机械厂生产 35mm 固定式放映机 274 台，比上年增长 13%；生产 35mm 九机环幕电影放映设备 2 套，各类电影放映镜头 797 只，电影机械产品产值仅占全厂工业总产值的 9.5%；生产台式、立式点钞机和钞票打捆机等银行机具 6 832 台，比上年下降 35.7%，其产值仍占全厂工业总产值的 36%。上海八一电影机械厂生产 35mm 移动式放映机 1 350台，基本与上年持平，其产值仅占全厂工业总产值的 39.7%，而彩扩设备生产呈大幅度上升趋势，经过近几年的发展，现已成为全国著名的彩扩设备生产大厂。山东电影机械厂生产小型发动发电机组 2 452 套，比上年增长 29.4%；生产自动油印机等其他办公机械产品 4 371 台，比上年增长 77.9%，其产值占全厂工业总产值的 66.2%。郑州照相机厂生产教学投影器 49 241 台，比上年增长 11.5%。保定电影机械厂生产小型台式砂轮机 641 740 台，实现产值 16 624 万元，分别比上年增长 7% 和 0.73%。南京电影机械厂 1995 年制止了生产滑坡，生产 16mm 放映机 2 230 台，比上年增长 27.3%；生产各类电影镜头 1 592 只，增长 11.6%；生产投影器 59 330 台，增长 33.6%，其产值约占全厂工业总产值的 61%。另外，还生产幻灯机 1 128 台。甘肃光学仪器工业公司仍然亏损严重，但 1995 年电影、电教设备的产品产量比上年略有增长，其中，16mm 放映机 218 台，各类电影镜头 465 只，投影器 2 778 台。详细情况见表 1。

表 1　1995 年电影电教设备行业主要企业基本情况

企业名称	职工人数（人）	主要产品（台、套、只）		工业总产值（万元）		工业销售收入（万元）	出口创汇（万美元）	利润（万元）	上缴利税（万元）	劳动生产率（万元/人）
		产量	销量	当年价	不变价					
哈尔滨电影机械厂	1 986	7 986	7 496	6 900	6 610	6 567	153	31	341	3.47
南京电影机械厂	1 988	64 288	59 935	5 355	4 461	5 027	105	5	286	2.69
上海八一电影机械厂	1 312	1 350	972	4 665	4 025	4 112	35	283	165	3.56
山东电影机械厂	710	6 823	7 453	4 532	3 933	4 230	1	39	185	6.40
保定电影机械厂	1 331	641 740	656 840	16 624	11 331	10 633	1 255	42	199	12.49
郑州照相机厂	927	49 241	51 382	2 627	2 485	2 773	236	43	232	2.83
广东电影机械厂	240	428	823	1 195	1 128	1 219	28	24	82	5.00
甘肃光学仪器工业公司	3 434	3 461	3 806	4 208	4 079	3 897	92	-1 205	—	1.22
天津中环影像设备公司	703	153	147	214	207	238	17	-37	—	0.29
上海申贝速印机厂	177	13 870	13 008	1 506	952	1 492	4	3	—	8.51
天津绘图机厂	394	915	1 082	246	161	248	—	—	27	0.62
合计	13 202	790 255	802 944	48 072	39 372	40 436	1 926	-772	1 517	3.64

注:此表还包括非主导产品统计数据。

市场及销售　据对全行业 11 个主要企业的统计，1995 年电影机械行业主要产品的销售量达 80 万台（套、只），工业销售收入超过 4 亿元。销售及出口情况见表 2。其中，电影、电教设备的产品销量为 12 万台（套、只），销售收入 11 887 万元，约占工业销售总额的 29.4%。

表 2　1995 年电影电教设备行业主要产品产、销、出口情况

序号	产品名称	生产情况		销售情况		出口情况	
		产量（台、套、只）	产值（万元）	销量（台、套、只）	收入（万元）	数量（台、套、只）	创汇（万美元）
1	35mm 固定式放映机	616	1 558	730	2 001	319	140.7
2	35mm 移动式放映机	1 350	1 850	972	1 332	115	24
3	16mm 放映机	2 448	678	2 669	1 014	304	12.12
4	各类电影镜头	2 854	211	2 239	149	885	6.82
5	小型发动发电机组	2 452	690	2 758	956	23	1.1
6	投影器	111 349	6 006	109 478	6 399	33 218	340.07
7	幻灯机	1 128	27	1 192	36	5	0.02
8	点钞机等银行机具	6 832	2 471	6 552	2 358	955	40.1
9	速印机等文件印制设备	18 241	4 505	17 703	3 930	300	3.8
10	小型台式砂轮机	641 740	16 624	656 840	10 633	638 940	1 255
	合计	789 010	34 620	801 133	28 808	675 064	1 823.73

1995 年骨干重点企业的主要产品销售情况：哈尔滨电影机械厂销售 35mm 固定式放映机 375 台（其中，出口约占 57.3%），各类电影镜头 467 只，点钞机等银行机具 6 552 台；上海八一电影机械厂销售 35mm 移动式放映机 972 台；南京电影机械厂销售 16mm 放映机 1 968 台，投影器 55 559 台，幻灯机 1 192 台，各类电影镜头 1 204 只；山东电影机械厂销售小型发动发电机组 2 758 套，速印机等文件印制设备 4 695 台；郑州照相机厂销售投影器 51 382 台；甘肃光学仪器工业公司销售 16mm 放映机 701 台，投影器 2 537 台，各类电影镜头 568 只；保定电影机械厂销售小型台式砂轮机 656 840 台，销售收入达 10 633 万元。

1995 年在出口创汇方面，电影机械行业推行了以小型台式砂轮机为‘龙头’，带动电影、电教及其他文化办公机械产品出口创汇的发展战略，积极拓宽国际市场，产品出口创汇仍然保持较明显的增长势头。据对 11 个主要企业的调查统计，1995 年电影机械行业出口创汇达 1 926 万美元，产品出口量达 67.5 万台（套、只），分别比上年增长了 17.7%和 7.3%。电影放映机 738 台，创汇 177 万美元。创汇超过 100 万美元的企业有保定电影机械厂、郑州照相机厂、哈尔滨电影机械厂、南京电影机械厂。

1995 年骨干重点企业的出口创汇情况：哈尔滨电影机械厂出口 35mm 固定式放映机 215 台，创汇 94.9 万美元；各类电影镜头 426 只，创汇 3.8 万美元；点钞机 955 台，创汇 40.1 万美元。上海八一电影机械厂出口35mm移动式放映机115台，创汇35万美元。南京电影机械厂为扩大产品出口，采取灵活方式，并与上海八一电影机械厂合作，以OEM方式出口16mm放映机200台，创汇9万美元；另外，还出口投影器9 883台，创汇94万美元。郑州照相机厂出口投影器22 435台，创汇236万美元。保定电影机械厂出口小型台式砂轮机638 940台，创汇1 255万美元，在机械工业部仪器仪表行业创汇企业排序中名列第四位。

科研成果及新产品 1995年秦皇岛视听机械研究所成功地开发了$JF70_{8P}$70mm8片孔穹幕电影放映镜头，填补了国内空白，标志着我国新型式电影的发展又向前迈进了一步；成功地开发了16mm间歇式高速摄影机，该机体积小，重量轻，噪音低，可机载，采用双抓片爪双定位针间歇机构，摄影频率分六档，高速可达400格/s，画面稳定度(400格/s) <0.02mm；又成功地开发了ST-50夏比投影仪，专门用于金属V形缺口形状质量、机械零部件外形轮廓和织物纤维的检验及生物切片的分析等，该机采用f10mm投影物镜，屏幕尺寸200mm×250mm，放大倍率为50倍；同时，还成功地开发了BZT-1型折叠式投影器，该机采用新型开关电源和推拉式折叠机构，减轻了重量，压缩了搬运体积，便于携带，使用方便。

北京电影机械研究所1995年共完成新研制课题任务19项，其中3项已通过技术鉴定。成功地研制了投影式医用放映机、电影演示录音设备、涂布机和高速放映机等新产品。

南京电影机械厂1995年完成了TTB-2040、2050、A10、A10P、250H型投影器、高亮度氙灯幻灯机和多维卷帘式广告机等11项新产品设计，完成样机试制9项，其中5项产品已通过市级鉴定。特别是TTB-2050型超高亮度透射式投影器，采用自动触发和双温控技术，有效光通量大于550lm，结构先进，使用方便，成像清晰，彩色还原好，适用于LCD液晶显示投影，可广泛用于计算机教学、学术研究、商业会议、信息发布及透明图片的大屏幕演示。

上海八一电影机械厂1995年研制成功井岗山105型35mm移动式放映机，该机是获国家银质奖104-X2型放映机的升级换代产品。该机将原单声道改为双声道，功率由40W提高到90W，把可控硅电源改为高频电源，增设了卡拉OK自娱自乐功能，重量减轻了20kg，便于携带，适合流动放映用。

管理及改革 1995年3月21日～25日中国文办协会电影电教设备专业协会于昆明召开了第二届会员代表大会，总结了协会成立四年来的工作，修改了《工作条例》，并选举了第二届理事单位和正副理事长，任命了新的秘书长，进一步充实和完善了专业协会组织机构。

由秦皇岛视听机械研究所和中国文办协会电影电教设备专业协会共同承担编制的《第九个五年计划文化办公机械行业发展规划纲要》，历时近一年时间，七易其稿，经专家多次论证，最后经机械工业部有关司局审查，于1995年8月定稿。该《纲要》总结了“八五”文办行业的发展情况，制定了“以市场为导向，拓宽服务领域，强化产品结构调整；坚持内外结合，解决关键技术，增强自主开发能力；加强企业管理，提高产品质量，全面推进出口；加速合资、合作，实现经济规模，形成以骨干重点企业为主体的现代文化办公机械产业体系”的发展方针，为文办行业今后五年的发展指明了方向。

1995年10月17日～21日中国文化办公机械协会在北京举办了1995年国际办公自动化、照相及视听器材博览会，电影电教设备行业参展的有上海八一电影机械厂、哈尔滨电影机械厂、南京电影机械厂、上海申贝办公机械公司（上海电影机械厂）、甘肃光学仪器工业公司、秦皇岛视听机械研究所和北京电影机械研究所等7个企事业单位的产品，取得了一定的经济效益和社会效益。

1995年电影机械行业还完成了《幻灯、电影、教学及业余放映设备用图示符号》、《电影放映机、幻灯机和投影器的安全要求》、《反射放映银幕亮度系数和有效散射角的测定方法》、《背景合成机产品质量分等》、《35mm幻灯片双画幅和单画幅规范》及《透射式投影器产品质量分等》等6项行业标准的制定工作，并报机械工业部待批。

质量及质量管理 1995年电影机械行业骨干重点企业全面开展了GB/19000（ISO9000）质量管理和质量保证系列国家标准的培训，完成了《教学投影器可靠性要求及考核方法》的制定工作。经机械工业部电影与电教设备产品质量监督检测中心测试评定，1995年5月上海八一电影机械厂生产的35mm移动式放映机全部指标达到国家优等品标准，其中有效光通量、照度均匀度等8项指标优于优等品水平，达到国际90年代初先进水平，被中国质量协会评为“全国用户满意产品”和“军队名牌产品”的荣誉称号；同年9月郑州照相机厂生产的102B型透射式投影器也通过了优等品等级评定，并报机械工业部待批。南京电影机械厂产品质量较好，经国家技术监督局多次抽查合格，被授予“产品质量国家级抽查二次以上合格企业”的光荣称号。

技术改造 1995年南京电影机械厂通过了由南京市经委主持的“八五”技术改造项目验收。该项目共完成投资1 200万元，新建工具车间4 172 m^2，进口关键设备2台（套），国内购置设备75台。另外，还完成了菲涅尔透镜生产线的技术改造。通过改造，技术手段大大加强，生产设施进一步改进，技术后劲进一步增强。

秦皇岛视听机械研究所菲涅尔透镜制造技术和设备引进项目于1995年3月通过了由河北省科委主持的河北省火炬计划项目验收。

上海八一电影机械厂投资1 000万元，分别引进瑞士的真空镀膜机和线切割机，引进美国的数控冲床及英国的塑料喷涂设备等，为确保产品质量和企业的发展后劲奠定了坚实的基础。

〔撰稿人：秦皇岛视听机械研究所　陆景范　审稿人：机械工业部重大装备司　刘荣祥〕

〔责任编辑：王亚水〕

照相机械

〔机械工业部〕

生产发展情况　1995年照相机械行业现有企业28个，固定资产1.97亿元。1995年工业总产值10.86亿元，工业增加值3.11亿元，应交所得税125万元，应交增值税2 043万元，行业利润总额亏损1 181万元。行业内按产值排序前十名的企业是：上海宝丽来影像有限公司（25 595万元）、上海照相机总厂（23 659万元）、北京宝源光学工业有限公司（14 809万元）、天津三星光电子有限公司（12 260万元）、上海美能达光学仪器有限公司（10 859万元）、青岛青腾光学工业股份有限公司（7 371万元）、甘肃光学仪器总公司（4 079万元）、常州常丰照相机有限公司（2 677万元）和上海照相机三厂（1 600万元）。

上海海鸥照相机公司，1995年合资企业照相机产量达到38万架，工业总产值达到1.28亿元，销售收入1.1亿元，净创汇794万美元。在结构调整中，发展“三产”增加收益，到1995年底已建立各种“三产”实体20个，实现营业收入463万元，销售收入9 961万元，共计10 424万元；在产品结构调整方面，淘汰和改造了DF－102和DF－104照相机，生产新型的DF－Ⅱ和DF－ⅡETM照相机，并开发投产DF－200照相机；利用“七五”期间引进的日本美能达X－300照相机制造技术和工艺，对DF－300照相机进行改造和提高、开发、生产DF－300X、DF－300M、DF－300XO、DF－300W和DF500照相机形成系列产品。进一步提高产品档次。到1995年底DF－300照相机的国产化率已达到91%，关键件进口用汇已由84美元/套降到现在的20美元/套。

北京照相机总厂，由合资企业北京宝源光学工业有限公司生产的照相机达到234万架，全部出口美国、英国、德国等地。母体企业，北京照相机总厂生产望远镜、装袋机、资料柜等，产值417万元，销售收入238万元。

天津三星光电子有限公司，1995年生产各种照相机36.4万架，工业总产值达到12 260万元，销售收入9 863万元，其中出口创汇984万美元，上交税金240万元。

广东江门长润企业集团，投资9 300万元，开发出立体照相机和洗印系统，已建成照相机厂、立体彩扩印机厂、立体光栅厂和立体镜头厂，形成年产100万台的生产能力，产品80%外销，目前是世界上最大的立体摄影器材研制和生产基地。见下表。

1995年照相机行业主要企业基本情况

企业名称	全年销售总额（万元）	实现利润总额（万元）
行业总计（28个企业）	89 760	－1 181
其中：		
上海宝丽来影像股份公司	34 733	727
上海照相机总厂	19 159	52
北京宝源光学工业有限公司	14 809	294
天津三星光电子有限公司	9 863	－220
上海美能达光学仪器公司	7 278	－898
青岛青腾光学工业有限公司	4 348	183
常州常丰照相机有限公司	1 975	61
上海照相机三厂	1 200	5
武汉照相机器材研究所	1 096	2
青岛照相机总厂	1 046	－285

〔撰稿人：机械工业部机械基础装备司　刘荣祥　审稿人：机械工业部机械基础装备司　叶定达〕

〔责任编辑：王亚水〕

钟表

〔中国轻工总会〕

生产发展情况　1995年，国内钟表行业生产继续呈增长趋势，国内市场销售及出口增长低于生产增长幅度，是企业经营较艰难，市场竞争激烈的一年。据国家统计局统计，1995年我国共生产手表35 764.15万只，比上年同期提高31.63%。其中轻工系统内手表产量为5 019.78万只，比上年提高16.7%；其中石英手表及机芯产量是1 965.97万只，比上年增长9%。轻工系统内时钟产量为2 109.98万只，比上年提高10.6%。轻工系统内定时器产量为1 485.27万只，比上年减少1.2%。

市场及销售　根据国内贸易部信息统计数据，1995年国内贸易部系统购进手表1 273万只，比上年减少16.1%，商业系统国内销售手表3 588.7万只，比上年下降6.46%；商业系统库存量为

1 506.5万只，比上年同期增长4.06%。

在1995年全国畅销国产商品“金桥奖”评比活动中，国产石英手表前十名为：深圳天王电子有限公司天王牌石英手表，深圳飞亚达集团股份有限公司的飞亚达牌石英手表，珠海中瑞表业有限公司的罗西尼牌，深圳协和电子工业公司天霸牌，上海钻石手表厂钻石牌，上海手表二厂宝石花牌，上海海达计时电子公司海达牌，烟台北极星钟表有限公司北极星牌，上海手表厂上海牌，深圳蓝宝石钟表有限公司蓝宝石牌；石英钟列前七名的企业是：深圳科发实业有限公司霸王牌石英钟，深圳东方通用电器有限公司东方星牌，烟台木钟厂北极星牌，中国钟厂三五牌，威海市石英钟厂东华牌，深圳飞亚达集团股份有限公司飞亚达牌，上海钻石手表厂钻石牌。本次活动由国内贸易部、国家经贸委、电子工业部、中国轻工总会、中国纺织总会、国家技术监督局、中国消费者协会联合举办，全国253个大中型零售商业企业及29个地区组织参加，并经当地公证部门公证。

据海关统计，1995年钟表工业出口继续呈增长趋势，全国钟表成品及零部件出口总额为20.96亿美元，比上年增长9.5%。其中手表成品及零件出口额为12.67亿美元，比上年增长7.5%；电子手表成品及机芯出口额为9.5亿美元，比上年增长14%；机械手表成品及机芯出口金额为0.85亿美元，比上年减少30%。钟成品及零件出口额为3.3亿美元，比上年增长23%。据海关对钟表出口分国别统计，在亚洲，我国的钟表产品主要销往香港、台湾地区以及日本、泰国、新加坡和中东地区国家；欧洲进口我国产品较多的国家主要是法国、德国、英国；美洲是美国、加拿大及巴西。详见表1、表2。

表1　1995年主要钟表企业销售收入、出口额、实现利税情况

序号	企业名称	销售收入（万元）	出口额（万美元）	实现利税（万元）
1	上海钻石手表厂	18 426.3	620.0	922.5
2	上海手表厂	14 383.9	450.0	956.4
3	上海海达计时（电子）公司	13 463.7	591.0	1 617.2
4	上海手表二厂	12 802.1	206.5	508.40
5	珠海中瑞表业有限公司	11 328.8	1.3	4 189.6
6	天津手表厂	10 884.5	629.0	798.4
7	大连手表有限公司	8 488.0	572.0	-101.0
8	青岛钟表总公司	6 872.0	316.0	-1 964.0
9	北京手表厂	5 988.4	368.7	1 069.2
10	烟台手表总厂	5 763.0	286.0	646.0

表2　1995年时钟、定时器企业销售收入、出口额、实现利税情况

序号	企业名称	销售收入（万元）	出口额（万美元）	实现利税（万元）
1	威海市东华钟表工业公司	12 553.0	800	297.5
2	烟台木钟厂	10 498.3	538	817.8
3	上海钟厂	7 057.3	369.9	510.3

科研成果　1995年山东烟台钟表研究所的科研成果SJ93型石英电子井下时校仪获中国轻工业科学技术进步二等奖；沧州市正达电气股份有限公司的DXT15DFXⅡ双轴发条式多功能洗涤定时器获得中国轻工业科学技术进步三等奖；上海手表二厂的LSE擒纵叉带料生产线获中国轻工业科学技术进步三等奖。

管理及改革　手表类6个税目的产品列入国家机电产品进口配额管理清单目录，为此，1995年10月，钟表协会与总会经济贸易部在深圳召开了手表配额申报工作座谈会，会上宣传了国家的有关规定，介绍了申报程序和报批要求。这一行业管理措施，对进口表、组装表进入中国市场失控、冲击国内市场，将起到很好的调控效果，并有效地保护国有钟表企业和守法合资企业的利益。通过配额管理，使一批有影响的中外合资企业纳入行业管理的范围。

1995年5月，在北京召开了洗衣机定时器生产企业工作座谈会。协调与家电、洗衣机等厂家使用定时器的有关事宜。

协会信息中心利用数据库为会员单位提供了大量的信息，为企业经营决策起到了参考作用，并编辑出版了《钟表》杂志，《钟表信息》24期，《产销存月报表》27期。

协会积极组织企业开拓国际市场，组织实施与荷兰CBI组织签定的中国钟表产品进入欧洲市场的特别促销活动。

1995年3月协会组织我国7个企业的外贸业务人员参加了荷兰乌德勒元市春季博览会。通过该项活动，了解并掌握了欧洲市场关税、价格定位、贸易结构、进出渠道等第一手情况，并与欧洲的进口、批发商建立了联系，为今后扩大出口，宣传中国产品起到了积极的作用。

1995年9月，协会组织国内企业参观了第十四届香港国际钟表展览会。在港期间，参观访问了香港钟表行业组织，与港方同行业进行了交流，探讨了合作与贸易事宜，了解了香港市场及世界钟表产品近期发展趋向。

1995年9月下旬，在中国国际展览中心由协会组织举办了1995年北京国际钟表展览会，来自7个国家和地区的近百个中外厂商展示了他们的产品。展览会期间成交金额达1亿多元人民币，国内几百个商业单位到会参观洽谈。除国内名牌外，日本精工、西铁城，瑞士江诗丹顿、奥米茄、天梭等国际知名品牌也参加了这次展览。

质量及质量管理 1995年10月，杭州定时器厂通过ISO9000质量体系注册认证工作，至此从1987年至今，钟表行业共有4个企业通过了ISO9000认证，另3个企业均在深圳，它们是时运达电子有限公司，深圳飞镖表业外观件有限公司，东莞得利钟表有限公司。

协会委托西安国家钟表质量检测中心，对国产机械自动双历手表进行考查，并在行业内开展交流研讨活动。机械自动双历手表是当前国内外市场前景看好的“拳头”产品，我国机械手表加工能力较强，发展这一产品有助于提高产品的加工深度，有利于提高企业的经济效益，本次全行业的质量检测活动，将为进一步提高质量起到积极作用。

1995年5月，钟表行业组团参加了在德国柏林召开的第十三届国际标准化组织ISO/TC114会议，就钟表行业标准国际化等问题进行了研讨，并承接了提出部分国际标准修改提案的任务。

1995年11月，在湖南张家界召开了全国钟表行业一届五次标委会年会，并进行了钟表行业标委会的换届工作。近几年我国钟表行业标准制定工作取得了可喜发展。

对外合作 1995年11月，座落在北京顺义县天竺空港工业区内的日本西铁城（中国）钟表有限公司正式开业生产。这一合资项目的一期工程，日本西铁城集团与中方合资单位共投资1 200万元，合资公司预计手表的年生产能力可达300万只。

〔撰稿人：中国钟表协会 杨金况 审稿人：中国钟表协会 吉勤之〕

〔责任编辑：王亚水〕

电炭制品

〔机械工业部〕

生产发展情况 1995年，电炭行业加大了改革力度，努力调整产品结构，加强管理，强化企业生产经营工作。但由于国内电炭制品市场需求下降，电炭行业大部分企业的产值、产量都有所下降。据对电炭行业16个主要生产企业统计，共有职工8 352人，工程技术人员808人，拥有固定资产31 038万元，实现工资总额23 667万元，产量完成14 011t，出口创汇111.4万美元。

加入电炭行业协会的企业共有26个。按企业规模统计，大二型企业2个，中一型企业4个，中二型企业9个，小型企业11个。其中，合资企业1个，股份制企业1个。机械工业部骨干重点企业有2个：哈尔滨电炭厂和东新电炭股份有限公司。哈尔滨电炭厂完成工业总产值3 498万元，比上年下降27%，产品销售收入2 950万元，产量完成957t，全员劳动生产率13 480元/人，亏损额1 499万元。东新电炭股份有限公司完成工业总产值7 051万元，比上年下降36.6%，产品销售收入6 114万元，利润总额为388万元，产量完成1 070t，全员劳动生产率25 254元/人。

市场及销售 1995年，电炭产品市场继续疲软，大部分企业订货不足，回款困难。面对这种情况，各企业强化销售工作，采取了设库分销、中间商代销、调低售价、改进包装，加强售后服务等办法促销，但效果仍不理想。按对电炭行业16个主要生产企业统计，电炭产品销售收入为20 205万元，比上年有所降低。特别是行业的两个骨干重点企业销售收入降低的幅度较大，哈尔滨电炭厂降低34.8%，东新电炭股份有限公司降低29.7%。1995年，电炭产品销售量大的产品有高纯石墨、电机用电刷、人造金刚石炭片、机械用炭和气刨炭棒等，比上年都有不同幅度的降低。

1995年，电炭行业产品出口量较上年稍有增加，出口创汇额为111.4万美元。出口的产品有气刨炭棒，出口量为612万支，创汇57.8万美元；电影炭棒出口量为257万支，创汇31万美元。另外还出口了一部分电机用电刷及其他电炭制品。主要出口企业有上海申贝炭棒厂（原上海电影炭棒厂）、北京电炭厂、湖州市南浔电影炭棒厂、四川东新电炭股份有限公司、哈尔滨电炭厂、上海摩根炭制品有限公司等单位。主要销往东南亚地区、美国、日本、韩国等。

电炭行业按16个生产厂统计，销售收入超千万元的有：东新电炭股份有限公司（6 114万元）、哈尔滨电炭厂（2 950万元）、上海摩根炭制品有限公司（2 675万元）、镇江上党炭素厂（1 380万元）、江苏南通电炭厂（1 320万元）。产品出口创汇情况是：上海申贝炭棒厂（41万美元）、北京电炭厂（30万美元）、湖州市南浔电影炭棒厂（16万美元）、东新电炭股份有限公司（9.45万美元）、哈尔滨电炭厂（9万美元）、上海摩根炭制品有限公司（6万美元）。

产品分类及产量 电炭行业目前生产的产品分为10大类59个系列300余个品种。10大类包括电机用电刷、炭棒、机械用炭、炭石墨触点、送话器用炭砂、特种石墨、高纯石墨、调压器用炭电阻片柱、石墨制品、青铜石墨含油轴承等。特种石墨产品又分为玻璃炭、泡沫炭、电火花加工用石墨、铸造石墨、炭石墨刮片、人造金刚石用炭片、各向同性石墨、膨胀石墨、激光石墨、高强高密石墨、烧结膜用石墨、石墨防爆膜等系列产品。

1995年，对16个生产厂统计，大部分电炭产品产量较1994年有所下降，下降幅度最大的是人造金刚石用炭片，产量为303.2t，比上年减少接近1/2。其次是高纯石墨和电机用电刷，高纯石墨产量为1 063.4t，电机用电刷为676.8t，均比上年下降30%以上。机械用炭产品产量为227.9t，和上年基本持平，电影炭棒、气刨炭棒产量比上年稍有增加。

科研成果及新产品　1995年,东新电炭股份有限公司承担了“八五”国家重大技术装备技改攻关项目——大型块孔式石墨换热器用石墨基料的研制，该项目已进行了钻模设计、制造,并开始了试钻。

哈尔滨电炭厂1995年开展了15项工艺技术攻关项目，主要有浸金属炭滑板工艺技术改造、航空电刷提高性能的研究、特种沥青处理工艺及浸渍剂的研究等项目。通过采纳先进工艺，该厂当年新增效益100万元。

1995年，电炭行业有多种新产品获各级科技进步奖。

东新电炭股份有限公司有4种新产品获奖：T1056硅化石墨获四川省优秀新产品三等奖，T642人造金刚石炭片获四川省机械厅科技进步二等奖，T455石墨材料、浸玻璃炭石墨材料分别获自贡市科技进步三、四等奖。

哈尔滨电炭厂有3种产品获科技进步奖：J200金属石墨电刷获哈尔滨市机械局科技进步二等奖，M218石墨抗磨材料和T1492炭质涂料获哈尔滨市机械局科技进步三等奖。

1995年，电炭行业开发鉴定了一批新产品。

哈尔滨电炭研究所鉴定了2种新产品：(1)TD23ZX航天电机用电刷，是国家重点工程直流电机的配套电刷。该产品无论是在高空运行，还是在湿热环境中，性能均能满足电机的使用要求，并且具有换向性能好、磨损小、使用寿命长等特点。其性能及使用寿命居国内领先水平。主要性能指标：电阻率$30\mu\Omega\cdot m\sim63\mu\Omega\cdot m$，洛氏硬度59HRC～111HRC，体积密度$1.43g/cm^3\sim1.68g/cm^3$，50h磨损≤2.0mm。(2) T707石墨材料，是配合兵器工业及民用产品发展需求研制的新产品。该产品具有体积密度高、结构均一、机械强度高、耐烧蚀等特点。主要技术指标：灰分≤0.10%，电阻率≤$16\mu\Omega\cdot m$，开孔气孔率≤21%，体积密度≥$1.70g/cm^3$，抗压强度≥50MPa，抗折强度≥23MPa。

株洲电炭厂研制了D313IG电刷，它是为国内韶山4型电力机车配套的电刷，该电刷运行性能可靠，并通过了株洲电力机车组织的产品质量认证。此产品具有过流能力强、换向性能好、耐磨损和优良的滑动接触性能。可广泛应用于高功率、大电流和换向困难的各种直流电机。

江苏南通电炭厂鉴定了TJ22－5摩托车电机用电刷,达到了国外同类产品的技术水平,可替代进口电刷,价格仅是进口电刷的一半,产品供不应求。

哈尔滨电炭厂鉴定了3种新产品：(1) J200金属石墨电刷，是为满足我国汽车工业发展需要而开发研制的新产品。该电刷具有电阻率低、润滑性能好、导流能力强等特点。其性能达到了国外同类产品水平，填补了国内空白，有较大的经济效益和社会效益。主要性能指标：电阻率$0.1\mu\Omega\cdot m\sim0.4\mu\Omega\cdot m$，洛氏硬度70HRC～100HRC，50h磨损≤0.30mm，摩擦系数≤0.20。(2) M218石墨抗磨材料，采用细颗粒焦炭为基体材料，其内部结构均匀、细致、孔径小，具有机械强度高、加工性能好、耐磨损、抗冲击性能好等特点，广泛应用于各种离心泵、真空泵、反应釜、压缩机用密封环和磁力驱动泵、屏蔽电机、潜水电机、流量仪表等的轴承。主要技术指标：抗压强度≥80MPa，抗折强度≥37MPa，肖氏硬度≥60HSC，体积密度≥$1.62g/cm^3$，气孔率≤18%。该产品浸酚醛树脂和呋喃树脂后，性能大幅度提高。(3) T1492炭质涂料是一种炭—陶复合材料，它所形成的涂层具有炭素材料和陶瓷材料的特点，耐热、隔热性能好，抗氧化、耐浸蚀、涂层强度好，且不与铁水发生浸润，填补了国内空白，技术性能与使用性能达到了美国同类产品水平。技术性能指标：灰分含量18%～22%，水分含量≤2.0%，挥发分含量≤7.5%，干容重≤675g/L，导热系数≤0.12W/(m·K)(40℃)。

东新电炭股份有限公司重视新产品开发工作，1995年开展了8项重点新产品研究项目，5项一般新产品研究项目，4项基础科研项目。

管理及改革　中国电工器材行业协会电炭分会三届二次理事会、三届二次会员大会于1995年4月8日～11日在北京召开。参加会议的有22个单位的40名代表。总结了电炭分会1994年的工作，部署了1995年的工作计划；企业间进行了生产、经营方面的经验交流。会议期间电炭分会价格工作委员会召开了价格工作会议，与会代表认真分析了电炭制品用原材料及辅助材料价格不断上涨，使企业成本不断增加，难以消化，有些产品已严重亏损的情况。对此，价格工作委员会经三届二次理事会批准，对部分产品价格进行了调整。电炭分会现有会员单位30个，其中企业26个、大专院校2个、研究院所2个。电炭分会主办的双月刊《电炭信息报》大量编发了国内外电炭行业及相关行业的信息，受到了广大读者的欢迎。

北京电炭厂于1995年12月21日正式并入效益好的北京开关厂，原北京电炭厂法人资格被取消，但仍保留北京电炭厂的厂名及其长城牌炭棒产品品牌。这是北京市机械工业局为盘活存量资产、优化资源配置而采取的措施。

上海电影炭棒厂于1995年下半年经上海市轻工业局批准并入申贝总公司实体，并更名为上海申贝办公机械总公司炭棒厂，简称上海申贝炭棒厂，这是上海轻工业局对所属企业进行机制转换，调整企业结构的新举措。

1995年底，江苏省南通电炭厂在市委统一部署下，开始筹建股份制企业，精减机构，调整人员，放权搞活，计划1996年4月份完成机制转换工作。

东新电炭股份有限公司1993年11月19日在上海证券交易所挂牌上市。1995年，该公司按照股份制规范化要求，实行了“集中决策、分散经营”的公司化管理，积极探索建立现代企业制度的途径，加速内部机制转换，完成了公司与各分厂、车间的经济合同，加强责任制考核。以点带面完善了密封件分厂和运输公司的资产租赁承包，进一步下放了生产经营权，使二级单位步入商品市场，活力明显增强。

哈尔滨电炭厂1995年进行了企业经营机制的改革。以明确职能、理顺关系、精干人员、提高效益为目标，进行了工厂内部机构的调整。实行部门合并，行政管理处室按一职多能原则定岗、定员，使行政管理部门由原来的21个减少到14个，减少管理人员172人。对各生产分厂在分配制度上加大了改革力度，对部分分厂实行“三包一挂”承包经营制和相对独立经营制，定生产任务，实行工资、费用总额包干。创办第三产业，发展多种经营。

质量及质量管理 国家电炭制品质检中心对DC 80型短路换向器试验装置进行了技术改造，由人工控制改为微机控制，并着手筹建电动工具和家用电器电机应用试验室和空压机等设备用炭刮片应用试验室。

质检中心还开展了炭素粉末粒度的沉降分析法和筛分析法测试结果误差原因的探讨，三种水分测定方法的对比研究、Y－40全自动X射线衍射仪的物相分析应用和国内电刷动态特性的研究等科研课题的研究工作。

1995年，株洲电炭厂重视产品质量的管理，在产品质量检验环节上，以现场为主，严格执行GB2828、JB4003、JB2623等标准，进行抽检或全检。加强了计量管理，建立量具档案，保证周检合格率100%，

东新电炭股份有限公司在产品质量上重点抓了分层次的质量教育和职工培训，加强质量考核，严格原始记录管理和工艺纪律，加强质量信息反馈及处理，严把材料质量，依法计量管理等措施，产品质量稳定提高。在炭片的生产技术和质量管理中，编制了“作业指导书”和“作业卡”。1995年省、市抽查产品合格率和一等品率均达100%，

哈尔滨电炭厂为适应市场经济的要求，加强了对产品质量的管理，成立了质量保证部，充实了产品质量管理队伍，突出抓好全方位的质量管理工作，向质量要效益。该厂认真贯彻GB/T19000质量保证标准，举办了不同层次的人员培训班。质量保证体系健全完善，建立了质量成本、质量统计和质量考核制度，在处理产品质量问题时，坚持“三不放过”。

1995年，机械工业部下达哈尔滨电炭研究所标准制修订计划共4项。其中行军标《航空调压器用炭电阻片柱物理性能试验方法》已完成标准送审稿，行标《炭弧气刨炭棒物理性能试验方法》已编写了标准送审稿，国军标《航空电机用电刷》完成复审稿并上报部军工司审批，对国军标《航空电机用电刷运行性能试验方法》复审，进行调研工作。

另外，该所还完善了电炭产品抽样标准。过去电炭行业质量监督工作采用的抽样标准是GB2828，它适用于连续生产批次，不太适用电炭行业监督抽检，正在逐步采用GB/T14437—93一次监督抽样标准。同时还要宣贯GB/T15500抽样方法标准。

哈尔滨电炭研究所积极筹建机械工业部电炭专业标准化技术委员会，已呈报了机械工业部电炭专业标准化技术委员会章程等6份文件，等待审批。

技术改造 1995年，据对电炭行业16个企业统计，固定资产投资2 706万元，其中基本建设投资2 228万元，技术更新改造投资478万元。

哈尔滨电炭厂列入“九五”国家重点技术改造项目的引进汽车电刷生产线，该项目已完成前期准备工作。1995年完成了电刷加工厂房的改造工作，扩大了电刷产品的生产加工能力，提高了产品加工的自动化程度，降低了职工的劳动强度，改善了生产劳动条件和环境。

江苏南通电炭厂投入自有资金950万元，完成了老厂拆迁、新厂投产的重任，新建办公大楼1 800m^2、生产车间2 400m^2，更新改造了部分生产设备。该厂边搬迁、边生产，不但没有影响全年生产任务的完成，而且产值比1994年增长了12%。该厂还投入40万元新建了电刷生产线车间，增加了电刷的产量。

对外合作 哈尔滨电炭厂及哈尔滨电炭研究所从1990年开始和俄罗斯电炭制品研究院建立了技术合作关系，进行技术交流、讲学活动，签订了技术合作协议。1995年从俄罗斯引进了振动球磨机和螺旋挤压机等先进技术及设备。

湖南株洲电炭厂与法国罗兰公司多次协商，合资兴办电炭制品有限公司，目前已签订了意向书。

东新电炭股份有限公司与美国科克伍德公司经过两年多的协商、洽谈，达成协议，共同投资建立生产电刷的合资企业——凯迪炭素有限公司。该公司总投资额为59.68万美元，东新电炭股份有限公司投资额占49%，科克伍德公司投资额占51%，已于1995年1月正式投入运行。1995年实现收入522.4万元，利润达43.01万元。

〔撰稿人：哈尔滨电炭研究所　张梅君　审稿人：哈尔滨电炭研究所　吴海兴　机械工业部重大装备司　韩英俊〕

〔责任编辑：张友鹤〕

磨料磨具

〔机械工业部〕

生产发展情况 1995年磨料磨具行业经济指标较往年有所下降，但生产基本保持稳定。

据对行业95个企业基本情况的统计表明，1995年工业总产值按1990年不变价为207 824.8万元，比上年增长6.2%；当年价工业总产值为235 023万元，比上年增长11.9%；销售收入187 927.8万元，比上年增长7.7%；实现利税总额11 676.5万元，比上年增长-12%，其中亏损企业20个，占统计厂家总数的21.1%；全部职工年平均人数55 749人，全部职工工资年总额28 429.5万元，年平均5 099.6元/人。磨料磨具行业综合效益指数见表1，产品产量见表2。

表1 磨料磨具行业经济效益指标情况

经济效益指标	单位	1995年	1994年
工业产品销售率	%	99.52	92.84
工业资金利税率	%	3.59	4.83
工业增加值率	%	28.56	29.36
工业成本费用利润率	%	1.64	1.84
工业全员劳动生产率	元/人	12 039.47	11 061.03
流动资产周转率	次	0.82	0.87

表2 1995年磨料磨具行业产品产量

产品	单位	产量	比上年增长%
普通磨料	t	250 116.02	9.4
普通磨具	t	81 886.28	-11.5
商品块	t	18 783.99	-3.1
涂附磨具	万 m^2	2 872.25	11.7
人造金刚石	kg	2 542.51	15.7
金刚石制品	kg	1 590.29	7.3
立方氮化硼	kg	15.66	120.6
氮化硼制品	kg	14.19	24.6
硅碳棒	万支（标准）	128.78	-1.9

市场及销售 1995年磨料磨具市场比较困难。普通磨料的生产比较稳定，而且稳中有升，但产品产量的70%用于出口，金刚石市场继续下滑。普通磨具产量下降，特、异型磨具的市场需求量广泛。

海关统计的磨料磨具进出口情况见表3。

从海关统计资料看，磨料磨具行业出口数量逐年上升，出口价格也比上年有所上升，但是我国的产品价格与国外同类产品价格相比低80%～83.3%。

科研成果 由郑州磨料磨具磨削研究所负责组织，第一砂轮厂、白鸽（集团）公司、四砂股份有限公司、第六砂轮厂、燕山大学、徐州压力机械股份有限公司等单位参加的国家“八五”重点科技攻关项目数控特种磨具的开发与研究、数控超硬磨具的开发与研究、数控磨具关键工艺的研究已通过了由机械工业部主持的技术鉴定。通过鉴定的3个专题共含16个分专题，其中，数控特种磨具的开发与研究包括数控曲轴磨床配套砂轮，数控宽砂轮无心磨床配套砂轮，数控凸轮轴磨床配套砂轮，数控导轨磨床配套砂轮，数控高速钢钻头沟磨床配套砂轮，80m/s数控丝锥螺纹磨床配套砂轮，数控磨具技术条件（试行）制定，计算机辅助磨具配方设计和结合剂开发方法的研究等。数控超磨具的开发与研究包括：数控坐标磨床配套CBN砂轮，数控锯片端面磨床配套CBN砂轮，数控硬质合金钻头沟磨床配套金刚石砂轮，数控蜗杆磨齿机配套CBN蜗杆砂轮，超硬磨料镀附技术等。数控磨具关键工艺的研究包括：1600T砂轮专用均匀成型装备，630T砂轮专用均匀成型装备等。专家认为，通过这些项目较好地解决了我国磨具制造中的共性关键技术问题，数控特种磨具的开发与研究达到国际先进水平，数控超硬磨具的开发与研究达到或接近国际先进水平，数控磨具关键工艺的研究达到国内先进水平，这标志着我国磨具制造技术水平登上了一个新台阶。其中，由第六砂轮厂完成的数控坐标磨床配套CBN砂轮主要用于磨削高强度、难加工材料，加工直径小、精度高、普通砂轮难以加工的孔。砂轮规格为直径0.8mm～85mm，磨削对象为9CrSi模具钢，表面粗糙度 $Ra1.6\mu m \sim 0.4\mu m$，孔圆度0.003mm～0.006mm。CBN砂轮主要用于数控坐标磨床，亦可用于普通坐标磨床加工各种小孔，应用范围为精密模具制造业、手表和钟表制造业、低压电器和纺织机械制造业等。若全部采用国产砂轮，每年可节约外汇350万美元，各项指标居国内领先水平。郑州磨料磨具磨削研究所完成的超硬磨料镀附技术的研究课题研制了适合全粒度（30/35～325/400）范围JX41-Ⅲ型超硬磨料数字预置控制电镀装置，适用于超硬磨料镀镍、镀铜滚镀工艺，成功地解决了全粒度范围金刚石及立方氮化硼镀镍滚镀工艺及金刚石镀铜滚镀工艺的技术难点，一次镀附批量在100g～900g（500克拉～4500克拉），其镀附品种镀层分布均匀，没有漏镀晶面，镀层表面粗糙、颗粒互不粘连，镀层量控制精度为±1%。该成果对提高我国超硬磨料工具、磨具质量及使用性能，具有明显的作用。65m/s陶瓷结合剂CBN砂轮研制项目，在低温、高强度陶瓷结合剂的开发、砂轮配方设计和制造工艺等方面取得突破，解决了高速、大直径 CBN 砂轮的技术关键。研制的砂轮用于汽车凸轮轴凸轮形廓的磨削生产，效果显著。其制造和应用技术属国内领先水平，砂轮主要性能达国际 80 年代末同类产品水平。该项目的完成，使我国陶瓷 CBN 砂轮的品种、规格和性能均达到一个新水平。轴承加工用高耐用度内表面磨削砂轮的研制项目，研制了适合单晶刚玉、微晶刚玉磨料特性的高强度陶瓷结合剂，保证砂轮的使用速度达到 60m/s；研制的砂轮在与模块化轴承专用磨床配套使用时，砂轮耐用度粗磨达2 000件，精磨达 1 500 件，比现用砂轮提高 30%；在与其他磨床配套使用时，砂轮耐用度≥5 件，砂轮性能良好、稳定、适应性强。研制的高速钢 CBN 砂轮及研究的修整工艺、磨削工艺，在磨削 M_2 和 M_2AL 高速钢齿轮刀具时，表面粗糙度、生产效率、加工精度均有很大改善和提高，降低废品率和单件消耗砂轮成本，具有较好的应用效果和经济效益、社会效益。第六砂轮厂完成的铁基结合剂金刚石锯片，以铁基代替钴基，同时选择合适的金刚石粒度配比、金刚石浓度和烧结工艺，制造的金刚石锯片切割各种石材及耐火材料，各项指标相当于或优于原配方锯片，原材料成本只相当于原配方的 1/2～1/3。咸阳超硬材料研究所完成的直径 28mm 腔体人造金刚石合成工艺研究为陕西省重点科学研究计划项目。合成金刚石腔体直径达 28mm，单次产量 3g（15 克拉），单块高强料产量（60 目以粗，12kg 以上）为 1.25g（6.25 克拉），万克拉耗锤＜15kg，该成果较合成直径 23mm 腔体年利税可增加两倍。郑州机械工业高等专科学校研制的新型陶瓷氧化铝磨料由溶胶—凝胶（Sol－gcl）工艺合成并经过烧结制成，又称为 SG 磨料，以前只有美国拥有这类制造技术。

新产品　普通磨具　四砂股份有限公司生产的数控导轨磨床配套砂轮是与数控导轨磨床配套使用的一种具有高精度、高效率、高工作稳定性的高质量砂轮。该砂轮采用优质刚玉磨料，新型大气孔砂轮成孔材料。选用了强度高、工艺性能稳定、磨削性能优良的结合剂，设计制定了合理的配方，采用了等静压成型等先进工艺，该砂轮的特点是大气孔、松组织、硬度均匀、结构合理、平衡性能好，具有良好的几何精度和内在质量，可替代进口，节约外汇。数控凸轮轴砂轮是为汽车工业零部件质量上水平、整机质量与国际接轨而研制的配套专用砂轮。砂轮采用优质同类不同种刚玉磨料为主，配以性能优良的陶瓷玻璃原料为结合剂，经科学合理的工艺方法制作而成。产品具有严格的形位公差，严于国际 50% 以上的硬度均匀值和静平衡值，内在质量及磨削性能等同于国外砂轮质量指标。在上海大众汽车公司、东风汽车公司柴油发动机厂从德国引进的凸轮轴全自动生产线上使用，已获得较好的效果。合肥砂轮厂开发的增强界面砂轮是采用新型构思研制开发的两组复合砂轮，在替代普通砂轮进行磨削加工的同时，特别适用于高速重负荷磨削，增强界面砂轮分为磨削和非磨削两部分，磨削部分按用户要求的材质、粒度、硬度等设计制造，非磨削部分是根据砂轮在高速旋转时孔径应力最大的特点，将孔径处的非磨削部位采用新型廉价材质和高强度配方以及一次成型新工艺，增强了砂轮芯部和整体强度，保证了砂轮在高速负荷磨削时的回转强度和磨削性能，解决了磨具行业长期难以解决的粗粒度、低硬度砂轮强度差、易炸裂的难题。常熟砂轮厂开发的高速螺纹砂轮、压缩机阀片专用砂轮、高速切入磨砂轮等新产品，使用性能良好，其中压缩机阀片砂轮为生产线配套产品，可替代进口。福州砂轮厂研制的磨磁头精磨砂轮用于录音机磁头最后一道工序的磨加工，有非常好的自锐性、均匀性及锋利的磨削能力，砂轮密度小于 1，硬度超软级，静平衡性能要求高，金刚砂粒度细（3000#），成型难度大，该砂轮投产后，价格仅为进口产品的 1/3，目前市场占有率达 60%，年节约外汇 150 万美元～200 万美元。

表 3　1995 年磨料磨具产品进出口情况（海关统计）

产　品	出　口				进　口			
	数　量		金　额		数　量		金　额	
	t	比上年增长%	万美元	比上年增长%	t	比上年增长%	万美元	比上年增长%
1. 普通磨料	592 172	74.3	18 571	88.2	4 174	60.9	433	53.5
天然刚玉	66 043	67.2	1 101	97.5				
人造刚玉	259 641	59.1	7 456	71.5				
碳化硅	266 488	94.4	8 941	102.4				
2. 普通磨具	21 017	5.4	2 418	54.6	2 879	6.5	1 566	22.9
3. 涂附磨具	19 565	13.1	2 389	48.8	3 005	12.6	2 133	15.5
砂布	8 723	48.2	1 456	91.1				
砂纸	5 972	持平	660	持平				
4. 金刚石	5.082	28.8	208	21.6	0.611	20.5	166	69.4
5. 金刚石制品	4 594	9.3	1 201	58.9	1 361	48.1	907	27.9

超硬材料及其制品 第六砂轮厂完成的高耐磨耐热金刚石聚晶属机械工业技术发展基金项目，主要用于石油、煤田钻井、机械加工行业，特别应用于中硬以上研磨性地层的钻井。主要技术指标：耐磨性10万次～15万次，质量为单粒磨耗比值不低于平均值的50%，高于平均值粒数不低于40%，耐热性为1200℃～1250℃。产品热稳定性高于国外同类产品水平。该产品大批量出口。金属结合剂电阻热压金刚石砂轮采用电阻热压法生产的金属结合剂金刚石砂轮，具有密度高、导电性能好、使用寿命长等特点，由于成型压力小，金刚石不易破碎，特别适用于一些冷压工艺不易制造、甚至无法制造的非标砂轮和用于电解磨削的砂轮。金刚石工程薄壁钻头用于钢筋混凝土墙、楼板上钻孔，耐火材料取样，现代化建筑及旧建筑物改造、安装电气钻孔，其特点是钻孔及取样尺寸准确，孔表面光洁、质量好，钻进快，能减轻工人劳动强度。上海砂轮厂完成的平进机∅100mm～∅150mm专用金刚石砂轮经上海跃华支尔金顿公司、上海新翔机电设备工程公司等单位使用后，生产效率已达到国外同类产品的80%，国外一次磨2mm，而该产品一次最高可磨2.5mm，且价格只有国外同类产品的一半。北京钻探工具厂生产的TDT－810型带锯条，采用电镀法，将金刚石牢固镶嵌在带锯条上，整个工艺过程对金刚石无热损、无压裂损失。锯条长度1560mm，锯条宽度6mm，锯条速度450mm/min，曲线最小切割半径4.5mm，它能切割大理石、花岗岩、玻璃、陶瓷及硬质金属材料。不仅可以直线切割，还可以进行曲线、圆弧、斜面切割，因此可在建筑、装饰、首饰、工艺品、精密陶瓷、石材精深加工等行业以及地质勘探、石油钻探等部门广泛应用，目前该锯条装配在精密金刚石带锯机上，已打入美国市场，在国内亦有较好的推广前景。江汉石油管理钻头厂承担钻探用PDC片的优化项目，经优化的产品在原来的基础上各种性能又有较大的提高，耐磨性能提高2倍～5倍，抗冲击性能提高2倍，耐热性能提高50℃。

涂附磨具 上海砂轮厂研制的GYGA66陶瓷专用砂带规格为盘长50m，盘高25mm，断裂强度≥36kN/m，加工后陶瓷端面无杂色，使用寿命、加工效率达到国外同类产品的80%，经重庆兆峰陶瓷有限公司、景德镇瓷厂等单位使用后，能代替进口产品，效果良好。该产品的开发成功，可使陶瓷生产厂家砂带国产化，节约外汇，降低成本。上海砂轮厂仅此一项年可创利税90余万元。

质量及质量管理 1995年国家磨料磨具质检中心承担了人造金刚石磨料统检工作，这次统检抽查49个企业的样品，实收检35个企业的样品，抽样送检率为71.4%；合格企业13个，检验合格率为37.1%，其中8个企业的产品被评为一等品，占合格率的61.5%。

中国七砂集团有限责任公司、上海砂轮厂、三一集团材料工业有限公司获得ISO9000质量体系认证，这对促进质量管理规范化、国际化，消除贸易技术壁垒，开拓国际市场，有极其重要的影响和作用。

〔撰稿人：机械工业部郑州磨料磨具磨削研究所　杨　波　审稿人：机械工业部郑州磨料磨具磨削研究所　瞿光辉　机械工业部机械基础装备司　李冬茹〕

〔中国核工业总公司〕

生产发展情况 1995年中国核工业总公司生产人造金刚石单晶比上年增长30.6%，到1995年底，拥有人造金刚石压机174台，比上年增加18台。金刚石产品品种齐全，有各类人造金刚石单晶、聚晶、微粉及其制品，如各类砂轮（直径50mm～400mm），各类圆锯片（直径105mm～1 600mm系列），磨头、地质钻头、扩孔器、拉丝模、工程薄壁钻头、锯片刀头、电镀切片、电镀磨盘、触媒、立方氮化硼等，特别是工程薄壁钻头，由于产品质量好和性能优越很受建筑施工单位的欢迎。

市场及销售 由于国家大力压缩基本建设规模，与基本建设密切相关的金刚石及其制品受到了很大的制约，市场不畅，产品库存积压增大，产品售价大幅度下降，而生产金刚石及制品的原材料价格上涨幅度大，致使企业困难重重。由于国内金刚石市场不景气，国际上的商人趁机大幅度压价收购我国的金刚石，虽然金刚石产量比上年有较大增长，但经济效益却有较大下降。1995年亏损492万元，其中天津人造金刚石厂亏损达269万元。

产品分类及产量 1995年生产人造金刚石单晶及制品18大类产品，其中人造金刚石单晶2 982kg，约占全国金刚石单晶产量的1/10，比上年增长30.6%。由于金刚石市场不景气，大批乡镇企业小厂和个体金刚石厂经不起市场的冲击而被迫停产，因此1995年全国约有一半的压机停产，其金刚石单晶的实际产量约30 000kg左右。还生产微粉26.4kg，聚晶4 168粒，锯片1 486片，薄壁钻头12 057个（比上年增长62.2%），除扩孔器、砂轮、磨头和人造金刚石压机产量下降外，其余产品都比上年有所增长。

科研成果 为了提高人造金刚石单晶的产量和质量，降低生产成本，各厂对48MN压机进行了腔体由直径18mm改为23mm的试验，提高了金刚石单产产量，单次产量由原直径18mm腔体的0.9g（4.5克拉）提高到1.4g～1.8g（7克拉～9克拉），高品级金刚石MBD8 50/60以粗的产量也有所增加。特别是江西金鼎钻石总公司的MBD8 50/60以粗的产量达到26%以上。金刚石单晶表面处理项目是部级重点技术开发项目，经对金刚石进行超低温冷冻处理后，其抗压强度可增加10MPa～20MPa，热稳定性能良好，对工程薄壁钻头冷冻处理后，其寿命延长一倍以上并提高了工效。中南三〇三队金刚石厂的金刚石制品采取了特殊工艺，对金刚石进行增强处理，对胎体则进行预合金处理，使胎体与金刚石的包镶性提高，在烧结工艺上将原来的间歇式烧结改为连续式烧结，提高了产量和质量，降低了生产成本。湖南超硬材料机械总厂研制出了适合该厂条件的立方氮化硼，研制并生产了低温软胎体配方钻头，出口到香港。

技术改造 湖南飞碟超硬材料企业集团和江西金鼎钻石总公司的超硬材料技术改造 1993 年被列入国家军民结合重点技术改造项目，固定资产总投资 6 311 万元，1995 年已圆满完成技改任务，另外二七〇研究所的触媒技改生产线投资 500 多万元也已建成投产，中南三〇三超硬材料厂的圆锯片生产线投资 200 万元，也已基本建成。

〔撰稿人：中国核工业总公司　张伯初　审稿人：中国核工业总公司　杨宝龙〕

〔责任编辑：邝　鸥〕

模　具

〔机械工业部〕

生产发展情况 据中国模具工业协会经营管理委员会对全国 226 个专业模具厂及模具分厂（车间）的统计，工业总产值为 145 亿元左右，比上年增长 11.5%。1995 年模具产值达到 2 000 万元以上的企业有 13 个，1 000 万元～2 000 万元之间的企业有 14 个，这 27 个企业的模具产值合计为 5.96 亿元，比上年增长 16.9%。1995 年模具企业的经济效益有所下降。为了改变亏损和微利状态，一部分模具生产企业发展了制件甚至成品的生产。制件生产效益好的企业，经济状况有所改善。

由于汽车、摩托车的快速发展及家用电器等产品对模具的需求不断提高，一些汽车覆盖件模具、汽车内外饰件模具、子午线轮胎模具、压铸模具及其他中、高档模具的生产发展速度高于行业平均水平。乡镇企业、“三资”企业和个体企业的生产发展速度也高于行业平均水平。1995 年电机铁芯自动叠铆硬质合金多工位级进模、步进电机定转子带双回转叠片硬质合金级进模、接插件和集成电路框架及电刷等多工位级进模、轿车内覆盖件模、大屏幕彩电塑壳模、空调外壳模、大容量洗衣机连体桶模、复杂大型压铸模、子午线轮胎模等一大批模具都有较大发展，许多已达到和接近国际先进水平。

市场及销售 1995 年，国内模具市场仍然活跃，总量仍供不应求，中高档模具产需矛盾进一步突出。1995 年，共进口模具 8.11 亿美元，还不包括随主机、生产线或设备作为附件带进来的模具。进口最多的仍是制造汽车和家电用的大型、复杂冲压模具、塑料模具和压铸模具及制造机械电子产品用的精密模具。进口模具主要来自港、台地区和日本，东南亚地区和欧美也占一定比例。1995 年，国际模具市场总量约 650 亿美元，其中亚洲约占 50%。1995 年我国共出口模具及模具标准件 4 941 万美元，主要去向是香港及东南亚市场。

科研成果及新产品 1995 年，在精密冲模方面，已生产出了精度达 2μm、步距精度 2μm～3μm 的具有多种功能的硬质合金多工位级进模，寿命达 1 亿次以上。厦门永红电子公司研制生产了一批达到国内领先水平的引线框架冲模，其中 PLCC68 腿的集成电路模具填补了国内空白；该厂还解决了小凸模的加工变形、模具材料的合理选用、小尺寸复杂型腔废料堵塞、内引线扭曲等许多技术问题，使引线框架冲模的设计制造水平达到了一个新高度。常州宝马集团模具厂生产的步进电机定转子带双回转叠片硬质合金级进模达到了国际先进水平。

一批“八五”国家重点企业技术开发项目 1995 年通过鉴定，详见表 1。

表 1　模具行业“八五”国家重点企业技术开发项目完成情况

序号	项目名称	完成单位	成果水平
1	33 工位微电机电刷硬质合金精密级进模	北京市机电研究院精密模具公司	国外同类模具水平
2	24 工位针式接插件硬质合金精密级进模	机械工业部机械科学研究院、阿城继电器厂	国际 80 年代中期水平
3	精密多工位级进冲模 CAP/CAM	机械工业部桂林电器科学研究所	国际 80 年代先进水平
4	模具数据与信息系统	机械工业部桂林电器科学研究所	工作效率较以前提高 10 倍以上
5	精密多工位级进冲模	机械工业部桂林电器科学研究所	国内先进水平
6	多型腔小模数齿轮模具的设计制造技术	烟台北极星模具总厂	国外先进水平

作为国家“863”计划中 CIMS 工程典型应用工厂的东风汽车公司冲模厂，已完成了汽车覆盖件模具 CAD/CAPP/CAM 集成系统单元技术，已在生产中应用并产生了良好效果。

列入国家级火炬计划的塑料异型材模具 CAD/CAM 系统，已由连云港七一六研究所与武汉交通科技大学共同完成，该系统达到了国际先进水平，在生产中应用收到了很好的效益。合肥工业大学研究开发的塑料型材挤出成型模具CAD系统也达到了国际先进水平。

轿车部分覆盖件模具、数控冲床用系列模具、74cm（29in）彩电塑壳模、6.5kg单缸全自动洗衣机外桶模、5kg双缸洗衣机连体桶模、汽车摩托车上配套的零件和自动扶梯大型梯级等复杂压铸模等已达到相当水平，并已开始国产化。连云港七一六所研制的空心玻璃砖模具寿命可达200万次以上，已与进口生产线配套，效果良好。

在模具新材料方面，7CrSiMnMoV（CH）、4Cr3Mo3W4VNb（GR）、PMS等新钢种经实际应用，已显示出了良好性能，对提高模具寿命起到了很好的作用。

在模具表面处理技术方面，多元素共渗、复合渗、化学气相沉积（CVD）、物理气相沉积（PVD）、离子渗入、离子注入、真空处理、深冷处理等技术已得到较好应用，效果显著。

用于模具制造的工艺装备有了很大进步。北京阿奇工业电子有限公司生产的CC100高精度慢走丝线切割机、北京电加工机床研究所生产的D35CNC精密电火花成型机床主要性能已达到或接近国外先进水平。北京新火花机床公司生产的SPD1250大型电火花成型机床在一汽使用，与过去仿形铣削相比，大型锻模生产效率提高30%，修磨工时缩短80%，且可使模具寿命提高1倍。东风汽车公司开发的低熔点合金模具专用铸模机填补了国内空白。桂林电器科学研究所研制的压铸模用多回路热油温控机对提高压铸模寿命和铸件的质量及生产效率可起到很好作用。

管理及改革 中国模具工业协会继推广东风汽车公司冲模厂改革经验之后，1995年筹备了全国重点模具企业厂长座谈会，编辑了包括14个企业经验的《1995年模具企业深化改革加强管理经验选编》，推动了模具企业的改革。

1995年新产生了一批模具行业股份制企业，但这些企业规模都很小。“三资”企业有很大发展，累计总数已有几百家。他们的经营状况一般都好于其他所有制企业，其产品质量和数量不断提高，已成为我国模具行业的一支重要力量。

质量及质量管理 1995年，中国模具工业协会技术委员会向机械工业部提出了要求建立国家模具质量监督检测中心的报告。中国模具工业协会与中国机床总公司于1995年5月在南京共同举办了第四次全国模具设备和模具产品展览交易会，会上展出了一批高质量的模具、模具标准件和模具加工设备，促进了模具制造水平和质量的提高。

在标准方面，全国模具标准化委员会于1995年10月在昆明召开年会，决定对现有的冲模零件标准、冲模模架标准、塑料模零件标准、塑料模模架标准进行修订，同时强调企业要根据国家标准制订相应的企业标准。

技术改造 1995年，模具行业共完成固定资产投资4亿多元。至1995年底，累计投资已超过1亿元的企业有7个：一汽模具中心、东风汽车公司冲模厂、天津汽车模具厂、成都飞机公司汽车模具中心、哈尔滨飞机制造公司模具中心、科龙模具中心、荣事达集团模具厂。累计投资已超过5 000万元的企业有：沈阳飞机制造公司模具厂、柳州微型汽车厂模具车间、渭河精密工模具总厂、安阳彩色显像管玻壳公司模具厂、浙江模具厂、重庆塑料机械模具厂等。模具标准件方面，至1995年底已完成的主要项目有：昆山大型塑料模架厂、浙江塑料模架厂、镇江船山模架厂等企业的项目。同时，一大批“三资”企业相继投产。由于模具是技术密集型产品，对工艺装备有很高的要求，因此，企业在技术改造中，大部分资金用于引进一些国内还达不到要求的关键加工测试设备及CAD、CAM、CAE软、硬件。“八五”期间，仅特种加工设备（包括线切割机床、电火花成形机床、激光加工机床、电解加工机床等）就进口了1万多台，用汇2亿多美元。由于先进设备和技术的大量引进，我国模具设计制造水平有了很大提高，有些产品已达到国际80年代末或90年代初水平。由于资金的投入，模具及模具标准件生产能力也有了很大提高。“八五”期间，模具生产能力提高了约1倍。所创造的社会效益十分可观。

但从总体来看，模具工业投入还是太少，跟不上国民经济发展的需要，致使模具供不应求的矛盾越来越突出，1995年进口模具为1990年的3.8倍。

〔撰稿人：中国模具工业协会　周永泰　审稿人：中国模具工业协会　王　都〕

〔责任编辑：邝　鸥〕

工业机器人

〔机械工业部〕

生产发展情况 至1996年上半年，我国从事机器人及其相关技术产品研制、生产的单位约有190个，研制生产的各类工业机器人约350台，其中已用于生产的约占3/4。1995年随着汽车行业及一些大型工程项目的发展，机器人的应用不断向成套扩展，开拓新的应用领域并研制了一些新型的工业机器人。机械工业部北京自动化所在不断完善PJ系列喷涂机器人和EPM系列喷涂机的基础上，根据用户多样化的需求，又开发出伺服跟踪侧喷机和平面涂胶机等新机型，形成多品种、多系列产品。在此基础上扩大了应用领域，除喷卡车面漆外，还承揽了轿车内饰件、车灯电器等喷涂生产线，实现应用成套交钥匙工程。此外还开发了正位

（搬运）机器人，用于摩托车生产线。1995 年销售合同额已达 2 000 万元。沈阳第一机床厂与中国科学院沈阳自动化所合作，于 1995 年推出 S_1 - 348 型多功能机器人；1996 年初辽宁省将机器人列为全省十大高技术产业化项目的首项，已选定沈阳第一机床厂为工业机器人生产基地。东风汽车装备公司在与德国 KUKA 公司合作的过程中，已组装成 125kg 点焊机器人，正进行多台机器人汽车车身焊装线的安装调试工作。济南第二机床厂与美国 ISI 机器人公司合作，正开发冲压自动化装置，包括冲压上下料机器人。关于各主要研制单位和生产厂家自 1995 年～1996 年上半年研制、生产的工业机器人应用情况，以及关于产品分类及产量、新技术与科研成果、新产品等详见表 1。

表 1　1995 年～1996 年上半年工业机器人研制、生产、应用一览表

研制生产单位	项目名称	主要技术参数及特点	成果应用及获奖情况	备　注
机械工业部				
机械工业部北京自动化所	伺服跟踪型侧式喷涂机	喷涂往复行程 2 100mm，同步伺服跟踪速度 0～250mm/s，控制方式 PLC，每台安装喷枪数 4 把，喷枪移动速度 0.5m/s～2m/s，喷涂质量达到国家一级标准	已用于上海华德塑料制品公司	1995 年开发
	RZB4 - 01 平面涂胶机	喷涂范围（长）1100mm×（宽）900mm，胶枪手动调高 ±20mm，负载能力 4kg，路径运动速度　0～250mm/s，路径重复性 ±0.5mm	已用于武汉神威汽车塑料件有限责任公司	1995 年～1996 年开发
	正位搬运机器人	直角坐标型，4 轴，负载能力 30kg，单轴速度 300mm/s，位置重复性 ±0.5mm，交流伺服驱动，PTP 示教再现	用于春兰集团摩托车生产线	1995 年～1996 年开发
	平顶山高压开关厂自动喷涂生产线	为总承包交钥匙工程，项目包括整个油漆线和自动化成套工程，由于要保证产品的绝缘性和真空性能，因此喷涂质量要求高，且要求连续喷涂筒类件和箱体件 2 万件/年。该线用 2 台 ER501S 电动喷涂机器人	已于 1996 年 6 月全线验收投入生产运行	ER501S 为机械工业部北京自动化所自行开发产品
	天津市汽车灯厂车灯面漆喷涂线及车灯自动涂胶工作站	为总承包交钥匙工程，面漆喷涂线用两台 ER501S 机器人，喷房由吉林工业大学承担；车灯机器人自动涂胶工作站共两套，包括总体设计，设备选配，外围设备设计制造，安装调试及模拟试验，达到多品种批量生产	已于 1996 年 4 月全线验收运行	涂胶站用两台 ABB 公司机器人
	武汉神威汽车塑料件有限责任公司胶粘线	热熔胶涂胶工作站用一台 RZB4—01 平面涂胶机，配套设备热熔胶挤胶机	用于喷涂轿车车门塑料内饰件，1996 年验收运行	
	上海华德塑料制品公司汽车装饰件自动涂装生产线	给多品种塑料装饰件喷涂金属漆，用三台伺服跟踪型侧式喷涂机，喷涂质量达国家一级精度	已运往生产现场，正调试	
	公主岭汽车装饰材料厂水切割生产线	轿车内饰件切割生产线用一台 KJ - 100 框架式工业机器人，进行非金属内饰件的高压水切割	已通过用户生产验收，获机械科学研究院一等奖	正报部奖
	春兰集团摩托车生产线	3 条生产线上用 3 台正位搬运机器人，将摩托车架从喷涂线上搬至装配线上并正位	正调试	
济南第二机床厂	长安机器厂自动化冲压线	总承包，制造 5 台主机，自动化装置（拆垛、机器人、穿梭和电控）与美国 ISI 合作提供	已运行半年多，用户满意	
东风汽车装备设计研究院	125kg 级工业机器人	引进德国 KUKA 机器人公司 IR761/125 型机器人技术，已组装完成，技术指标达到 KUKA 同类产品指标	拟用于点焊、搬运	

（续）

研制生产单位	项目名称	主要技术参数及特点	成果应用及获奖情况	备注
沈阳第一机床厂	S-348型多功能工业机器人	垂直关节型结构，6轴，平面半径达R1 565mm，采用中国科学院沈阳自动化所SIA-ARC10控制系统，示教盒示教，在一个平面内只有20°死角的半球活动区，可地面安装、吊挂或壁装	可用于弧焊、切割、机械装配、零件转移、分选、材料处理与表面处理	
中国航天工业总公司				
上海仪表厂	弧焊机器人（关键件国产化）	多关节式，5轴，最大负载10kg，位置重复性±0.2mm，最大合成速度2.4m/s，32位多CPU二级计算机控制	用于上海第二汽车底盘厂桑塔纳轿车前桥焊接，已焊1万多件	上海市科技进步一等奖
北京航空航天大学	BUAA-RR七自由度机器人	7关节，位置重复性±1mm，DC伺服驱动，实时运动学连续轨迹控制，示教盒示教，可“自运动”避障，避开内部奇异和克服关节角限制	已出口1台机械本体	通过中国航空工业总公司组织的部级鉴定，“863”专家组验收
	三指灵巧手机构	3指9关节，能完成精密装配等细微操作	已出口1台	“863”项目专家组验收
八一一厂机器人自动化研究所	HRGP-1A喷涂机器人	6轴，多关节	北京轻型汽车集团用2台	
	HRGP-1B喷涂机器人	6轴，多关节	东风汽车公司用1台	
重庆航天机电设计院	天龙二号弧焊机器人	关节式，5轴，位置重复性±0.3mm，最大合成速度1m/s，STDV20工控机控制，DC伺服驱动，键盘示教	用于建峰摩托车配件厂焊接建设—雅马哈50型摩托车架	
中国兵器工业总公司				
南京理工大学	吊车式电控仿形往复喷涂机	对车身顶棚仿形采用电控，两侧围仿形采用机械式，喷涂时车身不动，喷涂机如吊车一样在车间上部前后移动	用于喷涂小型轿车，现正装配调试	
	气动搬运机器人	圆柱坐标式，3轴，点位控制，负载1kg	用于雷管厂，正调试	
	冲床用级进上下料机械手	气动，2轴	正制造	
西南自动化研究所、四川朝阳机器厂	TF-1型弧焊机器人	关节型，6轴，额定负载6kg，位置重复性±0.2mm，路径重复性±0.2mm，DC、AC驱动，示教盒示教	1995年5月通过鉴定，正试用	
中国科学院				
沈阳自动化研究所	SIA-AGV-1、2、3、4型自动导引车产品系列	运货型和装配型两类，直流伺服电机驱动，DC-PWM，运动自由度2°～3°，最大行驶速度30m/min～60m/min，STD计算机控制，速度、位置环编程、地磁导线自动跟踪，活动光标同步跟踪控制，负载100kg～1 000kg	已用于沈阳金杯汽车公司、沈阳轿车厂海狮牌客车总装线，共9台	

表 2　企业集团、“三资”企业技术合作及引进一览表

名　称	组成成员	技术引进及生产发展情况	计划指标
工业机器人技术引进及转让	东风汽车公司与德国KUKA公司	引进KUKA机器人整机IR761/125型、IR761/60.1型、IR365/30型、IR365/10.1型。相关技术资料、技术培训。已组装一台125kg级工业机器人，技术指标达到KUKA机器人指标	拟组装6台125kg级机器人；9台引进机器人的车身焊装线调试；建KUKA机器人组装基地，单班能力100台/年；建KUKA机器人维修中心
10年技术合作协议	济南第二机床集团公司与美国ISI机器人公司	1993年2月达成协议，为期10年。1995年11月为重庆长安机器厂提供了一条双方合作研制的冲压自动化生产线装置	采取“自行开发与合作生产并举”方针，拟研制拆垛装置上下料机器人、穿梭传送及电控系统
唐山松下产业机器有限公司	日方松下电器产业株式会社及松下产业机器株式会社，中方唐山市电子设备厂	1994年8月8日签约，1995年3月1日开始生产，产品为电焊机和工业机器人。目前负责销售日本松下生产的机器人及零、备件供应和各种技术服务，销售的产品为松下AW系列搬运和焊接机器人	现正作技术准备和人员培训，拟于1997年后生产焊接机器人
沈阳第一机床厂工业机器人生产基地	沈阳第一机床厂与中国科学院沈阳自动化所	已于1995年研制出S_1－348垂直关节型多功能机器人，由第一机床厂生产机器人操作机，沈阳自动化所配控制柜	拟引进国外技术开发各类工业机器人，计划1997年年产量达100台，2000年达1000台生产能力
昆明机床股份有限公司	昆明机床厂，在香港股份上市，属外资企业	主要产品NC机床、加工中心、柔性制造单元，工业机器人为开发的新产品之一，KIR－1型工业机器人于1995年11月通过省级鉴定	正扩大厂房、更新设备，准备扩产
机器人与自动化生产应用工程合作协议	国家“863”计划由一汽集团、熊猫集团、牡丹集团合作	1995年8月2日签订协议，拟建立具有行业代表性的、国内一流的应用示范工程	

市场及销售　1995年～1996年间，全国应用的工业机器人增长不足百台，因而工业机器人总台数约为1 100台。据36个用户统计，在此期间共增加工业机器人60台，其中41台国产机器人。目前全国机器人用户约480个。市场销售较好的单位有机械工业部北京自动化所、济南第二机床厂等。工业机器人的主要市场仍在汽车、电器、摩托车、工程机械等行业。我国工业机器人的销售价格约为国外同类产品的1/2～2/3，但1995年～1996年间仍未有整机出口。

1995年，据对机械工业部11个企业统计，销售收入2 680万元；对中国兵器工业总公司2个企业统计，销售收入200万元；对中国航天工业总公司3个企业统计，销售收入80万元。

管理及改革　各研制、生产单位基本实行企业化管理。关于“三资”企业及技术引进情况见表2。

质量及质量管理　1995年～1996年修订了《工业机器人安全规范》(GB11291)。各研制、生产单位都在参照执行已颁布的12项国标和行标，注重机器人产品的可靠性和质量。国家和机械工业部尚未建立该产品检查机构和制度。

〔撰稿人：机械工业部北京自动化所　陈佩云
审稿人：机械工业部科技与质量监督司　尤一平〕

〔中国科学院〕

科研成果及新产品　中国科学院沈阳自动化所是国家机器人技术工程研究开发中心的依托单位，目前主要从事机器人及人工智能技术、综合自动化技术和光电跟踪与测量技术等多方面的应用研究与工程技术开发工作。工业机器人、特种机器人、自动导引车（AGV）、遥控移动式作业机器人等已形成系列产品，应用于国民经济建设中。1996年获奖成果是SACAWR－I型高压水切割机器人。利用高压水射流加工是一项先进的加工技术，可对超薄、超硬、超脆材料进行无应力加工，一次成形。该项目由中国科学院沈阳自动化所和成都飞机工业公司联合研制，从实际应用出发，采用了直角坐标系五自由度机器人结构及一体化全密封导轨等先进技术，控制系统选用了Intel 386工业控制计算机和PWM交流伺服系统，采用机器人高级编程语言，误差模型修正软件及离线编程软件包，圆满地解决了系统的定位精度，密封及可靠性等关键技术。该项目的机器人系统在国内处于领先地位，达到了90年代初期国际同类机器人产品的技术水平。

“CR－01A” 6 000m自治水下机器人是863计划中的重大项目之一，（下转特载部分第88页）

附表 1

企业规模（1995 年）

行　业	部　门	企业总数	特大型	大一型	大二型	中一型	中二型	小　型
工业锅炉（包括余热锅炉）	机械工业部	160		5	10	19	29	97
内燃机	机械工业部	132	1	15	23	18	44	31
	中国石油天然气总公司	1		1				
工业燃气轮机	机械工业部	16		6	3		2	5
发电设备	电力工业部	1			1			
金属切削机床	机械工业部	241	1	15	36	15	61	113
锻压设备	机械工业部	103		2	4	9	30	58
铸造机械	机械工业部	25			1	2	7	15
起重运输设备	机械工业部	180		3	10	6	42	119
	交通部	18		1	2	8	7	
	电力工业部	9			4	3	2	
工矿车辆	机械工业部	6				2	1	3
	电力工业部	1					1	
泵	机械工业部							
工业泵		105		2	6	5	24	68
农业泵		151			5	1	20	125
	电力工业部	5			1	2	1	1
风机	机械工业部	67		1	6	3	13	44
	电力工业部	3			2	1		
气体压缩机	机械工业部	58			9	2	11	36
气体分离及液化设备	机械工业部	19		2	3	1	5	8
真空获得及应用设备	机械工业部	18			1	2	6	9
制冷空调设备	机械工业部	51		4	9	4	11	23
电动工具	机械工业部	38			4		5	29
减变速机	机械工业部	42			1		4	37
轴承	机械工业部	259	1	5	18	33	83	119
阀门	机械工业部	168			5	6	32	125
	中国核工业总公司	2		1			1	
液压件及液力件	机械工业部	103		2	5	3	22	71
气动元件	机械工业部	19			1		5	13
密封件	机械工业部	27				1	3	23
粉末冶金制品	机械工业部	35			1	1	7	26

行　业	部　门	企业总数	特大型	大一型	大二型	中一型	中二型	小　型
紧固件	机械工业部	195			5	10	21	159
弹簧和链条	机械工业部	60			2	1	6	51
齿轮	机械工业部							
汽车齿轮		21			5	1	10	5
农机齿轮		47			6	4	24	13
矿山设备	机械工业部	138		7	11	11	26	83
	煤炭工业部	38		4	9	4	18	3
	中国有色金属工业总公司	4					2	2
	电力工业部	6		1	3		1	1
冶金设备	机械工业部	25	2	5		2	8	8
	冶金工业部	26						
	中国有色金属工业总公司	5		2	1			2
电工专用设备	机械工业部	10		1	1	1	3	4
石油设备	机械工业部	53		2	5	6	13	27
	中国石油化工总公司	26					8	18
	中国石油天然气总公司	24		2	12	5	5	
	电力工业部	1						1
化工设备	机械工业部	41		2	1	3	8	27
橡胶设备	机械工业部	8		1		2		5
塑料设备	机械工业部	18			1	3	2	12
木材设备	林业部	40		1	7	10	19	3
印刷设备	机械工业部	56		1	6	4	17	28
	地质矿产部	2			1			1
制药设备	机械工业部	2						2
建筑材料设备	机械工业部	26				1	1	24
	国家建材局	74		3	10	12	12	37
食品设备	机械工业部	49				3	18	28
	中国船舶工业总公司	5			2	3		
粮油设备	机械工业部	86				1	9	76
饲料设备	机械工业部	34					2	32
包装设备	机械工业部	13					6	7
纺织机械	中国纺织总会	293		12	33	32	67	149
	机械工业部	20			1	2	2	15
缝纫设备	中国核工业总公司	1					1	
	中国轻工总会	106						

（续）

行　业	部　门	企业总数	特大型	大一型	大二型	中一型	中二型	小　型
拖拉机	机械工业部	95	1	7	17	13	32	25
机械化农机具	机械工业部							
收获及场上作业机械		27			3		6	18
农副产品加工机械		112			1	2	5	104
农业运输机械		171		1	6	4	30	130
排灌机械		166						
	农业部农垦局	95				2	16	77
热带作物机械	农业部农垦局	19					3	16
营林机械	林业部	7			1		1	5
	机械工业部	2						2
畜牧机械	机械工业部	41				2	7	32
渔业机械	机械工业部	2						2
水利机械	水利部	18	0	0	2	0	3	13
	机械工业部	13					3	10
医疗器械	机械工业部	4			1			3
建筑工程机械	机械工业部							
挖掘机械		6			5			1
铲土运输机械		10		5	1	1	1	2
压实机械		1				1		
工程起重机械		23		1	5	4	3	10
叉车		25		1	5	1	6	12
凿岩机械		6			2		1	3
风动工具		11			1		3	7
地质设备	地质矿产部	36			1		9	26
环境保护设备	机械工业部	42			1		6	35
	电力工业部	7			2	1	4	
消防设备	公安部	7				7		
铁路机车车辆	铁道部	35		32	2		1	
汽车	机械工业部							
载重汽车		51	1	9	19	5	13	4
客车		19			5	3	4	7
小轿车		6	1	3	1			1
微型汽车		2			1		1	
特种汽车和改装汽车		95			10	9	38	38
汽车零部件和配件		769	1		49	27	129	563

（续）

行　业	部　门	企业总数	特大型	大一型	大二型	中一型	中二型	小　型
汽车	中国有色金属工业总公司（直属独立机械厂）	3					1	2
摩托车	机械工业部	16			5	2	2	7
自行车	中国轻工总会（系统内全部独立核算企业）	368						
船舶	中国船舶工业总公司	77	3	18	29	13	10	4
电机	机械工业部	334		10	12	25	71	216
变压器	机械工业部	178		2	12	6	46	112
电力整流器	机械工业部	16			1	1	2	12
电力电容器	机械工业部	23			2		6	15
高压电器	机械工业部	237	1	5	6	6	37	182
电线电缆	机械工业部	254		8	28	15	56	147
输电线路金具铁塔	电力工业部	9			2	3	4	
绝缘材料	机械工业部	51			4	4	10	33
蓄电池	机械工业部	59			5	3	10	41
	中国船舶工业总公司	2			2			
家用电器	机械工业部							
洗衣机		3				1	1	1
电冰箱		10		2	2	3	2	1
电风扇		20			2	1	6	11
空调器		5			4			1
	中国轻工总会（系统内全部独立核算企业）	554						
洗衣机		35						
吸尘器		8						
电冰箱		59						
电风扇		83						
空调器		36						
排油烟机		14						
电焊机	机械工业部	50			1	1	8	40
工业电炉	机械工业部	26					7	19
通用仪器仪表	机械工业部							

（续）

行　业	部　门	企业总数	特大型	大一型	大二型	中一型	中二型	小　型
工业自动化仪表	机械工业部	271		4	7	3	27	230
电工仪器仪表		110		1	7	3	15	84
分析仪器		40			1		4	35
光学仪器		72			6	2	5	59
试验机		24			2	1	8	13
实验室仪器及装置		31		1	1		2	27
专用仪器仪表	机械工业部							
环境保护仪器仪表		2						2
汽车仪器仪表		1						1
导航制导仪器仪表		3						3
农、林、牧、渔仪器仪表		4						4
地质勘探、钻采、地震、土工仪表		4					1	3
气象、海洋、水文、天文仪器		7				1		6
	地质矿产部	5					2	3
	煤炭工业部	13			3	1	9	
	电力工业部	6			1		4	1
	中国石油天然气总公司	5		1		1	3	
	中国石油化工总公司	4			1		2	1
教学仪器设备	机械工业部	1						1
仪器仪表元器件	机械工业部	37			1	1	6	29
传递标准用计量仪器	机械工业部	2						2
量具刃具	机械工业部	32		1	3	1	6	21
衡器	机械工业部	3					2	1
	中国轻工总会（归口企业）	408			5	11	19	373
	中国轻工总会	154			5	11	19	119
电影机械	机械工业部	17			2		1	14
照相机械	机械工业部	28		1	1	2	4	20
复印机械	机械工业部	11			4	1		6
钟表	中国轻工总会	220						
电炭制品	机械工业部	11			2		2	7
磨料磨具	机械工业部	97		3	2	5	12	75
	中国核工业总公司	5				2	2	1
模具	机械工业部	39		1		1	6	31

附表 2

职工人数、工资总额(1995 年)

行业	部门	全部职工年末人数（人） 总计	其中 工人与学徒	其中 工程技术人员	其中 管理人员	全部职工全年平均人数（人）	工资总额（万元）
工业锅炉	机械工业部	133 458	79 485	12 989	17 188	134 025	84 602
内燃机	机械工业部	232 767	153 430	20 310	26 174	230 445	162 090
	中国石油天然气总公司	4 369	2 733	464	380	4 480	3 261
工业燃气轮机	机械工业部	50 397	30 112	5 756	5 372	50 681	54 080
发电设备	电力工业部	2 088	1 186	157	195	2 125	2 296
金属切削机床	机械工业部	314 334	187 530	28 810	38 957	317 598	181 411
锻压设备	机械工业部	71 703	44 325	5 666	9 075	71 880	41 255
铸造机械	机械工业部	17 527	11 116	1 241	2 216	17 383	7 982
起重运输设备	机械工业部	129 707	80 802	9 490	18 399	129 314	66 411
	交通部	13 554	9 009	1 290	1 671	13 493	10 734
	电力工业部	12 255	7 826	960	1 630	12 435	10 209
工矿车辆	机械工业部	4 794	2 822	333	670	4 834	2 334
	电力工业部	809	462	53	172	823	776
泵	机械工业部						
工业泵		70 024	42 805	5 894	9 624	69 886	39 268
农业泵		61 118	43 084	4 302	7 621	59 881	26 435
	电力工业部	4 813	2 993	392	561	4 907	4 452
风机	机械工业部	43 789	26 171	3 396	6 099	44 082	27 149
	电力工业部	3 749	2 187	319	542	3 881	2 647
气体压缩机	机械工业部	48 887	29 083	4 276	6 775	48 733	31 310
气体分离及液化设备	机械工业部	29 426	17 086	2 706	3 789	29 608	19 064
真空获得及应用设备	机械工业部	9 948	5 436	1 002	1 400	9 984	7 156
制冷空调设备	机械工业部	41 877	24 506	3 545	5 843	41 850	37 036
电动工具	机械工业部	19 464	13 087	1 331	2 650	19 490	11 942
减变速机	机械工业部	14 497	9 464	1 064	1 958	14 367	8 331
轴承	机械工业部	306 176	212 285	17 294	35 311	304 898	175 676
阀门	机械工业部	87 891	55 288	5 277	11 745	88 081	38 355
	中国核工业总公司	2 289	1 260	346	300	2 240	1 967
液压件及液力件	机械工业部	65 781	38 920	5 951	8 705	65 823	34 937
气动元件	机械工业部	6 501	3 866	568	1 113	6 637	4 308
密封件	机械工业部	8 908	5 673	612	1 222	8 675	4 297

(续)

行业	部门	全部职工年末人数（人）				全部职工全年平均人数（人）	工资总额（万元）
		总计	其中				
			工人与学徒	工程技术人员	管理人员		
粉末冶金制品	机械工业部	13 021	8 330	1 037	1 655	13 341	6 437
紧固件	机械工业部	75 088	46 769	3 185	9 349	75 423	31 780
弹簧和链条	机械工业部	24 516	16 428	1 392	3 400	24 229	13 151
齿轮	机械工业部						
汽车齿轮		30 857	19 344	2 342	3 493	30 950	19 714
农机齿轮		48 791	32 848	3 906	5 726	47 923	27 870
矿山设备	机械工业部	170 684	103 903	11 879	23 294	170 846	90 488
	煤炭工业部	76 540	46 859	9 400	8 790	76 935	40 654
	中国有色金属工业总公司	3 698	2 304	169	399	3 776	1 501
	电力工业部	8 946	5 477	896	1 107	8 530	7 590
冶金设备	机械工业部	83 742	49 237	8 053	8 732	84 281	65 208
	中国有色金属工业总公司	17 887	11 421	1 536	1 808	18 229	9 822
电工专用设备	机械工业部	14 330	8 133	1 055	1 937	14 454	7 901
石油设备	机械工业部	57 510	37 096	4 124	7 163	57 865	28 328
	中国石油化工总公司	26 541	19 343	3 841	3 357	26 605	
	中国石油天然气总公司	50 618	29 272	4 244	5 419	50 938	39 949
	电力工业部	515	292	52	56	530	340
化工设备	机械工业部	25 191	15 082	1 826	3 017	25 182	11 271
橡胶设备	机械工业部	9 183	5 799	749	1 118	9 174	6 223
塑料设备	机械工业部	6 157	3 958	414	805	6 245	4 800
木材设备	林业部	46 347	25 345	4 238	5 309	45 138	31 609
印刷设备	机械工业部	42 921	26 571	3 111	5 689	43 578	25 120
	地质矿产部	1 350	962	41	150	1 310	1 057
制药设备	机械工业部	380	279	21	51	412	68
建筑材料设备	机械工业部	7 955	4 893	785	1 184	7 915	3 801
	国家建材局（37 个企业）	53 510				53 510	32 833
食品设备	机械工业部	26 068	16 189	1 901	3 513	26 197	13 388
	中国船舶工业总公司	6 630	3 901	799	867	6 597	4 799
粮油设备	机械工业部	26 657	20 148	1 600	3 152	26 044	8 443
饲料设备	机械工业部	10 126	7 210	624	1 239	9 787	3 993
包装机械	机械工业部	5 473	3 503	484	697	5 483	2 513
纺织机械	中国纺织总会	239 277	156 106	17 929	26 132	242 723	123 314
	机械工业部	10 823	8 438	705	981	10 908	5 433
缝纫设备	中国核工业总公司	595	213	169	115	578	192

（续）

行业	部门	全部职工年末人数（人）总计	其中：工人与学徒	其中：工程技术人员	其中：管理人员	全部职工全年平均人数（人）	工资总额（万元）
缝纫设备	中国轻工总会	69 857		3 492		69 270	47 365
拖拉机	机械工业部	212 697	135 924	14 826	24 384	210 744	133 292
机械化农机具	机械工业部						
收获及场上作业机械		20 642	14 229	1 374	2 300	20 115	9 590
农副产品加工机械		28 484	21 045	1 733	3 370	28 167	10 048
农业运输机械		89 804	61 452	6 108	12 128	89 035	43 933
排灌机械		65 421					
	农业部农垦局	39 994	29 156	2 677	4 529	40 264	18 263
热带作物机械	农业部农垦局	6 150	4 762	369	1 019	6 787	39 19
营林机械	林业部	3 253	2 118	364	342	3 125	2 222
	机械工业部	948	663	55	77	917	184
畜牧机械	机械工业部	15 183	10 861	883	2 005	15 049	6 001
渔业机械	机械工业部	3 473	2 305	215	488	3 531	2 147
水利机械	水利部	9 066	5 862	801	1 022	9 066	5 055
	机械工业部	3 848	2 628	243	608	3 743	1 565
医疗器械	机械工业部	2 171	1 695	249	157	2 233	970
建筑工程机械	机械工业部						
挖掘机械		18 258	11 220	1 357	1 989	18 447	11 984
铲土运输机械		35 737	21 916	2 799	4 410	35 658	19 695
压实机械		2 407	1 549	210	235	2 381	1 536
工程起重机械		48 762	27 647	3 625	7 894	48 440	29 055
叉车		27 086	15 035	2 011	3 772	27 041	16 547
凿岩机械		7 822	4 588	655	1 104	7 723	4 937
风动工具		7 522	4 647	5 97	1 002	7 532	4 830
地质设备	地质矿产部	19 639	11 976	1 359	2 547	20 025	9 216
环境保护设备	机械工业部	505	196	29	92	507	406
	电力工业部	6 567	3 863	779	836	6 348	6 207
消防设备	公安部	4 441	2 800	591	1 050		3 500
铁路机车车辆	铁道部	264 847	167 605	24 849	22 942	259 474	213 300
汽车	机械工业部						
载重汽车		307 540	185 469	27 391	40 803	308 530	230 633
客车		31 456	20 986	2 718	3 880	31 003	20 571
小轿车		27 330	20 017	3 649	2 557	25 259	46 837
微型汽车		8 693	6 114	903	798	8 163	7 588
特种汽车和改装汽车		90 798	55 235	7 841	12 951	90 491	46 053

（续）

行　　业	部　　门	全部职工年末人数（人）				全部职工全年平均人数（人）	工资总额（万元）
		总　计	其中：工人与学徒	其中：工程技术人员	其中：管理人员		
汽车零部件和配件	机械工业部	524 216	350 961	38 758	59 253	521 749	357 666
	中国有色金属工业总公司（直属独立机械厂）	2 216	1 397	164	277	2 213	883
摩托车	机械工业部	18 551	13 026	1 261	2 591	15 865	18 866
自行车	中国轻工总会	165 580		8 168		169 352	100 114
船舶	中国船舶工业总公司	233 109	138 769	25 568	27 174	231 977	201 811
电机	机械工业部	244 682	164 017	17 112	29 966	243 503	133 498
变压器	机械工业部	97 967	63 842	9 056	12 887	97 098	60 044
电力整流器	机械工业部	6 769	4 044	1 008	932	6 853	3 527
电力电容器	机械工业部	10 278	6 493	899	1 273	10 270	5 214
高压电器	机械工业部	167 204	95 376	17 815	24 066	168 047	107 102
电线电缆	机械工业部	167 987	107 434	11 945	21 881	167 288	94 362
输电线路金具铁塔	电力工业部	11 915	8 084	877	1 414	12 094	9 867
绝缘材料	机械工业部	30 191	17 983	1 747	3 726	30 069	12 591
蓄电池	机械工业部	25 536	17 682	1 611	3 085	25 149	14 485
	中国船舶工业总公司	5 184	3 472	453	550	5 096	4 678
家用电器	机械工业部						
洗衣机		1 140	769	111	166	1 206	701
电冰箱		20 029	13 282	2 669	2 124	18 145	10 889
电风扇		10 529	7 498	672	1 408	10 988	7 522
空调器		2 199	1 018	324	380	2 239	2 143
	中国轻工总会	231 312		16 438		227 296	149 593
洗衣机		38 519		2 765		37 792	27 096
电冰箱		42 347		4200		44 011	37 424
电风扇		33 499		1 872		33 805	18 052
空调器		19 076		1 515		18 906	17 773
排油烟机		2 641		117		2 978	1 704
电焊机	机械工业部	20 141	12 623	1 874	2 689	20 231	10 841
工业电炉	机械工业部	11 932	6 023	1 106	1 799	12 143	5 734
通用仪器仪表	机械工业部						
工业自动化仪表		118 217	65 125	13 828	16 742	117 733	61 795
电工仪器仪表		62 279	37 443	5 382	8 295	6 3508	31 353
分析仪器		9 979	4 912	1 523	1 575	10 057	4 884

（续）

行　业	部　门	全部职工年末人数（人）				全部职工全年平均人数（人）	工资总额（万元）
		总　计	其中				
			工人与学徒	工程技术人员	管理人员		
光学仪器	机械工业部	35 541	20 970	2 984	4 541	35 955	23 136
试验机		17 875	9 856	1 691	2 586	18 118	8 881
实验室仪器及装置		16 066	10 064	1 457	2 078	15 997	8 163
专用仪器仪表	机械工业部						
环境保护仪器仪表		505	196	29	92	507	406
汽车仪器仪表		454	226	48	68	455	400
农、林、牧、渔仪器仪表		1 876	1 162	168	252	1 887	933
地质勘探、钻采、地震、土工仪表		1 260	505	100	155	1 141	439
气象、海洋、水文、天文仪器		2 216	873	163	310	2 100	836
	地质矿产部	2 589	1 401	293	411	2 641	1 184
	煤炭工业部	14 456	8 230	1 243	1 765	14 586	5 980
	电力工业部	4 203	2 190	964	649	4 218	4 160
	中国石油天然气总公司	9 078	3 663	1 675	1 336	9 087	7 914
	中国石油化工总公司	1 736	1 036	3 97	303	1 810	
教学仪器设备	机械工业部	223	106	31	27	227	81
仪器仪表元器件	机械工业部	11 122	7 175	977	1 520	11 244	7 100
传递标准用计量仪器	机械工业部	888	633	60	81	843	143
量具刃具	机械工业部	22 075	13 466	1 611	3 039	22 308	11 974
衡器	机械工业部	1 678	753	130	240	1 666	605
	中国轻工总会	40 881	23 367	3 610	5 347	40 516	19 649
电影机械	机械工业部	9 795	5 793	732	1 120	9 631	3 845
照相机械	机械工业部	15 704	10 090	817	1 918	15 790	9 935
复印机械	机械工业部	5 243	2 601	791	898	5 037	5 057
钟表	中国轻工总会	117 878		6 129		118 691	60 556
电炭制品	机械工业部	8 014	5 678	717	823	8 093	3 921
磨料磨具	机械工业部	53 335	33 434	3 483	6 216	53 825	26 338
	中国核工业总公司	2 160	1 660	255	245	2 150	1 193
模具	机械工业部	9 741	6 041	872	1 035	9 799	6 632
工业机器人	机械工业部	471	234	190	47		308
	中国兵器工业总公司	90	18	67	5		45
	中国航天工业总公司	97	28	56	13		90

附表 3

机械工业行业状况

行业	部门	企业数	工业总产值 当年价格（万元）	工业总产值 不变价格（万元）	工业总产值 比上年增长%	工业增加值（万元）	产品销售收入（万元）	产品销售税金及附加（万元）
工业锅炉	机械工业部	160	873 625	639 650	2.0	198 273	750 647	4 069
内燃机	机械工业部	132	2 433 119	1 690 842	27.7	532 349	2 073 072	4 054
	中国石油天然气总公司	1	10 070	6 961	-57.6	1 732	15 911	144
气轮机	机械工业部	16	392 904	298 603	7.2	110 899	337 097	2 175
发电设备	电力工业部	1	9 550	7 168	1.0	3 513	7 303	36
金属切削机床	机械工业部	241	932 007	756 679	-3.3	310 422	773 946	5 630
锻压设备	机械工业部	103	319 382	260 560	3.7	92 438	244 977	1 706
铸造机械	机械工业部	25	58 986	53 429	9.1	17 238	46 833	283
起重运输设备	机械工业部	180	663 491	598 717	-0.9	151 322	550 816	3 035
	交通部	18	84 880	66 524	5.7	18 238	78 508	1 089
	电力工业部	9	56 243	44 769		9 714	47 413	237
工矿车辆	机械工业部	6	13 498	11 345	-19.1	2 846	11 117	87
	电力工业部	1	5 293	2 661	32.5	1 100	4 290	24
泵	机械工业部							
工业泵		105	282 983	238 885	12.4	78 307	236 418	1 658
农业泵		151	277 187	238 282	27.0	76 118	215 750	1 071
	电力工业部	5	42 185	22 723		9 474	33 428	122
风机	机械工业部	67	239 957	201 879	13.6	75 412	204 724	1 746
	电力工业部	3	14 687	10 898	-5.7	4 054	13 169	73
气体压缩机	机械工业部	58	259 950	223 351	9.4	70 303	216 507	979
气体分离及液化设备	机械工业部	19	132 101	111 432	-5.5	46 426	113 533	816
真空获得及应用设备	机械工业部	18	54 268	43 845	19.3	16 542	40 591	305
制冷空调设备	机械工业部	51	575 397	499 855	45.3	145 539	508 700	1 952
电动工具	机械工业部	38	201 110	199 760	46.7	37 110	170 006	341
减变速机	机械工业部	42	64810	47 236	4.8	19 403	51 962	404
轴承	机械工业部	259	1 349 384	1 072 514	34.2	382 638	1 179 673	6 376
阀门	机械工业部	168	271 907	234 018	15.4	73 401	219 270	1 599
	中国核工业总公司	2	15 500	15 100	129.0	5 266	19 797	86
液压件及液力件	机械工业部	103	224 282	204 197	10.7	71 929	182 566	1 215
气动元件	机械工业部	19	48 797	48 489	54.1	13 971	26 340	194
密封件	机械工业部	27	23 878	23 647	15.4	7 563	20 491	97
粉末冶金制品	机械工业部	35	68 884	67 534	10.2	15 093	51 197	324
紧固件	机械工业部	195	249 588	209 495	21.2	45 289	205 562	989
弹簧和链条	机械工业部	60	118 759	99 505	21.0	31 799	98 022	521
齿轮	机械工业部							
汽车齿轮		21	137 677	110 474	-0.8	36 316	116 385	627
农机齿轮		47	281 014	229 124	31.8	64 967	225 563	1 182
矿山设备	机械工业部	138	732 851	597 048	8.0	174 835	598 632	3 537
	煤炭工业部	38	248 737	236 911	15.5	64 776	232 626	545
	中国有色金属工业总公司	4	6 706	4 689	-17.4	1 635	5 976	40

统计表（1995年）

利润总额（万元）	年末固定资产		流动资产		流动负债		所有者权益（万元）	全员劳动生产率（元/人）
	原价（万元）	净值（万元）	合计（万元）	平均余额（万元）	合计（万元）	平均余额（万元）		
9 617	518 557	262 265	1 022 146	1 048 733	1 012 041	1 035 110	320 945	14 794
153 685	1 103 931	580 787	1 481 743	1 293 382	1 335 381	1 171 082	1 038 540	23 101
－1 074	36 242	25 807	25 197	24 318	14 002	13 201	17 968	15 538
6 236	329 172	175 634	498 595	501 639	516 006	515 704	189 873	21 882
83	10 189	6 904	11 443	12 587	10 168	11 916	9 579	16 532
－21 190	1 359 447	664 261	1 459 287	1 419 494	1 364 912	1 272 441	798 148	9 774
3 705	298 959	149 739	314 642	308 188	300 586	288 035	170 934	12 860
－101	54 334	24 446	55 263	52 604	53 612	49 041	25 058	9 917
3 314	450 101	226 463	624 779	584799	642 054	606 203	257 359	11 702
2 095	44 454	27 724	73 584	64 848	53 132	47 890	50 150	13 742
－7 872	81 601	54 073	78 065	80 933	67 801	70 148	65 521	7 812
－1 499	14 039	7 401	14 741	15 857	19 108	18 613	3 346	5 888
50	3 235	2 029	5 182	4 469	4 082	3 399	3 087	13 366
4 255	275 037	127 560	299 147	273 271	269 533	246 647	189 603	11 205
4 578	150 760	80 239	199 701	189 275	189 238	173 252	101 795	12 712
365	22 954	14 987	37 173	37 973	32 995	33 811	20 639	19 307
9 114	191 306	84 360	219 747	206 670	190 928	184 461	135 145	17 107
－2 166	18 799	9 852	16 762	17 101	11 851	13 219	15 205	10 446
13 033	198 165	94 539	264 060	244 291	240 459	219 525	142 312	14 426
2 118	133 721	64 028	152 743	152 618	150 257	149 991	95 421	15 680
1 293	35 365	19 828	41 149	38 875	44 415	42 208	21 028	16 569
57 207	277 395	170 312	457 761	419 173	328 940	309 662	377 655	34 776
8 579	64 983	38 547	98 926	84 944	87 795	71 585	48 879	19 041
2 579	47 690	25 225	53 387	51 757	40 379	39 271	36 226	13 506
25 112	1 055 189	543 918	1 352 472	1 295 062	1 319 158	1 217 238	648 123	12 550
－2 209	247 599	135 133	288 477	304 223	281 916	275 295	160 629	8 333
383	9 600	6 295	16 463	14 763	12 976	12 200	6 128	23 509
－813	229 214	124 878	258 002	238 378	225 797	207 448	128 254	10 928
792	30 579	15 722	31 608	30 006	25 127	23 003	25 720	21 051
－1 135	30 485	16 933	26 642	29 352	23 807	21 163	23 067	8 719
1 144	50 855	30 186	51 010	51 104	43 252	44 049	34 950	11 314
－8 404	222 920	116 784	216 296	215 012	234 205	227 606	122 467	6 005
5 422	71 718	39 943	88 079	78 714	79 881	72 896	54 091	13 124
－2 403	155 183	76 478	151 862	149 071	140 142	174 509	93 943	11 734
5 554	209 767	109 025	193 161	182 251	193 870	166 797	102 966	13 557
－240	792 136	341 232	775 982	749 500	826 563	784 743	433 391	10 234
－10 638	405 641	375 075	363 824	368 409	365 982	319 469	184 410	30 657
－736	8 480	3 787	7 883	8 054	8 373	7 742	2 383	12 679

行业	部门	企业数	工业总产值 当年价格（万元）	工业总产值 不变价格（万元）	工业总产值 比上年增长%	工业增加值（万元）	产品销售收入（万元）	产品销售税金及附加（万元）
矿山设备	电力工业部	6	56 486	44 517		15 624	43 861	161
冶金设备	机械工业部	25	423 010	301 395	4.4	100 806	355 576	2 226
	冶金工业部	26		342 000	8.4		205 600	
	中国有色金属工业总公司	5	62 843	43 033	-12.7	17 168	55 803	461
电工专用设备	机械工业部	10	46 323	36 604	-9.6	14 393	42 088	220
石油设备	机械工业部	53	199 921	173 576	0.4	45 514	166 110	1 094
	中国石油化工总公司	26	133 382		26.0		112 072	3 875
	中国石油天然气总公司	24	221 429	174 113	-0.9	49 692	204 233	1 049
	电力工业部		1 364	945		326	1 182	12
化工设备	机械工业部	41	79 561	73 034	-5.3	12 847	72 566	438
橡胶设备	机械工业部	8	37 511	30 867	11.0	10 119	32 131	250
塑料设备	机械工业部	18	82 448	75 718	-1.4	24 193	68 811	37
木材设备	林业部	40	320 168	252 217	20.0	82 209	276 410	3 255
印刷设备	机械工业部	56	180 596	157 435	-6.0	59 706	149 244	725
	地质矿产部	2	12 537	7 878	-3.3	4 350	12 268	70
制药设备	机械工业部	2	390	262	-22.9	178	309	1
建筑材料设备	机械工业部	26	39 187	30 401	9.4	13 843	28 420	203
	国家建材局	74	382 398	299 801	-7.3	99 539	241 828	1 530
食品设备	机械工业部	49	109 286	100 760	0	34 988	84 845	536
	中国船舶工业总公司	5	33 670	31 334	19.6	11 766	30 598	75
粮油设备	机械工业部	86	75 674	63 293	32.6	22 233	59 036	296
饲料设备	机械工业部	34	42 110	37 805	17.5	9 502	29 726	126
包装设备	机械工业部	13	16 280	16 088	10.1	4 944	13 195	86
纺织机械	中国纺织总会	293	846 493	803 719	15.7	312 767	924 162	7 418
	机械工业部	20	45 636	40 957	15.9	8 935	37 658	122
缝纫设备	中国轻工总会	75		190 150			195 638	1 017
	中国核工业总公司	1	3 007	3 627	78.2	779	2 862	24
拖拉机	机械工业部	95	2 092 689	1 392 147	45.5	277 755	1 817 313	1 867
机械化农机具	机械工业部							
收获及场上作业机械		78	135 997	117 861	58.7	28 673	111 294	290
农副产品加工机械		112	109 972	93 216	20.9	28 872	83 121	443
农业运输机械		171	1 286 280	1 083 110	27.8	198 439	1 001 783	2 408
排灌机械		166		257 000	17.5		238 400	
	农业部农垦局	95	138 124	99 498	-33.0	48 691	125 161	5 103
热带作物机械	农业部农垦局	19	24 091	19 673	0.6	6 266	22 571	1 177
营林机械	林业部	3	61 980	63 320	21.4	8 488	48 703	105
	机械工业部	2	2 120	1 755	32.4	-57	1 402	4
畜牧机械	机械工业部	41	51 553	44 539	30.2	13 061	39 918	260
渔业机械	机械工业部	8	28 515	32 199	38.2	4 241	21 363	75
水利机械	水利部	18	36 459	29 515	19.3	10 196	29 675	246
	机械工业部	13	11 406	11 767	-22.9	2 398	8 463	59

(续)

利润总额(万元)	年末固定资产		流动资产		流动负债		所有者权益(万元)	全员劳动生产率(元/人)
	原价(万元)	净值(万元)	合计(万元)	平均余额(万元)	合计(万元)	平均余额(万元)		
-1 407	55 796	40 267	72 679	69 757	65 560	63 089	46 830	18 317
1 034	530 836	195 730	556 553	546 080	597 308	567 849	205 071	11 961
								22 000
-5 534	84 355	48 179	78 602	82 108	93 770	88 788	32 509	24 058
-279	55 216	29 947	51 441	51 502	54 786	55 173	33 221	9 958
-10 371	234 160	116 769	252 514	246 711	261 474	246 512	122 170	7 866
-17 063	140 160	88 781						51 984
-15 044	314 087	200 200	282 549	285 833	226 308	232 034	165 591	34 181
	2 299	1 661	1 355	1 355	861	861	2 174	33 679
-5 939	109 329	49 117	84 139	87 182	100 160	99 968	50 866	5 102
174	53 343	14 444	37 120	35 607	35 788	32 254	31 665	11 030
10 237	44 710	29 652	54 251	51 683	57 656	47 527	38 835	38 741
7 787	481 297	175 008	260 055	231 558	287 216	266 647	195 903	17 738
11 599	223 910	122 648	225 762	215 653	150 234	146 889	285 808	13 701
1 005	8 805	5 649	4 769	5 334	4 166	3 737	5 316	33 206
-47	1 083	482	160	87	532	495	230	4 335
1 426	29 086	14 683	30 789	29 555	27 337	25 916	22 435	17 490
1 244		119 127		264 094		254 737		21 460
1 307	85 022	43 224	91 286	89 036	93 049	86 789	5 6930	13 356
726	25 082	15 315	43 461	43 169	37 246	35 069	35 068	17 835
1 001	54 855	29 476	47 714	47 458	53 211	48 580	25 193	8 537
465	24 808	13 588	23 976	23 197	29 725	26 601	12 436	9 710
-198	18 306	10 850	18 346	17 918	17 374	17 205	9 080	9 018
28 182	976 016	538 229	1 028 365	996 624	889 363		800 254	12 886
683	36 783	26 121	40 873	35 775	37 088	30 838	33 736	8 192
-7 391	189 776		259 120	252 487	266 840	248 803	147 628	
62	3 435	2 530	4 307	4 326	2 974	2 699	3 790	13 787
26 181	931 215	398 868	887 510	802 811	984 039	919 326	519 468	13 180
-2 763	97 188	48 551	122 105	112 390	146 726	129 818	33 599	8 629
1 709	66 122	39 416	69 198	64 725	73 643	67 528	33 561	10 251
22 770	344 808	209 080	492 985	467 506	499 314	492 859	248 850	22 288
2 665	82 384	47 580	116 538	117 666	124 947	114 325	38 715	12 091
152	17 147	10 325	20 286	20 184	25 304	22 162	39 064	9 968
2 138	8 666	5 525	23 922	17 039	19 098	12 734	8 735	26 100
-220	2 295	1 942	1 518	1 526	1 957	2 325	1 006	
-1 378	55 945	30 656	43 039	42 292	54 520	50 320	26 203	8 679
825	13 282	7 578	14 372	13 894	16 436	14 010	7 232	12 013
212	29 947	15 651	35 261	32 872	35 160	32 960	16 896	11 246
-822	10 018	5 156	11 422	11 492	12 700	12 007	3 580	6 407

行　　业	部　　门	企业数	工业总产值 当年价格（万元）	不变价格（万元）	比上年增长%	工　业增加值（万元）	产品销售收入（万元）	产品销售税金及附加（万元）
医疗器械	机械工业部	4	8 972	10 872	-31.5	3 294	10 285	206
建筑工程机械	机械工业部							
挖掘机械		6	67 624	49 362	-7.0	16 461	63 609	354
铲土运输机械		10	191 142	146 844	-7.1	44 688	152 856	710
压实机械		1	10 689	8 130	-6.2	2 008	7 420	60
工程起重机械		23	346 832	271 545	-9.4	87 491	304 554	1 283
叉车		25	192 012	122 329	24.8	35 687	174 368	594
凿岩机械与气动工具		17	74 018	52 794	-4.5	18 862	64 026	286
地质设备	地质矿产部	36	38 593	34 714	-48.5	9 019	39 517	310
环境保护设备	机械工业部	42	102 661	99 292	23.5	24 114	77 755	683
	电力工业部	7	41 029	34 381		12 482	38 067	470
消防设备	公安部	7	36 546	35 087	46.0	5 344	30 475	1 398
铁路机车车辆	铁道部	35	1 888 603	1 019 062		367 211	1 604 458	7 251
汽车	机械工业部							
载重汽车		51	4 857 453	3 766 617	7.3	668 591	4 219 062	31 753
客车		19	336 445	277 482	-8.7	67 441	267 676	6 657
小轿车		6	3 694 280	3 039 902	45.5	805 558	3 162 547	55 001
微型汽车		2	240 045	203 952	44.3	37 024	200 628	3 245
特种汽车和改装汽车		95	1 128 014	920 811	53.2	175 484	877 531	9 280
汽车零部件和配件		769	4 851 029	4 076 758	14.8	1 375 785	4 089 350	58 156
	中国有色金属工业总公司（直属独立机械厂）	3	3 750	3 353	2.1	683	2 742	95
摩托车	机械工业部	16	1 006 876	891 773	74.0	195 331	816 896	58 119
自行车	中国轻工总会（系统内独立核算企业）	201		1 037 523			1 111 353	3 676
船舶	中国船舶工业总公司	77	1 886 610	1 437 999	14.1	373 336	1 606 220	7 658
电机	机械工业部	334	1 287 164	1 048 188	1.3	304 870	1 089 594	6 365
变压器	机械工业部	178	770 854	627 877	7.6	178 160	642 060	3 777
电力整流器	机械工业部	16	19 076	17 801	-4.4	4 891	17 258	123
电力电容器	机械工业部	23	54 453	52 837	10.9	12 908	46 762	299
高压电器	机械工业部	237	1 148 304	965 784	18.4	280 923	991 403	4 957
电线电缆	机械工业部	254	2 070 846	1 737 521	18.9	261 490	1 676 071	4 576
输电线路金具铁塔	电力工业部	9	53 848	28 537	-99.0	9 094	49 274	223
绝缘材料	机械工业部	51	148 024	122 187	-0.1	18 088	125 971	589
蓄电池	机械工业部	59	157 568	162 014	-0.7	33 708	126 836	650
	中国船舶工业总公司	2	51 634	46 538	12.1	13 056	47 375	10
家用电器	机械工业部							
洗衣机		3	6 390	5 455	-30.8	449	6 313	14
电冰箱		10	658 551	638 255	29.7	141 478	466 418	445
电风扇		20	176 726	184 121	17.2	31 636	142 276	203

（续）

利润总额（万元）	年末固定资产		流动资产		流动负债		所有者权益（万元）	全员劳动生产率（元/人）
	原价（万元）	净值（万元）	合计（万元）	平均余额（万元）	合计（万元）	平均余额（万元）		
1 669	11 989	8 885	17 082	17 001	12 682	13 347	15 647	14 755
733	88 530	40 385	92 293	92 276	79 528	80 306	61 752	8 923
－1 526	142 899	72 972	294 273	288 527	269 789	254 420	111 086	12 533
1	7 392	3 105	15 358	14 903	11 240	11 066	4 822	8 434
－2 572	191 951	117 713	359 982	334 770	368 177	328 216	129 188	18 062
3 497	105 188	53 232	145 179	139 388	148 934	139 201	79 963	13 197
－411	62 083	31 011	73 207	73 625	61 400	61 868	47 056	12 364
－7 460	73 493	48 454	60 553	59 248	52 474	48 971	45 519	4 504
2 084	46 756	26 297	75 286	71 592	68 339	67 450	39 672	14 177
－305	34 537	20 904	53 499	52 889	49 487	48 885	29 866	19 663
1 115			22 094	3 156	20 337	2 905	8 691	12 033
408	1 632 088	1 198 007			760 820		1 345 963	
30 955	2 652 212	1 277 922	3 835 641	3 911 910	3 414 205	3 507 148	2 591 575	21 670
－5 271	168 344	116 795	252 155	252 421	236 929	221 511	219 269	21 753
309 285	670 440	396 422	1 130 262	1 103 336	955 038	948 393	800 074	318 920
6 992	68 697	24 800	83 986	57 585	74 268	55 032	66 124	45 357
－5 220	431 363	266 931	612 395	603 592	692 397	649 587	281 805	19 393
206 033	2 562 593	1 527 780	3 231 629	3 104 411	2 892 156	2 785 000	1 903 353	26 369
15	4 247	1 930	5 374		4 910		2 035	15 130
64 289	131 692	86 373	467 739	371 071	373 544	294 346	273 892	123 121
4 635	609 528		942 725	923 308	978 591	927 909	410 993	
10 413	1 586 834	1 104 907	2 308 228	2 260 499	2 198 659	2 142 553	1 015 996	16 093
8 579	863 507	425 241	1 158 452	1 138 632	1 098 560	1 056 958	575 289	12 520
33 661	496 752	256 953	682 443	660 975	615 235	581 789	385 968	18 348
－279	20 936	11 542	29 950	29 302	24 254	24 476	13 971	7 137
893	34 342	22 538	51 849	49 044	43 069	42 176	29 041	12 569
29 559	577 734	307 832	1 051 648	976 666	948 026	959 647	448 348	16 717
15 233	989 743	562 826	1 275 166	1 204 551	1 285 286	1 184 257	645 167	15 631
－6 596	52 091	30 320	63 394	68 953	42 941	52 709	42 350	7 519
－3 951	110 468	55 512	121 676	116 368	132 093	134 959	48 788	6 016
－694	118 790	65 619	119 261	119 075	103 780	110 821	99 756	13 403
5 239	22 558	16 998	24 341	24 655	18 546	17 878	29 471	25 620
－1 168	5 326	2 105	6 739	7 265	8 541	8 174	516	3 726
31 358	242 391	180 977	292 141	257 569	322 485	283 209	131 425	77 971
－1 312	41 421	23 640	71 612	72 219	85 262	83 992	21 878	28 792

行　　业	部　　门	企业数	工业总产值			工　业 增加值 (万元)	产品销 售收入 (万元)	产品销 售税金 及附加 (万元)
			当年 价格 (万元)	不变 价格 (万元)	比上年 增长%			
空调器	机械工业部	5	41 076	36 785	-33.4	11 129	34 030	824
	中国轻工总会(系统内企业)	440		3 240 398			2 871 087	9 578
电焊机	机械工业部	50	72 237	62 378	15.9	19 185	60 968	319
工业电炉	机械工业部	26	34 049	31 055	-18.2	9 533	29 211	371
通用仪器仪表	机械工业部							
工业自动化仪表		271	456 936	405 213	9.7	125 730	424 680	2 988
电工仪器仪表		110	317 192	303 022	34.0	66 709	270 197	948
分析仪器		40	25 827	24 113	-4.2	9 195	21 562	198
光学仪器		72	113 566	99 954	26.4	32 716	95 956	538
试验机、无损探伤机		24	37 054	30 550	-6.6	12 460	31 802	230
实验室仪器及装置		31	656 814	885 430	65.2	187 419	574 343	1 375
专用仪器仪表	机械工业部							
环境保护仪器仪表		2	2 711	2 190	-9.9	919	1 698	8
汽车仪器仪表		1	2 586	3 603	73.6	870	2 116	12
导航、制导仪器仪表		3	10 127	8 381	440.0	2 811	13 253	97
农、林、牧、渔仪器仪表		4	5381	5 663	-21.9	729	4 305	20
地质勘探、钻采、地震、土工仪器		4	1 558	1 321	18.7	296	1 343	9
气象、海洋、水文、天文仪器		7	2 406	1 942	-15.3	482	2 066	22
	地质矿产部	5	3 641	3 786	29.9	571	3 496	19
	煤炭工业部	13	47 642	43 137	16.1	11 018	43 269	257
	电力工业部	6	56 372	54 612		9 366	26 624	1 021
	中国石油天然气总公司	5	48 834	41 024	11.4	15 125	36 040	351
	中国石油化工总公司	4	4 432		62.0		5 480	643
教学仪器设备	机械工业部	1	321	251	12.1	276	423	18
仪器仪表元器件	机械工业部	37	58 348	56 712	16.8	14 548	43 373	221
传递标准用计量仪器	机械工业部	2	1 600	2 220	-7.0	659	972	4
量具刃具	机械工业部	32	60 565	52 110	11.2	18 510	53 220	343
衡器	中国轻工总会	154	161 973	165 164	19.3	5 300	152 488	9 635
	机械工业部	3	3 148	3 081	-30.6	623	2 887	20
电影机械	机械工业部	17	21 962	21 467	23.0	6 143	19 269	144
照相机械	机械工业部	28	117 486	108 654	81.1	31 096	89 760	115
复印机械	机械工业部	11	104 429	108 762	17.4	16 079	104 398	77
钟表	中国轻工总会	116		224 538			199 092	920
电炭制品	机械工业部	11	18 558	16 696	-20.9	4 998	15 878	136
磨料磨具	机械工业部	97	211 654	173 328	3.2	45 533	208 589	913
磨料磨具	中国核工业总公司	5	4 582	7 723	32.9	1 626	3 334	16
模具	机械工业部	39	42 439	39 624	1.9	14 441	33 394	170

(续)

利　润 总　额 (万元)	年末固定资产 原　价 (万元)	年末固定资产 净　值 (万元)	流动资产 合　计 (万元)	流动资产 平　均 余　额 (万元)	流动负债 合　计 (万元)	流动负债 平　均 余　额 (万元)	所　有 者权益 (万元)	全员劳动 生产率 (元/人)
-4 397	23 356	19 004	54 305	56 557	53 780	58 596	7 635	49 706
157 779	1 102 434		2 309 171	2 121 850	2 110 060	1 969 740	1 211 499	
-475	57 473	30 712	75 408	74 924	66 523	61 269	45 362	9 483
-1 383	33 842	18 877	41 383	37 817	40 223	31 271	19 250	7 851
15 801	370 854	206 672	578 204	545 012	504 346	483 854	335 682	10 679
903	195 390	108 567	278 851	262 192	274 132	232 530	128 761	10 504
234	31 077	15 349	40 983	43 833	33 402	33 026	25 755	9 144
-1 818	90 966	49 025	111 899	107 261	110 628	106 260	51 782	9 099
-3 417	55 127	26 537	48 952	47 578	53 143	49 032	30 781	6 877
48 018	108 511	46 774	287 781	227 903	255 334	183 957	170 609	117 159
69	930	328	1 755	1 916	659	204	1 863	18 140
30	1 336	406	1 311	1 170	967	813	936	19 132
608	2 832	1 685	5 318	5 206	3 524	4 073	5 092	22 280
-85	2 671	1 387	4 380	4 098	4 359	4 088	1 749	3 864
-496	3 159	1 267	2 950	2 717	2 886	2 576	2 818	2 602
-32	6 587	3 256	3 791	3 862	3 496	3 523	3 747	2 298
-348	10 924	6 908	8 246	7 331	8 887	8 324	6 799	2 162
-2 593	54 281	37 036	49 127	52 664	49 785	46 204	22 323	30 026
941	17 663	11 131	30 334	29 284	25 313	23 131	16 617	22 205
-2 672	78 738	57 230	84 875	79 138	71 212	67 095	62 159	45 146
-742	9 952	6 002						27 628
4	1 111	390	469	396	555	526	1 270	12 172
-891	36 521	17 046	43 186	38 924	41 995	37 814	18 729	12 939
-179	1 333	645	1 471	1 470	1 858	1 780	199	7 822
-932	83 560	36 183	86 802	80 454	81 549	74 462	34 486	8 298
7 262	110 769	74 747	140 269	133 194	121 760	113 691	88 894	13 045
-186	3 573	2 077	7 452	7 110	4 547	4 753	2 205	3 741
-1 108	35 575	17 000	31 625	30 902	35 521	33 853	13 448	6 378
-1 181	56 084	30 093	96 300	81 564	101 988	87 083	25 517	19 694
4 072	39 893	23 746	78 952	80 908	77 401	79 430	33 168	31 923
-6 678	288 296		309 250	291 641	364 063	337 895	88 986	
-774	29 784	15 026	33 538	19 940	26 775	24 632	32 849	6 176
1 913	223 035	114 749	266 735	271 305	251 568	303 044	145 969	8 459
-230	6 588	4 819	4 083	7 998	3 599	3 263	5 120	7 563
570	53 832	32 915	39 421	40 649	46 361	42 651	31 058	14 737

附表 4

固定资产投资额(1995 年)

行业	部门	固定资产投资(万元)		
		总计	其中	
			基本建设投资	技术更新改造投资
工业锅炉	机械工业部	34 193	18 339	15 854
内燃机	机械工业部	168 578	30 493	138 085
	中国石油天然气总公司	5 725	3 976	211
工业燃气轮机	机械工业部	35 840	17 916	17 924
发电设备	电力工业部	390		390
金属切削机床	机械工业部	105 881	37 252	68 629
锻压设备	机械工业部	33 589	14 594	18 995
铸造机械	机械工业部	4 484	2 412	2 072
起重运输设备	机械工业部	29 005	13 590	15 415
	交通部	4 484	2 154	2 330
	电力工业部	1 864	784	1 080
工矿车辆	机械工业部	225		225
	电力工业部	473	198	275
泵	机械工业部			
工业泵		51 524	38 551	12 973
农业泵		18 100	10 219	7 881
	电力工业部	1 962	546	1 416
风机	机械工业部	16 117	7 156	8 961
	电力工业部	973	235	738
气体压缩机	机械工业部	19 806	9 610	10 196
气体分离及液化设备	机械工业部	14 280	4 456	9 824
真空获得及应用设备	机械工业部	2 880	2 740	140
制冷空调设备	机械工业部	28 036	18 119	9 917
电动工具	机械工业部	19 379	11 127	8 252
减变速机	机械工业部	2 468	1 652	816
轴承	机械工业部	103 401	47 200	56 201
阀门	机械工业部	12 445	6 197	6 248
高中压阀门		3 998	2 994	1 004
低压阀门		8 447	3 203	5 244
	中国核工业总公司	4 598		4 598
液压件及液力件	机械工业部	32 566	11 567	20 999
气动元件	机械工业部	2 811	1 534	1 277
密封件	机械工业部	1 373	645	728
粉末冶金制品	机械工业部	4 920	1 837	3 083
紧固件	机械工业部	11 439	6 675	4 764
弹簧和链条	机械工业部	9 184	1 716	7 468
弹簧		4 142	121	4 021
链条		5 042	1 595	3 447
齿轮	机械工业部			
汽车齿轮		38 588	26 583	12 005
农机齿轮		26 530	7 594	18 936
矿山设备	机械工业部	53 589	17 144	36 445
	煤炭工业部	6 654	6 654	

(续)

行业	部门	固定资产投资(万元) 总计	其中 基本建设投资	技术更新改造投资
矿山设备	中国有色金属工业总公司	233		233
	电力工业部	3 693	866	2 827
冶金设备	机械工业部	22 537	12 031	10 506
	中国有色金属工业总公司	12 429	5 560	6 869
石油设备	机械工业部	10 264	6 766	3 498
	中国石油天然气总公司	27 098	19 742	7 097
	电力工业部	320		320
化工设备	机械工业部	6 417	5 199	1 218
橡胶设备	机械工业部	1 967	1 071	896
塑料设备	机械工业部	6 133	3 498	2 635
木材设备	林业部	25 994	8 504	17 490
印刷设备	机械工业部	19 015	10 746	8 269
建筑材料设备	机械工业部	2 716	791	1 925
	国家建材局	5 400		5 400
食品设备	机械工业部	5 650	2 762	2 888
	中国船舶工业总公司	9 470	8 433	1 037
粮油设备	机械工业部	4 241	2 226	2 015
饲料设备	机械工业部	2 534	2 023	511
包装设备	机械工业部	1 244	558	686
纺织设备	中国纺织总会	129 838		51 272
	机械工业部	6 716	3 735	2 981
缝纫设备	中国核工业总公司	242		242
	中国轻工总会	30 385	140	30 245
拖拉机	机械工业部	78 077	28 706	49 371
大中型拖拉机		27 118	6 197	20 921
小型拖拉机		50 959	22 509	28 450
机械化农机具	机械工业部			
收获及场上作业机械		3 708	1 567	2 141
农副产品加工机械		6 127	2 619	3 508
农业运输机械		71 515	38 193	33 322
	农业部农垦局	4 295	2 130	2 165
热带作物机械	农业部农垦局	1 131	837	294
营林机械	林业部	2 795	155	2 640
	机械工业部	74	74	
畜牧机械	机械工业部	2 867	1 448	1 419
渔业机械	机械工业部	3 229	861	2 368
水利机械	水利部	5 275		5 275
	机械工业部	119	62	57
医疗器械	机械工业部	6		6
建筑工程机械	机械工业部			
挖掘机械		7 574	2 034	5 540
铲土运输机械		13 141	2 386	10 755
压实机械		654		654
工程起重机械		27 188	3 644	23 544
叉车		11 857	4 491	7 366
凿岩机械		2 332	925	1 407
风动工具		1 523	435	1 088
环境保护设备	机械工业部	12 656	7 813	4 843

（续）

行　业	部　门	固定资产投资(万元)		
		总　计	其中	
			基本建设投资	技术更新改造投资
环境保护设备	电力工业部	3 745	1 797	1 948
消防设备	公安部	3 880	980	2 900
铁路机车车辆	铁道部	71 951	36 278	35 673
汽车	机械工业部			
载重汽车		304 258	158 127	146 131
客车		16 742	10 154	6 588
小轿车		289 828	252 682	37 145
微型汽车		7 780	7 710	70
特种汽车和改装汽车		95 285	42 252	53 033
汽车零部件和配件		517 216	181 218	335 998
摩托车	机械工业部	42 987	3 616	39 371
自行车	中国轻工总会	30 168	4 360	25 808
船舶	中国船舶工业总公司	186 890	73 095	113 795
电机	机械工业部	88 566	38 625	49 941
电动机		66 876	26 510	40 366
微电机		21 690	12 115	9 575
变压器	机械工业部	60 044	35 601	24 443
电力整流器	机械工业部	1 808	88	1 720
电力电容器	机械工业部	3 126	1 628	1 498
电线电缆	机械工业部	109 512	51 279	58 233
输电线路金具铁塔	电力工业部	3 312	1 736	1 576
绝缘材料	机械工业部	10 625	3 264	7 361
蓄电池	机械工业部	5 084	1 423	3 661
	中国船舶工业总公司	6 884	3 946	2 938
家用电器	机械工业部			
电冰箱		17 333	3 685	13 648
电风扇		4 919	3 816	1 103
空调器		10 469	10 337	132
	中国轻工总会	276 486	30 364	246 122
洗衣机		39 838	3 074	36 764
电冰箱		114 077	15 377	98 700
电风扇		3 866	850	3 016
空调器		20 181	2 755	17 426
排油烟机		277		277
电焊机	机械工业部	8 763	4 716	4 047
工业电炉	机械工业部	2 974	677	2 297
通用仪器仪表	机械工业部			
工业自动化仪表		25 610	13 781	11 829
电工仪器仪表		14 142	9 470	4 672
分析仪器		1 161	934	227
光学仪器		6 296	4 824	1 472
试验机		2 194	1 547	647
实验室仪器及装置		19 160	18 870	290
专用仪器仪表	机械工业部			
环境保护仪器仪表		31		31
汽车仪器仪表		25		25
导航、制导仪器仪表		655		655
农、林、牧、渔仪器仪表		257		257

(续)

行业	部门	固定资产投资(万元)		
		总计	其中	
			基本建设投资	技术更新改造投资
地质勘探、钻采、地震、土工仪表	机械工业部	8	8	
气象、海洋、水文、天文仪器		225	200	25
	煤炭工业部	409	409	
	电力工业部	1 114	567	547
	中国石油天然气总公司	4 757	2 436	821
仪器仪表元器件	机械工业部	1 115	212	903
传递标准用计量仪器	机械工业部	212	100	112
量具刃具	机械工业部	5 437	2 950	2 487
衡器	机械工业部	2 788	828	1 960
	中国轻工总会	15 152	5 883	9 269
电影机械	机械工业部	978	612	366
照相机械	机械工业部	3 592	2 527	1 065
复印机械	机械工业部	238	238	
钟表	中国轻工总会	6 852	777	6 075
电炭制品	机械工业部	1 953	1 126	827
磨料磨具	机械工业部	14 750	6 671	8 079
	中国核工业总公司	1 141		1 141
模具	机械工业部	4 874	2 957	1 917
工业机器人	机械工业部	460	250	210
	中国兵器工业总公司	240	180	60
	中国航天工业总公司	98	18	80

附表 5

出口额(1995 年)

行　业	部　门	主要类别产品	出口产品		出口金额(万美元)
			单　位	数　量	
工业锅炉	机械工业部	工业锅炉	t(蒸汽)	2 646.6	2 322.0
内燃机	机械工业部	内燃机商品量	万 kW	1 103	20 471.9
发电设备	机械工业部	发电设备	万 kW	140.9	5 248.8
		内燃发电机组	万 kW	1.4	147.3
	电力工业部	水轮机及配件	件/t	21/81	41.5
金属切削机床	机械工业部	金属切削机床	台	33 072	15 836.0
		其中：高精度机床	台	117	374.9
		数控机床	台	226	550.0
锻压设备	机械工业部	锻压设备	台	8 579	3 241.5
起重运输设备	机械工业部	起重设备	t	120 937.3	12 860.8
		运输设备	t	15 058.2	2 843.4
	交通部	港口起重机械	台	6	3 068
		港口流动机械	台	17	240
		JP 系列集装箱半挂车	台	170	72
		各类抓斗	个	100	120
		门座起重机电控柜	面	46	82
	中国有色金属工业总公司	气力运输装置	台	1	2
	电力工业部	自升式起重机	台/t	1/542	140
		电动卷扬机	台/t	47/250	6
		输灰器	t	60	8
		桥式抓斗卸船机	台/t	1/260	528
工矿车辆	机械工业部	工矿配件	t	12 816.8	3 216.8
泵	机械工业部	工业泵	台	143 149	2 857.7
		农业泵	台	80 813	1 164.0
	电力工业部	灌浆泵	台	17	7
		$30m^3$ 砼泵	台	2	6
风机	机械工业部	风机	台	1 969	656.7
气体压缩机	机械工业部	气体压缩机	台	4 154	226.6
气体分离及液化设备	机械工业部	气体分离及液化设备	套	24	1 651.1
制冷空调设备	机械工业部	制冷设备	套	374	1 111.5
轴承	机械工业部	轴承	万套	22 641.8	23 168.4
阀门	机械工业部	高中压阀门	t	5 550	885.3
		其中:电站用	t	129	19.4
	中国核工业总公司	工业阀门	万台	5.6	1 984.0
液压件及液力件	机械工业部	液压件	万件	31.8	308.6
紧固件	机械工业部	标准紧固件	万件	1 381 015	9 231.7
矿山设备	机械工业部	矿山设备	t	5 522.3	1 538.8
	中国有色金属工业总公司	295B 电铲	台	5	249.0
		钎头、钎杆、凿岩机备件	t	86	160.8
		破碎机备件			61.3
	电力工业部	双进双出磨煤机衬瓦	t	300	6.0
冶金设备	机械工业部	冶炼设备	t	4 701	844.8

(续)

行　业	部　门	主要类别产品	出口产品		出口金额(万美元)
			单位	数　量	
冶金设备	机械工业部	金属轧制设备	t	2 378	738.7
	中国有色金属工业总公司	烧结设备			
		烧结台车	台	36	38.9
		台车体	件	30	18.9
		烧结台车零件	件	220	1.6
		有色金属冶炼及压延设备			
		机架	t	50	11.0
		连续结晶机	台	2	60.0
		水平轧机	台	1	18.0
	农业部农垦局	减速机	台	647	220.1
电工专用设备	农业部农垦局	各种旋具	万件	1 769	210.6
石油设备	机械工业部	石油钻采设备	t	7 116	694.2
		炼油化工设备	t	1 174	150.3
	电力工业部	地质钻机	台	30	24.0
橡胶设备	机械工业部	橡胶加工机械	t	3 325.3	730.2
塑料设备	机械工业部	塑料加工机械	t	6 576	1 623
木材设备	林业部	合计			1 135.5
		装载机	台	51	180.0
		木工机床	台	4 292	392.0
		人造板设备	台	22	77.0
		木工刀具刃具			290.2
		油锯	台	2	6.3
印刷设备	机械工业部	印刷机械	t	4 620.4	1 801.5
建筑材料设备	国家建材局(74 个企业)	机械设备、配备件	t	3 955.1	14 375.6
食品机械	机械工业部	食品机械	台	354	242.6
包装机械	机械工业部	包装机械	台	595	83.0
纺织机械	中国纺织总会	纺织机械			15 000
缝纫设备	中国轻工总会	缝纫机及零件			24 605.0
		家用缝纫机	万架	357.2	10 623.0
		工业缝纫机	万架	95.4	10 190.0
		缝纫机零件			3 793.0
拖拉机	机械工业部	大中型拖拉机	台	3 124	1 094.6
		小型拖拉机	台	77 464	6 896.7
机械化农机具	农业部农垦局	农业水泵	台	844	80.2
		农业机械零配件	万件	9.5	56.5
热带作物机械	农业部农垦局	天然橡胶初加工机械	台(套)/万件	512/1	122.1
营林机械	林业部	合计			136.4
		手抬机动泵	台	12	10.5
		营林拖拉机	台	6	3.0
		割灌机	台	4 232	18.0
		汽油机	台	3 533	76.5
		喷洒器	台	8	3.3
		其他	台	47	25.1
水利机械	水利部	闸门	t	2 283	340
		启闭机	t	650	113
		清淤机械	t	54	9.4

(续)

行　业	部　门	主要类别产品	出　口　产　品		出口金额（万美元）
			单　位	数　量	
建筑工程机械	机械工业部	装载机	台	281	1 444.3
		推土机	台	267	1 549.7
地质设备	地质矿产部	合计	台(套)	500	350
环境保护设备	电力工业部	暖风器	t	11	23
		消声器	台/t	21/6	16
		加药装置	套	1	20
铁路机车车辆	铁道部	韶山6型电力机车	台	30	7 524.0
		内燃机车	台	14	
		客车	辆	115	
		货车	辆	108	
汽车	机械工业部	汽车	辆	10 362	11 421.5
		其中：轿车	辆	4 526	3 200.9
		改装汽车	辆	221	72.4
		汽车配件			9 803
	农业部农垦局	汽车零配件	万件	348	280.6
摩托车	机械工业部	摩托车	辆	18 862	1 374.2
自行车	中国轻工总会(归口产品、海关口径)	自行车及零件合计			81 665
		自行车	万辆	1 262	53 512
		自行车零件			28 153
	农业部农垦局	合计	万只(辆)	869.5	2 372
		其中：自行车锁	万只	374	161.0
		自行车灯	万只	74.3	69.5
船舶	中国船舶工业总公司	合计			61 260
		货船	艘	7	20 186
		客船	艘	1	868
		修船			8 659
		其他机电产品			31 547
电机	机械工业部	交流电动机	万 kW	288.6	6 547.5
		直流电机	万 kW	22.3	421.2
变压器	机械工业部	变压器	万 kV·A	600.0	4 441.5
		互感器	台	13 126	300.1
高压电器	机械工业部	高压断路器	台	43	327.1
		高压隔离开关	组	369	189.9
		高压电瓷	t	16 391	1 978.9
低压电器	农业部	元件	万件	1 330	19.5
电线电缆	机械工业部	钢芯铝绞线	t	13 724.6	3 474.8
		电力电缆	km	3 792	2 692.7
		控制电缆	km	171	10.6
输电线路金具铁塔	电力工业部	电力金具	t	2 000	126
		输电铁塔	t	8 878	762
家用电器	中国轻工总会(归口产品、海关口径)	合计			196 695
		洗衣机、干衣机	万台	49.9	4 447
		冷藏冷冻箱	万台	98.9	7 425
		电风扇	万台	3 888.2	45 222
		洗碟机	台	300	4
		空调器	万台	40.2	13 676
		压缩机	万台	14.6	1 284
		其他家用电器			124 526

(续)

行业	部门	主要类别产品	出口产品		出口金额（万美元）
			单位	数量	
通用仪器仪表	机械工业部	工业自动化仪表	万台(件)	429.2	8 407.7
		电工仪器仪表	万台(只)	438.5	2 601.2
		分析仪器	台	1 634	82.5
		光学仪器	台	544 147	3 920.0
		试验机	台	76	50.8
专用仪器仪表	电力工业部	发电机变压器组保护装置	套	1	13
		专用仪表	面	326	181
		热力控制配电装置	面	2	32
		机炉汽水分析装置	套	1	
量具刃具	机械工业部	量具	万件	823.0	1 351
		刃具	万件	10 414	2 889
衡器	中国轻工总会(归口产品、海关口径)	合计	万台	1 667.5	4 308.8
电影机械	机械工业部	放映设备	台	23 434	379.3
照相机械	机械工业部	照相机	架	2 165 905	5 920.3
钟表	中国轻工总会	钟及零件合计			46 305
		机械钟	万只	5 236.9	9 915
		机械钟芯	万只	1 436.2	1 446
		电子钟	万只	16 720.2	21 043
		电子钟芯	万只	3 582.2	1 754
		钟零件			12 148
		表及零件合计			158 907
		机械表	万只	3 641.6	8 431
		机械表芯	万只	2 921.1	5 404
		电子表	万只	68 358.5	95 429
		电子表芯	万只	33 048.4	18 736
		表零件			30 907
		计时器、定时器	万个	3 235.1	4 344
		其他日用机械			4 851
		其中：机械打字机	万台	87.5	2 449
磨料磨具	机械工业部	磨料	t	162 134	6 085.5
	中国核工业总公司	人造金刚石单晶	kg	93	18.6
		人造金刚石钻头	个	150	3.0
工业机器人	中国航天工业总公司	7自由度机械本体	台	1	1.8
		3指灵巧手	只	1	

附表 6

行业各类产品产量(1995 年)

行业	部门	产品名称	单位	产量	比上年增长%
工业锅炉	机械工业部	合计	t(蒸汽)	50 060.6	1.8
内燃机	机械工业部	内燃机生产总量	万 kW	17 111	15.1
		汽油机	万 kW	5 783	9.4
		柴油机	万 kW	11 076	16.0
	中国石油天然气总公司	内燃机	台/万 kW	364/19.7	-65.4
		其中:柴油机	台/万 kW	206/12.6	-70.5
		内燃机发电机组	台/万 kW	158/7.1	-55.1
燃气轮机	机械工业部	电站汽轮机	万 kW	1 296.3	4.4
		工业汽轮机	万 kW	67.2	8.4
发电设备	机械工业部	合计	万 kW	1 533.3	-4.88
	电力工业部	水轮发电机组	组/万 kW/t	1/3/807	
		水轮发电机	组/万 kW/t	1/7.5/830	
		水轮机组埋件	台(套)/t	4/983	
金属切削机床	机械工业部	合计	台	108 691	-15.8
		车床	台	53 182	-14.9
		铣床	台	13 285	-15.1
		钻床	台	8 584	-34.7
		镗床	台	1 074	-45.2
		磨床	台	10 511	1.9
		刨床	台	1 469	-32.3
		插床	台	34	-27.7
		拉床	台	106	-16.5
		齿轮加工机床	台	2 285	0.4
		螺纹加工机床	台	3 077	-10.2
		电加工机床	台	927	
		组合机床	台	2 072	56.0
		加工中心	台	446	29.7
锻压设备	机械工业部	合计	台	45 959	-1.8
		机械压力机	台	29 274	-0.5
		液压机	台	5 062	-11.3
		自动压力机	台	1 202	-16.5
		锻锤	台	904	-14.2
		锻机	台	71	115.2
		剪断机	台	5 272	7.7
		整形机	台	2 180	24.9
	中国核工业总公司	人造金刚石压机	台	13	-35.0
铸造机械	机械工业部	合计	台	5 173	3.1
起重运输设备	机械工业部	起重设备	t	329 209	-15.0
		运输设备	t	121 275	-11.2
		给料机械	t	6 683	-9.6
		装卸机械	t	20 117	14.4
		架空索道	台	10	150.0
		电梯及扶梯	t	10 641	-25.7
	交通部	港口起重机械	台	257	-5.0
		港口流动机械	台	317	-54.0

(续)

行业	部门	产品名称	单位	产量	比上年增长%
起重运输设备	交通部	散货专用装卸机械	台	50	11.0
		集装箱起重运输机械	台	380	2.7
		装卸机械专用工属具	台	5 500	72.4
	中国有色金属工业总公司	胶带输送机	台/t	15/29	
		斗式提升机	台/t	1/3	
		螺旋运输机	台/t	1/7	
		给矿机	台/t	3/126	
		加料机	台/t	6/1	
	电力工业部	门机	台/t	4/500	
		龙门吊	台/t	2/318	
		桥机	台/t	1/404	
		自升机	台/t	2/452	
		30t门机加高段	台/t	2/116	
		各式卸车机	台/t	9/271	-33
		翻车机	台/t	1/282	
		电动卷扬机	台/t	62/190	
		各式堆取料机	台/t	19/2961	
		桥、塔式起重机	台/t	5/1992	
		皮带机	m/t	563/149	51
工矿车辆	机械工业部	合计	辆	5 300	12.4
泵	机械工业部	合计	台	3 511 335	26.0
		工业泵	台	445 554	-0.7
		农业泵	台	2 380 025	45.6
	电力工业部	灌浆泵	台	91	-74.0
		除灰泵	台	5	0
		调速给水泵	台	65	-
		砼泵	台	221	-
		定速泵	台	86	-
	中国石油化工总公司	工业泵	台	271	54.0
风机	机械工业部	合计	台	158 795	-2.8
	电力工业部	合计	台	194	-
气体压缩机	机械工业部	合计	台	51 698	9.7
气体分离及液化设备	机械工业部	合计	套	865	152.9
真空获得及应用设备	机械工业部	真空设备	台	47 895	-3.8
制冷设备	机械工业部	合计	套	255 920	54.8
电动工具	机械工业部	合计	万台	935	60.72
减变速机	机械工业部	减速机	t	61 489	19.9
	中国石油化工总公司	减速机	台	5	-17.0
轴承	机械工业部	合计	万套	76 695	25.6
阀门	机械工业部	高中压阀门	t	51 859	5.7
		低压阀门	t	91 808	-8.6
	中国核工业总公司	工业阀门	台	69 990	116.0
	中国石油化工总公司	工业阀门	台	353	97.2
液压件及液力件	机械工业部	液压件	万件	317	-6.4
		液力件	台	19 291	-47.0
气动元件	机械工业部	合计	万件	111.3	-5.7
密封件	机械工业部	合计	万件	13 977	14.4
粉末冶金制品	机械工业部	合计	t	21 339	7.1
紧固件	机械工业部	标准紧固件	万件	2 312 075	8.0
弹簧和链条	机械工业部	弹簧	万件	24 582	2.3

(续)

行业	部门	产品名称	单位	产量	比上年增长%
弹簧和链条	机械工业部	工业链条	t	39 104	13.1
矿山设备	机械工业部	合计	t	212 935	-5.4
		采掘设备	t	41 995	-12.9
		提升设备	t	44 385	-9.0
		破碎设备	t	56 478	-8.3
		研磨设备	t	44 600	4.1
	煤炭工业部	采煤机	t	3 797	40.2
		刮板运输机	t	48 627	24.4
		转载机	t	1 412	-13.0
		掘进机	t	520	81.8
		皮带运输机	t	20 344	-5.0
		煤矿支护设备	t	60 829	17.4
		矿井专用设备	t	3 267	-22.0
		煤田勘探设备	t	467	-48.2
		洗选设备	t	5 332	104.0
		防爆空压机	t	1 934	7.7
		采掘设备	t	1 082	-15.5
		矿井绞车	t	3 080	-1.3
		工业泵	t	308	23.3
		井巷工程设备	t	343	18.7
		钻机	t	1 024	3.0
		工矿电机车	t	2 246	30.3
		煤岩电钻	台	52 790	2.5
		煤矿机械配件	t	48 451	39.8
	中国有色金属工业总公司	液压凿岩机	台/t	15/2	
		牙轮钻机	台/t	2/225	
		挖掘机	台/t	9/556	
		矿车	台/t	679/957	
		振动放矿机	台/t	33/86	
		装岩机	台/t	5/16	
		耙碴机	台/t	1/10	
		颚式破碎机	台/t	96/501	
		对辊机	台/t	3/116	
		圆锥破碎机	台/t	3/118	
		锤式破碎机	台/t	4/3.4	
		反击式破碎机	台/t	2/12	
		双辊破碎机	台/t	1/3	
		球磨机	台/t	55/765	
		棒磨机	台/t	8/117	
		浮选机	台/t	327/631	
		磁选机	台/t	15/86	
		跳汰机	台/t	26/118	
		浓缩机	台/t	11/67	
		搅拌桶	台/t	7/6	
		砂泵	台/t	16/6	
		压滤机	台/t	3/30	
		搅拌槽	台/t	160/106	
		摇床	台	551	
		螺旋分级机	台/t	33/160	
		振动筛	台/t	4/10	

（续）

行　业	部　门	产品名称	单　位	产　量	比上年增长%
矿山设备	中国有色金属工业总公司	旋流器	台/t	86/5	
	电力工业部	球磨机衬板	t	1 605	-11.0
		碎渣机	台	8	
		碎煤机	台/t	40/842	
		给煤机	台/t	497/2599	
		筛煤机	台/t	30/138	
		磨煤机	台	47	
		风扇磨	台/t	4/311	
		破碎机	台/t	2/62	
		耐磨件	件/t	148/697	
		煤炭漏斗车	辆	205	84.0
冶金设备	机械工业部	冶炼设备合计	t	42 611	-18.8
		炼焦设备	t	8 658	-12.8
		炼铁设备	t	5 195	45.0
		炼钢设备	t	3 734	-50.1
		有色金属冶炼设备	t	2 761	811.2
		冶金车辆	辆	226	-35.9
		轧制设备合计	t	77 774	
		轧机配件	t	27 095	-0.6
	冶金工业部	冶金设备制造量	t	246 000	-39.5
	中国有色金属工业总公司	炼钢设备			
		精炼炉	台/t	2/978	
		罩式炉	台/t	1/246	
		钢压延设备			
		连铸机	台/t	4/3 350	
		冷轧机	台/t	3/253	
		轧钢机	台/t	1/220	
		冷却机	台/t	1/35	
		有色金属冶炼及压延设备			
		铸造机	台/t	9/108	
		轧机	台/t	2/123	
		转炉	台/t	2/188	
		回转窑	台/t	3/399	
		烧结机	台/t	3/1 287	
		冷却机	台/t	3/109	
		水泥磨机	台/t	4/196	
		圆盘铸锭机	台/t	1/12	
		铸渣机	台/t	1/293	
		圆筒混合机	台/t	2/234	
		机械立窑	台/t	1/68	
		混捏机	台/t	1/2	
		布料机	台/t	1/9	
		雷蒙机	台/t	1/15	
		反应炉	台/t	1/110	
		电炉	台/t	1/19	
		转筒干燥机	台/t	3/79	
		半连续铸锭机	台/t	2/10	
		铝及铝合金卷材退火炉	台/t	2/85	

（续）

行业	部门	产品名称	单位	产量	比上年增长%
冶金设备	中国有色金属工业总公司	混捏锅	台/t	3/15	
		拨棒机	台	5	
		四管炉	台/t	6/48	
		湿磨机	台/t	15/30	
		压力机	台/t	14/18	
		衬板球磨机	台/t	8/33	
		兰钨炉	台/t	2/9	
		立式碳化炉	台/t	16/22	
		浓硫酸贮槽	台/t	1/16	
		真空电阻炉	台/t	1/1.1	
		氨水槽	台/t	1/3.5	
		振动球磨机	台/t	2/3	
电工专用设备	机械工业部	合计	t	12 626	-25.55
石油设备	机械工业部	石油钻采设备	t	64 515	-5.2
		压裂固井设备	t	717	-45.2
		修井设备	t	496	-60.5
		石油机械配件	t	20 311	-27.3
		炼油化工设备	t	77 018	1.9
	中国石油化工总公司	烟气轮机	台	8	
		脱蜡转鼓真空过滤机及压滤机	台	50	150
		酮苯脱蜡套管结晶机	台	4	
		铁道罐车	台	108	256.0
	中国石油天然气总公司	石油化工设备	t	144 033	-13.2
	电力工业部	地质钻机	台	178	-19.0
化工设备	中国石油化工总公司	离心机及分离机	台	9	350.0
		包装桶	个	207 960	90.0
橡胶设备	机械工业部	合计	t	26 385	10.25
塑料设备	机械工业部	合计	t	41 813	-8.2
木材设备	林业部	合计	台	278 861	26.0
		木材采运机械	台	24 263	-0.1
		装载机	台	1 500	11.4
		油锯	台	22 300	-1.4
		长材挂车	台	191	31.7
		绞盘机	台	55	83.3
		叉车	台	117	-15.2
		集材拖拉机	台	100	100
		人造板设备	台/t	2847/3946	148.4/-65.4
		木材加工机械	台	251 471	28.4
		木工刨床	台	6 682	-15.4
		木工圆锯机	台	251	-46.4
		木工钻床	台	50	-94.5
		木工铣床	台	449	-54.7
		带锯机	台	667	-24.1
		其他木工机械	台	243 372	31.8
		板式家具机械	台	280	127.6
		林业工具			
		圆锯片	万片	72	257.5
		带锯条	km	3 676	104.2

行业	部门	产品名称	单位	产量	比上年增长%
木材设备	林业部	其他林业工具	万件	23	-95.6
		木工刀具	万元	569.2	81.4
	机械工业部	木工机械	台	105 294	84.9
印刷设备	机械工业部	印刷机械	t	52 596.3	-10.0
		制版设备	t	629.8	-66.8
		印刷机	t	31 649.9	-9.6
		装订机械	t	3 444.5	-10.7
建筑材料设备	国家建材局(74个企业)	各项机械产品总计	t	291 257.3	-12
		建材专业机械合计	t	190 171.2	
		水泥机械	t	145 468.3	
		玻璃机械	t	3 839.7	
		玻纤机械	t	49.9	
		墙体机械	t	16 312.9	
		新材料机械	t	2 239.4	
		陶瓷机械	t	524	
		非金属机械	t	1 549	
		石材机械	t	1 577.9	
		水泥制品机械	t	1 941.9	
		其它机械	t	16 668.2	
		配备件及磨料合计	t	101 086.1	
		铸钢件	t	15 065.8	
		高低铬件球	t	70 806.7	
		锻钢球	t	102	
		加工配件	t	15 111.6	
	机械工业部	建材设备	t	28 884.6	6.1
		水泥设备	t	47 084.9	-37.6
食品设备	机械工业部	合计	台	140 998	0.0
		肉类加工机械	台	24 322	-30.0
		乳制品加工机械	台	167	-40.4
		糖果糕点加工机械	台	1 347	-8.9
		酿造设备	台	290	63.8
		饮料机械	台	7 409	-7.9
	中国船舶工业总公司	烟草制丝机械	台	1 166	-25.6
包装设备	机械工业部	合计	台	30 021	-7.4
纺织机械	中国纺织总会	合计	t	336 898	-4.5
缝纫设备	中国轻工总会(系统内产品)	缝纫机	万架	636.36	-10.61
		家用缝纫机	万架	528.40	-7.85
		多功能缝纫机	万架	15.99	
		工业用缝纫机	万架	107.96	-22.05
		平缝机	万架	55.53	-27.76
		包缝机	万架	39.31	-25.39
		钉扣机	万架	0.35	
		缝纫机零件(商品量)	万元	16 570	-28.42
	机械工业部	缝纫机	台	325 821	9.7
	中国核工业总公司	电脑缝制设备	台	278	27.5
拖拉机	机械工业部	大中型拖拉机	台	64 685	38.2
		小型拖拉机	台	1 947 264	54.2
	农业部农垦局	小型拖拉机	台	76	-72.2
机械化农机具	机械工业部	机引耕作农具	台	99 237	81.7
		种植机械	台	61 578	278.1

（续）

行业	部门	产品名称	单位	产量	比上年增长%
机械化农机具	机械工业部	农田基本建设机具	台	90 962	246.9
		中耕施肥机械	台	462	107.2
		机动植保机械	台	427 393	136.1
		收获机械	台	156 172	50.1
		场上作业机械	台	142 266	67.7
		农副产品加工机械	台	593 666	62.4
		农用运输车	辆	293 298	48.9
		农用拖车	辆	282 109	24.0
		船用挂机挂桨	台	56 743	-25.4
		机动三轮车	辆	1 425 811	30.2
	农业部农垦局	耕作机械	台	9 583	45.5
		机引铺膜机	台	3 832	
		机引犁	台	1 960	
		机引耙	台	1 872	
		机引播种机	台	1 584	
		植保机械	台	620	57.6
		机动喷雾器	台	620	
		收获机械	台	18 392	105.4
		联合收获机	台	2 431	
		茎杆还田机	台	187	
		复式种子精选机	台	335	
		脱谷机	台	3 034	
		金属粮仓	台	123	
		运输机械	辆	8 110	-54.9
		1t～1.5t拖车	辆	831	
		2t～5t拖车	辆	232	
		7t以上拖车	辆	268	
		双轮力车底盘	辆	6 779	
		农副产品加工机械	台(套)	1 708	120.4
		茶叶加工设备	台	300	
		排灌机械	台	9 935	-5.7
		深井泵	台	1 985	
		潜水电泵	台	2 859	
		拖、内及农具配件	万件	9 476	35.0
热带作物机械	农业部农垦局	种植管理机械	台	20	-33.3
		挖穴机	台	20	
		天然橡胶初加工机械	台	2 200	34.2
		造粒机	台	66	
		绉片机	台	209	
		洗涤机	台	89	
		压薄机	台	22	
		打包机	台	51	
		压片机	台	356	
		干燥车	辆	57	
		干燥炉	台	5	
		渡车	台	30	
		胶乳离心过滤机	台	10	
		剑麻加工机械	台	221	-59.1
		刮麻机	台	37	
		理麻机	台	10	

(续)

行业	部门	产品名称	单位	产量	比上年增长%
热带作物机械	农业部农垦局	纺纱机	台	10	
		制绳机	台	40	
		制股机	台	50	
		其它热带作物机械	台	688	346.8
营林机械	林业部	喷雾器	台	10 662	34.5
		割灌机	台	10 662	34.5
		手抬机动泵	台	10 662	34.5
		其他营林机械及小动力机械	台	253 590	1 537
畜牧机械	机械工业部	草原建设机械	台	12	100.0
		牧草(料)收获机械	台	15 603	1 577.7
		畜禽饲养机械	台	30 053	-37.2
		畜产品采集加工机械	台	19 647	1.5
		畜牧运输机械	辆	7	40.0
		其他畜牧机械	台	334	447.5
	农业部农垦局	合计	台	15 510	0.7
		液氮生物储存容器	台	3 621	
		液氮生物运输容器	台	428	
		饲料粉碎机	台	2 391	
渔业机械	机械工业部	合计	台	34 381	46.9
水利机械	水利部	闸门	t	9 491	17
		启闭机	t	7 008	-2.7
		清淤机械	t	1 222	22
医疗器械	机械工业部	合计	台	7 977	-16.7
建筑工程机械	机械工业部	轮斗挖掘机	t	2 027	11.02
		单斗挖掘机	t	28 653	-6.8
		装载机	台	12 445	20.9
		推土机	台	2 617	-14.2
		塔吊	台	677	0.2
		叉车	台	21 124	-4.9
		风动工具	台	110 002	-26.6
	中国有色金属工业总公司	压实机械			
		全液压轮稳定土拌和机	台	21	
		路面机械			
		高速公路清扫车	台	1	
		混凝土机械			
		沥青脱桶机	台	12	
		水陆移动式砼搅拌站	台	1	
地质设备	地质矿产部	钻探设备			
		岩心钻机	台	397	-47.8
		工程钻机(含施工)	台	635	-68.3
		物探钻机	台	27	-82.6
		泥浆泵	台	739	79.4
		钻塔	台	30	-69.1
		坑探设备			
		内燃凿岩机	台	2 542	50.9
		实验室选矿设备			
		破碎设备(含粉碎)	台	943	-26.2

（续）

行　业	部　门	产 品 名 称	单　位	产　量	比上年增长%
地质设备	地质矿产部	磨矿设备	台	580	-41.8
		浮选设备	台	1 284	10.2
		筛分设备	台	200	-35.5
		分级设备	台	59	110.7
		地质工具及其他			
		人造金刚石钻头及扩孔器	件	5 545	-73.9
		锅炉调速箱	台	565	-54.9
		硬质合金	kg	40 713	-32
环境保护设备	机械工业部	合计	t	88 649.2	0.02
		机械除尘设备	t	7 730.5	-29.1
		水处理设备	t	15 702.9	-15.1
		噪声控制设备	t	932.6	-27.7
	电力工业部	除尘器	t	23 234	
		消声器	台/t	360/720	
		除灰产品	台	410	-15.0
消防设备	公安部	消防车	辆	1 413	23.1
		灭火器	万具	14.51	-12.5
		自动灭火设备	套	3 658	9.1
		泡沫灭火设备	只	10 898	-18.5
		消防泵	台	806	9.5
铁路机车车辆	铁道部	电力机车	台	150	-14.3
		韶山 3B 型	台	20	
		韶山 4B 型	台	100	
		韶山 6B 型	台	30	
		内燃机车	台	798	6.1
		东风 4B	台	420	
		东风 4C	台	70	
		东风 4E	台	10	
		东风 5	台	101	
		东风 7B	台	41	
		东风 7C	台	25	
		东风 7D	台	40	
		东风 8	台	15	
		GK1	台	43	
		其他型	台	15	
		客车	辆	2 323	3.1
		货车	辆	31 896	1.0
汽车	机械工业部	汽车合计	辆	1 255 186	4.8
		载货汽车	辆	578 236	-5.7
		客车	辆	128 789	53.7
		轿车	辆	286 380	23.4
		改装汽车合计	辆	110 050	29.7
		汽车配件	万元	3 248 019	21.8
	电力工业部	高空带电作业斗臂工程车	辆	4	300
摩托车	机械工业部	合计	辆	1 731 551	75.8
		二轮摩托车	辆	1 454 960	83.3
		三轮摩托车	辆	50 521	-3.3

（续）

行　　业	部　　门	产 品 名 称	单　　位	产　　量	比上年增长%
摩托车	中国轻工总会(系统内产品)	合计	万辆	139.4	81.6
自行车	机械工业部	合计	辆	41 597	-26.4
	中国轻工总会(系统内产品)	自行车合计	万辆	3 145.55	-11.5
		普通型自行车	万辆	344.87	
		载重型自行车	万辆	374.27	-3.7
		轻便型自行车	万辆	1 881.81	17.0
		赛车型自行车	万辆	340.29	
		运动型自行车	万辆	40.53	
		自行车零件(商品量)	万元	406 586	31.1
船舶	中国船舶工业总公司	船舶	艘/万综合吨	177/192	-8.8/17
		货轮	艘/万载重吨	46/171	2.2/19.9
		客轮	艘/万满载吨	11/0.7	0/39.7
		拖轮	艘/万满载吨	16/0.5	14/-23.1
		驳船	艘/万载重吨	26/4.1	-48/-45.1
		其他船	艘/万综合吨	78/15.7	5.4/25.4
		柴油机	台/万 kW	901/81	-5.0/7.2
		船用辅机	台	2 115	34.8
		船用螺旋桨	只	1 043	-51.6
		精密导航仪表	台(套)	373	-27.4
电机	机械工业部	大中型电机	万 kW	848.6	-15.2
		小型电机	万 kW	3 145.7	2.3
		分马力电机	万台	987.8	18.7
		微电机	万台	756	-1.8
变压器	机械工业部	铝线变压器	万 kV·A	131.1	9.3
		互感器	台	563 982.4	-13.3
电力整流器	机械工业部	合计	万 kW	220.1	76.1
电力电容器	机械工业部	合计	万 kvar	2 332.6	-11.5
高压电器	机械工业部	高压断路器	台	50 091	-14.6
		高压负荷开关	台	12 925	-10.7
		高压隔离开关	组	90 947	-10.4
		高压熔断器	万只	49.3	-23
		避雷器	台	71.8	-62.4
		保护及自动化继电器	万只	128.3	-48.5
防爆电器	机械工业部	防爆电器元件	万件	5.4	-10.0
电线电缆	机械工业部	电力电缆	km	192 443.6	42.3
输电线路金具铁塔	电力工业部	电力金具	t	6 963	33
		输电铁塔	t	41 491	-22.3
绝缘材料	机械工业部	合计	t	40 253.9	-6.6
蓄电池	机械工业部	铅酸蓄电池	万 kVA·h	552	3
	中国船舶工业总公司	铅酸蓄电池	万只/万 kVA·h	166.7/156	22.9/19.9
		汽车蓄电池	万只/万 kVA·h	155.9/146.9	23.5/23.0
		搬运车蓄电池	万只/万 kVA·h	7.5/5.1	31.6/24.3
		固定用蓄电池	万只/万 kVA·h	2.0/3.9	-9.1/13.3
		其他用蓄电池	万只/万 kVA·h	1.3/0.1	-13.3/-95.2

（续）

行　　业	部　　门	产　品　名　称	单　位	产　　量	比上年增长%
电工合金	机械工业部	合计	t	1 836.8	-42.8
家用电器	机械工业部	洗衣机	万台	22.8	-38.4
		家用电冰箱	万台	252.6	3.0
		电风扇	万台	922.9	8.3
		吸尘器	万台	3.1	-48.3
	中国轻工总会（系统内产品）	家用洗衣机	万台	857.11	-8.9
		双桶洗衣机	万台	649.34	-13.6
		套桶洗衣机	万台	200.34	43.23
		干衣机	万台	4.57	
		吸尘器	万台	151.90	
		家用电冰箱	万台	540.56	26.9
		单门电冰箱	万台	125.72	32.4
		双门电冰箱	万台	414.46	26.4
		家用电冰箱压缩机	万台	505.28	21.5
		家用电冰箱温控器	万台	107.91	-17.8
		冷冻箱	万台	192.99	30.6
		电风扇	万台	2 566.49	27.6
		落地扇	万台	696.26	40.0
		台扇	万台	549.99	66.1
		吊扇	万台	716.62	16.1
		房间空气调节器	万台	184.08	28.7
		窗式	万台	85.26	95.4
		分体式	万台	89.47	5.7
		空调器用压缩机	万台	93.76	
		空调器用温控器	万台	0.20	
		排油烟机	万台	166.09	23.2
		电熨斗	万个	409.54	39.3
		电饭锅	万个	474.26	10.4
		电烤箱	万个	43.25	13.8
		电热毯	万条	86.70	71.6
电焊机	机械工业部	合计	台	82 129	-10.48
工业电炉	机械工业部	电弧炉	台	35	-10.3
		真空电炉	台	27	-49.1
		工业电阻炉	台	1 411	-9.8
通用仪器仪表	机械工业部	工业自动化仪表	万台	2 174.4	29.9
		电工仪器仪表	万台	3 372.7	11.4
		分析仪器	台	41 221	2.8
		光学仪器	台	962 463	45
		试验机	台	12 908	-12.4
		无损探伤机	台	455	-27.8
		实验仪器装置	台	290 394	-67.1
专用仪器仪表	机械工业部	合计	台	788 568	13.7
		农、牧、渔仪器仪表	台	321 518	24.6
		气象仪器	台	24 430	-11.4
		石油仪器仪表	台	8 864	33.7
	地质矿产部	地质仪器仪表			
		光学仪器	台	28	-99.1
		磁法仪器	台	30	-95.3
		电法仪器	台	48	140
		测井仪器	台	2	-97.4

(续)

行　业	部　门	产品名称	单　位	产　量	比上年增长%
专用仪器仪表	地质矿产部	钻探仪器	台	2 146	32.9
		分析仪器	台	714	-43.4
	煤炭工业部	煤矿专用仪器仪表	台(套)	223 712	30.5
		煤矿井下照明设备			
		矿灯	万盏	191.7	2
	电力工业部	继电保护及自动化装置	套	3 894	
		电力线载波通讯设备	端	644	
		土工大坝仪器	台	7 148	
		测试仪器	台	1 973	
		热工自动化及仪表	套	206	
	中国石油天然气总公司	石油专用仪器	台(套)只	780 654	13.87
		检波器	只	768 366	13.19
	中国石油化工总公司	电动仪表	台	3 285	-17
		气动仪表	台	2 580	3.4
		可燃气体及有毒气体检测报警仪	台	3 732	84.3
教学仪器	机械工业部	合计	台	422 984	9.7
仪器仪表元器件	机械工业部	仪表元件	万件	149 701.3	10.9
仪器仪表材料	机械工业部	合计	t	3 321.7	13.1
量具刃具	机械工业部	量具	万件	1 021.8	17.2
		刃具	万件	32 650.4	-13.3
衡器	中国轻工总会	合计	万台	476.4	59.1
		商业用衡器	万台	461.7	61.6
		工业用衡器	万台	1.9	-13.7
		特种衡器	万台	12.8	15.3
	中国轻工总会(系统内产品)	台秤	万台	96.45	
		案秤	万台	48.27	
		吊秤	台	8 898	
		地上衡	台	7 164	
		地中衡	台	5 127	
		轨道衡	台	68	
电影机械	机械工业部	合计	台	78 840	28.2
照相机械	机械工业部	照相机	架	7 457 036	64
复印机	机械工业部	合计	台	39 713	5.7
钟表	中国轻工总会(系统内产品)	表	万只	5 153.56	5.8
		机械表	万只	2 767.77	
		手表	万只	2 632.55	-45.2
		怀表	万只	61.45	
		秒表	万只	18.23	
		石英电子表	万只	2 385.79	
		手表	万只	2 175.68	3.2
		表零件(商品量)	万元	24 278	
		钟	万只	2 330.17	15.6
		机械闹钟	万只	1 197.60	
		机械摆钟	万只	118.11	22.3
		石英电子钟	万只	934.54	21.7
		电钟	万只	43.27	
		钟零件(商品量)	万元	1 415	
		定时器	万个	1 504.80	-1.6

（续）

行业	部门	产品名称	单位	产量	比上年增长%
钟表	中国轻工总会（系统内产品）	洗衣机用定时器	万个	942.41	-12.3
		电风扇用定时器	万个	341.85	4.9
磨料磨具	机械工业部	磨具	t	80 828	-12.0
		磨料	t	237 317	19.2
	中国核工业总公司	人造金刚石单晶	kg	2 982	30.6
		人造金刚石微粉	g	26 385	10.1
		人造金刚石聚晶	粒	4 168	14.7
		人造金刚石拉丝模	粒	64 198	38.8
		人造金刚石钻头	个	16 233	64.5
		人造金刚石扩孔器	个	1 568	-15
		人造金刚石砂轮	片	252	-22
		人造金刚石磨头	副	2 215	-32.6
		人造金刚石锯片	片	1 483	56.0
		人造金刚石薄壁钻头	个	12 057	62.2
模具	机械工业部	模具标准件	套	6 163 977	-3.7
工业机器人	机械工业部	喷涂机器人	台	4	
		自动喷涂机	台	4	
		搬运机器人	台	3	
		其他机器人	台	4	
	中国航天工业总公司	喷涂机器人	台	3	
		弧焊机器人	台	2	
		其他机器人	台	2	
	中国兵器工业总公司	各类工业机器人	台	4	
	中国科学院	自动导引车（AGV）	台	9	

注：附表1、2、3、4、6中机械工业部数据由该部经济信息统计中心提供，附表5中机械工业部数据由该部生产与信息统计司提供。表4中机械工业部数据为计划数。

〔附表1～6责任编辑：申建丽和行业稿的责任编辑〕

机械工业

“八五”时期

发展情况

第Ⅳ部分

“八五”时期中国机械工业

机械工业部行业发展司

“八五”期间是机械工业发展的重要时期。在此期间，全行业职工努力适应社会主义市场经济新体制的要求，认真贯彻深化改革、扩大开放的方针，特别是积极贯彻党的十四大提出的振兴机械、汽车工业使之成为国民经济支柱产业的决策，使机械工业实现了持续快速增长，经济实力明显增强，为实现振兴机械、汽车工业打下了较好的基础。

生产持续快速发展　“八五”期间，机械工业实现了持续快速发展。工业总产值，在1992年提前8年实现了比1980年翻两番目标的基础上，1995年比1980年翻了三番；占全国工业总产值的25%以上；年均增速在24.5%以上，高于同期国内生产总值（12.0%）和工业总产值（24.0%）的增长速度，实现利税总额1 433亿元，比“七五”增长74.6%，其中利润增长25.7%。

1995年，机械工业总产值完成11 900亿元（1990年不变价），比上年增长15%以上；工业增加值完成3 034.6亿元，约占我国国内生产总值（GDP）的5.2%左右，居工业各业之首。

“八五”期间，我国机械工业主要产品产量大幅度增加。发电设备，1995年产量145.27万kW，五年共生产7 281万kW，为“七五”的1.4倍，净增2 100万kW；汽车，是建国以来增长最快的时期，1995年生产145.27万辆，五年共生产各种汽车589.90万辆，平均增长速度达23.1%，为“七五”的2.3倍，净增331.52万辆，其中，小轿车产量达103.94万辆，占建国以来轿车总产量的86.3%，年平均增长速度达57.3%，见表1；五年共生产金属切削机床80万台，数控机床的年产量由1991年的4 000台增加到近万台，翻了一番多；农机产品基本全部满足农业装备的需要，五年间共生产大中型拖拉机30万台，联合收割机3.63万台，是“七五”的2倍，内燃机4 330万台，共3.8亿kW，比“七五”时期增长了71%；机械基础件行业的主机配套率按品种计算已达70%～80%，共生产轴承34.6亿套；自控系统及仪表行业增长率达到21%，共生产仪表2.7亿台（件）；直接为提高人民生活水平和质量服务的环保机械和食品包装机械得到迅猛发展，五年间各种环保机械产品总量达90万t，完成产值266亿元；食品包装机械工业总产值年均增长率达29%，五年累计实现产值达688亿元，年出口创汇达8 000万美元。

表1　“六五”、“七五”、“八五”三个五年计划时期汽车产量

项　目	“六五”		“七五”		“八五”					
	五年	1985年	五年	1990年	五年	1991年	1992年	1993年	1994年	1995年
汽车总计	136.53	43.72	258.38	51.40	589.90	71.42	106.67	129.85	136.69	145.27
其中：轿车	3.00	0.90	13.20	3.50	103.94	6.87	16.17	22.29	24.91	33.70

产业结构不断改善　产品结构改善。汽车，“八五”时期是建设史上投资最大的时期，投资总和达到588亿元，是前40年的2.2倍，是“七五”时期的3.5倍，较大地提高了行业投资力度和集中度。在确保“七五”时期结转的国家重点建设重、轻型车项目完成的基础上，着重调整产品结构及投资结构，并按《汽车工业产业政策》的要求，后期加大了重点轿车及配套零部件项目，改变了长期以来汽车产品“缺重、少轻、轿车几乎空白”的状况。汽车零部件实现了从单一品种为单一车型配套向多品种多车型配套，以及从简单制造、来图来料加工向引进技术、自主研究开发的转变。

发电设备，“七五”末期火电主力机组是性能落后的20万kW和30万kW机组，到“八五”末期，达到国际80年代水平的引进优化型30万kW和60万kW机组产量已占大型机组产量的80.53%；哈尔滨、四川、上海三大基地的大型发电设备总能力达730万kW，占全国的85%；东北、西安两大输变电设备制造基地在全国22万V及以上高压输变电设备总能力中也占80%左右。

企业组织结构有所改善。随着企业改革步伐的加快，《转换机制》条例已基本得到了落实，股份制试点向规范化发展，1995年末，机械系统有267个企业进行了股改，其中上市公司37个，境外上市9个；企业集团快速发展，12个国家计划单列企业集团已全部进入试点运营阶段，发展状况良好，各地还涌现出一批象徐工和春兰等规模经济显著的大集团；现代企业制度试点工作已开始起步，在国家确定的100个试点企业中的机械企业有16个，全部通过方案论证，10个企业已正式挂牌。

全国最大500家工业企业中，机械工业企业的销售额在行业销售额中的比例逐年提高，1988年为22.0%，1994年为25.4%；特别是汽车工业排名前三位的企业在汽车行业销售额的比重由28.8%提高到42.8%。企业规模结构发生了巨大变化。1988年，机械工业企业销售额在10亿元以上的有5个，其中30亿元以上的只有1个；1994年，10亿元以上的企业达68个，其中30亿元～50亿元的企业6个，50亿元～100亿元的5个，100亿元以上的3个。行业结构发生了变化。在最大的机械企业中，生产资本货物企业的销售额比例，1988年只有74.7%，1994年增至90.5%。

科技开发成果丰硕，高新技术产业化取得重要进展 “八五”期间，机械工业注重科教与经济的紧密结合，逐步确立了“科技工作主战场在企业，企业是技术开发主体”的科技工作新战略，先后组建了300个融科研、生产、销售为一体的联合体，6个直属院所进入了企业集团，成为企业科研和技术开发中心；部属高等院校加强了与企业的双向参与，部分高校成立了产、学、研合作董事会，成为推进行业、企业科技发展的一支重要方面军。这些都极大地调动了各方面的积极性，使科技开发能力有了明显提高，取得了丰硕成果。

“八五”期间，机械工业技改投资达328亿元。经过技术改造和科技攻关，五年开发新产品5 094项，获科研成果7 892项，有3 556项获省、部级以上奖励，142项达到国际先进水平。先后研制出160多种大型成套设备和一批重要机械产品，掌握了一批先进的重大成套设备核心技术。近几年发展的新产品90%左右达到70年代末、80年代初的国际先进水平，10%左右达到80年代中、末期和90年代初水平。

“八五”期间，为适应汽车市场多元化的需求，企业十分重视产品开发及增加适销对路产品的生产比重。目前我国汽车的基本车型有载货汽车、客车、轿车、越野车、自卸车、牵引车6大类120多种，专用汽车有厢式、罐式、专用自卸车、仓栅式和特种作业车等750多种。“八五”期间，《汽车产品目录》内的车型已达13 355种，比“七五”时期6 504种增加了6 851种，增长1.05倍。各主要企业集团用于研究开发的投资为销售额的1%左右，有的企业达2%；大型企业集团在开发试验手段上，已普遍使用CAD/CAE技术和动态模拟试验技术等；已初步具备了中型载货车的开发能力，在总成、零部件开发方面正在通过引进技术的消化吸收，逐步掌握产品开发技术。

计算机集成制造系统（CIMS）是现代制造企业和工厂自动化的一种新模式和发展方向。“八五”以来，已在沈阳鼓风机厂等5个企业推开，在缩短生产周期、降低成本和提高质量等方面发挥了很大作用。北京第一机床厂获得美国制造工程师学会(SME) CIMS工程1995年度“工业领先奖”，是我国在制造领域取得的一项重要突破。

计算机得到广泛应用。CAD、CAPP、CAM技术MRPⅡ得到应用，计算机辅助设计（CAD）技术的推广应用已形成热潮。

技术进步工作有新进展。“八五”期间，机械工业先后组建了“制造自动化”、“精密塑性成型”、“超硬材料”、“电力电子”、“传感器”等国家工程研究中心，在北人集团、北京第一机床厂等40个机械企业建立了技术中心。这些对加快机械工业科技成果的实用化、工程化和产业化进程，对早日形成一批在国际上有强大竞争力的大型企业有重要作用。

为国民经济服务的能力达到了新的水平 “八五”期间，机械工业根据行业实际制定了“面向市场、改管结合、科学严格、求实创新”的新的企业管理指导方针，开展了“转机制、抓管理、练内功、增效益”等活动，推行全面质量管理等现代管理思想和方法，有力地推动了企业管理的发展和进步以及行业职工整体素质的提高。在此基础上通过技术引进和加强科研开发，使产品水平稳步提高。

发电设备：火电设备，可年产20万kW以上机组860万kW，30万kW和60万kW机组国产化率已分别达到95%和90%。水电设备，可年产大型水电机组200万kW，“八五”由国内自行设计制造的岩滩4台30.25万kW混流式机组（转轮直径8m)，与国外合作制造的五强溪24万kW混流式机组（转轮直径8.3m)，这两种达到国际水平的巨型机组均已投运；与国外合作制造的二滩水电站机组，单机容量达55万kW，是目前国内容量最大的混流式水电机组，已经开工制造，将于“九五”期间完成并投运。输变电设备，已可以生产交流50万V电压等级输变电产品。

冶金矿山设备：目前已可生产年产300万t钢的高水平成套设备，与国外合作制造年产600万t钢成套设备，大型板坯连铸机国产化率可达90%以上，大型冷、热钢板连轧机国产化率可达70%～80%；目前每年已可制造采运千万吨级的露天矿成套设备3套～5套，其中斗轮式连续开采设备1套；2 000万t级露天矿主采设备中，23m^3挖掘机、154t电动轮矿用自卸车的国产化率分别达到80%和70%。

石油化工设备：“八五”期间完成了沙漠腹地油田用6 000m电驱动钻机和沙漠边缘用6 000m机械驱动钻机的研制，并通过工业考核；大型化肥装置的心脏设备——五大压缩机（即空气、合成气、原料气、氨冷冻和CO_2压缩机组）都已研制成功，并用于反承包外商项目中；年产80万t加氢裂化装置、30万t合成氨、52万t尿素装置和日产160万m^3煤气工程成套设备为代表的国家重大技术装备相继投产，其中，52万t尿素装置和20万t合成氨装置的国产化率分别达到77%和82%。

汽车：“八五”期间，汽车产品质量水平明显提高，抽查平均综合得分为87.83分，比“七五”提高了3.62分，实际提高了一个质量等级；汽车可靠性主要指标平均故障间隔里程为 3 817.76km，比“七五”末期的 1 705km 及重点考核产品的 2 576km（不含轿车），均有较大幅度提高；在质量抽查中，占我国中型载货车年产量 90%以上的两大集团公司的产品平均故障间隔里程均在 5 000km以上。质量管理与国际惯例开始接轨。截至 1995 年底已通过了质量体系认证的企业有上海大众汽车有限公司、天津微型汽车厂、一汽集团铸造厂、东风汽车公司柴油机厂等 20 个企业。“八五”期末，国产化率在 80%以上的产品有上海桑塔纳、北京切诺基（CXI）、天津夏利、一汽奥迪（四缸）、广州标致（505W8）；可达 60%的产品有一汽捷达及兵器奥拓。“八五”竣工验收的还有一汽中轻型车、东风中重型车、南汽轻型车、重汽重型车等 4 个国家重点项目；其国产化率：重汽斯太尔为 90%、南汽依维柯为 75%、五十铃轻型车在 75%以上。经过“八五”的技术改造，形成一定的经济规模。1995 年，上海桑塔纳 15 万辆轿车项目建成并达产，一汽奥迪 3 万辆轿车及天津 15 万辆夏利轿车和 10 万台发动机项目建成并形成能力，一汽大众 15 万辆轿车四大工艺项目建成投产，东风富康 15 万辆总装项目建成投产。

国际上通常轿车划分标准是：排量小于 1L 为微型轿车，排量 1.0L～1.6L 为小型轿车，排量 1.6L～2.0L 为中型轿车，排量 2.0L～3.0L 为大型轿车，排量 3.0L 以上为特大型轿车。现按国内现行标准划分，汽车车型基本齐全，可提供各方面用车主要车型：

（1）轿车：有各种档次的普及型和中高级型车辆。

①高级型（排量 4L 以上）：新红旗（4L）；

②中高级型（排量 2.5L～4L）：奥迪（8 缸、12 缸）；

③中级型（排量 1.6L～2.5L）：切诺基（2.5L）、奥迪（5 缸 2L、6 缸 2.2L、4 缸 1.8L）、标致（2L）、桑塔纳（1.8L）；

④普通型（排量 1L～1.6L）：富康（1.6L）、高尔夫（1.4L）、捷达（1.4L）；

⑤微型（排量 1L 以下）：夏利（0.993L）、奥拓（0.8L）、云雀（0.554L）。

（2）载货车：

①总质量 1.4t（载重量 0.65t）微型载货汽车（引进大发、铃木制造技术）；

②总质量 2.3t～4t（载重量 1t～2t）轻型载货汽车（自行研制）；

③总质量 3.5t～5.5t（载重量 1.5t～3t）轻型载货车（引进五十铃、依维柯制造技术）；

④总质量 11.5t（载重量 6.5t）中型载货车（解放、东风）；

⑤总质量 14t（载重量 8t）重型载货车（自行研制）；

⑥总质量 16t～32t（载重量 9t～23t）重型载货车（引进奥地利斯太尔及德国奔驰制造技术）；

⑦总质量 26t（载重量 18t）重型载货车（引进捷克太脱拉制造技术）。

（3）客车：

有 6m～7m 长的轻型客车，9m～12m 长的大客及 9～12 座面包车等。

（4）矿用自卸车：

①总质量 48t（载重量 27t）矿用自卸车（引进英国阿维林技术）；

②总质量 59t～133t（载重量 32t～77t）矿用自卸车（引进美国伟步制造技术）；

③总质量 72.5t（载重量 40t）矿用自卸车（引进英国特拉克斯制造技术）；

④总质量 250t（载重量 154t）矿用自卸车（引进美国伟步及尤尼瑞格制造技术）。

“八五”各地区发展情况 1991 年～1995 年机械工业平均年增 21.2%，有 10 个省、自治区、直辖市高于行业平均水平，增长较快的有海南、江苏、浙江、吉林、广西等。

比重在 10% 以上的地区，1990 年为上海，1995 年为上海、江苏。详见表 2。

扩大开放取得可喜成果 机械产品出口高速发展，已成为外贸出口的支柱产品。1995 年出口创汇 275.01 亿美元；“八五”共创汇 890 亿美元，年均增长 29.3%，为“七五”的 3.7 倍，净增 625 亿美元。机械产品出口额在全国外贸出口总额的比重，1990 年为 12.3%，1995 年提高到 18.5%，在我国外贸出口中占重要地位。

外商投资企业发展较快。在我国开水平不断提高的形势下，机械工业在利用外商直接投资方面发展迅速。到 1994 年，仅机械工业部系统就有“三资”企业 2 862 个，外方投资金额 35 亿美元。通过兴办合资企业，相当程度上弥补了机械工业建设、改造资金的不足，提高了产品的档次和水平，扩大了出口，对促进企业的转机建制起了良好的示范和推动作用。

宏观调控体系正在向适应社会主义市场经济的要求转变 “八五”时期，按照党的十四大建立社会主义市场经济体制的要求，机械工业各级行业管理部门在职能转变、机构改革等方面都有所进展，政企分开的步伐逐步加快；机械工业规划和计划工作已改为重点和指导性计划，更多地运用产业政策、信息引导指导全行业发展。目前，机械工业国家指令性计划（包括国家订货）产品产值的比重已降到 5%以内，也就是说，95%以上的机械产品完全由企业根据市场的情况，自主经营，参与竞争；价格基本全面放开，只有个别关系国计民生的重大机电产品价格暂按国家指导价格形式管理；市场建设工作的力度加大，初步建立了一批产品市场和技术市场。

为促进机械、汽车支柱产业的振兴，“八五”期间国务院颁发了《汽车工业产业政策》，机械工业部和国家计委联合颁发了《机械工业振兴纲要》，这将有利于进一步加强行业的宏观调控和信息引导，保持机械、汽车工业持续、快速、健康发展，尽快建成国民经济支柱产业。

“八五”期间，我国机械工业虽然取得很大成绩，但从总体上看，还存在一些结构上和素质上的问题，对国民经济向深加工发展、经营方式由粗放型向集约型转变，机械工业还难以适应。振兴机械工业，为提高工业整体装备水平，尽早建成国民经济的支柱产业，还需我们长期不懈的努力。

表 2 “八五”时期机械工业部系统分地区生产增长情况

地区	1995 年			1990 年			1991 年～1995 年	
	总产值（1990 年价，亿元）	位次	比重（%）	总产值（1990 年价，亿元）	位次	比重（%）	平均速度（%）	位次
全　国	4 077.10		100.00	1 562.27		100.00	21.2	
北　京	151.23	11	3.71	79.00	7	5.06	13.9	19
天　津	168.91	10	4.14	54.86	14	3.51	25.2	9
河　北	121.64	14	2.98	56.38	12	3.61	16.6	17
山　西	27.29	23	0.67	19.39	22	1.24	7.1	27
内蒙古	14.02	26	0.34	10.98	28	0.70	5.0	28
辽　宁	210.85	7	5.17	134.36	2	8.60	9.4	23
吉　林	201.30	8	4.94	56.84	11	3.64	28.8	4
黑龙江	81.86	16	2.01	55.10	13	3.53	8.3	25
上　海	523.24	1	12.83	168.12	1	10.76	25.5	8
江　苏	519.70	2	12.75	119.71	3	7.66	34.1	2
浙　江	254.34	4	6.24	68.37	10	4.38	30.1	3
安　徽	127.14	13	3.12	39.31	16	2.52	26.5	7
福　建	62.27	19	1.53	25.05	20	1.60	20.0	11
江　西	67.67	18	1.66	29.88	18	1.91	17.8	14
山　东	291.56	3	7.15	104.08	5	6.66	22.9	10
河　南	149.84	12	3.68	74.02	9	4.74	15.1	18
湖　北	250.61	5	6.15	110.62	4	7.08	17.8	13
湖　南	72.91	17	1.79	47.97	15	3.07	8.7	24
广　东	247.54	6	6.07	76.36	8	4.89	26.5	6
广　西	96.28	15	2.36	28.36	19	1.82	27.7	5
海　南	18.26	25	0.45	0.85	29	0.05	84.3	1
四　川	182.67	9	4.48	82.48	6	5.28	17.2	15
云　南	40.17	21	0.99	17.58	23	1.13	18.0	12
贵　州	22.68	24	0.56	13.58	24	0.87	10.8	20
西　藏	0.05	30	…	0.05	30	…	0.0	30
陕　西	56.18	20	1.38	35.04	17	2.24	9.9	21
甘　肃	30.81	22	0.76	20.90	21	1.34	8.1	26
青　海	8.62	29	0.21	6.96	26	0.45	4.3	29
宁　夏	9.58	28	0.23	6.09	27	0.39	9.6	22
新　疆	11.76	27	0.29	5.41	28	0.35	16.8	16

注：1995 年总产值为快报数。

〔撰稿人：机械工业部行业发展司　黄开亮〕

“八五”时期机械工业体制改革

机械工业部政策法规体改司

“八五”期间，根据党中央提出要加快改革、开放步伐，通过改革解放和发展生产力，把我国经济建设搞上去的重要精神，以及党的十四大所确立的社会主义市场经济的发展目标，机械工业体制改革加快了步伐，加大了力度，并取得了突破性的进展。改革的深化和发展，加速了机械工业结构优化和改组、改造，提高了机械产品的质量和水平，有力地促进了机械工业“八五”规划目标的实现，基本满足了“八五”期间国民经济建设和发展的需要。

机械企业改革不断深化，向着适应社会主义市场经济的制度创新发展

(1) 国有企业以转换经营机制为重点，深化了企业内部改革，加强企业管理，国有企业发生深刻变化，建立现代企业制度试点工作开始起步。

①国有企业经营机制开始发生转变。

“八五”期间，国有企业根据中央工作会议提出必须转换经营机制的要求，认真贯彻国务院颁发的《全民所有制企业转换经营机制暂行条例》(以下简称《转机条例》)，进一步落实了企业生产经营决策、产品定价、资产处置、劳动用工、人事管理等14项经营自主权。同时，企业内部在劳动制度、人事制度及分配制度等方面进行了不同程度的改革。在劳动制度方面，推动了合同制的劳动用工制度；在人事制度方面，实行了对干部的聘任制；在分配制度方面，采用了按资分配和按劳分配相结合，并根据责任轻重、风险大小、劳动强度、技能高低诸因素综合考核，按绩分配。企业内部“三项制度”的改革和深化，促使国有企业内部机制开始发生转变。国家在颁布了《企业财务通则》、《企业会计准则》后，国有企业开始按照新的企业财务制度运行。《公司法》等法律、法规的颁布，为国有企业改革逐步走上法制轨道提供了保障。

②建立现代企业制度试点开始起步。

党的十四届三中全会通过的《关于建立社会主义市场经济体制若干问题的决定》明确指出：“以公有制为主体的现代企业制度是社会主义市场经济体制的基础，继续深化改革必须解决深层次矛盾，着力进行企业制度的创新，逐步建立产权清晰、权责明确、政企分开、管理科学的现代企业制度。”国务院确定了全国100个国有企业进行试点，机械系统试点企业就有16个。全国省、市试点企业约有2 000余个，机械系统试点企业为250个，约占12.5%。试点企业依照《公司法》进行改制，加强企业国有资产监督管理；精减企业富余人员，实现减员增效；按“三改一加强”(即改革、改组、改造、加强企业管理)为主要内容制定试点的《实施方案》。目前，16个试点企业，已有10个企业制定的试点《实施方案》得到国家批准，进入挂牌营运阶段，其他6个企业的《实施方案》正在审批当中，1996年底也可进入正式运营。

建立现代企业制度，是国有企业改革的方向和目标，试点的开始和发展，标志着国有企业改革已步入到制度创新发展的新阶段，将加速国有企业经营机制的转换，为搞活国有经济打下基础。

(2) 股份制试点取得较大进展。

机械行业的股份制试点工作，认真贯彻部提出的“规范运作、务求实效、分类指导、积极推进”的十六字方针，稳步得到推进。截止到目前，机械系统已经进行股份制试点的企业近300个，其中，境内外上市的股份有限公司37个，占全国上市公司的11%左右。上市公司共筹集境内外资金达80亿元，这些资金主要用于企业技术改造，从而加大了企业的技改力度，提高了企业的技术和装备水平，增强了企业市场竞争能力，促进了企业的快速发展。境外上市对企业现代化建设是一个极大的推动，上市公司除募集到发展所需资金外，还必须清产核资、资产评估、发展规划明确、价格放开，企业进行重组，实行政企分开、政资分开，符合国际惯例。股份制试点为国有企业建立现代企业制度奠定了基础。

(3) 机械工业企业集团化不断发展，改善了企业组织结构，提高了生产集中度。

随着改革的深化，机械工业企业集团得到了不断的发展。据20个省市的不完全统计，机械工业部系统内已拥有较为规范的工业企业集团(公司)108个，包括了1 361个成员企业，职工186.9万人，分别占系统的14%和28.2%；1994年工业总产值、增加值、利润分别占部系统的44.2%、44%和81.3%。同时，还发展了一批国家队，列入国家试点的机械大型企业集团有中国第一汽车集团、东风汽车集团、中国重型汽车集团、中国第一重型机械集团、中国第二重型机械集团、东方电气集团、上海电气(集团)总公司、中国第一拖拉机工程机械集团、中国四联仪器仪表集团等，并在“八五”期间全部实行了国家计划单列。这批大型骨干集团在我国国民经济发展中起着举足轻重的作用，为我国冶金、矿山、能源、交通、石化、建材等关系到国计民生的部门提供重大技术装备、重大设备、基础产品和消费产品，已成为我国经济建设中的一支“主力军”。

大型企业集团的发展，推进了机械工业生产集中度的提高。中国第一汽车集团、东风汽车集团、中国重型汽车集团、上海汽车工业总公司、中国汽车工业总公司等五大集团的汽车总产量占全国汽车产量的1/3强，为国内外市场提供了中型、重型、轻型载货车和轿车等各类汽车，满足了国内市场的需求；发电设备行业中的上海电气(集团)总公司、东方电气集团、哈尔滨电站设备集团，1994年生产电站设备1 290万kW，约占全国总产量的70%，累计提供电站设备8 379万kW，约占全国累计总产量的72%，为我国电力工业的发展做出了突出贡献。

(4) 多种所有制企业，为机械工业的发展形成了新的增长点。

①机械工业乡镇企业发展迅猛。

机械工业乡镇企业发展势头很猛，已由过去的“拾遗补缺”变为支撑机械工业的一支“生力军”，涌现了一批如广东科龙电器股份有限公司、浙江杭州万向集团公司、江苏江阴溴化锂制冷设备厂等一批国内外知名、市场占有率高的乡镇机械工业企业。据统计，“八五”末期，机械工业乡镇企业产值已达2 633.46亿元，占乡以上机械工业企业总产值的25.5%。如果加上村办企业，估计将达到

40%左右，乡镇企业为机械工业的发展注入了强大的活力。

②“三资”企业快速发展。

机械工业的外商投资企业“八五”期间发展很快。1992年，外商投资企业达到4 682个，外商投资金额48亿美元，1993年又较1992年翻了一番。外商投资企业在机械工业生产建设中起到了积极作用。“三资”企业的经营体制与经营方式便于与国际市场接轨，扩大机械产品的出口。据海关统计，“三资”企业出口机电产品在全国机电产品出口额中所占比例是，1987年为12.4%，1994年提高到了41.5%。

(5) 现代管理思想和方法的运用，促进了企业管理的发展和进步。

“八五”期间的“转机制、抓管理、练内功、增效益”活动以及推行全面质量管理等现代管理思想和方法等，有力地推动了企业管理的发展和进步。

①部分企业开始进入自主管理、不断提高的良性循环。

据对2 000个机械企业的抽样调查，有15%的企业管理水平能够逐步适应社会主义市场经济发展的要求，逐步把加强和改善企业管理转为企业的自觉行动，通过强化企业管理促进了企业的发展。一汽集团公司创造性地推行了“精益生产方式”，使企业的管理发生了根本性的变化，逐步实现了生产方式的变化，极大地提高了企业的管理效能。

②对改进管理方式和方法进行了卓有成效的创新。

广大机械企业对改进管理方式、方法进行了探索和试验，如秦川机床厂的“质量损失赔偿制”打破了质量损失方面的“大锅饭”，玉林柴油机股份有限公司在售后服务方面推行了维修保障制度。这些办法过硬、有效，是机械产品售后服务管理方法的重大进步。

③计算机辅助管理的发展有效地推进了企业管理水平的提高。

据对部骨干重点企业的调查，平均每个企业拥有计算机8.4台，专业人员12人，94%的企业投资进行了开发，44%的企业在管理应用上取得了成效，20%左右的企业实行联网运行。计算机辅助管理的发展有效地推进了企业管理水平的提高，企业管理迈上新台阶。

④探索了推进机械工业企业管理工作的途径。

机械工业针对不同时期企业管理工作存在的突出问题，提出了不同要求和措施，推动了管理水平的提高。机械工业先后提出了“工艺突破口”、“优化现场管理”、“企业管理整体优化”等工作要求，这些对推动全行业的管理进步、提高管理水平，起到了积极的促进作用。

继续进行政府职能转变，完善行业管理，加强国有资产管理，积极向社会主义市场经济过渡

(1) 继续转变政府职能，进行了机构改革。

根据八届人大第一次会议通过的国务院机构改革方案，撤销机械电子工业部，组建机械工业部。按照建设社会主义市场经济体制的要求，加强和完善行业管理，本着精简、统一、效能和政企分开的原则，转变职能，精兵简政，提高效率。由原机械电子工业部中机械管理人员850人压缩到机械工业部380人，对部机关现有人员进行了分流。将职能进行了分解，原有职能中，编制一般机械产品生产产量、品种计划等五项职能下放给了企业或取消；研究行业发展政策、法规及开展政策法规咨询等17项职能逐步在转移给事业单位和行业协会，并且在机构设置和职能上还增加了监督、检查大型骨干机械企业国有资产保值增值和管理运营机械工业国有资产的职能。

(2) 行业管理职能不断得到深化。

①实施了国家产业政策。

汽车的产业政策已经公布，为进一步解决分散、重复建设问题，并鼓励解决提高生产集中度和市场占有率，2000年我国将初步形成少厂点、大批量、多品种的汽车生产体系，使同类汽车产品产量居国内前三个企业（集团）销售量在国内市场的占有率达到70%以上。机械产业政策已报国务院待批，机械产业政策也明确了前100个企业（集团）的生产集中度从1992年的18%提高到2000年的25%，企业组织结构趋于合理。

②按照产业政策要求，组织了跨部门的全行业统筹规划。

通过“八五”统筹规划，对避免不合理的重复建设、重复投资和不合理布局以及低水平的延伸项目，起到了一定作用。从规划角度看可减少项目42%，减少不合理投资38.2%，投资规模达到664亿元，比三峡第一期投资还少，受到国务院有关部门的认可。

③继续改革计划体制，指令性计划的范围和数量进一步减少。

机械工业的计划工作已从全面计划改变为重点计划，以指导和信息引导代替了指令性计划。1994年指令性计划产品指标，由1978年的150多个大类产品，减少到只有部分大型发电设备，指令性计划只有994万kW，占59.4%。国家指令性计划（包括国家订货）产品产值占机械工业产值的比重由1978年的85%以上下降到5%以内，95%的机械产品已完全由企业根据市场情况自主经营，参加竞争。

④加强了法制建设。

运用法律手段加强了行业管理，参与或组织制订了100多条行业管理法规和规章，使行业管理规范化、法制化；加强了行业法制工作的监督检查工作，检查了对企业管理、知识产权、企业法等法律法规的执行情况；组织行业“二五”专业法律知识的普及工作，编写了学习大纲、教材，进行了验收工作；指导企业、事业单位法律顾问工作，进行了考试、考核工作，经考核合格正式由部发证的有

8 000多个企业法律顾问，坚持年检，培训上岗，有近1/3的人经全国统考，取得律师资格。

⑤发展了中介组织。

按照政府调控市场、市场引导企业的原则，组建发展了一批中介机构，包括资产评估、法律事务、会计事务、人才培训交流、产业性行业协会、管理性协会，以及各种学会、研究会。部曾颁布了562号文件，明确了行业协会的15项任务，充分发挥行业协会在政府和企业之间的桥梁作用和助手作用。

机械工业国有资产管理体制改革取得突破性进展 为适应社会主义市场经济的发展，机械工业管理部门在积极进行政府职能转变，深化管理体制改革，特别是一些中心城市机械工业管理局在实行政资管理职能分开，加强国有资产管理方面有了突破性进展。

国务院已授权机械工业部实施对机械工业大型骨干企业的国有资产保值、增值进行监督、检查管理，为落实国务院颁发的《国有企业财产监督管理条例》，部与省市政府也已授权各级机械管理部门对国有企业国有资产实施监督管理。目前，已有上海机电局、上海市仪表电讯局、广州市机械局、重庆市机械局、青岛市机械局等相继成立了国有资产运营公司，加快了机械工业资产存量的调整，盘活了资产，聚集了发展资金，为实现结构优化，搞活国有经济走出了一条路子。

科技、教育管理体制改革步伐加快 科技体制改革步伐加快，研究院所已彻底摆脱了靠国家拨款维持生计的局面，组建了约300个科研生产销售为一体的联合体。并积极推进了部属院所进入企业集团。在长春汽车研究所进入一汽集团，洛阳矿山机械研究所进入洛矿集团的基础上，又有4个实力雄厚的院所相继进入企业集团，成为企业的技术中心，这就是西安重型机械研究所进入宝钢集团，天津复印机研究所进入天津文化设备集团，北京印刷机械研究所进入北人集团，洛阳拖拉机研究所进入了一拖集团，探索了科研、生产相结合的路子。

教育体制改革的不断深化，加速了产学合作的步伐，吉林工业大学成立了由60余个汽车、农机、工程机械等行业的大企业组成的董事会，进行了企业参与学校管理的改革尝试。部分大学、高等专科学校进行了联合办学的方式，拓宽了服务方向，提高了办学效益。

〔撰稿人：机械工业部政策法规体改司司长 邢玉久〕

发电设备行业

机械工业部行业发展司

据我国电力工业部统计，至1995年底全国发电设备总装机达21 722.4万kW，位于美国、日本之后，居世界第三位。其中，10万kW以上机组12 712.9万kW，占装机总量的58.7%，其中水电设备2 111.1万kW，火电设备10 601.8万kW。“八五”期间新增装机容量为7 933.4万kW。据电力工业部资料，对481台/8 958万kW的10万kW以上火电机组分析，国产机组410台/6 973万kW，占77.84%。由于水电设备及10万kW以下小机组国产设备占的比例高，因此在全部装机量中国产机组比重在80%以上。经过几十年艰苦奋斗，特别是“八五”时期的建设，我国的发电设备制造能力不断增强，已具有较好基础，不仅能较好地满足国内电力工业建设的需要，而且进入了国际市场。

生产发展情况 1995年，发电设备制造全行业共有企业1 460个。其中，机械工业部归口管理的企业285个，职工29.8万人，固定资产原价135.2亿元，实现工业总产值（当年价）188.2亿元，产品销售收入161.6亿元。已具有较大基础，是机械工业中一个规模较大的行业。见表1。

发电设备成套出口成绩显著。1985年出口发电设备21万kW、7 600万美元，1993年签出口合同206万kW，约9亿美元；1985年～1993年累计出口（含已签合同在执行的）457万kW，可创汇约19.6亿美元。1995年签出口合同519万kW，其中火电设备130万kW（32.5万kW×4），水电设备（只水轮机）389万kW（25万kW×14，13万kW×3）。

“八五”时期发电设备行业不断调整、改善产品结构，生产得到了长足的发展。

（1）产量大幅度增长。

五年共生产发电设备7 281万kW，比“七五”时期生产的5 181万kW增加2 100万kW，平均每年增加420万kW；1995年生产1 673万kW，比1990年生产的1 233.9万kW增长35.6%，平均年增6.3%。见表2。

（2）大型火电设备产品结构实现了重大调整。

主力机组，“七五”末期是性能较落后的20万kW～30万kW机组；“八五”时期达到国际80年代水平的引进优化型30万kW及60万kW机组产量已占20万kW以上大型机组产量的70%以上，标志着我国电力工业要求新增装机由20万kW～30万kW机组向先进的30万kW～60万kW机组转变基本成功。

五年累计生产了火电设备20万kW以上机组3 213万kW，为同期火电设备总产量5 942.86万kW的54.06%。其中30万kW级（72套/2 168万kW）及60万kW机组（2套/120万kW）共计74套/2 288万kW，占20万千瓦以上机组3 213万kW的71.2%；20万kW级机组46套/925万kW，占20万kW以上机组的28.8%。见表3。

(3) 火电设备单机平均容量逐步上升。

单机平均容量，1990年为1.86万kW，1991年为2.29万kW，1992年为2.625万kW，1994年为3.63万kW。1994年比1990年翻了近一番。

(4) 提供了水电设备大量巨型机组。

五年累计生产了10万kW以上大型水电机组33套/678.55万kW，为同期水电设备总产量1 194.56万kW的56.8%。其中包括20万kW以上巨型机组19套/488.05万kW：李家峡40万kW机组1套，广西岩滩30.25万kW机组4套，湖北隔河岩型30万kW机组2套，云南漫湾型25万kW机组5套，陕西安康及福建水口型20万kW机组分别为2套和4套，贵州天生桥型22.05万kW机组1套，宝珠寺型17.5万kW机组1套（与外商合作生产的五强溪24万kW机组未包括在内）。见表4。

表1　1995年机械工业部系统发电设备制造行业概况

项　目	企业数(个)	工业总产值(亿元)		年末职工人数(万人)	固定资产原价(亿元)	产品销售收入(亿元)	利税总额(亿元)		
		不变价(原规定)	当年价(原规定)				合计	利润	税金
总计	285	143.92	188.15	29.77	135.18	161.63	14.78	3.59	11.19
其中:									
锅炉制造业①	160	63.97	87.36	13.35	51.86	75.06	5.18	0.96	4.22
汽轮机制造业	16	29.86	39.29	5.04	32.92	33.71	3.22	0.62	2.60
水轮机制造业	33	3.86	4.70	1.64	5.40	3.91	0.39	0.07	0.32
其他锅炉及原动机	13	0.85	0.93	0.33	0.58	0.68	0.02	-0.04	0.06
发电机制造业①	63	45.38	55.87	9.41	44.42	48.27	5.97	1.98	3.99
附:									
三大计划单列企业集团合计	21	73.90	97.80	10.99	66.03	87.21	8.27	1.89	6.38
哈尔滨电站设备公司	5	19.18	25.92	3.54	21.40	26.91	2.75	0.57	2.18
上海电气(集团)公司	11	35.89	48.36	3.84	27.78	40.54	3.25	0.65	2.60
中国东方电气集团公司	5	18.83	23.52	3.61	16.85	19.76	2.27	0.67	1.60

① 锅炉制造业包括工业锅炉厂,发电机制造业包括一般交流发电机企业。

表2　"六五"、"七五"、"八五"时期发电设备产量　　(单位：万kW)

项　目	"六五"		"七五"		"八五"	
	五年	1985年	五年	1990年	五年	1995年
发电设备总计	1 609	562.90	5 180.70	1 233.90	7 281.02	1 673.00
其中：水电设备				210.07	1194.56	246.36
火电设备				1 002.01	5 942.86	1 426.65

表3　"八五"时期20万kW以上火电机组生产增长情况　　(单位：套/万kW)

项　目	1990年	"八五"合计	1991年	1992年	1993年	1994年	1995年
火电设备总计	1 002.01	5 942.86	944.22	1 034.30	1 170.51	1 367.18	1 426.65
20万kW以上机组合计	20/510	120/3 213	18/441	22/561	23/641	27/743	30/827
其中：60万kW机组	1/60	2/120			1/60	1/60	
33万kW机组		2/66					2/66
32万kW机组		1/32				1/32	
30万kW机组	7/210	69/2 070	8/240	12/360	14/420	15/450	20/600
21万kW机组		4/84	1/21	1/21	1/21	1/21	
20.5万kW机组		2/41					2/41
20万kW机组	12/240	40/800	9/180	9/180	7/140	9/180	6/120

表 4 “八五”时期 10 万 kW 以上水电机组生产增长情况 （单位：套/万 kW）

项 目	1990 年	“八五”合计	1991 年	1992 年	1993 年	1994 年	1995 年
水电设备总计	210.07	1 194.56	213.14	230.14	247.28	257.64	246.36
其中：							
10 万 kW 以上机组	4/74.10	33/678.55	5/97.30	6/117.25	7/162.25	8/179.75	7/122.00
李家峡 40 万 kW 机组		1/40.00					1/40.00
广西岩滩 30.25 万 kW 机组		4/121.00	1/30.25	1/30.25	1/30.25	1/30.25	
湖北隔河岩 30 万 kW 机组		2/60.00			1/30.00	1/30.00	
云南漫湾 25 万 kW 机组		5/125.00		1/25.00	2/50.00	2/50.00	
陕西安康 20 万 kW 机组	1/20.00	2/40.00	1/20.00	1/20.00			
福建水口 20 万 kW 机组		4/80.00			1/20.00	1/20.00	2/40.00
贵州天生桥 22.05 万 kW 机组	2/44.10	1/22.05	1/22.05				
宝珠寺 17.5 万 kW 机组		1/17.50				1/17.50	
贵州东风型 17 万 kW 机组		3/51.00		1/17.00	1/17.00	1/17.00	
四川铜街子 15 万 kW 机组		4/60.00	1/15.00	1/15.00	1/15.00	1/15.00	
云南田镇、叙利亚 10.5 万 kW 机组		4/42.00					4/42.00
万安 10kW 机组	1/10.00	2/20.00	1/10.00	1/10.00			
丰满 8.5 万 kW 机组①	(1/8.5)						
湖南五强溪 24 万 kW 机组①		(1/24.00)				(1/24.00)	

①为与外商合作生产机组，未计入产量。

产品水平及生产能力 经过“八五”时期的建设，产品水平大有提高。

（1）火电设备：按引进技术制造的 30 万 kW、60 万 kW 大型火力发电机组已经实行国产化、实行批量生产，30 万 kW 机组已经投运 41 台（1994 年及以前 24 台，1995 年 17 台），60 万 kW 机组已投运 3 台。在此基础上又经过优化设计，使机组达到更高水平。如国产首台 60 万 kW 火电机组在哈尔滨第三电厂成功投运，实现满负荷运行，机组国产化率达 95% 以上。哈尔滨“三大动力”主机厂对引进美国西屋电气公司和燃烧工程公司技术制造的两台 60 万 kW 考核机组，已于 1986 年安装于安徽平圩电厂，经运行多年，情况良好。但由于是美国 70 年代产品，在机组性能和某些结构设计、制造工艺等方面存在一些亟待优化改进的问题。为此，在原有引进技术的基础上进行了重要优化，力求克服引进技术的不足，提高机组的经济性和可靠性。如哈尔滨电机厂设计制造的汽轮发电机，优化改进技术 20 余项，增加工艺装备 912 项，与 60 万 kW 考核机组比，优化后发电机单机容量最大可达 65.4 万 kW，提高发电机效率 0.27%，其中 6 大指标超过引进的平圩考核机组，同时降低了工程造价。该机组安装于哈尔滨第三发电厂，于 1990 年 10 月 6 日开工，经过 54 个月的施工安装，近半年时间的调试，于 1995 年 6 月 20 日首次带满额定负荷，1996 年 1 月 27 日通过了 168h 试运转，移交试生产，1996 年 2 月 25 日哈尔滨第三电厂首次独立起动，一次并网成功，并于 1996 年 3 月 5 日 21 时 30 分带满额定负荷。表明我国制造 60 万 kW 机组的能力已达到国际先进水平，具有较好竞争力。

为解决多煤少水地区发展火力发电，国内已开发研制成 2 套 20 万 kW 空冷火电机组，已在丰镇和大同投入商业运行。

（2）水电设备：“八五”时期由国内自行设计制造的岩滩 4 台 30.25 万 kW 混流式机组，转轮直径 8m；与国外合作制造的五强溪 24 万 kW 混流式机组，转轮直径 8.3m；这两种达到国际水平的巨型机组均已投运。1995 年东方电机厂为青海李家峡电站设计制造的单机 40 万 kW 混流式机组又已完成，该机是高原型高水头（130m）混流式机组，这是我国目前国产单机容量最大的水电机组。哈尔滨电机厂和东方电机厂已开始与国外合作研制单机容量更大的四川二滩水电站 6 台 55 万 kW 高水头混流式机组，将于“九五”期间发电。以中方为主的合作制造的水口 20 万 kW 大型机组，是世界最高容量的轴流式机组之一，前 2 台引进关键部件，从第三台开始全部国内制造，前 4 台现已投运。为广东白石窖电站制造的 1.8 万 kW 贯流式机组，最大出力 1.98 万 kW，它标志着我国贯流式机组达到 2 万 kW 级。

（3）核电设备：1991 年 12 月 15 日我国自行设计、制造的核电 30 万 kW 机组已在秦山电站投入运行，至 1995 年底已经四年，情况良好，累计发电 50.43 亿 kW·h。目前除正在研制 60 万 kW 机组外，出口巴基斯坦的 30 万 kW 机组核电发电机已经完成。我国自行设计制造的第一台 30 万 kW 核电站反应堆压力容器，在第一重型机械集团公司研制成功（1996 年 7 月 17 日通过验收）。核压力容器是核电站的最重要的核心设备，要在高温、高压、高辐照和腐蚀的条件下运行数十年，对制造材料、工艺、检验和质量保证等要求都很高。目前世界上只有少数几个工业发达国家能制造。它的研制成功，结束了我国不能自行制造核电站压力容器的历史。

此外，为发展高新技术产品，大容量、高效益、低能耗设备（如超临界机组、煤气化一蒸汽联合循环机组、增压流化床联合循环机组、大型空冷机组等）都已先后开始进行开发工作，有的已取得较大进展。

通过“六五”、“七五”、“八五”时期的技术改造，我国大型电力设备制造能力提高很快。现能力大致如下：

（1）火电设备：已形成年产 1 500 万 kW 的生产能力，其中 30 万 kW 以上大型火力发电设备能力 860 万 kW；具备批量生产 30 万 kW 以上机组 20 多套的能力，而在“七五”末期，仅有 10 套左右。目前国产化率已达 90%～95%。见表 5。

表 5　大型火力发电设备现有能力分布情况　（单位：万 kW×套）

项　目	现有能力	1995 年实际完成	“九五”规划能力
合计	860	666（30×20，33×2）	1 500（30×34，60×8）
哈尔滨基地	300（60×2，30×6）	150（30×5）	480（30×8，60×4）
上海基地	270（30×9）	270（30×9）	480（30×12，60×2）
四川基地	180（30×6）	180（30×6）	360（30×8，60×2）
北京武汉等厂	130	66（33×2）	180（30×6）

（2）水电设备：可生产 8m 以上混流式机组和转轮 11.3m 轴流式机组，达世界先进水平；已形成年产 250 万 kW 的生产能力，其中大型水电设备能力 200 万 kW 左右。见表 6。

表 6　大型水力发电设备现有能力分布情况　（单位：万 kW）

项　目	现有能力	1995 年实际完成	“九五”规划能力
合计	200	122.00	460
哈尔滨基地	80	40.00	200（能年产三峡 70 万 kW 机组 2 套）
四川基地	80	71.50	200（能年产三峡 70 万 kW 机组 2 套）
天津基地	40	—	60（主要是抽水蓄能机组）
其他厂		10.50	

（3）核电设备：初步具备制造 100 万 kW 机组的能力，已经制造了 30 万 kW 机组在秦山电站正常运行，正在积极进行 60 万 kW 核电机组的制造，预计在 1998 年完成。

质量及质量管理　发电设备质量改善，1995 年电力可靠性指标大幅度提高。

（1）火电设备：我国 10 万 kW 以上大型火电机组的运行可靠性指标，“八五”期间已从 1991 年的 81.85%提高到 1995 年的 86.24%，提高了 4.39 个百分点，由此获得了可观的经济效益。

全国 10 万 kW 及以上火电机组（统计台数 481 台），除 12 万 kW（2 台）、25 万 kW（2 台）、33 万 kW（2 台）机型外，其余机型的 1995 年可靠性指标大大好于 1994 年。目前在运的一些主要机型，其等效可用系数（EAF）有了大幅度提高：

10 万 kW 机组（统计台数 123 台）EAF，1995 年完成 90.79%，比 1994 年提高 2.39 个百分点；

12.5 万 kW 机组（统计台数 92 台）EAF，1995 年完成 88.99%，比 1994 年提高 1.45 个百分点；

20 万 kW 机组（统计台数 149 台）EAF，1995 年完成 86.68%，比 1994 年提高 1.65 个百分点（20 万 kW 机组经完善化后，其等效可用系数从 1988 年的 75.96%上升到 1995 年的 86.48%，已接近世界平均先进水平。按此次统计的国产机组 138 台 20 万 kW 机组估算，相当于新增 15 台 20 万 kW 机组的发电量）；

30 万 kW 机组（统计台数 65 台）EAF，1995 年完成 81.86%，比 1994 年提高 4.07 个百分点；

60 万 kW 机组（统计台数 6 台）EAF，1995 年完成 81.84%，比 1994 年提高 8.28 个百分点；

以上共 435 台/7 670 万 kW，其中国产机组 403 台/6 880 万 kW，按台计占 92%，按容量计占 89.7%。

由于电力部门和制造部门的通力合作，消除了大量的设备缺陷，解决了 30 万 kW 机组一些关键质量问题，使得 1994 年新投产的 33 台火力发电机组，在投产后第一年的平均等效可用系数达 81.36%，比 1991 年新投机组投产后第一年的平均等效可用系数高 20.81 个百分点，相当于增装了 240 万 kW 的装机容量。

从 1995 年度 30 万 kW 机组的运行可靠性指标看出，与前几年相比有较大的好转。1995 年参加统计的 65 台 30 万 kW 机组的等效可用系数从 1994 年的 77.79%上升到 1995 年的 81.86%，上升了 4.07 个百分点，其中 1994 年投运的 12 台 30 万 kW 机组投运后第一年的平均等效可用系数达 81.30%，比 1991 年投产的 30 万 kW 机组投运后第一年的平均等效可用系数高出 34 个百分点。见表 7。

表 7　1995 年全国火电 10 万 kW 及以上机组运行可靠性指标

项　目	台/万 kW			台年平均利用小时			等效可用系数（EAF, %）			平均无故障时间（MTBF, h）		
	合计	国产	进口	合计	国产	进口	合计	国产	进口	合计	国产	进口
全部机组	481/8 958	410/6 973	71/1 984.5	5 863.7			86.24			2 008.24		
10 万 kW 机组	123/1 230	114/1 140	9/90	5 917.22	6 061.0	5 378.66	90.79	90.59	93.43	3 593.77	3 370.24	25 039.61
11 万 kW 机组	6/66	6/66	—	6 738.24	6 738.24		90.01	90.01		2 961.80	2 961.80	
12 万 kW 机组	2/24	—	2/24	5 787.78	—	5 787.78	81.32	—	81.32	1 427.36	—	1 427.36
12.5 万 kW 机组	92/1 150	92/1 150	—	6 049.86	6 049.86	—	88.99	88.99	—	2 930.63	2 930.63	—
20 万 kW 机组	149/2 980	138/2 760	11/220	6 054.29	6 131.23	6 019.72	86.68	86.48	88.89	1 957.69①	1 939.35	1 789.55
21 万 kW 机组	10/210	—	10/210	5 965.20	—	5 965.20	89.56	—	89.56	2 455.67	—	2 455.67
25 万 kW 机组	2/50	—	2/50	6 527.24	—	6 527.24	87.67	—	87.67	2 194.65	—	2 194.65
27 万 kW 机组	1/27	1/27	—	6 198.00	6 198.00	—	82.47	82.47	—	1 204.81	1 204.81	—
30 万 kW 机组	65/1 950	57/1 710	8/240	5 690.14①	5 740.28	5 716.50	81.86①	81.74	81.13	954.54①	946.44	905.49
32 万 kW 机组	4/128	—	4/128	2 995.01	—	2 995.01	86.88	—	86.88	1 327.19	—	1 327.19
33 万 kW 机组	2/66	—	2/66	4 964.50	—	4 964.50	91.72	—	91.72	16 068.7	—	16 068.7
35 万 kW 机组	12/420	—	12/420	6 075.86	—	6 075.86	89.00	—	89.00	2 536.81	—	2 536.81
36 至 36.25 万 kW 机组	4/144.5	—	4/144.5	5 593.81	—	5 593.81	88.64	—	88.64	3 107.13	—	3 107.13
50 万 kW 机组	2/100	—	2/100	4 448.81	—	4 448.81	75.83	—	75.83	492.47	—	492.47
52 万 kW 机组	1/52	—	1/52	6 329.94	—	6 329.24	87.62	—	87.62	1 922.63	—	1 922.63
60 万 kW 机组	6/360	2/120	4/240	5 485.77	5 208.69	5 624.31	81.84	80.71	82.41	675.06	1 032.82	576.50

①数据中包括了燃油机组，其余为燃煤机组。

从一个电厂的同类型机组，不同年份投产，效益也不断提高。如沙岭子电厂 1、2 号机相继于 1991、1992 年投产，投运后第一年的等效可用系数非常低；而 3 号机 1994 年 10 月 6 日完成了 168h 满负荷试运行，投产后第一年等效可用系数达 84.84%；4 号机投产后半年试生产，运行 3 898h，等效可用系数达 92.32%。

国内制造厂对电力设备可靠性指标十分重视，大部分制造厂都根据电力可靠性管理中心提供的数据制定改进质量措施，因而总的看，近年来发电设备的制造质量有了提高。但电力部门指出，发电设备制造工艺还不够规范，大量应该制造厂内检查出来的并应处理的缺陷，往往漏检出厂。质量问题还需进一步努力解决。

(2) 水电设备：全国 4 万 kW 及以上水电机组（统计台数 224 台），在部分水电站水质变差和西北严重干旱的情况下，可靠性指标仍普遍好于 1994 年水平，1995 年等效可用系数为 91.41%。其中：轴流机组 EAF，1995 年 91.84%，比 1994 年提高 1.67 个百分点；混流机组 EAF，1995 年 91.25%，比 1994 年下降 0.45 个百分点；抽水蓄能机组 EAF，1995 年 93.65%，比 1994 年提高 4.26 个百分点。

除抽水蓄能机组外，轴流及混流机组大都是国产设备，设备情况也比较好。见表 8。

表 8　1995 年全国水电 4 万 kW 及以上机组运行可靠性指标

项　目	台/万 kW	台年平均利用小时	等效可用系数（EAF, %）	平均无故障时间（MTBF, h）
全部机组	224/2 420.5	3 872.17	91.41	6 389.28
轴流机组	60/557.3	4 896.93	91.84	12 004.12
其中：10 至 19.9 万 kW 机组	32/396.51	5 460.86	91.82	9 574.31
混流机组	161/1 836.2	3 586.75	91.25	5 709.58
其中：20 至 29.9 万 kW 机组	17/383.0	4 601.76	89.56	3 716.67
30 万 kW 及以上机组	16/488.75	2 764.15	90.89	4 888.21
抽水蓄能机组	3/27.0	2 132.13	93.65	1 756.65

存在问题

(1) 企业效益情况很不理想。

“八五”期间，发电设备制造业固定资产增长了 1.31 倍，销售收入增长了 1.59 倍，利税增长了 1.16 倍，但其中利润却只增长了 7.81%，从 1990 年的 3.33 亿元增至 1995 年的 3.59 亿元，净增仅 0.26 亿元，与同期的产、销、税增长极不相称。1990 年、1994 年、1995 年发电设备行业产、销、利、税增长对比见表 9。

表9 1990年、1994年、1995年发电设备行业产、销、利、税增长对比

项 目	单 位	1990年	1994年	1995年	1995/1994（%）	1995/1990（%）
工业总产值（不变价）	亿元	77.48	151.17	143.92	95.20	185.75
年末职工人数	万人	30.35	32.95	29.77	90.35	98.41
固定资产	亿元	58.63	118.04	135.18	114.52	230.56
销售收入	亿元	62.48	159.22	161.63	101.51	258.68
利税总计	亿元	6.85	16.78	14.78	88.08	215.77
其中：利润	亿元	3.33	6.32	3.59	56.80	107.81
税金	亿元	3.52	10.46	11.19	106.29	317.90

以哈尔滨、上海、四川三大电力设备生产基地1995年与1993年的情况对比看，1995年比1993年，利润增加了0.92亿元，而利息支出增加了2.05亿元，税金增加了3.57亿元，两者共计增加了5.62亿元，大大高于利润的增长速度；1993年、1995年利息加税金分别为6.40亿元及12.02亿元，为同期利润的6.60倍和6.36倍。见表10。两相对比，企业所得过低，难以筹集到必须的技改资金。

表10 1993年和1995年发电设备企业利润与利息、税金比较 （单位：亿元）

项 目	利 润		利 息		税 金		利息＋税金		税、利息比利润	
	1993年	1995年	1993年	1995年	1993年	1995年	1993年	1995年	1993年	1995年
合计	0.97	1.89	3.59	5.64	2.81	6.38	6.40	12.02	6.60:1	6.36:1
哈尔滨基地	0.38	0.57	1.26	2.00	1.21	2.18	2.47	4.18	6.5:1	4.3:1
上海基地	0.21	0.65	1.64	2.46	1.01	2.60	2.65	5.06	12.6:1	7.8:1
东方基地	0.38	0.67	0.70	1.17	0.59	1.60	1.27	2.77	3.3:1	4.1:1

（2）大量进口国外设备，能力大大放空。

自“六五”时期以来，我国对大型发电设备的生产能力及质量采取了大量措施，具备了对大型火电机组的加工和测试能力，质量也有大幅度提高，大型火力发电设备已完全可立足国内。但是，近年来，却大量从国外进口，对我国发电设备制造行业造成强大的冲击，1996年约有一半能力放空。据了解目前已确定进口机组的火电建设规模已达3 241.6万 kW，正在招标或洽谈火电设备“九五”期间投产项目1 482万 kW，正在洽谈火电进口设备“九五”期间开工转“十五”期间项目1 482万 kW，三项共计6 209.6万 kW。又据了解，“九五”期间投产的进口火电机组3 552.6万 kW，占“九五”期间投产火电总量6 685万 kW的53.14%，直接威胁发电设备行业的稳定增长。世界上许多发展中国家在进口成套设备上有一套管理办法和政策，我国应该早作考虑。

〔撰稿人：机械工业部行业发展司　黄开亮〕

机床工具行业

机械工业部机械基础装备司

改革开放以来，特别是“八五”时期，机床工具行业有了较快的发展。“八五”时期是经历了较大起伏的时期，也是改革力度最大、产品结构与产业结构调整幅度较大的时期。通过产品结构逐步调整，使产品、工艺和管理水平不断提高，经济效益与社会效益也有所增长。1991年～1993年机床工具行业以年均20%的速度增长，从1992年下半年开始，在市场“过热”的刺激下，生产超高速发展，到1993年底创下了产量、产值、销售收入和利税总额等历史最高记录，分别比1991年增长了60%、58%、97%、114%。

1993年以后由于国家整顿金融秩序，控制固定资产投入的高速增长，加之大量进口机床的冲击，从1994年起，机床工具行业开始出现负增长，产值较1993年下降4%，金属切削机床产量下降25%。1995年产值又继续下降了0.6%，产量下降

了14.2%，第一次出现了全行业亏损，遇到了前所未有的困难。但是从总的方面看，机床工具行业“八五”末期仍然比“七五”末期有了较大的发展，1995年产值、销售收入和利税总额分别比1990年增长了74%、126%和4%。

生产发展情况　“八五”期间，机床工具行业的主要经济指标及总产值增长情况见表1（按机械系统统计）。

表1　机床工具行业“八五”期间主要经济指标

项　目	1990年	1991年	1992年	1993年	1994年	1995年	1995年比1990年增长%
工业总产值（不变价）（亿元）	100.6	113	142	178.7	176.2	175	74.0
工业总产值（当年价）（亿元）	95.2	108	149	222	220	212	122.7
其中：数控机床产值（亿元）	2.3	4.7	7.3	10	7.2	7.7	234.8
产值数控化率（%）	10	12	15	17	13	13	30.0
工业增加值（亿元）	35	38.5	55.2	80.8	78.8	66.2	89.1
销售收入（亿元）	80.5	109	149.6	215	176	182	126.1
利税总额（亿元）	9.9	11	16.9	23.5	21	10.3	4.0
利润总额（亿元）	3.6	3.5	7	12.9	4.6	—1.8	

从表1中可以看到，“八五”前三年，机床工具行业处在上升时期，后两年的生产形势受大环境影响，大大放慢了速度，遇到了较大困难。

通过“八五”期间的投入，行业改组、改革，使生产能力有了巩固和提高，金属切削机床生产能力达到21万台，比“八五”计划目标16万台高出31%；其中各类数控机床生产能力达到6 000台。1991年至1995年金属切削机床、锻压机械产量统计情况（机械系统内）见表2。

表2　金属切削机床及锻压机械“八五”期间产量及品种

项　目	1991年	1992年	1993年	1994年	1995年
金属切削机床产量（万台）	12	13.85	16.13	12.9	11.07
锻压机械产量（万台）	6.55	4.33	5.22	4.69	4.54
金属切削机床新品种（种）	508	418	473	467	405
锻压机械新品种（种）	60	77	98	100	138

出口情况　“七五”期间，机床工具产品作为机电产品的主要出口产品之一，在国家采取了一系列改革开放和扶植鼓励产品出口的政策措施的激励下，经过全行业的共同努力，出口取得了较快增长，1986年～1990年间出口以平均每年50%的速度增长，提前两年实现出口4亿美元的目标。“八五”期间，机床工具产品出口增长速度明显放慢，基本维持在低速增长的水平，年均增长为12.3%。按有关资料统计，1995年我国机床工具产品出口额达到6.29亿美元，比1990年增长了73%。见表3。

表3　“八五”期间机床工具行业出口完成情况　（单位：万美元）

项　目	1990年	1991年	1992年	1993年	1994年	1995年	1995年比1990年增长%
机床工具合计	36 380	35 058	36 772	42 471	46 788	62 989	73.1
其中：CNC产品	993	892	938	1 618	1902	3 261	228.4
1. 金属切削机床	18 095	16 511	16 488	17 549	19 720	21 678	19.8
其中：CNC机床	993	876	841	1 470	1 682	2 802	182.2
2. 锻压机床	2 028	2 484	3 226	3 540	3 798	4 753	128.3
其中：CNC锻压机床		16	97	148	220	459	
3. 木工机械	485	454	844	606	877	902	86.0
4. 量具刃具	4 523	4 210	4 309	7 296	6 015	7 335	62.2
5. 磨料磨具	7 885	8 701	9 956	11 406	13 963	24 787	214.4
6. 机床附件	1 315	1 821	1 361	1 506	1 737	2 557	94.5
7. 其它机械	1995	877	588	568	678	977	-51.0

注：金属切削机床、锻压机床、磨料磨具为海关统计数，其余为行业内统计数。

经过十几年来努力开拓国际市场，通过合资、合作、来图来料加工等方式不断提高出口产品质量与数量，传统产品的市场得到巩固和扩大，出口产品结构调整取得一定的进展，技术相对密集、附加值相对较高的产品出口有一定增加。我国机床工具产品的出口已形成较稳定的格局。

(1) 已形成了一批出口“拳头”产品。

普通机床、中小型锻压机械、刃具、磨料、卡盘、钻夹头等，约占机床工具产品总出口额的70%，成为出口的主导产品。同时，一些附加价值稍高的产品出口也逐年增加，如CNC机床（光机)、复杂刃具、树脂磨具和涂附磨具、大重型机床等，其中CNC机床出口增长228%，占金属加工机床出口额的比重从1990年的4.5%增加到1995年的11.9%；磨具、涂附磨具及超硬磨具等出口增长了186%，占磨料磨具出口额的25%。

另外，有一些产品品牌在国外市场已有一定影响，并形成一定的规模。如J1牌车床、西湖牌台钻、象牌钻夹头、白鸽牌磨料及涂附磨具、环球牌卡盘等。

这些品牌的建立，是靠长期有形和无形投入换来的，包括不断增长的出口规模、不断扩大的市场份额、日益提高的质量、逐渐完善的售后服务以及对合同的信守、固定资产与研究开发的投入等形成的。

(2) 稳固地占有国际市场。

总体上看，普通机床、刃具、磨料、钻夹头等产品的出口市场相对稳定，在一些国家和地区有稳定的客户和订单，且有传统市场，客户信誉度较高。少数产品已在1个～2个主要市场上占有相当的份额。如：小型家用机床，是世界上最大的供应地。在北美市场的磨料、摇臂铣床、普通车床，东南亚市场的普通车床等均占有较大的份额。现在普通车床出口额位于世界第十五位，世界市场占有率为1.1%；钻夹头的出口额位于世界第三位，世界市场占有率约为30%；卡盘的出口额位于世界第二位，世界市场占有率为15%以上。尽管这些产品档次不很高，附加价值低，但在国际市场上已形成了相对优势。

(3) 出口市场的结构有所调整。

“八五”期间，机床工具产品出口开始向全方位、多元化方向发展。传统市场是东南亚地区、北美和欧洲，在巩固发展传统市场的同时，逐步开拓中东、南美、澳州等市场。以金属切削机床为例，1995年出口到东南亚地区约占出口总额的40%，到北美占15%，到西欧约占12%，与“七五”末期相比，出口到东南亚上升了8个百分点，到北美上升了3个百分点，到欧洲增加了2个百分点，而其他地区则增长了10个百分点。

现在出口超过1 000万美元的国家和地区达到8个，其中出口到美国的机床达4 000万美元以上，居各市场的第一位。

(4) 出口基地建设取得一定进展。

经过十年来的努力和发展，形成了一支产品出口的基本队伍和骨干力量。机床工具行业现共有出口基地43个，扩大出口企业91个。其中被授与外贸经营权的67个。这些出口基地的建立与形成，为机床工具产品持续稳定出口做出了贡献。到1995年底，行业内企业或集团出口超过5 000万美元1个，超2 000万美元1个，超1 000万美元的10个，超500万美元10个，超300万美元20个，初步形成以骨干企业为主，大、中、小企业相结合的出口群体。

科技攻关、产品开发及技术水平　我国“八五”期间机床工具行业产品开发和科技攻关的总体思路是：以主机为“龙头”，系统为核心，关键配套件为基础，提高综合开发能力和配套能力。

(1) 技术发展特征。

由于“八五”期间，计划经济向社会主义市场经济转轨速度加快，市场竞争趋于激烈，机床工具行业内部产品结构调整和产业结构调整力度加大。因此，科技发展必须与之相适应，宏观环境的要求促进了机床工具行业新产品、新技术、新工艺、新材料不断涌现，并且从单项技术的提高转变为综合技术的开发，从单纯追求“内在美”，即提高精度、性能为主，发展到追求“整体美”，即从外观质量到内在质量的统一，从单纯追求“功能型”技术水平的提高，发展到经济与技术相结合的“效益型”技术水平的提高。

(2) 新产品开发和科技攻关的总体情况。

“八五”期间，按照市场需求和科技发展规划为引导，以自行开发和引进技术、消化吸收为主线，机床工具行业多层次、全方位地进行新产品开发和科技攻关。

“八五”期间，共开发新产品2 200多种，其中列入部计划的700种，列入国家计划的150种。

列入国家和部的科技攻关项目的共有三个方面：数控技术、激光应用和铸造机械。

A. 数控技术与装备的研究开发是列入国家计委的重点科技攻关项目，共列有75个专题、144个分专题，包括：数控系统、伺服系统、数控主机、关键配套件等五个方面的内容。这项攻关，共取得科技成果326项，其中建立了具有我国自主版权的数控技术平台2个，基本数控系统3个，派生系统16个，重大关键主机品种15个，突破和掌握了18项共性关键技术，并完成了一些重要的软件技术成果。

B. 国家科委和国家经贸委重点支持了机床工具行业在激光应用方面的攻关，共设立了7个专题，包括激光切割、激光刻线、激光热处理等，共取得科技成果50多项，对激光应用的理论研究也取得了突破性的进展。

C. 为支持铸造机械的发展，机械工业部以“振兴铸机”为题，开展对7项铸机关键技术的攻关，现已全部完成，在水玻璃砂回收、消失模铸造等关键技术方面取得重大成果。

"八五"时期新产品开发和科技攻关促进了机床工具行业在向高速、高效、精密化，功能专门化与价格低廉化，成套、成线、系统化发展的趋势，为"九五"期间机床工具行业向产业化、工程化、"交钥匙"及快速反应机制的建立奠定了基础。

经过"八五"时期的建设，技术水平有了一定的提高。

(1) 积极应用计算机，设计开发、加工能力和管理水平有了一定提高。

通过"八五"时期的科技攻关、技改投入，实施"863"工程、"火炬计划"、1550工程等，使行业整体技术开发水平迈上了一个新的台阶。

通过推广采用CAD、CAM等先进设计手段和方法，大大提高了企业自我开发能力，缩短了技术准备周期。例如：北京第一机床厂的龙门铣床，过去生产周期需2年，现在通过采用CAD/CAM技术，首先大大缩短了设计周期，辅之以CAPP，使生产周期减少到10个月。

行业内北京第一机床厂、沈阳第一机床厂、济南第二机床厂、长治锻压机床厂、哈尔滨第一工具厂等在CAD方面领先一步，已具备一定的基础与条件。同时行业内的大部分骨干重点企业也都有不同程度的提高。

推广应用CAD技术，逐步向CAPP和计算机管理扩展。通过技术改造，骨干重点企业不同程度地应用了计算机辅助设计及管理，如北京第一机床厂的CIMS应用，获得了较高的荣誉；沈阳第一机床厂在CAD应用上从机床液压、电器、主轴等系统与零件的CAD，逐步向机床整机CAD过渡，在制造工艺上开展了复杂刀具、孔加工刀具CAD和主轴加工CAD均取得较好的效果。济南第一机床厂、北京第一机床厂、上海第四机床厂等还建成了立体仓库，为实现计算机辅助管理创造了条件。

(2) 技术改造步伐加大，工艺装备水平有了较大提高。

通过"八五"时期技改项目的执行，在生产手段上，重点对铸件、钣焊、关键件加工与检测、装配、计算机辅助设计和管理等方面进行技术改造，增加国外设备和仪器900余台（套）和一批国内设备，新建和扩大了一批加工装配面积。改善了企业开发研究、试验条件，改善了工艺装备条件和生产环境，关键工序的加工解决了难点，提高了制造水平，为今后发展提高数控机床的能力和水平奠定了较为坚实的基础，在一定程度上缓解了设备老化问题，固定资产净值率提高到1995年的48.2%。

(3) 加快了新产品开发速度。

"八五"时期，机床工具行业通过新技术的推广应用，新产品的开发，行业整体水平有了较为明显的提高。"八五"期间金属切削机床的品种发展速度从"七五"的年均300种，提高到年均460种，数控机床品种也从"七五"的200种，发展到500种以上；锻压机械品种发展速度年平均近100种，新开发的品种大部分达到国际80年代中期水平，少数达到当代水平。到1995年末，机床工具行业的产值数控化率已达到13%。此外，数控系统及伺服、数控转台、数控分度头、动力转塔刀架、交换工作台、滚珠丝杠等数控机床配套件、数控工具系统、可转位刀具及各种数控机床刀具也得到了相应的发展。从而使行业形成了主机、配套比较完整的供应体系。

(4) 产品质量普遍提高。

通过改善工艺装备条件和产品试验手段，改善了毛坯质量，提高了加工质量，加上推广应用先进工艺，使产品的制造水平有了较大提高。不论从产品外观，还是从内在质量上都比以前改观较大，从而使产品的可靠性大大提高。数控系统及数控机床的可靠性有了新的进展。如南京大方股份有限公司生产的经济型数控系统MTBF（平均无故障时间）可达8 000h。长城机床厂数控车床可靠性指标已达272h。

"八五"期间，国产数控机床开始出现名牌产品。像宁夏长城机床厂生产的CK7815数控车床、南京机床厂的TND360车床、北京第一机床厂的数控龙门铣床、齐齐哈尔第一机床厂的数控重型车床、秦川机床厂的数控磨齿机等在用户中享有较高的声誉。险峰机床厂MK84125数控轧辊磨床获国家科技进步一等奖。

特别是1995年6月，行业内54个企业发表"质量保证"声明之后，以提高产品质量和服务水平、消除早期故障为目标的自律性活动逐步开展起来，并迅速向全行业扩展，于是各厂纷纷清查检修现有产品，增加空运转时间，严格工艺纪律，建立质量责任制，按ISO9000要求建立质量保障体系，为提高产品质量重塑机床行业的形象开了好头。

技术改造 "八五"期间，机床工具行业的固定资产投资主要是通过技术改造完成的，基本建设所占比例很小。

列入国家"八五"计划的固定资产投资项目总投资38.9亿元。

(1) 基本建设项目实际完成投资2.38亿元，含拨款和拨改贷0.57亿元。

(2) 技术改造项目实际完成147项，完成投资36.5亿元，含贴息贷款19.8亿元，包括"数控机床国产化"77项，"基础机械"和"扩大出口"62项及其他10项。第一批"双加"工程项目14项正在执行中。

"八五"时期技术改造的特点是：

(1) 注重毛坯质量的提高。

"八五"时期技术改造中，各企业普遍把运用树脂砂造型技术和提高钣焊件制作能力作为改造的重点之一，大大提高了铸件的内在质量与外观质量。行业20个骨干企业"八五"时期改造形成的树脂砂造型生产能力达10万t以上。天津第一机床厂引进了树脂砂成套设备，使生产能力达年产4 000t，造型精度达到ISO 9级，且废品为零。济南第二机床厂新建钣焊车间具有钢板预处理、数控火焰切割、数控等离子切割、气体保护焊等先进装备，成为全行业钣焊生产的样板。

(2) 调整工艺路线，建立专业化协作。

在“八五”时期技术改造中，不少企业着手大破产品封闭式生产的格局，通过技术改造形成专业化生产的新格局。如济南第一机床厂、沈阳第一机床厂、北京第一机床厂、大连机床厂、汉川机床厂、中捷友谊厂等一批重点骨干企业纷纷打破封闭式生产车间，组建床身、箱体、主轴、轴套、齿轮等成组单元专业化生产。

(3) 加工质量提高。

继“七五”期间部分重点骨干企业解决了齿轮、箱体、导轨精加工之后，“八五”期间又有北京第一机床厂等一些大型骨干企业先后引进、自制了五面体加工中心，使床身等大件尺寸的加工一致性提高，保证了整机的质量。一些中小企业通过增加加工中心、CNC 镗铣床等，也提高了箱体类加工水平与能力，在轴套、盘类零件中推广成组加工工艺，同时完善了导轨、齿轮、主轴的加工手段。

对外合作　“八五”期间，机床工具行业利用外资总计协议金额 4.2 亿美元。其中，有 18 个项目利用外国贷款，含世行、亚行、外国政府贷款等 2.65 亿美元，已执行完成 1.7 亿美元。

到 1995 年底，机床工具行业已兴办中外合资、合作企业 212 个，协议利用外资 1.55 亿美元；已完成近 1 亿美元，前期合资企业大多在贸易方面，用于工业生产方面的项目及投资额均占较低比例。“八五”后两年，在生产性项目方面合资较多，与世界一些著名厂商合资，如与德国西门子公司、日本法那科公司合资生产 CNC 系统，与瑞士合资生产电加工机床、数控冲床，与德国合作或合资生产大型机械压力机、加工中心、龙门镗铣床、龙门导轨磨床、轧辊车床、CNC 立车、组合机床及自动线等。通过这些合资、合作，为国内许多部门提供了大批先进适用的产品，支持了国民经济的建设。

“八五”期间，共引进国外先进制造技术 50 余项，其中通过国家重点技改项目引进技术 15 项。这些先进制造技术都是国内暂时不能解决，又代表一定技术水平、拥有一定市场需求的，为产品上水平上档次提供了技术来源。例如中捷友谊厂通过技贸结合的方式引进了日本大限公司龙门式五面体加工中心制造技术，沈阳第三机床厂引进了日本大限公司车削中心制造技术，济南第一机床厂引进德国 MAHO 公司加工中心制造技术，北京第二机床厂引进日本丰田工机的数控外圆磨床制造技术，上海机床厂引进美国兰迪斯凸轮轴、曲轴磨床制造技术，险峰机床厂引进德国 CNC 轧辊磨床制造技术，南京五二八厂引进德国西门子公司 810 数控系统技术，扬州锻压机床厂引进瑞士贝确拉公司数控冲模回转头压力机制造技术，烟台机床附件厂引进意大利数控动力刀架制造技术，汉江工具厂引进西班牙圆磨法滚动制造技术等。同时还与国外合作生产一批产品，如 CNC 轧辊数控立式车削中心、龙门式五面加工中心、龙门镗铣床、龙门导轨磨床、数控多连杆压力机、组合机自动线、大型管材加工设备等。此外，还通过建立了一批合资企业，生产数控车床、加工中心、组合机床、数控系统等，这不但促进了产品水平的提高，也促进了管理水平的提高。

管理及改革　机床工具行业在“八五”期间，通过改组、改革与改造，使原有的生产格局、产品格局发生了较深刻的变化。

(1) 加速产品结构调整步伐。

许多企业加大了产品结构调整力度，改变了过去通用、单一品种的生产格局，向以一业为主、多品种发展，一批骨干企业先后为轿车、摩托车、内燃机、农机、轴承等行业提供了大量的数控机床、几十条组合机自动线及大型冲压生产线。同时，根据近几年需求实际看，CNC 机床用户呈现低、中、高不同层次需求，特别是一批中小企业和乡镇企业，因资金有限，又要实现技术装备进步，比较青睐经济型的 CNC 机床，特别是 30 万元以下 CNC 车床、100 万元以下卧式加工中心、50 万元以下立式加工中心及 CNC 回转头压力机、CNC 剪板机床、单轴 CNC 磨床等。一批企业抓住市场信息，大力调整产品结构，开发出了满足不同需求层次的高、中、低档次机床。除大量使用的车、铣、钻、镗实现数控品种外，在主要机床类别中都实现了数控品种化，各类齿轮机床、磨床及锯床等方面都有数控产品生产。

数控锻压机械稳步发展。“八五”期间相继开发出了 CNC 弯管机、弯管单元（FMC）、四边折弯机、冲模回转头压力机、步冲、剪板机、折弯机、火焰切割机、激光切割机等数控产品，其中，数控冲模回转头压力机及数控剪板机、折弯机已形成系列和批量生产。

数控系统的开发与生产也取得了一定成果。

(2) 企业内部组织结构正在发生变化。

“八五”以前，机床行业特别是国有大中型企业已有的生产组织刚性结构与社会主义市场经济瞬息万变之间形成的强烈撞击，使机床行业几十年积累的深层次矛盾尖锐起来。形势要求机床行业，特别是大中型骨干企业要进行脱胎换骨的变革，以适应社会主义市场经济的发展。“八五”期间，许多企业针对这样的形势，开始了艰难而又必须进行的企业内部组织结构改革和调整。首先打破多年来形成的封闭式车间，推行成组工艺，组织铸、锻、焊等工艺专业化生产及部分零部件的专业化生产，并结合现代企业制度试点工作，精简或调整企业管理机构，促进企业经营机制的转换。产业结构发生着深刻的变革，一批优势企业通过联合、兼并和重组，逐步向企业集团方向发展，如沈阳机床股份公司、上海机床集团公司、云南的 CY 集团、青岛的铸机集团、南通机床股份（集团）有限公司等。集团的建立与发展将提高其参与国际市场竞争的能力，促进资产的合理流动，通过资产重组，以增量调整带动存量调整，提高了集团的经济实力。在发展企业集团的同时，对以配套技术和产品为主要特点的“小巨人”企业的培育也是“八五”时期机床工具行业发展的一个特点。如：上海机床附件三厂、山东机床附件厂、南京工艺装备厂、烟台机床附件厂等都已形成了生产附件的一定规模。主机与配套的协调发展，企业集团与“小巨人”企业的相辅相成，将成为机床工具行业的组织结构新格局。

此外，企业改组调整为股份公司或有限责任公司，现共有股份制公司 26 个（含上市公司 6 个），有限责任公司或集团公司几十个。组织结构变化，为企业生产实现规模经济创造了条件。

“八五”时期取得的经验

(1) 需要国家给予高度重视和政策上倾斜。“八五”时期机床行业是历史上得到国家支持最多的五年，无论是将科技攻关列入国家重点攻关规划中，还是将技改列入重点消化吸收“一条龙”技改专项中，国家都给予了大量资金支持，才使机床工具工业，特别是数控机床工业具备现今的基础。下一步的发展还是要充分依靠产业政策，依靠国家的政策倾斜。

(2) 要搞好行业发展，一定要先做好五年发展规划，包括行业发展中的产品开发攻关、引进技术消化吸收、固定资产投入、体制改革与改组、加强管理等一系列方面进行统筹规划，互相衔接，集中力量解决好一两件事。

(3) 行业与企业要在改造中加速产业结构的调整。通过增量的加入，调整和优化存量，促进重点企业、重点行业的技术装备上水平，促进产业结构的优化，以利不断提高综合经济效益。

(4) 坚持引进技术消化吸收与自主创新相结合。加强对引进技术的消化吸收创新工作，不断用先进技术对现有企业进行改造，促进科研成果向生产力的转化。

困难与问题

(1) 国有企业缺乏自我改造能力。机床工具行业由于长期以来，因资金投入少、欠债较大，企业普遍存在装备水平低、工艺技术落后、产品老化、市场竞争力不高的困难，技术改造的任务较重。但由于计划经济体制下形成的生产格局及企业办社会的沉重包袱，使相当一部分大中型国有企业资产负债率高（平均为 75%左右，少数已达 85%以上），自有资金不足，缺乏自我改造和自我发展能力，主要依靠银行贷款来进行技改。

(2) 机床工具行业结构性矛盾仍很突出。“八五”时期结合行业的特点，在改组、改造方面迈出了一步，开始打破原有的结构。但从总体上看，变化不大。

①产品结构调整速度不快。国内用户如汽车、工程机械、农机、发电设备等行业，由于其自身产品发展和市场竞争的需要，其水平和装备需求开始发生质的变化，对数控机床的要求也从通用、高精度、多坐标向专门化、高精高效和功能价格比优的方向发展。我国的机床厂从产品设计到制造、装配调试等还不能完全适应这种要求。品种和档次远不能适应国内不同用户的需求，故使用户大量从国外进口。

②企业组织结构性调整步伐还需加快。“八五”期间，机床行业几十年形成的刚性生产结构开始解体，结构调整开始进行。但是从总体上看，大多数还是立足于在原企业内部进行改组与调整，“大而全”、“小而全”的生产格局没有根本改变，尚未建立起现代化企业的生产格局。

(3) 产品质量还需有很大提高。“八五”时期技术改造中，企业针对质量问题，补充了一些设备、仪器，改善了加工与装配、检测手段，促进了产品质量的提高。但从总体上看，我国数控机床与国外同类产品比有一定的差距，特别是可靠性差，早期故障率高，失去了用户使用部分国产机床的信心。“八五”时期技术改造中按系统工程提高可靠性、解决存在问题的力度还嫌不够。

〔撰稿人：机械工业部机械基础装备司　恩宝贵
审稿人：机械工业部机械基础装备司　李冬茹〕

机械基础件行业

机械工业部机械基础装备司

生产发展情况　机械基础件行业包括轴承、液力件、液压件、气动元件、密封件、粉末冶金制品、标准紧固件、链条、弹簧、模具 10 个小行业。据机械工业部机械基础装备司、经济信息中心编制的年报汇编，“八五”期间，机械工业系统机械基础件行业的企业数见表 1，“八五”期间机械工业部系统机械基础件行业主要经济指标见表 2，分年度各小行业的产品产量见表 3。

表 1　各小行业企业数　　(单位：个)

行业名称	1991 年	1992 年	1993 年	1994 年	1995 年
轴承	262	268	259	261	277
液压及液力件	116	113	111	110	131
气动元件	20	18	21	21	27
密封件	25	22	22	26	35
粉末冶金制品	40	39	35	35	46
紧固件	257	237	222	209	195
弹簧	42	36	37	33	33
链条	30	28	27	26	27
模具	36	38	38	36	38

表 2　"八五"期间机械基础件行业主要经济指标　　(单位：万元)

项　目	1991 年	1992 年	1993 年	1994 年	1995 年
总产值（1990 年不变价）	1 111 497	1 295 563	1 447 285	1 514 791	1 765 005
（当年价）	1 023 402	1 224 663	1 647 912	1 846 901	2 126 011
销售产值（当年价）	未统计	1 212 646	1 570 988	1 774 858	1 920 281
销售收入	906 434	1 210 646	1 641 985	1 774 858	1 797 248
出口交货值	162 174	未统计	149 003	225 649	322 276
利税总额	102 238	127 046	161 761	162 588	125 878
其中：利润总额	51 053	59 875	72 956	44 004	22 688

表 3　各小行业产品产量

行业名称		单位	1991 年	1992 年	1993 年	1994 年	1995 年
轴承		万套	61 685.66	60 466.30	57 776.50	61 051.50	81 700
液压及液力	液压件	万件	258.69	307.17	405.08	339.40	276.06
	液力件	台	17 267	19 869	24 330	36 412	29 181
气动元件		万件	111.18	114.70	161.50	118.40	137.05
密封件	橡塑密封件	万件	9 428.74	11 751.90	14 114.70	9 324.00	73 149
	机械密封件	万套	404.15	317.60	274	251.8	252.60
	柔性石墨密封件	万件	489.53	368.80	247.80	240.20	682 (t)
粉末冶金制品		t	15 103	16 815	21 030.90	19 921.20	22 183
紧固件		万件	3 179 069	2 640 804.70	2 410 833.30	2 140 629.30	2 312 076
弹簧		万件	40 257.57	27 293.10	22 901	24 037.30	24 583
链条		t	27 739	25 455	29 962.60	34 584	39 105
模具		套（件）	2 788 912	4 442 302	6 107 597	7 175 023	6 700 000

注：1995 年的数据是行业协会提供的。

从表 1、表 2 和表 3 可看出，机械基础件行业"八五"期间，工业总产值、销售收入、利税总额等指标逐年都有所上升，1991 年～1993 年期间上升的幅度比较大，1993 年为最高，1994 年～1995 年工业总产值上升幅度有所下降，而经济效益明显下滑，1994 年比 1993 年利润总额下降 39.7%，1995 年又比 1994 年下降 48.4%。从产品产量来看，"八五"期间轴承行业基本上在 6 亿套左右徘徊，1995 年超出 8 亿套，液压件、气动元件、密封件、粉末冶金制品、紧固件等与机械基础件全行业的情况类同，液力件、弹簧、模具行业则逐年都有所上升。紧固件工业在"八五"期间，除 1993 年创利润 293 万元之外，其余各年度均亏损，1991 年亏 3 715 万元，1992 年亏 599 万元，1994 年亏 3 247万元，1995 年亏 8 404 万元，"八五"期间共计亏损 15 672 万元。国务院十多个部门都有模具生产企业，机械工业部系统企业只占其中一小部分，从模具大行业情况来看，"八五"期间发展很快，产值从 1990 年的约 60 亿元发展到 1995 年的 145 亿元，产品水平也有了很大提高，但经济效益不好。据国家统计局统计，模具国有企业 1994 年全行业亏损。

据机械工业部机械基础装备司、经济信息中心编制的年报汇编可以看出，轴承行业是机械基础件行业的出口大户，每年的出口产值占全行业总出口产值的 60% 左右，其次是紧固件行业，约占 20% 左右。从海关统计资料了解到，机械基础件大行业 1995 年出口创汇创历史最好水平，其中轴承出口

5.6亿套，创汇3.6亿美元；紧固件出口3.0万t，创汇3.36亿美元；链条出口创汇1.28亿美元。出口超过1 000万美元的有上海、瓦房店、洛阳等轴承集团公司和宁国中鼎密封件股份有限公司、常熟标准件厂、龙岩粉末冶金厂等14个企业（集团、公司），出口创汇在500万美元～1 000万美元之间的有17个企业。

科研成果及新产品　“八五”期间机械基础件行业完成科技开发项目共计316项。“八五”期间机械基础件行业获奖项目数见表4。

表4　“八五”期间机械基础件行业获奖项目数

年　度	国家发明奖			专　利		国家科技进步奖				星　火　奖				部科技进步奖	
	一	二	三	发明	实用	一	二	三	四	一	二	三	四	一	二
1991			2	3	20			1				1			7
1992							1							3	9
1993												2		2	8
1994					1									1	6
1995														1	5

注：部科技进步三等奖未计入。

在开发的新产品中，有为国家重点工程项目配套的，如洛阳轴承厂研制的特大型D71169/1400轴承，瓦房店轴承厂研制的为宝钢二期工程2050轧机配套的E779/540四列圆锥滚子轴承，北京市液压工业公司为舞阳钢厂1900板坯连铸机配套的6套液压系统，榆次液压件厂为攀枝花钢厂1350板坯连铸机配套的液压系统、为154t矿用自卸车配套的目前世界上压力最高和流量最大的双联叶片泵、为我国第一列双层列车上应用的一种新型气动元件——铁路防滑阀等。有的产品填补了国内的空白，如节距6.35mm高速齿形链、CL0412M摩托车正时齿形链、G系列比例电磁铁、DY8921－00高速线材轧机液压系统、外径5.4m重11.8t的我国最大的轴承等。还有不少新开发的产品，其性能、质量水平达到国际80年代末、90年代初水平，如北京市液压工业公司与机械工业部北京自动化研究所研制的高性能、集成化、小型液压阀，共35个品种、124个规格；天津工程机械研究所与济南液压泵厂、青州液压件厂合作开发的CB2b型浮动轴套式高压齿轮泵系列，特别是大排量的泵，压力等级要高出国外外啮合同排量齿轮泵产品一个压力等级；长春市气动元件厂开发的冷冻式压缩空气干燥器；烟台气动元件厂和无锡气动技术研究所开发的方型齿轮齿条摆动气缸；洛阳轴承研究所研制的长二捆火箭发动机轴承及无磁钢、轧机、剖分式和军工专用轴承等15种新产品；洛阳轴承厂为“两车一机”等产品开发的轴承120余种；瓦房店轴承厂研制的E4599/1050特大型双列推力圆柱滚子轴承及30种规格的万向节轴承、轿车轮毂轴承；西北轴承厂研制的石油钻机新型轴承；哈尔滨轴承厂研制的丝杠角接触球轴承、航空发动机专用轴承等10大类、44个规格等。

为提高机械基础件产品的质量，“八五”期间还研制了一批新工艺、专用设备和仪器，例如天水轴承仪器厂研制的外球面球轴承胶盖机、TZY－004轴承零件退磁清洗机；瓦房店轴承厂制造的铁路轴承专用设备MK7675数控双端面磨床；机械科学研究院工艺与装备研究所和青州液压件厂研制的DB3040PC电解去毛刺机床；北京钢铁研究总院开发研制的大型卧式SIP300烧结热等静压机，该设备为我国首台，并于1994年6月获国家发明专利；北京粉末冶金研究所研制的平板钢化玻璃异形周边磨轮；靖江量具有限公司研制的强力磨制搓丝板新工艺；上海标准件四厂试制成功的M4～M8螺钉铣尾机。模具行业研制出的设备有：高精度慢走丝线切割机、精密数控电火花成型机、大型电火花成型机、数控加工中心、数控铣床、模具标准件加工专用设备及试模机、测量机、高速带锯等，其中北京新火花机床公司生产SPD1250电火花成型机床，系国家科委的重点新产品，第一汽车厂采用该设备，用高效电火花成型新工艺替代传统仿形铣削大型锻模工艺，使锻模生产效率提高30%，修磨工时缩短5倍，模具寿命提高1倍。模具特种加工工艺方面的主要成果：超塑成形加工型腔技术、电解磨削和研磨复合抛光技术、聚氨酯发泡自结皮成形技术、在高频电场下压花及喷涂技术、陶瓷型精铸模技术、光造型技术等。

上述所举例的科研成果与新产品，对推动机械基础件行业的发展，提高产品的质量和可靠性，起到了促进作用。

质量及质量管理　为提高机械基础件产品质量和可靠性，贯彻质量管理和质量保证GB/T19000(ISO9000)系列标准，机械基础件行业成立了机械基础产品可靠性工作委员会，重点抓可靠性推荐和认可。机械电子工业部把轴承和低压电器产品作为质量监督和管理的重点。1991年抓了国家重点工程和重点主机用液压件产品推荐工作和链条产品的可靠性认可工作。参加可靠性考核的产品有：(1)液压行业：电磁换向阀、溢流阀、斜盘柱塞泵、叶片泵、齿轮泵、转向器、胶管总成；(2)气动行业：电磁换向阀、微型电磁阀、减压阀、气缸；(3)密封行业：骨架油封、中型机械密封；(4)液力行业：液力变矩器、液力偶合器；(5)粉末冶金行业：粉末冶金锻造浮动油封密封环、中载汽车粉末冶金摩擦片、金属基镶嵌型固体自润滑轴承；(6) 弹簧行业：液压件弹簧、喷油嘴弹簧、气门弹簧、拉簧；(7) 链条行业：精密滚子链。还开展了国家质量监督抽查产品活动，液压行业的节流阀产品抽查了 7 个企业的产品，全部合格；密封行业抽查了 19 个企业，有 16 个企业的产品合格；对 56 个骨干重点轴承企业产品进行了抽查，轴承产品质量稳定提高，钢球抽查结果不理想。1992 年举办了 3 次 GB/T19000 标准培训班，并根据机械电子工业部重点抓好出口基地、扩大出口企业和骨干重点企业建立和完善质量体系的统一部署，机械基础件行业重点抓了天津机械厂、杭州链条总厂和上海标准件公司 3 个贯标示范点，指导全行业。在液压和密封件行业中选择几类产品及企业开展“质量可靠性产品推荐”工作，重点抓好液压行业为叉车、联合收割机、机床、注塑机、重大冶金设备配套的液压件和机床、液压件用橡塑密封件的质量可靠性产品推荐工作。轴承行业推出一批高可靠性的产品及其生产企业，还对 63 个骨干重点企业的轴承、钢球产品进行了抽查，其结果仍然是轴承产品质量稳定提高。机械基础装备司还向广大用户推荐了由 12 个轴承企业生产的铁路客货车轴承、机车轴承、机床主轴轴承、轧机轴承等 33 种质量可靠产品。1994 年中国液压气动密封件工业协会提出了“关于液压行业深入开展治漏工作的意见”，气动行业在山东济南召开了提高产品质量研讨会，会上传达学习了机械工业部机械科［1994］01 号文件《关于深化改革与加强机械行业质量工作的通知》，还通报了 1993 年气动产品全国统检结果。紧固件行业在江苏常熟召开了全国标准件行业质量工作会议，会议对 1992 年～1994 年国家监督抽查情况进行了总结，进一步宣传贯彻管理规定。弹簧行业在广州市组织了产品质量信息交流活动，大家认为弹簧产品质量和原材料关系很大，要彻底解决弹簧质量问题，原材料是一个十分关键的环节。国家轴承质量监督检查中心对行业 171 个企业进行小型深沟球轴承产品质量统检，抽查的 171 个型号轴承，合格率为 67.8%，寿命、可靠性与国外同类产品尚有一定差距；检测中心在第四季度还对瓦房店轴承经贸中心、河北定州市大辛庄、山东临清市烟店、浙江路桥镇和温岭市五大轴承市场的经销轴承进行了产品质量国家抽查，判定产品合格率仅为 14.18%，说明轴承市场产品质量问题相当严重。机械工业部于 1994 年底在北京召开了机械工业质量工作座谈会，对 1995 年质量工作作了安排。1995 年 9 月在机械工业部召开的液压气动密封行业座谈会上，17 个企业联合倡议，向用户发布质量保证承诺，会后机械基础装备司研究了倡议的具体实施办法，预计通过这项工作的开展，液压行业中不少企业，特别是骨干重点企业的产品质量将会稳步得到提高。气动行业召开了“1995 年气动行业提高产品质量研讨会”，提出了气动行业今后怎么办的 5 项措施意见。轴承行业约有 90% 的企业开展贯彻 ISO9000 标准，有半数企业已编制或正在编制质量手册；中国轴承协会还组织召开了行业贯彻 GB/T19000 系列标准经验交流座谈会，促进了行业贯彻质量标准的工作，轴承行业已有 8 个企业通过 ISO9000 认可；行业质量协作网组织了一次产品质量检验，平均精度储备率高达 96.25%，有了长足的提高；还对生产铁路轴承的 15 个企业进行了国家级质量监督抽查，优等品率为 47.06%，一等品率为 70.59%，合格品率 94.12%，质量水平稳步上升。粉末冶金行业开展可靠性指标考核工作，使行业的产品质量上了台阶，改善了粉末冶金产品不可靠的形象，例如武汉粉末冶金厂的金属基镶嵌型固体自润滑轴承和韶关粉末冶金厂的粉末冶金热锻浮动油封密封环，这两项产品均通过国家粉末冶金制品质量监督检测中心对其长达 3 年时间的可靠性考核。1995 年三季度质量监督抽查了全国 14 个省市 54 个企业的 54 个螺母产品，总的合格率为 68.5%，个别企业还在使用已作废的“76”紧固件标准，而且还不合格。

技术改造 据机械工业部经济信息中心和机械基础装备司《机械工业系统机械基础件年报汇编》统计，“八五”期间机械基础件按各小行业分年度的基本建设投资和技术改造项目投资额见表 5。表 5 中包括有由机械工业部部管的国家专项项目和各省市自行安排的地方项目两大部分。

表 5 “八五”机械基础件基建与技改投资汇总表 （单位：万元）

行业名称	1991 年		1992 年		1993 年		1994 年		1995 年		小计	
	基建	技改	基建	技改	基建	技改	基建	技改	基建	技改	基建	技改
液压件	4 882	11 309	8 181	11 438	13 404	22 624	8 873	17 527	11 567	20 999	46 907	83 897
气动元件	152	1 388	1 438	2 031	1 010	3 398	1 205	1 178	1 534	1 277	5 339	9 272
密封件	-	370	173	1 532	126	2 379	295	2 573	645	728	1 239	7 582
轴承	19 668	74 910	75 729	55 498	55 629	57 603	45 936	44 894	47 200	5 6201	244 162	289 106
粉末冶金	1 512	1 852	3 503	1 883	3 310	2 327	4 386	2 924	1 837	3 083	14 548	12 069
链条	181	1 786	1 145	3 971	1 319	2 709	1 103	3 278	1 595	3 447	5 343	15 191
紧固件	2 182	6 060	4 906	5 992	8 291	5 523	6 622	4 386	6 675	4 764	28 676	26 725
弹簧	314	979	682	1 207	1 027	3 649	567	2 146	121	4 021	2 711	12 002
模具	1 017	2 487	2 710	1 282	1 590	1 828	1 283	1 397	2 957	1 917	9 557	8 911
合计	29 908	101 141	98 467	84 834	85 706	102 040	70 270	80 303	74 131	96 437	358 432	464 755

“八五”期间列入国家计划的机械基础件行业技术改造项目有：“八五”基础件专项、节能节材专项、扩大出口专项、NC“一条龙”专项、液压件与密封件补充专项、“双加”一期工程等，共135个项目，另外还有“七五”跨“八五”27个项目。由于种种原因，列入“八五”技术改造计划中的有6个项目未开项。各小行业的技改项目数，见表6。

表6 “八五”计划机械基础件行业技改项目汇总表

行业名称	“八五”专项	节能节材专项	出口专项	NC“一条龙”专项	补充专项	“双加”一期工程	小计
液压件	17	1		1	8	7	34
气动元件	6					2	8
密封件	6			1	1	4	12
轴承	14		10	2		4	30
粉末冶金		7					7
链条	4		1			1	6
紧固件	7		2			2	11
弹簧	3						3
模具	18	5				1	24
合计	75	13	13	4	9	21	135

“八五”计划的135个项目，计划总投资35.45亿元，截止到1995年，实际投资28.62亿元。“七五”跨“八五”的27个项目计划总投资8.80亿元，实际投入2.51亿元。

为解决液压件落后于主机发展的水平、性能和质量要求的现象，国家在“八五”专项的基础上，增加了一个液压件与密封件技改补充专项，集中在9个生产重点产品的重点企业，计划投资6.63亿元，这是建国以来，历次五年计划中，液压行业投入强度最大的一次技改，截止到1995年底已投入6.41亿元。五〇一厂和一八三厂已于1995年11月通过了国家的竣工验收。补充专项完成后，所改造企业的工艺与工艺装备水平将得到很大提高，如北京市液压工业公司承担的高压通用液压阀项目、上海液压气动总公司承担的高压柱塞泵/马达项目的关键零件加工工艺及装备水平已接近或达到国际水平。

对外合作 “八五”期间机械基础件行业共引进了8项国外先进的产品制造技术，即：北京冶金液压机械厂从德国力士乐公司引进冶金工业液压系统与泵站设计制造技术，重庆液压件厂从德国布吕宁豪斯公司引进A10V斜盘式通轴泵制造技术，韶关液压件厂从德国力士乐公司引进液压油缸生产技术，长江液压件厂随主机从日本小松制作所引进小松挖掘机专用多路阀、液压油缸、回转接头制造技术，天津液压机械集团（公司）从日本岛津株式会社引进齿轮泵制造技术、从日本那不可株式会社引进多路阀制造技术，济南气动元件厂从德国MSM公司引进大通径电磁先导阀制造技术，五〇一厂从德国力士乐公司引进A4V高压通轴泵/马达制造技术。

“八五”期间机械基础件行业通过合资、合作引进外资的项目很多。液压气动密封行业约50个，在全行业比较有影响的，如榆次液压件厂与日本油研工业株式会社合资组建的榆次油研液压有限公司，主要产品液压阀年产21万件、液压系统年产值3000万元，总投资733万美元，注册资本366.5万美元，中方投资60%，日方40%；济宁液压件厂与美国伊顿（EATON）公司合资组建的济宁伊顿液压有限公司，主要产品摆线液压马达及转向器，总投资640万美元，注册资本320万美元，中外投资各占50%；淮阴机械总厂与德国罗伯特·博世（Robert Bosch）公司合资组建的江苏博世液压有限公司，年产齿轮泵62万件，总投资1.6亿元，注册资本1亿元，中方投资45%，外方投资55%；北京市液压工业公司与德国力士乐公司合资组建的力士乐（北京）液压有限公司，经两次增资后，总投资与注册资本均为24 087.6万元，中方占35%，德方占65%，年产减速机1万台、散件组装通轴泵3 600台、SM12片式多路阀24 600片、M8～M18整体多路阀1 500台、铸件11 000t；上海液压气动总公司与美国萨澳·森斯特（Sauer-Sundsrand）公司组建的上海·萨澳液压传动公司，生产90系列通轴泵/马达，总投资1 600万美元，中、美各占股金50%；青岛密封工业公司与日本基珀、共和资材株式会社组建的青岛基珀密封工业有限公司，总投资1 200万美元，中方占48%，日方基珀占48%，共和资材占4%，主要服务领域是汽车、摩托车等，年产橡塑密封1.5亿件；日本SMC株式会社在北京高新技术经济开发区建立生产气动元件的独资企业，1994年开始建设，经两次增资，1995年12月国家批准注册资本35亿日元，总资本55亿日元，年产五类气缸369万个，气阀、三联件等其他产品72万件，要求外销产品比例增加到85%。

轴承行业“八五”期间利用外资呈勃勃生机，

截止到1995年底共有“三资”企业80余个，引进外方资金在1.2亿美元以上，几乎所有国际名牌轴承厂商都来华洽谈。例如上海轴承公司与瑞典SKF轴承集团合资的斯凯孚汽车轴承有限公司，现已形成300万套的年装配能力；昆山恩斯克虹山轴承有限公司是由日本精工公司（NSK）、日本日绵贸易公司和中国虹山轴承总公司合资成立的，是目前轴承行业最大的合资企业，注册资本1 200万美元，将于1996年建成月产300万套低噪声小型精密轴承的一期规模。

模具行业“八五”期间新增“三资”企业几百个，它们成为行业中十分活跃的组成部分，且大都按照国外“小而专、小而精”专业化原则组织生产，设备精良，技术先进，所生产的模具水平也较高。

通用零部件行业也是如此，例如：北京标准件集团公司“八五”期间利用外资兴办了3个合资企业，其中北京三路港标准件有限公司就是其一，以生产标准紧固件为主，共投资617.56万美元，中方占股份75%；赫根纳斯（中国）有限公司，是世界著名的赫根纳斯总公司同中国申江特钢公司的合资公司，经过几年的筹备建设，已正式投产，1995年秋开始生产粉末冶金用水雾化钢料。

为了跟踪世界先进水平，还组织了多次技术考察、技术交流、举办国际性展览会。例如，1991年5月中国机械工程学会派代表团对原苏联的工程机械厂、液压件厂、全苏机械科学研究院等工厂、科研院所进行了考察，双方进行了学术交流；1992年11月在广州国际展览馆举行第二届国际轴承及其装备、仪器、仪表展览会（1992BEARING），有来自日、德、美、意、奥地利、瑞士、英和我国香港及内地的150余个轴承厂家、公司、研究院所参加，还举行了13场技术交流活动；第三届国际轴承及其装备、仪器、仪表展览会（1994BEARING）于1994年9月在上海举行，有167个国内外厂商参展；1993年10月和1995年9月在北京举办了第二、三届中国国际动力传动与控制技术展览会(1993PTC CHINA、1995PTC CHINA)，特别是第三届展览会，有来自德、美、日、意、英、法、比、丹麦等国内外210个厂商参展，观众达3万人次，展览会期间还组织了15次技术交流会；中国模具工业协会于1992年5月和1994年5月在上海举办了第四届、第五届国际模具技术和设备展览会，每届都有10多个国家和地区100多个外国厂商及国内200多个单位参展，观众达5万人次左右；第六届模展期间还举行了亚洲模具协会第一届第二次理事会，有来自中国、新加坡、日本、香港、韩国、中国台北、印度、泰国、印度尼西亚、马来西亚等国和地区的代表参加会议；国际流体动力高级会议于1995年4月在德国汉诺威举行，中国液压气动密封件工业协会理事长张志英参加了会议，并做了中国流体传动工业现状及发展的发言；应中国液压气动密封件工业协会邀请，日本1995年日中液压气动技术交流团一行12人于1995年来华访问，在华期间在北京、沈阳、上海进行了液压气动密封技术的学术交流。

管理及改革 为了总结“七五”计划执行情况，讨论“八五”调整改革振兴发展规划，以适应改革形势的发展，加强宏观管理，机械基础件各小行业，如液压件、轴承、密封、紧固件、粉末冶金等，分别于1991年、1992年召开行业工作会议，1993年、1994年又分别召开了振兴工作会议，制定各小行业的“振兴发展纲要”。为了机械基础件行业健康地发展，国务院办公厅1992年以国办发[1992]55号文转发了国家计委、机械电子工业部《关于振兴特定基础机械和基础件若干措施的实施意见》，文件针对通用零部件行业的现状、面临的形势及在国民经济中的重要作用，明确提出了液气密行业特定产品技术水平发展目标，以及基础件特定振兴企业和产品名单，同时还淘汰了落后的17项产品，使行业的组织结构和产品结构趋于合理方向发展。

“八五”期间，有关企业在自愿基础上，机械基础件行业在向集团化、集约化方向发展迈进了一大步，先后分别有安徽省轴承工业（集团）公司、襄阳汽车轴承（集团）公司、哈尔滨轴承股份有限公司、洛阳轴承（集团）公司、成都轴承集团公司、瓦房店轴承集团公司、泰安轴承股份有限公司、西北轴承工业集团、榆次液压机械集团公司、天津液压机械集团公司、宁波粉末冶金股份公司等成立。

经国家经贸委批准，瓦房店轴承集团公司及西北轴承集团成为全国百家现代企业制度试点单位，于1995年7月通过了论证及鉴定，现已正式全面实施，邵阳液压件厂和洛阳、上海、襄阳、成都等轴承集团公司，分别由各省、市政府批准，成为地方建立现代企业制度的试点单位。

〔撰稿人：机械工业部第一设计研究院　易新都　审稿人：机械工业部机械基础装备司　孙振滨、陈寿德、王　起　中国模具工业协会　周永泰〕

重型矿山机械行业

机械工业部重大装备司

生产发展情况 1994年底，据机械工业部重型矿山机械行业396个企业（其中骨干企业28个、重点企业43个、普通企业325个）统计，职工总数为412 223人，固定资产原价为1 369 098万元，金属切削机床拥有量39 288台（其中大型机床5 408台，高精度机床595台，数控机床346台，含加工中心54台），锻压设备的拥有量为5 560台（其中重型的143台，大型的1 292台）。1994年的工业销售产值为181.9亿元，比1993年增长8.2%。见表1。

在出口创汇方面，“八五”期间有了明显地提高，并且出口产品的结构也由提供单台产品逐步发展为提供成套设备。传统的千斤顶、手拉葫芦等轻小型起重工具已大量销售到欧美地区的十多个国家，稳定地占领着这一地区的市场，并逐步上升。集装箱起重机、叉车等大型起重运输设备、矿山破磨设备和大型铸锻件的出口量在逐年增加，同时还出口了一批成套设备，如：小方坯连铸机、高速线材轧机、日产700t～1000t水泥成套设备、大型露天矿成套设备等。美国中兴钢厂的2 030mm大型板坯连铸机由中方负责对其进行技术改造并一次试车成功。1995年创汇3.2亿美元（包括出口交货值193 669万元，自营出口创汇款11 410万美元），比1993年增长50%。见表2。

“八五”期间，通过国务院重大办审核，国家计委同意立项的重大技术装备共11个专项、57个子项，392个课题中，机械工业部系统承担242个课题，其中重型行业承担的有51个课题。

“八五”期间，研制完成的重大成套设备有：

大型露天矿成套设备。年产2 000万t级单斗—汽车工艺成套设备，在消化掌握引进技术和合作生产的基础上基本实现了国产化。其中，$16m^3$、$23m^3$挖掘机和154t电动轮自卸车国产化率达90%以上，301.56kW（410hp）履带式推土机国产化率达85%，15t装药车国产化率达83%，77t自卸车国产化率达60%，$7.5m^3$液压挖掘机国产化率达50%。半连续开采成套设备，国内自行开发的煤用2 000t/h半固定给料式破碎站已在矿山投入生产，煤岩用2 500t/h半移动式双齿辊破碎站已交付安装待进行工业试验，国产化率达95%以上。连续开采成套设备中，与奥地利奥钢联合合作生产的1 780m^3/h～2 200m^3/h紧凑型斗轮挖掘机和2 200m^3/h排土机，已经在矿山投入生产；与德国塔克拉夫公司合作生产的3 600m^3/h采矿型斗轮挖掘机和5 000m^3/h排土机，国内制造部分占设备总重量的95%，已经交付安装，投入试车；与克虏伯公司合作生产的3 100m^3/h紧凑型斗轮挖掘机和6 200m^3/h排土机，国内制造部分占设备总重量的50%，1995年完成交货。

大型冶金设备。大型板坯连铸机的研制工作取得了长足的进展，在完成宝钢1 900mm板坯连铸机合作设计、合作生产，并消化吸收引进技术的基础上，以国内为主，先后开发研制完成国产化率90%以上的舞钢1 900mm和攀钢1 350mm板坯连铸机，均已投产验收，运行良好。国内自行开发的薄板坯连铸机，在大连重型机器厂成功地进行了工业试验，取得了阶段性科研攻关成果。宝钢二期工程450m^2烧结设备国产化率达78%，总体设备水平不低于一期进口设备，部分设备还稍高于一期设备水平，进入了国际80年代中后期大型烧结设备的先进行列。

“八五”期间采用国内制造以及和国外合作生产等方式，为国家很多大型重点项目的基本建设和技术改造提供了技术装备，这些项目包括准格尔、元宝山、平朔安太堡、霍林河和伊敏河露天煤矿，德兴铜矿，水厂铁矿，平顶山、常村煤矿，宝钢三期工程，舞钢、攀钢、武钢、鞍钢扩建工程，秦皇岛煤码头四期工程，青岛前湾和黄浦新沙港码头工程，铁岭、外高桥、嘉兴、哈三、元宝山、丰镇、太原电厂等工程。这些设备大都具备国际80年代中后期先进水平，表明我国重大技术装备的配套能力有了显著的提高。

科研成果及新产品 截止到1994年底，重型矿山机械行业共完成重点科研项目46项，部级新产品574种。

在完成的46项重点科研中，具有国际先进水平的2项，国际水平的3项，国内领先水平的41项。

“八五”期间重型矿山行业荣获机械工业部科技进步奖的成果共计122项，其中特等奖2项、一等奖14项、二等奖41项、三等奖65项。荣获特等奖的项目是上海宝山钢铁总厂1 990mm板坯连铸设备和攀钢1 350mm板坯连铸机成套设备。

在574种新产品中，具有国际先进水平的59种，占全部新产品的10.27%；具有国际水平的227种，占全部新产品的39.54%；具有国内领先水平的249种，占全部新产品的43.37%。

详见表3、表4。

表 1 “八五”时期重型矿山行业主要指标完成情况

指 标 名 称	单 位	1991 年	1992 年	1993 年	1994 年	1995 年
企业单位数	个	389	388	384	396	391
全年工业总产值(不变价)	万元	855 741	1 079 825	1 413 085	1 957 497	1 555 741
全年工业总产值（当年价）	万元	787 061	1 058 483	1 683 969	1 923 218	1 897 660
全年工业销售产值（当年价）	万元	545 738	1 034 344	1 629 910	1 819 349	1 647 968
其中：出口交货值	万元	102 091	95 826	164 300	176 085	193 669
全年工业增加值（当年价）	万元	204 293	268 282	407 915	486 974	449 214
产品销售收入	万元	776 857	1 045 651	1 758 102	1 572 737	1 568 105
其中：产品销售税金及附加	万元	30 772	40 896	59 775	9 553	9 291
工业全员劳动生产率（增加值）	元/人	5 090	7 167	9 962	11 891	11 129
流动资产周转率	次	1.40	0.92	1.20	0.92	0.80
全年产品销售额	万元	545 738	105 247	1 634 149	1 774 127	1 612 678
全部职工年末人数合计	人	406 331	406 699	411 495	412 223	403 424
其中：工人与学徒	人	258 015	257 163	258 373	260 903	
工程技术人员	人	34 166	33 936	33 104	32 631	
全部职工全年平均人数	人	401 362	403 162	409 457	409 525	403 642
固定资产原价合计	万元	819 156	883 212	1 124 061	1 369 098	1 834 304
其中：生产经营用	万元	657 412	715 737	890 884	1 064 753	1 310 656
固定资产净值年平均余额	万元	385 519	414 483	540 839	655 005	796 053
利税总额	万元	31 340	55 925	314 709		111 521
其中：利润总额	万元	－15 947	15 029	37 541	20 976	5 188
工业经济效益综合指数	%		75.03	91.36	86.83	77.52
工业产品销售率	%		97.72	96.79	94.60	101.97
工业资金利税率（净值）	%	1.57	3.65	4.86	4.92	3.80
工业增加值率	%	25.95	27.30	24.22	25.32	27.80
工业成本费用利润率	%	－2.19	1.62	2.27	1.34	0.33
万元产值综合能耗（折标煤）	t	2.26	0.82	1.22	1.10	1.24

表 2 重型矿山机械行业“八五”时期出口情况

指 标 名 称	1991 年	1992 年	1993 年	1994 年	1995 年
出口创汇额（万元）	102 091	95 826	164 300	176 085	193 669
比上年度增长率（%）		－6.1	71.5	7.2	9.1
相当于工业总产值比率（%）	13.0	9.0	9.7	9.2	10.2

表 3 重型矿山机械行业科研计划执行情况

年份	计划数	要求当年完成数	实际完成数	完成率（%）
1991	41	28	16	51.7
1992	53	29	20	69.0
1993	62	19	10	52.6
1994	58	24	6	25.0
1995	51	42	10	23.8

表 4 重型矿山机械行业新产品试制执行情况

年 份	新产品试制完成数	新产品试制部计划项目数
1991	213	69
1992	160	91
1993	114	45
1994	87	44
1995	71	34

改革开放以来，通过引进技术、合作设计、合作制造、自行开发等方式研制出了一大批国民经济急需的大型成套技术装备和重大新产品。通过以提高钢水质量为中心的热加工改造（平炉改电炉，增加精炼炉），增加和修复大型关键机床，增加数控数显机床，改造焊接工艺装备（增加钢材预处理设备、二氧化碳气体保护焊、数控切割机等），增加检测手段和采用 CAD、CAM 等技术改造，使重型矿山机械行业的设计制造水平有了很大提高。

矿山机械行业：具有了多品种、配套较完整的矿山设备制造能力。可成套提供年产 1 000 万 t 级露天矿、年产 60 万 t～70 万 t 级地下金属矿、年产 300 万 t 级井下煤矿、年处理能力 300 万 t～400 万 t 选煤厂、日产 2 000t 级熟料干法工艺水泥厂设备。结合我国经济建设需要，在消化吸收国外先进技术的基础上，正在开发研制年产 2 000 万 t 级大型露天矿、日产 4 000t 熟料干法工艺水泥厂、单系列年处理能力 300 万 t 级选矿及年产 100 万 t～200 万 t 级地下金属矿成套设备。

冶金机械行业：已具备了提供年产 300 万 t 钢

的焦化、烧结、高炉、转炉、连铸、连轧等大型成套设备的能力。通过联合设计和合作制造已研制出了国产化的高速线材轧机、小方坯连铸机、6m 大型焦炉成套设备、4 350m^3 高炉成套设备、450m^2 烧结成套设备、320t 筒型混铁水车、铁合金电炉、1 350mm～1 900mm 板坯连铸成套设备。合作生产了 2 050mm 热连轧板机，2 030mm 冷连轧板机、直径 170mm 轴承管轧机、3 300mm 中厚板轧机，自行开发了 2 450mm～2 800mm 中厚板轧机、直径 720mm～1 620mm 大型螺旋焊管机组等成套设备。

重型锻压机械行业：已经掌握了引进德国奥姆科公司 11 个系列的热模锻设备制造技术，全部实现了国产化和系列产品生产，其中为一汽制造的 122.58MN (12 500tf) 汽车曲轴、前梁模锻生产线已投入使用。消化吸收了日本小松公司的 5 个系列板冲机械压力机和开卷落料生产线，已为汽车厂提供了国产化率达 90% 以上的汽车覆盖件生产线。开发了多种规格的节能产品电液锤，有些已经在生产中得到考验。研制成功了 15.69MN～19.61MN (1 600tf～2 000tf) 电动液压螺旋压力机。合作生产和自行开发了包括 30.89MN (3 150tf) 在内的快速锻造液压机系列。提供了一些技术水平较高的如环型件生产线和液压件生产线的专用设备。引进德国技术的年产 30 000m^3 刨花板生产线成套设备已实现了国产化，国内研制的年产 15 000m^3 中密度纤维板生产线也已投入生产。本行业具备了装备年产 15 万辆以下各种型号载重车、改装专用车、普及型微型车及轿车生产企业所需车身冲压设备和一般钢质锻件锻造设备的能力。

起重运输机械行业：基本形成了品种齐全，能力较强，分布广泛的起重运输机械制造业。随着国家经济的快速发展，自身的开发能力也不断增强。通过自行研制或与国外合作生产，已提供了年吞吐量为千万吨级的港口散料装卸成套设备及 30.5t 集装箱装卸设备、800t/h 料场混匀设备、自动化立体仓库、800 袋/h～1 000 袋/h 工业粉粒体自动灌装包成套设备以及 280/75t 冶金铸造起重机、龙羊峡 500t 坝顶起重机、180kV·A 电解铝多功能起重机等产品，基本上能满足国民经济各部门量大面广起重运输机械的一般需要。

大型铸锻件行业：具备了承担国家大型成套设备所需大型铸锻件的生产能力。我国主要大型铸锻件生产企业，经过前几年的引进技术、技术攻关、技术改造，已能按照美国西屋的技术条件批量提供 30 万 kW、60 万 kW 亚临界火电机组成套铸锻件，年生产能力达 860 万 kW 火电设备的成套铸锻件。大型石化成套设备 560t 以下的加氢反应器，30 万 kW 及以下大型水电机组的成套铸锻件，大型冷热连轧板机的锻钢支承辊、工作辊等都能基本立足国内生产。

技术改造　为了适应社会主义市场经济发展的需要，重型矿山行业的各企业都在千方百计地加大技术改造的力度，提高产品的开发能力，加速产品更新换代的速度，以增加企业的竞争力和后劲。见表 5。

表 5　“八五”时期重型矿山行业固定资产投资情况

指标名称	单位	1991 年	1992 年	1993 年	1994 年	1995 年	累计
全年完成基本建设投资额	万元	15 298	32 345	50 833	45 833	44 417	188 726
比上年增加率	%		111.4	57.2	-9.8	-3.1	
全年更新改造措施项目完成投资额	万元	36 320	49 174	59 858	54 593	63 407	263 352
比上年增加率	%		35.4	21.7	-8.8	16.1	

管理及改革　随着经济体制改革的深入，按照《全民所有制企业转换经营机制暂行条例》及《关于建立社会主义市场经济体制若干问题的决定》的精神，近年来，重型矿山机械行业的各骨干企业在建立现代企业制度方面取得了突破性的进展。归纳起来，有以下几种形式：一是组建企业集团。经国家有关部门批准，第一重型机械集团和第二重型机械集团分别于 1993 年 7 月和 8 月正式成立，并在国家计划中实行单列，接受机械工业部行业归口管理；以济南重型机器厂为主组建了济南重型机械集团公司；以徐州矿山设备制造厂为主组建了徐州通域集团公司；以大连重型机器厂为主组建了大重集团公司；以太原重型机器厂为主组建了太原重型机械集团公司；以承德矿山机械厂为主组建了承德输送机集团公司；以昆明重型机械厂为主组建了昆明重型机械工业公司。二是组建股份有限公司，如以鞍山矿山机械厂为主组建了鞍山矿山机械股份有限公司。三是与外资建立合资企业，如上海建设机器厂与外商合资建立了上海建设一路桥机械设备股份有限公司。四是划转或进入有关行业，如上海重型机器厂划转上海电气联合公司；洛阳矿山机器厂加入中国国际信托投资公司，更名为中信重型机械公司；西安重型机械研究所加盟宝钢集团，成为宝钢集团紧密层成员单位。

各企业的领导决定层都充分地意识到了，必须以市场为导向，不断地调整和优化企业的经营结构、产品结构、组织结构、资金结构及技术结构等。如中信重型机械公司，为了满足市场的需求，把原有的煤炭、冶金、建材三大产品市场扩展到化工、电力、有色金属、交通、轻工和环保等九大领域。同时，组建了洛阳矿山机械工程设计研究院，配置了与市场相应的专业室，其目的是逐步实现由单机向成套工程设计的转变；二重集团公司也提出了以调整产品结构为目标，以科技开发为“龙头”，逐步建立科技开发体制和运行机制，并以此带动技术改造、组织结构和人才结构的有效调整的方针；大连起重机械厂提出了发展多角经营、培植新的增长点、突破传统的产品范围，向工艺能力相近的有市场的产品领域拓展。其他骨干重点企业都提出了类似方针。

积极开拓国际市场，扩大产品出口，已成为重型矿山行业发展的长远战略措施，各大骨干企业已将此作为调整产品结构重要方面予以充分重视。如中信重型机械公司提出了“外贸大水库”战略；承德输送机集团有限责任公司提出要将该公司建成为国内一流、国际上有竞争力的大型企业集团；昆明重型机械工业总公司提出了“沿海、沿江、沿边”的扩大出口战略。

存在的问题

(1) 资金不足已成为企业发展的最大障碍。

没有资金就没有原料，没有原料就无法生产；没有资金就不可能向技术改造和科研开发进行投入，装备水平和技术水平就无法提高，其结果是使企业走入恶性循环的死胡同。

(2) 产品自主开发能力薄弱，在品种、规格、技术水平和可靠性方面，满足不了国民经济各部门的需要。

“八五”期间，冶金、重型锻压、矿山、港口设备中，一些大型关键产品及部分成套设备仍有相当比例依靠进口，除利用外资因素外，主要原因还由于重型机械企业自主开发能力薄弱，“七五”已形成的CAD能力未能巩固与发展，设计、试验手段落后，引进技术消化吸收缓慢，自主创新不够，开发滞后，在品种、规格、技术水平和可靠性方面与国际先进水平相比仍存在较大差距，满足不了国民经济各部门的需要，也使重型机械企业失去了许多机遇。

(3)系统设计技术与成套技术仍然是薄弱环节。

改革开放以来，重型机械企业虽然有机会多次参加与国外合作生产成套设备的工作，但大多局限于来图加工，对现代先进成套设备的系统设计技术、成套技术并没有完全掌握，如冷、热连轧板机的系统设计技术，重型锻压生产线的连线技术，大型斗轮连续开采设备的成套技术和大型港口散料装卸全套设备的总体设计及控制技术等，因此往往国内合作制造份额按重量比例不低，但按造价比例则不高，技术含量低也影响了重型机械企业经济效益的提高。

(4) 加工工艺装备水平低。

在工业发达国家的矿山机械制造业已广泛采用数控技术，像数控切割下料、焊接机械手、数控机床、加工中心应用已十分普遍，柔性自动化生产线也已开始采用。

工业发达国家重型机械企业数控、数显机床占机床拥有量的50%以上，有的高达80%～90%，我国重型机械企业还不到10%，产品的加工精度、质量和效率都大大低于国外同类企业。我国重型机械行业的骨干企业大都是建厂几十年的老厂，普遍存在设备陈旧问题，设备新度系数平均只有0.48。热加工工艺装备与国外先进企业比，差距也很大，工业发达国家在70年代初已经淘汰了平炉，钢水基本上都要经过真空处理，而我国重型机械行业的大型铸锻件生产厂主要靠平炉炼钢，还有大量锻件钢水没有进行真空处理。在铸钢件生产方面，不少企业还在大量使用七〇砂，29.42MN(3 000tf)以下的水压机有的尚未配备锻造操作机，7台58.84MN(6 000tf)以上水压机也只有1台配有操作机。

(5) 专业化、集约化程度低，管理水平低。

重型矿山机械行业的产品既有“量体裁衣”的大型成套设备，也有批量生产的中、小设备，而重型矿山机械行业的企业大多数为“大而全”和“小而全”的万能厂，处于传统的封闭型的管理模式，专业化协作、零部件集约化生产程度低。中小型矿山设备、中小型起重运输设备生产点多批量小，没有形成一定的规模经济，致使企业劳动生产率低下，产品价格缺乏竞争力，产品开发能力薄弱，普遍存在企业内部管理制度执行差，工艺管理工作薄弱，标准工作体系和工时定额管理不健全，信息管理落后等问题，不少企业还处于经验管理状态。

〔撰稿人：机械工业部重大装备司　刘怀通　洛阳矿山机械研究所　刘汉杰　审稿人：机械工业部重大装备司　陈英汉〕

石油化工设备行业

机械工业部重大装备司

生产发展情况　“八五”期间，机械工业部系统生产石油及石油化工设备的企业共有52个，其中：骨干重点企业15个，研究所3个。在此期间，由于我国石油化工、化学工业发展速度较快，因而企业在生产石油化工设备方面虽然也遇到了资金紧张等困难，但总的来说生产形势还比较好，而石油机械生产企业则遇到了前所未有的困难：一是任务不足，二是资金紧张，三是效益不佳。但各企业领导千方百计调整产业、产品结构，努力开拓市场，挖掘内部潜力，克服种种困难，为石油及石油化工行业建设项目生产了大批机械设备，骨干重点企业“八五”各项经济指标完成情况见表1、表2。

科研成果及新产品 “八五”期间，我国石油工业的发展方针是稳定东部、发展西部，新疆塔里木是我国石油工业接替地区，因此，沙漠石油装备列入了国家重大技术装备研制项目，该项目包括5个子项，共有22个课题，其中机械工业部系统承担11个，到1995年底，已全部完成样机。其中有5项完成了工业性试验并通过了鉴定，有3项已完成工业性试验，有两项正进行工业性试验，有1项待进行工业性试验。详见表3。

表1 石化机械行业骨干重点企业“八五”期间工业总产值完成情况 （单位：万元）

序号	企业名称	1991年		1992年		1993年		1994年		1995年	
		不变价	当年价	不变价	当年价	不变价	当年价	不变价	当年价	不变价新规定	不变价原规定
	石油钻采行业										
1	兰州石油化工机器总厂	27 051	27 294	27 105	27 260	30 019	32 261	33 817	35 059	30 899	29 546
2	兰州通用机器厂	9 205	10 520	9 626	13 069	5 104	7 357	7 520	11 423	4 613	4 613
3	上海大隆机器厂	12 801	12 761	14 022	14 634			14 492		17 880	18 018
4	上海第一石油机械厂			4 303	4 626	4 300	4 643	2 515	2 431	2 878	2 517
5	上海第二石油机械厂							1 383		1 530	1 553
6	通化石油化工机械厂	3 402	3 474	3 876	4 100	2 767	3 268	2 635	2 634	1 747	1 747
7	四川钻采设备厂	3 033	3 143	2 409	2 564			1 050		1 050	1 050
	炼化设备行业										
1	广州重型机器厂	15 848	14 155	15 004	16 397	22 422	31 926			28 159	27 400
2	邯郸石油化工机械厂	2 582	2 301	3 604	3 212	4 282	4 414	2 193	2 660	3 147	3 147
3	抚顺机械厂	6 105	5 726	7 516	7 435	8 831	10 003	11 415	13 622	14 442	13 836
4	哈尔滨空调机厂	4 504	4 465	8 804	7 974	10 385	1 164	11 008	12 559	13 005	13 005
5	鞍山高压容器厂									661	661
6	北京天海工业有限公司									11 159	11 159
7	青岛通用机械厂	2 400	2 331	2 801	2 793	2 405	2 405	1 651	1 651	3 201	3 201
8	苏州化机厂	1 922	1 669	2 600	2 350	3 201	2 945	2 114	1 978	1 554	1 554

表2 石化机械行业骨干重点企业“八五”期间销售收入、利税完成情况（单位：万元）

序号	企业名称	1991年		1992年		1993年		1994年		1995年	
		全年产品销售收入	全年利税总额	全年产品销售收入	全年利税总额	全年产品销售收入	全年利税总额	全年产品销售收入	全年利税总额	全年产品销售收入	全年利税总额
	石油钻采行业										
1	兰州石油化工机器总厂	26 906	2 579	26 464	－1 482	30 132	1 235	28 687	192	24 973	－4 387
2	兰州通用机器厂	10 128	135	10 216	393	15 677	－1 813	9 969	－1 299	5 127	－3 621
3	上海大隆机器厂	15 962	1 325	17 651	1 695	19 622	－1 759	13 894	－1 498	19 443	－1 218
4	上海第一石油机械厂			4 184	189	4 660	172	2 551	－194	1 221	6
5	上海第二石油机械厂					2 196	135	957	6	1 365	0.04
6	通化石油化工机械厂	3 389	578	3 759	240	4 292	140	1 971	－1 601	1 614	－1 097
7	四川钻采设备厂	3 553	244	2 439	174	2 624	104	1 264	－221	1 021	－802
	炼化设备行业										
1	广州重型机器厂	14 207	733	18 906	597	37 901				34 904	228
2	邯郸石油化工机械厂	2 760	233	3 884	453	4 412		2 103		2 596	－3 263
3	抚顺机械厂	5 908	－129	6 939	99	10 327		11 546		14 032	109
4	哈尔滨空调机厂	5 117	759	7 860	955	10 181		16 125		13 039	1 000
5	鞍山高压容器厂									2 004	－635
6	北京天海工业有限公司									13 636	56
7	青岛通用机械厂	2 559	228	2 535	109	2 365		1 477		2 944	
8	苏州化机厂	2 002	116	2 524	184	2 874		1 357		1 392	1.5

目前国际、国内使用的石油钻机，其传动方式有三种：即皮带传动、链条传动和电传动。国际上已淘汰了皮带传动，向电传动发展，尤其是直流电传动，它具有良好的工作柔性，使用调节范围广，超负荷能力强，启动平稳，使用方便，可提高钻井效率，节约燃料，延长设备的大修期。目前国际上除美国以外，只有我国可以生产这种石油钻机。

由兰州石油化工机器总厂承包研制的6 000m电驱动沙漠石油钻机（简称60DS钻机），是为勘探开发我国新疆塔里木沙漠石油天然气资源安排的“八五”国家重大技术装备科研攻关课题。该钻机名义钻深6 000m，动力总量达3 000kW。该钻机除柴油机和部分电子元器件外，其余均由国内自己制造，国产化率达70%以上。60DS钻机自1991年5月立项以来，在总包厂和各分包厂的共同努力下，共完成科研攻关项目31项，于1994年8月总装完成，并进行了厂内型式试验，1994年9月通过了出厂验收，经整改后于1994年12月发往新疆塔里木石油勘探开发指挥部塔克拉玛干沙漠腹地的塔中29井进行工业性试验。1996年3月29日，在机械工业部和中国石油天然气总公司共同主持下，成立了以油田用户为主、科研院所、大专院校的石油钻井工艺及钻井装备专家组成的15人鉴定委员会，在兰州召开了6 000m电驱动沙漠石油钻机鉴定会。鉴定委员会一致同意通过鉴定。6 000m电驱动沙漠石油钻机的研制成功填补了国内一项空白，它标志着我国石油钻机设计、制造、使用水平上了一个新台阶，总体上达到了90年代初的国际先进水平。

70MPa整体式双油管采油（气）井口装置研制任务由上海第二石油机械厂承担，该产品整体阀本体及油管头本体强度计算、阀座体胎模锻工艺、双闸板四阀体制造工艺都存在很大难度。工厂采用引进的国外先进技术，将主通径上的所有阀门组合成两个整体，构成整体式双油管组合阀和整体式双管总阀。平板阀具有密封脂自动补偿功能，阀板阀座密封面均堆焊耐磨、耐腐合金。1993年7月在新疆塔里木油田安装使用，经过一年多的工业性试验，证明性能良好、质量可靠。该装置能够同时开采两个油（气）层，大大提高了单井油（气）田产量，并为今后进一步研究发展多油管井口装置打下了基础。该产品主要技术性能指标达到了国际当代同类产品水平，它的研制成功，填补了国内一项空白。

表3　“八五”国家重大技术装备沙漠石油设备课题完成情况

子项及课题名称	承担单位	完成情况
子项一、沙漠石油钻机		
课题1.6 000m电驱动沙漠钻机	兰州石油化工机器总厂	已钻完二口井，1996年3月通过鉴定
子项二、沙漠采油关键设备		
课题1.沙漠油田用双油管及高压单油管采油（气）井口装置	上海第二石油机械厂	1994年9月通过鉴定
课题2.高温潜油电泵	天津斯波泰克潜没电泵有限公司	正在塔里木进行工业性试验
课题3.油气水处理装置	兰州石油机械研究所、兰州石油化工机械总厂、上海第二石油机械厂	同上
子项三、沙漠运输车关键设备		
课题1.4t 4×4沙漠越野车	新疆汽车厂	已通过鉴定
子项四、沙漠石油共性关键技术和设备		
课题1.沙漠环境对石油设备的要求及验收规范	兰州石油机械研究所、广州电器科学研究所	1994年3月通过鉴定
课题2.沙漠钻井设备防沙、散热、防冷凝关键装置的研制	兰州石油机械研究所	1996年3月通过鉴定
课题3.沙漠油田苦咸水淡化装置的研制	兰州石油机械研究所	样机已完成，待进行工业性试验
课题4.沙漠油田营房用集中空调及冷藏装置的研制	岳阳恒立制冷集团公司	已完成工业性试验，待鉴定
课题5.沙漠油田窗式空调器的研制	同上	同上
课题6.沙漠油田运输车用空调器的研制	同上	同上

QYDB150－300/3500－C型沙漠油田用电动潜油泵是为适应我国新疆塔里木沙漠油田高温、超深井采油而安排的科研课题。1993年天津斯波泰克潜没电泵有限公司（原天津电机总厂）一举中标。经过两年多的攻关、设计、试制，产品组装后又进行了成套试验，高温200h运行，并做了各项指标测试。1995年12月20日通过了有国家经贸委、机械工业部、中国石油天然气总公司、新疆塔里木石油勘探开发指挥部等单位参加的出厂验收。1996年2月5日在塔里木油田甲荷11井下井成功。泵挂3 446m，日产液量350t，日产气量5 560m^3。泵挂处液体温度140℃。机组运行平稳，动液面、产量稳定，停机后，机组绝缘无变化，一切正常。预计1996年下半年进行鉴定。

根据新疆塔里木石油勘探开发指挥部要求，将沙漠油田试油用油气水处理成套装置分解为三相分离器、加热器、井口控制头及油嘴管汇高压管汇四个部分，该装置日处理量：液1 000m^3、气800万m^3，分离器工作压力10MPa，井口及管汇工作压力70MPa，井口控制头提升载荷2 500kN。要求该装置适应沙漠环境，体积小重量轻，便于起运安装和使用维修。1993年9月7日由原国务院重大技术装备办公室采用招标办法确定承担单位，按照技术先进、经济适用、安全可靠，本着公平竞争、择优评选的原则进行评标。兰州石油机械研究所和兰州石油化工机器总厂组成的投标集团和上海第二石油机械厂分别中标承担研制任务。1994年5月运往塔里木油田进行工业性试验，用于油田试油工艺。预计1996年6月可以进行鉴定。

由兰州石油机械研究所和广州电器科学研究所共同承担的沙漠环境对石油钻采设备的要求及验收规范和由兰州石油机械研究所研制的沙漠石油钻采设备防沙、散热、防冷凝装置已分别于1994年3月和1996年3月通过鉴定。

由湖南省岳阳恒立制冷集团公司研制的沙漠运输车用空调器、营房集中空调器及冷藏装置、窗式空调器和由新疆汽车厂研制的沙漠越野车均已完成，并用于沙漠油田，使用了2年至3年。

在“三大化工”（即大化肥、大型乙烯、大型城市煤气）专项中，“八五”期间，由机械工业部系统企业承担的国家重大技术装备科研专题共45项。截止至1995年底，已完成27项。其中沈阳鼓风机厂、杭州汽轮动力集团公司以自行设计、自行制造的方式为合江化肥厂年产30万t合成氨装置提供了天然气压缩机组，氨冷冻压缩机组和二氧化碳压缩机，已于1995年投入运行，较好地完成了研制任务；兰州石油化工机器总厂和合肥通用机械研究所、大庆石化设计院等单位共同研制的1 500m^3大型乙烯球罐，采用国产CF62低温钢及国内制造工艺，全部实现国产化，已在大庆石化总厂通过了鉴定；哈尔滨锅炉厂以反承包方式承接的水煤浆气化炉炉壳已用于渭河化肥厂；杭州制氧机厂以反承包方式承接的空分装置中的精馏塔、分子筛吸附器用于内蒙古、九江大化肥项目中；沈阳水泵厂研制的高速泵、大连屏蔽电泵厂与合肥通用机械研究所共同研制的氢氰酸屏蔽泵和高中低压屏蔽油泵分别用于福建炼油厂、大连石化公司，经过一年工业性运转，1995年已通过鉴定。这些产品的研制成功，替代了进口，填补了国内空白。通过多年来的努力，我国已基本具备了石化装备设计、制造和成套能力。

“八五”期间，我国石油化工、化学工业的装备国产化工作虽然步履维艰，但仍取得了重大进展。

燕山石化总厂年产45万t乙烯改扩建工程是国产化试点工程，仅用了28个月，投资28亿元，投料试车一次成功。其中新建的年产14万t高密度聚乙烯装置中的90m^3大型聚合釜、∅2.4m×24m大型回转干燥机、∅1 100mm卧式离心机等关键设备均由国内研制提供。

利用我国自主开发的硫铁矿制酸工艺软件包，自行设计建设的铜陵化工集团公司磷铵厂年产20万t硫酸装置已于1993年建成投产。沸腾焙烧炉、电除尘器、余热锅炉及电除雾器等关键设备都由国内设计制造，国产化率达85%，技术经济指标达到了当前国际水平。

以我国中品位磷矿为原料的四川硫酸厂年产6万t磷铵装置已于1992年建成投产，该装置是国内最大的料浆法磷铵装置，生产工艺技术由国内自行开发，设备全部立足国内。

“八五”期间，在大量利用外资进行石化工程建设时，我国的制造业又以合作生产、反承包等方式积极参与国际竞争，争取到年产30万t合成氨、年产52万t尿素装置中的心脏设备——五大离心压缩机组、锅炉岛、气化炉以及3万m^3/h等级空分装置中精馏塔等关键设备制造任务，从而实现了零的突破。

技术改造 为了促进石油、石油化工装备国产化，国家经贸委首批建立了22个重大装备国产化生产基地，其中列入石油专项的有兰州石油化工机器总厂，以提高沙漠钻机的制造质量为主，形成6 000m以上大型沙漠钻机年产5台～6台生产能力；兰州电机厂在消化吸收引进技术的基础上，形成年产10套6 000m沙漠电驱动钻机配套电机的能力。列入“三大化工”国产化基地的有沈阳鼓风机厂，该厂重点为石油化工、化学工业提供透平压缩机，生产能力将提高50%；杭州制氧集团公司重点建设成为提供2万m^3/h以上大型空分设备的国产化基地。“八五”期间国家对这几个国产化基地给予第一批技术改造费用，其中兰州石油化工机器总厂总投资为2950万元，贷款为2 700万元；兰州电机厂总投资为2 980万元，贷款为2 600万元；沈阳鼓风机厂总投资为2 990万元，贷款为2 400万元；杭州制氧机集团公司总投资为2 900万元，贷款为2 400万元。目前第一批技改项目已基本完成，今后将陆续下达第二批投资。

管理及改革 部分国有企业通过建立现代企业

制度进行了改革，如广州重型机器厂于1994年改制建立了广重企业集团，杭州制氧机厂于1995年9月改组为独资的经营性控股有限公司，此外，还有吉林省通化市石油工具厂等企业。改制后的集团，其特点是按《公司法》建立了董事会、监事会、经理层组成的法人治理结构，以资产(股权)为基本纽带的一批合资控股、参股企业，通过合理分层，形成母公司的资本经营中心(投资中心)、各子企业的利润中心和各专业厂的成本中心的格局，通过建立和完善母公司及各子企业的法人治理结构以及母子公司的集分权体系，并以此来规范企业的决策程序、经营活动和管理行为，实现规模经济。

目前，企业正在加强管理，不断提高产品质量，积极开展ISO9000体系认证工作，迄今为止已通过ISO9000体系认证的企业有兰州石油化工机器总厂、江苏金湖石油机械厂等单位。

〔撰稿人：机械工业部重大装备司　秦　安、于黛印〕

包装食品机械行业

机械工业部包装食品机械行业办公室

生产发展情况　1995年全国包装食品机械企业有3 100多个。1995年，机械工业系统归口的包装食品机械企业有1 700余个，科研单位90个，科技人员5 000人，职工人数16万人，包装食品机械工业总产值达92.6亿元，包装食品机械产品产量达101.3万台（套)。其中包装机械生产企业有700个，包装机械工业总产值达38亿元，包装机械产品产量达14.9万台（套)；食品机械生产企业有1 000个，食品机械工业总产值达54.6亿元，食品机械产品产量达86.4万台（套)。“八五”期间，包装食品机械年平均增长率达29%，大大超过“八五”规划指标。详见表。

“八五”期间，包装食品机械产品市场形成了十大热销产品：瓦楞纸板、制箱（盒)、印刷成套设备，袋成型—充填—封口包装设备，制罐（盖）生产成套设备，啤酒饮料灌装成套设备，米面方便食品机械，果蔬加工保鲜设备，啤酒饮料加工及灌装成套设备，屠宰肉食加工机械，饼干糕点加工机械，烟草加工机械。

“八五”期间机械工业部系统包装食品机械产值、产量指标

年　份	1990	1991	1992	1993	1994	1995
包装食品机械总产值（亿元）	26.8	37.1	50.3	65.8	76.8	92.6
其中：包装机械产值（亿元）	10.1	13.6	18.9	25.2	30.6	38.0
食品机械产值（亿元）	16.7	23.5	31.4	40.6	46.2	54.6
包装食品机械总产量（万台）	43.7	56.9	69.2	75.0	91.7	101.3
其中：包装机械产量（万台）	7.3	8.2	9.6	11.8	13.4	14.9
食品机械产量（万台）	36.4	48.7	59.6	63.2	78.3	86.4

新产品　“八五期间，机械工业部系统共完成包装食品机械科研项目456项(其中纵向课题135项、横向课题321项)，新产品开发项目430项，获国家级奖12项、部级奖26项、省市级奖682项。

新开发包装食品机械产品有：DPT130泡罩包装机、DB420多功能包装机、DSPI塑料瓶包装机、ZJT-40（A）全自动胶囊充填机、FWZ40自动压纹封盖机、大型塑料圆织机、YNZ500回转自动贴标机、MY1020自动模切压痕机、BJZ160枕式高速自动包装机、BZ－9025集合自动包装机、BZ－9035碗面收缩自动包装机、YTEID立式砖型饮料无菌包装机、三缩颈制罐设备、水泥袋制袋生产线、七层瓦楞纸板生产线、高热效率节能淀粉气流烘干机、QJ系列家禽屠宰成套设备、年产12万包方便面生产线、DGP60/12啤酒灌装压盖机、1000型滚切饼干机、YLZ系列立式叶滤机、桔瓤果汁加工设备、螺旋式速冻机、喷射泵式高效低耗真空冷冻干燥设备、真空油炸果蔬脆片机、带式榨汁机、果茶加工成套设备、DJW－2000威化蛋卷机、饼干三色轧皮机等新产品，填补了国内空白。

质量及质量管理　“七五”期间制定两项包装机械基础标准、6个包装机械产品标准。“八五”期间制定了两项包装机械基础标准、24个包装机械产品标准和产品质量分等标准。具体是：JB/T7232—94包装机械噪声声功率级的测定　简易法、JB/7233包装机械安全要求、JB/TQ871—91

贴标签机　产品质量分等、JB/T7542—94 瓦楞机通用技术条件和 JB/T53048—92 瓦楞机　产品质量分等、JB/T7543—94 裱胶机通用技术条件和 JB/T53049—92 裱胶机　产品质量分等、JB/T7541—94 分纸机通用技术条件和 JB/T53043—92 分纸机　产品质量分等；JB/T53216—94 塑料袋热压式封口机　产品质量分等、JB/T77549.3—94 滚压式封口机和 JB/T53198—94 滚压式封口机　产品质量分等、JB/T7549.2—94 旋合式封口机、BB0001—94 气雾剂灌装机通用技术条件、JB/T7544.1—94 单盒薄膜折叠式裹包机技术条件和 JB/T53254—94 单盒薄膜折叠式裹包机　产品质量分等、JB/T7544.2—94 卧式枕型接缝式裹包机和 JB/T53226—94 卧式枕型接缝式裹包机　产品质量分等、JB/T7545—94 烘道式收缩包装机技术条件和 JB/T53229—94 烘道式收缩包装机　产品质量分等、JB/T53215—94 含气饮料灌装压盖机　产品质量分等、JB/T7549.1—94 聚酯瓶小型灌装封口机和 JB/T53252—94 聚酯瓶小型灌装封口机　产品质量分等、JB/T7549.4—94 立式袋成型—充填—封口机和 JB/T53228—94 立式袋成型—充填—封口机　产品质量分等、JB/T53199—94 液体立式袋成型—充填—封口机　产品质量分等、JB/T53197—94 药品泡罩包装机　产品质量分等、JB/T3790.1—94 机械式自动捆扎机和 JB/T53196—94 机械式自动捆扎机　产品质量分等、JB/T3790.2—94 机械式半自动捆扎机、JB/T3790.3—94 液压式自动捆扎机、JB/T7214—94 机械式洗瓶机、JB/T7213—94 水平式输瓶机、JB/T7548—94 单面瓦楞纸板生产线和 JB/T53227—94 单面瓦楞纸板生产线　产品质量分等、JB/T7546—94 纸桶加工机组、JB/T7547—94 包装用高密度聚乙烯超薄薄膜吹塑机组和 JB/T53253—94 包装用高密度聚乙烯超薄薄膜吹塑机组　产品质量分等。

技术改造　“八五”期间，包装食品机械行业按照国家技术改造专项计划投资 6 800 万元，实际通过各种渠道落实 2.44 亿元，加上地方投资机械工业部系统企业五年累计完成技改投资近 10 亿元。技术改造投资力度的加大，使部分骨干重点企业装备条件得到了改进，工艺水平得到了提高。

管理　在“八五”期间生产、科研、技改中，贯彻重点发展“八项成套设备”和“四项重点产品”的指导方针。

包装食品机械的“八项成套设备”是：(1) 制袋及重袋包装生产线；(2) 果蔬加工及饮料加工成套设备；(3) 家禽屠宰及肉食加工成套设备；(4) 复合材料及吹膜制袋成套设备；(5) 水产品加工成套设备；(6) 瓦楞纸板加工成套设备；(7) 啤酒灌装成套设备；(8) 烟草加工成套设备。“四项重点产品”是：(1) 制罐及制盖设备；(2) 粉料计量充填封口设备；(3) 大容量塑料容器成型设备；(4) 容器成型充填封口设备。1992 年提出的骨干重点企业“八五”末实现“双五”（即产值超 5 000 万元、利润超 500 万元）规模经济目标，在全行业中起到了极大的推动作用。“八五”后三年机械工业部连续召开了包装食品机械经济信息发布会，提出了行业发展六大趋势、十类热门产品、重点发展的 26 类产品，对行业发展起到指导和促进作用。1995 年的经济信息发布会上，机械工业部向用户部门推荐了 20 种包装食品机械产品：廊坊包装设备制造总公司的 DGP16/6 等压灌装封盖机、河北玉田印刷机械厂的 MY 自动模切压痕机、锦州包装机械厂的 DPA250 医药泡罩包装机、江苏如皋食品机械厂的 DBJ－600 多功能接缝式裹包机、温州方正企业集团的 SK－1A 捆扎机、青岛机床厂的 TB12 回转式双标贴标机、青岛机床厂的 DGP60/12 灌装压盖机、青岛锻压机械集团公司的 GT10C6 高速电阻焊机、青岛锻压机械集团公司的 QDC1 全自动三缩颈翻边组合制罐机、肇庆嘉隆包装机械股份公司的 WJ100－2200－3 七层瓦楞纸板生产线、机械工业部北京机械工业自动化研究所实力易拉盖技术公司的 YSH－Ⅱ型大开口盖生产线、廊坊市通用机械厂的 JM－130 胶体磨、河北涿州食品机械厂的 QT 型家禽屠宰成套设备、苏州姑苏食品机械总厂的 JMJ500 巧克力精磨机、广州人民机器厂的 BF12 型波纹方便面生产线和 WF12 型碗面生产线、珠海机电集团公司的 BT1000F2 多功能饼干生产线、机械工业部食品装备设计研究所的 FG 高效节能淀粉烘干机和 YLZ 震动排渣立式叶滤机、北京市包装食品机械研究所的 SH－4 型涮羊肉自动切片机。

〔撰稿人：机械工业部包装食品机械行业办公室　王建设　审稿人：机械工业部包装食品机械行业办公室　许占林〕

农业机械行业

机械工业部农业装备司

经过全行业职工的努力，农机行业年工业总产值、固定资产投资总额及年出口创汇，已基本完成

“八五”计划。八个重点行业的年生产能力或实际年产量，达到“八五”计划要求形成的年生产能力。通过“八五”计划实施，农机行业产品开发制造能力有了很大提高，新产品品种有所增加，质量及工艺制造水平也有不同程度提高。随着国家和各级政府对农业和农用工业重视程度的提高，广大农民也认识到使用农机是增收致富的手段之一，1995年农机生产形势，特别是田间作业机械的生产销售形势，有了很大转机，农机生产出现了一片欣欣向荣的局面。

生产发展情况 农机工业总产值按1990年不变价计算，1990年总产值为164亿元，1995年应达到240亿元，1995年实际完成581亿元，已超额完成“八五”计划目标，比1990年增长210%。

1991年～1995年期间，农机产品生产能力或实际产量已达到“八五”计划1995年预计年产量的重点产品有：小型拖拉机、农用运输车、机动植保机械、联合收割机、农副产品加工机械、农用水泵、畜牧机械、拖拉机配件等8类；大中型拖拉机、机引农具、机引播种机、机动插秧机、地膜覆盖机、大中型拖车、风力机等6类，虽然未达到“八五”指标，但和1990年比，实际产量和品种、水平也有很大提高。见表。

出口创汇 按“八五”规划，1995年要求达到年创汇1.1亿美元，1994年实际创汇1.04亿美元，其中：手扶拖拉机出口23 819台，创汇1 590万美元；轮式拖拉机出口11190台，创汇2 450万美元；收获机械出口40 000台，创汇1 068万美元；农用运输车出口2 439辆，创汇982万美元。1995年达到“八五”创汇目标1.1亿美元，其中拖拉机出口6万台，创汇8 000万美元，比1994年增长一倍。

“八五”期间已批出口基地10个，扩大出口企业26个，有外贸经营权企业32个。出现了3个年出口创汇1 000万美元以上的企业（永康拖拉机厂、上海拖拉机内燃机公司、杭州齿轮箱厂）和一批出口创汇300万美元～500万美元的企业。主要创汇产品有：拖拉机、联合收割机、农副产品加工机械（主要为碾米机、面粉加工成套设备和油脂加工机械）、配套农机具、农业水泵和农机配件等。

我国农机产品出口的国家和地区很多，但主要是东南亚地区、中南美、中东、北非地区。有些企业在国外建立了装配生产线以扩大在这一地区的市场占有率。

科研成果及新产品 “八五”计划共安排新产品314项，科研项目168项，1991年～1995年预计可完成新产品145项（规划内项目），科研61项（规划内项目）。获国家级科技进步奖14项，其中：一等奖2项，二等奖3项，三等奖9项；机械工业部科技进步奖94项，其中：一等奖5项，二等奖43项，三等奖46项。（包括规划外项目）。这些项目的完成，对提高农机产品设计、制造、测试、自动化及成套水平起了重要作用，同时提高了农业需求的满足率。

“八五”计划及1991年～1995年实际产量完成情况

序号	项目	单位	1990年	“八五”计划形成能力	1991年	1992年	1993年	1994年	1995年
1	拖拉机	万台	112.72	120	135.64	143.12	90.2	130.98	195.42
	其中：大中型	万台	4.22	10	5.94	6.72	4.7	4.68	6.457
	小型	万台	108.5	110	129.7	136.4	85.5	126.3	188.96
2	农用运输车	万台		25		70.2	84.6	129.24	225.85
	其中：四轮	万台	4.7 918	25	7.15	13	16.4	19.7	25.85
	三轮	万台				57.2	68.2	109.54	200
3	机引农具	万台	7.78	16		10.8	6.5	5.46	9.92
4	机引播种机	万台	1.34	2.5～3	1.38	2.2	1.5	1.52	0.7985
5	机动插秧机	万台	0.2853	1.5～2	0.3131	0.33	0.0423	0.0147	0.73
6	地膜覆盖机	万台		0.5		0.1676	0.0361	0.0307	0.14
7	机动植保机械	万台	16.3	20	27.78	29.94	11.3	18.1	42.7
8	联合收割机	万台	0.5197	1	0.669	1.2	0.614	0.348	1.00
9	大中型拖车	万台	6.3	20	7.756	4.78	2.9	4.38	5.62
10	农副产品加工机械	万台	37.6	50		35.1	34.1	36.56	59.4
11	畜牧机械	万台	26.4	34		23.5	22.3	24.73	34.5
12	风力机	万台	0.9	6		0.25	0.22	0.4 099	0.95
13	农用水泵	万台	160	180	154.4	164	154.7	163.5	226
14	拖拉机配件	亿元		55		75	88.8	86.8	92

技术改造 农机行业“八五”技术改造共安排两个专项。一个是支农专项，一个是出口专项。两个专项共安排71个项目，总投资7.89亿元，其中支农专项65个，总投资6.93亿元；出口专项6个，总投资0.9 616亿元。截至1995年底共计竣工项目54个，占76%；完成总投资6.28亿元，占

总投资额的80%。

非经营性基建项目安排5个，投资2 615万元，到1995年底全部竣工。经营性基建项目安排17个，总投资2.46亿元。到1995年底已竣工12个，占70%；完成投资2.29亿元，占总投资额的90%。

1995年又追加支农专项8个（其中2个新增，6个为原技改或基建项目补充投资），投资1.58亿元，到1995年底已完成投资0.87亿元，占总投资额的55%。

综上所述，“八五”期间，农机行业总计安排95个技改、基建固定资产投资项目，截至1995年底完成71个项目，约占安排项目的75%；安排总投资12.19亿元，截至1995年完成9.70亿元，占总投资额的80%。

重点技改、基建项目“八五”计划完成如下：

(1) 消化吸收拖拉机引进技术，即迪尔、菲亚特、卡特集材、哥尔多尼等4个系列拖拉机及老产品的改进提高。

迪尔系列拖拉机安排在天津、长春、沈阳3个拖拉机厂生产。“八五”计划这3个厂应分别形成3 000、3 000、500台能力，并相应提高老产品的水平和质量。目前3个工厂已完成资料转化、产品验证等技术消化吸收工作，具备小批生产能力。其中长春拖拉机厂、沈阳拖拉机厂两厂已分别形成年产1 000台和100台综合生产能力并经阶段验收。天津拖拉机厂生产能力基本达到3 000台，也已验收。3个工厂累计仅生产100台左右。

菲亚特系列安排到第一拖拉机厂和上海拖拉机厂生产，计划形成各自年产10 000台能力。现在两厂的国内投资1.6亿元已完成，但由于意大利政府3 000万美元软贷款未按期落实，没有达到预定的目标。上海拖拉机厂已决定停止以菲亚特拖拉机为中心的技术改造，将已形成的生产能力用于上海50/65型拖拉机的改进提高和生产。第一拖拉机厂已完成国内投资约9 000余万元，实际生产约100余台。计划“九五”准备继续列项投资形成年产1万台综合生产能力。

哥尔多尼系列拖拉机（14.0kW～29.4kW）“八五”期间安排在郑州及邢台两个拖拉机厂生产，计划形成各自年产5 000台生产能力。由于资金只到位1/3，以及市场开拓、技术困难等问题，没有形成预定的生产能力。

卡特集材拖拉机安排在哈尔滨拖拉机厂生产，规划年产600台，由于国内林业生产重点从采伐转向营林，因此集材机的需求减少，新产品价格很高，销售市场未打开。该厂准备应用技术改造形成的生产能力，生产一些73.55kW～88.26kW农用拖拉机和工程机械，以适应市场的需求。

尽管这些引进技术没有达到预定的生产能力，但利用引进的软、硬件技术开发生产了一些改进型产品，并为下一步的发展奠定了必要的技术物质基础。

(2) 25－40系列水旱兼用型轮式拖拉机。

安排第一拖拉机厂、运城拖拉机厂、石家庄拖拉机厂、江西拖拉机厂等厂生产，规划为年生产总能力为11 000台，实际只完成样机试制鉴定，没有进行生产。拟于“九五”安排形成生产能力。

目前这一功率档拖拉机需要依靠山东、湖北、宁波拖拉机厂早已批量生产的老18.4kW拖拉机（约年产2万台）解决。

(3) 11.0kW～13.2kW直接传动式拖拉机。

“八五”计划，江西、常州、衡阳、盐城拖拉机厂等8个厂生产，计划年形成75 000台的能力，实际生产能力只有20 000多台，1995年产量实际达到3万台左右。

(4) 系列中、小型手扶拖拉机（2.21kW～5.88kW）。

“八五”安排常州拖拉机厂、永康拖拉机厂、新会农机厂、江西手扶拖拉机厂和南宁手扶拖拉机厂等厂生产，规划年生产能力为20万台，实际形成约20万台生产能力。

(5) 耕整种植机械。

发展新一代大中功率轮式拖拉机配套农具，已发展10余种少耕、高速、复式、精量播种机具，并基本形成了与主机相适应的生产能力。由于新一代大中功率轮式拖拉机年产量很小，部分厂已将这类产品技术稍加改动转向为802履带式或58.84kW以下轮式拖拉机配套。

哈尔滨农机厂、石家庄农机厂、商丘机引农具厂、徐州农机厂、保定农机厂等重点企业通过“八五”技术改造，在铸造、冲压、铆焊等工艺设备方面有所进步，为提高产品质量、发展新品种创造条件，其中耙片出口取得较好的成绩，徐州农机厂1993年出口创汇达400余万美元。耕整、播种、插秧机械产品1995年虽然市场显著好转，但还没有达到“八五”计划预定的目标。

(6) 联合收割机。

“八五”期间联合收割机行业在品种、水平、产量上都有长足发展。从品种上说，既有适合小麦、大豆的联合收割机，也有玉米、水稻联合收割机。小麦联合收割机从功率等级上已比较齐全，有大有小，有自走式也有背负式。1065、1075为国际80年代水平。四平联合收割机厂和佳木斯联合收割机厂引进的水稻联合收割机技术也为国际80年代水平，此外还开发出自走式和牵引式玉米联合收割机。但是玉米联合收割机的实际生产能力不足，引进的半喂、全喂入水稻联合收割机也还没有形成生产能力。棉花收获机械还是缺门。

(7) 农用运输车。

“八五”期间发展很快，产量、品种都有很大发展，投资规模、产品产量都已大大超过“八五”规划的规模和能力。问题是质量参差不齐，企业隶属关系、生产过于分散。

(8) 排灌机械。

1995年全国总能力及实际产量可以达到“八

五”计划目标。沈阳和泰州潜水泵厂引进了国外先进的新潜水泵系列产品制造技术，并已投产，使潜水泵的水平接近了国际水平。

(9) 植保机械。

已形成年产 25 万台机动喷雾器生产能力，在已生产的 80 多个品种中，70 年代、80 年代水平的占总品种数的 30%。低喷量、高效率、安全的机动植保机械已有一定的发展，1992 年和 1995 年的实际产量均已超过“八五”规划要求达到的生产能力。

(10) 农副产品加工机械。

已形成各种米、面、油、茶、棉及经济作物机械约 50 万台（套）的生产能力。产品在技术水平和质量方面较“七五”均有较大幅度的提高。除满足国内市场需要外，出口创汇比重逐年增加，出现了一些出口产值占全厂产值 60% 以上的企业，行业经济效益也较好，整个行业进一步壮大。

技术引进　我国农机行业从 1979 年以来，共引进国外先进技术 33 项，合同金额 5 217 万美元。其中拖拉机 7 项、3 127 万美元，农机具及其他项目 26 项、2 090 万美元。这些项目中，只有 1100 系列联合收割机、全喂入水稻联合收割机、半喂入水稻联合收割机、潜水电泵等 4 项是“八五”期间签约的，其余都是 1990 年前签约的。因此，“八五”期间技术引进工作的主要内容是消化吸收已引进的国外先进技术。

引进技术项目的消化吸收和投产，对推动我国农机企业产品、工艺水平的提高起了重要作用，出现了一批引进技术见成效的企业。有些企业通过技术引进使其产品工艺水平从国际 50 年代、60 年代跃升到 80 年代水平。以佳木斯联合收割机厂为例，该厂 1981 年签订了引进美国迪尔公司 1000 系列联合收割机制造技术的许可证合同。该厂用四年时间，消化了复杂的技术，于 1985 年形成年产 1 050 台的生产能力。现在 1000 系列收割机国产化率已达到 90% 以上。截至 1995 年底该厂已累计生产主机3 498台，附件 21 607 台（套），投放全国 18 个省、市、自治区，其中出口主机 424 台，零部件 111.5 万件，累计创汇 2 302 万美元。通过技术引进，该厂产品水平跨越 20 年，工艺水平上了一个新台阶。工厂从亏损转为盈利，到 1993 年底累计盈利3 706.1万元。先后获得全国银牌产品及一级企业称号，形成了引进技术的良性循环。该厂为与世界先进水平相衔接，1992 年又引进了迪尔公司 1100 系列联合收割机技术，并于 1994 年同德国克拉斯公司签订了小型全喂入水稻联合收割机技术引进及合作生产合同。目前正在探讨同国外合资生产的途径，从单纯的引进技术进入既引进技术又引进资金和管理的新阶段。

〔撰稿人：机械工业部农业装备司　谢国璋
审稿人：机械工业部农业装备司　李金生〕

工程机械行业

机械工业部农业装备司

生产发展情况　工程机械行业目前包括 16 大类产品，即：挖掘机械、铲土运输机械、工程起重机械、压实机械、路面机械、桩工机械、叉车及工业搬运车辆、气动工具、凿岩机械、钢筋及预应力机械、混凝土机械、装修机械、城市公用设施机械、军用工程机械、线路工程机械及其他专用工程机械。产品有 348 个系列、1 050 个基型、3 100 个品种。工程机械产品是农田基本建设、水利、电力、交通、煤炭、冶金、矿山、城市建设及国防工程等各个部门的重要装备。特别是改革开放以来，大型水电工程建设、公路修建、矿山开采、油田钻探、城乡建设等都以前所未有的速度进行，对工程机械产品的需求幅度增加。

工程机械企业遍及全国各个省市。到目前为止，县级以上的工程机械制造厂有 1 000 多个。1987 年将一部分企业划给外部归口。目前，列入机械工业部行业统计的 144 个企业，职工总数达 19.7 万人，1995 年固定资产原价 80.3 亿元，实现工业总产值 127.5 亿元，产品销售收入 110.0 亿元，出口创汇 2 亿美元，进口工程机械用汇约 8 亿美元。“八五”期间全行业的产值、销售收入见表 1。

工程机械行业现有专业科研院（场）13 个，其中，国务院各部门所属研究机构 9 个，机械工业部直属单位有天津工程机械研究所、西宁高原工程机械研究所、怀来工程机械试验场、北京起重运输机械研究所叉车分所。全国有 25 所高等院校设有工程机械系或专业，每年约有 1 500 名毕业生。

市场及销售　作为各类工程施工的主要技术装备，随着国家在交通事业、能源、冶金工业、农田水利工程方面的大量投入和一大批开发区、城市规划建设、旧城改造等项目的上马，为工程机械提供了广阔的市场。但同时也不可避免地受到国家宏观经济调控的影响。近几年销售形势起伏较大。以部属144个企业计，1991年全行业销售收入48.2亿元，1992年73.3亿元，1993年122.0亿元，1994年105.5亿元，1995年110.0亿元。

全行业近年来出口势头较好。1995年全行业出口创汇约2亿美元，是1990年的1.88倍。产品出口到28个国家和地区，主要是东南亚、非洲和美洲。目前已有7个企业（集团）年出口创汇超过500万美元。

工程机械进口近几年持续较大幅度增加，1995年10种工程机械进口近2万台，用汇5.6亿美元，比上年增加29.9%，其中尤以大型工程机械和二手设备增长最多。加上进口的工程机械零部件，1995年进口额近8亿美元，是1990年的3倍，对国内市场冲击很大。

表1 “八五”期间工程机械工业行业产值、销售收入

年份	企业数（个）	工业总产值（不变价）（亿元）	工业总产值（当年价）（亿元）	销售收入（亿元）
1990	132	37.737 1	36.259 1	32.364 5
1991	140	46.304 6	46.951 9	48.216 5
1992	130	62.138 8	70.160 4	73.287 5
1993	133	85.164 7	121.364 7	122.036 7
1994	143	92.118 3	127.791 4	105.541 0
1995	144	92.724 5	127.484 5	109.997 4

产品开发及技术水平 自1979年引进小松推土机制造技术开始，工程机械行业先后共引进国外名牌公司的主机及关键零部件制造技术111项，覆盖了全行业的主要产品品种。通过消化、吸收、国产化，工程机械行业产品的性能、质量和可靠性都有了明显的提高：各类主导产品中有30%的品种达到国际80年代初期的水平；产品平均无故障时间由80年代初期的150h～200h，提高到250h～300h；第一次大修期时间由2 000h～3 000h，提高到5 000h～6 000h。

同时，工程机械行业在引进、消化、吸收国外先进技术的基础上，进一步提高了自主开发、技术创新能力：(1)“八五”技术开发项目（7个子项共84个课题）1996年内将全部验收。(2)目前全行业已有国家经贸委认定的技术中心6个。(3)由引进技术开始，经过消化、吸收到自行开发，不断推出新一代产品。如宣化工程机械厂在引进卡特D6D履带推土机技术基础上，又自行开发出了更新一代的SD6高驱动履带推土机，使自身水平得以滚动前进。(4)扩大了计算机在设计、生产、管理、试验、测试等方面的应用。其中安徽叉车集团作为机械工业部首家通过“CAD1215工程”验收的单位，已彻底告别了传统的图板、丁字尺，完全通过计算机来制图。

技术改造 “八五”期间，国家对工程机械行业固定资产投资总额为19.09亿元（包括“双加”工程项目）。其中，列入国家专项贷款技术改造项目22个，投资总额3.26亿元；基本建设项目11个，投资总额2.5亿元；列入国家重大引进技术消化吸收项目新型推土机和装载机及关键零部件技术改造项目的企业有20个，总投资7.1亿元；“双加”工程项目6.23亿元。另外很多省市等地方政府把工程机械列为大力发展的支柱产业。据初步统计，“八五”期间，地方向机械工业部归口的工程机械企业投资约16亿元，企业自筹约5.6亿元。工程机械行业“八五”实际完成投资情况（不包括“双加”工程项目）见表2。

“八五”期间，完成投资额以徐工集团为多，总投资达5.6217亿元，其中中央投资1.6130亿元、地方投资3.4440亿元、自筹0.5647亿元。

通过“八五”技术改造，大大增强了实力。

(1)改善了工艺装备，提高了工艺水平，使工程机械全行业的工艺装备水平上了一个新台阶。目前行业骨干重点企业在关键工序上普遍装备了钢板焊前预处理、数控（光电）切割下料、数控冲剪、数控折弯、数控车镗铣、大型工件及箱体加工中心、可控气氛热处理炉、涂装生产线及三坐标测量仪等关键设备和仪器。使全行业的工艺装备水平上了一个新台阶，有的关键工序的装备甚至接近了世界先进水平。

(2)扩大了企业的生产能力。全行业1995年工业总产值（1990年不变价）、销售收入分别比1990年增长145.7%、240%。再以轮式装载机为例，1994年产量比1990年增长近100%（见表3）。虽然1994年、1995年由于国家宏观调控政策的实施，压缩了部分基建项目，以及1993年的不正常抢购造成部分中间环节的积压，致使1994年从表面上看呈下降趋势（相对于1993年），但整个“八五”期间工程机械产量增长很快。

(3)产品出口逐年增加。通过技术改造，使我国工程机械产品技术水平、产品质量、性能不断提高，加上价格方面的优势，市场竞争力逐步增强，部分引进产品和通过移植技术后的新产品已开始出口创汇并在国内一些重点工程上使用。如实施“新型推土机和装载机及关键零部件专项”后，柳工机械股份有限公司已有5台966E装载机出口到埃及，10台966E装载机提供给云南楚大公路建设使用；青海工程机械厂为南极开发提供2台D7G推土机，出口到印尼3台D7G推土机；厦门工程机械股份有限公司为南极开发提供了2台980S装载机；鞍山一工集团出口103kW（140hp）推土机累计近200台等。

表2 “八五”期间工程机械行业完成投资情况 （单位：亿元）

产品类别	总投资	其中		
		中央	地方	自筹
推土机	7.876 8	4.006 1	3.426 1	0.444 6
装载机	11.485 5	2.346 7	5.861 7	3.277 1
工程起重机	4.184 1	1.515 3	2.079 3	0.589 5
叉车	1.358 3	0.681 5	0.676 8	—
挖掘机	1.704 2	0.605 7	0.929 6	0.168 9
路面机械	1.105 6	0.613 3	0.280 0	0.212 3
风动工具	0.983 3	0.288 0	0.300 2	0.395 1
基础部件	2.405 5	1.829 6	0.532 1	0.043 8
其他	3.806 6	1.180 5	2.127 7	0.498 4
合计	34.909 9	13.066 7	16.213 5	5.629 7

表3 轮式装载机产量

年 份	1990	1991	1992	1993	1994	1995
产 量（台）	7 300	9 120	13 000	18 287	13 353	16 396

利用外资 随着我国经济的快速发展，国内工程机械市场容量迅速扩大，已成为国外厂商投资的热点。截止到1996年3月，工程机械行业已有合资企业25个，韩国独资企业1个。

工程机械行业利用外资的主要特点是：

(1) 投资规模较大。行业现有合资企业25个，占全行业1 000余个企业的比例不过2.5%，但投资总额达6.22亿美元，折合人民币51.64亿元，已超过全行业1995年末固定资产原价总额的50%，远远超出国家“八五”期间对该行业的累计投资。

(2) 外方控股企业多，合资年限长。25个合资企业中有17个企业由外方控股，控股企业数占合资企业总数的68%。外方控股企业投资总额4.48亿美元，占全部合资企业总投资的72%。可以说，绝大部分合资企业控制在外方手中，且合资年限很多为50年。

(3) 投资项目的产品选择集中。行业内的合资项目主要生产的产品集中在20t级左右的液压挖掘机和1t～42t各类叉车。25个合资企业中生产液压挖掘机的有9个（其中，有8个企业的产品规格主要为20t级），生产叉车的有4个企业。

工程机械行业通过利用外资，在相当程度上弥补了建设资金的不足。同时，世界一流的工程机械厂商基本上都进入了中国市场，使我国引进了技术、资金及管理经验，提高了产品的档次和水平，缓解了产需矛盾，无疑对行业的发展是一个很大的促进。但是，“万国牌”的产品在中国市场上的竞争将更加激烈，对国内原生产该产品的企业将有不小的冲击，特别是合资热点——液压挖掘机和叉车领域，其合资的现状已引起各方广泛的重视。

管理及改革 围绕实现“两个根本性转变”和打好“组织结构优化战役”，工程机械行业形成了一批以行业排头兵企业为核心的集团，目前已有：徐州工程机械集团、柳州工程机械集团、厦门工程机械集团、安徽叉车集团、上海东风机械集团、辽宁工程机械集团、浦沅工程机械集团、陕西黄河工程机械集团、青海工程机械集团、山东工程机械集团等。这些企业集团以尽快形成规模经济、具备一定的国际竞争力为目标，以资本为纽带，连接和带动了一批企业的改组和发展。

柳州工程机械厂、厦门工程机械厂、鞍山第一工程机械集团、宜春工程机械厂、徐州工程机械集团、合肥叉车总厂成功地完成了股份制改造，股票顺利上市。还有一些企业的股票也即将上市。

〔撰搞人：机械工业部农业装备司 凌宇翔
审稿人：机械工业部农业装备司 冯宝珊〕

附：机动工业车辆行业

生产发展情况 机动工业车辆行业主要有40多个生产厂，其中生产内燃叉车的有安徽叉车集团公司、宝鸡双力叉车制造公司、大连叉车总厂、北京叉车总厂、厦门叉车总厂及杭州富春工程机械有限公司等20多个企业；生产电动工业车辆的有衡阳电瓶车总厂、抚顺叉车总厂、无锡电瓶车厂及北京清河机械厂等约10个企业；生产轻小型搬运车的有湖北京山机械厂、京山液压机械厂、山东光明机器厂及泉州机床厂等约10个企业。

内燃叉车“八五”期间工业总产值（原规定，当年价）的变化情况为：以1991年的产值为100，则从1991年到1995年依次为100:146:201:197:256。依此类推，电动工业车辆“八五”期间工业总产值（原规定，当年价）依次为100:114:102:85:106；轻小型搬运车“八五”期间工业总产值（原规定，当年价）依次为100:160:192:313:562。由此可知在“八五”期间轻小型搬运车的工业总产值增长比较快，内燃叉车次之，电动工业车辆的工业总产值五年来变化很小。

“八五”期间机动工业车辆行业的经济指标完成情况见表1。

机动工业车辆的产量：1991年为35 911台，1992年为74 007台，1993年为53 436台，1994年为60 657台，1995年为92 560台。

市场及销售 内燃叉车“八五”期间产品销售收入情况的变化情况为：以1991年的产品销售收入为100，则从1991年到1995年产品销售收入依次为100:185:273:210:280。依此类推，轻小型搬运车产品销售收入依次为100:143:187:264:476；而电动工业车辆的产品销售收入在“八五”期间变化甚微。

机动工业车辆行业“八五”期间的产品销售及效益情况见表2。

根据海关统计，我国机动工业车辆行业对外销售收入逐年增加，见表3。

“八五”期间机动工业车辆行业的产销情况见表4。

在叉车分吨位的构成中，我国产量较集中在2t～4t的中吨位叉车上，从1985年占总产量的56%，逐年上升到1993年的73%。而小吨位叉车所占比例则略有上升，占17%，这反映了中国叉车市场的特色，在机械化程度不高、各部门资金有限的情况下，用户较多购买货流量最大的2t～4t叉车，而且中吨位叉车外型尺寸小型化也是原因之一。

产品开发及技术水平 “八五”期间，叉车行业主要呈现三个特点：一是在引进消化的同时，更加注重新产品的开发；二是加大技术改造资金投入，提高工艺装备水平；三是通过合资、合作等方式，在继续引进国外先进技术的同时，大量引入国外资金，扩大企业生产规模，提高经济效益。

“八五”时期，多数叉车企业均在新产品开发上投入大量人力物力，以期改变产品品种少、结构单一的状况。1994年的统计资料表示，已有12个企业不仅生产内燃叉车，而且同时从事电动叉车的生产，打破了原有的生产格局，企业逐步向品种齐全、系列化方向发展。

安徽叉车集团公司1994年完成了14t～16t内燃叉车、CPCJ60静压传动叉车、2t牵引车等6大项20余种新产品的设计开发。

宝鸡双力叉车制造公司开发了无轨堆垛机和大吨位叉车。

北京起重运输机械研究所叉车分所“八五”期间开发了新一代3t叉车及2.5t伸缩臂叉车，并开始投产。

技术改造 “八五”期间行业加大了技术改造资金的投入，重点企业购置了一批国内外数控机床、加工中心、焊接机器人、板材预处理线、数控切割机、油漆线等高效工艺装备，新建了一批现代化工业厂房。1990年杭州富春工程机械有限公司、安徽叉车集团公司、宝鸡双力叉车制造公司、北京叉车总厂的年末固定资产值分别为1 345、6 270、4 656、3 541万元，而到1994年底已分别增加至10 007、16 527、8 328、6 957万元。

安徽叉车集团公司“八五”技改限上项目主要改造备料、结构、装配、油漆、二金工车间及锅炉房、计算机应用等，共完成总投资6 295万元。技改限下项目是对限上项目的补充，完成投资2 858万元，主要改造金工车间、工具车间、输变电线路及动力管道等。

大连叉车总厂“八五”期间共完成技术改造项目为一大项、四小项，共投资518.16万元。主要改造内容是新建一座喷漆车间。

杭州富春工程机械有限公司“八五”期间技改投资5 184万元，改造包括4个项目：扩大叉车出口专项技术改造，“八五”出口专项技术改造，叉车结构件、二桥一箱工艺技术改造，铸造分厂平衡重生产技术改造。

对外合作 机动工业车辆行业“八五”期间，在技术引进及利用外资方面做的工作，主要如下：

(1) 安徽叉车集团公司在从日本TCM公司引进技术的基础上采取办小型合资公司的办法，先后投资兴办了两个中日合资公司。

1991年元月安徽叉车集团公司与日本TCM等3个公司合资成立了安东铸造有限公司，生产叉车平衡重，其产品90%出口，投产3年取得明显经济效益。1995年该公司生产叉车平衡重9 615件，出口创汇265万美元，实现利润635.5万元。

1994年元月安徽叉车集团公司又与日本TCM公司合资成立了安徽TCM叉车有限公司（ATF），生产3.5t以上叉车，年生产能力为1 000台。1995年生产大、中吨位叉车70台。

（2）林德—厦门叉车有限公司由德国林德集团与厦门叉车总厂合资兴办，合资签字仪式于1993年11月16日在北京举行。公司投资14.21亿元，由德方控股，计划生产1.2t～42t静压叉车及9种仓储设备1.5万台，将是国内最大的叉车生产企业，且是林德集团在亚洲的大型生产基地。

表1 机动工业车辆行业经济指标

产品类别	年份	工业总产值（当年价）（万元）	工业总产值（不变价）（万元）	工业增加值（生产法）（万元）	工业生产主要设备拥有量（台）	资本金合计（万元）	流动资产合计（万元）
内燃叉车	1991	86 451.3	64 202.9				
	1992	126 450.0	110 501.0				
	1993	174 199.2	115 022.1	1 269.6	4 689	47 833.0	139 803.0
	1994	170 528.8	116 094.2	42 370.0	6 655		147 523.0
	1995	220 947.9	113 602.7	47 001.9	8 933	52 204.5	176 463.2
电动工业车辆	1991	7 545.4	7 516.2				
	1992	8 599.0	7 862.0				
	1993	7 705.1	5 988.5	1 911.7	748	3 993.2	6 699.3
	1994	6 446.3	5 263.2	576.2	978		9 011.5
	1995	7 993.0	5 974.0	1 970.0	1 140	4 276.0	9 241.2
轻小型搬运车	1991	10 975.0	12 045.8				
	1992	17 590.0	17 066.0				
	1993	21 032.4	18 269.2	2 721.9	915	1 672.1	10 149.5
	1994	34 397.0	27 308.0	10 368.9	1 308		14 040.1
	1995	61 684.0	40 004.0	8 991.5	1 048	1 672.3	21 738.8

表2 机动工业车辆行业销售及效益

产品类别	年份	产品销售收入（万元）	产品销售成本（万元）	产品销售费用（万元）	产品销售税金及附加（万元）
内燃叉车	1991	68 742.8			2 373
	1992	127 304.0			4 550
	1993	187 339.5	144 217.0	6 495.2	5 466
	1994	144 443.5	109 577.0	4 924.1	6 603
	1995	192 414.3	145 913.2	6 798.4	8 797
电动工业车辆	1991	8 082			573
	1992	7 820			
	1993	7 354	5 703	2 767	650
	1994	6 419	4 797	216	585
	1995	6 427	4 595	284	595
轻小型搬运车	1991	11 094.3			450
	1992	15 818.0			480
	1993	20 709.7	18 101.5	461.1	502
	1994	29 261.8	24 324.9	1 241.6	520
	1995	52 752.5	44 008.3	2 580.3	950

（3）大连叉车总厂引进工作始于1984年，引进日本三菱重工（株）10t～40t 9个吨位、12个规

格的大型叉车制造技术，合同期7年，引进消化很有成效，1992年10t～40t系列产品全部通过部级鉴定。同年又与日方商定合同有效期延长5年，并追加FD250、FD350、FD420型3个叉车品种。1993年完成FD420和FD250大型集装箱叉车的开发设计，并于1995年6月试制成功FD420型大型集装箱叉车。目前大连叉车总厂已生产10t～42t大型叉车和集装箱叉车286台以上，成为我国大型叉车和集装箱叉车的生产基地，产品品种达43种。

(4) 北京市叉车总厂与韩国汉拿重工业（株）于1994年8月28日在北京签订合资经营合同，1994年12月12日北京汉拿工程机械有限公司正式开业。1996年4月19日举行竣工典礼，总面积126 829m²，韩国汉拿重工业（株）投资1.15亿元，北京市叉车总厂投资1.15亿元。生产2t～7t内燃叉车（7个品种），1.5t～2.5t电动叉车（6个品种）。年度生产计划为：1996年3 000台，1997年5 000台，1998年7 000台，1999年9 000台，2000年10 000台。

(5) 湖南德士达叉车制造有限公司于1995年11月8日由湖南叉车总厂与捷克德士达公司合资兴办。捷克控股55%，投资550万美元。生产的产品有手动搬运车、电动叉车、内燃叉车（最大16t)、清扫车及装卸车等。目前进行散件组装。

管理及改革 机动工业车辆行业“八五”期间在市场开拓，质量管理、成本核算、新产品开发、人事、财务等方面均进行了改革，取得不少成果。

表3 机动工业车辆行业对外销售收入

年份	出口量（台）	出口金额（万美元）
1991	1 076	1 712
1992	6 532	1 202
1993	6 567	1 110
1994	8 546	1 177
1995	35 017	1 658

表4 机动工业车辆行业产销量

产品类别	年份	产量		销售量		出口创汇	
		数量（台）	价值（万元）	数量（台）	价值（万元）	数量（台）	价值（万美元）
内燃叉车	1991	10 959		10 864		1294	1 400
	1992	18 399		17 986		618	886
	1993	18 872	117 243	18 427	116 837		
	1994	13 019	69 000	13 110	69 480	850	909
	1995	14 710	78 806	15 867	85 007	975	1 245
电动工业车辆	1991	1 919		1 986		51	50.6
	1992	3 144		3 210		70	46
	1993	1 515	5 439	1 372	5 160		
	1994	2 443	6 846	2 421	6 800	147	206
	1995	2 670	7 537	2 675	7 600	42	33
轻小型搬运车	1991	23 033		24 410		8 858	263
	1992	52 464		50 062		17 302	271
	1993	33 049		25 508			
	1994	45 195	53 000	42 057	61 070	18 000	206
	1995	75 180	86 973	74 439	86 120	34 000	390

杭州叉车总厂1993年进行了“三项制度”改革：(1) 在管理机构精简60%，中高级管理人员精简51%，职工精简20%的情况下，促进了高中级管理人员思想观念和工作作风的转变，产销量和利润均有很大提高；(2) 在质量管理方面以ISO9001标准为模式，建立并运行了质量保证体系，于1995年8月通过了中国商检浙江商检局评审，并在行业中首家获得了中国商检质量认证中心的注册证书；(3) 在财务管理上，进行了划小核算单位，建立分厂制，运用计算机进行报价系统管理等。

大连叉车总厂在体制改革中走了横向联合之路，组建了以大连叉车总厂为主体的大连叉车工业联合公司。公司拥有50个成员厂，实行专业化分工，紧密合作，统一定向管理，为2t～42t叉车批量生产提供了保证，还生产铆焊件销往日本，并为叉车行业成员厂提供配套服务。

〔撰稿人：中国工程机械工业协会机动工业车辆分会　苏恩一、徐家仪　审稿人：中国工程机械协会机动工业车辆分会　徐善继〕

环境保护设备行业

机械工业部重大装备司

生产发展情况 “八五”期末，对机械工业部系统42个环境保护设备制造企业统计，年末全部职工17 111人，流动资产合计75 287万元，固定资产合计37 839万元，固定资产净值平均余额26 297万元，流动负债86 340万元，流动负债年平均余额67 451万元。“八五”期间情况见表1。

表1 “八五”期间环境保护设备行业主要情况

序号	项目名称	单位	1990年	1991年	1992年	1993年	1994年	1995年
1	企业数	个	45	48	47	43	45	42
2	年末全部职工人数	人	15 537	18 616	18 751	17 205	18 804	17 111
3	全部职工全年平均人数	人	15 391	18 514	18 728	17 355	18 767	17 009
4	流动资产合计	万元	20 339①	40 417⑥	49 672⑥	58 324	82 243	75 287
5	流动资产全年平均余额	万元	18 212②	22 483②	45 708⑦	50 851	70 538	71 593
6	固定资产合计	万元	11 977③	15 513③	19 358③	21 346	39 504	37 839
7	固定资产原价合计	万元	16 754④	22 500④	27 322④	26 716	36 875	46 757
	其中：生产经营用	万元		18 765	23 088	20 923	26 996	36 114
8	固定资产净值年平均余额	万元	11 236	14 078	17 339	17 438	22 524	26 297
9	流动负债合计	万元	12 273⑤	17 340⑤	19 715⑤	58 533	78 640	86 340
10	流动负债年平均余额	万元				45 166	65 599	67 451

①为定额流动资金年末占用数。②为定额流动资金全年平均余额。③为年末固定资产净值。④为年末固定资产原值。⑤为全部流动资金期末占用数。⑥为全部流动资金全年平均余额。⑦为流动资金借款。

“八五”期间，是我国环境保护设备发展的最好时期，其年平均增长速度，按产量(t)计算为14.8%，按工业总产值(1990年不变价)计算为31.42%。水处理设备、电除尘设备发展速度较快，以产量计算的年平均增长速度分别为59.1%、22.0%，最高年增长速度分别为269.0%、51.2%，最低年增长速度分别为下降28.8%、9.5%；噪声控制设备年平均增长不到2%，而机械除尘设备(包括袋式除尘器)还年平均下降5.0%，其最高年增长速度分别为63.7%、21.2%，最低年增长速度分别为下降62.3%、29.1%，波动较大。

发展最快的产品是电除尘器，其常规电除尘器水平、质量已达到或接近当代国际水平，品种规格和产量可满足600、300MW大型燃煤火电机组、大型钢铁、有色冶金、建材、化工、造纸、垃圾焚烧等建设项目的需要和出口要求；此外，还能对烟尘排放浓度达不到国家规定排放标准的进口大型电除尘器进行改造，达到国家规定的排放标准。目前生产的袋式除尘器的品种规格比较齐全，产品水平、质量也有大的提高，能满足电力、钢铁、有色冶金、建材、机械、化工、粮食加工、烟草工业和港口建设的需要和出口要求，生产能力已供过于求。其他如各种中小型废气处理成套设备、大中型城市污水处理成套设备、各种工业废水处理成套设备、城市生活垃圾焚烧设备和消声器等，绝大部分能满足国内环境保护建设项目和设备配套的需要。

“八五”期间环境保护设备生产发展主要情况见表2。

表2 “八五”期间环境保护设备行业生产发展情况

序号	项目名称	单位	1990年	1991年	1992年	1993年	1994年	1995年
1	工业总产值（不变价）	万元	27 263	34 499	45 603	64 484	104 681	99 292
	比上年增长	%		26.54	32.19	41.20	62.34	−5.15
	工业总产值（当年价）	万元	26 221	33 464	44 641	65 709	106 677	102 661
2	工业增加值	万元	8 474①	11 193①	13 541	20 234	27 151	24 114
3	全年工业生产用钢材	t	27 252	34 583	44 614	47 310	61 711	55 419
4	能源消耗总量（折标煤）	t	10 122	18 698	20 623	18 285	22 720	23 130

①为为工业净产值。

销售及效益　“八五”期间环境保护设备行业销售和经济效益有较大增长，而主要经济效益指标降低。如产品销售收入年平均增长 30.99%，利润总额年平均增长 56.45%，而年平均工业资金利税率、销售收入利润率分别为 6.43%、8.52%，比“七五”末期低得多。

环境保护设备行业“八五”期间产品销售、经济效益及经济效益指标分别见表 3、表 4。

产品产量　“八五”期间环境保护设备产品产量共 350 068t，年平均增长速度为 14.77%。

“八五”期间各年环境保护设备总产量、主要产品产量、年增长速度和年平均增长速度见表 5。

表 3　“八五”期间环境保护设备行业产品销售及经济效益

序号	项目名称	单位	1990 年	1991 年	1992 年	1993 年	1994 年	1995 年
1	产品销售量	t			52 183	68 842	84 898	84 349
	其中：①机械除尘设备	t			10 289	14 444	10 688	7 585
	②电除尘设备	t			23 903	36 343	47 743	57 160
	③水处理设备	t			10 248	12 764	17 240	14 968
	④气体净化设备	t			3 925	4 252	4 664	3 423
	⑤噪声控制设备	t			487	745	993	949
2	工业销售产值	万元			40 552	59 755	98 937	91 920
	其中：出口交货值	万元			505	1 065	1 909	3 025
3	全年销售额	万元			39 347	54 631	94 137	86 875
4	全年产品销售收入	万元	2 145	32 236	39 542	60 920	78 615	77 756
5	利润总额	万元	743	495	1 601	1 782	4 099	2 085
6	产品销售税金及附加	万元	1 163①	1 750①	1 902①	2 796	792	683
7	应交增值税	万元	1 109	1 313	1 705	2 198	2 950	4 336
8	年初库存额	万元			5 028	7 153	8 975	10 446
9	年末库存额	万元			7 715	10 143	13 581	13 983

①为产品销售税金。

表 4　“八五”期间环境保护设备行业主要经济效益指标

序号	项目名称	单位	1990 年	1991 年	1992 年	1993 年	1994 年	1995 年
1	工业经济效益综合指数	%			70.05	81.10	90.05	86.46
2	工业产品销售率	%			90.84	92.94	92.74	105.85
3	工业资金利税率	%	11.81	4.16	5.61	6.70	8.43	7.26
4	工业增加值率	%	32.32①	33.44①	35.44①	30.79	25.45	27.77
5	工业成本费用利润率	%	3.37	2.63	4.01	3.16	5.50	2.75
6	全员劳动生产率	元/人	5 506②	6 046②	8 448②	11 659	14 467	14 177
7	流动资产周转次数	次	1.29	1.43	0.87	1.20	1.11	1.09
8	销售收入利税率	%	15.66	7.03	8.95	7.52	9.97	9.14
9	销售成本利税率	%	12.59	8.03	10.46	9.42	13.19	11.82
10	每百元流动资产创利税	%	10.46	5.61	7.74	9.00	11.12	9.92
11	工资利税率	%	101.61	62.29	72.98	96.04	114.72	101.68
12	每一职工创利税总额	元	1 238	1 226	1 890	2 638	4 178	4 176
13	每一职工平均工资	元	1 793	1 968	2 589	2 747	3 642	4 107
14	万元产值综合能耗（折标煤）	t	0.37	0.54	0.45	0.28	0.22	0.23

①为工业净产值率。　②以工业净产值计算。

表5 “八五”期间环境保护设备产品产量

项目名称	单位	1990年	1991年	1992年	1993年	1994年	1995年	“八五”期间年平均增长
环境保护设备	t	46 349	53 920	52 183	66 683	88 633	88 649	
比上年增长	%		16.33	-3.22	27.79	32.92	0.02	14.77
其中：1. 机械除尘设备	t	12 363	13 511	10 289	12 474	10 907	7 731	
比上年增长	%		9.29	-23.85	21.24	-12.56	-29.12	-5.00
2. 电除尘设备	t	23 651	21 396	23 904	36 134	49 880	60 263	
比上年增长	%		-9.53	11.72	51.16	38.04	20.82	22.00
3. 水处理设备	t	3 892	14 400	10 248	12 833	18 495	15 703	
比上年增长	%		269.99	-28.83	25.22	44.12	-15.10	59.08
4. 气体净化设备	t	4 699	2 538	3 925	4 153	4 418	3 647	
比上年增长	%		-45.99	54.65	5.81	6.38	-17.45	0.68
5. 噪声控制设备	t	1 744	1 301	487	798	1 290	933	
比上年增长	%		-25.40	-62.57	63.86	61.54	-27.67	1.95

产品开发及技术水平 据不完全统计，“八五”期间，环境保护设备行业共完成新产品近100项，完成的项目主要有：为600MW燃煤火电机组配套的BLS391型、HJD3×5.0-2×9（0.3）-12.66型电除尘器和F384-5型智能化电除尘器，为300MW机组配套的268m² 电除尘器，为日产600t水泥生产线回转窑配套的F47A-3型电除尘器，为燃用水煤浆的50MW火电机组锅炉配套的F109-2型电除尘器，为年产20万t硫酸装置配套的S3L50型电除尘器，为冶炼厂配套的50m² 电除尘器和GP35型管极式三电极电除尘器、GEP20型管极式电除尘器、ZD-160D型电除尘器等，用于水泥生产线立窑、烘干机等除尘的4EFE-365×6-HSY/A型玻纤袋式除尘器、HJL-6880型袋式除尘器，用于50MW燃煤火电机组配套的HJL-16000型袋式除尘器，用于铝冶炼厂配套的CD5424型长袋低压脉冲袋除尘器，用于钢铁工业配套的LFSF280-5型、LFSF1000型、LFSF11380型大型反吹风袋式除尘器，用于大功率刚玉冶炼炉烟气除尘的分室反吹风玻纤圆袋徐尘器和高线分室停风低压喷吹脉冲袋式除尘器，用于烟厂除尘的LCMS型高效脉冲袋式除尘器以及CXS-Z-12型顺流玻纤袋式除尘器、PPCS型气箱脉冲袋式除尘器、FP/I型旁插式扁袋除尘器、LFF型回转反吹风扁袋除尘器、QD型和DX型多管旋风除尘器、XQW/LG型高效单筒旋风除尘器、WLXS型文丘里麻石水膜除尘器、KG-E9160型空气净化器，为200、50MW燃煤火电机组配套电除尘器研制的气力输灰成套设备和JFC-1型有机废气催化燃烧装置等。新开发的水处理机械设备有GS-1.5型机械旋转格栅除污机，GH-18型回转格栅除污机，LGS-2.5型高链格栅除污机，LSII-9×23-3型拦污栅，CSB-1800型齿耙式清污机，CG-14D型自动提耙刮泥机，S774-（八）型加速澄清池刮泥机，HXX-24型虹吸式刮泥机，CG-50B型大型刮吸泥机，WBB型微孔曝气器，SB-10000型、BQS1/3.4型转副曝气机，DY-1000、DY-2000、DY-3000型带式压滤机，LG-2.5型污泥浓缩搅拌罐，NG型管束式超滤器，CF-24型超效浮选装置，HJY型微电脑监控多功能组合式污水处理装置，HJG型高效高浊度废水净化器，HJA型厌氧流化床反应器，HJZ型污水高效永磁分离装置，以薯干为原料的酒精糟液脱水处理成套设备，JH-YR型纺织、印染、制革等工业废水处理成套装置，BHK-型压缩机废油再生及废水处理成套装置，QY-YB型工业废水处理设备等。消声器新产品主要有为烧结风机配套的ZPX-2800D型消声器，KWX型蒸汽消声器和P6-420型锅炉排气消声器等。还有日处理量为150t的垃圾焚烧炉、废旧电线电缆处理回收成套设备和废旧金属处理回收设备等。新开发研制的产品水平、质量一般处于国内先进水平，有部分产品达到当代国际水平，如常规电除尘器、部分袋式除尘器和水处理设备等；有少数产品获得了国家专利权，如CF-24型超效浮选装置、JFC-1节能型新型有机废气催化燃烧装置等。

技术改造 “八五期间，环境保护设备行业共完成固定资产投资27 039万元，其中，基建投资15 181万元，更新改造投资11 858万元，年平均增长速度较快，分别为105.6%、1 040.2%、47.7%，详见表6。“八五”期间完成的固定资产投资为“八五”计划投资额的5倍多，其原因一是计划外投资项目多，二是计划内项目投资额大大增加。完成的主要项目有浙江诸暨电除尘器总厂、上海冶金矿山机械厂、无锡通用机械厂等项目，分别完成投资2 810、2 378、1 240万元。技术改造的内容主要是增加试验检测设备仪器、关键加工设备和计算机辅助设计等设备。通过技术改造，各企业不同程度地提高了工艺技术装备水平和产品开发能力。

表 6 "八五"期间环境保护设备行业固定资产投资完成情况

项目名称	单位	1990年	1991年	1992年	1993年	1994年	1995年	"八五"合计	"八五"期间年平均增长
完成固定资产投资	万元	775	1 040	4 428	3 789	5 126	12 656	27 039	
比上年增长	%		34.2	325.8	-14.4	35.3	146.9		105.6
其中：基建投资	万元	25	57	2 826	2 097	2 388	7 813	15 181	
比上年增长	%		128.0	4 857.9	-25.8	13.9	227.2		1 040.2
更新改造投资	万元	750	983	1 602	1 692	2 738	4 843	11 858	
比上年增长	%		31.1	63.0	5.6	61.8	76.9		47.7

对外合作 据初步统计，"八五"期间环境保护设备行业引进技术的项目有气力输灰系统及关键设备设计制造技术，特殊消声器（包括耐高温、高压消声器，耐大气及化学腐蚀消声器，含水气流消声器和含尘气流消声器等4个品种）设计制造技术，流化床垃圾燃烧厂及关键设备（主要内容包括垃圾处理、垃圾焚烧、废热回收、废气处理、残渣及灰分处理、废水处理等6个子系统）设计制造技术，荷电干式脱硫系统装置技术等。通过消化吸收，目前已有部分按引进技术生产的产品在建设项目中使用，如已为50、200MW燃煤火电机组提供了气力输灰设备，减少了进口。

行业内"三资"企业发展比较缓慢，"八五"期间，只办成1个合资企业，且规模较小。

管理及改革 "八五"期间，行业管理体制改革除成立机械工业部环境与资源装备发展中心、中国环保机械行业协会、机械工业部环境保护机械产品质量监督检测中心和机械工业部环境保护机械标准化技术委员会等组织机构外，其他方面还无全国性的大的举措，部分地方采取了一些改革措施，如把单一生产型的企业改组成可分别进行工程设计、产品开发、生产经营和安装调试等全过程服务的不同公司。目前行业内已成立的公司有：以原上海冶金矿山机械厂为主体成立的上海环保机械工程有限公司，以原浙江电除尘器总厂为核心组建成的浙江菲达机电集团有限公司，以原北票机械厂为核心组建成的辽宁环宇电除尘设备（集团）有限公司，以原湖北除尘设备厂为核心组建成的湖北环保集团股份有限公司，以原武汉阀门厂为核心组建成的武汉阀门水处理机械股份有限公司和以原哈尔滨机械厂、哈尔滨机联机械厂为主体组建成的哈尔滨环保制氢设备工业公司等。这些公司情况不同，运行机制也不一样，还有待于不断完善和提高。

"八五"时期的成绩 "八五"期间，环境保护设备行业得到较大的发展，其主要表现在下述六个方面：

（1）产品品种规格大大增加。目前生产的环境保护设备约有1 800个品种，可以满足国内绝大部分环境保护建设项目的需要，其中大气污染防治和水污染防治设备约占80%。

（2）产品质量水平提高，与先进国家的差距缩短。改革开放以来，由于引进国外先进产品的设计制造技术，进口了各种各样先进的环境保护机械产品，和国外开展了多种形式的技术交流与合作，提高了企业的工艺技术装备水平，采用了国际标准和国外的先进标准，加强了企业管理等，产品质量水平与先进国家的差距有所缩短，部分产品，如常规电除尘器已达到或接近国际当代水平。

（3）企业工艺技术装备水平有所提高，长期采用的落后的生产工艺和技术装备有所改变。如主要生产厂陆续装备了剪板机、卷板机、折边机、自动焊机、二氧化碳保护焊机、氩弧焊机、等离子切割机、数控切割机、钢材表面处理设备和数控车床等，电除尘器的阳极板、RS线由压制成形改用轧制成形，不仅提高了产品质量，而且大大提高了生产效率，降低了劳动强度。

（4）产品设计水平和开发研制能力有所提高。过去环境保护机械产品多数沿用苏联50至60年代图样，只能进行仿制及类比法设计。现在通过对引进技术的消化吸收能自行进行设计开发，并且自行开发研制的产品逐年增多。还陆续建了部分产品性能试验装置或模拟试验装置，为产品开发提供了重要依据。少数企业已把计算机用于产品设计、报价及管理等工作中，不仅大大提高了工作效率，而且提高了设计质量和管理水平。

（5）标准化工作取得了成果。近十年来，制订了部分环境保护机械产品的标准，结束了多年来行业内产品没有国家标准的历史。

（6）环境保护机械产品开始进入了国际市场。我国的环境保护机械产品已有一部分进入国际市场，结束了长期来环境保护机械产品只有进口没有出口的历史。

存在的问题 "八五"期间环境保护设备行业各方面的工作虽然取得较大发展，但还存在不少问题，还不很适应我国环境保护建设项目和行业发展的需要。主要问题如下：

（1）产品结构不合理。目前大量生产的中小型袋式除尘器，旋风除尘器，小型工业废水、废液、废气处理设备，普通消声器和常规电除尘器等，生产能力供过于求，市场竞争激烈；而设计制造难度大、技术要求高的产品，有的还在研制，有的还没有起步，还需从国外进口。

（2）企业结构不合理。行业内的企业绝大部分是乡镇、城市街道集体企业，规模小，生产工艺和技术装备大同小异，生产分散，低水平重复严重，基本上处于你有的产品我也能生产，你生产不了的产品我也制造不好的状态。除电除尘设备外，其他产品还没有形成自己的“排头兵”。

(3) 企业素质差，工艺技术装备落后。我国的环境保护设备行业是在1973年第一次全国环境保护会议以后，特别是在80年代初国民经济调整期间，一些竞争力差的企业转产环境保护设备产品而发展起来的新兴行业，发展历史短，国家投资少，企业基础差，规模小，水平低，技术力量薄弱，工艺技术装备落后，有的应该淘汰报废的设备还在使用，不少企业还是靠手工、拼体力作业。由于环境保护设备行业先天不足，就是相对来说原来基础稍好，经十多年来初步改造的企业，工艺技术装备水平也称不上先进。

(4) 产品技术水平低，品种规格少。目前我国生产的多数环境保护设备能耗高、可靠性差，耐腐蚀耐高温性能差，处理效果不理想，比国外先进水平落后约10年～15年；品种规格少，除部分产品成系列生产外，还有许多产品不能成系列生产，有的产品还是空白。

(5) 产品质量差。目前我国已建成的环境保护设施有一半以上不能正常运行或达不到预定的处理效果。除管理、操作不善等原因外，其中设备本身质量差是重要原因之一。

(6) 科研及产品开发基础差，技术力量弱。一是科研和产品开发条件差，如科研测试基地，除电除尘、噪声控制设备有一定的条件和水平外，其他产品的科研测试条件都很差，不少产品还没有科研测试条件，产品质量合格与否，要在使用单位安装投运后，由环境保护部门来检测决定；二是科研、产品开发力量薄弱，水平低；三是产品开发设计手段落后，水平低，误差大，除个别产品个别企业开发应用CAD外，一般还是用手工类比法设计。

〔撰稿人：机械工业部规划研究院　郑良清
审稿人：机械工业部重大装备司　温顺如〕

汽车行业

机械工业部汽车工业司

生产发展情况　改革开放以来，我国汽车工业发展已经经历了三个五年计划。“八五”是我国汽车工业发展最快的时期。

(1) 汽车产量迅速提高。

“八五”期间共生产汽车587万辆，为改革开放前24年产量的4.2倍、“六五”期间的4.3倍、“七五”期间的2.3倍。“八五”期间的轿车产量达102.38万辆，占建国以来轿车总产量的85.3%，年均增速47.89%；客车产量143.02万辆，年均增速23.75%；载货汽车产量341.65万辆，年均增速18.11%。

(2) 产品结构有所改善。

从轿、客、货三类汽车产品结构来看，“八五”期间出现比较显著的变化，“缺重少轻、轿车几乎空白”的状况大为改观，柴油车的生产比例有了较大的提高。“七五”末期三类产品的比重分别为8.33%，25.04%及66.63%；“八五”末期分别为22.34%，26.26%及51.4%。轿车比重上升了14.01个百分点，客车比重上升了1.22个百分点，货车相应下降了15.23个百分点。客车类比重比较平稳，保持在25%左右水平。在总产量中，柴油车比例从“七五”期末的14.89%上升到“八五”期末的25%左右。产品结构变化基本趋向合理，反映了汽车作为生活资料消费的比重在迅速上升，作为生产资料使用比重明显下降。

(3) 生产集中度有不同程度的改进。

按照轿、客、货三大类产品的细分类来看，各类产品“八五”末期的前三个企业生产集中度及市场占有率分别是：轿车为82.9%及84.2%；客车类中，大型为87.5%及89.3%，中型为85.1%及86.2%，轻型为56.4%及54.5%，微型为91.3%及91.5%；货车类中，重型为89.8%及89.5%，中型（两个厂）为94.3%及93.4%，轻型为58.85%及59.75%，微型为80.8%及77.97%。对比“七五”期间的产销状况，轿车及微型客货车的生产集中度及市场占有率明显提高，均在10个百分点以上，中型货车略有下降，轻型客货车集中度偏低，其前五个企业集中度及市场占有率分别为69.7%及68.4%和74.3%及74.1%。轻型货车由于跃进轻型车的稳定发展，尤其是一汽488发动机批量投产后带动了小解放汽车批量投放市场，近两年生产迅速增长，并以其开发28种底盘及低价的优势，占领28个省市市场，为180多个改装车厂配套，在轻型货车排序中跃为第三位，对平抑市价和集中度的提高起了重要的促进作用。但轻型客车前五个企业的集中度和市场占有率均不足70%，有的也不是国家重点发展企业，厂点多、产量低的状况改观不大，其散乱现象尚未得到有效治理。

(4) 产品品种增加，产品开发能力增强。

为适应汽车市场多元化的需求，各企业十分重视新产品的开发及增加适销对路产品的生产比重。全行业基本车型已发展到有载货汽车、客车、轿车、越野汽车、自卸汽车、牵引汽车6大类120多种，专用汽车有厢式、罐式、专用自卸式，仓栅式和特种作业等750多种。“八五”期间《汽车产品目录》内的车型已达13 355种，比“七五”期6 504种车型增加了6 851种，增长1.05倍。其中汽车制造类4 496种，汽车改装类8579种，起重及超长类等共280种。“八五”时期汽车行业各主要企业集团用于研究开发的投资为销售额的1%左右，有的企业达2%，现已初步具备中型载货车的开发能力。大型集团在开发试验手段上，已开始使用CAD/CAE技术、动态模拟试验技术等。在总成、零部件的开发方面，正在通过对引进技术的消化吸收，逐步掌握产品开发技术。

市场及销售 “八五”期间汽车行业各项效益指标见表1。

从表1中可以看出，建设、生产、销售及实现利税迅速增长，完成投资额、产品产量、汽车工业总产值、销售收入及实现利税年均增速分别为41.1%、23.3%、34.3%、37.5%及39.6%，比“七五”时期提高10个百分点以上，其中税收年均增幅45.3%，明显高于利润28.9%的增幅。1993年以后利润逐年为负增长。“八五”期间全行业利润总额（含合资企业外方利润）431.8亿元左右，缴纳税金446.42亿元，高于全行业效益水平，销售税金率由“七五”期末的4.24%上升到“八五”期末的5.38%。另从相关效益来看，车辆购置附加费的迅速增加最为显著，“八五”期间约收取700亿元左右，相当于汽车行业中汽车制造及改装车厂利润总额280亿元的2.5倍左右。

质量及质量管理 “八五”期间，通过贯彻《产品质量法》等有关法规，汽车质量监督管理体系不断完善，汽车产品质量保证能力增强，并开始与国际惯例接轨。

“八五”期间，机械工业部同国家技术监督局组织了汽车产品质量国家监督抽查、全国统一监督检验可靠性考核工作。在质量抽查中，一汽、东风两个集团公司产品平均故障间隔里程均从2 500km提高到5 000km以上，缩短了和国际水平的差距。

“八五”期间汽车产品质量状况见表2、表3。

表1 “八五”期间汽车行业的各项效益指标 （金额单位：亿元）

指标名称	1985年	1990年	1991年	1992年	1993年	1994年	1995年	“八五”累计	“八五”年均增速(%)
汽车产量(万辆)	44.34	50.92	70.88	106.17	129.65	135.34	145.27	587.31	23.3
摩托车产量(万辆)	104.50	96.57	131.00	198.00	361.0	522.00	783	1 995	52.0
工业总产值(不变价)	119.42	468.08	654.20	1 034.50	1 412.80	1 693.50	2 042.67	6 837.67	34.3
产品销售收入(当年价)	223.57	441.92	726.81	1 187.40	1 834.30	1 853.50	2 175.14	7 777.15	37.5
全年完成投资额	10.36	41.30	56	96	140	145	231.34	668.34	41.1
固定资产原价	119.19	280.34	354.95	460.32	601.64	814.04	1 150.02		32.6
产品销售工厂成本		410.60	605.50	994.55	1 463.30	1 499.95	1 765.29		33.9
实现利税	56.72	42.77	80.36	148.03	199.26	223.77	226.80	878.22	39.6
其中:利润	42.27	24.05	44.13	87.81	117.26	97.05	85.55	431.8	28.9

表2 “八五”期间汽车整车产品质量状况

项　目	微型汽车	轻型汽车	中型汽车	重型汽车		大客车	轿车①
				货车	专用车		
抽查品种数（个）	51	91	5	56			13
抽查合格率（%）	100	85.7	100.0	100.0	100.0	100.0	100.0
综合得分值（分）	83.8	85.4	97.1	91.5	87.03	84.66	
平均故障间隔里程（km）	2000	3925	8333	2113	2723	2833	5532

①含可靠性考核和国产化可靠性试验数据。

表3 “八五”期间汽车发动机产品质量状况

年　份	抽查品种数（个）	合格率（%）	一等品率（%）	综合评定分值	平均故障间隔时间（h）
1991	19	88.89	77.78	88.60	120.83
1992	18	100.00	94.40	94.19	125.46
1993					
1994	4①	100.00			357.50
1995	7①	100.00			406.00

①为引进汽车发动机可靠性及质量达标试验数据。

表3中所列“八五”期间汽车产品质量指标与“七五”历年汽车质量指标比较，汽车综合得分值提高3.62分，实际提高了一个质量等级。汽车可靠性明显提高，国产轿车和中型载货汽车主导产品可靠性主要指标——平均故障间隔里程（MTBF）都达到5 000km以上。在“八五”期间汽车行业执行《汽车产品质量检验评定办法》（1991年版），加大了考核力度，汽车产品抽查合格率的实际水平与“七五”基本持平。按汽车产品类别进行质量分析如下：生产集中度高的轿车和中型载货汽车主导产品质量明显提高，用户基本满意；生产集中度相对较高的一批微型、轻型、重型汽车及专用车产品质量基本稳定并有一定程度的提高，但用户满意度并不高；多数中小型企业生产的汽车产品质量差距较大，用户不满意；绝大多数拼装厂点的产品质量低劣，汽车产品最基本的安全要求都难以保证，用户对其产品质量问题反映强烈，质量索赔频繁。

自1992年GB/T19000（ISO9000）质量管理和质量保证系列标准颁布以来，汽车行业各企业在贯标方面做了很多扎实细致的工作，对汽车产品质量的提高起到了积极作用。1994年机械工业部1号文件提出了贯彻GB/T19000（ISO9000）系列标准和加强质量体系认证工作目标和要求。机械工业部汽车工业司于1995年8月25日～28日在秦皇岛组织召开了汽车行业贯彻实施GB/T19000（ISO9000）系列标准研讨会。通过研讨提高了企业对贯标的认识，许多企业将贯标作为当前质量管理工作的重点，并已取得很大进展。截至1995年底，已通过了认证（注册）的企业有天津汽车水泵厂、上海易初通用机器有限公司、上海汽车齿轮总厂、天津华利汽车制造有限公司、中国第一汽车集团公司铸造厂、海南汽车制造厂、天津市减震器公司、天津市益中汽车安全带厂、上海大众汽车有限公司、沈阳金杯客车有限公司、天津市微型汽车厂、天津市内燃机厂、天津市汽车制动器厂、天津市专用汽车厂、天津市车轮厂、东风汽车公司柴油机厂等近20个企业。

技术改造

（1）固定资产投入及产量大幅度增长。

“六五”期间汽车工业共投入资金44.4亿元，主要用于老企业的设备更新及产品换型并开始引进技术，汽车年产量从1980年的22万辆提高到1985年的44.3万辆，共产出137.2万辆。

“七五”期间投入167亿元，主要解决汽车工业“缺重型车、少轻型车”及引进产品的国产化。汽车年产量从“六五”末期的44.3万辆提高到1988年的65万辆，共产出258.8万辆。

“八五”期间投入668亿元，是前四十年投资总和的2.2倍。投资的重点是“七五”结转的国家重点项目并向轿车和零部件转移，轿车工业得到了长足发展。产量以年均23.3%，产值以年均34.3%的速度增长。汽车年生产能力从“七五”末期的90万辆提高到200万辆，年产量从65万辆增加到145万辆，其中轿车从4.2万辆增加到32万辆，摩托车年产量从96.57万辆提高到783万辆；汽车年产量排名世界第十一位，摩托车年产量排名世界第一位。汽车工业总产值由468.08亿元增加到2 042.67亿元。汽车工业总产值占全国工业总产值的比例由0.15%增长到3.5%，汽车工业固定资产原价从280.34亿元增加到1 150.02亿元，出口从1.8亿美元增长到6.5亿美元。

（2）建成一批重点项目，形成了初步的经济规模。

在确保“七五”结转的国家重点项目（见表4）完成的基础上，着重按调整产品结构和汽车工业产业政策的要求调整投资结构，加大对重点项目、轿车和零部件项目的投入。1995年以前，一批国家重点项目相继通过了国家和有关部门组织的竣工验收。包括一汽中轻型车项目，东风汽车集团中重型车项目，重型公司斯太尔项目，南汽依维柯项目，兵器工业总公司重型车项目，江铃、庆铃发动机项目以及为主要车型配套的零部件项目等。其余未竣工项目以及军转民企业的汽车和零部件项目建设也取得了突破性进展。计划在1997年以前，汽车工业“八五”期间的全部项目都将竣工投产，包括一汽大众、神龙，天津夏利等轿车及配套项目。见表5。这些项目的建成，基本上可使重、中、轻、微、轿的主要生产企业初步达到产业政策规定的经济规模，按初步经济规模的综合生产能力达到160万辆～170万辆。其中重型车3万辆，中型车29万辆，轻型车40万辆，微型车20万辆以上，轿车65万辆以上。同时形成了一批骨干企业，不但为“九五”期间的发展打下了坚实的基础，同时也为我国汽车工业按产业政策调整产业结构、优化重组创造了有利条件。

（3）零部件基础逐步加强。

汽车零部件工业在“八五”期间的投资和完成情况见表6、表7。

经过“八五”期间技术改造，汽车零部件工业正在实现三个方面的转变：

一是从生产载货汽车零部件向生产轿车零部件转变；

二是从生产单一品种为一种车型配套，向多品种为多种车型配套转变，并开始面向两个市场，部分品种已参与国际OEM配套；

三是从简单的设计生产、按图样加工，向引进技术与自主研究开发转变。

这些转变为建立我国标准化、系列化、通用化的汽车零部件生产体系，为汽车工业的发展奠定了基础。

表 4　汽车工业“七五”结转“八五”期间完成主要项目表

项目名称	建设年限	主要产品及形成的主要能力	自制率（%）	总投资（亿元）	1995 年产量（万辆）	竣工验收时间
一汽中轻型车项目	1987～1993	中型车 12 万辆 轻型车 6 万辆		25.7	14.8 (15.3)	1994 年
二汽中重型车项目	1987～1994	中型车 17 万辆 重型车 1.5 万辆		30.1	13.7 (16.2)	1994 年
重型公司斯太尔项目	1985～1994	斯太尔重型车 1 万辆	70	11.5	0.5	1995 年
南汽依维柯轻型车项目	1986～1994	依维柯轻型车 6 万辆	33	15.6	0.93	1994 年
上海大众轿车（技改）项目	1984～1995	桑塔纳轿车 15 万辆	35	36.2	16	1995 年
广州标致轿车（技改）项目	1984～1995	504、505 综合生产能力 3 万辆	34	11.7	0.8	1995 年
合计		61.5 万辆		130.8	46.73	

注：括号内数字为集团产量。

表 5　汽车工业“八五”结转“九五”期间完成主要项目表

项目名称	建设年限	主要产品及形成的主要能力	自制率（%）	总投资（亿元）	1995 年产量（万辆）	竣工验收时间
一汽大众轿车项目	1992～1996	高尔夫、捷达轿车 15 万辆	34	89	2	1996 年下半年
神龙轿车项目	1993～1997	富康轿车 15 万辆	44	103	0.38	1997 年
天津夏利轿车项目	1994～1996	夏利轿车 15 万辆	31	22	6.5	1996 年上半年
一汽轿车支撑工程项目	1994～1997	零部件、毛坯动力工程等	28	13.5		1997 年
二汽轿车支撑工程项目	1994～1997	零部件、毛坯动力工程等	14	11.2		1997 年
北京吉普汽车有限公司项目	1995～	BJ2022 轻型越野车系列 8 万辆		22.5	2.5	
合计		53 万辆		261.2	11.38	

表 6　汽车零部件工业“八五”期间完成项目表　（单位：亿元）

项目内容	项目数（个）	计划		累计安排		竣工验收年份
		总投资	贷款	总投资	贷款	
总计	320	102.6	66.9	92.6	60.1	
1. 限上项目	40	33.2	21.6	27.0	17.7	1995～1996
2. 限下项目	280	69.4	45.3	65.6	42.4	
其中：“8.5”亿元专项	112	29.2	18.4	27.9	17.6	1996
49 亿元专项	24	7.8	5.5	7.8	5.5	1995
“八五”“一条龙”项目	25	5.1	3.3	5.9	3.6	1995
“双加”工程项目	32	9.8	7.6	6.5	5.2	1997
上海项目	55	14.9	8.6	14.9	8.6	1995
“七五”结转项目	32	2.6	1.9	2.6	1.9	1994

表 7　汽车零部件工业“八五”结转“九五”期间完成项目表　（单位：亿元）

项目内容	项目数（个）	结转“九五”投资		累计安排		竣工验收年份
		总投资	贷款	总投资	贷款	
“八五”结转“九五”项目	50	10.7	7.1			1997

对外合作　通过大规模引进国外技术、设备和资金，产品水平大幅度提高，产品结构趋向合理，产品质量也明显提高。“八五”末期国产汽车的市场占有率已达到 92.2%，比“六五”末期 77% 和“七五”末期 84.6% 有较大的提高，基本满足国内市场需求。

截止到“八五”末期，汽车工业共引进国外先进技术 313 种，其中整车技术 26 种，摩托车技术 30 种，主要总成技术 25 种，零部件技术 153 种，其他技术 79 种，并建立了 350 多个合资企业，共利用外资 15 亿美元。这些工作大部分是在“八五”期间完成的，推动了汽车工业整体水平的提高。

〔撰稿人：机械工业部汽车工业司　姜　英〕

船舶行业

中国船舶工业总公司

生产发展情况 “八五”期间累计完成工业总产值（1990年不变价）588.4亿元，比“八五”计划超额47.1%，比“七五”增长了1.2倍。平均年递增16.1%，按环比计算，五年分别增长18.1%、21.4%、16.2%、12.3%、12.9%，实现了持续快速发展。与历史上各个五年计划相比，这是船舶工业发展最快的时期。

从工业总产值构成看，船舶产品、修船、非船舶产品占工业总产值的比重，“八五”期间为61.8:9.2:29.1，“七五”期间为63.3:8.6:28.1，产品结构基本保持同步协调发展，原有的生产格局没有出现大的变化。

产品分类及产量 “八五”期间，船舶产量稳步增长，五年累计完成839艘、681.4吨，艘数比“七五”减少38.4%，吨位比“七五”增长了98.1%，比计划超额36.3%，平均年递增26.7%。

完工的万吨级以上船舶，“八五”期间比“七五”期间艘数增长85.1%，吨位增长了1.3倍。吨位的大幅度增长，说明了船舶越造越大，造船技术水平不断提高。

“八五”前期中国船舶工业总公司系统各船厂结转和成交的国内船舶较多，“八五”后期新成交的船舶主要是出口船，在“八五”期间生产总量上，国内船和出口船大体相当。国内船和出口船的比重，“八五”期间分别为54%、46%，“七五”期间分别为55%、45%，没有出现大的变化。但由于1994年～1995年成交的船舶绝大部分为出口船，如果“九五”前期没有大宗国内船成交，则今后一个时期将主要建造出口船。

在修船方面，外轮修理比重也在提高，1990年外轮修理的产值占修船总产值35.7%，“八五”期间逐步增加，1994年提高到48.6%。

柴油机产量“八五”期间比“七五”期间台数增长61.4%，功率增长96.2%。其中引进技术生产的柴油机所占比重“八五”期间逐年增加，1995年已达84.7%，“八五”期间比“七五”期间提高了30.9个百分点。低速柴油机产量台数与功率“八五”期间比“七五”期间分别增长52.4%、79.1%。

主要非船舶产品产量，集装箱、铁路敞车、电冰箱、摩托车、汽车电池、B超诊断仪、复印机、煤气表等“八五”期间比“七五”期间都有所增长，其中B超诊断仪增长了10.8倍，只有自行车“八五”期间比“七五”期间下降了90.3%。

科技成果及产品开发 “八五”期间获国家科技成果奖51项，比“七五”期间减少了30.1%，其中国家科技进步奖44项，减少了25%；国家发明奖7项，减少了50%。“八五”期间获科技进步奖1 470项，比“七五”期间增长73.6%。

“八五”期间采用科技攻关、技术开发等方式，开发建造了半冷半压式LPG船、大型化学品船、2700TEV集装箱船、新型冷藏船等高附加值船舶，自主开发的“江南”型巴拿马散货船和“大连”型油船在国际上赢得了声誉。开发成功的38 000t级浅吃水运煤船已成为我国北煤南运的新一代主力船型，产生了重大的经济效益和社会效益。广泛采用国际标准和国外先进标准，船舶制造技术水平迈上新的台阶，焊接高效化率从50%提高到68%，涂装工时效率提高了4%，涂料消耗系数已接近国际水平。电子计算机应用普及率和覆盖率进一步提高，自行开发的计算机辅助造船集成系统大部分子系统已投入应用，计算机辅助造机集成系统投入试用，缩短了低速柴油机技术准备周期近两个月。几大船厂应用计算机平均缩短设计周期1/3，缩短建造周期1至2个月。

“八五”期间承接了一批国家重点项目和重大工程。已完成的项目有西昌卫星发射中心的867－Ⅱ型卫星发射塔架系统，上海市南浦大桥、杨浦大桥钢结构，北京京城大厦、京广中心、国贸大厦钢结构，宝钢二号、三号高炉热风炉系统，岩滩水电站320t重的水轮机转子，美国超级超导电子对撞机量能器“样块”等。

技术改造 固定资产投资完成情况，“八五”期间无论投资总量、项目安排、建设速度、形成的生产能力都是船舶工业建设史上发展最快的时期，实现了原定规划目标。

固定资产投资“八五”期间累计完成69.8亿元，平均增长48%，其中按资金来源分类，企业自筹和银行贷款分别为55.2%、28.5%，分别比“七五”提高了3.2及2.9个百分点。

“八五”期间固定资产投资中，基本建设投资累计完成31.1亿元，平均每年递增40.7%，更新改造投资累计完成38.7亿元，平均每年递增55.3%。中国船舶工业总公司“八五”计划纲要中确定的重点建设项目，已按要求基本完成，五大船厂技术改造工程中，沪东造船厂、江南造船厂的技术改造工程1995年底基本建成投产，上海船厂、广州造船厂、大连造船厂技术改造工程1995年底均完成了总投资的90%以上，1996年收尾。澄西船舶修造厂2.6万t举力浮船坞、广州文冲船厂10万t干船坞及配套工程、大连造船新厂20万t干船坞、山海关船厂10万t级修船码头均已竣工投产。四川柴油机厂斯太尔发动机、武汉重型铸锻厂厚壁管技术改造工程均已完成。

“八五”期间总公司系统经过建设和改造，增加造船能力约100万t，已具备年造船250万综合吨的能力，比原有能力增加了2/3，实现了“八五”计划纲要的要求，基本形成超大型油轮的生产条件。修船方面新增年修大型船舶100余艘的能力，相应增加年修船产值3亿元，结束了总公司系统不能进坞修理6万t级以上大型船舶的历史。新增低速柴油机11万kW生产能力，基本实现“八五”计划纲要的要求。四川柴油机厂已形成年生产斯太尔发动机1万台的能力。武汉重型铸锻厂增加年产厚壁管2万t的能力，填补了国内空白。

管理及改革 企业改革不断深化，改制工作取得了新进展。在股份制试点中，广州造船厂生产区改组为广州广船国际股份有限公司，建立了现代企业制度，股票在香港、上海上市成功。江南造船厂作为建立社会主义新企业制度试点的企业，正式组建了江南造船（集团）有限公司，为总公司系统加快建立现代企业制度提供了经验。沪东造船厂也改制组建沪东造船（集团）有限公司。江苏雷声电子设备厂完成了公司制的改组，组建了海鹰企业集团有限责任公司。上海航海仪器厂与上海导航仪器厂合并组建上海航海仪器总厂；镇江锚链厂与上海锚链厂合并组建镇江锚链总厂，并进一步组建正茂集团有限责任公司；新港船厂吸收合并新河船厂，成立天津造船公司，正在筹备组建国有独资集团公司。

〔撰搞人：中国船舶工业总公司　郭莲英　审稿人：中国船舶工业总公司　郭　泽〕

仪器仪表行业

机械工业部机械基础装备司

生产发展情况 “八五”计划期间，仪器仪表行业发展迅速，“八五”计划所制订的工业总产值、新增利税、产品产量、出口创汇、成套能力、产品质量指标等主要行业指标及行业调整的目标已经达到，成绩显著。

(1)“八五”期间仪器仪表行业共完成工业总产值720.74亿元，其中1995年达到220.07亿元，为1990年56.51亿元的3.89倍。五年产值年平均增长率为31.1%。

“八五”期间共完成利润29.59亿元，1995年为6.38亿元，比1990年增长了66.6%。五年利润年平均增长率为10.7%。详见表1、表2。

(2) 地方仪器仪表工业，特别是沿海地区有较大增长。

“八五”期间，地方仪器仪表工业得到较大发展的有江苏省、上海市、浙江省、广东省，1995年工业总产值分别达到99.99亿元、30.17亿元、18.61亿元、10.28亿元，分别比1990年增长了15.29倍、1.49倍、3.66倍和3.36倍。四川省、辽宁省和天津市速度稍缓，工业总产值分别比1990年增长了0.98倍、0.57倍和0.42倍。江苏省的仪器仪表工业总产值，由于春兰公司的猛增，从1993年起超过了上海市，跃居全国第一位，1995年工业总产值首次达到100亿元。详见表3。

表1 “八五”期间机械工业部系统仪器仪表行业主要经济指标完成情况

指标名称	单位	1990年	1991年	1992年	1993年	1994年	1995年	1995年/1990年
工业总产值	亿元	56.51	79.07	109.05	145.17	167.38	220.07	3.89
工业增加值	亿元	23.83	28.16	36.24	41.60	48.70	54.47	2.28
利润总额	亿元	3.83	4.48	5.72	7.36	5.65	6.38	1.67
全年销售总额	亿元	61.45	74.45	103.67	139.55	137.88	181.99	2.96
固定资产合计	亿元	42.23	46.14	52.25	66.80	66.28	90.57	2.14
年末职工人数	万人	38.10	37.85	37.22	35.94	34.65	33.62	
企业数	个	774	763	736	761	770	740	

表 2 “八五”期间机械工业部系统仪器仪表主要行业工业总产值情况

（单位：亿元，1990 年不变价）

行业名称	1990 年	1991 年	1992 年	1993 年	1994 年	1995 年	1995 年/1990 年
自动化仪表	20.73	27.09	35.05	39.67	37.43	40.85	1.97
电工仪器仪表	10.44	14.61	19.28	24.01	25.73	30.30	2.90
光学仪器	4.42	5.37	6.41	8.23	8.27	9.66	2.28
分析仪器	1.86	2.30	2.74	2.98	2.52	2.34	1.25
试验机	1.62	2.29	3.06	3.56	3.27	3.05	1.88
实验室仪器	2.91	6.39	14.51	32.30	53.50	88.54	30.42
复印机	3.41	6.45	10.79	11.72	9.34	10.87	3.18
照相机	2.68	3.16	3.26	3.58	6.00	10.86	4.05
电影机械	1.82	2.49	3.05	3.69	2.07	2.15	1.18
元器件及材料	3.66	4.89	5.32	6.80	3.52	5.67	1.54

表 3 “八五”期间机械工业部系统仪器仪表行业主要省市工业总产值完成情况

（单位：亿元，1990 年不变价）

省市名称	1990 年	1991 年	1992 年	1993 年	1994 年	1995 年	1995 年/1990 年
全国总计	56.51	79.07	109.05	145.17	167.38	220.07	3.89
其中：江苏省	6.14	9.89	19.81	40.37	63.06	99.96	16.29
上海市	12.11	17.32	23.20	25.98	25.87	30.17	2.49
浙江省	3.99	6.02	7.96	10.03	12.44	18.61	4.66
广东省	2.36	4.54	7.42	9.57	10.10	10.28	4.36
四川省	4.23	5.44	7.08	7.80	7.47	8.35	1.98
湖北省	2.78	2.99	3.66	5.09	4.74	6.91	2.49
山东省	3.04	4.46	4.72	5.10	5.12	6.37	2.10
辽宁省	3.60	4.74	5.61	6.53	5.74	5.65	1.57
北京市	2.33	2.86	3.43	3.99	4.07	5.56	2.42
天津市	3.87	4.45	5.66	6.21	5.10	5.48	1.42

(3)“八五”期间，仪器仪表行业的集中度有了提高。1990 年销售收入超亿元的企业仅有 6 个，即四川仪表总厂、西安仪表厂、天津复印设备公司、上海照相机总厂、武汉仪器仪表公司和春兰制冷设备公司。1995 年底，销售收入超亿元的企业达到了 27 个，其中的前十名为：春兰公司、上海自动化仪表公司、四联仪器仪表集团公司、杭州华立集团公司、上海施乐复印机有限公司、浙江三星集团公司、广州世联实业集团公司、上海宝丽来影像公司、沙市电工仪表集团公司和上海照相机总厂。其中，春兰公司、上海自动化公司、四联集团公司和上海施乐复印机有限公司进入机械工业百强企业，这 4 个企业的销售收入占仪表行业的总销售收入的 37%。

按企业规模看，1995 年底，产值超亿元的国有大中型企业 27 个，工业总产值达到 115 亿元，工业总产值占当年全行业的 52%；一般企业为 97 个，工业总产值为 36 亿元，占全系统工业总产值的 17%；小型企业 1995 年底为 616 个，其工业总产值达到 68 亿元，占全行业工业总产值的 31%。“八五”期间仪器仪表大中型企业的产值在全行业的比重增加了 27 个百分点，一般企业和小型企业的比重分别下降了 18 个百分点和 9 个百分点。

(4) 行业的结构进一步优化。

在改革开放中，行业结构得到了充实和发展。相对“七五”计划而言，仪器仪表行业向集团化、集约化、现代化产业结构迈进了一大步。按市场、技术、地区等特点及社会主义市场经济的法则，已形成 20 多个实体化企业集团、公司。其中，运营较好的有中国四联仪器仪表集团公司、上海自动化仪表股份有限公司、春兰集团公司、华立集团公司、西安仪表厂（集团）、上海仪表（集团）公司、南京江南光电集团股份有限公司、广东威达医疗器械集团公司、济南试验机制造总公司集团、上海海鸥照相机集团公司、江西凤凰照相机集团公司等。这些集团公司的出现和发展，使仪器仪表行业在结构上有利于向集约化、现代企业管理的模式前进。

“八五”期间，根据国家企业改革步伐，四联仪器仪表集团公司进行了建立现代企业制度的试点，在企业的改组、改造和转换经营机制、资源优化方面进行了试点，正在深入地进行。在改革开放的大潮中，随着经济体制改革的不断深化，民营企业、乡镇企业发展迅速，有的已适应了社会主义市场经济，产品质量达到一定水平，成为国营主渠道的有力补充。如北京时代集团公司已形成科工贸一体化的高科技企业，浙江三星仪表集团公司也成为产值、利税大户，还有安徽省的天长市仪表厂、乐清自动化仪表三厂、五厂等。

科技成果及产品开发　“八五”科技攻关取得重大突破，一批高质量的科技成果得到应用。“八五”期间仪器仪表行业承担的国家级科技攻关项目“85－720大型工业过程自动化控制技术研究”，由机械工业部仪器仪表行业牵头并主要由机械工业部系统完成的课题共计6个课题、67个专题、174个分专题，分专题的完成率为81%。

通过“八五”科技攻关，基本上达到了原定的攻关目标，即实现国产分散型自动化系统优化、产业化和大型电站、石化、冶金及一批典型中小工程的示范应用，开发出为大型工程配套的关键仪表和执行机构，实现了在大型旋转机械系统上装备故障诊断系统装备等，开展了综合自动化系统总体技术研究，并在企业完成了示范应用工作。

“八五”自动化控制系统和关键仪表“85－302－06”课题，共完成5个课题、14分课题，完成率为93%。由上海自动化所和上海发电设备成套所完成的潍坊电厂的协调控制系统CCS的设计，已成功启动；由北京远东仪表公司完成的锅炉火焰安全检测保护系统，已在丰镇电厂成功投运；由电子工业部六所完成的大型火电站分散型控制系统（HI－ACS－3000）的国产化产品，在阳逻电站的两台30万kW机组投运；由上海自动化仪表公司完成的分散型控制系统（MAX－1000）国产化也投入运行。另外，在攻关中还完成了逻辑开关、液位开关等专用仪表，再加上引进的产品，使品种满足率由80%提高到90%。

06课题攻关中，跟踪了国外新技术、新工艺，攻关成果大部分达到国际80年代末水平，并使攻关项目的国产化率由65%提高到80%（平均），对促进我国自动化仪表行业的发展，起到了重要作用。

“八五”期间，科技新产品研制和开发工作，取得了显著成绩。企业承担了国家级技术开发课题，包括新型谱仪系列、电子万能试验机系列等8个课题，承担了部级新产品项目1 204项、科研项目277项。此外一大批企业、研究所还自行开发了新产品。

“八五”期间，共完成部级新产品1 057项、科研项目189项。已完成的项目，属于国际先进水平的占10%，国际一般水平的占20%左右，国内领先及填补国内空白的占70%左右，大部分已商品化，新增产值6.3亿元、利税1.54亿元。五年共获得机械工业部科技进步奖151项，其中一等奖9项、二等奖49项、三等奖93项。

“八五”科技攻关和产品开发取得的成果：

(1) 解决了一批仪器仪表行业的关键技术。

上海工业自动化仪表研究所和重庆工业自动化仪表研究所、西安仪表厂、四川仪表总厂等单位在国产分散型控制系统攻关中主要解决了系统冗余技术、网络通讯及系统可靠性技术、生产制造技术及控制组态与仿真调试技术。这些技术的解决，使我国的DJK－7500系统的完整性、可靠性大大提高，使产品的优化和产业化迈进了一大步。

上海工业自动化仪表研究所和无锡仪表阀门厂共同开发的快速切断阀，使用了金属软硬结合的串行组合密封技术，使工作温度由200℃提高到450℃。武汉热工仪表研究所在电液执行机构研制中，独创地运用了自反馈体系的浮动铰刚性反馈机构，在技术上优于国外的弹簧反馈方案，保证了调节精度和产品的可靠性。

在分析仪器方面，北京第二光学仪器厂开发的傅立叶变换红外光谱仪中解决了折射扫描干涉仪的总体设计和溴化钾晶体的光学精密加工等技术。南京分析仪器厂在工业色谱仪中攻克了工业色谱柱的分离技术，提高了工业色谱仪的质量。上海分析仪器厂和北京分析仪器厂等单位开发的2700型高效液相色谱仪成功地解决了输液泵的加工关键技术，使泵的结构和质量接近了国际先进水平。

在试验机行业，长春试验机所和长春试验机集团共同研制的电子万能试验机，在测量精度、拉压负荷传感器、弹性体处理技术等方面有了突破，特别是在微机控制方面，采用了GB－IB国际标准接口总线，使产品技术指标达到国际90年代先进水平。

在流量仪表方面，上海自动化仪表研究所等单位开发的蒸汽、气体涡街质量流量计系列，在结构模式、测量范围、计量精度等方面，开辟了新一代的测量方法，对解决蒸汽的热量和质量测量提供了新的技术方向。在标准法流量标定及数据处理装置方面，也获得突破，在气、水、油流量标准上，提供了比容积法更为先进的装置。

在电工仪表方面，一批项目使我国传统的电能计量仪表得到更新，上了档次。上海电度表厂研制的磁悬浮长寿命电能表，把电能表的使用寿命提高到30年。湖南威胜电子有限公司开发的高精度电子式电能表，精度等级及可靠性指标均达到国际水平。由哈尔滨电工仪表研究所牵头研制的机电式复费率表，在性能指标上满足了用电部门开展削峰填谷的需要，在用电管理中发挥了重要作用，推动了全国的用电管理工作。

在仪表产品的防爆验证方面，完成了“本安防爆设计点燃曲线及防爆系统设计研究”，补齐了本安电容性电路的乙烯设计曲线，达到了国际先进水平。

另外，还有上海雷磁仪器厂的红外碳硫分析仪，苏州第一光学仪器厂的2s电子经纬仪，上海第三分析仪器厂的高性能紫外可见光分光光度计，苏州试验机厂的汽车成套安全检测设备，汕头超声仪器研究所开发的医用B型超声诊断仪，以及杭州自动化仪表研究院的自动化收款机、35mm自动曝光单反照相机、CPU芯片控制的全自动塑料照相机、新型点钞机、缩微放大复印机、全自动油印机等文化办公设备等，技术水平都达到国内领先或国际先进水平。

(2) 科技攻关和开发工作提高了仪表成套能力。

“八五”期间，通过对分散型控制系统及针对三大工程所需配套仪表的攻关以及技术引进消化吸收的后续开发，使我国自动化系统装备的整体水平从攻关前的国际80年代中期水平提高到国际80年代末期水平；产品品种大幅度提高，自控系统仪表品种国内满足率由1990年的70%提高到目前的80%左右；大型工程中成套率可达到60%，其中执行器系列仪表等已达到国际90年代初期水平，大型旋转机械故障诊断领域从机理到成套装备均达到国际90年代的水平。

五来年，特别是通过科技攻关，锻炼了系统和成套设计队伍，承接大型配套工程的能力有了很大提高。目前可以承担200MW火电机组、30万t合成氨、120t转炉成组大型炉窑成套仪表任务，做到从系统设计、编制系统软件、系统组态、成套仪表提供、现场调试和运行等工作，基本上做到整体“交钥匙”。对300MW火电机组、化工、冶金等重大工程仪表项目，已完成一系列设计和制造任务，其中为大型火电机组配套的自动化控制系统，已具有过程控制站8个、操作控制站4个、控制回路200个、控制点2 200个的控制规模，具备双冗余、双操作、两路通信等先进功能。

质量及质量管理 “八五”期间，在质量管理方面向国际水平靠拢，共有16个企业获得国际ISO9 000系列质量认证，它们是西安仪表厂、宁波水表厂、北京远东仪表有限公司、北京时代集团公司、春兰集团公司、无锡工装自控阀门股分有限公司、杭州华立集团公司、丹东热工仪表厂、吴忠仪表厂、哈尔滨电表仪器厂、苏州横河电表厂、汕头超声仪器研究所、北京光学仪器厂、四川仪表六厂。这些企业先进的质量管理工作提高了整个行业的水平。

在“工艺突破口”方面，有重点地促进了骨干企业的产品质量上等级，骨干重点企业的产品质量基本稳定，以“八五”末期抽查的26个企业生产的热电偶的基数指标看，合格率提高到80.8%，比1992年的26.1%有了很大的提高。

全面质量管理工作中，出现了一批企业质量管理先进企业，北京光学仪器、大连仪表厂、上海第二电表厂、上海第四电表厂、宁波水表厂、桂林电表厂、四川仪表四厂7个单位被评为机械工业部工艺管理先进企业。

技术改造及基本建设 “八五”期间，机械工业部系统仪器仪表行业共安排技术改造和基本建设资金12亿元，项目122个，其中，技改项目52个、部安排上海市项目12个、出口创汇技改项目15个、环境保护仪表项目3个及模具协作项目1个；共安排基本建设项目27个、基本建设节能仪器仪表项目12个。由于“八五”期间投资体制的改动和部分企业承担还贷的能力所限，部分项目没有开项或没有最后完成。截至1995年底，在建和完成项目共计93个，完成投资额10亿元，约占原计划投资金额的83%。

“八五”期间，坚持走内涵式扩大再生产为主，集中有限资金“上品种、上水平、上批量、提高产品质量”，对提高行业的整体制造水平起到了积极作用。如四川仪器六厂通过技术改造，已建成生产厚膜电路、专用集成电路生产线，增强了企业在国内外市场的竞争力，并为开发汽车电子、通讯电路打下了基础。四川仪表四厂通过建设和改造，已成为运用国际标准的记录仪生产厂，四川仪表一厂通过引进建成了国内唯一的仪表复合材料生产线。西安仪表厂通过引进及改造完成总投资6 793万元，使用外汇540万美元。引进的SMART变送器、DCS综合控制系统、压力控制器等产品和更新的模版制造工艺、CAD设计等，使企业技术发展得完善。节能投资项目丹东热工仪表厂改造后取得了显著的经济效益，成为突破百万只煤气表能力的生产基地。

通过“八五”改造，一批企业已具备了表面安装工艺和设备、数控加工中心、数控钣金和机切生产线及微机控制自动测试装备线等，数控设备占设备总数的比重有了提高，如佛山分析仪器厂的数控设备已占机加工设备的80%。在软件方面，部分企业装备了CAD/CAM设计及制造技术，如北京远东仪表公司、佛山分析仪器厂、上海调节器厂等；一些企业采用了计算机管理系统，使企业的生产、经营管理和财务劳资管理水平达到了国内先进水平，如四川仪表总厂、北京分析仪器厂、广西威达集团公司、哈尔滨电表仪器厂等。

“八五”期间，技术改造较好的并获得明显技术经济效益的单位，还有营口复印机总厂、北京远东仪表公司、济南试验机集团公司、汕头超声仪器研究所、哈尔滨电影机械厂、吴忠仪表厂、江南光学仪器厂等。另外，许多其它渠道安排的投资项目也取得了很好的效果，如广东湛江仪表厂、湖南威胜电子有限公司等。

由国家经贸委批准的“双加”项目，即西安仪表厂、鞍山热工仪表厂、中国四联集团公司等12个技术改造项目和江南光学仪器总厂、浙江华立集团的3个出口创汇项目在1995年相继开项，由国家计委批准建立的国家级传感器国家工程研究中心和工业自动化国家工程技术研究中心的可行性研究报告，通过了国家计委的审核，并开始实施。这批项目对加速仪器表行业的更新与改造起到重要作用。

对外合作

(1) 对外开放工作取得成绩，一批合资、合作企业兴起。

行业内认真贯彻对外开放的方针政策，引进国外先进技术和外资，建立起各种形式的合资企业，增强了仪器仪表工业整体实力。据不完全统计，截至1995年底，仪器仪表大行业共兴办合资企业

300多个，总投资近6亿美元，其中外商投资近3亿美元。发展较快的地区有深圳、上海、北京、珠海等地。在投资额规模，超过1 000万美元、产品技术档次高的合资企业的有上海福克斯波罗有限公司、上海施乐复印机有限公司、上海罗斯蒙特有限公司、川仪横河有限公司、上海福电汽车电子有限公司、上海西门子有限公司、天津三星光电有限公司、北京宝源照相机有限公司等。这些企业的产品大都将国外技术引伸在国内生产，使部分仪表产品的技术指标达到了当代国际先进水平，如分散型控制系统、复印机、质量流量计、照相机等。有的企业，依靠国内技术力量，开发出了国际水平的产品，如湖南威胜电子集团公司的全电子式电能表、时代集团公司的无损超声硬度计等。

“八五”期间，对外合作与合资最多的是上海市，截至1995年11月底，上海仪电控股（集团）公司与国外知名大公司，如美国的西屋、罗斯蒙特、福特、惠普和德国西门子、日本的横河等国际知名公司，建立了合资、合作企业，其签约开业中外合资企业达到45个，协议吸收外资总额10 935万美元，合资企业生产的产品，除具有国际先进水平的DCS系统、记录仪及控制系统、PLC、电磁流量计、旋涡流量计、质量流量计产品外，还有逻辑开关、气相及液相色谱仪等十几项仪表产品。还积极拓宽了行业领域，发展了摩托车仪表、汽车音响、医疗仪器、笔记本电脑等多项产品。

深圳地区，外资、合资企业发展迅速，1995年底已有日本、美国的外资注册，建成照相机、复印机、速印机、电工仪表等十几个企业，形成两头在外的新型仪表出口基地，在全国仪表产品出口比重中占有重要位置。

（2）全行业认真执行对外开放的方针，积极引进国外产品制造技术。

列入部计划的技术引进项目，“八五”期间共完成高速离心机、电子天平等技术引进19项，完成外汇额2 732万美元。其中，鞍山热工仪表厂通过技术引进，使我国的自力式调节阀的技术水平提高到国际水平，满足了城市热力工程的需要。湛江仪表厂通过技术引进，发展了高精度的双转子流量计，使容积式流量计的计量精度提高了一个数量级。驻马店电表厂引进的全电子式电能表制造技术，补充了电能表品种不足，部分满足了电力系统对电能计量仪表的需要。

西安仪表厂完成了1151SMART变送器、DCS－CS综合控制系统、温度及压力控制器等产品的制造技术，使该厂的主导产品达到国际水平。

（3）仪器仪表出口工作在行业结构和产品调整的推动下，有了明显的进步。

根据43个仪器仪表出口企业的统计，1995年出口创历史最好水平，达18 918万美元。在出口创汇的企业中，已批准的10个出口基地企业创汇13 881万美元，占总创汇额的69%；已批准的16个扩大出口企业创汇3 473万美元，占总创汇额的18%。

出口产品除传统的照相机、电度表、显微镜、投影仪以外，成套控制装置、复印机、电测仪表、分析仪器、医疗仪器等中档产品也开始走入国际市场。出口产品类别中，自动化仪表类（包括行业拓宽产品）占总创汇额的50%，光学仪器、照相机、电工仪表创汇占总创汇额的39%，其余仅占11%。

从具体产品种类看，自动化仪表出口仍保持领先地位，总金额为7 361万美元（上海自动化仪表股份有限公司占6 282万美元），占出口总额的39%。技术档次含量高的仪表产品也开始出口，如Ⅰ系列仪表、DCS，创汇分别为482万美元、477万美元。传统出口产品，如水表、煤气表、显微镜、望远镜等继续保持良好的出口势头。

照相机创汇出口约占总创汇额的14%，在出口统计范围的主要是上海照相机总厂和江西光学仪器总厂的单反照相机。“八五”后期，北京、深圳、珠海、天津等沿海城市的“三资”企业出口“傻瓜”相机，每年数量超过千万台，使我国成为照相机的主要出口国。

光学仪器创汇占总创汇额的14%左右，主要出口产品是江南光学仪器厂、上海精密科学仪器公司、重庆光学仪器厂、宁波光学仪器厂、广州光学仪器厂、梧州光学仪器厂的生物、体视、偏光、金相、万能显微镜等。

电工仪表出口金额占出口总额的11%。主要出口产品是华立集团公司、哈尔滨电表仪器厂、上海向东仪表厂、柳州市仪表总厂的单相、三相电度表。

创汇大户不断增加，上海自动化仪表股份公司成为出口创汇超过6 000万元的出口大户，其次是上海宝丽来影像公司、华立集团公司、上海仪表集团公司和上海照相机总厂。出口创汇超过500万美元到1 000万美元的企业有天津三星集团光电子公司、保定电影机械厂、江南光电集团股份公司、扬州机床厂、上海施乐复印机公司等。

“八五”时期取得的经验

（1）坚持了科技进步。

“八五”期间仪器仪表行业在国民经济中和科技发展的地位越来越得到认同和重视，20位科学院和工程院院士向国务院的重视仪器仪表行业发展的建议充分地说明了这一点。

“八五”期间，通过科技攻关和科技开发，仪器仪表行业的整体开发能力得到了加强，除大型控制系统、大型科学仪器、高档办公设备和医疗仪器以外，一般的仪器仪表和办公设备基本上已由国内承担。“八五”期间，行业内成功的实施了862电能表开发、DDZ－S系列仪表、中型控制系统应用等项目，说明了仪器仪表行业内有能力使用自己的力量，不断增强行业的技术水平。

（2）善于发挥行业的优势，不断拓宽产品和服务领域。

根据仪器仪表产品的特点，一部分产品，如自动化仪表是为主机配套的产品，“八五”期间努力为电站、石化、冶金行业的主机搞好配套服务，使行业内的技术水平、产品品种和配套能力有了很大提高，基本上解决了国家基本建设和技术改造对仪器仪表产品的需要。另外，在为国民经济服务的领域里，春兰公司的家用空调、沙市电工仪表公司的汽车空调、汕头仪表所的超声诊断仪、上海自动化公司的笔记本电脑等成功地形成了一定规模，既开拓了行业产品的品种，也提高了行业的整体经济效益。

(3) 不断调整产业结构和组织结构，向集团化发展。

长期以来，仪器仪表行业存在着的散、小、乱现象，很难形成较大的具有实力的产业集团。“八五”期间，在结构调整中，注意到发挥行业排头的企业作用，同时发挥地方发展仪器仪表行业的积极作用，已形成的三十多个企业集团具有发展活力，如上海自动化仪表公司、四联仪器仪表集团公司等已成为行业中坚力量。

(4) 坚持开展对外合作，发展外向型企业。

仪器仪表行业在机械系统是较早开展对外合作，并取得明显效果的行业之一，国内骨干重点企业几乎都与国外著名厂商有着合作和商业往来，所引进的项目，在行业内也起到了积极作用。“八五”期间的合作方式有了变化，由单纯技术引进，变成合资生产，使一些一时难以上去的高档仪器仪表产品得以生产、销售。从今后技术发展的需要看，进一步合作和合资仍将是仪器仪表行业的重要方式。

存在的问题

(1) 国外技术发展迅速，国内外差距在拉大。

仪器仪表行业是一个对高新技术特别的敏感工业，近十多年来，发达国家广泛采用计算机技术、微电子技术、通讯技术和自动控制技术等，全面实现产品的数字化、智能化、模块化和多功能化，并向高精度、高可靠性、高环境适应性、多参数测量以及在线测量方面发展。国外发达国家的仪器仪表产品已在几年前完成了第四代仪表的技术革新工作，即将推出以现场总线型的仪器仪表和开发式自动化控制系统。国内仪器仪表整体技术水平基本上是国际80年代初期的水平，差距仍有十年以上。

(2) 产品结构不合理，满足不了国家对仪器仪表工业的要求。

国家的重点工程建设及与国民经济密切相关的其他建设对仪器仪表产品提出越来越高的要求，电站、冶金、石化企业需要的大型自动化控制系统，以及大型精密科学测试仪器、试验设备仍依赖进口。近两年，在化工、电站、冶金的大型成套项目，国内承接的任务已锐减1/3，而且趋势越来越严重。

(3) 进口产品严重冲击国内市场，高技术产品面临危机。

仪器仪表进口自1991年超过10亿美元后，一直在迅速增长，1995年达到32亿美元。进口产品的大量涌入，对行业内的高技术产品冲击尤其显著，特别是大型自动控制系统DCS、PLC和大型精密测试仪器，如电子显微镜、质谱仪、核磁共振波谱仪、光电光谱仪等，这些产品市场基本上被国外占领。

(4) 自主开发能力薄弱，科技成果商品化率低。

仪器仪表行业自主开发能力比较薄弱，生产的主要新产品基本上来自引进产品。自1980年以来，共引进技术250项，用汇2.5亿美元（其中40%是技术费）。但由于消化吸收能力跟不上，一些产品不得不再次引进。国产化始终赶不上国外新产品的开发速度，高新技术产品的命脉掌握在国外手中，生存十分困难。

(5) 企业管理工作减弱，经济效益相对下降。

“八五”期间，仪器仪表工业虽然取得了很大的进步，工业总产值增长幅度较大，但是，其中在很大程度上是受春兰集团公司高速发展的拉动。如果去掉春兰公司的因素，工业总产值1995年与1990年相比，增长率就要从2.89倍减少到1.41倍，行业的利润也仅有1.25亿元。行业内人均利润率较低，与“三高”产业的地位很不相符。

由于行业经济效益、产品技术等因素，使国产仪器仪表市场占有率不断下降，近几年来，一直徘徊在53%至60%之间，比80年代的80%的市场占有率下降了1/4～1/3。

〔撰稿人：机械工业部机械基础装备司　刘荣祥　审稿人：机械工业部机械基础装备司　叶定达〕

〔第Ⅳ部分责任编辑：杜焕生〕

（上接Ⅱ－136页）据台湾“工业局”统计，1995年，集装箱船产量大幅增加，从上年的7.7万载重吨增为23.9万载重吨；同期其他船舶产量却从95.9万载重吨降为54.1万载重吨，差不多下降了一半；摩托车与自行车产量均有增加，分别达到169.5万辆与765.6万辆；汽车生产总量为39万多辆，较上年的41万多辆有所下降（见表14）。

表14　1995年台湾交通运输设备产销统计

产　品	单位	1995年		1994年	
		生产量	销售量	生产量	销售量
1. 集装箱船	载重吨	238 854	238 854	76 953	76 953
2. 其他船舶	载重吨	541 482	541 482	959 212	859 262
3. 游艇	载重吨	229	224	200	244
4. 小汽车	辆	385 222	395 727	406 029	398 601
5. 大汽车	辆	5 238	5 098	4 954	4 727
6. 摩托车	辆	1 695 064	1 679 903	1 633 336	1 639 265
7. 自行车	辆	7 656 327	7 737 958	7 537 391	7 669 409

资料来源：同表2。

台湾汽车集约化生产趋势日益明显，在11个整车生产厂中，中华、福特、国瑞、裕隆、三阳前五大厂家产量占了总产量的88.32%。

据台湾车辆公会统计，1995年，台湾外销汽车计3 730辆，较上年增长190%，是过去五年来的最高峰；汽车零组件出口额超过20亿美元，特别是自动变速箱及其齿轮、驱动轴及其零件、离合器及其零件等高附加价值的产品出口增长率都在50%以上。台湾汽车产业有走向外销型产业的趋势。

1995年，台湾自行车外销量达906.4万辆，较上年增长3.57%，出口金额10.66亿美元，增长7.89%，创下台湾自行车外销金额的最高纪录。每辆自行车单价为117.65美元，属高档自行车，美、日则是台湾第一、二大外销市场。

精密机械制造业　1995年，台湾精密机械制造业产值为495.53亿元台币，占机电工业总产值的2.3%，较上年仅增长1.78%。除工业校准工具、照相及摄影器材、眼镜及透镜片有不同程度增长外，其余行业均下降。增长较大的只有照相及摄影器材业，较上年增长9.94%，产值达到147.61亿元台币，也是台湾精密机械制造业中产值最大者；医疗器械设备业则下降8.27%，其他科学光学仪器机械器材下降18.53%（见表15）。

就主要产品而言，产量最大的电子石英钟产量从上年的1 870万只降到1995年的1 420万只，减少了450万只；电表产量从285万只减少为183万只，减少近100万只；其他产品如水表、电子石英表、钢琴等均有小幅增加。

表15　1995年台湾精密机械制造业产值与增长率　（单位：亿元台币）

行　业	1995年		1994年	
	产　值	增长率（%）	产　值	增长率（%）
1. 科学度量及控制设备	100.79	－0.22	101.01	21.45
2. 工业校准工具	8.05	3.60	7.77	－7.28
3. 照相及摄影器材	147.61	9.94	134.26	27.15
4. 眼镜及透镜片	93.65	0.35	93.32	－4.56
5. 其他科学光学仪器机械器材	12.00	－18.53	14.73	65.88
6. 钟表制造	104.04	－0.77	104.85	－13.04
7. 医疗器械设备	15.09	－8.27	16.45	－5.62
8. 其他精密器械	14.30	－1.18	14.47	26.71
合计	495.53	1.78	486.86	7.42

资料来源：同表2。

〔撰稿人：中国社会科学院台湾研究所　王建民〕

〔责任编辑：王亚水〕

机械工业

发明及

优秀科研成果

第Ⅴ部分

获发明奖项目　　(1995 年)

国家发明奖评审委员会评审

1995 年度国家发明奖获奖项目为 131 项，其中一等奖 1 项、二等奖 12 项、三等奖 59 项、四等奖 59 项。现将与机械工业有关的 48 项刊登如下，其中二等奖 2 项、三等奖 17 项、四等奖 29 项。

序号	获奖项目名称	发明者	获奖等级	推荐部门
1	双一次风通道通用煤粉主燃烧器	清华大学、哈尔滨锅炉厂，傅维镳、张恩仲、何裕昆、周明德、唐　林、韩洪樵	四	国家教育委员会
2	渣浆泵材质研究	冶金工业部钢铁研究总院、湖南衡阳有色冶金机械总厂，何　俊、彭治龙、张　清、王永恒、钱永芳、王　雄	四	冶金工业部
3	悬移顶梁液压支架	北京矿务局液压支架总厂，李泽宇	四	煤炭工业部
4	XCF 型自吸浆式充气机械搅拌浮选机	北京矿冶研究总院，沈政昌、刘振春、刘惠林、邹介斧	三	中国有色金属工业总公司
5	转炉复吹用供气元件的研制	上海宝山钢铁（集团）公司、冶金工业部钢铁研究总院，许胜西、吴金源、朱德智、房忠良、李　林、崔　健	三	冶金工业部
6	外取热器	中国石油化工总公司北京设计院，赖周平、杨启业、刘弘彦、刘子亮、周婉华、于济民	三	中国石油化工总公司
7	流体诱发振动浮动盘管换热器	山东工业大学，程　林、杨培毅、田茂诚、魏光福、王锡平	四	山东省
8	湿法两面光中密度纤维板生产工艺技术	北京林业大学，李光沛、孙立谔、李孔钦、贾荣发、撒　潮、王天龙	三	林业部
9	印制线路板软钎焊用 CSF 系列钎剂	化学工业部成都有机硅研究中心，杨　燕、石和平、游章明、雷兆先	四	化学工业部
10	X.L 型水泥立筒预热器内的物料分散器	西安建筑科技大学，徐德龙、丁松雄、程国坚、李振宇、黄尧工、王忠涛	四	陕西省
11	割前脱粒水稻收获机器系统	东北农业大学、依兰收获机厂，蒋亦元、涂澄海、许家美、许国林、马育才、周连仁	二	黑龙江省
12	ZG－9000 型显微高速摄影系统	浙江大学、杭州华海医疗设备公司，郑增荣、朱宝文	四	浙江省
13	中心视野体积计量法和中心视野立体分析仪	天津医科大学总医院、中国人民解放军装甲兵工程学院、天津市内分泌研究所，贺忠江、王精业、王　沛、吴映虹、袁佳琴、陈春良	三	天津市
14	YK－MICAS 微循环图像计算机分析系统	第一军医大学、国防科技大学，李树祥、赵克森、胡庆茂、徐尚平、姜　勇、陈峰	四	广东省
15	穿戴式人工肾及床旁应用装置	第三军医大学西南医院，彭罗民	四	四川省
16	超微弱生物发光探测技术	空军总医院，刘亚宁、孙豫松、赵新华	三	解放军总后勤部

（续）

序号	获奖项目名称	发明者	获奖等级	推荐部门
17	潜孔锤反循环钻头及钻进技术	长春地质学院、河南省地矿厅第一水文地质工程地质队、地质矿产部无锡钻探工具厂、河南省地矿厅第二地质队，殷　琨、蒋荣庆、靳双喜、石蕴中、廖曦文	四	地质矿产部
18	有源抗噪声耳罩及受话器	南京大学声学研究所、国营四三八〇厂，沙家正、李宁荣、田　静、刘全培	三	电子工业部
19	汽车传动轴万向节叉垂直分模挤压模锻工艺及其模具	华中理工大学、湖北汽车传动轴厂，夏巨谌、胡国安、戴定祥、徐光伟	四	国家教育委员会
20	大客车应力蒙皮工艺及设备	吉林工业大学，张常功、姜喜成、高以智、邓石桥、刘继军	四	机械工业部
21	胜利二号极浅海步行坐底式钻井平台	胜利石油管理局、上海交通大学、北海船厂，顾心怿、马志良、邴如吉、陈健元、孙东昌、詹永麒	二	中国石油天然气总公司
22	等接触应力凸轮式低速大扭矩液压马达及其设计理论与方法	浙江省机电设计研究院，张有颐	三	机械工业部
23	新型平衡变压器	湖南大学，刘福生、肖乐军、聂光前、周有庆、左辰	三	机械工业部
24	高相容性触变型光缆填充料	湖北省化学研究所，余万能、屈秀宁、沈革新、余晓梦、刘良炎、孙群珍	四	湖北省
25	复合绝缘材料	江苏省常州市武进龙虎塘聚氨酯制品厂、上海华通开关厂，钱幼沧、钱申伯、钱季平	四	江苏省
26	TY－01型通用小电流接地系统单相接地选线与定位保护	山东工业大学电力工程系继电保护科研室，桑在中、潘贞存、戴方涛、张尔桦	四	山东省
27	焊修高锰钢辙叉用KD－286焊条及工艺	广州铁路（集团）公司怀化铁路总公司、广州康泰科技实业公司、广州铁路（集团）公司，翟厚仁、肖国富、何逸萍、谭立德、蔚建平	四	铁道部
28	加氢反应器弯头内壁自动堆焊工艺及设备	机械工业部哈尔滨焊接研究所、南京化学工业（集团）公司化工机械厂，崔树森、周天锡、殷殿相、赵长生、魏　伦、杨克非	四	机械工业部
29	晶体管噪声成份分析测试方法和装置	吉林工业大学，戴逸松、张庆敏、张新发、王树勋、张晓冬	三	机械工业部
30	相检宽带测频技术及高精度频率计	西安电子科技大学，周　渭、宣宗强、王　闵、杨建恒、杨荣录	四	电子工业部
31	GXT型钢丝绳在线无损探伤仪	洛阳涧西矿冶机电研究所、解放军外国语学院计算中心、天津市大港矿冶机电配件厂，窦毓棠、刘作伦、窦伯言、杨　旭、窦伯英、吴海燕	四	河南省
32	XDD01型雷电探测设备	电子工业部第二十二研究所，潘威炎、钱炳辉、王昭明、黄邦禄、刘定邦	四	电子工业部
33	JN－1型火电厂节能诊断仪（ESDS）	西安交通大学、西安电力科技开发中心，林万超、薛祖升、严俊杰、陈国慧、张秀田、邢秦安	四	陕西省
34	植物活力测定仪	北京林业大学，尹伟伦	三	林业部
35	一种用于检测微量水分的a－Al_2O_3绝对湿度传感器	电子科技大学，金懋昌、陈　志	三	四川省
36	可控双球面锗单晶体生长方法	昆明冶金研究院，吴雅颂、李　昆、任　敏	三	云南省

(续)

序号	获奖项目名称	发明者	获奖等级	推荐部门
37	耐高温、防腐、防垢、耐磨、导热系列特种涂料及其应用	西安交通大学，茅素芬、贺文生、梁　滔	四	陕西省
38	低碳钢纺纱钢令表面激光非晶态处理工艺及装置	中国科学院上海光学精密机械研究所、上海纺织机件制造一厂，苏宝蓉、钱红斌、吴惠元、俞绳祖、崔季秀、马玉龙	三	上海市
39	偏心阶梯轴的楔横轧工艺	吉林工业大学，任广升、白志斌、洪钟延、梁继才、于　鸣、张承鉴	四	吉林省
40	单双层绕组间最佳匝数配合（又名新型正弦绕组）	南昌大学，何友观、江静涛、林政安、梅　昆、张国新、诸孝文	四	江西省
41	搓合式交流磁系统	湖南三湘电器实业发展公司，周腾芳	四	湖南省
42	用过的活性炭强制放电再生方法及装置	中国市政工程西北设计研究院，翁元声、田钟荃	三	建设部
43	537耐热腐蚀铸造镍基高温合金	冶金工业部钢铁研究总院、机械工业部哈尔滨汽轮机有限责任公司、华中电管局武汉电力设备厂，涂干云、吴荣荣、王曰东、周治生、刘光荣、赵进民	三	冶金工业部
44	低合金高性能高速钢	冶金工业部钢铁研究总院抚顺钢厂、大连钢厂、河北冶金研究所、哈尔滨量具刃具厂，赵　燕、孙绍华、戴建明、王　瑞、孙永申、陈国新	四	冶金工业部
45	制造高压超纯氢的贮氢合金和氢净化压缩技术	浙江大学，王启东、陈长聘、吴　京、方添水	四	国家教育委员会
46	金属相变高温贮存太阳能	西藏自治区太阳能研究所、华中理工大学，黄志光、陈正荣、吴广忠、邢登清、戴绪绮、王守彪	三	西藏自治区
47	高性能空心阴极灯	北京有色金属研究总院，吴廷照、高英奇、郑永章、姚建明、伍　星、安　平	四	中国有色金属工业总公司
48	高能激振器	南京航空航天大学，赵淳生	四	中国航空工业总公司

〔国家科学技术奖励工作办公室供稿〕

获国家科技进步奖项目 （1995 年）

国务院和国家科学技术进步奖评审委员会审批、核准

经国务院和国家科学技术进步奖评审委员会审批、核准，1995 年国家科学技术进步奖授奖项目为 607 项。其中特等奖 2 项、一等奖 25 项、二等奖 182 项、三等奖 398 项。现将与机械工业有关的 143 项刊登在本刊《年鉴》上，其中，一等奖 3 项、二等奖 28 项、三等奖 112 项。各行业获国家科技进步奖项数见下表。

行业	获奖项数	行业	获奖项数	行业	获奖项数
工业锅炉	2	化工设备	2	汽车	2
内燃机	1	塑料设备	1	船舶	4
汽轮机	1	印刷设备	2	变压器	2
发电设备	3	制药设备	1	电气控制成套设备	2
金属切削机床	1	建筑材料设备	4	高压电器	3
锻压设备	3	食品设备	1	家用电器	1
铸造机械	2	饲料设备	1	电焊机	1
起重运输设备	2	包装设备	1	通用仪器仪表	6
泵	2	纺织设备	4	专用仪器仪表	16
气体压缩机	4	轻工设备	1	教学仪器设备	1
干燥机械	1	拖拉机	1	仪器仪表元器件	1
电动工具	1	机械化农机具	2	仪器仪表材料	1
轴承	1	医疗器械	4	量具刃具	1
阀门	1	建筑工程机械	1	电影机械	1
矿山设备	8	邮政机械	1	工业机器人	2
冶金设备	8	环境保护设备	3	其他	22
石油设备	4	铁路运输车辆	2		

（续）

行　业	获奖项目名称	主要完成单位和主要完成者	获奖等级	推荐部门
工业锅炉	Ⅱ类无烟煤高效节能工业锅炉系列	福州锅炉厂，黄家瑶、陈雪英、林书铨、林惠华、吴芝珍	三	福建省
	低烟尘高效节能并联循环新结构快装系列热水锅炉	山东工业大学、山东泰安山口锅炉厂，张传聚、张传铎、赵兴军、潘庆军、王金常	三	山东省
内燃机	L250Z 系列中速柴油机	中国船舶工业总公司七院七一一研究所、中国船舶工业总公司新中动力机厂、农业部水产总公司淄博柴油机厂，张雍源、庄保怡、吴金富、董祥义、钱信仁	三	中国船舶工业总公司
汽轮机	C35－8.83/0.785 型抽汽凝汽式汽轮机	四川省东方汽轮机厂，许正威、须亦农、谭觉平、方自刚、李杰、傅有衡	二	四川省
发电设备	引进型 300MW 火电机组成套大型铸锻件的研究	中国第一重型机械集团公司、中国第二重型机械集团公司，吴世鞠、杨明鼎、李范英、杨　帆、吉世俭	三	机械工业部
	发电机定子绕组环氧粉云母绝缘老化规律研究	华北电力科学研究院、华北电力集团公司、甘肃电力试验研究所、山东电力试验研究所，冯复生、陈兆祥、陈淑身、袁　波、刘仁秀	三	电力工业部
	大型水电机组转轮用 S－135 高强不锈钢特厚板与焊材及其转轮	冶金工业部钢铁研究总院、抚顺钢厂、本溪钢铁公司、鞍山钢铁公司、重庆特殊钢（集团）公司，林师焱、刘作骥、徐演珠、程兴安、尹化格	三	冶金工业部
金属切削机床	MK84125 型数控轧辊磨床	险峰机床厂，刘胜安、张锡章、陈泮水、安公惠、彭绍麟、蒋伟、黄　弥、过君清、徐祖贤	二	机械工业部
锻压设备	锻锤与压力机隔振技术	南昌大学，何成宏、杨国泰、杨淳朴、揭小平、阙忠民	三	江西省
	直径 18mm～65mm 十一辊高精度管材矫直机组	机械工业部西安重型机械研究所、国营红山重型机械厂、四川山川机械厂，曲洪德、汪恩辉、张秉跃、徐素文、何亚南	三	机械工业部
	计算机监控中频感应局部加热液压推弯式弯管机床	华北电力学院北京研究生部，关存和、张丽文、芮晓明、邵作之、杨荣祖	三	电力工业部
铸造机械	高强度铝合金石膏型真空吸铸工艺研究	机械工业部济南铸造锻压机械研究所，赵建国、韦　民、武守仁、陈文君、黄来铀、刘明善、汪　才、邓飞马、刘桂枝	二	机械工业部
	铸钢树脂砂工艺成套技术	兰州石油化工机器总厂，钱德麟、华德生、徐子齐、夏定定、丁　强	三	机械工业部

（续）

行　业	获奖项目名称	主要完成单位和主要完成者	获奖等级	推荐部门
起重运输设备	N1004 型 100t 全液压伸缩臂铁路救援起重机	兰州机车厂、西南交通大学，高耀喜、张仲鹏、张致用、张质文、谢三庆	三	铁道部
	化学工业部第一胶片厂纸卷库成套设备	机械工业部北京起重运输机械研究所，许宗实、陆大明、区和坚、王欣旭、侯　娟	三	机械工业部
泵	比转数 1 200 轴流泵水力模型研究及系列产品开发	中国水利水电科学研究院，金勇、张式沱、欧阳诚、杜学儒、许　涛	三	水利部
	光伏水泵系统	合肥工业大学、山东博山电机厂，余世杰、何慧若、战福忠、沈玉梁、娄志东	三	机械工业部
气体压缩机	全封闭旋转式压缩机	西安东方机械厂，宋树彬、朱凤林、李根年、李　鹄、郭勇洲、邬　钺、哈允煦、李广田、范作成	二	中国兵器工业总公司
	BCL455 离心压缩机	沈阳鼓风机厂，哈福民、张家富、孙玉山、吕长生、王东辉	三	机械工业部
	高炉喷煤粉空压站大型中压螺杆空压机性能与可靠性研究	中国通用石化机械工程公司、上海压缩机厂，陈康平、施良时、郑世雄、高锦根、刘大江	三	机械工业部
	超高压氢气压缩机组及供气系统研制	中国通用石化机械工程总公司、中国人民解放军 89955 部队、上海大隆机器厂，张超武、蒋渝成、印奕国、顾士福、张基中	三	机械工业部
干燥机械	旋流喷动干燥机	化学工业部沈阳化工研究院，刘桂华、王玉清、张志勋、李忠民、周　敏	三	化学工业部
电动工具	GB3883.1—12—1991 手持式电动工具的安全	机械工业部上海电动工具研究所，李邦协、李宏照、陆铁民、钱乃炽	三	机械工业部
轴承	碳化硼气浮轴承及碳化硼材料的应用研究	中南工业大学，王零森、周荣兴、方寅初、邓克勤、蒋辉珍	三	中国有色金属工业总公司
阀门	化工装置安全泄放技术：特种爆破片与新型双作用先导式安全阀	大连理工大学，贺匡国、丁信伟、王淑兰、李志义、喻建良	三	国家教育委员会
矿山设备	矿块崩落法技术和装备研究	中条山有色金属公司、长沙矿山研究院、北京矿冶研究总院、北京有色冶金设计研究总院、中南工业大学，刘怀裕、潘长良、王大勋、陈隐慧、尹世林、丁亦敏、胡克智、郑锡臣、王李管	二	中国有色金属工业总公司
	CYTJ800.2 轮胎式全液压掘进钻车	天水风动工具厂、金川有色金属公司，韩学信、张生义、刘东生、钱　鸣、周光宗	三	甘肃省
	球齿钎头系列的开发和研究及推广应用	长沙矿山研究院、株洲硬质合金研究所，李肇和、刘静波、李婉容、王人俊、黄秀玲	三	中国有色金属工业总公司

（续）

行业	获奖项目名称	主要完成单位和主要完成者	获奖等级	推荐部门
矿山设备	DCH系列湿式强磁选机研制及工业应用	北京矿冶研究总院、鸡西非金属矿工业公司，冯桂婷、梁殿印、刘永振、郑九令、牛庆余	三	中国有色金属工业总公司
	X5032KA（27.5m²）大型块煤跳汰机	选煤设计研究院、晋城矿务局王台铺煤矿选煤厂、郑州煤矿机械厂，钟会平、常寅亥、王　宏、李洪庆、陈汉英	三	煤炭工业部
	SLon立环脉动高梯度磁选机的推广应用	赣州有色冶金研究所、鞍钢矿山公司、鞍钢弓长岭选矿厂、马钢姑山铁矿、赣州有色冶金机械厂，熊大和、丁嘉榆、卜惠萍、王棣华、洪家凯	三	江西省
	NWSX-710/500新型三产品重介质旋流器选煤工艺及设备	煤炭科学研究总院唐山分院、鸡西市滴道区矿选煤厂，赵树彦、李　辉、李秀丽、肖　昆、李培成	三	煤炭工业部
	液压挖掘机现代化设计理论、方法和技术的研究和应用	浙江大学机械设计研究所、浙江大学CAD&CG国家重点实验室，冯培恩、潘双夏、倪启东、陈文平、邱清盈	三	国家教育委员会
冶金设备	400t锻焊结构热壁加氢反应器研制	中国第一重型机械集团公司，何世荣、傅务本、廖巨智、朱尧全、孙云祥、王士云、黄致保、何瑞兴、蔡连重、张治哲、李金连、陈崇刚、汤新法、吴文凯、汤辅臣	一	机械工业部
	1 830mm开卷落料堆垛自动生产线	太原重型机械集团公司，姚保森、张海泉、臧永年、蔡惟贤、陈　笃、郭玉玺、周文华、任相乾、徐晓天	二	机械工业部
	2 032mm板坯连铸机关键技术攻关	机械工业部西安重型机械研究所、上海重型矿山机械公司、上海宝山钢铁总厂，汤宏武、杨拉道、李占才、李　平、陈明远、王西林、谢东钢、董淑冬、康复	二	机械工业部
	上钢三厂转炉方坯全连铸生产技术	上海第三钢铁厂，张敏祥、周志光、王伟民、周玲玲、田乃媛、徐领生、温昌才、史荣贵、田定宇	二	冶金工业部
	MSB和MS可逆式六辊冷轧机研制与应用	冶金工业部钢铁研究总院、山海关冷轧带钢厂、苏州冶金机械厂、天津轧钢一厂，杜梅英、张树堂、韩旭中、曹　前、李泽全、刘洪范、杨　斌、董炳军、马九如	二	冶金工业部

（续）

行　业	获奖项目名称	主要完成单位和主要完成者	获奖等级	推荐部门
冶金设备	双机架铝热轧现代化改造和新技术开发	西南铝加工厂、洛阳有色金属加工设计研究院、中南工业大学，贺广瑗、唐朝洪、王尚伦、古可、冯云祥、陈林保、钟　掘、周鸿章、赵俊林	二	中国有色金属工业总公司
	1 400mm 铝板横切机组关键技术攻关	机械工业部西安重型机械研究所、西安秦川铝材厂，张善纲、王小泉、沈时林、万保平、张勇安	三	机械工业部
	KGT1600/8 直线式拉丝机（型号 LZ－8/600）	昆明重型机器厂、北京整流器厂，邓绪礼、赵金铎、何善隆、尚广芳、孙　培	三	云南省
石油设备	塔里木沙漠腹地钻井工程综合配套技术	塔里木石油勘探开发指挥部、新疆石油局塔里木钻井公司、中国石油天然气总公司沙漠运输公司、海洋石油技术服务公司，钟树德、俞新永、王炳诚、张仲珉、石　林、秦　刚、郭建军、李循迹、王书琪	二	中国石油天然气总公司
	惠州 21－1 海洋工程钻修钻机模块	兰州石油化工机械总厂，李德民、李育沪、马统乾、左　炜、彭　年	三	机械工业部
	牙轮钻头破岩机理及设计	西南石油学院、四川石油管理局、四川联合大学、重庆大学，马德坤、杨世良、张先普、侯季康、廖荣庆	三	中国石油天然气总公司
	油井管道的清蜡方法及装置——记忆、微孔、永磁材料在油井中的应用	东北大学、辽河油田北方实业总公司注采工具厂，耿殿奇、刘福余、耿殿雨、张桐义、吴艳英	三	辽宁省
化工设备	IIIJ 型双绝热内冷分流（并流分气式）氨合成塔内件	湖南省化肥工业公司，谢定中、严朝建、樊家本、周建龙、喻永林、卢　健、李春阳	二	湖南省
	WZ 型无重力粒子混合器	浙江省化工研究院，马　宇、杨宏普、王兆雄、唐锁云、王　勇	三	化学工业部
塑料设备	SJY180mm×80mm 锥形双螺杆塑料异型材挤出装备	山东塑料橡胶机械总厂，陈庆敏、边永强、徐利民、葛方坤、王士范	二	山东省
印刷设备	北大方正电子出版系统	北京大学计算机研究所、北大方正集团公司，王　选、陈堃銶、肖建国、阳振坤、宋再生、周宁、汪岳林、王永达、卢金鑫、邱崭姿、刘志红、陈　峰、黄渭平、路明治、王国印	一	北京市
	JZJ300/200 型激光照排机	中国科学院长春光机所，孙太东、国春生、李振铎、杜温锡、龙继德	三	中国科学院

（续）

行　业	获奖项目名称	主要完成单位和主要完成者	获奖等级	推荐部门
制药设备	QJX 型高效空气除菌过滤系统	核工业理化工程研究院、华北制药厂，吴文政、崔贤民、于长江、李宗塘、王民卫	三	中国核工业总公司
建筑材料设备	年产 70 万 m^2 一次烧成彩釉陶瓷墙地砖国产化示范生产线	中伦陶瓷总公司、自贡市建筑陶瓷总厂、中国建材研究院、山东工业陶瓷研究设计院、咸阳陶瓷研究设计院，高平良、李荣安、孙　琳、吴屏芳、刘存福	三	国家建筑材料工业局
	淮海水泥厂日产 3 500t 熟料烧成系统技术改造	南京水泥工业设计研究院、淮海水泥厂、上海新建机器厂，赵乃仁、杨卫平、孔学标、杨世宏、王国萍	三	国家建筑材料工业局
	对离心玻璃棉引进线的技术改造	上海平板玻璃厂，朱崇武、陆宏耀、沈志高、丁国正、杨福湘	三	司法部
	HZS40 型混凝土搅拌站	中国建筑第二工程局，罗世威、马可及、郝建华、申继军、郭文胜	三	中国建筑工程总公司
食品设备	YL12 - YL22 - YJ35 型烟用滤棒成型机组引进技术国产化	上海烟草工业机械厂，杨文雷、葛正荣、汪家驹、黄德林、金庆民	三	国家烟草专卖局
饲料设备	2、2.5、5、10t/h 饲料加工系列成套设备	国内贸易部无锡科研院、国内贸易部武汉科研院、郑州粮食机械厂、宜兴粮食机械厂、北京市饲料科研所，曹念正、张妙卿、王永昌、朱耀山、许文惠	三	国内贸易部
包装设备	道路沥青包装生产线及包装材料	吉林工业大学、四川化工研究院，孙济美、殷希永、牟永泉、何北超、张纪鹏	三	交通部
纺织设备	纺织系统节能空调系统研制及其推广应用	中国纺织工业设计院、中国纺织大学、常熟市鼓风机厂、北京国棉二厂、无锡河埒水泵厂，王锡章、郁履方、戴　义、叶大军、许文元、徐冠勤、陈东武	二	中国纺织总会
	真丝绸星型架精炼工艺及设备	杭州丝绸炼染厂、浙江丝绸科学研究院，范文森、曹月珍、颜水祥、唐国治、许志凤	三	中国纺织总会
	MTG 型高目印花镍网的研制	山东省昌邑市纺织机械厂，李长明、王志成、张福隆	三	山东省
	KV731 型纺丝牵伸机	上海二纺机股份有限公司，钱布平、周应祥、刘沪勇、陆雪梅、宋文奎	三	上海市
轻工设备	饰面皮革生产线成套设备	宁夏银川市智星工业技术开发所，谢满秋、陈　磊、谢晓泉、宋惠农、曹国勇	三	宁夏回族自治区

（续）

行　业	获奖项目名称	主要完成单位和主要完成者	获奖等级	推荐部门
拖拉机	拖拉机履带板新材料新工艺研究及推广应用	中国第一拖拉机工程机械公司、机械工业部洛阳拖拉机研究所、洛阳工学院，陈守煦、张文恺、张忠胜、陈全德、孙新军	三	河南省
机械化农机具	棉花铺膜播种机的研制与推广	新疆生产建设兵团农业局、新疆生产建设兵团科委，叶良中、陈学庚、孔宪厚、徐永亮、韩风臣、张国礼、孟繁祥、王能勇、王序俭、朱家训、许登龙、刘贵岭、张　鑫、苏守志、韦全生	一	新疆生产建设兵团
	贴片光弹性系统在工程农机中的研究和应用	中国农业机械化科学研究院，魏松龄、朱淑云、刘德安、曹军、乔建峰	三	机械工业部
医疗器械	射频消融治疗快速性心律失常仪器及临床应用研究	成都军区总医院、北京医科大学第一医院、北京协和医院、第四军医大学唐都医院、阜外医院，胡大一、李常太、吴　宁、任自文、杜日映、刘世玉、马长生、蓝志强、赵龙生	二	解放军总后勤部
	CTS－200、240、305、310 型系列线阵凸阵扇扫超声显像诊断仪	汕头超声仪器研究所，姚锦钟、蔡恒辉、李德来、蔡清福、张兴昌	三	广东省
	快中子治癌研究装置及应用研究	中国科学院高能物理研究所，唐锦华、常崴克、朱育诚、罗醒萱、申文江	三	中国科学院
	内窥镜技术研究	天津大学、徐州光学仪器总厂，张以谟、郁道银、陈　晨、李云青、齐　龙	三	国家教育委员会
建筑工程机械	QT－120AT－6 型推土机	青海工程机械厂，宋学书、王计芬、张胜来、温玉祥、于桂香	三	青海省
邮政机械	成组邮件自动搬运车及仓库柔性智能化作业系统	邮电部邮政科学研究规划院、济南军区后勤部军械部，程伟中、岳贺春、冯　峰、解建平、杜桂枝	三	邮电部
环境保护设备	450m^2 烧结系统大型电除尘器	机械工业部西安重型机械研究所、上海冶金矿山机械厂、浙江电除尘器总厂、上海电阻厂，徐国胜、赵　敏、潘大光、钟民华、王　亭、马俊祥、黄延梅、王文治、李宝义	二	机械工业部
	微控现代（新型）循环水系列设备	丹东市水技术机电研究所，周惠臣、丛安生、姜春波、宋晓江、张正刚	三	辽宁省
	高效旋风除尘器及其理论	西安建筑科技大学，叶　龙、沈恒根、梁守信、张丛智、王连泽	三	劳动部

（续）

行　业	获奖项目名称	主要完成单位和主要完成者	获奖等级	推荐部门
铁路运输车辆	东风4C型内燃机车	大连机车车辆厂、永济电机厂、天津机车车辆机械厂、沈阳铁路局，赵熲南、周西敏、白福全、杨产兴、孙兆祥、陈吉庆、徐振东、张常义、吴昭平	二	铁道部
	DGJ－1型地铁轨道检查车的研制	北京市地下铁道总公司工务段、铁道部科学研究院铁道建筑研究所，姜坚白、高林奎、翁绍德、李志隆、李腾万	三	北京市
汽车	解放CA1040型系列载货汽车研制开发	中国第一汽车集团公司、长春汽车研究所，贺庆中、王显洪、王镇昆、钱廷魁、杨建中	三	机械工业部
	EQ1118系列载货汽车(32种车型)	东风汽车公司，闵　佟、黄松、王　杰、王泽斌、李艳芝	三	机械工业部
船舶	98 000t原油/成品油船设计与建造	大连船舶设计研究所、大连造船新厂，沈闻孙、史　同、殷明荣、王根生、马延德、陈林福、刘宝钧、孙　军、于泽彬	二	中国船舶工业总公司
	山区浅水急流运输方式和船舶研制	武汉交通科技大学、四川省交通厅航务局，李世谟、徐永绥、沈尚明、王德恂、陈秋芝	三	交通部
	非对称双艉鳍船型	交通部上海船舶运输科学研究所，叶立钦、陈昌运、陈霞萍	三	交通部
	162客双体气垫船	中国船舶工业总公司七院第七〇八研究所、中国船舶工业总公司广州黄埔造船厂，王伟志、毕全福、门中喜、刘景祥、孙永权	三	中国船舶工业总公司
变压器	0.000 5级高准确度电压互感器的研制	华北电力科学研究院，彭时雄、马玉祥、马德厚、胡世民、庚陵	二	电力工业部
	YBT1－35/6.3型35kV移动式变电站成套设备	浙江开关厂，徐鹏飞、胡　敏、孙桂芬、杜联生、钟银辰	三	浙江省
电气控制成套设备	2 500kW轧机主传动同步电机交—交变频调速系统	冶金工业部自动化研究院、包头钢铁稀土公司，李崇坚、陈自勉、葛廷敏、李向欣、杜　沧、李建宇、朱春毅、于永革、马可勤	二	冶金工业部
	轧钢主传动交流电机双馈调速装置	冶金工业部自动化研究院、首钢带钢厂，杜　沧、王　松、王长虹、王　征、李增寿	三	冶金工业部
高压电器	新型10kV跌落式熔断器的研制	电力工业部电力科学研究院、重庆高压开关厂，刘富波、顾霓鸿、余　伍	三	电力工业部

（续）

行　业	获奖项目名称	主要完成单位和主要完成者	获奖等级	推荐部门
高压电器	矿井高低压电网三级漏电保护系统及装置	中国矿业大学、煤炭科学研究总院抚顺分院、天津航空机电公司、宿州市煤矿电器厂、焦作市无线电一厂，胡天禄、唐　轶、牟龙华、黄庆模、王崇林	三	煤炭工业部
	KZB1－2.5/660 矿用隔爆型快速断电煤电钻变压器综合保护装置	煤炭科学研究总院抚顺分院、沈阳矿务局红菱煤矿矿山设备厂，张丙军、王彦文、李晓光、姚永辉、金丽华	三	煤炭工业部
家用电器	海尔“无霜换代型”MSV保鲜系列电冰箱	海尔集团青岛制冷技术研究所，董长伟、喻子达、卢芝坤、刘景杭、杨春航	二	山东省
电焊机	大型水轮机转轮异种钢焊接技术的研究	机械工业部哈尔滨焊接研究所、哈尔滨电机厂、机械工业部哈尔滨大电机研究所、东北滨海水电大件加工厂，李　彦、王昱成、杜　兵、杨玉亭、朱慧珍	三	机械工业部
通用仪器仪表	扩散硅压力、液位传感器	机械工业部沈阳仪器仪表工艺研究所，徐广忠、庞世信、李妍君、李天茂、唐　伟	三	机械工业部
	机载成像光谱仪	中国科学院上海技术物理研究所，薛永祺、王建宇、沈鸣明、杨存武、薛魁武	三	上海市
	光谱法连续测量瞬态温度的装置	清华大学工程力学系、西安高压电器研究所，赵文华、闫究敦、张冠忠、贺　勇、过增元	三	国家教育委员会
	波长扫描和入射角可变全自动椭圆偏振光谱仪	复旦大学，陈良尧、钱佑华、冯星伟、苏　毅、马宏舟	三	上海市
	MTS零部件疲劳试验台微机控制	长春汽车研究所，朱启昕、龚学军、王学义、扬立峰、程传河	三	机械工业部
	DGS系列大功率高精度数字锁相宽调速系统	中国科学院自动化研究所，王之堂、黄玉棠、邱永华、张　征、竺　松	三	中国科学院
专用仪器仪表	合肥同步辐射加速器及光束线实验站	中国科学技术大学，包忠谋、何多慧、裴元吉、金玉明、张武、姚志远、李贵和、张允武、胡德芳、邱励俭、刘乃泉、张国栋、刘祖平、卢盛宽、王相綦	一	中国科学院
	射频石油含水分析仪和含水仪检定装置	中国计量科学研究院、北京市计量科学研究所、大庆石油管理局，陆国强、富乃成、徐文恬、杨川涛、杜　娟、郑志受、付志臣、张　昕、武俊青	二	国家技术监督局

(续)

行　业	获奖项目名称	主要完成单位和主要完成者	获奖等级	推荐部门
专用仪器仪表	CDC-IC重复式地层测试仪	中国船舶工业总公司第七研究院第七〇五研究所、石油天然气总公司中原石油勘探局测井公司，金文凯、乔汝椿、范文魁、胡贤江、马喜忠	三	中国船舶工业总公司
	GRISYS地震数据处理系统	石油天然气总公司地球物理勘探局研究院，赵振文、王宏林、田树人、赵中全、李英军	三	中国石油天然气总公司
	SP系列超声波流量计	湖南省长沙电子仪器二厂，王铁、谭恒文	三	湖南省
	电磁软件的开发研究及其在加速器磁铁工程中的应用	中国原子能科学研究院，樊明武、张天爵、颜威利、应晓云、王全峰	三	中国核工业总公司
	光纤折射率分布和几何参数标准测量装置的研究	中国计量科学研究院、西安工学院，李天初、方毓文、王民明、方占军、谭小地	三	国家技术监督局
	HBDS型第二代车辆红外线热轴探测系统	北京铁路局、中国航天工业总公司五〇二所，王素素、秦　勤、崔振忠、赵元虎、徐明庚	三	铁道部
	双漩涡发生体涡衔流量计系列的研究和推广应用	长沙矿山研究院，彭　炫、曹倬、王　毅、李香远、陈凤桂	三	中国有色金属工业总公司
	NF-3低速翼型风洞研制	西北工业大学，乔志德、郗忠祥、尹迪义、苏耀西、周瑞兴	三	中国航空工业总公司
	SSP-Ⅱ型卫星数据收集平台	中国科学院空间科学与应用研究中心，孙辉先、何东波、苏建、王平连、陈小敏	三	中国科学院
	大型汽轮机及调速系统在线参数辨识技术	清华大学电机工程与应用电子技术系、东北电力试验研究院、东北电业管理局调度通讯局、通辽发电总厂，沈善德、许　伟、蒋建民、陈　海、朱守真	三	国家教育委员会
	压磁式混凝土绝对应力计及应力仪	交通部重庆公路科学研究所，张　力、刘亚蒙、杨　玮、连启滨、童庭光	三	交通部
	纤维强伸度细度测试仪	中国纺织大学、上海市纺织纤维检验所、上海市毛麻纺织科学技术研究所，李汝勤、严文源、施德梁、徐国良、王正伟	三	中国纺织总会
	FRS-1柴油发动机生产热试验系统	东风汽车公司，陈光前、高为革、魏　丰、蒋　波、唐西清	三	机械工业部
	大倾角液压支架试验台	煤炭科学研究总院北京开采研究所，赵瑾、李兴海、张华丰、袁振中、李鹤才	三	煤炭工业部

（续）

行　业	获奖项目名称	主要完成单位和主要完成者	获奖等级	推荐部门
教学仪器设备	IMT/EC-863 智能型英汉机器翻译系统	中国科学院计算技术研究所，陈肇雄、张　祥、王惠临、干晓英、王文才、陈　强、哈弼亮、葛伟强、黄河燕、韩向阳、沈宇琛、张秀宏、洪　琳、张玉洁、陈桂明	一	中国科学院
仪器仪表元器件	计算电容绝对测量电阻、电容、电感	中国计量科学研究院，金士杰、何朝来、陆文骏、张钟华、王晓超	三	国家技术监督局
仪器仪表材料	高热流密度电热元件研制	中国原子能科学研究院，吴国治、石双凯、杜荣昌、张振灿、弭威耀	三	中国核工业总公司
量具刃具	3m 激光丝杠动态测量仪	上海科技大学、陕西汉江机床厂，陈明仪、孙麟治、程维明、刘继发、陆林海	三	上海市
电影机械	电影立体声解码还音设备	深圳大学，李应楷	三	广播电影电视部
工业机器人	基于微机的机器人离线编程系统 HOLPS 及其应用	华中理工大学、东风汽车公司，熊有伦、丁　汉、胡汉桥、何汉武、赵东波	三	湖北省
	台车架弧焊机器人工作站的研究	哈尔滨焊接研究所、山东推土机总厂，林尚扬、王富启、刘璇、杨书田、邓晓泉	三	机械工业部
其他	中小功率内燃机产品 CAD 系统的研究与开发	上海内燃机研究所、吉林工业大学、洛阳工学院、江苏理工大学、武汉工学院，杨　杰、邵慰严、张健航、张立人、符正伟	三	机械工业部
	CAD 辅助解决大型电站锅炉结焦问题的试验研究	广东省电力工业局试验研究所、韶关发电厂、浙江大学热能工程研究所，方江涛、阮中坚、岑可法、吴宏波、杨　华	三	广东省
	工程图纸自动输入处理、CAD 及档案管理系统	东北大学，刘积仁、柳玉辉、赵宏、李春山、袁　淮	三	冶金工业部
	AV-100 表格自动阅读机	重庆大学，潘保昌、汪同庆、郑胜林、黄尚廉、李　明	三	国家教育委员会
	CIMS 实验系统的软件开发及信息集成	清华大学、中国航空工业总公司第六二五研究所、中国航天工业总公司第二〇四研究所、机械工业部北京机械工业自动化研究所、机械工业部北京机床研究所、冶金工业部自动化研究院、东北大学，吴　澄、熊光楞、蔡复之、邓宏筹、高永春、曾庆宏、孙渝、胡道元、马力忠	二	国家教育委员会

（续）

行　　业	获奖项目名称	主要完成单位和主要完成者	获奖等级	推荐部门
其他	炼油厂气体分离装置计算机优化控制	上海交通大学自动化研究所、中国石化总公司石家庄炼油厂，邵惠鹤、王克庭、王　林、罗荣富、王　强	三	国家教育委员会
	微型计算机辅助绘图及设计系统	清华大学、华中理工大学机一系、北京计算机辅助设计技术公司，孙家广、陈玉健、周　济、王健民、屈　敏	三	国家教育委员会
	中央控制系统计算机辅助设计（CADCSC）软件系统	南开大学、中国科学院系统科学所、北京大学、中国科技大学、北京理工大学	三	国家教育委员会
	几种典型低温化学热处理渗层抗咬合、抗疲劳特性研究	机械工业部武汉材料保护研究所、机械工业部郑州机械研究所、机械工业部北京机电研究所、上海工业大学，郦振声、胡以正、陈秀玉、佟晓辉、余忠荪	三	湖北省
	1.5μm～2μm实用型分步重复投影光刻机	中国科学院光电技术研究所，吴濯才、刘业异、姚汉民、谢传钵、戴俊钊	三	中国科学院
	北京自由电子激光装置	中国科学院高能物理研究所、中国科学院上海光机所、中国原子能科学研究院、中国科学院上海原子核研究所，谢家麟、庄杰佳、黄永章、李永贵、林绍波、毛成生、张玉珍、钟元元、钟世材	二	中国科学院
	国际集装箱运输系统（多式联运）工业性试验	交通部水运科学研究所、上海市人民政府交通办公室，施一心、孙祥骥、冯房柱、陈树群、陈其华、沈　炎、林元旦、吴琪骧、金文征	二	交通部
	低阈值和高速超短光脉冲量子阱激光器	中国科学院半导体研究所，陈良惠、徐俊英、肖建伟、张敬明、孔梅影	三	中国科学院
	小型化脉宽可调的超短脉冲高功率激光系统	中国科学院上海光学精密机械研究所，徐至展、欧阳斌、林礼煌、陆海鹤、陈时胜	三	中国科学院
	高精度火箭式激振器技术研究及应用	西北工业大学、中国飞行试验研究院，李逢春、范存杰、沙长安、屈见忠、潘文达	三	中国航空工业总公司
	第七砂轮厂“七五”棕刚玉扩建项目（基建项目）	机械工业部第六设计研究院、中国第七砂轮厂，郭重庆、王裕东、康鸿勋、张荣昌、陈桂林	三	机械工业部
	桑塔纳轿车非调质曲轴用钢及模锻件性能试验	上海第五钢铁厂、上海汽车锻造总厂，殷　匠、许信忠、张瑞福、黄福海、施爱莉	三	上海市

（下转Ⅴ－30页）

优秀科研成果项目（1995年）

国务院所属部门评选

1995年国务院各部门评选了优秀科研成果，本刊刊登有关部委选送的机械工业项目247项，其中特等奖3项、一等奖29项、二等奖215项，按行业分类的科研成果项目数如下表。

行　业	获奖项数	行　业	获奖项数	行　业	获奖项数
锅炉	2	化工设备	2	电力电容器	1
内燃机	2	建筑材料设备	3	高压电器	4
发电设备	6	食品设备	1	低压电器	1
金属切削机床	4	饲料设备	1	电线电缆	2
锻压设备	4	包装设备	2	绝缘制品	1
起重运输设备	10	纺织设备	1	蓄电池	2
泵	4	拖拉机	1	家用电器	1
气体压缩机	4	渔业机械	1	电焊机	4
气体分离及液化设备	1	水利机械	1	工业电炉	2
分离机械	1	医疗器械	2	通用仪器仪表	17
减变速机	1	环境保护设备	5	专用仪器仪表	11
轴承	2	消防设备	1	仪器仪表元器件	1
阀门	4	铁路运输车辆	5	仪器仪表材料	1
液压件及液力件	1	汽车	4	传递标准用计量仪器	6
密封件	1	船舶	25	量具刃具	2
矿山设备	12	电机	2	磨料磨具	1
冶金设备	11	变压器	4	工业机器人	3
石油设备	1	电气控制成套设备	3	其他	52

（续）

行业	授奖部门	获奖等级	项目名称	研制单位
锅炉	机械工业部	二	DG670/13.7－9带中间负荷的调峰机组锅炉	东方锅炉厂、河南电力试验研究所、首阳山电厂
	中国航天工业总公司	二	高效节能煤粉工业锅炉的研究	哈尔滨工业大学
内燃机	中国船舶工业总公司	二	8V128ZJQ 柴油机 480kW (650PS) 车用样机研制	北京理工大学、河南柴油机厂、总参炮兵装备技术研究所、总参装甲兵装备技术研究所
		二	6V/8V128ZJQ柴油机装车样机研制	河南柴油机厂、总参装甲兵装备技术研究所、总参炮兵装备技术研究所、北京理工大学车辆工程学院
发电设备	机械工业部	二	GZ990－WP－550、SFGW15－68/5700灯泡贯流式水轮发电机组	重庆水轮机厂
		二	300MW汽轮发电机旋转励磁整流组件研制	机械工业部西安电力电子技术研究所、上海电机厂
	中国核工业总公司	二	秦山核电厂蒸汽发生器设计及试验研究	上海核工程研究设计院核动力运行研究所
		二	秦山核电厂堆内构件设计及试验研究	上海核工程研究设计院
	中国船舶工业总公司	一	秦山核电站冷凝器的研制	七〇三所、七二五所
	中国科学院	二	30kW风/光互补电站系统工程技术和装备的研制	中国科学院电工所
金属切削机床	机械工业部	二	CK61220/80－NCX8000－1型数控重型卧式车床	齐齐哈尔第一机床厂
		二	MKL7175型精密数控强力成形磨床	天津市磨床总厂
		一	XKA2120×60型数控龙门镗铣床	北京第一机床厂
		二	JK－72全自动轴承套圈精密扩孔机	机械工业部洛阳轴承研究所
锻压设备	机械工业部	一	10000kN、16000kN离合器式螺旋压力机	机械工业部北京机电研究所、青岛锻压机械集团公司
		二	异形长锻件精密成形辊锻∅680自动辊锻机组	机械工业部北京机电研究所
	中国有色金属工业总公司	二	300MN水压机功能评估与增压改造工程研究与应用	中南工业大学、西南铝加工厂
	中国航天工业总公司	二	YC100型液压锤	哈尔滨工业大学

（续）

行　　业	授奖部门	获奖等级	项　目　名　称	研　制　单　位
起重运输设备	机械工业部	一	FZ1－2“C”型翻车机卸车系统	大重集团公司
		一	脉动式吊厢客运索道	机械工业部北京起重运输机械研究所、四川矿山机器厂
		二	QY50型汽车起重机	长江起重机厂
		二	23kg精锌铸锭堆垛机组	昆明重型机器厂、北京有色冶金设计研究总院、西北铅锌冶炼厂
		二	DTⅡ型固定式带式输送机系列研制	机械工业部北京起重运输机械研究所、沈阳矿山机器厂、唐山冶金矿山机械厂、沈阳起重运输机械厂、铜陵运输机器厂、自贡运输机器总厂、上海起重运输机械厂
		二	125/30t吊具回转式铸造起重机	太原重型机械集团公司
		二	280/75t铸造起重机	大连起重机器厂
		二	GB/T13676～13678－92客运架空索道设计规范	机械工业部北京起重运输机械研究所
	中国船舶工业总公司	二	900t×182m巨型龙门吊结构改制与安装	大连造船新厂
	电力工业部	二	XKH800型悬链式链斗卸船机	武汉电力设备厂
泵	机械工业部	二	QYDB120A耐高寒潜油电泵	天津斯波泰克潜没电泵有限公司
		二	高精度计量泵的研制	机械工业部合肥通用机械研究所、重庆水泵厂
		二	CBZb型浮动轴式高压齿轮泵系列	机械工业部天津工程机械研究所、济南液压泵厂、青州液压件厂
		二	油田用稠油输送泵的研制	机械工业部合肥通用机械研究所、本溪第二水泵厂、丹东市油泵厂
气体压缩机	机械工业部	二	3MCL456离心压缩机	沈阳鼓风机厂
		二	2BCL458＋2BCL408/A离心压缩机	沈阳鼓风机厂
		二	AV56型轴流压缩机	陕西鼓风机厂
		二	3、6、9m^3/min动力用空气压缩机系列更新改造	机械工业部合肥通用机械研究所、江阴市压缩机厂、上海第五压缩机厂、沈阳空压机制造厂、济南空压机厂、垣曲空压机厂
气体分离及液化设备	机械工业部	一	KDON－14000/14000型空分设备	杭州制氧机集团公司、沈阳鼓风机厂
分离机械	机械工业部	二	HRZ630－N柱锥复合活塞推料离心机	机械工业部合肥通用机械研究所、上海化工机械厂

(续)

行业	授奖部门	获奖等级	项目名称	研制单位
减变速机	机械工业部	二	JD_5 减速器	机械工业部洛阳矿山机械研究所、洛阳矿山机器厂
轴承	机械工业部	一	精密轴承钢球生产线	机械工业部第十设计研究院、中山市轴承总厂
		二	日野变速箱轴承国产化应用研究	瓦房店轴承厂
阀门	中国石油化工总公司	二	电液控制塞阀	洛阳石油化工工程公司、兰州炼油化工总厂机械厂、中国航空工业总公司六三四研究所、兰州炼油化工总厂炼油一厂
	电力工业部	二	阀用C－T陶瓷复合钢管	江苏省扬中第一蝶阀厂
		二	DZW户外型阀门电动装置	扬州电力设备修造厂
	中国核工业总公司	二	火电站高温高压阀门研制	苏州阀门厂
液压件及液力件	中国船舶工业总公司	二	TY220型液力变矩器研制	七一一所
密封件	机械工业部	二	压力容器换热器法兰用高强度石墨复合垫密封技术研究	机械工业部合肥通用机械研究所、浙江慈溪密封材料总厂
矿山设备	机械工业部	一	GZY－3000工程钻机	机械工业部洛阳矿山机械研究所、洛阳矿山机器厂、交通部第二航务工程局
		二	MPS中速磨煤机磨辊新材料研究	沈阳重型机器厂、东北大学、朝阳发电厂
		二	复合型竖井楔齿滚刀材料研究	机械工业部洛阳矿山机械研究所、湖南冶金材料研究所、中煤特殊工程公司
	中国有色金属工业总公司	二	JYR井下运人车的研制	北京矿冶研究总院、小铁山矿、凡口铅锌矿、石家庄新华矿冶机械厂
		二	922D型铲运机研制、FPZ－450型封闭多盘湿式制动器的研制	衡阳有色冶金机械总厂、长沙矿山研究院、北京矿冶研究总院
		二	酚醛树脂空心微球生产工艺及设备的研制	北京矿冶研究总院
		二	AT1200型斜天井钻机	长沙矿山研究院、凡口铅锌矿
		二	JM450型气流粉碎机及生产线	长沙矿山研究院
		二	$10m^3$ 双车翻车机	南昌有色冶金设计院
		二	BZY－1型中场永磁筒式磁选机的研制	北京矿冶研究总院、鞍钢大弧山选矿厂
		二	GCG/75型干式电磁感应辊强磁选机研制及应用	北京矿冶研究总院、鸡西非金属矿工业公司
		二	GGT－2型高压辊磨机	中南工业大学
冶金设备	机械工业部	特	攀钢1 350mm板坯连铸机成套设备	中国重型机械总公司、机械工业部西安重型机械研究所、攀枝花钢铁（集团）公司、重庆钢铁设计研究院、中国第二重型机械集团公司、大重集团公司、太极计算机公司、榆次液压集团公司、西安冶金机械厂、燕山大学、上海整流器总厂、西安理工大学、中国第十九冶金建设公司
		一	TZ355十二机架微张力减径机组	太原重型机械集团公司
		二	三铰拉杆方柱型高刚度轧机的研制	燕山大学、唐山钢铁股份有限公司

行　业	授奖部门	获奖等级	项 目 名 称	研 制 单 位
冶金设备	中国有色金属工业总公司	一	西北铅锌冶炼厂锌焙烧浸出新工艺及装备研究与应用	北京有色冶金设计研究总院、白银有色金属公司、长沙矿冶研究院
		一	贵州铝厂 180kA 级铝电解槽开发试验	贵州铝厂、贵阳铝镁设计研究院
		二	ZGC－40 型渣罐运输车	长沙矿山研究院、太原钢铁公司
		二	国产化大型密封铜转炉吹炼生产系统	北京有色冶金设计研究总院、大冶有色金属公司
		二	贵州铝厂铝电解分布式控制系统开发及工艺技术综合研究	贵州铝厂、贵阳铝镁设计研究院
		二	智能型铝电解槽工业试验	抚顺铝厂、沈阳铝镁设计研究院
		二	具有整机运行状态计算机综合显示和柔性传动系统的新型回转窑	株洲冶炼厂、北方工业大学
		二	新型燃气还原炉的研制	自贡硬质合金厂
石油设备	中国石油化工总公司	一	催化裂化 PIM 型多管式旋风分离器的研究和工业应用	中国石油化工总公司北京设计院、洛阳石化工程公司、石油大学、沧州炼油厂、青岛石油化工厂、无锡县炼油设备配件厂、大庆石油化工总厂机械厂
化工设备	中国核工业总公司	二	常压型盘式连续干燥器	核工业第四研究设计院
		二	立式强化混合澄清器	核工业北京化工冶金研究院
建筑材料设备	机械工业部	二	ZL630 真空练泥机	机械工业部第七设计研究院、郑州电缆厂电工机械设备制造公司
		二	耐火材料成型设备的研制及改造——10 000kN 摩擦压砖机改造	机械工业部济南铸造锻压机械研究所、冶金工业部北京冶金设备研究院、山东第二耐火材料厂
		二	JP1500 型建筑玻璃连续真空镀膜生产线	机械工业部沈阳真空技术研究所
食品设备	中国船舶工业总公司	二	YZ65－90 型辊压法烟草薄片工艺设备研制	东风仪表厂
饲料设备	机械工业部	二	液体饲料添加装置研制	中国农业机械化科学研究院、阜新牧机厂、燕京牧机公司、上海电力学院
包装设备	机械工业部	二	WJ100－2200－3 七层瓦楞纸板生产线	广东肇庆嘉隆包装机械制造有限公司
	中国航天工业总公司	一	三秤并联自动定量包装机	北京丰源机械研究所
纺织设备	机械工业部	二	长绒棉加工工艺及设备研究	中国农业机械化科学研究院、新疆棉花科贸公司
拖拉机	机械工业部	二	TY2540 轮式拖拉机系列的设计开发	机械工业部洛阳拖拉机研究所、第一拖拉机工程机械公司、开封机械厂、运城拖拉机厂、石家庄拖拉机厂、常州拖拉机厂、江西拖拉机厂
渔业机械	中国科学院	二	水产养殖全自动控温—燃油供热系统	广州能源所

(续)

行 业	授奖部门	获奖等级	项 目 名 称	研 制 单 位
水利机械	中国科学院	二	引青水利自动化系统工程	大恒公司
医疗器械	中国核工业总公司	二	SJN2081型颅内压监护仪	苏州医学院
		二	XH-6010型全自动γ免疫计数器	西安核仪器厂
环境保护设备	机械工业部	一	上海市合流污水治理工程中央监测及控制系统	机械工业部上海电器科学研究所
		二	北京第一机床厂10t/h冲天炉除尘装置及系统工程	机械工业部第五设计研究院、北京第一机床厂、海城市玻纤扁袋除尘设备厂
		二	高浓度污水处理系统——厌氧流化床系统	江苏理工大学、北京夜光杯葡萄酒厂
	中国船舶工业总公司	二	JJZ-1型自动吸烟机	七〇二所
	电力工业部	二	HCK-1型除渣除灰程控装置	秦川电站仪表厂
消防设备	公安部	二	5种消防车通用技术条件行业标准	宝鸡、四川、震旦、上海消防器材总厂和江西消防车辆厂
铁路运输车辆	铁道部	一	120型货车空气控制阀	铁道部科学研究院、眉山车辆厂
		二	内燃机车双流道散热器	大连内燃机车研究所、戚墅堰机车车辆厂等
		二	D18A型凹底平车	哈尔滨车辆厂、四方车辆研究所
		二	240（240/275）型柴油机钢顶铝裙组合活塞的设计与制造	大连内燃机车研究所、大同机车厂
		二	等温淬火球墨铸铁（ADI）斜楔在货车车辆上的应用	戚墅堰机车车辆研究所、北京铁路局等
汽车	机械工业部	二	KL6110/6120系列大型客车底盘联合设计与制造	合肥淝河汽车制造厂、丹东汽车制造厂
		二	引进技术CA488发动机国产化及部分改进	中国第一汽车集团公司
		二	FRC-01燃气射流车	中国第一汽车集团四川专用汽车厂、中国人民解放军防化研究院三所、中国人民解放军驻四川专用汽车厂防化军事代表室
		二	转向器壳加工自动线的设计与制造	东风汽车公司
船舶	中国船舶工业总公司	一	150 000t散货船设计与建造	大连造船新厂、大连船舶设计研究所

（续）

行业	授奖部门	获奖等级	项目名称	研制单位
船舶	中国船舶工业总公司	一	35 000t 油船	七〇八所、渤海造船厂、广州海运（集团）公司
		一	连铸 945 钢中板应用研究	七二五所、江南造船厂
		一	大连造船新厂“七五”建设工程	大连造船新厂、第九设计研究院、勘察研究院
		二	大型油船的结构尺寸直接计算法	哈尔滨工程大学、大连造船厂、大连船舶设计研究所
		二	NOX－1 高温强防腐粉末涂料的研制	十一所
		二	计算机辅助造船集成系统第二期工程（CASIS-Ⅱ）——工程数据库（CASIS-DB）	应用软件开发中心
		二	计算机辅助造船集成系统第二期工程（CASIS-Ⅱ）——机电设计分系统（软件中心部分）	应用软件开发中心
		二	计算机辅助造船集成系统第二期工程（CASIS-Ⅱ）——船舶总体设计分系统	上海船舶研究设计院
		二	计算机辅助造船集成系统第二期工程（CASIS－Ⅱ）——船体结构分系统	江南造船厂、七〇八所、沪东造船厂
		二	西江油田生活模块设计生产与建造	大连造船新厂、中国国际海洋石油工程公司
		二	引进造船 CAD/CAM－SCHIFFKO 系统的再开发和应用	上海船厂
		二	海上油田开发用破冰型作业船	中华造船厂、中国国际海洋石油工程公司
		二	光盘网络档案系统	江南造船厂、东北大学
		二	500kN·m 液压舵机	七〇四所、武汉船用机械厂
		二	900t 海洋起重救助打捞工程船	七〇八所、中国港湾建设总公司、上海港口机械制造厂
		二	1 250m^3/h 吸盘式挖泥船	七〇八所、东海船舶修造厂、长江航道局
		二	船舶阻力、耐波性理论预报及其在船型优化设计中的应用	七〇二所
		二	用神经网络控制船舶在海上动力定位	七〇二所
		二	阿莫科（AMOCD）流花 11－1 浮式生产系统模型试验	七〇二所
		二	计算机辅助船舶管系生产集成系统（CAPIS）	沪东造船厂

（续）

行　业	授奖部门	获奖等级	项目名称	研制单位
船舶	中国船舶工业总公司	二	中国造船质量标准（CAQS）	求新造船厂、中国船舶工业总公司生产经营局、六一一所、综合技术经济研究院、大连造船厂、江南造船厂、沪东造船厂
		二	正确认识船舶工业的地位和作用，努力促进船舶工业的发展	中国船舶工业总公司办公厅、综合技术经济研究院
		二	缩短造船周期对策研究	十一所、中国船舶工业总公司科技局及生产局、沪东造船厂、上海船舶工业公司、广州造船厂、江南造船厂、大连造船厂
	机械工业部	一	××潜艇电力推进设备和发电控制设备	湘潭电机厂
电机	机械工业部	二	加氢装置用增安型无刷励磁同步电动机的关键防爆技术研究	南阳防爆电气研究所、北京重型电机厂、沈阳电机厂、机械工业部广州电器科学研究所
		二	ZPL 42/60－2/4 屏蔽电机	哈尔滨电机有限责任公司
变压器	机械工业部	二	BKSSP－30000/35 三相并联电抗器	西安变压器厂
		二	110kV 级系列有载调压电力变压器更新换代	沈阳变压器厂
	电力工业部	一	WBZ-500 型微机变压器保护装置	南京电力自动化设备总厂
		二	JCBZ－500 型集成电路变压器保护装置	南京电力自动化设备总厂
电气控制成套设备	机械工业部	二	武钢冷轧厂酸洗线电气传动自动化系统	机械工业部天津电气传动设计研究所、武汉钢铁（集团）公司
	中国有色金属工业总公司	二	盐溶炉微机自动温度模糊群控系统	北方工业大学、张家口市兴亚实业公司
		二	KGCES6000/825 型晶闸管大功率超前相控变流装置	中南工业大学、株洲冶炼厂
电力电容器	机械工业部	二	全膜并联电容器用 M/DBT 苄基甲苯新型浸渍剂研究	西安电力电容器研究所、湖南大学
高压电器	机械工业部	一	LW12－500 型六氟化硫罐式断路器	沈阳高压开关厂
		一	XZP1－210、XZP1－300 直流盘形悬式瓷绝缘子	大连电瓷厂、电力工业部电科院高压所
	中国有色金属工业总公司	二	户内高压真空断路器	吉林电气化高等专科学校
	电力工业部	一	WZY－1 型微机综合远动装置	南京电力自动化设备总厂
低压电器	机械工业部	二	WXH－15x 微机线路保护装置	华北电力学院北京研究生部、许昌继电器研究所
电线电缆	机械工业部	二	GB14315—93 电力电缆导体用压接型铜、铝接线端子和连接管	机械工业部上海电缆研究所、武汉电缆附件厂、长沙电缆附件厂、上海电缆附件厂

（续）

行　业	授奖部门	获奖等级	项目名称	研制单位
电线电缆	机械工业部	二	高强度铝包钢线、高性能铝包钢绞线、铝包钢芯铝绞线	常州市电线电缆厂、机械工业部上海电缆研究所
绝缘制品	机械工业部	二	韧皮纤维浆电绝缘纸板	泰州绝缘材料总厂
蓄电池	电力工业部	二	PZQ-3000 系列密封铅蓄电池直流程控电源	舟山华源电气有限公司
	中国船舶工业总公司	二	夏利轿车用 55B24L 型免维护铅酸蓄电池	保定金风帆蓄电池有限公司
家用电器	机械工业部	二	空调器生产用成套检测设备的开发与应用	机械工业部广州电器科学研究所
电焊机	机械工业部	一	加氢反应器堆焊材料与工艺的研究	机械工业部哈尔滨焊接研究所、兰州石油化工机器厂、中国第一重型机器集团公司
		二	直径 219mm 高频直缝连续焊接钢管机组关键技术研究	机械工业部西安重型机械研究所、湖北省汉川县钢管厂、内蒙古包头二机金属加工厂
		二	特殊钢板坯连铸火焰切割机的研制	机械工业部西安重型机械研究所、太原钢铁公司、上海新中冶金设备厂
	中国航天工业总公司	二	小型穿壁焊接技术研究	国营梅林化工厂
工业电炉	机械工业部	二	有芯感应熔铜炉组关键技术研究	机械工业部西安电炉研究所
		二	大型立式 LZT-150 真空退火炉的研制	机械工业部北京机电研究所、成都发动机公司
通用仪器仪表	机械工业部	一	大型煤气综合控制系统的研究	西安仪表厂、西仪横河控制系统有限公司、化学工业部第二设计院、西安理工大学
		二	DJD2 电子经纬仪	苏州第一光学仪器厂、华东工业大学
		二	固体材料水分测量仪	燕山大学
		二	YW116 盐雾温度试验室	机械工业部上海电器科学研究所
		二	非金属构件微波无损检测技术和扫查系统	机械工业部上海材料研究所、中国兵器工业五三研究所
		二	YPC-500F6 远方保护信号音频传输装置	许昌继电器研究所
		二	ZL9 智能 1MHz LCR 测量仪	上海仪器仪表研究所
		二	时代里氏硬度计	时代集团公司
		二	引进技术消化中关键材料理化测试技术研究——材料微量组份的分析技术研究	机械工业部上海材料研究所
		二	CSS-212 单面立式平衡机	机械工业部长春试验机研究所
		二	防爆安全栅测试技术研究	机械工业部上海工业自动化仪表研究所

（续）

行业	授奖部门	获奖等级	项目名称	研制单位
通用仪器仪表	机械工业部	二	厚壁加氢反应器超声波探伤技术的研究	机械工业部合肥通用机械研究所、中国第一重型机器集团公司、兰州石油化工机器厂、上海锅炉厂
		二	QWNP系列小型双偏心供油角度自动提前器	机械工业部无锡油泵油嘴研究所、江苏省金湖输油泵厂
	中国有色金属工业总公司	二	BLF－150型多道X荧光分析仪研制	西北矿冶研究院、金川有色金属公司
	中国科学院	二	旋转轴对称掠入射X光显微镜	长春光学机械研究所
	国家技术监督局	二	计数器摩擦力矩测试仪	陕西省计量测试研究所
		二	DBA－2A动平衡分析仪	中国测试技术研究院
专用仪器仪表	机械工业部	二	ETS－3A自动控制发动机试验系统	机械工业部上海内燃机研究所
		二	多功能微机土壤分析仪	中国农业机械化科学研究院
	中国有色金属工业总公司	二	LWJ系列射频电容式物位控制器的研究	长沙矿山研究院、株洲冶炼厂
		二	扫描隧道谱仪	北京有色金属研究总院
	中国船舶工业总公司	二	YG071B型纱疵分级仪	江苏雷声电子设备厂、上海纺织标准计量研究所
		二	JS－21油田注水水质监测系统（车载）研制	七二五所
	电力工业部	二	LRB热量流量积算仪	上海电力学院电器仪表厂
	中国科学院	二	高能量闪光灯泵的掺钛宝石激光器研究	安徽光学机械研究所
		二	氩离子锁模激光同步泵染料激光器	长春光学机械研究所
		二	DY－5型亚微米电子束曝光机的研制	中国科学院电工所
	中国核工业总公司	二	通用高纯锗普通电极型γ射线探测器研制	中国原子能科学研究院
仪器仪表元器件	机械工业部	一	广谱压电传感检测研究	湖南大学
仪器仪表材料	机械工业部	二	冷反光膜系列研究及应用	华东工业大学、海申照明电气公司、上海眼镜二厂
传递标准用计量仪器	国家技术监督局	二	高精度标准转速装置	江苏省计量测试技术研究所
		二	同轴射频大功率S参数标准及功率校准装置	上海市测试技术研究所

（续）

行　业	授奖部门	获奖等级	项 目 名 称	研 制 单 位
传递标准用计量仪器	国家技术监督局	二	天然气实流标准装置	重庆流量检测技术研究所
		二	整张和单片硅钢磁性能测量系统的研究	中国计量科学研究院、娄底地区电子研究所
		二	用等离子体辐射源建立紫外光谱辐亮度副基准（200nm～350nm）	中国计量科学研究院
		二	高精度激光功率能量基准	中国计量科学研究院
量具刃具	机械工业部	二	装配式圆磨滚刀及其刀片热处理工艺	汉江工具厂
	中国科学院	二	千分尺数控激光刻划机	成都光电所
磨料磨具	机械工业部	二	超硬磨料镀附技术及装备	燕山大学
工业机器人	机械工业部	二	SGR－1和PRR－1型核电站检测机器人	湖北省机电研究院、核动力运行研究所、武汉大学
	中国船舶工业总公司	二	自治式水下机器人智能决策和控制研究	哈尔滨工程大学
	中国科学院	二	SACAWR－Ⅰ型高压水切割机器人	沈阳自动化研究所
其他	机械工业部	特	北京第一机床厂CIMS工程	北京第一机床厂、东南大学
		特	沈阳鼓风机厂计算机集成制造系统	沈阳鼓风机厂、中国科学院沈阳自动化研究所
		二	CAD应用工程发展研究	机械工业部机械科学研究院系统分析研究所、电子工业部第六研究所、机械工业部北京机械工业自动化研究所、机械工业部科技信息研究院、中国航空工业总公司科技研究院、清华大学、北京航空航天大学
		二	工业过程控制用积木式微机分布控制系统的研究	机械工业部北京机械工业自动化研究所
		二	500kg/h铸链炉调质线开发设计	机械工业部第四设计研究院、上海柴油机股份有限公司、广东四会连杆厂、无锡湖光电炉厂
		二	北京低压电器厂计算机辅助企业管理系统	机械工业部第七设计研究院、北京低压电器厂
		二	西仪计算机管理信息系统	西安仪表厂
		二	泵的计算机辅助设计研究及应用	江苏理工大学
		二	GB/T13799—92双圆弧圆柱齿轮承载能力计算方法	哈尔滨工业大学、机械工业部郑州机械研究所、太原工业大学

(续)

行　业	授奖部门	获奖等级	项目名称	研制单位
其他	机械工业部	二	物流系统计算机动态仿真通用软件DSMF（V1.0）	机械工业部设计研究院
		二	有限元分析技术在汽车零件开发中的应用	东风汽车公司
		二	东风汽车公司柴油发动机厂工程设计	东风汽车公司
		二	沈阳金杯客车制造有限公司“七五”轻型客（货）车技术改造项目	沈阳金杯客车有限公司、金杯汽车有限公司、机械工业部第九设计院、中国科学院沈阳自动化研究所、沈阳自动控制研究院
		二	铸铁缸盖进、排气阀座高频淬火工艺试验及装备研制	东风汽车公司
		二	1 000kJ对击锤试制加镁GH36合金WP－8航空发动机涡轮模锻件	中国第二重型机械集团公司
		二	人造金刚石综合物性检测技术的研究	机械工业部郑州磨料磨具磨削研究所
		二	大连耐酸泵厂成组技术系统	大连耐酸泵厂、北方电脑开发公司、机械工业部设计研究院、大连铁道学院、机械工业部机械科学研究院
		二	高性能工业用漆开发研究与在工程农机行业的应用	中国农业机械化科学研究院、开封油漆厂
		二	胶体状超微水基石墨热精锻润滑剂研究	机械工业部北京机电研究所、上海胶体化工厂
		二	QJ150（QJ170）型大型节能涂装室	长春市环保涂装设备厂
		二	大型工件的涂覆渗碳	燕山大学、中国第一重型机器集团公司、沈阳重型机器厂
		二	滚翻保护装置（ROPS）和落物保护装置（FOPS）的研究	吉林工业大学、厦门工程机械厂、太原工业大学
		二	凸轮机构现代设计理论与方法的研究	合肥工业大学
		二	铁路双线隧道通风的动态模拟试验研究	湖南大学
		一	东方汽轮机厂200t高速动平衡试验室整套工程项目	机械工业部第二设计研究院、东方汽轮机厂
		二	机械工业“九五”关键技术分析论证	机械工业部机械科学研究院、机械工业部北京机械工业自动化研究所、机械工业部北京机床研究所、机械工业部上海材料研究所、机械工业部天津电气传动设计研究所、机械工业部北京机电研究所、中国农业机械化科学研究院
		二	提高摩擦焊接头质量新技术研究	机械工业部哈尔滨焊接研究所

（续）

行业	授奖部门	获奖等级	项目名称	研制单位
其他	机械工业部	二	碳纤维—银基复合材料的开发研究	合肥工业大学
		二	重载齿轮数控感应淬火机床及工艺微机控制的研究	机械工业部郑州机械研究所、太原重型机械集团公司
		二	光学传递函数综合标准（包括GB/T4315.2—88、GB/T13742—92、JB/T5521～5522—93、JB/T6784—93）	上海光学仪器研究所、北京理工大学、浙江大学、中国计量科学研究院
		二	产品定义与控制系统	东风汽车公司
		二	JB/T3162.1—91滚珠丝杠副术语、JB3162.2—91滚珠丝杠副验收技术条件	汉江机床厂、机械工业部北京机床研究所、南京工艺装备厂、华东理工大学、山东济宁丝杠厂
		二	汽车标准体系的研究与编制	全国汽车标准化技术委员会、中国汽车技术研究中心
		二	GB/T14213—93初始图形交换规范	机械工业部北京机械工业自动化研究所
		二	JB/T5846—91晶闸管特性曲线计算指南	机械工业部西安电力电子技术研究所
		二	重大技术装备国内外技术水平分析及国产化政策研究	机械工业部科技信息研究院、国家经贸委技术与装备司、原国务院重大办石油专项办、机械工业部机械科学研究院
		二	2010年我国机电产品出口目标的研究	机械工业部科技信息研究院、机械工业部规划院、电子工业部计算机与微电子发展研究中心、电子工业部情报所、电子工业部规划院、中国船舶工业总公司综合技术经济研究院
		二	国际知识产权制度的现状、发展趋势及我国对策研究	机械工业部科技信息研究院
		二	《中国机械工业年鉴》	机械工业部科技信息研究院、机械工业部办公厅新闻处
	中国船舶工业总公司	二	特殊氮化	重庆液压件厂
		二	扭转振动性能及扭振控制技术研究	七一一所
		二	冰箱彩板圆弧门生产线	广州广船国际股份有限公司
		二	分体式房间空调器装配生产线	第九设计研究院、上海家用空调器总厂、上海四高科技服务部
	中国航天工业总公司	二	高压低温容器的研制	北京丰云试验技术研究所
	中国核工业总公司	二	高铅锡青铜配件制造	中国核工业总公司七一〇厂

（续）

行　业	授奖部门	获奖等级	项目名称	研制单位
其他	中国核工业总公司	二	大面积弧离子镀膜机研制	核工业西南物理研究院
	国家技术监督局	二	GB14260～14263—93 散装重有色金属浮选精矿取样、制样方法系列国家标准	中国有色金属工业总公司标准计量研究所、葫芦岛锌厂、株洲冶炼厂、大冶有色金属公司
		二	GB/T14143—93 300μm～900μm厚Si片间隙氧含量红外吸收测定方法	电子工业部第四六研究所
		二	GB/T2497—93 船用柴油机增压空气冷却器	中国船舶工业总公司第七一一研究所、大冶船舶辅机厂、泰州光明机械厂、中国船舶工业总公司综合技术经济研究院
		二	GB/T13699～13700—92、14501.1～.5—93，六氟化铀中硼、钛、硅等九个杂质元素的测定	中国核工业总公司国营八一四厂
		二	GB156—93 标准电压	机械工业部标准化研究所、电力科学研究院、上海电器科学研究所、电力信息研究所、西安高压电器研究所、武汉高压研究所、郑州工学院
		二	GB/T14550～14553—93 水、土、生物质量中有机磷和有机氯农药多残留测定的气相色谱法	农业部环境保护科研监测所、天津市环境监测中心

〔第Ⅴ部分责任编辑：白　萍〕

（上接Ⅴ-16页）

（续）

行　业	获奖项目名称	主要完成单位和主要完成者	获奖等级	推荐部门
其他	45CrNiMolVA超高强度钢与焊接材料及其应用研究	冶金工业部钢铁研究总院、抚顺钢厂、鞍山钢铁公司、陕西钢铁研究所、中国航天工业总公司二〇一研究所，王维明、张景海、刘洪霞、陈文耀、李尉然	三	冶金工业部
	准时化生产管理方式	中国第一汽车集团公司，王国治、姜延春、赵世胜、张世宏	三	机械工业部
	微粉粒度分级装置	合肥工业大学，张统潮	三	机械工业部
	超高速旋杯式自动静电喷涂机	中国第一汽车集团公司、中国航天工业总公司星河机器人技术开发公司，黄庆森、韩光炯、钱绍昌、王学洲、刘建荣	三	机械工业部
	举力352.8MN（15万t级）“南通”号浮船坞研制	上海东联船舶工程公司、上凌船厂，祝源钩、马烈勋、高志明、谢鸣华	三	交通部

〔国家科学技术奖励工作办公室供稿〕

机械工业

产品和

技术进出口

第VI部分

机械工业产品外贸概况(1995年)

中国机电产品进出口商会系统

一、1995年我国机电产品进出口特点

1995年全国进出口商品总值达2 808.49亿美元，比上年增长18.6%，其中出口1 487.71亿美元，增长22.9%；进口1 320.79亿美元，增长14.2%。机电产品进出口与全国外贸一样，出口增长强劲，进口稳中有升，主要特点是：

1. 机电产品出口突破400亿美元，已成为我国第一大类出口商品。

1995年机电产品出口438.57亿美元，比上年增长37.2%，首次成为我国第一大类出口商品。在全国出口总额中的比例由1994年的26.44%上升到29.48%。

2. 按月分析出口形势呈如下特点：

(1) 整个机电产品出口增幅呈逐月递减趋势。

出口的绝对额逐月递增，即由1月份出口26.9亿美元到12月份增至53.9亿美元。但与1994年同月相比的增幅则逐月递减，由1月份的115.7%，逐月下降到12月份仅为0.9%。

(2) 一般贸易出口与上年同期相比的增幅由超常增长降到负增长。

一季度148.7%、二季度69.24%、三季度11.07%、四季度2.53%，11月、12月已为负增长，分别为-2.1%及-7.9%。

(3) 加工贸易基本稳定。

1995年出口增幅逐月下降主要是因一般贸易出口增幅下降造成的。而一般贸易出口额的92.45%又是由国有企业出口的，因此也可以说是由于国有企业出口增幅下降的结果。

3. "三资"企业出口发展迅速，外商独资企业尤为突出。

1995年出口机电产品的企业共19 755个，其中"三资"企业11 838个，比1994年增加801个，其中779个是外商独资企业，经营机电产品的外商独资企业已占"三资"企业的30.7%。

"三资"企业出口机电产品206.18亿美元，占全国机电产品出口额的比例上升到47%（1994年为41.52%），其中外商独资企业出口88.26亿美元，占"三资"企业出口额的42.8%（1994年为39.41%）。

值得注意的是"三资"企业机电产品出口的绝对额自8月份开始逐月均超过国有企业的出口额。

4. 企业出口规模有所扩大。

按1995年报关企业统计：

出口额超过1亿美元的企业46个（其中国有企业21个、"三资"企业25个），比1994年增加了20个；

出口额超过5 000万美元的企业121个（其中国有企业55个、"三资"企业64个），比1994年增加43个；

出口额超过1 000万美元的企业734个（其中国有企业346个、"三资"企业370个），比1994年增加229个；

出口额超过500万美元的企业1 397个（其中国有企业675个、"三资"企业686个），比1994年增加373个。

出口企业平均单位出口额不断提高。1995年出口企业平均单位出口额为222.05万美元，高于1994年的156.05万美元。其中国有企业312.64万美元，比1994年提高了105.8万美元；"三资"企业120.36万美元，比1994年提高了90.56万美元（独资企业为242.8万美元）。

5. 主要机电产品出口全面增长，主要商品中大部分商品出口平均单价水平有所提高。

在1995年机电产品出口中，电子类商品出口额为163.35亿美元，机械类商品出口额为159.88亿美元，轻工机电类商品出口额为115.42亿美元。

主要机电产品出口全面增长，出口额超过20亿美元的商品有：录音机、收录音机及组合音响、自动数据处理设备及部件、钟表及零部件。出口额超过10亿美元的商品有：自动数据处理设备的零件、集装箱、电灯及照明装置。

出口额超过1亿美元的商品达73种，比1994年增加了13种。其中机械类商品33种、轻工机电类商品12种。超1亿美元的商品出口额达342.21亿美元，占机电产品出口额的78%。比1994年提高了8个百分点。在73个出口额超1亿美元的商品中，有54种商品出口以加工贸易为主，如：自行车、电风扇、彩色电视机、微波炉、电饭锅等出口额的60%均是以加工贸易方式出口的。

在出口额超1亿美元的商品中，平均单价水平上升的有45种，增长额达44.50亿美元；平均单价水平下降的有28种，降低额达24.54亿美元。车床、激光唱机、彩色电视机、空调器、电风扇、有线电话机均属平均单价水平下降商品。

6. 主要出口市场全面增长，对东盟、非洲的出口增长显著。

1995年我国机电产品出口超1亿美元的国家和地区已达37个，比1994年增加了8个。除对伊拉克、阿根廷出口为负增长外，其余主要市场均有一定程度的增长，尤其是对东盟各国（增幅69.79%），南美的巴西（增幅94.3%）、秘鲁（增幅87.24%）增长显著并相对集中。

对非洲市场的开发初见成效，增幅居各大洲之首达49.39%，其中对南非、埃及、尼日利亚的出口增幅均超过50%。

机电产品出口的五大市场仍为香港地区、美国、欧盟、日本、东盟，但各自所占比率发生了一些变化，由于对日本、东盟、欧盟出口增长速度高于机电产品出口平均增长速度，因此，占比较1994年有所上升，而对香港、美国的占比则低于1994年水平。

7. 机电产品进口增幅稳中有升，进出口差额继续下降。

1995年机电产品进口额591.77亿美元，比1994年增长3.5%，其中，机械、电子、轻工机电三大类商品进口额分别为：382.19亿美元、161.15亿美元、48.50亿美元。1995年进口增幅基本平稳，保持逐月略有增加的趋势。由于出口高速增长，1995年进出口差额进一步减小至153.2亿美元。

机电产品进口贸易方式仍以一般贸易为主，占机电产品进口额的35.57%，进料加工贸易居第二位，占20.44%，但其增幅达43.51%，超过一般贸易增长，并高于机电产品进口平均增长速度。外商投资企业作为投资进口设备物品的进口额在连续几年增长的情况下，1995年转为负增长。

二、统计资料

表1　1985年～1995年全国进出口商品总值及机电产品进出口值　（单位：亿美元）

年份	全国商品			其中：机电产品		
	进出口总值	出口	进口	进出口总值	出口	进口
1985	696.02	273.50	422.52	199.68	16.80	182.88
1986	738.46	309.42	429.04	218.27	24.80	193.47
1987	826.53	394.37	432.16	212.48	38.60	173.88
1988	1 027.84	475.16	552.68	268.58	61.60	206.98
1989	1 116.78	525.38	591.40	308.19	83.20	224.99
1990	1 154.37	620.91	533.45	325.21	110.88	214.33
1991	1 357.02	719.10	637.91	391.68	141.22	250.46
1992	1 656.08	849.98	806.10	544.40	195.50	348.90
1993	1 957.13	917.63	1 039.50	721.62	227.06	494.56
1994	2 367.31	1 210.38	1 156.93	892.40	320.00	572.40
1995	2 808.49	1 487.71	1 320.79	1 030.34	438.57	591.77

表2　1995年机械产品出口超1亿美元商品量值　（单位：万美元）

序号	商品名称	计量单位	1995年		比上年增长%	
			数量	金额	数量	金额
1	钟表及零部件	—	—	209 627	—	9.60
	其中：钟	万只	30 189	37 829	35.06	27.16
	手表	万只	107 593	126 719	-0.75	7.50
2	集装箱	个	403 346	118 066	85.19	91.77
3	电灯及照明装置	—	—	101 989	—	19.86
	其中：节日灯	—	—	32 170	—	16.39
4	通断及保护电路装置	t	156 666	92 083	13.96	57.75
5	电动机及发电机	万台	155 031	88 634	19.15	34.92
6	船舶	艘	8 619	87 210	-85.96	61.48
7	电热器具	—	—	85 382	—	30.80
	其中：微波炉	万个	114	7 373	16.33	36.94
	电饭锅	万个	1 465	9 779	40.87	47.63

(续)

序号	商品名称	计量单位	1995年		比上年增长%	
			数量	金额	数量	金额
8	自行车及零部件	—	—	82 045	—	16.13
	其中：自行车	万辆	1 262	53 524	-5.96	6.38
9	手用或机用工具	t	389 220	80 126	14.48	26.15
	其中：扳手	t	32 069	6 781	5.72	8.83
	钳类	t	64 960	11 050	-7.36	9.22
	锤类	t	42 992	5 139	5.87	14.23
10	电扇	万台	9 502	75 793	62.04	40.23
11	变压器	万个	258 245	63 346	67.93	57.51
12	照相机	万台	6 157	57 196	42.39	43.38
13	静止式变流器	万个	15 356	51 807	30.30	36.63
14	电线和电缆	t	198 928	51 137	22.03	41.09
15	印刷电路	t	27 626	41 525	-18.17	31.37
16	复印设备	万台	83	39 229	130.56	139.86
17	电动器具	—	—	38 089	—	29.05
	其中：吸尘器	万台	1 410	9 390	17.89	35.79
18	汽车零件	—	—	37 521	—	52.62
19	钢铁或铜制标准紧固件	t	298 939	33 492	34.96	39.27
20	锁	t	124 393	33 245	10.89	11.69
21	不锈钢厨具	t	67 255	30 580	21.39	25.24
22	轴承	万套	56 479	29 925	74.38	54.80
23	原电池	万个	738 423	29 614	15.03	29.86
24	钢铁结构体	—	—	27 708	—	70.09
25	金属加工机床	万台	248	26 864	-0.80	11.02
	其中：车床	台	44 115	8 142	17.44	13.91
	铣床	台	5 902	1 724	3.27	6.55
	台钻	—	—	3 573	—	14.92
26	其他钢铁铸造制品	—	—	26 098	—	45.86
27	建筑五金	t	270 958	25 307	14.24	19.94
28	缝纫机及零部件	—	—	24 599	—	28 .72
	其中：缝纫机	万台	453	20 812	7.35	26.95
29	钢铁管子及附件	t	266 045	24 176	25.96	41.97
30	医疗仪器及器械	—	—	20 557	—	49.30
31	贱金属附件	t	130 043	20 214	24.10	31.35
32	手提式各式电钻	—	—	18 174	—	121.26
33	蓄电池	万个	23 834	18 152	49.90	59.10
34	汽车和汽车底盘	辆	17 934	15 378	-3.85	36.77
35	空调器及零件	—	—	15 276	—	41.69
	其中：空调器	万台	41	13 689	78.26	48.09
36	建筑及采矿机械	—	—	14 982	—	85.86
37	纺织机械	万台	1 688	14 489	50.18	44.41
38	手提式砂磨工具	—	—	14 483	—	100.79
39	阀门	万个	6 654	13 333	2.02	36.18
40	复印设备的其他零件、附件	kg	15 695 668	12 020	142.49	124.34
41	用于电动机、发电机、发电机组的零件	kg	37 567 768	11 479	47.64	94.59
42	其他金属家具	kg	70 956 527	10 562	76.55	64.06

表 3　1995 年机电产品出口企业性质　（金额单位：万美元）

企业性质	企业数量（个）	各类企业个数占比 %	比上年企业增长 %	出口额	各类企业金额占比 %	比上年金额增长 %
总计	19 755	—	-3.66	4 385 700	—	37.20
国有企业	7 193	36.41	-18.86	2 248 803	51.27	22.64
“三资”企业	11 838	59.92	7.26	2 061 842	47.00	55.21
其中：中外合作企业	1 859	9.41	3.39	259 249	5.91	35.91
中外合资企业	6 344	32.11	-0.61	919 943	20.97	49.80
外商独资企业	3 635	18.40	27.28	882 651	20.12	68.57
集体企业	512	2.59	22.49	73 447	1.67	110.15
个体企业	16	0.08	-30.43	293	—	178.93
其他	196	0.99	20.25	2 126	0.05	-22.93

表 4　1995 年机电产品出口贸易方式　（金额单位：万美元）

贸易方式	出口额	比重（%）	比上年增长 %
出口总值	4 385 700	—	37.20
一般贸易	1 245 914	28.40	40.55
国家间、国际组织无偿援助和赠送的物资	1 833	0.04	76.98
补偿贸易	1 973	0.04	-29.27
加工贸易	3 065 057	69.87	34.62
其中：来料加工装配贸易	851 899	19.42	13.23
进料加工贸易	2 213 158	50.45	45.19
寄售代销贸易	146	—	116.94
边境小额贸易（边民互市贸易除外）	1 746	0.04	-23.58
对外承包工程货物	16 230	0.37	91.20
租赁贸易	27	—	—
出料加工贸易	545	0.01	-5.97
易货贸易	16 732	0.38	-17.29
保税仓库进出境货物	35 277	0.80	—
其他	1 030	0.02	-19.08

表 5　1995 年机电产品出口超 1 亿美元的国家（地区）排序　（金额单位：万美元）

序号	国家（地区）	1995 年出口额	1994 年出口额		比上年增长 %
	出口总值	4 385 700	3 200 000		37.20
1	香港	1 133 053	870 324	（1）	30.19
2	美国	918 406	752 867	（2）	21.99
3	日本	592 575	359 316	（3）	64.92
4	德国	211 408	159 503	（4）	32.54
5	新加坡	144 667	79 613	（6）	81.71
6	英国	105 127	82 864	（5）	26.87
7	荷兰	101 556	58 895	（8）	72.44
8	台湾省	97 235	74 110	（7）	31.20
9	韩国	87 303	48 556	（9）	79.80
10	法国	63 074	45 773	（10）	37.80
11	泰国	57 920	33 441	（14）	73.20
12	印度尼西亚	47 626	34 256	（13）	39.03
13	马来西亚	46 755	30 356	（15）	54.02
14	加拿大	46 139	38 541	（11）	19.72

（续）

序号	国家（地区）	1995 年出口额	1994 年出口额		比上年增长 %
15	意大利	44 807	30 028	(16)	49.22
16	澳大利亚	42 908	37 267	(12)	15.14
17	巴基斯坦	35 845	25 392	(18)	41.17
18	阿拉伯联合酋长国	33 569	27 827	(17)	20.63
19	巴西	31 936	16 436	(24)	94.31
20	西班牙	30 404	25 017	(19)	21.53
21	缅甸	28 250	17 031	(22)	65.88
22	菲律宾	24 962	11 941	(28)	109.04
23	比利时	24 752	19 883	(20)	24.49
24	越南	23 796	12 259	(26)	94.12
25	孟加拉国	21 174	10 527	(30)	101.15
26	沙特阿拉伯	19 193	13 370	(25)	43.55
27	伊朗	19 071	16 941	(23)	12.57
28	南非	19 034	10 475	(31)	81.72
29	俄罗斯	17 998	17 644	(21)	2.01
30	埃及	15 763	10 008	(32)	57.51
31	印度	14 234	6 784	(38)	109.84
32	巴拿马	13 900	11 433	(29)	21.58
33	智利	12 456	8 283	(36)	50.37
34	阿根廷	11 129	12 144	(27)	-8.36
35	秘鲁	10 341	5 505	(42)	87.84
36	叙利亚	10 331	8 503	(35)	21.50
37	瑞士	10 304	9 778	(33)	5.38

注：括号内数字为 1994 年出口额排序。

表 6　1995 年机电产品进口额前二十名国家（地区）排序　（金额单位：万美元）

序号	国家（地区）	1995 年进口额	1994 年进口额		比上年增长 %
	进口总值	5 917 700	5 724 000		3.38
1	日本	1 777 118	1 722 038	(1)	3.20
2	美国	724 427	868 330	(2)	-16.57
3	德国	660 350	595 601	(4)	10.87
4	台湾省	[illegible]	609 884	(3)	-2.74
5	香港	[illegible]	451 840	(5)	-8.14
6	韩国	[illegible]	196 083	(7)	35.97
7	意大利	[illegible]	233 296	(6)	1.07
8	法国	[illegible]	159 573	(8)	18.65
9	新加坡	[illegible]	65 594	(13)	125.21
10	英国	[illegible]	130 603	(9)	-6.30
11	瑞典	[illegible]	74 316	(10)	24.34
12	加拿大	[illegible]	64 416	(14)	10.17
13	西班牙	[illegible]	62 119	(15)	9.28
14	比利时	[illegible]	68 495	(12)	-3.35
15	瑞士	[illegible]	74 122	(11)	-10.83
16	中华人民共和[illegible]	[illegible]	[illegible]2 256	(17)	22.86
17	芬兰	[illegible]	[illegible]990	(20)	45.27
18	荷兰	[illegible]	[illegible]679	(18)	18.58
19	俄罗斯	[illegible]	[illegible]776	(16)	-28.55
20	奥地利	[illegible]	[illegible]456	(21)	60.42

注：括号内数字为19[illegible]

表 7　1995 年主要机械产品进口量值　　（金额单位：万美元）

序号	商品名称	计量单位	1995 年		比上年增长 %	
			数量	金额	数量	金额
	主要机电产品进口合计			1 724 087		-0.93
1	纺织机械	万台	1 782	255 353	-15.88	-2.30
2	金属加工机床	万台	14	220 126	-23.81	6.68
	其中：车床	万台	1	16 991	-2.84	17.06
	铣床	万台	1	11 169	-3.92	-2.46
	台钻	万台	1	2 189	1.18	20.81
3	汽车和汽车底盘	辆	158 116	153 542	-44.08	-55.03
4	通断及保护电路装置	t	76 737	127 666	-6.47	24.12
5	钟表及零部件	—	—	115 581	—	6.05
	其中：钟	—	—	4 905	—	6.96
	手表	—	—	63 894	—	14.57
6	汽车零件	—	—	85 567	—	24.39
7	建筑及采矿机械	—	—	83 066	—	37.72
8	电线和电缆	t	209 378	78 532	6.79	20.23
9	发电机组	—	—	68 536	—	-17.65
10	船舶	艘	1 305	67 440	-70.92	-40.77
11	电动机及发电机	万台	53 322	49 354	21.26	32.15
12	缝纫机及零部件	—	—	40 817	—	-10.24
	其中：缝纫机	—	—	32 459	—	-18.07
13	空调器及零件	—	—	39 894	—	-11.57
	其中：空调器	—	—	30 366	—	-21.57
14	印刷电路	t	31 630	39 841	-33.63	25.95
15	医疗仪器及器械		—	37 381	—	20.71
16	阀门	万个	2 487	32 534	93.94	25.55
17	钢铁结构体	—	—	27 245	—	14.25
18	变压器	万个	41 672	24 130	57.09	2.25
19	手用或机用工具	t	18 436	17 837	6.17	24.34
	其中：扳手	t	2 677	698	41.59	25.99
	钳类	t	724	471	13.55	33.05
	锤类	t	313	75	-12.97	56.25
20	钢铁或铜制标准紧固件	t	45 423	14 242	7.34	27.71
21	轴承	万套	20 428	13 424	0.23	35.97
22	自行车及零部件	—	—	12 901	—	4.11
	其中：自行车	—	—	95	—	46.15
23	静止式变流器	万个	4 116	12 322	-11.55	40.66
24	电热器具	—	—	11 505	—	44.15
	其中：微波炉	—	—	5 821	—	161.38
	电饭锅	—	—	1 579	—	28.79
25	原电池	万个	187 608	11 369	21.26	46.30
26	叉车	—	—	11 107	—	38.44
27	钢铁管子及附件	t	14 474	9 952	-27.03	14.42
28	蓄电池	万个	11 588	9 084	33.45	84.22
29	电扇	万台	655	8 584	95.93	57.42
30	建筑五金	t	41 041	6 103	-6.28	-7.78

（续）

序号	商品名称	计量单位	1995年		比上年增长%	
			数量	金额	数量	金额
31	电灯及照明装置	—	—	4 911	—	-27.38
	其中：节日灯	—	—	113	—	-14.39
32	拖拉机	万辆	0	4 261	-99.05	-58.66
33	贱金属附件	t	11 823	4 052	19.34	38.44
34	家用电冰箱及冷冻箱	万台	12	3 719	92.92	72.26
35	磨料	—	—	3 585	—	20.83
36	照相机	万台	108	2 445	-49.79	-50.27
37	摩托车	万辆	5	2 382	-86.14	-94.08
38	锁	t	4 130	2 227	-12.69	19.15
39	复印设备	万台	1	1 943	-37.25	-41.72
40	洗衣机	万台	5	1 865	19.86	27.22
41	电动器具	—	—	1 863	—	-1.69
	其中：吸尘器	—	—	1 021	—	7.02
42	其他钢铁铸造制品	—	—	1 687	—	-7.05
43	不锈钢厨具	t	3 216	1 448	-10.17	-21.22
44	金属及电动玩具	万台	304	802	-58.28	-22.96
45	集装箱	个	3 118	634	-71.29	14.44
46	手提式砂磨工具	—	—	564	—	-14.42
47	手提式各式电钻	—	—	406	—	-44.15
48	单缸柴油机	台	1 456	228	-0.68	66.42
49	餐桌、厨房及其他家用搪瓷器具	t	157	30	-1.92	-40.00

〔撰稿人：中国机电产品进出口商会综合业务部〕

对外贸易经济合作部系统

1995年，对外贸易经济合作部直属企业——中国机械进出口总公司（CMC）进出口总额近24亿美元，比上年增长3.33%。在整个“八五”期间，CMC进出口贸易得以持续、稳定、健康发展，累计进出口贸易额达101亿美元，1995年与1991年相比，进口贸易额增长77%，出口贸易额增长50%。

一、进口情况

1.1995年，CMC进口到货实际208 808万美元，比上年（201 000万美元）增长3.88%。

进口到货国家（地区）前十位依次为：德国48 395万美元，美国32 173万美元，香港29 880万美元，日本29 097万美元，加拿大11 954万美元，奥地利7 733万美元，西班牙6 113万美元，荷兰5 998万美元，法国4 657万美元，英国4 467万美元。

进口到货商品前十位依次为：成套设备及技术引进42 835万美元，轻工机械32 833万美元，船舶及船用设备24 238万美元，电子仪器23 231万美元，汽车及摩托车13 353万美元，动力设备12 186万美元，其他机械9 299万美元，建筑机械9 099万美元，矿山设备6 004万美元，机床、工具5 040万美元。

2.1995年，CMC进口成交完成229 812万美元，与上年基本持平。

进口成交额国家（地区）前十位依次为：美国74 179万美元，德国46 931万美元，香港29 186万美元，日本22 831万美元，奥地利12 589万美元，加拿大9 588万美元，芬兰5 937万美元，西班牙3 753万美元，意大利2 668万美元，瑞典2 216万美元。

进口成交额商品前十位依次为：轻工机械34 886万美元，动力设备33 444万美元，成套设备及技术引进31 779万美元，其他机械22 501万美元，电子仪器18 486万美元，船舶及船用设备15 902万美元，建筑机械13 962万美元，铁路车辆及设备13 753万美元，汽车及摩托车10 370万美元，冶金铸造设备5 904万美元。

二、出口情况

1.1995年，CMC全年出口出运完成28 550万美元，比上年27 194万美元增长4.99%。其中现汇出口24 282万美元，易货出口2 956万美元，政府协议记帐出口1 312万美元，分别占出口总值比重的85.05%、10.38%、4.61%，与上年相比，现汇增长39.05%，易货减少41.87%，政府协议记帐出口减少71.77%。1995年，CMC现汇出口实现持续稳定增长，所占总值比重比上年提高了20.83个百分点。

主要出口商品额：船舶5 022万美元，成套设备2 576万美元，工农具2 150万美元，电工设备1 400万美元，修船1 135万美元，铁路车辆及设备952万美元，缝纫机829万美元，轴承650万美元，煤矿机械621万美元。出口额在100万美元以上的商品还有：动力机械、船用设备、小五金、重型矿山机械、蓄电池、机床附件、汽车零件、通用机械、纺织机械及器材、拖拉机、自行车等。

主要出口市场：1995年，出口国家（地区）共86个。出口额超过1 000万美元的市场有8个：香港7 004万美元，俄罗斯2 170万美元，日本1 666万美元，泰国1 345万美元，孟加拉1 787万美元，美国1 732万美元，印度1 561万美元，古巴1 336万美元；出口额500万美元～1 000万美元的有4个：巴西932万美元，荷兰786万美元，韩国732万美元，法国523万美元；100万美元～500万美元的有21个：新加坡、罗马尼亚、澳大利亚、德国、捷克、波兰、匈牙利、印度尼西亚、越南、哈萨克斯坦、加拿大、智利、乌克兰、沙特阿拉伯、阿联酋、台湾、西班牙、埃及、英国、希腊、意大利。

2.1995年，CMC出口成交完成52 805万美元，比上年（48 476万美元）增长8.93%。尤其是船舶出口成交情况较好，为做好1996年的出口工作打下了一定的基础。

3.自营出口特点：（1）1995年，各子公司较好地坚持了以机电产品出口为主的专业化经营方向。机电产品出口20 459万美元，占总值的71.6%，比上年增长0.87%；非机电产品出口8 091万美元，占总值的28.4%，比上年增长17.07%。（2）与上年相比，出口增长的商品有：铁路车辆及设备（增长303%）、蓄电池（增长331%）、修船（增长128%）、自行车（增长91%）、煤矿机械（增长50%）、缝纫机（增长60%）、机床附件（增长近9倍）、动力机械（增长84%）、成套设备（增长49%）、电工设备（增长43%）、小五金（增长30%）。（3）1995年大型和大宗及部分中等规模的商品出口成绩较突出。如修造船、成套设备、铁路车辆及设备出口合计9 685万美元，比上年增长20%；煤矿机械、轴承、工农具、缝纫机、电工设备、小五金出口合计6 043万美元，比上年增长33%。两部分商品出口共计15 728万美元，占总值的55.09%，比上年增加9个百分点，在出口总额中占有较大比重。（4）按各大市场分析，比上年增长的有：港澳地区109%、孟加拉36%、中东23%、欧共体52%、北美28%；下降较多的是：巴基斯坦－91%、东欧－17%、拉美－57%、非洲－31%。

三、扩大机电产品进出口贸易采取的主要措施

1.进口工作。

努力适应市场竞争，进口规模继续扩大。CMC全年完成进口订货230 337万美元，在手货单总计385 960万美元，比上年的288 046万美元，增长33.99%。

（1）在市场经济条件下，各有关子公司适应市场竞争的能力不断提高，自主经营意识不断加强。

（2）加强对进口业务的严格管理，完善各项规章制度和工作流程，使公司的进口工作有章可循。

（3）全员竞争意识明显增强，工作作风进一步改变。积极主动与项目单位建立密切联系，全面推行优质服务，不断提高服务质量，继续搞好在手项目，并对重点项目进行跟踪，想方设法打开工作局面，以质取胜。特别是在中央、地方货单锐减的情况下，积极争取各类贷款项目，取得了较大成绩。

总金额达4亿多美元的广州地铁一号线设备引进合同，经过三年大量的艰苦谈判工作，终于1995年签订了合同。

为能向国家“金关工程”提供重要的通信网络，CMC出色地完成了为对外贸易经济合作部计算中心从美国科学亚特兰大公司引进卫星地面站设备的工作，除纺织品配额、进出口许可证管理、外经贸业务综合信息查询系统等有关数据业务在该网上运行外，还与海关、银行、税收、运输、保险等业务部门实现联网，以加强进出口统计、配额许可证、出口退税、跟踪结汇等外经贸业务的宏观管理。

（4）重视信息工作，争取更多项目。全员业务素质、办事能力和处理各类具体业务的应变能力和服务水平有较大提高。世界银行贷款的“科学发展项目”是实行国家计委、财政部、中国人民银行有关通过招标方式选定招标采购代理的第一个世行贷款项目。CMC所属中机国际招标公司在用户组织的多次非常严格的资格考核中，因评比分数均名列前茅而最终赢得该项目的招标代理权。

2.出口工作。

（1）1995年，CMC面临的出口形势异常严峻，人民币汇率持续上升、国内物价上涨、优惠贷款取消、利率上调、出口退税率下降且退税额不能及时足额、资金短缺、出口经营秩序依然混乱等不利因素，既导致出口成交减少，也严重影响在手合同的执行，使出口工作处于前所未有的困境中。面对十分不利的客观条件，CMC全体员工艰苦努力，克服重重困难，全年出口水平不仅没有滑坡，而且摆脱了出口进展缓慢的徘徊局面。

（2）CMC及时召开了出口工作会议，在分析形势的基础上，调整出口经营方针，研究相应对策，有效地防止出口经营的亏损。CMC特别强调，要在自负盈亏的基础上多出口多创汇，要在有效益的前提下扩大出口，并以此作为今后公司出口工作的重要原则。

（3）CMC在出口经营上适时提出强化自主经营意识、加强成本核算、限制高亏商品、保护重点商品和市场、改善出口商品结构等五点工作要求；同时，在加强管理、苦练内功方面提出加强成本核

算，开源节流；认真清理债权债务，大力催收欠款；加强内部监督、防止违纪案件发生；加强人才培养、提高职工整体素质等四项措施。

(4) 大力推行专业化、规模化经营。为了在竞争相当激烈的修、造船国内外市场上争得一席之地，CMC 针对该类商品及时制定“巩固老市场，开拓对资新天地；广泛联系，重点突破”的发展战略，赢得了国外客商和国内船厂的广泛信赖。1995年，CMC 在手合同达 4 亿美元，截止至 1995 年 7 月，所签船舶出口合同生效，近 1.5 亿美元，约 20 万载重吨。其中包括出口香港地区的运木/散装船 16 艘，均为 2 万 t 级以上船舶，以及出口德国 16 500t 散装船 2 艘。

(5) 海外大型工程承包项目进展顺利。由 CMC 矿业设备工程部执行的对总值 1.95 亿美元的孟加拉巴拉普库利亚煤矿的地质补勘、基础设计、施工设计和审查工作已完成，国内施工分包合同、设计分包合同也已签妥，施工人员近 70 人进驻了施工现场，开始做施工前的准备工作；履约保函及信用证的修改等工作进展顺利；部分施工设备及资料已出运。由 CMC 承包的孟加拉煤矿项目是目前我国在海外承包的第一个也是最大的煤矿“交钥匙”工程，CMC 牵头组织的该工程涉及国内矿业设计院、大学、咨询公司、矿物局、施工公司等多家单位，所需劳务输出人员将达 2 000 人·次左右。该工程标志着我国海外承包工程水平又上新台阶。

3.CMC 以努力扩大机电产品出口为已任，紧紧围绕实现两个根本转变制定目标，以现代企业制度要求规范企业行为，精细管理，积极开展多元化经营，努力探索公司赖以生存和发展的新的利润增长点。现在，以 CMC 总部为母体，京内外、海内外协调发展的格局已具相当规模。CMC 现有京内子公司 21 个，京外企业 6 个，实业投资 51 个，海外机构 42 个。

4. 进一步加强投资及管理工作。自 1984 年开始实业化投资，通过独资、合资、参股、联营等方式，51 个国内投资项目的累计投资总额 3.2 亿元人民币。1995 年，CMC 对现有 51 个投资项目进行了全面清理，并加强对投资项目的效益回收工作。在总结以往经验教训的基础上，CMC 加强对新投资项目管理的同时，继续进行效益型的投资。

CMC 参与投资的上海三菱电梯有限公司，8 年来有了长足的发展，在全国六大合资电梯厂中，各项经济指标均名列第一，资产增值很大，效益较好；初次涉足文化空间领域，作为早期与广播电影电视部电影频道节目制作中心的合作伙伴，在 1995 年 11 月向全国试播成功的中央电视台电影卫星频道中，CMC 每天拥有黄金播段广告播出时间 80s。这为 CMC 多种经营、争取最佳经济效益和扩大对外影响开辟了一片新天地。

5. 进一步加强海外工作，继续在国际化经营方面进行积极探索。1995 年，CMC 华洋实业有限公司、魏怡隆机械有限公司、巴黎机械进出口有限公司、欧洲机械有限公司等 4 个企业，继续保持了其在海外机构中发展的领先地位，驻东南亚、非洲和南美等公司的海外机构在国内出口形势恶化的情况下，努力开发大的成套设备出口项目。

CMC 海外机构在开拓国际市场、争取贸易机会、提供市场信息和各种服务、增加海外资本积累等方面继续发挥了积极的作用。CMC 重点抓了海外机构的基础管理，以建立有效的监督和约束机制。对海外机构的整体布局和管理模式进行了调整，充实了海外机构和人员；按照海外企业向区域化、集团化、多元化经营发展的思路，完成了香港亚太集团的组建工作。1995 年完成正式注册手续的海外机构还有：驻越南代表处、驻津巴布韦代表处。同时完成了在乌克兰设立机构的调研和论证工作以及在印度设立代表处的项目建议报告等前期准备工作。1995 年，CMC 海外机构数已达 42 个，分布在世界五大洲的 26 个国家和地区，形成了覆盖全球主要机电市场的贸易网和信息网的基本轮廓，布局基本合理，整体初具规模，使公司的海外机构由初步发展阶段进入了调整巩固阶段。

〔撰稿人：中国机械进出口总公司　朱晓燕
审稿人：中国机械进出口总公司　刘德树〕

机械工业部系统

一、进口情况

据海关统计，1995 年全国进口贸易总值为 1320.79 亿美元，比上年增长 14.2%。全国机电产品进口 591.77 亿美元，占总值 44.8%，比上年增长 3.5%，增幅下降了约 12 个百分点。其中，机械产品进口 382.2 亿美元，比上年减少了 56.5 亿美元，是近十余年中首次出现负增长情况。

二、出口情况

据海关统计，1995 年全国外贸出口 1 487.71 亿美元，比上年增长 22.9%。全国机电产品出口 438.57 亿美元，比上年增长 37.2%，占全国出口总额的比重由 1994 年的 26.45% 上升到 29.48%。其中一般贸易出口 124.59 亿美元，比上年增长 40.55%，在机电产品出口中占 28.4%；加工贸易出口 306.5 亿美元，比上年增长 34.62%，在机电产品出口中占 69.88%（全国加工贸易出口占出口总额的 49.54%）。

1995 年机械产品出口 274.5 亿美元，比上年增长 36%，增幅高于全国外贸出口约 7 个百分点，但略低于全国机电产品出口增幅。机械产品出口占全国机电产品出口总额的比重为 62.6%，基本上与上年占比情况相同。

三、产品进出口主要特点

1. 机电产品出口突破400亿美元，首次成为我国第一大类出口商品，比第二大类出口商品纺织品及服装的出口额多出59.2亿美元。也是首次当年出口增加超过100亿美元（达118.57亿美元），占全国增量的42.7%。

2. “三资”企业出口发展迅速，外商独资企业尤为突出。1995年出口机电产品的企业近20 000个，其中国有企业7 193个，比上年减少1 672个；“三资”企业11 838个，比上年增加801个（其中779个是外商独资企业），经营机电产品的外商独资企业已占“三资”企业的30.7%。全国国有企业出口机电产品224.88亿美元，占全国机电产品出口额的51.27%（上年为57.3%），“三资”企业出口机电产品206.18亿美元，占比上升到47%（上年为41.52%），其中外商独资企业出口88.26亿美元，占“三资”企业出口额的42.81%（上年为39.41%）。在各省市机电产品出口中，“三资”企业出口超过50%的有广东省、上海市、辽宁省、天津市、福建省、山东省，以天津市为最高达80%。

3. 主要机电产品出口全面增长

机械工业部归口产品出口85亿美元，比上年增长16.1%。主要产品出口全面增长。主要机电产品出口情况见表8。

表8 主要机电产品出口情况表

产品名称	出口金额（亿美元）	比上年增长%
复印设备	5.16	136.4
电动工具	4.06	101.7
柴油发动机	1.46	99.0
建筑工程机械	0.79	92.0
集装箱	11.80	91.0
拖拉机	2.74	87.5
蓄电池	1.88	60.8
通断及保护电路装置	9.21	57.7
轴承	3.31	57.2
变压器	6.33	57.0
阀门	1.68	45.8
起重设备	1.33	43.0
标准紧固件	3.38	43.0
汽车、摩托车及零部件	7.04	41.0
电线电缆	5.11	40.0
照相机及零部件	6.55	37.9
电动机及发电机	8.87	34.0
机床及工具	6.30	29.6

发电机组出口2 968万美元，比上年减少24.0%；千斤顶出口1.06亿美元，比上年减少7.6%。

机电产品出口额超过1亿美元的商品达73种（机械类商品33种），比上年增加了13种。其出口总额达342.2亿美元，占机电产品出口额的78%，比上年提高了8个百分点。

到目前为止，我国共出口大型火力电站项目11个（一个待生效），其中巴基斯坦5项，孟加拉国、菲律宾、越南、印尼、马来西亚和伊朗各1项。电站总容量约450万kW，其中已投运174.5万kW，在建245.5万kW，待生效30万kW。

4. 主要出口市场全面增长

机电产品出口的五大市场仍为香港地区、美国、欧盟、日本和东盟。对香港地区出口113.3亿美元，比上年增长30.2%，占总额的25.8%；美国91.8亿美元，比上年增长22%，占总额的20.9%；欧盟62.6亿美元，比上年增长38.6%，占总额的14.3%；日本59.3亿美元，比上年增长64.9%，占总额的13.5%；东盟32.2亿美元，比上年增长69.8%，占总额的7.3%。由于对日本、东盟和欧盟出口增长速度高于机电产品出口平均增长速度，因此占比较上年有所上升，而对香港、美国占比则低于上年水平。机电产品出口超1亿美元的国家和地区已达37个，比上年增加了8个。除对伊拉克、阿根廷出口为负增长外，其余主要市场均有一定幅度的增长，尤其是对巴西（增幅94.3%）、秘鲁（增幅87.2%）增长显著并相对集中。对非洲市场的开发初见成效，出口8.6亿美元，增幅居各大洲之首（达49.4%）。

5. 企业出口规模有所扩大

按报关企业统计，出口额超过1亿美元的企业46个（其中国有企业21个、“三资”企业25个），比上年增加了20个企业。部直属外贸公司中，出口额超过1亿美元的有中国机械设备进出口总公司、中国机械对外经济技术合作总公司、中国工程与农业机械进出口总公司和中国汽车进出口总公司。

出口额超过5 000万美元的企业121个（其中国有企业55个、“三资”企业64个），比上年增加了43个。

出口额超过1 000万美元的企业734个（其中国有企业346个、“三资”企业370个），比上年增加了229个。

出口额超过500万美元的企业有1 397个（其中国有企业675个、“三资”企业686个），比上年增加了373个。机械行业出口额超过500万美元的国有大中型企业共有147个，其中超过2 000万美元以上的有28个。

6. 机电产品进口增幅稳中有升，进出口差额继续下降，由于出口高速增长，1995年进出口差额进一步减少至153.2亿美元。

1995年，机械工业部重点推动部属企事业单位积极开展外贸工作。现已有外经贸公司8个，获进出口经营权公司6个、研究院所21个、高等院校2个，获工程承包权公司1个、设计研究院8个，联营进出口公司6个。CMEC还获准了钢材经营权、对外融资权，成立了国际招标有限责任公司、中工信投资公司。

〔撰稿人：机械工业部国际合作司　罗俊杰　审稿单位：机械工业部国际合作司〕

中国船舶工业总公司系统

1995年，中国船舶工业总公司系统进出口成交总额157 738万美元，比上年增长51.5%；实际进出口总额79 815万美元，比上年增长26.7%；实际出口比实际进口多42 705万美元，比上年增长38.2%；出超率230.2%，比上年增加了37.7个百分点。

一、进口情况

全年进口订货29 205万美元，比上年增长25.4%。

全年进口到货18 555万美元，比上年增长15.6%。其中：(1) 机械设备到货585万美元，比上年减少72.6%，比重为3.2%。(2) 船用设备到货15 989万美元，比上年增长21.3%，比重为86.2%，比上年增加了4.1个百分点。其中用于出口船的配套设备11 813万美元，比上年增长55.1%；国内船用设备4 176万美元，比上年减少24.9%。(3) 电子计算机及电子仪器到货1 981万美元，比上年增长166.3%，比重为10.6%。进口到货从地区分布看：亚洲地区10 377万美元，比上年下降0.1%，比重为55.9%，下降了8.8个百分点；欧洲地区7 247万美元，比上年增长52.0%，比重为39.1%，上升了9.4个百分点；北美洲地区891万美元，比上年增长30.8%，比重为4.8%，上升了0.6个百分点；大洋洲地区40万美元，比上年减少81.4%，比重为0.2%，下降31.1个百分点。

二、出口情况

船舶总公司在国际船市不景气、竞争加剧、国内资金紧张、成本上升、竞争激烈的情况下，始终把多接订单放在各项工作的首位，加大市场开拓力度。

全年出口成交128 533万美元，比上年增长了59.0%，比实际出口多109.8%。成交船舶45艘，比上年增长60%，151万综合吨，比上年增长48%，成交金额93 832万美元，比上年增长51%，占总成交额比重为73%，比上年减少了3.6个百分点。成交的主要船舶有150 000t油船2艘，73 000t散货船2艘，70 000t散货船1艘，70 800t自卸船3艘，52 000t大仓口散货船4艘，46 000t成品油船2艘，45 500t散货船2艘，28 200t散货船1艘，27 000t散货船8艘，28 000t散货船2艘，4 200方液化石油气船2艘，40m甲板驳船8艘，9 000t多用途船4艘，16 500方液化石油气船1艘，60m甲板驳船2艘，3 200t石油驳船1艘。修船成交8 659万美元，比上年增长80.4%，比重为6.7%，上升了0.8个百分点。其他机电产品出口成交26 042万美元，比上年增长84.9%，比重为20.3%，上升了2.9个百分点。

出口成交船舶的地区分布：亚洲28艘，40 269万美元，比重42.9%；欧洲14艘，43 248万美元，比重为46.1%；北美洲3艘，10 315万美元，比重为11%。

船舶出口成交的地区，不仅巩固了原有的香港、挪威、美国等市场，还开拓了荷兰、加拿大、日本、英国和台湾市场。

实际出口61 260万美元，比上年增长30.4%。出口的主要产品有：(1) 船舶8艘、54.5万t，比上年下降了6.8%，出口金额21 054万美元，下降了31.3%，比重为34.4%，下降了30.9个百分点。主要船舶有15万t散货船3艘、7万t散货船1艘、500箱集装箱船2艘、15 000t散货船1艘、长江豪华旅游船1艘。(2) 修船8 659万美元，比上年增长80.4%，比重为14.1%，提高了3.9个百分点。(3) 其他机电产品31 547万美元，比上年增长174.3%，比重为51.5%，提高了27个百分点。出口地区分布：亚洲地区47 625万美元，比上年增长48%，比重为77.8%，提高了9.2个百分点；欧洲地区6 513万美元，比上年下降了41.5%，比重为10.6%，下降了13.1个百分点；美洲地区446万美元，比上年下降了87%，比重为0.7%，下降了6.57个百分点；其他地区6 676万美元，比重为10.9%，上升了10.4个百分点。

〔撰稿人：中国船舶工业总公司　郭莲英　审稿人：中国船舶工业总公司　郭　泽〕

机械工业技术引进概况及项目简介(1995年)

编者按：刊登在本《年鉴》上的1995年机械工业引进项目共30项，其中，机械工业部系统23项，占总数的76.7%；电力工业部系统4项，占总数的13.3%，中国有色金属工业总公司3项，占总数的10%。

从引进方式来分，专有技术许可（证）项目（表中用A表示）13项，占总数的43.3%；进口设备带制造技术（B）5项，占总数的16.6%；关键设备进口（包括生产线）项目（K）6项，占总数的20%；技贸结合项目（C）3项；成套设备进口项目（I）1项；其他（购技术软件、专用设备等）项目（N）2项。技术引进转让方主要以日本、美国、德国、英国为主，日本为6项，美国为5项，德国、英国均为4项，瑞士为3项，其次是法国和台湾地区均为2项，澳大利亚、西班牙、奥地利、意大利均为1项，共有11个国家和地区。各行业技术引进情况见“机械工业各行业技术引进来源国（地区）情况表”和“机械工业技术引进项目简介表”。

机械工业各行业技术引进来源国（地区）情况表

行业 \ 国别地区	合计	日本	美国	德国	英国	瑞士	法国	台湾	澳大利亚	西班牙	奥地利	意大利
合　计	30	6	5	4	4	3	2	2	1	1	1	1
金属切削机床	3	1			2							
锻压设备	2		1			1						
起重运输设备	1							1				
泵	2				2							
风机	1	1										
阀门	1			1								
矿山设备	2			2								
冶金设备	2	1									1	
食品设备	2		1				1					
建筑工程机械	1					1						
汽车	2	1							1			
变压器	2					1	1					
高压开关	1	1										
电线电缆	1			1								
输电线路金具铁塔	1											1
绝缘制品	1		1									
蓄电池	1		1									
专用仪器仪表	2		1					1				
其他	2	1								1		

机械工业技术引进项目简介表

序号	行业	部门	引进项目名称	合同号	国内接受单位	技术转让方	合同签约日期、开始生效日期	有效期	技术引进方式	引进技术主要内容
1	金属切削机床	机械工业部	高效端面外圆磨床	JYF95118	北京第二机床厂	日本丰田工机	1995.04.04 1995.05.01	5年	A	引进GA62-63、GP62-63型外圆端面磨床的技术、图样、工艺文件
2			合资引进制动钳生产线		廊坊汉拿卢卡斯制动器有限公司	英国、德国、日本	1995.03.01 1995.03.01		N	英国技术软件(钳制动器)及关键设备、拉床、双轴车床、加工中心、钻头磨床、粗糙度仪、测厚仪、各种量仪等19台(套)(德国、日本提供设备)
3			"马刀"系列产品技贸结合项目	95MMG-129(62)120GB	北京市机电研究院	英国辛辛那提公司	1995.09.11 1995.09.11		C	"马刀"750数控加工中心关键件
4	锻压设备	机械工业部	合作生产液压四辊卷板机、型材弯曲机	95BMST1200013CT	山西长治锻压机床厂	瑞士CHRH AEUSLER公司	1995.03.17 1995.03.17	5年	A	(1)液压四辊卷板机,宽度为2500mm～4000mm,F辊压力为558kN～34.3MN带标准附件;(2)HPR10、13、15.2、20和23型材弯曲机,带标准附件
5			转塔式数控冲床	95MEN130M2	昆明开关厂	美国STRIPPIT	1995.01.10 1995.01.10		K	FC1250R数控冲床1台,20.5t,最大厚度6.3mm,最大工件尺寸1 250mm×1 250mm,20工位
6	起重运输设备	机械工业部	无轨堆垛机生产技术改造	940FA1001C-R	苏州起重机械厂	台湾公司大乔机械股份有限公司	1994.06.01 1995.05.01	2	K	MF-3200门式五面体加工中心1台,FANUC控制器
7	泵	电力工业部	20万kW机组用全容量750-185型调速给水泵	95TB-185	上海电力修造总厂	英国韦亚泵厂	1995	长期	A	电站锅炉给水泵组技术
8			30万kW机组用半容量600-240型泵	95TB-240	上海电力修造总厂	英国韦亚泵厂	1995	长期	A	电站锅炉给水泵组技术
9	风机	机械工业部	发展新型节材节能风机技术改造	95LQCZA12R101JR	天津市鼓风机总厂	日本新泻铁工所	1995.08.23 1995.08.23		K	卧式M/C,HN50C型加工中心,带有FANUC 15MA系统及标准附件。双工作台变换系统,容量60把刀的刀库交换系统,刚性攻丝工具、备件、刀具,人员培训等
10	阀门	电力工业部	电站旁路执行机构	92MM-G18(64)-015DE	扬州电力设备修造厂	德国西门子公司	1995	8年	A	电站旁路执行机构和$2SA_3$执行机构系列产品的技术引进

（续）

序号	行业	部门	引进项目名称	合同号	国内接受单位	技术转让方	合同签约日期、开始生效日期	有效期	技术引进方式	引进技术主要内容
11	矿山设备	机械工业部	SLS型旋转分离器技术	续85BMSJ/200183CD	沈阳重型机器厂	德国巴高克公司	1995.12.01 1995.05.01	2年	A	MP190、225、255型3种规格中速磨煤机设计、制造技术
12			振动筛制造技术	95MTNG 162-512CD	鞍山矿山机械股份有限公司	德国KHD公司	1995.12.01 1995.12.01	9年	A	VSL及VSK系列共23个规格的振动筛制造技术
13	冶金设备	中国有色金属工业总公司	小方坯连铸机、拉矫机	95HY57	衡阳有色冶金机械总厂	日本菱重公司	1995.08.04	5	C	图样及验收标准
14			抚顺钢厂模具钢生产线上剪机及摩擦锯主机	96－181－1	衡阳有色冶金机械总厂	奥地利GFM公司	1995.05.30	5	C	图样及验收标准
15	食品设备	机械工业部	直线式灌装机、旋盖机	95BM10/28006CN	常德七一机械厂	美国罗伯汉包装系列设备公司	1995.04.18 1995.07.07		B	
16			合资生产R12V6/720灌装封盖机		廊坊斯拉克包装设备有限公司	法国斯拉克公司	1995.03.01 1995.03.01	12年	N	R12V6/720灌装机制造技术及沙带抛光机、切割机、绘图机及6台（套）微机设备
17	建筑工程机械	机械工业部	静液压推土机技术改造	94AMTF/20011CH	鞍山第一工程机械股份有限公司	瑞士	1994.04.01 1995.03.01	8年	B	PR732（132.4kW）、PR742（172.1kW）、PR751（242.7kW）3种型号静液压履带推土机软件及每种型号推土机各一台样机整机和一台散件
18	汽车	机械工业部	汽车弹簧	BHP-JPS-950228A	吉林省京滨弹簧有限公司	日本奥野（株）	1995.02.28	1年	I	生产汽车用直径2.0mm～10.0mm线径的各种弹簧及气门弹簧设备
19			汽车雨刮器技术改造	95BMV/40111A	湖北省石首四联汽车工业公司	澳大利亚PRESLITE公司	1995.09.01 1995.09.01		A	汽车雨刮电机生产技术、制造技术
20	变压器	机械工业部	环氧树脂浇注干式变压器	95RMT/20001CH	天水长城通用电器厂	瑞士	1995.02.21 1995.02.27	10年	A	制造技术、软件、技术文件
21			干式变压器生产制造技术及样机	95MEN 152FR	云南变压器厂	法国	1995.01.01 1995.10.01	5年	A	进口一台SECU RAMID 500kV·A干式变压器样机及制造技术

（续）

序号	行业	部门	引进项目名称	合同号	国内接受单位	技术转让方	合同签约日期、开始生效日期	有效期	技术引进方式	引进技术主要内容
22	高压开关	机械工业部	“八五”技术改造	NEWTURBO-X48	合肥高压开关总厂	日本	1995.01.10 1995.06.15		K	数控激光切割机
23	电线电缆	机械工业部	铜包钢技术改造		湘潭电缆厂	德国HOCB、SKET公司	1995.04.06 1995.03.23 1995.02.24(生效)		A	中拉机、拉丝机、铜包钢导线生产线
24	输电线路金具铁塔	电力工业部	铁塔加工生产线	FICEP-640	宝鸡铁塔厂	意大利菲赛普公司(FICEP)	1995.03.11	20个月	K	全套三坐标数控角钢生产线
25	绝缘制品	机械工业部	电工聚丙烯薄膜生产线		东方绝缘材料集团公司	美国	1995.02.21		B	电工聚丙烯薄膜生产线一套
26	蓄电池	机械工业部	蓄电池隔板生产技术	CUHYCN-S95002	重庆蓄电池隔板厂	美国 东方汽车进出口服务公司	1995.06.07 1995.06.07	1年	A	10G、AGM隔板生产技术
27	专用仪器仪表	机械工业部	轿车仪表“双加”工程项目	95BMA/5061222CK	芜湖仪表厂	美国	1995.12.19		K	数控坐标磨床、数控车床等
28			摩托车仪表及仪表板总成	CLGY-01	广东仪表有限公司	台湾 造隆股份有限公司	1995.01.10	1年	B	摩托车仪表及仪表板总成，单班年产量达5 000套
29	其他	机械工业部	发展电动执行机构系列产品	95BQRTA/JS901JP	鞍山阀门总厂	日本	1994.04.01 1995.09.01	10年	A	产品设计、制造技术及检测设备和样机
30		中国有色金属工业总公司	金属粉末静电喷涂	L/94FPS-576003ES	大冶有色金属公司机械厂	西班牙 德卡隆公司	1995.03	10年	B	喷涂设备及挤压设备各一套

注：技术引进方式字母代表：

A——专有技术许可(证)；

B——进口设备带进制造技术；

C——技贸结合；

K——关键设备进口；

I——成套设备进口；

N——其他。

〔第Ⅵ部分责任编辑：王　如〕

机械工业

全国统计资料

第Ⅶ部分

全国机械工业统计资料（1995年）

（国家统计局工业交通司供稿）

机械工业总产值及其比重

年　份	工业总产值（亿元）	占全国工业总产值的比重（%）	年　份	工业总产值（亿元）	占全国工业总产值的比重（%）
1976	787.5	24.1	1986	2 062.1	22.8
1977	895.1	24.0	1987	2 439.2	23.7
1978	995.8	23.5	1988	2 985.9	24.6
1979	1 073.2	23.4	1989	3 193.9	24.7
1980	1 061.4	21.3	1990	3 246.6	23.6
1981	996.9	19.2	1991	4 910.6	21.0
1982	1 107.5	19.9	1992	6 588.07	23.1
1983	1 286.0	20.9	1993	8 898.76	25.1
1984	1 523.2	21.7	1994	10 697.91	25.1
1985	1 936.9	23.4	1995	12 133.06	25.1

注：1976年～1981年是按1970年不变价格计算，1982年～1990年是按1980年不变价格计算，1991年以后是按1990年不变价格计算。

机械工业总产值指数
（以1976年为100）

年　份	机械工业总产值指数	年　份	机械工业总产值指数
1976	100	1986	261.9
1977	113.7	1987	309.8
1978	126.5	1988	379.2
1979	136.3	1989	405.6
1980	134.8	1990	412.3
1981	126.6	1991	491.4
1982	140.6	1992	659.3
1983	163.6	1993	890.7
1984	193.4	1994	1 070.8
1985	246.0	1995	1 214.5

历年机械工业产品产量

年份	冶金设备(万t)	矿山设备(万t)	石油设备(万t)	化工设备(万t)	金属切削机床(万台)	锻压设备(万台)
1949		0.07		0.02	0.16	0.03
1950	0.02	0.24		0.04	0.33	0.06
1951	0.02	0.21		0.01	0.59	0.08
1952	0.02	0.18		0.10	1.37	0.11
1953	0.03	0.82		0.26	2.05	0.25
1954	0.37	0.87	0.03	0.79	1.59	0.25
1955	0.44	1.12	0.07	0.21	1.37	0.25
1956	1.60	3.09	0.31	0.36	2.59	0.24
1957	1.38	5.29	0.59	0.72	2.80	0.29
1958	15.10	9.56	0.84	3.11	8.00	0.88
1959	28.38	22.98	1.70	5.68	11.55	1.34
1960	23.23	25.19	2.08	9.15	15.35	2.46
1961	4.61	9.03	0.71	2.75	5.67	1.17
1962	2.22	3.45	0.51	1.55	2.25	0.39
1963	1.22	2.20	0.86	2.15	2.22	0.42
1964	0.88	2.82	1.80	2.69	2.81	0.61
1965	1.74	4.00	1.29	3.42	3.96	0.75
1966	3.49	5.19	2.14	4.75	5.49	0.85
1967	1.71	3.77	1.23	1.81	4.07	0.59
1968	1.33	2.93	1.50	2.30	4.64	0.65
1969	2.40	6.16	1.74	4.10	8.56	0.89
1970	7.25	9.63	3.23	5.90	13.89	2.17
1971	11.12	17.23	4.60	6.03	14.57	2.98
1972	10.47	19.53	5.16	7.20	16.22	3.34
1973	9.65	20.15	5.82	6.57	18.33	4.35
1974	7.78	18.99	5.96	6.51	16.45	3.92
1975	8.21	19.61	6.32	7.59	17.49	4.47
1976	6.15	16.15	6.87	6.05	15.70	3.74
1977	4.85	18.45	7.26	6.52	19.87	4.91
1978	6.82	24.29	8.29	6.75	18.32	3.75
1979	7.29	26.37	9.30	6.64	13.96	3.60
1980	4.10	16.25	5.71	6.98	13.36	4.84
1981	3.51	11.49	9.77	5.46	10.26	5.16
1982	3.82	15.82	9.32	6.32	9.98	4.62
1983	3.88	20.16	10.07	6.96	12.10	4.38
1984	4.97	25.81	12.23	9.30	13.35	4.81
1985	5.06	31.43	16.69	11.39	16.72	6.69
1986	6.16	30.06	18.11	11.54	16.37	6.50
1987	8.47	29.72	20.72	13.30	17.22	7.56
1988	8.96	38.36	20.77	18.11	19.17	9.10
1989	11.01	32.56	16.72	17.33	17.87	6.75
1990	9.02	31.38	20.35	20.46	13.45	4.63
1991	9.27	33.39	20.12	19.06	16.39	6.55
1992	11.68	37.27	19.40	23.66	22.87	9.14
1993	15.08	51.15	15.55	23.45	26.20	10.53
1994	10.31	48.19	14.09	29.16	20.67	10.85
1995	10.69	86.94	30.30	41.34	39.49	17.23

(续)

年份	发电设备(万kW)	交流电动机(万kW)	变压器(万kV·A)	拖拉机(14.7kW及以上)(万台)	小型拖拉机(万台)	汽车(万辆)	
						合计	其中:载货汽车
1949			12				
1950		20	54				
1951	0.2	23	61				
1952	0.6	64	117				
1953	2.2	92	198				
1954	0.8	96	196				
1955	6.2	61	193			0.01	0.01
1956	20.1	107	289			0.17	0.17
1957	19.8	146	420			0.79	0.62
1958	110.0	605	1 302	0.10		1.60	1.29
1959	242.3	1 250	2 332	0.29	0.21	1.96	1.36
1960	338.8	1 401	2 588	1.16	0.12	2.26	1.38
1961	67.9	656	589	0.69	0.05	0.36	0.26
1962	15.2	343	316	0.71	0.01	0.97	0.78
1963	40.4	313	437	0.87	0.02	2.06	1.67
1964	44.0	308	572	0.98	0.09	2.81	2.08
1965	68.3	405	818	0.96	0.36	4.05	2.65
1966	132.3	615	1303	1.18	1.16	5.59	3.41
1967	61.9	496	999	0.85	0.97	2.04	1.09
1968	137.5	460	650	0.89	1.11	2.51	1.20
1969	203.1	810	1 490	1.34	1.94	5.31	3.04
1970	291.8	1 456	2 741	3.19	5.14	8.72	4.71
1971	353.3	1 831	3 011	4.45	8.09	11.10	5.81
1972	432.5	2 195	3 173	4.93	8.95	10.82	6.05
1973	501.8	2 717	3 490	5.79	11.93	11.62	6.44
1974	461.6	2 626	3 989	6.27	13.80	10.48	5.69
1975	496.5	2 799	4 097	7.84	20.94	13.98	7.76
1976	400.2	2 609	3 656	7.37	24.00	13.52	7.45
1977	318.1	2 696	3 581	9.93	32.05	12.54	7.59
1978	483.8	3 195	4 862	11.35	32.42	14.91	9.61
1979	621.6	3 563	5 823	12.56	31.75	18.57	11.67
1980	419.3	2 570	4 461	9.77	21.79	22.23	13.55
1981	139.5	2 126	2 734	5.28	19.89	17.56	10.83
1982	164.5	2 420	3 143	4.03	29.83	19.63	12.18
1983	274.0	2 868	4 228	3.70	49.77	23.98	13.71
1984	467.4	3 051	5 030	3.97	68.86	31.64	18.18
1985	563.0	3 484	8 045	4.50	82.25	43.72	26.90
1986	722.3	3 967	7 730	2.86	77.45	36.98	22.91
1987	941.1	4 172	9 297	3.71	110.60	47.18	29.84
1988	1 109.3	4 511	10 039	4.72	133.57	64.47	40.33
1989	1 174.0	4 096	9 931	3.98	111.81	58.35	36.34
1990	1 233.9	3 528	7 443	3.94	110.14	51.40	28.97
1991	1 164.2	3 825	7 748	5.27	134.78	71.42	38.25
1992	1 297.0	5 243	9 949	5.70	139.07	106.67	47.63
1993	1 472.8	5 450	17 429	3.77	96.14	129.85	59.79
1994	1 674.0	5 946	19 398	4.67	135.51	136.69	66.30
1995	1 667.9	6 011	16 448	6.33	206.30	145.57	59.60

1995年机械工业主要产品产量

产品名称	单位	产量	产品名称	单位	产量
铸铁管	t	4 344 180	其中：电梯	台	24 417
金属切削工具	万件	386 419	叉车	台	33 331
模具	套	59 730 603	输送机械	t	470 431
手工工具	万把	995 175	其中：带式输送机	t	159 897
风动工具	台	1 417 260	板式输送机	t	30 935
电动工具	台	50 411 807	螺旋输送机	t	44 963
铁制小农具	万件	4 414 296	给料机械	台	26 511
园艺工具	万件	23 953	装卸机械	台	71 302
钢丝	t	3 544 041	工矿车辆	辆	171 043
钢丝绳	t	801 748	工矿电机车	辆	1 600
钢绞线	t	240 345	泵	台	14 330 307
建筑用金属品	t	20 019 404	其中：工业泵	台	2 131 673
其中：合页	t	396 191	农业水泵	台	6 426 521
拉手	t	126 182	真空设备	台	206 028
金属门窗	t	8 198 021	风机	台	2 238 484
搪瓷制品	t	1 038 252	气体压缩机	台	872 762
日用精铝制品	t	294 363	制冷空调设备	台（套）	698 523
日用不锈钢制品	t	1 867 566	轴承	万套	405 642
锁	万把	319 334	阀门	t	1 295 596
铸铁锅	万口	11 556	低压阀门	t	994 414
燃气用具	台	30 356 616	高中压阀门	t	301 182
饮用水处理器	台	827 445	液压元件	台	21 715 422
焊条	t	987 943	液力件	台	3 932 149
其中：电焊条	t	956 454	气动元件	台	17 995 824
气焊条	t	10 065	粉末冶金制品	t	541 361
工业锅炉	台	76 483	标准紧固件	t	4 842 807
其中：10t(蒸汽)/h及以上锅炉	台	1 533	弹簧	万件	207 700
			工业链条	t	360 643
电站锅炉	台	775	齿轮	万个	25 618
内燃机	台	10 815 243	铸件	t	22 526 013
电站汽轮机	kW	12 429 860	锻件	t	2 761 500
工业汽轮机	kW	693 982	矿山设备	t	869 409
燃气轮机	kW	40 280	工矿配件	t	2 268 865
电站水轮机	kW	811 367	其中：通用机械配件	t	1 389 407
金属切削机床	台	394 885	重型矿山机械配件	t	217 560
其中：高精度机床	台	898	粮食加工机械	台	1 060 500
数控机床	台	7 291	油脂加工机械	台（套）	254 854
其中：加工中心	台	490	糖果加工机械	t	5 871
大型机床	台	1 926	糕点加工机械	t	9 143
其中：重型机床	台	219	乳制品加工机械	t	3 898
其中：车床	台	179 771	屠宰及肉类加工机械	t	78 129
钻床	台	17 234	调味品酿酒加工机械	t	23 407
镗床	台	3 702	粮油食品加工机械	台（套）	7 431 419
磨床	台	13 931	其中：冷藏柜	台	79 524
铣床	台	15 967	食品速冻生产线	套	15 883
刨床	台	3 822	冷库	座	10 075
组合机床	台	3 152	制糖机械	t	37 432
锻压机械	台	172 344	饮料酒及饮料加工机械	t	55 376
其中：重型锻压机械	台	3 395	烟草加工机械	台(条、组)	44 121
铸造设备	台	160 663	人造纤维设备	t	19 605
起重运输设备	t	1 346 211	纺织设备	台	30 612
电动双梁桥式起重机	台	9 632	棉纺织设备	t	165 011
电动单梁桥式起重机	台	12 833	毛纺织设备	t	40 741
手动梁式起重机	台	1 363	麻纺织机械	t	9 227
手动单轨起重机	台	79 510	丝绸、绢纺机械设备	t	49 944
升降移动机械	台	75 943	染整机械设备	t	85 460

（续）

产品名称	单位	产量	产品名称	单位	产量
针织机械设备	t	52 670	环保设备	台	341 212
纺织专用器材	t	1 165 561	其中：大气污染防治设备	台	198 182
纺织专用金属器材	t	161 826	污水处理设备	台	42 910
服装机械	台	216 768	道路交通管理器材	台	136 205
缝纫机	架	9 706 130	安全检查防爆器材	台	68 483
其中：家用缝纫机	架	6 174 720	安全防范报警器材	台	5 478 421
制革机械	台	19 575	机车	台	974
木材采伐运输机械	台	16 488	蒸汽机车	台	8
木材加工机械	台	1 122 915	内燃机车	台	816
木质纤维分离机械	台	4 122	电力机车	台	150
造纸机械	台	158 526	客车	辆	2 395
印刷工业专用设备	t	111 994	货车	辆	37 284
其中：制版设备	t	2 226	汽车	辆	1 455 655
印刷机	t	67 055	其中：载货汽车	辆	595 997
石油钻采设备	t	302 973	其中：重型载货汽车	辆	12 642
炼油设备	t	101 364	越野汽车	辆	83 443
化工设备	t	413 362	自卸汽车	辆	39 818
日用化学工业专用设备	台	3 519	牵引汽车	辆	3 254
制药工业专用设备	t	35 409	客车	辆	216 188
橡胶加工专用设备	t	114 856	轿车	辆	337 024
塑料加工设备	t	288 884	其中：中高级轿车	辆	2 578
水泥设备	台	35 725	中级轿车	辆	214 468
水泥制品设备	台	23 762	普通型轿车	辆	32 722
冶炼设备	t	106 927	微型轿车	辆	86 756
炼钢设备	t	25 036	专用汽车	辆	11 541
冶金车辆	t	7 809	汽车底盘	辆	165 426
金属轧制设备	t	104 599	其中：载货汽车底盘	辆	89 350
包装机械	台	641 098	汽车配件	万件	645 961
照明器具工业专用设备	台	1 226 812	改装汽车	辆	272 579
水纯化设备	台	421 765	载货改装车	辆	56 881
水、气净化设备	台	1 556 143	客车改装车	辆	132 143
拖拉机	台	2 126 250	自卸改装汽车	辆	32 241
大中型拖拉机	台	63 253	牵引改装汽车	辆	9 361
小型拖拉机	台	2 062 997	专用改装汽车	辆	41 953
中小农具	台	30 151 242	挂车	辆	80 304
机引耕作机械	台	704 306	电车	辆	391
种植机械	台	495 931	地铁电力客车	辆	5 720
收获机械	台	272 326	摩托车	辆	8 254 146
其中：联合收获机	台	17 393	自行车	辆	44 722 490
场上作业机械	台	1 215 989	其中：赛车型自行车	辆	7 340 304
其中：机动脱粒机	台	766 422	三轮车	辆	1 864 546
排灌动力机械	台	171 655	民用钢质船舶	艘	33 260
中耕施肥机械	台	204 997	其中：钢质货轮	艘	4 230
植物保护和管理机械	台	3 536 635	钢质客轮	艘	149
营林机械	台	101 364	钢质客货轮	艘	82
畜牧机械	台	434 884	机动渔船	艘	10 153
渔业机械	台	283 227	其中：147.2kW 及以上机动渔船	艘	241
水工机械	t	136 588			
农业运输机械	辆	2 724 015	民用飞机	架	24
手术器械	万把（只）	20 194	发电设备	kW	16 679 103
医疗仪器设备	台(套、只)	21 663 984	水轮发电机组	kW	2 970 173
铲土运输机械	台	69 180	汽轮发电机	kW	13 708 930
压实机械	台	115 803	一般交流发电机	台	2 591 784
混凝土机械	台	570 552	交流电动机	台	13 993 888
沥青地面摊铺机	台	731	直流电动机	台	8 554 979
商业服务机械	台	129 167	中频电机	台	5 194
邮政专用设备	台	5 173	功率扩大机	万台	1

(续)

产品名称	单位	产量	产品名称	单位	产量
油泵电机	万台	57	家用电热蒸煮器具	个	43 121 061
微电机	万台	132 252	家用电热烘烤器具	个	20 638 328
变压器	kV·A	164 486 558	家用食品切碎机	台	9 561 752
其中：7 500kV·A及以上	kV·A	93 472 857	家用电子消毒碗柜	台	1 274 259
电力变压器			家用洗碗机	台	116
电力电容器	kvar	30 361 466	家用电取暖器具	台	9 924 824
互感器	台	5 130 931	电热毯	条	10 836 023
高压隔离开关	组	1 359 196	电焊机	台	777 895
高压断路器	台	1 239 624	工业用电炉	台	237 958
高压开关板	面	2 449 765	自动化仪表及系统	台（套）	70 288 742
低压开关板	面	24 755 205	其中：水表	台	15 813 942
电磁线	t	282 993	煤气表	台	4 331 269
电力电缆	km	3 269 205	电工仪器仪表	台	64 003 576
通讯电缆	km	12 353 647	其中：电度表	台	45 231 102
电线	km	30 510 120	光学仪器	台	19 352 625
裸铝线	t	79 117	试验机	台	48 257
钢芯铝绞线	t	222 117	实验室仪器及装置	台	371 486
裸铜线及铜电车线	t	284 075	环境保护仪器仪表	台	650 803
绝缘制品	t	727 440	气象仪器	台	162 154
蓄电池	kVA·h	71 237 529	仪表元件	万件	1 676 230
原电池（折一号电池）	万只	1 280 635	量具	万件	11 628
家用洗衣机	台	9 484 209	量仪	件	33 496 454
干衣机	台	189 104	台秤	台	5 974 226
吸尘器	台	8 054 986	案秤	台	5 404 576
家用电冰箱	台	9 185 441	地上衡	台	17 732
家用电冰箱压缩机	台	10 350 976	地中衡	台	7 445
其中：无氟压缩机	台	400 000	轨道衡	台	128
冷冻箱	台	3 226 746	电影机械	台	21 215
冷藏箱	台	470 320	照相机	台	33 261 456
电风扇	台	129 666 740	照相器材	台	43 629 734
房间空气调节器	台	6 825 573	复印机械	台	217 548
其中：窗式空调机	台	2 226 308	缩微机械	台	341
分体式空调机	台	3 103 959	打字油印机械	台	1 707 847
移动式空调机	台	163 714	钟	只	126 264 739
空调器用压缩机	台	2 390 945	钟零件（商品量）	万元	289 770
排油烟机	台	5 224 967	表	只	481 912 857
电淋浴器	台	1 397 931	机械表	只	57 327 920
电熨斗	个	35 321 634	其中：手表	只	34 062 526
家用电灶	台	6 608 235	石英电子表	只	424 584 937
其中：微波炉	台	997 871	其中：手表	只	210 737 676

1995年各地区机械工业主要产品产量

地 区	金属切削机床（台）	矿山设备（t）	大中型拖拉机（台）	小型拖拉机（台）	汽车（辆）	发电设备（kW）
全 国	394 885	869 409	63 253	2 062 997	1 455 655	16 679 103
北 京	2 849	20 667	0	9 558	172 710	1 820 000
天 津	1 448	1 450	7 810	1 250	131 113	111 350
河 北	2 109	126 090	87	179 077	21 631	0
山 西	688	23 675	0	11 419	2 579	0
内蒙古	494	5 868	0	7 903	403	0
辽 宁	14 327	76 222	417	14 175	25 238	63 000
吉 林	1 146	6 767	305	68 320	177 491	0
黑龙江	2 006	4 602	760	3 704 931	58 946	3 241 000
上 海	15 833	46 481	15 217	0	162 729	4 023 000
江 苏	44 606	108 099	2 138	289 234	125 185	787 500
浙 江	227 861	64 232	3 875	100 423	16 597	456 900
安 徽	4 003	14 245	13	220 967	30 250	0
福 建	6 915	9 702	0	51 619	3 636	205 517
江 西	5 646	12 824	311	23 459	52 479	10 200
山 东	21 100	86 385	14 527	397 427	13 495	1 123 150
河 南	1 634	95 579	12 468	240 711	18 394	155 610
湖 北	4 634	18 684	4 912	5 715	155 183	289 171
湖 南	3 297	15 952	0	29 702	9 895	36 667
广 东	10 156	31 305	51	45 996	26 356	126 658
广 西	5 235	21 237	0	125 140	73 824	150 423
海 南	0	10	0	246	2 934	
四 川	6 610	32 314	0	57 113	132 254	3 965 400
贵 州	493	2 280	0	15 008	10 451	45
云 南	6 149	15 115	0	24 735	19 009	101 830
西 藏	0	0	0	192	0	
陕 西	3 418	11 740	0	21 038	12 661	0
甘 肃	622	3 703	46	10 764	16	802
青 海	453	118	0	0	16	
宁 夏	994	13 836	300	15 908	0	
新 疆	159	227	16	30 352	180	10 880

1995 年全部独立核算机械工业企业主要统计指标(一)

行　　业	企　业单位数(个)	工业总产值(亿元)		工　业增加值(亿元)	产品销售收　入(亿元)	职工年平均人数(万人)
		1990 年不变价	当年价			
机械工业总计	123 813	11 481.66	12 096.22	3 034.59	11 442.24	1 935.51
金属制品业	30 728	1 532.15	1 650.72	383.94	1 515.62	279.86
金属结构制造业	1 948	104.60	115.73	30.33	104.05	18.84
铸铁管制造业	1 130	47.98	57.64	13.34	51.06	9.92
工具制造业	3 378	152.49	162.34	49.60	142.39	42.85
切削工具制造业	870	52.37	55.98	19.18	46.94	14.45
模具制造业	1 215	30.11	32.39	10.69	28.99	8.12
手工具制造业	1 071	57.79	61.99	16.67	55.97	17.38
其他工具制造业	222	12.23	11.98	3.07	10.49	2.91
集装箱和金属包装物品制造业	1 967	261.63	272.51	54.69	254.96	21.25
集装箱制造业	83	102.00	113.63	15.95	108.73	2.69
金属包装物品及容器制造业	1 884	159.63	158.88	38.74	146.23	18.57
金属丝绳及其制品业	2 635	139.39	170.64	35.24	160.39	28.59
建筑用金属制品业	6 527	217.47	233.43	55.34	201.84	49.84
建筑小五金制造业	694	19.44	20.86	4.93	18.40	5.07
水暖管道零件制造业	1 296	62.86	68.91	16.84	61.27	16.45
金属门窗制造业	4 090	115.44	123.24	29.02	104.40	25.17
其他建筑用金属制品业	447	19.72	20.41	4.54	17.77	3.15
金属表面处理及热处理业	2 036	81.36	91.63	21.04	84.54	12.82
日用金属制品业	5 901	393.58	394.68	86.61	374.18	69.35
搪瓷制造业	291	33.87	36.32	8.56	34.06	7.88
铝制品业	1 103	82.59	84.32	16.77	85.82	11.77
不锈钢制品业	859	73.47	73.80	15.66	70.28	9.95
刀剪制造业	227	8.93	10.00	2.76	9.01	2.87
制锁业	548	52.53	52.70	11.68	47.47	12.18
炊事用具制造业	1 223	26.12	28.72	7.13	24.49	7.85
燃气用具制造业	416	54.36	51.88	10.88	47.36	5.50
理发用具制造业	90	10.44	11.25	2.23	11.04	1.33
其他日用金属制品业	1 144	51.26	45.69	10.95	44.64	10.01
其他金属制品业	5 206	133.66	152.11	37.74	142.20	26.39
铁制小农具制造业	3 217	26.88	32.05	7.69	29.16	9.48
焊条制造业	368	35.30	45.01	9.04	45.90	5.88
其他类未包括的金属制品业	1 621	71.48	75.05	21.00	67.14	11.03
普通机械制造业	29 631	2 178.93	2 365.69	669.77	2 202.10	481.49
锅炉及原动机制造业	2 442	499.53	571.46	151.22	544.91	90.10
锅炉制造业	1 047	113.70	130.89	35.39	122.93	24.22
内燃机制造业	268	239.80	289.00	71.62	278.78	31.47
汽轮机制造业	45	32.42	36.44	11.24	36.19	5.37
水轮机制造业	46	4.87	5.11	1.73	5.17	1.89
内燃机零部件及配件制造业	801	98.63	99.15	28.18	92.14	24.90
其他锅炉及原动机制造业	235	10.10	10.86	3.06	9.69	2.26
金属加工机械制造业	3 392	223.49	245.15	86.32	217.41	72.17
金属切削机床制造业	600	97.80	104.47	38.32	97.52	36.92
锻压设备制造业	400	48.26	50.74	15.63	45.45	11.92
铸造机械制造业	420	20.99	22.22	6.20	19.59	4.81
机床附件制造业	339	14.51	15.51	5.23	13.19	5.31
其他金属加工机械制造业	1 633	41.93	52.21	20.94	41.66	13.21
通用设备制造业	4 785	626.14	648.55	181.65	620.78	106.10
起重运输设备制造业	1 055	226.27	239.31	68.59	241.09	33.90
工矿车辆制造业	164	15.07	17.86	5.44	16.18	3.26
泵制造业	1 407	100.36	105.46	30.28	94.31	24.05
风机制造业	485	37.66	40.24	12.47	38.22	8.08

（续）

行业	企业单位数（个）	工业总产值（亿元）		工业增加值（亿元）	产品销售收入（亿元）	职工年平均人数（万人）
		1990年不变价	当年价			
气体压缩机及气体分离设备制造业	298	56.04	55.63	14.99	51.19	10.68
冷冻设备制造业	351	87.06	86.71	21.90	84.85	7.26
风动工具制造业	99	5.36	6.12	1.99	5.80	1.85
电动工具制造业	221	45.39	38.54	9.53	34.07	4.08
其他通用设备制造业	705	52.94	58.67	16.46	55.07	12.96
轴承、阀门制造业	2 352	235.14	252.40	75.60	237.94	60.34
轴承制造业	933	157.40	170.05	52.79	165.30	39.33
阀门制造业	1 419	77.75	82.36	22.81	72.63	21.01
其他通用零部件制造业	6 381	294.38	298.46	82.98	273.07	69.66
液压件及液力件制造业	718	42.08	42.83	13.91	39.10	12.46
气动元件制造业	328	14.09	14.07	4.12	12.58	3.03
密封件制造业	300	9.41	9.53	2.77	8.68	1.84
粉末冶金制品业	404	25.47	21.05	5.99	19.07	4.77
紧固件制造业	1 825	71.42	76.06	18.00	70.73	18.86
弹簧制造业	556	17.39	16.92	4.79	15.36	3.52
链条制造业	267	23.15	24.27	6.32	21.40	5.01
齿轮制造业	369	39.28	39.64	12.15	36.00	8.17
其他类未包括的通用零部件制造业	1 614	52.10	54.10	14.94	50.14	12.00
铸锻件制造业	7 682	248.74	292.17	74.47	256.27	64.39
铸件制造业	6 815	207.44	242.47	62.28	214.38	55.91
锻件制造业	867	41.29	49.70	12.19	41.89	8.47
普通机械修理业	1 477	13.79	15.38	5.42	14.70	6.52
其他普通机械制造业	1 120	37.71	42.12	12.11	37.04	12.21
专用设备制造业	18 701	1 617.04	1 756.54	449.39	1643.34	355.27
机电工业专用设备制造业	1 757	208.98	232.84	67.66	221.10	61.07
矿山设备制造业	979	109.06	117.45	33.05	111.96	34.18
冶金工业专用设备制造业	292	66.28	80.61	23.83	78.06	19.11
电工专用设备制造业	80	6.37	6.63	2.57	6.72	1.84
电子工业专用设备制造业	157	14.82	14.84	4.78	11.99	3.50
其他机电工业专用设备制造业	249	12.45	13.30	3.42	12.37	2.45
石化及其他工业专用设备制造业	2 634	269.90	280.59	79.51	261.82	61.20
石油工业专用设备制造业	406	47.34	49.70	13.21	50.87	13.29
化学工业专用设备制造业	448	48.81	48.66	12.86	49.84	12.82
化学纤维工业专用设备制造业	49	8.77	8.40	1.95	6.89	0.74
橡胶工业专用设备制造业	150	13.89	14.93	4.29	13.52	3.81
塑料工业专用设备制造业	349	37.19	35.64	10.58	32.63	5.46
森林工业专用设备制造业	194	32.98	35.24	8.57	27.18	5.41
印刷工业专用设备制造业	282	26.72	27.47	9.63	24.75	6.31
制药工业专用设备制造业	122	5.67	6.21	2.16	5.78	1.87
建筑材料及其他制品专用设备制造业	634	48.52	54.34	16.27	50.35	11.49
轻纺工业专用设备制造业	3 657	311.03	317.72	92.62	292.96	71.84
食品、饮料、烟草工业专用设备制造业	631	54.67	56.32	17.82	52.96	10.87
粮油工业专用设备制造业	711	40.06	46.22	12.28	41.57	10.85
饲料工业专用设备制造业	137	9.69	10.07	2.92	8.64	1.90
包装工业专用设备制造业	246	19.25	18.22	5.36	17.00	3.83
纺织、服装、皮革工业专用设备制造业	1 440	147.62	146.10	43.70	135.66	35.24
照明器具工业专用设备制造业	121	4.16	5.23	1.59	5.01	1.07
日用硅酸制品工业专用设备制造业	38	4.25	4.65	0.97	3.91	0.78
制浆、造纸工业专用设备制造业	235	28.02	27.43	7.16	24.87	6.41
日用化学工业专用设备制造业	98	3.32	3.49	0.82	3.34	0.89
农、林、牧、渔、水利业机械制造业	3 704	449.16	522.15	97.95	488.93	79.67
拖拉机制造业	175	150.47	199.52	29.29	195.58	22.28
机械化农机具制造业	1 457	59.04	64.90	14.14	58.50	19.37
营林机械制造业	13	0.81	0.97	0.25	0.95	0.27
畜牧机械制造业	83	3.52	3.63	1.02	3.54	1.17

（续）

行业	企业单位数（个）	工业总产值（亿元）		工业增加值（亿元）	产品销售收入（亿元）	职工年平均人数（万人）
		1990年不变价	当年价			
渔业机械制造业	59	6.57	6.32	1.36	5.63	0.92
水利机械制造业	110	7.69	8.02	2.63	6.86	1.95
拖拉机配件制造业	909	69.23	72.73	18.72	67.47	17.93
其他农、林、牧、渔、水利业机械制造业	898	151.82	166.06	30.54	150.38	15.79
医疗器械制造业	1 494	91.11	94.26	27.87	90.50	16.23
手术器械制造业	113	11.60	12.68	3.58	11.15	2.05
医疗仪器、设备制造业	527	30.07	31.02	9.36	31.30	5.57
诊断用品制造业	133	10.24	10.02	4.41	10.45	1.75
医用材料及医疗用品制造业	663	37.58	38.81	10.00	35.87	6.38
假肢、矫形器制造业	58	1.62	1.72	0.52	1.73	0.48
其他专用设备制造业	2 858	257.84	277.51	73.19	257.28	54.96
建筑机械制造业	569	96.64	113.27	31.92	104.08	20.61
地质专用设备制造业	84	6.73	7.23	1.82	7.12	2.78
畜牧兽医医疗器械制造业	8	0.26	0.26	0.07	0.12	0.05
缝纫机制造业	280	46.72	48.20	10.27	49.87	9.54
商业、饮食业、服务业专用机械制造业	170	6.02	6.51	1.71	6.16	1.68
邮政机械及器材制造业	30	3.12	3.67	0.97	3.66	0.48
环境保护机械制造业	628	33.79	35.84	9.37	30.44	6.48
社会公共安全设备及器材制造业	554	24.43	25.56	7.53	22.96	5.01
其他类未包括的专用设备制造业	535	40.11	36.97	9.54	32.86	8.32
专用机械设备修理业	2597	29.02	31.47	10.58	30.76	10.31
工业专用设备修理业	270	5.71	6.28	2.45	6.55	2.03
农、林、牧、渔、水利业机械修理业	1798	10.02	11.25	3.16	10.95	3.64
医疗器械修理业	20	0.12	0.12	0.02	0.14	0.06
其他专用机械设备修理业	509	13.17	13.82	4.95	13.13	4.59
交通运输设备制造业	19 445	3 043.06	3 303.28	805.12	3 185.49	416.38
铁路运输设备制造业	571	120.63	179.50	43.43	177.73	30.54
机车制造业	12	36.17	51.17	10.98	51.10	6.24
客车制造业	10	20.86	31.14	7.76	29.42	3.37
货车制造业	15	28.66	48.11	10.06	48.16	6.47
机车车辆配件制造业	265	16.13	21.21	6.54	21.39	6.48
铁路信号设备制造业	37	2.02	2.65	0.99	2.68	1.10
铁路专用设备制造业	36	4.68	8.63	2.29	8.86	1.82
铁路专用器材制造业	140	8.74	12.45	3.45	12.08	3.41
其他铁路运输设备制造业	56	3.37	4.15	1.36	4.02	1.64
汽车制造业	6 336	1 679.47	1 798.66	429.09	1 739.87	183.19
载重汽车制造业	110	514.49	585.17	122.47	585.44	40.08
客车制造业	135	91.58	99.29	17.04	89.02	9.43
小轿车制造业	30	314.94	333.30	78.79	331.37	3.06
微型汽车制造业	50	56.02	51.71	9.04	48.96	3.64
特种车辆及改装汽车制造业	460	160.69	175.27	37.81	162.60	23.64
汽车车身制造业	162	25.32	28.70	7.07	24.02	4.07
汽车零部件及配件制造业	5 389	516.44	525.21	156.88	498.46	99.28
摩托车制造业	1 535	395.08	385.79	85.69	363.55	23.87
摩托车整车制造业	189	281.90	275.43	56.24	261.15	8.08
摩托车零部件及配件制造业	1 346	113.17	110.36	29.45	102.41	15.79
自行车制造业	1 081	192.62	219.44	42.68	215.46	29.29
电车制造业	4	0.10	0.11	0.06	0.10	0.03
船舶制造业	813	203.22	230.09	53.04	212.00	30.82
海洋运输船制造业	84	117.08	140.66	30.26	131.58	13.67
内河船制造业	510	43.56	45.12	10.43	39.62	9.36
渔轮制造业	91	12.44	12.16	3.00	11.69	2.22
船舶机械设备制造业	127	29.93	31.95	9.30	28.92	5.48
海洋石油平台制造业	1	0.21	0.20	0.05	0.19	0.10
航空航天器制造业	191	236.28	244.45	70.41	239.14	54.24

（续）

行业	企业单位数（个）	工业总产值（亿元） 1990年不变价	当年价	工业增加值（亿元）	产品销售收入（亿元）	职工年平均人数（万人）
飞机制造业	124	198.28	206.55	60.07	208.76	43.14
其他航空航天器制造业	67	38.00	37.90	10.34	30.38	11.10
交通运输设备修理业	8 844	211.83	241.14	79.63	233.48	63.83
铁路运输设备修理业	178	26.53	44.24	13.94	43.53	12.21
汽车修理业	7 700	110.21	119.02	37.14	121.58	36.69
摩托车修理业	86	0.44	0.48	0.10	0.37	0.15
电车修理业	4	0.04	0.05	0.03	0.05	0.06
船舶修理业	567	45.27	47.50	16.84	40.05	8.79
飞机修理业	28	24.39	24.52	9.63	23.35	4.50
其他交通运输设备修理业	281	4.94	5.33	1.94	4.57	1.44
其他交通运输设备制造业	70	3.84	4.11	1.09	4.15	0.58
航标器材制造业	6	1.19	1.30	0.31	1.17	0.16
潜水装备制造业	8	0.32	0.35	0.09	0.34	0.08
公路标志制造业	56	2.33	2.46	0.69	2.64	0.33
电气机械及器材制造业	19 671	2 662.11	2 594.30	603.82	2 479.02	307.53
电机制造业	1 467	264.01	282.68	79.93	271.15	51.71
发电机制造业	268	65.80	70.00	19.97	67.75	11.74
电动机制造业	750	135.79	149.19	41.52	142.52	29.10
微电机制造业	449	62.41	63.49	18.44	60.88	10.87
输配电及控制设备制造业	5 792	466.77	480.88	134.03	449.56	82.29
变压器制造业	930	104.84	112.15	30.43	105.60	17.19
整流器制造业	172	5.66	5.83	1.63	5.59	1.89
电容器制造业	321	26.01	20.35	5.59	18.98	3.96
开关控制设备制造业	2 239	181.60	189.71	51.73	179.46	32.55
电器设备元件制造业	874	61.97	63.36	17.57	61.45	13.20
其他输配电及控制设备制造业	1 256	86.69	89.47	27.07	78.48	13.51
电工器材制造业	4 839	720.58	729.79	139.98	674.92	70.72
电线电缆制造业	2 722	538.12	549.81	100.14	508.61	41.76
绝缘制品业	431	35.60	35.86	7.07	33.23	5.23
蓄电池制造业	743	58.43	53.61	13.23	48.21	8.96
原电池制造业	300	51.34	51.41	10.54	48.84	9.51
其他电工器材制造业	643	37.09	39.10	9.01	36.02	5.26
日用电器制造业	2 549	955.74	853.44	188.34	812.35	50.70
洗衣机制造业	89	87.30	84.65	15.53	82.18	5.09
吸尘器制造业	57	11.00	11.70	2.67	10.96	0.94
电冰箱制造业	186	252.24	238.70	56.64	226.77	10.44
电风扇制造业	306	147.91	129.34	24.22	119.11	10.50
空调器制造业	408	306.48	234.78	52.66	227.56	7.88
排油烟机制造业	63	15.48	15.51	2.89	15.00	1.49
其他日用电器制造业	1 440	135.34	138.75	33.72	130.78	14.37
照明器具制造业	3 299	210.92	201.67	48.28	228.62	40.37
电光源制造业	937	83.30	74.84	21.51	109.32	18.92
灯头、灯座制造业	257	13.34	14.21	3.34	14.61	3.04
灯具制造业	1 259	63.37	62.30	13.48	57.81	10.24
灯用电器附件制造业	528	30.80	31.27	5.44	28.97	3.84
其他照明器具制造业	318	20.11	19.05	4.52	17.92	4.34
电气机械修理业	783	8.90	9.38	2.93	9.23	2.88
其他电气机械制造业	942	35.19	36.46	10.34	33.20	8.87
电焊机制造业	443	16.90	17.70	5.00	16.18	4.27
工业用电炉制造业	154	8.31	8.12	2.14	7.39	2.10
其他类未包括的电气机械制造业	345	9.97	10.64	3.20	9.63	2.50
仪器仪表及文化、办公用机械制造业	5 637	448.36	425.70	122.55	416.67	94.98
通用仪器仪表制造业	2 371	175.22	168.57	50.70	165.08	42.65
工业自动化仪表制造业	765	60.97	60.51	18.18	62.10	13.66
电工仪器仪表制造业	480	41.92	39.12	10.20	37.13	9.18

（续）

行　　业	企　业 单位数 （个）	工业总产值(亿元) 1990 年 不变价	当年价	工　业 增加值 （亿元）	产品销售 收　入 （亿元）	职工年 平均人数 （万人）
光学仪器制造业	226	34.29	32.57	10.88	32.21	9.45
计时仪器制造业	72	7.37	5.84	1.18	5.31	0.94
分析仪器制造业	123	3.43	3.54	1.42	3.38	1.55
试验机制造业	86	5.65	5.81	2.43	5.52	2.25
实验室仪器及装置制造业	101	3.72	3.87	1.31	3.52	1.44
通用仪器仪表元件、器件制造业	196	9.15	8.69	2.42	8.24	1.79
其他通用仪器仪表制造业	322	8.73	8.62	2.67	7.65	2.38
专用仪器仪表制造业	716	42.50	40.63	12.76	36.13	10.08
环境保护仪器仪表制造业	72	1.94	1.84	0.64	1.40	0.35
汽车仪器仪表制造业	83	9.12	8.57	3.14	7.70	1.38
导航、制导仪器制造业	32	8.03	7.58	2.38	7.46	2.54
农、林、牧、渔仪器仪表制造业	20	0.34	0.33	0.11	0.32	0.20
地质勘探、钻采、地震专用仪器制造业	71	6.29	6.02	1.29	5.15	1.94
气象、海洋、水文、天文仪器制造业	28	0.44	0.56	0.21	0.53	0.34
教学仪器制造业	195	4.03	3.76	1.21	3.65	1.04
核子及核辐射测量仪器制造业	16	1.56	1.55	0.64	1.48	0.48
专用仪器仪表元件、器件制造业	199	10.76	10.41	3.13	8.44	1.82
电子测量仪器制造业	265	17.69	15.94	4.78	17.77	4.95
计量器具制造业	642	33.80	32.58	10.56	30.54	8.16
传递标准用计量仪器制造业	42	2.70	2.71	0.80	2.91	0.38
量具量仪制造业	215	13.66	12.26	4.22	10.95	3.61
衡器制造业	385	17.45	17.61	5.54	16.67	4.17
文化、办公用机械制造业	320	83.64	77.94	20.10	77.51	7.10
电影机械制造业	16	1.16	1.22	0.48	1.24	0.61
幻灯机及投影仪制造业	19	1.20	1.20	0.35	1.24	0.38
照相机及器材制造业	133	54.87	48.30	13.82	46.42	4.04
复印机制造业	30	19.49	16.56	3.36	17.01	0.88
打字机及油印机制造业	30	3.16	3.88	0.93	3.83	0.52
其他文化、办公用机械制造业	92	3.75	6.77	1.16	7.78	0.67
钟表制造业	761	82.94	77.15	19.57	77.55	18.79
仪器仪表及文化、办公用机械修理业	98	0.82	0.89	0.28	0.90	0.33
其他仪器仪表制造业	464	11.75	12.01	3.79	11.19	2.92

1995年全部独立核算机械工业企业主要统计指标(二)

(单位:亿元)

行　业	年末固定资产原价	固定资产净值年平均余额	流动资产年平均余额合计	利润总额	利税总额
机械工业总计	7 014.41	4 089.07	8 910.44	287.81	846.46
金属制品业	812.62	537.97	1033.72	26.18	90.69
金属结构制造业	53.37	37.13	80.40	2.46	7.50
铸铁管制造业	27.97	18.33	34.01	0.83	3.22
工具制造业	110.65	65.86	129.69	2.34	10.66
切削工具制造业	44.72	24.00	53.02	0.72	3.88
模具制造业	26.78	17.78	26.98	0.92	2.55
手工具制造业	33.13	20.53	40.67	0.50	3.52
其他工具制造业	6.01	3.54	9.02	0.20	0.70
集装箱和金属包装物品制造业	126.91	90.31	159.25	8.74	16.30
集装箱制造业	32.20	21.33	55.71	3.45	3.91
金属包装物品及容器制造业	94.71	68.98	103.54	5.28	12.39
金属丝绳及其制品业	89.52	57.99	106.60	0.50	6.80
建筑用金属制品业	100.65	68.07	147.91	2.49	12.68
建筑小五金制造业	8.18	5.17	12.23	0.17	0.90
水暖管道零件制造业	29.35	20.25	41.41	0.81	4.68
金属门窗制造业	52.42	34.90	80.86	1.47	6.35
其他建筑用金属制品业	10.70	7.76	13.41	0.04	0.75
金属表面处理及热处理业	36.56	24.89	35.15	1.83	5.49
日用金属制品业	195.10	129.30	251.10	1.40	16.23
搪瓷制造业	21.97	12.57	27.22	-0.20	1.63
铝制品业	48.32	32.48	49.35	0.50	3.35
不锈钢制品业	35.42	26.86	49.54	0.58	2.90
刀剪制造业	4.70	2.97	5.78	-0.08	0.48
制锁业	18.89	11.43	30.22	-0.10	1.87
炊事用具制造业	12.75	7.68	17.60	0.07	1.18
燃气用具制造业	20.98	13.98	31.33	0.36	2.46
理发用具制造业	6.80	4.72	8.66	-0.08	0.29
其他日用金属制品业	25.27	16.61	31.38	0.34	2.06
其他金属制品业	71.91	46.09	89.62	5.59	11.82
铁制小农具制造业	11.68	7.42	13.01	1.11	2.27
焊条制造业	21.53	12.60	35.45	0.21	1.91
其他类未包括的金属制品业	38.70	26.08	41.15	4.27	7.63
普通机械制造业	1 596.12	916.20	1 946.41	66.65	186.57
锅炉及原动机制造业	366.20	199.04	478.22	21.78	47.47
锅炉制造业	77.78	42.05	146.79	3.11	9.91
内燃机制造业	164.52	89.42	186.90	16.52	26.27
汽轮机制造业	33.63	17.55	51.80	0.84	3.58
水轮机制造业	7.04	3.65	8.05	-0.11	0.27
内燃机零部件及配件制造业	77.18	42.52	74.57	1.17	6.53
其他锅炉及原动机制造业	6.04	3.85	10.13	0.25	0.91
金属加工机械制造业	260.13	153.33	271.88	-1.28	12.59
金属切削机床制造业	156.54	79.23	163.76	-2.57	4.21
锻压设备制造业	44.93	24.04	46.94	0.88	3.73
铸造机械制造业	12.32	6.97	13.55	0.18	1.16
机床附件制造业	14.07	7.53	13.30	0.21	1.12
其他金属加工机械制造业	32.26	35.56	34.33	0.01	2.37
通用设备制造业	389.08	216.72	551.78	30.86	65.33
起重运输设备制造业	122.74	66.91	219.61	16.54	29.72
工矿车辆制造业	8.92	5.94	12.51	0.59	1.47
泵制造业	64.91	35.14	82.78	2.92	8.10

（续）

行　业	年末固定资产原价	固定资产净值年平均余额	流动资产年平均余额合　计	利润总额	利税总额
风机制造业	26.47	13.08	32.42	1.41	4.11
气体压缩机及气体分离设备制造业	53.47	29.62	56.48	0.82	3.74
冷冻设备制造业	42.15	28.86	71.74	7.22	11.91
风动工具制造业	6.14	3.29	6.48	-0.15	0.20
电动工具制造业	15.37	9.09	17.10	1.31	2.51
其他通用设备制造业	48.91	24.77	52.67	0.20	3.58
轴承、阀门制造业	187.60	103.59	224.19	5.60	19.98
轴承制造业	135.45	74.33	160.81	4.23	14.04
阀门制造业	52.15	29.25	63.38	1.37	5.94
其他通用零部件制造业	197.30	124.09	216.39	5.61	21.39
液压件及液力件制造业	39.20	26.27	42.80	0.14	2.83
气动元件制造业	7.72	4.59	10.94	0.39	1.16
密封件制造业	3.44	2.32	5.59	0.37	0.84
粉末冶金制品业	16.10	10.62	16.22	0.59	1.78
紧固件制造业	49.79	29.64	51.97	0.13	3.81
弹簧制造业	7.83	5.18	10.29	0.84	1.82
链条制造业	13.14	7.86	14.45	0.38	1.49
齿轮制造业	33.37	20.54	28.79	0.93	3.12
其他类未包括的通用零部件制造业	26.70	17.07	35.33	1.85	4.54
铸锻件制造业	154.01	95.65	158.19	3.64	16.56
铸件制造业	124.37	76.88	128.11	3.23	14.17
锻件制造业	29.64	18.76	30.08	0.41	2.39
普通机械修理业	6.91	3.87	10.17	0.41	1.32
其他普通机械制造业	34.88	19.92	35.59	0.03	1.92
专用设备制造业	1 218.96	640.55	1 374.49	26.87	101.58
机电工业专用设备制造业	260.43	114.77	273.61	-2.22	11.51
矿山设备制造业	136.83	61.04	137.70	-1.85	5.23
冶金工业专用设备制造业	96.03	38.72	104.97	-0.56	4.55
电工专用设备制造业	6.40	3.35	7.16	0.17	0.62
电子工业专用设备制造业	13.00	6.64	12.84	-0.11	0.50
其他机电工业专用设备制造业	8.17	5.02	10.94	0.12	0.61
石化及其他工业专用设备制造业	232.89	131.18	247.29	3.04	17.38
石油工业专用设备制造业	56.19	35.59	57.99	-0.48	2.07
化学工业专用设备制造业	46.80	23.69	42.46	-0.76	1.75
化学纤维工业专用设备制造业	2.71	1.83	4.07	0.36	0.58
橡胶工业专用设备制造业	15.06	6.68	13.89	-1.12	-0.40
塑料工业专用设备制造业	21.18	13.46	27.95	1.17	2.81
森林工业专用设备制造业	15.13	8.03	19.39	1.04	2.43
印刷工业专用设备制造业	28.06	16.51	29.90	1.41	3.15
制药工业专用设备制造业	4.55	2.44	6.40	0.11	0.56
建筑材料及其他制品专用设备制造业	43.21	22.96	45.23	1.32	4.44
轻纺工业专用设备制造业	232.97	128.71	257.17	9.90	26.35
食品、饮料、烟草工业专用设备制造业	35.22	20.13	48.55	2.13	5.86
粮油工业专用设备制造业	28.53	15.59	26.80	1.16	2.95
饲料工业专用设备制造业	5.53	3.09	5.49	0.62	0.94
包装工业专用设备制造业	12.68	7.38	16.33	1.09	2.17
纺织、服装、皮革工业专用设备制造业	122.01	67.58	131.19	3.29	10.87
照明器具工业专用设备制造业	3.20	1.82	2.47	0.50	0.67
日用硅酸制品工业专用设备制造业	1.75	1.10	1.99	0.03	0.28
制浆、造纸工业专用设备制造业	21.82	10.94	21.58	1.25	2.61
日用化学工业专用设备制造业	2.22	1.07	2.77	-0.18	0.00
农、林、牧、渔、水利业机械制造业	238.40	121.22	249.01	8.52	20.30
拖拉机制造业	96.50	41.88	85.41	3.12	5.42
机械化农机具制造业	42.09	22.03	49.13	-0.40	1.56
营林机械制造业	0.76	0.29	0.68	0.00	0.05

行　业	年末固定资产原价	固定资产净值年平均余额	流动资产年平均余额合　计	利润总额	利税总额
畜牧机械制造业	3.44	1.98	3.52	-0.08	0.06
渔业机械制造业	2.73	1.65	3.31	0.17	0.38
水利机械制造业	4.74	2.77	6.23	0.16	0.55
拖拉机配件制造业	44.32	24.92	42.11	1.30	4.66
其他农、林、牧、渔、水利业机械制造业	43.82	25.68	58.62	4.23	7.62
医疗器械制造业	50.08	32.32	74.21	3.76	8.19
手术器械制造业	7.00	4.57	7.82	0.42	1.00
医疗仪器、设备制造业	20.36	12.14	36.10	1.95	3.68
诊断用品制造业	5.74	3.73	6.73	0.16	0.47
医用材料及医疗用品制造业	15.82	11.16	22.02	1.18	2.92
假肢、矫形器制造业	1.16	0.72	1.54	0.04	0.11
其他专用设备制造业	179.59	99.98	252.77	3.08	15.54
建筑机械制造业	79.10	42.90	111.00	2.97	8.34
地质专用设备制造业	10.57	4.61	8.77	-0.93	-0.53
畜牧兽医医疗器械制造业	0.06	0.05	0.13	0.00	0.01
缝纫机制造业	34.66	19.14	46.48	-0.81	0.78
商业、饮食业、服务业专用机械制造业	3.88	2.17	4.94	0.08	0.35
邮政机械及器材制造业	1.36	0.65	1.80	0.06	0.22
环境保护机械制造业	15.12	9.75	27.05	1.16	2.96
社会公共安全设备及器材制造业	8.72	5.45	17.34	0.95	2.26
其他类未包括的专用设备制造业	26.11	15.27	35.25	-0.39	1.16
专用机械设备修理业	24.59	12.36	20.43	0.79	2.32
工业专用设备修理业	2.97	2.03	4.25	0.08	0.44
农、林、牧、渔、水利机械修理业	5.45	3.22	4.50	0.43	0.80
医疗器械修理业	0.09	0.04	0.10	-0.01	0.00
其他专用机械设备修理业	16.07	7.08	11.58	0.29	1.08
交通运输设备制造业	1 879.60	1 053.26	2 395.92	86.92	265.15
铁路运输设备制造业	134.48	76.33	105.40	1.12	10.70
机车制造业	42.83	22.62	26.04	1.16	3.91
客车制造业	18.33	10.68	12.94	1.03	2.40
货车制造业	33.05	17.87	19.89	0.81	3.40
机车车辆配件制造业	15.61	9.33	15.08	-0.47	0.75
铁路信号设备制造业	3.09	2.12	2.82	-0.12	0.12
铁路专用设备制造业	7.56	4.88	11.07	-0.74	-0.21
铁路专用器材制造业	10.28	6.73	12.85	-0.43	0.20
其他铁路运输设备制造业	3.72	2.09	4.70	-0.13	0.13
汽车制造业	932.68	540.97	1 267.91	58.79	153.62
载重汽车制造业	328.55	170.32	520.13	10.88	39.82
客车制造业	55.58	35.54	66.77	-0.32	4.37
小轿车制造业	76.46	47.50	118.35	30.43	53.56
微型汽车制造业	20.51	12.02	26.06	-0.09	2.34
特种车辆及改装汽车制造业	94.62	55.93	132.35	0.10	7.21
汽车车身制造业	13.81	8.32	16.65	0.37	1.37
汽车零部件及配件制造业	343.16	211.34	387.62	17.42	44.95
摩托车制造业	88.43	61.16	166.22	19.58	51.10
摩托车整车制造业	46.38	33.41	114.94	13.63	40.00
摩托车零部件及配件制造业	42.05	27.76	51.28	5.95	11.10
自行车制造业	102.11	63.04	155.66	0.38	7.47
电车制造业	0.04	0.02	0.06	0.00	0.03
船舶制造业	162.29	79.58	256.72	1.42	12.62
海洋运输船制造业	99.21	47.04	186.09	1.69	8.40
内河船制造业	27.57	14.01	31.70	-0.78	1.31
渔轮制造业	8.24	4.81	7.37	0.09	0.65
船舶机械设备制造业	26.80	13.59	31.31	0.45	2.27
海洋石油平台制造业	0.47	0.13	0.24	-0.03	-0.01

（续）

行　　业	年末固定资产原价	固定资产净值年平均余额	流动资产年平均余额合　计	利润总额	利税总额
航空航天器制造业	230.71	109.72	270.84	1.48	12.77
飞机制造业	186.79	86.64	216.10	3.08	13.93
其他航空航天器制造业	43.93	23.08	54.74	-1.60	-1.15
交通运输设备修理业	227.53	121.65	170.34	3.91	16.44
铁路运输设备修理业	63.33	30.61	28.31	-0.62	2.20
汽车修理业	78.31	49.52	77.90	2.17	9.45
摩托车修理业	0.17	0.10	0.19	0.01	0.03
电车修理业	0.01	0.00	0.03	0.00	0.01
船舶修理业	59.22	27.80	36.86	1.61	3.24
飞机修理业	22.88	11.38	24.07	0.62	1.22
其他交通运输设备修理业	3.61	2.23	2.98	0.11	0.30
其他交通运输设备制造业	1.33	0.80	2.75	0.23	0.40
航标器材制造业	0.31	0.15	0.67	0.02	0.04
潜水装备制造业	0.16	0.10	0.29	0.01	0.03
公路标志制造业	0.85	0.55	1.80	0.20	0.32
电气机械及器材制造业	1 203.13	760.71	1 774.55	74.28	176.29
电机制造业	199.14	108.89	265.56	4.19	18.13
发电机制造业	50.80	27.06	84.44	2.84	7.61
电动机制造业	105.46	54.11	130.20	1.08	8.30
微电机制造业	42.89	27.72	50.93	0.28	2.22
输配电及控制设备制造业	247.30	147.90	380.90	16.33	40.98
变压器制造业	72.68	41.80	94.83	3.44	8.87
整流器制造业	3.86	2.27	6.70	-0.27	0.03
电容器制造业	13.12	9.00	17.88	0.57	1.44
开关控制设备制造业	88.03	51.46	147.59	6.97	16.95
电器设备元件制造业	33.13	19.47	51.23	1.89	4.78
其他输配电及控制设备制造业	36.48	23.90	62.67	3.72	8.90
电工器材制造业	339.75	222.04	414.17	11.11	34.15
电线电缆制造业	242.01	160.24	306.07	8.94	25.26
绝缘制品业	18.68	11.95	22.11	-0.09	1.22
蓄电池制造业	36.04	22.85	37.60	1.90	4.13
原电池制造业	26.44	15.68	25.58	0.01	1.68
其他电工器材制造业	16.58	11.33	22.81	0.35	1.85
日用电器制造业	297.65	205.02	553.63	38.28	68.33
洗衣机制造业	35.44	24.92	56.14	2.35	5.55
吸尘器制造业	4.23	3.17	6.20	0.37	0.67
电冰箱制造业	85.34	59.26	150.48	17.01	25.45
电风扇制造业	36.96	23.05	70.48	0.58	4.27
空调器制造业	80.15	55.34	162.77	14.05	22.84
排油烟机制造业	5.02	3.43	10.71	0.25	0.92
其他日用电器制造业	50.51	35.85	96.84	3.67	8.64
照明器具制造业	95.51	62.84	123.99	3.84	11.70
电光源制造业	51.78	32.89	48.72	1.38	5.32
灯头、灯座制造业	5.36	3.63	11.82	0.95	1.60
灯具制造业	20.30	13.88	36.54	0.97	2.98
灯用电器附件制造业	9.58	6.76	15.60	0.40	1.10
其他照明器具制造业	8.49	5.69	11.32	0.14	0.70
电气机械修理业	3.96	2.61	6.36	0.39	0.95
其他电气机械制造业	19.83	11.39	29.94	0.15	2.05
电焊机制造业	8.56	4.96	14.45	0.11	1.03
工业用电炉制造业	5.08	2.96	7.60	-0.18	0.23
其他类未包括的电气机械制造业	6.19	3.47	7.89	0.22	0.78
仪器仪表及文化、办公用机械制造业	303.98	180.39	385.35	6.91	26.18
通用仪器仪表制造业	131.38	72.22	166.23	3.37	12.37
工业自动化仪表制造业	43.04	24.48	67.13	2.32	6.23

(续)

行　　业	年末固定资产原价	固定资产净值年平均余额	流动资产年平均余额合　计	利润总额	利税总额
电工仪器仪表制造业	22.95	13.64	33.96	0.48	1.98
光学仪器制造业	37.88	18.22	31.40	0.18	1.60
计时仪器制造业	2.29	1.53	2.98	0.22	0.40
分析仪器制造业	4.02	2.15	4.95	0.07	0.36
试验机制造业	7.08	3.68	8.22	-0.05	0.55
实验室仪器及装置制造业	3.49	1.97	4.24	-0.16	0.08
通用仪器仪表元件、器件制造业	4.58	2.63	5.74	0.17	0.61
其他通用仪器仪表制造业	6.04	3.91	7.61	0.15	0.56
专用仪器仪表制造业	37.45	21.14	42.78	0.66	2.97
环境保护仪器仪表制造业	0.74	0.38	2.00	0.10	0.19
汽车仪器仪表制造业	4.08	2.39	5.53	0.67	1.11
导航、制导仪器制造业	11.60	5.42	10.50	-0.44	-0.06
农、林、牧、渔仪器仪表制造业	0.45	0.19	0.73	-0.03	0.00
地质勘探、钻采、地震专用仪器制造业	10.70	7.12	10.29	-0.37	0.10
气象、海洋、水文、天文仪器制造业	0.91	0.49	0.68	0.00	0.03
教学仪器制造业	1.97	1.11	3.48	0.30	0.56
核子及核辐射测量仪器制造业	1.65	0.90	1.87	0.09	0.22
专用仪器仪表元件、器件制造业	5.35	3.13	7.71	0.35	0.82
电子测量仪器制造业	14.37	7.93	19.47	-0.08	0.79
计量器具制造业	21.06	12.65	27.96	1.04	2.86
传递标准用计量仪器制造业	1.21	0.98	3.07	0.24	0.39
量具量仪制造业	8.45	5.06	10.17	0.15	0.82
衡器制造业	11.40	6.60	14.71	0.65	1.65
文化、办公用机械制造业	36.37	30.07	48.35	1.17	2.94
电影机械制造业	1.91	0.86	1.75	0.02	0.09
幻灯机及投影仪制造业	1.26	0.60	1.22	0.00	0.07
照相机及器材制造业	21.68	21.70	26.05	0.94	1.62
复印机制造业	8.06	4.83	11.15	0.02	0.70
打字机及油印机制造业	2.07	1.27	3.84	-0.10	0.02
其他文化、办公用机械制造业	1.40	0.81	4.34	0.29	0.44
钟表制造业	57.20	32.58	69.94	0.34	3.10
仪器仪表及文化、办公用机械修理业	0.22	0.15	0.55	0.03	0.07
其他仪器仪表制造业	5.94	3.67	10.07	0.37	1.09

1995 年全部独立核算机械工业企业主要财务分析指标

行　业	资金利税率（%）	产值利税率（%）	百元销售收入实现的利润（元）	百元固定资产实现的利润（元）	工业增加值率（%）
金属制品业	5.77	5.49	1.73	3.22	23.26
金属结构制造业	6.38	6.48	2.37	4.62	26.21
铸铁管制造业	6.15	5.58	1.63	2.97	23.14
工具制造业	5.45	6.57	1.64	2.11	30.56
切削工具制造业	5.04	6.94	1.54	1.61	34.26
模具制造业	5.70	7.87	3.18	3.44	32.99
手工具制造业	5.76	5.69	0.89	1.51	26.89
其他工具制造业	5.57	5.84	1.89	3.29	25.64
集装箱和金属包装物品制造业	6.53	5.98	3.43	6.89	20.07
集装箱制造业	5.08	3.44	3.18	10.72	14.04
金属包装物品及容器制造业	7.18	7.80	3.61	5.58	24.38
金属丝绳及其制品业	4.13	3.99	0.31	0.56	20.65
建筑用金属制品业	5.87	5.43	1.23	2.48	23.71
建筑小五金制造业	5.17	4.31	0.92	2.08	23.63
水暖管道零件制造业	7.59	6.80	1.33	2.77	24.45
金属门窗制造业	5.48	5.15	1.40	2.80	23.55
其他建筑用金属制品业	3.56	3.69	0.25	0.41	22.26
金属表面处理及热处理业	9.14	5.99	2.17	5.01	22.97
日用金属制品业	4.27	4.11	0.37	0.72	21.94
搪瓷制造业	4.11	4.50	-0.59	-0.91	23.56
铝制品业	4.09	3.97	0.58	1.04	19.89
不锈钢制品业	3.80	3.93	0.83	1.64	21.22
刀剪制造业	5.53	4.84	-0.84	-1.61	27.62
制锁业	4.48	3.54	-0.21	-0.52	22.17
炊事用具制造业	4.68	4.12	0.30	0.57	24.83
燃气用具制造业	5.43	4.75	0.75	1.70	20.96
理发用具制造业	2.14	2.55	-0.76	-1.24	19.79
其他日用金属制品业	4.30	4.51	0.77	1.35	23.96
其他金属制品业	8.71	7.77	3.93	7.77	24.81
铁制小农具制造业	11.11	7.09	3.81	9.51	24.00
焊条制造业	3.99	4.25	0.47	0.99	20.10
其他类未包括的金属制品业	11.35	10.17	6.35	11.02	27.99
普通机械制造业	6.52	7.89	3.03	4.18	28.31
锅炉及原动机制造业	7.01	8.31	4.00	5.95	26.46
锅炉制造业	5.25	7.57	2.53	4.00	27.03
内燃机制造业	9.51	9.09	5.93	10.04	24.78
汽轮机制造业	5.16	9.83	2.31	2.49	30.85
水轮机制造业	2.31	5.29	-2.20	-1.61	33.86
内燃机零部件及配件制造业	5.57	6.58	1.27	1.52	28.42
其他锅炉及原动机制造业	6.54	8.42	2.58	4.14	28.20
金属加工机械制造业	2.96	5.14	-0.59	-0.49	35.21
金属切削机床制造业	1.73	4.03	-2.64	-1.64	36.68
锻压设备制造业	5.26	7.36	1.94	1.96	30.79
铸造机械制造业	5.67	5.24	0.94	1.49	27.92
机床附件制造业	5.38	7.23	1.60	1.50	33.73
其他金属加工机械制造业	3.39	4.54	0.03	0.04	40.11
通用设备制造业	8.50	10.07	4.97	7.93	28.01
起重运输设备制造业	10.37	12.42	6.86	13.48	28.66
工矿车辆制造业	7.98	8.25	3.64	6.60	30.49
泵制造业	6.87	7.68	3.10	4.50	28.71
风机制造业	9.03	10.21	3.69	5.32	30.99
气体压缩机及气体分离设备制造业	4.34	6.72	1.61	1.54	26.94

(续)

行　业	资金利税率(%)	产值利税率(%)	百元销售收入实现的利润(元)	百元固定资产实现的利润(元)	工业增加值率(%)
冷冻设备制造业	11.84	13.73	8.51	17.13	25.26
风动工具制造业	2.05	3.28	-2.52	-2.38	32.44
电动工具制造业	9.59	6.52	3.84	8.51	24.73
其他通用设备制造业	4.62	6.10	0.36	0.41	28.07
轴承、阀门制造业	6.10	7.92	2.35	2.98	29.95
轴承制造业	5.97	8.26	2.56	3.12	31.04
阀门制造业	6.41	7.21	1.89	2.63	27.70
其他通用零部件制造业	6.28	7.17	2.06	2.85	27.80
液压件及液力件制造业	4.09	6.60	0.37	0.37	32.48
气动元件制造业	7.50	8.28	3.08	5.02	29.28
密封件制造业	10.59	8.79	4.29	10.83	29.07
粉末冶金制品业	6.64	8.47	3.08	3.64	28.47
紧固件制造业	4.67	5.01	0.18	0.26	23.67
弹簧制造业	11.78	10.77	5.45	10.69	28.31
链条制造业	6.68	6.14	1.77	2.89	26.02
齿轮制造业	6.33	7.87	2.58	2.79	30.64
其他类未包括的通用零部件制造业	8.67	8.39	3.68	6.92	27.61
铸锻件制造业	6.52	5.67	1.42	2.36	25.49
铸件制造业	6.91	5.84	1.50	2.59	25.68
锻件制造业	4.90	4.82	0.99	1.40	24.53
普通机械修理业	9.38	8.56	2.80	5.97	35.25
其他普通机械制造业	3.46	4.56	0.09	0.09	28.75
专用设备制造业	5.04	5.78	1.64	2.20	25.58
机电工业专用设备制造业	2.96	4.94	-1.01	-0.85	29.06
矿山设备制造业	2.63	4.45	-1.65	-1.35	28.14
冶金工业专用设备制造业	3.17	5.64	-0.72	-0.58	29.56
电工专用设备制造业	5.94	9.41	2.50	2.63	38.76
电子工业专用设备制造业	2.56	3.36	-0.89	-0.82	32.20
其他机电工业专用设备制造业	3.80	4.55	0.98	1.48	25.75
石化及其他工业专用设备制造业	4.59	6.19	1.16	1.31	28.34
石油工业专用设备制造业	2.21	4.16	-0.94	-0.85	26.57
化学工业专用设备制造业	2.64	3.59	-1.53	-1.63	26.42
化学纤维工业专用设备制造业	9.80	6.88	5.20	13.22	23.21
橡胶工业专用设备制造业	-1.96	-2.70	-8.28	-7.44	28.77
塑料工业专用设备制造业	6.79	7.89	3.57	5.50	29.68
森林工业专用设备制造业	8.87	6.90	3.82	6.87	24.32
印刷工业专用设备制造业	6.78	11.45	5.69	5.02	35.05
制药工业专用设备制造业	6.31	8.98	1.84	2.34	34.70
建筑材料及其他制品专用设备制造业	6.51	8.17	2.63	3.06	29.95
轻纺工业专用设备制造业	6.83	8.29	3.38	4.25	29.15
食品、饮料、烟草工业专用设备制造业	8.53	10.40	4.02	6.05	31.65
粮油工业专用设备制造业	6.95	6.38	2.80	4.08	26.58
饲料工业专用设备制造业	11.00	9.38	7.19	11.23	28.98
包装工业专用设备制造业	9.16	11.92	6.41	8.59	29.41
纺织、服装、皮革工业专用设备制造业	5.47	7.44	2.42	2.69	29.91
照明器具工业专用设备制造业	15.69	12.88	10.02	15.66	30.37
日用硅酸制品工业专用设备制造业	8.91	5.93	0.85	1.90	20.82
制浆、造纸工业专用设备制造业	8.03	9.52	5.04	5.74	26.11
日用化学工业专用设备制造业	-0.09	-0.10	-5.45	-8.20	23.60
农、林、牧、渔、水利业机械制造业	5.48	3.89	1.74	3.57	18.76
拖拉机制造业	4.25	2.71	1.60	3.24	14.68
机械化农机具制造业	2.19	2.40	-0.68	-0.94	21.79
营林机械制造业	4.77	4.79	0.50	0.62	25.78
畜牧机械制造业	1.13	1.71	-2.13	-2.20	28.10
渔业机械制造业	7.70	6.05	3.06	6.30	21.44

(续)

行　　业	资金利税率(%)	产值利税率(%)	百元销售收入实现的利润(元)	百元固定资产实现的利润(元)	工业增加值率(%)
水利机械制造业	6.15	6.91	2.39	3.47	32.84
拖拉机配件制造业	6.96	6.41	1.93	2.93	25.74
其他农、林、牧、渔、水利业机械制造业	9.04	4.59	2.81	9.65	18.39
医疗器械制造业	7.69	8.69	4.16	7.51	29.57
手术器械制造业	8.10	7.91	3.79	6.04	28.21
医疗仪器、设备制造业	7.63	11.86	6.23	9.57	30.17
诊断用品制造业	4.52	4.71	1.54	2.81	43.97
医用材料及医疗用品制造业	8.80	7.52	3.30	7.48	25.77
假肢、矫形器制造业	4.94	6.47	2.59	3.87	30.41
其他专用设备制造业	4.40	5.60	1.20	1.72	26.37
建筑机械制造业	5.42	7.36	2.86	3.76	28.18
地质专用设备制造业	-3.99	-7.38	-13.03	-8.78	25.17
畜牧兽医医疗器械制造业	3.60	2.42	-0.01	-0.02	27.40
缝纫机制造业	1.19	1.62	-1.63	-2.34	21.30
商业、饮食业、服务业专用机械制造业	4.86	5.31	1.22	1.94	26.27
邮政机械及器材制造业	8.88	5.93	1.51	4.06	26.36
环境保护机械制造业	8.05	8.27	3.82	7.68	26.13
社会公共安全设备及器材制造业	9.92	8.84	4.13	10.86	29.45
其他类未包括的专用设备制造业	2.30	3.14	-1.19	-1.49	25.81
专用机械设备修理业	7.06	7.36	2.58	3.22	33.62
工业专用设备修理业	6.96	6.96	1.25	2.75	38.96
农、林、牧、渔、水利机械修理业	10.36	7.11	3.91	7.85	28.11
医疗器械修理业	-2.51	-2.84	-6.55	-9.75	17.94
其他专用机械设备修理业	5.81	7.84	2.22	1.82	35.83
交通运输设备制造业	7.69	8.03	2.73	4.62	24.37
铁路运输设备制造业	5.89	5.96	0.63	0.83	24.19
机车制造业	8.03	7.64	2.27	2.71	21.45
客车制造业	10.18	7.72	3.50	5.62	24.92
货车制造业	9.00	7.06	1.69	2.46	20.91
机车车辆配件制造业	3.06	3.52	-2.19	-3.00	30.83
铁路信号设备制造业	2.39	4.46	-4.35	-3.78	37.45
铁路专用设备制造业	-1.32	-2.44	-8.32	-9.75	26.59
铁路专用器材制造业	1.01	1.59	-3.58	-4.20	27.71
其他铁路运输设备制造业	1.93	3.16	-3.15	-3.41	32.80
汽车制造业	8.49	8.54	3.38	6.30	23.86
载重汽车制造业	5.77	6.81	1.86	3.31	20.93
客车制造业	4.28	4.41	-0.35	-0.57	17.16
小轿车制造业	32.29	16.07	9.18	39.80	23.64
微型汽车制造业	6.14	4.52	-0.19	-0.46	17.47
特种车辆及改装汽车制造业	3.83	4.11	0.06	0.10	21.57
汽车车身制造业	5.49	4.78	1.54	2.67	24.65
汽车零部件及配件制造业	7.50	8.56	3.50	5.08	29.87
摩托车制造业	22.47	13.24	5.38	22.14	22.21
摩托车整车制造业	26.97	14.52	5.22	29.38	20.42
摩托车零部件及配件制造业	14.04	10.05	5.81	14.15	26.69
自行车制造业	3.42	3.41	0.18	0.37	19.45
电车制造业	33.05	22.91	2.51	7.06	51.29
船舶制造业	3.75	5.48	0.67	0.87	23.05
海洋运输船制造业	3.60	5.97	1.29	1.71	21.52
内河船制造业	2.87	2.90	-1.96	-2.82	23.11
渔轮制造业	5.30	5.31	0.73	1.04	24.70
船舶机械设备制造业	5.05	7.10	1.54	1.66	29.10
海洋石油平台制造业	-1.64	-3.05	-15.18	-6.10	24.28
航空航天器制造业	3.36	5.23	0.62	0.64	28.80
飞机制造业	4.60	6.74	1.48	1.65	29.08

（续）

行　业	资金利税率（%）	产值利税率（%）	百元销售收入实现的利润（元）	百元固定资产实现的利润（元）	工业增加值率（%）
其他航空航天器制造业	-1.48	-3.04	-5.27	-3.64	27.28
交通运输设备修理业	5.63	6.82	1.68	1.72	33.02
铁路运输设备修理业	3.74	4.98	-1.41	-0.97	31.52
汽车修理业	7.41	7.94	1.79	2.78	31.20
摩托车修理业	8.68	5.24	1.99	4.40	21.67
电车修理业	18.07	14.34	2.23	12.04	66.87
船舶修理业	5.02	6.83	4.02	2.72	35.45
飞机修理业	3.45	4.99	2.66	2.71	39.27
其他交通运输设备修理业	5.69	5.56	2.50	3.16	36.42
其他交通运输设备制造业	11.17	9.65	5.60	17.53	26.63
航标器材制造业	5.14	3.25	1.85	6.86	24.02
潜水装备制造业	8.79	9.68	3.72	8.04	25.17
公路标志制造业	13.67	13.04	7.51	23.21	28.22
电气机械及器材制造业	6.95	6.80	3.00	6.17	23.27
电机制造业	4.84	6.41	1.55	2.11	28.27
发电机制造业	6.83	10.87	4.19	5.58	28.53
电动机制造业	4.50	5.56	0.76	1.02	27.83
微电机制造业	2.83	3.50	0.46	0.65	29.04
输配电及控制设备制造业	7.75	8.52	3.63	6.60	27.87
变压器制造业	6.49	7.91	3.26	4.74	27.13
整流器制造业	0.34	0.53	-4.75	-6.88	27.97
电容器制造业	5.35	7.07	3.01	4.36	27.49
开关控制设备制造业	8.52	8.94	3.88	7.92	27.27
电器设备元件制造业	6.77	7.55	3.08	5.71	27.74
其他输配电及控制设备制造业	10.28	9.95	4.74	10.19	30.25
电工器材制造业	5.37	4.68	1.65	3.27	19.18
电线电缆制造业	5.42	4.59	1.76	3.69	18.21
绝缘制品业	3.59	3.41	-0.28	-0.49	19.70
蓄电池制造业	6.84	7.71	3.94	5.27	24.68
原电池制造业	4.08	3.28	0.03	0.05	20.50
其他电工器材制造业	5.41	4.72	0.97	2.10	23.03
日用电器制造业	9.01	8.01	4.71	12.86	22.07
洗衣机制造业	6.85	6.56	2.86	6.64	18.35
吸尘器制造业	7.10	5.69	3.35	8.67	22.87
电冰箱制造业	12.13	10.66	7.50	19.93	23.73
电风扇制造业	4.57	3.30	0.49	1.56	18.73
空调器制造业	10.47	9.73	6.17	17.53	22.43
排油烟机制造业	6.49	5.91	1.69	5.05	18.63
其他日用电器制造业	6.51	6.23	2.81	7.26	24.31
照明器具制造业	6.26	5.80	1.68	4.02	23.94
电光源制造业	6.52	7.11	1.26	2.66	28.75
灯头、灯座制造业	10.37	11.26	6.50	17.71	23.47
灯具制造业	5.91	4.79	1.68	4.78	21.63
灯用电器附件制造业	4.92	3.52	1.39	4.20	17.38
其他照明器具制造业	4.10	3.66	0.78	1.64	23.71
电气机械修理业	10.60	10.14	4.18	9.75	31.20
其他电气机械制造业	4.95	5.61	0.44	0.74	28.36
电焊机制造业	5.32	5.83	0.70	1.33	28.27
工业用电炉制造业	2.19	2.84	-2.48	-3.61	26.34
其他类未包括的电气机械制造业	6.88	7.35	2.24	3.49	30.03
仪器仪表及文化、办公用机械制造业	4.63	6.15	1.66	2.27	28.79
通用仪器仪表制造业	5.19	7.34	2.04	2.56	30.08
工业自动化仪表制造业	6.80	10.30	3.73	5.38	30.05
电工仪器仪表制造业	4.17	5.07	1.30	2.10	26.07
光学仪器制造业	3.23	4.92	0.55	0.47	33.40

(续)

行　　业	资金利税率（%）	产值利税率（%）	百元销售收入实现的利润（元）	百元固定资产实现的利润（元）	工业增加值率（%）
计时仪器制造业	8.81	6.80	4.08	9.46	20.28
分析仪器制造业	5.06	10.15	1.95	1.64	40.19
试验机制造业	4.60	9.41	-0.84	-0.65	41.83
实验室仪器及装置制造业	1.32	2.12	-4.59	-4.63	33.85
通用仪器仪表元件、器件制造业	7.25	6.99	2.08	3.75	27.81
其他通用仪器仪表制造业	4.85	6.48	1.94	2.45	31.00
专用仪器仪表制造业	4.64	7.30	1.82	1.75	31.41
环境保护仪器仪表制造业	8.12	10.49	6.99	13.26	34.68
汽车仪器仪表制造业	14.05	12.98	8.69	16.39	36.67
导航、制导仪器制造业	-0.38	-0.79	-5.89	-3.79	31.39
农、林、牧、渔仪器仪表制造业	-0.23	-0.64	-9.21	-6.63	32.80
地质勘探、钻采、地震专用仪器制造业	0.55	1.58	-7.20	-3.47	21.51
气象、海洋、水文、天文仪器制造业	2.70	5.59	-0.38	-0.22	36.79
教学仪器制造业	12.18	14.88	8.22	15.26	32.30
核子及核辐射测量仪器制造业	7.81	13.97	5.79	5.22	41.46
专用仪器仪表元件、器件制造业	7.57	7.87	4.09	6.45	30.09
电子测量仪器制造业	2.88	4.95	-0.44	-0.54	30.01
计量器具制造业	7.04	8.78	3.40	4.94	32.41
传递标准用计量仪器制造业	9.58	14.34	8.18	19.68	29.48
量具量仪制造业	5.37	6.67	1.40	1.81	34.42
衡器制造业	7.75	9.39	3.89	5.69	31.47
文化、办公用机械制造业	3.75	3.77	1.51	3.23	25.79
电影机械制造业	3.52	7.51	1.69	1.10	39.37
幻灯机及投影仪制造业	3.64	5.53	0.02	0.02	29.06
照相机及器材制造业	3.39	3.35	2.02	4.33	28.61
复印机制造业	4.36	4.21	0.15	0.31	20.31
打字机及油印机制造业	0.40	0.52	-2.68	-4.95	23.99
其他文化、办公用机械制造业	8.61	6.55	3.74	20.75	17.07
钟表制造业	3.02	4.02	0.44	0.60	25.37
仪器仪表及文化、办公用机械修理业	9.72	7.59	3.72	14.86	31.73
其他仪器仪表制造业	7.93	9.07	3.33	6.27	31.61

1995年独立核算国有机械工业企业主要统计指标(一)

行业	企业单位数(个)	工业总产值(亿元)		工业增加值(亿元)	产品销售收入(亿元)
		1990年不变价	当年价		
金属制品业	2 507	192.162	227.886	59.428	224.992
金属结构制造业	188	15.749	19.360	5.751	18.143
铸铁管制造业	87	4.638	6.773	1.565	6.660
工具制造业	391	33.596	38.220	14.126	35.313
切削工具制造业	140	18.599	21.917	8.718	19.981
模具制造业	147	6.020	6.111	2.338	5.601
手工具制造业	82	7.668	8.773	2.662	8.212
其他工具制造业	22	1.309	1.419	0.408	1.519
集装箱和金属包装物品制造业	189	13.115	13.813	2.660	12.953
集装箱制造业	11	3.123	3.465	0.613	2.885
金属包装物品及容器制造业	178	9.991	10.348	2.047	10.068
金属丝绳及其制品业	240	28.225	40.774	8.237	41.468
建筑用金属制品业	563	18.267	20.877	0.561	19.445
建筑小五金制造业	52	1.369	1.623	0.440	1.558
水暖管道零件制造业	89	3.325	4.093	1.081	4.089
金属门窗制造业	385	12.683	14.099	3.420	12.840
其他建筑用金属制品业	37	0.890	1.061	0.321	0.958
金属表面处理及热处理业	139	3.750	3.770	1.206	3.631
日用金属制品业	476	55.323	59.996	12.776	62.662
搪瓷制造业	60	14.434	15.567	3.727	15.573
铝制品业	94	8.471	9.066	1.750	8.843
不锈钢制品业	58	9.637	9.715	2.193	10.714
刀剪制造业	17	0.877	1.115	0.307	1.140
制锁业	37	5.623	6.654	1.065	7.256
炊事用具制造业	90	4.529	5.546	1.429	4.766
燃气用具制造业	32	5.371	4.773	0.894	4.420
理发用具制造业	9	0.994	1.093	0.048	1159
其他日用金属制品业	79	5.387	6.466	1.363	8.790
其他金属制品业	234	19.501	24.303	7.844	24.718
铁制小农具制造业	54	1.305	1.538	0.590	1.495
焊条制造业	51	7.737	10.810	1.718	11.215
其他类未包括的金属制品业	129	10.459	11.955	5.537	12.007
普通机械制造业	4 346	854.842	947.711	273.119	915.525
锅炉及原动机制造业	622	287.543	325.362	82.196	312.869
锅炉制造业	185	44.643	53.822	14.232	52.800
内燃机制造业	154	165.767	192.413	43.697	185.172
汽轮机制造业	12	25.252	28.001	9.309	26.131
水轮机制造业	33	4.527	4.771	1.550	4.839
内燃机零部件及配件制造业	221	45.747	44.553	13.053	42.135
其他锅炉及原动机制造业	17	1.606	1.803	0.355	1.792
金属加工机械制造业	678	114.187	121.630	42.924	114.582
金属切削机床制造业	269	67.445	72.636	26.453	69.067
锻压设备制造业	95	23.817	24.742	8.261	22.250
铸造机械制造业	40	5.066	5.154	1.649	4.848
机床附件制造业	65	5.953	6.526	2.654	5.874
其他金属加工机械制造业	209	11.906	12.572	3.906	12.544
通用设备制造业	963	220.134	236.650	69.010	232.035
起重运输设备制造业	253	95.252	107.000	27.324	105.725
工矿车辆制造业	44	4.019	4.546	1.415	3.509
泵制造业	300	36.908	38.407	12.255	36.539
风机制造业	70	14.105	14.861	6.063	14.873
气体压缩机及气体分离设备制造业	73	26.650	26.765	9.301	26.640

(续)

行　业	企业单位数(个)	工业总产值(亿元) 1990年不变价	当年价	工业增加值(亿元)	产品销售收入(亿元)
冷冻设备制造业	68	16.426	15.382	4.475	15.194
风动工具制造业	17	2.230	2.695	0.891	2.638
电动工具制造业	28	4.472	4.112	0.947	3.995
其他通用设备制造业	110	20.072	22.883	6.340	22.922
轴承、阀门制造业	413	101.541	112.944	35.412	112.135
轴承制造业	247	82.183	92.744	29.476	92.768
阀门制造业	166	19.358	20.200	5.937	19.367
其他通用零部件制造业	826	83.204	87.134	25.911	82.832
液压件及液力件制造业	151	21.403	21.291	7.719	19.807
气动元件制造业	42	3.120	2.927	1.045	2.665
密封件制造业	29	0.564	0.524	0.164	0.509
粉末冶金制品业	62	4.105	3.902	1.019	3.575
紧固件制造业	218	14.584	16.218	3.345	16.140
弹簧制造业	35	1.572	2.186	0.883	2.240
链条制造业	38	5.858	5.946	1.553	5.422
齿轮制造业	85	21.855	23.387	6.892	21.753
其他类未包括的通用零部件制造业	166	10.143	10.754	3.290	10.720
铸锻件制造业	478	33.184	46.263	11.707	45.338
铸件制造业	422	23.368	32.228	8.452	31.888
锻件制造业	56	9.816	14.035	3.255	13.450
普通机械修理业	176	1.522	2.300	0.971	2.583
其他普通机械制造业	190	13.528	15.428	4.987	13.151
专用设备制造业	4 365	790.035	890.504	222.248	868.386
机电工业专用设备制造业	450	146.206	164.389	48.610	160.024
矿山设备制造业	280	78.004	83.539	23.869	81.924
冶金工业专用设备制造业	74	53.159	65.600	19.230	64.287
电工专用设备制造业	15	4.104	4.381	1.918	4.814
电子工业专用设备制造业	41	7.859	7.714	2.608	6.016
其他机电工业专用设备制造业	40	3.081	3.155	0.984	2.984
石化及其他工业专用设备制造业	516	109.353	115.628	32.570	120.091
石油工业专用设备制造业	74	26.448	27.297	6.030	31.717
化学工业专用设备制造业	129	23.883	23.736	5.650	27.104
化学纤维工业专用设备制造业	7	1.133	1.099	0.237	1.065
橡胶工业专用设备制造业	36	6.224	6.830	1.996	6.481
塑料工业专用设备制造业	43	9.717	9.019	2.907	8.215
森林工业专用设备制造业	34	10.503	11.459	3.383	10.684
印刷工业专用设备制造业	49	6.667	6.944	2.454	6.083
制药工业专用设备制造业	22	2.302	2.541	1.023	2.339
建筑材料及其他制品专用设备制造业	122	22.476	26.702	8.892	26.402
轻纺工业专用设备制造业	926	121.404	127.109	39.573	119.866
食品、饮料、烟草工业专用设备制造业	150	22.404	23.224	8.656	22.872
粮油工业专用设备制造业	314	21.312	25.045	6.783	22.926
饲料工业专用设备制造业	54	6.452	6.761	1.951	5.935
包装工业专用设备制造业	43	7.591	7.285	2.331	6.405
纺织、服装、皮革工业专用设备制造业	277	52.682	53.365	16.615	51.137
照明器具工业专用设备制造业	13	0.737	0.795	0.271	0.807
日用硅酸制品工业专用设备制造业	8	1.298	1.383	0.450	1.178
制浆、造纸工业专用设备制造业	51	8.073	8.300	2.235	7.692
日用化学工业专用设备制造业	16	0.855	0.952	0.281	0.915
农、林、牧、渔、水利业机械制造业	1201	267.020	322.078	56.537	311.335
拖拉机制造业	112	135.645	180.171	26.348	178.285
机械化农机具制造业	505	36.260	40.459	8.743	37.280
营林机械制造业	8	0.400	0.447	0.144	0.441
畜牧机械制造业	29	2.120	2.199	0.754	2.112
渔业机械制造业	14	1.720	1.856	0.462	1.749

（续）

行　业	企　业 单位数 （个）	工业总产值（亿元） 1990 年 不变价	工业总产值（亿元） 当年价	工　业 增加值 （亿元）	产品销售 收　入 （亿元）
水利机械制造业	59	4.108	4.480	1.556	4.261
拖拉机配件制造业	258	26.639	26.768	7.189	25.155
其他农、林、牧、渔、水利业机械制造业	216	60.129	65.699	11.341	62.052
医疗器械制造业	268	17.252	18.606	6.516	18.708
手术器械制造业	22	2.462	2.711	1.103	2.492
医疗仪器、设备制造业	109	8.555	8.909	3.455	9.374
诊断用品制造业	23	1.358	1.245	0.312	1.156
医用材料及医疗用品制造业	82	4.041	4.772	1.266	4.586
假肢、矫形器制造业	32	0.838	0.969	0.381	1.099
其他专用设备制造业	539	116.813	129.568	33.702	125.091
建筑机械制造业	162	57.976	68.740	19.206	64.761
地质专用设备制造业	48	4.595	4.928	1.288	5.038
缝纫机制造业	52	17.538	20.924	4.350	22.780
商业、饮食业、服务业专用机械制造业	44	2.094	2.219	0.575	2.189
邮政机械及器材制造业	12	2.319	2.867	0.785	3.050
环境保护机械制造业	67	7.871	8.354	2.288	7.466
社会公共安全设备及器材制造业	56	5.408	5.719	1.588	5.522
其他类未包括的专用设备制造业	98	19.013	15.817	3.622	14.283
专用机械设备修理业	465	11.986	13.126	4.739	13.272
工业专用设备修理业	36	1.365	1.748	0.656	1.807
农、林、牧、渔、水利机械修理业	334	2.346	2.638	0.855	2.997
医疗器械修理业	9	0.095	0.100	0.016	0.114
其他专用机械设备修理业	86	8.179	8.639	3.213	8.354
交通运输设备制造业	4 083	1 528.749	1 700.603	420.440	1 667.198
铁路运输设备制造业	187	97.472	153.450	36.187	152.349
机车制造业	8	36.141	51.139	11.548	50.530
客车制造业	6	16.579	26.711	6.610	25.156
货车制造业	10	25.827	45.392	9.638	45.400
机车车辆配件制造业	62	6.109	9.264	2.496	9.843
铁路信号设备制造业	15	1.346	2.084	0.727	2.151
铁路专用设备制造业	19	4.316	8.249	2.179	8.517
铁路专用器材制造业	53	5.753	8.834	2.546	9.043
其他铁路运输设备制造业	14	1.400	1.777	0.442	1.709
汽车制造业	1 285	829.563	890.386	209.852	871.825
载重汽车制造业	60	425.441	479.331	106.079	478.200
客车制造业	62	44.953	51.287	8.889	50.210
小轿车制造业	5	47.032	43.146	13.824	42.242
微型汽车制造业	12	43.945	38.325	6.274	37.897
特种车辆及改装汽车制造业	211	73.893	81.366	16.071	76.180
汽车车身制造业	39	8.075	9.444	1.540	8.711
汽车零部件及配件制造业	896	186.224	187.487	57.174	178.385
摩托车制造业	135	68.446	62.731	14.395	63.076
摩托车整车制造业	39	54.206	49.303	10.603	46.378
摩托车零部件及配件制造业	96	14.240	13.427	3.792	16.698
自行车制造业	130	57.184	65.297	11.762	69.091
电车制造业	2	0.034	0.035	0.011	0.026
船舶制造业	211	141.379	162.814	39.023	154.133
海洋运输船制造业	38	95.921	114.681	25.150	107.443
内河船制造业	105	18.459	19.226	5.189	18.591
渔轮制造业	23	5.743	6.189	1.506	6.537
船舶机械设备制造业	44	21.043	22.517	7.129	21.371
海洋石油平台制造业	1	0.213	0.201	0.049	0.191
航空航天器制造业	169	234.664	243.075	69.890	237.862
飞机制造业	108	196.686	205.202	59.559	207.504
其他航空航天器制造业	61	37.978	37.873	10.331	30.358

（续）

行　业	企业单位数（个）	工业总产值(亿元)		工业增加值（亿元）	产品销售收入（亿元）
		1990年不变价	当年价		
交通运输设备修理业	1951	98.994	121.718	38.939	117.574
铁路运输设备修理业	75	22.986	40.018	11.966	39.180
汽车修理业	1682	33.767	36.470	11.944	39.414
摩托车修理业	3	125	0.125	0.008	0.025
船舶修理业	122	25.971	28.749	9.953	24.175
飞机修理业	24	13.995	14.127	4.281	12.882
其他交通运输设备修理业	45	2.150	2.229	0.787	1.897
其他交通运输设备制造业	13	1.013	1.097	0.382	1.263
航标器材制造业	2	0.160	0.191	0.067	0.173
潜水装备制造业	4	0.308	0.337	0.087	0.328
公路标志制造业	7	0.545	0.569	0.228	0.762
电气机械及器材制造业	2 685	581.316	592.057	137.434	578.156
电机制造业	376	123.313	132.673	37.584	130.413
发电机制造业	79	40.487	42.727	13.891	42.694
电动机制造业	226	67.418	76.274	20.709	74.163
微电机制造业	71	15.409	13.672	2.984	13.556
输配电及控制设备制造业	817	133.707	140.771	40.402	135.882
变压器制造业	223	45.327	46.995	12.238	45.362
整流器制造业	32	1.849	1.906	0.562	1.913
电容器制造业	32	4.962	3.314	1.230	3.021
开关控制设备制造业	289	53.432	57.605	14.962	56.606
电器设备元件制造业	92	13.822	14.159	5.020	14.619
其他输配电及控制设备制造业	149	14.316	16.792	6.390	14.360
电工器材制造业	657	183.325	187.568	28.138	184.939
电线电缆制造业	335	126.897	131.560	17.002	130.760
绝缘制品业	53	7.030	6.964	1.162	7.145
蓄电池制造业	102	16.389	14.281	3.375	13.546
原电池制造业	100	27.293	28.075	4.870	27.346
其他电工器材制造业	67	5.715	6.688	1.730	6.141
日用电器制造业	245	96.505	85.477	18.857	82.033
洗衣机制造业	11	3.293	3.186	0.371	3.253
吸尘器制造业	5	0.842	0.807	0.165	0.759
电冰箱制造业	34	37.990	33.582	7.019	31.981
电风扇制造业	34	25.919	21.447	4.804	18.042
空调器制造业	37	16.667	14.239	3.611	14.540
排油烟机制造业	10	2.634	2.805	0.389	2.480
其他日用电器制造业	114	9.161	9.411	2.498	10.978
照明器具制造业	334	35.048	35.524	9.514	34.609
电光源制造业	145	21.235	22.045	6.165	21.258
灯头、灯座制造业	18	1.320	1.378	0.305	1.354
灯具制造业	91	3.150	2.905	0.731	3.032
灯用电器附件制造业	52	2.290	2.863	0.824	2.923
其他照明器具制造业	28	7.053	6.334	1.488	6.043
电气机械修理业	130	1.016	1.078	0.281	1.045
其他电气机械制造业	126	8.401	8.967	2.659	9.235
电焊机制造业	64	4.067	4.472	1.316	4.649
工业用电炉制造业	22	2.206	2.104	0.607	2.150
其他类未包括的电气机械制造业	40	2.127	2.391	0.736	2.436
仪器仪表及文化、办公用机械制造业	1 141	151.953	139.934	44.191	142.246
通用仪器仪表制造业	504	69.682	66.940	22.008	67.268
工业自动化仪表制造业	145	15.626	15.230	5.064	15.856
电工仪器仪表制造业	104	17.123	15.914	4.069	15.440
光学仪器制造业	71	23.260	22.148	7.803	22.814
计时仪器制造业	8	0.311	0.253	0.105	0.217
分析仪器制造业	46	1.795	1.823	0.728	2.046

（续）

行　业	企业单位数（个）	工业总产值(亿元)		工业增加值（亿元）	产品销售收入（亿元）
		1990年不变价	当年价		
试验机制造业	32	4.025	4.117	1.874	3.971
实验室仪器及装置制造业	31	1.724	1.831	0.657	1.559
通用仪器仪表元件、器件制造业	24	3.866	3.603	0.921	3.496
其他通用仪器仪表制造业	43	1.952	2.021	0.787	1.869
专用仪器仪表制造业	172	25.964	24.068	7.712	22.166
环境保护仪器仪表制造业	12	0.718	0.673	0.269	0.613
汽车仪器仪表制造业	11	5.911	5.345	2.134	4.565
导航、制导仪器制造业	20	7.307	6.935	2.140	6.826
农、林、牧、渔仪器仪表制造业	7	0.265	0.248	0.083	0.253
地质勘探、钻采、地震专用仪器制造业	20	5.086	4.635	0.867	3.918
气象、海洋、水文、天文仪器制造业	9	0.294	0.400	0.158	0.402
教学仪器制造业	62	1.666	1.732	0.631	1.742
核子及核辐射测量仪器制造业	7	1.146	1.109	0.470	1.139
专用仪器仪表元件、器件制造业	24	3.572	2.992	0.959	2.710
电子测量仪器制造业	97	8.695	7.219	1.720	8.082
计量器具制造业	96	7.383	7.498	2.831	7.186
传递标准用计量仪器制造业	9	0.063	0.075	0.024	0.076
量具量仪制造业	35	3.882	3.584	1.588	3.245
衡器制造业	52	3.439	3.838	1.219	3.866
文化、办公用机械制造业	70	13.344	11.474	2.786	13.007
电影机械制造业	12	1.143	1.199	0.478	1.221
幻灯机及投影仪制造业	7	0.802	0.781	0.236	0.807
照相机及器材制造业	28	3.545	3.496	1.037	3.124
复印机制造业	5	6.208	4.287	0.534	4.936
打字机及油印机制造业	6	0.854	0.819	0.214	0.774
其他文化、办公用机械制造业	12	0.792	0.893	0.287	2.144
钟表制造业	111	24.048	19.868	6.062	21.769
仪器仪表及文化、办公用机械修理业	16	0.103	0.106	0.050	0.104
其他仪器仪表制造业	75	2.734	2.761	1.022	2.663

1995 年独立核算国有机械工业企业主要统计指标(二)

(单位:亿元)

行　业	年末固定资产原价	固定资产净值年平均余额	流动资产合计	利润总额	利税总额
金属制品业	204.544	116.040	228.209	-2.842	9.476
金属结构制造业	16.514	9.267	23.473	-0.646	0.346
铸铁管制造业	5.477	2.942	6.923	-0.225	0.127
工具制造业	48.522	24.845	50.714	-0.467	2.232
切削工具制造业	30.243	13.977	33.526	-0.340	1.399
模具制造业	9.740	6.128	8.186	-0.169	0.209
手工具制造业	6.901	3.987	7.319	0.144	0.626
其他工具制造业	1.639	0.753	1.683	-0.102	-0.002
集装箱和金属包装物品制造业	12.798	7.976	10.634	-0.725	-0.083
集装箱制造业	1.571	0.941	0.909	-0.039	0.092
金属包装物品及容器制造业	11.227	7.035	9.725	-0.686	-0.175
金属丝绳及其制品业	34.538	21.144	39.778	-0.720	1.361
建筑用金属制品业	19.698	11.751	22.960	-0.796	0.154
建筑小五金制造业	1.455	0.772	1.326	-0.026	0.028
水暖管道零件制造业	4.013	2.254	4.828	-0.245	-0.079
金属门窗制造业	13.428	8.122	15.825	-0.522	0.174
其他建筑用金属制品业	0.802	0.603	0.981	-0.003	0.030
金属表面处理及热处理业	3.472	1.967	2.894	-0.071	0.130
日用金属制品业	45.858	25.804	52.503	-1.329	1.461
搪瓷制造业	13.448	7.350	15.755	-0.508	0.480
铝制品业	9.226	4.776	7.068	-0.434	-0.048
不锈钢制品业	4.984	3.337	9.873	0.092	0.492
刀剪制造业	0.942	0.444	1.052	-0.068	0.020
制锁业	4.057	2.397	5.427	-0.017	0.228
炊事用具制造业	4.335	2.190	4.152	-0.209	0.052
燃气用具制造业	2.097	1.154	2.294	-0.216	-0.089
理发用具制造业	1.211	0.752	1.392	-0.001	0.037
其他日用金属制品业	5.560	3.403	5.490	0.032	0.290
其他金属制品业	17.666	10.344	18.330	2.137	3.748
铁制小农具制造业	1.489	0.947	1.480	-0.064	0.017
焊条制造业	5.930	3.444	9.007	-0.277	0.219
其他类未包括的金属制品业	10.247	5.953	7.844	2.478	3.512
普通机械制造业	980.498	495.540	1 020.265	3.547	55.522
锅炉及原动机制造业	252.692	129.363	288.241	7.602	21.883
锅炉制造业	42.928	20.515	72.587	0.759	3.798
内燃机制造业	129.503	68.605	131.409	7.078	13.303
汽轮机制造业	25.657	12.160	35.283	0.446	2.361
水轮机制造业	6.870	3.547	7.755	-0.126	0.235
内燃机零部件及配件制造业	46.489	23.814	38.616	-0.407	2.225
其他锅炉及原动机制造业	1.245	0.722	2.590	-0.149	-0.039
金属加工机械制造业	190.788	89.834	179.508	-4.049	3.843
金属切削机床制造业	126.185	57.771	122.704	-3.562	1.410
锻压设备制造业	28.387	13.770	28.174	0.251	1.709
铸造机械制造业	6.445	3.126	5.140	-0.033	0.276
机床附件制造业	9.643	4.735	7.977	0.054	0.487
其他金属加工机械制造业	20.127	10.433	15.512	-0.761	-0.039
通用设备制造业	225.598	107.122	262.567	3.236	16.829

（续）

行　业	年末固定资产原价	固定资产净值年平均余额	流动资产合　计	利润总额	利税总额
起重运输设备制造业	85.210	42.796	117.598	2.421	7.885
工矿车辆制造业	4.204	2.301	4.127	-0.053	0.191
泵制造业	38.767	18.670	38.964	0.743	2.969
风机制造业	17.410	7.187	17.369	0.313	1.610
气体压缩机及气体分离设备制造业	30.524	12.634	34.731	0.888	2.640
冷冻设备制造业	9.674	5.616	15.318	0.143	1.007
风动工具制造业	4.631	2.328	3.869	-0.176	0.021
电动工具制造业	3.810	2.101	3.684	0.077	0.239
其他通用设备制造业	31.369	13.489	26.906	-1.122	0.268
轴承、阀门制造业	120.024	60.480	130.873	-0.326	6.877
轴承制造业	93.740	47.844	105.821	0.051	5.854
阀门制造业	26.284	12.635	25.052	-0.377	1.023
其他通用零部件制造业	100.672	60.072	91.327	-0.508	4.963
液压件及液力件制造业	30.285	20.664	27.597	-0.265	1.270
气动元件制造业	3.540	1.824	3.346	0.046	0.271
密封件制造业	0.513	0.290	0.537	0.008	0.048
粉末冶金制品业	3.707	2.324	3.600	-0.041	0.169
紧固件制造业	21.692	10.640	17.960	-1.073	-0.231
弹簧制造业	1.880	1.204	1.376	0.337	0.549
链条制造业	4.298	2.174	4.975	0.030	0.349
齿轮制造业	25.045	15.538	20.498	0.263	1.668
其他类未包括的通用零部件制造业	9.713	5.414	11.437	0.188	0.870
铸锻件制造业	63.850	34.797	47.133	-1.621	1.004
铸件制造业	47.587	25.652	33.712	-1.036	0.837
锻件制造业	16.263	9.144	13.420	-0.585	0.167
普通机械修理业	3.038	1.237	1.812	0.006	0.186
其他普通机械制造业	23.835	12.635	18.805	-0.793	-0.064
专用设备制造业	883.445	424.036	865.125	-7.217	32.297
机电工业专用设备制造业	231.415	96.770	222.402	-3.914	6.576
矿山设备制造业	122.600	52.449	110.930	-2.501	2.780
冶金工业专用设备制造业	90.309	35.196	93.866	-1.242	3.150
电工专用设备制造业	5.467	2.908	5.656	0.104	0.435
电子工业专用设备制造业	9.401	4.199	7.841	-0.195	0.130
其他机电工业专用设备制造业	3.638	2.017	4.111	-0.080	0.079
石化及其他工业专用设备制造业	157.913	81.798	143.141	-3.318	3.465
石油工业专用设备制造业	46.256	29.066	43.345	-1.177	0.225
化学工业专用设备制造业	34.529	15.442	26.872	-1.612	-0.336
化学纤维工业专用设备制造业	0.619	0.419	0.981	0.021	0.091
橡胶工业专用设备制造业	110.689	40.465	90.399	-10.307	-0.905
塑料工业专用设备制造业	7.643	4.312	7.632	0.325	0.782
森林工业专用设备制造业	9.637	4.579	10.358	0.387	1.008
印刷工业专用设备制造业	12.131	6.129	10.889	-0.055	0.412
制药工业专用设备制造业	2.586	1.237	3.187	-0.038	0.151
建筑材料及其他制品专用设备制造业	32.823	16.148	30.478	0.138	2.037
轻纺工业专用设备制造业	143.755	73.001	129.872	0.313	7.757
食品、饮料、烟草工业专用设备制造业	22.588	12.041	29.039	0.268	2.066
粮油工业专用设备制造业	21.136	10.905	17.098	0.247	1.193
饲料工业专用设备制造业	3.835	2.199	4.090	0.342	0.553
包装工业专用设备制造业	7.606	3.911	7.638	0.132	0.582
纺织、服装、皮革工业专用设备制造业	71.415	35.729	58.352	-0.466	2.903
照明器具工业专用设备制造业	1.000	0.467	0.696	0.057	0.104
日用硅酸制品工业专用设备制造业	1.022	0.580	1.040	0.013	0.095
制浆、造纸工业专用设备制造业	14.360	6.760	11.205	-0.271	0.214
日用化学工业专用设备制造业	0.792	0.409	0.714	-0.009	0.047
农、林、牧、渔、水利业机械制造业	191.843	90.896	182.662	1.990	8.654
拖拉机制造业	92.924	39.561	79.812	2.448	4.543

（续）

行业	年末固定资产原价	固定资产净值年平均余额	流动资产合计	利润总额	利税总额
机械化农机具制造业	33.389	16.395	36.674	-0.893	0.138
营林机械制造业	0.711	0.262	0.595	-0.017	0.015
畜牧机械制造业	2.601	1.419	2.241	-0.002	0.080
渔业机械制造业	1.618	0.822	1.678	0.001	0.097
水利机械制造业	3.961	2.180	4.635	-0.006	0.295
拖拉机配件制造业	29.721	16.036	25.115	-0.447	1.083
其他农、林、牧、渔、水利业机械制造业	26.918	14.220	31.911	0.907	2.405
医疗器械制造业	19.724	11.824	22.133	-0.072	1.152
手术器械制造业	3.182	1.848	2.998	0.003	0.217
医疗仪器、设备制造业	10.805	6.618	13.767	-0.125	0.505
诊断用品制造业	1.214	0.364	0.646	-0.090	-0.017
医用材料及医疗用品制造业	3.700	2.463	3.741	0.062	0.332
假肢、矫形器制造业	0.823	0.532	0.981	0.077	0.115
其他专用设备制造业	119.827	61.088	152.722	-2.270	3.965
建筑机械制造业	60.826	30.392	83.482	0.463	4.000
地质专用设备制造业	9.746	4.113	7.551	-0.962	-0.649
缝纫机制造业	18.791	9.503	22.842	-0.727	-0.007
商业、饮食业、服务业专用机械制造业	2.272	1.288	2.280	-0.016	0.092
邮政机械及器材制造业	1.170	0.504	1.413	0.035	0.170
环境保护机械制造业	6.236	3.737	10.796	0.123	0.564
社会公共安全设备及器材制造业	2.222	1.225	4.117	0.249	0.580
其他类未包括的专用设备制造业	18.564	10.326	20.241	-1.437	-0.785
专用机械设备修理业	18.968	8.659	12.193	0.054	0.726
工业专用设备修理业	1.385	0.923	0.989	-0.048	0.032
农、林、牧、渔、水利机械修理业	3.002	1.649	2.341	-0.065	0.029
医疗器械修理业	0.085	0.033	0.093	-0.007	-0.003
其他专用机械设备修理业	14.496	6.054	8.770	0.174	0.668
交通运输设备制造业	1 310.711	662.717	1 491.696	18.040	102.618
铁路运输设备制造业	126.833	71.341	92.794	0.125	8.116
机车制造业	42.782	22.590	25.845	1.111	3.854
客车制造业	17.524	10.065	11.769	0.386	1.697
货车制造业	32.816	17.671	19.364	0.775	3.010
机车车辆配件制造业	11.926	7.023	9.474	-0.616	-0.168
铁路信号设备制造业	2.897	2.027	2.095	-0.133	0.055
铁路专用设备制造业	7.445	4.812	10.868	-0.752	-0.250
铁路专用器材制造业	8.740	5.663	10.118	-0.445	0.039
其他铁路运输设备制造业	2.703	1.489	3.261	-0.199	-0.122
汽车制造业	579.313	299.346	730.662	14.224	55.897
载重汽车制造业	280.818	134.074	401.648	11.292	32.116
客车制造业	35.199	20.102	43.627	-0.600	1.695
小轿车制造业	4.516	3.181	14.735	5.842	9.217
微型汽车制造业	17.129	9.563	20.419	-0.394	1.454
特种车辆及改装汽车制造业	61.346	33.120	73.072	-3.869	-1.049
汽车车身制造业	6.843	3.453	7.276	-0.355	-0.049
汽车零部件及配件制造业	173.463	95.853	169.886	2.308	12.512
摩托车制造业	24.780	15.213	35.039	4.367	9.897
摩托车整车制造业	12.801	8.482	24.993	3.096	7.665
摩托车零部件及配件制造业	11.979	6.731	10.046	1.271	2.232
自行车制造业	46.069	26.450	55.164	-0.977	1.977
电车制造业	0.026	0.010	0.045	0.002	0.003
船舶制造业	138.901	62.890	209.969	-0.846	8.700
海洋运输船制造业	89.543	40.039	160.074	0.364	6.775
内河船制造业	18.911	8.192	20.066	-1.030	0.280
渔轮制造业	6.422	3.621	5.205	-0.168	0.186
船舶机械设备制造业	23.550	10.910	24.378	0.016	1.464
海洋石油平台制造业	0.474	0.128	0.245	-0.029	-0.006

(续)

行　　业	年末固定资产原价	固定资产净值年平均余额	流动资产合　计	利润总额	利税总额
航空航天器制造业	229.253	109.150	268.549	1.372	12.541
飞机制造业	185.416	86.162	213.847	2.976	13.698
其他航空航天器制造业	43.836	22.988	54.702	-1.604	-1.157
交通运输设备修理业	164.889	77.985	98.164	-0.302	5.347
铁路运输设备修理业	62.142	29.923	25.745	-0.875	1.533
汽车修理业	38.213	21.057	31.213	0.136	2.464
摩托车修理业	0.024	0.020	0.005	0.001	0.002
船舶修理业	45.826	18.305	26.564	0.670	1.263
飞机修理业	16.166	7.203	12.986	-0.247	0.008
其他交通运输设备修理业	2.517	1.476	1.650	0.014	0.079
其他交通运输设备制造业	0.649	0.332	1.310	0.076	0.140
航标器材制造业	0.246	0.106	0.344	-0.001	0.011
潜水装备制造业	0.155	0.095	0.275	0.013	0.033
公路标志制造业	0.248	0.130	0.691	0.064	0.096
电气机械及器材制造业	471.458	258.283	571.577	0.087	29.450
电机制造业	120.305	56.860	159.783	1.591	10.143
发电机制造业	36.715	17.845	61.268	1.885	5.280
电动机制造业	69.990	31.068	84.903	0.210	4.608
微电机制造业	13.600	7.948	13.612	-0.504	0.255
输配电及控制设备制造业	117.525	62.470	147.061	2.446	10.837
变压器制造业	41.265	22.058	46.548	0.766	3.276
整流器制造业	1.892	0.979	3.022	-0.042	0.085
电容器制造业	3.349	2.376	3.347	0.070	0.296
开关控制设备制造业	41.721	22.396	59.396	0.711	4.122
电器设备元件制造业	14.674	6.198	17.754	0.285	1.302
其他输配电及控制设备制造业	14.624	8.462	16.993	0.658	1.756
电工器材制造业	135.755	77.003	142.099	-2.687	3.690
电线电缆制造业	93.148	53.956	99.674	-1.678	2.530
绝缘制品业	8.421	4.578	8.003	-0.430	-0.073
蓄电池制造业	16.907	8.787	14.547	-0.213	0.450
原电池制造业	13.459	7.217	15.059	-0.425	0.427
其他电工器材制造业	3.820	2.466	4.815	0.059	0.357
日用电器制造业	54.884	38.005	79.879	-0.168	3.302
洗衣机制造业	8.180	6.026	8.058	-0.560	-0.453
吸尘器制造业	0.775	0.598	0.691	0.017	0.043
电冰箱制造业	20.488	14.399	30.498	1.291	2.702
电风扇制造业	7.959	4.126	11.702	0.089	0.783
空调器制造业	11.367	8.533	18.556	-0.995	-0.361
排油烟机制造业	1.833	1.189	2.275	-0.137	-0.041
其他日用电器制造业	4.282	3.133	8.100	0.128	0.628
照明器具制造业	31.660	18.135	29.174	-0.872	1.052
电光源制造业	23.732	13.157	17.841	-0.862	0.517
灯头、灯座制造业	0.761	0.428	0.955	-0.044	0.023
灯具制造业	2.739	1.577	3.346	-0.023	0.143
灯用电器附件制造业	0.798	0.543	2.797	0.045	0.195
其他照明器具制造业	3.630	2.430	4.235	0.012	0.175
电气机械修理业	1.203	0.735	1.965	0.048	0.115
其他电气机械制造业	10.127	5.074	11.616	-0.272	0.312
电焊机制造业	4.225	2.119	5.238	-0.011	0.300
工业用电炉制造业	2.899	1.385	3.254	-0.251	-0.092
其他类未包括的电气机械制造业	3.003	1.571	3.124	-0.010	0.104
仪器仪表及文化、办公用机械制造业	184.475	93.190	184.508	-2.446	6.089
通用仪器仪表制造业	84.729	41.437	81.715	-0.730	3.355
工业自动化仪表制造业	20.201	10.069	22.959	0.023	1.295
电工仪器仪表制造业	13.387	7.161	16.229	-0.426	0.294
光学仪器制造业	33.558	15.404	24.683	-0.179	0.815

(续)

行　　业	年末固定资产原价	固定资产净值年平均余额	流动资产合　计	利润总额	利税总额
计时仪器制造业	0.725	0.279	0.447	-0.013	-0.004
分析仪器制造业	2.959	1.420	3.318	0.036	0.233
试验机制造业	6.087	2.940	6.335	0.041	0.511
实验室仪器及装置制造业	2.472	1.356	2.549	-0.204	-0.074
通用仪器仪表元件、器件制造业	2.302	1.056	2.638	-0.008	0.181
其他通用仪器仪表制造业	3.038	1.753	2.557	0.001	0.103
专用仪器仪表制造业	31.444	17.194	29.921	-0.146	1.366
环境保护仪器仪表制造业	0.463	0.205	1.098	0.073	0.125
汽车仪器仪表制造业	2.864	1.566	2.995	0.489	0.783
导航、制导仪器制造业	11.234	5.182	9.886	-0.460	-0.115
农、林、牧、渔仪器仪表制造业	0.389	0.160	0.317	-0.021	0.002
地质勘探、钻采、地震专用仪器制造业	10.215	6.865	9.201	-0.431	-0.039
气象、海洋、水文、天文仪器制造业	0.850	0.447	0.498	-0.007	0.019
教学仪器制造业	1.442	0.808	2.129	0.167	0.279
核子及核辐射测量仪器制造业	1.434	0.756	1.347	0.096	0.197
专用仪器仪表元件、器件制造业	2.553	1.206	2.451	-0.052	0.114
电子测量仪器制造业	10.271	5.257	11.768	-0.561	-0.197
计量器具制造业	8.881	4.543	9.631	-0.077	0.455
传递标准用计量仪器制造业	0.118	0.091	0.182	-0.005	0.002
量具量仪制造业	4.323	2.344	4.667	0.000	0.250
衡器制造业	4.441	2.108	4.783	-0.072	0.203
文化、办公用机械制造业	14.117	7.349	16.655	-0.426	0.243
电影机械制造业	1.876	0.832	1.686	0.026	0.096
幻灯机及投影仪制造业	1.099	0.493	0.916	0.014	0.067
照相机及器材制造业	6.232	3.373	6.003	-0.229	-0.016
复印机制造业	3.361	1.851	6.068	-0.088	0.127
打字机及油印机制造业	0.859	0.472	0.737	-0.154	-0.108
其他文化、办公用机械制造业	0.690	0.328	1.245	0.004	0.077
钟表制造业	31.788	15.474	31.566	-0.617	0.550
仪器仪表及文化、办公用机械修理业	0.032	0.019	0.088	0.016	0.025
其他仪器仪表制造业	3.213	1.917	3.163	0.095	0.293

1995年独立核算国有机械工业企业主要财务分析指标

行　业	资金利税率（%）	产值利税率（%）	百元销售收入实现的利润（元）	百元固定资产实现的利润（元）	工业增加值率（%）
金属制品业	2.75	4.16	-1.26	-1.39	26.08
金属结构制造业	1.06	1.79	-3.56	-3.91	29.71
铸铁管制造业	1.29	1.87	-3.38	-4.11	23.11
工具制造业	2.95	5.84	-1.32	-0.96	36.96
切削工具制造业	2.95	6.38	-1.70	-1.13	39.78
模具制造业	1.46	3.42	-3.02	-1.74	38.26
手工具制造业	5.53	7.13	1.75	2.09	30.34
其他工具制造业	-0.09	-0.16	-6.69	-6.20	28.73
集装箱和金属包装物品制造业	-0.45	-0.60	-5.60	-5.66	19.26
集装箱制造业	5.00	2.67	-1.36	-2.49	17.68
金属包装物品及容器制造业	-1.05	-1.70	-6.81	-6.11	19.78
金属丝绳及其制品业	2.23	3.34	-1.74	-2.08	20.20
建筑用金属制品业	0.44	0.74	-4.09	-4.04	25.20
建筑小五金制造业	1.35	1.75	-1.64	-1.75	27.09
水暖管道零件制造业	-1.11	-1.92	-6.00	-6.11	26.40
金属门窗制造业	0.73	1.24	-4.06	-3.89	24.26
其他建筑用金属制品业	1.89	2.82	-0.35	-0.42	30.22
金属表面处理及热处理业	2.68	3.46	-1.95	-2.04	32.01
日用金属制品业	1.87	2.43	-2.12	-2.90	21.30
搪瓷制造业	2.08	3.08	-3.26	-3.77	23.94
铝制品业	-0.41	-0.53	-4.90	-4.70	19.31
不锈钢制品业	3.72	5.06	0.86	1.84	22.58
刀剪制造业	1.31	1.76	-5.94	-7.19	27.56
制锁业	2.91	3.42	-0.24	-0.43	16.00
炊事用具制造业	0.82	0.93	-4.39	-4.83	25.77
燃气用具制造业	-2.57	-1.85	-4.90	-10.32	18.72
理发用具制造业	1.72	3.38	-0.08	-0.08	4.38
其他日用金属制品业	3.26	4.48	0.37	0.58	21.07
其他金属制品业	13.07	15.42	8.64	12.09	32.28
铁制小农具制造业	0.69	1.09	-4.29	-4.31	38.34
焊条制造业	1.76	2.03	-2.47	-4.68	15.89
其他类未包括的金属制品业	25.46	29.38	20.64	24.18	46.31
普通机械制造业	3.66	5.86	0.39	0.36	28.82
锅炉及原动机制造业	5.24	6.73	2.43	3.01	25.26
锅炉制造业	4.08	7.06	1.44	1.77	26.44
内燃机制造业	6.65	6.91	3.82	5.47	22.71
汽轮机制造业	4.98	8.43	1.71	1.74	33.25
水轮机制造业	2.08	4.93	-2.60	-1.83	32.48
内燃机零部件及配件制造业	3.56	4.99	-0.97	-0.88	29.30
其他锅炉及原动机制造业	-1.19	-2.18	-8.29	-11.93	19.69
金属加工机械制造业	1.43	3.16	-3.53	-2.12	35.29
金属切削机床制造业	0.78	1.94	-5.16	-2.82	36.42
锻压设备制造业	4.07	6.91	1.13	0.89	33.39
铸造机械制造业	3.33	5.35	-0.68	-0.51	32.00
机床附件制造业	3.83	7.47	0.93	0.56	40.67
其他金属加工机械制造业	-0.15	-0.31	-6.07	-3.78	31.07
通用设备制造业	4.55	7.11	1.39	1.43	29.16
起重运输设备制造业	4.92	7.37	2.29	2.84	25.54
工矿车辆制造业	2.97	4.20	-1.50	-1.25	31.12
泵制造业	5.15	7.73	2.03	1.92	31.91
风机制造业	6.56	10.83	2.11	1.80	40.80
气体压缩机及气体分离设备制造业	5.57	9.86	3.33	2.91	34.75

（续）

行　业	资金利税率（%）	产值利税率（%）	百元销售收入实现的利润（元）	百元固定资产实现的利润（元）	工业增加值率（%）
冷冻设备制造业	4.81	6.55	0.94	1.48	29.09
风动工具制造业	0.35	0.80	-6.66	-3.79	33.05
电动工具制造业	4.13	5.81	1.92	2.01	23.02
其他通用设备制造业	0.66	1.17	-4.89	-3.58	27.71
轴承、阀门制造业	3.59	6.09	-0.29	-0.27	31.35
轴承制造业	3.81	6.31	0.05	0.05	31.78
阀门制造业	2.71	5.06	-1.94	-1.43	29.39
其他通用零部件制造业	3.28	5.70	-0.61	-0.50	29.74
液压件及液力件制造业	2.63	5.96	-1.34	-0.88	36.25
气动元件制造业	5.25	9.27	1.74	1.31	35.70
密封件制造业	5.80	9.16	1.52	1.51	31.25
粉末冶金制品业	2.85	4.32	-1.15	-1.11	26.11
紧固件制造业	-0.81	-1.42	-6.65	-4.94	20.63
弹簧制造业	21.28	25.12	15.04	17.91	40.41
链条制造业	4.88	5.87	0.54	0.69	26.12
齿轮制造业	4.63	7.13	1.21	1.05	29.47
其他类未包括的通用零部件制造业	5.16	8.09	1.75	1.93	30.59
铸锻件制造业	1.23	2.17	-3.58	-2.54	25.31
铸件制造业	1.41	2.60	-3.25	-2.18	26.23
锻件制造业	0.74	1.19	-4.35	-3.59	23.19
普通机械修理业	6.12	8.11	0.24	0.21	42.23
其他普通机械制造业	-0.20	-0.41	-6.03	-3.33	32.32
专用设备制造业	2.51	3.63	-0.83	-0.82	24.96
机电工业专用设备制造业	2.06	4.00	-2.45	-1.69	29.57
矿山设备制造业	1.70	3.33	-3.05	-2.04	28.57
冶金工业专用设备制造业	2.44	4.80	-1.93	-1.38	29.31
电工专用设备制造业	5.09	9.94	2.17	1.91	43.79
电子工业专用设备制造业	1.08	1.69	-3.24	-2.07	33.81
其他机电工业专用设备制造业	1.29	2.50	-2.69	-2.21	31.19
石化及其他工业专用设备制造业	1.54	3.00	-2.76	-2.10	28.17
石油工业专用设备制造业	0.31	0.83	-3.71	-2.55	22.09
化学工业专用设备制造业	-0.79	-1.41	-5.95	-4.67	23.80
化学纤维工业专用设备制造业	6.51	8.29	2.00	3.44	21.57
橡胶工业专用设备制造业	-6.53	-13.25	-20.16	-11.18	29.22
塑料工业专用设备制造业	6.55	8.67	3.96	4.26	32.23
森林工业专用设备制造业	6.75	8.79	3.62	4.02	29.52
印刷工业专用设备制造业	2.42	5.93	-0.91	-0.46	35.34
制药工业专用设备制造业	3.42	5.95	-1.64	-1.48	40.25
建筑材料及其他制品专用设备制造业	4.37	7.63	0.52	0.42	33.30
轻纺工业专用设备制造业	3.82	6.10	0.26	0.22	31.13
食品、饮料、烟草工业专用设备制造业	5.03	8.89	1.17	1.19	37.27
粮油工业专用设备制造业	4.26	4.76	1.08	1.17	27.08
饲料工业专用设备制造业	8.80	8.18	5.76	8.91	28.86
包装工业专用设备制造业	5.04	7.99	2.07	1.74	31.99
纺织、服装、皮革工业专用设备制造业	3.09	5.44	-0.91	-0.65	31.14
照明器具工业专用设备制造业	8.96	13.10	7.06	5.69	34.06
日用硅酸制品工业专用设备制造业	5.89	6.90	1.09	1.25	32.53
制浆、造纸工业专用设备制造业	1.19	2.57	-3.52	-1.89	26.93
日用化学工业专用设备制造业	4.21	4.97	-0.96	-1.11	29.55
农、林、牧、渔、水利业机械制造业	3.16	2.69	0.64	1.04	17.55
拖拉机制造业	3.81	2.52	1.37	2.63	14.62
机械化农机具制造业	0.26	0.34	-2.40	-2.68	21.61
营林机械制造业	1.70	3.26	-3.92	-2.43	32.14
畜牧机械制造业	2.18	3.62	-0.11	-0.09	34.29
渔业机械制造业	3.87	5.21	0.06	0.06	24.87

(续)

行　业	资金利税率（%）	产值利税率（%）	百元销售收入实现的利润（元）	百元固定资产实现的利润（元）	工业增加值率（%）
水利机械制造业	4.33	6.58	-0.14	-0.15	34.74
拖拉机配件制造业	2.63	4.04	-1.78	-1.50	26.86
其他农、林、牧、渔、水利业机械制造业	5.21	3.66	1.46	3.37	17.26
医疗器械制造业	3.39	6.19	-0.38	-0.36	35.02
手术器械制造业	4.47	7.99	0.12	0.10	40.68
医疗仪器、设备制造业	2.48	5.67	-1.33	-1.15	38.78
诊断用品制造业	-1.64	-1.33	-7.79	-7.42	25.04
医用材料及医疗用品制造业	5.36	6.97	1.36	1.69	26.52
假肢、矫形器制造业	7.60	11.86	7.05	9.41	39.30
其他专用设备制造业	1.85	3.06	-1.81	-1.89	26.01
建筑机械制造业	3.51	5.82	0.71	0.76	27.94
地质专用设备制造业	-5.56	-13.16	-19.09	-9.87	26.15
缝纫机制造业	-0.02	-0.03	-3.19	-3.87	20.79
商业、饮食业、服务业专用机械制造业	2.58	4.14	-0.73	-0.70	25.93
邮政机械及器材制造业	8.89	5.94	1.16	3.02	27.38
环境保护机械制造业	3.88	6.75	1.65	1.98	27.39
社会公共安全设备及器材制造业	10.86	10.14	4.52	11.23	27.76
其他类未包括的专用设备制造业	-2.57	-4.97	-10.06	-7.74	22.90
专用机械设备修理业	3.48	5.53	0.41	0.28	36.11
工业专用设备修理业	1.67	1.83	-2.65	-3.46	37.51
农、林、牧、渔、水利机械修理业	0.74	1.12	-2.18	-2.17	32.42
医疗器械修理业	-2.12	-2.67	-6.09	-8.16	15.68
其他专用机械设备修理业	4.50	7.73	2.08	1.20	37.19
交通运输设备制造业	4.76	6.03	1.08	1.38	24.72
铁路运输设备制造业	4.94	5.29	0.08	0.10	23.58
机车制造业	7.96	7.54	2.20	2.60	22.58
客车制造业	7.77	6.35	1.53	2.20	24.75
货车制造业	8.13	6.63	1.71	2.36	21.23
机车车辆配件制造业	-1.02	-1.81	-6.26	-5.17	26.95
铁路信号设备制造业	1.35	2.66	-6.20	-4.60	34.87
铁路专用设备制造业	-1.59	-3.03	-8.83	-10.11	26.42
铁路专用器材制造业	0.25	0.44	-4.92	-5.09	28.82
其他铁路运输设备制造业	-2.57	-6.88	-11.67	-7.38	24.88
汽车制造业	5.43	6.28	1.63	2.46	23.57
载重汽车制造业	5.99	6.70	2.36	4.02	22.13
客车制造业	2.66	3.30	-1.20	-1.71	17.33
小轿车制造业	51.45	21.36	13.83	129.36	32.04
微型汽车制造业	4.85	3.79	-1.04	-2.30	16.37
特种车辆及改装汽车制造业	-0.99	-1.29	-5.08	-6.31	19.75
汽车车身制造业	-0.45	-0.51	-4.07	-5.18	16.31
汽车零部件及配件制造业	4.71	6.67	1.29	1.33	30.49
摩托车制造业	19.69	15.78	6.92	17.62	22.95
摩托车整车制造业	22.90	15.55	6.68	24.19	21.51
摩托车零部件及配件制造业	13.30	16.62	7.61	10.61	28.24
自行车制造业	2.42	3.03	-1.41	-2.12	18.01
电车制造业	5.38	8.46	5.87	5.91	31.08
船舶制造业	3.19	5.34	-0.55	-0.61	23.97
海洋运输船制造业	3.39	5.91	0.34	0.41	21.93
内河船制造业	0.99	1.46	-5.54	-5.45	26.99
渔轮制造业	2.11	3.01	-2.56	-2.61	24.33
船舶机械设备制造业	4.15	6.50	0.08	0.07	31.66
海洋石油平台制造业	-1.64	-3.05	-15.18	-6.10	24.28
航空航天器制造业	3.32	5.16	0.58	0.60	28.75
飞机制造业	4.57	6.68	1.43	1.60	29.02
其他航空航天器制造业	-1.49	-3.06	-5.28	-3.66	27.28

(续)

行　　业	资金利税率（%）	产值利税率（%）	百元销售收入实现的利润（元）	百元固定资产实现的利润（元）	工业增加值率（%）
交通运输设备修理业	3.04	4.39	-0.26	-0.18	31.99
铁路运输设备修理业	2.75	3.83	-2.23	-1.41	29.90
汽车修理业	4.71	6.75	0.34	0.36	32.75
摩托车修理业	7.06	1.44	3.12	3.25	6.41
船舶修理业	2.81	4.39	2.77	1.46	34.62
飞机修理业	0.04	0.06	-1.92	-1.53	30.31
其他交通运输设备修理业	2.51	3.53	0.72	0.55	35.30
其他交通运输设备制造业	8.53	12.76	5.98	11.64	34.81
航标器材制造业	2.42	5.70	-0.77	-0.54	35.20
潜水装备制造业	9.03	9.92	3.86	8.14	25.82
公路标志制造业	11.64	16.81	8.43	25.89	40.00
电气机械及器材制造业	3.55	4.97	0.02	0.02	23.21
电机制造业	4.68	7.65	1.22	1.32	28.33
发电机制造业	6.67	12.36	4.42	5.13	32.51
电动机制造业	3.97	6.04	0.28	0.30	27.15
微电机制造业	1.18	1.86	-3.72	-3.70	21.83
输配电及控制设备制造业	5.17	7.70	1.80	2.08	28.70
变压器制造业	4.78	6.97	1.69	1.86	26.04
整流器制造业	2.13	4.46	-2.22	-2.24	29.49
电容器制造业	5.17	8.93	2.32	2.10	37.10
开关控制设备制造业	5.04	7.16	1.26	1.70	25.97
电器设备元件制造业	5.44	9.19	1.95	1.94	35.45
其他输配电及控制设备制造业	6.90	10.46	4.58	4.50	38.05
电工器材制造业	1.68	1.97	-1.45	-1.98	15.00
电线电缆制造业	1.65	1.92	-1.28	-1.80	12.92
绝缘制品业	-0.58	-1.05	-6.02	-5.11	16.68
蓄电池制造业	1.93	3.15	-1.57	-1.26	23.63
原电池制造业	1.92	1.52	-1.56	-3.16	17.35
其他电工器材制造业	4.90	5.33	0.96	1.55	25.86
日用电器制造业	2.80	3.86	-0.20	-0.31	22.06
洗衣机制造业	-3.22	-14.23	-17.22	-6.85	11.63
吸尘器制造业	3.36	5.36	2.24	2.19	20.42
电冰箱制造业	6.02	8.05	4.04	6.30	20.90
电风扇制造业	4.95	3.65	0.49	1.12	22.40
空调器制造业	-1.33	-2.54	-6.84	-8.76	25.36
排油烟机制造业	-1.17	-1.45	-5.54	-7.50	13.89
其他日用电器制造业	5.59	6.68	1.17	2.99	26.55
照明器具制造业	2.22	2.96	-2.52	-2.75	26.78
电光源制造业	1.67	2.35	-4.06	-3.63	27.97
灯头、灯座制造业	1.67	1.68	-3.25	-5.77	22.15
灯具制造业	2.89	4.91	-0.75	-0.83	25.17
灯用电器附件制造业	5.83	6.80	1.52	5.58	28.79
其他照明器具制造业	2.62	2.76	0.21	0.34	23.50
电气机械修理业	4.25	10.66	4.58	3.97	26.03
其他电气机械制造业	1.87	3.47	-2.95	-2.69	29.65
电焊机制造业	4.08	6.70	-0.24	-0.26	29.43
工业用电炉制造业	-1.99	-4.38	-11.67	-8.66	28.85
其他类未包括的电气机械制造业	2.21	4.34	-0.40	-0.33	30.77
仪器仪表及文化、办公用机械制造业	2.19	4.35	-1.72	-1.33	31.58
通用仪器仪表制造业	2.72	5.01	-1.09	-0.86	32.88
工业自动化仪表制造业	3.92	8.50	0.15	0.12	33.25
电工仪器仪表制造业	1.26	1.85	-2.76	-3.18	25.57
光学仪器制造业	2.03	3.68	-0.79	-0.53	35.23
计时仪器制造业	-0.49	-1.40	-6.12	-1.84	41.53
分析仪器制造业	4.91	12.75	1.74	1.20	39.94

(续)

行业	资金利税率（%）	产值利税率（%）	百元销售收入实现的利润（元）	百元固定资产实现的利润（元）	工业增加值率（%）
试验机制造业	5.51	12.42	1.03	0.67	45.52
实验室仪器及装置制造业	-1.88	-4.02	-13.10	-8.26	35.89
通用仪器仪表元件、器件制造业	4.89	5.02	-0.24	-0.37	25.55
其他通用仪器仪表制造业	2.40	5.11	0.07	0.05	38.95
专用仪器仪表制造业	2.90	5.67	-0.66	-0.46	32.04
环境保护仪器仪表制造业	9.60	18.58	11.97	15.86	40.03
汽车仪器仪表制造业	17.16	14.65	10.71	17.07	39.93
导航、制导仪器制造业	-0.77	-1.66	-6.74	-4.09	30.86
农、林、牧、渔仪器仪表制造业	0.43	0.83	-8.32	-5.40	33.50
地质勘探、钻采、地震专用仪器制造业	-0.24	-0.84	-10.99	-4.22	18.71
气象、海洋、水文、天文仪器制造业	2.05	4.84	-1.84	-0.87	39.51
教学仪器制造业	9.52	16.13	9.56	11.55	36.44
核子及核辐射测量仪器制造业	9.38	17.78	8.40	6.67	42.40
专用仪器仪表元件、器件制造业	3.12	3.82	-1.91	-2.02	32.05
电子测量仪器制造业	-1.16	-2.73	-6.94	-5.46	23.83
计量器具制造业	3.21	6.07	-1.08	-0.87	37.76
传递标准用计量仪器制造业	0.83	3.00	-6.57	-4.25	31.35
量具量仪制造业	3.56	6.97	0.00	0.00	44.32
衡器制造业	2.95	5.29	-1.88	-1.63	31.76
文化、办公用机械制造业	1.01	2.12	-3.27	-3.02	24.28
电影机械制造业	3.82	8.02	2.16	1.40	39.86
幻灯机及投影仪制造业	4.72	8.52	1.77	1.30	30.17
照相机及器材制造业	-0.17	-0.46	-7.33	-3.67	29.66
复印机制造业	1.61	2.97	-1.78	-2.62	12.45
打字机及油印机制造业	-8.89	-13.13	-19.83	-17.88	26.13
其他文化、办公用机械制造业	4.87	8.58	0.19	0.59	32.20
钟表制造业	1.17	2.77	-2.83	-1.94	30.51
仪器仪表及文化、办公用机械修理业	23.03	23.26	15.51	50.79	47.21
其他仪器仪表制造业	5.77	10.62	3.58	2.97	37.01

1995年独立核算乡办机械工业企业主要统计指标(一)

行　　业	企　业 单位数 (个)	工业总产值(亿元) 1990年 不变价	工业总产值(亿元) 当年价	工　业 增加值 (亿元)	产品销售 收　入 (亿元)
金属制品业	13 094	657.24	617.75	147.21	572.00
金属结构制造业	704	47.78	44.84	11.44	41.13
铸铁管制造业	700	34.37	30.29	8.00	29.29
工具制造业	1 158	54.57	52.58	14.03	47.19
切削工具制造业	295	13.24	13.11	3.48	11.22
模具制造业	407	12.78	11.84	3.57	11.50
手工具制造业	383	21.90	20.67	5.32	19.20
其他工具制造业	73	6.65	6.95	1.65	5.27
集装箱和金属包装物品制造业	649	83.22	76.46	17.82	73.33
集装箱制造业	18	27.57	22.41	3.26	23.79
金属包装物品及容器制造业	631	55.65	54.05	14.56	49.53
金属丝绳及其制品业	1 062	62.90	56.40	12.98	56.13
建筑用金属制品业	2 443	122.83	115.67	28.56	103.57
建筑小五金制造业	226	8.57	7.97	2.06	7.36
水暖管道零件制造业	617	42.23	39.79	10.31	36.99
金属门窗制造业	1 457	62.50	58.95	13.77	51.15
其他建筑用金属制品业	143	9.53	8.94	2.42	8.07
金属表面处理及热处理业	1 035	51.03	46.32	12.12	45.97
日用金属制品业	2 043	132.69	132.52	27.79	117.15
搪瓷制造业	104	12.87	11.94	2.91	11.48
铝制品业	425	37.16	35.61	7.31	32.92
不锈钢制品业	301	19.21	19.30	3.36	17.82
刀剪制造业	76	2.97	2.87	0.83	2.73
制锁业	195	20.98	21.91	4.45	18.00
炊事用具制造业	460	7.94	7.11	2.06	6.53
燃气用具制造业	138	16.22	18.22	2.95	14.43
理发用具制造业	29	3.22	3.01	0.88	2.80
其他日用金属制品业	315	12.13	12.54	3.05	10.46
其他金属制品业	3 300	67.84	62.67	14.48	58.23
铁制小农具制造业	2 549	22.04	18.89	4.62	20.09
焊条制造业	140	12.27	10.93	2.28	10.37
其他类未包括的金属制品业	611	33.53	32.85	7.58	27.77
普通机械制造业	11 866	628.67	581.65	164.04	528.74
锅炉及原动机制造业	707	63.00	57.35	15.69	52.87
锅炉制造业	296	28.61	24.76	7.20	22.65
内燃机制造业	34	3.90	3.77	0.79	4.01
汽轮机制造业	9	1.21	1.09	0.30	1.13
水轮机制造业	5	0.03	0.02	0.01	0.02
内燃机零部件及配件制造业	296	25.53	24.21	6.62	22.05
其他锅炉及原动机制造业	67	3.73	3.50	0.77	3.01
金属加工机械制造业	934	61.90	51.00	21.88	46.87
金属切削机床制造业	129	8.71	8.23	2.37	7.21
锻压设备制造业	129	11.56	11.18	2.99	9.93
铸造机械制造业	225	13.16	11.96	3.39	11.38
机床附件制造业	103	5.19	4.98	1.27	4.12
其他金属加工机械制造业	348	23.29	14.65	11.85	14.23
通用设备制造业	1 506	131.48	126.14	34.44	112.76
起重运输设备制造业	303	33.29	32.07	8.66	27.62
工矿车辆制造业	55	6.06	5.12	1.57	5.59
泵制造业	486	31.33	29.62	8.00	26.03
风机制造业	155	11.04	9.89	2.65	9.75
气体压缩机及气体分离设备制造业	61	4.08	3.81	1.25	3.19

（续）

行业	企业单位数（个）	工业总产值(亿元) 1990年不变价	当年价	工业增加值（亿元）	产品销售收入（亿元）
冷冻设备制造业	92	17.83	16.57	5.10	16.54
风动工具制造业	34	1.80	1.62	0.58	1.46
电动工具制造业	66	7.58	10.55	1.65	6.93
其他通用设备制造业	254	18.46	16.89	4.99	15.65
轴承、阀门制造业	933	62.56	60.21	16.09	51.69
轴承制造业	314	27.82	27.78	7.29	23.00
阀门制造业	619	34.74	32.43	8.79	28.69
其他通用零部件制造业	2 301	118.68	115.96	29.60	103.77
液压件及液力件制造业	230	12.41	12.07	2.93	10.65
气动元件制造业	130	6.89	6.33	1.72	5.87
密封件制造业	101	4.60	4.50	1.23	4.10
粉末冶金制品业	171	8.80	9.93	2.56	7.92
紧固件制造业	663	33.03	30.74	7.43	29.36
弹簧制造业	171	7.21	7.95	1.71	6.36
链条制造业	120	9.91	9.59	2.43	8.38
齿轮制造业	138	9.46	10.14	2.82	8.37
其他类未包括的通用零部件制造业	577	26.37	24.70	6.77	22.75
铸锻件制造业	4680	175.52	156.35	42.51	147.53
铸件制造业	4186	150.18	132.99	37.02	128.06
锻件制造业	494	25.33	23.37	5.49	19.47
普通机械修理业	436	4.23	3.99	1.17	3.64
其他普通机械制造业	369	11.30	10.66	2.66	9.61
专用设备制造业	6 663	409.95	392.99	100.66	349.50
机电工业专用设备制造业	460	29.95	27.27	7.63	25.12
矿山设备制造业	278	13.75	12.49	3.76	11.27
冶金工业专用设备制造业	65	6.60	5.70	1.79	5.51
电工专用设备制造业	23	1.49	1.45	0.45	1.23
电子工业专用设备制造业	33	2.24	2.18	0.46	1.78
其他机电工业专用设备制造业	61	5.86	5.45	1.17	5.32
石化及其他工业专用设备制造业	867	83.12	81.56	21.44	68.64
石油工业专用设备制造业	93	7.10	6.48	1.94	5.10
化学工业专用设备制造业	125	13.52	12.93	3.89	12.05
化学纤维工业专用设备制造业	20	6.94	7.32	1.61	5.51
橡胶工业专用设备制造业	58	5.80	5.44	1.56	5.05
塑料工业专用设备制造业	101	10.04	9.89	2.60	8.52
森林工业专用设备制造业	71	13.59	14.18	3.11	10.32
印刷工业专用设备制造业	92	6.30	6.29	1.56	5.12
制药工业专用设备制造业	36	1.43	1.36	0.40	1.32
建筑材料及其他制品专用设备制造业	271	18.40	17.68	4.76	15.65
轻纺工业专用设备制造业	1 221	98.20	94.99	24.69	87.30
食品、饮料、烟草工业专用设备制造业	192	17.94	17.41	4.91	16.09
粮油工业专用设备制造业	205	14.53	12.77	3.50	12.60
饲料工业专用设备制造业	45	1.30	1.18	0.29	0.99
包装工业专用设备制造业	54	3.41	3.51	0.97	3.12
纺织、服装、皮革工业专用设备制造业	548	40.34	40.25	9.92	36.26
照明器具工业专用设备制造业	34	3.23	2.29	0.95	3.06
日用硅酸制品工业专用设备制造业	14	2.21	1.97	0.34	1.80
制浆、造纸工业专用设备制造业	97	14.02	14.53	3.47	12.18
日用化学工业专用设备制造业	32	1.23	1.07	0.33	1.19
农、林、牧、渔、水利业机械制造业	1 552	91.87	85.45	20.24	76.20
拖拉机制造业	36	6.64	6.09	0.75	4.90
机械化农机具制造业	614	15.13	13.74	3.45	12.87
营林机械制造业	4	0.43	0.33	0.07	0.42
畜牧机械制造业	21	0.26	0.22	0.07	0.25
渔业机械制造业	29	2.84	2.89	0.55	2.33

(续)

行　业	企　业 单位数 (个)	工业总产值(亿元)		工　业 增加值 (亿元)	产品销售 收　入 (亿元)
		1990 年 不变价	当年价		
水利机械制造业	23	2.57	2.69	0.79	1.68
拖拉机配件制造业	398	31.39	29.20	7.92	28.06
其他农、林、牧、渔、水利业机械制造业	427	32.61	30.28	6.64	25.71
医疗器械制造业	352	30.84	30.29	7.12	27.00
手术器械制造业	28	8.11	7.49	2.07	6.91
医疗仪器、设备制造业	56	2.53	2.49	0.94	2.07
诊断用品制造业	47	1.92	1.79	0.37	1.62
医用材料及医疗用品制造业	211	17.77	17.95	3.66	15.91
假肢、矫形器制造业	10	0.51	0.57	0.09	0.49
其他专用设备制造业	831	66.14	64.69	16.83	56.24
建筑机械制造业	156	16.81	15.47	4.40	14.56
地质专用设备制造业	13	1.59	1.47	0.34	1.43
畜牧兽医医疗器械制造业	4	0.07	0.07	0.02	0.06
缝纫机制造业	96	10.43	12.63	2.85	8.92
商业、饮食业、服务业专用机械制造业	31	1.98	1.80	0.49	1.96
邮政机械及器材制造业	12	0.58	0.58	0.11	0.51
环境保护机械制造业	240	18.65	17.48	4.52	15.65
社会公共安全设备及器材制造业	151	7.75	7.18	1.96	6.38
其他类未包括的专用设备制造业	128	8.27	8.00	2.13	6.76
专用机械设备修理业	1 380	9.83	8.75	2.71	9.01
工业专用设备修理业	28	0.71	0.60	0.22	0.61
农、林、牧、渔、水利机械修理业	1 253	7.45	6.60	1.98	6.86
医疗器械修理业	6	0.01	0.01	0.00	0.01
其他专用机械设备修理业	93	1.65	1.54	0.51	1.53
交通运输设备制造业	5 445	385.99	370.82	97.51	338.10
铁路运输设备制造业	80	7.78	7.38	1.50	7.53
机车制造业	4	0.03	0.03	-0.57	0.57
客车制造业	1	4.01	3.96	1.03	3.91
货车制造业	1	0.00	0.00	0.00	0.00
机车车辆配件制造业	45	1.76	1.62	0.63	1.57
铁路信号设备制造业	2	0.04	0.05	0.01	0.03
铁路专用设备制造业	3	0.09	0.09	0.01	0.07
铁路专用器材制造业	13	1.40	1.17	0.25	1.01
其他铁路运输设备制造业	11	0.46	0.45	0.14	0.37
汽车制造业	2 048	182.48	171.71	49.82	160.84
载重汽车制造业	22	9.26	7.88	2.05	8.35
客车制造业	29	9.97	9.80	2.35	9.22
小轿车制造业	10	2.10	2.14	0.40	2.23
微型汽车制造业	21	4.26	4.00	0.97	2.49
特种车辆及改装汽车制造业	82	18.17	16.54	4.20	16.80
汽车车身制造业	56	8.71	7.73	2.99	5.64
汽车零部件及配件制造业	1 828	130.01	123.62	36.86	116.10
摩托车制造业	586	83.98	85.48	20.00	72.70
摩托车整车制造业	48	41.94	44.82	8.98	37.46
摩托车零部件及配件制造业	538	42.03	40.67	11.02	35.25
自行车制造业	334	42.11	39.28	8.24	38.05
电车制造业	1	0.07	0.06	0.05	0.07
船舶制造业	326	28.28	28.20	6.07	22.90
海洋运输船制造业	18	1.61	1.87	0.34	1.32
内河船制造业	224	14.08	13.38	2.82	11.17
渔轮制造业	41	4.75	5.53	1.11	4.14
船舶机械设备制造业	43	7.85	7.42	1.81	6.27
航空航天器制造业	3	0.09	0.07	0.02	0.07
飞机制造业	2	0.09	0.07	0.02	0.06
其他航空航天器制造业	1	0.01	0.01	0.00	0.01

（续）

行　业	企　业 单位数 （个）	工业总产值(亿元) 1990 年 不变价	工业总产值(亿元) 当年价	工　业 增加值 （亿元）	产品销售 收　入 （亿元）
交通运输设备修理业	2 055	39.79	37.33	11.50	34.67
铁路运输设备修理业	6	0.22	0.19	0.09	0.16
汽车修理业	1 733	28.48	26.11	8.16	25.48
摩托车修理业	22	0.14	0.12	0.04	0.10
船舶修理业	177	8.87	9.18	2.44	7.34
其他交通运输设备修理业	117	2.08	1.73	0.77	1.60
其他交通运输设备制造业	12	1.41	1.32	0.31	1.28
航标器材制造业	2	1.08	1.01	0.24	0.97
潜水装备制造业	2	0.01	0.01	0.00	0.01
公路标志制造业	8	0.32	0.29	0.07	0.30
电气机械及器材制造业	5 622	657.30	656.93	146.37	574.16
电机制造业	409	44.52	42.86	9.45	38.47
发电机制造业	77	11.46	10.86	1.86	9.62
电动机制造业	196	21.32	20.88	4.96	18.32
微电机制造业	136	11.73	11.11	2.63	10.53
输配电及控制设备制造业	1 259	105.66	106.60	27.17	89.93
变压器制造业	141	12.25	11.84	2.44	9.86
整流器制造业	44	1.72	1.74	0.51	1.43
电容器制造业	103	6.08	6.61	1.41	5.38
开关控制设备制造业	470	41.92	42.29	11.26	35.95
电器设备元件制造业	206	10.14	10.49	2.60	9.61
其他输配电及控制设备制造业	295	33.56	33.63	8.94	27.69
电工器材制造业	1 844	273.83	270.96	58.44	238.15
电线电缆制造业	1 157	225.93	224.31	47.35	196.63
绝缘制品业	176	15.14	14.82	2.72	13.46
蓄电池制造业	236	14.83	14.98	4.18	12.09
原电池制造业	68	5.25	5.19	1.60	4.55
其他电工器材制造业	207	12.68	11.66	2.59	11.41
日用电器制造业	741	160.98	166.01	34.06	145.31
洗衣机制造业	27	3.82	3.35	0.94	3.60
吸尘器制造业	16	1.96	1.46	0.56	1.56
电冰箱制造业	44	10.71	10.46	2.22	8.10
电风扇制造业	103	47.46	52.68	7.31	45.19
空调器制造业	149	48.56	50.26	12.12	43.41
排油烟机制造业	21	5.02	5.26	0.82	5.00
其他日用电器制造业	381	43.46	42.54	10.09	38.45
照明器具制造业	1 070	60.09	58.98	14.38	52.16
电光源制造业	343	20.57	20.56	5.23	18.09
灯头、灯座制造业	88	4.78	4.50	1.13	4.34
灯具制造业	355	22.67	22.48	5.44	19.24
灯用电器附件制造业	144	7.59	7.31	1.59	6.48
其他照明器具制造业	140	4.49	4.14	0.99	4.00
电气机械修理业	77	1.00	0.95	0.27	0.73
其他电气机械制造业	222	11.22	10.58	2.59	9.42
电焊机制造业	101	5.31	4.88	1.21	4.43
工业用电炉制造业	36	2.39	2.33	0.51	2.07
其他类未包括的电气机械制造业	85	3.52	3.37	0.86	2.92
仪器仪表及文化、办公用机械制造业	997	61.00	62.07	14.59	55.36
通用仪器仪表制造业	427	24.29	26.81	6.34	23.10
工业自动化仪表制造业	109	8.07	8.51	2.02	8.97
电工仪器仪表制造业	84	5.45	6.75	1.28	4.93
光学仪器制造业	38	3.37	3.55	1.02	2.70
计时仪器制造业	20	2.03	2.58	0.68	1.89
分析仪器制造业	13	0.32	0.28	0.11	0.29
试验机制造业	14	0.31	0.27	0.14	0.25

(续)

行　　业	企　业 单位数 (个)	工业总产值(亿元) 1990 年 不变价	 当年价	工　业 增加值 (亿元)	产品销售 收　入 (亿元)
实验室仪器及装置制造业	8	0.34	0.33	0.08	0.34
通用仪器仪表元件、器件制造业	50	2.08	2.24	0.45	1.89
其他通用仪器仪表制造业	91	2.32	2.30	0.55	1.85
专用仪器仪表制造业	120	7.54	7.77	1.85	5.61
环境保护仪器仪表制造业	14	0.65	0.68	0.16	0.24
汽车仪器仪表制造业	27	1.38	1.39	0.38	1.51
导航、制导仪器制造业	1	0.03	0.07	0.01	0.03
农、林、牧、渔仪器仪表制造业	2	0.01	0.01	0.00	0.01
地质勘探、钻采、地震专用仪器制造业	11	0.33	0.31	0.09	0.21
气象、海洋、水文、天文仪器制造业	3	0.07	0.06	0.01	0.03
教学仪器制造业	7	0.27	0.70	0.06	0.21
专用仪器仪表元件、器件制造业	55	4.80	4.55	1.14	3.38
电子测量仪器制造业	24	0.90	0.94	0.20	0.83
计量器具制造业	159	7.51	7.13	1.94	6.69
传递标准用计量仪器制造业	20	1.54	1.43	0.28	1.54
量具量仪制造业	78	3.79	3.50	1.04	3.19
衡器制造业	61	2.17	2.20	0.62	1.96
文化、办公用机械制造业	45	3.07	3.14	0.69	2.38
幻灯机及投影仪制造业	1	0.00	0.00	0.00	0.00
照相机及器材制造业	21	2.37	2.53	0.50	1.77
复印机制造业	1	0.01	0.01	0.01	0.02
打字机及油印机制造业	7	0.28	0.22	0.07	0.28
其他文化、办公用机械制造业	15	0.40	0.37	0.10	0.31
钟表制造业	130	14.82	13.56	2.75	14.35
仪器仪表及文化、办公用机械修理业	7	0.03	0.03	0.01	0.03
其他仪器仪表制造业	85	2.83	2.68	0.80	2.35

1995年独立核算乡办机械工业企业主要统计指标(二)

(单位:亿元)

行　业	年末固定资产原价	固定资产净值年平均余额	流动资产年平均余额合计	利润总额	利税总额
金属制品业	184.06	147.85	314.96	18.11	41.51
金属结构制造业	14.65	12.45	25.97	1.50	3.26
铸铁管制造业	9.91	7.53	16.15	1.01	2.35
工具制造业	16.19	13.10	27.01	2.14	4.37
切削工具制造业	4.25	3.66	6.72	0.49	1.02
模具制造业	4.48	3.61	6.98	0.61	1.17
手工具制造业	6.14	4.67	9.62	0.75	1.67
其他工具制造业	1.33	1.16	3.69	0.29	0.51
集装箱和金属包装物品制造业	25.40	19.54	47.39	2.23	4.59
集装箱制造业	6.29	5.14	18.85	0.60	0.80
金属包装物品及容器制造业	19.11	14.39	28.54	1.63	3.80
金属丝绳及其制品业	18.26	14.09	23.21	1.78	3.76
建筑用金属制品业	27.28	23.02	56.36	3.76	8.50
建筑小五金制造业	1.85	1.57	4.67	0.18	0.48
水暖管道零件制造业	9.38	8.13	18.94	1.24	3.31
金属门窗制造业	13.12	10.87	28.13	2.15	4.18
其他建筑用金属制品业	2.93	2.46	4.62	0.19	0.54
金属表面处理及热处理业	12.45	10.10	19.30	1.10	3.16
日用金属制品业	43.34	34.46	70.67	2.23	7.07
搪瓷制造业	3.81	2.88	6.33	0.47	0.99
铝制品业	15.05	11.22	17.62	0.68	1.73
不锈钢制品业	7.58	6.49	11.53	0.17	0.81
刀剪制造业	0.95	0.78	1.29	0.07	0.23
制锁业	3.58	3.08	11.81	0.14	0.94
炊事用具制造业	1.98	1.61	3.70	0.31	0.60
燃气用具制造业	5.45	4.12	10.62	−0.18	0.60
理发用具制造业	1.21	1.10	1.57	0.26	0.40
其他日用金属制品业	3.73	3.18	6.20	0.31	0.76
其他金属制品业	16.58	13.56	28.88	2.35	4.44
铁制小农具制造业	4.66	3.89	7.03	1.10	1.76
焊条制造业	4.10	3.49	6.35	0.23	0.51
其他类未包括的金属制品业	7.83	6.17	15.50	1.03	2.17
普通机械制造业	181.31	144.25	306.10	21.71	48.04
锅炉及原动机制造业	18.19	13.73	32.99	2.46	4.97
锅炉制造业	6.68	5.26	16.25	1.26	2.37
内燃机制造业	1.55	1.31	2.86	0.02	0.16
汽轮机制造业	0.40	0.25	0.51	0.10	0.15
水轮机制造业	0.02	0.01	0.04	0.00	0.00
内燃机零部件及配件制造业	8.42	6.06	11.82	0.93	1.99
其他锅炉及原动机制造业	1.12	0.83	1.52	0.16	0.30
金属加工机械制造业	19.85	16.27	29.11	1.42	3.72
金属切削机床制造业	5.34	4.46	6.45	0.16	0.49
锻压设备制造业	4.77	3.96	6.05	0.37	0.90
铸造机械制造业	3.57	2.77	6.44	0.20	0.68
机床附件制造业	1.84	1.58	2.21	0.22	0.48
其他金属加工机械制造业	4.33	3.49	7.95	0.47	1.17
通用设备制造业	33.89	28.00	68.86	5.32	11.19
起重运输设备制造业	8.39	6.61	17.92	1.34	2.70
工矿车辆制造业	1.00	0.80	2.28	0.17	0.46
泵制造业	7.74	6.40	16.94	1.27	2.66
风机制造业	2.31	1.93	4.83	0.39	0.90
气体压缩机及气体分离设备制造业	1.05	0.82	2.67	0.13	0.31

（续）

行　　业	年末固定资产原价	固定资产净值年平均余额	流动资产年平均余额合　计	利润总额	利税总额
冷冻设备制造业	5.38	4.83	9.92	1.10	2.03
风动工具制造业	0.50	0.43	1.00	0.08	0.17
电动工具制造业	1.68	1.19	3.20	0.05	0.27
其他通用设备制造业	5.83	4.99	10.09	0.78	1.69
轴承、阀门制造业	20.67	15.59	34.85	2.40	5.24
轴承制造业	11.61	7.82	16.17	1.10	2.15
阀门制造业	9.06	7.77	18.68	1.31	3.09
其他通用零部件制造业	35.88	28.15	59.29	4.42	9.71
液压件及液力件制造业	3.51	2.59	6.64	0.30	0.85
气动元件制造业	1.79	1.34	4.19	0.29	0.60
密封件制造业	1.31	1.02	2.48	0.24	0.43
粉末冶金制品业	3.63	2.96	5.58	0.24	0.77
紧固件制造业	8.92	7.66	15.98	1.07	2.61
弹簧制造业	1.78	1.28	2.86	0.38	0.69
链条制造业	3.03	2.27	4.27	0.44	0.85
齿轮制造业	3.95	2.91	4.84	0.42	0.84
其他类未包括的通用零部件制造业	7.95	6.10	12.46	1.05	2.08
铸锻件制造业	48.75	39.08	73.15	5.20	12.06
铸件制造业	41.05	32.63	62.30	4.33	10.38
锻件制造业	7.70	6.45	10.85	0.87	1.68
普通机械修理业	1.01	0.86	1.76	0.19	0.35
其他普通机械制造业	3.08	2.58	6.08	0.30	0.80
专用设备制造业	99.19	79.35	183.00	18.47	34.07
机电工业专用设备制造业	7.35	6.26	15.17	0.90	2.04
矿山设备制造业	3.41	2.96	7.01	0.48	1.09
冶金工业专用设备制造业	1.41	1.24	3.53	0.24	0.46
电工专用设备制造业	0.38	0.31	0.86	0.08	0.16
电子工业专用设备制造业	0.54	0.52	1.06	0.01	0.07
其他机电工业专用设备制造业	1.61	1.22	2.70	0.09	0.25
石化及其他工业专用设备制造业	23.41	18.20	40.03	4.09	7.21
石油工业专用设备制造业	2.24	1.91	3.69	0.23	0.50
化学工业专用设备制造业	4.93	3.83	6.72	0.87	1.48
化学纤维工业专用设备制造业	1.62	1.29	2.80	0.34	0.47
橡胶工业专用设备制造业	1.46	1.26	2.70	0.18	0.37
塑料工业专用设备制造业	3.33	2.46	5.58	0.79	1.15
森林工业专用设备制造业	2.16	1.42	5.60	0.55	1.00
印刷工业专用设备制造业	2.45	2.13	3.80	0.17	0.45
制药工业专用设备制造业	0.73	0.32	1.29	0.05	0.16
建筑材料及其他制品专用设备制造业	4.48	3.58	7.85	0.92	1.63
轻纺工业专用设备制造业	25.38	20.29	48.11	5.70	9.98
食品、饮料、烟草工业专用设备制造业	5.52	3.87	9.85	1.21	2.43
粮油工业专用设备制造业	2.74	2.26	5.08	0.84	1.37
饲料工业专用设备制造业	0.25	0.18	0.54	0.07	0.12
包装工业专用设备制造业	1.51	1.01	2.49	0.13	0.31
纺织、服装、皮革工业专用设备制造业	11.81	10.04	23.34	1.35	2.88
照明器具工业专用设备制造业	0.49	0.29	0.45	0.61	0.65
日用硅酸制品工业专用设备制造业	0.26	0.23	0.35	0.06	0.17
制浆、造纸工业专用设备制造业	2.50	2.16	5.39	1.42	1.99
日用化学工业专用设备制造业	0.30	0.27	0.63	0.01	0.06
农、林、牧、渔、水利业机械制造业	16.94	13.65	30.33	3.37	6.28
拖拉机制造业	0.92	0.83	2.17	0.19	0.34
机械化农机具制造业	2.85	2.35	5.41	0.63	1.21
营林机械制造业	0.02	0.02	0.09	0.02	0.02
畜牧机械制造业	0.12	0.11	0.24	0.01	0.02
渔业机械制造业	0.50	0.45	0.82	0.09	0.14

（续）

行　　业	年末固定资产原价	固定资产净值年平均余额	流动资产年平均余额合　计	利润总额	利税总额
水利机械制造业	0.31	0.39	0.95	0.11	0.17
拖拉机配件制造业	7.87	5.93	11.19	1.50	2.73
其他农、林、牧、渔、水利业机械制造业	4.35	3.58	9.45	0.82	1.65
医疗器械制造业	8.57	7.16	12.85	0.76	1.92
手术器械制造业	2.55	2.09	3.52	0.42	0.70
医疗仪器、设备制造业	1.09	1.01	1.76	0.10	0.27
诊断用品制造业	0.71	0.58	1.13	0.03	0.11
医用材料及医疗用品制造业	3.94	3.35	6.12	0.25	0.85
假肢、矫形器制造业	0.28	0.13	0.32	-0.03	-0.01
其他专用设备制造业	15.29	11.93	33.71	3.10	5.73
建筑机械制造业	3.75	2.60	7.17	0.86	1.41
地质专用设备制造业	0.26	0.21	0.69	0.04	0.09
畜牧兽医医疗器械制造业	0.04	0.04	0.09	0.00	0.00
缝纫机制造业	2.77	2.23	6.34	0.51	0.89
商业、饮食业、服务业专用机械制造业	0.44	0.40	0.94	0.06	0.11
邮政机械及器材制造业	0.12	0.11	0.28	0.02	0.04
环境保护机械制造业	4.44	3.45	9.33	0.82	1.71
社会公共安全设备及器材制造业	1.74	1.39	4.33	0.26	0.60
其他类未包括的专用设备制造业	1.73	1.50	4.54	0.54	0.88
专用机械设备修理业	2.25	1.86	2.80	0.55	0.91
工业专用设备修理业	0.27	0.20	0.22	0.02	0.05
农、林、牧、渔、水利机械修理业	1.53	1.33	1.89	0.45	0.68
医疗器械修理业	0.01	0.01	0.00	0.00	0.00
其他专用机械设备修理业	0.44	0.33	0.69	0.08	0.18
交通运输设备制造业	103.08	82.76	167.39	16.25	33.27
铁路运输设备制造业	1.78	1.42	2.98	0.92	1.11
机车制造业	0.04	0.03	0.23	0.05	0.06
客车制造业	0.66	0.54	0.83	0.66	0.70
货车制造业	0.00	0.00	0.00	0.00	0.00
机车车辆配件制造业	0.57	0.37	0.75	0.09	0.18
铁路信号设备制造业	0.01	0.01	0.04	0.00	0.00
铁路专用设备制造业	0.02	0.02	0.02	0.00	0.01
铁路专用器材制造业	0.35	0.33	0.94	0.10	0.12
其他铁路运输设备制造业	0.13	0.12	0.18	0.03	0.04
汽车制造业	56.07	43.15	87.52	8.60	16.62
载重汽车制造业	1.98	1.59	4.80	0.12	0.54
客车制造业	2.45	1.62	4.37	0.62	0.98
小轿车制造业	0.35	0.29	0.68	0.09	0.16
微型汽车制造业	0.90	0.65	1.84	0.07	0.13
特种车辆及改装汽车制造业	4.40	3.19	7.63	1.06	1.70
汽车车身制造业	2.33	1.86	3.74	0.34	0.68
汽车零部件及配件制造业	43.67	33.96	64.46	6.30	12.42
摩托车制造业	16.47	13.57	29.74	3.24	7.97
摩托车整车制造业	5.15	4.44	10.10	1.08	4.00
摩托车零部件及配件制造业	11.32	9.13	19.64	2.16	3.96
自行车制造业	8.90	7.36	18.23	0.65	1.96
电车制造业	0.01	0.01	0.01	0.00	0.02
船舶制造业	6.04	5.39	11.71	1.08	2.02
海洋运输船制造业	0.68	0.60	0.94	-0.01	0.02
内河船制造业	2.00	1.85	3.42	0.40	0.85
渔轮制造业	1.21	0.88	1.49	0.29	0.46
船舶机械设备制造业	2.16	2.06	5.87	0.40	0.69
航空航天器制造业	0.01	0.01	0.02	0.00	0.00
飞机制造业	0.01	0.01	0.02	0.00	0.00
其他航空航天器制造业	0.00	0.00	0.00	0.00	0.00

(续)

行　　业	年末固定资产原价	固定资产净值年平均余额	流动资产年平均余额合　计	利润总额	利税总额
交通运输设备修理业	13.55	11.69	16.58	1.72	3.51
铁路运输设备修理业	0.03	0.03	0.14	0.01	0.03
汽车修理业	9.56	7.93	11.71	1.29	2.68
摩托车修理业	0.03	0.02	0.03	0.01	0.02
船舶修理业	3.65	3.46	4.20	0.35	0.68
其他交通运输设备修理业	0.28	0.26	0.51	0.06	0.10
其他交通运输设备制造业	0.25	0.18	0.60	0.04	0.06
航标器材制造业	0.06	0.04	0.37	0.02	0.03
潜水装备制造业	0.00	0.00	0.01	0.00	0.00
公路标志制造业	0.18	0.14	0.22	0.01	0.03
电气机械及器材制造业	180.37	139.19	328.17	20.54	44.12
电机制造业	10.14	8.09	20.87	1.35	2.89
发电机制造业	2.07	1.56	4.64	0.27	0.56
电动机制造业	5.69	4.84	10.80	0.72	1.54
微电机制造业	2.38	1.70	5.43	0.36	0.79
输配电及控制设备制造业	25.67	19.80	55.96	4.21	9.28
变压器制造业	2.86	2.30	5.25	0.50	0.93
整流器制造业	0.49	0.38	1.01	0.04	0.11
电容器制造业	1.57	1.39	3.78	0.10	0.32
开关控制设备制造业	9.66	7.27	19.78	1.94	3.81
电器设备元件制造业	3.88	2.71	6.06	0.31	0.87
其他输配电及控制设备制造业	7.20	5.74	20.08	1.32	3.24
电工器材制造业	81.22	60.91	116.62	8.82	17.19
电线电缆制造业	67.01	50.20	97.34	7.49	14.30
绝缘制品业	4.28	3.52	5.68	0.25	0.71
蓄电池制造业	4.91	3.26	5.45	0.61	1.04
原电池制造业	1.56	1.28	2.61	0.17	0.34
其他电工器材制造业	3.46	2.66	5.55	0.31	0.80
日用电器制造业	44.85	35.23	102.57	3.98	9.87
洗衣机制造业	1.91	1.56	2.23	-0.04	0.06
吸尘器制造业	0.30	0.26	0.83	0.04	0.13
电冰箱制造业	2.77	1.77	6.41	0.33	0.63
电风扇制造业	10.15	9.01	26.76	-0.27	1.20
空调器制造业	19.11	13.23	36.60	2.47	4.65
排油烟机制造业	0.85	0.74	2.75	-0.08	0.10
其他日用电器制造业	9.76	8.66	26.99	1.53	3.10
照明器具制造业	15.31	12.71	26.24	1.81	4.00
电光源制造业	5.08	4.37	8.00	0.70	1.58
灯头、灯座制造业	0.85	0.67	1.94	0.20	0.44
灯具制造业	5.52	4.72	11.30	0.68	1.36
灯用电器附件制造业	2.96	2.18	3.49	0.13	0.37
其他照明器具制造业	0.90	0.78	1.51	0.10	0.25
电气机械修理业	0.78	0.38	0.37	-0.01	0.03
其他电气机械制造业	2.40	2.06	5.55	0.37	0.86
电焊机制造业	1.10	0.90	2.96	0.19	0.43
工业用电炉制造业	0.39	0.38	1.01	0.09	0.15
其他类未包括的电气机械制造业	0.91	0.78	1.58	0.10	0.28
仪器仪表及文化、办公用机械制造业	13.06	10.74	32.92	2.53	5.05
通用仪器仪表制造业	5.73	4.36	12.97	1.17	2.13
工业自动化仪表制造业	2.46	1.60	4.15	0.40	0.79
电工仪器仪表制造业	1.09	0.93	3.19	0.26	0.42
光学仪器制造业	0.67	0.46	1.64	0.24	0.37
计时仪器制造业	0.31	0.30	0.60	0.07	0.11
分析仪器制造业	0.11	0.11	0.26	0.04	0.06
试验机制造业	0.05	0.04	0.19	0.02	0.04

（续）

行　业	年末固定资产原价	固定资产净值年平均余额	流动资产年平均余额合　计	利润总额	利税总额
实验室仪器及装置制造业	0.10	0.10	0.25	0.02	0.03
通用仪器仪表元件器件制造业	0.43	0.37	1.26	0.06	0.16
其他通用仪器仪表制造业	0.50	0.46	1.43	0.06	0.16
专用仪器仪表制造业	1.62	1.38	4.94	0.27	0.55
环境保护仪器仪表制造业	0.11	0.10	0.38	-0.01	0.00
汽车仪器仪表制造业	0.44	0.36	1.07	0.09	0.16
导航、制导仪器制造业	0.02	0.00	0.02	0.00	0.00
农、林、牧、渔仪器仪表制造业	0.00	0.00	0.01	0.00	0.00
地质勘探、钻采、地震专用仪器制造业	0.05	0.04	0.14	0.01	0.03
气象、海洋、水文、天文仪器制造业	0.02	0.01	0.05	0.00	0.00
教学仪器制造业	0.03	0.03	0.14	0.01	0.03
专用仪器仪表元件、器件制造业	0.95	0.83	3.12	0.17	0.33
电子测量仪器制造业	0.24	0.20	0.56	0.02	0.06
计量器具制造业	2.04	1.65	4.08	0.30	0.63
传递标准用计量仪器制造业	0.30	0.20	0.72	0.05	0.10
量具量仪制造业	0.85	0.71	1.90	0.20	0.37
衡器制造业	0.89	0.74	1.46	0.05	0.15
文化、办公用机械制造业	0.64	0.61	1.31	0.13	0.26
幻灯机及投影仪制造业	0.00	0.00	0.01	0.00	0.00
照相机及器材制造业	0.42	0.41	0.82	0.10	0.18
复印机制造业	0.05	0.05	0.00	0.00	0.00
打字机及油印机制造业	0.06	0.07	0.26	0.02	0.04
其他文化、办公用机械制造业	0.10	0.08	0.22	0.02	0.04
钟表制造业	2.31	2.13	7.59	0.58	1.20
仪器仪表及文化、办公用机械修理业	0.01	0.01	0.01	0.00	0.00
其他仪器仪表制造业	0.48	0.40	1.45	0.06	0.21

1995 年独立核算乡办机械工业企业主要财务分析指标

行　　业	资金利税率（%）	产值利税率（%）	百元销售收入实现的利润（元）	百元固定资产实现的利润（元）	工业增加值率（%）
金属制品业	9.44	6.32	3.17	8.80	22.40
金属结构制造业	8.86	6.83	3.66	10.02	23.94
铸铁管制造业	10.44	6.83	3.44	9.12	23.26
工具制造业	11.69	8.01	4.53	11.09	25.71
切削工具制造业	10.43	7.69	4.39	9.65	26.28
模具制造业	11.89	9.13	5.27	12.39	27.96
手工具制造业	12.54	7.65	3.91	9.93	24.31
其他工具制造业	11.51	7.69	5.48	16.85	24.86
集装箱和金属包装物品制造业	7.12	5.52	3.05	8.57	21.41
集装箱制造业	3.39	2.90	2.52	9.58	11.82
金属包装物品及容器制造业	9.26	6.82	3.30	8.25	26.17
金属丝绳及其制品业	9.38	5.98	3.17	9.02	20.64
建筑用金属制品业	11.37	6.92	3.63	11.80	23.25
建筑小五金制造业	8.14	5.56	2.39	7.62	23.98
水暖管道零件制造业	12.90	7.84	3.36	11.17	24.42
金属门窗制造业	11.41	6.68	4.20	14.06	22.02
其他建筑用金属制品业	8.09	5.66	2.34	6.03	25.44
金属表面处理及热处理业	11.44	6.19	2.40	7.58	23.76
日用金属制品业	7.37	5.33	1.90	4.60	20.94
搪瓷制造业	11.32	7.67	4.10	10.19	22.60
铝制品业	6.57	4.66	2.08	4.22	19.68
不锈钢制品业	4.71	4.21	0.96	2.17	17.50
刀剪制造业	11.98	7.80	2.53	6.41	28.01
制锁业	8.43	4.50	0.76	2.74	21.19
炊事用具制造业	11.51	7.61	4.77	13.47	25.91
燃气用具制造业	4.46	3.70	-1.25	-3.22	18.17
理发用具制造业	16.04	12.50	9.41	21.18	27.29
其他日用金属制品业	8.20	6.28	2.93	6.82	25.14
其他金属制品业	11.07	6.55	4.04	11.98	21.35
铁制小农具制造业	18.11	7.97	5.45	18.72	20.97
焊条制造业	5.36	4.19	2.20	4.89	18.59
其他类未包括的金属制品业	10.42	6.48	3.70	11.27	22.60
普通机械制造业	11.31	7.64	4.11	10.16	26.09
锅炉及原动机制造业	10.95	7.89	4.66	11.72	24.90
锅炉制造业	11.05	8.28	5.56	14.70	25.15
内燃机制造业	4.17	4.16	0.40	0.95	20.37
汽轮机制造业	20.25	12.01	8.59	26.52	24.75
水轮机制造业	8.19	14.20	11.68	9.94	25.88
内燃机零部件及配件制造业	11.70	7.81	4.20	10.10	25.93
其他锅炉及原动机制造业	13.04	7.97	5.36	13.41	20.69
金属加工机械制造业	8.70	6.01	3.04	6.11	35.34
金属切削机床制造业	4.82	5.66	2.16	2.66	27.17
锻压设备制造业	9.45	7.76	3.76	6.75	25.91
铸造机械制造业	7.95	5.19	1.79	4.82	25.80
机床附件制造业	12.88	9.17	5.46	10.27	24.51
其他金属加工机械制造业	10.91	5.03	3.28	8.45	50.89
通用设备制造业	12.21	8.51	4.72	12.90	26.20
起重运输设备制造业	12.21	8.10	4.87	13.22	26.01
工矿车辆制造业	16.46	7.52	2.99	12.79	25.90
泵制造业	11.86	8.50	4.90	13.12	25.53
风机制造业	13.75	8.18	4.04	14.12	24.02
气体压缩机及气体分离设备制造业	9.45	7.67	3.98	10.06	30.51

（续）

行　　业	资金利税率（%）	产值利税率（%）	百元销售收入实现的利润（元）	百元固定资产实现的利润（元）	工业增加值率（%）
冷冻设备制造业	13.93	11.39	6.65	17.37	28.62
风动工具制造业	12.30	9.29	5.74	13.22	31.91
电动工具制造业	6.72	3.53	0.71	2.58	21.79
其他通用设备制造业	11.65	9.17	4.96	10.94	27.01
轴承、阀门制造业	11.49	8.37	4.65	9.79	25.71
轴承制造业	10.33	7.72	4.77	8.48	26.21
阀门制造业	12.48	8.89	4.55	11.25	25.31
其他通用零部件制造业	11.81	8.18	4.26	10.49	24.94
液压件及液力件制造业	9.87	6.82	2.80	7.26	23.59
气动元件制造业	11.47	8.63	4.89	13.82	24.96
密封件制造业	12.98	9.39	5.91	16.56	26.73
粉末冶金制品业	9.55	8.76	3.02	5.22	29.13
紧固件制造业	11.73	7.91	3.66	9.61	22.51
弹簧制造业	16.99	9.54	5.94	20.86	23.73
链条制造业	14.16	8.53	5.25	12.62	24.52
齿轮制造业	11.77	8.89	4.99	8.39	29.82
其他类未包括的通用零部件制造业	11.78	7.90	4.61	12.36	25.66
铸锻件制造业	11.33	6.87	3.52	9.23	24.22
铸件制造业	11.54	6.91	3.38	9.10	24.65
锻件制造业	10.22	6.63	4.46	9.99	21.66
普通机械修理业	14.04	8.28	5.14	14.75	27.73
其他普通机械制造业	9.78	7.06	3.10	7.55	23.54
专用设备制造业	13.73	8.31	5.28	15.46	24.55
机电工业专用设备制造业	10.03	6.81	3.56	9.41	25.49
矿山设备制造业	11.67	7.91	4.26	10.78	27.34
冶金工业专用设备制造业	10.25	7.03	4.36	13.18	27.12
电工专用设备制造业	15.54	10.69	6.23	10.48	30.45
电子工业专用设备制造业	4.65	3.25	0.65	1.77	20.62
其他机电工业专用设备制造业	6.55	4.33	1.63	4.68	19.93
石化及其他工业专用设备制造业	12.94	8.67	5.96	15.18	25.79
石油工业专用设备制造业	9.42	7.02	4.43	8.51	27.37
化学工业专用设备制造业	14.57	10.98	7.20	16.18	28.79
化学纤维工业专用设备制造业	11.50	6.73	6.09	17.74	23.14
橡胶工业专用设备制造业	9.98	6.46	3.61	9.87	26.85
塑料工业专用设备制造业	14.81	11.45	9.33	21.13	25.84
森林工业专用设备制造业	15.66	7.34	5.35	24.30	22.92
印刷工业专用设备制造业	7.89	7.07	3.25	5.64	24.81
制药工业专用设备制造业	11.87	11.25	3.70	8.83	27.97
建筑材料及其他制品专用设备制造业	14.44	8.84	5.87	16.23	25.89
轻纺工业专用设备制造业	15.33	10.16	6.53	18.11	25.14
食品、饮料、烟草工业专用设备制造业	19.52	13.57	7.52	19.33	27.35
粮油工业专用设备制造业	19.55	9.43	6.63	23.39	24.11
饲料工业专用设备制造业	17.90	8.91	7.47	22.49	22.71
包装工业专用设备制造业	9.36	9.15	4.31	8.14	28.53
纺织、服装、皮革工业专用设备制造业	8.90	7.13	3.73	9.22	24.59
照明器具工业专用设备制造业	95.18	20.25	19.78	114.40	29.55
日用硅酸制品工业专用设备制造业	28.47	7.57	3.53	20.15	15.32
制浆、造纸工业专用设备制造业	27.54	14.22	11.65	37.94	24.76
日用化学工业专用设备制造业	6.69	4.52	0.81	2.28	26.46
农、林、牧、渔、水利业机械制造业	15.13	6.84	4.43	16.28	22.03
拖拉机制造业	12.21	5.13	3.85	16.33	11.27
机械化农机具制造业	16.31	8.02	4.93	17.34	22.81
营林机械制造业	22.16	4.90	3.94	39.60	15.81
畜牧机械制造业	5.77	7.62	3.55	5.26	26.65
渔业机械制造业	8.73	4.75	4.01	15.43	19.46

（续）

行业	资金利税率（%）	产值利税率（%）	百元销售收入实现的利润（元）	百元固定资产实现的利润（元）	工业增加值率（%）
水利机械制造业	13.46	6.62	6.58	23.61	30.65
拖拉机配件制造业	17.18	8.70	5.33	15.67	25.24
其他农、林、牧、渔、水利业机械制造业	13.60	5.07	3.21	16.25	20.37
医疗器械制造业	9.92	6.23	2.83	7.61	23.10
手术器械制造业	13.16	8.63	6.08	13.53	25.50
医疗仪器、设备制造业	10.26	10.50	4.68	7.75	37.05
诊断用品制造业	6.28	5.86	1.71	3.31	19.30
医用材料及医疗用品制造业	9.17	4.78	1.58	5.46	20.59
假肢、矫形器制造业	-1.71	-1.31	-6.68	-12.96	17.28
其他专用设备制造业	13.78	8.67	5.51	17.32	25.44
建筑机械制造业	16.53	8.41	5.89	20.56	26.18
地质专用设备制造业	9.68	5.35	2.56	10.17	21.07
畜牧兽医医疗器械制造业	2.47	4.37	-2.80	-3.25	31.54
缝纫机制造业	11.71	8.55	5.70	15.16	27.28
商业、饮食业、服务业专用机械制造业	9.10	5.57	3.15	11.02	24.95
邮政机械及器材制造业	11.66	7.11	3.77	13.50	19.42
环境保护机械制造业	14.59	9.17	5.25	16.37	24.24
社会公共安全设备及器材制造业	11.14	7.68	4.01	12.58	25.34
其他类未包括的专用设备制造业	15.16	10.67	7.93	24.60	25.78
专用机械设备修理业	20.07	9.24	6.08	18.99	27.60
工业专用设备修理业	11.25	7.37	3.34	6.38	30.50
农、林、牧、渔、水利机械修理业	21.99	9.10	6.50	21.78	26.63
医疗器械修理业	18.99	14.09	8.99	19.69	30.06
其他专用机械设备修理业	18.21	10.66	5.24	15.65	30.69
交通运输设备制造业	14.01	8.62	4.81	14.42	25.26
铁路运输设备制造业	25.90	14.23	12.26	50.68	19.29
机车制造业	24.47	172.55	8.71	96.81	-1774.11
客车制造业	51.34	17.54	16.74	103.02	25.70
货车制造业					
机车车辆配件制造业	15.81	10.14	5.65	16.83	35.59
铁路信号设备制造业	7.84	8.53	0.85	1.99	28.43
铁路专用设备制造业	16.17	8.22	6.61	16.14	13.22
铁路专用器材制造业	9.78	8.26	9.41	22.66	18.26
其他铁路运输设备制造业	15.64	9.66	8.12	20.32	29.97
汽车制造业	13.46	9.11	5.35	14.00	27.30
载重汽车制造业	9.17	5.79	1.40	4.99	22.12
客车制造业	17.13	9.87	6.76	27.11	23.54
小轿车制造业	18.13	7.73	3.84	24.72	19.26
微型汽车制造业	5.23	2.94	2.76	7.47	22.79
特种车辆及改装汽车制造业	16.97	9.36	6.32	23.95	23.10
汽车车身制造业	13.85	7.85	6.06	12.91	34.33
汽车零部件及配件制造业	13.27	9.56	5.43	13.00	28.35
摩托车制造业	19.77	9.49	4.46	19.57	23.82
摩托车整车制造业	26.07	9.55	2.87	25.61	21.41
摩托车零部件及配件制造业	15.89	9.43	6.14	17.51	26.22
自行车制造业	7.97	4.66	1.72	6.41	19.57
电车制造业	111.22	31.67	1.94	17.95	62.50
船舶制造业	12.05	7.14	4.71	15.61	21.48
海洋运输船制造业	1.58	1.52	-0.48	-0.92	21.01
内河船制造业	16.51	6.00	3.60	16.87	20.01
渔轮制造业	19.13	9.64	6.91	21.29	23.44
船舶机械设备制造业	8.99	8.83	6.31	15.91	23.04
航空航天器制造业	12.88	4.24	4.47	25.62	23.13
飞机制造业	13.11	3.64	3.93	30.70	21.69
其他航空航天器制造业	12.00	12.79	9.84	15.38	43.44

（续）

行　　业	资金利税率（%）	产值利税率（%）	百元销售收入实现的利润（元）	百元固定资产实现的利润（元）	工业增加值率（%）
交通运输设备修理业	12.89	8.82	4.96	11.09	28.90
铁路运输设备修理业	19.51	12.81	8.11	29.29	40.66
汽车修理业	14.14	9.42	5.05	12.11	28.65
摩托车修理业	33.90	10.95	8.91	28.52	30.74
船舶修理业	9.29	7.66	4.76	7.86	27.50
其他交通运输设备修理业	13.86	4.92	3.78	17.22	37.01
其他交通运输设备制造业	9.06	4.54	2.82	13.39	21.95
航标器材制造业	8.24	2.69	2.31	37.76	21.72
潜水装备制造业	-1.56	-1.81	-3.33	-14.02	6.50
公路标志制造业	10.21	10.99	4.64	6.71	23.16
电气机械及器材制造业	10.08	6.71	3.58	10.83	22.27
电机制造业	10.51	6.49	3.51	11.74	21.24
发电机制造业	9.66	4.90	2.81	12.31	16.23
电动机制造业	10.10	7.22	3.93	10.81	23.26
微电机制造业	12.25	6.74	3.43	13.57	22.45
输配电及控制设备制造业	13.17	8.79	4.68	15.03	25.72
变压器制造业	12.81	7.63	5.07	14.78	19.93
整流器制造业	7.90	6.15	3.04	8.06	29.42
电容器制造业	6.82	5.28	1.78	4.79	23.28
开关控制设备制造业	15.18	9.09	5.38	18.85	26.87
电器设备元件制造业	10.01	8.56	3.27	7.84	25.70
其他输配电及控制设备制造业	13.88	9.67	4.78	16.91	26.65
电工器材制造业	10.22	6.28	3.71	11.01	21.34
电线电缆制造业	10.24	6.33	3.81	11.31	20.96
绝缘制品业	7.93	4.72	1.82	5.65	17.95
蓄电池制造业	12.55	7.00	5.03	13.93	28.20
原电池制造业	10.10	6.43	3.82	10.81	30.56
其他电工器材制造业	10.16	6.28	2.67	8.54	20.43
日用电器制造业	7.78	6.13	2.74	8.01	21.16
洗衣机制造业	1.68	1.59	-1.00	-1.64	24.51
吸尘器制造业	14.47	6.89	2.56	11.33	28.80
电冰箱制造业	8.10	5.86	4.10	10.95	20.78
电风扇制造业	3.68	2.54	-0.60	-2.04	15.40
空调器制造业	10.06	9.57	5.68	13.55	24.95
排油烟机制造业	3.19	1.93	-1.62	-8.19	16.39
其他日用电器制造业	9.47	7.13	3.98	13.30	23.21
照明器具制造业	10.87	6.65	3.47	10.64	23.93
电光源制造业	13.15	7.67	3.88	12.46	25.43
灯头、灯座制造业	19.34	9.21	4.65	19.90	23.76
灯具制造业	9.08	6.02	3.51	10.62	23.98
灯用电器附件制造业	6.77	4.85	1.95	4.36	20.90
其他照明器具制造业	12.04	5.55	2.54	9.38	22.06
电气机械修理业	4.58	3.30	-1.10	-1.71	27.24
其他电气机械制造业	11.83	7.66	3.96	13.24	23.06
电焊机制造业	12.09	8.11	4.27	15.31	22.84
工业用电炉制造业	11.17	6.33	4.23	18.01	21.34
其他类未包括的电气机械制造业	11.81	7.89	3.28	8.76	24.58
仪器仪表及文化、办公用机械制造业	12.26	8.27	4.58	16.61	23.91
通用仪器仪表制造业	13.75	8.77	5.08	18.16	26.11
工业自动化仪表制造业	14.87	9.80	4.48	15.87	25.04
电工仪器仪表制造业	12.73	7.65	5.27	19.46	23.55
光学仪器制造业	19.60	11.05	9.00	34.88	30.31
计时仪器制造业	11.70	5.19	3.74	17.69	33.49
分析仪器制造业	15.09	18.76	15.09	28.36	35.38
试验机制造业	17.18	13.35	9.41	37.25	45.02

(续)

行　　业	资金利税率(%)	产值利税率(%)	百元销售收入实现的利润(元)	百元固定资产实现的利润(元)	工业增加值率(%)
实验室仪器及装置制造业	10.73	9.80	4.79	12.71	24.42
通用仪器仪表元件、器件制造业	11.67	7.49	3.12	11.27	21.60
其他通用仪器仪表制造业	8.55	6.68	3.02	8.89	23.76
专用仪器仪表制造业	9.22	7.35	4.81	12.89	24.58
环境保护仪器仪表制造业	0.62	0.42	-3.43	-5.30	24.64
汽车仪器仪表制造业	11.57	11.42	5.81	17.65	27.32
导航、制导仪器制造业	16.71	7.99	2.34	14.35	35.51
农、林、牧、渔仪器仪表制造业	5.46	7.59	2.95	15.66	24.19
地质勘探、钻采、地震专用仪器制造业	13.55	7.53	4.41	10.57	25.84
气象、海洋、水文、天文仪器制造业	4.34	3.86	2.59	3.81	19.33
教学仪器制造业	21.96	11.44	6.41	35.11	23.61
专用仪器仪表元件、器件制造业	8.75	6.92	4.90	12.82	23.75
电子测量仪器制造业	8.18	6.45	2.66	8.58	22.52
计量器具制造业	11.51	8.33	4.50	12.76	25.82
传递标准用计量仪器制造业	12.04	6.67	3.10	15.55	18.06
量具量仪制造业	15.08	9.88	6.35	20.00	27.51
衡器制造业	7.06	6.80	2.57	4.86	28.38
文化、办公用机械制造业	13.93	8.32	5.49	16.70	22.35
幻灯机及投影仪制造业	-64.13	-187.03	-503.33	-105.10	-123.85
照相机及器材制造业	15.43	7.56	5.53	19.09	21.13
复印机制造业	-0.70	-2.51	-2.27	-0.64	60.07
打字机及油印机制造业	10.34	12.82	6.36	19.43	26.45
其他文化、办公用机械制造业	16.96	11.21	6.30	16.70	26.34
钟表制造业	12.10	8.13	4.03	21.28	18.57
仪器仪表及文化、办公用机械修理业	24.95	10.85	8.97	37.91	23.14
其他仪器仪表制造业	12.55	7.57	2.35	9.65	28.25

各地区机械工业统计资料(1995 年)

地区及行业	企业数(个)	工业总产值(1990 年不变价)	工业总产值(当年价)	工业增加值
全国机械工业合计	123 813	11 481.661	12 096.217	3 034.586
金属制品业	30 728	1 532.151	1 650.716	383.937
普通机械制造业	29 631	2 178.934	2 365.688	669.774
专用设备制造业	18 701	1 617.037	1 756.543	449.387
交通运输设备制造业	19 445	3 043.061	3 303.279	805.117
电气机械及器材制造业	19 671	2 662.114	2 594.296	603.821
仪器仪表及文化、办公用机械制造业	5 637	448.363	425.696	122.551
北京机械工业合计	3 440	318.068	353.240	98.720
金属制品业	833	28.836	31.949	8.949
普通机械制造业	606	47.305	53.713	16.719
专用设备制造业	499	36.563	39.235	11.723
交通运输设备制造业	665	150.257	168.765	43.114
电气机械及器材制造业	537	34.388	35.937	9.465
仪器仪表及文化、办公用机械制造业	300	20.720	23.641	8.750
天津机械工业合计	4203	348.124	353.656	94.277
金属制品业	970	48.070	56.166	12.230
普通机械制造业	846	61.362	59.800	20.912
专用设备制造业	522	28.348	30.544	8.536
交通运输设备制造业	870	145.640	142.979	35.977
电气机械及器材制造业	710	51.359	51.239	12.090
仪器仪表及文化、办公用机械制造业	285	13.346	12.930	4.533
河北机械工业合计	6 012	362.837	393.124	108.326
金属制品业	1 664	69.458	75.099	20.324
普通机械制造业	1 542	73.005	76.164	23.095
专用设备制造业	941	74.233	83.353	21.420
交通运输设备制造业	891	65.967	76.286	20.664
电气机械及器材制造业	821	72.022	74.828	20.744
仪器仪表及文化、办公用机械制造业	153	8.152	7.395	2.078
山西机械工业合计	2 342	113.498	125.461	35.049
金属制品业	620	24.021	25.615	5.872
普通机械制造业	763	24.151	25.614	8.306
专用设备制造业	385	28.701	31.391	9.255
交通运输设备制造业	291	18.419	23.764	7.355
电气机械及器材制造业	231	16.628	17.410	3.803
仪器仪表及文化、办公用机械制造业	52	1.578	1.666	0.457
内蒙古机械工业合计	1 781	37.918	44.524	11.472
金属制品业	651	9.003	11.350	2.847
普通机械制造业	474	11.573	13.484	3.689
专用设备制造业	239	5.108	5.741	1.224
交通运输设备制造业	221	5.928	7.337	2.432
电气机械及器材制造业	178	6.109	6.415	1.260
仪器仪表及文化、办公用机械制造业	18	0.198	0.198	0.020
辽宁机械工业合计	11 063	623.189	690.792	184.719
金属制品业	2 405	86.050	95.349	21.841
普通机械制造业	3 604	165.983	187.744	56.239
专用设备制造业	1 452	101.156	108.320	30.639
交通运输设备制造业	1 399	126.827	150.694	33.662
电气机械及器材制造业	1 699	125.680	131.668	36.882
仪器仪表及文化、办公用机械制造业	504	17.493	17.016	5.455

1995年各地区机械工业统计资料见下表。此表由国家统计局工业交通司提供。数据的范围为全部乡及乡以上独立核算工业企业，口径包括金属制品业、普通机械工业、专用设备制造业、交通运输设备制造业、电气机械及器材制造业和仪器仪表及文化、办公用机械制造业。

（单位：亿元）

产品销售收入	当年应交增值税	利润总额	利税总额	固定资产净值年平均余额	流动资产合　计	流动资产年平均余额	资金利税率（%）
11 442.241	450.466	287.815	846.459	4 089.071	9 477.355	8 910.436	6.51
1 515.620	51.189	26.183	90.693	537.971	1 114.986	1 033.722	5.77
2 202.103	103.632	66.653	186.569	916.198	2 071.958	1 946.409	6.52
1 643.342	63.645	26.875	101.577	640.549	1 450.533	1 374.488	5.04
3 185.489	126.628	86.917	265.149	1 053.255	2 502.826	2 395.918	7.69
2 479.019	88.508	74.280	176.292	760.705	1 922.159	1 774.552	6.95
416.669	16.863	6.907	26.180	180.393	414.893	385.347	4.63
361.585	13.193	9.699	28.289	132.105	351.907	329.499	6.13
29.200	1.044	0.053	1.300	14.092	32.720	29.450	2.99
54.432	2.479	1.326	4.136	29.559	69.162	69.273	4.18
39.100	1.716	3.028	5.006	17.454	51.569	44.374	8.10
172.423	5.453	4.290	14.023	46.228	112.002	108.037	9.09
41.376	1.581	-0.234	1.593	16.165	57.016	50.766	2.38
25.053	0.920	1.236	2.232	8.607	29.438	27.600	6.16
351.723	15.221	17.422	36.216	119.415	302.426	272.324	9.24
55.924	1.753	0.521	2.512	24.060	56.544	52.729	3.27
62.911	4.136	7.145	11.578	23.451	53.444	46.439	16.57
30.644	1.278	-0.201	1.201	14.323	34.785	32.462	2.57
139.602	5.714	8.980	17.378	29.089	91.083	81.732	15.68
49.432	1.785	0.676	2.642	22.532	50.241	44.275	3.95
13.209	0.553	0.302	0.907	5.961	16.329	14.687	4.39
360.508	14.094	9.526	26.800	155.673	299.254	287.613	6.05
66.982	2.078	1.909	4.680	26.463	46.863	45.074	6.54
68.888	3.303	1.746	5.738	32.265	66.013	63.516	5.99
77.121	2.863	0.826	4.239	32.864	67.519	65.039	4.33
71.650	2.948	1.119	4.806	38.034	60.114	58.939	4.96
69.418	2.605	3.893	6.958	21.805	50.467	46.882	10.13
6.449	0.297	0.033	0.379	4.242	8.278	8.163	3.05
116.303	5.594	0.348	7.300	66.424	124.204	119.531	3.93
21.679	0.895	-0.295	1.227	8.236	18.175	17.705	4.73
22.753	1.295	0.043	1.578	17.885	29.515	28.053	3.44
31.319	1.747	0.853	2.838	16.133	36.185	35.221	5.53
22.508	0.818	0.133	1.100	14.395	22.224	20.353	3.17
16.767	0.785	-0.325	0.554	8.331	15.952	16.241	2.26
1.276	0.056	-0.063	0.002	1.443	2.153	1.958	0.07
40.614	1.809	-0.863	1.330	23.668	47.560	45.010	1.94
10.232	0.369	-0.102	0.371	4.251	8.866	8.859	2.83
12.070	0.552	-0.283	0.379	6.509	15.125	14.081	1.84
5.276	0.183	-0.435	-0.187	4.869	6.871	6.297	-1.67
6.480	0.438	0.162	0.670	3.557	7.662	7.177	6.24
6.331	0.253	-0.202	0.084	4.270	8.434	8.102	0.68
0.225	0.014	-0.003	0.012	0.212	0.602	0.494	1.75
673.927	31.635	-0.140	36.205	334.682	756.541	730.989	3.40
87.955	3.417	0.938	5.031	32.929	78.575	74.607	4.68
182.224	9.427	4.643	15.373	94.265	214.850	204.225	5.15
106.112	5.231	-2.323	3.568	61.949	136.397	132.218	1.84
151.832	7.712	-4.763	4.294	72.040	170.468	167.773	1.79
128.581	4.904	1.562	7.085	63.453	133.734	130.969	3.64
17.223	0.945	-0.197	0.854	10.046	22.518	21.197	2.73

地区及行业	企业数（个）	工业总产值（1990年不变价）	工业总产值（当年价）	工 业增加值
吉林机械工业合计	3 339	269.901	317.144	91.722
金属制品业	835	12.072	13.894	3.218
普通机械制造业	750	18.055	20.479	5.278
专用设备制造业	502	18.268	21.599	4.048
交通运输设备制造业	710	203.127	242.579	75.501
电气机械及器材制造业	434	15.206	15.664	3.117
仪器仪表及文化、办公用机械制造业	108	3.174	2.929	0.561
黑龙江机械工业合计	4 689	203.690	234.376	58.273
金属制品业	1 235	27.579	31.451	8.163
普通机械制造业	1 106	44.985	51.005	14.311
专用设备制造业	818	34.834	39.763	8.809
交通运输设备制造业	632	60.563	74.373	18.080
电气机械及器材制造业	746	30.415	32.321	7.427
仪器仪表及文化、办公用机械制造业	152	5.315	5.464	1.483
上海机械工业合计	6 494	1 219.433	1 268.859	342.554
金属制品业	1 481	141.597	146.445	37.208
普通机械制造业	1 324	201.271	223.795	70.628
专用设备制造业	830	117.114	130.381	38.803
交通运输设备制造业	850	422.118	441.517	119.780
电气机械及器材制造业	1 434	272.504	262.465	56.855
仪器仪表及文化、办公用机械制造业	575	64.830	64.256	19.281
江苏机械工业合计	13 245	1 925.832	1 933.925	456.323
金属制品业	2 912	262.663	277.998	60.513
普通机械制造业	3 436	452.275	477.586	123.465
专用设备制造业	2 076	286.082	300.384	72.270
交通运输设备制造业	1 546	371.137	367.683	80.114
电气机械及器材制造业	2 655	493.195	453.684	103.616
仪器仪表及文化、办公用机械制造业	620	60.478	56.589	16.345
浙江机械工业合计	10 666	861.535	857.415	205.036
金属制品业	2 170	119.582	121.247	25.302
普通机械制造业	2 792	197.830	203.332	54.766
专用设备制造业	1 447	106.503	107.707	28.435
交通运输设备制造业	1 447	137.240	140.110	32.745
电气机械及器材制造业	2 122	255.107	244.332	52.866
仪器仪表及文化、办公用机械制造业	688	45.273	40.687	10.922
安徽机械工业合计	4 365	325.406	336.127	76.015
金属制品业	1 076	35.297	39.344	9.038
普通机械制造业	1 099	78.531	82.832	22.587
专用设备制造业	704	54.606	57.117	11.955
交通运输设备制造业	637	55.398	60.532	12.330
电气机械及器材制造业	681	92.250	87.942	17.893
仪器仪表及文化、办公用机械制造业	168	9.323	8.360	2.211
福建机械工业合计	2 990	189.254	211.155	50.863
金属制品业	737	34.041	38.945	10.280
普通机械制造业	678	29.433	32.604	9.091
专用设备制造业	419	28.914	35.057	7.886
交通运输设备制造业	466	31.017	33.421	6.813
电气机械及器材制造业	480	49.677	56.992	13.211
仪器仪表及文化、办公用机械制造业	210	16.173	14.136	3.582
江西机械工业合计	3 196	148.417	162.959	41.177
金属制品业	807	12.919	14.183	3.216
普通机械制造业	659	25.576	27.981	7.786
专用设备制造业	535	22.055	23.321	6.031
交通运输设备制造业	700	55.937	66.029	15.705
电气机械及器材制造业	390	25.777	25.837	6.527
仪器仪表及文化、办公用机械制造业	105	6.152	5.608	1.912

（续）

产品销售收入	当年应交增值税	利润总额	利税总额	固定资产净值年平均余额	流动资产合计	流动资产年平均余额	资金利税率（%）
311.760	14.748	2.337	23.682	114.601	279.298	279.848	6.00
12.586	0.626	-0.915	-0.150	6.898	17.637	17.537	-0.61
19.797	1.177	-1.413	0.004	13.481	31.042	29.781	0.01
21.144	0.753	-1.341	-0.461	12.152	26.830	25.694	-1.22
240.209	11.279	7.254	24.458	66.867	175.189	179.391	9.93
14.918	0.758	-0.889	0.009	11.279	22.117	21.213	0.03
3.107	0.155	-0.359	-0.179	3.923	6.484	6.233	-1.76
228.839	12.059	-2.890	11.537	107.940	273.854	265.708	3.09
29.213	1.429	0.017	1.936	11.098	31.268	29.045	4.82
53.772	3.468	-0.896	3.042	24.764	83.495	84.380	2.79
36.463	1.666	-0.994	0.985	22.286	53.166	52.572	1.32
73.952	3.619	0.285	4.733	30.783	55.843	51.397	5.76
30.484	1.666	-1.262	0.627	15.816	43.669	41.609	1.09
4.955	0.211	-0.040	0.216	3.193	6.414	6.705	2.18
1 288.751	58.287	77.862	147.829	346.160	1 000.053	936.852	11.52
143.890	4.933	5.787	12.373	42.080	105.718	94.089	9.09
228.521	11.701	15.880	29.380	68.597	219.889	202.752	10.83
138.927	6.171	2.822	10.269	55.279	148.216	143.214	5.17
442.634	22.536	40.521	67.749	93.285	259.173	246.392	19.95
265.673	9.419	10.408	21.488	69.152	202.140	189.619	8.30
69.105	3.527	2.444	6.570	17.767	64.916	60.786	8.36
1 754.441	60.754	58.363	134.876	477.722	1 084.456	998.832	9.13
245.485	7.657	6.297	15.518	68.892	138.980	127.069	7.92
439.009	17.247	16.235	36.218	120.821	297.683	270.296	9.26
271.485	9.485	6.603	17.596	79.262	168.848	157.865	7.42
340.326	10.304	9.915	27.748	99.466	192.223	181.493	9.88
409.465	14.011	18.624	34.816	90.735	245.428	224.125	11.06
48.672	2.049	0.689	2.982	18.546	41.294	37.983	5.28
794.277	31.323	30.824	68.821	224.781	547.052	505.732	9.42
113.031	3.653	1.996	6.578	31.644	68.864	65.207	6.79
188.419	8.793	8.194	18.416	62.250	143.709	130.740	9.54
98.939	4.267	4.466	9.416	31.885	75.133	69.975	9.24
132.299	5.225	5.163	12.379	36.811	85.174	80.737	10.53
223.473	7.870	8.947	18.223	51.588	143.237	131.502	9.95
38.116	1.516	2.058	3.809	10.603	30.935	27.573	9.98
306.737	10.304	7.115	19.253	93.295	196.090	181.916	7.00
35.956	0.982	0.978	2.235	10.796	16.595	15.793	8.41
72.277	2.637	1.866	4.887	26.650	50.887	46.662	6.67
51.073	1.475	1.336	3.066	13.848	29.628	27.759	7.37
57.466	1.993	0.443	2.793	17.510	39.845	38.105	5.02
82.346	2.769	2.516	5.802	21.203	51.649	46.700	8.54
7.619	0.449	-0.024	0.471	3.288	7.486	6.896	4.62
196.379	5.909	6.376	14.001	69.810	162.733	150.575	6.35
36.105	0.665	1.826	2.734	17.102	25.664	23.379	6.76
29.817	1.271	0.792	2.422	12.431	23.726	22.945	6.85
33.046	1.196	1.224	2.717	8.675	25.937	24.931	8.08
29.915	1.001	0.130	1.594	12.172	33.628	29.721	3.81
53.534	1.566	2.312	4.151	14.994	44.976	41.170	7.39
13.962	0.211	0.093	0.383	4.437	8.802	8.430	2.98
150.831	6.586	1.090	9.158	63.587	150.832	142.251	4.45
12.404	0.441	-0.002	0.590	7.657	10.264	9.508	3.43
25.085	1.305	0.115	1.591	13.059	28.557	26.895	3.98
22.101	0.923	0.485	1.576	8.541	18.157	17.271	6.11
64.475	2.833	0.210	3.897	18.694	67.496	64.164	4.70
21.649	0.877	0.344	1.331	12.602	20.491	18.923	4.22
5.118	0.208	-0.062	0.173	3.033	5.867	5.490	2.03

地区及行业	企业数（个）	工业总产值（1990年不变价）	工业总产值（当年价）	工业增加值
山东机械工业合计	6 549	946.588	989.753	240.583
金属制品业	1 600	125.209	133.537	32.099
普通机械制造业	1 609	203.243	213.290	55.737
专用设备制造业	1 171	220.714	239.778	53.933
交通运输设备制造业	1 062	182.517	185.430	44.528
电气机械及器材制造业	875	193.338	196.547	48.601
仪器仪表及文化、办公用机械制造业	232	21.566	21.171	5.685
河南机械工业合计	5 184	397.221	450.642	117.264
金属制品业	1 140	36.117	41.296	9.783
普通机械制造业	1 202	79.464	90.134	25.355
专用设备制造业	1 292	123.650	145.648	37.396
交通运输设备制造业	621	71.999	84.584	22.184
电气机械及器材制造业	772	79.015	81.991	20.532
仪器仪表及文化、办公用机械制造业	157	6.976	6.990	2.015
湖北机械工业合计	4 416	512.696	533.994	132.930
金属制品业	1 189	64.769	67.410	16.183
普通机械制造业	987	74.181	86.086	28.409
专用设备制造业	655	57.966	58.761	16.553
交通运输设备制造业	971	251.055	259.566	55.443
电气机械及器材制造业	494	54.314	51.796	12.628
仪器仪表及文化、办公用机械制造业	120	10.412	10.376	3.713
湖南机械工业合计	4 759	238.961	269.122	70.226
金属制品业	1 100	23.145	25.169	5.686
普通机械制造业	1 219	49.218	55.712	15.739
专用设备制造业	699	36.789	42.123	12.029
交通运输设备制造业	902	75.208	85.357	21.367
电气机械及器材制造业	716	50.185	56.347	14.472
仪器仪表及文化、办公用机械制造业	123	4.415	4.414	0.934
广东机械工业合计	7 054	1 305.002	1 316.220	286.363
金属制品业	2 159	255.093	271.429	55.050
普通机械制造业	924	109.833	115.787	24.624
专用设备制造业	812	73.962	75.522	20.632
交通运输设备制造业	1 027	230.321	262.993	53.323
电气机械及器材制造业	1 606	547.585	510.544	111.855
仪器仪表及文化、办公用机械制造业	526	88.208	79.944	20.880
广西机械工业合计	2 166	170.392	195.538	56.836
金属制品业	678	18.654	20.574	6.176
普通机械制造业	433	41.875	54.335	19.202
专用设备制造业	363	23.462	25.726	7.320
交通运输设备制造业	386	57.661	65.508	16.285
电气机械及器材制造业	261	24.497	25.611	6.783
仪器仪表及文化、办公用机械制造业	45	4.243	3.785	1.070
海南机械工业合计	236	23.624	27.286	5.624
金属制品业	66	1.861	2.227	0.631
普通机械制造业	21	0.471	0.636	0.161
专用设备制造业	30	0.624	0.741	0.187
交通运输设备制造业	78	18.621	21.235	3.957
电气机械及器材制造业	36	2.025	2.421	0.681
仪器仪表及文化、办公用机械制造业	5	0.021	0.025	0.007
四川机械工业合计	7 784	485.627	534.893	136.723
金属制品业	1 923	51.260	57.610	14.492
普通机械制造业	1 905	111.569	126.682	37.455
专用设备制造业	1 039	54.834	62.154	15.442
交通运输设备制造业	1 802	176.408	198.662	46.544
电气机械及器材制造业	858	73.717	72.775	17.964
仪器仪表及文化、办公用机械制造业	257	17.839	17.009	4.826

（续）

产品销售收入	当年应交增值税	利润总额	利税总额	固定资产净值年平均余额	流动资产合计	流动资产年平均余额	资金利税率（%）
855.869	29.406	33.476	71.215	283.936	594.922	550.770	8.53
111.539	3.725	3.133	7.973	42.533	82.893	76.835	6.68
176.436	7.796	6.382	15.408	77.200	138.852	129.196	7.47
204.148	5.334	9.814	16.018	55.211	121.109	111.271	9.62
167.325	5.663	3.460	13.119	54.156	120.710	115.044	7.75
174.578	5.994	10.734	17.759	43.878	110.767	99.095	12.42
21.843	0.894	-0.046	0.940	10.957	20.590	19.329	3.10
420.770	14.609	15.978	35.134	150.561	318.243	295.347	7.88
36.977	1.180	0.921	2.446	14.181	23.385	22.233	6.72
82.668	3.056	2.583	6.244	33.462	71.540	66.609	6.24
140.185	4.224	3.832	9.098	42.776	93.062	86.879	7.02
77.813	2.854	4.859	9.824	29.773	59.495	53.621	11.78
76.662	2.909	4.033	7.338	25.935	63.103	58.406	8.70
6.465	0.386	-0.249	0.184	4.435	7.658	7.598	1.53
499.253	15.823	8.193	27.596	195.778	431.305	426.649	4.43
71.676	2.052	1.400	4.197	19.668	40.031	40.509	6.97
71.125	2.897	0.199	3.885	30.036	71.004	69.026	3.92
53.162	2.236	1.563	4.261	21.459	40.613	39.118	7.03
245.095	6.208	3.504	10.804	96.900	219.807	220.406	3.40
47.646	1.997	1.420	3.813	21.687	46.561	45.205	5.70
10.549	0.433	0.107	0.636	6.028	13.288	12.386	3.46
254.343	12.059	-1.694	13.827	117.997	232.793	220.622	4.08
22.766	0.925	-0.413	0.860	7.968	15.846	15.690	3.63
53.171	2.841	-0.745	2.734	27.809	53.876	51.915	3.43
39.582	2.149	-0.667	1.796	21.992	41.496	39.805	2.91
84.514	3.668	0.281	5.684	32.666	65.092	62.161	5.99
50.720	2.291	0.384	3.077	24.618	50.402	45.668	4.38
3.589	0.186	-0.535	-0.323	2.945	6.081	5.383	-3.88
1 293.438	44.174	17.923	74.679	437.699	1 046.170	948.987	5.39
252.173	8.024	3.298	12.763	99.017	192.363	167.484	4.79
105.741	4.591	-0.050	5.240	53.101	107.710	103.493	3.35
74.406	3.181	0.887	4.843	30.504	75.300	70.542	4.79
254.626	11.116	1.204	19.873	81.676	253.066	228.276	6.41
526.805	15.793	9.541	27.199	142.575	361.913	329.236	5.76
79.689	1.469	3.043	4.760	30.825	55.819	49.955	5.89
181.466	8.414	5.028	14.612	65.342	150.199	139.803	7.12
18.649	1.294	-0.162	1.349	5.586	12.823	12.001	7.67
49.641	2.986	3.835	7.038	22.190	49.152	45.597	10.38
23.335	0.894	0.377	1.388	8.253	20.965	20.451	4.83
63.097	2.086	1.576	4.132	18.323	40.509	37.284	7.43
23.187	0.980	-0.407	0.704	9.488	21.985	20.341	2.36
3.557	0.174	-0.191	0.001	1.502	4.765	4.130	0.02
23.443	0.357	0.490	1.617	10.743	17.583	16.614	5.91
1.730	0.039	-0.179	-0.113	1.329	1.478	1.432	-4.10
0.511	0.030	-0.037	-0.001	3.226	0.709	0.659	-0.04
0.636	0.020	-0.086	-0.058	0.502	0.875	0.931	-4.06
18.478	0.201	1.075	1.996	3.861	11.637	10.665	13.74
2.077	0.066	-0.279	-0.202	1.821	2.861	2.906	-4.28
0.012	0.000	-0.005	-0.004	0.005	0.024	0.022	-13.83
503.826	22.670	1.043	27.490	237.263	512.777	498.718	3.74
51.028	1.909	-0.700	1.713	18.077	40.380	41.867	2.86
119.182	5.989	0.443	7.286	74.451	133.187	126.115	3.63
57.424	2.627	-1.443	1.612	29.440	62.541	58.424	1.83
190.281	7.790	2.255	11.284	75.889	174.893	177.254	4.46
69.224	3.388	0.858	4.838	28.876	78.835	72.620	4.77
16.687	0.965	-0.371	0.758	10.530	22.941	22.438	2.30

地区及行业	企业数（个）	工业总产值（1990年不变价）	工业总产值（当年价）	工 业增加值
贵州机械工业合计	1 040	65.849	74.046	21.792
金属制品业	301	6.004	9.043	2.870
普通机械制造业	237	9.179	10.022	3.581
专用设备制造业	128	6.578	7.024	2.499
交通运输设备制造业	261	35.552	38.850	10.244
电气机械及器材制造业	93	7.541	8.154	2.380
仪器仪表及文化、办公用机械制造业	20	0.994	0.953	0.218
云南机械工业合计	985	74.032	82.473	21.997
金属制品业	313	6.997	8.073	2.162
普通机械制造业	147	12.665	13.792	5.106
专用设备制造业	190	17.487	19.021	6.359
交通运输设备制造业	199	17.371	21.166	3.655
电气机械及器材制造业	103	13.188	14.618	3.177
仪器仪表及文化、办公用机械制造业	33	6.323	5.804	1.536
西藏机械工业合计	29	0.583	0.642	0.379
金属制品业	8	0.043	0.053	0.021
专用设备制造业	5	0.006	0.007	-0.002
交通运输设备制造业	15	0.520	0.569	0.353
电气机械及器材制造业	1	0.015	0.015	0.007
陕西机械工业合计	3 018	206.837	213.712	57.428
金属制品业	748	14.899	16.408	4.672
普通机械制造业	793	29.038	29.502	7.449
专用设备制造业	528	30.982	33.581	9.597
交通运输设备制造业	370	64.747	69.255	19.777
电气机械及器材制造业	447	55.079	53.749	12.951
仪器仪表及文化、办公用机械制造业	132	12.091	11.216	2.982
甘肃机械工业合计	1 316	53.800	60.815	16.363
金属制品业	567	8.638	9.621	2.872
普通机械制造业	208	9.551	10.883	3.243
专用设备制造业	210	14.762	16.742	3.503
交通运输设备制造业	163	5.501	6.837	1.944
电气机械及器材制造业	146	13.787	15.298	4.417
仪器仪表及文化、办公用机械制造业	22	1.561	1.434	0.383
青海机械工业合计	290	10.862	12.381	3.401
金属制品业	95	2.554	2.689	0.789
普通机械制造业	55	4.352	5.012	1.552
专用设备制造业	49	1.565	1.890	0.256
交通运输设备制造业	59	1.179	1.417	0.313
电气机械及器材制造业	27	0.751	0.914	0.258
仪器仪表及文化、办公用机械制造业	5	0.462	0.459	0.232
宁夏机械工业合计	336	18.824	23.005	6.085
金属制品业	113	1.772	1.797	0.427
普通机械制造业	76	8.658	12.442	3.826
专用设备制造业	57	4.700	5.404	0.862
交通运输设备制造业	45	0.510	0.566	0.156
电气机械及器材制造业	33	2.267	1.704	0.378
仪器仪表及文化、办公用机械制造业	12	0.917	1.093	0.435
新疆机械工业合计	826	23.662	28.939	6.067
金属制品业	332	3.951	4.742	1.026
普通机械制造业	136	4.301	5.243	1.462
专用设备制造业	104	6.471	8.508	1.786
交通运输设备制造业	159	4.315	5.215	0.769
电气机械及器材制造业	85	4.495	5.081	0.981
仪器仪表及文化、办公用机械制造业	10	0.129	0.150	0.044

(续)

产品销售收入	当年应交增值税	利润总额	利税总额	固定资产净值年平均余额	流动资产合计	流动资产年平均余额	资金利税率（%）
70.394	3.115	-1.021	2.534	38.684	97.252	94.754	1.90
8.292	0.369	0.024	0.450	3.921	6.801	7.015	4.12
9.155	0.611	-0.313	0.416	5.542	16.232	16.039	1.93
6.629	0.316	-0.052	0.313	3.574	10.082	10.050	2.30
37.855	1.436	-0.513	1.090	21.959	54.183	51.652	1.48
7.438	0.340	0.003	0.384	3.024	8.060	8.165	3.43
1.026	0.043	-0.170	-0.120	0.665	1.894	1.833	-4.79
81.537	3.725	1.362	5.550	33.729	80.338	76.802	5.02
7.836	0.274	0.070	0.412	3.234	6.593	6.097	4.41
13.461	0.693	0.768	1.536	7.380	16.560	15.631	6.67
18.718	0.949	0.419	1.470	9.036	20.581	19.639	5.13
20.998	1.073	-0.603	0.628	7.113	20.727	20.870	2.25
14.840	0.560	0.413	1.020	4.969	11.131	10.335	6.66
5.685	0.176	0.296	0.485	1.998	4.747	4.230	7.80
0.621	0.045	0.006	0.068	0.698	0.863	0.762	4.67
0.052	0.000	0.010	0.010	0.022	0.039	0.021	22.15
0.006	0.000	-0.003	-0.002	0.044	0.037	0.031	-3.11
0.550	0.044	0.006	0.066	0.570	0.769	0.689	5.21
0.013	0.002	-0.006	-0.005	0.062	0.018	0.020	-5.67
200.436	9.030	-3.323	7.012	112.412	258.215	240.900	1.98
14.367	0.708	0.231	1.057	7.402	15.921	14.617	4.80
28.458	1.528	-0.783	1.036	15.629	38.501	36.516	1.99
31.734	1.752	-2.306	-0.331	20.560	45.015	44.777	-0.51
64.735	2.028	-1.633	0.704	39.111	88.210	81.201	0.58
50.519	2.227	1.564	4.074	18.052	51.273	46.183	6.34
10.624	0.787	-0.396	0.472	11.657	19.294	17.605	1.61
57.367	2.909	-3.163	0.257	35.784	77.494	74.064	0.23
8.711	0.348	-0.027	0.449	3.833	8.927	8.082	3.76
10.387	0.709	-0.552	0.258	6.792	15.919	15.094	1.18
15.195	0.624	-1.161	-0.445	9.803	22.184	21.153	-1.44
6.780	0.276	-0.829	-0.498	6.439	9.361	9.183	-3.19
14.854	0.825	-0.019	0.929	6.696	17.299	16.709	3.97
1.440	0.127	-0.576	-0.435	2.221	3.803	3.845	-7.17
12.902	0.617	-1.342	-0.613	8.749	20.697	20.597	-2.09
2.515	0.141	-0.157	0.030	1.230	2.960	2.698	0.76
5.844	0.294	-0.443	-0.120	4.188	9.554	9.829	-0.86
1.804	0.054	-0.218	-0.156	0.958	3.191	3.108	-3.84
1.516	0.065	-0.482	-0.399	1.530	3.226	3.269	-8.31
0.897	0.045	-0.049	0.005	0.629	1.264	1.197	0.29
0.326	0.018	0.007	0.028	0.216	0.503	0.496	3.88
21.570	0.938	-0.423	0.601	13.229	28.728	26.686	1.51
1.798	0.077	-0.018	0.070	1.157	1.930	1.752	2.40
11.452	0.521	0.175	0.741	5.630	15.845	14.340	3.71
5.161	0.142	-0.371	-0.219	3.399	6.056	6.108	-2.30
0.540	0.026	-0.004	0.026	0.299	0.808	0.737	2.53
1.668	0.086	-0.087	0.010	1.727	2.260	1.964	0.26
0.952	0.085	-0.120	-0.027	1.017	1.828	1.785	-0.96
28.331	1.059	-1.787	-0.418	16.604	33.516	31.682	-0.87
4.871	0.183	-0.254	0.096	2.615	5.882	5.341	1.20
4.897	0.299	-0.201	0.130	3.575	6.221	6.313	1.31
8.466	0.188	-0.059	0.161	3.515	8.186	7.310	1.49
5.518	0.223	-1.083	-0.805	4.060	8.208	8.195	-6.57
4.445	0.158	-0.195	-0.014	2.746	4.877	4.407	-0.19
0.134	0.009	0.005	0.014	0.093	0.142	0.117	6.73

〔第Ⅶ部分责任编辑：申建丽〕

工业经济效益综合指数计算方法

工业经济效益综合指数是综合衡量工业经济效益各方面在数量上总体水平的一种特殊相对数，是反映工业经济运行质量的指标。工业经济效益综合指数根据反映经济效益各个侧面的若干单项指标经过综合计算得到。

工业经济效益综合指数计算公式：

工业经济效益综合指数＝

$$\sum\left(\frac{\text{某项经济效益指标报告期数值}}{\text{该项指标全国标准值}}\times\text{权数}\right)\div\text{总权数}$$

权数是反映各项工业经济效益指标在综合经济效益中的重要程度。根据我国近期工业经济运行中的问题及特点，结合各方意见，由专家调查法确定。

标准值是作为衡量经济效益水平及变动的尺度。其确定可选择经济发展比较正常，与现实水平比较接近的年度实际数值，最好是几年数据的平均值，这样可以消除偶然因素影响。如1992年建立的工业经济效益评价指标体系中，标准值是根据所选定的六项经济效益指标在全国“七五”时期各年度数据加权平均计算确定的。

全国工业、机械工业（包括分行业）经济效益评价考核指标、对比标准值和各项指标权数，详见下表。

全国及机械工业经济效益指标的标准值及权数

项目 \ 指标	工业产品销售率（%）	工业资金利税率（%）	工业增加值率（%）	工业成本费用利润率（%）	工业全员劳动生产率(元/人)	流动资产周转率（次）
权数	15	30	10	15	10	20
全国标准值	97.48	13.55	29.00	8.41	6 205	1.83
机械工业标准值	98.23	12.30	29.76	8.41	6 600	1.28
其中：农业机械行业	99	9.15	24.87	4.83	4 954	1.57
工程机械行业	97.5	9.78	28.52	7.42	6 273	1.26
仪器仪表行业	99	13.26	39.48	10.99	6 336	1.05
石化通用行业	98.5	13.49	35.13	10.15	6 450	1.15
重型矿山行业	98.28	7.71	29.84	6.51	5 469	0.92
机床工具行业	96.37	11.69	38.65	9.50	5 623	1.06
电工电器行业	97.14	13.66	29.1	7.91	8 393	1.17
机械基础件行业	96.27	13.44	36.9	9.45	5 789	1.34
汽车行业	99.50	15.05	26.1	8 12	8 696	1.61

各单位在使用标准值进行考核时，应注意，在评价和比较各地区机械工业经济效益时，采用机械工业的标准值；在比较机械工业与全国工业或其他行业或企业经济效益时，采用全国标准值；评价考核机械工业各行业及同行业企业经济效益时，采用各行业标准值。

目前选取的六项单项指标为：

1. **工业产品销售率：**是指报告期工业销售产值与同期全部工业总产值之比，是反映工业产品生产已实现销售的程度，分析工业产销衔接情况，研究工业产品满足社会需求程度的重要分析指标。计算公式为：

工业产品销售率（%）＝

$$\frac{\text{报告期现价工业销售产值}}{\text{报告期现价工业总产值}}\times 100\%$$

2. **工业资金利税率：**指报告期已实现的利润、税金总额（产品销售税金、教育费附加、应交增值税、营业税、城建税、资源税）与同期的资产（流动资产和固定资产净值）之比，是反映工业企业资金运用的经济效益，分析资金投入效果的主要分析指标。计算公式为：

工业资金利税率（%）＝

$$\frac{\text{报告期累计实现利税总额}}{\text{报告期流动资产平均余额}+\text{报告期固定资产净值平均余额}}\times 100\%$$

3. **工业增加值率：**指报告期工业增加值占工业总产值的比重，是反映工业生产降低中间消耗的经济效益指标。计算公式为：

工业增加值率（%）＝

$$\frac{\text{报告期工业总产值（现价，新规定）}-\text{工业中间投入价值}+\text{本年应交增值税}}{\text{报告期工业总产值（现价，新规定）}+\text{本年应交销项税额}}\times 100\%$$

4. **工业成本费用利润率：**指报告期实现利润与成本费用之比，是反映工业生产成本及费用投入的经济效益指标，同时也是反映企业降低成本的经济效益的指标。计算公式为：

工业成本费用利润率（%）＝

$$\frac{\text{报告期实现利润总额}}{\text{报告期成本费用总额}}\times 100\%$$

5. **工业全员劳动生产率：**指报告期工业企业平均每个职工创造的工业增加值，是反映工业活劳动投入的经济效益指标。计算公式为：

工业全员劳动生产率（元/人）＝

$$\frac{\text{报告期累计工业增加值}}{\text{报告期全部职工平均人数}}$$

6. **流动资产周转率：**指一定时期内流动资产完成的周转次数，是反映工业企业投入流动资产的周转速度的指标。计算公式为：

流动资产周转率（次）＝

$$\frac{\text{报告期累计产品销售收入}}{\text{报告期流动资产平均余额}}$$

〔机械工业部经济信息统计中心　于海燕供稿〕

机械工业

1995 年大事记

第Ⅷ部分

机械工业大事记 (1995年)

1月

3日 机械工业部发出《关于加强企业质量工作，开创机械工业质量工作新局面的通知》。

6日 国内第一条220kV超高压交联电缆生产线，在郑州电缆（集团）股份有限公司建成并一次试车成功，标志着我国电力电缆制造技术跨入世界先进行列。

7日～10日 在铁道部召开全路领导干部会议期间，中国铁路机车车辆工业总公司（以下简称中铁车辆公司）在二七车辆厂召开机车车辆工业领导干部会议暨党建工作会议，各厂长、所长、党委书记参加会议。铁道部副部长傅志寰出席会议，并发表重要讲话，中铁车辆公司总经理魏明海、党委书记杜景新分别作工作报告和讲话。

8日～12日 全国引进工作15年成果展览会在北京国际展览中心举行。改革开放15年来，机械工业引进国外先进技术共有2 000多项。机械工业部包叙定副部长出席了开幕式。

9日 国家计委、国防科工委、国家科委、国家经贸委联合发出通知，表彰国防军工协作配套的先进单位和先进工作者。其中机械系统先进单位26个，先进工作者171名。

国务院副总理邹家华在与全路领导干部会议部分代表（中铁车辆公司领导参加）座谈时发表重要讲话。邹副总理十分关心铁路工业工作，对在新形势下机车车辆工业如何搞好改革、发展作了重要指示。

10日 北人印刷机械股份有限公司生产的北人牌单张纸YP/PZ四开系列胶印机等6种产品，获得德国GS认证，标志着国产胶印机在安全技术性能上已达到世界先进水平。

10日～16日 中国航空工业总公司第二次工作会议在南京金城集团召开。这次会议的指导思想是：贯彻中央经济工作会议精神，动员全行业职工进一步解放思想，紧抓机遇，狠抓落实，坚持航空为本，以市场为目标，以提高经济效益为中心，以提高产品竞争力为重点，坚决打好发展、改革、调整、稳定四个方面的攻坚战。

11日～15日 电力工业部电力机械局在厦门召开直属企业生产经营会议，目的是理清思路，深化改革，将企业内部管理搞好。

12日 中国航空工业总公司部署在全行业实施“航空凝聚力工程”。这项工程以人为本，以尊重人、理解人、关心人、教育人、激励人为出发点，包括核心工程、人才工程、形象工程、爱心工程等四个子工程，目的是凝聚和动员全行业职工投身到振兴航空工业的事业中来，促进航空工业“腾飞计划”的实现。

国务院副总理李岚清在中国船舶工业总公司综合技术研究院整理的《中国船东在境外订造船舶情况》上作重要指示。

16日 北京天纬油泵油嘴股份有限公司通过增资扩股，已由中资股份有限公司成为中美合资股份有限公司，其中外方持股57%。

17日 机械工业部向国务院汇报“振兴机械工业思路及‘九五’规划设想”。国务院副总理邹家华、李岚清，中共中央政治局委员、书记处书记吴邦国等领导同志听取汇报。何光远部长，邵奇惠、张德邻、包叙定、孙昌基、吕福源副部长，李守仁总工程师出席汇报会。

中国船舶工业总公司召开第七次工作会议。

18日 我国首台40MN汽车大梁压力机在中国第一重型机械集团公司制造成功。

18日～21日 国家计委、机械工业部在上海联合召开贯彻《汽车工业产业政策》工作会议。国务院副总理李岚清出席了总结大会并作重要讲话。中共中央政治局委员、上海市委书记、市长黄菊到会并讲话，国家计委副主任曾培炎和机械工业部部长何光远分别作了报告，机械工业部副部长吕福源，国务院有关部委，各省、区、市经委、汽车工业管理部门和公安、交通部门的领导同志参加了会议。

19日 机械工业部副部长张德邻到北京机床研究所，向所中层以上干部传达了国务院关于北京机床研究所有关问题的会议纪要和国务院副总理李岚清的指示。同时，传达了部党组关于派调查组帮助北京机床研究所领导班子“主要依靠自身力量，发扬优势，深化改革，走出困境，再创辉煌”的决定。

新华社报道一汽大众汽车有限公司生产的捷达牌轿车，1994年底国产化率已达40.5%。

26日 中国航天工业总公司在西昌卫星发射中心用长征二号E捆绑式运载火箭发射美国休斯公司研制的HS601型亚太二号通信卫星。由于星箭结合处出现故障，发射失利。

29日 国家“八五”重点科技攻关项目之一的五面加工中心，在青海第一机床厂研制成功并通过国家鉴定，填补了我国立卧转换加工中心的空白。

2月

5日 国家经贸委发出通

知，公布东风汽车集团公司技术中心等 20 个企业（集团）技术中心，享受减免用于科研开发的仪器设备进口关税等五项优惠政策。

机械工业部和湖南省政府决定联合共建湖南大学。共建后，湖南大学仍为机械工业部直属高校，实行部省双重领导、以部为主的体制。

6 日　财政部通知将节能改造风机、水泵的折旧年限调整为 3 年～5 年，以支持风机、水泵的节能改造。该通知从 1995 年 1 月 1 日起执行。

8 日　铁道部部长韩杼滨一行到贵阳厂检查工作，听取了工作汇报，察看了部分生产车间和合资企业，对工厂工作作了指示。韩部长高兴地为该厂题词："闯大市场，办大企业。"

10 日　国务院副总理李岚清致信全国机械工业工作会议，对机械、汽车工业的发展提出希望和要求。

11 日　国务院副总理邹家华参观中国机械电脑应用技术开发公司计算机软件成果赴德预展。机械工业部部长何光远、总工程师李守仁陪同参观。

13 日　德国 AEG 通用电气公司代表团与中铁车辆公司代表团在北京会谈。双方就在中国长春合资兴建企业，生产地铁车、轻轨车等问题签署备忘录。德方代表同魏明海（代表中铁车辆公司）、马树坤（代表长春客车厂）在备忘录上签字。

14 日　机械工业部印发工程建设优秀标准设计评选及奖励办法。

14 日～17 日　全国机械工业工作会议在北戴河召开。会上，何光远部长作了题为《认清形势，扎实工作，提高机械工业的整体素质和效益》的报告。邵奇惠副部长作会议总结。会议还表彰了全国机械工业劳动模范和先进工作者。

15 日　国家计委、国防科工委、国家科委、国家经贸委作出表彰国防军工协作配套先进单位和先进工作者的决定。机械工业部系统受表彰的有东风汽车公司、湘潭电机厂、机械科学研究院等 26 个单位及北京吉普汽车有限公司李俊跃等 171 名先进工作者。

机械工业部副部长吕福源会见日本丰田汽车公司社长丰田达郎一行，商谈汽车零部件合作等问题。

国家人事部致函同意机械工业部党组元月 14 日关于授予于永来等 683 人全国机械工业劳动模范、先进工作者荣誉称号，并享受国家规定的省、部级劳动模范和先进工作者待遇的决定。

16 日　电力工业部电力机械局公布 1995 年度电力机械重点推广产品 26 项。

17 日　机械工业部领导与 56 名全国机械工业劳动模范代表在北戴河召开座谈会。座谈会由副部长孙昌基主持，部党组成员邵奇惠、张德邻、包叙定、李守仁、孙祖梅等出席。

机械工业部和劳动部联合颁发《机械工业工人技术等级标准（通用部分）》。

机械工业部副部长吕福源会见台湾庆丰集团及三阳工业股份有限公司董事长贡世惠先生一行，洽谈汽车、摩托车合作及有关问题。

18 日　机械工业部办公厅印发《机械工业政务信息先进评选及表彰办法》。

20 日　国务院副总理李岚清在人民大会堂接见全国机械工业劳动模范和先进工作者代表。机械工业部部长何光远，副部长张德邻、包叙定、孙昌基、吕福源，总工程师李守仁，全国总工会副主席杨兴富，全总机械冶金工会主席高忠谦等陪同接见。

22 日　机械工业部与电力工业部联合颁布《大型电力设备质量监造暂行规定》、《驻大型电力设备制造厂总代表组工作条例》，即日起贯彻执行。

我国第一家轿车车型开发中心在吉林工业大学宣告成立。机械工业部副部长吕福源到会祝贺。

23 日　沈阳金杯汽车股份有限公司宣布加入中国第一汽车集团，由一汽控股，公司更名为一汽金杯汽车股份有限公司。

26 日～3 月 2 日　中国煤矿工程机械装备集团公司工作会议、全国煤机产品出口工作会议、中国煤炭机械工业协会常务理事扩大会议相继在上海召开。这三个会议得到了煤炭部领导的高度重视，范维唐和张宝明副部长到会作了重要讲话，分析了煤矿实行"三不"政策后出现不拖欠新货款的形势，希望煤机企业尽快把经济效益搞上去，把产品质量抓上去。

28 日　机械工业部副部长孙昌基分别会见了法国阿尔斯通公司新任董事长比热尔先生和美国电讯公司总裁米切尔先生。

3 月

1 日　机械工业部印发《关于数控机床、重要基础件、电力设备工业发展方针要点的通知》。

机械工业部发出《全国机械工业劳动模范及先进工作者享受待遇有关问题的通知》。

2 日　机械工业部部长何光远会见罗马尼亚驻华大使罗明，商谈中罗两国经济合作问题。

6 日　机械工业部副部长张德邻率团赴俄罗斯、乌克兰、捷克、波兰、芬兰等国，考察科研体制变革的情况及其今后的发展趋势。

7 日　机械工业部确定机械工业实施《中国 21 世纪议程》组织机构。

7 日～8 日　中铁车辆公司在唐山召开客车内部装修质量攻关研讨会。长客、唐山、浦镇、四方等工厂的有关负责人参加，就客车门窗、锁、内部装修等质量攻关课题进行了研讨。

8 日　广州文冲船厂 15 万 t 级修船坞竣工投产，这是我国迄今为止最大的干式修船坞。

9 日　机械工业部部长何光远会见美国联信公司总裁拉瑞·波希迪一行。

机械工业部副部长包叙定在重庆出席川仪股份有限公司成立

30周年庆典活动并讲话，希望该公司成为我国实力雄厚的仪器仪表跨国集团。

机械工业规划审议委员会第二次会议在北京召开，机械工业部副部长包叙定发表书面讲话，希望委员们共同为振兴机械工业献计献策。

10日 机械工业部部长何光远会见奥地利伊时公司执行总裁安迪斯波格一行，商谈合作合资事宜。

机械工业部部长何光远会见美国德科电子公司总裁狄肯一行，商谈汽车零部件合作问题。

10日～11日 中国汽车用安全玻璃认证委会员对1993年4月以前已获准认证的37个汽车安全玻璃生产企业，认定了其中29个企业为合格企业，对不合格企业分别发出限期整改的通知。同时又审查批准了9个企业(共226个型号)。这9个企业认证有效期到2000年3月10日为止。在此期间，企业可生产、销售并使用国家安全认证标志。

14日 首届国际核电及原子能和平利用展览会和第二届国际大型水电设备与施工机械展览会开幕。机械工业部部长何光远、副部长孙昌基出席了开幕式。

15日 机械工业部印发《1995年机械工业体制改革工作要点》。

中铁车辆公司向所属各单位印发《中铁车辆公司本部行政机构设置及各部门主要职责》（中铁车辆人字［1995］65号)，明确总公司本部行政机构设置17个部室和1个公司，并确定了各部室的主要职责。

国家正式下达了1995年投产大中型水、火电机组45台、1011万kW。

16日 机械工业部召开部机关全体干部职工、部在京直属单位领导、离退休司局级以上干部、部科技委和部规划审议委在京委员参加的大会，何光远部长传达全国机械工业工作会议精神，部署1995年部机关工作。

17日 机械工业部发出《提高农机产品质量，确保农业生产紧急通知》。

18日 机械工业部成立机械工业国有资产监督管理委员会。何光远任国资监管委员会主任，邵奇惠、张德邻、包叙定、孙昌基、吕福源、李守仁、孙祖梅、沈烈初、陆燕荪任副主任。国资监管委员会下设办公室，主任沈烈初，副主任王希贤、鹿中民、梅振新。

机械工业部成立部国有资产运营机构筹备组，组长张德邻，副组长沈烈初，成员有鹿中民、王希贤、邢玉久、陶立业、张小虞、贾守志。

铁路工业系统唯一的国家职业技能鉴定所在资阳厂正式成立。

20日～26日 机械工业部部长何光远赴广西先后考察了玉柴、柳汽、柳工、柳汽发和柳州力风机械股份有限公司等企业。

21日 机械工业部副部长孙昌基会见巴基斯坦政府生产部部长阿斯哈一行，商谈电站设备、水泥设备出口巴基斯坦事宜。

中铁车辆公司与马来西亚百利胜发展有限公司在北京签订向马来西亚出口内燃机车和车辆合同，其中第一批为大连厂3台1471kW（2000ps）电力传动内燃机车，资阳厂2台735.5kW（1000ps）液力传动内燃机车，二七车辆厂66辆集装箱平车。

24日 机械工业部副部长吕福源会见美国通用汽车公司高级副总裁巴滕伯格一行，双方就汽车零部件合作事宜交换了意见。

机械工业部副部长孙昌基出席了法国通用电气阿尔斯通公司与天津发电设备总厂合资协议签字仪式。

25日 中国航空工业总公司和中国民用航空总局在北京人民大会堂隆重举行联办南京航空航天大学签字仪式。中国航空工业总公司总经理朱育理和中国民用航空总局局长陈光毅在协议上签字。全国人大常委会副委员长李沛瑶、全国政协副主席钱伟长出席了签字仪式并发表讲话。

27日 机械工业部部长何光远会见日本野村集团会长铃木政志先生一行，交谈金融证券问题。

机械工业部副部长邵奇惠会见日本日兴证券社社长高尾吉郎先生，交谈金融证券问题。

28日 中国仪器仪表产品博览会开幕，机滅工业部部长何光远出席了开幕式。

机械工业部在武汉召开安全生产工作会议，孙昌基副部长出席会议并讲话。

机械工业部召开个人购买汽车有关宣传问题座谈会，吕福源副部长出席了座谈会。

中国航空工业总公司有36个项目被列入国家“双加”工程，投资总规模达26.4亿元。其中西安航空发动机公司的剑杆织机和红原锻铸工业公司的汽轮机叶片精锻生产线改造两个项目的资金已经全部到位。

28日～30日 由中国汽车工业协会与台湾工业同业公会共同组织的1995年海峡两岸的汽车零部件工业交流会在珠海市召开，来自海峡两岸汽车、摩托车和零部件企业的代表300人参加了交流会。

29日 美国通用汽车公司与清华大学合作建立的德尔福汽车系列技术研究院成立。

30日 机械工业部副部长吕福源赴德国、美国考察。

31日 机械工业部副部长包叙定会见日本精工株式会社社长荒田俊雄一行，商谈机械加工设备合作问题。

4月

3日 全国人大副委员长李锡铭视察常州托利多电子衡器有限公司，饶有兴致地参观了称重传感器生产现场，并会见了正在中国访问的美国托利多公司总裁一行。

5日 国家教委同意机械工业部所属哈尔滨科技大学、电工学院、工业高等专科学校三校合并组建哈尔滨理工大学。该校实行机械工业部与黑龙江省人民政府双重领导、以机械工业部为主的领导管理体制。

铁道部发出《关于成立长春客车公司筹备组的通知》（铁劳函［1995］169号），决定由长春客车、长春机车两厂组合成立长春客车公司筹备组，由中铁车辆公司领导。要求筹备组按现代企业制度和《公司法》规定提出可行性论证报告。

8日　中奥两国最大的技术合作项目——斯太尔重型汽车建设项目，在中国重型汽车集团公司建成，并通过国家验收。机械工业部部长何光远出席验收大会并发表重要讲话。

11日　我国目前最大的轻型汽车车桥生产线在沈阳七四〇七厂建成并投入生产，成为全国同行业中最大的生产汽车车桥的专业厂家。

12日　机械工业部发出1994年机械产品全国统检结果的通报。

13日　铁道部浦镇厂承担的国家“八五”科技攻关项目研制首辆25B型中长途双层空调硬卧车和25B型双层餐车出厂。

17日　机械工业部部长何光远，副部长邵奇惠、孙昌基、吕福源，总工程师李守仁等领导，会见湖南省委书记王茂林、省长杨正午、副省长周时昌一行，商谈“八五”机械工业发展规划问题。

机械工业部召开政务信息工作会议，总结1994年工作，部署1995年工作，表彰1994年度政务信息工作先进单位和个人。

国家计委发出计科技［1995］407号文件，批复同意铁道部上报的《关于以株洲电力机车研究所为依托单位组建变流技术国家工程研究中心的项目建议书》。

18日　机械工业部发出贯彻全面实行劳动合同制精神的通知。

国务院副总理李岚清视察铁道部贵阳厂。李副总理称赞该厂“走的是一业为主，多种经营之路，是一条搞好国有企业的好路子。”

19日　机械工业部部长何光远、副部长吕福源会见德国大众集团总裁皮埃希博士一行。

20日　举行中德合资上海大众汽车有限公司成立10周年暨上海大众二期工程竣工投产（形成生产20万辆轿车规模）仪式，机械工业部副部长吕福源到会祝贺。

22日　机械工业部与国家技术监督局联合作出加强机械工业企业质量工作的决定，共13条。

23日～5月12日　机械工业部副部长孙昌基出访瑞士、德国、法国，考察发电设备和冶金设备的技术合作问题。

24日　机械工业部部长何光远会见汉生工业集团总裁戴维先生一行，商谈该集团与长江起重机厂合资合作的有关问题。

国家首列铁路B10型单节机械冷藏车在武昌厂研制成功，填补了我国铁路单节制冷冷藏车的空白。

25日～27日　国家科委、国家计委、机械工业部、国家自然科学基金会和中国机械工程学会联合组织先进制造技术发展战略研讨会。中科院、中国工程院和各部委一大批专家，以及若干海内外知名专家就广泛的问题进行了研讨。

国家计委发出计交能［1995］487号文件，批复铁道部上报的《中外合资交流传动电力机车项目建议书》和《项目建议书的补充报告》。

28日～5月14日　机械工业部副部长包叙定率团赴日本、美国，考察机床工业为轿车工业提供工艺装备情况。

30日　机械工业部召开机械行业全国劳动模范、先进工作者座谈会。

5月

2日　机械工业部办公厅印发《机械工业部主要业务工作程序示意图》，明确了部14项主要业务工作的程序。

4日　机械工业部发出关于组织制定《机械工业高技能人才工程方案》的通知，以加强机械工业“能工巧匠”队伍的建设，全面提高职工队伍素质。

海南省南山电厂一期工程竣工。该电厂以中国航空发动机总公司与美国有关公司合作生产的两台FT8轻型燃气轮机为动力，容量为10万kW。该电厂是为保证三亚凤凰国际机场用电及为缓解海南省用电紧张而设计的。

6日　国家重点科技攻关项目DH－101型微量氧分析器在四川仪表九厂通过机械工业部鉴定。该产品主要技术指标达到国际80年代中期水平，在国内同类仪器中处领先地位。

8日　机械工业部部长何光远会见德国ZF公司总裁波莱尔一行，商谈合作发展中国汽车工业问题。

机械工业部成立MPV汽车项目协调小组，负责南方汽车有限公司MPV项目的协调工作，吕福源副部长任组长。

9日　机械工业部部长何光远会见新到任的塞内加尔驻华大使阿玛杜·戴姆先生。

机械工业部副部长吕福源会见德国大众汽车公司亚太有限公司总裁波斯特博士一行，就中国大众合资公司有关问题等交换意见。

机械工业部印发《重型矿山机械现行出厂价格目录》。

10日　机械工业部通报表彰1994年度出口创汇500万美元以上国有大中型机械企业，共104个，其中出口创汇2 000万美元以上的企业11个。

机械行业全国青年岗位训练指导中心成立揭牌仪式在东风汽车公司举行。

11日　机械工业部发出开展科技事业单位档案目标管理考评定级工作的通知。

国家外汇管理局授予中国航空技术总公司海外融资权。该公司1994年名列全国500家最大进出口企业第15位。

12日　机械工业部成立机械工业高技能人才工程与工作指

导小组，负责高技能人才工程方案组织制定的指导和实施工作，张德邻副部长任组长。

一汽集团联合东北地区7个轻型车整车和零部件生产厂，建成我国目前最大的轻型车生产基地，产品共分3大系列50多个品种，年产15万辆。

机械工业部公布1994年部级工程建设优秀质量管理小组名单，共评出第一设计研究院铜陵机车厂工业工程承包QC小组等5个部级工程建设优秀质量管理小组。

12日～20日　机械工业部副部长张德邻率团赴孟加拉国，视察吉大港电站工地现场，协调建设问题。

13日～30日　机械工业部副部长邵奇惠出国考察，与美国卡特彼勒公司、迪尔公司商谈工程机械和农业机械经济技术合作事宜。

15日　机械工业部公布第二批技术进步示范企业名单，其中包括天津电机总厂等38个单位。

国家计委发出《关于机械电子大行业统筹规划工作有关问题的通知》，对原机械电子全行业统筹规划工作的分工进行了调整。原29个分行业的统筹规划工作，有20个由机械大行业统筹规划领导小组负责。

经中央编委办公室批准，机械工业部成立机械工业价格研究中心，负责机械产品价格纠纷的协调，机械行业物价大检查，提出机械工业价格政策、措施和建议等。其业务由机械工业部经济调节与国有资产监督司领导。

16日　机械工业部、经贸部、国家科委和中国工程机械成套公司主办的1995年北京国际工程机械展览及技术交流会暨第五届国际城市建设材料与设备展览会开幕。机械工业部副部长包叙定、总工程师李守仁出席。

16日～17日　机械工业部在上海召开中国汽车工业发展战备研讨会。何光远部长主持会议，吕福源副部长出席。一汽、东风、上汽等重点骨干汽车企业的主要领导与会。

17日　机械工业部发出表彰机械军用标准化工作先进个人的通知，授予标准化研究所谈春堂等26人机械军用标准化工作先进个人荣誉称号。

18日　中共中央总书记、国家主席江泽民视察上海汽车齿轮厂。

北京汽车工业集团和集团总公司成立。国务院副总理李岚清、机械工业部部长何光远分别为集团题词；机械工业部副部长包叙定出席了成立大会。北汽集团共有172个成员单位，其中35个组成集团总公司。

中国航空工业总公司党组扩大会议提出航空工业2000年前经济发展思路：实行“大集团、大产品、大商贸、高科技、高效益”的“三大两高”发展战略。

19日　机械工业部副部长包叙定会见国际展览联盟主席蒙歌玛利一行。

20日　铁道部计划司、车辆局和中铁车辆公司联合组织对济南厂生产铁道车辆资格评审暨C64型敞车生产认证，获顺利通过。

23日　机械工业部副部长吕福源会见美国通用汽车中国公司总裁贝莱思一行，就该公司与北内、金杯和上海项目的合资合作问题交换情况和意见。

24日　上海市宣布成立机电控股（集团）公司。上海机电工业管理局建制撤销，在上海市经委建立机械电子办公室，行使行业管理职能。机械工业部副部长孙昌基出席了上海机电控股（集团）公司的成立大会。

铁道部副部长傅志寰、副总工程师兼科技司司长周翊民、工业总公司党委书记杜景新、总经理魏明海等到武昌厂检查工作时观摩B10单节机械冷藏车。

上海市宣布成立仪电控股（集团）公司，上海仪表电讯工业管理局建制予以撤销。

25日～29日　中国机电一体化技术应用协会与中国电子学会联合举办“1995年国际现代工厂自动化技术与装备展览会。机械工业部总工程师李守仁出席了开幕式。

26日　中共中央政治局候补委员、全国人大副委员长王汉斌视察常州托利多电子衡器有限公司，对该公司的工艺装备和生产管理表示满意。

我国首次整车正面碰撞试验成功。这次试验是由北京吉普汽车有限公司委托清华大学汽车研究所黄世霖教授主持进行的。

30日　为期4天的全国机械工业企业管理工作会议在一汽集团召开。何光远部长在会上作了题为《树立危机意识，强化企业管理，不断提高机械工业的市场竞争能力》的报告。包叙定副部长作会议总结。张德邻副部长、部纪检组组长孙祖梅出席了会议。国务院有关部委、全国各省区市、计划单列市机械、汽车厅局、国家计划单列机械企业集团和部分重点骨干企业的负责人参加了会议。

31日　电力工业部设备选型管理工作会议在京召开。

6月

1日　中国一汽和德国大众公司合资建设的15万辆轿车工程部分厂开始批量生产，第一辆都市高尔夫轿车驶下生产线。机械工业部部长何光远、副部长包叙定前往祝贺。

为强化“以车为主”的民品发展战略，中国兵器工业总公司对兵工系统汽车工业发展统筹规划和协调，在原微型汽车局的基础上成立汽车局。

2日　机械工业部公布第三届优秀工程建设标准设计获奖项目名单。机械工业部设计研究院设计的北京市1994年住宅试用图等7个项目分获一、二、三等奖。

中国航天工业总公司召开党组扩大会议，传达学习全国科技大会精神。王礼恒副总经理就认真贯彻学习全国科技大会精神，做好总公司各方面的工作，发表了重要讲话。

3日　国务院副总理吴邦国

视察渤海造船厂，针对工厂生产线问题作了重要指示。

6日　机械工业部部长何光远会见美国西屋公司董事长乔丹一行，商谈发电设备合资合作问题。

机械工业部公布第三届工程设计计算机优秀软件获奖名单。北京低压电器厂计算机辅助生产管理系统等17个项目分获一、二、三等奖。

7日～21日　受铁道部委派，以四方厂厂长戚文为团长的中方代表团赴德国哈勒市参加中德合作生产高级铁路客车首次联络会议，考察德国有关车辆制造企业。

9日　机械工业部发出1995年第一季度国家监督抽查机械产品质量情况的通报。抽查合格率79.4%，比上年平均抽查合格率提高16.7个百分点。

由哈尔滨飞机制造公司与法国、新加坡联合研制的跨世纪先进直升机EC120在法国马赛首飞成功。哈飞公司承担了这种直升机主体结构部分的研制，将通用除尘系统、操纵系统、燃油系统和滑撬起落架的设计与制造，以及设计使用软件与方法并网同步进行。

12日　国家新闻出版署批准机械工业部机关报《机电日报》从1995年8月1日起更名为《中国机电日报》。

12日～15日　机械工业部主办、内燃机大行业规划办公室及中国内燃机行业协会承办的1995年国际内燃机技术咨询交流会在京举行，邵奇惠副部长出席了开幕式。

13日～15日　机械工业部办公厅在南京召开机械工业档案工作会议，总结1994年工作，交流经验，研究编制《机械工业档案工作“九五”计划纲要》框架。

14日　机械工业部副部长吕福源会见日本三菱汽车公司中村社长一行，商谈汽车发动机合作等问题。

大连船用柴油机厂为大连造船新厂15万t船建造的6S70Mc船用柴油机顺利交工。这台机器是该厂首台MarkV型6S70机，是目前世界上最先进、应用最有前途的机型之一，单机功率达16854kW。

15日　机械工业部副部长吕福源出席中韩产业合作委员会第二次会议。

16日　中国船舶工业总公司武汉重型铸锻厂承担的国家重点技术改造项目——电站、锅炉用厚壁无缝钢管技改工程的核心部分，20MN卧式水压机拔伸技改工程建成，并投入生产。厚壁管项目的建成投产，将改变我国电站、锅炉用厚壁无缝钢管长期依靠进口的局面。

中国航天基金筹备委员会在北京成立。设立中国航天基金，旨在奖励为中国航天事业做出突出贡献的有功人员，培养航天人才，加强国际交流与合作。

18日　中共中央总书记江泽民视察了中国航天工业总公司所属的国营沈阳新光动力机械公司，江总书记在听取了有关方面的汇报后，作了重要指示。

19日　铁道部开始改变计划体制，客车、货车购置实行国内招标投标制。首批招标货车共2 000辆、客车200辆。经过竞争揭标，中铁车辆公司系统货车中标1 800辆，客车全部由四方、长春客车和唐山厂中标。

20日　机械工业部部长何光远、副部长吕福源会见天津市委书记高德占、常务副市长李盛霖一行，商谈天津汽车工业发展问题。

机械工业部部长何光远会见秘鲁当选第一副总统里卡多·马克斯·弗洛雷斯一行。

21日　机械工业部副部长包叙定会见日本横河电机株式会社会长一行。

22日　机械工业部举行新闻发布会，公布1994年度中国机械工业百家最大企业评价结果。上海汽车工业总公司以年创销售收入241亿元名列百家企业之首。何光远部长、包叙定副部长出席了新闻发布会。

22日～25日　机械工业部在南京召开《技术进步示范工程》工作会议。张德邻副部长到会并作重要讲话，李守仁总工程师作会议总结。

22日～25日　机械工业部在天津召开机械工业系统勘察设计院院长工作会议，传达第13次全国勘察设计工作会议精神，研究讨论勘察设计单位改企建制的实施意见。包叙定副部长到会并讲话。

24日　机械工业部副部长张德邻率团赴澳大利亚，参加中澳机电工业联合工作小组第七次会议，并顺访新西兰。

我国目前最大的42t液力传动集装箱叉车在大连叉车厂研制成功，产品达到国际90年代初水平。它标志着我国叉车工业跨入世界叉车工业的先进行列，结束了大吨位叉车长期依赖进口的历史。

24日～26日　煤机系统组合工艺装备技术网工作会议在石家庄召开，会上就组合夹具的推广、使用及国内外发展趋势进行了认真研究和讨论。

25日　由南昌飞机制造公司生产的两架农5飞机在新疆通用航空公司机场做现场促销表演，获得圆满成功，标志着南昌飞机制造公司农5飞机的生产能力和质量均达到要求。

大连造船新厂举行20万t级大坞试水仪式，该船坞正式试水，这是继国家对大坞主体工程验收后，其配套项目全面竣工的重大节点。

26日　江泽民总书记为成都电焊机研究所建所30周年题词：“艰苦创业，发展我国电焊机科技事业”。

美国福特上海研究与发展项目建立暨项目资助仪式在上海举行。根据协议，福特公司将在三年内投资200万元资助5个研究与发展课题。

机械工业部部长何光远会见台湾裕隆汽车集团董事长吴舜文女士一行，商谈两岸汽车零部件合作问题。

27日　机械工业部与海关总署签署“合作打击汽车、照相机、复印机走私违法活动的备忘录”，何光远部长、吕福源副部长出席了签署仪式。

铁道部批复中铁车辆公司关于戚墅堰厂扩大生产280系列内燃机车可行性报告，该厂年造280系列内燃机车由30台扩增为60台，并增加东风4型、280系列内燃机车和16V240型、16V280型柴油机配件生产。

27日～7月2日　1995年国际汽车工业展览会在上海国际展览中心举办。这届展览会共有24个国家及地区的383个汽车工业企业参展，展出面积33万m^2，各种整车130辆。

29日　机械工业部部长何光远（中方主席）在北京出席中罗政府经济贸易合作委员会第十三次会议。

机械工业部举行新闻发布会，机床工具行业主机、配套和机床电器的54个企业郑重地向广大用户发表了“质量保证声明”。包叙定副部长到会并讲话，总工程师李守仁出席会议。

7月

3日　机械工业部发出ZBJ52001—87《重型回转工作台精度》等31个机械行业标准修改通知单的通知。

5日　机械工业部发出《中小功率柴油机产品可靠性评定办法》等五个机械行业标准（内部使用）第一号修改通知单的通知。

6日　机械工业部部长何光远、总工程师李守仁到中国机械工业技术总公司检查指导工作。

7日　机械工业部印发《关于贯彻落实全国机械工业企业管理工作会议精神的意见》，请各省市厅、局（公司）把会议精神认真传达贯彻到每个机械企业，制定加强企业管理的计划和措施，并认真贯彻促进全行业管理工作的发展。

中国航空工业又有7位专家当选中国工程院院士。他们是：刘大响、李明、张立同、张启先、陆孝彭、屠基达、傅恒志。

10日　机械工业部和国家技术监督局联合发出通知，要求严格实施机械工业强制标准。

10日～16日　机械工业部副部长吕福源随江泽民主席出访德国。

11日～15日　机械工业部和机械冶金工会在重庆联合召开机械工业第十四次“质量信得过”班组和质量管理班组代表会议。

13日　中国南方汽车有限公司与德国奔驰汽车公司在波恩举行了合资建设中国南方MPV汽车项目原则协议签字仪式。国务院副总理钱其琛、对外贸易经济合作部部长吴仪、国家计委副主任曾培炎、外交部副部长姜恩柱、机械工业部副部长吕福源、广东省副省长张高丽等出席签字仪式。

中联汽车电子有限公司与德国罗伯特·博世有限公司在德国签署了联合汽车电子有限公司的合营合同和章程，标志着中德双方合资建设汽油发动机电控系统（EMS）项目取得了实质性进展。

15日～18日　煤机行业标准化工作会议在山东长岛召开，介绍了煤炭行业当前标准化工作状况、发展规划，强调了搞好煤机企业标准化工作的重要性和必要性。

16日～20日　机械工业部副部长吕福源访问法国，与雪铁龙公司、雷诺公司商议汽车合作项目问题。

17日　国务院总理李鹏为中国机械对外经济技术合作总公司（CMIC）成立15周年题词：“扩大机电设备出口，在竞争中开拓进取”。

机械工业部副部长孙昌基主持召开产销联谊座谈会，通报机械工业部部分机械产品全国订货会改革总体思路，征求对机械、仪表产品成套供给、质量、交货、售后服务等方面的意见和要求，讨论供产销联合体的事宜。

即日起，在中央电视台开播电视片《汽车·中国》。电视片由中央电视台、机械工业部联合录制，共11集，最后一集为“李岚清副总理专访”特集。

17日～22日　机械工业部副部长包叙定率部扶贫工作领导小组成员赴河南信阳地区考察扶贫工作，与地方政府商议扶贫事宜。

19日　机械工业部副部长孙昌基出席《机械工业的脊梁——1995年全国机械工业系统劳动模范事迹专辑》首发式。

24日　机械工业部部长何光远，副部长张德邻、包叙定接见河南光山县第二希望小学来京观光的优秀教师代表及10名优秀学生。该校是机械工业部扶贫地区的希望工程小学。

25日　国务院副总理吴邦国到机械工业部机关听取工作汇报。机械工业部部长何光远，副部长邵奇惠、张德邻、包叙定、吕福源，总工程师李守仁，纪检组组长孙祖梅参加汇报会。

我国自行设计、制造的首台用于核电工程的250t环行起重机，在大连起重机厂通过国家有关部门验收。

26日　机械工业部副部长包叙定会见ABB中国及香港地区总裁斐尔斯一行。

26日～31日　中国煤矿机械装备集团公司直属转包厂的厂长、书记会议在张家口市召开，会议分析了煤机企业生产经营的状况，研究了减亏、扭亏的措施，交流了加强和改进企业管理的经验。

27日　全国人大委员长乔石到长春客车厂视察，亲临生产第一线慰问工人。

28日　国务院副总理邹家华为《中国机电日报》创刊15周年题词：“正确导向、宣传政策，交流经验，传播信息，重视市场，推进发展”。

电力工业部电力机械局和水利部机械局正式分开办公，由原来的一个局变为两个部门的两个局。

30日　机械工业部副部长孙昌基会见尼泊尔王国水力资源部大臣PRADIP NEPAL。

8月

1日　机械工业部、共青团中央联合发出通知，在全国机械系统青年中开展争当青年岗位能手活动。

3日　机械工业部部长何光远主持召开部机关各司局主要负责人会议，部署机械、汽车工业启动振兴有关事宜。

机械工业部副部长张德邻会见美国制造工程师协会专家一行。

机械工业部向各省市汽车工业主管部门、国务院各部委汽车工业主管部门发出通知，明确汽车、摩托车用发动机不实施生产许可证管理。

3日～4日　机械工业部召开全国机械工业限产“压库”工作会议，研究下半年“压库”促销工作的措施意见，孙昌基副部长到会讲话，提出7条措施。

7日　机械工业部部长何光远、副部长吕福源会见德国博世公司执行董事曼尔一行。

中国航空工业总公司国际合作发展100座级飞机项目通过国家立项。此前，100座级飞机已经完成前期论证和部分选型吹风试验。立项后即进入项目可行性研究和选择合作伙伴阶段。

8日　机械工业部发布《滚动轴承推力调心滚子轴承公差》等33个机械行业标准。

9日　铁道部二七机车厂试制成功东风7D型机车。

10日　中国农机化报社庆祝创刊十五周年。机械工业部副部长邵奇惠出席庆祝活动。

14日　机械工业部部长何光远出席1995年北京国际汽车、汽车零配件及装备展览会开幕式。

海关总署、机械工业部联合印发实施《关于合作打击汽车、照相机、复印机走私违法活动的备忘录》的通知。

15日～17日　汽车和车用油料协调发展研讨会在京举行，就淘汰70号汽油、逐步实施汽油无铅化和提高汽车发动机的压缩比等问题达成共识。

16日　国务院总理李鹏为合肥工业大学成立50周年题词：“发扬勤奋、严谨、求实、创新的校风和学风”。

机械工业部副部长孙昌基分别会见美国西屋电气公司亚洲总裁汉德松先生和德国西门子公司客人。

机械工业部决定成立部建立现代企业制度试点工作领导小组，包叙定副部长任组长，政策法规体改司副司长杨桦任副组长。

19日～21日　机械工业部和团中央在湖北省十堰市联合召开全国机械系统争当青年岗位能手活动动员会。张德邻副部长到会并作重要讲话。

20日　机械工业部总工程师李守仁率团赴美、日、韩三国进行为期三周的质量认证和质量检验合作考察。

21日　江铃汽车股份有限公司和美国福特汽车公司正式签署了江铃B股/ADSs认购协议及联合开发等技术协议。福特公司将认购江铃公司20%的股本，同时双方将联合开发一种借鉴福特技术的换代产品。江铃公司现有产品及换代产品可通过福特公司的国际销售网络出口。

23日　机械工业部副部长吕福源会见美国福特汽车公司总裁布克一行。

24日　大连市人民政府同一汽集团公司经过协商，将大连柴油机厂无偿划规一汽集团，大连柴油机厂更名为中国第一汽车集团大连柴油机厂，具有独立法人资格，是一汽集团公司的全资子公司。

25日　由国家计委批准立项、交通部投资兴建的“八五”重点建设项目——交通部公路交通方试验场一期工程通过验收。

28日　铁道部眉山厂再次出口泰国52辆水泥罐车出厂。这是该厂继1993年向泰国出口140辆水泥罐车后的又一批订货。

28日～9月5日　电力工业部基建计划会议在河北昌黎召开。

29日　机械工业部副部长吕福源会见韩国大宇公司金宇中会长一行。

30日　机械工业部部长何光远主持召开部机关处级以上干部会议，通报机械、汽车工业启动振兴的准备工作情况。包叙定、吕福源副部长分别讲话。

9月

1日　机械工业部通报表彰1995年度机械工业统计工作先进单位、先进个人。评出统计工作先进集体114个，先进个人203名；统计报表先进单位126个。

机械工业部部长何光远、副部长包叙定出席《中国机电日报》创刊十五周年庆祝活动。何光远部长在庆祝会上发表讲话，希望报社同志继续发扬艰苦创业的精神，围绕振兴机械、汽车工业，努力做好宣传服务，同时搞好报社自身发展，实现第二次创业目标。

上海汽车工业（集团）总公司和上海汽车有限公司宣告成立，经上海市国资委授权，总公司将统一经营和管理各成员企业的国有资产，并对授权范围内的国有资产的保值、增值负责。

4日　机械工业部部长何光远、副部长包叙定出席第四届国际动力传动与控制技术展览会开幕式。

5日　机械工业部发出认真开展1995年全国节能周宣传活动的通知，要求于10月9日～14日开展节能宣传周活动。

机械工业部、公安部、建设部、技术监督局、中国轻工总会联合发出通知，加强电气工程、电器产品质量管理，防止发生火灾事故。

6日　第四届中国国际机床展览会开幕，国务院总理李鹏为第四届中国国际机床展览会开幕题词：“加强国际交流合作，发展机床工具工业”。全国人大副委员长倪志福为大会剪彩，机械工业部部长何光远致开幕词。机械工业部副部长包叙定及国务院有关部委的领导出席了开幕式。

7日　机械工业部副部长包叙定会见了日本机床协会会长、日立精机株式会社社长一行。

机械工业部成立第二届机械行业中等专业教学指导委员会。

8日　机械工业部副部长张德邻会见了日本丰田工机株式会社社长加藤东洋一行。

9日　由哈尔滨工业大学研究开发的铜基无银电触头的研究有新突破，产品的温升、通断、耐冲击、电寿命等主要指标均达到技术要求。国家已将其列入火炬计划，并决定继续研究开发铜基无银触头系列产品。

11日　机械工业部副部长吕福源会见了美国通用汽车公司执行副总裁巴藤贝格一行。

机械工业部发布《机械工业企业技术进步示范工程工作实施办法》（试行）的通知。

机械工业部同意成立粉末冶金制品标准化技术委员会。

11日～12日　机械工业规划审议委员会召开汽车工业与机械工业发展相互影响和支持问题研讨会。会上，专家和企业家们一致认为，只要国家给政策，“九五”规划统筹协调，那么机械与汽车行业双方都能发展，都能振兴。

12日　机械工业部部长何光远致函《中国机电工业》杂志召开的工作会议，要求他们办出特色，为振兴机械、汽车工业服务。

16日　机械工业部与国家工商行政管理局联合制定的《进口照相机销售管理暂行办法》正式发布，自1995年10月1日起生效。

16日～18日　机械工业部召开质量管理高级研讨会，孙昌基副部长出席会议并讲话，李守仁总工程师主持会议。出席会议的40多个国有大型企业的代表，向全行业发出倡议，迅速采用切实措施，扭转质量被动局面，携手实现质量振兴。

18日　由国家档案局经济科技业务指导司司长杨少田带队，组织国家机关档案工作第12协作组考评员对机械工业部机关档案工作目标管理达标定级进行考评，考评结果为优秀级。何光远部长接见了考评员并讲话。

20日　863/CIMS（计算机集成制造系统实验工程）应用工厂北京第一机床厂获得美国制造工程学会颁发的1995年度工业领先奖。这是该奖项从1981年设立以来第一家获此荣誉的外国企业。此前一直由美国企业包揽。

铁道部党组决定，杜景新任中铁车辆公司总经理，魏明海不再担任总经理、党委副书记，王泰文任副总经理，王立刚任党委副书记。

21日　机械工业部副部长邵奇惠会见澳大利亚贸易部麦克马伦参议员一行。

22日　中国民航总局适航管理部门在北京人民大会堂向中国航空工业总公司所属哈尔滨飞机制造公司颁发美国联邦航空局（FAA）认可的运十二型机生产许可证。这是中美两国经过3年共同努力取得的丰硕成果，是中美扩展双边适航协议的又一个里程碑。

23日～26日　机械工业部召开机械工业系统工程建设监理工作座谈会，贯彻落实全国建设工作会议有关建设监理工作的要求，交流工作经验，进一步做好建设监理工作。

25日　机械工业部副部长张德邻会见了德国北莱茵·威斯法伦州国务秘书、经济部常务副部长一行。

26日　机械工业部部长何光远会见美国通用汽车公司总裁一行。

国务院副总理李岚清为国际海事会议题词：“加强国际海事技术和经济贸易合作，促进我国航运、造船事业的振兴和发展”。

27日　机械工业部副部长包叙定会见美国底特律中央机床公司总裁一行。

29日　机械工业部副部长孙昌基会见美国通用信号集团常务副总裁一行。

铁道部大连机车车辆厂第二批出口缅甸的CKD7型1471kW（2000ps）内燃机车6台交货。

10月

5日　机械工业部、交通部联合主办的“中国路、中国车”大型活动在北京拉开序幕。

6日　中国第一拖拉机厂举办建厂40周年暨第100万台拖拉机开下总装配线庆祝活动。江泽民、李鹏、吴邦国、姜春云、何光远等分别题词。机械工业部总工程师李守仁前往祝贺。

6日～8日　电力工业部在京召开制造企业重点技术改造项目研讨会。

7日　合肥工业大学举行建校50周年庆祝活动。江泽民、李鹏、邹家华、李岚清等党和国家领导人题词，机械工业部副部长张德邻出席了庆祝活动。

8日～9日　由全国老旧汽车更新领导小组、国家经贸委、机械工业部、国内贸易部共同组织的1996年全国汽车更新订货会在长春举行。

8日～14日　铁道部戚墅堰厂研制的东风11型0005号准高速内燃机车，在沪宁线进行时速140km的提速试验。经多次进行南京至常州段的试验后，13日～14日先后两次成功地进行了南京至上海间的试验，时速达到150km，全程运行2.75h，为2000年全路繁忙干线旅客列车最高时速提高到140km的目标拉开了序幕。

9日　机械工业部召开机械、汽车工业启动振兴高层人士座谈会，邀请国务院有关部委的领导和专家为振兴机械、汽车工业出谋划策。机械工业部部长何光远主持了座谈会，副部长包叙定、孙昌基、吕福源等到会。

哈尔滨理工大学成立，国务院副总理李岚清题词祝贺。哈尔滨理工大学由机械工业部所属哈尔滨科技大学、哈尔滨电工学院、哈尔滨工业高等学校合并组建成。机械工业部副部长张德邻前往祝贺。

10日～14日　第六届北京国际航空展览在京举行，来自中国、美国、澳大利亚、加拿大等27个国家和地区的250家厂商参加了这次航展，本届航展比上届规模扩大了50%。在航展期间举办的中国航空工业高级研讨会，由来自27个国家和地区的400多名代表参加。国务委员宋健出席会议并发表重要讲话。

11日　机械工业部副部长吕福源会见英国T&H集团副总裁卡卢瑟一行，商谈集团与中国同行合作问题。

12日　机械工业部召开斯隆教育发展基金会理事会成立大会暨第一次理事会，何光远部长、张德邻副部长出席了会议。

机械工业部发出通知，调整部专家工作领导小组暨职称改革领导小组成员，调整后的领导小组组长为张德邻、副组长为李守仁、邢敏、谷政协。

13日　机械工业部副部长孙昌基会见德国西门子公司副总裁波姆博士一行。

14日　国家经贸委开会表彰了“八五”全国节能先进企业和先进单位。其中机械工业先进企业有太原重型机械集团公司、济南第二机床厂、白鸽（集团）股份有限公司等26个企业；荣获全国节能先进工作单位的有机械工业部生产与信息统计司节能办公室、机械工业部节能中心等6个单位。

14日～19日　机械工业部在北京国际贸易中心举办当代国际汽车零部件发展与中国的发展战略技术交流研讨及展示会。

15日～17日　机械工业部部长何光远出访秘鲁、日本、韩国。

16日～18日　铁道部在北京召开全路劳模表彰大会，中铁车辆公司系统29个厂所的29名劳模、4个工厂的4个先进集体代表参加会议受表彰。

17日　中国航空工业总公司科技大会在北京召开。这次会议是在全国上下认真贯彻科教兴国的伟大战略方针，积极落实《中共中央、国务院关于加速科学技术进步的决定》，航空工业即将胜利完成“八五”计划、进入“九五”新的发展时期召开的一次具有重要意义的会议。

全国电力企业管理工作会议在福州召开。

铁道部发布《铁路机车车辆招标采购暂行管理办法》（铁计[1995] 134号），决定铁路机车车辆产品购置分步实行招标投标制。

19日　机械工业规划审议委员会召开《如何加快农机发展有关问题及对策研讨会》，国家计委、科委、农业部、国务院政策研究室、国务院办公厅秘书局、河北和山东省机械厅等有关单位参加会议。机械工业部副部长邵奇惠到会并讲话。

机械工业部发出通知，要求各单位加大限产“压库”促销工作力度，努力实现今年预期目标，产成品库存可供销售天数控制在45天内，产销率达到96.5%以上。

江泽民、李岚清、吴邦国等党和国家领导人参观航空工业“八五”预研成果展示会，对航空工业取得的360多项科研成果给予高度评价。

21日　在全国铁路科学技术大会上，中铁车辆公司被授予铁道部科技进步特殊贡献单位，株洲电力机车研究所、大连机车车辆厂、四方机车车辆厂被评为科技进步先进单位，长春客车厂设计处等6个单位被评为科技进步先进集体，鲍祖贤等45人被评为优秀科技工作者。

21日～23日　电力工业部电力制造企业发展跨世纪产品，制订2010年规划会在四川都江堰市召开。

22日　机械工业部成立高等工程专科学校机械工程类、电气工程类和管理工程类专业教学指导委员会。该委员会在机械工业部领导下，对高等工程专科学校机、电、管类专业建设、人才培养、教学工作进行业务指导。

中国航空工业首届工人技能大赛在北京颁奖。易承列等8名工人分别荣获8个工种的“状元”，24名技术精英受到表彰。这项比赛有30万航空工人参加。

23日～26日　中国石油化工总公司在北京召开了总公司系统机械仪表制造工作会议。所属各石化企业主管领导、科研设计单位负责人、各机械仪表制造企业厂长（经理）130人出席会议。王基铭副总经理作了《发挥机械制造联合优势，为振兴石化工业作出新贡献》讲话。会后印发了《关于发挥总公司集团化联合优势，加强机械仪表制造管理的若干规定（试行）》的通知及《中国石化总公司机械仪表制造厂产品分类定点方案及科研新产品开发导向意见》两个文件。

24日　机械工业部副部长邵奇惠、总工程师李守仁会见韩国汉拿集团会长一行。

中共中央政治局常委、中央军委副主席刘华清参观航空工业“八五”预研成果展示会，并作了重要指示。

30日　常州柴油机厂第100万台柴油机下线，机械工业部副部长邵奇惠出席了新闻发布会。

31日　机械工业部发出通知，要求进一步加强启动振兴的宣传工作。为加强宣传工作的组织领导，部成立了“启动振兴百日宣传活动”领导小组，包叙定副部长任组长。

美国通用汽车公司与上海汽车工业总公司在美国签订一项基础协议，双方计划在上海建立一个汽车合资企业和合资技术开发中心以及其他相关项目。

11月

1日　机械工业部印发《机械、汽车工业“九五”科技发展规划纲要》，该纲要明确了未来五年机械、汽车工业科技工作发展的重点和目标，规划了面向21世纪的一批关键技术和重点任务，是今后一个时期科技工作的重要指导性文件。

2日　机械工业部公布1994年机械工业“转机制、抓管理、练内功、增效益”活动行业排序结果的通知。为使广大机械、汽车企业学有榜样、赶有目标，机械工业部将1994年机械工业经济效益综合指数行业平均水平和行业最高水平，以及1994年机械工业经济效益综合指数行业排序情况和1994年机械工业企业销售收入行业排序情况予以公布。

第四届北京国际食品加工和包装机械展览会开幕，机械工业部副部长包叙定参加了开幕式。

机械工业部副部长孙昌基会见法国阿尔斯通集团水电总裁一行。

机械工业部批准发布《不饱和聚酯玻璃纤维增强模塑料》等42个机械行业标准。

3日　全国电力行业优秀企业家、优秀企业颁奖电话会在京召开。上海市电力修造总厂厂长张嘉树获得优秀企业家称号。

4日　中央电视台新闻评论部《焦点访谈》专栏，以“蓄势待飞”为题，对航空工业作了重点报道。向观众展示了航空工业改革和发展的思路以及航空工业取得的成就。

6日　经机械工业部批准，喷射设备标准化技术委员会宣告成立，委员会秘书处设在合肥通用机械研究所。

6日～24日　机械工业部副部长孙昌基率团出访巴西、美国、加拿大，为三峡、二滩等大型水电工程合作生产配套设备进行考察探讨。

7日　中共中央总书记江泽民视察北京第一机床厂。江总书记看到工厂变化这么大，指示说，企业只有深化改革，才有出路。

江泽民总书记视察北京吉普汽车有限公司，视察结束时，江总书记指示说：“你们这个企业的前景是很好的”。

机械工业部通报表彰1995年度机械工业优秀质量信得过班组和优秀质量管理小组。评选出优秀质量信得过班组47个，优秀QC小组106个。

8日　机械工业部印发《机械行业工程设计文件的质量特性和质量认定实施导则》的通知。

10日　机械工业部发出《机械工业科技成果鉴定办法》的通知，以加强对科技成果鉴定工作的规范化管理。

机械工业部成立照相机销售管理办公室，并决定撤销部特区机械产品销售管理办公室。该办公室是机械工业部负责对进入国内市场的进口照相机实施机身号码和发放准销标贴的管理机构，挂靠在机械工业部生产与信息统计司。

机械工业部发布《模拟指示式转速表产品质量分等》等7个机械行业标准。

12日　机械工业部部长何光远以陪同团团长名义，开始陪同德国总理科尔在国内访问。

14日　机械工业部副部长吕福源会见日本五十铃代表团一行。

15日　机械工业部副部长吕福源会见日本丰田汽车株式会社社长一行。

机械工业部举办1995年北京节能技术与装备展览会，总工程师李守仁出席开幕式。

18日　由济南第二机床厂研制的国内首条压力机自动化冲压生产线在长安汽车有限责任公司投产。

20日　电力工业部向国务院副总理吴邦国汇报改革方案，拟建立国家电力总公司。

21日　机械工业部部长何光远、总工程师李守仁会见ABB公司副总裁一行。

21日～24日　机械工业部召开现代企业制度内部审计工作研讨会，研究如何加强内部审计监管工作。机械工业部副部长邵奇惠给会议致信。

22日　机械工业部副部长邵奇惠会见日本东洋运搬机株式会社社长和日本贸易株式会社社长一行。

由西安重型机械研究所设计、上海重型矿山机械公司制造的国内铸坯断面最宽的(1200mm～2000mm)板坯连铸机一次热调试成功。这标志着我国连铸成套设备的研制能力已达到当代世界先进水平。

23日　国家科委召开北京第一机床厂CIMS获奖项目表彰大会，国务委员宋健、机械工业部总工程师李守仁出席了会议。

机械工业部副部长邵奇惠会见越南投资委员会副主任一行。

25日　地处四川省江油的中国航空工业总公司第六二四研究所航空发动机高空模拟试车台，正式通过国家验收。这是我国乃至亚洲唯一的连续式气源连接式高空台，最大模拟高度25km，马赫数2.5。

27日　机械工业部副部长包叙定会见日本贸促会访华团一行。

28日　机械工业部副部长孙昌基出席了机械工业部利用第三期日元贷款项目签约仪式。

上海大众汽车有限公司第50万辆桑塔纳轿车下线，并通过ISO9000质量体系认证。

中国航天工业总公司在西昌卫星发射中心用长征二号E捆绑式运载火箭发射休斯公司研制的亚洲二号卫星，圆满成功。

28日～30日　以机械工业部部长何光远为主任委员的国家验收委员会对上海大众汽车有限公司一、二期技改项目进行国家验收，副部长吕福源同时出席。通过十年边改造、边生产，技术改造项目已全部竣工，1995年产量将逾15万辆。验收期间，举行了桑塔纳轿车50万辆下线仪式。

29日　机械工业部副部长包叙定主持中、俄机械工业合作常设工作组第一次会议。

12月

1日　机械工业部批准发布《轧制机械术语》等19个机械行业标准。

国家“八五”技改重点项目——江铃4J系列柴油发动机工程及配套项目铸造工程竣工投产。至此，江铃集团已成为具有年产6万辆整车和12万台发动机能力的轻型汽车企业。

3日～7日　机械工业部召

开1996年生产计划工作会议，分析机械工业经济运行状况和市场形势，商定1996年机械工业生产计划。孙昌基副部长到会并讲话。

4日　机械工业部部长何光远、副部长包叙定出席中俄机械工业合作备忘录签字仪式。

5日　机械工业部副部长包叙定出席1995年国际摩托车展览会开幕式。

机械工业部总工程师李守仁出席中国国际洗涤技术机械设备展览会开幕式。

我国目前最大的塔式起重机由沈阳建筑机械厂研制成功，起升重量可达20t，臂端起重量达5t，吊臂长70m，覆盖面积1.5万m^2。

机械工业部批准成立机械工业部燃气轮机标准化技术委员会。

中国航空工业总公司所属北京航空航天大学、西北工业大学首批进入国家“211工程”。

6日　机械工业部副部长包叙定会见德国德马克公司总裁一行。

7日　机械工业部与安徽省共建合肥工业大学签字仪式在北京举行。何光远部长与回良玉省长分别在协议书上签字，邵奇惠副部长、安徽省常务副省长汪洋出席了签字仪式。

机械工业部发布《船用有填料封闭管式熔断器》等17个机械行业标准。

8日　机械工业部部长何光远、副部长吕福源会见法国PSA集团代表团。机械工业部印发《机械工业内部审计工作实施办法》。

11日　机械工业部和国家技术监督局召开发电、输变电设备质量专项抽查总结会。孙昌基副部长到会并讲话。

机械工业部转发劳动部、广播电影电视部《关于认真做好安全生产宣传工作的通知》。

12日　机械工业部部长何光远会见日本三菱重工业株式会社新任社长。

14日　机械工业部部长何光远分别会见美国希尔斯公司总裁和韩国大宇公司社长金宇中。

19日　为加大振兴机械、汽车工业宣传力度，《人民日报》即日起开辟“振兴支柱产业”专栏，并发表何光远部长署名文章《要有总体思路》作为开篇。

机械工业部批准发布《电力机车碳滑板产品质量分等》等5个机械行业标准（内部使用）。

20日　机械工业部副部长包叙定会见日本新东株式会社社长一行。

机械工业部副部长吕福源会见南斯拉夫贸易部长一行。

机械工业部副部长邵奇惠出席吉林工业大学、江苏理工大学和扬动公司举办的“扬动新星助学基金”签字仪式。

21日　机械工业部何光远部长会见全日本工业锻造协会会长一行。

机械工业部调整中国机械工业——斯隆教育发展基金理事会领导成员，何光远部长任理事长，邵奇惠副部长任常务副理事长，涂仲华、徐振元任副理事长。

22日　机械工业部举行“八五”成就专题新闻发布会，部新闻发言人、办公厅主任贾成炳发布了机械工业“八五”期间改革与发展成就。

24日　国务院副总理吴邦国在国家经贸委副主任徐鹏航、贵州省委书记齐方仁等陪同下到铁道部贵阳厂视察。吴副总理一行听取了贵阳厂领导同志的工作汇报，对工厂的改革发展作了重要指示。吴副总理说，你们厂成功的经验是一业为主，多种经营。你们搞了很多合资企业，开发了很多新产品，还要多搞。你们已具备组建企业集团的条件，可以朝这方面努力，加快现代企业制度的建设。

25日　国家正式批准新开工电力大中型项目14项，共33台机组、1020万kW。

28日　中国航天工业总公司在西昌卫星发射中心，用长征二号E捆绑式运载火箭发射洛克希德-马丁公司研制的女科斯达卫星圆满成功。

〔第Ⅷ部分责任编辑：张友鹤〕

1995年公布的重要法规文件目录

序号	法规文件名称	发布机关	时间
1	国家赔偿费用管理办法	国务院	1.30
2	制止牟取暴利的暂行规定	国家计划委员会	1.25
3	中华人民共和国土地增值税暂行条例实施细则	财政部	1.27
4	破坏性地震应急条例	国务院	2.16
5	全国人大和地方各级人大选举法	国务院	3.2
6	劳动部贯彻《国务院关于职工工作时间的规定》的实施办法	劳动部	3.26
7	人事部贯彻《国务院关于职工工作时间的规定》的实施办法	人事部	3.26
8	中华人民共和国票据法	国务院	5.14
9	党政领导干部选拔任用工作暂行条例	中共中央组织部	5.17
10	个人所得税代扣代缴暂行办法	国家税务总局	5.26
11	个人所得税自行申报纳税暂行办法	国家税务总局	5.27
12	中华人民共和国担保法	国务院	7.4
13	中华人民共和国保险法	国务院	7.7
14	中国共产党党员权利保障条例（试行）	中共中央纪律检查委员会 中共中央组织部	7.29
15	国家收支统计申报办法	中国人民银行	9.14
16	关于惩治虚开、伪造和非法出售增值税专用发票犯罪的决定	国务院	11.2
17	中华人民共和国食品卫生法	国务院	11.5
18	餐饮修理业价格行为规则	国家计委 国内贸易部 中华全国供销合作总社	11.17
19	中华人民共和国预算法实施条例	国务院	12.1
20	中华人民共和国航标条例	国务院	12.11
21	教师资格条例	国务院	12.20

〔撰稿人：机械工业部政策法规体改司　田淑坤〕
〔责任编辑：申建丽〕

机械工业

企业介绍

第Ⅸ部分

目　录

企业简介

股份制企业简介

“三资”企业简介

企业简介

机械工业部第五设计研究院

地址：天津市南开区红旗路 370 号　邮码：300190　电话：（022）3369520　传真：（022）3369362　院长：周国才　总工程师：柴志安

简介：该院创建于 1963 年，是以机械制造工厂成套设计为主体业务的综合性甲级工业设计研究院，并持有工程咨询、工程总承包、环境影响评价甲级资格证书，经国家批准有对外开展经济技术合作业务和外派劳务的权力，1992 年获中国勘察设计综合实力百强单位称号。

该院拥有专业技术人员 600 余人，高级工程师 205 人，工程师 200 人，其中：享受政府特殊津贴和各种授衔专家 31 人。近年来荣获国家级奖 18 项，部、省级奖 75 项，15 项成果获发明和实用新型专利。可承担各类机械、汽车、拖拉机、联合收割机、内燃机、船舶、医药、轻纺、食品、饲料加工与机械化饲养等行业工程的可行性研究、评估、设计、总承包、项目建设监理、环境评价以及各类民用建筑设计和机械工业方面的应用性技术开发和研究。

石家庄开发区东方焊接成套设备有限公司

地址：石家庄市开发区纬一路　邮码：050035　电话：（0311）5099019　传真：（0311）6037130　董事长兼总经理：赵庚河

简介：该公司系 1995 年由石家庄市柴油机厂、中国电工设备总公司石家庄焊接材料专用设备研究所、中国电工设备总公司北京兴电焊接技术开发公司联合投资组建。投资规模 3 000 万元，注册资金 1 500 万元。公司本部在开发区占地面积为 6.67 万 m^2，下设三厂一所，此外还在非洲加纳投资联建电焊条厂。

该公司经营焊接成套设备、电焊条生产专用设备、焊丝专用成套设备、实芯焊丝和无缝药芯焊丝及各种焊接材料和上述设备配件。

该公司研制生产的焊接成套设备和焊丝成套设备是含有 6 项国家专利技术的高科技产品，电焊条生产专用设备为 22 个品种 24 种规格的系列配套产品，实芯焊丝规格为直径 1.0mm～1.6mm、无缝药芯焊丝规格为直径 1.2mm～2.4mm，产品广泛适用于机械、钢铁、汽车、造船、锅炉、电站、石油化工、制冷等行业的各种不间断焊接工程。

河北省石家庄水泵厂

地址：石家庄市和平东路一段 17 号　邮码：050011　电话：（0311）6088906　传真：（0311）6033212　厂长：康其光　总工程师：林树林

简介：该厂始建于 1949 年，是机械工业部大型骨干企业，国内最大的渣浆泵、潜水泵和污水泵专业制造厂，国家二级企业。实现利税连年位于全国泵行业之首，1993 年居中国机械工业第 108 位，被国家统计局确认为“中国 500 家最大机械工业企业”之一。

该厂年产各种水泵 13 000 台/13 000t，主要为电力、煤炭、矿山、冶金、石油、化工、建材、市政等国民经济部门提供配套用泵。产品除行销国内 30 个省、市、自治区外，还远销西欧、北美、东南亚、港台等 40 多个国家和地区。

1980 年以来，先后从澳大利亚沃曼（WARMAN）公司、德国里茨（RITZ）公司和 K·S·B 公司引进了 13 个系列 166 个品种的设计制造技术，实现了对老产品成系列的更新换代，有近百种产品填补了国内空白。并为国家上百项重点工程提供了上万台配套用泵。

为方便用户，在全国建立了 40 多个经销网点，为用户提供及时、周到的全方位服务，使渣浆泵产品的国内市场占有率达 70% 以上。

河北省黄骅市五一机械厂

地址：河北省黄骅市渤海路 14 号　邮码：061100　电话：（0317）5223049　传真：（0317）5222323

简介：该厂是水利部定点生产水工产品专业化厂家，始建于 1958 年，现有干部职工 657 人，技术设计人员 70 人，占地面积 6 万 m^2，拥有固定资产（原价）1 531 万元，年实现利润 200 万元，年销售收入 1 600 万元。主要生产设备 220 多台，其中大、精、稀设备龙门铣、龙门刨等 12 台；生产水工产品的专业设备螺杆旋风铣床、蜗杆磨床等 11 台；具有造型面积为 3 000m^2，年化铁量为 3 000t 的铸造生产能力；拥有测齿仪，万能工具显微镜等检测设备 5 台，并有一套完整的理化、检测设备和 2×40t 启闭机整机性能的液压试验台。

该厂主要生产以“大禹”牌注册商标的螺杆式、卷扬式启闭机、铸铁闸门及过闸流量计等产品。其中螺杆式启闭机从 1962 年开始生产，至今已有 30 多年的历史，是该厂的“拳头”和“保家”产品，经过不断的更新改造，现已发展到第七代产品。铸铁闸门从 1994 年开始生产并投入全国各个市场，深受用户欢迎，由原来的 7 种规格发展到现在的 134 种规格（从 0.2m×0.2m～5m×5m 组合式）已成为该厂又一“保家”产品。目前该厂的主导产品系列启闭机已形成了年产量10 000台、各种闸门5 000套的生产规模，并且畅销于全国各省、市、自治区，共3 200个用户，每年还有部分出口援外任务，远销孟加拉、玻利维亚、尼日尔和新加坡等国，产品产量居全国142个同行业厂家之首，占全国市场总需求量的1/4（即市场占有率为25%强）。近年来，该厂又积极引进技术，开发新产品，产品由专一型向多品种发展，开发了2×5t～2×63t固定式和移动式卷扬式启闭机，并形成了批量生产，今年又开发了高扬程卷扬式启闭机、快速闭门卷扬式启闭机、钢闸门和与闸门配套的各种规格、型号的橡胶止水产品，使产品具有系列化、质量高、价格适、服务优四大特点。

"质量第一，用户至上"是五一机械厂多年的经营宗旨。为确保产品质量，多年来该厂投入了大量的人力、物力、财力，现已形成了从原材料进厂到产品出厂一套完整的质量管理、检测体系。该厂是沧州市最早实行全面质量管理的企业，设置了专门的质量管理办公室和质量检测科，实行全序检验，在网络式质量体系的保证下，使产品质量达到或超过了部颁标准，1987年获省优质产品称号，1990年通过了省机电厅质量验收，获得质量管理奖和工艺管理先进单位称号，是国家二级计量单位。该厂的启闭机、闸门自国家实行许可证制度以来，首批获得水利部颁发的生产许可证，启闭机自1993年连续四年被省政府授予免检产品，被河北省"质量千里行"活动组织机构命名为"信誉产品"。该厂连续多年被河北省评为"重合同、守信誉"单位，1990年晋升为国家二级企业。

该厂将以先进的技术装备，雄厚的技术力量，严格的质量管理，争先创优的姿态面对未来。继续奉行"团结、拼搏、创新、求实"的精神；坚持"质量第一，信誉第一，用户第一，服务第一"的宗旨，竭诚为广大客户服务。

承德市京承科工联合机械总厂

地址：河北省承德市新华路1号　邮码：067000　电话：(0314) 2067534　法人代表：石文祥　营销厂长：闫凤民

简介：该厂是我国第一个制造机械停车库的中型全民企业，拥有固定资产6 385万元，职工1 200多人，各种加工设备268台（套），具有较强的铸造、冷作、热处理、机加工及理化试验、无损检测能力。主要产品为自动化机械停车库、建材设备、输送设备、高低压配电柜，产品销往全国24个省、市、自治区并出口到美国、日本、韩国、巴基斯坦等国家。

该厂自1989年在中华大地竖起我国第一台竖直循环式机械停车库以来，已有竖直循环式、多层升降横移式多台车库分别在北京、天津、上海、成都、辽宁、青海、湖北安装使用。多层架式停车库实现了批量返销日本。

为了不断满足市场需求，目前，该厂抽调一批优秀工程技术人员组建了自动化停车库研究所，将开发设计、提高产品技术水平、完善售后服务、保持自动化停车库技术领先地位作为工作重点，相继研制了适用面更为广泛的M8～12型、M30型电梯升降式等多种规格型号的停车库。随着社会的发展该厂将会以更先进的设备服务于社会。

河北电力设备厂

地址：河北省邯郸市电厂街33号　邮码：056004　电话：(0310) 7020995　传真：(0310) 7021243　厂长：刘月田　总工程师：梁育群

简介：该厂建于1969年，原名邯郸电力修造厂，是电力工业部50个重点机械企业之一，直属河北电力公司，是中一型企业，占地面积11万m^2，现有职工820人，固定资产原价4 556万元。该厂技术力量雄厚，设备齐全，检测手段完备，先后被命名为河北省先进企业、邯郸市重合同、守信用单位，是国家二级计量单位。

该厂生产的凝汽器海绵胶球清洗装置，已有17年历史，产品覆盖国内28个省、市、自治区，并出口东南亚地区。该产品于10年前获河北省和电力工业部优质产品称号。胶球输送泵产品获国家科技进步奖。该企业生产的中压水电解制氢装置，体积小，重量轻，使用寿命长。该厂生产的各种电站备品配件，年产量达2 000t。四合一集控台产品，广泛使用在华北农电系统。近年又推出海水淡化装置新产品，目前在国内是生产此产品的少数几个厂家之一。

沈阳鼓风机厂

地址：沈阳市铁西区云峰北街36号　邮码：110021　电话：(024) 5801291　厂长：刘　玄　总工程师：马将发

简介：该厂是专业生产各类透平压缩机、鼓风机和通风机的全民性质的大型骨干企业，是国内最大的风机制造厂。

该厂占地面积为15.69万m^2，建筑面积13.31万m^2，职工总数5 052人，工程技术人员796人，其中高级工程师79人，工程师272人。资金净值14 643万元，厂内主要生产设备767台，其中高大精稀设备118台，中国风机产品质量监督检测中心和风机研究所设在沈阳鼓风机厂。

该厂始建于1948年，1952年、1976年国家两次对该厂投资改造扩建。1953年开始生产风机。40多年来，向国内外提供产品13.5万台。大风机产量约占全国风机总产量的48.1%，其中，透平压缩机约占全国的73%，透平鼓风机约占全国的52%。

近几年来，该厂先后有5种新产品11次获得优质产品奖。其中，获国优（金牌）产品1种、

（银牌）产品2种，获部优4种，获省优5种。

该厂连续四年被市政府命名为“高新技术企业”，被省政府命名为“省科技先导企业”，被机械工业部命名为“科技进步示范企业”。

东风朝阳柴油机公司

地址：辽宁省朝阳市双塔区黄河路三段51号　邮码：122000　电话：（0421）2824253　传真：（0421）2824103　总经理：吴景春　总工程师：井树成

简介：该公司原名为朝阳柴油机厂，始建于1960年，1993年4月以资产经营一体化方式加入东风汽车公司，成为东风汽车公司的全资子公司，更名为东风朝阳柴油机公司。

该公司为国家定点生产柴油机的大型骨干企业。1989年被国家批准为大一型企业，国家二级企业。现有职工7541人，其中工程技术人员733人，高级工程师88人，占地面积68万m^2，固定资产原价4.5亿元，拥有25条生产线，设备总量3 000余台，引进日本浪速制芯设备和德国BMD公司的高压气冲造型线及丹麦迪砂公司的砂处理设备组成的铸造生产线，使该公司的铸造生产水平居国内同行业领先水平。

主要产品为车用高速柴油发动机，有102、105、133三大系列150多个变形产品，可满足2.5t～10t载货汽车和轻、中、重型客车及工程机械配套动力的需要。

该公司的6102Q、AQ、BQ型柴油机分别被辽宁省政府授予科技进步二等奖，6133、6105型柴油机被东风汽车公司授予科技进步二等奖，通过“七五”、“八五”技术改造，该公司已具备年产柴油机10万台的生产能力。

机械工业部上海内燃机研究所

地址：上海市军工路2500号　邮码：200432　电话：（021）65485856　传真：（021）65453132　所长：王之麒　总工程师：杨　杰

简介：该所是机械工业部直属的以科研为主，集科研、生产、贸易为一体的大型综合性研究所，主要从事中小功率内燃机及其零部件开发，共性基础技术、测试技术和专用装备的研究开发。

该所专业和学科设置齐全，在内燃机产品开发上已形成了自己的特色。95系列柴油机、R·S系列小型单缸柴油机，70－75系列、80－85系列、90－95系列、100系列、102－105系列等多缸机和6105Q型柴油机，2H1105W型柴油机等已广泛应用于国民经济各部门，取得了良好的社会效益。在内燃机产品CAD系统、高温结构陶瓷零部件、花瓣型燃烧系统、195型柴油机改进提高新100系列柴油机等方面，荣获国家和部、市级以上的科技成果奖。该所还设有工程设计室及测试设备和专用装备制造中心。该所将立足于中、小功率内燃机，面向汽车、摩托车、农机、工程机械和船艇等大行业，竭诚为各界用户提供各类技术服务。

上海压缩机有限公司

地址：上海市中山北路903号　邮码：200070　电话：（021）56624200　传真：（021）56632111　总经理：周惠民　总工程师：邵有惠

简介：该公司是由上海压缩机厂实行现代企业制度改制而来的，是一个具有50多年历史的大型骨干企业。公司是制造往复、螺杆、离心式等各种类型压缩机的大型专业企业，擅长制造在高压、高温、易燃易爆、腐蚀、有毒气体介质条件下工作的工艺用及动力用压缩机。

公司占地面积11.7万m^2，拥有主要生产设备915台，现有职工2 592人，具有较强的产品开发及综合生产能力，并具有设计、制造三类压力容器许可证。

公司主要产品曾获国家银质奖及机械工业部和上海市的优质产品称号，目前，能生产国内单机最大功率4 000kW的活塞式、最大转子直径630mm的螺杆式压缩机以及年产30万t合成氨的离心式压缩机。产品广泛用于石油、化工、化肥、冶金、建筑、交通等各个行业。

苏州仪表元件厂

地址：江苏省苏州市养育巷99号　邮码：215002　电话：（0512）5226621　传真：（0512）5222335　厂长：蔡以真

简介：该厂创建于1958年，是机械工业部重点企业、国家二级企业、江苏省高新技术企业、苏州市先进企业。有职工666人，工程技术人员145人。工厂占地面积1.39万m^2，建筑面积1.98万m^2。固定资产原价2 085万元。该厂兼管企业有苏州晶体元件厂，托管企业有苏州电气控制设备厂，并设有3个中日合资企业，即苏州凯旋机电元件有限公司、苏州松下通信工业有限公司及苏州横河电表有限公司。

该厂主要产品有：（1）仪表放大器、光柱显示器；（2）各类汽车开关接插件、仪表开关接插件、PCB接线端子、膜片键盘及柔性印制板；（3）语言学习系统及语言听说练习机系列产品；（4）微机动态轨道衡、汽车衡；（5）汽一摩机动车防盗报警器系统等新型电子产品。

产品远销加拿大、英国、墨西哥等国家及港澳地区。

华立集团公司

地址：杭州市莫干山路78号　邮码：310005　电话：（0571）8836688　传真：8080838　总裁：

汪力成　总工程师：王文忠

简介：该公司前身是余杭仪表厂，创建于1970年9月。1991年6月建立了以余杭仪表厂为核心的杭州华立电气（集团）公司，1993年经浙江省计经委、省体改委批准成为省批企业集团，改名为杭州华立集团公司；1995年6月，经国家工商局批准，更名为华立集团公司。现拥有总资产逾10亿元。主要生产电工仪表、电工材料、通讯设备、低压电器、家用电器、成套自动化仪表，并涉及到汽车维修与检测等。其主导产品之一华立牌电度表自1993年～1995年连续二年在全国同行业企业评比中，产量、销量、出口量等主要经济指标均居第一；华立达铜箔板在浙江省率先通过ISO9002国际认证，产量、销售额、利润目前居全国第二位。

该公司现为国家大型一档企业，是浙江省最大工业企业、浙江省最佳经济效益企业之一。

杭州汽轮动力集团有限公司

地址：杭州市石桥路357号　邮码：310022
电话：(0571) 8144881　传真：(0571) 8145409
总经理：方　文　总工程师：吴光华

简介：该公司是以杭州汽轮机厂为核心组建的集团公司，是国家工业汽轮机生产和科研基地，是唯一按用户特定要求进行设计和生产非标汽轮机的国内公司，是国家确认的全国百家企业技术中心之一和国家授权经营国有资产的国有独资公司。

公司的前身杭州汽轮机厂建于1958年，公司现有员工4 000余人，其中各类专业技术人员1 100余人；总资产6.5亿元，其中固定资产原价2.5亿元；占地面积37万m^2，其中建筑面积24万m^2；各类主要加工检测设备723台（套），其中大型精稀设备78台（套）。

工业汽轮机是公司的主导产品，70年代引进了德国西门子公司工业汽轮机设计制造技术，现技术水平处于国内领先并跨入国际先进行列。近年来，产品两次获国家科技进步一等奖，5个产品系列获浙江省和机械工业部优质产品称号，其中ENK40/45/60型工业汽轮机获国优产品金质奖。30多年来，已为国内工业部门提供了2 500余台工业汽轮机，产品还远销20多个国家和地区。

杭州叉车总厂

地址：杭州市体育场路16号　邮码：310004
电话：(0571) 5190618　传真：(0571) 5193052
厂长：王建民　总工程师：薛家植

简介：该厂是国家生产叉车的定点企业，1988年被评为国家二级企业，有15个产品获出口许可证。1991年产品分别获国优产品银质奖和部优产品称号，1995年8月，通过ISO9001质量体系认证。现拥有一批以先进的进口设备为主体的生产加工测试等设备396台（套），固定资产原价9 500多万元，净值7 100多万元，厂区占地面积14.3万m^2，主要建筑面积8.4万m^2，现有产品39个品种、365种规格。

该厂是目前国内设计中小吨位叉车品种规格较齐的厂家。1974年开始生产叉车，目前有总厂、总装分厂、铸造分厂和以控股联营形式建立的钣焊结构件分厂以及一个半紧密型的前处理分厂和4个松散型的联营分厂。有专业化协作生产配套网，协作配套件占整机的70%，其中省内配套量占80%。该厂产品有2t～6t内燃叉车，1t～3t电瓶叉车，0.5t装载机。动力配以汽油机、柴油机、蓄电池3种，传动采用机械、液力、静压和电机等方式。门架为2.7、3、3.6、3.8、4、4.5、6m等系列，属具有侧移叉、旋转叉、铲斗等10余种。目前已先后投放国内外市场各类叉车2万台以上，拥有6 200个用户单位。1980年开始出口叉车，占行业出口量的15.8%～30.7%。在国内有6个直属经营部、62个特约经销点。

温州市轴承厂

地址：浙江省温州市经济技术开发区五区（经六路）　邮码：325011　电话：(0577) 6552251
传真：(0577) 6552276　厂长：张童生

简介：该厂于1991年9月创建，行业归口浙江省机械工业厅、温州市机械工业总公司，是中国轴承协会和浙江省轴承协会的成员厂。几年来，企业多次被评为开发区“明星工业企业”、“质量优秀企业”、“技术进步优秀企业”。企业生产的低噪音密封轴承获国家、省级重点新产品称号。该厂1995年荣获第三届中国机械工业企业管理重大创新成果奖。

企业现有员工517人，其中技术人员126人。占地面积3万m^2，建筑面积2.3万m^2。拥有固定资产11 000万元，设备1 000余台，主要设备560台。下属4个分厂、1个合资公司和1个国外分公司。1996年产量达2 000余万套，实现产值1.2亿元。“九五”期间，企业产值将超10亿元，并欲发展成为集工、贸、技为一体的企业集团。在今后的发展中，企业愿在平等互利的基础上与国内外科研等企事业单位加强合作、共同发展。

漳州通用电器总厂

地址：福建省漳州市新华北路33号　邮码：363000　电话：(0596) 2022380　传真：(0596) 2022380　厂长：洪鹤年

简介：该厂是机械工业部及福建省工交重点企业。企业始建于1958年，原为通用机械制造企业，生产插床、刨床、4R3216型悬辊式磨粉机、冷冻机等机械产品，近年来，又推出人造纤维板制造设备，具有较强的机械制造、钣金加工能力。1974

年开始生产电冰箱，1980 年引进意大利扎努西公司电冰箱生产制造技术及技术软件，生产 80、110、121、175、185、200L 等系列电冰箱，还生产 115、210L 等冷柜，具有年产 15 万台电冰箱的生产能力。企业又发挥制冷技术的优势，开发并投产农用冷藏车、冷冻食品陈列展示柜、半导体冷热两用冰箱等产品，满足商贸、家庭旅游、运输行业等各方面对制冷器具的需要。

福建龙马集团公司

地址：福建省龙岩市北环西路 20 号　邮码：364000　电话：(0597) 2292036 (总机)、2219918　传真：(0597) 2218490　董事长：李振营　总经理：张爱军

简介：该公司于 1993 年 6 月成立，有紧密层企业 6 个，半紧密层企业 8 个，松散层企业 55 个。该公司属国家中型企业，是福建省百家重点企业之一，是机械工业部农用运输车和油泵油嘴定点生产企业。现有员工 2 500 人，其中各类专业技术人员 500 余人，拥有固定资产 1.73 亿元，占地面积 80 万 m^2，主要设备有 1 012 台（线）。龙马牌农用运输车是公司的主导产品。

龙马牌农用运输车目前已经形成了 7 大系列 30 余个品种，占领中国市场近 1/9 的份额。近年来，龙马牌农用运输车获得的主要荣誉有：被中国用户评为十佳产品获飞马奖，在首届中国农用车可靠性考核试验中被确定为优等品，在中国首届亿万农村消费者信得过产品评比活动中荣获金奖，被中国消费者基金会评为“用户信得过优质产品”，被中国质量管理协会用户委员会评为“使用可靠产品”，被机械工业部评为机械工业特别推荐可靠性产品。

1995 年，公司完成工业总产值 5.95 亿元，利税 1 916.8 万元，主导产品农用运输车产量 16 418 辆，在全国同行业中销售收入名列第一。公司被国务院发展研究中心、中国企业评价中心列为“中国 500 家最大工业企业”之一，被国家统计局评为“中国 100 家最大交通运输设备制造企业”、“中国行业 100 强”之一，中国农机工业百强企业排序第 10 位，两次荣获福建省“五一”劳动奖状，被评为福建省职业道德建设十佳先进集体，全国职业道德建设先进单位，全国百家思想政治工作优秀企业，取得了两个文明双丰收。

福建省永安轴承厂

地址：福建省永安市下东坡 43 号　邮码：366000　电话：(0598) 3634198　传真：(0598) 3634884　厂长：丁　瑜

简介：该厂创建于 1971 年，系国有全民所有制中型一档企业。现为福建省重点企业、省级先进企业、享有进出口经营权生产企业。现有职工 1 002人，其中各类专业技术人员 136 人；设有 8 个生产车间、一所技工学校和一所 AG 轴承研究所；工厂占地面积 14.7 万 m^2，拥有固定资产原价 2 928万元；主要生产设备 342 台，检测设备齐全，是国家二级计量合格单位。主要生产中大型、中小型公制、英制圆锥滚子轴承，AG 系列轴承和深沟球轴承。7206、7208、7207E 圆锥滚子轴承曾获省优产品称号；“TAM”出口单列圆锥滚子轴承荣获对外经济贸易部荣誉证书。该厂年产值6 000万元，轴承产量 200 万套。产品主要供应各汽车整车厂、底盘厂、车桥厂、工程机械厂、农用车厂、农机具厂等主机厂整车配套和维修服务，并大量出口到美国、加拿大、东南亚等国家和地区，深受用户信赖。

福建省建瓯齿轮厂

地址：福建省建瓯市水西路 202 号　邮码：353100　电话：(05094) 3732512　电挂：7876　厂长：任芝生

简介：该厂创建于 1970 年，系机械工业部定点生产齿轮专业厂，省工贸重点企业、中型企业、国家二级企业、国家二级计量单位。该厂占地面积 8.4 万 m^2，拥有 6 个生产车间，一个合资车间和一个附属综合厂，主要生产设备 387 台，汽车变速器装配线一条，年可生产齿轮、花键轴 180 万件，汽车变速器 1.5 万台。

该厂技术力量雄厚，产品按符合国际标准的 GB10095—88 国家标准组织生产，精度可达 7 级～8 级，磨制齿轮可达 6 级。主要产品有：BJ－130 变速器全套齿轮及总成，东风 12、12Y、15 型手扶拖拉机，丰收 180、184 型拖拉机，农用运输车，CBG3160 装载机，GK125－Ⅰ、Ⅱ型摩托车等产品的齿轮及花键轴。其中 12 型手扶拖拉机齿轮曾获部优产品称号，农用运输车齿轮曾获省优产品称号。

中国重型汽车集团公司济南产品试制厂

地址：济南市天桥区西工商河路 13 号　邮码：250031　电话：(0531) 5959343　传真：(0531) 5959343　厂长：龙　江　总工程师：赵国忠

简介：该厂是重汽公司专业化生产厂，其前身是济南汽车制造总厂产品试制厂。现有职工 870 余名，占地面积 31 712m^2，固定资产 787 万元。生产主要由新产品试制、汽车改装和机械加工三部分组成，年生产能力 3 000 辆～4 000 辆，并能经营载重汽车和汽车零部件。

新产品试制，主要承担重汽公司新产品开发产品的试验、试制和小批生产任务。近几年，完成了原济南汽车制造总厂开发的 20 多种黄河系列汽车

的试制任务，以及出口汽车和特种汽车的装配工作。改装车生产，主要承担在黄河系列、斯太尔系列汽车底盘基础上的各类专用汽车的改装设计、开发和产品试制。曾开发试制出自卸汽车、厢式汽车等十多个品种的改装汽车，以满足社会对重型专用汽车的多种需求。机械加工生产，主要是承担各种汽车零部件的加工生产。

“质量第一，用户至上”是该厂生产经营的宗旨。

山东煤矿莱芜机械厂

地址：山东省莱芜市凤城西大街 329 号 邮码：271100 电话：(0634) 6213741 厂长：刘清文 总工程师：姜国桢

简介：该厂建于 1966 年，是煤机行业骨干重点厂之一，国有中型一档企业。现有职工 1 570 人，工程技术人员 120 人，其中具有高级专业技术职称的 25 人。拥有固定资产原价 6 835 万元，各类加工设备 600 多台，其中精、大、稀设备 60 多台。现已为全国各大煤矿、金矿、碱厂、钢厂、造纸厂等提供了大型洗选设备 500 多台（套），是煤炭工业部唯一生产压滤机的厂家。

该厂 1991 年被评为省级先进企业，有完备的质量保证体系，检测手段齐全，是国家二级计量单位。主要产品有 GPJ 加压过滤机、XMZ 压滤机、2PGL 破碎机、4JDM 型调车绞车、JD 调度绞车系列产品，中、轻型刮板输送机及一、二类压力容器，各种齿轮配件等。该厂年生产能力达 10 000t 以上，洗选设备、压滤机系列产品、40T 减速机产品荣获省级优质产品称号。

中国第一拖拉机工程机械公司

地址：河南省洛阳市建设路 154 号 邮码：471004 电话：(0379) 4973211 传真：(0379) 4913228 总经理：方 刚

简介：该公司原为中国第一拖拉机制造厂，是我国“一五”期间兴建的 156 个重点项目之一，是我国最大的拖拉机制造企业，也是我国农机行业唯一的国有特大型企业。公司现有职工 4.6 万人，1995 年生产拖拉机 10.87 万台，完成销售收入 33.17 亿元，实现利税 1.5 亿元。

该公司建成投产 40 年来，已累计为社会提供各种拖拉机 100 多万台，产品还出口世界 50 多个国家和地区，企业资产由投产时的几个亿滚动到目前的 40 亿元，已累计向国家上缴利税 30 多亿元。相当于国家投资的 6 倍多，为我国国民经济建设，特别是农业机械化的发展做出了突出贡献。企业也由建厂初期单一生产履带拖拉机，发展成为目前生产履带拖拉机和轮式拖拉机、推土机、压路机、装载机、叉车、柴油机、汽车及农用车等 8 大族系 30 多个品种共 100 多种型号产品的综合性机械制造企业。

该公司的产品深受用户的信赖，1993 年以来，拖拉机、压路机、柴油机先后获得“全国用户满意产品”、“使用可靠产品”、“全国消费者信得过产品”等质量荣誉 20 多项。该公司 1993 年 10 月被中国质量管理协会用户委员会授予“全国用户满意企业”称号。

机械工业部第八设计研究院

地址：长沙市韶山路 90 号 邮码：410007 电话：(0731) 5534822 传真：(0731) 5551914 院长：周齐安 总工程师：吕秀林

简介：该院是机械工业部属综合性甲级设计院，创建于 1951 年。具有机械、兵器、船舶等行业甲级工程设计证书、甲级综合环境评价证书，具有一、二、三类压力容器设计资格和承担工程项目总承包及工程监理等业务资格，具有对外经济技术合作业务经营权。该院归口发电设备、大中小电机、电炉、电动工具、印刷机械、电线电缆、工矿电机车、电工机械等行业的工程设计及咨询任务。现有职工 700 余人，其中工程技术人员 560 余人，具有高级专业技术职务 150 余人。40 多年来，承担国内外工程设计项目千余项，1978 年以来，共获得部、省级以上优秀设计金奖、优秀设计奖、科技进步奖、优秀计算机软件奖 70 余项，其中国家级奖 13 项，且获专利 16 项。

湖南省浦沅集团有限公司

地址：长沙市新风路 2 号 邮码：410007 电话：(0731) 5587111 传真：(0731) 5582657 董事长：陈励青 总经理：高桐

简介：该公司是国有大型企业，近十年来，先后兼并了长沙市两个亏损企业进行改造转产，于 1995 年组建了湖南省浦沅集团有限公司。公司下设 10 个专业厂、3 个研究所和 20 多个“三产”经营公司，主要分布在长沙、常德、上海三个城市，占地 120 万 m^2。公司现有员工 4 600 余名，其中科技人员 450 多人（高工 60 余名）。固定资产 1.9 亿元，拥有各类机械加工检测设备 1 600 多台，其中数控水下等离子切割机、大型数控折弯机、准柔性制造系统、焊接机器人等加工设备具有 90 年代世界先进水平。主要产品为 3t～8t 随车起重机、8t～80t 汽车起重机、25t～50t 全路面起重机、2.5t～10t 柴油桩锤、混凝土输送机械、高空作业机械、集装箱起重运输机械、道路清障车等，年销售收入达 3 亿元。

该公司广泛应用 CAD、CAT、CAQ 系统，并开发了 CIMS，实现了利勃海尔（LTM）技术国产化，产品质量名列全国同行业前茅，主产品 3 个品种 4 次获得国家银质奖，企业先后获得“全国‘五一’劳动奖状”、“全国现场管理先进单位”、“全国质量效益型先进企业"、"全国用户服务先进单位"等荣誉称号。

湖南省动力机厂

地址：长沙市浏阳河路239号　邮码：410008
电话：(0731) 4480038　传真：(0731) 4481093
厂长：朱　玟　总工程师：凌云龙

简介：该厂建于1953年，是生产车用柴油发动机的大型国有企业，1983年加入东风汽车集团，产品主要为东风汽车提供配套。工厂技术力量雄厚，产品质量过硬。6105Q直喷式柴油机多次被中汽公司质量监督中心检测站评为一等品，1990年、1993年免检，1992年在国家行业检查中荣获全国同类产品第一名。

目前主导产品HD6105Q发动机是该厂与世界著名的AVL公司共同研制的新一代动力，机械工业部的鉴定结论是："设计先进、结构合理、运转稳定、可靠性好，具有良好的动力性和经济性，主要技术指标均为国内领先水平，并达到国际90年代初水平。"该机型的显著特点是功率大、油耗低、噪声小、排放指标先进，是中吨位汽车最理想的配套动力，已与东风汽车公司及其他汽车厂家确立了稳定的配套关系。经"九五"技改后，工厂将成为能为1t～10t汽车提供配套动力、年产达10万台柴油发动机的生产基地。

湖南电线电缆集团公司

地址：湖南省湘潭市建设南路　邮码：411101
电话：(0732) 8591550　传真：(0732) 8591118
总经理：陈海燕　总工程师：杨其璧

简介：该公司是以创建于1951年的湘潭电缆厂为核心企业的全国大型综合性电线电缆重点骨干企业、国家大型一档企业，拥有员工10 000余名，固定资产近10亿元，年产值近20亿元，在香港、深圳、东莞、海南、湘潭等地办有20多个中外合资企业，连年跻身于全国500家最大工业企业行列和100家最大机械工业企业的先进行列。公司能按国际、国内标准常年生产金凤牌5大类、41个系列、108个品种、15 000多个规格的电线电缆产品，一直担负着国家重点工程和军用、航空航天用配套产品生产任务。产品已进入世界先进水平行列，广泛应用于电力输配、电机电器、仪表家电、矿山冶金、石油化工、交通运输、邮电通讯、航空航天及国防工程等国民经济各部门，畅销全国30个省、市、自治区及港澳、东南亚、中东、大洋洲、北美洲等地。公司曾先后获"国家二级企业"、"全国'五一'劳动奖状"、"湖南省质量管理奖"、"机械工业部百家出口先进企业"、"全国机电产品出口先进单位"等荣誉称号。

湘潭柴油机厂

地址：湖南省湘潭市郊新建村　邮码：411100
电话：(0732) 8299298　传真：(0732) 8299112
厂长：沈　墅　总工程师：蒋　澍

简介：该厂始建于1956年，是机械工业部定点生产小功率柴油机的国有中一型企业，国家二级企业，系中国工程机械、农业机械进出口联营集团单位。1992年荣获西班牙最佳信誉企业国际奖。1996年经国家外经贸委批准与香港淦辉公司合资成立湖南威格动力股份有限公司，获产品直接对外贸易权。

企业拥有员工1 960人，有专业工程技术人员300余人，技术力量雄厚。建有先进的柴油机主要部件铸造、加工生产线以及整机总装、试车、烤漆、包装生产线，年产能力20万台，质量控制检测手段先进、齐全。

企业主要生产湘潭牌3.1kW～15kW各种小型柴油机以及小型柴油发电机组、船挂机组、水泵机组。产品畅销全国各地以及20余个国家和地区，多项产品获部优、省优称号。R190型、R375Q型柴油机以及376Q型汽油机、大陆牌农用运输车等是适应市场需求而生产的最新产品。

1995年，企业完成产量10万台，产值1.07亿元，销售收入1.29亿元，创历史最好纪录。175Ⅱ型柴油机荣获"全国消费者信得过优质产品"，企业荣获"全国最佳企业形象"光荣称号。

株洲汽车齿轮厂

地址：湖南省株洲市新华西路119号　邮码：412000　电话：(0733) 8496000　传真：(0733) 8411274　厂长：何宗鉴　总工程师：余耐生

简介：该厂系中国重型汽车集团公司直属厂，国家大型二档企业，全国500家最大交通运输企业之一，是全国齿轮制造重点骨干企业。工厂占地面积34万m^2，固定资产原价近2亿元，主要生产设备千余台，职工人数近3 000人，主要生产重、中、轻、客、微、轿各类汽车变速器、分动器、取动器、差速器总成和传动系齿轮及轴。年生产能力为：各类箱总成10万台，汽车驱动桥螺旋圆锥主、从动齿轮20万套，盘形齿轮及轴200万件。

该厂技术先进，装备优良，质量可靠，拥有大批80年代国际先进水平的齿轮加工和检测、试验设备。是国家一级计量单位和湖南省齿轮产品质量检测授权站，主要产品均获省优、部优产品称号，直接为中国重型汽车集团公司、东风汽车公司、一汽集团公司、长安汽车有限责任公司配套。工厂拥有1 000余家长期稳定客户，部分产品已销往美国及东南亚市场。

按照工厂的"九五"计划，到"九五"末期，将建成达到90年代技术的年产20万台箱总成，30

万套汽车驱动桥螺旋圆锥主、从动齿轮，500 万件盘形齿轮及轴的汽车零部件大型专业化工厂。

湖南省衡阳建湘柴油机厂

地址：湖南省衡阳市江东区　邮码：421002
电话：(0734) 8331211　传真：(0734) 8331234
厂长：沈渭石　总工程师：沈渭石

简介：该厂始建于 1950 年，系国家重点生产柴油机的大型企业。工厂占地面积 57 万 m^2，建筑面积 19 万 m^2，其中生产建筑面积 10 万 m^2。现有固定资产原价 11 537 万元、净值 9 000 万元。主要工艺设备 1 180 台，其中金属切削设备 449 台。有铸、锻、冲、焊、机加工、油漆、热处理、总装、试车及工具、机修、产品试验、工艺试验、试制车间等完整的生产体系。

该厂主要生产 1 缸～4 缸 90－95 及 N85 系列柴油机，现年生产能力为 7 万混合台约 90 万 kW。该厂长期奉行“质量是企业生命”的宗旨，从严治厂，自建厂以来，先后成批生产过十几种机型的柴油机，累计达 160 万台，产品行销全国，曾批量出口到美国、印尼、泰国等十余个国家和地区。该厂生产的 190 型柴油机 1989 年获国优产品称号，TY290 型柴油机 1990 年获部优产品称号。

湖南省娄底汽车改装有限公司

地址：湖南省娄底市扶青路　邮码：417000
电话：(0738) 8312450　传真：(0738) 8312450
董事长兼总经理：曾太平

简介：该公司占地面积 4.5 万 m^2，建筑面积 1.2 万 m^2，固定资产 3 500 万元，职工 260 人。现已达到年产 3 000 辆各类改装汽车的生产能力。

公司根据国家汽车产业政策及自身产品和市场需求状况，加大汽车生产项目投入，使驰峰牌汽车品种发展到 LQ3090 型 4.5t 柴油自卸车，LQ1091LC 型、LQ1091PA 型、LQ1091B 型、LQ1091LW 型 4 种柴油载货平头、带卧、加长汽车；LQ2815 型仿东风 140 型、仿解放 141 型农用运输平板、自卸车；LQ6600 型仿柯斯达 19 座～27 座轻型客车等 3 大系列 10 个品种。产品行销全国 25 个省、市、自治区。

几年来，连续荣获湖南省娄底地区“十佳”明星企业和“重合同守信用单位”等光荣称号。

湖南省醴陵电瓷厂

地址：湖南省醴陵市大桥北路 1 号　邮码：412200　电话：(0733) 3232311　传真：(0733) 3233160　厂长：万兆孚　总工程师：文郑鳞

简介：该厂创建于 1946 年，是机械工业部重点骨干企业，全国五大电瓷生产厂家之一。现有职工 2 700 余人，占地面积 34 万 m^2，拥有固定资产原价 10 069 万元。该厂技术力量雄厚，设备先进，年产高压电瓷 6 000t，产值上亿元。

该厂主要产品有：500kV 及以下六氟化硫断路器瓷套，500kV 及以下电站电器大瓷套，500kV 及以下棒形支柱绝缘子，300kN 及以下悬式绝缘子和 110kV 及以下线路针式、蝶式绝缘子，110kV 和 220kV 电流互感器，220kV 及以下变压器套管和穿墙套管，组合电器，220kV 及以下避雷器等共 13 个系列上千种规格型号的电瓷、电器产品。其中 110kV～220kV 电流互感器、穿墙套管、组合电器被电力工业部推荐为首选产品，电流互感器的年生产能力达 2 000 余台；六氟化硫断路器瓷套荣获部优产品奖，年产量达 5 000 余根。两大系列产品已形成“拳头”产品，处于国内领先水平。

湖南汽车车桥厂

地址：湖南省津市市　邮码：415400　电话：(0736) 4223440　传真：(0736) 4223440　厂长：彭述东　总工程师：杨孚俊

简介：该厂是与东风汽车公司合资联营的专业化车桥厂，定点为东风汽车公司、郑州轻型汽车总厂及全国各重点农用车集团配套 3t 级汽车前后桥。

企业现拥有固定资产 10 214.23 万元，各类机械设备 1 100 余台，占地面积 39.01 万 m^2，职工人数 2 500 多人，各类专业技术人员 444 人。经过“八五”技术改造，企业已形成 3t 级系列汽车前后桥总成 5 万台（套），EQ6690 轻客底盘 3 000 台，HNQ9170 东风系列改装车 2 000 辆的生产能力，年产销量逾 3 亿元。企业奉行“品质优先，用户至上”的质量方针，从 1990 年起连续荣获湖南省质量管理奖，1993 年跻身全国 500 家最大交通运输制造企业行列，连续三年被评为湖南省百强工业企业，其主要产品被评为湖南省优质产品。在本世纪内，企业将致力于建设 10 万套 1t～3t 轻型汽车前后桥，1 万台轻型客车底盘的生产能力，创建全国规模最大的专业化汽车车桥厂。

佛山市火花塞厂

地址：广东省佛山市石湾区海槎路 3 号　邮码：528031　电话：(0757) 2273049　传真：(0757) 2284418　厂长：何沛坚　副厂长：郭跃进、江韶光

简介：该厂始建于 1969 年，现有职工 300 人，各类专业技术人员 50 人。厂区占地面积 2.5 万 m^2，厂房建筑面积 1.2 万 m^2。企业经过全面技术改造，已成为全国火花塞行业具有较大规模的企业。主要产品有各种型号汽车、摩托车火花塞，JK613 汽车液压制动灯开关及各种特种电工陶瓷、球旦、球衬砖。产品销往全国各地，部分产品出口。

该厂设备先进，检测手段完备，技术力量雄

厚，先后引进了英、美、德、丹麦等国家80年代先进水平的生产专用设备和技术。产品质量达到国家标准，1991年参加全国火花塞行业质量评比，荣获第一名，被评定为优等品。近年产品出口到印尼、台湾等国家和地区。产品经佛山市商检局及佛山市质检所检查，全部性能优良。

机械工业部第七设计研究院

地址：西安市环城南路东段15号　邮码：710054　电话：（029）7215108　传真：（029）7217473　院长：廖文坚　总工程师：胡彤茂

简介：该院创建于1951年，是以承担高压输变电设备及电器、电材行业工厂设计为主的综合性设计研究院。1993年被评为全国勘察设计行业综合实力百强单位之一。现有职工865人，其中高级工程师190人，工程师310人，有全国设计大师2人。该院下设8个设计研究所、5个公司，并在东南沿海设华东及华南总部，下属上海、常州、厦门、烟台、深圳、海南、珠海、珠江8个分院。

建院40余年来，该院完成的各类电器、电材工厂和建设工程1 000余项，遍布全国30个省、市、自治区。1982年以来，获国家级优秀设计、优秀工程、优秀软件金质奖1项、银质奖8项、铜质奖4项以及部省级奖100余项。

该院建有完善的规章制度和质量保证体系，拥有先进的CAD及MIS系统，配备有美国CV公司CAD工作站及百余台微机和其他精良技术装备。

该院是外经贸部批准的具有直接对外经济技术合作经营权的设计院，历年来承担了多项国外工程设计，获得了好评。

铜川电力机械制造公司

地址：陕西省铜川市玉华路　邮码：727000　电话：（0919）2183754　电挂：6644　总经理：吴振东　副总经理：安志恒、马维义

简介：该公司是机械工业部定点生产高中压输变电设备和环保除尘设备的大型企业，中国西电集团成员。公司组建于1984年，下设铜川整流变压器厂、铜川电瓷电机总厂、铜川开关厂、铜川无线电厂、铜川电工器材厂和铜川闲置设备调剂咨询中心等多家生产及咨询企业。

公司占地面积19.5万m^2，建筑面积9.8万m^2；拥有资产1.4亿元，其中，固定资产6 000万元；主要设备500台（套）；职工2 500余人。近年来，公司对企业进行了大规模的技术改造，形成了年产130万kV·A变压器、7万kW交流电机和防爆电机、5万只熔断器、2500台断路器、5万只避雷器、1 800t电瓷、5万台塑封电机、30万片陶瓷刀片和1 000t除尘设备的生产能力，产品行销全国并出口到欧洲和东南亚地区，受到用户好评。

兰州石油机械研究所

地址：兰州市七里河区敦煌路155号　邮码：730050　电话：（0931）2335931　传真：（0931）2343214　所长：唐尚谋　总工程师：张明石

简介：该所成立于1960年5月，现有职工803人（不含中试厂辅助人员），其中专业技术人员478人，固定资产7 000万元，年产值9 000万元。

该所（国家一类所）是机械工业部石油钻采、炼油化工设备行业的技术归口所，是从事石油钻采机械、炼油化工设备、海洋石油平台上部设施、轻化及食品工业装备的研究、设计、产品开发、性能测试评定和设备技术成套的综合性研究所。具有压力容器各类设计许可证，工程设计许可证及一、二类压力容器制造许可证，建所以来已为国家提供科技成果527项。

该所是美国石油学会（API）的会员，与美国NATCO公司、加拿大PROPAK公司、俄罗斯全俄石油机械研究设计院等建有长期的合作关系，并与国内200多个厂、矿、公司、大专院校、研究所有着良好的合作关系。

主要业务范围：石油钻井、采油、集输、设备的研究与开发；炼油化工、轻化食品设备的研究、开发、制造和工程项目的设计与承包；海洋石油钻采、集输、电力、冶金和油气水分离设备的研究开发制造，工程项目的设计与承包；石油钻采设备、炼油化工设备的性能测试与检测；石油钻采设备、炼油化工设备的单机和成套项目的供货。

兰州汽车齿轮厂

地址：兰州市安宁区桃花村89号　邮码：730079　电话：（0931）7666454　传真：（0931）7667856　厂长：张兴志　总工程师：王旭生

简介：该厂创建于1940年，是国家生产汽车齿轮最早的专业化大型二档骨干企业之一，现隶属于甘肃省机械集团公司。

工厂占地面积21.7万m^2，现有固定资产原价8 806.76万元，净值6 175.23万元，资产总计1.4097亿元。有各类生产设备779台，其中金属切削设备505台，现有职工1 850人。工厂主要生产：（1）解放系列变速箱总成及其齿轮和轴、后桥螺伞齿轮，其中齿轮和轴及后桥螺伞齿轮分别获省优、部优产品称号；（2）东风EQ140变速箱齿轮和轴、后桥螺伞齿轮，已通过省级一等品认证；（3）LCS5－20B_1、MSA－5P轻型车五档全同步变速箱总成及其齿轮和轴；（4）LF06S（日野车型）六档全同步变速箱总成及其齿轮和轴。年齿轮生产能力达到60余万件（套），变速箱总成生产能力达到3万余台。

兰州石油化工机器总厂

地址：兰州市七里河西津西路 194 号　邮码：730050　电话：（0931）2333611　传真：（0931）2339794　厂长：王永森　总工程师：张仁俊

简介：该厂创建于 1953 年，现有职工 1 万余人，拥有固定资产原价 7.75 亿元，是国家生产石油钻采和炼化设备的大型骨干企业。主要产品有：(1) 石油钻采机械：8 000m 以内海洋、陆地和沙漠石油钻机，各种涡轮钻具，各型抽油机及海洋钻修井模块。(2) 炼化设备：年产 100 万 t～500 万 t 成套炼油设备，套管结晶机，真空过滤机，各种高压容器，各种换热器，大中型球罐、卧式贮罐。(3) 通用机械设备：锻压机械，工程机械，冶金及水泥设备，金刚石压机，煤制气设备，航天、航空、核工业等装备。年产量为 4 万 t。工厂 1987 年进入省一级企业，1988 年跨入国家二级企业行列。产品远销美国、加拿大、法国、日本、印度等国家和地区。

兰州电机厂

地址：兰州市民乐路 66 号　邮码：730050　电话：（0931）2336951　传真：（0931）2335068　厂长：阳贻华　总工程师：张广垣

简介：该厂是机械工业部布点在西北地区的制造电机和发电设备的大型一档企业，国家一级企业。现有职工 6 100 多人，工程技术人员和专业管理人员 1 000 多人。工厂拥有主要生产设备 1 317 台，关键进口设备近百台，固定资产 19 000 万元。产品共十大类，计 88 个系列、2 600 多个规格，年综合产量达 250 万 kW。产品中应用了从美国西屋公司、GE 公司、德国西门子公司引进的大型交流电机、直流电机、船用无刷同步发电机及交流伺服和主轴电机、大型交流调速电机的制造技术。

“八五”期间，工厂完成了国家重点科技攻关项目 1200GT1 挂车电站及 6 000m 沙漠电动钻机驱动电机，研制完成了单机容量为 10 000kW 的异步电机制造，开发了第二代节能型 10kV 中型异步电动机。企业高度重视产品质量，1994 年率先通过了 ISO9001 质量体系注册认证，并被国家认定为 100 家企业技术中心之一。

“八五”前三年，企业工业总产值每年平均以 5 000 万元的速度递增，经济效益成倍增长。1993 年完成工业总产值 31 000 万元，实现销售收入 34 192万元，实现利润 3 418 万元，创建厂以来的最好水平，工厂跻身中国机械工业百强行列。1995 年，面对严峻的外部环境，工厂凭借自身的优势，各项经济技术指标仍居全省机械行业榜首。企业荣获甘肃省“双文明建设”模范单位、机械工业部思想政治工作开拓创新奖等多项荣誉称号。

兰州油泵油嘴总厂

地址：兰州市段家滩 440 号　邮码：730020　电话：（0931）8495631　传真：（0931）8496899　厂长：熊纪周　总工程师：谢景祥

简介：该厂建于 1976 年，是隶属于甘肃省机械集团公司的国有中型企业。占地面积 58 971m^2，现有职工 1 221 人，其中工程技术人员 180 人，拥有各类主要设备 221 台，固定资产原价 1 757.5 万元，形成了 3 000 多万元产值的生产规模。主要产品有内燃机燃油喷射系统的关键部件——高压喷油泵总成、喷油器总成、喷油嘴偶件、柱塞偶件和出油阀偶件，共有五大类 30 多个品种规格。具有生产总成 30 万缸、偶件 300 多万副的能力。在产品的生产中采用了国内较先进的生产工艺和生产设备，推行全面质量管理，产品质量水平稳定提高，有 2 种产品获得部优产品称号，5 种产品获省优产品称号。产品销往全国 20 多个省、市、自治区，部分产品销往东南亚和西亚地区，在市场和用户中树立了良好的企业形象和产品信誉。

兰州电力修造厂

地址：兰州市七里河光华街　邮码：730050　电话：（0931）2334626　传真：（0931）2310639　厂长：耿现珊　总工程师：王小强

简介：该厂是电力工业部系统专业生产环境保护设备的企业，是国内最大的制造电站用电除尘器的厂家之一，国家大二型企业。该厂技术力量雄厚，设备先进，具备为 2.5 万 kW 至 60 万 kW 火电机组配套 RWD、KFH 型两代系列电除尘器的科研、设计和制造能力。截止至 1995 年底，已生产各种规格的电除尘器 500 多台，安装在全国 26 个省、市、自治区的 60 多个电厂，并出口国外；该厂在国内市场占有率名列前茅。该厂的除尘器具有收尘效率高、适应性强、体积小、用途广、运行安全可靠等特点，除尘效率可达 99% 以上，产品性能接近国际同类产品的先进水平，能满足治理多种烟尘的环保技术要求。

该厂产品曾荣获国家优秀新产品金龙奖、国家优质产品金质奖、甘肃省名牌产品称号等，被评为国家科技进步二等奖和电力工业部科技进步一等奖，为我国的电力发展及环境保护事业做出了贡献。

天水星火机床厂

地址：甘肃省天水市北道区社棠东路 41 号　邮码：741024　电话：（0938）734717　传真：（0938）736971　厂长：黄耀华　总工程师：李维谦

简介：该厂自 1967 年 5 月定点兴建，由沈阳第一机床厂迁建，属国家大型二档企业，是我国生产大型卧式车床的主导厂。目前可生产大型卧式车床、中型卧式车床、数控车床、轧辊车床等5大系列、50个品种、93种规格的各种金属切削机床。全系列大、中型卧式车床及数控车床加工长度为0.7m～20m，加工直径为360mm～2 200mm。产品贯彻执行国际标准和工业发达国家的先进标准，多次获得省优、部优、名牌产品称号，产品遍布全国各省市，并出口到35个国家和地区。

天水二一三机床电器厂

地址：甘肃省天水市秦城区赤峪路35号　邮码：741001　电话：　(0938) 212888　传真：(0938) 216854　厂长：朱安成

简介：该厂是机械工业部重点骨干企业，甘肃省一级企业。1992年获中国船级社首家型式认证，1993年被机械工业部列为全国220个“机械工业特定振兴企业”之一，同年又被国家统计局列入“中国500家最大电气机械及器材制造企业”，1995年通过了国际ISO9001质量体系认证，成为低压电器行业首家通过认证的国有企业。

该厂主导产品为引进法国TE公司专有技术制造的低压电器产品及成套装置。产品广泛用于机床、机械、轻纺、石化、冶金、建筑、铁路、船舶、电力、农业等各个领域。

引进产品中被评为国优产品2种，部优产品7种，省优产品12种，全部引进产品均通过采标验收合格，获“采用国际标准合格证书”。产品被列入机械工业第一批基础件名优产品。

天水长城开关厂

地址：甘肃省天水市长开路6号　邮码：741018　电话：(0938) 383450　传真：(0938) 383456　厂长：梁国恒　总工程师：胡　亮

简介：该厂是生产中压开关设备及电器元件的专业厂，始建于1968年。全厂占地面积22万m^2，拥有各类生产设备465台，固定资产原价8 603万元。工艺装备处于国内一流水平。1995年末员工总数2 010人，其中各类专业技术人员492人。年生产高低压开关柜3 700面，高压断路器4 440台，操动机构5 162台，电流互感器6 885台，年产值(当年价) 1.9亿元。1989年被甘肃省人民政府授予质量管理奖，1990年进入国家二级企业行列，1991年被机械工业部授予国家安全级企业和工艺管理先进企业称号，1994年底取得了GB/T19001 (ISO9001) 标准的质量体系认证证书，连续多年被甘肃省和天水市政府评为“重合同、守信用”单位。企业在行业中具有较高的声誉和市场竞争能力，经济效益指标连续多年在同行业中名列前茅。

甘肃长城电器工业公司

地址：甘肃省天水市秦城区南廓路1号　邮码：741018　电话：　(0938) 382606　传真：(0938) 382967　经理：陈绍魁

简介：该公司是国家大型一档骨干企业，全国五大电器基地之一，列入机械工业部百家最大工业企业，在甘肃百强企业中名列第十六位。是国家60年代末在天水布点兴建的一个以生产配电和用电电器开关设备为主导，以成套技术为重点，集科、工、贸为一体的大型综合企业，隶属甘肃省机械集团公司。

公司现有8厂、两所、两校、14个集体生产企业，有职工12 000余人，占地面积100余万m^2，生产建筑面积234 658m^2，固定资产原价2.9亿元。主要生产35kV以下各种高低压电器元件、开关设备、电气传动控制设备、自动化装置、电工和汽车仪器仪表及合金材料等15大类、297个系列、4 000多个品种的电气产品。主导产品有42种被评为部优、省优产品，优质产品和新产品产值率分别达到45%和54%。

天水红山试验机厂

地址：甘肃省天水市秦城区红山路2号　邮码：741001　电话：(0938)214909　传真：(0938)212201　厂长：邓树森　总工程师：黄钟宇

简介：该厂是全民所有制企业，是国家材料试验机行业大型骨干企业。1966年从长春迁陇，1970年建成投产。占地面积20.13万m^2，建筑面积11.1万m^2。现有职工2 000人，其中科技人员216人。固定资产7 124万元，各种主要设备575台（套），其中精大稀及进口设备150台（套），理化、计量、检测设备178台（套）。

主要产品有：各种材料试验机、力标准机、大型微机动静态轨道衡汽车衡、测力及称重传感器、铸造机械等5大类19个系列100多个品种，现具有年产各类产品300台（套）的生产能力。主要产品中有50多种分别获国家科委、国防科工委及部级以上的科技进步奖和优质产品奖，其中国优1项，部优3项，省优10项。为航天、航海、国防科研和其他各领域研制各类产品3万多台（套），产品出口到亚、非、拉、欧、澳洲的15个国家和地区。累计为国家上缴利税逾亿元。

天水锻压机床厂

地址：甘肃省天水市北道区　邮码：741020　电话 (0938) 736873　传真 (0938) 735086　厂长：陈三国　总工程师：卫建平

简介：该厂系60年代国家重点投资建设的“三线”企业，是专业生产大中型锻压机床的重点企业，有外贸进出口自营权，至今已有30年历史。

该厂主要生产QC11Y、QC12Y系列液压闸式和液压摆式剪板机，QC11K、QC12K系列数控剪板机，WG67Y、WZ67Y系列液压板料折弯机，WG67K、WZ67K系列数控折弯机，Y45系列龙门移动式液压机，QA28Y角度剪切机，D46系列楔形模横轧机和YA34系列框式液压机等锻压机床。

该厂年生产剪、折等锻压机床能力600台，出口创汇300多万美元。主导产品多次荣获国家经贸委和部、省级优质产品证书。折弯机首家取得国家级可靠性认证合格证书。产品质量保证体系执行GB/T19002（ISO9002）标准。

天水风动工具厂

地址：甘肃省天水市北道区社棠路16号　邮码：741020　电话：（0938）735469　传真：（0938）734570　厂长：康聚廷　总工程师：严庆帮

简介：该厂是我国制造凿岩机械与气动工具的现代化专业工厂，国家二级企业。现有职工3 500人，占地面积69万 m^2，生产建筑面积10万 m^2。现有各种设备1 800多台，其中专用设备750多台。

该厂产品有：YT24、YT28、Y20LY等型号凿岩机，各种规格的气扳机、气砂轮、气钻，TROC712、812系列全液压钻车，CL15、CLQ15履带式钻车等。自1980年至今已有YT24、YT28气腿式凿岩机，Y24手持式凿岩机，S60、S150气砂轮，B10A、B20A气扳机，CLQ15潜孔钻机等14种产品分获国优、部优、省优产品称号，并达到国内外同类产品先进水平。其中YT24气腿式凿岩机1994年被评为“全国用户最满意产品”。

该厂每年可向市场提供4大系列、86个品种、159个规格的凿岩机械及气动工具7万多台（套）。

股份制企业简介

北京市司达旅行车有限公司

地址：北京市永外和义庄1号　邮码：100076
电话：（010）67092331、67094360、67236103
厂长：王金权

简介：该公司前身为北京旅行车制造厂，成立于1958年。并于1988年与中汽投资开发公司、北京汽车投资公司等单位共同投资组建北京旅行车股份有限公司（以下简称北旅公司）。该公司是北旅公司的最大控股企业，现有职工1 100人，专业技术人员142人，公司占地面积10.02万 m^2，建筑面积1.58万 m^2，总资本16 677.8万元，年产值8 000万元。

该公司下属企业有司达、京丰、红星工厂和司赛达斯改装厂，汽车配件公司，木底板厂，迪达汽车贸易公司，汽车修理厂，汽车配件厂等。该公司生产经销BJ6560A$_1$、BJ6440DK、BJ6700D/DK系列旅行车和BJ6490多用途旅行车，并生产加工旅行车的多种配件。

河北装潢印刷机械股份有限公司

地址：石家庄市放射路53号　邮码：050021
电话：（0311）6011816　传真：（0311）6011816
董事长兼总经理：傅彦江

简介：该公司始建于1956年，是中国印刷及设备器材工业协会丝网印刷行业委员会的主任单位。目前，公司固定资产已达1 400多万元，于1994年1月1日起改组为股份制企业，公司厂区面积达50 441m^2，现有职工1 000多人。

公司坚持走外向型发展的道路，目前，已建成3个合资联营企业：与香港合资的冀孚印刷机械有限公司、与北人集团联营的河北北人给纸机厂、与意大利SIAS公司合资的河北赛尔斯丝网印刷机械有限公司。公司生产销售经营印刷机械、印刷器材和印刷业务。公司主要产品有：PLH－180型商标印刷机，PLH－270型商标印刷机，TB100全自动电池标贴机，N71型平张纸给纸机，JLB203G型轮转胶印机，JLB201G型轮转胶印机，各种规格的平面和曲面丝印机产品。丝网印刷机中有11个产品填补了河北省和国内空白，并获省和国家优秀产品奖，部分产品打入东南亚市场。

公司在实行股份制运行的第一年便跨入石家庄市500万元利税大户行列，并创公司历史最好水平。

保定天威集团有限公司（保定变压器厂）

地址：河北省保定市江城路　邮码：071056
电话：（0312）3027971　传真：（0312）3027710
总经理：闫世博

简介：该厂于1958年动工兴建，1960年投产。经过几十年的扩建和技术改造，现已发展成占地66万多 m^2，拥有3 670余名职工，专业生产10kV～500kV、50kV·A～400 000kV·A变压器的专业制造厂。是国家大型一档企业，机械工业部骨干企业，国内生产500kV超高压变压器仅有的3个生产厂之一。主导产品8 000kV·A及以上大型电力变压器曾多次获上级奖励，是国内为核电站配套变压器的唯一生产厂。

1995年是该厂各项经济技术指标均列历史最好水平的一年，变压器产量超过1 000万kV·A的设计能力达到1 351万kV·A，其中500kV超高压变压器137万kV·A，实现销售收入44 581万元，利税7 383万元，当年价产值51 000万元，综合经济效益指数117.7%。

该厂是国务院进行现代企业制度百家改制试点企业之一，以原保定变压器厂为基础组建了保定天威集团有限公司，并已经国家授权运营国有资产。集团公司将以投资、控股、参股、资产转移等方式，在全新的体制下更快地发展。

衡水电机股份有限公司

地址：河北省衡水市和平中路17号　邮码：053000　电话：(0318) 2025883、2023999　传真：(0318) 2021463　董事长兼总经理：吕吉泽

简介：该公司是内部职工持股的股份制企业，总股本1912.4万元，国有资产占51%，职工个人股占49%。是机械工业部定点生产电机大型二档企业，在全国500家最大电气机械器材制造企业中列258位，是国家二级企业。现有员工1 560名，专业技术人员210人，占地面积28万m^2，分三个厂区。

主要生产Y、Y_A、Y_B、Y_D系列和YsF、Y_T系列三相异步电动机、高强度螺丝和高压胶管，通过了ISO9001质量体系认证。猛牛牌Y系列电机和高强度螺丝获河北省优质名牌产品称号，Y80～Y160电机为河北省质量监督免检产品。年生产能力：电机125万kW，高强度螺丝1 200万件、高压胶管50万m。1995年生产电机72.8万kW，完成工业总产值11 627.5万元，实现利润1 568.8万元。工业经济效益综合指数连续四年居全国电机行业前三名。

瓦房店轴承集团有限责任公司（瓦房店轴承厂）

地址：辽宁省瓦房店市北共济街1号　邮码：116300　电话：(0411)5613496转　传真：(0411)5612106　董事长兼总经理：于　杰

简介：该公司前身瓦房店轴承厂始建于1938年，是全国500家最大工业企业和轴承行业三大骨干厂之一，是中国轴承行业唯一特大型企业，主要经济效益指标居全国同行业前茅，先后获全国企业管理优秀奖、全国“五一”劳动奖状、中国工业技术开发实力百强企业、百家知名企业、中国机械十大杰出企业荣誉称号等。

瓦轴集团公司拥有全资、控股和参股子公司22个，占地面积186万m^2，员工2.6万余人，主要生产设备5 900多台，能生产和经营9大类型、5个精度等级、5 000多个规格的工业轴承，以及等速万向节、滚珠丝杠副、专用机床、特种钢材、磨料磨具、能源动力，兼营交通运输、建筑安装、包装制品、科技咨询、商贸饮服等，年销售额达19亿元，实现利税2.1亿元。

公司规划在2000年前将加大进行技术改造，大力调整产业结构和产品结构；以实现规模大型化，制造技术现代化，产品高科技化，经营多角化，管理科学化，形成集科、工、贸、金融、服务于一体的资产经营联合体，使“ZWZ”品牌成为世界知名商标，瓦轴集团公司跨入世界知名轴承企业行列。

四平金丰股份有限公司

地址：吉林省四平市铁东区平东东路113号　邮码：136001　电话：(0434) 3388063　传真：(0434) 3388798　董事长兼总经理：王有河

简介：该公司是以四平鼓风机厂为主体，于1992年7月改制，为吉林省首批股份制试点企业之一。总股本为1 395.15万股。公司的主要产品有风机、起重机械、电焊条、热浸镀铝产品等。四平鼓风机厂是我国风机行业12个重点骨干企业之一，建厂近40年，1982年被机械工业部确定为高温风机定点生产厂家。曾研制生产了我国第一台工作温度800℃以上的罩式炉台高温风机，第一台水泥窑尾高温风机，第一台玻璃浮法线高温风机，第一台高效节能型离心通风机。现能生产10大类、518种规格型号的风机产品，其最大直径已达到4.6m，广泛应用于建材、冶金、化工、电力、矿山、煤炭、粮食等工业部门，遍布全国30个省市，远销20多个国家和地区。其中应用从英国引进高温风机技术生产的BB24、BB50水泥窑用高温风机产品被评为吉林省名牌产品、部优产品，国内市场占有率达70%。1994年10月该厂在风机行业率先通过ISO9000质量体系认证。

1995年该公司实现销售收入6 033万元，利润912.8万元，利税1 639万元，比上年分别增长33%、13%、44%，连续两年位居吉林省机械行业第二位，四平市预算内企业第一位。企业先后被吉林省命名为质量管理奖先进级企业等称号。1995年被吉林省命名为标准化股份公司。

万向钱潮股份有限公司

地址：浙江省萧山市　邮码：311215　电话：(0571) 2716888　传真：(0571) 2692132　董事长兼总经理：鲁冠球

简介：该公司是以原国家一级企业——杭州万向节总厂为基础组建的，1994年1月，经规范化股份制改造后，公司股票“万向潮”在深圳证券交易所上市。

公司以汽车万向节十字轴总成为主导产品，20多年来，依靠自身积累，迅速发展壮大，并实行股份制。目前总股本已达119 900 976.8股，其中法

人股 86 900 976.8股，占 72.48%，社会公众股 33 000 000股，占 27.52%。产品主要用于国内各主机厂配套和出口国外，国内业务量占同行业的 65%以上，出口遍及 30 多个国家和地区。公司曾获全国企业管理优秀奖，产品质量获国家银质奖。1994 年 9 月，钱潮牌万向节总成被评为全国首批汽配推荐商品，1994 年 12 月，公司又通过了 ISO9000 质量体系认证。

1994 年公司共生产万向节总成 738.83 万套，实现主管业务收入 18 643.05 万元，出口创汇 773.7 万美元，利润总额达 4 767.03 万元，各项主要经济指标均远远高于国内同行企业。

厦门汽车股份有限公司

地址：福建省厦门市东渡路 64 号　邮码：361012　电话：（0592）6015070　传真：（0592）6015076　董事长：黄培予　总经理：张友山

简介：该公司系由原厦门汽车工业公司进行股份制改组而成，创建于 1988 年。1992 年，公司向社会公开发行人民币股票，1993 年 11 月 8 日，公司股票在上海证券交易所正式挂牌上市。截止至 1995 年底，公司总股本为 8 417.64 万股。

该公司是以汽车生产为主导产业，并集商业贸易和房地产开发于一体的投资开发公司，也是工贸技结合、具有进出口贸易权和房地产经营权的经济实体，现有总资产 6 亿元，净资产 2 亿元。公司大力投资建设以旅行车、客车制造为主的汽车工业，现已形成双班年产 8 座旅行车 2 万辆，大中型豪华旅游客车年产 500 辆的能力。主要产品有：金龙牌 XML6390 型旅行车，XMQ6700 型、XMQ6110 型和 XMQ6120 型豪华旅游客车，其中，大中型豪华旅游客车在全国第二届城市车辆展览会上分获一、二等奖。

1995 年，该公司实现工业总产值 6.35 亿元，利润 8 189 万元，出口创汇 1 505 万美元。在全国 47 个汽车工业综合单位中，该公司的经济效益综合指数和工业全员劳动生产率均位居第四位，工业资金利税率居第三位。

厦门工程机械股份有限公司

地址：福建省厦门市厦禾路 668 号　邮码：361004　电话：（0592）2031755、2024313　传真：（0592）2036720　董事长：李荣玉　总经理：俞步凡

简介：该公司由原厦门工程机械厂改制创立，是机械工业部重点生产轮式装载机、推土机等工程机械产品的骨干大型一档企业。享有国家经贸委授予的自营进出口经营权。

公司现有员工 2 400 多人，各类专业技术人员 500 多人。公司占地面积 36.60 万 m^2，近 20 万 m^2 的生产厂房，总资产近 8 亿元，有年产装载机 3 000 台/40 000t以上的生产能力和可靠的质量保证体系。

公司主要产品有厦工牌 ZL30C 到 ZL80 型系列轮式装载机和 TL180 轮式推土机、ZLD40 井下装载机以及相应的夹木、高卸载、侧卸装载机。同时，与德国雪孚集团公司共同投资生产世界最先进的 F714/R、F714/M 型履带液压挖掘机。主导产品 ZL40、ZL50 型装载机获省优、部优、全国知名品牌等称号，产品历年畅销不衰，并已出口到美国、埃及、东南亚等国家和地区，在国内外享有良好的信誉。

“三资”企业简介

北京蒙诺汽车减振器有限公司

地址：北京市宣武区广安门外鸭子桥 25 号　邮码：100055　电话：（010）63273331（总机）、63402142（销售）　传真：（010）63402141　总经理：威利·彼莱　副总经理：向新华

简介：该公司是由北京汽车工业集团总公司与世界著名的减振器制造商——美国蒙诺汽车设备公司，以原北京市汽车减振器厂为投资主体合资经营。美国蒙诺汽车设备公司是世界最大的减振器生产商，是一个具有 70 多年历史的跨国公司。

合资公司引进蒙诺的先进技术、设备和管理经验，利用蒙诺公司世界范围的技术联网，根据中国国情及用户要求加快产品更新换代，在提高产品质量和适用性的基础上，扩大产品配套范围，使产品服务于桑塔纳、富康、奥迪、捷达、切诺基、夏利等轿车，以及各种卡车、微型车。1998 年形成 350 万支减振器和独立悬挂的能力，其中轿车占 200 万支，更好地为北京、一汽、二汽、上海、天津等汽车基地服务。合资公司 20% 的产品出口到世界各地，参与国际竞争。

河北赛尔斯丝网印刷机械有限公司

地址：石家庄市放射路 53 号　邮码：050021　电话：（0311）6010329　传真：（0311）6010329、6011816　董事长：翁贝托·布拉萨　总经理：傅彦江　副总经理：陈宝来　总工程师：付彦江

简介：该公司是由河北装潢印刷机械股份有限公司、意大利 SIAS（赛尔斯）印刷集团、台湾正中印刷器材有限公司投资的“三资”企业。投资总

额为60万美元，企业员工共计60人，年产能力为1 000台丝网印刷设备。年销售额2 000万元。

公司全部采用意大利赛尔斯印刷集团的生产技术和进口优质气动元件、电器元件等关键零部件，生产各种丝网印刷机械及其配套设备达百余种。产品性能可靠、品质优良、操作方便。

公司对于售后产品有完善的“一条龙”服务，并研究和发展新产品，使丝网印刷机械及其辅助设备向系列化、配套化、高档化方向发展。

石家庄冀孚印刷机械有限公司

地址：石家庄市放射路53号　邮码：050021　电话：(0311) 6011860　传真：(0311) 6011860　董事长：傅彦江　副董事长：叶献民　总经理：叶敬民　副总经理：陈春华

简介：该公司是由河北装璜印刷机械股份有限公司与香港领孚实业有限公司投资兴办的合资企业。1990年11月注册登记，总投资350万元，注册资本260万元。主要生产不干胶商标印刷机和自动贴标机等印刷包装机械。

公司引进国外先进技术生产的PLH-180型(印刷版台面积180mm×300mm)和PLH-270型(印刷版台面积270mm×450mm)不干胶商标印刷机，该机可一次完成四色印刷、覆膜(烫金)、模切及边料剥离等工序，具有自动送纸、自动计数、自动停车功能，是目前较先进的印刷机。该机电器、轴承、电机及关键件、主件均系进口件，性能先进、质量可靠、体积小、速度快，可与进口机相比，而价格低1/2以上。几年来产品70%出口，受到用户信赖。

公司还生产制刀机、切纸机、复卷机、分切机、自动贴标机及磁卡热压机等印刷机械，年产各种印刷设备50余台。

沈阳双福冲压件有限公司

地址：沈阳市铁西区建设中路62号　邮码：110026　电话：(024) 5873393　传真：(024) 5871866　总经理：吴立人

简介：该公司是辽宁省机械行业老企业——沈阳拖拉机制造厂(即沈阳双马汽车制造厂)与台湾晖达实业有限公司(原台湾新复福工业股份有限公司)共同兴办的合资企业。

公司主导产品是具有90年代先进水平的轿货车车身冲压件、焊装件。从国外引进大型、高效率1 000t冲压设备及悬挂点焊机等，引进近800套技术先进、工艺水平高的冲压模具、焊具等，产品达到国内同类产品先进水平。生产规模年产1万台(套)。

合资公司投资总额1 218.69万美元，注册资本674.07万美元，1993年11月正式开业，1 994年小批生产，1995年投入批量生产，完成工业总产值1 994万元。1996年预计实现工业总产值7 000万元。产品销往一汽集团和安徽、山东、河北、广东等汽车制造厂家、市场，并出口到泰国及东南亚地区汽车配件市场。

大连恩德斯仪表有限公司

地址：大连市沙河口区长江路875号　邮码：116021　电话：(0411) 4645673、4640772　传真：(0411) 4602616　总经理：秦洪吉

简介：该公司成立于1992年初，是与世界著名的Endress&Hause跨国集团公司合资创办的，是一家以生产物位仪表为主，兼营流量、压力、温度、分析等各类仪器仪表，并可承接工业自动化仪表系统工程的设计与开发，是国内外享有较高声誉的高新技术的中外合资企业。

公司主要经销产品有：电容、音叉、超声波、γ射线、重锤、静压、浮球式物位计，电磁、涡街、质量、冲板流量计以及各种压力变送器，温度传感器、在线分析仪等多种仪表，产品种类齐全、技术先进、质量可靠、维护方便，广泛应用于石油、化工、建材、煤炭、冶金、矿山、医药、食品、电力、能源、港口、船舶、核工业、环保等行业。

公司由多年从事国内外自动化测量与控制工作的专业技术人员组成，愿以极大的热情与各界同仁进行密切合作！

大连三洋制冷有限公司

地址:大连市经济技术开发区31号小区　邮码：116600　电话：(0411) 7316275、7310357、7300892　传真:(0411)7316276　总经理:肖永勤　副总经理:永田晃一

简介：该公司由日本三洋电机株式会社、中国大连冷冻机股份有限公司、日本国日商岩井株式会社合资兴建，1992年8月成立。1993年8月正式投产，第一期投资总额为35亿日元。现有员工200余人，公司拥有现代化车间及生产设备，主要从事制造、销售具有90年代国际领先的、日本三洋电机株式会社目前正在批量生产的C型溴化锂吸收式制冷机，产品有直燃型、蒸汽型、温水型。该机以蒸汽、热水和以燃轻质柴油、天然气及城市煤气为热源，制取冷水或冷温水，主要为大、中型空调工程提供冷热源。溴冷机以其无环境污染和节电的独特优势成为替代氟利昂类制冷机的理想机型，可广泛应用于宾馆、饭店、影剧院、纺织、化工、烟草等各个领域。1995年公司效益和人均效益在大连市外资企业中名列前茅。该公司1995年被评为大连市“十佳”高效益外商投资企业，并由于产品具有高效、节能、体积小、重量轻、外型美观、使用寿命长、安全可靠、自动化程度高、操作维修方便等先进性能，被评为大连市先进技术企

业，生产的溴冷机被评为“中华名牌产品”。

鞍热工装自控仪表有限公司

地址:辽宁省鞍山市铁西区体育街20号　邮码:114012　电话:(0412)8812686　传真:(0412)8814582　总经理:程怀济

简介：该公司是我国最大的调节阀生产厂之一——鞍山热工仪表厂和日本国工装服务株式会社合资兴建的，成立于1989年6月。公司从日本引进专有技术、关键零部件和检测仪器，专业生产3610系列电子式电动执行器和3410系列开关式电动执行器，年生产能力3 000台。

3610系列电子式电动执行器本身具有伺服功能，关键部件控制器采用先进的混合集成电路，并全部用树脂浇铸固化，整体结构简单、质量可靠、安装调整方便。产品投入国内市场使用后，广泛应用于冶金、电站、石化、轻工等行业的自动控制系统中。用户覆盖全国各省、市、自治区，并配套出口韩国、伊朗和东南亚等国家和地区。产品在用户中获得极高的评价，产量正以每年20%以上的速度递增。3610系列电子式电动执行器获机械工业部“全国工业产品生产许可证”证书。

锦州锦泰金属工业有限公司

地址:辽宁省锦州市太和区锦汤路18号　邮码:121011　电话:(0416)5179785　传真:(0416)5178907　总经理兼董事长:张健儿

简介：该公司是台湾天泰焊材关系企业于1993年获准在中国辽宁省锦州市投资设立的一家独资企业。主要生产和经营CO_2自动焊丝、特种焊条、埋弧焊丝及焊丝生产设备。现已形成年产焊丝近2万t的生产能力。自1993年至今产品已获得CCS、BV、LR、AWS、DNV等多国船级社认可。公司成为国内目前最大的焊丝生产企业，焊丝产量占全国焊丝总产量的1/3，产品90%出口，远销韩国、东南亚及欧美等地。公司一贯秉持的品质策略是“全员参与品质管理，制造客户满意的产品。”以“诚信务实，追求卓越，永续经营”为经营理念；严格的企业管理，带来了优秀的质量和可观的经济效益及社会效益。1995年11月符合AWS和JIS标准的CO_2焊丝在广州召开的国家科委第七届双新会上获金奖。1996年5月又在第二届中国国际新技术名优产品博览会上再获“推荐金奖产品”称号。

营口复印机有限公司

地址：辽宁省营口市市府路140号　邮码：115000　电话：(0417) 2832626　传真：(0417) 2833010　董事长：郑洪臣　总工程师：李世明

简介：该公司是由营口市复印机总厂和香港泰山实业集团有限公司共同组建的以生产办公轻印刷设备为主的中外合资企业。占地面积6.2万m^2，固定资产原价达4 088万元，拥有960名员工。胶印机年生产能力已达3 000台，国内市场占有率达70%。计划“九五”末期可实现工业总产值3亿元，出口交货值1 000万元，利润5 000万元。

从1976年生产国内第一台胶印机组开始至今产品已发展为四大系列，即：1800系列胶印机、R1系列胶印机、JB3100系列台式胶印机、YK9600系列四开胶印机。主导产品1800AWD型胶印机曾获国优银质奖，并被机械工业部列为行业唯一的可靠性特别推荐产品。

该公司1994年、1995年在复印机制造业经济效益综合指数排名第二位，1996年该公司被列为国家生产小胶印机的基地。

上海塔库玛冷热设备有限公司

地址：上海市浦东新区金桥出口加工区42－A1　邮码：201206　电话：(021) 65127259 (营业部)　传真：(021) 65469476 (营业部)　总经理：坂口俊一郎　副总经理：王伟华　总工程师：片山正敏

简介：该公司是由上海通用机械（集团）公司与日本塔库玛株式会社共同投资建立，总投资额为800万美元，注册资本400万美元。

公司引进日本塔库玛株式会社全套产品技术、制造工艺、关键设备和管理模式，生产市场上紧缺的中小型直燃式冷暖空调设备，初期年产能力200台，不断满足市场的需求。

该机组的产品是日本塔库玛株式会社先进真空技术与双效溴化锂技术的完美结合。公司产品以30、40、50、100冷吨为基本机型，可任意配装组合，具有冷暖两用、体积小、重量轻、运行可靠、实用性强的优点。该机适用于宾馆、医院、饭店、商场、办公楼、影剧院、别墅等场所的空气调节。

公司将以高科技、高品质的产品形象进入国内外市场。本产品不以氟利昂为制冷剂，故对臭氧层没有任何影响。

上海凯士比泵有限公司

地址：上海市闵行区江川路1400号　邮码：200240　电话：(021) 64302191　传真：(021) 64301504　董事长：万良缔　总经理：Keith Sanders

该公司是由上海水泵厂和德国凯士比（KSB）公司合资建立的泵专业公司。公司注册资本2 200万美元，总投资2 980万美元，占地面积13.7万m^2，拥有1 700名职工。1993年销售收入为1.3亿元。

主导产品为核电站、火电站用泵，大型农田水利用泵，城市给水和污水泵，船用泵，石油、化工、炼油各类流程泵和机械密封。

德国凯士比公司为世界著名的现代化的制造泵和阀门的大公司，是世界上三个最大的泵制造公司之一。在全球有 33 个独资或合资的工厂，100 多个销售公司、代理商和驻地工程师组成了 KSB 集团，共有 14 644 人，其产品技术居世界一流。1993 年 KSB 集团投入 1.19 亿马克用于技术改造和设备更新，销售收入为 20 亿马克。

上海凯士比泵有限公司综合上海水泵厂和凯士比双方的技术优势，参与凯士比公司的国际销售网络，成为中国境内产品范围最广、技术水平最高的泵制造公司，并为国内外客户提供优质服务，合资以后在原有技术及生产能力基础上将引进 KRT、SEZHGA 等 12 种系列的新产品。

上海联合滚动轴承有限公司

地址：上海市沪闵路 1111 号　邮码：200240　电话：(021) 64358201　传真：(021) 64355546　总经理：叶作霖　总工程师：郭凌志

简介：该公司是由上海滚动轴承厂、美国天时太平洋公司、上海闵行联合发展有限公司联合投资经营的合资企业。公司员工 1 700 人，其中工程技术人员 300 余人，占地面积 10 余万 m^2。

该公司是华东地区规模最大的专业生产“2”、“7”类中大型轴承和各类特大型轴承的企业。产品广泛用于汽车、拖拉机、机床、电机、电站、船舶、铁路、矿山及国防科研等领域。其中 C4G7002136L 单列向心短圆柱轴承荣获国家银质奖，533370 双列圆锥滚子轴承、LM300811 圆锥滚子轴承是为桑塔纳轿车配套的轿车变速齿轮箱轴承，并荣获 1995 年上海第三届科技博览会金奖，并定点为铁道部生产 197726 铁路货车轴承。

该公司拥有雄厚的产品开发和设计科研能力，具有国内一流和世界先进水平的轴承测量仪器和测试手段，产品质量稳定可靠，建有一整套严格的质量运行体系，并于 1996 年 4 月通过 ISO9002 的质量体系认证，产品注册商标为“SG”。

上海申威达机械有限公司

地址：上海市浦东南路 2266 号　邮码：200127　电话：(021) 58891376　传真：(021) 58810161　总经理：丁兆兴　副总工程师：郭本侠

简介：该公司是沪、港、美厂商共同投资于 1991 年 4 月成立的合资企业，投资总额 1 078 万美元，注册资本 584 万美元，公司前身是创建于 1917 年、1990 年被评为国家二级企业的上海切纸机械厂。

该公司是机械工业部生产切纸机的专业定点单位，年产各种型号飞达牌切纸机 2 500 余台，是亚太地区最大的切纸机械制造企业，产品远销美国、加拿大、英国、法国、意大利、比利时、希腊、荷兰、日本等 50 多个国家和地区。企业相继被评为上海市技术先进型和外商投资“双优”企业，上海市高新技术企业和上海市优秀包装企业。

目前已形成一体两翼、全面发展的切纸机械、包装机械、塑料挤出机械三大系列产品，主要有：各种规格液压、数字显示、微机程控切纸机和辅机，自动覆面机、单面瓦楞纸板生产线、五层瓦楞纸板生产线、压痕切线机、烫金机，各种规格的微机程控型和普通型锥形双螺杆塑料挤出机及相应的管材、异型材、板材、造粒等辅机。

无锡格兰机械有限公司

地址：江苏省无锡市湖滨路 89 号　邮码：214073　电话：(0510) 5108852　传真：(0510) 5100814　董事长：杨国钊　总经理：朱远舱　厂长：吕德兴（兼）　总工程师：轩斌

简介：该公司是由香港华大机械设备有限公司和无锡塑料机械厂共同投资兴办的生产塑料机械的专业厂家。公司现有员工 400 余人，其中科技人员约占 25%。投资总额达 600 万美元，占地面积 6.24 万 m^2，厂房面积 4 万 m^2。主要金属切削设备 120 台，其中大、精、稀设备近 30 台以及三条 72m 长同时可供水、电、油且可调试 36 台机器的总装流水线。公司年生产能力达 800～1 000 标准台，年销售额 1 亿元以上。

公司的主要产品为 COSMOS 牌 WG 型电脑全自动塑料注射成型机，合模力从 784.5kN～49.03MN、注射量从 80g～32 000g 共 20 种规格的系列产品。

该系列产品已被列入 1994 年度国家级火炬计划项目及国家级重点新产品，为江苏省轻工免检产品、中国名牌产品、无锡市三星级名牌产品，并获 1995 年中国高新技术、新品博览会金奖等多项殊荣。

1996 年 1 月，该产品通过了德国 SLG 公司的 CE 认证。

该公司为《塑料注射成型机》、《塑料注射成型机产品质量分等》两项国家行业标准的负责起草制订单位，并拥有国际先进水平的“二板式合模机构”国家专利（专利号：ZL94226926.8）。

江苏双良集团公司
（江阴市溴化锂制冷机厂）

地址：江苏省江阴市利港镇　邮码：214444　电话：(0510) 6631909　传真：(0510) 6631333　董事长兼总经理：缪双大　总工程师：曹渊明

简介：该公司创建于 1982 年，投资 9 300 万元，1993 年组建成省级集团，1995 年被批准为国家级乡镇企业集团，国家大型一档企业。企业固定资产 2.2 亿元，职工 1 300 多人，是国内规模最大、品种最全、技术最先进的溴化锂吸收式冷热水机组的定点生产厂家，1995 年 10 月与美国最先进的中央空调设备制造公司之一的美国特灵公司共同投资 8 000 万美元，创建了江苏双良特灵溴化锂制冷机有限公司和江苏特灵电制冷机有限公司。主要产品有：直燃型溴化锂吸收式冷热水机组，蒸汽型（单、双效）、热水型溴化锂吸收式冷水机组，螺杆式、离心式冷水机组等 6 大系列 200 多个品种。商标为“双良”和“特灵”。可年产溴冷机 1 500 台，螺杆式、离心式制冷机 900 台。产品获国家发明专利、国家星火科技进步二等奖，全国制冷空调信得过产品、江苏省名牌产品等 20 多项大奖。企业被评为国家实施火炬计划先进高新技术企业，获省、市明星企业等 20 多项省、市级以上荣誉。

杭城摩擦材料有限公司

地址：杭州市中山北路大桥北　邮码：310014　电话：（0571）5154724、5152486　传真：（0571）5153187　总经理：蒋平晖　总工程师：严浙生

简介：该公司是由杭州制动材料厂与香港公司合资经营的生产型企业。企业注册资本 940.86 万美元，占地面积 7.1 万 m^2。现有员工 1 300 余人，工程技术及各类专业技术人员 170 人。主要产品有：制动器衬片（鼓式）和衬垫（盘式）、离合器面片、柔性制动带、离合器从动盘总成及制动蹄总成等，规格多达 2 000 余种。年产各类摩擦材料 4 000余万件，占国内市场 25%左右；出口欧美及东南亚各国市场的摩擦材料每年在 200 万美元左右。摩擦材料广泛应用于汽车、火车、船舶及各种工程机械等行业。

公司在从德国、法国、美国及日本等国引进先进设备和技术的基础上，致力于开发具有世界先进水平的无石棉摩擦材料生产，并已在中国首家获得了奥迪、桑塔纳、捷达、依维柯、切诺基等车型的国产化配套和售后技术认可，为与国际市场接轨打下基础。

公司生产的汽车制动器衬片、离合器面片、工程机械石棉摩擦片及制动蹄总成等多次被评为省、部优质产品，行检评比中获一等奖。

杭州博世电动工具有限公司

地址：杭州市高新技术开发区葛家庄科技工业园区（文二路）　邮码：310012　（临时地址：杭州市余杭塘路庆隆桥直街 3 号）　电话：（0571）8191822（总机）　传真：（0571）8191827　总经理：Helmut Weisser　副总经理：陈长荣

简介：该公司是由机械工业部大型骨干企业杭州汽轮动力集团公司与德国 BOSCH 公司以及德国美最时公司三方合资兴建的电动工具生产经营性企业。德国 BOSCH 公司是世界上最大的电动工具制造商。公司产品使用“BOSCH”商标。

该公司成立于 1995 年 3 月，1996 年 3 月正式开始试生产。主要产品为各类电动工具。公司严格按照德国 BOSCH 公司在全球的统一质量标准组织管理和生产，产品品质完全达到世界一流的质量水平。

公司的产品设计和制造技术均来自于德国 BOSCH 公司，采用当今世界上最先进的生产工艺和制造设备。

该公司是浙江省外商投资重点企业，是省科委认定的高新技术产业企业。

杭州美亚加压缩机有限公司

地址：杭州市江干区余家荡 76 号　邮码：310008　电话：（0571）6082363、6083613　总经理：孔根荣　总工程师：杨航通

简介：该公司的前身杭州空气压缩机厂是机械工业部压缩机生产定点企业，具有产品生产许可证和一、二类压力容器制造（设计）资格，有先进的检测设备及雄厚的技术力量，1992 年底建立了中外合资企业。三年来，产销连年翻番，1995 年实现产销 4 200 万元，实现利税 196 万元，产量突破 2 万台。特别是外贸销售在 1994 年实现零的突破以后，1995 年完成 500 多万元，产品销售 3 000 多台。1995 年，被列入浙江省“三资”企业最佳经济效益企业。

该公司生产的空压机有杭州牌、威霸牌两大系列。1993 年，威霸系列产品经省级鉴定为国内首创产品，并被评为省、市级新产品，获新技术成果二等奖；1994 年，被列入国家级重点新产品。产品品种从 1990 年前的 6 种发展到现在的 120 多种。

该公司还生产空气干燥器、高效除油器、粉尘精滤器、主管路过滤器、气液分离器等压缩空气净化装置 40 余种规格。1996 年，该公司还根据市场经济的需要，开发了医用空压机及二类机械轮胎拆装机等。

宁波中策拖拉机汽车有限公司

地址：浙江省宁波市大庆南路 81 号　邮码：315020　电话：（0574）7356177（总机）　传真：（0574）7356384、7356557　总经理：李明亮　总工程师：王振华

简介：该公司的前身宁波拖拉机厂是机械工业部定点生产轮式拖拉机的专业企业，从 1965 年开始生产拖拉机，已具有年产万台中型轮式拖拉机的生产能力。

公司自 1992 年合资以后，为适应市场需要，开发了带双级离合器、全液压转向、液压多路输出、气制动等装置拖拉机，使拖拉机品种扩大到十几种。产品的注册商标为奔野牌（BY）。

主要产品奔野 25－30 系列拖拉机具有结构轻巧、制造精密、操纵方便、转向灵活、自重轻、耗油省、牵引力大、工作效率高、可靠性好等特点，

适用于水、旱田的耕作、收割、装载、挖沟等多种作业。同时也是运输作业的良好机型。

奔野拖拉机不仅在东北、江浙等地建立了稳定的国内市场，还远销欧美、东南亚等地，并在美国、泰国有固定的代理商。

奔野250拖拉机曾获机械工业部和浙江省优质产品称号，1995年被评为机械工业部可靠性考核达标特别推荐产品。

正泰集团公司

地址：浙江省温州市柳市工业区　邮码：325604　电话：（0577）2777777　传真：（0577）2775888　董事长：南存辉　总工程师：郭迺璋

简介：该公司创始于1984年7月，1992年9月建立中美合资温州正泰电器有限公司；1994年组建温州正泰集团后，该公司为集团核心企业；1995年11月更名为“正泰集团”、“正泰集团公司”。

正泰集团公司现有员工1 300人，其中技术和管理人员230余人；公司占地面积6万m^2，总资产2.16亿元。目前以低压电器、汽车电器、成套电器为主导产品，共生产98个系列3 500余规格的交流接触器、断路器、熔断器、行程开关等产品，年产量达1 000万台。70%的产品达到国际80年代末和90年代技术水平，部分产品通过美国UL认证、国际CB安全认证和获国家专利新技术新产品博览会金奖。其中GX_2系列交流接触器获第44届尤里卡金奖。DW17框架式断路器、G24系列交流接触器、RT16系列熔断器通过由国家科委组织的新技术新产品鉴定。企业1994年通过ISO9001国际标准质量体系认证。1995年产值达3.12亿元，外贸出口额522万美元。

厦门金龙汽车车身有限公司

地址：福建省厦门市湖里工业区湖里大道　邮码：361006　电话：（0592）6025760　传真：（0592）6022583　总经理：张友山

简介：该公司始建于1990年12月，于1991年12月建成投产。公司由厦门汽车股份有限公司、香港法亚洋行和柳州汽车厂合资经营。投资总额为7 500万元，股本比例分别为：55%、25%和20%。该公司为我国第一家中外合资经营的汽车车身制造专业化企业，引进汽车车身制造技术和全套冲压模具、焊装夹具，生产国内具有领先水平的XML6390型8座旅行车和1t载货汽车车身总成，及XML6400型8座面包车、XML6450型12座面包车、XML6480型15座高平顶面包车。工厂占地面积近3.5万m^2。年生产能力为30 000台（套）车身总成。达产后可实现销售收入4.4亿元。

南岳油泵油嘴有限公司

地址：湖南省衡阳市白沙洲（衡阳市第10号邮政信箱）　邮码：421007　电话：(0734)8401551　传真：(0374)8401315　法人代表、公司副董事长、总经理：李介南　副总经理、总工程师：周辅农

简介：该公司是由湖南省衡阳汽车配件厂同美国亚洲战略投资公司合资经营的合资企业。主要产品为柴油汽车高压喷油泵总成和喷油嘴、柱塞、出油阀三对偶件等。产品主要为“一汽”、“东风”、“重汽”三大汽车集团的主机厂配套，产销量占国内同类产品的1/3。

公司现有员工1 800人，占地面积20多万m^2，拥有国内外高、精、尖各种配套专用设备1 000多台（套）。公司发展规划第一期技改项目投资为1.38亿元，第二期技改投资为2.7亿元，计划到2000年年产喷油泵总成将达到40万台。

衡阳汽车配件厂是国内最早生产车用喷油泵的专业骨干企业，具有40多年的历史，产品质量可靠、性能稳定，在国内市场享有极大声誉，BHD6A95YAY006喷油泵一直是省优产品，BHD6A95YA2007喷油泵为部优产品，A型多缸喷油泵在全国行业评比中名列第一，获机械工业部二等奖。1994年企业被国家经贸委、国家计委等六个部委认证为国家大二型企业。

中汽客车有限责任公司
衡山百富利客车制造有限公司

地址：湖南省衡山市东风路1号　邮码：421300　电话：（0734）5811248、5811699　传真：（0734）5811902　总经理：王　斌　副总经理：于宝晨、冯东林

简介：该公司是衡山专用汽车制造厂与香港百富利发展有限公司合资兴建的中汽客车有限责任公司成员厂。

该公司获中国最佳企业形象AAA企业、湖南省省级重合同、守信用企业称号。列入湖南省工业百强企业，衡阳市外资十家名星企业。

工厂占地面积27万m^2，1 300多人，依据雄厚的技术力量和引进的国际先进汽车生产工艺和设备，40多年来，特别是1993年投入使用轻型客车生产线以来，使生产批量和经营规模达到国家中型二档企业水平。生产的豪华9座、12座HSZ6480K轻型客车系列产品，以及HSZ5020XYZ邮政车、HSZ5021XKC勘察车、HSZ5022XYC运钞车等，设计新颖，动力强劲，集轿车功能如一体，先后被评为湖南省金奖产品、《中国消费者报》推荐产品，产品畅销全国20多个省市。

广州广日电梯工业有限公司

地址:广东省番禺市大石镇石北工业区　邮码:511430　电话:(020)84793333　传真:(020)84799999　总经理:潘胜燊　副总工程师:周让安

简介:该公司于1996年1月15日成立，是广州电梯工业公司与株式会社日立制作所及番禺市大石镇经济发展总公司合资兴建而成。其中，广州电梯工业公司占51%股份。广州广日电梯工业有限公司是集设计开发、生产、经营和产品安装、维修保养为一体的专业化经济实体。

公司占地面积9.7万m^2，建筑面积6.78万m^2，投资总额为3 000万美元，共有职工516人，主要生产设备130台，形成了年产电梯2 000台的能力。主要产品为：GHVF电脑控制调频调速高速电梯，GVF电脑控制调频调速中、低速电梯，YP交流调速电梯，F型载货电梯及B型医用电梯。产品商标为广日牌。广日牌电梯历年来获得多项殊荣：1989年获建设部颁发的国内同行业第一个部优产品称号，1992年在全国质量万里行中被评为“优秀产品”，并获得1993年全国“用户满意产品”称号，1994年中国公认名牌产品，1994年～1997年广州质量监督免检产品；在国际上荣获1994年国际金星质量奖，1992年～1995年连续四届获西班牙国际质量奖。

重庆合众电气工业有限公司

地址：重庆市江北区嘉陵四村150号　邮码：630020　电话：(0811) 7870669、7850222　传真：(0811) 7850886　总经理：刘兴亚　总工程师：刘兴亚

简介：该公司于1988年8月成立，是由香港合众股份有限公司、深圳南洋贸易有限公司和中国华能技术开发公司投资148.5万美元组成的合资企业。现有员工100人，其中技术人员26人。拥有固定资产原价497万元，净值364万元。主要生产各种专用、特殊及普通中、小型电动机。主导产品有：Y系列电动机(H80～H400)，YSR及YSR—R123系列制冷机用氟冷电动机，YST、YT系列风机用电动机，以及YB防爆电动机等共200多个规格品种。其中：YSR-R123系列氟冷电动机填补了国内空白。年产量10万kW，产品主要为国内各地的机械、食品、化工、包装机械配套，部分产品销往国外及外贸部门。

重庆嘉陵制冷空调设备有限公司

地址：重庆市沙坪坝区上桥5号　邮码：630037　电话：(0811) 5209984　传真：(0811) 5209674　总经理：张　核　总工程师：余　良

简介：该公司系由重庆冷冻机厂与香港嘉陵(中国)投资发展有限公司共同投资800万美元创办的合资企业。占地面积28 000m^2，建筑面积14 800m^2。公司引进了具有90年代国际先进水平的半封闭螺杆制冷压缩机全套产品软件技术和英国HOLROYD公司螺杆转子加工检测成套设备、意大利MANDELLI公司镗铣加工中心等先进设备，独家生产具有90年代国际先进水平的嘉陵牌半封闭螺杆制冷压缩机，以及由该压缩机配套的系列半封闭螺杆冷水机组。该机组选用美国、日本等公司的优质配件，以其零部件少、重量轻、体积小、运行十分可靠、操作简便、能效比高(COP≥4.1)、运行和维护费用低，深受客商欢迎，是宾馆、商场、医院等理想的空调设备，同时可作为各行业的工艺冷源设备。公司还生产风机盘管和柜式空调机组等空调系统的末端产品。公司以ISO国际标准规范产品质量和产品管理，并在北京、上海、广州、福州、西安、南宁、成都等地设立了办事机构，负责办理产品销售、咨询及售后服务等工作。

〔第Ⅸ部分责任编辑：申建丽〕

附 录

附录一　世界机械设备市场发展情况和趋势

对外经济贸易大学　童书兴

一、世界制造业发展的基本趋势

当代各国的国民经济由工业、农业、服务业等构成，虽然服务行业已成为工业发达国家和新兴工业化国家占比重最大的国民经济部门，但是作为工业中最主要和最活跃的制造业，其重要性并未降低，它仍然是世界许多国家最主要的物质生产部门。根据世界工业标准分类，制造业包括食品、饮料和烟草工业，纺织品和服装工业，机械和运输设备工业，化学制品工业，木材及木材制品，基础金属产品和矿产品，金属加工制品和专用制品，以及其他行业等28个分部门。当代科技的飞速变革对人类生活及经济的各个领域发生广泛而又深刻的影响，特别是对于构成技术主要载体的机械制造业的影响更加突出，不仅使新兴产业不断出现，而且使传统的制造业得到改造，使整个世界制造业的面貌焕然一新。

（一）世界制造业从总体上是低速增长

所谓世界经济回升也不是所有国家经济增长速度很高，而是总体上的低速增长。近几年来世界国内生产总值增长率最高是1994年的3.1%，世界制造业增加值增长率最高是1994年的4.4%，一般年份增长率只有2%～3%。由于发达国家构成世界经济的主要部分，所以世界经济的低速增长，主要是因为工业发达国家经济的低速增长所致。发达国家虽然具有世界头等的科技能力，但是经济规模已经很大，在现有基数上难以再得到高速增长，这是其一。第二，经济增长的动力是投资，投资的增长依赖积累，这些国家积累率较低，影响投资增长。1994年全部固定资本投资组合占国内生产总值的比重（%）：日本28.6，德国18.5，法国18.1，美国17.2，意大利16.4，英国15.1。1994年投资年平均增长率（%）（比前五年的平均水平）：美国2.4，德国2.0，日本－0.7，法国－2.2，英国－2.9，意大利－3.3。第三，发达国家的投资集中于高新技术部门，取得成效需要的周期较长。第四，发达国家实行高工资、高消费政策，轻纺工业部门的劳动成本大大提高，使得轻纺产品在颇大程度上丧失国际竞争能力，发生萎缩，或以直接投资形式将生产转移到拥有便宜劳动力的发展中国家。第五，发达国家的资源密集型工业，由于科技进步，能耗物耗已经达到很低的水平，受需求制约，其增长率也很低。

（二）世界制造业增长在国家和地区上的不平衡性

世界经济低速增长，并不是所有国家的经济都是低速增长，发达国家的经济增长，总的来说是低速的，但是发展中国家的经济增长速度要比发达国家的高。发展中国家的经济增长，尤以东南亚经济增长速度最高。东欧和前苏联因为发生社会大变革，经济严重恶化，制造业生产在近几年都出现了很大下降。中国经济则出现高速增长。详见表1。

发达国家虽然总的来说都是经济低速增长，但是各个国家也不平衡。近两年美国和加拿大的经济增长率比西欧和日本的高。见表2。

表1　近几年来世界经济发展情况

国家、地区	国内生产总值（GDP）年均增长率（%）			制造业增加值（MVA）年增长率（%）		
	1993年	1994年	1995年	1993年	1994年	1995年
世界	1.6	3.1	2.9	0.3	4.4	3.2
发展中国家（不包括中国）	3.5	4.0	3.7	4.4	5.3	5.4
发达国家（市场经济）	1.0	2.9	2.6	－1.1	4.2	2.4
中国	13.8	11.4	9.0	20.0	15.8	14.0
东欧和前苏联	－8.4	－8.8	－11.3	－9.2	－12.5	－9.2

资料来源：联合国工发组织《Industrial Development》1994/1995 P4。

（三）制造业的生产和贸易结构在调整

高新技术产业增长迅速，传统工业相对下降。在70年代已经呈现出世界技术密集型产业的增长快于一般工业的趋势，例如在1970年～1980年世界电气产品、运输设备、非电力设备等三个主要技术密集型工业部门增加值的年均增长率分别为3.5%、3.6%和3.7%，塑料制品年均增长率高达6.3%，专门及科学产品为4.5%；而传统工业除食品和石油炼制有较高的增长率外，世界纺织工业增加值年均增长率只有1.2%，制鞋业1.9%，烟草制品1.4%，服装工业2.3%。到了80年代世界制造业结构变化向技术密集工业发展的趋势更加明显。在1980年～1990年世界制造业的增加值年均增长率不如70年代那样高，只有2.8%，而在70年代为3.7%，但增长较快的仍然是技术密集型工业，而劳动密集型工业和资本密集型工业，以及资源密集型工业却呈现出增长缓慢或负增长的趋势。在80年代世界制造业28个分部门当中，增加值年均增长率最高的有塑料制品（5.2%），增长率较高的有其他化工品（4.3%）、专门及科学产品（3.8%）、运输设备（3.8%）、电工产品（3.2%）、非电力设备（2.4%）。增长率低的制造业分部门主要是轻纺工业，如服装、饮料、纺织品，这些工业部门增加值年均增长率一般在2%以下，其中鞋年均增长率为－1.8%，服装为－0.2%，纺织品为0。有些原材料工业也呈现了低增长或负增长，如木材及木材制品－0.4%，石油炼制－1.2%，钢铁－0.9%。在1990年～1993年期间世界经济衰退，世界制造业各个分部门除食品、饮料和烟业外都出现负增长。在1994年和1995年，随着世界经济回升，世界高新技术产业又重新出现较快增长的势头。1994年在世界制造业当中，电工产品、运输设备、非电力设备等三个主要技术密集型工业部门增加值占世界制造业增加值的比重达到31%。

表2　国内生产总值的年增长率　　（单位：%）

国家、地区	1985年～1993年①	1994年	1995年②	1996年③
经合组织国家总计	2.6	2.8	2.2	1.9
美国	2.4	4.1	3.0	2.0
加拿大	2.2	4.6	2.5	2.0
日本	3.6	0.5	0.5	2.0
西欧	2.3	2.9	2.5	2.0

资料来源：《Intereconomics》January/February 1996 Volume 31 P 51。

①平均年度变化。②部分是估计数字。③预测数字。

1994年高技术产业增加值占制造业增加值20%以上的国家有美国、日本、德国和英国。1993年出口高技术产品占制造业出口产品的比重30%以上的国家有美国、日本、英国和爱尔兰。详见表3。

世界主要地区出口机械和运输设备结构的变化，突出地表现为办公机械和通信设备的迅猛增长。这类产品属于高技术密集型产品，属于信息产品，其世界出口额从1980年的845亿美元，增长到1994年的4 693亿美元，增长了4.6倍，14年来平均年增长率高达13%。1994年办公机械和通信设备出口额已占同年机械和运输设备出口总额的30%，占世界商品出口总额的11.5%。办公机械和通信设备同汽车产品，是当代世界两种最主要的机械和运输设备产品，也是国际贸易中最大的两种商品。在两年前，汽车产品的贸易额还大于办公机械和通信设备的贸易额，1993年和1994年后者的贸易额已大大超过前者。

表3　1970年～1994年高技术产业在整个制造业中所占份额　　（单位：%）

国家、地区	出口比重		增加值比重	
	1970年	1993年	1970年	1994年
北美				
加拿大	9.0	13.4	10.2	12.6
美国	25.9	37.3	18.2	24.2
太平洋区域				
澳大利亚	2.8	10.3	8.9	12.2
日本	20.2	36.7	16.4	22.2
新西兰	0.7	4.6	…	5.4
欧洲				
奥地利	11.4	18.4	…	…
比利时	7.2	10.9	…	…
丹麦	11.9	18.1	9.3	13.4
芬兰	3.2	16.4	5.9	14.3
法国	14.0	24.2	12.8	18.7
德国	15.8	21.4	15.3	20.1
希腊	2.4	5.6	…	…
爱尔兰	11.7	43.6	…	…
意大利	12.7	15.3	13.3	12.9
荷兰	16.0	22.9	15.1	16.8
挪威	4.7	10.7	6.6	9.4
西班牙	6.1	14.3	…	13.7
瑞典	12.0	21.9	12.8	17.7
英国	17.1	32.6	16.4	22.2

资料来源：OECD《The Observer》No.200 June/July 1996P7。

（四）机械和运输设备的国际贸易增长超过生产增长，但是增长具有不均衡性

尽管生产决定商品交换，但是机械和运输设备国际贸易增长仍大大超过生产的增长。世界各国越来越多地把自己生产的机械和运输设备拿到世界市场进行交换，并通过在国际上的交换来满足本国对这类商品的需要。依靠国际分工和生产专业化来发展制造业，不但符合各国的利益，而且也存在着客观条件，于是出口对于带动制造业乃至整个经济的增长越来越具有重要意义。机械和运输设备国际贸易增长速度大大于高于制造业生产增长。1994年机械和运输设备出口额达到15 860亿美元，它在世界商品出口额中占的比重从1980年的25.8%，增长到1994年的38.8%，成为国际贸易的头号商品，在世界出口工业制品中份额占52.1%。它的年均增长率1980年～1985年为3%，1985年～1990年为15%，1990年～1994年为7%，1992年

为8%，1993年为1%，1994年为15%，大大高出世界制造业增加值年增长率（1993年0.3%，1994年4.4%）的水平。

影响世界机械和运输设备市场波动因素颇多，经济周期变动是首要因素。经济下降使需求萎缩，首先影响工业发达国家订单减少和进口下降，而出口的变化滞后。

（五）机械和运输设备世界贸易分布的不平衡性

机械和运输设备出口主要来自北美、西欧和亚洲三大地区。1994年这三大地区的出口额分别为3 187亿美元、6 687亿美元和4 956亿美元，分别占世界机械和运输设备出口总额的20%、42.2%和31%，三个地区合计占世界机械和运输设备出口额的93.2%。

同时，这三大地区出口机械和运输设备的贸易地理方向也带有较明显的区域性，即对本地区的出口较多，如1994年北美对北美地区出口占其这类商品出口总额的38.8%，占出口的首位，其次是对亚洲出口、占24.1%，再其次是对西欧出口（18.7%），对拉美出口（13.8%）。1994年西欧对西欧本地区出口机械和运输设备占其出口这类商品的63.5%，其次是对亚洲出口占11.7%。亚洲机械和运输设备出口者是日本，中国的台湾、香港（不包括转口），马来西亚、韩国、新加坡和泰国。日本是世界上最大的机械和运输设备出口国，1994年出口额达2 846亿美元，占世界这类商品出口总额的17.9%。1994年它的出口市场，亚洲占首位，占其出口额的37.3%，其次是它的传统出口市场——北美，占34.9%；再其次是西欧，占17.3%。东亚六个出口者1994年出口机械和运输设备额达2 049亿美元，主要出口市场是亚洲（1993年的比重是43.9%），其次是美国（1993年的比重是29.4%），再其次是西欧（1993年比重是18.3%）。这些都表明，机械和运输设备世界市场分布的显著特点是日益趋向区域化，即本区域内的贸易日益增大，见表4。表4的数字不仅表明区域内发生的机械和运输设备贸易额较大，而且还表明区域内贸易比重也在较快的提高。

从国别和地区上看，世界机械和运输设备的出口和进口，绝大部分集中在日本、美国、加拿大、西欧的工业大国，以及亚洲新兴工业国家和地区。详见表5。

二、北美机械和运输设备市场

近两年来北美机械和运输设备市场的显著特点是：1994年出现小高涨，1995年增长放慢。

北美包括美国和加拿大，1994年美国占北美制造业增加值份额的92.4%，加拿大占其中的7.6%。

北美是世界制造业生产和销售的主要中心之一，是世界机电设备的一个大市场。1994年该地区在整个世界制造业增加值中占24.9%，1994年北美在世界制造业分部门增加值年所占比重：占50%以上的有专门与科学产品（52.5%）；占30%以上的有印刷及出版（34.5%），纸及纸制品（34.2%），木材及木材制品（31.2%），运输设备（30.2%）；占25%以上的有其他化工品（28.5%），烟草制品（27.7%），石油及煤炭产品（27.4%），塑料制品（26.2%）；占20%以上的有家具及装置物（24.7%），非电力机械（24.5），工业化学品（24.5%），食品（23.5），服装（22.7%），有色制品（22.5%），电工机械（21.7%），玻璃及玻璃制品（21.4%），金属制品（不包括机械，21.3%），橡胶制品（20.1%）。

表4 世界机械和运输设备出口的主要区域流动

地　区	价值（亿美元）	平均年度变化（%）		
	1994年	1990年～1994年	1993年	1994年
西欧内	4 246	1	—	15
亚洲内	2 174	21	22	27
亚洲向北美	1 687	10	11	16
北美内	1 236	9	13	17
亚洲向西欧	898	5	-2	6
北美向亚洲	767	11	12	13

资料来源：GATT《International Trade》1994 P70。

这次北美经济回升有三个特点：一是回升时间比西欧和日本早；二是回升势头也比西欧和日本强劲；三是经济回升也不稳定，先快然后放慢。

美国的经济早在1991年就已开始回升，起初势头较弱，1993年美国回升进入成熟阶段，1994年经济回升出现一个小高涨。加拿大经济衰退比它的邻国严重，它的工业生产增长率只是到1993年才开始超过美国，1994年加拿大制造业增加值增长率达到6.7%。美国经济的扩张由对利率变化反映敏感的部门（房屋建筑、消费者对耐用消费品支出、厂商对资本设备的投资）来牵动。投资，特别是厂商固定资本投资，构成周期扩张强有力的成分。美国的资本投资在1991、1992年都是下降的，1993年和1994年都出现大幅度的上升，从1991年的5 100亿美元增长到1994年的7 500亿美元。其他西方工业国的经济相继回升，在这种背景下，机械设备市场的供需由疲转旺。根据OECD公布的数字，美国总投资在1993年增长11.3%，1994年增长12.3%，1995年增长10.5%。低利率的积累影响，最终同厂商竞争性购买新资本设备的需要连结在一起，推动了对生产性耐用产品，即信息加工设备强有力的购买。私人消费也开始增长。随着经济的回升，各种经济指标表现好转，美国国内生产总值1993年比1992年（按1992年美元价）增长2.2%，1994年增长3.5%，1995年增长2%。1992年～1995年美国工业生产指数及增长情况详见表6。

表 5　世界机械和运输设备主要出口、进口国家和地区

国家、地区	价值（亿美元）		在世界出口(进口)中%			年均变化(%)				
	1980 年	1994 年	1980 年	1990 年	1994 年	1990 年～1994 年	1991 年	1992 年	1993 年	1994 年
A. 出口										
1. 日本	758.7	2 846.4	14.5	16.7	17.9	9	10	9	7	9
2. 美国	887.3	2 523.4	17.0	15.1	15.9	8	10	7	5	12
3. 德国	854.1	2 080.9	16.3	16.2	13.1	1	0	8		13
4. 法国	368.3	919.0	7.0	6.5	5.8	4	6	10		16
5. 英国	395.4	830.4	7.6	6.2	5.2	3	3	1		17
6. 意大利	252.7	698.6	4.8	5.2	4.4	3	1	3		13
7. 加拿大	166.8	663.9	3.2	3.9	4.2	9	0	6	14	16
8. 新加坡	51.8	618.9	1.0	2.2	3.9	24	13	17	23	43
本国出口	31.0	388.9	0.6	1.5	2.5	21	11	18	21	36
转口	20.8	230.0	0.4	0.7	1.5	28	17	15	28	58
9. 香港	38.4	474.9				22	19	29	27	15
本地出口	24.8	80.0	0.5	0.6	0.5	3	6	4	0	1
转口	13.6	394.4				30	26	40	35	18
10. 韩国	35.5	470.5	0.7	2.1	3.0	16	15	11	14	27
11. 中国台湾	49.1	415.2	0.9	2.2	2.6	12	15	12	12	9
12. 比利时—卢森堡	139.2	386.1	2.7	2.7	2.4	5	-1	4		17
13. 荷兰	125.7	362.9	2.4	2.5	2.3	4	2	6		4
14. 墨西哥	6.7	332.1	0.1	0.5	2.1	50	26	159	21	28
15. 马来西亚	14.9	313.1	0.3	0.9	2.0	31	34	27	28	37
上述合计	4 131.1	13 541.9	78.9	83.4	85.4	8	6	9	1	15
B. 进口										
1. 美国	638.4	3 146.2	12.2	17.6	19.7	10	1	10	12	18
2. 德国	350.4	1 273.2	6.7	9.1	8.0	4	23	4		12
3. 英国	302.9	906.0	5.8	6.9	5.7	2	-9	9		7
4. 法国	288.1	805.0	5.5	6.5	5.0	0	1	4		14
5. 加拿大	267.3	762.5	5.1	4.8	4.8	7	3	3	8	14
6. 新加坡	71.5	579.9	1.4	2.2	3.6	21	14	12	29	30
本国进口	50.8	349.9	1.0	1.5	2.2	17	12	11	29	17
7. 香港	50.4	574.1				26	27	36	23	18
本地进口	36.8	179.7	0.7	0.7	1.1	19	28	29	3	17
8. 日本	83.9	526.6	1.6	3.0	3.3	10	4	0	9	29
9. 中国	52.2	514.7	1.0	1.8	3.2	24	19	20	45	16
10. 意大利	200.5	473.8	3.8	4.5	3.0	-3	4	6		13
11. 荷兰	152.1	408.5	2.9	3.2	2.6	1	3	6		6
12. 韩国	50.0	374.1	1.0	2.0	2.3	12	15	5	-2	40
13. 马来西亚	41.9	356.9	0.8	1.2	2.2	25	34	11	16	40
14. 中国台湾	55.3	336.3	1.1	1.7	2.1	14	11	25	7	11
15. 西班牙	60.6	325.3	1.2	2.7	2.0	-1	5	6		14
上述合计	2 651.9	10 968.7	50.5	67.8	66.7	7	6	8	-1	17

资料来源：WTO《International Trade》1995 P102。

表 6 1992 年～1995 年美国工业生产指数及增长情况

项 目	1992 年	1993 年	1994 年	1995 年
全部工业生产指数（以 1990 年为 100）	101.6	105.2	111.4	114.9
比上年增长%		3.5	5.9	3.1
全部制造业指数（以 1990 年为 100）	102.0	105.9	112.9	116.8
比上年增长%		3.8	6.6	3.5
耐用品制造业指数（以 1990 年为 100）	101.8	107.6	117.1	123.3
比上年增长%		5.7	8.8	5.3
非耐用品制造业指数（以 1990 年为 100）	102.3	104.1	108.3	109.6
比上年增长%		1.8	4.0	1.2
投资性产品指数（以 1990 年为 100）	100.4	104.8	111.8	117.3
比上年增长%		4.4	6.7	4.9
消费品指数（以 1990 年为 100）	102.5	105.9	110.0	111.2
比上年增长%		3.3	3.9	1.1
中间性产品指数（以 1990 年为 100）	98.1	100.6	106.1	107.7
比上年增长%		2.5	5.5	1.5
原料指数（以 1990 年为 100）	102.7	106.5	114.2	119.3
比上年增长%		3.7	7.2	4.5
生产能力利用率%	79.5	80.6	83.3	82.9

资料来源：OECD《Main Economic Indicator》April 1996 P 66。

1995 年北美经济增长速度放慢。详见表 7。

表 7 1970 年～1995 年北美经济指标 （单位：%）

经济指标	1970 年～1980 年	1980 年～1990 年	1990 年～1993 年	1994 年①	1995 年②
国内生产总值增长率	2.9	2.7	1.6	4.0	2.7
制造业增加值增长率	2.3	2.5	1.8	6.1	1.4
制造业占国内生产总值的份额	18.9	18.5	18.5	19.0	18.8
劳动生产率增长	2.2	2.2	2.1	2.8	0.6

①系估计数字。②预计数字。

北美的经济回升发生在许多经济部门，但是各部门的回升也是不平衡的。1994 年北美木材及木材制品是回升最快的工业生产部门，其制造业增加值年增长率高达 9.3%。这种高增长率主要是由于住房建筑高涨的结果，而住房建筑的高涨是对美国 1993 年低房地产抵押利率的反映。

随着美国工厂的开工率达到五年以来的最高点 83.3%和厂商广泛利用信息系统改善效率，公司的支出不仅是强劲的，特别是在通用机械及计算机方面是如此，而且建立在广泛的基础上。1994 年北美非电力机械制造业增加值的增长率达 7.4%，运输设备为 7.0%，专业和科学产品 8.2%。美国购买小轿车的数量在经合组织成员国中是最多的，1993 年美国注册的小轿车 85.2 万辆，1994 年为 89.9 万辆，1995 年有所下降，为 86.7 万辆。美国小轿车月平均产量 1992 年增长 5%，1993 年增长 4.8%；卡车月平均产量 1992 年比 1991 年增长 19.9%。国内汽车厂商是机床的主要用户，汽车需求的增长刺激机床订单和消费的增长，美国 1994 年新收到的机床订单达到 15 年以来的高峰，金额达到 46.80 亿美元；1994 年的订单总额比 1993 年增长 42%，实际发货额 39.9 亿美元，比 1993 年增长 25%。

美国制造技术协会称，根据座落在 Mclean, Virginiar 贸易协会编制的机床工业的统计资料，1979 年美国机床发货价值额为 55.4 亿美元，1994 年收到的机床新订单是美国 1979 年出现创纪录的高峰以来的第二个最高点。

美国机床需求的高涨，是由来自汽车工业订单的猛增引起的，美国汽车工业增长引起对开发新机床的巨额投资。由于从收到机床的新订单到完成制造并发货需要经过 12 至 18 个月的时间，许多美国经济学家把机床新订单的数字视为未来经济活动的指示器。因此，美国机床新订单的增多，不仅预示着美国机床工业的前景看好，而且也预示着整个美国经济看好。根据 1995 年华尔街杂志报导，1994 年美国机床订单数量打破十四年以来的纪录，达到 40 亿美元，1995 年美国机 床生产值（估计数字）为 40 亿美元，占世界机 床生产的第三位，比 1994 年的 32 亿美元增长 25%。1994 年在世界机床消费下降1.3%的情况下，美国作为世界上最大的机床消费国，其机床消费猛增29.2%，达到56亿美元，而在1993年机床消费增长仅为16.9%。详见表8。

表8 北美制造业增加值增长率

国别及工业部门分类	平均年增长率（%）			年增长率（%）		占全部制造业增加值份额
	1970年～1980年	1980年～1990年	1990年～1993年	1994年①	1995年②	
A. 国别						
北美						
加拿大	3.5	1.9	-0.6	6.7	2.7	7.6
美国	2.2	2.5	2.0	6.0	1.3	92.4
B. 工业部门分类						
食品（311）	2.0	2.3	1.4	5.7	1.3	9.4
饮料（313）	1.2	1.6	2.9	4.0	2.1	1.8
烟草制品（314）	2.3	8.9	4.9	5.7	3.4	1.9
纺织品（321）	0.5	-0.1	1.4	5.0	-0.5	2.7
服装（322）	0.5	-1.4	0.4	4.6	2.3	1.9
皮革及皮革制品	0.7	-2.4	-0.4	4.0	2.0	0.2
鞋（橡胶及塑料鞋除外）（324）	-1.8	-6.0	-0.8	-1.2	-2.3	0.2
木材及木材制品（331）	3.3	0.4	4.4	9.3	-0.1	2.0
家具及装置物（332）	3.0	1.5	0.5	7.1	2.4	1.3
纸及纸制品（351）	3.2	2.0	-2.0	5.7	2.3	4.2
印刷和出版（342）	2.9	4.4	-2.7	5.1	1.9	6.9
工业化学品（351）	3.4	2.3	-2.0	6.9	1.4	5.1
其他化学品（352）	1.0	4.4	3.1	4.3	3.0	6.5
石油炼制（353）	9.7	-3.9	-6.9	5.8	0.1	1.4
石油和煤炭制品（354）	4.6	1.1	1.4	7.9	1.6	0.3
橡胶制品（355）	-0.7	0.9	1.1	3.7	-1.4	1.0
塑料制品（356）	6.5	5.6	4.9	7.1	4.1	3.2
陶瓷及陶土制品（361）	2.7	0.1	0.4	5.8	0.1	0.1
玻璃及玻璃制品（362）	1.4	0.3	0.9	4.8	1.2	0.7
其他非金属矿产品（369）	2.7	-0.1	-2.3	5.0	-0.8	1.7
铁和钢（371）	1.2	-3.6	-1.2	5.6	1.0	2.3
有色金属（372）	3.1	-1.9	-1.9	8.7	-1.0	1.4
金属制品，不包括机械（381）	2.0	-1.3	-1.7	4.0	0.1	4.9
非电力机械（382）	4.2	-0.5	-1.1	7.4	1.9	10.2
电力机械（383）	3.4	0.1	4.3	3.4	0.3	9.1
运输设备（384）	3.3	2.4	2.3	7.0	0.2	12.4
专门及科学产品（385）	4.9	6.0	2.1	8.2	5.0	5.7
其他工业制成品（390）	2.1	0.4	-0.9	5.0	-0.2	1.3

资料来源：联合国工发组织《Industrial Development》1994/1995。

注：1. 美国1994年制造业增加值总额估计为15 506.9亿美元。

2. 括号内数字是按国际工业标准分类的号码（下同）。

①估计数字。②预计数字。

北美经济回升，也反映在机械和运输设备的进出口贸易发展上。日益增长的国内需求，部分要由进口增长来满足，进口机械的增长在1994年达到10%以上，美国1994年从其他工业国家进口机械和运输设备价值2 179.76亿美元，比1993年增长14.6%。1994年美国占工业发达国家机械和运输设备进口价值的17.3%。详见表9。

美国是世界汽车进口大国，1994年进口汽车产品价值达1 027.6亿美元，比1993年增长15%，从其他工业发达国家进口汽车价值574.69亿美元，比1993年的进口增长17.7%。美国也是世界上最大的机床进口国，1995年美国进口机床28亿美元（估计数字），占世界该年总进口额138亿美元的1/5。1995年美国进口机床比1994年进口机床价值（21.9亿美元）增长27.9%。详见表10。

表 9　美国和加拿大从工业发达国家进口机械和运输设备增长动态

年 份	美国		加拿大	
	金额（亿美元）	比上年增长%	金额（亿美元）	比上年增长%
1990	1 664.44		538.49	
1991	1 631.63	-2.0	547.88	1.7
1992	1 739.19	6.6	557.12	1.7
1993	1 901.74	9.3	588.80	5.7
1994	2 179.76	14.6	666.82	13.3

资料来源：Monthly Bullentin of Statistics No. 2 1996 United Nation P287。

表 10　美国机械和运输设备出口增长动态

年 份	金额（亿美元）	比上年增长%
1990	1 826	
1991	2 001	10.0
1992	2 150.2	7.0
1993	22 490	5.0
1994	2 523.4	13.0

资料来源：《International Trade》1990、1991、1992、1993、1994。

1994 年美国机械和运输设备出口额 2 523.4 亿美元，仅次于日本，占世界机械和设备出口的第二位，美国 1994 年机械和运输设备出口额比 1993 年增长高达 13%。1994 年美国对其他工业发达国家出口机械和运输设备价值 1 348.64 亿美元，占其这类产品出口额的 58%，对发展中国家出口 955.15 亿美元，占其出口总额的 41%，对前苏联和东欧出口约占 1%。

美国在二战后最初一段时期曾在世界市场处于霸主地位，但是随后其出口产品竞争力相对衰弱，每年都是进口多，出口少，贸易逆差巨大。

近五年来美国的贸易逆差情况（亿美元）：1991 年 -866.33，1992 年 -1 057.0，1993 年 -1 386.65，1994 年 -1 766.94，1995 年 1 月～6 月 -853.94。在存在巨额贸易逆差的背景下，美国政府于 1993 年 9 月制定和公布了美国第一国家出口战略，该战略包括扩大美国出口的 65 条建议，出口融资是其出口战略的主要内容，如建立统一的联邦贸易促销预算；加强各融资机构协调；建立联邦进出口银行联系资本项目基金以对抗及最终取消使用导致贸易扭曲的联系援助信贷，这笔资金为 1.5 亿美元；通过为外国企业进行可行性研究招揽外国项目；项目融资，对海外私人投资公司融资限额从5 000万美元，增加到 2 亿美元，发挥州及地方融资的积极性，利用国际金融机构的资金等。

美国的出口努力取得了一定成果。据 1994 年 10 月出版的《Bisiness America》称，由于缺乏有力的出口融资支持，美国在克林顿政府之前每年失去几十亿美元的出口销售额。但是，在克林顿上台后的 1993 年，美国公司在政府提供信贷支持下就在国外获得 70 个大合同，价值高达 170 亿美元，增加 27.5 万个工作机会。

总的来看，克林顿执政以来，美国产品的国际竞争力较前有所提高，商品出口增长出现良好势头，但是美国的贸易逆差格局尚未得到根本扭转。

三、日本机械和运输设备市场

（一）日本制造业的回升

日本制造业在 1990 年～1993 年受衰退严重打击，走出衰退时间也比美国为晚，1994 年～1995 年出现微弱增长。

日本是世界第二大经济国，其国内生产总值在 1995 年达到 31 000 亿美元，仅次于美国。1994 年日本在世界机械和运输设备出口当中占据首位，出口额高达 2 846.4 亿美元。日本有发达的制造业，1994 年它在世界制造业增加值中占 16.9% 的比重，在世界主要制造业分部门增加值中占较大比重：电力机械 23.5%，非电力机械 20.4%，运输设备 18.2%。日本经济在 70 年代和 80 年代以高速增长令世界注目，它在世界制造业增加值中所占份额有较大增长，如日本在 1975 年～1994 年期间在世界电工机械增加值所占份额提高 12.5%，在非电力机械增加值所占份额提高了 10.5%，在运输设备部门提高了 10.5%。但是日本的好景不可能一直持续下去，日本经济于 90 年代末经历了三年时间的衰退。衰退对日本机械和运输设备市场以较严重影响，尤其是对日本汽车和机床产销的打击更大。日本工业生产在 1990 年～1993 年是负增长，年均增长率为 -0.3%，只是到 1994 年才增长 0.8%，劳动生产率从 1990 年～1993 年期间的 -0.8%，发展到 1994 年的 1%。日本是世界最大的机床生产国，它的机床生产水平以美元表示，1995 年为 68 亿美元，1994 年为 69.6 亿美元，1992 年为 86.7 亿美元。日本小轿车和卡车月平均产量在 1990 年分别达到 82.9 万辆和 29.58 万辆，从那时以来，逐年下降，1991 年～1995 年均低于 1990 年的生产水平。

1994 年，在日本增长较快的工业是塑料制品（2.4%）、印刷和出版（2.3%）。三个主要制造业分部门的增长对其他工业部门具有带动作用，电力机械工业增加值增长 1.9%，运输设备工业增长 2.2%，非电力机械工业 -0.3%，这三个工业部门占日本 1994 年整个制造业增加值的 38.3%。

日本制造业的回升不仅时间比美国晚，而且回升的势头比美国微弱，制造业各分部门增长更加不平衡。这显然有结构上的原因。详见表 11。

日本制造业的回升是由内需和出口增长引起的。根据经合组织的统计，日本全部内需增长从 1993 年的 0.3%增加到 1994 年的 1.7%。内需的增长由私人消费驱动，私人消费受日本降低收入税的刺激。内需的增长也同固定资本投资停止下降、同公共建筑及私人建筑投资迅速增长有关。

（二）日元升值的影响及对策

日元升值既刺激工业品的进口，同时又影响日本内需变化。值得注意的是，尽管高日元对出口产生了负效应，但是 1994 年美国及东亚强劲的增长还是保持了对日本工业品的外部需求。当前日本制造业的复苏是日本经济对日本 80 年代经济过分扩张的调整的反映。在 80 年代末日本达到了史无前例的高水平后，在 90 年代初的衰退期间，日本对工厂、设备投资、住房建筑及耐用消费品的需求大大下降。

日本的外部环境也遇到了挑战。由于东亚迅速的工业化和市场化，日本公司在世界市场面临着激烈竞争，特别是在劳动密集型产品方面。此外，日元高升值导致对便宜商品进口需求的增长，使工业结构发生变化，日本公司不得不采取一系列措施对这些变化作出反应。

表 11　日本制造业增加值增长率

工业部门分类	平均年增长率（%）			年增长率（%）		占全部制造业增加值份额（%）
	1970 年～1980 年	1980 年～1990 年	1990 年～1993 年	1994 年 ①	1995 年 ②	1994 年
食品（311）	5.7	3.4	2.6	2.2	1.8	8.6
饮料（313）	1.8	1.1	-2.3	-0.5	-0.7	1.1
烟草制品（314）	6.4	-5.4	6.5	0.6	1.1	0.3
纺织品（321）	-0.1	-0.5	-4.4	-4.3	-3.0	2.7
服装（322）	5.4	2.3		0.3	0.3	1.4
皮革及皮革制品	3.3	1.4	-0.8		0.3	0.2
鞋（橡胶及塑料鞋除外）（324）	4.5	1.4	-2.2	-0.2	0.2	0.2
木材及木材制品（331）	1.6	-1.7	-5.0	-7.2	-6.1	1.3
家具及装置物（332）	5.7	2.3	-2.9	-0.5	-0.3	0.9
纸及纸制品（351）	2.1	2.7	-1.8	2.0	2.6	2.5
印刷和出版（342）	5.5	4.3	0.3	2.3	1.9	5.8
工业化学品（351）	-1.3	4.1	-0.5	-0.2	0.1	4.4
其他化学品（352）	4.6	5.1	-1.0	2.2	2.9	5.4
石油炼制（353）	9.9	-8.8	22.7	1.1	0.3	1.1
石油和煤炭制品（354）	6.3	-2.4	-0.5	-2.0	-3.8	0.2
橡胶制品（355）	3.8	4.1	-0.8	2.1	2.4	1.3
塑料制品（356）	6.7	5.8		2.4	3.2	3.7
陶瓷及陶土制品（361）	3.4		-1.3	1.5	1.2	0.3
玻璃及玻璃制品（362）	1.4	4.8	-4.4	1.6	1.8	0.9
其他非金属矿产品（369）	4.6	1.4	-1.5	1.6	1.4	3.0
铁和钢（371）	3.9		-2.9	-4.8	-1.0	5.0
有色金属（372）	4.7	-1.4	-6.9	-6.4	-3.3	1.1
金属制品，不包括机械（381）	2.8	4.3	-1.0	0.5	1.6	7.2
非电力机械（382）	2.8	5.8	-5.3	-0.3	1.1	12.6
电力机械（383）	3.1	6.5	-3.1	1.9	3.0	14.6
运输设备（384）	3.4	4.9	-1.2	2.2	1.8	11.1
专门及科学产品（385）	6.3	2.0	-3.2	2.3	2.0	1.4
其他工业制成品（390）	2.8	3.7	3.0	2.1	1.6	1.8

资料来源：联合国工发组织《Industrial Development》1994/1995 P53

注：日本 1994 年制造业增加值总额估计为 8 523.07 亿美元。

①估计数字。②预计数字。

1．把生产以直接投资形式转移到海外

在 1985 年，日元对美元的汇率是 250 日元对 1 美元，1993 年 111.2 日元对 1 美元，1994 年 102.2 日元对 1 美元，1995 年 94.1 日元对 1 美元。1996 年上半年日元对美元汇率有所反弹，约为 100 日元～107 日元对 1 美元。从这些数字来看，1985 年以来日元对美元汇率发生了很大变化，日元发生了大幅度升值，这一因素加大了日本出口产品的成本，降低了其产品在国际市场上的竞争力。这引起日本厂商在国外，特别是在亚洲、欧洲和美国投资建厂的热潮。结果海外的生产日益取代日本的出口和国内生产，海外渗透和外国竞争日益加剧。这种情况在汽车工业的表现特别明显。

1985 年，日本出口 600 万辆汽车，那时日本尚没有海外生产。到 1993 年日本出口汽车降低到 500 万辆，日本在海外生产的汽车超过 300 万辆。

预计到2000年日本本土生产的汽车将下降至250万辆，那时海外生产将超过600万辆。换言之，日本汽车制造商每出口10辆小轿车，至少在国外生产24辆小轿车。由于日本在海外生产的汽车和进口的汽车比日本本国的生产更具有竞争力，日本国内需求将更多地由日本在海外生产的汽车和从美国及欧洲进口的汽车来满足。1993年日本汽车的供应能力估计超过1 500万辆，而实际生产数量只有1 110万辆。日本汽车制造商经受着生产能力过剩的压力。

日本的直接投资不仅影响国内产品的需求，而且也影响全球的制造业生产能力的分布。日本制造商把它在亚洲、欧洲和美国的投资不仅视为国内生产的改变，而且视为全球扩张的一部分。这样，在80年代进行的巨额投资，如果世界需求没有那么多，就会引起生产能力的过剩。虽然如此，只要日元继续升值，日本就会在其本土继续减少其过剩的生产能力。

2. 在其他国家创办合资公司

新日铁投资20亿日元在泰国建立合资企业制造汽车用的钢管。由于日元升值，日本把汽车生产移至东南亚，所以这种产品需求增长迅速。

日本本田公司从1995年秋季起在中国生产所有摩托车使用的发动机，并在中国销售。预期用这种方法于1996年生产60万台发动机。进行这种生产的转移要花费1亿美元。制造的发动机包括已经在中国生产的125mL排量发动机在内。本田公司认为，这将开辟在中国生产汽车的道路。

日本高速机械中心的主要制造厂商Matsuura机械公司，已公布其在英国生产其下一代产品的计划，所生产的产品用于供应欧洲和美国市场。该公司的生产能力将建立在Coalville，雇用100多名职工，包括部件制造、机床装配，以及研究与开发中心。1991年日本Matsuura机械公司于1991年建立的欧洲技术中心也将成为该生产中心的一部分。

3. 增加外购产品及零部件数量来降低生产成本

据英国出版的《机械市场》杂志报导，日本本田汽车公司和日产汽车公司为降低成本和改善在市场上所占份额，宣布了从欧洲供货商手中获得柴油发动机的计划，并付诸实施。这两个日本公司购买柴油发动机是为了安装在在英国制造的汽车上面，以供应欧洲。在1993年～1994年财政年度，在欧洲销售的汽车1 120万辆，安装柴油发动机者占20%，因为使用柴油发动机可节省燃料。在1994年～1995年度这一比例可上升到30%。本田公司就向本田公司在英国的子公司生产的轿车供应柴油发动机问题，已同法国的标致公司进行谈判。

4. 加强联合和协作

本田公司正推行叫做“Slim和紧密”的计划，实行研究与开发部门的人员和设计、生产部门人员的经常和广泛的交流。工厂人员和开发工程师将从新产品设计准备阶段就紧密地在一起工作。过去由于二者常出现脱节，不是导致设计的小轿车的成本未能达到新项目计划的要求，就是有些设计不能在生产中实现。本田公司有300多个零部件分包商的供应商，东京总公司许诺共同参与企业分享利益。

四、西欧机械和运输设备市场

1994年，西欧在世界制造业增加值所占份额达33.2%，占世界制造业主要分部门——非电力机械、电力机械、运输设备增加值分别为37.3%、34.9%、32.5%。由此可见其工业实力。在1975年～1994年期间，西欧非电力机械工业增加值占世界制造业增加值的份额增长4.6个百分点，电力机械下降3.3个百分点，运输设备下降2.6个百分点。

西欧的国家虽然较多，但是制造业主要是集中在一些较大国家，即集中在德国、英国、意大利和法国等老牌的工业国，1994年这四个国家占西欧制造业增加值的71.4%。1994年西欧出口机械和运输设备金额高达6 697亿美元，占世界这类商品出口总额的42%。

西欧的衰退比经济合作组织其他国家发生的较晚，危机于1993年达到顶点。复苏在开始时是微弱的，衰退全部影响只是在后来才得以完全消除。1994年经济恢复涉及到整个区域，增长率比预期的要高。在同年，尽管存在着高失业率，但通货膨胀率是低的。出口提供了经济复苏的动力，外部需求促进了工业生产的发展。中间性产品和投资性产品的供求也开始上升。1994年英国在大国之间表现良好，经济增长率为4%；其次是德国西部，增长率为2.5%；再次是意大利和法国，增长率分别为2.2%和2.1%；对于较小的国家国内生产总值的增长率大约为3.2%。

英国经济增长率在1994年为4%，近两年来约为3%，尽管增长率有所下降但是全部固定资本投资在1995年增长4%，1996年预计增长6.4%，预期1996年工商业投资增长更为强劲，将达到6.4%。

根据英国机械顾主协会编制的最新机械经济趋势资料，当前英国机械工业出口的产品大于内销，如把一个英国机械公司向另一个英国机械公司销售的产品除外，1995年英国机械公司向顾客销售额为640亿英镑，出口约为710亿英镑，1995年英国机械销售总额为1 610亿英镑。

一些西方大公司经营状况也比前几年有好转。如ABB国际电工机械集团在1995年上半年收到的订单比上年同期增长16%，达到179.7亿美元，收入增长17%，达到153.3亿美元，到1995年6月手头订单达到353亿美元，比1994年6月的数字增长9%。

西欧的经济复苏多半是由出口刺激的，1994年出口增长率高达15%。出口的增长推动工业生产增长，从而带动经济复苏。只是后来强有力的内部需求才起作用，特别是在1992年末发生货币贬值的国家，出口增长更为强劲，货币贬值不仅刺激向加拿大、美国、拉美及南亚和东亚的出口，而且也促进西欧内部贸易的发展。在西欧，由于经济的高度相互依赖性及出口中的高进口含量，出口增长促进欧盟区域内的贸易，并且在以后的发展进程中出口增长和内需相互影响，相互促进，尤其是在英国及区域内较小的国家，投资迅速上升，但是消费继续缓慢增长。详见表 12。

表 12　西欧制造业增加值增长率

国家及工业部门分类	平均年增长率（%）			年增长率（%）		占全部制造业增加值份额（%）
	1970 年～1980 年	1980 年～1990 年	1990 年～1993 年	1994 年 ①	1995 年 ②	1994 年
A. 国别						
西欧						
奥地利	3.6	2.4	-0.1	2.4	0.8	2.5
比利时	3.5	3.1	-3.4	2.7	3.6	2.4
丹麦	3.0	1.2	-1.0	10.2	3.3	1.3
芬兰	4.1	2.9	-1.2	11.4	7.0	1.8
法国	3.5	1.0	-2.0	3.2	2.6	14.7
德国东部	5.8	0.8	-6.7	10.5	10.7	4.2
德国西部	1.9	1.3	-2.3	3.7	2.3	26.4
希腊	6.1	0.2	-2.0	3.5	—	0.6
爱尔兰	6.3	4.5	4.0	10.4	5.9	0.9
以色列	5.0	2.9	7.5	7.9	4.4	0.7
意大利	5.7	2.5	-1.1	2.3	3.5	14.5
荷兰	3.2	1.8	-0.2	3.8	1.5	3.3
挪威	1.4	0.3	0.5	6.7	2.3	0.9
葡萄牙	5.2	2.3	-2.2	-0.5	-0.3	0.9
西班牙	2.5	3.0	-2.3	8.2	2.4	6.6
瑞典	1.2	1.8	-1.2	11.1	2.8	2.9
瑞士	0.5	1.2	-0.1	8.0	3.2	3.6
英国	-0.2	0.6	-0.8	4.0	1.6	11.6
B. 工业分类						
食品（311）	2.8	0.4	0.8	4.2	2.2	9.2
饮料（313）	0.5	0.6	0.4	4.0	2.2	2.5
烟草制品（314）	-0.6	1.6	0.4	1.6	0.9	1.5
纺织品（321）	-0.6	-1.4	-4.9	1.8	1.5	3.0
服装（322）	0.5	-2.1	-2.5	1.7	1.0	1.7
皮革及皮革制品	-0.1	-2.1	-4.3	0.8	1.2	0.3
鞋(橡胶及塑料鞋除外)(324)	2.4	-3.7	-1.7	1.4	0.3	0.5
木材及木材制品（331）	2.0	-0.7	-4.2	3.9	2.0	1.6
家具及装置物（332）	3.7	-0.4	-0.1	3.0	1.7	1.8
纸及纸制品（351）	1.3	2.1	-3.4	3.8	2.4	2.9
印刷和出版（342）	2.2	2.3	0.7	4.8	3.2	4.8
工业化学品（351）	1.8	2.3	-5.4	6.2	3.8	5.7
其他化学品（352）	1.4	3.8	2.1	5.9	3.5	5.6
石油炼制（353）	3.1	-0.8	0.3	3.3	2.4	3.2
石油和煤炭制品（354）	1.8	-2.9	-0.8	2.1	1.8	0.2
橡胶制品（355）	1.7	0.2	-3.2	4.2	3.1	1.3
塑料制品（356）	4.8	4.9	—	8.1	5.2	3.3
陶瓷及陶土制品（361）	3.7	-1.2	-3.2	3.1	2.2	0.5
玻璃及玻璃制品（362）	2.3	0.4	-2.5	3.1	1.9	1.0
其他非金属矿产品（369）	1.7	-0.2	-3.0	2.9	1.7	2.9
铁和钢（371）	-0.2	-2.9	-9.3	1.6	-0.1	2.9
有色金属（372）	-0.2	1.5	-6.3	5.3	2.0	1.3
金属制品，不包括机械（381）	1.7	1.8	-2.7	3.1	2.4	6.7
非电力机械（382）	2.0	2.3	-4.4	2.6	2.1	11.7
电力机械（383）	3.2	2.6	-2.6	4.2	3.6	11.0
运输设备（384）	3.2	1.6	-3.9	3.6	2.7	10.0
专门及科学产品（385）	2.7	-0.1	-2.4	6.1	3.8	1.7
其他工业制成品（390）	1.7	0.3	-1.5	4.8	2.8	1.0

资料来源：联合国工发组织《Industrial Development》1994/1995 P53。

注：1994年制造业增加值总额估计为1 639 351亿美元。
①估计数字。②预计数字。

五、发展中国家机械和运输设备市场

(一) 发展中国家制造业的构成和现状

根据联合国工发组织出版的工业统计资料，发展中国家（不包括中国，下同）的工业构成，从总体上看，原料加工工业（主要是石油炼制）和轻纺工业（食品、饮料、烟草、纺织等工业）占大部分，重工业占的比重不大。1995年，发展中国家在世界制造业24个分部门增加值总额中所占比重大的部门依次是石油炼制（36.7%），纺织品（36.4%），再次为其他非金属矿产品（26.2%），饮料（27.3%），皮革及毛皮制品（34%），橡胶制品（21.5%），鞋（43.8%），石油和煤炭制品（24%），食品（18.3%），其他化学品（17.5%）。但是发展中国家在非电力机械、电力机械和运输设备等世界三个主要的制造业部门的增加值的比重1992年仅为5%、12%和9.7%，到1995年达到9.6%、14.1%和12.6%。发展中国家在世界铁和钢增加值占的比重稍高一些，1992年为17.5%，1995年为28.3%。上述工业构成反映发展中国家工业发展水平还较低。详见表13。

(二) 发展中国家机械和运输设备市场发展势头

二战后以来，发展中国家的经济增长率和工业生产增长率，从总体上，超过了发达国家的经济增长率，发展势头还是好的。1991年～1994年发展中国家国民生产总值年平均增长率4%，1995年也在5%以上。世界银行预测，从1994年～2003年发展中国家的经济年均增长率5%，而预测在这一期间发达国家经济年均增长率仅为2.7%。发展中国家制造业增加值的年均增长率在1975年～1985年为4.6%，1985年～1993年为3.6%，而发达国家在同一期间分别只有2.1%和1.5%。在1993年、1994年和1995年发展中国家制造业的增加值年均增长率分别为4.4%、5.3%和5.4%，而发达国家，分别只有-1.1%、4.2%和2.4%。这是从总体而言。从制造业的分部门来看，发展中国家获得了轻纺工业部门的较高增长率，因为在1975年～1995年期间，发达国家轻纺工业部门的生产不是增长率非常之低，就是呈现负增长，这些部门是发达国家经济结构调整的范围，而且由于轻纺部门多半属于劳动密集型部门，发展中国家在这些部门保持着比较优势。发展中国家还在机电制造业生产上有较高的增长率。

由于发展中国家工业增长率比发达国家快，所以他们在世界工业生产中所占份额在增大。发展中国家在世界制造业增加值中所占份额从60年代的8.6%提高到1980年的14.8%，1992年的15%，1995年的17.4%。联合国工发组织于1975年3月12日～26日举行的利马会议及会上通过的工业合作和行动计划宣言，曾制定了到2000年发展中国家占世界制造业增加值25%的目标。看来这一目标是有可能实现的。这些都表明，发展中国家具有发展工业的能力。他们不仅在劳动密集型部门，像制鞋工业、纺织品和服装工业部门所占份额稳定增长，在资源性加工工业所占份额有较大增长，而且在机电制造业增加值所占份额也有较显著的增长，虽然至今在这些技术密集型部门所占比重尚小。见表14。

保持工业增长势头，并扩大自己在世界生产中的份额，是发展中国家产生对机械设备和技术需求的根源，在本国工业和技术发展水平较低的情况下，就必然依靠从国外引进来解决这类投入品问题。1994年发展中国家仅从工业发达国家进口的机械和运输设备金额达3 520.6亿美元，占发达国家这类商品出口总额的28%。发展中国家工业的发展，构成出口机械和运输设备的来源。发展中国家工业制成品的出口已接近其总出口额的60%，在世界工业制成品出口中所占份额已超过26%，其中机械设备占相当部分。

发展中国家经济增长特别是工业增长，引起对基础设施需求的增长，需要上不少大的工程项目。

发展中国家工业发展同基础设施建设规模的扩大相辅相成。据世界银行的资料称，发展中国家对基础设施的投资每年需要2 000多亿美元，可见其规模的宏大。首先，发展中国家工业必然扩大对能源的需求，特别是钢铁和石油化工工业这些能源密集部门，更需要增加能源的供应；其次，扩展工业引起城市人口的增加和国内外贸易的发展，这也需要上相关的基础设施项目。

世界银行一份报告称，据经济学家计算，发展中国家经济每增长1%，对基础设施的投资也需要增长1%。由于东亚经济增长速度在全球最高，该地区对基础设施的需求也最为殷切，需求规模最大。这适应工业生产发展的需要，许多基础设施项目需要上马，大批农村人口城市化，需要消耗大量能源，从而需要建设大量电站及配电设备，以保证足够的能源供应。东亚经济年均增长率为7%，按说东亚对基础设施的投资也应每年增长7%，但是现在该地区对基础设施投资每年只增长5%，因而东亚地区已经出现基础设施不足问题。现在东亚基础设施不足已经成为经济增长的“瓶颈”，如果这一问题得不到解决，东亚经济的高速增长就难以保持下去。

发展工业还需要上环保项目。1992年6月8日～14日在里约热内卢举行的联合国环保及发展会议，要求发展中国家和发达国家把环保问题列入议事日程，把环保同发展工业联系起来。

(三) 发展中国家制造业不平衡的发展和机械设备市场不平衡的分布

表 13　发展中国家与发达国家在工业构成上的比较①　（单位：%）

工业部门分类	年份	发展中国家			发达国家					
		共计	NICS②	其他	共计	东欧及前苏联	西欧③	日本	北美	其他
食品（311/2）	1980	18.3	9.4	8.9	81.7	27.8	29.4	7.4	14.7	2.4
	1992	21.1	9.9	11.2	78.9	19.2	34.2	7.0	15.8	2.7
饮料（313）	1980	17.6	7.2	10.4	82.4	29.9	30.0	7.5	13.0	2.0
	1992	23.1	8.3	14.8	76.9	17.0	36.1	7.2	14.2	2.4
烟草（314）	1980	32.3	8.4	23.9	67.7	18.0	25.1	6.5	16.9	1.2
	1992	41.3	8.5	32.8	58.7	13.5	23.2	5.7	15.2	1.1
纺织品（321）	1980	22.0	13.2	8.8	78.0	32.1	25.1	7.4	11.8	1.6
	1992	27.5	14.5	13.0	72.5	22.2	27.3	6.8	14.7	1.5
服装（322）	1980	15.1	9.4	5.7	84.9	29.5	30.1	4.6	18.7	2.0
	1992	19.8	11.8	8.0	80.2	25.6	27.9	4.5	20.3	1.9
皮革及皮革制品（323）	1980	17.8	11.1	6.7	82.2	29.5	35.8	4.7	10.6	1.6
	1992	22.9	13.3	9.6	77.1	19.4	41.8	5.1	9.0	1.8
鞋（324）	1980	18.1	11.7	6.4	81.9	28.2	38.8	2.3	10.5	2.1
	1992	21.2	12.9	8.3	78.8	29.9	37.5	3.3	6.1	2.0
木材及木材制品（331）	1980	14.8	8.5	6.3	85.2	14.0	29.0	11.0	28.5	2.7
	1992	16.8	8.3	8.5	83.2	10.2	27.2	7.3	36.0	2.5
纸（351）	1980	10.5	6.7	3.8	89.5	7.3	34.8	10.8	34.4	2.2
	1992	12.6	7.9	4.7	87.4	4.4	35.0	11.9	34.1	2.0
工业化学品（351）	1980	11.4	7.2	4.2	88.6	25.4	34.6	6.7	20.1	1.8
	1992	17.7	11.0	6.7	82.3	12.2	38.5	7.1	22.9	1.6
其他化学品（352）	1980	18.3	10.6	7.7	81.7	12.7	32.5	9.9	24.4	2.2
	1992	20.2	12.0	8.2	79.8	7.1	33.7	11.5	25.4	2.1
石油炼制（353）	1980	29.2	6.9	22.3	70.8	16.3	27.9	5.4	19.8	1.4
	1992	42.2	8.4	34.0	57.6	8.6	24.6	4.9	18.1	1.4
石油和煤炭制品（354）	1980	12.8	6.7	6.1	87.8	60.0	14.3	3.4	8.9	1.2
	1992	21.2	10.9	10.3	78.8	51.3	13.0	2.9	9.9	1.7
橡胶制品（355）	1980	16.3	10.4	5.9	83.7	24.1	33.7	8.6	15.2	2.1
	1992	21.8	11.2	10.6	78.2	11.8	34.4	9.5	20.4	2.1
塑料制品（356）	1980	13.6	9.6	4.0	86.4	8.9	39.6	15.0	20.1	2.8
	1992	13.2	9.4	3.8	86.8	4.9	42.7	13.5	23.3	2.4
陶瓷及陶土制品（361）	1980	13.5	9.1	4.4	86.5	22.3	48.9	7.9	6.6	0.8
	1992	17.4	10.8	6.6	82.6	18.7	47.7	8.3	6.9	1.0
玻璃（362）	1980	13.2	8.8	4.4	86.8	14.1	40.3	8.5	22.1	1.8
	1992	17.4	9.8	7.6	82.6	10.4	44.5	7.5	18.4	1.8
其他非金属矿产品（369）	1980	18.1	10.2	7.9	81.9	22.6	31.0	10.1	15.6	2.6
	1992	24.9	11.1	13.8	75.1	16.4	29.5	10.4	15.7	3.1
铁和钢（371）	1980	10.9	8.3	2.6	89.1	16.5	30.6	19.0	20.2	2.8
	1992	17.5	12.3	5.2	82.5	10.4	30.4	20.3	18.6	2.8
有色金属（372）	1980	9.8	4.5	5.3	90.2	21.1	24.0	14.6	27.2	3.4
	1992	13.8	6.6	7.2	86.2	11.3	26.5	17.3	27.7	3.4
金属制品（381）	1980	10.8	7.3	3.5	89.2	11.1	35.4	12.5	26.9	3.3
	1992	12.1	7.4	4.7	87.9	7.7	37.2	13.0	26.9	3.1
非电力机械（382）	1980	5.1	4.1	1.0	94.9	30.9	30.7	9.9	22.3	1.1
	1992	5.0	3.7	1.3	95.0	24.2	29.3	12.9	27.5	1.1
电力机械（383）	1980	8.3	6.1	2.2	91.7	11.5	37.4	15.4	25.9	1.5
	1992	12.0	8.6	3.4	88.0	5.1	32.5	26.8	22.6	1.0
运输设备（384）	1980	8.2	5.9	2.3	91.8	13.7	37.8	11.9	26.6	1.8
	1992	9.7	6.2	3.5	90.3	7.8	40.0	12.6	28.8	1.1

资料来源：联合国工发组织《国际工业统计年鉴》1995 年 维也纳 P39 至 40。

①按 1980 年的固定价格。②NICS 即新兴工业化经济国家和地区。③1992 年包括对德国东部的估计数字。

表 14 发展中国家占世界制造业增加值的份额及增长率

工业部门分类	发展中国家在世界制造业增加值中份额（%）①			年均增长率（%）			
				发达国家市场经济		发展中国家市场经济	
	1975 年	1990 年	1995 年	1975 年～1985 年	1985 年～1995 年	1975 年～1985 年	1985 年～1995 年
制造业（3）	12.1	14.7	15.4	2.1	1.5	4.6	3.6
食品（311）	15.3	17.2	18.3	1.6	2.3	3.0	2.9
饮料（313）	21.1	25.8	27.3	0.8	1.7	3.0	2.9
烟草制品（314）	33.7	29.5	30.2	1.8	3.8	3.8	2.1
纺织品（321）	19.6	30.4	36.4	-0.4	-0.7	2.8	2.6
服装（322）	12.8	25.3	29.2	-0.5	0.1	4.9	4.1
皮革及皮革制品（323）	19.3	30.5	34.0	-1.3	-0.7	3.6	1.2
鞋（324）	19.9	31.9	43.8	-0.7	-2.3	4.7	3.2
木材及木材制品（331）	13.0	12.6	13.1	-0.1	1.4	1.3	1.4
家具及装置物（332）	10.2	10.5	13.6	0.9	1.9	2.7	5.0
纸及纸制品（351）	9.0	6.7	7.6	3.7	2.4	2.2	4.3
工业化学品（351）	9.3	13.3	16.7	1.7	1.4	6.9	3.3
其他化学品（352）	17.5	16.5	17.5	3.7	3.5	6.4	2.6
石油炼制（353）	22.7	33.2	36.7	1.0	0.8	6.2	1.2
石油和煤炭制品（354）	11.0	22.7	24.0	0.2	0.5	9.3	-0.2
橡胶制品（355）	13.5	20.4	21.5	1.1	0.8	5.7	2.3
塑料制品（356）	13.7	13.3	12.8	5.6	4.4	7.2	3.8
陶瓷及陶土制品（361）	16.5	20.9	25.7	-0.5	0.7	5.4	2.5
玻璃及玻璃制品（362）	10.9	13.8	17.8	1.5	1.2	3.5	4.8
其他非金属矿产品（369）	14.7	20.9	26.2	0.6	1.1	3.3	4.4
铁和钢（371）	10.3	20.7	28.3	-1.8	-1.0	5.9	4.7
有色金属（372）	10.0	17.9	20.8	1.1	0.7	6.6	4.1
金属制品，不包括机械（381）	10.1	10.8	15.0	1.2	1.3	3.7	5.1
非电力机械（382）	5.8	6.8	9.6	2.8	0.8	4.6	4.9
电力机械（383）	8.5	11.9	14.1	5.0	1.0	6.5	5.9
运输设备（384）	7.3	9.7	12.6	3.0	1.4	5.2	5.9
专门及科学产品（385）	8.5	11.9	14.1	5.0	1.0	6.6	5.9
其他工业制成品（390）	10.4	16.0	18.4	0.9	2.3	5.1	2.1

资料来源：联合国工发组织数据库。

注：制造业增加值增长率以本国货币扣除通货膨胀因素为基础折合成 1990 年的美元价，增长率是从 120 个国家，包括 25 个发达国家及 95 个发展中国家为样本，联合国工发组织汇总为工业统计。

①这一份额按 1995 年的价格和汇率计算，其他年份以 1990 年的美元价计算，中国和其他亚洲中央计划经济不包括在样本之内（他们于 1990 年在世界整个制造业中所占份额估计为 2.8%）。

发展中国家制造业按地区分布，大部分集中在南亚及东南亚，以及拉美地区。1992 年南亚及东南亚占发展中国家人口数的 57.9%，占这类国家制造业总额的 46.7%；拉美地区占发展中国家人口总数的 15.6%，占这类国家制造业增加值的 36.5%。南亚及东南亚，以及拉美地区共占发展中国家制造业增加值的 94.4%。由此可见，发展中国家制造业在地区分布上的高度集中性。值得提出的是，拉美及加勒比地区现在虽然是发展中国家的一个工业中心，该地区 1994 年占世界制造业增加值的 5.2%，但是在 1975 年～1994 年期间它占世界的比重减少了 1.3%，不仅是制造业总比重下降，而且各个分部门在世界制造业当中所占比重除石油炼制以外也都下降了，其活力不如东亚和东南亚。东亚和东南亚 1994 年占世界制造业增加值的 5.6%，超过拉美，在 1975 年～1994 年期间在世界制造业增加值所占比重增加了 4 个百分点，该地区各个分部门制造业占世界制造业的比重都有不同程度的上升。亚洲市场是当今世界增长最迅速的市场，机械和运输设备市场也是如此。非洲是工业最不发达的地区。该洲 1992 年占发展中国家人口总数的 21.1%，（下转附－18 页）

附录二　香港机电工业和机电产品贸易

机械工业部科技信息研究院　常淑荼

一、香港机电工业的规模

据《香港 1996》发表的统计数据，截至 1995 年 9 月，香港机电工业共有企业 10 537 个，占香港制造业企业总数的 33.9%，比 1994 年减少了 1 053个，比 1993 年减少了 2 994 个。1995 年 9 月，香港机电工业从业人员 118 512 人，占制造业从业人数的 30.7%，比 1994 年减少了 11 630 人，比 1993 年减少了 32 425 人。香港机电工业的企业数及从业人数详见表 1。香港机电工业企业数和从业人员减少的主要原因是香港进行机电工业产业结构调整，将劳动密集工序北移内地，本地转向生产技术密集型及高附加价值产品。有关资料显示，香港约有 50% 的工模具厂、电镀厂，约有 60% 的工业设备制造厂，约 80% 的铸造厂、钟表厂、仪器仪表厂、光学制品厂，约 90% 的家用电器厂已移入内地。

香港机电产品生产厂大多是中小企业，雇员人数在 50 人以下的占 95% 以上，这些规模小的工厂通过有效灵活的分包网与较大规模的工厂连接，能够根据市场需求迅速作出反应，显示了香港机电工业的灵活性。香港本地生产的机电产品 80% 以上出口，1995 年香港本地机电产品出口额达 117.5 亿美元，占该年香港本地产品出口总额的 40.1%，主要出口产品是电子产品和钟表，出口额分别为 81.4 亿美元和 17.2 亿美元，分别占香港机电产品出口额的 69.3% 和 14.9%。

表 1　香港机电工业企业数及从业人数

行业名称	企业数（个）			从业人数（人）		
	1993 年	1994 年	1995 年	1993 年	1994 年	1995 年
金属制品	5 134	4 341	3 899	34 626	29 264	25 082
办公机械及计算机	189	202	218	11 761	12 145	10 518
收音机、电视机及通讯设备	183	156	156	5 654	4 986	3 970
电子元器件	410	301	279	21 792	18 327	19 462
家用电器及器具	259	217	172	5 970	3 878	3 352
一般机械及设备	5 408	4 747	4 325	35 813	31 794	29 383
运输设备	574	544	515	14 010	12 525	10 824
专业科学仪器和光学器材	1 374	1 082	973	21 311	17 223	15 921
机电工业合计	13 531	11 590	10 537	150 937	130 142	118 512
制造业总计	39 238	34 068	31 114	508 133	438 382	386 106
机电工业占制造业比例（%）	34.5	34.0	33.9	29.7	29.7	30.7

资料来源：《香港 1996》。

二、香港机电工业主要行业概况

1. 机械设备业

香港机械设备制造厂大体可分为三类：(1) 生产各种零配件的工厂；(2) 生产成套设备的工厂；(3) 以修理为主的机修厂。香港机械厂多是小企业，平均雇员人数不足 6 人。近十年来，香港工业不断向内地转移，机械业也不例外。据统计，香港机械设备制造业中约 60% 以上的工厂转移到了内地。1995 年，香港有机械企业 4 325 个，比上年减少 422 个；从业人员 29 383 人，比上年减少 2 411 人。

目前香港机械设备制造业已具有一定技术力量，产品种类不断增多，主要产品有针织和梭织机、整染机、注塑成型机械、小型电机、印刷机械、钻探设备、电镀设备、农业机械、过滤及净化设备、模具、气动机械、玻璃制品机械、饮料包装机械、医疗器材、办公设备等。据专业人士称，如果给欧洲机械技术打 100 分的话，香港大约可得 92 分，但香港机械产品的售价仅为欧洲同类产品售价的 1/6，因此香港机械产品无论在本地还是在海外市场均有一定的竞争力。

2. 电子工业

随着微电子和微处理技术的发展，香港电子工业发展迅速，特别是近十年来，香港电子工业增长幅度平均达到 24%。香港电子产品出口已占香港本地机电产品出口额的 70%，占香港本地产品出口总额的 1/4 强。

香港电子工业生产产品种类繁多，主要包括电视机、音响器材、有线与无线电话、视像电话、解调器、微机、传真机、手表、多层印制电路板、半导体装置及表面安装设备等。香港电子工业以中小企业为主，雇员不足 50 人的小厂占 80% 以上。为降低生产成本，增强产品在国际市场上的竞争力，香港几乎所有的电子企业均在内地进行各种形式的生产活动，如加工、合作、合资或独资办厂等。香港电子产品出口市场以美国和内地为主，其次是新加坡、德国、英国及荷兰。目前香港生产的电子产品中，高科技产品占35%，如卫星通讯仪器、计算机、传真机、传呼机等。目前香港生产的电话机已占世界市场的55%。

3. 钟表工业

香港钟表工业是仅次于服装和电子的香港第三大出口创汇工业。按出口量计算，香港已成为全世界最大的钟表出口地，但按出口额计算，则排在第二位。1995年香港钟表出口额为17.2亿美元，比上年增长3%。1994年香港有钟表制造厂885个，比1993年减少164个，从业人员10 818人，比1993年减少2 065人。钟表出口的有关情况详见表2、表3。

表2 1995年香港钟表出口和转口统计

产品名称	出口额（百万美元）	比上年增长%	转口额（百万美元）	比上年增长%
总计	1 724.1	3.0	4 245.7	12.6
电子手表	894.7	2.0	2 351.6	14.1
机械手表	41.7	40.7	164.3	8.1
怀表或其他表	3.9	-11.5	9.9	17.2
已装嵌电池的电子表芯	71.3	-10.9	301.5	2.5
已装配的机械表芯	18.3	-32.2	47.9	81.2
电子表芯时钟	8.5	34.2	58.1	37.4
机械表芯时钟	0.2	28.6	0.1	6.0
电子闹钟	11.1	52.1	250.8	29.9
机械闹钟	0.2	-30.5	14.2	-4.4
电子壁钟	1.1	-9.9	75.5	37.0
机械壁钟	0.1	167.6	1.1	-26.7
电子时钟	16.1	9.9	63.6	17.6
未列名其他时钟	0.01	-66.1	1.5	44.6
表壳及附件	138.9	3.2	74.8	46.7
金属表带	121.9	8.3	65.8	29.7
非金属表带	52.9	-4.3	60.0	28.5
时间控制装置	6.1	0.1	39.3	2.0
时间记录装置（仪器）	0.9	-50.6	53.2	31.9
未装嵌的钟芯	3.4	8.9	24.6	60.3
钟壳及配件	1.5	-48.9	4.3	86.1
已装嵌的钟表机芯	287.2	-3.9	126.0	-1.3
钟表零件	302.5	9.8	336.0	8.7

资料来源：香港海关统计。

表3 1995年香港钟表出口四大市场

市场	出口额（百万美元）	比上年增长%
德国	106.0	6.0
瑞士	84.6	18.8
巴西	68.8	61.5
法国	46.3	10.4

资料来源：香港海关统计。

三、香港对外贸易概况

1995年，香港在世界贸易中排名第八位，出口总额1 702.8亿美元，比上年增长16%，其中本地产品出口额达293.2亿美元，增长4.2%；转口出口额达1 409.6亿美元，转口出口增长17.4%。在转口及生产设备进口迅速增长的刺激下，总进口额高达1 920.2亿美元，比上年增长19.2%。贸易逆差217.4亿美元。1995年香港进口总额中，消费品进口占41.8%，进口额高达711.4亿美元；原材料及半成品进口占35.8%，进口额为687.3亿美元。

1995年香港对美国的出口稳步增长，尤其是手表、电子消费品、玩具等产品在美国市场具有很强的竞争力，预计随着美国商业投资的增加，办公机械、电讯设备、电子元器件等对美国的出口将会有较大幅度增长。1995年香港对欧洲出口温和增长，出口产品中传统产品如手表、玩具、旅行用品等增长幅度较小，家用电器、电子消费品、电讯设备、计算机及电子元器件的出口表现不俗，特别是计算机。在出口亚洲方面，1995年香港的出口增幅由上年的14%增加为20%。中国内地市场的不断扩大，其他亚洲国家和地区经济的不断发展，为香港带来新的机会。虽然日本经济持续疲软，但日本加强离岸采购和生产活动使港商受益，1995年香港对日本出口激增28%，尽管墨西哥比索贬值，但香港对中美洲出口仍增长了27%。对中东和东欧的出口也增长了13%。

中国内地是香港本地产品出口的最大市场，1995年香港本地产品对内地出口80.45亿美元，比上年增长4.2%，占该年香港本地产品出口总额的27.4%；中国内地也是香港转口出口的最大市场，1995年香港对内地转口出口486.1亿美元，比上年增长19.0%，占香港转口出口总额的34.5%。同时中国内地也是香港进口的最大货源地，1995年香港从内地进口658.5亿美元，比上年增长14.7%，占香港进口总额的34.9%。

1996年香港的对外贸易仍将顺利发展，出口总额估计增长10%左右，其中本地产品出口增长率预计为0.5%，转口出口增长13%，进口将增长7.8%，1996年香港的总出口额、本地产品出口额、转口额及进口额预计分别可达1 957、307、1 650和2 128亿美元。

四、香港机电产品贸易

1995年香港机电产品进出口总额为1 507.5亿美元，占当年香港对外贸易总额的41.6%，其中机电产品出口总额682.7亿美元，比上年增长18.3%，本地机电产品出口额117.5亿美元，比上年增长9.1%（占该年香港本地产品出口总额的40.1%），高于本地产品出口增长4.3%的增长率；转口出口机电产品565.1亿美元，比上年增长20.5%，占香港转口出口总额的40.1%；1995年香港机电产品进口总额为824.8亿美元，比上年增长23.5%，高于香港进口增长19.2%的增长率。1995年香港机电产品进出口及转口情况详见表4。

表4 1995年香港机电产品进出口统计

产品种类	总出口额（百万美元）	比上年增长%	本地出口额（百万美元）	比上年增长%	转口出口额（百万美元）	比上年增长%	进口额（百万美元）	比上年增长%
金属制品	3 140.1	15.3	593.6	2.1	2 546.5	18.9	2 943.7	16.7
动力机械及设备	1 959.0	22.1	171.2	12.2	1 787.8	23.3	2 824.4	24.5
特种工业专用机械	2 317.6	-0.4	356.3	-10.7	1 961.4	1.8	2 770.3	9.8
金属加工机械	563.1	-1.3	161.5	11.6	401.6	-5.6	601.0	10.3
通用机械	3 689.6	9.6	289.1	-11.2	3 400.5	11.8	5 311.2	13.4
办公机械和自动数据处理设备	9 520.6	37.6	2 261.5	1.4	7 259.1	54.8	8 700.8	41.8
视听通讯设备	16 404.6	16.6	1 340.1	-8.9	15 064.4	19.5	18 477.9	21.0
电力设备	18 546.6	34.9	4 036.6	28.5	14 509.9	36.8	23 537.0	33.9
陆路车辆及零配件	1 959.4	52.3	1.4	11.3	1 958.0	-47.7	5 843.4	-10.2
其他运输设备	131.4	25.7	8.8	3.9	122.6	27.6	2 049.7	218.6
专业及科学仪器及装置	1 445.5	25.3	369.1	39.7	1 076.4	21.1	1 479.1	19.7
摄影器材、光学物品及钟表	8 589.6	16.9	2 163.4	5.5	6 426.2	21.3	7 944.2	15.5
机电产品合计	68 267.1	18.3	11 752.6	9.1	56 514.7	20.5	82 482.8	23.5
全部商品总计	170 281.1	14.9	29 323.7	4.3	140 957.4	17.4	192 021.8	19.2
机电产品占全部商品(%)	40.1		40.1		40.1		43.0	

资料来源：香港海关统计，原数据单位为港元，按1美元兑换7.9港元计算。

四、香港与内地机电产品贸易情况

据港府统计，1995年香港对内地总出口573.7亿美元，其中香港本地产品出口81.5亿美元，转口492.2亿美元，占内地进口总额的40%以上。内地调低关税后将进一步促进香港与内地的贸易。香港出口内地货物金额最大的五类产品依次是机电产品、纺织原料及纺织品、塑料橡胶及其制品、贱金属及其制品、化学工业制品，这部分产品约占1995年香港产品出口内地总额的78.2%。

1995年香港对内地出口超过20亿美元的主要商品依次是电机和电气设备、锅炉、机械器具、塑料及其制品、化学纤维长丝及钢铁；香港向内地出口超过3亿美元的主要是针织、非针织服装、钟表及零件等。

据我国海关统计，1995年香港与内地机电产品贸易额为154.8亿美元，其中我国出口113.3亿美元，比上年增长30.1%；进口41.5亿美元，比上年减少7.8%。1995年香港向内地机电产品贸易情况详见表5～表10。

六、香港与内地贸易发展趋势

内地经济的发展以及出口退税率和进口关税水平的降低对香港与内地贸易将产生较大影响。据港府统计，关税调整将会影响香港350多亿美元货物对内地的出口，并为港商节约大约55亿美元税款。当然，港商出口内地的货物有相当一部分是加工产品或是已获减免税优惠的投资设备，所以实际节省税款不会有50亿美元。但从近期情况看两地贸易将出现以下一些变化：

1. 香港对内地总出口将加速增长。由于内地削减关税，取消多种商品的进口限制，在外汇储备充足、经济环境相对宽松、内地进口增长加快的同时，由于退税减少，外资企业使用国外原材料也会增加，香港本地产品对内地出口及经港转入内地的海外产品都会增加。预计1996年香港对内地总出口有可能增长20%以上。

2.两地加工贸易将进一步发展。内地降低出口退税率对加工贸易出口没有影响，因此，两地加工贸易仍可进一步发展。估计1996年两地贸易总额仍会增加，增幅基本与上年持平。

3.内地产品经港出口仍有发展空间。尽管1996年内地出口形势严峻，尤其是国有企业一般贸易出口比较困难，从而影响内地产品对港出口和经港转口出口。但由于国际市场需求保持稳定增长，特别是亚洲地区贸易活跃，内地产品经港向海外市场转口出口仍有一定的发展空间。

表5　1995年香港与内地机电产品贸易统计

产品名称	出口额(百万美元)	比上年增长%	进口额(百万美元)	比上年增长%
磨削工具用磨具	7.6	14.0	2.3	-24.5
金属制品	1 006.0	8.4	264.3	-6.0
一般机械	1 763.0	51.1	1 310.6	-19.0
电机、电气设备及零件	5 736.7	33.9	1 957.1	-0.6
铁道及电车道机车、车辆及零件	574.8	46.0	0.4	-55.2
车辆及其零配件（铁道及电车道车辆除外）	109.3	9.6	11.3	-37.1
航空器、航天器及其零件	0.1	-52.0	4.4	227.3
船舶及浮动结构体	347.1	67.3	11.0	-59.5
仪器仪表及设备	441.2	22.7	218.9	13.4
钟表及零件	836.3	4.1	317.5	-1.3
乐器及其零附件	6.7	-7.8	0.1	-64.9
照明装置	229.7	24.6	27.3	-26.3
运动用品及其零件	210.6	2.0	17.4	-22.4
杂项制品	56.7	-0.5	2.7	-40.4
机电产品合计	11 328.1	30.1	4 148.4	-7.8
全部商品总计	35 983.8	11.2	8 591.1	-9.0
机电产品占全部商品（%）	31.5		48.3	

资料来源：我国海关统计。

表6　1995年香港对内地出口主要机电产品统计

产品名称	出口额(百万美元)	比上年增长%
视听通讯设备	985.7	-9.2
电力机械、电器及配件	819.5	26.2
摄影器材、光学物品及钟表	439.9	5.6
办公机械及计算机	399.3	29.8
金属制品	271.6	-1.8
全部商品	8 045.0	4.2

资料来源：香港贸易统计月报，1995年12月。

表7　1995年香港从内地进口主要机电产品统计

产品名称	进口额(百万美元)	比上年增长%
视听通讯设备	7 680.2	14.6
电力机械、电器及配件	5 391.9	19.2
办公机械及计算机	2 698.4	37.8
摄影器材、光学物品及钟表	2 644.9	58.3
金属制品	1 513.9	18.0
全部商品	68 288.6	27.8

资料来源：香港贸易统计月报，1995年12月

表8　1995年香港转口到内地主要机电产品统计

产品名称	转口额(百万美元)	比上年增长%
电力机械、电器及配件	4 001.2	33.3
视听通讯设备	3 762.5	14.0
办公机械及计算机	2 033.5	35.0
通用工业机械	1 972.5	2.9
摄影器材、光学物品及钟表	1 531.4	18.0
特种工业专用机械	1 494.6	-2.7
全部商品	48 613.1	19.0

资料来源：香港贸易统计月报，1995年12月

表9　1995年内地主要机电产品经港转口出口统计

产品名称	转口出口额(百万美元)	比上年增长%
视听通讯设备	10 360.8	21.5
电力机械、电器及配件	6 632.2	60.4
办公机械及计算机	4 287.4	62.9
摄影器材、光学物品及钟表	2 905.6	33.1
金属制品	1 963.7	21.0
全部商品总计	80 555.9	16.6

资料来源：香港贸易统计月报，1995年12月。

表 10　1995 年香港转口出口内地主要机电产品及主要市场

转口出口主要市场	主要机电产品名称	转口出口额（百万美元）	比上年增长%
全世界	全部商品	80 555.9	16.6
美国	全部商品	27 031.1	9.1
	视听通讯设备	3 176.3	10.3
	电力机械、电器及配件	2 061.1	23.1
日本	全部商品	7 483.5	30.9
	视听通讯设备	718.2	32.9
	电力机械、电器及配件	597.7	72.4
德国	全部商品	5 431.6	9.1
	视听通讯设备	801.0	1.8
	电力机械、电器及配件	533.1	26.6
	办公机械及计算机	382.4	21.3
中国内地①	全部商品	4 572.8	33.7
	视听通讯设备	422.7	148.9
	电力机械、电器及配件	318.2	104.9
英国	全部商品	3 761.6	16.7
	视听通讯设备	568.5	15.4
	电力设备、电器及配件	372.8	18.9
法国	全部商品	2 086.6	27.4
	视听通讯设备	347.1	49.0
	电力机械、电器及配件	173.3	32.0

资料来源：香港贸易统计月报，1995 年 12 月。

①是指内地产品经香港转口倒流。

〔责任编辑：白　萍〕

（上接附－13 页）而工业只占发展中国家制造业增加值的 6.4%。

发展中国家按工业发展水平分新兴工业化经济、第二梯队新兴工业化经济、其他发展中国家、最不发达国家。统计数字表明，发展中国家的制造业主要集中在新兴工业化经济和第二梯队新兴工业化经济。1992 年新兴工业化经济成员占整个发展中国家人口总数的 43%，占发展中国家制造业增加值的 55.2%。在发展中国家，不仅是技术密集型的制造业主要集中在新兴工业化国家和地区，如 1992 年新兴工业化国家和地区在发展中国家分部门制造业增加值所占比重：电力机械 71.7%，运输设备 63.9%，非电力机械 74%，塑料制品 71%，而且在传统工业部门也占主导地位，如铁和钢占 70%，食品 46.9%，饮料 35.9%，烟草 20.6%，纺织品 52.7%，服装 59.6%，鞋 60.8%，皮革及皮革制品 58%。只是新兴工业化经济在石油炼制中占 19.8%，这算一个例外，因为石油炼制日益集中在少数产油国。第二梯队新兴工业化经济占发展中国家人口总数的 15.5%，占发展中国家制造业增加值的 21.2%，新兴工业化经济和第二梯队新兴工业化经济加在一起共占发展中国家人口数的 58.5%，占制造业增加值的 76.4%。而 1992 年最不发达国家占发展中国家人口数的 17%，只占发展中国家制造业增加值的 1.5%。最不发达国家大多数在非洲和南亚。

〔责任编辑：白　萍〕

附录三　机械工业管理机构及领导人员

机械工业部

地址：北京市西城区三里河路46号

邮码：100823

电话：68594711、68594710（总值班室）、68594114（总机查询）

部　长：包叙定

副部长：邵奇惠、孙昌基、吕福源、姚明伟

中纪委驻部纪检组组长：孙祖梅

总工程师：朱森第（正局级）

副总工程师：孟祥恩（正局级）、苗　圩（正局级）

办公厅

主　任：薛德林

副主任：王宝明、沙先华

政策法规体改司

司　长：邢玉久

副司长：杨　桦

行业发展司

司　长：蔡惟慈

副司长：王荣泉、关建勋、何升韬

科技与质量监督司

司　长：宋天虎

副司长：石坚中、依英奇

经济调节与国有资产监督司

司　长：王希贤

副司长：梅振新

生产与信息统计司

司　长：汪建业

副司长：武铁舟、纪孝效

国际合作司

司　长：崔十信

副司长：陆仁琪、杨万胜

人事劳动司

司　长：贾成炳

副司长：谷政协

教育司

司　长：涂仲华

副司长：沙彦世、郝广发

军工司：

司　长：王金德

副司长：王小木

汽车工业司

司　长：张小虞

副司长：蒋　雷、陈　林

农业装备司

司　长：高元恩

副司长：高　鹚

重大装备司

司　长：吴晓华

副司长：隋永滨、谷九如

机械基础装备司

司　长：于成廷

副司长：朱明凯

直属机关党委

常务副书记：任怀栓

副书记：徐家富、陆志军

中纪委、监察部驻部纪检组、监察局

副组长、监察局局长：杨淑云

监察局副局长、纪检组副局级检查员：王德义、董聿维

审计署驻机械工业部审计局

副局长：金孝杰、曹忠元

机关服务中心（机关服务局）

主　任（局长）：邢　敏

党委书记兼副主任（副局长）：罗国政

副主任(副局长)：王炳南

离退休干部局

局长兼党委书记：张凤林

党委副书记兼纪委书记：吴　军

副局长：孙树华

国家教委

地址：北京市西单大木仓胡同37号

邮码：100816

电话：66096870、66012801（司办）

传真：66096662

条件装备司

司　长：李英惠

副司长：王　富、李兴植

国家科学技术奖励工作办公室

地址：北京市西城区三里河路54号

邮码：100045

电话：68511855

传真：68537567

主　任：张炳南

副主任：郭学武、刘燕美

公安部华夏消防（集团）有限责任公司

地址：北京市东长安街14号

邮码：100741

电话：65234217

传真：65121219

董事长：高五平

地质矿产部

地址：北京市西四阜内大街64号

邮码：100812

电话：66165566（总机）

传真：66175348

部　长：宋瑞祥

副部长：张宏仁、陈洲其、蒋承菘、寿嘉华

中国地质机械仪器工业总公司

地址：北京市朝阳区东三环北路2号

邮码：100027

电话：64636031

传真：64636030

总经理：卢　环

副总经理：孟宪琛、崔桂祥

总工程师：张得众

建设部

地址：北京市阜外百万庄

邮码：100835

电话：68394114（总机）

传真：68393303

部　长：侯　捷

副部长：叶如棠、谭庆琏、李振东、毛如柏

计划财务司

司　长：张耀儒（部总经济师）

中国城市车辆总公司

地址：北京市百万庄建设部院内

邮码：100835

电话：68315541（办公室）

传真：68315362

总经理：杜宗翰

副总经理：李世豪、张小轩、贾过秋、徐文铎

电力工业部

地址：北京市白广路二条1号

邮码：100761

电话：63414473（总机）

部　长：史大桢

副部长：赵希正、查克明、陆延昌、汪恕诚

电力机械局

局　长：王佩文

副局长：韩庆占、江自生、张体修、鲁廷印

总工程师：乔焕儒

煤炭工业部

地址：北京市和平里北街21号

邮码：100713

电话：64217766（总机）

部　长：王森浩

副部长：张宝明、濮洪九、王显政、朱登山

中国煤矿工程机械装备集团公司

地址：北京市和平里北街21号

邮码：100713

电话：64217766（总机）

总经理：刘　刚

副总经理：高　峰、薛际贵、宋文健、熊德昌

冶金工业部

地址：北京市东四西大街46号

邮码：100711

电话：65133322（总机）

传真：65131910

部　长：刘　淇

副部长：徐大铨、毕　群、王万宾、翁宇庆

生产协调司

司　长：张志勋

副司长：王兴洁、刘树和、刘福洲

化学工业部

地址：北京市朝阳区亚运村安慧里4区16号楼

邮码：100723

电话：64914455

传真：64915721

部　长：顾秀莲

副部长：贺国强、李士忠、成思威、李勇武

中国化工装备总公司

地址：北京市西城区六铺炕一区中街1号

邮码：100011

电话：62019933（总机）

传真：62044351

总经理：孙腾良

副总经理：睦林轩、张祖康、冯传丰、朱有庭（总工程师）

铁道部

地址：北京市复兴路10号

邮码：100844

电话：63241150、63242150（总机）

部　长：韩杼滨

副部长：孙永福、傅志寰、国　林

总工程师：华茂崑

中国铁路机车车辆工业总公司（中车公司）

地址：北京市复兴路10号

邮码：100844

电话：63244055、63260830

总经理：魏明海

副总经理：秦　刚、王志泉、杨安立、朱守礼

总工程师：贾玉申

交通部

地址：北京市建国门内大街11号

邮码：100736

电话：65293033

传真：65292345

部　长：黄镇东

副部长：刘松金、李居昌、刘　锷、洪善祥

科技司

司　长：张叔辉

副司长：陈锁祥

邮电部

地址：北京市西长安街13号

邮码：100804

电话：66014249

部　长：吴基传

副部长：杨贤足、林金泉、周德强、刘立清

中国邮电工业总公司

地址：北京市新街口外大街28号

邮码：100088

电话：62021144（总机）

传真：62356489

总经理：张庆忠

副总经理：张延爱、李哲志、王树昌、路俊海

水利部

地址：北京市白广路二条水利部大院东楼

邮码：100761

电话：63202114（总机）

部　长：钮茂生

副部长：张春园、严克强、周文智、朱登铨、张基尧

机械局

地址：北京市宣武区白广路二条

邮码：100761

电话：63202301

传真：63202302

副局长：冯丽珍、乔世珊

农业部

地址：北京市农展馆南里11号

邮码：100026

电话：64191114（总机）65004624

传真：65002428

部　长：刘　江

副部长：吴亦侠、洪绂曾、张延喜、万宝瑞、刘成果

农垦局

局　长：曾毓庄

副局长：刘传筑、郑学莉

中国林业机械总公司

地址：北京市和平里七区25楼

邮码：100013

电话：64214255

传真：64226379

总经理：戈　成

总经济师：李洙一

国内贸易部

地址：北京市西城区月坛北街25号

邮码：100834

电话：68392353

传真：68392303

部　长：陈邦柱

副部长：罗植龄、陆　江、何济海、应文华、杨树德

工业司

司　长：王树培

副司长：邓治平、宋丹丕

中国机械进出口总公司

地址：北京市西郊二里沟

邮码：100044

电话：68494114（查号台）

传真：68314143

总经理：刘德树

副总经理：梅浩林、潘德源、陈伟根、肖　刚、周立先

中国轻工总会

地址：北京市阜外大街乙22号

邮码：100833

电话：68396114（查号）

会　长：于　珍

副会长：傅立民、潘蓓蕾、杨志海

中国轻工业机械总公司

地址：北京市西城区西四东斜街14号

邮码：100032

电话：66053831（总机）

传真：66018076

总经理：严　龙

副总经理：张管生、王良涌、刘金良、张景尧

中国纺织总会

地址：北京市东长安街12号

邮码：100742

电话：63081207（总值班室）

传真：63081207

会　长：吴文英

副会长：杜钰洲、刘　珩、许坤元、任传俊

技术装备部

主　任：凌宝银

副主任：高　勇

国家技术监督局

地址：北京市海淀区知春路4号

邮码：100088

电话：62022288（总机）

传真：62020983

局　长：李传卿

副局长：李志民、李保国、李　瑞、王以铭

综合计划科学技术司

司　长：肖德明

副司长：单向东

国家建筑材料工业局

地址：北京市三里河路11号

邮码：100831

电话：68313317（局办值班室）

传真：68311497

局　长：张人为

副局长：杨志远、黄书谋、乔龙德、雷前治

中国建材技术装备总公司

地址：北京市三里河路11号

邮码：100831

电话：68311353

传真：68311353

总经理：廉级三

副总经理：袁光谱、王新军、唐宝牲

国家医药管理局

地址：北京市北礼士路甲38号

邮码：100810

电话：68313344（总机）

传真：68310909

局　长：郑筱萸

主管副局长：石　岠

医疗器械行政监督司

司　长：卜绮成

副司长：郝和平

国家地震局

地址：北京市复兴路63号

邮码：100036

电话：68215522（总机）

局　长：陈章立

副局长：何永年、葛治洲、汤　泉、岳明生

计划财务司

副司长：刘昌祥、修纪刚、赵和平

中国航空工业总公司

地址：北京市交道口南大街67号

邮码：100712

电话：64013322（总机）

传真：64013648

总经理：朱育理

副总经理：王　昂、张洪飙、张彦仲、刘高倬

总工程师：毛德华

办公厅

主　任：孙广运

综合计划局

局　长：石　川

生产企管局

局　长：葛瑞锦

财务局

局　长：池耀宗

人事劳动局

局　长：刘　文

经贸发展局

局　长：袁育我

教育培训局

局　长：秦天放

试飞管理局

局　长：屈见忠

技术质量监督局

局　长：杨育中

军机系统工程局

局　长：朱荣章

民机系统工程局

局　长：高占民

发动机系统工程局

局　长：陈　浚

机载设备系统工程局

局　长：杨燕生

科学技术局

局　长：周家骐

国际合作贸易局

局　长：汤小平

政治部

主　任：袁立本

监察局

局　长：窦喜柱

老干部局

局　长：陆连生

中国航天工业总公司（国家航天局）

地址：北京市阜成路8号

邮码：100830

电话：68370043（办公厅）

传真：68370043

总经理（国家航天局局长）：刘纪原

副总经理（国家航天局副局长）：王礼恒、栾恩杰、白拜尔、夏国洪

总工程师：曾庆来

办公厅（国家航天局办公厅）

主　任：张宝乾

综合规划计划部

负责人：汪国林

科研生产部

负责人：郭宝柱

科学技术部

负责人：宗大琨

民品经营开发部

负责人：胡顺楠

质量技术监督部

负责人：邵锦成

财务经济调节部

负责人：吴太石

固定资产投资部

负责人：陆建中

行政后勤部

负责人：周长福

国际合作部（国家航天局外事司）

负责人：王秀亭

人事劳动教育部

负责人：李　波

政治部

负责人：王邦群

保卫部

负责人：吴仁堂

审计局

局　长：曾佩英

中国汽车工业总公司

地址：北京市海淀区阜成路46号

邮码：100036

电话：68123968

传真：68125556

董事长：蔡诗晴

总经理：顾尧天

副董事长：顾尧天（兼）

副总经理：陈须林、施雄伟、叶焱章、黄小平、郭伟帆

中国船舶工业总公司

地址：北京市月坛北街5号
邮码：100861
电话：68588833（总机）
总经理：王荣生
副总经理：孟　辉、黄平涛、陈小津、鄞炳林
总工程师：张广钦
办公厅
主　任：孙文年
副主任：张光兴
综合计划局
局　长：范有年
副局长：邱慧辉、赵景忠
生产经营局
局　长：陆俊岫
副局长：周文明、张明华
配套设备局
局　长：朱华璋
副局长：山金明
科技局
局　长：王守道
副局长：周光霁、兰荣波、李培昌
军工局
局　长：王产良
副局长：胡基政、周玉兰
财务局
局　长：严懿君
副局长：王树森、吉大千

中国石油化工总公司
地址：北京市朝阳区惠新东街甲6号
邮码：100029
电话：64225533（总机）
总经理：盛华仁
副总经理：李毅中、阎三忠、黄春萼、王基铭

中国石化物资装备公司
地址：北京市安定门外小关街24号
邮码：100029
电话：64266731（总机）
传真：64263241
经　理：翟　齐
副经理：王廷俊、陆朱龙、刘泰琪
总经济师：韩连生

中国有色金属工业总公司
地址：北京市复兴路乙12号
邮码：100814
电话：68514477（总机）
传真：68516396
总经理：吴建常
副总经理：何伯泉、张　健、陈胜年
企业部
主　任：杨春明
副主任：袁彼德、马敏修

中国石油天然气总公司
地址：北京市六铺炕
邮码：100724
电话：62095172
传真：62095065
重大办
主　任：陈泽轩
副主任：张文学

中国核工业总公司
地址：北京市西城区三里河南三巷1号
邮码：100822
电话：68512211（总机）
传真：68512211—3210
总经理（正部级）：蒋心雄
副总经理(副部级)：陈肇博（常务）、李定凡、昝云龙、李玉崙、张华祝、付　瑞
计划与经营开发局
局　长：邱海福
副局长：郝东秦、王菁珩、贾建平（女）

北京市机械工业管理局
地址：北京市宣武区槐柏树街2号
邮码：100053
电话：(010) 63011021
传真：(010) 63012338
局　长：冒泽泉
副局长：居之良、瑞木玉林、李济生、林抚生

北京兴东方实业有限责任公司
（原北京市农业机械总公司）
地址：北京市复兴路2号
邮码：100038
电话：(010) 63273336（总）
传真：(010) 63466193
总经理：刘振山
副总经理：郭德昌、周荣华、刘亚清（女）、尹　杰

北京汽车工业集团总公司
地址：北京市宣武区南纬路31号
邮码：100050
电话：(010) 63043411（总机）
传真：(010) 63012351
总经理：马守平
副总经理：郭新民、夏连生、王　玫、韩永贵

北京市仪器仪表工业总公司
地址：北京市安定门外西滨河路25号
邮码：100011
电话：(010) 64218506（办公室）
传真：(010) 64218506
总经理：薛荣康
副总经理：单英烈、骆俊明、卞援朝

北内集团总公司
地址：北京市朝阳区广渠路31号
邮码：100022
电话：(010) 67715588（总）
传真：(010) 67718807
常务副总经理：冯启泰
副总经理：吴兴华、乐关荣、郭福天、闫宝月、李洪炉、陶　克

天津市机电工业总公司
地址：天津市和平区锦州道2号
邮码：300020
电话：(022) 7303067（总机）
传真：(022) 7305886
董事长：金纪元
总经理：杨力恒
常务副总经理：常景州
副总经理：王生早、张国增、殷淑严

河北省机械工业厅
地址：石家庄市合作路9号
邮码：050051
电话：(0311) 7044441（总机）
传真：(0311) 7043313、7046751
厅　长：杜书箱
副厅长：冯银宝
总工程师：陈　欣

山西省机械电子工业厅
地址：太原市并州北路143号
邮码：030001
电话：(0351) 4041646
厅　长：牛建业
副厅长：张蓝田、边鸣涛
总工程师：霍义民

内蒙古自治区冶金机械工业厅
地址：呼和浩特市新华大街1号自治区政府大院5号楼
邮码：010055
电话：(0471) 6963041
传真：(0471) 6962664
厅　长：乔岐山
副厅长：解双华、扎　那、

李德亮
总工程师：张统勋

辽宁省机械工业厅
地址：沈阳市和平区南四马路28号
邮码：110001
电话：(024) 3871987
传真：(024) 3865824
厅　长：周福悦
副厅长：王恩全、刘秉力

沈阳市机械工业管理局
地址：沈阳市和平区文化路41号
邮码：110003
电话：(024) 3880715（办公室）
传真：(024) 3880717
局　长：宋铁瑜
副局长：张树棠、张嘉庆、赵长义、孙远胜

大连市机械工业管理局
地址：大连市中山区人民路5号
邮码：116001
电话：(0411) 2638280（办公室）
传真：(0411) 2638811
局　长：李学勤
副局长：姜心哲、曲世辉

吉林省机械工业厅
地址：长春市建设街82号
邮码：130021
电话：(0431) 5660606
传真：(0431) 5660696
厅　长：陶长福
副厅长：康立国、李宝玉、陈双秋

长春市机械工业管理局
地址：长春市斯大林大街51号
邮码：130051
电话：(0431) 8925270
局　长：何金亭
副局长：张　仁、王　可、刘松年

黑龙江省机械工业厅
地址：哈尔滨市动力区和平路76号
邮码：150040
电话：(0451) 2625678（总机）
厅　长：刘柏常
副厅长：王鸿智、袁志友、成艾东

上海机电控股（集团）公司
地址：上海市四川中路110号
邮码：200002
电话：(021) 63215530、63215834
传真：(021) 63216017
董事长：夏毓灼
总　裁：朱国梁
副董事长：苏忠伟、史丽雯
副总裁：童天雄、戴　柳
总会计师：江秋霞

上海市郊县工业管理局
地址：上海市中山东一路14号3楼
邮码：200002
电话：(021) 63212793
传真：(021) 63290891
局　长：周文玄
副局长：郎丰盈、谢淦怀、王昌法

上海汽车工业总公司
地址：上海市武康路390号
邮码：200031
电话：(021) 64336892、64315137
传真：(021) 64330518
总　裁：陈祥麟
副总裁：叶　平、胡茂元、洪积明、蒋志伟

江苏省机械工业厅
地址：南京市中山北路32号
邮码：210008
电话：(025) 3210427、3211175
传真：(025) 3210607
厅　长：许汉文
副厅长：宋秀芳、苏泽民
总工程师：徐王全

浙江省机械工业厅
地址：杭州市大学路高官弄9号
邮码：310009
电话：(0571) 7048124（总机）
传真：(0571) 7046194
厅　长：金垒允
副厅长：黄星安、王鹏举、周象太

宁波市机械工业局
地址：宁波市解放南路78号
邮码：315000
电话：(0574) 7296369
传真：(0574) 7301349
局　长：姚光辉
副局长：杨建群、桑贤路、谢仰民

安徽省机械工业局
地址：合肥市庐江路60号
邮码：230001
电话：(0551) 2646614、2650291
传真：(0551) 2677323、2659121
局　长：许金和
副局长：何兆祥、胡昭耀

福建省机械工业厅
地址：福州市省府路1号
邮码：350001
电话：(0591) 7552772（办公室）
传真：(0591) 7551141
厅　长：陈文钊
副厅长：林茂祺、吴大浩、陈庆友、刘秀基

厦门市经济委员会
地址：厦门市湖滨北路61号市府东大楼八楼
邮码：361012
电话：(0592) 5052414
传真：(0592) 5054289
主　任：翁云雷
副主任：庄　威、黄万永

江西省机械工业厅
地址：南昌市北京西路34号
邮码：330046
电话：(0791) 6226768
传真：(0791) 6263614
厅　长：李立德
副厅长：徐世杰、李朔尧、谢益漳

山东省机械工业厅
地址：济南市解放路134号
邮码：250013
电话：(0531) 6944485、6943508
传真：(0531) 6956410
厅　长：张建国
副厅长：赵启升、臧凤山、马信才、房士义

青岛市机械工业总公司
地址：青岛市湖南路37号
邮码：266001
电话：(0532) 2865867
传真：(0532) 2870542
总经理：高志喜
副总经理：曹　伟、郑明辉、陈德同、戴文治

河南省机械电子工业厅
地址：郑州市红旗路3号
邮码：450003
电话：(0371) 5956787、5956789
传真：(0371) 5955344
厅　长：徐燊础
副厅长：孙贵寅、郭益民、杨　铎
总工程师：郑定文

湖北省机械工业厅
地址：武汉市武昌武珞路421号

邮码：430070
电话：（027）7814430
传真：（027）7814181
厅　长：曹启佑
副厅长：应起彬、刘世焰、张春早

武汉市机械工业局
地址：武汉市江汉路 102 号
邮码：430020
电话：（027）2833637
传真：（027）2818109
局　长：曾冠凡
副局长：胡际友、汤有元、李思革、李诗伟

湖南省机械工业局
地址：长沙市东茅街 49 号
邮码：410002
电话：（0731）4425374
传真：（0731）4442264
局　长：林国悌
副局长：陈保民、吴启荣、刘　平
总工程师：陈晓临

广东省电子机械工业厅
地址：广州市环市中路 315 号
邮码：510095
电话：（020）83592998
传真：（020）83590629
厅　长：奚志伟
副厅长：罗坚生、李赐勋、李明端

广西壮族自治区机械工业厅
地址：南宁市民主路 17 号
邮码：530023
电话：（0771）5623841
传真：（0771）5626568
厅　长：袁　智
副厅长：覃彦瑞、王跃飞

海南省工业厅机械电子工业处
地址：海口市海府大道 59 号
邮码：570204
电话：（0898）5330684
传真：（0898）5342577
厅　长：彭庆海
副厅长：黄维鹏、熊佐文、吴多兴、许晓民

四川省机械工业厅
地址：成都市人民东路 1 号
邮码：610013
电话：（028）6637965（总机）
传真：（028）6634892
厅　长：张世银
副厅长：张荣跃、范中成、李成云、郑时源

重庆市机械工业管理局
地址：重庆市江北区观音桥小苑二村 1 号
邮码：630020
电话：（0811）7852712
传真：（0811）3600153
局　长：高可纲
副局长：李为民、赵光星、袁兴邦、丁　权、李建春

贵州省机械工业厅
地址：贵阳市瑞金中路 80 号
邮码：550003
电话：（0851）5823942
传真：（0851）5826720
厅　长：沈连生
副厅长：熊开周、张群山、张梓钟、张金桐
总工程师：梅庚安

云南省机械工业厅
地址：昆明市白塔路 27 号
邮码：650011
电话：（0871）3166968
传真：（0871）3166968
厅　长：杨树蔚
副厅长：李文炳、杨永健、赵钟岳

西藏自治区工业电力厅
地址：拉萨市林廓北路 16 号
邮码：850000
电话：（0891）6322565（厅办）
传真：（0891）6326971
厅　长：多　吉
副厅长：杨海滨、米马顿珠、廖锡铭、娄　俊、旺　姆

陕西省机械工业局
地址：西安市新城广场省政府大楼 6 层
邮码：710004
电话：（029）7293410、7292802
传真：（029）7293065
局　长：杨希圣
副局长：杜克俊、贾　湘

西安市冶金机电工业局
地址：西安市北院门市政府院内
邮码：710003
电话：（029）7272912
传真：（029）7272912
局　长：金德浩
副局长：李永超、刘生友、郭亚英

甘肃省机械工业总公司
（甘肃机械集团公司）
地址：兰州市城关区农民巷 105 号
邮码：730000
电话：（0931）8884484（办）
传真：（0931）8825849
总经理：杨书昌
副总经理：丁法斗、吴永高、马艾武

青海省机械电子工业厅
地址：西宁市西大街 66 号省政府大院 8 号楼东门
邮码：810000
电话：（0971）8247915
传真：（0971）8247832
厅　长：马晓风
副厅长：杨学义、陈利恒、秦宝德、赵宏盛

宁夏回族自治区重工业厅
地址：银川市凤凰北街 46 号
邮码：750001
电话：（0951）5043074、5043838
传真：（0951）5043043
厅　长：陈德祥
副厅长：谭声迪、田哲文、刘文正

新疆维吾尔自治区机械电子工业厅
地址：乌鲁木齐市光明路 17 号
邮码：830002
电话：（0991）2819889
传真：（0991）2823912
厅　长：莫罕买提·马木提
副厅长：王士生、张惠恩、汪　铁

〔责任编辑：王　如〕